2017年财政规章制度选编

2017 NIAN CAIZHENG GUIZHANG ZHIDU XUANBIAN

（上　册）

山东省财政厅法规处　编

中国财经出版传媒集团
经济科学出版社
Economic Science Press

图书在版编目（CIP）数据

2017年财政规章制度选编/山东省财政厅法规处编.
—北京：经济科学出版社，2018.7
ISBN 978-7-5141-9384-8

Ⅰ.①2… Ⅱ.①山… Ⅲ.①地方财政-财政制度-汇编-山东-2017 Ⅳ.①F812.752

中国版本图书馆CIP数据核字（2018）第121244号

责任编辑：于海汛
责任校对：勒玉环
责任印制：潘泽新

2017年财政规章制度选编
山东省财政厅法规处 编
经济科学出版社出版、发行 新华书店经销
社址：北京市海淀区阜成路甲28号 邮编：100142
总编部电话：010-88191217 发行部电话：010-88191522
网址：www.esp.com.cn
电子邮件：esp@esp.com.cn
天猫网店：经济科学出版社旗舰店
网址：http://jjkxcbs.tmall.com
北京季蜂印刷有限公司印装
880×1230 16开 86.5印张 2700000字
2018年7月第1版 2018年7月第1次印刷
ISBN 978-7-5141-9384-8 定价：138.00元
（图书出现印装问题，本社负责调换。电话：010-88191510）

目　录

一、综合管理类

二、税政管理类

三、预算管理类

四、国库管理类

五、政府采购监督管理类

六、行政政法财务类

七、教科文财务类

八、经济建设财务类

九、农业财务类

十、社会保障财务类

十一、工贸发展类

十二、金融与国际合作管理类

十三、会计管理类

十四、行政事业资产管理类

十五、农村综合改革管理类

十六、政府债务管理类

十七、国有文化企业资产管理类

十八、预算绩效管理类

十九、政府购买服务管理类

二十、政府引导基金类

二十一、农业综合开发管理类

二十二、预算评审类

一、

综合管理类

财政部关于取消工业企业结构调整专项资金的通知

2017 年 6 月 15 日　财税〔2017〕50 号

各省、自治区、直辖市财政厅（局），财政部驻各省、自治区、直辖市财政监察专员办事处，国家电网公司、中国南方电网有限责任公司、内蒙古自治区电力有限责任公司：

为进一步减轻企业负担，促进实体经济发展，经国务院同意，现就取消工业企业结构调整专项资金有关事项通知如下：

一、取消工业企业结构调整专项资金（以下简称专项资金）。

二、财政部驻各省（区、市）财政监察专员办事处应当于 2017 年 9 月 30 日前，完成专项资金汇算清缴工作。专项资金的清欠收入，应当按照财政部规定的渠道全额上缴国库。

三、取消专项资金后，财政部将按照国务院决策部署和有关政策规定，通过工业企业结构调整专项奖补资金对钢铁、煤炭行业化解过剩产能过程中的职工安置工作予以支持。

四、本通知自 2017 年 7 月 1 日起施行。《财政部关于征收工业企业结构调整专项资金有关问题的通知》（财税〔2016〕6 号）同时废止。

财政部关于降低国家重大水利工程建设基金和大中型水库移民后期扶持基金征收标准的通知

2017 年 6 月 15 日　财税〔2017〕51 号

各省、自治区、直辖市人民政府，国家发展改革委、水利部、国务院南水北调办、国务院三峡办，财政部驻各省、自治区、直辖市财政监察专员办事处，国家电网公司、中国南方电网有限责任公司、内蒙古自治区电力有限责任公司：

为进一步减轻企业负担，促进实体经济发展，经国务院同意，现就降低国家重大水利工程建设基金和大中型水库移民后期扶持基金征收标准的有关事项通知如下：

一、将国家重大水利工程建设基金和大中型水库移民后期扶持基金的征收标准统一降低 25%。降低征收标准后，两项政府性基金的征收管理、收入划分、使用范围等仍按现行规定执行。

二、各级财政部门要切实做好经费保障工作，妥善安排相关部门和单位预算，保障其依法履行职责，积极支持相关事业发展。

三、各地区、有关部门和单位应当按照本通知规定，及时制定出台相关配套措施，确保上述政策落实到位。

四、本通知自 2017 年 7 月 1 日起施行。

省财政厅　省海洋与渔业厅转发《财政部　国家海洋局关于〈中央海岛和海域保护资金使用管理办法〉的补充通知》的通知

2017年2月20日　鲁财综〔2017〕7号

各沿海市财政局、海洋与渔业局，沿海省财政直接管理县（市）财政局、海洋与渔业局：

现将《财政部、国家海洋局关于〈中央海岛和海域保护资金使用管理办法〉的补充通知》（财建〔2016〕854号）转发给你们，并提出以下意见，请认真遵照执行。

一、为进一步加强中央海岛和海域保护资金（以下简称专项资金）使用管理，明确资金申报、审批、分配、使用、管理等各环节责任，确保专项资金安全、规范、有效使用，按照“权责统一”和“谁主办、谁主管、谁负责”原则，项目申报单位对申报材料的真实性和有效性负责；海洋行政主管部门对申报材料的审核和对提出的资金安排建议负责；财政部门和海洋行政主管部门对专项资金的分配审批负责；专项资金使用单位对资金的安全、规范和有效使用负责。擅自改变国家确定的项目及专项资金使用，要承担相应责任。

二、各级海洋行政主管部门要会同同级财政部门，建立项目实施及专项资金使用管理定期调度通报制度，及时掌握情况，发现问题立即纠正。

三、各级财政部门、海洋行政主管部门及其工作人员存在违规分配专项资金、违规安排项目等违法违纪行为的，将严格按照国家有关法律法规规定追究相应责任。对在项目和资金管理中发生违法违纪行为的地区，5年内取消其中央海岛和海域保护资金项目申报资格。

附件：财政部　国家海洋局关于《中央海岛和海域保护资金使用管理办法》的补充通知

附件：

财政部　国家海洋局关于《中央海岛和海域保护资金使用管理办法》的补充通知

2016年12月6日　财建〔2016〕854号

沿海各省、自治区、直辖市、计划单列市财政厅（局）、海洋厅（局）：

为进一步规范和加强中央海岛和海域保护资金管理，明确专项资金申报、分配、使用各环节责任，确保资金使用安全，根据《中华人民共和国预算法》等有关规定，按照“谁审批、谁负责”的原则，现就《中央海岛和海域保护资金使用管理办法》（财建〔2015〕250号）补充通知如下：

一、将第七条修改为：国家海洋局会同财政部对沿海地区编制的工作实施方案进行评审。财政部会同国家海洋局根据工作实施方案确定的任务量、方案执行情况等，确定预算额度并按程序下达资金预算。国家统筹安排的其他支出，以及中央与地方共用的码头等基础设施建设，可采取定额补助方式予以支持。

二、专项资金申报单位对提出的申报材料负责；国家海洋局对提出的资金安排建议负责；财政部和国家海洋局按照相关政策规定和部门职责对专项资金的分配审批负责；资金下达后，地方各级财政部门和海洋行政部门按照部门职责对资金的分配审批负责；专项资金项目承担单位对资金使用负责。国家海洋局及其工作人员未能客观、如实依据申报材料提出资金分配建议，财政部及其工作人员存在违反相关政策规定分配专项资金行为的，地方各级财政、海洋行政主管部门及其工作人员存在违规分配资金，以及其他滥用职权、玩忽职守、徇私舞弊等违法违纪行为的，按照《预算法》、《公务员法》、《行政监察法》、《财政违法行为处罚处分条例》等有关国家规定追究相应责任；涉嫌犯罪的，移送司法机关处理。对截留、挤占、挪用等违反本办法规定使用资金的行为，依照国家有关规定依法依纪追究责任。

三、本通知自印发之日起施行。

省财政厅　省精神文明委员会办公室　省教育厅转发《财政部　中央文明办　教育部关于中央专项彩票公益金支持乡村学校少年宫项目资金审批责任追究有关问题的通知》的通知

2017 年 2 月 7 日　鲁财综〔2017〕10 号

各市财政局、文明办、教育局：

现将《财政部、中央文明办、教育部关于中央专项彩票公益金支持乡村学校少年宫项目资金审批责任追究有关问题的通知》（财文〔2016〕20 号）转发给你们，并提出以下意见，请认真遵照执行。

一、为进一步加强中央专项彩票公益金支持乡村学校少年宫项目资金（以下简称专项资金）审批与使用管理，明确在申报、审批、分配、使用等各环节的责任，按照“权责统一”和“谁主管、谁负责”的原则，项目申报单位对申报材料的真实性和有效性负责；各级文明办会同同级教育部门对申报材料的审核负责；各级财政部门、文明办、教育部门对专项资金的分配审批负责；专项资金使用单位对专项资金的安全使用和规范管理负责，并承担主体责任。

二、各级文明办会同教育部门要加强领导，认真组织申报材料的审核，严格把关，确保真实性和合规性。财政部门要会同同级文明办、教育部门狠抓专项资金分配审批管理，确保专项资金分配依法依规，并加强资金使用的监督管理和绩效评价工作。市、县（市、区）文明办要会同同级财政部门和教育部门，建立项目实施及专项资金使用管理定期调度通报制度，全面掌握情况，发现问题及时纠正。

三、各级文明办、财政部门、教育部门、项目实施单位要积极配合审计和各类督导检查工作。市、县文明办要会同教育部门和财政部门定期对乡村学校少年宫项目建设和专项资金使用情况进行监督检查，省文明办将会同教育部门、财政部门对乡村学校少年宫建设和专项资金使用情况进行抽查。

四、各级财政、文明办、教育等相关部门及其工作人员在中央专项彩票公益金支持乡村学校少年宫项目资金审批工作中，存在违反规定分配资金、向不符合条件的单位（或项目）分配资金或者擅自超出规定的范围或者标准分配使用项目资金以及其他滥用职权、玩忽职守、徇私舞弊等违法违纪行为的，按照《中华人民共和国预算法》、《中华人民共和国公务员法》、《中华人民共和国行政监察法》、《财政违法行为处罚处分条例》等国家有关规定追究相应责任；涉嫌犯罪的，移送司法机关处理。

附件：财政部　中央文明办　教育部关于中央专项彩票公益金支持乡村学校少年宫项目资金审批责任追究有关问题的通知

附件：

财政部　中央文明办　教育部关于中央专项彩票公益金支持乡村学校少年宫项目资金审批责任追究有关问题的通知

2016年12月28日　财文〔2016〕20号

各省、自治区、直辖市财政厅（局）、文明办、教育厅（教委），新疆生产建设兵团财务局、文明办、教育局：

为加强和改进中央专项彩票公益金支持乡村学校少年宫项目资金管理，强化责任追究，现就《中央专项彩票公益金支持乡村学校少年宫项目资金管理办法》（财教〔2016〕189号）补充规定如下：

各级财政、文明办、教育等相关部门及其工作人员在中央专项彩票公益金支持乡村学校少年宫项目资金审批工作中，存在违反规定分配资金、向不符合条件的单位（或项目）分配资金或者擅自超出规定的范围或者标准分配或使用项目资金以及其他滥用职权、玩忽职守、徇私舞弊等违法违纪行为的，按照《中华人民共和国预算法》、《中华人民共和国公务员法》、《中华人民共和国行政监察法》、《财政违法行为处罚处分条例》等国家有关规定追究相应责任；涉嫌犯罪的，移送司法机关处理。

特此通知。

省财政厅　省住房和城乡建设厅关于印发《山东省农村危房改造补助资金管理办法》的通知

2017年3月7日　鲁财综〔2017〕12号

各市财政局、住房城乡建设委（局）、住房保障和房产管理局，现代预算管理制度改革试点县（市、区）财政局：

为进一步规范和加强中央和省级财政农村危房改造补助资金管理，切实提高资金使用效益，根据《财政部、住房城乡建设部关于印发〈中央财政农村危房改造补助资金管理办法〉的通知》（财社〔2016〕216号）等规定，我们结合我省实际，研究制定了《山东省农村危房改造补助资金管理办法》，现予印发，请遵照执行。

附件：山东省农村危房改造补助资金管理办法

附件：

山东省农村危房改造补助资金管理办法

第一章　总　　则

第一条　为加强和规范农村危房改造补助资金的使用和管理，切实提高资金使用效益，根据《财政部、住房城乡建设部关于印发〈中央财政农村危房改造补助资金管理办法〉的通知》（财社〔2016〕216号）等规定，结合我省实际，制定本办法。

第二条 本办法所称农村危房改造补助资金（以下简称补助资金），是指中央和省级财政设立的用于支持各地开展农村危房改造工作的补助资金，包括中央财政农村危房改造补助资金和省级农村危房改造奖补引导资金。

第三条 补助资金管理遵循以下原则：

（一）科学合理，公正客观。科学合理分配补助资金，确保公平、公正、公开，充分发挥财政资金使用效益。

（二）突出重点，精准帮扶。按照精准扶贫要求，集中用于解决建档立卡贫困户、低保户、分散供养特困人员、贫困残疾人家庭（以下简称四类重点对象）的基本住房安全问题。

（三）绩效评价，规范管理。定期开展农村危房改造项目绩效评价，健全资金监督管理机制，强化补助对象审核认定等基础管理工作。

（四）奖补结合，有效引导。鼓励和引导各地多渠道筹措农村危房改造资金，充分发挥奖补资金的引导作用，推进农村危房改造工作顺利开展。

第四条 各级财政、住房城乡建设部门要切实加大投入力度，积极创新工作方法，完善扶持保障措施，加快推进农村危房改造工作。同时，不断健全农村危房改造投入机制，探索采用贷款贴息等多种方式，积极引导信贷资金、民间资本等社会各方面资金投入。

第二章 资金分配

第五条 按照预算管理规定，省住房城乡建设厅会同省财政厅设定补助资金区域绩效目标，明确资金和工作达到的预期效果，报住房城乡建设部审核后送财政部复审备案，同时抄送财政部驻山东省财政监察专员办事处。省住房城乡建设厅负责指导市级住房城乡建设部门对绩效目标实现情况进行监控，确保绩效目标如期实现。

第六条 补助资金按因素法分配。省财政厅会同省住房城乡建设厅，依据中央下达我省农村危房改造任务，重点向改造任务重、贫困程度深、工作绩效好的地区倾斜。分配因素主要采用各地四类重点对象危房存量、财政困难程度、工作绩效和相关工作开展情况等指标。每年分配资金选择的因素和权重，可根据当年农村危房改造工作重点适当调整。

第七条 对沂蒙革命老区和现代预算管理制度改革试点县（市、区），以及省委、省政府确定的需要重点支持的地区给予倾斜，并结合监察、财政、审计等部门检查和审计情况，综合确定分配给各市、县的年度补助资金数额。

第三章 资金拨付和使用管理

第八条 省财政厅会同省住房城乡建设厅于每年山东省人民代表大会批复预算后60日内，将省级农村危房改造奖补引导资金分配下达各市、省财政直接管理县（以下简称直管县）；于每年收到中央指标文件后30日内，将中央财政农村危房改造补助资金分配下达各市、直管县。

第九条 市级财政部门收到补助资金文件后，应会同本级住房城乡建设部门，在30日内正式分解下达县级财政部门，并将资金分配结果报省财政厅备案，同时抄送省财政厅驻有关市财政检查办事处。

第十条 各地要结合当地农村危房改造方式、建设成本、地方财力和补助对象自筹资金能力等情况，认真测算农村危房改造资金需求，合理细化分类补助标准。

第十一条 补助资金集中用于四类重点对象的农村危房改造，以及农村集体公租房建设等其他符合政策规定的农村困难群众基本住房安全保障支出。

第十二条 各地不得将补助资金用于基础设施建设等与基本住房安全保障无关的支出，不得在补助资金中提取工作经费。市、县财政部门可根据农村危房改造管理工作实际，合理安排必要的管理工作经费。

第十三条 县级财政、住房城乡建设部门负责本地区补助资金管理。补助资金的支付，根据住房城乡建设部门申请提供的支付名单等资料，按照国库集中支付制度有关规定执行。对于支付给农户的资金，应根据实际情况分阶段按比例足额支付到农户“一卡通”账户，支付时间不应晚于竣工验收后 30 日。县级住房城乡建设部门具体负责本地区农村危房改造项目实施，应严格执行申请审核程序，确保补助对象认定规范准确，并做好质量安全和农户档案等管理工作。

第四章 绩效评价

第十四条 预算执行结束后，各级住房城乡建设部门要会同财政部门对本地区农村危房改造任务落实、政策执行、资金使用情况逐级开展年度绩效评价。

第十五条 绩效评价工作由省住房城乡建设厅会同省财政厅统一组织、分级实施。根据工作需要，可以委托第三方机构开展独立评价工作。绩效评价结果通报各市并作为安排下一年度各市、县农村危房改造任务及资金的重要参考因素。

第五章 监督检查

第十六条 各级住房城乡建设部门应会同财政部门，建立健全农村危房改造工作监管机制。对农村危房改造补助对象的申请、评议、审核、审批和实际补助水平等情况，实行公示公告制度，并设立投诉电话，主动接受群众监督。

第十七条 各级财政、住房城乡建设部门应严格按规定使用补助资金，不得擅自扩大支出范围，不得以任何形式挤占、挪用、截留和滞留，不得向补助对象收取任何管理费用。

各级财政、住房城乡建设部门及其工作人员在补助资金的分配审核、使用管理等工作中，存在违反本办法规定，以及其他滥用职权、玩忽职守、徇私舞弊等行为的，按照《中华人民共和国预算法》、《中华人民共和国公务员法》、《中华人民共和国行政监察法》、《财政违法行为处罚处分条例》等有关规定追究相应责任。涉嫌犯罪的，依法移送司法机关处理。

第十八条 各级财政、住房城乡建设部门应建立资金监管机制，定期或不定期地对补助资金的使用管理情况进行监督检查，及时发现和纠正有关问题。

第十九条 各级财政、住房城乡建设部门应自觉接受审计、监察等部门和社会的监督。

第六章 附 则

第二十条 国家对涉农资金统筹整合使用另有明确规定的，从其规定。

第二十一条 各市可以根据本办法规定，结合当地实际，研究制定本地区农村危房改造资金管理细则。本办法由省财政厅会同省住房城乡建设厅负责解释。

第二十二条 本办法自 2017 年 4 月 7 日起施行，有效期为 2020 年 4 月 6 日。《山东省农村危房改造补助资金管理暂行办法》（鲁财综〔2012〕104 号）同时废止。

省财政厅 省住房和城乡建设厅关于印发《山东省城镇保障性安居工程财政资金绩效评价实施细则》的通知

2017 年 3 月 10 日 鲁财综〔2017〕14 号

各市财政局、住房城乡建设委（局）、住房保障和房产管理局，省财政直接管理县（市）财政局：

为做好重点财政支出绩效评价工作，进一步提高城镇保障性安居工程财政资金使用效益，更好实现城镇保障性安居工程建设目标，根据《中华人民共和国预算法》、《财政部关于推进预算绩效管理的指导意见》（财预〔2011〕416 号）和《财政部、住房城乡建设部关于印发〈城镇保障性安居工程财政资金绩效评价办法〉的通知》（财综〔2017〕6 号）等有关规定，我们结合我省实际，研究制定了《山东省城镇保障性安居工程财政资金绩效评价实施细则》，现予印发，请遵照执行。

附件：山东省城镇保障性安居工程财政资金绩效评价实施细则

附件：

山东省城镇保障性安居工程财政资金绩效评价实施细则

第一章 总 则

第一条 为做好重点财政支出绩效评价工作，进一步提高城镇保障性安居工程财政资金使用效益，更好实现城镇保障性安居工程建设目标，根据《中华人民共和国预算法》、《财政部关于推进预算绩效管理的指导意见》（财预〔2011〕416 号）和《财政部、住房城乡建设部关于印发〈城镇保障性安居工程财政资金绩效评价办法〉的通知》（财综〔2017〕6 号）等有关规定，结合我省实际，制定本细则。

第二条 本细则所称城镇保障性安居工程财政资金（以下简称财政资金），是指各级财政部门用于租赁补贴、公共租赁住房、城市棚户区改造以及相关配套基础设施建设的资金，包括各级财政部门从一般公共预算（含地方政府债券收入）、政府性基金预算、国有资本经营预算中安排用于城镇保障性安居工程建设的资金。

第三条 本细则所称绩效评价，是指各级财政、住房城乡建设等部门，根据设定的绩效目标，运用科学、合理的绩效评价指标、评价标准和评价方法，对财政资金使用管理结果的经济性、效率性和效益性进行客观、公正的评价。

第四条 绩效评价遵循以下原则：

（一）绩效导向、依法评价。绩效评价以城镇保障性安居工程绩效目标为导向，以相关法律法规和城镇保障性安居工程政策规定为评价依据。

（二）科学规范、分级实施。评价方法和指标设计科学合理，评价流程统一规范，评价数据真实准确；建立以市级部门组织实施、省有关部门适时开展再评价相结合的绩效评价机制。

（三）客观公正、公开透明。绩效评价工作坚持实事求是、从客观实际出发，以全面真实的数据和资料为基础，按照公开、公平、公正的原则开展。

第五条 绩效评价以预算年度为周期，对预算年度内各地区城镇保障性安居工程资金管理、项目管理、项目效益和居民满意度情况进行评价。在年度绩效评价的基础上，适时开展以几个预算年度为周期的中期绩效评价。

第二章 评价依据和内容

第六条 绩效评价的依据包括：

（一）《中华人民共和国预算法》、《中华人民共和国预算法实施条例》相关规定；

（二）国家和省里出台的预算绩效管理相关规定；

（三）国家和省里出台的城镇保障性安居工程相关管理制度；

（四）市、县政府制定的城镇保障性安居工程规划和年度计划；

（五）省级与各市政府签订的目标任务，各市与县（市、区）签订的目标任务；

（六）城镇保障性安居工程财政资金管理办法、财务制度、会计核算资料；

（七）审计报告决定、财政监督检查报告及处理决定；

（八）其他相关材料。

第七条 绩效评价的内容包括：

（一）资金管理，包括市县财政部门、住房保障主管部门申请中央和省级财政城镇保障性安居工程专项资金（以下简称专项资金）是否及时、基础数据是否准确，市县财政部门、住房保障主管部门拨付中央和省级专项资金是否及时，市县财政部门是否按规定安排地方财政补助资金，以及资金管理是否合法合规等；

（二）项目管理，包括城镇保障性安居工程规划计划的制定、政策和规划计划公开以及市县报送绩效评价报告的及时性和完整性等；

（三）项目效益，包括开工情况、租赁补贴发放情况、当年符合分配入住条件的公共租赁住房和城市棚户区改造安置住房的分配情况、已保家庭完成情况及工程质量等；

（四）居民满意度，包括棚户区改造拆迁居民满意度及城镇低收入住房困难家庭满意度等。

第八条 绩效评价指标体系根据评价内容设置。市县评价指标体系详见《山东省城镇保障性安居工程财政资金绩效评价量化指标表》（详见附件）。

第三章 组织实施

第九条 绩效评价工作由省财政厅、省住房城乡建设厅统一组织、分级实施。根据工作需要，可以委托第三方机构开展独立评价工作。

（一）省财政厅、省住房城乡建设厅根据国家有关规定，制定和完善山东省财政资金绩效评价实施细则，组织实施全省财政资金绩效评价工作，指导督促市（县）开展绩效评价工作，负责对市（县）绩效评价结果进行再评价，加强绩效评价结果运用，按规定向财政部、住房城乡建设部报送全省绩效评价报告；

（二）市级财政部门、住房保障主管部门组织实施本市（含所辖县区）绩效评价工作，负责对县（市、区）绩效评价结果进行复评，加强绩效评价结果应用，按规定向省财政厅、省住房城乡建设厅报送本市绩效评价报告。

（三）县级财政部门、住房保障主管部门组织实施本县绩效评价工作，加强绩效评价结果应用，按规定向市级财政部门、住房保障主管部门报送本县绩效评价报告。

各地根据需要，也可以委托第三方机构开展独立评价工作。

第十条 绩效评价的工作程序如下：

（一）每年1月份，县（市、区）财政部门、住房保障主管部门对本县上年度财政资金绩效进行评价，并于当年1月31日前将绩效评价报告（加盖两部门印章），分别报市级财政部门和住房保障主管部门；

（二）每年2月份，市级财政部门、住房保障主管部门对本市上年度财政资金绩效进行评价，逐项说明评分理由，附带评分依据，形成全市（含省财政直管县）评价报告，并于当年2月28日前将绩效评价报告（加盖两部门印章），分别报省财政厅、省住房城乡建设厅。

（三）省财政厅、省住房城乡建设厅根据各市报送的绩效评价报告和相关数据资料，对各市评价结果进行再评价，并按照部门职责分工，对资金管理、项目管理、项目效益和居民满意度相关评价内容进行审定，最终形成全省评价报告及附表，并于每年3月15日前报送财政部、住房城乡建设部和财政部驻山东省财政监察专员办事处。

第十一条 市县财政部门、住房保障主管部门报送的绩效评价报告应包括以下内容：

（一）财政资金绩效目标的设立、制定依据和目标调整情况；

（二）本市县评价总体情况；

（三）市级对所辖县区开展绩效评价工作的整体情况；

（四）本市县绩效目标的实现程度及相关绩效分析和说明；

（五）存在的问题及原因分析；

（六）绩效评价结果及相关改进建议。

第十二条 市县财政部门、住房保障主管部门按照职责分工，对本级提供的绩效评价报告和相关数据资料的真实性、合法性、完整性负责。

第四章 评价结果及应用

第十三条 绩效评价结果实行百分制，根据指标因素评价计算得分。

评价结果划分为四个等级：评价总得分在90分（含）以上为优秀；75（含）~90分为良好；60（含）~75分为合格；60分以下为不合格。

第十四条 对于省委、省政府有关重大决策和改革举措落实得力、成效明显的市，省财政厅、省住房城乡建设厅在对各市评价结果进行再评价时，给予适当加分。对于以后年度发现以前年度城镇保障性安居工程质量不合格、群众不满意等问题的，将在发现问题的年度相应扣分。

县级以上地方财政部门、住房保障主管部门要向同级人民政府报告，并以适当形式向社会公开本地区的绩效评价结果。

第十五条 绩效评价结果作为各级财政部门会同同级住房城乡建设部门分配以后年度城镇保障性安居工程资金、制定调整相关政策以及加强城镇保障性安居工程建设和运营管理的重要参考依据。

第五章 附　　则

第十六条 本实施细则由省财政厅、省住房城乡建设厅负责解释。

第十七条 本细则自2017年4月10日起施行，有效期至2022年4月9日。《山东省城镇保障性安居工程财政资金绩效评价实施细则（暂行）》（鲁财综〔2015〕102号）同时废止。

附件：山东省城镇保障性安居工程财政资金绩效评价量化指标表

附件：

山东省城镇保障性安居工程财政资金绩效评价量化指标表

填报单位：____________市（县）

评价指标				评分标准	地区评价得分
一级指标	分值	二级指标	分值		
资金管理	20	资金申请	5	市级有关部门按照规定时间报送专项资金申请材料，得2分；每延期5天扣1分，最多扣2分；报送的基础数据真实准确的，得3分；基础数据不准确的，按照认定数据每核减1%，扣1分，最多扣3分。	
		资金下达	5	按照省有关文件要求及时下达中央和省专项资金的，得5分；没有及时下达资金的，每延迟5天扣1分，最多扣5分。	
		市级安排	5	市级财政安排补助资金用于保障性安居工程的，得5分；没有安排的，得0分；市级（含计划单列市）住房公积金管理中心未按规定将增值收益上缴财政用于公共租赁住房的，扣2分。	
		合法合规性	5	没有违规违纪情况的，得5分；通过审计、财政等部门检查存在资金截留、挪用等违规违纪行为，或经群众举报、新闻媒体曝光，经查实存在违规违纪行为的，每发现1项扣0.5分，最多扣5分。	
项目管理	15	规划计划编制	5	编制中长期规划和年度计划的，得5分；没有编制规划和计划的，不得分。	
		政策和规划公开	5	城镇保障性安居工程管理相关政策、资金管理（分配）办法、绩效评价办法、年度计划和中长期规划等信息及时对外公开的，得5分；每少公开1项扣0.5分，最多扣5分。	
		评价报告报送及时、完整性	5	按时报送绩效评价报告且内容完整的，得5分；内容不完整的扣2分，报送逾期每5天扣1分，最多扣3分。	
项目效益	55	开工目标完成率	15	项目实际开工量大于或等于年度责任目标的，得15分；未达到目标的，每低一个百分点扣1分，最多扣15分。	
		租赁补贴发放目标完成率	15	实际发放补贴户数大于或等于计划发放数量的，得15分；未完成目标的，每低一个百分点扣1分，最多扣15分。通过审计、财政等部门检查，或经群众举报、新闻媒体曝光，经查实存在违规发放补贴的，根据情节严重程度酌情扣分，最多扣5分。	
		当年符合分配条件的公租房和棚改安置住房分配率	10	按照事先明确的资格条件，分配率达到60%以上的，得10分；以60%为基数，每低一个百分点扣1分，最多扣10分。通过审计、财政等部门检查，或经群众举报、新闻媒体曝光，经查实存在对不符合规定条件家庭违规违纪分配住房的，根据情节严重程度酌情扣分，最多扣5分。	
		已保家庭户数占应保家庭户数比率	10	已保家庭户数占应保家庭户数比例达到80%以上的，得10分；低于80%比率的，每低一个百分点扣1分，最多扣10分。	
		工程质量	5	工程质量符合标准的，得5分；通过住房城乡建设、监察等部门检查存在工程质量问题，或经群众举报、新闻媒体曝光，经查实存在工程质量问题的，每发现1项扣1分，最多扣5分。	
居民满意度	10	棚户区改造拆迁居民满意度	5	满意度指标达到80%以上的，得5分；低于80%的，每低一个百分点扣1分，对于群众信访没有及时处置的，每一次扣1分，最多扣5分。	
		城镇低收入住房困难家庭满意度	5	满意度指标达到80%以上的，得5分；低于80%的，每低一个百分点扣1分，对于群众信访没有及时处置的，每一次扣1分，最多扣5分。	
合计			100		

省财政厅　省住房和城乡建设厅关于印发《山东省城镇和困难工矿区老旧住宅小区综合整治改造补助资金管理办法》的通知

2017 年 3 月 8 日　鲁财综〔2017〕15 号

各市财政局、住房城乡建设局（建委）、房管局、城管（市政）局，现代预算管理制度改革试点县（市、区）财政局：

为加强和规范我省城镇和困难工矿区老旧住宅小区综合整治改造补助资金管理，提高资金使用效益，根据《中华人民共和国预算法》、《山东省人民政府关于运用综合政策措施支持扩大消费的意见》（鲁政发〔2016〕22 号）和省住房城乡建设厅、省发展改革委、省财政厅等 11 部门《关于推进全省老旧小区整治改造和物业管理的意见》（鲁建发〔2015〕5 号）等有关要求，我们研究制定了《山东省城镇和困难工矿区老旧住宅小区综合整治改造补助资金管理办法》。现予印发，请认真贯彻执行。

附件：山东省城镇和困难工矿区老旧住宅小区综合整治改造补助资金管理办法

附件：

山东省城镇和困难工矿区老旧住宅小区综合整治改造补助资金管理办法

第一章　总　　则

第一条　为加强和规范城镇和困难工矿区老旧住宅小区综合整治改造补助资金管理，提高资金使用效益，确保城镇和困难工矿区老旧住宅小区综合整治改造工作取得实效，根据《中华人民共和国预算法》和财政资金管理有关规定，制定本办法。

第二条　本办法所称城镇和困难工矿区老旧住宅小区综合整治改造补助资金，是指由省级财政预算安排，用于支持城镇和困难工矿区老旧住宅小区综合整治改造和既有多层住宅加装电梯试点的补助资金。

第二章　老旧小区补助资金

第三条　补助资金管理遵循以下原则：

（一）公开、公平、公正。补助资金管理办法向社会公开，分配过程公平、公正，分配结果按规定向社会公开。

（二）突出重点。向老旧住宅小区综合整治改造任务重、困难程度高及工作绩效好的地区适当倾斜，根据省委、省政府有关政策要求，调整支出重点。

（三）补助引导。鼓励和引导各地多渠道筹措资金，充分发挥补助资金的引导作用，推进老旧住宅小区综合整治改造。

（四）注重绩效。对补助资金的使用管理情况开展绩效评价，强化绩效评价结果运用，绩效评价结果作为分配下一年度老旧住宅小区综合整治改造补助资金的参考依据。

第四条 补助资金采用因素法，按照核定的各地区当年老旧小区改造面积、改造户数等因素以及相应权重，结合财政困难程度进行分配。具体计算公式如下：

$$\text{某市县年度奖补资金数额} = (\text{该市县年度老旧小区改造面积} \div \sum \text{各市县年度老旧小区改造面积} \times 40\% + \text{该市县年度老旧小区改造户数} \div \sum \text{各市县年度老旧小区改造户数} \times 60\%) \times \text{年度补助资金总额}。$$

第五条 对沂蒙革命老区、现代预算管理制度改革试点县（市、区）和省属国有企业困难工矿区较多的重点地区，以及省委、省政府确定的需要重点支持的地区和项目给予倾斜，并结合监察、财政、审计等部门检查和审计情况，综合确定分配给各市、县（市、区）的年度资金数额。

第六条 综合整治改造内容主要包括：治安防控设施、环卫消防设施、小区环境设施、小区基础设施、专业物业服务以及小区居民整治改造意愿强烈的其他项目。

第七条 补助资金的支持范围包括：

（一）城镇建成区中1995年前建成投入使用的住宅小区。小区（组团、楼院）位于国有土地上，住宅由楼房组成，主体建筑基本完好，未纳入棚户区、城中村改造及重大项目建设计划，未来10年内不会拆迁改造。

（二）困难工矿区中1995年前建成投入使用的住宅小区。省属国有企业困难工矿区中，住宅由楼房组成，主体建筑基本完好，未纳入国有工矿棚户区、企业搬迁、企业基建或技改等改造计划，未来10年内不会拆迁改造。

各类配套设施较差、居民群众整治改造意愿强烈的小区，可适当放宽建成年限。

第三章 电梯补助资金

第八条 既有多层住宅加装电梯试点工作，按照我省有关要求组织实施。

既有多层住宅加装电梯试点补助资金单独使用、考核。

第九条 为鼓励既有多层住宅加装电梯试点地区率先示范，省级加大对试点地区的补助比例。试点期间，电梯补助资金在省级财政预算安排的限额内分配，根据省下达给试点市加装电梯任务，按每加装一台给予25万元补助资金进行试点市的资金分配。试点市可统筹安排资金用于既有多层住宅加装电梯试点工作，每台加装电梯可按总造价的40%给予财政资金补助，补助上限不超过25万元，确保完成或超额完成下达任务。取得加装电梯试点经验后，省级资金补助比例逐步递减。

第四章 资金拨付和使用管理

第十条 省财政厅会同省住房城乡建设厅于每年山东省人民代表大会批复预算后30日内，将老旧小区补助资金分配下达各市、省财政直接管理县（以下简称“直管县”）；电梯补助资金一并下达试点市。

第十一条 市、县（市、区）政府明确的牵头部门负责确定具体项目，督促项目实施单位加快项目进度。各市、县（市、区）财政部门收到资金文件后，要会同本级住房城乡建设部门在30日内将资金分解下达，对安排的资金应及时拨付到位。

第十二条 资金支付按照国库集中支付制度的有关规定执行。属于政府采购范围的，按照政府采购有关法律制度规定执行。

第十三条 各地可通过政府购买服务、政府与社会资本合作（PPP）等方式多方筹措资金，推动老旧住宅小区综合整治改造工作。

第十四条 市、县（市、区）财政部门要把资金纳入预算，统筹安排；实行专项管理、分账核算，并严格按照规定用途使用；不得截留、挤占、挪作他用，不得用于平衡本级预算。

项目实施单位要严格按照本办法规定使用资金，不得挪作他用。

第十五条 各地财政部门、住房城乡建设部门对本地区老旧住宅小区综合整治改造，在政策落实、项目实施、资金使用等方面情况逐级开展绩效评价。

绩效评价工作由省财政厅、省住房城乡建设厅统一组织、分级实施。根据工作需要，可以委托第三方机构开展独立评价工作。

第五章 法律责任

第十六条 单位和个人违反本办法规定，弄虚作假，采取虚报、多报等方式骗取资金，或不按规定使用资金的，一经查实，除追回资金外，依照《预算法》、《财政违法行为处罚处分条例》（国务院令第427号）等规定予以严肃处理，并追究法律责任。

第十七条 负责资金审核、分配、管理工作的各级财政部门、住房城乡建设部门及其工作人员，存在违反规定分配资金，以及其他滥用职权、玩忽职守、徇私舞弊等违法违纪行为的，按照《预算法》、《公务员法》、《行政监察法》、《财政违法行为处罚处分条例》等国家有关规定追究相应责任；涉嫌犯罪的，移送司法机关处理。

第六章 附 则

第十八条 各地可根据本办法，结合当地实际情况，研究制定具体实施细则。

第十九条 本办法由省财政厅、省住房城乡建设厅负责解释。

第二十条 本办法自2017年3月10日起施行，有效期至2020年3月9日。《山东省城镇和困难工矿区老旧住宅小区综合整治改造奖补资金管理办法》（鲁财综〔2016〕10号）同时废止。

省财政厅转发《财政部关于取消调整部分政府性基金有关政策的通知》的通知

2017年3月28日 鲁财综〔2017〕22号

各市财政局、省财政直接管理县（市）财政局，省发展改革委、省住房城乡建设厅、省商务厅、省水利厅、省国税局、省地税局、省物价局、省残联，国网山东省电力公司：

为切实减轻企业负担，促进实体经济发展，财政部印发了《关于取消调整部分政府性基金有关政策的通知》（财税〔2017〕18号，以下简称《通知》），现转发给你们。请按照《通知》要求，认真做好对取消城市公用事业附加和新型墙体材料专项基金、调整残疾人就业保障金征收政策的贯彻落实工作。对《通知》授权我省自主决定免征、停征或减征地方水利建设基金和地方水库移民扶持基金的政策，省里将另行制定。

附件：财政部关于取消调整部分政府性基金有关政策的通知（财税〔2017〕18号）

附件：

财政部关于取消调整部分政府性基金有关政策的通知

2017 年 3 月 15 日　财税〔2017〕18 号

发展改革委、住房城乡建设部、商务部、水利部、税务总局、中国残联，各省、自治区、直辖市财政厅（局）：

为切实减轻企业负担，促进实体经济发展，经国务院批准，现就取消、调整部分政府性基金有关政策通知如下：

一、取消城市公用事业附加和新型墙体材料专项基金。以前年度欠缴或预缴的上述政府性基金，相关执收单位应当足额征收或及时清算，并按照财政部门规定的渠道全额上缴国库或多退少补。

二、调整残疾人就业保障金征收政策

（一）扩大残疾人就业保障金免征范围。将残疾人就业保障金免征范围，由自工商注册登记之日起 3 年内，在职职工总数 20 人（含）以下小微企业，调整为在职职工总数 30 人（含）以下的企业。调整免征范围后，工商注册登记未满 3 年、在职职工总数 30 人（含）以下的企业，可在剩余时期内按规定免征残疾人就业保障金。

（二）设置残疾人就业保障金征收标准上限。用人单位在职职工年平均工资未超过当地社会平均工资（用人单位所在地统计部门公布的上年度城镇单位就业人员平均工资）3 倍（含）的，按用人单位在职职工年平均工资计征残疾人就业保障金；超过当地社会平均工资 3 倍以上的，按当地社会平均工资 3 倍计征残疾人就业保障金。用人单位在职职工年平均工资的计算口径，按照国家统计局关于工资总额组成的有关规定执行。

三、“十三五”期间，省、自治区、直辖市人民政府可以结合当地经济发展水平、相关公共事业和设施保障状况、社会承受能力等因素，自主决定免征、停征或减征地方水利建设基金、地方水库移民扶持基金。各省、自治区、直辖市财政部门应当将本地区出台的减免政策报财政部备案。

四、各级财政部门要切实做好经费保障工作，妥善安排相关部门和单位预算，保障其依法履行职责，积极支持相关事业发展。

五、各地区、有关部门和单位要通过广播、电视、报纸、网络等媒体，加强政策宣传解读，及时发布信息，做好舆论引导。

六、各地区、有关部门和单位要严格执行政府性基金管理有关规定，对公布取消、调整或减免的政府性基金，不得以任何理由拖延或者拒绝执行。有关部门要加强政策落实情况的监督检查，对违反规定的，应当按照《预算法》、《财政违法行为处罚处分条例》等法律、行政法规规定予以处理。

七、本通知自 2017 年 4 月 1 日起执行。《财政部关于征收城市公用事业附加的几项规定》（〔64〕财预王字第 380 号）、《财政部　国家发展改革委关于印发〈新型墙体材料专项基金征收使用管理办法〉的通知》（财综〔2007〕77 号）同时废止。

省财政厅　省国土资源厅转发财政部　国土资源部《关于新增农村集体经营性建设用地入市试点地区适用土地增值收益调节金政策的通知》的通知

2017 年 3 月 28 日　鲁财综〔2017〕25 号

德州市财政局、国土资源局：

现将财政部、国土资源部《关于新增农村集体经营性建设用地入市试点地区适用土地增值收益调节金政策的通知》（财税〔2017〕1 号）转发给你们，并提出如下意见，请一并贯彻执行。

一、禹城市是中央全面深化改革领导小组批准的 18 个新增农村集体经营性建设用地入市试点县（市、区）之一，也是我省唯一的试点县（市、区），其新增农村集体经营性建设用地土地增值收益调节金的征收使用管理，按照《新增农村集体经营性建设用地土地增值收益调节金征收使用管理暂行办法》（财税〔2016〕41 号）规定执行。

二、你市财政、国土资源主管部门应于每半年终了后 15 日内，将禹城市试点情况报送省财政厅、省国土资源厅。

附件：1. 财政部　国土资源部《关于新增农村集体经营性建设用地入市试点地区适用土地增值收益调节金政策的通知》（财税〔2017〕1 号）

2.《农村集体经营性建设用地土地增值收益调节金征收使用管理暂行办法》（财税〔2016〕41 号）（略）

附件 1：

财政部　国土资源部《关于新增农村集体经营性建设用地入市试点地区适用土地增值收益调节金政策的通知》

2017 年 1 月 6 日　财税〔2017〕1 号

天津、河北、内蒙古、江苏、浙江、安徽、福建、江西、山东、湖北、湖南、四川、云南、陕西、西藏、宁夏、新疆、青海省、自治区、直辖市财政厅（局）、国土资源厅（局）：

为推进农村集体经营性建设用地入市制度改革，规范农村集体经营性建设用地土地增值收益管理，根据《中共中央办公厅　国务院办公厅印发〈关于农村土地征收、集体经营性建设用地入市、宅基地制度改革试点工作的意见〉的通知》规定，现就新增农村集体经营性建设用地入市试点地区适用土地增值收益调节金政策问题通知如下：

一、经中央全面深化改革领导小组批准的 18 个新增农村集体经营性建设用地入市试点县（市、区），按照《农村集体经营性建设用地土地增值收益调节金征收使用管理暂行办法》（财税〔2016〕41 号）的有关规定，适用农村集体经营性建设用地土地增值收益调节金等相关政策。

二、本通知自 2016 年 10 月 8 日起至 2017 年 12 月 31 日止执行。

省财政厅　省物价局转发《财政部　国家发展改革委关于清理规范一批行政事业性收费有关政策的通知》的通知

2017 年 3 月 29 日　鲁财综〔2017〕26 号

各市财政局、物价局，省财政直接管理县（市）财政局，省委党校，省直各部门、各直属机构，省高级人民法院、省人民检察院，共青团省委：

现将财政部、国家发展改革委《关于清理规范一批行政事业性收费有关政策的通知》（财税〔2017〕20 号，以下简称《通知》）转发给你们，并提出以下意见，请一并遵照执行。

一、自 2017 年 4 月 1 日起，在全省统一取消或停征房屋转让手续费等 41 项行政事业性收费（详见附件），将商标注册收费标准降低 50%。对以前年度欠缴的上述行政事业性收费，有关执收部门应足额征收，并按原征收渠道全额上缴相应级次国库。

二、减轻企业和个人缴费负担，是推进供给侧结构性改革、促进实体经济发展的重要举措。各级各有关部门要高度重视，提高认识，严格执行《通知》规定，不得以任何理由拖延或拒绝执行，不得以其他名目或转为经营服务性收费方式变相继续收费，确保政策落实到位。对违反规定的，按照有关法律法规规定予以严肃处理。

三、请各市财政、物价部门以及省直有关部门于 4 月 20 日前，将贯彻落实国家减费降费政策情况报送省财政厅、省物价局。

附件：财政部、国家发展改革委关于清理规范一批行政事业性收费有关政策的通知（财税〔2017〕20 号）（略）

省财政厅关于启用非税收入补缴款项目的通知

2017 年 4 月 14 日　鲁财综〔2017〕29 号

各市财政局，省直有关部门：

根据财政部《关于取消、调整部分政府性基金有关政策的通知》（财税〔2017〕18 号）、《关于清理规范一批行政事业性收费有关政策的通知》（财税〔2017〕20 号）规定，自 2017 年 4 月 1 日起，取消城市公用事业附加和新型墙体材料专项基金，取消或停征 41 项行政事业性收费。为贯彻落实上述减费降负政策，省财政厅及时在非税收入征缴系统中停用了相关收费、基金项目。为确保以前年度（2017 年 4 月 1 日前）欠缴的相关基金、收费足额征收，经研究，决定启用相关非税收入补缴款项目，现就有关事项通知如下：

一、定于 4 月 25 日至 5 月 25 日，在非税收入征缴系统中启用相关收费补缴款项目。

二、各市财政部门和省直有关部门需填写非税收入补缴款项目申请表（详见附件 2），并于 4 月 21 日前反馈省财政厅，作为启用非税收入补缴款项目的依据，逾期不予受理。

三、各级各有关执收部门，应于 4 月 25 日项目启用后，及时到同级财政部门申请添加非税收入执收编码。对以前年度欠缴的相关基金、收费，要及时组织收缴，并按规定渠道缴入国库。

四、请各市财政部门和省直有关部门高度重视此次非税收入补缴工作。为确保将国家减费降负政策落到实处，避免"搭车收费"等乱收费行为，在本通知规定期限外，原则上不再受理非税收入补缴款项目的申请。

省财政厅联系人：王群，联系电话：0531－82669845，传真：0531－82920772。

附件：1. 取消或停征的收费基金项目

2. 非税收入补缴款项目申请表

3. 省直执收单位情况表（省直部门填报）

附件1：

取消或停征的收费基金项目

序号	部门	项目	备注
财税〔2017〕18号文件			
1	地税部门代征	1. 城市公用事业附加	
2	住房与城乡建设部门	2. 新型墙体材料专项基金	
财税〔2017〕20号文件			
1	发展改革部门	1. 非刑事案件财物价格鉴定费	
2	公安部门	2. 口岸以外边防检查监护费	
3		3. 机动车抵押登记费	
4	环境保护部门	4. 核安全技术审评费	
5		5. 环境监测服务费	
6	住房城乡建设部门	6. 白蚁防治费	
7		7. 房屋转让手续费	
8	农业部门	8. 农业转基因生物安全评价费	
9	质检部门	9. 设备监理单位资格评审费	
10	测绘地信部门	10. 测绘仪器检测收费（不含按经营服务性收费管理的自愿委托检测费）	
11		11. 测绘产品质量监督检验费（不含按经营服务性收费管理的自愿委托检验费）	
12	宗教部门	12. 清真食品认证费	
13	国土资源部门	1. 地质成果资料费	
14	环境保护部门	2. 城市放射性废物送贮费	
15		3. 登记费。包括：进口废物环境保护审查登记费，化学品进口登记费	
16	交通运输部门	4. 船舶登记费	
17		5. 船舶及船用产品设施检验费（中国籍非入级船舶法定检验费）	
18	卫生计生部门	6. 卫生检测费	
19		7. 委托性卫生防疫服务费	
20	水利部门	8. 河道工程修建维护管理费	
21		9. 河道采砂管理费（含长江河道砂石资源费）	
22	农业部门	10. 植物新品种保护权收费	
23		11. 农药、兽药注册登记费。包括：农药登记费，进口兽药注册登记审批、发证收费	
24		12. 检验检测费。包括：新饲料、进口饲料添加剂质量复核检验费，饲料及饲料添加剂委托检验费，新兽药、进口兽药质量标准复核检验费，进出口兽药检验费，兽药委托检验费，农作物委托检验费，农机产品测试检验费，农业转基因生物检测费，渔业船舶和船用产品检验费	

续表

序号	部门	项目	备注
25	质检部门	13. 出入境检验检疫费	
26		14. 产品质量监督检验费（含工业产品生产许可证发证检验费，不含按经营服务性收费管理的自愿委托检验费）	
27		15. 计量收费（即行政审批和强制检定收费。非强制检定收费不得列入行政事业性收费，不得强制企业接受服务并收费）	
28	食品药品监管部门	16. 认证费。包括：药品生产质量管理规范认证费，药品经营质量管理规范认证费	
29		17. 检验费。包括：药品检验费，医疗器械产品检验费	
30		18. 麻醉、精神药品进出口许可证费	
31		19. 药品保护费。包括：药品行政保护费，中药品种保护费	
32	新闻出版广电部门	20. 计算机软件著作权登记费	
33	民航部门	21. 民用航空器国籍、权利登记费	
34	林业部门	22. 植物新品种保护权收费	
35	测绘地信部门	23. 测绘成果成图资料收费	
36	卫生计生部门	1. 预防性体检费	
37	体育部门	2. 兴奋剂检测费	
38	中直管理局	3. 机要交通文件（物件）传递费	
39	相关部门和单位	4. 培训费。包括：中国纪检监察学院培训费，国家法官学院培训费，中央团校培训费，中央党校培训费	
40	民政部门	1. 登记费。包括：婚姻登记费，收养登记费	
41	相关部门和单位	2. 依申请提供政府公开信息收费。包括：检索费，复制费（含案卷材料复制费），邮寄费	

附件2：

非税收入补缴款项目申请表

填表单位（盖章）：

序号	项目名称	停征或取消涉及文件（财税〔2017〕18号/财税〔2017〕20号）	申请启用项目补缴款原因	备注

联系人：　　　　　　　　　　　　联系方式：

附件3：

省直执收单位情况表

<table>
<tr><td>预算单位编码</td><td></td><td>执收单位性质</td><td></td><td>执收单位预算级次</td><td></td></tr>
<tr><td>执收单位名称</td><td colspan="5"></td></tr>
<tr><td>主管部门名称</td><td colspan="5"></td></tr>
<tr><td>执收单位负责人</td><td colspan="2"></td><td>执收单位联系人</td><td colspan="2"></td></tr>
<tr><td>执收单位负责人电话</td><td colspan="2"></td><td>执收单位联系人电话</td><td colspan="2"></td></tr>
<tr><td>备注</td><td colspan="5"></td></tr>
<tr><td colspan="3">主管部门（公章）</td><td colspan="3">执收单位（公章）</td></tr>
</table>

序号	非税收入项目名称	中央分成比例	省级分成比例	备注
1				
2				
3				
4				
5				
6				

经办人：　　　　复核人：

省财政厅　省国土资源厅关于《山东省新增建设用地土地有偿使用费资金使用管理办法》的补充通知

2017年4月17日　鲁财综〔2017〕34号

各市财政局、国土资源局，省财政直接管理县（市）财政局：

为进一步规范和加强新增建设用地土地有偿使用费资金管理，根据《中华人民共和国预算法》和《财政部、国土资源部关于印发〈新增建设用地土地有偿使用费资金管理办法〉的补充通知》（财建〔2016〕847号）规定，结合我省新增建设用地土地有偿使用费资金管理实际，现就《山东省新增建设用地土地有偿使用费资金使用管理办法》（鲁财综〔2015〕99号）补充通知如下：

一、自2017年1月1日起，新增建设用地土地有偿使用费（以下简称新增费）由政府性基金预算调整转列为一般公共预算。

二、土地整治项目支出标准按照《山东省土地整治项目预算定额标准》（鲁财综〔2014〕65号）和《关于进一步明确全面推开营改增试点后我省土地整治项目预算定额标准过渡规定的通知》（鲁财综〔2016〕49号）有关规定执行。

三、取消《山东省新增建设用地土地有偿使用费资金使用管理办法》（鲁财综〔2015〕99号）第二十四条中“并报省财政厅、省国土资源厅备案”和“省按项目法分配的资金，采取课题研究与项目实施相结合的原则，由试点市申报，经省级审查审批后落实到具体项目”规定。

四、土地整治项目支出包括宜耕后备资源土地整治占补平衡项目支出。

五、进一步明确资金管理责任。按照“权责统一”原则，项目申报单位对申报材料的真实性和有效性负责；国土资源主管部门对申报材料的审核和对提出的资金安排建议负责；财政部门和国土资源主管部门对资金的分配审批负责；资金项目承担单位对资金使用负责。

六、各级国土资源主管部门要会同同级财政部门，建立项目实施及专项资金使用管理定期调度通报制度，及时掌握情况，发现问题尽快纠正。

七、各级财政部门、国土资源主管部门及其工作人员存在违规分配和使用资金、违规安排项目以及其他滥用职权、玩忽职守、徇私舞弊等违法违纪行为的，按照《预算法》、《公务员法》、《行政监察法》、《财政违法行为处罚处分条例》等有关规定追究相应责任；涉嫌犯罪的，移送司法机关处理。

八、本通知规定自2017年6月1日起施行，有效期至2022年5月31日。

省财政厅关于印发《山东省重大财经课题研究经费管理办法》的通知

2017年5月2日　鲁财综〔2017〕37号

各市财政局、省财政直接管理县（市）财政局，省直各部门、单位：

现将《山东省重大财经课题研究经费管理办法》印发给你们，请遵照执行。

附件：山东省重大财经课题研究经费管理办法

附件：

山东省重大财经课题研究经费管理办法

第一条　为规范我省重大财经课题研究经费使用管理，提高财政资金使用效益，更好地推动提升我省重大财经理论研究水平，参照《国家社会科学基金项目资金管理办法》（财教〔2016〕304号）、《山东省哲学社会科学类项目资金管理办法》（鲁财教〔2016〕82号）相关规定，结合我省实际，制定本办法。

第二条　本办法所指重大财经课题研究经费（以下简称课题经费），是指由省级财政部门通过年度预算安排，专项用于开展重大财经课题研究的经费。

第三条　项目资金的管理使用应坚持公平公正、讲求效益、突出理论创新和实践指导的原则，切实提高研究的前瞻性、时效性和实用性，为推进财政改革发展提供理论支持。

第四条　项目资金分配实行项目法。每年由省财政厅结合年度工作重点，统一组织申报课题并择优立项分配资金。

第五条　项目承担单位是项目资金管理的责任主体，负责项目资金的日常管理和监督。项目责任人是项目资金使用的直接责任人，对资金使用的合规性、真实性和相关性承担相应的经济与法律责任。

第六条　项目资金应纳入项目承担单位财务统一管理，单独核算，专款专用。使用管理中涉及政府采购、政府购买服务、国有资产管理、国库集中支付的，要严格按照相关规定执行。

第七条　项目资金包括在项目研究过程中发生的直接费用和间接费用。

第八条 直接费用是指在项目研究过程中发生的与之直接相关的费用，具体包括：

（一）资料费：指在项目研究过程中需要支付的图书（包括外文图书）购置费，资料收集、整理、复印、翻拍、翻译费，专用软件购买费，文献检索费等。

（二）数据采集费：指在项目研究过程中发生的调查、访谈、数据购买、数据分析及相应技术服务购买等费用。

（三）会议费、差旅费：指在项目研究过程中开展学术研讨、咨询交流、考察调研等活动而发生的会议、交通、食宿等费用。

（四）设备费：指在项目研究过程中购置设备和设备耗材、升级维护现有设备以及租用外单位设备而发生的费用。设备购置应当严格控制，鼓励共享、租赁以及对现有设备进行升级。

（五）咨询费：指为开展项目研究而进行的问卷调查、专家咨询等开支的费用。

（六）印刷费、宣传费：指在项目研究过程中支付的打印、项目研究成果印刷、课题研究成果汇编和推广应用等费用。

（七）劳务费：指在项目研究过程中支付给参与项目研究以及项目聘用的研究人员等的劳务费用。

（八）其他支出：除上述费用之外，与项目研究相关，且应当在编制预算时单独列示、单独核定的其他费用。

第九条 间接费用是指项目承担单位在组织实施项目过程中发生的无法在直接费用中列支的相关费用，主要用于补偿项目承担单位为项目研究提供的现有仪器设备及房屋、水、电、气、暖消耗等间接成本，有关管理费用，以及激励项目科研人员的绩效支出等。

第十条 间接费用由项目承担单位统筹管理使用。加大对项目科研人员的激励力度，取消绩效支出比例限制。项目承担单位应处理好合理分摊间接成本和对科研人员激励的关系，根据科研人员在项目工作中的实际贡献，结合项目研究进度和完成质量，在核定的间接费用范围内，公开公正安排绩效支出，充分发挥绩效支出的激励作用。

项目承担单位不得在核定的间接费用以外再以任何名义在项目资金中重复提取、列支相关费用。

第十一条 项目承担单位应按照目标相关性、政策相符性和经济合理性原则，根据项目研究需要和资金开支范围，科学合理、实事求是编制经费预算。对直接费用支出的主要用途和测算理由作出说明。

第十二条 跨单位合作的项目，应根据合作协议分别编制单项预算，并由项目承担单位汇总编制总预算。项目承担单位应按照合作协议和核定预算，及时转拨合作单位资金。

第十三条 项目完成后，项目负责人应会同科研、财务、审计、资产等管理部门及时清理账目与资产，如实编制项目决算表，不得随意调账变动支出、随意修改记账凭证。

有外拨资金的项目，外拨资金决算经合作单位财务、审计部门审核并签署意见后，按规定汇总编制项目资金决算。

第十四条 项目在研期间年度剩余资金可以结转下一年度继续使用。项目研究成果完成并通过审核验收后，结余资金可用于项目最终成果出版及后续研究的直接支出。若项目研究成果通过审核验收 2 年后结余资金仍有剩余的，应按原渠道退回，结转下年统筹用于资助项目研究。研究成果未通过审核验收的项目，结余资金按原渠道退回。对于因故被终止执行项目的结余资金，以及因故被撤销项目的已拨资金，项目承担单位应按原渠道退回。

第十五条 项目承担单位要编制项目研究绩效目标，严格按照绩效管理有关规定开展绩效评价，切实提高资金使用效益。绩效评价工作由省财政厅统一组织实施。

第十六条 违反本办法规定的，依照《中华人民共和国预算法》、《财政违法行为处罚处分条例》等有关规定追究法律责任。涉嫌犯罪的，依法移送司法机关处理。

第十七条 本办法由省财政厅负责解释。

第十八条 本办法自 2017 年 6 月 3 日起施行，有效期至 2022 年 6 月 2 日。《重大财经专题调研和财经形势分析补助经费管理暂行办法》（鲁财综〔2011〕140 号）同时废止。

二、

税政管理类

财政部　国家税务总局关于资管产品增值税政策有关问题的补充通知

2017 年 1 月 10 日　财税〔2017〕2 号

各省、自治区、直辖市、计划单列市财政厅（局）、国家税务局，地方税务局，新疆生产建设兵团财务局：

现就《财政部　国家税务总局关于明确金融　房地产开发　教育辅助服务等增值税政策的通知》（财税〔2016〕140 号）第四条规定的“资管产品运营过程中发生的增值税应税行为，以资管产品管理人为增值税纳税人”问题补充通知如下：

2017 年 7 月 1 日（含）以后，资管产品运营过程中发生的增值税应税行为，以资管产品管理人为增值税纳税人，按照现行规定缴纳增值税。

对资管产品在 2017 年 7 月 1 日前运营过程中发生的增值税应税行为，未缴纳增值税的，不再缴纳；已缴纳增值税的，已纳税额从资管产品管理人以后月份的增值税应纳税额中抵减。

资管产品运营过程中发生增值税应税行为的具体征收管理办法，由国家税务总局另行制定。

财政部　国家税务总局关于调整中外合作海上油（气）田开采企业名单的通知

2017 年 1 月 23 日　财税〔2017〕10 号

各省、自治区、直辖市、计划单列市财政厅（局）、国家税务局，新疆生产建设兵团财务局：

根据我国海洋石油工业发展变化情况，为确保政策落实到位，现对《财政部　国家税务总局关于出口货物劳务增值税和消费税政策的通知》（财税〔2012〕39 号）附件 3 第二条“（二）中国海洋石油对外合作公司”项下企业名单进行调整，《财政部　国家税务总局关于明确金融　房地产开发　教育辅助服务等增值税政策的通知》（财税〔2016〕140 号）第十七条“中外合作油（气）田开采企业”按调整后的名单执行。

一、在原名单中增加中海石油（中国）有限公司曹妃甸作业公司、中海石油（中国）有限公司蓬勃作业公司、中海石油（中国）有限公司陵水作业公司、中海石油（中国）有限公司惠州作业公司、洛克石油（渤海）公司、智慧石油投资有限公司。

二、在原名单中删除“科麦奇中国石油有限公司”、“CACT 作业者集团”。

三、上述增加、删除的企业，分别自其工商登记、变更或注销之日起执行。

财政部　税务总局关于集成电路企业增值税期末留抵退税有关城市维护建设税教育费附加和地方教育附加政策的通知

2017 年 2 月 24 日　财税〔2017〕17 号

各省、自治区、直辖市、计划单列市财政厅（局）、国家税务局、地方税务局，新疆生产建设兵团财务局：

按照《国务院关于印发进一步鼓励软件产业和集成电路产业发展若干政策的通知》（国发〔2011〕4号）有关要求，现就集成电路企业增值税期末留抵退税事项涉及的城市维护建设税、教育费附加和地方教育附加政策明确如下：

享受增值税期末留抵退税政策的集成电路企业，其退还的增值税期末留抵税额，应在城市维护建设税、教育费附加和地方教育附加的计税（征）依据中予以扣除。

本通知自发布之日起施行。

财政部　税务总局关于中小企业融资（信用）担保机构有关准备金企业所得税税前扣除政策的通知

2017 年 3 月 21 日　财税〔2017〕22 号

各省、自治区、直辖市、计划单列市财政厅（局）、国家税务局、地方税务局，新疆生产建设兵团财务局：

根据《中华人民共和国企业所得税法》和《中华人民共和国企业所得税法实施条例》的有关规定，现就中小企业融资（信用）担保机构有关准备金企业所得税税前扣除政策问题通知如下：

一、符合条件的中小企业融资（信用）担保机构按照不超过当年年末担保责任余额 1% 的比例计提的担保赔偿准备，允许在企业所得税税前扣除，同时将上年度计提的担保赔偿准备余额转为当期收入。

二、符合条件的中小企业融资（信用）担保机构按照不超过当年担保费收入 50% 的比例计提的未到期责任准备，允许在企业所得税税前扣除，同时将上年度计提的未到期责任准备余额转为当期收入。

三、中小企业融资（信用）担保机构实际发生的代偿损失，符合税收法律法规关于资产损失税前扣除政策规定的，应冲减已在税前扣除的担保赔偿准备，不足冲减部分据实在企业所得税税前扣除。

四、本通知所称符合条件的中小企业融资（信用）担保机构，必须同时满足以下条件：

（一）符合《融资性担保公司管理暂行办法》（银监会等七部委令 2010 年第 3 号）相关规定，并具有融资性担保机构监管部门颁发的经营许可证；

（二）以中小企业为主要服务对象，当年中小企业信用担保业务和再担保业务发生额占当年信用担保业务发生总额的 70% 以上（上述收入不包括信用评级、咨询、培训等收入）；

（三）中小企业融资担保业务的平均年担保费率不超过银行同期贷款基准利率的 50%；

（四）财政、税务部门规定的其他条件。

五、申请享受本通知规定的准备金税前扣除政策的中小企业融资（信用）担保机构，在汇算清缴时，需报送法人执照副本复印件、融资性担保机构监管部门颁发的经营许可证复印件、年度会计报表和担保业务情况（包括担保业务明细和风险准备金提取等），以及财政、税务部门要求提供的其他材料。

六、本通知自 2016 年 1 月 1 日起至 2020 年 12 月 31 日止执行。《财政部　国家税务总局关于中小企业信用担保机构有关准备金企业所得税税前扣除政策的通知》（财税〔2012〕25 号）同时废止。

财政部　税务总局关于证券行业准备金支出企业所得税税前扣除有关政策问题的通知

2017 年 3 月 21 日　财税〔2017〕23 号

各省、自治区、直辖市、计划单列市财政厅（局）、国家税务局、地方税务局，新疆生产建设兵团财务局：

根据《中华人民共和国企业所得税法》和《中华人民共和国企业所得税法实施条例》的有关规定，现就证券行业准备金支出企业所得税税前扣除有关政策问题明确如下：

一、证券类准备金

（一）证券交易所风险基金。

上海、深圳证券交易所依据《证券交易所风险基金管理暂行办法》（证监发〔2000〕22 号）的有关规定，按证券交易所交易收取经手费的 20%、会员年费的 10% 提取的证券交易所风险基金，在各基金净资产不超过 10 亿元的额度内，准予在企业所得税税前扣除。

（二）证券结算风险基金。

1. 中国证券登记结算公司所属上海分公司、深圳分公司依据《证券结算风险基金管理办法》（证监发〔2006〕65 号）的有关规定，按证券登记结算公司业务收入的 20% 提取的证券结算风险基金，在各基金净资产不超过 30 亿元的额度内，准予在企业所得税税前扣除。

2. 证券公司依据《证券结算风险基金管理办法》（证监发〔2006〕65 号）的有关规定，作为结算会员按人民币普通股和基金成交金额的十万分之三、国债现货成交金额的十万分之一、1 天期国债回购成交额的千万分之五、2 天期国债回购成交额的千万分之十、3 天期国债回购成交额的千万分之十五、4 天期国债回购成交额的千万分之二十、7 天期国债回购成交额的千万分之五十、14 天期国债回购成交额的十万分之一、28 天期国债回购成交额的十万分之二、91 天期国债回购成交额的十万分之六、182 天期国债回购成交额的十万分之十二逐日交纳的证券结算风险基金，准予在企业所得税税前扣除。

（三）证券投资者保护基金。

1. 上海、深圳证券交易所依据《证券投资者保护基金管理办法》（证监会令第 27 号、第 124 号）的有关规定，在风险基金分别达到规定的上限后，按交易经手费的 20% 缴纳的证券投资者保护基金，准予在企业所得税税前扣除。

2. 证券公司依据《证券投资者保护基金管理办法》（证监会令第 27 号、第 124 号）的有关规定，按其营业收入 0.5% ~5% 缴纳的证券投资者保护基金，准予在企业所得税税前扣除。

二、期货类准备金

（一）期货交易所风险准备金。

大连商品交易所、郑州商品交易所和中国金融期货交易所依据《期货交易管理条例》（国务院令第 489 号）、《期货交易所管理办法》（证监会令第 42 号）和《商品期货交易财务管理暂行规定》（财商字〔1997〕44 号）的有关规定，上海期货交易所依据《期货交易管理条例》（国务院令第 489 号）、《期货交易所管理办法》（证监会令第 42 号）和《关于调整上海期货交易所风险准备金规模的批复》（证监函〔2009〕407 号）的有关规定，分别按向会员收取手续费收入的 20% 计提的风险准备金，在风险准备金余额达到有关规定的额度内，准予在企业所得税税前扣除。

（二）期货公司风险准备金。

期货公司依据《期货公司管理办法》（证监会令第 43 号）和《商品期货交易财务管理暂行规定》（财商字〔1997〕44 号）的有关规定，从其收取的交易手续费收入减去应付期货交易所手续费后的净收入的 5% 提取的期货公司风险准备金，准予在企业所得税税前扣除。

（三）期货投资者保障基金。

1. 上海期货交易所、大连商品交易所、郑州商品交易所和中国金融期货交易所依据《期货投资者保障基金管理暂行办法》（证监会令第 38 号、第 129 号）和《关于明确期货投资者保障基金缴纳比例有关事项的规定》（证监会　财政部公告〔2016〕26 号）的有关规定，按其向期货公司会员收取的交易手续费的 2%（2016 年 12 月 8 日前按 3%）缴纳的期货投资者保障基金，在基金总额达到有关规定的额度内，准予在企业所得税税前扣除。

2. 期货公司依据《期货投资者保障基金管理办法》（证监会令第 38 号、第 129 号）和《关于明确期货投资者保障基金缴纳比例有关事项的规定》（证监会　财政部公告〔2016〕26 号）的有关规定，从其收取的交易手续费中按照代理交易额的亿分之五至亿分之十的比例（2016 年 12 月 8 日前按千万分之五至千万分之十的比例）缴纳的期货投资者保障基金，在基金总额达到有关规定的额度内，准予在企业所得税税前扣除。

三、上述准备金如发生清算、退还，应按规定补征企业所得税。

四、本通知自 2016 年 1 月 1 日起至 2020 年 12 月 31 日止执行。《财政部国家税务总局关于证券行业准备金支出企业所得税税前扣除有关政策问题的通知》（财税〔2012〕11 号）同时废止。

财政部　税务总局关于承租集体土地城镇土地使用税有关政策的通知

2017 年 3 月 31 日　财税〔2017〕29 号

各省、自治区、直辖市、计划单列市财政厅（局）、地方税务局，西藏、宁夏自治区国家税务局，新疆生产建设兵团财务局：

经研究，现将承租集体土地城镇土地使用税有关政策通知如下：

在城镇土地使用税征税范围内，承租集体所有建设用地的，由直接从集体经济组织承租土地的单位和个人，缴纳城镇土地使用税。

财政部　税务总局关于继续实施物流企业大宗商品仓储设施用地城镇土地使用税优惠政策的通知

2017 年 4 月 26 日　财税〔2017〕33 号

各省、自治区、直辖市、计划单列市财政厅（局）、地方税务局，西藏、宁夏自治区国家税务局，新疆生产建设兵团财务局：

为进一步促进物流业健康发展，现就物流企业大宗商品仓储设施用地城镇土地使用税政策通知如下：

一、自 2017 年 1 月 1 日起至 2019 年 12 月 31 日止，对物流企业自有的（包括自用和出租）大宗商品仓储设施用地，减按所属土地等级适用税额标准的 50% 计征城镇土地使用税。

二、本通知所称物流企业，是指至少从事仓储或运输一种经营业务，为工农业生产、流通、进出口和居民生活提供仓储、配送等第三方物流服务，实行独立核算、独立承担民事责任，并在工商部门注册登记为物流、仓储或运输的专业物流企业。

三、本通知所称大宗商品仓储设施，是指同一仓储设施占地面积在 6 000 平方米及以上，且主要储存粮食、棉花、油料、糖料、蔬菜、水果、肉类、水产品、化肥、农药、种子、饲料等农产品和农业生产资料，煤炭、焦炭、矿砂、非金属矿产品、原油、成品油、化工原料、木材、橡胶、纸浆及纸制品、钢材、水泥、有色金属、建材、塑料、纺织原料等矿产品和工业原材料的仓储设施。

仓储设施用地，包括仓库库区内的各类仓房（含配送中心）、油罐（池）、货场、晒场（堆场）、罩棚等储存设施和铁路专用线、码头、道路、装卸搬运区域等物流作业配套设施的用地。

四、物流企业的办公、生活区用地及其他非直接从事大宗商品仓储的用地，不属于本通知规定的优惠范围，应按规定征收城镇土地使用税。

五、非物流企业的内部仓库，不属于本通知规定的优惠范围，应按规定征收城镇土地使用税。
六、本通知印发之日前已征的应予减免的税款，在纳税人以后应缴税款中抵减或者予以退还。
七、符合上述减税条件的物流企业需持相关材料向主管税务机关办理备案手续。
请遵照执行。

财政部　税务总局　科技部关于提高科技型中小企业研究开发费用税前加计扣除比例的通知

2017 年 5 月 2 日　财税〔2017〕34 号

各省、自治区、直辖市、计划单列市财政厅（局）、国家税务局、地方税务局、科技厅（局），新疆生产建设兵团财务局、科技局：

为进一步激励中小企业加大研发投入，支持科技创新，现就提高科技型中小企业研究开发费用（以下简称研发费用）税前加计扣除比例有关问题通知如下：

一、科技型中小企业开展研发活动中实际发生的研发费用，未形成无形资产计入当期损益的，在按规定据实扣除的基础上，在 2017 年 1 月 1 日至 2019 年 12 月 31 日期间，再按照实际发生额的 75% 在税前加计扣除；形成无形资产的，在上述期间按照无形资产成本的 175% 在税前摊销。

二、科技型中小企业享受研发费用税前加计扣除政策的其他政策口径按照《财政部　国家税务总局　科技部关于完善研究开发费用税前加计扣除政策的通知》（财税〔2015〕119 号）规定执行。

三、科技型中小企业条件和管理办法由科技部、财政部和国家税务总局另行发布。科技、财政和税务部门应建立信息共享机制，及时共享科技型中小企业的相关信息，加强协调配合，保障优惠政策落实到位。

财政部　税务总局关于继续执行有线电视收视费增值税政策的通知

2017 年 4 月 28 日　财税〔2017〕35 号

各省、自治区、直辖市、计划单列市财政厅（局）、国家税务局，新疆生产建设兵团财务局：

为继续支持广播电视运营事业发展，现就有线电视收视费增值税政策通知如下：

2017 年 1 月 1 日至 2019 年 12 月 31 日，对广播电视运营服务企业收取的有线数字电视基本收视维护费和农村有线电视基本收视费，免征增值税。

本通知印发之日前，已征的按照本通知规定应予免征的增值税，可抵减纳税人以后月份应缴纳的增值税或予以退还。

财政部　税务总局关于简并增值税税率有关政策的通知

2017 年 4 月 28 日　财税〔2017〕37 号

各省、自治区、直辖市、计划单列市财政厅（局）、国家税务局、地方税务局，新疆生产建设兵团财务局：

自2017年7月1日起，简并增值税税率结构，取消13%的增值税税率。现将有关政策通知如下：

一、纳税人销售或者进口下列货物，税率为11%：

农产品（含粮食）、自来水、暖气、石油液化气、天然气、食用植物油、冷气、热水、煤气、居民用煤炭制品、食用盐、农机、饲料、农药、农膜、化肥、沼气、二甲醚、图书、报纸、杂志、音像制品、电子出版物。

上述货物的具体范围见本通知附件1。

二、纳税人购进农产品，按下列规定抵扣进项税额：

（一）除本条第（二）项规定外，纳税人购进农产品，取得一般纳税人开具的增值税专用发票或海关进口增值税专用缴款书的，以增值税专用发票或海关进口增值税专用缴款书上注明的增值税额为进项税额；从按照简易计税方法依照3%征收率计算缴纳增值税的小规模纳税人取得增值税专用发票的，以增值税专用发票上注明的金额和11%的扣除率计算进项税额；取得（开具）农产品销售发票或收购发票的，以农产品销售发票或收购发票上注明的农产品买价和11%的扣除率计算进项税额。

（二）营业税改征增值税试点期间，纳税人购进用于生产销售或委托受托加工17%税率货物的农产品维持原扣除力度不变。

（三）继续推进农产品增值税进项税额核定扣除试点，纳税人购进农产品进项税额已实行核定扣除的，仍按照《财政部　国家税务总局关于在部分行业试行农产品增值税进项税额核定扣除办法的通知》（财税〔2012〕38号）、《财政部　国家税务总局关于扩大农产品增值税进项税额核定扣除试点行业范围的通知》（财税〔2013〕57号）执行。其中，《农产品增值税进项税额核定扣除试点实施办法》（财税〔2012〕38号印发）第四条第（二）项规定的扣除率调整为11%；第（三）项规定的扣除率调整为按本条第（一）项、第（二）项规定执行。

（四）纳税人从批发、零售环节购进适用免征增值税政策的蔬菜、部分鲜活肉蛋而取得的普通发票，不得作为计算抵扣进项税额的凭证。

（五）纳税人购进农产品既用于生产销售或委托受托加工17%税率货物又用于生产销售其他货物服务的，应当分别核算用于生产销售或委托受托加工17%税率货物和其他货物服务的农产品进项税额。未分别核算的，统一以增值税专用发票或海关进口增值税专用缴款书上注明的增值税额为进项税额，或以农产品收购发票或销售发票上注明的农产品买价和11%的扣除率计算进项税额。

（六）《中华人民共和国增值税暂行条例》第八条第二款第（三）项和本通知所称销售发票，是指农业生产者销售自产农产品适用免征增值税政策而开具的普通发票。

三、本通知附件2所列货物的出口退税率调整为11%。出口货物适用的出口退税率，以出口货物报关单上注明的出口日期界定。

外贸企业2017年8月31日前出口本通知附件2所列货物，购进时已按13%税率征收增值税的，执行13%出口退税率；购进时已按11%税率征收增值税的，执行11%出口退税率。生产企业2017年8月31日前出口本通知附件2所列货物，执行13%出口退税率。出口货物的时间，按照出口货物报关单上注明的出口日期执行。

四、本通知自2017年7月1日起执行。此前有关规定与本通知规定的增值税税率、扣除率、相关货物具体范围不一致的，以本通知为准。《财政部　国家税务总局关于免征部分鲜活肉蛋产品流通环节增值税政策的通知》（财税〔2012〕75号）第三条同时废止。

五、各地要高度重视简并增值税税率工作，切实加强组织领导，周密安排，明确责任。做好实施前的各项准备以及实施过程中的监测分析、宣传解释等工作，确保简并增值税税率平稳、有序推进。遇到问题请及时向财政部和税务总局反映。

附件：1. 适用11%增值税税率货物范围注释

2. 出口退税率调整产品清单

附件 1：

适用 11%增值税税率货物范围注释

一、农产品

农产品，是指种植业、养殖业、林业、牧业、水产业生产的各种植物、动物的初级产品。具体征税范围暂继续按照《财政部、国家税务总局关于印发〈农业产品征税范围注释〉的通知》（财税字〔1995〕52号）及现行相关规定执行，并包括挂面、干姜、姜黄、玉米胚芽、动物骨粒、按照《食品安全国家标准—巴氏杀菌乳》（GB19645—2010）生产的巴氏杀菌乳、按照《食品安全国家标准—灭菌乳》（GB25190—2010）生产的灭菌乳。

二、食用植物油、自来水、暖气、冷气、热水、煤气、石油液化气、天然气、沼气、居民用煤炭制品、图书、报纸、杂志、化肥、农药、农机、农膜

上述货物的具体征税范围暂继续按照《国家税务总局关于印发〈增值税部分货物征税范围注释〉的通知》（国税发〔1993〕151 号）及现行相关规定执行，并包括棕榈油、棉籽油、茴油、毛椰子油、核桃油、橄榄油、花椒油、杏仁油、葡萄籽油、牡丹籽油、由石油伴生气加工压缩而成的石油液化气、西气东输项目上游中外合作开采天然气、中小学课本配套产品（包括各种纸制品或图片）、国内印刷企业承印的经新闻出版主管部门批准印刷且采用国际标准书号编序的境外图书、农用水泵、农用柴油机、不带动力的手扶拖拉机、三轮农用运输车、密集型烤房设备、频振式杀虫灯、自动虫情测报灯、粘虫板、卷帘机、农用挖掘机、养鸡设备系列、养猪设备系列产品、动物尸体降解处理机、蔬菜清洗机。

三、饲料

饲料，是指用于动物饲养的产品或其加工品。具体征税范围按照《国家税务总局关于修订“饲料”注释及加强饲料征免增值税管理问题的通知》（国税发〔1999〕39 号）执行，并包括豆粕、宠物饲料、饲用鱼油、矿物质微量元素舔砖、饲料级磷酸二氢钙产品。

四、音像制品

音像制品，是指正式出版的录有内容的录音带、录像带、唱片、激光唱盘和激光视盘。

五、电子出版物

电子出版物，是指以数字代码方式，使用计算机应用程序，将图文声像等内容信息编辑加工后存储在具有确定的物理形态的磁、光、电等介质上，通过内嵌在计算机、手机、电子阅读设备、电子显示设备、数字音/视频播放设备、电子游戏机、导航仪以及其他具有类似功能的设备上读取使用，具有交互功能，用以表达思想、普及知识和积累文化的大众传播媒体。载体形态和格式主要包括只读光盘（CD 只读光盘 CD—ROM、交互式光盘 CD—I、照片光盘 Photo—CD、高密度只读光盘 DVD—ROM、蓝光只读光盘 HD—DVD ROM 和 BD ROM）、一次写入式光盘（一次写入 CD 光盘 CD—R、一次写入高密度光盘 DVD—R、一次写入蓝光光盘 HD—DVD/R，BD—R）、可擦写光盘（可擦写 CD 光盘 CD—RW、可擦写高密度光盘 DVD—RW、可擦写蓝光光盘 HDDVD—RW 和 BD—RW、磁光盘 MO）、软磁盘（FD）、硬磁盘（HD）、集成电路卡（CF 卡、MD 卡、SM 卡、MMC 卡、RR—MMC 卡、MS 卡、SD 卡、XD 卡、T—F1ash 卡、记忆棒）和各种存储芯片。

六、二甲醚

二甲醚，是指化学分子式为 CH_3OCH_3，常温常压下为具有轻微醚香味，易燃、无毒、无腐蚀性的气体。

七、食用盐

食用盐，是指符合《食用盐》（GB/T 5461—2016）和《食用盐卫生标准》（GB2721—2003）两项国家标准的食用盐。

附件 2：

出口退税率调整产品清单

序号	商品代码	商品名称	备注
1	0201300090	其他鲜或冷藏的去骨牛肉	
2	0202300090	其他冻藏的去骨牛肉	
3	02032900102	分割野猪肉	
4	02032900902	分割猪肉	
5	02044300	冻的其他去骨绵羊肉	
6	02045000	鲜、冷、冻的山羊肉	
7	02071311	鲜或冷的带骨鸡块	
8	02071319	鲜或冷的其他鸡块	
9	02071321	鲜或冷的鸡翼（不包括翼尖）	
10	02071411	冻的带骨鸡块	
11	02071419	冻的其他鸡块	
12	02071421	冻的鸡翼（不包括翼尖）	
13	02072600002	分割火鸡块	
14	02072700002	分割火鸡块	
15	02074400002	分割鸭块	
16	02074500002	分割鸭块	
17	02075400002	分割鹅块	
18	02075500002	分割鹅块	
19	02076000002	分割珍珠鸡块	
20	02081010002	分割家兔肉	
21	02081020002	分割家兔肉	
22	03031100	冻红大麻哈鱼	
23	03031200	冻其他大麻哈鱼	
24	03031300	冻大西洋鲑鱼及多瑙哲罗鱼	
25	03031400	冻鳟鱼	
26	03031900	冻其他鲑科鱼	
27	03032300	冻罗非鱼	
28	03032400	冻鲶鱼	
29	03032500	冻鲤科鱼	

续表

序号	商品代码	商品名称	备注
30	03032600	冻鳗鱼	
31	03032900	冻尼罗河鲈鱼及黑鱼	
32	03033110	冻格陵兰庸鲽鱼	
33	03033190	冻庸鲽鱼	
34	03033200	冻鲽鱼	
35	03033300	冻鳎鱼	
36	03033400	冻大菱鲆	
37	03033900	其他冻比目鱼	
38	03034100	冻长鳍金枪鱼	
39	03034200	冻黄鳍金枪鱼	
40	03034300	冻鲣鱼或狐鲣	
41	03034400	冻大眼金枪鱼，但鱼肝及鱼卵除外	
42	03034510	冻大西洋蓝鳍金枪鱼	
43	03034520	冻太平洋蓝鳍金枪鱼	
44	03034600	冻南方蓝鳍金枪鱼，但鱼肝及鱼卵除外	
45	03034900	其他冻金枪鱼，但鱼肝及鱼卵除外	
46	03035100	冻鲱鱼（大西洋鲱鱼、太平洋鲱鱼），但鱼肝及鱼卵除外	
47	03035300	冻沙丁鱼、小沙丁鱼属、黍鲱或西鲱	
48	03035400	冻鲭鱼	
49	03035500	冻对称竹荚鱼、新西兰竹荚鱼及竹荚鱼	
50	03035600	冻军曹鱼	
51	03035700	冻剑鱼	
52	03035900	冻印度鲭（羽鳃鲐属）、马鲛鱼（马鲛属）、鲹属、银鲳（鲳属）、秋刀鱼、圆鲹（圆鲹属）、毛鳞鱼、鲔鱼、狐鲣（狐鲣属）、枪鱼、旗鱼、四鳍旗鱼（旗鱼科）	
53	03036300	冻鳕鱼（大西洋鳕鱼、格陵兰鳕鱼、太平洋鳕鱼）	
54	03036400	冻黑线鳕鱼	
55	03036500	冻绿青鳕鱼	
56	03036600	冻狗鳕鱼	
57	03036700	冻狭鳕鱼	
58	03036800	冻蓝鳕鱼	
59	03036900	其他冻鳕鱼	
60	0303810090	冻其他鲨鱼（但子目 0303. 91 至 0303. 99 的可食用鱼杂碎除外）	
61	03038200	冻魟鱼及鳐鱼	
62	03038300	冻南极犬牙鱼	
63	03038400	冻尖吻鲈鱼	
64	03038910	冻带鱼	
65	03038920	冻黄鱼	
66	03038930	冻鲳鱼	

续表

序号	商品代码	商品名称	备注
67	0303899001	其他冻鲈鱼（但子目0303.91至0303.99的可食用鱼杂碎除外）	
68	0303899020	冻平鲉属（但子目0303.91至0303.99的可食用鱼杂碎除外）	
69	0303899030	冻鲪鲉属（叶鳍鲉属）（但子目0303.91至0303.99的可食用鱼杂碎除外）	
70	0303899090	其他未列名冻鱼（但子目0303.91至0303.99的可食用鱼杂碎除外）	
71	0303910090	其他冻鱼肝、鱼卵及鱼精	
72	0303920090	其他冻鲨鱼翅	
73	0303990020	冻的大菱鲆、比目鱼、鲱鱼、鲭鱼、鲳鱼、带鱼、尼罗河鲈鱼、尖吻鲈鱼、其他鲈鱼的可食用其他鱼杂碎	
74	0303990090	其他冻可食用其他鱼杂碎	
75	03046100	冻罗非鱼等鱼鱼片	
76	03046211	冻斑点叉尾鮰鱼片	
77	03046219	冻其他叉尾鮰鱼片	
78	03046290	冻其他鲶鱼片	
79	03046300	冻尼罗河鲈鱼片	
80	03046900	冻鲤科鱼、鳗鱼、黑鱼片	
81	03047100	鳕鱼（大西洋鳕鱼、格陵兰鳕鱼、太平洋鳕鱼）	
82	03047200	冻黑线鳕鱼片	
83	03047300	冻绿青鳕鱼片	
84	03047400	冻狗鳕鱼片	
85	03047500	冻狭鳕鱼片	
86	03047900	冻其他鳕鱼片	
87	03048100	冻大麻哈鱼、大西洋鲑鱼及多瑙哲罗鱼片	
88	03048200	冻鳟鱼片	
89	03048300	冻比目鱼片	
90	03048400	冻剑鱼片	
91	03048500	冻南极犬牙鱼片	
92	03048600	冻鲱鱼片	
93	03048700	冻金枪鱼、鲣鱼或狐鲣（鲣）片	
94	0304880090	冻的其他鲨鱼、魟鱼及鳐鱼的鱼片	
95	0304890090	冻的其他鱼片	
96	03049100	冻的剑鱼肉	
97	03049200	冻的南极犬牙鱼肉	
98	03049300	冻罗非鱼等鱼鱼肉	
99	03049400	冻狭鳕鱼肉	
100	03049500	冻犀鳕科等鳕科鱼肉	
101	0304960090	冻的其他鲨鱼肉（不论是否绞碎）	
102	0304970090	冻的其他魟鱼及鳐鱼的鱼肉（不论是否绞碎）	
103	0304990090	其他冻鱼肉（不论是否绞碎）	

续表

序号	商品代码	商品名称	备注
104	03051000001	原按13%征税的供人食用的鱼粉及团粒	
105	03052000901	原按13%征税的其他干、熏、盐制的鱼肝、鱼卵及鱼精	
106	03053100101	干、盐腌或盐渍的花鳗鲡鱼片（熏制的除外）	原按13%征税的
107	03053100201	干、盐腌或盐渍的欧洲鳗鲡鱼片（熏制的除外）	原按13%征税的
108	03053100901	原按13%征税的干、盐腌或盐渍的罗非鱼（口孵非鲫属）、鲶鱼［（鱼芒）鲶属、鲶属、胡鲶属、真鮰属］、鲤科鱼（鲤属、鲫属、草鱼、鲢属、鲮属、青鱼、卡特拉鲃、野鲮属、哈氏纹唇鱼、何氏细须鲃、鲂属）、鳗鱼（鳗鲡属）、尼罗河鲈鱼（尼罗尖吻鲈）及黑鱼（鳢属）的鱼片	
109	03053200001	干、盐腌或盐渍的犀鳕科、多丝真鳕科、鳕科、长尾鳕科、黑鳕科、无须鳕科、深海鳕科及南极鳕科的鱼片〔熏制的除外〕	原按13%征税的
110	03053900901	其他干、盐腌或盐渍的鱼片（熏制的除外）	原按13%征税的
111	03054110	熏大西洋鲑鱼，食用杂碎除外	
112	03054120	熏鲱鱼，食用杂碎除外	
113	03054200	熏鲱鱼，食用杂碎除外	
114	03054300	熏鳟鱼，食用杂碎除外	
115	03054400	熏罗非鱼等鱼，食用杂碎除外	
116	0305490090	其他熏鱼及鱼片（食用杂碎除外）	
117	03055100	干鳕鱼（大西洋鳕鱼、格陵兰鳕鱼、太平洋鳕鱼）	
118	03055200	干罗非鱼、鲶鱼、鲤科鱼、鳗鱼、尼罗河鲈鱼（尼罗尖吻鲈）及黑鱼	
119	03055300	干犀鳕科、多丝真鳕科、鳕科、长尾鳕科、黑鳕科、无须鳕科、深海鳕科及南极鳕科鱼，鳕鱼（大西洋鳕鱼、格陵兰鳕鱼、太平洋鳕鱼）除外	
120	03055400	干鲱鱼（大西洋鲱鱼、太平洋鲱鱼）、鳀鱼（鳀属）、沙丁鱼（沙丁鱼、沙瑙鱼属）、小沙丁鱼属、黍鲱或西鲱、鲭鱼［大西洋鲭、澳洲鲭（鲐）、日本鲭（鲐）］、印度鲭（羽鳃鲐属）、马鲛鱼（马鲛属）、对称竹荚鱼、新西兰竹荚鱼及竹荚鱼（竹荚鱼属）、鲹鱼（鲹属）、军曹鱼、银鲳（鲳属）、秋刀鱼、圆鲹（圆鲹属）、多春鱼（毛鳞鱼）、剑鱼、鲔鱼、狐鲣（狐鲣属）、枪鱼、旗鱼、四鳍旗鱼（旗鱼科）	
121	03055910	干海马、干海龙	
122	0305599090	其他干鱼，食用杂碎除外（不论是否盐腌，但熏制的除外）	
123	03056100	盐腌及盐渍的鲱鱼，食用杂碎除外	
124	03056200	鳕鱼（大西洋鳕鱼、格陵兰鳕鱼、太平洋鳕鱼）	
125	03056300	盐腌及盐渍的鳀鱼，食用杂碎除外	
126	03056400	盐腌及盐渍的罗非鱼等鱼，食用杂碎除外	
127	03056910	盐腌及盐渍的带鱼，食用杂碎除外	
128	03056920	盐腌及盐渍的黄鱼，食用杂碎除外	
129	03056930	盐腌及盐渍的鲳鱼，食用杂碎除外	
130	0305699090	盐腌及盐渍的其他鱼，食用杂碎除外（干或熏制的除外）	
131	0305710090	其他鲨鱼鱼翅（不论是否干制、盐腌、盐渍和熏制）	
132	0305720090	其他鱼的鱼头、鱼尾、鱼鳔（不论是否干制、盐腌、盐渍和熏制）	
133	0305790090	其他可食用鱼杂碎（不论是否干制、盐腌、盐渍和熏制）	

续表

序号	商品代码	商品名称	备注
134	03061100	岩礁虾和其他龙虾（真龙虾属、龙虾属、岩龙虾属）	
135	03061200	螯龙虾（螯龙虾属）	
136	03061410	冻梭子蟹	
137	03061490	其他冻蟹	
138	03061500	冻挪威海螯虾	
139	03061611	冻冷水小虾虾仁	
140	03061612	冻北方长额虾虾仁	原按 13% 征税的
141	03061619	冻其他冷水小虾	
142	03061621	冻冷水对虾虾仁	
143	03061629	冻其他冷水对虾	
144	03061711	冻小虾虾仁	
145	03061719	冻其他小虾	
146	03061721	冻对虾虾仁	
147	03061729	冻其他对虾	
148	03061911	冻淡水小龙虾仁	
149	03061919	冻带壳淡水小龙虾	
150	03061990	其他冻甲壳动物	
151	03063110	活鲜冷的岩礁虾和其他龙虾（真龙虾属、龙虾属、岩龙虾属）种苗	
152	03063190	活鲜冷的其他岩礁虾和其他龙虾（真龙虾属、龙虾属、岩龙虾属）	
153	03063210	活鲜冷的螯龙虾（螯龙虾属）种苗	
154	03063290	活鲜冷的其他螯龙虾（螯龙虾属）	
155	03063310	活鲜冷的蟹种苗	
156	03063391	活鲜冷的中华绒毛蟹（大闸蟹）	
157	03063392	活鲜冷的梭子蟹	
158	03063399	活鲜冷的其他蟹	
159	03063410	活鲜冷的挪威海螯虾种苗	
160	03063490	活鲜冷的其他挪威海螯虾	
161	03063510	活鲜冷的冷水小虾及对虾种苗	
162	03063520	活鲜冷的冷水对虾	
163	03063590	活鲜冷的其他冷水小虾及对虾	
164	03063610	活鲜冷的其他小虾及对虾种苗	
165	03063620	活鲜冷的对虾	
166	03063690	活鲜冷的其他小虾及对虾	
167	03063910	活鲜冷的其他食用甲壳动物种苗	
168	03063990	其他带壳或去壳的活鲜冷的甲壳动物	
169	03069100	其他的岩礁虾和其他龙虾（真龙虾属、龙虾属、岩龙虾属）	
170	03069200	其他螯龙虾	
171	03069310	其他中华绒螯蟹	

续表

序号	商品代码	商品名称	备注
172	03069320	其他梭子蟹	
173	03069390	其他蟹	
174	03069400001	原按13%征税的干、盐腌或盐渍的挪威海螯虾	
175	03069510	其他冷水小虾及对虾	
176	03069590	其他小虾及对虾	
177	03069900001	原按13%征税的其他甲壳动物	
178	03072200	冻扇贝	
179	03072900	其他扇贝	
180	03073200	冻贻贝	
181	03073900	其他干、盐制的贻贝	
182	03074310	冻墨鱼（乌贼属、巨粒僧头乌贼、耳乌贼属）及鱿鱼（柔鱼属、枪乌贼属、双柔鱼属、拟乌贼属）	
183	03074390	其他冻墨鱼及鱿鱼	
184	03074910	其他墨鱼（乌贼属、巨粒僧头乌贼、耳乌贼属）及鱿鱼（柔鱼属、枪乌贼属、双柔鱼属、拟乌贼属）	
185	03074990001	原按13%征税的其他干、盐制的墨鱼及鱿鱼	
186	03075200	冻章鱼	
187	03075900	其他干、盐制的章鱼	
188	03077200	冻的蛤、鸟蛤及舟贝	
189	03077900101	原按13%征税的干、盐制的砗磲	
190	03077900201	原按13%征税的干、盐制的粗饰蚶	
191	03077900901	原按13%征税的干、盐制其他蛤、鸟蛤及舟贝（蚶科、北极蛤科、鸟蛤科、斧蛤科、缝栖蛤科、蛤蜊科、中带蛤科、海螂科、双带蛤科、截蛏科、竹蛏科、帘蛤科）	
192	03078300	冻鲍鱼	
193	03078400	冻凤螺	
194	03078700	干、盐腌或盐渍的鲍鱼	
195	03078800001	原按13%征税的干、盐腌或盐渍的凤螺（凤螺属）	
196	0307920020	冻的蚬属	
197	0307920090	其他冻的软体动物	
198	03079900201	原按13%征税的干、盐腌或盐渍蚬属	
199	03079900901	原按13%征税的其他干、盐腌或盐渍软体动物	
200	03081200	冻海参	
201	03081900	干、盐腌或盐渍的海参	
202	03082200	冻海胆	
203	03082900101	原按13%征税的干、盐制食用海胆纲	
204	03082900901	原按13%征税的其他干、盐制海胆	
205	03083090001	原按13%征税的冻、干、盐制海蜇（海蜇属）	
206	03089090901	原按13%征税的其他冻、干、盐制水生无脊椎动物，包括供人食用的水生无脊椎动物粉、团粒	

续表

序号	商品代码	商品名称	备注
207	05040011	整个或切块的盐渍猪肠衣（猪大肠头除外）	
208	05040012	整个或切块的盐渍绵羊肠衣	
209	05040013	整个或切块的盐渍山羊肠衣	
210	05040014	整个或切块的盐渍猪大肠头	
211	05040019	整个或切块的其他动物肠衣	
212	11010000	小麦或混合麦的细粉	
213	11031100	小麦粗粒及粗粉	
214	11032010	小麦团粒	
215	11081200	玉米淀粉	原按13%征税的
216	23031000	制造淀粉过程中的残渣及类似品	
217	23040010	提炼豆油所得的油渣饼（豆饼）	
218	23040090	提炼豆油所得的其他固体残渣	
219	23061000	棉子油渣饼及固体残渣	
220	23062000	亚麻子油渣饼及固体残渣	
221	23063000	葵花子油渣饼及固体残渣	
222	23064100	低芥子酸的油菜子油渣饼及固体残渣	
223	23064900	油菜子油渣饼及固体残渣	
224	23065000	椰子或干椰肉油渣饼及固体残渣	
225	2306600090	其他棕榈果或其他棕榈仁油渣饼及固体残渣（品目2304或2305以外提炼植物油脂所得的）	
226	23069000002	原按13%征税的其他油渣饼及固体残渣	
227	23091010	零售包装的狗食或猫食罐头	
228	23091090	零售包装的其他狗食或猫食	
229	23099010001	原按13%征税的制成的饲料添加剂	
230	23099090002	原按13%征税的其他配制的动物饲料	
231	25010011	食用盐	
232	29051990	其他饱和一元醇	原按13%征税的
233	29091910	甲醚	
234	29091990111	原按13%征税的八氯二丙醚	
235	29091990121	原按13%征税的二氯异丙醚	
236	29091990901	原按13%征税的其他无环醚及其卤化等衍生物	
237	29109000	三节环环氧化物，环氧醇（酚、醚）及其卤化、磺化、硝化或亚硝化的衍生物	原按13%征税的
238	2915390011	三氯杀虫酯	原按13%征税的
239	2915390013	特乐酯	原按13%征税的
240	2915390015	信铃酯	原按13%征税的
241	2915390016	种衣酯	原按13%征税的
242	29189900	其他含其他附加含氧基羧酸及其酸酐（酰卤化物，过氧化物和过氧酸及它们的衍生物）	原按13%征税的
243	29214990	其他芳香单胺及衍生物及它们的盐	原按13%征税的

续表

序号	商品代码	商品名称	备注
244	2922199010	增产胺	原按13%征税的
245	2922199020	克仑特罗	原按13%征税的
246	2922199031	醋美沙朵、阿醋美沙朵、阿法美沙朵（以及它们的盐）	原按13%征税的
247	2922199032	倍醋美沙多、倍他美沙多（以及它们的盐）	原按13%征税的
248	2922199033	地美沙多、地美庚醇、诺美沙多（以及它们的盐）	原按13%征税的
249	2922199090	其他氨基醇及其醚、酯和它们的盐（但含有一种以上含氧基的除外）	原按13%征税的
250	29242500	甲草胺（ISO）	原按13%征税的
251	29242990	其他环酰胺（包括环氨基甲酸酯）	原按13%征税的
252	2931900029	田安	原按13%征税的
253	2932209012	赤霉酸	原按13%征税的
254	2932209014	丁香菌酯	原按13%征税的
255	2932209015	甲氨基阿维菌素苯甲酸盐	原按13%征税的
256	2932209016	阿维菌素	原按13%征税的
257	2932999011	克百威	原按13%征税的
258	2932999012	二氧威，恶虫威，丙硫克百威等（包括丁硫克百威，呋线威）	原按13%征税的
259	2932999013	因毒磷，敌恶磷，碳氯灵	原按13%征税的
260	2932999014	增效特，增效砜，增效醚，增效酯等（包括增效环，增效散）	原按13%征税的
261	2932999015	吡喃灵，吡喃隆，乙氧呋草黄等（包括呋草黄，氟草肟）	原按13%征税的
262	2932999016	避蚊酮，苯虫醚，鱼藤酮	原按13%征税的
263	2932999017	调呋酸，芸苔素内酯	原按13%征税的
264	2932999054	3，4－亚甲二氧基甲卡西酮（3，4－methylenedioxy－N－methylcathinone；CAS号：186028－79－5）	原按13%征税的
265	2932999099	其他仅含氧杂原子的杂环化合物	原按13%征税的
266	29331990	其他结构上有非稠合吡唑环化合物（不论是否氢化）	原按13%征税的
267	29332900	其他结构上有非稠合咪唑环化合物（不论是否氢化）	原按13%征税的
268	29333990	其他结构上有非稠合吡啶环化合物（不论是否氢化）	原按13%征税的
269	29334900	其他含喹啉或异喹啉环系的化合物（但未经进一步稠合）	原按13%征税的
270	29335990	其他结构上有嘧啶环或哌嗪环的化合物（不论是否氢化）	原按13%征税的
271	29339900	其他仅含氮杂原子的杂环化合物	原按13%征税的
272	2934200019	苯噻菌酯	原按13%征税的
273	29349990	其他杂环化合物	原按13%征税的
274	30019090991	原按13%征税的其他未列名的人体或动物制品	
275	49011000002	单张的书籍、小册子及类似印刷品	原按13%征税的
276	49019100002	字典、百科全书	原按13%征税的
277	49019900002	其他书籍、小册子及类似的印刷品	原按13%征税的
278	49021000	每周至少出版四次的报纸、杂志	原按13%征税的
279	49029000	其他报纸、杂志及期刊	原按13%征税的
280	49030000002	儿童图画书、绘画或涂色书	原按13%征税的

续表

序号	商品代码	商品名称	备注
281	49040000002	乐谱原稿或印本	原按13%征税的
282	49059100002	成册的各种印刷的地图及类似图表	原按13%征税的
283	49059900002	其他各种印刷的地图及类似图表	原按13%征税的
284	52010000	未梳的棉花	
285	52029900	其他废棉	
286	52030000	已梳的棉花	
287	84082090101	油缸数在3缸以下（含），功率<132.39kW拖拉机用柴油机	原按13%征税的
288	84089091	功率≤14kW其他用柴油发动机	
289	84089092201	油缸数在3缸以下（含），14<功率<132.39kW的农业用柴油机	原按13%征税的
290	8413501010	农业用气动往复式排液泵	
291	8413502010	农业用电动往复式排液泵	
292	8413503101	农业用柱塞泵	
293	8413503901	其他农业用液压往复式排液泵	
294	8413509010	其他农用往复式排液泵	
295	8413602101	农业用电动齿轮泵（回转式排液泵）	
296	8413602201	农业用回转式液压油泵（输入转速>2 000r/min，输入功率>190kW，最大流量>2＊280 L/min）	
297	8413602210	其他农业用液压齿轮泵（回转式排液泵）	
298	8413602901	其他农业用齿轮泵（回转式排液泵）	
299	8413603101	农业用电动叶片泵（回转式排液泵）	
300	8413603201	农业用液压叶片泵（回转式排液泵）	
301	8413603901	其他农业用叶片泵（回转式排液泵）	
302	8413604001	农业用螺杆泵（回转式排液泵）	
303	8413605001	农业用径向柱塞泵（回转式排液泵）	
304	8413606001	农业用轴向柱塞泵（回转式排液泵）	
305	8413609010	农业用其他回转式排液泵	
306	8413701010	农业用其他离心泵（转速在10 000转/分及以上）	
307	8413709110	农业用电动潜油泵及潜水电泵（转速在10 000转/分以下）	
308	8413709910	其他农业用离心泵（转速在10 000转/分以下）	
309	8413810010	农业用其他液体泵	
310	84193100	农产品干燥器	
311	84224000001	农业用的棉花打包机	原按13%征税的
312	84244100	农业或园艺用便携式喷雾器	
313	84244900	其他农业或园艺用喷雾器	
314	84248200	其他农业或园艺用液体或粉末的喷射、散布机械器具	
315	84249090001	原按13%征税的其他喷雾器具及喷气机等用的零件	
316	84292010001	农用的原按13%征税的平地机，功率>235.36kW	
317	84292090001	农用的其他平地机	原按13%征税的

续表

序号	商品代码	商品名称	备注
318	84321000	犁	
319	84322100	圆盘耙	
320	84322900	其他耙、松土机等耕作机械	
321	84323111	免耕谷物播种机	
322	84323119	其他免耕直接播种机	
323	84323121	免耕马铃薯种植机	
324	84323129	其他免耕直接种植机	
325	84323131	免耕水稻插秧机	
326	84323139	其他免耕直接移植机	
327	84323911	其他谷物播种机	
328	84323919	其他播种机	
329	84323921	其他马铃薯种植机	
330	84323929	其他种植机	
331	84323931	其他水稻插秧机	
332	84323939	其他移植机	
333	84324100	粪肥施肥机	
334	84324200	化肥施肥机	
335	84328090001	未列名农、林业用整地或耕作机械	原按13%征税的
336	84332000	其他割草机	
337	84333000	其他干草切割、翻晒机器	
338	84334000	草料打包机	
339	84335100	联合收割机	
340	84335200	其他脱粒机	
341	84335300	根茎或块茎收获机	
342	84335910	甘蔗收获机	
343	84335920	棉花采摘机	
344	84335990	其他收割机	
345	84336010	蛋类清洁、分选、分级机器	
346	84336090	水果或其他农产品的清洁、分选、分级机器	
347	84341000	挤奶机	
348	84361000	动物饲料配制机	
349	84362100	家禽孵卵器及育雏器	
350	84362900	家禽饲养用机器	
351	84368000011	原按13%征税的青储饲料切割上料机	
352	84368000021	原按13%征税的自走式饲料搅拌投喂车	
353	84368000901	原按13%征税的农、林业等用的其他机器	
354	84371010001	原按13%征税的光学色差颗粒选别机（色选机）	
355	84371090	其他种子、谷物或干豆的清洁、分选或分级机	

续表

序号	商品代码	商品名称	备注
356	84378000	谷物磨粉业加工机器	
357	85232120001	原按13%征税的已录制的磁条卡	
358	85232919001	音像制品和电子出版物	原按13%征税的
359	85232928001	原按13%征税的重放声音或图像信息的磁带	
360	85232929001	原按13%征税的已录制的其他磁带	
361	85232990001	原按13%征税的其他磁性媒体	
362	85234910001	原按13%征税的仅用于重放声音信息的已录制光学媒体	
363	85234920001	原按13%征税的用于重放声音、图像以外信息的光学媒体〔品目8471所列机器用，已录制〕	
364	85234990001	原按13%征税的其他已录制光学媒体	
365	85235120001	原按13%征税的已录制的固态非易失性存储器件	
366	85235290001	音像制品和电子出版物智能卡	原按13%征税的
367	85235920001	原按13%征税的其他已录制的半导体媒体	
368	85238011001	原按13%征税的已录制唱片	
369	85238019001	原按13%征税的其他唱片	
370	85238029001	原按13%征税的其他税号84.71所列机器用其他媒体	
371	85238099001	原按13%征税的其他媒体	
372	87011000	手扶拖拉机	
373	87013000101	原按13%征税的农用履带式拖拉机	
374	87013000901	原按13%征税的农用履带式牵引车	
375	87019110001	原按13%征税的农用其他发动机功率不超过18千瓦的拖拉机	
376	87019190001	原按13%征税的农用其他发动机功率不超过18千瓦的牵引车	
377	87019210001	原按13%征税的农用其他发动机功率超过18千瓦但不超过37千瓦的拖拉机	
378	87019290001	原按13%征税的农用其他发动机功率超过18千瓦但不超过37千瓦的牵引车	
379	87019310001	原按13%征税的农用其他发动机功率超过37千瓦但不超过75千瓦的拖拉机	
380	87019390001	原按13%征税的农用其他发动机功率超过37千瓦但不超过75千瓦的牵引车	
381	87019410101	原按13%征税的农用发动机功率超过110千瓦但不超过130千瓦的轮式拖拉机	
382	87019410901	原按13%征税的农用发动机功率超过75千瓦但不超过130千瓦的其他拖拉机	
383	87019490001	原按13%征税的农用其他发动机功率超过75千瓦但不超过130千瓦的牵引车	
384	87019510101	原按13%征税的农用发动机功率超过130千瓦的轮式拖拉机	
385	87019510901	原按13%征税的农用发动机功率超过130千瓦的其他拖拉机	
386	87019590001	原按13%征税的农用其他发动机功率超过130千瓦的牵引车	
387	87162000001	农用自装或自卸式挂车及半挂车	原按13%征税的
388	89020090001	非机动捕鱼船	原按13%征税的
389	98010090001	原按13%征税的其他未分类商品	

财政部　税务总局关于创业投资企业和天使投资个人有关税收试点政策的通知

2017 年 4 月 28 日　财税〔2017〕38 号

各省、自治区、直辖市、计划单列市财政厅（局）、国家税务局、地方税务局，新疆生产建设兵团财务局：

为进一步落实创新驱动发展战略，促进创业投资持续健康发展，现就创业投资企业和天使投资个人有关税收试点政策通知如下：

一、税收试点政策

（一）公司制创业投资企业采取股权投资方式直接投资于种子期、初创期科技型企业（以下简称初创科技型企业）满 2 年（24 个月，下同）的，可以按照投资额的 70% 在股权持有满 2 年的当年抵扣该公司制创业投资企业的应纳税所得额；当年不足抵扣的，可以在以后纳税年度结转抵扣。

（二）有限合伙制创业投资企业（以下简称合伙创投企业）采取股权投资方式直接投资于初创科技型企业满 2 年的，该合伙创投企业的合伙人分别按以下方式处理：

1. 法人合伙人可以按照对初创科技型企业投资额的 70% 抵扣法人合伙人从合伙创投企业分得的所得；当年不足抵扣的，可以在以后纳税年度结转抵扣。

2. 个人合伙人可以按照对初创科技型企业投资额的 70% 抵扣个人合伙人从合伙创投企业分得的经营所得；当年不足抵扣的，可以在以后纳税年度结转抵扣。

（三）天使投资个人采取股权投资方式直接投资于初创科技型企业满 2 年的，可以按照投资额的 70% 抵扣转让该初创科技型企业股权取得的应纳税所得额；当期不足抵扣的，可以在以后取得转让该初创科技型企业股权的应纳税所得额时结转抵扣。

天使投资个人在试点地区投资多个初创科技型企业的，对其中办理注销清算的初创科技型企业，天使投资个人对其投资额的 70% 尚未抵扣完的，可自注销清算之日起 36 个月内抵扣天使投资个人转让其他初创科技型企业股权取得的应纳税所得额。

二、相关政策条件

（一）本通知所称初创科技型企业，应同时符合以下条件：

1. 在中国境内（不包括港、澳、台地区）注册成立、实行查账征收的居民企业；

2. 接受投资时，从业人数不超过 200 人，其中具有大学本科以上学历的从业人数不低于 30%；资产总额和年销售收入均不超过 3 000 万；

3. 接受投资时设立时间不超过 5 年（60 个月，下同）；

4. 接受投资时以及接受投资后 2 年内未在境内外证券交易所上市；

5. 接受投资当年及下一纳税年度，研发费用总额占成本费用支出的比例不低于 20%。

（二）享受本通知规定税收试点政策的创业投资企业，应同时符合以下条件：

1. 在中国境内（不含港、澳、台地区）注册成立、实行查账征收的居民企业或合伙创投企业，且不属于被投资初创科技型企业的发起人；

2. 符合《创业投资企业管理暂行办法》（发展改革委等 10 部门令第 39 号）规定或者《私募投资基金

监督管理暂行办法》（证监会令第105号）关于创业投资基金的特别规定，按照上述规定完成备案且规范运作；

3. 投资后2年内，创业投资企业及其关联方持有被投资初创科技型企业的股权比例合计应低于50%；

4. 创业投资企业注册地须位于本通知规定的试点地区。

（三）享受本通知规定的税收试点政策的天使投资个人，应同时符合以下条件：

1. 不属于被投资初创科技型企业的发起人、雇员或其亲属（包括配偶、父母、子女、祖父母、外祖父母、孙子女、外孙子女、兄弟姐妹，下同），且与被投资初创科技型企业不存在劳务派遣等关系；

2. 投资后2年内，本人及其亲属持有被投资初创科技型企业股权比例合计应低于50%；

3. 享受税收试点政策的天使投资个人投资的初创科技型企业，其注册地须位于本通知规定的试点地区。

（四）享受本通知规定的税收试点政策的投资，仅限于通过向被投资初创科技型企业直接支付现金方式取得的股权投资，不包括受让其他股东的存量股权。

三、管理事项及管理要求

（一）本通知所称研发费用口径，按照《财政部　国家税务总局　科技部关于完善研究开发费用税前加计扣除政策的通知》（财税〔2015〕119号）的规定执行。

（二）本通知所称从业人数，包括与企业建立劳动关系的职工人员及企业接受的劳务派遣人员。从业人数和资产总额指标，按照企业接受投资前连续12个月的平均数计算，不足12个月的，按实际月数平均计算。

本通知所称销售收入，包括主营业务收入与其他业务收入；年销售收入指标，按照企业接受投资前连续12个月的累计数计算，不足12个月的，按实际月数累计计算。

本通知所称成本费用，包括主营业务成本、其他业务成本、销售费用、管理费用、财务费用。

（三）本通知所称投资额，按照创业投资企业或天使投资个人对初创科技型企业的实缴投资额确定。

合伙创投企业的合伙人对初创科技型企业的投资额，按照合伙创投企业对初创科技型企业的实缴投资额和合伙协议约定的合伙人占合伙创投企业的出资比例计算确定。合伙人从合伙创投企业分得的所得，按照《财政部　国家税务总局关于合伙企业合伙人所得税问题的通知》（财税〔2008〕159号）规定计算。

（四）天使投资个人、创业投资企业、合伙创投企业法人合伙人、被投资初创科技型企业应按规定向税务机关履行备案手续。

（五）初创科技型企业接受天使投资个人投资满2年，在上海证券交易所、深圳证券交易所上市的，天使投资个人转让该企业股票时，按照现行限售股有关规定执行，其尚未抵扣的投资额，在税款清算时一并计算抵扣。

（六）享受本通知规定的税收试点政策的纳税人，其主管税务机关对被投资企业是否符合初创科技型企业条件有异议的，可以转请被投资企业主管税务机关提供相关材料。对纳税人提供虚假资料，违规享受税收试点政策的，应按税收征管法相关规定处理，并将其列入失信纳税人名单，按规定实施联合惩戒措施。

四、执行时间及试点地区

本通知规定的企业所得税政策自2017年1月1日起试点执行，个人所得税政策自2017年7月1日起试点执行。执行日期前2年内发生的投资，在执行日期后投资满2年，且符合本通知规定的其他条件的，可以适用本通知规定的税收试点政策。

本通知所称试点地区包括京津冀、上海、广东、安徽、四川、武汉、西安、沈阳8个全面创新改革试验区域和苏州工业园区。

财政部　税务总局　保监会关于将商业健康保险个人所得税试点政策推广到全国范围实施的通知

2017 年 4 月 28 日　财税〔2017〕39 号

各省、自治区、直辖市、计划单列市财政厅（局）、地方税务局、保监局，新疆生产建设兵团财务局：

自 2017 年 7 月 1 日起，将商业健康保险个人所得税试点政策推广到全国范围实施。现将有关问题通知如下：

一、关于政策内容

对个人购买符合规定的商业健康保险产品的支出，允许在当年（月）计算应纳税所得额时予以税前扣除，扣除限额为 2 400 元/年（200 元/月）。单位统一为员工购买符合规定的商业健康保险产品的支出，应分别计入员工个人工资薪金，视同个人购买，按上述限额予以扣除。

2 400 元/年（200 元/月）的限额扣除为个人所得税法规定减除费用标准之外的扣除。

二、关于适用对象

适用商业健康保险税收优惠政策的纳税人，是指取得工资薪金所得、连续性劳务报酬所得的个人，以及取得个体工商户生产经营所得、对企事业单位的承包承租经营所得的个体工商户业主、个人独资企业投资者、合伙企业合伙人和承包承租经营者。

三、关于商业健康保险产品的规范和条件

符合规定的商业健康保险产品，是指保险公司参照个人税收优惠型健康保险产品指引框架及示范条款（见附件）开发的、符合下列条件的健康保险产品：

（一）健康保险产品采取具有保障功能并设立有最低保证收益账户的万能险方式，包含医疗保险和个人账户积累两项责任。被保险人个人账户由其所投保的保险公司负责管理维护。

（二）被保险人为 16 周岁以上、未满法定退休年龄的纳税人群。保险公司不得因被保险人既往病史拒保，并保证续保。

（三）医疗保险保障责任范围包括被保险人医保所在地基本医疗保险基金支付范围内的自付费用及部分基本医疗保险基金支付范围外的费用，费用的报销范围、比例和额度由各保险公司根据具体产品特点自行确定。

（四）同一款健康保险产品，可依据被保险人的不同情况，设置不同的保险金额，具体保险金额下限由保监会规定。

（五）健康保险产品坚持“保本微利”原则，对医疗保险部分的简单赔付率低于规定比例的，保险公司要将实际赔付率与规定比例之间的差额部分返还到被保险人的个人账户。

根据目标人群已有保障项目和保障需求的不同，符合规定的健康保险产品共有三类，分别适用于：1. 对公费医疗或基本医疗保险报销后个人负担的医疗费用有报销意愿的人群；2. 对公费医疗或基本医疗保险报销后个人负担的特定大额医疗费用有报销意愿的人群；3. 未参加公费医疗或基本医疗保险，对个人负担的

医疗费用有报销意愿的人群。

符合上述条件的个人税收优惠型健康保险产品，保险公司应按《保险法》规定程序上报保监会审批。

四、关于税收征管

（一）单位统一组织为员工购买或者单位和个人共同负担购买符合规定的商业健康保险产品，单位负担部分应当实名计入个人工资薪金明细清单，视同个人购买，并自购买产品次月起，在不超过 200 元/月的标准内按月扣除。一年内保费金额超过 2 400 元的部分，不得税前扣除。以后年度续保时，按上述规定执行。个人自行退保时，应及时告知扣缴单位。个人相关退保信息保险公司应及时传递给税务机关。

（二）取得工资薪金所得或连续性劳务报酬所得的个人，自行购买符合规定的商业健康保险产品的，应当及时向代扣代缴单位提供保单凭证。扣缴单位自个人提交保单凭证的次月起，在不超过 200 元/月的标准内按月扣除。一年内保费金额超过 2 400 元的部分，不得税前扣除。以后年度续保时，按上述规定执行。个人自行退保时，应及时告知扣缴义务人。

（三）个体工商户业主、企事业单位承包承租经营者、个人独资和合伙企业投资者自行购买符合条件的商业健康保险产品的，在不超过 2 400 元/年的标准内据实扣除。一年内保费金额超过 2 400 元的部分，不得税前扣除。以后年度续保时，按上述规定执行。

五、关于部门协作

商业健康保险个人所得税税前扣除政策涉及环节和部门多，各相关部门应密切配合，切实落实好商业健康保险个人所得税政策。

（一）财政、税务、保监部门要做好商业健康保险个人所得税优惠政策宣传解释，优化服务。税务、保监部门应建立信息共享机制，及时共享商业健康保险涉税信息。

（二）保险公司在销售商业健康保险产品时，要为购买健康保险的个人开具发票和保单凭证，载明产品名称及缴费金额等信息，作为个人税前扣除的凭据。保险公司要与商业健康保险信息平台保持实时对接，保证信息真实准确。

（三）扣缴单位应按照本通知及税务机关有关要求，认真落实商业健康保险个人所得税前扣除政策。

（四）保险公司或商业健康保险信息平台应向税务机关提供个人购买商业健康保险的相关信息，并配合税务机关做好相关税收征管工作。

六、关于实施时间

本通知自 2017 年 7 月 1 日起执行。自 2016 年 1 月 1 日起开展商业健康保险个人所得税政策试点的地区，自 2017 年 7 月 1 日起继续按本通知规定的政策执行。《财政部　国家税务总局　保监会关于开展商业健康保险个人所得税政策试点工作的通知》（财税〔2015〕56 号）、《财政部　国家税务总局　保监会关于实施商业健康保险个人所得税政策试点的通知》（财税〔2015〕126 号）同时废止。

附件：1. 个人税收优惠型健康保险产品指引框架（略）

2. 个人税收优惠型健康保险（万能型）A 款示范条款（略）

3. 个人税收优惠型健康保险（万能型）B 款示范条款（略）

4. 个人税收优惠型健康保险（万能型）C 款示范条款（略）

财政部　税务总局关于广告费和业务宣传费支出税前扣除政策的通知

2017 年 5 月 27 日　财税〔2017〕41 号

各省、自治区、直辖市、计划单列市财政厅（局）、国家税务局、地方税务局，新疆生产建设兵团财务局：

根据《中华人民共和国企业所得税法实施条例》（国务院令第 512 号）第四十四条规定，现就有关广告费和业务宣传费支出税前扣除政策通知如下：

一、对化妆品制造或销售、医药制造和饮料制造（不含酒类制造）企业发生的广告费和业务宣传费支出，不超过当年销售（营业）收入 30% 的部分，准予扣除；超过部分，准予在以后纳税年度结转扣除。

二、对签订广告费和业务宣传费分摊协议（以下简称分摊协议）的关联企业，其中一方发生的不超过当年销售（营业）收入税前扣除限额比例内的广告费和业务宣传费支出可以在本企业扣除，也可以将其中的部分或全部按照分摊协议归集至另一方扣除。另一方在计算本企业广告费和业务宣传费支出企业所得税税前扣除限额时，可将按照上述办法归集至本企业的广告费和业务宣传费不计算在内。

三、烟草企业的烟草广告费和业务宣传费支出，一律不得在计算应纳税所得额时扣除。

四、本通知自 2016 年 1 月 1 日起至 2020 年 12 月 31 日止执行。

财政部　税务总局关于扩大小型微利企业所得税优惠政策范围的通知

2017 年 6 月 6 日　财税〔2017〕43 号

各省、自治区、直辖市、计划单列市财政厅（局）、国家税务局、地方税务局，新疆生产建设兵团财务局：

为进一步支持小型微利企业发展，现就小型微利企业所得税政策通知如下：

一、自 2017 年 1 月 1 日至 2019 年 12 月 31 日，将小型微利企业的年应纳税所得额上限由 30 万元提高至 50 万元，对年应纳税所得额低于 50 万元（含 50 万元）的小型微利企业，其所得减按 50% 计入应纳税所得额，按 20% 的税率缴纳企业所得税。

前款所称小型微利企业，是指从事国家非限制和禁止行业，并符合下列条件的企业：

（一）工业企业，年度应纳税所得额不超过 50 万元，从业人数不超过 100 人，资产总额不超过 3 000 万元；

（二）其他企业，年度应纳税所得额不超过 50 万元，从业人数不超过 80 人，资产总额不超过 1 000 万元。

二、本通知第一条所称从业人数，包括与企业建立劳动关系的职工人数和企业接受的劳务派遣用工人数。

所称从业人数和资产总额指标，应按企业全年的季度平均值确定。具体计算公式如下：

季度平均值 =（季初值 + 季末值）÷ 2

全年季度平均值 = 全年各季度平均值之和 ÷ 4

年度中间开业或者终止经营活动的，以其实际经营期作为一个纳税年度确定上述相关指标。

三、《财政部　国家税务总局关于小型微利企业所得税优惠政策的通知》（财税〔2015〕34 号）和《财政部　国家税务总局关于进一步扩大小型微利企业所得税优惠政策范围的通知》（财税〔2015〕99 号）自 2017 年 1 月 1 日起废止。

四、各级财政、税务部门要严格按照本通知的规定，积极做好小型微利企业所得税优惠政策的宣传辅导工作，确保优惠政策落实到位。

财政部 税务总局关于延续支持农村金融发展有关税收政策的通知

2017年6月9日 财税〔2017〕44号

各省、自治区、直辖市、计划单列市财政厅（局）、国家税务局、地方税务局，新疆生产建设兵团财务局：

为继续支持农村金融发展，现就农村金融有关税收政策通知如下：

一、自2017年1月1日至2019年12月31日，对金融机构农户小额贷款的利息收入，免征增值税。

二、自2017年1月1日至2019年12月31日，对金融机构农户小额贷款的利息收入，在计算应纳税所得额时，按90%计入收入总额。

三、自2017年1月1日至2019年12月31日，对保险公司为种植业、养殖业提供保险业务取得的保费收入，在计算应纳税所得额时，按90%计入收入总额。

四、本通知所称农户，是指长期（一年以上）居住在乡镇（不包括城关镇）行政管理区域内的住户，还包括长期居住在城关镇所辖行政村范围内的住户和户口不在本地而在本地居住一年以上的住户，国有农场的职工和农村个体工商户。位于乡镇（不包括城关镇）行政管理区域内和在城关镇所辖行政村范围内的国有经济的机关、团体、学校、企事业单位的集体户；有本地户口，但举家外出谋生一年以上的住户，无论是否保留承包耕地均不属于农户。农户以户为统计单位，既可以从事农业生产经营，也可以从事非农业生产经营。农户贷款的判定应以贷款发放时的承贷主体是否属于农户为准。

本通知所称小额贷款，是指单笔且该农户贷款余额总额在10万元（含本数）以下的贷款。

本通知所称保费收入，是指原保险保费收入加上分保费收入减去分出保费后的余额。

五、金融机构应对符合条件的农户小额贷款利息收入进行单独核算，不能单独核算的不得适用本通知第一条、第二条规定的优惠政策。

六、本通知印发之日前已征的增值税，可抵减纳税人以后月份应缴纳的增值税或予以退还。

财政部 税务总局 民政部关于继续实施扶持自主就业退役士兵创业就业有关税收政策的通知

2017年6月12日 财税〔2017〕46号

各省、自治区、直辖市、计划单列市财政厅（局）、国家税务局、地方税务局、民政厅（局），新疆生产建设兵团财务局、民政局：

为扶持自主就业退役士兵创业就业，现将有关税收政策通知如下：

一、对自主就业退役士兵从事个体经营的，在3年内按每户每年8 000元为限额依次扣减其当年实际应缴纳的增值税、城市维护建设税、教育费附加、地方教育附加和个人所得税。限额标准最高可上浮20%，各省、自治区、直辖市人民政府可根据本地区实际情况在此幅度内确定具体限额标准，并报财政部和税务总局备案。

纳税人年度应缴纳税款小于上述扣减限额的，以其实际缴纳的税款为限；大于上述扣减限额的，以上述扣减限额为限。纳税人的实际经营期不足一年的，应当以实际月份换算其减免税限额。换算公式为：

减免税限额 = 年度减免税限额 ÷ 12 × 实际经营月数

纳税人在享受税收优惠政策的当月，持《中国人民解放军义务兵退出现役证》或《中国人民解放军士官退出现役证》以及税务机关要求的相关材料向主管税务机关备案。

二、对商贸企业、服务型企业、劳动就业服务企业中的加工型企业和街道社区具有加工性质的小型企业实体，在新增加的岗位中，当年新招用自主就业退役士兵，与其签订 1 年以上期限劳动合同并依法缴纳社会保险费的，在 3 年内按实际招用人数予以定额依次扣减增值税、城市维护建设税、教育费附加、地方教育附加和企业所得税优惠。定额标准为每人每年 4 000 元，最高可上浮 50%，各省、自治区、直辖市人民政府可根据本地区实际情况在此幅度内确定具体定额标准，并报财政部和税务总局备案。

本条所称服务型企业是指从事《销售服务、无形资产、不动产注释》（《财政部　国家税务总局关于全面推开营业税改征增值税试点的通知》——财税〔2016〕36 号附件）中“不动产租赁服务”、“商务辅助服务”（不含货物运输代理和代理报关服务）、“生活服务”（不含文化体育服务）范围内业务活动的企业以及按照《民办非企业单位登记管理暂行条例》（国务院令第 251 号）登记成立的民办非企业单位。

纳税人按企业招用人数和签订的劳动合同时间核定企业减免税总额，在核定减免税总额内每月依次扣减增值税、城市维护建设税、教育费附加和地方教育附加。纳税人实际应缴纳的增值税、城市维护建设税、教育费附加和地方教育附加小于核定减免税总额的，以实际应缴纳的增值税、城市维护建设税、教育费附加和地方教育附加为限；实际应缴纳的增值税、城市维护建设税、教育费附加和地方教育附加大于核定减免税总额的，以核定减免税总额为限。

纳税年度终了，如果企业实际减免的增值税、城市维护建设税、教育费附加和地方教育附加小于核定的减免税总额，企业在企业所得税汇算清缴时扣减企业所得税。当年扣减不完的，不再结转以后年度扣减。

计算公式为：

企业减免税总额 = $\sum$ 每名自主就业退役士兵本年度在本企业工作月份 ÷ 12 × 定额标准

企业自招用自主就业退役士兵的次月起享受税收优惠政策，并于享受税收优惠政策的当月，持下列材料向主管税务机关备案：1. 新招用自主就业退役士兵的《中国人民解放军义务兵退出现役证》或《中国人民解放军士官退出现役证》；2. 企业与新招用自主就业退役士兵签订的劳动合同（副本），企业为职工缴纳的社会保险费记录；3. 自主就业退役士兵本年度在企业工作时间表（见附件）；4. 主管税务机关要求的其他相关材料。

三、本通知所称自主就业退役士兵是指依照《退役士兵安置条例》（国务院、中央军委令第 608 号）的规定退出现役并按自主就业方式安置的退役士兵。

四、本通知的执行期限为 2017 年 1 月 1 日至 2019 年 12 月 31 日。本通知规定的税收优惠政策按照备案减免税管理，纳税人应向主管税务机关备案。税收优惠政策在 2019 年 12 月 31 日未享受满 3 年的，可继续享受至 3 年期满为止。

对《财政部　国家税务总局关于全面推开营业税改征增值税试点的通知》（财税〔2016〕36 号）附件 3 第三条第（一）项政策，纳税人在 2016 年 12 月 31 日未享受满 3 年的，可按现行政策继续享受至 3 年期满为止。

五、如果企业招用的自主就业退役士兵既适用本通知规定的税收优惠政策，又适用其他扶持就业的专项税收优惠政策，企业可选择适用最优惠的政策，但不能重复享受。

各地财政、税务、民政部门要加强领导、周密部署，把扶持自主就业退役士兵创业就业工作作为一项重要任务，主动做好政策宣传和解释工作，加强部门间的协调配合，确保政策落实到位。同时，要密切关注税收政策的执行情况，对发现的问题及时逐级向财政部、税务总局、民政部反映。

附件：自主就业退役士兵本年度在企业工作时间表（样式）

附件：

自主就业退役士兵本年度在企业工作时间表（样式）

企业名称（盖章）：　　　　　　　　　　　　　　　　　　　　　　年度：

序号	自主就业退役士兵姓名	《中国人民解放军义务兵退出现役证》或《中国人民解放军士官退出现役证》编号	在本企业工作时间（单位：月）

财政部　税务总局关于小额贷款公司有关税收政策的通知

2017 年 6 月 9 日　财税〔2017〕48 号

各省、自治区、直辖市、计划单列市财政厅（局）、国家税务局、地方税务局，新疆生产建设兵团财务局：

为引导小额贷款公司在“三农”、小微企业等方面发挥积极作用，更好地服务实体经济发展，现将小额贷款公司有关税收政策通知如下：

一、自 2017 年 1 月 1 日至 2019 年 12 月 31 日，对经省级金融管理部门（金融办、局等）批准成立的小额贷款公司取得的农户小额贷款利息收入，免征增值税。

二、自 2017 年 1 月 1 日至 2019 年 12 月 31 日，对经省级金融管理部门（金融办、局等）批准成立的小额贷款公司取得的农户小额贷款利息收入，在计算应纳税所得额时，按 90% 计入收入总额。

三、自 2017 年 1 月 1 日至 2019 年 12 月 31 日，对经省级金融管理部门（金融办、局等）批准成立的小额贷款公司按年末贷款余额的 1% 计提的贷款损失准备金准予在企业所得税税前扣除。具体政策口径按照《财政部　国家税务总局关于金融企业贷款损失准备金企业所得税税前扣除有关政策的通知》（财税〔2015〕9 号）执行。

四、本通知所称农户，是指长期（一年以上）居住在乡镇（不包括城关镇）行政管理区域内的住户，还包括长期居住在城关镇所辖行政村范围内的住户和户口不在本地而在本地居住一年以上的住户，国有农场的职工和农村个体工商户。位于乡镇（不包括城关镇）行政管理区域内和在城关镇所辖行政村范围内的国有经济的机关、团体、学校、企事业单位的集体户；有本地户口，但举家外出谋生一年以上的住户，无论是否保留承包耕地均不属于农户。农户以户为统计单位，既可以从事农业生产经营，也可以从事非农业生产经营。农户贷款的判定应以贷款发放时的承贷主体是否属于农户为准。

本通知所称小额贷款，是指单笔且该农户贷款余额总额在 10 万元（含本数）以下的贷款。

五、2017 年 1 月 1 日至本通知印发之日前已征的应予免征的增值税，可抵减纳税人以后月份应缴纳的增值税或予以退还。

财政部　税务总局　人力资源社会保障部关于继续实施支持和促进重点群体创业就业有关税收政策的通知

2017 年 6 月 12 日　财税〔2017〕49 号

各省、自治区、直辖市、计划单列市财政厅（局）、国家税务局、地方税务局、人力资源社会保障厅（局），新疆生产建设兵团财务局、人力资源社会保障局：

为支持和促进重点群体创业就业，现将有关税收政策通知如下：

一、对持《就业创业证》（注明“自主创业税收政策”或“毕业年度内自主创业税收政策”）或《就业失业登记证》（注明“自主创业税收政策”或附着《高校毕业生自主创业证》）的人员从事个体经营的，在 3 年内按每户每年 8 000 元为限额依次扣减其当年实际应缴纳的增值税、城市维护建设税、教育费附加、地方教育附加和个人所得税。限额标准最高可上浮 20%，各省、自治区、直辖市人民政府可根据本地区实际情况在此幅度内确定具体限额标准，并报财政部和税务总局备案。

纳税人年度应缴纳税款小于上述扣减限额的，以其实际缴纳的税款为限；大于上述扣减限额的，以上述扣减限额为限。

上述人员是指：1. 在人力资源社会保障部门公共就业服务机构登记失业半年以上的人员；2. 零就业家庭、享受城市居民最低生活保障家庭劳动年龄内的登记失业人员；3. 毕业年度内高校毕业生。高校毕业生是指实施高等学历教育的普通高等学校、成人高等学校应届毕业的学生；毕业年度是指毕业所在自然年，即 1 月 1 日至 12 月 31 日。

二、对商贸企业、服务型企业、劳动就业服务企业中的加工型企业和街道社区具有加工性质的小型企业实体，在新增加的岗位中，当年新招用在人力资源社会保障部门公共就业服务机构登记失业半年以上且持《就业创业证》或《就业失业登记证》（注明“企业吸纳税收政策”）人员，与其签订 1 年以上期限劳动合同并依法缴纳社会保险费的，在 3 年内按实际招用人数予以定额依次扣减增值税、城市维护建设税、教育费附加、地方教育附加和企业所得税优惠。定额标准为每人每年 4 000 元，最高可上浮 30%，各省、自治区、直辖市人民政府可根据本地区实际情况在此幅度内确定具体定额标准，并报财政部和税务总局备案。

按上述标准计算的税收扣减额应在企业当年实际应缴纳的增值税、城市维护建设税、教育费附加、地方教育附加和企业所得税税额中扣减，当年扣减不完的，不得结转下年使用。

本条所称服务型企业，是指从事《销售服务、无形资产、不动产注释》（《财政部　国家税务总局关于全面推开营业税改征增值税试点的通知》——财税〔2016〕36 号附件）中“不动产租赁服务”、“商务辅助服务”（不含货物运输代理和代理报关服务）、“生活服务”（不含文化体育服务）范围内业务活动的企业以及按照《民办非企业单位登记管理暂行条例》（国务院令第 251 号）登记成立的民办非企业单位。

三、享受上述优惠政策的人员按以下规定申领《就业创业证》：

（一）按照《就业服务与就业管理规定》（人力资源社会保障部令第 24 号）第六十三条的规定，在法定劳动年龄内，有劳动能力，有就业要求，处于无业状态的城镇常住人员，在公共就业服务机构进行失业登记，申领《就业创业证》。对其中的零就业家庭、城市低保家庭的登记失业人员，公共就业服务机构应在其《就业创业证》上予以注明。

（二）毕业年度内高校毕业生在校期间凭学生证向公共就业服务机构按规定申领《就业创业证》，或委托所在高校就业指导中心向公共就业服务机构按规定代为其申领《就业创业证》；毕业年度内高校毕业生离校后直接向公共就业服务机构按规定申领《就业创业证》。

（三）上述人员申领相关凭证后，由就业和创业地人力资源社会保障部门对人员范围、就业失业状态、已享受政策情况进行核实，在《就业创业证》上注明“自主创业税收政策”、“毕业年度内自主创业税收政策”或“企业吸纳税收政策”字样，同时符合自主创业和企业吸纳税收政策条件的，可同时加注；主管税务机关在《就业创业证》上加盖戳记，注明减免税所属时间。

四、本通知的执行期限为2017年1月1日至2019年12月31日。本通知规定的税收优惠政策按照备案减免税管理，纳税人应向主管税务机关备案。税收优惠政策在2019年12月31日未享受满3年的，可继续享受至3年期满为止。

对《财政部 国家税务总局关于全面推开营业税改征增值税试点的通知》（财税〔2016〕36号）文件附件3第三条第（二）项政策，纳税人在2016年12月31日未享受满3年的，可按现行政策继续享受至3年期满为止。

五、本通知所述人员不得重复享受税收优惠政策，以前年度已享受扶持就业的专项税收优惠政策的人员不得再享受本通知规定的税收优惠政策。如果企业的就业人员既适用本通知规定的税收优惠政策，又适用其他扶持就业的专项税收优惠政策，企业可选择适用最优惠的政策，但不能重复享受。

六、上述税收政策的具体实施办法由税务总局会同财政部、人力资源社会保障部、教育部、民政部另行制定。

各地财政、税务、人力资源社会保障部门要加强领导、周密部署，把大力支持和促进重点群体创业就业工作作为一项重要任务，主动做好政策宣传和解释工作，加强部门间的协调配合，确保政策落实到位。同时，要密切关注税收政策的执行情况，对发现的问题及时逐级向财政部、税务总局、人力资源社会保障部反映。

财政部 税务总局关于支持农村集体产权制度改革有关税收政策的通知

2017年6月22日 财税〔2017〕55号

各省、自治区、直辖市、计划单列市财政厅（局）、地方税务局，西藏、宁夏回族自治区国家税务局，新疆生产建设兵团财务局：

为落实中共中央、国务院《关于稳步推进农村集体产权制度改革的意见》要求，支持农村集体产权制度改革，现就有关契税、印花税政策通知如下：

一、对进行股份合作制改革后的农村集体经济组织承受原集体经济组织的土地、房屋权属，免征契税。

二、对农村集体经济组织以及代行集体经济组织职能的村民委员会、村民小组进行清产核资收回集体资产而承受土地、房屋权属，免征契税。

对因农村集体经济组织以及代行集体经济组织职能的村民委员会、村民小组进行清产核资收回集体资产而签订的产权转移书据，免征印花税。

三、对农村集体土地所有权、宅基地和集体建设用地使用权及地上房屋确权登记，不征收契税。

四、本通知自2017年1月1日起执行。

财政部 税务总局关于资管产品增值税有关问题的通知

2017年6月30日 财税〔2017〕56号

各省、自治区、直辖市、计划单列市财政厅（局）、国家税务局、地方税务局，新疆生产建设兵团财务局：

现将资管产品增值税有关问题通知如下：

一、资管产品管理人（以下称管理人）运营资管产品过程中发生的增值税应税行为（以下称资管产品运营业务），暂适用简易计税方法，按照3%的征收率缴纳增值税。

资管产品管理人，包括银行、信托公司、公募基金管理公司及其子公司、证券公司及其子公司、期货公司及其子公司、私募基金管理人、保险资产管理公司、专业保险资产管理机构、养老保险公司。

资管产品，包括银行理财产品、资金信托（包括集合资金信托、单一资金信托）、财产权信托、公开募集证券投资基金、特定客户资产管理计划、集合资产管理计划、定向资产管理计划、私募投资基金、债权投资计划、股权投资计划、股债结合型投资计划、资产支持计划、组合类保险资产管理产品、养老保障管理产品。

财政部和税务总局规定的其他资管产品管理人及资管产品。

二、管理人接受投资者委托或信托对受托资产提供的管理服务以及管理人发生的除本通知第一条规定的其他增值税应税行为（以下称其他业务），按照现行规定缴纳增值税。

三、管理人应分别核算资管产品运营业务和其他业务的销售额和增值税应纳税额。未分别核算的，资管产品运营业务不得适用本通知第一条规定。

四、管理人可选择分别或汇总核算资管产品运营业务销售额和增值税应纳税额。

五、管理人应按照规定的纳税期限，汇总申报缴纳资管产品运营业务和其他业务增值税。

六、本通知自2018年1月1日起施行。

对资管产品在2018年1月1日前运营过程中发生的增值税应税行为，未缴纳增值税的，不再缴纳；已缴纳增值税的，已纳税额从资管产品管理人以后月份的增值税应纳税额中抵减。

财政部　税务总局关于建筑服务等营改增试点政策的通知

2017年7月10日　财税〔2017〕58号

各省、自治区、直辖市、计划单列市财政厅（局）、国家税务局、地方税务局，新疆生产建设兵团财务局：

现将营改增试点期间建筑服务等政策补充通知如下：

一、建筑工程总承包单位为房屋建筑的地基与基础、主体结构提供工程服务，建设单位自行采购全部或部分钢材、混凝土、砌体材料、预制构件的，适用简易计税方法计税。

地基与基础、主体结构的范围，按照《建筑工程施工质量验收统一标准》（GB50300－2013）附录B《建筑工程的分部工程、分项工程划分》中的“地基与基础”“主体结构”分部工程的范围执行。

二、《营业税改征增值税试点实施办法》（财税〔2016〕36号印发）第四十五条第（二）项修改为“纳税人提供租赁服务采取预收款方式的，其纳税义务发生时间为收到预收款的当天”。

三、纳税人提供建筑服务取得预收款，应在收到预收款时，以取得的预收款扣除支付的分包款后的余额，按照本条第三款规定的预征率预缴增值税。

按照现行规定应在建筑服务发生地预缴增值税的项目，纳税人收到预收款时在建筑服务发生地预缴增值税。按照现行规定无需在建筑服务发生地预缴增值税的项目，纳税人收到预收款时在机构所在地预缴增值税。

适用一般计税方法计税的项目预征率为2%，适用简易计税方法计税的项目预征率为3%。

四、纳税人采取转包、出租、互换、转让、入股等方式将承包地流转给农业生产者用于农业生产，免征增值税。

五、自2018年1月1日起，金融机构开展贴现、转贴现业务，以其实际持有票据期间取得的利息收入作为贷款服务销售额计算缴纳增值税。此前贴现机构已就贴现利息收入全额缴纳增值税的票据，转贴现机构转贴现利息收入继续免征增值税。

六、本通知除第五条外，自 2017 年 7 月 1 日起执行。《营业税改征增值税试点实施办法》（财税〔2016〕36 号印发）第七条自 2017 年 7 月 1 日起废止。《营业税改征增值税试点过渡政策的规定》（财税〔2016〕36 号印发）第一条第（二十三）项第 4 点自 2018 年 1 月 1 日起废止。

财政部　税务总局　海关总署关于北京 2022 年冬奥会和冬残奥会税收政策的通知

2017 年 7 月 12 日　财税〔2017〕60 号

各省、自治区、直辖市、计划单列市财政厅（局）、国家税务局、地方税务局，广东分署、各直属海关，新疆生产建设兵团财务局：

为支持发展奥林匹克运动，确保北京 2022 年冬奥会和冬残奥会顺利举办，现就有关税收政策通知如下：

一、对北京 2022 年冬奥会和冬残奥会组织委员会（以下简称“北京冬奥组委”）实行以下税收政策

（一）对北京冬奥组委取得的电视转播权销售分成收入、国际奥委会全球合作伙伴计划分成收入（实物和资金），免征应缴纳的增值税。

（二）对北京冬奥组委市场开发计划取得的国内外赞助收入、转让无形资产（如标志）特许权收入和销售门票收入，免征应缴纳的增值税。

（三）对北京冬奥组委取得的与中国集邮总公司合作发行纪念邮票收入、与中国人民银行合作发行纪念币收入，免征应缴纳的增值税。

（四）对北京冬奥组委取得的来源于广播、互联网、电视等媒体收入，免征应缴纳的增值税。

（五）对外国政府和国际组织无偿捐赠用于北京 2022 年冬奥会的进口物资，免征进口关税和进口环节增值税。

（六）对以一般贸易方式进口，用于北京 2022 年冬奥会的体育场馆建设所需设备中与体育场馆设施固定不可分离的设备以及直接用于北京 2022 年冬奥会比赛用的消耗品，免征关税和进口环节增值税。享受免税政策的奥运会体育场馆建设进口设备及比赛用消耗品的范围、数量清单由北京冬奥组委汇总后报财政部商有关部门审核确定。

（七）对北京冬奥组委进口的其他特需物资，包括：国际奥委会或国际单项体育组织指定的，国内不能生产或性能不能满足需要的体育器材、医疗检测设备、安全保障设备、交通通讯设备、技术设备，在运动会期间按暂准进口货物规定办理，运动会结束后留用或做变卖处理的，按有关规定办理正式进口手续，并照章缴纳进口税收，其中进口汽车以不低于新车 90% 的价格估价征税。上述暂准进口的商品范围、数量清单由北京冬奥组委汇总后报财政部商有关部门审核确定。

（八）对北京冬奥组委再销售所获捐赠物品和赛后出让资产取得收入，免征应缴纳的增值税、消费税和土地增值税。免征北京冬奥组委向分支机构划拨所获赞助物资应缴纳的增值税，北京冬奥组委向主管税务机关提供“分支机构”范围的证明文件，办理减免税备案。

（九）对北京冬奥组委使用的营业账簿和签订的各类合同等应税凭证，免征北京冬奥组委应缴纳的印花税。

（十）对北京冬奥组委免征应缴纳的车船税和新购车辆应缴纳的车辆购置税。

（十一）对北京冬奥组委免征应缴纳的企业所得税。

（十二）对北京冬奥组委委托加工生产的高档化妆品免征应缴纳的消费税。

具体管理办法由税务总局另行规定。

（十三）对国际奥委会、国际单项体育组织和其他社会团体等从国外邮寄进口且不流入国内市场的、与北京2022年冬奥会有关的文件、书籍、音像、光盘，在合理数量范围内免征关税和进口环节增值税。合理数量的具体标准由海关总署确定。对奥运会场馆建设所需进口的模型、图纸、图板、电子文件光盘、设计说明及缩印本等规划设计方案，免征关税和进口环节增值税。

（十四）对北京冬奥组委取得的餐饮服务、住宿、租赁、介绍服务和收费卡收入，免征应缴纳的增值税。

（十五）对北京2022年冬奥会场馆及其配套设施建设占用耕地，免征耕地占用税。

（十六）根据中国奥委会、主办城市、国际奥委会签订的《北京2022年冬季奥林匹克运动会主办城市合同》（以下简称《主办城市合同》）规定，北京冬奥组委全面负责和组织举办北京2022年冬残奥会，其取得的北京2022年冬残奥会收入及其发生的涉税支出比照执行北京2022年冬奥会的税收政策。

二、对国际奥委会、中国奥委会、国际残疾人奥林匹克委员会、中国残奥委员会、北京冬奥会测试赛赛事组委会实行以下税收政策

（一）对国际奥委会取得的与北京2022年冬奥会有关的收入免征增值税、消费税、企业所得税。

（二）对国际奥委会、中国奥委会签订的与北京2022年冬奥会有关的各类合同，免征国际奥委会和中国奥委会应缴纳的印花税。

（三）对国际奥委会取得的国际性广播电视组织转来的中国境内电视台购买北京2022年冬奥会转播权款项，免征应缴纳的增值税。

（四）对按中国奥委会、主办城市签订的《联合市场开发计划协议》和中国奥委会、主办城市、国际奥委会签订的《主办城市合同》规定，中国奥委会取得的由北京冬奥组委分期支付的收入、按比例支付的盈余分成收入免征增值税、消费税和企业所得税。

（五）对国际残奥委会取得的与北京2022年冬残奥会有关的收入免征增值税、消费税、企业所得税和印花税。

（六）对中国残奥委会根据《联合市场开发计划协议》取得的由北京冬奥组委分期支付的收入免征增值税、消费税、企业所得税和印花税。

（七）北京冬奥会测试赛赛事组委会取得的收入及发生的涉税支出比照执行北京冬奥组委的税收政策。

三、对北京2022年冬奥会、冬残奥会、测试赛参与者实行以下税收政策

（一）对企业、社会组织和团体赞助、捐赠北京2022年冬奥会、冬残奥会、测试赛的资金、物资、服务支出，在计算企业应纳税所得额时予以全额扣除。

（二）企业根据赞助协议向北京冬奥组委免费提供的与北京2022年冬奥会、冬残奥会、测试赛有关的服务，免征增值税。免税清单由北京冬奥组委报财政部、税务总局确定。

（三）个人捐赠北京2022年冬奥会、冬残奥会、测试赛的资金和物资支出可在计算个人应纳税所得额时予以全额扣除。

（四）对财产所有人将财产（物品）捐赠给北京冬奥组委所书立的产权转移书据免征应缴纳的印花税。

（五）对受北京冬奥组委邀请的，在北京2022年冬奥会、冬残奥会、测试赛期间临时来华，从事奥运相关工作的外籍顾问以及裁判员等外籍技术官员取得的由北京冬奥组委、测试赛赛事组委会支付的劳务报酬免征增值税和个人所得税。

（六）对在北京2022年冬奥会、冬残奥会、测试赛期间裁判员等中方技术官员取得的由北京冬奥组

委、测试赛赛事组委会支付的劳务报酬，免征应缴纳的增值税。

（七）对于参赛运动员因北京2022年冬奥会、冬残奥会、测试赛比赛获得的奖金和其他奖赏收入，按现行税收法律法规的有关规定征免应缴纳的个人所得税。

（八）在北京2022年冬奥会场馆（场地）建设、试运营、测试赛及冬奥会及冬残奥会期间，对用于北京2022年冬奥会场馆（场地）建设、运维的水资源，免征应缴纳的水资源税。

（九）免征北京2022年冬奥会、冬残奥会、测试赛参与者向北京冬奥组委无偿提供服务和无偿转让无形资产的增值税。

四、本通知自发布之日起执行

财政部　税务总局关于调整铁路和航空运输企业汇总缴纳增值税分支机构名单的通知

2017年8月22日　财税〔2017〕67号

各省、自治区、直辖市、计划单列市财政厅（局）、国家税务局、地方税务局，新疆生产建设兵团财务局：

经研究，我们对铁路和航空运输企业汇总缴纳增值税分支机构名单进行了调整。现将有关内容通知如下：

一、铁路运输企业

（一）对《财政部　国家税务总局关于铁路运输企业汇总缴纳增值税的通知》（财税〔2013〕111号）的附件2，增补、取消本通知附件1所列的分支机构。

（二）对《财政部　国家税务总局关于铁路运输企业汇总缴纳增值税的补充通知》（财税〔2014〕54号）的附件，取消本通知附件2所列的分支机构。

（三）对《财政部　国家税务总局关于调整铁路和航空运输企业汇总缴纳增值税分支机构名单的通知》（财税〔2015〕87号）的附件2，更名本通知附件3所列的分支机构。

上述增补和更名的铁路运输企业分支机构，自提供铁路运输服务及相关的物流辅助服务之日起，按照财税〔2013〕111号和财税〔2014〕54号文件的规定缴纳增值税。

上述取消的铁路运输企业分支机构，自本通知附件1和附件2列明的取消时间起，不再按照财税〔2013〕111号和财税〔2014〕54号文件的规定缴纳增值税。

二、航空运输企业

对《财政部　国家税务总局关于部分航空运输企业总分机构增值税计算缴纳问题的通知》（财税〔2013〕86号）的附件2，增补本通知附件4所列分支机构。

上述增补的航空运输企业分支机构，自本通知附件4列明的汇总纳税时间起，按照财税〔2013〕86号文件的规定缴纳增值税。

附件：1. 分支机构名单（一）
　　　2. 分支机构名单（二）
　　　3. 分支机构名单（三）
　　　4. 分支机构名单（四）

附件1：

分支机构名单（一）

（一）增补的分支机构		
序号	分支机构名称	分支机构所在地
1	郑万铁路客运专线河南有限责任公司（含下属站段，下同）	河南省郑州市
2	济南北环铁路有限公司	山东省济南市
3	广州东北货车外绕线铁路有限责任公司	广东省广州市
4	银西铁路有限公司	宁夏自治区银川市
5	新疆盈路通物流有限责任公司	新疆自治区乌鲁木齐市

（二）取消的分支机构			
序号	分支机构名称	分支机构所在地	取消时间
1	合九铁路有限责任公司	安徽省合肥市	2016年7月1日
2	阜六铁路有限责任公司	安徽省六安市	2016年7月1日
3	宿淮铁路有限责任公司	江苏省宿迁市	2016年7月1日
4	田德铁路有限责任公司	广西自治区南宁市	2016年8月1日

附件2：

分支机构名单（二）

序号	分支机构名称	分支机构所在地	取消时间
1	武汉新港江北铁路有限责任公司（含下属站段）	湖北省武汉市	2016年8月1日

附件3：

分支机构名单（三）

序号	原分支机构名称	现分支机构名称	分支机构所在地
1	京沈京冀铁路客运专线有限责任公司（含下属站段）	京沈铁路客运专线京冀有限公司（含下属站段）	北京市密云区

附件4：

分支机构名单（四）

序号	总机构名称	总机构所在地	分支机构名称	分支机构所在地	汇总纳税时间
1	中国国际航空股份有限公司	北京市			
			中国国际航空股份有限公司温州分公司	浙江省	2017年9月1日
			中国国际航空股份有限公司华南基地	广东省	2017年9月1日
2	厦门航空有限公司	厦门市			
			厦门航空有限公司泉州分公司	福建省	2016年4月1日
3	中国东方航空股份有限公司	上海市			
			中国东方航空股份有限公司广东分公司	广东省	2017年9月1日
			中国东方航空股份有限公司杭州运营基地	浙江省	2017年9月1日

财政部　税务总局　国家发展改革委　工业和信息化部 环境保护部关于印发节能节水和环境保护专用设备企业所得税优惠目录（2017 年版）的通知

2017 年 9 月 6 日　财税〔2017〕71 号

各省、自治区、直辖市、计划单列市财政厅（局）、国家税务局、地方税务局、发展改革委、工业和信息化主管部门、环境保护厅（局），新疆生产建设兵团财务局、发展改革委、工业和信息化委员会、环境保护局：

经国务院同意，现就节能节水和环境保护专用设备企业所得税优惠目录调整完善事项及有关政策问题通知如下：

一、对企业购置并实际使用节能节水和环境保护专用设备享受企业所得税抵免优惠政策的适用目录进行适当调整，统一按《节能节水专用设备企业所得税优惠目录（2017 年版）》（附件 1）和《环境保护专用设备企业所得税优惠目录（2017 年版）》（附件 2）执行。

二、按照国务院关于简化行政审批的要求，进一步优化优惠管理机制，实行企业自行申报并直接享受优惠、税务部门强化后续管理的机制。企业购置节能节水和环境保护专用设备，应自行判断是否符合税收优惠政策规定条件，按规定向税务部门履行企业所得税优惠备案手续后直接享受税收优惠，税务部门采取税收风险管理、稽查、纳税评估等方式强化后续管理。

三、建立部门协调配合机制，切实落实节能节水和环境保护专用设备税收抵免优惠政策。税务部门在执行税收优惠政策过程中，不能准确判定企业购置的专用设备是否符合相关技术指标等税收优惠政策规定条件的，可提请地市级（含）以上发展改革、工业和信息化、环境保护等部门，由其委托专业机构出具技术鉴定意见，相关部门应积极配合。对不符合税收优惠政策规定条件的，由税务机关按《税收征管法》及有关规定进行相应处理。

四、本通知所称税收优惠政策规定条件，是指《节能节水专用设备企业所得税优惠目录（2017 年版）》和《环境保护专用设备企业所得税优惠目录（2017 年版）》所规定的设备类别、设备名称、性能参数、应用领域和执行标准。

五、本通知自 2017 年 1 月 1 日起施行。《节能节水专用设备企业所得税优惠目录（2008 年版）》和《环境保护专用设备企业所得税优惠目录（2008 年版）》自 2017 年 10 月 1 日起废止，企业在 2017 年 1 月 1 日至 2017 年 9 月 30 日购置的专用设备符合 2008 年版优惠目录规定的，也可享受税收优惠。

附件：1. 节能节水专用设备企业所得税优惠目录（2017 年版）

2. 环境保护专用设备企业所得税优惠目录（2017 年版）

附件 1：

节能节水专用设备企业所得税优惠目录（2017 年版）

序号	设备类别	设备名称	性能参数	应用领域	执行标准
（一）节能设备					
1	电动机	中小型三相异步电动机	符合执行标准范围和要求，且优于 1 级能效水平。	电力拖动	GB 18613－2012
2		永磁同步电动机	符合执行标准范围和要求，且优于 1 级能效水平。	电力拖动	GB 30253－2013
3		高压三相笼型异步电动机	符合执行标准范围和要求，且优于 1 级能效水平。	电力拖动	GB 30254－2013

续表

序号	设备类别	设备名称	性能参数	应用领域	执行标准
4	空气调节设备	多联式空调（热泵）机组	符合执行标准范围和要求，能效比达到能效等级1级指标基础上再提高10%的要求。	制冷（热）	GB 21454－2008
5		冷水机组	符合执行标准范围和要求，且优于1级能效水平。	制冷（热）	GB 19577－2015，电机驱动压缩机冷水机组 GB 29540－2013，溴化锂吸收式
6		房间空气调节器	符合执行标准范围和要求，且优于1级能效水平。	制冷（热）	GB 12021.3－2010，定频 GB 21455－2013，变频
7		水（地）源热泵机组	符合执行标准范围和要求，且优于1级能效水平。	制冷（热）	GB 30721－2014
8	风机	通风机	符合执行标准范围和要求，且优于1级能效水平。	通风	GB 19761－2009
9		离心鼓风机	符合执行标准范围和要求，且优于节能评价值水平。	鼓风	GB 28381－2012
10	水泵	清水离心泵	符合执行标准范围和要求，且优于节能评价值水平。	输送液体	GB 19762－2007
11		石油化工离心泵	符合执行标准范围和要求，且优于1级能效水平。	输送液体	GB 32284－2015
12	压缩机	容积式空气压缩机	符合执行标准范围和要求，且优于1级能效水平。	压缩空气	GB 19153－2009
13	变频器	1kV及以下通用变频调速设备	符合执行标准范围及技术要求。	变频调速	GB/T 30844.1－2014 GB/T 21056－2007
14		1kV以上不超过35kV通用变频调速设备	符合执行标准范围及技术要求。		GB/T 30843.1－2014
15	变压器	三相配电变压器	符合执行标准范围和要求，且优于1级能效水平。	电力输配	GB 20052－2013
16		电力变压器	符合执行标准范围和要求，且优于1级能效水平。	电力输配	GB 24790－2009
17	电焊机	电弧焊机	符合执行标准范围和要求，且优于1级能效水平。	电焊	GB 28736－2012
18	锅炉	工业锅炉	1. 能效等级达到TSG G0002《锅炉节能技术监督管理规程》中热效率指标的目标值要求； 2. 工业锅炉大气污染物排放浓度值符合GB 13271－2014《锅炉大气污染物排放标准》要求，电站锅炉大气污染物排放浓度值符合GB 13223－2011《火电厂大气污染物排放标准》要求； 3. 燃煤锅炉额定蒸发量（或额定热功率）应当大于10t/h（或7MW），天然气锅炉不限。	输出蒸汽、热水等介质提供热能	TSG G0002《锅炉节能技术监督管理规程》
19	换热器	热交换器	能效等级达到TSG R0010《热交换器能效测试与评价规则》中的目标值要求。	不同流体之间热量传递	TSG R0010《热交换器能效测试与评价规则》
20	LED照明	LED路灯、LED隧道灯/工矿灯	电压220V，频率50Hz，规格光通量3 000lm/5 400lm/9 000lm/14 000lm，功率因数不低于0.95，初始光效不低于130lm/W，显色指数不低于70，寿命不低于30 000小时。	道路、隧道、工矿照明	
21		LED管灯	电压220V，频率50Hz，规格T8/T5，600mm/1 200mm，功率因数不低于0.9，显色指数不低于85，寿命不低于25 000小时；色温为6 500k/5 000k/4 000k时，初始光效不低于120lm/W；色温为3 500k/3 000k/2 700k时，初始光效不低于110lm/W。	商用照明，单次订购量应在5 000只以上	

续表

序号	设备类别	设备名称	性能参数	应用领域	执行标准
22	发电设备	汽轮机	1 000MW 级超超临界机组，28MPa/600℃/620℃/4.9kPa，一次再热 + 湿冷 + 汽泵：热耗率≤7 220kJ/kWh。	发电	
			1 000MW 级超超临界机组，31MPa/600℃/620℃/620℃/4.9kPa，二次再热 + 湿冷 + 汽泵：热耗率≤7 050kJ/kWh。		
			1 000MW 级超超临界机组，28MPa/600℃/620℃/11kPa，一次再热 + 空冷 + 汽泵：热耗率≤7 480kJ/kWh。		
23	时效处理仪	频谱谐波时效仪	最大激振力 80kN；循环选择频率，同时具备加速度延时保护功能；振动参数除激振力调节保证有两个最大振动加速度在 30 ~ 70m/s²，参数选择由振动设备自动完成，以保证处理效果。	机械制造	
24	通信用铅酸蓄电池	通信用耐高温型阀控式密封铅酸蓄电池	35℃工作环境温度，设计浮充寿命≥10 年； 电池最高可承受工作环境温度：75℃； 55℃工作环境温度，80% DOD 循环寿命大于 12 次大循环，每次大循环包含 11 次 80% DOD 放电循环。	通信基站 数据中心	YD/T2657 - 2013
（二）节水设备					
25	洗涤设备	工业洗衣机	用水量≤18L/kg，洗净率 >35%。	织物洗涤	QB/T 2323 - 2004
26	冷却设备	空冷式换热器	耐压、气密性、运转试验符合 NB/T 47007 - 2010 的要求。	发电、化工、冶金、机械制造	NB/T 47007 - 2010
27		机械通风开式冷却塔	循环水量≤1 000m³/h 的中小型塔：飘水率≤0.006%；耗电比≤0.035kW/(m³/h)；冷却能力≥95%。	空调制冷、冷冻、化工、发电	GB/T 18870 - 2011
			循环水量 >1 000m³/h 的大型塔：飘水率≤0.001%；耗电比≤0.045kW/(m³/h)；冷却能力≥95%。		
28	滴灌设备	喷灌机	大型喷灌机：水量分布均匀系数、同步性能应符合 JB/T6280 - 2013 的要求。	农业、园林灌溉	JB/T 6280 - 2013
			轻小型喷灌机：喷洒均匀性、燃油消耗率、喷灌机效率、管路系统密封性应符合 GB/T 25406 - 2010 的要求。		GB/T 25406 - 2010
29		滴灌带（管）	流量一致性、流量和进水口压力之间关系、耐静水压、耐拉拔应符合 GB/T 17187 - 2009 的要求。	适用于棉花、蔬菜、果树等经济作物的滴灌	GB/T 17187 - 2009
30	水处理及回用设备	反渗透淡化装置	水回收率≥75%，脱盐率≥95%。	含盐量低于 10 000 mg/L 的苦咸水淡化或农村分散地区的饮用水处理	GB/T 19249 - 2003
31		中空纤维超滤水处理设备	截留率≥90%； 产水量≥额定产水量。	水处理净化	HY/T 060 - 2002 CJ/T 170 - 2002
32		海水/苦咸水淡化反渗透膜元件	苦咸水淡化反渗透膜：水通量≥$4.5\times10^{-2}m^3/(m^2\cdot h)$；脱盐率≥99.0%。	海水、苦咸水淡化	HY/T 107 - 2008
			海水淡化反渗透膜：水通量≥$3.8\times10^{-2}m^3/(m^2\cdot h)$；脱盐率≥99.4%。		

附件 2：

环境保护专用设备企业所得税优惠目录（2017 年版）

序号	设备类别	设备名称	性能参数	应用领域
1	水污染防治设备	膜生物反应器	膜通量≥10L/(m^2·h)； 出口水质达到地表水环境质量Ⅳ类标准。	生活污水和工业废水处理
2		污泥脱水机	滤饼含水率≤50%。	生活和工业污泥处理
3		超磁分离水体净化设备	出口水质：悬浮物去除率≥90%；SS≤20mg/L；TP 在 0.05mg/L～0.5mg/L 之间，TP 去除率 80%～90%；油≤5mg/L； 藻类去除率 80%～85%；非溶解态 COD 去除率＞80%。	工业废水处理、重金属废水处理、黑臭水体处理（进口水质：SS≤500mg/L；TP 在 1mg/L～4mg/L 之间；油≤50mg/L）
4		一体化污水处理设备	出口水质：COD≤30mg/L；氨氮≤5mg/L；TP≤0.3mg/L；SS≤5mg/L。	生活污水处理（进口水质：COD≤450mg/L；氨氮≤50mg/L；TP≤4mg/L；SS≤200mg/L）
5	大气污染防治设备	袋式除尘器	出口烟尘排放浓度≤10mg/Nm^3；烟气排放达到林格曼一级； 进出口压差≤1 200Pa；出口温度≤120℃；漏风率≤2%；耐压强度≥5kPa。	燃煤发电行业除外的烟尘处理
6		电袋复合除尘器	出口烟尘排放浓度≤30mg/Nm^3；烟气排放达到林格曼一级； 进出口压差≤1 000Pa；设备阻力＜900Pa；漏风率＜2%。	燃煤发电行业除外的烟尘处理
7		选择性催化还原（SCR）脱硝设备	脱硝效率＞80%；系统氨逃逸质量浓度≤2.5mg/m^3； SO_2 转化率＜1%。	燃煤发电行业除外的脱硝
8		VOCs 吸附回收装置	净化率＞90%。	喷涂、石油、化工、包装印刷、油气回收、涂布、制革等行业的 VOCs 治理
9		生物治理 VOCs 设备	生物降解净化效率＞85%； 恶臭异味和 VOCs 排放浓度达到有关行业环保标准要求。	生活污水厂、石化或化工污水处理、垃圾处理厂、发酵堆肥行业、制药行业、饲料和肥料行业、食品加工行业、皮革加工行业等产生的有机废气、异味处理
10		VOCs 燃烧装置	燃烧净化效率＞95%； VOCs 排放浓度达到有关行业环保标准要求。	石油、化工、喷涂、电线电缆、制药等行业的 VOCs 治理
11		连续自动再生式柴油车黑烟净化过滤器	CO 的起燃温度＜195℃；HC 的起燃温度＜205℃； 黑烟颗粒 PM 的去除效果＞90%（在所有的工况下）； 黑烟颗粒的再生：开始再生温度为 200℃，全部烧完为 500℃，所需时间≤10min。	柴油车尾气处理
12	土壤污染防治设备	污染土壤检测修复一体机	掘进速度≥9m/h；最大掘进深度 20m；取样量≥$7\times10^{-3}m^3/h$； 注药量≥90L/min；注药半径≥1m。	污染土壤修复
13	固体废物处置设备	餐厨垃圾自动分选制浆机	处理对象：餐厨垃圾或分类的厨余垃圾；可实现有机物与其他杂物如轻质塑料、织物和金属等的有效分离，实现接收垃圾中有机质的浆化处理；处理后有机物损失＜3%；杂物去除率≥95%；处理量≥10t/h。	餐厨垃圾处理
14		废金属破碎分选机	主机功率：450kW～7 500kW；处理能力 30t/h～420t/h；送料宽度达 1 500mm～3 000mm；磁力分选率≥97%；有色金属涡流分选或有色光选分辨率≥98%；危险废物回收率≥95%。	金属废物处理

续表

序号	设备类别	设备名称	性能参数	应用领域	执行标准
15	固体废物处置设备	电子废物、报废汽车破碎分选机	处理对象：废弃电器电子产品，报废汽车；可实现铁、有色金属、塑料和其他杂质的有效分离，危险废物的安全回收；铁、有色金属回收率及纯净度≥95%，塑料回收率及纯净度≥90%；制冷剂、废油等危险废物回收率≥95%；报废汽车处理能力≥10t/h；废弃电器电子产品处理能力≥1 000kg/h。	电子垃圾、报废汽车处理	
16		新能源汽车废旧动力蓄电池处理设备	废旧动力蓄电池在物理环节的模组分离装备自动化拆解效率≥2kg/min；单体单机分离装备自动化拆解效率≥3kg/min； 在湿法冶炼条件下，镍、钴、锰的综合回收率≥98%； 在火法冶炼条件下，镍、稀土的综合回收率应≥97%。	新能源汽车废旧动力蓄电池处理	
17		危险废弃物焚烧炉	处理量≥20t/d；焚烧温度：一般危险废物≥1 100℃，持久性有机污染物废物≥1 200℃，医疗废物≥850℃；烟气停留时间>2s；残渣热灼减率≤5%。	医疗、工业领域危险废物处理	
18		机械炉排炉	处理量≥200t/d；焚烧温度≥850℃；烟气停留时间≥2s； 残渣热灼减率≤5%。	生活垃圾处理	
19	环境监测专用仪器仪表	烟气排放连续监测仪	可测量以下一种或几种参数：SO_2、NO_X、CO、Hg、HCl、HF、H_2S、颗粒物、流速；颗粒物零点漂移±2%，量程漂移±2%；气态污染物响应时间≤200s，零点漂移±2.5%，量程漂移±2.5%，线性误差≤±5%；流速测量范围0~30m/s，流速测量精度±12%；温度示值偏差≤±3℃。	污染源废气监测（火电厂超低排放），垃圾焚烧电厂废气在线监测	
20		氨逃逸激光在线分析仪	检测下限：0.1mg/L；重复性：1.0% F.S；线性误差：1.0% F.S；取样流量：10L/min~20L/min；环境温度：-20℃~45℃。	烟气脱硝氨逃逸检测	
21		挥发性有机物VOCs分析仪	可测量以下一种或几种气态有机污染物成分：甲烷/非甲烷总烃、总挥发性有机物、半挥发性有机物、苯系物或其他特征有机污染物； 最低检测限： （1）C2~C5：1，3-丁二烯或者丁烯≤0.15ppb，其他≤0.5ppb； （2）C6~C12：苯≤0.05ppb，其他≤0.5ppb； 重现性： （1）C2~C5：<10%4ppb（1，3-丁二烯或者丁烯）； （2）C6~C12：<10%4ppb（苯）。	有机废气排放监测、厂界及周边无组织排放监测	
22		重金属水质自动分析仪	可测量以下一种或几种参数：汞、铬、镉、铅和砷； 六价铬水质监测设备：精密度≤5%，准确度±5%，零点漂移±5%，量程漂移±5%； 汞、镉、铅、砷水质监测设备：示值误差±5%，精密度≤5%，零点漂移±5%，量程漂移±10%。	污染源废水监测	
23	噪声与振动控制	阵列式消声器	吸声体平均吸声系数≥0.9； 基准长度消声器的全压损失系数ξ≤0.7。	通风空调系统管道、机房进出风口、空气动力性设备等的消声降噪	
24		阻尼弹簧浮置板隔振器	隔振效果≥18dB；阻尼比≥0.08；轨面动态下沉量≤4mm。	高铁及城市轨道交通噪声控制	

财政部　税务总局关于外国驻华使（领）馆及其馆员在华购买货物和服务增值税退税政策有关问题的补充通知

2017 年 9 月 29 日　财税〔2017〕74 号

各省、自治区、直辖市、计划单列市财政厅（局）、国家税务局，新疆生产建设兵团财务局：

经研究，现就《财政部　国家税务总局关于外国驻华使（领）馆及其馆员在华购买货物和服务增值税退税政策的通知》（财税〔2016〕51 号）有关问题补充通知如下：

一、使（领）馆馆员个人购买货物和服务，除车辆和房租外，每人每年申报退税销售金额（含税价格）不超过 18 万元人民币。

二、使（领）馆及其馆员购买货物和服务，增值税退税额为发票上注明的税额，发票上未注明税额的，为按照不含税销售额和增值税征收率计算的税额。购买电力、燃气、汽油、柴油，发票上未注明税额的，增值税退税额为按照不含税销售额和相关产品增值税适用税率计算的税额。

三、本通知自 2017 年 10 月 1 日起执行。具体以退税申报受理的时间为准。《财政部　国家税务总局关于外国驻华使（领）馆及其馆员在华购买货物和服务增值税退税政策的通知》（财税〔2016〕51 号）第三条第 2 点和第四条同时停止执行。

财政部　税务总局关于延续小微企业增值税政策的通知

2017 年 10 月 20 日　财税〔2017〕76 号

各省、自治区、直辖市、计划单列市财政厅（局）、国家税务局、地方税务局，新疆生产建设兵团财务局：

为支持小微企业发展，自 2018 年 1 月 1 日至 2020 年 12 月 31 日，继续对月销售额 2 万元（含本数）至 3 万元的增值税小规模纳税人，免征增值税。

财政部　税务总局关于支持小微企业融资有关税收政策的通知

2017 年 10 月 26 日　财税〔2017〕77 号

各省、自治区、直辖市、计划单列市财政厅（局）、国家税务局、地方税务局、新疆生产建设兵团财务局：

为进一步加大对小微企业的支持力度，推动缓解融资难、融资贵，现将有关税收政策通知如下：

一、自 2017 年 12 月 1 日至 2019 年 12 月 31 日，对金融机构向农户、小型企业、微型企业及个体工商户发放小额贷款取得的利息收入，免征增值税。金融机构应将相关免税证明材料留存备查，单独核算符合免税条件的小额贷款利息收入，按现行规定向主管税务机构办理纳税申报；未单独核算的，不得免征增值税。《财政部　税务总局关于延续支持农村金融发展有关税收政策的通知》（财税〔2017〕44 号）第一条相应废止。

二、自2018年1月1日至2020年12月31日，对金融机构与小型企业、微型企业签订的借款合同免征印花税。

三、本通知所称农户，是指长期（一年以上）居住在乡镇（不包括城关镇）行政管理区域内的住户，还包括长期居住在城关镇所辖行政村范围内的住户和户口不在本地而在本地居住一年以上的住户，国有农场的职工。位于乡镇（不包括城关镇）行政管理区域内和在城关镇所辖行政村范围内的国有经济的机关、团体、学校、企事业单位的集体户；有本地户口，但举家外出谋生一年以上的住户，无论是否保留承包耕地均不属于农户。农户以户为统计单位，既可以从事农业生产经营，也可口从事非农业生产经营。农户贷款的判定应以贷款发放时的借款人是否属于农户为准。

本通知所称小型企业、微型企业，是指符合《中小企业划型标准规定》（工信部联企业〔2011〕300号）的小型企业和微型企业。其中，资产总额和从业人员指标均以贷款发放时的实际状态确定，营业收入指标以贷款发放前12个自然月的累计数确定，不满12个自然月的，按照以下公式计算：

营业收入（年）= 企业实际存续期间营业收入/企业实际存续月数 × 12

本通知所称小额贷款，是指单户授信小于100万元（含本数）的农户、小型企业、微型企业或个体工商户贷款；没有授信额度的，是指单户贷款合同金额且贷款余额在100万元（含本数）以下的贷款。

财政部　税务总局　证监会关于继续执行沪港股票市场交易互联互通机制有关个人所得税政策的通知

2017年11月1日　财税〔2017〕78号

各省、自治区、直辖市、计划单列市财政厅（局）、国家税务局、地方税务局，新疆生产建设兵团财务局，上海、深圳证券交易所，中国证券登记结算公司：

现就沪港股票市场交易互联互通机制（以下简称沪港通）有关个人所得税政策明确如下：

对内地个人投资者通过沪港通投资香港联交所上市股票取得的转让差价所得，自2017年11月17日起至2019年12月4日止，继续暂免征收个人所得税。

财政部　税务总局　商务部　科技部　国家发展改革委关于将技术先进型服务企业所得税政策推广至全国实施的通知

2017年11月2日　财税〔2017〕79号

各省、自治区、直辖市、计划单列市财政厅（局）、国家税务局、地方税务局、商务主管部门、科技厅（委、局）、发展改革委，新疆生产建设兵团财务局、商务局、科技局、发展改革委：

为贯彻落实《国务院关于促进外资增长若干措施的通知》（国发〔2017〕39号）要求，发挥外资对优化服务贸易结构的积极作用，引导外资更多投向高技术、高附加值服务业，促进企业技术创新和技术服务能力的提升，增强我国服务业的综合竞争力，现就技术先进型服务企业有关企业所得税政策问题通知如下：

一、自 2017 年 1 月 1 日起，在全国范围内实行以下企业所得税优惠政策：

1. 对经认定的技术先进型服务企业，减按 15% 的税率征收企业所得税。

2. 经认定的技术先进型服务企业发生的职工教育经费支出，不超过工资薪金总额 8% 的部分，准予在计算应纳税所得额时扣除；超过部分，准予在以后纳税年度结转扣除。

二、享受本通知第一条规定的企业所得税优惠政策的技术先进型服务企业必须同时符合以下条件：

1. 在中国境内（不包括港、澳、台地区）注册的法人企业；

2. 从事《技术先进型服务业务认定范围（试行）》（详见附件）中的一种或多种技术先进型服务业务，采用先进技术或具备较强的研发能力；

3. 具有大专以上学历的员工占企业职工总数的 50% 以上；

4. 从事《技术先进型服务业务认定范围（试行）》中的技术先进型服务业务取得的收入占企业当年总收入的 50% 以上；

5. 从事离岸服务外包业务取得的收入不低于企业当年总收入的 35%。

从事离岸服务外包业务取得的收入，是指企业根据境外单位与其签订的委托合同，由本企业或其直接转包的企业为境外单位提供《技术先进型服务业务认定范围（试行）》中所规定的信息技术外包服务（ITO）、技术性业务流程外包服务（BPO）和技术性知识流程外包服务（KPO），而从上述境外单位取得的收入。

三、技术先进型服务企业的认定管理

1. 省级科技部门会同本级商务、财政、税务和发展改革部门根据本通知规定制定本省（自治区、直辖市、计划单列市）技术先进型服务企业认定管理办法，并负责本地区技术先进型服务企业的认定管理工作。各省（自治区、直辖市、计划单列市）技术先进型服务企业认定管理办法应报科技部、商务部、财政部、税务总局和国家发展改革委备案。

2. 符合条件的技术先进型服务企业应向所在省级科技部门提出申请，由省级科技部门会同本级商务、财政、税务和发展改革部门联合评审后发文认定，并将认定企业名单及有关情况通过科技部“全国技术先进型服务企业业务办理管理平台”备案，科技部与商务部、财政部、税务总局和国家发展改革委共享备案信息。符合条件的技术先进型服务企业须在商务部“服务贸易统计监测管理信息系统（服务外包信息管理应用）”中填报企业基本信息，按时报送数据。

3. 经认定的技术先进型服务企业，持相关认定文件向所在地主管税务机关办理享受本通知第一条规定的企业所得税优惠政策事宜。享受企业所得税优惠的技术先进型服务企业条件发生变化的，应当自发生变化之日起 15 日内向主管税务机关报告；不再符合享受税收优惠条件的，应当依法履行纳税义务。主管税务机关在执行税收优惠政策过程中，发现企业不具备技术先进型服务企业资格的，应提请认定机构复核。复核后确认不符合认定条件的，应取消企业享受税收优惠政策的资格。

4. 省级科技、商务、财政、税务和发展改革部门对经认定并享受税收优惠政策的技术先进型服务企业应做好跟踪管理，对变更经营范围、合并、分立、转业、迁移的企业，如不再符合认定条件，应及时取消其享受税收优惠政策的资格。

5. 省级财政、税务、商务、科技和发展改革部门要认真贯彻落实本通知的各项规定，在认定工作中对内外资企业一视同仁，平等对待，切实做好沟通与协作工作。在政策实施过程中发现问题，要及时反映上报财政部、税务总局、商务部、科技部和国家发展改革委。

6. 省级科技、商务、财政、税务和发展改革部门及其工作人员在认定技术先进型服务企业工作中，存在违法违纪行为的，按照《公务员法》《行政监察法》等国家有关规定追究相应责任；涉嫌犯罪的，移送司法机关处理。

7. 本通知印发后，各地应按照本通知规定于 2017 年 12 月 31 日前出台本省（自治区、直辖市、计划单列市）技术先进型服务企业认定管理办法并据此开展认定工作。现有 31 个中国服务外包示范城市已认定的 2017 年度技术先进型服务企业继续有效。从 2018 年 1 月 1 日起，中国服务外包示范城市技术先进型服务企业认定管理工作依照所在省（自治区、直辖市、计划单列市）制定的管理办法实施。

附件：技术先进型服务业务认定范围（试行）

附件：

技术先进型服务业务认定范围（试行）

一、信息技术外包服务（ITO）

（一）软件研发及外包

类别	适用范围
软件研发及开发服务	用于金融、政府、教育、制造业、零售、服务、能源、物流、交通、媒体、电信、公共事业和医疗卫生等部门和企业，为用户的运营/生产/供应链/客户关系/人力资源和财务管理、计算机辅助设计/工程等业务进行软件开发，包括定制软件开发，嵌入式软件、套装软件开发，系统软件开发、软件测试等。
软件技术服务	软件咨询、维护、培训、测试等技术性服务。

（二）信息技术研发服务外包

类别	适用范围
集成电路和电子电路设计	集成电路和电子电路产品设计以及相关技术支持服务等。
测试平台	为软件、集成电路和电子电路的开发运用提供测试平台。

（三）信息系统运营维护外包

类别	适用范围
信息系统运营和维护服务	客户内部信息系统集成、网络管理、桌面管理与维护服务；信息工程、地理信息系统、远程维护等信息系统应用服务。
基础信息技术服务	基础信息技术管理平台整合、IT 基础设施管理、数据中心、托管中心、安全服务、通讯服务等基础信息技术服务。

二、技术性业务流程外包服务（BPO）

类别	适用范围
企业业务流程设计服务	为客户企业提供内部管理、业务运作等流程设计服务。
企业内部管理服务	为客户企业提供后台管理、人力资源管理、财务、审计与税务管理、金融支付服务、医疗数据及其他内部管理业务的数据分析、数据挖掘、数据管理、数据使用的服务；承接客户专业数据处理、分析和整合服务。
企业运营服务	为客户企业提供技术研发服务、为企业经营、销售、产品售后服务提供的应用客户分析、数据库管理等服务。主要包括金融服务业务、政务与教育业务、制造业务和生命科学、零售和批发与运输业务、卫生保健业务、通讯与公共事业业务、呼叫中心、电子商务平台等。
企业供应链管理服务	为客户企业提供采购、物流的整体方案设计及数据库服务。

三、技术性知识流程外包服务（KPO）

适用范围
知识产权研究、医药和生物技术研发和测试、产品技术研发、工业设计、分析学和数据挖掘、动漫及网游设计研发、教育课件研发、工程设计等领域。

财政部　税务总局　水利部关于印发《扩大水资源税改革试点实施办法》的通知

2017 年 11 月 24 日　财税〔2017〕80 号

北京市、天津市、山西省、内蒙古自治区、山东省、河南省、四川省、陕西省、宁夏回族自治区人民政府：

为全面贯彻落实党的十九大精神，推进资源全面节约和循环利用，推动形成绿色发展方式和生活方式，按照党中央、国务院决策部署，自 2017 年 12 月 1 日起在北京、天津、山西、内蒙古、山东、河南、四川、陕西、宁夏等 9 个省（自治区、直辖市）扩大水资源税改革试点。现将《扩大水资源税改革试点实施办法》印发给你们，请遵照执行。

请你们加强对水资源税改革试点工作的领导，结合实际及时制定具体实施方案，落实工作任务和责任，精心组织、周密安排，确保试点工作顺利进行。要积极探索创新，研究重大政策问题，及时向财政部、税务总局、水利部报告试点工作进展情况。

附件：扩大水资源税改革试点实施办法

附件：

扩大水资源税改革试点实施办法

第一条　为全面贯彻落实党的十九大精神，按照党中央、国务院决策部署，加强水资源管理和保护，促进水资源节约与合理开发利用，制定本办法。

第二条 本办法适用于北京市、天津市、山西省、内蒙古自治区、河南省、山东省、四川省、陕西省、宁夏回族自治区（以下简称试点省份）的水资源税征收管理。

第三条 除本办法第四条规定的情形外，其他直接取用地表水、地下水的单位和个人，为水资源税纳税人，应当按照本办法规定缴纳水资源税。

相关纳税人应当按照《中华人民共和国水法》《取水许可和水资源费征收管理条例》等规定申领取水许可证。

第四条 下列情形，不缴纳水资源税：

（一）农村集体经济组织及其成员从本集体经济组织的水塘、水库中取用水的；

（二）家庭生活和零星散养、圈养畜禽饮用等少量取用水的；

（三）水利工程管理单位为配置或者调度水资源取水的；

（四）为保障矿井等地下工程施工安全和生产安全必须进行临时应急取用（排）水的；

（五）为消除对公共安全或者公共利益的危害临时应急取水的；

（六）为农业抗旱和维护生态与环境必须临时应急取水的。

第五条 水资源税的征税对象为地表水和地下水。

地表水是陆地表面上动态水和静态水的总称，包括江、河、湖泊（含水库）等水资源。

地下水是埋藏在地表以下各种形式的水资源。

第六条 水资源税实行从量计征，除本办法第七条规定的情形外，应纳税额的计算公式为：

应纳税额 = 实际取用水量 × 适用税额

城镇公共供水企业实际取用水量应当考虑合理损耗因素。

疏干排水的实际取用水量按照排水量确定。疏干排水是指在采矿和工程建设过程中破坏地下水层、发生地下涌水的活动。

第七条 水力发电和火力发电贯流式（不含循环式）冷却取用水应纳税额的计算公式为：

应纳税额 = 实际发电量 × 适用税额

火力发电贯流式冷却取用水，是指火力发电企业从江河、湖泊（含水库）等水源取水，并对机组冷却后将水直接排入水源的取用水方式。火力发电循环式冷却取用水，是指火力发电企业从江河、湖泊（含水库）、地下等水源取水并引入自建冷却水塔，对机组冷却后返回冷却水塔循环利用的取用水方式。

第八条 本办法第六条、第七条所称适用税额，是指取水口所在地的适用税额。

第九条 除中央直属和跨省（区、市）水力发电取用水外，由试点省份省级人民政府统筹考虑本地区水资源状况、经济社会发展水平和水资源节约保护要求，在本办法所附《试点省份水资源税最低平均税额表》规定的最低平均税额基础上，分类确定具体适用税额。

试点省份的中央直属和跨省（区、市）水力发电取用水税额为每千瓦时0.005元。跨省（区、市）界河水电站水力发电取用水水资源税税额，与涉及的非试点省份水资源费征收标准不一致的，按较高一方标准执行。

第十条 严格控制地下水过量开采。对取用地下水从高确定税额，同一类型取用水，地下水税额要高于地表水，水资源紧缺地区地下水税额要大幅高于地表水。

超采地区的地下水税额要高于非超采地区，严重超采地区的地下水税额要大幅高于非超采地区。在超采地区和严重超采地区取用地下水的具体适用税额，由试点省份省级人民政府按照非超采地区税额的2～5倍确定。

在城镇公共供水管网覆盖地区取用地下水的，其税额要高于城镇公共供水管网未覆盖地区，原则上要高于当地同类用途的城镇公共供水价格。

除特种行业和农业生产取用水外，对其他取用地下水的纳税人，原则上应当统一税额。试点省份可根据实际情况分步实施到位。

第十一条 对特种行业取用水，从高确定税额。特种行业取用水，是指洗车、洗浴、高尔夫球场、滑雪场等取用水。

第十二条 对超计划（定额）取用水，从高确定税额。

纳税人超过水行政主管部门规定的计划（定额）取用水量，在原税额基础上加征 1～3 倍，具体办法由试点省份省级人民政府确定。

第十三条 对超过规定限额的农业生产取用水，以及主要供农村人口生活用水的集中式饮水工程取用水，从低确定税额。

农业生产取用水，是指种植业、畜牧业、水产养殖业、林业等取用水。

供农村人口生活用水的集中式饮水工程，是指供水规模在 1 000 立方米/天或者供水对象 1 万人以上，并由企事业单位运营的农村人口生活用水供水工程。

第十四条 对回收利用的疏干排水和地源热泵取用水，从低确定税额。

第十五条 下列情形，予以免征或者减征水资源税：

（一）规定限额内的农业生产取用水，免征水资源税；

（二）取用污水处理再生水，免征水资源税；

（三）除接入城镇公共供水管网以外，军队、武警部队通过其他方式取用水的，免征水资源税；

（四）抽水蓄能发电取用水，免征水资源税；

（五）采油排水经分离净化后在封闭管道回注的，免征水资源税；

（六）财政部、税务总局规定的其他免征或者减征水资源税情形。

第十六条 水资源税由税务机关依照《中华人民共和国税收征收管理法》和本办法有关规定征收管理。

第十七条 水资源税的纳税义务发生时间为纳税人取用水资源的当日。

第十八条 除农业生产取用水外，水资源税按季或者按月征收，由主管税务机关根据实际情况确定。对超过规定限额的农业生产取用水水资源税可按年征收。不能按固定期限计算纳税的，可以按次申报纳税。

纳税人应当自纳税期满或者纳税义务发生之日起 15 日内申报纳税。

第十九条 除本办法第二十一条规定的情形外，纳税人应当向生产经营所在地的税务机关申报缴纳水资源税。

在试点省份内取用水，其纳税地点需要调整的，由省级财政、税务部门决定。

第二十条 跨省（区、市）调度的水资源，由调入区域所在地的税务机关征收水资源税。

第二十一条 跨省（区、市）水力发电取用水的水资源税在相关省份之间的分配比例，比照《财政部关于跨省区水电项目税收分配的指导意见》（财预〔2008〕84 号）明确的增值税、企业所得税等税收分配办法确定。

试点省份主管税务机关应当按照前款规定比例分配的水力发电量和税额，分别向跨省（区、市）水电站征收水资源税。

跨省（区、市）水力发电取用水涉及非试点省份水资源费征收和分配的，比照试点省份水资源税管理办法执行。

第二十二条 建立税务机关与水行政主管部门协作征税机制。

水行政主管部门应当将取用水单位和个人的取水许可、实际取用水量、超计划（定额）取用水量、违法取水处罚等水资源管理相关信息，定期送交税务机关。

纳税人根据水行政主管部门核定的实际取用水量向税务机关申报纳税。税务机关应当按照核定的实际取用水量征收水资源税，并将纳税人的申报纳税等信息定期送交水行政主管部门。

税务机关定期将纳税人申报信息与水行政主管部门送交的信息进行分析比对。征管过程中发现问题的，由税务机关与水行政主管部门联合进行核查。

第二十三条 纳税人应当安装取用水计量设施。纳税人未按规定安装取用水计量设施或者计量设施不能准确计量取用水量的，按照最大取水（排水）能力或者省级财政、税务、水行政主管部门确定的其他方法核定取用水量。

第二十四条 纳税人和税务机关、水行政主管部门及其工作人员违反本办法规定的，依照《中华人民共和国税收征收管理法》《中华人民共和国水法》等有关法律法规规定追究法律责任。

第二十五条 试点省份开征水资源税后，应当将水资源费征收标准降为零。

第二十六条 水资源税改革试点期间，可按税费平移原则对城镇公共供水征收水资源税，不增加居民生活用水和城镇公共供水企业负担。

第二十七条 水资源税改革试点期间，水资源税收入全部归属试点省份。

第二十八条 水资源税改革试点期间，水行政主管部门相关经费支出由同级财政预算统筹安排和保障。对原有水资源费征管人员，由地方人民政府统筹做好安排。

第二十九条 试点省份省级人民政府根据本办法制定具体实施办法，报财政部、税务总局和水利部备案。

第三十条 水资源税改革试点期间涉及的有关政策，由财政部会同税务总局、水利部等部门研究确定。

第三十一条 本办法自2017年12月1日起实施。

附：试点省份水资源税最低平均税额表

附：

试点省份水资源税最低平均税额表

单位：元/立方米

省（区、市）	地表水最低平均税额	地下水最低平均税额
北京	1.6	4
天津	0.8	4
山西	0.5	2
内蒙古	0.5	2
山东	0.4	1.5
河南	0.4	1.5
四川	0.1	0.2
陕西	0.3	0.7
宁夏	0.3	0.7

财政部　税务总局关于完善企业境外所得税收抵免政策问题的通知

2017年12月28日　财税〔2017〕84号

各省、自治区、直辖市、计划单列市财政厅（局）、国家税务局、地方税务局，新疆生产建设兵团财务局：

根据《中华人民共和国企业所得税法》及其实施条例和《财政部　国家税务总局关于企业境外所得税收抵免有关问题的通知》（财税〔2009〕125号）的有关规定，现就完善我国企业境外所得税收抵免政策问题通知如下：

一、企业可以选择按国（地区）别分别计算（即“分国（地区）不分项”），或者不按国（地区）别汇总计算（即“不分国（地区）不分项”）其来源于境外的应纳税所得额，并按照财税〔2009〕125号文件第八条规定的税率，分别计算其可抵免境外所得税税额和抵免限额。上述方式一经选择，5年内不得改变。

企业选择采用不同于以前年度的方式（以下简称新方式）计算可抵免境外所得税税额和抵免限额时，对该企业以前年度按照财税〔2009〕125号文件规定没有抵免完的余额，可在税法规定结转的剩余年限内，按新方式计算的抵免限额中继续结转抵免。

二、企业在境外取得的股息所得，在按规定计算该企业境外股息所得的可抵免所得税额和抵免限额时，由该企业直接或者间接持有20%以上股份的外国企业，限于按照财税〔2009〕125号文件第六条规定的持股方式确定的五层外国企业，即：

第一层：企业直接持有20%以上股份的外国企业；

第二层至第五层：单一上一层外国企业直接持有20%以上股份，且由该企业直接持有或通过一个或多个符合财税〔2009〕125号文件第六条规定持股方式的外国企业间接持有总和达到20%以上股份的外国企业。

三、企业境外所得税收抵免的其他事项，按照财税〔2009〕125号文件的有关规定执行。

四、本通知自2017年1月1日起执行。

财政部　税务总局　国家发展改革委　商务部关于境外投资者以分配利润直接投资暂不征收预提所得税政策问题的通知

2017年12月21日　财税〔2017〕88号

各省、自治区、直辖市、计划单列市财政厅（局）、国家税务局、地方税务局、发展改革委、商务主管部门，新疆生产建设兵团财务局、发展改革委、商务局：

为贯彻落实党中央、国务院决策部署，按照《国务院关于促进外资增长若干措施的通知》（国发〔2017〕39号）有关要求，进一步积极利用外资，促进外资增长，提高外资质量，鼓励境外投资者持续扩大在华投资，现对境外投资者以分配利润直接投资暂不征收预提所得税政策有关问题通知如下：

一、对境外投资者从中国境内居民企业分配的利润，直接投资于鼓励类投资项目，凡符合规定条件的，实行递延纳税政策，暂不征收预提所得税。

二、境外投资者暂不征收预提所得税须同时满足以下条件：

（一）境外投资者以分得利润进行的直接投资，包括境外投资者以分得利润进行的增资、新建、股权收购等权益性投资行为，但不包括新增、转增、收购上市公司股份（符合条件的战略投资除外）。具体是指：

1. 新增或转增中国境内居民企业实收资本或者资本公积；

2. 在中国境内投资新建居民企业；

3. 从非关联方收购中国境内居民企业股权；

4. 财政部、税务总局规定的其他方式。

境外投资者采取上述投资行为所投资的企业统称为被投资企业。

（二）境外投资者分得的利润属于中国境内居民企业向投资者实际分配已经实现的留存收益而形成的股息、红利等权益性投资收益。

（三）境外投资者用于直接投资的利润以现金形式支付的，相关款项从利润分配企业的账户直接转入被投资企业或股权转让方账户，在直接投资前不得在境内外其他账户周转；境外投资者用于直接投资的利润以实物、有价证券等非现金形式支付的，相关资产所有权直接从利润分配企业转入被投资企业或股权转让方，在直接投资前不得由其他企业、个人代为持有或临时持有。

（四）境外投资者直接投资鼓励类投资项目，是指被投资企业在境外投资者投资期限内从事符合以下规定范围的经营活动：

1. 属于《外商投资产业指导目录》所列的鼓励外商投资产业目录；

2. 属于《中西部地区外商投资优势产业目录》。

三、境外投资者符合本通知第二条规定条件的，应按照税收管理要求进行申报并如实向利润分配企业提供其符合政策条件的资料。利润分配企业经适当审核后认为境外投资者符合本通知规定的，可暂不按照企业所得税法第三十七条规定扣缴预提所得税，并向其主管税务机关履行备案手续。

四、税务部门依法加强后续管理。境外投资者已享受本通知规定的暂不征收预提所得税政策，经税务部门后续管理核实不符合规定条件的，除属于利润分配企业责任外，视为境外投资者未按照规定申报缴纳企业所得税，依法追究延迟纳税责任，税款延迟缴纳期限自相关利润支付之日起计算。

五、境外投资者按照本通知规定可以享受暂不征收预提所得税政策但未实际享受的，可在实际缴纳相关税款之日起三年内申请追补享受该政策，退还已缴纳的税款。

六、地市（含）以上税务部门在后续管理中，对被投资企业所从事经营活动是否属于本通知第二条第（四）项规定目录范围存在疑问的，可提请同级发展改革部门、商务部门出具意见，有关部门应予积极配合。

七、境外投资者通过股权转让、回购、清算等方式实际收回享受暂不征收预提所得税政策待遇的直接投资，在实际收取相应款项后7日内，按规定程序向税务部门申报补缴递延的税款。

八、境外投资者享受本通知规定的暂不征收预提所得税政策待遇后，被投资企业发生重组符合特殊性重组条件，并实际按照特殊性重组进行税务处理的，可继续享受暂不征收预提所得税政策待遇，不按本通知第七条规定补缴递延的税款。

九、本通知所称“境外投资者”，是指适用《企业所得税法》第三条第三款规定的非居民企业；本通知所称“中国境内居民企业”，是指依法在中国境内成立的居民企业。

十、本通知自2017年1月1日起执行。境外投资者在2017年1月1日（含当日）以后取得的股息、红利等权益性投资收益可适用本通知，已缴税款按本通知第五条规定执行。

财政部　税务总局关于租入固定资产进项税额抵扣等增值税政策的通知

2017年12月25日　财税〔2017〕90号

各省、自治区、直辖市、计划单列市财政厅（局）、国家税务局、地方税务局，新疆生产建设兵团财务局：

现将租入固定资产进项税额抵扣等增值税政策通知如下：

一、自2018年1月1日起，纳税人租入固定资产、不动产，既用于一般计税方法计税项目，又用于简易计税方法计税项目、免征增值税项目、集体福利或者个人消费的，其进项税额准予从销项税额中全额抵扣。

二、自2018年1月1日起，纳税人已售票但客户逾期未消费取得的运输逾期票证收入，按照“交通运输服务”缴纳增值税。纳税人为客户办理退票而向客户收取的退票费、手续费等收入，按照“其他现代服务”缴纳增值税。

三、自2018年1月1日起，航空运输销售代理企业提供境外航段机票代理服务，以取得的全部价款和价外费用，扣除向客户收取并支付给其他单位或者个人的境外航段机票结算款和相关费用后的余额为销售额。其中，支付给境内单位或者个人的款项，以发票或行程单为合法有效凭证；支付给境外单位或者个人的款项，以签收单据为合法有效凭证，税务机关对签收单据有疑义的，可以要求其提供境外公证机构的确认证明。

航空运输销售代理企业，是指根据《航空运输销售代理资质认可办法》取得中国航空运输协会颁发的“航空运输销售代理业务资质认可证书”，接受中国航空运输企业或通航中国的外国航空运输企业委托，依照双方签订的委托销售代理合同提供代理服务的企业。

四、自2016年5月1日至2017年6月30日，纳税人采取转包、出租、互换、转让、入股等方式将承包地流转给农业生产者用于农业生产，免征增值税。本通知下发前已征的增值税，可抵减以后月份应缴纳的增值税，或办理退税。

五、根据《财政部　税务总局关于资管产品增值税有关问题的通知》（财税〔2017〕56 号）有关规定，自 2018 年 1 月 1 日起，资管产品管理人运营资管产品提供的贷款服务、发生的部分金融商品转让业务，按照以下规定确定销售额：

（一）提供贷款服务，以 2018 年 1 月 1 日起产生的利息及利息性质的收入为销售额；

（二）转让 2017 年 12 月 31 日前取得的股票（不包括限售股）、债券、基金、非货物期货，可以选择按照实际买入价计算销售额，或者以 2017 年最后一个交易日的股票收盘价（2017 年最后一个交易日处于停牌期间的股票，为停牌前最后一个交易日收盘价）、债券估值（中债金融估值中心有限公司或中证指数有限公司提供的债券估值）、基金份额净值、非货物期货结算价格作为买入价计算销售额。

六、自 2018 年 1 月 1 日至 2019 年 12 月 31 日，纳税人为农户、小型企业、微型企业及个体工商户借款、发行债券提供融资担保取得的担保费收入，以及为上述融资担保（以下称“原担保”）提供再担保取得的再担保费收入，免征增值税。再担保合同对应多个原担保合同的，原担保合同应全部适用免征增值税政策。否则，再担保合同应按规定缴纳增值税。

纳税人应将相关免税证明材料留存备查，单独核算符合免税条件的融资担保费和再担保费收入，按现行规定向主管税务机关办理纳税申报；未单独核算的，不得免征增值税。

农户，是指长期（一年以上）居住在乡镇（不包括城关镇）行政管理区域内的住户，还包括长期居住在城关镇所辖行政村范围内的住户和户口不在本地而在本地居住一年以上的住户，国有农场的职工。位于乡镇（不包括城关镇）行政管理区域内和在城关镇所辖行政村范围内的国有经济的机关、团体、学校、企事业单位的集体户；有本地户口，但举家外出谋生一年以上的住户，无论是否保留承包耕地均不属于农户。农户以户为统计单位，既可以从事农业生产经营，也可以从事非农业生产经营。农户担保、再担保的判定应以原担保生效时的被担保人是否属于农户为准。

小型企业、微型企业，是指符合《中小企业划型标准规定》（工信部联企业〔2011〕300 号）的小型企业和微型企业。其中，资产总额和从业人员指标均以原担保生效时的实际状态确定；营业收入指标以原担保生效前 12 个自然月的累计数确定，不满 12 个自然月的，按照以下公式计算：

$$营业收入（年）=企业实际存续期间营业收入/企业实际存续月数\times 12$$

《财政部　税务总局关于全面推开营业税改征增值税试点的通知》（财税〔2016〕36 号）附件 3《营业税改征增值税试点过渡政策的规定》第一条第（二十四）款规定的中小企业信用担保增值税免税政策自 2018 年 1 月 1 日起停止执行。纳税人享受中小企业信用担保增值税免税政策在 2017 年 12 月 31 日前未满 3 年的，可以继续享受至 3 年期满为止。

七、自 2018 年 1 月 1 日起，纳税人支付的道路、桥、闸通行费，按照以下规定抵扣进项税额：

（一）纳税人支付的道路通行费，按照收费公路通行费增值税电子普通发票上注明的增值税额抵扣进项税额。

2018 年 1 月 1 日至 6 月 30 日，纳税人支付的高速公路通行费，如暂未能取得收费公路通行费增值税电子普通发票，可凭取得的通行费发票（不含财政票据，下同）上注明的收费金额按照下列公式计算可抵扣的进项税额：

$$高速公路通行费可抵扣进项税额=高速公路通行费发票上注明的金额\div(1+3\%)\times 3\%$$

2018 年 1 月 1 日至 12 月 31 日，纳税人支付的一级、二级公路通行费，如暂未能取得收费公路通行费增值税电子普通发票，可凭取得的通行费发票上注明的收费金额按照下列公式计算可抵扣进项税额：

$$一级、二级公路通行费可抵扣进项税额=一级、二级公路通行费发票上注明的金额\div(1+5\%)\times 5\%$$

（二）纳税人支付的桥、闸通行费，暂凭取得的通行费发票上注明的收费金额按照下列公式计算可抵扣的进项税额：

$$桥、闸通行费可抵扣进项税额=桥、闸通行费发票上注明的金额\div(1+5\%)\times 5\%$$

（三）本通知所称通行费，是指有关单位依法或者依规设立并收取的过路、过桥和过闸费用。

《财政部　税务总局关于收费公路通行费增值税抵扣有关问题的通知》（财税〔2016〕86 号）自 2018

年 1 月 1 日起停止执行。

八、自 2016 年 5 月 1 日起，社会团体收取的会费，免征增值税。本通知下发前已征的增值税，可抵减以后月份应缴纳的增值税，或办理退税。

社会团体，是指依照国家有关法律法规设立或登记并取得《社会团体法人登记证书》的非营利法人。会费，是指社会团体在国家法律法规、政策许可的范围内，依照社团章程的规定，收取的个人会员、单位会员和团体会员的会费。

社会团体开展经营服务性活动取得的其他收入，一律照章缴纳增值税。

财政部　税务总局关于下达 2017 年森林消防专用车免征车辆购置税指标的通知

2017 年 12 月 25 日　财税〔2017〕91 号

河北、山西、内蒙古、吉林、江苏、浙江、安徽、江西、山东、广东、广西、重庆、四川、云南、新疆、陕西省（自治区、直辖市）财政厅（局）、国家税务局：

根据《财政部　国家税务总局关于防汛专用等车辆免征车辆购置税的通知》（财税〔2001〕39 号）的规定，现就下达 2017 年森林消防专用车辆免税指标有关事项通知如下：

一、对国家林业局申请的 2017 年 158 辆森林消防指挥车、191 辆森林消防运兵车和 68 辆森林消防运水车免征车辆购置税（具体免税指标见附件）。免税指标的使用截止期限为 2018 年 6 月 30 日。

二、购车单位在办理车辆购置税纳税申报手续时，应当向所在地主管税务机关提供车辆内观、外观彩色 5 寸照片 1 套，出示国家林业局森林防火办公室配发的“森林消防专用车证”和“森林消防车辆调拨分配通知单”。主管税务机关依据本通知所附免税车辆指标以及车辆内观、外观彩色照片、“森林消防专用车证”和“森林消防车辆调拨分配通知单”（照片及证单式样从国家税务总局 FTP 服务器的“LOCAL/货物和劳务税司/车辆购置税处/森林消防专用指挥车免税图册”地址下载）为购车单位办理免税。

三、免税车辆因转让、改变用途等原因不再属于免税范围的，应当按照《中华人民共和国车辆购置税暂行条例》的规定补缴车辆购置税。

四、财政、税务部门及其工作人员要严格按照规定办理免税审批，存在滥用职权、玩忽职守、徇私舞弊等违法违纪行为的，按照《税收征收管理法》《公务员法》《行政监察法》等国家有关规定追究相应责任；涉嫌犯罪的，移送司法机关处理。

附件：1. 2017 年森林消防指挥车免征车辆购置税指标分配表

2. 2017 年森林消防运兵车免征车辆购置税指标分配表

3. 2017 年森林消防运水车免征车辆购置税指标分配表

附件 1：

2017 年森林消防指挥车免征车辆购置税指标分配表

单位：辆

	合计	江铃	东风	猎豹
		JX5037XZHL	ZN5021XZHVAU5B	LBA5031XZHLQ4
合计	158	14	31	113
河北	8			8
山西	7	1	2	4

续表

	合计	江铃	东风	猎豹
		JX5037XZHL	ZN5021XZHVAU5B	LBA5031XZHLQ4
内蒙古	9		1	8
吉林	1			1
江苏	4	1	1	2
安徽	1		1	
江西	5	2	2	1
山东	6	4	1	1
广东	16	1	5	10
广西	12		1	11
重庆	1		1	
四川	4		1	3
云南	59	5	4	50
陕西	6		3	3
新疆	19		8	11

附件2：

2017 年森林消防运兵车免征车辆购置税指标分配表

单位：辆

	合计	南京	北京	全顺	大通
		NJ5045XZHA	BJ5030XYB2CEB2	JX5049XYBML2	SH5041XYBA4D5
合计	191	38	67	76	10
河北	25		10	15	
山西	20	6	8	6	
内蒙古	23	6	17		
吉林	5	3	2		
江苏	1				1
浙江	12			8	4
安徽	5	3	1		1
江西	15	2	2	11	
山东	15	2	12	1	
广东	7		1	6	
广西	37	10	9	17	1
四川	2	1		1	
云南	13	3	4	6	
陕西	6	2	1	3	
新疆	5			2	3

附件3：

2017 年森林消防运水车免征车辆购置税指标分配表

单位：辆

	合计	北京	福田
		BJ5042GGS12	BJ5139GGS－FA
合计	68	44	24
河北	1		1

续表

	合计	北京	福田
		BJ5042GGS12	BJ5139GGS－FA
山西	9	9	
内蒙古	21	16	5
吉林	1	1	
安徽	4	3	1
江西	6		6
山东	3		3
广东	3		3
广西	6	5	1
四川	3	1	2
云南	7	6	1
陕西	3	3	
新疆	1		1

财政部　海关总署　税务总局关于2017年种子种源免税进口计划的通知

2017年7月21日　财关税〔2017〕19号

农业部、国家林业局，各省、自治区、直辖市、计划单列市财政厅（局）、国家税务局，新疆生产建设兵团财务局，海关总署广东分署、各直属海关：

“十三五”期间继续对进口种子（苗）、种畜（禽）、鱼种（苗）和种用野生动植物种源免征进口环节增值税。农业部2017年种子（苗）、种畜（禽）、鱼种（苗）免税进口计划，以及国家林业局2017年种子（苗）和种用野生动植物种源免税进口计划已经核定（见附件1、附件2、附件3）。请按照《财政部　海关总署　国家税务总局关于“十三五”期间进口种子种源税收政策管理办法的通知》（财关税〔2016〕64号）有关规定执行。

特此通知。

附件：1. 农业部2017年种子（苗）种畜（禽）鱼种（苗）免税进口计划

2. 国家林业局2017年种子（苗）免税进口计划

3. 国家林业局2017年种用野生动植物种源免税进口计划

附件1：

农业部2017年种子（苗）种畜（禽）鱼种（苗）免税进口计划

序号	名称	规格[①]	单位	数量
1	无根插枝及接穗		万条	100
2	水果、干果种子（苗）		吨	0.1
2	水果、干果种子（苗）		万株	632

续表

序号	名称	规格[①]	单位	数量
10	豆类种子		吨	2 342
11	瓜类种子		吨	90. 62
16	麦类种子		吨	0. 69
17	玉米种子		吨	590
19	其他谷物种子		吨	80
21	麻类种子		吨	101. 25
20，22，23，28，29	种用花生、油菜子、向日葵籽、芝麻及其他油料种子		吨	935
25，26，27	郁金香、百合、唐菖蒲种球		万头	4 500
30	甜菜种子		吨	875. 88
31	紫苜蓿子		吨	5 400
32	三叶草子		吨	1 865
33	羊茅子		吨	8 708
34	早熟禾子		吨	3 364
35	黑麦草种子		吨	18 661. 5
42	草坪种子		吨	960
43	其他饲草、饲料植物种子		吨	3 600
44	花卉种子（苗、球、茎）		万株	163. 8
45	蔬菜类		吨	18 176
46	其他种植用的种子、果实及孢子		吨	20. 16
47	其他种植用根、茎、苗、芽等繁殖材料		万株	0. 1
52	改良种用的马		匹	234
53	改良种用的牛		万头	32
54	改良种用的猪		万头	1. 98
55	改良种用的绵羊		只	20 000
56	改良种用的山羊		只	4 900
57	改良种用的兔		只	2 000
58	改良种用的鸡		万只	250
60	改良种用的其他家禽		万只	4
61	改良种用的其他活动物		万头（只）	0. 8
62	种用禽蛋		万枚	2. 1
63	牛的精液		万剂	72
64	动物精液（牛精液除外）		万剂	2. 4
65	种用动物胚胎		万枚	1. 35
67	鳟鱼鱼苗	鱼卵	万尾（粒）	4 000
68	鳗鱼鱼苗	鱼苗	吨	59. 54
70	其他鱼苗及其卵或受精卵或发眼卵	亲本	万尾（粒）	4 723. 92
71，72，74，75	龙虾、大螯虾、蟹的种苗及其他甲壳动物种苗或卵	亲本	万尾（粒）	720. 3
73	小虾、对虾种苗	亲本	万尾	140

续表

序号	名称	规格[①]	单位	数量
76~78	牡蛎（蚝）、扇贝（包括海扇）、贻贝种苗	亲贝	万个（枚）	0.34
81	水生无脊椎动物的种苗	亲本	万尾	0.31
82	经济藻类种苗及其配子或孢子	亲本	万株	0.09
122	龟鳖类	种龟	万只	1.68

注①：具体规格见《中华人民共和国农业部动植物苗种进（出）口审批表》备注说明。
注②：其中濒危野生龟鳖类不超过1 000只。

附件2：

国家林业局2017年种子（苗）免税进口计划

序号	名称	单位	数量
1	无根插枝及接穗	万株	400
2	水果、干果种子（苗）	吨	135
2	水果、干果种子（苗）	万株	100
4	松、杉、柏类种子	吨	150
5	桉、相思类种子	吨	0.98
8	棕榈、漆、槭种子	吨	11.2
25	郁金香种球	吨	45
25	郁金香种球	万粒	10 000
26	百合种球	吨	45
26	百合种球	万粒	10 000
27	唐菖蒲种球	吨	31.5
27	唐菖蒲种球	万粒	180
32	三叶草子	吨	2 000
33	羊茅子	吨	9 000
34	早熟禾子	吨	4 500
35	黑麦草种子	吨	13 000
38	狗牙根种子	吨	1 700
42	草坪种子	吨	4 000
44	花卉种子（苗、球、茎）	吨	48.6
44	花卉种子（苗、球、茎）	万株	1 700
44	花卉种子（苗、球、茎）	万粒	4 000
46	其他种植用的种子、果实及孢子	吨	350
46	其他种植用的种子、果实及孢子	万粒	50
47	其他种植用根、茎、苗、芽等繁殖材料	万株	243

附件3：

国家林业局2017年种用野生动植物种源免税进口计划

序号	名称	单位	数量
	兽类		
83	有袋类	只/匹/头	65
84	灵长类	只/匹/头	2 300
85	鲸类	只/匹/头	150
86	大型蝠类	只/匹/头	10
87	熊类	只/匹/头	50
88	浣熊类	只/匹/头	10
89	鼬类	只/匹/头	1 000
90	犬狐类	只/匹/头	1 000
91	灵猫类	只/匹/头	10
92	狮虎豹类	只/匹/头	75
93	猫类	只/匹/头	10
94	海豹类（包括海狮、海狗、海象）	只/匹/头	140
95	海牛类	只/匹/头	20
96	鹿类	只/匹/头	120
97	野牛类	只/匹/头	10
98	羚羊类	只/匹/头	300
99	野羊类	只/匹/头	10
100	野驼类（包括原驼、骆马）	只/匹/头	120
101	象类	只/匹/头	70
102	斑马类	只/匹/头	120
103	貘类	只/匹/头	30
104	犀牛类	只/匹/头	75
105	大型啮齿类	只/匹/头	50
106	野马	只/匹/头	10
107	河马	只/匹/头	28
	鸟类		
108	鸵鸟类	只/匹/头	650
109	鹈鹕类	只/匹/头	120
110	企鹅类	只/匹/头	130
111	鹳鹤类	只/匹/头	150
112	火烈鸟类	只/匹/头	450

续表

序号	名称	单位	数量
113	雁鸭类	只/匹/头	200
114	鹰隼类	只/匹/头	115
115	猫头鹰类	只/匹/头	10
116	雉鸡类	只/匹/头	40
117	欧类	只/匹/头	35
118	鸽鸠类	只/匹/头	60
119	鹦鹉类	只/匹/头	650
120	犀鸟类	只/匹/头	45
121	雀类	只/匹/头	30
	爬行类		
122	龟鳖类	只/匹/头	1 000
123	鳄类	只/匹/头	1 000
124	蜥蜴类	只/匹/头	600
125	蛇类	只/匹/头	600
	两栖类		
126	蛙蟾类	只/匹/头	50
127	鲵螈类	只/匹/头	10
	鱼类		
128	观赏鱼类	只/匹/头	1 000
129	鲟类	只/匹/头	100
130	鳗类	只/匹/头	70
131	鲨类	只/匹/头	80
	昆虫类		
132	蝴蝶类	只/匹/头	100
133	观赏昆虫类	只/匹/头	100
134	贝类	只/匹/头	100
135	珊瑚类	只/匹/头	50
	植物		
136	兰花类	万株	41
137	参类	千克	14
138	苏铁类	千克	4
138	苏铁类	万株	2
139	仙人掌类	万株	2

续表

序号	名称	单位	数量
140	仙客来类	万株	2
141	樟类	千克	2
141	樟类	万株	1
142	木棉类	千克	2
142	木棉类	万株	1
143	红豆杉类	万株	10
144	大戟类	万株	2
145	蚌壳蕨类	千克	2
145	蚌壳蕨类	万株	1
146	骨碎补类	万株	2
147	菊类	万株	2
148	杨柳类	万株	2
149	棕榈类	万株	2
150	百合类	万株	2
151	山茶类	万株	2
152	槭树类	万株	2
153	桑类	万株	2
154	石松类	万株	2
155	壳斗类	万株	2

财政部　海关总署　税务总局关于第二批享受进口税收优惠政策的中资“方便旗”船舶清单的通知

2017 年 8 月 1 日　财关税〔2017〕21 号

各省、自治区、直辖市、计划单列市财政厅（局）、国家税务局，海关总署广东分署、各直属海关：

根据《财政部　海关总署　国家税务总局关于中资“方便旗”船回国登记进口税收政策问题的通知》（财关税〔2016〕42 号）的规定，经审定，“大中”等 28 艘中资“方便旗”船舶可享受免征关税和进口环节增值税的优惠，具体船舶清单见附件。

附件：第二批享受进口税收优惠政策的中资“方便旗”船舶清单

附件：

第二批享受进口税收优惠政策的中资“方便旗”船舶清单

序号	中文船名	英文船名	境外登记时间	船型	载重吨	船籍	名义所有人	实际所有人	进口单位名称及注册地
1	大中	DA ZHONG	1998.06	多用途重吊船	16 957	巴拿马	中远航运（香港）投资发展有限公司	中远海运特种运输股份有限公司	中远海运特种运输股份有限公司，注册地：广州市
2	大华	DA HUA	1998.07	多用途重吊船	16 957	巴拿马	中远航运（香港）投资发展有限公司	中远海运特种运输股份有限公司	中远海运特种运输股份有限公司，注册地：广州市
3	大富	DA FU	1998.1	多用途重吊船	16 957	巴拿马	中远航运（香港）投资发展有限公司	中远海运特种运输股份有限公司	中远海运特种运输股份有限公司，注册地：广州市
4	大强	DA QIANG	1998.11	多用途重吊船	16 957	巴拿马	中远航运（香港）投资发展有限公司	中远海运特种运输股份有限公司	中远海运特种运输股份有限公司，注册地：广州市
5	大虹霞	DA HONG XIA	2012.05	杂货船	28 292	香港	中远航运（香港）投资发展有限公司	中远海运特种运输股份有限公司	中远海运特种运输股份有限公司，注册地：广州市
6	大彩云	DA CAI YUN	2012.09	杂货船	28 299	香港	中远航运（香港）投资发展有限公司	中远海运特种运输股份有限公司	中远海运特种运输股份有限公司，注册地：广州市
7	大彤云	DA TONG YUN	2011.11	杂货船	28 378	香港	中远航运（香港）投资发展有限公司	中远海运特种运输股份有限公司	中远海运特种运输股份有限公司，注册地：广州市
8	大青霞	DA QING XIA	2011.07	杂货船	28 367	香港	中远航运（香港）投资发展有限公司	中远海运特种运输股份有限公司	中远海运特种运输股份有限公司，注册地：广州市
9	中远盛世	COSCO SHENGSHI	2011.02	滚装船	14 759	巴拿马	中远航运（香港）投资发展有限公司	中远海运特种运输股份有限公司	广州中远海运滚装运输限公司，注册地：广州市
10	中远腾飞	COSCO TENGFEI	2011.06	滚装船	14 759	巴拿马	中远航运（香港）投资发展有限公司	中远海运特种运输股份有限公司	广州中远海运滚装运输限公司，注册地：广州市
11	天王星	TIAN WANG XING	2008.01	多用途船	9 106	巴拿马	天王星船务有限公司	中远海运特种运输股份有限公司	中远海运特种运输股份有限公司，注册地：广州市
12	海王星	HAI WANG XING	2008.01	多用途船	9106	巴拿马	海王星船务有限公司	中远海运特种运输股份有限公司	中远海运特种运输股份有限公司，注册地：广州市
13	远星	JOSCO STAR	2006.03	集装箱船	12 819	香港	远星船务有限公司	江苏远洋运输有限公司	江苏远洋运输有限公司，注册地：南京
14	远丽	JOSCO LILY	2006.07	集装箱船	12 812	香港	远丽船务有限公司	江苏远洋运输有限公司	江苏远洋运输有限公司，注册地：南京

续表

序号	中文船名	英文船名	境外登记时间	船型	载重吨	船籍	名义所有人	实际所有人	进口单位名称及注册地
15	远景	JOSCO VIEW	2006.09	集装箱船	12 830	香港	远景船务有限公司	江苏远洋运输有限公司	江苏远洋运输有限公司，注册地：南京
16	南京	JOSCO NANJING	2003.07	散货船	49 326	香港	南京船务（香港）有限公司	江苏远洋运输有限公司	江苏远洋运输有限公司，注册地：南京
17	苏州	JOSCO SUZHOU	2004.02	散货船	49 416	香港	苏州船务（香港）有限公司	江苏远洋运输有限公司	江苏远洋运输有限公司，注册地：南京
18	宁安城	NING AN CHENG	2010.12	散货/木材船	31 761	香港	厦门远洋运输公司（厦门远洋运输公司在香港营业点，非香港法人公司）	厦门远洋运输公司	厦门远洋运输公司，注册地：厦门
19	都安城	DU AN CHENG	2011.05	散货/木材船	31 775	香港	厦门远洋运输公司（厦门远洋运输公司在香港营业点，非香港法人公司）	厦门远洋运输公司	厦门远洋运输公司，注册地：厦门
20	长富	SCSC WEALTH	2010.11	杂货船	8 394	香港	上海长航国际商船（香港）有限公司	上海长江轮船公司	上海长江轮船公司，注册地：中国（上海）自由贸易试验区
21		SUNNY HORIZON	2012.06	散货船	56 686.2	香港	香港建盛航运有限公司	厦门建发船舶贸易有限公司	厦门唯多利航运有限公司，注册地：厦门
22	景丰7	JING FENG 7	2012.07	干货船	8 397	香港	翔润船务有限公司	李建华	厦门景丰船务有限公司，注册地：厦门
23	富海	FU HAI	2005.12	杂货船	3 345	巴拿马	富海海运有限公司	高峰	青岛福瑞得海运有限公司，注册地：青岛
24	航宇9	HANGYU 9	2009.11	散货船	7 009	巴拿马	香港浩宇国际船务有限公司	念代，黄永箭	平潭综合试验区伟业船务有限公司，注册地：平潭
25	大泉祥	GREAT SPRING	2010.01	散货船	14 000	巴拿马	大舟祥海运（香港）有限公司	郑福祥，许卫江	舟山市大舟祥船务有限责任公司，注册地：舟山市
26	大荣祥	GREAT HONOR	2008.08	散货船	22 500	巴拿马	大舟祥海运（香港）有限公司	郑福祥，许卫江	舟山市大舟祥船务有限责任公司，注册地：舟山市
27	昶星	CHANCE STAR	2011.08	散货船	9 000	巴拿马	昶星有限公司	魏星辰，张俊英	台州市安黎国际海运有限公司，注册地：台州
28	幸运星	CHANG AN VISTA	2012.05	散货船	9 000	巴拿马	昶星有限公司	魏星辰，张俊英	台州市安黎国际海运有限公司，注册地：台州

财政部　发展改革委　工业和信息化部　海关总署　税务总局　能源局关于调整重大技术装备进口税收政策有关目录的通知

2017年12月22日　财关税〔2017〕39号

各省、自治区、直辖市、计划单列市财政厅（局）、发展改革委、工业和信息化主管部门、国家税务局，新疆生产建设兵团财务局、发展改革委，海关总署广东分署、各直属海关，财政部驻各省、自治区、直辖市、计划单列市财政监察专员办事处：

根据近年来国内装备制造业及其配套产业的发展情况，在广泛听取产业主管部门、行业协会、企业代表等方面意见的基础上，财政部、发展改革委、工业和信息化部、海关总署、税务总局、能源局决定对重大技术装备进口税收政策有关目录进行修订。现通知如下：

一、《国家支持发展的重大技术装备和产品目录（2017年修订)》（见附件1）和《重大技术装备和产品进口关键零部件、原材料商品目录（2017年修订)》（见附件2）自2018年1月1日起执行，符合规定条件的国内企业为生产本通知附件1所列装备或产品而确有必要进口附件2所列商品，免征关税和进口环节增值税。附件1、2中列明执行年限的，有关装备、产品、零部件、原材料免税执行期限截至该年度12月31日。

根据国内产业发展情况，自2018年1月1日起，取消混流式水电机组等装备的免税政策，生产制造相关装备和产品的企业2018年度预拨免税进口额度相应取消。

二、《进口不予免税的重大技术装备和产品目录（2017年修订)》（见附件3）自2018年1月1日起执行。对2018年1月1日以后（含1月1日）批准的按照或比照《国务院关于调整进口设备税收政策的通知》（国发〔1997〕37号）有关规定享受进口税收优惠政策的下列项目和企业，进口附件3所列自用设备以及按照合同随上述设备进口的技术及配套件、备件，一律照章征收进口税收：

（一）国家鼓励发展的国内投资项目和外商投资项目；

（二）外国政府贷款和国际金融组织贷款项目；

（三）由外商提供不作价进口设备的加工贸易企业；

（四）中西部地区外商投资优势产业项目；

（五）《海关总署关于进一步鼓励外商投资有关进口税收政策的通知》（署税〔1999〕791号）规定的外商投资企业和外商投资设立的研究中心利用自有资金进行技术改造项目。

为保证《进口不予免税的重大技术装备和产品目录（2017年修订)》调整前已批准的上述项目顺利实施，对2017年12月31日前（含12月31日）批准的上述项目和企业在2018年6月30日前（含6月30日）进口设备，继续按照《财政部　国家发展改革委工业和信息化部　海关总署　国家税务总局国家能源局关于调整重大技术装备进口税收政策有关目录及规定的通知》（财关税〔2015〕51号）附件3和《财政部　国家发展改革委　海关总署　国家税务总局关于调整〈国内投资项目不予免税的进口商品目录〉的公告》（2012年第83号）执行。

自2018年7月1日起对上述项目和企业进口《进口不予免税的重大技术装备和产品目录（2017年修订)》中所列设备，一律照章征收进口税收。为保证政策执行的统一性，对有关项目和企业进口商品需对照《进口不予免税的重大技术装备和产品目录（2017年修订)》和《国内投资项目不予免税的进口商品目录（2012年调整)》审核征免税的，《进口不予免税的重大技术装备和产品目录（2017年修订)》与《国内投资项目不予免税的进口商品目录（2012年调整)》所列商品名称相同，或仅在《进口不予免税的重大技术装备和产品目录（2017 年修订）》中列名的商品，一律以《进口不予免税的重大技术装备和产品目录（2017 年修订）》所列商品及其技术规格指标为准。

三、自 2018 年 1 月 1 日起，《财政部国家发展改革委　工业和信息化部　海关总署　国家税务总局　国家能源局关于调整重大技术装备进口税收政策有关目录及规定的通知》（财关税〔2015〕51 号）附件 1、2、3 予以废止。

附件：1. 国家支持发展的重大技术装备和产品目录（2017 年修订）（略）

2. 重大技术装备和产品进口关键零部件、原材料商品目录（2017 年修订）（略）

3. 进口不予免税的重大技术装备和产品目录（2017 年修订）（略）

财政部　海关总署　税务总局关于调整天然气进口税收优惠政策有关问题的通知

2017 年 12 月 22 日　财关税〔2017〕41 号

各省、自治区、直辖市、计划单列市财政厅（局）、国家税务局，海关总署广东分署、各直属海关，财政部驻各省、自治区、直辖市、计划单列市财政监察专员办事处：

根据 2017 年 9 月国家发展改革委对非居民用天然气价格调整情况，现对《财政部　海关总署　国家税务总局关于对 2011 ~2020 年期间进口天然气及 2010 年底前“中亚气”项目进口天然气按比例返还进口环节增值税有关问题的通知》（财关税〔2011〕39 号）和《财政部　海关总署　国家税务总局关于调整进口天然气税收优惠政策有关问题的通知》（财关税〔2016〕16 号）有关事项进行调整，具体通知如下：

一、自 2017 年 10 月 1 日起，将液化天然气销售定价调整为 26.64 元/GJ，将管道天然气销售定价调整为 0.94 元/立方米。

二、2017 年 7 ~9 月期间，液化天然气销售定价适用 27.49 元/GJ，管道天然气销售定价适用 0.97 元/立方米。

三、本文印发前已办理退库手续的，准予按本文规定调整。

特此通知。

国家税务总局　财政部　中国人民银行　中国银行业监督管理委员会　中国证券监督管理委员会　中国保险监督管理委员会关于发布《非居民金融账户涉税信息尽职调查管理办法》的公告

2017 年 5 月 9 日　2017 年第 14 号

为了履行金融账户涉税信息自动交换国际义务，规范金融机构对非居民金融账户涉税信息的尽职调查行为，国家税务总局、财政部、中国人民银行、中国银行业监督管理委员会、中国证券监督管理委员会、中国保险监督管理委员会制定了《非居民金融账户涉税信息尽职调查管理办法》，现予发布，自 2017 年 7 月 1 日起施行。

特此公告。

附件：1. 非居民金融账户涉税信息尽职调查管理办法
2. 个人税收居民身份声明文件（样表）
3. 机构税收居民身份声明文件（样表）
4. 控制人税收居民身份声明文件（样表）

附件1：

非居民金融账户涉税信息尽职调查管理办法

第一章 总 则

第一条 为了履行《多边税收征管互助公约》和《金融账户涉税信息自动交换多边主管当局间协议》规定的义务，规范金融机构对非居民金融账户涉税信息的尽职调查行为，根据《中华人民共和国税收征收管理法》《中华人民共和国反洗钱法》等法律、法规的规定，制定本办法。

第二条 依法在中华人民共和国境内设立的金融机构开展非居民金融账户涉税信息尽职调查工作，适用本办法。

第三条 金融机构应当遵循诚实信用、谨慎勤勉的原则，针对不同类型账户，按照本办法规定，了解账户持有人或者有关控制人的税收居民身份，识别非居民金融账户，收集并报送账户相关信息。

第四条 金融机构应当建立完整的非居民金融账户尽职调查管理制度，设计合理的业务流程和操作规范，并定期对本办法执行落实情况进行评估，妥善保管尽职调查过程中收集的资料，严格进行信息保密。金融机构应当对其分支机构执行本办法规定的尽职调查工作作出统一要求并进行监督管理。

金融机构应当向账户持有人充分说明本机构需履行的信息收集和报送义务，不得明示、暗示或者帮助账户持有人隐匿身份信息，不得协助账户持有人隐匿资产。

第五条 账户持有人应当配合金融机构的尽职调查工作，真实、及时、准确、完整地向金融机构提供本办法规定的相关信息，并承担未遵守本办法规定的责任和风险。

第二章 基本定义

第六条 本办法所称金融机构，包括存款机构、托管机构、投资机构、特定的保险机构及其分支机构：

（一）存款机构是指在日常经营活动中吸收存款的机构；

（二）托管机构是指近三个会计年度总收入的百分之二十以上来源于为客户持有金融资产的机构，机构成立不满三年的，按机构存续期间计算；

（三）投资机构是指符合以下条件之一的机构：

1. 近三个会计年度总收入的百分之五十以上来源于为客户投资、运作金融资产的机构，机构成立不满三年的，按机构存续期间计算；

2. 近三个会计年度总收入的百分之五十以上来源于投资、再投资或者买卖金融资产，且由存款机构、托管机构、特定的保险机构或者本项第1目所述投资机构进行管理并作出投资决策的机构，机构成立不满三年的，按机构存续期间计算；

3. 证券投资基金、私募投资基金等以投资、再投资或者买卖金融资产为目的而设立的投资实体。

（四）特定的保险机构是指开展有现金价值的保险或者年金业务的机构。本办法所称保险机构是指上一公历年度内，保险、再保险和年金合同的收入占总收入比重百分之五十以上的机构，或者在上一公历年度末拥有的保险、再保险和年金合同的资产占总资产比重百分之五十以上的机构。

本办法所称金融资产包括证券、合伙权益、大宗商品、掉期、保险合同、年金合同或者上述资产的权益，前述权益包括期货、远期合约或者期权。金融资产不包括实物商品或者不动产非债直接权益。

第七条 下列机构属于本办法第六条规定的金融机构：

（一）商业银行、农村信用合作社等吸收公众存款的金融机构以及政策性银行；

（二）证券公司；

（三）期货公司；

（四）证券投资基金管理公司、私募基金管理公司、从事私募基金管理业务的合伙企业；

（五）开展有现金价值的保险或者年金业务的保险公司、保险资产管理公司；

（六）信托公司；

（七）其他符合条件的机构。

第八条 下列机构不属于本办法第六条规定的金融机构：

（一）金融资产管理公司；

（二）财务公司；

（三）金融租赁公司；

（四）汽车金融公司；

（五）消费金融公司；

（六）货币经纪公司；

（七）证券登记结算机构；

（八）其他不符合条件的机构。

第九条 本办法所称金融账户包括：

（一）存款账户，是指开展具有存款性质业务而形成的账户，包括活期存款、定期存款、旅行支票、带有预存功能的信用卡等。

（二）托管账户，是指开展为他人持有金融资产业务而形成的账户，包括代理客户买卖金融资产的业务以及接受客户委托、为客户管理受托资产的业务：

1. 代理客户买卖金融资产的业务包括证券经纪业务、期货经纪业务、代理客户开展贵金属、国债业务或者其他类似业务；

2. 接受客户委托、为客户管理受托资产的业务包括金融机构发起、设立或者管理不具有独立法人资格的理财产品、基金、信托计划、专户/集合类资产管理计划或者其他金融投资产品。

（三）其他账户，是指符合以下条件之一的账户：

1. 投资机构的股权或者债权权益，包括私募投资基金的合伙权益和信托的受益权；

2. 具有现金价值的保险合同或者年金合同。

第十条 本办法所称非居民是指中国税收居民以外的个人和企业（包括其他组织），但不包括政府机构、国际组织、中央银行、金融机构或者在证券市场上市交易的公司及其关联机构。前述证券市场是指被所在地政府认可和监管的证券市场。中国税收居民是指中国税法规定的居民企业或者居民个人。

本办法所称非居民金融账户是指在我国境内的金融机构开立或者保有的、由非居民或者有非居民控制人的消极非金融机构持有的金融账户。金融机构应当在识别出非居民金融账户之日起将其归入非居民金融账户进行管理。

账户持有人同时构成中国税收居民和其他国家（地区）税收居民的，金融机构应当按照本办法规定收集并报送其账户信息。

第十一条 本办法所称账户持有人是指由金融机构登记或者确认为账户所有者的个人或者机构，不包括代理人、名义持有人、授权签字人等为他人利益而持有账户的个人或者机构。

现金价值保险合同或者年金合同的账户持有人是指任何有权获得现金价值或者变更合同受益人的个人或者机构，不存在前述个人或者机构的，则为合同所有者以及根据合同条款对支付款项拥有既得权利的个人或者机构。现金价值保险合同或者年金合同到期时，账户持有人包括根据合同规定有权领取款项的个人或者机构。

第十二条 本办法所称消极非金融机构是指符合下列条件之一的机构：

（一）上一公历年度内，股息、利息、租金、特许权使用费收入等不属于积极经营活动的收入，以及据以产生前述收入的金融资产的转让收入占总收入比重百分之五十以上的非金融机构；

（二）上一公历年度末，拥有可以产生本款第一项所述收入的金融资产占总资产比重百分之五十以上的非金融机构；

（三）税收居民国（地区）不实施金融账户涉税信息自动交换标准的投资机构。

下列非金融机构不属于消极非金融机构：

（一）上市公司及其关联机构；

（二）政府机构或者履行公共服务职能的机构；

（三）仅为了持有非金融机构股权或者向其提供融资和服务而设立的控股公司；

（四）成立时间不足二十四个月且尚未开展业务的企业；

（五）正处于资产清算或者重组过程中的企业；

（六）仅与本集团（该集团内机构均为非金融机构）内关联机构开展融资或者对冲交易的企业；

（七）非营利组织。

第十三条 本办法所称控制人是指对某一机构实施控制的个人。

公司的控制人按照以下规则依次判定：

（一）直接或者间接拥有超过百分之二十五公司股权或者表决权的个人；

（二）通过人事、财务等其他方式对公司进行控制的个人；

（三）公司的高级管理人员。

合伙企业的控制人是拥有超过百分之二十五合伙权益的个人。

信托的控制人是指信托的委托人、受托人、受益人以及其他对信托实施最终有效控制的个人。

基金的控制人是指拥有超过百分之二十五权益份额或者其他对基金进行控制的个人。

第十四条 本办法所称关联机构是指一个机构控制另一个机构，或者两个机构受到共同控制，则该两个机构互为关联机构。

前款所称控制是指直接或者间接拥有机构百分之五十以上的股权和表决权。

第十五条 本办法所称金融账户包括存量账户和新开账户。

存量账户是指符合下列条件之一的账户，包括存量个人账户和存量机构账户：

（一）截至2017年6月30日由金融机构保有的、由个人或者机构持有的金融账户；

（二）2017年7月1日（含当日，下同）以后开立并同时符合下列条件的金融账户：

1. 账户持有人已在同一金融机构开立了本款第一项所述账户的；

2. 上述金融机构在确定账户加总余额时将本款第二项所述账户与本款第一项所述账户视为同一账户的；

3. 金融机构已经对本款第一项所述账户进行反洗钱客户身份识别的；

4. 账户开立时，账户持有人无需提供除本办法要求以外的其他信息的。

存量个人账户包括低净值账户和高净值账户，低净值账户是指截至2017年6月30日账户加总余额不超过相当于一百万美元（简称“一百万美元”，下同）的账户，高净值账户是指截至2017年6月30日账户加总余额超过一百万美元的账户。

新开账户是指2017年7月1日以后在金融机构开立的，除第二款第二项规定账户外，由个人或者机构持有的金融账户，包括新开个人账户和新开机构账户。

第十六条 本办法所称账户加总余额是指账户持有人在同一金融机构及其关联机构所持有的全部金融

账户余额或者资产的价值之和。

金融机构需加总的账户限于通过计算机系统中客户号、纳税人识别号等关键数据项能够识别的所有金融账户。

联名账户的每一个账户持有人，在加总余额时应当计算该联名账户的全部余额。

在确定是否为高净值账户时，客户经理知道或者应当知道在其供职的金融机构内几个账户直接或者间接由同一个人拥有或者控制的，应当对这些账户进行加总。

前款所称客户经理是指由金融机构指定、与特定客户有直接联系，根据客户需求向客户介绍、推荐或者提供相关金融产品、服务或者提供其他协助的人员，但不包括符合前述条件，仅由于偶然性原因为客户提供上述服务的人员。

金融机构在计算账户加总余额时，账户币种为非美元的，应当按照计算日当日中国人民银行公布的外汇中间价折合为美元计算。折合美元时，可以根据原币种金额折算，也可以根据该金融机构记账本位币所记录的金额进行折算。

第十七条 本办法所称非居民标识是指金融机构用于检索判断存量个人账户持有人是否为非居民个人的有关要素，具体包括：

（一）账户持有人的境外身份证明；

（二）账户持有人的境外现居地址或者邮寄地址，包括邮政信箱；

（三）账户持有人的境外电话号码，且没有我国境内电话号码；

（四）存款账户以外的账户向境外账户定期转账的指令；

（五）账户代理人或者授权签字人的境外地址；

（六）境外的转交地址或者留交地址，并且是唯一地址。转交地址是指账户持有人要求将其相关信函寄给转交人的地址，转交人收到信函后再交给账户持有人。留交地址是指账户持有人要求将其相关信函暂时存放的地址。

第十八条 本办法所称证明材料是指：

（一）由政府出具的税收居民身份证明；

（二）由政府出具的含有个人姓名且通常用于身份识别的有效身份证明，或者由政府出具的含有机构名称以及主要办公地址或者注册成立地址等信息的官方文件。

第三章 个人账户尽职调查

第十九条 金融机构应当按照以下规定，对新开个人账户开展尽职调查：

（一）个人开立账户时，金融机构应当获取由账户持有人签署的税收居民身份声明文件（以下简称“声明文件”），识别账户持有人是否为非居民个人。金融机构通过本机构电子渠道接收个人账户开户申请时，应当要求账户持有人提供电子声明文件。声明文件应当作为开户资料的一部分，声明文件相关信息可并入开户申请书中。个人代理他人开立金融账户以及单位代理个人开立金融账户时，经账户持有人书面授权后可由代理人签署声明文件。

（二）金融机构应当根据开户资料（包括通过反洗钱客户身份识别程序收集的资料），对声明文件的合理性进行审核，主要确认填写信息是否与其他信息存在明显矛盾。金融机构认为声明文件存在不合理信息时，应当要求账户持有人提供有效声明文件或者进行解释。不提供有效声明文件或者合理解释的，不得开立账户。

（三）识别为非居民个人的，金融机构应当收集并记录报送所需信息。

（四）金融机构知道或者应当知道新开个人账户情况发生变化导致原有声明文件信息不准确或者不可靠的，应当要求账户持有人提供有效声明文件。账户持有人自被要求提供之日起九十日内未能提供声明文件的，金融机构应当将其账户视为非居民账户管理。

第二十条 金融机构应当于2018年12月31日前选择以下方式完成对存量个人低净值账户的尽职调查：

（一）对于在现有客户资料（包括通过反洗钱客户身份识别程序收集的资料，下同）中留有地址，且有证明材料证明是现居地址或者地址位于现居国家（地区）的账户持有人，可以根据账户持有人的地址确定是否为非居民个人。邮寄无法送达的，不得将客户资料所留地址视为现居地址。

（二）利用现有信息系统开展电子记录检索，识别账户是否存在任一非居民标识。

现有客户资料中没有现居地址信息的，或者账户情况发生变化导致现居地址证明材料不再准确的，金融机构应当采用前款第二项方式开展尽职调查。

第二十一条 金融机构应当在2017年12月31日前对存量个人高净值账户依次完成以下尽职调查程序：

（一）开展电子记录检索和纸质记录检索，识别账户是否存在任一非居民标识。应当检索的纸质记录包括过去五年中获取的、与账户有关的全部纸质资料。

金融机构利用现有信息系统可电子检索出全部非居民标识字段信息的，可以不开展纸质记录检索。

（二）询问客户经理其客户是否为非居民个人。

第二十二条 对于存量个人低净值账户，2017年6月30日之后任一公历年度末账户加总余额超过一百万美元时，金融机构应当在次年12月31日前，按照本办法第二十一条规定程序完成对账户的尽职调查。

第二十三条 对发现存在非居民标识的存量个人账户，金融机构可以通过现有客户资料确认账户持有人为非居民个人的，应当收集并记录报送所需信息。无法确认的，应当要求账户持有人提供声明文件。声明为中国税收居民个人的，金融机构应当要求其提供相应证明材料；声明为非居民个人的，金融机构应当收集并记录报送所需信息。账户持有人自被要求提供之日起九十日内未能提供声明文件的，金融机构应当将其账户视为非居民账户管理。

对未发现存在非居民标识的存量个人账户，金融机构无需作进一步处理，但应当建立持续监控机制。当账户情况变化出现非居民标识时，应当执行前款规定程序。

第二十四条 对于现金价值保险合同或者年金合同，金融机构知道或者应当知道获得死亡保险金的受益人为非居民个人的，应当将其账户视为非居民账户管理。

第四章 机构账户尽职调查

第二十五条 金融机构应当按照以下规定，对新开机构账户开展尽职调查：

（一）机构开立账户时，金融机构应当获取由该机构授权人签署的声明文件，识别账户持有人是否为非居民企业和消极非金融机构。声明文件应当作为开户资料的一部分，声明文件相关信息可并入开户申请书中。

（二）金融机构应当根据开户资料（包括通过反洗钱客户身份识别程序收集的资料）或者公开信息对声明文件的合理性进行审核，主要确认填写信息是否与其他信息存在明显矛盾。金融机构认为声明文件存在不合理信息时，应当要求账户持有人提供有效声明文件或者进行解释。不提供有效声明文件或者合理解释的，不得开立账户。

（三）识别为非居民企业的，金融机构应当收集并记录报送所需信息。合伙企业等机构声明不具有税收居民身份的，金融机构可按照其实际管理机构所在地确定其税收居民国（地区）。

（四）识别为消极非金融机构的，金融机构应当依据反洗钱客户身份识别程序收集的资料识别其控制人，并且获取机构授权人或者控制人签署的声明文件，识别控制人是否为非居民个人。识别为有非居民控制人的消极非金融机构的，金融机构应当收集并记录消极非金融机构及其控制人相关信息。

账户持有人为非居民企业的，也应当进一步识别其是否同时为有非居民控制人的消极非金融机构。

（五）金融机构知道或者应当知道新开机构账户情况发生变化导致原有声明文件信息不准确或者不可

靠的，应当要求机构授权人提供有效声明文件。机构授权人自被要求提供之日起九十日内未能提供声明文件的，金融机构应当将其账户视为非居民账户管理。

第二十六条 金融机构应当根据现有客户资料或者境外机构境内外汇账户标识，识别存量机构账户持有人是否为非居民企业。

除通过机构授权人签署的声明文件或者公开信息能确认为中国税收居民企业的外，上述信息表明该机构为非居民企业的，应当识别为非居民企业。

识别为非居民企业的，金融机构应当收集并记录报送所需信息。

第二十七条 金融机构应当识别存量机构账户持有人是否为消极非金融机构。通过现有客户资料或者公开信息确认不是消极非金融机构的，无需进一步处理。无法确认的，金融机构应当获取由机构授权人签署的声明文件。声明为消极非金融机构的，应当按照第二款规定进一步识别其控制人。无法获取声明文件的，金融机构应当将账户持有人视为消极非金融机构。

识别为消极非金融机构并且截至 2017 年 6 月 30 日账户加总余额超过一百万美元的，金融机构应当获取由机构控制人或者授权人签署的声明文件，识别控制人是否为非居民个人。无法获取声明文件的，金融机构应当针对控制人开展非居民标识检索，识别其是否为非居民个人。账户加总余额不超过一百万美元的，金融机构可以根据现有客户资料识别消极非金融机构控制人是否为非居民个人。根据现有客户资料无法识别的，金融机构可以不收集控制人相关信息。

识别为有非居民控制人的消极非金融机构的，金融机构应当收集并记录消极非金融机构及其控制人相关信息。

第二十八条 截至 2017 年 6 月 30 日账户加总余额超过二十五万美元的存量机构账户，金融机构应当在 2018 年 12 月 31 日前完成对账户的尽职调查。

截至 2017 年 6 月 30 日账户加总余额不超过二十五万美元的存量机构账户，金融机构无需开展尽职调查。但当之后任一公历年度末账户加总余额超过二十五万美元时，金融机构应当在次年 12 月 31 日前，按照本办法第二十六条和第二十七条规定完成对账户的尽职调查。

第五章　其他合规要求

第二十九条 金融机构可以根据自身业务需要，将新开账户的尽职调查程序适用于存量账户。

第三十条 金融机构委托其他机构向客户销售金融产品的，代销机构应当配合委托机构开展本办法所要求的尽职调查工作，并向委托机构提供本办法要求的信息。

第三十一条 金融机构可以委托第三方开展尽职调查，但相关责任仍应当由金融机构承担。基金、信托等属于投资机构的，可以分别由基金管理公司、信托公司作为第三方完成尽职调查相关工作。

第三十二条 金融机构应当建立账户持有人信息变化监控机制，包括要求账户持有人在本办法规定的相关信息变化之日起三十日内告知金融机构。金融机构在知道或者应当知道账户持有人相关信息发生变化之日起九十日内或者本年度 12 月 31 日前根据有关尽职调查程序重新识别账户持有人或者有关控制人是否为非居民。

第三十三条 对下列账户无需开展尽职调查：

（一）同时符合下列条件的退休金账户：

1. 受政府监管；

2. 享受税收优惠；

3. 向税务机关申报账户相关信息；

4. 达到规定的退休年龄等条件时才可取款；

5. 每年缴款不超过五万美元，或者终身缴款不超过一百万美元。

（二）同时符合下列条件的社会保障类账户：

1. 受政府监管；

2. 享受税收优惠；

3. 取款应当与账户设立的目的相关，包括医疗等；

4. 每年缴款不超过五万美元。

（三）同时符合下列条件的定期人寿保险合同：

1. 在合同存续期内或者在被保险人年满九十岁之前（以较短者为准），至少按年度支付保费，且保费不随时间递减；

2. 在不终止合同的情况下，任何人均无法获取保险价值；

3. 合同解除或者终止时，应付金额（不包括死亡抚恤金）在扣除合同存续期间相关支出后，不得超过为该合同累计支付的保费总额；

4. 合同不得通过有价方式转让。

（四）为下列事项而开立的账户：

1. 法院裁定或者判决；

2. 不动产或者动产的销售、交易或者租赁；

3. 不动产抵押贷款情况下，预留部分款项便于支付与不动产相关的税款或者保险；

4. 专为支付税款。

（五）同时符合下列条件的存款账户：

1. 因信用卡超额还款或者其他还款而形成，且超额款项不会立即返还账户持有人；

2. 禁止账户持有人超额还款五万美元以上，或者账户持有人超额还款五万美元以上的款项应当在六十日内返还账户持有人。

（六）上一公历年度余额不超过一千美元的休眠账户。休眠账户是满足下列条件之一的账户（不包括年金合同）：

1. 过去三个公历年度中，账户持有人未向金融机构发起任何与账户相关的交易；

2. 过去六个公历年度中，账户持有人未与金融机构沟通任何与账户相关的事宜；

3. 对于具有现金价值的保险合同，在过去六个公历年度中，账户持有人未与金融机构沟通任何与账户相关的事宜。

（七）由我国政府机关、事业单位、军队、武警部队、居民委员会、村民委员会、社区委员会、社会团体等单位持有的账户；由军人（武装警察）持军人（武装警察）身份证件开立的账户。

（八）政策性银行为执行政府决定开立的账户。

（九）保险公司之间的补偿再保险合同。

第三十四条 金融机构应当妥善保管本办法执行过程中收集的资料，保存期限为自报送期末起至少五年。相关资料可以以电子形式保存，但应当确保能够按照相关行业监督管理部门和国家税务总局的要求提供纸质版本。

第三十五条 金融机构应当汇总报送境内分支机构的下列非居民账户信息，并注明报送信息的金融机构名称、地址以及纳税人识别号：

（一）个人账户持有人的姓名、现居地址、税收居民国（地区）、居民国（地区）纳税人识别号、出生地、出生日期；机构账户持有人的名称、地址、税收居民国（地区）、居民国（地区）纳税人识别号；机构账户持有人是有非居民控制人的消极非金融机构的，还应当报送非居民控制人的姓名、现居地址、税收居民国（地区）、居民国（地区）纳税人识别号、出生地、出生日期。

（二）账号或者类似信息。

（三）公历年度末单个非居民账户的余额或者净值（包括具有现金价值的保险合同或者年金合同的现金价值或者退保价值）。账户在本年度内注销的，余额为零，同时应当注明账户已注销。

（四）存款账户，报送公历年度内收到或者计入该账户的利息总额。

（五）托管账户，报送公历年度内收到或者计入该账户的利息总额、股息总额以及其他因被托管资产而收到或者计入该账户的收入总额。报送信息的金融机构为代理人、中间人或者名义持有人的，报送因销售或者赎回金融资产而收到或者计入该托管账户的收入总额。

（六）其他账户，报送公历年度内收到或者计入该账户的收入总额，包括赎回款项的总额。

（七）国家税务总局要求报送的其他信息。

上述信息中涉及金额的，应当按原币种报送并且标注原币种名称。

对于存量账户，金融机构现有客户资料中没有居民国（地区）纳税人识别号、出生日期或者出生地信息的，无需报送上述信息。但是，金融机构应当在上述账户被认定为非居民账户的次年 12 月 31 日前，积极采取措施，获取上述信息。

非居民账户持有人无居民国（地区）纳税人识别号的，金融机构无需收集并报送纳税人识别号信息。

第三十六条 金融机构应当于 2017 年 12 月 31 日前登录国家税务总局网站办理注册登记，并且于每年 5 月 31 日前按要求报送第三十五条所述信息。

第六章 监督管理

第三十七条 金融机构应当建立实施监控机制，按年度评估本办法执行情况，及时发现问题、进行整改，并于次年 6 月 30 日前向相关行业监督管理部门和国家税务总局书面报告。

第三十八条 金融机构有下列情形之一的，由国家税务总局责令其限期改正：

（一）未按照本办法规定开展尽职调查的；

（二）未按照本办法建立实施监控机制的；

（三）故意错报、漏报账户持有人信息的；

（四）帮助账户持有人隐藏真实信息或者伪造信息的；

（五）其他违反本办法规定的。

逾期不改正的，税务机关将记录相关纳税信用信息，并用于纳税信用评价。有关违规情形通报相关金融主管部门。

第三十九条 对于金融机构的严重违规行为，有关金融主管部门可以采取下列措施：

（一）责令金融机构停业整顿或者吊销其经营许可证；

（二）取消金融机构直接负责的董事、高级管理人员和其他直接责任人员的任职资格、禁止其从事有关金融行业的工作；

（三）责令金融机构对直接负责的董事、高级管理人员和其他直接责任人给予纪律处分。

第四十条 对于账户持有人的严重违规行为，有关金融主管部门依据相关法律、法规进行处罚，涉嫌犯罪的，移送司法机关进行处理。

第七章 附　　则

第四十一条 本办法施行前我国与相关国家（地区）已经就非居民金融账户涉税信息尽职调查事项商签双边协定的，有关要求另行规定。

第四十二条 国家税务总局与有关金融主管部门建立涉税信息共享机制，保障国家税务总局及时获取本办法规定的信息。非居民金融账户涉税信息报送要求另行规定。

第四十三条 本办法所称“以上”“以下”均含本数，“不满”“超过”均不含本数。

第四十四条 本办法自 2017 年 7 月 1 日起施行。

附件2：

个人税收居民身份声明文件（样表）

姓名：____________

本人声明：☐ 1. 仅为中国税收居民 ☐ 2. 仅为非居民

☐ 3. 既是中国税收居民又是其他国家（地区）税收居民

如在以上选项中勾选第2项或者第3项，请填写下列信息：

姓（英文或拼音）：____________名（英文或拼音）：____________

出生日期：____________

现居地址（中文）：____（国家）____（省）____（市）____（境外地址可不填此项）

（英文或拼音）：____（国家）____（省）____（市）____

出生地（中文）：____（国家）____（省）____（市）____（境外地址可不填此项）

（英文或拼音）：____（国家）____（省）____（市）____

税收居民国（地区）及纳税人识别号：

1. ____________

2. （如有）____________

3. （如有）____________

如不能提供居民国（地区）纳税人识别号，请选择原因：

☐ 居民国（地区）不发放纳税人识别号

☐ 账户持有人未能取得纳税人识别号，如选此项，请解释具体原因：

____

本人确认上述信息的真实、准确和完整，且当这些信息发生变更时，将在30日内通知贵机构，否则本人承担由此造成的不利后果。

签名： 日期：

签名人身份：☐ 本人 ☐ 代理人

说明：

1. 本表所称中国税收居民是指在中国境内有住所，或者无住所而在境内居住满一年的个人。在中国境内有住所是指因户籍、家庭、经济利益关系而在中国境内习惯性居住。在境内居住满一年，是指在一个纳税年度中在中国境内居住365日。临时离境的，不扣减日数。临时离境，是指在一个纳税年度中一次不超过30日或者多次累计不超过90日的离境。

2. 本表所称非居民是指中国税收居民以外的个人。其他国家（地区）税收居民身份认定规则及纳税人识别号相关信息请参见国家税务总局网站（http：//www.chinatax.gov.cn/aeoi_index.html）。

3. 军人、武装警察无需填写此声明文件。

附件3：

机构税收居民身份声明文件（样表）

机构名称：______________________________

一、机构类别：

☐ 1. 消极非金融机构（如勾选此项，请同时填写控制人税收居民身份声明文件）

☐ 2. 其他非金融机构

二、机构税收居民身份：

☐ 1. 仅为中国税收居民（如勾选此项，请直接填写第五项内容）

☐ 2. 仅为非居民

☐ 3. 既是中国税收居民又是其他国家（地区）税收居民

三、机构基本信息

1. 机构名称（英文）：______________________________

2. 机构地址（英文或拼音）：______（国家）______（省）______（市）______

3. 机构地址（中文）：______（国家）______（省）______（市）______（境外地址可不填此项）

四、税收居民国（地区）及纳税人识别号：

1. ______________________________

2. （如有）______________________________

3. （如有）______________________________

如果不能提供居民国（地区）纳税人识别号，请选择原因：

☐ 居民国（地区）不发放纳税人识别号

☐ 账户持有人未能取得纳税人识别号，如选此项，请解释具体原因：

____

五、本人确认上述信息的真实、准确和完整，且当这些信息发生变更时，将在30日内通知贵机构，否则本人承担由此造成的不利后果。

签名：　　　　　　　　　　　　　　　　　　日期：

（签名人身份须为机构授权人）

说明：

1. 本表所称中国税收居民是指依法在中国境内成立，或者依照外国（地区）法律成立但实际管理机构在中国境内的企业和其他组织。

2. 本表所称非居民是指中国税收居民以外的企业（包括其他组织），但不包括政府机构、国际组织、中央银行、金融机构或者在证券市场上市交易的公司及其关联机构。前述证券市场是指被所在地政府认可和监管的证券市场。其他国家（地区）税收居民身份认定规则及纳税人识别号相关信息请参见国家税务总局网站（http://www.chinatax.gov.cn/aeoi_index.html）。

3. 金融机构包括存款机构、托管机构、投资机构、特定的保险机构及其分支机构。（1）存款机构指在日常经营活动中吸收存款的机构；（2）托管机构是指近三个会计年度总收入的20%以上来源于为客户持有金融资产的机构，机构成立不满三年的，按机构存续期间计算；（3）投资机构是指符合以下条件之一的机构：A. 近三个会计年度总收入的50%以上收入来源于为客户投资、运作金融资产的机构，机构成立不满三年的，按机构存续期间计算；B. 近三个会计年度总收入的50%以上收入来源于投资、再投资或者买卖金融资产，且由存款机构、托管机构、特定保险机构或者A项所述投资机构进行管理并作出投资决策的机构，机构成立不满三年的，按机构存续期间计算；C. 证券投资基金、私募投资基金等以投资、再投资或者买卖金融资产为目的而设立的投资实体。（4）特定的保险机构指开展有现金价值的保险或者年金业务的机构。本办法所称保险机构是指上一公历年度内，保险、再保险和年金合同的收入占总收入比重 50% 以上的机构，或者在上一公历年度末拥有的保险、再保险和年金合同的资产占总资产比重 50% 以上的机构。

4. 消极非金融机构是指：（1）上一公历年度内，股息、利息、租金、特许权使用费（由贸易或者其他实质经营活动产生的租金和特许权使用费除外）以及据以产生前述收入的金融资产转让收入占总收入比重 50% 以上的非金融机构；（2）上一公历年度末拥有的可以产生上述收入的金融资产占总资产比重 50% 以上的非金融机构，可依据经审计的财务报表进行确认；（3）税收居民国（地区）不实施金融账户涉税信息自动交换标准的投资机构。实施金融账户涉税信息自动交换标准的国家（地区）名单请参见国家税务总局网站（http：//www. chinatax. gov. cn/aeoi_index. html）。金融机构税收居民国（地区）的判断主要看其受哪个国家（地区）的管辖。在信托构成金融机构的情况下，主要由受托人的税收居民身份决定该金融机构的税收居民国（地区）。在金融机构（信托除外）不具有税收居民身份的情况下，可将其视为成立地、实际管理地或受管辖地的税收居民。公司、合伙企业、信托、基金均可以构成消极非金融机构。

5. 控制人是指对某一机构实施控制的个人。

公司的控制人按照以下规则依次判定：

（1）直接或者间接拥有超过 25% 公司股权或者表决权的个人；

（2）通过人事、财务等其他方式对公司进行控制的个人；

（3）公司的高级管理人员。

合伙企业的控制人是拥有超过 25% 合伙权益的个人；信托的控制人是指信托的委托人、受托人、受益人以及其他对信托实施最终有效控制的个人；基金的控制人是指拥有超过 25% 权益份额或者其他对基金进行控制的个人。

6. 政府机构、国际组织、中央银行、金融机构或者在证券市场上市交易的公司及其关联机构，以及事业单位、军队、武警部队、居委会、村委会、社区委员会、社会团体等单位无需填写此声明文件。

附件 4：

控制人税收居民身份声明文件（样表）

姓名：__________

本人声明：☐ 1. 仅为中国税收居民 ☐ 2. 仅为非居民

☐ 3. 既是中国税收居民又是其他国家（地区）税收居民

如在以上选项中勾选第 2 项或第 3 项，请填写下列信息：

一、机构信息

所控制机构名称（英文）：______________________________

机构地址（英文或拼音）：______（国家）______（省）______（市）______

税收居民国（地区）及纳税人识别号：______________________

二、控制人信息

姓（英文或拼音）：__________名（英文或拼音）：__________

出生日期：______________________________

现居地址（中文）：______（国家）______（省）______（市）______（境外地址可不填此项）

（英文或拼音）：______（国家）______（省）______（市）______

出生地（中文）：______（国家）______（省）______（市）______（境外地址可不填此项）

（英文或拼音）：______（国家）______（省）______（市）______

税收居民国（地区）及纳税人识别号：

1.______________________

2.（如有）______________________

3.（如有）______________________

如不能提供居民国（地区）纳税人识别号，请选择原因：

□ 居民国（地区）不发放纳税人识别号

□ 账户持有人未能取得纳税人识别号，如选此项，请解释具体原因：

____

三、本人确认上述信息的真实、准确和完整，且当这些信息发生变更时，将在30日内通知贵机构，否则本人承担由此造成的不利后果。

签名： 日期：

签名人身份：□ 本人 □ 机构授权人

备注：

上述声明文件均参考OECD声明样表制定，并结合我国业务实际进行了简化处理，仅选取了必填内容。此附件表格为参考表格，金融机构可在此基础上进行修改完善，制定符合自身业务需要的声明文件，或者与本机构其他业务文件进行整合。

工业和信息化部办公厅 财政部办公厅 海关总署办公厅 国家税务总局办公厅关于公布享受支持科技创新进口税收政策的国家中小企业公共服务示范平台（2017年批次）名单的通知

2017年8月25日 工信厅联企业〔2017〕89号

有关省、直辖市、计划单列市中小企业主管部门、财政厅（局）、国家税务局，海关总署广东分署，各直属海关：

根据支持科技创新进口税收政策的要求，工业和信息化部、财政部、海关总署、国家税务总局审核确定了享受支持科技创新进口税收政策的国家中小企业公共服务示范平台（2017年批次）名单，现予以公布。有关事项通知如下：

一、同意河北清华发展研究院等17家国家中小企业公共服务示范平台（名单见附件），自本通知印发之日起享受支持科技创新进口税收政策。

二、免税进口科学研究、科技开发和教学用品的具体范围及相关规定，按照《财政部 海关总署 国家税务总局关于“十三五”期间支持科技创新进口税收政策的通知》（财关税〔2016〕70号）、《财政部 教育部 国家发展改革委 科技部 工业和信息化部 民政部 商务部 海关总署 国家税务总局 国家新闻出版广电总局关于支持科技创新进口税收政策管理办法的通知》（财关税〔2016〕71号）、《财政部 海关总署 国家税务总局关于公布进口科学研究 科技开发和教学用品免税清单的通知》（财关税〔2016〕72号）执行，并办理相关手续。

三、在2015年12月31日（含）以前，已取得免税资格未满2年暂不需要进行资格复审的、按规定对免税资格复审合格后未满 2 年的国家中小企业公共服务示范平台，可继续享受至 2 年期满。

四、享受支持科技创新进口税收政策的国家中小企业公共服务示范平台要进一步完善服务功能，不断提高服务能力和质量，发挥支撑和示范带动作用，为中小企业提供“及时、价廉、质优”的服务。如存在以虚报情况获得免税资格、偷税、骗税，或者将享受税收优惠政策的进口物资擅自转让、移作他用或进行其他处置的，一经查实将按照财关税〔2016〕70 号、财关税〔2016〕71 号文件的相关规定处理。

五、各地中小企业主管部门要结合政策的执行，对所辖区内享受支持科技创新进口税收政策的国家中小企业公共服务示范平台的服务业绩、服务质量、服务收费情况及服务对象满意度等进行检查、测评，对政策实施效果进行评价，并做好相关工作总结，于每年 2 月底前将上一年度示范平台服务情况、支持科技创新进口税收政策执行情况及工作总结报工业和信息化部（中小企业局）。

特此通知。

附件：享受支持科技创新进口税收政策的国家中小企业公共服务示范平台（2017 年批次）名单

附件：

享受支持科技创新进口税收政策的国家中小企业公共服务示范平台（2017 年批次）名单

1. 河北清华发展研究院
2. 白山市产品质量检验所/国家饮用水产品质量监督检验中心
3. 苏州电器科学研究院股份有限公司
4. 苏州中纺联检验技术服务有限公司
5. 昆山市工业技术研究院有限责任公司
6. 浙江方圆电气设备检测有限公司
7. 福建省电子产品监督检验所
8. 江西省钨与稀土研究院
9. 滨州市纺织纤维检验所
10. 滨州市产品质量监督检验所
11. 成都天河中西医科技保育有限公司
12. 成都三方电气有限公司
13. 甘肃省轻工研究院
14. 甘肃省建材科研设计院
15. 新疆建筑材料研究院
16. 宁波汽车零部件检测有限公司
17. 宁波中普检测技术服务有限公司

科技部　财政部　国家税务总局关于进一步做好企业研发费用加计扣除政策落实工作的通知

2017 年 7 月 21 日　国科发政〔2017〕211 号

各省、自治区、直辖市和计划单列市科技厅（委、局）、财政厅（局）、国家税务局、地方税务局，新疆生产建设兵团科技局、财务局：

为贯彻落实国务院关于“简政放权、放管结合、优化服务”要求，强化政策服务，降低纳税人风险，增强企业获得感，根据《关于完善研究开发费用税前加计扣除政策的通知》（财税〔2015〕119 号）的有关规定，现就进一步做好企业研发费用加计扣除政策落实工作通知如下：

一、建立协同工作机制

地方各级人民政府科技、财政和税务主管部门要建立工作协调机制，加强工作衔接，形成工作合力。要切实加强对企业的事前事中事后管理和服务，以多种形式开展政策宣讲，引导企业规范研发项目管理和费用归集，确保政策落实、落细、落地。

二、事中异议项目鉴定

1. 税务部门对企业享受加计扣除优惠的研发项目有异议的，应及时通过县（区）级科技部门将项目资料送地市级（含）以上科技部门进行鉴定；由省直接管理的县/市，可直接由县级科技部门进行鉴定（以下统称“鉴定部门”）。

2. 鉴定部门在收到税务部门的鉴定需求后，应及时组织专家进行鉴定，并在规定时间内通过原渠道将鉴定意见反馈税务部门。鉴定时，应由 3 名以上相关领域的产业、技术、管理等专家参加。

3. 税务部门对鉴定部门的鉴定意见有异议的，可转请省级人民政府科技行政管理部门出具鉴定意见。

4. 对企业承担的省部级（含）以上科研项目，以及以前年度已鉴定的跨年度研发项目，税务部门不再要求进行鉴定。

三、事后核查异议项目鉴定

税务部门在对企业享受的研发费用加计扣除优惠开展事后核查中，对企业研发项目有异议的，可按照本通知第二条的规定送科技部门鉴定。

四、有关要求

1. 开展企业研发项目鉴定，不得向企业收取任何费用，所需要的工作经费应纳入部门经费预算给予保障。

2. 有条件的地方可建立信息化服务平台，为企业提供自我评价、材料提交、工作流转与信息传递等服务，提高工作效率，降低企业成本。

3. 各地方可根据本通知精神，制定实施细则，进一步明确职责分工、工作程序、办理时限等。

各地方在落实企业研发费用加计扣除政策过程中出现的问题以及意见和建议，要及时报科技部政策法规与监督司、财政部税政司和税务总局所得税司。

科学技术部　财政部　海关总署　国家税务总局关于印发科研院所、转制科研院所、国家重点实验室、企业国家重点实验室和国家工程技术研究中心免税进口科学研究、科技开发和教学用品管理办法的通知

2017 年 9 月 6 日　国科发政〔2017〕280 号

各省、自治区、直辖市及计划单列市科技厅（委、局）、财政厅（局），新疆生产建设兵团科技局、财务局、国家税务局，海关总署广东分署、各直属海关：

根据《财政部　海关总署　国家税务总局关于“十三五”期间支持科技创新进口税收政策的通知》（财关税〔2016〕70 号）和《财政部　教育部　国家发展改革委　科技部　工业和信息化部　民政部　商务部　海关总署　国家税务总局　国家新闻出版广电总局关于支持科技创新进口税收政策管理办法》（财关税〔2016〕71 号）要求，为加强对科研院所、转制科研院所、国家重点实验室、企业国家重点实验室和国家工程技术研究中心免税进口科学研究、科技开发和教学用品的管理，科技部、财政部、海关总署、国家税务总局研究制定了《科研院所、转制科研院所、国家重点实验室、企业国家重点实验室和国家工程技术研究中心免税进口科学研究、科技开发和教学用品管理办法》，现印发给你们，请遵照执行。

附件：科研院所、转制科研院所、国家重点实验室、企业国家重点实验室和国家工程技术研究中心免税进口科学研究、科技开发和教学用品管理办法

附件：

科研院所、转制科研院所、国家重点实验室、企业国家重点实验室和国家工程技术研究中心免税进口科学研究、科技开发和教学用品管理办法

第一条　根据《财政部　海关总署　国家税务总局关于“十三五”期间支持科技创新进口税收政策的通知》（财关税〔2016〕70 号）和《财政部　教育部　国家发展改革委　科技部　工业和信息化部　民政部　商务部　海关总署　国家税务总局　国家新闻出版广电总局关于支持科技创新进口税收政策管理办法》（财关税〔2016〕71 号）要求，为加强对科研院所、转制科研院所、国家重点实验室、企业国家重点实验室和国家工程技术研究中心免税进口科学研究、科技开发和教学用品的管理，特制定本办法。

第一章　科研院所

第二条　国务院部委、直属机构所属从事科学研究工作的各类科研院所是指由国务院各部门、直属机构举办，由中央编制部门批复成立，主要从事基础和前沿技术研究、公益研究、应用研究和技术开发的事业单位。

第三条 符合条件的科研院所，应向主管部门提出免税资格申请，提交中央编制部门或主管部门批复文件、《事业单位法人证书》等申报材料。科研院所主管部门初步审核后，提交科技部进行核定。科技部根据《关于进一步完善科研事业单位机构设置审批的通知》（中央编办发〔2014〕3 号）等相关文件要求，核定符合免税资格的科研院所名单。科技部将核定符合条件的科研院所名单函告海关总署，注明享受政策起始时间，并抄送财政部、国家税务总局和科研院所主管部门。

第四条 符合免税资格条件的科研院所可持中央编制部门或主管部门批准成立的文件、《事业单位法人证书》，按规定向主管海关申请办理进口科学研究、科技开发和教学用品的减免税手续。

第五条 2016 年 1 月 1 日前成立的科研院所自 2016 年 1 月 1 日起享受支持科技创新进口税收政策。2016 年 1 月 1 日后成立的科研院所自《事业单位法人证书》有效期起始之日起享受支持科技创新进口税收政策。

第六条 省、自治区、直辖市、计划单列市所属的各类科研院所由本级科技主管部门商同级机构编制部门参照本办法有关要求作出规定。

第二章 转制院所

第七条 科技体制改革过程中转制为企业和进入企业的主要从事科学研究和技术开发工作的机构是指根据《国务院办公厅转发科技部等部门关于深化科研机构管理体制改革实施意见的通知》（国办发〔2000〕38 号），国务院部门（单位）所属科研机构已转制为企业或进入企业的主要从事科学研究和技术开发工作的机构（以下简称中央级转制院所），以及各省、自治区、直辖市、计划单列市所属已转制为企业或进入企业的主要从事科学研究和技术开发工作的机构（以下简称地方转制院所）。

第八条 科技部会同财政部、海关总署和国家税务总局对中央级转制院所进行审核。地方转制院所根据管辖权限由各省、自治区、直辖市、计划单列市科技部门进行初核，并将核定后符合条件的转制院所名单及成立时间报科技部，由科技部会同财政部、海关总署和国家税务总局进行复核。科技部将经核定符合条件的中央级转制院所名单及地方转制院所名单函告海关总署，注明享受政策起始时间，并抄送财政部和国家税务总局。

第九条 经核定的转为企业的转制院所可持企业法人登记证书和其他有关材料，按海关规定办理减免税手续；符合免税资格进入企业的转制院所持所属企业法人登记证书、所属企业承担减免税货物管理承诺书和其他有关材料，按规定向主管海关申请办理进口科学研究、科技开发和教学用品的减免税手续。

第十条 2016 年 1 月 1 日前转制的科研院所，自 2016 年 1 月 1 日起享受支持科技创新进口税收政策。2016 年 1 月 1 日后转制的科研院所，自取得企业法人登记证书之日起或批准进入企业之日起享受支持科技创新进口税收政策。

第三章 国家重点实验室和企业国家重点实验室

第十一条 科技部会同财政部、海关总署和国家税务总局核定符合条件的国家重点实验室和企业国家重点实验室名单。科技部将核定后的名单函告海关总署，注明依托单位和享受政策起始时间，并抄送财政部和国家税务总局。

第十二条 经核定的国家重点实验室和企业国家重点实验室可持依托单位组织机构代码证或企业法人登记证书、依托单位承担减免税货物管理承诺书和其他有关材料，按规定向海关申请办理进口科学研究、科技开发和教学用品的减免税手续。

第十三条 经核定的国家重点实验室和企业国家重点实验室，2016 年 1 月 1 日前批准建设的，自 2016 年 1 月 1 日起享受支持科技创新进口税收政策；2016 年 1 月 1 日后批准建设的，自科技部函中注明的日期开始享受支持科技创新进口税收政策。

第四章　国家工程技术研究中心

第十四条　科技部会同财政部、海关总署和国家税务总局核定国家工程技术研究中心名单。科技部将核定后的名单函告海关总署，注明依托单位和享受政策起始时间，并抄送财政部和国家税务总局。

第十五条　经核定的符合免税资格的国家工程技术研究中心可持依托单位组织机构代码证或企业法人登记证书、依托单位承担减免税货物管理承诺书和其他有关材料，按规定向海关申请办理进口科学研究、科技开发和教学用品的减免税手续。

第十六条　经核定的国家工程技术研究中心，2016年1月1日前成立的，自2016年1月1日起享受支持科技创新进口税收政策；2016年1月1日后成立的，自科技部函中注明的日期开始享受支持科技创新进口税收政策。

第五章　附　　则

第十七条　符合免税资格的国务院部委、直属机构所属科研院所，科技体制改革过程中转制为企业和进入企业的科研院所，科技部会同财政部、海关总署和国家税务总局核定的国家重点实验室、企业国家重点实验室和国家工程技术研究中心，发生分立、合并、撤销和更名等情形的，科技部应及时按照本办法规定的程序重新审核相关单位的免税资格。省、自治区、直辖市、计划单列市所属的科研院所发生分立、合并、撤销和更名等情形的，同级科技主管部门应及时按照本办法规定的程序重新审核相关单位的免税资格。

经审核符合免税资格的单位，继续享受支持科技创新进口税收政策。经审核不符合免税资格的单位，自变更之日起，停止其享受支持科技创新进口税收政策。

科技部应及时将重新审核的结果函告海关总署，省、自治区、直辖市、计划单列市科技主管部门及时将重新审核的结果函告科研院所所在地直属海关，对停止享受支持科技创新进口税收政策的单位应在函告中明确停止享受政策日期。

在停止享受政策之日（含）后，有关单位向海关申报进口并已享受支持科技创新进口税收政策的科学研究、科技开发和教学用品，应补缴税款。

第十八条　经核定符合免税资格的上述单位免税进口范围，按照进口科学研究、科技开发和教学用品免税清单执行。

第十九条　上述单位在资格确认过程中有弄虚作假行为的，经科技部和地方科技主管部门查实后，撤销其免税资格，及时将有关情况通报海关总署及所在地直属海关，明确停止享受支持科技创新进口税收政策的日期。在停止享受政策之日（含）以后，有关单位向海关申报进口并已享受支持科技创新进口税收政策的科学研究、科技开发和教学用品，应补缴税款。

第二十条　上述单位因违反税收征管法及有关法律、行政法规，构成偷税、骗取出口退税等严重税收违法行为的，撤销其免税资格。

第二十一条　本办法自2016年1月1日起实施。

省财政厅　省地方税务局关于明确契税有关政策的通知

2017年1月10日　鲁财税〔2017〕1号

各市人民政府，各县（市、区）人民政府，省政府各部门、各直属机构：

根据《中华人民共和国契税暂行条例》《中华人民共和国契税暂行条例细则》等有关规定，经省政府同意，现将我省契税有关政策明确如下，请认真贯彻执行。

一、在我省行政区域内承受土地、房屋权属的单位和个人，应当自纳税义务发生之日起10日内，向土地、房屋所在地的地方税务机关办理契税纳税申报，契税纳税期限为纳税人依法办理土地、房屋权属变更登记手续之前。

二、单位的土地、房屋被县级以上人民政府征收后，重新承受土地、房屋权属，其成交价格不超出货币补偿的，或者不缴纳产权调换差价的，对重新承受的土地、房屋权属免征契税；超过补偿的，或者需要缴纳产权调换差价的，对差价部分按规定征收契税。享受税收优惠的补偿标准参照《国有土地上房屋征收与补偿条例》（国务院令第590号）有关规定执行。

居民因个人房屋被征收涉及的契税征免，按照财政部、国家税务总局《关于企业以售后回租方式进行融资等有关契税政策的通知》（财税〔2012〕82号）规定执行。

省财政厅　省国家税务局　省地方税务局　省民政厅 关于2016年度山东省公益性社会组织公益性捐赠税前扣除资格名单（第二批）公告

2017年2月14日　鲁财税〔2017〕4号

根据企业所得税法及实施条例有关规定，按照《关于公益性捐赠税前扣除资格确认审批有关调整事项的通知》（财税〔2015〕141号）有关要求，现将2016年度第二批公益性社会组织公益性捐赠税前扣除资格名单公告如下：

1. 齐鲁工业大学教育发展基金会
2. 济南市中慈善总会
3. 章丘慈善总会
4. 枣庄市残障自强人互助协会
5. 枣庄市薛城区慈善总会
6. 枣庄市星光爱心义工协会
7. 枣庄义工联盟
8. 枣庄市巾帼志愿者协会
9. 枣庄市奚仲志愿者协会
10. 枣庄市市中区彩虹帮教志愿者协会
11. 枣庄市市中区中心街曙光帮教志愿者协会
12. 枣庄市市中区曙光帮教志愿者协会
13. 广饶县蒲公英爱心助学协会
14. 利津县爱心公益协会
15. 利津县志愿者协会
16. 利津县养老服务协会
17. 烟台市慈善总会
18. 烟台市芝罘区慈善总会
19. 烟台市福山区慈善总会
20. 烟台市牟平区慈善总会

21. 龙口市慈善总会
22. 莱州市慈善总会
23. 蓬莱市慈善总会
24. 招远市慈善总会
25. 招远汇丰爱心慈善基金会
26. 海阳市慈善总会
27. 长岛县慈善总会
28. 济宁市慈善总会
29. 曲阜市慈善总会
30. 济宁市兖州区慈善总会
31. 威海市慈善总会
32. 威海市文登仁济基金会
33. 威海市文登区慈善总会
34. 威海市环翠区慈善总会
35. 荣成市慈善总会
36. 乳山市慈善总会
37. 乳山市青年志愿者协会
38. 乳山市老干部志愿者协会
39. 威海经济技术开发区慈善总会
40. 威海火炬高技术产业开发区慈善总会
41. 威海临港经济技术开发区慈善总会
42. 临沂市光彩事业促进会
43. 临沂市慈善总会
44. 兰山区慈善总会
45. 费县慈善总会
46. 德州青年义工协会
47. 德州市志愿者协会
48. 德州市慈善总会
49. 德州市德城区慈善总会
50. 夏津县慈善总会
51. 禹城市慈善总会
52. 临邑县慈善总会
53. 临邑县阳光志愿者协会
54. 齐河县慈善总会
55. 菏泽市慈善总会
56. 菏泽市牡丹区慈善总会
57. 曹县慈善总会
58. 菏泽市定陶区慈善总会
59. 成武县慈善总会
60. 单县慈善总会
61. 巨野县慈善总会
62. 郓城县慈善总会
63. 鄄城县慈善总会

64. 东明县慈善总会

省财政厅　省国家税务局　省地方税务局关于加强非营利组织免税资格认定（复审）管理工作的通知

2017 年 5 月 15 日　鲁财税〔2017〕7 号

各市财政局、国税局、地税局：

按照《财政部、国家税务总局关于非营利组织免税资格认定管理有关问题的通知》（财税〔2014〕13 号）要求，为进一步规范非营利组织免税资格认定（复审）管理工作，现将有关事项通知如下：

一、建立部门协作机制

各市税务部门要积极与民政、教育、卫生等非营利组织登记部门建立协作机制，及时掌握非营利组织登记信息，全面加强非营利组织税务登记管理。非营利组织的企业所得税征管范围，按照《国家税务总局关于调整新增企业所得税征管范围问题的通知》（国税发〔2008〕120 号）进行界定。各级财政、税务部门要加强协作配合，共同做好非营利组织免税资格认定（复审）管理工作。

二、明确认定管理程序

（一）经省级（含省级）以上登记管理机关批准设立或登记的非营利组织，凡符合规定条件的，应向省国税局、省地税局提出免税资格申请，并提供财税〔2014〕13 号文件规定的相关材料；经市级或县级登记管理机关批准设立或登记的非营利组织，凡符合规定条件的，应分别向其所在市级或县级税务主管机关提出免税资格申请，并提供财税〔2014〕13 号文件规定的相关材料。

（二）申请免税资格的非营利组织，应填写《山东省非营利组织免税资格申请表》（见附件），同其他申请材料一并报送。

（三）各级财政、税务主管部门应按照上述规定和管理权限，对非营利组织享受免税资格进行联合审核确认，并于每年 5 月底前和 12 月底前定期公布。

三、加强后续监督管理

主管税务机关应采取税收风险管理、稽查、纳税评估等后续管理方式，对非营利组织享受免税收入优惠情况进行核查。对不再具备财税〔2014〕13 号文件规定的免税条件的非营利组织，应提请复核。复核不合格的，取消免税优惠资格。经省级财政、税务部门公布免税资格的非营利组织，由所在市级税务部门按照企业所得税征管范围，及时报告省国税局、省地税局。经市级或县级财政、税务部门公布的非营利组织免税资格复核程序，由各地财政、税务部门自行确定。

四、材料报送地址及联系方式

省国税局所得税管理处（英雄山路 155 －1 号 1618 室）；

联系电话：0531 －85656277。

省地税局企业所得税处（济大路5号1112室）；

联系电话：0531－82613623。

本通知规定自2017年1月1日起执行。山东省财政厅、山东省国税局、山东省地税局《关于转发〈财政部、国家税务总局关于非营利组织免税资格认定管理有关问题的通知〉》（鲁财税〔2009〕128号）同时废止。

附件：山东省非营利组织免税资格申请表

附件：

山东省非营利组织免税资格申请表

单位全称			
单位编码		业务主管部门	
业务范围			
通信地址		邮政编码	
法人代表		联系电话	
联系人		联系电话	
现有职工人数			
所报送材料：			
1	申请报告		
2	组织章程或管理制度		
3	税务登记证复印件		
4	非营利组织登记证复印件		
5	资金来源及使用情况		
6	财务报表和审计报告		
7	登记管理机关年度检查结论		
单位公章： 年　月　日			

省财政厅　省国家税务局　省地方税务局关于公布2017年第一批具备免税资格的非营利组织名单的通知

2017年5月23日　鲁财税〔2017〕10号

各市财政局、国税局、地税局：

根据《财政部、国家税务总局关于非营利组织免税资格认定管理有关问题的通知》（财税〔2014〕13号）规定，经省财政厅、省国税局、省地税局共同审核确认，山东省扶贫开发基金会等17个单位具备2016～2020年度非营利组织免税资格，山东省物流与交通运输协会具备2017～2021年度非营利组织免税资格（名单见附件）。

经认定的非营利组织，凡当年符合《企业所得税法》及其《实施条例》和有关规定免税条件的收入，免予征收企业所得税；当年不符合免税条件的收入，照章征收企业所得税。主管税务机关在政策执行过程中，如发现非营利组织不再具备本通知规定的免税条件，应及时报告省级财税部门，由省级财税部门按规定对其进行复核。

非营利组织应在有效期满前三个月内提出复审申请，未提出复审申请或复审不合格的，其享受免税优惠的资格到期自动失效。

附件：具备免税资格的非营利组织名单

附件：

具备免税资格的非营利组织名单

序号	单位	免税期限
1	山东省扶贫开发基金会	2016～2020 年度
2	山东省仲裁发展促进会	2016～2020 年度
3	山东省水利水电勘测设计协会	2016～2020 年度
4	山东省水生态文明促进会	2016～2020 年度
5	山东省团餐行业协会	2016～2020 年度
6	山东省社会组织总会	2016～2020 年度
7	山东直邮协会	2016～2020 年度
8	山东省产学研合作促进会	2016～2020 年度
9	山东省信息产业协会	2016～2020 年度
10	山东老区经济文化建设促进会	2016～2020 年度
11	山东省物流与交通运输协会	2017～2021 年度
12	山东电子学会	2016～2020 年度
13	山东省旅游行业协会	2016～2020 年度
14	山东省自行车电动车行业协会	2016～2020 年度
15	山东省汽车工程学会	2016～2020 年度
16	山东省养老产业发展服务中心	2016～2020 年度
17	青岛科技大学教育发展基金会	2016～2020 年度
18	山东省高层次人才发展促进会	2016～2020 年度

省财政厅　省国家税务局　省地方税务局　省民政厅 关于2017年度山东省公益性社会组织公益性捐赠税前扣除资格名单（第一批）公告

2017年8月2日　鲁财税〔2017〕20号

根据企业所得税法及实施条例有关规定，按照《关于公益性捐赠税前扣除资格确认审批有关调整事项的通知》（财税〔2015〕141号）有关要求，现将2017年度第一批公益性社会组织公益性捐赠税前扣除资格名单公告如下：

1. 山东省教育基金会
2. 山东省青少年发展基金会
3. 山东省扶贫开发基金会
4. 济南市残疾人福利基金会
5. 山东大学教育基金会
6. 山东省中国石油大学教育发展基金会
7. 山东科技大学教育发展基金会
8. 山东中泰慈善基金会
9. 山东省乐安慈孝公益基金会
10. 山东省友芳公益基金会
11. 山东省中国海洋大学教育基金会
12. 济南大学教育发展基金会
13. 青岛科技大学教育发展基金会
14. 青岛市天泰公益基金会
15. 山东省残疾人福利基金会
16. 淄博市见义勇为基金会
17. 山东省儿童少年福利基金会
18. 山东省公安民警优抚基金会
19. 潍坊市铭仁文化发展基金会
20. 青岛市教育发展基金会
21. 济南市见义勇为基金会
22. 青岛市青少年发展基金会
23. 山东省见义勇为基金会
24. 聊城市陈光教育基金会
25. 山东省人口关爱基金会
26. 青岛滨海学院教育发展基金会
27. 山东省武训教育基金会
28. 潍坊市人口关爱基金会
29. 山东财经大学教育基金会
30. 山东商业职业技术学院助学基金会
31. 曲阜师范大学孔子教育基金会
32. 山东省青年创业就业基金会
33. 莘县卓越教育基金会
34. 威海市恒盛文化艺术发展基金会
35. 滨州市见义勇为基金会
36. 东营市见义勇为基金会
37. 烟台市枫林公益基金会
38. 烟台市见义勇为基金会
39. 青岛市华泰公益基金会
40. 青岛大学教育发展基金会
41. 山东省青岛第二中学教育发展基金会
42. 青岛农业大学教育发展基金会

43. 山东农业大学教育发展基金会
44. 山东英才学院教育发展基金会
45. 山东省胜利石油工程技术创新基金会
46. 山东省南山老龄事业发展基金会
47. 聊城大学教育发展基金会
48. 山东省普觉公益基金会
49. 山东省体育基金会
50. 日照职业技术学院教育基金会
51. 枣庄市见义勇为基金会
52. 青岛理工大学教育发展基金会
53. 烟台大学教育发展基金会
54. 日照市见义勇为基金会
55. 山东师范大学教育基金会
56. 山东省山大齐鲁医院医疗援助基金会
57. 山东省鲁东大学教育发展基金会
58. 山东方明齐鲁血液透析公益基金会
59. 山东省向日葵生殖健康公益基金会
60. 山东省齐鲁工业大学教育发展基金会
61. 青岛市残疾人福利基金会
62. 青岛市残疾儿童医疗康复基金会
63. 威海市见义勇为基金会
64. 青岛市见义勇为基金会
65. 山东省慈善总会
66. 山东泛海公益基金会
67. 山东省鲁卫预防性病艾滋病基金会
68. 济南慈善总会
69. 济南市现代社会组织发展基金会
70. 济南市艺术教育促进会
71. 济南市放生护生协会
72. 章丘区乐橄儿农村社会工作发展促进会
73. 平阴县慈善总会
74. 东营港经济开发区慈善总会
75. 济宁市慈善总会
76. 梁山县慈善总会
77. 曲阜市慈善总会
78. 威海市慈善总会
79. 威海南海爱心基金会
80. 威海华艺国粹文化基金会
81. 威海市文登区慈善总会
82. 威海市环翠区慈善总会
83. 荣成市慈善总会
84. 乳山市慈善总会
85. 威海火炬高技术产业开发区慈善总会

86. 日照市慈善总会
87. 日照爱心志愿者联合会
88. 莱芜市慈善总会
89. 聊城市慈善总会
90. 滨州学院教育发展基金会
91. 菏泽市慈善总会
92. 菏泽市牡丹区慈善总会
93. 曹县慈善总会
94. 菏泽市定陶区慈善总会
95. 成武县慈善总会
96. 单县慈善总会
97. 巨野县慈善总会
98. 郓城县慈善总会
99. 鄄城县慈善总会
100. 东明县慈善总会

省财政厅　省国家税务局　省地方税务局　省民政厅　省人力资源和社会保障厅关于明确自主就业退役士兵和重点群体创业就业税收扣除标准的通知

2017年8月18日　鲁财税〔2017〕23号

各市财政局、国家税务局、地方税务局、民政局、人力资源和社会保障局：

为支持就业创业，推动实体经济发展，根据《财政部、税务总局、民政部关于继续实施扶持自主就业退役士兵创业就业有关税收政策的通知》（财税〔2017〕46号）和《财政部、税务总局、人力资源社会保障部关于继续实施支持和促进重点群体创业就业有关税收政策的通知》（财税〔2017〕49号）相关规定，经省政府批准，我省按照国家规定的最高上浮标准执行自主就业退役士兵和重点群体创业就业税收扣除政策，具体标准明确如下：

一、关于自主就业退役士兵创业就业税收扣除限额标准

1. 对自主就业退役士兵从事个体经营的，在3年内按每户每年9 600元为限额依次扣减其当年实际应缴纳的增值税、城市维护建设税、教育费附加、地方教育附加和个人所得税。

2. 对商贸企业、服务型企业、劳动就业服务企业中的加工型企业和街道社区具有加工性质的小型企业实体，在新增加的岗位中，当年新招用自主就业退役士兵，与其签订1年以上期限劳动合同并依法缴纳社会保险费的，在3年内按实际招用人数予以定额依次扣减增值税、城市维护建设税、教育费附加、地方教育附加和企业所得税，定额标准为每人每年6 000元。

二、关于重点群体创业就业税收扣除限额标准

1. 对持《就业创业证》（注明“自主创业税收政策”或“毕业年度内自主创业税收政策”）或《就业

失业登记证》（注明“自主创业税收政策”或附着《高校毕业生自主创业证》）的人员从事个体经营的，在3年内按每户每年9 600元为限额依次扣减其当年实际应缴纳的增值税、城市维护建设税、教育费附加、地方教育附加和个人所得税。

2. 对商贸企业、服务型企业、劳动就业服务企业中的加工型企业和街道社区具有加工性质的小型企业实体，在新增加的岗位中，当年新招用在人力资源社会保障部门公共就业服务机构登记失业半年以上且持《就业创业证》或《就业失业登记证》（注明“企业吸纳税收政策”）人员，与其签订1年以上期限劳动合同并依法缴纳社会保险费的，在3年内按实际招用人数予以定额依次扣减增值税、城市维护建设税、教育费附加、地方教育附加和企业所得税，定额标准为每人每年5 200元。

各地财政、税务、民政、人力资源社会保障部门要采取有力措施，抓好政策落实，大力支持自主就业退役士兵和重点群体创业就业。同时，要密切关注税收政策执行情况，对发现的问题及时逐级向省财政厅、省国税局、省地税局、省民政厅、省人力资源社会保障厅反映。

省财政厅　省国家税务局关于进一步扩大农产品增值税进项税额核定扣除试点有关问题的通知

2017年11月30日　鲁财税〔2017〕33号

各市财政局、国家税务局：

按照《财政部　国家税务总局关于简并增值税税率有关政策的通知》（财税〔2017〕37号）和《财政部　国家税务总局关于扩大农产品增值税进项税额核定扣除试点行业范围的通知》（财税〔2013〕57号）有关规定，现将我省进一步扩大农产品增值税进项税额核定扣除试点有关问题通知如下：

一、我省采用投入产出法，对从事下列农产品收购加工的增值税一般纳税人（以下简称试点纳税人），按全省统一的核定扣除标准（详见附件），实行农产品增值税进项税额核定扣除。

（一）以购进小麦为原料生产磨制面粉；

（二）以购进水稻为原料生产大米；

（三）以购进生猪为原料生产分割猪肉；

（四）以购进生猪为原料生产白条猪；

（五）以购进毛鸡为原料生产西装鸡（分割鸡肉）；

（六）以购进毛鸡为原料生产白条鸡；

（七）以购进毛鸡为原料生产扒鸡；

（八）以购进毛鸭为原料生产分割鸭肉；

（九）以购进毛鸭为原料生产白条鸭；

（十）以购进鸭蛋为原料生产咸鸭蛋、松花蛋；

（十一）以购进鲜茶为原料生产精制茶；

（十二）以购进牛皮为原料生产牛皮革；

（十三）以购进羊皮为原料生产羊皮革；

（十四）以购进原木为原料生产单板；

（十五）以购进原木为原料生产锯材；

（十六）以购进原木为原料生产胶合板；

（十七）以购进原木为原料生产木质包装箱；

（十八）以购进原木为原料生产木托盘；

（十九）以购进枝丫柴、棉籽壳等为原料生产纤维板；

（二十）以购进枝丫柴为原料生产刨花板；

（二十一）以购进玉米芯为原料生产糠醛；

（二十二）以购进中药材为原料生产中药饮片；

（二十三）以购进皮棉为原料生产医用脱脂棉；

（二十四）以购进农作物秸秆、三剩物、次小薪材等农林废弃物为原料，生产生物质电力；

（二十五）以购进果壳、木材等为原料生产活性炭；

（二十六）以购进蛋壳为原料生产彩蛋；

（二十七）以购进动物肠衣为原料生产可吸收缝合线；

（二十八）以购进驴皮（净干皮）为原料生产东阿阿胶。

二、自2017年12月1日起，试点纳税人的农产品增值税进项税额均按《农产品增值税进项税额核定扣除试点实施办法》（财税〔2012〕38号，以下简称《实施办法》）有关规定计算扣除。

三、主管税务机关应通过办税服务厅、网站等多种方式向社会公告，确保试点纳税人及时了解核定扣除标准。

四、试点纳税人按照《实施办法》第九条有关规定，自实施核定扣除之日起，将期初库存农产品以及库存半成品、产成品耗用的农产品增值税进项税额作转出处理。一次性缴纳入库确有困难的，可提出分期转出计划，经主管国税机关同意后，在六个月内分期转出。

五、未尽事宜按照财政部、国家税务总局及山东省财政厅、山东省国家税务局有关规定执行。

附件：山东省农产品增值税进项税额核定扣除试点扩围扣除标准

附件：

山东省农产品增值税进项税额核定扣除试点扩围扣除标准

序号	耗用农产品名称	产品名称	农产品单耗数量	单位
1	小麦	面粉	1.4000	吨
2	水稻	大米	1.5000	吨
3	生猪	分割猪肉	1.3850	吨
4	生猪	白条猪	1.3390	吨
5	毛鸡	西装鸡、分割鸡肉	1.1900	吨
6	毛鸡	白条鸡	1.1800	吨
7	毛鸡	扒鸡	1.3500	吨
8	毛鸭	分割鸭肉	1.2000	吨
9	毛鸭	白条鸭	1.1900	吨
10	鸭蛋	咸鸭蛋、松花蛋	1.1500	吨
11	鲜茶	精制茶	4.8000	吨
12	牛皮	牛皮革	1.2200	平方英尺
13	羊皮	羊皮革	1.1800	平方英尺
14	原木	单板	1.3500	立方米
15	原木	锯材	1.6300	立方米
16	原木	胶合板	1.5070	立方米
17	原木	木质包装箱	1.3500	立方米
18	原木	木托盘	1.4300	立方米

续表

序号	耗用农产品名称	产品名称	农产品单耗数量	单位
19	枝丫柴、棉籽壳等	纤维板	1.8500	立方米
20	枝丫柴	刨花板	1.6000	立方米
21	玉米芯	糠醛	13.3500	吨
22	植物类中药材（根茎类、籽果类、全草类、花叶类）	中药饮片	1.1700	公斤
23	动物类中药材	中药饮片	1.1500	
24	其他类中药材（藤皮、树脂、菌藻等）	中药饮片	1.0900	
25	皮棉	医用脱脂棉	1.2500	吨
26	农作物秸秆、三剩物、次小薪材等农林废弃物	生物质电力（高压锅炉）	1.5152	公斤/千瓦时
27		生物质电力（次高压锅炉）	1.7941	
28		生物质电力（低压锅炉）	2.0507	
29	果壳、木材等	活性炭	5.6500	吨
30	蛋壳	彩蛋	1.1700	个
31	动物肠衣	可吸收缝合线	2.2100	米
32	驴皮（净干皮）	东阿阿胶	1.8583	吨

省财政厅　省国家税务局　省地方税务局关于公布2017年第二批具备免税资格的非营利组织名单的通知

2017年12月26日　鲁财税〔2017〕39号

各市财政局、国税局、地税局：

根据《财政部　国家税务总局关于非营利组织免税资格认定管理有关问题的通知》（财税〔2014〕13号）及省财政厅、省国税局、省地税局《关于加强非营利组织免税资格认定（复审）管理工作的通知》（鲁财税〔2017〕7号）规定，经省财政厅、省国税局、省地税局共同审核确认，山东省融资担保企业协会等24个单位具备2017～2021年度非营利组织免税资格，山东省渔业互保协会等17个单位具备2018～2022年度非营利组织免税资格（见附件）。

经认定的非营利组织，凡当年符合《中华人民共和国企业所得税法》及其实施条例和有关规定免税条件的收入，免予征收企业所得税；当年不符合免税条件的收入，照章征收企业所得税。主管税务机关在政策执行过程中，如发现非营利组织不再具备本通知规定的免税条件，应及时报告省级财税部门，由省级财税部门按规定对其进行复核。

非营利组织应在有效期满前三个月内提出复审申请，未提出复审申请或复审不合格的，其享受免税优惠的资格到期自动失效。

附件：具备免税资格的非营利组织名单

附件：

具备免税资格的非营利组织名单

序号	单位	免税期限
1	山东省融资担保企业协会	2017～2021年度
2	山东土木建筑学会	2017～2021年度
3	山东省老年医学学会	2017～2021年度
4	山东省小额贷款企业协会	2017～2021年度
5	山东省建筑安全与设备管理协会	2017～2021年度
6	山东省轻工机械协会	2017～2021年度
7	山东省造纸行业协会	2017～2021年度
8	山东省乐安慈孝公益基金会	2017～2021年度
9	山东省鲁东大学教育发展基金会	2017～2021年度
10	山东省见义勇为基金会	2017～2021年度
11	山东省篮球运动协会	2017～2021年度
12	山东省田径运动协会	2017～2021年度
13	山东省乒乓球运动协会	2017～2021年度
14	山东省日用化学工业协会	2017～2021年度
15	山东省税务学会	2017～2021年度
16	山东省中青年税收理论研究会	2017～2021年度
17	山东省农药发展与应用协会	2017～2021年度
18	山东省国际人才交流协会	2017～2021年度
19	山东省氯碱行业协会	2017～2021年度
20	山东省电能替代促进会	2017～2021年度
21	山东中泰慈善基金会	2017～2021年度
22	山东计算机学会	2017～2021年度
23	山东省遥感技术应用协会	2017～2021年度
24	山东省电子通信业商会	2017～2021年度
25	山东省渔业互保协会	2018～2022年度
26	烟台大学教育发展基金会	2018～2022年度
27	山东省友芳公益基金会	2018～2022年度
28	山东省南山老龄事业发展基金会	2018～2022年度
29	山东省教育基金会	2018～2022年度
30	青岛农业大学教育发展基金会	2018～2022年度
31	山东省循环经济协会	2018～2022年度
32	山东省焦化行业协会	2018～2022年度
33	山东省地球物理学会	2018～2022年度
34	山东信息协会	2018～2022年度

续表

序号	单位	免税期限
35	山东制冷学会	2018～2022 年度
36	山东省电力企业协会	2018～2022 年度
37	山东中医药学会	2018～2022 年度
38	山东大学教育基金会	2018～2022 年度
39	山东省担保行业协会	2018～2022 年度
40	山东省浙江投资企业商会	2018～2022 年度
41	山东泰山管理研修学院	2018～2022 年度

备注：鲁财税〔2017〕10 号文件认定的“山东省汽车工程学会”名称有误，应为“山东汽车工程学会”，免税资格有效期仍为 2016 年度～2020 年度。

三、预算管理类

财政部关于印发《中央国有资本经营预算支出管理暂行办法》的通知

2017 年 3 月 13 日　财预〔2017〕32 号

有关中央单位：

为落实党的十八届三中全会决定关于以管资本为主加强国有资产监管，促进国有资本投资运营服务于国家战略目标的决策部署，进一步加强和规范中央国有资本经营预算支出管理，支持国有企业改革发展和国有资本布局优化调整，我们制定了《中央国有资本经营预算支出管理暂行办法》，并已经国务院批准，现印发给你们，请遵照执行。

附件：中央国有资本经营预算支出管理暂行办法

附件：

中央国有资本经营预算支出管理暂行办法

第一章　总　　则

第一条　为完善国有资本经营预算管理制度，规范和加强中央国有资本经营预算支出管理，根据《中华人民共和国预算法》、《中共中央　国务院关于深化国有企业改革的指导意见》、《国务院关于改革和完善国有资产管理体制的若干意见》（国发〔2015〕63 号）、《国务院关于深化预算管理制度改革的决定》（国发〔2014〕45 号）、《国务院关于试行国有资本经营预算的意见》（国发〔2007〕26 号）、《中央国有资本经营预算管理暂行办法》（财预〔2016〕6 号）等有关规定，制定本办法。

第二条　中央国有资本经营预算支出对象主要为国有资本投资、运营公司（以下简称投资运营公司）和中央企业集团（以下简称中央企业）。

中央国有资本经营预算支出应与一般公共预算相衔接，避免与一般公共预算和政府性基金预算安排的支出交叉重复。

第三条　财政部会同相关部门制定中央国有资本经营预算支出有关管理制度。

第四条　财政部负责确定中央国有资本经营预算支出方向和重点，布置预（决）算编制，审核中央单位（包括有关中央部门、国务院直接授权的投资运营公司和直接向财政部报送国有资本经营预算的中央企业，下同）预算建议草案，编制预（决）算草案，向中央单位批复预（决）算，组织实施绩效管理，对预算执行情况进行监督检查等。

第五条　中央单位负责提出中央国有资本经营预算支出方向和重点建议，组织其监管（所属）投资运营公司和中央企业编报支出计划建议并进行审核，编制本单位预算建议草案和决算草案，向其监管（所属）投资运营公司和中央企业批复预（决）算，组织预算执行，开展绩效管理，配合财政部对预算执行情况进行监督检查等。

第六条　投资运营公司和中央企业负责向中央单位申报支出计划建议，编制本公司（企业）支出决算，推动解决国有企业历史遗留问题，开展国有资本投资运营，组织实施相关事项，按照财政部、中央单位要求开展绩效管理等。

第二章　支出范围

第七条　中央国有资本经营预算支出除调入一般公共预算和补充全国社会保障基金外，主要用于以下方面：

（一）解决国有企业历史遗留问题及相关改革成本支出；

（二）国有企业资本金注入；

（三）其他支出。

中央国有资本经营预算支出方向和重点，应当根据国家宏观经济政策需要以及不同时期国有企业改革发展任务适时进行调整。

第八条　解决国有企业历史遗留问题及相关改革成本支出，是指用于支持投资运营公司和中央企业剥离国有企业办社会职能、解决国有企业存在的体制性机制性问题、弥补国有企业改革成本等方面的支出。

第九条　解决国有企业历史遗留问题及相关改革成本支出实行专项资金管理，相关专项资金管理办法由财政部商相关部门制定。

第十条　国有企业资本金注入，是指用于引导投资运营公司和中央企业更好地服务于国家战略，将国有资本更多投向关系国家安全和国民经济命脉的重要行业和关键领域的资本性支出。

第十一条　国有企业资本金注入采取向投资运营公司注资、向产业投资基金注资以及向中央企业注资三种方式。

（一）向投资运营公司注资，主要用于推动投资运营公司调整国有资本布局和结构，增强国有资本控制力。

（二）向产业投资基金注资，主要用于引导投资运营公司采取市场化方式发起设立产业投资基金，发挥财政资金的杠杆作用，引领社会资本更多投向重要前瞻性战略性产业、生态环境保护、科技进步、公共服务、国际化经营等领域，增强国有资本影响力。

（三）向中央企业注资，主要用于落实党中央、国务院有关决策部署精神，由中央企业具体实施的事项。

第三章　预算编制和批复

第十二条　财政部按照国务院编制预算的统一要求，根据中央国有资本经营预算支出政策，印发编制中央国有资本经营预算通知。

第十三条　财政部会同有关部门，对投资运营公司和中央企业盈利情况进行测算后，确定年度中央国有资本经营预算支出规模。

第十四条　中央单位根据财政部通知要求以及年度预算支出规模，组织其监管（所属）投资运营公司和中央企业编报支出计划建议。

第十五条　投资运营公司和中央企业根据有关编报要求，编制本公司（企业）国有资本经营预算支出计划建议报中央单位，并抄报财政部。其中：

（一）解决国有企业历史遗留问题及相关改革成本支出计划建议，根据相关专项资金管理办法编制。

（二）国有企业资本金注入计划建议，根据党中央、国务院有关要求，结合投资运营公司和中央企业章程、发展定位和战略、投资运营规划、投融资计划等编制。

第十六条　中央单位对其监管（所属）投资运营公司和中央企业编报的支出计划建议进行审核，编制预算建议草案报送财政部。

第十七条　财政部根据国家宏观调控目标，并结合国家重点发展战略、国有企业历史遗留问题解决进程、国有资本布局调整要求以及绩效目标审核意见、以前年度绩效评价结果等情况，在对中央单位申报的预算建议草案进行审核的基础上，按照“量入为出、收支平衡”的原则，向中央单位下达预算控制数。

第十八条 中央单位根据财政部下达的预算控制数，结合其监管（所属）投资运营公司和中央企业经营情况、历史遗留问题解决及改革发展进程等，对本单位预算建议草案进行调整后，再次报送财政部。

第十九条 财政部根据中央单位调整后的预算建议草案，编制中央本级国有资本经营预算草案。

第二十条 中央国有资本经营预算经全国人民代表大会审议批准后，财政部在20日内向中央单位批复预算。中央单位应当在接到财政部批复的本单位预算后15日内向其监管（所属）投资运营公司和中央企业批复预算。

第四章 预算执行

第二十一条 中央国有资本经营预算支出应当按照经批准的预算执行，未经批准不得擅自调剂。确需调剂使用的，按照财政部有关规定办理。

第二十二条 财政部按照国库集中支付管理的规定，将预算资金拨付至投资运营公司、产业投资基金和中央企业。

第二十三条 投资运营公司和中央企业应按规定用途使用资金。属于国有企业资本金注入的，应及时落实国有权益，并根据明确的支出投向和目标，及时开展国有资本投资运营活动，推进有关事项的实施。

第五章 转移支付

第二十四条 中央国有资本经营预算可根据国有企业改革发展需要，经国务院批准，设立对地方的专项转移支付项目。

第二十五条 财政部应当在每年10月31日前将下一年度专项转移支付预计数提前下达省级政府财政部门。

第二十六条 财政部会同相关部门按照规定组织专项转移支付项目资金的申报、审核和分配工作。

第二十七条 财政部应当在全国人民代表大会审查批准中央国有资本经营预算后90日内印发下达专项转移支付预算文件。

对据实结算等特殊项目的专项转移支付，可以分期下达预算，最后一期的下达时间一般不迟于9月30日。

第二十八条 省级人民政府财政部门接到中央国有资本经营预算专项转移支付后，应当在30日内正式分解下达，并将资金分配结果及时报送财政部。

第六章 决算

第二十九条 财政部按照编制决算的统一要求，部署编制中央国有资本经营决算草案工作，制发中央国有资本经营决算报表格式和编制说明。

第三十条 投资运营公司和中央企业根据有关编报要求，编制本公司（企业）国有资本经营支出决算，报中央单位。

第三十一条 中央单位根据其监管（所属）投资运营公司和中央企业编制的国有资本经营支出决算，编制本单位中央国有资本经营决算草案报送财政部。

第三十二条 财政部根据当年国有资本经营预算执行情况和中央单位上报的决算草案，编制中央国有资本经营决算草案。

第三十三条 中央国有资本经营决算草案经国务院审计机关审计后，报国务院审定，由国务院提请全国人民代表大会常务委员会审查和批准。

第三十四条 中央国有资本经营决算草案经全国人民代表大会常务委员会批准后，财政部应当在20日内向中央单位批复决算。中央单位应当在接到财政部批复的本单位决算后15日内向其监管（所属）投资运营公司和中央企业批复决算。

第七章 绩效管理

第三十五条 中央国有资本经营预算支出应当实施绩效管理，合理设定绩效目标及指标，实行绩效执行监控，开展绩效评价，加强评价结果应用，提升预算资金使用效益。

第三十六条 中央单位、投资运营公司和中央企业根据财政预算绩效管理的相关规定，开展国有资本经营预算支出绩效管理工作。

第三十七条 财政部将绩效评价结果作为加强预算管理及安排以后年度预算支出的重要依据。

第三十八条 对采取先建后补、以奖代补、据实结算等事后补助方式管理的专项转移支付项目，实行事后立项事后补助的，其绩效目标可以用相关工作或目标的完成情况代以体现。

第八章 监督检查

第三十九条 财政部、中央单位应当加强对中央国有资本经营预算支出事前、事中、事后的全过程管理，并按照政府信息公开有关规定向社会公开相关信息。

第四十条 投资运营公司和中央企业应当遵守国家财政、财务规章制度和财经纪律，自觉接受财政部门和中央单位的监督检查。审计机关要依法加强对财政部门、中央单位、投资运营公司和中央企业的审计监督。

第四十一条 对预算支出使用过程中的违法违规行为，依照《中华人民共和国预算法》、《财政违法行为处罚处分条例》（国务院令第427号）等有关规定追究责任。

第九章 附则

第四十二条 地方国有资本经营预算支出管理办法由地方参照本办法制定。

第四十三条 本办法由财政部负责解释。

第四十四条 本办法自2017年1月1日起施行。

省财政厅关于印发山东省资源枯竭城市转移支付管理暂行办法的通知

2017年8月5日 鲁财预〔2017〕43号

淄博、枣庄、济宁、泰安、莱芜、菏泽市财政局：

根据财政部《中央对地方资源枯竭城市转移支付办法》（财预〔2017〕103号），结合我省实际，我们制定了《山东省资源枯竭城市转移支付管理暂行办法》，现予印发，请认真贯彻执行。

附件：山东省资源枯竭城市转移支付管理暂行办法

附件：

山东省资源枯竭城市转移支付管理暂行办法

第一条 为支持资源枯竭城市转型发展，规范资源枯竭城市转移支付管理，根据财政部《中央对地方资源枯竭城市转移支付办法》（财预〔2017〕103 号），结合我省实际，制定本办法。

第二条 资源枯竭城市转移支付，是指省级财政结合中央补助，为支持资源枯竭城市、独立工矿区和采煤塌陷地等老工业区经济转型发展而设立的一般性转移支付。

第三条 资源枯竭城市转移支付分配使用管理遵循“统一规范、公开透明、激励约束、加强监管”的原则。

第四条 补助对象和补助期限。

（一）经国务院批准的资源枯竭城市。第一轮补助期限为 4 年，第一轮期满后，根据国家有关部门的评价结果，转型未成功的市县延续补助 5 年。补助政策到期后，以退坡前一年度补助额度为基础，分 4 年按每年退坡 20% 的比例给予补助。

（二）财政部确定的享受资源枯竭城市转移支付政策的独立工矿区和采煤塌陷地等老工业区。补助期限为 3 年，期满后相应取消。

第五条 资源枯竭城市转移支付分为补助资金和奖惩资金，具体由资源枯竭城市补助资金、独立工矿区和采煤塌陷地补助资金以及奖惩资金组成。

第六条 资源枯竭城市转移支付补助资金主要依据各地区总人口、资源枯竭程度、财力水平等因素分配。用公式表示为：

资源枯竭城市补助资金 = 资源枯竭城市补助资金总额 × 非农人口（市辖区采用总人口）占比 × 该地区困难程度系数 × 该地区资源枯竭程度系数。

其中，困难程度系数参照县级基本财力保障机制办法测算。资源枯竭程度系数参照利用资源储量占累计查明储量的比重确定。

第七条 独立工矿区、采煤塌陷地补助主要依据各地区总人口、矿区面积和职工人数、财力水平等因素分配。用公式表示为：

独立工矿区、采煤塌陷地补助资金 = 独立工矿区、采煤塌陷地补助资金总额 ×（总人口 × 权重 40% + 矿区面积 × 权重 20% + 矿区职工人数 × 40%）× 该地区修正系数。

其中，修正系数根据上年各市人均财政支出、人均财力以及各市指标总分值确定。

第八条 资源枯竭城市转移支付奖惩资金根据《资源枯竭城市转型年度绩效考核评价办法（试行）》（发改东北〔2013〕1165 号）规定，对考核结果优秀的地区，给予一次性奖励资金；对考核结果较差的地区，扣减当年一定比例的转移支付资金。

第九条 资源枯竭城市应将转移支付资金主要用于解决本地区因资源开发产生的社保欠账、环境保护、公共基础设施建设和棚户区改造等历史遗留问题。独立工矿区、采煤塌陷区所在县（市、区）应将转移支付资金重点用于棚户区搬迁改造、塌陷区治理、化解民生政策欠账等方面。

第十条 根据省财政厅转发《财政部关于〈资源枯竭城市转移支付绩效评价暂行办法〉的通知》（鲁财预〔2011〕71 号）规定，相关市应于每年 2 月 15 日前将上年度自评报告报省财政厅。省财政厅负责组织全省资源枯竭城市转移支付绩效评价工作，并将绩效评价结果作为完善资源枯竭城市转移支付政策、分配奖惩资金的重要参考因素。

第十一条 省财政厅根据财政部统一部署，负责组织对资源枯竭城市转移支付资金管理和使用情况的监督检查工作。相关市财政部门负责定期组织本地区资源枯竭城市转移支付资金的监督检查工作。

第十二条 资源枯竭城市财政部门可结合本地实际，制定具体的资金分配管理办法。

第十三条 本办法由省财政厅负责解释。

第十四条 本办法自2017年9月1日起施行，有效期至2019年8月31日。《山东省资源枯竭城市转移支付管理办法》（鲁财预〔2015〕48号）同时废止。

财政部关于印发《中央对地方资源枯竭城市转移支付办法》的通知

2017年7月3日 财预〔2017〕103号

各省、自治区、直辖市、计划单列市财政厅（局）：

为进一步完善资源枯竭城市转移支付制度，财政部研究制定了《中央对地方资源枯竭城市转移支付办法》，现予印发。

附件：中央对地方资源枯竭城市转移支付办法

附件：

中央对地方资源枯竭城市转移支付办法

第一条 为支持资源枯竭城市和独立工矿区、采煤沉陷区解决社会矛盾，促进转型发展，规范中央对地方资源枯竭城市转移支付资金管理，按照《国务院关于促进资源型城市可持续发展的若干意见》（国发〔2007〕38号）等有关规定，制定本办法。

第二条 中央对地方资源枯竭城市转移支付为一般性转移支付资金。

资源枯竭城市应当将转移支付资金主要用于解决本地因资源开发产生的社保欠账、环境保护、公共基础设施建设和棚户区改造等历史遗留问题。

独立工矿区、采煤沉陷区所在县（市、区）应当将转移支付资金重点用于棚户区搬迁改造、塌陷区治理、化解民生政策欠账等方面。

第三条 补助对象和补助期限。

（一）经国务院批准的资源枯竭城市。第一轮补助期限为4年，第一轮期满后，根据国务院有关部门的评价结果，转型未成功的市县延续补助5年。补助政策到期后，以退坡前一年度补助额度为基础，分4年按每年退坡20%的比例给予补助。

（二）独立工矿区和采煤沉陷区。按省测算，下达到省，由省级财政根据省以下情况分配。以往试点地区3年补助期满后相应取消。

第四条 资源枯竭城市转移支付资金分配遵循以下原则：

（一）客观公正。选取影响资源枯竭城市财政运行的客观因素，采用统一规范的方式进行分配。

（二）公开透明。转移支付测算过程和分配结果公开透明。

（三）分类补助。体现资源枯竭市（县、区）的类别差异。

（四）激励约束。建立考核机制，根据考核情况予以相应的奖惩。

第五条 中央对地方资源枯竭城市转移支付按以下办法分配：

资源枯竭城市转移支付 = 资源枯竭城市补助 + 独立工矿区、采煤沉陷区补助 + 奖惩资金

第六条 资源枯竭城市补助分为定额补助和因素补助。按以下公式测算：

某省资源枯竭城市补助 = 定额补助 + 因素补助。其中，定额补助考虑县级、市辖区，分为四个档次，补助金额根据预算安排情况确定。因素补助 = 按因素法分配的资源枯竭城市补助总额 ×［各市县非农人口（市辖区采用总人口）占比 × 人均财力系数 × 困难程度系数 × 成本差异系数 × 资源枯竭程度系数 × 资源类型系数］。

人均财力系数根据各地区财力总额和人口总数分市、县、区分别确定。

困难程度系数和成本差异系数参照当年中央对地方均衡性转移支付办法测算。

资源枯竭程度系数参照可利用资源储量占累计查明储量的比重分档确定。

资源类型系数分林木资源和煤炭等其他资源两类。其中，林木资源类系数为 80%、煤炭等其他资源类系数为 100%。

主导产业衰退地区系数根据主导产业衰退情况确定，以支持推进实施新一轮东北振兴战略，加快推动东北地区经济企稳向好。

第七条 独立工矿区、采煤沉陷区补助根据各省独立工矿区和采煤沉陷区面积、个数和人口等因素测算。按以下公式测算：

某省独立工矿区、采煤沉陷区补助 =（某省独立工矿区、采煤沉陷区面积占比 × 权重 + 涉及人口占比 × 权重 + 涉及县区个数占比 × 权重）× 主导产业衰退地区系数 × 按因素法分配的独立工矿区、采煤沉陷区补助总额

第八条 奖惩资金按照以下规则确定：

（一）考核结果较差的地区，扣减当年一定比例的转移支付增量及存量资金。

（二）考核结果优秀的地区获得的奖励资金 = 奖励资金总额 ×（该地定额与因素补助之和 ÷ 获得奖励地区定额与因素补助总额）

第九条 中央对地方资源枯竭城市转移支付资金分配到省、自治区、直辖市、计划单列市（以下统称省）。省级财政部门可根据本地实际情况，制定省对下转移支付办法，对下分配总额不得低于中央财政下达的资源枯竭城市转移支付额。具体享受转移支付的基层政府财政部门要制定资金使用及绩效目标方案，切实将资金用于本办法规定的领域和方向。

第十条 各省级财政部门应当加强对辖区内资源枯竭城市转移支付资金监督管理，参照《资源枯竭城市绩效评价暂行办法》（财预〔2011〕441 号）有关规定，定期对基层政府资金使用和绩效目标进行监督考核，年度结果报财政部备案。

第十一条 本办法由财政部负责解释。

第十二条 本办法自印发之日起实行。《中央对地方资源枯竭城市转移支付办法》（财预〔2016〕97 号）相应废止。

四、

国库管理类

财政部关于做好2017年地方政府债券发行工作的通知

2017年2月20日　财库〔2017〕59号

各省、自治区、直辖市、计划单列市财政厅（局），中央国债登记结算有限责任公司、中国证券登记结算有限责任公司，上海证券交易所、深圳证券交易所：

根据《预算法》、《国务院关于加强地方政府性债务管理的意见》（国发〔2014〕43号）和地方政府债券（以下简称地方债）发行管理有关规定，现就做好2017年地方债发行工作有关事宜通知如下：

一、合理制定债券发行计划，均衡债券发行节奏

（一）各省、自治区、直辖市、经省政府批准自办债券发行的计划单列市新增债券发行规模不得超过财政部下达的当年本地区新增债券限额；置换债券发行规模上限原则上按照各地上报财政部的置换债券建议发债数掌握。发行置换债券偿还存量地方债的，应当在置换债券发行规模上限内统筹考虑。

（二）各省、自治区、直辖市、经省政府批准自办债券发行的计划单列市财政部门（以下统称地方财政部门）应当加强地方债发行的计划管理。地方财政部门应当根据资金需求、债券市场状况等因素，统筹债券发行与库款管理，科学安排债券发行，合理制定债券全年发行总体安排（格式见附件1）、季度发行初步安排（格式见附件2）。在此基础上，不迟于每次发行前7个工作日，制定发行具体安排（格式见附件3）。

（三）对于公开发行债券（含新增债券和公开发行置换债券，下同），各地应当按照各季度发行规模大致均衡的原则确定发行进度安排，每季度发行量原则上控制在本地区全年公开发行债券规模的30%以内（按季累计计算）。对于采用定向承销方式发行置换债券，由各地财政部门会同当地人民银行分支机构、银监局，在与存量债务债权人充分沟通协商的基础上，自主确定发行进度安排。

（四）地方财政部门应当加大采用定向承销方式发行置换债券的力度。对于地方政府存量债务中向信托、证券、保险等机构融资形成的债务，经各方协商一致，地方财政部门应当积极采用定向承销方式发行置换债券予以置换。

二、不断提高地方债发行市场化水平，积极探索建立续发行机制

（一）地方财政部门、地方债承销团成员、信用评级机构及其他相关主体应当严格按照市场化原则，进一步做好地方债发行有关工作，不得以任何非市场化方式干扰债券发行工作。地方财政部门提前偿还以后年度到期债务，必须与债权人协商一致、公平合理置换。其中，公开发行置换债券提前置换以后年度到期债务的，在债券发行前应当由承担偿债责任的政府财政部门出具债权人同意提前置换的书面凭证，由省级财政部门组织核实后报财政部驻当地财政监察专员办事处（以下简称专员办）备案。

（二）地方财政部门应当遵循公开、公平、公正的原则组建（或增补）地方债承销团，按照地方债发行有关规定，在与承销团成员充分沟通的基础上，科学制定地方债招标发行规则等制度办法，合理设定投标比例、承销比例等技术参数。

（三）地方财政部门应当按年度、项目实际统筹设计债券期限结构，可适当减少每次发行的期限品种。鼓励发行规模较大、次数较多的地区，研究建立地方债续发行机制，合理设计地方债续发行期限品种、规模，每期债券可续发1~2次，以适当增大单期债券规模，同时避免出现单次兑付规模过大。

三、进一步规范地方债信用评级，提高信息披露质量

（一）财政部将积极推动相关行业协会研究制定地方债信用评级自律规范，强化对地方债信用评级机构的行业自律。财政部将研究建立地方债信用评级机构黑名单制度。违反行业自律规定、弄虚作假的地方债信用评级机构，将被列入黑名单，在规定时限内禁止参与地方债信用评级业务。

（二）地方财政部门应当进一步做好信息披露工作，积极扩大信息披露范围，不断提升信息披露质量，更好满足投资者需求。

1. 地方财政部门应当不迟于每次发行前 5 个工作日通过本单位门户网站、中国债券信息网等网站（以下简称指定网站）披露当期债券基本信息、债券信用评级报告和跟踪评级安排；不迟于全年首次发行前 5 个工作日，通过指定网站披露债券发行兑付相关制度办法、本地区中长期经济规划、地方政府债务管理情况等信息，并按照附件 4 格式披露本地区经济、财政和债务有关数据。

2. 地方财政部门应当不迟于每次发行日终，通过指定网站按照附件 5 格式披露当次发行结果。

3. 地方财政部门应当进一步做好债券存续期信息披露工作，按规定披露财政预决算和收支执行情况、地方政府债务管理情况、跟踪评级报告等信息，并通过指定网站按照附件 6 格式披露季度经济、财政有关数据。

4. 地方财政部门要进一步加强重大事项披露工作，对地方政府发生的可能影响其偿债能力的重大事项应当及时进行披露。

5. 地方财政部门应当不迟于地方债还本付息前 5 个工作日，通过指定网站按照附件 7 格式披露还本付息相关信息。

四、进一步促进投资主体多元化，改善二级市场流动性

（一）鼓励具备条件的地区在合法合规、风险可控的前提下，研究推进地方债银行间市场柜台业务，便利非金融机构和个人投资地方债。

（二）在继续做好通过财政部政府债券发行系统、财政部上海证券交易所（以下简称上交所）政府债券发行系统发行地方债工作的基础上，鼓励具备条件的地区研究推进通过财政部深圳证券交易所（以下简称深交所）政府债券发行系统发行地方债。

（三）鼓励具备条件的地区积极在上海等自由贸易试验区发行地方债，吸引外资法人金融机构更多地参与地方债承销。

（四）鼓励地方财政部门在地方国库现金管理中更多接受地方债作为质押品。

五、加强债券资金管理，按时还本付息

（一）地方财政部门应当严格按照有关规定管理和使用地方债资金，置换债券资金只能用于偿还政府债务本金，以及回补按规定通过库款垫付的偿债资金，除此之外严禁将置换债券资金用于国库现金管理或任何其他支出用途。

（二）地方财政部门应当加快置换债券资金的置换进度，对于已入库的公开发行置换债券资金，原则上要在 1 个月内完成置换。省级财政部门要尽快向市县财政部门转贷资金，督促市县财政部门加快置换债券资金的支拨，防止资金长期滞留国库。

（三）地方财政部门要高度重视地方债还本付息工作，制定完善地方债还本付息相关制度，准确编制还本付息计划，提前落实并及时足额拨付还本付息资金，切实维护政府债券信誉。

六、密切跟踪金融市场运行，防范发行风险

（一）地方财政部门应当认真分析宏观经济形势，密切关注债券市场运行情况，加强地方债发行风险的防范和应对。

（二）地方财政部门应当加强与承销团成员沟通，通过召开承销团成员座谈会等方式，充分了解各成员债券投资计划、应债资金规模等情况，合理制定地方债发行安排，避免出现地方债未足额发行等风险事件。

（三）因债券市场波动、市场资金面趋紧、承销团成员承销意愿出现较大变化等原因需要推迟或取消地方债发行时，地方财政部门应当及时向财政部报告，并不迟于发行前 1 个工作日通过指定网站披露推迟或取消发行信息。

七、做好发行系统维护、现场管理、登记托管等工作，不断提高地方债发行服务水平

（一）中央国债登记结算有限责任公司（以下简称国债登记公司）、上交所、深交所等财政部政府债券发行系统业务技术支持部门（以下简称支持部门），应当认真做好发行系统维护工作，建立健全地方债发行服务制度，合理设计地方债发行服务工作流程，严格加强内部控制，不断提升发行服务水平。各支持部门地方债发行服务制度应当不迟于 2017 年 3 月 31 日向财政部备案。

（二）支持部门应当积极配合地方财政部门严格执行《地方政府债券发行现场管理工作规范》，规范做好发行现场人员出入登记、通讯设备存放、发行现场无线电屏蔽、电话录音等工作，保障地方债发行工作有序开展。

（三）国债登记公司、中国证券登记结算有限责任公司应当认真履行登记托管机构职责，规范开展地方债托管、转托管相关工作，并按照财政部要求，及时报送地方债发行、流通等数据。

八、加强组织领导，确保地方债发行工作顺利完成

（一）地方财政部门应当不迟于 2017 年 3 月 31 日，向财政部上报全年债券发行总体安排，并不迟于每季度最后一个月 15 日，向财政部上报下一季度地方债发行初步安排，财政部汇总各地发行初步安排后及时反馈地方财政部门，作为地方财政部门制定具体发行安排的参考。2017 年第一季度发行初步安排，应当不迟于 2 月 28 日向财政部报送。

（二）地方财政部门应当不迟于发行前 7 个工作日向财政部备案发行具体安排，财政部按照“先备案先得”的原则协调各地发行时间等发行安排。各地财政部门向财政部备案具体发行安排时，涉及公开发行置换债券提前置换以后年度到期政府债务的，应当附专员办出具的债权人同意提前置换的备案证明。

（三）地方财政部门要进一步完善地方债发行管理相关制度，规范操作流程。组建承销团、开展信息披露和信用评级、组织债券发行等制度文件原则上应当在对外公布前报财政部备案。

（四）地方财政部门应当不迟于全年地方债发行工作完成后 20 个工作日，向财政部及当地专员办上报年度发行情况。地方财政部门、支持部门、登记结算机构等如遇涉及地方债发行的重大或异常情况，应当及时向财政部报告。

（五）财政部将研究制定地方债续发行、银行间市场柜台业务的具体操作办法，指导各地开展相关业务。

其他未尽事宜，按照《财政部关于印发〈地方政府一般债券发行管理暂行办法〉的通知》（财库〔2015〕64 号）、《财政部关于印发〈地方政府专项债券发行管理暂行办法〉的通知》（财库〔2015〕83 号）、《财政部关于做好 2016 年地方政府债券发行工作的通知》（财库〔2016〕22 号）等有关规定执行。

附件：1. 2017 年____省（区、市）债券发行总体安排

2. ____年第____季度____省（区、市）地方债发行初步安排
3. 关于备案____省（区、市）政府债券发行安排的函
4. ____省（区、市）经济、财政和债务有关数据
5. ____年____省（区、市）政府一般/专项债券（____至____期）发行结果公告
6. ____年第____季度____省（区、市）经济、财政有关数据
7. ____年____省（区、市）政府一般/专项债券（____至____期）还本/付息公告

附件1：

2017年____省（区、市）债券发行总体安排

单位：亿元

发行时间	合计	新增债券	置换债券	
			公开发行	定向承销
全年合计				
一季度				
二季度				
三季度				
四季度				

附件2：

____年第____季度____省（区、市）地方债发行初步安排

单位：亿元

			地方债计划发行量									
			____月			____月			____月			合计
			上旬	中旬	下旬	上旬	中旬	下旬	上旬	中旬	下旬	
新增债券		一般债券										
		专项债券										
置换债券	公开发行	一般债券										
		专项债券										
	定向承销	一般债券										
		专项债券										

附件3：

关于备案____省（区、市）政府债券发行安排的函

财政部：

根据《财政部关于做好2017年地方政府债券发行工作的通知》（财库〔2017〕59号）有关规定，现就我省（区、市）地方债发行具体安排备案如下：

一、发行时间

____年____月____日上午/下午。

二、发行地点

中央国债登记结算有限责任公司（北京/上海/深圳）/上海证券交易所/深圳证券交易所。

三、发行方式与规模

公开发行一般债券____亿元，专项债券____亿元；
定向承销一般债券____亿元，专项债券____亿元。

四、新增债券、置换债券发行有关情况

本次发行新增债券____亿元（含一般债券____亿元和专项债券____亿元），置换债券____亿元（含一般债券____亿元和专项债券____亿元），在建项目后续融资____亿元。

置换债券拟置换当年到期政府债务及以前年度逾期政府债务____亿元，置换以后年度到期的政府债务____亿元。提前偿还以后年度到期债务部分，承担偿债责任的政府财政部门已出具债权人同意提前置换的书面凭证，当地专员办已进行备案（备案证明附后）。

截至本次发行完毕，2017 年，我省（区、市）已发行新增债券____亿元，其中，一般债券____亿元，完成全年计划发行额____亿元的____%；专项债券____亿元，完成全年计划发行额____亿元的____%。置换债券____亿元，完成置换债券建议发债数的____%。

附件 4：

____省（区、市）经济、财政和债务有关数据

一、地方经济状况			
2014～2016 年经济基本状况			
项目	2014 年	2015 年	2016 年
地区生产总值（亿元）			
地区生产总值增速（%）			
第一产业（亿元）			
第二产业（亿元）			
第三产业（亿元）			
产业结构			
第一产业（%）			
第二产业（%）			
第三产业（%）			
固定资产投资（亿元）			
进出口总额（□亿元　□亿美元）			
出口额（□亿元　□亿美元）			
进口额（□亿元　□亿美元）			

续表

一、地方经济状况			
2014～2016年经济基本状况			
项目	2014年	2015年	2016年
社会消费品零售总额（亿元）			
城镇（常住）居民人均可支配收入（元）			
农村（常住）居民人均纯收入（元）			
居民消费价格指数（上年=100）			
工业生产者出厂价格指数（上年=100）			
工业生产者购进价格指数（上年=100）			
金融机构各项存款余额（本外币）（亿元）			
金融机构各项贷款余额（本外币）（亿元）			

二、财政收支状况（亿元）						
（一）近三年一般公共预算收支						
项目	2015年		2016年		2017年	
	省本级	全省	省本级	全省	省本级	全省
一般公共预算收入						
一般公共预算支出						
地方政府一般债券收入						
地方政府一般债券还本支出						
转移性收入						
转移性支出						
（二）近三年政府性基金预算收支						
政府性基金收入						
政府性基金支出						
地方政府专项债券收入						
地方政府专项债券还本支出						
（三）近三年国有资本经营预算收支						
国有资本经营收入						
国有资本经营支出						
三、地方政府债务状况（亿元）						
截至2016年底地方政府债务余额						
2016年地方政府债务限额						
2017年地方政府债务限额						

注：

1. 进出口总额、出口额、进口额数据单位，应当与本地区统计部门对外公布的进出口数据单位保持一致，并在表格中勾选相应单位。
2. 城镇（常住）居民人均可支配收入、农村（常住）居民人均纯收入数据，应当与本地区统计部门对外公布的数据口径保持一致。
3. 财政收支状况需按照地方政府本级、全省口径同时公布近三年有关数据。其中，2015年数据按决算口径公布，2016年数据在决算编制完成之前按预算口径公布，在决算编制完成之后按决算口径公布，2017年数据按预算口径公布。
4. 全省口径数据不包含自办债券发行的计划单列市，如有的数据难以剔除计划单列市，应当进行备注说明。
5. 一般公共预算收入、一般公共预算支出、政府性基金收入、政府性基金支出四项数据不包含债券收支数。

附件 5：

____年____省（区、市）政府一般/专项债券（____至____期）发行结果公告

根据《财政部关于印发〈地方政府一般债券发行管理暂行办法〉的通知》（财库〔2015〕64 号）、《财政部关于印发〈地方政府专项债券发行管理暂行办法〉的通知》（财库〔2015〕83 号）、《财政部关于做好 2017 年地方政府债券发行工作的通知》（财库〔2017〕59 号）等有关规定，经____省（区、市）人民政府同意，____省（区、市）财政厅（局、委）决定发行____年____省（区、市）政府一般/专项债券（____至____期），____年____月____日已完成招标。现将招标结果公告如下：

债券名称			
计划发行规模		实际发行规模	
发行期限		票面利率	
发行价格		付息频率	
付息日		到期日	
债券名称			
…			
…			
…			
…			

附件 6：

____年第____季度____省（区、市）经济、财政有关数据

项目	本年度截至 季度末
地区生产总值（亿元）	
地区生产总值增速（%）	
第一产业（亿元）	
第二产业（亿元）	
第三产业（亿元）	
固定资产投资（亿元）	
进出口总额（□亿元 □亿美元）	
出口额（□亿元 □亿美元）	
进口额（□亿元 □亿美元）	
社会消费品零售总额（亿元）	
金融机构各项存款余额（本外币）（亿元）	
金融机构各项贷款余额（本外币）（亿元）	

续表

项目	本年度截至第　季度末	
	省本级	全省
一般公共预算收入		
一般公共预算支出		
地方政府一般债券收入		
地方政府一般债券还本支出		
政府性基金收入		
政府性基金支出		
地方政府专项债券收入		
地方政府专项债券还本支出		
国有资本经营收入		
国有资本经营支出		

注：
1. 进出口总额、出口额、进口额数据单位，应当与本地区统计部门对外公布的进出口数据单位保持一致，并在表格中勾选相应单位。
2. 全省口径数据不包含自办债券发行的计划单列市，如有的数据难以剔除计划单列市，应当进行备注说明。
3. 一般公共预算收入、一般公共预算支出、政府性基金收入、政府性基金支出四项数据不包含债券收支数据。

附件 7：

____年____省（区、市）政府一般/专项债券（____至____期）还本/付息公告

按照财政部地方政府债券发行有关规定，现将____年____省（区、市）政府一般/专项债券（____至____期）还本/付息工作有关事宜公告如下：

债券名称			
债券简称		债券代码	
发行总额		票面利率	
还本日/本次付息日			
还本/付息金额			
债券名称			
…		…	
…		…	
…			
…			

财政部关于进一步加强财政部门和预算单位资金存放管理的指导意见

2017 年 3 月 31 日 财库〔2017〕76 号

党中央有关部门，国务院各部委、各直属机构，全国人大常委会办公厅，全国政协办公厅，高法院，高检院，各民主党派中央，有关人民团体，新疆生产建设兵团，各省、自治区、直辖市、计划单列市财政厅(局)，有关银行业金融机构：

近年来，各地区、各部门在加强财政部门和预算单位资金存放管理方面做了大量工作，取得一定成效，但还面临许多亟待解决的问题。主要表现在：有的地方和部门资金存放管理不够透明，存在廉政风险甚至利益输送现象；资金存放管理不够规范，存在资金安全隐患；资金存放管理不够科学，选择资金存放银行未综合考虑安全性、流动性和收益性等因素。各地区、各部门应当充分认识当前资金存放管理中存在的问题和面临的风险，从加强党风廉政建设和完善公共财政治理体系的高度，切实提高思想认识，加强组织领导，以高度的责任感做好财政部门和预算单位资金存放管理工作。为进一步规范财政部门和预算单位资金存放行为，经国务院同意，现就进一步加强财政部门和预算单位资金存放管理提出以下指导意见。

一、主要目标和基本原则

（一）主要目标。建立健全科学规范、公正透明的财政部门和预算单位资金存放管理机制，防范资金存放安全风险和廉政风险，发挥暂时闲置资金支持经济发展的重要作用，提高资金存放综合效益。

（二）基本原则。财政部门和预算单位资金存放管理应遵循以下原则：

依法合规。资金存放应当符合法律法规和政策规定，符合廉政建设要求。

公正透明。资金存放银行选择应当公开、公平、公正，程序透明，结果透明，兼顾效率。

安全优先。资金存放应当以确保资金安全为前提，充分评估资金存放银行经营状况，防止出现资金安全风险事件。

科学评估。综合考虑资金安全性、流动性、支持经济发展、资金收益等因素，科学设置资金存放银行评选指标。

权责统一。实施资金存放的单位应当履行资金存放管理的主体责任，组织好资金存放管理工作，保证资金存放平稳有序。

二、严格规范资金存放银行的选择方式

除国家政策已明确存放银行和涉密等有特殊存放管理要求的资金外，财政部门和预算单位应当按照规定采取竞争性方式或集体决策方式选择资金存放银行。

（一）竞争性方式。需开展资金存放的财政部门或预算单位（以下简称资金存放主体）应就选择资金存放银行事宜公开邀请银行报名参与竞争，采用综合评分法进行评分，根据评分结果择优确定资金存放银行。主要流程包括：资金存放主体或受其委托的中介机构发布资金存放银行竞争性选择公告，载明资金存放事宜、参与银行基本资格要求、报名方式及需提供材料、报名截止时间等事项；资金存放主体或受其委托的中介机构组建由资金存放主体内部成员和外部专家共同组成的评选委员会，采用综合评分法对符合基本资格要求的参与银行进行评分；资金存放主体根据评选委员会评分结果择优确定资金存放银行并对外公

告。资金存放主体应当制定具体操作办法，对参与银行基本资格要求、操作流程、评选委员会组成方式、具体评选方法、监督管理等内容作出详细规定。

（二）集体决策方式。资金存放主体组织对备选银行采用综合评分法进行评分，将评分过程和结果提交单位领导办公会议集体讨论，集体决定资金存放银行。中央部门可由负责账户管理的内设机构领导办公会议集体讨论商议存放银行，并报本部门负责同志审定。备选银行应当遵循公平、公正的原则选取，一般不得少于3家。资金存放主体所在地银行少于3家的，按实际数量确定备选银行。备选银行的评分情况、会议表决情况和会议决定等内容应当在领导办公会议纪要中反映，并在单位内部显著位置予以公告。以集体决策方式选择资金存放银行，对资金存放主体的主要领导干部、分管资金存放业务的领导干部以及相关业务部门负责人应实行利益回避制度，不得将本单位公款存放在上述人员的配偶、子女及其配偶和其他直接利益相关人员工作的银行。

三、科学制定综合评分法的评分指标和评分标准

综合评分法的评分指标和评分标准的具体设置，应当遵循客观、公正、科学的原则。

（一）评分指标。主要包括经营状况、服务水平、利率水平等方面。经营状况方面的指标应能反映资金存放银行的资产质量、偿付能力、运营能力、内部控制水平等。服务水平方面的指标应能反映资金存放银行提供支付结算、对账、分账核算等服务的能力和水平。利率水平主要指定期存款利率等，利率应当符合国家利率政策规定。具体指标由资金存放主体根据实际情况和管理要求设置。地方政府财政部门可结合本地实际，研究设置反映资金存放银行对小微企业、三农、扶贫领域贷款等支持经济发展贡献度的相关指标。

（二）评分标准。评分标准主要明确各项评分指标的权重和计分公式，由资金存放主体结合实际情况和管理要求设置。

四、加强财政专户资金存放管理

（一）财政部门新开立财政专户存放资金和变更财政专户开户银行存放资金，一般应当采取竞争性方式选择资金存放银行。资金量较小的，可采取集体决策方式选择资金存放银行，资金量标准由省级财政部门结合本地区实际情况统一确定。

（二）财政专户资金转为定期存款、协定存款、通知存款的，一般在财政专户开户银行办理。社会保险基金等大额财政专户资金，可以转出开户银行进行定期存款，定期存款银行应当采取竞争性方式选择，在增强资金存放透明度的同时实现资金保值增值。粮食风险基金等国务院批准保留的专项支出类财政专户资金和待缴国库非税收入资金、外国政府和国际金融组织贷款和赠款资金，一律不得转出开户银行进行定期存款。

省级财政部门开展财政专户资金转出开户银行定期存款，应当制定具体操作办法并报省级人民政府同意。省级以下财政部门是否开展财政专户资金转出开户银行定期存款，由省级财政部门规定。

五、加强预算单位银行账户资金存放管理

（一）预算单位（不包括财政预算单列的企业，下同）新开立银行结算账户存放资金和变更银行结算账户开户银行存放资金，一般采取集体决策方式选择资金存放银行，鼓励有条件的预算单位采取竞争性方式选择资金存放银行。

（二）预算单位银行结算账户资金转为定期存款、协定存款、通知存款的，一般在开户银行办理。预算单位银行结算账户内的事业收入、经营收入等非财政补助收入资金，在扣除日常资金支付需要后有较大规模余额的，可以按照财政部门的规定转出开户银行进行定期存款，定期存款银行应当采取竞争性方式选

择。到期后不需要收回使用的定期存款可以在原定期存款银行续存，累计存期不超过 2 年。

中央和省级预算单位开展银行结算账户资金转出开户银行定期存款的单位范围、资金规模，分别由财政部和省级财政部门规定。省级以下预算单位是否开展银行结算账户资金转出开户银行定期存款，由省级财政部门规定。

六、加强资金存放银行管理与约束

（一）加强资金存放银行管理。资金转出开户银行进行定期存款的，资金存放主体应当严格控制每次定期存款的银行数量，并与定期存款银行签订协议，全面、清晰界定双方权利和义务。资金存放银行出现重大安全风险事件或者经营状况恶化影响资金存放安全的，资金存放主体应当及时收回资金。

（二）防范资金存放银行利益输送行为。资金存放主体新选择资金存放银行时，应当要求资金存放银行出具廉政承诺书，承诺不得向资金存放主体相关负责人员输送任何利益，承诺不得将资金存放与资金存放主体相关负责人员在本行亲属的业绩、收入挂钩。凡发现并经核实资金存放银行未遵守廉政承诺或者在资金存放中存在其他利益输送行为的，资金存放主体应当及时收回资金，并由财政部门进行通报，在一定期限内取消该银行参与当地财政部门和预算单位资金存放的资格。

（三）规范银行吸存行为。银行应按照监管要求，进一步规范存款经营行为，完善绩效考核机制，并强化监管和问责。

七、工作要求

（一）加强资金流量预测，确保资金支付需要。财政部门和预算单位开展定期存款操作的，应当科学预测资金流量，合理确定开展定期存款操作的资金规模和期限，确保资金支付需要。除社会保险基金等按照国家规定开展保值增值管理的资金外，定期存款期限一般控制在 1 年以内（含 1 年）。

（二）加强资金存放内部控制和监督检查，防范风险事件。财政部门和预算单位要建立健全资金存放内部控制办法，通过流程控制和制度控制，强化各环节有效制衡，防范资金存放风险事件。财政部门和预算单位领导干部不得以任何形式违规干预、插手资金存放。财政部门要加强预算单位资金存放的监督检查，并对下级财政部门资金存放管理进行监督指导，及时发现和纠正资金存放中的违规问题。

（三）严格执行账户管理规定，提高资金存放规范性。财政部门和预算单位资金存放涉及开立银行账户的，应当严格执行财政专户和预算单位银行账户管理制度有关规定。财政部门和预算单位不得以资金转出开户银行进行定期存款为由，在定期存款银行新开立财政专户或预算单位银行结算账户。财政部门和预算单位不得采取购买理财产品的方式存放资金。各级财政部门要按照国务院和财政部有关规定，全面清理整顿存量财政专户。各地区、各部门要切实加强预算单位银行账户审批、备案、年检等管理工作，加大预算单位银行账户清理力度，从严控制预算单位银行账户数量。

（四）盘活银行账户存量资金，充分发挥财政资金作用。预算单位应按照国务院和财政部有关规定，盘活银行账户内的一般公共预算和政府性基金预算存量资金，提高财政资金使用效益。

（五）国库资金存放管理应严格按照财政部和中国人民银行关于国库现金管理的有关规定执行。

（六）严肃查处资金存放违法违纪行为，通报曝光典型案例。各级领导干部要严格遵守廉洁自律有关规定，不得以任何形式违规干预、插手资金存放。对资金存放过程中的违规行为，财政部门应及时予以纠正，涉嫌违法违纪的，应移交有关部门查处和问责。对资金存放违法违纪典型案例应予以通报曝光，发挥警示教育作用。

各地区、各部门要充分认识加强财政部门和预算单位资金存放管理的重要性和紧迫性，严格落实本意见各项规定，确保加强资金存放管理工作取得实效。各省、自治区、直辖市、计划单列市财政厅（局）要结合本地区实际情况，制定具体的资金存放管理实施办法，报财政部备案。

财政部关于印发《地方预算执行动态监控工作督导考核办法》的通知

2017年9月20日　财库〔2017〕161号

各省、自治区、直辖市、计划单列市财政厅（局）：

为督导地方加快推进预算执行动态监控工作，实现2018年建成地方预算执行动态监控体系的目标，根据《财政部关于进一步推进地方预算执行动态监控工作的指导意见》（财库〔2015〕73号），我们制定了《地方预算执行动态监控工作督导考核办法》，现印发给你们，请认真贯彻执行。

本通知印发后，各省级财政部门不再另行向财政部报送年度预算执行动态监控工作进展情况。

附件：地方预算执行动态监控工作督导考核办法

附件：

地方预算执行动态监控工作督导考核办法

第一条　为督导地方加快推进预算执行动态监控工作，实现2018年建成地方预算执行动态监控体系的目标，根据《财政部关于进一步推进地方预算执行动态监控工作的指导意见》（财库〔2015〕73号），制定本办法。

第二条　本办法适用于对各省、自治区、直辖市、计划单列市财政厅（局）（以下简称省级财政部门）预算执行动态监控工作的督导考核。

第三条　督导考核工作遵循客观公正、突出重点、便于操作的原则。

第四条　督导考核工作由财政部组织实施。

第五条　督导考核年度为前一年10月1日至本年9月30日。

第六条　督导考核主要包括以下内容：

（一）管理制度情况。重点督导考核预算执行动态监控管理办法和操作规程的制定情况。

（二）工作机制情况。重点督导考核预算执行动态监控运作机制、工作互动机制、信息报告机制和违规问题处理机制的建立情况。

（三）技术支撑情况。重点督导考核预算执行动态监控系统（或模块）建设情况和功能情况。

（四）工作责任落实情况。重点督导考核省级财政部门对预算执行动态监控工作的组织领导情况和对下级财政部门动态监控工作的督查情况。

（五）省本级动态监控工作情况。重点督导考核已实施国库集中支付改革并纳入动态监控范围的省级预算单位数量情况、纳入动态监控范围的资金类型情况、预警规则的研究制定情况，以及动态监控岗位的设置情况。

（六）省以下工作推进情况。重点督导考核已实施国库集中支付改革并开展动态监控工作的地市和县区的数量情况。

（七）自评报告情况。重点督导考核自评报告的内容完整性和报送及时性等情况。

具体督导考核指标、分值和评分依据详见附件1《地方预算执行动态监控工作督导考核评分表》。

第七条 督导考核采取以下步骤：

（一）自查评价。省级财政部门按照本办法对督导考核年度工作进行自评和打分，形成《____省（区、市）预算执行动态监控工作自评报告》（具体格式见附件2），连同《地方预算执行动态监控工作督导考核评分表》《____省（区、市）预算执行动态监控基本情况表》（具体格式见附件3）及考核证明材料，于每年10月31日前以正式文件形式报送财政部。省级财政部门对自评报告的真实性、准确性负责。

（二）复核审定。财政部成立考核组对省级财政部门报送的自评报告及相关材料进行复核，形成复核意见，与省级财政部门充分交换意见后，确定考核结果。

第八条 督导考核采用百分制。考核结束后，财政部按考核得分高低排序，向省级财政部门通报考核结果。

每年11月30日前未报送自评报告及相关材料的，考核得分为零分。

第九条 财政部根据考核结果，对综合得分较低或某些方面问题突出的省份，以现场检查、约谈等方式进行跟踪督导。

第十条 省级财政部门可参照本办法，结合实际情况，制定本地区督导考核办法。

第十一条 财政部工作人员在督导考核过程中存在违反工作原则、程序等问题，依法依纪应当追究责任的，依照《中华人民共和国公务员法》《中华人民共和国行政监察法》等有关规定追究相应责任。

第十二条 本办法自印发之日起施行。

附：1. 地方预算执行动态监控工作督导考核评分表

2. ____省（区、市）预算执行动态监控工作自评报告（模板）

3. ____省（区、市）预算执行动态监控基本情况表

附1：

地方预算执行动态监控工作督导考核评分表

督导考核内容	督导考核指标	评分标准	省级自评得分	财政部考核得分	评分依据
一、动态监控管理制度情况（12分）	1. 制定管理办法（6分）	制定了本地区动态监控管理办法（6分），没有制定不得分。			以管理办法为依据。
	2. 制定操作规程（6分）	制定了本地区动态监控操作规程（6分），没有制定不得分。			以操作规程为依据。
小计					—
二、动态监控工作机制情况（14分）	1. 监控运作（5分）	通过监控系统全程监控财政资金支付活动（5分），没有建立相关机制不得分。			以管理制度、操作规程、流程图、审批资料等为依据。
	2. 工作互动（3分）	财政部门与省级预算单位、代理银行以及财政部门内部建立动态监控工作互动机制（3分），每少一项扣减1分。			以管理制度、互动书面材料、审批资料、系统截图等为依据。
	3. 信息报告（4分）	督导考核年度内，对日常动态监控工作中发现的情况和问题进行综合分析，并及时报告4次及以上（4分），每少一次扣减1分。			以书面报告、内部签报、请示等为依据。
	4. 违规问题处理（2分）	建立违规问题处理机制，对监控过程中发现的违规行为及时进行处理（2分），没有处理不得分。			以管理制度、违规问题处理意见（决定、通报）、审批资料、系统截图等材料为依据。
小计					—

续表

督导考核内容	督导考核指标	评分标准	省级自评得分	财政部考核得分	评分依据
三、动态监控技术支撑情况（12 分）	1. 系统建设（6 分）	建设了动态监控系统或模块（6 分），没有建设不得分。			以系统开发建设方案及资料为依据。
	2. 系统功能（6 分）	1. 具备动态即时功能，能够支撑数据信息实时导入（2 分），不具备不得分； 2. 具备智能预警功能，能够通过预警规则进行预警（2 分），不具备不得分； 3. 具备综合分析功能，能够提取数据并生成统计报表（2 分），不具备不得分。			以系统或模块数据导入日志、相关截图等为依据。
小计					—
四、工作责任落实情况（11 分）	1. 组织领导（8 分）	1. 高度重视和积极推进预算执行动态监控工作（4 分），没有不得分； 2. 制定了工作方案并明确时间表和路线图（2 分），没有制定不得分； 3. 在媒体宣传报道监控工作推进情况（2 分），没有不得分。			以管理制度、会议纪要、领导批示、工作方案、专题培训及宣传报道材料为依据。
	2. 工作督查（3 分）	采取措施对辖区内动态监控工作进行督查，支持和引导下级财政部门因地制宜开展监控工作（3 分），没有采取措施不得分。			以管理制度、执行过程中的指导措施、会议纪要、调研报告等为依据。
小计					—
五、省本级动态监控工作情况（28 分）	1. 纳入动态监控的预算单位数量（8 分）	该项得分 = 已纳入动态监控范围的省级预算单位总数/实施国库集中支付改革的省级预算单位总数 ×8。			以管理制度、相关文件、会议纪要和监控系统中预算单位数量等为依据。
	2. 纳入动态监控的资金类型（8 分）	1. 将预算单位零余额账户资金纳入动态监控范围（6 分），没有纳入不得分； 2. 将其他财政性资金纳入动态监控范围（2 分），没有纳入不得分。			以管理制度，监控系统中预算单位账户情况、资金情况等为依据。
	3. 预警能力（10 分）	1. 研究制定了预警规则（4 分），没有制定不得分； 2. 预警规则至少包括资金划转合规性、资金使用合规性、银行账户合规性等三项内容（6 分），每少一项扣减 2 分。			以预警规则为依据。
	4. 监控岗位设置（2 分）	省本级按要求设置监控岗位（2 分），没有设置不得分。			以岗位设置的文件资料为依据。
小计					—
六、省以下地区动态监控工作推进情况（15 分）	1. 地市级（6 分）	该项得分 = 已开展动态监控工作的地市总数/实施国库集中支付改革的地市总数 ×6。			以管理制度、会议纪要等为依据。
	2. 县区级（9 分）	该项得分 = 已开展动态监控工作的县区总数/实施国库集中支付改革的县区总数 ×9。			
小计					—
七、自评报告情况（8 分）	1. 报告内容完整性（6 分）	报告格式规范（2 分），内容完整（4 分）；			以正式报送的自评报告为依据。
	2. 报告报送及时性（2 分）	自评报告于每年 10 月 31 日前报送（2 分），延后 10 天（含 10 天）以内报送的扣减 1 分，延后 10 天以上报送的扣减 2 分。			以正式报告的印发日期为依据。
小计					—
总计					—

附 2：

____省（区、市）预算执行动态监控工作自评报告（模板）
（____年度）

按照《地方预算执行动态监控工作督导考核办法》规定，我省（区、市）认真组织自评工作，自评得分为××分。现将有关情况报告如下：

一、基本情况

简要描述督导考核年度内本省预算执行动态监控工作开展总体情况、主要做法和取得的成效。

具体情况见《____省（区、市）预算执行动态监控基本情况表》。

二、自评情况

（一）管理制度情况。（共××分，得××分）

对照督导考核评分表中的督导考核指标进行描述，相关说明应标注考核证明材料汇编页码（考核证明材料应单独装订成册，形成汇编）。

（二）工作机制情况。（共××分，得××分）

同上。

（三）技术支撑情况。（共××分，得××分）

同上。

（四）工作责任落实情况。（共××分，得××分）

同上。

（五）省本级动态监控工作情况。（共××分，得××分）

同上。

（六）省以下工作推进情况。（共××分，得××分）

同上。

（七）自评报告情况。（共××分，得××分）

同上。

三、存在的问题及下一步工作打算

对动态监控工作中遇到的问题进行归纳总结，分析成因，提出有针对性的工作思路、改进措施和有关建议。

附 3：

____省（区、市）预算执行动态监控基本情况表
（____年度）

级次	国库集中支付改革情况			监控机制建立情况			监控单位情况			监控资金情况		违规支付使用资金情况			违规申请支付资金情况		
	已实施地区数（个）	地区总数（个）	占比（%）	已建立地区数（个）	地区总数（个）	占比（%）	监控单位数（个）	单位总数（个）	占比（%）	监控资金范围	监控资金量（万元）	违规支付使用资金量（万元）	违规资金比例（%）	主要类型（含资金量）	违规申请支付资金量（万元）	违规资金比例（%）	主要类型（含资金量）
省本级																	
市本级																	

续表

级次	国库集中支付改革情况			监控机制建立情况			监控单位情况			监控资金情况		违规支付使用资金情况			违规申请支付资金情况		
	已实施地区数（个）	地区总数（个）	占比（%）	已建立地区数（个）	地区总数（个）	占比（%）	监控单位数（个）	单位总数（个）	占比（%）	监控资金范围	监控资金量（万元）	违规支付使用资金量（万元）	违规资金比例（%）	主要类型（含资金量）	违规申请支付资金量（万元）	违规资金比例（%）	主要类型（含资金量）
县本级																	
乡级																	
合计	—	—	—	—	—	—				—							

注：1. 监控资金范围，包含①国库集中支付资金②财政专户资金③预算单位实有资金账户资金④转移支付资金⑤其他，表格中填写资金类型对应的序号即可。

2. 违规支付使用资金情况适用于事中事后监控方式，主要类型包括违规划转资金、扩大开支范围提高开支标准、挪用预算资金、违规发放工资及津补贴、违规采购商品或服务、违规开设使用银行账户、财务管理和会计核算不规范等；违规申请支付资金情况适用于事前监控方式，主要类型包括支付申请中收款人、金额、用途、科目等方面不符合财政财务管理规定。

3. 违规支付使用资金情况和违规申请支付资金情况应按主要类型分类填写资金量。

4. 乡镇情况只作为统计了解使用。

财政部办公厅关于调整完善地方财政库款考核排名办法的通知

2017 年 6 月 27 日　财办库〔2017〕110 号

各省、自治区、直辖市、计划单列市财政厅（局）：

为深入贯彻落实国务院工作部署，进一步加强地方财政库款管理，根据《财政部关于采取有效措施进一步加强地方财政库款管理工作的通知》（财库〔2016〕81 号）、《财政部关于进一步加强库款管理工作的通知》（财办〔2017〕12 号）等文件规定，结合 2016 年以来地方库款运行实际，经征求各地意见，财政部对《2016 年地方财政库款考核排名办法》（以下简称《办法》）作了调整完善。现将有关事项通知如下：

一、调整考核指标体系

在继续保留《办法》规定的“库款余额相对水平”、“库款保障水平”、“公开发行置换债券资金置换完成率”等 3 项指标基础上，作如下调整：

（一）取消“库款余额同比变动”指标。

（二）增设“库款余额相对水平同比变动”指标。该指标是指被考核地区月末库款余额相对水平较上年同期的变动幅度。

（三）调整对预算执行情况进行考核的指标。将“一般公共预算支出累计同比增幅”指标调整为“一般公共预算支出收入比”指标。具体计算公式为：

$$\frac{\text{地方一般公共预算支出}}{\text{地方一般公共预算本级收入}+\text{中央对地方税收返还和转移支付}+\text{新增地方政府一般债券收入}}$$

其中：1. “地方一般公共预算支出”和“地方一般公共预算本级收入”为省级财政部门汇总报送的全省预算执行数据。2. “中央对地方税收返还和转移支付”中包含的政府性基金和国有资本经营预算资金、“地方一般公共预算支出”中可能包含的消化上年结转结余资金等，考核时不作剔除。3. “中央对地方税收返还和转移支付”不包含省级和省级以下各级财政部门之间的税收返还和转移支付资金。4. “新增地方政府一般债券收入”不包含市、县政府的债券转贷收入。

调整后的库款考核指标，包括以下5项：“库款余额相对水平”、“库款余额相对水平同比变动”、“库款保障水平”、“公开发行置换债券资金置换完成率”、“一般公共预算支出收入比”。

二、调整指标排名计分方式和权重

设定各项考核指标目标区间（或目标值），达到目标区间（或目标值）的均得100分；同时，调整考核名次间的分差值，由相邻名次差值2分调整为1分。具体情况如下：

（一）“库款余额相对水平”指标。设定0.4～0.8倍为当前的目标区间，达到目标区间的地区均为100分，指标排名并列第一；高于0.8倍或低于0.4倍的地区分别进行排名，得分按照偏离目标区间的程度依次递减。指标权重为30%。

（二）“库款余额相对水平同比变动”指标。对于“库款余额相对水平”指标达到目标区间（0.4～0.8倍）的地区，本指标得分均为100分，指标排名并列第一；对于库款余额相对水平高于0.8倍的地区，本指标按照同比变动幅度由低到高排名，同比增幅越低得分越高；库款余额相对水平低于0.4倍的地区，本指标按照同比变动幅度由高到低排名，增幅越高得分越高。指标权重为20%。

（三）“库款保障水平”指标。设定0.3～0.6倍为当前的目标区间，达到目标区间的地区均为100分，指标排名并列第一；高于0.6倍或低于0.3倍的地区分别进行排名，得分按照偏离目标区间的程度依次递减。指标权重为10%。

（四）“公开发行置换债券资金置换完成率”指标。设定98%为当前的目标值，置换完成率达到98%的地区均为100分，指标排名并列第一。低于98%的地区，按照指标值由高到低排名，完成率越低得分越低。指标权重为25%。

（五）“一般公共预算支出收入比”指标。设定98%为当前的目标值，达到98%的地区均为100分，指标排名并列第一。低于98%的地区，按照指标值由高到低排名，比值越低得分越低。指标权重为15%。

三、有关工作要求

财政部将从2017年下半年开始（即2017年8月对7月份库款情况进行考核），按照新的考核办法对地方库款管理情况进行考核。省级财政部门可参照本通知精神，结合本地区实际，自行组织对市县财政库款的考核工作。请各地区自2017年8月份开始，按照本通知规定格式，以省为单位汇总报送《____年____月份地方财政库款考核情况表》（格式见附件）。各地区要重视此次财政库款考核办法的调整完善工作，进一步采取有效措施加强库款管理，合理控制库款规模，更好地发挥财政资金效益。

附件：____年____月地方财政库款考核情况表

附件：

____年____月地方财政库款考核情况表

编制单位：　　　　　　　　　　　　　编制日期：

一、考核指标		
1	库款余额相对水平	1＝(6＋7)/8
2	库款余额相对水平同比变动	2＝((6＋7)/8)/((9＋10)/11)
3	库款保障水平	3＝6/8
4	公开发行置换债券资金置换完成率	4＝12/(13＋14)
5	一般公共预算支出收入比	5＝15/(16＋17＋18)

续表

二、相关数据		
6	本月末库款净额	
7	本月末国库现金管理金额（含运用库款自行开展的定期存款、通知存款等余额）	
8	年度内月均库款流出金额	
9	上年同期库款净额	
10	上年同期国库现金管理金额（含运用库款自行开展的定期存款、通知存款等余额）	
11	上年同期月均库款流出金额	
12	本年度截至考核月末累计置换出库的置换债券金额	
13	本年度截至考核月末累计公开发行的地方政府置换债券金额	
14	2016 年发行入库但当年未完成置换的置换债券金额	
15	截至本月末的全省一般公共预算支出	
16	截至本月末的全省一般公共预算本级收入	
17	截至本月末的中央对省本级税收返还和转移支付	
18	截至本月末实际发行入库的新增地方政府一般债券收入	

注：相关数据中“截至本月末的全省一般公共预算支出”、“截至本月末的全省一般公共预算本级收入”、“截至本月末的中央对省本级税收返还和转移支付”，省级财政部门可不填报。

省财政厅转发《财政部关于进一步加强库款管理工作的通知》的通知

2017 年 2 月 24 日　鲁财库〔2017〕6 号

各市财政局、省财政直接管理县（市）财政局：

现将《财政部关于进一步加强库款管理工作的通知》（财办〔2017〕12 号）转发给你们，并结合我省实际提出以下意见，请一并贯彻执行：

一、高度重视库款管理工作，提升库款管理水平

财政库款是财政收支运行的物质基础。全面加强库款管理，对于保障预算执行、加强宏观调控、更好发挥财政资金支持和服务稳增长作用具有重要意义。各级财政部门要充分认识加强库款管理的重要性，切实加强领导，积极采取有效措施，健全完善库款管理工作机制，将库款管理放在重要位置，既要有效压降库款规模，也要严格防范财政资金支付风险。要加强对下级财政部门的工作指导和管理督导，确保层层压实责任。各级财政内部预算管理、国库管理、部门预算管理、债务管理等职能部门，要加强协调、密切配合、各司其职、各负其责，共同推进库款管理各项工作，充分发挥财政资金效益，更好地服务宏观调控和稳增长工作大局。

二、进一步采取有效措施，健全预算编制与执行管理机制

（一）进一步规范预算编制管理。各级财政部门要完善预算编制与存量资金挂钩机制，对于存量资金较多的单位或项目，要相应压减下年预算规模。改进项目库管理，加强项目可行性研究和评审论证，提高

入库项目质量，促使预算一经下达能够立即执行。加大政府性基金预算、国有资本经营预算与一般公共预算的统筹力度，逐步取消一般公共预算中以收定支的事项。逐步推进中期财政规划管理，优化中期财政规划编制方法，提高规划编制的准确性和科学性，切实发挥好规划对年度预算编制的指导和约束作用。

（二）继续加强预算执行管理。各级财政部门要尽可能提高转移支付资金提前下达比例，按时下达本级人大批准的转移支付预算，为下级财政预算执行创造良好条件。切实加强预算执行跟踪分析，对执行进度较慢的专项转移支付资金，采取收回资金、调整用途等方式，统筹用于经济社会发展急须资金支持的领域。

（三）积极盘活财政存量资金。各级财政部门要加大激励和通报力度，鼓励各方面加快支出进度。严格执行结余资金以及结转两年以上资金收回财政统筹使用的规定，对预算执行进度缓慢或预计年内难以执行的资金，及时调整用途用于急需支出，提高支出效率。各级财政部门编制年度预算调入后的预算稳定调节基金规模，原则上不超过本级一般公共预算支出总额的5%。

（四）做好地方政府债券管理工作。各级财政部门要强化预算项目库滚动管理，提前做好项目准备工作，确保发债后尽快落实到具体项目并形成支出。存量债务置换要提前做好衔接，减少债券资金滞留。对于已入库的置换债券资金，原则上要在1个月内完成置换，严控资金滞留国库时间。各级财政部门可在库款较高月份先通过库款垫付拟置换的债务，债券发行后及时将资金回补国库。

（五）督促预算单位加快预算执行。各级财政部门要加强用款计划考核管理，及时跟踪分析预算单位和下级财政部门预算执行情况。对于预算执行进度偏慢的本级预算单位和下级财政部门，要及时督促其查找原因改进工作，切实加快支出进度。对于库款规模过高的地方，要及时督促其采取综合性措施，合理压降库款规模；对于库款规模过低的地方，要加强转移支付资金调度，并指导地方财政部门统筹转移支付和自有财力，合理调度库款，防范潜在的支付风险。各市要切实肩负起统筹所属县（市、区，不含省财政直管县（市））库款管理和对下资金调度的责任，科学合理对下调度资金，优化全市各级财政库款保障水平，为保障预算正常执行、加快支出进度提供有力支持。

三、进一步完善库款考核机制，加强库款运行分析

（一）健全库款考核通报机制。今年省财政厅将继续按照《转发〈财政部关于采取有效措施进一步加强地方财政库款管理工作的通知〉的通知》（鲁财库〔2016〕48号）有关规定，严格执行“挂钩与通报相结合”机制，按月对地方库款管理情况进行考核，并不定期在全省范围内通报。

（二）严格考核信息报送时间。各市财政部门要根据上月库款数据按月填报《地方财政库款考核情况表》，并于每月5日前（法定节假日相应顺延），随库款月报一并报送省财政厅。对各市财政部门因自身原因延迟报送库款月报和考核信息的，省财政厅将扣减当期考核综合得分1分。

（三）规范考核数据信息报送。各市财政部门要认真做好库款月报报送工作，确保数据准确无误，除对本级库款月报数据真实性、准确性负责外，还要加强对所辖县（市、区）财政部门上报数据的审核。对于报送数据出现较大差错的地方，省财政厅将相应扣减当期考核综合得分。其中，对于省财政厅审核发现的影响考核排名的数据差错，每项扣1分。

（四）切实加强库款统计分析。各市财政部门要注重加强库款统计分析，重点加强库款余额变动情况、库款余额相对水平和库款保障水平变动情况、置换债券置换情况、运用库款垫付拟发债券和资金回补情况、库款分布和层级占比变动情况等方面的分析，要突出趋势性分析和影响库款变动因素的分析。各季度的分析重点可结合实际确定，但库款余额同比增幅超过15%的，市级财政部门必须在上报的分析材料中分析说明库款增加的原因。库款分析材料按季度编报，于每季度结束后第1个月的5日前报送省财政厅（法定节假日相应顺延）。

省财政厅国库处联系人：迟铭奎；联系电话：0531－82669702。

附件：财政部关于进一步加强库款管理工作的通知

附件：

财政部关于进一步加强库款管理工作的通知

2017年2月4日 财办〔2017〕12号

各省、自治区、直辖市、计划单列市财政厅（局）：

为贯彻落实国务院有关要求，进一步加强和规范库款管理，保持合理库款规模，有效盘活财政存量资金，更好地发挥财政资金效益，根据《预算法》、《国务院关于编制2017年中央预算和地方预算的通知》（国发〔2016〕66号），以及财政部有关文件规定，现就有关事项通知如下：

一、切实采取有效措施，进一步强化库款管理

（一）进一步规范预算编制管理。各级财政部门要完善预算编制与存量资金挂钩机制，对于存量资金较多的单位或项目，要相应压减下年预算规模。改进项目库管理，加强项目可行性研究和评审论证，提高入库项目质量，促使预算一经下达能够立即执行。加大政府性基金预算、国有资本经营预算与一般公共预算的统筹力度，逐步取消一般公共预算中以收定支的事项。逐步推进中期财政规划管理，优化中期财政规划编制方法，提高规划编制的准确性和科学性，切实发挥好规划对年度预算编制的指导和约束作用。

（二）继续加强预算执行管理。各级财政部门要尽可能提高转移支付资金提前下达比例，按时下达本级人大批准的转移支付预算，为下级财政预算执行创造良好条件。切实加强预算执行跟踪分析，对执行进度较慢的专项转移支付资金，采取收回资金、调整用途等方式，统筹用于经济社会发展亟须资金支持的领域。

（三）进一步加强资金调度与国库现金管理。财政部将进一步健全转移支付资金调度与库款规模挂钩机制，对月度库款考核排名前6位和后6位的地区，下个月将调整转移支付资金调度的进度安排，分别加快或减缓调度序时进度3~5个百分点的转移支付资金。省级财政部门要结合本地区实际，研究建立本地区的转移支付资金调度与库款规模挂钩机制。省级财政部门要严格按照法律法规和财政部等有关部门的规定开展国库现金管理；国库现金管理操作工具为商业银行定期存款，期限在1年以内；对于各地区已实施的不符合规定的国库现金管理操作以及超过1年以上期限的国库现金管理定期存款，要积极稳妥清理规范。要加强库款管理与现金管理的统筹，当月一般公共预算累计支出进度未达到序时进度98%的地区，下个月不得开展国库现金管理操作。

（四）及时清理盘活结转结余资金。各级财政部门要严格执行结余资金以及结转两年以上资金收回财政统筹使用的规定，可参照结转两年以上资金的做法，将结转两年以内的资金由财政收回统筹使用。各级财政部门编制年度预算调入后的预算稳定调节基金规模，原则上不超过本级一般公共预算支出总额的5%；预算周转金的规模，要根据支付需要合理确定。

（五）规范地方政府债券管理。省级财政部门要加强债券发行与库款管理的统筹协调，制定债券发行计划时，要综合考虑债务到期情况和库款规模，合理确定债券发行时间和节奏。各级财政部门要提前做好存量债务置换前期准备工作，对于已入库的置换债券资金，原则上要在1个月内完成置换，减少资金留存国库时间。各级财政部门可在库款较高月份先通过库款垫付拟置换的债务，债券发行后及时将资金回补国库。

二、继续实行地方库款考核通报机制，强化考核督导

（一）继续实行考核通报机制。财政部将继续按月对地方库款情况进行考核，并进一步加大通报力度。地方库款余额同比增幅过高的月份，财政部将在全国范围内通报当月库款考核情况；其他情况下，按月分地区通报。全国通报中排名后6位的地区，必须在1个月内以省级财政部门正式文件形式向财政部（国库

司、预算司）提交有针对性的整改措施材料。

（二）严格考核信息报送时间。地方库款考核办法，参照《2016 年地方财政库款考核排名办法》有关规定执行，省级财政部门要根据上月库款数据按月填报《地方财政库款考核情况表》，于每月 7 日前（法定节假日相应顺延），随库款月报一并报送财政部（国库司）。因地方财政部门自身原因延迟报送考核信息的，财政部将扣减当期考核综合得分 1 分。

（三）规范考核数据信息报送。省级财政部门要强化《地方财政库款考核情况表》信息的规范性、准确性和严肃性。对于报送数据出现较大差错的地区，财政部将相应扣减当期考核综合得分。其中，对于财政部审查发现的影响考核排名的数据差错，每项扣 1 分。

三、完善地方库款月报机制，提高信息质量

（一）扎实做好库款月报编报工作。各级财政部门要按照《2017 年地方财政库款月报编制说明》（附件 1）有关要求，进一步加强库款月报的编报工作。省级财政部门要严格按照规定期限报送库款月报，并切实履行本地区库款月报数据信息审核职责，提高报送数据信息的准确性。

（二）切实加强库款统计分析。省级财政部门要注重加强库款统计分析，重点加强库款余额变动情况、库款余额相对水平和库款保障水平变动情况、置换债券置换情况、运用库款垫付拟发债券和资金回补情况、国库现金管理操作和到期情况、库款分布和层级占比变动情况等方面的分析，要突出趋势性分析和影响库款变动因素的分析。各月份的分析重点可结合实际确定，但库款余额同比增幅超过 15% 的，省级财政部门必须在上报的分析材料中分析说明库款增加的原因。

（三）强化库款运行情况监测督导。各级财政部门要结合库款月报等信息，加强对本地区库款运行情况的监测和库款管理相关工作督导。省级财政部门在库款同比增幅较高的月份，要及时督促预算执行进度偏慢的本级预算单位和下级财政部门，切实加快支出进度。省级财政部门对于库款规模过高的市县，要及时督促其采取综合性措施，合理压降库款规模；对于库款规模过低的市县，要加快转移支付资金调度，并指导市县财政部门统筹转移支付和自有财力，合理调度库款，防范潜在的支付风险。

各级财政部门要按照本通知要求，结合本地实际，细化任务分工，逐项对照落实，扎实有效推进库款管理工作。省级财政部门要加强对下级财政部门的工作指导和管理督导，确保层层压实责任。财政内部预算管理、国库管理、部门预算管理、债务管理等职能部门，要加强协调、密切配合、各司其职、各负其责，共同推进库款管理各项相关工作，切实提高财政资金使用效益，更好地服务宏观调控和稳增长工作大局。

附件：1. 2017 年地方财政库款月报编制说明

2. 地方财政国库库款情况月报（样表）

附件 1：

2017 年地方财政库款月报编制说明

为进一步强化库款月报编制工作，满足库款统计分析工作要求，财政部对库款月报报表项目和填报口径进行调整完善，现将有关情况具体说明如下：

一、库款月报报表构成

2017 年，地方财政库款月报由 3 张报表和库款情况分析材料组成，3 张报表分别为《地方财政国库库款情况月报》、《地方财政专户资金情况月报》、《地方财政暂存款项与暂付款项构成情况统计表》。

二、库款月报报送时限

《地方财政国库库款情况月报》、《地方财政专户资金情况月报》逐月编报，省级财政部门应于每月 7

日前（遇节假日顺延，下同）将上月有关信息报送财政部（国库司）。《地方财政暂存款项与暂付款项构成情况统计表》和库款情况分析材料按季度编报，省级财政部门应于每季度结束后第1个月的7日之前，与月度库款数据一并报送。

三、库款月报填列主要注意事项

（一）《地方财政国库库款情况月报》和《地方财政专户资金情况月报》中的期初数据填列年初数据，期末数据填列月末数据，本期流入和本期流出均为年内累计数据。

（二）《地方财政国库库款情况月报》中“一般公共预算收入”、“其中：税收收入”、“政府性基金收入”、“其中：国有土地使用权出让收入”、“国有资本经营预算收入”、“一般公共预算支出”、“政府性基金支出”、“国有资本经营预算支出”填列数据应与同期财政预算执行数据保持一致，以方便数据核对；“转移性收入”、“转移性支出”不含通过财政专户拨付的粮食风险基金。

（三）《地方财政国库库款情况月报》中“置换债券（转贷）收入”、“地方政府债务还本支出”、“其中：置换债券置换出库”、“地方政府债务转贷支出”、“其中：置换债券转贷支出”只填列产生现金流的公开发行债券数据，不含定向承销数据。

（四）《地方财政国库库款情况月报》和《地方财政暂存款项与暂付款项构成情况统计表》中的暂存款项和暂付款项相关数据均只填列人民银行金库（账号尾号001）发生的现金流。其中：“暂存款项”填列口径为《财政总预算会计制度》中“2011应付国库集中支付结余”、“2015其他应付款”、“2017应付代管资金”3个科目资金之和。“暂付款项”填列口径为“1021借出款项”、“1036其他应收款”2个科目资金之和。《地方财政暂存款项与暂付款项构成情况统计表》中的“暂付款项”相关项目按正数填列。

（五）《地方财政国库库款情况月报》中的“期初国库现金管理余额”、“国库现金管理到期收回”、“国库现金管理操作”、“期末国库现金管理余额”，凡是未按照规范的地方国库现金管理操作规定开展的国库资金定期存款余额不填列。

（六）《地方财政专户资金情况月报》中，财政专户撤户后缴入国库资金，需计入专户资金流出，还需在备注中予以说明；财政专户撤户后转入其他专户资金，需计入专户资金流出，还需计入转入专户的资金流入。

（七）《地方财政国库库款情况月报》、《地方财政专户资金情况月报》、《地方财政暂存款项与暂付款项构成情况统计表》的数据单位均为“万元”。

附件2：

表1： **地方财政国库库款情况月报**

编制单位： 年 月 单位：万元

序号	项目	年初至本期累计数				上年同期累计数				填列说明
		全省	省本级	市本级	县及县以下	全省	省本级	市本级	县及县以下	
1	期初库款余额									1=2+3
2	期初库款净额									国家金库（含代理金库）中的存款金额
3	期初国库现金管理余额									总会计账面数
4	本期库款流入									金库报表收入数据
5	一般公共预算收入									与预算执行数据保持一致
6	其中：税收收入									与预算执行数据保持一致
7	政府性基金收入									与预算执行数据保持一致

续表

序号	项目	年初至本期累计数				上年同期累计数				填列说明
		全省	省本级	市本级	县及县以下	全省	省本级	市本级	县及县以下	
8	其中：国有土地使用权出让收入									与预算执行数据保持一致
9	国有资本经营预算收入									与预算执行数据保持一致
10	转移性收入									金库报表数
11	地方政府债券（转贷）收入									11 = 12 + 13
12	新增债券（转贷）收入									省本级填发行收入，市本级和县及县以下填转贷收入，含在建项目后续融资债券（转贷）收入
13	置换债券（转贷）收入									省本级填发行收入，市本级和县及县以下填转贷收入，含在建项目后续融资债券（转贷）收入
14	国库现金管理到期收回									总会计账面数
15	暂付款项收回									总会计账面数
16	暂存款项									总会计账面数
17	其他库款流入									17 = 4 - 5 - 7 - 9 - 10 - 11 - 14 - 15 - 16
18	本期库款流出									金库报表数
19	一般公共预算支出									与预算执行数据保持一致
20	政府性基金支出									与预算执行数据保持一致
21	国有资本经营预算支出									与预算执行数据保持一致
22	转移性支出									总会计账面数
23	地方政府债务还本支出									总会计账面数
24	其中：置换债券置换出库									含在建项目后续融资还本支出
25	地方政府债务转贷支出									总会计账面数
26	其中：置换债券转贷支出									总会计账面数，县及县以下不填列
27	国库现金管理操作									总会计账面数
28	暂付款项									总会计账面数
29	拨付暂存款项									总会计账面数
30	其中：动用以前年度权责发生制列支									总会计账面数
31	其他库款流出									31 = 18 - 19 - 20 - 21 - 22 - 23 - 25 - 27 - 28 - 29
32	期末库款余额									32 = 33 + 34
33	期末库款净额									33 = 2 + 4 - 18，需与金库报表净额数据进行核对
34	期末国库现金管理余额									34 = 3 - 14 + 27

表2： **地方财政专户资金情况月报**

编制单位： 年 月 单位：万元

序号	项目	年初至本期累计数				上年同期数				填列说明
		全省	省本级	市本级	县及县以下	全省	省本级	市本级	县及县以下	
1	1. 期初资金余额									1 =2 +3 +4 +5 +6 +8 +9
2	社保基金专户									账面数
3	非税收入专户									账面数
4	事业收入专户									账面数
5	代管资金专户									账面数
6	专项支出类专户									账面数
7	其中：粮食风险基金									账面数
8	偿债准备金专户									账面数
9	其他专户									账面数
10	2. 本期资金流入									10 =11 +12 +13 +14 +15 +17 +18
11	社保基金专户									账面数
12	非税收入专户									账面数
13	事业收入专户									账面数
14	代管资金专户									账面数
15	专项支出类专户									账面数
16	其中：粮食风险基金									账面数
17	偿债准备金专户									账面数
18	其他专户									账面数
19	3. 本期资金流出									19 =20 +21 +22 +23 +24 +26 +27
20	社保基金专户									账面数
21	非税收入专户									账面数
22	事业收入专户									账面数
23	代管资金专户									账面数
24	专项支出类专户									账面数
25	其中：粮食风险基金									账面数
26	偿债准备金专户									账面数
27	其他专户									账面数
28	4. 期末资金余额									28 =1 +10 −19
29	社保基金专户									29 =2 +11 −20
30	非税收入专户									30 =3 +12 −21
31	事业收入专户									31 =4 +13 −22
32	代管资金专户									32 =5 +14 −23
33	专项支出类专户									33 =6 +15 −24
34	其中：粮食风险基金									34 =7 +16 −25
35	偿债准备金专户									35 =8 +17 −26
36	其他专户									36 =28 −29 −30 −31 −32 −33 −35

备注：

表 3： 地方财政暂存款项与暂付款项构成情况统计表

年　　月　　　　单位：万元

序号	级次 项目	全省	省本级	市本级	县及县以下	填列说明
1	暂存款项					1 = 2 + 3 + 11
2	应付国库集中支付结余					总会计账面数，科目 2011
3	其他应付款					总会计账面数，科目 2015
4	从融资平台借款					
5	从预算单位借款					
6	从银行贷款					
7	从企业借款					
8	代征社会保险费					在国库中社会保险费余额
9	收回存量资金					
10	其他					10 = 3 -（4 至 9 合计数）
11	应付代管资金					总会计账面数，科目 2017
1	暂付款项					科目 1021 借出款项 + 科目 1036 其他应收款
2	借出款项					总会计账面数，科目 1021
3	对预算单位借款					
4	对企业借款					
5	对融资平台借款					
6	其他					6 = 2 -（3 至 5 合计数）
7	垫付资金					7 = 8 至 12 合计数
8	垫付公益性项目资金					
9	垫付土地收储征地成本					
10	垫付地方债务到期本息					
11	垫付上级专项配套资金					
12	其他					

注：“暂付款项”相关数据均按正数填列。

省财政厅关于印发《2017 年山东省政府债券招标发行规则》的通知

2017 年 3 月 1 日　鲁财库〔2017〕7 号

2017 年山东省政府债券承销团成员，中央国债登记结算有限责任公司，中国证券登记结算有限责任公司，上海证券交易所，深圳证券交易所：

为做好 2017 年山东省政府债券招标发行工作，根据财政部有关规定，我们研究制定了《2017 年山东省政府债券招标发行规则》，现予以发布，请遵照执行。

附件：2017年山东省政府债券招标发行规则

附件：

2017年山东省政府债券招标发行规则

第一条　招标方式

2017年公开发行的山东省政府债券，借用“财政部政府债券发行系统”（以下简称“招标系统”）面向2017年山东省政府债券承销团（以下简称“承销团”）招标发行，采用单一价格荷兰式招标方式，招标标的为利率。按利率从低到高的原则，全场最高中标利率为当期山东省政府债券票面利率，各中标承销团成员按面值承销。

第二条　投标限定

（一）投标标位限定。投标标位变动幅度为0.01%。每一承销团成员最高、最低标位差为30个标位，无需连续投标。投标标位区间为招标日前1至5个工作日（含第1和第5个工作日）中国债券信息网公布的中债银行间固定利率国债收益率曲线中，待偿期为3年、5年、7年或10年的国债收益率算数平均值与该平均值上浮15%（四舍五入计算到0.01%）之间。

（二）投标量限定。主承销商最低、最高投标限额分别为每期债券发行量的11%、30%；承销团一般成员最低、最高投标限额分别为每期债券发行量的2%、30%。单一标位最低投标限额为0.1亿元，最高投标限额为每期发行量的30%。投标量变动幅度为0.1亿元的整数倍。

（三）最低承销额限定。主承销商最低承销额为每期债券发行量的8%；承销团一般成员无最低承销额限制。

上述比例均计算至0.1亿元，0.1亿元以下四舍五入。

第三条　中标原则

（一）中标募入顺序。按照低利率优先的原则对有效投标逐笔募入，直到募满招标额为止。

（二）最高中标利率标位中标分配顺序。以各承销团成员在最高中标利率标位的有效投标量占该标位总有效投标量的权重进行分配，最小中标单位为0.1亿元，分配后仍有尾数时，按投标时间优先原则分配。

第四条　债权登记与托管

（一）在招标工作结束后15分钟内，各中标承销团成员应通过招标系统填制“债权托管申请书”，在中央国债登记结算有限责任公司（以下简称“国债登记公司”）和中国证券登记结算有限责任公司（以下简称“证券登记公司”）上海、深圳分公司选择托管。逾期未填制的，系统默认全部在国债登记公司托管。

（二）券种注册和承销额度注册。国债登记公司，证券登记公司上海、深圳分公司根据招标结果办理券种注册，根据各中标承销团成员选择的债券托管数据为各中标机构办理承销额度注册。

（三）山东省政府债券的债权确立实行见款付券方式。承销团成员不晚于缴款日（招标日后第1个工作日）将发行款缴入国家金库山东省分库。山东省财政厅于债权登记日（即招标日后第 2 个工作日）中午 12：00 前，将发行款入库情况通知国债登记公司办理债权登记和托管，并委托国债登记公司将涉及证券登记公司上海、深圳分公司分托管的部分，于债权登记日通知证券登记公司上海、深圳分公司。如山东省财政厅未在规定时间内通知国债登记公司办理债权登记和托管，国债登记公司可顺延后续业务处理时间。

第五条　分　　销

山东省政府债券分销，是指在规定的分销期内，中标承销团成员将中标的全部或部分山东省政府债券债权额度转让给非承销团成员的行为。

（一）分销方式。山东省政府债券采取场内挂牌、场外签订分销合同等方式分销。

（二）分销对象。山东省政府债券承销团成员间不得分销。非承销团成员通过分销获得的山东省政府债券债权额度，在分销期内不得转让。

（三）分销价格。承销团成员根据市场情况自定价格分销。

第六条　应急流程

招标系统客户端出现技术问题，承销团成员可以在山东省政府债券发行文件所规定的时间内，将内容齐全的《地方政府债券发行应急投标书》或《地方政府债券债权托管应急申请书》（详见附件）传真至国债登记公司，委托国债登记公司代为投标或托管债权。

（一）承销团成员如需进行应急投标（或债权托管），应及时通过拨打招标室电话告知山东省财政厅招标人员。

（二）应急时间以国债登记公司收到应急投标书（或债权托管应急申请书）的时间为准。应急投标截止时间为当期山东省政府债券投标截止时间，债权托管应急申请截止时间为当期山东省政府债券债权托管截止时间。

（三）应急投标书（或债权托管应急申请书）录入招标系统后，申请应急的承销团成员将无法通过招标系统投标（或托管债权）。应急投标书（或债权托管应急申请书）录入招标系统前，该承销团成员仍可通过招标系统投标（或托管债权）。

（四）如承销团成员既通过招标系统投标（或托管债权），又进行应急投标（或债权托管），或进行多次应急投标（或债权托管），以最后一次有效投标（或债权托管）为准；如承销团成员应急投标（或债权托管）内容与通过招标系统投标（或托管债权）的内容一致，不做应急处理。

（五）除山东省财政厅通知延长应急投标时间外，晚于投标截止时间的应急投标为无效投标。

（六）国债登记公司确认招标时间内其负责维护的招标系统或通讯主干线运行出现问题时，山东省财政厅将通过中债发行业务短信平台（010－88170678），通知经报备的承销团成员常规联系人、投标操作人，延长招标应急投标时间至投标截止时间后半小时。通知内容为“［招标室通知］201×年×月×日山东省政府债券招标应急投标时间延长半小时”。

第七条　其　　他

（一）承销团成员承销 2017 年山东省政府债券情况，作为以后年度组建山东省政府债券承销团的重要参考。

（二）为加强发债定价现场管理，确保发债定价过程公平、规范、有序进行，招标发行现场的发行人员、监督员，分别由山东省财政厅、山东省审计厅等有关职能部门派员担任。

（三）执行中如有变动，以当期山东省政府债券发行文件为准。

（四）本规则自公布之日起施行，有效期截至2017年12月31日。

附件：1. 地方政府债券发行应急投标书

2. 地方政府债券债权托管应急申请书

附件1：

地方政府债券发行应急投标书

业务凭单号：A01

____________________：

由于财政部政府债券发行系统客户端出现故障，现以书面形式发送__________（债券名称）发行应急投标书。我单位承诺：本应急投标书由我单位授权经办人填写，内容真实、准确、完整，具有与系统投标同等效力，我单位自愿承担应急投标所产生风险。

投标方名称：____________________

自营托管账号：□□□□□□□□□□□

投标日期：______年____月____日【要素1】

债券代码：__________【要素2】

投标标位（%或元/百元面值）		投标量（亿元）	
标位1【要素3】		投标量【要素4】	
标位2		投标量	
标位3		投标量	
标位4		投标量	
标位5		投标量	
标位6		投标量	
合计			

（注：标位不够可自行添加）

电子密押：__________ __________ __________ __________（16位数字）

联系人：____________________ 联系电话：____________________

单位印章

注意事项：

1. 应急投标书填写须清晰，不得涂改。

2. 本应急投标书进行电子密押计算时共有4项要素，其中要素1在电子密押器中已默认显示，如与应急投标书不符时，请手工修正密押器的要素1；要素2～4按应急投标书所填内容顺序输入密押器，输入内容与应急投标书填写内容必须完全一致。

3. 仅公告本次发行所使用发行室电话

1号发行室电话：010－88170543、0544、0545、0546 传真：010－88170939

2号发行室电话：010－88170547、0548、0549、0550 传真：010－88170907

上海分公司发行室电话：010－88170051、0052、0053、0054 传真：010－88170966

深圳客服中心发行室电话：010－88170031、0032、0033、0034 传真：010－88170960

附件2：

地方政府债券债权托管应急申请书

业务凭单号：A02

____________________：

由于财政部政府债券发行系统客户端出现故障，现以书面形式发送（债券名称）发行债权托管应急申请书。我单位承诺：本债权托管应急申请书由我单位授权经办人填写，内容真实、准确、完整，具有与系统投标同等效力，我单位自愿承担应急投标所产生风险。

投标方名称：____________________

自营托管账号：□□□□□□□□□□□□□□

申请日期：______年____月____日【要素1】

债券代码：____________【要素2】

托管机构	债权托管面额（亿元）
中央国债登记公司【要素3】	
证券登记公司（上海）	
证券登记公司（深圳）	
合计【要素4】	

电子密押：____________ ____________ ____________ ____________（16位数字）

联系人：________________________

联系电话：________________________

单位印章

注意事项：

1. 应急申请书填写须清晰，不得涂改。

2. 本应急申请书进行电子密押计算时共有4项要素，其中要素1在电子密押器中已默认显示，如与应急申请书不符时，请手工修正密押器的要素1；要素2~4按应急申请书所填内容顺序输入密押器，输入内容与应急申请书填写内容必须完全一致。

3. 仅公告本次发行所使用发行室电话

1号发行室电话：010－88170543、0544、0545、0546　传真：010－88170939

2号发行室电话：010－88170547、0548、0549、0550　传真：010－88170907

上海分公司发行室电话：010－88170051、0052、0053、0054　传真：010－88170966

深圳客服中心发行室电话：010－88170031、0032、0033、0034　传真：010－88170960

省财政厅关于印发《2017年山东省政府债券招标发行兑付办法》的通知

2017年3月11日　鲁财库〔2017〕8号

2017年山东省政府债券承销团成员，中央国债登记结算有限责任公司，中国证券登记结算有限责任公司，上海证券交易所，深圳证券交易所：

为做好 2017 年山东省政府债券招标发行工作，根据财政部有关规定，我们研究制定了《2017 年山东省政府债券招标发行兑付办法》，现予发布，请遵照执行。

附件：2017 年山东省政府债券招标发行兑付办法

附件：

2017 年山东省政府债券招标发行兑付办法

第一章 总 则

第一条 为规范 2017 年山东省政府债券招标发行与兑付管理，根据有关法律法规规定和《财政部关于印发〈地方政府一般债券发行管理暂行办法〉的通知》（财库〔2015〕64 号）、《财政部关于印发〈地方政府专项债券发行管理暂行办法〉的通知》（财库〔2015〕83 号）、《财政部关于做好 2017 年地方政府债券发行工作的通知》（财库〔2017〕59 号）要求，制定本办法。

第二条 本办法适用于 2017 年山东省人民政府作为发行和偿还主体，由山东省财政厅具体办理债券发行、利息支付和本金偿还的山东省政府债券的发行和兑付管理。不包括定向承销方式发行的政府债券。

第三条 2017 年山东省政府债券分为一般债券和专项债券，采用记账式固定利率附息形式。一般债券期限为 3 年、5 年、7 年和 10 年，专项债券期限为 3 年、5 年、7 年和 10 年。其中 3 年期、5 年期、7 年期债券利息按年支付，10 年期债券利息按半年支付。债券公开发行后，按规定在全国银行间债券市场和证券交易所债券市场（以下简称“交易场所”）上市流通。

第四条 2017 年山东省政府债券采取公开招标方式发行。每期发行数额、发行时间、期限结构等要素由山东省财政厅确定。

第二章 发行与上市

第五条 山东省财政厅按照公开、公平、公正原则，组建 2017 年山东省政府债券承销团，负责 2017 年山东省政府债券承销工作。

第六条 山东省财政厅与山东省政府债券承销团成员签订债券承销协议，明确双方权利和义务。承销团成员可以委托其在山东省的分支机构代理签订并履行债券承销协议。

第七条 经山东省财政厅委托，上海新世纪资信评估投资服务有限公司开展 2017 年山东省政府债券信用评级，并在债券存续期内开展年度跟踪评级。

第八条 山东省财政厅在山东省政府债券每次发行前 5 个工作日（含第 5 个工作日），按规定通过中国债券信息网、山东省财政厅门户网站等网站（以下简称指定网站）披露当期债券基本信息、债券信用评级报告和跟踪评级安排。不迟于全年首次发行前 5 个工作日，通过指定网站披露债券发行兑付相关制度办法、山东省中长期经济规划、山东省政府债务管理情况等信息。山东省政府债券存续期内，山东省财政厅通过指定网站持续披露山东省财政预决算和收支执行情况、山东省政府债务管理情况、跟踪评级报告和可能影响偿债能力的重大事项。

第九条 山东省财政厅于招标日借用“财政部政府债券发行系统”组织招投标工作，并邀请非财政部门派出监督员现场监督招投标过程。参与投标机构为 2017 年山东省政府债券承销团成员。

第十条 招投标结束后，山东省财政厅不迟于招标日日终，通过指定网站等渠道向社会公布中标结果。

第十一条 招投标结束至缴款日（招标日后第1个工作日）为山东省政府债券发行分销期。中标的承销团成员可于分销期内在交易场所采取场内挂牌和场外签订分销合同的方式，向符合规定的投资者分销。

第十二条 山东省政府债券的债权确立实行见款付券方式。承销团成员应不迟于缴款日将发行款缴入国家金库山东省分库。山东省财政厅于债权登记日（即招标日后第2个工作日）中午12：00前，将发行款入库情况通知中央国债登记结算有限责任公司（以下简称“国债登记公司”）办理债权登记和托管，并委托国债登记公司将涉及中国证券登记结算有限责任公司（以下简称“证券登记公司”）上海、深圳分公司分托管的部分，于债权登记日通知证券登记公司上海、深圳分公司。如山东省财政厅未在规定时间内通知国债登记公司办理债权登记和托管，国债登记公司可顺延后续业务处理时间。

第十三条 山东省财政厅按以下标准向承销商支付发行手续费，3年期为发行面值的0.5‰，5年期、7年期、10年期为发行面值的1‰。

第十四条 在确认足额收到债券发行款后，山东省财政厅于缴款日后5个工作日内（含第5个工作日）办理发行手续费拨付。

第十五条 山东省政府债券于上市日（招标日后第3个工作日）起，按规定在交易场所上市流通。

第三章 还本付息

第十六条 山东省财政厅不迟于还本付息日前5个工作日，通过指定网站公布还本付息事项，并按规定办理山东省政府债券还本付息。

第十七条 国债登记公司应当不迟于还本付息日前11个工作日将还本付息信息通知山东省财政厅。

第十八条 山东省财政厅应当不迟于还本付息日前2个工作日，将债券还本付息资金划至国债登记公司账户。国债登记公司应当于还本付息日前第2个工作日日终前，将证券交易所市场债券还本付息资金划至证券登记公司账户。国债登记公司、证券登记公司应按时拨付还本付息资金，确保还本付息资金于还本付息日足额划至各债券持有人账户。

第四章 法律责任和罚则

第十九条 承销团成员违反本办法第十二条规定，未按时足额缴纳山东省政府债券发行款的，按逾期支付额和逾期天数，以当期债券票面利率的两倍折成日息向山东省财政厅支付违约金。违约金计算公式为：

违约金＝逾期支付额×（票面利率×2÷当前计息年度实际天数）×逾期天数

其中，当前计息年度实际天数指自起息日起对月对日算一年所包括的实际天数，下同。

第二十条 山东省财政厅违反本办法第十三条、第十四条规定，未按时足额向承销团成员支付发行手续费，按逾期支付额和逾期天数，以当期债券票面利率的两倍折成日息向承销团成员支付违约金。计算公式为：

违约金＝逾期支付额×（票面利率×2÷当前计息年度实际天数）×逾期天数

第二十一条 国债登记公司、证券登记公司等机构，因管理不善或操作不当，给其他方造成经济损失的，应当承担赔偿责任，并追究相关责任人法律责任。

第五章 附　　则

第二十二条 本办法下列用语的含义：

（一）招标日，是指山东省政府债券发行文件规定的山东省财政厅组织发行招投标的日期。

（二）缴款日，是指山东省政府债券发行文件规定的承销团成员将认购山东省政府债券资金缴入国家金库山东省分库的日期。

（三）上市日，是指山东省政府债券按有关规定开始在交易场所上市流通的日期。

（四）还本付息日，是指山东省政府债券发行文件规定的投资者应当收到本金或利息的日期。

第二十三条 本办法由山东省财政厅负责解释。

第二十四条 本办法自公布之日起施行。

省财政厅 中国人民银行济南分行关于印发山东省国库现金管理实施细则的通知

2017年7月14日 鲁财库〔2017〕34号

各有关商业银行：

根据《财政部、中国人民银行关于印发〈地方国库现金管理试点办法〉的通知》（财库〔2014〕183号）有关规定，我们制定了《山东省国库现金管理实施细则》，已经省政府批准，现印发给你们，请遵照执行。

附件：山东省国库现金管理实施细则

附件：

山东省国库现金管理实施细则

第一章 总 则

第一条 为深化国库集中收付制度改革，规范国库现金管理，提高财政资金使用效益，增强财政政策与货币政策协调性，根据《中华人民共和国预算法》《中华人民共和国国家金库条例》和财政部、中国人民银行《地方国库现金管理试点办法》（财库〔2014〕183号）等法律法规及有关规定，制定本细则。

第二条 本细则适用于山东省国库现金管理业务。本细则所称国库现金是指省政府存放在同级国库的财政资金。国库现金管理是指在确保国库现金安全和资金支付需要的前提下，为提高财政资金使用效益，运用金融工具有效运作库款的管理活动。

第三条 国库现金管理遵循以下原则：

（一）安全性、流动性、收益性相统一原则。在确保财政资金安全以及财政支出支付流动性需求基础上，实现财政资金保值、增值。

（二）公开、公平、公正原则。国库现金管理应公开、公平、公正开展操作，确保资金安全。

（三）协调性原则。国库现金管理应充分考虑对市场流动性的影响，与货币政策操作保持协调性。

第四条 国库现金管理操作工具为商业银行定期存款，定期存款期限在1年期以内。

本细则所称国库现金管理商业银行定期存款（以下简称国库定期存款），是指将暂时闲置的国库现金按一定期限存放商业银行，商业银行提供足额质押并向山东省财政厅（以下简称省财政厅）支付利息。

第五条 省财政厅会同中国人民银行济南分行（以下简称人行济南分行）开展国库现金管理工作，建立沟通协调机制，每期操作前进行必要沟通。

第二章 定期存款操作

第六条 本细则所称商业银行，是指在济南市设有分支机构的国有商业银行、股份制商业银行、城市商业银行、农村商业银行和邮政储蓄银行。

第七条 商业银行参与国库现金管理操作应符合下列条件：

（一）依法开展经营活动，近 3 年内在经营活动中无重大违法违规记录。

（二）财务稳健，资本充足率、不良贷款率、拨备覆盖率、流动性覆盖率、流动性比例等指标达到监管标准。

（三）内部管理机制健全，具有较强的风险控制能力，近 3 年内未发生金融风险及重大违约事件。

第八条 省财政厅负责国库现金预测并根据预测结果商人行济南分行制定国库现金管理分期操作计划。每月 25 日前，省财政厅、人行济南分行将下月操作计划分别报财政部、中国人民银行总行备案。每次操作前 5 个工作日，将具体操作信息分别报财政部、中国人民银行总行备案。执行中如有调整，及时上报更新操作信息。

第九条 国库现金管理采取公开招标方式，具体由省财政厅会同人行济南分行确定。

第十条 国库现金管理公开招标工作由国库现金管理招标小组负责，小组成员由省财政厅、人行济南分行等部门人员构成。

每次公开招标前 3 个工作日，通过省财政厅网站、人行济南分行网站公告信息。招标完成当日公布经招标小组成员一致确认的结果。

第十一条 国库定期存款利率，以操作当日同期限金融机构人民币存款基准利率为基础，由商业银行参考山东省市场利率定价自律机制协商议定的范围根据商业原则自主确定。

第十二条 国库现金管理应严格控制单一存款银行存款比例，防范资金风险。单期存款银行一般不得少于 5 家，单家存款银行参与当期国库定期存款的额度不得超过当期定期存款总额的 25%。单一存款银行存放的国库定期存款余额不得超过该银行一般性存款余额的 10%，不得超过国库定期存款余额的 20%。

第三章 定期存款质押和资金划拨

第十三条 存款银行取得国库定期存款，应按规定及时、足额提供质押品。质押品应为可流通国债或地方政府债券，质押的国债或地方政府债券面值数额分别为存款金额的 105%、115%。

第十四条 存款银行应按规定在“国库定期存款”一级负债科目下设置“山东省财政厅省级国库现金管理”账户，用于核算存入、归还的国库定期存款。

存款银行应将“国库定期存款”增设及科目变动情况报人行济南分行备案。该科目纳入一般存款范围缴纳存款准备金。

第十五条 省财政厅在中央国债登记结算有限责任公司（以下简称中债登）开设国库现金管理质押账户，登记省财政厅收到的存款银行质押品质权信息。人行济南分行负责办理具体质押操作。

第十六条 存款银行按照中标公告及省财政厅、人行济南分行每期操作通知，于次 1 个工作日 11：00 前足额提供质押品。人行济南分行应在存款银行提供质押品当日通过中债登业务客户端完成质押操作，并将质押情况于当日告知省财政厅。省财政厅确认存款银行足额质押后，于次 1 个工作日 12：00 前向人行济南分行开具划款凭证，人行济南分行当日通过大额支付系统将资金划拨至存款银行账户。

第十七条 存款银行收款后，最迟于次 1 个工作日向省财政厅开具定期存款证明，载明户名、存款银行名称、账号、存款金额、利率、期限、起息日和到期日等要素内容。

第十八条 国库定期存款存续期内，省财政厅负责对存款银行质押品实施管理，确保足额质押。

第十九条 存款到期日，存款银行将存款本金和利息于当日 11：00 前通过大额支付系统足额划回国库。本金和利息分别汇划，不得并笔。其中，本金划入省级国库；利息作为一般公共预算收入，同时缴入省级国库，纳入财政预算管理。

第二十条 存款本息划回国库当日，人行济南分行将存款本息划回信息通知省财政厅，并通过中债登业务客户端对质押品进行解押。

第二十一条 人行济南分行按规定设置“国库现金管理”资产类科目，核算存款银行国库定期存款操作、到期收回以及余额。该余额纳入国库库存表反映（格式见附件1）。

第二十二条 人行济南分行根据每期国库定期存款划拨情况，于次1个工作日向省财政厅提供当期国库定期存款资金划出、存款到期本息划回明细表（格式见附件2）。

第二十三条 人行济南分行按月、按年向省财政厅提供国库定期存款操作、存款到期、余额和利息收入等报表及电子信息（格式见附件3），并进行对账。省财政厅应于收到纸质报表后3个工作日内加盖预留印鉴后返回。

第二十四条 存款银行应于每月月初5个工作日内向人行济南分行报送分期限定期存款情况统计表（格式见附件4）

第二十五条 国库定期存款属于政府财政库款。除法律另有规定外，任何单位不得扣划、冻结省财政厅在存款银行的国库定期存款。

第二十六条 任何单位和个人不得借开展国库现金管理业务干预金融机构正常经营，不得将国库现金管理与银行贷款挂钩。

第二十七条 存款银行应加强对国库定期存款资金运用管理，防范资金风险，不得将国库定期存款资金投向国家有关政策限制的领域，不得以国库定期存款资金赚取高风险收益。

第四章 管理监督和法律责任

第二十八条 省财政厅会同人行济南分行对商业银行参与国库现金管理活动进行监督管理。

第二十九条 存款银行违反存款协议规定，未及时、足额汇划国库定期存款本息的，不予解除质押品并按有关规定执行。

第三十条 存款银行出现以下行为或情形之一的，省财政厅会同人行济南分行视情节轻重，决定暂停以至取消其参与国库现金管理活动。

（一）未按规定及时足额质押或及时汇划到期本息违约两次及以上，或涉及金额较大的。

（二）出现重大违法违规，导致财务恶化或引起信用危机的。

（三）存在弄虚作假等严重不正当竞争行为的。

（四）可能危及财政国库资金安全的其他情况。

第三十一条 存款银行未按规定办理国库现金管理定期存款业务，造成国库现金管理风险或损失的，承担相应法律责任。

第五章 附 则

第三十二条 本细则由省财政厅、人行济南分行负责解释。

第三十三条 本细则自2017年7月17日起施行，有效期至2022年7月16日。

附件：1. 国家金库山东省分库库存日报表

2. 山东省国库现金管理商业银行定期存款资金划出明细表、定期存款本息划回明细表

3. 山东省国库现金管理定期存款月（年）报表

4. 山东省国库现金管理定期存款情况统计表

附件1：

国家金库山东省分库库存日报表

日期：　　年　　月　　日　　　　单位：万元

科目名称	上日余额	本日发生额	本日余额
库存			
其中：现金			
定期存款			

公章：　　　　复核：　　　　制表：

附件2：

山东省国库现金管理商业银行定期存款资金划出明细表

（　年第　期）

起息日：　　到期日：　　存款期限：　　利率：　　单位：万元

序号	存款银行	资金划出金额	备注
1	商业银行1		
2	商业银行2		
3	商业银行3		
4	……		
5	……		
合计			

公章：　　　　复核：　　　　制表：

山东省国库现金管理商业银行定期存款本息划回明细表

（　年第　期）

起息日：　　到期日：　　存款期限：　　利率：　　单位：万元

序号	存款银行	应收本金	实收本金	应收利息（元）	应收罚息（元）	实收利息（元）
1	商业银行1					
2	商业银行2					
3	商业银行3					
4	……					
5	……					
合计						

附件3：

山东省国库现金管理定期存款月（年）报表

日期：　　年　　月　　日　　　　单位：万元

	存款银行	期初国库定期存款余额	本期国库定期存款发生额		期末国库定期存款余额
			存入定期存款	收回定期存款	
	一、国有商业银行				
1	商业银行1				
2	商业银行2				

续表

	存款银行	期初国库定期存款余额	本期国库定期存款发生额		期末国库定期存款余额
			存入定期存款	收回定期存款	
3	……				
	二、股份制商业银行				
4	……				
	三、城市商业银行				
5	……				
	四、农村商业银行				
6	……				
	五、邮政储蓄银行				
	合计				

公章： 复核： 制表：

附件4：

山东省国库现金管理定期存款情况统计表

存款银行： 日期： 年 月 日 单位：万元

期限	期初国库定期存款余额	本期国库定期存款发生额		期末国库定期存款余额
		存入定期存款	收回定期存款	
3个月				
6个月				
…				
合计				

公章： 复核： 制表：

省财政厅转发《财政部关于切实采取措施合理控制库款规模有关事项的通知》的通知

2017年9月20日 鲁财库〔2017〕47号

各市财政局、省财政直接管理县（市）财政局：

现将《财政部关于切实采取措施合理控制库款规模有关事项的通知》（财库〔2017〕156号）转发给你们，并结合我省实际提出如下意见，请一并贯彻执行。

一、高度重视库款管理工作。库款是各级财政运行的重要基础和保障。各级财政部门要将强化财政库款管理与加快预算支出执行进度、提高财政资金使用效益、保障财政资金安全有机结合起来，通过扎实有效的工作，既要严格控制库款规模，提高财政资金使用效益，也要全面加强财政资金安全管理，防范财政资金支付风险。

二、强化库款统筹管理。市级财政部门要加强对所辖县（市、区）库款情况的监测分析，加强本地区库款的统筹管理。要在市县级之间保持合理的库款比例，避免出现市级库款集中度过高而影响县（市、区）预算执行的情况。要针对各县（市、区）库款分布不均衡问题，通过加强市级统筹管理，保障县（市、区）财政预算执行，防范库款支付风险，提高财政资金使用效益。

三、健全库款管理长效工作机制。财政部门主要负责人作为库款管理的第一责任人，要全面抓好库款管理各项工作。财政内部相关管理部门要强化责任担当，按照分工主动抓好落实。要通过完善分工体系、明确任务目标、加强统筹协调、严格考核督导、层层落实责任，全面加强库款管理。省财政厅将继续实行库款管理综合考核制度，按月对各地库款管理情况进行考核。对落实库款管理要求不力的市县，将适时进行约谈。

附件：财政部关于切实采取措施合理控制库款规模有关事项的通知（财库〔2017〕156号）（略）

五、

政府采购监督管理类

政府采购货物和服务招标投标管理办法

2017 年 7 月 11 日　财政部令第 87 号

第一章　总　　则

第一条　为了规范政府采购当事人的采购行为，加强对政府采购货物和服务招标投标活动的监督管理，维护国家利益、社会公共利益和政府采购招标投标活动当事人的合法权益，依据《中华人民共和国政府采购法》（以下简称政府采购法）、《中华人民共和国政府采购法实施条例》（以下简称政府采购法实施条例）和其他有关法律法规规定，制定本办法。

第二条　本办法适用于在中华人民共和国境内开展政府采购货物和服务（以下简称货物服务）招标投标活动。

第三条　货物服务招标分为公开招标和邀请招标。

公开招标，是指采购人依法以招标公告的方式邀请非特定的供应商参加投标的采购方式。

邀请招标，是指采购人依法从符合相应资格条件的供应商中随机抽取 3 家以上供应商，并以投标邀请书的方式邀请其参加投标的采购方式。

第四条　属于地方预算的政府采购项目，省、自治区、直辖市人民政府根据实际情况，可以确定分别适用于本行政区域省级、设区的市级、县级公开招标数额标准。

第五条　采购人应当在货物服务招标投标活动中落实节约能源、保护环境、扶持不发达地区和少数民族地区、促进中小企业发展等政府采购政策。

第六条　采购人应当按照行政事业单位内部控制规范要求，建立健全本单位政府采购内部控制制度，在编制政府采购预算和实施计划、确定采购需求、组织采购活动、履约验收、答复询问质疑、配合投诉处理及监督检查等重点环节加强内部控制管理。

采购人不得向供应商索要或者接受其给予的赠品、回扣或者与采购无关的其他商品、服务。

第七条　采购人应当按照财政部制定的《政府采购品目分类目录》确定采购项目属性。按照《政府采购品目分类目录》无法确定的，按照有利于采购项目实施的原则确定。

第八条　采购人委托采购代理机构代理招标的，采购代理机构应当在采购人委托的范围内依法开展采购活动。

采购代理机构及其分支机构不得在所代理的采购项目中投标或者代理投标，不得为所代理的采购项目的投标人参加本项目提供投标咨询。

第二章　招　　标

第九条　未纳入集中采购目录的政府采购项目，采购人可以自行招标，也可以委托采购代理机构在委托的范围内代理招标。

采购人自行组织开展招标活动的，应当符合下列条件：

（一）有编制招标文件、组织招标的能力和条件；

（二）有与采购项目专业性相适应的专业人员。

第十条　采购人应当对采购标的的市场技术或者服务水平、供应、价格等情况进行市场调查，根据调查情况、资产配置标准等科学、合理地确定采购需求，进行价格测算。

第十一条 采购需求应当完整、明确，包括以下内容：

（一）采购标的需实现的功能或者目标，以及为落实政府采购政策需满足的要求；

（二）采购标的需执行的国家相关标准、行业标准、地方标准或者其他标准、规范；

（三）采购标的需满足的质量、安全、技术规格、物理特性等要求；

（四）采购标的的数量、采购项目交付或者实施的时间和地点；

（五）采购标的需满足的服务标准、期限、效率等要求；

（六）采购标的的验收标准；

（七）采购标的的其他技术、服务等要求。

第十二条 采购人根据价格测算情况，可以在采购预算额度内合理设定最高限价，但不得设定最低限价。

第十三条 公开招标公告应当包括以下主要内容：

（一）采购人及其委托的采购代理机构的名称、地址和联系方法；

（二）采购项目的名称、预算金额，设定最高限价的，还应当公开最高限价；

（三）采购人的采购需求；

（四）投标人的资格要求；

（五）获取招标文件的时间期限、地点、方式及招标文件售价；

（六）公告期限；

（七）投标截止时间、开标时间及地点；

（八）采购项目联系人姓名和电话。

第十四条 采用邀请招标方式的，采购人或者采购代理机构应当通过以下方式产生符合资格条件的供应商名单，并从中随机抽取3家以上供应商向其发出投标邀请书：

（一）发布资格预审公告征集；

（二）从省级以上人民政府财政部门（以下简称财政部门）建立的供应商库中选取；

（三）采购人书面推荐。

采用前款第一项方式产生符合资格条件供应商名单的，采购人或者采购代理机构应当按照资格预审文件载明的标准和方法，对潜在投标人进行资格预审。

采用第一款第二项或者第三项方式产生符合资格条件供应商名单的，备选的符合资格条件供应商总数不得少于拟随机抽取供应商总数的两倍。

随机抽取是指通过抽签等能够保证所有符合资格条件供应商机会均等的方式选定供应商。随机抽取供应商时，应当有不少于两名采购人工作人员在场监督，并形成书面记录，随采购文件一并存档。

投标邀请书应当同时向所有受邀请的供应商发出。

第十五条 资格预审公告应当包括以下主要内容：

（一）本办法第十三条第一至四项、第六项和第八项内容；

（二）获取资格预审文件的时间期限、地点、方式；

（三）提交资格预审申请文件的截止时间、地点及资格预审日期。

第十六条 招标公告、资格预审公告的公告期限为5个工作日。公告内容应当以省级以上财政部门指定媒体发布的公告为准。公告期限自省级以上财政部门指定媒体最先发布公告之日起算。

第十七条 采购人、采购代理机构不得将投标人的注册资本、资产总额、营业收入、从业人员、利润、纳税额等规模条件作为资格要求或者评审因素，也不得通过将除进口货物以外的生产厂家授权、承诺、证明、背书等作为资格要求，对投标人实行差别待遇或者歧视待遇。

第十八条 采购人或者采购代理机构应当按照招标公告、资格预审公告或者投标邀请书规定的时间、地点提供招标文件或者资格预审文件，提供期限自招标公告、资格预审公告发布之日起计算不得少于5个工作日。提供期限届满后，获取招标文件或者资格预审文件的潜在投标人不足3家的，可以顺延提供期限，并予公告。

公开招标进行资格预审的，招标公告和资格预审公告可以合并发布，招标文件应当向所有通过资格预审的供应商提供。

第十九条 采购人或者采购代理机构应当根据采购项目的实施要求，在招标公告、资格预审公告或者投标邀请书中载明是否接受联合体投标。如未载明，不得拒绝联合体投标。

第二十条 采购人或者采购代理机构应当根据采购项目的特点和采购需求编制招标文件。招标文件应当包括以下主要内容：

（一）投标邀请；

（二）投标人须知（包括投标文件的密封、签署、盖章要求等）；

（三）投标人应当提交的资格、资信证明文件；

（四）为落实政府采购政策，采购标的需满足的要求，以及投标人须提供的证明材料；

（五）投标文件编制要求、投标报价要求和投标保证金交纳、退还方式以及不予退还投标保证金的情形；

（六）采购项目预算金额，设定最高限价的，还应当公开最高限价；

（七）采购项目的技术规格、数量、服务标准、验收等要求，包括附件、图纸等；

（八）拟签订的合同文本；

（九）货物、服务提供的时间、地点、方式；

（十）采购资金的支付方式、时间、条件；

（十一）评标方法、评标标准和投标无效情形；

（十二）投标有效期；

（十三）投标截止时间、开标时间及地点；

（十四）采购代理机构代理费用的收取标准和方式；

（十五）投标人信用信息查询渠道及截止时点、信用信息查询记录和证据留存的具体方式、信用信息的使用规则等；

（十六）省级以上财政部门规定的其他事项。

对于不允许偏离的实质性要求和条件，采购人或者采购代理机构应当在招标文件中规定，并以醒目的方式标明。

第二十一条 采购人或者采购代理机构应当根据采购项目的特点和采购需求编制资格预审文件。资格预审文件应当包括以下主要内容：

（一）资格预审邀请；

（二）申请人须知；

（三）申请人的资格要求；

（四）资格审核标准和方法；

（五）申请人应当提供的资格预审申请文件的内容和格式；

（六）提交资格预审申请文件的方式、截止时间、地点及资格审核日期；

（七）申请人信用信息查询渠道及截止时点、信用信息查询记录和证据留存的具体方式、信用信息的使用规则等内容；

（八）省级以上财政部门规定的其他事项。

资格预审文件应当免费提供。

第二十二条 采购人、采购代理机构一般不得要求投标人提供样品，仅凭书面方式不能准确描述采购需求或者需要对样品进行主观判断以确认是否满足采购需求等特殊情况除外。

要求投标人提供样品的，应当在招标文件中明确规定样品制作的标准和要求、是否需要随样品提交相关检测报告、样品的评审方法以及评审标准。需要随样品提交检测报告的，还应当规定检测机构的要求、检测内容等。

采购活动结束后，对于未中标人提供的样品，应当及时退还或者经未中标人同意后自行处理；对于中标人提供的样品，应当按照招标文件的规定进行保管、封存，并作为履约验收的参考。

第二十三条 投标有效期从提交投标文件的截止之日起算。投标文件中承诺的投标有效期应当不少于招标文件中载明的投标有效期。投标有效期内投标人撤销投标文件的，采购人或者采购代理机构可以不退还投标保证金。

第二十四条 招标文件售价应当按照弥补制作、邮寄成本的原则确定，不得以营利为目的，不得以招标采购金额作为确定招标文件售价的依据。

第二十五条 招标文件、资格预审文件的内容不得违反法律、行政法规、强制性标准、政府采购政策，或者违反公开透明、公平竞争、公正和诚实信用原则。

有前款规定情形，影响潜在投标人投标或者资格预审结果的，采购人或者采购代理机构应当修改招标文件或者资格预审文件后重新招标。

第二十六条 采购人或者采购代理机构可以在招标文件提供期限截止后，组织已获取招标文件的潜在投标人现场考察或者召开开标前答疑会。

组织现场考察或者召开答疑会的，应当在招标文件中载明，或者在招标文件提供期限截止后以书面形式通知所有获取招标文件的潜在投标人。

第二十七条 采购人或者采购代理机构可以对已发出的招标文件、资格预审文件、投标邀请书进行必要的澄清或者修改，但不得改变采购标的和资格条件。澄清或者修改应当在原公告发布媒体上发布澄清公告。澄清或者修改的内容为招标文件、资格预审文件、投标邀请书的组成部分。

澄清或者修改的内容可能影响投标文件编制的，采购人或者采购代理机构应当在投标截止时间至少15日前，以书面形式通知所有获取招标文件的潜在投标人；不足15日的，采购人或者采购代理机构应当顺延提交投标文件的截止时间。

澄清或者修改的内容可能影响资格预审申请文件编制的，采购人或者采购代理机构应当在提交资格预审申请文件截止时间至少3日前，以书面形式通知所有获取资格预审文件的潜在投标人；不足3日的，采购人或者采购代理机构应当顺延提交资格预审申请文件的截止时间。

第二十八条 投标截止时间前，采购人、采购代理机构和有关人员不得向他人透露已获取招标文件的潜在投标人的名称、数量以及可能影响公平竞争的有关招标投标的其他情况。

第二十九条 采购人、采购代理机构在发布招标公告、资格预审公告或者发出投标邀请书后，除因重大变故采购任务取消情况外，不得擅自终止招标活动。

终止招标的，采购人或者采购代理机构应当及时在原公告发布媒体上发布终止公告，以书面形式通知已经获取招标文件、资格预审文件或者被邀请的潜在投标人，并将项目实施情况和采购任务取消原因报告本级财政部门。已经收取招标文件费用或者投标保证金的，采购人或者采购代理机构应当在终止采购活动后5个工作日内，退还所收取的招标文件费用和所收取的投标保证金及其在银行产生的孳息。

第三章 投 标

第三十条 投标人，是指响应招标、参加投标竞争的法人、其他组织或者自然人。

第三十一条 采用最低评标价法的采购项目，提供相同品牌产品的不同投标人参加同一合同项下投标的，以其中通过资格审查、符合性审查且报价最低的参加评标；报价相同的，由采购人或者采购人委托评标委员会按照招标文件规定的方式确定一个参加评标的投标人，招标文件未规定的采取随机抽取方式确定，其他投标无效。

使用综合评分法的采购项目，提供相同品牌产品且通过资格审查、符合性审查的不同投标人参加同一合同项下投标的，按一家投标人计算，评审后得分最高的同品牌投标人获得中标人推荐资格；评审得分相同的，由采购人或者采购人委托评标委员会按照招标文件规定的方式确定一个投标人获得中标人推荐资格，招标文件未规定的采取随机抽取方式确定，其他同品牌投标人不作为中标候选人。

非单一产品采购项目，采购人应当根据采购项目技术构成、产品价格比重等合理确定核心产品，并在招标文件中载明。多家投标人提供的核心产品品牌相同的，按前两款规定处理。

第三十二条 投标人应当按照招标文件的要求编制投标文件。投标文件应当对招标文件提出的要求和条件作出明确响应。

第三十三条 投标人应当在招标文件要求提交投标文件的截止时间前，将投标文件密封送达投标地点。采购人或者采购代理机构收到投标文件后，应当如实记载投标文件的送达时间和密封情况，签收保存，并向投标人出具签收回执。任何单位和个人不得在开标前开启投标文件。

逾期送达或者未按照招标文件要求密封的投标文件，采购人、采购代理机构应当拒收。

第三十四条 投标人在投标截止时间前，可以对所递交的投标文件进行补充、修改或者撤回，并书面通知采购人或者采购代理机构。补充、修改的内容应当按照招标文件要求签署、盖章、密封后，作为投标文件的组成部分。

第三十五条 投标人根据招标文件的规定和采购项目的实际情况，拟在中标后将中标项目的非主体、非关键性工作分包的，应当在投标文件中载明分包承担主体，分包承担主体应当具备相应资质条件且不得再次分包。

第三十六条 投标人应当遵循公平竞争的原则，不得恶意串通，不得妨碍其他投标人的竞争行为，不得损害采购人或者其他投标人的合法权益。

在评标过程中发现投标人有上述情形的，评标委员会应当认定其投标无效，并书面报告本级财政部门。

第三十七条 有下列情形之一的，视为投标人串通投标，其投标无效：

（一）不同投标人的投标文件由同一单位或者个人编制；

（二）不同投标人委托同一单位或者个人办理投标事宜；

（三）不同投标人的投标文件载明的项目管理成员或者联系人员为同一人；

（四）不同投标人的投标文件异常一致或者投标报价呈规律性差异；

（五）不同投标人的投标文件相互混装；

（六）不同投标人的投标保证金从同一单位或者个人的账户转出。

第三十八条 投标人在投标截止时间前撤回已提交的投标文件的，采购人或者采购代理机构应当自收到投标人书面撤回通知之日起5个工作日内，退还已收取的投标保证金，但因投标人自身原因导致无法及时退还的除外。

采购人或者采购代理机构应当自中标通知书发出之日起5个工作日内退还未中标人的投标保证金，自采购合同签订之日起5个工作日内退还中标人的投标保证金或者转为中标人的履约保证金。

采购人或者采购代理机构逾期退还投标保证金的，除应当退还投标保证金本金外，还应当按中国人民银行同期贷款基准利率上浮20%后的利率支付超期资金占用费，但因投标人自身原因导致无法及时退还的除外。

第四章 开标、评标

第三十九条 开标应当在招标文件确定的提交投标文件截止时间的同一时间进行。开标地点应当为招标文件中预先确定的地点。

采购人或者采购代理机构应当对开标、评标现场活动进行全程录音录像。录音录像应当清晰可辨，音像资料作为采购文件一并存档。

第四十条 开标由采购人或者采购代理机构主持，邀请投标人参加。评标委员会成员不得参加开标活动。

第四十一条 开标时，应当由投标人或者其推选的代表检查投标文件的密封情况；经确认无误后，由采购人或者采购代理机构工作人员当众拆封，宣布投标人名称、投标价格和招标文件规定的需要宣布的其他内容。

投标人不足 3 家的，不得开标。

第四十二条 开标过程应当由采购人或者采购代理机构负责记录，由参加开标的各投标人代表和相关工作人员签字确认后随采购文件一并存档。

投标人代表对开标过程和开标记录有疑义，以及认为采购人、采购代理机构相关工作人员有需要回避的情形的，应当场提出询问或者回避申请。采购人、采购代理机构对投标人代表提出的询问或者回避申请应当及时处理。

投标人未参加开标的，视同认可开标结果。

第四十三条 公开招标数额标准以上的采购项目，投标截止后投标人不足 3 家或者通过资格审查或符合性审查的投标人不足 3 家的，除采购任务取消情形外，按照以下方式处理：

（一）招标文件存在不合理条款或者招标程序不符合规定的，采购人、采购代理机构改正后依法重新招标；

（二）招标文件没有不合理条款、招标程序符合规定，需要采用其他采购方式采购的，采购人应当依法报财政部门批准。

第四十四条 公开招标采购项目开标结束后，采购人或者采购代理机构应当依法对投标人的资格进行审查。

合格投标人不足 3 家的，不得评标。

第四十五条 采购人或者采购代理机构负责组织评标工作，并履行下列职责：

（一）核对评审专家身份和采购人代表授权函，对评审专家在政府采购活动中的职责履行情况予以记录，并及时将有关违法违规行为向财政部门报告；

（二）宣布评标纪律；

（三）公布投标人名单，告知评审专家应当回避的情形；

（四）组织评标委员会推选评标组长，采购人代表不得担任组长；

（五）在评标期间采取必要的通讯管理措施，保证评标活动不受外界干扰；

（六）根据评标委员会的要求介绍政府采购相关政策法规、招标文件；

（七）维护评标秩序，监督评标委员会依照招标文件规定的评标程序、方法和标准进行独立评审，及时制止和纠正采购人代表、评审专家的倾向性言论或者违法违规行为；

（八）核对评标结果，有本办法第六十四条规定情形的，要求评标委员会复核或者书面说明理由，评标委员会拒绝的，应予记录并向本级财政部门报告；

（九）评审工作完成后，按照规定向评审专家支付劳务报酬和异地评审差旅费，不得向评审专家以外的其他人员支付评审劳务报酬；

（十）处理与评标有关的其他事项。

采购人可以在评标前说明项目背景和采购需求，说明内容不得含有歧视性、倾向性意见，不得超出招标文件所述范围。说明应当提交书面材料，并随采购文件一并存档。

第四十六条 评标委员会负责具体评标事务，并独立履行下列职责：

（一）审查、评价投标文件是否符合招标文件的商务、技术等实质性要求；

（二）要求投标人对投标文件有关事项作出澄清或者说明；

（三）对投标文件进行比较和评价；

（四）确定中标候选人名单，以及根据采购人委托直接确定中标人；

（五）向采购人、采购代理机构或者有关部门报告评标中发现的违法行为。

第四十七条 评标委员会由采购人代表和评审专家组成，成员人数应当为 5 人以上单数，其中评审专家不得少于成员总数的三分之二。

采购项目符合下列情形之一的，评标委员会成员人数应当为 7 人以上单数：

（一）采购预算金额在 1 000 万元以上；

（二）技术复杂；

（三）社会影响较大。

评审专家对本单位的采购项目只能作为采购人代表参与评标，本办法第四十八条第二款规定情形除外。采购代理机构工作人员不得参加由本机构代理的政府采购项目的评标。

评标委员会成员名单在评标结果公告前应当保密。

第四十八条 采购人或者采购代理机构应当从省级以上财政部门设立的政府采购评审专家库中，通过随机方式抽取评审专家。

对技术复杂、专业性强的采购项目，通过随机方式难以确定合适评审专家的，经主管预算单位同意，采购人可以自行选定相应专业领域的评审专家。

第四十九条 评标中因评标委员会成员缺席、回避或者健康等特殊原因导致评标委员会组成不符合本办法规定的，采购人或者采购代理机构应当依法补足后继续评标。被更换的评标委员会成员所作出的评标意见无效。

无法及时补足评标委员会成员的，采购人或者采购代理机构应当停止评标活动，封存所有投标文件和开标、评标资料，依法重新组建评标委员会进行评标。原评标委员会所作出的评标意见无效。

采购人或者采购代理机构应当将变更、重新组建评标委员会的情况予以记录，并随采购文件一并存档。

第五十条 评标委员会应当对符合资格的投标人的投标文件进行符合性审查，以确定其是否满足招标文件的实质性要求。

第五十一条 对于投标文件中含义不明确、同类问题表述不一致或者有明显文字和计算错误的内容，评标委员会应当以书面形式要求投标人作出必要的澄清、说明或者补正。

投标人的澄清、说明或者补正应当采用书面形式，并加盖公章，或者由法定代表人或其授权的代表签字。投标人的澄清、说明或者补正不得超出投标文件的范围或者改变投标文件的实质性内容。

第五十二条 评标委员会应当按照招标文件中规定的评标方法和标准，对符合性审查合格的投标文件进行商务和技术评估，综合比较与评价。

第五十三条 评标方法分为最低评标价法和综合评分法。

第五十四条 最低评标价法，是指投标文件满足招标文件全部实质性要求，且投标报价最低的投标人为中标候选人的评标方法。

技术、服务等标准统一的货物服务项目，应当采用最低评标价法。

采用最低评标价法评标时，除了算术修正和落实政府采购政策需进行的价格扣除外，不能对投标人的投标价格进行任何调整。

第五十五条 综合评分法，是指投标文件满足招标文件全部实质性要求，且按照评审因素的量化指标评审得分最高的投标人为中标候选人的评标方法。

评审因素的设定应当与投标人所提供货物服务的质量相关，包括投标报价、技术或者服务水平、履约能力、售后服务等。资格条件不得作为评审因素。评审因素应当在招标文件中规定。

评审因素应当细化和量化，且与相应的商务条件和采购需求对应。商务条件和采购需求指标有区间规定的，评审因素应当量化到相应区间，并设置各区间对应的不同分值。

评标时，评标委员会各成员应当独立对每个投标人的投标文件进行评价，并汇总每个投标人的得分。

货物项目的价格分值占总分值的比重不得低于30%；服务项目的价格分值占总分值的比重不得低于10%。执行国家统一定价标准和采用固定价格采购的项目，其价格不列为评审因素。

价格分应当采用低价优先法计算，即满足招标文件要求且投标价格最低的投标报价为评标基准价，其价格分为满分。其他投标人的价格分统一按照下列公式计算：

$$投标报价得分 = (评标基准价/投标报价) \times 100$$

$$评标总得分 = F1 \times A1 + F2 \times A2 + \cdots + Fn \times An$$

F1，F2，…，Fn 分别为各项评审因素的得分；

A1，A2，…，An 分别为各项评审因素所占的权重（$A1 + A2 + \cdots + An = 1$）。

评标过程中，不得去掉报价中的最高报价和最低报价。

因落实政府采购政策进行价格调整的，以调整后的价格计算评标基准价和投标报价。

第五十六条 采用最低评标价法的，评标结果按投标报价由低到高顺序排列。投标报价相同的并列。投标文件满足招标文件全部实质性要求且投标报价最低的投标人为排名第一的中标候选人。

第五十七条 采用综合评分法的，评标结果按评审后得分由高到低顺序排列。得分相同的，按投标报价由低到高顺序排列。得分且投标报价相同的并列。投标文件满足招标文件全部实质性要求，且按照评审因素的量化指标评审得分最高的投标人为排名第一的中标候选人。

第五十八条 评标委员会根据全体评标成员签字的原始评标记录和评标结果编写评标报告。评标报告应当包括以下内容：

（一）招标公告刊登的媒体名称、开标日期和地点；

（二）投标人名单和评标委员会成员名单；

（三）评标方法和标准；

（四）开标记录和评标情况及说明，包括无效投标人名单及原因；

（五）评标结果，确定的中标候选人名单或者经采购人委托直接确定的中标人；

（六）其他需要说明的情况，包括评标过程中投标人根据评标委员会要求进行的澄清、说明或者补正，评标委员会成员的更换等。

第五十九条 投标文件报价出现前后不一致的，除招标文件另有规定外，按照下列规定修正：

（一）投标文件中开标一览表（报价表）内容与投标文件中相应内容不一致的，以开标一览表（报价表）为准；

（二）大写金额和小写金额不一致的，以大写金额为准；

（三）单价金额小数点或者百分比有明显错位的，以开标一览表的总价为准，并修改单价；

（四）总价金额与按单价汇总金额不一致的，以单价金额计算结果为准。

同时出现两种以上不一致的，按照前款规定的顺序修正。修正后的报价按照本办法第五十一条第二款的规定经投标人确认后产生约束力，投标人不确认的，其投标无效。

第六十条 评标委员会认为投标人的报价明显低于其他通过符合性审查投标人的报价，有可能影响产品质量或者不能诚信履约的，应当要求其在评标现场合理的时间内提供书面说明，必要时提交相关证明材料；投标人不能证明其报价合理性的，评标委员会应当将其作为无效投标处理。

第六十一条 评标委员会成员对需要共同认定的事项存在争议的，应当按照少数服从多数的原则作出结论。持不同意见的评标委员会成员应当在评标报告上签署不同意见及理由，否则视为同意评标报告。

第六十二条 评标委员会及其成员不得有下列行为：

（一）确定参与评标至评标结束前私自接触投标人；

（二）接受投标人提出的与投标文件不一致的澄清或者说明，本办法第五十一条规定的情形除外；

（三）违反评标纪律发表倾向性意见或者征询采购人的倾向性意见；

（四）对需要专业判断的主观评审因素协商评分；

（五）在评标过程中擅离职守，影响评标程序正常进行的；

（六）记录、复制或者带走任何评标资料；

（七）其他不遵守评标纪律的行为。

评标委员会成员有前款第一至五项行为之一的，其评审意见无效，并不得获取评审劳务报酬和报销异地评审差旅费。

第六十三条 投标人存在下列情况之一的，投标无效：

（一）未按照招标文件的规定提交投标保证金的；

（二）投标文件未按招标文件要求签署、盖章的；

（三）不具备招标文件中规定的资格要求的；

（四）报价超过招标文件中规定的预算金额或者最高限价的；

（五）投标文件含有采购人不能接受的附加条件的；

（六）法律、法规和招标文件规定的其他无效情形。

第六十四条 评标结果汇总完成后，除下列情形外，任何人不得修改评标结果：

（一）分值汇总计算错误的；

（二）分项评分超出评分标准范围的；

（三）评标委员会成员对客观评审因素评分不一致的；

（四）经评标委员会认定评分畸高、畸低的。

评标报告签署前，经复核发现存在以上情形之一的，评标委员会应当当场修改评标结果，并在评标报告中记载；评标报告签署后，采购人或者采购代理机构发现存在以上情形之一的，应当组织原评标委员会进行重新评审，重新评审改变评标结果的，书面报告本级财政部门。

投标人对本条第一款情形提出质疑的，采购人或者采购代理机构可以组织原评标委员会进行重新评审，重新评审改变评标结果的，应当书面报告本级财政部门。

第六十五条 评标委员会发现招标文件存在歧义、重大缺陷导致评标工作无法进行，或者招标文件内容违反国家有关强制性规定的，应当停止评标工作，与采购人或者采购代理机构沟通并作书面记录。采购人或者采购代理机构确认后，应当修改招标文件，重新组织采购活动。

第六十六条 采购人、采购代理机构应当采取必要措施，保证评标在严格保密的情况下进行。除采购人代表、评标现场组织人员外，采购人的其他工作人员以及与评标工作无关的人员不得进入评标现场。

有关人员对评标情况以及在评标过程中获悉的国家秘密、商业秘密负有保密责任。

第六十七条 评标委员会或者其成员存在下列情形导致评标结果无效的，采购人、采购代理机构可以重新组建评标委员会进行评标，并书面报告本级财政部门，但采购合同已经履行的除外：

（一）评标委员会组成不符合本办法规定的；

（二）有本办法第六十二条第一至五项情形的；

（三）评标委员会及其成员独立评标受到非法干预的；

（四）有政府采购法实施条例第七十五条规定的违法行为的。

有违法违规行为的原评标委员会成员不得参加重新组建的评标委员会。

第五章 中标和合同

第六十八条 采购代理机构应当在评标结束后 2 个工作日内将评标报告送采购人。

采购人应当自收到评标报告之日起 5 个工作日内，在评标报告确定的中标候选人名单中按顺序确定中标人。中标候选人并列的，由采购人或者采购人委托评标委员会按照招标文件规定的方式确定中标人；招标文件未规定的，采取随机抽取的方式确定。

采购人自行组织招标的，应当在评标结束后 5 个工作日内确定中标人。

采购人在收到评标报告 5 个工作日内未按评标报告推荐的中标候选人顺序确定中标人，又不能说明合法理由的，视同按评标报告推荐的顺序确定排名第一的中标候选人为中标人。

第六十九条 采购人或者采购代理机构应当自中标人确定之日起 2 个工作日内，在省级以上财政部门指定的媒体上公告中标结果，招标文件应当随中标结果同时公告。

中标结果公告内容应当包括采购人及其委托的采购代理机构的名称、地址、联系方式，项目名称和项目编号，中标人名称、地址和中标金额，主要中标标的的名称、规格型号、数量、单价、服务要求，中标公告期限以及评审专家名单。

中标公告期限为 1 个工作日。

邀请招标采购人采用书面推荐方式产生符合资格条件的潜在投标人的，还应当将所有被推荐供应商名单和推荐理由随中标结果同时公告。

在公告中标结果的同时，采购人或者采购代理机构应当向中标人发出中标通知书；对未通过资格审查的投标人，应当告知其未通过的原因；采用综合评分法评审的，还应当告知未中标人本人的评审得分与排序。

第七十条 中标通知书发出后，采购人不得违法改变中标结果，中标人无正当理由不得放弃中标。

第七十一条 采购人应当自中标通知书发出之日起30日内，按照招标文件和中标人投标文件的规定，与中标人签订书面合同。所签订的合同不得对招标文件确定的事项和中标人投标文件作实质性修改。

采购人不得向中标人提出任何不合理的要求作为签订合同的条件。

第七十二条 政府采购合同应当包括采购人与中标人的名称和住所、标的、数量、质量、价款或者报酬、履行期限及地点和方式、验收要求、违约责任、解决争议的方法等内容。

第七十三条 采购人与中标人应当根据合同的约定依法履行合同义务。

政府采购合同的履行、违约责任和解决争议的方法等适用《中华人民共和国合同法》。

第七十四条 采购人应当及时对采购项目进行验收。采购人可以邀请参加本项目的其他投标人或者第三方机构参与验收。参与验收的投标人或者第三方机构的意见作为验收书的参考资料一并存档。

第七十五条 采购人应当加强对中标人的履约管理，并按照采购合同约定，及时向中标人支付采购资金。对于中标人违反采购合同约定的行为，采购人应当及时处理，依法追究其违约责任。

第七十六条 采购人、采购代理机构应当建立真实完整的招标采购档案，妥善保存每项采购活动的采购文件。

第六章 法律责任

第七十七条 采购人有下列情形之一的，由财政部门责令限期改正；情节严重的，给予警告，对直接负责的主管人员和其他直接责任人员由其行政主管部门或者有关机关依法给予处分，并予以通报；涉嫌犯罪的，移送司法机关处理：

（一）未按照本办法的规定编制采购需求的；

（二）违反本办法第六条第二款规定的；

（三）未在规定时间内确定中标人的；

（四）向中标人提出不合理要求作为签订合同条件的。

第七十八条 采购人、采购代理机构有下列情形之一的，由财政部门责令限期改正，情节严重的，给予警告，对直接负责的主管人员和其他直接责任人员，由其行政主管部门或者有关机关给予处分，并予通报；采购代理机构有违法所得的，没收违法所得，并可以处以不超过违法所得3倍、最高不超过3万元的罚款，没有违法所得的，可以处以1万元以下的罚款：

（一）违反本办法第八条第二款规定的；

（二）设定最低限价的；

（三）未按照规定进行资格预审或者资格审查的；

（四）违反本办法规定确定招标文件售价的；

（五）未按规定对开标、评标活动进行全程录音录像的；

（六）擅自终止招标活动的；

（七）未按照规定进行开标和组织评标的；

（八）未按照规定退还投标保证金的；

（九）违反本办法规定进行重新评审或者重新组建评标委员会进行评标的；

（十）开标前泄露已获取招标文件的潜在投标人的名称、数量或者其他可能影响公平竞争的有关招标投标情况的；

（十一）未妥善保存采购文件的；

（十二）其他违反本办法规定的情形。

第七十九条 有本办法第七十七条、第七十八条规定的违法行为之一，经改正后仍然影响或者可能影响中标结果的，依照政府采购法实施条例第七十一条规定处理。

第八十条　政府采购当事人违反本办法规定，给他人造成损失的，依法承担民事责任。

第八十一条　评标委员会成员有本办法第六十二条所列行为之一的，由财政部门责令限期改正；情节严重的，给予警告，并对其不良行为予以记录。

第八十二条　财政部门应当依法履行政府采购监督管理职责。财政部门及其工作人员在履行监督管理职责中存在懒政怠政、滥用职权、玩忽职守、徇私舞弊等违法违纪行为的，依照政府采购法、《中华人民共和国公务员法》、《中华人民共和国行政监察法》、政府采购法实施条例等国家有关规定追究相应责任；涉嫌犯罪的，移送司法机关处理。

第七章　附　　则

第八十三条　政府采购货物服务电子招标投标、政府采购货物中的进口机电产品招标投标有关特殊事宜，由财政部另行规定。

第八十四条　本办法所称主管预算单位是指负有编制部门预算职责，向本级财政部门申报预算的国家机关、事业单位和团体组织。

第八十五条　本办法规定按日计算期间的，开始当天不计入，从次日开始计算。期限的最后一日是国家法定节假日的，顺延到节假日后的次日为期限的最后一日。

第八十六条　本办法所称的“以上”、“以下”、“内”、“以内”，包括本数；所称的“不足”，不包括本数。

第八十七条　各省、自治区、直辖市财政部门可以根据本办法制定具体实施办法。

第八十八条　本办法自2017年10月1日起施行。财政部2004年8月11日发布的《政府采购货物和服务招标投标管理办法》（财政部令第18号）同时废止。

政府采购质疑和投诉办法

2017年12月26日　财政部令第94号

第一章　总　　则

第一条　为了规范政府采购质疑和投诉行为，保护参加政府采购活动当事人的合法权益，根据《中华人民共和国政府采购法》《中华人民共和国政府采购法实施条例》和其他有关法律法规规定，制定本办法。

第二条　本办法适用于政府采购质疑的提出和答复、投诉的提起和处理。

第三条　政府采购供应商（以下简称供应商）提出质疑和投诉应当坚持依法依规、诚实信用原则。

第四条　政府采购质疑答复和投诉处理应当坚持依法依规、权责对等、公平公正、简便高效原则。

第五条　采购人负责供应商质疑答复。采购人委托采购代理机构采购的，采购代理机构在委托授权范围内作出答复。

县级以上各级人民政府财政部门（以下简称财政部门）负责依法处理供应商投诉。

第六条　供应商投诉按照采购人所属预算级次，由本级财政部门处理。

跨区域联合采购项目的投诉，采购人所属预算级次相同的，由采购文件事先约定的财政部门负责处理，事先未约定的，由最先收到投诉的财政部门负责处理；采购人所属预算级次不同的，由预算级次最高的财政部门负责处理。

第七条 采购人、采购代理机构应当在采购文件中载明接收质疑函的方式、联系部门、联系电话和通讯地址等信息。

县级以上财政部门应当在省级以上财政部门指定的政府采购信息发布媒体公布受理投诉的方式、联系部门、联系电话和通讯地址等信息。

第八条 供应商可以委托代理人进行质疑和投诉。其授权委托书应当载明代理人的姓名或者名称、代理事项、具体权限、期限和相关事项。供应商为自然人的，应当由本人签字；供应商为法人或者其他组织的，应当由法定代表人、主要负责人签字或者盖章，并加盖公章。

代理人提出质疑和投诉，应当提交供应商签署的授权委托书。

第九条 以联合体形式参加政府采购活动的，其投诉应当由组成联合体的所有供应商共同提出。

第二章　质疑提出与答复

第十条 供应商认为采购文件、采购过程、中标或者成交结果使自己的权益受到损害的，可以在知道或者应知其权益受到损害之日起 7 个工作日内，以书面形式向采购人、采购代理机构提出质疑。

采购文件可以要求供应商在法定质疑期内一次性提出针对同一采购程序环节的质疑。

第十一条 提出质疑的供应商（以下简称质疑供应商）应当是参与所质疑项目采购活动的供应商。

潜在供应商已依法获取其可质疑的采购文件的，可以对该文件提出质疑。对采购文件提出质疑的，应当在获取采购文件或者采购文件公告期限届满之日起 7 个工作日内提出。

第十二条 供应商提出质疑应当提交质疑函和必要的证明材料。质疑函应当包括下列内容：

（一）供应商的姓名或者名称、地址、邮编、联系人及联系电话；

（二）质疑项目的名称、编号；

（三）具体、明确的质疑事项和与质疑事项相关的请求；

（四）事实依据；

（五）必要的法律依据；

（六）提出质疑的日期。

供应商为自然人的，应当由本人签字；供应商为法人或者其他组织的，应当由法定代表人、主要负责人，或者其授权代表签字或者盖章，并加盖公章。

第十三条 采购人、采购代理机构不得拒收质疑供应商在法定质疑期内发出的质疑函，应当在收到质疑函后 7 个工作日内作出答复，并以书面形式通知质疑供应商和其他有关供应商。

第十四条 供应商对评审过程、中标或者成交结果提出质疑的，采购人、采购代理机构可以组织原评标委员会、竞争性谈判小组、询价小组或者竞争性磋商小组协助答复质疑。

第十五条 质疑答复应当包括下列内容：

（一）质疑供应商的姓名或者名称；

（二）收到质疑函的日期、质疑项目名称及编号；

（三）质疑事项、质疑答复的具体内容、事实依据和法律依据；

（四）告知质疑供应商依法投诉的权利；

（五）质疑答复人名称；

（六）答复质疑的日期。

质疑答复的内容不得涉及商业秘密。

第十六条 采购人、采购代理机构认为供应商质疑不成立，或者成立但未对中标、成交结果构成影响的，继续开展采购活动；认为供应商质疑成立且影响或者可能影响中标、成交结果的，按照下列情况处理：

（一）对采购文件提出的质疑，依法通过澄清或者修改可以继续开展采购活动的，澄清或者修改采购文件后继续开展采购活动；否则应当修改采购文件后重新开展采购活动。

（二）对采购过程、中标或者成交结果提出的质疑，合格供应商符合法定数量时，可以从合格的中标或者成交候选人中另行确定中标、成交供应商的，应当依法另行确定中标、成交供应商；否则应当重新开展采购活动。

质疑答复导致中标、成交结果改变的，采购人或者采购代理机构应当将有关情况书面报告本级财政部门。

第三章 投诉提起

第十七条 质疑供应商对采购人、采购代理机构的答复不满意，或者采购人、采购代理机构未在规定时间内作出答复的，可以在答复期满后15个工作日内向本办法第六条规定的财政部门提起投诉。

第十八条 投诉人投诉时，应当提交投诉书和必要的证明材料，并按照被投诉采购人、采购代理机构（以下简称被投诉人）和与投诉事项有关的供应商数量提供投诉书的副本。投诉书应当包括下列内容：

（一）投诉人和被投诉人的姓名或者名称、通讯地址、邮编、联系人及联系电话；

（二）质疑和质疑答复情况说明及相关证明材料；

（三）具体、明确的投诉事项和与投诉事项相关的投诉请求；

（四）事实依据；

（五）法律依据；

（六）提起投诉的日期。

投诉人为自然人的，应当由本人签字；投诉人为法人或者其他组织的，应当由法定代表人、主要负责人，或者其授权代表签字或者盖章，并加盖公章。

第十九条 投诉人应当根据本办法第七条第二款规定的信息内容，并按照其规定的方式提起投诉。

投诉人提起投诉应当符合下列条件：

（一）提起投诉前已依法进行质疑；

（二）投诉书内容符合本办法的规定；

（三）在投诉有效期限内提起投诉；

（四）同一投诉事项未经财政部门投诉处理；

（五）财政部规定的其他条件。

第二十条 供应商投诉的事项不得超出已质疑事项的范围，但基于质疑答复内容提出的投诉事项除外。

第四章 投诉处理

第二十一条 财政部门收到投诉书后，应当在5个工作日内进行审查，审查后按照下列情况处理：

（一）投诉书内容不符合本办法第十八条规定的，应当在收到投诉书5个工作日内一次性书面通知投诉人补正。补正通知应当载明需要补正的事项和合理的补正期限。未按照补正期限进行补正或者补正后仍不符合规定的，不予受理。

（二）投诉不符合本办法第十九条规定条件的，应当在3个工作日内书面告知投诉人不予受理，并说明理由。

（三）投诉不属于本部门管辖的，应当在3个工作日内书面告知投诉人向有管辖权的部门提起投诉。

（四）投诉符合本办法第十八条、第十九条规定的，自收到投诉书之日起即为受理，并在收到投诉后8个工作日内向被投诉人和其他与投诉事项有关的当事人发出投诉答复通知书及投诉书副本。

第二十二条 被投诉人和其他与投诉事项有关的当事人应当在收到投诉答复通知书及投诉书副本之日起5个工作日内，以书面形式向财政部门作出说明，并提交相关证据、依据和其他有关材料。

第二十三条 财政部门处理投诉事项原则上采用书面审查的方式。财政部门认为有必要时，可以进行调查取证或者组织质证。

财政部门可以根据法律、法规规定或者职责权限，委托相关单位或者第三方开展调查取证、检验、检测、鉴定。

质证应当通知相关当事人到场，并制作质证笔录。质证笔录应当由当事人签字确认。

第二十四条 财政部门依法进行调查取证时，投诉人、被投诉人以及与投诉事项有关的单位及人员应当如实反映情况，并提供财政部门所需要的相关材料。

第二十五条 应当由投诉人承担举证责任的投诉事项，投诉人未提供相关证据、依据和其他有关材料的，视为该投诉事项不成立；被投诉人未按照投诉答复通知书要求提交相关证据、依据和其他有关材料的，视同其放弃说明权利，依法承担不利后果。

第二十六条 财政部门应当自收到投诉之日起30个工作日内，对投诉事项作出处理决定。

第二十七条 财政部门处理投诉事项，需要检验、检测、鉴定、专家评审以及需要投诉人补正材料的，所需时间不计算在投诉处理期限内。

前款所称所需时间，是指财政部门向相关单位、第三方、投诉人发出相关文书、补正通知之日至收到相关反馈文书或材料之日。

财政部门向相关单位、第三方开展检验、检测、鉴定、专家评审的，应当将所需时间告知投诉人。

第二十八条 财政部门在处理投诉事项期间，可以视具体情况书面通知采购人和采购代理机构暂停采购活动，暂停采购活动时间最长不得超过30日。

采购人和采购代理机构收到暂停采购活动通知后应当立即中止采购活动，在法定的暂停期限结束前或者财政部门发出恢复采购活动通知前，不得进行该项采购活动。

第二十九条 投诉处理过程中，有下列情形之一的，财政部门应当驳回投诉：

（一）受理后发现投诉不符合法定受理条件；

（二）投诉事项缺乏事实依据，投诉事项不成立；

（三）投诉人捏造事实或者提供虚假材料；

（四）投诉人以非法手段取得证明材料。证据来源的合法性存在明显疑问，投诉人无法证明其取得方式合法的，视为以非法手段取得证明材料。

第三十条 财政部门受理投诉后，投诉人书面申请撤回投诉的，财政部门应当终止投诉处理程序，并书面告知相关当事人。

第三十一条 投诉人对采购文件提起的投诉事项，财政部门经查证属实的，应当认定投诉事项成立。经认定成立的投诉事项不影响采购结果的，继续开展采购活动；影响或者可能影响采购结果的，财政部门按照下列情况处理：

（一）未确定中标或者成交供应商的，责令重新开展采购活动。

（二）已确定中标或者成交供应商但尚未签订政府采购合同的，认定中标或者成交结果无效，责令重新开展采购活动。

（三）政府采购合同已经签订但尚未履行的，撤销合同，责令重新开展采购活动。

（四）政府采购合同已经履行，给他人造成损失的，相关当事人可依法提起诉讼，由责任人承担赔偿责任。

第三十二条 投诉人对采购过程或者采购结果提起的投诉事项，财政部门经查证属实的，应当认定投诉事项成立。经认定成立的投诉事项不影响采购结果的，继续开展采购活动；影响或者可能影响采购结果的，财政部门按照下列情况处理：

（一）未确定中标或者成交供应商的，责令重新开展采购活动。

（二）已确定中标或者成交供应商但尚未签订政府采购合同的，认定中标或者成交结果无效。合格供应商符合法定数量时，可以从合格的中标或者成交候选人中另行确定中标或者成交供应商的，应当要求采购人依法另行确定中标、成交供应商；否则责令重新开展采购活动。

（三）政府采购合同已经签订但尚未履行的，撤销合同。合格供应商符合法定数量时，可以从合格的中标或者成交候选人中另行确定中标或者成交供应商的，应当要求采购人依法另行确定中标、成交供应商；否则责令重新开展采购活动。

（四）政府采购合同已经履行，给他人造成损失的，相关当事人可依法提起诉讼，由责任人承担赔偿责任。

投诉人对废标行为提起的投诉事项成立的，财政部门应当认定废标行为无效。

第三十三条 财政部门作出处理决定，应当制作投诉处理决定书，并加盖公章。投诉处理决定书应当包括下列内容：

（一）投诉人和被投诉人的姓名或者名称、通讯地址等；

（二）处理决定查明的事实和相关依据，具体处理决定和法律依据；

（三）告知相关当事人申请行政复议的权利、行政复议机关和行政复议申请期限，以及提起行政诉讼的权利和起诉期限；

（四）作出处理决定的日期。

第三十四条 财政部门应当将投诉处理决定书送达投诉人和与投诉事项有关的当事人，并及时将投诉处理结果在省级以上财政部门指定的政府采购信息发布媒体上公告。

投诉处理决定书的送达，参照《中华人民共和国民事诉讼法》关于送达的规定执行。

第三十五条 财政部门应当建立投诉处理档案管理制度，并配合有关部门依法进行的监督检查。

第五章 法律责任

第三十六条 采购人、采购代理机构有下列情形之一的，由财政部门责令限期改正；情节严重的，给予警告，对直接负责的主管人员和其他直接责任人员，由其行政主管部门或者有关机关给予处分，并予通报：

（一）拒收质疑供应商在法定质疑期内发出的质疑函；

（二）对质疑不予答复或者答复与事实明显不符，并不能作出合理说明；

（三）拒绝配合财政部门处理投诉事宜。

第三十七条 投诉人在全国范围12个月内三次以上投诉查无实据的，由财政部门列入不良行为记录名单。

投诉人有下列行为之一的，属于虚假、恶意投诉，由财政部门列入不良行为记录名单，禁止其1至3年内参加政府采购活动：

（一）捏造事实；

（二）提供虚假材料；

（三）以非法手段取得证明材料。证据来源的合法性存在明显疑问，投诉人无法证明其取得方式合法的，视为以非法手段取得证明材料。

第三十八条 财政部门及其工作人员在履行投诉处理职责中违反本办法规定及存在其他滥用职权、玩忽职守、徇私舞弊等违法违纪行为的，依照《中华人民共和国政府采购法》《中华人民共和国公务员法》《中华人民共和国行政监察法》《中华人民共和国政府采购法实施条例》等国家有关规定追究相应责任；涉嫌犯罪的，依法移送司法机关处理。

第六章 附 则

第三十九条 质疑函和投诉书应当使用中文。质疑函和投诉书的范本，由财政部制定。

第四十条 相关当事人提供外文书证或者外国语视听资料的，应当附有中文译本，由翻译机构盖章或者翻译人员签名。

相关当事人向财政部门提供的在中华人民共和国领域外形成的证据，应当说明来源，经所在国公证机关证明，并经中华人民共和国驻该国使领馆认证，或者履行中华人民共和国与证据所在国订立的有关条约中规定的证明手续。

相关当事人提供的在香港特别行政区、澳门特别行政区和台湾地区内形成的证据，应当履行相关的证明手续。

第四十一条 财政部门处理投诉不得向投诉人和被投诉人收取任何费用。但因处理投诉发生的第三方检验、检测、鉴定等费用，由提出申请的供应商先行垫付。投诉处理决定明确双方责任后，按照“谁过错谁负担”的原则由承担责任的一方负担；双方都有责任的，由双方合理分担。

第四十二条 本办法规定的期间开始之日，不计算在期间内。期间届满的最后一日是节假日的，以节假日后的第一日为期间届满的日期。期间不包括在途时间，质疑和投诉文书在期满前交邮的，不算过期。

本办法规定的“以上”“以下”均含本数。

第四十三条 对在质疑答复和投诉处理过程中知悉的国家秘密、商业秘密、个人隐私和依法不予公开的信息，财政部门、采购人、采购代理机构等相关知情人应当保密。

第四十四条 省级财政部门可以根据本办法制定具体实施办法。

第四十五条 本办法自2018年3月1日起施行。财政部2004年8月11日发布的《政府采购供应商投诉处理办法》（财政部令第20号）同时废止。

财政部　环境保护部关于调整公布第十九期环境标志产品政府采购清单的通知

2017年1月20日　财库〔2017〕23号

党中央有关部门，国务院各部委、各直属机构，全国人大常委会办公厅，全国政协办公厅，高法院，高检院，各民主党派中央，有关人民团体，各省、自治区、直辖市、计划单列市财政厅（局）、环境保护厅（局），新疆生产建设兵团财务局、环保局：

为推进和规范环境标志产品政府采购，现将第十九期“环境标志产品政府采购清单”（以下简称环保清单）印发你们，有关事项通知如下：

一、环保清单（附件1）所列产品为政府优先采购产品。对于同时列入环保清单和节能产品政府采购清单的产品，应当优先于只列入其中一个清单的产品。

二、未列入本期环保清单的产品，不属于政府优先采购的环境标志产品范围。环保清单中的产品，其制造商名称或地址在清单执行期内依法变更的，经相关认证机构核准并办理认证证书变更手续后，仍属于本期环保清单的范围。台式计算机产品的性能参数详见附件2，凡与附件2所列性能参数不一致的台式计算机产品，不属于本期环保清单的范围。

三、政府采购工程以及与工程建设有关的货物采购应当执行环境标志产品政府优先采购政策。采购人及其委托的采购代理机构应当在采购文件和采购合同中列明使用环境标志产品的要求。

四、在本通知发布之后开展的政府采购活动，应当执行本期环保清单。在本通知发布之前已经开展但尚未进入评审环节的政府采购活动，应当按照采购文件的约定执行上期或本期环保清单，采购文件未约定的，可同时执行上期和本期环保清单。

五、相关企业应当保证其列入环保清单的产品在本期环保清单执行期内稳定供货，凡发生制造商及其代理商不接受参加政府采购活动邀请、列入环保清单的产品无法正常供货以及其他违反《承诺书》内容情形的，采购人、采购代理机构应当及时将有关情况向财政部反映。财政部将根据具体违规情形，对有关供应商作出暂停列入环保清单三个月至两年的处理。

六、从下一期开始在环保清单的其他台、桌类（A060299），其他椅凳类（A060399），其他材质架类

（A060699），其他材质屏风类（A060799），家用家具零配件（A0610），其他家具用具（A0699），人造板表面纤维板（A10020302），装饰板（A10020404），其他人造板（A10020399），门、门槛（A100701），窗（A100702）等品目中增加木塑产品。

七、环保清单将于2017年7月再次调整并公布，财政部将会同环境保护部对2017年5月31日前取得环境标志认证证书，且认证证书在2017年7月31日之后持续有效的产品进行审核和公示。

八、公示、调整环保清单以及暂停列入环保清单等有关文件及附件在中华人民共和国财政部网站（http：//www.mof.gov.cn）、中国政府采购网（http：//www.ccgp.gov.cn）、中华人民共和国环境保护部网站（http：//www.zhb.gov.cn）、中国绿色采购网（http：//www.cgpn.org）上发布，请自行查阅、下载。

请遵照执行。

附件：1. 第十九期环境标志产品政府采购清单

2. 第十九期环境标志产品政府采购清单台式计算机性性能参数（附件请从网上下载）

财政部　国家发展改革委关于调整公布第二十一期节能产品政府采购清单的通知

2017年1月23日　财库〔2017〕25号

党中央有关部门，国务院各部委、各直属机构，全国人大常委会办公厅，全国政协办公厅，高法院，高检院，各民主党派中央，有关人民团体，各省、自治区、直辖市、计划单列市财政厅（局）、发展改革委（经信委、工信委、工信厅、经信局），新疆生产建设兵团财务局、发展改革委、工信委：

为推进和规范节能产品政府采购，现将第二十一期"节能产品政府采购清单"（以下简称节能清单）印发给你们，有关事项通知如下：

一、节能清单（附件1）所列产品包括政府强制采购和优先采购的节能产品。其中，台式计算机，便携式计算机，平板式微型计算机，激光打印机，针式打印机，液晶显示器，制冷压缩机，空调机组，专用制冷、空调设备，镇流器，空调机，电热水器，普通照明用自镇流荧光灯，普通照明用双端荧光灯，电视设备，视频监控设备，便器，水嘴等品目为政府强制采购的节能产品（具体品目以"★"标注）。其他品目为政府优先采购的节能产品。

二、未列入本期节能清单的产品，不属于政府强制采购、优先采购的节能产品范围。节能清单中的产品，其制造商名称或地址在清单执行期内依法变更的，经相关认证机构核准并办理认证证书变更手续后，仍属于本期节能清单的范围。台式计算机产品的性能参数详见附件2，凡与附件2所列性能参数不一致的台式计算机产品，不属于本期节能清单的范围。

三、采购人拟采购的产品属于政府强制采购节能产品范围，但本期节能清单中无对应细化分类或节能清单中的产品无法满足工作需要的，可在节能清单之外采购。

四、在本通知发布之后开展的政府采购活动，应当执行本期节能清单。在本通知发布之前已经开展但尚未进入评审环节的政府采购活动，应当按照采购文件的约定执行上期或本期节能清单，采购文件未约定的，可同时执行上期和本期节能清单。

五、已经确定实施的政府集中采购协议供货涉及政府强制采购节能产品的，集中采购机构应当按照本期节能清单重新组织协议供货活动或对相关产品进行调整。政府采购工程以及与工程建设有关的货物采购应当执行节能产品政府强制采购和优先采购政策。采购人及其委托的采购代理机构应当在采购文件和采购合同中列明使用节能产品的要求。

六、相关企业应当保证其列入节能清单的产品在本期节能清单执行期内稳定供货，凡发生制造商及其代理商不接受参加政府采购活动邀请、列入节能清单的产品无法正常供货以及其他违反《承诺书》内容情形的，采购人、采购代理机构应当及时将有关情况向财政部反映。财政部将根据具体违规情形，对有关供应商作出暂停列入节能清单三个月至两年的处理。

七、摩托车（A020309）、其他泵（A02051999）中的二次供水设备将从下一期开始列入节能清单优先采购范围。

八、节能清单将于2017年7月再次调整并公布，财政部将会同国家发展改革委对2017年5月31日前取得节能认证证书，且认证证书在2017年7月31日之后持续有效的产品进行审核和公示。

九、公示、调整节能清单以及暂停列入节能清单等有关文件及附件在中华人民共和国财政部网站（http://www.mof.gov.cn）、中国政府采购网（http://www.ccgp.gov.cn）、国家发展改革委网站（http://www.ndrc.gov.cn）和中国质量认证中心网站（http://www.cqc.com.cn）上发布，请自行查阅、下载。

请遵照执行。

附件：1. 第二十一期节能产品政府采购清单

2. 第二十一期节能产品政府采购清单台式计算机性能参数（附件请从网上下载）

财政部关于进一步做好政府采购信息公开工作有关事项的通知

2017年4月25日 财库〔2017〕86号

党中央有关部门，国务院各部委、各直属机构，全国人大常委会办公厅，全国政协办公厅，高法院，高检院，各民主党派中央，有关人民团体，各省、自治区、直辖市、计划单列市财政厅（局），新疆生产建设兵团财务局：

近年来，各地区、各部门落实建立政府采购全过程信息公开机制的要求，信息公开工作取得了积极进展，但也存在部分地区政府采购信息公开平台建设不到位、一些单位信息发布不及时不全面等问题。为了切实提高政府采购透明度，现就进一步做好政府采购信息公开工作有关事项通知如下：

一、推进各地区政府采购信息发布网络平台建设

（一）加强中国政府采购网地方分网建设。中国政府采购网（www.ccgp.gov.cn）是财政部依法指定的、向世界贸易组织秘书处备案的唯一全国性政府采购信息发布网络媒体，中国政府采购网地方分网（以下简称地方分网）是其有机组成部分。省级（含计划单列市，下同）财政部门是地方分网建设管理的第一责任主体，应当切实做好地方分网的建设维护工作，把地方分网建成本地区政府采购信息的统一发布平台。

（二）规范地方分网域名管理。省级财政部门应当严格执行中国政府采购网统一域名制度，使用财政部指定域名建设地方分网。地方分网采用双域名的，应当确保财政部指定域名可以正常访问，不得以其他网络媒体替代地方分网。

（三）提升地方分网服务功能。各地区要做好地方分网的升级改造和安全防护，改进栏目设置，完善地方分网信息发布和查询使用功能，确保数据安全和运行稳定。要建立健全地方分网与公共资源交易平台的信息互联互通机制，实现与公共资源交易电子服务系统之间的信息共享。

二、完整全面发布政府采购信息

（四）严格执行政府采购信息发布制度。各地区、各部门应当按照《政府采购法》、《政府采购法实施

条例》和《财政部关于做好政府采购信息公开工作的通知》（财库〔2015〕135 号）规定，认真做好政府采购信息公开工作。采购人或者其委托的采购代理机构应当切实做好采购项目公告、采购文件、采购项目预算金额、采购结果、采购合同等采购项目信息公开工作，实现政府采购项目的全过程信息公开。对于采购项目预算金额、更正事项、采购合同、公共服务项目采购需求和验收结果等信息公开薄弱环节，应当进一步完善相关工作机制，切实履行公开责任。各级财政部门应当严格按照财库〔2015〕135 号文件规定的时间、内容等要求，及时完整公开投诉和监督检查处理决定、集中采购机构考核结果以及违法失信行为记录等监管处罚信息。

（五）推进协议供货和定点采购等信息公开。集中采购机构应当切实推进协议供货和定点采购信息公开，自 2017 年 9 月 1 日开始，除按照规定在中国政府采购网及地方分网公开入围采购阶段的相关信息外，还应当公开具体成交记录，包括采购人和成交供应商的名称、成交金额以及成交标的的名称、规格型号、数量、单价等。电子卖场、电子商城、网上超市等的具体成交记录，也应当予以公开。

三、健全政府采购信息发布工作机制

（六）加强政府采购信息公开内控管理。采购人和集中采购机构应当将政府采购信息公开作为本部门、本单位政务信息公开工作的重要内容，列入主动公开基本目录，嵌入内控管理环节，确保政府采购信息发布的及时、完整、准确。

（七）严格政府采购信息发布和推送机制。中央预算单位的政府采购信息应当在中国政府采购网中央主网（以下简称中央主网）发布，地方预算单位的政府采购信息应当在地方分网发布。地方分网应当按照财库〔2015〕135 号文件的规定向中央主网推送信息。

四、加强对政府采购信息公开工作的考核与监督

（八）加强监督检查。各级财政部门应当加大对政府采购信息公开情况的监督检查力度，将信息公开情况作为对集中采购机构考核和对采购人、社会代理机构监督检查的重点内容，进一步完善考核与检查指标体系，对监督检查中发现的信息公开违法违规行为依法追究责任。

（九）实施动态监管和大数据分析。各级财政部门应当将政府采购项目全流程信息公开纳入动态监管范围，重点加强对单一来源公示、采购文件、采购结果和采购合同等信息的比对，运用大数据分析技术开展对采购项目执行情况和信息公开情况的核查和动态监管，不断推进信息公开工作。

（十）开展第三方评估。从 2017 年开始，财政部将委托社会力量开展对政府采购透明度的第三方评估，重点围绕政府采购信息发布平台建设管理、信息发布和信息推送的及时性完整性等情况进行综合评估，并对评估结果予以通报。

财政部关于 2017 年开展全国政府采购代理机构监督检查工作的通知

2017 年 7 月 15 日　财库〔2017〕125 号

各省、自治区、直辖市、计划单列市财政厅（局）：

为进一步加强政府采购监督管理，规范政府采购代理机构的执业行为，全面落实“双随机一公开”的要求，建立完善常态化的政府采购监督检查工作机制，财政部决定从 2017 年 8 月至 12 月组织开展全国政

府采购代理机构监督检查工作。现就有关事项通知如下：

一、检查范围

各级财政部门从中国政府采购网和各省政府采购分网上完成网上登记的政府采购代理机构名单范围内，随机抽取代理本级采购业务的政府采购代理机构（包括本地注册及外地注册本地执业的机构）作为检查对象，原则上近 3 年已经检查过的政府采购代理机构不再抽取。本次检查针对 2016 年代理的政府采购项目，每家机构抽取的项目不少于 5 个。对于进入公共资源交易中心开展的政府采购活动，应随机抽取项目进行检查。

财政部对随机抽取的北京、甘肃、贵州、福建 4 个省市的 30 家政府采购代理机构开展检查。各省（区、市）自行确定检查数量，但抽查比率不得低于本省（区、市）政府采购代理机构总数的 20%，抽查数量原则上不得少于 30 家；政府采购代理机构总数不足 30 家的地区，应对本省（区、市）所有政府采购代理机构进行检查。各市、县检查数量由省级财政部门统筹分解。

二、检查内容及时间

本次检查涵盖政府采购活动的全过程，主要包括委托代理、文件编制、进口核准、方式变更、信息公告、评审过程、中标成交、保证金、合同管理、质疑答复等10 个环节。检查依据包括《中华人民共和国政府采购法》及其实施条例，以及有关制度办法和规范性文件等（见附件）。检查时间从 2017 年 8 月开始，12 月底结束。具体安排如下：

自行检查阶段（8 月 1 日 ~8 月 31 日）：财政部门成立检查工作组，向被检查单位送达检查通知；被检查单位根据通知要求，整理被抽检采购项目相关的文件、数据和资料，对照检查依据对 2016 年度执业情况形成自行检查报告，一并报送财政部门。

书面审查阶段（9 月 1 日至 9 月 30 日）：检查工作组对被检查单位提供的资料进行书面审查，对照检查指标体系（另发）初步掌握采购项目的操作执行情况，编制工作底稿。

现场检查阶段（10 月 9 日至 10 月 31 日）：结合书面审查发现的问题，检查工作组进一步到被检查单位实施现场检查，与被检查单位沟通，并签字盖章确认工作底稿。

处理处罚阶段（11 月 1 日至 11 月 30 日）：财政部门对检查中发现的采购人、政府采购代理机构和评审专家的违法线索进行延伸检查，对查实的违法违规行为依法作出处理处罚，对国家公职人员涉嫌违纪的行为移交纪检监察部门处理。各省（区、市）财政部门汇总本地区处理处罚信息，财政部汇总全国处理处罚综合信息。

汇总报告阶段（12 月 1 日至 12 月 25 日）：财政部门形成本级监督检查工作报告，各省（区、市）财政部门汇总形成本地区监督检查工作报告，财政部汇总形成全国监督检查工作报告。

三、工作要求

本次检查由财政部牵头组织，中央、省、市、县四级财政部门共同参与，按照“纵向联动、统一标准、分级检查、依法处理”的原则，分级开展对政府采购代理机构 2016 年度执业情况的监督检查。各级财政部门要严格落实“双随机一公开”的要求，建立检查对象和执法人员名录库，随机抽取检查对象、随机选派执法检查人员，及时公开抽查情况和查处结果。

各省（区、市）财政部门要统筹本地区检查工作安排，加强对市级、县级检查工作的指导，制定详细的检查计划，明确工作要求，确保检查工作顺利实施。检查过程中，要严格履行检查程序，遵守检查纪律，依法处理违法违规问题，切实做到依法行政、公正廉洁。

联系人：财政部国库司政府采购管理三处翟司霞、黄淑琼
联系电话：010－68552173
电子邮箱：cgqgjc@126. com
附件：2017年全国代理机构监督检查依据文件清单（略）

财政部　环境保护部关于调整公布第二十期环境标志产品政府采购清单的通知

2017年7月25日　财库〔2017〕126号

党中央有关部门，国务院各部委、各直属机构，全国人大常委会办公厅，全国政协办公厅，高法院，高检院，各民主党派中央，有关人民团体，各省、自治区、直辖市、计划单列市财政厅（局）、环境保护厅（局），新疆生产建设兵团财务局、环保局：

为推进和规范环境标志产品政府采购，现将第二十期"环境标志产品政府采购清单"（以下简称环保清单）印发你们，有关事项通知如下：

一、环保清单（附件1）所列产品为政府优先采购产品。对于同时列入环保清单和节能产品政府采购清单的产品，应当优先于只列入其中一个清单的产品。

二、未列入本期环保清单的产品，不属于政府优先采购的环境标志产品范围。环保清单中的产品，其制造商名称或地址在清单执行期内依法变更的，经相关认证机构核准并办理认证证书变更手续后，仍属于本期环保清单的范围。台式计算机产品的性能参数详见附件2，凡与附件2所列性能参数不一致的台式计算机产品，不属于本期环保清单的范围。

三、政府采购工程以及与工程建设有关的货物采购应当执行环境标志产品政府优先采购政策。采购人及其委托的采购代理机构应当在采购文件和采购合同中列明使用环境标志产品的要求。

四、在本通知发布之后开展的政府采购活动，应当执行本期环保清单。在本通知发布之前已经开展但尚未进入评审环节的政府采购活动，应当按照采购文件的约定执行上期或本期环保清单，采购文件未约定的，可同时执行上期和本期环保清单。

五、相关企业应当保证其列入环保清单的产品在本期环保清单执行期内稳定供货，凡发生制造商及其代理商不接受参加政府采购活动邀请、列入环保清单的产品无法正常供货以及其他违反《承诺书》内容情形的，采购人、采购代理机构应当及时将有关情况向财政部反映。财政部将根据具体违规情形，对有关供应商作出暂停列入环保清单三个月至两年的处理。

六、环保清单再次调整的相关事宜另行通知。

七、公示、调整环保清单以及暂停列入环保清单等有关文件及附件在中华人民共和国财政部网站（http：//www. mof. gov. cn）、中国政府采购网（http：//www. ccgp. gov. cn）、中华人民共和国环境保护部网站（http：//www. zhb. gov. cn）、中国绿色采购网（http：//www. cgpn. org）上发布，请自行查阅、下载。

请遵照执行。

附件：1. 环境标志产品政府采购清单（第二十期）
　　　2. 环境标志产品政府采购清单（第二十期）台式计算机参数（附件请从网上下载）

财政部　国家发展改革委关于调整公布第二十二期节能产品政府采购清单的通知

2017年7月28日　财库〔2017〕129号

党中央有关部门，国务院各部委、各直属机构，全国人大常委会办公厅，全国政协办公厅，高法院，高检院，各民主党派中央，有关人民团体，各省、自治区、直辖市、计划单列市财政厅（局）、发展改革委（经信委、工信委、工信厅、经信局），新疆生产建设兵团财务局、发展改革委、工信委：

为推进和规范节能产品政府采购，现将第二十二期“节能产品政府采购清单”（以下简称节能清单）印发给你们，有关事项通知如下：

一、节能清单（附件1）所列产品包括政府强制采购和优先采购的节能产品。其中，台式计算机，便携式计算机，平板式微型计算机，激光打印机，针式打印机，液晶显示器，制冷压缩机，空调机组，专用制冷、空调设备，镇流器，空调机，电热水器，普通照明用自镇流荧光灯，普通照明用双端荧光灯，电视设备，视频设备，便器，水嘴等品目为政府强制采购的节能产品（具体品目以“★”标注）。其他品目为政府优先采购的节能产品。

二、未列入本期节能清单的产品，不属于政府强制采购、优先采购的节能产品范围。节能清单中的产品，其制造商名称或地址在清单执行期内依法变更的，经相关认证机构核准并办理认证证书变更手续后，仍属于本期节能清单的范围。台式计算机产品的性能参数详见附件2，凡与附件2所列性能参数不一致的台式计算机产品，不属于本期节能清单的范围。

三、采购人拟采购的产品属于政府强制采购节能产品范围，但本期节能清单中无对应细化分类或节能清单中的产品无法满足工作需要的，可在节能清单之外采购。

四、在本通知发布之后开展的政府采购活动，应当执行本期节能清单。在本通知发布之前已经开展但尚未进入评审环节的政府采购活动，应当按照采购文件的约定执行上期或本期节能清单，采购文件未约定的，可同时执行上期和本期节能清单。

五、已经确定实施的政府集中采购协议供货涉及政府强制采购节能产品的，集中采购机构应当按照本期节能清单重新组织协议供货活动或对相关产品进行调整。政府采购工程以及与工程建设有关的货物采购应当执行节能产品政府强制采购和优先采购政策。采购人及其委托的采购代理机构应当在采购文件和采购合同中列明使用节能产品的要求。

六、相关企业应当保证其列入节能清单的产品在本期节能清单执行期内稳定供货，凡发生制造商及其代理商不接受参加政府采购活动邀请、列入节能清单的产品无法正常供货以及其他违反《承诺书》内容情形的，采购人、采购代理机构应当及时将有关情况向财政部反映。财政部将根据具体违规情形，对有关供应商作出暂停列入节能清单三个月至两年的处理。

七、节能清单再次调整的相关事宜另行通知。

八、公示、调整节能清单以及暂停列入节能清单等有关文件及附件在中华人民共和国财政部网站（http：//www.mof.gov.cn）、中国政府采购网（http：//www.ccgp.gov.cn）、国家发展改革委网站（http：//www.ndrc.gov.cn）和中国质量认证中心网站（http：//www.cqc.com.cn）上发布，请自行查阅、下载。

请遵照执行。

附件：1. 节能产品政府采购清单（第二十二期）

2. 第二十二期节能产品政府采购清单台式计算机性能参数（附件请从网上下载）

财政部　民政部　中国残疾人联合会关于促进残疾人就业政府采购政策的通知

2017 年 8 月 22 日　财库〔2017〕141 号

党中央有关部门，国务院各部委、各直属机构，全国人大常委会办公厅，全国政协办公厅，高法院，高检院，各民主党派中央，有关人民团体，各省、自治区、直辖市、计划单列市财政厅（局）、民政厅（局）、残疾人联合会，新疆生产建设兵团财务局、民政局、残疾人联合会：

为了发挥政府采购促进残疾人就业的作用，进一步保障残疾人权益，依照《政府采购法》、《残疾人保障法》等法律法规及相关规定，现就促进残疾人就业政府采购政策通知如下：

一、享受政府采购支持政策的残疾人福利性单位应当同时满足以下条件：

（一）安置的残疾人占本单位在职职工人数的比例不低于 25%（含 25%），并且安置的残疾人人数不少于 10 人（含 10 人）；

（二）依法与安置的每位残疾人签订了一年以上（含一年）的劳动合同或服务协议；

（三）为安置的每位残疾人按月足额缴纳了基本养老保险、基本医疗保险、失业保险、工伤保险和生育保险等社会保险费；

（四）通过银行等金融机构向安置的每位残疾人，按月支付了不低于单位所在区县适用的经省级人民政府批准的月最低工资标准的工资；

（五）提供本单位制造的货物、承担的工程或者服务（以下简称产品），或者提供其他残疾人福利性单位制造的货物（不包括使用非残疾人福利性单位注册商标的货物）。

前款所称残疾人是指法定劳动年龄内，持有《中华人民共和国残疾人证》或者《中华人民共和国残疾军人证（1 至 8 级）》的自然人，包括具有劳动条件和劳动意愿的精神残疾人。在职职工人数是指与残疾人福利性单位建立劳动关系并依法签订劳动合同或者服务协议的雇员人数。

二、符合条件的残疾人福利性单位在参加政府采购活动时，应当提供本通知规定的《残疾人福利性单位声明函》（见附件），并对声明的真实性负责。任何单位或者个人在政府采购活动中均不得要求残疾人福利性单位提供其他证明声明函内容的材料。

中标、成交供应商为残疾人福利性单位的，采购人或者其委托的采购代理机构应当随中标、成交结果同时公告其《残疾人福利性单位声明函》，接受社会监督。

供应商提供的《残疾人福利性单位声明函》与事实不符的，依照《政府采购法》第七十七条第一款的规定追究法律责任。

三、在政府采购活动中，残疾人福利性单位视同小型、微型企业，享受预留份额、评审中价格扣除等促进中小企业发展的政府采购政策。向残疾人福利性单位采购的金额，计入面向中小企业采购的统计数据。残疾人福利性单位属于小型、微型企业的，不重复享受政策。

四、采购人采购公开招标数额标准以上的货物或者服务，因落实促进残疾人就业政策的需要，依法履行有关报批程序后，可采用公开招标以外的采购方式。

五、对于满足要求的残疾人福利性单位产品，集中采购机构可直接纳入协议供货或者定点采购范围。各地区建设的政府采购电子卖场、电子商城、网上超市等应当设立残疾人福利性单位产品专栏。鼓励采购人优先选择残疾人福利性单位的产品。

六、省级财政部门可以结合本地区残疾人生产、经营的实际情况，细化政府采购支持措施。对符合国家有关部门规定条件的残疾人辅助性就业机构，可通过上述措施予以支持。各地制定的有关文件应当报财政部备案。

七、本通知自2017年10月1日起执行。

附件：残疾人福利性单位声明函

附件：

残疾人福利性单位声明函

本单位郑重声明，根据《财政部　民政部　中国残疾人联合会关于促进残疾人就业政府采购政策的通知》（财库〔2017〕141号）的规定，本单位为符合条件的残疾人福利性单位，且本单位参加________单位的________项目采购活动提供本单位制造的货物（由本单位承担工程/提供服务），或者提供其他残疾人福利性单位制造的货物（不包括使用非残疾人福利性单位注册商标的货物）。

本单位对上述声明的真实性负责。如有虚假，将依法承担相应责任。

单位名称（盖章）：
日　期：

财政部关于印发《政务信息系统政府采购管理暂行办法》的通知

2017年12月26日　财库〔2017〕210号

党中央有关部门，国务院各部委、各直属机构，全国人大常委会办公厅，全国政协办公厅，高法院，高检院，各民主党派中央，有关人民团体，各省、自治区、直辖市、计划单列市财政厅（局），新疆生产建设兵团财政局，中共中央直属机关采购中心，中央国家机关政府采购中心，全国人大机关采购中心：

现将《政务信息系统政府采购管理暂行办法》印发给你们，请遵照执行。

附件：《政务信息系统政府采购管理暂行办法》（略）

财政部办公厅关于印发《节能环保产品政府采购清单数据规范》的通知

2017年1月9日　财办库〔2017〕3号

各省、自治区、直辖市、计划单列市财政厅（局），新疆生产建设兵团财务局：

为进一步落实政府采购支持节能环保的采购政策，提高节能环保产品政府采购清单执行工作的规范化程度，财政部研究制定了《节能环保产品政府采购清单数据规范》（以下简称《数据规范》），现印发给你们，并就相关事项通知如下：

一、《数据规范》用于相关政府采购电子交易系统导入“节能产品政府采购清单”和“环境标志产品政府采购清单”（以下简称“清单”）相关数据。从第21期“节能产品政府采购清单”和第19期“环境标志产品政府采购清单”开始，财政部将按《数据规范》一并发布“清单”数据文件。

二、有关单位可通过中国政府采购网下载“清单”数据文件或按照《数据规范》开发客户端工具，以系统接口方式获取“清单”数据文件。有关单位系统开发相关问题请与财政部联系。

联系人及联系方式：

国库司　　　　周菁　010－68551839

信息网络中心　杨敏　010－63819312－857

附件：节能环保产品政府采购清单数据规范（略）

财政部办公厅关于进一步规范地方政府采购信息统计工作的通知

2017年9月21日　财办库〔2017〕163号

各省、自治区、直辖市、计划单列市财政厅（局）：

近年来，各地财政部门在组织政府采购信息统计编报方面取得良好成效，但也存在统计口径把握不准确、应报未报有关数据等问题。为进一步规范地方政府采购信息统计工作，现就有关问题通知如下：

一、严格政府购买服务项目填报

各地应按照《财政部关于坚决制止地方以政府购买服务名义违法违规融资的通知》（财预〔2017〕87号）要求，严格界定政府购买服务范围，规范实施政府购买服务。严禁将以政府购买服务方式实施的货物、建设工程、融资项目以及建设工程与服务打包项目纳入服务类项目统计范围。

二、对PPP项目进行单独统计

为准确反映PPP项目实施情况，各地应在政府采购信息统计报表中的“PPP模式项目统计表”对PPP项目进行单独统计，暂不通过合同录入方式纳入本地区政府采购规模统计范围。

三、完整统计政府采购工程类数据

为做好与加入世贸组织《政府采购协定》（GPA）谈判工作的衔接，各地应按统一要求，将国家机关、事业单位和团体组织适用招标投标法的政府采购工程项目，全部纳入政府采购信息统计范围。

请各地按照上述政策口径，对2017年已报送的政府采购信息统计数据进行清理规范，确保政府采购信息统计数据的真实、准确和完整。

省财政厅关于印发《关于加强集中采购机构内控管理的指导意见》的通知

2017年1月17日　鲁财采〔2017〕2号

各市财政局、省财政直接管理县（市）财政局，各政府采购代理机构：

为进一步强化集中采购机构内部控制管理，规范权力运行，促进政府采购提质增效，根据财政部《关于加强政府采购活动内部控制管理的指导意见》（财库〔2016〕99号），我们制定了《关于加强集中采购机构内控管理的指导意见》，现予印发，请遵照执行。

附件：关于加强集中采购机构内部控制管理的指导意见

附件：

关于加强集中采购机构内部控制管理的指导意见

为进一步规范集中采购机构权力运行，强化内部流程控制，促进政府采购提质增效，根据财政部《关于加强政府采购活动内部控制管理的指导意见》（财库〔2016〕99号），现就加强集中采购机构内部控制管理提出如下意见：

一、总体要求

（一）指导思想

贯彻党的十八大和十八届三中、四中、五中、六中全会精神，落实政府采购法律法规要求，执行《行政事业单位内部控制规范（试行）》（财会〔2012〕21号）和《财政部关于全面推进行政事业单位内部控制建设的指导意见》（财会〔2015〕24号）相关规定，切实规范政府采购活动中的权力运行，有效防范舞弊和预防腐败，着力提高政府采购活动的组织水平和服务效率，不断增强政府采购公信力。

（二）基本原则

1. 全面管控与突出重点并举。将内部控制管理贯穿于政府采购执行的全流程、各环节，全面控制，重在预防。抓住主要环节、关键岗位和重大风险事项，从严管理，重点防控。

2. 分工制衡与提升效能并重。发挥相关业务环节和岗位之间的相互监督和制约作用，合理安排分工，优化流程衔接，提高采购绩效和服务效能。

3. 权责对等与依法惩处并行。在政府采购执行过程中贯彻权责一致原则，因权定责、权责对应。严格执行法律法规的问责条款，有错必究、失责必惩。

（三）主要目标

以“分事行权、分岗设权、分级授权”为主线，通过制定制度、健全机制、完善措施、规范流程，逐步形成依法合规、运转高效、风险可控、问责严格的内部运转和管控制度，做到约束机制健全、权力运行规范、风险控制有力、监督问责到位，实现对政府采购活动中权力运行的有效制约。

二、重点任务

（一）落实主体责任

集中采购机构应当依法依规做好流程控制，围绕委托代理、编制采购文件、拟订合同文本、执行采购程序、答复询问质疑等政府采购活动的重点内容和关键环节加强管理。

集中采购机构应当牢固树立服务观念，积极创新服务模式，细化服务措施，以规范采购行为、精简采购环节、提高采购效率为出发点，在制度设计、市场规范、信息化建设等方面实现全面提升，不断推进政府采购工作规范化、制度化、科学化水平，让采购过程更加公开透明，为政府采购相关当事人提供优质、便捷、高效服务。

在采购过程中，集中采购机构应从国家和社会公共利益出发，始终保持客观公正的态度，依法组织政府采购活动，不出具评审意见，不左右采购结果。对采购文件制定、专家评审、合同验收、质疑处理等环节中的违法违规行为，及时予以纠正或者提出处理建议，保证政府采购“三公一诚”原则的落实。

（二）明确主要任务

1. 控制法律风险。切实提升集中采购机构的法治观念，依法依规组织开展政府采购活动，切实防控政府采购执行中的法律风险。

2. 防止廉政风险。牢固树立廉洁是政府采购生命线的根本理念，确保在政府采购活动中“干干净净”。针对政府采购岗位设置、流程设计、主体责任、与市场主体交往等重点问题，细化廉政规范、强化纪律要求，形成严密、有效的约束机制。

3. 提升履职效能。按照精简、统一、效能的要求，科学确定事权归属、岗位责任、流程控制和授权关系，推进政府采购流程优化、执行顺畅，提升政府采购整体绩效。

4. 落实政策功能。准确把握政府采购领域政策功能落实要求，严格执行相关政策规定，切实发挥政府采购在实现国家经济和社会发展政策目标中的作用。

三、主要措施

（一）明晰事权，依法履职尽责。集中采购机构应当依据法定职责开展工作，既不能失职不作为，也不得越权乱作为。

1. 明确委托代理权利义务。需委托集中采购机构采购的，集中采购机构应当在采购计划下达后 5 个工作日内与采购人依法签订政府采购委托代理协议，明确代理采购的范围、权限和期限等具体事项。集中采购机构应当严格按照委托代理协议开展采购活动，履行代理义务，不得超越代理权限。

2. 依法依规开展采购活动。集中采购机构应当严格按照批准的政府采购计划组织采购活动，未经财政部门批准不得擅自提高采购预算、改变采购内容、变更采购方式。

3. 强化内部监督。集中采购机构应当发挥内部审计、纪检监察等机构的监督作用，加强对采购执行的常规审计和专项审计。畅通问题反馈和受理渠道，通过检查、考核、设置监督电话或信箱等多种途径查找和发现问题，有效分析、预判、管控、处置风险事项。

（二）合理设岗，强化内控管理。合理设置岗位，明确岗位职责、权限和责任主体，细化各流程、各环节的工作要求和执行标准。

1. 界定岗位职责。集中采购机构应当结合自身特点，对照政府采购法律、法规、规章及制度规定，认真梳理不同业务、环节、岗位需要重点防控的风险事项，划分风险等级，建立制度规则、风险事项等台账，合理确定岗位职责。按照专业化操作和流程可控的要求，将采购执行过程中的计划安排、专家抽取、采购组织、信息发布、质疑处理、资金收退、合同验收等职能分解明确到不同岗位。

2. 不相容岗位分离。集中采购机构应当建立岗位间的制衡机制，各岗位之间既相互制约又相互配合，任何人或者岗位都不能独立操控采购项目，确保权力分配合理、职责定位科学、组织实施严密、程序运转高效。采购文件编制与复核、专家抽取与使用、合同审核与验收、项目组织与质疑处理等岗位原则上应当分开设置。

3. 相关业务多人参与。集中采购机构组织开展项目论证、评审组织、专家抽取、合同审核、履约验收、质疑处理等重要业务，原则上应当由 2 人以上共同办理，并明确主要负责人员。

4. 实施定期轮岗。集中采购机构应当按规定建立轮岗交流制度，按照政府采购岗位风险等级设定轮岗周期，风险等级高的岗位原则上应当缩短轮岗年限。不具备轮岗条件的应当采取专项审计等有效控制措施。同时，要建立健全政府采购在岗监督、离岗审查和项目责任追溯制度。

（三）分级授权，推动科学决策。明确不同级别的决策权限和责任归属，按照分级授权的决策模式，建立与组织机构、采购业务相适应的内部授权管理体系。

1. 完善决策机制。集中采购机构应当建立健全重大事项集体研究、合法性审查和内部会商相结合的议事决策机制。决策过程要形成完整记录，任何个人不得单独决策或者擅自改变集体决策。

2. 完善内部审核制度。集中采购机构应当依据法律法规和有关政策建立重要事项内部审核制度，细化内部审核的内容要素、标准权限和工作要求，实行办理、复核、审定的内部审核机制，对照要求逐层审核把关。

（四）优化流程，实现重点管控。加强对采购活动的流程控制，突出重点环节，确保政府采购项目规范运行。

1. 加强关键环节控制。集中采购机构应当按照有关法律法规及业务流程规定，明确政府采购重点环节的控制措施。在需求论证环节，加强采购需求的研究管理，避免技术参数出现歧义或者带有倾向性和排他性指标。在采购文件编制环节，建立完善审核制度，对采购文件的合法性、准确性、完整性严格把关。在开评标环节，完善系列管理规范，包括开标流程、各岗位职责、现场保密及保安措施、评标委员会成员的管理及考核评价制度、评标过程的相互监督措施、评标结果的汇总及评审报告撰写要求等。

2. 明确时限要求。集中采购机构应当提高政府采购效率，对信息公告、合同审核、询问质疑答复以及其他有时间要求的事项，要细化各个节点的工作时限，确保在规定时间内完成。

3. 强化利益冲突管理。集中采购机构应当厘清利益冲突的主要对象、具体内容和表现形式，明确与采购人、供应商、评审专家交往的基本原则和界限，细化处理原则、应对方式和解决方案。相关人员与供应商有利害关系的，应当严格执行回避制度。

4. 健全档案管理。集中采购机构应当加强政府采购记录控制，按照规定妥善保管与政府采购管理、执行相关的各类文件。

四、保障措施

集中采购机构要充分认识加强内部控制管理的重要性和必要性，结合廉政风险防控机制建设和规范权力运行的有关要求，准确把握政府采购工作的内在规律，加快体制机制创新，强化硬化制度约束，切实提高内部控制管理水平。

（一）加强组织领导。建立内部控制管理工作的领导、协调机制，做好政府采购内部控制管理各项工作。要严格执行岗位分离、轮岗交流等制度，暂不具备条件的要创造条件逐步落实。集中采购机构以外的采购代理机构参照本意见建立和完善内部控制管理制度，防控代理执行风险。

（二）加快建章立制。抓紧梳理和评估政府采购执行中存在的风险，明确标准化工作要求和防控措施，完善内部管理制度，形成较为完备的内部控制体系。

（三）完善技术保障。将制度规定、防控措施、管理要求嵌入信息管理系统，充分利用信息技术推动政府采购内控机制建设。探索大数据分析在政府采购内部控制管理中的应用，将信息数据科学运用于项目管理、风险控制、监督预警等方面。

（四）强化运行监督。建立内部控制管理的激励约束机制，将内部控制制度的建设和执行情况纳入绩效考评体系，将日常评价与重点监督、内部分析和外部评价相结合，定期对内部控制的有效性进行总结，加强评估结果应用，不断完善内部控制管理体系。

本指导意见自2017年3月1日起施行，有效期至2022年2月28日。

省财政厅　省发展和改革委员会　省科学技术厅　省商务厅　省人民政府法制办公室关于进一步开展创新政策与提供政府采购优惠挂钩相关文件清理工作的通知

2017年1月5日　鲁财采〔2017〕3号

各市财政局、发展改革委、科技局、商务局、法制办：

为履行“中国的创新政策与提供政府采购优惠不挂钩”的对外承诺，深入开展创新政策与提供政府采购优惠挂钩相关文件清理工作，根据《国务院办公厅关于进一步开展创新政策与提供政府采购优惠挂钩相关文件清理工作的通知》（国办函〔2016〕92号）和省政府有关要求，现就进一步开展清理工作有关事项通知如下：

一、本次专项清理的范围为截至2016年底有效的“创新政策与提供政府采购优惠挂钩”规范性文件。

二、各市要按照世界贸易组织规则和我国对外承诺，对本市辖区内涉及创新政策与提供政府采购优惠挂钩的规范性文件进行全面深入清理。

三、对清理中发现的关于创新政策与提供政府采购优惠挂钩的规范性文件，自2017年起一律停止执行，并按照“谁制定、谁清理”的原则予以修订或废止，及时向社会公布。

对于不符合国务院办公厅《关于深入开展创新政策与提供政府采购优惠挂钩相关文件清理工作的通知》（国办发明电〔2011〕41号）规定的地方性法规，政府有关部门应通过本级人民政府及时向本级人民代表大会及其常务委员会报告，启动修订程序。要加强与本级人民代表大会及其常务委员会的沟通，建议出台地方性法规时，应注意与“中国的创新政策与提供政府采购优惠不挂钩”的对外承诺保持一致。

四、各市相关部门要于2017年1月10日前，将“创新政策与提供政府采购优惠挂钩”规范性文件清理情况报送各市财政局汇总，由市级财政部门于1月11日前报省财政厅。

五、本次清理工作时间紧、任务重、专业性强，涉及国家信誉，各市要高度重视，精心组织，按要求做好相关清理工作，确保顺利完成清理任务。

联系人：宋志涛

联系电话：0531－82669829

电子邮箱：jnsongzhitao@126.com

附件：1. 国务院办公厅关于进一步开展创新政策与提供政府采购优惠挂钩相关文件清理工作的通知（国办函〔2016〕92号）

2. 现行“创新政策与提供政府采购优惠挂钩”规范性文件清理表

附件1：

国务院办公厅关于进一步开展创新政策与提供政府采购优惠挂钩相关文件清理工作的通知

2016年11月16日　国办函〔2016〕92号

各省、自治区、直辖市人民政府，国务院各部委、各直属机构：

为履行“中国的创新政策与提供政府采购优惠不挂钩”的对外承诺，2011年11月17日，国务院办公厅印发《关于深入开展创新政策与提供政府采购优惠挂钩相关文件清理工作的通知》（国办发明电〔2011〕41号），要求各地方、各有关部门自2011年12月1日起停止执行规范性文件中关于创新政策与提供政府采购优惠挂钩的措施。为深入贯彻落实国办发明电〔2011〕41号文件有关要求，切实履行我国对外承诺，经国务院同意，现就进一步开展清理工作有关要求通知如下：

一、地方各级人民政府和有关部门要按照世贸组织规则和我国对外承诺，对涉及自主创新政策与提供政府采购优惠挂钩的规范性文件，再开展一次清理工作。清理后，要向社会公布继续有效、废止和失效的文件目录；未列入继续有效文件目录的规范性文件，不得作为行政管理的依据。今后不得制定违反我国对外承诺的新文件。

二、对于不符合国办发明电〔2011〕41号文件规定的地方性法规，地方人民政府应及时向本级人民代表大会及其常务委员会报告，启动修订程序。地方各级人民政府要与本级人民代表大会及其常务委员会加强沟通，建议出台地方性法规时，注意与中央政府对外承诺保持一致。

三、各省、自治区、直辖市人民政府负责对本行政区域内清理工作进行督促检查，有关工作进展情况请于2016年12月底前上报国务院，抄送国家发展改革委、科技部、财政部、商务部。

附件2：

现行“创新政策与提供政府采购优惠挂钩”规范性文件清理表

填报单位（盖章）： 年 月 日

规范性文件名称	发文机关	发文字号	相关内容	清理进度

填表人（签字）： 负责人（签字）：

注：1. 表中“规范性文件名称”特指含有“创新政策与提供政府采购优惠挂钩”内容的规范性文件。
2. 清理未发现相关规范性文件的，在“规范性文件名称”的第一栏填“无”。

省财政厅关于做好2017年政府采购预算执行工作有关问题的通知

2017年3月30日 鲁财采〔2017〕21号

省直各部门，各政府采购代理机构：

为充分发挥预算单位内控管理机制作用，进一步规范政府采购行为，提高政府采购预算执行效率，根据《政府采购法》及其实施条例、《2017年度山东省省级政府集中采购目录》等有关规定，现就做好2017年省级政府采购预算执行工作有关问题通知如下：

一、关于政府采购预算

（一）细化预算资金性质。为全面掌握预算执行进度，方便各预算单位填报政府采购情况决算表，“政府采购管理交易系统”（以下简称“管理系统”）内预算资金性质按照资金来源，调整为一般公共预算、政府性基金预算、国有资本经营预算、财政专户管理资金和单位自筹五类。

（二）取消预算内要素变更申请。除申请二级采购品目间变更、进口产品采购以及公开招标数额标准以上采用非招标采购方式的，预算单位可在完善政府采购建议书时直接变更预算内各要素，不再单独提报政府采购预算变更申请。

（三）预算内要素变更流程。对二级采购品目间变更的，由预算单位在管理系统“指标变更”模块中提出申请。对采购进口产品的，如使用年初政府采购预算，由预算单位在管理系统“公文流转”模块中提出申请；如使用年中追加政府采购预算，可在管理系统“指标细化”模块中直接选择《进口产品目录》内对应品目；《进口产品目录》内没有的，应在管理系统“公文流转”模块中提出申请。对公开招标数额标准以上采用非招标采购方式的，应在“公文流转”模块中提出申请。

（四）车辆保险定点采购。为有效落实《党政机关厉行节约反对浪费条例》，2017年将“车辆保险”相关预算指标全部导入管理系统实施直接支付，各预算单位应按照定点采购相关流程规范操作，确保车辆保险政府采购工作顺利开展。

二、关于政府采购建议书

（一）备案管理。取消政府采购建议书审核，全部实行系统自动备案管理。预算单位在管理系统“建议书录入”环节补充完善或变更调整相关要素后，可通过“直通车”直接确认并发送至采购代理机构，无需主管部门和省财政厅审核。预算主管部门可通过“建议书（确认书）查询”查看所属单位预算执行情况。

（二）编报时限。对年初政府采购预算，预算单位应于预算批复后2个月内备案政府采购建议书；对年中追加政府采购预算，预算单位原则上应于预算批复后1个月内细化预算并备案政府采购建议书。建议书逾期未备案的，将由管理系统自动备案。备案后如需调整的，预算单位应在“建议书变更”中作出说明，经省财政厅部门预算管理处和政府采购监督管理处备案后重新录入。

（三）建议书变更。简化建议书变更审核环节，由预算单位根据主管部门政府采购内部控制管理要求，自主选择是否经过主管部门审核，无需主管部门审核的，可直接将变更申请发送至省财政厅。

三、关于政府采购方式

对公开招标数额标准以下的采购项目，预算单位可根据项目性质特点，对照各种采购方式的法定情形，自主选择相应采购方式。对公开招标数额标准以上的采购项目，如需采用非招标采购方式的，应向省财政厅提出申请。因所选采购方式不符合法定情形而导致采购结果无效的，由预算单位承担相应法定责任。

四、关于适用《招标投标法》的工程项目及采购方式

根据《政府采购法实施条例》关于“政府采购工程以及与工程建设有关的货物、服务，采用招标方式采购的，适用《中华人民共和国招标投标法》及其实施条例；采用其他方式采购的，适用政府采购法及本条例”的规定，对采购金额200万元以上（含200万元）的建筑物和构筑物的新建、改建、扩建及其相关的装修、拆除、修缮等工程项目，应在建议书“是否执行工程招投标规定”中选择“是”；不属于上述情形的，如计算机局域网工程、智能化安装工程、环保绿化工程等，应在建议书“是否执行工程招投标规定”中选择“否”。

除必须招标的工程项目外，预算单位可结合项目性质特点，选择适宜采购方式（竞争性谈判、竞争性磋商、单一来源）。

五、关于委托协议签订

委托社会代理机构开展采购活动的，预算单位应在政府采购建议书备案后5个工作日内签订委托代理协议，明确代理采购的范围、权限和期限等具体事项，并约定双方权利和义务。预算单位逾期未录入委托协议的，管理系统将自动屏蔽录入窗口，预算单位需在“委托协议变更”中作出书面说明，并经省财政厅备案后方可重新录入。

六、关于政府采购需求公示

对采用公开招标、邀请招标、竞争性谈判和竞争性磋商方式的采购项目，预算单位应于建议书备案后，及时在“管理系统”内完成采购需求公示。因采购需求调整变更建议书的，应于建议书变更确认后重新公示采购需求。高校、科研机构自行采购科研仪器设备的，不论采购金额大小和何种采购方式，都应于建议

书备案后公示采购需求。

七、关于高校、科研机构科研仪器设备自行采购的信息公开

高校、科研机构自行采购科研仪器设备，应根据《政府采购法》及其实施条例组织开展相关采购活动，并按照《山东省政府采购信息公开管理暂行办法》有关要求，对采购需求、采购预算、采购文件、采购结果、采购合同和履约验收情况予以全面公开。其中，委托采购代理机构组织采购活动的，由采购代理机构在“中国山东政府采购网”上发布相关采购信息；自行组织采购活动的，由预算单位在“中国山东政府采购网”上发布采购公告和中标（成交）公告。

八、关于政府采购合同

（一）自动导入中标（成交）信息。政府采购合同以采购活动的中标（成交）公告为基础信息，实行系统抓取、自动导入，预算单位不得随意变更合同内容及金额。除高校、科研机构自行采购科研仪器设备项目外，其他自行采购项目，不予关联中标（成交）公告。

（二）合同录入逾期屏蔽。预算单位应于中标（成交）公告发布之日起 30 日内完成政府采购合同录入，逾期未完成的，管理系统将屏蔽合同录入窗口，预算单位需在“合同变更”中提报书面说明，并经省财政厅部门预算管理处和政府采购监督管理处确认后，方可录入合同信息。

（三）取消合同审核环节。为强化预算单位的合同签订主体责任，发挥信息公开的监督约束作用，根据《政府采购法》及其实施条例有关要求，取消代理机构对政府采购合同的审核流程，由预算单位在管理系统内备案政府采购合同并进行信息公开。各采购代理机构不得在管理系统外自行设置合同审核相关事项。合同变更也无需代理机构确认。

（四）变更合同支付信息。为加快预算执行进度，方便预算单位灵活调整支付比例，所有采购项目实行动态支付，即预算单位可根据供应商履约情况和资金支付进度，在管理系统“支付变更”模块中对采购合同支付比例进行动态变更调整，无需省财政厅审核。

（五）合同融资项目账户变更。对申请政府采购合同融资业务的供应商，已通过金融机构审核并由金融机构在“管理系统”内对相应政府采购合同确认的，如需将合同原银行账号变更为金融机构指定账号，可由供应商提出合同变更申请，经相关金融机构和省财政厅确认后执行。预算单位应本着扶持中小微企业发展、助推实体经济提升的原则，予以积极支持和配合。非融资项目的合同变更，仍由预算单位提出变更申请，经省财政厅确认。

九、关于变更代理机构

对政府采购预算批复两个月内完成建议书备案，且经省政府采购中心确认后一个月内未进行项目论证的，预算单位可根据实际采购需求，在管理系统“建议书变更”模块中提出变更申请，经省政府采购中心确认后，调整到社会代理机构组织实施。

十、其他要求

（一）强化预算单位内控管理。各预算单位要高度重视政府采购预算执行工作，充分发挥政府采购内控机制作用，按照《山东省政府采购预算单位内部控制管理规范》有关规定，完善制度、健全机制、细化措施、规范流程，确保预算内要素变更和建议书审核取消后，责任行使规范到位、采购流程依法有序、采购结果高质高效。

（二）严格执行政府采购政策。针对巡视、审计、监督检查、投诉处理中发现的部分政府采购执行不严格、不规范问题，各预算单位应进一步加强政府采购预算管理，按照政府采购规定的范围、限额、程序等要求，完整编制政府采购预算，切实做到“应编尽编、应采尽采”。对经查实未编制政府采购预算或未执行政府采购规定的，将按照《政府采购法》及其实施条例有关规定给予处理处罚，并追究相关责任人的责任。

（三）严格遵守法定时限要求。预算单位和代理机构应严格按照《政府采购法》及其实施条例对部分采购事项的法定时限要求，依法依规履行采购程序。预算单位或代理机构不得随意缩短采购公告发布时限，预算单位不得自行延长中标（成交）供应商确定时间及合同签订时间。

（四）规范编制采购文件。预算单位和采购代理机构应根据采购需求、采购预算、采购政策等要求编制采购文件，准确表述采购项目的技术、服务、质量等内容，明确设定各项指标的评审标准和对应分值。杜绝采购文件的指向性、倾向性和歧视性描述。

（五）增加系统实时提示功能。为加快政府采购预算执行，对有办结期限要求的关键环节，“管理系统”首页将增加实时提示和逾期警示功能，各预算单位应密切关注、及时处理。

（六）继续执行2016年部分政策。《关于做好2016年政府采购预算执行工作有关问题的通知》中有关取消合同预留质保金、标识预采购资金性质以及政府采购信用担保的规定，仍继续执行。

（七）往年政府采购预算参照执行。对往年未执行的政府采购预算，应按照《2017年度山东省省级政府集中采购目录》及本通知要求执行。

省财政厅关于印发《山东省政府采购评审专家管理实施办法》的通知

2017年5月31日　鲁财采〔2017〕27号

各市财政局，黄河三角洲农业高新技术产业示范区管委会财政局，省直各部门、单位，全省各采购代理机构：

为加强全省政府采购评审活动管理，规范政府采购评审专家评审行为，根据《中华人民共和国政府采购法》及其实施条例、财政部《政府采购评审专家管理办法》、《山东省公共资源交易综合评标评审专家库和专家管理暂行办法》等法律法规及有关规定，我们研究制定了《山东省政府采购评审专家管理实施办法》，现予印发，请遵照执行。执行中如有问题，请及时反馈。

鉴于采购人未在2017年部门预算中安排评审专家劳务报酬支出，对2017年组织评审的政府采购项目，仍按照原渠道支付评审专家劳务报酬，自2018年起按照本实施办法相关规定支付。

附件：山东省政府采购评审专家管理实施办法

附件：

山东省政府采购评审专家管理实施办法

第一章　总　　则

第一条　为加强全省政府采购活动管理，规范政府采购评审专家（以下简称评审专家）评审行为，根据《中华人民共和国政府采购法》（以下简称《政府采购法》）、《中华人民共和国政府采购法实施条例》（以下简称《政府采购法实施条例》）、财政部《政府采购评审专家管理办法》《山东省公共资源交易综合评标评审专家库和专家管理暂行办法》等法律法规及有关规定，制定本办法。

第二条 本办法所称评审专家，是指符合本办法规定条件和要求，经省级以上财政部门选聘，以独立身份参加政府采购评审，纳入山东省政府采购评审专家库（以下简称评审专家库）管理的人员。评审专家选聘、解聘、抽取、使用、监督管理等适用本办法。

第三条 评审专家管理实行统一标准、管用分离、随机抽取的原则。

第二章 监管职责

第四条 各级财政部门是评审专家的监督管理部门，依法履行对评审专家的征集选聘、培训指导、评价考核、动态管理、处理处罚等监督管理职责。

第五条 省级财政部门根据财政部制定的评审专家专业分类标准和评审专家库建设标准，建设全省评审专家库并实行动态管理，与国家评审专家库互联互通、资源共享。具体职责包括：

（一）建设并管理维护全省评审专家库；

（二）统筹安排全省评审专家资源；

（三）制定评审专家的征集选聘、抽取使用、评价考核等规则；

（四）对全省初审通过的评审专家申请进行审核选聘，对省直单位申请人提出的申请进行初审；

（五）确定评审专家培训规划和内容方式；

（六）制定评审专家劳务报酬标准；

（七）对参加省级政府采购项目的评审专家进行评价考核、处理处罚等监督管理；

（八）对省级政府采购项目评审专家的抽取与使用进行监督管理；

（九）其他监管事项。

第六条 市级财政部门依法履行对评审专家的监督管理职责，具体包括：

（一）负责对本市评审专家的征集和初审，并报上级财政部门审核确认；

（二）管理维护本市评审专家信息；

（三）统筹本地区评审专家资源，提出区域或者行业评审专家征集建议；

（四）对本市评审专家进行培训；

（五）对参加市级政府采购项目的评审专家进行评价考核、处理处罚等监督管理；

（六）对市级政府采购项目评审专家的抽取与使用进行监督管理；

（七）法律法规规定的其他监管事项。

第七条 县级财政部门依法履行对评审专家的监督管理职责，具体包括：

（一）负责对本县（市、区）评审专家的征集和预审，并报上级财政部门审核确认；

（二）管理维护本县（市、区）评审专家信息；

（三）对参加县级政府采购项目的评审专家进行评价考核、处理处罚等监督管理；

（四）对县级政府采购项目评审专家的抽取与使用进行监督管理；

（五）法律法规规定的其他监管事项。

第三章 评审专家选聘与解聘

第八条 评审专家实行聘任制度和承诺制度。省级财政部门根据政府采购工作需要，按照“条件满足、择优选聘”的原则，通过公开征集、单位推荐和自我推荐相结合的方式选聘评审专家。评审专家在申请时作出承诺并按照承诺依法履职尽责。

第九条 评审专家申请实行自愿原则。申请人自愿依法行使权利，自觉履行义务，恪守评审纪律，独立承担责任，切实维护国家利益、社会利益和政府采购当事人的合法权益。

第十条 评审专家应当具备以下基本条件：

（一）具有良好的职业道德，廉洁自律，遵纪守法，无行贿、受贿、欺诈等不良信用记录；

（二）具有与申请评审专业一致或高度对应的中级以上专业技术职称或同等专业水平且从事相关领域工作满 8 年，或者具有高级专业技术职称或同等专业水平；

（三）熟悉政府采购政策法规，熟知申请评审专业相关市场情况，能够胜任政府采购项目论证、评审、验收及咨询等相关工作；

（四）承诺以独立身份参加政府采购评审工作，依法履行评审专家工作职责并承担相应法律责任的中国公民；

（五）身体健康，年龄不超过 70 周岁，能够正常参加政府采购活动；

（六）申请成为评审专家前 3 年内，无本办法规定的不良行为记录；

（七）自愿接受财政、监察等部门的监督管理；

（八）能够熟练进行计算机操作。

对评审专家数量较少的专业，前款第（二）项、第（五）项所列条件可以适当放宽。

第十一条 评审专家征集采取定期征集与专项征集相结合的方式。省级财政部门可根据工作需要确定每期征集的重点专业或者组织开展专项征集工作。定期征集时间为每年 3 月份上半月、9 月份上半月。

第十二条 自愿申请成为评审专家的人员（以下简称申请人），应根据本人专业或专长以及所从事的工作领域，严格对照评审专家专业分类标准申请评审专业，并选定到最末一级，每人申报专业不得超过 3 个。属于适当放宽第十条第（二）项、第（五）项条件的申请人，只可申请 1 个评审专业。

第十三条 申请人应当在规定的时间内按照规定程序向当地财政部门提出申请，并签署《承诺书》，如实填报《山东省政府采购评审专家申请表》，上传以下材料原件的扫描件或相关电子文档，在“中国山东政府采购网”完成注册：

（一）个人简历、本人签署的申请表和承诺书；

（二）学历学位证书、专业技术职称证书或者具有同等专业水平的证明材料；

（三）居民身份证等证明本人身份的有效证件；

（四）本人近期彩色免冠证件照片；

（五）本人认为需要回避的信息；

（六）单位证明；

（七）享受国务院特殊津贴和荣获省级以上学术荣誉称号的申请人，需提供荣誉资料及与申报专业相关的重大科研成果、发明创造等资料；

（八）省级以上财政部门要求提供的其他信息、资料。

申请人提供的资料要真实、完整、规范、清晰。

第十四条 省、市、县级财政部门对申请人提交的申请材料、评审专业及信用信息等进行逐级审核，对符合评审专家基本条件且满足评审专家库资源需求的择优选聘为评审专家，纳入评审专家库管理。审核工作应当于 2 个月内完成。

第十五条 评审专家工作单位、联系方式、专业技术职称、需要回避的信息等发生变化的，应当及时作出信息变更，并在“中国山东政府采购网”更新上传相关资料。其中，学历、所学专业、工作单位、技术职称、评审专业、归属分库、常住地等关键信息发生变化的，需重新进行入库审核。评审专家应当保持专业的稳定性，不得随意变更评审专业。

第十六条 评审专家聘期为 2 年，期满后可续聘 2 年，基本条件不再满足、考核未通过或者存在其他不宜继续担任评审专家情形的除外。

第十七条 评审专家存在以下情形之一的，省级财政部门应将其解聘：

（一）不符合本办法第十条规定条件；
（二）本人申请不再担任评审专家；
（三）存在本办法第四十四条规定的不良行为记录；
（四）受到刑事处罚；
（五）法律法规规定的其他情形。

第四章　评审专家权利与义务

第十八条　评审专家接受采购人或者采购代理机构委托，依法向采购人或者采购代理机构提供政府采购评审等服务。

第十九条　评审专家在政府采购活动中享有以下权利：

（一）依照法律法规规定进行独立评审，任何单位、组织和个人不得以任何方式干扰、妨碍评审专家依法独立履行职责；

（二）对供应商投标响应文件中不明确的事项，有权要求其作出解释或澄清；

（三）对需要共同认定的事项存在争议或异议的，有权发表个人意见；

（四）评审过程中受到非法干预的，有权向本级人民政府财政、监察等部门举报；

（五）依照相关规定和标准，获得评审劳务报酬；

（六）向本级财政部门提出不再继续担任评审专家的申请；

（七）抵制和检举评审过程中的违法违规行为；

（八）法律、法规和规章规定的其他权利。

第二十条　评审专家在政府采购活动中应当履行以下义务：

（一）按照相关法律法规规定，坚持客观、公正、审慎的原则，依据采购文件规定的评审程序、评审方法和评审标准等评审规则，对供应商的投标（响应）文件是否符合要求以及供应商的技术实现能力、商务服务水平和履约能力等，作出客观公正、明确有效的评审意见，不得有引导性、倾向性、歧视性和排他性言行；

（二）发现采购文件内容违反国家有关强制性规定或者采购文件存在歧义、重大缺陷导致评审工作无法进行时，应当停止评审，并向采购人或者采购代理机构书面说明情况；

（三）在评审报告上签字，对自己的评审意见承担法律责任；

（四）存在回避情形的，应主动提出回避；

（五）参加和接受各级财政部门组织的政府采购培训，主动学习和掌握政府采购法律法规、规章制度以及相关政策；

（六）发现采购人、采购代理机构、供应商在采购活动中具有行贿受贿、提供虚假材料或者串通等违法违规行为的，应予以提醒和劝告，并及时向采购人本级财政部门报告；

（七）配合采购人、采购代理机构答复供应商提出的询问、质疑，配合各级财政部门处理投诉及行政复议和行政诉讼等事项；

（八）不得泄露评审文件、评审情况和在评审过程中获悉的商业秘密、国家秘密；

（九）法律、法规和规章规定的其他义务。

第二十一条　评审专家在政府采购活动中应当遵守以下纪律：

（一）按时到达评审现场，不迟到、早退或者缺席，对因无故迟到、早退或者缺席给政府采购活动造成不良影响的，采购代理机构应当如实记录并作出评价；

（二）在评审工作开始前，主动出示有效身份证件，自觉将手机等通讯工具或者相关电子设备交由采购代理机构或者采购人统一保管，不记录、复制或者带走任何评审资料；

（三）廉洁自律，不私下接触政府采购当事人，不接受政府采购当事人的宴请、财物或者其他不当利益输送；

（四）公正评审，不私下串通或者达成协议左右评审结果；

（五）珍惜名誉，自觉维护政府采购信誉，不以评审专家的身份从事有损政府采购公信力的活动。

第五章　评审专家抽取与使用

第二十二条　评审专家库的抽取和使用与监督管理相分离。

第二十三条　采购人或者采购代理机构应当根据采购内容和品目，在评审专家库中通过随机方式抽取相关专业评审专家。

评审专家库中相关专业评审专家数量不能保证随机抽取需要的，采购人或者采购代理机构可以推荐符合条件的人员，经省级财政部门审核选聘入库后再随机抽取使用。

第二十四条　技术复杂、专业性强的采购项目，通过随机方式难以确定合适评审专家的，经主管预算单位同意，采购人可以参照评审专家基本条件自行择优选定相应专业领域的评审专家。

符合相关规定的项目，可直接自行选定评审专家，并在采购人本级财政部门备案。

自行选定评审专家的，应当优先选择本单位以外的评审专家。

第二十五条　采购人、采购代理机构应指定专人负责评审专家的抽取使用工作，并在评审活动完成前对抽取情况及评审专家信息负有保密责任。

第二十六条　采购人或者采购代理机构抽取评审专家的开始时间，原则上不得早于评审活动开始前48小时。

第二十七条　省级财政部门根据管理需要和评审专家库资源配置情况，制定山东省评审专家抽取区域标准、抽取方法、激励措施等抽取规则，并可适时调整。

第二十八条　采购金额较大、技术复杂、社会影响较大或采购需求特殊的项目，应当在全国或全省范围内抽取评审专家。

第二十九条　采购人或采购代理机构抽取评审专家组成评标委员会、谈判小组、询价小组、磋商小组等，其人数及结构要符合国家相关法律、法规的规定。

第三十条　采购需求制定、进口产品论证、采购文件编制、询问质疑答复、合同履约验收以及政府采购其他相关活动，如需使用评审专家，可以由采购人、采购代理机构自主选择确定。

第三十一条　评审活动开始前，采购人或采购代理机构应当认真检查核对评审专家身份证件，宣布评审工作纪律，并将记载评审工作纪律情况的书面文件作为采购文件一并存档。

第三十二条　评审专家不得参加与自身存在利害关系的政府采购项目的评审及相关活动。评审专家与供应商存在利害关系，主要包括但不仅限于以下情形：

（一）参加采购活动前3年内与供应商存在劳动关系，或者担任过供应商的董事、监事，或者是供应商的控股股东或实际控制人；

（二）与供应商的法定代表人或者负责人有夫妻关系、直系血亲、三代以内旁系血亲、近姻亲关系或者有其他经济利益关系；

（三）与供应商有其他影响或者可能影响政府采购活动公平、公正进行的关系。

采购人或采购代理机构如发现评审专家有上述需要回避情形的，应当要求其回避。

除本实施办法第二十四条规定的情形外，评审专家对本单位的政府采购项目只能作为采购人代表参与评审活动。

第三十三条　各级财政部门政府采购监督管理在职工作人员、采购代理机构在职工作人员不得以评审专家身份参与政府采购项目评审活动。

第三十四条　参加过采购项目前期咨询论证的评审专家，不得再参加该采购项目的评审活动。

第三十五条　预定评审时间开始后出现评审专家缺席、回避等情形导致评审现场专家数量不符合规定的，采购人或者采购代理机构应当及时补抽评审专家，或者经采购人的主管预算单位同意自行选定补足评审专家。如无法及时补足评审专家，应立即停止评审工作，妥善封存采购文件，择期依法重新组建评标委员会、谈判小组、询价小组、磋商小组等进行评审。

第三十六条 评审活动中，评审专家对需要共同认定的事项存在争议的，应当按照少数服从多数的原则作出结论。对评审报告有异议的，应当在评审报告上书面签署不同意见并说明理由，否则视为同意。

第三十七条 评审专家名单在评审结果公告前应当保密。评审活动完成后，采购人或者采购代理机构应当随中标、成交结果一并公告评审专家名单，并对自行选定的评审专家作出标注。

各级财政部门、采购人和采购代理机构有关工作人员不得泄露评审专家的个人情况。

第三十八条 采购人或者采购代理机构与评审专家应当于评审活动结束后5个工作日内，在政府采购信用评价系统内记录对方职责履行情况。

省级财政部门建立评审专家评价制度，将评审专家是否存在违法、违规、违纪及评审异常等情况纳入评价体系，具体办法另行制定。

第三十九条 集中采购机构组织的项目，由集中采购机构支付评审专家劳务报酬；其他项目，由采购人支付评审专家劳务报酬。

集中采购机构、采购人应当严格按照省级财政部门公布的评审劳务报酬标准，及时、足额、规范支付评审专家劳务报酬。评审专家参加异地评审的差旅费，由集中采购机构、采购人按照采购人执行的差旅费管理办法相应标准予以报销，不得随意降低或提高报销标准。

第四十条 评审专家不得超标准索要劳务报酬。评审专家未完成评审工作而擅自离开评审现场，或者在评审活动中有违法行为的，不得获取劳务报酬，不得报销异地评审差旅费。

第四十一条 评审专家以外的其他人员，不得获取评审劳务报酬。

第六章 评审专家监督管理

第四十二条 评审专家未按照采购文件规定的评审程序、评审方法和评审标准进行独立评审或者泄露评审文件、评审情况的，由采购人本级财政部门给予警告，并处2 000元以上2万元以下的罚款；影响中标、成交结果的，处2万元以上5万元以下的罚款，禁止其参加政府采购评审活动。

评审专家与供应商存在利害关系未回避的，处2万元以上5万元以下的罚款，禁止其参加政府采购评审活动。

评审专家收受采购人、采购代理机构、供应商贿赂或者获取其他不正当利益，构成犯罪的，依法追究刑事责任；尚不构成犯罪的，处2万元以上5万元以下的罚款，禁止其参加政府采购评审活动。

评审专家有上述违法行为的，其评审意见无效；有违法所得的，没收违法所得；给他人造成损失的，依法承担民事责任。

第四十三条 采购人、采购代理机构发现评审专家有违法违规行为的，应当及时予以提醒和制止，并做好记录、保存证据，及时向采购人本级财政部门报告。

第四十四条 申请人或评审专家有下列情形的，列入不良行为记录：

（一）未按照采购文件规定的评审程序、评审方法和评审标准进行客观、独立、公正评审；

（二）泄露评审文件、评审情况；

（三）与供应商存在利害关系未回避；

（四）收受采购人、采购代理机构、供应商贿赂或者获取其他不正当利益；

（五）提供虚假申请材料；

（六）拒不履行配合答复供应商询问、质疑、投诉等法定义务；

（七）以评审专家身份从事有损政府采购公信力的活动；

（八）其他滥用评审权利、拒不履行评审义务、违反评审纪律，造成不良影响或后果。

政府采购当事人发现申请人或者评审专家有上述不良行为嫌疑的，应当及时向采购人本级财政部门反映，并提供相关线索或者证明材料。

第四十五条 对评审专家的处理处罚决定，应当告知评审专家本人、推荐人及所在单位，并在政府采购信息指定媒体予以公告。

第四十六条 采购人或者采购代理机构未按照本办法规定抽取和使用评审专家的，依照《政府采购法》及有关法律法规追究责任。

第四十七条 各级财政部门工作人员在评审专家管理工作中存在滥用职权、玩忽职守、徇私舞弊等违法违纪行为的，依照《政府采购法》《公务员法》《行政监察法》《政府采购法实施条例》等国家有关规定追究相应责任；涉嫌犯罪的，移送司法机关处理。

第七章 附　　则

第四十八条 参加评审活动的采购人代表、采购人依法自行选定的评审专家管理参照本实施办法执行。

第四十九条 国家及省对评审专家抽取、选定另有规定的，从其规定。

第五十条 本实施办法由山东省财政厅负责解释。

第五十一条 本实施办法自2017年7月1日起施行，有效期至2022年6月30日。

附件：1.《承诺书》样本

2.《山东省政府采购评审专家申请表》样表

3.《个人简历》样表

4.《单位证明》样本

附件1：

承　诺　书

我自愿成为政府采购评审专家，遵守政府采购法律法规，秉持良好职业道德，尽行评审专家义务，恪守评审专家纪律，坚决服从监督管理，始终做到“守法守纪保底线，敬岗敬业保公正，诚实诚信保良心”。如有违背，愿意承担相关责任，并接受相应处理处罚。

承 诺 人：

身份证号：

年　　月　　日

注：1　本承诺书样本可在“中国山东政府采购网”（www. ccgp－shandong. gov. cn）“办事指南”栏目“评审专家”子栏目获取；

2　在“中国山东政府采购网”注册时，请正置上传本承诺书清晰的彩色扫描件。

附件2：

山东省政府采购评审专家申请表

姓名		性别		出生年月		近期免冠证件照片
身份证号				政治面貌		
工作单位				职务		
所在城市	省　　市　　县（市、区）					
单位地址、邮编					固定电话	
常住地址、邮编					移动电话	
技术职称				评定时间		
执业资格				取得时间		
现从事专业				从事时间	自　　年　　月至今	
最高学历				毕业时间		
毕业院校及专业						
最高学位		取得时间		授予机构		
是否享受国务院特殊津贴		□是　□否		是否获得省以上学术荣誉称号		□是　□否
E-mail						
申请评审专业	序号	类别编码	一级类别	二级类别	三级类别	
	1					
	2					
	3					
本人认为需要回避的单位						
申请人所在单位组织人事部门意见（加盖公章）： 上述所填列的信息真实、完整。 年　月　日				申请人签名： 年　月　日		

注：1　本表可在“中国山东政府采购网”（www. ccgp－shandong. gov. cn）“办事指南”栏目“评审专家”子栏目获取；

2　申请评审专业请查询评审专家专业分类表（获取方式同上），数量不得超过3个；

3　固定电话包含区号；

4　请清晰填写本表，在“中国山东政府采购网”注册时正置上传清晰的彩色扫描件。

附件3：

个人简历

填写日期：　　年　　月　　日

<table>
<tr><td>姓名</td><td></td><td>性别</td><td></td><td>身份证号</td><td></td></tr>
<tr><td rowspan="6">学习经历</td><td>起止时间</td><td colspan="3">毕业院校</td><td>院系专业及学位</td></tr>
<tr><td></td><td colspan="3"></td><td></td></tr>
<tr><td></td><td colspan="3"></td><td></td></tr>
<tr><td></td><td colspan="3"></td><td></td></tr>
<tr><td></td><td colspan="3"></td><td></td></tr>
<tr><td></td><td colspan="3"></td><td></td></tr>
<tr><td rowspan="6">工作经历</td><td>起止时间</td><td colspan="3">工作单位</td><td>岗位及职称（职务）</td></tr>
<tr><td></td><td colspan="3"></td><td></td></tr>
<tr><td></td><td colspan="3"></td><td></td></tr>
<tr><td></td><td colspan="3"></td><td></td></tr>
<tr><td></td><td colspan="3"></td><td></td></tr>
<tr><td></td><td colspan="3"></td><td></td></tr>
<tr><td rowspan="2">社会兼职</td><td>起止时间</td><td colspan="3">兼职单位</td><td>兼职岗位或职务</td></tr>
<tr><td></td><td colspan="3"></td><td></td></tr>
<tr><td>主要工作
业绩及荣誉</td><td colspan="5"></td></tr>
</table>

注：1　学习经历自高中填起；
　　2　工作经历自首次工作填起；
　　3　本表可在“中国山东政府采购网”（www. ccgp - shandong. gov. cn）“办事指南”栏目“评审专家”子栏目获取；
　　4　在“中国山东政府采购网”注册时，请正置上传本表清晰的彩色扫描件。

附件4：

单位证明

某某某先生/女士（身份证号码：　　　　　　　　），系我单位（具体工作部门及职务、职称）。
（对遵纪守法、诚实守信、专业水平、职业道德、廉洁自律等方面进行描述评价）
我单位同意其申请成为山东省政府采购评审专家，参与政府采购评审活动。

单位名称：
（加盖公章）

年　　月　　日

注：1　本单位证明样本可在“中国山东政府采购网”（www. ccgp - shandong. gov. cn）“办事指南”栏目“评审专家”子栏目获取；
　　2　在“中国山东政府采购网”注册时，请正置上传本证明清晰的彩色扫描件。

省财政厅关于印发《山东省政府采购评审劳务报酬标准》的通知

2017年5月31日　鲁财采〔2017〕28号

各市财政局，黄河三角洲农业高新技术产业示范区管委会财政局，省直各部门、单位，各集中采购机构：

为进一步规范政府采购评审专家劳务报酬支付行为，维护评审专家和采购人、集中采购机构的合法权益，根据《政府采购法实施条例》、财政部《政府采购评审专家管理办法》（财库〔2016〕198号）等规定，结合我省经济社会发展水平，我们制定了《山东省政府采购评审劳务报酬标准》，现予印发，并就有关问题通知如下：

一、关于评审劳务报酬发放主体和范围

政府采购评审劳务报酬，是指政府采购评审专家依法参加政府采购评审活动，因付出劳动而获得的相应收入。按照"谁使用、谁承担"的原则，评审专家的评审劳务报酬由采购人或者集中采购机构（以下简称使用单位）支付。其中，集中采购机构组织的项目，由集中采购机构支付评审劳务报酬，其他项目由采购人支付。使用单位不得向评审专家以外的其他人员发放评审劳务报酬。对项目复审活动，不重复发放评审劳务报酬。

二、关于评审劳务报酬结算

（一）评审劳务报酬按照"同工同酬、按劳分配"的原则，以评审实际发生时间作为计算和支付依据。评审实际发生时间以开标时间算起，至签署提交评审报告时止，期间的用餐和休息时间不予计入。补抽的评审专家以实际到达评审现场时间为计算起始点。

（二）评审劳务报酬以人民币为结算单位，以银行转账方式支付。使用单位应当于评审活动结束后10个工作日内，将评审劳务报酬支付至评审专家指定的本人银行账户。确需现金支付的，由使用单位按照现金使用管理规定处理。

（三）评审专家未完成评审工作的，不得获取劳务报酬、报销差旅费。评审专家迟到30分钟以内的，扣减评审劳务报酬100元；迟到30分钟以上的，酌情扣减评审劳务报酬100~200元，或取消迟到专家此项目的评审资格，不予支付评审劳务报酬和误工补偿。经查实在评审活动中存在违法违规行为的，依法接受处理处罚，不得获取劳务报酬、报销差旅费；已经获得的，须全额退回。

三、关于差旅费

评审专家参加异地评审的，参照采购人执行的差旅费管理办法相应标准，由使用单位报销住宿费和交通费，也可由双方协商费用包干标准。差旅费的支付方式参照评审劳务报酬执行。非异地评审的不报销住宿费（因项目连续多日封闭评审而产生的住宿费除外）和交通费。非异地范围由各市监管部门确定。

四、其他事项

（一）使用单位要合理确定年度评审专家劳务报酬规模，纳入单位预算管理，按规定及时支付评审专

家的劳务报酬，报销差旅费，并依法履行个人所得税代扣代缴义务；不得随意克扣或者超标准支付评审劳务报酬，不得向社会代理机构、供应商转嫁负担。

（二）评审专家不得故意拖延评审时间以获取更多劳务报酬，严禁索要超额劳务报酬；未包干执行差旅费的，应于评审活动结束后 3 日内将报销凭证交至使用单位。

（三）政府采购项目的论证专家、协助处理质疑投诉的原评审委员会之外无相关义务成员的劳务报酬，可参考本标准执行。

（四）本标准自 2017 年 7 月 1 日起施行，有效期至 2022 年 6 月 30 日。

《山东省政府采购评审劳务报酬标准》

类别	适用情形	金额	备注
劳务报酬	①正常评审项目； ②进入评审环节后中止的项目。	评审时间不满 3 小时的，劳务报酬为 400 元/人；评审时间超过 3 小时后，每增加 1 小时增加 100 元/人。正常情况下 1 天最高不超过 1 000 元/人。	增加时间超过 30 分钟、不足 1 个小时的，按 1 小时计算；不足 30 分钟的，按 50 元/人计算。因项目评审需要，连续评审时间超过 10 小时或者 2 天以上的，由双方协商确定。
误工补偿	①未进入评审环节即中止或者终止的项目； ②专家到场后发现需要回避的项目。	给予到场评审专家 200 元补偿。	未经评审采购活动即中止或者终止。
差旅费	①住宿费； ②城市间交通费。	参照采购人执行的差旅费管理办法相应标准，由采购人或者集中采购机构凭据报销。	本地评审不报销住宿费（因项目连续多日封闭评审而产生的住宿费除外）和交通费。

注：上述金额为税前金额。

附件：山东省政府采购评审劳务报酬支付表

附件：

山东省政府采购评审劳务报酬支付表

填表时间：　　年　　月　　日

项目编号		项目名称						分包数量	个
采购人					采购代理机构				
预算金额	万元	中标成交金额	万元		评审地点				
评审时间	年　月　日　时　至　年　月　日　时								
评审专家姓名及身份证号	开户银行及账号	评审劳务报酬（元）	误工补偿（元）	住宿费（元）	城市间交通费（元）	扣减（元）	支付金额	评审专家确认签字	备注
合计								总计	元
采购人代表：		采购代理机构项目负责人：				采购代理机构（加盖公章）：			

省财政厅关于印发山东省政府采购评审专家抽取规则的通知

2017年11月3日 鲁财采〔2017〕64号

各市财政局，黄河三角洲农业高新技术产业示范区财政金融局，省直各部门、单位，各政府采购代理机构：

为加强政府采购评审专家抽取管理，规范抽取行为，根据《中华人民共和国政府采购法实施条例》（国务院令第658号）、《财政部关于印发〈政府采购评审专家管理办法〉的通知》（财库〔2016〕198号）和山东省财政厅《关于印发〈山东省政府采购评审专家管理实施办法〉的通知》（鲁财采〔2017〕27号）等法律法规及有关规定，我们研究制定了《山东省政府采购评审专家抽取规则》，现予印发，请遵照执行。执行中如有问题，请及时反馈。

附件：山东省政府采购评审专家抽取规则

附件：

山东省政府采购评审专家抽取规则

第一条 为加强政府采购评审专家抽取管理，规范抽取行为，根据《中华人民共和国政府采购法实施条例》（国务院令第658号）、《财政部关于印发〈政府采购评审专家管理办法〉的通知》（财库〔2016〕198号）和山东省财政厅《关于印发〈山东省政府采购评审专家管理实施办法〉的通知》（鲁财采〔2017〕27号）等法律法规及有关规定，结合实际，制定本规则。

第二条 本规则适用于全省政府采购评审专家（以下简称评审专家）的抽取管理。

第三条 采购人、采购代理机构按照“专业对应、随机抽取、激励择优、规范有序”原则，从山东省政府采购管理交易系统（以下简称省管理交易系统）评审专家库子系统（以下简称专家库）中抽取所需评审专家。

第四条 采购人、采购代理机构在省管理交易系统中的账户，具有依据自行组织或者接受委托组织项目抽取评审专家的功能，各级监督管理部门的账户无抽取功能。

第五条 采购人、采购代理机构应当加强评审专家抽取工作管理，指定专人具体负责。

第六条 采购人、采购代理机构对抽取情况及评审专家信息负有保密责任。评审专家不得泄露项目抽取信息。

第七条 市县财政部门监管系统与省管理交易系统实现对接的，采购项目自动导入专家库。未实现对接的，由采购人、采购代理机构手工立项。项目名称须反映采购人行政管理级次、规范的采购人单位名称及采购内容等信息。项目编号由专家库自动生成。

第八条 采购人、采购代理机构应当根据采购人行政管理级次确定政府采购项目归属地信息。

第九条 采购人、采购代理机构应当根据采购内容和品目，在专家库中选择确定1~3个对应评审专业。

第十条 采购人、采购代理机构应当根据采购方式和项目需求，抽取符合法律法规规定人数的评审专家，与采购人代表共同组成评审委员会（小组）。采购人代表不属于评审专家。

第十一条 采购人、采购代理机构在省内抽取评审专家的，其开始时间原则上不得早于评审活动开始前24小时，且不得迟于评审活动开始前3小时；跨省抽取评审专家的，其开始时间原则上不得早于评审活动开始前48小时，且不得迟于评审活动开始前24小时。

第十二条 对可预知的回避人，如前期参与项目论证的专业人员、与报名参加项目的供应商存在利害关系人员等，采购人、采购代理机构应当在抽取前予以明确，并在专家库中备案。采购人、采购代理机构不得无故扩大回避范围。

第十三条 采购人、采购代理机构应当根据采购项目情况选择评审专家抽取区域。采购预算金额单项或者批量不足500万元的，在至少1个设区的市范围内抽取；500万元及以上、不足1 000万元的，在至少5个设区的市范围内抽取；1 000万元及以上、不足5 000万元的，在至少10个设区的市范围内抽取；对5 000万元及以上的，应当在全省范围内抽取。社会影响较大、技术复杂或者采购需求特殊的项目，可在全省范围内抽取，或者根据需要在省外抽取评审专家。

第十四条 采购人、采购代理机构在专家库中录入评审时间和地点（具体地址，包括城市、街道、门牌号等信息，不得录入采购人、采购代理机构名称），确定抽取专业、人数、区域等抽取条件后，专家库自动随机抽取。通过正常随机抽取未抽足人数的，采购人、采购代理机构可调整增加1～3个高度相关专业或者调整扩大抽取区域继续随机抽取。

第十五条 专家库随机抽取仅在处于聘期内且状态正常的评审专家范围中进行，并遵循以下顺序：在相应专业评价优秀的评审专家中自动随机抽取，如果尚未抽足人数，继续在相应专业评价合格的评审专家中自动随机抽取，如果仍不能抽足，调整评审专业或者抽取区域后，继续按照“先优秀后合格”的顺序随机抽取。

第十六条 已确定参加评审的评审专家，早于评审活动开始前2小时，可以通过专家库自行取消评审任务。采购人、采购代理机构可根据系统发送的取消通知进入专家库补充抽取相应数量的评审专家。评审活动开始后，出现评审专家临时缺席、回避等特殊情形的，采购人、采购代理机构可在专家库中作缺席处理，补充抽取相应数量的评审专家，抽取区域不受本规则第十三条限制。

第十七条 对采购内容相同或者相近的项目、标包，采购人、采购代理机构可合并抽取同一批评审专家。

第十八条 每位评审专家在抽取前30日内参加政府采购评审次数原则上不得超过6次。

第十九条 对符合相关规定的项目，如高等院校及科研机构的科研设备采购等，可直接自行选定评审专家，并在采购人本级财政部门备案。

第二十条 在抽取前预计专家库中相关专业评审专家数量不能保证随机抽取需要的，采购人、采购代理机构可以推荐符合条件的人员，经审核入库后再随机抽取。

对随机抽取评审专家出现下列情形的，经采购人主管预算单位同意，采购人可以参照评审专家基本条件自行择优选定相应专业领域的评审专家。

（一）技术复杂，专业性强，通过随机方式难以确定合适评审专家的。

（二）随机抽取条件调整后仍无法组成符合要求的评审委员会（小组）的。

（三）因已确认评审专家减少而补充抽取后仍无法及时补足人数的。

（四）评审专家库中无对应专业的。

第二十一条 采购人、采购代理机构录入项目信息有误的，提交更正申请，由采购人本级财政部门核实情况后依法依规准予更正。

第二十二条 采购人、采购代理机构应当在评审活动结束后5个工作日内记录评审专家履职情况。评审活动开始15日后，如采购人、采购代理机构仍未完成履职评价的，专家库将自动锁定其抽取功能，待按要求补充完成相关操作，并提交解锁申请，由采购人本级财政部门核实情况后予以恢复。

第二十三条 在聘期内的评审专家，存在以下情况之一的，不参与系统自动抽取：

（一）年度出现3次及以上不合格评价，或者考核不合格的。

（二）处于被调查期间的。

（三）处于请假期间的。

（四）在相同评审时间段内已确定参加其他项目评审的。

（五）抽取前 30 日内已参加 6 次评审活动的。

（六）抽取前 30 日内被约谈 1 次及以上的。

（七）处于被处理处罚期限内的。

（八）抽取前 12 个月内修改评审专业 2 次及以上的。

（九）其他依法依规不得参加评审的。

第二十四条 评审专家抽取情况全部记入专家库日志，全程留痕，作为处理处罚依据和项目管理资料。中央驻鲁单位需在专家库中抽取评审专家的，应当在专家库中备案。

第二十五条 在专家库中，禁止采购人、采购代理机构从事下列活动：

（一）未经省财政厅许可，在专家库中运行非政府采购项目、虚拟项目，或者进行抽取演练等非政府采购活动。

（二）出借或者借用账户。

（三）录入不实信息。

第二十六条 采购人、采购代理机构违反本规则的，采购人本级财政部门查实后根据情节轻重给予约谈、通报、责令整改，并在系统中据实记录，责令整改期间暂停抽取功能。违反法律法规的给予相应处理处罚。

第二十七条 评审专家违反本规则的，由项目采购人本级财政部门或者评审专家所在分库财政部门根据情节轻重给予约谈、通报、责令整改，并在系统中据实记录，责令整改期间暂停参加评审抽取。违反法律法规的给予相应处理处罚。

第二十八条 国家及省对评审专家抽取另有规定的，从其规定，并及时将相应规定嵌入专家库抽取管理中。

第二十九条 本抽取规则自 2018 年 1 月 1 日起施行，有效期至 2022 年 12 月 31 日。

省财政厅关于 2018 年省级政府采购预算编制有关事项的通知

2017 年 11 月 13 日　鲁财采〔2017〕70 号

省直各部门、单位，各政府采购代理机构：

根据《山东省财政厅关于公布山东省省级 2018 年度政府集中采购目录及限额标准的通知》（鲁财采〔2017〕63 号，以下简称《集中采购目录》），结合 2017 年政府采购预算执行情况，现就 2018 年省级政府采购预算编制有关事项通知如下：

一、关于编报范围

在部门预算的基本支出和项目支出中，凡属于《集中采购目录》以内，或者《集中采购目录》以外且单项或批量采购金额 50 万元以上（含 50 万元）的货物以及 100 万元以上（含 100 万元）的服务、工程项目支出资金，包括适用《中华人民共和国招标投标法》（以下简称《招标投标法》）及其实施条例的工程建设项目，均应编报政府采购预算。

往年结转的政府采购预算不再重复编报 2018 年政府采购预算。对以前年度未列政府采购预算的部门财政拨款结转资金，如需实行政府采购的，应编制政府采购预算。

二、关于采购品目

属于集中采购范畴的，请按照《集中采购目录》内品目编码编报到最低一层。属于分散采购的，一律按照“G01 其他货物”“G02 其他工程”“G03 其他服务”品目编报。

三、关于采购方式

（一）“公开招标”或“邀请招标”方式

《集中采购目录》内的货物、服务项目，凡同一预算项目内单项或者二级品目合计超过 200 万元的，可根据采购需求特点，选择“公开招标”或“邀请招标”方式。

工程类和《集中采购目录》以外项目的采购方式，以单个品目的预算金额为确定依据，不再以二级品目合并计算确定。单个品目采购金额超过 200 万元的，应选择“公开招标”或“邀请招标”方式。

执行《招标投标法》及其实施条例的招标标准分别是：建筑物和构筑物的新建、改建、扩建工程为单项合同 200 万元；与工程建设相关的重要设备、材料等货物为单项合同 100 万元，与工程建设相关的勘察、设计、监理等服务为单项合同 50 万元。

（二）“批量集中采购”方式

以下项目均应当通过“批量集中采购”方式实施：

1. 采购 20 台以上台式计算机、台式一体机、便携式计算机、空调机。
2. 采购 5 台以上打印机、投影仪。
3. 采购 1 台以上复印机、多功能一体机。

批量集中采购无法满足采购需求的，由预算单位在 2018 年预算执行中提出变更申请。

（三）“协议供货”方式

对属于《集中采购目录》明确的协议供货范围内品目，可通过“协议供货”方式实施。除小型机、车辆不受采购金额限制外，年度内实施协议供货的单项或批量采购金额累计不得超过 200 万元。

（四）“定点采购”方式

以下项目可通过“定点采购”方式实施：

1. 家具。
2. 部分工程项目。
3. 法律服务。
4. 印刷服务。
5. 车辆维修、车辆保险和车辆加油。

预算编制时，车辆加油、车辆维修和车辆保险应当严格执行定点采购；其他项目可由预算单位自行选用定点采购方式，各品目年度定点采购总额均不能超过公开招标数额标准。

（五）“单一来源”方式

对采购金额高于公开招标数额标准且根据采购需求确须采用“单一来源”方式的项目，预算单位应在报送政府采购预算 30 日前，在“政府采购管理交易系统”的“公文流转”内提出“非招标采购方式”申请，经省财政厅核准后，直接在预算编报时选择“单一来源”采购方式，并注明相应的“非招标采购方式审批文号”（鲁财采方式准〔2018〕××号）。没有审批文号的，无法选择“单一来源”方式。

（六）其他采购方式

对公开招标数额以下的货物、服务和工程项目，由预算单位根据《中华人民共和国政府采购法》及其实施条例规定的采购方式适用情形，结合实际情况，自行选择竞争性谈判、询价、竞争性磋商、单一来源采购方式。

四、关于自行采购

符合以下情形的项目，预算单位编报政府采购预算时可通过“自行采购”实施，具体采购活动可以由单位自行组织，也可以委托省政府采购中心或社会代理机构组织。

（一）《集中采购目录》内自行采购项目。具体包括：除批量集中采购以外，单项或批量采购20万元以下（含20万元）的货物、服务类项目，以及单项或批量采购30万元以下（含30万元）的工程类项目。年度限额以二级品目合计为准，即每个二级品目全年累计自行采购金额均不得超过上述额度。

（二）高等院校、医院的耗材类采购项目。高等院校、医院采购“G01其他货物（耗材类）”品目的，可自行采购，但年度自行采购总额不得超过200万元（含200万元）。

（三）需续签合同的项目。凡符合《山东省财政厅关于延续性服务项目政府采购有关问题的通知》（鲁财采〔2016〕45号）、《山东省财政厅关于物业管理服务项目政府采购有关问题的通知》（鲁财采〔2013〕19号）和《山东省财政厅关于信息系统建设项目政府采购有关问题的通知》（鲁财采〔2013〕25号）规定可续签合同的项目，预算单位在预算编制时应当按照预算金额选择相应采购方式，待2018年预算执行时在“政府采购管理交易系统”内提出变更申请。

（四）水、电、暖、气等不具有竞争性的特殊项目。需由各行业主管单位指定承接主体或供应商，不具有竞争性的特殊项目，预算单位应在报送政府采购预算30日前，在“政府采购管理交易系统”的“公文流转”模块内提出“非招标采购方式”申请，经省财政厅核准后选择“自行采购”方式，并注明相应的“非招标采购方式审批文号”（鲁财采方式准〔2018〕××号）。没有审批文号的，无法选择“自行采购”方式。

（五）高等院校、科研院所科研仪器设备采购项目。高等院校、科研院所采购的科研仪器设备属于分散采购范围，即单项或批量采购金额低于50万元的，可以不编制政府采购预算；50万元（含）以上的，需编制政府采购预算，由各高校、科研院所自行组织采购或委托采购代理机构组织采购；对用于科研目的的办公自动化设备，仍执行集中采购。各高等院校、科研院所在“二上阶段”填报项目预算时，请选择是否属于“科研项目”，如选择“是”，则可对除A类品目以外的项目，选择“自行采购”方式，无须填报相应审批文号。

五、关于选择采购代理机构

（一）选择“省政府采购中心”。对符合以下采购情形的，预算单位在编制政府采购预算时，只能选择省政府采购中心。

1. 《集中采购目录》内品目且采购单位为驻济省直部门、单位的。

2. 通过批量集中采购、协议供货和定点采购方式实施的项目。

（二）选择“社会代理机构”。对符合以下采购情形的，预算单位在编制政府采购预算时，可直接选择省政府采购中心，也可选择社会代理机构。社会代理机构一经选定，不得无故变动。

1. 驻济以外省直部门、单位采购《集中采购目录》内品目的。

2. 《集中采购目录》内选择非定点采购方式的工程项目（B类品目）。

3. 《集中采购目录》外实行分散采购的项目（G类品目）。

（三）代理机构为“无”。对符合以下采购情形的，预算单位在编制政府采购预算时，代理机构可选择“无”，也可以选择省政府采购中心或者社会代理机构。

1. 《集中采购目录》外实行分散采购的（G类品目）项目。

2. 通过“自行采购”方式实施的采购项目。

六、关于采购进口产品

属于《2018 年度山东省政府采购进口产品目录》内的项目，可直接在“进口产品”栏选择“是”，并关联相应进口产品品目；属于目录外且确需采购进口产品的项目，预算单位应在报送政府采购预算 30 日前，在“政府采购管理交易系统”的“公文流转”模块内提出“进口产品采购”申请，经省财政厅核准后，预算编制时可直接在“进口产品”栏选择“是”，并关联相应的“进口产品采购审批文号”（鲁财采进准〔2018〕××号）。

七、关于编报时间

政府采购预算编制日期截止到省人代会审议通过 2018 年省级预算后 10 个工作日。在此期间，各预算单位应据实筹划、合理评估、认真填报、具体细化，确保政府采购预算编全、编实、编准、编细。

八、其他

（一）驻省外单位（如省政府各驻外办事处等）全部实行分散采购，仅对采购限额标准以上的项目编制政府采购预算。

（二）目录内备注“仅限定点采购”的工程项目，指选择定点采购方式的，必须委托省政府采购中心组织；选择非定点采购方式的，可委托省政府采购中心或社会采购代理机构组织。

（三）采购品目应按照《集中采购目录》进行细化，明确到最底一级品目。对须经审批的自行采购、单一来源、进口产品等申请事项，在编制政府采购预算时应分别关联相应的审批文号。

（四）政府采购货物、服务以及专用信息设备，经认定为涉密性质的，应当按照财政部及我省相关规定执行。此次预算编制中需明确是否属于“涉密采购”情形，采购方式根据采购品目和采购金额据实选择。

（五）对属于批量集中采购范围内的货物，预算编制时应选择对应品目，不得选择“自行采购”。

省财政厅关于印发山东省政府采购评审专家评价暂行办法的通知

2017 年 12 月 28 日　鲁财采〔2017〕81 号

各市财政局，黄河三角洲农业高新技术产业示范区财政金融局，省直各部门、单位，各政府采购代理机构：

为进一步规范政府采购评审专家的评审行为，加强评审专家评价管理，促进提高评审工作质量，根据《中华人民共和国政府采购法》及其实施条例、《财政部关于印发〈政府采购评审专家管理办法〉的通知》（财库〔2016〕198 号）和省财政厅《关于印发〈山东省政府采购评审专家管理实施办法〉的通知》（鲁财采〔2017〕27 号）等有关法律法规规定，我们研究制定了《山东省政府采购评审专家评价暂行办法》，现予印发，请遵照执行。执行中如有问题，请及时反馈。

附件：山东省政府采购评审专家评价暂行办法

附件：

山东省政府采购评审专家评价暂行办法

第一章　总　　则

第一条　为进一步规范政府采购评审专家（以下简称评审专家）的评审行为，加强评审专家评价管理，促进提高评审工作质量，根据《中华人民共和国政府采购法》及其实施条例、《财政部关于印发〈政府采购评审专家管理办法〉的通知》（财库〔2016〕198 号）和省财政厅《关于印发〈山东省政府采购评审专家管理实施办法〉的通知》（鲁财采〔2017〕27 号）等有关法律法规规定，制定本办法。

第二条　本办法适用于对全省评审专家参加政府采购评审活动的品行表现、技能水平、诚实信用、服务效果等评审履职情况的评价管理。

第三条　本办法所称评审专家评价是指采购人、采购代理机构（以下统称评价主体）在政府采购评审活动结束后，对参与项目评审的评审专家履职情况进行客观反映、量化打分。

量化打分的采购人为参加项目评审的采购人代表；量化打分的采购代理机构工作人员应当是进入评审现场，了解评审过程及现场情况的采购代理机构工作人员。

第四条　评价主体应当按照实事求是、客观公正、诚实守信原则，如实记录评审专家履职情况，并对评价结果负责。

第五条　评审专家评价以单个项目为基础，采取“主体参与、单项计分、滚动评价、年度考核”方式，单次计算评价量化得分，动态统计近 10 次评价结果，年度汇总累计评价得分并结合信用记录、不良行为、处理处罚等情况形成年度考核结果。

第六条　评价采用量化扣分法，基础分为 10 分。9 分（含）以上为优秀，6 分（含）~9 分为合格，6 分以下为不合格。

第七条　山东省政府采购管理交易系统评审专家库子系统（以下简称专家库）为全省评价管理平台，评价主体通过专家库对评审专家进行履职尽责记录和评价打分。评价提交后，专家库自动统计评价主体打分算术平均值，形成单次评价情况。

第二章　评价内容及评分标准

第八条　评价主体对评审专家履职行为按以下情形进行打分。

（一）存在以下情形之一的，扣 1 分。

1. 无故迟到或者早退超过半小时。
2. 拒绝出示有效身份证件。
3. 拒绝将手机等通讯工具或者相关电子设备交由采购代理机构或者采购人统一保管。
4. 不熟悉相关市场行情。
5. 专业技能不能满足项目评审需要。
6. 不熟悉政府采购政策法规。

（二）存在以下情形之一的，扣 2 分。

1. 已接受评审邀请但无故缺席或者评审过程中擅离职守。
2. 存在指向性、引导性、倾向性、歧视性或者排他性言行。

3. 不能围绕招标文件、投标文件、技术方案等发表正确意见或者见解。

4. 无正当理由拒绝在评审报告上签字。

5. 记录、复制或者带走评审资料。

（三）存在以下情形之一的，扣3分，且评价主体应当备注具体情形。

1. 对需要专业判断的主观评审因素协商打分。

2. 在评审过程中不服从现场管理，影响评审工作正常进行。

3. 超标准索要或接受劳务报酬、差旅费或其他报酬。

4. 在评审过程中，非因法律法规规定情形而随意废标。

第九条 在同一项目评审活动中，评审专家出现两种及以上扣分情形的，应当分别记分，累计扣除，直至零分。

第十条 一个计分周期为12个月，到期后自动重新计分。

第三章 评价主体职责

第十一条 评价主体应当在评审活动结束后5个工作日内完成评价打分。逾期未评价的，专家库将自动锁定其抽取功能，待提交申请说明情况、按要求补充完成相关操作，并由采购人本级财政部门核实处理后予以恢复。

第十二条 评价主体违反评价原则故意打分畸高畸低的，或者以评价打分对评审专家进行报复、引诱或威胁的，给予约谈、通报、责令限期整改等处理，整改期间锁定其专家库抽取功能，违反法律法规的，依法严肃处理。

第四章 评价结果应用

第十三条 近10次评审工作中出现3次（含）以上评价不合格的，专家库自动对评审专家进行预警，由评审专家分库的主管财政部门对其进行约谈。

第十四条 近10次评价结果平均值为优秀，且无不合格评价的，纳入优秀专家池，优先随机抽取。

第十五条 一个年度出现5次（含）以上评价不合格的，年度考核为不合格等次。聘期内出现1次（含）以上年度考核不合格的，不予续聘。

第五章 附 则

第十六条 法律法规对评审专家评价管理有明确规定的，从其规定。

第十七条 本办法由山东省财政厅负责解释。

第十八条 本办法自2018年2月1日起施行，有效期至2020年1月31日。

六、行政政法财务类

财政部　中央直属机关工委　中央国家机关工委关于印发《中央和国家机关基层党组织党建活动经费管理办法》的通知

2017年8月19日　财行〔2017〕324号

党中央各部门，国务院各部委、各直属机构，全国人大常委会办公厅，全国政协办公厅，高法院，高检院，各人民团体：

为进一步加强中央和国家机关基层党组织建设，推进"两学一做"学习教育常态化制度化，规范党建活动经费管理，我们研究制定了《中央和国家机关基层党组织党建活动经费管理办法》，现印发给你们，请认真遵照执行。执行中有何问题，请及时向我们反映。

附件：中央和国家机关基层党组织党建活动经费管理办法

附件：

中央和国家机关基层党组织党建活动经费管理办法

第一章　总　　则

第一条　为加强中央和国家机关基层党组织建设，推进"两学一做"学习教育常态化制度化，规范党建活动经费管理，依据《中华人民共和国预算法》《中国共产党党和国家机关基层组织工作条例》等有关法律法规，制定本办法。

第二条　中央和国家机关基层党组织使用财政资金开展的党建活动，适用本办法。

本办法所称中央和国家机关基层党组织，是指党的关系隶属于中央直属机关工委、中央国家机关工委的中央和国家机关各部门、各人民团体（以下简称各单位）按照《中国共产党党和国家机关基层组织工作条例》设置的机关党的基层组织（包括党的基层委员会、党总支、党支部），不包括各单位机关党委。

本办法所称党建活动，是指基层党组织开展的"三会一课"、主题党日活动、党员和入党积极分子教育培训、学习调研等活动。

第三条　各单位基层党组织开展党建活动，必须坚持厉行节约、反对浪费的原则，统筹使用财政资金和党费，结合党建工作要求和机关工作实际，按年度编制计划，实行审批备案管理。

第二章　计划管理

第四条　各单位基层党组织开展党建活动，应当按年度编制党建活动计划（包括活动内容、形式、时间、地点、人数、所需经费及列支渠道等），报单位机关党委审核。

第五条 各单位基层党组织编制党建活动计划，应当充分听取党员意见，并经基层党的委员会或支部（总支）委员会讨论。

第六条 各单位机关党委汇总并审核所属基层党组织年度党建活动计划，经单位财务部门审核后，报部委（党组、党委）批准。

各单位机关党委要严格控制到常驻地以外开展的党建活动规模、时间和数量。

第七条 各单位基层党组织根据党建工作需要，临时增加使用财政资金开展的党建活动，应当报单位机关党委和财务部门批准。

第八条 各单位应当于每年3月31日前按党组织隶属关系，将党建活动计划分别报中央直属机关工委、中央国家机关工委备案。

第三章 开支范围和标准

第九条 本办法所称党建活动经费支出项目包括：租车费、城市间交通费、伙食费、住宿费、场地费、讲课费、资料费和其他费用。

（一）租车费是指开展党建活动需集体出行发生的租车费用。

（二）城市间交通费是指到常驻地以外开展党建活动发生的城市间交通支出。

（三）伙食费是指开展党建活动期间发生的用餐费用。

（四）住宿费是指开展党建活动期间发生的租住房间的费用。

（五）场地费是指用于党建活动的会议室、活动场地租金。

（六）讲课费是指请师资为党员授课所支付的费用。

（七）资料费是指为党员学习教育集中购买的培训资料费用。

第十条 党建活动经费按支出项目，分别执行下列标准：

（一）城市间交通费、住宿费，参照中央和国家机关差旅费有关规定，按标准执行；个人不得领取交通补助。

（二）伙食费，参照中央和国家机关差旅费有关规定，在差旅费伙食补助费标准内据实报销；一天仅一次就餐的，人均伙食费不超过40元；个人不得领取伙食补助。

（三）讲课费，参照中央和国家机关培训费有关标准执行。

（四）租车费，大巴士（25座以上）每辆每天不超过1 500元，中巴士（25座及以下）每辆每天不超过1 000元；租车到常驻地以外的，租车费可以适当增加。

（五）场地费，每半天人均不得超过50元。

（六）资料费和其他有关费用经批准后据实报销。

第四章 活动组织

第十一条 开展党建活动，要突出增强党员的政治意识、大局意识、核心意识、看齐意识，同时注重与中心工作结合，注重质量效果，防止形式主义。

第十二条 开展主题党日活动，应当有详细的活动方案，明确主题，注重活动的政治性和庄重感。

第十三条 开展党建活动，要充分发挥党员的主体作用，必须自行组织，不得将活动组织委托给旅行社等其他单位。

第十四条 开展党建活动，要因地制宜，充分利用本地条件；每个基层党组织到常驻地以外开展党建活动原则上每两年不超过一次；要严格控制租用场地举办活动，确需租用的，要选择安全、经济、便捷的场地。

第十五条 开展党建活动，要根据实际情况集体出行。集体出行确需租用车辆的，应当视人数多少租用大巴车或中巴车，不得租用轿车（5 座及以下）。到常驻地以外开展党建活动，一般不得乘坐飞机。

第十六条 开展党建活动，要严格遵守中央八项规定精神，严格执行廉洁自律各项规定。

严禁借党建活动名义安排公款旅游；严禁到党中央、国务院明令禁止的风景名胜区开展党建活动；严禁借党建活动名义组织会餐或安排宴请；严禁组织高消费娱乐健身活动；严禁购置电脑、复印机、打印机、传真机等固定资产以及开支与党建活动无关的其他费用；严禁套取资金设立“小金库”；严禁发放任何形式的个人补助；严禁转嫁党建活动费用。

第五章 报销结算

第十七条 报销党建活动经费，需经单位机关党委审核后履行报销程序。

各单位财务部门应当严格按照规定进行审核报销。

第十八条 党建活动的资金支付，应当执行国库集中支付和公务卡管理有关制度规定。

第十九条 党建活动所需财政资金，原则上在部门预算公用经费中列支，由各单位在年度部门预算中合理保障。

第六章 监督检查

第二十条 各单位应当将党建活动经费开支情况以适当方式公开。

第二十一条 各单位应当于每年 3 月 31 日前将上年度党建活动开展情况（包括活动形式、内容、时间、地点、人数、经费开支及列支渠道等）按党组织隶属关系，分别报中央直属机关工委、中央国家机关工委备案。

第二十二条 中央直属机关工委、中央国家机关工委、财政部等有关部门对各单位党建活动经费管理使用情况进行监督检查。

（一）党建活动计划的编报是否符合规定；

（二）临时增加党建活动是否报单位机关党委批准；

（三）党建活动经费开支范围和开支标准是否符合规定；

（四）党建活动经费报销和支付是否符合规定；

（五）是否存在奢侈浪费现象；

（六）是否存在其他违反本办法的行为。

第二十三条 有违反本办法的行为，由中央直属机关工委、中央国家机关工委、财政部等有关部门责令改正，追回资金，并予以通报。相关责任人员按规定予以党纪政纪处分；涉嫌违法的，移交司法机关处理。

第七章 附 则

第二十四条 各单位应当按照本办法，结合本单位业务特点和工作实际，制定基层党组织党建活动经费管理具体规定。

第二十五条 事业单位参照本办法执行。

第二十六条 本办法由财政部会同中央直属机关工委、中央国家机关工委负责解释。

第二十七条 本办法自 2017 年 10 月 1 日起施行。

省财政厅关于调整省直机关会议费标准的通知

2017年1月9日　鲁财行〔2017〕2号

省委和省政府各部门（单位），各人民团体、各高等院校：

按照《山东省实施〈党政机关厉行节约反对浪费条例〉办法》有关规定，为进一步加强会议费管理，实现相关开支标准的衔接，建立开支标准合理调整机制，根据近两年省直单位会议费开支实际情况，综合考虑市场物价变动等因素，经省委、省政府同意，自2017年1月1日起，调整《山东省省直机关会议费管理办法》（鲁办发〔2014〕6号）规定的会议费综合定额标准。现就有关事项通知如下：

一、会议费综合定额标准调整为：

单位：元/人天

会议类别	住宿费	伙食费	其他费用	合计
一类会议	400	150	110	660
二类会议	300	150	100	550
三类会议	240	130	80	450

上述会议费综合定额标准为会议费开支上限控制标准。

二、各部门、单位要认真落实会议费管理有关规定，按照精简会议、改进会风、勤俭办会的要求，严格控制会议规格、规模、数量和会议时间，并充分利用现代科技手段、尽量召开电视电话会议和网络视频会议，降低会议成本。

三、因标准调整而增加的会议费支出，按照会议费列支渠道，一类会议经省委、省政府批准后，由省财政厅列入各部门、单位预算，专项安排；二类会议采取归口管理方式，由省委办公厅、省政府办公厅严格控制，列入省委办公厅、省政府办公厅集中管理的会议专项预算；三类会议由各部门、单位根据精简办会有关要求，通过减少会议数量、压缩会议规模等方式解决，不再增加预算。各部门、单位不得向下属单位或其他地方有关单位转嫁会议费负担。

省财政厅　省司法厅关于印发《山东省“一村（社区）一法律顾问”补助经费管理暂行办法》的通知

2017年2月9日　鲁财行〔2017〕6号

各市财政局、司法局，省财政直接管理县（市）财政局、司法局：

根据省委办公厅、省政府办公厅《关于开展“一村（社区）一法律顾问”工作的实施意见》（鲁厅字〔2016〕52号）精神，为落实“一村（社区）一法律顾问”经费保障工作，推动“一村（社区）一法律顾问”工作实现全省全覆盖，我们研究制定了《山东省“一村（社区）一法律顾问”补助经费管理暂行办法》，现予印发，请遵照执行。

附件：山东省“一村（社区）一法律顾问”补助经费管理暂行办法

附件：

山东省“一村（社区）一法律顾问”补助经费管理暂行办法

第一条 为落实“一村（社区）一法律顾问”经费保障工作，推动“一村（社区）一法律顾问”工作实现全省全覆盖，依据省委办公厅、省政府办公厅《关于开展“一村（社区）一法律顾问”工作的实施意见》（鲁厅字〔2016〕52号）有关规定，制定本办法。

第二条 本办法所称“一村（社区）一法律顾问”补助经费（以下简称法律顾问补助经费）是指省、市、县财政（不含青岛，下同）安排的用于发放给担任村（社区）法律顾问的律师（含申请律师职业资格人员）、基层法律服务工作者的补助经费。具体包括法律顾问为村（社区）治理提供法律意见、为群众提供法律咨询、开展法治宣传、参与人民调解、安置帮教等公共法律服务工作过程中产生的交通、通讯、伙食、误工等补助费用。

第三条 法律顾问补助经费原则上按照每村（社区）每年3 000元标准，由省、市、县财政分别按照20%、30%、50%的比例予以补助，所需资金通过省、市、县财政安排的村级组织运转补助经费统筹安排。对财政困难地区，省财政结合县级基本财力保障转移支付给予适当补助。

第四条 法律顾问补助经费列入同级财政预算。县级财政、司法行政部门应加强对法律顾问补助经费的管理，确保专款专用。担任法律顾问的司法所工作人员不得领取法律顾问补助。

第五条 县（市、区）司法局要会同乡镇（街道）司法所及村（社区）等有关单位，严格按照省政府办公厅《关于印发政府向社会力量购买服务办法的通知》（鲁政办发〔2013〕35号）、省司法厅省财政厅《关于印发政府购买公共法律服务办法的通知》（鲁司〔2016〕140号）等规定的程序和要求，组织实施购买村（社区）法律顾问服务。

第六条 县级财政部门应会同司法行政部门根据当地实际，制定法律顾问补助经费使用细则，严格经费审批程序。

第七条 省、市财政和司法行政部门应会同审计、监察等相关部门，建立法律顾问补助经费监督检查机制，确保资金落实到位和规范使用。

第八条 对违反规定使用、挤占、挪用、骗（套）取、截留法律顾问经费的，将严格按照《预算法》《财政违法行为处罚处分条例》（国务院令第427号）的有关规定，依法追究相关单位和个人的责任。

第九条 本办法由省财政厅、省司法厅负责解释。

第十条 本办法自2017年4月1日起施行，有效期至2019年3月31日。

省财政厅　省旅游发展委员会关于印发《山东省区域旅游电商发展奖励暂行办法》的通知

2017年2月17日　鲁财行〔2017〕7号

各市财政局、旅游发展委（局），省财政直接管理县（市）财政局、旅游发展委（局）：

为支持我省区域旅游电商发展，促进我省旅游产业转型升级，根据《山东省旅游发展专项资金使用管理办法》（鲁财行〔2015〕91号）等相关规定，结合我省旅游业发展实际，我们制定了《山东省区域旅游电商发展奖励暂行办法》，现予印发，请遵照执行。

附件：山东省区域旅游电商发展奖励暂行办法

附件：

山东省区域旅游电商发展奖励暂行办法

第一章　总　　则

第一条　为鼓励支持我省区域旅游电子商务发展，提升我省旅游产品在网络上的知名度和销售量，促进旅游业转型升级，根据《山东省人民政府关于加快电子商务发展的意见》（鲁政发〔2016〕13号）、《山东省人民政府办公厅转发省旅游发展委贯彻国办发〔2015〕62号文件促进旅游产业转型升级实施方案的通知》（鲁政办发〔2016〕40号）和《山东省旅游发展专项资金使用管理办法》（鲁财行〔2015〕91号）等规定，制定本办法。

第二条　山东省区域旅游电商发展奖励所需资金，在省级旅游发展资金中安排。

第二章　奖励原则、范围和标准

第三条　按照集中财力、扶持重点的原则，每年评选出省内三家区域旅游电子商务优秀企业，给予奖励。

第四条　奖励范围为在山东省行政辖区内依法设立并有效存续，以旅游电子商务业务为核心经营内容的企业。

第五条　奖励标准：对于评选出的三家省内区域旅游电子商务优秀企业，各奖励150万元。

第三章　奖 励 条 件

第六条　申请奖励的企业必须具备下列条件：

（一）在山东省行政辖区范围内依法设立并有效存续，具有独立法人资格，经营内容以旅游电子商务业务为核心，依法签订劳动合同、具体从事旅游电商业务的正式在册员工人数不少于30人。

（二）拥有独立品牌、独立域名的旅游电子商务交易平台，开展电商平台交易满一年以上。

（三）具备成熟的线上产品销售预订平台，能够实现在线交易与结算。

（四）积极履行社会责任，当年没有发生安全生产等重大责任事故、重大群体性事件或其他违法行为。

第四章　申报和评审

第七条　申请奖励的旅游电子商务企业须于每年2月底前向注册所在地旅游主管部门提出申请并提交申报材料，由市级旅游主管部门初审后报省旅游发展委。申报材料包括：

（一）申请表；

（二）企业经营执照复印件、相关从业人员社保证明；

（三）评选要求的各类相关证明材料及产品销售统计数据和凭证。

第八条　省旅游发展委每年3月份组织相关专家成立评审小组，对申报材料进行评定，根据参评旅游电子商务企业产品的种类、数量以及交易额进行综合评审，提出评审意见，评审结果在省旅游发展委官方网站公示，无异议者列为奖励对象。

第五章 奖励资金拨付

第九条 省财政厅根据财政资金管理规定，在省人代会批复预算60日内，将奖励资金下达给受奖励企业所在市（省直管县）财政局，市（省直管县）财政局收到资金指标30日内拨付给受奖企业。

第六章 奖励资金使用

第十条 奖励资金须直接用于旅游电商平台的完善和提升，包括：

（一）开发线上旅游产品。开发市场前景广阔、地方特色明显的线上旅游产品，满足游客个性化需求。

（二）提升线上支付环境。完善相关硬件设施，产品APP的开发以及相关业务的培训。

（三）宣传推广电商平台。利用网络、媒体、线下活动等形式，提高旅游电商平台知名度，吸引游客关注。

第七章 监督管理与绩效评价

第十一条 申请奖励的旅游电子商务企业须如实完整提交相关申报材料，对于弄虚作假、采取不正当手段骗取奖励资金的，停止拨款并收回已拨付资金。同时，按照《预算法》《财政违法行为处罚处分条例》等有关规定，对责任单位和责任人进行严肃处理。

第十二条 受奖励的企业须对本年度企业旅游电商业务发展情况进行绩效评价自查，并将自查报告于每年10月底前报省旅游发展委、省财政厅。

第八章 附 则

第十三条 本办法由省财政厅、省旅游发展委负责解释。

第十四条 本办法自2017年4月1日起施行，有效期至2019年3月31日。

省财政厅 中共山东省委组织部 省人力资源和社会保障厅 省公务员局关于印发《山东省省直机关培训费管理办法》的通知

2017年4月21日 鲁财行〔2017〕27号

省直各部门、单位：

为进一步加强厉行节约反对浪费制度体系建设，推进干部教育培训事业持续健康发展，我们对《山东省省直机关培训费管理办法》（鲁财行〔2014〕5号）进行了修订。经省政府同意，现将修订后的《山东省省直机关培训费管理办法》印发给你们，请遵照执行。

附件：山东省省直机关培训费管理办法

附件：

山东省省直机关培训费管理办法

第一章 总 则

第一条 为进一步规范省直机关培训工作，保证培训需要，加强培训经费管理，根据《中华人民共和国公务员法》《干部教育培训工作条例》《中央和国家机关培训费管理办法》和其他有关法律法规，制定本办法。

第二条 本办法适用于省直党的机关、人大机关、行政机关、政协机关、审判机关、检察机关以及工会、共青团、妇联等人民团体，各民主党派、工商联和参照公务员法管理的事业单位（以下简称各单位）。

第三条 本办法所称培训是指各单位使用财政资金在境内举办的培训时间在三个月以内的各类培训。

第四条 各单位举办培训应当坚持厉行节约、反对浪费原则，实行单位内部统一管理，增强培训计划的科学性和严肃性，增强培训项目的针对性和实效性，保证培训质量，节约培训资源，提高培训经费使用效益。

第二章 计划与备案管理

第五条 建立培训计划编报和审批制度。各单位培训主管部门制订的本单位年度培训计划（包括培训名称、目的、对象、内容、时间、地点、参训人数、所需经费及列支渠道等），经单位财务部门审核，报单位领导办公会议或党组（党委）会议批准后施行。

第六条 年度培训计划一经批准，原则上不得调整。因工作需要确需临时增加培训项目的，报单位主要负责同志审批。

第七条 各单位要在每年10月底前将下一年度培训计划同时报送省委组织部、省财政厅、省公务员局备案。

第三章 开支范围与标准

第八条 培训费是指各单位开展培训直接发生的各项费用支出，包括师资费、住宿费、伙食费、培训场地费、培训资料费、交通费以及其他费用。

（一）师资费是指聘请师资授课发生的费用，包括授课老师讲课费、住宿费、伙食费、城市间交通费等。

（二）住宿费是指参训人员及工作人员培训期间发生的租住房间的费用。

（三）伙食费是指参训人员及工作人员培训期间发生的用餐费用。

（四）培训场地费是指用于培训的会议室或教室租金。

（五）培训资料费是指培训期间必要的资料及办公用品费。

（六）交通费是指用于接送培训所需人员以及与培训有关的考察、调研等发生的交通支出。

（七）其他费用是指现场教学费、设备租赁费、文体活动费、医药费等与培训有关的其他支出。

参训人员参加培训往返以及异地教学发生的城市间交通费，按照省直机关差旅费有关规定回单位报销。

第九条 培训费实行分类管理，具体分类如下：

一类培训是指参训人员主要为厅局级及相应人员的培训项目。

二类培训是指参训人员主要为县处级及相应人员的培训项目。

三类培训是指参训人员主要为科级及以下人员的培训项目。

第十条 除师资费外，培训费实行综合定额标准，分项核定、总额控制。综合定额标准如下：

单位：元/人天

培训类别	住宿费	伙食费	场地、资料、交通费	其他费用	合计
一类培训	380	150	90	30	650
二类培训	300	150	70	30	550
三类培训	240	130	50	30	450

综合定额标准是相关费用开支的上限，各项费用之间可以调剂使用。各单位应在综合定额标准以内结算报销。由不同层级干部参加的培训项目也可以按参训人员类别分别结算培训费用。

30 天以内的培训按照综合定额标准控制；超过 30 天的培训，超过天数按照综合定额标准的 70% 控制。上述天数含报到撤离时间，报到和撤离时间分别不得超过 1 天。

单位内部具备培训条件的，应当充分利用内部培训场所举办培训。

第十一条 师资费在综合定额标准外单独核算。

（一）讲课费按实际发生的学时计算，每半天最多按 4 学时计算，每学时讲课费执行以下标准（税后）：副高级技术职称专业人员每学时最高不超过 500 元，正高级技术职称专业人员每学时最高不超过 1 000 元，院士、全国知名专家每学时一般不超过 1 500 元。

其他人员讲课参照上述标准执行。

同时为多班次一并授课的，不重复计算讲课费。

培训工作确有需要从异地（含境外）邀请授课老师，路途时间较长的，经单位主要负责同志书面批准，讲课费可以适当增加。

（二）授课老师的城市间交通费按照省直机关差旅费有关规定和标准执行，住宿费、伙食费按照本办法标准执行，原则上由培训举办单位承担。

第十二条 参训人员以其他人员为主的培训项目参照第九条、第十条、第十一条规定的分类和标准执行。

第四章 培 训 组 织

第十三条 培训实行分级管理，各单位举办培训，原则上不得延至县及以下。

各单位开展培训，应当在开支范围和开支标准内，择优选择党校、行政学院、干部学院以及组织人事部门认可的其他培训机构承办。到高校举办培训班，同等条件下应优先选择省内高校。

第十四条 组织培训的工作人员控制在参训人员数量的 10% 以内，最多不超过 10 人。

第十五条 各单位要严格控制培训经费支出。培训住宿以标准间为主，不得安排高档套房，不得额外配发洗漱用品；培训用餐安排自助餐或工作餐，不得上高档菜肴，不得提供烟酒；除必要的现场教学外，7 天以内的培训不得组织调研、考察、参观。

严禁借培训名义安排公款旅游；严禁借培训名义组织会餐或安排宴请；严禁组织高消费娱乐健身活动。

第十六条 邀请境外师资讲课，应当严格按照有关外事管理规定，履行审批手续。境内师资能够满足培训需要的，不得邀请境外师资。

第十七条 培训举办单位应当注重教学设计和质量评估，通过需求调研、课程设计和开发、专家论证、评估反馈等环节，推进培训工作科学化、精准化；注重运用大数据、“互联网 +”等现代信息技术手段开展培训和管理。所需费用纳入部门预算予以保障。

第五章 报销结算

第十八条 培训费由培训举办单位承担，不得向参训人员收取任何费用。培训费纳入部门预算管理，所需经费按照综合预算要求，原则上通过单位日常公用经费、非税收入或专项经费统筹解决。执行中经单位主要负责同志批准临时增加的培训项目，原则上按照规定程序通过调整部门支出结构解决。

第十九条 各单位负责同志对发生的培训费的真实性负责。培训结束后，各单位要及时办理报销手续。报销培训费，综合定额范围内的，应当提供培训计划审批文件、培训通知、实际参训人员签到表以及培训机构出具的收款票据、费用明细等凭证；师资费范围内的，应当提供讲课费签收单或者合同，异地授课的城市间交通费、住宿费、伙食费按照差旅费报销办法提供相关凭据；执行中经单位主要负责同志批准临时增加的培训项目，还应当提供单位主要负责同志审批材料。

各单位财务部门应当严格按照规定审核培训费开支，对未履行审批备案程序的培训以及超范围、超标准开支的费用不予报销。

严禁使用培训费购置电脑、复印机、打印机、传真机等固定资产以及开支与培训无关的其他费用；严禁在培训费中列支公务接待费、会议费；严禁套取培训费设立“小金库”。

第二十条 培训费的资金支付按照国库集中支付和公务卡管理有关制度执行。

第二十一条 培训费在《政府收支分类科目》规定的“商品和服务支出”类“培训费”款级经济科目中列支。

第六章 监督检查

第二十二条 各单位应当将非涉密培训的项目、内容、人数、经费等情况以适当方式公开。

第二十三条 各单位应当于每年3月31日前将上年度培训计划执行情况报送省委组织部、省财政厅、省公务员局。报送内容包括培训名称、内容、时间、地点、培训对象、参训人数、工作人员数、经费开支及列支渠道、培训成效、问题建议等。

第二十四条 省委组织部、省财政厅、省公务员局等有关部门对各单位培训活动和培训费管理使用情况进行监督检查。主要内容包括：

（一）培训计划的编报是否符合规定；

（二）临时增加培训计划是否报单位主要负责同志审批；

（三）培训费开支范围和开支标准是否符合规定；

（四）培训费报销和支付是否符合规定；

（五）是否存在虚报培训费用的行为；

（六）是否存在转嫁、摊派培训费用的行为；

（七）是否存在向参训人员收费的行为；

（八）是否存在奢侈浪费现象；

（九）是否存在其他违反本办法的行为。

第二十五条 对于检查中发现的违反本办法的行为，由省委组织部、省财政厅、省公务员局等有关部门责令改正，追回资金，并予以通报；对相关责任人员，按规定予以党纪政纪处分；涉嫌违法的，移交司法机关处理。

对巡视、审计、财政检查发现存在违规使用培训经费问题的，根据情节轻重酌情核减下一年度部门预算。

第七章 附 则

第二十六条 各单位应当按照本办法，结合本单位业务特点和工作实际，制定培训费管理具体规定。

第二十七条 不参照公务员法管理的事业单位参照本办法执行。

第二十八条 省委组织部、省公务员局组织的调训和统一培训，有关部门组织的援外培训，不适用本办法，管理办法另行制定。

第二十九条 本办法由省财政厅会同省委组织部、省公务员局负责解释。

第三十条 本办法自2017年5月1日起施行，有效期至2022年4月30日。《山东省省直机关培训费管理办法》（鲁财行〔2014〕5号）同时废止。

省财政厅　省旅游发展委员会关于修订山东省滨海旅游发展引导基金管理实施细则的通知

2017年8月8日　鲁财行〔2017〕48号

山东省财金投资集团有限公司：

根据《关于进一步规范地方政府举债融资行为的通知》（财预〔2017〕50号）、《关于坚决制止地方政府以政府购买服务名义违法违规融资的通知》（财预〔2017〕87号）、《山东省人民政府关于运用政府引导基金促进股权投资加快发展的意见》（鲁政发〔2014〕17号）、《山东人民政府办公厅关于印发加快省级政府引导基金投资运作若干政策措施的通知》（鲁政办字〔2016〕194号）等要求，省财政厅会同省旅游发展委研究修订了《山东省滨海旅游发展引导基金管理实施细则》。请根据有关规定和本实施细则要求，组织开展山东省滨海旅游发展引导基金实施工作。

附件：山东省滨海旅游发展引导基金管理实施细则

附件：

山东省滨海旅游发展引导基金管理实施细则

第一章　总　　则

第一条 为积极发挥财政资金的引导放大作用和市场在资源配置中的决定性作用，促进全省旅游产业尤其是滨海旅游产业快速成长，加强山东省滨海旅游发展引导基金（以下简称引导基金）管理，根据《关于进一步规范地方政府举债融资行为的通知》（财预〔2017〕50号）、《关于坚决制止地方政府以政府购买服务名义违法违规融资的通知》（财预〔2017〕87号）、《山东省人民政府关于运用政府引导基金促进股权投资加快发展的意见》（鲁政发〔2014〕17号）、《山东人民政府办公厅关于印发加快省级政府引导基金投资运作若干政策措施的通知》（鲁政办字〔2016〕194号）等要求，制定本实施细则。

第二条 本实施细则所称引导基金，是指由省政府出资设立，并按市场化方式募集运作的投资于旅游相关行业的股权投资引导基金。

第三条 引导基金主要来源于省级财政预算安排用于支持旅游行业发展等方面的专项资金、社会募集资金以及引导基金运行中产生的收益等。

第四条 引导基金实行决策与管理相分离的管理体制，按照“政府引导、市场运作、防范风险、滚动发展”的原则进行投资管理。

第二章 管理机构及职责

第五条 省旅游发展委负责滨海旅游项目库建设，按市场化要求制定基金项目入库标准，建立专家评审制度，提高项目质量和可用性，为参股滨海旅游发展子基金提供项目信息查询和对接服务，并监督滨海旅游发展基金投向，但不干预滨海旅游发展子基金具体投资业务和投资项目的确定。

第六条 省财政厅代表省政府履行引导基金的出资人职责，省财金投资集团有限公司（以下简称引导基金管理公司）根据授权代行出资人职责。省金融办作为省政府金融管理部门，负责指导监督引导基金管理公司的经营管理。引导基金管理公司主要职责包括：

（一）根据省级相关主管部门牵头提出的支持重点、申报要求，对外公开征集或招标选择拟参股设立的滨海旅游发展子基金。

（二）对拟参股滨海旅游发展子基金开展尽职调查、入股谈判，签订滨海旅游发展子基金章程或合伙协议。

（三）对引导基金实行专户管理，专账核算。根据滨海旅游发展子基金章程或合伙协议约定，在其他出资人按期缴付出资资金后，将引导基金及时拨付旅游发展子基金托管银行账户。

（四）代表引导基金以出资额为限对滨海旅游发展子基金行使出资人权利并承担相应义务，向滨海旅游发展子基金派遣代表，监督滨海旅游发展子基金投向。

（五）定期向省财政厅、相关主管部门报告引导基金和滨海旅游子基金投资运作情况及其他重大情况。

第七条 引导基金的分红、退出等资金（含本金及收益）应由引导基金管理公司拨入基金托管银行专户，并按规定将引导基金收益上缴省级国库，由省财政统筹安排或用于扩大引导基金规模。

第八条 省财政厅向引导基金管理公司支付管理费。管理费支付标准和方式按照有关规定执行。

第三章 投资运作与收益分配

第九条 引导基金出资扶持的子基金企业应重点投资于山东省境内旅游产业，投入山东省境内产业额度不低于募集额度的80%，在山东省境内投资旅游行业额度不低于募集额度的70%。同时，坚持以市场化机制为主导，项目投资决策要遵循“政府引导、市场运作、防范风险、滚动发展”原则。

本实施细则所称旅游项目是指旅游行业及旅游行业相关的上下游企业。对于被投资项目是否属于旅游行业的界定，应以被投资项目是否能够直接或间接带动山东省旅游行业经济增长为原则。

引导基金参股子基金选定的投资项目，须符合以下条件：

被投资企业具有独立的法人资格；原则上成立时间不低于2年；具有专科以上学历的从业人员不低于20%；公司管理团队的旅游行业从业经历不低于5年；企业运作规范，有成熟的管理、人事、财务、业务制度。

被投资企业在行业周期中应处于成长期、成熟期。对旅游行业有重大创新或对全省旅游行业布局具有战略意义的，也可适当放宽限制至初创期。

对于被投资企业所处行业周期认定应遵循以下原则：

（一）初创期：1. 成立时间超过1年但不足3年；2. 企业商业模式初步得到市场验证并开始产生收入；3. 企业整体收入小于整体支出。

（二）成长期：1. 成立时间超过2年，但不足5年；2. 企业商业模式得到大量市场验证并产生利润、在行业中拥有一定市场份额；3. 企业整体收入高于或略低于整体支出。

（三）成熟期：1. 成立时间超过3年，但不足10年；2. 企业商业模式得到验证并在市场大量复制，公司具有一定规模，具有较为固定的市场份额；3. 企业整体收入高于整体支出。

第十条 引导基金在子基金中只参股不控股，不独资发起设立子基金。

第十一条 在中国大陆境内注册的股权投资管理机构或投资企业（以下简称投资机构）可以作为申请者，申请引导基金参与出资设立滨海旅游发展子基金。

第十二条 发起人应确定一家股权投资管理机构作为旅游子基金的管理机构。管理机构需符合以下条件：

（一）在中国大陆注册的，且实缴注册资本不低于1 000万元人民币，有较强的资金募集能力，有固定的营业场所和与其业务相适应的软硬件设施。

（二）有健全的股权投资管理和风险控制流程，规范的项目遴选机制和投资决策机制，能够为被投资企业提供辅导、管理、咨询等增值服务。

（三）至少有3名具备3年以上股权投资或基金管理工作经验的专职高级管理人员，管理团队稳定，具有良好的职业操守和信誉；团队中具有本科及以上学历的员工应不低于50%，高级管理人员具有基金从业资格。

（四）具备良好的管理业绩，至少主导过3个股权投资的成功案例；具备3个以上已完成投资准备的储备项目。

（五）机构及其工作人员无受到行政主管机关或司法机关处罚的不良记录。

第十三条 新设立滨海旅游发展子基金，申请引导基金的，除符合第十二条滨海旅游发展子基金管理机构规定条件外，还应符合以下条件：

（一）在山东省境内注册，且投资于山东省境内企业的资金比例一般不低于子基金注册资本或承诺出资额的80%。

（二）主要发起人（或合伙人）、子基金管理机构、托管金融机构已基本确定，并草签发起人协议、子基金章程或合伙协议、委托管理协议、资金托管协议；其他出资人（或合伙人）已落实，并保证资金按约定及时足额到位。

（三）滨海旅游发展子基金募集资金总额不低于20亿元人民币，政府引导资金不低于1.5亿元，其余份额由基金管理机构通过社会渠道募集。

（四）滨海旅游发展子基金对单个旅游企业投资原则上不超过被投资企业总股本的30%，且不超过子基金总资产的20%。

第十四条 申请引导基金对现有股权投资基金进行增资的，除需符合本实施细则第十三条规定条件外，还应满足以下条件：

（一）子基金已按有关法律、法规设立，并开始投资运作，按规定在有关部门备案。

（二）子基金全体出资人首期出资或首期认缴出资已经到位，且不低于注册资本或承诺出资额的20%。

（三）子基金全体出资人同意引导基金入股（或入伙），且增资价格在不高于基金评估值的基础上协商确定。

第十五条 引导基金管理公司统一受理滨海旅游发展子基金设立方案等申请材料，并对上报方案进行初审后，由省财政厅组织投资、会计、法律等相关领域专家和有关部门代表组成的评审委员会对上报方案进行评审。对通过评审的项目，由引导基金管理公司对拟参股滨海旅游发展子基金组织开展尽职调查和入股谈判，并将尽职调查报告和引导基金出资建议报省财政厅。经征求省旅游发展委等相关主管部门意见后，省财政厅提出引导基金出资计划草案，报决策委员会进行投资决策。

第十六条 对决策委员会研究通过的引导基金设立方案，由省财政厅在政府门户网站对拟设立滨海旅游发展子基金有关情况进行公示，公示期不少于10个工作日。对公示期内有异议的项目，及时进行调查核实。

第十七条 对经公示无异议的项目，由省财政厅会同相关主管部门确认滨海旅游发展子基金方案，批复引导基金出资额度并由引导基金管理公司按规定拨付子基金账户。

第十八条 滨海旅游发展子基金按照市场化方式独立运作，依据章程或合伙协议约定进行股权投资、管理和退出。滨海旅游发展子基金的投资存续期限原则上不超过7年，引导基金一般通过到期清算、社会股东回购、股权转让等方式实施退出。确需延长存续期的，须经省财政厅、省金融办、省旅游发展委同意，并报决策委员会批准。

滨海旅游发展子基金运行满3年后，如达到投资绩效和支持产业等目标，经省财政厅报决策委员会同意，也可通过股权转让、社会股东（或合伙人）回购等方式提前退出。引导基金股权转让给社会出资人，基金原社会股东（或合伙人）享有优先受让权，转让价格可通过评估确认、挂牌交易等方式确定。

第十九条 引导基金管理公司应与其他出资人在滨海旅游发展子基金章程或合伙协议中约定，有下列情况之一的，引导基金无需其他出资人同意，选择退出：

（一）子基金方案确认后超过半年未完成设立或增资手续的。

（二）引导基金完成设立或增资手续超过半年未实缴出资或开展投资业务的。

（三）其他出资人未按协议约定出资的。

（四）子基金未按章程或合伙协议约定投资的。

（五）参股基金管理机构发生实质性变化的。

（六）参股基金或基金管理机构违反相关法律法规或政策规定的。

第二十条 子基金企业按章程或合伙协议约定向旅游子基金管理机构支付管理费用。年度管理费用一般按照滨海旅游发展子基金注册资本或承诺出资额的1.5%～2.5%确定，具体比例在委托管理协议中明确。

第二十一条 子基金企业除对滨海旅游发展子基金管理机构支付管理费外，可对滨海旅游发展子基金管理机构实施业绩奖励。其中，滨海旅游发展子基金的年平均收益率不低于子基金出资时中国人民银行公布的一年期贷款基准利率的，引导基金可将其应享有滨海旅游发展子基金增值收益的20%奖励滨海旅游发展子基金管理机构。

第二十二条 为鼓励和吸引社会资本参与滨海旅游发展子基金，对滨海旅游发展子基金投资的旅游项目满足下列条件之一的，政府引导基金可将其应享有增值收益的20%让渡给其他社会出资人。

（一）所投旅游项目以20%以上年静态收益率退出的。

（二）投资后成功在国内外板块上市的旅游项目。

（三）投资省政府重点扶持的旅游项目。

（四）投资省内经济欠发达地区的旅游项目。

（五）省政府认定其他可让渡条件的旅游项目。

第二十三条 政府引导基金管理公司应与其他出资人在滨海旅游发展子基金章程或合伙协议中约定，引导基金以出资额为限对滨海旅游发展子基金债务承担责任。除滨海旅游发展子基金章程或合伙协议中约定外，不要求优于其他出资人的额外优惠条款。

第二十四条 引导基金管理公司应与其他出资人在滨海旅游发展子基金章程或合伙协议中约定，当滨海旅游发展子基金清算出现亏损时，首先由滨海旅游发展子基金管理机构以其对滨海旅游发展子基金的出资额承担亏损，剩余部分由引导基金和其他出资人按出资比例承担。

第四章 风险控制与监督管理

第二十五条 当滨海旅游发展子基金单个投资项目退出后，先提取增值收益的10%作为风险准备金，用于弥补可能发生的亏损，剩余增值收益用于分配。

第二十六条 引导基金以及子基金的股权投资资金应当委托符合条件的金融机构进行托管，引导基金托管金融机构由省财政厅选择确定，并由省财政厅、引导基金管理公司与其签订资金托管协议；子基金托管金融机构由子基金企业选择确定，并由子基金企业、引导基金管理公司与其签订资金托管协议。

第二十七条 托管金融机构应符合以下条件：

（一）成立时间在5年以上的全国性国有银行或股份制商业银行等金融机构。

（二）具有股权投资基金托管经验，具备安全保管和办理托管业务的设施设备及信息技术系统。

（三）有完善的托管业务流程制度和内部稽核监控及风险控制制度。

（四）最近3年无重大过失及行政主管部门或司法机关处罚的不良记录。

第二十八条 引导基金托管金融机构应于每季度结束后10日内向省财政厅、引导基金管理公司报送季度引导基金资金托管报告，并在每个会计年度结束后1个月内报送上一年度资金托管报告。发现引导基金资金出现异常流动现象时应随时报告。

第二十九条 引导基金不得以借贷资金出资设立各类投资基金，不得利用政府出资的各类投资基金等方式违法违规变相举债，不得以任何方式承诺回购社会资本方的投资本金，不得以任何方式承担社会资本方的投资本金损失，不得以任何方式向社会资本方承诺最低收益，不得对有限合伙制基金等任何股权投资方式额外附加条款变相举债，不得以政府购买服务名义违法违规融资。

第三十条 滨海旅游发展子基金不得从事以下业务：

（一）从事融资担保以外的担保、抵押、委托贷款等业务。

（二）投资于二级市场股票、期货、房地产（包括购买自用房地产）、证券投资基金、评级AAA级以下的企业债券、信托产品、非保本型理财产品、保险计划及其他金融衍生品。

（三）进行承担无限连带责任的对外投资。

（四）吸收或变相吸收存款，向任何第三方提供贷款和资金拆借、赞助、捐赠（经批准的公益性捐赠除外）等。

（五）发行信托或集合理财产品募集资金。

（六）其他国家法律法规禁止从事的业务。

第三十一条 滨海旅游发展子基金投资于山东省境内旅游企业的资金占募集额度的70%之前，管理机构不得募集其他股权投资基金。

第三十二条 滨海旅游发展子基金管理机构每季度向引导基金管理公司提交《子基金运行报告》和季度会计报表，并于每个会计年度结束后3个月内向引导基金管理公司提交经注册会计师审计的《子基金年度会计报告》和《子基金年度运行情况报告》。

第三十三条 引导基金管理公司要加强对滨海旅游发展子基金的监管，密切跟踪其经营和财务状况，防范财务风险，但不干预滨海旅游发展子基金的日常运作。引导基金管理公司应按季度向省财政厅、相关主管部门报送引导基金及参股滨海旅游发展子基金的运行情况，并于每个会计年度结束后3个月内报送经注册会计师审计的《引导基金年度会计报告》和《引导基金年度运行情况报告》。当滨海旅游发展子基金的使用出现违法违规和偏离政策导向等情况时，引导基金管理公司应及时向省财政厅、相关主管部门报告，并按协议终止合作。

第三十四条 省财政厅、相关主管部门负责对引导基金管理公司履行出资人职责情况进行监督，视工作需要委托专业机构开展审计，定期对引导基金的目标、政策效果及滨海旅游发展子基金投资运行情况进行绩效评价，并向决策委员会报告。对在《山东省省级政府引导基金参股基金约谈制度》规定范围内的参股基金管理机构进行约谈，督促其改进整改，积极推进基金运作，充分调动基金管理机构加快投资运作的积极性，推动引导基金尽快落实到更多项目。

第五章　附　　则

第三十五条 本细则自2017年9月15日起施行，有效期至2018年9月14日，原《山东省滨海旅游发展引导基金管理实施细则》（鲁财行〔2015〕9号）同时废止。

第三十六条 本实施细则由省财政厅会同省旅游发展委负责解释。

省财政厅　中共山东省委省直机关工作委员会关于印发山东省省直机关基层党组织党建活动经费管理办法的通知

2017年12月13日　鲁财行〔2017〕69号

省直各部门、单位：

为深入贯彻落实党的十九大精神，按照新时代党的建设的总要求，进一步加强省直机关基层党组织建设，扎实推进“两学一做”学习教育常态化制度化，保障党组织工作需要，规范党建活动经费管理，根据《财政部　中央直属机关工委　中央国家机关工委关于印发〈中央和国家机关基层党组织党建活动经费管理办法〉的通知》（财行〔2017〕324号），我们制定了《山东省省直机关基层党组织党建活动经费管理办法》，现印发给你们，请遵照执行。执行中有何问题，请及时向我们反映。

附件：山东省省直机关基层党组织党建活动经费管理办法

附件：

山东省省直机关基层党组织党建活动经费管理办法

第一章　总　　则

第一条　为深入贯彻落实党的十九大精神，按照新时代党的建设的总要求，进一步加强省直机关基层党组织建设，扎实推进“两学一做”学习教育常态化制度化，保障党组织工作需要，规范党建活动经费管理，根据《中华人民共和国预算法》《中国共产党党和国家机关基层组织工作条例》以及《财政部　中央直属机关工委　中央国家机关工委关于印发〈中央和国家机关基层党组织党建活动经费管理办法〉的通知》（财行〔2017〕324号）等有关法律法规规定，制定本办法。

第二条　省直机关基层党组织使用财政资金开展的党建活动，适用本办法。

本办法所称省直机关基层党组织，是指党的关系隶属于省直机关工委的省直各部门、单位（以下简称各单位）按照《中国共产党党和国家机关基层组织工作条例》设置的机关党的基层组织（包括党的基层委员会、党总支、党支部），不包括各单位机关党委。

本办法所称党建活动，是指基层党组织开展的“三会一课”、主题党日活动、党员和入党积极分子教育培训、党建学习调研等活动。

第三条　各单位基层党组织开展党建活动，必须坚持厉行节约、反对浪费的原则，统筹使用财政资金和党费，结合党建工作要求和机关工作实际，按年度编制计划，实行审批备案管理。

第二章　计 划 管 理

第四条　各单位基层党组织开展党建活动，应当按年度编制党建活动计划（包括活动内容、形式、时间、地点、人数、所需经费及列支渠道等），报单位机关党委审核。

第五条 各单位基层党组织编制党建活动计划，应当充分听取党员意见，并经基层党的委员会或支部（总支）委员会讨论。

第六条 各单位机关党委汇总并审核所属基层党组织年度党建活动计划，经单位财务部门审核后，报单位党组（党委）批准。

各单位机关党委要严格控制到常驻地以外开展的党建活动规模、时间和数量。

第七条 各单位基层党组织根据党建工作需要，临时增加使用财政资金开展的党建活动，应当报单位机关党委和财务部门批准。

第八条 各单位应当于每年 3 月 31 日前按党组织隶属关系，将党建活动计划报省直机关工委备案。

第三章 开支范围和标准

第九条 本办法所称党建活动经费支出项目包括：租车费、城市间交通费、伙食费、住宿费、场地费、讲课费、资料费和其他费用。

（一）租车费是指开展党建活动需集体出行发生的租车费用。

（二）城市间交通费是指到常驻地以外开展党建活动发生的城市间交通支出。

（三）伙食费是指开展党建活动期间发生的用餐费用。

（四）住宿费是指开展党建活动期间发生的租住房间的费用。

（五）场地费是指用于党建活动的会议室、活动场地租金。

（六）讲课费是指请师资为党员授课所支付的费用。

（七）资料费是指为党员学习教育集中购买的培训资料费用。

第十条 党建活动经费按支出项目，分别执行下列标准：

（一）城市间交通费、住宿费，参照山东省省直机关差旅费有关规定，按标准执行；个人不得领取交通补助。

（二）伙食费，参照山东省省直机关差旅费有关规定，在差旅费伙食补助费标准内据实报销；一天仅一次就餐的，人均伙食费不超过 40 元；个人不得领取伙食补助。

（三）讲课费，参照山东省省直机关培训费有关标准执行。

（四）租车费，参照山东省公车改革后定点租赁汽车服务的有关规定执行。

（五）场地费，每半天人均不得超过 50 元。

（六）资料费和其他有关费用经批准后据实报销。

第四章 活动组织

第十一条 开展党建活动，要突出增强党员的政治意识、大局意识、核心意识、看齐意识，同时注重与中心工作结合，注重质量效果，防止形式主义。

第十二条 开展主题党日活动，应当有详细的活动方案，明确主题，注重活动的政治性和庄重感。

第十三条 开展党建活动，要充分发挥党员的主体作用，必须自行组织，不得将活动组织委托给旅行社等其他单位。

第十四条 开展党建活动，要因地制宜，充分利用本地条件；每个基层党组织到常驻地以外开展党建活动原则上每两年不超过一次；要严格控制租用场地举办活动，确需租用的，要选择安全、经济、便捷的场地。

第十五条 开展党建活动，要根据实际情况集体出行。集体出行确需租用车辆的，应当视人数多少租用大巴车或中巴车，不得租用轿车（5 座及以下）。到常驻地以外开展党建活动，一般不得乘坐飞机。

第十六条 开展党建活动，要严格遵守中央八项规定精神，严格执行廉洁自律各项规定。

严禁借党建活动名义安排公款旅游；严禁到党中央、国务院明令禁止的风景名胜区开展党建活动；严禁借党建活动名义组织会餐或安排宴请；严禁组织高消费娱乐健身活动；严禁购置电脑、复印机、打印机、传真机等固定资产以及开支与党建活动无关的其他费用；严禁套取资金设立“小金库”；严禁发放任何形式的个人补助；严禁转嫁党建活动费用。

第五章 报销结算

第十七条 报销党建活动经费，需经单位机关党委审核后履行报销程序。

各单位财务部门应当严格按照规定进行审核报销。

第十八条 党建活动的资金支付，应当执行国库集中支付和公务卡管理有关制度规定。

第十九条 党建活动所需财政资金，原则上在部门预算公用经费中列支，由各单位在年度部门预算中予以合理保障。

第六章 监督检查

第二十条 各单位应当将党建活动经费开支情况以适当方式公开。

第二十一条 各单位应当于每年 3 月 31 日前将上年度党建活动开展情况（包括活动形式、内容、时间、地点、人数、经费开支及列支渠道等）按党组织隶属关系，报省直机关工委备案。

第二十二条 省直机关工委、省财政厅等有关部门对各单位党建活动经费管理使用情况进行监督检查。重点关注以下问题：

（一）党建活动计划的编报是否符合规定。

（二）临时增加党建活动是否报单位机关党委批准。

（三）党建活动经费开支范围和开支标准是否符合规定。

（四）党建活动经费报销和支付是否符合规定。

（五）是否存在奢侈浪费现象。

（六）是否存在其他违反本办法的行为。

第二十三条 有违反本办法的行为，由省直机关工委、省财政厅等有关部门追回资金，按照《中华人民共和国预算法》《财政违法行为处罚处分条例》（国务院令第 427 号）等有关规定进行处理，并依法追究有关单位及其相关人员责任；涉嫌违法的，移交司法机关处理。

第七章 附 则

第二十四条 各单位应当按照本办法，结合本单位业务特点和工作实际，制定基层党组织党建活动经费管理具体规定。

第二十五条 事业单位参照本办法执行。

第二十六条 本办法由省财政厅会同省直机关工委负责解释。

第二十七条 本办法自 2018 年 1 月 1 日起施行，有效期至 2022 年 12 月 31 日。

七、

教科文财务类

财政部　教育部关于印发《中央财政支持学前教育发展资金管理办法》的通知

2017 年 9 月 30 日　财科教〔2017〕131 号

各省、自治区、直辖市、计划单列市财政厅（局）、教育厅（教委、教育局），新疆生产建设兵团财务局、教育局：

为规范和加强中央财政支持学前教育发展资金管理，提高资金使用效益，根据国家有关法律制度规定，财政部、教育部修订了《中央财政支持学前教育发展资金管理办法》，现予印发，请遵照执行。

附件：中央财政支持学前教育发展资金管理办法

附件：

中央财政支持学前教育发展资金管理办法

第一条　为加强中央财政支持学前教育发展资金（以下简称学前教育发展资金）管理，提高资金使用效益，根据《国务院关于当前发展学前教育的若干意见》（国发〔2010〕41 号）和有关法律制度规定，制定本办法。

第二条　本办法所称学前教育发展资金，是由中央财政通过专项转移支付安排、用于支持学前教育发展的资金。

第三条　学前教育发展资金管理遵循“中央引导、突出重点、省级统筹、注重绩效”的原则。

第四条　学前教育发展资金由财政部、教育部根据党中央、国务院有关决策部署和学前教育改革发展工作重点确定支持内容。现阶段，重点支持以下内容：

（一）支持地方公办民办并举、多种形式扩大普惠性学前教育资源。包括支持农村地区、脱贫攻坚地区、城乡结合部和两孩政策新增人口集中地区新建、改扩建幼儿园、改善办园条件；支持各地扶持普惠性民办幼儿园发展；支持老旧城区、棚户区改造和新城区、城镇小区建设按需要配建幼儿园，并办成公办园和普惠性民办园；支持农民工随迁子女在流入地接受学前教育等。

（二）支持地方深化体制机制改革。包括支持各地建立健全“省地（市）统筹、以县为主”的学前教育管理体制，推动理顺机关、企事业单位、街道集体幼儿园办园体制，实行属地化管理，面向社会提供普惠性服务；支持各地健全学前教育成本分担机制，逐步制定公办幼儿园生均拨款标准（或生均公用经费标准）和普惠性民办幼儿园补助标准，提升保育教育质量。

（三）支持地方健全幼儿资助制度。支持各地资助普惠性幼儿园家庭经济困难幼儿、孤儿和残疾儿童接受学前教育，确保建档立卡等家庭经济困难幼儿优先获得资助。

第五条　学前教育发展资金采取因素法分配。先按照中西部地区 90%、东部地区 10%（东部地区适当向困难省份倾斜）的区域因素确定学前教育发展资金规模，再按基础因素、投入因素、管理创新因素分配到各省份。其中：

基础因素（60%）主要包括在园幼儿数、普惠性幼儿园覆盖率（公办幼儿园和普惠性民办幼儿园在园幼儿数占在园幼儿总数的比例）、人均可用财力、贫困发生率等子因素。各子因素数据根据相关统计数据或申报材料获得。

投入因素（20%）主要包括生均一般公共预算学前教育支出情况、地方幼儿资助财政投入情况、社会力量投入（主要是民办学校举办者投入、社会捐赠等）总量等子因素。各子因素数据根据相关教育经费统计数据获得。

管理创新因素（20%）主要根据各地深化学前教育体制机制改革、出台小区配建幼儿园建设及管理办法、普惠性民办幼儿园认定标准、完善教师补充机制情况、幼儿资助制度建立健全情况、公办幼儿园生均拨款标准或生均公用经费标准、加强资金使用管理、工作总结材料报送等情况综合核定，由教育部会同财政部组织考核获得数据。

计算公式为：

$$\text{某省份学前教育发展资金} = \left(\text{该省份基础因素}\Big/\sum\text{有关省份基础因素}\times\text{权重}+\text{该省份投入因素}\Big/\sum\text{有关省份投入因素}\times\text{权重}+\text{该省份管理创新因素评分}\Big/\sum\text{有关省份管理创新因素评分}\times\text{权重}\right)\times\text{学前教育发展资金年度预算总额}$$

财政部、教育部根据党中央、国务院有关决策部署和学前教育改革发展新形势等情况，适时调整完善相关分配因素、权重等。

第六条 省级财政、教育部门应当于每年 3 月 15 日前向财政部、教育部报送当年学前教育发展资金申报材料，并抄送财政部驻当地财政监察专员办事处。逾期不提交的，扣减相关分配因素得分。申报材料主要包括：

（一）上年度资金使用管理情况，包括上年度学前教育发展资金使用情况、年度绩效目标完成情况、深化体制机制改革情况、幼儿资助情况、地方财政投入情况、主要管理措施、问题分析及对策等。

（二）本年度工作计划，包括当年全省学前教育工作目标和绩效目标、重点任务、主要措施和资金安排计划等，绩效目标要明确、具体、可考核。

（三）上午度省级财政安排用于学前教育发展的资金统计表及相关预算文件。

第七条 学前教育发展资金由财政部、教育部共同管理。教育部负责指导地方编制学前教育规划，审核地方相关申报材料和数据，提供资金测算所需的基础数据，并提出资金需求测算方案。财政部根据中央专项转移支付资金管理等相关规定，会同教育部研究确定具体预算金额。

第八条 财政部、教育部于每年全国人民代表大会批准中央预算后九十日内正式下达学前教育发展资金预算。每年 10 月 31 日前，向各省份提前下达下一年度学前教育发展资金预计数。省级财政、教育部门在收到学前教育发展资金（含提前下达预计数）后，应当在三十日内按照预算级次合理分配、及时下达，并抄送财政部驻当地财政监察专员办事处。

学前教育发展资金支付按照国库集中支付制度有关规定执行。涉及政府采购的，按照政府采购有关法律制度执行。

第九条 省级财政、教育部门在分配学前教育发展资金时，应当加大省级统筹力度，科学分配资金，重点向革命老区、边疆地区、民族地区和贫困地区倾斜。省级教育部门要指导省以下各级教育部门抓紧健全学前教育管理信息系统，科学确定学前教育规划布局，充分利用农村闲置校舍等资源，因地制宜扩大学前教育资源。

县级教育、财政部门应当指导和督促本地区幼儿园建立健全财务、会计、资产管理制度，加强学籍管理，严格执行项目预算，加快预算执行进度。属于基本建设的项目，严格按规定履行基本建设程序，及时办理竣工决算和资产移交等手续。项目实施完成后，若有结余资金，由县级财政部门继续统筹安排用于学前教育。另有规定的，按照有关规定执行。

第十条 各级财政、教育部门应当按照《中央财政对地方专项转移支付绩效目标管理暂行办法》（财预〔2015〕163 号）要求，做好绩效目标管理相关工作。

第十一条 财政部、教育部根据各地学前教育发展资金使用管理情况，适时开展监督检查和绩效执行监控。财政部驻各地财政监察专员办事处应当按照工作职责和财政部要求，对学前教育发展资金预算执行进行监管。监督检查、预算监管和绩效评价结果作为资金分配的重要参考。

第十二条 地方各级财政部门应当按照财政预算公开的要求做好信息公开工作。地方特别是县级教育部门应当通过当地媒体、部门网站等方式，向社会公示年度资金安排等情况。

第十三条 学前教育发展资金建立“谁使用、谁负责”的责任机制，严禁用于平衡预算、偿还债务、支付利息、对外投资等支出，严禁提取工作经费或管理经费，严禁超标准豪华建设。对于挤占、挪用、虚列、套取学前教育发展资金等行为，按照《预算法》《财政违法行为处罚处分条例》等法律法规严肃处理。

第十四条 各级财政、教育部门及其工作人员在学前教育发展资金分配方案的制定和复核过程中，违反规定分配资金或者向不符合条件的幼儿园（或项目）分配资金以及滥用职权、玩忽职守、徇私舞弊的，按照《预算法》《公务员法》《行政监察法》《财政违法行为处罚处分条例》等法律规定追究责任；涉嫌犯罪的，移送司法机关处理。

第十五条 本办法由财政部、教育部负责解释。各省级财政、教育部门可以根据本办法规定，结合本地实际，制定具体管理办法，抄送财政部驻当地财政监察专员办事处。

第十六条 本办法自印发之日起施行。2016 年 12 月 5 日财政部发布的《中央财政支持学前教育发展资金管理办法》（财教〔2016〕33 号）同时废止。

山东省人民政府关于贯彻国发〔2016〕40 号文件统筹推进县域内城乡义务教育一体化改革发展的实施意见

2017 年 9 月 4 日　鲁政发〔2017〕24 号

各市人民政府，各县（市、区）人民政府，省政府各部门，各直属机构，各大企业，各高等院校：

为贯彻落实《国务院关于统筹推进县域内城乡义务教育一体化改革发展的若干意见》（国发〔2016〕40 号），促进义务教育持续健康发展，现就统筹推进我省县域内城乡义务教育一体化改革发展提出以下实施意见：

一、总体要求

（一）指导思想。全面贯彻党的十八大和十八届三中、四中、五中、六中全会精神，深入学习贯彻习近平总书记系列重要讲话和视察山东重要讲话、重要指示批示精神，充分认识统筹推进县域内城乡义务教育一体化改革发展的重要意义，落实立德树人根本任务，深化基础教育综合改革，着力解决“乡村弱”和“城镇挤”问题，巩固和均衡发展九年义务教育，加快缩小县域内城乡教育差距，在公共资源配置上优先发展和重点保障义务教育，让人民群众从教育改革发展中享有更多获得感，为我省教育现代化和全面建成小康社会奠定坚实基础。

（二）目标任务。到 2020 年，全省义务教育与城镇化发展基本协调，城乡学校布局更加合理，城镇大班额问题全面解决，乡村完全小学、初中或九年一贯制学校、寄宿制学校标准化建设取得显著进展，乡村小规模学校（含教学点）达到相应要求，城乡师资配置基本均衡，乡村教师待遇稳步提高、岗位吸引力大幅增强，乡村教育质量明显提升，教育脱贫任务全面完成，中国特色的依法办学、自主管理、民主监督、社会参与的现代学校制度逐步形成。义务教育普及水平进一步巩固提高，九年义务教育巩固率达到 98%，县域内义务教育均衡发展，市域内义务教育均衡发展取得重要进展。

二、主要措施

（一）提高城乡义务教育经费保障水平。完善城乡统一、各级政府分项目按比例分担的城乡义务教育经费保障机制，推动“两免一补”资金和生均公用经费基准定额资金随学生流动可携带。统一城乡义务教育学校生均公用经费标准并逐步提高。自2017年起，对农村超过100人不足200人的规模较小的学校，按200人核定公用经费；统一城乡义务教育“两免一补”政策，城乡家庭经济困难寄宿生生活费补助范围由在校寄宿生的15%扩大到30%。加大省级财政投入力度，支持各市加快推进“全面改薄”和解决城镇普通中小学大班额建设工程进展，实现城乡义务教育学校办学条件标准化，资金分配向农村和贫困地区倾斜。各市在安排重大项目和资金投入时优先支持义务教育学校建设。通过政府购买服务、税收激励等机制引导和鼓励社会力量支持义务教育发展。（省财政厅、省教育厅、省发展改革委负责）

（二）加强城乡居住区配套学校建设。调整完善城乡义务教育学校布局规划，并做好与新型城镇化规划、城乡规划、土地利用总体规划的衔接。保障学校建设用地，实行教育用地联审联批制度。各级政府要实施“交钥匙”工程，加快城乡居住区配套学校建设，新建居住区首期项目要与配套学校同步建设、同步交付使用。已建成的居住区，当地政府要统筹建设配套学校，确保有足够的学位满足学生就近入学需要。在制定控制性详细规划时，有关部门应当征求同级教育行政部门意见，未按照规划配套建设学校的，不得组织规划核实、不得办理竣工验收备案。结合水电路气等基础设施向农村延伸，在交通便利、公共服务成型的农村地区合理布局义务教育学校。加快乡村寄宿制学校建设，办好乡村小规模学校，保留必要的教学点。合理制定闲置校园校舍综合利用方案，严格规范权属确认、用途变更、资产处置等程序，并优先用于教育事业。（省住房城乡建设厅、省国土资源厅、省教育厅、省发展改革委、省财政厅负责）

（三）建立大班额防控长效机制。扎实推进解决城镇中小学大班额工作，确保到2017年年底前全面解决城镇中小学大班额问题。各级要依托中小学学籍管理平台，建立班额定期监测、通报制度。统筹考虑城镇化进程、人口流动、户籍管理和计生政策变化等因素，制定完善2018～2020年大班额防控规划，加大城乡居住区配套学校建设，留足教育用地，建立健全教师资源动态调整机制，满足教学需要，构建起大班额防控长效机制，确保不出现新的大班额问题。（省教育厅、省财政厅、省国土资源厅、省编办、省人力资源社会保障厅、省发展改革委、省住房城乡建设厅负责）

（四）统筹城乡师资配置。全面实施中小学教师“县管校聘”管理改革，统筹城乡教师资源配置。根据农村中小学教师需求，逐步建立义务教育学段教师农村学校服务期制度，使城乡之间、学校之间教师交流轮岗制度化。盘活事业编制存量，用好临时周转编制专户，完善教师招聘机制，统筹调配编内教师资源，着力解决乡村教师结构性缺员和城镇师资不足问题。严禁在有合格教师来源的情况下“有编不补”、长期聘用编外教师。严禁挤占挪用义务教育学校教职工编制。建立免费师范生招生、培养长效机制，持续为农村学校培养高素质的全科教师。加强师德师风建设，将师德融入教师准入、培训和管理全过程，大力培养“四有”好教师。（省教育厅、省编办、省人力资源社会保障厅、省财政厅负责）

（五）健全农村教师待遇保障机制。健全工资管理长效联动机制，确保县域内义务教育教师平均工资收入水平不低于当地公务员的平均工资收入水平。全面落实农村教师津贴补贴制度。在核定绩效总量时，向农村学校适当倾斜。落实提高班主任津贴标准、农村义务教育学校教师交通补助、短缺学科教师走教补助政策，纳入绩效工资总量管理。健全完善乡村学校特级教师岗位津贴补贴。加强教师队伍建设，加大对农村教师教育培训的倾斜力度，选派骨干教师赴省内外高水平大学研修培训。实施义务教育教师年度健康体检制度，所需费用从学校公用经费中列支，有条件的可由同级财政单列资金予以保障。建立乡村教师荣誉制度，鼓励吸引社会资金对长期在农村工作的优秀教师进行奖励。落实县域统一的义务教育岗位结构比例政策，完善职称评聘政策，适当向农村学校、薄弱学校倾斜。稳定基层教师队伍，吸引优秀教师向农村学校、薄弱学校流动。加快推进农村教师学校驻地周转宿舍建设，各级财政要加大支持力度。将农村教师周转宿舍纳入当地保障性住房建设范围，支持农村教师使用公积金贷款、低息贷款在城区购买住房。深入实施中小学校长职级制改革，健全校长激励机制，合理确定校长绩效工资水平。（省教育厅、省编办、省财政厅、省人力资源社会保障厅、省发展改革委、省住房城乡建设厅负责）

（六）统筹县域义务教育一体化发展。落实《山东省中小学办学条件标准》和国家义务教育学校管理标准，启动实施学校办学条件标准化建设提升工程和义务教育管理标准化学校创建工程。完善乡村小规模学校办学机制和管理方法，实行“捆绑评价”，将村小学和教学点纳入对乡村中心学校考核。推进城乡义务教育学校一体化管理体制改革，探索一校多区管理模式，组建学校发展共同体，推动区域教育整体提升。通过城乡结对、学校联盟、学区化办学、名校托管等方式加大对薄弱学校和乡村学校的扶持力度，扩大优质教育资源覆盖面。开发、整合城乡校外教育资源，加大校外教育基地（场所）建设力度。坚持立德树人，扎实推进实施中小学德育课程一体化建设。不断加强学校法治教育，推进依法治校，加强对校园欺凌和暴力的综合治理。探索建立学生意外伤害援助机制和涉校涉生矛盾纠纷调解仲裁机制，推动平安校园建设。县级政府要完善控辍保学部门协调机制，建立控辍保学目标责任制和联控联保机制，落实县级教育行政部门、乡镇政府、村（居）委会、学校和适龄儿童父母或其他监护人控辍保学责任。加强城乡中小学信息化基础条件建设，全面实现宽带网络校校通和多媒体教学设备班班通，实现校园无线网络全覆盖。通过“同步课堂”“名师课堂”“名校网络课堂”等方式，将优质教育资源推送到每个班级。（省教育厅、省公安厅负责）

（七）推进市域义务教育均衡发展。在县域义务教育基本均衡的基础上，探索市域义务教育均衡发展实现路径，促进义务教育优质均衡发展。完善义务教育治理体系，提升义务教育治理能力，推进教育现代化取得重要进展。加大对经济欠发达县（市、区）教育经费支持力度。统一市域内学校办学条件标准，进一步提升学校办学条件。完善中小学教职工编制动态调整机制，统筹规划市域内教师队伍建设。（省教育厅、省编办、省财政厅、省人力资源社会保障厅负责）

（八）完善随迁子女就学政策。强化流入地政府责任，将随迁子女义务教育纳入城镇发展规划和财政保障范围。适应户籍制度改革要求，加强居住证管理，建立随迁子女登记制度，及时沟通有关信息。建立以居住证为主要依据的随迁子女入学政策，随迁子女特别集中的城区，可根据实际情况制定具体办法。坚持以公办学校为主安排随迁子女就学，教育行政部门要提前公开学校空余学位、入学条件、入学程序等，通过信息平台实行入学申请登记。加强随迁子女教育管理服务，实行混合编班和统一管理，保障随迁子女平等接受教育权利。（省教育厅、省发展改革委、省财政厅、省公安厅负责）

（九）加强留守儿童关爱保护。落实县（市、区）、乡镇（街道）和村（社区）属地职责，健全完善政府领导、民政牵头、部门联动、家庭尽责、社会参与的农村留守儿童关爱体系。乡镇（街道）、村（居）建立关爱帮扶台账，全面掌握农村留守儿童基本情况，在农村社区或学校设置留守儿童关爱室，加强法治教育、安全教育和心理健康教育。各地要将符合条件的特殊困难流动留守儿童和家庭经济困难儿童纳入社会救助政策保障范围。强化家庭监护主体责任，依法追究父母或其他监护人不履行监护职责的责任，依法处置各种侵害留守儿童合法权益的违法行为。发挥乡镇政府和村委会作用，督促外出务工家长履行监护责任。加强监督检查，依法督促落实职工带薪年休假制度，支持外出务工父母定期回乡看望留守儿童。（省民政厅、省教育厅、省公安厅、省人力资源社会保障厅负责）

三、组织保障

（一）加强党的领导。各级要认真落实党委全面从严治党主体责任，进一步加强新形势下党对城乡义务教育一体化改革发展工作的领导，全面贯彻党的教育方针，坚持社会主义办学方向。高度重视中小学党建工作，建立健全党委统一领导、教育部门具体负责、有关方面齐抓共管的学校党建工作领导体制，全面加强学校党组织建设，推进党组织和党的工作全覆盖，发挥好政治核心作用，切实做好教师思想政治工作，注重从优秀教师中发展党员，充分发挥学校党组织的战斗堡垒作用和党员教师的先锋模范作用。

（二）严格监督问责。将统筹推进县域内城乡义务教育一体化改革发展作为各级政府政绩考核的重要内容。深化义务教育治理结构改革，建立县域内城乡义务教育一体化改革发展监测评估机制。各级政府要加强工作检查，定期向同级人民代表大会或其常务委员会报告义务教育工作情况。各级教育督导机构要开展督导检查，实行督导检查结果公告制度和限期整改制度，强化督导结果运用。对因工作落实不到位，造成不良社会影响的部门和有关责任人，要严肃问责。

（三）营造良好氛围。各级要加大对新型城镇化规划、脱贫攻坚、户籍制度改革、居住证制度、县域内城乡义务教育一体化改革发展工作等的宣传和政策解读力度，在全社会营造关心支持义务教育工作的良好氛围。认真总结成功做法和典型经验，并通过多种形式进行深入宣传和推广，使义务教育改革发展更好地服务于新型城镇化建设和全面建成小康社会奋斗目标。

省财政厅　省教育厅关于进一步提高博士生国家助学金资助标准的通知

2017年4月12日　鲁财教〔2017〕19号

省直有关部门，各高等学校：

为贯彻落实《财政部、教育部关于进一步提高博士生国家助学金资助标准的通知》（财科教〔2017〕5号），进一步支持博士生培养工作，调动青年高端人才积极性，自2017年春季学期起，我省将研究生招生计划内的全日制博士生（有固定工资收入的除外）国家助学金资助标准由每生每年12 000元提高到每生每年15 000元，硕士生国家助学金资助标准保持不变。提高博士生国家助学金资助标准所需资金，继续由省级财政负担。

各高校要高度重视，按照本通知要求，迅速采取措施，确保落实到位。要加强国家助学金发放管理，按照新的资助标准及时将国家助学金发放到符合条件的博士生手中（实际发放时间晚于开学当月的，应补发至开学当月），并密切关注政策实施情况，及时反映出现的问题。要按照《关于完善研究生教育奖助政策体系的通知》（鲁财教〔2013〕66号）要求，建立健全研究生国家助学金、学业奖学金等具体管理办法和操作细则，确保各项研究生奖助政策顺利有序实施。

省财政厅　省教育厅关于进一步做好解决城镇普通中小学大班额问题资金保障工作的通知

2017年10月30日　鲁财教〔2017〕54号

各市财政局、教育局，省财政直接管理县（市）财政局、教育局，黄河三角洲农业高新技术产业示范区财政金融局、政务服务局：

解决城镇普通中小学大班额问题（以下简称解决大班额问题）是省委、省政府聚焦促进教育均衡发展、保障教育公平作出的重大决策部署。今年以来，党中央、国务院对政府举债实施最严厉的管控措施。财政部印发了《关于坚决制止地方以政府购买服务名义违法违规融资的通知》（财预〔2017〕87号），明确规定严禁将教育等领域建设工程作为政府购买服务融资项目。在国家融资政策趋紧、财政收支矛盾突出的大背景下，各级财政、教育部门要区分轻重缓急，多措并举，切实做好解决大班额问题资金保障工作。现将有关事项通知如下：

一、分类推进规划项目建设。各地要对解决大班额问题项目进展情况进行全面梳理，摸清底数。对于截至2017年9月30日未开工或无实质工程进度的学校建设项目，顺延至2018年实施，不再纳入2017年工作考核。对于已开工的学校建设项目，要多措并举、强化投入，确保年底前完成，不出现“半拉子”工程。

二、加大各级财政投入力度。各县（市、区）要切实落实投入主体责任，积极筹措资金，盘活各类财政存量资金，整合使用相关资金，保障在建项目建设。对涉及农民工工资支付等项目要优先安排，确保在建项目不停工、农民工工资不拖欠。各市要加大对所辖县（市、区）特别是财政困难地区的支持，均衡推进解决大班额问题项目实施。要将解决大班额问题作为2018年及今后一段时期各级财政支出的保障重点，进一步优化支出结构，切实加大资金投入力度。省财政将从加大转移支付力度、加强资金调度、增加政府债券额度等方面，支持各地解决好大班额问题，并积极争取中央财政加大对我省的资金支持。

三、用好PPP融资建设模式。要积极研究将符合条件的解决大班额问题项目转为政府和社会资本合作（PPP）模式，采取政府逐年付费或将周边房地产项目收益捆绑的方式，调动社会投资积极性，减少政府当期投资，提高投资效率，缓解解决大班额问题项目资金压力。

四、用好棚户区改造融资政策。要科学规划棚户区改造任务，将符合条件的解决大班额问题项目作为棚户区改造的配套基础设施，统一纳入棚户区改造规划和工程实施范围，以棚户区改造项目为整体筹措建设资金，将解决大班额问题和棚户区改造工程合并实施、统筹推进。

五、用好片区开发和土地政策。要将解决大班额问题项目建设作为推进片区开发和新型城镇化建设的重要组成部分，统筹规划，合理布局，将片区的土地出让收入优先用于解决大班额问题项目。同时，要落实好居住区配套教育设施建设的“三同步”制度，坚决防止出现新的配套不到位问题。

六、合理配置教育资源。要积极采取合理规划学区、盘活闲置校舍、加强师资交流等方式，均衡配置教育资源，探索集团化办学、强校带弱校、学校联盟等灵活多样的办学形式，统筹利用现有教育资源解决大班额问题，切实减轻解决大班额问题建设压力。

省财政厅　省教育厅关于印发省属本科高校捐赠收入财政配比资金管理暂行办法的通知

2017年11月1日　鲁财教〔2017〕55号

省直有关部门，省属各普通本科高校：

为引导和鼓励社会各界向本科高校捐赠，拓宽高校筹资渠道，进一步促进高等教育事业发展，经研究，自2018年起，省财政对省属普通本科高校接受的捐赠收入实行配比资金补助。为规范资金管理，根据《中华人民共和国预算法》《中华人民共和国高等教育法》《中华人民共和国公益事业捐赠法》等有关法律法规规定，我们研究制定了《省属本科高校捐赠收入财政配比资金管理暂行办法》，现予印发，请遵照执行。

附件：省属本科高校捐赠收入财政配比资金管理暂行办法

附件：

省属本科高校捐赠收入财政配比资金管理暂行办法

第一章　总　　则

第一条　为引导和鼓励社会各界向本科高校捐赠，拓宽高校筹资渠道，进一步促进高等教育事业发展，自2018年起，省财政对省属本科高校接受的捐赠收入实行配比资金补助。为规范资金管理，根据《中华人民共和国预算法》《中华人民共和国高等教育法》《中华人民共和国公益事业捐赠法》等有关法律法规规定，制定本办法。

第二条 省财政安排的普通本科高校捐赠收入配比资金（以下简称配比资金），用于对接受社会捐赠收入的本科高校实行奖励补助。

第三条 本办法适用于省属公办普通本科高等学校。

第四条 本办法认定的、财政资金予以配比的捐赠收入，是指高校上年度通过在民政部门登记设立的基金会（以下简称基金会）接受的、符合《中华人民共和国公益事业捐赠法》规定、单笔捐赠额在10万元以上（含10万元）且实际到账、学校可统筹使用的货币资金收入。

具有特定使用用途等类型的捐赠收入，省财政不予安排配比资金，具体包括：高校接受的仪器设备、建筑物、书画等实物捐赠，未变现的股票、股权，基金运作利息等投资收入，冠名奖助学金等。

第二章 申报及评审

第五条 高校申请配比资金须同时符合以下条件：

（一）捐赠收入来源必须合法，必须有利于高校的长远发展，且不附带任何政治目的及其他意识形态倾向。

（二）申请配比资金的项目必须具有真实的捐赠资金来源、数额。

第六条 高校主管部门根据上一年度接受捐赠情况，向省财政厅提出配比资金申请。

第七条 配比资金申请程序如下：

（一）高校填写《省属普通高校捐赠收入省财政配比资金申请书》（见附件1，以下简称《申请书》），连同捐赠收入单据、基金会年度审计报告一并上报主管部门。

（二）主管部门对所属高校《申请书》进行审核后，填制《省属普通高校捐赠收入省财政配比资金汇总申请表》（见附件2，以下简称《汇总表》），连同《申请书》、捐赠收入单据报送省财政厅、省教育厅。

第八条 省财政厅、省教育厅不定期组织或委托相关机构对各学校的捐赠收入进行审计。

第三章 配比资金的安排

第九条 配比资金按认定捐赠收入的一定比例安排，未来视捐赠收入规模变化及财力状况等因素，对配比比例进行动态调整。

第十条 省财政厅对主管部门提出的配比资金申请进行审核，对符合配比要求的捐赠收入，向有关部门、高校核定下达配比资金。

第四章 配比资金的管理与使用

第十一条 配比资金的使用管理要遵循科学合理、公开公正的原则，确保规范、安全和高效。

第十二条 高校要严格按照财政国库管理制度的有关规定，将配比资金纳入预算管理统筹使用，优先用于教学科研、人才培养等方面。配比资金不得用于偿还债务、发放教职工工资和津补贴、日常办公经费等。

第十三条 高校自收到省财政配比资金预算指标2个月内，要将配比资金分配使用情况报省财政厅备案。

第十四条 对应纳入政府采购范围的货物、工程和服务，应当按照《中华人民共和国政府采购法》等有关法律制度规定，建立规范的招投标机制和相应的责任机制，严格执行政府采购程序。

第十五条 使用配比资金形成的固定资产，均属于国有资产，应及时纳入高校资产进行统一管理，认真维护，共享共用。

第十六条 配比资金原则上应于当年形成支出，对于执行进度缓慢的高校，省财政将相应核减下年度配比资金数额。如有结余结转，要严格按照省财政厅有关财政拨款结余结转资金管理规定执行。

第十七条 各高校要加强对配比资金使用的监督管理，并接受财政、审计等部门的监督检查。

第五章 项目监督检查

第十八条 省财政厅、省教育厅对配比资金项目执行、落实情况进行监督检查，对于项目申报、资金管理中的违规违纪问题进行严肃查处。有下列行为之一的，除暂停安排或扣回该校配比资金外，将依照《财政违法行为处罚处分条例》（国务院令第427号）等有关规定追究相关人员责任：

（一）在申报中弄虚作假、骗取财政配比资金。

（二）截留、挤占、挪用配比资金。

（三）违反中央、省财政资金管理规定的其他行为。

第十九条 省财政厅、省教育厅自行组织或委托中介机构对配比资金的使用管理开展绩效评价。

第六章 附 则

第二十条 本办法由省财政厅、省教育厅负责解释。

第二十一条 本办法自2018年1月1日起施行，有效期至2019年12月31日。

附件：1. 省属本科高校捐赠收入省财政配比资金申请书

2. 省属本科高校捐赠收入省财政配比资金申请汇总表

附件1：

省属本科高校捐赠收入省财政配比资金
申 请 书

学校名称（公章）：

学校负责人：

主管部门名称：

填表人：

联系电话：

填表日期： 年 月 日

山东省财政厅
山东省教育厅 制

填报说明

一、本申请书为申报省属普通本科高校捐赠收入财政配比专项资金（以下简称配比资金）的主要文件，各项内容须认真填写，表内栏目不能空缺，所有内容必须客观真实，须加盖学校公章方为有效。

二、申请书内容编写说明

1. “项目名称”：应简洁、明确。

2. “捐赠方名称”：须填写捐赠单位全称或捐赠人真实姓名。

3. “捐赠用途”：可从以下用途中选择：

（1）资助家庭困难学生；（2）奖励优秀学生；（3）支持毕业生就业；（4）奖励教师；（5）教学科研及学科发展；（6）学校基建项目；（7）其他指定用途；（8）非指定用途。若为“其他指定用途”须详细填列。

4. “申请配比资金的捐赠收入概述”：重点对申请配比资金项目的捐赠收入情况进行描述，主要包括：捐赠时间、捐赠方名称、捐赠金额、捐赠用途、捐赠资金到账情况、捐赠资金使用情况及其他需要说明的情况。

三、申请书要求统一用A4纸打印、装订。

1. 省属本科高校捐赠收入省财政配比资金项目申请汇总表

学校名称（公章）：

编号	捐赠项目名称	捐赠方名称	接受捐赠所通过的基金会名称	捐赠金额（万元）	捐赠用途
1					
2					
3					
4					
5					
6					
7					
8					
9					
…					

2. 申请配比资金的捐赠收入概述（按汇总表顺序，每一项目均需填写以下内容）

1. 编号：　　　　　　捐赠项目名称：

注：本页可复印。

附件2：

省属本科高校捐赠收入省财政配比资金申请汇总表

主管部门名称：

负责人：

填表人：

联系电话：

填表日期：　　　年　　月　　日

山东省财政厅
山东省教育厅　制

省属本科高校捐赠收入省财政配比资金申请汇总表

部门名称（公章）：

序号	高校名称	项目数量	捐赠金额总计（万元）	备注
1				
2				
3				
4				
5				
6				
7				
8				
9				
10				
11				
12				
…				

省财政厅 省教育厅转发《财政部办公厅 教育部办公厅关于加强动态监控确保如期完成高职院校生均财政拨款水平目标的通知》的通知

2017 年 11 月 23 日 鲁财教〔2017〕59 号

各市财政局、教育局：

现将《财政部办公厅、教育部办公厅关于加强动态监控确保如期完成高职院校生均财政拨款水平目标的通知》（财办科教〔2017〕28 号，以下简称《通知》）转发给你们，并就提高市属高职院校生均拨款水平有关事项通知如下：

一、进一步加大投入力度。2017 年底全省公办高职院校年生均财政拨款水平不低于 12 000 元，是中央下达我省的目标任务，必须确保按期实现。按照《山东省财政厅、山东省教育厅关于建立以改革和绩效为导向的高等职业院校生均拨款制度的意见》（鲁财教〔2015〕3 号）要求，各市财政、教育部门是提高市属公办高职院校生均拨款水平的责任主体，要在完善多元投入机制的基础上，进一步优化财政支出结构，不断加大高职教育投入力度。从 2016 年底情况看，有部分市高职院校生均财政拨款水平未达到 11 000 元，影响了全省工作进度。要抓住 2017 年底这个关键时间节点，进一步盘活各类财政存量资金，统筹整合使用相关资金，优先向高职教育倾斜，确保 2017 年底各市公办高职院校年生均财政拨款水平达到 12 000 元。

二、认真做好数据统计上报工作。根据《通知》要求，“教育经费统计系统”相关数据是中央对我省进行目标考核的主要依据。各地教育、财政部门要高度重视数据填报工作，在开展 2017 年教育经费统计编报时，组织高职院校认真填报相关数据，加强审核把关，确保所有用于高等职业教育的财政投入按规定足额列入“2050305 高等职业教育”预算科目，全面如实反映我省高职投入情况。为加强动态监控，教育部、财政部在“教育经费统计季报系统”中增设了《教育部门和其他部门办普通高等职业学校财政拨款水平情况季报表》，各市要按照要求，认真及时做好 2017 年第三季度、第四季度相关情况报送工作。省教育厅、省财政厅将加强对各市高职投入情况的动态监控，进一步建立健全预警机制。

三、严格考核奖惩措施。2018 年，省财政厅、省教育厅将依据“教育经费统计系统”，对各市加大高职投入工作进行考核奖惩，并将考核结果予以通报。对 2017 年公办高职院校生均财政拨款水平未达到 12 000 元的市，省财政厅将不再给予拨款标准奖补资金，并视情况扣回以前年度下达的奖补资金；省教育厅将在招生计划安排时予以必要限制，对其高校设置工作予以调控，并与高职改革发展相关支持政策进行挂钩。省财政厅、省教育厅将适时对工作进展较慢的市进行督促指导。

附件：财政部办公厅 教育部办公厅关于加强动态监控确保如期完成高职院校生均财政拨款水平目标的通知（财办科教〔2017〕28 号）（略）

省教育厅 省财政厅关于实施山东省优质高等职业院校建设工程的通知

2017 年 2 月 15 日 鲁教职字〔2017〕4 号

各高等职业院校：

为贯彻落实《国务院关于加快发展现代职业教育的决定》（国发〔2014〕19 号）、教育部《高等职业教育创新发展行动计划（2015～2018年）》（教职成〔2015〕9号）和《山东省人民政府关于贯彻国发〔2014〕19号文件进一步完善现代职业教育政策体系的意见》（鲁政发〔2015〕17号）的要求，充分发挥优质教育资源的示范引领作用，加快发展现代职业教育，提高我省高等职业教育发展质量，经研究决定，启动实施山东省优质高等职业院校建设工程。现将有关事项通知如下：

一、指导思想

全面贯彻落实党的教育方针，遵循职业教育发展规律，坚持整体设计、重点突破、示范引领、创新发展的原则，以立德树人为根本，以提高质量为核心，以专业建设为重点，建设一批办学定位准确、专业特色鲜明、产教融合紧密、与地方经济社会发展需要契合度高、社会服务能力强、综合办学水平领先的优质高职院校，引领全省高等职业教育改革发展，推动具有山东特点、走在全国前列的现代职业教育体系建设。

二、建设目标

通过实施优质高职院校建设工程，促进项目建设院校持续深化教育教学改革、深入推进产教融合、大幅提升技术创新服务能力、实质性扩大国际交流合作、培养高素质技术技能人才、提升学校对经济社会发展的贡献度，使之具有一流的专业、一流的师资、一流的管理、一流的条件和一流的社会服务。到2020年，建设6所以上具有国际先进水平和20所以上具有国内先进水平的优质高职院校，打造山东高等职业教育优质品牌，提升全省高职院校整体办学实力和综合竞争力，为经济文化强省建设提供坚实的技术技能人才保障。

三、建设内容

（一）体制机制创新。深化产教融合、校企合作，探索股份制、混合所有制合作办学的体制机制和多种形式的职业教育集团化办学模式，推进特色二级学院建设。优化学校内部治理结构，促进学校管理重心下移。改革教师职务（职称）评聘办法，改革教师考核评价办法，建立绩效工资动态调整机制。探索实施学分制管理改革，实行弹性学制。

（二）一流专业建设。加强专业（群）建设，聚焦专业方向、优化资源配置、深化教学改革，整体提升专业发展水平。坚持工学结合、知行合一，创新人才培养模式，推进现代学徒制、校企协同育人，建立创新型、发展型、复合型技术技能人才培养体系，探索高素质技术技能人才培养的有效途径。加强工学结合课程建设，深入推进教学模式改革。建设共享型专业教学资源库和精品资源共享课。建立创新创业教育体系，搭建创新创业实践平台。建设在行业有影响力的双师结构专业教学团队。

（三）高水平师资队伍建设。积极探索高水平"双师型"教师培养模式，提升教师专业能力、实践创新能力、信息技术应用和教学研究能力，提高具备"双师"素质的专业课教师比例。落实五年一周期的教师全员培训制度，实行新任教师先实践、后上岗和教师定期实践制度，培养造就一批社会知名度高、行业影响力大的"教练型"教学名师和专业带头人，建成一支专兼结合的高水平师资队伍。

（四）技术技能积累与社会服务。推动与行业企业共建技术工艺和产品研发中心、公共实训平台、技能大师工作室等技术技能积累与创新载体，提高应用技术的研发和协同创新能力。建立和完善教师技术服务的制度与政策，引导教师面向行业企业开展技术研究、产品开发、技术推广。促进科技成果转化，推动行业企业的技术革新与发展，为产业升级服务。利用院校资源广泛开展企业职工培训和社区教育，提高对区域经济和行业发展的贡献度。

（五）信息化建设与应用。推进智能校园建设，全面提升教学、实训、科研、管理、服务方面的信息化应用水平。推进信息技术与教育教学深度融合，开发优质专业教学资源库、网络课程、模拟仿真实训软件和生产实际教学案例等，应用信息技术改造传统教学，形成课堂教学新形态，有效提升课堂教学质量。广泛开展教师信息化教学能力提升培训，不断提高教师的信息技术素养，将信息技术应用能力作为教师评聘考核的重要依据。

（六）国际合作与交流。引进与利用职业教育发达国家的优质教育资源。开发与国际标准相对应的专业标准和课程体系，鼓励一流专业的课程与发达国家互通互认。拓展国际合作办学项目，扩大师生双向交流规模。服务“一带一路”国家战略，提高技术技能人才输出能力。加强教师出国（境）培训，具有国（境）外研修培训经历的教师达 20% 以上。

（七）质量管理与保证体系建设。树立先进质量理念，提升质量管理成效。按照教育部关于建立职业院校教学工作诊断与改进制度的有关要求，全面开展教学诊断与改进工作。构建内部质量保证体系，切实发挥学校的教育质量保证主体作用。

（八）特色文化建设。充分发挥学校文化育人的整体功能，营造尊重知识、尊重劳动、尊重技能、尊重创造、尊重学生的校园氛围和有利于技术技能人才成长的人文环境。凝练学校特色和校训、校风、教风、学风等核心文化，弘扬中华优秀传统文化，融入行业企业文化，发扬工匠精神，打造品牌文化，培养学生的职业理想与职业精神。

四、实施管理

优质高职院校建设工程由省教育厅、省财政厅共同组织实施。2017 年初，遴选第一批 16 所左右院校进行优质高职院校立项建设；2018 年初，遴选第二批 10 所左右院校进行优质高职院校立项建设。建设期为 3 年。2019 年底，完成第一批项目建设并进行验收；2020 年底，完成第二批项目建设并进行验收。

优质高职院校建设工程建设期间，通过年度绩效考核、中期检查、项目验收等程序，对立项建设院校实行动态管理，对考核、检查、验收不合格的院校，终止立项。

五、申报条件

申报院校应为独立设置的高职院校，具有良好的办学条件，人才培养质量高，社会服务能力突出，办学实力强，社会认可度高，有 3 届以上毕业生，且近 3 年毕业生就业率达到 85% 以上，人才培养工作评估获得通过。

近 3 年内，经查实存在下列情况之一的院校，不具备申报资格：

（一）基本办学条件有红、黄牌记录的；

（二）在招生中有虚假宣传和违规行为的；

（三）有校园不稳定事件，并已造成较大影响和严重后果的；

（四）在政府资助或奖励项目中有弄虚作假行为的；

（五）有其他严重不诚信行为的。

六、工作程序

（一）项目申报。学校按照申报条件、建设内容、建设方案编写说明（附件 2）等进行申报。

（二）项目评审。在资格审查的基础上，省教育厅、省财政厅联合组织专家开展网络评审、答辩论证及会议评审，视情况需要进行实地考察。

（三）项目公示。在专家评审、论证考察的基础上，省教育厅、省财政厅联合审议，确定立项建设院校并进行公示。

（四）发文公布。公示无异议后，省教育厅、省财政厅公布立项建设院校名单。

七、工作要求

（一）申报院校要加强项目整体设计，科学制定建设方案，做好资金筹措与规划。举办方要根据承诺的建设任务提供专项建设资金，省财政将结合中央财政资金情况给予经费支持。

（二）申报院校于2017年3月31日前，以正式公文形式将申报材料（一式15份）报送至省教育厅职业教育处，并上传至山东省职业教育云服务平台（http：//zyjy. sdei. edu. cn）——山东省优质高职院校管理系统。

申报材料包括：1. 山东省优质高职院校建设项目申报书（附件1）；2. 山东省优质高职院校建设方案；3. 学校“十三五”发展规划（含专业建设规划、师资队伍建设规划）；4. 学校高等职业教育质量年度报告（2015、2016、2017）；5. 2015年、2016年专业人才培养状况报告；6. 与标杆院校差距分析报告。

（三）申报院校于2017年3月31日前在学校网站主页建立申报工作专栏，将申报材料及相应的支撑、佐证材料等上网并面向社会公开，所有材料不得设置用户名和密码。

省教育厅职业教育处联系人：赵仁玉，电话：0531－81916538；省财政厅教科文处联系人：章亚斌，电话：0531－82669741。

附件：1. 山东省优质高职院校建设工程申报书

2. 山东省优质高职院校建设方案编写说明

附件1：

山东省优质高等职业院校建设工程
申　报　书

学 校 名 称＿＿＿＿＿＿＿＿＿＿＿＿＿＿＿＿＿＿

举　办　方＿＿＿＿＿＿＿＿＿＿＿＿＿＿＿＿＿＿

填 表 日 期＿＿＿＿＿＿＿＿＿＿＿＿＿＿＿＿＿＿

山东省教育厅
制
山东省财政厅

二〇一六年十二月

填 写 说 明

1. 申报书的各项内容要实事求是，真实可靠。文字表达要明确、简洁。申报学校应严格审核，对所填内容的真实性负责。

2. 申报书正文采用仿宋体4号字，行间距为固定值25磅。

3. 申报书限用A4纸张双面打印，软皮装订成册，一式15份上报。

一、基本情况

1－1 基本信息	院校名称①			所在地区	
	举办方	□省级政府 □地市级政府 □行业 □企业 □其他		建校时间②	
				院校性质	□公办 □民办
	建校基础③				
	通信地址			邮　编	
				学校网址	
	法人代表信息	姓　名		职　务	
		办公电话		传　真	
		手　机		电子邮箱	

1－2 基本状态	占地面积（亩）		建筑面积（平方米）	
	现有固定资产总值（万元）		教学仪器设备总值/生均（万元）	/

项目 \ 年份			2014 年	2015 年	2016 年
总收入					
学费收入总额/生均（万元）					
财政预算内拨款	总额/生均（万元）				
	地方财政专项投入	1.			
		2.			
		3.			
		…			
总支出（万元）					
其中	征地（万元）				
	房屋建设（万元）				
	设备采购（万元）				
	日常教学［总额（万元）/生均（元）］		/	/	/
	教学研究（万元）				
	师资建设（万元）				
	制度建设（万元）				
	…				
贷款余额（万元）					
资产负债率（%）					

全日制普通高职在校生人数	普通高中起点		全日制普通中职在校生人数	
	中职起点		全日制五年一贯制在校生人数	
	其他④______			
非全日制本科学历教育注册人数			非全日制专科学历教育注册人数	
教职工总数			专任教师数	

① 若同时使用两个以上院校名的请一并填写。
② 指院校独立设置具有举办高等职业教育资格的时间。
③ 指院校成为独立设置高等职业院校前的办学基础，例如学校合并升格前的一所或多所学校名称。
④ 请具体说明学生类型。

续表

<table>
<tr><td rowspan="21">1-2基本状态</td><td colspan="7">专任教师中高级职称教师比例</td><td colspan="4"></td><td colspan="4">专任教师中双师素质教师所占比例</td><td></td></tr>
<tr><td colspan="7">专任教师中硕士/博士学位人数及所占比例</td><td colspan="9">硕士　　人，　　%；　　博士　　人，　　%</td></tr>
<tr><td colspan="5">兼职专业教师数</td><td colspan="2"></td><td colspan="8">专、兼职专业教师授课课时比</td><td>1：</td></tr>
<tr><td colspan="5">现有专业数</td><td colspan="4"></td><td colspan="6">2016年招生专业数</td><td></td></tr>
<tr><td colspan="6">实行“双证书”① 制度的专业数</td><td colspan="3"></td><td colspan="6">进行现代学徒制试点的专业数（国家级/省级）</td><td></td></tr>
<tr><td colspan="6">实行对口贯通分段培养（中职起点）的专业数</td><td colspan="3"></td><td colspan="6">实行对口贯通分段培养（高职起点）的专业数</td><td></td></tr>
<tr><td colspan="8">全日制普通高职招生就业相关数据</td><td colspan="4">2014年</td><td colspan="2">2015年</td><td colspan="2">2016年</td></tr>
<tr><td rowspan="5">招生人数</td><td colspan="7">普通高中招生</td><td colspan="4"></td><td colspan="2"></td><td colspan="2"></td></tr>
<tr><td colspan="7">单独招生</td><td colspan="4"></td><td colspan="2"></td><td colspan="2"></td></tr>
<tr><td colspan="7">“3+2”对口贯通分段培养</td><td colspan="4"></td><td colspan="2"></td><td colspan="2"></td></tr>
<tr><td colspan="7">五年制第4学年</td><td colspan="4"></td><td colspan="2"></td><td colspan="2"></td></tr>
<tr><td colspan="7">其他②</td><td colspan="4"></td><td colspan="2"></td><td colspan="2"></td></tr>
<tr><td colspan="8">第一志愿上线率</td><td colspan="4">%</td><td colspan="2">%</td><td colspan="2">%</td></tr>
<tr><td colspan="8">新生报到率</td><td colspan="4">%</td><td colspan="2">%</td><td colspan="2">%</td></tr>
<tr><td colspan="8">毕业生人数</td><td colspan="4"></td><td colspan="2"></td><td colspan="2"></td></tr>
<tr><td colspan="8">半年顶岗实习学生占应届毕业生比例</td><td colspan="4">%</td><td colspan="2">%</td><td colspan="2">%</td></tr>
<tr><td colspan="8">“双证书”专业中平均“双证书”获取率</td><td colspan="4">%</td><td colspan="2">%</td><td colspan="2">%</td></tr>
<tr><td colspan="8">总体就业率③</td><td colspan="4">%</td><td colspan="2">%</td><td colspan="2">%</td></tr>
<tr><td colspan="2" rowspan="3">国际合作与交流</td><td colspan="6">国际合作项目数</td><td colspan="4"></td><td colspan="2"></td><td colspan="2"></td></tr>
<tr><td colspan="6">合作交流教师数（派出/引入）</td><td colspan="4"></td><td colspan="2"></td><td colspan="2"></td></tr>
<tr><td colspan="6">合作交流学生数（派出/来华留学）</td><td colspan="4"></td><td colspan="2"></td><td colspan="2"></td></tr>
<tr><td rowspan="8">1-3标志性成果</td><td colspan="16">学校2006年至今获省级以上质量工程与人才培养有关荣誉、奖励和立项建设情况</td></tr>
<tr><td colspan="3">类别</td><td>年份</td><td colspan="6">项目名称</td><td colspan="3">项目负责人或第一完成人</td><td colspan="2">授予部门</td><td>立项文件名称、文号</td></tr>
<tr><td colspan="3">教学成果奖</td><td></td><td colspan="6"></td><td colspan="3"></td><td colspan="2"></td><td></td></tr>
<tr><td colspan="3">教师④</td><td></td><td colspan="6"></td><td colspan="3"></td><td colspan="2"></td><td></td></tr>
<tr><td colspan="3">教学团队</td><td></td><td colspan="6"></td><td colspan="3"></td><td colspan="2"></td><td></td></tr>
<tr><td colspan="3">专业⑤</td><td></td><td colspan="6"></td><td colspan="3"></td><td colspan="2"></td><td></td></tr>
<tr><td colspan="3">课程⑥</td><td></td><td colspan="6"></td><td colspan="3"></td><td colspan="2"></td><td></td></tr>
<tr><td colspan="3">教材⑦</td><td></td><td colspan="6"></td><td colspan="3"></td><td colspan="2"></td><td></td></tr>
</table>

---

① 指社会上有与该专业相对应的职业资格证书的专业。
② 请具体说明学生类型。
③ 以每年9月份各省教育行政（或人事、劳动与社会保障）部门公布数据为准。
④ 指综合类教师获奖，如国家/省名师，万人计划，省有突出贡献的中青年专家，全国模范教师等。
⑤ 指国家/省重点建设专业，省品牌（特色）专业等。
⑥ 指国家/省精品资源共享课、精品课等。
⑦ 指国家规划教材，省优秀教材等。

续表

	实训基地					
	资源库					
	教学改革项目					
	教师教学大赛①					
	学生技能大赛②					
	其他					
1－3 标志性成果						
	学校 2006 年至今获得的省级以上其他标志性成果					
	序号	年份	项目名称	项目负责人或第一完成人	授予部门	立项文件名称、文号

1－4 社会服务	省级创新平台数			高职教育研究机构设立情况（是/否）		
	2014 年至今技术服务项目数量（个）			2014 年至今技术服务到款额（万元）		
	2014 年至今承担的科研项目数国家级/省级			授权专利数：发明/其他		
	2014 年至今承担国培项目数/培训人数			2014 年至今承担省培项目数/培训人数		
	2014 年至今社会培训量（人日）		2014 年至今社会培训到款额（万元）		社会培训机构数（个）	

二、建设方案

2－1 建设基础	

① 指国家/省职业院校信息化教学大赛、青年教师教学比赛、微课比赛等。
② 专指国家/省职业院校技能大赛，不包括行业协会等组织的其他比赛。

续表

2－2 建设目标		
2－3 建设项目	项目名称	
2－4 经费预算		
2－5 建设进度及保障措施		

续表

<table>
<tr><td>2-6 预期效益</td><td></td></tr>
<tr><td colspan="2">举办方承诺</td></tr>
<tr><td colspan="2">负责人签字：（盖　章）
年　月　日</td></tr>
<tr><td colspan="2">专家组评审意见</td></tr>
<tr><td colspan="2">专家组组长签字：
年　月　日</td></tr>
<tr><td colspan="2">省教育厅、省财政厅审核意见</td></tr>
<tr><td colspan="2">年　月　日</td></tr>
</table>

附件2：

山东省优质高职院校建设方案编写说明

一、建设基础

人才培养条件（基本办学条件、师资队伍、实践教学条件等），人才培养质量，办学经验、办学特色等。

二、建设目标

通过对1~3所国内外先进标杆院校的调研、比较、分析，形成差距分析报告，明确优质高职院校建设的关键问题和建设的重点领域，确定建设目标。

（1）综合实力、人才培养、科技开发、社会服务等方面达到全国一流高职院校水平的量化指标，原则上不少于15个；

（2）建设期满，应建成一批标志性成果，原则上不少于15个国家级标志性成果、30个省级标志性成果。

三、建设内容

（一）体制机制创新

（二）一流专业建设

选取3~5个优势特色专业群进行重点建设。专业建设方案后附行业企业分析报告（包括专业群服务面向的区域、行业产业现状、发展趋势及对高职人才的需求分析等）和毕业生跟踪调查报告。

（三）高水平师资队伍建设

（四）技术技能积累与社会服务

（五）信息化建设与应用

（六）国际合作与交流

（七）质量管理与保证体系建设

（八）特色文化建设

注：

1. 每个项目的建设内容应当包括建设目标与思路，建设内容与措施，建设经费的预算情况、预期效益等。
2. 学校可根据实际情况，自行选取1~2个需要重点建设的特色项目开展建设。

四、经费预算

五、建设进度及保障措施

六、预期效益

省教育厅　省财政厅关于实施山东省职业教育质量提升计划的意见

2017年2月20日　鲁教职字〔2017〕6号

各市教育局、财政局，各高等职业院校：

为贯彻落实《国务院关于加快发展现代职业教育的决定》（国发〔2014〕19号）、《教育部关于深化职业教育教学改革全面提高人才培养质量的若干意见》（教职成〔2015〕6号）精神和《山东省人民政府关于贯彻国发〔2014〕19号文件进一步完善现代职业教育政策体系的意见》（鲁政发〔2015〕17号）要求，深入推进职业教育改革创新，加强职业院校内涵建设，全面提高人才培养质量，"十三五"期间，省教育厅、省财政厅决定实施山东省职业教育质量提升计划，现提出如下意见。

一、指导思想

全面贯彻党的教育方针，遵循职业教育规律，坚持以立德树人为根本，以服务发展为宗旨，以促进就业为导向，适应经济发展新常态和技术技能人才成长成才需要，按照整体设计、统筹推进、强化特色、提高质量的原则，完善产教融合、协同育人机制，创新人才培养模式，深化教育教学改革，激发职业教育办学活力，提升职业院校管理水平，全面提高技术技能人才培养质量，实现全省职业教育又好又快发展。

二、总体目标

通过实施职业教育质量提升计划，全省职业教育产教融合、校企合作有效推进，专业服务产业发展能力明显提升，优质教育教学资源实现共享，教师队伍整体素质全面提高，内部质量保证制度体系和运行机制逐步完善，职业教育人才培养与经济社会发展适应性不断增强，培育一批办学理念先进、管理规范、特色鲜明、在全国有影响力的示范性优质职业院校，加快顺应时代要求、具有山东特点、走在全国前列的现代职业教育体系建设步伐，为经济文化强省建设提供技术技能人才支撑。

三、建设内容

（一）加强高水平职业院校建设。支持建设一批办学定位准确、专业特色鲜明、社会服务能力强、综合办学水平领先、与地方经济社会发展需要契合度高、行业优势突出的优质职业院校，引领全省职业院校内涵发展、创新发展、特色发展。

（二）推进品牌专业（群）建设。支持产业发展急需、校企深度合作、社会认可度高的品牌专业（群）建设，突出专业特色，深化课程改革和课堂教学改革，创新人才培养模式，强化师资队伍和实训基地建设，重点打造一批能够发挥引领辐射作用的国家级骨干专业和省级品牌专业（群），带动专业建设水平整体提升。

（三）深化专业课程体系改革。完善职业教育教学标准体系，一体化设计中职、高职与应用型本科相衔接的课程体系，开发形成中高职贯通的专业教学指导方案。建设一批职业教育精品资源共享课程和专业教学资源库，推动优质教学资源共建共享。支持开展职业教育教学改革研究项目，引导广大教师围绕专业建设、课程改革、实践教学、质量保证等方面开展教学研究。

（四）完善产教深度融合校企协同育人机制。支持建设校企一体化合作办学示范校和企业，加大对合作办学的政策支持力度。开展校企联合招生、联合培养、一体化育人现代学徒制试点。开展社会力量参与公办职业院校办学体制改革，推进混合所有制职业院校试点工作。启动多元投资主体依法共建职业教育集团改革试点，促进教育链和产业链有机融合。

（五）强化"双师型"教师队伍建设。建立健全政行企校协同培养教师的新机制，聘请能工巧匠进职校，积极探索高层次"双师型"教师培养模式，提升教师专业技能、实践教学、信息技术应用和教学研究、技术研发能力，培养造就一批教学名师和青年技能名师，建设一批省级职业教育教学团队，为培养高素质技术技能人才提供师资保障。

（六）推动职业院校文化育人工作创新。弘扬中华优秀传统文化和现代工业文明，创新德育实现形式，推进优秀产业文化进教育、企业文化进校园、职业文化进课堂，加强技术技能文化积累，注重学生文化素质、科学素养、综合职业能力和可持续发展能力培养，统筹推进活动育人、实践育人、文化育人，努力构建全员、全过程、全方位育人格局。

四、建设任务

（一）山东省优质高职院校建设项目。

1. 建设目标

促进一批优质高职院校持续深化教育教学改革、深入推进产教融合、大幅提升技术创新服务能力、实质性扩大国际交流合作、培养高素质技术技能人才、提升学校对经济社会发展的贡献度，使之具有一流的专业、一流的师资、一流的管理、一流的条件和一流的社会服务。到2020年，建设6所以上具有国际先进水平和20所以上具有国内先进水平的优质高职院校，打造山东高等职业教育优质品牌，提升全省高职院校整体办学实力和综合竞争力，为经济文化强省建设提供坚实的技术技能人才保障。

2. 建设周期

2017～2020年，分两批遴选建设。2017年，遴选第一批16所左右院校进行优质高职院校立项建设；2018年，遴选第二批10所左右院校进行优质高职院校立项建设。建设期3年。

（二）山东省中职示范性及优质特色校建设项目。

1. 建设目标

到2020年，重点建设100所示范性及优质特色中等职业学校。以提高质量为核心，以内涵建设为重点，推行校企协同育人机制，建立能力本位、对接紧密的课程体系，打造高水平的专兼职“双师型”教师团队，建设就业有优势、发展有潜力的特色品牌专业，完善现代学校制度，提高学校的规范化、信息化和现代化水平，使其成为凸显山东特色、跻身国内一流、接轨国际水平的现代化职业学校。进一步增强示范、辐射和引领作用，大幅度提升我省中等职业学校办学水平和服务经济社会发展的能力。

2. 建设周期

在2016年立项建设30所学校基础上，2017～2020年，再遴选建设两批。2017年、2018年，每年各遴选35所左右学校进行示范性及优质特色校立项建设。建设期3年。

（三）职业院校对口贯通分段培养课程体系建设项目。

1. 建设目标

到2020年，建立200个左右中职、高职与应用型本科相衔接的一体化课程体系，形成科学可行的人才培养方案和课程标准，进一步拓宽学生学业进升路径，培养高素质的工程型、高层次技术性以及其他应用型、复合型人才，实现中职、高职与应用型本科等各层次教育人才贯通培养，增强教育服务产业能力。

2. 建设周期

在已完成120个的基础上，2017～2020年，再遴选建设3批。2017年，遴选40个左右；2018年、2019年，每年各遴选20个左右。建设期5年或7年。

（四）职业院校专业教学指导方案开发项目。

1. 建设目标

到2020年，开发完成180个左右专业教学指导方案。通过开发中、高职衔接的专业教学指导方案，促进职业教育教学标准、行业技术规范、职业资格标准有效对接，推动职业教育办学水平和教育质量的整体提升，实现中高职有效衔接，实现技术技能人才的贯通培养。

2. 建设周期

2017～2020年，每年遴选45个左右专业进行开发。建设期1年。

（五）职业教育教学改革研究项目。

1. 建设目标

到2020年，遴选立项1 600项左右教学改革项目。鼓励职业院校广大教师和教学管理人员，围绕人才培养的关键要素，深入研究职业教育改革发展和人才培养过程中的新问题、新情况，特别是研究山东省乃至全国职业教育发展中具有全局性、战略性和前瞻性的重大问题、教育教学改革关键环节和重点领域中的热点、难点问题，提高职业教育教学研究水平，通过集中力量联合攻关和鼓励学校创新实践相结合，培育一批可复制、可借鉴、务实有效、理论和实践层面都有突破创新、国内领先水平的教学成果。

2. 建设周期

2017～2020年，分两批遴选建设。2017年、2019年各遴选1次，每次立项800项左右教学改革项目。建设期2年。

（六）职业院校品牌专业（群）建设项目。

1. 建设目标

到2020年，遴选立项200个左右中职品牌专业、200个左右高职品牌专业群。通过职业教育品牌专业（群）建设计划的实施，建立我省职业教育专业标准，推进人才培养模式、教学内容、课程体系、教学方法和教学手段等方面的整体改革；培养一批专业带头人，促进以“双师型”教师为重点的师资队伍建设；加强专业实验、实训、实习设施现代化建设，打造一批省内一流、国内知名的品牌专业（群），引领和带动全省职业教育的办学水平和教学质量的整体提高，全面提高人才培养质量和服务产业发展能力。

2. 建设周期

2017～2020年，每年遴选建设50个左右中职品牌专业、50个左右高职品牌专业群。建设期2年。

（七）职业教育精品资源共享课程建设项目。

1. 建设目标

到2020年，遴选立项3 000门左右职业教育精品资源共享课程。紧紧围绕山东省主导产业、特色产业和战略新兴产业发展，面向布点多、在校生数量大的专业（群），以精品资源共享课程建设为重点，通过各级教育行政部门及职业院校共同建设，初步构建起中高职有效衔接的职业教育优质教学资源共建共享平台。

2. 建设周期

2017～2020年，每年立项建设600门左右省级精品资源共享课，其中，中职学校200门左右、高职院校400门左右。建设期1年。

（八）职业教育专业教学资源库建设项目。

1. 建设目标

到2020年，遴选立项40个左右职业教育教学资源库。选择与我省产业规划及社会经济发展联系紧密、布点量大的专业，建设代表全省水平、具有职业教育特色的标志性、共享型专业教学资源库并推广使用，带动全省职业院校专业教学模式和教学方法改革，推动优质教学资源共建共享，整体提升职业教育人才培养质量和社会服务能力。

2. 建设周期

2017～2020年，每年遴选立项10个左右教学资源库。建设期2年。

（九）职业院校现代学徒制试点项目。

1. 建设目标

到2020年，遴选立项160个左右现代学徒制试点项目。探索建立校企联合招生、联合培养、一体化育人的长效机制，完善学徒培养的教学文件、管理制度及相关标准，推进专兼结合、校企互聘互用的“双师型”师资队伍建设，建立学校、企业、行业和社会第三方机构参与的评价机制，切实提升学生岗位技能，提高学生就业的专业对口率。健全现代学徒制的支持政策，保障学生的合法权益和合理报酬，逐步建立起政府引导、行业参与、社会支持，企业和职业院校双主体育人的现代学徒制。

2. 建设周期

2017～2020年，每年遴选立项40个左右专业点进行现代学徒制试点。建设期3年。

（十）职业院校校内实训基地建设项目。

1. 建设目标

到2020年，遴选建设800个中职实训基地、100个高职实训基地。根据全省区域经济社会发展需要，建成一批具备教学、科研、开发、生产和培训等多种功能的实训基地，显著改善办学条件；发挥实训基地建设对产业升级、结构调整、技术创新的引领作用，推动职业院校与当地产业布局、发展规划和经济结构调整相适应，促进本地区现代产业体系和现代职业教育体系协调发展。

2. 建设周期

2017～2020年，每年遴选建设200个左右中职学校校内实训基地、25个左右高职院校校内实训基地。

（十一）能工巧匠进职校项目。

1. 建设目标

到2020年，设立720个特聘岗位。充实中职学校教师数量，有效缓解中职学校紧缺专业教师数量不足、实践指导能力薄弱的状况，提高我省中职学校实习实训指导教师队伍水平，推动职业学校紧紧围绕提高人才培养质量，加强校企合作，强化实践教学和学生动手操作能力培养，推动专业建设和人事制度改革。

2. 建设周期

2017～2020年，每年设立180个中等职业学校特聘技能教师岗位，用于聘任行业企业能工巧匠。

（十二）职业院校教学团队建设项目。

1. 建设目标

到2020年，遴选建设400个省级教学团队。引导职业院校深化校企合作、工学结合，建立和创新团队合作机制，优化教师"双师"素质结构，改革教学内容和方法，合作开发教学资源，加强教学研讨和经验交流，提升教师的教学教科研水平和社会服务能力，促进教师专业发展，为我省职业教育发展提供强有力的师资保障，提高技术技能人才培养水平。

2. 建设周期

2017～2020年，每年遴选建设中、高职各50个左右省级教学团队。

（十三）职业教育青年技能名师培养计划。

1. 建设目标

到2020年，遴选培养400名左右青年技能教师。通过重点培养，着力提升职业院校青年骨干教师的教育教学水平、专业实践能力、科研及社会服务能力，造就一支师德高尚、业务精湛、充满活力的青年教师队伍，全面服务全省现代职业教育发展，培养高素质技术技能人才，为建设人力资源强省提供人才支撑。

2. 建设周期

2017～2020年，每年遴选培养中、高职各50名左右青年教师列入山东省职业教育青年技能名师培养计划。培养期3年。

（十四）高等职业院校教学名师认定项目。

1. 建设目标

到2020年，评选认定200名高等职业院校教学名师。加强高等职业院校教师队伍建设，不断提高师德建设水平、教学能力、科研和社会服务能力，努力培养造就一批"教练型"教学名师和专业带头人，促进中青年优秀教师成长发展，提高教育教学水平和人才培养质量。

2. 建设周期

2017～2020年，每年评选认定50名左右省级教学名师。

（十五）山东省校企合作一体化办学示范院校和企业认定项目。

1. 建设目标

到2020年，评选认定120个左右山东省校企合作一体化办学示范院校和企业项目。坚持协同育人、共同发展的宗旨，创新体制机制，不断增强校企一体化办学活力；促进产教深度融合，深化教育教学改革，进一步完善校企一体化办学模式；深化教育链产业链融合，弘扬工匠精神，主动服务动能转换和产业升级；在人才培养、科技研发、社会服务等方面发挥示范引领和辐射作用。

2. 建设周期

2017～2020年，每年评选认定30个左右山东省校企合作一体化办学示范院校和企业。

（十六）山东省职业教育集团化办学创新实践工程。

1. 建设目标

到2020年，评选认定40个左右具有示范引领作用的省级骨干职业教育集团。坚持服务发展、促进就业，深化产教融合、校企合作，创新技术技能人才系统培养机制，以加入自愿、退出自由、育人为本、依法办学原则，鼓励职业院校、行业、企业、科研院所和其他社会组织等各方面力量加入职业教育集团，探索多种形式的集团化办学模式，创新集团治理结构和运行机制，全面增强职业教育集团化办学活力和服务经济社会发展能力。

2. 建设周期

2017～2020年，每年评选认定10个左右具有示范引领作用的省级骨干职业教育集团。

（十七）山东省职业院校混合所有制试点项目。

1. 建设目标

到2020年，遴选认定40个左右具有示范引领作用的山东省职业院校混合所有制（二级学院）试点项目。积极探索混合所有制职业院校法人产权制度，引导国有资本、集体资本和境内外非公有资本等与职业院校双向进入、相互融合，整合汇聚优质资源，以股份制、混合所有制等形式明确职业院校法人财产权。认真推进现代职业学校制度建设，建立以学校章程为办学基础、与多元化办学产权结构相适应的现代职业学校治理结构，健全由政府、行业、企业、社会团体或个人、教职工代表等多方参与的理事会或董事会，全面推动职业院校治理体系和治理能力现代化。

2. 建设周期

2017～2020年，每年遴选认定10个左右具有示范引领作用的山东省职业院校混合所有制（二级学院）试点项目。建设期2年。

五、保障措施

各市、各职业院校要高度重视职业教育质量提升计划，根据当前职业教育改革和发展的新形势、新任务，结合实际，围绕影响职业教育教学质量的主要方面，明确目标要求，认真制定质量提升计划实施方案，加强领导，加大投入，强化管理，确保各项建设任务取得实效，不断提高教育教学水平和人才培养质量。

（一）加强组织领导。各市、各职业院校要充分认识实施职业教育质量提升计划的重要意义，切实加强组织领导，建立以提高质量为导向的管理制度和工作机制，把教育资源配置和学校工作重点集中到教学工作和人才培养上来。各市教育局要充分发挥统筹规划、宏观管理作用，主动协调配合有关部门，协调项目预算、保证任务落实。各职业院校是实施质量提升计划的责任主体，要成立专门机构，统筹负责本校建设任务的规划和实施，研究制订项目实施方案，细化工作安排，加大推进力度。

（二）加大经费投入。"十三五"期间，省财政在统筹中央职业教育专项资金和整合省级现有职业教育资金的基础上，加大对职业教育质量提升计划的投入力度，支持重点建设任务顺利推进。按照财政事权与支出责任相适应的原则，各市、县要切实承担投入主体责任，加大对职业教育质量提升计划的经费支持力度，不断提高所属职业院校经费保障水平。各地要严格落实教育费附加不低于30%用于职业教育政策。职业院校举办方要根据各校建设任务，筹措建设资金，指导学校制定建设计划、督导任务实施。各职业院校要加大教学经费投入力度，多渠道筹措建设资金，确保高质量完成立项建设任务。

（三）强化管理指导。省教育厅、省财政厅建立项目遴选、公示、中期检查和验收制度，加强对建设项目的检查、审计和绩效考评。各市和职业院校要加强专家队伍建设，组织开展职业教育质量提升相关理论与实践研究，跟踪项目实施进展情况，并及时进行检查指导。

省教育厅等9部门关于进一步加强全面改善义务教育薄弱学校基本办学条件工作的通知

2017年4月5日　鲁教督字〔2017〕1号

各市教育局、编办、发展改革委、财政局、人力资源社会保障局、国土资源局、规划局、住房城乡建设局、地税局、国税局：

全面改善贫困地区义务教育薄弱学校基本办学条件（以下简称“全面改薄”）是党中央、国务院聚焦贫困地区义务教育发展、保障教育公平作出的重大决策，是“补短板”、促进教育公平发展的重要举措。为认真贯彻落实刘延东同志在全国“全面改薄”现场推进会议上的讲话精神，进一步推动“全面改薄”工作落实，现就有关事项通知如下：

一、进一步提高对“全面改薄”工作重要性的认识

（一）“全面改薄”是完成脱贫攻坚任务的基础工程。“全面改薄”工程是建国以来义务教育单项资金量最大的一项民生工程、扶贫工程，覆盖了我省111个县（市、区）9 765所学校。治贫先治愚，扶贫先扶智，大力改善农村薄弱学校基本办学条件，是补齐农村教育短板，让贫困地区孩子享受更公平、更高质量教育的重要途径，是增强贫困地区发展后劲，阻断贫困代际传递的根本之策。

（二）“全面改薄”是促进教育均衡发展的重大举措。《国家中长期教育改革和发展规划纲要（2010～2020年）》和《国务院关于统筹推进县域内城乡义务教育一体化改革发展的若干意见》（国发〔2016〕40号）均提出要推进义务教育均衡发展，促进教育公平。目前，我省东西部地区之间、城乡之间、校际之间办学条件差别不同程度存在。大力推进“全面改薄”工作，全面提升贫困地区义务教育学校办学条件，是缩小东西部差距、城乡差距、校际间差距，促进全省教育水平整体提升的有效措施，对实现义务教育均衡发展具有重要意义。

（三）“全面改薄”是实现教育现代化的奠基工程。山东省中长期教育规划纲要提出了“2020年全省全面实现教育现代化”的发展目标。实现教育现代化，必须以具备满足教育教学需求的办学条件为前提，以缩短城乡义务教育差距作保障。大力推进贫困地区基本办学条件改善，是弥补教育的薄弱环节，兜住农村义务教育质量底线，全面实现教育现代化的基础工程和有效措施。

二、全力做好“全面改薄”重点工作

要围绕解决“钱”“地”“人”“安全”等重点问题，加大统筹力度，强化各项政策保障，确保按计划圆满完成我省“全面改薄”任务。

（一）着力加强教师队伍建设。加大教师补充力度，切实按照“有编即补”的原则，利用好临时周转编制专户等政策，做好农村义务教育薄弱学校教师补充工作。着力推进实施乡村教师支持计划，落实乡村教师各项待遇，提高乡村教师岗位的吸引力。加快推进中小学教师“县管校聘”管理改革，大力促进城乡教师交流轮岗，有效提高农村义务教育学校教师队伍水平。

（二）做好学校建设用地保障。充分考虑人口结构、学龄人口变化趋势等因素，按照义务教育学校用地标准要求，调整完善中小学校布局建设规划，并将新增中小学校用地纳入城乡规划和土地利用总体规划。按照省教育厅、省国土资源厅《关于做好“全面改薄”用地服务保障工作的通知》（鲁教督字〔2015〕4

号）要求，省、市、县三级统筹解决“全面改薄”建设用地问题。认真梳理各建设项目遇到的历史遗留用地问题，充分考虑历史问题和现实实际，并加以解决，保障教育依法依规用地。

（三）设立审批绿色通道。“全面改薄”项目涉及面广、工程量大，时间紧、任务重，要开辟项目审批“绿色通道”，在法律法规许可的范围内，缩减审批程序和流程，缩短审批时限；提倡对学校建设项目“打包”集中审批，加快工程建设进度。严格落实省财政厅、省物价局、省教育厅《关于减免中小学校舍建设有关收费的通知》（鲁财综〔2015〕63 号）要求，对所有中小学校舍维修、加固、重建、改扩建等建设项目中，涉及的土地复垦费、耕地开垦费等 24 项行政事业性收费和政府性基金予以免收；对建设工程交易服务费等 12 项经营服务性收费项目予以减收或免收。

（四）统筹做好资金保障。积极争取中央“全面改薄”专项资金，足额落实省、市、县规划资金。鼓励支持利用 PPP、教育基金、社会力量捐资助学等新模式，吸引社会资本投入教育事业。严格按照省财政厅、省教育厅关于印发《农村义务教育“全面改薄”资金管理办法》的通知（鲁财综〔2015〕19 号）要求，抓好资金使用管理。财政部门应当将改薄资金管理使用情况列入重点监督检查范围，教育部门应当对改薄资金的使用管理及效果进行定期检查。对于滞留、截留、挤占、挪用、虚列、套取中央、省级改薄专项资金的行为，按照《财政违法行为处罚处分条例》有关规定严肃处理。

（五）确保校舍工程质量安全。认真贯彻《国务院办公厅关于促进建筑业持续健康发展的意见》（国办发〔2017〕19 号），严格落实省教育厅等 5 部门《关于进一步加强学校建设有关安全工作的通知》（鲁教督字〔2016〕1 号）要求，按照国家相关法律法规和工程建设规范标准，校舍建设全面实行工程总承包和全过程工程咨询，委托具有相应资质的施工、设计企业承担工程总承包，委托具有相应资质的投资咨询、勘察、设计、监理、招标代理、造价等企业承担全过程工程咨询。按照总承包负总责的原则，工程总承包单位在工程质量安全、进度控制、成本管理等方面全面负责。确保把学校建成安全工程、放心工程、绿色工程、阳光工程。

三、切实加强对“全面改薄”工作的组织领导

（一）落实政府主体责任。教育部、国家发展改革委、财政部《关于全面改善贫困地区义务教育薄弱学校基本办学条件的意见》（教基一〔2013〕10 号）指出，“全面改薄”工作由国家统一部署、省级人民政府统筹安排、县级人民政府具体实施。各级政府要切实承担起责任，“一把手”要负总责、亲自抓。切实加强对“全面改薄”工作的组织领导，层层签订责任书，层层抓落实。

（二）建立部门联动机制。各级教育、机构编制、发展改革、财政、人力资源社会保障、国土资源、城乡规划、住房城乡建设等部门要建立“全面改薄”工作协调机制，按照国家和省《关于全面改善贫困地区义务教育薄弱学校基本办学条件的意见》要求，各负其责、加强协作、形成合力，努力做好“钱、地、人”等重点保障；密切关注项目推进中出现的新情况新问题，及时研究解决，确保“全面改薄”工作各项目标任务落到实处。

（三）完善督导考核机制。省委、省政府已将“全面改薄”工作纳入经济社会发展综合考核的重要指标和推进新型城镇化工作考核的主要内容。市、县（市、区）政府也要将“全面改薄”工作纳入本地经常性工作考核，督促工作落实。鼓励采取委托第三方审计、评估等方式对各地“全面改薄”工作进行定期督导考核。要把“全面改薄”工作督导考核结果作为评价各级政府教育工作的重要指标。对工作进度缓慢、资金使用问题突出、工程质量和安全问题多发的要通报批评，情节严重的要约谈县级政府主要责任人。

省教育厅　省民政厅　省财政厅关于组织开展退役士兵单独招生免费教育试点工作的通知

2017年5月16日　鲁教学字〔2017〕12号

各市教育局、民政局、财政局，有关高等职业院校：

为做好全省退役士兵安置和权益保障工作，强化退役士兵职业教育和技能培训，根据民政部等12部门《关于深入贯彻〈退役士兵安置条例〉扎实做好退役士兵安置工作的意见》（国办发〔2013〕78号）、《教育部办公厅关于进一步做好高校学生参军入伍工作的通知》（教学厅〔2015〕3号）、《省委办公厅省政府办公厅关于做好全省退役士兵安置和权益保障工作的意见》（鲁办发电〔2017〕44号）要求，自2017年起，我省在高职院校单独招生中组织开展退役士兵单独招生试点。现将有关事项通知如下：

一、退役士兵单独招生免费教育

（一）单独招生。退役士兵是指依照《中国人民解放军现役士兵服役条例》的规定退出现役的义务兵和士官。我省退役士兵单独招生是指在具备高职院校单独招生资格的部分高校中，选择技能性、应用性强的特色专业，采取单列计划、单独划线的方式面向退役士兵单独招生，帮助退役士兵通过接受优质职业教育掌握一定的专业技能。

（二）免费教育。退役士兵就读高职院校实行免费教育，在校学习期间免除学费、住宿费，并按每人每月400元标准给予生活费补助（每年补助10个月，寒暑假除外），补助期限为3年，所需资金由省财政按每生每年10 000元的标准和学生数核定下达有关高职院校。

已经享受财政部、教育部、民政部、总参谋部、总政治部《关于实施退役士兵教育资助政策的意见》（财教〔2011〕538号）规定的学费资助政策的就读高职院校退役士兵，由省财政补齐不足10 000元标准部分。

二、试点高校及招生计划

选择部分高职院校开展退役士兵单独招生试点，2017年安排招生计划约2 000人，试点院校和招生专业见附件1。单独招生计划从试点院校在山东省的统招计划中安排，未完成的单独招生计划可转入当年学校统招计划招生。

三、报名及资格审核

（一）报名条件。

符合山东省2017年普通高校招生统一考试（含春季高考、夏季高考）报名资格，且2011年（含）以后入伍并自主就业的山东户籍退役士兵。

（二）报名程序。

退役士兵参加单独招生报名，首先应到本人户籍所在县（市、区）民政部门进行审核资格，开具退役士兵资格审核登记表（见附件2）。然后持本人身份证、户口本、退役证原件及复印件和县（市、区）民政部门开具的退役士兵资格审核登记表，到本人户籍所在县（市、区）招生考试机构进行现场报名和确认。现场报名及确认时间为5月31日至6月2日（每天工作时间9：00～18：00）。

已参加我省2017年普通高校招生统一考试（含春季高考、夏季高考）报名的退役士兵，也可以参加本次单独招生报名。允许考生参加多次考试、参与多次录取，自主择优入学。

报名期间，各县（市、区）招生考试机构要做好场地及人员安排、设备调试等准备工作，提前与公安、民政等部门沟通，确保报名工作安全有序。

四、志愿填报

考生志愿填报时间为6月6日，登录山东省教育招生考试院官网（www. sdzk. cn），进入退役士兵单独招生信息平台填报志愿。每名考生可以填报1个院校志愿、3个专业志愿和是否服从专业调剂志愿。

五、考试及录取

考试由各试点院校单独组织实施，考试时间为6月10日至11日，考试方式主要为面试和职业适应性测试。考生可登录各试点院校官网或咨询相关联系人查询具体考试地点（见附件3）。

录取由各试点院校根据考生考试成绩、报考专业和学校培养能力确定，录取工作应于6月20日前完成。各试点院校要将拟录取名单公示不少于5个工作日，公示信息应包括姓名、性别、户籍地（县）、退役士兵证书编号等。公示结束后第2天，试点院校要将公示无异议的拟录取考生名单和数据库报省教育招生考试院，未经公示的考生，一律不得录取。

六、工作要求

退役士兵单独招生试点是贯彻落实省委办公厅、省政府办公厅关于做好全省退役士兵安置和权益保障工作相关政策的具体举措，各地、各高校要高度重视，认真组织实施。各试点院校要加强组织领导，成立退役士兵单独招生试点工作领导小组，严格考试管理，完善监督措施，加大信息公开力度，确保单招工作公平、公正、透明。各地民政部门和教育部门要充分利用各自工作优势，加大宣传力度，及时将我省高职院校面向退役士兵单独招生免费培养相关政策信息传达到有教育需求的退役士兵。退役士兵单招工作要严格执行教育部及我省关于高校招生“阳光工程”各项要求，对在试点过程中发现的各种违规行为，要依照《国家教育考试违规处理办法》《普通高等学校招生违规行为处理暂行办法》等有关规定进行严肃处理。

附件：1. 2017年退役士兵单独招生试点高校和招生专业

2. 退役士兵资格审核登记表

3. 2017年退役士兵单独招生试点院校联系方式

附件1：

2017年退役士兵单独招生试点高校和招生专业

序号	试点高校	招生专业	专业代码
1	青岛职业技术学院	机电一体化技术	560301
2		制冷与空调技术	560205
3		物流管理	630903
4		旅游管理	640101
5		市场营销	630701
6		应用化工技术	570201

续表

序号	试点高校	招生专业	专业代码
7	青岛职业技术学院	应用电子技术	610102
8		电气自动化技术	560302
9		计算机网络技术	610202
10		酒店管理	640105
1	日照职业技术学院	机电一体化技术	560301
2		汽车检测与维修技术	560702
3		黑色冶金技术	530401
4		建筑工程技术	540301
5		计算机网络技术	610202
1	淄博职业学院	机电一体化技术	560301
2		汽车检测与维修技术	560702
3		电气自动化技术	560302
4		计算机应用技术	610201
5		市场营销	630701
1	山东科技职业学院	数控技术	560103
2		机电一体化技术	560301
3		工商企业管理	630601
4		机械制造与自动化	560102
5		汽车检测与维修技术	560702
6		建筑工程技术	540301
7		应用化工技术	570201
8		市场营销	630701
9		数字媒体应用技术	610210
10		计算机应用技术	610201
1	威海职业学院	应用电子技术	610102
2		机电一体化技术	560301
3		市场营销	630701
4		建筑工程技术	540301
5		烹调工艺与营养	640202
6		食品营养与检测	590107
7		汽车检测与维修技术	560702
1	东营职业学院	应用化工技术	570201
2		计算机网络技术	610202
3		机械制造与自动化	560102
4		食品营养与检测	590107
5		建筑工程技术	540301
6		物流管理	630903

续表

序号	试点高校	招生专业	专业代码
1	烟台职业学院	机械制造与自动化	560102
2		应用电子技术	610102
3		汽车检测与维修技术	560702
4		计算机应用技术	610201
5		电子商务	630801
1	山东畜牧兽医职业学院	物流管理	630903
2		电子商务	630801
3		宠物养护与驯导	510306
4		动物防疫与检疫	510304
5		机电一体化技术	560301
6		畜牧工程技术	510310
1	济南职业学院	电子信息工程技术	610101
2		电子商务	630801
3		机械设计与制造	560101
4		计算机网络技术	610202
5		电梯工程技术	560308
1	滨州职业学院	机电一体化技术	560301
2		护理	620201
3		计算机网络技术	610202
4		建筑工程技术	540301
5		应用化工技术	570201
6		数控技术	560103
7		化工生物技术	570102
8		医学检验技术	620401
9		航海技术	600301
1	青岛港湾职业技术学院	港口电气技术	600306
2		港口机械与自动控制	600305
3		航海技术	600301
4		轮机工程技术	600310
5		港口与航运管理	600308
1	山东旅游职业学院	旅行社经营管理	640103
2		酒店管理	640105
3		民航安全技术管理	600406
4		电子商务	630801
5		烹调工艺与营养	640202

续表

序号	试点高校	招生专业	专业代码
1	山东城市建设职业学院	建筑工程技术	540301
2		道路桥梁工程技术	600202
3		城乡规划	540201
4		建设工程管理	540501
5		建筑智能化工程技术	540404
1	山东劳动职业技术学院	数控技术	560103
2		机械设计与制造	560101
3		汽车检测与维修技术	560702
4		机电一体化技术	560301
5		计算机应用技术	610201
6		电子商务	630801
1	青岛酒店管理职业技术学院	物流管理	630903
2		烹调工艺与营养	640202
3		物业管理	540703
4		建筑设备工程技术	540401
5		西餐工艺	640205
1	山东水利职业学院	水利工程	550201
2		建筑工程技术	540301
3		机电一体化技术	560301
4		工程造价	540502
5		计算机应用技术	610201
6		物流管理	630903
1	山东交通职业学院	汽车运用与维修技术	600209
2		汽车营销与服务	630702
3		道路桥梁工程技术	600202
4		城市轨道交通工程技术	600605
5		物流管理	630903
6		电子商务	630801
7		机电一体化技术	560301
8		航海技术	600301
1	济南工程职业技术学院	建筑工程技术	540301
2		机电一体化技术	560301
3		工程造价	540502
4		汽车检测与维修技术	560702
5		建筑装饰工程技术	540102

续表

序号	试点高校	招生专业	专业代码
1	潍坊职业学院	应用化工技术	570201
2		计算机网络技术	610202
3		物流管理	630903
4		新能源汽车技术	560707
5		电梯工程技术	560308
1	烟台汽车工程职业学院	汽车制造与装配技术	560701
2		汽车检测与维修技术	560702
3		机电一体化技术	560301
4		汽车电子技术	560703
5		汽车智能技术	610107

附件2：

退役士兵资格审核登记表

姓　　名		性　　别		照片
出生年月		身份证号		
服役时间		退役时间		
退役证编号		户　　籍		
是否已参加我省2017年普通高校招生统一考试报名		□已报名春季高考	□已报名夏季高考	□未报名
考生签字				
县（市、区） 民政部门意见	县（市、区）民政部门章 年　　月　　日			

注：本表一式2份，民政部门和招考机构各存1份。

附件3：

2017年退役士兵单独招生试点院校联系方式

学校名称	官网网址	办学地址	联系人1	联系电话	联系人2	联系电话
山东交通职业学院	http：//www.sdjtzyxy.com	山东省潍坊市潍县中路8号	刘军	0536－8781829	周永波	0536－8781865
青岛酒店管理职业技术学院	http：//www.qchm.edu.cn/	山东省青岛市李沧区九水东路599号	冷雪艳	0532－86051599	卢春洁	0532－86051513
滨州职业学院	http：//www.edubzvc.com.cn/	山东省滨州市滨城区黄河十二路919号	耿宏银	0543－5089139	皮胜民	0543－5082157

续表

学校名称	官网网址	办学地址	联系人1	联系电话	联系人2	联系电话
山东畜牧兽医职业学院	http：//zs. sdmyxy. cn	山东省潍坊市胜利东街88号	左恒芬	0536－3086253	张海培	0536－3081030
济南工程职业技术学院	http：//www. jngcxy. com	山东省济南市经十东路6088号	杨勇	0531－86385100	牟林	0531－86385086
山东城市建设职业学院	http：//www. sdcjxy. com/	山东省济南市旅游路东首4657号	王加胜	0531－89709887	王国栋	0531－67892888
山东科技职业学院	http：//www. sdvcst. edu. cn/	山东省潍坊市西环路6388号	郑德明	0536－8187768	张星强	0536－8187758
潍坊职业学院	http：//www. sdwfvc. cn	滨海地址：山东省潍坊市滨海经济技术开发区科教创新园区海安路06588号；奎文地址：山东省潍坊市奎文区东风东街8029号	魏冲	0536－3083621	戴程程	0536－3083621
济南职业学院	http：//www. jnvc. cn	山东省济南市历城区旅游路5518号	白玉江	0531－82627561	鲁孙林	0531－82627561
山东劳动职业技术学院	http：//www. sdlvtc. cn/	山东省济南市长清大学科技园区海棠路800号	尚绪强	0531－87196616	夏廷成	0531－87196666
山东旅游职业学院	http：//www. sdts. net. cn/	山东省济南市经十东路3556号	萧继虎	0531－81920003	迟福娟	0531－81920112
烟台职业学院	http：//www. ytvc. com. cn/	山东省烟台市高新区滨海中路2018号	王传忠	0535－6927369	王蓬绪	0535－6927062
淄博职业学院	http：//www. zbvc. edu. cn	山东省淄博市淄博新区联通路西首	赵建业	0533－2342666	丁大伟	0533－2342033
青岛港湾职业技术学院	http：//www. qdgw. com/	山东省青岛市黄岛区海科路316号	贺君培	0532－81735188	王向珩	0532－81735177
青岛职业技术学院	http：//www. qtc. edu. cn/	山东省青岛市黄岛区钱塘江路369号	林凯	0532－86105200		
日照职业技术学院	http：//www. rzpt. cn	山东省日照市烟台北路16号	韩霞	0633－7987978	王梅	0633－7987115
烟台汽车工程职业学院	http：//www. ytqcvc. cn/	山东省烟台市福山区聚贤路1号	宋志新	0535－6339002	王瑞玲	0535－6339003
山东水利职业学院	http：//www. sdwrp. com	山东省日照市学苑路677号	石海峰	0633－7983981	沙登阁	0633－7983983
威海职业学院	http：//www. weihaicollege. com/	山东省威海市科技新城（初村北海）	谷美言	0631－5711688	宋阳	0631－5700555
东营职业学院	http：//www. dyxy. edu. cn	山东省东营市府前大街129号	张全庆	0546－8060069	尹凤川	0546－8060559

省教育厅　省财政厅关于印发齐鲁名师齐鲁名校长建设工程（中等职业教育）实施方案（2017～2020年）的通知

2017年8月3日　鲁教师字〔2017〕10号

各市教育局、财政局：

为进一步加强我省中等职业学校教师和管理队伍建设，提高全省职业教育办学水平，省教育厅、财政厅研究制定了《齐鲁名师齐鲁名校长建设工程（中等职业教育）实施方案（2017～2020年）》，现印发给你们，请遵照执行。

附件：齐鲁名师齐鲁名校长建设工程（中等职业教育）实施方案（2017～2020年）

附件：

齐鲁名师齐鲁名校长建设工程（中等职业教育）实施方案（2017～2020年）

为深入贯彻落实《山东省中长期教育改革和发展规划纲要（2011～2020年）》，引领教师和校长专业发展，带动中等职业学校教师和管理队伍整体素质提升，推动我省中等职业教育改革发展，制定本实施方案。

一、建设目标

（一）通过实施齐鲁名师建设工程，造就一支师德高尚、素质优良、技艺精湛、能力突出的专业化、创新型教师队伍，提升全省中等职业教育人才培养质量。

（二）通过实施齐鲁名校长建设工程，造就一支教育思想先进、办学思路清晰、决策领导能力强、精通现代学校治理的“教育家”型校长队伍，促进全省中等职业教育改革、创新和发展。

（三）推动市、县级名师名校长建设工程实施，形成以名师名校长为骨干的高素质、专业化的教师队伍和管理队伍。

二、遴选标准

面向全省中等职业学校在职教师、校长和副校长。遴选80名齐鲁名师、20名齐鲁名校长建设工程人选，进行重点培养，培养周期为3年，经考核合格后，认定为“齐鲁名师”“齐鲁名校长”。

（一）齐鲁名师。

1. 具有教师资格证书的中等职业学校教师，从事职业教育教学工作10年以上，中级及以上专业技术职务，年龄在50周岁（截止到2016年12月31日，下同）以下，具有国民教育系列本科以上学历。

2. 热爱职业教育事业，师德高尚，理念先进，教育教学、教学研究和社会服务能力强，在区域内有较大影响。

3. 完成学校规定的教学课时量，副校长课时量不少于同类教师教学课时量的三分之一，中层干部课时量不少于同类教师教学课时量的二分之一。

4. 参与国家或省课程标准、专业教学标准、教学指导方案的编写工作，或主持过省级以上课题，或在省级以上刊物发表过职业教育专业论文，或出版过职业教育论著（教材）。

5. 近5年来，指导学生参加职业院校技能大赛获得过省二等奖以上成绩，或本人参加技能大赛、信息化教学大赛、优质课评选、说课比赛等获得过省二等奖以上成绩。

6. 专业教师具有与任职专业有关的二级以上职业（执业）资格或其他中级以上非教师系列专业技术职务。近5年来，主动承担与专业相关的技术服务项目，在专业技术领域具有一定影响力，到行业企业生产服务一线实践不少于6个月。

7. 帮助和带动中青年教师不断提高教育教学水平和产学研能力，发挥示范带头作用。

近5年来，指导学生参加职业院校技能大赛累计获得2个以上国家一等奖，或获得省级教学成果奖、科技进步奖、社会科学成果奖二等奖以上者优先推荐。

（二）齐鲁名校长。

1. 担任中等职业学校专任正职校长或副校长累计5年以上，年龄在50周岁以下，特别优秀的年龄不超过52周岁。具有国民教育系列本科以上学历。

2. 师德高尚，办学理念先进，办学定位准确，发展思路清晰，勇于改革和创新，有强烈的事业心和责任感，有较强优化内部管理和调适外部环境能力，学校管理水平高。

3. 有较强的职业教育教学研究能力，在省级以上刊物发表过论文，出版过职业教育论著（或教材），获得省级以上教学成果奖或主持过省级及以上课题。

4. 任职学校是国家中等职业教育改革发展示范校、山东省示范性及优质特色中等职业学校、山东省规范化中等职业学校（含立项建设单位），具有鲜明的办学特色，骨干专业在相关行业、专业领域内有较强产业服务能力。

5. 近5年来，任职学校在省级以上职业院校技能大赛中获得过一等奖或累计获得过3个以上二等奖，参与国家或省课程标准、专业教学标准、教学指导方案等编写工作。

6. 任职学校有良好的校风、教风、学风和文明和谐的育人环境，近5年未发生过重大校园安全责任事故和违规办学行为。

三、遴选办法

依据中等职业学校数和教师数，将推荐名额分配至各市。各市按照公平、公正、择优的原则，自下而上、逐级遴选公示后报省教育厅。省级评审采取网络评审和会议评审相结合的方式产生工程人选，公示后予以公布。

四、实施步骤

（一）特色培养。名师、名校长培养实行导师制。根据工程人选具体情况研究制定个性化培养方案，有针对性地组织开展多种形式的培训；围绕学校治理、教育教学改革、产教融合、师资队伍培养、信息技术应用等重点问题独立或合作开展教育教学研究；名师人选自主选择1至2家知名企业作为实践基地，名校长人选自主选择省外1至2所知名职业院校，学习借鉴先进经验，在高校或行业企业导师指导下参加教育教学实践。加强名师、名校长人选培养方案与硕士学位研究生培养方案的衔接，鼓励具备条件的名师、名校长工程人选提升学历层次。

（二）成果培育。工程人选要勇于创新，勤于反思，梳理总结学校管理和教育教学经验，结合研究实践，形成产学研成果。鼓励工程人选主持或承担来自相应行业企业的横向课题，获得具有产业价值的技术专利，出版教育教学方面的专著（或教材），支持工程人选申报省级以上质量提升计划建设项目和教学成果奖等奖项。

（三）示范引领。省教育厅利用网络平台开设名师、名校长工作室，市教育行政部门选择1至2所薄弱学校作为名校长人选的结对帮扶学校，学校确定3至5名青年教师作为名师人选的培养对象，充分发挥示范、引领和辐射作用。

（四）考核认定。培养周期结束，依据工程人选个人发展规划，对其师德表现、教育教学创新、教研科研、团队建设、示范引领等进行综合评定，组织答辩评审，合格者认定为“齐鲁名师”“齐鲁名校长”。

五、管理保障

（一）加强考核。建立工程人选个人成长考核档案。依据其个人发展规划，定期对工程人选进行考核，定期考核成绩作为期满认定的重要依据。对达不到考核要求的进行约谈。培养周期内，有下列情形之一的，终止培养任务，取消认定资格。

1. 期满考核不合格的；

2. 调出本省，或名师人选调离中等职业教育、名校长人选调离中职校长岗位的；

3. 有违法违纪行为，或名师人选有违反教师职业道德规范行为、名校长人选学校有违规办学行为，情节严重的；

4. 名师人选发生教学事故造成严重后果的，名校长人选所在学校发生重大校园安全责任事故的；

5. 有其他应终止培养任务情形的。

（二）经费支持。省财政在培养周期内为工程人选提供5万元的专项培养经费，用于工程人选的集中培训、国内外研修、专家指导、教育研究、企业实践等。工程人选所在市、县（市、区）和学校要从培训经费、研修学习和科研实践条件等方面给予重点支持。

省教育厅　省财政厅关于印发《山东省高水平应用型立项建设专业（群）绩效考评办法》的通知

2017年9月13日　鲁教高字〔2017〕9号

各省属公办本科高校：

根据《山东省教育厅　山东省财政厅关于印发推进高水平应用型大学建设实施方案的通知》（鲁教高字〔2016〕8号）要求，为提高我省高水平应用型立项专业（群）建设质量和资金使用效益，省教育厅、省财政厅研究制定了《山东省高水平应用型立项建设专业（群）绩效考评办法》，现印发给你们，请结合实际遵照执行。

附件：山东省高水平应用型立项建设专业（群）绩效考评办法

附件：

山东省高水平应用型立项建设专业（群）绩效考评办法

第一章　总　　则

第一条　为考核高水平应用型立项建设专业（群）实施质量，规范和加强专项资金管理，提高资金使用效益，根据《山东省教育厅　山东省财政厅关于印发推进高水平应用型大学建设实施方案的通知》（鲁教高字〔2016〕8号，以下称《建设方案》）、《山东省财政厅　山东省教育厅关于印发〈山东省高水平应用型大学建设奖补资金管理办法〉的通知》（鲁财教〔2016〕74 号，以下称《资金管理办法》）等有关规定，制定本办法。

第二条 山东省高水平应用型立项建设专业（群）分重点专业和培育专业两类，统称为“立项专业”，其绩效考评（以下称“考评”）是指运用相应的量化指标和评价标准，对专业（群）建设目标、管理运行、项目预算执行等实施情况及取得的成效进行综合考核与评价。

第三条 立项专业管理实行年度报告、3 年中期评估和 5 年期满考核验收制度，强化过程管理与目标管理。

第四条 立项专业自批准立项起，应于 5 年内完成建设任务。实施考评主要以立项专业申报书、目标任务书、成效汇总表、绩效自评报告和《建设方案》、《资金管理办法》等为依据。

第二章 组织实施

第五条 省教育厅、省财政厅负责制定考评办法和考评指标。

第六条 “年度报告”由立项专业依托高校自评形成，并于每年 12 月 15 日前报送省教育厅。

第七条 “中期评估”、“期满考核”由省教育厅、省财政厅负责组织实施考评。考评工作分“专业自评”和“统一考评”两个阶段进行；“专业自评”由立项专业依托高校负责，“统一考评”由省教育厅、省财政厅组织专家考评组或委托第三方进行。

第八条 考评组由学术、管理、技术、财务等方面专家组成。考评实行回避制度，考评专家不参加本单位立项专业的考评。

第三章 考评办法

第九条 考评工作程序和内容：

（一）汇报答疑。被考评单位向考评组汇报立项专业建设及管理情况、资金投入及使用情况、目标完成及综合效益情况等。考评组在听取汇报的基础上，提出问题，由被考评单位进行解答。

（二）现场核查。考评组实地考察立项专业建设、运行、管理情况，查阅相关资料等。

（三）初步反馈。考评组将初步考评意见、存在的问题及工作改进建议向被考评单位进行反馈。

第十条 “专业自评”依托单位参照考评程序和内容进行，在完成自评的基础上，依托高校将《山东省高水平应用型立项建设专业（群）绩效考评指标及计分表》（附件 1）、《山东省高水平应用型立项建设专业（群）实施成效汇总表》（附件 2）、《山东省高水平应用型立项建设专业（群）自评报告》（附件 3）及相关证明材料，报送省教育厅、省财政厅。

第十一条 “统一考评”专家组在完成考评程序和内容后，依据考评指标，通过记名方式对每个立项专业进行打分。

第十二条 考评记分（不含加分项）分优秀、良好、及格和不及格四个等级。重点专业分级：90 分以上为“优秀”，80～89 分为“良好”，70～79 分为“及格”，70 分以下为“不及格”；培育专业分级：85 分以上为“优秀”，70～84 分为“良好”，60～69 分为“及格”，60 分以下为“不及格”。加分项低于 10 分的，不得评定为“优秀”等级。

第十三条 考评专家应严格按照考评工作要求，遵守考评纪律，科学、公正、独立地行使考评职责和权利，并对考评工作所涉及的材料、业务内容、相关知识产权、考评结果等负有保密义务。

第四章 考评结果应用

第十四条 统一考评完成后，考评组形成每个立项专业的考评意见，包括总体评价、考评得分、存在的问题、改进的建议等。在此基础上形成总的考评报告，向省教育厅、省财政厅反馈考评情况，包括实施总体情况、存在的突出问题、项目管理的亮点、改进工作的建议、具有推广价值的措施等。

第十五条 省教育厅、省财政厅根据考评结果，及时总结建设成效及经验，进一步完善管理运行，引导建设单位不断提高资金使用效益，提升立项专业建设和管理水平，增强高校人才培养、科研创新和服务经济社会发展能力。

第十六条 考评结果由省教育厅、省财政厅在一定范围内予以公布。“中期评估”结果优秀者，给予增加支持经费奖励；不及格者或考评得分排名靠后者，视情况减拨或停止其支持经费。“期满考核”成绩优秀者，在下一个周期专业建设经费安排时给予优先支持；不及格者，视情况决定处理意见。

第五章　附　　则

第十七条 本办法由省教育厅、省财政厅负责解释。

第十八条 本办法自发布之日起施行。

附件：1. 山东省高水平应用型立项建设专业（群）绩效考评指标及计分表

2. 山东省高水平应用型立项建设专业（群）实施成效汇总表

3. 山东省高水平应用型立项建设专业（群）绩效自评报告（略）

附件1：

山东省高水平应用型立项建设专业（群）绩效考评指标及计分表

专业（群）组成：　　　　　　　　　　　依托高校：　　　　　　　　（盖　章）

一级指标	分值	二级指标	分值	考评标准	分值	考评得分	
						高校自评	统一考评
一、建设成效	75						
A1 专业建设	15	B1 核心专业	9	为学校重点发展专业，带动和培育了新专业或方向发展，已列入国家、省专业建设计划，专业水平有很大提升；排名进入全国同类专业前10%（社会公认度高的机构发布的排名，下同）。	9～7		
				为学校重点发展专业，带动了新专业或方向发展，已列入省级专业建设计划，专业水平有较大提升；在全国同类专业中有较大影响。	6～4		
				已列入省、学校专业建设计划，带动了相关专业或方向发展，专业水平有明显提升；在全国同类专业中有一定影响。	3～1		
		B2 专业群	6	依托学校优势特色专业建立，多专业集成、融合好，实现了基地、平台、装备等资源的充分整合、协同管理和资源共享。群内专业受核心专业带动发展效果显著，专业水平有很大提升。	6～4		
				依托学校优势特色专业建立，多专业集成、融合较好，实现了资源整合、协同管理和共享。群内专业受核心专业带动发展效果明显，专业水平有较大提升。	3～2		
				依托学校重点专业建立，实现了多专业集成、资源整合、协同管理和共享。群内专业水平有一定提升。	1		

续表

一级指标	分值	二级指标	分值	考评标准	分值	考评得分	
						高校自评	统一考评
A2 师资队伍	10	B3 整体情况	4	年度（总体）目标完成。专业师资规模适度，结构合理，双师型教师比例达到 40% 以上。	4		
				年度（总体）目标完成 90% 以上。专业师资规模适度，结构基本合理，双师型教师比例达到 30% 以上。	3 ~ 2		
				年度（总体）目标完成 80% 以上。专业师资形成一定规模，双师型教师比例达到 25% 以上。	1 ~ 0		
		B4 外聘教师	3	聘用企业或行业专家担任兼职教师到位，形成占比 25% 以上的合理规模。	3		
				聘用企业或行业专家担任兼职教师比例达到 50% 以上。	2 ~ 1		
		B5 培训提升	3	选送教师到企业接受培训、挂职工作和实践锻炼形成制度化，成效显著，教师整体实践教学水平和应用技术研发能力提升明显。	3		
				选送一定数量教师到企业接受培训、挂职工作和实践锻炼成效明显，教师整体实践教学水平和应用技术研发能力提升明显。	2 ~ 1		
A3 人才培养	15	B6 协同育人	5	主动适应经济社会发展需求进行人才培养方案修订，建立产教融合、协同育人培养模式。签订校企或校地或校所或校校合作协议，共建课程、实践实训基地，实现专业链与产业链、课程内容与职业标准、教学与生产过程对接，合作效果非常好。	5		
				为适应经济社会发展需求进行人才培养方案修订，建立产教融合、协同育人培养模式。签订校企或校地或校所或校校合作协议，共建课程、实践实训基地，实现专业链与产业链、课程内容与职业标准、教学与生产过程对接，合作效果较好。	4 ~ 3		
				修订人才培养方案，建立产教融合、协同育人培养模式。开展校企或校地或校所或校校合作取得一定成效。	2 ~ 1		
		B7 学生培养	5	学生积极参与教学、科学研究和社会实践，在校期间在发表论文、获得专利、参与课题研究、参加学术交流、科技竞赛等方面成绩优良。毕业生总体就业率达到 95% 以上，就业质量高。	5		
				学生积极参与教学、科学研究和社会实践，在校期间在发表论文、获得专利、参与课题研究、参加学术交流、科技竞赛等方面取得较好成绩。毕业生总体就业率达到 90% 以上，就业质量较高。	4 ~ 3		
				学生能够参与教学、科学研究和社会实践，在校期间在发表论文、获得专利、参与课题研究、参加学术交流、科技竞赛等方面有较好表现。毕业生总体就业率达到 90% 以上。	2 ~ 1		
		B8 创新创业	5	有固定教师从事创新创业教育，单独设有创新创业课程；承担各级大学生创新创业训练项目；实行弹性学制，允许学生休学创业；在国家、省级创新创业大赛中获得金银奖。	5		
				重视从事创新创业教育，开设创新创业课程；承担各级大学生创新创业训练项目；实行弹性学制，允许学生休学创业；在国家、省级创新创业大赛中获得铜奖。	4 ~ 3		
				开设创新创业课程；承担大学生创新创业训练项目；允许学生休学创业；积极参加各级创新创业大赛。	2 ~ 1		

续表

一级指标	分值	二级指标	分值	考评标准	分值	考评得分	
						高校自评	统一考评
A4 教育教学	15	B9 教学研究	4	年度（总体）目标完成。开展教学改革和教改项目，教研经费充足。教学研究成果水平高，获得国家级或省级教学成果一、二等奖励。取得有重要影响的教研成果，指导教育教学提升，效果显著。	4		
				年度（总体）目标完成90%以上。开展教学改革和教改项目，教研经费较充足。教学研究成果水平高，获得国家级或省级教学成果奖励。指导教育教学提升，效果明显。	3~2		
				年度（总体）目标完成80%以上。开展教学改革和教改项目，教学研究成果应用于指导教育教学提升，有较好效果。	1		
		B10 课程教材	4	自主开发专业特色课程、在线开放课程和教材，能够满足学生多样化学习需求。	4~3		
				自主开发专业特色课程、在线开放课程和教材，基本能够满足学生多样化学习需求。	2~1		
		B11 实践教学	4	实践课比重提高幅度大，理工农医类专业实践教学学分占总学分比例达到30%以上，人文社会科学类专业实践教学学分占总学分比例达到25%以上。	4~3		
				重视实践课教学，理工农医类专业实践教学学分占总学分比例达到25%以上，人文社会科学类专业实践教学学分占总学分比例达到15%以上。	2~1		
		B12 平台建设	3	新建一批省级及以上综合实验教学中心、创新创业教育示范中心、大学生实践教学基地、重点实验室、工程（技术）研究中心等人才培养平台，实现开放共享，运行效果好。	3		
				已有省级及以上综合实验教学中心、创新创业教育示范中心、大学生实践教学基地、重点实验室、工程（技术）研究中心、人文社科研究基地等人才培养平台，对教育教学起到较好促进作用。	2~1		
A5 科学研究	10	B13 科研水平	5	年度（总体）目标完成。承担省部级以上项目多，科研经费充足。解决战略性新兴产业关键技术、社会发展重点问题等应用性课题比例在50%以上。获得5项以上技术发明专利和多项省部级科研奖励，其中与企业联合获得1项以上省部级科研奖励。	5		
				年度（总体）目标完成90%以上。承担科研项目多，科研经费比较充足，其中解决战略性新兴产业关键技术、社会发展重点问题等应用性课题比例在50%以上。获得多项技术发明专利和省部级科研奖励，其中与企业联合获得1项以上省部级科研奖励。	4~3		
				年度（总体）目标完成80%以上。承担应用性课题比例在50%以上。具有自主知识产权成果和省部级科研奖励，其中与企业联合获得1项以上省部级科研奖励。	2~1		
		B14 成果转化	5	年度（总体）目标完成。取得的重大应用成果多，成果转化率达80%以上，并有很大比例转化为课程教学资源。或提出的咨询建议进入党委、政府重大决策。	5		
				年度（总体）目标完成90%以上。取得的重要应用成果多，成果转化率达50%以上，并有一定比例转化为课程教学资源。或提出的咨询建议进入党委、政府重要决策。	4~3		
				年度（总体）目标完成80%以上。取得的应用成果较多，成果转化率达30%以上，并有一些成果转化为课程教学资源。或提出的部分咨询建议被党委和政府、企事业单位决策采纳。	2~1		

续表

一级指标	分值	二级指标	分值	考评标准	分值	考评得分	
						高校自评	统一考评
A6 社会服务	10	B15 社会适应性	5	与经济社会发展结合紧密，招生数量呈上升趋势；产教融合好，行业企业投入呈上升趋势。	5～4		
				与经济社会发展结合比较紧密，招生数量比较稳定；产教融合较好，行业企业有投入。	3～1		
		B16 经济社会效益	5	年度（总体）目标完成。经济社会效益巨大，提升了相关产业竞争力，带动了相关产业创新。	5～4		
				年度（总体）目标完成90%以上。经济社会效益显著，带动了相关产业创新力和竞争力提升。	3～2		
				年度（总体）目标完成80%以上。经济社会效益明显，促进了相关产业创新力和竞争力提升。	1		
二、保障措施	10						
A7 条件保障	5	B17 条件建设	5	年度（总体）目标完成。教学设施、图书网络、人才培养平台、科研平台等完善，运行效果好，满足专业建设发展需要。	5～4		
				年度（总体）目标完成90%以上。教学设施、图书网络、人才培养平台、科研平台等完善，运行效果良好，能够满足专业建设发展需要。	3～2		
				年度（总体）目标完成80%以上。教学设施、图书网络、人才培养平台、科研平台等比较完善，运行效果较好，基本满足专业建设发展需要。	1		
A8 经费保障	5	B18 经费筹措	5	年度（总体）计划完成，学校对立项专业经费投入力度大，多渠道筹措资金，专业建设经费充足。	5～4		
				年度（总体）计划完成90%以上，学校对立项专业建设资金多渠道筹措，专业建设经费比较充足。	3～2		
				年度（总体）计划完成80%以上，学校对立项专业建设资金的投入基本能满足专业建设需要。	1		
三、组织管理	15						
A9 经费管理	10	B19 制度建设	2	制定专门的资金管理和绩效考评办法，内控管理措施和制度完善，专款专用，程序规范。	2		
				制定专门的资金管理和绩效考评办法，内控管理措施和制度比较完善，专款专用，程序比较规范。	1		
				内控管理措施和制度不够完善，存在明显薄弱环节。	0		
		B20 会计核算	2	专项核算，核算明晰，入账及时、准确。	2		
				专项核算，核算比较明晰，入账及时、准确。	1		
		B21 省拨资金使用	3	省财政资金使用符合资金管理办法规定；严格执行政府采购有关规定，做到应采尽采；不存在挤占挪用等违规问题。	3		
				省财政资金使用不符合资金管理办法规定；没有严格执行政府采购有关规定，没有做到应采尽采；存在挤占挪用等违规等问题。	A9 整体计0分		

续表

一级指标	分值	二级指标	分值	考评标准	分值	考评得分	
						高校自评	统一考评
A9 经费管理	10	B22 省拨资金预算执行	3	支出年度（总体）计划全部完成，无结余结转资金（不含政府采购节约资金）。9 月底前省拨资金支出达到年度（总体）计划的 80% 及以上。	3		
				年底经费支出完成年度（总体）计划的 90% 及以上，9 月底前省拨资金支出达到年度（总体）计划的 75% 及以上。	2		
				年底经费支出完成年度（总体）计划的 90% 及以上，9 月底前省拨资金支出达到年度（总体）计划的 70% 及以上。	1		
A10 资产管理	3	B23 制度建设	2	管理措施和制度完善，程序规范。	2		
				管理措施和制度比较完善，程序比较规范。	1		
		B24 管理情况	1	应纳入学校固定资产管理的资产及时纳入。	1		
				应纳入学校固定资产管理的资产未能及时纳入。	0		
A11 绩效考评	2	B25 高校自评	1	自评机制完善，工作开展质量高。	1		
				自评机制不够完善，工作开展效果不佳。	0		
		B26 材料报送	1	数据真实、准确，材料详实完备，报送及时。	1		
				材料不完整或报送不及时。	0		
		自评不符合实际情况，工作改进不到位。			A11 整体计 0 分		
四、加分项	20						
专业优势与特色	10			已形成稳定、独特的专业优势与特色，发展态势好，得到社会公认。立项建设专业群在校内起到了带动示范作用。	10 ~ 0		
协议目标	10			年度（总体）协议目标全部完成。	10 ~ 0		

说明：1. 本表适用“年度考评”、“中期考评”和“验收考评”；也适用于学校自筹经费建设专业的考评。
2. 本表中“年度（总体）目标”在年度考评时为考核年度目标（计划），在中期考评时为中期目标（计划），在验收考评时为总体目标（计划）。
3. 本表考评专业（群）以群内所有专业组成为单位。
4. 本表“考评得分”中的“统一考评”栏由省专家组填写。

专家签名：　　　　　　　　　　20　　年　　月　　日

附件 2：

山东省高水平应用型立项建设专业（群）实施成效汇总表

专业（群）名称：　　　　　　　　　　依托高校：（盖　章）

建设项目			建设前情况	建设目标	完成情况	完成率
专业建设	核心专业	社会公认度高的机构发布的排名情况				
		带动新专业（方向）				
	专业群	专业资源集成、融合、共享				

续表

<table>
<tr><th colspan="5">建设项目</th><th>建设前情况</th><th>建设目标</th><th>完成情况</th><th>完成率</th></tr>
<tr><td rowspan="13">师资队伍</td><td rowspan="8">规模与结构（人数）</td><td colspan="3">教授</td><td></td><td></td><td></td><td></td></tr>
<tr><td colspan="3">副教授</td><td></td><td></td><td></td><td></td></tr>
<tr><td colspan="3">具有博士学位人员</td><td></td><td></td><td></td><td></td></tr>
<tr><td colspan="3">国家级教学名师</td><td></td><td></td><td></td><td></td></tr>
<tr><td colspan="3">省级教学名师</td><td></td><td></td><td></td><td></td></tr>
<tr><td colspan="3">国家级优秀教师</td><td></td><td></td><td></td><td></td></tr>
<tr><td colspan="3">省级优秀教师</td><td></td><td></td><td></td><td></td></tr>
<tr><td colspan="3">“双师型”教师</td><td></td><td></td><td></td><td></td></tr>
<tr><td>外聘教师</td><td colspan="3">兼职与外聘教师（人数）</td><td></td><td></td><td></td><td></td></tr>
<tr><td rowspan="3">培训提升（批次/人次）</td><td colspan="3">教师培训</td><td></td><td></td><td></td><td></td></tr>
<tr><td colspan="3">教师挂职</td><td></td><td></td><td></td><td></td></tr>
<tr><td colspan="3">教师实践锻炼</td><td></td><td></td><td></td><td></td></tr>
<tr><td>其他</td><td colspan="3">院士、千人计划人才、国家高层次人才特殊支持计划人才、长江学者、青年长江学者、国家杰出青年科学基金、泰山学者、海外专家（如有请注明类别及人数）</td><td></td><td></td><td></td><td></td></tr>
<tr><td rowspan="19">人才培养</td><td rowspan="4">协同育人（数量）</td><td colspan="3">专业人才培养方案修订</td><td></td><td></td><td></td><td></td></tr>
<tr><td colspan="3">签订合作协议</td><td></td><td></td><td></td><td></td></tr>
<tr><td colspan="3">共建实践基地</td><td></td><td></td><td></td><td></td></tr>
<tr><td colspan="3">合作共建课程</td><td></td><td></td><td></td><td></td></tr>
<tr><td rowspan="8">学生培养</td><td colspan="3">学生参与教学活动（人数）</td><td></td><td></td><td></td><td></td></tr>
<tr><td colspan="3">学生参与科研课题（人数）</td><td></td><td></td><td></td><td></td></tr>
<tr><td colspan="3">学生社会实践（人数）</td><td></td><td></td><td></td><td></td></tr>
<tr><td colspan="3">学生在校期间发表论文（篇数）</td><td></td><td></td><td></td><td></td></tr>
<tr><td colspan="3">获得专利（数量）</td><td></td><td></td><td></td><td></td></tr>
<tr><td colspan="3">学生参加学术交流（人数）</td><td></td><td></td><td></td><td></td></tr>
<tr><td colspan="3">学生参加科技大赛获奖情况（等次/人数）</td><td></td><td></td><td></td><td></td></tr>
<tr><td colspan="3">专业就业率（%）</td><td></td><td></td><td></td><td></td></tr>
<tr><td rowspan="7">创新创业</td><td colspan="3">创新创业导师（人数）</td><td></td><td></td><td></td><td></td></tr>
<tr><td colspan="3">开设创新创业课程（门数）</td><td></td><td></td><td></td><td></td></tr>
<tr><td colspan="3">国家级大学生创新创业训练计划项目（数量）</td><td></td><td></td><td></td><td></td></tr>
<tr><td colspan="3">弹性学制年限</td><td></td><td></td><td></td><td></td></tr>
<tr><td colspan="3">学生休学创业（人数）</td><td></td><td></td><td></td><td></td></tr>
<tr><td colspan="3">学生参加国家级创新创业大赛获奖情况（等次/人数）</td><td></td><td></td><td></td><td></td></tr>
<tr><td colspan="3">学生参加省级创新创业大赛获奖情况（等次/人数）</td><td></td><td></td><td></td><td></td></tr>
<tr><td rowspan="6">教育教学</td><td rowspan="6">教学研究</td><td rowspan="4">教改项目</td><td rowspan="2">国家级</td><td>数量（项）</td><td></td><td></td><td></td><td></td></tr>
<tr><td>经费（万元）</td><td></td><td></td><td></td><td></td></tr>
<tr><td rowspan="2">省级</td><td>数量（项）</td><td></td><td></td><td></td><td></td></tr>
<tr><td>经费（万元）</td><td></td><td></td><td></td><td></td></tr>
<tr><td rowspan="2">教学成果奖</td><td>国家级</td><td>数量（项）</td><td></td><td></td><td></td><td></td></tr>
<tr><td>省级</td><td>数量（项）</td><td></td><td></td><td></td><td></td></tr>
</table>

续表

<table>
<tr><td colspan="5">建设项目</td><td>建设前情况</td><td>建设目标</td><td>完成情况</td><td>完成率</td></tr>
<tr><td rowspan="13">教育教学</td><td rowspan="3">课程教材</td><td colspan="3">自主开发专业特色课程（门数）</td><td></td><td></td><td></td><td></td></tr>
<tr><td colspan="3">自主开发在线开放课程（门数）</td><td></td><td></td><td></td><td></td></tr>
<tr><td colspan="3">自主开发专业教材（数量）</td><td></td><td></td><td></td><td></td></tr>
<tr><td>实践教学</td><td colspan="3">实践课所占学分比例（%）</td><td></td><td></td><td></td><td></td></tr>
<tr><td rowspan="7">平台建设（省级以上）（数量）</td><td colspan="3">开放式综合实验教学中心</td><td></td><td></td><td></td><td></td></tr>
<tr><td colspan="3">大学生实践教学基地</td><td></td><td></td><td></td><td></td></tr>
<tr><td colspan="3">重点实验室</td><td></td><td></td><td></td><td></td></tr>
<tr><td colspan="3">工程（技术）研究中心</td><td></td><td></td><td></td><td></td></tr>
<tr><td colspan="3">协同创新中心</td><td></td><td></td><td></td><td></td></tr>
<tr><td colspan="3">人文社科基地</td><td></td><td></td><td></td><td></td></tr>
<tr><td colspan="3">创新创业教育示范中心</td><td></td><td></td><td></td><td></td></tr>
<tr><td rowspan="14">科学研究</td><td rowspan="12">科研水平</td><td rowspan="4">科研项目</td><td rowspan="2">国家级</td><td>数量（项）</td><td></td><td></td><td></td><td></td></tr>
<tr><td>经费（万元）</td><td></td><td></td><td></td><td></td></tr>
<tr><td rowspan="2">省部级</td><td>数量（项）</td><td></td><td></td><td></td><td></td></tr>
<tr><td>经费（万元）</td><td></td><td></td><td></td><td></td></tr>
<tr><td>科研课题</td><td colspan="2">应用性课题占比（%）</td><td></td><td></td><td></td><td></td></tr>
<tr><td rowspan="2">发明专利（项）</td><td rowspan="2">授权</td><td>国际</td><td></td><td></td><td></td><td></td></tr>
<tr><td>国内</td><td></td><td></td><td></td><td></td></tr>
<tr><td rowspan="3">科研奖励</td><td colspan="2">国家级（数量）</td><td></td><td></td><td></td><td></td></tr>
<tr><td colspan="2">省部级（数量）</td><td></td><td></td><td></td><td></td></tr>
<tr><td colspan="2">与企业联合获奖情况（等级/数量）</td><td></td><td></td><td></td><td></td></tr>
<tr><td rowspan="2">成果转化</td><td colspan="3">应用成果（数量）</td><td></td><td></td><td></td><td></td></tr>
<tr><td colspan="3">成果转化率（%）</td><td></td><td></td><td></td><td></td></tr>
<tr><td rowspan="3">社会服务</td><td rowspan="2">社会适应性</td><td colspan="3">专业招生较上年度增长率（%）</td><td></td><td></td><td></td><td></td></tr>
<tr><td colspan="3">行业企业投入较上年度增长率（%）</td><td></td><td></td><td></td><td></td></tr>
<tr><td colspan="4">经济社会效益（万元）</td><td></td><td></td><td></td><td></td></tr>
<tr><td rowspan="5">条件保障</td><td colspan="4">实验室面积</td><td></td><td></td><td></td><td></td></tr>
<tr><td colspan="4">仪器设备原值</td><td></td><td></td><td></td><td></td></tr>
<tr><td colspan="4">图书资料</td><td></td><td></td><td></td><td></td></tr>
<tr><td colspan="4">资源库</td><td></td><td></td><td></td><td></td></tr>
<tr><td colspan="4">其他（须注明）</td><td></td><td></td><td></td><td></td></tr>
<tr><td rowspan="8">经费筹措（万元）</td><td colspan="4">总计</td><td></td><td></td><td></td><td></td></tr>
<tr><td colspan="4">省财政投入</td><td></td><td></td><td></td><td></td></tr>
<tr><td colspan="4">依托高校投入</td><td></td><td></td><td></td><td></td></tr>
<tr><td rowspan="4">其他单位投入</td><td colspan="3">合计</td><td></td><td></td><td></td><td></td></tr>
<tr><td colspan="3">科研院所</td><td></td><td></td><td></td><td></td></tr>
<tr><td colspan="3">行业企业</td><td></td><td></td><td></td><td></td></tr>
<tr><td colspan="3">地方政府</td><td></td><td></td><td></td><td></td></tr>
<tr><td colspan="4">其他投入（须注明）</td><td></td><td></td><td></td><td></td></tr>
</table>

说明：1. 本表中“建设目标”在年度报告时为年度目标（计划），在中期评估时为中期目标（计划），在期满考核时为总体目标（计划）。2. 可列一至三项较为显著的典型性建设成就，另加附页予以详细说明。

省教育厅　省财政厅关于印发山东省“三区”人才支持计划教师专项计划财政专项经费管理办法的通知

2017 年 12 月 21 日　鲁教师字〔2017〕15 号

各市教育局、财政局：

为了规范和加强边远贫困地区、边疆民族地区和革命老区人才支持计划教师专项计划财政专项经费的管理和使用，提高专项经费的使用效益，现将《山东省“三区”人才支持计划教师专项计划财政专项经费管理办法》印发给你们，请遵照执行。

附件：山东省“三区”人才支持计划教师专项计划财政专项经费管理办法

附件：

山东省“三区”人才支持计划教师专项计划财政专项经费管理办法

第一章　总　　则

第一条　根据中共中央组织部等 10 部门《关于印发“边远贫困地区、边疆民族地区和革命老区人才支持计划实施方案”的通知》（中组发〔2011〕23 号）等文件要求，省财政设立了“三区”人才支持计划教师专项计划专项经费（以下简称“专项资金”），为规范和加强财政专项资金的管理和使用，提高专项资金使用效益，特制定本办法。

第二条　专项资金用于每年选派优秀教师到边远贫困地区、边疆民族地区和革命老区受援县义务教育学校开展支教的工作费用。

第二章　资 金 分 配

第三条　选派工作经费按照每人每年 2 万元标准补助。

第四条　专项资金根据各市、省财政直接管理县（市）（以下简称省直管县）义务教育阶段在校生数分配，数据来源于教育事业统计。

第五条　选派计划征求各受援地意见后，由省教育厅下达选派计划，省财政厅根据选派计划拨付专项资金，省直管县直接拨付至县级财政，其他受援县拨付至市级财政。

第六条　省教育厅下达选派人员计划后，各市按照选派计划组织选派工作，指导选派单位、受援单位与选派对象签订三方协议，经受援地教育行政部门审定后报省教育厅备案。

第三章　资金使用

第七条　选派教师支教时间为两个学期，专项资金由受援单位统筹安排，主要用于支教教师的工作补助、交通差旅费用、保险及培训费用等。

第八条　选派教师按照选派协议和工作任务，在受援地开展支教工作，受援学校负责对其进行日常管理、考核和监督检查。

第九条　选派教师经费由受援地根据工作情况，按照经费标准适时将专项资金一次性拨付给选派教师。

第十条　每年选派任务结束后，选派教师向受援单位提交工作总结，受援市教育行政部门向省教育厅报送专项资金执行情况。

第十一条　选派教师无故中止支教任务或拒不完成选派任务，受援市报省教育厅、省财政厅批准后，中止其选派任务，并追回已拨经费。

第四章　监督管理

第十二条　专项资金须严格按照财政国库管理制度有关规定拨付，实行单独核算，专款专用。

第十三条　专项资金管理使用单位应当严格按照本办法的规定，制定内部管理办法，建立健全内部监管制度，加强对专项经费的监督和管理。

第十四条　实行责任追究制度。对于专项经费使用过程中，存在弄虚作假，截留、挪用、挤占专项经费等违反财经纪律的行为，按照有关规定，追究其责任。

第十五条　对违反本办法，有下列行为之一的，省财政将扣回已经下拨的专项资金：

（一）弄虚作假骗取专项资金的；

（二）挤占、截留、挪用专项资金的；

（三）违反规定擅自改变专项资金用途的。

第十六条　省财政厅依据有关规定，定期或不定期对专项资金使用情况进行监督检查。

第五章　附　　则

第十七条　本办法由省教育厅、省财政厅负责解释。

第十八条　本办法自发布之日起施行。

省教育厅　省财政厅关于印发山东省师范生免费教育专项资金管理办法的通知

2017 年 12 月 26 日　鲁教师字〔2017〕16 号

各市教育局、财政局，各免费师范生培养学校：

现将《山东省师范生免费教育专项资金管理办法》印发给你们，请遵照执行。

附件：山东省师范生免费教育专项资金管理办法

附件：

山东省师范生免费教育专项资金管理办法

第一章 总 则

第一条 根据《山东省师范生免费教育实施办法》，自2016年起，省财政设立师范生免费教育专项资金（以下简称专项资金），用于支持省属高校实行师范生免费教育。为加强和规范专项资金的管理，提高专项资金使用效益，制定本办法。

第二条 本办法适用于省内免费师范生培养学校及各市教育行政部门。

第二章 资金分配及使用

第三条 省财政根据各高校免费师范生培养规模，按照每生每年10 000元的标准将专项资金拨付有关高校。

第四条 各高校的师范生免费教育专项资金用于以下几方面：

（一）免费师范生在校学习期间学费；

（二）免费师范生在校学习期间住宿费；

（三）免费师范生在校学习期间的生活补助，标准为每生每年4 000元，学校按每人每月（共10个月，寒暑假除外）400元标准足额发放给免费师范生。

第三章 学籍变动经费管理

第五条 有志从教并符合条件的非师范类专业优秀学生，在入学2年内，本人提出申请，经学校和定向就业市教育行政部门同意，可在学校核定的计划内转为免费师范生，由学校按标准返还其学费、住宿费，补发生活补助。

第六条 因个人原因（因病休学等除外）中断学业，或未在培养期满取得毕业证书、学位证书、教师资格证书者，市教育行政部门、高校有权与其解除协议，免费师范生应按规定退还学校已享受的师范生免费教育经费。

第七条 免费师范生延长修读年限期间，费用自理。

第四章 监 督 管 理

第八条 专项资金须严格按照财政国库管理制度的有关规定拨付，实行单独核算，专款专用。

第九条 各高校应根据本办法制定本校的专项资金管理办法，加强对专项资金的使用管理，确保专款专用。

第十条 省财政厅、省教育厅将依据有关规定，不定期对资金管理使用情况进行监督检查。专项资金的使用和管理须接受审计部门和社会监督。

第十一条 各有关高校负责管理本校免费师范生在校期间因学籍变动造成的经费返还及退还。

第十二条 市教育行政部门负责本行政区域内免费师范毕业生的履约管理，建立诚信档案，公布违约记录，并计入人事档案，负责管理违约退还和违约金、滞纳金。

第五章　附　　则

第十三条　本办法由省教育厅、省财政厅负责解释。

第十四条　本办法自发布之日起施行。

省教育厅　省财政厅关于实施山东省职业院校教师素质提高计划（2017～2020年）的通知

2017年12月29日　鲁教师字〔2017〕17号

各市教育局、财政局，各高等职业院校：

为贯彻落实《教育部财政部关于实施职业院校教师素质提高计划（2017～2020年）的意见》（教师〔2016〕10号）和《山东省“十三五”教育事业发展规划》精神，全面做好我省今后一个时期职业院校教师培训工作，进一步加强职业院校“双师型”教师队伍建设，提升职业教育人才培养质量，决定实施山东省职业院校教师素质提高计划（2017～2020年）（以下简称《计划》）。现就有关事项通知如下：

一、总体目标

以建设一支师德高尚、素质优良、技艺精湛、结构合理、专兼结合的高素质“双师型”教师队伍为总体目标，通过组织职业院校教师校长分层分类分级参加国家级、省级、市县级和校本级培训，有计划、分步骤开展教师校长全员培训，全面提高教师“双师”素质和校长办学治校能力；加强名师、名校长、专业带头人、优秀青年教师等培养，打造一支能发挥示范引领作用的高水平职教名师骨干团队；创建名师工作室和技艺技能传承创新平台，推动中职、高职、应用型本科高校教师团队研修和协同创新；深化校企合作和产教深度融合，建立教师和企业人员双向交流机制。通过示范引领、创新机制、重点推进、以点带面，切实提升职业院校教师队伍整体素质和建设水平。

二、重点任务

（一）职业院校教师全员培训。各市、县（市、区）和职业院校要在认真组织职业院校教师校长分层、分类参加国家级和省级培训的同时，根据教育部《关于深化高校教师考核评价制度改革的指导意见》（教师〔2016〕7号）要求，以“双师型”教师培养为重点，结合本地本校实际，科学制定5年一周期的教师全员培训规划，并有计划、分步骤抓好实施。要统筹安排好骨干教师培训，扎实组织开展校本培训和新教师入职培训，使我省职业院校教师队伍全面适应我省职业教育现代化发展要求。

（二）专业骨干教师重点培训。组织职业院校专业教学名师、专业带头人、专业骨干教师、“双师型”教师、骨干校长、班主任开展重点培训和研修。

1. 专业带头人高端研修。结合山东省职业教育质量提升计划和齐鲁名师建设工程，选派1 500名（其中中职学校1 000名，高职院校500名）中职齐鲁名师、高职教学名师、专业带头人和教学科研团队到国内重点本科院校、科研院所、大中型企业技术研发中心，学习、了解和跟踪学科技术前沿动态及专业发展趋势，重点提升教师的团队合作能力、应用技术研发与推广、课程开发技术和教研科研能力，培养一批具备专业领军水平、能够传帮带培训教学团队的“种子”名师。

2. “双师型”教师专业技能培训。组织5 400名（其中中职学校3 780名，高职院校1 620名）职业院校“双师型”教师、专业骨干教师到具备资质条件的国家级和省级职教师资培养培训基地、大中型企业，开展专业教学法、课程开发与应用、技术技能实训、教学实训与演练等专题培训，着重加强《山东省中等职业学校教师专业技能分级培训与考核标准》的实施。

3. 中高职骨干班主任辅导员培训。组织1 500名班主任、辅导员参加国家级或省级相关培训，其中中职骨干班主任1 200名，高职骨干辅导员300名，重点提升班主任和辅导员教育教学和学生管理能力。

4. 卓越校长专题研修。结合山东省优质高等职业学校建设工程和齐鲁名校长建设工程，组织1 000名校长参加专题研修（其中优质高职学校校长100名，中职齐鲁名校长、骨干校长、新任校长900名），采取集中面授、名校观摩、跟岗培训、专题研修、出国（境）访学等相结合的方式，围绕集团化办学、校企合作、现代学徒制、学校治理、中高职衔接、专业设置与建设、教师队伍建设等内容，着力提升校长改革创新意识、决策领导能力、依法办学和治校能力，培养一批具有较高知名度、精通现代学校治理、适应现代职业教育体系建设的“教育家”型名校长。

（三）青年教师成长助力培训。组织职业院校新任青年教师和优秀青年教师开展青年教师成长助力培训。

1. 新教师职业素养提升培训。组织选派2 100名（其中中职学校1 600名，高职院校500名）新入职青年教师到具有教师培养背景的省内外高校，分阶段、有侧重、系统化集中培训，以教育教学技能（教学设计、教学实施、教学评价）、职业道德规范和教师职业心理素养培训为重点，接受先进的教育教学方法理念，推动青年教师形成积极的职业心态和良好的职业习惯。

2. 优秀青年教师跟岗访学。组织2 000名（其中中职学校1 500名，高职院校500名）职业院校有发展潜力的优秀青年教师到省内外国家级（省级）重点学校、示范学校等优质学校，采取听课观摩、集体备课与案例研讨、参与教科研项目的方式，以“师带徒”模式进行跟岗访学。通过全面参与培训院校教育教学实践和管理工作，帮助青年教师更新教育理念，提升教学能力、研究能力和管理能力，解决教育教学中的实际问题。

3. 职业教育青年技能名师培训。结合山东省职业教育青年技能名师培养计划，选派职业教育青年技能名师100名，参加教育教学能力、专业实践技能、科研及社会服务能力等方面培训和研修，造就一支师德高尚、业务精湛、充满活力的青年教师队伍。

（四）中高职专业教师协同培训。结合山东省高等职业院校品牌专业建设项目、山东省中等职业学校品牌专业建设项目、职业教育专业教学资源库建设项目，建立中高职衔接专业工作室或工作平台，协同提升中高职教师教学和专业能力。

1. 建立技艺技能传承创新平台。面向装备制造、高新技术、传统（民族）技艺等紧缺专业，遴选具备条件的优质职业院校、应用型高校或职教师资培养培训基地，建立400个教师技艺技能传承创新平台，组织具有绝招绝技的技能名师、兼职教师领衔，采取师徒传承和合作研发相结合的方式，重点开展新技术技能的开发与应用、产品研发与技术创新、传统（民族）技艺传承、实习实训资源开发、创新创业教育经验交流等，提升教师专业实践能力、技术应用能力和传承创新能力。计划每年建设100个。

2. 建立“双师型”名师工作室。针对中高职衔接专业，遴选国家级（省级）中高职示范学校具有教学专长的专业带头人、齐鲁名师、教学名师等主持建立300个“双师型”名师工作室，牵头组织中高职衔接专业教师，采取集中面授和网络研修方式，开展理实一体课程开发、行动导向的教学实践与演练、教科研交流与项目合作，协同提升教师实践教学能力、科研教研能力、研究协作能力等，共同研究开发中等和高等职业教育人才贯通培养课程、教材及数字化教学资源。计划每年建设80个。

（五）校企合作双向交流培训。结合职业院校现代学徒制试点项目，加强校企合作人员双向交流合作与培训。

1. 开展教师企业实践。根据职业院校专业特点，选派2 100名（其中中职学校1 600名，高职院校500名）专业课教师尤其是没有企业工作经历的新任教师和青年教师，到已公布的校企合作一体化办学示范企业，重点学习了解企业的生产组织方式、工艺流程、产业发展趋势等基本情况，熟悉企业相关岗位职责、操作规范、技能要求、用人标准、管理制度、企业文化、应用技术需求等，落实《职业学校教师企业实践规定》。

2. 建立兼职教师特聘岗。结合能工巧匠进职校计划，重点面向战略性新兴产业、高新技术产业等国家亟须特需专业及技术技能积累、民族文化传承与创新等方面专业，支持职业院校建立一批兼职教师特聘岗位，聘请企业高技能人才、工程管理人员、能工巧匠等到职校任教。

3. 实施兼职教师培训。实施兼职教师教育教学能力岗前培训，支持兼职教师参与“双师型”名师工作室建设、校本研修、产学研合作研究等，促进专兼职教师协同育人、共同发展。至2020年，计划培训1 900名兼职教师（其中中职学校1 500名、高职学校400名）。

（六）加强骨干培训专家团队建设。组织面向承担《计划》任务的单位、基地管理人员和专兼职培训者810名，进行培训组织实施能力专项研修，提升培训者的培训需求诊断能力、教学设计实施能力、课程与数字化资源开发能力、核心技能创新与推广能力、工作室（平台）主持能力和绩效考核评估能力，提高培训质量和效益。

（七）职业院校教师培训制度体系创新项目。针对培训项目申报、评审、立项、运行、考核评价、质量管理等环节，加大研究创新力度，加强总体安排和系统设计，建立立体化制度体系，注重标准化、信息化手段的运用，促进《计划》的规范高效实施。

三、保障措施

（一）加强组织领导。成立山东省实施职业院校教师素质提高计划领导小组，统筹《计划》的实施工作。领导小组下设办公室和项目管理办公室，具体负责《计划》的组织、协调及各实施项目的具体指导管理工作。各市、县（市、区）教育行政部门及各职业院校，要建立健全组织领导体系，确定分管领导和专门科（处）室，配齐配强工作人员，明确职责分工，统筹安排和管理本地的项目实施工作，积极选派教师校长参加各类培训。

（二）做好培训规划。各市、县（市、区）教育行政部门要围绕5年一周期教师全员培训的整体目标，研究制定本地区职业院校2017～2020年教师素质提高计划的总体规划和年度计划，组织实施本地区职业院校师资培养培训，健全完善相关制度，实施过程管理和质量监督，并将实施情况纳入对各地的教师培训工作绩效考核。职业院校要制定本校教师培训规划，为校长、教师参加培训提供必要的支持和帮助，积极开展形式多样的校本培训，促进每一位教师的专业发展。

（三）加强经费保障。各部门单位要加大教师培训经费投入，各地、各校要参照国家和省关于培训经费管理的相关规定以及《现代职业教育质量提升计划专项资金管理办法》等文件，规范使用管理培训经费，确保专款专用。严格落实中央八项规定精神等相关要求，厉行勤俭节约，提高经费使用效益。项目承担单位不得以任何形式向参训教师收取额外费用。

（四）强化督查评估。建立信息化管理和质量监测系统，强化过程管理、经费监管；健全绩效评价和激励制度，完善评价指标体系，采取自我评估、匿名评教、专家抽评、第三方评估等方式开展工作绩效评估，评估结果作为经费分配、任务调整、考核奖励、鼓励宣传的重要依据；各级教师培训机构要在各地教育行政部门领导下，加强管理制度建设，创新培训工作思路和管理模式，吸引行业企业深度参与，做好教师培训的组织、管理、培训和质量控制等工作，切实提高项目的实施质量，确保达到预期的目标效益。

附件：山东省实施职业院校教师素质提高计划领导小组成员名单

附件：

山东省实施职业院校教师素质提高计划领导小组成员名单

组　长：关延平　省教育厅总督学
　　　　陈祥志　省财政厅副厅长
成　员：刘宝君　省教育厅教师工作处处长
　　　　董苏彭　省财政厅教科文处处长
　　　　吴建华　省教育厅财务处处长
　　　　梁斌言　省教育厅职业教育处处长
　　　　艾修俊　省职教师资培训中心主任

领导小组下设办公室和项目管理办公室。办公室设在省教育厅教师工作处，刘宝君同志兼任办公室主任；项目管理办公室设在省职教师资培训中心，艾修俊同志兼任项目管理办公室主任。

财政部　科技部　发展改革委关于印发《国家科技重大专项（民口）资金管理办法》的通知

2017 年 6 月 27 日　财科教〔2017〕74 号

各国家科技重大专项（民口）牵头组织单位，国务院有关部委、有关直属机构，各省、自治区、直辖市、计划单列市财政厅（局）、科技厅（委、局）、发展改革委（局），新疆生产建设兵团财政局、科技局、发展改革委，各有关单位：

为保障国家科技重大专项（民口）（以下简称重大专项）的组织实施，规范和加强重大专项资金管理，根据《国务院关于改进加强中央财政科研项目和资金管理的若干意见》（国发〔2014〕11 号）、《国务院印发关于深化中央财政科技计划（专项、基金等）管理改革方案的通知》（国发〔2014〕64 号）、《中共中央办公厅　国务院办公厅印发〈关于进一步完善中央财政科研项目资金管理等政策的若干意见〉的通知》、《国务院办公厅关于印发国家科技重大专项组织实施工作规则的通知》（国办发〔2016〕105 号）、《国家科技重大专项（民口）管理规定》（国科发专〔2017〕145 号）及国家有关财经法规和财务管理制度，结合重大专项管理特点，我们修订了《国家科技重大专项（民口）资金管理办法》。现印发给你们，请遵照执行。

附件：国家科技重大专项（民口）资金管理办法

附件：

国家科技重大专项（民口）资金管理办法

第一章 总 则

第一条 为保障国家科技重大专项（民口）（以下简称重大专项）的组织实施，规范和加强重大专项资金管理，根据《国务院关于改进加强中央财政科研项目和资金管理的若干意见》（国发〔2014〕11号）、《国务院印发关于深化中央财政科技计划（专项、基金等）管理改革方案的通知》（国发〔2014〕64号）、《中共中央办公厅 国务院办公厅印发〈关于进一步完善中央财政科研项目资金管理等政策的若干意见〉的通知》、《国务院办公厅关于印发国家科技重大专项组织实施工作规则的通知》（国办发〔2016〕105号）、《国家科技重大专项（民口）管理规定》（国科发专〔2017〕145号）及国家有关财经法规和财务管理制度，制定本办法。

第二条 重大专项的资金来源坚持多元化原则，资金来源包括中央财政资金、地方财政资金、单位自筹资金以及从其他渠道获得的资金。

本办法适用于中央财政安排的重大专项资金（以下简称重大专项资金）。其他来源的资金应当按照国家有关财务会计制度和相关资金提供方的具体要求执行。

第三条 重大专项资金主要用于支持在中国大陆境内注册，具有独立法人资格，承担重大专项任务的科研院所、高等院校、企业等，开展重大专项实施过程中市场机制不能有效配置资源的基础性和公益性研究，以及企业竞争前的共性技术和重大关键技术研究开发等公共科技活动，并对重大技术装备或产品进入市场的产业化前期工作予以适当支持。重大专项实行概预算管理，项目（课题）实行预算管理。

第四条 重大专项的财政支持方式分为前补助、后补助。具体支持方式根据重大专项组织实施的要求和项目（课题）的特点，在年度指南和年度计划（含年度预算，下同）中予以明确。

（一）前补助是指项目（课题）立项后核定预算，并按照项目（课题）执行进度拨付资金的财政支持方式。

（二）后补助是指单位先行投入资金组织开展研究开发、成果转化和产业化活动，在项目（课题）完成并取得相应成果后，按规定程序通过审核验收、评估评审后，给予相应补助的财政支持方式。后补助包括事前立项事后补助、事后立项事后补助两种方式。

（三）对于基础性和公益性研究，以及重大共性关键技术研究、开发、集成等公共科技活动，一般采取前补助方式支持。对于具有明确的、可考核的产品目标和产业化目标的项目（课题），以及具有相同研发目标和任务、并由多个单位分别开展研发的项目（课题），一般采取后补助方式支持。

第五条 重大专项资金的使用和管理遵循以下原则：

（一）集中财力，聚焦重点。聚焦国家重大战略产品和重大产业化目标，发挥举国体制的优势，集中财力，突出重点，避免资金安排分散重复。

（二）放管结合，权责对等。进一步转变政府职能，坚持做好“放管服”，充分发挥相关管理机构的作用，明确职责，强化担当，落实资金管理责任。

（三）多元投入，注重绩效。坚持多元化投入原则，积极发挥市场配置技术创新资源的决定性作用和企业技术创新的主体作用，突出需求牵引和成果绩效导向，提高资金使用效益。

（四）专款专用，单独核算。各种渠道获得的资金都应当按照“专款专用、单独核算”的原则使用和管理。

第二章　管理机构与职责

第六条　按照重大专项的组织管理体系，重大专项资金实行分级管理，分级负责。

第七条　在部际联席会议制度下，科技部会同发展改革委、财政部负责组织重大专项实施方案（含总概算和阶段概算）编制论证，开展阶段实施计划（含分年度概算，下同）、年度计划综合平衡工作，统筹协调重大专项与国家其他科技计划（专项、基金等）、国家重大工程的关系；组织重大专项的监测评估、检查监督和总结验收等。

第八条　财政部会同科技部、发展改革委制定重大专项资金管理制度，评估审核专项总概算和阶段概算。财政部会同科技部组织开展阶段概算的分年度概算评审；对专项牵头组织单位、项目管理专业机构（以下简称专业机构）的重大专项资金管理情况进行监督检查，对项目（课题）资金使用情况和财务验收情况进行抽查。财政部审核批复分年度概算，按部门预算程序审核批复年度预算、执行中的重大概预算调剂等。

出资的地方财政部门负责落实其承诺投入的资金，提出资金安排意见，并加强对资金使用的管理。

第九条　牵头组织单位负责重大专项具体实施工作，制定资金管理实施细则，协调落实重大专项实施的相关支撑条件和配套政策；组织编报分年度概算，制定年度指南；审核上报年度计划建议（含年度预算建议，下同）；批复项目（课题）立项（含预算），按规定程序审核批复预算调剂；监督检查本专项预算执行情况，报告年度资金使用情况，按规定组织开展专项项目（课题）绩效评价；成立重大专项实施管理办公室等。

第十条　专业机构接受部际联席会议办公室与牵头组织单位的共同委托，负责重大专项项目（课题）的具体管理工作。负责组织项目（课题）立项、预算评审、提出年度计划建议；负责与项目（课题）牵头承担单位签订项目（课题）任务合同书（含预算书，下同）；按规定程序审核批复预算调剂；负责项目（课题）过程管理、结题验收和决算；定期报告年度资金使用情况；督促项目（课题）预算执行，监督检查项目（课题）资金使用情况；建立健全重大专项项目（课题）资金管理、财务验收、内部监督等制度，以及预算执行人失信警示和联合惩戒机制等。

第十一条　项目（课题）承担单位（以下简称承担单位）是项目（课题）资金使用和管理的责任主体，应强化法人责任，规范资金管理。负责编制和执行所承担的重大专项项目（课题）预算；按规定程序履行相关预算调剂职责；严格执行各项财务规章制度，接受监督、检查和审计，并配合评估和验收；编报重大专项资金决算，报告资金使用情况等；负责项目（课题）资金使用情况的日常监督和管理；落实单位自筹资金及其他配套条件等。

第三章　重大专项概算管理

第十二条　重大专项概算是指对专项实施周期内，专项实施所需总费用的事前估算，是重大专项预算安排的重要依据。重大专项概算包括总概算、阶段概算和分年度概算。

第十三条　重大专项概算应当同时编制收入概算和支出概算，确保收支平衡。

重大专项收入概算包括中央财政资金概算和其他来源资金概算。

重大专项支出概算包括支出总概算、支出阶段概算和支出分年度概算。支出概算应当在充分论证、科学合理的基础上，根据任务相关性、配置适当性和经济合理性的原则，按照任务级次和不同研发阶段分别编列。

第十四条　牵头组织单位会同专业机构根据国务院批复的实施方案中确定的总概算和阶段概算，结合编制阶段实施计划，进一步细化年度任务目标，编制分年度概算。

第十五条　财政部会同科技部组织开展专项分年度概算评审。财政部根据评审结果，结合财力可能，按照有关规定核定并批复专项中央财政资金分年度概算。

第十六条 经国务院批复的总概算及阶段概算原则上不得调增。分年度概算在不突破阶段概算的前提下，可以在本阶段年度间调整，由牵头组织单位提出申请，按程序报财政部审批。重大专项任务目标发生重大变化等原因导致中央财政资金总概算、阶段概算确需调增的，由牵头组织单位提出调整申请，财政部、科技部、发展改革委审核后按程序报国务院批准。

第四章 资金核定方式及开支范围

第十七条 重大专项资金由项目（课题）资金和管理工作经费组成，分别核定与管理。

第十八条 重大专项项目（课题）资金由直接费用和间接费用组成，适用于前补助和事前立项事后补助项目（课题）。

（一）直接费用是指在项目（课题）实施过程（包括研究、中间试验试制等阶段）中发生的与之直接相关的费用。主要包括：

1. 设备费：是指在项目（课题）实施过程中购置或试制专用仪器设备，对现有仪器设备进行升级改造，以及租赁使用外单位仪器设备而发生的费用。应当严格控制设备购置，鼓励共享、试制、租赁专用仪器设备以及对现有仪器设备进行升级改造，避免重复购置。

2. 材料费：是指在项目（课题）实施过程中由于消耗各种必需的原材料、辅助材料等低值易耗品而发生的采购、运输、装卸和整理等费用。

3. 测试化验加工费：是指在项目（课题）实施过程中支付给外单位（包括承担单位内部独立经济核算单位）的检验、测试、设计、化验、加工及分析等费用。

4. 燃料动力费：是指在项目（课题）实施过程中相关大型仪器设备、专用科学装置等运行发生的水、电、气、燃料消耗费用等。

5. 会议/差旅/国际合作与交流费：是指在项目（课题）实施过程中发生的会议费、差旅费和国际合作与交流费。

会议费：是指在项目（课题）实施过程中为组织开展相关的学术研讨、咨询以及协调任务等活动而发生的会议费用。

差旅费：是指在项目（课题）实施过程中开展科学实验（试验）、科学考察、业务调研、学术交流等所发生的外埠差旅费、市内交通费用等。

国际合作与交流费：是指在项目（课题）实施过程中相关人员出国（境）、外国专家来华及港澳台专家来内地（大陆）工作而发生的费用。

在编制项目（课题）预算时，本科目支出预算不超过直接费用10%的，不需要提供预算测算依据。承担单位和科研人员应当按照实事求是、精简高效、厉行节约的原则，严格执行国家和单位的有关规定，统筹安排使用。

6. 出版/文献/信息传播/知识产权事务费：是指在项目（课题）实施过程中，需要支付的出版费、资料费、专用软件购买费、文献检索费、专业通信费、专利申请及其他知识产权事务等费用。

7. 劳务费：是指在项目（课题）实施过程中支付给参与研究的研究生、博士后、访问学者以及项目（课题）聘用的研究人员、科研辅助人员等的劳务性费用。

项目（课题）聘用人员的劳务费标准，参照当地科研和技术服务业人员平均工资水平，根据其在项目（课题）研究中承担的工作任务确定，其社会保险补助纳入劳务费科目列支。劳务费预算不设比例限制，据实编制。

8. 专家咨询费：是指在项目（课题）实施过程中支付给临时聘请的咨询专家的费用。专家咨询费不得支付给参与项目（课题）研究及其管理相关的工作人员。专家咨询费的标准按国家有关规定执行。

9. 基本建设费：是指项目（课题）实施过程中发生的房屋建筑物构建、工程配套机电设备购置等基本建设支出，应当单独列示，并参照基本建设财务制度执行。

10. 其他费用：是指在项目（课题）实施过程中除上述支出项目之外的其他直接相关的支出。其他费用应当在申请预算时详细说明。

（二）间接费用是指承担单位在项目（课题）组织实施过程中无法在直接费用中列支的相关费用。主要包括承担单位为项目（课题）研究提供的房屋占用，日常水、电、气、暖消耗，有关管理费用的补助支出，以及激励科研人员的绩效支出等。

结合承担单位信用情况，间接费用实行总额控制，按照不超过课题直接费用扣除设备购置费和基本建设费后的一定比例核定。具体比例如下：500万元及以下部分为20%，超过500万元至1 000万元的部分为15%，超过1 000万元以上的部分为13%。

间接费用由承担单位统筹使用和管理。承担单位应当建立健全间接费用的内部管理办法，公开透明、合规合理使用间接费用，处理好分摊间接成本和对科研人员激励的关系，绩效支出安排应当与科研人员在项目工作中的实际贡献挂钩。

项目（课题）中有多个单位的，间接费用在总额范围内由项目（课题）牵头承担单位与参与单位协商分配。承担单位不得在核定的间接费用以外，再以任何名义在项目（课题）资金中重复提取、列支相关费用。

第十九条 重大专项管理工作经费是指在重大专项组织实施过程中，科技部、发展改革委和财政部（以下简称三部门）、牵头组织单位、专业机构等承担重大专项管理职能且不直接承担项目（课题）的有关单位和部门，开展与实施重大专项相关的研究、论证、招标、监理、咨询、评估、评审、审计、监督、检查、培训等管理性工作所需的费用，由财政部单独核定。

第二十条 管理工作经费按照“分年核定、专款专用、勤俭节约、合理规范”的原则使用和管理。管理工作经费不得用于弥补相应单位的日常公用经费。

第二十一条 管理工作经费开支范围包括：会议费、差旅费、专家咨询费、劳务费、审计/评审评估/招投标/监理费、出版物/文献/信息传播费、设备购置费及其他费用等。

（一）会议费是指专项组织实施和管理过程中召开的研讨会、论证会、评审评估会、培训会等会议费用。会议费的开支应当按照国家有关规定执行，严格控制会议的规模、数量、开支标准和会期。

（二）差旅费是指专项组织实施和管理过程中临时聘请的咨询专家发生的外埠差旅费、市内交通费用等，开支标准应当按照国家有关规定执行。

（三）专家咨询费是指专项组织实施和管理过程中支付给临时聘请的咨询专家的费用。专家咨询费不得支付给参与专项管理的相关工作人员，开支标准按国家有关规定执行。

（四）劳务费是指专项组织管理工作中支付给临时聘用且没有工资性（包括退休工资）收入人员的劳务性费用。

（五）审计/评审评估/招投标/监理费是指专项组织实施和管理过程中发生的审计、立项评审、招投标、项目监理等相关费用，开支标准应当按照国家有关规定执行。

（六）出版物/文献/信息传播费是指专项组织实施和管理过程中需要支付的出版费、资料费、专用软件购买费、文献检索费、宣传费等费用。

（七）设备购置费主要用于重大专项管理工作所必需的达到固定资产标准的小型设备购置。设备购置费原则上不予开支，确有需要的，应单独报批。

（八）其他费用是指在专项组织实施过程中除上述支出项目之外的其他与重大专项管理工作直接相关的支出。其他费用应当在申请预算时单独列示。

第二十二条 管理工作经费纳入部门预算管理。经费使用部门（单位）按照部门预算管理有关规定编报经费需求，财政部按规定审核下达管理工作经费预算。管理工作经费应当按规定纳入相应使用单位财务，统一管理，单独核算。管理工作经费的结转结余资金按照中央部门结转和结余资金管理有关规定执行。

第五章　预算编制与审批

第二十三条　预算编制与审批程序适用于前补助和事前立项事后补助项目（课题）。

第二十四条　重大专项实行全口径预算编制，应当全面反映重大专项组织实施过程中的各项收入和支出，明确提出各项支出所需资金的来源渠道。预算包括收入预算和支出预算，做到收支平衡。

第二十五条　专业机构根据年度指南，组织项目（课题）申报及预算编报，不得在预算申报前先行设置控制额度，可在年度指南中公布重大专项年度拟立项项目概算数。

第二十六条　承担单位按照政策相关性、目标相符性和经济合理性原则，科学、合理、真实地编制项目（课题）预算。对仪器设备购置、参与单位资质及拟外拨资金进行重点说明，并申明现有的实施条件和从单位外部可能获得的共享服务，项目（课题）申报单位对直接费用各项支出不得简单按比例编列。

第二十七条　专业机构委托具有独立法人资格的、具有相应资质的第三方机构进行预算评审。

预算评审第三方机构应当具备丰富的国家科技计划预算评审工作经验，熟悉国家科技计划（专项、基金等）和资金管理政策，建立了相关领域的科技专家队伍支撑，拥有专业的预算评审人才队伍等。

预算评审应当按照规范的程序和要求，坚持独立、客观、公正、科学的原则，对项目（课题）申报预算的政策相关性、目标相符性和经济合理性进行评审，预算评审过程中不得简单按比例核减预算。预算评审应当建立健全沟通反馈机制，承担单位对预算评审意见存在重大异议的，可向专业机构申请复议。

第二十八条　专业机构提出年度计划建议报牵头组织单位，牵头组织单位审核同意后，于每年 9 月底前将下一年年度计划报三部门综合平衡。财政部根据三部门综合平衡意见核定年度预算，按规定程序下达牵头组织单位，同时抄送科技部、发展改革委。

由地方政府作为牵头组织单位的重大专项按照有关规定执行。

第二十九条　专业机构应按照有关规定公示拟立项项目（课题）名单和预算（涉密内容除外），并接受监督。

第三十条　牵头组织单位根据三部门综合平衡意见和财政部预算批复，向专业机构下达项目（课题）立项批复（含预算）。

第三十一条　专业机构根据立项批复（含预算）与项目（课题）牵头承担单位签订项目（课题）的任务合同书。

任务合同书是项目（课题）预算执行、财务验收和监督检查的依据。任务合同书应以项目（课题）预算申报书为基础，突出绩效管理，明确项目（课题）考核目标、考核指标及考核方法，明晰各方责权，明确项目（课题）牵头承担单位和参与单位的资金额度，包括其他来源资金和其他配套条件等。

第三十二条　事前立项事后补助是指单位围绕重大专项目标任务，按照前补助规定的程序立项后，先行投入组织研发活动并取得预期成果，按规定程序通过审核、评估和验收后，给予相应补助的财政支持方式。

采用事前立项事后补助方式的项目（课题），可事先拨付不超过该项目（课题）中央财政核定专项资金总额 30% 的启动资金，启动资金列入立项当年预算。待专业机构对项目（课题）进行验收、提出其余中央财政资金预算安排建议，经牵头组织单位审批后，在以后年度预算中安排，承担单位可以统筹安排使用。

第三十三条　事后立项事后补助是对单位已取得了符合重大专项目标要求，但未纳入重大专项支持范围的核心关键技术等研究成果，按规定程序通过审核、评估后给予相应补助的财政支持方式。

采用事后立项事后补助方式的项目（课题），由专业机构组织开展成果征集、项目（课题）评估、技术验证和价值评估，结合项目（课题）的实际支出，提出后补助预算安排建议，并纳入年度计划建议，论证结果和预算安排建议应向社会公示（涉密内容除外）。事后立项事后补助方式获得的资金，承担单位可以统筹安排使用。

第六章　预 算 执 行

第三十四条　自 2018 年 1 月 1 日起，重大专项资金不再通过特设账户拨付，资金支付按照国库集中支付制度有关规定执行。取消特设账户有关事项另行规定。

第三十五条 专业机构按照国库集中支付制度规定，及时办理向项目（课题）牵头承担单位支付年度项目（课题）资金的有关手续。实行部门预算批复前项目（课题）资金预拨制度。

项目（课题）牵头承担单位应当根据项目（课题）研究进度和资金使用情况，及时向项目（课题）参与单位拨付资金。课题参与单位不得再向外转拨资金。

项目（课题）牵头承担单位不得对参与单位无故拖延资金拨付，对于出现上述情况的单位，专业机构将采取约谈、暂停项目（课题）后续拨款等措施。

第三十六条 承担单位应当严格执行国家有关财经法规和财务管理制度，切实履行法人责任，建立健全项目（课题）资金内部管理制度和报销规定，明确内部管理权限和审批程序，完善内控机制建设，强化资金使用绩效评价，确保资金使用安全、规范、有效。

第三十七条 承担单位应当建立健全科研财务助理制度，为科研人员在项目编制和调剂、资金支出、财务决算和验收方面提供专业化服务。

第三十八条 承担单位应当将项目（课题）资金纳入单位财务统一管理，对中央财政资金和其他来源的资金分别单独核算，确保专款专用。按照承诺保证其他来源的资金及时足额到位。

第三十九条 承担单位应当建立信息公开制度，在单位内部公开立项、主要研究人员、资金使用（重点是间接费用、外拨资金、结余资金使用等）、大型仪器设备购置以及项目（课题）研究成果等情况，接受内部监督。

第四十条 承担单位应当严格执行国家有关支出管理制度。对应当实行“公务卡”结算的支出，按照中央财政科研项目使用公务卡结算的有关规定执行。对设备费、大宗材料费和测试化验加工费、劳务费、专家咨询费等支出，原则上应当通过银行转账方式结算。对野外考察、心理测试等科研活动中无法取得发票或者财政性票据的，在确保真实性的前提下，可按实际发生额予以报销。

第四十一条 承担单位应当按照下达的预算执行。项目（课题）在研期间，年度剩余资金结转下一年度继续使用。预算确有必要调剂时，应当按照调剂范围和权限，履行相关程序。

（一）专项年度预算总额的调剂，由专业机构提出申请，牵头组织单位审核后报财政部批复。

（二）项目（课题）年度预算总额调剂，由项目（课题）牵头承担单位向专业机构提出申请，专业机构按原预算评审程序委托预算评审第三方机构评审后，报牵头组织单位审批。

（三）项目（课题）年度预算总额不变，课题间预算调剂，课题承担单位之间预算调剂以及增减项目（课题）参与单位的预算调剂，由项目（课题）牵头承担单位审核汇总后，报专业机构审批。

（四）项目（课题）预算总额不变，直接费用中材料费、测试化验加工费、燃料动力费、出版/文献/信息传播/知识产权事务费、会议/差旅/国际合作与交流费、其他费用等预算如需调剂，由项目（课题）负责人根据实施过程中科研活动的实际需要提出申请，由项目（课题）牵头承担单位审批。设备费、劳务费、专家咨询费、基本建设费预算一般不予调剂，如需调减可按上述程序调剂用于其他方面支出；如需调增，需由项目（课题）牵头承担单位报专业机构审批。

（五）项目（课题）的间接费用预算总额不得调增，经承担单位与项目（课题）负责人协商一致后，可以调减用于直接费用。

第四十二条 重大专项资金实行全口径决算报告制度。对按规定应列入项目（课题）决算的所有资金，应全部纳入项目（课题）决算。

第四十三条 项目（课题）牵头承担单位应当在每年的4月20日前，审核上年度收支情况，汇总形成项目（课题）年度财务决算报告，并报送专业机构。决算报告应当真实、完整、账表一致。

项目（课题）资金下达之日起至年度终了不满三个月的项目（课题），当年可以不编报年度财务决算报告，其资金使用情况在下一年度的年度财务决算报告报表中编制反映。

第四十四条 专业机构按规定组织项目（课题）财务验收，并将财务验收结果报牵头组织单位备案。有下列行为之一的，不得通过财务验收：

（一）编报虚假预算，套取国家财政资金；

（二）未对专项资金进行单独核算；

（三）截留、挤占、挪用专项资金；

（四）违反规定转拨、转移专项资金；

（五）提供虚假财务会计资料；

（六）未按规定执行和调剂预算；

（七）虚假承诺、单位自筹资金不到位；

（八）资金管理使用存在违规问题拒不整改；

（九）其他违反国家财经纪律的行为。

第四十五条 重大专项项目（课题）通过财务验收后，各承担单位应当在一个月内及时办理财务结账手续。

第四十六条 项目（课题）因故撤销或终止，承担单位应当及时清理账目与资产，编制财务报告及资产清单，报送专业机构。专业机构研究提出清查处理意见并报牵头组织单位审核批复，牵头组织单位确认后，按规定程序将结余资金（含处理已购物资、材料及仪器设备的变价收入）上缴国库。

第四十七条 对于项目（课题）结余资金（不含审计、年度监督评估等监督检查中发现的违规资金），项目（课题）完成任务目标并一次性通过验收，且承担单位信用评价好的，结余资金按规定留归承担单位使用，2 年内（自验收结论下达后次年的 1 月 1 日起计算）统筹安排用于科研活动的直接支出。2 年后结余资金未使用完的，按规定原渠道收回。

未一次性通过财务验收的项目（课题），或承担单位信用评价差的，结余资金按规定原渠道收回。

第四十八条 重大专项资金使用中涉及政府采购的，按照国家政府采购有关规定执行。

第四十九条 行政事业单位使用中央财政资金形成的固定资产属国有资产，应当按照国家有关国有资产的管理规定执行。企业使用中央财政资金形成的固定资产，按照《企业财务通则》等相关规章制度执行。中央财政资金形成的知识产权等无形资产的管理，按照国家有关规定执行。

中央财政资金形成的大型科学仪器设备、科学数据、自然科技资源等，按照规定开放共享。

第七章 监督检查

第五十条 三部门、牵头组织单位、专业机构和承担单位应当根据职责和分工，建立覆盖资金管理使用全过程的资金监督检查机制。监督检查应当加强统筹协调，加强信息共享，避免重复交叉。

第五十一条 三部门通过监督评估、专项检查、年度报告分析、举报核查、绩效评价等方式，按计划对专业机构内部管理、重大专项资金管理使用规范性和有效性进行监督检查；对承担单位法人责任落实情况，内部控制机制和管理制度的建设及执行情况，项目（课题）资金拨付的及时性，项目（课题）资金管理使用规范性、安全性和有效性以及财务验收情况等进行抽查。

第五十二条 牵头组织单位应当指导专业机构做好重大专项资金管理工作，对重大专项的实施进展情况、资金使用和管理情况进行监督检查。牵头组织单位按照规定组织开展项目（课题）绩效评价。牵头组织单位对监督检查中发现的问题，及时督促专业机构整改，追踪问责。

第五十三条 专业机构应当建立健全资金监管制度，组织开展重大专项资金的管理和监督，并配合有关部门监督检查，对发现问题的承担单位，采取警示、约谈等方式，督促整改，追踪问责。

专业机构应当在每年末总结当年的重大专项资金管理和监督情况，并报牵头组织单位备案。

第五十四条 承担单位应当按照本办法和国家相关财经法规及财务管理制度，完善内部控制和监督制约机制，加强支撑服务条件建设，提高对科研人员的服务水平，建立常态化的自查自纠机制，保证项目（课题）资金安全。

承担单位应当强化预算约束，规范资金使用行为，严格按照本办法规定的开支范围和标准支出，严禁使用重大专项资金支付各种罚款、捐款、赞助等，严禁以任何方式牟取私利。承担单位应当建立健全各种费用开支的原始资料登记和材料消耗、统计盘点制度，做好预算与财务管理的各项基础性工作。

第五十五条 重大专项资金管理实行责任倒查和追究制度。对存在失职，渎职，弄虚作假，截留、挪用、挤占、骗取重大专项资金等违法违纪行为的，按照相关规定追究相关责任人和单位的责任；涉嫌犯罪的，移送司法机关处理。

财政部及其相关工作人员在重大专项概预算审核下达，牵头组织单位、专业机构及其相关工作人员在重大专项项目（课题）资金分配等环节，存在违反规定安排资金或其他滥用职权、玩忽职守、徇私舞弊等违法违纪行为的，按照《预算法》《公务员法》《行政监察法》《财政违法行为处罚处分条例》等国家有关规定追究相关单位和人员的责任；涉嫌犯罪的，移送司法机关处理。

第五十六条 重大专项组织管理过程中，相关机构和人员应严格遵守国家保密规定。对于违反保密规定的，给国家安全和利益造成损害的，应当依照有关法律、法规给予有关责任机构和人员处分，构成犯罪的，依法追究刑事责任。

第八章　附　　则

第五十七条 牵头组织单位应当根据本办法制定实施细则，报三部门备案。

第五十八条 本办法由财政部负责解释。

第五十九条 本办法自发布之日起施行，《财政部　科技部　发展改革委关于印发〈民口科技重大专项资金管理暂行办法〉通知》（财教〔2009〕218号）、《财政部关于印发〈民口科技重大专项管理工作经费管理暂行办法〉的通知》（财教〔2010〕673号）、《财政部关于民口科技重大专项课题预算调整规定的补充通知》（财教〔2012〕277号）、《财政部关于印发〈民口科技重大专项后补助课题资金管理办法〉的通知》（财教〔2013〕443号）、《财政部关于民口科技重大专项项目（课题）结题财务决算工作的通知》（财教〔2013〕489号）、《财政部　科技部　发展改革委关于〈民口科技重大专项资金管理暂行办法〉的补充通知》（财科教〔2016〕56号）、《财政部关于〈民口科技重大专项管理工作经费管理暂行办法〉的补充通知》（财科教〔2016〕57号）、《财政部关于民口科技重大专项项目（课题）预算调整规定的补充通知》（财科教〔2016〕58号）、《财政部关于〈民口科技重大专项后补助项目（课题）资金管理办法〉的补充通知》（财科教〔2016〕59号）、《财政部关于民口科技重大专项项目（课题）结题财务决算工作的补充通知》（财科教〔2016〕60号）同时废止。

财政部关于印发《国家科技重大专项（民口）项目（课题）财务验收办法》的通知

2017年6月14日　财科教〔2017〕75号

各国家科技重大专项（民口）牵头组织单位，国务院有关部委、有关直属机构，有关省、自治区、直辖市、计划单列市财政厅（局）：

为做好国家科技重大专项（民口）（以下简称重大专项）项目（课题）财务验收工作，保证财务验收工作的科学性、公正性和规范性，根据《国家科技重大专项（民口）管理规定》（国科发专〔2017〕145号）、《国家科技重大专项（民口）资金管理办法》（财科教〔2017〕74号）以及国家有关财经法规和财务管理制度，结合重大专项管理特点，我们修订了《国家科技重大专项（民口）项目（课题）财务验收办法》。现印发给你们，请遵照执行。

附件：国家科技重大专项（民口）项目（课题）财务验收办法

附件：

国家科技重大专项（民口）项目（课题）财务验收办法

第一章 总 则

第一条 为做好国家科技重大专项（民口）（以下简称重大专项）项目（课题）财务验收工作，保证财务验收工作的科学性、公正性和规范性，根据《国家科技重大专项（民口）管理规定》（国科发专〔2017〕145 号）、《国家科技重大专项（民口）资金管理办法》（财科教〔2017〕74 号）以及国家有关财经法规和财务管理制度，制定本办法。

第二条 重大专项项目（课题）财务验收是重大专项项目（课题）验收的重要组成部分。财务验收旨在客观评价重大专项资金使用的总体情况，进一步促进提高重大专项资金使用效益，更好地推进重大专项顺利实施。

第三条 凡经批准列入重大专项管理的项目（课题）均应当进行财务验收。项目（课题）财务验收与项目（课题）任务验收要统一部署、同期实施，在任务合同规定完成时间到期后六个月内完成。不能按期完成任务的，需提前三个月提出延期财务验收申请，说明延期理由和延期时间，报项目管理专业机构（以下简称专业机构）批复。延期时间一般不超过一年。

第四条 重大专项以项目（课题）为基本单元进行财务验收。项目（课题）分管理级次的，各重大专项的专业机构可以根据专项组织管理情况分级次组织、监督财务验收。

第五条 财务验收以国家相关财经法规和财务管理制度，以及批复的重大专项项目（课题）预算为依据。财务验收的资金范围为纳入重大专项预算管理的全部资金，包括中央财政资金、地方财政资金、单位自筹资金以及从其他渠道获得的资金等。

第二章 财务验收的组织管理

第六条 财政部指导重大专项的项目（课题）财务验收工作，并负责对财务验收工作进行监督检查。财政部根据有关规定对专业机构组织开展的财务验收工作及其结果，组织开展财务验收抽查工作。

第七条 牵头组织单位根据政府采购有关规定，确定开展财务审计工作的会计师事务所入围范围，并根据专业机构上报的项目（课题）财务审计计划，安排负责项目（课题）财务审计的会计师事务所。

第八条 专业机构负责相应重大专项项目（课题）财务验收工作。财务验收工作可以通过组织财务验收专家组和按规定委托第三方机构进行。

第九条 财务验收专家组、受托第三方机构应当按合同要求，独立、客观、公正地开展财务验收工作，依据财务验收内容、验收指标等出具初步财务验收意见和验收报告。

第十条 财务验收专家组应当包括财务专家、技术专家等。财务验收专家组成员原则上不少于 7 人，其中财务专家不少于 5 人。专家组组长由财务专家担任。

第十一条 项目（课题）牵头承担单位应当按要求及时提交财务验收申请报告及相关材料，并积极配合专家组完成财务验收相关工作。对于多个单位承担的项目（课题），参与单位应当积极配合牵头承担单位做好上述工作。

第十二条 实行回避制度。重大专项项目（课题）承担单位及其合作单位的人员不得作为验收专家参加本单位验收工作。专业机构工作人员不得作为验收专家参加验收工作。

第三章 财务验收的方式和内容

第十三条 财务验收采取现场验收、非现场验收或两者相结合等方式。专业机构可以视具体情况确定验收方式。

（一）现场验收：主要是通过深入项目（课题）承担单位现场，查验会计凭证和相关财务资料、现场听取有关汇报等，形成项目（课题）财务验收意见。

（二）非现场验收：主要是通过非现场听取汇报、查阅资料、咨询等形式进行财务验收，形成项目（课题）财务验收意见。对确需到项目（课题）现场核查有关资料的，可以组织专家到现场查阅相关资料。

第十四条 财务验收的主要内容有：财务管理及相关制度建设情况、资金到位和拨付情况、会计核算和财务支出情况、预算执行情况和资产管理情况等。

第十五条 财务管理及相关制度建设情况主要包括：项目（课题）承担单位是否建立预算管理、资金管理、合同管理、政府采购、审批报销、资产管理和内部控制等制度；如项目（课题）涉及基本建设，则需制定基建管理制度；以及上述制度的内容是否合理等。

第十六条 资金到位和拨付情况主要包括：重大专项各渠道资金的到位情况，以及项目（课题）牵头承担单位是否按预算批复和任务合同书（含预算书，下同）对参与单位及时足额拨付资金等。

第十七条 会计核算和财务支出情况主要包括：项目（课题）承担单位的会计核算是否规范、准确、真实；项目（课题）的实际支出是否按照预算执行（包括调剂后的预算）；项目（课题）的实际支出是否符合有关规定的支出范围和支出标准；项目（课题）的支出与项目（课题）内容的相关性和合理性等。

第十八条 预算执行情况主要包括：项目（课题）的预算执行情况和项目（课题）的预算调剂是否按照规定程序和权限进行，以及各类资金结余情况等。

第十九条 资产管理情况主要包括：资产配置是否符合新增资产配置预算、政府采购及合同管理制度的规定，资产使用及处置是否符合资产管理制度情况，设备类资产的使用效率及开放共享情况；以及无形资产管理的情况等。

第二十条 在财务验收过程中，有《国家科技重大专项（民口）资金管理办法》（财科教〔2017〕74号）第四十四条规定的九种情况之一的，验收结论为“不通过财务验收”。

第二十一条 财务验收评价采取定性与定量相结合的方式。依据规定的验收内容、验收指标及相应评价标准和分值（财务验收指标详见附2），形成财务验收综合得分，同时对存在的问题提出整改意见。

第四章 财务验收程序

第二十二条 专业机构根据专项任务完成情况和总体工作安排，结合专项特点，制定专项项目（课题）财务验收工作方案，并报牵头组织单位备案。

专业机构根据财务验收工作方案向项目（课题）牵头承担单位发出进行财务验收的通知。

第二十三条 项目（课题）牵头承担单位应当在任务完成后的30日内，在认真清理账目、编制项目（课题）财务收支执行情况报告的基础上，向专业机构提交财务验收材料，主要包括：

（一）项目（课题）任务合同书和其他有关批复文件；

（二）项目（课题）财务收支执行情况报告（报告内容、格式见附1）；

（三）项目（课题）结余资金情况说明；

（四）其他需要提供的材料。

项目（课题）验收文件资料须加盖项目（课题）承担单位公章。项目（课题）承担单位对提供的验收文件资料和相关数据的真实性、准确性和完整性负责。

第二十四条 专业机构收到财务验收材料后，要及时进行形式审查。对通过形式审查的项目（课题），牵头组织单位从确定的会计师事务所范围内选定会计师事务所进行财务审计。

第二十五条 财务审计结束后，会计师事务所应当及时向牵头组织单位出具财务审计报告，牵头组织单位向专业机构做出回复。财务审计报告是财务验收的重要依据；对于财务审计无问题的，专业机构应当及时组织财务验收工作；对于财务审计有问题的，专业机构应当及时组织项目（课题）承担单位进行整改，整改完成后再进行财务验收。

第二十六条 进行项目（课题）财务验收时，每位专家应当在认真学习领会有关政策和制度要求、深入了解项目（课题）相关情况基础上，独立填写并提交财务验收专家意见（详见附3）。总体财务验收结论意见须由全体验收专家讨论通过，由验收专家组组长组织填写财务验收专家组意见（详见附4）并由专家组组长签名。

第二十七条 专业机构在汇总、分析项目（课题）财务验收意见的基础上，初步形成财务验收结论，并将财务验收结论下发至项目（课题）牵头承担单位。

第二十八条 对存在问题需要整改的项目（课题），项目（课题）承担单位应当于接到财务验收结论后一个月内，按照财务验收结论的要求整改完毕，并将整改情况书面报告专业机构重新进行财务验收，一个项目（课题）仅有一次整改机会。整改到位的财务验收结论为“整改后通过财务验收”，整改不到位的财务验收结论为“不通过财务验收”。

第二十九条 专业机构汇总整改后的财务验收意见及相关材料，形成最终财务验收结论，并编写财务验收报告（报告内容、格式见附5），报送牵头组织单位备案。财政部对财务验收工作的程序、内容、质量和验收结论等进行抽查。

第三十条 对于财务验收抽查工作中发现的问题，专业机构及项目（课题）承担单位应当及时进行整改，并将整改情况报送牵头组织单位，牵头组织单位按照规定作相应处理。

第三十一条 涉密项目（课题）的财务验收工作，应严格按照国家有关保密法律法规要求进行管理，由专业机构商牵头组织单位另行组织实施。

第五章 财务验收结论及相关责任

第三十二条 重大专项财务验收结论分为“通过财务验收”（“整改后通过财务验收”）和“不通过财务验收”两种。

项目（课题）综合得分总分值为100分，综合得分高于80分为“通过财务验收”；综合得分低于80分（含80分）为“不通过财务验收”或“整改后重新财务验收”，其中，“整改后重新财务验收”的项目（课题）按照本办法第二十八条规定执行。

第三十三条 项目（课题）通过验收后一个月内，各项目（课题）承担单位应当办理完毕财务结账手续。项目（课题）资金如有结余，应当按照相关财经法规和财务管理制度处理。

第三十四条 到期无故不申请验收、验收未通过的项目（课题），项目（课题）负责人不得再申报重大专项项目（课题），项目（课题）承担单位5年内不得再申报重大专项项目（课题）。

第三十五条 在财务验收过程中发现弄虚作假，截留、挪用、挤占、骗取重大专项资金等行为，对相关单位及个人，按照《预算法》和《财政违法行为处罚处分条例》进行处罚；涉嫌犯罪的，移送司法机关处理。

第三十六条 验收专家组在验收过程中，出现不按照有关要求审核资料、偏袒特定承担单位、收受贿赂，以及其他滥用职权、玩忽职守、徇私舞弊等违法违纪行为的，一经查实，终止或取消其参与重大专项财务验收工作的资格；同时按照信用管理相关规定进行记录和评价，并按照有关规定追究相应责任；涉嫌犯罪的，移送司法机关处理。

会计师事务所等第三方机构人员在验收过程中，出现协助承担单位弄虚作假、重大稽核失误以及其他虚假陈述或未勤勉尽责行为的，一经查实，不再委托其参与重大专项财务验收工作；同时按照《中华人民共和国注册会计师法》及国家有关规定追究相应责任；涉嫌犯罪的，移送司法机关处理。

相关单位及其工作人员、相关管理人员在验收过程中，出现违规参与评审、干扰验收过程和结果，收受贿赂，以及其他滥用职权、玩忽职守、徇私舞弊等违法违纪行为的，一经查实，按照《预算法》、《公务员法》、《行政监察法》、《财政违法行为处罚处分条例》等国家有关规定追究相应责任；涉嫌犯罪的，移送司法机关处理。

第六章　附　　则

第三十七条　各专业机构依据本办法，制定相应的项目（课题）财务验收管理实施细则，报牵头组织单位和财政部备案。

第三十八条　专业机构组织财务验收等所需经费，在专业机构管理工作经费中列支；牵头组织单位组织会计师事务所遴选费用、项目（课题）财务审计费用等，在牵头组织单位管理工作经费中列支；财政部组织财务验收抽查等所需经费，在三部门管理工作经费中列支。经费的开支内容和标准严格按照《国家科技重大专项（民口）资金管理办法》（财科教〔2017〕74 号）执行。

第三十九条　本办法由财政部负责解释，自发布之日起施行。《财政部关于印发〈民口科技重大专项项目（课题）财务验收办法〉的通知》（财教〔2011〕287 号）同时废止。

附：1. 国家科技重大专项（民口）项目（课题）财务收支执行情况报告
2. 国家科技重大专项（民口）项目（课题）财务验收指标
3. 国家科技重大专项（民口）项目（课题）财务验收专家意见
4. 国家科技重大专项（民口）项目（课题）财务验收专家组意见
5. 国家科技重大专项（民口）项目（课题）财务验收报告

附 1：

国家科技重大专项（民口）项目（课题）
财务收支执行情况报告

专项名称：
立项年度：
项目（课题）编号：
项目（课题）名称：

项目（课题）承担单位：（盖章）
承担单位法定代表人：（盖章）
承担单位财务部门负责人：（盖章）
项目（课题）负责人：（盖章）

项目（课题）起止期：　　年　月　日　至　年　月　日

编制日期：　　年　月　日

中华人民共和国财政部制

承　诺　书

本项目（课题）财务收支执行情况报告的编制是在认真阅读理解《国家科技重大专项（民口）资金管理办法》及国家相关财务规章制度基础上，按程序和规定编制的。本单位法定代表人、财务部门负责人、本项目（课题）负责人保证报告各项内容真实、客观，并承担由此引起的相关责任。

法定代表人（签章）：

年　　月　　日

财务部门负责人（签章）：

年　　月　　日

项目（课题）负责人（签章）：

年　　月　　日

项目（课题）财务收支执行情况报告编制说明

一、项目（课题）基本情况

（一）承担单位基本情况。

简要说明项目（课题）承担单位及主管部门情况。如果承担单位在项目（课题）研究期间发生合并或撤销等机构变化的情况也要说明。

（二）立项基本情况。

简述立项申请、批准情况。批复项目（课题）总预算　万元，其中中央财政资金　万元，地方财政资金　万元，单位自筹资金　万元，其他渠道资金　万元。

项目（课题）承担单位任务分配情况：×××单位的主要任务是……

二、项目（课题）研究进展情况说明

（一）研究内容及考核指标。

项目（课题）的主要研究内容是：

项目（课题）的考核指标是：

（二）项目（课题）任务完成情况。

项目（课题）任务完成进度、质量，自实施以来取得的成就（比如获得的专利、发表的论文等）。

三、项目（课题）收支情况

（一）资金到位和落实情况。

1. 中央财政资金和其他渠道资金落实情况，若没有及时足额到位，需详细说明原因。

2. 如项目（课题）预算进行了调剂，说明调剂理由和调剂方式等。

（二）项目（课题）支出情况。

对项目（课题）支出情况汇总表和支出明细表中各支出内容进行说明。
其他需要说明的事项。

四、项目（课题）资金结余情况（承担单位申请财务验收截止日期）

项目（课题）资金结余原因阐述。

五、项目（课题）资金对外拨付情况

项目（课题）牵头承担单位实际发生的项目（课题）研究资金外拨情况进行说明，若外拨单位非预算内单位，需详细说明原因。

六、资金使用和管理过程中的问题及建议

资金管理的制度建设情况、项目核算及资金管理情况等。
管理中存在问题：
相关建议：

七、承担单位财务部门意见

财务收支执行情况报告附表填写说明

表序	表名	汇总/管理单位	基层填报单位
表1	项目（课题）基本情况表	•	•
表2	项目（课题）财务收支执行情况汇总表	•	
表3	项目（课题）支出情况汇总表	•	•
表4	分项目（课题）支出情况汇总表	•	
表5	分年度项目（课题）支出情况汇总表	•	•
表5-1-1	设备费——购置设备明细表		•
表5-1-2	设备费——试制改造设备明细表		•
表5-1-3	设备费——租赁设备明细表		•
表5-2	测试化验加工费明细表		•
表5-3	差旅/会议/国际合作与交流费明细表		•
表5-4	出版/文献/信息传播/知识产权事务费明细表		•
表5-5	基本建设费明细表		•
表5-6	间接费用明细表		•
表6	项目（课题）资金净结余表	•	•
表7	项目（课题）资金对外拨付明细表		•
表8	项目（课题）参加人员基本情况表		•

注：标“•”为填表单位。
财务收支执行情况报告附表共包括8类表，表内数据关系详见各表注，表间数据关系说明如下：
1. 表2总支出=表3总支出=表4总支出；
2. 表2中分年度支出=表5相应年度支出；
3. 表3数据=表5各年度数据加总；
4. 表5系列表均为分年度表；
5. 表5-1、表5-2、表5-3、表5-4、表5-5、表5-6中合计数=表5相应年度中各类费用支出；
6. 各年度设备费总支出=相应年度的“表5-1-1”+“表5-1-2”+“表5-1-3”。

表 1　　　　项目（课题）基本情况表

<table>
<tr><td colspan="6">填表说明：1. 组织机构代码指企事业单位国家标准代码，无组织机构代码的单位填写“00000000－0”；
2. 单位名称、单位公章名称及单位开户名称必须一致，如有不一致请单独提供情况说明；
3. 若有特设账户，单位开户名称、开户银行以及银行账号请填写特设账户信息；若无特设账户，单位开户名称、开户银行以及银行账号请填写项目（课题）预算拨付账户信息。</td></tr>
<tr><td colspan="2">项目（课题）编号</td><td colspan="4"></td></tr>
<tr><td colspan="2">项目（课题）名称</td><td colspan="4"></td></tr>
<tr><td colspan="2">申请中央财政支持方式</td><td colspan="2">前补助
事前立项事后补助（不予拨启动资金）
事前立项事后补助（预拨启动资金）</td><td>后补助比例（%）</td><td></td></tr>
<tr><td rowspan="12">项目（课题）承担单位</td><td>单位名称</td><td colspan="4"></td></tr>
<tr><td>单位性质</td><td colspan="4">事业单位：科研机构∖高等院校∖医疗卫生机构∖其他事业单位
企业：国有企业∖股份制企业∖合资企业∖民营企业∖外资企业
其他机构：社会团体∖中介机构∖其他</td></tr>
<tr><td>单位主管（所属）部门</td><td colspan="2"></td><td>隶属关系</td><td>中央/地方</td></tr>
<tr><td>单位组织机构代码</td><td colspan="4"></td></tr>
<tr><td>单位法定代表人姓名</td><td colspan="4"></td></tr>
<tr><td>单位开户名称</td><td colspan="4"></td></tr>
<tr><td>开户银行（全称）</td><td colspan="4"></td></tr>
<tr><td>银行账号</td><td colspan="4"></td></tr>
<tr><td rowspan="2">单位所属地区</td><td>省、直辖市、自治区</td><td colspan="2">地市（市、自治州、盟）</td><td>县市（区、旗）</td></tr>
<tr><td></td><td colspan="2"></td><td></td></tr>
<tr><td>通信地址</td><td colspan="4"></td></tr>
<tr><td>邮政编码</td><td colspan="4"></td></tr>
<tr><td rowspan="14">相关责任人</td><td rowspan="6">项目（课题）负责人</td><td>姓名</td><td colspan="3"></td></tr>
<tr><td>身份证号码</td><td colspan="3"></td></tr>
<tr><td>工作单位</td><td colspan="3"></td></tr>
<tr><td>电话号码</td><td></td><td>手机号码</td><td></td></tr>
<tr><td>电子邮箱</td><td></td><td>邮政编码</td><td></td></tr>
<tr><td>通信地址</td><td colspan="3"></td></tr>
<tr><td rowspan="4">项目（课题）联系人</td><td>姓名</td><td colspan="3"></td></tr>
<tr><td>电话号码</td><td></td><td>手机号码</td><td></td></tr>
<tr><td>传真号码</td><td colspan="3"></td></tr>
<tr><td>电子邮箱</td><td colspan="3"></td></tr>
<tr><td rowspan="4">财务部门负责人</td><td>姓名</td><td colspan="3"></td></tr>
<tr><td>身份证号码</td><td colspan="3"></td></tr>
<tr><td>电话号码</td><td></td><td>手机号码</td><td></td></tr>
<tr><td>电子邮箱</td><td colspan="3"></td></tr>
</table>

表2

项目（课题）财务收支执行情况汇总表

项目（课题）编号：

项目（课题）名称：

金额单位：万元

序号	资金类型及年度	收入	支出			
			合计	研究经费	中间试验（制）费	其他经费
		（1）	（2）	（3）	（4）	（5）
1	总计	0.00	0.00	0.00	0.00	0.00
2	中央财政资金合计					
3	20××年小计	/				
4	其中：基本建设投入	/				
5	20××年小计	/				
6	其中：基本建设投入	/				
7	……	/				
8	地方财政资金合计					
9	20××年小计	/				
10	20××年小计	/				
11	……	/				
12	单位自筹资金合计					
13	20××年小计	/				
14	20××年小计	/				
15	……					
16	其他渠道资金合计					
17	20××年小计	/				
18	20××年小计	/				
19	……	/				

注：合计（2）列公式=（3）列+（4）列+（5）列。

表 3

项目（课题）支出情况汇总表

项目（课题）编号：

项目（课题）名称：

金额单位：万元

序号	科目	预算批复数					预算调剂数					实际支出数					结余				
		合计	中央财政	地方财政	单位自筹	其他资金	合计	中央财政	地方财政	单位自筹	其他资金	合计	中央财政	地方财政	单位自筹	其他资金	合计	中央财政	地方财政	单位自筹	其他资金
		(1)	(2)	(3)	(4)	(5)	(6)	(7)	(8)	(9)	(10)	(11)	(12)	(13)	(14)	(15)	(16)	(17)	(18)	(19)	(20)
1	总计	0.00	0.00	0.00	0.00	0.00	0.00	0.00	0.00	0.00	0.00	0.00	0.00	0.00	0.00	0.00	0.00	0.00	0.00	0.00	0.00
2	一、研究经费	0.00	0.00	0.00	0.00	0.00	0.00	0.00	0.00	0.00	0.00	0.00	0.00	0.00	0.00	0.00	0.00	0.00	0.00	0.00	0.00
3	（一）直接费用	0.00	0.00	0.00	0.00	0.00	0.00	0.00	0.00	0.00	0.00	0.00	0.00	0.00	0.00	0.00	0.00	0.00	0.00	0.00	0.00
4	1. 设备费	0.00	0.00	0.00	0.00	0.00	0.00	0.00	0.00	0.00	0.00	0.00	0.00	0.00	0.00	0.00	0.00	0.00	0.00	0.00	0.00
5	（1）设备购置费	0.00					0.00					0.00					0.00				
6	（2）试制改造费	0.00					0.00					0.00					0.00				
7	（3）租赁使用费	0.00					0.00					0.00					0.00				
8	2. 材料费	0.00					0.00					0.00					0.00				
9	3. 测试化验加工费	0.00					0.00					0.00					0.00				
10	4. 燃料动力费	0.00					0.00					0.00					0.00				
11	5. 会议/差旅/国际合作与交流费	0.00					0.00					0.00					0.00				
12	（1）会议费	0.00					0.00					0.00					0.00				
13	（2）差旅费	0.00					0.00					0.00					0.00				
14	（3）国际合作与交流费	0.00					0.00					0.00					0.00				
15	6. 出版/文献/信息传播/知识产权事务费	0.00					0.00					0.00					0.00				
16	7. 劳务费	0.00					0.00					0.00					0.00				
17	8. 专家咨询费	0.00					0.00					0.00					0.00				
18	9. 基本建设费	0.00	0.00	0.00	0.00	0.00	0.00	0.00	0.00	0.00	0.00	0.00	0.00	0.00	0.00	0.00	0.00	0.00	0.00	0.00	0.00
19	（1）房屋建筑物购建	0.00					0.00					0.00					0.00				
20	（2）专用设备购置	0.00					0.00					0.00					0.00				
21	（3）基础设施改造	0.00					0.00					0.00					0.00				
22	（4）大型修缮	0.00					0.00					0.00					0.00				
23	（5）信息网络建设	0.00					0.00					0.00					0.00				
24	（6）其他基本建设支出	0.00					0.00					0.00					0.00				

续表

序号	科目	预算批复数					预算调剂数					实际支出数					结余				
		合计	中央财政	地方财政	单位自筹	其他资金	合计	中央财政	地方财政	单位自筹	其他资金	合计	中央财政	地方财政	单位自筹	其他资金	合计	中央财政	地方财政	单位自筹	其他资金
		(1)	(2)	(3)	(4)	(5)	(6)	(7)	(8)	(9)	(10)	(11)	(12)	(13)	(14)	(15)	(16)	(17)	(18)	(19)	(20)
25	10. 其他费用	0.00					0.00					0.00					0.00				
26	（二）间接费用	0.00					0.00					0.00					0.00				
27	二、中间试验（制）费	0.00	0.00	0.00	0.00	0.00	0.00	0.00	0.00	0.00	0.00	0.00	0.00	0.00	0.00	0.00	0.00	0.00	0.00	0.00	0.00
28	（一）直接费用	0.00	0.00	0.00	0.00	0.00	0.00	0.00	0.00	0.00	0.00	0.00	0.00	0.00	0.00	0.00	0.00	0.00	0.00	0.00	0.00
29	1. 设备费	0.00	0.00	0.00	0.00	0.00	0.00	0.00	0.00	0.00	0.00	0.00	0.00	0.00	0.00	0.00	0.00	0.00	0.00	0.00	0.00
30	（1）设备购置费	0.00					0.00					0.00					0.00				
31	（2）试制改造费	0.00					0.00					0.00					0.00				
32	（3）租赁使用费	0.00					0.00					0.00					0.00				
33	2. 材料费	0.00					0.00					0.00					0.00				
34	3. 测试化验加工费	0.00					0.00					0.00					0.00				
35	4. 燃料动力费	0.00					0.00					0.00					0.00				
36	5. 会计/差旅/国际合作与交流费	0.00					0.00					0.00					0.00				
37	（1）会议费	0.00					0.00					0.00					0.00				
38	（2）差旅费	0.00					0.00					0.00					0.00				
39	（3）国际合作与交流费	0.00					0.00					0.00					0.00				
40	6. 出版/文献/信息传播/知道产权事务费	0.00					0.00					0.00					0.00				
41	7. 劳务费	0.00					0.00					0.00					0.00				
42	8. 专家咨询费	0.00					0.00					0.00					0.00				
43	9. 基本建设费	0.00	0.00	0.00	0.00	0.00	0.00	0.00	0.00	0.00	0.00	0.00	0.00	0.00	0.00	0.00	0.00	0.00	0.00	0.00	0.00
44	（1）房屋建筑物购建	0.00					0.00					0.00					0.00				
45	（2）专用设备购置	0.00					0.00					0.00					0.00				
46	（3）基础设施改造	0.00					0.00					0.00					0.00				
47	（4）大型修缮	0.00					0.00					0.00					0.00				
48	（5）信息网络建设	0.00					0.00					0.00					0.00				
49	（6）其他基本建设支出	0.00					0.00					0.00					0.00				
50	10. 其他费用	0.00					0.00					0.00					0.00				
51	（二）间接费用	0.00					0.00					0.00					0.00				
52	三、其他经费	0.00	0.00	0.00	0.00	0.00	0.00	0.00	0.00	0.00	0.00	0.00	0.00	0.00	0.00	0.00	0.00	0.00	0.00	0.00	0.00

续表

序号	科目	预算批复数					预算调剂数					实际支出数					结余				
		合计	中央财政	地方财政	单位自筹	其他资金	合计	中央财政	地方财政	单位自筹	其他资金	合计	中央财政	地方财政	单位自筹	其他资金	合计	中央财政	地方财政	单位自筹	其他资金
		（1）	（2）	（3）	（4）	（5）	（6）	（7）	（8）	（9）	（10）	（11）	（12）	（13）	（14）	（15）	（16）	（17）	（18）	（19）	（20）
53	（一）直接费用	0.00	0.00	0.00	0.00	0.00	0.00	0.00	0.00	0.00	0.00	0.00	0.00	0.00	0.00	0.00	0.00	0.00	0.00	0.00	0.00
54	1. 设备费	0.00	0.00	0.00	0.00	0.00	0.00	0.00	0.00	0.00	0.00	0.00	0.00	0.00	0.00	0.00	0.00	0.00	0.00	0.00	0.00
55	（1）设备购置费	0.00					0.00					0.00					0.00				
56	（2）试制改造费	0.00					0.00					0.00					0.00				
57	（3）租赁使用费	0.00					0.00					0.00					0.00				
58	2. 材料费	0.00					0.00					0.00					0.00				
59	3. 测试化验加工费	0.00					0.00					0.00					0.00				
60	4. 燃料动力费	0.00					0.00					0.00					0.00				
61	5. 会议/差旅/国际合作与交流费	0.00					0.00					0.00					0.00				
62	（1）会议费	0.00					0.00					0.00					0.00				
63	（2）差旅费	0.00					0.00					0.00					0.00				
64	（3）国际合作与交流费	0.00					0.00					0.00					0.00				
65	6. 出版/文献/信息传播/知道产权事务费	0.00					0.00					0.00					0.00				
66	7. 劳务费	0.00					0.00					0.00					0.00				
67	8. 专家咨询费	0.00					0.00					0.00					0.00				
68	9. 基本建设费	0.00	0.00	0.00	0.00	0.00	0.00	0.00	0.00	0.00	0.00	0.00	0.00	0.00	0.00	0.00	0.00	0.00	0.00	0.00	0.00
69	（1）房屋建筑物购建	0.00					0.00					0.00					0.00				
70	（2）专用设备购置	0.00					0.00					0.00					0.00				
71	（3）基础设施改造	0.00					0.00					0.00					0.00				
72	（4）大型修缮	0.00					0.00					0.00					0.00				
73	（5）信息网络建设	0.00					0.00					0.00					0.00				
74	（6）其他基本建设支出	0.00					0.00					0.00					0.00				
75	10. 其他费用	0.00					0.00					0.00					0.00				
76	（二）间接费用	0.00					0.00					0.00					0.00				

注：预算调剂数：增加预算调剂数为正，减少预算调剂数填负数；
结余 = 预算批复数 + 预算调剂数 - 实际支出数；
合计（1）列公式 = （2）列 + （3）列 + （4）列 + （5）列；
合计（6）列公式 = （7）列 + （8）列 + （9）列 + （10）列；
合计（11）列公式 = （12）列 + （13）列 + （14）列 + （15）列；
合计（16）列公式 = （17）列 + （18）列 + （19）列 + （20）列。

表4

分项目（课题）支出情况汇总表

项目（课题）编号：

项目（课题）名称：

金额单位：万元

序号	编报单位级次代码	名称	承担单位	金额					实施起止期
				总计	中央财政	地方财政	单位自筹	其他资金	
				（1）	（2）	（3）	（4）	（5）	
1	合计			0.00	0.00	0.00	0.00	0.00	
2	项目（课题）1								
3	子项目（课题）1								
4	子项目（课题）2								
5	……								
6	项目（课题）2								
7	子项目（课题）1								
8	子项目（课题）2								
9	……								

注：总计（1）列公式＝（2）列＋（3）列＋（4）列＋（5）列。

表 5

分年度项目（课题）支出情况汇总表
（20××年）

项目（课题）编号：

项目（课题）名称：

金额单位：万元

序号	科目	预算批复数					预算调剂数					实际支出数					结余				
		合计	中央财政	地方财政	单位自筹	其他资金	合计	中央财政	地方财政	单位自筹	其他资金	合计	中央财政	地方财政	单位自筹	其他资金	合计	中央财政	地方财政	单位自筹	其他资金
		（1）	（2）	（3）	（4）	（5）	（6）	（7）	（8）	（9）	（10）	（11）	（12）	（13）	（14）	（15）	（16）	（17）	（18）	（19）	（20）
1	总计	0.00	0.00	0.00	0.00	0.00	0.00	0.00	0.00	0.00	0.00	0.00	0.00	0.00	0.00	0.00	0.00	0.00	0.00	0.00	0.00
2	一、研究经费	0.00	0.00	0.00	0.00	0.00	0.00	0.00	0.00	0.00	0.00	0.00	0.00	0.00	0.00	0.00	0.00	0.00	0.00	0.00	0.00
3	（一）直接费用	0.00	0.00	0.00	0.00	0.00	0.00	0.00	0.00	0.00	0.00	0.00	0.00	0.00	0.00	0.00	0.00	0.00	0.00	0.00	0.00
4	1. 设备费	0.00	0.00	0.00	0.00	0.00	0.00	0.00	0.00	0.00	0.00	0.00	0.00	0.00	0.00	0.00	0.00	0.00	0.00	0.00	0.00
5	（1）设备购置费	0.00					0.00					0.00					0.00				
6	（2）试制改造费	0.00					0.00					0.00					0.00				
7	（3）租赁使用费	0.00					0.00					0.00					0.00				
8	2. 材料费	0.00					0.00					0.00					0.00				
9	3. 测试化验加工费	0.00					0.00					0.00					0.00				
10	4. 燃料动力费	0.00					0.00					0.00					0.00				
11	5. 会议/差旅/国际合作与交流费	0.00					0.00					0.00					0.00				
12	（1）会议费	0.00					0.00					0.00					0.00				
13	（2）差旅费	0.00					0.00					0.00					0.00				
14	（3）国际合作与交流费	0.00					0.00					0.00					0.00				
15	6. 出版/文献/信息传播/知识产权事务费	0.00					0.00					0.00					0.00				
16	7. 劳务费	0.00					0.00					0.00					0.00				
17	8. 专家咨询费	0.00					0.00					0.00					0.00				
18	9. 基本建设费	0.00	0.00	0.00	0.00	0.00	0.00	0.00	0.00	0.00	0.00	0.00	0.00	0.00	0.00	0.00	0.00	0.00	0.00	0.00	0.00
19	（1）房屋建筑物购建	0.00					0.00					0.00					0.00				
20	（2）专用设备购置	0.00					0.00					0.00					0.00				
21	（3）基础设施改造	0.00					0.00					0.00					0.00				
22	（4）大型修缮	0.00					0.00					0.00					0.00				
23	（5）信息网络建设	0.00					0.00					0.00					0.00				
24	（6）其他基本建设支出	0.00					0.00					0.00					0.00				

续表

序号	科目	预算批复数					预算调剂数					实际支出数					结余				
		合计	中央财政	地方财政	单位自筹	其他资金	合计	中央财政	地方财政	单位自筹	其他资金	合计	中央财政	地方财政	单位自筹	其他资金	合计	中央财政	地方财政	单位自筹	其他资金
		(1)	(2)	(3)	(4)	(5)	(6)	(7)	(8)	(9)	(10)	(11)	(12)	(13)	(14)	(15)	(16)	(17)	(18)	(19)	(20)
25	10. 其他费用	0.00					0.00					0.00					0.00				
26	（二）间接费用	0.00					0.00					0.00					0.00				
27	二、中间试验（制）费	0.00	0.00	0.00	0.00	0.00	0.00	0.00	0.00	0.00	0.00	0.00	0.00	0.00	0.00	0.00	0.00	0.00	0.00	0.00	0.00
28	（一）直接费用	0.00	0.00	0.00	0.00	0.00	0.00	0.00	0.00	0.00	0.00	0.00	0.00	0.00	0.00	0.00	0.00	0.00	0.00	0.00	0.00
29	1. 设备费	0.00	0.00	0.00	0.00	0.00	0.00	0.00	0.00	0.00	0.00	0.00	0.00	0.00	0.00	0.00	0.00	0.00	0.00	0.00	0.00
30	（1）设备购置费	0.00					0.00					0.00					0.00				
31	（2）试制改造费	0.00					0.00					0.00					0.00				
32	（3）租赁使用费	0.00					0.00					0.00					0.00				
33	2. 材料费	0.00					0.00					0.00					0.00				
34	3. 测试化验加工费	0.00					0.00					0.00					0.00				
35	4. 燃料动力费	0.00					0.00					0.00					0.00				
36	5. 会计/差旅/国际合作与交流费	0.00					0.00					0.00					0.00				
37	（1）会议费	0.00					0.00					0.00					0.00				
38	（2）差旅费	0.00					0.00					0.00					0.00				
39	（3）国际合作与交流费	0.00					0.00					0.00					0.00				
40	6. 出版/文献/信息传播/知道产权事务费	0.00					0.00					0.00					0.00				
41	7. 劳务费	0.00					0.00					0.00					0.00				
42	8. 专家咨询费	0.00					0.00					0.00					0.00				
43	9. 基本建设费	0.00	0.00	0.00	0.00	0.00	0.00	0.00	0.00	0.00	0.00	0.00	0.00	0.00	0.00	0.00	0.00	0.00	0.00	0.00	0.00
44	（1）房屋建筑物购建	0.00					0.00					0.00					0.00				
45	（2）专用设备购置	0.00					0.00					0.00					0.00				
46	（3）基础设施改造	0.00					0.00					0.00					0.00				
47	（4）大型修缮	0.00					0.00					0.00					0.00				
48	（5）信息网络建设	0.00					0.00					0.00					0.00				
49	（6）其他基本建设支出	0.00					0.00					0.00					0.00				
50	10. 其他费用	0.00					0.00					0.00					0.00				
51	（二）间接费用	0.00					0.00					0.00					0.00				
52	三、其他经费	0.00	0.00	0.00	0.00	0.00	0.00	0.00	0.00	0.00	0.00	0.00	0.00	0.00	0.00	0.00	0.00	0.00	0.00	0.00	0.00

续表

序号	科目	预算批复数					预算调剂数					实际支出数					结余				
		合计	中央财政	地方财政	单位自筹	其他资金	合计	中央财政	地方财政	单位自筹	其他资金	合计	中央财政	地方财政	单位自筹	其他资金	合计	中央财政	地方财政	单位自筹	其他资金
		（1）	（2）	（3）	（4）	（5）	（6）	（7）	（8）	（9）	（10）	（11）	（12）	（13）	（14）	（15）	（16）	（17）	（18）	（19）	（20）
53	（一）直接费用	0.00	0.00	0.00	0.00	0.00	0.00	0.00	0.00	0.00	0.00	0.00	0.00	0.00	0.00	0.00	0.00	0.00	0.00	0.00	0.00
54	1. 设备费	0.00	0.00	0.00	0.00	0.00	0.00	0.00	0.00	0.00	0.00	0.00	0.00	0.00	0.00	0.00	0.00	0.00	0.00	0.00	0.00
55	（1）设备购置费	0.00					0.00					0.00					0.00				
56	（2）试制改造费	0.00					0.00					0.00					0.00				
57	（3）租赁使用费	0.00					0.00					0.00					0.00				
58	2. 材料费	0.00					0.00					0.00					0.00				
59	3. 测试化验加工费	0.00					0.00					0.00					0.00				
60	4. 燃料动力费	0.00					0.00					0.00					0.00				
61	5. 会议/差旅/国际合作与交流费	0.00					0.00					0.00					0.00				
62	（1）会议费	0.00					0.00					0.00					0.00				
63	（2）差旅费	0.00					0.00					0.00					0.00				
64	（3）国际合作与交流费	0.00					0.00					0.00					0.00				
65	6. 出版/文献/信息传播/知道产权事务费	0.00					0.00					0.00					0.00				
66	7. 劳务费	0.00					0.00					0.00					0.00				
67	8. 专家咨询费	0.00					0.00					0.00					0.00				
68	9. 基本建设费	0.00	0.00	0.00	0.00	0.00	0.00	0.00	0.00	0.00	0.00	0.00	0.00	0.00	0.00	0.00	0.00	0.00	0.00	0.00	0.00
69	（1）房屋建筑物购建	0.00					0.00					0.00					0.00				
70	（2）专用设备购置	0.00					0.00					0.00					0.00				
71	（3）基础设施改造	0.00					0.00					0.00					0.00				
72	（4）大型修缮	0.00					0.00					0.00					0.00				
73	（5）信息网络建设	0.00					0.00					0.00					0.00				
74	（6）其他基本建设支出	0.00					0.00					0.00					0.00				
75	10. 其他费用	0.00					0.00					0.00					0.00				
76	（二）间接费用	0.00					0.00					0.00					0.00				

注：预算调剂数：增加预算调剂数为正，减少预算调剂数填负数；
结余 = 预算批复数 + 预算调剂数 – 实际支出数；
合计（1）列公式 =（2）列 +（3）列 +（4）列 +（5）列；
合计（6）列公式 =（7）列 +（8）列 +（9）列 +（10）列；
合计（11）列公式 =（12）列 +（13）列 +（14）列 +（15）列；
合计（16）列公式 =（17）列 +（18）列 +（19）列 +（20）列。

表 5－1－1

设备费——购置设备明细表

项目（课题）年度：

项目（课题）编号：

项目（课题）名称：

金额单位：万元

填表说明：1. 费用类型：A. 研究经费　B. 中间试验（制）费　C. 其他经费；
2. 单价项需填写设备净价（需要进口的设备不含关税）；
3. 单价≥200 万元的设备（中央财政列支的）需提供联合评议意见。

序号	资产登记卡号	设备名称	购置设备型号	购置设备生产国别与地区	费用类型	单价	数量	预算批复数					预算调剂数					实际支出数					结余					备注
								小计	中央财政	地方财政	单位自筹	其他资金	小计	中央财政	地方财政	单位自筹	其他资金	小计	中央财政	地方财政	单位自筹	其他资金	小计	中央财政	地方财政	单位自筹	其他资金	
								(1)	(2)	(3)	(4)	(5)	(6)	(7)	(8)	(9)	(10)	(11)	(12)	(13)	(14)	(15)	(16)	(17)	(18)	(19)	(20)	
								0.00					0.00					0.00					0.00					
								0.00					0.00					0.00					0.00					
								0.00					0.00					0.00					0.00					
研究经费中购置设备小计			—	—	—	—		0.00					0.00					0.00					0.00					
中间试验（制）费中购置设备小计			—	—	—	—		0.00					0.00					0.00					0.00					
其他经费中购置设备小计			—	—	—	—		0.00					0.00					0.00					0.00					
合计			—	—	—	—	0	0.00	0.00	0.00	0.00	0.00	0.00	0.00	0.00	0.00	0.00	0.00	0.00	0.00	0.00	0.00	0.00	0.00	0.00	0.00	0.00	

注：预算调剂数：增加预算调剂数为正，减少预算调剂数填负数；
结余＝预算批复数＋预算调剂数－实际支出数；
合计（1）列公式＝（2）列＋（3）列＋（4）列＋（5）列；
合计（6）列公式＝（7）列＋（8）列＋（9）列＋（10）列；
合计（11）列公式＝（12）列＋（13）列＋（14）列＋（15）列；
合计（16）列公式＝（17）列＋（18）列＋（19）列＋（20）列。

表 5－1－2

设备费——试制改造设备明细表

项目（课题）年度：

项目（课题）编号：

项目（课题）名称：

金额单位：万元

填表说明：1. 费用类型：A. 研究经费　B. 中间试验（制）费　C. 其他经费；
2. 单价≥200 万元的设备需进行详细说明。

序号	资产登记卡号	设备名称	费用类型	单价	数量	预算批复数					预算调剂数					实际支出数					结余					备注
						小计	中央财政	地方财政	单位自筹	其他资金	小计	中央财政	地方财政	单位自筹	其他资金	小计	中央财政	地方财政	单位自筹	其他资金	小计	中央财政	地方财政	单位自筹	其他资金	
						(1)	(2)	(3)	(4)	(5)	(6)	(7)	(8)	(9)	(10)	(11)	(12)	(13)	(14)	(15)	(16)	(17)	(18)	(19)	(20)	
						0.00					0.00					0.00					0.00					
						0.00					0.00					0.00					0.00					
						0.00					0.00					0.00					0.00					
研究经费中试制改造设备小计			—	—		0.00					0.00					0.00					0.00					
中间试验（制）费中试制改造设备小计			—	—		0.00					0.00					0.00					0.00					
其他经费中试制改造设备小计			—	—		0.00					0.00					0.00					0.00					
合计			—	—	0	0.00	0.00	0.00	0.00	0.00	0.00	0.00	0.00	0.00	0.00	0.00	0.00	0.00	0.00	0.00	0.00	0.00	0.00	0.00	0.00	

注：预算调剂数：增加预算调剂数为正，减少预算调剂数填负数；
结余＝预算批复数＋预算调剂数－实际支出数；
合计（1）列公式＝（2）列＋（3）列＋（4）列＋（5）列；
合计（6）列公式＝（7）列＋（8）列＋（9）列＋（10）列；
合计（11）列公式＝（12）列＋（13）列＋（14）列＋（15）列；
合计（16）列公式＝（17）列＋（18）列＋（19）列＋（20）列。

表5－1－3

设备费——租赁设备明细表

项目（课题）年度：

项目（课题）编号：

项目（课题）名称：

金额单位：万元

填表说明：1. 费用类型：A. 研究经费　B. 中间试验（制）费　C. 其他经费。

序号	设备名称	设备型号	出租单位	租金单价（万元/月）	台套数	租期（月）	费用类型	预算批复数					预算调剂数					实际支出数					结余					备注
								小计	中央财政	地方财政	单位自筹	其他资金	小计	中央财政	地方财政	单位自筹	其他资金	小计	中央财政	地方财政	单位自筹	其他资金	小计	中央财政	地方财政	单位自筹	其他资金	
								(1)	(2)	(3)	(4)	(5)	(6)	(7)	(8)	(9)	(10)	(11)	(12)	(13)	(14)	(15)	(16)	(17)	(18)	(19)	(20)	
								0.00					0.00					0.00					0.00					
								0.00					0.00					0.00					0.00					
								0.00					0.00					0.00					0.00					
研究经费中租赁设备小计		—	—	—		—	—	0.00					0.00					0.00					0.00					
中间试验（制）费中租赁设备小计		—	—	—		—	—	0.00					0.00					0.00					0.00					
其他经费中租赁设备小计		—	—	—		—	—	0.00					0.00					0.00					0.00					
合计		—	—	—	0	—	—	0.00	0.00	0.00	0.00	0.00	0.00	0.00	0.00	0.00	0.00	0.00	0.00	0.00	0.00	0.00	0.00	0.00	0.00	0.00	0.00	

注：预算调剂数：增加预算调剂数为正，减少预算调剂数填负数；

结余＝预算批复数＋预算调剂数－实际支出数；

合计（1）列公式＝（2）列＋（3）列＋（4）列＋（5）列；

合计（6）列公式＝（7）列＋（8）列＋（9）列＋（10）列；

合计（11）列公式＝（12）列＋（13）列＋（14）列＋（15）列；

合计（16）列公式＝（17）列＋（18）列＋（19）列＋（20）列。

表 5－2

测试化验加工费明细表

项目（课题）年度：

项目（课题）编号：

项目（课题）名称：

金额单位：万元

填表说明：1. 费用类型：A. 研究经费 B. 中间试验（制）费 C. 其他经费。

序号	测试化验加工内容	承担单位	费用类型	预算批复数					预算调剂数					实际支出数					结余				
				小计	中央财政	地方财政	单位自筹	其他资金	小计	中央财政	地方财政	单位自筹	其他资金	小计	中央财政	地方财政	单位自筹	其他资金	小计	中央财政	地方财政	单位自筹	其他资金
				（1）	（2）	（3）	（4）	（5）	（6）	（7）	（8）	（9）	（10）	（11）	（12）	（13）	（14）	（15）	（16）	（17）	（18）	（19）	（20）
				0.00					0.00					0.00					0.00				
				0.00					0.00					0.00					0.00				
				0.00					0.00					0.00					0.00				
研究经费中测试化验加工费小计				0.00					0.00					0.00					0.00				
中间试验（制）费中测试化验加工费小计				0.00					0.00					0.00					0.00				
其他经费中测试化验加工费小计				0.00					0.00					0.00					0.00				
合计				0.00	0.00	0.00	0.00	0.00	0.00	0.00	0.00	0.00	0.00	0.00	0.00	0.00	0.00	0.00	0.00	0.00	0.00	0.00	0.00

注：预算调剂数：增加预算调剂数为正，减少预算调剂数填负数；
结余＝预算批复数＋预算调剂数－实际支出数；
合计（1）列公式＝（2）列＋（3）列＋（4）列＋（5）列；
合计（6）列公式＝（7）列＋（8）列＋（9）列＋（10）列；
合计（11）列公式＝（12）列＋（13）列＋（14）列＋（15）列；
合计（16）列公式＝（17）列＋（18）列＋（19）列＋（20）列。

表 5－3

会议/差旅/国际合作与交流费明细表

项目（课题）年度：

项目（课题）编号：

项目（课题）名称：

金额单位：万元

填表说明：1. 费类：A. 差旅费　B. 会议费　C. 国际合作与交流费；
2. 费用类型：A. 研究经费　B. 中间试验（制）费　C. 其他经费。

	费类	费用类型	预算批复数					预算调剂数					实际支出数					结余				
			小计	中央财政	地方财政	单位自筹	其他资金	小计	中央财政	地方财政	单位自筹	其他资金	小计	中央财政	地方财政	单位自筹	其他资金	小计	中央财政	地方财政	单位自筹	其他资金
			（1）	（2）	（3）	（4）	（5）	（6）	（7）	（8）	（9）	（10）	（11）	（12）	（13）	（14）	（15）	（16）	（17）	（18）	（19）	（20）
			0.00	0.00	0.00	0.00	0.00	0.00	0.00	0.00	0.00	0.00	0.00	0.00	0.00	0.00	0.00	0.00	0.00	0.00	0.00	0.00
研究经费中差旅费小计			0.00					0.00					0.00					0.00				
中间试验（制）费中差旅费小计			0.00					0.00					0.00					0.00				
其他经费中差旅费小计			0.00					0.00					0.00					0.00				
研究经费中会议费小计			0.00					0.00					0.00					0.00				
中间试验（制）费中会议费小计			0.00					0.00					0.00					0.00				
其他经费中会议费小计			0.00					0.00					0.00					0.00				
研究经费中国际合作与交流费小计			0.00					0.00					0.00					0.00				
中间试验（制）费中国际合作与交流费小计			0.00					0.00					0.00					0.00				
其他经费中国际合作与交流费小计			0.00					0.00					0.00					0.00				
合计			0.00	0.00	0.00	0.00	0.00	0.00	0.00	0.00	0.00	0.00	0.00	0.00	0.00	0.00	0.00	0.00	0.00	0.00	0.00	0.00

注：预算调剂数：增加预算调剂数为正，减少预算调剂数填负数；
结余＝预算批复数＋预算调剂数－实际支出数；
合计（1）列公式＝（2）列＋（3）列＋（4）列＋（5）列；
合计（6）列公式＝（7）列＋（8）列＋（9）列＋（10）列；
合计（11）列公式＝（12）列＋（13）列＋（14）列＋（15）列；
合计（16）列公式＝（17）列＋（18）列＋（19）列＋（20）列。

表 5－4

出版/文献/信息传播/知识产权事务费明细表

项目（课题）年度：

项目（课题）编号：

项目（课题）名称：

金额单位：万元

填表说明：1. 类别：文献资料、论文发表、专利申请、软件、专利技术购买、其他；
2. 费用类型：A. 研究经费　B. 中间试验（制）费　C. 其他经费。

序号	类别	名称	费用类型	预算批复数					预算调剂数					实际支出数					结余				
				小计	中央财政	地方财政	单位自筹	其他资金	小计	中央财政	地方财政	单位自筹	其他资金	小计	中央财政	地方财政	单位自筹	其他资金	小计	中央财政	地方财政	单位自筹	其他资金
				(1)	(2)	(3)	(4)	(5)	(6)	(7)	(8)	(9)	(10)	(11)	(12)	(13)	(14)	(15)	(16)	(17)	(18)	(19)	(20)
				0.00	0.00	0.00	0.00	0.00	0.00	0.00	0.00	0.00	0.00	0.00	0.00	0.00	0.00	0.00	0.00	0.00	0.00	0.00	0.00
				0.00					0.00					0.00					0.00				
				0.00					0.00					0.00					0.00				
研究经费中出版/文献/信息传播/知识产权事务费小计				0.00					0.00					0.00					0.00				
中间试验（制）费中出版/文献/信息传播/知识产权事务费小计				0.00					0.00					0.00					0.00				
其他经费中出版/文献/信息传播/知识产权事务费小计				0.00					0.00					0.00					0.00				
合计				0.00	0.00	0.00	0.00	0.00	0.00	0.00	0.00	0.00	0.00	0.00	0.00	0.00	0.00	0.00	0.00	0.00	0.00	0.00	0.00

注：预算调剂数：增加预算调剂数为正，减少预算调剂数填负数；
结余＝预算批复数＋预算调剂数－实际支出数；
合计（1）列公式＝（2）列＋（3）列＋（4）列＋（5）列；
合计（6）列公式＝（7）列＋（8）列＋（9）列＋（10）列；
合计（11）列公式＝（12）列＋（13）列＋（14）列＋（15）列；
合计（16）列公式＝（17）列＋（18）列＋（19）列＋（20）列。

表 5 – 5

基本建设费明细表

项目（课题）年度：

项目（课题）编号：

项目（课题）名称：

金额单位：万元

填表说明：1. 支出科目：A. 房屋建筑物购建　B. 专用设备购置　C. 基础设施建设　D. 大型修缮　E. 信息网络建设　F. 其他基本建设支出

2. 费用类型：A. 研究经费　B. 中间试验（制）费　C. 其他经费；

3. 单价项需填写设备净价（需要进口的设备不含关税）；

4. 单价≥200 万元的设备（中央财政列支的）需提供联合评议意见。

序号	资产登记卡号	资产名称	支出科目	费用类型	设备型号	设备生产国别与地区	单价	数量	预算批复数					预算调剂数					实际支出数					结余					备注
									小计	中央财政	地方财政	单位自筹	其他资金	小计	中央财政	地方财政	单位自筹	其他资金	小计	中央财政	地方财政	单位自筹	其他资金	小计	中央财政	地方财政	单位自筹	其他资金	
									(1)	(2)	(3)	(4)	(5)	(6)	(7)	(8)	(9)	(10)	(11)	(12)	(13)	(14)	(15)	(16)	(17)	(18)	(19)	(20)	
									0.00	0.00	0.00	0.00	0.00	0.00	0.00	0.00	0.00	0.00	0.00	0.00	0.00	0.00	0.00	0.00	0.00	0.00	0.00	0.00	
									0.00					0.00					0.00					0.00					
									0.00					0.00					0.00					0.00					
研究经费中基本建设费小计			—	—	—	—	—		0.00					0.00					0.00					0.00					
中间试验（制）费中基本建设费小计			—	—	—	—	—		0.00					0.00					0.00					0.00					
其他经费中基本建设费小计			—	—	—	—	—		0.00					0.00					0.00					0.00					
合计			—	—	—	—	—	0	0.00	0.00	0.00	0.00	0.00	0.00	0.00	0.00	0.00	0.00	0.00	0.00	0.00	0.00	0.00	0.00	0.00	0.00	0.00	0.00	

注：预算调剂数：增加预算调剂数为正，减少预算调剂数填负数；

结余 = 预算批复数 + 预算调剂数 – 实际支出数；

合计（1）列公式 =（2）列 +（3）列 +（4）列 +（5）列；

合计（6）列公式 =（7）列 +（8）列 +（9）列 +（10）列；

合计（11）列公式 =（12）列 +（13）列 +（14）列 +（15）列；

合计（16）列公式 =（17）列 +（18）列 +（19）列 +（20）列。

表 5 – 6

间接费用明细表

项目（课题）年度：

项目（课题）编号：

项目（课题）名称：

金额单位：万元

内容	预算批复数					预算调剂数					实际支出数					结余				
	小计	中央财政	地方财政	单位自筹	其他资金	小计	中央财政	地方财政	单位自筹	其他资金	小计	中央财政	地方财政	单位自筹	其他资金	小计	中央财政	地方财政	单位自筹	其他资金
	（1）	（2）	（3）	（4）	（5）	（6）	（7）	（8）	（9）	（10）	（11）	（12）	（13）	（14）	（15）	（16）	（17）	（18）	（19）	（20）
研究经费中间接费用小计	0.00	0.00	0.00	0.00	0.00	0.00	0.00	0.00	0.00	0.00	0.00	0.00	0.00	0.00	0.00	0.00	0.00	0.00	0.00	0.00
中间试验（制）费中间接费用小计	0.00					0.00					0.00					0.00				
其他经费中间接费用小计	0.00					0.00					0.00					0.00				
合计	0.00	0.00	0.00	0.00	0.00	0.00	0.00	0.00	0.00	0.00	0.00	0.00	0.00	0.00	0.00	0.00	0.00	0.00	0.00	0.00

注：预算调剂数：增加预算调剂数为正，减少预算调剂数填负数；

结余 = 预算批复数 + 预算调剂数 – 实际支出数；

合计（1）列公式 =（2）列 +（3）列 +（4）列 +（5）列；

合计（6）列公式 =（7）列 +（8）列 +（9）列 +（10）列；

合计（11）列公式 =（12）列 +（13）列 +（14）列 +（15）列；

合计（16）列公式 =（17）列 +（18）列 +（19）列 +（20）列。

表 6

项目（课题）资金净结余表

项目（课题）编号：

项目（课题）名称：

截至申请验收日：　　　　金额单位：万元

序号	项目（课题）	总预算数		实际支出		经费余额		后续支出		净结余金额	
		合计	其中：中央财政	合计	其中：中央财政	合计	其中：中央财政	合计	其中：中央财政	合计	其中：中央财政
		(1)	(2)	(3)	(4)	(5)	(6)	(7)	(8)	(9)	(10)
1	一、研究经费	0.00	0.00	0.00	0.00	0.00	0.00	0.00	0.00	0.00	0.00
2	（一）直接费用	0.00	0.00	0.00	0.00	0.00	0.00	0.00	0.00	0.00	0.00
3	1. 设备费	0.00	0.00	0.00	0.00	0.00	0.00	0.00	0.00	0.00	0.00
4	（1）设备购置费	0.00		0.00		0.00		0.00		0.00	
5	（2）试制改造费	0.00		0.00		0.00		0.00		0.00	
6	（3）租赁使用费	0.00		0.00		0.00		0.00		0.00	
7	2. 材料费	0.00		0.00		0.00		0.00		0.00	
8	3. 测试化验加工费	0.00		0.00		0.00		0.00		0.00	
9	4. 燃料动力费	0.00		0.00		0.00		0.00		0.00	
10	5. 会议/差旅/国际合作与交流费	0.00		0.00		0.00		0.00		0.00	
11	（1）会议费	0.00		0.00		0.00		0.00		0.00	
12	（2）差旅费	0.00		0.00		0.00		0.00		0.00	
13	（3）国际合作与交流费	0.00		0.00		0.00		0.00		0.00	
14	6. 出版/文献/信息传播/知识产权事务费	0.00		0.00		0.00		0.00		0.00	
15	7. 劳务费	0.00		0.00		0.00		0.00		0.00	
16	8. 专家咨询费	0.00		0.00		0.00		0.00		0.00	
17	9. 基本建设费	0.00		0.00		0.00		0.00		0.00	
18	（1）房屋建筑物购建	0.00		0.00		0.00		0.00		0.00	
19	（2）专用设备购置	0.00		0.00		0.00		0.00		0.00	
20	（3）基础设施改造	0.00		0.00		0.00		0.00		0.00	
21	（4）大型修缮	0.00		0.00		0.00		0.00		0.00	
22	（5）信息网络建设	0.00		0.00		0.00		0.00		0.00	
23	（6）其他基本建设支出	0.00		0.00		0.00		0.00		0.00	
24	10. 其他费用	0.00		0.00		0.00		0.00		0.00	
25	（二）间接费用	0.00		0.00		0.00		0.00		0.00	
26	二、中间试验（制）费	0.00	0.00	0.00	0.00	0.00	0.00	0.00	0.00	0.00	0.00
27	（一）直接费用	0.00	0.00	0.00	0.00	0.00	0.00	0.00	0.00	0.00	0.00
28	1. 设备费	0.00	0.00	0.00	0.00	0.00	0.00	0.00	0.00	0.00	0.00
29	（1）设备购置费	0.00		0.00		0.00		0.00		0.00	
30	（2）试制改造费	0.00		0.00		0.00		0.00		0.00	
31	（3）租赁使用费	0.00		0.00		0.00		0.00		0.00	
32	2. 材料费	0.00		0.00		0.00		0.00		0.00	
33	3. 测试化验加工费	0.00		0.00		0.00		0.00		0.00	
34	4. 燃料动力费	0.00		0.00		0.00		0.00		0.00	
35	5. 会计/差旅/国际合作与交流费	0.00		0.00		0.00		0.00		0.00	
36	（1）会议费	0.00		0.00		0.00		0.00		0.00	
37	（2）差旅费	0.00		0.00		0.00		0.00		0.00	
38	（3）国际合作与交流费	0.00		0.00		0.00		0.00		0.00	
39	6. 出版/文献/信息传播/知识产权事务费	0.00		0.00		0.00		0.00		0.00	

续表

序号	项目（课题）	总预算数		实际支出		经费余额		后续支出		净结余金额	
		合计	其中：中央财政	合计	其中：中央财政	合计	其中：中央财政	合计	其中：中央财政	合计	其中：中央财政
		(1)	(2)	(3)	(4)	(5)	(6)	(7)	(8)	(9)	(10)
40	7. 劳务费	0.00		0.00		0.00		0.00		0.00	
41	8. 专家咨询费	0.00		0.00		0.00		0.00		0.00	
42	9. 基本建设费	0.00	0.00	0.00	0.00	0.00	0.00	0.00	0.00	0.00	0.00
43	（1）房屋建筑物购建	0.00		0.00		0.00		0.00		0.00	
44	（2）专用设备购置	0.00		0.00		0.00		0.00		0.00	
45	（3）基础设施改造	0.00		0.00		0.00		0.00		0.00	
46	（4）大型修缮	0.00		0.00		0.00		0.00		0.00	
47	（5）信息网络建设	0.00		0.00		0.00		0.00		0.00	
48	（6）其他基本建设支出	0.00		0.00		0.00		0.00		0.00	
49	10. 其他费用	0.00		0.00		0.00		0.00		0.00	
50	（二）间接费用	0.00		0.00		0.00		0.00		0.00	
51	三、其他经费	0.00	0.00	0.00	0.00	0.00	0.00	0.00	0.00	0.00	0.00
52	（一）直接费用	0.00	0.00	0.00	0.00	0.00	0.00	0.00	0.00	0.00	0.00
53	1. 设备费	0.00	0.00	0.00	0.00	0.00	0.00	0.00	0.00	0.00	0.00
54	（1）设备购置费	0.00		0.00		0.00		0.00		0.00	
55	（2）试制改造费	0.00		0.00		0.00		0.00		0.00	
56	（3）租赁使用费	0.00		0.00		0.00		0.00		0.00	
57	2. 材料费	0.00		0.00		0.00		0.00		0.00	
58	3. 测试化验加工费	0.00		0.00		0.00		0.00		0.00	
59	4. 燃料动力费	0.00		0.00		0.00		0.00		0.00	
60	5. 会议/差旅/国际合作与交流费	0.00		0.00		0.00		0.00		0.00	
61	（1）会议费	0.00		0.00		0.00		0.00		0.00	
62	（2）差旅费	0.00		0.00		0.00		0.00		0.00	
63	（3）国际合作与交流费	0.00		0.00		0.00		0.00		0.00	
64	6. 出版/文献/信息传播/知识产权事务费	0.00		0.00		0.00		0.00		0.00	
65	7. 劳务费	0.00		0.00		0.00		0.00		0.00	
66	8. 专家咨询费	0.00		0.00		0.00		0.00		0.00	
67	9. 基本建设费	0.00	0.00	0.00	0.00	0.00	0.00	0.00	0.00	0.00	0.00
68	（1）房屋建筑物购建	0.00		0.00		0.00		0.00		0.00	
69	（2）专用设备购置	0.00		0.00		0.00		0.00		0.00	
70	（3）基础设施改造	0.00		0.00		0.00		0.00		0.00	
71	（4）大型修缮	0.00		0.00		0.00		0.00		0.00	
72	（5）信息网络建设	0.00		0.00		0.00		0.00		0.00	
73	（6）其他基本建设支出	0.00		0.00		0.00		0.00		0.00	
74	10. 其他费用	0.00		0.00		0.00		0.00		0.00	
75	（二）间接费用	0.00		0.00		0.00		0.00		0.00	
76	合计金额	0.00	0.00	0.00	0.00	0.00	0.00	0.00	0.00	0.00	0.00
77	备注										

注：总预算如未发生调剂，填写总预算金额；如发生调剂，填写调剂后的预算金额。
经费余额 = 调剂后总预算数 - 实际支出；
净结余金额 = 经费余额 - 后续支出。

表 7

项目（课题）资金对外拨付明细表

项目（课题）编号：

项目（课题）名称：

金额单位：万元

填表说明：1. 该表填报内容为项目（课题）牵头承担单位实际发生的项目（课题）经费外拨情况；
2. 是否为预算内单位：如果是预算内单位，填“Y”，如果是预算外单位，填“N”。

序号	单位名称	组织机构代码	预算批复数					实际累计拨付数					验收后拨付数					备注	是否为预算内单位
			小计	中央财政	地方财政	单位自筹	其他资金	小计	中央财政	地方财政	单位自筹	其他资金	小计	中央财政	地方财政	单位自筹	其他资金		
			(1)	(2)	(3)	(4)	(5)	(6)	(7)	(8)	(9)	(10)	(11)	(12)	(13)	(14)	(15)	(16)	(17)
合计			0.00	0.00	0.00	0.00	0.00	0.00	0.00	0.00	0.00	0.00	0.00	0.00	0.00	0.00	0.00		
1			0.00					0.00					0.00						
2			0.00					0.00					0.00						
3			0.00					0.00					0.00						
4			0.00					0.00					0.00						
5			0.00					0.00					0.00						
6			0.00					0.00					0.00						
7			0.00					0.00					0.00						
8			0.00					0.00					0.00						
9			0.00					0.00					0.00						
10			0.00					0.00					0.00						
11			0.00					0.00					0.00						
12			0.00					0.00					0.00						
13			0.00					0.00					0.00						
14			0.00					0.00					0.00						

注：合计（1）列公式 =（2）列 +（3）列 +（4）列 +（5）列；
合计（6）列公式 =（7）列 +（8）列 +（9）列 +（10）列；
合计（11）列公式 =（12）列 +（13）列 +（14）列 +（15）列。

表 8

项目（课题）参加人员基本情况表

项目（课题）编号：

项目（课题）名称：

金额单位：万元

填表说明：1. 固定研究人员需填写姓名、身份证号码（士官证、护照）等明细内容；
2. 技术职称：正高级、副高级、中级、初级、其他；
3. 人员分类：A. 项目（课题）负责人　B. 项目（课题）骨干　C. 其他研究人员。

序号	姓名	身份证号码（士官证、护照）	工作单位	技术职称	投入全时工作时间（人月）	是否有工资性收入	人员分类
	(1)	(2)	(3)	(4)	(5)	(6)	(7)
1							
2							
3							
4							
5							
6							
7							
8							
9							
10							
固定研究人员合计						/	/
流动人员或临时聘用人员合计						/	/
累计						/	/

附2：

国家科技重大专项（民口）项目（课题）财务验收指标

验收指标	考核内容	分值
财务管理及相关制度建设情况	该指标主要考核内容： 1. 项目（课题）承担单位是否建立预算管理、资金管理、合同管理、政府采购、审批报销、资产管理和内部控制等制度；如项目（课题）涉及基本建设，则需制定基建管理制度。 2. 上述制度的内容是否合理。	10
资金到位和拨付情况	该指标主要考核内容： 1. 重大专项各渠道资金的到位情况； 2. 牵头承担单位是否按预算批复和任务合同书对参与单位及时足额拨付资金。 资金到位率 = 实际到位/预算批复 ×100%；资金拨付率 = 实际拨付/预算批复 ×100%。 （如出现：截留、挤占专项经费；违反规定转拨、转移专项经费；虚假承诺、单位自筹资金不到位中的任意一种情况，该项指标得0分。）	20
会计核算和财务支出情况	该指标主要考核内容： 1. 项目（课题）承担单位的会计核算是否规范、准确、真实； 2. 项目（课题）的实际支出是否按照预算执行（包括调剂后的预算）； 3. 项目（课题）的实际支出是否符合有关规定的支出范围和支出标准； 4. 项目（课题）的支出与项目（课题）内容的相关性和合理性。 （如出现：挪用专项资金；未对专项资金进行单独核算；提供虚假财务会计资料；其他违反国家财经纪律的行为；未按规定执行预算中的任意一种，该项指标得0分。）	40
预算执行情况	该指标主要考核内容： 1. 项目（课题）的预算执行情况。重大专项预算管理的全部资金预算执行率大于等于95%，该项考核内容得满分。 预算执行率 = 实际支出/预算支出 ×100%，实际支出包含会计师事务所认定的实际支出、应付未付和后续支出。 2. 项目（课题）的预算资金是否按照规定程序和权限进行。 （①项目（课题）的中央财政资金预算执行率每低于95%一个百分点，得分减少1分，直至预算执行情况的20分扣减为0分。②如出现未按规定调剂预算；资金管理使用存在违规问题拒不整改中的任意一种，该项指标得0分。）	20
资产管理情况	该指标主要考核内容： 1. 资产配置是否符合新增资产配置预算、政府采购及合同管理制度的规定； 2. 资产使用及处置是否符合资产管理制度情况； 3. 设备类资产的使用效率及开放共享情况； 4. 无形资产管理情况。	10

附3：

国家科技重大专项（民口）项目（课题）财务验收专家意见

<table>
<tr><td colspan="2">项目（课题）名称</td><td colspan="6"></td></tr>
<tr><td colspan="2">项目（课题）编号</td><td colspan="2"></td><td colspan="2">项目（课题）承担单位</td><td colspan="2"></td></tr>
<tr><td rowspan="3">预算批复与资金结余情况</td><td>—</td><td>总计</td><td>中央财政资金</td><td>地方财政资金</td><td>单位自筹资金</td><td colspan="2">其他渠道资金</td></tr>
<tr><td>预算批复</td><td></td><td></td><td></td><td></td><td colspan="2"></td></tr>
<tr><td>资金结余</td><td></td><td></td><td></td><td></td><td colspan="2"></td></tr>
<tr><td colspan="8">一、评分表</td></tr>
<tr><td>一级指标</td><td colspan="5">考核内容</td><td>分值</td><td>评分</td></tr>
<tr><td>财务管理及相关制度建设情况</td><td colspan="5">该指标主要考核内容：
1. 项目（课题）承担单位是否建立预算管理、资金管理、合同管理、政府采购、审批报销、资产管理和内部控制等制度；如项目（课题）涉及基本建设，则需制定基建管理制度。
2. 上述制度的内容是否合理。</td><td>10</td><td></td></tr>
</table>

续表

一级指标	考核内容	分值	评分
资金到位和拨付情况	该指标主要考核内容： 1. 重大专项各渠道资金的到位情况； 2. 牵头承担单位是否按预算批复和合同任务书对参与单位及时足额拨付资金。 资金到位率 = 实际到位/预算批复 ×100%；资金拨付率 = 实际拨付/预算批复 ×100%。 （如出现：截留、挤占专项资金；违反规定转拨、转移专项资金；虚假承诺、单位自筹资金不到位中的任意一种情况，该项指标得 0 分。）	20	
会计核算和财务支出情况	该指标主要考核内容： 1. 项目（课题）承担单位的会计核算是否规范、准确、真实； 2. 项目（课题）的实际支出是否按照预算执行（包括调剂后的预算）； 3. 项目（课题）的实际支出是否符合有关规定的支出范围和支出标准； 4. 项目（课题）的支出与项目（课题）内容的相关性和合理性。 （如出现：挪用专项资金；未对专项资金进行单独核算；提供虚假财务会计资料；其他违反国家财经纪律的行为；未按规定执行预算中的任意一种，该项指标得 0 分。）	40	
预算执行情况	该指标主要考核内容： 1. 项目（课题）的预算执行情况。重大专项预算管理的全部资金预算执行率大于等于 95%，该项考核内容得满分。 预算执行率 = 实际支出/预算支出 ×100%，实际支出包含会计师事务所认定的实际支出、应付未付和后续支出。 2. 项目（课题）的预算调剂是否按照规定程序和权限进行。 （①项目（课题）的中央财政资金预算执行率每低于 95% 一个百分点，得分减少 1 分，直至预算执行情况的 20 分扣减为 0 分。②如出现未按规定调剂预算；资金管理使用存在违规问题拒不整改中的任意一种，该项指标得 0 分。）	20	
资产管理情况	该指标主要考核内容： 1. 资产配置是否符合新增资产配置预算、政府采购及合同管理制度的规定； 2. 资产使用及处置是否符合资产管理制度情况； 3. 设备类资产的使用效率及开放共享情况； 4. 无形资产管理情况。	10	
总分			

二、财务验收意见

（一）对项目（课题）情况的总体评价
（二）需要整改的问题

三、财务验收结论建议

□1 通过财务验收
□2 不通过财务验收
□3 整改后重新财务验收

如专家组结论为“整改后重新财务验收”，按照办法第二十八条的有关规定再次组织财务验收，验收结论如下：

□1 整改后通过财务验收
□2 不通过财务验收

专家签名：

附 4：

国家科技重大专项（民口）项目（课题）财务验收专家组意见

项目（课题）名称						
项目（课题）编号			项目（课题）承担单位			
预算批复与资金结余情况	—	总计	中央财政资金	地方财政资金	单位自筹资金	其他渠道资金
	预算批复					
	资金结余					

一、评分表

一级指标	指标内容	分值	专家评分							综合得分
			专家一	专家二	专家三	专家四	专家五	专家六	专家七	
财务管理及相关制度建设情况	该指标主要考核内容： 1. 项目（课题）承担单位是否建立预算管理、资金管理、合同管理、政府采购、审批报销、资产管理和内部控制等制度；如项目（课题）涉及基本建设，则需制定基建管理制度。 2. 上述制度的内容是否合理。	10								
资金到位和拨付情况	该指标主要考核内容： 1. 重大专项各渠道资金的到位情况； 2. 牵头承担单位是否按预算批复和合同任务书对参与单位及时足额拨付资金。 资金到位率 = 实际到位/预算批复 × 100%；资金拨付率 = 实际拨付/预算批复 × 100%。 （如出现：截留、挤占专项资金；违反规定转拨、转移专项资金；虚假承诺、单位自筹资金不到位中的任意一种情况，该项指标得 0 分。）	20								
会计核算和财务支出情况	该指标主要考核内容： 1. 项目（课题）承担单位的会计核算是否规范、准确、真实； 2. 项目（课题）的实际支出是否按照预算执行（包括调剂后的预算）； 3. 项目（课题）的实际支出是否符合有关规定的支出范围和支出标准； 4. 项目（课题）的支出与项目（课题）内容的相关性和合理性。 （如出现：挪用专项资金；未对专项资金进行单独核算；提供虚假财务会计资料；其他违反国家财经纪律的行为；未按规定执行预算中的任意一种，该项指标得 0 分。）	40								

续表

一级指标	指标内容	分值	专家评分							综合得分
			专家一	专家二	专家三	专家四	专家五	专家六	专家七	
预算执行情况	该指标主要考核内容： 1. 项目（课题）的预算执行情况。重大专项预算管理的全部资金预算执行率大于等于95%，该项考核内容得满分。 预算执行率＝实际支出/预算支出×100%，实际支出包含会计师事务所认定的实际支出、应付未付和后续支出。 2. 项目（课题）的预算调剂是否按照规定程序和权限进行。 （①项目（课题）的中央财政资金预算执行率每低于95%一个百分点，得分减少1分，直至预算执行情况的20分扣减为0分。②如出现未按规定调剂预算；资金管理使用存在违规问题拒不整改中的任意一种，该项指标得0分。）	20								
资产管理情况	该指标主要考核内容： 1. 资产配置是否符合新增资产配置预算、政府采购及合同管理制度的规定； 2. 资产使用及处置是否符合资产管理制度情况； 3. 设备类资产的使用效率及开放共享情况； 4. 无形资产管理情况。	10								
总分		100								

二、财务验收意见

（一）对项目（课题）情况的总体评价

（二）需要整改的问题

续表

三、财务验收结论建议			
□1 通过财务验收 □2 不通过财务验收 □3 整改后重新财务验收			
如专家组结论为“整改后重新财务验收”，按照办法第二十八条的有关规定再次组织财务验收，验收结论如下：			
□1 整改后通过财务验收 □2 不通过财务验收			
四、财务验收专家组名单			
姓名	单位名称	专业	职务/职称
财务验收专家组组长签字：			日期：

附 5：

国家科技重大专项（民口）项目（课题）财务验收报告

专项名称：
立项年度：
项目（课题）编号：
项目（课题）名称：

项目（课题）承担单位：
项目（课题）负责人：
项目（课题）起止期：　　　　年　月　日　至　年　月　日

中华人民共和国财政部制

目　录

一、项目（课题）基本情况

说明项目（课题）的基本情况，包括项目（课题）承担单位的基本情况、项目（课题）立项基本情况、项目（课题）实施情况等。

（一）项目（课题）承担单位基本情况。

简要说明项目（课题）承担单位的基本情况。分别说明项目（课题）名称、项目（课题）承担单位、承担单位性质等。

如果承担单位在项目（课题）研究期间发生合并或撤销等机构变化的情况要进行说明。如有承担单位或项目（课题）负责人发生变化等情况也需做出说明。

（二）项目（课题）完成基本情况。

简要说明项目（课题）进度及完成情况。

（三）项目（课题）财务实施管理情况。

简要说明项目（课题）财务实施管理情况。具体包括：项目（课题）预算是否专款专用、单独核算；项目（课题）预算有无用于规定不允许支出的范围（包括罚款、捐款、赞助、投资及国家禁止的其他支出）；项目（课题）会计科目设置是否规范；核算内容和财务报告信息是否真实、准确和完整；开支审批程序和手续是否完备；相关财务档案资料保存管理情况如何等。

二、项目（课题）财务验收内容

（一）财务管理及相关制度建设情况。

项目（课题）承担单位是否建立预算管理、资金管理、合同管理、政府采购、审批报销、资产管理和内部控制等制度；如项目（课题）涉及基本建设，则需制定基建管理制度。上述制度的内容是否合理。

（二）资金到位和拨付情况。

中央财政资金、地方财政资金、单位自筹资金、从其他渠道获得的资金的到位和落实情况。说明下达预算的文件号，安排预算情况，有无调剂情况（说明自行调剂还是经财政部批准）；说明配套资金的到位金额、构成情况，并提供相应证明材料。

按照预算批复和任务合同书要求承担单位资金拨付情况。说明财政专项资金拨入的总额、每次拨款具体时间及数额、拨入单位等具体情况，需说明是否与预算一致。

（三）会计核算和财务支出情况。

按照重大专项资金管理规定，实行单独核算的情况。执行国家财经制度及重大专项资金管理规定的支出范围和支出标准的情况。会计核算的规范性、准确性情况。财务信息的真实性情况。

（四）预算执行情况。

按照合同任务约定，项目（课题）进展执行预算的情况。主要内容包括：项目（课题）资金累计支出使用情况；仪器设备购置、使用及管理情况，要与预算批复的设备购置对比，如有差异需说明原因；预算执行中遇到的问题、其产生原因及解决办法。

按规定程序和权限调剂预算情况。

各类资金结余情况。说明课题结余资金的情况，包括结余金额、结余资金在各预算中的分布、结余原因及对结余资金的管理和使用计划。资金净结余 = 批准预算 - 项目（课题）财务验收申请日之前发生的支出 - 项目（课题）财务验收申请日后计划发生的支出 - 应付未付款项。

资金效益情况。如项目自实施以来取得的成就（比如获得的专利、发表的论文等）。

（五）资产管理情况。

资产配置、资产使用和处置情况。说明固定资产管理、使用是否符合重大专项财务验收有关管理办法的相应条例。预算中拟购置的设备是否按计划购置，是否有预算外购置设备，如有，请说明理由。单独对项目（课题）设备费批准的单价××万元以上设备的购置情况进行说明。

资产开放共享情况。

无形资产管理情况。

三、财务验收专家组总体意见

（一）项目（课题）财务验收结论。

给出对项目（课题）的总体评价；说明通过验收（整改后通过验收）还是不通过验收；陈述得出结论的理由。

（二）项目（课题）资金使用和管理中存在的主要问题及建议。

逐项列示财务验收过程中发现的问题，引用有关制度规定，并提出建议。

（三）其他需要说明的事项。

四、专业机构意见

给出该项目（课题）“通过验收（整改后通过验收）”/“不通过验收”的财务验收结论，以及其他需要表述的意见。

五、财务验收专家组人员组成情况

序号	姓名	单位名称	专业	职务/职称
1				
2				
3				
4				
5				
6				
7				
…				

表 1　　国家科技重大专项（民口）项目（课题）财务验收专家组意见表

项目（课题）编号：

一、评分表			
一级指标	指标内容	分值	综合得分
财务管理及相关制度建设情况	1. 项目（课题）承担单位是否建立预算管理、资金管理、合同管理、政府采购、审批报销、资产管理和内部控制等制度；如项目（课题）涉及基本建设，则需制定基建管理制度。 2. 上述制度的内容是否合理。	10	
资金到位和拨付情况	1. 重大专项各渠道资金的到位情况； 2. 牵头承担单位是否按预算批复和任务合同书对参与单位及时足额拨付资金。 资金到位率 = 实际到位/预算批复 ×100%；资金拨付率 = 实际拨付/预算批复 ×100%。 （如出现：截留、挤占专项经费；违反规定转拨、转移专项经费；虚假承诺、单位自筹资金不到位中的任意一种情况，该项指标得 0 分。）	20	
会计核算和财务支出情况	1. 项目（课题）承担单位的会计核算是否规范、准确、真实； 2. 项目（课题）的实际支出是否按照预算执行（包括调剂后的预算）； 3. 项目（课题）的实际支出是否符合有关规定的支出范围和支出标准； 4. 项目（课题）的支出与项目（课题）内容的相关性和合理性。 （如出现：挪用专项资金；未对专项资金进行单独核算；提供虚假财务会计资料；其他违反国家财经纪律的行为；未按规定执行预算中的任意一种，该项指标得 0 分。）	40	
预算执行情况	1. 项目（课题）的预算执行情况。重大专项预算管理的全部资金预算执行率大于等于 95%，该项考核内容得满分。 预算执行率 = 实际支出/预算支出 ×100%，实际支出包含会计师事务所认定的实际支出、应付未付和后续支出。 2. 项目（课题）的预算资金是否按照规定程序和权限进行。 （①项目（课题）的中央财政资金预算执行率每低于 95% 一个百分点，得分减少 1 分，直至预算执行情况的 20 分扣减为 0 分。②如出现未按规定调剂预算；资金管理使用存在违规问题拒不整改中的任意一种，该项指标得 0 分。）	20	
资产管理情况	1. 资产配置是否符合新增资产配置预算、政府采购及合同管理制度的规定； 2. 资产使用及处置是否符合资产管理制度情况； 3. 设备类资产的使用效率及开放共享情况； 4. 无形资产管理情况。	10	
总分			
二、财务验收结论建议			
□1 通过财务验收 □2 不通过财务验收 □3 整改后重新财务验收			
如专家组结论为“整改后重新财务验收”，按照办法第二十八条的有关规定再次组织财务验收，验收结论如下：			
□1 整改后通过财务验收 □2 不通过财务验收			

表 2

国家科技重大专项（民口）项目（课题）支出情况财务验收认定表

项目（课题）编号：　　　　　　　　　　项目（课题）名称：

专项经费是否单独核算：　□是　□否　　　　配套资金是否足额到位：　□是　□否　（到位比例：　%）

预算是否有调整：　□有　□无　　　　牵头组织单位财务验收结论：　□通过　□不通过

序号	科目	预算批复数					预算调剂数					财务验收认定支出					财务验收认定结余					财务验收认定后续支出					财务验收认定净结余				
		合计	中央财政	地方财政	单位自筹	其他资金	合计	中央财政	地方财政	单位自筹	其他资金	合计	中央财政	地方财政	单位自筹	其他资金	合计	中央财政	地方财政	单位自筹	其他资金	合计	中央财政	地方财政	单位自筹	其他资金	合计	中央财政	地方财政	单位自筹	其他资金
		(1)	(2)	(3)	(4)	(5)	(6)	(7)	(8)	(9)	(10)	(11)	(12)	(13)	(14)	(15)	(16)	(17)	(18)	(19)	(20)	(21)	(22)	(23)	(24)	(25)	(26)	(27)	(28)	(29)	(30)
1	总计	0.00	0.00	0.00	0.00	0.00	0.00	0.00	0.00	0.00	0.00	0.00	0.00	0.00	0.00	0.00	0.00	0.00	0.00	0.00	0.00	0.00	0.00	0.00	0.00	0.00	0.00	0.00	0.00	0.00	0.00
2	一、研究经费	0.00	0.00	0.00	0.00	0.00	0.00	0.00	0.00	0.00	0.00	0.00	0.00	0.00	0.00	0.00	0.00	0.00	0.00	0.00	0.00	0.00	0.00	0.00	0.00	0.00	0.00	0.00	0.00	0.00	0.00
3	（一）直接费用	0.00	0.00	0.00	0.00	0.00	0.00	0.00	0.00	0.00	0.00	0.00	0.00	0.00	0.00	0.00	0.00	0.00	0.00	0.00	0.00	0.00	0.00	0.00	0.00	0.00	0.00	0.00	0.00	0.00	0.00
4	1. 设备费	0.00	0.00	0.00	0.00	0.00	0.00	0.00	0.00	0.00	0.00	0.00	0.00	0.00	0.00	0.00	0.00	0.00	0.00	0.00	0.00	0.00	0.00	0.00	0.00	0.00	0.00	0.00	0.00	0.00	0.00
5	（1）设备购置费	0.00					0.00					0.00					0.00					0.00					0.00				
6	（2）试制改造费	0.00					0.00					0.00					0.00					0.00					0.00				
7	（3）租赁使用费	0.00					0.00					0.00					0.00					0.00					0.00				
8	2. 材料费	0.00					0.00					0.00					0.00					0.00					0.00				
9	3. 测试化验加工费	0.00					0.00					0.00					0.00					0.00					0.00				
10	4. 燃料动力费	0.00					0.00					0.00					0.00					0.00					0.00				
11	5. 会议/差旅/国际合作与交流费	0.00					0.00					0.00					0.00					0.00					0.00				
12	（1）会议费	0.00					0.00					0.00					0.00					0.00					0.00				
13	（2）差旅费	0.00					0.00					0.00					0.00					0.00					0.00				
14	（3）国际合作与交流费	0.00					0.00					0.00					0.00					0.00					0.00				
15	6. 出版/文献/信息传播/知识产权事务费	0.00					0.00					0.00					0.00					0.00					0.00				
16	7. 劳务费	0.00					0.00					0.00					0.00					0.00					0.00				
17	8. 专家咨询费	0.00					0.00					0.00					0.00					0.00					0.00				
18	9. 基本建设费	0.00	0.00	0.00	0.00	0.00	0.00	0.00	0.00	0.00	0.00	0.00	0.00	0.00	0.00	0.00	0.00	0.00	0.00	0.00	0.00	0.00	0.00	0.00	0.00	0.00	0.00	0.00	0.00	0.00	0.00
19	（1）房屋建筑物购建	0.00					0.00					0.00					0.00					0.00					0.00				
20	（2）专用设备购置	0.00					0.00					0.00					0.00					0.00					0.00				
21	（3）基础设施改造	0.00					0.00					0.00					0.00					0.00					0.00				
22	（4）大型修缮	0.00					0.00					0.00					0.00					0.00					0.00				
23	（5）信息网络建设	0.00					0.00					0.00					0.00					0.00					0.00				
24	（6）其他基本建设支出	0.00					0.00					0.00					0.00					0.00					0.00				

续表

序号	科目	预算批复数					预算调剂数					财务验收认定支出					财务验收认定结余					财务验收认定后续支出					财务验收认定净结余				
		合计	中央财政	地方财政	单位自筹	其他资金	合计	中央财政	地方财政	单位自筹	其他资金	合计	中央财政	地方财政	单位自筹	其他资金	合计	中央财政	地方财政	单位自筹	其他资金	合计	中央财政	地方财政	单位自筹	其他资金	合计	中央财政	地方财政	单位自筹	其他资金
		(1)	(2)	(3)	(4)	(5)	(6)	(7)	(8)	(9)	(10)	(11)	(12)	(13)	(14)	(15)	(16)	(17)	(18)	(19)	(20)	(21)	(22)	(23)	(24)	(25)	(26)	(27)	(28)	(29)	(30)
25	10. 其他费用	0.00					0.00					0.00					0.00					0.00					0.00				
26	(二) 间接费用	0.00					0.00					0.00					0.00					0.00					0.00				
27	二、中间试验(制)费	0.00	0.00	0.00	0.00	0.00	0.00	0.00	0.00	0.00	0.00	0.00	0.00	0.00	0.00	0.00	0.00	0.00	0.00	0.00	0.00	0.00	0.00	0.00	0.00	0.00	0.00	0.00	0.00	0.00	0.00
28	(一) 直接费用	0.00	0.00	0.00	0.00	0.00	0.00	0.00	0.00	0.00	0.00	0.00	0.00	0.00	0.00	0.00	0.00	0.00	0.00	0.00	0.00	0.00	0.00	0.00	0.00	0.00	0.00	0.00	0.00	0.00	0.00
29	1. 设备费	0.00	0.00	0.00	0.00	0.00	0.00	0.00	0.00	0.00	0.00	0.00	0.00	0.00	0.00	0.00	0.00	0.00	0.00	0.00	0.00	0.00	0.00	0.00	0.00	0.00	0.00	0.00	0.00	0.00	0.00
30	(1) 设备购置费	0.00					0.00					0.00					0.00										0.00				
31	(2) 试制改造费	0.00					0.00					0.00					0.00										0.00				
32	(3) 租赁使用费	0.00					0.00					0.00					0.00										0.00				
33	2. 材料费	0.00					0.00					0.00					0.00										0.00				
34	3. 测试化验加工费	0.00					0.00					0.00					0.00										0.00				
35	4. 燃料动力费	0.00					0.00					0.00					0.00										0.00				
36	5. 会议/差旅/国际合作与交流费	0.00					0.00					0.00					0.00										0.00				
37	(1) 会议费	0.00					0.00					0.00					0.00										0.00				
38	(2) 差旅费	0.00					0.00					0.00					0.00										0.00				
39	(3) 国际合作与交流费	0.00					0.00					0.00					0.00										0.00				
40	6. 出版/文献/信息传播/知识产权事务费	0.00					0.00					0.00					0.00										0.00				
41	7. 劳务费	0.00					0.00					0.00					0.00										0.00				
42	8. 专家咨询费	0.00					0.00					0.00					0.00										0.00				
43	9. 基本建设费	0.00	0.00	0.00	0.00	0.00	0.00	0.00	0.00	0.00	0.00	0.00	0.00	0.00	0.00	0.00	0.00	0.00	0.00	0.00	0.00	0.00	0.00	0.00	0.00	0.00	0.00	0.00	0.00	0.00	0.00
44	(1) 房屋建筑物购建	0.00					0.00					0.00					0.00										0.00				
45	(2) 专用设备购置	0.00					0.00					0.00					0.00										0.00				
46	(3) 基础设施改造	0.00					0.00					0.00					0.00										0.00				
47	(4) 大型修缮	0.00					0.00					0.00					0.00										0.00				
48	(5) 信息网络建设	0.00					0.00					0.00					0.00										0.00				
49	(6) 其他基本建设支出	0.00					0.00					0.00					0.00										0.00				
50	10. 其他费用	0.00					0.00					0.00					0.00										0.00				
51	(二) 间接费用	0.00					0.00					0.00					0.00										0.00				
52	三、其他经费	0.00	0.00	0.00	0.00	0.00	0.00	0.00	0.00	0.00	0.00	0.00	0.00	0.00	0.00	0.00	0.00	0.00	0.00	0.00	0.00	0.00	0.00	0.00	0.00	0.00	0.00	0.00	0.00	0.00	0.00
53	(一) 直接费用	0.00	0.00	0.00	0.00	0.00	0.00	0.00	0.00	0.00	0.00	0.00	0.00	0.00	0.00	0.00	0.00	0.00	0.00	0.00	0.00	0.00	0.00	0.00	0.00	0.00	0.00	0.00	0.00	0.00	0.00

续表

序号	科目	预算批复数					预算调剂数					财务验收认定支出					财务验收认定结余					财务验收认定后续支出					财务验收认定净结余				
		合计	中央财政	地方财政	单位自筹	其他资金	合计	中央财政	地方财政	单位自筹	其他资金	合计	中央财政	地方财政	单位自筹	其他资金	合计	中央财政	地方财政	单位自筹	其他资金	合计	中央财政	地方财政	单位自筹	其他资金	合计	中央财政	地方财政	单位自筹	其他资金
		(1)	(2)	(3)	(4)	(5)	(6)	(7)	(8)	(9)	(10)	(11)	(12)	(13)	(14)	(15)	(16)	(17)	(18)	(19)	(20)	(21)	(22)	(23)	(24)	(25)	(26)	(27)	(28)	(29)	(30)
54	1. 设备费	0.00	0.00	0.00	0.00	0.00	0.00	0.00	0.00	0.00	0.00	0.00	0.00	0.00	0.00	0.00	0.00	0.00	0.00	0.00	0.00	0.00	0.00	0.00	0.00	0.00	0.00	0.00	0.00	0.00	0.00
55	(1) 设备购置费	0.00					0.00					0.00					0.00										0.00				
56	(2) 试制改造费	0.00					0.00					0.00					0.00										0.00				
57	(3) 租赁使用费	0.00					0.00					0.00					0.00										0.00				
58	2. 材料费	0.00					0.00					0.00					0.00										0.00				
59	3. 测试化验加工费	0.00					0.00					0.00					0.00										0.00				
60	4. 燃料动力费	0.00					0.00					0.00					0.00										0.00				
61	5. 会议/差旅/国际合作与交流费	0.00					0.00					0.00					0.00										0.00				
62	(1) 会议费	0.00					0.00					0.00					0.00										0.00				
63	(2) 差旅费	0.00					0.00					0.00					0.00										0.00				
64	(3) 国际合作与交流费	0.00					0.00					0.00					0.00										0.00				
65	6. 出版/文献/信息传播/知识产权事务费	0.00					0.00					0.00					0.00										0.00				
66	7. 劳务费	0.00					0.00					0.00					0.00										0.00				
67	8. 专家咨询费	0.00					0.00					0.00					0.00										0.00				
68	9. 基本建设费	0.00	0.00	0.00	0.00	0.00	0.00	0.00	0.00	0.00	0.00	0.00	0.00	0.00	0.00	0.00	0.00	0.00	0.00	0.00	0.00	0.00	0.00	0.00	0.00	0.00	0.00	0.00	0.00	0.00	0.00
69	(1) 房屋建筑物购建	0.00					0.00					0.00					0.00										0.00				
70	(2) 专用设备购置	0.00					0.00					0.00					0.00										0.00				
71	(3) 基础设施改造	0.00					0.00					0.00					0.00										0.00				
72	(4) 大型修缮	0.00					0.00					0.00					0.00										0.00				
73	(5) 信息网络建设	0.00					0.00					0.00					0.00										0.00				
74	(6) 其他基本建设支出	0.00					0.00					0.00					0.00										0.00				
75	10. 其他费用	0.00					0.00					0.00					0.00										0.00				
76	(二) 间接费用	0.00					0.00					0.00					0.00	0.00	0.00	0.00	0.00	0.00					0.00	0.00	0.00	0.00	0.00

注：预算调剂数：增加预算调剂数为正，减少预算调剂数填负数；

财务验收认定结余 = 预算批复数 + 预算调剂数 - 财务验收认定支出；

财务验收认定净结余 = 财务验收认定结余 - 财务验收认定后续支出；

合计（1）列公式 =（2）列 +（3）列 +（4）列 +（5）列；

合计（6）列公式 =（7）列 +（8）列 +（9）列 +（10）列；

合计（11）列公式 =（12）列 +（13）列 +（14）列 +（15）列；

合计（16）列公式 =（17）列 +（18）列 +（19）列 +（20）列；

合计（21）列公式 =（22）列 +（23）列 +（24）列 +（25）列；

合计（26）列公式 =（27）列 +（28）列 +（29）列 +（30）列。

省财政厅　省知识产权局关于印发山东省知识产权（专利）资金管理办法的通知

2017 年 6 月 16 日　鲁财教〔2017〕29 号

各市财政局、知识产权局：

为加强山东省知识产权（专利）资金管理，提高财政资金使用效益，促进知识产权强省建设，我们研究制定了《山东省知识产权（专利）资金管理办法》，现印发给你们，请遵照执行。

附件：山东省知识产权（专利）资金管理办法

附件：

山东省知识产权（专利）资金管理办法

第一章　总　　则

第一条　为贯彻落实《山东省专利条例》《山东省知识产权战略纲要》和《中共山东省委、山东省人民政府关于深化科技体制改革加快创新发展的实施意见》等法规政策，加强财政资金管理，提高资金使用效益，有效发挥山东省知识产权（专利）资金（以下简称资金）在促进知识产权强省建设中的重要支撑作用，制定本办法。

第二条　资金的管理与使用，应遵守国家有关法律法规和财政管理制度，按照“公开透明、科学管理、注重实效、利于监督”的原则，充分体现财政资金的引导和带动作用。

第三条　本办法适用于我省境内（不含计划单列市）的机关团体、企事业单位和有经常居所的个人。

第四条　鼓励各市、县（市、区）根据当地实际设立相应资金，在专利创造、运用、保护、服务和奖励等方面给予支持，形成上下配套联动机制，共同推动我省专利事业发展。

第二章　资金使用范围

第五条　资金主要用于专利创造、运用、保护、服务和奖励等方面。

第六条　专利创造资金主要用于：

（一）国内外授权发明专利资助。

（二）专利合作条约（即 PCT）申请资助。

（三）企事业单位维持五年以上国内有效发明专利资助。

（四）企业首件国内授权发明专利资助。

（五）年授权发明专利数量达到 10 件以上和年 PCT 申请达到 5 件以上的专利大户奖励。

第七条　专利运用资金主要用于：

（一）知识产权（专利）战略实施、知识产权强省建设与相关计划推进。

（二）企业、高校、科研院所、知识产权服务机构推行知识产权管理标准与优势培育。

（三）专利密集型企业、产业和区域发展知识产权分析评议与专利导航。

（四）知识产权运营和托管。

（五）专利质押融资、专利证券化、专利保险、专利担保、专利评估评价等知识产权金融服务。

（六）重点产业关键核心技术知识产权培育与专利池的组建。

第八条 专利保护资金主要用于：

（一）专利执法专项行动的组织与实施。

（二）专利执法队伍和基础条件建设。

（三）知识产权维权援助。

（四）知识产权保护联盟、知识产权保护规范化市场及知识产权保护中心建设。

（五）专利违法行为举报奖励。

（六）涉外知识产权交流与合作。

（七）涉外专利维权。

第九条 专利服务资金主要用于：

（一）知识产权公共服务平台建设及维护运行。

（二）知识产权宣传。

（三）知识产权人才培训及培训基地建设，专利审查员实践基地建设。

（四）中小学知识产权教育推广与示范。

（五）知识产权重大活动组织。

（六）知识产权服务机构培育与知识产权服务业转型升级。

第十条 专利奖励资金主要用于对获中国专利金奖、优秀奖和山东省专利奖特别奖及一、二、三等奖的奖励。

第三章 资助与奖励标准

第十一条 专利创造资助与奖励标准：

（一）企业、事业单位及个人国内授权发明专利，每件给予一次性资助2 000元；对企业首件授权发明专利择优给予申请费、代理费全额资助，每件最高1万元。

（二）国外授权发明专利，单位每件每个国家资助2万元，个人每件每个国家资助1万元；对同一件发明创造在多个国家获发明专利权的，最多按5个国家予以资助。

（三）PCT专利申请，单位申请每件资助1万元、个人申请每件资助4 000元。

（四）企事业单位维持5年以上、具有较好市场价值的国内有效发明专利，择优给予一次性专利维持费资助，每件资助额度不超过1万元。

（五）企业年度授权发明专利超过10件的，在普通资助基础上，按企业当年授权发明专利数量择优给予奖励。

奖励标准按年授权发明专利数量，10～20件的奖励5万元，21～50件的奖励10万元，50件以上的奖励20万元。

（六）企业年度PCT专利申请超过5件的，在普通资助的基础上，按企业当年PCT申请数量择优给予奖励。

奖励标准按年PCT申请数量，5～10件的奖励5万元，11～20件的奖励10万元，20件以上的奖励15万元。

第十二条 部分专利运用单项奖励标准：

（一）对被确定为省重点领域关键核心技术知识产权项目的，给予每项最高100万元奖励。

（二）对高等院校和科研院所转化实施并取得显著经济社会效益的专利群，择优给予10万~20万元奖励。

（三）科技型小微企业通过消化吸收再创新形成新的自主知识产权，并通过科技成果转化服务平台实现技术转让的，每件奖励1万元。

第十三条 假冒专利行为举报奖励标准：

（一）举报人提供的情况属实，有助于查处假冒专利行为的，给予300元奖励。

（二）举报人提供的情况详细，证据确凿，并积极协助案件查处的，给予500元奖励。

（三）举报人提供重大案件的情况和线索，对查处重大案件作出贡献的，给予5 000元奖励。

第十四条 专利运用、保护和服务等方面资助标准，由省知识产权局根据年度工作要求，制定专门实施方案，并提出相应资金使用计划，具体资助标准按照相关要求及年度资金使用计划执行。

第十五条 专利奖奖励标准：

（一）对获中国专利金奖、优秀奖的，每项分别给予50万元、10万元奖励。

（二）对获山东省专利奖特别奖和一、二、三等奖的，分别给予50万元、10万元、5万元、3万元奖励。

（三）对同一项目在同一评选年度内，同时获得国家和省专利奖的，不重复奖励。

第四章 申报与审批

第十六条 专利创造部分：

（一）申报省专利创造资助资金的单位或个人，应填写《山东省专利创造资助资金申报表》（一式两份），单位应提供统一社会信用代码证，个人应提供身份证明，并分别提供下列资料：

1. 国内发明专利证书。

2. 国家知识产权局作为受理局出具的PCT国际申请日、申请号受理通知书和缴费证明；国家知识产权局出具的PCT国际检索报告。

3. 国外发明专利授权文件、证书及相关费用证明。

以上资料均为复印件，单位申请应在复印件背面加盖单位财务公章，个人应签字。

（二）对年获授权发明专利10件以上及PCT申请5件以上的企业奖励，由单位提出申请，并填写《山东省专利奖励资金申报表》，同时提供有关发明专利明细表、发明专利证书等资料。

（三）受理与审批。由设区的市知识产权局负责受理、初审、汇总，省知识产权局负责审批、兑付。

第十七条 对获国家或省专利奖的奖励，由单位提出申请，并填写《山东省专利奖励资金申报表》（一式两份），经审核后，由省知识产权局组织实施奖励。

第五章 监督与管理

第十八条 省知识产权局负责提出年度资金使用计划，并在年度终了编制年度资金使用报告报送省财政厅。省财政厅会同省知识产权局对资金使用和管理情况进行监督检查。

第十九条 省知识产权局会同省财政厅按照省级财政资金绩效管理有关要求，认真做好绩效目标管理、绩效评价等工作。根据工作需要，可以委托第三方机构开展独立评价工作。

第二十条 申请资金的单位和个人，应提供真实的材料和凭据。对有关部门认定的非正常申请专利不予资助；对弄虚作假、骗取资金的，依法追究相关责任，三年内不再给予资金支持。

第二十一条 获得资金支持的单位，应加强对资金的管理，实行专款专用、独立核算，确保发挥最大效益。

第二十二条 各级财政、知识产权等部门工作人员，存在违规分配资金，以及其他滥用职权、玩忽职守、徇私舞弊等违法违纪行为的，按照《预算法》《财政违法行为处罚处分条例》（国务院令第427号）等有关规定追究相应责任；涉嫌犯罪的，移送司法机关处理。

第六章　附　　则

第二十三条　本办法由省财政厅、省知识产权局负责解释。

第二十四条　本办法自 2017 年 7 月 1 日起施行，有效期至 2020 年 6 月 30 日。原《山东省知识产权（专利）专项资金管理暂行办法》（鲁财教〔2013〕45 号）同时废止。

附件：1. 山东省专利创造资助资金申报表

2. 山东省专利奖励资金申报表

附件 1：

山东省专利创造资助资金申报表

<table>
<tr><td rowspan="3">申请资助类别</td><td colspan="5">1. □国内职务发明 2. □国内非职务发明</td></tr>
<tr><td colspan="5">3. □PCT 申请（单位）4. □PCT 申请（个人）5. □国外授权（单位）6. □国外授权（个人）</td></tr>
<tr><td colspan="5">7. □单位维持五年以上的国内发明专利</td></tr>
<tr><td rowspan="6">申请资助
专利信息</td><td>专利名称</td><td colspan="4"></td></tr>
<tr><td>专利（申请）号</td><td colspan="4"></td></tr>
<tr><td>专利申请日</td><td colspan="2"></td><td>专利授权日</td><td></td></tr>
<tr><td>专利权利人</td><td colspan="4"></td></tr>
<tr><td>专利权属类别</td><td colspan="4">□职务（单位）　□个人</td></tr>
<tr><td colspan="2">国外发明专利授权国家</td><td colspan="3"></td></tr>
<tr><td rowspan="6">申请资助
人信息</td><td colspan="2">申报单位名称或申报人姓名</td><td colspan="3"></td></tr>
<tr><td colspan="2">通讯地址及邮编</td><td colspan="3"></td></tr>
<tr><td colspan="2">联系人</td><td></td><td>联系电话</td><td></td></tr>
<tr><td colspan="2">☆收款单位银行户名</td><td colspan="3"></td></tr>
<tr><td colspan="2">☆开户银行</td><td colspan="3"></td></tr>
<tr><td colspan="2">☆账号</td><td colspan="3"></td></tr>
<tr><td>已享受省级
资助情况</td><td>资助类别</td><td></td><td>资助金额</td><td colspan="2"></td></tr>
<tr><td>申请资助
填表时间</td><td colspan="2">年　月　日</td><td colspan="2">申请资助人或经办人（签名）</td><td></td></tr>
<tr><td colspan="6">-------------------下述内容由资助受理审批部门填写 ---------------</td></tr>
<tr><td colspan="2">初审后建议享受资助经费数额（市局填）</td><td colspan="3">大写：万　仟　佰　拾　元</td><td>¥：</td></tr>
<tr><td colspan="2">实际资助经费数额（省局填）</td><td colspan="3">大写：万　仟　佰　拾　元</td><td>¥：</td></tr>
<tr><td colspan="2">资金支付方式</td><td colspan="4">□银行汇款　□邮寄　□现金</td></tr>
<tr><td>附件目录</td><td colspan="5">1. □国内授权发明专利证书　□单位或个人身份证明
2. □PCT 国际申请日、申请号受理通知　□单位或个人身份证明
3. □国外授权发明专利文件、证书　□单位或个人身份证明
4. □维持五年以上年费缴费收据</td></tr>
<tr><td colspan="2">省局受理部门负责人（签字）：
年　月　日</td><td colspan="2">省局受理部门审核人（签字）：
年　月　日</td><td colspan="2">市局初审人（签字）：
年　月　日</td></tr>
</table>

注：凡专利权属为个人的，该申请表中标☆的栏目不必填写。

附件2：

山东省专利奖励资金申报表

<table>
<tr><td>申报单位名称</td><td colspan="3"></td><td>获奖年度</td><td></td></tr>
<tr><td>获奖类别</td><td colspan="5">□国家金奖□国家优秀奖　　□省一等奖□省二等奖□省三等奖
□年授权发明专利10件以上奖励　□PCT申请5件以上奖励</td></tr>
<tr><td>开户银行</td><td colspan="2"></td><td>账号</td><td colspan="2"></td></tr>
<tr><td colspan="6">获奖项目简要情况或主要经验做法</td></tr>
<tr><td colspan="6">（获专利奖的介绍项目简要情况，专利大户奖励介绍主要经验做法）</td></tr>
<tr><td colspan="2">核准奖励金额（省局填）</td><td colspan="3">大写：　万　仟　佰　拾　元</td><td>¥：</td></tr>
<tr><td colspan="2">省知识产权局意见（章）：
年　月　日</td><td colspan="2">市知识产权局意见（章）：
年　月　日</td><td colspan="2">主管部门意见（章）：
年　月　日</td></tr>
</table>

省财政厅关于印发黄河三角洲农业高新技术产业示范区建设资金管理办法的通知

2017年7月5日　鲁财教〔2017〕31号

黄河三角洲农业高新技术产业示范区管委会：

现将《黄河三角洲农业高新技术产业示范区建设资金管理办法》印发给你们，请遵照执行。

附件：黄河三角洲农业高新技术产业示范区建设资金管理办法

附件：

黄河三角洲农业高新技术产业示范区建设资金管理办法

第一条　为加快推动黄河三角洲农业高新技术产业示范区（以下简称黄三角农高区）建设发展，规范黄三角农高区建设资金（以下简称建设资金）管理，提高建设资金使用效益，根据国家和省有关规定，结合黄三角农高区建设实际，制定本办法。

第二条　本办法所称建设资金，是指由省级财政预算安排，用于支持黄三角农高区现代农业重大科技创新平台、科技示范项目、国际间农业科技合作项目、基础设施建设等国家和省委、省政府确定的重大项目建设资金。

第三条 建设资金使用坚持“把握投向、突出重点、公开透明、公平公正、注重效益”的原则，围绕落实黄三角农高区发展战略目标任务，有效发挥财政资金作用，加快推动黄三角农高区建设发展。

第四条 建设资金重点用于支持以下方面：

（一）以提高重点领域应用基础、产业技术自主创新能力及促进关键技术工程化开发为目标的现代农业科技创新平台。

（二）以现代种业、农业生物、健康食品精深加工、设施农业及智能装备制造等主导产业为重点，转化实施的科技含量高、产业关联度强、市场前景好的现代农业高新技术示范项目。

（三）以开展现代农业重大基础研究和应用开发项目为目标，引进或培养的高层次科技人才（团队）。

（四）围绕国际农业新品种、新技术、新装备、新模式的集成创新，推动国际间农业高新技术成果产业化的高新技术项目。

（五）以完善园区服务功能为重点，实施道路、农田水利设施、科研机构设施、电力设施以及教育医疗卫生等国家和省委、省政府确定的重大基础设施项目。

（六）其他国家和省委、省政府确定的重大项目。

第五条 建设资金严格按照国家及省有关规定使用管理，不得用于支付各种罚款、捐款、赞助、对外投资等支出，不得用于人员支出，以及国家及省规定禁止列支的其他支出。

第六条 省财政厅负责建设资金预算管理，办理建设资金下达和拨付，对建设资金使用管理情况开展监督检查。

第七条 黄三角农高区管委会负责建设资金使用管理，研究制定年度建设资金项目实施方案和资金使用计划，并报省财政厅备案。项目实施方案应包括项目投资概算、项目建设规模内容、建设期限、项目绩效目标、组织实施能力与条件、预期社会经济效益等。每年2月底前，黄三角农高区管委会应将上年度建设资金项目实施情况和资金使用情况报送省财政厅。

第八条 项目任务结束后，黄三角农高区管委会应组织项目依托单位对项目进行验收、绩效考核和账目清理，如实编报项目资金决算。黄三角农高区管委会负责对项目资金决算进行审核。

第九条 项目依托单位应加强对项目资金的使用管理，根据国家财务、会计制度有关规定进行账务处理，严格按规定用途使用项目资金，做到依法合规、节俭有效，并自觉接受财政、审计等部门的监督检查。

第十条 黄三角农高区管委会应对项目资金使用管理情况，组织监督检查和开展绩效评价。

第十一条 建设资金使用管理实行责任追究机制，对资金使用管理过程中出现的违法违规行为，按照《预算法》《公务员法》《行政监察法》《财政违法行为处罚处分条例》等有关规定进行处理，并依法追究有关单位及人员责任。

第十二条 本办法由省财政厅负责解释。

第十三条 本办法自2017年9月1日起施行，有效期至2019年8月31日。

省财政厅　省科学技术厅关于修订山东省科技成果转化引导基金管理实施细则的通知

2017年7月31日　鲁财教〔2017〕41号

各市财政局、科技局，山东省财金投资集团有限公司，有关投资机构：

为促进科技成果转化应用，加强山东省科技成果转化引导基金管理，根据国家及省有关规定，我们研究修订了《山东省科技文件成果转化引导基金管理实施细则》，现予印发，请遵照执行。

附件：山东省科技成果转化引导基金管理实施细则

附件：

山东省科技成果转化引导基金管理实施细则

第一章 总 则

第一条 为积极发挥财政资金的引导放大作用和市场在资源配置中的决定性作用，促进全省科技成果转化应用，加强山东省科技成果转化引导基金（以下简称引导基金）管理，根据《关于进一步规范地方政府举债融资行为的通知》（财预〔2017〕50号）、《关于坚决制止地方以政府购买服务名义违法违规融资的通知》（财预〔2017〕87号）、《关于运用政府引导基金促进股权投资加快发展的意见》（鲁政发〔2014〕17号）、《加快省级政府引导基金投资运作若干政策措施》（鲁政办字〔2016〕194号）等要求，制定本实施细则。

第二条 引导基金是由省政府出资设立并按市场化方式运作的政策性基金，资金来源为省级财政拨款和投资收益等。

第三条 引导基金实行决策与管理相分离的管理体制，按照“政府引导、市场运作、防范风险、滚动发展”的原则投资管理。

第四条 引导基金主要通过注资参股方式，与其他符合条件的社会资本、地方政府资金，参与发起设立或参股在省内注册的科技成果转化子基金（以下简称子基金），也可视情况采取跟进投资的方式进行投资运作。以后年度，根据引导基金运作情况和中央有关基金管理要求，进一步完善引导基金运作方式。引导基金在子基金中参股不控股，不独资发起设立股权投资企业，投资比例原则上不突破子基金注册资本或承诺出资额的25%。

第二章 管理机构及职责

第五条 省科技厅负责省科技成果转化项目库建设，按市场化要求制定基金项目入库标准，建立专家评审制度，提高项目质量和可用性，为参股子基金提供项目信息查询和对接服务，并监督子基金投向，但不干预子基金具体投资业务和投资项目的确定。

第六条 省财政厅代表省政府履行引导基金出资人职责，山东省财金投资集团有限公司作为引导基金管理公司，根据授权代行出资人职责。省金融办作为省政府金融管理部门，负责指导监督引导基金管理公司的经营管理。

引导基金管理公司的职责主要包括：

（一）根据省科技厅牵头提出的支持重点、申报要求，对外公开征集或招标选择拟参股设立的子基金。

（二）对拟参股子基金开展尽职调查、入股谈判，签订子基金章程或合伙协议。

（三）对引导基金实行专户管理，专账核算。根据子基金章程或合伙协议约定，在其他出资人按期缴付出资资金后，将引导基金及时拨付子基金托管银行账户。

（四）代表引导基金以出资额为限对子基金行使出资人权利并承担相应义务，向子基金派遣代表，监督子基金投向。

（五）定期向省财政厅、省科技厅报告引导基金和子基金投资运作情况及其他重大事项。

第七条 引导基金的分红、退出等资金（含本金及收益）应由引导基金管理公司拨入基金托管银行专户，并按规定将引导基金收益上缴省级国库，由省财政统筹安排或用于扩大引导基金规模。

第八条 省财政厅向引导基金管理公司支付管理费。管理费支付标准和方式按照有关规定执行。

第三章 投资运作与收益分配

第九条 引导基金参股的子基金主要投向各级各类财政科技计划（专项、基金）及其他社会资金支持产生的新技术、新工艺、新装置、新产品、新材料等创新成果的转化应用，重点投资于电子信息、生物与新医药、资源与环境、高端装备制造、新能源及节能、新材料等高新技术领域，以及轻工、纺织、机械、化工、冶金、建材等优势传统产业的升级改造等。子基金应优先投资省科技成果转化项目库中的项目。

第十条 在中国大陆境内注册的股权投资管理机构或投资企业（以下简称投资机构）可以作为申请者，向引导基金申请设立子基金。多家投资机构拟共同发起设立子基金的，应推举一家机构作为申请者。

第十一条 申请者应当确定一家股权投资管理机构作为拟设立子基金的管理机构。子基金管理机构应符合以下条件：

（一）在中国大陆注册，且实缴注册资本不低于1 000万元人民币，有较强的资金募集能力，有固定的营业场所和与其业务相适应的软硬件设施。

（二）有健全的股权投资管理和风险控制流程，规范的项目遴选机制和投资决策机制，能够为被投资企业提供创业辅导、管理咨询等增值服务。

（三）至少有3名具备3年以上股权投资或基金管理工作经验的专职高级管理人员，管理团队稳定，具有良好的职业操守和信誉，高级管理人员具有基金从业资格。

（四）具备良好的管理业绩，至少主导过3个股权投资的成功案例，具备3个以上已完成投资准备的储备项目。

（五）机构及其工作人员无行政主管机关或司法机关处罚的不良记录。

第十二条 新设立子基金，申请引导基金出资的，除符合本细则第十一条子基金管理机构规定条件外，还应符合以下条件：

（一）在山东省境内注册，且投资于山东省境内企业的资金比例一般不低于子基金注册资本或承诺出资额的80%。

（二）主要发起人（或合伙人）、子基金管理机构、托管金融机构已基本确定，并草签发起人协议、子基金章程或合伙协议、委托管理协议、资金托管协议；其他出资人（或合伙人）已落实，并保证资金按约定及时足额到位。

（三）每支子基金募集资金总额不低于1.5亿元人民币。其中：申请者为投资企业的，其注册资本或净资产不低于5 000万元人民币；政府出资人出资额一般不超过子基金注册资本或承诺出资额的40%，其中引导基金出资额原则上不超过子基金注册资本或承诺出资额的25%；子基金管理机构对子基金认缴出资额不低于基金规模的2%；单个出资人或一致行动人出资额不得超过子基金注册资本或承诺出资额的2/3；除政府出资人外的其他出资人数量一般不少于3个。

（四）子基金对单个企业的投资原则上不超过被投资企业总股本的30%，且不超过子基金总资产的20%。

第十三条 申请引导基金对现有股权投资基金进行增资的，除需符合本细则第十二条规定条件外，还应满足以下条件：

（一）子基金已按有关法律、法规设立，并开始投资运作，按规定在有关部门备案。

（二）子基金全体出资人首期出资或首期认缴出资已经到位，且不低于注册资本或承诺出资额的20%。

（三）子基金全体出资人同意引导基金入股（或入伙），且增资价格在不高于基金评估值的基础上协商确定。

第十四条 引导基金管理公司统一受理子基金设立方案等申请材料，并对上报方案进行初审后，由省财政厅组织投资、会计、法律等相关领域专家和有关部门代表组成的评审委员会对上报方案进行独立评审。对通过评审的项目，由引导基金管理公司对拟参股子基金组织开展尽职调查和入股谈判，并将尽职调查报告和引导基金出资建议报省财政厅。经征求省科技厅意见后，省财政厅提出引导基金出资计划草案，报决策委员会进行投资决策。

第十五条 对决策委员会研究通过的项目，由省财政厅在政府门户网站对拟参股子基金有关情况进行公示，公示期不少于10个工作日。对公示期内有异议的项目，应及时进行调查核实。

第十六条 对经公示无异议的项目，由省财政厅会同省科技厅确认子基金方案，批复引导基金出资额度并将资金拨付引导基金专户，由引导基金管理公司按规定拨付子基金账户。

第十七条 子基金按照市场化方式独立运作，依据章程或合伙协议约定进行股权投资、管理和退出。

第十八条 子基金的投资存续期限原则上不超过10年，引导基金通过到期清算、社会股东回购、股权转让等方式实施退出。确需延长存续期的，须经省财政厅、省金融办及省科技厅同意，并报决策委员会批准。因相关资产被冻结或发起人无法达成一致等特殊原因，到期无法清算，子基金主发起人（或主合伙人）应承诺受让省级引导基金所持股份，受让价格按独立第三方资产评估机构评估值确定。

第十九条 当子基金投资于政府重点扶持或鼓励的科技成果转化项目企业时，引导基金可按适当股权比例向该企业跟进投资。跟进投资一般不超过子基金对该企业实际投资额的50%。跟进投资形成的股权，委托子基金管理机构管理，并签订《股权托管协议》，明确各方的权利、责任、义务和股权退出的条件、时间等。

第二十条 引导基金管理公司应与其他出资人在子基金章程或合伙协议中约定，有下列情况之一的，引导基金可无需其他出资人同意，选择退出：

（一）子基金方案确认后超过半年未完成设立或增资手续的。

（二）引导基金完成设立或增资手续超过半年未实缴出资或开展投资业务的。

（三）其他出资人未按协议约定出资的。

（四）子基金未按章程或合伙协议约定投资的。

（五）参股基金管理机构发生实质性变化的。

（六）参股基金或基金管理机构违反相关法律法规或政策规定的。

第二十一条 子基金企业按章程或合伙协议约定向子基金管理机构支付管理费用。年度管理费用一般按照子基金注册资本或承诺出资额的1.5%～2.5%确定，具体比例在委托管理协议中明确。

第二十二条 除对子基金管理机构支付管理费外，子基金企业可对子基金管理机构实施业绩奖励。其中，子基金的年平均收益率不低于子基金出资时中国人民银行公布的一年期贷款基准利率的，引导基金可将其应享有子基金增值收益的20%奖励子基金管理机构。

第二十三条 引导基金管理公司应与其他出资人在子基金章程或合伙协议中约定，引导基金以出资额为限对子基金债务承担责任。

第二十四条 引导基金管理公司应与其他出资人在子基金章程或合伙协议中约定，当子基金清算出现亏损时，首先由子基金管理机构以其对子基金的出资额承担亏损，剩余部分由引导基金和其他出资人按出资比例承担。

第二十五条 在子基金存续期内，鼓励子基金的股东（出资人）或其他投资者购买引导基金所持子基金的股权或份额。同等条件下，子基金的股东（出资人）优先购买。在子基金注册之日起2年内（含2年）购买的，以引导基金原始出资额转让；2年以上、3年内（含3年）购买的，以引导基金原始出资额及从第2年起按照转让时中国人民银行公布的1年期贷款基准利率计算的利息之和转让；设立3年以后，引导基金与其他出资人同股同权在存续期满后清算退出。对于参股增资设立的子基金，上述年限从子基金完成变更登记手续之日起计算。

第四章　风险控制与监督管理

第二十六条 引导基金以及子基金的股权投资资金应当委托符合条件的金融机构进行托管。引导基金托管金融机构由省财政厅选择确定。子基金托管金融机构由子基金企业选择确定，并由子基金企业、引导基金管理公司与其签订资金托管协议。

第二十七条 托管金融机构应符合以下条件：

（一）成立时间在5年以上的全国性国有或股份制商业银行等金融机构。

（二）具有股权投资基金托管经验，具备安全保管和办理托管业务的设施设备及信息技术系统。

（三）有完善的托管业务流程制度和内部稽核监控及风险控制制度。

（四）最近3年无重大过失及行政主管部门或司法机关处罚的不良记录。

第二十八条 引导基金托管金融机构应当在每季度结束后10日内向省财政厅、引导基金管理公司报送季度引导基金资金托管报告，并在每个会计年度结束后1个月内报送上一年度资金托管报告。发现引导基金资金出现异常流动现象时应随时报告。

第二十九条 引导基金不得以借贷资金出资设立各类投资基金，不得利用政府出资的各类投资基金等方式违法违规变相举债，不得以任何方式承诺回购社会资本方的投资本金，不得以任何方式承担社会资本方的投资本金损失，不得以任何方式向社会资本方承诺最低收益，不得对有限合伙制基金等任何股权投资方式额外附加条款变相举债，不得以政府购买服务名义违法违规融资。

第三十条 子基金不得从事以下业务：

（一）从事融资担保以外的担保、抵押、委托贷款等业务。

（二）投资于二级市场股票、期货、房地产（包括购买自用房地产）、证券投资基金、评级AAA级以下的企业债券、信托产品、非保本型理财产品、保险计划及其他金融衍生品。

（三）进行承担无限连带责任的对外投资。

（四）吸收或变相吸收存款，向任何第三方提供贷款和资金拆借、赞助、捐赠（经批准的公益性捐赠除外）等。

（五）发行信托或集合理财产品募集资金。

（六）其他国家法律法规禁止从事的业务。

第三十一条 子基金管理机构在完成对子基金的70%资金投资之前，不得募集其他股权投资基金。

第三十二条 子基金管理机构每季度向引导基金管理公司提交《子基金运行报告》和季度会计报表，并于每个会计年度结束后3个月内向引导基金管理公司提交经注册会计师审计的《子基金年度会计报告》和《子基金年度运行情况报告》。

第三十三条 引导基金管理公司要加强对子基金的监管，密切跟踪其经营和财务状况，防范财务风险，但不干预子基金的日常运作。引导基金管理公司应每季度向省财政厅、省科技厅报送引导基金及参股子基金的运行情况，并于每个会计年度结束后3个月内报送经注册会计师审计的《引导基金年度会计报告》和《引导基金年度运行情况报告》。当子基金的使用出现违法违规或偏离政策导向等情况时，引导基金管理公司应及时向省财政厅、省科技厅报告，并按协议终止合作。

第三十四条 省财政厅、省科技厅负责对引导基金管理公司履行出资人职责情况进行监督，视工作需要委托专业机构开展审计，定期对引导基金的目标、政策效果及子基金投资运行情况进行绩效评价，并向决策委员会报告。

第五章 附 则

第三十五条 引导基金与中央财政资金共同参股发起设立子基金的，按照国家有关规定执行。

第三十六条 本细则由省财政厅、省科技厅负责解释。

第三十七条 本细则自2017年9月1日起施行，有效期至2018年8月31日。《山东省科技成果转化引导基金管理实施细则》（鲁财教〔2015〕23号）同时废止。

省财政厅　省科学技术厅关于印发山东省科技企业孵化器和众创空间高新技术企业培育财政奖励资金管理办法的通知

2017 年 11 月 6 日　鲁财教〔2017〕56 号

各市财政局、科技局，省财政直接管理县（市）财政局、科技局：

现将《山东省科技企业孵化器和众创空间高新技术企业培育财政奖励资金管理办法》印发给你们，请遵照执行。

附件：山东省科技企业孵化器和众创空间高新技术企业培育财政奖励资金管理办法

附件：

山东省科技企业孵化器和众创空间高新技术企业培育财政奖励资金管理办法

第一条　为深入贯彻《中共山东省委　山东省人民政府关于深化科技体制改革加快创新发展的实施意见》（鲁发〔2016〕28 号）和《中共山东省委　山东省人民政府关于支持非公有制经济健康发展的十条意见》（鲁发〔2017〕21 号）精神，加强和规范科技企业孵化器和众创空间高新技术企业培育财政奖励资金（以下简称“奖励资金”）管理，提高资金使用效益，制定本办法。

第二条　本办法所称奖励资金，是指由省级财政预算安排，根据高新技术企业培育绩效，对科技企业孵化器和众创空间的奖励性资金。

第三条　申报奖励资金的科技企业孵化器和众创空间应具备以下条件：

（一）在山东省境内注册，具有独立法人资格，并经省级以上科技行政主管部门认定（备案）。

（二）孵化运行绩效良好，有 1 家（含）以上三年孵化期内的在孵企业升级为高新技术企业。

（三）最近一年内未发生重大安全、重大质量事故或严重环境违法行为，未发生严重的科研失信行为。

第四条　上述第三条第二款中，三年孵化期内的在孵企业升级为高新技术企业是指：

（一）企业注册地、主要研发及办公场所均在拟申报奖励资金的科技企业孵化器或众创空间内，且入驻孵化时间不超过 36 个月；入驻前已经注册成立的企业，入驻时企业成立时间应在 24 个月以内。

（二）企业当年度首次通过山东省高新技术企业认定管理机构认定。

第五条　奖励额度。奖励资金依据科技企业孵化器和众创空间的高新技术企业培育年度绩效进行奖励，每培育 1 家高新技术企业奖励 10 万元，每家科技企业孵化器和众创空间每年最高奖励 100 万元。

第六条　符合条件的科技企业孵化器和众创空间，可根据年度奖励资金申报通知，向所在市科技部门提出申请。

第七条　申报奖励资金需提报以下材料：

（一）科技企业孵化器或众创空间运营机构法人营业执照复印件。

（二）高新技术企业培育绩效证明材料，包括所培育高新技术企业的营业执照复印件、入驻孵化协议复印件。

第八条　市级科技部门会同同级财政部门对本市奖励资金申报材料进行审核后，联合行文报送省科技厅、省财政厅。

第九条 省科技厅对各市奖励资金申报材料进行复核，经复核符合奖励条件的，在省科技厅门户网站向社会公示 5 个工作日。

第十条 公示期满后，省科技厅下达奖励计划，省财政厅按规定拨付奖励资金。

第十一条 各市财政部门在奖励资金下达后一个月内，将奖励资金拨付至获得奖励的科技企业孵化器和众创空间。

第十二条 鼓励各市制定配套政策，共同推动科技企业孵化器和众创空间发展，引导其进一步完善孵化服务功能，培育更多高新技术企业。

第十三条 省科技厅、省财政厅适时委托第三方对奖励政策实施情况开展绩效评价。

第十四条 获得奖励资金的科技企业孵化器和众创空间，应加强资金使用管理，严格执行财务规章制度和会计核算办法，切实提高资金使用效益。

第十五条 奖励资金管理实行责任追究机制。对弄虚作假、截留、挪用、挤占、骗取奖励资金等行为，按照《中华人民共和国预算法》《财政违法行为处罚处分条例》（国务院令第 427 号）等有关规定进行处理，并依法追究有关单位及相关人员责任。

第十六条 本办法由省财政厅、省科技厅负责解释。

第十七条 本办法自 2017 年 11 月 7 日起施行，有效期至 2020 年 12 月 31 日。

附件：山东省科技企业孵化器和众创空间高新技术企业培育财政奖励资金申报表

附件：

山东省科技企业孵化器和众创空间高新技术企业培育财政奖励资金申报表

填报日期：　　年　　月　　日　　　　　　　　　　　　　　　　单位：万元

<table>
<tr><td colspan="3">孵化载体名称
（认定或备案名称）</td><td colspan="8"></td></tr>
<tr><td colspan="3">运营单位名称（全称）</td><td colspan="8"></td></tr>
<tr><td colspan="3">单位所处行政区域</td><td colspan="3">市</td><td colspan="5">县（区）</td></tr>
<tr><td colspan="3">单位性质</td><td colspan="3"></td><td colspan="2">成立时间</td><td colspan="3"></td></tr>
<tr><td colspan="2" rowspan="2">具备资质情况</td><td colspan="2">省级□</td><td colspan="2">认定或备案时间</td><td colspan="3"></td><td rowspan="2">孵化
性质</td><td>综合□</td></tr>
<tr><td colspan="2">国家级□</td><td colspan="2">认定或备案时间</td><td colspan="3"></td><td>专业□</td></tr>
<tr><td colspan="2">法定代表人</td><td></td><td colspan="2">手机号</td><td></td><td colspan="2">联系人</td><td></td><td>手机号</td><td></td></tr>
<tr><td colspan="2">通讯地址</td><td colspan="4"></td><td colspan="2">电子邮箱</td><td colspan="3"></td></tr>
<tr><td colspan="2">孵化面积
（平方米）</td><td colspan="2"></td><td colspan="2">在孵企业数量
（家）</td><td colspan="2"></td><td colspan="2">年度培育高企数量
（家）</td><td></td></tr>
<tr><td colspan="11">年度培育的高新技术企业名单</td></tr>
<tr><td>序号</td><td colspan="6">企业名称</td><td colspan="2">成立时间</td><td colspan="2">入驻时间</td></tr>
<tr><td>1</td><td colspan="6"></td><td colspan="2"></td><td colspan="2"></td></tr>
<tr><td>2</td><td colspan="6"></td><td colspan="2"></td><td colspan="2"></td></tr>
<tr><td>...</td><td colspan="6"></td><td colspan="2"></td><td colspan="2"></td></tr>
<tr><td colspan="11">本申请表上填写的有关内容真实、有效，本单位愿为此承担有关法律责任。

单位盖章　　　　　　法定代表人签章　　　　　　年　月　日</td></tr>
<tr><td colspan="6">市科技局审核意见

单位盖章　　　　年　月　日</td><td colspan="5">市财政局审核意见

单位盖章　　　　年　月　日</td></tr>
</table>

注：请附申请单位营业执照复印件、培育的高新技术企业营业执照复印件及孵化协议复印件，并装订成册。

省财政厅　省档案局关于印发《山东省县级国家综合档案馆建设奖补资金管理办法》的通知

2017 年 4 月 28 日　鲁财教〔2017〕22 号

各市财政局、档案局，省财政直接管理县（市）财政局、档案局：

为贯彻落实《省委办公厅、省政府办公厅印发〈关于加快推进县级国家综合档案馆建设的意见〉的通知》（鲁办发〔2016〕52 号），进一步规范和加强县级国家综合档案馆建设奖补资金管理，推进全省县级国家综合档案馆建设，我们研究制定了《山东省县级国家综合档案馆建设奖补资金管理办法》，现予印发，请认真遵照执行。

附件：山东省县级国家综合档案馆建设奖补资金管理办法

附件：

山东省县级国家综合档案馆建设奖补资金管理办法

第一章　总　　则

第一条　为贯彻落实《省委办公厅、省政府办公厅印发〈关于加快推进县级国家综合档案馆建设的意见〉的通知》（鲁办发〔2016〕52 号），进一步规范和加强县级国家综合档案馆建设奖补资金管理，提高资金使用效益，根据《中华人民共和国预算法》、《中华人民共和国档案法》等国家有关法律法规及财政资金管理有关规定，结合我省实际，制定本办法。

第二条　本办法所称山东省县级国家综合档案馆建设奖补资金（以下简称奖补资金），是指由省财政预算安排，用于补助和奖励我省县级国家综合档案馆建设的一般性转移支付资金。

第三条　县级国家综合档案馆建设以县本级财政投资为主。奖补资金设立的目的是贯彻落实省委、省政府部署要求，加快推进县级国家综合档案馆建设，确保在“十三五”末全省县级国家综合档案馆达到国家《档案馆建设标准》（建标 103－2008）要求。

第四条　奖补资金的分配使用和管理应坚持以下原则：

（一）公开、公正、科学、高效；

（二）分级负责，突出重点；

（三）专款专用，独立核算；

（四）财政集中支付，严格把关；

（五）跟踪问效，责任追究；

（六）奖补资金的分配适当向财政困难地区倾斜。

第二章　部门职责

第五条　财政部门职责

（一）省财政厅职责。负责奖补资金预算管理，下达奖补资金，并对奖补资金使用情况进行监督检查。

（二）市县财政部门职责。配合县级档案主管部门做好申报工作，及时拨付资金，并对奖补资金使用情况进行监督检查。

第六条 档案主管部门职责

（一）省档案局职责。负责对各地申报材料进行审核，分年度确定奖补名额及预算金额，督促加快奖补资金支出，并配合省财政厅对奖补资金使用情况进行监督检查。

（二）市县档案主管部门职责。负责汇总、审核、上报县级国家综合档案馆建设奖补资金申报材料，配合同级财政部门对奖补资金使用情况进行监督检查。

第三章 奖补范围、标准及支出内容

第七条 奖补范围。全省（不含青岛市）127个县级国家综合档案馆。

第八条 奖补标准。对未达到国家《档案馆建设标准》（建标103－2008）要求的县级国家综合档案馆，东部、中部、西部地区奖补标准分别为200万元、300万元、400万元。其中，财政困难县、纳入县级现代预算管理制度改革试点范围的县（市、区）（以下简称试点县）奖补标准为600万元；试点县中的财政困难县奖补标准为800万元。对已建成达标的10个县，每个县给予奖励资金100万元。

第九条 支出内容。奖补资金用于县级国家综合档案馆建设项目的土建工程、内部装修及相关配套设施设备购置等支出，不得用于人员经费、日常公用经费支出，不得用于偿还债务，不得用于国家规定禁止列支的其他支出。

第四章 申报与审核

第十条 申报条件。申请奖补资金的县级国家综合档案馆须具备以下条件：

（一）根据测算标准，尚未达到国家《档案馆建设标准》（建标103－2008）要求。

（二）新建、改建、扩建或旧馆改造、调整的馆舍建筑面积应达到《档案馆建设标准》（建标103－2008）规定要求，设计方案应通过省档案局审核备案。

（三）新建、改建、扩建的馆舍为单体或相对独立建筑的，建筑质量应符合《档案馆建筑设计规范》（JGJ25－2010）。

利用旧馆舍进行改造或调整的，功能布局、设施设备配置应满足档案馆各项工作要求，符合国家规定的质量标准。

第十一条 申报材料。申请奖补资金应提交以下材料：

（一）申请文件（附档案馆馆舍现状、未来30年馆藏档案数量测算表、档案馆建筑面积测算表以及拟新建或改建、扩建基本情况等）。

（二）当地政府批准和立项情况。

（三）土地规划、使用权证复印件。

（四）建设资金落实情况证明（包括项目总体预算、资金来源、地方政府资金划拨计划和资金到位情况等）。

（五）建设工期计划方案。

（六）新建馆舍建筑设计方案。

（七）按要求需提供的其他资料。

第十二条 申报与审核程序

（一）县级档案主管部门会同县级财政部门负责申报材料的组织及上报。

（二）市级档案主管部门会同市级财政部门负责对申报材料进行初审及上报。省直管县申报材料由所在市负责审核、汇总、上报。

（三）省档案局负责对市县申报材料进行审核，对符合申报规定和要求的予以受理，对不符合规定的说明原因并予以退回。省档案局应于部门预算编制“一上”第二阶段确定年度奖补名额、预算金额，并报送省财政厅。

第十三条 凡越级上报或单方上报均不受理。

第五章 资金管理

第十四条 各级财政部门、档案主管部门要严格落实预算、国库、政府采购管理有关规定。同时，严格资金管理，提高资金使用效益。

第十五条 县级档案主管部门要会同项目实施单位加强奖补资金管理，严格执行财务规章制度和会计核算办法，按照规定用途专款专用。

第十六条 县级财政部门、档案主管部门和项目实施单位要明确预算支出责任，加大预算执行工作力度，确保项目顺利实施，加快预算执行进度。

第十七条 项目实施单位要严格按照预算批复组织项目实施，不得自行变更项目内容或调整预算。

第六章 信息公开

第十八条 省财政厅将按照有关规定公开资金管理办法、绩效评价办法、组织开展绩效评价的评价结果。省档案局将按照有关规定公开资金管理办法、绩效评价办法、申报指南、分配情况、绩效评价结果等。

第七章 监督管理

第十九条 各级财政部门、档案主管部门要加强对专项资金管理使用情况的监督检查，及时发现和纠正问题。

第二十条 省档案局将组织市县档案主管部门按照有关规定编报奖补资金绩效目标，并开展绩效评价；评价结果作为奖补资金安排、调整的重要依据。

第二十一条 各级财政部门、档案主管部门及其工作人员在预算编制、调整、决算等编制、审批工作中，存在违反规定安排预算资金，以及其他滥用职权、玩忽职守、徇私舞弊等违法违纪行为的，按照《预算法》、《公务员法》、《行政监察法》、《财政违法行为处罚处分条例》等国家有关规定追究相应责任；涉嫌犯罪的，移送司法机关处理。

第八章 附则

第二十二条 本办法由省财政厅、省档案局负责解释。

第二十三条 本办法自 2017 年 5 月 29 日起施行，有效期至 2020 年 5 月 28 日。

八、

经济建设财务类

财政部　国土资源部　环境保护部关于修订《重点生态保护修复治理专项资金管理办法》的通知

2017 年 11 月 9 日　财建〔2017〕735 号

各省、自治区、直辖市、计划单列市财政厅（局）、国土资源主管部门、环境保护厅（局）：

为了准确把握生态保护修复的整体性和系统性，进一步规范和加强重点生态保护修复治理专项资金管理，提高资金使用效益，财政部、国土资源部、环境保护部对《重点生态保护修复治理专项资金管理办法》（财建〔2016〕876 号）进行了修订。现印发给你们，请遵照执行。

附件：重点生态保护修复治理专项资金管理办法

附件：

重点生态保护修复治理专项资金管理办法

第一章　总　　则

第一条　为了规范和加强重点生态保护修复治理专项资金管理，提高资金使用效益，根据《中华人民共和国预算法》《中央对地方专项转移支付管理办法》（财预〔2015〕230 号）等有关规定制定本办法。

第二条　本办法所称重点生态保护修复治理专项资金（以下简称专项资金）由中央财政安排，主要用于实施山水林田湖草生态保护修复工程（以下简称工程），促进实施生态保护和修复。

第三条　专项资金以保障我国长远生态安全和生态系统服务功能整体提升为目标，推动地方贯彻落实山水林田湖草是一个生命共同体理念，按照整体性、系统性原则及其生态系统内在规律，统筹考虑自然生态各要素，实施生态保护、修复和治理，逐步建立区域协调联动、资金统筹整合、部门协同推进、综合治理修复的工作格局，促进生态环境恢复和改善。

第四条　专项资金使用原则：

（一）坚持公益方向。专项资金使用要区分政府和市场边界，支持公益性工作。

（二）合理划分事权。专项资金使用要着眼全局，立足中央层面，支持具有全国性、跨区域或影响较大的保护、修复和治理工作。

（三）统筹集中使用。中央层面注重集中分配，聚焦于生态系统受损、开展治理修复最迫切的重点区域和工程；地方层面注重统筹使用，加强生态环保领域资金的整合，发挥资金协同效应，同时避免相关专项资金重复安排。

第五条　专项资金以历史遗留的矿山环境治理恢复、土地整治与修复为重点，按照山上山下、地上地下、陆地海洋以及流域上下游进行整体保护、系统修复、综合治理原则，根据生态系统类型特点和现状，统筹开展生物多样性保护、林草植被恢复、流域水环境保护治理，进行全方位系统综合治理修复。

第六条　财政部负责专项资金总体安排以及审核监督，国土资源部、环境保护部负责具体技术指导。

第二章　专项资金申报、分配及管理

第七条　各地实施山水林田湖草生态保护修复工程，实施主体为地方政府。

第八条　各省级人民政府可根据本地区生态保护修复工作需要，按照《财政部　国土资源部　环境保护部关于推进山水林田湖生态保护修复工作的通知》（财建〔2016〕725号）有关要求，编制山水林田湖草生态保护修复工程实施方案并报送财政部、国土资源部、环境保护部，申请专项资金。

第九条　工程实施方案要打破部门职责分工和行政区域的界限，统筹考虑地质环境、生态系统现状，明确突出问题及需求，确定工程实施范围、目标任务、建设内容和保障措施，明确资金投入和各方责任等。实施方案编制要切实体现整体性、系统性，目标任务要可量化、可考核。

第十条　财政部、国土资源部、环境保护部通过部门评估推荐、专家实地考察、公开竞争评审等程序确定支持对象。

第十一条　专项资金采用奖补形式，分为基础奖补和差异奖补两部分。工程纳入支持范围即享受基础奖补，基础奖补资金数额根据工程投资额分档确定；工程差异奖补资金数额与重大工程目标完成情况挂钩。中央财政将根据工程实施进度及年度资金预算情况拨付奖补资金。

第十二条　财政部会同国土资源部、环境保护部确定资金预算额度后，在全国人民代表大会审查批准中央预算后90日内印发下达专项资金预算文件，有关省级财政部门接到专项资金后，应当在30日内分解下达本级有关部门或本行政区域县级以上各级财政部门。

第十三条　工程实施过程中，因实施环境和条件发生重大变化，应按照工程目标不降低原则调整实施方案，按程序报批，并报送财政部、国土资源部、环境保护部备案。

第十四条　专项资金支持工程项目形成的各类设施，由所在地县级以上人民政府承担管护责任，负责运行管理和维护。

第三章　监督检查和责任追究

第十五条　财政部会同国土资源部、环境保护部组织开展专项资金绩效评价，并加强绩效评价结果的应用。绩效评价主要内容为工程实施方案目标任务完成情况，包括生态环境治理改善情况、生态系统服务功能提升情况等，以及工程所取得经济效益、社会效益。

第十六条　专项资金安排按照信息公开要求通过财政部、国土资源部、环境保护部门户网站等途径向社会公开，接受社会监督。地方各级人民政府也应当按照信息公开有关要求及时将专项资金使用安排情况向社会公开。

第十七条　财政部会同国土资源部、环境保护部对专项资金使用情况进行监督检查，对存在问题的工程采取暂停支持等措施，并要求限期整改。

第十八条　省级财政部门、国土资源主管部门、环境保护部门要建立健全监管制度，重点对资金使用、工程进度、建设管理等情况进行监督检查，保障资金安全和使用效益。

第十九条　项目结转和结余资金按照有关财政拨款结转和结余资金规定进行处理。

第二十条　专项资金支出涉及政府采购的，应按照政府采购有关法律制度规定执行。

第二十一条　各级财政部门、国土资源主管部门、环境保护部门及其工作人员在资金审批工作中，存在滥用职权、玩忽职守、徇私舞弊等违法违纪行为之一的，按照《预算法》《公务员法》《行政监察法》《财政违法行为处罚处分条例》等国家有关规定追究相应责任；涉嫌犯罪的，移送司法机关处理。

第四章　附　　则

第二十二条　本办法由财政部、国土资源部、环境保护部负责解释。

第二十三条 本办法自印发之日起施行。财政部、国土资源部、环境保护部印发的《重点生态保护修复治理专项资金管理办法》（财建〔2016〕876 号）同时废止。

省财政厅 省环境保护厅转发《财政部 环境保护部关于印发〈水污染防治专项资金管理办法〉的通知》的通知

2017 年 1 月 25 日 鲁财建〔2017〕11 号

各市财政局、环保局，省财政直接管理县（市）财政局、环保局：

为进一步规范和加强国家水污染防治专项资金管理，提高资金使用效益，现将《财政部、环境保护部关于印发〈水污染防治专项资金管理办法〉的通知》（财建〔2016〕864 号，以下简称《办法》）转发给你们，并提出以下意见，请一并贯彻执行。

一、切实加强资金管理。中央水污染防治资金对加强我省水污染防治和水生态环境保护发挥了重要作用。各市要高度重视资金管理，按规定程序申请、使用专项资金，及时、足额将相关专项资金拨付到位，并加快预算执行，避免资金滞留和结转，提高资金使用效益。

二、完善项目储备库建设。项目储备库是安排中央资金的重要依据。中央水污染防治资金采取因素法、竞争性等方式分配，对于采取竞争性方式分配的资金，国家将在项目储备库基础上，组织实施方案申报并开展竞争性评审。因素法分配的资金，将从项目库中择优选择项目，编制年度实施方案报国家审核。各市要高度重视项目储备库建设，每年组织更新调整，提早谋划，根据国家确定支持的重点领域，认真做好水污染防治项目储备和申报方案编制工作，积极争取中央资金支持。

三、进一步夯实主体责任。各级财政、环保部门要按照《办法》明确的职责分工，进一步夯实主体责任。财政部门要重点做好资金统筹和拨付工作，环保部门要重点做好实施方案编制论证和项目实施工作。两部门要联合对下一级专项资金使用情况、水污染防治工作组织实施情况进行监督检查，确保资金规范、高效使用。

附件：财政部 环境保护部关于印发《水污染防治专项资金管理办法》的通知

附件：

财政部 环境保护部关于印发《水污染防治专项资金管理办法》的通知

2016 年 12 月 7 日 财建〔2016〕864 号

各省、自治区、直辖市、计划单列市财政厅（局）、环境保护厅（局），新疆生产建设兵团财务局、环境保护局：

为贯彻落实党的十八大以来党中央、国务院关于生态文明建设的战略部署，加强水污染防治和水生态环境保护，提高财政资金使用效益，根据《中华人民共和国预算法》和《水污染防治行动计划》（国发〔2015〕17 号），我们对《水污染防治专项资金管理办法》（财建〔2015〕226 号）进行了修订。现予印发，请遵照执行。

附件：水污染防治专项资金管理办法

附件：

水污染防治专项资金管理办法

第一条　为规范和加强水污染防治专项资金管理，提高财政资金使用效益，根据《中华人民共和国预算法》、《水污染防治行动计划》有关规定，制定本办法。

第二条　本办法所称水污染防治专项资金（以下简称专项资金），是指中央财政安排，专门用于支持水污染防治和水生态环境保护方面的资金。

第三条　专项资金实行专款专用，专项管理。

第四条　专项资金由财政部会同环境保护部负责管理。

第五条　专项资金重点支持范围包括：

（一）重点流域、重点区域水污染防治；

（二）良好水体生态环境保护；

（三）饮用水水源地生态环境保护；

（四）地下水环境保护及污染修复；

（五）其他需要支持的有关事项。

第六条　专项资金以水污染防治中央项目储备库为基础，采取因素法、竞争性等方式分配。采用因素法分配的，主要为目标考核类工作；采用竞争性分配的，主要为试点示范类工作。

第七条　对采用因素法分配的专项资金，由省级环境保护部门会同省级财政部门从中央项目储备库中择优选择项目，编制省级年度实施方案，并上报环境保护部、财政部。环境保护部负责审核各省份上报的年度实施方案，并向财政部提出年度专项资金安排建议。财政部根据环境保护部提出的年度专项资金安排建议，参考上一年度目标考核结果等因素，将专项资金切块下达到省份，由各省份统筹对纳入年度实施方案中的项目给予支持。

第八条　对采用竞争性分配的专项资金，财政部会同环境保护部根据确定支持的重点领域，组织地方申报实施方案并开展评审工作，择优纳入中央项目储备库并给予支持。

第九条　地方财政及环境保护部门的职责分工：

（一）地方环境保护部门负责实施方案编制论证并组织项目实施、按规定使用专项资金、确保实现绩效目标等；

（二）地方财政部门负责筹集并落实地方资金并及时审核后足额拨付专项资金。

第十条　专项资金支付应当按照国库集中支付制度有关规定执行。涉及政府采购的，应当按照政府采购有关法律规定执行。涉及引入社会资本的，应当按照政府和社会资本合作有关规定执行。

第十一条　各级财政及环境保护部门按照职责分工，对下一级政府专项资金使用情况、水污染防治专项工作组织实施情况等进行监督检查。

第十二条　环境保护部按照财政部的规定，组织对水污染防治专项工作开展绩效评价，绩效评价结果作为财政部分配专项资金的参考依据。

第十三条　专项资金项目由环境保护部门会同财政部门按照职责分工组织实施，并予以监督。有关财政、环境保护部门及其相关人员发生以下违法违纪行为的，按照《预算法》、《公务员法》、《行政监察法》、《财政违法行为处罚处分条例》等国家有关规定追究相应责任；涉嫌犯罪的，移送司法机关处理：

（一）在专项资金支持范围确定、中央项目储备库建设过程中违反相关规定，干扰公平公开公正确定支持对象的；

（二）分配资金超出实施方案范围及标准的；

（三）未按规定程序申请、拨付、管理专项资金的；

（四）未按相关要求开展督促落实工作，或未按规定组织开展绩效评价工作的；

（五）滥用职权、玩忽职守、徇私舞弊等违法违纪行为。

第十四条 本办法由财政部会同环境保护部负责解释。

第十五条 本办法自发布之日起施行。2015 年 7 月 9 日印发的《财政部　环境保护部关于印发〈水污染防治专项资金管理办法〉的通知》（财建〔2015〕226 号）同时废止。

省财政厅　省住房和城乡建设厅转发《财政部住房城乡建设部关于印发〈城市管网专项资金管理办法〉的通知》的通知

2017 年 2 月 9 日　鲁财建〔2017〕12 号

各市财政局、住房城乡建设委（建设局）、城管局（执法局、市政局），省财政直接管理县（市）财政局、住房城乡建设局：

为进一步规范和加强城市管网专项资金管理，提高资金使用效益，现将《财政部　住房城乡建设部关于印发〈城市管网专项资金管理办法〉的通知》（财建〔2016〕863 号）转发给你们，并提出以下要求，请认真贯彻执行。

一、加强资金管理，拓宽融资渠道。中央城市管网专项资金对推进我省海绵城市和地下综合管廊项目建设，提升城市综合承载能力发挥了重要作用。各市（县）要高度重视资金管理工作，按规定程序申请、拨付、使用专项资金，并加快预算执行，避免资金滞留和结转，提高资金使用效益。同时，积极拓宽融资渠道，大力推广 PPP 模式，吸引社会资本投入海绵城市、地下综合管廊及其他城市生态空间建设，并争取获得中央奖励资金支持。

二、科学编制规划，做好前期准备。各市（县）要按照时限要求，加快编制海绵城市、地下综合管廊专项规划，按规定组织评审和报批实施。要科学编制海绵城市、地下综合管廊下年度建设计划，并按照中央和省级财政资金支持项目的有关要求和标准，做好规划立项、方案设计、项目融资等前期准备工作。

三、严格执行标准，规范项目实施。各市（县）要根据国家城市管网专项资金绩效评价指标体系要求，严格执行相关技术规范标准。项目设计施工要严格执行《海绵城市设计规程》（DB/T5060）、《城市综合管廊工程技术规范》（GB50838）和山东省建筑标准设计图集《城市综合管廊工程》（L16M101－3）、《雨水源头控制与利用工程》（L16M201）等相关规范标准，确保工程技术先进、经济合理、安全适用、便于施工维护。

四、完善相关制度，落实主体责任。各市（县）要建立完善地下综合管廊有偿使用、强制入廊等相关制度，健全海绵城市、地下综合管廊运营维护保障机制。各级财政、住房城乡建设等相关部门要按照《城市管网专项资金管理办法》明确的职责分工，进一步夯实主体责任。财政部门要重点做好资金统筹和拨付工作，住房城乡建设相关部门要重点做好实施方案编制论证和项目实施工作。两部门要联合对下一级专项资金使用、城市管网工作组织实施情况进行监督检查，确保资金规范、高效使用。

附件：财政部　住房城乡建设部关于印发《城市管网专项资金管理办法》的通知

附件：

财政部 住房城乡建设部关于印发《城市管网专项资金管理办法》的通知

2016年12月6日 财建〔2016〕863号

各省、自治区、直辖市、计划单列市财政厅（局）、住房城乡建设厅（委），新疆生产建设兵团财务局、建设局：

为贯彻落实党的十八大以来关于城市建设和新型城镇化的战略部署，提高财政资金使用效益，推进城市地下综合管廊和海绵城市项目建设，增强城市综合承载能力，构建城市生态空间，根据《中华人民共和国预算法》和《国务院关于加强城市基础设施建设的意见》（国发〔2013〕36号），我们对《城市管网专项资金管理暂行办法》（财建〔2015〕201号）进行了修订。现予印发，请遵照执行。

附件：城市管网专项资金管理办法

附件：

城市管网专项资金管理办法

第一条 为了规范和加强城市管网专项资金管理，提高财政资金使用效益，根据《中华人民共和国预算法》和《国务院关于加强城市基础设施建设的意见》（国发〔2013〕36号），制定本办法。

第二条 本办法所称城市管网专项资金（以下简称专项资金），是指通过中央财政预算安排，支持城市管网建设、城市地下空间集约利用、城市排水防涝及水生态修复等城市生态空间建设的专项资金。

第三条 专项资金实行专款专用，专项管理。

第四条 专项资金由财政部会同住房城乡建设部负责管理。

第五条 专项资金用于支持以下事项：

（一）海绵城市建设试点；

（二）地下综合管廊建设试点；

（三）城市生态空间建设其他需要支持的事项。

第六条 专项资金根据不同的支持事项采取不同方式进行分配。用于海绵城市、地下综合管廊建设等试点示范类事项的，通过竞争性评审等方式，确定支持范围，给予专项资金补助，一定三年，具体补助数额按城市规模分档确定（海绵城市试点：直辖市每年6亿元，省会城市每年5亿元，其他城市每年4亿元；地下综合管廊试点：直辖市每年5亿元，省会城市每年4亿元，其他城市每年3亿元）；对采用PPP模式达到一定比例的，按补助基数奖励10%。用于城市生态空间建设其他事项的，通过因素法等确定支持范围及方式。

第七条 财政部会同住房城乡建设部等相关部门根据国家确定的年度重点支持领域，组织地方申报，并开展评审工作。

第八条 地方财政、住房城乡建设等部门的职责分工：

（一）地方住房城乡建设部门负责实施方案编制论证并组织项目实施，按规定使用专项资金。

（二）地方财政部门负责筹集并落实地方支持资金，及时审核后足额拨付中央专项资金。

第九条 专项资金采用奖励、补助等方式予以支持。对按规定采用政府和社会资本合作（PPP）模式的项目予以倾斜支持。

第十条 专项资金的支付应当按照国家有关财政管理制度的规定执行。属于政府采购管理范围的，应当按照国家有关政府采购的规定执行。属于引入社会资本管理范围的，应当按照国家有关政府和社会资本合作的规定执行。

第十一条 财政部会同住房城乡建设部等相关部门制定绩效评价办法。住房城乡建设部按照绩效评价办法，组织实施对地方的绩效评价。绩效评价结果作为奖罚依据，对于绩效评价结果好、达到既定目标的，按中央财政补助资金基数10%给予奖励；绩效评价结果差、无法达到既定目标的取消支持资格，收回中央财政资金。

第十二条 各级财政、住房城乡建设等相关部门按照职责分工，对下一级政府城市管网专项资金及相关工作组织实施情况进行监督检查。

第十三条 专项资金项目由住房城乡建设部门会同财政部门按照职责分工组织实施，并予以监督。有关财政、住房城乡建设部门及其相关人员发生以下违法违纪行为的，按照《预算法》、《公务员法》、《行政监察法》、《财政违法行为处罚处分条例》等国家有关规定追究相应责任；涉嫌犯罪的，移送司法机关处理：

（一）违反竞争性程序等相关规定，干扰公平公开公正确定支持对象的；

（二）分配资金超出实施方案范围及标准的；

（三）未按规定程序申请、拨付、管理专项资金的；

（四）未按相关要求开展督促落实工作，或未按规定组织开展绩效评价工作的；

（五）其他滥用职权、玩忽职守、徇私舞弊等违法违纪行为的。

第十四条 本办法由财政部会同住房城乡建设部负责解释。

第十五条 本办法自发布之日起施行。2015 年 6 月 1 日印发的《财政部　住房城乡建设部关于印发〈城市管网专项资金管理暂行办法〉的通知》（财建〔2015〕201 号）同时废止。

省财政厅　省经济和信息化委员会　省科学技术厅　省发展和改革委员会转发财政部　工业和信息化部　科技部　发展改革委《关于新能源汽车推广应用审批责任有关事项的通知》与《关于调整新能源汽车推广应用财政补贴政策的通知》的通知

2017 年 2 月 20 日　鲁财建〔2017〕14 号

各市财政局、经济和信息化委、科技局、发展改革委：

为进一步规范和加强新能源汽车推广应用财政补助资金管理，财政部、工业和信息化部、科技部、发展改革委在 2015 年印发《关于 2016～2020 年新能源汽车推广应用财政支持政策的通知》（财建〔2015〕134 号）的基础上，近日又印发了《关于新能源汽车推广应用审批责任有关事项的通知》（财建〔2016〕877 号）和《关于调整新能源汽车推广应用财政补贴政策的通知》（财建〔2016〕958 号），对新能源汽车推广应用补贴政策作出补充规定，现转发给你们，并提出如下要求，请一并贯彻落实。

一、认真落实工作责任。各级各有关部门要密切配合，各负其责，确保相关政策落实到位。其中，市、县（市、区）人民政府根据国务院和省政府有关文件要求承担新能源汽车推广应用工作的主体责任。新能源汽车推广应用财政补贴资金申请与审核工作由经济和信息化部门总牵头。生产企业对申报材料的真实性负责。各市经济和信息化委负责会同财政、科技、发展改革部门，认真审查新能源汽车生产企业提交的资金清算报告，核实检查企业产品实际生产、销售、运行等情况及补贴资金申报额度，并对审核核查结果负责，对申报材料审查核实并公示无异议后，形成核查报告报省经济和信息化委、省财政厅，同时抄送省科技厅、省发展改革委。省财政直接管理县（市）有关核查报告由所在市统一审核报送。省经济和信息化委负责会同有关部门对各市资金申请报告进行审核，对企业实际推广情况进行重点核查。

二、严格落实追责条款。对未按照国家有关要求进行分配审批、审核把关不严、核查工作组织不力、擅自超出政策规定范围或标准分配资金，甚至协助企业骗取财政补贴资金等违反相关政策规定，以及存在其他滥用职权、玩忽职守、徇私舞弊等违法违纪行为的，将严格按照国家有关法律法规规定追究相应责任；涉嫌犯罪的，移送司法机关处理。

附件：1.《财政部　科技部　工业和信息化部　发展改革委关于2016～2020年新能源汽车推广应用财政支持政策的通知》（财建〔2015〕134号）

2.《财政部　工业和信息化部　科技部　发展改革委关于新能源汽车推广应用审批责任有关事项的通知》（财建〔2016〕877号）

3.《财政部　科技部　工业和信息化部　发展改革委关于调整新能源汽车推广应用财政补贴政策的通知》（财建〔2016〕958号）

附件1：

财政部　科技部　工业和信息化部　发展改革委关于2016～2020年新能源汽车推广应用财政支持政策的通知

2015年4月22日　财建〔2015〕134号

各省、自治区、直辖市、计划单列市财政厅（局）、科技厅（局、科委）、工业和信息化主管部门、发展改革委：

新能源汽车推广应用工作实施以来，销售数量快速增加，产业化步伐不断加快。为保持政策连续性，促进新能源汽车产业加快发展，按照《国务院办公厅关于加快新能源汽车推广应用的指导意见》（国办发〔2014〕35号）等文件要求，财政部、科技部、工业和信息化部、发展改革委（以下简称四部委）将在2016～2020年继续实施新能源汽车推广应用补助政策。现将有关事项通知如下：

一、补助对象、产品和标准

四部委在全国范围内开展新能源汽车推广应用工作，中央财政对购买新能源汽车给予补助，实行普惠制。具体的补助对象、产品和标准是：

（一）补助对象。补助对象是消费者。新能源汽车生产企业在销售新能源汽车产品时按照扣减补助后的价格与消费者进行结算，中央财政按程序将企业垫付的补助资金再拨付给生产企业。

（二）补助产品。中央财政补助的产品是纳入“新能源汽车推广应用工程推荐车型目录”（以下简称“推荐车型目录”）的纯电动汽车、插电式混合动力汽车和燃料电池汽车。

（三）补助标准。补助标准主要依据节能减排效果，并综合考虑生产成本、规模效应、技术进步等因素逐步退坡。2016年各类新能源汽车补助标准见附件1。2017～2020年除燃料电池汽车外其他车型补助标准适当退坡，其中：2017～2018年补助标准在2016年基础上下降20%，2019～2020年补助标准在2016年基础上下降40%。

二、对企业和产品的要求

新能源汽车生产企业应具备较强的研发、生产和推广能力，应向消费者提供良好的售后服务保障，免除消费者后顾之忧；纳入中央财政补助范围的新能源汽车产品应具备较好的技术性能和安全可靠性。基本条件是：

（一）产品性能稳定并安全可靠。纳入中央财政补助范围的新能源汽车产品应符合新能源汽车纯电动续驶里程等技术要求，应通过新能源汽车专项检测、符合新能源汽车相关标准。其中，插电式混合动力汽车还需符合相关综合燃料消耗量要求。纳入中央财政补助范围的新能源汽车产品技术要求见附件2。

（二）售后服务及应急保障完备。新能源汽车生产企业要建立新能源汽车产品质量安全责任制，完善售后服务及应急保障体系，在新能源汽车产品销售地区建立售后服务网点，及时解决新能源汽车技术故障。

（三）加强关键零部件质量保证。新能源汽车生产企业应对消费者提供动力电池等储能装置、驱动电机、电机控制器质量保证，其中乘用车生产企业应提供不低于8年或12万公里（以先到者为准，下同）的质保期限，商用车生产企业（含客车、专用车、货车等）应提供不低于5年或20万公里的质保期限。汽车生产企业及动力电池生产企业应承担动力电池回收利用的主体责任。

（四）确保与《车辆生产企业及产品公告》保持一致。新能源汽车生产企业应及时向社会公开车辆基本性能信息，并保证所销售的新能源汽车与《车辆生产企业及产品公告》（以下简称《公告》）及“推荐车型目录”内产品一致。

三、资金申报和下达

（一）年初预拨补助资金。每年2月底前，生产企业将本年度新能源汽车预计销售情况通过企业注册所在地财政、科技、工信、发改部门（以下简称四部门）申报，由四部门负责审核并于3月底前逐级上报至四部委。四部委组织审核后按照一定比例预拨补助资金。

（二）年度终了后进行资金清算。年度终了后，2月底前，生产企业提交上年度的清算报告及产品销售、运行情况，包括销售发票、产品技术参数和车辆注册登记信息等，按照上述渠道于3月底前逐级上报至四部委。四部委组织审核并对补助资金进行清算。

四、工作要求

各地要科学制定地方性扶持政策，进一步加大环卫、公交等公益性行业新能源汽车推广支持力度，和中央财政支持政策形成互补和合力，加快完善新能源汽车应用环境。四部委将加强对新能源汽车推广情况的监督、核查。有下列情形之一的，四部委将视情节给予通报批评、扣减补助资金、取消新能源汽车补助资格、暂停或剔除“推荐车型目录”中有关产品等处罚措施：

（一）提供虚假技术参数，骗取产品补助资格的；

（二）提供虚假推广信息，骗取财政补助资金的；

（三）销售产品的关键零部件型号、电池容量、技术参数等与《公告》产品不一致的。

五、实施期限及其他

本政策实施期限是2016～2020年，四部委将根据技术进步、产业发展、推广应用规模、成本变化等因素适时调整补助政策。

对地方政府的新能源汽车推广要求和考核奖励政策将另行研究制定。

附件：1. 2016年新能源汽车推广应用补助标准

2. 纳入中央财政补助范围的新能源汽车产品技术要求

3. 单位载质量能量消耗量评价指标说明

附件1：

2016年新能源汽车推广应用补助标准

一、纯电动乘用车、插电式混合动力（含增程式）乘用车推广应用补助标准（单位：万元/辆）

车辆类型	纯电动续驶里程R（工况法、公里）			
	100≤R<150	150<R<250	R≥250	R≥50
纯电动乘用车	2.5	4.5	5.5	/
插电式混合动力乘用车（含增程式）	/	/	/	3

二、纯电动、插电式混合动力等客车推广应用补助标准（单位：万元/辆）

车辆类型	单位载质量能量消耗量（E_{kg}，Wh/km·kg）	标准车（10米<车长≤12米）					
		纯电动续驶里程R（等速法、公里）					
		6≤R<20	20≤R<50	50≤R<100	100≤R<150	150≤R<250	R≥250
纯电动客车	E_{kg}<0.25	22	26	30	35	42	50
	0.25≤E_{kg}<0.35	20	24	28	32	38	46
	0.35≤E_{kg}<0.5	18	22	24	28	34	42
	0.5≤E_{kg}<0.6	16	18	20	25	30	36
	0.6≤E_{kg}<0.7	12	14	16	20	24	30
插电式混合动力客车（含增程式）		/	/	20	23	25	

注：上述补助标准以10～12米客车为标准车给予补助，其他长度纯电动客车补助标准按照上表单位载质量能量消耗量和纯电动续驶里程划分，插电式混合动力客车（含增程式）补助标准按照上表纯电动续驶里程划分。其中，6米及以下客车按照标准车0.2倍给予补助；6米<车长≤8米客车按照标准车0.5倍给予补助；8米<车长≤10米客车按照标准车0.8倍给予补助；12米以上、双层客车按照标准车1.2倍给予补助。

三、纯电动、插电式混合动力（含增程式）等专用车、货车推广应用补助标准：按电池容量每千瓦时补助1 800元，并将根据产品类别、性能指标等进一步细化补贴标准。

四、燃料电池汽车推广应用补助标准（单位：万元/辆）

车辆类型	补助标准
燃料电池乘用车	20
燃料电池轻型客车、货车	30
燃料电池大中型客车、中重型货车	50

附件2：

纳入中央财政补助范围的新能源汽车产品技术要求

一、新能源汽车纯电动续驶里程要求（单位：km）

类别	乘用车	客车	货车	专用车	测试方法
纯电动	≥100	≥150	≥80	≥80	M1、N1类采用工况法，其他暂采用40km/h等速法。
插电式混合动力（含增程式）	≥50（工况法） ≥70（等速法）	≥50	≥50	≥50	M1、N1类采用工况法或60km/h等速法，其他暂采用40km/h等速法。
燃料电池	≥150	≥150	≥200	≥200	M1、N1类采用工况法，其他暂采用40km/h等速法。

注：1. 超级电容、钛酸锂等纯电动快充客车不按上表续驶里程要求执行。
2. M1类是指包括驾驶员座位在内，座位数不超过九座的载客车辆。
N1类是指最大设计总质量不超过3 500kg的载货车辆。

二、纯电动乘用车最高车速要求

纯电动乘用车 30 分钟最高车速应不低于 100km/h。

三、插电式混合动力汽车综合燃料消耗量要求

（一）插电式混合动力乘用车综合燃料消耗量（不计电能消耗量）与现行的常规燃料消耗量国家标准中对应目标值相比小于 60%；

（二）插电式混合动力商用车（含货车、客车）燃料消耗量（不含电能转化的燃料消耗量）与现行的常规燃料消耗量国家标准中对应限值相比小于 60%。

附件 3：

单位载质量能量消耗量评价指标说明

为更科学地评价纯电动客车技术水平，特提出“单位载质量能量消耗量（E_{kg}）”指标，单位 Wh/km · kg，四舍五入至小数点后两位。计算公式如下：

$$E_{kg}=\frac{E}{M}$$

E 表示电能消耗率，试验检测项。电动汽车 GB/T 18386《电动汽车能量消耗率和续驶里程试验方法》试验中消耗的电能除以行驶里程所得的值，单位 Wh/km。

M 表示附加质量，车辆基本参数。GB/T 18386 检测试验中的所需附加质量，单位 kg，具体计算如下：

1. 最大允许装载质量小于或等于 180kg，附加质量 = 最大允许装载质量；
2. 最大允许装载质量大于 180kg，但小于 360kg，附加质量 = 180kg；
3. 最大允许装载质量大于或等于 360kg，附加质量 = 1/2 最大允许装载质量。

注：按 GB/T 3730.2《道路车辆　质量　词汇和代码》中定义：

最大允许装载质量 = 最大允许总质量 - 整车整备质量。

附件 2：

财政部　工业和信息化部　科技部　发展改革委关于新能源汽车推广应用审批责任有关事项的通知

2016 年 12 月 9 日　财建〔2016〕877 号

各省、自治区、直辖市、计划单列市财政厅（局）、工业和信息化主管部门、科技厅（局、科委）、发展改革委：

为进一步规范和加强新能源汽车推广应用财政补助资金管理，明确资金申报、分配、使用各环节责任，确保资金安全，根据《中华人民共和国预算法》等有关规定，现对《财政部、科技部、工业和信息化部、发展改革委关于 2016 ~ 2020 年新能源汽车推广应用财政支持政策的通知》（财建〔2015〕134 号）补充规定如下：

一、关于资金申报程序

生产企业提交资金清算报告及产品销售、运行情况等材料，企业注册所在地新能源汽车推广牵头部门会同其他有关部门对企业所上报材料审查核实并公示无异后，逐级报省级新能源汽车推广牵头部门，同时抄送其他有关部门；省级新能源汽车推广牵头部门会同其他相关部门，经财务审查、资料审核和重点抽查后整理汇总，将材料报送至工业和信息化部、财政部，并抄送同级其他部门。工业和信息化部会同有关部

门组织对各地资金申请报告进行审核，并对企业实际推广情况进行重点核查，形成核查报告。财政部根据工业和信息化部出具的核查报告按程序拨付补贴资金。

二、关于各自责任

生产企业对申报材料的真实性负责。地方政府根据国务院有关文件要求承担新能源汽车推广应用主体责任，要明确新能源汽车推广牵头部门。地方新能源汽车推广牵头部门会同同级其他部门对本地新能源汽车资金申请报告和推广审核核查结果负责，地方财政部门会同同级工信、科技、发改部门按照部门职责对及时足额拨付资金等负责。工业和信息化部负责发布“新能源汽车推广应用工程推荐车型目录”，确定具体补贴对象，会同有关部门对各地申请报告和推广专项核查结果负监督检查责任。

三、关于追责条款

有关各级新能源汽车推广主管部门、其他相关部门及其工作人员存在未按照上级要求进行分配审批、审核把关不严、核查工作组织不力、擅自超出政策规定范围或标准分配资金，甚至协助企业骗取财政补贴资金等违反相关政策规定，以及其他滥用职权、玩忽职守、徇私舞弊等违法违纪行为的，按照《预算法》《公务员法》《行政监察法》《财政违法行为处罚处分条例》等有关国家规定追究相应责任；涉嫌犯罪的，移送司法机关处理。对于截留、挪用、骗取专项资金以及其他违法使用专项资金行为，依照国家有关法律法规进行处理。

附件3：

财政部　科技部　工业和信息化部　发展改革委关于调整新能源汽车推广应用财政补贴政策的通知

2016年12月9日　财建〔2016〕958号

各省、自治区、直辖市、计划单列市财政厅（局）、科技厅（局、科委）、工业和信息化主管部门、发展改革委：

为进一步促进新能源汽车产业健康发展，不断提高产业技术水平，增强核心竞争力，做好新能源汽车推广应用，经国务院批准，现将有关事项通知如下：

一、调整完善推广应用补贴政策

（一）提高推荐车型目录门槛并动态调整。一是增加整车能耗要求。纯电动乘用车按整车整备质量不同，增加相应工况条件下百公里耗电量要求；纯电动专用车按照车型类别增加单位载质量能量消耗量（E_{kg}）、吨百公里电耗等要求；进一步提升纯电动客车单位载质量能量消耗量（E_{kg}）要求。二是提高整车续驶里程门槛要求。提高纯电动客车、燃料电池汽车续驶里程要求，适时将新能源客车续驶里程测试方法由40km/h等速法调整为工况法；逐步提高纯电动乘用车续驶里程门槛。三是引入动力电池新国标，提高动力电池的安全性、循环寿命、充放电性能等指标要求，设置动力电池能量密度门槛。提高燃料电池汽车技术要求。四是提高安全要求，对由于产品质量引起安全事故的车型，视事故性质、严重程度等扣减补贴资金、暂停车型或企业补贴资格。五是建立市场抽检机制，强化验车环节管理，对抽检不合格的企业及产品，及时清理出《新能源汽车推广应用推荐车型目录》（以下简称《目录》）。六是建立《目录》动态管理制度。新能源汽车产品纳入《目录》后销售推广方可申请补贴。一年内仍没有实际销售的车型，取消《目录》资格。七是督促推广的新能源汽车应用。非个人用户购买的新能源汽车申请补贴，累计行驶里程须达到3万公里（作业类专用车除外），补贴标准和技术要求按照车辆获得行驶证年度执行。

（二）在保持2016～2020年补贴政策总体稳定的前提下，调整新能源汽车补贴标准。对新能源客车，以动力电池为补贴核心，以电池的生产成本和技术进步水平为核算依据，设定能耗水平、车辆续驶里程、电池/整车重量比重、电池性能水平等补贴准入门槛，并综合考虑电池容量大小、能量密度水平、充电倍率、节油率等因素确定车辆补贴标准。进一步完善新能源货车和专用车补贴标准，按提供驱动动力的电池电量分档累退方式核定。同时，分别设置中央和地方补贴上限，其中地方财政补贴（地方各级财政补贴总和）不得超过中央财政单车补贴额的50%（详细方案附后）。除燃料电池汽车外，各类车型2019～2020年中央及地方补贴标准和上限，在现行标准基础上退坡20%。同时，有关部委将根据新能源汽车技术进步、产业发展、推广应用规模等因素，不断调整完善。

（三）改进补贴资金拨付方式。每年初，生产企业提交上年度的资金清算报告及产品销售、运行情况，包括销售发票、产品技术参数和车辆注册登记信息等，企业注册所在地新能源汽车推广牵头部门会同有关部门对企业所上报材料审查核实并公示无异后逐级报省级推广工作牵头部门；省级新能源汽车推广牵头部门会同相关部门，审核并重点抽查后，将申报材料报至工业和信息化部、财政部，并抄送科技部、发展改革委。工业和信息化部会同有关部门对各地申请报告进行审核，并结合日常核查和重点抽查情况，向财政部出具核查报告。财政部根据核查报告按程序拨付补贴资金。

二、落实推广应用主体责任

（一）生产企业是确保新能源汽车推广信息真实准确的责任主体。生产企业应严格遵守国家和行业相关法律法规、标准和制度办法；应对自身生产和销售环节加强管理与控制，会同销售企业对上报的新能源汽车推广信息的真实可靠性负责；应制定切实可行的管控方案，运用产品信息管理系统等，加强对其各级销售商销售信息的管理，销售企业应严格核对每一笔销售信息，确保逐级上报的产品推广信息和消费者信息真实、准确、可查。生产企业应建立企业监控平台，全面、真实、实时反映车辆的销售、运行情况，并按照国家有关要求，统一接口和数据交换协议，及时、准确上报相关信息。新出厂车辆必须安装车载终端等远程监控设备；2016年及以前已出厂或销售车辆，为用户提供无偿加装服务；对销售给个人消费者的车辆，在信息采集和管理上应严格保护个人隐私。

（二）地方政府是实施配套政策、组织推广工作的责任主体。地方政府应认真落实国务院有关文件要求，承担新能源汽车推广应用主体责任，要明确本地新能源汽车推广牵头部门，切实做好新能源汽车推广组织实施工作。一是调整完善地方支持政策。各级地方政府应结合本地实际，科学制定新能源汽车推广方案，加大对新能源汽车充电基础设施的支持力度，加大城市公交、出租、环卫等公共服务领域新能源汽车更新更换力度，加强对企业监督检查。二是强化资金使用管理。地方新能源汽车推广牵头部门应会同有关部门切实承担财政资金申报使用管理的监管，按各自职责对车辆上牌、车辆运营、补贴申报、数据审核等环节严格审核把关；应加强验车环节管理，确保车辆交付使用时整车及电池等核心零部件与《道路机动车辆生产企业及产品公告》（以下简称《公告》）一致；应建立责任追究制度，依法对把关不严的责任人予以追究，加大对骗补等失信企业处罚。各地财政部门应加强财政资金管理，根据企业实际推广情况拨付补贴资金，确保补贴资金安全有效。三是建立健全地方监管平台。有关省（区、市）应建立地方新能源汽车监管平台，及时汇总整理企业报送数据，对接国家监管平台，加强对本地区车辆的监督管理。四是优化产业发展环境。不得对新能源汽车实施限行限购政策。应严格执行国家统一的《目录》，不得设置或变相设置障碍限制外地品牌车辆及零部件、外地充电设施建设、运营企业进入本地市场。

（三）国家有关部门将加强推广应用监督检查。工业和信息化部牵头建立国家新能源汽车监管平台，并通过该平台对新能源车辆（私人购买乘用车可视情况适当放宽）推广应用等情况进行日常监管。此外，工业和信息化部会同有关部门建立新能源汽车推广核查制度，定期不定期组织第三方机构或省级有关部门开展新能源汽车推广信息核查、抽查。

三、建立惩罚机制

（一）对违规谋补和以虚报、冒领等手段骗补的企业，追回违反规定谋取、骗取的有关资金，没收违法所得，并按《财政违法行为处罚处分条例》等有关规定对相关企业和人员予以罚款等处罚，涉嫌犯罪的交由司法机关查处。同时，依情节严重程度，采取暂停或取消车辆生产企业及产品《公告》、取消补贴资金申请资格等处理处罚措施。对不配合推广信息核查，以及相关部门核查抽查认定虚假销售、产品配置和技术状态与《公告》《目录》不一致、上传数据与实际不符、车辆获得补贴后闲置等行为，将视情节严重程度，采取扣减补贴资金、取消补贴资金申请资格、暂停或取消车辆生产企业或产品《公告》等处罚措施。对在应用中存在安全隐患、发生安全事故的产品，视事故性质、严重程度等采取停止生产、责令立即改正、暂停补贴资金申请资格等处理处罚措施。

（二）对协助企业以虚报、冒领等手段骗取财政补贴资金的政府机关及其工作人员，按照《公务员法》《行政监察法》等法律法规追究相应责任；涉嫌犯罪的，移送司法机关处理。

（三）对管理制度不健全、审核把关不严、核查工作组织不力、存在企业骗补行为的地区，将视情况严重程度予以通报批评、扣减基础设施奖补资金等处理处罚。

本通知从 2017 年 1 月 1 日起实施，其他相关规定继续按《关于 2016 ~ 2020 年新能源汽车推广应用财政支持政策的通知》（财建〔2015〕134 号）执行。

附件：新能源汽车推广补贴方案及产品技术要求

附件：

新能源汽车推广补贴方案及产品技术要求

一、新能源客车补贴标准和技术要求

（一）新能源客车补贴标准。补贴金额 = 车辆带电量 × 单位电量补贴标准 × 调整系数（调整系数：系统能量密度/充电倍率/节油水平），具体如下：

<table>
<tr><th rowspan="2">车辆类型</th><th rowspan="2">中央财政补贴标准（元/kWh）</th><th rowspan="2" colspan="3">中央财政补贴调整系数</th><th colspan="3">中央财政单车补贴上限（万元）</th><th rowspan="2">地方财政单车补贴</th></tr>
<tr><th>6 < L≤8m</th><th>8 < L≤10m</th><th>L > 10m</th></tr>
<tr><td rowspan="3">非快充类纯电动客车</td><td rowspan="3">1 800</td><td colspan="3">系统能量密度（Wh/kg）</td><td rowspan="3">9</td><td rowspan="3">20</td><td rowspan="3">30</td><td rowspan="9">不超过中央财政单车补贴额的 50%</td></tr>
<tr><td>85 ~ 95（含）</td><td>95 ~ 115（含）</td><td>115 以上</td></tr>
<tr><td>0.8</td><td>1</td><td>1.2</td></tr>
<tr><td rowspan="3">快充类纯电动客车</td><td rowspan="3">3 000</td><td colspan="3">快充倍率</td><td rowspan="3">6</td><td rowspan="3">12</td><td rowspan="3">20</td></tr>
<tr><td>3C ~ 5C（含）</td><td>5C ~ 15C（含）</td><td>15C 以上</td></tr>
<tr><td>0.8</td><td>1</td><td>1.4</td></tr>
<tr><td rowspan="3">插电式混合动力（含增程式）客车</td><td rowspan="3">3 000</td><td colspan="3">节油率水平</td><td rowspan="3">4.5</td><td rowspan="3">9</td><td rowspan="3">15</td></tr>
<tr><td>40% ~ 45%（含）</td><td>45% ~ 60%（含）</td><td>60% 以上</td></tr>
<tr><td>0.8</td><td>1</td><td>1.2</td></tr>
</table>

（二）新能源客车技术要求。

1. 单位载质量能量消耗量（E_{kg}）不高于 0.24Wh/km · kg。

2. 纯电动客车（不含快充和插电式混合动力客车）续驶里程不低于 200 公里（等速法）。

3. 电池系统总质量占整车整备质量比例（m/m）不高于 20%。

4. 非快充类纯电动客车电池系统能量密度要高于 85Wh/kg，快充类纯电动客车快充倍率要高于 3C，插电式混合动力（含增程式）客车节油率水平要高于 40%。

二、新能源乘用车补贴标准和技术要求

（一）新能源乘用车、插电式混合动力（含增程式）乘用车推广应用补贴标准如下：

单位：万元/辆

车辆类型	纯电动续驶里程 R（工况法、公里）				地方财政单车补贴上限（万元）
	100≤R＜150	150≤R＜250	R≥250	R≥50	
纯电动乘用车	2	3.6	4.4	/	不超过中央财政单车补贴额的50%
插电式混合动力乘用车（含增程式）	/	/	/	2.4	

（二）新能源乘用车技术要求。

1. 纯电动乘用车 30 分钟最高车速不低于 100km/h。

2. 纯电动乘用车动力电池系统的质量能量密度不低于 90Wh/kg，对高于 120Wh/kg 的按 1.1 倍给予补贴。

3. 纯电动乘用车产品，按整车整备质量（m）不同，工况条件下百公里耗电量（Y）应满足以下要求：m≤1 000kg 时，Y≤0.014×m+0.5；1 000＜m≤1 600kg 时，Y≤0.012×m+2.5；m＞1 600kg 时，Y≤0.005×m+13.7。

4. 工况纯电续驶里程低于 80km 的插电式混合动力乘用车 B 状态燃料消耗量（不含电能转化的燃料消耗量）与现行的常规燃料消耗量国家标准中对应限值相比小于 70%。工况纯电续驶里程大于等于 80km 的插电式混合动力乘用车，其 A 状态百公里耗电量满足与纯电动乘用车相同的要求。

三、新能源货车和专用车补贴标准和技术要求

（一）新能源货车和专用车以提供驱动动力的动力电池总储电量为依据，采取分段超额累退方式给予补贴，具体如下：

补贴标准（元/kWh）			中央财政单车补贴上限（万元）	地方财政单车补贴上限
30（含）kWh 以下部分	30～50（含）kWh 部分	50kWh 以上部分		
1 500	1 200	1 000	15	不超过中央财政单车补贴额的50%

（二）新能源货车和专用车技术要求。

1. 装载动力电池系统质量能量密度不低于 90Wh/kg。

2. 纯电动货车、运输类专用车单位载质量能量消耗量（E_{kg}）不高于 0.5Wh/km·kg，其他类纯电动专用车吨百公里电耗（按试验质量）不超过 13kWh。

四、燃料电池汽车补贴标准和技术要求

（一）燃料电池汽车推广应用补贴标准如下：

单位：万元/辆

车辆类型	补贴标准
燃料电池乘用车	20
燃料电池轻型客车、货车	30
燃料电池大中型客车、中重型货车	50

（二）燃料电池汽车技术要求。

1. 燃料电池系统的额定功率不低于驱动电机额定功率的30%，且不小于30kW。燃料电池系统额定功率大于10kW但小于30kW的燃料电池乘用车，按燃料电池系统额定功率6 000元/kW给予补贴。

2. 燃料电池汽车纯电续驶里程不低于300公里。

五、动力电池技术要求

新能源汽车所采用的动力电池应满足如下标准要求：

1. 储能装置（单体、模块）：电动道路车辆用锌空气蓄电池（标准号GB/T 18333.2－2015，6.2.4条/6.3.4条90度倾倒试验暂不执行）、车用超级电容器（标准号QC/T 741－2014）、电动汽车用动力蓄电池循环寿命要求及试验方法（标准号GB/T 31484－2015，6.5工况循环寿命暂不执行）、电动汽车用动力蓄电池安全要求及试验方法（标准号GB/T 31485－2015，6.2.8、6.3.8针刺试验暂不执行）。

2. 储能装置（电池包）：电动汽车用锂离子动力蓄电池包和系统第3部分：安全性要求与测试方法（标准号GB/T 31467.3－2015）。

省财政厅　省环境保护厅关于印发《〈中央农村节能减排资金使用管理办法〉实施细则》的通知

2017年2月24日　鲁财建〔2017〕16号

各市财政局、环保局，省财政直接管理县（市）财政局、环保局：

为认真贯彻落实《中央农村节能减排资金使用管理办法》（财建〔2015〕919号）、《关于〈中央农村节能减排资金使用管理办法〉的补充通知》（财建〔2016〕875号）要求，加强中央节能减排资金使用管理，推进我省农村节能减排工作，结合我省实际，我们研究制定了《〈中央农村节能减排资金使用管理办法〉实施细则》，现印发给你们，请认真贯彻执行。

附件：《中央农村节能减排资金使用管理办法》实施细则

附件：

《中央农村节能减排资金使用管理办法》实施细则

第一条　为规范和加强中央农村节能减排资金管理，推进我省农村节能减排工作，提高财政资金使用效益，根据《中央农村节能减排资金使用管理办法》（财建〔2015〕919号）、《关于〈中央农村节能减排资金使用管理办法〉的补充通知》（财建〔2016〕875号）等有关规定，结合我省实际，制定本实施细则。

第二条　本细则所称中央农村节能减排资金（以下简称资金）是指中央财政为支持农村环境保护工作，鼓励地方有效解决危害群众身体健康的突出问题，促进农村生态环境质量改善而安排的资金。

第三条　资金主要用于我省农村环境综合整治工作，包括农村生活污水和垃圾处理，畜禽养殖污染治理，历史遗留的农村工矿污染治理，饮用水水源地环境保护，以及其他与农村生态环境质量改善密切相关的环境综合整治措施。

第四条　市级环保部门会同财政部门根据国家确定的支持重点和范围，以及中期财政规划管理要求，编制3～5年农村环境综合整治工作方案及分年度实施方案，明确工作目标、实施任务、资金预算、保障机制等，联合报省环保厅、省财政厅。

第五条 同一年度内，对中央财政已经支持的项目，各市、县（市、区）不应再申请中央农村节能减排资金支持。

第六条 省环保厅等相关业务部门会同财政部门对有关市、县（市、区）编制的工作方案进行评审。省财政厅会同省环保厅等相关业务部门根据有关市、县（市、区）农村环境综合整治工作方案确定的任务量、方案执行等情况，确定资金预算额度，并按照预算管理程序下达预算。

第七条 各级财政、环保等相关业务部门按照部门职责对资金的分配审批负责。资金项目承担单位对资金使用负责。

第八条 省财政厅会同省环保厅等相关业务部门在接到中央财政下达资金后30日内，向市级（省财政直管县）财政、环保部门下达资金预算文件。有关市（县）财政部门接到专项资金后，应当在30日内会同环保部门分解下达资金，同时将资金分配结果报送省财政厅、省环保厅备案。

第九条 各级应建立健全农村环境设施运行维护机制，确保环境综合整治效果，优先支持已经落实运行维护经费的项目。

第十条 结转和结余资金按照《山东省人民政府办公厅关于贯彻国办发〔2014〕70号文件进一步做好盘活财政存量资金工作的通知》（鲁政办发〔2015〕11号）及其他有关结转结余资金管理规定处理。

第十一条 各级财政、环保部门应建立完善绩效评价工作机制。绩效评价内容主要包括资金支持项目的目标任务完成情况、制度建设情况、资金到位及使用情况、建成项目运行维护情况，并根据绩效评价结果及时调整相应工作安排。

第十二条 省财政厅、省环保厅将对资金使用情况进行监督检查。各市（县、区）财政、环保部门重点对本辖区内资金使用、农村环境综合整治工作进展等情况进行监督检查，充分发挥资金使用效益和环境效益，并按季度将资金预算执行和项目进展情况报送上一级财政、环保部门。

第十三条 各级财政、环保等相关业务部门及其工作人员，存在违规分配资金以及其他滥用职权、玩忽职守、徇私舞弊等违法违纪行为的，按照《预算法》《公务员法》《行政监察法》《财政违法行为处罚处分条例》等有关规定追究相应责任；涉嫌犯罪的，移送司法机关处理。

第十四条 资金支持的村镇应当按照信息公开要求，公布资金安排和使用的详细情况、项目安排和具体实施情况等。有关市、县（市、区）财政和环保部门应当将资金使用情况在政府门户网站予以公布，接受社会监督。

第十五条 本细则由省财政厅、省环保厅负责解释。

第十六条 本细则自2017年4月1日起施行，有效期至2020年12月31日。

省财政厅　省环境保护厅关于印发《土壤污染防治专项资金管理办法》实施细则的通知

2017年2月24日　鲁财建〔2017〕17号

各市财政局、环保局，省财政直接管理县（市）财政局、环保局：

为认真贯彻落实国家《土壤污染防治专项资金管理办法》（财建〔2016〕601号）、《关于〈土壤污染防治专项资金使用管理办法〉的补充通知》（财建〔2016〕862号）要求，进一步规范和加强土壤污染防治专项资金使用管理，推进我省土壤污染防治工作，我们结合山东实际，制定了《〈土壤污染防治专项资金管理办法〉实施细则》，现印发给你们，请认真贯彻执行。

附件：《土壤污染防治专项资金管理办法》实施细则

附件：

《土壤污染防治专项资金管理办法》实施细则

第一条 为规范和加强土壤污染防治专项资金管理，推进土壤污染防治工作，提高财政资金使用效益，根据《国务院关于印发土壤污染防治行动计划的通知》（国发〔2016〕31 号）、《土壤污染防治专项资金管理办法》（财建〔2016〕601 号）、《关于〈土壤污染防治专项资金使用管理办法〉的补充通知》（财建〔2016〕862 号）等有关规定，结合我省实际，制定本实施细则。

第二条 本细则所称土壤污染防治专项资金（以下简称专项资金）是指 2016～2020 年期间，为推动落实《土壤污染防治行动计划》有关任务，促进土壤环境质量改善，中央财政下达我省的专项用于开展土壤污染综合防治的资金。

第三条 在专项资金政策的推动下，力争到 2020 年，查明我省土壤环境质量状况，全省土壤污染加重的趋势得到初步遏制，土壤环境质量总体保持稳定，农用地和建设用地环境安全得到基本保障，土壤环境风险得到基本管控，受污染耕地安全利用率达到 90% 左右，污染安全利用率达到 90% 以上。

第四条 专项资金用于国家《土壤污染防治行动计划》和《山东省土壤污染防治工作方案》确定的土壤污染防治工作任务，重点支持土壤污染状况调查及相关检测评估、土壤污染风险管控、污染土壤修复与治理、关系国家生态安全格局的重大生态工程中的土壤生态修复与治理、土壤环境监管能力提升以及与土壤环境质量改善密切相关的其他内容。

第五条 省财政厅会同省环保厅采用因素法或项目法分配资金。采取因素法分配的专项资金，综合考虑各市《土壤污染防治行动计划》确定的调查、修复治理工作任务量等因素拨付。采取项目法分配的专项资金，由各市、县（市、区）财政部门会同环保部门提出申请，申请报告包括正式文件和项目实施方案，经省环保厅会同省财政厅评审后，确定资金分配方案。

第六条 省财政厅会同省环保厅在接到中央财政下达专项资金后 30 日内，向市（省财政直管县）级财政、环保部门下达资金预算文件。有关市、县（市、区）财政部门接到专项资金后，应当在 30 日内会同环保部门分解下达资金，同时将资金分配结果报省财政厅、省环保厅备案。

第七条 省级将根据有关市、县（市、区）土壤环境改善等情况，按照财政部、环保部对预拨资金清算结果，对未完成目标的市、县（市、区）扣减资金，对完成土壤治理任务出色的市、县（市、区）给予奖励。

第八条 结转和结余资金按照《山东省人民政府办公厅关于贯彻国办发〔2014〕70 号文件进一步做好盘活财政存量资金工作的通知》（鲁政办发〔2015〕11 号）及其他有关结转结余资金管理规定处理。

第九条 省财政厅、省环保厅等部门对专项资金使用情况进行监督检查，并建立省、市、县各级绩效评价工作机制。绩效评价内容主要包括资金使用的安全性、规范性和有效性，土壤质量改善及任务完成情况，资金支持项目发挥效益情况等。

第十条 专项资金支持的项目应当按照信息公开要求，公布资金安排和使用的详细情况、项目安排和具体实施情况等。有关市、县（市、区）财政和环保部门应当将资金使用情况在政府门户网站上予以公布，接受社会监督。

第十一条 市、县（市、区）财政、环保部门要建立健全调度、监管制度，按季度将资金预算执行和项目进展情况报上一级财政、环保部门，并重点对本辖区内资金使用、工作进度、建设管理、污染物减排以及土壤质量改善情况进行监督检查，确保资金使用效益和环境效益。

第十二条 专项资金申报单位对提供的申报材料负责；专项资金项目承担单位对资金使用负责。对专项资金申报单位和专项资金项目承担单位通过提供虚假申报材料、恶意串通等方式骗取专项资金的，依照《财政违法行为处罚处分条例》等有关规定进行处理。

第十三条 专项资金项目由环境保护部门会同财政部门按照职责分工组织实施，并予以监督。有关财政、环保部门及其工作人员存在违规分配或使用资金，以及其他滥用职权、玩忽职守、徇私舞弊等其他违法违纪行为的，按照《预算法》、《公务员法》、《行政监察法》、《财政违法行为处罚处分条例》等有关国家规定追究相应责任；涉嫌犯罪的，移送司法机关处理。

第十四条 本细则由省财政厅、省环保厅负责解释。

第十五条 本细则自 2017 年 4 月 1 日起施行，有效期至 2020 年 12 月 31 日。

省财政厅　省环境保护厅转发《财政部　环境保护部关于〈大气污染防治专项资金管理办法〉的补充通知》的通知

2017 年 2 月 24 日　鲁财建〔2017〕18 号

各市财政局、环保局，省财政直接管理县（市）财政局、环保局：

为进一步规范和加强国家大气污染防治专项资金管理，提高资金使用效益，现将《财政部、环境保护部关于〈大气污染防治专项资金管理办法〉的补充通知》（财建〔2016〕874 号，以下简称《补充通知》）转发给你们。《补充通知》按照“谁审批、谁负责”的原则，进一步明确了大气污染防治专项资金申报、分配、使用等各个环节的责任，并对各类违法违纪行为作出了处理处罚和责任追究规定。请各市、县认真学习《补充通知》精神，结合《〈大气污染防治专项资金管理办法〉实施细则》（鲁财建〔2016〕96 号），抓好贯彻落实。

附件：财政部　环境保护部关于《大气污染防治专项资金管理办法》的补充通知

附件：

财政部　环境保护部关于《大气污染防治专项资金管理办法》的补充通知

2016 年 12 月 9 日　财建〔2016〕874 号

有关省、自治区、直辖市财政厅（局）、环境保护厅（局）：

《大气污染防治专项资金使用管理办法》（财建〔2016〕600 号）自 2016 年 6 月 1 日起施行。为进一步规范和加强大气污染防治专项资金管理，明确专项资金申报、分配、使用各环节责任，确保资金使用安全，根据《中华人民共和国预算法》等有关规定，按照“谁审批、谁负责”的原则，现对大气污染防治专项资金有关事项补充通知如下：

一、专项资金申报单位对提出的申报材料负责；专项资金项目承担单位对资金使用负责。对于专项资金申报单位和专项资金项目承担单位提供虚假申报材料、恶意串通等骗取专项资金违法行为，依照《财政违法行为处罚处分条例》等国家有关规定进行处理。

二、专项资金项目由环境保护部门会同财政部门按照职责分工组织实施，并予以监督；涉及氢氟碳化物销毁补贴的，由国家发展改革委对核定的销毁数量负责。有关财政、环境保护、发展改革部门及其工作人员存在违规分配或使用资金，以及其他滥用职权、玩忽职守、徇私舞弊等违法违纪行为的，按照《预算法》、《公务员法》、《行政监察法》、《财政违法行为处罚处分条例》等有关国家规定追究相应责任；涉嫌犯罪的，移送司法机关处理。

本通知自印发之日起施行。

省财政厅　省住房和城乡建设厅关于印发《山东省省级城镇化建设资金管理办法》的通知

2017 年 3 月 9 日　鲁财建〔2017〕24 号

各市财政局、住房城乡建设委（建设局）、规划局、城市管理局（市政公用局），各省财政直接管理县（市）财政局、住房城乡建设局：

为进一步规范和加强省级城镇化建设专项资金管理，提高资金使用效益，我们研究制定了《山东省省级城镇化建设资金管理办法》，现印发给你们，请认真贯彻执行。

附件：山东省省级城镇化建设资金管理办法

附件：

山东省省级城镇化建设资金管理办法

第一章　总　　则

第一条　为进一步规范和加强省级城镇化建设资金管理，提高资金使用效益，加快推动新型城镇化发展，根据国家和省有关规定，制定本办法。

第二条　省级城镇化建设资金（以下简称城镇化资金）是根据省政府确定的工作目标任务，由省级财政预算安排，专项用于支持城镇化发展的资金。

第三条　城镇化资金安排遵循“突出重点、择优扶持，政府引导、以补促建，各级联动、形成合力”的原则，鼓励和引导社会资金投入，逐步建立多元化、多渠道、多层次的投入机制。

第四条　城镇化资金支持范围：

（一）新型城镇化综合试点，新生小城市和重点示范镇试点，特色小镇创建；

（二）宜居村镇建设和传统村落保护；

（三）城乡人居环境治理；

（四）历史文化名城、风景名胜区保护和城乡建设抗震防灾；

（五）海绵城市和地下综合管廊建设；

（六）相关规划、标准编制、能力建设等省本级支出；

（七）省委、省政府确定的其他关于城乡建设的重点工作。

第二章　资 金 分 配

第五条　支持新型城镇化综合试点、新生小城市和重点示范镇试点、特色小镇创建的资金，主要依据国家和省评定公布的新型城镇化综合试点、新生小城市和重点示范镇试点、特色小镇创建名单和数量分配。

第六条　支持宜居村镇建设和传统村落保护的资金，主要依据省级评定公布的美丽宜居小镇、美丽宜居村庄和传统村落名单和数量分配。

第七条 支持城乡人居环境治理的资金，主要依据住房城乡建设部评定公布的农村污水垃圾治理示范县（市、区）名单和数量分配。

第八条 支持历史文化名城、风景名胜区保护的资金，主要依据国家和省公布的历史文化名城（含历史文化街区和历史优秀建筑）、风景名胜区，统筹年度预算进行支持。

支持城乡建设抗震防灾的资金，主要支持设区市和地震烈度 8 度及以上的县（市）。

第九条 支持海绵城市和地下综合管廊建设的资金，主要按因素法分配。其中，海绵城市建设资金主要是按照实施方案确定的建设面积等因素分配，地下综合管廊建设资金主要是按照年度计划完工长度等因素分配。

进行海绵城市和地下综合管廊建设的市县，须编制专项建设规划、分期实施方案（或年度建设计划）。省住房城乡建设厅会同省财政厅委托第三方对各地实施方案和建设计划进行竞争性评审，择优选定海绵城市建设示范市和地下综合管廊建设项目纳入省级资金支持范围。

第十条 省本级支出和省委、省政府确定的其他关于城乡建设的重点工作支出，按照节俭高效、保障省级履职尽责、完成省委省政府交办工作任务的原则统筹安排，可用于奖励先进等支出。

第三章 指 标 下 达

第十一条 省财政厅要会同省住房城乡建设厅，在规定时限内分配城镇化资金。

第十二条 省住房城乡建设厅要及时做好试点选定、项目评审、计划审核等基础工作，并及时向省财政厅提出资金分配建议，为按时下达预算指标提供科学依据。

第十三条 各地财政部门收到资金后，要会同同级住房城乡建设部门尽快将资金分解或明确到具体项目，并将分配结果、绩效目标等及时报上级财政、住房城乡建设部门备案。

第四章 资 金 使 用

第十四条 要积极创新资金使用方式，综合运用政府和社会资本合作（PPP）、投资补助、项目奖励、资本金注入、贷款贴息、发债增信、运营补贴等手段，引导和带动各类社会资金投入，共同支持新型城镇化建设。

第十五条 支持新型城镇化综合试点、新生小城市和重点示范镇试点、特色小镇创建的资金，由各市（县、镇）统筹用于规划设计、试点经验总结提升项目，产业园区和农村新型社区公共配套项目，城镇道路交通、供水、供气、供热、污水垃圾处理设施建设和公共服务平台建设，以及特色小镇的特色产业发展等。

第十六条 支持宜居村镇建设和传统村落保护的资金，由有关村镇统筹用于编制建设规划和保护规划，完善基础设施和公共设施，实施生态环境保护和历史遗存修复等。

第十七条 支持城乡环境治理的资金，由农村污水垃圾处理示范县（市）统筹用于城乡生活污水垃圾规划编制、收集处理、资源化利用设施和政府监管能力建设等。

第十八条 支持历史文化名城和风景名胜区保护的资金，主要用于编制保护规划和保护方案，开展遗存和景点普查登记，整治周边环境，完善配套设施，修缮历史街区和优秀建筑等。

支持城乡建设抗震防灾的资金，主要用于编制和修订抗震防灾规划，抗震技术科学研究和推广应用等。

第十九条 支持海绵城市建设的资金，由各地统筹用于海绵型建筑与小区、海绵型道路与广场、海绵型公园绿地与河道和排水防涝、调蓄截污、水生态修复等工程项目的规划设计、建设实施和运营监管等。

支持综合管廊建设的资金，由各地统筹用于城市地下综合管廊工程项目及其辅助设施的规划设计、建设实施和运营监管等。

海绵城市和综合管廊属于政府和社会资本合作（PPP）项目的，在不改变既定用途的情况下，省级补助资金可作为项目公司（SPV）政府出资资本金。

第二十条 省本级支出主要用于城乡建设规划编制、建设标准规程制定、市政公用事业和工程建设市场监管，以及其他保障机关履职的向社会购买服务支出等。

第五章 资金监管

第二十一条 各级财政、住房城乡建设部门要加强对城镇化资金的监督管理，严禁截留、挤占、挪用城镇化资金，严禁将城镇化资金用于行政事业单位人员经费、公用经费、“三公”经费支出、平衡本级预算等。

第二十二条 住房城乡建设部门要加快预算执行进度，并督促项目实施单位加快项目建设，切实提高资金使用效益。

第二十三条 城镇化资金支付按照国库集中支付制度有关规定执行。支出属于政府采购范围的，按照政府采购有关法律制度规定执行。

结转和结余资金按照《山东省人民政府办公厅关于贯彻国办发〔2014〕70号文件进一步做好盘活财政存量资金工作的通知》（鲁政办发〔2015〕11号）及其他有关结转结余资金管理规定处理。

第二十四条 各级财政、住房城乡建设部门按照部门职责对城镇化资金的分配审批负责；专项资金申报单位对提供的申报材料负责；专项资金项目承担单位对资金使用负责。对专项资金申报单位和专项资金项目承担单位通过提供虚假申报材料、恶意串通等方式骗取专项资金的，依照《财政违法行为处罚处分条例》等有关规定进行处理。

第二十五条 各级财政、住房城乡建设等部门及其工作人员，存在违规分配资金，以及其他滥用职权、玩忽职守、徇私舞弊等违法违纪行为的，按照《预算法》、《公务员法》、《行政监察法》、《财政违法行为处罚处分条例》等有关规定追究相应责任；涉嫌犯罪的，移送司法机关处理。

第六章 绩效评价

第二十六条 城镇化资金绩效评价由住房城乡建设部门和财政部门负责，分级实施。根据实际需要，可委托专家、中介机构参与绩效评价工作。

第二十七条 绩效评价以预算年度为周期，对预算年度内资金管理、项目管理、项目效益情况进行客观、公正的评价。

第二十八条 绩效评价结果将作为分配年度城镇化建设资金、调整相关政策以及加强项目管理的参考依据。

第七章 附则

第二十九条 本办法由省财政厅、省住房城乡建设厅负责解释。

第三十条 本办法自2017年4月10日起施行，有效期至2020年4月9日。《山东省省级城镇化建设资金管理暂行办法》（鲁财建〔2016〕26号）同时废止。

省财政厅关于印发《山东省省级困难劳模和职工帮扶专项资金管理办法》的通知

2017年4月14日 鲁财建〔2017〕33号

省总工会：

为切实加强省级困难劳模和职工帮扶专项资金管理，我们研究制定了《山东省省级困难劳模和职工帮扶专项资金管理办法》，现予印发，请遵照执行。

附件：山东省省级困难劳模和职工帮扶专项资金管理办法

附件：

山东省省级困难劳模和职工帮扶专项资金管理办法

第一条 为加强省级困难劳模和职工帮扶专项资金（以下简称帮扶资金）管理，提高资金使用效益，支持各级工会组织开展困难劳模和职工帮扶工作，根据中央和省有关资金管理规定，结合我省实际，制定本办法。

第二条 帮扶资金是由省级财政预算安排，专项用于帮扶生活困难劳模和职工的资金。

第三条 专项资金安排遵循“科学合理、公开透明、专款专用”原则。

第四条 帮扶资金补助对象为困难劳模和困难职工。

困难劳模包括：工资收入低于当地职工最低工资标准的在岗劳模；养老金收入低于当地离退休人员人均养老金水平的离退休劳模；与企业解除劳动关系或下岗后生活特别困难的劳模；年度纯收入低于当地农民人均纯收入的农业劳模；因各类灾害、疾病或重大意外事故造成生活特别困难的劳模。本办法所提劳模，是指山东省劳动模范、山东省先进工作者以及按规定享受省级劳动模范待遇的人员，不包括全国劳动模范。

困难职工包括：家庭人均收入低于当地城镇居民最低生活保障线，经政府救助后生活仍然困难的职工；家庭人均收入略高于当地城镇居民最低生活保障线，但由于疾病、子女教育或意外灾难等原因，不能维持基本生活的职工；因各类灾害或重大意外事故等原因造成生活特别困难的职工。

第五条 帮扶资金专项用于支持各级工会组织开展困难劳模和困难职工帮扶活动。其中，困难劳模帮扶是指对困难劳模个人的补助；困难职工帮扶包括省委、省政府确定的元旦、春节等重大节庆日送温暖活动，针对困难职工家庭的生活救助、助学救助、医疗救助、法律援助、促进就业等帮扶活动。

第六条 帮扶资金不得用于下列支出：弥补各级总工会工作人员工资或办公经费，发放各种奖金、津贴和福利补助，购买车辆、手机等交通工具及通讯设备，帮扶中心基本建设投资，以及其他与困难劳模和职工帮扶无关的支出。

第七条 帮扶资金的预决算统一纳入省总工会预决算管理，按照有关部门预算、决算管理要求执行。

第八条 省总工会依据各地困难劳模和职工群体数量、困难程度以及帮扶工作绩效情况等因素，制定年度帮扶资金使用方案。省财政厅按照方案向省总工会下达资金预算。省总工会按规定及时将资金拨付给市级工会，并于年度终了后2个月内，将上一年度帮扶资金使用情况报省财政厅备案。

第九条 省总工会应根据本办法制定具体实施办法。各级工会组织应按照“先建档、后帮扶、实名制”的工作程序，建立健全并动态化管理困难劳模和职工档案，及时将资金发放给困难劳模和职工个人。

第十条 省总工会应按《山东省人民政府办公厅关于印发山东省省级财政专项资金信息公开暂行办法的通知》（鲁政办字〔2015〕120号）有关要求，将帮扶资金的年度分配结果和绩效评价结果等予以公开。

第十一条 困难劳模和职工本人对档案资料的真实性负责；各级工会组织对困难劳模和职工的认定、具体帮扶工作的组织开展以及资金管理使用负责；省总工会对全省帮扶资金使用方案的制定和执行，以及帮扶资金的管理使用、绩效评价等负责；省级财政部门对帮扶资金管理办法的制定，以及帮扶资金的拨付负责。

第十二条 帮扶资金使用要严格执行国家有关财政政策、财务规章制度规定。对弄虚作假、骗取专项资金，以及截留、挤占、挪用专项资金的，将根据《预算法》、《财政违法行为处罚处分条例》等有关规定追究相应责任，构成犯罪的，移交司法机关处理。

第十三条 本办法由省财政厅负责解释。

第十四条 本办法自 2017 年 5 月 15 日起施行，有效期至 2022 年 5 月 14 日。《山东省省级困难劳模和职工帮扶专项资金管理办法》（鲁财建〔2015〕65 号）同时废止。

省财政厅关于进一步加快财政经济建设专项资金预算执行的通知

2017 年 4 月 25 日　鲁财建〔2017〕35 号

各市财政局、省财政直接管理县（市）财政局：

为进一步加快中央和省级财政经济建设专项资金（以下简称专项资金）执行进度，减少资金结转和滞留，充分发挥资金使用效益，根据《预算法》和中央、省关于预算管理的有关规定，现提出以下要求，请认真贯彻执行。

一、切实加强项目管理。各级财政部门要积极配合业务主管部门，根据有关要求和规划，提前做好项目的前期准备和论证工作，推动项目库建设，夯实预算执行的基础，避免出现“资金等项目”的现象。对已下达资金预算的项目，要与有关部门积极协调，采取切实措施推进项目实施，确保尽快形成实物工作量，及早发挥资金效益。

二、切实加强资金管理。要区别专项资金类别，有针对性地采取措施，及时分配下达专项资金，加快预算执行进度。其中，对个人补助类资金，收到款项后，要在中央和省规定的时限内，将资金足额兑付补助对象。对救灾类资金，要做到随到随拨，原则上在收到款项后 24 小时内拨付。对按因素法切块下达的资金，要严格按照管理要求及时分解下达，原则上在 1 个月内落实到具体项目，严禁长时间滞留。对有明确项目单位和用途的补助资金，原则上要做到即来即下，需要核实项目信息、细化工作方案的，要提前做好前期工作，改进工作流程，在 10 个工作日内将资金下达到项目承担单位。对结余资金、因实施条件改变需调整支出方向的项目资金，要根据事业发展需要和实际情况，及时提出资金调整方案，经审批后用于其他项目。要加强专项资金动态监控，对已经下达的项目资金，及时与项目单位进行沟通，跟踪项目进度，了解资金动态，确保资金使用安全、规范、高效。要加强资金绩效管理，对每一项专项资金，都应实行绩效目标管理，并对资金使用情况进行评价，切实提高资金使用效益。

三、建立专项资金支出进度统计分析制度。自 2017 年起，省级建立专项资金分配与执行情况统计制度，每年 7 月、9 月、12 月上旬，各市、省财政直接管理县（市）要全面调度分析省级专项资金支出进度，填报《省级财政经济建设专项资金预算分配与执行情况统计表》（详见附件 1），将截至上月底的专项资金分配情况报省财政厅经济建设处。建立存量资金定期清理制度，每年 6 月 10 日前，各市、省财政直接管理县（市）要填报《省级财政经济建设专项资金结转情况统计表》（详见附件 2），对以前年度专项资金结转情况进行全面梳理。对连续两年未分配的结转资金，省财政将按规定收回。省财政直接管理县（市）相关数据上报所在市，由各市统一汇总。各市要按要求及时报送统计报表，并确保数据真实、完整、准确。

四、加强结果运用。省财政厅定期对各市和省财政直接管理县（市）专项资金预算执行情况予以通报，并将结果与专项资金分配挂钩。对支出进度快、管理规范的市，加大激励力度；对支出进度慢、执行管理问题多、工作措施不力的市，通过约谈、督查等方式督促其加快支出进度，并视情况调减以后年度相关资金规模。

附件：1. 省级财政经济建设专项资金预算分配与执行情况统计表（截至　　年　　月）

2. 省级财政经济建设专项资金结转情况统计表（截至　　年 5 月）

附件 1：

省级财政经济建设专项资金预算分配与执行情况统计表（截至　　年　　月）

填报单位：　　　　　　　　　　　　　　　　　　金额单位：万元

市、县（项目类别）	省财政下达预算情况				市（省财政直管县）财政分配和使用资金情况													
	下达资金文号	项目名称	金额	发文日期	收文日期	转发文件日期	是否在收文30日内下达（是/否）	分配本级			分配下级（不含省财政直管县）						未分配	
								金额	其中：已完成支出金额	支出进度未达到时间进度的，请分析原因	金额	县分配和支出情况					金额	原因分析
												县已分配金额	其中：已完成支出金额	支出进度未达到时间进度的，请分析原因	县未分配金额	县未分配资金情况及原因分析		
1	2	3	4	5	6	7	8	9	10	11	12	13	14	15	16	17	18	19
××市总计																		
××省直管县总计																		

填表说明：1. 省财政直管县（市）数据请所在市统一汇总上报，市总计数不需汇总省财政直管县（市）数据；
2. 每次填报报表前，省财政厅会下发各市预算指标对账单，请确保省财政下达预算金额（第 4 列）及项目类别、下达资金文号、项目名称、发文日期与省财政厅下达资金数据一致（第 1、2、3、5 列）；
3. 请注意表间勾稽关系：4 = 9 + 12 + 18；12 = 13 + 16；
4. 表中填报日期格式统一为数字型，例如：20170406 为 2017 年 4 月 6 日；
5. 表中省财政厅下发文件文号请统一使用全角符号，例如：鲁财建指〔2017〕××号；
6. 时间进度以各市（省财政直接管理县）文件分配日期为起点，按照项目完成工期一年计算。
7. 表中第 17 列主要按县分别说明未分配资金原因。

附件 2：

省级财政经济建设专项资金结转情况统计表（截至　　年 5 月）

填报单位：　　　　　　　　　　　　　　　　　　　　　　　　　　　　　　　　　　　　金额单位：万元

市、县（项目类别）	省财政下达预算情况					资金结转情况（时间以省财政发文日期计算）			备注
	下达资金文号	项目名称	金额	发文日期	列支科目	结转两年以下		结转两年以上（收回省财政）	
						拟继续使用	拟上缴省财政		
××市总计									
××省直管县总计									

填报说明：本表所填数据中省财政下达预算情况，与附件 1 填报要求一致。列支科目请按照省财政厅下发文件中的科目填报，格式为科目编码 + 科目名称，例如：2110301 大气。

省财政厅关于印发《山东省财政经济建设部门（单位）预算管理绩效评价暂行办法》的通知

2017 年 4 月 25 日　鲁财建〔2017〕36 号

省直有关部门（单位）：

为进一步加强预算绩效管理，提高资金使用效益，促进提升部门财政财务管理的规范化、科学化水平，我们研究制定了《山东省财政经济建设部门（单位）预算管理绩效评价暂行办法》，现予印发，请认真贯彻执行。执行中如有问题，请及时反映。

附件：山东省财政经济建设部门（单位）预算管理绩效评价暂行办法

附件：

山东省财政经济建设部门（单位）预算管理绩效评价暂行办法

第一条　为进一步加强预算绩效管理，提高资金使用效益，促进提升部门财政财务管理的规范化、科学化水平，制定本办法。

第二条 本办法所指“财政经济建设部门（单位）”，是指省财政厅经济建设处对口服务的省直部门（单位），以下简称部门（单位）。

第三条 评价工作按照公平、公正、公开的原则进行，采取部门（单位）自评和经济建设处复评相结合的方式进行。部门（单位）根据评价内容、指标和实际工作情况进行自评，形成自评报告，连同相关证明材料一并提交省财政厅经济建设处复评。

第四条 针对预算管理中的重点环节，围绕预算编制、执行、监督和预算基础管理等，建立部门（单位）预算管理绩效评价指标。

（一）预算编制和批复（45分）。

1. 预算编制（30分）。主要评价预算编制时效性、完整性、准确性，综合预算管理、预算调整、专项资金分配及时性以及编制中长期规划、厉行节约情况（具体指标及分值见附件，下同）。

2. 预算批复（11分）。主要评价预算批复时效性、批复率、准确性情况。

3. 政府采购预算编制（4分）。主要评价年初政府采购预算编制率和政府采购预算编制准确性等。

（二）预算执行（20分）。

1. 年初控制数（5分）。主要评价年初下达部门（单位）的控制指标是否及时审核、指标要素是否与部门预算一致、金额是否不超过部门预算。

2. 年中执行进度（8分）。主要评价年中执行支出进度及年底预算执行率情况。一般从每年5月份起，按月对项目支出进度进行排名通报。

3. 公务卡使用（2分）。主要评价部门（单位）公务卡使用情况。

4. 政府采购预算执行（5分）。主要评价政府采购预算执行进度，包括政府采购建议书申报率、政府采购预算执行完成率。

（三）预算绩效管理（15分）。无发展类专项资金管理的部门此项不考核，最终实际得分按照百分制换算）

1. 绩效目标管理（4分）。主要评价纳入绩效目标管理范围的项目，其绩效目标编报的及时性、完整性及部门（单位）上报绩效目标的审核情况。

2. 绩效运行监控（1分）。主要评价纳入重点绩效评价的项目，其绩效运行监控要求和监控实施情况。

3. 绩效评价实施（5分）。主要评价纳入重点绩效评价的项目评价完成情况、评价方法选用情况和绩效评价工作的监督情况。

4. 评价结果运用（4分）。主要评价纳入重点绩效评价的项目，其评价结果反馈和整改落实机制建设，以及结果公开、运用情况。

5. 绩效目标公开（1分）。主要评价部门（单位）的绩效目标通过门户网站等形式公开的情况。

（四）部门决算（10分）。

1. 部门决算报送时效性（1分）。主要评价部门（单位）报送部门决算是否及时有效。

2. 部门决算报送内容（3分）。主要评价部门（单位）部门决算涵盖范围、资料报送完整性、领导审签及复核修改情况。

3. 部门决算审核质量（3分）。主要评价部门决算数据审核质量、公式审核报错说明等情况。

4. 部门决算编报说明与分析（1分）。主要评价部门决算编制说明及决算分析报告的报送情况。

5. 部门决算批复（1分）。主要评价部门决算批复的时效性及细化情况。

6. 部门预决算衔接（1分）。主要评价部门决算与部门预算编报口径、范围是否一致。

（五）管理创新（10+2分）。

1. 资金管理（2分，加分事项）。主要评价制度建设和工作创新情况。

2. 预决算公开（4分）。主要评价部门预决算、专项资金等信息公开情况。

3. 结余结转资金管理（6分）。主要评价清理压缩结余结转资金目标实现情况。

（六）审计及财政监督发现的问题（扣分项）。

主要评价审计及财政监督检查中发现的预算管理方面的问题。对发现的问题，按照责任划分，应由省级承担的，每发现1处扣1分；问题特别严重的，每发现1处扣3分。

第五条 省财政厅经济建设处于次年审计部门审计结论下达后，组织对上年度预算管理绩效工作进行评价。

第六条 建立健全绩效管理激励约束机制，评价结果予以通报。评价得分在90分以上的，确定为优秀等次；评价得分在80～90分的，确定为良好等次；评价得分在70～80分的，确定为合格等次；评价得分在70分以下的，确定为不合格等次。绩效管理考核结果与以后年度预算安排挂钩。

第七条 本办法自印发之日起施行。

附件：财政经济建设部门（单位）预算管理绩效评价指标表（略）

省财政厅　省交通运输厅关于印发《山东省农村客运出租车等行业油价补贴政策调整方案》的通知

2017年5月17日　鲁财建〔2017〕50号

各市人民政府，省政府有关部门：

《山东省农村客运　出租车等行业油价补贴政策调整方案》已经省政府同意，现印发给你们，请认真组织实施。

附件：山东省农村客运　出租车等行业油价补贴政策调整方案

附件：

山东省农村客运　出租车等行业油价补贴政策调整方案

作为成品油价格形成机制改革的重要配套政策和保障措施，农村客运和出租车等行业油价补贴政策对促进行业发展、增加从业者收入、维护社会稳定发挥了重要作用。为更好地发挥价格机制作用，促进农村客运和出租车等相关行业绿色健康稳定发展，根据财政部、交通运输部、农业部、国家林业局《关于调整农村客运、出租车、远洋渔业、林业等行业油价补贴政策的通知》（财建〔2016〕133号）要求，自2015年起，对我省农村客运（包括农村道路客运、岛际和农村水路客运，下同）、出租车等行业油价补贴政策作出调整。方案如下：

一、总体思路

按照党的十八大和十八届三中全会有关要求，以调整资金使用方式为手段，以保民生、保稳定、促发展为目标，按照“区别对待、分类实施、盘活存量、健全机制、明确责任、平稳推进”的原则，健全支撑保障和激励约束机制，充分发挥市场在资源配置中的决定性作用，促进农村客运、出租车等行业健康稳定发展。

二、主要内容

（一）优化补贴结构。在全省资金总量保持不变的前提下，对各市、县油价补贴结构进行优化。政策调整后，油价补贴资金分为费改税补助资金、涨价补助资金和退坡资金三部分。2015～2019年，费改税补助资金以2014年实际执行数为基数核定各市、县，不再调整；涨价补助资金以2014年实际执行数为基数逐年调整，2015～2019年分别减少15%、30%、40%、50%、60%，2020年以后另行确定；退坡资金按照因素法测算，并与农村客运、出租车油价补贴政策调整及行业发展绩效评价结果挂钩。

（二）明确支持重点。对政策调整后的油价补贴资金区别对待，分类管理。费改税补助资金和逐年调整的涨价补助资金，由各市、县统筹用于弥补相关行业生产经营成本支出，相关支出不再与用油量及油价挂钩；退坡资金除省本级油补统计申报工作平台购买服务支出外，全部按因素法分配，由各市、县统筹用于支持公共交通发展、新能源出租车和农村客运补助以及水路客运行业结构调整等，加快推动城乡客运一体化发展。

三、保障措施

（一）加强组织领导，健全工作机制。农村客运、出租车油价补贴政策调整牵涉面广、政策性强、社会影响大，各地要切实增强大局观念和责任意识，加强组织领导，继续实行油价补贴政策落实工作“市长负责制”，落实各市人民政府农村客运和出租车行业稳定与健康持续发展的主体责任。相关部门要各司其职、分工协作，交通运输、财政、审计、监察等部门要加强配合，及时研究解决存在的问题。各地应将调整后的政策实施情况予以公开，认真完成退坡任务。对未按时完成退坡目标或出现不稳定因素的地区，将视情予以通报。

（二）明确职责分工，完善实施方案。财政部门和交通运输部门共同管理油价补贴资金。省财政部门负责会同省交通运输部门制定资金管理办法，及时拨付油价补贴资金。省交通运输部门负责制定退坡政策和实施计划，对农村客运和出租车油价补贴政策调整、行业发展及退坡任务完成情况开展绩效评价。省级退坡资金分配与评价结果挂钩，具体评价办法和资金增减比例待中央出台相关政策后另行制定。市、县财政部门负责会同同级交通运输部门制定资金管理办法，加强和规范资金管理，并及时拨付油价补贴资金。市、县交通运输部门负责制定本地具体实施细则，组织油价补贴资金的发放，指导农村客运、出租车经营者开展运营管理和运营数据统计，做好辖区内农村客运、出租车经营者申报材料的审核等工作。农村客运、出租车经营主体应对申报材料的真实性、完整性负责。

（三）加强宣传引导，严格责任追究。各地要通过新闻媒体、宣传册、乡镇村（社区）政务栏等多种载体，宣传农村客运、出租车油价补贴政策，加强舆论引导，及时回应社会关切，争取群众和社会各方的广泛理解与支持，确保政策调整平稳实施。各有关部门、单位要严格按规定的范围和原则分配使用资金，对违反规定分配使用资金，以及其他滥用职权、玩忽职守、徇私舞弊等违法违纪行为，或违反规定截留、挪用、骗取补助资金的，依照《预算法》、《公务员法》、《行政监察法》、《财政违法行为处罚处分条例》等国家有关法律法规规定追究相应责任；涉嫌犯罪的，移交司法机关处理。

本方案自2017年6月17日起施行，有效期至2022年6月16日。

省财政厅　省住房和城乡建设厅关于印发《山东省城市地下综合管廊和海绵城市建设资金绩效评价办法》的通知

2017年6月1日　鲁财建〔2017〕55号

各市财政局、住房城乡建设委（局）、规划局、城市管理局（市政公用局），各现代预算管理制度改革试点县（市、区）财政局、住房城乡建设局，黄河三角洲农业高新技术产业示范区管委会，省直有关部门：

为积极推进我省地下综合管廊和海绵城市建设，加强地下综合管廊和海绵城市资金管理，提高资金使用效益，根据《城市管网专项资金绩效评价办法（暂行）》（财建〔2016〕52 号）、《山东省省级城镇化建设资金管理办法》（鲁财建〔2017〕24 号）等有关规定，我们研究制定了《山东省地下综合管廊和海绵城市建设资金绩效评价办法》，现印发给你们，请认真贯彻执行。

附件：山东省地下综合管廊和海绵城市建设资金绩效评价办法

附件：

山东省地下综合管廊和海绵城市建设资金绩效评价办法

第一条 为积极推进我省地下综合管廊和海绵城市建设，加强地下综合管廊和海绵城市资金管理，提高资金使用效益，根据《城市管网专项资金绩效评价办法》（财建〔2016〕52 号）、《山东省省级城镇化建设资金管理办法》（鲁财建〔2017〕24 号）等有关规定，制定本办法。

第二条 本办法所称绩效评价是根据地下综合管廊和海绵城市建设资金绩效目标，运用科学、合理的绩效评价指标、评价标准和评价方法，对资金支出的经济性、效率性和效益性进行客观、公正的评价。

第三条 省财政厅、省住房城乡建设厅是绩效评价的主体。绩效评价应按照既定的绩效评价指标体系，客观反映绩效目标实现程度，形成相应的评价结果。具体评价指标见附件 1、2。

第四条 绩效评价的基本内容包括：

（一）绩效目标的设定情况；

（二）资金投入和使用情况；

（三）为实现绩效目标制定的制度、采取的措施；

（四）绩效目标的实现程度及效果；

（五）绩效评价的其他内容。

第五条 省住房城乡建设厅设定并提交地下综合管廊和海绵城市建设资金整体绩效目标，报送省财政厅审核提出意见。各市、县（市、区）建设部门会同同级财政部门设定区域绩效目标，报省住房城乡建设厅、省财政厅备案。

第六条 根据需要，绩效评价工作可委托专家、中介机构等第三方实施。

第七条 绩效评价方法的选用应坚持简便有效的原则，根据评价对象具体情况，可采用一种或多种方法进行绩效评价。

第八条 绩效评价一般以预算年度为周期，每年组织开展一次。

第九条 绩效评价的主要依据：

（一）地下综合管廊和海绵城市相关法律、法规和规章制度、规范性文件。主要包括《国务院办公厅关于推进城市地下综合管廊建设的指导意见》（国办发〔2015〕61 号）、《国务院办公厅关于推进海绵城市建设的指导意见》（国办发〔2015〕75 号）、《山东省人民政府办公厅关于贯彻国办发〔2015〕61 号文件推进城市地下综合管廊建设的实施意见》（鲁政办发〔2015〕56 号）、《山东省人民政府办公厅关于贯彻落实国办发〔2015〕75 号文件推进海绵城市建设的实施意见》（鲁政办发〔2016〕5 号）等。

（二）地下综合管廊和海绵城市相关预算管理制度、资金及财务管理办法、财务会计资料。主要包括《预算法》、《山东省省级城镇化建设资金管理办法》（鲁财建〔2017〕24 号）等。

（三）地下综合管廊和海绵城市相关行业政策、行业标准及专业技术规范。主要包括《城市地下综合管廊工程规划编制指引》（建城〔2015〕70 号）、《山东省城市综合管廊工程设计标准图集》、《山东省海绵城市设计规程》、《山东省海绵城市标准图集》等。

（四）地下综合管廊和海绵城市相关规划及年度工作计划。

（五）地下综合管廊和海绵城市相关人大审查结果报告、审计报告及决定、财政监督检查报告。

（六）其他相关资料。

第十条 绩效评价工作采取省级统一组织，各级分级实施的方式。

省财政厅负责组织开展绩效评价工作，对资金管理和使用等方面进行监督指导。

省住房城乡建设厅负责具体组织实施绩效评价工作；向省财政厅报送绩效评价报告，落实省财政厅整改意见；根据绩效评价结果改进预算支出管理。

市级财政、建设部门负责组织所辖行政区域内项目的绩效评价，汇总形成本市自评报告及时报省财政厅、省住房城乡建设厅。涉及省财政直接管理县（市）、现代预算管理制度改革试点县（市、区）的自评情况，由所在市统一汇总。自评结果将作为省级绩效评价的参考因素。

第十一条 绩效评价报告应当包括以下主要内容：

（一）基本概况；

（二）绩效评价的组织实施情况；

（三）绩效评价指标体系、评价标准和评价方法；

（四）绩效目标的实现程度；

（五）存在问题及原因分析；

（六）评价结果及建议；

（七）其他需要说明的问题。

第十二条 绩效评价结果量化为综合评分，并按照综合评分分级。综合评分90分（含）以上的为“优秀”，75（含）~90分的为“较好”，60（含）~75分的为“合格”，60分以下的为“不合格”。

第十三条 绩效评价结果将作为地下综合管廊和海绵城市建设资金分配的重要依据。

绩效评价为“优秀”的城市，按照全省有关规划，统筹考虑加大省级地下综合管廊和海绵城市建设资金支持力度。

绩效评价为“较好”的城市，按照全省有关规划，继续给予省级地下综合管廊和海绵城市建设资金支持。

绩效评价为“合格”的城市，按照全省有关规划，统筹考虑减少省级地下综合管廊和海绵城市建设资金支持。

绩效评价结果为“较差”的城市，不再给予省级地下综合管廊和海绵城市建设资金支持。

第十四条 绩效评价结果按照《山东省省级预算绩效评价信息公开办法（试行）》（鲁财绩〔2015〕1号）等有关规定公开并接受监督。

第十五条 各级财政、建设部门要加强专项资金预算执行中的绩效监控，督促绩效目标实现。

第十六条 在绩效评价工作中发现的财政违法行为，依照《预算法》、《财政违法行为处罚处分条例》（国务院令第427号）等有关法律法规进行处理、处罚并依法追究责任。

第十七条 中央资金支持地下综合管廊和海绵城市的绩效评价，按照《城市管网专项资金绩效评价办法》（财建〔2016〕52号）进行。各级财政、建设部门要积极配合开展相关工作，保障绩效评价工作顺利实施。具体评价指标见附件3、4。

第十八条 本办法由省财政厅、省住房城乡建设厅负责解释。

第十九条 本办法自2017年7月2日起实施，有效期至2020年7月1日。

附件：1. 省级地下综合管廊建设绩效评价指标体系表

2. 省级海绵城市建设绩效评价指标体系表

3. 中央地下综合管廊试点绩效评价指标体系表

4. 中央海绵城市建设试点绩效评价指标体系表

附件 1：

省级地下综合管廊建设绩效评价指标体系表

一级指标	分值	二级指标	分值	三级指标	分值	指标解释	评价标准
项目决策	25	项目目标	5	目标内容	5	目标是否明确、细化、量化	目标明确（1 分），目标细化（2 分），目标量化（2 分）
		决策过程	10	决策依据	5	项目是否符合经济社会发展规划；是否列入相关专项规划、实施方案、建设计划	项目符合经济社会发展规划（2 分），列入相关专项规划、实施方案、建设计划（3 分）
				决策程序	5	项目是否符合申报条件；申报程序是否符合相关管理办法	项目符合申报条件（2 分），申报程序符合相关管理办法(3 分)
		资金分配	10	分配办法	3	是否根据需要制定省级资金管理办法；资金分配因素是否全面、合理	办法健全、规范（1 分），因素选择全面、合理（2 分）
				分配结果	7	资金分配是否符合相关管理办法；分配结果是否合理	项目符合相关分配办法（3 分），资金分配合理（4 分）
项目管理	35	资金到位	10	到位率	5	实际到位/计划到位×100%	根据项目实际到位资金占计划的比重计算得分（5 分）
				到位时效	5	资金是否及时到位；若未及时到位，是否影响项目进度	及时到位（5 分）；未及时到位但未影响项目进度（3 分）；未及时到位并影响项目进度（0～1 分）
		资金管理	10	资金使用	7	是否存在支出依据不合规、虚列项目支出的情况；是否存在截留、挤占、挪用项目资金情况；是否存在超标准开支情况	虚列（套取）扣 4～7 分；支出依据不合规扣 1 分；截留、挤占、挪用扣 3～7 分；超标准开支扣 2～7 分；7 分扣完为止
				财务管理	3	资金管理、费用支出等制度是否健全，是否严格执行；会计核算是否规范	财务制度健全（1 分）；严格执行制度（1 分）；会计核算规范（1 分）
		组织实施	15	组织机构	4	是否机构健全、分工明确、组织有效	机构健全、分工明确，组织有效（各 2 分）
				管理制度	4	地下综合管廊是否建立并执行相关管理制度、入廊收费制度及强制入廊制度等	建立相关管理收费、入廊收费制度、强制入廊制度，缺少一项制度扣 1 分；未严格执行制度扣 1～4 分
				资金保障	7	项目资金是否全部纳入政府预算，采用 PPP 模式的项目 PPP 模式是否规范合理	资金全部纳入政府预算或 PPP 模式规范合理（7 分）；财政资金不能有效保障或 PPP 模式存在程序不合规现象扣 1～7 分
项目绩效	40	项目产出	21	产出数量	8	根据项目建设长度评价	综合管廊按项目建设长度占资金分配因素目标比例×8 分计算，最高 8 分
				产出质量	8	是否符合国家和省工程规范、技术规程、行业标准	符合国家和省级技术规范规程、行业标准（8 分），不符合酌情扣分

续表

一级指标	分值	二级指标	分值	三级指标	分值	指标解释	评价标准
项目绩效	40	项目产出	21	产出时效	5	是否按时形成廊体或完工	综合管廊项目根据项目工程形象进度，按时完成（5分），未按时完成扣1~5分
			19	社会效益	5	地下综合管廊是否实现城市节地、省钱发展	地下综合管廊建设使地下空间得到集约利用，长期成本测算低于传统模式（5分）；管廊长期成本测算与传统模式持平（3分）；管廊长期成本测算高于传统模式（0分）
				生态效益	5	地下综合管廊是否有效解决“马路拉链”问题	配建管廊路段市政管线破土改造现象基本消除（5分）；配建管廊路段市政管线破土改造现象较少发生（3分）；配建管廊路段仍大面积存在市政管线破土改造现象（0分）
				可持续影响	5	地下综合管廊建设是否可实现“百年工程”目标	达到规划或实施方案所提出的发展目标（5分）；未达到规划或实施方案所提出的发展目标（0分）
				服务对象满意度	4	地下综合管廊建设是否实现管线的集约化、科学化管理	“满意”、“基本满意”“不满意”三档满意度调查，按（“满意”+“基本满意”反馈占收回反馈信息比例×4分）计算
总分	100		100		100		

附件2：

省级海绵城市建设绩效评价指标体系表

一级指标	分值	二级指标	分值	三级指标	分值	指标解释	评价标准
项目决策	25	项目目标	5	目标内容	5	目标是否明确、细化、量化	目标明确（1分），目标细化（2分），目标量化（2分）。
		决策过程	10	决策依据	5	项目是否符合经济社会发展规划；是否列入相关专项规划、实施方案、建设计划	项目符合经济社会发展规划（2分），列入相关专项规划、实施方案、建设计划（3分）。
				决策程序	5	项目是否符合申报条件；申报程序是否符合相关管理办法	项目符合申报条件（2分），申报程序符合相关管理办法（3分）。
		资金分配	10	分配办法	3	是否根据需要制定省级资金管理办法；资金分配因素是否全面、合理	办法健全、规范（1分），因素选择全面、合理（2分）。

续表

一级指标	分值	二级指标	分值	三级指标	分值	指标解释	评价标准
项目决策	25	资金分配	10	分配结果	7	资金分配是否符合相关管理办法；分配结果是否合理	项目符合相关分配办法（3分），资金分配合理（4分）。
项目管理	40	资金到位	10	到位率	5	实际到位/计划到位×100%	根据项目实际到位资金占计划的比重计算得分（5分）。
				到位时效	5	资金是否及时到位；若未及时到位，是否影响项目进度	及时到位（3分）；未及时到位但未影响项目进度（2分），未及时到位并影响项目进度（0～1分）。
		资金管理	15	资金使用	10	是否存在支出依据不合规、虚列项目支出的情况；是否存在截留、挤占、挪用项目资金情况；是否存在超标准开支情况	虚列（套取）扣4～10分；支出依据不合规扣2分；截留、挤占、挪用扣3～10分；超标准开支扣2～10分；10分扣完为止。
				财务管理	5	资金管理、费用支出等制度是否健全，是否严格执行；会计核算是否规范	财务制度健全（1分）；严格执行制度（2分）；会计核算规范（2分）。
		组织实施	15	组织机构	4	是否机构健全、分工明确、组织有效	机构健全、分工明确、组织有效（4分），否则酌情扣分。
				管理制度	4	海绵城市建设是否建立并执行相关管理制度	海绵城市建立相关管理制度（1分），未严格执行制度扣1～3分。
				资金保障	7	项目资金是否全部纳入政府预算，采用PPP模式的项目PPP模式是否规范合理	资金全部纳入政府预算或PPP模式规范合理（7分）；财政资金不能有效保障或PPP模式存在程序不合规现象扣1～7分。
项目绩效	35	项目产出	21	产出数量	8	海绵城市按照形成海绵区域面积评价	按形成海绵区域面积占资金分配因素目标×8分计算，最高8分。
				产出质量	8	是否符合国家和省工程规范、技术规程、行业标准	符合国家和省级技术规范规程、行业标准（8分），不符合（0分）。
				产出时效	5	是否按时形成海绵区域	根据项目工程形象进度，按时完成（5分），未按时完成扣1～5分。
			14	社会效益	4	城市基础设施建设融入海绵城市建设理念是否科学合理	海绵城市建设手段同城市基础设施建设有机结合（4分）；采取一般化海绵城市建设手段（2分）；采取的海绵城市建设手段有过度工程化倾向（0分）。
				生态效益	4	海绵城市建设项目是否实现低影响开发	海绵城市建设项目各项指标达到规划确定的指标要求（4分），否则酌情扣分。
				可持续影响	4	海绵城市建设措施是否长期有效	达到规划或实施方案所提出的发展目标（4分），未达到规划或实施方案所提出的发展目标（0分）。

续表

一级指标	分值	二级指标	分值	三级指标	分值	指标解释	评价标准
项目绩效	35		14	服务对象满意度	2	海绵城市建设是否具有足够的显示度	"满意"、"基本满意""不满意"三档满意度调查，按（"满意"+"基本满意"反馈占收回反馈信息比例×2分）计算。
总分	100		100		100		

附件3：

中央地下综合管廊试点绩效评价指标体系表

序号	评价指标	评分标准	分值范围	指标解释
1	资金使用和管理	资金下达及时，执行率90%以上，使用安全，管理规范，得15分；资金下达不及时，执行率在70%～90%，管理和使用情况符合规范且未对试点工作造成严重影响，得7分；资金下达不及时，执行率低于70%，管理和使用情况不规范，影响项目建设推进，不得分，并按有关规定处理。	0～15分	评价资金使用和管理情况
2	政府和社会资本合作	按以PPP模式吸引社会资本投资额度占试点工作总投资额比例评价。70%以上的，得10分；30%～70%的，得5分；30%以下的，不得分。	0～10分	评价资金保障情况
3	运营维护费用保障机制	按是否根据项目类别建立收费价格标准制度体系，建立运营维护费用保障机制，确定政府补贴标准，确保有效运营进行评价。建立前述机制，得10分；未建立前述机制，不得分。	0～15分	评价保障运营维护机制建立情况
4	入廊收费制度	建立入廊收费标准体系，得15分；未建立，不得分。	0～15分	评价是否建立入廊收费标准制度体系
5	产出数量	按工程形象进度评价。计划建设公里数全部或超额完成，得15分；完成率在80%～100%，得7分；完成率在80%以下，视为绩效考核结果"不及格"。	0～15分	评价试点工作实施计划完成情况
6	项目效益	按强制入廊制度建立情况和管线入廊率评价。各类入廊管线权重及入廊率计算方式由住房城乡建设部统一规定。建立强制入廊制度，入廊率在100%以上，得20分；建立强制入廊制度，入廊率70%～100%，得分=20×[（入廊率×100－70）/30]；未建立强制入廊制度，或入廊率70%以下，不得分。	0～20分	评价强制入廊制度执行情况和计划入廊管线是否全部入廊
7	技术路线	按舱体结构设计、舱位布置是否符合技术标准和技术规范评价。符合，得10分；不符合，不得分。	0～10分	评价项目技术路线符合相关技术标准和规范情况

附件4：

中央海绵城市建设试点绩效评价指标体系表

序号	评价指标	评分标准	分值范围	指标解释
1	资金使用和管理	资金下达及时，使用安全，管理规范，得15分；资金下达不及时，执行率在70%～90%，管理和使用情况符合规范且未对试点工作造成严重影响，得7分；资金下达不及时，执行率低于70%，管理和使用情况不规范，影响试点工作推进，不得分，并按有关规定处理。	0～15分	评价资金使用和管理情况

续表

序号	评价指标	评分标准	分值范围	指标解释
2	政府和社会资本合作	按以PPP模式吸引社会资本投资额度占试点工作总投资额比例评价。70%以上的，得10分；30%～70%的，得5分；30%以下的，不得分。	0～10分	评价实行PPP模式的情况
3	成本补偿保障机制	按是否根据项目类别建立收费价格标准制度体系，建立运营维护费用保障机制，确定政府补贴标准，确保有效运营进行评价。建立前述机制，得10分；未建立前述机制，不得分。	0～10分	评价成本补偿保障机制建立情况
4	产出数量	按工程形象进度评价。计划建成面积数全部或超额完成，得20分；完成率在80%～100%，得10分；完成率在80%以下，视为绩效考核结果“不合格”。	0～20分	评价试点工作实施计划完成情况
5	产出质量	按年径流总量控制率/毫米数评价。对比批复的试点目标：达到目标任务，得10分；低于目标任务但不超过10个百分点或5毫米，得5分；低于目标任务超过10个百分点或5毫米，不得分。	0～10分	评价年径流总量控制率达到计划目标的情况
6	项目效益	试点区域内水生态、水环境、水资源、水安全、显示度等各项指标全部达到计划目标，得25分；一半及一半以上指标达到，得15分；一半以上指标未达到，不得分。	0～25分	评价试点区域内水生态、水环境、水资源、水安全、显示度等各项指标达到计划目标情况
7	技术路线	系统性强、科学合理，符合相关技术标准和规范，得10分；不符合，不得分。	0～10分	评价试点项目技术路线符合相关技术标准和规范情况

省财政厅　省海洋与渔业厅关于印发《山东省渔业船舶报废拆解和船型标准化补助资金管理办法》的通知

2017年6月16日　鲁财建〔2017〕58号

各市财政局、海洋与渔业局，县级现代预算管理制度改革试点县（市、区）财政局、海洋与渔业局：

为进一步规范和加强中央渔业船舶报废拆解和船型标准化补助资金管理，提高资金使用效益，按照国家有关政策要求，结合山东实际，我们研究制定了《山东省渔业船舶报废拆解和船型标准化补助资金管理办法》，现印发给你们，请认真贯彻执行。

附件：山东省渔业船舶报废拆解和船型标准化补助资金管理办法

附件：

山东省渔业船舶报废拆解和船型标准化补助资金管理办法

第一章　总　　则

第一条　为规范我省渔业船舶报废拆解和船型标准化补助资金管理，根据《国务院关于促进海洋渔业持续健康发展的若干意见》（国发〔2013〕11号）、《财政部、农业部关于调整国内渔业捕捞和养殖业油价补贴政策促进渔业持续健康发展的通知》（财建〔2015〕499号）、《财政部、交通运输部、农业部、国家林业局关于调整农村客运、出租车、远洋渔业、林业等行业油价补贴政策的通知》（财建〔2016〕133号）、《财政部关于印发〈船舶报废拆解和船型标准化补助资金管理办法〉的通知》（财建〔2015〕977号）、《财政部关于〈船舶报废拆解和船型标准化补助资金管理办法〉的补充通知》（财建〔2016〕418号）等有关规定，制定本办法。

第二条 本办法所称渔业船舶报废拆解和船型标准化补助资金（以下简称补助资金），是指中央船舶报废拆解和船型标准化补助资金中用于渔业捕捞作业船舶（以下简称渔船）报废拆解、更新改造和渔业装备设施建设，以及远洋渔船更新改造等能力建设、国际渔业资源开发利用的补助资金。

第三条 补助资金的使用范围包括：

（一）渔民减船转产过程中的渔船拆解、人工鱼礁改造及投放、减船废料无害化处理和渔具集中销毁等。

（二）标准化捕捞渔船更新改造。

（三）人工鱼礁建设、渔港航标等公共基础设施建设、深水抗风浪养殖网箱、海洋渔船通导与安全装备建设。

（四）远洋渔船（含渔业辅助船）更新改造、专业南极磷虾捕捞加工船建造及改造。

（五）远洋渔业基地建设中的公益性项目。

（六）国际渔业资源开发利用（不含渔业辅助船）。

（七）符合中央要求的其他支持渔业发展的重点方面。

省海洋与渔业厅牵头建立我省项目储备库，并建立动态调整机制。补助资金原则上支持省级项目储备库中的项目。有关要求省海洋与渔业厅另行规定。

第四条 补助资金由各级财政和海洋与渔业部门按照职责分工共同管理。

省财政厅负责会同省海洋与渔业厅制定补助资金管理办法；会同省海洋与渔业厅下达补助资金；按照中央有关要求，独立开展或组织指导省海洋与渔业厅开展绩效评价工作。

省海洋与渔业厅负责组织补助资金项目申报，动态管理全省项目库；提出补助资金安排的初步建议；对补助资金的使用进行监督管理；按照中央有关要求，具体组织实施全省绩效评价工作。

市县财政部门负责会同同级海洋与渔业部门及时拨付下达补助资金；对补助资金的使用进行监督管理；配合海洋与渔业部门开展补助资金项目申报；按照中央和省里有关要求，独立开展或配合同级海洋与渔业部门开展绩效评价工作。

市县海洋与渔业部门负责组织开展辖区内项目申报材料的审核工作；开展辖区内项目库建设，并按省里要求实施动态调整；组织补助资金的发放工作；加强和规范补助资金使用和管理；按照中央和省里有关要求，会同财政部门组织开展辖区内资金绩效评价工作。

项目申报主体应对申报材料的真实性、完整性负责。

项目承担主体应对资金使用的合规性、有效性负责。

第二章 补助标准

第五条 渔船报废拆解、更新改造的重点是老旧和木质渔船、不符合国家渔船检验标准且安全和防污染性能较差的渔船以及对海洋渔业资源破坏性大的双船底拖网、帆张网、三角虎网等作业类型的渔船。

第六条 渔船报废拆解（含处理，下同）申请补助资金应符合下列条件：

（一）持有合法有效渔船检验证书、登记证书和捕捞许可证，纳入国家渔船管理数据库管理并实行定点拆解的渔船。

（二）按规定程序办理完渔船报废拆解或处理手续，取得《渔业船舶报废、拆解或处理证明》原件。

（三）渔船所有人出具不利用报废拆解渔船资金制造渔船及不非法从事捕捞业的承诺书。

渔船报废拆解的补助资金，根据船型大小和结构分级分档计算，具体标准见附件1。

第七条 渔船更新改造申请补助资金应符合下列条件：

（一）渔船的检验证书、登记证书和捕捞许可证齐全、有效，并纳入国家渔船管理数据库管理。

（二）依法取得《渔业船网工具指标批准书》原件，在渔船建成检验发证前按规定程序办理完旧渔船报废拆解或处理手续，取得《渔业船舶报废、拆解或处理证明》原件。

（三）渔船所有人出具拟更新改造渔船不非法从事捕捞业的承诺书。

更新改造成双船底拖网、帆张网、三角虎网等作业类型的渔船不享受补助。

渔船更新改造补助实行上限控制，补助资金不得超过每档渔船平均造价的30%且不超过分档定额补助上限，具体补助标准见附件2。

第八条 远洋渔船更新改造申请补助资金应符合以下条件：

（一）经农业部批准更新改造的远洋渔船（含渔业辅助船），或经农业部批准建造或改造的专业南极磷虾捕捞加工船。

（二）单船不小于200总吨，且公约船长不小于30米。

（三）在中国境内（大陆）建造且在我国渔船管理部门登记。

远洋渔船更新改造具体补助标准按农业部规定执行。

第九条 渔业装备设施建设申请补助资金应符合下列条件：

（一）人工鱼礁建设应在国家级海洋牧场示范区范围内，并符合国家和地方海域使用功能区划与渔业发展规划。

（二）持有《水域滩涂养殖证》或《不动产权证书》，有固定的深水养殖区域，具有一定相关技术和管理能力的养殖企业、合作社，可以申请深水网箱推广补助。优先安排已经投保养殖设施保险和淘汰普通网箱项目。

（三）渔港标准化改造应为农业部公布的《渔港升级改造和整治维护规划》中确定的渔港和避风锚地。

渔业装备设施建设实行上限补助，具体补助标准见附件3。

第十条 远洋渔业装备设施建设申请补助资金应符合下列条件：

（一）经国家有关部门批准、主要为我国远洋渔船生产配套服务的远洋渔业基地中的公益性项目。

（二）境外建设远洋渔业基地已取得商务部门境外投资许可，并获得所在国政府有关用地等批准文件。

（三）项目企业需具有连续三年以上农业部远洋渔业企业资格，拥有基地所有权和经营管理权。

远洋渔业装备设施建设具体补助标准按农业部规定执行。

第十一条 国际渔业资源开发利用申请补助资金应符合下列条件：

（一）经农业部远洋渔业项目确认的渔船（不含渔业辅助船）。

（二）纳入农业部船位监测系统并正常生产。

（三）渔船在资源开发利用过程中未发生违法违规行为。

国际渔业资源开发利用具体补助标准按农业部规定执行。

第三章 申请和审核

第十二条 市级及以下海洋与渔业部门会同同级财政部门具体负责本辖区补助资金的申报和项目库建设工作。县级现代预算管理制度改革试点县（市、区）申报材料由所在市汇总后一并上报。

第十三条 补助资金的申请和审核，应遵循以下程序：

（一）由船舶所有人、项目承担单位等补助资金申报主体，向其所在县级海洋与渔业部门、财政部门提出补助资金申请。

（二）县级海洋与渔业部门会同财政部门对补助申请进行初核、汇总，并对申报主体的申请资格在醒目地方进行公示（不少于5个工作日），以保证相关数据的真实可靠。公示结束后，县级海洋与渔业部门会同财政部门根据补助标准进行测算统计，并于每年2月15日前将补助渔船统计、补助额度测算情况报送所在市级海洋与渔业部门和财政部门，市级汇总后以书面文件的形式于每年 2 月底前报送省海洋与渔业厅，同时抄送省财政厅。

（三）省海洋与渔业厅对各市报送的材料进行核查，对符合条件的项目以市为单位进行公示，在此基础上进行汇总，同步更新省级项目储备库。同时，省海洋与渔业厅测算形成申请补助资金的初步建议数，并函告省财政厅。

第十四条 省海洋与渔业厅会同省财政厅于每年 3 月 20 日前，以书面文件的形式将山东省上年度渔船补助审核、相关任务完成、资金测算等情况上报农业部和财政部。

第十五条 基层海洋与渔业部门应专卷保存船舶所有人提交的补助资金申请材料。

第四章 下达和拨付

第十六条 中央补助资金下达省级财政后 20 日内，省海洋与渔业厅将补助资金安排的初步建议报送省财政厅。省财政厅会同省海洋与渔业厅及时下达补助资金。补助资金的支付，按照财政国库集中支付制度有关规定执行。

第十七条 基层财政部门要会同同级海洋与渔业部门将资金发放情况报省财政厅、省海洋与渔业厅备查。省海洋与渔业厅于每年 3 月 31 日前向农业部报送上年度补助资金发放情况。

第五章 管理和监督

第十八条 各级海洋与渔业部门和财政部门要按照职责分工，加强对补助资金使用的监督管理。省级将按照中央有关要求，对补助资金的安排和使用情况组织开展绩效评价和不定期抽查。

第十九条 对申报情况不真实的地区和单位，将相应扣减或收回补助资金。对违反规定截留、挪用、骗取补助资金的单位及个人，依照《预算法》《财政违法行为处罚处分条例》等国家有关法律法规严肃处理，并追究有关人员责任。

第二十条 补助资金的发放情况要及时公开，接受群众和社会监督。

第六章 附　　则

第二十一条 本办法由省财政厅、省海洋与渔业厅负责解释。

第二十二条 本办法自 2017 年 7 月 17 日起实施，有效期至 2022 年 7 月 16 日。

附件：1. 海洋捕捞渔船报废拆解分档补助参考标准表

2. 海洋捕捞渔船更新改造分档补助参考标准表

3. 渔业装备设施建设分档补助参考标准表

附件 1：

海洋捕捞渔船报废拆解分档补助参考标准表

单位：万元

渔船材质和分档 \ 补助工作类型		渔船拆解	人工鱼礁改造	减船废料无害化处理	渔具集中销毁
木质渔船	船长＜12 米	0.0	0.0	0.5	0.5
	12 米≤船长＜24 米	1.0	0.0	1.0	0.5
	24 米≤船长	1.5	0.0	1.0	0.5

续表

渔船材质和分档 \ 补助工作类型		渔船拆解	人工鱼礁改造	减船废料无害化处理	渔具集中销毁
钢制渔船	船长<12米	1.0	0.0	0.5	0.5
	12米≤船长<24米	2.0	4.0	1.0	0.5
	24米≤船长	3.0	5.0	1.0	0.5

附件2：

海洋捕捞渔船更新改造分档补助参考标准表

单位：万元

钢质渔船分档	补助金额（不带制冷系统）	补助金额（带制冷系统）	玻璃钢渔船分档	补助金额
船长<12米	5		船长<12米	8
12米≤船长<15米	10		12米≤船长<15米	15
15米≤船长<18米	15		15米≤船长<18米	25
18米≤船长<21米	20		18米≤船长<21米	40
21米≤船长<24米	25		21米≤船长<24米	50
24米≤船长<27米	40		24米≤船长<27米	80
27米≤船长<30米	60		27米≤船长<30米	120
30米≤船长<33米	75	90	30米≤船长<33米	150
33米≤船长<36米	90	110	33米≤船长<36米	200
36米≤船长<40米	120	160	36米≤船长<40米	280
40米≤船长<45米	0	250	40米≤船长	320
45米≤船长<50米	0	300		
50米≤船长<55米	0	350		
55米≤船长	0	400		

说明：制冷系统须包括压缩机、冷凝器、蒸发盘管、储液罐等。

附件3：

渔业装备设施建设分档补助参考标准表

补助项目	补助内容	补助标准（上限）	备注
人工鱼礁	人工鱼礁的设计、建造和投放	构件礁：500元/空方 投石礁：200元/立方米	用于礁体建造资金不低于人工鱼礁建设项目补助资金的70%，海藻场和海草床增殖修复补助资金不高于15%，其他补助内容的资金总额不高于15%。
	海藻场和海草床增殖修复	20万元/公顷	
渔港航标等公共基础设施建设	沿海渔港标准化升级改造和整治维护	防波堤：12万元/延米 码头：8万元/延米 护岸：3万元/延米 疏浚：25元/立方米	沿海渔港项目中防波堤、拦沙堤、码头、护岸、港池航道锚地疏浚等，内陆渔港项目中码头、护岸、港池航道疏浚、引桥、趸船等，避风锚地项目中防波堤、系泊岸线、航道锚地疏浚、系泊设施等基础设施建设内容均应占项目总投资的75%以上。
	内陆渔港标准化改造和整治维护	码头：8万元/延米 护岸：2万元/延米 疏浚：25元/立方米	
	避风锚地标准化改造和整治维护	防波堤：12万元/延米 上岸码头：5万元/延米 系泊岸线：5万元/延米 浮筒：30万/个 疏浚：25元/立方米	
	渔港动态管理系统	每个渔港150万元	
	渔用航标维修与养护	每个航标25万元	

续表

补助项目	补助内容	补助标准（上限）	备注
深水抗风浪网箱推广	深水网箱（周长 40 ~ 120 米）及其配套设施	每只深水网箱及其配套设施 10 万 ~ 30 万元	深水网箱周长为 40 ~ 120 米。
海洋渔船通导与安全装备建设	海洋渔船通导与安全装备配备及升级改造	大中型渔船：1.4 万元/艘 小型渔船：0.4 万元/艘	大中型渔船为 12 米以上（含）；小型渔船为 12 米以下。
	岸台基站建设和升级运维	新建/升级基站及运行维护：50 万元/个	
	渔船动态监控管理系统及数据中心建设	2 000 万元/省（区）	系统每年运转维护费上限为建设资金的 10%。

省财政厅　省发展和改革委员会关于印发山东省省级基本建设投资资金管理办法的通知

2017 年 6 月 26 日　鲁财建〔2017〕59 号

各市财政局、发展改革委，各县级现代预算管理制度改革试点县（市、区）财政局、发展改革委：

为进一步规范和加强山东省省级基本建设投资资金管理，提高资金使用效益，我们研究制定了《山东省省级基本建设投资资金管理办法》，现印发给你们，请认真贯彻执行。

附件：山东省省级基本建设投资资金管理办法

附件：

山东省省级基本建设投资资金管理办法

第一条　为规范山东省省级基本建设投资资金（以下简称省基建资金）管理，提高资金使用效益，依据《中华人民共和国预算法》、《基本建设财务规则》等有关法律法规规定，制定本办法。

第二条　省基建资金是指由省级预算安排的用于基本建设项目及相关领域费用支出的省级财政专项资金。

第三条　省基建资金重点用于市场不能有效配置资源，需要政府支持的经济和社会领域。具体包括：

（一）农林水利设施；

（二）文化、教育、卫生等社会事业；

（三）基础设施建设；

（四）社会管理和公共安全；

（五）符合国家和省有关规定的其他领域。

省基建资金安排应当体现政府行为，并向重点领域、重点项目倾斜。

第四条　省基建资金由省发展改革委、省财政厅按照职责分工共同管理。

省发展改革委负责省基建资金项目申报、投资计划下达和项目组织实施等方面工作。省财政厅负责省基建资金预算管理、绩效评价等方面工作。

第五条 省基建资金主要采取直接投资、投资补助、贷款贴息等方式安排使用。

第六条 省基建资金项目，由各市发展改革委或省直主管部门按要求向省发展改革委提交申请，同时上报项目绩效目标。现代预算管理制度改革试点县（市、区）申报项目，由所在市汇总上报。省发展改革委按有关规定对上报材料进行审查，并根据审查结果，对同意安排省基建资金的项目，按程序下达投资计划。

第七条 省基建资金年度计划草案，由省发展改革委根据全省国民经济和社会发展计划及基本建设投资需要编入省级部门预算，并与省级预算草案同时提交省人民代表大会审议。根据《山东省人民政府关于深化预算管理制度改革的实施意见》（鲁政发〔2014〕20号）要求，省基建资金年初预算到位率要达到90%以上。

第八条 省人大批准省级预算后，省发展改革委按要求细化投资项目建议计划，并按规定时限下达年度投资计划。省财政厅依据省发展改革委下达的投资计划，在规定时限内下达省基建资金。省基建资金拨付按照国库集中支付制度有关规定执行，属于政府采购范围的，按照政府采购有关法律制度规定执行。

第九条 各级财政和发展改革部门要加快预算执行，各项目建设单位要严格按国家有关财政政策、财务规章制度等规定使用省基建资金，加快组织项目实施。对结余或者结转2年及以上的省基建资金（不含正在执行的政府采购资金），省级将收回统筹安排使用。

第十条 省基建资金应专账核算、专款专用，任何单位和个人不得擅自变更专项资金用途。确需变更的，须按程序上报省发展改革委和省财政厅批准。

第十一条 省发展改革委、省财政厅按照相关政策规定和部门职责分工，对省基建资金的分配审批负责；各级发展改革部门和省直主管部门对项目申报材料审核把关，对其合规性、完整性负责；省基建资金下达后，市、县级发展改革和财政部门按照职责分工对省基建资金的分配审批负责；项目申报单位对提供的申报材料的真实性、有效性、完整性负责；项目承担单位对省基建资金使用负责。

第十二条 各级各部门要加强省基建资金管理，对存在违规分配、使用资金或其他滥用职权、玩忽职守、徇私舞弊等违法违纪行为的，以及通过提供虚假申报材料、恶意串通等方式骗取专项资金的，按照《预算法》、《公务员法》、《行政监察法》、《财政违法行为处罚处分条例》等有关法律法规严肃处理。

第十三条 各级发展改革、财政部门要按照职责分工，对资金使用和项目进展情况进行监督检查和跟踪问效，确保项目按时完成。省发展改革委、省财政厅将对项目实施和资金使用情况进行监督检查。

第十四条 省财政厅、省发展改革委将依据相关法律法规和财务会计制度规定，以及项目绩效目标和可行性研究报告等，委托第三方机构对省基建资金开展绩效评价。绩效评价结果将作为完善资金管理制度和以后年度预算安排的重要依据。

第十五条 本办法由省发展改革委、省财政厅负责解释。

第十六条 本办法自2017年7月27日起施行，有效期至2022年7月26日。

省财政厅　省环境保护厅关于印发山东省省级环境污染防治资金管理办法的通知

2017年6月27日　鲁财建〔2017〕61号

各市财政局、环保局，县级现代预算管理制度改革试点县（市、区）财政局、环保局，黄河三角洲农业高新技术产业示范区管委会：

为进一步规范和加强省级环境污染防治资金管理，提高资金使用效益，根据中央和省相关法律法规和政策规定，我们修订了《山东省省级环境污染防治资金管理办法》，现印发给你们，请认真贯彻执行。

附件：山东省省级环境污染防治资金管理办法

附件：

山东省省级环境污染防治资金管理办法

第一条 为进一步规范和加强省级环境污染防治资金管理，提高资金使用效益，根据《中华人民共和国预算法》《大气污染防治行动计划》（国发〔2013〕37号）、《水污染防治行动计划》（国发〔2015〕17号）、《土壤污染防治行动计划》（国发〔2016〕31号）、《中共山东省委、山东省人民政府关于建设生态山东的决定》（鲁发〔2011〕22号）、《中共山东省委、山东省人民政府关于加快推进生态文明建设的实施方案》（鲁发〔2016〕11号）等相关法律法规和政策规定，制定本办法。

第二条 本办法所称省级环境污染防治资金（以下简称资金），是指根据省政府确定的工作目标任务，由省级财政预算安排，专项用于支持环境污染防治和生态环境保护的资金。

第三条 资金重点支持范围：

（一）大气、水体、土壤、种养业、固体废弃物与化学品、噪声、放射性废物、重金属等污染防治。

（二）环保法规、规划、标准制定。

（三）环境监测、监察、执法等能力建设与系统运行保障。

（四）自然保护区、农村地区、湖泊等区域性生态环境保护与修复。

（五）重要环保技术研究、项目示范与推广。

（六）国家和省确定的其他环境保护重点项目及重点事项。

第四条 下列项目不纳入专项资金支持范围：

（一）新建工程项目需要配套建设的环境保护设施（“三同时”项目）。

（二）环境影响评价认定对社会或自然环境有明显不良影响的项目。

（三）国家产业政策不支持或明令淘汰、禁止的项目。

（四）其他不属于环保工作内容的项目。

第五条 根据各项污染防治及生态保护工作性质和特点，资金分配方式主要包括因素法测算、生态补偿、以奖代补、项目补助、财政补贴、竞争性分配、奖励等。

（一）支持大气污染防治、水污染防治、农村环境保护、自然保护区生态保护与修复等方面的资金，主要根据专项规划和年度工作重点所确定的因素，采取因素法测算分配。

（二）支持土壤污染防治等试点示范方面的资金，主要采取项目补助的方式分配。

（三）环境空气质量生态补偿、自然保护区生态补偿等方面的资金，主要按照《山东省环境空气质量生态补偿暂行办法》（鲁政办字〔2017〕43号）、《山东省省级以上自然保护区生态补偿办法（试行）》（鲁环发〔2016〕175号），采取生态补偿方式分配。

（四）省政府确定的重点环保单项工作，如燃煤机组（锅炉）超低排放改造等资金，主要采取以奖代补、财政补贴方式分配。

（五）支持环保法规、规划、标准制定，以及环境监测、监察、执法等能力建设与系统运行保障、重要环保技术研究等方面的资金，主要根据省环保厅确定的年度工作计划，采取项目补助方式分配。

（六）在国家和省组织的环保工作考核中成绩优秀的，根据有关规定给予一定资金奖励。

（七）国家和省确定的其他环境保护重点项目，结合年度预算，选取适当方式分配资金。

第六条 资金由财政部门、环保部门按照职责分工进行管理。

省财政厅负责资金管理的牵头组织和协调工作；会同省环保厅下达资金；组织实施预算绩效管理和财政监督检查；督促下级财政部门加强资金管理。

省环保厅负责组织编制、申报资金预算需求，提出资金测算依据和分配建议并函告省财政厅；执行省本级资金预算并具体实施预算绩效管理；督促下级环保部门加强对资金支持项目的组织管理。

市县财政部门负责会同同级环保部门及时拨付下达资金；配合环保部门开展资金项目申报；按照省里有关要求，组织实施辖区内资金的绩效管理；加强对资金使用的监督管理。

市县环保部门负责会同财政部门具体组织辖区内资金项目申报；完善项目库建设，并实施动态调整；按照省里有关要求，具体实施辖区内资金的绩效管理；加强对资金支持项目的组织管理和实施。

第七条 省财政厅将会同省环保厅，在规定时限内分配下达资金。各有关市、县（市、区）财政部门收到资金后，要会同同级环保部门在规定时间内将资金分解或明确到具体项目，将资金分配情况、绩效目标及时报省财政厅、省环保厅。

第八条 资金使用要严格执行国家有关财政政策、财务规章制度、招投标管理、政府和社会资本合作等规定。

第九条 各级财政、环保部门要加快预算执行进度，督促项目实施单位加快项目建设，切实提高资金使用效益。

第十条 资金支付按照国库集中支付制度有关规定执行。支出属于政府采购范围的，要按照政府采购有关法律制度规定执行。结转和结余资金，要按照财政存量资金有关管理规定处理。

第十一条 专项资金申报单位对提供申报材料的真实性、完整性负责；专项资金项目承担单位对资金使用的合规性、有效性负责。对专项资金申报单位和专项资金项目承担单位通过提供虚假申报材料、恶意串通等方式骗取专项资金的，依照《预算法》《财政违法行为处罚处分条例》（国务院令第427号）等有关规定严肃处理。

第十二条 各级财政、环保部门要对资金使用和项目进展情况进行监督检查和跟踪问效，确保项目按时完成。

第十三条 省财政厅、省环保厅将组织对资金使用情况开展绩效评价。根据工作需要，可委托第三方机构开展独立评价。绩效评价结果将作为安排下一年度资金的重要参考因素。

第十四条 各级财政部门、环保部门要按照《山东省人民政府办公厅关于印发山东省省级财政专项资金信息公开暂行办法的通知》（鲁政办字〔2015〕120号）等有关职责分工和要求，将分配结果和绩效评价情况予以公开，接受社会监督。

第十五条 各级财政、环保部门及其工作人员存在违规分配资金，以及其他滥用职权、玩忽职守、徇私舞弊等违法违纪行为的，按照《预算法》《公务员法》《行政监察法》《财政违法行为处罚处分条例》（国务院令第427号）等有关规定严肃处理，并追究有关人员责任；涉嫌犯罪的，移送司法机关处理。

第十六条 本办法由省财政厅、省环保厅负责解释。

第十七条 本办法自2017年8月1日起施行，有效期至2020年7月31日。《山东省省级环保和大气污染防治专项资金管理暂行办法》（鲁财建〔2016〕28号）同时废止。

省财政厅　省环境保护厅　省高级人民法院 省人民检察院关于印发山东省生态环境损害赔偿资金管理办法的通知

2017年7月5日　鲁财建〔2017〕63号

各市财政局、环保局、法院、检察院，各县（市、区）财政局、环保局、法院、检察院，黄河三角洲农业高新技术产业示范区管委会，济南铁路运输两级法院、检察院，青岛海事法院：

为进一步规范和加强生态环境损害赔偿资金管理，完善生态环保责任追究制度，促进受损生态环境修复，推进生态文明建设，按照中央有关政策要求，结合山东实际，我们研究制定了《山东省生态环境损害赔偿资金管理办法》，现印发给你们，请认真贯彻执行。

附件：山东省生态环境损害赔偿资金管理办法

附件：

山东省生态环境损害赔偿资金管理办法

第一条 为规范生态环境损害赔偿资金管理，推进生态环境损害赔偿制度改革，根据《预算法》《环境保护法》《最高人民法院关于审理环境民事公益诉讼案件适用法律若干问题的解释》《人民检察院提起公益诉讼试点工作实施办法》《山东省生态环境损害赔偿制度改革试点工作实施方案》等法律法规规定，制定本办法。

第二条 本办法所称生态环境损害赔偿资金，是指生态环境损害事件发生后，根据法院判决、调解或磋商的结果，由造成损害的单位或个人缴纳的，用于支付生态环境修复及相关费用的资金。

第三条 本办法所称赔偿义务人，是指违反法律法规有关规定，造成生态环境损害的单位和个人。赔偿义务人应当承担生态环境损害赔偿责任。本办法所称赔偿权利人特指山东省人民政府（以下简称省政府），省政府可指定相关部门或机构负责生态环境损害赔偿具体工作。

第四条 生态环境损害赔偿资金来源主要包括：

（一）环境公益诉讼、省政府提起的生态环境损害赔偿诉讼等案件中经生效判决、调解确定的生态环境损害赔偿资金。

（二）生态环境损害赔偿磋商索赔的资金。

（三）环境污染刑事案件的罚金或没收的财产（变卖所得）。

（四）赔偿义务人自愿支付的赔偿金。

第五条 生态环境损害赔偿资金应涵盖清除或控制污染的费用、生态环境修复费用、生态环境受到损害至恢复原状期间服务功能的减损、生态环境功能永久性损害造成的损失以及生态环境损害赔偿调查、鉴定评估、生态环境损害修复后评估等相关费用。

第六条 由人民法院生效判决、调解确定或经生态环境损害赔偿磋商议定，由各级政府或其指定部门（机构）组织开展修复的，赔偿义务人应缴纳生态环境损害赔偿资金。

第七条 赔偿义务人造成的生态环境损害，经生态环境损害鉴定评估确定无法修复的，经人民法院生效判决、调解确定或经生态环境损害赔偿磋商议定，赔偿义务人应缴纳生态环境损害赔偿资金，由损害结果发生地统筹用于生态环境修复。

第八条 经生态环境损害赔偿磋商议定，由赔偿义务人自行修复或由其组织第三方修复的，其发生的污染清除、生态修复费用不执行本办法管理。

经组织修复后评估认定，生态环境修复不能达到磋商确定的修复效果，需要重新以货币方式进行生态环境损害赔偿的，纳入本办法管理。

第九条 生态环境损害赔偿资金属省级政府非税收入，应全额上缴省级国库，纳入省级财政预算管理。通过磋商议定的生态损害赔偿资金，由环保主管部门负责执收；通过人民法院环境公益诉讼生效判决、调解确定的生态损害赔偿资金，由人民法院负责执行。生态环境损害赔偿资金具体通过“山东省非税收入征收与财政票据管理系统”上缴，省财政厅负责确定执收单位生态损害赔偿资金执收编码。

第十条 生态环境损害赔偿资金可以用于相应生态环境损害事件以下费用的支付：

（一）清除污染费用。

（二）控制污染费用。

（三）生态环境修复费用或替代修复费用。

（四）生态环境受到损害至恢复原状期间服务功能的损失补偿。

（五）生态环境功能永久性损害造成的损失赔偿。

（六）生态环境损害修复方案编制、生态环境损害修复后评估等合理费用。

（七）调查取证、专家咨询、环境监测、鉴定、勘验、审计、评估、验收、律师代理等必要费用。

（八）法律法规规定用于生态环境损害修复的其他相关费用。

第十一条 某一生态环境损害事件的赔偿金应用于该事件的生态环境修复，不可修复或无必要修复的，可用于其他污染治理和生态环境修复。资金原则上应用于损害结果发生地。

第十二条 修复项目和修复单位确定后，由修复单位向项目实施地财政、环保部门提出生态环境损害赔偿资金使用申请，同时提交生态损害赔偿资金使用方案、支出预算及相关文件资料，并对提供材料的真实性负责。上述材料逐级上报省财政厅、省环保厅，由省环保厅审核后报省财政厅。

第十三条 省财政厅按程序及时收缴、拨付生态环境损害赔偿资金，审核批复资金支出预算，组织实施资金绩效评价和财政监督检查。

第十四条 生态环境损害赔偿资金支付按照国库集中支付制度有关规定执行。支出属于政府采购范围的，按照政府采购有关规定执行。

第十五条 省环保厅要设立资金台账，配合省财政厅做好绩效管理工作。

第十六条 项目实施地环保部门和财政部门要加强生态环境损害赔偿资金管理，督促资金使用单位加快预算执行进度，督促项目实施单位加快项目建设，切实提高资金使用效益。

第十七条 生态环境损害赔偿资金使用情况由项目实施地环保部门和财政部门联合报省财政厅、省环保厅、省法院、省检察院备案，并以适当形式向社会公开。

第十八条 对虚报、冒领、挤占、截留、挪用等违反规定使用、骗取生态环境损害赔偿资金的，按照《预算法》《财政违法行为处罚处分条例》等国家有关规定进行严肃处理。构成犯罪的，依法追究刑事责任。

第十九条 本办法由省财政厅、省环保厅、省法院、省检察院负责解释。

第二十条 本办法自2017年9月2日起施行，有效期至2020年8月31日。

省财政厅 省住房和城乡建设厅关于修订山东省城镇化投资引导基金管理实施细则的通知

2017年8月17日 鲁财建〔2017〕80号

各市财政局、住房城乡建设局（委），省财金投资集团有限公司，有关投资机构：

为更好发挥财政资金的引导放大作用和市场在资源配置中的决定性作用，鼓励投资机构和社会资本进入我省城镇化建设领域，我们对《山东省城镇化投资引导基金管理实施细则》进行了修订，现予以印发，请遵照执行。

附件：山东省城镇化投资引导基金管理实施细则

附件：

山东省城镇化投资引导基金管理实施细则

第一章　总　　则

第一条　为进一步推进财政专项资金使用方式改革，更好发挥市场在资源配置中的决定性作用，鼓励投资机构和社会资本进入我省城镇化建设领域，根据《中共中央、国务院关于深化投融资体制改革的意见》（中发〔2016〕18 号）、财政部等 6 部委《关于进一步规范地方政府举债融资行为的通知》（财预〔2017〕50 号）、财政部《关于坚决制止地方以政府购买服务名义违法违规融资的通知》（财预〔2017〕87 号）和《省政府办公厅关于印发加快省级政府引导基金投资运作若干政策措施的通知》（鲁政办字〔2016〕194 号）等有关规定，设立山东省城镇化投资引导基金，并制定本细则。

第二条　本细则所称山东省城镇化投资引导基金（以下简称引导基金），是由省政府出资设立，不单纯以营利为目的，按市场化方式募集和运营，并将城镇基础设施等公益项目作为投资重点的政策性基金。

第三条　引导基金主要来源于省级财政预算安排用于支持城镇化发展等方面的专项资金，其他政府性资金，以及引导基金运行中产生的收益等。

第四条　引导基金通过参股方式，与社会资本、国有企业以及地方政府等共同发起设立或以增资方式参股已成立的股权投资基金（以下简称子基金）。

第五条　引导基金坚持参股不控股，不独资发起设立股权投资企业。

第六条　引导基金实行决策与管理相分离的管理体制，按照“政府引导、市场运作、防范风险、滚动发展”的原则进行投资管理。

第二章　管理机构及职责

第七条　在引导基金决策委员会领导下，省财政厅、省住房城乡建设厅、省金融办和省财金投资集团有限公司（以下简称引导基金管理公司）等部门、单位共同管理引导基金。

第八条　省财政厅代表省政府履行引导基金出资人职责，牵头负责引导基金管理、拨付等。

第九条　省住房城乡建设厅牵头负责研究确定子基金的投资领域、使用方向，建立健全行业投资项目备选库等。

第十条　引导基金管理公司根据授权代行引导基金出资人职责，牵头负责对子基金开展尽职调查、入股谈判、签订章程或合伙协议以及子基金投资监督、收益收缴、清算退出等，但不干预子基金的日常运作。主要包括：

（一）根据省级相关主管部门牵头提出的支持重点、申报要求，对外公开征集或招标选择拟参股设立的子基金。

（二）对拟参股子基金开展尽职调查、入股谈判，签订子基金章程或合伙协议。

（三）对引导基金实行专户管理，专账核算。根据子基金章程或合伙协议约定，在其他出资人按期缴付出资资金后，将引导基金及时拨付子基金托管银行账户。

（四）代表引导基金以出资额为限，对子基金行使出资人权利并承担相应义务，向子基金派遣代表，监督子基金投向。

（五）定期向省财政厅、省住房城乡建设厅等有关部门报告引导基金和子基金投资运作情况及其他重大情况。

第十一条 省金融办作为省政府金融管理部门，负责指导监督引导基金管理公司的经营管理。

第十二条 鼓励地方政府适当出资参与子基金的设立和运作。地方政府行业主管部门应协助省住房城乡建设厅做好项目库建设等基础性工作。

第十三条 引导基金的分红、退出等资金（含本金及收益）由引导基金管理公司拨入引导基金托管银行专户，并按规定将引导基金收益上缴省级国库，由省财政统筹安排或用于扩大引导基金规模。

第十四条 省财政厅向引导基金管理公司支付管理费。管理费支付标准和方式按照有关文件规定执行。

第十五条 子基金主要采取所有权、管理权、托管权相分离的管理体制。引导基金管理公司与社会投资人、基金管理机构签订公司章程或合伙协议，确定各方的权利、义务、责任。基金管理机构依据公司章程、合伙协议，按照市场规则负责基金投资项目决策和投后管理。

第十六条 子基金资金应委托符合条件的金融机构进行托管。

第三章 基金投资运作

第十七条 子基金主要投向城乡供水、供热、供气、污水处理、再生水利用、垃圾处理、城乡环卫、路桥及附属设施、地下综合管廊、海绵城市、地下空间开发等基础设施项目，保障性住房建设和棚户区改造、旧城改造、城市片区综合开发、产业园区基础设施和公共服务设施建设项目，以及具备条件的新型社区配套设施建设项目。投资项目应具有一定现金流入（经营收入、使用者付费、政府补贴等），属于经营性项目和准经营性项目。

第十八条 子基金应将资金投放于山东省行政区域，重点投向国家和省确定的新型城镇化综合试点市、县（市），新生中小城市试点、重点示范镇、特色小镇，已设或筹备设立城镇化基金的城市。

第十九条 子基金可采用参股基金或直接股权投资两种投资模式。具体参股方式，由子基金管理机构自主决策。

（一）继续参股基金。为进一步放大基金乘数效应，引导基金参股的子基金可通过股权投资方式，进一步参股在山东省所属市（县）设立且投资区域限于山东省境内的城镇化建设发展基金（子子基金），参股比例原则上不超过该项基金注册资本或承诺出资额的25%。子子基金不再设立投资基金。

（二）直接股权投资。子基金可直接参股投资省内城镇化基础设施等公益性项目建设，也可直接参股市、县城建投资公司和市政公用企业。其中，直接投资城建项目的，应主要采取政府和社会资本合作（PPP）模式，一般应设立项目公司（SPV），项目公司独立承担项目融资、建设、运营（特许经营）、还贷等职责，统筹投资项目盈亏，间接支持项目建设。

第二十条 引导基金管理公司通过省内外有影响力的媒体向社会公开征集子基金管理机构和参股子基金方案。征集公告应明确引导基金的投资方向、重点领域、政策目标、运作模式、管理操作流程、出资条件、激励政策以及遴选子基金的基本条件和相关要求等。

第二十一条 子基金由子基金管理团队按照市场化方式募集和运营管理。在中国大陆境内注册的股权投资管理机构或投资企业（以下简称投资机构）可以作为申请者，向引导基金申请设立子基金。多家投资机构拟共同发起设立子基金的，应推举一家机构作为申请者。

第二十二条 同等条件下，引导基金优先选择具有城镇化投资基金经验的投资机构合作。

第二十三条 子基金管理机构应符合以下条件：

（一）在中国大陆注册，且实缴注册资本不低于1 000万元人民币，有较强的资金募集能力，有固定的营业场所和与其业务相适应的软硬件设施。

（二）有健全的股权投资管理和风险控制流程，规范的项目遴选机制和投资决策机制，能够为被投资企业提供辅导、管理咨询等增值服务。

（三）已设立基金管理机构须在基金业协会完成登记备案，新设立基金管理机构应具备3个以上已完成投资准备的储备项目，基础设施等公益性建设项目应取得立项、用地、环评等前期手续。

（四）至少有3名具备3年以上股权投资或基金管理工作经验的专职高级管理人员，具备良好的管理业绩，至少主导过3个股权投资的成功案例，管理团队稳定，具有良好的职业操守和信誉。

（五）机构及其工作人员无受过行政主管机关或司法机关处罚的不良记录。

第二十四条 新设立子基金，申请引导基金出资的，除符合第二十三条子基金管理机构规定条件外，还应符合以下条件：

（一）在山东省境内注册，且全部投资于山东省境内企业。

（二）主要发起人（或合伙人）、子基金管理机构、托管金融机构已基本确定，并草签发起人协议、子基金章程或合伙协议、委托管理协议、资金托管协议；其他出资人（或合伙人）已落实，并保证资金按约定及时足额到位。

（三）每只子基金募集资金总额不低于30亿元人民币。其中，申请者为投资企业的，其注册资本或净资产不低于5 000万元人民币；政府出资人出资额一般不高于子基金注册资本或承诺出资额的40%，其中引导基金出资额原则上不超过子基金注册资本或承诺出资额的25%；子基金管理机构对子基金认缴出资额不低于基金规模的2%，考虑到子基金规模较大，基金管理机构认缴出资额也可适当降低，但必须经所有出资人协商一致，并在基金章程或合伙协议中载明；单个出资人或一致行动人出资额不得超过子基金注册资本或承诺出资额的2/3；除政府出资人外的其他出资人数量一般不少于3个。

（四）子基金对单个企业股权投资原则上不超过被投资企业总股本的30%，且不超过子基金总资产的20%。

第二十五条 申请引导基金对现有投资基金进行增资的，除需符合第二十四条规定条件外，还应满足以下条件：

（一）子基金已按有关法律法规设立，并开始投资运作，按规定在有关部门备案。

（二）子基金全体出资人首期出资或首期认缴出资已经到位，且不低于注册资本或承诺出资额的20%。

（三）子基金全体出资人同意引导基金入股（或入伙），且增资价格在不高于基金评估值的基础上协商确定。

第二十六条 引导基金管理公司统一受理有意愿发起设立子基金的各类投资机构提报的申请材料，并对上报方案进行初审，将符合申报条件的子基金申请材料在规定时间内报省财政厅。省财政厅会同有关部门组织投资、会计、法律等相关领域专家和有关部门代表组成评审委员会，对上报方案进行评审。

第二十七条 省财政厅将经评审后的子基金设立方案统一下发引导基金管理公司，由引导基金管理公司组织开展尽职调查，形成尽职调查报告，并对通过尽职调查的子基金及其管理团队进行前期入股谈判。谈判内容重点包括子基金的设立、合伙人情况、责任承担、经营宗旨和经营范围、投资总额和出资期限、出资比例及出资缴纳、投资决策、项目来源、委托管理、管理费用、收益构成及收益分配原则、存续期限等，并形成相关协议文本草案。

第二十八条 省财政厅对引导基金管理公司提交的尽职调查报告、相关协议文本草案以及引导基金出资建议进行审核，形成引导基金出资计划草案。经征求相关主管部门意见后，按程序报决策委员会进行投资决策。

第二十九条 对决策委员会研究通过的项目，由省财政厅及相关主管部门、引导基金管理公司在各自门户网站对拟参股子基金有关情况进行公示，公示期10个工作日。对公示期内有异议的项目，由引导基金管理公司及时进行调查核实，并提出处理意见报省财政厅会同相关主管部门审定，必要时报决策委员会批准。

第三十条 对经公示无异议的项目，由省财政厅会同相关主管部门确认子基金设立方案，批复引导基金出资额度，按规定及投资进度将资金拨付引导基金托管专户。引导基金管理公司按照确认的子基金设立方案与子基金管理人签订合同，并按协议约定实施子基金的设立运作。

第三十一条 设立子基金的协议合同文本应至少包括子基金总体目标、基金架构、运营与投资领域、日常监管、决策与收益分配以及出资人和管理团队的权利、义务等条款，并载明违约责任。子基金协议合同文本须报省财政厅及相关主管部门备案。

第三十二条 子基金按照市场化方式运作，依据章程或合伙协议约定进行股权投资、管理和退出。子基金的投资存续期限原则上不超过10年，其中投资期原则上为3年。引导基金一般通过到期清算、社会股东回购、股权转让等方式实施退出。确需延长存续期的，须经省财政厅批准。

第三十三条 引导基金管理公司应与其他出资人在子基金章程或合伙协议中约定，有下列情况之一的，引导基金可无需其他出资人同意，选择退出：

（一）子基金方案确认后超过6个月，子基金未按规定程序和时间要求完成设立或增资手续的。

（二）子基金完成设立或增资手续后超过6个月，未进行实缴出资或实际投资的。

（三）其他出资人未按章程或合伙协议约定出资的。

（四）子基金未按章程或合伙协议约定投资的。

（五）子基金管理机构发生实质性变化的。

（六）子基金或基金管理机构违反相关法律法规或政策规定的。

第四章　基金收益分配

第三十四条 对子基金继续投资子子基金的，引导基金可在子基金参股子子基金的存续期内，按中国人民银行公布的一年同期贷款利率收取固定回报，不参与子基金的投资分红。

第三十五条 对引导基金参股子基金直接参股投资省内城镇化基础设施等公益性项目建设或直接参股市、县城建投资公司和市政公用企业的，引导基金在按出资比例分享投资收益的基础上，可将其应享有参股基金项目增值收益的20%让渡给其他社会出资人。

第三十六条 子基金的年平均收益率不低于引导基金出资时中国人民银行公布的一年期贷款基准利率的，引导基金可将其应享有基金增值收益的20%奖励子基金管理机构。

第三十七条 子基金企业按章程或合伙协议约定向子基金管理机构支付管理费用。管理费用在基金投资收益分配前列支。

年度管理费用一般按照子基金实际筹集到位资金的一定比例（一般不超过2%），投资子子基金的，子基金与子子基金管理费合计提取比例应不超过子基金实际筹集到位资金的2%，采取超额累退方式核定，具体比例在委托管理协议中明确。

第三十八条 引导基金管理公司应与其他出资人在子基金章程或合伙协议中约定，引导基金以出资额为限对子基金债务承担责任。除子基金章程或合伙协议中约定外，不要求优于其他出资人的额外优惠条款。

第三十九条 引导基金管理公司应与其他出资人在子基金章程或合伙协议中约定，当子基金清算出现亏损时，首先由子基金管理机构以其对子基金的出资额承担亏损，剩余部分由引导基金和其他出资人以出资额为限按出资比例承担。

第五章　风险控制与监督管理

第四十条 引导基金以及子基金的股权投资资金应当委托符合条件的金融机构进行托管。引导基金托管金融机构由省财政厅招标确定，子基金托管金融机构由子基金企业自主选择确定，并由子基金企业、引导基金管理公司与其签订资金托管协议。

第四十一条 托管金融机构应符合以下条件：

（一）成立时间在5年以上的全国性国有银行或股份制商业银行等金融机构。

（二）具有股权投资基金托管经验，具备安全保管和办理托管业务的设施设备及信息技术系统。

（三）有完善的托管业务流程制度和内部稽核监控及风险控制制度。

（四）最近3年无重大过失及行政主管部门或司法机关处罚的不良记录。

第四十二条 引导基金托管金融机构应在每季度结束后 10 日内向省财政厅、引导基金管理公司报送季度引导基金资金托管报告，并在每个会计年度结束后 1 个月内报送上一年度的资金托管报告。发现引导基金资金出现异常流动现象时应随时报告。

第四十三条 子基金不得从事以下业务：

（一）从事融资担保以外的担保、抵押、委托贷款、购买自用房地产等业务。

（二）投资于二级市场股票、期货、房地产、证券投资基金、评级 AAA 级以下的企业债券、信托产品、非保本型理财产品、保险计划及其他金融衍生品。

（三）进行承担无限连带责任的对外投资。

（四）吸收存款或变相吸收存款，或向任何第三方提供贷款和资金拆借、赞助、捐赠（经批准的公益性捐赠除外）等。

（五）发行信托或集合理财产品募集资金。

（六）其他国家法律法规禁止和子基金章程（合伙协议）约定不得从事的业务。

第四十四条 对参股基金设立、出资、投资、投后管理过程中存在不规范行为，或基金投资、出资进度慢的，省财政厅将按照有关约谈制度对其进行约谈。

第四十五条 子基金管理机构团队核心成员在完成对子基金的 70% 资金投资之前，不得参与募集或参与管理其他股权投资基金。

第四十六条 子基金管理机构要严格落实月报制度，每月及时向省财政厅、引导基金管理公司报送基金运行情况的有关数据，定期向引导基金管理公司提交《子基金运行报告》和季度会计报表，并于每个会计年度结束后 3 个月内向引导基金管理公司提交经注册会计师审计的《子基金年度会计报告》和《子基金年度运行情况报告》。

第四十七条 引导基金管理公司要加强对子基金的监管，代表引导基金以出资额为限对子基金行使出资人权利并承担相应义务，向子基金派遣代表，监督子基金投向，并密切跟踪子基金经营和财务状况，防范财务风险，但不干预子基金的日常运作。引导基金管理公司应每季度向省财政厅、相关主管部门报送引导基金及参股子基金的运行情况，并于每个会计年度结束后 3 个月内报送经注册会计师审计的《引导基金年度会计报告》和《引导基金年度运行情况报告》。当子基金的使用出现违法违规和偏离政策导向等情况时，引导基金管理公司应及时向省财政厅、相关主管部门报告，并按协议终止合作。

第四十八条 引导基金不得以借贷资金出资设立各类投资基金；不得利用 PPP、政府出资的各类投资基金等方式违法违规变相举债；不得以任何方式承诺回购社会资本方的投资本金；不得以任何方式承担社会资本方的投资本金损失；不得以任何方式向社会资本方承诺最低收益；不得对有限合伙制基金等任何股权投资方式额外附加条款变相举债；不得以政府购买服务名义违法违规融资等问题。

第四十九条 引导基金作为省政府出资设立的政策性基金，相应纳入公共财政考核评价体系。相关主管部门将根据引导基金绩效目标，会同省财政厅、引导基金管理公司按照公共性原则，制定差异化、可操作、科学合理的评价指标体系和评价办法，定期对不同投向引导基金的实施效果及投资运行情况进行评估考核。省财政厅负责汇总引导基金绩效评价报告，并将评价结果定期向决策委员会汇报，作为引导基金出资额度调整及下一年度安排的重要依据。

第五十条 引导基金接受审计、财政部门的监督检查。对引导基金管理公司、子基金企业、子基金管理机构、个人以及政府部门在财政资金管理中出现的违法违纪行为，依照《财政违法行为处罚处分条例》等有关规定进行严肃处理，并追究相应的民事责任、行政责任。构成犯罪的，移交司法部门依法追究刑事责任。

第六章　附　　则

第五十一条 引导基金与中央财政资金共同参股发起设立子基金的，按照国家有关规定执行。

第五十二条 本细则有效期自2017年10月1日起，至2018年9月30日止。

第五十三条 本细则由省财政厅、省住房城乡建设厅负责解释。

省财政厅　省环境保护厅关于印发水污染防治专项资金绩效评价办法实施细则的通知

2017年8月22日　鲁财建〔2017〕81号

各市财政局、环保局，县级现代预算管理制度改革试点县（市、区）财政局、环保局，黄河三角洲农业高新技术产业示范区管委会：

根据《预算法》《财政部关于推进预算绩效管理的指导意见》（财预〔2011〕416号）和《财政部、环境保护部关于印发〈水污染防治专项资金绩效评价办法〉的通知》（财建〔2017〕32号）等有关规定，结合我省实际，我们研究制定了《〈水污染防治专项资金绩效评价办法〉实施细则》，现印发给你们，请认真贯彻执行。

附件：水污染防治专项资金绩效评价办法实施细则

附件：

水污染防治专项资金绩效评价办法实施细则

第一条 为强化中央水污染防治专项资金（以下简称专项资金）管理，提高资金使用的规范性、安全性和有效性，实现《水污染防治行动计划》（国发〔2015〕17号）、《山东省落实〈水污染防治行动计划〉实施方案》（鲁政发〔2015〕31号）确定的目标任务，根据相关法律法规和财政部、环境保护部《水污染防治专项资金绩效评价办法》（财建〔2017〕32号）等有关规定，结合我省实际，制定本实施细则。

第二条 本细则所称绩效评价是指财政部门、环境保护部门对中央水污染防治专项资金支持事项进行客观、公正的综合评价。

第三条 绩效评价的主要依据是《水污染防治专项资金管理办法》（财建〔2016〕864号）、水污染防治目标责任书、专项资金绩效目标、环境保护部门会同财政部门编制的水污染防治年度实施方案（以下简称年度实施方案）等。

第四条 绩效评价的主要内容包括专项资金支持项目完成情况、专项资金管理使用情况、年度实施方案绩效目标设定及完成情况、为实现绩效目标制定的制度措施等。

第五条 省级财政部门会同环境保护部门，根据各市（包括黄河三角洲农业高新技术产业示范区，下同）绩效目标、年度实施方案、项目清单汇总形成本年度省级水污染防治专项资金绩效目标申报表，制定省级本年度实施方案及项目清单，并联合上报财政部、环境保护部备案。

市级财政部门会同同级环境保护部门，组织本地区相关县（市、区）制定本市水污染防治专项资金绩效目标申报表，制定本年度实施方案及项目清单（具体要求由省环保厅按环境保护部有关规定另行制定），并于每年2月底前报省财政厅、省环保厅。现代预算管理制度改革试点县（市、区）相关材料，由所在市统一汇总；黄河三角洲农业高新技术产业示范区相关材料，应单独报送。

各市要根据下达的中央资金规模和绩效目标，及时调整完善绩效目标申报表、年度实施方案及项目清单，并报省财政厅、省环保厅备案，对绩效目标不完善或与资金不匹配的，要及时予以修改完善。

第六条 绩效评价工作应遵循公平、公正、科学、合理的原则，根据财政部、环境保护部制定的水污染防治专项资金绩效评价指标体系、评价标准和原则要求，由省财政厅会同省环保厅统一组织、分级实施。

省财政厅会同省环保厅组织开展绩效评价工作，对各市绩效评价结果进行合规性审查，汇总形成全省水污染防治专项资金年度绩效自评报告，根据绩效评价结果提出改进预算支出管理意见并督促落实。省级自评报告报省政府审核后，由省财政厅、省环保厅联合报送财政部、环境保护部。

市级财政部门会同环保部门组织开展本地区绩效评价工作，对各县（市、区）绩效评价结果进行合规性审查，汇总本市相关县（市、区）报送的上年度绩效自评报告，形成本市上年度自评报告，并根据绩效评价结果提出改进预算支出管理意见并督促落实。各市自评报告要逐项说明评分理由，附带评分依据，经市政府审核后，于每年2月底前，由市级财政部门和环境保护部门联合报送省财政厅、省环保厅。现代预算管理制度改革试点县（市、区）的自评情况，由所在市统一汇总；黄河三角洲农业高新技术产业示范区应单独报送自评报告。

第七条 绩效评价每年组织开展一次。根据需要，绩效评价工作可以委托专家、中介机构等第三方开展。

第八条 绩效评价报告应包括以下主要内容：

（一）基本概况。

（二）绩效评价的组织实施情况。

（三）绩效评价指标体系、评价标准和评价方法。

（四）绩效目标的实现程度。

（五）存在问题及原因分析。

（六）评价结果及建议。

（七）其他需要说明的问题。

第九条 绩效评价结果量化为百分制综合评分，并按照综合评分分级。综合评分90分（含）以上的为“优秀”，80分（含）至90分的为“良好”，60分（含）至80分的为“合格”，60分以下的为“不合格”。

第十条 绩效评价结果将作为中央水污染防治资金分配的重要依据。

绩效评价为“优秀”的市，按照全省有关规划，统筹考虑加大中央水污染防治资金支持力度。

绩效评价为“良好”的市，按照全省有关规划，统筹考虑继续给予中央水污染防治资金支持。

绩效评价为“合格”的市，按照全省有关规划，统筹考虑减少中央水污染防治资金支持。

绩效评价结果为“不合格”或未及时提交绩效评价报告的市，不再给予中央水污染防治资金支持。

第十一条 绩效评价结果由各级财政部门、环境保护部门按照信息公开有关规定，通过政府官方网站、通报、报刊等方式予以公开，接受社会监督。

第十二条 各级财政部门、环境保护部门应按照职责分工，加强对下一级政府专项资金预算执行的绩效监控，督促绩效目标有效实现。

财政部门负责对资金管理和使用等方面进行监督指导；环境保护部门负责对年度实施方案技术路线、年度实施方案与《关于印发水污染防治行动计划的通知》（国发〔2015〕17号）、《山东省落实〈水污染防治行动计划〉实施方案》（鲁政发〔2015〕31号）以及水污染防治项目中央储备库衔接、项目建设等方面进行监督指导。

第十三条 各级财政部门、环境保护部门相关工作人员在绩效评价组织实施工作中，存在以权谋私、滥用职权、徇私舞弊以及弄虚作假等违法违纪行为的，按照《预算法》《行政监察法》《财政违法行为处罚处分条例》等国家有关规定严肃处理，并追究有关人员责任；涉嫌犯罪的，移送司法机关处理。

第十四条 本细则由省财政厅、省环保厅负责解释。

第十五条 本细则自2017年10月1日起实施，有效期至2020年9月30日。

附件：1. 水污染防治专项资金绩效目标申报表

2. 水污染防治专项资金绩效评价指标体系

附件1：

水污染防治专项资金绩效目标申报表

（　　年度）

<table>
<tr><td colspan="2">方案名称</td><td colspan="4"></td></tr>
<tr><td colspan="2">省级主管部门</td><td colspan="4"></td></tr>
<tr><td colspan="2">市级主管部门</td><td colspan="2"></td><td>市级财政部门</td><td></td></tr>
<tr><td rowspan="3">资金
情况
（万元）</td><td colspan="2">年度金额：</td><td colspan="3"></td></tr>
<tr><td colspan="2">其中：中央补助</td><td colspan="3"></td></tr>
<tr><td colspan="2">地方资金</td><td colspan="3"></td></tr>
<tr><td>年度目标</td><td colspan="5">目标1：
目标2：
目标3：
……</td></tr>
<tr><td rowspan="5">绩效指标</td><td>一级指标</td><td colspan="3">二级指标</td><td>指标值</td></tr>
<tr><td rowspan="2">产出指标</td><td colspan="3">开工率*1</td><td></td></tr>
<tr><td colspan="3">完工率*2</td><td></td></tr>
<tr><td rowspan="2">效益指标</td><td colspan="3">地级城市生态环境效益*3
1）重点流域：水体及主要支流省控以上断面的水质改善情况（断面水体达到或优于Ⅲ类的比例，劣Ⅴ类水体比例，断面水质达标率及具体断面主要污染因子、特征污染物等水质指标或水质类别的改善情况）
2）良好水体：湖库等水体水质类别、营养状态，或河流溶解氧含量（流动性或连通性）、自然岸线保护情况和流域植被覆盖度
3）饮用水水源：地级及以上集中式饮用水水源地水质达标率及具体水源地水质改善情况
4）地下水：地下水水质极差比例及具体地下水点位的水质改善情况</td><td></td></tr>
<tr><td colspan="3">拟实施项目生态环境效益*4
污染负荷削减量及生态建设与修复面积</td><td></td></tr>
</table>

1. 开工率：项目开工以“施工许可证”等文件为依据；
2. 完工率：工程类项目以“竣工验收文件”等为依据，非工程类项目以项目实际成果为依据；
3. 地级城市生态环境效益：若地市拟开展水污染防治工作涉及多种水体类型项目，则按照重点流域、良好水体、饮用水水源、地下水、跨省（区、市）河流的顺序填写，若不含某一类水体，则不必填写该类型项目；
4. 拟实施项目生态环境效益：计划实施项目对COD、总氮、总磷、氨氮、其他特征污染物等污染负荷削减量及累计生态修复或建设面积等。

附件2：

水污染防治专项资金绩效评价指标体系

一级指标	分值	二级指标	分值	指标解释	评价标准
资金管理	25	资金分配	10	是否科学、合理、及时	资金管理办法健全、规范（3分）；资金按规定时间拨付到项目承担单位（3分）；资金分配紧密结合本地区水污染工作特点，有针对性地支持重点流域、重点区域、良好水体、饮用水水源、地下水等保护和治理工作（4分）。否则扣减相应分数。
		资金使用	5	是否规范、安全	严格按照相关规定使用资金（5分）。如存在截留、挤占、挪用等违规情况，但及时改正（扣减2分），存在前述问题且不按规定整改的情况不得分。
		资金管理	10	管理措施是否健全、有效，预算执行率情况	建立了预算执行报告、跟踪机制（2分）；建立了信息公开制度并及时公开资金分配使用等信息（2分）；及时开展预算执行监督检查、绩效评价工作（2分）；预算执行率满足时序进度要求（4分）。否则扣减相应分数。

续表

一级指标	分值	二级指标	分值	指标解释	评价标准
项目管理	20	项目进展	10	项目是否按计划开工、完工	项目开工率达到90%（含）以上，完工率达到或优于绩效目标中设定的指标（10分）；项目开工率70%（含）至90%，完工率达到或优于绩效目标中设定的指标（得5分）；项目开工率低于70%，或完工率未达到绩效目标中设定的指标，不得分。
		PPP应用	5	吸引社会资本投资水污染防治情况	以PPP模式吸引社会资本投资额度占年度总投资额比例50%（含）以上的，得5分；30%（含）至50%的，得3分；30%以下的，不得分。
		项目管理	5	项目管理的规范性、有效性	建立健全项目储备、报备、动态监管等管理制度（2分）；严格执行相关项目管理制度（3分）。否则扣减相应分数。
产出和效益	55	水环境质量目标	30	年度实施方案水环境治理目标完成情况	根据当年水污染防治专项实施方案及水污染防治专项绩效目标申报表，相关水体类型实际各项水质指标优于预定目标（超过一半水体类型实际各项效益指标优于预定目标，其他水体类型水质达到预定目标），得30分；涉及相关水体类型各项水质指标均达到预定目标，得25分；涉及相关水体类型各项水质指标基本满足预定目标，个别指标值未达到预定目标，得15分；本区域相关水体类型各项效益指标未达到预定目标，水环境质量未明显改善，甚至某类水体质量下降不得分。
		水污染防治重点工作	15	年度重点任务完成情况	根据当年水污染防治专项实施方案及当年水污染防治专项绩效目标申报表，年度污染负荷削减量及生态修复与建设面积全部达到预定目标，得15分；仅完成污染负荷削减量或生态修复与建设面积二者之一，得10分；否则，不得分。
		经济社会效益指标	5	预期的经济社会效益目标实现程度	总体达到预期经济效益目标值（5分），达到部分目标值或有一定经济效益的（3分），没有实现预期经济效益的不得分。
		满意度指标	5	社会对水污染防治工作的满意度	满意度≥90%，得5分；70%≤满意度<90%，得3分；满意度<70%，不得分。

省财政厅　省交通运输厅关于印发山东省国省道养护工程预决算审核中介机构库管理办法的通知

2017年10月16日　鲁财建〔2017〕94号

各市财政局、交通运输局，县级现代预算管理制度改革试点县（市、区）财政局、交通运输局：

现将《山东省国省道养护工程预决算审核中介机构库管理办法》印发给你们，请遵照执行。执行中如有问题，请及时反映。

附件：山东省国省道养护工程预决算审核中介机构库管理办法

附件：

山东省国省道养护工程预决算审核中介机构库管理办法

第一章 总 则

第一条 为加强和规范山东省国省道养护工程中介机构库（以下简称机构库）管理，根据国家有关法律法规和山东省国省道养护工程补助资金管理有关规定，制定本办法。

第二条 本办法适用于省级财政资金安排的国省道养护工程的预算审核、工程施工阶段全过程造价控制（含结算）审核、工程竣工财务决算审核及考核评价中的中介机构库管理工作。

第三条 省财政厅、省交通运输厅共同建立和管理机构库。具体工作由省交通运输厅组织实施。

省交通运输厅按要求具体组织工程预决算审核工作，对入库中介机构工作开展情况、评审报告质量等进行考核评价，加强中介机构审核服务费用的预算管理和使用监督。

市县交通（公路）部门对申报的国省道养护工程预算、结算及竣工决算审核申请材料的真实性、完整性负责。

中介机构对评审报告的真实性、准确性、完整性及合法性负责。

第四条 机构库的管理遵循"公开公正、择优进库、综合评价、动态管理"的原则。

第二章 入库管理

第五条 选聘入库的中介机构主要包括工程造价中介机构、会计事务中介机构、复核评价中介机构等。其中，工程造价中介机构主要负责养护工程的预算和结算审核，会计事务中介机构主要负责工程竣工财务决算审核，复核评价中介机构主要负责相关工作的复核和考核评价工作。

第六条 选聘入库的中介机构应具备的基本条件：

（一）依法设立，具有独立承担民事责任的能力。

（二）治理结构健全，具有独立、完善的财务管理、会计核算和资产管理制度。

（三）具备提供服务所必需的设施、人员和专业技术能力。

（四）遵守国家法律法规，恪守职业道德，遵循执业规范，具有良好的商业信誉。近三年内无重大违法记录，通过年检或按要求履行年度报告公示义务，未被列入经营异常名录或者严重违法企业名单。

（五）具有依法缴纳税收和社会保险费的良好记录。

（六）法律、法规规定及委托服务项目要求的其他条件。

中介机构的入库资格要求及具体条件，在招标文件中予以明确。

第七条 中介机构通过公开招标或竞争性谈判的方式选聘入库。入库机构总数不少于25个，其中预、结算审核与竣工财务决算审核机构数量基本一致。

第八条 中介机构确定入库后的服务期限为三年。入库机构主动放弃、无故不接受委托服务任务或中途中止服务的，不得再次入库。

第三章 选用管理

第九条 省交通运输厅根据国省道养护工程规模，制定预算、结算、竣工决算及复核评价工作计划，包括工程量清单、技术标准和工作要求等，并向机构库内中介机构发布。

省交通运输厅根据委托服务项目的性质、特点和工作量，在确保质量和时间要求的前提下，原则上按最低收费办法选择中介机构。

第十条 选用中介机构遵循下列原则：

（一）中介机构资质与委托业务相适应。

（二）工作量与专业技术力量相匹配。

（三）质量、价格、信誉优先。

（四）同等条件随机选用、循环选用。

（五）承担预、结算审核的中介机构，不得承担同一项目的竣工财务决算审核。

（六）承担复核或考核评价的中介机构，不得承担同批次任何项目的预结算或决算。

第十一条 中介机构的义务：

（一）遵守国家有关法律、法规、规章，严格执行相应领域的职业规程和职业道德准则。本着实事求是、客观公正的原则，独立完成委托人约定范围内的评审任务，不得以任何形式将受托评审任务再委托给其他中介机构。

（二）在规定时间内向委托人出具评审报告，评审报告包括但不限于项目概况、评审依据、评审范围及程序、评审结论、重要事项说明、项目评价、评审中发现的问题及处理意见和建议等。

（三）所承办的专项资金管理相关业务，要严格执行省财政厅、省交通运输厅制定的相应资金管理制度。

第十二条 审核经费纳入省级财政预算，由省交通运输厅包干使用。省交通运输厅以市场化方式，并结合上年度工程审减金额、复核或考核评价等因素约定付费标准，支付给中介机构。

第四章 监督管理

第十三条 省交通运输厅组织对被选用国省道养护工程预决算审核的中介机构工作情况进行考核评价。

考核评价工作由受托中介机构具体实施，坚持依法办事、客观公正、实事求是、廉洁自律的原则，采取集中考核、查阅资料和实地考查相结合的方式。考核内容包括机构基本情况（诚信度、队伍建设和制度建设）和业务完成情况（业务水平、业务质量、廉洁自律和社会评价）等。

考核连续两次排名后两位的中介机构退出机构库，由省交通运输厅视情另行选择中介机构入库。

第十四条 省交通运输厅、省财政厅对中介机构出具的业务报告进行审核，并提出审核意见。有关机构应根据审核意见对业务报告进行补充、完善或作出相关说明。

第十五条 省交通运输厅与中介机构签订合同，以明确双方权利和义务，对中介机构因自身原因延迟提交成果报告的，每发生一次，扣减该中介机构相应委托工作费用的5%。同一中介机构在一年内累计两次发生上述情况的，由省交通运输厅将该中介机构从机构库中除名。

第十六条 中介机构接受委托超过5个工作日，项目单位不能提供相关资料的，接受委托的中介机构应向省交通运输厅反馈情况，由省交通运输厅决定顺延时间或取消任务委托。项目单位资料齐全后，由省交通运输厅重新委托任务，原受托中介机构继续开展相关工作。

第十七条 省财政厅、省交通运输厅对委托项目适时组织抽检复查。省交通运输厅与中介机构签订合同，约定以下内容：发现评审结果与复查确定数额相差±1%至±3%的，按比例扣减10%～30%评审费用，相差超过±3%的，按照审核质量低劣处理，扣减全部评审费用。

第十八条 中介机构发生以下事项的，应在7个工作日内以书面形式向省交通运输厅报送相关材料。省交通运输厅视情分析出现下述情况对中介机构执业的影响，并作出相应处理：

（一）合并、分立、撤销。

（二）法人代表更换、注册资本变更。

（三）从业资质和执业人员发生变动，对执业能力产生影响的。

（四）中介机构及从业人员受到主管部门或行业协会表彰或处罚的。

（五）中介机构涉及诉讼等事项并影响受托业务正常开展的。

第十九条 中介机构有下列情形之一的，将从机构库中除名，列入不良信用记录名单，不得再参加山东省国省道养护工程预决算审核招投标活动。同时，将相关情况通报行业主管部门。

（一）在企业资质、业绩、奖惩情况、执业人员等方面弄虚作假、提供不实信息资料的。

（二）在项目开展过程中，存在严重工作过失，造成重大损失或不良影响的。

（三）其执业人员在开展业务过程中，与项目建设等关联单位串通提供虚假报告的。

（四）将受托评审任务转包给其他中介机构的。

（五）接受项目单位给付的财物、免费提供的住宿和交通等便利或谋取不正当利益的。

（六）经抽检复查，评审结果与复查确定数额累计两次相差超过±3%的。

（七）在财政、审计等部门组织的监督检查中发现有弄虚作假、隐瞒实情、徇私舞弊等其他违法违规行为的；违反有关法律法规，被司法机关或行政监管等部门处罚的。

第五章　附　　则

第二十条 其他交通运输领域财政资金预决算审核可参照本办法执行。

第二十一条 本办法由省财政厅、省交通运输厅负责解释。

第二十二条 本办法自2017年11月1日起实施，有效期至2022年10月31日。《山东省国省道养护工程预决算中介机构库管理暂行办法》（鲁财建〔2011〕102号）同时废止。

九、

农业财务类

财政部　扶贫办　国家发展改革委　国家民委 农业部　林业局关于印发《中央财政专项扶贫资金管理办法》的通知

2017 年 3 月 13 日　财农〔2017〕8 号

有关省、自治区、直辖市财政厅（局）、扶贫办、发展改革委、民（宗）委（厅、局）、农业厅（农垦管理部门）、林业厅（局），新疆生产建设兵团财务局、发展改革委、民宗局：

为贯彻落实《中共中央　国务院关于打赢脱贫攻坚战的决定》精神，进一步加强和规范中央财政专项扶贫资金使用与管理，促进提升资金使用效益，我们对《财政专项扶贫资金管理办法》（财农〔2011〕412 号）进行了修订，制定了《中央财政专项扶贫资金管理办法》，现印发给你们，请遵照执行。

附件：中央财政专项扶贫资金管理办法

附件：

中央财政专项扶贫资金管理办法

第一章　总　　则

第一条　为贯彻落实《中共中央　国务院关于打赢脱贫攻坚战的决定》（以下简称《决定》）和精准扶贫、精准脱贫基本方略，加强中央财政专项扶贫资金管理，提高资金使用效益，依据《中华人民共和国预算法》和国家有关扶贫开发方针政策等，制定本办法。

第二条　中央财政专项扶贫资金是中央财政通过一般公共预算安排的支持各省（自治区、直辖市，以下简称“各省”）以及新疆生产建设兵团（以下简称“新疆兵团”）主要用于精准扶贫、精准脱贫的资金。

第三条　中央财政专项扶贫资金应当围绕脱贫攻坚的总体目标和要求，统筹整合使用，形成合力，发挥整体效益。中央财政专项扶贫资金的支出方向包括：扶贫发展、以工代赈、少数民族发展、“三西”农业建设、国有贫困农场扶贫、国有贫困林场扶贫。

第四条　坚持资金使用精准，在精准识别贫困人口的基础上，把资金使用与建档立卡结果相衔接，与脱贫成效相挂钩，切实使资金惠及贫困人口。

第二章　预算安排与资金分配

第五条　中央财政依据脱贫攻坚任务需要和财力情况，在年度预算中安排财政专项扶贫资金。

地方各级财政根据本地脱贫攻坚需要和财力情况，每年预算安排一定规模的财政专项扶贫资金，并切实加大投入规模，省级资金投入情况纳入中央财政专项扶贫资金绩效评价内容。

第六条　中央财政专项扶贫资金分配向西部地区（包括比照适用西部大开发政策的贫困地区）、贫困革命老区、贫困民族地区、贫困边疆地区和连片特困地区倾斜，使资金向脱贫攻坚主战场聚焦。

第七条 中央财政专项扶贫资金主要按照因素法进行分配。资金分配的因素主要包括贫困状况、政策任务和脱贫成效等。贫困状况主要考虑各省贫困人口规模及比例、贫困深度、农民人均纯收入、地方人均财力等反映贫困的客观指标，政策任务主要考虑国家扶贫开发政策、年度脱贫攻坚任务及贫困少数民族发展等工作任务。脱贫成效主要考虑扶贫开发工作成效考核结果、财政专项扶贫资金绩效评价结果、贫困县开展统筹整合使用财政涉农资金试点工作成效等。每年分配资金选择的因素和权重，可根据当年扶贫开发工作重点适当调整。

第三章 资金支出范围与下达

第八条 各省应按照国家扶贫开发政策要求，结合当地扶贫开发工作实际情况，围绕培育和壮大贫困地区特色产业、改善小型公益性生产生活设施条件、增强贫困人口自我发展能力和抵御风险能力等方面，因户施策、因地制宜确定中央财政专项扶贫资金使用范围。教育、科学、文化、卫生、医疗、社保等社会事业支出原则上从现有资金渠道安排。各地原通过中央财政专项扶贫资金用于上述社会事业事项（“雨露计划”中农村贫困家庭子女初中、高中毕业后接受中高等职业教育，对家庭给予扶贫助学补助的事项除外）的不再继续支出。

开展统筹整合使用财政涉农资金试点的贫困县，由县级按照贫困县开展统筹整合使用财政涉农资金试点工作有关文件要求，根据脱贫攻坚需求统筹安排中央财政专项扶贫资金。

第九条 各省可根据扶贫资金项目管理工作需要，从中央财政专项扶贫资金中，按最高不超过1%的比例据实列支项目管理费，并由县级安排使用，不足部分由地方财政解决。

项目管理费专门用于项目前期准备和实施、资金管理相关的经费开支。

第十条 中央财政专项扶贫资金（含项目管理费）不得用于下列各项支出：

（一）行政事业单位基本支出；

（二）交通工具及通讯设备；

（三）各种奖金、津贴和福利补助；

（四）弥补企业亏损；

（五）修建楼堂馆所及贫困农场、林场棚户改造以外的职工住宅；

（六）弥补预算支出缺口和偿还债务；

（七）大中型基本建设项目；

（八）城市基础设施建设和城市扶贫；

（九）其他与脱贫攻坚无关的支出。

第十一条 中央财政专项扶贫资金项目审批权限下放到县级。强化地方对中央财政专项扶贫资金的管理责任。各省要充分发挥中央财政专项扶贫资金的引导作用，以脱贫成效为导向，以脱贫攻坚规划为引领，统筹整合使用相关财政涉农资金，提高资金使用精准度和效益。

第十二条 各省要创新资金使用机制。探索推广政府和社会资本合作、政府购买服务、资产收益扶贫等机制，撬动更多金融资本、社会帮扶资金参与脱贫攻坚。

第十三条 财政部在国务院扶贫开发领导小组批准年度资金分配方案后，及时将中央财政专项扶贫资金预算下达各省财政厅（局），并抄送财政部驻当地财政监察专员办事处（以下简称“专员办”）。

根据预算管理有关要求，财政部按当年预计执行数的一定比例，将下一年度中央财政专项扶贫资金预计数提前下达各省财政厅（局），并抄送当地专员办。

安排新疆兵团的财政专项扶贫资金，按照新疆兵团预算管理有关规定管理。

第十四条 各地应当加快预算执行，提高资金使用效益。结转结余的中央财政专项扶贫资金，按照财政部关于结转结余资金管理的相关规定管理。

第十五条 中央财政专项扶贫资金的支付管理，按照财政国库管理有关规定执行。属于政府采购、招投标管理范围的，执行相关法律、法规及制度规定。

第四章　资金管理与监督

第十六条　与中央财政专项扶贫资金使用管理相关的各部门根据以下职责分工履行中央财政专项扶贫资金使用管理职责。

（一）扶贫办、发展改革委、国家民委、农业部、林业局等部门分别商财政部拟定中央财政专项扶贫资金各支出方向资金的分配方案。扶贫办商财政部汇总平衡提出统一分配方案，上报国务院扶贫开发领导小组审定。由国务院扶贫开发领导小组通知各省人民政府。财政部根据审定的分配方案下达资金。

（二）各级财政部门负责预算安排和资金下达，加强资金监管。

（三）各级扶贫、发展改革、民族、农业（农垦管理）、林业等部门负责资金和项目具体使用管理、绩效评价、监督检查等工作，按照权责对等原则落实监管责任。

（四）安排新疆兵团的中央财政专项扶贫资金规模由财政部确定，新疆兵团财务、扶贫部门负责使用管理与监督检查。

第十七条　各地应当加强资金和项目管理，做到资金到项目、管理到项目、核算到项目、责任到项目，并落实绩效管理各项要求。

第十八条　全面推行公开公示制度。推进政务公开，资金政策文件、管理制度、资金分配结果等信息及时向社会公开，接受社会监督。

第十九条　中央财政专项扶贫资金使用管理实行绩效评价制度。绩效评价结果以适当形式公布，并作为中央财政专项扶贫资金分配的重要因素。绩效评价年度具体实施方案由财政部、扶贫办制定。

第二十条　各级财政、扶贫、发展改革、民族、农业（农垦管理）、林业等部门要配合审计、纪检监察、检察机关做好资金和项目的审计、检查等工作。各地专员办按照工作职责和财政部要求对中央财政专项扶贫资金进行全面监管，定期或不定期形成监管报告报送财政部，根据财政部计划安排开展监督检查。各级扶贫、发展改革、民族、农业（农垦管理）、林业等部门要配合专员办做好有关工作。

创新监管方式，探索建立协同监管机制，逐步实现监管口径和政策尺度的一致，建立信息共享和成果互认机制，提高监管效率。

第二十一条　各级财政、扶贫、发展改革、民族、农业（农垦管理）和林业等部门及其工作人员在中央财政专项扶贫资金分配、使用管理等工作中，存在违反本办法规定，以及滥用职权、玩忽职守、徇私舞弊等违法违纪行为的，按照《中华人民共和国预算法》、《公务员法》、《行政监察法》、《财政违法行为处罚处分条例》等国家有关规定追究相应责任；涉嫌犯罪的，移送司法机关处理。

第五章　附　　则

第二十二条　各省根据本办法，结合本省的实际情况制定具体实施办法，报送财政部、扶贫办备案，并抄送财政部驻本省专员办。

第二十三条　本办法自2017年3月31日起施行。《财政部　发展改革委　国务院扶贫办关于印发〈财政专项扶贫资金管理办法〉的通知》（财农〔2011〕412号）同时废止。《财政部　国家民委关于印发〈少数民族发展资金管理办法〉的通知》（财农〔2006〕18号）、《财政部　农业部关于印发〈国有贫困农场财政扶贫资金管理暂行办法〉的通知》（财农〔2007〕347号）、《财政部　国家林业局关于印发〈国有贫困林场扶贫资金管理办法〉的通知》（财农〔2005〕104号）、《财政部　国务院扶贫办关于印发〈“三西”农业建设专项补助资金使用管理办法（修订稿）〉的通知》（财农〔2006〕356号）中有关规定与本办法不符的，执行本办法。

第二十四条　本办法由财政部会同扶贫办负责解释。

财政部　水利部关于印发《中央财政水利发展资金绩效管理暂行办法》的通知

2017年4月18日　财农〔2017〕30号

农业部，各省、自治区、直辖市、计划单列市财政厅（局）、水利（水务）厅（局），新疆生产建设兵团财务局、水利局：

根据《预算法》、《中央对地方专项转移支付绩效目标管理暂行办法》（财预〔2015〕163号）、《中央对地方专项转移支付管理办法》（财预〔2015〕230号）、《中央财政水利发展资金使用管理办法》（财农〔2016〕181号）等制度规定，为规范中央财政水利发展资金绩效管理，财政部、水利部制定了《中央财政水利发展资金绩效管理暂行办法》。现予印发，请遵照执行。

附件：中央财政水利发展资金绩效管理暂行办法

附件：

中央财政水利发展资金绩效管理暂行办法

第一条　为规范中央财政水利发展资金（以下简称水利发展资金）绩效管理，提高资金使用效益，根据《预算法》、《中央对地方专项转移支付绩效目标管理暂行办法》（财预〔2015〕163号）、《中央对地方专项转移支付管理办法》（财预〔2015〕230号）、《中央财政水利发展资金使用管理办法》（财农〔2016〕181号）等制度规定，制定本办法。

第二条　本办法所称水利发展资金绩效管理，是指县级以上财政部门和水利部门对水利发展资金开展的绩效目标管理、绩效监控、绩效评价、评价结果运用等全过程绩效管理工作。

水利发展资金绩效管理工作按照分级负责、权责统一、公平公正、程序规范的原则进行。

列入中央部门预算的水利发展资金按照部门预算绩效管理有关规定执行。

第三条　各级财政部门、水利部门按照各自职责，做好水利发展资金绩效管理工作。

（一）财政部。负责绩效管理的总体组织和指导工作；审核并批复下达绩效目标；指导、督促开展绩效目标执行监控；确定中央对省级绩效评价的重点及具体组织方式；确定中央对省级绩效评价结果运用方式；指导地方财政部门绩效管理工作。财政部驻各地财政监察专员办事处（以下简称专员办）按照财政部要求，协助审核区域绩效目标、开展绩效目标执行监控和绩效评价等相关工作。

（二）水利部。协同负责绩效管理的组织和指导工作。设定整体绩效目标；审核区域绩效目标和绩效评价材料；督促落实绩效目标；协同开展中央对省级绩效评价工作；研究提出中央对省级绩效评价结果运用建议；指导地方水利部门绩效管理工作。

（三）地方财政部门。负责本地区绩效管理总体工作。对本地区绩效目标设定和分解下达以及汇总后的本地区绩效目标进行复核；开展本地区绩效目标执行监控；组织开展本地区绩效评价，复核绩效自评和绩效评价结果；确定本地区绩效评价结果运用方式，督促对绩效评价中发现的问题及时整改。

（四）地方水利部门。负责本地区绩效管理具体工作。设定、分解下达本地区绩效目标，审核汇总本地区绩效目标；开展本地区绩效目标执行监控、绩效自评和绩效评价；提出本地区内绩效评价结果运用建议，及时组织整改绩效评价中发现的问题。

第四条 水利发展资金应当按要求设定绩效目标。绩效目标应当清晰反映水利发展资金的预期产出和效果，并以绩效指标细化、量化，定量指标为主、定性指标为辅。

绩效目标分为整体绩效目标和区域绩效目标。整体绩效目标由水利部设定并提交财政部。区域绩效目标由各省（自治区、直辖市、计划单列市，以下统称省）水利部门审核汇总、财政部门复核后，在规定时间内报送财政部和水利部，抄送当地专员办（具体样式详见附1）。

第五条 绩效目标主要从完整性、相关性、适当性及可行性等方面开展审核。

水利部审核各省区域绩效目标并报财政部；专员办审核所在省区域绩效目标并出具审核意见报财政部；财政部综合考虑水利部及专员办审核意见，按程序批复区域绩效目标。

第六条 地方水利部门、财政部门应按照批复的绩效目标组织预算执行。因特殊情况确需调整区域绩效目标的，由省级财政部门、水利部门联合报财政部、水利部备案，抄送当地专员办。无充足理由调整区域绩效目标的，财政部、水利部不予认定。

第七条 预算执行中，地方财政部门和水利部门对绩效目标预期实现程度和资金运行状况开展绩效目标执行监控，及时发现并纠正存在的问题，推动绩效目标如期实现。财政部和水利部根据工作需要，开展绩效目标执行监控工作。

第八条 绩效评价采取分级实施的原则开展。财政部、水利部对各省开展绩效评价；省级财政部门、水利部门组织开展本地区绩效评价。绩效评价原则上以年度为周期，根据工作需要，可开展一定实施期的绩效评价。绩效评价工作可委托第三方机构参与实施。

第九条 省级水利部门组织有关市、县水利部门对照绩效目标开展绩效自评，经同级财政部门复核后，形成水利发展资金绩效自评报告和绩效自评表（具体样式详见附2）。省级财政部门、水利部门应当在规定时间内将汇总形成的本省绩效自评材料报送财政部、水利部，抄送当地专员办。

地方各级水利部门和财政部门对本级自评结果和绩效评价材料的真实性负责。市、县的自评材料留存省级水利部门、财政部门备查。

第十条 绩效评价的主要依据：

（一）经批复的绩效目标及指标；

（二）国家相关法律、法规和规章制度；财政部、水利部发布的相关政策和管理制度；水利行业标准及技术规范等；

（三）相关规划、实施方案，项目可行性研究报告、初步设计等批复文件，项目建设管理有关资料和数据等；

（四）预算下达文件，有关财务会计资料；

（五）截至评价时，已形成的验收、审计、决算、稽察、检查报告等；国家有关部门公布的相关统计数据。

第十一条 绩效自评报告主要包括以下内容：

（一）项目安排和资金使用基本情况；

（二）绩效管理工作开展情况；

（三）绩效目标的实现程度及效果；

（四）存在问题及原因分析；

（五）评价结论；

（六）相关建议和意见，其他需要说明的问题。

第十二条 绩效评价结果采取评分与评级相结合的形式。评分实行百分制，满分为100分（具体量化指标见附3）。根据得分情况将评价结果划分为四个等级：考核得分90分（含）以上为优秀，80分（含）~90分为良好，60分（含）~80分为合格，60分以下为不合格。

第十三条 绩效评价结果采取适当形式通报各省财政部门、水利部门以及专员办，按照财农〔2016〕

181号文件有关规定，与资金分配挂钩，并作为改进管理、完善政策的重要依据。

第十四条 分配给贫困县或纳入其他资金整合试点的水利发展资金，仍用于水利发展资金支出内容的部分，纳入水利发展资金绩效管理范围；整合后未用于水利发展资金支出内容的部分，不纳入水利发展资金绩效管理范围。国务院或国务院扶贫开发领导小组等另有规定的，从其规定。

第十五条 各级财政部门、水利部门及其工作人员在水利发展资金绩效管理过程中存在严重弄虚作假及其他违规违纪行为的，按照《预算法》、《公务员法》、《行政监察法》、《财政违法行为处罚处分条例》等国家有关规定追究相应责任。

第十六条 省级财政部门、水利部门应根据本办法，结合本地区实际制定具体的绩效管理办法或实施细则，抄报财政部、水利部，抄送当地专员办。

第十七条 本办法自2017年5月1日起施行。

附：1. 中央财政水利发展资金绩效目标申报表

2. 中央财政水利发展资金绩效自评表

3. 中央财政水利发展资金绩效评价指标表

附1：

中央财政水利发展资金绩效目标申报表

（　　年度）

省份				
省级财政部门				
省级主管部门				
资金情况	年度金额：	万元（其中：用于农田水利建设　　万元、中小河流治理　　万元……）		
	其中：中央财政补助	万元（其中：用于农田水利建设　　万元、中小河流治理　　万元……）		
	地方财政资金	万元（其中：用于农田水利建设　　万元、中小河流治理　　万元……）		
	其他资金	万元（其中：用于农田水利建设　　万元，来源为银行贷款/社会资本投入/……；中小河流治理　　万元，来源为……）		
年度目标	目标1： 目标2： 目标3： ……（根据预算安排情况补充完善，定性描述和定量描述相结合）			
绩效指标	一级指标	二级指标	三级指标	指标值
	产出指标	数量指标	指标1：发展高效节水灌溉面积	
			指标2：治理中小河流长度	
			指标3：小型病险水库除险加固座数	
			指标4：实施山洪灾害防治的县数	
			指标5：治理水土流失面积	
			指标6：治理淤地坝座数	
			指标7：农业水价综合改革面积	
			……	
		质量指标	指标1：工程验收合格率	
			……	
		时效指标	指标1：截至当年底，建设任务完成比例	≥80%
			指标2：截至次年6月底，建设任务完成比例	100%
			……	

续表

绩效指标	产出指标	成本指标	指标1：高效节水灌溉每亩财政投入（中央财政投入+地方财政投入，下同）	
			指标2：中小河流治理每公里财政投入	
			指标3：小型病险水库除险加固每座财政投入	
			指标4：水土流失治理每平方公里财政投入	
			指标5：淤地坝治理每座财政投入	
			……	
	效益指标	经济效益指标	指标1：农田水利工程产生的经济效益	
			指标2：新增供水能力	
			……	
		社会效益指标	指标1：中小河流治理保护人口数量	
			指标2：小型水库除险加固保护人口数量	
			指标3：山洪灾害防治能力基本达标的县数	
			指标4：淤地坝除险加固保护面积	
			……	
		生态效益指标	指标1：新增节水能力	
			指标2：地下水压采量	
			……	
		可持续影响指标	指标1：已建工程是否良性运行	
			指标2：工程是否达到设计使用年限	
			……	
	满意度指标	服务对象满意度指标	指标1：受益群众满意度	
			……	

备注：三级指标根据每年预算安排情况调整完善。

附2：

中央财政水利发展资金绩效自评表

（　　年度）

省份			中央主管部门	水利部	得分
省级财政部门			省级主管部门		—
预算执行情况（万元）	预算数：		执行数：		—
	其中：中央财政		其中：中央财政		—
	地方财政		地方财政		—
	其他资金		其他资金		—
年度目标完成情况	预期目标		目标实际完成情况		—
	目标1： 目标2： 目标3： ……		目标1完成情况： 目标2完成情况： 目标3完成情况： ……		—

续表

绩效指标完成情况	一级指标	二级指标	三级指标	预期指标值	实际完成指标值	—
管理工作	项目决策	资金分配	指标1：分配办法	办法健全、规范，因素选择全面、合理		
			指标2：分配结果	资金分配符合相关管理办法规定，支出方向符合相关管理办法规定		
	项目管理	资金到位	指标1：财政资金到位率	100%		
			指标2：到位时效	及时到位		
		资金安全	指标1：资金问题	不存在资金问题		
		组织实施	指标1：组织领导	组织领导健全、分工明确		
			指标2：管理制度	项目管理制度健全，并严格执行		
		绩效管理	指标1：制度建设	制定绩效管理办法		
			指标2：填报质量	填报完整、准确		
			指标3：报送时效性	及时报送绩效管理材料		
项目绩效	产出指标	数量指标	指标1：发展高效节水灌溉面积			
			指标2：治理中小河流长度			
			指标3：小型病险水库除险加固座数			
			指标4：实施山洪灾害防治的县数			
			指标5：治理水土流失面积			
			指标6：治理淤地坝座数			
			指标7：农业水价综合改革面积			
			……			
		质量指标	指标1：工程验收合格率			
			指标2：			
			……			
		时效指标	指标1：截至当年底，建设任务完成比例			
			指标2：截至次年6月底，建设任务完成比例			
			……			
		成本指标	指标1：高效节水灌溉每亩财政投入（中央财政投入+地方财政投入，下同）			
			指标2：中小河流治理每公里财政投入			
			指标3：小型病险水库除险加固每座财政投入			
			指标4：水土流失治理每平方公里财政投入			
			指标5：淤地坝治理每座财政投入			
			……			

续表

绩效指标完成情况	一级指标	二级指标	三级指标	预期指标值	实际完成指标值	—
项目绩效	效益指标	经济效益指标	指标1：农田水利工程产生的经济效益			
			指标2：新增供水能力			
			……			
		社会效益指标	指标1：中小河流治理保护人口数量			
			指标2：小型水库除险加固保护人口数量			
			指标3：山洪灾害防治能力基本达标的县数			
			指标4：淤地坝除险加固保护面积			
			……			
		生态效益指标	指标1：新增节水能力			
			指标2：地下水压采量			
			……			
		可持续影响指标	指标1：已建工程是否良性运行			
			指标2：工程是否达到设计使用年限			
			……			
	满意度指标	服务对象满意度指标	指标1：受益群众满意度			
			……			
总分						

备注：根据批复的绩效目标，调整三级指标，并填列预期目标（指标）和实际完成情况（指标值）。

附3：

中央财政水利发展资金绩效评价指标表

一级指标	分值	二级指标	分值	三级指标	分值	指标解释	评分标准	得分
项目决策	10	资金分配	10	分配办法	4	是否根据需要制定相关资金管理办法，并在管理办法中明确资金分配方法；资金分配因素是否全面、合理	办法健全、规范（2分），因素选择全面、合理（2分）	
				分配结果	6	资金分配、支出方向是否符合相关管理办法	资金分配符合相关管理办法规定（3分），支出方向符合相关管理办法规定（3分）	
项目管理	30	资金到位	5	财政资金到位率	3	实际到位财政资金/绩效目标批复（备案）的财政资金×100%	按比例得分（3分）	
				到位时效	2	资金是否及时到位；若未及时到位，是否影响项目进度	及时到位（2分），未及时到位但未影响项目进度（1分）	

续表

一级指标	分值	二级指标	分值	三级指标	分值	指标解释	评分标准	得分
项目管理	30	资金安全	10	资金安全	10	在审计、纪检、监察、司法部门的报告以及财政部、水利部监督检查中是否存在资金问题	存在资金问题的，每个事件按情节轻重扣1分、2分、5分或10分，扣完为止	
		组织实施	5	组织领导	2	组织领导机制是否健全、分工是否明确	机构健全、分工明确（各1分）	
				管理制度	3	是否建立健全项目管理制度；是否严格执行相关项目管理制度	建立健全项目管理制度（1分）；严格执行相关项目管理制度（2分）；未严格执行制度根据情节扣1~3分	
		绩效管理	10	制度建设	1	是否制定了绩效管理办法	制定办法（1分）	
				填报质量	4	绩效指标填报的准确性和完整性	填报准确（2分）、填报完整（2分）	
				报送时效性	5	是否按规定时间报送绩效管理材料	在规定时间内报送绩效目标（3分）；在规定时间内报送绩效自评材料（2分）	
产出指标	40	数量指标	20	发展高效节水灌溉面积等	20	项目产出数量是否达到绩效目标	对照绩效目标评价产出数量（20分）	
		质量指标	9	工程验收合格率等	9	项目产出质量是否达到绩效目标	对照绩效目标评价产出质量（9分）	
		时效指标	9	建设任务完成比例等	9	项目产出时效是否达到绩效目标	对照绩效目标评价产出时效（9分）	
		成本指标	2	高效节水灌溉每亩财政投入等	2	项目产出成本是否按绩效目标控制	对照绩效目标评价产出成本（2分）	
效益指标	15	经济效益	4	农田水利工程产生的经济效益等	4	项目实施产生的直接或间接经济效益	对照绩效目标评价经济效益（4分）	
		社会效益	4	中小河流治理保护人口数量等	4	项目实施产生的社会综合效益	对照绩效目标评价社会效益（4分）	
		生态效益	4	新增节水能力等	4	项目实施对生态环境产生积极影响	对照绩效目标评价生态环境效益（4分）	
		可持续影响	3	已建工程是否良性运行等	3	项目实施带来的可持续影响	对照绩效目标评价可持续影响（3分）	
满意度指标	5	服务对象满意度	5	受益群众满意度	5	项目预期服务对象对项目实施的满意程度	对照绩效目标评价服务对象满意度（5分）	
总分	100		100		100			

财政部　农业部关于印发《农业生产发展资金管理办法》的通知

2017 年 4 月 28 日　财农〔2017〕41 号

各省、自治区、直辖市、计划单列市财政厅（局）、农业（农牧、农村经济、畜牧兽医）厅（局、委、办），新疆生产建设兵团财务局、农业局，中央直属垦区：

为了加强和规范农业生产发展资金管理，推进资金统筹使用，提高资金使用效益，根据《中华人民共和国预算法》等有关规定，财政部会同农业部制定了《农业生产发展资金管理办法》。现予印发，请遵照执行。

附件：农业生产发展资金管理办法

附件：

农业生产发展资金管理办法

第一章　总　　则

第一条　为加强和规范农业生产发展资金管理，推进资金统筹使用，提高资金使用效益，增强农业综合生产能力，根据《中华人民共和国预算法》、《国务院关于印发推进财政资金统筹使用方案的通知》（国发〔2015〕35 号）、《中央对地方专项转移支付管理办法》（财预〔2015〕230 号）等有关法律法规，制定本办法。

第二条　农业生产发展资金是中央财政公共预算安排用于促进农业生产、优化产业结构、推动产业融合、提高农业效能等的专项转移支付资金。

第三条　农业生产发展资金由财政部会同农业部共同管理，按照“政策目标明确、分配办法科学、支出方向协调、绩效结果导向”的原则分配、使用和管理。

财政部负责农业生产发展资金中期财政规划和年度预算编制，会同农业部分配及下达资金，对资金使用情况进行监督和绩效管理。

农业部负责相关产业发展规划编制，指导、推动和监督开展农业生产发展工作，会同财政部下达年度工作任务（任务清单），做好资金测算、任务完成情况监督，绩效目标制定、绩效监控和评价等工作。

第二章　资金支出范围

第四条　农业生产发展资金主要用于耕地地力保护（直接发放给农民，下同）、适度规模经营、农机购置补贴、优势特色主导产业发展、绿色高效技术推广服务、畜牧水产发展、农村一二三产业融合、农民专业合作社发展、农业结构调整、地下水超采区综合治理（农业种植结构调整，下同）、新型职业农民培育等支出方向，以及党中央、国务院确定的支持农业生产发展的其他重点工作。

第五条 耕地地力保护支出主要用于支持保护耕地地力。对已作为畜牧养殖场使用的耕地、林地、成片粮田转为设施农业用地、非农征（占）用耕地等已改变用途的耕地，以及长年抛荒地、占补平衡中"补"的面积和质量达不到耕种条件的耕地等不予补贴。

第六条 适度规模经营支出主要用于支持农业信贷担保体系建设运营、农业生产社会化服务等方面。

第七条 农机购置补贴支出主要用于支持购置先进适用农业机械，以及开展报废更新、新产品试点等方面。

第八条 优势特色主导产业发展支出主要用于支持区域优势、地方特色的农业主导产业发展，国家现代农业产业园建设等方面。

第九条 绿色高效技术推广服务支出主要用于支持高产创建、良种良法、深松整地、施用有机肥、旱作农业等重大农业技术推广与服务，基层农技推广体系改革与建设等方面。

第十条 畜牧水产发展支出主要用于支持畜禽粪污处理与资源化利用、南方现代草地畜牧业发展、优质高效苜蓿示范基地建设、畜牧水产标准化养殖及畜牧良种推广等方面。

第十一条 农村一二三产业融合发展支出主要用于支持农产品产地初加工、产品流通和直供直销、农村电子商务、休闲农业、农业农村信息化等方面。

第十二条 农民专业合作社支出主要用于支持加快农民专业合作组织发展，提高农民组织化程度等方面。

第十三条 农业结构调整支出主要用于支持粮改豆、粮改饲、耕地休耕、重金属污染耕地修复及种植结构调整等方面。

第十四条 地下水超采区综合治理支出主要用于支持地下水超采重点地区开展农业种植结构调整等方面。

第十五条 新型职业农民培育支出主要用于支持培育新型职业农民等方面。

第十六条 农业生产发展资金不得用于兴建楼堂馆所、弥补预算支出缺口等与农业生产发展无关的支出。

第十七条 农业生产发展资金的支持对象主要是农民，新型农业经营主体，以及承担项目任务的单位和个人。

第十八条 农业生产发展资金可以采取直接补助、政府购买服务、贴息、先建后补、以奖代补、资产折股量化、担保补助、设立基金等支持方式。具体由省级财政部门商农业主管部门确定。

第三章　资金分配和下达

第十九条 农业生产发展资金主要按照因素法进行分配。资金分配的因素主要包括工作任务（任务清单）和工作成效等。工作任务（任务清单）分为约束性任务和指导性任务两类，不同支出方向的工作任务（任务清单）根据任务特点、政策目标等选择相应的具体因素和权重进行测算分配资金。工作成效主要以绩效目标评价结果为依据。用于耕地地力保护的资金及相关试点项目资金可根据需要采取定额分配方式。

第二十条 农业部于每年5月15日前，提出当年农业生产发展资金分支出方向的各省分配建议，函报财政部。

第二十一条 财政部在全国人民代表大会批准预算后90日内，根据年度预算安排和农业部分配建议函等，审核下达当年农业生产发展资金，抄送农业部和各地专员办。农业生产发展资金分配结果在预算下达文件印发后20日内向社会公开。

第二十二条 农业生产发展资金的支付，按照国库集中支付制度有关规定执行。属于政府采购管理范围的，按照政府采购有关规定执行。

用于耕地地力保护的资金，按规定通过粮食风险基金专户下达拨付。

第四章　资金使用和管理

第二十三条 农业生产发展资金实行"大专项＋任务清单"管理方式，除用于约束性任务的资金不允许统筹以外，各省可对其他资金在本专项的支出方向范围内统筹使用，并应当全面落实预算信息公开的要求。

第二十四条 各级财政、农业主管部门应当加快预算执行，提高资金使用效益。结转结余的农业生产发展资金，按照财政部关于结转结余资金管理的有关规定处理。

第二十五条 省级财政部门会同农业主管部门，根据本办法和财政部、农业部下发的工作任务（任务清单）和绩效目标，结合本地区农业生产发展实际情况，制定本省年度资金使用方案，于8月31日前以正式文件报财政部、农业部备案，抄送当地专员办。

第二十六条 各级农业主管部门应当组织核实资金支持对象的资格、条件，督促检查工作任务（任务清单）完成情况，为财政部门按规定标准分配、审核拨付资金提供依据。

第五章　监督检查和绩效评价

第二十七条 各级财政、农业主管部门应当加强对农业生产发展资金分配、使用、管理情况的监督检查，发现问题及时纠正。各地专员办根据财政部、农业部确定的年度工作任务（任务清单）和区域绩效目标，加强农业生产发展资金预算执行监管，根据财政部计划安排开展监督检查，形成监管报告报送财政部。

第二十八条 农业生产发展资金使用管理实行绩效评价制度，评价结果作为农业生产发展资金分配的重要依据。农业生产发展资金绩效管理办法另行制定。

第二十九条 各级财政、农业主管部门及其工作人员在资金分配、审核等工作中，存在违反规定分配资金、向不符合条件的单位、个人（或项目）分配资金或者擅自超出规定的范围、标准分配或使用资金等，以及存在其他滥用职权、玩忽职守、徇私舞弊等违法违纪行为的，按照《中华人民共和国预算法》《公务员法》《行政监察法》《财政违法行为处罚处分条例》等国家有关规定追究相关责任；涉嫌犯罪的，移送司法机关处理。

第三十条 资金使用单位和个人虚报冒领、骗取套取、挤占挪用农业生产发展资金，以及存在其他违反本办法规定行为的，按照《预算法》《财政违法行为处罚处分条例》等有关规定追究相应责任。

第六章　附　　则

第三十一条 农业生产发展资金中用于支持贫困县开展统筹整合使用财政涉农资金试点的部分，按照有关规定执行。

第三十二条 省级财政部门应当会同农业主管部门根据本办法制定实施细则，报送财政部和农业部，抄送当地专员办。

第三十三条 本办法所称省级、各省是指省、自治区、直辖市、计划单列市和新疆生产建设兵团。专员办是指财政部驻各省、自治区、直辖市、计划单列市财政监察专员办事处。农业主管部门是指农业、农牧、农村经济、畜牧兽医、渔业、农机、农垦等行政主管部门。

第三十四条 本办法由财政部会同农业部负责解释。

第三十五条 本办法自2017年6月1日起施行。《财政部　农业部关于印发〈农业机械购置补贴专项资金使用管理暂行办法〉的通知》（财农〔2005〕11号）、《财政部　农业部关于印发〈农村劳动力转移培训财政补助资金管理办法〉的通知》（财农〔2005〕18号）、《财政部关于印发〈能繁母猪补贴资金管理暂行办法〉的通知》（财农〔2007〕160号）、《财政部　农业部关于印发〈奶牛良种补贴资金管理暂行办法〉的通知》（财农〔2007〕164号）、《财政部　农业部关于印发〈生猪良种补贴资金管理暂行办法〉的通知》（财农〔2007〕186号）、《财政部关于印发〈中央财政财政支农政策培训补助资金管理暂行办法〉的通知》（财办〔2012〕31号）、《财政部关于印发〈中央财政现代农业生产发展资金管理办法〉的通知》（财农〔2013〕1号）、《财政部关于印发〈中央财政农民专业合作组织发展资金管理办法〉的通知》（财农〔2013〕156号）、《财政部　科技部　农业部关于印发〈中央财政农业科技成果转化与技术推广服务补助资金管理办法〉的通知》（财农〔2014〕31 号）、《财政部　农业部关于印发〈农业支持保护补贴资金管理办法〉的通知》（财农〔2016〕74 号）、《财政部　农业部关于修订相关资金管理办法的通知》（财农〔2016〕238 号）同时废止。

财政部　农业部关于修订《农业资源及生态保护补助资金管理办法》的通知

2017 年 4 月 28 日　财农〔2017〕42 号

各省、自治区、直辖市、计划单列市财政厅（局）、农业（农牧、农村经济）厅（局、委、办），新疆生产建设兵团财务局、农业局，中央直属垦区：

为加强和规范农业资源及生态保护补助资金使用管理，推进资金统筹使用，提高资金使用效益，根据《中华人民共和国预算法》等有关规定，财政部会同农业部修订了《农业资源及生态保护补助资金管理办法》。现予印发，请遵照执行。

附件：农业资源及生态保护补助资金管理办法

附件：

农业资源及生态保护补助资金管理办法

第一章　总　　则

第一条　为加强和规范农业资源及生态保护补助资金使用管理，推进资金统筹使用，提高资金使用效益，促进农业可持续发展，根据《中华人民共和国预算法》、《国务院关于印发推进财政资金统筹使用方案的通知》（国发〔2015〕35 号）、《中央对地方专项转移支付管理办法》（财预〔2015〕230 号）等有关法律法规，制定本办法。

第二条　农业资源及生态保护补助资金是中央财政公共预算安排用于农业资源养护、生态保护及利益补偿等的专项转移支付资金。

第三条　农业资源及生态保护补助资金由财政部会同农业部共同管理，按照“政策目标明确、分配办法科学、支出方向协调、绩效结果导向”的原则分配、使用和管理。

财政部负责农业资源及生态保护补助资金中期财政规划和年度预算编制，会同农业部分配及下达资金，对资金使用情况进行监督和绩效管理。

农业部负责相关规划编制，指导、推动和监督开展农业资源及生态保护工作，会同财政部下达年度工作任务（任务清单），做好资金测算、任务完成情况监督，绩效目标制定、绩效监控和评价等工作。

第二章　资金支出范围

第四条　农业资源及生态保护补助资金主要用于耕地质量提升、草原禁牧补助与草畜平衡奖励（直接发放给农牧民，下同）、草原生态修复治理、渔业资源保护等支出方向。

第五条　耕地质量提升支出主要用于支持东北黑土地保护利用、测土配方施肥、农作物秸秆综合利用等方面。

第六条 草原禁牧补助与草畜平衡奖励支出主要用于支持对按照有关规定实施草原禁牧和草畜平衡的农牧民予以补助奖励，以及支持半农半牧区加强草原保护建设等方面。

第七条 草原生态修复治理支出主要用于落实草原禁牧补助和草畜平衡奖励基础工作、草原生态保护建设和草牧业发展等方面。

第八条 渔业资源保护支出主要用于支持渔业增殖放流等方面。

第九条 农业资源及生态保护补助资金不得用于兴建楼堂馆所、弥补预算支出缺口等与农业资源及生态保护无关的支出。

第十条 农业资源及生态保护补助资金的支持对象主要是农民、牧民、渔民，新型农业经营主体，以及承担项目任务的单位和个人。

第十一条 农业资源及生态保护补助资金可以采取直接补助、政府购买服务、贴息、先建后补、以奖代补、资产折股量化、设立基金等方式。具体由省级财政部门商农业主管部门确定。

第三章 资金分配和下达

第十二条 农业资源及生态保护补助资金主要按照因素法进行分配。资金分配的因素主要包括工作任务（任务清单）和工作成效等。工作任务（任务清单）分为约束性任务和指导性任务两类，不同支出方向的工作任务（任务清单）根据任务特点、政策目标等选择相应的具体因素和权重进行测算分配资金。工作成效主要以绩效目标评价结果为依据。

第十三条 农业部于每年 5 月 15 日前，提出当年农业资源及生态保护补助资金分支出方向的各省分配建议，函报财政部。

第十四条 财政部在全国人民代表大会批准预算后 90 日内，根据年度预算安排和农业部分配建议函等，审核下达当年农业资源及生态保护补助资金，抄送农业部和各地专员办。农业资源及生态保护补助资金分配结果在预算下达文件印发后 20 日内向社会公开。

第十五条 农业资源及生态保护补助资金的支付，按照国库集中支付制度有关规定执行。属于政府采购管理范围的，按照政府采购有关规定执行。

第四章 资金使用和管理

第十六条 农业资源及生态保护补助资金实行“大专项＋任务清单”管理方式，除用于约束性任务的资金不允许统筹以外，各省可对其他资金在本专项的支出方向范围内统筹使用，并应当全面落实预算信息公开的要求。

第十七条 各级财政、农业主管部门应当加快预算执行，提高资金使用效益。结转结余的农业资源及生态保护补助资金，按照财政部关于结转结余资金管理的有关规定处理。

第十八条 省级财政部门会同农业主管部门，根据本办法和财政部、农业部下发的工作任务（任务清单）和绩效目标，结合本地区农业资源及生态保护实际情况，制定本省年度资金使用方案，于 8 月 31 日前以正式文件报财政部、农业部备案，抄送当地专员办。

第十九条 各级农业主管部门应当组织核实资金支持对象的资格、条件，督促检查工作任务（任务清单）完成情况，为财政部门按规定标准分配、审核拨付资金提供依据。

第五章 监督检查和绩效评价

第二十条 各级财政、农业主管部门应当加强对农业资源及生态保护补助资金分配、使用、管理情况的监督检查，发现问题及时纠正。各地专员办根据财政部、农业部确定的年度工作任务（任务清单）和区域绩效目标，加强农业资源及生态保护补助资金预算执行监管，根据财政部计划安排开展监督检查，形成监管报告报送财政部。

第二十一条 农业资源及生态保护补助资金使用管理实行绩效评价制度，评价结果作为农业资源及生态保护补助资金分配的重要依据。农业资源及生态保护补助资金绩效管理办法另行制定。

第二十二条 各级财政、农业主管部门及其工作人员在资金分配、审核等工作中，存在违反规定分配资金、向不符合条件的单位、个人（或项目）分配资金或者擅自超出规定的范围、标准分配或使用资金等，以及存在其他滥用职权、玩忽职守、徇私舞弊等违法违纪行为的，按照《中华人民共和国预算法》《公务员法》《行政监察法》《财政违法行为处罚处分条例》等国家有关规定追究相关责任；涉嫌犯罪的，移送司法机关处理。

第二十三条 资金使用单位和个人虚报冒领、骗取套取、挤占挪用农业资源及生态保护补助资金，以及存在其他违反本办法规定行为的，按照《中华人民共和国预算法》、《财政违法行为处罚处分条例》等有关规定追究相应责任。

第六章 附 则

第二十四条 农业资源及生态保护补助资金中用于支持贫困县开展统筹整合使用财政涉农资金试点的部分，按照有关规定执行。

第二十五条 省级财政部门应当会同农业主管部门根据本办法制定实施细则，报财政部和农业部，抄送当地专员办。

第二十六条 本办法所称省级、各省是指省、自治区、直辖市、计划单列市和新疆生产建设兵团。专员办是指财政部驻各省、自治区、直辖市、计划单列市财政监察专员办事处。农业主管部门是指农业、农牧、农村经济、畜牧兽医、渔业、农垦等行政主管部门。

第二十七条 本办法由财政部会同农业部解释。

第二十八条 本办法自 2017 年 6 月 1 日起施行。《财政部　农业部门关于印发〈中央财政农业资源及生态保护补助资金管理办法〉的通知》（财农〔2014〕32 号）同时废止。

财政部关于《中央财政农村土地承包经营权确权登记颁证补助资金管理办法》的补充通知

2017 年 6 月 12 日　财农〔2017〕70 号

各省、自治区、直辖市财政厅（局），新疆生产建设兵团财务局：

根据《中共中央　国务院关于进一步推进农垦改革发展的意见》中“用 3 年左右时间，基本完成农垦国有土地使用权确权登记发证任务，工作经费由中央财政、地方财政和国有农场共同负担”的有关要求，从 2017 年起中央财政在“农村土地承包经营权确权登记颁证补助资金”中，安排部分资金用于支持农垦国有土地使用权确权登记发证有关工作。

为进一步规范农垦土地确权补助管理，提高财政资金使用效益，现对财政部印发的《中央财政农村土地承包经营权确权登记颁证补助资金管理办法》（财农〔2015〕1 号）补充如下：

一、第二条增加第二款“农垦土地确权补助是在中央财政农村土地承包经营权确权登记颁证补助资金中安排部分资金，用于农垦系统开展国有土地使用权确权登记发证的相关费用补助”。

二、第四条增加第二款“农垦国有土地使用权确权登记发证工作按照《国土资源部　财政部　农业部关于加快推进农垦国有土地使用权确权登记发证工作的通知》（国土资发〔2016〕156 号）等有关要求开展。根据2016年国土资源部、农业部联合开展的全国农垦国有土地使用权确权登记发证情况调查摸底结果等情况，农垦土地确权补助分2017年、2018年两年安排”。

三、将第五条、第七条、第九条、第十条中“确权颁证补助资金”全部修改为“确权颁证补助资金(含农垦土地确权补助)”。

四、第六条增加第二款“农业部根据农垦国有土地使用权确权登记发证工作任务等有关情况，研究提出农垦土地确权补助分配建议报送财政部”。

五、第八条增加第二款“农垦土地确权补助主要用于权籍调查、勘测定界、登记申请、争议调处、信息化管理等与农垦国有土地使用权确权登记发证有关的费用支出”。

六、第十条增加第二款“各级财政、农业主管部门及其工作人员在上述资金审批工作中，存在违反规定分配资金、向不符合条件的单位（个人或项目）分配资金或者擅自超过规定的范围和标准分配或使用资金，以及其他滥用职权、玩忽职守、徇私舞弊等违法违纪行为的，按照《预算法》《公务员法》《行政监察法》《财政违法行为处罚处分条例》等国家有关规定追究相应责任；涉嫌犯罪的，移送司法机关处理”。

上述内容，自印发之日起执行。

财政部　国家林业局关于印发《国有林场（苗圃）财务制度》的通知

2017年6月26日　财农〔2017〕72号

各省、自治区、直辖市、计划单列市财政厅（局）、林业厅（局），新疆生产建设兵团财务局、林业局：

为适应国有林场改革发展需要，进一步加强和规范林场（苗圃）财务管理和会计核算工作，根据《中共中央　国务院关于印发〈国有林场改革方案〉和〈国有林区改革指导意见〉的通知》、《事业单位财务规则》（财政部令第68号）等相关规定，结合林业生产特点，财政部、国家林业局制定了《国有林场（苗圃）财务制度》。现予以印发，请遵照执行。

附件：国有林场（苗圃）财务制度

附件：

国有林场（苗圃）财务制度

第一章　总　　则

第一条　为了进一步规范国有林场（苗圃）的财务行为，加强国有林场（苗圃）财务管理和监督，提高资金使用效益，保障国有林场（苗圃）健康发展，根据《中共中央　国务院关于印发〈国有林场改革方案〉和〈国有林区改革指导意见〉的通知》、《事业单位财务规则》（财政部令第68号）等相关规定，结合国有林场（苗圃）特点，制定本制度。

第二条　本制度适用于中华人民共和国境内各级人民政府设立的，从事保护培育森林资源、维护国家生态安全、提供生态服务，不以营利为目的、独立核算的公益性事业单位性质国有林场和苗圃（以下简称林场）的财务活动。

第三条　林场财务管理的基本原则是：执行国家有关法律、法规和财务规章制度；坚持勤俭办场的方针；正确处理林场发展需要和资金供给的关系，生态效益、社会效益和经济效益三者关系，国家、单位和个人三者利益的关系。

第四条 林场财务管理的主要任务是：合理编制单位预算，严格预算执行，完整准确编制单位决算，真实反映单位财务状况；依法组织收入，努力节约支出；建立健全财务制度，加强经济核算，树立绩效管理意识，提高资金使用效益；加强资产以及森林资源资产化管理，合理配置和有效利用资产，防止资产流失；加强对单位经济活动的财务控制和监督，防范财务风险。

第二章 财务管理体制

第五条 林场实行“统一领导、集中管理”的财务管理体制，其中规模较大的林场可以实行“统一领导、分级管理”的财务管理体制。

第六条 林场财务工作实行场长负责制。具有一定规模的林场可以根据管理需要设置总会计师岗位，协助场长管理林场财务工作，承担相应的领导和管理责任。

第七条 林场应当单独设置一级财务机构，依据相关法规制度要求，根据林场经营计划，统一管理林场财务活动，包括负责财务预决算、资金筹集、运用和管理等，提高资金使用效益，促进林场事业发展。

第八条 林场内部非独立法人单位因工作需要设置的财务机构，应当作为林场的二级财务机构。二级财务机构应当遵守和执行林场统一制定的财务规章制度，并接受林场一级财务机构的统一领导、监督和检查。

第九条 林场财务机构应当按国家有关规定配备专职财会人员。财会人员的调入、调出、专业技术职务评聘以及二级财务机构负责人的任免、调动或者撤换，应当由林场一级财务机构会同有关部门办理。工作调动或离职，必须与接管人员办理交接手续。

第三章 预算管理

第十条 林场预算是指林场根据事业发展目标和计划编制的年度财务收支计划。

林场预算由收入预算和支出预算组成。林场所有收支应全部纳入预算管理。

第十一条 对林场实行核定收支、定额或者定项补助、超支不补、结转和结余按规定使用的预算管理办法。

定额或定项补助根据国家有关政策和财政部门财力可能，结合事业特点、事业发展目标和计划、林场收支及资产状况等确定。

第十二条 林场应按照国家有关预算编制的规定，对以前年度预算执行情况进行全面分析，根据预算年度的收入增减因素和措施，以及以前年度结转和结余情况，测算编制收入预算；根据事业发展需要与财力可能，测算编制支出预算。

林场预算应当自求收支平衡，不得编制赤字预算。

第十三条 林场一级财务机构提出预算建议方案，经林场领导班子集体审议通过后，上报主管部门，经主管部门审核汇总报财政部门（一级预算单位直接报财政部门，下同）。林场根据财政部门下达的预算控制数编制预算，由主管部门审核汇总报财政部门，经法定程序审核批复后执行。

第十四条 林场应当严格执行批准的预算。预算执行中，对财政补助收入预算一般不予调整；上级下达的事业计划有较大调整，或者根据国家有关政策增加或者减少支出，影响预算执行的，林场应当报主管部门审核后报财政部门调整预算。财政补助收入以外部分的预算需要调增或者调减的，由林场自行调整并报主管部门和财政部门备案。

收入预算调整后，相应调增或者调减支出预算。

第十五条 林场决算是指林场根据预算执行结果编制的年度报告。林场应按照财政部门决算编制要求，真实、完整、准确、及时编制决算，加强决算审核和分析。

林场年度决算由主管部门审核汇总后报同级财政部门审批。对财政部门批复调整的事项，林场应及时调整和处理。

第四章 收入管理

第十六条 收入是指林场为开展林业及其他活动依法取得的非偿还性资金。

第十七条 林场收入包括：

（一）财政补助收入，即林场按预算隶属关系从财政部门取得的各类财政拨款，包括基本支出补助收入和项目支出补助收入。基本支出补助收入是指由财政部门拨入的符合国家规定的经常性补助，包括人员经费补助和日常公用经费补助；项目支出补助收入是指由财政部门拨入的主要用于营林基础设施建设、必要的营造林所需生产资料购置、设备和基础设施维护、向社会购买服务方式的造林护林、林木良种培育、林业有害生物防治、规划设计和方案编制，以及公益林管护等专项补助。

（二）营林业务收入，即林场在林业活动中销售林木（苗木）、林产品、林地流转等取得的收入。

（三）上级补助收入，即林场从主管部门和上级单位取得的非财政补助收入。

（四）附属单位上缴收入，即林场附属独立核算单位按照有关规定上缴的收入。

（五）经营收入，即林场在林业活动之外，非独立核算单位开展多种经营活动取得的收入。包括培训、租赁、餐饮、旅游及林下经济等活动的收入。

（六）其他收入，即本条上述规定范围以外的各项收入，包括科研项目收入、教学项目收入、投资收益、利息收入、捐赠收入、国家征占用林地给予的林地林木补偿费、安置补助费等。

第十八条 林场应当将各项收入全部纳入单位预算，统一核算，统一管理。

第十九条 林场对按照规定上缴国库的资金，应当按照国库集中收缴的有关规定及时足额上缴，不得隐瞒、滞留、截留、挪用和坐支。

第五章 支出管理

第二十条 支出是指林场开展林业活动及其他活动发生的资金耗费和损失。

第二十一条 林场支出包括：

（一）财政补助支出，即林场使用财政补助收入安排的基本支出和项目支出。

基本支出是指林场为了保障其正常运转、完成日常工作任务而发生的支出，包括人员支出和公用支出。

项目支出是指林场为了完成特定工作任务和事业发展目标，在基本支出之外所发生的支出，包括营林基础设施建设、必要的营造林所需生产资料购置、设备和基础设施维护、向社会购买服务方式的造林护林、林木良种培育、林业有害生物防治、规划设计和方案编制，以及公益林管护支出等。

（二）营林业务支出，即林场在林业活动中发生的业务支出，包括销售林木（苗木）、林产品、林地流转等相应的成本费用支出。

（三）上缴上级支出，即林场上缴主管部门和上级单位的支出。

（四）对附属单位补助支出，即林场用财政补助收入之外的收入对附属独立核算单位补助发生的支出。

（五）经营支出，即林场在林业活动之外，非独立核算单位开展多种经营活动发生的支出，包括培训、租赁、餐饮、旅游和林下经济等活动的支出。

（六）其他支出，即本条上述规定范围以外的各项支出，包括科研项目支出、税费支出、对外投资支出、利息支出、捐赠支出等。

第二十二条 林场应当将各项支出全部纳入林场预算，建立健全支出管理制度。

第二十三条 林场的支出应当严格执行国家有关财务规章制度规定的开支范围及开支标准；国家有关财务规章制度没有统一规定的，由林场规定并报主管部门和财政部门备案。林场规定违反法律和国家政策的，主管部门和财政部门应当责令改正。

第二十四条 林场从财政部门和主管部门取得的有指定项目和用途的专项资金，应按照有关规定使用，并向财政部门或者主管部门及时报送专项资金使用情况；项目完成后，应按专项资金和项目管理有关规定报送专项资金支出决算和使用效果的书面报告，接受财政部门或者主管部门和其他相关部门的检查、验收。

第二十五条 林场应当严格执行国库集中支付和政府采购等有关制度。

第二十六条 林场应当依法加强各类票据管理，确保票据来源合法、内容真实、使用正确，管理规范。

第六章 成本费用管理

第二十七条 林场应当根据森林资源资产化管理和定期向社会公布森林资源状况以及森林资源管理的需要，实行成本费用管理。

第二十八条 成本费用是指林场进行林木（苗木）生产所发生的育苗、造林、抚育、管护等各项生产费用，以及开展营林活动和其他活动过程中发生的资金耗费和损失，包括营林成本、营林业务支出、营林管理费用。

第二十九条 林场营林成本核算应采用制造成本法，核算林木（苗木）的生产成本。

（一）营林成本的核算内容

营林成本的核算内容应包括苗木培育成本、造抚成本、管护费用三部分。

苗木培育成本指林场自行培育苗木过程中发生的必要支出，包括从处理种子催芽、整地、作床、播种、插条、育苗、换床、育大苗发生的材料费、人工费，以及到苗木出圃阶段田间管理发生的人工费、物料费等。

造抚成本指从造林开始至成林验收合格前的成本。造抚成本由造林费用和抚育费用组成，其中造林费用指林木郁闭前的造林作业所发生的费用，包括调查设计、整地、栽植和补植等；抚育费用指造林之后至成林验收合格之前所发生的抚育费用，包括松土、除草、抗旱、防冻、施肥等。

管护费用指林木成林验收合格之后至采伐（或达到预定生产经营目的）前所发生的为预防和消除森林的各项破坏和灾害，保障林木健康生长，避免或减少森林资源损失而发生的各项支出，具体包括森林保护费、抚育间伐费、营林设施费、良种试验费、调查设计费以及其他管护费等。

（二）营林成本的核算对象和范围

林场应当根据生产经营特点和管理要求，将整个营林生产活动过程中发生的材料成本、人工成本和间接费用，根据不同类型林木（苗木）相应的林种、树种或林班（小班）等确定具体的成本核算对象，设置成本计算单归集林木（苗木）的生产成本，核算方法不得随意变更。其中，直接材料、直接人工以及其他直接费用等直接支出应直接计入营林成本，间接费用应分配计入营林成本。

直接材料，是指营林生产中耗用的自产或外购的种子、苗木、肥料、农药、燃料和动力、修理用材料和零件等材料。

直接人工，是指直接从事林木（苗木）生产人员的薪酬，包括林场开支的在职职工和临时聘用人员的各类劳动报酬，以及交纳的各项社会保险费等。

其他直接费用，是指除直接材料、直接人工以外的营林作业费等直接费用，如委托生产费等。

间接费用，是指林场为林木（苗木）生产而开展的辅助性生产活动所发生的各项费用，包括间接材料、间接人工、机械作业费、固定资产折旧费、无形资产摊销费、长期管护费用和其他费用等。

（三）营林成本的核算期

林场应根据林木（苗木）生产组织特点，对发生的苗木培育成本、造抚成本以及管护费用，一般应按月份进行核算，有特殊要求的可按季度或按年度进行定期核算，但林场每年度必须进行营林成本的核算与结转。

（四）营林成本的分配和结转

营造的林木（苗木）验收合格时，应将各类林木（苗木）的培育成本、造林成本、抚育成本结转至相应的林木（苗木）资产成本；验收合格后到采伐（或达到预定生产经营目的）前发生的各类林木（苗木）的管护费用采用先累积后按一定分配标准（如面积、蓄积量、千株数等），分摊转入相应的林木（苗木）的营林成本或林木（苗木）资产或营林业务支出。

第三十条 林场自行营造林木（苗木）的营林成本核算应根据森林经营方案，将林场的营林生产活动从育苗、造林年度开始至采伐（或达到预定生产经营目的）前所发生的各种耗费，以林木（苗木）为核算对象进行归集和分配，计算出林木（苗木）总成本和单位成本。

第三十一条 林场以购买服务方式造林护林的营林成本核算应按照营林成本核算对象和内容，根据事先制定的单位产品消耗定额、费用定额和定额成本进行归集和分配，从而计算出林木（苗木）总成本和单位成本。

第三十二条 营林业务支出核算是指将林场在销售林木（苗木）、林产品、买卖青山、林地流转等所发生的成本费用予以归集和分配。成本费用分配标准可选用林地面积、蓄积量、产量、年限、株数等。

林场应当根据生产性林木资产的特点、生产情况和有关经济利益的预期实现方式，合理确定其使用寿命和折旧方法，不考虑预计净残值，折旧方法包括年限平均法或工作量法等。对达到预定生产经营目的的生产性林木资产，应当按期计提折旧，并分别计入相关林产品的成本。消耗性林木资产、公益性林木资产不计提折旧。

第三十三条 营林管理费用是指林木采伐（或达到预定生产经营目的）及其后续加工、保管、销售等管理活动中发生的各项费用。

第三十四条 林场应建立与管理体制相适应的成本核算制度。规模较大的林场，可以实行两级成本核算，成本核算分别在总场和基层核算单位进行；规模较小的林场可以实行一级成本核算，成本核算集中在总场进行。

第三十五条 为了准确反映林场营林成本，在进行成本核算时，凡属下列业务所发生的支出，一般不应计入营林成本范围。

（一）不属于林场营林成本核算范围的其他核算主体及其经济活动所发生的支出。

（二）为购置和建造固定资产、购入无形资产和其他资产的资本性支出。

（三）对外投资的支出。

（四）各种罚款、赞助和捐赠支出。

（五）有经费来源的科研、教学等项目支出。

（六）在各类基金中列支的费用。

（七）国家规定的不得列入成本的其他支出。

第三十六条 林场应根据事业发展目标，确保发挥生态效益的前提下，利用各种管理方法和措施，对成本形成过程中的耗费进行控制，建立健全成本费用分析报告制度。

第七章　结转和结余管理

第三十七条 结转和结余是指林场年度收入与支出相抵后的余额。

结转资金是指当年预算已执行但未完成，或者因故未执行，下一年度需要按原用途继续使用的资金。结余资金是指当年预算工作目标已完成，或者因故终止，当年剩余的资金。

经营收支结转和结余应当单独反映。

第三十八条 财政拨款结转和结余，即林场各项财政补助收入与其相关支出相抵后剩余留存的，须按照规定管理和使用的结转和结余资金，包括基本支出结转、项目支出结转和项目支出结余。财政拨款结转和结余的管理，应当按照同级财政部门的规定执行。

第三十九条 林场非财政拨款和上级补助收入结转按照规定结转下一年度继续使用。非财政拨款结余可以按照国家有关规定提取职工福利基金，剩余部分作为事业基金用于弥补以后年度林场收支差额；国家另有规定的，从其规定。

第八章　流动资产管理

第四十条 流动资产是指可以在一年以内变现或耗用的资产，包括现金、各种存款、零余额账户用款额度、应收及预付款项、存货等。

第四十一条 林场应当严格遵守国家有关现金、各种存款、零余额账户用款额度等管理规定，建立健全货币资金管理制度。

第四十二条 应收及预付款项是指林场在开展业务活动和其他活动过程中形成的各项债权，包括应收票据、应收账款、预付账款、财政应返还资金和其他应收款等。

第四十三条 林场对应收及预付款项要加强管理，定期分析、及时清理。年度终了，林场可采用余额百分比法、账龄分析法、个别认定法等方法计提坏账准备。逾期三年或以上、有确凿证据表明确实无法收回的应收账款，按规定报经批准后予以核销，并在备查簿中登记。

第四十四条 存货是指林场在开展业务活动及其他活动中为耗用或出售而储存的资产，如材料、产品、包装物和低值易耗品、采伐后验收入库的木材等，以及未达到固定资产标准的用具、装具等。

存货应当定期或者不定期盘点，年终必须进行全面盘点清查，保证账实相符。对于盘盈、盘亏、变质、毁损等情况，应当及时查明原因，根据管理权限报经批准后及时进行账务处理。

第九章 固定资产管理

第四十五条 固定资产是指单位价值在1 000元及以上（其中：专用设备单位价值在1 500元及以上），使用期限在一年以上（不含一年），并在使用过程中基本保持原有物质形态的资产。单位价值虽未达到规定标准，但使用时间在一年以上（不含一年）的大批同类物资，应作为固定资产管理。

林场的固定资产一般分为六类：房屋及建筑物；专用设备；通用设备；文物和陈列品；图书、档案；家具、用具及动植物。

省级林业主管部门可根据实际情况，制定固定资产目录报同级财政部门备案后实施。

林场应建立固定资产账卡，定期进行核对，保证账卡、账物相符。建立健全固定资产的保管、保养、管理制度。

第四十六条 在建工程是指林场已经发生必要支出，但按规定尚未达到预定可使用状态的建设工程。

林场在建工程除按本制度执行外，还应按国家有关规定单独建账、单独核算，严格控制工程成本，做好工程概、预算管理，工程达到预定使用状态后应尽快办理工程结算和竣工财务决算，并及时办理资产交付使用手续。

第四十七条 折旧是指在固定资产的预计使用年限内，按照确定的方法对应计的折旧额进行系统分摊。林场应当根据固定资产性质，在预计使用年限内，采用平均年限法或工作量法计提折旧。

文物和陈列品、图书、档案、单独计价入账的土地、以名义金额计量的固定资产不计提折旧。

第四十八条 林场应设置专门管理部门或人员，使用单位应指定人员对固定资产实施管理。林场应当根据国家有关规定，结合本场实际情况，制定固定资产管理办法。

林场资产管理部门负责固定资产实物管理，建立实物台账和资产卡片；财务部门负责对固定资产的价值管理，根据资产变化情况及时登记总账和明细账；使用部门负责资产的日常管理，确保资产的安全完整。

大型林业专用设备实行责任制，指定专人管理，制定操作规程，建立设备技术档案和使用情况报告制度。

第四十九条 林场应当对固定资产进行定期或者不定期的清查盘点。年度终了前，应当进行一次全面清查盘点，保证账、卡、物相符。对固定资产的盘盈、盘亏应当按照规定处理。

第五十条 林场出售、转让、报废固定资产或者发生固定资产毁损情况，应当按照国有资产管理规定处理。

第十章 林木资产管理

第五十一条 林木资产是林场拥有或控制的能够用货币计量的林木类生物资产，是营林生产活动发生的各种耗费所形成的活立木资产的账面价值，是林场资产的重要组成部分。

第五十二条 林木资产按照消耗性林木资产、生产性林木资产和公益性林木资产三大类进行分类管理。

消耗性林木资产是指为出售而持有的或在将来能够收获为木材的林木类生物资产，包括用材林、竹林等；生产性林木资产是指为产出林产品或出租等目的而持有的林木类生物资产，包括经济林、薪炭林等；公益性林木资产是指以防护、环境保护为主要目的的林木类生物资产，包括防风固沙林、水土保持林和水源涵养林等。

消耗性林木资产的价值量管理从开始造林至采伐前所发生的生产耗费。对于消耗性林木资产在收获或出售时，应当按照其账面价值结转成本，成本结转的方法包括加权平均法、个别计价法、蓄积量比例法、轮伐期年限法等。

生产性林木资产的价值量管理从开始造林至达到预定生产经营目的前所发生的生产耗费。对于生产性林木资产收获林产品时，应将其之前所发生的生产耗费根据生产性林木资产的使用寿命（不考虑预计净残值），选用一定的折旧方法并根据用途分别计入相关林产品成本。生产性林木资产收获的林产品成本，按照产出或采收过程中所发生的材料费、人工费和应分摊的间接费用等必要支出计算确定，并采用加权平均法、个别计价法、蓄积量比例法等方法，将其账面价值结转为林产品成本。

公益性林木资产价值管理可参照消耗性或生产性林木资产价值管理。

林木资产用途发生改变时按账面价值结转其成本。

第五十三条 对未入账的天然林，按照天然林管理要求加强管理和核算，并设置备查账反映其面积、蓄积量等。对未入账的人工林，如有确凿证据表明其公允价值能够持续可靠取得的，应当采用公允价值入账；如难以获取其公允价值的，采用重置成本法评估入账。

第五十四条 为了加强森林资源资产化管理，林木资产应当实行价值量和实物量双重管理。林场必须建立林木资产的核算管理制度，全面反映财政预算资金和非财政预算资金造林形成的林木（苗木）资产以及相对应的林木（苗木）净资产。林场财务会计部门负责制订林木资产的价值量核算管理制度；资源管理部门负责制订林木资产实物量管理制度，相关部门分工负责，相互配合，加强管理基础工作，统一核算口径，及时准确地提供有关信息，共同做好森林资源资产化管理工作。

有条件的林场对消耗性林木资产可分林种、林龄及相应的面积或蓄积量进行管理；对生产性林木资产可分类别、产出情况及规模不同分别进行管理。消耗性林木资产和生产性林木资产作为投资或抵押必须进行资产评估，天然林和公益林按规定不得抵资、抵债和抵押。

第五十五条 林场应当对林木资产定期或者不定期进行资源清查，对因山界和林权的变动、自然灾害等造成的林木资产增减，应按隶属关系，报经林业主管部门和财政部门批准后，进行账务处理。对重大灾害性损失应按规定程序冲减林木（苗木）净资产。

第十一章　无形资产管理

第五十六条 无形资产是指林场控制的没有实物形态的可辨认非货币性资产，如专利权、商标权、著作权、土地使用权、非专利技术等。

第五十七条 林场通过外购、自行开发以及其他方式取得的无形资产应当合理计价，及时入账。

第五十八条 林杨在林地使用权出售、转让、出租、征用、投资时，应当进行资产评估，并按照国有资产管理规定处理。

第十二章　对外投资管理

第五十九条 对外投资是指林场按规定以货币资金、实物资产、无形资产等方式形成的债权或股权投资。投资分为短期投资和长期投资。林场在投资取得时，应当按照实际成本作为初始投资成本，并按有关规定加强核算工作。

第六十条 林场应当严格控制对外投资，在保证单位正常运转和事业发展的前提下，按照国家有关规定可以对外投资的，应当履行相关审批程序。

林场不得使用财政拨款及其结余对外投资，不得从事股票、期货、基金、企业债券等投资，国家另有规定的除外。

第六十一条 林场以林木资产、无形资产等非货币性资产对外投资的，应当按照国家有关规定进行资产评估，合理确定资产价值。

第六十二条 林场应遵循投资回报、风险控制和跟踪管理等原则，对投资效益、收益与分配等情况进行监督管理，确保国有资产的保值增值。

第十三章 负债管理

第六十三条 负债是指林场所承担的能以货币计量，需要以资产或者劳务偿还的债务。

第六十四条 林场的负债包括借入款项、应付款项、暂存款项、应缴款项等。

应缴款项包括林场收取的应当上缴国库的资金、应缴税费，以及其他按照国家有关规定应当上缴的款项。

第六十五条 林场应当对不同性质的负债分类管理，及时清理并按照规定办理结算，保证各项负债在规定期限内归还。

林场应当建立健全财务风险控制机制，规范和加强借入款项管理，严格执行审批程序，不得违反规定举借债务和提供担保。

第十四章 专用基金管理

第六十六条 专用基金是指林场按照规定设置或提取具有专门用途的资金。专用基金管理应当遵循先提后用、收支平衡、专款专用的原则，支出不得超出基金规模。

第六十七条 专用基金包括：

（一）职工福利基金，即指按照非财政补助结余的不超过5%比例提取以及按照其他规定提取转入，用于林场职工集体福利设施、集体福利待遇的资金。

（二）森林恢复基金，即指林场按林木产品的销售收入的10%比例提取全额留归林场，用于森林资源的培育、保护和管理的专项资金。破坏山林的赔偿款，征占用林地的林木赔偿款，以及上级林业主管部门拨入的造林资金补助应纳入森林恢复基金管理。

（三）其他基金，即按照其他有关规定提取或者设置的专用资金。

第十五章 财务清算

第六十八条 经国家有关部门批准，林场发生划转、撤销、合并、分立时，应当进行财务清算。

第六十九条 林场财务清算，应当在主管部门和财政部门的监督指导下，对林场的财产、债权、债务等进行全面清理，编制财产目录和债权、债务清单，提出财产作价依据和债权、债务处理办法，做好资产的移交、接收、划转和管理工作，并妥善处理各项遗留问题。

第七十条 林场清算结束后，经主管部门审核并报财政部门批准，其资产分别按照下列办法处理：

（一）因隶属关系改变，成建制划转的林场，全部资产无偿移交，并相应划转经费指标。

（二）转为企业管理的林场，全部资产扣除负债后，转作国家资本金。需要进行资产评估的，按照国家有关规定执行。

（三）撤销的林场，全部资产由主管部门和财政部门核准处理。

（四）合并的林场，全部资产移交接收单位或者新组建单位，合并后多余的资产由主管部门和财政部门核准处理。

（五）分立的林场，资产按照有关规定移交分立后的林场，并相应划转经费指标。

第十六章　财务报告与分析

第七十一条　林场应当编制年度决算报告、年度财务报告。林场应当定期向各有关主管部门和财政部门以及其他有关的报告使用者提供年度决算报告、年度财务报告。

第七十二条　年度决算报告以收付实现制为基础，以预算会计核算生成的数据为依据，是林场向决算报告使用者提供预算收支执行结果的书面文件，并为编制后续年度预算提供参考和依据。年度决算报告应当包括决算报表和其他应当在决算报告中反映的相关信息和资料。

第七十三条　年度财务报告主要以权责发生制为基础，以财务会计核算生成的数据为依据，是反映林场某一特定日期财务状况、某一期间运行情况和现金流量等有关信息的书面文件。年度财务报告应当包括财务报表和其他应当在年度财务报告中披露的相关信息和资料。财务报表是对林场财务状况、运行情况和现金流量等信息的结构性表述。财务报表包括会计报表和附注。会计报表至少应当包括资产负债表、收入费用表、现金流量表等主表，以及有关附表。附注是对在资产负债表、收入费用表、现金流量表等报表中列示项目所作的进一步说明，以及对未能在这些报表中列示项目的说明。

第七十四条　林场财务分析的内容包括预算编制与执行、资产使用、收入费用和净资产状况等。财务分析指标应如实反映林场预算管理、财务风险管理、支出结构、财务发展能力等方面。

第十七章　财 务 监 督

第七十五条　林场财务监督的主要内容包括：

（一）预算编制、财务报告的科学性、真实性、完整性；预算执行的有效性、均衡性；

（二）各项收入和支出的合法性、合规性；

（三）结转和结余的管理情况；

（四）资产管理的规范性、有效性；

（五）负债的合规性和风险程度；

（六）净资产管理的情况；

（七）对违反财务规章制度的问题进行检查纠正。

第七十六条　林场财务监督应当实行事前监督、事中监督、事后监督相结合，日常监督与专项检查相结合。

第七十七条　林场应当建立健全内部控制制度、经济责任制度、财务信息披露制度等监督制度，依法公开财务信息。

第七十八条　林场应当依法接受主管部门、财政部门和审计部门的监督。

第十八章　附　　则

第七十九条　林场举办非独立法人分支机构的收支是林场财务收支的组成部分，必须纳入林场财务统一管理。

第八十条　林场基本建设投资的财务管理，应当执行《基本建设财务规则》（财政部令第 81 号）的有关规定。《基本建设财务规则》没有规定的，适用本制度。

第八十一条　各省（自治区、直辖市）财政部门和主管部门可依照本制度，结合本地实际情况，制定具体实施办法，并报财政部、国家林业局备案。

第八十二条　其他社会组织和个人依法设立的独立核算的公益性林场可参照本制度执行。

第八十三条　本制度由财政部、国家林业局负责解释。

第八十四条　本制度自 2018 年 1 月 1 日起执行。《财政部关于颁发〈国有林场与苗圃财务制度〉（暂行）和〈国有林场与苗圃会计制度〉（暂行）的通知》（财农字〔1994〕371 号）中《国有林场与苗圃财务制度》（暂行）同时废止。

财政部　农业部　水利部　国土资源部关于印发《中央财政农业生产救灾及特大防汛抗旱补助资金管理办法》的通知

2017 年 7 月 19 日　财农〔2017〕91 号

各省自治区、直辖市、计划单列市财政、农业、水利、国土资源厅（局）：

为加强中央财政农业生产救灾及特大防汛抗旱补助资金（以下简称救灾资金）管理，提高救灾资金使用效益，根据《中华人民共和国预算法》以及《国务院关于印发推进财政资金统筹使用方案的通知》（国发〔2015〕35 号）、《财政部关于印发〈中央对地方专项转移支付管理办法〉的通知》（财预〔2015〕230 号）等有关规定，我们制定了《中央财政农业生产救灾及特大防汛抗旱补助资金管理办法》。现予印发，请遵照执行。

附件：中央财政农业生产救灾及特大防汛抗旱补助资金管理办法

附件：

中央财政农业生产救灾及特大防汛抗旱补助资金管理办法

第一章　总　　则

第一条　为加强中央财政农业生产救灾及特大防汛抗旱补助资金（以下简称救灾资金）管理，提高资金使用效益，根据有关法律法规以及《国务院关于印发推进财政资金统筹使用方案的通知》（国发〔2015〕35 号）、《财政部关于印发〈中央对地方专项转移支付管理办法〉的通知》（财预〔2015〕230 号）等文件，制定本办法。

第二条　救灾资金是中央财政预算安排的用于支持应对农业灾害的农业生产救灾、应对水旱灾害的特大防汛抗旱和应对突发地质灾害发生后的地质灾害救灾三个支出方向的专项补助资金。其中：农业生产救灾支出用于灾害的预防、控制灾害和灾后救助；特大防汛抗旱支出用于防汛抗洪抢险、修复水毁水利设施和抗旱；地质灾害救灾支出用于已发生的特大型地质灾害应急救灾，不包括灾害发生前的防治支出。

第三条　本办法所称农业灾害指对农、牧、渔业生产构成严重威胁、危害和造成重大损失的农业自然灾害和农业生物灾害。其中：农业自然灾害主要包括干旱、洪涝、高温、低温冻害、雪灾、地震、滑坡、泥石流、风雹、台风、风暴潮、寒潮、海冰、草原火灾等；农业生物灾害主要包括农作物病、虫、草、鼠害和植物疫情，草原鼠害、病害、虫害、毒害草，赤潮等。具体灾害种类和范围可由农业部商财政部进行调整。

本办法所称水旱灾害包括江河洪水、渍涝、山洪（指由降雨引发的山洪、地质灾害等）、风暴潮、冰凌、台风、地震等造成的洪涝灾害以及严重旱灾。具体灾害种类和范围可由水利部商财政部进行调整。

本办法所称突发地质灾害是《地质灾害防治条例》明确的因自然因素引发的山体崩塌、滑坡、泥石流和地面塌陷所造成的特大型地质灾害。

第四条　救灾资金由财政部和农业部、水利部、国土资源部共同管理。财政部负责救灾资金中期财政规划和年度预算编制，会同农业部、水利部、国土资源部分配及下达资金，对资金使用情况进行监督；农业部、水利部、国土资源部负责提出救灾资金分配建议，指导地方开展救灾、加强资金管理等工作，配合财政部做好资金使用情况监督。

第五条 在遭受严重农业灾害、水旱灾害和特大型地质灾害时，地方各级财政部门要采取有力措施，切实落实责任，安排资金投入，保障抗灾救灾需要。新疆生产建设兵团、农业部直属垦区、水利部直属流域机构要积极调整部门预算支出结构筹集资金，并按程序报批。

第六条 救灾资金的分配使用管理，要体现应急机制的要求，体现以人为本、以防为主、防抗救相结合的防灾救灾理念，突出政策性、及时性和有效性。

在全国人大批复预算之前，可根据防灾减灾工作的需要，按照《预算法》有关规定提前拨付救灾资金。

第二章　分配和下达

第七条 根据救灾资金规模，财政部商农业部、水利部、国土资源部确定分别用于农业生产救灾、特大防汛抗旱和地质灾害救灾三个支出方向具体额度，并根据灾情统筹安排。

第八条 各省申请救灾资金，由省级财政部门分别会同农业、水利、国土部门联合向财政部和农业部或水利部或国土资源部申报。申报文件编财政部门文号，主送财政部和农业部或水利部或国土资源部。

第九条 救灾资金主要按照因素法分配。资金分配的因素包括：

（一）农业生产救灾支出方向：自然灾害损失情况、生物灾害发生情况、灾害发生紧急情况、农作物种植面积、草原面积、畜禽水产养殖数量，以及国务院确定的重大救灾事项、地方财力状况等因素。

（二）特大防汛抗旱支出方向：洪涝成灾面积、水利工程设施水毁（震损）损失情况、农作物受旱成灾面积及待播耕地缺墒缺水面积、因旱临时饮水困难人口和牲畜数量，以及国务院确定的重大救灾事项、地方财力状况等因素。

（三）地质灾害救灾支出方向：特大型地质灾害发生情况、发生数量、造成的人员及财产损失情况，以及党中央、国务院确定的重大救灾事项、地方财力状况等因素。

第十条 农业生产救灾支出方向由农业部对各省上报的受灾情况进行审核，并向财政部提出救灾资金分配建议；特大防汛抗旱支出方向，由水利部对各省上报的受灾情况进行审核，并向财政部提出救灾资金分配建议；地质灾害救灾支出方向由国土资源部对各省上报的受灾情况进行审核，并向财政部提出救灾资金分配建议；国务院确定的重大救灾事项，由财政部分别商农业部、水利部、国土资源部落实。

第十一条 分配给各省的救灾资金，由财政部将预算下达给各省财政部门，并抄送相关部门。

分配给新疆生产兵团、农业部直属垦区、水利部直属流域机构的救灾资金，纳入中央部门预算管理。

第三章　使 用 范 围

第十二条 农业生产救灾支出方向的使用范围如下：

（一）自然灾害预防措施所需的物资材料补助，包括购买化肥、农膜、植物生长调节剂、燃油、饲草料、小型牧道铲雪机具、小型草原防扑火机具及技术指导费、培训费、农机检修费、作业费、渔船应急管理费、渔港应急维护及港池疏浚费用等；

（二）生物灾害防控措施所需的物资材料补助，包括购买药剂、药械、燃油及生物防治、综合防治、生态控制技术应用费、技术指导费、作业费、培训费、有毒有害补助等；

（三）恢复农业生产措施所需的物资材料补助，包括购买种子、种苗、鱼苗、种畜禽，农业渔业生产设施及进排水渠、助航设施修复、功能恢复和渔业机械设备等；

（四）灾后死亡动物无害化处理费等；

（五）牧区抗灾保畜所需的储草棚（库）、牲畜暖棚和应急调运饲草料补助等。

第十三条 特大防汛抗旱支出方向的使用范围如下：

（一）用于特大防汛的支出，主要用于补助防汛抗洪抢险，应急度汛，水利工程设施（江河湖泊堤坝、水库、蓄滞洪区围堤、重要海堤及其涵闸、泵站、河道工程）水毁修复，水文测报设施设备修复，防汛通讯设施修复，抢险应急物资及设备购置，组织蓄滞洪区群众安全转移。

具体开支范围：伙食费。参加现场防汛抗洪抢险和组织蓄滞洪区群众安全转移的人员伙食费用。物资材料费。应急度汛、防汛抗洪抢险及修复水毁水利工程设施所需物资材料的购置费用。防汛抢险专用设备费。在防汛抗洪抢险期间，临时购置用于巡堤查险、堵口复堤、水上救生、应急监测、预警预报等小型专用设备的费用，以及为防汛抗洪抢险租用专用设备的费用。通信费。防汛抗洪抢险、组织蓄滞洪区群众安全转移、临时架设租用报汛通信线路、通信工具及其维修的费用。水文测报费。防汛抗洪抢险期间水文、雨量测报费用，以及为测报洪水临时设置水文报汛站所需的费用。运输费。应急度汛、防汛抗洪抢险、修复水毁水利工程设施、组织蓄滞洪区群众安全转移、租用及调用运输工具所发生的租金和运输费用。机械使用费。应急度汛、防汛抗洪抢险、修复水毁水利工程设施动用的各类机械的燃油料、台班费及检修费和租用费。中央防汛物资储备费用。水利部购置、补充、更新中央防汛物资及储备管理费用。其他费用。防汛抗洪抢险耗用的电费等。

（二）用于特大抗旱的支出，主要用于补助遭受严重干旱灾害的区域旱情监测，兴建应急抗旱水源和抗旱设施，添置提运水设备及运行的费用。

具体开支范围：抗旱设备添置费。因抗旱需要添置水泵、汽（柴）油发电机组、输水管、找水物探设备、打井机、洗井机、移动浇灌、喷灌滴灌节水设备和固定式拉水车、移动净水设备、储水罐等抗旱设备发生的费用。抗旱应急设施建设费。因抗旱需要应急修建的泵站、拦河坝、输水渠道、水井、塘坝、集雨设施等费用。抗旱用油用电费。抗旱期间，采取提水、输水、运水等措施而产生的油、电费用。抗旱设施应急维修费。抗旱期间，抗旱设施、设备应急维修发生的费用。旱情信息测报费。抗旱期间临时设置的旱情信息测报点及测报费用。中央抗旱物资储备费用。水利部购置、补充、更新中央抗旱物资及储备管理费用。

第十四条 地质灾害救灾支出方向的使用范围如下：补助遭受特大型地质灾害的地方开展地质灾害救灾。包括灾后人员搜救等应急处置、为避免二次人员伤亡所采取的一定期限内的调查与监测、周边隐患排查、人员紧急疏散转移、排危除险和临时治理措施、现场交通后勤通讯保障等。

第四章　监督管理

第十五条 各级财政部门和农业、水利、国土部门，新疆生产建设兵团应当加强对救灾资金的申请、分配、使用、管理情况的监督检查，发现问题及时纠正。

财政部驻各地财政监察专员办事处按照相关要求对资金使用管理情况的进行监督检查。

第十六条 救灾资金的支付执行国库集中支付制度有关规定。属于政府采购范围的，应当按照政府采购有关规定执行。

第十七条 救灾资金使用管理应当全面落实预算信息公开有关要求。

第十八条 各级财政、农业、水利、国土，新疆生产建设兵团等有关部门、单位及个人在救灾资金分配、使用管理过程中，存在违反规定分配或使用救灾资金，以及其他滥用职权、玩忽职守、徇私舞弊等违法违纪行为的，按照《中华人民共和国预算法》、《中华人民共和国公务员法》、《中华人民共和国行政监察法》、《财政违法行为处罚处分条例》等有关规定追究相应责任；涉嫌犯罪的，移送司法机关处理。

第五章　附　　则

第十九条 各省和新疆生产建设兵团、农业部、水利部、国土资源部应根据本办法制定具体实施细则。

第二十条 本办法自印发之日起施行。

《财政部　水利部关于印发〈特大防汛抗旱补助费管理办法〉的通知》（财农〔2011〕328号）、《中央财政农业生产防灾救灾资金管理办法》（财农〔2013〕3号）、《财政部　国土资源部关于印发〈特大地质灾害防治专项资金管理办法〉的通知》（财建〔2014〕886号）、《财政部　水利部关于修改〈特大防汛抗旱补助费管理办法〉有关条文的通知》（财农〔2016〕178号）、《财政部　农业部关于修订相关资金管理办法的通知》（财农〔2016〕238号）相关条款同时废止。

财政部　国务院扶贫办关于印发《财政专项扶贫资金绩效评价办法》的通知

2017年9月8日　财农〔2017〕115号

有关省、自治区、直辖市财政厅（局）、扶贫办（局）：

为贯彻落实《中共中央　国务院关于打赢脱贫攻坚战的决定》精神，进一步发挥绩效评价对财政专项扶贫资金使用管理的导向和激励作用，我们对2008年印发的《财政专项扶贫资金绩效考评试行办法》（财农〔2008〕91号）进行修订，制定了《财政专项扶贫资金绩效评价办法》，现印发给你们，请遵照执行。

2017年度财政专项扶贫资金绩效评价工作，依据本办法执行。从2018年起，辽宁、江苏、浙江、福建、山东、广东省要按本办法有关要求开展财政专项扶贫资金绩效目标管理工作，率先探索积累经验，中西部省份也要选择未纳入贫困县涉农资金整合试点的若干县开展试点，并结合实际逐步推进。

附件：1. 财政专项扶贫资金绩效评价办法

2. 财政专项扶贫资金绩效评价指标评分表

附件1：

财政专项扶贫资金绩效评价办法

第一条　为规范和加强财政专项扶贫资金管理，提高资金使用效益，根据《中共中央　国务院关于打赢脱贫攻坚战的决定》和预算资金绩效管理有关要求，制定本办法。

第二条　财政专项扶贫资金绩效评价是指对财政专项扶贫资金的使用管理过程及其效果进行综合性考核与评价。

第三条　财政专项扶贫资金绩效评价的目标是突出脱贫成效，强化监督管理，保证财政专项扶贫资金管理使用的安全性、规范性和有效性。

第四条　财政专项扶贫资金绩效评价遵循以下原则：

（一）聚焦精准、突出成效；

（二）科学规范、公正公开；

（三）分类分级、权责统一；

（四）强化监督、适当奖励。

第五条　财政专项扶贫资金绩效评价的依据：

（一）党中央、国务院关于脱贫攻坚和扶贫开发的方针政策；

（二）中央和省级财政、扶贫部门制定印发的财政专项扶贫资金和扶贫项目管理的有关规章和规范性文件；

（三）统计部门公布的有关扶贫统计数据，财政、扶贫部门反映资金管理的有关资料，全国扶贫开发信息系统有关信息；

（四）各省、自治区、直辖市（以下简称省）上年度扶贫开发计划执行情况总结；

（五）资金拨付文件及相关资料；

（六）审计部门出具的有关财政专项扶贫资金审计报告；

（七）财政监督检查机构出具的有关财政专项扶贫资金检查结果；

（八）其他相关资料。

第六条 财政专项扶贫资金绩效评价的主要内容包括资金投入、资金拨付、资金监管、资金使用成效等方面的情况。财政专项扶贫资金绩效评价指标依据评价内容设定。

（一）资金投入。主要评价省本级预算安排的财政专项扶贫资金的投入总量、增幅及分配的合理性、规范性等。

（二）资金拨付。主要评价中央补助地方财政专项扶贫资金拨付的时间效率。

（三）资金监管。主要评价省级财政专项扶贫资金监管责任落实情况。包括信息公开和公告公示制度建设和执行、监督检查制度建设和执行等。

（四）资金使用成效。主要评价财政专项扶贫资金使用的效果。包括年度资金结转结余率、资金统筹整合使用成效（只适用于832个国家扶贫开发工作重点县和连片特困地区县所在的中西部省）、贫困人口减少、精准使用情况等。

（五）加减分指标。包括加分指标（机制创新）和减分指标（违规违纪）。

财政专项扶贫资金绩效评价的指标内容和计分方法保持总体稳定。财政部、国务院扶贫办可根据扶贫工作形势和要求变化对指标内容和计分方法在年度间进行适当调整。

第七条 财政专项扶贫资金绩效评价分级实施。财政部、国务院扶贫办负责对省级管理财政专项扶贫资金的情况进行绩效评价。各省财政、扶贫部门负责对省以下管理财政专项扶贫资金的情况进行绩效评价。

第八条 财政部、国务院扶贫办根据工作需要，可邀请有关部门或专家共同对财政专项扶贫资金进行绩效评价。

第九条 各省财政、扶贫部门应于每年1月15日前，将上一年度本省财政专项扶贫资金的绩效评价材料，连同扶贫开发计划执行情况的总结材料，报至财政部、国务院扶贫办。财政部、国务院扶贫办择机选择部分省进行实地抽查。各省对上报材料的真实性、及时性和完整性负责，对材料上报不及时或内容不全、不实、不规范的将视情况扣分。

第十条 对各省财政专项扶贫资金的绩效评价依据所设定的指标逐项计分后确定总得分（东部省总得分按比例折算）。根据得分将评价结果划分为四个等级，分别为：优秀（≥90分）、良好（≥80分，<90分）、及格（≥60分，<80分）、不及格（<60分）。

第十一条 资金绩效评价结果纳入省级党委和政府扶贫工作成效考核，并作为财政专项扶贫资金分配的因素之一。

第十二条 各省应根据绩效评价结果，及时总结经验，认真改进不足，提高管理水平和资金使用效益。

第十三条 省以下财政专项扶贫资金绩效，由各省财政、扶贫部门根据本办法并结合本省实际情况，确定具体评价方式及评价内容，制定本省的财政专项扶贫资金绩效评价办法或年度实施方案，报财政部、国务院扶贫办备案。

县级财政部门和资金使用管理相关部门要组织做好财政专项扶贫资金绩效目标管理工作，合理确定绩效目标及指标，按程序报省级财政部门和相关部门备案，并抄送财政部驻当地财政监察专员办事处，作为绩效执行监控和绩效评价的依据。

第十四条 本办法自2017年9月30日起施行，原《财政扶贫资金绩效评价试行办法》（财农〔2008〕91号）同时废止。

附件2：

财政专项扶贫资金绩效评价指标评分表

序号	指标	指标满分	指标评价值及得分	数据来源
	合计	100分	基础分100分（调整指标最高加3分，最高减10分）	
（一）	资金投入	8分	主要评价资金投入情况	
1	省本级预算安排财政专项扶贫资金增幅	3分	年度增幅高于中央安排本省的财政专项扶贫资金增幅的，得满分；低于增幅的，按比例减分。	各省上报。
	省本级预算安排财政专项扶贫资金与中央预算安排本省的财政专项扶贫资金的比例	3分	中部≥40%，西部≥30%，东部≥200%，得满分；中部<10%，西部<5%，东部<50%，得0分；在上述比例之间的，按比例计分。	各省上报。
	省级预算资金分配的合理性、规范性	2分	评价各省是否按照中央要求制定本省财政专项扶贫资金管理办法，并按办法合理、规范分配资金。	各省上报。
（二）	资金拨付	10分	主要评价资金拨付的时间效率	
2	资金拨付进度	10分	评价中央补助地方财政专项扶贫资金拨付的时间效率。≤30日为满分，>60日为0分，30～60日的按比例减分。超出30日未拨付的资金，按资金量和加权时长减分。	各省上报；扶贫开发信息系统。
（三）	资金监管	20分	主要评价扶贫资金监管责任落实情况	
3	信息公开和公告公示制度建设和执行	10分	评价各级资金项目信息公开和公告公示制度建设和公告公示平台建设情况，以及按要求公开扶贫有关政策、资金使用及项目安排等情况，分省、县、村三级进行评价。省、县级最高3分，村级最高4分。	各省上报；扶贫开发信息系统；脱贫攻坚督查巡查；财政监督检查。
4	监督检查制度建设和执行	10分	评价各省扶贫资金监督检查制度建设及开展监督检查情况，包括组织检查、检查成果和问题整改等；12317扶贫监督举报电话接受扶贫资金社会监督情况及各省对举报件办理情况（包括办理效率、办理质量等）；省级12317扶贫监督举报电话（或类似功能举报平台）建设和使用情况。	各省上报；财政监督检查；国务院扶贫办12317监督举报中心。
（四）	资金使用成效	62分	主要评价资金使用的效果	
5	年度资金结转结余率	12分	评价资金结转结余情况。结转结余1年以内的资金，结转结余率<8%，得7分；≥20%，得0分；8%～20%之间按比例得分。结转结余1～2年的资金，结转结余率<2%，得3分；≥10%，得0分；2%～10%之间按比例得分。不存在结转结余2年以上的资金，得2分；存在的，得0分。	各省上报；扶贫开发信息系统。
6	资金统筹整合使用成效（只适用于832个国家扶贫开发工作重点县和连片特困地区县所在的中西部省）	20分	评价落实国务院办公厅及财政部、国务院扶贫办关于贫困县涉农资金整合政策要求情况。包括：工作机制运行3分（专题培训1分、媒体报道1分、信息报送及采用1分）；管理制度建设5分（贫困县方案编制及质量3分、县级整合资金管理办法制定及质量2分）；资金增幅保障6分，评价每项中央财政资金增幅保障情况；整合资金规模2分，计划整合资金规模占纳入整合资金规模比例达到80%（含）以上的得2分，不足按比例得分；整合资金进度2分，已整合资金规模占计划整合资金规模比例达到80%（含）以上的得2分，不足按比例得分；资金支出进度2分，已完成支出资金规模占计划整合资金规模比例达到80%（含）以上的得2分，不足按比例得分。	各省上报；贫困县涉农资金整合简报等。

续表

序号	指标	指标满分	指标评价值及得分	数据来源
7	贫困人口减少	15 分	评价各省年度脱贫任务完成情况。 完成任务 15 分，未完成按比例计分。	各省上报；扶贫开发信息系统。
8	精准使用情况	15 分	评价资金使用和项目实施效益，包括：资金安排是否瞄准建档立卡贫困户；项目实施是否与脱贫成效紧密挂钩等。	审计、财政监督检查；脱贫攻坚督查巡查；第三方抽查评价结果等。
（五）	加减分指标		主要评价机制创新和违规违纪情况	
9	机制创新	最高加 3 分	该指标为加分指标。主要评价财政专项扶贫资金分配、使用、监管等各方面的机制创新情况。重点评价支持深度贫困地区脱贫攻坚、调动贫困群众内生动力等方面的办法和机制。	各省上报。
10	违规违纪	最高扣 10 分	该指标为减分指标。主要评价由审计署、财政监督检查、纪检监察、最高检、扶贫督查巡查等发现和曝光的违纪违法使用财政专项扶贫资金的情况（包括内部资料或媒体披露的、经核实的问题）。根据检查查出违纪违规问题及整改情况扣分。此外。对绩效评价材料上报不及时、内容不全、不实、不规范的将视情况扣分。	中央纪委、最高检、审计署、财政部和扶贫办等；各省上报。

财政部关于印发《大中型水库移民后期扶持基金项目资金管理办法》的通知

2017 年 10 月 13 日　财农〔2017〕128 号

各省、自治区、直辖市财政厅（局），新疆生产建设兵团财务局：

为进一步加强大中型水库移民后期扶持基金项目资金管理，提高资金使用的规范性、安全性和有效性，根据《国务院关于完善大中型水库移民后期扶持政策的意见》（国发〔2006〕17 号）、《中央对地方专项转移支付管理办法》（财预〔2015〕230 号）等有关规定，财政部会同有关部门对《大中型水库移民后期扶持结余资金管理暂行办法》（财企〔2012〕315 号）进行了修订，制定了《大中型水库移民后期扶持基金项目资金管理办法》。现印发你们，请遵照执行。

附件：大中型水库移民后期扶持基金项目资金管理办法（略）

水利部等关于印发《农村饮水安全巩固提升工作考核办法》的通知

2017 年 7 月 1 日　水农〔2017〕253 号

各省、自治区、直辖市、新疆生产建设兵团水利（水务）厅（局）、发展改革委、财政厅（局）、卫生计生委（局）、环境保护厅（局）、住房城乡建设厅（局）：

为进一步落实农村饮水安全保障地方行政首长负责制，督促各地顺利完成农村饮水安全巩固提升工程“十三五”规划任务，水利部、国家发展改革委、财政部、国家卫生计生委、环境保护部、住房城乡建设部制定了《农村饮水安全巩固提升工作考核办法》，现印发你们，请遵照执行。

附件：农村饮水安全巩固提升工作考核办法

附件：

农村饮水安全巩固提升工作考核办法

第一条 为进一步落实农村饮水安全保障地方行政首长负责制，督促各地顺利完成本地农村饮水安全巩固提升工程“十三五”规划任务，根据《关于做好“十三五”农村饮水安全巩固提升工作的通知》（发改农经〔2017〕410号）有关要求，制定本办法。

第二条 本办法适用于中央有关部门按照职责分工考核各有关省（自治区、直辖市）和新疆生产建设兵团的“十三五”农村饮水安全巩固提升工作的实施情况。

第三条 考核工作坚持客观公正、科学合理、突出重点，注重实效的原则。

第四条 水利部、国家发展改革委会同有关部门按职责分工，组织对各地农村饮水安全巩固提升工作进行年度考核；具体工作委托中国灌溉排水发展中心（水利部农村饮水安全中心）组织实施。

第五条 考核内容主要包括四个方面：

（一）责任落实。主要考核省级政府或相关部门是否将农村饮水安全巩固提升任务完成情况及考核结果纳入对市县政府或有关部门综合考核评价体系等责任落实情况。

（二）建设管理。主要考核根据规划分解的当年年度任务完成情况，包括地方资金落实，受益人口、精准扶贫、农村集中供水率、自来水普及率、水质达标率、供水保证率和城镇自来水管网覆盖行政村的比例等情况。

（三）水质保障。主要考核截至当年年底水源保护区或保护范围划定、区域水质检测中心运行管理及水质达标等情况。

（四）运行机制。主要考核截至当年年底工程良性运行管护、安全生产、用水户满意度，信息化技术应用、宣传培训、材料报送等情况。

第六条 中央考核省级农村饮水安全巩固提升工作的依据包括：

（一）国家有关文件。《关于做好“十三五”期间农村饮水安全巩固提升及规划编制工作的通知》《关于做好“十三五”农村饮水安全巩固提升工作的通知》等文件。国家发展改革委、水利部联合下达相关省份的年度农村饮水安全巩固提升工程中央投资计划。

（二）省级材料。省级规划及其分解确定的年度目标任务和工作计划文件；省级年度农村饮水安全巩固提升工作自评报告。省级发展改革和水利等部门年度中央投资计划分解下达文件；省内各类资金计划等相关文件材料。

（三）有关信息。全国农村水利管理信息系统（简称信息系统）、月调度表等数据和材料；投资项目在线审批监管平台（重大建设项目库模块），有关部委开展的相关审计、稽察、督导，检查等报告；有关媒体报道等。

（四）其他材料。农村饮水安全相关规章制度、技术标准等相关材料。

第七条 考核采用评分法，满分为100分。考核结果划分为优秀，良好、合格、不合格四个等级。考核得分大于90分（含）为优秀，75分（含）至90分之间为良好，60分（含）至75分为合格，60分以下为不合格。评分标准详见附表。在农村饮水安全巩固提升工作中，凡发生被纪检、审计等部门认定或者媒体披露并被查实存在重大违规违纪行为或者对全国农村饮水安全造成重大不良影响的省份，取消“优秀”与“良好”评定等级。

第八条 考核采取省级自评与中央考核相结合方式。每年开展一次。

第九条 省级负责组织对全省“十三五”农村饮水安全巩固提升工作等进行自评。涉及国家建档立卡贫困人口饮水安全问题的，其工程建设管理等情况应在自评报告中单独说明。省级自评指标不能少于中央相关部委考核指标。省级自评工作也可委托第三方组织实施。

没有中央补助资金的省份，省级对市县的考核内容及方式，由各省自行确定。

第十条 省级自评完成后，水利部门商有关部门于次年 1 月 31 日前将自评报告及相关附件报送水利部；逾期不报者，将酌情扣减考核得分。

第十一条 省级上报材料主要包括：

（一）省级农村饮水安全巩固提升工程“十三五”规划分解确定的年度任务和工作计划文件，其中国家建档立卡农村贫困人口饮水安全问题单独说明。

（二）省级农村饮水安全巩固提升工作年度自评报告及相关附件。至少应包括：一是自评组织方式；二是年度规划任务和工作计划完成情况，包括责任落实、前期工作、资金落实、工程建设管理及成效、水源保护与水质保障措施、运行管护情况等；三是解决国家建档立卡贫困人口饮水安全问题采取的措施及完成情况；四是自评结果；五是主要做法和经验（含典型案例）；六是存在问题；七是意见与建议。

（三）其他相关材料。

第十二条 各省（自治区、直辖市）要对本地上报材料的真实性负责。

第十三条 中央全面考核有农村饮水安全巩固提升工程建设任务的省份。根据各省自评情况，必要时实地核查相关数据和材料。每年 3 月中旬前，组织相关单位和专家对各省报送的自评报告以及重点抽查结果进行分析审核，形成考核意见；3 月底前完成上一年度的考核工作。

第十四条 水利部会同国家发展改革委对每年考核结果进行通报，并根据考核结果对中央投资实行动态管理，奖优罚劣。对考核结果为优秀的省份，予以表扬，并在下一年度投资安排等方面予以倾斜；对考核结果较差的省份，视具体情况采取约谈、通报批评或扣减、收回、暂停安排年度中央投资等措施予以督促问责。

第十五条 按照奖优罚劣原则，根据上一年度的考核结果，在次年中央投资安排时，从考核结果“良好”以下且排序后 5 名的省份调减该省当年中央补助资金的 10%，作为奖励资金按比例分配给考核排名前 5 位的“优秀”省份。如果上述排序的省份中，没有中央投资，则顺延处理。

第十六条 各省（自治区、直辖市）水利、发展改革部门会同有关部门，可参考本办法并结合本地实际制定省级考核办法，按职责分工对所辖市县进行考核。

第十七条 本办法由水利部会同国家发展改革委等有关部委负责解释。

第十八条 本办法自发布之日起施行。

附表：“十三五”农村饮水安全巩固提升工作考核指标

附表：

“十三五”农村饮水安全巩固提升工作考核指标

考核内容	考核指标	评分标准	数据来源	分值	省级自评得分	中央审核评分
总分				100		
一、责任落实	1. 省级政府及相关部门落实责任制情况	（1）省级政府或相关部门是否将农村饮水安全巩固提升任务完成情况及考核结果纳入“十三五”对市县政府或有关部门综合考核评价体系等。纳入政府考核体系的，得7分；纳入多部门联合考核的，得6分；少于两个部门联合考核的，得5分；其他形式酌情赋分；没有，得0分。	省级政府及相关部门文件、会议纪要、省级自评报告，第三方评估报告	7		
		（2）经省级人大或政府批准、正式出台农村（城乡）供水条例、政府令或管理办法的，得1分。	省级人大或政府文件、省级自评报告，第三方评估报告	1		
二、建设管理	2. 地方资金落实	（3）截至当年年底，地方累计落实资金与规划要求累计落实地方资金的比例，与5分的乘积为得分，最高得5分。	省级发展改革、财政部门及银行贷款、社会融资等有关文件，省级自评报告，第三方评估报告	5		
		（4）截至当年年底，省级累计落实资金与中央累计补助资金的比例，与5分的乘积为得分，最高得5分。		5		
	3. 受益人口	（5）当年工程建设实际受益人口与年度计划受益人口的比例，与2分的乘积为得分，最高得2分。	水利部有关检查、信息系统等数据，省级自评报告，第三方评估报告	2		
	4. 精准扶贫	（6）截至当年年底，实际累计解决与计划累计解决国家建档立卡贫困人口饮水问题贫困人数的比例，与10分的乘积为得分，最高得10分，没有“十三五”精准扶贫任务的，不计分。	水利部有关检查、信息系统等数据，国务院扶贫办提供的数据（办农水函〔2016〕1091号文件），省级自评报告，第三方评估报告	10		
	5. 农村集中供水率	（7）截至当年年底，农村实际集中供水率与当年计划达到集中供水率的比例，与5分的乘积为得分；最高得5分。	水利部有关检查、信息系统等数据，省级自评报告，第三方评估报告	5		
	6. 农村自来水普及率	（8）截至当年年底，农村实际自来水普及率与当年计划达到自来水普及率的比例，与5分的乘积为得分；最高得5分。		5		
	7. 农村供水保证率	（9）截至当年年底，农村规模化供水工程（千吨万人以上及城市管网延伸工程）供水保证率超过95%、小型工程（千吨万人以下及分散供水工程）供水保证率超过90%的农村供水工程，所覆盖供水人口数占农村供水总人口的比例，与10分的乘积为得分。		10		
	8. 农村供水水质达标率	（10）截至当年年底，按各省份农村供水水质达标率与8分的乘积为得分。	卫生计生部门提供数据；水利部有关检查、信息系统等数据，省级自评报告，第三方评估报告	8		
		（11）截至当年年底，设计供水规模3 000m^3/d及以上的农村供水工程所取得卫生许可证的比例与2分的乘积为得分。		2		

续表

考核内容	考核指标	评分标准	数据来源	分值	省级自评得分	中央审核评分
二、建设管理	9. 城镇自来水管网覆盖行政村的比例	(12) 截至当年年底，实际城镇自来水管网覆盖行政村比例与计划城镇自来水管网覆盖行政村比例的比值，与2分的乘积为得分，最高得2分。	信房城乡建设部门提供数据；水利部有关检查、信息系统等数据；省级自评报告，第三方评估报告	2		
三、水质保障	10. 农村饮用水源保护	(13) 截至当年年底，农村千吨万人以上供水工程水源保护区实际划定数量与省级农村千吨万人以上工程数量的比例，与4分的乘积为得分。	环保部门提供数据；水利部有关检查、信息系统等数据，省级自评报告，第三方评估报告	4		
		(14) 截至当年年底，农村千人以上供水工程水源保护范围实际划定数量与省级农村千人以上工程数量的比例，与4分的乘积为得分。		4		
	11. 水质检测中心运行	(15) 截至当年年底，区域水质检测中心已建立，有经费保障并能正常开展水质检测的个数占全省区域水质检测中心总数的比例，与4分的乘积为得分。	水利部有关检查、信息系统等数据，省级自评报告，第三方评估报告	4		
四、运行机制	12. 良性运行管护	(16) 截至当年年底，有农村饮水安全建设任务且工程有正常运行经费保障的县数占全省有农村饮水安全建设任务总县数的比例，与10分的乘积为得分。正常运行经费保证的县分为三种情况：全县已实行城乡供水一体化、全县工程执行水价≥运行水价、全县执行水价＜运行水价，但有运行维护经费保证，能实现供水工程正常运行。	水利部有关检查、信息系统等数据，省级自评报告，第三方评估报告	10		
	13. 安全生产	(17) 安全生产，最高得6分。出现重大安全、质量事故、水污染事件，被审计、纪检等部门查出的重大违纪问题，以及被媒体披露、在社会上造成不良影响时，每出现1项扣1分，情况严重时得0分。	水利部等相关部委有关检查等数据，安监、质检、纪检、审计、财政、环保等部门提供的数据，媒体披露等	6		
	14. 用水户满意度	(18) 从水量、水质、水价、服务等方面，由各省组织各县通过入户调查或函调问卷等形式评价，最高得2分。每出现一次用水户集中投诉、媒体披露或部委检查发现问题等，扣0.5分。	水利部等相关部委有关检查、信息系统等数据，省级自评报告，第三方评估报告，媒体披露等	2		
	15. 信息化技术应用	(19) 按该省县级农村供水数据信息完整准确的系统和千吨万人以上工程实施自动化监控系统的数量，分别占全省有农村饮水安全建设任务的总县数及千吨万人以上工程总数的比例赋分，每类1分，最高得2分。	水利部等相关部委有关检查、信息系统数据，省级自评报告，第三方评估报告	2		
	16. 宣传培训	(20) 在省部级以上主要媒体或水利部等部委简报、动态信息上宣传农村饮水安全巩固提升工作达到3篇（次）以上的，得1分，每增加1篇得0.5分，最高得2分。	水利、卫生计生、环保、住房城乡建设部门提供数据；水利部等相关部委有关检查、信息系统等数据，省级自评报告，第三方评估报告	2		
		(21) 当年省级组织技术培训的，超过100人次，得1分，每增加100人次得1分，最高得2分。其中，有农村饮水安全建设任务的县数不足50个或农村供水总人口不足一千万的省份，超过80人次，得1分，每增加80人次得1分，最高得2分。		2		
	17. 材料报送	(22) 信息系统数据及相关材料报送及时性和准确性，视情况赋分，最多得2分。	水利部等相关部委有关检查、信息系统等数据	2		
备注：没有农村饮水精准扶贫任务的省份，最终考核得分按考核分数乘以（100/90）的系数进行折算。						

省财政厅　省水利厅关于印发《山东省财政水利发展资金使用管理办法》的通知

2017年3月31日　鲁财农〔2017〕10号

各市财政局、水利局，省财政直接管理县（市）财政局、水利局：

为规范和加强省级财政水利发展资金管理，提高资金使用效益，省财政厅、省水利厅研究制定了《山东省财政水利发展资金使用管理办法》，现予印发，请遵照执行。执行中如有问题或建议，请及时向我们反馈。

附件：山东省财政水利发展资金使用管理办法

附件：

山东省财政水利发展资金使用管理办法

第一条　为加强省级财政水利发展资金（以下简称水利发展资金）管理，提高资金使用的规范性、安全性和有效性，促进全省水利改革发展，依据《中华人民共和国预算法》《中央财政水利发展资金使用管理办法》（财农〔2016〕181号）等法律法规和财政专项资金管理的有关制度规定，制定本办法。

第二条　本办法所称水利发展资金，是指省级财政预算安排，用于支持全省有关水利建设和改革发展的专项资金。水利发展资金的分配、使用、管理和监督适用本办法。

第三条　水利发展资金由省财政厅会同省水利厅等部门负责管理。其中，省财政厅负责编制资金预算，审核资金分配方案并下达预算，组织开展预算绩效管理工作，指导市、县（市、区）加强资金管理等相关工作；省水利厅等部门负责组织水利发展资金支持的相关规划或实施方案的编制和审核，研究提出资金分配意见，协同做好预算绩效管理工作，指导市、县（市、区）做好项目资金管理等相关工作。

市、县（市、区）财政、水利等部门在同级人民政府的统一领导下，根据相关规定确定职责分工，确保建设任务按期完成、资金使用安全合规、资金效益充分发挥。财政部门主要负责水利发展资金的预算分解下达、资金审核拨付、资金使用监督检查以及预算绩效管理总体工作等；水利等部门主要负责水利发展资金相关规划或实施方案编制、项目审查筛选、项目组织实施和监督等，研究提出资金分配意见，做好预算绩效管理具体工作等。

第四条　水利发展资金使用管理遵循科学规范、公开透明，统筹兼顾、突出重点，绩效优先、奖补结合的原则。

纳入省级部门预算的水利发展资金按照部门预算管理有关规定执行。

第五条　水利发展资金支持范围根据国家和省委、省政府决策部署，以及全省水利建设和改革发展需要确定，主要包括：

（一）重大水利工程建设，包括重大引水调水工程、骨干河道治理、涝洼地治理、滞洪区建设、水库建设以及河道拦蓄等雨洪资源利用工程等；

（二）农村水利设施建设，包括农田水利设施建设和更新改造、农村饮水安全、水库移民改善生产生活条件、灌区续建配套和节水改造等；

（三）水利防灾减灾，包括病险水库（闸）除险加固、海堤建设、山洪灾害防治、中小河流治理、引水上山、防汛抗旱等；

（四）水资源节约保护，包括推行河长制、水资源监测设施和监测能力建设、水资源管理、节水农业和水肥一体化、地下水超采综合整治、水土保持、水利风景区建设、生态调水和用水结构调整、水价综合改革等；

（五）水利现代管理，包括水利信息化建设、水利科技研究与推广应用、水利工程设施维修养护等；

（六）根据国家和省委、省政府决策部署，其他需要省财政支持的试点或项目等。

水利发展资金不得用于城市景观、财政补助单位的人员经费和运转经费、交通工具和办公设备购置、楼堂馆所建设等支出。水利发展资金扶持项目所需的规划编制、勘测设计、土地环评、工程监理、招标、验收、绩效评价等相关费用，按照从严从紧的原则编列预算，纳入项目实施方案统筹解决。

第六条 水利发展资金实行中期财政规划管理。省财政厅会同省水利厅等部门根据国家和省委、省政府决策部署、水利中长期发展目标、跨年度预算平衡需要，编制水利发展资金三年滚动规划和年度预算。

第七条 省水利厅等部门负责组织编制水利发展资金支持的相关领域规划或实施方案。市、县（市、区）水利等部门在具体编制本地区水利发展资金相关规划和实施方案时，应充分征求同级财政部门意见。省水利厅等部门编制完成相关规划或实施方案经商省财政厅同意后印发实施，作为资金分配、项目安排的重要依据。

第八条 省级对市级或县级分配水利发展资金，根据不同项目类别确定补助方式，可以采取因素法、竞争立项、比例补助、定额补助、以奖代补、先建后补或资本金注入等方式予以支持。市级对县级分配水利发展资金的具体办法，由市级财政、水利等部门自行确定。

第九条 省财政厅在省人代会审查批准省级预算后60日内，正式下达市、县（市、区）财政部门水利发展资金预算。市、县（市、区）财政部门应当会同水利等部门加快资金分解下达，在规定时间内落实到具体部门或单位。水利等部门应当督促资金使用单位加快预算执行，提高资金使用效益，确保建设任务按期完成。专项资金支持的基本建设项目，执行基本建设项目的申报、审批程序。

第十条 省财政厅可以根据国家和省级预算安排、项目建设需要提前下达水利发展资金。

第十一条 鼓励各级积极采取先建后补、以奖代补、民办公助等方式，加大对农户、村组集体、农民专业合作组织等新型农业经营主体实施项目的支持力度；鼓励各级统筹整合相关水利发展资金，或采取政府与社会资本合作（PPP）模式开展项目建设，创新项目投入运营机制。坚持建管并重，遵循“先建机制、后建工程”的原则，支持水利工程建管体制机制改革创新。

第十二条 水利发展资金的支付按照国库集中支付制度有关规定执行。属于政府采购管理范围的，按照政府采购有关法律法规执行。结转结余资金，按照《中华人民共和国预算法》和其他结转结余资金管理的有关规定处理。属于政府和社会资本合作项目的，按照国家有关规定执行。

第十三条 项目承担单位要严格按照批复或同意的项目建设内容和规模组织项目实施，足额落实项目资金。不得擅自变更内容或调整预算，确需变更或调整的，须按规定程序报批。

第十四条 各级财政部门和水利等部门应当加强水利发展资金预算绩效管理，按照相关规定，做好绩效目标管理、绩效监控、绩效评价、结果运用等相关工作，建立健全全过程预算绩效管理机制，提高财政资金使用效益。水利发展资金绩效管理办法另行制定。

第十五条 各级财政、水利等部门要按照政府信息公开规定和“谁主管、谁负责、谁公开”的原则，健全完善水利发展资金的信息公开机制，自觉接受社会监督。

第十六条 各级财政、水利等部门应当加强对水利发展资金的监督检查，建立健全水利发展资金监督检查和信息共享机制。分配、管理、使用水利发展资金的部门、单位及个人，应当依法接受审计、纪检监察等部门的监督，对发现的问题，应当及时制定整改措施并落实。

第十七条 对水利发展资金分配使用管理中存在违法违规行为的单位及个人，按照《中华人民共和国预算法》《行政监察法》《财政违法行为处罚处分条例》等国家有关规定追究相应责任。

第十八条 各市、省财政直接管理县（市）可参照本办法，并结合本地区实际，制定水利发展资金使用管理实施细则。

第十九条 本办法由省财政厅、省水利厅负责解释。

第二十条 本办法自2017年5月1日起施行，有效期至2021年12月31日。原有文件中与本办法不一致的，以本办法为准。

省财政厅 省农业厅 省海洋与渔业厅 省林业厅 省科学技术厅关于印发山东省农业生产发展资金管理办法的通知

2017年10月16日 鲁财农〔2017〕50号

各市财政局、农业局、海洋与渔业（主管）局、林业局、科技局、畜牧兽医局、农业机械管理局，省直有关部门：

为加强和规范农业生产发展资金管理，提高资金使用效益，根据《财政部 农业部关于印发〈农业生产发展资金管理办法〉的通知》（财农〔2017〕41号）、《财政部 农业部关于修订〈农业资源及生态保护补助资金管理办法〉的通知》（财农〔2017〕42号）要求，结合我省实际，省财政厅会同省农业厅、省海洋与渔业厅、省林业厅、省科学技术厅、省畜牧兽医局、省农业机械管理局制定了《山东省农业生产发展资金管理办法》，现印发给你们，请认真遵照执行。执行中如有问题或建议，请及时向我们反馈。

附件：山东省农业生产发展资金管理办法

附件：

山东省农业生产发展资金管理办法

第一章 总 则

第一条 为进一步规范和加强农业生产发展资金管理，推进资金统筹使用，提高资金使用效益，促进全省农业生产发展，依据《中华人民共和国预算法》《农业生产发展资金管理办法》《农业资源及生态保护补助资金管理办法》等法律法规和制度规定，结合我省实际，制定本办法。

第二条 本办法所称农业生产发展资金，是指中央和省财政预算安排，用于发展农业生产、优化产业结构、推动产业融合、促进科技进步、提高农业效能、保障农产品质量安全等方面的专项资金。

第三条 农业生产发展资金由省财政厅会同省农业厅、省海洋与渔业厅、省林业厅、省科技厅、省畜牧兽医局、省农业机械管理局等省级主管部门共同管理，按照“政策目标明确、分配办法科学、支出方向协调、绩效结果导向”的原则分配、使用和管理。

省财政厅负责农业生产发展资金年度预算编制，会同省级主管部门分配下达资金，对资金使用情况进行监督和绩效管理。

省级主管部门负责农业生产发展资金本部门支出方向相关规划或实施方案的编制，研究提出资金分配意见，会同省财政厅下达年度工作任务（任务清单），指导、推动和监督开展农业生产发展工作，对任务完成情况开展监督，组织开展绩效目标制定、绩效监控、绩效评价等绩效管理工作。

市县级财政、业务主管部门在同级人民政府的统一领导下，根据相关规定确定职责分工，确保工作任务按期完成、资金使用安全合规、资金效益充分发挥。财政部门主要负责农业生产发展资金的预算分解下达、资金审核拨付、资金使用监督检查以及预算绩效管理总体工作等；业务主管部门主要负责农业生产发展资金相关规划或实施方案编制、项目组织实施和监督，研究提出资金和工作任务（任务清单）分解安排建议方案，做好预算绩效管理具体工作等。

第二章　资金支出范围

第四条　农业生产发展资金主要用于耕地地力保护（直接发放给农民，下同）、适度规模经营、农机购置补贴、农业优势特色主导产业发展、畜牧发展、渔业发展、农业科技发展、农村一二三产业融合、农业结构调整、耕地质量提升、地下水超采区综合治理（农业种植结构调整，下同）、农产品质量安全、新型农业经营主体发展、新型农民培训等支出方向。

耕地地力保护支出主要用于支持保护耕地地力，对种植小麦的耕地实施耕地地力保护补贴。

适度规模经营支出主要用于支持全省农业信贷担保体系建设运营、农业生产社会化服务等方面。

农机购置补贴支出主要用于支持购置先进适用农业机械，以及开展报废更新、新产品试点等方面。

农业优势特色主导产业发展支出主要用于支持具有区域优势、地方特色的农林牧渔主导产业发展，现代农业产业园建设等方面。

畜牧发展支出主要用于畜牧良种推广、优质高效苜蓿示范基地建设、畜禽粪污处理与资源化利用等方面。

渔业发展支出主要用于渔业资源修复、渔业安全和执法能力建设、远洋渔业等方面。

农业科技发展支出主要用于支持新品种、新技术、新模式、新业态的创新发展，农业良种工程、农业科技园区、渤海粮仓科技示范工程等重大农业创新工程建设，农业科技领军人才引进与培养，农机装备研发，现代农业机械化转型升级，基层农技推广体系改革与建设，以及高产创建、良种良法、深松整地、施用有机肥等重大农业技术推广与服务等方面。

农村一二三产业融合支出主要用于支持农产品产地初加工、产品流通和直供直销、农村电子商务、休闲农业、农业农村信息化等方面。

农业结构调整支出主要用于支持粮改豆、粮改饲、耕地休耕及种植结构调整等方面。

耕地质量提升支出主要用于支持土壤改良修复、农药残留治理、农作物秸秆综合利用、地膜污染防治、重金属污染耕地修复、测土配方施肥以及生态循环农业示范等方面。

地下水超采区综合治理支出主要用于支持地下水超采重点地区开展农业种植结构调整等方面。

农产品质量安全支出主要用于支持农产品品牌建设、农产品质量安全县创建、出口农产品产业集群示范、农业行业标准制定与推广等方面。

新型农业经营主体发展支出主要用于支持龙头企业、农民专业合作组织、家庭农场发展等方面。

新型农民培训支出主要用于开展新型职业农民培育、涉外农业培训、农业专题培训等方面。

第五条　农业生产发展资金的支持对象主要是农民、新型农业经营主体，以及承担项目任务的单位和个人。

第六条　农业生产发展资金不得用于兴建楼堂馆所、弥补预算支出缺口等与农业生产发展无关的支出。

第七条　农业生产发展资金可以采取直接补助、政府购买服务、贴息、先建后补、以奖代补、资金折股量化、担保补助、风险补偿、设立基金等支持方式。具体方式由省财政厅会同省级主管部门根据资金支出方向研究确定，或由市县自主确定。

第三章　资金分配和下达

第八条　农业生产发展资金分为由省级、市级、县级及以下使用管理的资金。省级部门单位使用管理的资金，由省级主管部门商省财政厅确定分配管理方式，提出资金分配意见。市级、县级及以下使用管理的资金主要采取因素法进行分配。资金分配的因素主要包括工作任务（任务清单）和工作成效。工作任务（任务清单）分为约束性任务和指导性任务，不同支出方向的工作任务根据任务特点、政策目标等选择具体因素和权重测算分配资金。工作成效主要以绩效评价结果为依据。根据中央和省里政策规定，用于耕地地力保护及相关试点资金采取定额分配方式，需要采取竞争立项分配的资金可根据实际选择资金分配方式。

第九条　省级主管部门应根据省委、省政府决策部署和农业生产发展实际，科学编制中期发展规划，提出分支出方向的年度工作任务、资金需求和绩效目标，随下年度部门预算申请同步报送省财政厅。

第十条　省级主管部门应提前做好资金分配的前期工作，于每年省人民代表大会批准省级预算后 15 日内，提出分支出方向的资金分配建议，连同任务清单一并函报省财政厅。省财政厅按规定时限审核下达。

中央当年安排我省资金，由省级主管部门于收到中央资金后 15 日内，提出分支出方向的资金分配建议，连同任务清单和绩效目标一并函报省财政厅。省财政厅按规定时限审核下达。

第十一条　市、县级财政部门应会同业务主管部门，加快资金分解下达，在规定时间内落实到位。业务主管部门应督促资金使用单位加快预算执行，提高资金使用效益，确保任务按期完成。

第四章　资金使用和管理

第十二条　省级和市级部门单位使用管理的资金，按照有关项目管理办法、实施方案等要求使用管理。县级使用管理的资金，由县级人民政府按照省委、省政府关于进一步推进涉农资金统筹整合的部署要求统筹安排使用。

第十三条　各级业务主管部门应及时提出资金分配建议，组织核实资金支持对象的资格、条件，督促检查任务清单完成情况，为财政部门按规定标准分配、审核拨付资金提供依据。

第十四条　农业生产发展资金的支付，按照国库集中支付制度有关规定执行。属于政府采购管理范围的，按照政府采购有关法律法规执行。结转结余资金，按照《中华人民共和国预算法》和其他结转结余资金管理的有关规定处理。属于政府和社会资本合作项目的，按照国家有关规定执行。

用于耕地地力保护的资金，按规定通过粮食风险基金专户下达拨付。

第十五条　各级财政、业务主管部门要按照政府信息公开规定和“谁主管、谁负责、谁公开”的原则，健全完善农业生产发展资金的信息公开机制，自觉接受社会监督。

第五章　监督管理和绩效评价

第十六条　各级财政、业务主管部门应加强对农业生产发展资金分配、使用、管理情况的监督检查，发现问题及时纠正。

第十七条　农业生产发展资金使用管理实行绩效评价制度。各级财政和业务主管部门要加强农业生产发展资金预算绩效管理，按照相关规定，做好绩效目标管理、绩效监控、绩效评价、结果运用等相关工作。由县级使用管理的农业生产发展资金，按照省委、省政府关于进一步推进涉农资金统筹整合的部署要求实行综合绩效管理。

第十八条　各级财政、业务主管部门及其工作人员在资金分配、审核等工作中，存在违反规定分配资金、向不符合条件的单位、个人（或项目）分配资金或者擅自超出规定的范围、标准分配或使用资金等，以及存在其他滥用职权、玩忽职守、徇私舞弊等违法违纪行为的，按照《中华人民共和国预算法》《公务员法》《行政监察法》《财政违法行为处罚处分条例》等国家有关规定，追究责任；涉嫌犯罪的，移送司法机关处理。

第十九条 资金使用单位和个人虚报冒领、骗取套取、挤占挪用农业生产发展资金，以及存在其他违反本办法规定行为的，按照《预算法》《财政违法行为处罚处分条例》等有关规定，严肃追究相应责任。

第六章 附 则

第二十条 各市可参照本办法，结合本地区实际，制定农业生产发展资金使用管理实施细则。

第二十一条 本办法由省财政厅会同省农业厅、省海洋与渔业厅、省林业厅、省科技厅、省畜牧兽医局、省农业机械管理局负责解释。

第二十二条 本办法自 2017 年 12 月 1 日起施行，有效期至 2022 年 11 月 30 日。《关于印发〈山东省农业机械购置补贴专项资金使用管理暂行办法〉的通知》（鲁财农〔2005〕5 号）、《关于印发〈山东省农作物良种推广项目资金使用管理暂行办法〉的通知》（鲁财农〔2005〕27 号）、《关于印发〈山东省农业科技成果转化资金管理办法〉的通知》（鲁财农〔2005〕40 号）、《关于印发〈山东省农业良种工程资金管理办法〉的通知》（鲁财农〔2005〕45 号）、《关于印发〈山东省家畜良种补贴资金管理暂行办法〉的通知》（鲁财农〔2005〕57 号）、《关于印发〈山东省农作物秸秆综合利用专项资金管理暂行办法〉的通知》（鲁财农〔2006〕19 号）、《关于印发〈山东省测土配方施肥补贴资金管理暂行办法〉的通知》（鲁财农〔2006〕25 号）、《关于印发〈山东省农业产业化龙头企业财政贴息资金管理办法〉的通知》（鲁财农〔2006〕30 号）、《关于印发〈山东省农村沼气专项资金管理暂行办法〉的通知》（鲁财农〔2007〕36 号）、《关于印发〈山东省农业技术推广专项资金管理暂行办法〉的通知》（鲁财农〔2007〕41 号）、《关于印发〈山东省平安渔业专项资金管理暂行办法〉的通知》（鲁财农〔2010〕11 号）、《关于印发〈山东省渔业资源修复行动计划专项资金管理办法〉的通知》（鲁财农〔2011〕38 号）、《关于印发〈山东省农业重大应用技术创新资金使用管理办法〉的通知》（鲁财农〔2011〕40 号）、《关于印发〈山东省财政支持农民专业合作组织发展资金管理办法〉的通知》（鲁财农〔2009〕27 号）、《关于印发〈山东省现代农业生产发展资金管理办法〉的通知》（鲁财农〔2011〕39 号）、《关于印发〈山东省农业生态综合治理专项资金管理办法〉的通知》（鲁财农〔2011〕54 号）、《关于印发〈山东省优势农产品生产基地建设专项资金管理办法〉的通知》（鲁财农〔2011〕55 号）、《关于印发〈山东省新型农民培训专项资金管理办法〉的通知》（鲁财农〔2013〕30 号）、《关于印发〈山东省农科院农业科技创新工程专项资金管理办法〉的通知》（鲁财农〔2016〕32 号）同时废止。

省财政厅 省水利厅 省农业厅 省海洋与渔业厅 省畜牧兽医局关于印发山东省农业防灾救灾资金管理办法的通知

2017 年 11 月 29 日 鲁财农〔2017〕60 号

各市财政局、水利局、农业局、海洋与渔业（主管）局、畜牧兽医（主管）局，省直有关部门：

为加强和规范农业防灾救灾资金管理，提高资金使用效益，根据《财政部 农业部 水利部 国土资源部关于印发〈中央财政农业生产救灾及特大防汛抗旱补助资金管理办法〉的通知》（财农〔2017〕91 号）、《财政部 农业部关于印发〈动物防疫等补助经费管理办法〉的通知》（财农〔2017〕43 号）要求，结合我省实际，省财政厅会同省水利厅、省农业厅、省海洋与渔业厅、省畜牧兽医局制定了《山东省农业防灾救灾资金管理办法》，现印发给你们，请认真遵照执行。执行中如有问题或建议，请及时向我们反馈。

附件：山东省农业防灾救灾资金管理办法

附件：

山东省农业防灾救灾资金管理办法

第一章 总　　则

第一条　为进一步规范和加强农业防灾救灾资金管理，推进资金统筹使用，提高资金使用效益，促进全省农业生产发展，依据《中华人民共和国预算法》《财政部　农业部　水利部　国土资源部关于印发〈中央财政农业生产救灾及特大防汛抗旱补助资金管理办法〉的通知》（财农〔2017〕91 号）、《财政部　农业部关于印发〈动物防疫等补助经费管理办法〉的通知》（财农〔2017〕43 号）等法律法规和制度规定，结合我省实际，制定本办法。

第二条　本办法所称农业防灾救灾资金，是指中央和省财政预算安排，用于支持动物防疫、农业生产救灾、防汛抗旱等方面的专项资金。

第三条　农业防灾救灾资金使用应遵循前期预防、应急控制、统筹安排、适当补助的原则。

前期预防是指根据农业灾害的危害程度和影响面，区分轻重缓急，对国家和省政府有明确要求、农业生产亟需解决的重大农业灾害提前安排预防投入。

应急控制是指在全省一定区域出现突发性、紧急性农业灾害，按照国家和省政府要求，及时筹集资金进行应急控制。

统筹安排是指农业防灾救灾资金可按照全省各类农业灾害实际发生情况，统筹安排，集中使用。

适当补助是指农业防灾救灾由各级财政、农业企事业单位和农业生产者共同投入，以地方自筹为主，省财政给予适当补助。

第四条　农业防灾救灾资金由省财政厅会同省水利厅、省农业厅、省海洋与渔业厅、省畜牧兽医局等省级主管部门共同管理。

省财政厅负责农业防灾救灾资金年度预算编制，会同省级主管部门分配下达资金，对资金使用情况进行监督和绩效管理。

省级主管部门负责农业防灾救灾相关规划或实施方案的编制，研究提出资金分配意见，会同省财政厅下达年度工作任务（任务清单），指导市县开展农业防灾救灾工作，对任务完成情况进行监督，组织开展绩效目标制定、绩效监控、绩效评价等绩效管理工作。

市县级财政、业务主管部门在同级人民政府的统一领导下，根据相关规定确定职责分工，确保工作任务按期完成、资金使用安全合规、资金效益充分发挥。财政部门主要负责农业防灾救灾资金的预算分解下达、资金审核拨付、资金使用监督检查以及预算绩效管理总体工作等；业务主管部门主要负责农业防灾救灾相关规划或实施方案编制、项目组织实施和监督，研究提出资金和工作任务（任务清单）分解安排建议方案，做好预算绩效管理具体工作等。

第五条　在遭受严重农业灾害时，市县财政部门要采取有力措施，切实落实责任，安排资金投入，保障抗灾救灾需要。

第二章 动物防疫

第六条　动物防疫支出主要包括重点动物疫病强制免疫补助、强制扑杀补助、病死畜禽无害化处理长效机制建设补助，以及动物疫病防控监管等其他相关内容。强制免疫、强制扑杀补助病种按照国家规定和我省实际，建立动态调整机制。

第七条 强制免疫补助主要用于国家重点动物疫病强制免疫、村级动物防疫员补助、免疫效果监测评价、人员防护等相关防控措施，以及实施强制免疫计划、购买防疫服务、监测与流行病学调查等方面。允许按程序对符合条件的养殖场户实行强制免疫“先打后补”，逐步实现养殖场户自主采购，财政直补；对目前暂不符合条件的养殖场户，强制免疫疫苗继续实行省级集中招标采购，探索以政府购买服务方式实施强制免疫。

强制扑杀补助主要用于预防、控制和扑灭国家重点疫病过程中被强制扑杀动物的补助。补助对象为被依法强制扑杀动物的养殖者。

病死畜禽无害化处理长效机制建设补助主要用于养殖环节病死猪无害化处理、毛皮动物胴体无害化处理、病死畜禽无害化处理体系建设补助等方面。按照“谁处理补给谁”的原则，补助对象为承担无害化处理任务的实施者。

第八条 国家重点动物疫病强制免疫、强制扑杀、养殖环节病死猪无害化处理补助，根据实际免疫、扑杀或无害化处理数量，按照补助标准据实结算，实行先免疫、扑杀或无害化处理，后补助。

村级动物防疫员、毛皮动物胴体无害化处理、病死畜禽无害化处理体系建设及其他动物防疫相关补助资金按照因素法进行分配，资金分配因素主要包括相关畜禽品种饲养量、年度工作任务（任务清单）或绩效目标实现情况等。

第三章 农业生产救灾

第九条 农业生产救灾支出主要用于对农、牧、渔业生产构成严重威胁、危害，造成重大损失的农业自然灾害和农业生物灾害的预防控制与灾后救治。其中，农业自然灾害主要包括干旱、洪涝、高温热害、低温冻害、雪灾、地震、滑坡、泥石流、风雹、台风、风暴潮、寒潮、海冰等；农业生物灾害主要包括农作物病、虫、草、鼠害，赤潮、绿潮、金潮等渔业水域环境灾害和动植物疫情等。具体灾害种类和范围可按照国家规定和我省实际进行调整。

第十条 农业生产救灾资金按照因素法进行分配，资金分配因素主要包括农业灾害防治计划、年度工作任务（任务清单）、自然灾害损失情况、生物灾害发生情况、灾害发生紧急情况、农作物种植面积、畜禽水产养殖数量（规模），以及中央和省委省政府确定的重大救灾事项、地方财力状况等。

第十一条 农业生产救灾支出的使用范围主要包括：

（一）自然灾害预防措施所需的物资材料补助，包括购买化肥、农膜、植物生长调节剂、燃油、饲草料及技术指导费、培训费、农机检修费、作业费、渔船应急管理费、渔港应急维护和港池疏浚以及其他相关费用等。

（二）生物灾害防控措施所需的物资材料补助，包括购买药剂、药械、燃油及灾害监测、预报、防控，生物防治、综合防治、生态控制技术应用费、技术指导费、作业费、培训费、有毒有害补助以及其他相关费用等。

（三）恢复农业生产措施所需的物资材料补助，包括购买种子、种苗、鱼苗、种畜禽，农牧渔业生产设施及进排水渠、助航设施修复、功能恢复和渔业机械设备以及其他相关费用等。

（四）灾后死亡动物无害化处理费等。

第四章 防汛抗旱

第十二条 防汛抗旱支出主要用于对江河洪水、渍涝、山洪（指由降雨引发的山洪、地质灾害等）、风暴潮、冰凌、台风、地震等造成的洪涝灾害或严重旱灾的防治及省级防汛抗旱工作补助。具体灾害种类和范围可按照国家规定和我省实际进行调整。

第十三条 防汛抗旱资金按照因素法进行分配，资金分配因素主要包括水旱灾害防治计划、洪涝成灾面积、水利工程设施水毁（震损）损失情况、农作物受旱成灾面积、待播耕地缺墒缺水面积、因旱临时饮水困难人口和牲畜数量，以及中央和省委省政府确定的重大救灾事项、省级防汛抗旱工作需要、地方财力状况等。

第十四条 防汛抗旱支出的使用范围主要包括：

（一）防汛支出，主要用于补助防汛抗洪抢险，应急度汛，水利工程设施（江河湖泊堤坝、水库、蓄滞洪区围堤、重要海堤及其涵闸、泵站、河道工程）水毁修复，水文测报设施设备修复，防汛通讯设施修复，抢险应急物资及设备购置，组织蓄滞洪区群众安全转移，省级防汛工作相关支出。具体开支范围包括伙食费、物资材料费、防汛抢险专用设备费、通信费、水文测报费、运输费、机械使用费、防汛物资储备及其他相关费用。

（二）抗旱支出，主要用于补助遭受严重干旱灾害的区域旱情监测，兴建应急抗旱水源和抗旱设施，添置提运水设备及运行的费用。具体开支范围包括抗旱设备添置费、抗旱应急设施建设费、抗旱用油用电费、抗旱设备应急维修费、旱情信息测报费、抗旱物资储备及省级抗旱相关支出等其他相关费用。

第五章　资金分配和下达

第十五条 省级主管部门应根据国家和省补助政策、农业灾害防治规划等，科学编制中期发展规划，提出分支出方向的年度工作任务、资金需求和绩效目标，随下年度部门预算申请同步报送省财政厅。

第十六条 省财政厅可根据全省农业防灾救灾需要，商省级主管部门统筹安排中央和省财政防灾救灾资金，在不同的支出方向之间调剂使用。

第十七条 对用于前期预防的资金，省级主管部门应提前做好资金分配的准备工作，于每年省人民代表大会批准省级预算后 15 日内，提出分支出方向的资金分配建议，连同任务清单一并报送省财政厅，由省财政厅按规定时限审核下达。在省人民代表大会批准省级预算前，可根据防灾救灾工作需要，按照《中华人民共和国预算法》有关规定提前下达资金。

中央当年安排我省的资金，由省级主管部门于收到中央资金后 15 日内，提出分支出方向的资金分配建议，连同任务清单和绩效目标一并报送省财政厅，由省财政厅按规定时限审核下达。

第十八条 对用于灾后救治的资金，以及实行据实结算的国家重点动物疫病强制免疫、强制扑杀、养殖环节病死猪无害化处理补助资金，按照灾害发生时间、结算期间等在年度执行中及时分配下达。省级主管部门负责对本部门支出方向的受灾情况以及实际免疫、扑杀或无害化处理数量等进行审核，并向省财政厅提出资金分配建议，由省财政厅及时审核下达资金。

第十九条 用于灾后救治的资金，截至当年 11 月 30 日如有结余，可安排用于次年农业防灾救灾工作。

第二十条 市、县级财政部门应会同业务主管部门，加快资金分解下达，在规定时间内落实到位。业务主管部门应督促资金使用单位加快预算执行，提高资金使用效益，确保按期完成任务。

第六章　资金使用和管理

第二十一条 省级和市级部门单位使用管理的资金，按照有关指导意见、实施方案等要求使用管理。县级使用管理的资金，在完成约束性任务的前提下，可由县级人民政府按照省委、省政府关于进一步推进涉农资金统筹整合的部署要求统筹安排使用。农业防灾救灾资金不得用于兴建楼堂馆所、弥补预算支出缺口等支出。

第二十二条 各级业务主管部门应及时提出资金分配建议，组织核实资金支持对象的资格、条件，督促检查任务清单完成情况，为财政部门按规定标准分配、审核拨付资金提供依据。

第二十三条 农业防灾救灾资金的支付，按照国库集中支付制度有关规定执行。属于政府采购管理范围的，按照政府采购有关法律法规执行。结转结余资金，按照《中华人民共和国预算法》和其他结转结余资金管理的有关规定处理。

第二十四条 各级财政、业务主管部门要按照政府信息公开规定和“谁主管、谁负责、谁公开”的原则，健全完善农业防灾救灾资金的信息公开机制，切实保障好群众的知情权、参与权和监督权。

第七章 监督管理和绩效评价

第二十五条 各级财政、业务主管部门应加强对农业防灾救灾资金分配、使用、管理情况的监督检查，发现问题及时纠正。

第二十六条 农业防灾救灾资金实行预算绩效管理。各级财政和业务主管部门要按照相关规定，做好绩效目标设定、绩效监控、绩效评价、结果运用等相关工作。由县级使用管理的农业防灾救灾资金，按照省委、省政府关于进一步推进涉农资金统筹整合的部署要求实行综合绩效管理。

第二十七条 各级财政、业务主管部门及其工作人员在资金分配、审核等工作中，存在违反规定分配资金，向不符合条件的单位、个人（或项目）分配资金或者擅自超出规定的范围、标准分配或使用资金，以及存在其他滥用职权、玩忽职守、徇私舞弊等违法违纪行为的，按照《中华人民共和国预算法》《中华人民共和国公务员法》《中华人民共和国行政监察法》《财政违法行为处罚处分条例》（国务院令第427号）等国家有关规定，追究相关人员责任；涉嫌犯罪的，移送司法机关处理。

第二十八条 资金使用单位或个人存在虚报冒领、骗取套取、挤占挪用农业防灾救灾资金，以及其他违反本办法规定行为的，按照《中华人民共和国预算法》《财政违法行为处罚处分条例》（国务院令第427号）等有关规定，严肃追究相应责任。

第八章 附 则

第二十九条 各市可参照本办法，结合本地实际，制定农业防灾救灾资金使用管理实施细则。

第三十条 本办法由省财政厅会同省水利厅、省农业厅、省海洋与渔业厅、省畜牧兽医局负责解释。

第三十一条 本办法自2017年11月29日起施行，有效期至2022年11月28日。省财政厅、省农业厅、省海洋与渔业厅、省林业局《关于印发〈山东省动植物病虫害综合防治资金管理暂行办法〉的通知》（鲁财农〔2005〕52号）和省财政厅《关于印发〈山东省省级防汛支持经费管理暂行办法〉的通知》（鲁财农〔2007〕43号）同时废止。

省财政厅 省扶贫开发领导小组办公室 省民族事务委员会 省农业厅 省林业厅关于印发山东省财政专项扶贫资金和项目管理办法的通知

2017年11月28日 鲁财农〔2017〕61号

各市财政局、扶贫开发领导小组办公室、民族宗教局、农业局、林业局：

《山东省财政专项扶贫资金和项目管理办法》已经省委、省政府研究同意，现印发给你们，请结合实际认真贯彻执行。

附件：山东省财政专项扶贫资金和项目管理办法

附件：

山东省财政专项扶贫资金和项目管理办法

第一章 总 则

第一条 为贯彻落实党的十九大及中央和省委省政府关于打赢脱贫攻坚战的决策部署，坚持精准扶贫、精准脱贫基本方略，进一步规范和加强财政专项扶贫资金及项目管理，提高资金使用效益和扶贫成效，做到脱真贫、真脱贫，依据《中华人民共和国预算法》和财政部、扶贫办、国家发展改革委、国家民委、农业部、林业局《关于印发〈中央财政专项扶贫资金管理办法〉的通知》（财农〔2017〕8号），结合我省实际，制定本办法。

第二条 本办法所称财政专项扶贫资金和项目，是指脱贫攻坚期内，中央和地方各级财政预算安排专项用于精准扶贫、精准脱贫的资金，以及利用各级财政专项扶贫资金安排的各类扶贫项目。

第三条 财政专项扶贫资金应围绕脱贫攻坚的总体目标和重点扶贫任务，统筹整合使用，形成合力，发挥整体效益。财政专项扶贫资金的支出方向包括：扶贫发展、少数民族发展、国有贫困农场扶贫、国有贫困林场扶贫等。

第二章 资金分配与使用

第四条 省级财政根据脱贫攻坚任务需要和财力情况，在年度预算中安排财政专项扶贫资金，与中央财政专项扶贫资金统筹使用。

市县级财政根据本地脱贫攻坚需要和财力情况，将财政专项扶贫资金纳入年度预算和中期财政规划，确保扶贫投入与扶贫任务相适应。市县级财政专项扶贫资金安排情况纳入绩效评价内容。

第五条 财政专项扶贫资金分配向脱贫任务较重的市县、重点扶持乡镇、扶贫工作重点村以及黄河滩区等省委、省政府确定的深度贫困区域倾斜，使资金向脱贫攻坚主战场聚焦。

第六条 财政专项扶贫资金主要按照因素法进行分配。资金分配的因素主要包括贫困状况、政策任务和脱贫成效等。贫困状况主要考虑各市县贫困人口规模、贫困深度等客观指标。政策任务主要考虑国家和省扶贫开发政策、年度脱贫攻坚任务、贫困少数民族发展、国有贫困农场扶贫以及国有贫困林场扶贫等工作任务。脱贫成效主要考虑扶贫开发工作成效考核结果、绩效评价结果等。每年分配资金选择的因素和权重，可根据当年扶贫开发工作重点适当调整。

第七条 财政专项扶贫资金主要由市县按照国家和省扶贫开发政策要求，结合当地扶贫开发工作实际，围绕培育和壮大贫困地区特色产业、改善小型公益性生产生活设施条件、易地扶贫搬迁贴息及后续产业发展、黄河滩区居民迁建、增强贫困人口自我发展能力和抵御风险能力、建立健全扶贫开发长效机制等方面，因户施策、因地制宜确定财政专项扶贫资金使用范围。

第八条 教育、科学、文化、卫生、医疗、社保等社会事业支出，原则上从现有资金渠道安排。原通过财政专项扶贫资金安排用于上述社会事业事项的，除“雨露计划”中农村贫困家庭子女初中、高中毕业后接受中高等职业教育对家庭给予的扶贫助学补助，以及扶贫特惠保险保费补贴外，不再继续支出。

第九条 财政专项扶贫资金不得用于以下各项支出：

（一）行政事业单位基本支出。

（二）交通工具及通讯设备。

（三）各种奖金、津贴和福利补助。

（四）弥补企业亏损。

（五）修建楼、堂、馆、所及贫困农场、林场棚户区改造以外的职工住宅。

（六）弥补预算支出缺口和偿还债务。

（七）大中型基本建设项目（不包括黄河滩区居民迁建）。

（八）其他与脱贫攻坚无关的支出。

第十条 省财政厅根据省扶贫办汇总提出的财政专项扶贫资金分配方案，在省人代会批准省级预算后30 日内将资金分配下达。

根据预算管理有关要求，在每年 11 月底前，省财政厅按预计执行数的一定比例，将下一年度省财政专项扶贫资金预计数和中央财政提前下达数，提前下达市县财政部门。

第十一条 县级要按照《山东省人民政府关于进一步推进涉农资金统筹整合的意见》（鲁政发〔2017〕30 号）和《山东省人民政府办公厅关于统筹整合使用财政涉农资金支持脱贫攻坚的意见》（鲁政办发〔2016〕29 号），以脱贫攻坚规划为引领，加强财政专项扶贫资金和行业扶贫资金、基金的统筹整合，充分发挥资金规模效益。

第十二条 用于产业扶贫方面的资金，主要由县级通过实施特色优势产业项目，带动建档立卡贫困户增收脱贫。

第十三条 用于金融扶贫方面的资金，主要由县级通过贴息和风险补偿方式，撬动金融机构向符合条件的建档立卡贫困人口和各类经营主体发放扶贫贷款。

对金融机构向有劳动能力、有致富愿望、有生产经营项目、有信贷需求的建档立卡贫困人口，发放的5 万元以下、3 年期以内、免抵押免担保、以基准利率放贷的扶贫小额信贷（富民农户贷），县级通过财政专项扶贫资金予以全额贴息。对金融机构发放的扶贫小额信贷（富民农户贷）形成的本金损失给予一定比例的补偿。

对金融机构按每带动 1 名建档立卡贫困人口给予 5 万元优惠利率贷款的标准，向各类经营主体发放的“富民生产贷”，县级通过财政专项扶贫资金年贴息 3% 。

第十四条 用于黄河滩区居民迁建方面的资金，按照《山东省黄河滩区居民迁建规划》和省发展改革委、省财政厅等部门下达的年度投资计划落实到具体项目，重点支持滩区居民安置和脱贫攻坚。用于易地扶贫搬迁贴息方面的资金，根据建档立卡贫困人口搬迁建设任务和贴息贷款规模，拨付到省级投融资主体。

第十五条 用于扶贫特惠保险方面的资金，通过保费补贴方式，对建档立卡贫困户、贫困人口参加医疗商业补充保险、意外伤害保险、家庭财产保险等险种给予补助。用于“雨露计划”方面的资金，对审核通过的扶持对象，由县级财政部门通过财政惠民补贴“一本通”将补助资金直接发放到贫困家庭。

第十六条 财政专项扶贫资金的支付管理，按照财政国库管理有关规定执行。属于政府采购、招投标管理范围的，按照相关法律、法规及制度规定执行。

第十七条 各市县应加快预算执行和项目实施进度，提高资金使用效益。结转结余的财政专项扶贫资金管理，按照财政部和省财政厅关于结转结余资金管理相关规定执行。

第十八条 各市县要创新资金使用机制，探索推广政府和社会资本合作、政府购买服务、资产收益扶贫等方式，撬动更多金融资本、社会帮扶资金参与脱贫攻坚。

第三章 项目组织与管理

第十九条 财政专项扶贫资金项目审批权限下放到县级，实行目标到县、任务到县、资金到县、权责到县的“四到县”管理体制。省级负责政策指导，市级负责管理监督，县级是专项扶贫资金项目的责任主体，负责组织实施。

第二十条 县级要完善工作程序，强化工作措施，加强产业扶贫项目储备、遴选立项、组织实施、竣工验收、建后管护、收益分配等全程管理。

第二十一条 建立项目储备库。县级应立足实际，科学规划，定期发布全县扶贫项目实施指导意见。项目村应在广泛征求建档立卡贫困户意见的基础上，筛选确定适宜的扶贫项目，经乡镇审核后，报县级论证评审，建立县级扶贫项目储备库。

第二十二条 项目立项提报。项目村以项目储备库为基础，按照上级下达的年度财政专项扶贫资金计划和任务清单，编制年度扶贫项目实施方案，经村内公示后报所在乡镇审核。方案应明确财政专项扶贫资金的具体投向、帮扶对象、帮扶方式和帮扶期限，不得向贫困户直接发放实物或现金。乡镇对所辖各项目村项目实施方案审核同意后，报县级审批。联合实施涉及多个村的扶贫项目，应明确项目实施主体和相关村的权责。

第二十三条 项目审批备案。县级收到项目村实施方案后，应在10个工作日内经专家评审委员会论证评审并出具书面审批意见。县级应将审批同意的项目实施方案报市级备案，同时纳入全县涉农资金统筹整合方案，作为考核检查的依据。

第二十四条 项目组织实施。项目村应按照批复的实施方案组织实施，不得擅自调整变更。确因特殊情况需要调整变更的，按项目管理程序报批。项目原则上应在一年内实施完毕。

第二十五条 项目竣工验收。项目完工后，项目实施单位应在自查自验的基础上，通过乡镇及时向县级提出验收申请。县级应在收到验收申请1个月内，按照涉农资金统筹整合的统一部署要求，完成项目竣工验收并出具验收报告。竣工验收应严格按照批复方案实地查看项目，根据实际情况委托专业机构对财政专项扶贫资金投入形成的资产进行评估。

第二十六条 项目后续管护。县级应建立健全项目后续管护机制，依据项目验收报告及时办理资产交接，明晰产权归属，设立资产登记台账，建立资产管理制度，落实资产管护责任，确保扶贫项目健康持续运行。鼓励将财政专项扶贫资金投入项目形成的资产归村集体所有，形成固定资产的须依规计提折旧。项目资产实行委托经营的，应明确委托经营期限及期满后资产处置方式。规范完善项目建设、资产移交处置、资产委托经营、项目收益分配、精准帮扶等书面合同协议，明确项目参与各方的权利和义务。

第二十七条 项目收益分配。项目参与各方在法律和现有制度框架下，因地制宜确定项目运营收益具体分配方案。财政专项扶贫资金投入产业扶贫项目产生的收益主要用于帮扶建档立卡贫困人口，根据贫困人口动态调整情况，适时调整受益对象。项目覆盖带动建档立卡贫困人口，实施差异化到户扶持政策，因户因人精准帮扶，避免项目收益平均分配，确保帮扶的针对性和实效性。

第四章　管理监督

第二十八条 与财政专项扶贫资金使用管理相关的各部门根据以下职责分工履行管理职责。

（一）省扶贫办、省民委、省农业厅、省林业厅等部门分别商省财政厅拟定财政专项扶贫资金各支出方向资金的分配方案。省扶贫办、省财政厅汇总后，由省财政厅根据分配方案下达资金。

（二）各级财政部门负责预算安排和资金下达，加强资金监管。

（三）各级扶贫、民族、农业、林业等部门负责资金和项目的具体使用管理、绩效评价、监督检查等工作，按照权责对等原则落实监管责任。

第二十九条 各市县应当加强资金和项目管理，做到资金到项目、管理到项目、核算到项目、责任到项目，并落实绩效管理各项要求。县级应成立扶贫项目评审委员会，设立评审专家库。项目村应成立扶贫理事会，设立扶贫联络员，确保贫困群众的知情权、参与权和监督权。

第三十条 全面推行公开公示制度。按规定推进政务公开，及时向社会公布资金政策文件、管理制度、资金分配结果、扶贫项目等信息，自觉接受社会监督。

第三十一条 按照省委、省政府关于进一步推进涉农资金统筹整合的部署要求，财政专项扶贫资金实行综合绩效管理，绩效评价结果以适当形式公布，并作为财政专项扶贫资金分配的重要因素。

第三十二条 各级财政、扶贫、民族、农业、林业等部门要加强对财政专项扶贫资金和项目的监督检查，并积极配合审计、纪检、检察机关做好资金和项目的审计、检查等工作。

创新监管方式，探索建立协同监管机制，逐步实现监管口径和政策尺度的一致，建立信息共享和成果互认机制，提高监管效率。

第三十三条 各级财政、扶贫、民族、农业、林业等部门及其工作人员在财政专项扶贫资金分配、使用管理等工作中，存在违反本办法规定，以及滥用职权、玩忽职守、徇私舞弊等违法违纪行为的，按照《中华人民共和国预算法》《中华人民共和国公务员法》《中华人民共和国行政监察法》和《财政违法行为处罚处分条例》（国务院令第427号）等有关规定追究相应责任；涉嫌犯罪的，移送司法机关处理。

第三十四条 资金使用单位或个人存在虚报冒领、骗取套取、挤占挪用财政专项扶贫资金，以及其他违反本办法规定行为的，按照《中华人民共和国预算法》和《财政违法行为处罚处分条例》（国务院令第427号）等有关规定追究相应责任。

第五章 附 则

第三十五条 各市县要根据本办法，结合本地实际，研究制定财政专项扶贫资金和项目管理实施细则，并报省财政厅和省扶贫办备案。

第三十六条 本办法由省财政厅、省扶贫办负责解释。

第三十七条 本办法自2018年1月1日起施行，有效期至2020年12月31日。山东省财政厅《关于印发〈山东省财政专项扶贫资金管理办法〉的通知》（鲁财农〔2012〕27号）同时废止。《山东省扶贫开发领导小组办公室关于印发〈山东省定扶贫工作重点村产业发展项目管理办法〉的通知》（鲁扶贫组办字〔2016〕20号）有关规定与本办法不符的，执行本办法。

十、

社会保障财务类

财政部　民政部关于印发《中央财政支持居家和社区养老服务改革试点补助资金管理办法》的通知

2017 年 2 月 10 日　财社〔2017〕2 号

各省、自治区、直辖市、计划单列市财政厅（局）、民政厅（局），新疆生产建设兵团财务局、民政局：

为规范和加强中央财政支持居家和社区养老服务改革试点的专项彩票公益金管理，提高资金使用效益，根据国家相关法律法规和政策规定，特制定《中央财政支持居家和社区养老服务改革试点补助资金管理办法》。现印发给你们，请遵照执行。

附件：中央财政支持居家和社区养老服务改革试点补助资金管理办法

附件：

中央财政支持居家和社区养老服务改革试点补助资金管理办法

第一条　为规范和加强支持居家和社区养老服务改革试点的中央专项彩票公益金管理，充分发挥资金使用效益，根据《预算法》、《彩票管理条例》、《彩票公益金管理办法》（财综〔2012〕15 号）、《民政部　财政部关于中央财政支持开展居家和社区养老服务改革试点工作的通知》（民函〔2016〕200 号）等有关规定，制定本办法。

第二条　本办法所称支持居家和社区养老服务改革试点的中央专项彩票公益金（以下简称补助资金），是指 2016 年至 2020 年期间，中央财政安排的用于支持试点地区开展居家和社区养老服务改革试点的中央专项彩票公益金。

第三条　本办法所称居家和社区养老服务改革试点地区（以下简称试点地区），是指按民函〔2016〕200 号文件，由民政部和财政部遴选确定的地市（含直辖市的区，以及计划单列市）。

第四条　财政部商民政部按照因素法分配补助资金，当年按一定比例预拨，次年根据考核结果进行结算。分配因素主要包括试点地区老年人口规模、财力状况、居家和社区养老服务业的工作基础和进展成效等。

第五条　省级财政部门收到中央财政下达的补助资金后（以预算文件印发日为准），应于 1 个月内将补助资金下达到试点地区。

第六条　试点地区及所在省份应根据当地实际情况，积极安排资金，并有效动员社会资源，共同支持居家和社区养老服务的发展。

第七条　补助资金由试点地区统筹其他渠道的政府补助及社会资源，重点用于支持以下领域：

（一）支持通过购买服务、公建民营、民办公助、股权合作等方式，鼓励社会力量管理运营居家和社区养老服务设施，培育和打造一批品牌化、连锁化、规模化的龙头社会组织或机构、企业，使社会力量成为提供居家和社区养老服务的主体。

（二）支持城乡敬老院、养老院等养老机构开展延伸服务，直接提供居家和社区养老服务，或为居家和社区养老服务设施提供技术支撑。

（三）支持探索多种模式的“互联网+”居家和社区养老服务模式和智能养老技术应用，促进供需双方对接，为老年人提供质优价廉、形式多样的服务。

（四）支持养老护理人员队伍建设，加强专业服务人员培养，增强养老护理职业吸引力，提升养老护理人员素质。

（五）推动完善相关养老服务的标准化和规范化建设，通过购买服务方式，积极培育和发展第三方监管机构和组织，建立服务监管长效机制，保证居家和社区养老服务质量水平。

（六）支持采取多种有效方式，积极推进医养结合，使老年人在居家和社区获得方便、快捷、适宜的医疗卫生服务。

（七）支持老城区和已建成居住（小）区通过购置、置换、租赁等方式开辟养老服务设施，支持依托农村敬老院、行政村、较大自然村利用已有资源建设日间照料中心、养老服务互助幸福院、托老所、老年活动站等农村养老服务设施，满足城乡老年人特别是空巢、留守、失能、失独、高龄老年人的养老服务需求。

第八条 补助资金资助的基本建设设施、设备或者活动等，应当以显著方式标明“彩票公益金资助——中国福利彩票和中国体育彩票”标识。

第九条 试点地区民政部门会同财政部门于每年6月30日前，按照试点工作绩效考核办法有关要求，向省级民政、财政部门书面报告试点工作总结。试点地区省级民政部门会同财政部门及时汇总分析试点地区试点工作进展情况，提出工作建议和意见，于每年7月15日前书面向民政部、财政部报告。

第十条 省级以上民政部门应严格按照《彩票公益金管理办法》第十七条和第二十一条有关规定，认真做好上一年度补助资金使用情况报送和社会公告等工作。

第十一条 民政部会同财政部于次年在地方自评报告的基础上，组织专门力量对试点地区开展绩效考核评估。对考核结果较好并达到一定标准的地区，拨付剩余结算资金；对考核结果特别好的地区，将在拨付结算资金的基础上给予适当奖励，并在下一年度增加该地区所在省份的试点地区数量；对考核结果较差、未达到一定标准的地区，将根据情况扣减部分或全部补助资金，取消当年乃至今后年份的试点资格。

第十二条 试点地区财政、民政部门应严格按照规定用途使用补助资金，不得将补助资金用于平衡本级预算，不得用于工作人员福利补贴、工作经费等。

第十三条 各级财政部门应当加强补助资金使用管理的监督检查，确保资金专款专用。

第十四条 任何组织、机构和个人不得以任何形式截留、挤占、挪用和骗取补助资金。组织、机构和个人违反规定，截留、挤占、挪用专项资金的，依照《预算法》、《财政违法行为处罚处分条例》等有关规定追究法律责任。

第十五条 各级财政、民政等有关部门、单位及个人要自觉接受审计等部门的监督检查。在资金分配、使用管理过程中，存在违反规定分配或使用资金，以及其他滥用职权、玩忽职守、徇私舞弊等违法违纪行为的，按照《预算法》、《公务员法》、《行政监察法》、《财政违法行为处罚处分条例》等国家有关规定追究相应责任；涉嫌犯罪的，移送司法机关处理。

第十六条 试点地区财政部门应当会同民政部门依据本办法，结合当地实际，制定具体的实施细则，报省级财政、民政部门备案。

第十七条 对各地试点工作进展的绩效考核办法由民政部和财政部另行制定。

第十八条 试点地区及所在省份财政、民政部门应根据部门职责，各司其职，互相协作，共同推进居家和社区养老服务改革试点工作。

第十九条 本办法由财政部会同民政部负责解释。

第二十条 本办法自2017年3月15日起施行。

财政部　民政部关于印发《中央财政困难群众救助补助资金管理办法》的通知

2017年6月12日　财社〔2017〕58号

各省、自治区、直辖市、计划单列市财政厅（局）、民政厅（局），新疆生产建设兵团财务局、民政局：

为进一步加强中央财政困难群众救助补助资金管理，财政部、民政部制定了《中央财政困难群众救助补助资金管理办法》。现印发给你们，请遵照执行。

附件：中央财政困难群众救助补助资金管理办法

附件：

中央财政困难群众救助补助资金管理办法

第一条　为规范和加强中央财政困难群众救助补助资金（以下简称补助资金）管理，提高资金使用效益，支持地方做好困难群众救助工作，根据国家有关法律法规和财政部专项补助资金管理有关规定，制定本办法。

第二条　本办法所称补助资金是指中央财政安排用于补助各省、自治区、直辖市、计划单列市开展低保、特困人员救助供养、临时救助、流浪乞讨人员救助、孤儿和艾滋病病毒感染儿童基本生活保障工作的资金。

第三条　补助资金使用和管理要坚持公开、公平、公正的原则。

第四条　财政部负责会同民政部对补助资金实施全程预算绩效管理。按照预算管理规定，省级民政部门商同级财政部门设定补助资金区域绩效目标，明确资金与工作预期达到的效果，报民政部审核。民政部在完成绩效目标审核后提出补助资金的分配建议及当年全国整体绩效目标和分区域绩效目标，函报财政部，财政部于每年全国人民代表大会批准预算后90日内，会同民政部下达补助资金，同步下达区域绩效目标，抄送民政部和各地专员办。年度执行中，民政部会同财政部指导省级民政部门、财政部门对绩效目标实现情况进行监控，确保绩效目标如期实现。

第五条　补助资金按因素法分配，主要参考地方困难群众救助任务量、地方财政困难程度、地方财政努力程度、工作绩效等因素。每年分配资金选择的因素和权重，可根据年度工作重点适当调整。补助资金重点向贫困程度深、保障任务重、工作绩效好的地区倾斜。中央财政按照不同标准对东、中、西部地区发放孤儿和艾滋病病毒感染儿童基本生活费给予适当补助。

第六条　省级财政部门收到补助资金后，应将其与省本级财政安排的资金统筹使用，商同级民政部门制定本省（自治区、直辖市、计划单列市）资金分配方案，并于30日内正式分解下达本行政区域县级以上各级财政部门，并请参照中央做法，将本省绩效目标及时对下分解。同时将资金分配结果报财政部、民政部备案并抄送当地专员办。

第七条　各级财政部门要会同民政部门优化财政支出结构，科学合理编制预算，加强补助资金统筹使用，积极盘活财政存量资金，加大结转结余资金消化力度，增加资金有效供给，发挥补助资金合力，提升资金使用效益。

第八条 财政部、民政部应当在每年10月31日前，根据预算管理相关规定，按当年补助资金实际下达数的一定比例，将下一年度补助资金预计数提前下达省级财政部门，并抄送当地专员办。

各省级财政部门应建立相应的预算指标提前下达制度，在接到中央财政提前下达预算指标后，会同民政部门于30日内下达本行政区域县级以上各级财政部门，同时将下达文件报财政部、民政部备案，并抄送当地专员办。

第九条 各级财政部门要会同民政部门采取有效措施，加快预算执行进度，提高预算执行的均衡性和有效性。

对于全年全省（自治区、直辖市、计划单列市）困难群众救助资金支出少于当年中央财政下达该省（自治区、直辖市、计划单列市）的补助资金的省份，中央财政将在下年分配补助资金时适当减少对该省（自治区、直辖市、计划单列市）的补助。

第十条 补助资金支付按照国库集中支付制度有关规定执行。

低保金、散居特困人员救助供养金、临时救助金原则上应支付到救助对象个人账户，集中供养特困人员救助供养金应统一支付到供养服务机构集体账户。孤儿基本生活费应支付到孤儿和艾滋病病毒感染儿童本人或其监护人个人账户，集中养育的孤儿和艾滋病病毒感染儿童基本生活费应统一支付到福利机构集体账户。

县级民政、财政部门应当为救助家庭或个人在银行、信用社等代理金融机构办理接受补助资金的账户，也可依托社会保障卡、惠农资金“一卡通”等渠道发放补助资金，代理金融机构不得以任何形式向救助家庭或个人收取账户管理费用。

第十一条 补助资金要专款专用，用于为低保对象发放低保金，为特困人员提供基本生活条件、对生活不能自理的给予照料、提供疾病治疗、办理丧葬事宜，为临时救助对象发放临时救助金或实物，为孤儿和艾滋病病毒感染儿童发放基本生活费，为生活无着的流浪乞讨人员实施主动救助、生活救助、医疗救治、教育矫治、返乡救助、临时安置并实施未成年人社会保护。补助资金使用后按支出方向单独记账，分别核算。

各级财政、民政部门和经办机构应严格按规定使用，不得擅自扩大支出范围，不得以任何形式挤占、挪用、截留和滞留，不得向救助对象收取任何管理费用。补助资金不得用于工作经费，不得用于机构运转、大型设备购置和基础设施维修改造等支出。

第十二条 地方各级财政、民政部门应建立健全资金监管机制，定期对补助资金的使用管理情况进行检查，及时发现和纠正有关问题，并对资金发放情况进行公示，接受社会监督。

财政部驻各地财政监察专员办事处在规定的职权范围内，依法对补助资金的使用管理情况进行监督。

第十三条 地方各级财政、民政部门应自觉接受审计、监察等部门的监督和社会监督。

第十四条 年度执行结束后，财政部、民政部应组织开展对补助资金的绩效评价，主要内容包括资金投入与使用、预算执行、资金管理、保障措施、资金使用效益等。同时，将绩效评价结果作为调整政策、督促指导地方改进工作、分配中央财政补助资金的重要依据。

第十五条 各级财政、民政部门及其工作人员在补助资金的分配审核、使用管理等工作中，存在违反本办法规定的行为，以及其他滥用职权、玩忽职守、徇私舞弊等违法违纪行为的，按照《中华人民共和国预算法》、《中华人民共和国公务员法》、《中华人民共和国行政监察法》、《财政违法行为处罚处分条例》等国家有关规定追究相应责任。涉嫌犯罪的，依法移送司法机关处理。

第十六条 各省、自治区、直辖市、计划单列市财政、民政部门可参照本办法，结合当地实际，制定困难群众救助补助资金管理具体办法。

第十七条 本办法由财政部会同民政部负责解释。

第十八条 本办法自印发之日起开始施行，《财政部　民政部关于印发〈中央财政困难群众基本生活救助补助资金管理办法〉的通知》（财社〔2016〕87号）、《财政部　民政部关于印发〈中央财政流浪乞讨人员救助补助资金管理办法〉的通知》（财社〔2014〕71号）、《财政部　民政部关于印发〈孤儿基本生活费专项补助资金管理办法〉的通知》（财社〔2012〕226号）同时废止。

财政部　人力资源社会保障部　国家卫生计生委关于印发《社会保险基金财务制度》的通知

2017 年 8 月 22 日　财社〔2017〕144 号

各省、自治区、直辖市、计划单列市财政厅（局）、人力资源社会保障厅（局）、卫生计生委，新疆生产建设兵团财务局、人力资源社会保障局：

为进一步规范社会保险基金财务管理行为，加强基金收支的监督管理，根据《中华人民共和国社会保险法》、《中华人民共和国预算法》、《中华人民共和国劳动法》等相关法律法规，财政部会同人力资源社会保障部、国家卫生计生委等有关部门对《关于印发〈社会保险基金财务制度〉的通知》（财社字〔1999〕60 号）进行了修订，经商中国人民银行、国家税务总局同意，现印发给你们，请认真贯彻执行。就有关问题通知如下：

一、各地区要根据修订后的《社会保险基金财务制度》要求，结合本地实际情况研究制定贯彻落实工作方案，确保社会保险基金财务管理工作正常运行。

二、各地区财政部门、社会保险行政部门及经办机构要密切配合，做好新财务制度的培训工作。

三、各地区要积极稳妥地做好新旧财务制度的衔接工作，执行中反映出来的问题，请及时反馈我们。

附件：社会保险基金财务制度

附件：

社会保险基金财务制度

第一章　总　　则

第一条　为规范社会保险基金（以下简称“基金”）财务管理行为，加强基金收支的监督管理，维护公民依法参加社会保险和享受社会保险待遇的合法权益，根据《中华人民共和国社会保险法》（以下简称《社会保险法》）、《中华人民共和国预算法》（以下简称《预算法》）、《中华人民共和国劳动法》等相关法律法规，制定本制度。

第二条　本制度适用于中华人民共和国境内依据《社会保险法》建立的企业职工基本养老保险基金、城乡居民基本养老保险基金、机关事业单位基本养老保险基金、职工基本医疗保险基金、城乡居民基本医疗保险基金（包括城镇居民基本医疗保险基金、新型农村合作医疗基金、合并实施的城乡居民基本医疗保险基金）、工伤保险基金、失业保险基金、生育保险基金等基金的财务活动。

生育保险与职工基本医疗保险合并实施的统筹地区，不再单列生育保险基金。

第三条　本制度所称基金是指为了保障参保对象的权益和社会保险待遇，根据国家法律法规规定，由单位和个人缴纳、政府补助以及通过其他合法方式筹集的专项资金。

第四条　基金财务管理包括以下任务：

（一）贯彻执行国家法律法规和方针政策，依法筹集和使用基金，确保各项基金应收尽收和社会保险待遇按时足额发放；

（二）合理编制基金预算，强化收支预算执行，严格编制基金决算，真实准确反映基金预算执行情况；

（三）健全财务管理制度，加强基金核算分析，积极稳妥开展基本养老保险基金投资运营，实现基金保值增值；

（四）加强基金财务监督和内部控制，确保基金运行安全、完整、可持续。

第五条 社会保险基金财务管理和会计核算一般采用收付实现制，基本养老保险基金委托投资等部分经济业务或事项采用权责发生制。

第六条 基金纳入社会保障基金财政专户（以下简称财政专户），实行“收支两条线”管理。基金按照险种及不同制度分别建账、分账核算、分别计息、专款专用。基金之间不得相互挤占和调剂，不得违规投资运营，不得用于平衡一般公共预算。

第七条 财政部门、社会保险行政部门（卫生计生部门负责管理新型农村合作医疗及合并实施的城乡居民基本医疗保险的，为卫生计生部门，下同）及所属社会保险经办机构（简称“经办机构”）按照各自职责分工，加强对社会保险基金管理和监督，逐步实现部门间财务信息共享，促进基金管理科学化、规范化。

第二章 基金预算

第八条 基金预算是指根据国家预算管理和社会保险相关法律法规编制，经法定程序审批、具有法律效力的年度基金财务收支计划。基金预算由基金收入预算和基金支出预算组成。社会保险基金预算应当做到收支平衡。

社会保险基金预算编制应按照《预算法》《社会保险法》《预算法实施条例》以及国务院有关规定执行。

第九条 社会保险基金预算保持独立完整，与一般公共预算相衔接。基金预算按险种、不同制度和统筹地区分别编制。年度终了前，统筹地区经办机构应按照规定表式、时间和编制要求，综合考虑本年度预算执行情况、下年度经济社会发展水平以及社会保险工作计划等因素，编制下年度基金预算草案，报本级社会保险行政部门审核汇总。由税务机关负责征收的险种，社会保险费收入预算草案由经办机构会同税务机关编制。

第十条 财政部门负责审核并汇总编制社会保险年度基金预算草案，会同社会保险行政部门上报同级人民政府，经同级人大批准后，批复经办机构具体执行，并报上级财政部门和社会保险行政部门备案。由税务机关负责征收的险种，社会保险费收入预算批复税务机关和经办机构。

第十一条 经办机构严格按照批复预算执行，定期向同级财政部门和社会保险行政部门报告预算执行情况。财政部门和社会保险行政部门应逐级汇总上报预算执行情况，并加强基金运行监控，发现问题及时处置。由税务机关负责征收的险种，税务机关应严格按照批准的预算和规定的程序执行，定期向同级财政部门和社会保险行政部门报告。

第十二条 基金预算不得随意调整。执行中因特殊原因需要调整时，统筹地区经办机构应当编制预算调整方案，报同级社会保险行政部门审核汇总。统筹地区财政部门审核并汇总编制预算调整方案，会同社会保险行政部门上报同级人民政府，按要求经同级人大常务委员会批准后，批复经办机构执行，并报上级财政部门和社会保险行政部门备案。由税务机关负责征收的险种，社会保险费收入预算调整方案由经办机构会同税务机关提出，并批复税务机关和经办机构。税务机关应严格按照批准的预算和规定程序执行，定期向同级财政部门和社会保险行政部门报告。

第三章 基金筹集

第十三条 基金收入包括：社会保险费收入、财政补贴收入、集体补助收入、利息收入、委托投资收益、转移收入、上级补助收入、下级上解收入、其他收入等。上述基金收入项目按规定分别形成各项基金。

社会保险费收入指用人单位和个人按规定缴纳的社会保险费，或其他资金（含财政资金）代参保对象缴纳的社会保险费收入。

财政补贴收入指财政给予基金的补助、对参保人员的缴费补贴、对参保对象的待遇支出补助。

集体补助收入指村（社区）等集体经济组织对参保人的补助。

利息收入是指社会保险基金在收入户、财政专户及支出户中银行存款产生的利息收入或社会保险基金购买国债取得的利息收入。

委托投资收益指社会保险基金按照国家有关规定委托国家授权的管理机构进行投资运营所取得的净收益或发生的净损失。

转移收入指参保对象跨统筹地区或跨制度流动而划入的基金收入。

上级补助收入指下级接收上级拨付的补助收入。

下级上解收入指上级接收下级上解的基金收入。

其他收入指滞纳金、违约金，跨年度退回或追回的社会保险待遇，及公益慈善等社会经济组织和个人捐助，以及其他经统筹地区财政部门核准的收入。

第十四条 企业职工基本养老保险基金收入包括基本养老保险费收入、财政补贴收入、利息收入、委托投资收益、转移收入、上级补助收入、下级上解收入、其他收入。其中：基本养老保险费收入指单位和个人按规定的缴费基数和缴费比例分别缴纳的基本养老保险费。

第十五条 城乡居民基本养老保险基金收入包括个人缴费收入、集体补助收入、财政补贴收入、利息收入、委托投资收益、转移收入、上级补助收入、下级上解收入、其他收入。其中：个人缴费收入指参保城乡居民按照规定标准缴纳的城乡居民基本养老保险费收入，包括财政资金代参保对象缴纳的基本养老保险费收入。

追回重复领取的城乡居民基本养老保险待遇并从企业职工基本养老保险待遇中抵扣的列其他收入。

第十六条 机关事业单位基本养老保险基金收入包括基本养老保险费收入、财政补贴收入、利息收入、委托投资收益、转移收入、上级补助收入、下级上解收入、其他收入。其中：基本养老保险费收入指单位和个人按缴费基数的一定比例分别缴纳的基本养老保险费。

第十七条 职工基本医疗保险基金收入按规定分别计入职工基本医疗保险统筹基金收入和职工基本医疗保险个人账户收入。

职工基本医疗保险统筹基金收入包括按规定计入统筹基金账户的医疗保险费收入、财政补贴收入、利息收入、上级补助收入、下级上解收入、其他收入。其中：医疗保险费收入指用人单位和个人按照规定缴费基数和费率缴纳的医疗保险费以及其他资金资助参保对象缴纳的保费收入。

职工基本医疗保险个人账户收入包括按规定计入个人账户的医疗保险费收入、利息收入、转移收入、上级补助收入、下级上解收入、其他收入。

第十八条 城乡居民基本医疗保险基金收入包括城乡居民基本医疗保险费收入、财政补贴收入、利息收入、上级补助收入、下级上解收入、其他收入。其中：

城乡居民基本医疗保险费收入指城乡居民按照规定缴费标准缴纳的保费收入，有条件的用人单位对职工家属参保缴费给予的资助，乡村集体经济组织对农民参保缴费给予的资助，以及城乡医疗救助基金等资助参保对象缴纳的保费收入。

新型农村合作医疗统筹地区可从基金收入中提取风险基金，主要用于弥补基金非正常超支造成的基金临时周转困难等。风险基金可由统筹地区或省级统一管理。

第十九条 工伤保险基金收入包括工伤保险费收入、财政补贴收入、利息收入、上级补助收入、下级上解收入、其他收入。其中：

工伤保险费收入是指用人单位按照规定缴费基数和费率缴纳及难以直接按照工资总额计算缴纳工伤保险费的部分行业企业按规定方式缴纳的工伤保险费。

工伤保险省级统筹实行省级调剂金管理的省份，由省级建立调剂金，用于调剂解决各市（地）工伤保险基金支出缺口。各市（地）将基金收入按照一定规则和比例上解到省级财政专户集中管理。

第二十条 失业保险基金收入包括失业保险费收入、财政补贴收入、利息收入、转移收入、上级补助收入、下级上解收入、其他收入。其中：失业保险费收入指用人单位和个人按照规定缴费基数和费率缴纳的失业保险费。

第二十一条 生育保险基金收入包括生育保险费收入、财政补贴收入、利息收入、上级补助收入、下级上解收入、其他收入。其中：生育保险费收入是指用人单位按照规定缴费基数和费率缴纳的生育保险费。

第二十二条 基金应按照《社会保险法》和其他有关行政法规规定按时、足额筹集，任何地区、部门、单位和个人不得截留和减免。

社会保险费征收机构应当依照法律、行政法规的规定，及时、足额征收应征社会保险费，不得违反法律、行政法规规定多征或减征，不得截留、占用或挪用。

各级财政部门应根据《预算法》和《社会保险法》等法律、法规及相关制度规定安排基金财政补助，纳入同级财政年度预算并按规定程序及时办理拨付手续。

用人单位和个人应当以货币形式全额缴纳社会保险费，严禁以物抵费，对于未按规定按时足额缴纳社会保险费的用人单位，征收机构按照有关法律法规进行处理。

第二十三条 社会保险费征收机构应当按时足额将征收的基金收入缴入财政专户，具体时间和方式由各省、自治区、直辖市自定。缴入资金时，须填制银行制发的进账单、划款凭证（一式多联）或其他有效凭证，有关部门或机构凭该凭证记账。

税务机关征收社会保险费的，经办机构应及时向税务机关提供征收所需的用人单位和个人参保登记等相关信息，税务机关应及时向经办机构提供征收信息、征收明细数据等相关情况。

第四章　基金支付

第二十四条 基金支出包括社会保险待遇支出、转移支出、补助下级支出、上解上级支出、其他支出等。

社会保险待遇支出指按规定支付给社会保险对象的待遇支出，包括为特定人群缴纳社会保险费形成的支出。

转移支出指参保对象跨统筹地区或跨制度流动转出的基金支出。

补助下级支出指上级拨付下级的支出。

上解上级支出指下级上解上级的支出。

其他支出指经国务院批准或国务院授权省级人民政府批准开支的其他非社会保险待遇性质的支出。

第二十五条 企业职工基本养老保险基金支出包括养老保险待遇支出、转移支出、补助下级支出、上解上级支出、其他支出。

养老保险待遇支出包括基本养老金、医疗补助金、丧葬补助金和抚恤金、病残津贴。

基本养老金包括基础养老金、个人账户养老金、过渡性养老金和支付给《国务院关于建立统一的企业职工养老保险制度的决定》（国发〔1997〕26号）实施前已经离休、退休和退职人员的离休金、退休金、退职金、补贴。个人账户养老金包括按月支付的个人账户养老金支出以及个人账户一次性支出。个人账户一次性支出指参加企业职工基本养老保险的个人由于死亡、出国（境）定居等情况下退还其本人个人账户资金额的支出。

医疗补助金指按规定支付已纳入企业职工基本养老保险基金开支范围的离休、退休、退职人员的医疗费用。

丧葬补助金和抚恤金指用于已纳入企业职工基本养老保险基金开支范围的参保人员因病或非因工死亡后的丧葬补助费用及其遗属的抚恤费用。

病残津贴指按国家规定标准对未达到法定退休年龄时因病或非因工致残完全丧失劳动能力的参保人员发放的基本生活费。

从企业职工基本养老保险基金中抵扣重复领取的城乡居民基本养老保险待遇支出从其他支出中列支。

第二十六条 城乡居民基本养老保险基金支出包括养老保险待遇支出、转移支出、补助下级支出、上解上级支出、其他支出。

养老保险待遇支出包括按规定支付给参保城乡居民的基础养老金和个人账户养老金，以及丧葬补助金。

基础养老金指按规定计发标准，由各级财政为符合待遇领取条件的参保城乡居民全额予以补助的养老金待遇。

个人账户养老金指参保城乡居民达到养老保险待遇领取条件时，按照个人账户全部储存额除以计发月数，支付给参保城乡居民的养老金待遇，以及个人账户一次性支出。个人账户一次性支出指参加城乡居民基本养老保险的个人由于死亡、出国（境）定居以及在企业职工基本养老保险和城乡居民基本养老保险重复缴费等情况下退还其本人个人账户存储额的支出。

丧葬补助金指在建立丧葬补助金制度的地区，参保人死亡后，政府给予遗属用于丧葬的补助费用。

转移支出指跨统筹地区或跨制度流动转出的个人账户资金额等。

第二十七条 机关事业单位基本养老保险基金支出包括养老保险待遇支出、转移支出、补助下级支出、上解上级支出、其他支出。

养老保险待遇支出包括基本养老金、丧葬补助金和抚恤金、病残津贴。

基本养老金包括基础养老金、个人账户养老金、过渡性养老金，机关事业单位工作人员养老保险制度改革实施前已经退休、退职人员的退休（职）费和病退人员生活费，以及按照人力资源社会保障部、财政部《关于贯彻落实〈国务院关于机关事业单位工作人员养老保险制度改革的决定〉的通知》（人社部发〔2015〕28 号）规定在 10 年过渡期内退休人员按新老办法对比后的补差资金。个人账户养老金包括按月支付的个人账户养老金支出以及个人账户一次性支出。个人账户一次性支出指参加机关事业单位基本养老保险的个人由于死亡、出国（境）定居等情况下退还其本人个人账户余额的支出。

丧葬补助金和抚恤金指用于已纳入机关事业单位基本养老保险基金开支范围的参保人员因病或非因工死亡后的丧葬补助费用及其遗属的抚恤费用。

病残津贴指按国家规定标准对未达到法定退休年龄时因病或非因工致残完全丧失劳动能力的参保人员发放的基本生活费。

第二十八条 职工基本医疗保险基金支出包括职工基本医疗保险待遇支出、转移支出、补助下级支出、上解上级支出、其他支出。

职工基本医疗保险待遇支出按规定分别计入职工基本医疗保险统筹基金待遇支出和职工基本医疗保险个人账户待遇支出。

职工基本医疗保险统筹基金待遇支出指按规定在统筹基金支付范围以内，在起付标准以上、最高支付限额以下由统筹基金支付的医疗费补偿支出，包括住院费用支出、门诊大病和门诊统筹费用支出。生育保险与职工基本医疗保险合并实施的统筹地区，职工基本医疗保险统筹基金待遇支出中包含生育待遇支出。生育待遇支出包括生育医疗费用支出和生育津贴支出。

职工基本医疗保险个人账户待遇支出指按规定由个人账户开支的支出，主要包括个人自付的门诊费用支出、住院费用支出、在定点零售药店发生的医药费支出。个人账户资金原则上不得用于非医疗支出。

职工基本医疗保险基金的补助下级支出、上解上级支出根据具体情况分别在统筹基金和个人账户基金中列支。

职工基本医疗保险基金的转移支出在个人账户基金中列支。

第二十九条 城乡居民基本医疗保险基金支出包括城乡居民基本医疗保险待遇支出、划转用于城乡居民大病保险支出、补助下级支出、上解上级支出、其他支出。

城乡居民基本医疗保险待遇支出指基金对参保城乡居民医疗费用的补偿支出，主要包括住院费用支出，门诊费用纳入基金支付范围的地区也包括门诊费用支出。

划转用于城乡居民大病保险支出指按照规定从城乡居民基本医疗保险基金中划出一定比例或额度作为

城乡居民大病保险的支出。

第三十条 工伤保险基金支出包括工伤保险待遇支出、劳动能力鉴定支出、工伤预防费用支出、补助下级支出、上解上级支出、其他支出。

工伤保险待遇支出指经工伤认定后职工应享受由工伤保险基金负担的支出。具体包括工伤医疗待遇支出、伤残待遇支出和工亡待遇支出。其中，工伤医疗待遇支出是指治疗工伤的医疗费用、康复费用、安装配置伤残辅助器具所需费用、住院伙食补助费、到统筹地区以外就医的交通食宿费；伤残待遇支出是指经劳动能力鉴定委员会确认需要生活护理的工伤人员生活护理费、一次性伤残补助金、一至四级工伤职工按月领取的伤残津贴、五至十级伤残职工按规定领取的一次性工伤医疗补助金、由工伤保险基金支付的工伤职工达到退休年龄并办理退休手续后领取的养老保险待遇低于伤残津贴以及一至四级工伤职工伤残津贴实际额低于当地最低工资标准由工伤保险基金补充的差额部分；工亡待遇支出是指职工因工死亡后，由工伤保险基金支付给的丧葬补助金、供养亲属抚恤金和一次性工亡补助金。

劳动能力鉴定支出指劳动能力鉴定委员会在进行劳动能力初次鉴定、再次鉴定、复查鉴定活动中及工伤职工辅助器具使用等确认工作中产生的，应由工伤保险基金负担的支出。

工伤预防费用支出指按规定用于工伤预防的宣传、培训等方面的支出。

第三十一条 失业保险基金支出包括失业保险待遇支出、稳定岗位补贴支出、技能提升补贴支出、转移支出、补助下级支出、上解上级支出、其他支出。其中：

失业保险待遇支出包括失业保险金支出、基本医疗保险费支出、丧葬补助金和抚恤金支出、职业培训和职业介绍补贴支出、其他费用支出。失业保险金支出指按规定支付给失业人员的失业保险金。基本医疗保险费支出指按规定为领取失业保险金人员参加职工基本医疗保险缴纳的基本医疗保险费支出，包括按规定支付给失业人员在领取失业保险金期间的医疗补助金支出。丧葬补助金和抚恤金支出指按规定支付给在领取失业保险金期间死亡的失业人员的丧葬补助费用及由其供养的配偶、直系亲属的抚恤金支出。职业培训和职业介绍补贴支出指按规定支付给失业人员在领取失业保险金期间接受职业培训、职业介绍的补贴支出。其他费用支出包括农民合同制工人一次性生活补助金和价格临时补贴支出及国家规定的其他费用。农民合同制工人一次性生活补助金支出指按规定一次性支付给合同期满不再续订或者提前解除劳动合同的农民合同制工人的生活补助费支出。价格临时补贴支出指按规定给予领取失业保险金人员的价格临时补贴支出。

稳定岗位补贴支出指按规定对稳定岗位的用人单位给予的补贴。

技能提升补贴支出指按规定对符合条件的企业职工提升技能给予的补贴。

第三十二条 生育保险基金支出包括生育保险待遇支出、补助下级支出、上解上级支出、其他支出。

第三十三条 根据社会保险的统筹范围和社会保险年度基金预算，按照国家规定的项目和标准安排基金支出，任何地区、部门、单位、个人不得增加支出项目、扩大享受人员范围、提高开支标准、虚报冒领及骗取、套取基金。

第三十四条 基金不得用于运行费用、财务费用（含银行手续费）、管理费用、兴建改建办公场所和支付人员经费，或者违反法律法规规定挪作他用。

第三十五条 基金支付需严格履行申报审核程序。经办机构根据财政部门批复的社会保险基金预算，在规定时间内向同级财政部门提交用款计划。对不符合规定的用款计划，财政部门有权不予拨款并责成经办机构予以纠正。除国家另有规定外，财政部门对用款计划审核无误后，应在规定时间内从财政专户拨付基金。社会保险经办机构应在规定时间内支付待遇。具体时间由各省、自治区、直辖市确定。

第五章 基金结余

第三十六条 基金结余指基金收支相抵后的期末余额。包括企业职工基本养老保险基金结余、城乡居民基本养老保险基金结余、机关事业单位基本养老保险基金结余、职工基本医疗保险基金结余、城乡居民基本医疗保险基金结余、工伤保险基金结余、失业保险基金结余、生育保险基金结余等。

职工基本医疗保险基金和城乡居民基本医疗保险基金遵循以收定支、收支平衡、略有结余的原则。新型农村合作医疗基金累计结余应不超过当年筹集基金总额的25%（含风险基金）。

职工基本医疗保险基金结余包括统筹基金结余和个人账户基金结余。职工基本医疗保险基金实行分账核算、统一管理。

工伤保险基金应按规定留存一定比例储备金。

第三十七条 基金结余除预留一定的支付费用外，应在保证安全的前提下，按照国务院相关规定开展投资运营实现保值增值。社会保险行政部门和财政部门对基金投资运营实施严格监管。

企业职工基本养老保险基金结余应当预留相当于两个月的支付费用。

第三十八条 基金当年入不敷出时，按以下顺序保障基金支付：

（一）动用历年滚存结余中的存款。

（二）建立基金调剂金的地区由上级调剂安排，提取风险基金的新型农村合作医疗统筹地区按程序申请动用风险基金，提取储备金的工伤保险统筹地区按程序申请动用储备金。

（三）转让或提前变现基金投资产品。

（四）同级财政部门给予补贴。

（五）在财政给予支持的同时，按照国务院有关规定报批后调整社会保险缴费比例或待遇支付政策。职工基本医疗保险基金在申请调整缴费比例之前可经同级财政部门审核并报同级人民政府批准后，在国家规定的范围内，调整单位缴纳的基本医疗保险费划入职工基本医疗保险统筹基金与职工基本医疗保险个人账户基金之间的比例。

第六章 账户管理

第三十九条 基金账户分为财政专户、收入户和支出户。

第四十条 实行经办机构征收社会保险费的地区，经办机构可以设立社会保险基金收入户。

收入户的主要用途是：暂存由经办机构征收的社会保险费收入；暂存上级经办机构下拨或下级经办机构上解的基金收入；暂存该账户利息收入；暂存社会保险基金转移收入以及其他收入等。收入户除向财政专户划转基金、向上级经办机构缴拨基金、原渠道退回保险费收入、退回转移收入等情形外不得发生其他支付业务。

实行税务机关征收社会保险费的地区税务机关不设收入户，基金及时划入财政专户。

收入户原则上月末无余额。

第四十一条 经办机构设立社会保险基金支出户。

支出户的主要用途是：接受财政专户拨入基金；暂存社会保险支付费用及该账户利息收入；支付基金支出款项；向财政专户缴入该账户利息收入；上解上级经办机构基金或下拨下级经办机构基金。

支出户除接受财政专户拨入的基金、上级经办机构拨付基金、暂存该账户利息收入、原渠道退回支付资金外，不得发生其他收入业务。

第四十二条 财政部门按照国家有关财政专户管理的规定设立财政专户。财政专户的主要用途是：接收税务机关或经办机构缴入的社会保险费收入；接收税务机关或收入户缴入的利息收入及其他收入；根据委托投资合同或有关计划接收和拨付投资运营基金；接收基金投资收益及支出户缴入的利息收入等；接收财政补贴收入；接收转移收入；接收上级财政专户划拨或下级财政专户上解基金；向上级或下级财政专户上缴或划拨基金；根据经办机构用款计划和预算向支出户拨付基金或按国家规定直接与有关机构办理基金结算；办理跨省异地就医结算业务；国家规定的其他用途。各级财政部门国库管理机构应当按月提供对账凭证，与社会保险经办机构核对账目。

第四十三条 财政专户发生的利息收入直接计入财政专户，收入户和支出户的利息收入定期缴入财政专户，且不得跨年。银行提供一式多联的利息通知单，同时送财政部门和经办机构分别记账。

财政部门应按月与经办机构沟通财政专户资金存储额变动情况，实现信息共享。

第四十四条 财政补贴收入由国库直接划入财政专户。专户银行出具一式多联原始凭证交财政部门和经办机构记账。

第四十五条 经办机构设立收入户的地区，在发生基金下拨业务时，根据经办机构的缴拨计划（简称缴拨计划，下同），财政部门应将基金从财政专户拨入同级经办机构的支出户，经下级经办机构收入户进入下级财政专户；在发生基金上缴业务时，财政部门应根据经办机构的缴拨计划，将基金从财政专户划入同级经办机构的支出户，经上级经办机构收入户进入上级财政专户。发生基金转移业务时，财政部门应根据经办机构的缴拨计划，将基金从财政专户划入同级经办机构支出户，经基金接收地经办机构收入户进入财政专户。

不设收入户的地区，发生基金上下级缴拨业务，财政部门应根据缴拨计划，将基金从上级财政专户拨入下级财政专户或从下级财政专户上解入上级财政专户。财政部门和经办机构凭财政专户缴拨凭证记账。在发生基金转移业务时，财政部门应根据缴拨计划，将基金从财政专户直接拨入基金接收地财政专户。

统筹层次较高、下级不设财政专户的地区，发生基金下拨业务时，上级财政部门应根据缴拨计划，将基金从财政专户拨入同级经办机构的支出户，再划入下级经办机构支出户。发生基金上缴业务时，从下级收入户直接上缴至上级收入户，再划入上级财政专户。

在发生跨省职工基本医疗保险和城乡居民基本医疗保险基金拨付业务时，财政部门应根据拨付计划，将基金从本省（区、市）省级财政专户直接划转拨入地省（区、市）省级财政专户。省本级不设财政专户的，可委托省会城市经办跨省社会保险基金拨付业务。

第四十六条 财政专户发生的收支，财政部门凭银行出具的原始凭证记账；银行出具一式多联原始凭证交财政部门和经办机构记账。

第四十七条 加强社会保险基金账户管理，清理归并社会保险基金收入户和支出户，根据业务工作实际情况，合理确定开户数量。新设经办机构原则上只开设一个收入户和一个支出户。

第四十八条 规范选择基金开户银行。根据资信状况、利率、网点分布、服务质量等相关因素，综合评定银行业金融机构管理服务水平，通过竞争性方式或集体决策方式，确定基金账户开户银行。

第四十九条 社会保险基金银行存款实行统一计息办法。对存入收入户和支出户的活期存款实行优惠利率，按三个月整存整取定期存款基准利率计息。对存入财政专户的存款，利率比照同期居民储蓄存款利率管理。

财政部门应按月或按季度商社会保险行政部门、经办机构制定财政专户资金购买国债和转存定期存款计划。

第七章 资产与负债

第五十条 资产包括基金运行过程中形成的现金、银行存款（含收入户存款、财政专户存款、国库存款、支出户存款）、投资、暂付款项、应收款项等。其中：暂付款包括总额预付资金、先行支付资金等。

经办机构和税务机关不得接受现金和现金支票、远期票据、有价证券等形式的缴费，支付基金采取安全高效的方式，减少现金支付。及时办理收付及存储手续，定期清理暂付款项。

财政部门、经办机构、税务机关定期对账，保证账账相符、账款相符。

确实无法收回的暂付款项，经统筹地区人民政府批准后核销。

第五十一条 负债包括基金运行过程中形成的借入款项、暂收款项、应付款项等。借入款项和暂收款项应定期清理、及时偿付。因债权人原因确实无法偿付的，经统筹地区财政部门批准后并入基金的其他收入。

第八章 基金决算

第五十二条 年度终了，统筹地区经办机构应按照规定编制年度社会保险基金决算草案，报同级社会保险行政部门审核汇总。经统筹地区财政部门审核并汇总编制，会同社会保险行政部门报本级人民政府审定后，提交同级人大常务委员会审查和批准。

第五十三条 统筹地区社会保险基金决算草案经本级人大常委会审批后，由同级财政部门、社会保险行政部门分别报送上级财政部门和社会保险行政部门。省级社会保险基金决算草案经省级人大常委会审批后，由省级财政部门、社会保险行政部门分别上报财政部、人力资源社会保障部和国家卫生计生委。

第五十四条 中央社会保险基金决算草案由人力资源社会保障部社会保险事业管理中心编制，报人力资源社会保障部审核汇总。经财政部审核并汇总编制，会同人力资源社会保障部报国务院审定后，提交全国人大常委会审查和批准。

第九章 监督检查

第五十五条 经办机构应当建立健全业务、财务、安全和风险管理制度，定期向社会公告基金收支、结余和收益情况，接受社会监督。

财政部门应当建立健全财政专户风险管理制度，定期向社会公告管理、存储结构、收益等情况，接受社会监督。

第五十六条 社会保险行政部门对社会保险基金的收支、管理和投资运营情况进行监督检查，发现存在问题的，应当提出整改建议，依法作出处理决定或者向有关行政部门提出处理建议。

财政部门、审计机关按照各自职责，对社会保险基金的收支、管理和运营情况实施监督。

第五十七条 社会保险行政部门、财政部门、审计部门应依法依规及时纠正社会保险基金管理中的违法违规行为，并采取以下措施：

（一）追回被截留、挤占、挪用、贪污的基金。

（二）退还多提、补足减免的基金。

（三）足额补发或追回违规支付的社会保险待遇支出。

（四）及时足额将收入户应缴未缴基金缴入财政专户。

（五）及时足额将财政专户基金拨付到支出户。

（六）及时足额将财政补助资金划入财政专户。

（七）停止违规投资运营行为，形成运营亏损的应向责任方追偿损失。

（八）国家法律法规和国务院社会保险行政部门、财政部门规定的其他处理办法。

第五十八条 对社会保险基金管理中的违法行为，按照《社会保险法》、《预算法》、《财政违法行为处罚处分条例》等法律法规追究法律责任。涉嫌犯罪的，依法移送司法机关处理。

第十章 附 则

第五十九条 基金专用票据由省级财政部门统一印制，有条件的地区可实行基金票据电子化管理。社会保险费由税务机关征收的，可使用税收缴款书、税收收入退还书、税收完税证明作为征收票据。

第六十条 经办机构经办的各类其他社会保险，基金财务管理参照本制度执行。

第六十一条 本制度由财政部、人力资源社会保障部、国家卫生计生委解释和修订。

第六十二条 本制度自2018年1月1日起施行。《财政部 劳动和社会保障部关于印发〈社会保险基金财务制度〉的通知》（财社字〔1999〕60号）、《财政部 劳动和社会保障部关于加强社会保险基金财务管理有关问题的通知》（财社〔2003〕47号）、《财政部 卫生部关于印发新型农村合作医疗基金财务制度的通知》（财社〔2008〕8号）、《财政部 人力资源社会保障部关于印发〈新型农村社会养老保险基金财务管理暂行办法〉的通知》（财社〔2011〕16号）、《财政部 人力资源社会保障部关于机关事业单位基本养老保险基金财务管理有关问题的通知》（财社〔2016〕101号）同时废止。

财政部　人力资源社会保障部关于印发《就业补助资金管理办法》的通知

2017年10月13日　财社〔2017〕164号

各省、自治区、直辖市、计划单列市财政厅（局）、人力资源社会保障厅（局），新疆生产建设兵团财务局、人力资源社会保障局：

为充分发挥就业补助资金作用，切实落实各项就业创业扶持政策，提高资金使用的安全性、规范性和有效性，根据《中华人民共和国预算法》《中华人民共和国就业促进法》等相关法律法规，我们制定了《就业补助资金管理办法》。现予印发，请遵照执行。

附件：就业补助资金管理办法

附件：

就业补助资金管理办法

第一章　总　　则

第一条　为落实好各项就业政策，规范就业补助资金管理，提高资金使用效益，根据《中华人民共和国预算法》《中华人民共和国就业促进法》等相关法律法规，制定本办法。

第二条　本办法所称就业补助资金是由县级以上人民政府设立，由本级财政部门会同人力资源社会保障部门（以下简称人社部门）管理，通过一般公共预算安排用于促进就业创业的专项资金。

第三条　就业补助资金管理应遵循以下原则：

（一）注重普惠，重点倾斜。落实国家普惠性的就业创业政策，重点支持就业困难群体就业创业，适度向中西部地区、就业工作任务重地区倾斜，促进各类劳动者公平就业，推动地区间就业协同发展。

（二）奖补结合，激励相容。优化机制设计，奖补结合，充分发挥各级政策执行部门、政策对象等积极性。

（三）易于操作，精准效能。提高政策可操作性和精准性，加强监督与控制，以绩效导向、结果导向强化就业补助资金管理。

第二章　资金支出范围

第四条　就业补助资金分为对个人和单位的补贴、公共就业服务能力建设补助两类。

对个人和单位的补贴资金用于职业培训补贴、职业技能鉴定补贴、社会保险补贴、公益性岗位补贴、创业补贴、就业见习补贴、求职创业补贴等支出；公共就业服务能力建设补助资金用于就业创业服务补助和高技能人才培养补助等支出。

同一项目就业补助资金补贴与失业保险待遇有重复的，个人和单位不可重复享受。

第五条　享受职业培训补贴的人员范围包括：贫困家庭子女、毕业年度高校毕业生（含技师学院高级工班、预备技师班和特殊教育院校职业教育类毕业生，下同）、城乡未继续升学的应届初高中毕业生、农村转移就业劳动者、城镇登记失业人员（以下简称五类人员），以及符合条件的企业职工。

职业培训补贴用于以下方面：

（一）五类人员就业技能培训和创业培训。对参加就业技能培训和创业培训的五类人员，培训后取得职业资格证书的（或职业技能等级证书、专项职业能力证书、培训合格证书，下同），给予一定标准的职业培训补贴。各地应当精准对接产业发展需求和受教育者需求，定期发布重点产业职业培训需求指导目录，对指导目录内的职业培训，可适当提高补贴标准。对为城乡未继续升学的应届初高中毕业生垫付劳动预备制培训费的培训机构，给予一定标准的职业培训补贴。其中农村学员和城市低保家庭学员参加劳动预备制培训的，同时给予一定标准的生活费补贴。

（二）符合条件的企业职工岗位技能培训。对企业新录用的五类人员，与企业签订 1 年以上期限劳动合同、并于签订劳动合同之日起 1 年内参加由企业依托所属培训机构或政府认定的培训机构开展岗位技能培训的，在取得职业资格证书后给予职工个人或企业一定标准的职业培训补贴。对按国家有关规定参加企业新型学徒制培训、技师培训的企业在职职工，培训后取得职业资格证书的，给予职工个人或企业一定标准的职业培训补贴。

（三）符合条件人员项目制培训。各地人社、财政部门可通过项目制方式，向政府认定的培训机构整建制购买就业技能培训或创业培训项目，为化解钢铁煤炭煤电行业过剩产能企业失业人员（以下简称去产能失业人员）、建档立卡贫困劳动力免费提供就业技能培训或创业培训。对承担项目制培训任务的培训机构，给予一定标准的职业培训补贴。

第六条 对通过初次职业技能鉴定并取得职业资格证书（不含培训合格证）的五类人员，给予职业技能鉴定补贴。对纳入重点产业职业资格和职业技能等级评定指导目录的，可适当提高补贴标准。

第七条 享受社会保险补贴的人员范围包括：符合《就业促进法》规定的就业困难人员和高校毕业生。

社会保险补贴用于以下方面：

（一）就业困难人员社会保险补贴。对招用就业困难人员并缴纳社会保险费的单位，以及通过公益性岗位安置就业困难人员并缴纳社会保险费的单位，按其为就业困难人员实际缴纳的基本养老保险费、基本医疗保险费和失业保险费给予补贴，不包括就业困难人员个人应缴纳的部分。对就业困难人员灵活就业后缴纳的社会保险费，给予一定数额的社会保险补贴，补贴标准原则上不超过其实际缴费的 2/3。就业困难人员社会保险补贴期限，除对距法定退休年龄不足 5 年的就业困难人员可延长至退休外，其余人员最长不超过 3 年（以初次核定其享受社会保险补贴时年龄为准）。

（二）高校毕业生社会保险补贴。对招用毕业年度高校毕业生，与之签订 1 年以上劳动合同并为其缴纳社会保险费的小微企业，给予最长不超过 1 年的社会保险补贴，不包括高校毕业生个人应缴纳的部分。对离校 1 年内未就业的高校毕业生灵活就业后缴纳的社会保险费，给予一定数额的社会保险补贴，补贴标准原则上不超过其实际缴费的 2/3，补贴期限最长不超过 2 年。

第八条 享受公益性岗位补贴的人员范围为就业困难人员，重点是大龄失业人员和零就业家庭人员。

对公益性岗位安置的就业困难人员给予岗位补贴，补贴标准参照当地最低工资标准执行。

公益性岗位补贴期限，除对距法定退休年龄不足 5 年的就业困难人员可延长至退休外，其余人员最长不超过 3 年（以初次核定其享受公益性岗位补贴时年龄为准）。

第九条 对首次创办小微企业或从事个体经营，且所创办企业或个体工商户自工商登记注册之日起正常运营 1 年以上的离校 2 年内高校毕业生、就业困难人员，试点给予一次性创业补贴。具体试点办法由省级财政、人社部门另行制定。

第十条 享受就业见习补贴的人员范围为离校 2 年内未就业高校毕业生，艰苦边远地区、老工业基地、国家级贫困县可扩大至离校 2 年内未就业中职毕业生。对吸纳上述人员参加就业见习的单位，给予一定标准的就业见习补贴，用于见习单位支付见习人员见习期间基本生活费、为见习人员办理人身意外伤害保险，以及对见习人员的指导管理费用。对见习人员见习期满留用率达到 50% 以上的单位，可适当提高见习补贴标准。

第十一条 对在毕业年度有就业创业意愿并积极求职创业的低保家庭、贫困残疾人家庭、建档立卡贫困家庭和特困人员中的高校毕业生，残疾及获得国家助学贷款的高校毕业生，给予一次性求职创业补贴。

第十二条 就业创业服务补助用于加强公共就业创业服务机构服务能力建设，重点支持信息网络系统建设及维护，公共就业创业服务机构及其与高校开展的招聘活动和创业服务，对创业孵化基地给予奖补，以及向社会购买基本就业创业服务成果。

第十三条 高技能人才培养补助重点用于高技能人才培训基地建设和技能大师工作室建设等支出。

第十四条 其他支出是指各地经省级人民政府批准，符合中央专项转移支付相关管理规定，确需新增的项目支出。

第十五条 就业补助资金中对个人和单位的补贴资金的具体标准，在符合以上原则规定的基础上，由省级财政、人社部门结合当地实际确定。各地要严格控制就业创业服务补助的支出比例。

第十六条 就业补助资金不得用于以下支出：

（一）办公用房建设支出。

（二）职工宿舍建设支出。

（三）购置交通工具支出。

（四）发放工作人员津贴补贴等支出。

（五）“三公”经费支出。

（六）普惠金融项下创业担保贷款（原小额担保贷款，下同）贴息及补充创业担保贷款基金相关支出。

（七）部门预算已安排支出。

（八）法律法规禁止的其他支出。

个人、单位按照本办法申领获得的补贴资金，具体用途可由申请人或申请单位确定，不受本条规定限制。

第三章 资金分配与下达

第十七条 中央财政就业补助资金实行因素法分配。

分配因素包括基础因素、投入因素和绩效因素三类。其中：

（一）基础因素主要根据劳动力人口等指标，重点考核就业工作任务量。

（二）投入因素主要根据地方政府就业补助资金的安排使用等指标，重点考核地方投入力度。

（三）绩效因素主要根据各地失业率和新增就业人数等指标，重点考核各地落实各项就业政策的成效。

每年分配资金选择的因素、权重、方式及增减幅上下限，可根据年度就业整体形势和工作任务重点适当调整。

第十八条 地方可对公共就业服务能力建设补助资金中的高技能人才培养补助资金，实行项目管理，各地人社部门应当编制高技能人才培养中长期规划，确定本地区支持的高技能人才重点领域。

各省级人社部门每年需会同财政部门组织专家对拟实施高技能人才培养项目进行评审，省级财政部门会同人社部门根据评审结果给予定额补助，评审结果需报人力资源社会保障部和财政部备案。

第十九条 财政部会同人力资源社会保障部于每年10月31日前将下一年度就业补助资金预计数下达至各省级财政和人社部门；每年在全国人民代表大会审查批准中央预算后90日内，正式下达中央财政就业补助资金预算。

第二十条 各省级财政、人社部门应在收到中央财政就业补助资金后30日内，正式下达到市、县级财政和人社部门；省、市级财政、人社部门应当将本级政府预算安排给下级政府的就业补助资金在本级人民代表大会批准预算后60日内正式下达到下级财政、人社部门。

地方各级财政、人社部门应对其使用的就业补助资金提出明确的资金管理要求，及时组织实施各项就业创业政策。

第二十一条 就业补助资金应按照财政部关于专项转移支付绩效目标管理的规定，做好绩效目标的设定、审核、下达工作。

第四章　资金申请与使用

第二十二条　职业培训补贴实行“先垫后补”和“信用支付”等办法。有条件的地区应探索为劳动者建立职业培训个人信用账户，鼓励劳动者自主选择培训机构和课程，并通过信用账户支付培训费用。

申请职业培训补贴资金根据资金的具体用途分别遵循以下要求：

（一）五类人员申请就业技能培训和创业培训补贴应向当地人社部门提供以下材料：《就业创业证》（或《就业失业登记证》、《社会保障卡》，下同）复印件、职业资格证书复印件、培训机构开具的行政事业性收费票据（或税务发票，下同）等。

（二）职业培训机构为城乡未继续升学的初高中毕业生、贫困家庭子女、城镇登记失业人员代为申请职业培训补贴的，还应提供以下材料：身份证复印件（城镇登记失业人员凭《就业创业证》复印件）、初高中毕业证书复印件、代为申请协议；城市低保家庭学员的生活费补贴申请材料还应附城市居民最低生活保障证明材料。

（三）符合条件的企业在职职工申请技能培训补贴应向当地人社部门提供以下材料：职业资格证书复印件、培训机构出具的行政事业性收费票据等。企业为在职职工申请新型学徒制培训补贴应提供以下材料：职业资格证书复印件、培训机构出具的行政事业性收费票据等。企业在开展技师培训或新型学徒制培训前，还应将培训计划、培训人员花名册、劳动合同复印件等有关材料报当地人社部门备案。

（四）职业培训机构为去产能失业人员、建档立卡贫困劳动力开展项目制培训的，申请补贴资金应向委托培训的人社部门提供以下材料：身份证复印件、职业资格证书复印件、培训机构开具的行政事业性收费票据、培训计划和大纲、培训内容和教材、授课教师信息、全程授课视频资料等。培训机构在开展项目制培训前，还应将培训计划和大纲、培训人员花名册等有关材料报当地人社部门备案。

上述申请材料经人社部门审核后，对五类人员和企业在职职工个人申请的培训补贴或生活费补贴资金，按规定支付到申请者本人个人银行账户或个人信用账户；对企业和培训机构代为申请或直补培训机构的培训补贴资金，按规定支付到企业和培训机构在银行开立的基本账户。

第二十三条　五类人员申请职业技能鉴定补贴应向当地人社部门提供以下材料：《就业创业证》复印件、职业资格证书复印件、职业技能鉴定机构开具的行政事业性收费票据（或税务发票）等。经人社部门审核后，按规定将补贴资金支付到申请者本人个人银行账户。

第二十四条　社会保险补贴实行“先缴后补”，并根据资金具体用途分别遵循以下要求：

（一）招用就业困难人员的单位和招用毕业年度高校毕业生的小微企业，申请社会保险补贴应向当地人社部门提供以下材料：符合条件人员名单、《就业创业证》复印件或毕业证书复印件、劳动合同复印件、社会保险费征缴机构出具的社会保险缴费明细账（单）等。

（二）灵活就业的就业困难人员和灵活就业的离校 1 年内高校毕业生，申请社会保险补贴应向当地人社部门提供以下材料：《就业创业证》复印件或毕业证书复印件、灵活就业证明材料、社会保险费征缴机构出具的社会保险缴费明细账（单）等。

（三）通过公益性岗位安置就业困难人员的单位，申请社会保险补贴应向当地人社部门提供以下材料：《就业创业证》复印件、享受社会保险补贴年限证明材料、社会保险费征缴机构出具的社会保险缴费明细账（单）等。

上述资金经人社部门审核后，按规定将补贴资金支付到单位在银行开立的基本账户或申请者本人个人银行账户。

第二十五条　通过公益性岗位安置就业困难人员的单位，申请公益性岗位补贴应向当地人社部门提供以下材料：《就业创业证》复印件、享受公益性岗位补贴年限证明材料、单位发放工资明细账（单）等。经人社部门审核后，按规定将补贴资金支付到单位在银行开立的基本账户或公益性岗位安置人员本人个人银行账户。

第二十六条 吸纳离校 2 年内未就业高校毕业生参加就业见习的单位，申请就业见习补贴应向当地人社部门提供以下材料：参加就业见习的人员名单、就业见习协议书、《就业创业证》复印件、毕业证书复印件、单位发放基本生活补助明细账（单）、为见习人员办理人身意外伤害保险发票复印件等。经人社部门审核后，按规定将补贴资金支付到单位在银行开立的基本账户。

第二十七条 符合条件的高校毕业生所在高校申请求职创业补贴应向当地人社部门提供以下材料：毕业生获得国家助学贷款（或享受低保、身有残疾、建档立卡贫困家庭、贫困残疾人家庭、特困救助供养）证明材料、毕业证书（或学籍证明）复印件等。申请材料经毕业生所在高校初审报当地人社部门审核后，按规定将补贴资金支付到毕业生本人个人银行账户。

第二十八条 县级以上财政、人社部门可通过就业创业服务补助资金，支持下级公共就业服务机构加强其人力资源市场信息网络系统建设。对于基层公共就业服务机构承担的免费公共就业服务和创业孵化基地开展的创业孵化服务，应根据工作量、专业性和成效等，给予一定的补助。对公共就业创业服务机构及其与高校开展的招聘活动和创业服务，应根据服务人数、成效和成本等，给予一定的补助。

县级以上财政、人社部门可按政府购买服务相关规定，向社会购买基本就业创业服务成果，具体范围和办法由省级财政、人社部门确定。

第二十九条 各地应当结合区域经济发展、产业振兴发展规划和新兴战略性产业发展的需要，依托具备高技能人才培训能力的职业培训机构和城市公共实训基地，建设高技能人才培训基地，重点开展高技能人才研修提升培训、高技能人才评价、职业技能竞赛、高技能人才课程研发、高技能人才成果交流等活动。

各地应当发挥高技能领军人才在带徒传技、技能攻关、技艺传承、技能推广等方面的重要作用，选拔行业、企业生产、服务一线的优秀高技能人才，依托其所在单位建设技能大师工作室，开展培训、研修、攻关、交流等技能传承提升活动。

高技能人才培养补助资金使用具体范围由省级财政、人社部门结合实际情况，按照现行规定确定。

第三十条 地方各级人社、财政部门应当进一步优化业务流程，积极推进网上申报、网上审核、联网核查。对能依托管理信息系统或与相关单位信息共享、业务协同获得的个人及单位信息、资料的，可直接审核拨付补贴资金，不再要求单位及个人报送纸质材料。

第三十一条 就业补助资金的支付，按财政国库管理制度相关规定执行。

第五章 资金管理与监督

第三十二条 地方各级财政、人社部门应当建立健全财务管理规章制度，强化内部财务管理，优化业务流程，加强内部风险防控。

地方各级人社部门应当建立和完善就业补助资金发放台账，做好就业补助资金使用管理的基础工作，有效甄别享受补贴政策人员和单位的真实性，防止出现造假行为。落实好政府采购等法律法规的有关规定，规范采购行为。加强信息化建设，将享受补贴人员、项目补助单位、资金标准、预算安排和执行等情况及时纳入管理信息系统，并实现与财政部门的信息共享。

第三十三条 各地财政、人社部门应当建立完善科学规范的绩效评价指标体系，积极推进就业补助资金的绩效管理。财政部和人力资源社会保障部应当根据各地就业工作情况，定期委托第三方进行就业补助资金绩效评价。地方各级财政、人社部门应当对本地区就业补助资金使用情况进行绩效评价，并将评价结果作为就业补助资金分配的重要依据。

第三十四条 各级财政部门应当加快资金拨付进度，减少结转结余。人社部门要按照本办法规定积极推动落实就业创业扶持政策，确保资金用出成效。

第三十五条 各级财政、人社部门应当将就业补助资金管理使用情况列入重点监督检查范围，有条件的地方，可聘请具备资质的社会中介机构开展第三方监督检查，自觉接受审计等部门的检查和社会监督。

第三十六条 地方各级财政、人社部门应当按照财政预决算管理的总体要求，做好年度预决算工作。

第三十七条 各级人社、财政部门应当做好信息公开工作，通过当地媒体、部门网站等向社会公开年度就业工作总体目标、工作任务完成、各项补贴资金的使用等情况。

各项补贴资金的使用情况公开内容包括：享受各项补贴的单位名称或人员名单（含身份证号码）、补贴标准及具体金额等。其中，职业培训补贴还应公开培训的内容、取得的培训成果等；公益性岗位补贴还应公开公益性岗位名称、设立单位、安置人员名单、享受补贴时间等；求职创业补贴应在各高校初审时先行在校内公示。

第三十八条 各级财政、人社部门应当建立就业补助资金“谁使用、谁负责”的责任追究机制。

各级财政、人社部门及其工作人员在就业补助资金的分配审核、使用管理等工作中，存在违反本办法规定的行为，以及其他滥用职权、玩忽职守、徇私舞弊等违法违纪行为的，依照《中华人民共和国预算法》《中华人民共和国公务员法》《中华人民共和国行政监察法》等国家有关法律法规追究相应责任。涉嫌犯罪的，依法移送司法机关处理。

对疏于管理、违规使用资金的地区，中央财政将相应扣减其下一年度就业补助资金；情节严重的，取消下一年度其获得就业补助资金的资格，并在全国范围内予以通报。

第六章 附 则

第三十九条 省级财政、人社部门可根据各地实际情况，依照本办法制定就业补助资金管理和使用的具体实施办法。

第四十条 本办法自发布之日起施行。《财政部 人力资源社会保障部关于印发〈就业补助资金管理暂行办法〉的通知》（财社〔2015〕290号）同时废止。

财政部 民政部关于印发《中央集中彩票公益金支持社会福利事业资金使用管理办法》的通知

2017年11月22日 财社〔2017〕237号

各省、自治区、直辖市、计划单列市财政厅（局）、民政厅（局），新疆生产建设兵团财务局、民政局：

为规范和加强中央集中彩票公益金支持社会福利事业资金管理，提高资金使用效益，根据国家相关法律法规和政策规定，特制定《中央集中彩票公益金支持社会福利事业资金使用管理办法》。现印发给你们，请遵照执行。

附件：中央集中彩票公益金支持社会福利事业资金使用管理办法

附件：

中央集中彩票公益金支持社会福利事业资金使用管理办法

第一章 总 则

第一条 为加强中央集中彩票公益金支持社会福利事业专项资金管理，提高资金使用效益，根据《彩票管理条例》、《彩票管理条例实施细则》、《彩票公益金管理办法》（财综〔2012〕15号），以及中央财政预算资金管理有关规定制定本办法。

第二条 本办法所称中央集中彩票公益金支持社会福利事业资金（以下简称彩票公益金）是根据国务院有关政策，从中央集中彩票公益金中，按一定比例安排用于民政领域社会福利事业发展的专项资金。

第三条 彩票公益金纳入政府性基金预算，由财政、民政部门按职责共同管理。财政部门负责审核民政部门报送的预算编制建议、批复预算，会同民政部门分配下达资金、对资金使用情况进行监督和绩效管理等。民政部门负责按资金使用范围编制资金预算建议、预算资金执行、项目日常管理等。

第四条 各级财政、民政部门应当加强彩票公益金与一般公共预算资金的衔接，统筹使用彩票公益金与一般公共预算资金。

第五条 彩票公益金使用管理应当严格执行国家法律法规和财务规章制度，接受财政、审计、民政等部门的监督和检查。

第二章　使用范围

第六条 彩票公益金的使用应当遵循福利彩票“扶老、助残、救孤、济困”的发行宗旨，主要用于资助为老年人、残疾人、儿童等特殊群体提供服务的社会福利项目，以及符合宗旨的其他社会公益项目。

第七条 彩票公益金用于老年人福利类项目预算总额不得低于彩票公益金总额的50%。重大政策调整涉及彩票公益金分配比例的，按照相关规定执行。

第八条 彩票公益金的使用应当严格按照有关规定，严禁虚报套取、挤占挪用，不得用于因公出国（境）费、公务接待费、公务用车购置及运行费、行政事业单位的基本支出、营利活动以及其他不符合规定用途的支出。

第三章　分配和使用管理

第九条 彩票公益金预算分为民政部项目支出预算和补助地方项目支出预算两部分，预算的编制、报送和审批分别执行中央部门预算和中央对地方转移支付预算管理制度，并实行中期财政规划管理。

第十条 民政部项目实行项目库管理，纳入项目库的项目原则上均应当通过评审，项目立项和预算申报应当严格执行中央部门预算管理有关规定，不与一般公共预算安排的项目交叉重复。

第十一条 补助地方项目资金分配应当以因素法为主，由民政部会同财政部确定资金分配原则，并提出分地区建议数，经财政部审核下达地方。

分配因素主要选取人口、区域、财力状况、相关机构数量、工作绩效等因素。不同项目资金分配可根据实际情况确定具体分配因素，并明确相应的权重。

第十二条 补助地方项目资金下达地方后，省级民政部门按照民政部、财政部确定的资金使用方向和分配原则，结合本地工作实际，提出资金分配方案，报同级财政部门审核后及时下拨资金。

第十三条 各级民政部门要严格按照财政部门批复的预算执行，不得擅自调整预算，不得截留、挤占、挪用资金。在预算执行过程中，如发生项目变更、终止，确需调整预算的，应当按照有关规定和程序进行审批。

各级民政部门、彩票公益金使用单位应当加强项目资金管理，加快预算执行进度，强化项目结项管理。

第十四条 彩票公益金的资金支付，按照国库集中支付制度有关规定执行。

第十五条 彩票公益金结转结余资金的使用和管理，按照财政部门有关结转结余资金的使用和管理办法执行。

第十六条 彩票公益金使用过程中涉及政府采购的，按照国家有关政府采购的规定执行。

第四章　信息公开

第十七条 各级民政部门、彩票公益金使用单位应当根据有关规定，公开彩票公益金使用规模、资助项目、执行情况和实际效果等相关信息，接受社会监督。

第十八条 每年3月底前，省级民政部门应当向本省财政部门报送上一年度彩票公益金使用情况。每年4月1日前，省级民政部门应当将上年度本省份使用中央补助地方彩票公益金的使用规模、资助项目、执行情况和实际效果等情况上报民政部。每年6月底前，民政部应当将上年度彩票公益金使用规模、资助项目、执行情况和实际效果等向社会公告。

第十九条 各级民政部门、彩票公益金使用单位应当按照有关规定设立、使用和管理彩票公益金资助标识。

第五章 绩效管理与监督检查

第二十条 各级民政、财政部门应当根据预算绩效管理相关要求，实施对彩票公益金的全过程预算绩效管理。所有民政部项目均应当按规定编制绩效目标，未按要求编制绩效目标的项目不得纳入项目库。

补助地方项目纳入中央对地方转移支付绩效管理，按规定编制该项资金绩效目标。各省份在收到中央补助资金后60日内将区域绩效目标报民政部、财政部备案，并抄送财政部驻各地财政监察专员办事处。省级财政、民政部门在对下分配资金时同步下达分区域或分项目绩效目标。

各级民政、财政部门应当在预算执行中开展绩效目标执行监控；在年度执行结束后，按要求组织开展绩效评价。绩效评价结果作为下一年度调整政策、改进管理、分配预算的参考和重要依据。

第二十一条 各级财政、民政部门应当加强彩票公益金项目资金管理使用的监督检查，确保资金专款专用。

第二十二条 民政部应当结合实际随机选取一定数量的项目和向下一级分配资金的项目，委托第三方审计机构开展审计。

第二十三条 对于彩票公益金使用管理中存在的各类财政违法行为，依照《预算法》、《预算法实施条例》、《财政违法行为处罚处分条例》和《彩票管理条例》等有关规定处理。

第二十四条 各级财政、民政部门及其工作人员，在彩票公益金使用管理活动中，存在违反本办法规定的行为，以及其他滥用职权、玩忽职守、徇私舞弊等违法违纪行为的，依照《预算法》、《公务员法》、《行政监察法》、《彩票管理条例》等国家有关规定追究相应责任；涉嫌犯罪的，依法移送司法机关处理。

第六章 附　　则

第二十五条 省级财政部门、民政部门可以参照本办法规定，结合本地实际，制定本地区彩票公益金管理办法。

第二十六条 本办法自印发之日起施行。原《社会福利基金使用管理暂行办法》（财社字〔1998〕第124号）同时废止。

省财政厅　省人力资源和社会保障厅关于贯彻财社〔2017〕83号文件全面推进社会保险基金信息共享的实施意见

2017年12月12日　鲁财社〔2017〕53号

各市财政局、人力资源社会保障局：

为深入贯彻《财政部　人力资源社会保障部关于地方财政部门与人力资源社会保障部门社会保险信息

共享的指导意见》（财社〔2017〕83号）精神，按照省政府关于全省政务信息系统整合共享的有关要求，现就运用信息化手段全面提升社会保险管理水平，推进社会保险信息共享提出以下实施意见。

一、充分认识社会保险信息共享的重要性

近年来，全省各级财政、人力资源社会保障部门积极推进社会保险管理信息化建设和信息共享，取得明显成效。人力资源社会保障公共服务“标准化、信息化、一体化”建设顺利实施，标准规范逐步统一，信息化管理应用能力不断增强，内部业务协同、外部协作和信息共享水平日益提高。部分市已完成社会保险信息系统智能化升级，业务流、档案流、资金流、控制流与信息流高度融合，为规范业务规程、实施管办分离、增强监控和精细化管理奠定了良好基础。但从全省情况看，尚存在地区间发展不平衡、数据集中层次不高、业务财务管理一体化推进慢等问题，亟需进一步加强社会保险信息共享，为强化社会保险管理控制、实施基金收支趋势分析、实现部门间信息共享提供更好的技术平台支撑。

各级财政、人力资源社会保障部门要全面贯彻落实省政府关于政务信息系统整合共享的部署要求，充分认识加强社会保险信息共享对建成覆盖全民、城乡统筹、权责清晰、保障适度、可持续的社会保障体系的重要性，坚持问题导向，按照兜底线、织密网、建机制的要求，充分运用大数据、云计算、移动互联网、人工智能等新技术，以优化统一业务流程、加强大数据应用、尽快实现省级集中为重点，大力推进技术融合、业务融合、数据融合，全面提升社会保险公共服务水平和信息共享能力，促进全省社会保险管理水平走在全国前列。

二、工作目标和主要任务

（一）工作目标

用3年左右时间，在总结各市试点经验、借鉴外省先进成果基础上，理顺统一全省社会保险业务财务一体化流程，建立全省社会保险业务管理信息系统和财务管理信息系统，推进全省社会保险业务财务数据省级集中、部门共享，实现跨层级、跨地域、跨系统、跨部门、跨业务的协同管理和服务，降低单位和个人参保缴费办事成本，促进政府决策科学化、社会治理精准化、公共服务高效化，为全省社会保险可持续发展提供技术和平台支撑。

（二）主要任务

1. 实现社会保险管理全程电子化。按照“线上办理是常态、线下办理是例外”的原则，进一步简化、优化、细化社会保险管理流程，建立社会保险经办机构、财政部门、经办银行社会保险基金收支信息实时传递机制，实现社会保险经办、管理、监督全程网上操作，业务财务数据实时共享，确保财务核算精准、高效。在省本级试点社会保险缴费电子票据，待条件成熟后在全省推广。规范社会保险基金收入户、财政专户、支出户之间基金划转信息传递程序，完善基金收支明细科目和核算口径，实现财政专户和经办机构收入户、支出户基金收支的同步核算。

2. 实现社会保险管理业务财务一体化。由人力资源社会保障部门牵头，通过社会保险业务管理系统与财务管理系统对接实现数据交互。社会保险经办机构办理的社会保险费征缴、待遇支付业务，由业务系统生成相关业务数据，通过系统接口传送至财务系统，财务系统自动生成相应银行指令，完成基金划转及待遇支付工作，自动生成财务信息，并与业务系统形成反馈。定期由财务系统自动汇集经办机构、银行、财政等单位信息进行对账，确保财务数据准确一致，自动生成明细账、总分类账、总账余额表、基金统计报表和财务分析报告。

3. 实现社会保险管理运行智能化分析监控。建立以大数据为基础的社会保险公共服务需求分析机制，聚合人口、就业、社会保险等数据资源，运用移动互联网、生物特征识别等技术，通过人力资源社会保障公共服务平台，为各类参保单位、个人提供参保缴费、待遇享受资格认定等更具个性化的主动服务，降低

服务对象人力、时间和财务成本。建立以大数据为基础的社会保险监管监控机制，加强部门间大数据资源的融合应用，全面高效筛查社会保险违法违规行为，提高监管监控的针对性和精准度。建立社会保险业务财务信息系统与社会保险基金预决算编报系统的数据传递机制。建立以大数据为基础的精算分析机制，通过信息系统相关数据建立相关分析模型，实时分析现行政策执行状况，科学预测未来基金收支趋势，合理规划基金收支政策。

4. 实现社会保险管理业务财务数据省级集中。规划建设山东省人力资源社会保障行业云计算支撑平台，在实现全省社会保险业务数据省级集中的基础上，推进实现各项社会保险财务数据省级平台统一操作、实时集中。

5. 实现部门间社会保险管理数据共享。财政部门与人力资源社会保障部门数据共享范围包括：（1）《人力资源社会保障统计报表制度》中的就业和社会保险统计数据。（2）社会保险基础数据，主要包括单位和职工参保缴费信息、居民参保缴费信息、待遇领取信息等。（3）收入户、支出户、财政专户社会保险基金财务数据。（4）财政社会保障资金信息管理系统相关数据，主要指财政部门使用的社会保障资金信息管理系统产生的相关数据。（5）其他经财政部门和同级人力资源社会保障部门协商一致的共享数据。具体数据见附件。

三、实施步骤

（一）2017 年底前，根据全省人力资源社会保障公共服务“标准化、信息化、一体化”建设要求，制定社会保险管理信息化建设标准、数据规范；梳理完成社会保险业务财务信息系统完善需求。

（二）2018 年 3 月底前，在全省范围内进一步规范社会保险基金管理流程，完善收入户、财政专户、支出户会计核算科目和财务核算规章制度。

（三）2018 年 3 月底前，结合现有“金保”工程和社会保险基金财务管理系统，制定省级集中的社会保险业务财务一体化系统建设方案。

（四）2018 年 8 月底前，完成省级数据集中平台搭建工作，对省级集中软硬件进行测试。选择部分市人力资源社会保障部门试点省级集中的社会保险业务一体化系统，在此基础上试点省级集中的财务系统。

（五）2018 年底前，在省级财政部门试点财政社会保障信息系统，进一步规范和完善财政系统内部社会保险基金核算流程。在省本级开展社会保险基金电子票据试点。

（六）2019 年 6 月底前，全省试运行省级集中的社会保险业务财务管理信息系统，建立完善财政、人力资源社会保障部门间业务衔接和信息共享机制。

（七）2020 年底前，全面完成全省社会保险业务财务数据省级集中工作。

四、保障措施

（一）加强组织领导。省人力资源社会保障厅、省财政厅和省社会保险事业局组织专门工作班子，制定工作方案，明确工作任务、责任、时限和要求，加强全省顶层制度设计和管理信息系统统一规划部署，制定全省社会保险业务财务数据归集方案，全力推进全省社会保险管理数据集中、信息共享。各市人力资源社会保障部门、财政部门和社会保险经办机构要严格按照省里要求，统一推进实施，与全省信息共享工作做好衔接。各级人力资源社会保障部门要与信息化建设主管部门、财政部门、经办银行加强沟通协作，保障全省数据集中整合工作按期完成。

（二）强化考核和结果运用。省人力资源社会保障厅、省财政厅对各市社会保险业务财务系统建设和数据省级集中工作进行考核，对工作进展迅速、成效显著的市在全省范围内进行通报表扬，对信息化建设推进不力、延误全省数据集中的市取消社会保险基金预决算评优资格，并进行通报批评。省级集中后，企业职工基本养老保险、失业保险、工伤保险等省级调剂金和居民基本养老保险、居民基本医疗保险中央和省级财政补助等资金，均依据各市集中数据进行审核拨付。

（三）保障数据安全。严格落实信息安全等级保护、风险评估等网络安全制度，明确数据采集、传输、存储、使用等各环节的责任主体和具体要求，完善安全保密管理措施，强化数据使用权限控制，切实保障数据安全。加强网络防攻击、防泄露、防窃取的监测、预警、控制和应急处置能力建设，构建全方位、多层次的数据安全防护网，确保网络安全和信息安全。

附件：社会保险共享信息目录

附件：

社会保险共享信息目录

序号	信息资源名称	主要数据内容	备注
1	《人力资源社会保障统计报表制度》	就业和社会保险统计数据	
2	职工参保缴费信息	单位和职工参保登记信息 单位和职工参保缴费信息 社会保险待遇发放信息	数据库（oracle）
3	居民参保缴费信息	居民参保登记信息 居民参保缴费信息 社会保险待遇发放信息	数据库（oracle）
4	社会保险基金收入户和支出户财务信息	收入户和支出户开户信息 收入户和支出户收支信息，包括资产负债表、总账、明细账等 社会保险基金收入预算执行情况 社会保险基金支出预算执行情况	
5	社会保险基金财政专户财务信息	财政专户开户信息 财政专户收支信息，包括资产负债表、总账、明细账等 社会保险基金保值增值信息	
6	就业和社会保险方面财政预算安排情况	财政资金预算安排情况 财政资金分配情况 财政资金拨入专户情况	
7	社会保险基金预决算	社会保险基金预算 社会保险基金决算 社会保险基金预算调整 社会保险基金预算执行季报	

工贸发展类

国务院办公厅关于印发自由贸易试验区外商投资准入特别管理措施（负面清单）（2017年版）的通知

2017年6月5日　国办发〔2017〕51号

各省、自治区、直辖市人民政府，国务院各部委、各直属机构：

《自由贸易试验区外商投资准入特别管理措施（负面清单）（2017年版）》已经国务院同意，现印发给你们。此次修订进一步放宽外商投资准入，是实施新一轮高水平对外开放的重要举措。各地区、各部门要认真贯彻执行，增强服务意识，提高监管水平，有效防控风险。实施中的重大问题，要及时向国务院请示报告。

《自由贸易试验区外商投资准入特别管理措施（负面清单）（2017年版）》自2017年7月10日起实施。2015年4月8日印发的《自由贸易试验区外商投资准入特别管理措施（负面清单）》同时废止。

附件：自由贸易试验区外商投资准入特别管理措施（负面清单）（2017年版）

附件：

自由贸易试验区外商投资准入特别管理措施（负面清单）（2017年版）

说　明

一、《自由贸易试验区外商投资准入特别管理措施（负面清单）（2017年版）》（以下简称《自贸试验区负面清单》）依据现行有关法律法规制定，已经国务院批准，现予以发布。负面清单列明了不符合国民待遇等原则的外商投资准入特别管理措施，适用于自由贸易试验区（以下简称自贸试验区）。

二、《自贸试验区负面清单》依据《国民经济行业分类》（GB/T 4754—2011）划分为15个门类、40个条目、95项特别管理措施，与上一版相比，减少了10个条目、27项措施。其中特别管理措施包括具体行业措施和适用于所有行业的水平措施。

三、《自贸试验区负面清单》中未列出的与国家安全、公共秩序、公共文化、金融审慎、政府采购、补贴、特殊手续、非营利组织和税收相关的特别管理措施，按照现行规定执行。自贸试验区内的外商投资涉及国家安全的，须按照《自由贸易试验区外商投资国家安全审查试行办法》进行安全审查。

四、《自贸试验区负面清单》之内的非禁止投资领域，须进行外资准入许可。《自贸试验区负面清单》之外的领域，在自贸试验区内按照内外资一致原则实施管理。

五、香港特别行政区、澳门特别行政区、台湾地区投资者在自贸试验区内投资参照《自贸试验区负面清单》执行。内地与香港特别行政区、澳门特别行政区关于建立更紧密经贸关系的安排及其补充协议，《海峡两岸经济合作框架协议》，我国签署的自贸协定中适用于自贸试验区并对符合条件的投资者有更优惠的开放措施的，按照相关协议或协定的规定执行。

自由贸易试验区外商投资准入特别管理措施（负面清单）（2017年版）

序号	领域	特别管理措施
一、农、林、牧、渔业		
（一）	种业	1. 禁止投资中国稀有和特有的珍贵优良品种的研发、养殖、种植以及相关繁殖材料的生产（包括种植业、畜牧业、水产业的优良基因）。 2. 禁止投资农作物、种畜禽、水产苗种转基因品种选育及其转基因种子（苗）生产。 3. 农作物新品种选育和种子生产须由中方控股。 4. 未经批准，禁止采集农作物种质资源。
（二）	渔业	5. 在中国境内及其管辖水域从事渔业活动，须经中国政府批准；不得注册登记中国籍渔业船舶。
二、采矿业		
（三）	专属经济区、大陆架和其他管辖海域勘探开发	6. 对中国专属经济区、大陆架和其他管辖海域的勘查、钻探、开发活动，须经中国政府批准。
（四）	石油和天然气开采及开采辅助活动	7. 投资石油、天然气、煤层气的勘探、开发，须通过与中国政府批准的具有对外合作专营权的油气公司签署产品分成合同方式进行。
（五）	有色金属矿和非金属矿采选和开采辅助活动	8. 禁止投资稀土勘查、开采及选矿；未经允许，禁止进入稀土矿区或取得矿山地质资料、矿石样品及生产工艺技术。 9. 禁止投资钨、钼、锡、锑、萤石的勘查、开采。 10. 禁止投资放射性矿产的勘查、开采、选矿。
（六）	金属矿及非金属矿采选	11. 石墨的勘查、开采。
三、制造业		
（七）	航空制造	12. 干线、支线飞机设计、制造与维修，须由中方控股；6吨9座（含）以上通用飞机设计、制造与维修，限于合资、合作；地面、水面效应飞机制造及无人机、浮空器设计与制造，须由中方控股。
（八）	船舶制造	13. 船舶（含分段）修理、设计与制造须由中方控股。
（九）	汽车制造	14. 汽车整车、专用汽车制造，中方股比不低于50%；同一家外商可在国内建立两家以下（含两家）生产同类（乘用车类、商用车类）整车产品的合资企业，如与中方合资伙伴联合兼并国内其他汽车生产企业可不受两家的限制。
（十）	通信设备制造	15. 卫星电视广播地面接收设施及关键件生产。
（十一）	有色金属冶炼和压延加工及放射性矿产冶炼、加工	16. 钨冶炼。 17. 稀土冶炼、分离限于合资、合作。 18. 禁止投资放射性矿产冶炼、加工。
（十二）	中药饮片加工及中成药生产	19. 禁止投资中药饮片的蒸、炒、炙、煅等炮制技术的应用及中成药保密处方产品的生产。
（十三）	核燃料及核辐射加工	20. 核燃料、核材料、铀产品以及相关核技术的生产经营和进出口由具有资质的中央企业实行专营。 21. 国有或国有控股企业才可从事放射性固体废物处置活动。
（十四）	其他制造业	22. 禁止投资象牙雕刻、虎骨加工、宣纸和墨锭生产等民族传统工艺。
四、电力、热力、燃气及水生产和供应业		
（十五）	核力发电	23. 核电站的建设、经营须由中方控股。
（十六）	管网设施	24. 城市人口50万以上的城市燃气、热力和供排水管网的建设、经营须由中方控股。 25. 电网的建设、经营须由中方控股。
五、批发和零售业		
（十七）	专营及特许经营	26. 禁止投资烟叶、卷烟、复烤烟叶及其他烟草制品的生产、批发、零售、进出口。 27. 对中央储备粮（油）实行专营制度。中国储备粮管理总公司具体负责中央储备粮（油）的收购、储存、经营和管理。 28. 对免税商品销售业务实行特许经营和集中统一管理。 29. 对彩票发行、销售实行特许经营，禁止在中华人民共和国境内发行、销售境外彩票。

续表

序号	领域	特别管理措施
六、交通运输、仓储和邮政业		
（十八）	铁路运输	30. 铁路干线路网的建设、经营须由中方控股。 31. 铁路旅客运输公司须由中方控股。
（十九）	水上运输	32. 水上运输公司（上海自贸试验区内设立的国际船舶运输企业除外）须由中方控股，且不得经营或以租用中国籍船舶或者舱位等方式变相经营国内水路运输业务及其辅助业务（包括国内船舶管理、国内船舶代理、国内水路旅客运输代理和国内水路货物运输代理业务等）。 33. 水路运输经营者不得使用外国籍船舶经营国内水路运输业务，但经中国政府批准，在国内没有能够满足所申请运输要求的中国籍船舶，并且船舶停靠的港口或者水域为对外开放的港口或者水域的情况下，水路运输经营者可以在中国政府规定的期限或者航次内，临时使用外国籍船舶经营中国港口之间的海上运输和拖航。 34. 国际、国内船舶代理企业外资股比不超过51%。
（二十）	航空客货运输	35. 公共航空运输企业须由中方控股，单一外国投资者（包括其关联企业）投资比例不超过25%。企业法定代表人须由中国籍公民担任。只有中国公共航空运输企业才能经营国内航空服务（国内载运权），并作为中国指定承运人提供定期和不定期国际航空服务。
（二十一）	通用航空服务	36. 通用航空企业限于合资，除专门从事农、林、渔作业的通用航空企业以外，其他通用航空企业须由中方控股。企业法定代表人须由中国籍公民担任。外籍航空器或者外籍人员使用中国航空器在中国境内进行通用航空飞行活动须取得批准。
（二十二）	机场与空中交通管理	37. 禁止投资和经营空中交通管制系统。 38. 民用机场的建设、经营须由中方相对控股。
（二十三）	邮政业	39. 禁止投资邮政企业和经营邮政服务。 40. 禁止投资经营信件的国内快递业务。
七、信息传输、软件和信息技术服务业		
（二十四）	电信	41. 电信公司限于从事中国入世承诺开放的电信业务，其中：增值电信业务（电子商务除外）外资比例不超过50%，基础电信业务经营者须为依法设立的专门从事基础电信业务的公司，且公司国有股权或股份不少于51%（上海自贸试验区原有区域〔28.8平方公里〕按既有政策执行）。
（二十五）	互联网和相关服务	42. 禁止投资互联网新闻信息服务、网络出版服务、网络视听节目服务、网络文化经营（音乐除外）、互联网公众发布信息服务（上述服务中，中国入世承诺中已开放的内容除外）。 43. 禁止从事互联网地图编制和出版活动（上述服务中，中国入世承诺中已开放的内容除外）。 44. 互联网新闻信息服务单位与外国投资者进行涉及互联网新闻信息服务业务的合作，应报经中国政府进行安全评估。
八、金融业		
（二十六）	银行服务	45. 境外投资者投资银行业金融机构，应为金融机构或特定类型机构。具体要求： （1）外商独资银行股东、中外合资银行外方股东应为金融机构，且外方唯一或者控股/主要股东应为商业银行； （2）投资中资商业银行、信托公司的应为金融机构； （3）投资农村商业银行、农村合作银行、农村信用（合作）联社、村镇银行的应为境外银行； （4）投资金融租赁公司的应为金融机构或融资租赁公司； （5）消费金融公司的主要出资人应为金融机构； （6）投资货币经纪公司的应为货币经纪公司； （7）投资金融资产管理公司的应为金融机构，且不得参与发起设立金融资产管理公司； （8）法律法规未明确的应为金融机构。 46. 境外投资者投资银行业金融机构须符合一定数额的总资产要求，具体要求如下： （1）取得银行控股权益的外国投资者，以及投资中资商业银行、农村商业银行、农村合作银行、村镇银行、贷款公司和其他银行的外国投资者，提出申请前1年年末总资产应不少于100亿美元； （2）投资农村信用（合作）联社、信托公司的外国投资者，提出申请前1年年末总资产应不少于10亿美元；

续表

序号	领域	特别管理措施
（二十六）	银行服务	（3）拟设分行的外国银行，提出申请前 1 年年末总资产应不少于 200 亿美元； （4）在中国境外注册的具有独立法人资格的融资租赁公司作为金融租赁公司发起人，最近 1 年年末总资产应不低于 100 亿元人民币或等值的可自由兑换货币； （5）法律法规未明确不适用的其他银行业金融机构的境外投资者，提出申请前 1 年年末总资产应不少于 10 亿美元。 47. 境外投资者投资货币经纪公司须从事货币经纪业务 20 年以上，并具有从事货币经纪业务所必需的全球机构网络和资讯通信网络等特定条件。 48. 单个境外金融机构及被其控制或共同控制的关联方作为发起人或战略投资者向单个中资商业银行、农村商业银行、农村合作银行、农村信用（合作）联社、金融资产管理公司等银行业金融机构投资入股比例不得超过 20%，多个境外金融机构及被其控制或共同控制的关联方作为发起人或战略投资者向单个中资商业银行、农村商业银行、农村合作银行、农村信用（合作）联社、金融资产管理公司等银行业金融机构投资入股比例合计不得超过 25%。 49. 除符合股东机构类型要求和资质要求外，外资银行还受限于以下条件： （1）外国银行分行不可从事《中华人民共和国商业银行法》允许经营的“代理收付款项”、“从事银行卡业务”，除可以吸收中国境内公民每笔不少于 100 万元人民币的定期存款外，外国银行分行不得经营对中国境内公民的人民币业务； （2）外国银行分行应当由总行无偿拨付不少于 2 亿元人民币或等值的自由兑换货币，营运资金的 30% 应以指定的生息资产形式存在，以定期存款形式存在的生息资产应当存放在中国境内 3 家或 3 家以下的中资银行； （3）外国银行分行营运资金加准备金等项之和中的人民币份额与其人民币风险资产的比例不可低于 8%。
（二十七）	资本市场服务	50. 期货公司外资比例不超过 49%。 51. 证券公司外资比例不超过 49%。 52. 单个境外投资者持有（包括直接持有和间接控制）上市内资证券公司股份的比例不超过 20%；全部境外投资者持有（包括直接持有和间接控制）上市内资证券公司股份的比例不超过 25%。 53. 证券投资基金管理公司外资比例不超过 49%。 54. 不得成为证券交易所的普通会员和期货交易所的会员。 55. 除中国政府另有规定的情况外，不得申请开立 A 股证券账户以及期货账户。
（二十八）	保险业	56. 寿险公司外资比例不超过 50%；境内保险公司合计持有保险资产管理公司的股份不低于 75%。 57. 向保险公司投资入股，全部外资股东出资或者持股比例占公司注册资本不足 25% 的，全部外资股东应为境外金融机构（通过证券交易所购买保险公司股票的除外），提出申请前 1 年年末总资产不少于 20 亿美元。 申请设立外资保险公司的外国保险公司，应当具备下列条件： （1）经营保险业务 30 年以上； （2）在中国境内已经设立代表机构 2 年以上； （3）提出设立申请前 1 年年末总资产不少于 50 亿美元。
九、租赁和商务服务业		
（二十九）	法律服务	58. 外国律师事务所只能以代表机构的方式进入中国，在华设立代表机构、派驻代表，须经中国司法行政部门许可。 59. 禁止从事中国法律事务，不得成为国内律师事务所合伙人。 60. 外国律师事务所驻华代表机构不得聘用中国执业律师，聘用的辅助人员不得为当事人提供法律服务。
（三十）	咨询与调查	61. 禁止投资社会调查。 62. 市场调查限于合资、合作，其中广播电视收听、收视调查须由中方控股。
十、科学研究和专业技术服务		
（三十一）	专业技术服务	63. 禁止投资大地测量、海洋测绘、测绘航空摄影、行政区域界线测绘，地形图、世界政区地图、全国政区地图、省级及以下政区地图、全国性教学地图、地方性教学地图和真三维地图编制，导航电子地图编制，区域性的地质填图、矿产地质、地球物理、地球化学、水文地质、环境地质、地质灾害、遥感地质等调查。 64. 测绘公司须由中方控股。 65. 禁止投资人体干细胞、基因诊断与治疗技术的开发和应用。 66. 禁止设立和运营人文社会科学研究机构。

续表

序号	领域	特别管理措施
十一、水利、环境和公共设施管理业		
（三十二）	野生动植物资源保护	67. 禁止投资国家保护的原产于中国的野生动植物资源开发。 68. 禁止采集或收购国家重点保护野生动植物和微生物资源。
十二、教育		
（三十三）	教育	69. 外国教育机构、其他组织或者个人不得单独设立以中国公民为主要招生对象的学校及其他教育机构（不包括非学制类职业技能培训）。 70. 外国教育机构可以同中国教育机构合作举办以中国公民为主要招生对象的教育机构，中外合作办学者可以合作举办各级各类教育机构，但是： （1）不得举办实施义务教育机构； （2）外国宗教组织、宗教机构、宗教院校和宗教教职人员不得在中国境内从事合作办学活动，中外合作办学机构不得进行宗教教育和开展宗教活动；不得在中国境内投资宗教教育机构； （3）普通高中教育机构、高等教育机构和学前教育须由中方主导（校长或者主要行政负责人应当具有中国国籍，在中国境内定居；理事会、董事会或者联合管理委员会的中方组成人员不得少于1/2；教育教学活动和课程教材须遵守我国相关法律法规及有关规定）。
十三、卫生和社会工作		
（三十四）	卫生	71. 医疗机构限于合资、合作。
十四、文化、体育和娱乐业		
（三十五）	广播电视播出、传输、制作、经营	72. 禁止投资设立和经营各级广播电台（站）、电视台（站）、广播电视频率频道和时段栏目、广播电视传输覆盖网（广播电视发射台、转播台〔包括差转台、收转台〕、广播电视卫星、卫星上行站、卫星收转站、微波站、监测台〔站〕及有线广播电视传输覆盖网等），禁止从事广播电视视频点播业务和卫星电视广播地面接收设施安装服务。 73. 禁止投资广播电视节目制作经营公司。 74. 对境外卫星频道落地实行审批制度。禁止投资电影及广播电视节目的引进业务，引进境外影视剧和以卫星传送方式引进其他境外电视节目由新闻出版广电总局指定的单位申报。 75. 对中外合作制作电视剧（含电视动画片）实行许可制度。
（三十六）	新闻出版、广播影视、金融信息	76. 禁止投资设立通讯社、报刊社、出版社以及新闻机构。 77. 外国新闻机构在中国境内设立常驻新闻机构、向中国派遣常驻记者，须经中国政府批准。 78. 外国通讯社在中国境内提供新闻的服务业务须由中国政府审批。 79. 禁止投资经营图书、报纸、期刊、音像制品和电子出版物的编辑、出版、制作业务；禁止经营报刊版面。但经中国政府批准，在确保合作中方的经营主导权和内容终审权并遵守中国政府批复的其他条件下，中外出版单位可进行新闻出版中外合作项目。 80. 中外新闻机构业务合作须中方主导，且须经中国政府批准。 81. 出版物印刷须由中方控股。 82. 未经中国政府批准，禁止在中国境内提供金融信息服务。 83. 境外传媒（包括外国和港澳台地区报社、期刊社、图书出版社、音像出版社、电子出版物出版公司以及广播、电影、电视等大众传播机构）不得在中国境内设立代理机构或编辑部。未经中国政府批准，不得设立办事机构，办事机构仅可从事联络、沟通、咨询、接待服务。
（三十七）	电影制作、发行、放映	84. 禁止投资电影制作公司、发行公司、院线公司，但经批准，允许中外企业合作摄制电影。 85. 电影院的建设、经营须由中方控股。放映电影片，应当符合中国政府规定的国产电影片与进口电影片放映的时间比例。放映单位年放映国产电影片的时间不得低于年放映电影片时间总和的2/3。
（三十八）	文物及非物质文化遗产保护	86. 禁止投资和经营文物拍卖的拍卖企业、文物购销企业。 87. 禁止投资和运营国有文物博物馆。 88. 禁止不可移动文物及国家禁止出境的文物转让、抵押、出租给外国人。 89. 禁止设立与经营非物质文化遗产调查机构。 90. 境外组织或个人在中国境内进行非物质文化遗产调查和考古调查、勘探、发掘，应采取与中国合作的形式并经专门审批许可。
（三十九）	文化娱乐	91. 禁止设立文艺表演团体。 92. 演出经纪机构须由中方控股（为设有自贸试验区的省市提供服务的除外）。

续表

序号	领域	特别管理措施
十五、所有行业		
（四十）	所有行业	93. 不得作为个体工商户、个人独资企业投资人、农民专业合作社成员，从事经营活动。 94.《外商投资产业指导目录》中的禁止类以及标注有“限于合资”、“限于合作”、“限于合资、合作”、“中方控股”、“中方相对控股”和有外资比例要求的项目，不得设立外商投资合伙企业。 95. 境内公司、企业或自然人以其在境外合法设立或控制的公司并购与其有关联关系的境内公司，涉及外商投资项目和企业设立及变更事项的，按现行规定办理。

自由贸易试验区外商投资准入特别管理措施（负面清单）（2017年版）比上一版减少的措施

大类	领域	比上一版减少的特别管理措施
采矿业	金属矿及非金属矿采选	1. 贵金属（金、银、铂族）勘查、开采，属于限制类。
		2. 锂矿开采、选矿，属于限制类。
制造业	航空制造	3. 3吨级及以上民用直升机设计与制造需中方控股。
		4. 6吨9座以下通用飞机设计、制造与维修限于合资、合作。
	船舶制造	5. 船用低、中速柴油机及曲轴制造，须由中方控股。
		6. 海洋工程装备（含模块）制造与修理，须由中方控股。
	汽车制造	7. 新建纯电动乘用车生产企业生产的产品须使用自有品牌，拥有自主知识产权和已授权的相关发明专利。
	轨道交通设备制造	8. 轨道交通运输设备制造限于合资、合作（与高速铁路、铁路客运专线、城际铁路配套的乘客服务设施和设备的研发、设计与制造，与高速铁路、铁路客运专线、城际铁路相关的轨道和桥梁设备研发、设计与制造，电气化铁路设备和器材制造，铁路客车排污设备制造等除外）。
		9. 城市轨道交通项目设备国产化比例须达到70%及以上。
	通信设备制造	10. 民用卫星设计与制造、民用卫星有效载荷制造须由中方控股。
	矿产冶炼和压延加工	11. 钨、锡（锡化合物除外）、锑（含氧化锑和硫化锑）等稀有金属冶炼属于限制类。
	医药制造	12. 禁止投资列入《野生药材资源保护管理条例》和《中国稀有濒危保护植物名录》的中药材加工。
交通运输业	道路运输	13. 公路旅客运输公司属于限制类。
	水上运输	14. 外轮理货属于限制类，限于合资、合作。
信息技术服务业	互联网和相关服务	15. 禁止投资互联网上网服务营业场所。
金融业	银行服务	16. 外国银行分行不可从事《中华人民共和国商业银行法》允许经营的“代理发行、代理兑付、承销政府债券”。
		17. 外资银行获准经营人民币业务须满足最低开业时间要求。
		18. 境外投资者投资金融资产管理公司须符合一定数额的总资产要求。
	保险业务	19. 非经中国保险监管部门批准，外资保险公司不得与其关联企业从事再保险的分出或者分入业务。
租赁和商务服务业	会计审计	20. 担任特殊普通合伙会计师事务所首席合伙人（或履行最高管理职责的其他职务），须具有中国国籍。
	统计调查	21. 实行涉外调查机构资格认定制度和涉外社会调查项目审批制度。
		22. 评级服务属于限制类。
	其他商务服务	23. 因私出入境中介机构法定代表人须为具有境内常住户口、具有完全民事行为能力的中国公民。

续表

大类	领域	比上一版减少的特别管理措施
教育	教育	24. 不得举办实施军事、警察、政治和党校等特殊领域教育机构。
文化、体育和娱乐业	新闻出版、广播影视、金融信息	25. 禁止从事美术品和数字文献数据库及其出版物等文化产品进口业务（上述服务中，中国入世承诺中已开放的内容除外）。
	文化娱乐	26. 演出经纪机构属于限制类，须由中方控股（由“为本省市提供服务的除外”调整为“为设有自贸试验区的省份提供服务的除外”）。
		27. 大型主题公园的建设、经营属于限制类。

* 注：《自由贸易试验区外商投资准入特别管理措施（负面清单）（2017 年版）》与上一版相比，共减少了 10 个条目、27 项措施。其中，减少的条目包括轨道交通设备制造、医药制造、道路运输、保险业务、会计审计、其他商务服务等 6 条，同时整合减少了 4 条。

财政部　工业和信息化部关于印发《电信普遍服务补助资金管理试点办法》的通知

2017 年 6 月 6 日　财建〔2017〕299 号

各省、自治区、直辖市、计划单列市财政厅（局）、工业和信息化主管部门、通信管理局，新疆生产建设兵团财务局、工业和信息化主管部门：

为贯彻落实“宽带中国”战略，推动农村及偏远地区宽带建设发展，中央财政设立了电信普遍服务补助资金。为进一步规范该资金的管理和使用，提高资金使用效益，财政部、工业和信息化部制定了《电信普遍服务补助资金管理试点办法》，现予印发，请遵照执行。

附件：电信普遍服务补助资金管理试点办法

附件：

电信普遍服务补助资金管理试点办法

第一章　总　　则

第一条　为规范电信普遍服务补助资金试点工作的管理，提高资金使用效益，根据《中华人民共和国预算法》《中华人民共和国政府采购法》等国家有关法律法规，制定本办法。

第二条　本办法所称电信普遍服务资金是指中央财政安排的，用于电信普遍服务试点工作中支持农村及偏远地区宽带网络建设覆盖及运行维护的资金。

第三条　电信普遍服务资金遵循公开透明、公平公正、重点突出、加强监督的原则，由财政部、工业和信息化部按职责共同管理。

（一）财政部会同工业和信息化部确定专项资金支持重点，负责专项资金的预算管理、资金拨付、资金执行情况监管等。

（二）工业和信息化部负责组织试点工作申报和实施工作，会同财政部组织开展试点工作专项检查等。

第二章　资金支持范围及管理

第四条　为加快推进农村地区宽带网络建设覆盖，助力实现2020年98%的行政村通光纤、农村宽带接入能力超过12Mbps等战略目标，电信普遍服务资金重点支持以下三方面工作：

（一）用于支持未通宽带的行政村开展光纤到村建设，确保宽带接入能力达到12Mbps及以上；

（二）用于支持已通宽带但接入能力不足12Mbps的行政村开展光纤到村升级改造；

（三）用于支持电信普遍服务实施企业对试点建设提供6年运行维护保障。

第五条　电信普遍服务补助资金由财政部列入中央对地方专项转移支付，资金调度按照上下级财政间库款调度管理有关规定执行，资金支付按照国库集中支付制度的有关规定执行。

第三章　资金申报及使用

第六条　工业和信息化部、财政部根据《“宽带中国”战略》《国民经济和社会发展第十三个五年规划纲要》等相关目标要求，根据试点进度分批发布申报指南组织实施，明确电信普遍服务补助资金支持重点、试点资金申报、分配、下达等相关工作要求。

第七条　工业和信息化部、财政部按照“公平公正、公开透明”原则，采用专家评审的方式，结合各地市申报方案及政策支持情况，遴选年度试点行政村范围。财政部确定普遍服务预算年度补助规模，并一次性下达至各省（区、市）财政厅（局）。

第八条　各省（区、市）通信管理局、财政厅（局）根据《中华人民共和国政府采购法》等法律法规，通过公开招投标等方式确定电信普遍服务试点工作实施企业，并与企业签订合同。

第九条　电信普遍服务试点工作中标企业应对收到的财政补助资金专教专用、实行专项管理，按照国家统一财务、会计制度有关规定核算、处理。

第十条　各省（区、市）财政厅（局）要按照《财政部关于进一步加强财政支出预算执行管理的通知》（财预〔2014〕85号）要求，在电信普遍服务试点工作合同签订后，按规定及时支付资金，提高财政资金使用效益。

第十一条　在试点工作实施过程中，对企业利用自有资金建设、行政区划调整等原因追成试点范围调整，或已从其他渠道获中央财政资金支持，导致符合试点条件的行政村较申报试点行政村数量减少的，应按规定程序向工业和信息化部、财政部报备调整，由此剩余的中央财政补助资金予以统一收回，不得再用于试点地市网络建设工作。

第十二条　在试点工作招投标中，因中标价低于招标价等原因形成的剩余资金，由省（区、市）财政厅（局）、通信管理局会同工业和信息化主管部门研究用于试点地区内统筹推进电信普遍服务工作，且使用方案应按规定向工业和信息化部、财政部报备。对试点工作形成的结余资金，严格按照《中央对地方专项转移支付管理办法》有关规定执行。

第四章　监督检查及问责

第十三条　工业和信息化部负责对电信普遍服务试点工作执行情况实施监管，必要时组织专家进行试点工作监督检查。地方省级通信管理局应加强对电信普遍服务试点申报、核实行政村数里、确定承担企业、竣工验收等环节的组织、协调和管理工作，做好配合检查等工作。财政部将不定期进行抽查。

第十四条 财政部、工业和信息化部负责组织对电信普遍服务补助资金开展绩效管理工作，包括设定绩效目标及指标、开展绩效目标执行监控、评价资金使用绩效、加强绩效评价结果反馈应用等。财政部、工业和信息化部可根据评价结果，调整当年或下一年度资金预算。按照财政要求，财政部驻各地财政监察专员办事处对电信普遍服务补助资金实施监管。

第十五条 工业和信息化部按照《政府信息公开条例》等有关规定，向社会公开电信普遍服务试点地区名单、试点地市实施方案、试点建设和竣工验收结果等。财政部按照《预算法》等有关规定，向社会公开资金分配情况，并接受社会监督。

第十六条 凡有下列行为之一的，财政部门将采取通报批评、取消试点资格、追回已拨付资金等方式进行处理。

（一）编制虚假申报方案，套取电信普遍服务补助资金的；

（二）挤占、截留、挪用电信普遍服务补助资金的；

（三）未按照电信普遍服务补助资金支出范围使用的；

（四）因管理不善，造成国家资产损失和浪费的；

（五）其他违反国家财经纪律等行为。

第十七条 各级有关部门及相关工作人员在电信普遍服务试点工作中如存在违反规定分配或使用专项资金以及滥用职权、玩忽职守、徇私舞弊等违法违纪行为的，按照《中华人民共和国预算法》《中华人民共和国公务员法》《中华人民共和国行政监察法》《中华人民共和国保守国家秘密法》《财政违法行为处罚处分条例》等国家有关规定追究相应责任；涉嫌犯罪的，移送司法机关处理。

第五章　附　　则

第十八条 本办法由财政部、工业和信息化部负责解释。

第十九条 本办法自印发之日起施行。

财政部关于印发《小微企业创业创新基地城市示范工作绩效管理暂行办法》的通知

2017 年 11 月 16 日　财建〔2017〕746 号

各省、自治区、直辖市、计划单列市财政厅（局）：

为扎实推进小微企业创业创新基地城市示范工作，改善小微企业发展环境，提高财政资金使用效率，增强财政资金政策效益，根据《中华人民共和国预算法》《财政部关于推进预算绩效管理的指导意见》（财预〔2011〕416 号）、《中小企业发展专项资金管理办法》（财建〔2016〕841 号）等有关规定，我们制定了《小微企业创业创新基地城市示范工作绩效管理暂行办法》。现印发给你们，请遵照执行。执行中如发现问题，请及时向财政部、工业和信息化部、科技部、商务部、工商总局反映，以便适时修改和完善。

附件：小微企业创业创新基地城市示范工作绩效管理暂行办法

附件：

小微企业创业创新基地城市示范工作绩效管理暂行办法

第一章　总　　则

第一条　为扎实推进小微企业创业创新基地城市示范工作，支持改善小微企业发展环境，提高财政资金使用效率，增强财政资金政策效益，根据国家预算有关规定，制定本办法。

第二条　本办法所称绩效管理，是指财政部门会同工业和信息化、科技、商务、工商等部门对小微企业创业创新基地城市示范工作（下称“双创示范”）开展绩效目标管理、绩效目标执行监控、绩效评价、绩效信息反馈和应用等全过程管理。

第三条　绩效管理对象是中央财政中小企业发展专项资金（简称专项资金）支持的“双创示范”城市。专项资金支持的其他城市参照本办法执行。

第四条　绩效管理工作由财政部会同工业和信息化部、科技部、商务部、工商总局等部门（下称有关部门）负责指导和监督，并委托有关单位负责日常工作。省级财政部门会同同级工业和信息化、科技、商务、工商等部门（下称同级有关部门）负责具体组织实施。“双创示范”城市是绩效责任主体。

第五条　绩效管理工作遵循公开、公平、公正的原则。

第二章　绩效目标管理

第六条　绩效目标分为创业、就业、创新三类，目标设置遵循指向明确、量化可行、示范引导的原则。

第七条　绩效目标管理包括绩效目标及指标设定、优化和批复。

第八条　省级财政部门会同同级有关部门根据要求组织城市编制“双创示范”实施方案，在实施方案中对照实施方案编制指南设定示范期内及年度预计实现的绩效目标，按程序报送财政部和有关部门。

第九条　对最终纳入专项资金支持范围的“双创示范”城市，财政部会同有关部门对绩效目标进行窗口指导。省级财政部门会同同级有关部门组织“双创示范”城市审核绩效目标，财政部会同有关部门对审核后的绩效目标进行批复，同时抄送财政部驻当地财政监察专员办事处。“双创示范”城市根据批复的绩效目标完善实施方案，并将完善后的实施方案通过网络系统（http：//www. csmec. org. cn，下同）报备。

第三章　绩效目标执行监控管理

第十条　绩效目标执行监控是指，定期对绩效目标实现情况、城市创业创新环境等信息进行采集和汇总分析，跟踪查找执行中资金使用和业务管理的薄弱环节，及时弥补管理中的漏洞，纠偏扬长，促进小微企业健康发展。

第十一条　绩效执行信息主要包括：创业、就业和创新等绩效目标实现情况；城市在创业创新空间、公共服务、融资支持、税费减免、体制机制创新、财政资金管理使用等方面采取的措施及实施效果。

第十二条　绩效执行信息由示范城市通过网络系统在线填报，注明相关佐证材料并对数据真实性负责，省级财政部门会同同级有关部门对填报信息进行审核。财政部会同有关部门委托有关单位定期对绩效执行信息进行汇总分析。

第四章 绩效评价

第十三条 绩效评价根据“双创示范”工作进展情况组织实施，对“双创示范”工作实施以来预算资金的产出、效果以及“双创示范”整体工作的经济性、效率性、效益性进行综合评价。

第十四条 绩效评价指标和评价标准由财政部会同有关部门综合考虑“双创示范”政策意图和要求确定，主要包括绩效目标实现情况、示范城市双创环境、满意度等方面，体现相关性、客观性、重要性和可操作性。

第十五条 绩效评价总分为120分。“双创示范”绩效评价得分＝“双创示范”目标评价得分（100分）×60%＋“双创示范”环境评价得分（100分）×40%＋满意度等得分（20分）。

“双创示范”目标评价得分＝小微企业营业收入增长比例得分（满分30分）＋小微企业就业人数累计增长比例得分（满分30分）＋小微企业技术合同成交额增长比例得分（满分20分）＋小微企业拥有授权专利增长比例得分（满分20分），各指标值与批复绩效目标比较打分。

“双创示范”环境评价指标主要包括城市创业创新空间、公共服务、融资支持、税费减免、体制机制创新、财政资金管理使用等，以城市间横向比较为主。

满意度等得分主要包括小微企业满意度抽样调查、示范经验推广、信息管理机制建设、工作组织建设及领导督促落实等情况。

第十六条 绩效评价分为自评和第三方评价，参照《“双创示范”绩效评价指标表》（附1）进行。自评由示范城市在示范期结束后1个月内开展，重点评价绩效目标实现情况，按照“双创示范”目标评价指标表进行纵向比较，并提交“双创示范”环境评价指标的基础数据，省级财政部门会同同级有关部门对其真实性进行复核。第三方评价由财政部会同有关部门委托第三方在示范城市自评的基础上开展，重点评价示范城市双创环境和满意度等得分，第三方根据示范城市提供的“双创示范”环境评价指标基础数据进行打分。

第十七条 自评和第三方评价均形成绩效评价报告（参见附2）。绩效评价报告于评价结束后15日内报送省级财政部门，由省级财政部门复核后报送财政部和有关部门；第三方评价于评价结束后15日内报送财政部和有关部门。

第十八条 绩效评价报告应全面、真实、客观反映“双创示范”工作实施以来达到的效果、采取的措施、存在的问题、下一步工作方向及政策建议。

第五章 绩效信息反馈和应用管理

第十九条 绩效信息主要包括绩效目标设置及审核情况、绩效执行监控信息、绩效评价信息等，财政部会同有关部门通过信息公开、通报、约谈、与预算安排挂钩、授牌或责令退出等方式对绩效信息进行反馈与应用。

第二十条 省级和示范城市财政部门会同同级有关部门按照政府信息公开有关规定，通过政府门户网站、报刊等方式公开并及时更新“双创示范”绩效信息，接受社会监督。

第二十一条 财政部会同有关部门通过双创门户网站、工作简报等方式对绩效信息进行通报，对存在较多问题的，约谈地方有关负责人，督促整改。有关部门可以对绩效信息中反映出的涉及本部门的工作，约谈地方对口部门，督促其开展专项整改。

示范期满，完成批复目标任务，且绩效评价结果排名前50%的城市，按已安排城市专项资金规模的5%～10%进行奖励；授予“双创示范城市”荣誉称号。

示范期满，未完成批复目标任务，或在示范期内发现存在重大违法违规问题的城市，将给予通报及约谈整改，整改不到位的，视情况扣减已安排的专项资金。

第二十二条 建立绩效评价责任追究机制。数据的真实性是规范开展绩效评价的核心与关键，示范城市对绩效评价实施单位及其工作人员提供虚假数据信息，以及存在滥用职权、玩忽职守、徇私舞弊等违法违纪行为的，除上述相应扣减已安排的专项资金外，还将按照《预算法》《公务员法》《行政监察法》《财政违法行为处罚处分条例》等国家有关规定追究相应责任；涉嫌犯罪的，移送司法机关处理。

第六章 附 则

第二十三条 本办法由财政部负责统一解释。财政部会同有关部门根据实际工作情况适时进行修订。

第二十四条 本办法自印发之日起施行。

附：1. “双创示范”绩效评价指标表

2. ××省（自治区、直辖市）××市（区）“双创示范”绩效评价报告（参考提纲）

3. “双创示范”小微企业满意度抽样调查问卷

附 1：

“双创示范”绩效评价指标表

指标分类	分值	主要指标	指标解释	评价标准
“双创示范”绩效评价指标总得分 = $\sum$ Zi ×60% + $\sum$ Gi ×40% + $\sum$ Pi（满分 120 分）				
第一部分：“双创示范”目标评价（100 分）				
创业目标完成程度（30 分）	30 分	Z1：小微企业营业收入增长比例（%）	反映小微企业经营效益，指示范期末当年小微企业营业收入相对于基准年小微企业营业收入所增长的比例。 Z1 =（示范期末当年小微企业营业收入 − 基准年小微企业营业收入）/基准年小微企业营业收入 ×100%。	城市自身纵向比较： 基础分：□示范期末实际数值小于批复目标值，得 0 分 □示范期末实际数值等于批复目标值，得 22 分 □示范期末实际数值大于批复目标值，每超过 2%，在 22 分基础上加 1 分，总分不超过 26 分 目标难度奖励分：（实现批复目标方可加此分）： □批复目标数值大于等于 35%，小于 45%，基础分 +2 分 □批复目标数值大于等于 45%，基础分 +4 分
就业目标完成程度（30 分）	30 分	Z2：小微企业就业人数累计增长比例（%）	反映小微企业新增就业人数情况，指示范期三年内小微企业累计新增就业人数相对于基准年年末小微企业就业人数所增长的比例。 Z2 =（示范期三年内小微企业累计新增就业人数/基准年小微企业就业人数）× 100%。 小微企业新增就业人数为小微企业实际为各类人员提供的就业人次，不局限于新增城镇就业人员。	城市自身纵向比较： 基础分：□示范期末实际数值小于批复目标值，得 0 分 □示范期末实际数值等于批复目标值，得 22 分 □示范期末实际数值大于批复目标值，每超过 2%，在 22 分基础上加 1 分，总分不超过 26 分 目标难度奖励分：（实现批复目标方可加此分）： □批复目标数值大于等于 30%，小于 35%，基础分 +2 分； □批复目标数值大于等于 35%，基础分 +4 分。
创新目标完成程度（40 分）	20 分	Z3：小微企业技术合同成交额增长比例（%）	反映小微企业开展技术交易的活跃程度，指评价期末当年小微企业技术合同成交额相对于基准年小微企业技术合同成交额所增长的比例。 Z3 =（示范期末当年小微企业技术合同成交额 − 基准年小微企业技术合同成交额）/基准年小微企业技术合同成交额 ×100%。	城市自身纵向比较： 基础分：□示范期末实际数值小于批复目标值，得 0 分 □示范期末实际数值等于批复目标值，得 14 分 □示范期末实际数值大于批复目标值，每超过 2%，在 14 分基础上加 1 分，总分不超过 18 分 目标难度奖励分：（实现批复目标方可加此分）： □批复目标数值大于等于 50%，小于 70%，基础分 +1 分 □批复目标数值大于等于 70%，基础分 +2 分

续表

指标分类	分值	主要指标	指标解释	评价标准
创新目标完成程度（40 分）	20 分	Z4：小微企业拥有授权专利增长比例（%）	反映小微企业创新能力，指示范期末当年小微企业拥有授权专利数相对于基准年末小微企业拥有授权专利数所增长的比例。 Z4 =（示范期末当年小微企业拥有授权专利数 - 基准年末小微企业拥有授权专利数）/基准年末小微企业拥有的授权专利总数 ×100%。	城市自身纵向比较： 基础分：□示范期末实际数值小于批复目标值，得 0 分 □示范期末实际数值等于批复目标值，得 14 分 □示范期末实际数值大于批复目标值，每超过 2%，在 14 分基础上加 1 分，总分不超过 18 分 目标难度奖励分：（实现批复目标方可加此分）： □批复目标数值大于等于 50%，小于 70%，基础分 +1 分 □批复目标数值大于等于 70%，基础分 +2 分
第二部分："双创示范" 环境评价（100 分）				
创业创新空间（20 分）	5 分	G1：创业创新空间集聚能力	反映小微企业在创业创新空间的集聚程度。 G1 =（示范期第一年入驻创业创新空间小微企业数/示范期第一年全市小微企业数量 + 示范期第二年入驻创业创新空间小微企业数/示范期第二年全市小微企业数量 + 示范期第三年入驻创业创新空间小微企业数/示范期第三年全市小微企业数量）×100%。 注：创业创新空间指省级及以上认定的包括但不限于众创空间、科技企业孵化器、小型微型企业创业创新示范基地、电子商务示范基地（产业园）等，剔除重复挂牌的数量，各级主管部门将加强对所分管双创空间数据统计的指导工作。	示范城市间横向比较，按分值降序排列： □排名 11 ~15 名，得分 2 分 □排名 6 ~10 名，得分 4 分 □排名 1 ~5 名，得分 5 分
	5 分	G2：创业创新空间孵化培育能力	反映创业创新基地培育孵化小微企业的成效。 G2 =（示范期三年内科技孵化器累计毕业企业数量/示范期末科技孵化器在孵企业数量）×50% +（示范期末科技孵化器高新技术企业数量/示范期末科技孵化器在孵企业数量）×50%。 注：上述指标参照《科技企业孵化器认定和管理办法》及"科技部统计调查信息系统"数据。	示范城市间横向比较，按分值降序排列： □排名 11 ~15 名，得分 2 分 □排名 6 ~10 名，得分 4 分 □排名 1 ~5 名，得分 5 分
	5 分	G3：入驻创业创新空间成本	反映城市或载体运营方为入驻创业创新空间的小微企业在租金、用能、网络等方面费用减免和奖补情况。 G3 = 示范期三年内各类创业创新空间使用费补贴和减免总额/示范期三年内创业创新空间累计入驻小微企业数量。	示范城市间横向比较，按分值降序排列： □排名 11 ~15 名，得分 2 分 □排名 6 ~10 名，得分 4 分 □排名 1 ~5 名，得分 5 分
	5 分	G4：创业创新空间质量	反映创业创新空间的建设发展质量。 G4 =（示范期末当年国家级孵化器数量 + 示范期末当年国家级备案的众创空间数量 + 示范期末当年国家级小型微型企业创业创新示范基地公告数量）/示范期末当年城市创业创新空间总数量 ×70% +（示范期末当年省级孵化器数量 + 示范期末当年省级备案的众创空间数量 + 示范期末当年省级小型微型企业创业创新示范基地公告数量）/示范期末当年城市创业创新空间总数量 ×30%。 注：国家级创业创新空间参照科技部《科技企业孵化器认定和管理办法》《发展众创空间工作指引》和工业和信息化部《国家小型微型企业创业创新示范基地建设管理办法》，省级创业创新空间参照各省出台的认定办法。	示范城市间横向比较，按分值降序排列： □排名 11 ~15 名，得分 2 分 □排名 6 ~10 名，得分 4 分 □排名 1 ~5 名，得分 5 分

续表

指标分类	分值	主要指标	指标解释	评价标准
公共服务（15 分）	5 分	G5：政府购买服务水平	反映城市通过政府购买服务提供公共服务的情况。 G5 = 示范期三年内政府购买第三方服务的财政资金支出金额/示范期三年内中央财政资金支持总额 × 100%。	示范城市间横向比较，按分值降序排列： □排名 11 ~ 15 名，得分 2 分 □排名 6 ~ 10 名，得分 4 分 □排名 1 ~ 5 名，得分 5 分
	5 分	G6：公共服务平台建设能力	反映为小微企业提供公共服务平台的增长情况。 G6 =（示范期末小微企业公共服务平台数量 - 基准年小微企业公共服务平台数量）/基准年小微企业公共服务平台数量 × 100%。 并同时具备以下基本条件： 1. 依法成立，具有独立法人资格，运营一年及以上，财务收支状况良好； 2. 服务的小微企业户数应达到该平台服务的所有客户户数的 50% 及以上； 3. 线下具有固定的经营服务场所和必要的服务设施、仪器设备等；有组织带动社会服务资源的能力，集聚服务机构 5 家以上； 4. 对小型微型企业的服务收费要有相应的优惠规定，提供的公益性服务或低收费服务要不少于总服务量的 20%； 5. 有明确的发展规划和年度服务目标、健全的管理制度、规范的服务流程、合理的收费标准和完善的服务质量保证措施，有健全的管理团队和人才队伍。	示范城市间横向比较，按分值降序排列： □排名 11 ~ 15 名，得分 2 分 □排名 6 ~ 10 名，得分 4 分 □排名 1 ~ 5 名，得分 5 分
	5 分	G7：创新创业服务惠及小微企业情况	反映城市发放各类创新创业服务券或其他创新方式为小微企业提供专业化、市场化公共服务情况。 G7 = 示范期三年内享受到创新创业服务券或其他创新服务方式的小微企业累计金额/示范期末当年全市小微企业数量。 公共服务主要指创业创新大赛、人才培训、创业辅导、法律维权、管理咨询、财务指导、检验检测认证、知识产权保护、技术服务、研发设计、会展服务等服务。	示范城市间横向比较，按分值降序排列： □排名 9 ~ 15 名，得分 3 分 □排名 1 ~ 8 名，得分 5 分
融资支持（15 分）	4 分	G8：小微企业信贷融资难易程度	反映小微企业通过信贷方式进行融资的情况。 G8 =（示范期末当年小微企业贷款余额相比基准年的增长比例 × 30% + 示范期末当年贷款户数相比基准年的增长比例 × 35% + 示范期末当年申贷获得率 × 35%）× 100%。 注：贷款余额、贷款户数、申贷获得率按照《银监会关于 2015 年小微企业金融服务工作的指导意见》（银监发〔2015〕8 号）要求口径提供相关数据，该指标的基准年为示范期第一年。	示范城市间横向比较，按分值降序排列： □排名 9 ~ 15 名，得分 2 分 □排名 1 ~ 8 名，得分 4 分

续表

指标分类	分值	主要指标	指标解释	评价标准
融资支持（15分）	3分	G9：风险分担机制建设情况	反映城市为小微企业贷款建立风险分担机制等情况。 G9 = 示范期末小微企业通过贷款风险分担机制获得的贷款余额/示范期末贷款风险补偿资金池余额。	示范城市间横向比较，按分值降序排列： □排名9~15名，得分1分 □排名1~8名，得分3分
	5分	G10：政府投资基金投资力度	反映城市设立的政府投资基金对本城市小微企业的投资情况。 G10 = [（示范期末当年政府投资基金投资本城市小微企业的资金额 - 基准年政府投资基金投资本城市小微企业的资金额）/基准年政府投资基金投资本城市小微企业的资金额] × 50% +（示范期末当年政府投资基金投向本城市小微企业总额/示范期末当年政府投资基金总额）× 50%。	示范城市间横向比较，按分值降序排列： □排名11~15名，得分2分 □排名6~10名，得分4分 □排名1~5名，得分5分
	3分	G11：资本市场直接融资畅通程度	反映示范城市小微企业通过资本市场直接融资的增长情况。 G11 =（示范期末本城市通过相关方式直接进入资本市场的小微企业数量 - 基准年本城市通过相关方式进入资本市场的小微企业数量）/基准年本城市通过相关方式进入资本市场的小微企业数量 × 100%。 注：相关方式包括区域性股权交易市场挂牌、新三板挂牌、创业板、主板上市等方式。	示范城市间横向比较，按分值降序排列： □排名9~15名，得分1分 □排名1~8名，得分3分
税费减免（15分）	5分	G12：小微企业减税情况	反映城市小微企业减税力度情况。 G12 = 示范期三年内小微企业税收减免总额/示范期末城市小微企业总数量。	示范城市间横向比较，按分值降序排列： □排名11~15名，得分2分 □排名6~10名，得分4分 □排名1~5名，得分5分
	5分	G13：小微企业降费情况	反映城市小微企业降费力度情况。 G13 = 示范期内小微企业降费总额/示范期末城市小微企业总数量。 注：包括中央和地方出台的降费措施。	示范城市间横向比较，按分值降序排列： □排名11~15名，得分2分 □排名6~10名，得分4分 □排名1~5名，得分5分
	5分	G14：税费减免惠及小微企业情况	反映城市享受到税收优惠减免小微企业的比例。 G14 = 示范期三年内享受税收优惠的小微企业数量/示范期末城市小微企业总数量 × 100%。	示范城市间横向比较，按分值降序排列： □排名11~15名，得分2分 □排名6~10名，得分4分 □排名1~5名，得分5分
体制机制创新（20分）	5分	G15：商事制度改革落实情况 商事制度改革重点工作主要包括但不限于：①深入推进工商登记便利化改革；②推进小微企业名录建设及应用；③贯彻落实小微企业名录建设工作协调推进机制方案；④加强事中事后监管	反映城市在商事制度、科技成果转化、贸易便利化、投融资等多个方面的改革落实和举措创新情况。	由专家在对各城市评价对比的基础上提出意见，再由相关管理部门研究确定。 □落实情况较差，得分1~7分 □落实情况一般，得分8~14分 □落实情况较好，得分15~20分

续表

指标分类	分值	主要指标	指标解释	评价标准
体制机制创新（20 分）	5 分	G16：科技创新改革推进情况 科技创新改革重点工作主要包括但不限于：①“科技成果使用处置和收益管理”；②“科技人员股权和分红激励机制”；③鼓励科研人员离岗创业；④其他激励人才的政策措施	反映城市在商事制度、科技成果转化、贸易便利化、投融资等多个方面的改革落实和举措创新情况。	由专家在对各城市评价对比的基础上提出意见，再由相关管理部门研究确定。 □落实情况较差，得分 1 ~ 7 分 □落实情况一般，得分 8 ~ 14 分 □落实情况较好，得分 15 ~ 20 分
	5 分	G17：贸易便利化推动情况 推动贸易便利化的重点工作主要包括但不限于：①简化通关和贸易流程；②鼓励发展跨境电子商务		
	5 分	G18：体现城市“双创”特色的体制机制创新举措及模式		
财政资金管理使用（15 分）	6 分	G19：中央财政预算资金执行进度	反映中央财政预算资金实际支付进度。 G19 = 通过国库集中支付到用款单位总金额/中央财政下达预算的累计金额 × 100%。 注：集中支付指离开财政各级部门到达项目实施单位资金，下达预算的累计额指中央财政已下达到城市的资金额度。	□截至绩效评价期实际数值小于 90%，得 0 分 □截至绩效评价期实际数值大于等于 90%，小于 100%，得 4 分 □截至绩效评价期实际数值等于 100%，得 6 分
	4 分	G20：中央财政资金杠杆效应	反映中央财政资金撬动地方及社会资金支持小微企业的情况。 G20 =（示范期地方财政资金累计到位金额 + 示范期社会资金累计投入金额）/示范期中央财政资金投入金额 × 100%。	示范城市间横向比较，按分值降序排列： □排名 9 ~ 15 名，得分 2 分 □排名 1 ~ 8 名，得分 4 分
	5 分	G21：资金管理情况	反映示范城市是否建立并严格执行资金管理等制度。 是否制定了资金管理办法或实施细则，是否详细规定了资金分配、资金用途、管理程序等内容，是否严格执行相关资金管理办法。是否存在未整改的审计问题。	□未制定资金管理办法或实施细则等，扣 3 分 □制定资金管理办法或实施细则等，未详细规定相关内容或未严格执行，扣 1 ~ 3 分 □截至评价日，仍存在未整改的审计问题，每 1 条扣 1 分；本项扣至 0 分为止
第三部分：满意度等得分（20 分）				
小微企业满意度抽样调查（8 分）	8 分	P1：抽样调查满意度	反映小微企业营商环境、双创示范总体成效、获得资金和税费减免及融资支持、享受公共服务等方面满意度情况，重点关注城市在双创空间多元化及不同类型（如大企业创办型、聚集型等）双创空间发展情况、小微企业融资渠道多元化、支持小微企业的资本活跃度、对接国外资源等方面情况。 P1 = 每份问卷分数之和/问卷样本总数量。 注：采用问卷调查方式，每份问卷总分 100 分。规定样本 500 份。	□平均分大于 60 分，得分 =（平均分/100 分）* 8 分 □平均分小于 60 分，得 0 分

续表

指标分类	分值	主要指标	指标解释	评价标准
示范经验推广（4分）	4分	P2：双创示范工作经验推广情况	反映是否及时将可复制的先进经验适时推广，发挥示范带动作用。	□落实情况较差，得分1～2分 □落实情况较好，得分3～4分
信息管理机制建设（4分）	4分	P3：双创示范工作综合管理机制建设情况	反映是否围绕小微企业建立动态监测及统计管理制度，及时总结示范城市经验并报送相关信息，畅通信息公开渠道，建立信息管理机制。	□落实情况较差，得分1～2分 □落实情况较好，得分3～4分
工作组织建设及领导督促落实（4分）	4分	P4：反映双创示范工作组织建设以及督促落实情况	反映是否建立专门工作组织机制，明确责任分工合力推进；是否及时向有关部门报告双创示范进展情况；是否得到党中央、国务院领导，以及省级领导批示。	□落实情况较差，得分1～2分 □落实情况较好，得分3～4分

备注：

1. 第一批示范城市示范期为2015～2017年，基准年为2014年；第二批示范城市示范期为2016～2018年，基准年为2015年。
2. 批复目标值依据《财政部　工业和信息化部　科技部　商务部　国家工商行政管理总局关于批复小微企业创业创新基地城市示范工作目标的通知》（财建〔2015〕317号）、《财政部　工业和信息化部　科技部　商务部　工商总局关于批复小微企业创业创新基地城市示范工作目标的通知》（财建〔2016〕309号）确定。
3. 第一批15个示范城市与第二批15个示范城市各自进行横向比较，不交叉排名。
4. 本表中所有计算数据均保留两位小数（如0.00或0.00%）。
5. 加分项由专家在对各城市评价对比的基础上提出意见，再由相关管理部门研究确定。

附2：

××省（自治区、直辖市）××市（区）
“双创示范”绩效评价报告
（参考提纲）

根据相关要求，××年××月，××单位等组织对××城市（区）小微企业创业创新基地城市示范工作实施绩效评价。按照本市小微企业创业创新基地城市示范实施方案（以下称实施方案），实施期为××年～××年，基准年为××年，此次评价期截至××年××月××日。

一、城市双创绩效目标评价（得分××）

（一）创业目标（得分××）。

根据批复目标，3年示范期，小微企业营业收入增长比例为××。经评价，截至××年××月××日，小微企业营业收入增长比例为××。该项得分××。

（二）就业目标（得分××）。

根据批复目标，3年示范期，小微企业就业人数累计增长比例为××。经评价，截至××年××月××日，小微企业就业人数增长比例为××。该项得分××。

（三）创新目标（得分××）。

1. 根据批复目标，3年示范期，小微企业技术合同成交额增长比例为××。经评价，截至××年××月××日，小微企业技术合同成交额增长比例为××。该项得分××。

2. 根据批复目标，3年示范期，小微企业拥有授权专利增长比例为××。经评价，截至××年××月××日，小微企业获得授权专利累计增长比例为××。该项得分××。

二、城市双创环境评价

（一）创业创新空间。

1. 创业创新空间集聚能力。反映小微企业在创业创新空间的集聚程度。创业创新空间包括但不限于众创空间、科技企业孵化器、小型微型企业创业创新示范基地、商贸企业集聚区、微型企业孵化园等，剔除重复挂牌的数量。经评价，示范期第一年创业创新空间入驻小微企业户数为××，示范期第一年全市小微企业数量为××；示范期第二年创业创新空间入驻小微企业户数为××，示范期第二年全市小微企业数量为××；示范期第三年创业创新空间入驻小微企业户数为××，示范期第三年全市小微企业数量为××。经评价创业创新空间集聚能力为××。

2. 创业创新空间孵化培育能力。反映创业创新空间在培育孵化小微企业的成效。经评价，示范期三年内科技企业孵化器毕业企业数量为××，高新技术企业数量为××，示范期末当年创业创新空间在孵小微企业总数量为××，创业创新空间孵化培育能力为××。

3. 入驻创业创新空间成本。反映城市为入驻创业创新空间的小微企业在租金、用能、网络等方面费用减免和奖补情况。经评价，示范期三年内各类创业创新空间使用费减免和补贴总额为××，创业创新空间三年内累计入驻小微企业总数量为××，经评价，小微企业入驻创业创新空间成本为××。

4. 创业创新空间质量。反映创业创新空间的建设发展质量。示范期末省级孵化器数量××，示范期末省级众创空间数量××，省级小型微型企业创业创新示范基地公告数量××；国家级孵化器数量为××，国家级备案众创空间数量为××，国家级双创示范基地公告数量为××。经评价，创业创新空间质量为××。

（二）公共服务。

1. 政府购买服务水平。反映城市通过政府购买服务提供公共服务的情况。示范期三年内政府财政购买第三方服务的资金支出总额××，示范期三年内公共服务财政支持总额为××，政府购买服务水平为××。

2. 公共服务平台建设能力。反映为小微企业提供公共服务平台在实现线上线下联动及专业化服务及资源聚集等方面的情况。经评价，截至××年××月××日，各类公共服务平台数量为××，较基准年增长比例为××；专业化公共服务平台数量为××，较基准年增长比例为××；实现互联互通的公共服务平台数量为××，较基准年增长比例为××；公共服务平台建设能力为××。

3. 创新创业服务惠及小微企业情况。反映城市发放各类创业创新服务券或其他创新服务方式为小微企业提供专业化、市场化公共服务情况。公共服务主要指创业创新大赛、人才培训、创业辅导、法律维权、管理咨询、财务指导、检验检测认证、知识产权保护、技术服务、研发设计、会展服务等服务。经评价，示范期末当年享受到创新创业服务券的小微企业户次为××，示范期末当年全市小微企业数量为××，创新服务情况为××。

（三）融资支持。

1. 小微企业信贷融资难易程度。反映小微企业通过信用贷款方式进行融资的情况。经评价，截至××年××月××日，小微企业贷款余额××，相比基准年的增长比例××；贷款户数××，相比基准年的增长比例××；申贷获得率××，小微企业信贷融资难易程度为××。

2. 风险分担机制建设情况。反映城市小微企业贷款担保和风险补偿情况。经评价，示范期末小微企业通过风险分担机制获得贷款余额为××，示范期末风险补偿资金池余额为××，风险分担机制建设情况为××。

3. 政府投资基金投资力度。反映城市设立的政府投资基金对本城市小微企业的投资情况。经评价，截至××年××月××日，示范期政府投资基金投资本城市小微企业资金总额为××，基准年政府投资基金投资本城市小微企业资金总额为××，示范期内政府投资基金投资本市小微企业金额增长比例为××；示范期末当年政府投资基金资金总额为××，示范期末当年政府投资基金投资本市小微企业的资金总额为××。政府投资基金投资力度为××。

4. 资本市场直接融资畅通程度。反映示范城市小微企业通过资本市场直接融资的情况。经评价，截至××年××月××日，示范期内本城市通过区域性股权交易市场挂牌、新三板挂牌、创业板、主板上市等方式直接进入资本市场的小微企业数量为××，基准年本城市通过区域性股权交易市场挂牌、新三板挂牌、创业板、主板上市等方式直接进入资本市场的小微企业数量为××，增长比例为××。

（四）税费减免。

1. 小微企业减税情况。反映城市小微企业税收减免情况。经评价，示范期三年内小微企业税收减免总额××，示范期满全市小微企业总数量为××，小微企业减税情况为××。

2. 小微企业降费情况。反映城市小微企业涉企行政收费降费情况。经评价，示范期内，小微企业实际降费总额××，示范期满城市小微企业总数量为××，小微企业降费情况为××。

3. 税费减免惠及小微企业情况。反映示范期内享受到税费减免的小微企业的比例。经评价，示范期三年内享受税收减免的小微企业数量为××，示范期末当年小微企业总数量××，税费减免惠及小微企业情况为××。

（五）体制机制创新。

反映城市在商事制度、科技成果转化、贸易便利化、投融资机制等多个方面的改革落实和举措创新情况。

1. 商事制度改革落实情况（商事制度改革重点工作包括但不限于：深入推进工商登记便利化改革、推进小微企业名录建设及应用、贯彻落实小微企业名录建设工作协调推进机制方案、加强事中事后监管）。截至示范期末，商事制度改革方面采取的措施和成效为××。

2. 科技创新改革推进情况（科技创新改革重点工作包括但不限于：科技成果使用处置和收益管理、科技人员股权和分红激励机制、鼓励科研人员离岗创业其他激励人才的政策措施）。截至示范期末，科技创新改革方面采取的措施和成效为××。

3. 贸易便利化推动情况（推动贸易便利化的重点工作包括但不限于：简化通关和贸易流程、鼓励发展跨境电子商务）。截至示范期末，贸易便利化方面采取的措施和成效为××。

4. 体现城市“双创”特色的体制机制创新举措及模式。

（六）财政资金管理使用。

1. 中央财政预算资金执行进度。反映中央财政预算资金实际支付进度。经评价，截至××年××月××日，通过国库集中支付到用款单位总金额××，中央财政下达预算的累计金额××，中央财政预算资金执行比例××。

2. 中央财政资金杠杆效应。反映中央财政资金撬动地方及社会资金支持小微企业的情况。经评价，截至××年××月××日，地方财政资金累计到位金额××，社会资金累计投入金额××，中央财政资金投入金额××，中央财政资金杠杆效应××。

3. 资金管理情况。反映示范城市是否建立并严格执行资金管理、项目支出等制度。示范工作开展以来，各级财政已出台××、××等文件，以规范管理资金及项目支出。审计等第三方对资金管理情况提出过××等问题（如有，请如实填写），我们已做了××等整改，未整改的内容有××项，未整改原因为××。

三、主要问题与原因

分析双创工作推进中面临的困难和存在的不足，包括创业创新空间发展、公共服务改善、融资支持、税费减免、体制机制创新、资金来源与资金使用、项目实施、配套措施等各个方面，深入分析问题产生的原因。

四、成效及经验总结

结合上述绩效评价结果，通过案例分析、典型模式总结等，提炼小微企业创业创新基地城市示范工作中具有示范推广意义的成功经验。

五、政策建议

下一步维护巩固“双创”示范城市成效的政策建议。

六、其他需要说明的情况

在“双创示范”工作过程中，审计等第三方提出的其他问题及建议，以及其他需要反映的情况（如有，请如实填写）。

附 3：

“双创示范”小微企业满意度抽样调查问卷

一、问卷说明

1. 本问卷适用于“双创示范”城市小微企业对本市双创政策及制度环境等方面的满意度测评；

2. 本问卷发放范围由示范城市双创办根据本市小微企业实际发展状况以及行业分布确定样本抽取范围。问卷于评价年度结束第一个月开展调查，有效问卷数量不少于 500 份；

3. 问卷共分 10 个问题，每个问题分满意（9～10 分）、较满意（7～8 分）、一般（5～6 分）、不满意（5 分以下）四档；

4. 满意度（平均分）达到 60 分以上为合格。

二、问卷调查企业基本情况

企业名称		组织机构代码	
企业所属行业			
企业从业人员数量（人）	□中型	□小型	□微型
	□少于 50	□50～100	□100～300
企业上年度营业收入（万元）			
企业是否是科技型企业或高新技术企业	□是	□否	
	□科技型企业	□高新技术企业	
企业是否入驻有关创业创新空间	□是	□否	
	□1 众创空间 □3 科技企业孵化器 □5 微型企业孵化园	□2 小企业创业创新基地 □4 商贸企业集聚区 □6 其他类创业创新空间（如大企业内部创业创新空间），创业创新空间具体名称：	

三、问卷相关问题（100 分）

1. 对本市“小微企业创业创新基地城市示范”工作的知晓度情况（10 分）

□熟悉　　□较熟悉　　□一般　　□不熟悉

2. 对本市小微企业创业创新政策及制度环境的满意度情况（10 分）

政策环境	请对你认为比较满意的政策在框内画√；以下政策有效性按高到低的排序为：____________。 □1 人才政策　□2 资金政策　□3 科技政策 □4 税费减免　□5 公共服务
制度环境	以下制度环境建设方面，请在你认为做得好的方面画√，可多选 □商事制度改革　□科技成果转化　□融资环境 □贸易便利化　□营商环境

总体评价：□满意　□较满意　□一般　□不满意

3. 对本市政府第三方购买服务的满意度情况，如小微企业创业辅导、技术研发服务、创业空间提供等政府公共服务方面（10 分）

<table>
<tr><td rowspan="2">公共服务供给情况</td><td colspan="2">□服务机构服务能力强　□高校院所科技服务资源充足　□一般</td></tr>
<tr><td>服务机构与小微企业需求匹配度情况</td><td>□能满足需求　□差距较大</td></tr>
<tr><td>小微企业公共服务需求情况</td><td colspan="2">请选择小微企业最迫切需求的服务事项，可多选。
□1 创新券　□2 创业活动券　□3 规划咨询
□4 创业辅导　□5 技术研发、设计　□6 检验检测
□7 专业技术培训　□8 法律培训、财务服务　□9 会展服务
□10 其他服务
具体名称：</td></tr>
</table>

总体评价：□满意　□较满意　□一般　□不满意

4. 对本市小微企业获得资金、享受“税费减免”等方面满意度情况（10 分）

<table>
<tr><td rowspan="2">是否获得资金直接支持</td><td>□是
获得资金支持额度（万元）：
支持方式：</td></tr>
<tr><td>□否</td></tr>
<tr><td>降费减税情况</td><td>□年度减免收费（万元）：
□年度减免税收（万元）：</td></tr>
</table>

总体评价：□满意　□较满意　□一般　□不满意

5. 对本市小微企业融资多元化、融资成本等融资方面满意度情况（10 分）

融资难易程度	□容易获得　□较难获得　□无法获得
融资来源	□亲友借款　□民间借贷　□银行贷款（包括担保、风险补偿等）　□股权投资 □政府资金　□外资　□其他方式
融资成本	□高　□较高　□一般　□较低
资金使用方向	□技术研发　□扩大企业规模　□市场拓展 □流动资金　□其他

总体评价：□满意　□较满意　□一般　□不满意

6. 对本市小微企业在电子商务、物流、报关等贸易便利化方面的满意度情况（10 分）

电子商务平台利用情况	□好　□较好　□一般　□利用率低
物流成本降低情况	□好　□较好　□一般
通关效率等情况	□好　□较好　□一般

总体评价：□满意　□较满意　□一般　□不满意

7. 对本市小微企业获得人才、创业、创新等支持政策的满意度情况（10 分）

引智及人才引进情况	□好　□较好　□一般
科技创新支持情况	□效果明显　□效果一般　□效果不明显

总体评价：□满意　□较满意　□一般　□不满意

8. 对本市小微企业注册登记成本、便利化等方面满意度情况（10 分）

注册登记成本降低情况	□明显降低	□一般	□没有明显变化	
多证合一、简易注销落实情况	□好	□较好	□一般	

总体评价：□满意　□较满意　□一般　□不满意

9. 对本市政府信息公开、开展双创品牌建设、激发小微企业创业活力等方面的满意度（10 分）

政策信息公开、公示等情况	□透明度高	□较高	□一般	
双创活动品牌建设情况	□成效明显	□成效一般	□没什么成效	
小微企业创业创新活跃度	□活跃	□较活跃	□一般	□不明显

总体评价：□满意　□较满意　□一般　□不满意

10. 对本市开展两创示范工作的总体成效、小微企业获得感方面的满意度情况（10 分）

对城市经济的带动性	□明显	□较明显	□一般	
小微企业获得感	□明显提升	□较大提升	□一般	□不明显
城市双创环境及氛围	□好	□较好	□一般	□不明显

总体评价：□满意　□较满意　□一般　□不满意

四、问题与建议

企业在发展中的政策需求、遇到的问题，以及相关建议（根据企业实际发展情况填写）

省人民政府关于促进邮政和快递服务业发展的实施意见

2017 年 1 月 19 日　鲁政发〔2017〕1 号

各市人民政府，各县（市、区）人民政府，省政府各部门、各直属机构，各大企业，各高等院校：

为深入贯彻落实《国务院关于促进快递业发展的若干意见》（国发〔2015〕61 号）精神，加快培育山东现代服务业新增长点，促进邮政和快递服务业健康发展，实现由邮政和快递服务业大省向强省跨越，结合我省实际，现提出以下实施意见。

一、强化规划引领作用

按照供给侧结构性改革的要求，编制完成我省邮政业发展“十三五”规划。将邮政和快递基础设施建设纳入土地利用总体规划、城市控制性详细规划、修建性详细规划，以及商贸流通、交通运输等其他相关规划。加强对规划实施和重大事项的落实和调度评估，密切跟踪邮政行业发展趋势，跟进调整优化规划内容，落实配套措施。

责任单位：省邮政管理局、省发展改革委、省国土资源厅、省住房城乡建设厅、省商务厅、省交通运输厅。

二、支持邮政服务农村电商

支持邮政企业加快邮政末端网络设施开放共享，对接电商进村工程，参与电商示范创建活动，建设一批电商县级运营中心、镇级服务中心和村级服务站，完善仓配一体化服务，解决农村电商“最初一公里”和“最后一公里”问题，助力农村电商发展。在资金、仓储场地、税费优惠等方面给予支持。

责任单位：省商务厅、省邮政管理局、省农业厅、省财政厅、省地税局。

三、提高跨境寄递通关效率

建立海关、检验检疫、邮政管理部门协调合作机制，简化邮件、快件通关流程，优化快速安检、配载、装卸、交换等一体化服务，提升邮件、快件快速通关能力。加快推进邮政口岸建设，加强跨境电商试点城市、国际铁路沿线城市、口岸城市邮件和快件处理中心及国际邮件互换局、交换站的规划建设和改造。以设立济南国际邮件互换局为契机，加快省会城市群经济圈的国际邮件通关转运速度，服务我省跨境电商发展。

责任单位：青岛海关、济南海关、山东检验检疫局、省邮政管理局、省商务厅、省住房城乡建设厅。

四、加大邮政普遍服务创新和保障力度

积极推进邮政业务创新、模式创新和服务创新，满足消费个性化、多样化和便利化服务需求。按照国家规定，加大邮政普遍服务保障力度，研究降低邮政普遍服务邮运车辆高速公路和普通收费公路通行费用的可操作性措施。

责任单位：省交通运输厅、省财政厅、省物价局、省邮政管理局。

五、扶持快递企业加快发展

支持培育我省品牌快递企业建设，整合中小企业，引导快递企业通过股份制改造、兼并重组、上市融资，优化资源配置，提升运营管理效率，实现强强联合、优势互补，扶持本省快递企业做大做强。鼓励品牌快递企业发展跨境电商快递业务，支持品牌快递企业“走出去”建设“公共海外仓”，通过建立跨境分拨配送和运营服务体系，推动我省跨境电商发展形成完整的产业链和生态圈。对设在我省的快递总部企业在省域外实施快递企业兼并重组的，采取“一企一策”原则给予重点扶持。鼓励快递企业加大设备升级和技术改造，推动符合条件的企业积极申请高新技术企业认定，享受税收优惠政策。

责任单位：省经济和信息化委、省邮政管理局、省发展改革委、省商务厅、省科技厅、省财政厅、省地税局、人民银行济南分行、山东证监局。

六、鼓励引进快递总部企业

支持国际、国内大型快递企业的总部、区域总部或服务功能设施落户山东，将快递总部、区域性总部或分拨中心、运营中心、呼叫中心、区域性航空快递基地等纳入地方总部经济的发展重点，在规划、土地、资金、税收等方面给予扶持。

责任单位：省发展改革委、省邮政管理局、省财政厅、省地税局、省工商局。

七、支持推广应用科技信息技术

鼓励邮政、快递企业推广应用北斗导航、物联网、云计算、大数据、移动互联及智能终端、自动分拣

装备等现代信息技术，支持企业开展科技创新，推进“智慧邮政”建设。支持邮政、快递企业完善信息化运营平台和开放信息资源，推进大数据开放、共享与创新应用。

责任单位：省邮政管理局、省经济和信息化委、省科技厅。

八、支持邮政和快递服务“三农”

扩大邮政和快递服务有效供给，提升服务农业产地直销、订单生产的能力，打造5～10个邮政、快递服务精准扶贫示范项目。落实鲜活农产品进城“绿色通道”政策，对符合国家、省关于鲜活农产品和“绿色通道”政策的邮政、快递运输车辆减免公路通行费。大力发展适应农业生产季节性特点的冷链快递服务，重点推进产地预冷、冷藏保鲜、温控运输等冷链快递基础设施建设。加大对公益性、公共性的冷链快递基础设施建设支持力度，并落实国家已出台的促进冷链运输物流发展的相关税收优惠政策。

责任单位：省邮政管理局、省扶贫办、省农业厅、省商务厅、省财政厅、省交通运输厅、省经济和信息化委、省地税局、省国税局。

九、支持企业开展供应链一体化试点

鼓励快递企业拓展协同发展空间，推动服务模式变革，发展体验经济、社区经济、逆向物流、服务智能制造等新业态，加快向综合性快递物流运营商转型。全省重点打造3～5个邮政、快递服务制造业的供应链一体化管理“山东样本”，对被评为省级服务样本的试点邮政和快递企业，加大宣传推广和政策扶持。

责任单位：省经济和信息化委、省邮政管理局。

十、支持快递产业园区建设

快递产业园生产设施项目用地按工业仓储用地政策执行。对利用存量工业和仓储用房兴办快递业，可享受在一定年期内不改变用地主体和规划条件的过渡期政策，过渡期满需办理改变用地主体和规划条件手续时，除符合《划拨用地目录》的可保留划拨外，其余可以协议方式办理。列为省重点项目名单的快递业项目，确需新增建设用地的，按重点项目用地指标优先支持。对在农村地区或我省西部经济隆起带建设公益性、基础性快递基础设施和在快递产业园（含电商和快递产业园）内总投资500万元以上的生产设施建设项目，或新建1万平方米以上且为30家以上我省电商企业提供快递配送服务的项目，按规定统筹利用服务业和区域发展相关资金给予扶持。

责任单位：省国土资源厅、省发展改革委、省财政厅、省邮政管理局、省住房城乡建设厅。

十一、实施快递“上飞机、上车、上船”工程

支持快递企业与民航、铁路、公路、水路等运输企业加强合作，强化运输保障和综合服务能力。大力推动快件航空运输，有条件的市，对快件航空通过包机、专机等形式落地的，可按照航班频率和运输吨位给予补助。

责任单位：省邮政管理局、民航山东监管局、省发展改革委、省交通运输厅。

十二、支持邮政和快递便民服务

“十三五”期间，鼓励企业通过自建或与第三方合建等形式，建设邮政和快递综合便民服务示范站、标准智能快件箱2万个，加快推进城乡快递配送全覆盖。支持快递企业使用智能快件箱，引导社会资源参

与快递配送等服务，对在全省建设邮政和快递综合便民服务示范站、推广符合国家相关标准智能快件箱的企业，省级财政结合“惠民 e 邮通”工程和城市共同配送试点工作给予一定补助。深化“交邮合作”，鼓励邮政企业利用农村客货运站场等交通运输基础设施，建设邮政仓储场地和农村综合便民服务设施。对在校学生数量超过 1 万人的高等院校和已建成建筑面积 5 万平方米以上的住宅小区，鼓励在校区和小区内有偿提供面积适合的快件用房，以满足快递服务需要，保障快件安全。机关、企事业单位、院校、景区、住宅小区、旅游集散中心管理单位等应为邮政、快递企业收投邮件和快件提供通行、临时停车、代收保管等便利。

责任单位：省商务厅、省邮政管理局、省财政厅、省住房城乡建设厅、省交通运输厅、省旅游发展委、省教育厅、省民政厅。

十三、优化城区快递交通运输管理

公安交通管理部门应为快递城区运输、投递作业提供通行便利。推广应用符合快递专用机动车系列标准的快递专用车辆，发布快递行业统一标识，统一外观颜色、标识编号；对快递三轮车，在国家尚未出台相关规定的过渡期间，寄递企业应遵循安全原则，参照快递专用电动三轮车行业标准配备车辆，使快递专用电动三轮车在外观标识、技术性能、作业装备等方面，明显区别于其他电动三轮车；有关部门应结合实际制定快递专用电动三轮车用于城市收投服务的管理办法。

责任单位：省公安厅、省交通运输厅、省经济和信息化委、省邮政管理局。

十四、深化快递业商事制度改革

精简快递企业分支机构、末端网点备案手续，缩短审批时限，建立绿色通道，提高审批效率。邮政管理、工商部门要加强沟通协调，对快递企业实行同一县（市、区）工商登记机关管辖范围内“一照多址”模式。发挥电子口岸、国际陆港等“一站式”通关平台优势，扩大跨境电商出口清单核放、汇总申报通关模式的适用地域范围，实现进出境邮件、快件便捷通关。

责任单位：省邮政管理局、省工商局、青岛海关、济南海关、山东检验检疫局、省商务厅。

十五、加强行业诚信建设

推动建设快递业信用信息平台并实现与省公共信用信息平台、国家企业信用信息公示系统（山东）的互联共享，实现行业信用管理，加强行业自律和社会监督，提高行业综合治理水平。积极推广快递保险业务，保障用户权益。鼓励征信机构开展专业化征信服务，逐步建立快递企业及从业人员“黑名单”制度，把恶意寄递违禁物品等行为的用户纳入到“黑名单”中，有关部门要密切协作，建立健全失信联合惩戒和守信奖励机制，并向社会公布实施。

责任单位：省邮政管理局、省发展改革委、省工商局、山东保监局。

十六、推进寄递安全属地综合治理

全面落实新修订的《山东省生产经营单位安全生产主体责任规定》（省政府令第 303 号），加强邮政、快递企业安全生产主体责任和寄件人安全责任，完善从业人员安全教育培训制度，推进寄递安全属地化综合治理。采取“企业自筹 + 政府补贴”的方式，将快递企业新购置 X 光安检机，纳入各级安全生产专项资金奖补范围，落实快递企业 X 光安检机 100% 配备要求，全力保障寄递渠道安全畅通，确保邮政和快递寄递服务各环节可追溯、可管控。

责任单位：省财政厅、省邮政管理局、省安监局。

十七、强化邮政业安全监管

打造邮政公共信息服务平台，提高邮政监管"大数据"的开发与应用能力，加强行业动态监测和趋势研判，建设服务型、开放化的智慧邮政监管体系。结合邮政和快递服务业安全监管实际，加强各级邮政业安全信息监管平台建设，充实监管力量，补齐监管短板，严守安全底线，完善寄递安全管控体系，全力打造"放心快递"。坚持实事求是、突出重点、因地制宜、择需而设的原则，推进县级邮政监管体系建设。

责任单位：省邮政管理局、省安监局、省科技厅。

十八、推进邮政和快递业绿色发展

大力发展绿色包装，支持邮政、快递企业通过减量化设计和使用可降解材料及循环再利用等措施推动绿色包装使用，推广使用电子运单、循环化封套、绿色环保包装材料和填充物，倡导用户适度包装，加强包装废弃物回收利用，有效降低材料消耗。

加快淘汰高能耗老旧设备和排放不达标的运输装备，不断提升邮政、快递服务环保水平。邮政、快递企业每年新增或更新车辆中的新能源汽车比例不低于30%，逐年提高，并按照国家规定享受补贴优惠。

责任单位：省邮政管理局、省环保厅、省财政厅、省交通运输厅、省经济和信息化委。

十九、加强人才队伍建设

支持引进邮政、快递业管理和服务高级人才，给予我省高层次人才相应政策待遇，培育打造邮政、快递业人才库。鼓励院校与企业联合建设邮政、快递专业实训基地，争创国家级邮政、快递产教融合示范项目。对符合现有相应培训政策或专项资金补贴条件的邮政、快递业务员，按规定给予职业培训补贴。

责任单位：省人力资源社会保障厅、省教育厅、省邮政管理局、省财政厅。

二十、加强政策资金引导

各级财政要继续加大对邮政和快递服务业发展的支持力度，统筹利用支持服务业、安全生产等相关资金，积极促进邮政和快递服务业转型升级，促进邮政和快递企业与电子商务、特色农产品配送、先进制造业等融合发展，完善快递服务网络。充分利用邮政和快递业现有资源优势，以"惠民e邮通工程"为契机，支持邮政和快递服务与农村电子商务融合发展，解决农村电商发展面临的"最后一公里"难题，促进农产品上行和工业品下乡双向流动，搞活流通、促进消费。

责任单位：省财政厅、省发展改革委、省商务厅、省邮政管理局、省农业厅、省经济和信息化委。

二十一、加大税收金融扶持

落实快递企业按现行规定申请执行省（区、市）内跨地区经营总分支机构增值税汇总缴纳政策，依法享受企业所得税优惠政策。银行业金融机构要加大对快递企业的信贷支持力度，对符合信贷条件的企业及其项目，优先发放贷款，对信誉好的企业适当增加授信。突出政策导向，发挥资本市场发展、服务业创新、公共基础设施建设等政府股权投资引导基金的作用，为快递企业融资提供有力支持。加强培训引导，不断提高快递企业利用各种金融工具的能力和水平。加大对快递企业的规范化培育力度，支持企业通过上市、挂牌、发行债券等多种渠道融资。鼓励发展适合快递企业特点的金融产品，积极推广仓储设施和运输车辆抵（质）押等信贷业务。鼓励保险公司研发推广运输价格、财产损失等保险业务品种，为快递企业提供风险保障。充分发挥融资租赁对快递服务业发展的积极作用。鼓励开展多类型、多层次的政金企对接活动，促进金融机构与快递企业互信合作。

责任单位：省地税局、省国税局、省金融办、人民银行济南分行、山东银监局、山东证监局、山东保监局、省财政厅、省商务厅、省邮政管理局。

二十二、发挥行业协会作用

支持邮政、快递行业协会深入开展调查研究、技术推广、标准制订和咨询服务、培训交流、理论研究等，建立行业企业合作机制，加强产学研用结合，促进企业科技应用、创新发展。鼓励行业协会健全各项行业基础性工作，积极推动行业规范自律、诚信体系、行业精神文明创建和企业文化建设，不断提升行业服务功能。

责任单位：省邮政管理局、省民政厅、省质监局、省科技厅。

各市政府要结合本地实际，建立健全工作机制，加大政策和资金支持力度。各有关部门要加强协调配合，按照职责分工完善细化相关配套措施，并抓好政策贯彻落实，共同推进我省邮政和快递服务业健康发展。

省人民政府关于印发山东省“十三五”节能减排综合工作方案的通知

2017 年 6 月 30 日　鲁政发〔2017〕15 号

各市人民政府，各县（市、区）人民政府，省政府各部门、各直属机构，各大企业，各高等院校：

现将《山东省“十三五”节能减排综合工作方案》印发给你们，请结合实际，认真贯彻执行。

一、“十二五”节能减排工作取得显著成效。全省认真贯彻落实中央和省委、省政府决策部署，按照“思想上坚定不移，工作上坚持不懈，节奏上均衡持续”的总要求，把节能减排作为调整优化经济结构、推动绿色循环低碳发展、加快生态文明建设的重要抓手和突破口，各项工作积极有序推进。“十二五”时期，全省单位生产总值能耗降低 19.8%，化学需氧量、氨氮、二氧化硫、氮氧化物 4 项主要污染物排放总量分别减少 12.8%、13.5%、18.9%和 18.2%，均超额完成了节能减排目标任务。

二、充分认识做好“十三五”节能减排工作的重要性和紧迫性。当前，经济发展进入新常态，能源消费增速放缓，高耗能、高排放行业发展减慢。但是，随着工业化、城镇化进程加快，消费结构持续升级，能源需求刚性增长，资源环境约束趋紧，节能减排形势依然严峻，任务依然艰巨。各级、各部门不能有丝毫松懈，要把思想和行动统一到中央和省委、省政府决策部署上来，加快新旧动能转换，推动经济社会绿色发展，在破除资源环境约束上实现新突破，下更大决心，用更大气力，采取更有效的措施，切实将节能减排工作推向深入。

三、坚持政府主导、企业主体、市场驱动、社会参与的工作格局。切实发挥政府主导作用，综合运用经济、法律、技术和必要的行政手段，着力健全激励约束机制，落实各级政府对本行政区域节能减排负总责、政府主要领导是第一责任人的工作要求。落实企业主体责任，严格执行节能环保法律法规和标准，细化和完善管理措施，确保完成节能减排目标任务。充分发挥市场机制作用，加大市场化机制推广力度，真正把节能减排转化为企业和各类社会主体的内在要求。营造良好的社会氛围，努力增强全体公民的资源节约和环境保护意识，实施全民节能行动，形成全社会共同参与、共同促进节能减排的良好局面。

四、加强对节能减排工作的组织领导。严格落实目标责任，省政府每年组织开展市级政府节能减排目标责任评价考核，将考核结果作为领导班子和领导干部年度考核、目标责任考核、绩效考核、任职考察、换届考察的重要内容。发挥节能减排工作领导小组的统筹协调作用，省经济和信息化委负责承担节能减排领导小组的具体工作，切实加强节能减排工作的综合协调，组织推动节能降耗工作；省环保厅主要承担污染减排方面的工作；省发展改革委负责推动全社会能源结构的调整和优化；省统计局负责加强能源统计和监测工作；其他各有关部门要切实履行职责，密切协调配合。各市政府要部署本市“十三五”节能减排工作，进一步明确相关部门责任、分工和进度要求。

各级、各部门和有关企业要按照通知的要求，结合实际抓紧制定具体实施方案，逐条细化工作，明确目标责任，狠抓贯彻落实，强化考核问责，确保完成“十三五”节能减排目标任务。

附件：山东省“十三五”节能减排综合工作方案

附件：

山东省“十三五”节能减排综合工作方案

一、总体要求

1. 指导思想。全面贯彻党的十八大和十八届三中、四中、五中、六中全会精神，深入贯彻习近平总书记系列重要讲话和视察山东重要讲话、重要批示精神，认真落实中央和省委、省政府决策部署，紧紧围绕“五位一体”总体布局和“四个全面”战略布局，牢固树立创新、协调、绿色、开放、共享发展理念，落实节约资源和保护环境基本国策，以提高能源利用效率和改善生态环境质量为目标，以推进供给侧结构性改革和实施创新驱动发展战略为动力，坚持政府主导、企业主体、市场驱动、社会参与，加快新旧动能转换，确保完成“十三五”节能减排目标任务，为建设生态文明提供有力支撑。

2. 主要目标。到 2020 年，全省万元国内生产总值能耗比 2015 年下降 17%，能源消费总量控制在 4.2 亿吨标准煤左右；全省化学需氧量、氨氮、二氧化硫、氮氧化物排放总量分别控制在 155.2 万吨、13.2 万吨、111.4 万吨、104.0 万吨以内，比 2015 年分别下降 11.7%、13.4%、27.0%、27.0%。全省挥发性有机物排放总量控制在 153.7 万吨以内，比 2015 年下降 20.0%。

二、优化产业和能源结构

3. 促进传统产业转型升级。落实《中国制造 2025 山东省行动纲要》，深入实施《山东省工业转型升级行动计划》和 22 个重点行业转型升级实施方案，采用先进适用节能低碳环保技术改造提升传统产业。深化制造业与互联网融合发展，促进制造业高端化、智能化、绿色化、服务化。构建绿色制造体系，推进产品全生命周期绿色管理，不断优化工业产品结构。支持重点行业改造升级，鼓励企业瞄准国际国内同行业标杆全面提高产品技术、工艺装备、能效环保等水平。严禁以任何名义、任何方式核准或备案产能严重过剩行业的增加产能项目。强化节能环保标准约束，严格行业规范、准入管理和节能审查，对电力、钢铁、建材、有色、化工、石油石化、船舶、煤炭、印染、造纸、制革、染料、焦化、电镀、氮肥、农副食品加工、原料药制造、农药等行业中，环保、能耗、安全等不达标或生产、使用淘汰类产品的企业和产能，要依法依规有序退出。实施逐步加严的污染物排放标准，推动企业科技进步，提高清洁生产和污染治理水平。充分发挥生态环保倒逼引导作用，优化产业布局，推动传统产业转型升级，提升产业层次和核心竞争力。（牵头单位：省经济和信息化委、省发展改革委、省环保厅，参加单位：省科技厅、省财政厅、省国资委、省质监局、省海洋与渔业厅）

4. 加快新兴产业发展。加快发展壮大新一代信息技术、高端装备、新材料、生物、新能源、新能源汽车、节能环保、数字创意等战略性新兴产业，推动新领域、新技术、新产品、新业态、新模式蓬勃发展。进一步推广云计算技术应用，新建大型云计算数据中心能源利用效率（PUE）值优于1.5。鼓励发展节能环保技术咨询、系统设计、设备制造、工程施工、运营管理、计量检测认证等专业化服务，全力推动家政、会展、文化、物流等服务业重点行业实现转型升级，突出发展现代物流、金融、科技服务、人力资源、软件及服务外包等生产性服务业，大力发展旅游、健康、养老、文化、体育、法律服务等生活性服务业。加快发展节能环保产业，打造10个节能环保产业特色基地，培育30家节能环保产业领军企业。推动创新改革，以服务业综合改革试点和泰山产业领军人才创新创业为切入点，着重在新业态、新模式成长中培育新的经济增长点，促进服务业扩大规模、优化结构，加快形成以服务经济为引领的发展新格局。发挥政府引领作用和市场主导作用，加强先进适用生态环保技术的研发、示范和推广，加快推进生态环保公共服务平台和基地建设，以新技术、新工艺和新产品为依托，积极培育生态环保战略性新兴产业。到2020年，战略性新兴产业增加值和服务业增加值占地区生产总值比重分别提高到16%和55%，节能环保、新能源装备、新能源汽车等绿色低碳产业持续发展壮大，成为支柱产业。（牵头单位：省发展改革委、省经济和信息化委、省环保厅，参加单位：省科技厅、省质监局、省统计局等）

5. 推动能源结构优化。努力压减煤炭消费总量，逐步降低煤炭消费比重。积极推进煤炭洗选和提质加工，大力推动煤炭清洁高效利用。加强煤炭安全绿色开发和清洁高效利用，推广使用优质煤、洁净型煤，推进煤改气、煤改电，鼓励利用可再生能源、天然气、电力等优质能源替代燃煤使用。安全发展核电，协调推进风电开发，推动太阳能大规模发展和多元化利用，增加清洁低碳电力供应。对超出规划部分可再生能源消费量，不纳入能耗总量和强度目标考核。加快推进外电入鲁，接纳省外来电，建成锡盟、榆横、上海庙等输电项目，提高省外电量中的非化石电量比重，平衡省内外电力资源。在居民采暖、工业与农业生产、港口码头等领域推进天然气、电能替代，减少散烧煤和燃油消费。到2020年，煤炭占能源消费比重下降到70%左右，天然气提高到7%至9%，新能源和可再生能源提高到7%，油品消费稳定在15%左右。省外来电占全社会用电量的比重达到20%，其中非化石能源电量占外来电量的25%左右。煤电占省内电力装机比重下降到75%左右。（牵头单位：省发展改革委、省经济和信息化委、省煤炭工业局，参加单位：省住房城乡建设厅、省交通运输厅、省环保厅、省质监局、省统计局、省机关事务局、省海洋与渔业厅等）

三、加强重点领域节能

6. 加强工业节能。拓展“工业绿动力”计划实施范围，加快高效煤粉锅炉、新型水煤浆锅炉和太阳能集热系统等新能源在工业领域的应用，推进煤炭清洁化利用和新能源高效利用。开展重点用能单位能源计量审查活动，加强重点用能单位能源计量器具配备管理。实施能效“领跑者”制度，树立行业标杆，提高能源利用效率。加快改造提升传统产业，分行业制定改造的目标、突破的关键技术、产品。实施工业能效对标行动，在重点耗能行业全面推行能效对标。加强高能耗行业能耗管控，推进企业能源管理中心建设，推广工业智能化用能监测和诊断技术。推进新一代信息技术与制造技术融合发展，提升工业生产效率和能耗效率。推动可再生能源在工业园区的应用，将可再生能源占比指标纳入工业园区考核体系。到2020年，工业能源利用效率和清洁化水平显著提高，规模以上工业企业单位增加值能耗比2015年降低20%以上，电力、钢铁、有色、建材、石油石化、化工、煤炭、轻工、纺织、机械等重点耗能行业能源利用效率达到或接近国内先进水平。（牵头单位：省经济和信息化委，参加单位：省发展改革委、省科技厅、省环保厅、省商务厅、省质监局等）

7. 强化建筑节能。加强绿色建筑全过程监管，县城以上城市的中心城区规划建设用地范围内，新建建筑全面执行绿色建筑规划、设计标准。城市新区按照绿色生态城区要求规划、建设，加快绿色生态示范城镇建设，推动绿色建筑由单体向区域发展、由城市向乡镇延伸。建立实施绿色建材评价标识制度，以政府办公建筑、保障性住房、公益性建筑及绿色建筑与建筑节能示范为抓手，积极推广绿色建材。积极创建绿色施工科技示范工程创建，加快工程施工“绿色化”进程。继续推进建筑节能全过程闭合监管，严格执行居住建筑节能 75%、公共建筑节能 65%标准，积极发展超低能耗建筑。推动太阳能、地热能等在建筑中的深度复合利用，100 米及以下住宅和集中供应热水的公共建筑全部推行太阳能光热建筑一体化。扎实开展既有建筑节能改造，鼓励实施绿色化改造。落实建筑能耗限额制度，加强省、市建筑能耗监测平台运维及数据应用。探索建立建筑节能市场机制，鼓励推行合同能源管理、PPP 等节能服务新模式。强力突破装配式建筑发展，编制实施山东省装配式建筑发展规划（2017～2025 年）。建立健全装配式建筑发展政策、管理制度，大力发展装配式混凝土结构、钢结构建筑，在具备条件的地方发展现代木结构建筑。推行标准化设计、工厂化生产、装配化施工、一体化装修、信息化管理、智能化应用，开展装配式建筑示范城市和产业基地、示范项目建设。设区城市规划区内新建公共租赁住房、棚户区改造安置住房等项目全面实施装配式建造，政府投资工程应使用装配式技术进行建设，商品住宅全面推行预制楼梯、叠合楼板，新建高层住宅实行全装修。在土地供应时，将发展装配式建筑的相关要求列入建设用地规划条件和项目建设条件意见书中，纳入供地方案，并落实到土地使用合同中。（牵头单位：省住房城乡建设厅，参加单位：省发展改革委、省经济和信息化委、省国土资源厅、省林业厅、省机关事务局等）

8. 促进交通运输节能。提升运输装备大型化、专业化和标准化水平，加快淘汰高能耗、低效率的老旧车辆。大力发展公共交通，以济南、青岛公交都市建设为示范，发展大运力 BRT 公交车。促进交通用能清洁化，大力推广节能环保汽车、新能源汽车、天然气（CNG/LNG）清洁能源汽车、液化天然气动力船舶等。将绿色低碳新理念、新技术、新工艺、新材料融入交通基础设施的规划设计、施工建设、运营养护全过程，围绕一批重大工程建设应用，全面推进绿色低碳交通基础设施向纵深发展。继续推进高速公路不停车收费与服务系统（ETC）建设，稳妥有序地推进高速公路服务区充电站、充电桩等设施建设。广泛应用公路节能新技术，推广路面材料再生和废旧资源再利用技术。到 2020 年，全省营运客车、营运货车、营运船舶单位运输周转量、城市客运单位客运量和港口生产单位吞吐量综合能耗在 2015 年基础上分别下降 2.1%、6.8%、6%、10%和 2%；营运客车、营运货车、营运船舶单位运输周转量、城市客运单位客运量和港口生产单位吞吐量 CO_2 排放分别下降 2.6%、8%、7%、12.5%和 2%。新能源和清洁能源车辆比例在 2015 年基础上显著提高，全省新增重型货车、营运客车、公交车、出租车中清洁能源和新能源车辆比例分别达到 20%、30%、70%、100%，累计推广应用新能源汽车和清洁能源汽车 3 万辆。（牵头单位：省交通运输厅、省发展改革委、省经济和信息化委，参加单位：省科技厅、省环保厅、省机关事务局等）

9. 加强公共机构节能。公共机构率先执行绿色建筑标准，新建建筑全部达到绿色建筑标准，“十三五”期间，完成 300 万平方米既有办公建筑绿色节能改造。推进公共机构以合同能源管理方式实施节能改造，研究制定山东省公共机构合同能源管理暂行办法，积极推进政府购买合同能源管理服务。推动建立公共机构能源资源消费基准线，健全能源资源消费信息通报和公开制度，深入推进能耗定额管理。实施公共机构节能试点示范和“能效领跑者”制度，创建 100 家国家级节约型公共机构示范单位，评选 10 家能效领跑者。公共机构率先淘汰老旧车辆，率先采购使用节能和新能源汽车，新能源汽车推广应用城市的政府部门及公共机构购买新能源汽车占当年配备更新车辆总量的比例提高到 50%以上，省级公共机构和其他各市的比例不低于 30%，并逐年提高。新建和既有停车场要规划建设配备电动汽车充电设施，或预留充电设施安装条件，比例不低于 10%。到 2020 年，实现公共机构单位建筑面积能耗、人均综合能耗、人均用水量分别比 2015 年降低 10%、11%和 15%。（牵头单位：省机关事务局、省经济和信息化委，参加单位：省发展改革委、省环保厅、省住房城乡建设厅、省交通运输厅等）

10. 推动商贸流通领域节能。推动零售、批发、餐饮、住宿、物流等企业建设能源管理体系，建立绿色节能低碳运营管理流程和机制，加快淘汰落后用能设备，推动照明、制冷和供热系统节能改造。贯彻绿色商场标准，开展绿色商场示范，鼓励商贸流通企业设置绿色产品专柜，推动大型商贸企业实施绿色供应链管理。积极推动绿色旅游饭店行业标准的完善，促进我省绿色旅游饭店建设。加快绿色仓储建设，支持仓储设施利用太阳能等清洁能源，鼓励建设绿色物流园区。（牵头单位：省商务厅，参加单位：省发展改革委、省经济和信息化委、省住房城乡建设厅、省质监局、省旅游发展委等）

11. 推进农业农村节能。鼓励引导农机具报废更新，加快淘汰老旧农业机械，推广农用节能机械、设备和渔船，发展节能型设施农业。推进节能及绿色农房建设，结合农村危房改造，稳步推进农房节能及绿色化改造，推动城镇燃气管网向农村延伸和省柴节煤灶更新换代，因地制宜采用生物质能、太阳能、空气热能、浅层地热能等解决农房采暖、炊事、生活热水等用能需求，提升农村能源利用的清洁化水平。鼓励使用生物质可再生能源，推广液化石油气等商品能源。加快农业地方标准的制定、推广，淘汰落后的生产技术，降低农业生产投入品能源消耗。加快农业生产机械化步伐，更新淘汰老旧、高能耗的农业、渔业机械，降低农业机械单位能耗。加强种植模式标准化的研究，建立并推广区域性农作物种植标准模式，推进农机标准化、规模化作业，促进农艺与农机的配套节能。到2020年，全省农村地区基本实现稳定可靠的供电服务全覆盖，鼓励农村居民使用高效节能电器。（牵头单位：省农业厅、省经济和信息化委、省住房城乡建设厅，参加单位：省发展改革委、省科技厅、省海洋与渔业厅等）

12. 强化重点用能单位节能管理。结合国家开展的重点用能单位“百千万”行动，按照属地管理和分级管理相结合原则，省、市分别对“千家”“万家”重点用能单位进行目标责任评价考核。重点用能单位要围绕能耗总量控制和能效目标，对用能实行年度预算管理。推动重点用能单位建设能源管理体系并开展效果评价，健全能源消费台账，按标准要求配备能源计量器具，进一步完善能源计量体系。依法开展能源审计，组织实施能源绩效评价，开展达标对标和节能自愿活动，提升重点用能单位能效水平。严格执行能源统计、能源利用状况报告、能源管理岗位和能源管理负责人等制度。（牵头单位：省经济和信息化委，参加单位：省发展改革委、省教育厅、省住房城乡建设厅、省交通运输厅、省国资委、省质监局、省统计局、省机关事务局等）

13. 强化重点用能设备节能管理。加强高耗能特种设备节能审查和监管，构建安全、节能、环保“三位一体”的监管体系。组织开展燃煤锅炉节能减排能效提升活动，推进锅炉生产、经营、使用等全过程节能环保监督标准化管理。持续推进锅炉设计文件节能审查、定型产品能效测试和定期能效测试工作，加强锅炉运行及管理人员节能培训。完善“山东省特种设备安全监督管理系统”平台，进一步梳理、充实锅炉相关数据。加快高效电机、配电变压器等用能设备开发和推广应用，淘汰低效电机、变压器、风机、水泵、压缩机等用能设备，全面提升重点用能设备能效水平。（牵头单位：省质监局、省经济和信息化委、省环保厅，参加单位：省发展改革委、省住房城乡建设厅、省机关事务局等）

四、强化主要污染物减排

14. 控制重点区域流域排放。积极发展热电联产，鼓励推行集中供热和分布式供热。整合现有分散供热锅炉和小型供热机组，大力推进区域热电联产、工业余热回收利用，提高集中供热普及率。到2020年，实现县以上城市集中供热全覆盖，城区集中供热普及率达到75%以上，在有条件的农村地区因地制宜推行集中或分散式供热试点。以《山东省区域性大气污染物综合排放标准》引导产业布局优化，加快“核心控制区、重点控制区、一般控制区”三类区域的划分工作。到2017年年底，基本完成城市建成区内及主要人口密集区周边石化、钢铁、化工、有色金属冶炼、水泥、平板玻璃等重污染企业搬迁、改造。海河、小清河流域以石油加工、制革、化工、制药等行业为重点，淮河流域以煤化工等行业为重点，半岛流域以石材加工、再生塑料颗粒加工、淀粉、鱼粉等行业为重点，加大落后生产工艺和装备的淘汰力度，关闭治理达标无望、污染严重的企业或产生污染的生产环节。大力开展清洁生产，在钢铁、水泥、化工、石化、有色金属冶炼等重点行业实施清洁生产审核。健全企业自愿和政府支持相结合的清洁生产机制，加大对中高费方案的政策支持力度，促进企业提高实施率，创建一批清洁生产示范企业。在进一步深化全省二氧化硫、氮氧化物、化学需氧量、氨氮总量减排的基础上，大力推行区域性、行业性总量控制。实施行业挥发性有机污染物总量控制，制定挥发性有机污染物总量控制目标和实施方案，对沿海7市实施总氮排放总量控制，明确重点控制区域、领域和行业，制定总氮排放总量控制方案。（牵头单位：省环保厅、省发展改革委、省经济和信息化委、省住房城乡建设厅，参加单位：省财政厅、省质监局、省机关事务局、省海洋与渔业厅等）

15. 推进工业污染物减排。分时段、分行业逐步实施工业污染源全面达标排放计划，开展污染源排查，进行排放情况评估，强化执法监管，2017年年底前，完成钢铁、火电、水泥、煤炭、造纸、印染、污水处理厂、垃圾焚烧厂等8个行业超标问题整治和自动监控装置建设任务；2019年年底前，基本完成各类工业污染源超标问题整治工作；2020年，进一步巩固提升工业污染源超标问题整改成效，确保各类工业污染源持续保持达标排放。严格控制高耗能、高污染项目建设，制定实施差别化区域环境准入政策，从严审批高耗能、高污染物排放的建设项目。实行建设项目主要污染物排放总量指标等量或减量替代。实行污染物排放许可制。落实国家《控制污染物排放许可制实施方案》《排污许可证管理暂行办法》要求，加快环境管理制度衔接整合。改革以行政区为主的总量控制制度，建立企事业排污单位污染物排放总量控制，构建固定污染源环境管理核心制度。按要求分行业、分阶段推动排污许可制逐步开展，到2020年，基本完成排污许可证核发工作。实施燃煤机组（锅炉）超低排放改造，加快燃煤小锅炉淘汰进度，济南市行政区域内淘汰35蒸吨/小时及以下燃煤锅炉以及茶炉大灶、经营性小煤灶；其他城市全面淘汰建成区及县城10蒸吨/小时及以下燃煤锅炉。加快推进挥发性有机物治理，开展石化和有机化工行业“泄漏检测与修复”专项行动，完成加油站、储油库、油罐车油气回收治理；涂装行业实施低挥发性有机物含量涂料替代、涂装工艺与设备改进，建设挥发性有机物收集与治理设施；印刷行业全面开展低挥发性有机物含量原辅料替代，改进生产工艺。加强工业企业无组织排放管理，综合整治扬尘污染。修订山东省流域水污染物综合排放标准、重点行业大气污染物排放标准、区域性大气污染物综合排放标准，组织编制挥发性有机物综合排放标准以及有机化工、表面涂装等行业排放标准。集中治理工业集聚区水污染，完成污水集中处理设施和自动在线监控装置建设任务。化工园区、涉重金属工业园区推行“一企一管”和地上管廊的建设与改造。建立生态环境监测信息统一发布机制，推进生态环境信息、排污单位环境信息以及建设项目环境影响评价信息公开。按照《山东省企业环境信用评价办法》要求，建立企业环境信用评价信息管理系统，积极推进企业环境信用评价工作，督促企业自觉履行环境保护法定义务和社会责任。（牵头单位：省环保厅、省住房城乡建设厅，参加单位：省发展改革委、省经济和信息化委、省财政厅、省质监局等）

16. 促进移动源污染物减排。加强车船环保管理，加强对新生产、销售机动车大气污染物排放状况的监督检查。加强机动车环检机构监管，严厉打击环保检测违法行为，加强机动车维修机构资质管理，规范机动车尾气治理市场。加快机动车排污监控平台建设，重点治理重型柴油车和高排放车辆；开展清洁柴油机行动，加强高排放工程机械、重型柴油车、农业机械等管理，开展柴油车注册登记环保查验，对货运车、客运车、公交车等开展入户环保检查。推进非道路移动机械和船舶的排放控制，积极治理船舶污染，落实环渤海京津冀水域船舶排放控制区管理政策，靠港船舶优先使用岸电，开展船舶排放控制区内船舶排放监测和联合监管，加快非道路移动源油品升级。构建机动车船和油品环保达标监管体系，加大流通领域成品油质量抽检力度，车用汽、柴油应加入符合要求的清净剂，保障国Ⅴ车用汽、柴油供应，支持企业制定节能低碳环保燃油团体标准。进一步落实油品升级工作，全省加油站供应的普通柴油从2017年7月1日起要全部达到国Ⅳ标准，从2018年1月1日起全部达到国Ⅴ标准。2017年9月底前，济南、淄博、济宁、德州、聊城、滨州、菏泽7市全部供应符合国Ⅵ标准的汽柴油，禁止销售普通柴油。（牵头单位：省环保厅、省公安厅、省交通运输厅、省农业厅、省质监局、省海洋与渔业厅、省经济和信息化委，参加单位：省发展改革委、省财政厅、省工商局等）

17. 强化生活源污染综合整治。加快城镇污水处理设施建设，编制实施城镇污水处理设施建设规划，2017年年底前，重点湖泊、重点水库、近岸海域汇水区域等敏感区域城镇污水处理设施出水水质应达到一级A标准或再生利用要求。2020年年底前，建制镇要逐步实现污水处理设施全覆盖和稳定达标运行。以大型企事业单位和住宅小区为突破口，探索建立专业化、市场化的分散式—半集中式污水处理模式。市、县级政府要制定管网建设和改造计划，城镇新区管网建设实行雨污分流，老旧城区加大“雨污分流、清污混流”污水管网改造力度，优先推进城中村、老旧城区和城乡结合部污水截流、收集、纳管，消除河水倒灌、地下水渗入等现象。到2020年，各设区市建成区基本实现污水全收集、全处理，济南、青岛两市要在2017年年底前率先完成。加强城镇再生水循环利用基础设施建设，到2020年，城市再生水利用率达到25%以上。推进工业企业再生水循环利用，引导高耗水行业企业废水深度处理回用。加强城镇再生水循环利用基础设施建设，提高区域再生水资源循环利用水平，构建再生水循环利用体系。推进污泥安全处置，2017年年底前，城市现有污泥处理处置设施基本完成达标改造，全部取缔非法污泥堆放点。2020年年底前，地级及以上城市污泥无害化处理处置率达到90%以上。突出抓好冬季散煤治理，设区市供热供气管网覆盖的地区禁止使用散煤，覆盖范围以外的区域推广使用清洁燃具和洁净型煤，有条件的区域实施电力和天然气替代煤炭工程。农村实行散煤替代。到2017年年底，设区城市建成区和城乡结合部、省会城市群要率先完成散煤治理。积极推进建筑装饰、汽修、干洗、餐饮等行业挥发性有机物治理。（牵头单位：省环保厅、省经济和信息化委、省住房城乡建设厅、省煤炭工业局，参加单位：省发展改革委、省财政厅、省农业厅、省水利厅、省质监局、省机关事务局等）

18. 重视农业污染排放治理。加强畜禽养殖粪污处理及资源化利用。各市、县（市、区）制定本辖区畜禽养殖禁养区、限养区和适养区，向社会公布。2017年年底前，依法关闭或搬迁禁养区内的畜禽养殖场（小区）和养殖专业户。切实加强源头管控，严格落实环评制度。新建、改建、扩建畜禽养殖场、养殖小区，应当符合畜牧业发展规划、畜禽养殖污染防治规划，严格按照养殖规模编制环境影响报告书或网上备案环境影响登记表。畜禽养殖废弃物综合利用和无害化处理设施要与主体工程同时设计、同时施工、同时投入使用。大力支持畜禽规模养殖场（小区）标准化改造和建设，配套建设粪便污水贮存、处理、资源化利用设施。到2020年，全省规模化养殖场畜禽粪便和污水处理利用率分别达到90%和60%以上。（牵头单位：省农业厅、省环保厅、省经济和信息化委、省畜牧兽医局，参加单位：省发展改革委、省财政厅、省住房城乡建设厅、省质监局等）

五、大力发展循环经济

19. 全面推动园区循环化改造。明确全省园区循环化改造推进任务目标，落实责任分工，强化评估考核。综合开发区、化工产业集聚区、高新技术开发区等各类园区，要以提高资源产出率为目标，按照“布局优化、产业成链、企业集群、物质循环、创新管理、集约发展”的要求，制定各具特色的循环化改造实施方案，加快推进现有各类园区进行循环化改造，提高园区循环化改造规模和质量。到2020年，国家级园区全部实施循环化改造，50%以上的省级园区实施循环化改造。（牵头单位：省经济和信息化委、省财政厅，参加单位：省科技厅、省发展改革委、省环保厅、省商务厅等）

20. 加强城市废弃物规范有序处理。建立和完善城乡生活垃圾分类收集、密闭运输和资源化利用、无害化处理体系，推广固体有机废弃物绝氧热解技术，推动建筑废弃物、有机污泥、废旧纺织品等城乡低值废弃物的资源化利用和无害化处理。推进电力、钢铁、水泥等企业协同处理城市及产业废弃物。支持餐厨废弃物收集运输、处理等先进技术、工艺、设备的研究、推广和应用，建立完善餐厨废弃物分类投放、专业收集运输、统一处置制度，推广潍坊、济南、泰安、聊城、临沂等国家餐厨废弃物资源化利用和无害化处理试点城市的经验做法。（牵头单位：省经济和信息化委、省住房城乡建设厅、省财政厅，参加单位：省环保厅、省民政厅、省机关事务局等）

21. 促进资源循环利用产业提质升级。依托国家级和省级“城市矿产”示范基地，开发、示范、推广一批先进适用的再生资源回收利用技术和装备，创新经营业态和回收方式。完善再生资源回收体系建设，推行“圈区化”管理和园区化经营，实现再生资源回收利用对生产和生活领域的全覆盖。推动废钢铁、废旧轮胎、废塑料、废纸等再生资源综合利用，加强对列入国家再生资源综合利用公告企业的监督管理，促进行业健康规范发展。在电器电子产品、铅酸蓄电池、汽车生产企业，推行生产者责任延伸制度。以汽车零部件、工程机械、农业机械、矿采机械等产品再制造为重点，实施高端再制造、智能再制造、在役再制造工程，提升产业整体水平。推动再制造服务体系建设，鼓励设立再制造车间或专业再制造公司，开展再制造专业技术服务。选择产业基础好的地区开展再制造产业示范基地建设，推进再制造规模化、产业化发展。（牵头单位：省经济和信息化委、省商务厅，参加单位：省发展改革委、省科技厅、省环保厅、省住房城乡建设厅等）

22. 统筹推进大宗固体废弃物综合利用。加强对重点矿产资源共生、伴生矿和尾矿的综合开发，鼓励开展尾矿回填和尾矿库复垦。继续推动粉煤灰、冶炼废渣等固废综合利用，扩大综合利用规模，探索高值利用途径。加快研发赤泥、碱渣综合利用技术，提升综合利用水平。加快推进畜牧养殖大县种养循环整县推进试点，逐步扩大试点范围，探索农业废弃物循环利用模式。以农作物秸秆、林业“三剩物”采伐、造材和加工剩余物、畜禽粪便等农林废弃物为重点，建立健全收储运体系，推行先进的循环利用模式，因地制宜发展规模化沼气工程、生物质发电、秸秆综合利用工程，实现农林废弃物综合利用的规模化、产业化、清洁化。到 2020 年，工业固废综合利用率达到 88% 以上，农村地区工业危险废弃物无害化利用处理率达到 95%，农作物秸秆综合利用率达到 92%。（牵头单位：省经济和信息化委、省环保厅、省住房城乡建设厅、省农业厅，参加单位：省发展改革委、省国土资源厅、省林业厅等）

23. 加快互联网与资源循环利用融合发展。支持再生资源回收企业运用“互联网 +”创新经营模式，发展智能化回收，优化逆向物流网点布局，鼓励建设覆盖城乡、互联互通、运转顺畅的物流回收体系。建设省循环经济公共服务平台，完善循环经济信息共享体系，实现循环经济信息的采集、发布以及政策引导、技术推广、循环经济和清洁生产的网上审核、评价等服务。到 2020 年，完成省、市两级循环经济公共服务平台建设，形成集信息采集与报送、管理与决策、资讯与商务、统计与评价一体的循环经济支持系统。（牵头单位：省经济和信息化委，参加单位：省科技厅、省发展改革委、省环保厅、省交通运输厅、省商务厅等）

六、实施节能减排工程

24. 节能重点工程。组织实施节能“八大重点工程”，分别是：重点企业节能管理工程，分行业制定能效标杆指南，科学评价企业节能水平和节能效果，提高企业节能科学管理水平，终端产品能效提升工程，加快高效电机、变压器推广应用，制定在用低效设备淘汰路线图，推动用能设备制造业转型升级。燃煤锅炉节能环保提升工程，落实好《山东省高效环保煤粉锅炉推广行动计划（2016～2018 年）》，推广应用高效环保锅炉，淘汰落后燃煤锅炉，到“十三五”末，基本完成能效不达标的在用锅炉节能改造。新能源推广应用工程，突出太阳能、核能、风能、生物质能和地热能五大领域，重点突破中高温高效太阳能集热、光热发电、太阳能冷热联供等一批关键核心技术，加快太阳能光热工业化利用，加快智能电网建设。智慧节能应用示范工程，运用“互联网 +”、云计算及大数据管理等技术，开展重点用能单位能源在线监测，加强能源梯级利用，发挥能源消费监测、节能管理、节能服务等作用。高效照明产品推广工程，加快高效半导体照明产业发展，培育一批龙头企业和知名品牌，在市政领域建设一批示范工程。节能环保产业壮大工程，围绕高效锅炉、高效电机、高效配电变压器、高效节能照明产品、资源综合利用装备产品、新能源运输工具、大气治理、水处理等重点领域，大力提升节能环保技术装备水平，推进节能改造和节能技术产业化。循环经济推广示范工程，在工业、农业、服务业等重点领域培育循环经济示范单位，在各级开发园区培育循环经济示范园区，推广循环经济发展模式，实施资源综合利用项目。（牵头单位：省经济和信息化委，参加单位：省发展改革委、省财政厅、省环保厅、省质监局等）

25. 主要大气污染物重点减排工程。实施燃煤电厂超低排放改造工程。加强电力、钢铁、水泥、石化、平板玻璃、有色等重点行业大气污染治理，钢铁行业所有烧结机（球团）配套建设脱硫、高效除尘设施，积极开展烧结机等烟气脱硝示范。加强水泥厂和粉磨站颗粒物排放综合治理，采取有效措施控制水泥行业颗粒物无组织排放，落实水泥行业冬季错峰生产要求。石化炼制行业催化裂化等排放大气污染物的装置要实施烟气脱硫、脱硝设施改造。积极推广玻璃行业工业窑炉采用天然气、煤制气等清洁能源。加快有色金属冶炼行业生产工艺设备更新改造，配套建设污染物治理设施，确保污染物排放稳定达到《山东省区域性大气污染物综合排放标准》等地方性大气污染物排放标准相应时段要求。实施“煤改气”工程，扩大城市禁煤区范围。实施石化、有机化工、工业涂装、包装印刷等重点行业挥发性有机物治理工程，到 2017 年年底，石化企业基本完成挥发性有机物治理。（牵头单位：省环保厅、省经济和信息化委、省住房城乡建设厅，参加单位：省发展改革委、省财政厅、省国资委、省质监局等）

26. 主要水污染物重点减排工程。加强城市、县城和其他建制镇生活污染减排设施建设。按照“城边接管、就近联建、鼓励独建”的原则，合理布局建制镇污水处理设施。到2020年，全省新增污水处理能力300万吨/日，升级改造污水处理能力150万吨/日，城市、县城污水处理率分别达到95%、85%以上，所有重点镇和南水北调沿线、小清河流域重点保护区内所有建制镇实现“一镇一厂”。加强配套管网建设和改造，逐步实现城镇生活污水处理设施全覆盖和稳定运行。实施城镇污水、工业园区废水、污泥处理设施建设与提标改造工程，推进再生水回用设施建设，提高再生水资源循环利用水平。加快规模化畜禽养殖场（小区）粪污处理及资源化利用。到2020年，规模养殖场（小区）配套建设废弃物处理利用设施的比例达到75%以上。（牵头单位：省环保厅、省经济和信息化委、省住房城乡建设厅、省畜牧兽医局，参加单位：省发展改革委、省财政厅、省海洋与渔业厅等）

27. 循环经济重点工程。组织实施园区循环化改造、“城市矿产”示范园区建设、工农复合型循环经济示范区建设、“互联网+”循环经济等专项行动，建设20个“城市矿产”示范园区、20个大宗工业固体废弃物高附加值利用示范基地、6个再制造基地，推进生产和生活系统循环链接，构建绿色低碳循环的产业体系。（牵头单位：省经济和信息化委、省财政厅，参加单位：省发展改革委、省科技厅、省环保厅、省住房城乡建设厅、省农业厅、省商务厅等）

七、强化节能减排技术支撑和服务体系建设

28. 加快节能减排共性关键技术研发示范推广。针对我省能源结构、能源安全、温室气体减排等重大战略需求，研究清洁能源与新能源技术，以发展清洁低碳能源为主攻方向，加快突破煤炭清洁高效利用和新型节能、智能电网、储能系统、新能源和可再生能源等关键核心技术，提高能源使用效率。聚焦环境污染源头控制、清洁生产和生态修复等技术体系，研究绿色发展关键技术，重点在节能降耗、大气污染防控、资源高效循环利用、生态环保等领域，加强共性关键技术攻关，培育一批具有自主知识产权的技术装备，为加快建设资源节约型、环境友好型社会提供科技支撑。（牵头单位：省科技厅、省经济和信息化委，参加单位：省发展改革委、省环保厅、省住房城乡建设厅、省交通运输厅等）

29. 推进节能减排技术系统集成应用。推进区域、城镇、园区、用能单位等系统用能和节能，选择具有示范作用、辐射效应的园区和城市，统筹整合钢铁、水泥、电力等高耗能企业的余热余能资源和区域用能需求，实现能源梯级利用。大力发展“互联网+”智慧能源，支持基于互联网的能源创新，推动建立城市智慧能源系统，鼓励发展智能家居、智能楼宇、智能小区和智能工厂，推动智能电网、储能设施、分布式能源、智能用电终端协同发展。综合采取节能减排系统集成技术，推动锅炉系统、供热/制冷系统、电机系统、照明系统等优化升级。（牵头单位：省经济和信息化委，参加单位：省发展改革委、省科技厅、省财政厅、省住房城乡建设厅、省质监局等）

30. 完善节能减排创新平台和服务体系。围绕我省节能减排领域共性关键技术需求，建立完善一批相关领域的创新创业综合服务平台，培育一批具有核心竞争力的科技企业和服务基地，建立一批工程技术研究中心、重点实验室等科技创新平台。支持企业引进国外节能环保新技术、新装备，推动国内先进技术和装备“走出去”。深化资源环境服务试点，创新区域能源环境治理一体化、“互联网+”节能环保、节能环保物联网等污染治理与管理模式，鼓励各类投资进入节能环保市场。组织开展散煤治理、燃煤电厂与燃煤锅炉超低排放改造、黑臭水体整治、挥发性有机物（VOCs）治理、农村生活污水收集处理、畜禽养殖污染处理等领域先进适用技术的经验交流和试点示范，通过举办绿色产业国际博览会、污染治理技术交流洽谈会等多种方式，促进供需对接交流。大力发展节能环保产业，推进形成合同能源管理、合同节水管理、第三方监测及环境保护政府和社会资本合作等服务市场。（牵头单位：省科技厅、省经济和信息化委、省环保厅、省煤炭工业局，参加单位：省发展改革委、省住房城乡建设厅、省交通运输厅、省质监局等）

八、完善节能减排支持政策

31. 完善价格收费政策。加快资源环境价格改革，健全价格形成机制，严格执行高耗能行业差别电价、惩罚性电价、阶梯电价政策。及时落实国家脱硫、脱硝、除尘和超低排放环保电价政策，加强运行监管，

严肃查处不执行环保电价政策的行为。深化供热计量收费改革，科学合理制定基本热价和计量热价。在考虑终端用户承受能力和当地居民用热需求前提下，热价要充分考虑企业环保成本，鼓励制定环保热价政策措施，并出台配套监管办法。严格落实超定额超计划用水累进加价制度。根据国家部署，进一步完善天然气价格政策。按照国家有关要求，完善居民阶梯电价（煤改电除外）制度，全面推行居民阶梯气价（煤改气除外）、水价制度。继续实行差别化排污收费政策。研究扩大挥发性有机物排放行业排污费征收范围。落实国家环境保护费改税相关政策。根据排污权交易试点开展情况，研究制定排污权有偿使用价格、试点初期交易价格，配套建立相关管理体系。加大垃圾处理费收缴力度，提高收缴率。（牵头单位：省物价局、省经济和信息化委、省环保厅、省财政厅，参加单位：省发展改革委、省住房城乡建设厅、省水利厅等）

32. 完善财政税收激励政策。加大对节能减排工作的资金支持力度，统筹安排相关专项资金，支持节能减排重点工程、能力建设和公益宣传。创新财政资金支持节能减排重点工程、项目的方式，发挥财政资金的杠杆作用。推广节能环保服务政府采购，推行政府绿色采购，完善节能环保产品政府强制采购和优先采购制度。清理取消不合理化石能源补贴。落实支持节能减排的企业所得税、增值税等优惠政策。继续落实资源综合利用、购置环保设备等节能减排税收优惠政策。从事国家鼓励类项目的企业进口自用节能减排技术装备且符合政策规定的，免征进口关税。（牵头单位：省财政厅、省地税局、省国税局，参加单位：省经济和信息化委、省发展改革委、省环保厅、省住房城乡建设厅、省国资委、省机关事务局等）

33. 健全绿色金融体系。加强绿色金融体系建设，推进绿色金融业务创新。鼓励银行业金融机构对节能减排重点工程给予多元化融资支持。健全市场化绿色信贷担保机制，对于使用绿色信贷的项目单位，可按规定申请财政贴息支持。对银行机构探索开展绿色评级，鼓励金融机构进一步完善绿色信贷机制，支持以用能权、碳排放权、排污权和节能项目收益权等为抵（质）押的绿色信贷。建立公益性的环境成本核算和影响评估体系，明确借款主体的尽职免责要求和节能环保法律责任。推进绿色债券市场发展，积极推动金融机构发行绿色金融债券，鼓励企业发行绿色债券。支持设立市场化运作的各类绿色发展基金，加大省级节能投资基金监管力度，充分发挥基金对节能领域的支持作用。建立健全绿色投资与绿色贸易管理制度体系，落实对外投资合作环境保护指南，积极推动绿色金融领域国际合作。（牵头单位：人民银行济南分行、省财政厅、省经济和信息化委、省环保厅、省金融办、山东银监局）

九、建立和完善节能减排市场化机制

34. 建立市场化交易机制。健全用能权、排污权、碳排放权交易机制，创新有偿使用、预算管理、投融资等机制，培育和发展交易市场。根据国家统一安排，推进碳排放权交易相关工作。建立用能权有偿使用和交易制度，开展用能权制度研究和交易试点。推进排污权制度改革。建立健全排污权初始分配制度和交易市场。开展燃煤电厂排污权收储和有偿使用试点，探索建立排污权有偿使用和交易制度，鼓励新建项目在不增加本地区污染物排放总量的前提下，通过交易方式取得污染物排放指标。（牵头单位：省经济和信息化委、省发展改革委、省环保厅、省财政厅）

35. 推行合同能源管理模式。实施合同能源管理推广工程，鼓励节能服务公司创新服务模式，为用户提供节能咨询、诊断、设计、融资、改造、托管等“一站式”合同能源管理综合服务。国家已取消节能服务公司审核备案制度，任何地方和单位不得以是否具备节能服务公司审核备案资格限制企业开展业务。建立节能服务公司、用能单位、第三方机构失信黑名单制度，将失信行为纳入山东省公共信用信息平台和山东省域征信服务平台。落实节能服务公司税收优惠政策，鼓励各级政府加大对合同能源管理的支持力度。政府机构按照合同能源管理合同支付给节能服务公司的支出，视同能源费用支出。培育以合同能源管理资产交易为特色的资产交易平台。鼓励社会资本建立节能服务产业投资基金。支持节能服务公司发行绿色债券。创新投债贷结合，促进合同能源管理业务发展。（牵头单位：省经济和信息化委、省地税局，参加单位：省财政厅、省住房城乡建设厅、人民银行济南分行、省机关事务局等）

36. 健全绿色标识认证体系。强化能效标识管理制度，扩大实施范围。制修订绿色商场、绿色宾馆、绿色饭店、绿色景区等绿色服务评价办法，积极开展第三方认证评价。逐步将目前分头设立的环保、节能、节水、循环、低碳、再生、有机等产品统一整合为绿色产品，建立统一的绿色产品标准、认证、标识体系。全面落实能效标识管理工作要求，指导企业落实主体责任，落实能效标识备案、应用等制度，加强对能效标识产品是否备案、标识是否相符和是否存在伪造等情况的监督检查。鼓励并支持企业开展节能、低碳、环保等产品认证和能源管理体系认证，宣传、推动统一的绿色产品标准、认证、标识体系的实施；采用“双随机”的方法，加强对机动车环检线的监督执法，对发现的问题依法依规予以查处。（牵头单位：省质监局、省经济和信息化委、省环保厅，参加单位：省财政厅、省住房城乡建设厅、省水利厅、省商务厅等）

37. 推进环境污染第三方治理。坚持污染者付费、损害者担责的原则，不断完善环境治理社会化、专业化服务管理制度。建立健全第三方运营管理和激励机制，鼓励工业污染源治理第三方运营。在火电、钢铁、建材、造纸、印染等污染物排放量大、治理技术成熟的重点行业以及开发区（工业园区）大力推进环境污染第三方治理。推进委托治理服务、托管运营服务等方式，支持排污企业或工业园区付费购买专业环境服务公司的治污减排服务，提高污染治理的产业化、专业化、市场化程度。（牵头单位：省环保厅、省发展改革委，参加单位：省经济和信息化委、省财政厅、省住房城乡建设厅等）

38. 加强电力需求侧管理。推行节能低碳、环保电力调度，丰富完善山东省电力需求侧管理平台功能，鼓励售电企业根据用户特点提供电能综合管理服务。开展工业领域电力需求侧管理专项行动，鼓励企业参加电力需求侧管理评价，做好示范企业园区和技术产品的推广工作。继续做好电力需求侧管理示范项目建设工作，拓展应用范围，严格管理程序，充分发挥项目示范带动作用。完善统计、监测和考核体系，做实做细电网企业实施电力需求侧管理目标责任考核。深化电力体制改革，扩大峰谷电价、分时电价实施范围，研究制定可中断电价。加强储能和智能电网建设，增强电网调峰和需求侧响应能力。（牵头单位：省经济和信息化委，参加单位：省发展改革委、省财政厅等）

十、落实节能减排目标责任

39. 健全节能减排计量、统计、监测和预警体系。进一步健全能源计量体系，深入推进城市能源计量建设示范，开展计量检测、能效计量比对等节能服务活动，加强能源计量技术服务和能源计量审查。健全能源消费统计指标体系，完善企业联网直报系统，加大统计数据审核与执法力度，强化统计数据质量管理，确保统计数据基本衔接，提高能源统计的准确性和及时性，为节能减排决策、考核提供依据。完善环境统计体系，补充调整工业、城镇生活、农业等重要污染源调查范围。强化节能目标完成情况晴雨表制度，定期印发高耗能行业电力消费情况通报，公布各地区、重点行业、重点单位节能减排目标完成情况，发布预警信息，及时提醒高预警等级地区和单位的相关负责人，强化督促指导。完善生态环境质量监测评价，鼓励引入第三方评估；加强重点节能减排工程调度管理，对达不到进度要求、重点工程建设滞后或运行不稳定、政策措施落实不到位的市及时预警。建立健全能耗在线监测系统和污染源自动在线监测系统，对重点用能单位能源消耗实现实时监测，强化企业污染物排放自行监测和环境信息公开，到2020年，污染源自动监控数据有效传输率、企业自行监测结果公布率保持在90%以上，污染源监督性监测结果公布率保持在95%以上。（牵头单位：省经济和信息化委、省环保厅、省统计局，参加单位：省发展改革委、省住房城乡建设厅、省交通运输厅、省国资委、省质监局、省机关事务局等）

40. 合理分解节能减排指标。实施能源消耗总量和强度双控行动，改革完善主要污染物总量减排制度。强化约束性指标管理，健全目标责任分解机制，综合考虑能源环境状况、经济结构、节能减排潜力等因素，将全省节能减排目标分解到各市、主要行业和重点用能单位、重点排污单位。各市要根据省政府下达的任务明确年度工作目标并层层分解落实，明确下一级政府、有关部门、重点用能单位、重点排污单位责任，确保按时完成节能减排目标任务。（牵头单位：省经济和信息化委、省环保厅、省发展改革委，参加单位：省住房城乡建设厅、省交通运输厅、省机关事务局等）

41. 加强目标责任评价考核。强化节能减排约束性指标考核，并将节能减排任务目标纳入对各市经济社会发展综合考核。省政府每年组织开展市级政府节能减排目标责任评价考核，将考核结果作为领导班子和领导干部考核的重要内容；继续深入开展领导干部自然资源资产离任审计试点。对未完成能耗强度降低目标的市级政府实行问责，对未完成省政府下达能耗总量控制目标任务的予以通报批评和约谈，实行高耗能项目缓批限批。对重点单位节能减排考核结果进行公告并纳入山东省公共信用信息平台，对未完成目标任务的暂停审批或核准新建扩建高耗能项目。对节能减排贡献突出的市、单位和个人以适当方式给予奖励。（牵头单位：省经济和信息化委、省环保厅、省委组织部，参加单位：省发展改革委、省财政厅、省住房城乡建设厅、省交通运输厅、省国资委、省质监局、省统计局、省机关事务局、省海洋与渔业厅等）

十一、强化节能减排监督检查

42. 健全节能环保法律法规标准。推动《山东省节约能源条例》《山东省清洁生产促进条例》修订工作，加快研究起草节能监察、绿色建筑管理等法规规章。健全节能环保标准体系，完善绿色建筑标准，实现重点行业、设备节能标准全覆盖，实施百项能效标准推进工程。开展节能标准化和循环经济标准化试点示范建设，做好能耗限额强制性地方标准复审和制修订工作，逐步加严我省能耗限额强制性地方标准。制定“工业绿动力”计划系列地方标准、太阳能团体标准等节能领域标准。组织开展能耗限额地方标准实施情况评价分析课题研究，为及时复审修订标准、提高节能标准的科学性、有效性、适用性提供参考。加快挥发性有机物排放标准等系列标准的制定和实施，构建挥发性有机物系列排放标准体系，全面带动环境污染治理，推动环境质量改善。科学构建地方环境标准体系，逐步修订重点行业大气污染物排放标准和区域性大气污染物综合排放标准。建立健全符合山东实际的污染防治技术指南、规范和标准体系。（牵头单位：省经济和信息化委、省环保厅、省质监局、省法制办，参加单位：省住房城乡建设厅、省交通运输厅、省商务厅、省统计局、省机关事务局等）

43. 严格节能减排监督检查。组织开展节能减排专项检查和异地核查，督促各项措施落实。强化节能环保执法监察，做到日常监察与专项监察相结合，开展部门联合执法。加强节能审查，强化事中事后监管，加大对重点高耗能行业、重点用能单位、重点用能设备和重点污染源的执法检查力度，严厉查处各类违法违规用能和环境违法违规行为，依法公布违法单位名单，发布重点企业污染物排放信息，对严重违法违规行为进行公开通报或挂牌督办，确保节能环保法律、法规、规章和强制性标准有效落实。以新环保法实施后未批先建违规建设项目、超排偷排污染物、非法处置危险废物等违法行为的查处为重点，加大信息公开和典型案件曝光力度。全面落实污染源随机抽查制度，及时查处各类环境信访舆情案件。强化执法问责，对行政不作为、执法不严等行为，严肃追究有关主管部门和执法机构负责人的责任。（牵头单位：省经济和信息化委、省环保厅，参加单位：省发展改革委、省住房城乡建设厅、省质监局等）

44. 提高节能减排管理服务水平。建立健全节能管理、监察、服务“三位一体”的节能管理体系。建立节能服务和监管平台，加强政府管理和服务能力建设。继续推进能源统计能力建设，加强工作力量。加强节能监察能力建设，深入推进节能执法重心下移，进一步完善省、市、县三级节能监察体系。创新节能监察模式，建立节能监察长效机制。加快推行节能综合执法，整合优化执法资源，提高节能执法效能。全面推行环境监管网格化，各市、县（市、区）要将监管责任落实到单位、到岗位。扎实推进省以下环保机构监测监察执法垂直管理制度改革。着力完善区域共治的联动执法机制。加强农村环境保护机构建设，落实乡镇（街道）环境保护职责。建立能源消耗数据核查机制，建立健全统一的用能量和节能量审核方法、标准、操作规范和流程，加强核查机构管理，依法严厉打击核查工作中的弄虚作假行为。推动大数据在节能减排领域的应用。创新节能管理和服务模式，开展能效服务网络体系建设试点，促进用能单位经验分享。制定节能减排培训纲要，实施培训计划，依托专业技术人才知识更新工程等重大人才工程项目，加强对各级领导干部和政府节能管理部门、节能监察机构、用能单位等相关人员的培训。（牵头单位：省经济和信息化委、省财政厅、省环保厅，参加单位：省编办、省人力资源社会保障厅、省住房城乡建设厅、省质监局、省统计局、省机关事务局等）

十二、动员全社会参与节能减排

45. 推行绿色消费。倡导绿色生活，推动全民在衣、食、住、行等方面更加勤俭节约、绿色低碳、文明健康，坚决抵制和反对各种形式的奢侈浪费。积极落实国家节能环保产品政府采购政策，倡导非政府机构、企业实行绿色采购。强化绿色消费意识，在各个领域加快向绿色转变，以绿色消费倒逼绿色生产。倡导绿色饮食，限制一次性餐具生产和使用，限制过度包装。发展绿色休闲，推广低碳、绿色的旅游风尚。倡导绿色居住，大力推广节水器具、节电灯具、节能家电、绿色家具、环保建材等。鼓励绿色出行，加快城市绿色公共交通体系和交通工具公共租赁体系建设。积极推广新能源汽车，完善城市充电设施建设。政府机关、大中型企事业单位带头配套建设新能源汽车充电设施，大力发展电动和天然气环卫车辆、公交车辆。（牵头单位：省经济和信息化委、省环保厅，参加单位：省发展改革委、省财政厅、省住房城乡建设厅、省交通运输厅、省商务厅、省机关事务局、省总工会、团省委、省妇联等）

46. 倡导全民参与。推动节能减排教育进校园、进家庭，广泛组织中小学生参观学习，形成全社会参与节能减排的良好氛围。加大对节能减排理念及有关知识的宣传，以世界地球日、世界环境日、世界森林日、世界水日、世界海洋日和全国节能宣传周、全国城市节水宣传周、低碳日等主题活动为依托，充分利用微博、微信等新媒体，开展经常性宣传教育活动。积极推进生态文明建设示范区、美丽乡村、绿色社区、绿色学校、生态工业园区等工程。倡导勤俭节约、绿色低碳、文明健康的生活方式和消费模式，提高全社会节能减排意识。为新能源应用搭建合作交流平台，定期举办太阳能利用大会暨展览会。（牵头单位：省委宣传部、省经济和信息化委、省环保厅，参加单位：省发展改革委、省教育厅、省财政厅、省住房城乡建设厅、省国资委、省质监局、省新闻出版广电局、省机关事务局、省总工会等）

47. 强化社会监督。鼓励公众对政府节能环保工作、企业用能排污行为进行监督。在建设项目立项、实施、后评价等环节，建立沟通协商平台，听取公众意见和建议，保障公众环境知情权、参与权、监督权和表达权。市、县级政府要建立统一的信息公开平台，健全反馈机制，在政府网站设立“节能环保违法曝光台”。（牵头单位：省委宣传部、省经济和信息化委、省环保厅，参加单位：省总工会、团省委、省妇联等）

附件：1. “十三五”及 2016 年度、2017 年度各市能耗强度目标
2. “十三五”各市能耗增量控制目标
3. “十三五”主要行业和部门节能指标
4. “十三五”各市化学需氧量排放总量控制计划
5. “十三五”各市氨氮排放总量控制计划
6. “十三五”各市二氧化硫排放总量控制计划
7. “十三五”各市氮氧化物排放总量控制计划
8. “十三五”各市挥发性有机物排放总量控制计划

附件 1：

“十三五”及 2016 年度、2017 年度各市能耗强度目标

市	“十三五”能耗强度降低目标（%）	2016 年度能耗强度降低目标（%）	2017 年度能耗强度降低目标（%）
济南市	16	3. 43	3. 43
青岛市	16	3. 43	3. 43
淄博市	18	3. 89	3. 89
枣庄市	17	3. 66	3. 66
东营市	16	3. 43	4. 21
烟台市	16	3. 43	3. 43
潍坊市	17	3. 66	3. 66
济宁市	17	3. 66	3. 66
泰安市	17	3. 66	3. 66

续表

市	“十三五”能耗强度降低目标（%）	2016年度能耗强度降低目标（%）	2017年度能耗强度降低目标（%）
威海市	16	3.43	3.43
日照市	18	3.89	3.89
莱芜市	18	3.89	3.89
临沂市	17	3.66	5.14
德州市	17	3.66	3.66
聊城市	19	4.50	4.50
滨州市	22	4.85	5.03
菏泽市	17	3.66	3.66

注：聊城市已列入国家节能减排财政政策综合示范城市，国家要求其2016年和2017年万元GDP能耗分别降低4.5%。

附件2：

“十三五”各市能耗增量控制目标

市 \ 目标	能耗增量（万吨标煤）
济南市	-422（含济钢能耗）
	278（扣除济钢能耗）
青岛市	286
淄博市	268
枣庄市	259
东营市	207
烟台市	270
潍坊市	256
济宁市	257
泰安市	237
威海市	221
日照市	215
莱芜市	203
临沂市	256
德州市	216
聊城市	206
滨州市	194
菏泽市	241
精品钢基地等	700
合计	4 070

附件3：

“十三五”主要行业和部门节能指标

指标	单位	2015年实际值	2020年	
			目标值	变化幅度/变化率
工业：				
单位工业增加值（规模以上）能耗		—	—	〔-20%〕
煤电供电煤耗	克标准煤/千瓦时	329	310	-19
吨钢综合能耗	千克标准煤	538	535	-3
水泥熟料综合能耗	千克标准煤/吨	106	105	-1
电解铝液交流电耗	千瓦时/吨	13 513	13 200	-313
炼油综合能耗	千克标准油/吨	67	63	-4
乙烯综合能耗	千克标准煤/吨	825	790	-35
合成氨综合能耗	千克标准煤/吨	1 265	1 260	-5
纸及纸板综合能耗	千克标准煤/吨	530	480	-50
建筑：				
城镇既有居住建筑节能改造累计面积	亿平方米	1.43	1.73	+0.3/21%
公共建筑节能改造累计面积	亿平方米	0.11	0.21	+0.1/91%
城镇绿色建筑占新建建筑的比重	%	18.6	90	+71.4/384%
交通运输：				
铁路单位运输工作量综合能耗	吨标准煤/			
百万换算吨公里	3.05	2.90	〔-5%〕	
营运客车单位运输周转量能耗下降率		—	—	〔-2.1%〕
营运货车单位运输周转量能耗下降率		—	—	6.8
城市客运单位运输周转量能耗下降率		—	—	2
营运船舶单位运输周转量能耗下降率		—	—	〔-6%〕
公共机构：				
公共机构单位建筑面积能耗	千克标准煤/平方米	10.47	9.42	〔-10%〕
公共机构人均能耗	千克标准煤/人	259.44	230.90	〔-11%〕
终端用能设备：				
二级以上能效房间空调器市场占有率	%	45	55	+10
二级以上能效电冰箱市场占有率	%	98.5%	99.5	+1
二级以上能效家用燃气热水器市场占有率	%	95	98.5	+3.5
节水指标：				
用水总量	亿 m^3	212.77	276.59	+63.82
万元工业增加值用水量	%			〔-10%〕
万元GDP用水量	%			〔-18%〕
农田灌溉水有效利用系数	—	0.6304	0.6460	-0.0156

附件4：

“十三五”各市化学需氧量排放总量控制计划

市	2015年排放量（吨）	2020年减排比例（%）	2020年重点工程减排量（吨）
济南市	107 743	11.9	9 036
青岛市	146 495	12.1	16 623
淄博市	58 144	15.2	7 374
枣庄市	49 243	13.4	4 543
东营市	63 512	12.7	4 442
烟台市	140 274	12.5	12 899
潍坊市	161 749	11.6	12 924
济宁市	130 872	12.6	11 317
泰安市	108 865	11.2	7 080
威海市	30 330	13.9	3 420
日照市	42 948	11.6	3 143
莱芜市	17 980	13.1	1 552
临沂市	145 679	12.2	14 387
德州市	147 325	10.6	8 013
聊城市	141 994	10.8	8 766
滨州市	132 422	11.1	7 207
菏泽市	132 046	11.2	8 386

附件5：

“十三五”各市氨氮排放总量控制计划

市	2015年排放量（吨）	2020年减排比例（%）	2020年重点工程减排量（吨）
济南市	9 058	13.5	1 002
青岛市	12 332	15.1	1 907
淄博市	5 449	15.1	726
枣庄市	5 222	13.7	476
东营市	3 831	16.6	583
烟台市	11 695	13.8	1 236
潍坊市	15 548	15.5	2 234
济宁市	12 936	15.1	1 450
泰安市	8 936	12.6	783
威海市	4 208	14.1	469
日照市	4 438	12.3	358
莱芜市	2 025	13.6	200
临沂市	15 753	13.4	1 668
德州市	11 960	11.8	885
聊城市	8 998	12.6	846
滨州市	7 694	14.2	732
菏泽市	12 126	11.3	911

附件6：

“十三五”各市二氧化硫排放总量控制计划

市	2015 年排放量（吨）	2020 年减排比例（%）	2020 年重点工程减排量（吨）
济南市	99 652	23.3	18 074
青岛市	92 093	16.1	9 986
淄博市	187 611	30.3	48 131
枣庄市	70 854	28.9	17 315
东营市	49 712	28.6	12 461
烟台市	83 196	21.8	14 641
潍坊市	122 062	28.8	30 296
济宁市	124 052	30.4	32 379
泰安市	79 943	22.8	14 248
威海市	41 853	16.8	5 287
日照市	58 850	16.3	6 846
莱芜市	73 463	30.5	19 755
临沂市	101 823	19.9	15 654
德州市	80 538	28.2	19 342
聊城市	71 378	32.0	22 841
滨州市	97 570	32.0	31 222
菏泽市	91 018	16.6	9 631

附件7：

“十三五”各市氮氧化物排放总量控制计划

市	2015 年排放量（吨）	2020 年减排比例（%）	2020 年重点工程减排量（吨）
济南市	91 613	22.9	12 685
青岛市	103 509	22.8	16 013
淄博市	122 601	33.0	36 756
枣庄市	69 918	33.0	21 711
东营市	39 393	26.5	7 561
烟台市	87 590	26.1	18 632
潍坊市	108 565	29.2	27 970
济宁市	147 894	34.3	41 251
泰安市	59 230	24.5	10 188
威海市	39 974	25.2	8 661
日照市	57 211	20.8	6 946
莱芜市	59 009	25.6	9 012
临沂市	109 666	22.0	17 610
德州市	58 001	21.9	7 679
聊城市	81 882	31.0	25 383
滨州市	111 940	33.0	36 940
菏泽市	75 870	20.7	10 735

附件 8：

“十三五”各市挥发性有机物排放总量控制计划

市	2015 年排放量（吨）	2020 年减排比例（%）	2020 年重点工程减排量（吨）
济南市	103 029	20.0	20 606
青岛市	174 305	30.0	52 292
淄博市	176 107	30.0	52 832
枣庄市	48 100	20.0	9 600
东营市	240 484	30.0	72 100
烟台市	121 825	20.0	24 365
潍坊市	225 374	20.0	45 075
济宁市	83 159	10.0	8 316
泰安市	78 045	20.0	15 609
威海市	56 582	20.0	11 316
日照市	68 090	20.0	13 600
莱芜市	32 663	20.0	6 533
临沂市	124 055	10.0	12 406
德州市	105 576	20.0	21 115
聊城市	76 875	20.0	15 375
滨州市	95 592	20.0	19 118
菏泽市	111 433	20.0	22 287

省人民政府关于贯彻国发〔2016〕28 号文件深化制造业与互联网融合发展的实施意见

2017 年 7 月 21 日　鲁政发〔2017〕17 号

各市人民政府，各县（市、区）人民政府，省政府各部门、各直属机构：

为贯彻落实《国务院关于深化制造业与互联网融合发展的指导意见》（国发〔2016〕28 号），深化供给侧结构性改革，推动新旧动能转换，实现由山东制造向山东创造转变、由制造大省向制造强省跨越，现提出以下实施意见。

一、总体要求

立足山东制造业与互联网产业基础优势，加快融合发展进程，制造业数字化、网络化、智能化取得明显进展，成为巩固制造业大省地位、加快向制造强省迈进的核心驱动力。

到 2018 年年底，一是产业规模大幅提升。规模以上制造业主营业务收入突破 15 万亿元；信息技术产业主营业务收入突破 2 万亿元，其中软件业务收入突破 5 000 亿元。二是“双创”体系基本形成。山东工业云平台企业用户达到 1 万家以上；重点制造业骨干企业互联网“双创”平台普及率达到 86%，形成一批具有较大市场影响力的面向中小企业服务的第三方“双创”平台，成为促进制造业转型升级的新动能来源。三是运营效率明显提高。全省重点制造业骨干企业新产品研发周期缩短 15%，库存周转率提高 27%，能源利用率提高 13%，产能利用率提高 1.5%，产品质量合格率提高 0.3%，全员劳动生产率提高 26%。四是融合模式普及应用。大中型企业广泛推行个性化定制、服务型制造、网络化协同制造、智能化制造等新模式，小微企业全面普及电子商务，企业创新创造活力显著增强。

到 2025 年，全省制造业与互联网融合发展迈上新台阶，融合“双创”新体系基本完备，融合发展新模式广泛普及，新型制造体系基本形成，制造业综合竞争实力大幅提升。

二、重点任务

（一）构建基于互联网的制造业“双创”新体系。

1. 发展大型制造企业“双创”平台。支持大型制造企业建立基于互联网的创业孵化、协同创新、网络众包和投融资等“双创”平台，推动构建基于平台的新型研发、生产、管理和服务模式，激发企业创业创新活力。鼓励大企业面向社会开放平台资源，不断丰富创业孵化、专业咨询、人才培训、检验检测、投融资等服务，促进创新要素集聚发展。围绕打造产业链竞争新优势，推动大企业加强与中小企业的专业分工、服务外包、订单生产等多种形式协作，形成资源富集、创新活跃、高效协同的产业创新集群。（省经济和信息化委、省国资委负责。列第一位者为牵头部门，下同）

2. 发展面向中小企业服务的第三方“双创”平台。推进山东工业云、“好品山东”建设，进一步完善中小企业公共服务平台体系，推动各级资源共享、服务联动和服务延伸，扩大创业创新服务受众面。支持大型互联网企业、基础电信企业联合共建资源开放、数据共享、创业孵化、在线测试、创业咨询等面向中小企业的“双创”服务平台，推动中小企业制造资源与互联网平台全面对接，实现制造能力的在线发布、协同和交易；积极发展面向制造环节的分享经济，打破企业界限，共享技术、设备和服务，提升中小企业快速响应和柔性高效的供给能力。深化国有企业改革和科技体制改革，支持制造企业联合科研院所、高等院校以及各类创新平台，探索构建支持协同研发和技术扩散的新模式。（省经济和信息化委、省通信管理局、省国资委、省教育厅、省科技厅负责）

（二）培育网络化生产制造新模式。

1. 发展基于消费效率提升的个性化定制模式。充分利用互联网平台和智能工厂建设，积极开展以用户为中心的个性定制与按需生产，有效满足市场多样化需求，推进生产制造与市场需求高度协同，着力解决制造业长期存在的库存和产能问题，努力实现产销动态平衡。借助互联网平台，在家电、机械装备、汽车等领域积极发展众创定制，大众发起、参与产品研制，企业通过搭建模块化、柔性化制造系统进行批量生产和组装定制化产品；在服装、家居建材、日用消费品等领域积极发展深度定制，用户与企业一对一交互产品设计元素和细节，企业根据用户个性化需求通过柔性生产线进行定制生产。支持互联网企业整合市场信息，挖掘技术趋势、市场需求、企业运营等价值链大数据，为制造企业开展个性化定制提供决策支撑。（省经济和信息化委负责）

2. 发展基于协作效率提升的网络化协同制造模式。鼓励企业利用互联网或工业云平台，发展企业间协同研发、众包设计、供应链协同等新模式，降低资源获取成本、延伸资源利用范围，打破封闭疆界，加速从单打独斗向产业协同转变。重点推动装备、汽车、家电等行业龙头企业，加快研发设计、智能装备、技术工艺、经营管理、市场营销的综合集成，实现全流程信息共享、实时交互和业务协同。支持大中小企业分工协作，开展上下游、跨区域网络协同、精准营销、品牌推广，共同建立国际化的全球产业链体系。推进“智慧园区”建设，打造烟台海洋装备、东营石化装备、潍坊虚拟现实（VR）等一批智慧型制造业集聚区，推动园区产业链协同优化。（省经济和信息化委负责）

3. 发展基于服务效率提升的服务型制造模式。支持工程机械、交通装备、电力、石化等行业企业，采用物联网技术开展现场数据采集传输、设备运行实时监控、故障预测与诊断、健康状态评价等远程主动运维服务，强化互联网对安全生产的保障支撑。推动企业建立覆盖产品全生命周期的网上质量追溯体系，保障产品质量安全。支持工控系统制造企业联合产业链上下游企业共建工业设备运营平台，完善标准计量检测、无线射频识别（RFID）系统集成等支撑平台，为中小设备供应商和制造企业服务。鼓励企业利用互联网技术整合资源，融合应用解决方案、总集成总承包、融资租赁、内容增值服务、工业大数据和云计算服务等，促进企业实现从制造向“制造＋服务”转型升级。积极发展工业设计，推动工业设计中心建设，不断提高面向产品、工艺和服务的自主创新设计能力。加快发展工业电子商务，支持重点行业骨干企业建立行业在线采购、销售、服务平台，推动建设一批第三方电子商务服务平台。（省经济和信息化委、省发展改革委负责）

4. 发展基于资源效率提升的智能化生产模式。加快智能工厂、数字化车间和无人生产线建设。推广智能化新装备。支持石油化工、冶金、建材等行业运用智能成套装备建设智能化生产线，提高产品性能稳定性和管理控制水平；支持机械、汽车等行业加快采用集散控制、虚拟制造等智能技术装备建设智能化生产单元，提高精益生产水平。推进基础制造装备和专用装备智能化改造。鼓励机械、纺织、印刷、食品、包装等行业应用先进传感技术、数字化控制系统等先进数控技术，提升现有装备加工效率、生产精度和控制水平。进一步加快关键岗位机器人应用。支持工业机器人用量大的汽车、电子、家电、医药、轨道等行业和劳动强度大的轻工、纺织、食品、半导体、建材等行业，运用工业机器人替代换岗，提高劳动生产率和产品质量；支持危险程度高的化工、民爆、煤炭等行业运用安防、排爆、巡检、救援等特种机器人，提高企业本质安全水平。（省经济和信息化委负责）

（三）增强制造业与互联网融合保障新能力。

1. 强化网络基础设施建设。实施“宽带山东”战略，加强山东省与电信、移动、联通、铁塔等公司合作，发挥广电网络作用，完善工业信息基础设施，优化规划布局，尽快形成低时延、高可靠、广覆盖的工业互联网络。推进青岛、淄博、烟台、临沂、威海、东营、济宁、德州、枣庄“宽带中国”示范城市建设。加快光纤化改造步伐，推进基础电信企业进一步提速降费，强化“最后一公里”接入，实现全省城区、乡镇和行政村4G网络全覆盖，提高互联网普及率。积极推广采用基于IP数据传输技术的语音业务、载波聚合等先进技术，扩大免费WIFI覆盖范围。提高工业企业宽带接入能力，提升企业信息网络基础设施服务能级。推动企业外网网站系统及商业网站系统的国际互联网协议第六版（IPv6）升级改造，全面提升业务扩展能力和运营能力。（省经济和信息化委、省通信管理局、省新闻出版广电局负责）

2. 强化大数据运用。制定山东省大数据发展规划，推进数据资源开放共享和开发利用。开展数据开放及社会利用机制研究，积极探索推动公共数据资源开放，支持大数据在各行各业广泛应用。依托骨干龙头企业建设云数据中心和云服务基地，为大数据应用提供技术和服务支撑。支持通信运营企业济南、青岛、枣庄云数据中心建设。建立公共信息资源开发利用分级认证制度，促进人口、法人、空间地理、金融、征信、交通等基础信息资源的开放共享，提升社会化开发利用水平。鼓励电信运营商、广电运营商、互联网平台企业搭建公共信息资源开发平台，支持公众和小微企业充分挖掘公共信息资源的商业价值，促进互联网创新应用。（省发展改革委、省经济和信息化委、省通信管理局负责）

3. 强化信息产业支撑。着力突破核心芯片、高端服务器、高端存储设备、数据库和中间件等产业重点环节的技术瓶颈，加快推进云操作系统、智能终端操作系统的研发和应用。积极发展云计算、智能制造等解决方案以及高端传感器、工控系统、人机交互等软硬件基础产品，为中小企业提供标准化、专业化服务。支持有条件的企业开展系统解决方案业务剥离重组，推动系统解决方案服务专业化、规模化和市场化。大力推进北斗产业发展，催生信息技术产业新的增长点。（省经济和信息化委、省科技厅、省发展改革委负责）

4. 强化网络和信息安全保障。加强数据灾备，确保网络基础设施、重要信息系统、关键数据资源及服务安全自主可控。建立工业控制系统安全风险信息采集、分析通报、安全检查和风险评估机制，推动信息安全风险评估、网络安全等级保护和安全保密检查制度化、规范化、常态化。加强应急服务体系建设，建立网络和信息安全应急联动机制，拓展应急支援服务范围，推动企业做好数据安全防护工作。加大对企业工作人员网络和信息安全教育培训，强化信息安全意识，提高网络和信息安全管理水平。（省经济和信息化委、省公安厅、省通信管理局、省委网信办负责）

三、专项行动

（一）制造业与互联网融合发展试点示范行动。

1. 制造业与互联网融合发展区域试点示范。选择部分制造业比较发达的市、县（市、区），积极探索建立产业引领、数据开放、公共服务、人才培养等推进机制，形成一批可推广、可复制的制造业与互联网融合发展特色模式。（省经济和信息化委负责）

2. 基于互联网的制造业“双创”平台试点示范。依托重点行业优势企业，在研发创新、协同制造、产品全生命周期管理等领域打造一批“双创”平台，加强示范应用和推广；依托我省工业转型升级重点行业龙头企业，联合基础电信企业、大型互联网企业打造一批行业性公共服务平台，为中小企业开展制造领域创业创新提供普惠服务。（省经济和信息化委、省通信管理局负责）

3. 企业上云试点示范。加快构建我省工业云环境、云开发、云应用生态体系，完善市场化建设运营机制，推动更多的企业上云，享受云服务的优势和便利。进一步完善山东工业云平台功能，建立一批工业云体验中心，加强宣传、培训和推广，开展应用示范，每年服务企业不少于2 000家。依托工业云平台开展工业大数据研究，着力培育一批数据驱动型制造企业。（省经济和信息化委负责）

4. 工业电子商务平台试点示范。支持制造业骨干企业、电子商务平台服务企业建设一批工业电子商务平台，加强培育认定和市场推广，深化重点行业电子商务应用，创新应用和商业服务模式。（省经济和信息化委、省商务厅负责）

5. 智慧园区试点示范。每年选择20家骨干园区开展“智慧园区”试点，加快电网、管网、交通、安防和通信网络等配套设施改造，推动产品研发设计工具、生产设备及零配件等资源共享，实现制造资源在线化、产能柔性化、产业链协同化。（省经济和信息化委负责）

6. 行业系统解决方案试点示范。重点围绕提升智能制造系统集成企业加构设计、综合集成和解决方案能力，开展设计工具、基础资源库、关键集成技术等研发和应用。编制《山东省制造业与互联网融合先进技术和装备导向目录》，形成可推广的行业解决方案，分行业开展示范应用和推广。（省经济和信息化委负责）

（二）智能制造培育行动。

1. 实施智能制造“1＋N”带动提升工程。在重点地区、重点行业分类开展流程型智能制造、离散型智能制造、智能装备及产品、网络协同制造、大规模个性化定制、远程运维服务等6大类、50个以上智能制造试点示范项目，组织试点示范企业与同行业企业结对帮扶，推动行业智能制造水平整体提升。（省经济和信息化委负责）

2. 实施“机器换人”工程。加快从人口红利向技术红利转变，促进工业机器人和智能装备在汽车及汽车零部件、橡胶及塑料、机械加工、建材、粮食、食品、电子电气、采矿、家电、石化、物流、纺织等领域的规模应用，降低企业用工压力和工人劳动强度，提高生产效率和产品质量，争取更大利润空间。（省经济和信息化委负责）

3. 实施智能装备首台（套）培育工程。围绕机械、石油化工、冶金、建材、纺织、民爆、食品、医药、造纸、包装等领域，开发推广一批对行业转型升级具有重大影响、在国内率先实现重大创新或能替代进口的首台（套）装备和关键核心部件，加快提升高端智能装备国产化水平。（省经济和信息化委负责）

4. 打造智能制造公共服务平台。支持省机械设计研究院与山东大学、华中科技大学、山东省科学院等高校院所合作共建“山东省智能制造创新中心”，鼓励省机械设计研究院与华中科技大学合作共建“国家数控系统工程技术研究中心山东分中心”，充分利用高等院校、科研院所的科技人才优势，为我省高端装备和智能制造技术创新、人才培养、成果转化和产业发展提供支撑保障。（省经济和信息化委、省教育厅、省科技厅负责）

（三）企业工业化和信息化融合管理体系标准普及行动。

1. 开展企业两化融合管理体系试点。每年选择100家信息化基础较好的企业，组织开展企业两化融合管理体系贯标。加强对试点企业的跟踪评价和整改提升，以达标优秀企业作为标杆开展对标活动，推动贯标工作由试点推广向全面普及转变。（省经济和信息化委负责）

2. 制定两化融合技术标准规范。围绕智能制造、智能监测监管、工业软件、工业控制、机器到机器通信、信息系统及数据集成、物联网应用等制定一批支撑两化融合的技术标准规范，加强与国际先进制造业相关标准的比对研究，引导和推动两化融合健康有序发展。鼓励省内重点企业和科研单位承担或参与国家相关标准的制定。（省经济和信息化委、省质监局负责）

3. 全面推进两化融合水平评估。每年组织不少于2 000家企业，开展企业两化融合整体性水平测度和等级认定，树立一批示范企业，分级分类引导和推进企业两化深度融合。稳步推进区域、行业两化融合水平评估。加强对评估大数据的分析和开发利用。（省经济和信息化委负责）

4. 培育发展两化融合第三方服务机构。在全省培育15家以上第三方服务机构，开展两化融合咨询、认定、培训、水平测度等工作，为政府和企业提供专业化服务。（省经济和信息化委负责）

（四）核心技术研发和产业化行动。

1. 搭建核心技术联合攻关平台。开展试点示范，重点围绕重大装备和产品智能化需求，支持自动控制和智能感知设备及系统、核心芯片技术等工业物联网研发及产业化。加快发展安全可控的工业基础软硬件、高端行业应用软件、嵌入式系统、新型工业APP应用平台。（省经济和信息化委、省发展改革委、省科技厅负责）

2. 实施安全可靠关键软硬件应用推广计划。编制我省自主可控关键软硬件技术产品推荐目录，在重点领域和部门、惠民工程和财政资金支持的信息化项目中优先推广使用，加快推动信息安全、信息消费等领域的信息系统国产化替代进程。（省经济和信息化委、省财政厅负责）

3. 开展工业互联网创新试点。强化工厂内外网络技术及互联互通、无线工厂、标识解析等方面的应用示范，支持企业探索工业互联网应用创新，推动信息技术服务在个性化定制、产品全生命周期管理、网络精准营销和在线支持等应用领域实现突破。（省经济和信息化委负责）

4. 推动信息技术和软件产业聚集发展。加快济南“中国软件名城”建设。支持青岛适时争创“中国软件名城”。推进烟台、潍坊、临沂、淄博、威海、济宁等市信息技术和软件产业新兴聚集区加快发展，支持骨干企业发挥龙头带动作用，抢占产业发展制高点。（省经济和信息化委负责）

四、保障措施

（一）加强统筹协调合力推进。完善全省制造业与互联网融合发展推进机制，加强对重大问题、重大政策和重点项目的综合协调和督导检查，推动各项任务落实。各级、各部门要按照职能分工，建立相应工作机制、明确责任分工，加强协同配合、形成推进合力。建立跨行业、跨领域的制造业与互联网融合发展专家库和产业联盟，积极开展基础性、前瞻性、战略性研究，为政府决策、产业发展提供支撑。加强国际交流合作，支持行业协会、产业联盟与企业采取“引进来”“走出去”等方式，大力推广我省制造业与互联网融合发展的产品、技术、标准和服务。深入开展“互联网普及大行动”“两化融合深度行”“工业电商百县行”等活动，加强政策宣讲解读，强化典型推介和舆论引领，最大限度凝聚共识，营造良好氛围。（省经济和信息化委会同省直有关部门、各市政府共同负责）

（二）加大财税扶持力度。统筹现有专项资金，加大对制造业与互联网融合发展关键环节和重点领域的投入力度。对在国内率先实现重大创新或能替代进口的首套软件系统，实施保险制度补偿。将制造业与互联网融合项目纳入省新兴产业创投引导基金、省级股权投资引导基金、省创业投资引导基金等重点支持范围，引导社会资本投入。落实国家税收优惠政策。结合营改增试点，进一步扩大制造企业增值税抵扣范围，落实增值税优惠政策，支持制造企业基于互联网独立开展或与互联网企业合资合作开展新业务。落实研发费用加计扣除、高新技术企业等所得税优惠政策。（省财政厅、省发展改革委、省经济和信息化委、省地税局、省国税局、省科技厅负责）

（三）强化用地用房等服务。支持制造企业在不改变用地主体和规划条件的前提下，利用存量房产、土地资源发展制造业与互联网融合的新业务、新业态，实行5年过渡期内保持土地原用途和权利类型不变的政策。支持各地因地制宜出台支持政策，积极盘活闲置的工业厂房、企业库房和物流设施等资源，并对办公用房、水电、网络等费用给予补助，为致力于制造业与互联网融合发展的创业者提供低成本、高效便捷的服务。研究制定通信业用电、用地、环保、规划等扶持政策，切实解决好通信业发展面临的实际问题。放宽市场准入，落实工商注册制度便利化措施，进一步优化登记程序、缩短办理时限，支持互联网新兴行业、新兴业态市场主体发展。（省国土资源厅、省经济和信息化委、省发展改革委、省通信管理局、省工商局负责）

（四）创新金融支持方式。协调和推动国家开发银行、中国进出口银行等开发性、政策性银行机构，发挥自身优势，对我省制造业与互联网融合发展试点示范工程、项目及获得国家两化融合管理体系贯标证书的企业，在贷款利率、期限、额度上给予重点倾斜。放宽民间投资领域，引导风险投资和创业投资选择一批重点城市、重点企业和重大项目开展产融合作试点。鼓励金融机构与制造企业合作，开展信用贷款、融资租赁、质押担保等金融产品和服务创新。鼓励金融机构利用“双创”平台提供结算、融资、理财、咨询等一站式系统化金融服务。创新担保方式，将知识产权、企业信用、非上市公众公司股份等无形资产作为质押品，提高企业融资能力。发挥供应链融资产品对轻资产企业融资的积极作用，立足核心企业，为其上下游客户提供订单融资、定向保理等产品，进一步拓宽融资渠道。（人民银行济南分行、省金融办、省发展改革委负责）

（五）健全人才培养体系。实施企业家培训培养计划，加强对企业家制造业与互联网融合发展知识的专题培训。健全专业人才多维培养机制，以国际化的视野完善引人、用人和育人机制，落实人才配套的各项政策，集聚、培养、吸引一批精通制造业与互联网融合发展的高端人才和团队。鼓励省内高校设立制造业与互联网融合发展相关专业，加强校校、校企、校所以及国际合作，建立跨学科、跨专业的交叉培养模式。支持职业教育、各类培训机构增加制造业与互联网融合发展技能培训项目，培育认定一批专业培训与实践基地。鼓励制造业与互联网融合发展领域符合条件的高层次创新人才申报“泰山学者”“泰山产业领军人才”，对高层次人才取得的政府奖励，符合条件的免征个人所得税。发挥山东省首席信息官（CIO）联盟作用，在大中型企业推广首席信息官制度，完善制造业CIO人才信息库。（省委组织部、省经济和信息化委、省发展改革委、省人力资源社会保障厅、省科技厅、省教育厅、省财政厅负责）

省人民政府关于印发山东省盐业体制改革实施方案和山东省食盐监管体制改革方案的通知

2017年11月13日　鲁政发〔2017〕35号

各市人民政府，各县（市、区）人民政府，省政府各部门、各直属机构，各大企业，各高等院校：

现将《山东省盐业体制改革实施方案》和《山东省食盐监管体制改革方案》印发给你们，请认真贯彻执行。

附件：1. 山东省盐业体制改革实施方案

2. 山东省食盐监管体制改革方案

附件1：

山东省盐业体制改革实施方案

为贯彻落实《国务院关于印发盐业体制改革方案的通知》（国发〔2016〕25号）精神，实现我省盐业资源有效配置，调动食盐生产和流通企业积极性，进一步释放市场活力，促进我省盐业持续健康发展，制定本方案。

一、指导思想和目标

深入学习贯彻党的十九大精神，正确处理好盐业体制改革重大关系，以保障食盐质量安全和供应安全为核心，强化食盐监管，坚持和完善食盐定点生产和批发专营制度，加强食盐生产批发企业信用体系建设，建立由政府储备和企业社会责任储备组成的全社会食盐储备体系，拓宽碘盐供应渠道，实现科学补碘。以充分释放市场活力和促进资源优化配置为目标，打破食盐产销区域、市场价格、工业盐准运证许可等限制，不断推进供给侧结构性改革，拓展行业产业链，提高行业效益，到2017年底前，建立新的盐业管理体制和食盐质量安全监管体制，盐业市场监管到位、竞争有序、供应安全、储备充足，形成符合国情省情的盐业管理体系。

二、重点任务

（一）理顺管理体制，明确监管责任。调整盐业公司（盐务局）管理体制，各市、县（市、区）盐业行政管理工作不再实行当地政府与上一级盐业行政主管机构双重领导，各市、县（市、区）盐业经营管理机构的领导班子不再实行上一级盐业经营管理机构与当地党委、政府双重管理的体制，解除省盐业集团（省盐务局）对市、县（市、区）盐业公司（盐务局）的管理关系，各市、县（市、区）盐业公司及人、财、物等下放所在市管理，由所在市政府统筹盐业监管体制和盐业企业改革，省盐业集团持有的市、县（市、区）盐业公司的国有产权，无偿划转所在市国资监管机构。

坚持政企分开原则，剥离省盐业集团及市、县（市、区）盐业公司承担的盐业行政管理职能。撤销省盐务局，省盐业集团不再加挂省盐务局牌子；明确省经济和信息化委为省政府盐业主管部门，负责全省盐业行业管理、食盐专营管理工作；省食品药品监管局为省政府食盐质量安全监管部门，负责食盐质量安全管理与监督工作。市、县（市、区）相应进行调整。各级盐业主管机构、食品药品监管机构与公安、司法、卫生计生、工商、质监等部门各司其职、密切协作，依法加强食盐安全监管，健全盐业管理和质量安全监管体系并落实到位。（责任单位：省经济和信息化委、省编办、省食品药品监管局、省国资委、省人力资源社会保障厅、省财政厅、省公安厅、省卫生计生委、省工商局、省质监局、省盐业集团，各市、县〈市、区〉人民政府等）

（二）完善食盐定点生产和批发专营制度，推进盐业管理综合改革。一是完善食盐定点生产和批发专营制度。严格落实国家有关食盐定点生产和批发专营企业数量只减不增的要求，现有食盐定点生产和批发专营企业许可证不再重新核发，有效期延长至2018年12月31日。自2018年1月1日起，现有食盐定点生产和批发企业依照新的规定申请许可，根据许可范围从事相应经营活动。二是推进盐业管理综合改革。根据国家统一要求，放开食盐出厂、批发和零售价格，由企业根据生产经营成本、食盐品质、市场供求状况等因素自主确定；取消食盐定点生产企业只能销售给指定批发企业的规定，允许生产企业进入流通和销售领域，自主确定生产销售数量并建立销售渠道，以自有品牌开展跨区域经营，实现产销一体，或者委托有食盐批发资质的企业代理销售；取消食盐批发企业只能在指定范围销售的规定，允许向食盐定点生产企业购盐并开展跨区域经营，省级食盐批发企业可开展跨省经营，省级以下食盐批发企业可在省内开展经营。

鼓励盐业企业依托现有营销网络，大力发展电子商务、连锁经营、物流配送等现代流通方式，开展综合性商品流通业务。各级价格主管部门要加强对食盐零售价格的市场监测，配合盐业主管机构采取措施，保持食盐价格基本稳定，特殊情况下可依法采取价格干预或其他紧急措施，防止普通食盐价格异常波动。（责任单位：省经济和信息化委、省食品药品监管局、省物价局、省盐业集团等）

（三）完善食盐储备制度，加强应急机制建设。建立由政府储备和企业社会责任储备组成的全社会食盐储备体系，确保自然灾害和突发事件发生时食盐和原碘的安全供应。充分发挥省盐业集团主渠道作用，依托省盐业集团现有资源，开展全省食盐政府储备工作，省财政预算要安排资金对食盐储备给予贷款贴息、管理费支出等支持。加大对储备补贴资金的审计力度，接受社会监督。落实全省食盐政府储备任务，全省食盐政府储备数量不低于全省 1 个月食盐消费量。完善企业食盐储备制度，落实国家对食盐生产、批发企业的最低库存和最高库存规定要求，防止食盐市场供应短缺和企业囤积居奇，其中最低库存不得低于本企业正常情况下 1 个月的平均销售量，库存具体标准根据国家有关规定执行，鼓励企业在供求关系稳定或产能大于需求时，在最低库存基础上建立成本自担的社会责任储备。各级盐业主管机构要加强对库存情况的监督检查。原碘供应按照现行方式管理。省经济和信息化委会同有关部门按国家要求制定食盐储备管理办法和应急预案。（责任单位：省经济和信息化委、省财政厅、省国资委、省盐业集团等）

（四）依托公共信用信息平台，推进食盐信用体系建设。建立食盐生产、批发企业及其负责人和高管人员信用记录，纳入山东省公共信用信息平台。依托“信用山东”、国家企业信用信息公示系统（山东）和地方政府指定网站建立健全信息公示制度，对拟进入食盐生产、批发领域的社会资本要在准入前公示有关信息，并及时公示有关企业及其负责人的有关信息。对有违法失信行为的企业和个人，有关部门要加大监管力度，依法实施联合惩戒，对行为后果严重且影响食盐安全的，依法采取行业禁入等措施。（责任单位：省经济和信息化委、省食品药品监管局、省发展改革委、省财政厅、省公安厅、省卫生计生委、省工商局、省质监局、省国资委、省盐业集团等）

（五）加强科学补碘，保证碘盐供应。充分发挥食盐生产、批发企业的供应保障作用，有效拓宽碘盐供应渠道，确保合格碘盐覆盖率在 90% 以上，同时满足特定地区、特定人群非碘盐消费需求。各级卫生计生部门要积极做好科学补碘宣传教育，提升孕妇、儿童和碘缺乏地区群众的科学补碘意识，同时负责划定碘缺乏地区，做好动态监控。各地可根据实际情况，灵活选择政府补贴运销费用或直接补贴贫困人口等方式，保证贫困地区人口能够吃得上、吃得起合格碘盐，并建立与社会救助标准、物价挂钩的联动机制，及时调整保障标准。（责任单位：省经济和信息化委、省卫生计生委、省食品药品监管局、省财政厅、省物价局、省盐业集团等）

（六）推动盐业企业改革，妥善解决相关问题。按照国家和省关于深化国有企业改革以及国务院盐业体制改革有关要求，加快国有盐业企业公司制、股份制改革，建立规范的公司法人治理结构，积极发展混合所有制。鼓励食盐生产、批发企业兼并重组，允许各类投资主体以多种形式参与或向优势企业增加资本投入，支持企业通过资本市场或公开上市等方式融资。在食盐仓储设施改造升级、食盐销售渠道拓展等方面，促进省盐业集团转换经营机制，盘活企业资产，增强生机活力。落实国有盐业企业兼并重组整合涉及的资产评估增值、土地变更登记和国有资产无偿划转等方面的税收优惠政策。（责任单位：省国资委、省经济和信息化委、省财政厅、省人力资源社会保障厅、省国土资源厅、省地税局、省国税局、省盐业集团等）

三、积极稳妥推进改革

（一）设置改革过渡期。自本方案印发之日起至 2017 年 12 月 31 日为改革过渡期。在过渡期内，执法经费按原渠道解决，原执法人员保留执法资格；省政府召开会议部署前，现有盐业管理体制和职责分工维持不变；召开会议部署后，盐业管理由省、市、县（市、区）政府分别负责。2018 年 1 月 1 日起，我省盐业管理体制按本方案实施。过渡期结束前 1 个月内，盐业管理体制改革各项准备工作要落实到位。

（二）明确职责分工。省编办负责研究提出《山东省食盐监管体制改革方案》和相关部门机构、人员编制调整意见，做好相关人员的实名制信息变更等工作；省盐业集团（省盐务局）将全省盐业行业管理和食盐质量安全监管职责移交有关部门，2017年年底前移交到位；省经济和信息化委、省食品药品监管局根据调整要求，认真做好划转职责的承接工作，确保各项工作不留空当、尽快到位；省国资委负责督导省盐业集团积极推进现代企业制度建设，完善公司治理结构，根据改革进度，提出盐业企业改革方案，会同有关部门研究解决省盐业集团历史遗留问题等有关政策；省财政厅负责研究制定有关财政政策，安排好盐业监管、盐业储备等相关经费；省人力资源社会保障厅会同有关部门根据有关政策统筹做好相关人员的调整和社保等工作。各部门要相互配合，积极推进盐业体制改革工作，全面落实各项现有政策，认真研究盐业体制改革中出现的新问题并提出解决办法和措施。各市、县（市、区）要按照国务院和省政府改革方案要求，结合各地实际，尽快出台具体工作方案。

（三）加强部门协作。过渡期内，省盐业体制改革和专项治理领导小组成员单位要密切配合，加强对市、县（市、区）相关部门的指导监督，严格落实盐业体制改革各项要求，防止出现监管空当；领导小组办公室要做好统筹协调，完善督查机制，建立工作台账，定期调度和通报改革进展情况，重大问题及时报省委、省政府。

四、保障措施

（一）加强组织领导，健全工作体系。发挥省盐业体制改革和专项治理领导小组的统筹协调作用，健全部门间密切配合的工作机制，按规定时间节点出台我省盐业体制改革配套政策措施并严格监督执行。研究落实相关财税、人才、土地等优惠政策，优化资源配置，解决盐业行业发展的重大关键问题，创建有利于盐业发展的体制机制、支撑环境和服务体系。各市、各有关部门要充分认识盐业体制改革的重要意义，高度重视盐业体制改革工作，强化分工协作，形成工作合力，确保改革期间稳定，全面完成我省盐业体制改革工作任务。

（二）加强综合治理，净化市场环境。各市、各有关部门要加强对食盐质量安全的监管力度，围绕重点环节、重点行业、重点品种、重点区域，重拳出击，形成监管合力和高压态势，坚决守住食盐质量安全底线，有效遏制食盐生产、购销、使用等环节的假冒伪劣等问题，进一步整治规范食盐市场，为推进盐业体制改革铺平道路。加强价格监测和监督检查，及时分析和预警食盐价格波动，依法查处价格违法行为，切实维护食盐市场秩序。

（三）完善盐业法律法规体系。省经济和信息化委、省法制办等要根据国家盐业法律法规和盐业体制改革精神，抓紧制定我省盐业法规规章修订工作计划，对现行盐业管理法规、规章进行清理，提出立改废建议，完善盐业法规、规章体系，促进盐业健康发展。

（四）发挥企业主体作用，确保改革期间稳定。各级盐业企业要充分发挥改革主体作用，结合各自实际，制定具体工作方案，强化工作措施，密切配合，按时做好改革各项工作。要充分发挥基层党组织的核心作用、战斗堡垒作用，深入做好职工群众的思想政治工作，确保改革平稳推进。

（五）加强宣传引导，营造良好氛围。各级、各有关部门要充分利用报纸、电视、广播、网络等媒体，集中宣传盐业体制改革重要意义，准确把握改革内容和工作重点，加强政策解读和舆论引导，及时回应社会关切，营造良好舆论氛围。

附件2：

山东省食盐监管体制改革方案

为进一步完善食盐监管体制，根据《国务院关于印发盐业体制改革方案的通知》（国发〔2016〕25

号）和《山东省盐业体制改革实施方案》，制定本方案。

一、总体要求

（一）指导思想。深入学习贯彻党的十九大精神，按照国务院盐业体制改革的决策部署，适应简政放权、放管结合、优化服务的要求，进一步理顺食盐监管体制，强化和落实各级政府监管职责，建立健全监管体系，维护市场秩序，确保食盐质量安全和供应安全，因地制宜、积极稳妥推进改革，促进全省盐业健康发展。

（二）基本原则。

1. 理顺体制，落实责任。坚持政企分开原则，剥离省盐业集团及市、县（市、区）盐业公司承担的盐业行政管理职能，明确各级盐业主管机构和食盐质量安全监管机构，落实和强化监管责任。

2. 精简统一，提高效能。建立精干高效的食盐监管和执法机构，创新监管方式，强化科技支撑，提高食盐监管信息化水平，加强统筹协作，形成监管合力。

3. 周密安排，稳步推进。正确处理改革发展和稳定的关系，按照国家规定的时间节点，同步推进盐业行政管理职能移交和相关人员安置工作，完善细化配套政策措施，做到思想不散、秩序不乱、国有资产不流失，确保食盐质量安全和市场稳定。

二、调整盐业行政管理职责

按照《山东省盐业体制改革实施方案》的要求，将全省盐业行业管理和食盐专营管理，以及盐资源开发审查、制盐许可证核发和盐产品经营企业设立审批等相关职能移交省经济和信息化委；将全省食盐质量安全管理与监督，以及食盐定点生产企业审批、食盐批发许可证核发等相关职能移交省食品药品监管局。市、县（市、区）盐业行业管理、食盐专营管理、食盐质量安全管理与监督等相关职能的调整由市级政府研究确定，原则上参照省级相应进行调整。

三、明确各级盐业行业管理和食盐质量安全监管工作机构

撤销省盐务局，省盐业集团不再加挂省盐务局牌子。在省经济和信息化委、省食品药品监管局确定专门机构，分别负责全省盐业行业管理和食盐专营管理、食盐质量安全管理与监督工作；采取适量增编和部门挖潜调剂相结合的办法，保证两部门新增盐业管理职责所需工作力量，着重强化监管执法。各市、县（市、区）相应进行调整。

四、妥善安置现有盐业行政管理和执法人员

（一）现有事业单位（含参照公务员法管理事业单位）在编在岗的工作人员，由同级政府按照有关规定安置。

（二）现从事盐业行政管理（行业管理、食盐专营管理、食盐质量安全管理与监督）和行政执法（持有行政执法证）工作的企业人员，可自愿选择留在盐业公司工作或继续从事盐业行政管理、行政执法相关工作。

1. 选择留在盐业公司工作的，由同级盐业公司妥善安排工作岗位，人员管理、工资福利、社会保险等按企业有关规定执行。

2. 选择继续从事盐业行政管理、行政执法相关工作的，符合调任条件的人员，由同级政府根据工作需要进行安置；其他人员由同级经济和信息化、食品药品监管或市场监管部门所属的公益类事业单位通过考试考核方式招聘为事业单位工作人员，实行“扎口管理”，只出不进，人员管理、工资福利、社会保险等按事业单位有关规定执行，所需经费列入本级财政预算。为招聘“扎口管理”人员的事业单位核定相应的事业人员控制数，专项使用，随相关人员调离、退休等减员逐步核销。考试考核未通过人员，由同级盐业公司妥善安排工作岗位，人员管理、工资福利、社会保险等按企业有关规定执行。省级成立食盐监管体制

改革人员安置工作组，由省人力资源社会保障厅牵头，省编办、省经济和信息化委、省食品药品监管局、省盐业集团参与，负责制定省级人员安置工作方案并组织实施。各市参照省里的做法，结合实际，制定人员安置工作方案并组织实施。

五、切实做好过渡期内食盐监管工作

自本方案印发之日起至2017年12月31日，为我省食盐监管体制改革过渡期。在过渡期内，执法经费按原渠道解决，原执法人员保留执法资格；省政府召开盐业体制改革工作会议进行部署前，现有食盐监管体制和职责分工维持不变；召开会议部署后，食盐监管工作由省、市、县（市、区）政府分别负责。2018年1月1日起，我省食盐监管体制按本方案规定实施。过渡期结束前1个月内，食盐监管体制改革各项准备工作要落实到位。

六、组织实施

（一）2017年11月底前，省级确定盐业主管机构和食盐质量安全监管机构，明确有关机构编制事项；制定省级现有盐业行政管理人员和执法人员安置工作方案。

（二）2017年12月底前，省级完成职能划转和人员安置工作；各市结合实际制定改革方案，完成职能划转和人员安置工作。

各级、各有关部门要高度重视，按照各自任务分工，制定具体工作方案，进一步强化措施，明确责任，确保在规定时间节点内完成各项任务，确保改革平稳有序推进。省盐业体制改革和专项治理领导小组办公室要搞好统筹协调，对工作推进中出现的新情况、新问题要研究提出解决办法，重大问题及时向省政府报告。

附表：山东省食盐监管体制改革任务分工表

附表：

山东省食盐监管体制改革任务分工表

序号	目标任务	具体任务	责任单位
1	撤销省盐务局	根据省政府文件，撤销省盐业集团加挂的省盐务局牌子。	省编办
2	调整盐业行政管理职责	将全省盐业行业管理和食盐专营管理，以及盐资源开发审查、制盐许可证核发和盐产品经营企业设立审批等相关职能移交省经济和信息化委；将全省食盐质量安全管理与监督，以及食盐定点生产企业审批、食盐批发许可证核发等相关职能移交省食品药品监管局。	省编办牵头，省经济和信息化委、省食品药品监管局、省盐业集团参与
		市、县（市、区）盐业行业管理、食盐专营管理、食盐质量安全管理与监督等相关职能的调整由市级政府研究确定，原则上参照省级相应进行调整。	各市政府
3	明确工作机构	在省经济和信息化委、省食品药品监管局确定专门机构，分别负责全省盐业行业管理和食盐专营管理、食盐质量安全管理与监督工作；采取适量增编和部门挖潜调剂相结合的办法，保证两部门新增盐业管理职责所需工作力量，着重强化监管执法。	省编办牵头，省经济和信息化委、省食品药品监管局参与
		市、县（市、区）明确工作机构。	各市政府
4	安置现有盐业行政管理和执法人员	制定省级人员安置工作方案并组织实施。	省人力资源社会保障厅牵头，省编办、省经济和信息化委、省食品药品监管局、省盐业集团参与
		各市参照省里的做法，结合实际，制定人员安置工作方案并组织实施。	各市政府

省人民政府办公厅关于印发山东省危险化学品安全综合治理实施方案的通知

2017 年 2 月 6 日　鲁政办发〔2017〕29 号

各市人民政府，各县（市、区）人民政府，省政府各部门、直属机构，各大企业，各高等院校：

《山东省危险化学品安全综合治理实施方案》已经省政府同意，现印发给你们，请认真贯彻执行。

附件：山东省危险化学品安全综合治理实施方案

附件：

山东省危险化学品安全综合治理实施方案

为贯彻落实《国务院办公厅关于印发危险化学品安全综合治理方案的通知》（国办发〔2016〕88 号）要求，进一步提升全省危险化学品本质安全水平，全面加强危险化学品安全综合治理，预防和减少危险化学品事故，保障人民群众生命财产安全，制定本实施方案。

一、总体要求

（一）指导思想。全面贯彻党的十八大和十八届三中、四中、五中、六中全会精神，认真落实习近平总书记、李克强总理等党中央、国务院领导同志关于安全生产工作的重要指示批示要求和省委、省政府关于安全生产的一系列决策部署，严格执行安全生产有关法律法规，坚守安全红线，坚持安全发展、改革创新、依法监管、源头防范、风险管控、系统治理的原则，健全体制机制，明晰责任，严格监管，落实“党政同责、一岗双责、齐抓共管、失职追责”及“管行业必须管安全、管业务必须管安全、管生产经营必须管安全”的要求，注重标本兼治、远近结合，全面加强危险化学品安全管理工作，促进危险化学品安全生产形势持续稳定好转。

（二）工作目标。企业安全生产主体责任得到有效落实。涉及危险化学品的各行业安全风险和重大危险源进一步摸清并得到重点管控，危险化学品安全风险分级管控和隐患排查治理体系基本建立，人口密集区危险化学品企业完成搬迁、转产、关闭，危险化学品信息共享机制初步建立，油气输送管道安全隐患整治攻坚战成果得到巩固。危险化学品安全监管体制进一步理顺、机制进一步完善、法制进一步健全。危险化学品安全生产基础进一步加强，应急救援能力得到大幅提高，安全保障水平进一步提升，危险化学品较大及以上事故得到有效遏制。

二、组织领导

危险化学品安全综合治理工作由省政府安全生产委员会（以下简称省政府安委会）组织领导。省政府安委会研究部署推动危险化学品安全综合治理各项工作落实，省政府安委会办公室负责协调推进全省危险化学品安全综合治理日常工作。各有关部门按职责分工做好相关行业领域危险化学品安全综合治理工作。各市政府负责组织开展好本行政区域内危险化学品安全综合治理工作。

三、时间进度和工作安排

2017 年 2 月开始至 2019 年 11 月结束，分三个阶段进行。

（一）部署阶段（2017 年 2 月初至 2017 年 2 月中旬）。各市、各有关部门要按照总体要求，制定具体实施方案，明确职责，细化目标任务和治理措施；要认真开展危险化学品安全综合治理动员部署，进行广泛宣传，营造良好氛围。

（二）整治阶段（2017 年 2 月下旬至 2018 年 3 月底开展深入整治，并取得阶段性成果；2018 年 4 月至 2019 年 9 月深化提升）。各市、各有关部门要精心组织，认真实施，定期开展督查，及时解决危险化学品安全综合治理过程中发现的问题，确保各项工作按期完成。省政府安委会适时组织督导检查。

（三）总结阶段（2019 年 10 月）。各市、各有关部门要认真总结经验成果，形成总结报告并报送省政府安委会办公室，由省政府安委会办公室汇总后报省政府安委会。

四、治理内容和工作措施

（一）全面摸排危险化学品安全风险。

1. 全面摸排风险。依据《涉及危险化学品安全风险的行业品种目录》（安委〔2016〕7 号）中明确的 15 个门类 68 个大类，全面摸排危险化学品安全风险，重点摸排危险化学品生产、储存、使用、经营、运输和废弃处置以及涉及危险化学品的物流园区、港口、码头、机场和城镇燃气的使用等各环节、各领域的安全风险，明确主要风险类别，建立安全风险分布档案。进一步落实《山东省人民政府办公厅关于建立完善风险管控和隐患排查治理双重预防机制的通知》（鲁政办字〔2016〕36 号）要求，依照《安全生产风险分级管控体系建设通则》《生产安全事故隐患排查治理体系建设通则》，全面开展风险分级管控和隐患排查治理双重预防体系建设，对排查出的各类风险实施精准监管。利用全省安全生产监管综合信息平台，形成全省危险化学品安全生产监管"一张网"，实现企业、政府及各部门互联互通、信息共享，实施动态管控。（省经济和信息化委、省教育厅、省公安厅、省住房城乡建设厅、省交通运输厅、省水利厅、省农业厅、省林业厅、省卫生计生委、省环保厅、省质监局、省安监局、山东能源监管办、省国防科工办、济南铁路局、民航山东监管局、省邮政管理局、济南海关、青岛海关等按职责分工负责，2018 年 3 月底前完成）

2. 重点排查重大危险源和高危化学品。按照《危险化学品重大危险源辨识》（GB18218）标准和国家《高危化学品目录》，组织开展危险化学品重大危险源和高危化学品排查，全面摸清危险化学品重大危险源和高危化学品底数。重大危险源要进行辨识、分级、安全评估，建立危险化学品重大危险源数据库。按行业、地域建立危险化学品重大危险源和高危化学品分布情况档案，由各有关部门和设区的市（分县成册）负责汇总，报省政府安委会办公室备案。（省经济和信息化委、省教育厅、省公安厅、省住房城乡建设厅、省交通运输厅、省农业厅、省环保厅、省安监局、山东省能源监管办、省国防科工办、济南铁路局、民航山东监管局等按职责分工负责，2018 年 3 月底前完成）

（二）有效防范遏制危险化学品较大及以上事故。

1. 加强高危化学品管控。依据国家《高危化学品目录》，制定省高危化学品管控办法，落实管控措施，加强硝酸铵、硝化棉、氰化钠、光气及光气化产品、氯气、液化石油气等高危化学品生产、储存、使用、经营、运输和废弃处置全过程管控。（省安监局牵头，省经济和信息化委、省公安厅、省交通运输厅、省环保厅、省国防科工办等按职责分工负责，2018 年 3 月底前完成）

2. 加强危险化学品重大危险源管控。督促有关企业、单位落实安全生产主体责任，完善监测监控设备设施，对重大危险源实施重点管控，对危险化学品生产、储存、使用企业实施承诺公告制度。督促落实属地监管责任，建立安监部门与各行业主管部门之间危险化学品重大危险源信息共享机制。依托山东省安全生产综合监管信息平台，建立危险化学品重大危险源在线监控和事故预警系统，利用物联网、大数据等先进科技对重大危险源实施动态、精准管控。加强危险化学品罐区的风险管控，全面深入开展危险化学品罐区安全隐患排查整治，按照风险分级管控和隐患排查治理双重预防体系建设要求，对危险化学品罐区实施重点监控。（省经济和信息化委、省教育厅、省住房城乡建设厅、省交通运输厅、省农业厅、省环保厅、省安监局、山东能源监管办、省国防科工办、济南铁路局、民航山东监管局等按职责分工负责，持续推进）

3. 加强化工园区和涉及危险化学品重大风险功能区风险管控。按照全省化工产业转型升级部署，对现有化工园区（集中区）进行确认公告。开展化工园区（集中区）和涉及危险化学品重大风险功能区区域定量风险评估，科学确定区域风险等级和风险容量，优化区域内企业布局，实施总量控制，降低区域风险。在全省化工园区开展环境事件风险物质预警体系建设项目试点。推动利用信息化、智能化手段提升园区安全、环保、应急救援一体化管理平台。制定省化工园区应急管理标准化建设标准及考核办法，推动化工园区（集中区）开展应急管理标准化建设。（省安监局牵头，各有关部门按职责分工负责，2018 年 3 月底前取得阶段性成果，2018 年 4 月至 2019 年 10 月深化提升）

4. 强力推进人口密集区危险化学品生产企业搬迁工程。进一步摸清全省城市人口密集区危险化学品生产企业底数，通过开展“三评级一评价”（安全评级、环保评级、节能评级和综合评价）工作，确定分批关闭、转产和搬迁企业名单，逐个制定工作方案，形成年度搬迁手册，逐级落实责任，加快推进企业搬迁入园或关闭转产，在 2018 年年底前完成城市人口密集区危险化学品生产企业搬迁、转产或关闭工作。充分利用国家专项建设基金、省搬迁引导专项资金等，加快推进危险化学品生产企业搬迁入园或关停并转；统筹整合用好各方资源，对关闭企业的生产设备拆除、危险废物处置、原生产场地环境修复等给予支持。对主动实施关停、搬迁的企业予以奖励。（省经济和信息化委牵头，省发展改革委、省公安厅、省财政厅、省国土资源厅、省交通运输厅、省住房城乡建设厅、省水利厅、省商务厅、省环保厅、省国资委、省安监局、省统计局、省工商局、省质监局等按职责分工负责，2018 年 3 月底前取得阶段性成果，2018 年 4 月至 2019 年 10 月深化提升）

5. 加强危险化学品运输安全管控。健全安全监管责任体系，严格按照有关法律、法规和强制性国家标准等要求，落实有关部门、企业和单位危险货物包装、装卸、运输和管理的责任。督促危险化学品运输企业和车辆严格落实 19 时至次日凌晨 6 时、重大节假日、恶劣天气时禁止通行高速公路管制措施，实现车辆运行期间实时监控和管理，及时消除安全隐患。提高危险化学品（危险货物）运输企业准入门槛，督促危险化学品生产、储存、经营企业建立装货前运输车辆、人员、罐体及单据等查验制度，严把装卸关，加强日常监管。（省交通运输厅、济南铁路局牵头，省经济和信息化委、省公安厅、省质监局、省安监局、民航山东监管局、省邮政管理局等按职责分工负责，2018 年 3 月底前取得阶段性成果，2018 年 4 月至 2019 年 10 月深化提升）

6. 巩固油气输送管道安全隐患整治攻坚战成果。进一步明确市、县级油气输送管道保护主管部门，构建油气输送管道风险分级管控、隐患排查治理双重预防性工作机制，建立完善油气输送管道保护和安全管理长效机制。推动管道企业落实主体责任，开展管道完整性管理，强化油气输送管道巡护和管控，全面提升油气输送管道保护和安全管理水平。建设融合管道地理信息、监管保护为一体的“118”管道综合管理信息平台，利用信息化手段提升油气输送管道安全管理和保护水平。（省经济和信息化委牵头，省油气输送管道安全隐患整改工作领导小组各成员单位按职责分工负责，2017 年 9 月底前完成）

（三）健全危险化学品安全监管体制机制。

1. 进一步健全和完善政府监管责任体系。贯彻落实国家危险化学品安全监管体制建设意见要求，加强危险化学品安全监管体制改革和力量建设，厘清部门职责，明确危险化学品安全监管综合工作的具体内容，消除监管盲区。按照“网格化、实名制”要求，对辖区内所有危险化学品单位逐一明确和落实属地管理和部门监管责任，建立无缝隙、全覆盖的安全生产责任体系。（省安监局、省编办牵头，省法制办等按职责分工负责，2018 年 3 月底前取得阶段性成果，2018 年 4 月至 2019 年 10 月深化提升）

2. 建立更加有力的统筹协调机制。完善省危险化学品安全监管联席会议制度，增补相关成员单位，定期召开危险化学品安全监督管理联席会议，研究、协调危险化学品安全监督管理工作。（省安监局牵头，各有关部门按职责分工负责，2017 年 3 月底前完成）

3. 强化行业主管部门危险化学品安全管理责任。按照《山东省安全生产行政责任制规定》和“管行业必须管安全、管业务必须管安全、管生产经营必须管安全”的要求，严格落实行业主管部门的安全管理责任，负有安全生产监督管理职责的部门要依法履行安全监管责任。省政府安委会有关成员单位要依据法律法规和有关规定要求，制定完善本部门危险化学品安全监管的权力清单和责任清单，并向社会公布。（省安监局、省教育厅、省经济和信息化委、省住房城乡建设厅、省交通运输厅、省农业厅、省国防科工办、济南铁路局、民航山东监管局等按职责分工负责，2018 年 3 月底前完成）

（四）强化对危险化学品安全的依法治理。

1. 健全完善法规体系。推动制定石油天然气管道保护、危险化学品安全管理等加强危险化学品安全监督管理的地方性法规和政府规章，修订《山东省道路交通安全责任制规定》，健全危险化学品安全生产法治保障体系。（省经济和信息化委、省交通运输厅、省安监局、省法制办等按职责分工负责，2018 年 3 月底前完成）

2. 制定完善危险化学品安全生产地方标准。制修订《化工行业风险分级管控体系细则》及其实施指南、《化工行业生产安全事故隐患排查治理体系细则》及其实施指南和《危险化学品包装物容器安全管理规定》《山东省大型浮顶储罐安全技术规程》《山东省化工装置安全试车工作规范》《山东省挥发性液体有机化工产品装卸作业安全技术规程》《山东省液氨储存与装卸安全生产技术规范》《山东省氯碱企业安全生产技术规范》等危险化学品安全生产地方标准。鼓励引导有条件的大型化工企业完善作业规程和岗位安全操作规程，并将其和检维修、动火、受限空间安全管理规范等上升为地方标准。（省安监局、省标准委按职责分工负责，2018 年 3 月底前取得阶段性成果，2018 年 4 月至 2019 年 10 月深化提升）

（五）加强规划布局和准入条件等源头管控。

1. 统筹规划编制。制定山东省“十三五”化工产业布局和发展规划指导意见，明确重点发展领域、关键技术和发展方向，优化产业布局，完善政策措施。督促各市、县（市、区）在编制本地国民经济和社会发展规划、城市总体规划、土地利用总体规划时，统筹安排危险化学品产业布局。督促有条件的市推进实施“多规合一”，加强规划实施过程危险化学品产业布局及安全规划等内容监管。（省发展改革委、省经济和信息化委、省公安厅、省国土资源厅、省住房城乡建设厅、省环保厅、省安监局等按职责分工负责，持续推进）

2. 规范产业布局，强化源头管控。建立国土资源、住房城乡建设、安全监管、交通运输、环保等部门的协调沟通机制，督促各市认真落实国家和省有关危险化学品产业发展布局规划，加强城市建设与危险化学品产业发展的规划衔接。严格执行危险化学品企业安全生产和环境保护所需的防护距离的要求，严禁在人口密集区周边新建高风险化工项目。（省发展改革委、省经济和信息化委、省公安厅、省国土资源厅、省住房城乡建设厅、省交通运输厅、省环保厅、省安监局等按职责分工负责，2018 年 3 月底前取得阶段性成果，2018 年 4 月至 2019 年 10 月深化提升）

3. 严格安全准入。建立完善涉及公众利益、影响公共安全的危险化学品重大建设项目公众参与机制。在危险化学品建设项目立项阶段，对涉及“两重点一重大”（重点监管的危险化工工艺、重点监管的危险化学品和危险化学品重大危险源）的危险化学品建设项目，建立实施发展改革、经济和信息化、住房城乡建设、国土资源、公安消防、环保、海洋、卫生、安全监管、交通运输等相关部门联合审批制度。严格落实化工产业转型升级安全生产准入条件和门槛要求，原则上不再核准（备案）固定资产投资额低于 1 亿元（不含土地费用）的新建、扩建危险化学品项目。鼓励各地根据实际制定危险化学品“禁限控”目录。严禁在化工园区（集中区）外新建、扩建危险化学品生产项目。（省发展和改革委、省经济和信息化委、省公安厅、省国土资源厅、省住房城乡建设厅、省交通运输厅、省环保厅、省安监局等按职责分工负责，2018 年 3 月底前取得阶段性成果，2018 年 4 月至 2019 年 10 月深化提升）

4. 加强危险化学品建设工程设计、施工质量的管理。严格落实《建设工程勘察设计管理条例》《建设工程质量管理条例》等要求，强化从事危险化学品建设工程设计、施工、监理等单位的资质管理，落实危险化学品生产装置及储存设施设计、施工、监理单位的质量责任，依法严肃追究因设计、施工质量而导致生产安全事故的设计、施工、监理单位的责任。（省住房城乡建设厅、省质监局、省安监局等按职责分工负责，2018 年 3 月底前取得阶段性成果，2018 年 4 月至 2019 年 10 月深化提升）

（六）依法推动企业落实主体责任。

1. 加强安全生产有关法律法规的贯彻落实。梳理涉及危险化学品安全管理的地方性法规、规章和规范性文件，对施行 3 年以上的开展执行效果评估并推动修订完善。加强相关法律法规和标准规范的宣传贯彻，强化监督检查，督促企业进一步增强安全生产法治意识，定期对照安全生产法律法规进行符合性审核，提高企业依法生产经营的自觉性、主动性。（省公安厅、省住房城乡建设厅、省交通运输厅、省卫生计生委、省环保厅、省工商局、省质监局、省安监局、省邮政管理局等按职责分工负责，持续推进）

2. 认真落实“一书一签”要求。将危险化学品生产企业和进出口单位落实全球化学品统一分类和标签制度（GHS），以及执行“一书一签”（安全技术说明书、安全标签）的情况纳入日常安全监管检查范围。督促危险化学品（危险货物）托运人采取措施及时将危险化学品（危险货物）品名、数量、危害特性、应急处置措施等相关信息传递给相关部门和人员。督促危险化学品（危险货物）承运人在装载前核对危险化学品（危险货物）的品名、“一书一签”和危险货物标志，承运的危险化学品（危险货物）与运输工具的用途相符。（省经济和信息化委、省公安厅、省交通运输厅、省商务厅、省安监局等按职责分工负责，持续推进）

3. 推进科技强安，提升本质安全水平。推动化工企业加大安全投入，新建化工装置必须装备自动化控制系统，涉及“两重点一重大”的化工装置必须装备安全仪表系统，危险化学品重大危险源必须建立健全安全监测监控体系。加速现有企业自动化控制和安全仪表系统改造升级，深入推进“机械化换人、自动化减人”科技强安专项行动，减少危险岗位作业人员，鼓励有条件的企业建设智能工厂，全面提升本质安全水平。（省经济和信息化委、省科技厅、省公安厅、省安监局等按职责分工负责，持续推进）

4. 深化安全生产标准化建设。根据不同行业特点，积极采取扶持措施，引导鼓励危险化学品企业持续开展安全生产标准化建设。大力培植一级安全标准化达标企业，强力推进二级标准化企业的达标创建。安全生产标准化达标创建突出“风险管理”要素，按照风险分级管控和隐患排查治理两个体系建设要求运行。选树一批典型标杆，充分发挥示范引领作用，推动危险化学品企业落实安全生产主体责任。（省经济和信息化委、省住房城乡建设厅、省交通运输厅、省安监局等按职责分工负责，持续推进）

5. 严格规范执法检查。强化依法行政，加强对危险化学品企业执法检查，制定危险化学品安全监督检查手册，规范检查内容，完善检查标准，对危险化学品企业实施“一重点、全覆盖”式执法检查，提高执法检查的专业性、精准性、有效性。依法严厉处罚危险化学品企业违法违规行为，加大对违法违规企业的曝光力度。（省公安厅、省住房城乡建设厅、省交通运输厅、省卫生计生委、省环保厅、省工商局、省质监局、省安监局、济南铁路局、民航山东监管局、省邮政管理局等按职责分工负责，2018 年 3 月底前取得阶段性成果，2018 年 4 月至 2019 年 10 月深化提升）

6. 依法严肃追究责任。加大对发生责任事故的危险化学品企业的责任追究力度，依法严肃追究事故企业法定代表人、实际控制人、主要负责人、有关管理人员的责任。对发生死亡事故的企业一律依法暂扣安全生产许可证，对发生较大事故的一律提级调查，推动企业自觉履行安全生产责任。（省公安厅、省监察厅、省住房城乡建设厅、省交通运输厅、省环保厅、省质监局、省安监局等按职责分工负责，持续推进）

7. 建立实施“黑名单”制度。加强企业安全生产诚信体系建设，建立完善危险化学品企业安全生产不良记录“黑名单”制度。对列入“黑名单”的企业在“信用山东”网站和国家企业信用信息公示系统（山东）公示，定期在媒体曝光，并作为工伤保险、安全生产责任保险费率调整的重要依据。充分利用山东省公共信用信息平台和人民银行征信系统，进一步健全失信联合惩戒机制。对列入“黑名单”的企业及主要负责人，发展改革、安监、国资、国土资源、工商、银行、保险等相关部门和单位，严格按照规定落实失信惩戒措施。（省安监局牵头，省发展和改革委、省经济和信息化委、省公安厅、省财政厅、省人力资源社会保障厅、省国土资源厅、省环保厅、省地税局、省工商局、省国税局、人民银行济南分行、山东保监局等按职责分工负责，2018 年 3 月底前完成）

8. 严格危险化学品废弃处置。督促各地加强危险化学品废弃处置能力建设，强化企业主体责任，按照“谁产生、谁处置”的原则，及时处置废弃危险化学品，消除安全隐患。加强危险化学品废弃处置过程的环境安全管理。（省环保厅负责，2018年3月底前完成）

（七）大力提升危险化学品安全保障能力。

1. 强化危险化学品安全监管能力建设。落实危险化学品安全监管机构和人员能力建设以及检查设备设施配备要求，加强各级负有危险化学品安全监管职责部门的监管力量，配齐检查设备设施。通过招录、遴选等方式选拔化工专业人才充实到各级危险化学品安全监管队伍，实现专业监管人员配比不低于在职人员的75%。加大安全生产专项资金投入，改善基层危险化学品安全监管机构工作条件。强化对各级危险化学品安全监管人员的培训，提高依法履职的能力水平。（省公安厅、省财政厅、省住房城乡建设厅、省交通运输厅、省环保厅、省工商局、省质监局、省安监局、济南铁路局、民航山东监管局、省邮政管理局等按职责分工负责，2018年3月底前完成）

2. 积极利用社会力量，助力危险化学品安全监管。创新监管方式，加强中介机构力量的培育，利用政府购买服务等方式，充分发挥行业协会、注册安全工程师事务所、安全生产服务机构、保险机构等社会力量的作用，持续提升危险化学品安全监管水平，增强监管效果。鼓励企业引入第三方专业技术服务机构，对化工装置开停车、建设项目试生产、检维修和动火、受限空间等高危作业环节实施安全监管。在危险化学品领域强制实施安全生产责任保险制度，鼓励保险机构参与风险评估管控和事故预防。负有危险化学品安全监管职责的部门通过政府购买服务方式，与大型化工企业和安全生产服务机构建立合作关系，提供专家支持，对危险化学品企业开展“一重点、全覆盖”式安全检查。（省公安厅、省住房城乡建设厅、省交通运输厅、省环保厅、省工商局、省质监局、省安监局、济南铁路局、民航山东监管局、省邮政管理局、山东保监局等按职责分工负责，持续推进）

3. 严格安全、环保评价等第三方服务机构监管。负责安全、环保评价机构资质审查审批的有关部门要认真履行日常监管职责，提高准入门槛，严格规范安全评价和环境影响评价行为。建立安全、环保技术服务机构信用评定和公示制度，对弄虚作假、不负责任、有不良记录的安全、环保评价机构，依法降低资质等级或者吊销资质证书，追究相关责任并在媒体曝光。（省环保厅、省安监局等按职责分工负责，2018年3月底前取得阶段性成果，2018年4月至2019年10月深化提升）

（八）加强危险化学品安全监管信息化建设。

1. 完善危险化学品登记制度。加强危险化学品登记工作，推动危险化学品进口企业开展危险化学品登记，严格审查危险化学品生产企业的基本信息、登记品种、数量等内容。依托国家化学品登记数据库，建立省级危险化学品企业信息数据库，实现部门间数据共享。（省安监局牵头，省经济和信息化委、省农业厅、省卫生计生委、省环保厅、省国防科工办等按职责分工负责，2018年3月底前取得阶段性成果，2018年4月至2019年10月深化提升）

2. 建立全省危险化学品监管信息共享平台。依托政府数据统一共享交换平台，建立危险化学品生产（含进口）、储存、使用、经营、运输和废弃处置企业数据库，形成政府建设管理、企业申报信息、数据共建共享、部门分工监管的综合信息平台，实现与安全生产风险分级管控、隐患排查治理、安全生产监管执法、应急救援等信息共建共享和“大数据”分析利用，推动全省危险化学品安全生产监督管理工作信息化、智能化。督促企业利用省安全生产管理信息平台开展风险分级管控和隐患排查治理，提高企业自身安全管理能力。充分利用物联网、云计算、大数据等先进技术，探索实施易燃易爆有毒危险化学品电子追踪标识制度，及时登记记录全流向、闭环化的危险化学品信息数据，基本实现危险化学品全生命周期信息化安全管理及信息共享。（省经济和信息化委牵头，省发展改革委、省公安厅、省交通运输厅、省农业厅、省海洋与渔业厅、省环保厅、省质监局、省安监局、省国防科工办、济南铁路局、民航山东监管局、济南海关、青岛海关等按职责分工负责，2018年3月底前取得阶段性成果，2018年4月至2019年10月深化提升）

（九）加强危险化学品应急救援工作。

1. 进一步规范应急处置要求。严格落实《省委办公厅省政府办公厅关于建立健全重大及以上生产安全事故应急处置联动机制的意见》（鲁办发〔2015〕51 号）要求，进一步规范危险化学品事故接处警和应急处置规程，完善现场处置程序，加强事故现场指挥协调，落实通告、警戒、疏散等必要的应急措施，统筹各类应急救援力量的协调运用，推动实施科学化、精细化、规范化、专业化的应急处置。推动建立专业现场指挥官制度，坚持以人为本、科学施救、安全施救、有序施救，提高事故现场应急处置水平，确保现场指挥统一、有序、高效，有效防控应急处置过程风险，避免发生次生事故事件。（省安监局牵头，省公安厅、省交通运输厅、省环保厅等按职责分工负责，2018 年 3 月底前完成）

2. 加大资金支持力度。充分发挥国家安全生产预防及应急专项资金的作用，各级政府要加大危险化学品应急方面的投入，推动化工园区建设应急联动指挥平台，建立应急物资储备中心库，配备危险化学品专用消防设备，满足危险化学品事故应急救援需要。积极发挥安全生产责任保险在事故处置过程中的作用。（省财政厅牵头，省安监局等按职责分工负责，持续推进）

3. 强化危险化学品专业应急能力建设。推动落实《山东省危险化学品安全生产应急救援队伍建设规范》，建立统一指挥、快速反应、装备精良、训练有素的危险化学品应急救援力量。整合现有危险化学品安全生产救援队伍资源，加强省级危险化学品区域应急救援中心和队伍建设，优化应急力量布局和装备设施配备，健全应急物资的储备与调运机制。健全危险化学品企业应急管理机构和应急队伍，配备必备的应急救援装备和物资，督促危险化学品生产经营企业强化应急救援能力。（省安监局牵头，省发展改革委、省公安厅、省财政厅、省海洋与渔业厅等按职责分工负责，持续推进）

4. 加强危险化学品应急预案管理和应急演练。完善危险化学品应急预案编制以及演练的标准要求，定期组织多方合作应急演练，根据演练评估结果及时修订完善应急预案，提高企业和政府及其部门应急预案的科学性、实效性和衔接性，确保企业应急预案与政府及其部门相关预案衔接畅通。积极推广岗位现场应急处置卡，提高岗位人员事故初期应急处置能力。（省安监局牵头，省公安厅等按职责分工负责，2018 年 3 月底前取得阶段性成果，2018 年 4 月至 2019 年 10 月深化提升）

（十）加强危险化学品安全宣传教育和人才培养。

1. 大力推进危险化学品安全宣传。建立定期的危险化学品企业和化工园区公众开放日制度。加强正面主动引导，充分利用电视、广播、网络、报纸杂志等媒体，开展多种形式的宣传活动，推动危险化学品安全知识宣传教育进企业、进学校、进社区、进农村、进家庭、进公共场所，宣传和普及危险化学品基本知识，开展危险化学品的品种、类型、性质、储存和运输、应急救援和处置等内容的宣传普及，不断提高全社会的安全意识与对危险化学品的科学认知水平。（省安监局牵头，省教育厅、省新闻出版广电局等按职责分工负责，持续推进）

2. 加强化工行业管理人才培养。完善化工安全复合型人才培养机制，加快人才培养，结合化工产业实际和市场需求，加强高等院校化工安全类相关学科及专业建设，通过全日制和开办化工安全网络教育等多种渠道，培养化工复合型安全管理人才。（省教育厅、省安监局等按职责分工负责，2018 年 3 月底前取得阶段性成果，2018 年 4 月至 2019 年 10 月深化提升）

3. 加快化工产业工人培养。支持化工重点地区大力发展化工职业教育，优先支持职业院校增设化工类专业。做好人力资源社会保障部化工工艺等专业一体化课程开发工作，完成化工类专业技能人才培养标准和一体化课程规范编制工作。开发职业院校化工类专业教学指导方案，研究制定中职、高职与本科相衔接的化工类专业课程体系。推动化工企业通过定向培养、校企联合办学和现代学徒制等方式，加快化工产业工人培养，确保涉及“两重点一重大”生产装置、储存设施的操作人员达到岗位技能要求。贯彻落实国家关于加快化工产业工人培养的指导意见，利用全省“开放式”全员安全培训和考核信息系统，开展有针对性和实效性的全员安全培训，加快培养具有较强安全意识、较高操作技能的工人队伍，有效缓解化工产业人才缺乏的问题。（省教育厅、省人力资源社会保障厅、省安监局等按职责分工负责，持续推进）

五、工作要求

（一）各市、各有关部门要按照工作分工和完成时限要求，结合本市、本部门实际研究具体举措，细化工作内容，落实工作责任，明确工作时限，并于2017年2月底前将实施方案报送省政府安委会办公室。各有关部门要分别确定1名负责同志和1名联络员，并于2017年2月20日前将名单报送省政府安委会办公室。

（二）各市、各有关部门要高度重视危险化学品安全综合治理工作，加强组织领导，密切协调配合，精心组织实施，确保取得实效，并于2017年起每季度末月10日前向省政府安委会办公室报送工作进展情况。省政府安委会办公室要定期通报工作信息，适时组织对各市、各有关部门开展危险化学品安全综合治理工作的情况进行督查，并将工作开展情况列入年度安全生产巡查、考核的内容。

山东省人民政府办公厅关于印发山东省服务贸易创新发展试点方案的通知

2017年1月18日　鲁政办字〔2017〕14号

济南、青岛、烟台、潍坊、威海市人民政府，省有关部门：

《山东省服务贸易创新发展试点方案》（以下简称《方案》）已经省政府同意，现印发给你们，请认真贯彻执行。

附件：山东省服务贸易创新发展试点方案

附件：

山东省服务贸易创新发展试点方案

为深入贯彻《国务院关于加快发展服务贸易的若干意见》（国发〔2015〕8号）精神，按照《山东省人民政府关于加快发展服务贸易的实施意见》（鲁政发〔2016〕19号）有关要求，探索适应我省服务贸易创新发展的体制机制，制定本方案。

一、总体要求

全面贯彻党的十八大和十八届三中、四中、五中、六中全会精神，牢固树立创新、协调、绿色、开放、共享的发展理念，优化服务贸易结构，巩固提升传统服务贸易，培育新兴服务贸易，发展壮大特色服务贸易，注重服务贸易与服务业、货物贸易、国际投资合作协调发展，促进服务出口与服务进口协调发展，为全省服务贸易创新发展探索路径、积累经验。

二、试点地区及期限

试点分批实施。第一批选择济南、青岛、烟台、潍坊市作为山东省服务贸易创新发展试点市，试点期为3年。威海市作为国家服务贸易创新发展试点市，同时承担省级试点任务。

三、试点任务

（一）完善服务贸易管理体制。探索服务贸易促进、服务和监管体系制度创新，研究建立与国际贸易规则相衔接、更有利于服务贸易发展的管理体制。加快形成政府、协会、企业协同配合的服务贸易促进体系，完善服务贸易重点企业联系机制，加强部门协作，整合公共资源，积极开展多种形式的服务贸易促进活动，加大对服务出口重点领域企业的支持力度，推动扩大服务出口。建立一批具有项目对接、海外市场拓展、技术共享等功能的服务贸易公共服务平台，为全省服务贸易创新发展探索路径。

（二）创新服务贸易发展模式。积极探索信息化背景下服务贸易发展新模式、新业态和新领域。鼓励依托云计算、大数据、移动互联网等新技术，打造服务贸易新型网络平台，推进服务贸易交付模式创新，全面提高服务的可贸易性。积极承接离岸服务外包。大力发展特色医疗旅游、特色文化体育旅游、在线教育、远程中医服务等新业态，推动传统服务贸易领域转型升级。鼓励发展数字贸易、互联网金融等服务贸易新领域，提升高技术含量、高知识含量和高附加值服务在服务贸易领域所占比重。

（三）优化服务贸易支持政策。发挥财政资金引导作用，加大对服务贸易发展的支持力度，优化资金安排结构，完善和创新支持方式，拓宽融资渠道，引导更多社会资金投入服务贸易，支持服务贸易企业加强创新能力建设。鼓励技术进出口，鼓励承接国际服务外包业务，鼓励建设和完善公共服务平台，鼓励国内急需的研发设计、节能环保和环境服务进口。

（四）加大服务业对外开放力度。结合本地产业特色，稳步推进金融、教育、文化、医疗、育幼养老等行业对外开放。支持旅游、研发设计、会计服务、资产评估、信用评级、法律服务、商贸物流、会展等领域企业开展国际合作，进一步提高试点区域服务业利用外资的质量和水平，积极引进全球服务业跨国企业，大力推动商业存在模式发展。

（五）培育服务贸易市场主体。进一步发挥市场在服务贸易领域资源配置中的决定性作用，加强对服务贸易重点领域的宏观指导，在运输、旅游等传统领域做强龙头企业；在文化、中医药等特色领域做大中小企业；在服务外包、技术贸易等优势领域升级现有企业；培植人力资源、咨询服务等高附加值企业。支持服务贸易企业增强品牌意识，鼓励和引导企业建立服务贸易自主品牌。

（六）鼓励服务业企业“走出去”。鼓励服务企业通过新设、并购、合作等方式，开展境外投资合作，创建国际化营销网络和知名品牌，扩大境外商业存在规模。支持服务业企业参与投资、建设、管理境外经贸合作区，积极构建跨境产业链，带动货物、服务、技术、劳务出口。支持服务业企业赴海外拓展咨询、会计、法律、金融等业务，为本地企业“走出去”提供保障。支持服务业企业布局“一带一路”市场。

（七）健全服务贸易统计体系。建立统计监测、运行和分析体系，拓展基础数据来源，整合各部门服务贸易统计信息，实现共用共享。创新统计方法，完善重点企业数据直报工作，创新数据采集方式，扩大统计覆盖面，实现应统尽统。探索建立对服务贸易四种模式（跨境提供、境外消费、商业存在和自然人移动）的全口径统计。

（八）创新服务贸易人才培养机制。加快形成政府部门、科研院所、高校、企业联合培养服务贸易人才的新机制。鼓励开展多层次各行业服务贸易专项培训，鼓励科研院所培养服务贸易研究型人才，鼓励高校加强服务贸易高端人才学历教育。支持企业建设服务贸易人才实训基地，健全人才激励机制，加快引进服务贸易高端人才。

四、政策保障

（一）加强规划引领。进一步提高对服务贸易在经济社会发展全局中的战略地位认识，积极营造有利于服务贸易加快发展的体制机制、政策环境和社会舆论环境。结合试点市服务贸易特色资源优势，制定服务贸易重点领域、重点区域专项规划，实现科学发展。

（二）完善工作机制。建立推动服务贸易协调工作机制，加大统筹协调服务贸易发展难点问题的力度，增强协同创新功能，加强服务贸易占外贸出口比重考核，建立信息通报制度。

（三）加强政策保障。加大对服务贸易发展的支持力度。落实国家对服务出口实行零税率或免税政策，鼓励扩大服务出口。支持服务贸易重点领域和关键环节发展，支持服务外包示范基地、服务贸易特色服务出口基地、海外中心等公共服务平台建设。加大多层次资本市场对服务贸易企业的支持力度，支持符合条件的服务贸易企业在交易所市场上市、在全国中小企业股份转让系统挂牌、发行公司债券等。

（四）落实便利化举措。推进登记注册便利化，为服务贸易小微企业提供低成本创业服务。建立和完善与服务贸易发展特点相适应的口岸通关模式。推动对会展、拍卖等服务企业所需通关的国际展品、艺术品等特殊物品的监管模式创新，探索符合跨境电子商务、服务外包等新型服务模式发展的监管方式。

五、组织实施

（一）试点市要加强对服务贸易工作的组织领导，负责服务贸易试点建设工作的实施推动、综合协调及措施保障。按照《方案》要求，大胆创新，积极作为，形成可复制可推广的经验，定期向省商务厅报送成果，为全省服务贸易创新发展探索路径。要结合本地实际，突出地方特色，尽快制定试点工作实施方案，经本市政府批准同意后，报省商务厅。

（二）省有关部门要适应服务贸易创新发展要求，坚持深化简政放权、放管结合、优化服务等改革，加强对试点市的指导和政策支持。要加强部门之间的沟通协作和政策衔接，深入调查研究，及时总结经验，切实解决试点工作中遇到的困难和问题，为试点市建设创造良好的环境。省商务厅要加强统筹协调、跟踪分析和督促检查，适时对试点工作进行评估，重大问题和情况及时报告省政府。

省人民政府办公厅关于印发山东省安全生产专业应急救援中心建设方案的通知

2017年4月21日　鲁政办字〔2017〕66号

各市人民政府，各县（市、区）人民政府，省政府各部门、各直属机构，各大企业，各高等院校：

经省政府同意，现将《山东省安全生产专业应急救援中心建设方案》印发给你们，请认真组织实施。

附件：山东省安全生产专业应急救援中心建设方案

附件：

山东省安全生产专业应急救援中心建设方案

近年来，我省安全生产专业应急救援中心（以下简称省级专业应急救援中心）建设取得了明显成效，省政府批准建立的覆盖非煤矿山、危险化学品、港口、海洋渔业等重点行业（领域）的12个省级专业应急救援中心在重特大生产安全事故应急抢险救援中发挥了重要作用。但随着我省经济社会的快速发展，省级专业应急救援中心在应急救援中暴露出功能不全、布局不合理、装备水平不高、政策保障支撑不够等问题。为加强省级专业应急救援中心建设，完善安全生产应急救援工作体制机制，全面提升省级专业应急救援中心应对重特大事故能力，保障人民群众生命和财产安全，根据《中华人民共和国安全生产法》《中华人民共和国突发事件应对法》等法律法规和省委、省政府关于加强安全生产应急救援工作的部署要求，结合我省实际，制定本方案。

一、总体要求

（一）指导思想。按照统筹规划、合理布局、政企结合、省市共享的思路，强化企业主体责任落实，强化政府协调推动和监督管理，进一步整合应急救援资源，加大资金投入和科技支撑力度，统筹加强省级专业应急救援中心基础设施、技术装备、制度机制、专业素质、作风纪律和综合保障建设，全面提高防范和应对生产安全事故应急处置能力。

（二）建设原则。

1. 统筹规划，分批实施。根据我省产业结构和重大风险点的分布情况，坚持把省级专业应急救援中心建设作为安全生产的基础工程纳入全省安全生产发展规划、地区发展规划，科学规划、合理布局省级专业应急救援中心，在重点行业（领域）分批建立规模适度、重点突出、功能齐全的省级安全生产应急救援体系。

2. 相互协作，强化提升。依托大企业现有骨干救援力量和其他专业救援资源，在全面加强现有省级专业应急救援中心建设的同时，有重点地将矿山钻探、油气管道、金属冶炼等其他救援力量作为省级专业应急救援中心建设的重要补充，形成与公安消防、医疗救护、海上搜救等专业队伍互为补充、相互协作、资源共享的应急救援体系。

3. 专兼结合，平战一体。按照建立完善专业基地、专业队伍、专业设备的“三专”要求，积极采用国内外先进技术和装备，强化培训和演练，全面加强省级专业应急救援中心专业救援能力建设。坚持专兼结合、平战一体，通过建立平时与战时相衔接的应急管理机制，全面提升应急救援处置能力和救援水平。

4. 企业投资为主，实行有偿服务。各省级专业应急救援中心建设以依托单位投资为主，省、市政府给予专项资金补助。相关企业应与邻近的省级专业应急救援中心或专业救援队伍签订应急救援协议，实行有偿服务。

二、工作目标

力争到2020年年底前，在重点行业（领域）建设与我省经济社会发展规划、产业结构、重大风险点分布等因素相适应的应急救援体制机制，达到“统一指挥、反应快速、协调有序、运转高效、保障有力”的目标要求，全面提升我省应对重特大事故应急救援的能力和水平。

三、建设重点

（一）完善省级专业应急救援体系建设。对应急救援能力比较薄弱、救援半径过大、难以实现快速有效救援的危险化学品等重点行业（领域），适度增加省级专业应急救援中心建设的数量。对矿山钻井救援、油气管道、金属冶炼、高速公路等重点行业（领域），补齐功能，尽快建设省级专业救援队伍。

（二）大力提升应急救援装备水平。加大省级专业应急救援队伍装备建设力度，提升救援装备的科技含量和信息化、自动化水平；做好装备的配套建设，提高装备的成套化水平，保证装备的先进性、可靠性；及时更新消防、洗消等车辆，做好危险化学品快速封堵、钻头等特种装备储备。

建立应急救援物资装备储备渠道，建立以依托单位为主，省、市政府给予补充，社会资源为支撑的应急救援物资装备储备体系。引入社会资源作为应急救援装备储备保障，坚持生产储备与实物储备相结合、自我储备与购买社会化服务相结合的原则，委托应急救援装备生产经营单位以仓代储，确保储备到位、保障有力。

（三）强化应急救援技术支持。建立应急救援专家库，邀请省内外应急管理和救援专家参加，为省级专业应急救援中心规划制定、装备建设、预案演练、事故救援等提供技术咨询和决策支持。应急救援科研机构应加强应急救援技术、材料、装备的研发和应用。

（四）完善工作机制。

1. 应急救援中心管理体制。依托大企业和现有救援力量建立的省级专业应急救援中心，其隶属关系、单位性质、管理体制均保持不变。应急救援中心的牌子原则上挂在所依托的应急救援队伍（基地）。

省级专业应急救援中心除了承担生产安全事故的应急救援任务外，本着预防为主的原则，定期对被救援企业（签订救援协议的单位）开展安全检查和应急救援培训，指导制定应急救援预案和应急救援演练并做好相关技术服务工作，被救援企业应积极进行配合。

各省级专业应急救援中心的主管部门和单位要加强管理，加大经费投入，保证救援指战员每年至少接受一次有关法律法规、应急救援知识和技能的培训，并定期进行比武、演练和达标考核，强化救援人员专业技能，提高实战能力。省级专业应急救援中心主管部门和单位要依法为应急救援人员办理工伤保险，缴纳工伤保险费；每年对应急救援人员进行一次身体检查。凡是身体不符合规定要求或考核不合格的应及时予以调整。

2. 调用机制。省级专业应急救援中心服从省政府和省政府安委会及办公室、属地政府和安委会及办公室的救援调度。接到救援指令或者签有应急救援协议单位的救援请求后，省级专业应急救援中心须迅速根据事故性质携带救援装备赶赴事故现场实施救援。未签应急救援协议的事故发生单位也可以直接向省级专业应急救援中心请求救援。

3. 建设与运行维护资金筹措机制。省级专业应急救援中心建设所需资金，以依托单位投资为主，省、市政府补助为辅。在应急救援装备配备上，属于企业自身应配置的救援装备，由企业配备；属于应急救援中心承担当地行政区域内救援任务而需要配置的救援装备和储备的物资及药品，由当地政府补助；属于应急救援中心承担跨区域救援任务而需要配置的救援装备和储备的物资及药品，由省政府补助。

4. 救援资金补偿机制。属于省级专业应急救援中心服务范围内的矿山、危险化学品等企业单位，应与邻近的省级专业应急救援中心或其他专业救援队伍签订救援协议，实行有偿救援。

省级专业应急救援中心在每次抢险救援结束后，应如实统计所消耗的物资数量，由被救援单位据此补偿物资消耗，并对抢险人员进行补助。各省级专业应急救援中心应建立物资消耗报告制度，单独设立固定资产账目，并做好装备、物资的补充工作。对储备的抢险物资和药品要做到专人保管，定期保养维护，适时更新，确保完好。

各级政府要建立应急救援补偿制度，对被救援单位确实无力支付救援费用的，由财政给予应急救援队伍适当的资金补偿。

5. 综合保障机制。事故发生地政府及其有关部门应当为应急救援提供通信、交通运输、医疗、气象、水文、地质、电力、供水等保障。

公安、交通管理部门要为执行应急救援任务的车辆创造通行条件，各交通道口要在保证安全的情况下优先放行，全省所有收费公路收费站对持有省级交通运输、安监部门核发的通行证件和省级应急救援机构通知的执行应急救援任务车辆，免收车辆通行费。

四、工作要求

（一）提高认识。应急处置重特大事故能力是社会治理体系和治理能力现代化建设的重要组成部分，建设省级专业应急救援中心是完善安全生产应急救援体系、提高应急处置能力的重要举措。省级专业应急救援中心是省政府规划和建设的区域性应急救援专业队伍，是全省应急救援队伍体系中的重要组成部分，担负着全省重特大生产安全事故的应急救援任务，对省内其他应急救援队伍起着重要引领作用。各级政府及有关部门和企业要充分认识加强省级专业应急救援中心建设的重要性和必要性，将其纳入重要议事日程，切实抓紧抓实抓好。

（二）加快建设。各级政府及有关部门要高度重视省级专业应急救援中心建设任务，将其作为本地、本部门、本系统、本行业（领域）重要的安全生产基础工程纳入发展规划和重点工程，全力支持和配合省级专业应急救援中心建设，切实解决在建设和运行中遇到的投资、征地及应急响应、应急保障、指战员抚恤等实际问题，在加强现有省级专业应急救援中心建设的基础上，尽快建成、完善覆盖全省各行业（领域）的应急救援体系。

（三）严格奖惩。各级政府、行业主管部门及应急救援中心依托单位，对在抢险救援中做出显著成绩的单位和个人按照有关规定给予表彰和奖励。在抢险救援中，受伤致残的抢险人员应按规定评残，并落实相关待遇。为抢救保护国家财产、集体财产、公民生命财产牺牲的抢险救援人员，所在单位应按有关规定申报烈士。对拒不执行救援命令或逃避出动、畏缩不前的，按照有关规定追究有关责任单位和个人的责任。

省人民政府办公厅关于印发山东省化工园区认定管理办法的通知

2017 年 10 月 27 日　鲁政办字〔2017〕168 号

各市、县（市、区）人民政府，省政府各部门、各直属机构：

《山东省化工园区认定管理办法》已经省政府同意，现印发给你们，请认真贯彻执行。

附件：山东省化工园区认定管理办法

附件：

山东省化工园区认定管理办法

第一章　总　　则

第一条　为进一步优化化工园区布局，提升化工园区本质安全水平，促进转型升级、提质增效，加快实现新旧动能转换，结合我省化工产业实际，制定本办法。

第二条　本办法所称化工园区（以下简称园区），指以化工产业为纽带形成的生产加工体系匹配、产业联系紧密、原材物料互供、物流成熟完善、公用工程专用、污染物统一治理、安全设施配套、资源利用高效、管理科学规范的产业聚集区。

第三条　省化工产业安全生产转型升级专项行动领导小组办公室（以下简称省化工专项行动办）负责组织协调各市人民政府和省政府有关部门开展园区认定管理工作。

第二章　基本原则

第四条　科学规划，合理布局。园区总体发展规划与所在市和县（市、区）主体功能区规划、城乡规划、土地利用规划、生态环境保护规划等相符，产业布局符合国家、区域和省、市产业布局规划要求。

第五条　集约集聚，循环高效。按照产业链条布局产业发展，坚持上下游关联配套，发展循环经济，实现能源高效利用。

第六条　安全环保，绿色发展。园区安全环保管理完善，本质安全和环境保护水平较高，实施责任关怀，实现绿色发展。

第七条　配套完善，设施共享。园区基础设施和公用工程配套完善，具有较高信息化水平和较强公共服务能力。

第三章　认定标准

第八条　园区认定应同时满足以下条件：

（一）建成区连片面积在5平方公里以上，或者规划连片面积在8平方公里以上、建成区面积在3平方公里以上。

（二）已编制总体发展规划，并与所在市或县（市、区）规划（主体功能区规划、城乡规划、土地利用规划、生态环境保护规划等）相符，满足生态保护红线、环境质量底线、资源利用上线和环境准入负面清单、山东省渤海和黄海海洋生态红线等相关要求。

（三）具有批准时效期内的整体性安全风险评价、环境影响评价和规划水资源论证报告。

（四）远离所在城市主城区，不处于主城区主导风向上风向。

（五）园区内企业生产、储存装置与学校、医院、居民集中区等敏感点的距离符合安全、卫生防护等有关要求（市或县〈市、区〉政府已编制规划并承诺2020年6月30日前完成搬迁的，视为符合条件）。

（六）按照有关规定实行集中供热（不需要供热的特色园区除外）。

（七）具备集中统一的污水处理设施。化工园区污水处理出水水质符合《城镇污水处理厂污染物排放标准》（GB19819－2002）一级A标准规定的指标要求及有关地方标准要求。园区入河（入海）排污口的设置应符合相关规定，污水排放不影响受纳及下游水体达到水功能区划确定的水质目标。

（八）危险废物安全处置率达到100%。

（九）设有集中的安全、环保监测监控系统。

（十）按环评批复要求设有地下水水质监测井并正常运行。

（十一）当年度没有受环保限批、挂牌督办，以及限期整改未完成等事项。

（十二）根据规划建设的产业情况和主要产品特性，配备符合安全生产要求的消防设施和力量。

第九条 按照《山东省化工园区评分标准》（以下简称《评分标准》），对园区的规划布局、公用基础设施、安全生产、环境保护、经济发展等方面进行细化赋分，认定园区总评分应在60分及以上。

第十条 连片面积未能达到要求的农药、涂料、染料、水处理剂、生物化工等精细化工和化工新材料专业园区认定管理办法另行制定。

第四章 认定程序

第十一条 园区管理部门按照隶属关系向园区所在县（市、区）或市政府提交园区认定相关材料。主要包括：

（一）园区基本情况；

（二）园区依法实施规划管理的证明文件。包括：《化工园区总体发展规划》《化工园区产业发展规划》等规划和批复文件；

（三）园区依法用地的证明文件；

（四）园区环境影响报告书及审查文件，或者跟踪评价报告书及审查文件；

（五）园区整体性安全风险评价报告及批复文件；

（六）园区规划水资源论证报告及批复文件；

（七）园区公用基础设施配套情况。包括园区内的道路、管网（水、电、气、物料）、供热、污水处理、消防、通信、监测监控系统等基础设施竣工验收文件及相关证明材料；

（八）材料真实性承诺书；

（九）其他需要提报的材料。

第十二条 县（市、区）政府或市政府组织对园区管理部门提报材料进行审核，并按照《评分标准》进行打分，将符合认定标准要求的园区以正式文件逐级审核报送上级政府，并抄送上级化工专项行动办。

第十三条 省化工专项行动办收到市政府园区认定申报材料后，组织有关成员单位、专家进行复核，对申报材料符合要求的进行现场核查，并按照《评分标准》进行打分。

第十四条 省化工专项行动办综合全省化工产业发展总体规划和打分情况，确定拟认定园区名单，报省化工专项行动领导小组研究。

第十五条 拟认定园区经省化工专项行动领导小组研究同意后，在省经济和信息化委网站公示，公示无异议的报省政府研究确定并予以公布。

第五章 管理考核

第十六条 园区实行属地管理，各市、县（市、区）政府负责辖区内已认定园区的管理工作。各级政府有关部门依据职能做好园区的管理服务工作。

第十七条 省化工专项行动办负责组织园区的考核工作，原则上每三年考核一次。考核不合格的给予警告，限期整改；整改期间，暂停办理除安全隐患整治和环境污染治理项目以外的新建、扩建项目相关手续。

第十八条 对发生重大及以上生产安全事故或突发环境事件的园区，一年内暂停办理除安全隐患整治和环境污染治理项目以外的新建、扩建项目相关手续。

第十九条 园区内企业存在生产、储存装置与学校、医院、居民集中区等敏感点的距离不符合安全、卫生防护等有关要求，且市或县（市、区）政府未能按照承诺于2020年6月30日前完成搬迁的，取消园区资格。

第六章 附　　则

第二十条 本办法自印发之日起施行。

附件：山东省化工园区评分标准

附件：

山东省化工园区评分标准

市、县（市、区）：　　　　　　　　　　　　　　园区名称：

项目	评价内容	分值	计分方法	考核方式	得分
一、规划布局（20分）	1.《化工园区总体发展规划》符合总体布局、交通、消防、安全、环保、公用设施等方面涉及的化工行业标准规范要求	6	《化工园区总体发展规划》不符合总体布局、交通、消防、安全、环保、公用设施等方面涉及的化工行业标准规范要求的，每一项扣1分	现场检查 查阅资料	
	2. 化工园区产业规划符合国家化工产业政策要求，遵循化工园区建设对水源、物流、安全和环境容纳能力要求	6	未编制园区产业规划的，扣6分；园区产业规划未遵循化工园区建设对水源、物流、安全和环境容纳能力要求的，每一项扣1.5分	现场检查 查阅资料	
	3. 化工园区内企业生产、存储设备设施布局满足相关行业管理或设计规范	6	化工园区内企业生产、存储设备设施布局不满足相关行业管理或设计规范的，每发现一处扣2分	现场检查 查阅资料	
	4. 化工园区内不得有劳动密集型的非化工生产企业	2	化工园区内有劳动密集型非化工生产企业的，扣2分	现场检查	

续表

项目	评价内容	分值	计分方法	考核方式	得分
二、公用基础设施（20分）	1. 化工园区内建有统一集中的供水设施和中水回用管网；建有生产给水系统、消防给水及消火栓系统和备用消防水源；供水能力满足园区内生产、生活、消防需求	5	未建有统一集中的供水设施的，扣4分；未建有统一中水回用管网的，扣1分；未建有生产给水系统、消防给水及消火栓系统和备用消防水源的，扣2分；供水能力不能满足园区内生产、生活、消防需求的，扣2分	现场检查 查阅资料	
	2. 化工园区具备双电源供电条件，同时满足有一级负荷和特别重要负荷企业供电需求	4	不具备双电源供电条件的，扣4分；不能同时满足有一级负荷和特别重要负荷企业供电需求的，扣2分	现场检查 查阅资料	
	3. 化工园区统一铺设架空的工艺物料管道、公用工程管道、供热管道、污水管道和计量用数据通讯光缆的公共管道通廊	3	未统一铺设架空的工艺物料管道、公用工程管道、供热管道、污水管道和计量用数据通讯光缆的公共管道通廊的，扣3分；公共管道通廊不完整的，少建1项扣1分	现场检查 查阅资料	
	4. 化工园区建有危化品运输车辆专用停车场、清洗场，设置专用车道，采取限时限速行驶措施	3	未建有危化品运输车辆专用停车场、清洗场，未设置专用车道，未采取限时限速行驶措施的，每项扣1分	现场检查	
	5. 化工园区建有统一的数字网络设施平台和应急通讯系统	3	未建设统一的数字网络设施平台的，扣1.5分；未建设应急通讯系统的，扣1.5分	现场检查 查阅资料	
	6. 化工园区按照至少百年一遇标准建设防洪（潮）设施	2	防洪（潮）设施未达到百年一遇标准的，扣2分	现场检查 查阅资料	
三、安全生产（25分）	1. 配备满足园区安全生产需要的管理人员	3	未按要求配齐安全管理人员的，扣3分	查阅资料	
	2. 化工园区针对涉及"两重点一重大"（重点监管的危险化工工艺、重点监管的危险化学品和重大危险源）的安全管理，建立了风险分级管控和隐患排查制度	3	未针对涉及"两重点一重大"建立风险分级管控和隐患排查制度的，扣3分；相关制度不完善的，扣2分	查阅资料	
	3. 对重点监管危险化工工艺和构成一、二级重大危险源的实施HAZOP分析，覆盖率应达到100%，且将分析结果应用于实际工作中	2	对重点监管危险化工工艺和构成一、二级重大危险源的实施HAZOP分析，覆盖率未达到100%的，扣2分；分析结果未应用的，扣1分	查阅资料	
	4. 化工园区针对"两重点一重大"的监管设有专门的信息管理档案，并随着项目的进驻、建设，及时更新完善	2	未针对"两重点一重大"设有专门的信息管理档案的，扣2分；信息管理档案未及时更新完善的，扣1分	查阅资料	
	5. 化工园区建立完善的园区门禁系统和视频监控系统，严格控制人员、危险化学品车辆进入园区	3	未建设园区门禁系统的，扣1分；未建设视频监控系统的，扣2分	现场检查 查阅资料	
	6. 化工园区内危化品生产企业安全标准化三级及以上达标率达到100%	3	危化品生产企业安全标准化三级及以上达标率未达到100%的，扣3分	查阅资料	
	7. 化工园区建有安全生产综合监管和应急救援指挥平台，并有效运行	3	未建设安全生产综合监管和应急救援指挥平台的，扣3分；未有效运行的，扣2分	现场检查 查阅资料	
	8. 化工园区编制完成生产安全事故应急预案，并建立适合本园区发展的生产安全事故应急预案体系	2	未编制生产安全事故应急预案的，扣2分；未建立适合本园区发展的生产安全事故应急预案体系的，扣1分	查阅资料	
	9. 化工园区每年至少组织一次综合应急预案演练或专项应急预案演练	2	未按要求组织综合应急预案演练或专项应急预案演练的，扣2分	查阅资料	
	10. 化工园区具备泄漏、火灾、爆炸等事故的应急救援力量；化工园区或委托园区内企业建有应急物资储备库	2	不具备泄漏、火灾、爆炸等事故的应急救援力量的，扣1分；未建有应急物资储备库的，扣1分	现场检查 查阅资料	

续表

项目	评价内容	分值	计分方法	考核方式	得分
四、环境保护（25分）	1. 园区规划实施五年以上的，要组织开展环境影响跟踪评价	3	园区规划实施五年以上未按要求组织开展环境影响跟踪评价的，扣3分	查阅资料	
	2. 化工园区污水处理厂具备污水分质处理的能力和设施；按照雨污分流、污污分流、分质处理的原则建设污水收集管网，并保证一企一管	6	污水处理厂不具备污水分质处理的能力的，扣3分；未按照雨污分流、污污分流、分质处理的原则建设污水收集管网，实现一企一管的，扣3分	现场检查 查阅资料	
	3. 排污口设置符合《山东省污水排放口环境信息公开技术规范》要求；入河排污口在入河处并按照水行政主管部门要求设置入河排污口标志牌	3	排污口设置不符合《山东省污水排放口环境信息公开技术规范》要求的，扣2分；未设置入河排污口标志牌的，扣1分	现场检查 查阅资料	
	4. 化工园区污水处理设施规模满足园区规划产业发展需求	2	污水处理设施规模不能满足园区规划产业发展需求的，扣2分	现场检查 查阅资料	
	5. 化工园区内生产企业废气处理设施、污水预处理设施、危废暂存设施建成及运行率达到100%；按行业要求排污许可证核发率达到100%	3	化工园区内生产企业废气处理设施、污水预处理设施或危废暂存设施建成及运行率达不到100%的，扣3分；排污许可证核发率达不到100%的，扣3分	现场检查 查阅资料	
	6. 化工园区要针对园区环境安全风险建设预警体系，统一建设环境在线监测监控系统并与环保部门联网	3	未针对园区环境安全风险建设预警体系的，扣3分；未统一建设环境在线监测监控系统或未与环保部门联网的，扣2分	现场检查 查阅资料	
	7. 化工园区要编制完成突发环境事件应急预案；应建立适合园区管理的突发环境事件应急预案体系	2	未编制完成突发环境事件应急预案的，扣2分；未建立适合园区管理的突发环境事件应急预案体系的，扣1分	查阅资料	
	8. 化工园区每年至少组织一次突发环境事件应急演练；建立突发环境事件应急救援队伍；建有应急物资储备库	3	未按要求组织应急演练的，扣2分；未建立应急救援队伍的，扣1分；未建有应急物资储备库的，扣1分	现场检查 查阅资料	
五、经济发展（10分）	1. 化工园区投资强度情况	3	投资强度在200万元/亩以下的，扣3分；200万元/亩至220万元/亩之间的，扣2分；220万元/亩至280万元/亩之间的，扣1分；280万元/亩以上的，不扣分	查验园区已建成和在建项目的投资情况及园区投资门槛设定情况	
	2. 化工园区亩均税收情况	3	亩均税收在10万元以下的，扣3分；10万元至15万元之间的，扣2分；15万元至20万元之间的，扣1分；20万元以上的，不扣分	查验园区所有企业税收缴纳情况，结合占地亩数进行计算	
	3. 化工园区万元主营业务收入能耗水平	2	上一年度园区内规模以上化工企业万元主营业务收入能耗高于0.3吨标准煤的，扣2分，低于0.3吨标准煤的，不扣分	根据园区提供的企业有关数据进行计算	
	4. 化工园区综合利用率达到相关要求	2	园区一般工业固废综合利用率未达到90%的，扣1分；中水回用率未达到40%的，扣1分	查阅资料	
说明： 一、总分100分，每一子项分值扣完为止。 二、评价得分为每一项得分累加值。					
总体得分：					

评价单位：　　　　　　　　　　　　　　评价时间：

省人民政府办公厅关于印发《山东省安全生产约谈办法》《山东省安全生产通报办法》的通知

2017年12月20日　鲁政办字〔2017〕207号

各市人民政府，各县（市、区）人民政府，省政府各部门、各直属机构，各大企业，各高等院校：

《山东省安全生产约谈办法》《山东省安全生产通报办法》已经省政府同意，现印发给你们，请认真贯彻执行。

《山东省安全生产约谈制度》（鲁政办字〔2015〕198号文件印发）同时废止。

附件：1. 山东省安全生产约谈办法

2. 山东省安全生产通报办法

附件1：

山东省安全生产约谈办法

第一条　为全面贯彻落实党的十九大精神，加强对安全生产工作的督促指导，促进安全生产责任制落实，有效预防和控制各类生产安全事故发生，切实提高安全生产监督管理水平，根据《中华人民共和国安全生产法》《山东省安全生产条例》等有关规定，制定本办法。

第二条　约谈是指由山东省人民政府或山东省人民政府安全生产委员会（以下简称省政府安委会）依据安全生产相关情形与工作需要，与设区的市政府、县（市、区）政府和相关单位负责同志进行提醒、质询、告诫性约见谈话，听取其安全生产工作情况汇报，提出工作要求和建议，并通过新闻媒体加强舆论监督，督促落实安全生产监管责任或主体责任的工作制度。

第三条　根据工作需要和具体情形，实行分级分类约谈。

（一）有下列情形之一的，约谈设区的市分管负责同志：

1. 1个季度内发生2起较大生产安全责任事故的；

2. 发生生产安全事故隐瞒不报或迟报造成影响，或发生社会影响大、舆论关注度高生产安全事故的；

3. 发生生产安全事故未按规定组织调查，或对事故调查发现的安全隐患、管理漏洞和薄弱环节未按规定整改落实的；

4. 国务院安委会或省政府及省政府安委会督查检查巡查发现重大安全隐患、突出问题，以及省政府安委会挂牌督办安全隐患久拖不改的；

5. 辖区内有两个及以上县（市、区）同时被列为省重点关注县的；

6. 存在严重违法违规生产经营建设行为长期未有效打击治理等其他需要约谈的情况。

（二）有下列情形之一的，约谈设区的市主要负责同志：

1. 发生重大及以上生产安全责任事故的；

2. 重大敏感时期发生较大及以上生产安全责任事故，或短期内连续发生多起生产安全责任事故的；

3. 发生生产安全事故造成特别重大社会影响等其他需要约谈的情况。

（三）参照上述情形和工作需要，视情约谈中央驻鲁企业（中央企业二级单位）和省管企业负责同志。

（四）对县（市、区）约谈按照《山东省安全生产重点关注县督导办法》及有关规定执行。

（五）遇重大活动或重大敏感时期，需调度、督促重大安全保障任务落实的，可紧急约谈市、县（市、区）政府和相关单位负责同志。

第四条 约谈会议由省政府安委会办公室负责组织。

（一）需要约谈设区的市政府主要负责同志的，由省政府安委会主任或授权副主任约谈，省政府安委会有关部门负责同志参加。

（二）需要约谈设区的市政府分管负责同志的，由省政府安委会副主任约谈，省政府安委会有关部门负责同志参加。

（三）需要约谈县（市、区）政府主要负责同志、中央驻鲁企业（中央企业二级单位）和省管企业负责同志的，可由省政府安委会副主任约谈，或经省政府安委会主任、副主任授权，由省政府安委会办公室主任、副主任约谈，省政府安委会有关部门负责同志参加。

（四）紧急约谈可视情确定约谈领导和被约谈人。

（五）必要时邀请相关领域专家参加约谈会议。

涉及道路交通事故由省道路交通安全综合治理委员会办公室负责组织约谈，涉及火灾事故由省消防安全委员会办公室负责组织约谈，并参照以上规定进行。

第五条 约谈程序。

（一）省政府安委会办公室负责提出约谈方案，对符合约谈条件的，提请省政府安委会予以约谈。如有多个单位符合约谈条件的，可一并进行约谈。

（二）约谈方案经省政府安委会领导同志同意后，由省政府安委会办公室向被约谈单位和参加约谈会议的省有关部门发出书面通知，通知约谈原因、约谈对象、约谈时间和约谈地点等事项。

（三）被约谈单位和有关部门接到约谈通知后，要在规定时间内向省政府安委会办公室上报参加约谈人员名单和汇报材料。

（四）约谈会议首先由被约谈单位汇报有关情况，再由省有关部门提出指导意见，最后由主持会议的省政府安委会或安委会办公室领导同志提出要求。

（五）约谈会议结束后印发会议纪要，被约谈单位要将约谈要求落实情况于30日内报告省政府，同时，抄送省政府安委会办公室及相关部门。

第六条 发生特别重大生产安全责任事故的，邀请省级主流媒体参加约谈会议，适时进行报道。

第七条 各级政府要参照本办法制定本级政府的安全生产约谈办法，并抓好实施。

第八条 本办法自印发之日起实施。

附件2：

山东省安全生产通报办法

第一条 为全面贯彻落实党的十九大精神，牢固树立安全发展理念，弘扬“生命至上、安全第一”思想，通过及时或定期通报生产安全事故和安全生产情况，不断加强和改进安全生产工作，依据《中华人民共和国安全生产法》《山东省安全生产条例》等法律法规，制定本办法。

第二条 安全生产通报内容，主要是较大及以上生产安全事故（包括有重大影响的一般事故）和阶段性的安全生产情况。

第三条 安全生产通报形式，主要以文件通报（包括电报或简报）、新闻发布（主流媒体、网络媒体）、会议通报等方式进行。

第四条 对发生的较大及以上生产安全事故或有重大影响的一般事故，由行业安全监管部门或行业主管部门及时向全省该行业领域及企业通报。通报内容包括事故经过及初步原因、事故教训、防止同类事故发生的针对性措施等要求。

对发生的典型事故、敏感时期发生的事故，由省政府安全生产委员会办公室向各市政府、省政府安全生产委员会各成员单位通报，或者按照省委、省政府领导同志要求进行通报。

第五条 省政府安全生产委员会办公室每月向各成员单位、各市政府安全生产委员会通报一次全省安全生产情况。

通报内容包括全省累计发生各类生产安全事故统计数据，分市、分行业生产安全事故统计数据，分析事故发生特点，提出下一步工作措施建议。

第六条 省政府安全生产委员会办公室每季度向省委办公厅、省政府办公厅报送一次全省安全生产情况，提请省委办公厅、省政府办公厅将其纳入《重要工作情况通报》。

《重要工作情况通报》内容，包括全省安全生产总体情况、各市发生各类生产安全事故统计数据、各行业领域发生事故统计数据情况、事故发生规律特点和原因等。

第七条 省政府安全生产委员会在年度全省安全生产工作会议上通报上年度全省安全生产总体情况，按行业、地区分析安全生产形势和规律特点，找出存在问题和不足，提出下年度安全生产重点任务措施。

第八条 行业安全监管部门或行业主管部门的事故通报、省政府安全生产委员会办公室的生产安全事故通报和安全生产情况通报，抄送省政府安全生产委员会主任、副主任。

第九条 行业安全监管部门或行业主管部门及时通报本行业领域发生的较大及以上事故或有重大影响的一般事故。要与督查、巡查、约谈、重点关注和年度考核相结合，确保通报及时、防范措施落实到位。

第十条 本办法自印发之日起实施。

省人民政府办公厅关于印发山东省化工投资项目管理暂行规定的通知

2017年12月23日　鲁政办字〔2017〕215号

各市人民政府，各县（市、区）人民政府，省政府各部门、各直属机构：

《山东省化工投资项目管理暂行规定》已经省政府同意，现印发给你们，请认真贯彻执行。

附件：山东省化工投资项目管理暂行规定

附件：

山东省化工投资项目管理暂行规定

为全面贯彻落实党的十九大精神，认真落实《省委办公厅省政府办公厅关于印发〈山东省化工产业安全生产转型升级专项行动总体工作方案〉的通知》（鲁厅字〔2017〕43号）部署要求，加强和规范企业新建、改建、扩建化工投资项目管理，促进化工产业安全清洁、绿色低碳、集约集聚、创新高效发展，特制定本规定。

一、适用范围

本规定适用于国家统计局《国民经济行业分类代码表》（GB/T4754—2017）中制造业25大类石油、煤炭及其他燃料加工业（其中2524煤制品制造、2530核燃料加工、2542生物质致密成型燃料加工除外）、26大类化学原料和化学制品制造业（其中2671炸药及火工产品制造除外）、291中类橡胶制品业。

二、投资原则

企业新建、改建、扩建化工投资项目，应遵循以下原则：

（一）先进性原则。项目必须属于产业政策鼓励类或允许类，严控限制类项目（搬迁入园项目除外），严禁投资淘汰类项目；搬迁入园项目要着力提升工艺装备水平，实现转型升级；鼓励发展产品档次高、附加值高、替代进口，工艺、技术、装备水平国际国内领先的项目。

（二）安全环保原则。项目建设的同时，要按照有关规定配套建设安全、环保、消防设施，鼓励建设安全隐患整治、环保综合治理项目；严格限制新建剧毒化学品项目。

（三）园区化原则。统筹规划认定一批高水平化工园区，大力推进化工企业进区入园，新建、扩建项目原则上进入省政府公布的化工园区、专业化工园区或化工重点监控点建设。

三、项目管理

（一）严把行业准入，严格项目审批。

1. 所有化工类新建、改建、扩建项目的核准或备案权限，上收至市级投资主管部门。

2. 除产品填补国内空白或工艺技术达到国内领先水平的创新成果转化项目和搬迁入园项目外，各地原则上不再核准或备案固定资产投资额低于3亿元（不含土地费用）的新建、扩建危化品项目。

3. 除列入国家石油和化工产业规划布局方案、国家“十三五”石油和化工行业发展规划、省新旧动能转换重大工程项目、省高端石化产业发展规划、省高端化工产业发展规划等省重点项目，以及大型冶金项目现场制气、冶炼尾气制硫酸（硫磺）、废弃物生产有机肥、溴素等不适合入园项目外，严格控制在省政府公布的化工园区、专业化工园区和重点监控点之外实施新建、扩建化工项目。

4. 危化品储存、经营、运输类投资项目由市级及以上主管部门按原程序办理。

（二）化工园区认定前，严格控制新建、扩建化工项目。

省重点项目由省化工产业安全生产转型升级专项行动领导小组办公室（以下简称省化工专项行动办）牵头，组织省有关部门联合审查同意后，按权限由相应核准备案机关办理；其他新建、改建、扩建项目暂停核准或备案，已完成相关手续尚未开工的暂缓开工建设。

不新增产能的技术改造项目和安全隐患整治、环保综合治理项目，按权限由相应核准备案机关办理。

（三）化工园区认定后，对化工项目实施分类管理。

1. 省重点项目、不新增产能的技术改造项目、安全隐患整治项目、环保综合治理项目、废弃物综合利用项目按权限由相应核准备案机关办理。

2. 涉及重点监管的危险化工工艺、重点监管的危险化学品和重大危险源（以下简称“两重点一重大”）的非省重点项目，由省化工专项行动办牵头，组织省有关部门联合审查后，按权限由相应核准备案机关办理。

3. “进区入园”搬迁项目、创新成果转化项目和非“两重点一重大”危化品项目，由各市化工专项行动办牵头，组织市有关部门联合审查同意后，按权限由相应核准备案机关办理。

4. 非危化品化工项目，按权限由相应核准备案机关办理。

四、办理程序

（一）需要联审的项目由项目建设单位编制项目申请报告，按照属地关系由当地化工专项行动办受理后，上报省或市化工专项行动办。

（二）省或市化工专项行动办牵头办理的项目，牵头办理部门收到完备的申报材料后，在20个工作日内组织有关部门联审，出具联审意见，作为相应核准备案机关办理核准或备案的依据。

（三）各级核准备案机关在收到联审意见后，按照有关规定限时办理项目核准或备案手续。

五、申报材料

需要提交省化工专项行动办联合审查的项目，应提供以下材料：

（一）市化工专项行动办上报文件。

（二）项目申请报告。具体内容包括：

1. 申报单位基本情况；

2. 项目建设内容；

3. 产品技术水平分析和技术来源；

4. 建设项目安全预评价；

5. 资源利用和能耗利用分析；

6. 生态环境影响分析；

7. 水资源论证分析；

8. 经济和社会效益分析；

9. 项目采用国产设备和引进设备清单；

10. 项目建设单位对材料真实性的承诺书。

（三）化工园区和专业化工园区内建设的项目，所在园区管理部门出具的意见。

（四）创新成果转化项目需提供成果鉴定材料。

（五）根据有关法律法规应提交的其他文件。

六、其他

本规定自发布之日起施行，有效期2年。

省财政厅　省经济和信息化委员会转发《财政部工业和信息化部关于组织开展绿色制造系统集成工作的通知》的通知

2017年1月17日　鲁财工〔2017〕3号

各市财政局、经济和信息化委（临沂市节能办）：

为加快实施《中国制造2025》，强化绿色发展理念，促进制造业绿色升级，培育制造业竞争新优势，财政部、工业和信息化部制定印发了《关于组织开展绿色制造系统集成工作的通知》（财建〔2016〕797号），现转发给你们，并提出如下贯彻意见。

一、加强组织保障。各市要把开展绿色制造系统集成作为补齐短板、推动工业转型升级提质增效的重要途径和抓手，结合绿色制造系统集成工作实施情况，不断完善工作机制，切实加强组织协调，按照职责分工做好项目储备、推荐、执行和补助资金使用监督等工作。

二、严格审核把关。各市经济和信息化委（节能办）、财政部门要按照财建〔2016〕797 号文件和年度通知要求，结合区域工业绿色转型实际，按照好中选优的原则，通过公开方式组织好项目推荐申报工作，真正将有行业代表性、产业基础好、具备打造行业绿色发展标杆潜力的项目推荐出来，并对项目真实性负责。

三、强化跟踪管理。各市要及时协调解决项目实施中遇到的问题，对已入选国家绿色集成示范的项目，要注重发挥联合体协同力量，加快项目实施进度，尽快发挥示范带动效益。各市应于每年 1 月底前向省经济和信息化委、省财政厅报送项目进展情况，同时做好项目评估、考核、验收和后续补助资金申请等工作。

省财政厅　省商务厅关于做好 2017 年度省级服务业发展（外经贸和商贸流通）专项资金管理工作的通知

2017 年 6 月 1 日　鲁财工〔2017〕17 号

各市财政局、商务主管部门，黄河三角洲农业高新技术产业示范区管委会财政局，省财政直接管理县（市）财政局、商务主管部门：

为贯彻落实省政府《关于贯彻国发〔2016〕27 号文件促进全省外贸回稳向好的实施意见》（鲁政发〔2016〕16 号）和《关于贯彻国发〔2015〕49 号文件推进全省商贸流通现代化的实施意见》（鲁政发〔2016〕28 号）等文件精神，推动全省商务事业稳增长、调结构、转动力、增后劲，现就做好 2017 年度省级服务业发展（外经贸和商贸流通）专项资金（以下简称专项资金）管理有关工作通知如下：

一、专项资金支持重点

（一）促进外贸稳增长、调结构。重点对出口信用保险、外贸新业态培育、加工贸易创新发展、出口农产品质量安全示范省建设等给予支持。

1. 支持企业投保出口信用保险。对出口企业 2017 年度在中国出口信用保险公司山东分公司、中国人民财产保险股份有限公司山东分公司、中国太平洋财产保险股份有限公司山东分公司、中国大地财产保险股份有限公司山东分公司、中国平安财产保险股份有限公司山东分公司等 5 家保险公司投保的短期出口信用保险保费，以及在外贸综合服务平台项下小微企业出口信用保险保费给予补贴。其中，对小微企业和新兴市场、“一带一路”沿线国家（日本、韩国、美国和欧盟除外）出口投保的保费补助比例不低于 60%。鼓励各市安排相应的配套补助资金，各市配套资金安排情况将纳入 2018 年度专项资金的分配考核因素。

2. 支持加快培育外贸新业态。

（1）工程物资市场采购贸易方式试点建设。鼓励临沂市提升市场采购贸易便利化水平，积极提高市场聚集度、外向度，对市场采购贸易相关公共服务平台建设，组织开展供货商、采购商对接等宣传推介活动给予支持。

（2）旅游购物省级贸易方式试点建设。鼓励威海、烟台、济南等试点城市提升旅游购物贸易便利化、加强口岸综合服务功能建设，增加旅游购物贸易商品区域集散度，优化旅游购物贸易方式配套服务能力，对试点城市组织开展的线上线下营销推广活动，相关仓储物流园区、检测、集采集供公共服务平台建设等给予支持。

（3）外贸综合服务平台与跨境电商发展。对外贸公共服务平台组织实施的中小企业外贸孵化、服务模式创新、公共平台建设、外贸供应链体系建设等项目给予支持；促进跨境电商加快发展，对跨境电商相关创新研发、统计监测、平台搭建、信息共享、信用管理、风险防控、“单一窗口”、中小企业电商孵化、现代物流、金融服务、宣传培训、市场开拓和营销推广等服务体系建设给予支持。

3. 支持加工贸易创新发展。对新认定的淄博高新技术产业开发区、曲阜经济开发区、滨州市滨城区、泰安市泰山区、山东莱城工业区等5个省级加工贸易梯度转移重点承接地的公共服务平台建设给予支持。

4. 支持出口农产品质量安全示范省建设。对2016年认定的14家出口农产品质量安全示范区（东营市垦利区、利津县、东营区、河口区，济宁市任城区、微山县、汶上县，聊城市高唐县、冠县、东阿县，德州市德城区、临邑县、宁津县，菏泽市曹县）给予奖励，支持其开展标准化体系、农业化学投入品控制体系、质量安全可追溯体系、监控评估预警体系、企业质量安全诚信体系、多元化国际市场体系等“六大体系”建设。对威海市举办出口农产品质量安全示范省建设成果展给予支持。

（二）支持服务贸易创新发展。对省级服务外包示范基地、山东省特色服务出口基地、山东省服务贸易试点城市相关公共平台建设给予支持，重点用于平台设备与软件购置、运营、维护、升级等。

（三）推动中韩地方经济合作。推进中韩产业园、中韩自贸区地方经济合作示范区建设，对烟台、威海市建设服务于中小企业的投资促进平台，组建中韩自贸区高端专业智库，制定“一区一园”规划建设方案，强化“一区一园”宣传，建设中韩贸易、投资、产业合作平台等给予支持。

（四）深化“走出去”战略实施

1. 支持境外投资。鼓励企业开展境外资源合作开发、跨国并购、产能转移等境外投资。对企业并购（新建）境外研发机构、开展境外资源合作开发、建立境外营销网络、展示中心等重点境外投资项目，按相关并购费用、资源权证购买或租赁费用、相关场地租赁或购买费用等相关支出的5%，最高给予不超过500万元补助。对企业从事境外投资、对外承包工程和对外设计咨询项目，用于项目经营连续累计一年以上（含一年）的银行贷款给予贴息支持。人民币贷款贴息率不超过中国人民银行2016年最后一次公布的1年期贷款基准利率，实际利率低于基准利率的，不超过实际利率；外币贷款年贴息率不超过3%，实际利率低于3%的，不超过实际利率（同一项目不得同时申请费用补助和贷款贴息）。

2. 支持高端外派劳务基地建设。对威海、烟台、潍坊、济南、济宁、莱芜、泰安7市的高端外派劳务基地相关品牌宣传推广、软硬件设施建设、高端劳务市场开拓、高端劳务人员招选储备与培训等给予支持。

（五）提升商贸流通业现代化水平

1. 支持“互联网+品牌”创建。鼓励和引导全省重点培育的60家电商品牌企业（附件3）扩大与电商平台合作，提升电商运营能力，开展品牌推广和人才建设等，重点支持内容包括产品策划、网络营销、品牌推广、运营团队建设等。支持“互联网+品牌”创建的资金使用范围原则上限于附件3所列的重点培育企业，如需调整，须经省级批准。

2. 支持惠民“三进”工程建设。一是智能快件箱进楼宇工程。支持枣庄、东营、威海、日照、莱芜、德州、滨州7市加强智能快件箱硬件与软件建设。二是智慧便利店进社区工程。支持淄博、枣庄、日照、临沂、德州、滨州6市推进社区便利店建设和标准化升级改造等。三是品牌农产品进超市工程。支持烟台、威海2市在大型连锁商超市设立“品牌农产品销售专区”，加强硬件建设与宣传推广等。

3. 支持“齐鲁美食汇”建设。支持济南市实施“齐鲁美食汇”工程，对相关场地建设等给予补助。

二、专项资金分配与管理要求

（一）资金分配方式。主要采取因素法与项目法相结合方式。省级根据支持项目中涉及的各市投保出口信用保险情况，市场采购贸易、旅游购物、外贸综合服务企业出口额、外贸新业态主体数量，加工贸易梯度转移重点承接地与出口农产品质量安全示范区数量，省级服务外包示范基地、特色服务出口基地、服务贸易试点城市分布，境外投资与“一带一路”沿线国家投资额、高端外派劳务情况，以及电子商务品牌企业数量与发展情况，智能快件箱安装地主城区人口、社区智慧便利店、品牌农产品销售专区数量等因素确定资金分配方案。专项资金已通过《关于下达服务业发展（外经贸和商贸流通）专项资金预算指标的通知》（鲁财工指〔2017〕23 号）拨付下达。

（二）资金管理要求。各市、省财政直接管理县（市）商务主管部门、财政局要按照本《通知》要求，尽快研究确定专项资金实施方案（各市确定的专项资金实施方案中应包含省财政直接管理县（市）的项目），包括专项资金支持内容与标准、专项资金具体安排使用方案等。各市要切实加强专项资金使用管理，确保资金使用安全、高效。专项资金实施方案、《专项资金安排使用情况汇总表》、《专项资金绩效目标申报表》（见附件 2、4），应于 2017 年 6 月 30 日前，以市为单位（各市负责汇总所辖省财政直接管理县（市）项目资金材料）由商务主管部门和财政局联合行文上报省商务厅（相关处室，同时报送财务处）、省财政厅（工业贸易处）备案后组织实施。

三、专项资金绩效管理要求

（一）高度重视，加强领导。各市商务主管部门、财政局务必高度重视专项资金绩效评价工作，按照职能分工做好本地区绩效评价工作，认真填写绩效目标申报表，及时评估项目支出效果，分析资金管理中存在的问题，不断改进与提高资金管理水平。

（二）精心组织，严格要求。各市商务主管部门、财政局要严格按照本《通知》要求，结合专项资金相关绩效管理要求，共同做好 2017 年度专项资金绩效管理工作。2017 年 11 月 15 日前，要将专项资金使用情况、拨付文件、绩效报告等，以市为单位（各市负责汇总所辖省财政直接管理县（市）项目绩效情况），由商务主管部门、财政局联合行文上报省商务厅（相关处室，同时报送财务处）、省财政厅（工业贸易处），材料内容不能缺项、漏项，各市专项资金绩效评价工作情况将作为以后年度专项资金安排分配的重要参考依据。

（三）结合实际，突出实效。鼓励各市结合实际情况，根据上述专项资金项目特点，设定个性化绩效评价指标，提出完善绩效评价管理工作的意见与建议。

联系人及联系方式：

省商务厅财务处：汪海涛，0531－89013468；

省商务厅外贸处：王婵，0531－89013703；

省商务厅服务贸易处：侯晓平，0531－89013805；

省商务厅开发区处：崔桂顺，0531－89013781；

省商务厅亚洲处：徐丽，0531－89013663；

省商务厅外经处：赵光辉，0531－89013489；

省商务厅电子商务处：曹国平，0531－89013432；

省商务厅流通业处：周健，0531－89013706；

省商务厅市场建设处：邹晶，0531－89013593；

省商务厅商贸发展处：魏文胜，0531－89013497；

省财政厅工业贸易处：宫永利，0531－82669593。

附件：1. 2017 年度省级服务业发展（外经贸和商贸流通）专项资金分配情况表（略）

2. 2017 年度省级服务业发展（外经贸和商贸流通）专项资金安排使用情况汇总表（略）

3. “互联网＋品牌”重点培育企业名单（略）

4. 2017 年度省级服务业发展（外经贸和商贸流通）专项资金绩效目标申报表（略）

省财政厅　省安全生产监督管理局　山东煤矿安全监察局关于印发中央财政《安全生产预防及应急专项资金管理办法》实施细则的通知

2017年8月14日　鲁财工〔2017〕29号

各市财政局、安监局，各煤矿监察分局，省财政直接管理县（市）财政局、安监局：

为认真贯彻落实《财政部、安监总局关于修订印发〈安全生产预防及应急专项资金管理办法〉的通知》（财建〔2016〕842号）要求，进一步规范和加强中央财政安全生产预防及应急专项资金使用管理，推进全省安全生产工作扎实开展，我们结合山东实际，制定了《〈安全生产预防及应急专项资金管理办法〉实施细则》，现印发给你们，请认真贯彻执行。

附件：中央财政《安全生产预防及应急专项资金管理办法》实施细则

附件：

中央财政《安全生产预防及应急专项资金管理办法》实施细则

第一章　总　　则

第一条　为做好中央安全生产预防及应急专项资金管理工作，提高资金使用效益，根据财政部、国家安全生产监管总局《安全生产预防及应急专项资金管理办法》（财建〔2016〕842号）有关规定，结合我省实际，制定本实施细则。

第二条　本细则所指安全生产预防及应急专项资金（以下简称专项资金），是指中央财政通过一般公共预算和国有资本经营预算安排，用于支持我省安全生产预防工作和国家级安全生产应急能力建设等方面的资金。

第三条　专项资金旨在进一步优化、调整、完善财政在安全生产领域的扶持政策，通过加大安全生产投入，切实排除安全生产隐患，强化安全生产基础能力建设，形成保障安全生产长效机制，促使全省安全生产形势稳定向好。

第四条　专项资金由财政部门会同安监、煤监部门负责管理。安监、煤监部门负责项目筛选、申报工作，并对实施情况进行监管、调度，项目实施单位对项目的真实性负责。财政部门负责专项资金的预算管理和资金拨付。

第五条　专项资金的管理应遵循公开透明、突出重点、统筹管理、加强监督的原则，根据中央财政下达的预算指标，结合本级预算安排，综合运用多种支持方式，合理安排使用。

第六条　专项资金支持范围包括：

（一）全国性的安全生产预防工作，重点推进油气管道、危险化学品、矿山等领域重大隐患整治等。

（二）全国安全生产“一张图”建设，包括在线监测、预警、调度和监管执法等在内的安全生产风险预警与防控体系，实行互联互通、信息共享。

（三）国家级应急救援队伍（基地）建设及运行维护等。包括跨区域应急救援基地建设，应急演练能力建设、安全素质提升工程及已建成基地和设施运行维护等。

（四）其他促进安全生产工作的有关事项。

第二章　预 算 管 理

第七条　根据国家安全生产监督管理总局确定的年度总体方案和目标任务，省安监局、山东煤矿安监局会同省财政厅，及时部署安排我省项目编报工作。根据中央确定的专项资金规模和我省项目实施方案，省安监局、山东煤矿安监局会同省财政厅确定资金分配方案。各市及有关省直部门、企业根据省里要求和有关规定，编报项目实施方案和绩效目标，并在规定时间内分别上报省安监局、山东煤矿安监局和省财政厅。

第八条　专项资金根据财政部和国家安全生产监管总局的实施计划进行分配，需由我省进行分配的采用因素法或项目法。采取因素法分配的专项资金，综合考虑各市安全生产风险管控、隐患治理、地方财政安全生产资金投入等因素确定分配金额。采取项目法分配的专项资金，由各市、县（市、区）财政部门会同安监部门、煤矿监察分局提出申请，申请报告包括正式文件、项目实施方案、绩效目标等，经省安监局、山东煤矿安监局会同省财政厅评审后，确定资金分配方案。

第九条　省财政厅会同省安监局、山东煤矿安监局在接到中央财政下达专项资金后30日内，向市（省财政直管县）级财政、安监部门、各煤矿监察分局下达资金预算文件。有关市、县（市、区）财政部门收到资金后，应当在30日内会同安监部门、煤矿监察分局分解下达资金，同时将资金分配结果报省财政厅、省安监局、山东煤矿安监局备案。

第十条　结转和结余资金按照《山东省人民政府办公厅关于贯彻国办发〔2014〕70号文件进一步做好盘活财政存量资金工作的通知》（鲁政办发〔2015〕11号）及其他有关结转结余资金管理规定处理。

第三章　绩 效 评 价

第十一条　按照《财政部关于印发〈中央对地方专项转移支付绩效目标管理暂行办法〉的通知》（财预〔2015〕163号）要求，专项资金严格执行资金绩效评价，建立资金运行定期调度制度。各级财政部门要会同同级安监、煤监部门加强绩效监控和绩效评价，强化绩效评价结果应用，确保财政资金使用安全、高效。

第十二条　评价方法及费用。专项资金绩效评价由省安监局、山东煤矿安监局会同省财政厅通过委托第三方中介机构采用问卷调查和现场评价两种方式开展，评价费用由省财政承担。

第十三条　评价结果应用。要加强专项资金绩效评价及结果运用，实现资金分配的激励和约束。资金绩效评价结果将作为以后年度安全生产预防及应急专项资金管理和分配的重要参考依据，并与资金安排挂钩。

第四章　监 督 管 理

第十四条　省财政厅会同省安监局、山东煤矿安监局对专项资金预算执行情况进行监管和监督检查。

第十五条　各级安监、煤监、财政等部门及其工作人员在专项资金分配、项目资金审核等工作中，要公开、公正、公平，严禁滥用职权、玩忽职守、徇私舞弊等违法违纪行为。存在违纪违法行为的，按照《预算法》《公务员法》《行政监察法》《财政违法行为处罚处分条例》等有关规定追究相应责任，涉及犯罪的，移交司法机关处理。

第十六条 各级财政、安监、煤监等主管部门，要根据要求及时调度、报送专项资金预算执行情况。

第十七条 专项资金分配结果确定后，按照信息公开要求，省安监局、山东煤矿安监局、省财政厅分别在各自门户网站或其他适当方式公开资金安排和使用情况等，接受社会监督。

第五章 附 则

第十八条 本细则由省财政厅会同省安监局、山东煤矿安监局负责解释。

第十九条 本细则自 2017 年 9 月 15 日起施行，有效期至 2022 年 9 月 14 日。

省财政厅 省安全生产监督管理局 省煤炭工业局 中国人民银行济南分行关于取消企业安全生产风险抵押金制度的通知

2017 年 8 月 18 日 鲁财工〔2017〕30 号

各市财政局、安监局，各产煤市煤炭管理部门，中国人民银行（山东）各中心支行、营业部，省财政各直接管理县（市）财政局、安监局、煤炭管理部门，有关省属企业：

根据《中共中央、国务院关于推进安全生产领域改革发展的意见》（中发〔2016〕32 号）、《财政部、安监总局、人民银行关于取消企业安全生产风险抵押金制度的通知》（财建〔2017〕237 号）精神和省政府关于取消企业安全生产风险抵押金制度的部署要求，现将有关事项通知如下：

一、自 2017 年 7 月 5 日起，高危行业企业不再存储企业安全生产风险抵押金。

二、企业风险抵押金专户中有资金结余的，应在 10 月 5 日前转入企业其他同名银行结算账户，并相应撤销风险抵押金专户。各地要超前研究谋划，积极做好风险抵押金取消后建立市场化风险分担机制的过渡衔接工作，引导在高危行业强制实施安全生产责任保险。

三、各地要按照省政府的统一部署和安排，加快推动安全生产责任保险试点工作，力争通过三年左右时间，在矿山、危险化学品、烟花爆竹、交通运输、建筑施工、民用爆炸物品、金属冶炼、渔业生产等高危行业强制实施安全责任保险制度，并在化工行业全面推行安全生产责任保险。

四、在安全生产责任保险制度推行前期，为强化政策引导示范作用，按照政府推动、市场运作的原则，各级财政要建立完善安全生产责任保险财政扶持政策，统筹利用安全生产等相关专项资金，用于为生产经营单位购买安全生产责任保险提供必要的保费补贴和安全生产技术服务，逐步建立商业责任保险与安全生产工作相结合的良性互动机制。省财政将连续三年安排专项资金，根据各市安全生产责任保险投保覆盖面、投保额和工作开展情况等因素进行综合奖补，具体实施办法另行下达。

五、各市安监部门，各产煤市煤炭主管部门要会同财政部门、中国人民银行驻地机构做好风险抵押金取消的数据统计工作，并将工作情况形成专题报告，附《取消风险抵押金制度情况统计表》（详见附件 1）和出台的办法，于 8 月 28 日前分别报送省安监局、省财政厅、省煤炭工业局、人民银行济南分行。

六、本通知自印发之日起实施。《关于印发〈山东省煤矿企业安全生产风险抵押金管理实施办法〉的通知》（鲁财企〔2006〕41 号）和《关于印发〈山东省企业安全生产风险抵押金管理实施办法〉的通知》（鲁财企〔2007〕46 号）同时废止。

联系人及联系电话：

山东省财政厅：李健 0531－82669623

山东省安全生产监督管理局：龙国栋 0531－81792179
山东省煤炭工业局：刘钒 0531－68627677
中国人民银行济南分行：丁岩 0531－86167168
附件：财政部 安全监管总局 人民银行关于取消企业安全生产风险抵押金制度的通知（财建〔2017〕237号）

附件：

财政部 安全监管总局 人民银行关于取消企业安全生产风险抵押金制度的通知

2017年6月12日 财建〔2017〕237号

各省、自治区、直辖市、计划单列市财政厅（局）、安全生产监督管理局、煤矿安全监管机构、煤炭行业管理部门，新疆生产建设兵团财务局、安全生产监督管理局，各级煤矿安全监察机构，中国人民银行上海总部，各分行、营业管理部、省会（首府）城市中心支行，中央管理的煤矿企业：

根据《中共中央 国务院关于推进安全生产领域改革发展的意见》关于取消安全生产风险抵押金制度的要求，现将有关事项通知如下：

一、《财政部 国家安全生产监督管理总局关于印发〈煤矿企业安全生产风险抵押金管理暂行办法〉的通知》（财建〔2005〕918号）、《财政部 安全监管总局 人民银行关于印发〈企业安全生产风险抵押金管理暂行办法〉的通知》（财建〔2006〕369号）明确存储安全生产风险抵押金（以下简称风险抵押金）的企业，自本通知印发之日起不再存储。

二、风险抵押金专户中仍有资金结余的，根据地方实际情况，按照自愿原则，可从以下处理方式中任选一种：一是自本通知印发之日起3个月内将风险抵押金转入企业其他同名银行结算账户，同时通过安全生产责任保险等市场化风险分担机制继续做好安全生产预防和控制工作；二是直接将风险抵押金转为安全生产责任保险等市场化风险分担机制。具体办法由省级财政部门会同同级安全监管等有关部门研究制定。按上述方式处理后，相应撤销风险抵押金专户，并做好风险抵押金与市场化风险分担机制的过渡衔接工作。

三、根据国家关于推进安全生产责任保险的有关规定，在矿山、危险化学品、烟花爆竹、交通运输、建筑施工、民用爆炸物品、金属冶炼、渔业生产等高危行业领域强制实施安全生产责任保险制度。请有关单位在取消风险抵押金的过程中，抓紧推进实施安全生产责任保险，做好政策衔接，避免出现制度真空。

四、请各省级安全监管部门会同同级财政部门和中国人民银行驻地机构将贯彻落实本通知情况，以三部门名义形成专题报告，并附统计表（见附件）和出台的办法，于8月30日前分别报送国家安全监管总局、财政部和中国人民银行办公厅。

五、本通知自印发之日起施行。《财政部 国家安全生产监督管理总局关于印发〈煤矿企业安全生产风险抵押金管理暂行办法〉的通知》（财建〔2005〕918号）、《财政部 安全监管总局 人民银行关于印发〈企业安全生产风险抵押金管理暂行办法〉的通知》（财建〔2006〕369号）同时废止。

附件：取消风险抵押金制度情况统计表

附件：

取消风险抵押金制度情况统计表

填报单位：　　　　　　　　　　　　　　　　填报日期：

专户		转入企业其他同名银行结算账户		转为安全生产责任保险		其他方式（请注明）		
总数	余额（万元）	专户数	余额（万元）	专户数	余额（万元）	具体方式	专户数	余额（万元）

省财政厅　省经济和信息化委员会关于印发山东省“云服务券”财政奖补实施细则的通知

2017 年 11 月 14 日　鲁财工〔2017〕42 号

各市财政局、经济和信息化委，县级现代预算管理制度改革试点县（市、区）财政局、经济和信息化委，黄河三角洲农业高新技术产业示范区管委会：

为进一步规范“企业上云”服务券管理使用，提高资金使用效益，根据相关法律法规和政策规定，我们制定了《山东省“云服务券”财政奖补实施细则》，现印发给你们，请认真贯彻执行。

附件：山东省“云服务券”财政奖补实施细则

附件：

山东省“云服务券”财政奖补实施细则

第一章　总　　则

第一条　为规范“企业上云”服务券（以下简称“云服务券”）管理使用，加快推动我省“企业上云”工作，根据《中共山东省委、山东省人民政府关于支持非公有制经济健康发展的十条意见》（鲁发〔2017〕21 号）、《山东省经济和信息化委员会、山东省财政厅关于印发山东省实行“云服务券”财政补贴助推“企业上云”实施方案（2017～2020 年）的通知》（鲁经信信推〔2017〕417 号）等文件精神，制定本细则。

第二条　“云服务券”是政府为引导、支持“企业上云”而发放的一种有价凭证，通过财政资金对企业购买云服务商的服务给予一定补贴。

第三条　按照政府引导、市场化运作的原则，建立“上云企业出一点、云服务商让一点、各级财政补一点”联合激励机制。鼓励云服务商实行优惠折扣等形式，共同推动“企业上云”发展。各市补贴比例和限额标准以及云服务商优惠政策通过“山东省企业上云公共服务平台”（以下简称平台）向社会公布。

第四条 “企业上云”财政奖补资金以市县投入为主、省级综合奖励为辅，由县级按照“总额控制、先上后补、先到先补、补完为止”的原则，统筹安排使用。省级财政奖补资金，主要用于对全省“企业上云”进行综合奖补以及全省上云试点标杆企业、行业云平台示范企业、优秀体验中心奖励等相关支出；市县财政资金主要用于“云服务券”补贴支出。

全省上云试点标杆企业、行业云平台示范企业和全省上云优秀体验中心遴选认定办法另行制定。

第五条 各级财政要加大资金统筹力度，结合年度预算安排“云服务券”补贴资金，支持“企业上云”。

第六条 各市财政、经济和信息化部门要依据本细则研究制定“云服务券”管理使用具体操作规程和实施方案，确定全市统一的“云服务券”补贴比例和限额，县级财政、经济和信息化部门负责“云服务券”的管理和兑付。

第二章 “云服务券”申领和兑付

第七条 “云服务券”的管理使用应遵守国家有关法律法规和财务规章制度，坚持鼓励创新、科学管理、公开透明、普惠公平、专款专用原则，实行记名发放、登记使用和备案管理，不得转让、买卖、赠送，不重复使用。

第八条 “云服务券”发放对象是在省内注册登记，具有独立法人资格，符合国家和省产业发展方向的企业。主要面向新旧动能转换10大重点产业和《〈中国制造2025〉山东省行动纲要》确定的“10+10”产业的企业，优先面向科技型、创新型、高成长型企业、“专精特新”企业、国家及省各类试点企业和重点培育企业、贫困地区涉农企业。

“企业上云”统一纳入平台实行信息化管理，云服务商、申领企业均应通过平台注册登记。

第九条 “云服务券”采用电子券形式，实行网上申请、自动生成、集中兑付。单个企业只享受一次“云服务券”补贴。

第十条 申领企业通过平台进行注册，经所在地县级经济和信息化部门对企业注册信息集中进行网上审核后成为用户会员，即获得申领“云服务券”资格。

“云服务券”管理系统依据企业向云服务商购买云服务的合同和财政补助比例计算确定额度后，自动生成“云服务券”。云服务商按合同提供服务，收取云服务费，并依据用户会员取得的“云服务券”额度，相应抵减费用。如合同未能履行，“云服务券”即终止有效。

第十一条 “云服务券”申领企业实行定期汇总公示制度。每月初，省级经济和信息化委对上月已申领“云服务券”企业在官方网站统一予以公示，公示期不少于5个工作日。

第十二条 “云服务券”由云服务商每半年通过平台申请兑现，经第三方机构评价、县级经济和信息化部门审核并在官方网站公示（不少于5个工作日）后，县级财政部门据此拨付资金。对云服务商提供服务存在质量问题的，相应扣减“云服务券”兑付金额。

第三章 财 政 补 助

第十三条 “云服务券”额度以单个企业上云购买、使用云计算资源或服务的费用为基数计算，补贴比例不超过实际发生费用的30%，补助上限不超过5万元。通过两化融合管理体系认证（证书处于有效期内）的企业，“云服务券”上限提高20%。财政补贴实行退坡机制，补贴比例每年递减5%。

第十四条 省经济和信息化委参照第三方机构提供的客观有效数据，对各市“企业上云”工作进行考核。

省财政厅综合考虑各市上云企业户数比例、上云企业户数、“云服务券”兑现规模、工作考核绩效等因素，对各市给予奖补。对扶贫开发重点地区予以倾斜。

第四章 资金监管

第十五条 财政奖补资金实行专账核算、专款专用，并严格执行相关预算资金管理规定。

第十六条 企业和云服务商要严格按照本细则申领、使用、兑现"云服务券"，自觉接受财政、经济和信息化、审计、监察部门的检查监督。一经发现企业和云服务商伪造虚假业务、虚报"云服务券"数额、套取财政补贴等违法违规行为，一律取消其申领和服务资格，并列入省级专项资金信用负面清单。

第十七条 对截留、挪用、挤占、骗取补助资金等行为，按照《中华人民共和国预算法》《财政违法行为处罚处分条例》（国务院令第427号）等有关规定处理，并依法追究有关单位及其相关人员责任。

第五章 附 则

第十八条 已出台"企业上云"财政补助政策的地方，可暂按现行政策执行，待条件成熟时逐步过渡。

第十九条 本细则由省财政厅、省经济和信息化委负责解释。

第二十条 本细则自2017年12月15日起施行，有效期至2020年12月14日。

省财政厅 省安全生产监督管理局 中国保险监督管理委员会山东监管局关于印发山东省实施安全生产责任保险试点财政奖补资金管理实施细则的通知

2017年11月20日 鲁财工〔2017〕44号

各市财政局、安全生产监督管理局，烟台保监分局，各现代预算管理制度改革试点县（市、区）财政局、安全生产监督管理局，黄三角农高示范区财政金融局、安全生产与综合执法局，有关保险机构：

为发挥财政资金在实施安全生产责任保险试点中的引导、扶持作用，加快推进安全生产责任保险试点工作，减轻企业负担，我们制定了《山东省实施安全生产责任保险试点财政奖补资金管理实施细则》，现印发给你们，请遵照执行。执行中发现问题，请及时反馈。

附件：山东省实施安全生产责任保险试点财政奖补资金管理实施细则

附件：

山东省实施安全生产责任保险试点财政奖补资金管理实施细则

第一章 总 则

第一条 为加快实施安全生产责任保险试点工作，有效发挥财政资金引导扶持作用和保险的社会管理功能，根据《中共中央、国务院关于推进安全生产领域改革发展的意见》（中发〔2016〕32 号）、《山东省安全生产条例》《山东省人民政府办公厅关于开展高危行业强制实施安全生产责任保险试点工作的通知》（鲁政办字〔2017〕187 号）和《财政部、安全监管总局、人民银行关于取消企业安全生产风险抵押金制度的通知》（财建〔2017〕237 号）等规定，结合我省实际，制定本实施细则。

第二条 安全生产责任保险是指生产经营单位发生安全生产事故后，对从业人员、第三者人身伤亡和财产损失进行经济赔偿的责任保险。不包括企业为高危作业人员购买的人身意外伤害险、工伤保险、医疗保险等。

第三条 安全生产责任保险奖补资金由各级财政预算安排，以市县投入为主，省级投入为辅。

第四条 本实施细则所称安全生产责任保险财政奖补资金（以下简称奖补资金），是指各级财政安排用于支持矿山、危险化学品、烟花爆竹、交通运输、建筑施工、民用爆炸物品、金属冶炼、渔业生产等高危行业和化工行业企业实施安全生产责任保险试点方面的资金。

第五条 奖补资金的管理使用遵循“财政激励引导、市场机制运作，省级统筹规划、市县主导实施，公开公平公正、科学简便高效”原则。

第六条 奖补资金由省财政厅会同省安全生产监督管理局、山东保监局共同负责。省财政厅牵头负责资金筹集、拨付及资金使用绩效评价等工作；省安全生产监督管理局牵头负责确定合作保险机构和参保企业名单，指导企业参保，对各级安监部门保费补贴审核工作进行监督检查；山东保监局牵头负责安全生产责任保险条款及费率报备管理、业务监管等工作。

第七条 试点期间，安全生产责任保险合作保险机构在自愿申报的基础上，由省安全生产监督管理局依法通过公开方式选定，向全省公布合作保险机构目录，企业按照市场化原则从目录中选择承保机构。

第八条 企业购买安全生产责任保险费用，可从依法提取的安全生产费用中列支，也可将风险抵押金直接转为安全生产责任保险。

第二章　奖补范围和标准

第九条 奖补资金支持范围为本实施细则第四条所列行业向合作保险机构购买安全生产责任保险的企业。已经购买安全生产责任保险的企业，自本实施细则正式施行之日起，纳入支持范围。具体保单期限及前期已交纳全额保费保单的财政奖补标准，由各地结合实际确定。

第十条 省级财政实行综合奖补，县级财政根据各地实际情况统筹使用奖补资金，一般采取保费补贴方式。

第十一条 保费补贴标准由各地结合实际按比例确定，一般不超过企业首次投保保费的 60%，单个企业每个保险期限内享受的保费补贴最高不超过 100 万元。保费补贴实行退坡机制，补贴比例逐步降低，2017 年不超过 60%，2018 年不超过 50%，2019 年不超过 40%，2020 年（含）以后不再补贴。

第十二条 保费补贴实行“先买后补、先保先得，总额控制、额满即止”，如有结余，可按预算管理办法结转下年继续使用。财政部门应定期公告保费补贴使用情况。

第十三条 保费补贴一般由合作保险机构在企业购买保险时直接抵扣。合作保险机构每半年统一向安全生产监督管理部门申报保费补贴资金，经安全生产监督管理部门审核后，财政部门按照规定的财政支出审批流程拨付合作保险机构。发生亡人责任安全生产事故的企业，取消下一年度补贴资格。审核及资金划拨的具体操作流程由各地结合实际确定。

第十四条 省级财政统筹考虑各市试点行业特别是化工行业安全生产责任保险投保覆盖面、投保额、投保企业数量、工作考核情况、财政困难程度等因素，依据年度预算规模和考核测评结果，对各市进行综合奖补，先预拨后清算。

第十五条 奖补资金主要用于补贴生产经营单位购买安全生产责任保险支出和安全生产技术服务支出，严格执行相关预算资金管理规定，确保专款专用。

第三章　资金使用监督

第十六条　任何单位和个人不得以任何名义截留、挪用、套取、冒领财政奖补资金，不得以任何名义从财政奖补资金中提取工作费、管理费或奖励费等各类费用，不得将奖补资金用于平衡地方财力。对违反规定的单位和个人，严格按照有关规定进行处理。

第十七条　有关合作保险机构要确保业务的真实性及保费资金真实入账，自觉接受安全生产监督管理、财政、审计、保险监督管理部门的监督检查。一经发现合作保险机构存在虚假承保、虚假理赔、套取承保理赔费用、虚假保险宣传等违法违规行为，安全生产监督管理部门一律取消其合作承办资格，由保险监督管理部门依法处理。对于合作保险机构串通投保企业进行的虚假承保业务，由合作保险机构负责向企业追回财政已支付的财政保费补贴资金，并退回财政指定账户。

第四章　附　　则

第十八条　各市应结合实际，制定具体操作办法。

第十九条　本实施细则由省财政厅负责解释。

第二十条　本实施细则自2017年12月20日起施行，有效期至2020年12月19日。

省财政厅　省商务厅　省扶贫开发领导小组办公室关于加强电子商务进农村综合示范项目专项资金管理的通知

2017年11月30日　鲁财工〔2017〕46号

淄博、潍坊、济宁、日照、临沂市财政局、商务局、扶贫办，沂源县、临朐县、泗水县、五莲县、沂南县、平邑县、蒙阴县财政局、商务局、扶贫办：

为进一步加强财政资金管理，确保圆满完成电子商务进农村综合示范工作，根据财政部、商务部、国务院扶贫办《关于开展2017年电子商务进农村综合示范工作的通知》（财办建〔2017〕30号）、《财政部关于下达2017年第一批服务业发展专项资金的通知》（财建〔2017〕331号）有关要求，现就加强电子商务进农村综合示范项目专项资金管理使用有关事项通知如下：

一、资金支持重点和使用要求

（一）支持农村产品上行

1. 支持农村产品上行相关综合服务体系建设。支持龙头企业、农民合作组织等新型农业经营主体，根据国际标准、国家标准、行业标准和生产消费需要，修改、完善、提升现有各类地方标准，推行标准化生产和完整的质量安全认证；利用物联网、射频识别等信息技术建立农村产品质量追溯体系，形成来源可查、去向可追、责任可究的信息链条，便于监管和公众查询。支持培育以区域公用品牌、企业产品品牌为主体的山东农村产品品牌体系。

2. 支持农村产品上行相关基础设施建设。鼓励龙头生产企业、农民合作组织根据产品标准化要求，加强农产品分级、包装、预冷、初加工配送等项目建设。鼓励有条件的企业、物流园区等为县域内从事农村电商的企业和网店，提供公共仓储、包装配套、快递发货、产品品质控制等服务。支持快递企业制定适应农村电商产品寄递需求的定制化包装、专业化服务等。

3. 支持农村产品上行相关县域物流配送体系建设。鼓励引进“菜鸟物流”、顺丰、“四通一达”等快递物流企业向乡镇、村延伸物流配送网络。同时，整合县域内交通运输、商贸流通、供销、邮政等部门及电商企业、快递企业、物流园区等相关农村物流服务网络和设施实现共享衔接，实现覆盖县乡村的快递收发、本地物流配送等服务。

中央财政资金支持农村产品上行相关综合服务体系、基础设施、物流配送体系建设的比例原则上不低于50%。

（二）支持公共服务中心、站点建设

1. 支持县域电商公共服务中心（运营中心）建设改造。对企业建设改造具有开放性的县域电商公共服务中心（运营中心）购置设备和相关软件等固定资产新增投入部分给予补助，公共服务中心（运营中心）建设要坚持实用、节约原则，中央财政资金支持比例原则上不得高于15%。

2. 支持乡村电子商务服务站点建设改造。拓展乡村级站点代收代缴、代买代卖、小额信贷、生活服务、快递收发等功能，增强电子商务服务体系可持续发展能力和开放共享能力。对企业建设的乡村电子商务服务站点或对原有站点实施的信息化改造，可按照其新增投入给予一次性补助，对乡、村单个站点补助分别不超过1万元、0.5万元，对建档立卡贫困户较多的乡村建设农村电子商务服务站点，应优先纳入扶持范围。

（三）支持农村电子商务专业人才培训

支持对政府机构、涉农企业、合作社工作人员和农民等开展电子商务培训。结合农村双创和电商扶贫，加大对建档立卡贫困户的培训力度，围绕农村产品上行开展网店开设、市场营销、产品设计等实操型培训，重点完善培训后相关服务机制，培训人数应不少于3 000人。培训工作组织和经费支出要符合《中央和国家机关培训费管理办法》等相关规定。

示范县要充分利用县域内现有各类产业园区、闲置厂房及商业化电商平台等社会化资源，避免重复建设电商产业园区。中央财政资金不得用于网络交易平台、楼堂馆所、工作经费和购买流量等支出，有关支持项目应开放共享。

二、项目管理验收和资金拨付

（一）项目组织监管。各示范县人民政府是电子商务进农村综合示范工作的直接责任主体，负责示范工程的总体规划、实施方案制定和项目监督管理。各县商务、财政部门负责具体落实，建立完善项目台账制度，明确责任人和进展时限，确保资金安全、方案落地、项目落实。各有关市商务、财政部门要加强日常监督检查和指导，鼓励选择会计师事务所等专业第三方机构加强现场监督审核，及时发现项目和资金管理存在的问题，并上报省级商务、财政部门，共同研究提出相应解决方案。

（二）项目审核验收。各示范县要制定项目验收工作方案，明确验收流程及验收条件，并邀请有关专家及市商务、财政主管部门负责人等组成验收小组。承办单位在项目建成且符合验收标准时，应及时向所在县商务、财政部门提出验收申请，并提供相关材料。示范县商务、财政部门收到企业申请后，按照“实事求是、客观公正、注重质量、讲求实效”的原则，采取实地察看与校对相关材料数据相结合的方式开展验收工作。验收完成后，对每个项目作出“合格”或“不合格”的验收结论，并由验收小组全体成员签字确认。

（三）资金拨付程序。财政部门可根据资金安排方案，以及经商务部门认可的项目进度情况，将资金分批次拨付至项目承担单位，确保示范工作顺利实施。项目验收合格且按规定在县政府门户网站至少公示

5个工作日无异议后，财政部门方可将全部资金拨付到位。

（四）项目备案档案管理。示范县商务、财政部门负责建立健全项目档案，对项目评审、建设、验收、补助等各环节的档案材料进行整理和归档，做到资料详实、手续齐备、程序合规，经得起审计检查。每年12月底前，示范县商务、财政部门要联合行文将已支持项目及补助资金拨付、使用情况报省、市商务、财政部门备案，并附相关材料。

三、申请拨付资金应提交的材料

（一）基础设施及服务体系建设项目

1. 申请报告（含企业基本情况介绍）；
2. 项目情况：包括建设规划、方案、地址、面积、人员就业、功能、配送辐射半径等相关资料；
3. 影像资料：包括项目相关基础设施内、外景和设备图片；
4. 资金支出情况：包括购建清单、发票、资金支付凭证等合法有效投资证明（不含土建和装修）；
5. 其他需要提供的证明材料。

（二）电商人才培训项目

1. 申请报告；
2. 承办单位基本情况，培训工作总体方案；
3. 培训通知，培训授课人的基本情况、授课主题及简要培训大纲；
4. 参训人员签到簿（包括单位、姓名、联系方式等）；
5. 授课现场照片；
6. 其他需要提供的证明材料。

四、示范县应上报的备案材料

（一）示范县阶段性工作情况报告；

（二）验收合格项目及拟补助资金在示范县政府门户网站公示的截图和公示的文字材料；

（三）2017年电商进农村验收合格项目及补助资金使用情况汇总表（见附件2）。

五、其他要求

（一）本通知适用于财政部、商务部、国务院扶贫办确定的2017年山东省电子商务综合示范县相关扶持资金管理，项目实施期限为2017年7月至2018年12月。

（二）各示范县应在其人民政府门户网站设置综合示范专栏，全面、及时、准确、集中公开综合示范方案、项目内容、资金安排、决策过程等信息。

（三）在项目实施过程中，如对实施方案已确定的承担单位和规划项目进行调整的，须及时报省商务厅、省财政厅备案，并说明理由。

（四）对骗取中央专项资金等违法行为，一经查实，将追回相应财政资金，并按《财政违法行为处罚处分条例》（国务院令第427号）的相关规定处理。

附件：1. 2017年山东省电子商务进农村综合示范项目建设标准

2. 2017年电商进农村验收合格项目及补助资金使用情况汇总表

附件1：

2017年山东省电子商务进农村综合示范项目建设标准

一、农村产品的标准化、生产认证、品牌培育、质量追溯等综合服务体系建设

（一）农村产品的标准化、生产认证。加强农村产品的源头管理，制定统一的施肥用药、田间管理、防止病虫害及收储标准；“三品一标”获证主体电子商务相关宣传培训和技术服务工作覆盖率达到100%；组织专业机构、相关部门、“三品一标”获证主体和流通企业制定“三品一标”产品相关的电商化生产流通标准，相关地方标准升级为行业标准、国家标准等。

（二）品牌培育。组织行业协会、专业合作社、流通企业等依托当地特色农村产品培育电子商务区域公用品牌、企业产品品牌；普及推广“三品一标”产品标识在电商销售中正确规范使用，网销“三品一标”产品标识抽检使用率达到80%以上。

（三）质量追溯。选择业内有一定知名度、服务意识强的专业机构制定质量追溯体系，将区域内规模以上农村产品生产加工销售企业纳入系统管理，实现产品上网、二维条码扫描、短信和触摸屏等方式追溯。

二、农产品分级、包装、初加工配送等基础设施建设

（一）农产品分级、包装。具有适应初级农产品网货化生产加工需要的厂房、仓储、设备等基础设施；制定适应网上销售的包装标准，应用环保、低损耗的包装材料、工艺；加大包装标准化和循环共用推广使用力度，杜绝浪费，降低包装成本，降低运输途中损耗率等；具有筛选、杀菌、计量、包装等工艺的农产品分级包装设施，能对当地农产品网货化提供服务支撑。

（二）农产品初加工配送。具有适合网销农产品贮藏、保鲜、烘干等初加工设施和设备，保障农产品产后损失率有效降低和错季网销需求，错季网销售价提高35%以上；具有满足网销初加工农产品物流需要的冷链等配送车辆，保障网销产品品质及配送时效。

三、县乡村三级服务于农产品上行功能的物流配送体系建设

（一）县级有面向农村的综合物流电子信息服务平台，有满足农产品上行及销售需求的仓储物流中心。县级工作人员必须配备专业团队，乡村相关工作人员可以兼职。县级电子商务物流仓储中心可建于交通便利处，有条件的可设于县级公共服务中心内。乡镇、村的物流中转应在乡镇、村电子商务服务站开辟的物流服务区实现，避免重复建设。

（二）仓储功能完善，有条件的地方应建立适应发展农产品电子商务要求的冷链设施，提供低温环境下的分拣、加工、包装、仓储等服务，并做好农产品质量安全检测。

（三）针对县乡村三级物流制定相应的管理制度、登记流程、产品货架归类制度、问题件处理流程、配送员考核及其他工作流程。农村物流配送要固定时间、固定地点、明确价格。

（四）县乡村三级物流体系须在现有基础上充分整合邮政等物流资源，以行政方式推动，采取市场化方式解决，处理好每个环节的物流中转衔接和每个环节所代表的利益分配。

（五）醒目位置标明“电子商务进农村综合示范X县配送中心”（标识、图标等由各示范县统一制定，下同）。

四、县域电子商务公共服务中心（运营中心）

（一）县域电子商务公共服务中心（运营中心）应因地制宜，由当地政府利用现有资源提供固定的场

所，配备必要的办公设施。统筹考虑物流、培训、交流等需要，预留空间。

（二）县域电子商务公共服务中心的运营团队必须具备一定的电商公共服务平台运营经验，配备专职运营人员。除具备常规的业务对接、咨询等服务功能外，还可以根据当地实际提供设计包装、营销策划、人员培训、孵化支撑、文案写作、咨询等服务。

（三）设立独立的服务前台和线上体验区，并配备专业服务人员，负责为区域内企业、网商、服务商提供业务咨询和技术服务。在显著位置放置电子商务公共服务中心运营授权标识。

（四）县域电子商务公共服务中心具备以下几个功能模块：一是统计分析电子商务资讯统计分析；二是服务内容展示；三是电子商务（远程）培训；四是本地电子商务企业展示。

（五）包括但不限于会员登记及服务、公共服务中心服务项目公示、服务时间、设备管理、网站平台信息维护、投诉反馈、公共服务中心岗位职责和考核指标等方面的管理制度。每项制度都应具有针对性、可操作性，保证落实到位。

（六）醒目位置标明“电子商务进农村综合示范X县公共服务中心”。

五、乡村电商服务站点

（一）乡镇、村级电子商务服务站点要有固定的经营场所，营业面积分别不小于20平方米、10平方米。每个乡镇、行政村至少建设1个农村电子商务服务站点，每个站点至少配备1名参加过相应培训，能够熟练操作农村电子商务平台的各项服务功能，能够对所在服务区域农民的需求和生产进行摸底统计的专职人员。

（二）为村民提供水、电、宽带、话费等生活网上缴费，代收代发快递、车票代购、酒店预定、本地资讯等服务。与金融机构合作，提供小额取现、生产贷款等服务。对外发布村级各项服务内容。帮助村民网上购物，并协助解决购物过程中产生的等问题。与种子、农药、化肥等农业生产资料企业合作，依托村级服务站网上销售，开展技术指导。

（三）公共服务中心组织村级服务站收集当地特色农产品，汇总后对外发布信息、销售。服务站应定期向县级公共服务中心报送有关信息，并建立日常网络安全管理、考勤、假期管理、货物配送等制度。站点内配电脑、宣传栏、储物柜、wifi信号，设导购服务员，导购员姓名、地址、联系方式等标示清楚。

（四）与承办企业签署的合作协议、站点图片、负责人等基本情况清晰准确；正常运行6个月以上。

（五）醒目位置标明“电子商务进农村综合示范X县X乡（村）服务站（点）”，并实行统一编号管理。

六、人员培训机构

（一）经主管部门批准设立，具备办公场地、培训场地和实训机房，可长期实施电商培训，方便停车，电商理念、企业文化、往期培训照片上墙，统一标识标牌，可考虑设在公共服务中心之内，或与本地院校、党校、行政培训机构等紧密合作。

（二）具备电商知识及教学经验，团队人员需具备常规培训业务接单、计划拟定、计划对接及培训相关事项咨询能力，能根据需求方的实际情况调整培训计划方案。能够提供电商理念和实操培训，培训内容包含微商系类、淘宝系类及第三方营销平台和其他新平台的实操。开展现场和网络远程培训。基础公益培训可在网上免费下载。

（三）制定讲师管理、考核、课件研发等相应管理制度及工作流程，每项制度及工作流程都应具有针对性、可操作性，保证后续工作能落实到位。

（四）制定相应的培训计划，对每月培训场次、人数、培训学员满意度等做好规划，并严格执行。严格遵守中央和地方培训管理办法，做好培训记录，加强培训档案和经费管理。

附件2：

2017年电商进农村验收合格项目及补助资金使用情况汇总表

金额：万元

序号	项目名称	项目基本情况（功能）	项目地址	承办单位	项目负责人	中央补助资金	配套资金	项目实施效果

说明：接受中央财政专项资金补助的项目逐一列出（包括所有乡村服务站点）。

省财政厅　省经济和信息化委员会关于印发山东省工业提质增效升级专项资金管理办法的通知

2017年12月28日　鲁财工〔2017〕51号

各市财政局、经济和信息化委，县级现代预算管理制度改革试点县（市、区）财政局、经济和信息化局，黄河三角洲农业高新技术产业示范区管委会财政金融局、经济发展与投资促进局，省直有关单位：

为规范资金管理，提高使用效益，加快推进我省工业高端、高质、高效发展，省财政厅、省经济和信息化委研究制定了《山东省工业提质增效升级专项资金管理办法》，现印发给你们，请遵照执行。

附件：山东省工业提质增效升级专项资金管理办法

附件：

山东省工业提质增效升级专项资金管理办法

第一章　总　　则

第一条　为加强专项资金使用管理，提高财政资金使用绩效，推动落实《〈中国制造2025〉山东省行动纲要》，积极培育“四新”经济（新技术、新产业、新业态、新模式），加快推进新旧动能转换，根据

《中华人民共和国预算法》等国家有关法律法规，制定本办法。

第二条 山东省工业提质增效升级专项资金（以下简称专项资金）由省级财政预算安排，专项用于支持促进全省工业提质增效升级。

第三条 专项资金由省财政厅和省经济和信息化委共同管理。

省财政厅负责专项资金预算管理和资金下达。省经济和信息化委负责专项资金项目库建设和管理，组织项目申报和审核。省经济和信息化委、省财政厅共同研究确定专项资金年度支持重点，发布年度工作指南，拟定资金分配方案，对项目建设和资金使用情况实施监督检查和绩效评价。

第四条 专项资金的使用应当符合国家及我省产业发展规划和工业转型升级政策导向，符合财政预算管理有关规定，坚持“公平公正、公开透明”的原则，向社会公开专项资金管理办法、年度工作指南和项目评审结果等，接受有关部门和社会监督。涉及国家秘密的除外。

第二章 支持重点和分配方式

第五条 专项资金主要支持《〈中国制造2025〉山东省行动纲要》确定的战略任务和重点领域，主要包括：

（一）企业技术创新，加速突破一批关键共性技术，推动高端制造、人工智能、新材料、新一代信息技术等产业向更高层次和更大集群发展，推动制造业创新平台建设。

（二）企业技术改造，引导企业采用先进技术，优化产品结构，全面提升设计、制造、工艺、管理水平，促进制造业向价值链中高端发展。

（三）产业集群转型升级，推动传统产业提质效、新兴产业提规模，促进创新链、产业链、财税链“三链”融合。

（四）加快淘汰落后产能和化解过剩产能，推动企业兼并重组，拓展新产能发展空间。

（五）企业家队伍建设和泰山产业领军人才（传统产业创新类）工程建设，提升企业发展软实力。

（六）实施军民融合发展战略，推动军民融合深度发展。

（七）首台（套）装备、首批（次）新材料、首版（套）软件等自主创新产品推广应用。

（八）实施品牌战略，推动行业品牌打造、企业品牌和产品品牌建设，发展工业设计、物流、总集成总承包等服务型制造，鼓励制造业企业对接市场需求、完善产业链条。

（九）工业提质增效升级各类试点示范，积极培育“四新”经济，推进产业融合发展。

（十）省委、省政府确定的其他重点工作。

第六条 专项资金可以采用以奖代补、无偿资助、贷款贴息、保险补偿、政府购买服务等支持方式。资金支付按照国库集中支付制度的有关规定执行，涉及政府采购、政府购买服务的，按照有关法律制度规定执行。

第三章 资金申报及管理

第七条 根据《〈中国制造2025〉山东省行动纲要》以及省政府等相关规划和财政专项资金预算安排情况，省经济和信息化委会同省财政厅一般应于年底前发布下年度工作指南，明确专项资金支持内容、支持方式、支持标准、分配因素、申报条件、申报程序、绩效评价等内容。

第八条 专项资金一般采取因素法和竞争法两种分配方式，对有特殊规定和要求的可采取项目补助方式。

（一）采用因素法分配的，由省经济和信息化委根据相关分配因素向省财政厅提出资金分配意见。省财政厅按程序将资金切块下达各市、县（市、区），由各市、县（市、区）财政部门会同经济和信息化主管部门按照有关规定使用管理。

（二）采用竞争法分配的，由相关单位（企业）按照规定逐级向所在市、县（市、区）经济和信息化主管部门和财政部门上报申请文件及有关材料；省属单位（企业）可直接向省经济和信息化委、省财政厅申报。省经济和信息化委通过专家评审、招标或委托第三方机构评审等竞争性方式遴选项目，并根据招标结果或评审意见，对项目进行公示，统筹形成资金安排方案。省财政厅按程序下达资金。

（三）采取项目补助方式的，由省经济和信息化委按项目实际发生费用（投入）等因素，提出项目补助或奖励审核意见。省财政厅委托财政预算评审中心或第三方机构评审后按程序下达补助资金。

第九条 各市、县（市、区）经济和信息化主管部门、财政部门和省属单位（企业）应按照各自职责分工，严格加强对专项资金申请、审核、拨付的组织协调和管理，配合做好项目检查、验收及绩效评价等工作。

第十条 对竞争性分配的项目在实施过程中，因项目实施环境和条件发生重大变化需要调整的，应按规定程序报省经济和信息化委、省财政厅批准后执行。

第十一条 省财政厅会同省经济和信息化委应加强对绩效评价结果的应用，将评价结果与下年度预算安排挂钩，依据评价结果适当调整下年度专项资金预算。

第四章 监督检查及问责

第十二条 项目实施单位（企业）对申报材料的真实性、准确性、完整性负责，对资金的合法合规使用，以及项目实施进度、实施效果承担直接主体责任。省经济和信息化委、省财政厅按职责对专项资金项目和资金使用情况实施监督，必要时可组织专家或委托第三方机构实施监督检查。

第十三条 各级财政部门、经济和信息化主管部门以及省属单位（企业）应按照省有关规定，督促指导项目单位按要求使用专项资金，确保专项资金政策落实到位。对在组织项目申报、资金下达、验收考核等工作中，存在违反规定分配或使用专项资金以及滥用职权、玩忽职守、徇私舞弊等违法违纪行为的，按照《中华人民共和国预算法》《中华人民共和国公务员法》《中华人民共和国行政监察法》和《财政违法行为处罚处分条例》（国务院令第427号）等国家有关规定追究相关人员责任；涉嫌犯罪的，移送司法机关处理。

第十四条 凡有下列行为之一的，省财政厅、省经济和信息化委将按照《财政违法行为处罚处分条例》、省财政厅《关于在财政专项资金管理领域实行信用负面清单制度的通知》（鲁财预〔2014〕15号）等有关规定采取通报批评、追回资金等方式处理。对骗取的专项资金，由项目所在地财政部门会同经济和信息化主管部门收回并按规定及时上缴，骗取资金的项目单位三年内不得申报专项资金。

（一）编报虚假预算，套取专项资金的。

（二）挤占、截留、挪用专项资金的。

（三）未按照专项资金支出范围使用的。

（四）因管理不善，造成国家财产损失和浪费的。

（五）其他违反国家财经纪律的行为。

第五章 附　　则

第十五条 山东省军民融合产业发展资金适用本办法。本办法由省财政厅、省经济和信息化委负责解释。

第十六条 本办法自2018年2月1日起施行，有效期至2023年1月31日。省财政厅《关于印发〈山东省军民结合产业发展专项资金使用管理暂行办法〉的通知》（鲁财建〔2011〕36号），省财政厅、省经济和信息化委《关于印发〈工业提质增效升级专项资金管理暂行办法〉的通知》（鲁财企〔2014〕24号）同时废止。

省财政厅　省经济和信息化委员会关于印发山东省节能专项资金管理办法的通知

2017年12月27日　鲁财工〔2017〕52号

各市财政局、经济和信息化委（节能办），县级现代预算管理制度改革试点县（市、区）财政局、经济和信息化局（节能办），黄河三角洲农业高新技术产业示范区管委会财政金融局、经济发展与投资促进局，省直有关单位：

为贯彻落实绿色发展理念，规范和加强节能专项资金使用管理，省财政厅、省经济和信息化委研究制定了《山东省节能专项资金管理办法》，现印发给你们，请遵照执行。

附件：山东省节能专项资金管理办法

附件：

山东省节能专项资金管理办法

第一章　总　　则

第一条　为贯彻落实绿色发展理念，规范和加强节能专项资金使用管理，发挥财政资金引导、调控作用，调动全社会节能的积极性和创造性，根据《中华人民共和国预算法》《中华人民共和国节约能源法》《山东省节约能源条例》等法律法规，制定本办法。

第二条　山东省节能专项资金（以下简称专项资金）由省级财政预算安排，主要用于推动全省节能工作开展，促进资源节约清洁高效循环利用、新能源深度开发利用等，降低能耗、物耗。

第三条　专项资金由省财政部门和省节能主管部门共同管理。

省财政部门负责专项资金预算管理和资金下达。省节能主管部门负责专项资金项目库建设和管理，组织项目申报和审核。省节能主管部门、省财政部门共同研究确定专项资金年度支持重点，发布年度工作指南，拟定资金分配方案，对项目建设和资金使用情况实施监督检查和绩效评价。

第四条　专项资金的分配、使用和管理坚持“公平公正、公开透明”的原则，向社会公开专项资金管理办法、年度工作指南和项目评审结果等，接受有关部门和社会监督。

第二章　支持重点和分配方式

第五条　专项资金重点支持范围为：

（一）制订节能中长期规划和计划，节能基础设施及公共服务平台建设。

（二）节能技术改造，传统能源清洁高效利用，新能源和可再生能源开发利用。

（三）节能体制机制创新，市场化节能机制推广。

（四）节能先进单位和成果奖励，绿色制造试点及重点关键节能技术示范推广。

（五）重点领域、重点行业用能企业管理。

（六）循环经济与清洁生产。

（七）省委、省政府部署的其他有关节能事项。

第六条 综合考虑节能工作性质、目标、投入成本、节能效果等因素，专项资金分配主要采取无偿补助、事后奖励、政府购买服务等方式。资金支付按照国库集中支付制度有关规定执行。涉及政府采购、政府购买服务的，按照有关法律制度规定执行。

第三章 资金申报及管理

第七条 根据全省节能工作重点和预算要求，省节能主管部门会同省财政厅一般应于每年年底前发布下年度工作指南，明确专项资金支持内容、支持方式、申报条件、申报程序、绩效评价等内容。

第八条 专项资金原则上实行逐级申报。相关单位（企业）应按照本办法规定和工作指南要求，在规定时间内向节能主管部门和财政部门上报申请文件及有关材料。省属单位（企业）可直接向省节能主管部门、省财政部门申报。省节能主管部门通过专家评审、招标或委托第三方机构评审等方式遴选项目，并根据招标结果或评审意见，对项目进行公示，统筹形成资金安排方案。省财政部门按程序下达资金。

第九条 各市、县（市、区）节能主管部门、财政部门和省属单位（企业）应按照工作指南要求，配合做好项目检查、验收及绩效评价等工作，加强对专项资金申请、审核、拨付的组织协调和管理工作，督促指导项目单位（企业）按要求使用专项资金，确保专项资金政策落实到位。

第十条 项目在实施过程中，因项目实施环境和条件发生重大变化需要调整的，应按规定程序报省节能主管部门、省财政部门批准后执行。

第十一条 省财政部门会同省节能主管部门加强对绩效评价结果的应用，将评价结果与下年度预算安排挂钩，依据评价结果适当调整下年度资金预算。

第四章 监督检查及问责

第十二条 项目实施单位（企业）对申报材料的真实性、准确性、完整性负责，对资金的合法合规使用、项目实施效果承担直接主体责任。省节能主管部门、省财政部门对专项资金项目和资金使用情况实施监督，必要时可组织专家或委托第三方机构实施监督检查。

第十三条 对在组织项目申报、资金下达、验收考核等工作中，存在违反规定分配、使用专项资金以及滥用职权、玩忽职守、徇私舞弊等违法违纪行为的，按照《中华人民共和国预算法》《中华人民共和国公务员法》《中华人民共和国行政监察法》和《财政违法行为处罚处分条例》（国务院令第427号）等国家有关规定追究相关人员责任；涉嫌犯罪的，移送司法机关处理。

第十四条 凡有下列行为之一的，省财政部门、省节能主管部门将按照《财政违法行为处罚处分条例》、省财政厅《关于在财政专项资金管理领域实行信用负面清单制度的通知》（鲁财预〔2014〕15号）等有关规定采取通报批评、追回资金等方式处理。对骗取的专项资金，由项目所在地财政部门会同节能主管部门收回并按规定及时上缴，骗取资金的项目单位三年内不得申报专项资金。

（一）编报虚假预算，套取专项资金的。

（二）挤占、截留、挪用专项资金的。

（三）未按照专项资金支出范围使用的。

（四）因管理不善，造成国家财产损失和浪费的。

（五）其他违反国家财经纪律的行为。

第五章 附　　则

第十五条 本办法由省财政厅、省经济和信息化委负责解释。

第十六条 本办法自 2018 年 2 月 1 日起施行，有效期至 2023 年 1 月 31 日。原省财政厅、省经贸委《关于印发〈山东省节能节水专项资金使用管理暂行办法〉的通知》（鲁财建〔2007〕14 号）和省财政厅、省经济和信息化委《关于印发〈山东省太阳能集热系统财政补贴资金使用管理暂行办法〉的通知》（鲁财建〔2014〕25 号）同时废止。

十二、

金融与国际合作管理类

财政部关于印发《政府和社会资本合作（PPP）咨询机构库管理暂行办法》的通知

2017 年 3 月 22 日　财金〔2017〕8 号

各省、自治区、直辖市、计划单列市财政厅（局），新疆生产建设兵团财务局，财政部驻各省、自治区、直辖市、计划单列市财政监察专员办事处：

为规范政府和社会资本合作（PPP）咨询机构库的建立、使用与管理，促进 PPP 咨询服务信息公开和供需有效对接，推动 PPP 咨询服务市场规范有序发展，根据《国务院办公厅转发财政部　发展改革委　人民银行关于在公共服务领域推广政府和社会资本合作模式的指导意见》（国办发〔2015〕42 号）、《财政部关于规范政府和社会资本合作（PPP）综合信息平台运行的通知》（财金〔2015〕166 号），我们研究起草了《政府和社会资本合作（PPP）咨询机构库管理暂行办法》，现印发你们，请遵照执行。

附件：政府和社会资本合作（PPP）咨询机构库管理暂行办法

附件：

政府和社会资本合作（PPP）咨询机构库管理暂行办法

第一条　为规范政府和社会资本合作（PPP）咨询机构库的建立、维护与管理，促进 PPP 咨询服务信息公开和供需有效对接，推动 PPP 咨询服务市场规范有序发展，根据《国务院办公厅转发财政部　发展改革委　人民银行关于在公共服务领域推广政府和社会资本合作模式的指导意见》（国办发〔2015〕42 号）、《财政部关于规范政府和社会资本合作（PPP）综合信息平台运行的通知》（财金〔2015〕166 号），制定本办法。

第二条　本办法所称 PPP 咨询机构库（以下简称机构库）指，依托全国 PPP 综合信息平台建立的，为 PPP 项目政府方提供咨询服务的咨询机构信息集合，包括但不限于咨询机构的名称、简介、主要人员、资质、业绩等。

第三条　本办法所称咨询服务是指与 PPP 项目相关的智力支持服务，包括但不限于 PPP 项目的实施方案编制、物有所值评价、财政承受能力论证、运营中期评估和绩效评价以及相关法律、投融资、财务、采购代理、资产评估服务等。

第四条　在财政部 PPP 工作领导小组办公室指导下，财政部政府和社会资本合作中心（以下简称 PPP 中心）负责机构库的建立、维护和管理，并通过全国 PPP 综合信息平台等指定渠道发布机构库信息。

第五条　机构库的建立、维护与管理遵循绩效导向、能进能出、动态调整、公开透明的原则。

第六条　纳入机构库的咨询机构应同时满足下列条件：

（一）为依法设立的，能够独立享有民事权利和承担民事义务的法人及其他组织，不包括分公司、办事处等；

（二）具备如下咨询服务业绩：作为独立或主要咨询方，已与全国 PPP 综合信息平台项目库（以下简称项目库）中至少 1 个项目的政府方签订咨询服务合同，实质性提供 PPP 咨询服务，且项目已进入准备、采购、执行或移交阶段；

（三）咨询机构有关信息已录入项目库；

（四）近两年内未发生本办法第十五条规定的行为。

第七条 各级财政部门应会同相关部门及时将本辖区内项目所涉咨询机构的统一社会信用代码等合法登记代码、名称、咨询服务内容、委托方、合同以及其他有关信息录入项目库。

第八条 PPP中心原则上每半年公告一次符合本办法第六条规定的咨询机构名单。公告之日起30日内，名单内咨询机构可在完成机构库在线注册和信息提交后，自动纳入机构库。30日内未完成在线注册和信息提交的咨询机构，纳入下一次公告。自第二次公告之日起30日内仍未完成在线注册和信息提交的咨询机构，不再纳入公告和机构库。

第九条 纳入机构库的咨询机构享有以下权利：

（一）应邀参与财政部及所属单位相关政策研究、宣传培训等活动；

（二）获得PPP中心的指导；

（三）提请项目库入库项目所属同级财政部门，在项目库内对本机构所服务项目的项目信息和机构信息进行更新完善。

第十条 纳入机构库的咨询机构应按本办法规定及时录入和更新机构库有关信息，同意机构库公开其中除国家秘密和商业秘密外的所有信息，并对信息的真实性、准确性、完整性和有效性负责。

咨询机构原则上应于每季度结束前，对上季度发生变化的信息进行更新。咨询机构名称、主要人员等重大信息发生变化的，应于发生变化之日起30日内进行更新。

第十一条 PPP中心应逐步提升机构库信息采集和处理能力，及时公开机构库信息，完善咨询机构信息查询及检索功能，促进咨询服务供需双方有效对接。

第十二条 机构库信息仅供政府方选择咨询机构时参考。政府方选择咨询机构应当符合政府采购相关规定，可以选择未纳入机构库的咨询机构。

第十三条 委托纳入机构库的咨询机构提供咨询服务的政府方，在提交咨询服务合同并完成机构库实名注册后，可以对咨询机构的能力、服务质量等进行在线评价。

第十四条 PPP中心负责定期检查机构库信息，要求已纳入机构库的咨询机构及时提交机构库管理和信息公开所需信息，并对信息存在问题的咨询机构进行质询。

第十五条 机构库实行动态管理。纳入机构库的咨询机构可向PPP中心提交书面申请自愿退出机构库。

纳入机构库的咨询机构有下列行为之一的，一经查实，PPP中心将予以清退出机构库：

（一）通过捏造事实、隐瞒真相、提供虚假信息等不正当方式，骗取入库资格的；

（二）未经授权，擅自以财政部或者PPP中心名义开展虚假宣传，招揽、承接业务的；

（三）泄露国家秘密、商业秘密，以及未正式发布的法律法规规章草案、政策信息或研究成果的；

（四）连续12个月未在PPP综合信息平台更新PPP咨询服务业务开展情况的；

（五）同一项目中同时为政府和社会资本双方提供咨询服务的；

（六）为政府方提供咨询服务期间与潜在社会资本串通的；

（七）无相应能力承揽业务或未尽职履行造成重大失误、项目失败或搁置的；

（八）项目进入运营期后，由于咨询服务原因给公共服务供给带来不利影响的；

（九）拒绝接受PPP中心对机构库进行监督管理、对入库机构信息进行检查、质询的；

（十）其他违反法律、法规、规章和国家PPP政策，扰乱PPP咨询服务市场秩序的行为。

第十六条 对于自愿退出或经查实清退出机构库的咨询机构，PPP中心应在收到书面退出申请或确认清退之日起15个工作日内予以公告。

退出机构库的咨询机构自公告之日起两年内，不得重新进入机构库。两年后提请再次入库的，本办法第六条所需咨询服务业绩应自退出公告之日起重新计算。

第十七条 已纳入机构库的咨询机构有本办法第十五条规定行为，且情节严重、影响恶劣或被追究法律责任的，PPP中心应将其列入黑名单并予以公告，公告之日起五年内不得进入机构库。

第十八条 政府方与咨询机构可在咨询服务合同中明确咨询服务绩效考核要求，加强咨询服务质量管理。

鼓励咨询机构建立行业自律机制，明确服务标准，加强人员培训，开展绩效评价，共同维护咨询服务市场秩序，抵制行业内不正当竞争行为。

第十九条 PPP 中心、地方各级财政部门及相关工作人员在机构库管理过程中，存在违法违纪行为的，按照国家有关规定追究相应责任；涉嫌犯罪的，移送司法机关处理。

第二十条 本办法由财政部负责解释。

第二十一条 本办法自 2017 年 5 月 1 日起施行。

财政部关于印发《城乡居民住宅地震巨灾保险专项准备金管理办法》的通知

2017 年 5 月 2 日　财金〔2017〕38 号

中国城乡居民住宅地震巨灾保险共同体成员公司，各省、自治区、直辖市、计划单列市财政厅（局），新疆生产建设兵团财务局，财政部驻各省、自治区、直辖市、计划单列市财政监察专员办事处：

为推动城乡居民住宅地震巨灾保险试点，逐步形成财政支持下的多层次巨灾风险分散机制，现将《城乡居民住宅地震巨灾保险专项准备金管理办法》印发给你们，请遵照执行。执行中如遇相关问题，请及时函告我部。

附件：城乡居民住宅地震巨灾保险专项准备金管理办法

附件：

城乡居民住宅地震巨灾保险专项准备金管理办法

第一章　总　　则

第一条 为进一步规范城乡居民住宅地震巨灾保险专项准备金（以下简称住宅地震保险准备金）制度，完善多层次巨灾风险分散机制，促进城乡居民住宅地震巨灾保险（以下简称住宅地震保险）稳步实施，根据《保险法》、《金融企业财务规则》及《中国保监会　财政部关于印发〈建立城乡居民住宅地震巨灾保险制度实施方案〉的通知》（以下简称《方案》）等相关规定，制定本办法。

第二条 本办法所称住宅地震保险准备金，是指住宅地震保险经办机构根据有关法律法规和本办法规定，在经营住宅地震保险过程中，为应对住宅地震保险损失专项计提的准备金。

第三条 本办法适用于根据《方案》规定，由住宅地震共同体直保成员公司（以下简称成员公司）开展的住宅地震保险业务。

第四条 住宅地震保险准备金的管理遵循以下原则：

（一）单独核算。成员公司根据本办法规定计提、使用住宅地震保险准备金，并按照有关会计准则规定，实行独立核算。

（二）分级计提。经营住宅地震保险业务的成员公司总部与省级分支机构，根据本办法规定，分别计提住宅地震保险准备金。

（三）统筹使用。成员公司根据本办法规定计提的住宅地震保险准备金，应当由住宅地震共同体统筹使用，共同应对住宅地震风险。

（四）集中管理。成员公司根据本办法规定计提的住宅地震保险准备金，应当交由市场化机构代为集中管理，并依法接受相关部门监督。

第二章　住宅地震保险准备金的计提

第五条　成员公司应当根据本办法规定，从住宅地震保险保费收入中，按照一定比例计提住宅地震保险准备金，逐年滚存，并在年度财务报表中单独予以反映。

第六条　成员公司暂按照住宅地震保险保费收入的15%计提住宅地震保险准备金。每年5月1日前，财政部将会同有关部门，根据上一年度住宅地震保险开展情况、准备金积累余额等，调整提取比例；未调整的，按上年度提取比例执行。

第七条　成员公司的地震保险准备金滚存金额达到其所承担的未完全终止的地震保险责任单一事故自留责任上限时，可以暂停计提；如滚存余额因支付赔款而降低，或因单一事故自留责任上限提高时，应恢复计提。

第八条　成员公司应当按照本办法规定，于每年6月底之前完成上年度住宅地震保险准备金的计提，逐年滚存，逐步积累应对地震风险的能力。

第三章　住宅地震保险准备金的使用

第九条　住宅地震保险准备金专项用于弥补住宅地震保险风险损失。成员公司动用住宅地震保险准备金，应当履行内部相关程序。

第十条　成员公司经营住宅地震保险业务，当发生重大地震灾害，应付赔款金额超过当年住宅地震共同体应当承担的直保限额和再保险限额之和时，可以使用住宅地震保险准备金。

第十一条　住宅地震保险准备金的使用，以应付赔款金额超过当年住宅地震共同体应当承担的直保限额和再保险限额之和部分为限。

成员公司应当通过再保险或其他巨灾风险分散机制，按规定承担合同约定赔偿责任，及时足额支付应赔偿的保险金。

第四章　住宅地震保险准备金的管理

第十二条　住宅地震保险准备金代管机构，应当按照专户管理、独立核算的原则，加强住宅地震保险准备金管理。

第十三条　成员公司当期计提的住宅地震保险准备金，在成本中列支，计入当期损益。

第十四条　成员公司不再经营住宅地震保险业务的，其所提住宅地震保险准备金由住宅地震共同体统筹使用。

第十五条　住宅地震保险准备金代管机构应当按照保险资金运用的有关规定，审慎开展住宅地震保险准备金的运用，资金运用收益纳入住宅地震保险准备金专户管理。

第十六条　住宅地震共同体及成员公司应当制定住宅地震保险准备金的管理实施细则，住宅地震保险准备金代管机构应当制定住宅地震保险准备金代管办法，并报告财政部、保监会。

第十七条　每年6月底之前，住宅地震共同体执行机构应当汇总各公司住宅地震保险准备金的计提、使用、管理等情况报告财政部、保监会，住宅地震保险准备金代管机构应当将住宅地震准备金的代管情况报告财政部、保监会。

第十八条　各级财政、保险监管部门依法对住宅地震保险准备金的计提、管理、使用等实施监督。

第五章　附　　则

第十九条　成员公司应当与有关方面加强防灾防损，通过再保险等方式，完善地震巨灾风险分散机制。鼓励成员公司通过发行巨灾债券等方式，多渠道分散地震巨灾风险。

第二十条　各地方可结合实际，在本办法的基础上，探索完善本地区的住宅地震保险分散机制。

第二十一条　本办法自 2017 年 6 月 1 日起施行。

财政部关于在粮食主产省开展农业大灾保险试点的通知

2017 年 5 月 17 日　财金〔2017〕43 号

河北、内蒙古、辽宁、吉林、黑龙江、江苏、安徽、江西、山东、河南、湖北、湖南、四川省（自治区）财政厅，财政部驻河北、内蒙古、辽宁、吉林、黑龙江、江苏、安徽、江西、山东、河南、湖北、湖南、四川省（自治区）财政监察专员办事处：

为贯彻落实 2017 年《政府工作报告》和国务院常务会议要求，创新农业救灾机制，助力现代农业发展和农民增收，现就开展农业大灾保险试点有关事项通知如下：

一、按照国务院部署，在 13 个粮食主产省选择 200 个产粮大县，面向适度规模经营农户开展农业大灾保险试点。考虑到农业大灾与一般灾害的灾因基本相同，但损失程度不同，适度规模经营农户对农业大灾保险产品的需求主要集中在提高赔付金额方面，试点工作主要围绕提高农业保险保额和赔付标准，开发面向适度规模经营农户的专属农业保险产品。

二、试点地区省级财政部门应于 2017 年 5 月 31 日前，将 2017 年试点方案和试点资金申请报告报送财政部，并抄送财政部驻当地财政监察专员办事处（以下简称专员办）。试点方案和试点资金申请报告的内容主要包括：试点县情况、保险方案、补贴方案、保障措施、直接物化成本和地租数据、试点统计表（见附件 2、3）以及地方财政部门认为应当报送或有必要进行说明的材料。对于已将试点资金需求纳入 2017 年保费补贴资金申请报告的地方，要对有关情况进行详细说明，做好政策衔接，避免重复申请。

三、财政部根据各地报送的试点申请情况，于 2017 年 6 月 14 日前下达 2017 年试点资金，并在 2018 年统一结算。2018 年试点申报材料比照 2017 年要求编制，并附上年度试点资金结算报告与专员办审核意见，与本省份当年农业保险保费补贴资金申请报告同时报送，具体程序及时间要求执行《中央财政农业保险保险费补贴管理办法》（财金〔2016〕123 号）。

四、试点实施过程中，在符合试点工作指导思想和基本原则的前提下，试点地区财政部门可结合本地实际探索创新具体保险模式，包括保险产品、投保理赔、组织保障等，特别是要因地制宜地探索开发农业大灾保险产品，形成可推广、可复制的具体经验。实施方案应报财政部、农业部、保监会备案。

五、对适度规模经营农户实施农业大灾保险试点，是创新农业救灾机制、完善农业保险体系的重要举措。现将《粮食主产省农业大灾保险试点工作方案》印发给你们，请认真执行。试点地区各级财政部门要高度重视、统筹规划、精心组织、认真实施，积极会同农业、保险监管等部门，加强对试点工作的指导，为试点工作顺利开展创造良好环境，确保试点取得实效。执行中如有问题，请及时报告财政部。财政部将会同农业部、保监会等相关部门，及时总结试点经验，不断完善相关政策。

附件：1. 粮食主产省农业大灾保险试点工作方案
　　　2. 2017 年农业大灾保险试点直接物化成本保费补贴情况表
　　　3. 2017 年农业大灾保险试点适度规模经营农户保费补贴情况表

附件1：

粮食主产省农业大灾保险试点工作方案

一、指导思想

立足深入推进农业供给侧结构性改革，推动农业保险“扩面、提标、增品”，加大对适度规模经营农户的农业保险支持力度，提供多元化产品供给，提高保险保障水平和赔付金额，进一步增强适度规模经营农户防范和应对大灾风险的能力，促进现代农业发展和农民增收，更好地维护国家粮食生产安全。

二、基本原则

（一）坚持自主自愿。试点地区农业保险由农户、农业生产经营组织自愿投保，充分尊重其意愿，对符合国家规定的险种，由财政部门给予保费补贴支持。

（二）体现正向激励。试点工作与现行产粮大县农业保险保费补贴政策相衔接，加大中央财政对试点地区的保费补贴力度，引导和鼓励地方政府积极参与试点工作。

（三）促进规模经营。将家庭农场、专业大户、农民合作社等适度规模经营主体作为重点扶持对象，引导农业生产向规模化、集约化发展，提升适度规模经营水平。

（四）鼓励探索创新。试点过程中，鼓励各地因地制宜进行探索，创新符合本地实际的具体保险模式，加大对适度规模经营农户的农业保险支持。

三、试点期限和保险标的

为总结试点经验，尽快形成可推广、可复制的农业大灾保险模式，试点期限暂定为2017年和2018年，试点保险标的首先选择关系国计民生和粮食安全的水稻、小麦、玉米三大粮食作物。

四、试点地区

在河北、内蒙古、辽宁、吉林、黑龙江、江苏、安徽、江西、山东、河南、湖北、湖南、四川13个粮食主产省选择200个产粮大县开展试点。其中，粮食产量位居全国前三的黑龙江、河南、山东各选择20个试点县，其余省份各选择14个试点县。

试点县名单由各省份自行确定，原则上应具备较好的农业保险工作基础、生产经营以适度规模经营农户为主、具有较强的代表性。产粮大县范围根据财政部产粮（油）大县奖励办法确定。

五、保障水平和参保范围

在试点地区将试点县的农业保险基本保障金额按规定覆盖直接物化成本的基础上，开发面向适度规模经营农户的专属农业大灾保险产品，保障水平覆盖“直接物化成本+地租”，提高保险赔付金额，增强适度规模经营农户应对农业大灾风险的能力。

适度规模经营农户的具体标准，由各省份根据中共中央办公厅、国务院办公厅《关于引导农村土地经营权有序流转发展农业适度规模经营的意见》有关精神，结合当地实际情况予以确定，原则上适度规模经营农户的经营规模应为当地户均承包地面积的10~15倍左右。保险标的在生长期内所发生的直接物化成本和地租，按照最近一期价格等相关主管部门发布或认可的数据执行。

六、补贴标准

在农户自缴保费比例总体不变的基础上，以取消县级财政保费补贴为目标，进一步提高中央财政保费补贴比例。对试点县面向全体农户的、保险金额覆盖直接物化成本部分的基础农业保险保费，在省级财政至少补贴25%的基础上，中央财政对中西部地区补贴47.5%、对东部地区补贴45%；对试点县面向适度规模经营农户的、保险金额覆盖地租成本部分的专属农业保险保费，中央财政对中西部地区补贴47.5%、对东部地区补贴45%。

附件2：

2017年农业大灾保险试点直接物化成本保费补贴情况表

填报单位： 填报日期： 单位：万元

<table>
<tr><td colspan="4"></td><td>水稻</td><td>小麦</td><td>玉米</td><td>合计</td></tr>
<tr><td colspan="4">投保面积</td><td></td><td></td><td></td><td></td></tr>
<tr><td colspan="4">投保面积占比</td><td></td><td></td><td></td><td></td></tr>
<tr><td colspan="4">投保农户（户次）</td><td></td><td></td><td></td><td></td></tr>
<tr><td colspan="4">每亩保险金额</td><td></td><td></td><td></td><td></td></tr>
<tr><td colspan="4">每亩直接物化成本</td><td></td><td></td><td></td><td></td></tr>
<tr><td colspan="4">保险费率</td><td></td><td></td><td></td><td></td></tr>
<tr><td colspan="4">每亩保费</td><td></td><td></td><td></td><td></td></tr>
<tr><td></td><td colspan="3">小计</td><td></td><td></td><td></td><td></td></tr>
<tr><td rowspan="12">保费情况</td><td rowspan="8">财政补贴</td><td rowspan="2">中央财政</td><td>补贴比例</td><td></td><td></td><td></td><td></td></tr>
<tr><td>补贴金额</td><td></td><td></td><td></td><td></td></tr>
<tr><td rowspan="2">省级财政</td><td>补贴比例</td><td></td><td></td><td></td><td></td></tr>
<tr><td>补贴金额</td><td></td><td></td><td></td><td></td></tr>
<tr><td rowspan="2">市级财政</td><td>补贴比例</td><td></td><td></td><td></td><td></td></tr>
<tr><td>补贴金额</td><td></td><td></td><td></td><td></td></tr>
<tr><td rowspan="2">县级财政</td><td>补贴比例</td><td></td><td></td><td></td><td></td></tr>
<tr><td>补贴金额</td><td></td><td></td><td></td><td></td></tr>
<tr><td colspan="2" rowspan="2">农户缴纳部分</td><td>承担比例</td><td></td><td></td><td></td><td></td></tr>
<tr><td>承担金额</td><td></td><td></td><td></td><td></td></tr>
<tr><td colspan="2" rowspan="2">其他来源</td><td>比例</td><td></td><td></td><td></td><td></td></tr>
<tr><td>金额</td><td></td><td></td><td></td><td></td></tr>
<tr><td rowspan="7">理赔情况</td><td rowspan="3">已决情况</td><td colspan="2">已决赔付金额</td><td></td><td></td><td></td><td></td></tr>
<tr><td colspan="2">已决赔付面积</td><td></td><td></td><td></td><td></td></tr>
<tr><td colspan="2">受益农户（户次）</td><td></td><td></td><td></td><td></td></tr>
<tr><td rowspan="3">未决情况</td><td colspan="2">未决赔付金额</td><td></td><td></td><td></td><td></td></tr>
<tr><td colspan="2">未决赔付面积</td><td></td><td></td><td></td><td></td></tr>
<tr><td colspan="2">受益农户（户次）</td><td></td><td></td><td></td><td></td></tr>
<tr><td colspan="3">超付赔款</td><td></td><td></td><td></td><td></td></tr>
<tr><td rowspan="2">其他支持</td><td colspan="3">超赔补贴</td><td></td><td></td><td></td><td></td></tr>
<tr><td colspan="3">其他资金支持</td><td></td><td></td><td></td><td></td></tr>
<tr><td colspan="4">备注</td><td></td><td></td><td></td><td></td></tr>
</table>

注：1. 省内不同试点县的财政补贴比例不一致的，请填写加权平均数。
2. 此表填报全体农户投保标的保险金额覆盖直接物化成本部分对应的保费。

附件3：

2017年农业大灾保险试点适度规模经营农户保费补贴情况表

填报单位：　　　　　　　　　　　填报日期：　　　　　　　　　　　单位：万元

<table>
<tr><td colspan="4"></td><td>水稻</td><td>小麦</td><td>玉米</td><td>合计</td></tr>
<tr><td colspan="4">投保面积</td><td></td><td></td><td></td><td></td></tr>
<tr><td colspan="4">投保面积占比</td><td></td><td></td><td></td><td></td></tr>
<tr><td colspan="4">投保农户（户次）</td><td></td><td></td><td></td><td></td></tr>
<tr><td colspan="4">每亩保险金额</td><td></td><td></td><td></td><td></td></tr>
<tr><td colspan="4">每亩直接物化成本</td><td></td><td></td><td></td><td></td></tr>
<tr><td colspan="4">每亩地租</td><td></td><td></td><td></td><td></td></tr>
<tr><td colspan="4">保险费率</td><td></td><td></td><td></td><td></td></tr>
<tr><td colspan="4">每亩保费</td><td></td><td></td><td></td><td></td></tr>
<tr><td></td><td colspan="3">小计</td><td></td><td></td><td></td><td></td></tr>
<tr><td rowspan="12">保费情况</td><td rowspan="8">财政补贴</td><td rowspan="2">中央财政</td><td>补贴比例</td><td></td><td></td><td></td><td></td></tr>
<tr><td>补贴金额</td><td></td><td></td><td></td><td></td></tr>
<tr><td rowspan="2">省级财政</td><td>补贴比例</td><td></td><td></td><td></td><td></td></tr>
<tr><td>补贴金额</td><td></td><td></td><td></td><td></td></tr>
<tr><td rowspan="2">市级财政</td><td>补贴比例</td><td></td><td></td><td></td><td></td></tr>
<tr><td>补贴金额</td><td></td><td></td><td></td><td></td></tr>
<tr><td rowspan="2">县级财政</td><td>补贴比例</td><td></td><td></td><td></td><td></td></tr>
<tr><td>补贴金额</td><td></td><td></td><td></td><td></td></tr>
<tr><td colspan="2" rowspan="2">农户缴纳部分</td><td>承担比例</td><td></td><td></td><td></td><td></td></tr>
<tr><td>承担金额</td><td></td><td></td><td></td><td></td></tr>
<tr><td colspan="2" rowspan="2">其他来源</td><td>比例</td><td></td><td></td><td></td><td></td></tr>
<tr><td>金额</td><td></td><td></td><td></td><td></td></tr>
<tr><td rowspan="7">理赔情况</td><td rowspan="3">已决情况</td><td colspan="2">已决赔付金额</td><td></td><td></td><td></td><td></td></tr>
<tr><td colspan="2">已决赔付面积</td><td></td><td></td><td></td><td></td></tr>
<tr><td colspan="2">受益农户（户次）</td><td></td><td></td><td></td><td></td></tr>
<tr><td rowspan="3">未决情况</td><td colspan="2">未决赔付金额</td><td></td><td></td><td></td><td></td></tr>
<tr><td colspan="2">未决赔付面积</td><td></td><td></td><td></td><td></td></tr>
<tr><td colspan="2">受益农户（户次）</td><td></td><td></td><td></td><td></td></tr>
<tr><td colspan="3">超付赔款</td><td></td><td></td><td></td><td></td></tr>
<tr><td rowspan="2">其他支持</td><td colspan="3">超赔补贴</td><td></td><td></td><td></td><td></td></tr>
<tr><td colspan="3">其他资金支持</td><td></td><td></td><td></td><td></td></tr>
<tr><td colspan="4">备注</td><td></td><td></td><td></td><td></td></tr>
</table>

注：1. 省内不同试点县的财政补贴比例不一致的，请填写加权平均数。
　　2. 此表填报适度规模经营农户投保标的的保险金额覆盖地租成本部分对应的保费。

财政部　农业部关于深入推进农业领域政府和社会资本合作的实施意见

2017 年 5 月 31 日　财金〔2017〕50 号

各省、自治区、直辖市、计划单列市财政厅（局）、农业（农牧、农机、畜牧、兽医、农垦、渔业）厅（局、委、办），新疆生产建设兵团财务局、农业局：

为贯彻落实《中共中央　国务院关于深入推进农业供给侧结构性改革　加快培育农业农村发展新动能的若干意见》、《国务院办公厅关于创新农村基础设施投融资体制机制的指导意见》（国办发〔2017〕17 号）、《国务院办公厅转发财政部　发展改革委　人民银行关于在公共服务领域推广政府和社会资本合作模式指导意见的通知》（国办发〔2015〕42 号）精神，深化农业供给侧结构性改革，引导社会资本积极参与农业领域政府和社会资本合作（PPP）项目投资、建设、运营，改善农业农村公共服务供给，现提出意见如下：

一、总体要求

（一）指导思想

全面贯彻落实党中央、国务院关于农业、农村、农民问题的决策部署，牢固树立和贯彻落实新发展理念，适应把握引领经济发展新常态，以加大农业领域 PPP 模式推广应用为主线，优化农业资金投入方式，加快农业产业结构调整，改善农业公共服务供给，切实推动农业供给侧结构性改革。

（二）基本原则

——政府引导，规范运作。坚持农业供给侧结构性改革方向，深化对 PPP 模式的理解认识，加快观念转变，厘清政府与市场的边界，加大对农业农村公共服务领域推广运用 PPP 模式的政策扶持力度，强化绩效评价和项目监管，严格执行财政 PPP 工作制度规范体系，确保顺利实施、规范运作，防止变相举借政府债务，防范财政金融风险。

——明确权责，合作共赢。注重发挥市场在资源配置中的决定性作用，鼓励各类市场主体通过公开竞争性方式参与农业 PPP 项目合作，破除社会资本进入农业公共服务领域的隐性壁垒，营造规范有序的市场环境。在平等协商基础上订立合同，平衡政府、社会资本、农民、农村集体经济组织、农民合作组织等各方利益，明确各参与主体的责任、权利关系和风险分担机制，推动实现改善公共服务供给，拓展企业发展空间，增加人民福祉的共赢局面。

——因地制宜，试点先行。各地根据国家“三农”工作统一部署，结合地区实际和工作重点，分阶段、分类型、分步骤推进农业领域 PPP 工作。鼓励选择重点领域、重点项目先行试点探索，及时总结经验，完善相关政策，形成可复制、可推广的合作模式。

（三）工作目标

探索农业领域推广 PPP 模式的实施路径、成熟模式和长效机制，创新农业公共产品和公共服务市场化供给机制，推动政府职能转变，提高农业投资有效性和公共资源使用效益，提升农业公共服务供给质量和效率。

二、聚焦重点领域

重点引导和鼓励社会资本参与以下领域农业公共产品和服务供给：

（一）农业绿色发展。支持畜禽粪污资源化利用、农作物秸秆综合利用、废旧农膜回收、病死畜禽无害化处理，支持规模化大型沼气工程。

（二）高标准农田建设。支持集中连片、旱涝保收、稳产高产、生态友好的高标准农田建设，支持开展土地平整、土壤改良与培肥、灌溉与排水、田间道路、农田防护与生态环境保持、农田输配电等工程建设，支持耕地治理修复。

（三）现代农业产业园。支持以规模化种养基地为基础，通过“生产+加工+科技”，聚集现代生产要素、创新体制机制的现代农业产业园。

（四）田园综合体。支持有条件的乡村建设以农民合作社为主要载体、让农民充分参与和受益，集循环农业、创意农业、农事体验于一体的田园综合体。

（五）农产品物流与交易平台。支持农产品交易中心（市场）、生产资料交易平台、仓储基地建设，支持区域农产品公用品牌创建。

（六）“互联网+”现代农业。支持信息进村入户工程、智慧农业工程、农村电子商务平台、智能物流设施等建设运营。

三、规范项目实施

（一）严格筛选项目。各级财政部门、农业部门要加强合作，依托全国PPP综合信息平台推进农业PPP项目库建设，明确入库标准，优先选择有经营性现金流、适宜市场化运作的农业公共设施及公共服务项目，做好项目储备，明确年度及中长期项目开发计划，确保农业PPP有序推进。

（二）合理分担风险。各地农业部门、财政部门要指导项目实施机构按照风险分担、利益共享的原则，充分识别、合理分配PPP项目风险。为保障政府知情权，政府可以参股项目公司，但应保障项目公司的经营独立性和风险隔离功能，不得干预企业日常经营决策，不得兜底项目建设运营风险。

（三）保障合理回报。各地农业部门、财政部门要指导项目实施机构根据项目特点构建合理的项目回报机制，依据项目合同约定将财政支出责任纳入年度预算和中期财政规划，按项目绩效考核结果向社会资本支付对价，保障社会资本获得稳定合理收益。鼓励农民专业合作社等新型农业经营主体参与PPP项目，并通过订单带动、利润返还、股份合作等模式进一步完善与农户的利益联结机制，建立长期稳定的合作关系，让更多农民分享农业PPP发展红利。

（四）确保公平竞争。各地农业部门、财政部门要指导项目实施机构依法通过公开、公平、竞争性方式，择优选择具备项目所需经营能力和履约能力的社会资本开展合作，保障各类市场主体平等参与农业PPP项目合作，消除本地保护主义和各类隐形门槛。鼓励金融机构早期介入项目前期准备，提高项目融资可获得性。

（五）严格债务管理。各地财政部门、农业部门要认真组织开展项目物有所值评价和财政承受能力论证，加强本辖区内PPP项目财政支出责任统计和超限预警，严格政府债务管理，严禁通过政府回购安排、承诺固定回报等方式进行变相举债，严禁项目公司债务向政府转移。

（六）强化信息公开。各地财政部门、农业部门要认真落实《政府和社会资本合作（PPP）综合信息平台信息公开管理暂行办法》（财金〔2017〕1号）有关要求，做好PPP项目全生命周期信息公开工作，及时、完整、准确地录入农业PPP项目信息，及时披露识别论证、政府采购及预算安排等关键信息，增强社会资本和金融机构信心，保障公众知情权，接受社会监督。

（七）严格绩效监管。各地财政部门、农业部门要构建农业PPP项目的绩效考核监管体系和监督问责机制，跟踪掌握项目实施和资金使用情况，推动形成项目监管与资金安排相衔接的激励制约机制。

四、加大政策保障

（一）强化组织领导责任。地方人民政府要积极探索建立跨部门PPP工作领导协调机制，加强政府统一领导，明确部门职责分工，确保形成工作合力，推动项目顺利实施。

（二）优化资金投入方式。各级财政部门、农业部门要探索创新农业公共服务领域资金投入机制，进一步改进和加强资金使用管理，发挥财政资金引导撬动作用，积极推动金融和社会资本更多投向农业农村，提高投资有效性和公共资金使用效益。

（三）发挥示范引领作用。财政部与农业部联合组织开展国家农业 PPP 示范区创建工作。各省（区、市）财政部门会同农业部门择优选择 1 个农业产业特点突出、PPP 模式推广条件成熟的县级地区作为农业 PPP 示范区向财政部、农业部推荐。财政部、农业部将从中择优确定“国家农业 PPP 示范区”。国家农业 PPP 示范区所属 PPP 项目，将在 PPP 示范项目申报筛选和 PPP 以奖代补资金中获得优先支持。各地财政部门、农业部门要共同做好农业 PPP 示范区的申报工作，加强对示范区的经验总结和案例推广，推动形成一批可复制、可推广的成功模式。

（四）拓宽金融支持渠道。充分发挥中国 PPP 基金和各地 PPP 基金的引导作用，带动更多金融机构、保险资金加大对农业 PPP 项目的融资支持。加强与国家农业信贷担保体系的合作，鼓励各地设立农业 PPP 项目担保基金，为 PPP 项目融资提供增信支持。创新开发适合农业 PPP 项目的保险产品。开展农业 PPP 项目资产证券化试点，探索各类投资主体的合规退出渠道。

（五）完善定价调价机制。积极推进农业农村公共服务领域价格改革，探索建立污水垃圾处理农户缴费制度，综合考虑建设运营成本、财政承受能力、农村居民意愿，合理确定农业公共服务价格水平和补偿机制。建立健全价格动态调整和上下游联动机制，增强社会资本收益预期，提高社会资本参与积极性。

（六）加强项目用地保障。各地农业部门、财政部门要积极协调相关土地部门，在保障耕地占补平衡的基础上，在当地土地使用中长期规划中全面考虑农业 PPP 项目建设需求，并给予优先倾斜，为项目用地提供有效保障。

财政部　人民银行　证监会关于规范开展政府和社会资本合作项目资产证券化有关事宜的通知

2017 年 6 月 7 日　财金〔2017〕55 号

各省、自治区、直辖市、计划单列市财政厅（局），新疆生产建设兵团财务局，中国人民银行上海总部、各分行、营业管理部、各省会（首府）城市中心支行，中国证监会各派出机构，中国银行间市场交易商协会，上海证券交易所、深圳证券交易所，中国证券业协会，中国证券投资基金业协会：

为贯彻落实《国务院办公厅转发财政部　发展改革委　人民银行关于在公共服务领域推广政府和社会资本合作模式指导意见的通知》（国办发〔2015〕42 号），规范推进政府和社会资本合作（以下简称 PPP）项目资产证券化工作，现就有关事宜通知如下：

一、分类稳妥地推动 PPP 项目资产证券化

（一）鼓励项目公司开展资产证券化优化融资安排。在项目运营阶段，项目公司作为发起人（原始权益人），可以按照使用者付费、政府付费、可行性缺口补助等不同类型，以能够给项目带来现金流的收益权、合同债权作为基础资产，发行资产证券化产品。项目公司应统筹融资需求、项目收益等因素，合理确定资产证券化产品发行规模和期限，着力降低综合融资成本。积极探索项目公司在项目建设期依托 PPP 合同约定的未来收益权，发行资产证券化产品，进一步拓宽项目融资渠道。

（二）探索项目公司股东开展资产证券化盘活存量资产。除 PPP 合同对项目公司股东的股权转让质押

等权利有限制性约定外，在项目建成运营2年后，项目公司的股东可以以能够带来现金流的股权作为基础资产，发行资产证券化产品，盘活存量股权资产，提高资产流动性。其中，控股股东发行规模不得超过股权带来现金流现值的50%，其他股东发行规模不得超过股权带来现金流现值的70%。

（三）支持项目公司其他相关主体开展资产证券化。在项目运营阶段，为项目公司提供融资支持的各类债权人，以及为项目公司提供建设支持的承包商等企业作为发起人（原始权益人），可以合同债权、收益权等作为基础资产，按监管规定发行资产证券化产品，盘活存量资产，多渠道筹集资金，支持PPP项目建设实施。

二、严格筛选开展资产证券化的PPP项目

（四）开展资产证券化的PPP项目应当运作规范、权属清晰。项目实施方案科学、合同体系完备、运作模式成熟、风险分配合理，并通过物有所值评价和财政承受能力论证。项目公司预期产生的现金流，能够覆盖项目的融资利息和股东的投资收益。拟作为基础资产的项目收益权、股权和合同债权等权属独立清晰，没有为其他融资提供质押或担保。

（五）发起人（原始权益人）应当分别符合相关要求。项目公司作为发起人（原始权益人）的，应当已落实融资方案，前期融资实际到账。项目公司、项目公司的股东作为发起人（原始权益人）申请通过发行主管部门绿色通道受理的，项目还应当成功运营2年以上，发起人（原始权益人）信用稳健，最近三年未发生重大违约或虚假信息披露，无不良信用记录。

三、完善PPP项目资产证券化工作程序

（六）依据合同约定自主开展资产证券化。政府方和社会资本方应在PPP合同中，通过适当的方式约定相关各方的资产证券化权利和义务，发起人（原始权益人）可按照合同约定自主决定开展资产证券化，向发行主管部门提交发行申请。PPP项目相关各方应按合同约定，配合接受尽职调查，提供相关材料，协助开展资产证券化产品的方案设计和信用评级等工作。

（七）择优筛选PPP项目开展资产证券化。优先支持水务、环境保护、交通运输等市场化程度较高、公共服务需求稳定、现金流可预测性较强的行业开展资产证券化。优先支持政府偿付能力较好、信用水平较高，并严格履行PPP项目财政管理要求的地区开展资产证券化。重点支持符合雄安新区和京津冀协同发展、"一带一路"、长江经济带等国家战略的PPP项目开展资产证券化。鼓励作为项目公司控股股东的行业龙头企业开展资产证券化，盘活存量项目资产，提高公共服务供给能力。

（八）择优推荐PPP项目资产证券化。省级财政部门可会同行业主管部门择优推荐资产证券化项目。PPP项目资产证券化发起人（原始权益人）可在向发行主管部门提交申请前，自主向省级财政部门和行业主管部门提出推荐申请。申请材料包括但不限于PPP项目实施方案、PPP合同、物有所值评价报告和财政承受能力论证报告、项目运营年报，以及项目资产证券化方案说明书、交易结构图、法律意见书等。省级财政部门可会同行业主管部门，按照有关监管规定和本通知要求，出具推荐意见并抄报财政部。

（九）进一步优化PPP项目资产证券化审核程序。发行主管部门应根据资产证券化业务规定，对申报的PPP项目进行审核和监管。对于各省级财政部门推荐的项目和中国政企合作支持基金投资的项目，中国银行间市场交易商协会、证券交易所、中国证券投资基金业协会等单位要研究建立受理、审核及备案的绿色通道，专人专岗负责，提高注册、备案、审核、发行和挂牌的工作效率。要根据PPP项目证券化开展情况，进一步完善资产证券化制度体系，指导有关单位研究完善自律规则及负面清单。

四、着力加强PPP项目资产证券化监督管理

（十）切实做好风险隔离安排。PPP项目资产证券化的发起人（原始权益人），要严格按照资产证券化

规则与相关方案、合同约定，合理设计资产证券化产品的发行交易结构，通过特殊目的载体（SPV）和必要的增信措施，坚持真实出售、破产隔离原则，在基础资产与发起人（原始权益人）资产之间做好风险隔离。发起人（原始权益人）要配合中介机构履行基础资产移交、现金流归集、信息披露、提供增信措施等相关义务，不得通过资产证券化改变控股股东对PPP项目公司的实际控制权和项目运营责任，实现变相“退出”，影响公共服务供给的持续性和稳定性。资产证券化产品如出现偿付困难，发起人（原始权益人）应按照资产证券化合同约定与投资人妥善解决，发起人（原始权益人）不承担约定以外的连带偿付责任。

（十一）合理分担资产证券化的成本收益。PPP项目公司资产证券化的发行成本应当由项目公司按照合同约定承担，不得将发行成本转嫁给政府和社会资本方。鼓励PPP项目公司及其股东通过加强日常运营维护管理或者提供合理支持，为基础资产产生预期现金流提供必要的保障，PPP项目公司及其股东可综合采取担保、持有次级等多种方式进行增信，避免单一增信方式增加对项目公司或股东的负担。PPP项目公司通过发行资产证券化产品优化负债结构的，节省综合融资成本带来的超额收益，应按照合同约定进行分配。

（十二）切实防范刚性兑付风险。PPP项目所在地财政部门要会同行业主管部门加强项目全生命周期的合同履约管理，以PPP合同约定的支付责任为限，严格按照项目绩效评价结果进行支付（含使用者付费项目），保障社会资本方获得合理回报。资产证券化产品的偿付责任，由特殊目的载体（SPV）以其持有的基础资产和增信安排承担，不得将资产证券化产品的偿付责任转嫁给政府或公众，并影响公共服务的持续稳定供给。

（十三）充分披露资产证券化相关信息。金融机构、中介服务机构等应做好尽职调查，确保PPP项目资产证券化业务符合相关政策要求。PPP项目资产证券化的发起人（原始权益人）、管理人及其他信息披露义务人应当严格按照资产证券化业务相关规定，在PPP综合信息平台以及市场认可的信息披露网站，披露项目实施信息、资产证券化年度管理报告、收益分配报告等信息，确保项目实施和资产证券化业务公开透明、有序实施，接受社会和市场监督。

（十四）大力营造良好发展环境。建立多元化、可持续的资金保障机制，推动不动产投资信托基金（REITs）发展，鼓励各类市场资金投资PPP项目资产证券化产品。加大PPP项目资产证券化政策宣传培训力度，提高各方资产证券化业务操作能力。财政部、人民银行、证监会建立完善PPP项目资产证券化协同管理机制，加强沟通合作，实现PPP项目实施和风险监测信息共享。省级财政部门和人民银行、证监会当地派出机构要高度重视，认真组织实施，切实做好PPP项目资产证券化相关工作，推动PPP项目资产证券化持续健康发展。

财政部　民政部　人力资源社会保障部关于运用政府和社会资本合作模式支持养老服务业发展的实施意见

2017年8月14日　财金〔2017〕86号

各省、自治区、直辖市、计划单列市财政厅（局）、民政厅（局）、人力资源社会保障厅（局），新疆生产建设兵团财务局、民政局、人力资源社会保障局：

为贯彻《国务院关于印发“十三五”国家老龄事业发展和养老体系建设规划的通知》（国发〔2017〕13号）、《国务院办公厅转发财政部　发展改革委　人民银行关于在公共服务领域推广政府和社会资本合作模式指导意见的通知》（国办发〔2015〕42号）精神，落实着力推进幸福产业服务消费提质扩容工作部署，鼓励运用政府和社会资本合作（PPP）模式推进养老服务业供给侧结构性改革，加快养老服务业培育与发展，形成多层次、多渠道、多样化的养老服务市场，推动老龄事业发展，现提出以下意见：

一、总体要求

（一）指导思想。

全面贯彻党中央、国务院关于老龄事业、养老服务业发展的决策部署，践行新发展理念，着力推动政府和社会资本合作促进养老服务领域供给侧结构性改革，优化养老服务领域资金资源投入使用方式，发挥社会力量的主体作用，激发社会活力，提高养老服务供给效率和能力，促进多层次、多渠道、多样化的养老服务更加方便可及，努力使养老服务业成为扩大内需、增加就业、保障和改善民生、推动经济转型升级的重要力量。

（二）基本原则。

政府引导，市场驱动。坚持养老服务领域供给侧结构性改革方向，深入推广政府和社会资本合作科学理念，优化养老服务领域政府资金资源投入使用方向和方式，发挥引导带动作用，注重发挥市场在资源配置中的决定性作用，营造公平竞争的市场环境，鼓励各类市场主体参与养老服务 PPP 项目，充分调动社会资本特别是民间资本的积极性，逐步使社会力量成为养老服务领域的主体。

厘清边界，支持基础。针对养老服务的不同类型，坚持公共服务属性，合理界定政府和社会资本合作提供的养老服务边界，优先支持保障型基本养老和改善型中端养老服务发展，促进资源合理优化配置，加大投入力度，探索形成符合当前国情的养老服务供给模式，保障面向老年人的基础性养老服务供给。

强化监督，提质增效。完善运营监督机制，强化绩效评价和项目监管，推动养老服务行业标准化建设，严格执行财政 PPP 工作制度规范体系，促进养老服务业规范发展。坚持问题导向，强化薄弱环节，通过机制创新增加养老服务供给，提升养老服务水平，增进老年人福祉。

（三）工作目标。

政府和社会资本合作提供养老服务的供给能力大幅提高、质量明显改善、结构更加合理，市场活力和社会创造力得到充分激发，多层次、多样化的养老服务市场初步形成。政府职能转变、“放管服”改革成效显著，群众满意度显著提高，养老服务业成为推动经济社会发展的新动能。

二、优先支持的重点养老服务领域

重点引导和鼓励社会资本通过 PPP 模式，立足保障型基本养老服务和改善型中端养老服务，参与以下养老服务供给：

（四）养老机构。

鼓励政府将现有公办养老机构交由社会资本方运营管理。支持机关、企事业单位将所属的度假村、培训中心、招待所、疗养院等，通过 PPP 模式转型为养老机构，吸引社会资本运营管理。鼓励商业地产库存高、出租难的地方，通过 PPP 模式将闲置厂房、商业设施及其他可利用的社会资源改造成养老机构。

（五）社区养老体系建设。

鼓励政府和社会资本在城乡社区内建设运营居家养老服务网点、社区综合服务设施，兴办或运营老年供餐、社区日间照料、老年精神文化生活等形式多样的养老服务。支持政府将所辖区域内的社区养老服务打包，通过 PPP 模式交由社会资本方投资、建设或运营，实现区域内的社区养老服务项目统一标准、统一运营。

（六）医养健融合发展。

鼓励养老机构与医疗卫生机构、健康服务机构开展合作，支持打造“以健康管理为基础、以养老服务为核心、以医疗服务为支撑”的全生命周期养老服务链，兴建一批以养老为主题，附加康养、体育健身、医疗、教育、文化娱乐、互联网等现代服务业的“养老＋”综合新业态。

三、规范推进项目实施

（七）统筹论证养老服务项目可行性。

各级财政、民政、社会保障部门要加强合作，依托全国PPP综合信息平台，综合项目实施周期、收费定价机制、投资收益水平、风险分配基本框架、所需政府投入等因素，论证筛选出适宜采用PPP模式运作的养老服务项目，做好项目储备，确保工作有序推进。

（八）依法择优选择社会资本方。

合理设置参与条件，消除本地保护主义和隐形门槛。除本级政府所属融资平台公司、控股国有企业外，建立现代企业制度的境内外法人，均可作为养老服务项目的社会资本方。鼓励在养老服务项目建设、运营、管理等方面具有专业资质的社会资本方，通过兼并重组、输出服务技术和品牌等形式，发展跨区域、跨行业的综合性养老服务集团，推动养老服务向品牌化、连锁化、专业化和规模化方向发展。

（九）多渠道构建项目回报机制。

根据项目特点，建立政府付费、使用者付费和开发性资源补偿相结合的项目回报机制，鼓励政府统筹运用授权经营、资本金注入、土地入股、运营补贴、投资补助等方式，支持养老项目建设。允许社会资本配套建设符合规定的医院、康养中心、疗养院及附属设施等经营性项目，提高项目综合盈利能力。鼓励社会资本通过“互联网+”等创新运营模式，降低项目成本，提高项目运营效率和投资回报水平。

（十）发挥示范引领带动作用。

鼓励各级财政、民政、社会保障部门优先选择一批有示范带动作用、需求长期稳定的养老服务项目开展试点，探索创新合作机制。推出一批养老服务业PPP示范项目，打造项目样板和标杆，有效发挥示范项目对全国养老服务项目的引领带动作用。加强案例总结和经验推广，探索养老服务业运用PPP模式的成熟路径。

四、积极提供政策保障

（十一）加强组织领导。

各级财政、民政、社会保障部门要切实提高思想认识，积极推动建立跨部门的工作协调机制，明确各自职责分工，抓好工作部署，落实工作责任，推动项目实施，及时研究解决合作项目建设运行中的重大问题。

（十二）落实现有优惠政策。

合理界定养老服务项目类型，PPP项目依法登记为公益性或经营性养老机构，按规定享受现行投资、补贴、税收、土地等优惠政策，保障养老服务设施用地供应。严格执行养老服务领域行政事业性收费减免政策。

（十三）优化财政资金投入方式。

鼓励各级财政部门加大养老服务业财政资金投入，优化资金使用方式，推动财政资金支持重点从生产要素环节向终端服务环节转移，从补建设向补运营转变，支持养老领域PPP项目实施。对社会急需、项目发展前景好的养老服务项目，要通过中央基建投资等现有资金渠道予以积极扶持。鼓励各地建立养老服务业引导性基金，吸引民间资本参与，支持符合养老服务业发展方向的PPP项目。

（十四）创新金融服务方式。

鼓励金融机构通过债权、股权、设立养老服务产业基金等多种方式，支持养老领域PPP项目。积极支持社保资金、保险资金等用于收益稳定、回收期长的养老服务PPP项目。充分发挥中国PPP基金的引导带动作用，积极支持养老服务PPP项目。鼓励保险公司探索开发长期护理险、养老机构责任险等保险产品。

（十五）营造良好发展环境。

各级财政、民政、社会保障部门要因地制宜细化落实各项扶持政策，切实为社会资本进入养老领域，创造公平有序的市场环境和保障有力的政策支持体系。进一步加大对养老投入力度，加快养老资金整合，优化社会资本参与环境，提高社会资本进入养老领域的积极性。

财政部关于印发《国际金融组织和外国政府贷款项目前期管理规程（试行)》的通知

2017年1月24日　财国合〔2017〕5号

国务院有关部委、有关直属机构，各省、自治区、直辖市、计划单列市（不含西藏）财政厅（局），新疆生产建设兵团财务局，财政部驻各省、自治区、直辖市、计划单列市财政监察专员办事处，有关中央企业，有关金融机构：

为落实《国际金融组织和外国政府贷款赠款管理办法》（财政部令第85号），完善国际金融组织和外国政府贷款项目前期管理制度，提高贷款使用效益，现将我部制定的《国际金融组织和外国政府贷款项目前期管理规程（试行)》印发你单位，请遵照执行。执行中如有问题，请函告我部。

附件：国际金融组织和外国政府贷款项目前期管理规程（试行）

附件：

国际金融组织和外国政府贷款项目前期管理规程（试行）

第一章　总　　则

第一条　为进一步规范国际金融组织和外国政府贷款（以下简称“贷款”）项目管理，有序推进项目前期工作，提高贷款使用效益，根据《国际金融组织和外国政府贷款赠款管理办法》（财政部令第85号）等相关规定，制定本规程。

第二条　贷款项目前期工作，包括项目征集与申报、备选项目规划编制、项目准备、项目谈判与生效等，适用本规程。

第二章　项目征集与申报

第三条　财政部负责定期在财政部国际财金合作司网站上发布贷款信息公告，包括国际金融组织和外国政府贷款机构（以下合称“贷款方”）对华提供贷款的规模、领域、条件等。

第四条　财政部本着“顶层设计、改革创新、简政放权、公开透明”的原则，根据国家经济社会改革发展方向、贷款方政策和政府债务管理要求，发布贷款项目征集通知。

第五条　根据贷款项目征集通知，省级财政部门商省级发展改革部门联合下发本地区项目征集通知。

省级财政部门应根据本地区国民经济社会发展战略、国家重点区域发展规划、本地区的发展需求与地方政府债务管理要求，统筹研究本地区利用贷款工作，指导贷款项目申报。

第六条 拟借用贷款的项目申报单位应根据项目征集要求，编制项目申报文件。

地方项目申报单位通过同级财政和发展改革部门逐级联合向省级财政、发展改革部门提出列入贷款备选项目规划申请；并根据地方政府负有偿还或者担保的不同责任，对贷款债务进行分类，逐级出具还款承诺函（贷款申请书主要内容和还款承诺函格式见附1和附2）。

国务院有关部门、中央企业、金融机构直接向财政部、国家发展改革委提出列入贷款备选项目规划的申请。

第七条 省级财政部门应组织专家或委托第三方机构对本地区贷款备选项目的投入领域、贷款方式、绩效目标、融资安排、偿债机制和执行机构能力等进行评审；同时按照财政部关于地方政府债务风险管理、外债指标监测等相关规定，进行债务风险审核（债务风险审核原则及要求见附4），并出具财政评审报告（财政评审报告格式见附3）。

如涉及评审费用，原则上由省级财政预算列支。

第八条 对评审合格的贷款备选项目申请，省级财政部门应在规定的申报截止日期前会同发展改革部门联合向财政部、国家发展改革委报送贷款申请书以及具有项目建议书深度的项目文件、还款承诺函、财政评审报告等配套文件。对评审不合格的贷款备选项目申请，不得上报财政部和国家发展改革委。

国务院有关部门、中央企业、金融机构申报项目的应在规定的申报截止日期前向财政部、国家发展改革委报送贷款申请书以及具有项目建议书深度的项目文件、还款承诺函等配套文件。财政部对国务院有关部门、中央企业及金融机构申报项目的投入领域、贷款方式、绩效目标、融资安排、偿债机制和执行机构能力等进行评审并出具财政评审报告。

对于拟申请中央财政统借统还的贷款备选项目，国务院有关部门、省级财政部门还应向财政部提交相关统借统还安排的批复文件。

第三章　备选项目规划编制

第九条 财政部对贷款申请进行审查，并根据国家重大战略规划、优先发展和改革重点领域、政府债务管理要求、贷款方的资金使用政策、可用资金额度，并结合有关项目绩效评价结果和项目所在地的债务风险等情况，与国家发展改革委研究编制贷款备选项目规划。

第十条 财政部会同国家发展改革委就贷款备选项目规划同有关贷款方进行磋商。

第十一条 财政部和国家发展改革委按照相关审核程序联合下达年度或跨年度贷款备选项目规划。

第四章　项 目 准 备

第十二条 省级财政部门、中央项目协调机构应根据备选项目规划，及时通知相关部门和项目实施单位，按照贷款项目准备程序和要求，组织开展项目准备工作。

第十三条 项目实施单位和项目协调机构（以下合称“项目单位”）应按照贷款方以及国内要求，开展贷款项目的准备工作。

对于国际金融组织贷款项目，项目单位应会同国际金融组织和国内相关部门制定项目准备时间表，根据时间节点配合国际金融组织完成项目的鉴别、准备、评估等工作，并按要求及时编制项目建议书、可行性研究报告、环境和社会影响评价报告、土地利用报告、移民安置计划、资金申请报告等项目材料，办理相关审核、审批手续，及时向省级财政部门报告项目准备及审批进展情况。

对于外国政府贷款项目，项目单位应在备选项目规划下达之日起一年内，通过同级财政部门逐级向财政部提交编制完成或已批复的可行性研究报告等项目材料。未按期提交项目材料的，视同自行放弃备选项目。

对于满足对外提交条件的外国政府贷款项目，财政部适时提交外国政府贷款机构审查或评估，并及时将其审查或评估意见通知省级财政部门、中央项目单位。

第十四条 财政部可以召开项目准备协调会等方式，就项目准备情况进行沟通和协调。

省级财政部门应加强对项目单位项目准备工作的指导和监督，按要求及时向财政部报告项目准备进展情况、存在的问题并提出解决方案。

第十五条 在项目准备过程中，对于项目贷款来源、金额、内容、实施主体等拟进行重大调整或终止项目的，项目单位应及时逐级上报财政部门。涉及重大调整的，地方项目由省级财政部门评审出具意见后报财政部审核确认；中央项目直接报财政部审核确认。

第十六条 对于外国政府及欧佩克国际发展基金、北欧投资银行等贷款项目，项目实施单位应按照财政部门和贷款方的有关要求，在备选项目规划下达3个月内完成委托代理银行或转贷银行和采购代理机构的选聘及合同签订工作。

对于国际金融组织贷款项目，项目实施单位应按照财政部和国际金融组织的有关要求，于贷款谈判前，完成采购代理机构的选聘及合同签订工作。

第五章 项目谈判与生效

第十七条 财政部根据贷款项目前期准备情况，负责对外谈判工作。省级财政部门、中央项目单位应配合并参与谈判准备工作，组织项目单位及相关部门，研究审核谈判文件，并根据需要落实好以下事项：

（一）对贷款方式、贷款币种、贷款条件、还本付息方式、支付条件和方式等进行确认；

（二）对贷款法律文件谈判草本提出修改意见；

（三）对于政府负有担保责任的贷款，项目实施单位以保证、抵押或质押等财政部门可接受的方式向财政部门提供担保或反担保；

（四）如必要，按要求向财政部提交相关法律文本（草签）签字人授权书和本地区、本部门参加贷款谈判人员名单；

（五）财政部及贷款方要求的其他事项。

谈判完成后，对法律文本的任何修改，均应事先征得财政部同意，并由财政部与贷款方协商一致后才能进行。

第十八条 对于国际金融组织贷款，财政部组织签署贷款法律文件并办理生效事宜。省级财政部门应按要求及时落实好以下事项：

（一）提交经省级政府负责人或其授权代表签署的《项目协议》文本确认函；

（二）提交经省级政府负责人或其授权代表签署的《项目协议》或由省级政府负责人签署的委托授权信；

（三）提交经省级政府相关法律部门签署的《项目协议》法律意见书；

（四）《贷款协定》和《项目协议》中规定的其他生效或支付条件；

（五）财政部及贷款方要求的其他事项。

对于外国政府贷款，在贷款方批准贷款且资金申请报告得到批复后，财政部组织签署贷款法律文件并办理生效事宜。

对于贷款方有特殊要求的政府贷款，转贷银行应在事先征得省级财政部门和项目实施单位的书面确认后，与贷款方贷款银行签署相关法律文件。

第十九条 财政部根据贷款还款责任不同，与省级政府或中央项目实施单位签署转贷或执行协议（转贷协议和执行协议格式见附5和附6）。财政部拨付贷款时，与省级政府或国务院有关部门等签署执行协议。财政部转贷贷款时，与省级政府、国务院有关部门、中央企业或者金融机构等签署转贷协议。

对于财政部拨付的贷款，省级财政部门应与下级政府或者有关部门和单位签署执行协议。对于财政部转贷的贷款，省级政府负有偿还责任的，省级财政部门应与下级政府或者有关部门和单位签署执行协议；

省级政府负有担保责任的，省级财政部门应与下级政府或者有关部门和单位签署转贷协议。

省级以下（不含省级）政府接受上级政府拨付或转贷，比照前款规定签署执行协议或转贷协议。

省级财政部门应对拟与财政部签署的贷款转贷协议或执行协议文本予以确认，并呈省级政府负责人或其授权代表签署，同时由省级财政厅负责人或其授权代表副署。

对于贷款方有特殊要求的政府贷款，转贷银行应在事先征得省级财政部门同意后，代表财政部与省级财政部门或者项目实施单位签署转贷协议，并于10个工作日内将贷款法律文件和转贷协议报送财政部和省级财政部门备案。

第二十条 财政部门和中央项目实施单位应按照贷款法律文件、财政专户和预算单位银行账户管理等有关规定开设和管理贷款指定账户。

第二十一条 项目实施单位应建立、健全和执行项目管理办法、会计核算办法、财务管理办法等。财政部门负责指导、监督项目实施单位开展上述工作并组织采购、支付等相关培训。

第六章 附　　则

第二十二条 各级财政部门、项目实施单位和项目协调机构及其工作人员未按照本规程的规定履行相应职责造成不良影响的，以及存在滥用职权、玩忽职守、徇私舞弊等违纪行为的，按照《公务员法》、《行政监察法》、《财政违法行为处罚处分条例》等国家有关规定追究相应责任；涉嫌犯罪的，依法移送司法机关处理。

第二十三条 美国进出口银行主权担保贷款管理规程另行制定。

第二十四条 本规程自2017年3月1日起施行。2009年2月16日发布的《关于进一步加强国际金融组织贷款项目前期工作的若干意见》（财际〔2009〕19号）同时废止。

附：1. 利用国际金融组织和外国政府贷款申请书主要内容
2. 利用国际金融组织和外国政府贷款还款承诺函
3. 利用国际金融组织和外国政府贷款财政评审报告
4. 利用国际金融组织和外国政府贷款地方政府债务风险审核原则及要求
5. 财政部与××人民政府关于××贷款××项目的转贷协议
6. 财政部与××人民政府关于××贷款××项目的执行协议

附1：

利用国际金融组织和外国政府贷款申请书主要内容

一、贷款的目的和必要性

二、贷款项目主要内容

项目名称及实施地点

项目绩效目标、主要内容及其创新性

项目组织安排和实施计划

三、项目概算和资金来源

项目总投资及拟利用国外贷款来源和金额，申请使用的贷款方式（投资贷款、结果导向贷款、政策贷款等），配套资金来源等内容。

四、转贷、担保及债务偿还安排

拟申请使用的贷款类别（偿还责任贷款、担保责任贷款或混合型贷款）、具体还款责任单位及其还贷资金来源等内容。

附 2：

利用国际金融组织和外国政府贷款还款承诺函

财政部：

我省（或单位）拟申请××项目利用××贷款××（金额/币种）。根据财政部关于国际金融组织和外国政府贷款管理相关规章和制度，我厅（局）/（或单位）愿为所申请的贷款提供还款承诺：

项目名称：

贷款方：

贷款金额：　　（币种）　　（金额大写）

贷款类别（政府负有偿还责任贷款、政府负有担保责任贷款或混合型贷款）：

具体还款责任情况如下：

贷款总金额	承担还款责任单位	金额

注：承担还款责任单位具体到省、市、县或项目单位

项目实施单位：

我厅（局）/（或单位）承诺将按照上述项目转贷协议中规定的条件和条款，确保按时偿还全部到期债务，包括本金、利息、承诺费、管理费、违约金等其他应付费用。

如我厅（局）/（或单位）不能按期有效履行上述承诺，同意财政部对我省/（或单位）采取财政扣款等方式回收全部到期债务。

单位/盖章

年　月　日

附 3：

利用国际金融组织和外国政府贷款财政评审报告

财政部：

按照财政部令第 85 号的规定和财办××号文件精神，现将我省（自治区、直辖市或计划单列市）拟利用××贷款××项目的评审意见报告如下。

一、项目概况

概述项目名称、项目绩效目标和内容，资金规模、来源及贷款方式，项目执行期、项目实施单位，贷

款偿还安排等。

二、评审内容及重点

（一）项目目标和内容。

重点评审项目是否符合国家和地区经济社会发展的优先领域，项目的创新性和示范性，项目财务、经济、社会、环境效益，绩效目标的合理性等。

（二）融资安排。

重点评审项目贷款方式、融资规模、资金来源安排及其可行性等。

（三）偿债机制。

重点评审转贷担保方案的合理性、还款资金来源及其充足性，财政部门与还款责任人担保、反担保及债务风险控制安排的可靠性和法律效力等。

（四）债务风险。

对于地方政府负有偿还责任的贷款，重点评审省级地区与所辖涉及贷款项目地区政府债务限额可用空间、省级地区外债监测情况以及省本级与所辖涉及贷款项目地区是否列入风险预警地区名单或一般债务率指标是否超标。

对于地方政府负有担保责任的贷款，重点评审还款责任人的资信情况、财务状况、综合还款能力和担保人履行担保责任的资格能力、反担保措施可靠性等，对贷款回收的安全性进行审核。

（五）机构能力。

重点评审项目实施单位和协调机构设置的合理性，人员配备的充足性、专业性、稳定性，以往执行国外贷款项目的经验等。

（六）财政部和贷款机构要求评审的其他事项。

三、项目风险提示

简明列示项目潜在的主要风险。

四、结论性审核意见

在对项目进行综合评价的基础上，提出同意申报的评审结论。

单位/盖章
年　月　日

附 4：

利用国际金融组织和外国政府贷款地方政府债务风险审核原则及要求

一、审核原则

债务风险审核工作应按照财政部预算司关于地方政府债务风险管理的相关规定以及金融司制定的《地方政府外债指标监测暂行办法》，并遵循以下审核原则：

（一）限额管理原则。各地年度新增的地方政府负有偿还责任的国外贷款规模不得超过国务院批准的本地区新增债务限额。（二）统筹财力和风险因素进行债务限额分配原则。地方政府债务规模的分配统筹考虑财力和风险，财力状况好、举债空间大、债务风险低的地区多安排，举债空间小、债务风险高的地区少安排或不安排，同时兼顾党中央国务院关心的重点项目。（三）债务管理分级负责原则。各省综合考虑发展重点、财力和债务风险等因素对所辖市、县（区）自行进行债务规模分配和风险管理。

二、存在下述情况的，新申请的地方政府国外贷款项目将不予列入规划

（一）如省级地区年度新增负有偿还责任的国外贷款额度超过该省级地区新增一般债务限额的，省本级与所辖涉及贷款项目的市、县（区）的新增政府负有偿还责任的国外贷款项目不予列入规划；

（二）如省级地区外债监测进入红色区域的指标连续两年达到三项或连续两年受到警告的，除国务院特批项目外，省本级与所辖涉及贷款项目的市、县（区）的新增国外贷款项目不予列入规划；

（三）如省本级与所辖涉及贷款项目的市、县（区）同时被列入风险预警地区名单或因一般债务率指标超标而被列入风险提示地区名单的，除国务院特批项目外，省本级及所辖涉及贷款项目的市、县（区）的新增政府负有偿还责任的项目不予列入规划。

如省本级被列入上述名单，而所辖涉及贷款项目的市、县（区）未被列入上述名单的，省本级新增政府负有偿还责任的项目不予列入规划。

如省本级未被列入上述名单，而所辖涉及贷款项目的市、县（区）被列入上述名单的，根据债务管理分级负责原则，由省级政府综合考虑发展重点、财力和债务风险等因素对所辖市、县（区）政府负有偿还责任的国外贷款项目申报进行管理。如同意上述市、县（区）申报政府负有偿还责任的国外贷款项目，应确保其债务限额可用空间，并向我部承诺当其出现拖欠时，由省级财政保证偿还相关贷款债务，否则相关市、县（区）政府负有偿还责任的国外贷款项目不予列入规划。

附5：

财政部与××人民政府关于××贷款××项目的转贷协议

为执行中华人民共和国与××银行（以下简称“贷款方”）于××××年××月××日签订的“××项目”（以下简称“本项目”）的《贷款协定》（贷款号×××），以及贷款方与××人民政府签订的《项目协议》，财政部（以下简称“债权人”）与××人民政府（以下简称“债务人”）兹协议如下：

一、《贷款协定》及其附件中的相关部分构成本协议整体的一部分。如债权人和贷款方对《贷款协定》做出调整，本协议也将相应调整。

二、债权人同意根据本协议的条款和条件，将贷款方提供的总额为××××（币种，金额大写）的贷款（以下简称“本贷款”）转贷给债务人，用于实施本项目。

三、债务人确认本贷款全部（或其中××××）为政府负有偿还责任贷款，具体还款责任情况如下：

协议总金额	承担还款责任单位	金额

注：承担还款责任单位具体到省、市、县

四、债务人同意本贷款转贷条件如下，并承担相应还本付息付费义务：

（一）本贷款转贷期为××年，含宽限期××年。

（二）债务人应按照《贷款协定》的规定，向贷款方（世行）一次性支付相当于本贷款总金额0.25%的先征费。（贷款方将于本贷款生效日或生效日之后，代表债务人从本贷款账户中提取该费用，支付给贷款方）。

（三）对尚未提取的贷款本金，债务人应按照《贷款协定》所规定的承诺费率，每年分两次向债权人支付承诺费。承诺费自《贷款协定》签字后第××天起开始计征。

（四）对已提取但尚未偿还的贷款本金，债务人应按照《贷款协定》所规定的利率，每年分两次向债权人支付利息。

（五）在接到贷款方（世行）通知后，债务人应按照《贷款协定》所规定的费率，每年分两次向债权人支付风险敞口附加费。

（六）债务人应根据《贷款协定》中“贷款分期偿还时间表”的规定，自××××年××月××日起，至××××年××月××日止，每年分两次按照债权人付款通知的具体要求向债权人偿还贷款本金。

（七）债务人还本付息付费日为每年××月××日和××月××日，债务人应按照债权人付款通知中列明的金额和日期将当期应偿付款项汇至债权人指定账户。

（八）债务人对债权人的还本付息付费应按第二条约定的币种计算，以该币种现汇支付。

（九）债务人应承担因使用本贷款所发生的全部外汇风险、利率风险和其他所有风险。

五、违约金和财政扣款

债务人应优先安排资金偿付本贷款的本金、利息和费用。如果债务人未按期足额偿付，债权人将采取如下两种方式之一，以保障债权人权益：

（一）债权人向债务人计收应付未付部分款项的违约金，计收方法为：自逾期之日（含）起至实际支付之日（含）止，按照日率千分之一计收。违约金金额按本协议第四条第八款规定的还款币种计算（具体以债权人违约金通知单为准），债务人以人民币向债权人交付。

（二）债权人通过财政扣款或其他有效方式扣收债务人应付未付款项。

六、提前还款

债务人在征得债权人和贷款方书面同意后，可提前还款，但应负担提前还款所发生的费用（贴水）。贴水的计算按照债权人和贷款方的相关规定进行。

七、债务代表人和贷款管理

债务人授权××××财政厅（局）作为其债务代表人，负责本贷款的使用管理与债务偿还工作。财政厅（局）应就本贷款的相关事项向债务人负责，并代表债务人办理与贷款有关的手续。为此：

（一）债权人同意财政厅（局）指定的人员为本贷款的提款签字人，直接向贷款方办理提款报账手续。财政厅（局）应将提款签字人名单（中文）和签字真迹（英文）一式三份报送债权人，由债权人正式授权并提交贷款方后方为有效。

（二）财政厅（局）应根据债权人和贷款方的规定和要求，选择一家可从事外汇业务的金融机构为本贷款单独开设一个外币指定账户，并负责管理该指定账户。指定账户的利息收入按债权人有关规定进行管理和使用。

（三）财政厅（局）应及时审核并办理本贷款下的提款报账申请，保证贷款资金的及时、合规支付和本项目的正常执行。

（四）财政厅（局）应保证按照本协议第四条规定，代表债务人按时足额向债权人还本付息付费。

（五）若本贷款将由债务人下级政府或有关单位负责偿还，财政厅（局）应与其签署贷款再转贷协议或其他形式的协议，落实债权债务关系，同时建立还款保障机制。

（六）财政厅（局）应按照债权人的相关要求和规定，监督检查本贷款资金和配套资金的落实与使用，加强对本项目的资金、财务与债务管理，并根据债权人的要求，按时向债权人报送本贷款提款数据、实施情况和绩效评价等报告。

八、债务人及财政厅（局）保证

（一）债务人按照《贷款协定》、《项目协议》及相关主管部门对本项目的批复实施本项目，并按承诺及时筹措和提供项目所需的配套资金，为本项目顺利实施提供必要的支持和保障。

（二）除《贷款协定》规定可用本贷款支付的费用外，其他一切与本项目有关的费用均应由项目配套资金支付。

（三）债务人按照《贷款协定》中规定的贷款使用范围、支付类别、支付比例及其限额使用本贷款。任何用本贷款进行的采购、支付及其财务会计管理等均应按照贷款方相应的指南、手册以及债权人的相关制度规定进行。

（四）债务人对本项目的目标内容和本贷款的使用额度、资金分配做出调整，应报经债权人正式提交贷款方批准，由债权人和贷款方相应修订《贷款协定》。

（五）在债务存续期间，还款责任人如因实行资产重组、企业改制等可能导致产权、债权变更或者债务转移等行为将会影响到贷款偿还的，应事先征得债务人的同意，并就有关债务偿还安排和项目实施安排达成书面协议，保证按时偿还贷款，防止债务逃废。

（六）债务人自行承担因其在执行本项目过程中的失误所造成的任何损失。

九、债权人有权随时检查本项目的执行情况及本贷款的使用和偿还情况。当债务人违反《贷款协定》、《项目协议》和本协议规定时，债权人可以依法依规采取一切措施，保证有关问题得到及时解决和纠正。

十、本贷款的关账日为××××年××月××日。如需延期，债务人应在关账日前六个月书面通知债权人，并通过债权人提交贷款方批准。

十一、本协议执行期间，经协议双方协商一致，可对本协议进行修改和补充。

十二、本协议在协议双方签字盖章和《贷款协定》生效后即告生效，至债务人还清本贷款的全部本、息、费时终止。

本协议由协议双方签字盖章、并由财政厅（局）副署，以昭信守。

财政部
（授权代表）

年　月　日

××人民政府
（授权代表）

年　月　日

××财政厅（局）
（授权代表）

年　月　日

附6：

财政部与××人民政府关于××贷款××项目的执行协议

为执行中华人民共和国与××银行（以下简称“贷款方”）于××××年××月××日签订的“××项目”（以下简称“本项目”）的《贷款协定》（贷款号××），以及贷款方与××人民政府签订的《项目协议》，财政部（以下简称“甲方”）与××人民政府（以下简称“乙方”）兹协议如下：

一、《贷款协定》及其附件中的相关部分构成本协议整体的一部分。如甲方和贷款方对《贷款协定》作出调整，本协议也将相应调整。

二、甲方同意根据本协议的条款，将贷款方提供的总额为××××（币种，金额大写）的贷款（以下简称“本贷款”）拨付给乙方执行，用于实施本项目。本贷款由甲方负责还本付息付费，相应金额分年度列入中央财政预算。

三、乙方授权××财政厅（局）（以下简称“乙方代表”）作为其代表人，办理与本贷款有关的手续，并负责本贷款的使用管理。为此：

（一）甲方同意乙方代表指定的人员为本贷款的提款签字人，直接向贷款方办理提款报账手续。乙方代表应将提款签字人名单（中文）和签字真迹（英文）一式三份报送甲方，由甲方正式授权并提交贷款方后方为有效。

（二）乙方代表应根据甲方和贷款方的规定和要求，选择一家可从事外汇业务的金融机构为本贷款单独开设一个外币指定账户，并负责管理该指定账户。指定账户的利息收入按照甲方有关规定进行管理和使用。

（三）乙方代表应及时审核并办理本贷款下的提款报账申请，保证贷款资金的及时、合规支付和本项目的正常执行。

（四）乙方代表应按照甲方的相关要求和规定，监督检查本贷款资金和配套资金的落实与使用，加强对本项目的资金、财务与债务管理，并根据甲方的要求，按时向甲方报送本贷款提款数据、实施情况和绩效评价等报告。

四、乙方及乙方代表保证：

（一）乙方按照《贷款协定》、《项目协议》及相关主管部门对本项目的批复实施本项目，并及时筹措和提供项目所需的配套资金，为本项目顺利实施提供必要的支持和保障。

（二）除《贷款协定》规定可用本贷款支付的费用外，其他一切与本项目有关的费用均应由项目配套资金支付。

（三）乙方按照《贷款协定》中规定的贷款使用范围、支付类别、支付比例及其限额使用本贷款。任何用本贷款进行的采购、支付及其财务会计管理等均应按照贷款方相应的指南、手册以及甲方的相关制度规定进行。

（四）乙方对本项目的目标内容和本贷款的使用额度、资金分配做出调整，应报经甲方正式提交贷款方批准，由甲方和贷款方相应修订《贷款协定》。

（五）若本项目实施单位的产权、经营权或者组织形式等发生变化，而影响到本项目执行，乙方应事先征得甲方的同意，并与甲方就本项目实施安排达成书面协议。

（六）乙方自行承担因其在执行本项目过程中的失误所造成的任何损失。

五、甲方有权随时检查本项目的执行和本贷款的使用情况。当乙方违反《贷款协定》、《项目协议》和本协议规定时，甲方可以依法依规采取一切措施，保证有关问题得到及时解决和纠正。

六、本贷款的关账日为××××年××月××日。如需延期，乙方应在关账日前六个月书面通知甲方，并通过甲方提交贷款方批准。

七、本协议执行期间，经协议双方协商一致，可对本协议进行修改和补充。

八、本协议在协议双方签字盖章和《贷款协定》生效后即告生效，至协议双方的义务履行完毕时终止。

本协议由甲乙双方签字盖章，并由乙方代表副署，以昭信守。

财政部
（授权代表）

年　月　日

××人民政府
（授权代表）

年　月　日

××财政厅（局）
（授权代表）

年　月　日

财政部关于印发《国际金融组织和外国政府贷款赠款项目财务管理办法》的通知

2017年5月2日 财国合〔2017〕28号

国务院有关部委、有关直属机构，各省、自治区、直辖市、计划单列市（不含西藏）财政厅（局），新疆生产建设兵团财务局，有关中央企业，金融机构：

为落实《国际金融组织和外国政府贷款赠款管理办法》（财政部令第85号），完善国际金融组织和外国政府贷款赠款项目财务管理制度，提高贷款赠款资金使用效益，现将我部制定的《国际金融组织和外国政府贷款赠款项目财务管理办法》印发你单位，请遵照执行。执行中如有问题，请函告我部。

附件：国际金融组织和外国政府贷款赠款项目财务管理办法

附件：

国际金融组织和外国政府贷款赠款项目财务管理办法

第一章 总 则

第一条 为了规范国际金融组织和外国政府贷款、赠款（以下简称贷款赠款）项目的财务管理，合理合规使用贷款赠款，提高资金使用效益，根据《国际金融组织和外国政府贷款赠款管理办法》（财政部令第85号）等相关规定，制定本办法。

第二条 贷款赠款项目的财务管理工作适用本办法。

第三条 贷款赠款项目的财务管理应当遵循统一管理、分工合作、规范有效、防范风险的原则。

第四条 贷款赠款项目的财务管理主要任务是：贯彻执行国家相关法律、法规、制度及贷款方或赠款方管理规定，建立健全项目财务管理制度，开展贷款赠款项目财务评估、编制贷款赠款资金使用计划和预决算，加强项目会计统计，规范项目支出、控制项目成本，强化财务监督，防控债务风险。

第五条 各级财政部门应当将政府负有偿还责任贷款的收入、支出、还本付息和政府负有担保责任贷款中依法或协议规定确需政府偿还的部分，按照预算管理相关规定纳入一般公共预算管理。

赠款纳入中央一般公共预算管理。其中：对于赠款方有指定用途的赠款，按预算管理程序审核后相应列入中央部门预算或中央对地方转移支付；对于赠款方无指定用途的赠款，由财政统筹安排使用。

第二章 机构与职责

第六条 财政部门履行下列职责：

（一）制定贷款赠款项目的财务管理、会计核算等制度规定，指导编写项目财务管理手册，对本级项目实施单位和下级财政部门开展与项目财务管理相关的业务指导、培训及监督；

（二）组织开展对贷款项目的财政评审；

（三）对政府负有偿还责任的贷款进行预算管理和政府债务限额管理，对政府负有担保责任的贷款按照政府或有债务管理要求实施监管；

（四）对赠款进行预算管理；

（五）对贷款赠款项目的资金支付使用、成本费用支出、债务落实和偿还等实施管理和监督；

（六）就贷款赠款项目实施相关财务管理事宜与贷款方或赠款方进行沟通与协调；

（七）组织或配合相关部门对贷款赠款项目进行的检查、审计等；

（八）财政部门应当履行的其他职责。

第七条 项目实施单位履行下列职责：

（一）按照贷款方或赠款方及国内相关规定，建立健全本单位实施或组织实施的贷款赠款项目财务管理制度，编写项目财务管理手册；

（二）配置专门财务管理机构和管理人员；

（三）开展贷款赠款项目前期调查、评估、论证，并提供财政评审所需要的材料；

（四）按照贷款方或赠款方及国内相关规定和承诺筹措落实贷款赠款项目配套资金；

（五）按照贷款方或赠款方及国内相关规定，办理贷款赠款资金提款报账，合理合规使用项目资金；

（六）按照贷款法律文件和国内相关规定落实贷款债务和还贷资金；

（七）做好贷款赠款项目收支预决算、会计、统计、资产管理、档案管理等工作；

（八）接受并协助贷款方或赠款方以及国内相关部门对贷款赠款项目进行的检查、审计等，针对相关问题和建议落实整改；

（九）项目实施单位应当履行的其他职责。

第八条 跨地区、跨行业项目的协调机构组织、协调或协助项目实施单位和财政部门履行上述职责。

第三章 资金筹措和使用管理

第九条 对本地区申请列入备选项目规划的贷款项目，省级（包括计划单列市，下同）财政部门应当组织财政评审，内容包括：投入领域、贷款方式、融资安排、执行机构能力、绩效目标、偿债机制和债务风险等。

第十条 贷款项目列入备选项目规划后，在项目准备过程中，财政部门应当在财政评审的基础上，进一步落实还款责任和还款资金来源，并指导、协调项目实施单位或还款责任人合理选择贷款产品，确定贷款条件及还款方式，编制项目财务管理手册等。

第十一条 财政部门和项目实施单位应当按照外汇管理部门的规定办理贷款项目外债登记手续。

第十二条 中央项目实施单位和省级财政部门（代表省级政府）向财政部提出赠款申请，审核资金需求，并按照赠款方要求提供联合融资承诺函。

第十三条 项目实施单位应当按照贷款赠款法律文件以及国内相关规定和承诺的要求筹措落实配套资金。实物和劳务折抵形式的配套或捐赠，按照国家对行政、事业和企业单位的会计准则和会计制度的相关规定确认计价。

第十四条 贷款赠款法律文件签署后，财政部门或项目实施单位应当按照法律文件、财政专户和预算单位银行账户管理等相关规定开设和管理贷款赠款指定账户。由地方单位负责实施的项目，除贷款赠款法律文件规定以外，省级以下（不包含省级）财政部门原则上不得设立和管理指定账户。

指定账户管理单位负责办理提款签字人报送和授权手续。

第十五条 项目实施单位和项目协调机构应当按照贷款方或赠款方以及财政部门规定，及时编制下一年度贷款赠款项目资金使用计划、采购计划、出国（境）团组计划报送同级财政部门审核或备案。

第十六条 省级财政部门应当按照地方政府债务限额管理的相关规定于每年10月底前向财政部报送下年度本地区贷款资金预计使用规模。

第十七条 财政部门和项目实施单位应当建立健全贷款赠款项目资金支付的职责分工、审核流程和监控制度，按照贷款方或赠款方的要求及国内相关规定进行贷款赠款资金支付和债务分割等工作。

项目实施单位应当按照贷款赠款法律文件所规定的费用类别和比例使用贷款赠款资金，并按照贷款方或赠款方的支付政策及财政部门的相关规定，及时提交提款申请书及证明文件，办理贷款赠款资金提款报账事宜。

外国政府贷款提款报账时，项目实施单位应当按照财政部门的要求进行事前确认或事后备案。

第十八条 财政部门和项目实施单位应当及时核对、确认提款报账金额和币种、支付日期、支付类别、债务金额等基础财务信息，相互提供相关单据和文件以做好记录核算工作，落实债权债务，妥善保存原始材料以备查。

第十九条 回收的贷款资金原则上不得进行再转贷。按照贷款法律文件规定确需进行再转贷的，财政部门或项目实施单位应当建立健全管理制度和运行机制，明确职责分工和工作程序，加强资金管理，落实债务偿还责任，严格防范风险。

第二十条 贷款赠款项目实施过程中出现以下情况，项目实施单位须经同级财政部门逐级上报财政部，由财政部与贷款方或赠款方协商一致后办理：

（一）贷款赠款项目的内容、范围、资金用途、融资结构、支付比例等发生重大实质性变更的；

（二）贷款赠款项目无法在贷款赠款法律文件所规定的账户关闭日之前完成支付而需要延期的；

（三）贷款赠款法律文件签署生效后，要求注销部分或全部贷款赠款资金的；

（四）贷款账户关闭后，要求提前偿还部分或全部贷款资金的；

（五）其他对资金支付及使用产生重大影响的情况。

第四章　成本费用和资产管理

第二十一条 项目实施单位应当按照贷款赠款法律文件和国内相关规定，加强项目准备及实施各环节的成本费用管理，做好项目成本费用的概算、确认、支付、控制及核算等财务工作。

第二十二条 财政部门和项目实施单位应当严格按照贷款赠款法律文件所规定的范围、标准、条件、类别及国内相关规定的要求，支付、归集各类费用支出。

第二十三条 财政部门和项目实施单位应当严格按照财政部、国家外专局相关规定审核和执行贷款赠款项目出国（境）团组计划及支出相关费用。不得在项目采购或咨询合同中安排出国（境）培训调研内容。

第二十四条 项目会议、培训、差旅费用支出范围和标准应当根据项目实施单位隶属级次，参照财政部或项目所在地区相关规定执行。

第二十五条 财政部门和项目实施单位应当严格控制项目咨询服务费用。咨询服务费用标准应当参照专家所在地生活和收入水平确定，其中，由贷款赠款资金支付的，参照贷款方或赠款方相关指南执行；由国内配套资金支付的，按照国内同行业相关标准执行。

第二十六条 贷款项目代理银行和采购代理机构的服务费按照国内相关规定执行。

第二十七条 贷款项目协调机构项目管理经费预算应当报同级财政部门审批并纳入同级预算管理。

第二十八条 项目实施单位应当按照国内相关规定，对项目流动资产、固定资产、无形资产的形成、确认、计价、损益和移交等进行严格管理，防止资产流失。

第二十九条 贷款赠款项目形成国有资产的，其转移、出售、抵押、置换以及报废清理等工作，应当按照国内相关规定进行。贷款赠款法律文件有明确规定的，从其规定。

第三十条 贷款赠款项目完工后，项目实施单位应当对各项资产清理造册，编制项目竣工财务决算报告或完工报告、清理期间收支报表，按照国家相关规定报送财政和相关部门审核、审批或备案。

第五章　财务报告和信息系统管理

第三十一条 项目实施单位应当按照贷款赠款法律文件和财政部门相关规定对贷款赠款项目进行会计

核算，编制、报送项目财务报告和各类统计报表等。接受并协助贷款方或赠款方以及国内相关部门对贷款赠款项目进行的检查、审计等。

第三十二条 财政部门和项目实施单位应当逐步建立健全项目资金、资产、财务、债务管理信息系统，加强对信息的分析处理和交流共享，提高财务管理工作效率。

第六章 债务管理

第三十三条 财政部门和还款责任人应当建立健全还贷保障机制，明晰债权债务关系，落实还贷责任，防控债务风险。

第三十四条 财政部门和还款责任人应当按照国内相关规定分别做好贷款债权债务的会计和统计工作；财政部门组织债务偿还和回收工作，还款责任人落实偿还债务的资金来源，并按照贷款方或财政部门的还款通知，及时足额偿还到期债务。

第三十五条 财政部门、项目实施单位和还款责任人应当与贷款方及相关单位保持沟通，及时掌握贷款资金支付和债务偿还信息，并按照财政部门相关规定逐级汇总上报统计报表。上级财政与下级财政、财政部门与项目实施单位和还款责任人之间应当每年至少进行一次债务核对工作。

第三十六条 财政部门应当按照国内相关规定管理还贷准备金。还款责任人未按时还款的，财政部门应当从还贷准备金中调剂资金用于临时性垫款。

第三十七条 对于政府负有偿还责任贷款和依法或协议规定确需政府偿还的担保责任贷款，财政部门应当在本级政府相应年度支出预算中安排还贷资金。

财政部门代为偿还担保责任贷款后，依法对原还款责任人享有追偿权。

第三十八条 对未能履行还款义务的还款责任人，上级财政部门可以采取财政预算扣款、加收罚息等有效措施以保证欠款回收。

第三十九条 除贷款法律文件明确规定以外，回收的贷款资金应当统一纳入还贷准备金用于债务偿还。

第四十条 财政部门应当建立贷款债务的统计、监测、预警体系，完善偿债信用考评和公示制度，防范和化解债务风险。

第四十一条 在贷款债务存续期间，还款责任人如因实行资产重组、企业改制等可能导致产权变更、债权变更或者债务转移等行为将会影响到贷款偿还的，应当事先征得同级财政部门同意，并就相关债务偿还安排与同级财政部门达成书面协议，保证按时偿还贷款，防止债务逃废。

第七章 监督与法律责任

第四十二条 财政部转贷或拨付给国务院有关部门（含直属单位，下同）、中央企业、金融机构使用的贷款赠款，由财政部组织开展贷款赠款项目监督检查工作。

财政部转贷或拨付给省级政府使用的贷款赠款，由省级财政部门组织开展贷款赠款项目监督检查工作。财政部可以视情对贷款赠款项目开展专项监督检查工作。

第四十三条 财政部门可以调阅、检查、核实贷款赠款项目的财务会计资料，并就检查过程中发现的违规行为，按照国内相关规定采取相应措施进行处理。

第四十四条 为贷款赠款项目提供审计的机构，应当按照贷款方或赠款方及国内相关规定，对项目财务收支和项目执行情况进行审计并出具审计报告。

第四十五条 地方财政部门未按本办法第六条履行相应职责的，财政部可以予以通报批评，在相关问题得到妥善处理前暂停该地区新的贷款赠款安排。

第四十六条 项目实施单位未按本办法第七条履行相应职责的，财政部门可以采取暂停贷款赠款资金支付、加速未到期贷款债务的偿还、追回已支付资金及其形成的资产、收取贷款违约金等措施。

财政部门可以通过企业信用信息公示系统等平台公示项目实施单位等在贷款赠款使用和偿还过程中的失信、失范行为，并对责任主体实施联合惩戒措施。

第四十七条 财政部门及其工作人员未按照本办法规定的程序和标准进行审核并造成不良影响的，以及存在滥用职权、玩忽职守、徇私舞弊等违纪行为的，按照《公务员法》、《行政监察法》、《财政违法行为处罚处分条例》等国家有关规定追究相应责任；涉嫌犯罪的，移送司法机关处理。

第四十八条 项目实施单位、项目协调机构及财政部门和个人以虚报、冒领等手段骗取贷款赠款资金的，或者滞留、截留、挪用及其他违反规定使用贷款赠款资金的，或者从贷款赠款中非法获益的，依照相关法律法规的规定处理。

第八章 附　　则

第四十九条 贷款方或赠款方对贷款赠款项目财务管理另有要求且不与我国法律法规规定相冲突的，从其规定。

第五十条 国务院有关部门，省、自治区、直辖市、计划单列市财政部门和新疆生产建设兵团财务局，可根据本办法制定实施细则。

第五十一条 本办法自 2017 年 6 月 1 日起施行，2011 年 2 月 16 日发布的《国际金融组织贷款赠款项目财务管理暂行办法》（财际〔2011〕10 号）同时废止。

财政部关于印发《全球环境基金赠款管理办法》的通知

2017 年 5 月 9 日　财国合〔2017〕33 号

国务院有关部委、有关直属机构，各省、自治区、直辖市、计划单列市（不含西藏）财政厅（局），新疆生产建设兵团财务局：

根据《国际金融组织和外国政府贷款赠款管理办法》（中华人民共和国财政部令第 85 号），我们对《全球环境基金赠款项目管理办法》（财际〔2007〕45 号）进行了修订，制定了《全球环境基金赠款管理办法》，现印发给你们，请遵照执行。

附件：全球环境基金赠款管理办法

附件：

全球环境基金赠款管理办法

第一章 总　　则

第一条 为了规范和加强全球环境基金赠款管理，根据《国际金融组织和外国政府贷款赠款管理办法》（财政部令第 85 号）以及其他相关规定，制定本办法。

第二条 全球环境基金赠款的管理工作适用本办法。

第三条 财政部代表中国政府接受全球环境基金赠款，是全球环境基金赠款的统一管理部门。

省级财政部门是地方政府全球环境基金赠款归口管理单位，对本地区全球环境基金赠款进行管理。

第四条 财政部将接受的赠款拨付给省级政府、国务院有关部门（含直属单位，下同）以及所申报贷款项目已列入国际金融组织贷款规划的中央管理企业、金融机构等执行和使用。

第五条 全球环境基金赠款的规划和使用应当符合国民经济和社会发展战略，支持国家履行相关国际环境、气候公约，具有全球环境效益，体现公共财政职能，注重制度创新和技术开发与应用，以实现国家和全球可持续发展为最终目标。

第二章 机构与职责

第六条 财政部履行下列职责：

（一）对外接受全球环境基金赠款。

（二）制定全球环境基金赠款的管理制度。

（三）与全球环境基金秘书处就其筛选确定的中国全球环境基金项目进行磋商，并在此基础上形成中国国别项目规划。

（四）统筹开展全球环境基金赠款的对外工作，包括对外确认项目、磋商谈判、签署法律文件、办理生效手续等。

（五）指导、协调、监督全球环境基金赠款项目的立项申报、前期准备、拨付、资金使用、绩效评价、成果总结和推广等。

第七条 省级财政部门履行下列职责：

（一）组织、征集、筛选本地区全球环境基金赠款项目，代表本级政府向财政部提出全球环境基金赠款申请。

（二）组织和协调本地区全球环境基金赠款对外工作，参与项目准备和磋商谈判，协助办理法律文件签署和生效手续。

（三）对本地区全球环境基金赠款的资金、财务进行管理。根据财政部和项目指定机构有关规定和项目要求，审核项目资金需求，提供联合融资承诺函；代表本级政府与财政部签署赠款执行协议；监督全球环境基金赠款及联合融资的落实与使用；负责赠款指定账户的具体开设与管理、赠款资金支付和提取。

（四）对本地区全球环境基金赠款项目执行情况进行监督和检查，保障资金使用的安全、规范、有效；按照相关规定对全球环境基金赠款所形成的资产管理进行监督。

（五）审核地方项目实施单位报送的全球环境基金赠款资金预算或资金使用计划、年度出国计划和年度采购计划。

（六）组织实施本地区赠款项目的绩效评价工作，总结和推广本地区赠款项目的成果经验等。

第八条 项目实施单位负责全球环境基金赠款项目的实施和管理，在业务上接受同级财政部门的指导和监督，其主要职责为：

（一）负责全球环境基金赠款项目的组织实施，落实赠款协议和赠款执行协议所规定的各项工作和安排，包括参与前期准备、提供联合融资、组织项目采购、开展项目活动、推进项目进度、监测项目绩效等，确保项目取得预期成果。

（二）建立、健全内部财务会计监督制度，按照财政部有关赠款项目财务与会计管理的规定，对项目进行财务管理和会计核算。

（三）按照赠款协议和赠款执行协议的要求，地方项目实施单位向省级财政部门提供提款报账所需的相关资料并向省级财政部门报送项目实施情况及相关报告；中央项目实施单位向财政部报送项目实施情况及相关报告。

（四）配合项目指定机构及国内相关单位开展项目检查、绩效评价和审计等工作。

第三章　赠款申请与规划

第九条　省级财政部门、中央项目实施单位应根据本办法的规定以及全球环境基金、项目指定机构的要求，组织、征集、筛选赠款项目，并向财政部提出赠款申请，赠款申请材料包括项目识别表和联合融资承诺函。

第十条　项目识别表和联合融资承诺函的编制、报送应符合以下要求和程序：

（一）项目实施单位应联合项目指定机构，按照全球环境基金要求编制项目识别表。

（二）地方项目实施单位向省级财政部门报送项目识别表和联合融资承诺函。省级财政部门和中央项目实施单位向财政部报送项目识别表和联合融资承诺函。

（三）联合融资承诺函由中央项目实施单位的财务部门或省级财政部门出具。中央项目实施单位提交联合融资承诺函时，如需地方政府安排联合融资、承担相应实施责任的，应同时提供省级财政部门出具的联合融资承诺函。

第十一条　财政部收到赠款申请后，将赠款申请统一递交全球环境基金秘书处，请其筛选确定。此后，财政部与全球环境基金秘书处就其筛选确定的项目进行磋商，主要考察其筛选的项目是否符合国民经济和社会发展规划、中国履行相关国际环境、气候公约的行动计划，同时广泛征求相关国际气候、环境公约履约部门或行业主管部门的意见，在此基础上形成全球环境基金赠款中国国别项目规划。财政部负责及时向相关单位通报中国国别项目规划。

第十二条　在对中国国别项目规划内项目逐一对外确认前，财政部委托独立专家对项目识别表进行技术评审。对技术评审合格的项目，财政部向项目指定机构发出确认函。项目指定机构负责向全球环境基金秘书处提交项目识别表。

对已列入全球环境基金赠款中国国别项目规划，但需对项目金额、内容、实施主体等进行重大调整的项目，省级财政部门或中央项目实施单位应联合项目指定机构向财政部重新报送经修订的项目识别表及联合融资承诺函。

第十三条　项目识别表得到全球环境基金批准后，项目实施单位应与项目指定机构共同编制完整的项目文件，并由项目指定机构在全球环境基金规定期限内报送全球环境基金秘书处。

第四章　赠款协议签署

第十四条　项目得到全球环境基金秘书处确认后，由财政部牵头组织省级财政部门、项目实施单位和相关单位与项目指定机构进行全球环境基金赠款协议谈判。

第十五条　财政部代表中华人民共和国政府作为受赠方与项目指定机构签署全球环境基金赠款协议。

第十六条　赠款协议签署后，财政部将与省级政府和中央项目实施单位签署全球环境基金赠款执行协议，以进一步明确各方责任，确保赠款资金安全。

第五章　实施与管理

第十七条　全球环境基金赠款纳入中央一般公共预算管理，按预算管理程序审核后相应列入中央部门预算或中央对地方转移支付。对于赠款方无指定用途的赠款，由中央财政统筹安排使用。

第十八条　每年初，省级财政部门、中央项目实施单位应将全球环境基金赠款上年资金使用情况和当年预算或资金使用计划报送财政部。

第十九条　全球环境基金赠款项目指定账户的具体开设与管理应按照法律文件、财政专户和预算单位银行账户管理等有关规定执行。

中央项目实施单位的赠款项目指定账户应开设在本单位的财务司局或其具体实施项目的下属事业单位。

省级以下（不含省本级）财政部门不得开设由地方项目实施单位执行的赠款项目的指定账户。

第二十条 全球环境基金赠款的使用应符合赠款协议和赠款执行协议规定的范围与用途，任何单位和个人均不得以任何理由和形式滞留、截留、挪用赠款资金或者擅自改变赠款资金用途。

第二十一条 项目实施单位使用全球环境基金赠款资金的年度出国计划和年度采购计划应报同级财政部门审核或备案。

第二十二条 项目实施单位应成立专门的项目办公室，具体负责全球环境基金赠款项目实施与管理工作。

项目实施单位应派现职人员担任项目办公室主任，并为项目办配备充足的、专业能力较强的财务、采购和技术人员，提供相应的办公设备和经费。

第二十三条 针对实施过程中出现重大问题的项目，财政部有权暂停拨付全球环境基金赠款。项目实施单位应就存在的重大问题及时做出整改，并将整改情况报送财政部。财政部将视整改情况做出是否继续拨付全球环境基金赠款的决定。对整改后仍然存在重大问题的项目，财政部有权做出继续暂停或终止项目执行的决定。

第二十四条 在全球环境基金赠款项目实施过程中，如需对赠款协议和赠款执行协议的内容，包括项目目标、资金类别、提款授权签字人、项目执行期等重要项目内容进行调整，省级财政部门、中央项目实施单位等须报请财政部同意后，由财政部向项目指定机构提出协议修改要求并办理相关手续。

第二十五条 项目实施单位应按照档案管理的有关规定对所有与项目实施有关的文件和票据进行妥善保管。

第二十六条 全球环境基金赠款形成国有资产的，其处置、收益分配及会计核算应当按照国家有关规定与赠款执行协议明确的所有权归属和处置方式进行。

第六章 监督与检查

第二十七条 全球环境基金赠款项目实施过程中，项目实施单位应将项目中期实施进展报告、年度工作计划、年度预决算和审计报告及时报送同级财政部门。

第二十八条 中央项目实施单位执行的赠款项目，由财政部组织开展监督检查工作；地方项目实施单位执行的赠款项目，由省级财政部门组织开展监督检查工作。

第二十九条 为进行成果宣传和推广，项目实施单位应及时总结全球环境基金赠款项目活动成果和经验，编制成果手册，报送同级财政部门。

第三十条 项目实施单位应在全球环境基金项目结束后6个月内，及时编制项目完工报告，报送同级财政部门。

第三十一条 全球环境基金赠款项目实施结束后，省级财政部门、中央项目实施单位等应对项目开展绩效评价。

第七章 附 则

第三十二条 本办法下列用语的含义：

（一）“全球环境基金赠款”是指由全球环境基金或受全球环境基金托管的其他基金提供的赠款。

（二）“全球环境基金秘书处”是指总部设在华盛顿的全球环境基金常设机构，其直接向全球环境基金成员国大会和理事会负责。

（三）“全球环境基金项目指定机构”（以下简称“项目指定机构”）是指由全球环境基金指定的，帮助受援国等申请和实施全球环境基金赠款项目的机构，目前包括世界银行、联合国开发计划署、联合国环境规划署、联合国工业发展组织、亚洲开发银行、联合国粮农组织、国际农业发展基金、世界自然基金会、保护国际、世界自然保护联盟、环境保护部环境保护对外合作中心等。

（四）“项目实施单位”包括中央项目实施单位和地方项目实施单位。其中，中央项目实施单位是指实施全球环境基金赠款的国务院有关部门、中央管理企业、金融机构等；地方项目实施单位是指实施全球环境基金赠款的地方政府有关部门或其他单位。

（五）“省级财政部门”是指省、自治区、直辖市、计划单列市财政厅（局）。

（六）“项目识别表”是指由项目指定机构和项目实施单位共同编制的申请全球环境基金赠款的项目材料。

（七）“联合融资”是指项目总投资中除全球环境基金赠款以外的其他来源资金，包括国际金融组织和外国政府提供的贷赠款及国内政府部门和企业提供的现金、实物和劳务投入等。

（八）“联合融资承诺函”是指由省级财政部门、中央项目实施单位等为准备和实施全球环境基金赠款项目出具的承诺提供联合融资的保证文件，主要应明确资金使用主体、来源、金额、比例、用途和期限等。

第三十三条 各级财政部门及其工作人员在全球环境基金赠款申请、规划、管理中未按照本办法规定的程序和要求进行确认或审核，以及其他滥用职权、玩忽职守、徇私舞弊等违法违纪行为的，按照《公务员法》、《行政监察法》、《财政违法行为处罚处分条例》等国家有关规定追究相应责任；涉嫌犯罪的，移送司法机关处理。

第三十四条 本办法自2017年6月1日起施行，2007年7月2日印发的《全球环境基金赠款项目管理办法》（财际〔2007〕45号）同时废止。

财政部关于印发《亚洲开发银行知识服务技术援助项目操作规程（试行）》的通知

2017年6月9日 财国合〔2017〕39号

国务院有关部委、有关直属机构，各省、自治区、直辖市（不含西藏）财政厅（局）：

为进一步加强亚洲开发银行知识服务技术援助项目管理工作，完善知识服务技术援助项目管理制度，现将我部制定的《亚洲开发银行知识服务技术援助项目操作规程（试行）》印发你们，请遵照执行。

附件：亚洲开发银行知识服务技术援助项目操作规程（试行）

附件：

亚洲开发银行知识服务技术援助项目操作规程

（试行）

第一条 为了规范亚洲开发银行（以下简称亚行）知识服务技术援助（以下简称知识技援）项目申报和执行工作，提高项目质量和成效，根据我国政府与亚行签订的《技术援助框架协议》（以下简称框架协议）等相关规定，制定本操作规程。

第二条 亚行委托财政部征集的知识技援项目的申报、执行等相关工作适用本操作规程。

第三条 本操作规程所称知识技援是由亚行出资开展、审批确定、组织实施、拥有知识产权的政策研究和能力建设活动。

第四条 知识技援的规划和使用应当符合我国国民经济和社会发展战略、我国政府与亚行确定的国别伙伴战略，体现前瞻性、创新性和示范性，突出问题导向，有助于推动形成国内法律法规、规范性文件、地区及行业发展规划等具有可操作性的政策成果，有益于精通外语、熟悉国际规则的外向型人才培养。

第五条 根据框架协议规定，亚行知识技援项目的申报、实施单位应为政府部门和承担行政职能的事业单位。

第六条 根据亚行委托，财政部每年向中央有关部门的涉外业务单位或利用外资归口管理单位以及省级财政部门（以下简称对口单位）发布征集亚行知识技援项目的通知。对口单位根据通知要求，征集知识技援项目建议书并提交给亚行，由亚行聘用的第三方咨询专家进行独立评估。

第七条 财政部在收到亚行的评估结果后，与亚行开展知识服务技援项目规划年度磋商，并将亚行在磋商中确定的下一年度知识技援项目规划清单转发对口单位。

第八条 有关对口单位应当通知项目实施单位配合亚行做好入选项目的前期准备工作。

第九条 项目实施单位应当明确项目负责人，由其指导、监督亚行知识技援项目实施，并对项目活动成果审核把关，确保项目目标实现。

第十条 项目实施单位应当组建工作团队，配备专业项目管理人员，为知识技援项目实施提供充足稳定的人力支持，并指派专人与亚行协调对接。

第十一条 项目实施单位应配合亚行做好咨询专家选聘工作，对专家资格条件及工作任务大纲提出合理意见和建议，并在项目实施过程中加强对咨询专家的监督和指导。

第十二条 项目实施单位应与亚行及咨询专家共同制定项目实施计划，按计划推进项目，及时向有关对口单位报告项目进展，并提交项目启动报告、中期报告和最终报告。

第十三条 项目实施单位应配合亚行及咨询专家开展会议、调研、培训等活动，如涉及垫付费用，应按照亚行及国内的相关规定办理。

第十四条 有关对口单位和项目实施单位与亚行及咨询专家接触过程中，应遵循国家及本部门、本地区的保密规定，不得向其提供不能对外公开的资料和信息等。

第十五条 项目实施单位应配合亚行审核、确认项目阶段性成果，配合亚行做好项目完工总结和验收工作。项目完工一个月内，项目实施单位应通过有关对口单位向财政部和亚行提交可对外公开的项目最终成果以及 5 000 字以内的政策建议摘要。

第十六条 项目实施单位应当及时总结、推广亚行技援项目成果。

第十七条 项目实施单位应当商有关对口单位推动本部门或本地区项目成果上报，为本部门、本地区相关领域的政策制定提供借鉴和参考；推进项目成果运用与推广，并将有关运用推广情况及时通报财政部。

第十八条 有关对口单位应当监督亚行知识技援项目的实施情况。发现问题的，应当责令项目实施单位采取有效措施，限期解决和纠正。

第十九条 有关对口单位和项目实施单位的工作人员在项目实施过程中存在贪污受贿、滥用职权、玩忽职守、徇私舞弊等违法违纪行为的，依照相关法律法规的规定处理。

第二十条 本办法自印发之日起施行。

财政部办公厅关于印发《国际金融组织和外国政府贷款赠款项目采购管理工作指南》和《国际金融组织和外国政府贷款赠款项目采购代理机构选聘指南》的通知

2017 年 12 月 22 日 财办国合〔2017〕25 号

国务院有关部委、有关直属机构，各省、自治区、直辖市、计划单列市（不含西藏）财政厅（局），新疆建设兵团财务局，有关中央企业，金融机构：

为落实《国际金融组织和外国政府贷款赠款管理办法》（财政部令第 85 号），加强国际金融组织和外国政府贷款赠款项目采购管理工作，提高贷款赠款资金使用效益，现将我部制定的《国际金融组织和外国政府贷款赠款项目采购管理工作指南》和《国际金融组织和外国政府贷款赠款项目采购代理机构选聘指南》印发你单位。执行中如有问题，请函告我部。

附件：1. 国际金融组织和外国政府贷款赠款项目采购管理工作指南

2. 国际金融组织和外国政府贷款赠款项目采购代理机构选聘指南

附件1：

国际金融组织和外国政府贷款赠款项目采购管理工作指南

为了加强国际金融组织和外国政府贷款赠款（以下简称贷款赠款）采购管理，规范采购行为，保证采购质量，提高贷款赠款资金使用效益，根据《国际金融组织和外国政府贷款赠款管理办法》（财政部令第85号）及相关法律法规，制定本指南。

一、适用范围、原则及定义

（一）全部及部分使用贷款赠款进行的采购，均应遵照贷款赠款方与中方达成的法律文件开展项目采购活动（参见《中华人民共和国政府采购法》第八十四条和《中华人民共和国招标投标法》第六十七条）。

本指南所称贷款赠款法律文件，是指政府协定、贷款赠款协定、项目协议、贷款赠款评估备忘录等贷款赠款方与中方达成的协议。

（二）贷款赠款采购管理应当遵循权责对等、程序合法、公开透明、防范风险以及促进采购活动公平竞争、高效开展的原则。

（三）贷款赠款采购方式是指根据贷款赠款法律文件规定，确定货物、工程和服务的供应商时所采用的招标和其他采购方式。

（四）贷款赠款采购程序一般包括前期准备、采购组织、合同签订和执行三个阶段。

二、关于前期准备

（一）项目实施单位应按贷款赠款方要求及国内有关规定编报可行性研究报告、资金申请报告和采购清单、采购计划等文件。采购清单、采购计划如需变更或调整，项目实施单位应当履行国内相关审批手续。

（二）采购清单及采购清单变更或调整需经贷款赠款方审批或备案的，项目实施单位应办理相关手续。

（三）项目实施单位应当依据采购清单并结合项目实施进度编制年度贷款赠款采购计划，主要包括采购方式、采购内容、采购预算、执行周期等。

（四）项目实施单位需要采购代理机构办理采购事宜或提供采购相关服务的，应按照政府采购法律制度及《贷款赠款项目采购代理机构选聘指南》，选择确定采购代理机构。

项目实施单位可委托项目协调机构，按照贷款赠款采购代理机构选聘相关管理规定，代为选择确定采购代理机构。

（五）项目实施单位应当保证项目采购的资金落实到位，并在招标文件等采购文件中如实载明。

（六）项目实施单位应当在贷款赠款协议生效后开展贷款赠款采购活动。贷款赠款法律文件规定可使用追溯贷款赠款进行提前采购的，从其规定。

在项目采购活动开展前，项目实施单位应当完成国内外相关审批手续，并保证按照项目执行进度实施采购计划。

三、关于采购组织

（一）项目实施单位应当按照贷款赠款法律文件的相关规定选择合适的采购方式。

（二）项目实施单位通过招标开展项目采购的，应当按照贷款赠款方指定的招标文件范本编制贷款赠款项目招标文件。

招标文件，是指贷款赠款法律文件规定的招标文件。其主要内容应当包括：商务部分、技术部分和拟签订的合同文本等。贷款赠款法律文件对投标人资格条件另有规定的，从其规定。

招标文件编制完成后，由项目实施单位按照国家相关法律规定报送国内有关部门审批或备案（如需要）。贷款赠款法律文件另有规定的，招标文件应当报送贷款赠款方审批或备案。

（三）项目实施单位应当按照国家相关法律规定、贷款赠款法律文件的规定编写招标公告，并通过规定的媒介发布招标公告。贷款赠款法律文件规定招标公告应当报送贷款赠款方审批或备案的，项目实施单位应及时办理。

（四）项目实施单位根据国内有关部门要求，进入中国国际招标网、中国采购与招标网、中国招标投标公共服务平台、省级电子招标投标公共服务平台或公共资源交易平台等开展贷款赠款采购的，具体的采购程序、条件、评审要求等应当符合贷款赠款法律文件规定。

（五）评标由项目实施单位依法组建的评标委员会负责。评标委员会由项目实施单位代表、评审专家组成。

评审专家应当熟悉相关贷款赠款方采购政策、采购程序和条件以及贷款赠款方的招标采购文件范本，具备具体采购项目评审所必备的经验和能力。

项目实施单位难以在现有专家库中选定合适评审专家的，可以自行选定符合贷款赠款采购要求的评审专家。

（六）评标委员会成员应当按照客观、公正、审慎的原则，根据招标文件确定的评标程序、评标方法和评标标准进行独立评审。贷款赠款法律文件另有规定的，从其规定。

（七）项目实施单位根据评标委员会的评标报告确定中标人，并按规定报送国家有关主管部门审批或备案（如需要）。贷款赠款法律文件另有规定的，评标报告应当报贷款赠款方审批或备案。

（八）项目实施单位应对评标结果进行公示。贷款赠款法律文件对评标结果公示另有规定的，从其规定。

（九）投标人、供应商、贷款赠款方或国家有关部门对评标结果、成交结果提出疑问、质疑或异议的，项目实施单位应当及时组织、协调作出妥善处理和答复。贷款赠款法律文件对于评标、中标和成交结果及疑问、质疑或异议处理另有规定的，从其规定。

四、关于合同签订和执行

（一）招标方式确定中标人后，项目实施单位应当按照招标文件有关规定与中标人签订合同。合同内容应当与招标文件和投标文件相关内容一致，不得有实质性变更。

其他采购方式确定供应商后，项目实施单位应当按照采购文件确定的事项与成交供应商签订合同。合同内容应当与采购文件和响应文件相关内容一致，不得有实质性变更。

项目实施单位根据贷款赠款法律文件规定，将合同报贷款赠款方审批或备案。

（二）合同当事人应当按照合同约定履行义务。中标人应当严格履行合同的约定，确保提供的工程、货物、服务等与合同约定相一致。项目实施单位应当如实签署货物签收等验收证明。

（三）合同执行过程中，合同需要变更或调整（如数量、型号、规格、价格等发生变化）的，项目实施单位应当与中标人依规依约妥善处理；需要办理报批或备案手续的，项目实施单位应及时办理相关手续。

（四）工程竣工或货物、服务采购完成后，项目实施单位应当按照合同约定和国家相关法律规定进行验收，办理财务决算，做好资产债务移交和登记等工作。

（五）项目实施单位应当及时总结在技术、管理、制度、理念等方面的采购经验和创新成果，并进行推广宣传。

（六）合同履行过程中发生索赔和争议的，合同当事人应当按照合同约定依法处理索赔和争议。

五、其他

本指南自发布之日起施行。

附件2：

国际金融组织和外国政府贷款赠款项目采购代理机构选聘指南

为了规范国际金融组织和外国政府贷款赠款（以下简称贷款赠款）项目采购代理机构的选聘，根据《国际金融组织和外国政府贷款赠款管理办法》（财政部令第85号）及相关法律法规，制定本指南。

一、适用范围及定义

（一）贷款赠款项目采购代理机构的选聘适用本指南。

（二）本指南所称采购代理机构，是指接受项目实施单位委托，根据贷款赠款项目需求，提供采购代理以及相关咨询服务的供应商。

（三）采购代理机构应当具备以下条件：

1. 符合《中华人民共和国政府采购法》等法律规定的有关要求；

2. 熟悉贷款赠款方和我国采购管理政策及工作程序，具有负责贷款赠款采购代理业务的专业部门和人员。

二、选聘组织

（一）项目实施单位应当根据贷款赠款项目的特点和需求，本着公开公正、竞争择优的原则，依法依规选聘采购代理机构。自身具备采购能力的项目实施单位可自行组织开展贷款赠款采购活动。

（二）跨省、自治区、直辖市、计划单列市的联合执行项目，项目实施单位可以委托项目协调机构统一选聘一家采购代理机构；也可由各省、自治区、直辖市、计划单列市分别选聘采购代理机构。

（三）国际金融组织贷款赠款项目，应当在谈判前完成采购代理机构选聘工作；外国政府及欧佩克发展基金、北欧投资银行贷款项目，应当在项目列入备选规划之日起三个月内完成选聘工作。

三、选聘方式及程序

（一）项目实施单位使用财政性资金支付采购代理费用的，应当按照政府采购法律制度规定选聘采购代理机构。项目实施单位使用非财政性资金支付采购代理费用的，可参照政府采购法律制度规定选聘采购代理机构。

（二）项目实施单位使用贷款赠款资金支付采购代理费用且贷款赠款方对选聘程序另有规定的，从其规定。

（三）项目实施单位采用招标方式选聘采购代理机构的，可参照本指南所附《采购代理机构评审内容与标准》（附1）确定具体评审方案在招标文件中列明，并采用综合评分法确定中标的采购代理机构。

四、合同执行及管理

（一）项目实施单位应当根据招标文件、谈判文件或磋商文件中确定的代理服务范围和内容（附2）与中标、成交的采购代理机构签订《委托代理合同》。

《委托代理合同》主要包括：代理权限和事项、委托方和受托方权利和义务、代理服务费以及违约责任等内容。

（二）项目实施单位应当按照《委托代理合同》约定向采购代理机构支付代理服务费。

（三）采购代理机构与项目实施单位应当遵循诚实守信、平等互惠的原则认真履行《委托代理合同》。《委托代理合同》签订后，除合同约定的有关情形外，不得更换采购代理机构。

《委托代理合同》尚未履约完毕须终止的，项目实施单位应当按照本指南的规定于《委托代理合同》终止前三个月内重新选定采购代理机构。《委托代理合同》终止前，原代理机构应当继续履行相关代理业务，不得中断服务。

五、其他

本指南自发布之日起施行。

附：1. 采购代理机构评审内容与标准

2. 采购代理机构的服务范围和内容

附 1：

采购代理机构评审内容与标准

贷款赠款项目采用招标方式选聘采购代理机构，采用综合评分法，满分为 100 分。评审内容与标准如下：

一、机构经验（权重占 10%～20%）

是指根据采购代理机构近 5 年来承担国际金融组织和外国政府贷款赠款项目采购代理活动的数量和规模设置分值。

项目单位应当要求采购代理机构在投标文件中提供下列证明材料：（一）代理项目的《代理合同（或协议）》复印件；（二）贷款赠款方就该项目采购合同包的相关采购过程的回复文（函）件的复印件。项目实施单位可以在招标文件中规定：根据需要查验原件。

说明：1. 统计时间以项目实施单位与采购代理机构签订《代理合同（或协议）》的日期为准；2. 同一个贷款赠款协议下不同子项目、不同采购合同的代理只能被认定为一个代理活动。

二、专业能力（权重占 30%～50%）

是指根据采购代理机构为特定项目建立的服务团队人员的专业能力，以及保证服务质量和体现服务水平的支持性或后台机构和设施等的专业能力设置分值。

项目实施单位应当要求采购代理机构在投标文件中明确为特定项目提供服务的团队的主要和辅助人员的名单和他们担当的岗位；并要求采购代理机构提供能证明团队人员专业能力的相关证明文件的复印件，包括经本人签字的人员履历、从业经验（业绩）、服务过的项目实施单位或者相关管理部门的评价文件（函）等。项目实施单位可以在招标文件中规定：根据需要查验原件。

三、服务方案（权重 20%～30%）

是指根据采购代理机构为特定项目提出的专门服务方案对项目需求的响应性、可行性，以及满足服务质量要求的针对性、创新性等设置分值。

项目实施单位应当要求采购代理机构在专门服务方案中至少包括：服务团队人员的各自岗位职责、服务内容及流程（包括进度计划）、质量保障体系和措施、针对本项目的专门安排、创新或合理化建议等。

四、代理服务费（权重 10%～20%）

是指根据采购代理机构的代理服务费报价水平和对项目单位设定的代理服务费付款进度安排的响应程度设置分值。代理服务费报价得分应当按下列方法设置：满足招标文件要求且报价最低的为计算基准价，其价格得分为最高分；其他采购代理机构的价格得分按照下列公式计算：

报价得分 =（计算基准价/代理服务费报价）× 价格得分最高分

评标委员会认为投标人的报价明显低于其他通过符合性审查投标人的报价，有可能影响服务质量或者不能诚信履约的，应当要求其在评标现场合理的时间内提供书面说明，必要时提交相关证明材料；投标人不能证明其报价合理性的，评标委员会应当将其作为无效投标处理。

附 2：

采购代理机构的服务范围和内容

以下服务的范围和内容均为可选项，项目实施单位应当根据贷款赠款项目特点和需求，确定选择或补充相应的代理服务范围和内容。

一、前期准备阶段

（一）参与编制贷款赠款项目采购计划或采购清单。

（二）参与贷款赠款方对项目的评估、谈判。

（三）参与制定贷款赠款项目采购战略。

（四）就贷款赠款方采购政策、采购程序和条件、采购流程和周期、采购安排等提供咨询或培训。

二、采购组织阶段

（一）编写资格预审文件和（或者）招标文件的商务部分，并将由项目实施单位负责编写的技术部分与商务部分汇总后，送项目实施单位审定。

（二）将资格预审文件和（或者）招标文件报送贷款赠款方和（或者）国内主管部门审批，答复贷款赠款方和（或者）国内主管部门就这些文件商务部分提出的问题并做出相应修改。

（三）根据贷款赠款方和（或者）国内主管部门的规定，拟定并在指定媒介上发布资格预审公告和（或者）招标公告，并支付相关费用。

印制、发售资格预审文件和（或者）招标文件，制作发售记录并报送项目实施单位。

（四）邀请投标人参加标前会和（或者）考察踏勘现场并解答投标人提出的商务问题。

（五）对资格预审文件和（或者）招标文件商务部分进行澄清和（或者）修改，在报经项目实施单位、贷款赠款方和（或者）国内主管部门审查同意后，将澄清和（或者）修改文件以书面形式通知投标人。

（六）接收资格预审申请文件和（或者）投标文件，负责做相应记录。

（七）组织和主持开标工作，并做相应记录。根据贷款赠款方和（或者）国内主管部门的要求将开标记录报送贷款赠款方和（或者）国内主管部门备案。

（八）协助项目实施单位选定或聘请资格预审评审和（或者）评标专家，并支付评审专家相关劳务费用。

（九）在资格预审评审和（或者）评标过程中按照评审委员会或评标委员会要求通知投标人进行书面澄清。

（十）根据评标情况通知投标人延长投标和投标保证金的有效期。

（十一）协助资格预审评审和（或者）评标工作。协助编写资格预审评审报告和（或者）评标报告的商务部分，汇总技术部分后编制成完整的资格预审评审报告和（或者）评标报告交评标委员会签字确认。

（十二）将资格预审评审报告和（或者）评标报告报贷款赠款方和（或者）国内主管部门审批。

（十三）按照贷款赠款方和（或者）国内主管部门有关规定进行评标结果公示或中标结果公告。

（十四）对贷款赠款方和（或者）国内主管部门就资格预审评审报告和（或者）评标报告提出的问题，与项目实施单位商定意见并作出答复。

（十五）根据评审结果和（或者）评标结果，向资格预审合格的申请人发出资格预审合格通知，邀请资格预审合格的申请人购买招标文件；向中标人发出中标通知。

（十六）在贷款赠款方和（或者）国内主管部门指定的网站或采购管理信息系统上完成采购涉及的建档、备案、公告发布、结果公示或公告等。

（十七）协助答复采购涉及的询问、质疑、异议、投诉、举报等。

（十八）根据贷款赠款方的规定和要求，提供资格预审文件、招标文件（商务部分）、澄清文件、评标报告（商务部分）等采购文件的英文文本。提供贷款赠款方有关采购文件的中文翻译。

（十九）整理并妥善保管采购过程的有关文件，并根据需要向项目实施单位移交。

三、合同执行阶段

（一）组织并参与对采购合同商务条款的非实质性修改的谈判，整理采购合同文本（商务部分）；协助项目实施单位对技术部分的非实质性调整进行谈判；汇总合同文本。

（二）以买方代理名义与甲方共同签订采购合同。代缴合同印花税，该费用按国家法律规定向项目实施单位收取。

（三）按照规定将采购合同报送国家主管部门备案、登记或审批。

（四）向贷款赠款方办理采购合同申报和批准手续。

（五）协助办理贷款赠款方、银行等提出的与合同生效相关的手续，审核银行预付款保函和履约保函。

（六）协助项目实施单位向国家主管部门申办采购合同项下进口设备（货物）的进口手续和（或者）减免税手续。

（七）根据采购合同执行的需要，协助项目实施单位与供应商进行合同修改谈判并办理向贷款赠款方和国内主管部门报批或备案手续。

（八）办理对外申请开立、修改信用证（如需要）、审核单据等有关支付手续。

（九）承担并支付采购合同项下买方银行费用，该费用按照采购合同总金额千分之______的标准向项目实施单位在对外支付前收取。

（十）办理邀请供应商来华的函件并协助甲方办理中方订货小组及执行合同小组的出国（出境）审批、报批及签证事宜。

（十一）对项目实施单位指定的报关企业办理委托手续，并由被委托的报关企业办理采购合同项下进口设备（货物）的报关、提货手续。

（十二）协助处理采购合同涉及的索赔和反索赔事宜。

（十三）协助进行采购合同验收工作。

（十四）整理并妥善保管有关合同文件，并根据需要向项目实施单位移交。

四、项目实施单位要求的其他代理服务内容

由项目实施单位根据需要规定。

省财政厅关于修订《山东省地方金融企业绩效评价办法》的通知

2017 年 1 月 24 日　鲁财金〔2017〕4 号

各市财政局，各地方金融企业：

为进一步完善地方金融企业绩效评价办法，综合反映企业经营绩效，推动提升经营管理水平，促进金融企业健康发展，根据财政部《金融企业绩效评价办法》（财金〔2016〕35 号），结合我省绩效评价工作实际执行情况，我们对《山东省地方金融企业绩效评价办法》（鲁财金〔2011〕61 号）进行了修订完善，

现予印发，请遵照执行。

附件：山东省地方金融企业绩效评价办法

附件：

山东省地方金融企业绩效评价办法

第一章 总 则

第一条 为加强对全省地方金融企业（以下简称“金融企业”）的财务监管，进一步规范绩效评价工作，综合反映资产营运质量，推动金融企业提升经营管理水平，促进金融企业健康发展，根据《金融企业财务规则》（财政部令第42号）、《金融企业绩效评价办法》（财金〔2016〕35号）等有关法律法规和制度规定，结合我省工作实际，制定本办法。

第二条 在山东省境内依法设立的金融企业适用本办法，具体包括：

（一）执业需取得银行业务许可证的除政策性银行以外的股份制商业银行、城市商业银行、农村商业银行、农村合作银行、信用社、新型农村金融机构（村镇银行、贷款公司、农村资金互助社）、信托公司、金融租赁公司、金融资产管理公司和财务公司等；

（二）执业需取得保险业务许可证的各类商业保险企业等；

（三）执业需取得证券业务许可证的证券公司、期货公司和基金管理公司等；

（四）各类金融控股（集团）公司、融资担保公司、金融投资管理公司、小额贷款公司以及金融监管部门所属的从事相关金融业务的企业。

山东省农村信用社联合社属于管理部门，没有具体金融业务，不在绩效评价范围之内。

第三条 本办法所称绩效评价，是指通过建立评价财务指标体系，对照相应行业评价标准，对金融企业一个会计年度的盈利能力、经营增长、资产质量以及偿付能力等进行的综合评判。

第四条 金融企业绩效评价工作应遵循以下原则：

（一）综合性原则。金融企业绩效评价应通过建立综合的指标体系，对金融企业特定会计期间的财务状况和经营成果进行多角度的分析和综合评判；

（二）客观性原则。金融企业绩效评价应充分考虑市场竞争环境，依据统一测算的、同一期间的国内行业标准值，客观公正地评判金融企业的经营成果；

（三）发展性原则。金融企业绩效评价应在综合反映金融企业年度财务状况和经营成果的基础上，客观分析金融企业年度之间的增长状况及发展水平。

第五条 为确保绩效评价工作客观、公正与公平，绩效评价工作原则上应当以社会中介机构按中国审计准则审计后的财务会计报告为基础。其中，财务报表应当是按中国会计准则编制的合并财务报表。

第六条 金融企业绩效评价标准值以财政部统一测算并公布的数据为准。根据全国金融企业年度财务会计报告数据，运用数理统计方法，分年度、分行业，根据金融企业实际情况，本办法划分为银行业、保险业、证券业和其他金融业四大类金融企业进行绩效评价。

第七条 建立金融企业绩效评价长效机制，将评价评级、监督检查、媒体宣传与激励机制相结合，金融企业绩效评价结果作为评价金融企业绩效、确定金融企业负责人薪酬、加强金融企业经营管理的重要依据，努力扩大绩效评价结果的影响力、公信力和指导力。

第二章 机构与职责

第八条 山东省财政厅依据本办法组织实施全省金融企业的绩效评价工作。

第九条 金融企业绩效评价工作实施机构根据财政部《委托会计师事务所审计招标规范》(财会〔2006〕2号)通过公开招标的方式选定，并签订《地方金融企业绩效评价业务约定书》。

第十条 金融企业绩效评价工作由各级财政部门、评价实施机构和金融企业协调配合、共同完成，职责与相关要求如下：

(一)财政部门。各级财政部门应安排专人负责绩效评价工作协调、联络等有关事宜，对评价实施机构的工作进行监督，对金融企业实施重点抽查，并对财政奖励资金实施预算管理和检查。对于在绩效评价过程中滥用职权、玩忽职守、徇私舞弊，或者泄露金融企业商业秘密的，依法给予行政处分。

(二)评价实施机构。受托开展金融企业绩效评价工作的机构及其相关工作人员，应严格执行金融企业绩效评价工作有关规定，通过现场评价与非现场评价相结合的方式，规范技术操作，确保评价过程独立公开，评价结论客观公正，并保守参评金融企业的商业秘密，按时向省财政厅提交绩效评价报告与相关数据。对参与造假、违反程序和工作规定，导致评价结论失真以及泄露金融企业商业秘密的单位和人员，财政部门将不再委托其承担金融企业审计业务，并将有关情况通报其行业主管部门，建议给予相应处罚。构成犯罪的，依法追究法律责任。

(三)金融企业。金融企业应当提供真实、全面的绩效评价基础数据资料，金融企业主要负责人、总会计师或主管财务会计工作的负责人应当对提供的年度财务会计报告和相关评价基础资料的真实性、完整性负责。金融企业在报送绩效评价材料时，存在故意漏报、瞒报以及提供虚假材料等情况的，由财政部门按照有关规定予以处理。

第三章　评价时间与步骤

第十一条 金融企业绩效评价工作实施时间为每年的6月1日至8月31日。省财政厅将于每年10月31日前将上年度地方金融企业绩效评价情况反馈金融企业及相关部门，并以适当形式予以公开。

第十二条 金融企业绩效评价工作实施步骤：

(一)收集填报数据。金融企业绩效评价应与金融企业财务决算工作紧密结合，各金融企业应在填报财务决算数据时按照规定填报金融企业绩效评价表，此表数据将作为绩效评价基础数据使用。

(二)汇总导入数据。评价实施机构应做好评价各项准备工作，按照《地方金融企业绩效评价业务约定书》要求，安排必要的专家和人员，负责调试绩效评价管理系统，导入绩效评价基础数据；各金融企业应当按所属法人单位，于每年5月15日前，一式两份向同级财政部门提供分户的绩效评价基础数据资料和调整说明(省属金融企业将资料直接报送省财政厅)，各市财政局将有关数据资料汇总后，于6月1日前提供给评价实施机构。

(三)实施绩效评价。评价实施机构组织人员采取现场评价和非现场评价相结合的方式，按照财政部公布的金融企业绩效评价标准值，于7月31日前对被评价金融企业提供的绩效评价基础数据资料和调整说明材料分别进行审查、复核和确认，开展绩效评价工作。省财政厅会同有关部门组成联合检查组，按照上年度评价结果，在不同等次企业中抽取部分企业进行重点检查。

(四)出具评价报告。评价实施机构负责组织人员对评价结果进行汇总，于8月31日前形成分户的绩效评价报告和全省的汇总情况报告，报送省财政厅。

(五)发布评价结果。省财政厅对绩效评价结果进行审核确定，于10月31日前形成并发布金融企业绩效评价总报告和分户报告。

第四章　评价指标与权重

第十三条 金融企业的绩效评价指标具体包括：

(一)盈利能力指标：包括资本利润率(净资产收益率)、资产利润率(总资产报酬率)、成本收入比、收入利润率、支出利润率、加权平均净资产收益率6个指标，主要反映金融企业一定经营期间的投入产出水平和盈利质量；

（二）经营增长指标：包括（国有）资本保值增值率、利润增长率、经济利润率3个指标，主要反映金融企业的资本增值状况和经营增长水平；

（三）资产质量指标：包括不良贷款率、拨备覆盖率、流动性比例、杠杆率、资产减值准备与总资产比例、综合流动比率、综合投资收益率、应收账款比率、净资本与净资产比率、净资本与风险准备比率10个指标，主要反映金融企业所占用经济资源的利用效率、资产管理水平与资产的安全性；

（四）偿付能力指标：包括资本充足率、一级资本充足率、核心一级资本充足率、综合偿付能力充足率、核心偿付能力充足率、净资本负债率、资产负债率7个指标，主要反映金融企业的债务负担水平、偿债能力及其面临的债务风险。

第十四条 金融企业绩效评价各单项指标的权重，依据指标的重要性和引导功能确定。

（一）银行类金融企业盈利能力状况指标包括资本利润率、资产利润率、成本收入比，权重共为25%；经营增长状况指标包括（国有）资本保值增值率、利润增长率、经济利润率，权重共为20%；资产质量状况指标包括不良贷款率、拨备覆盖率、流动性比例、杠杆率，权重共为25%；偿付能力状况指标包括资本充足率、一级资本充足率、核心一级资本充足率，权重共为30%。

（二）保险类金融企业盈利能力状况指标包括净资产收益率、总资产报酬率、收入利润率、支出利润率，权重共为30%；经营增长状况指标包括（国有）资本保值增值率、利润增长率、经济利润率，权重共为25%；资产质量状况指标包括资产减值准备与总资产比例、综合流动比率、综合投资收益率、应收账款比率，权重共为20%；偿付能力状况指标包括综合偿付能力充足率、核心偿付能力充足率，权重为25%。

（三）证券类金融企业盈利能力状况指标包括加权平均净资产收益率、资产利润率、收入利润率、支出利润率，权重共为30%；经营增长状况指标包括（国有）资本保值增值率、利润增长率、经济利润率，权重共为20%；资产质量状况指标包括净资本与净资产比率、净资本与风险准备比率，权重共为25%；偿付能力状况指标包括净资本负债率、资产负债率，权重共为25%。

（四）其他类金融企业盈利能力状况指标包括资本利润率、资产利润率、成本收入比，权重共为45%；经营增长状况指标包括（国有）资本保值增值率、利润增长率、经济利润率，权重共为40%；偿付能力状况指标为资产负债率，权重为15%。

各项指标具体权数见分行业金融企业绩效评价结果计分表（附件1、2）。各单项指标计分加总形成金融企业绩效评价综合指标得分。

第五章 评价基础数据与调整

第十五条 金融企业绩效评价基础数据资料具体包括：

（一）金融企业的年度财务会计报告，其中，金融资产管理公司政策性业务尚未清算前，使用商业化数据进行考核；

（二）会计师事务所出具的审计报告，其中，金融企业不能提供会计师事务所出具的审计报告的，以该金融企业提供的、经财政部门认可的年度会计报表为依据进行考核，若以后发现所提供的财务数据不实，财政部门将追溯调整金融企业的绩效评价结果；

（三）关于金融企业经营情况的说明或财务分析报告。

第十六条 为确保绩效评价工作真实、完整、合理，金融企业可以按照重要性和可比性原则，对评价期间的基础数据申请进行适当调整，有关财务指标相应加上客观减少因素、减去客观增加因素。可以进行调整的事项主要包括：

（一）金融企业在评价期间损益中消化处理以前年度资产或业务损失的，可把损失金额作为当年利润的客观减少因素；

（二）金融企业承担政策性业务对经营成果或资产质量产生重大影响的，可把影响金额作为当年利润或资产的客观减少因素；

（三）金融企业会计政策与会计估计变更对经营成果产生重大影响的，可把影响金额作为当年资产或利润的客观影响因素；

（四）金融企业被出具非标准无保留意见审计报告的，应当根据审计报告披露影响经营成果的重大事项，调整评价基础数据；

金融企业申请调整事项对绩效评价指标的影响超过1%的，作为重大影响。

第十七条 金融企业发生客观调整因素，相应调整以下绩效评价指标：

（一）收入、成本发生变动时，相应调整资本利润率、净资产收益率、资产利润率、总资产报酬率、成本收入比、收入利润率、支出利润率、加权平均净资产收益率、（国有）资本保值增值率、利润增长率、经济利润率等；

（二）利润发生变动时，相应调整资本利润率、净资产收益率、资产利润率、总资产报酬率、收入利润率、支出利润率、加权平均净资产收益率、（国有）资本保值增值率、利润增长率、经济利润率等；

（三）资产发生变动时，相应调整资产利润率、总资产报酬率、（国有）资本保值增值率、不良贷款率、拨备覆盖率、流动性比例、杠杆率、资产减值准备与总资产比例、综合流动比率、综合投资收益率、应收账款比率、净资本与净资产比率、资本充足率、一级资本充足率、核心一级资本充足率、资产负债率等。

第十八条 金融企业对基础数据进行调整的说明材料包括：

（一）《金融企业绩效评价基础数据调整表》（附件3）；

（二）调整事项有关证明材料。

调整事项主要适用于当年基础数据资料的调整，必要时也可调整以前年度事项，由金融企业申报。

组织实施单位根据被评价金融企业提供的绩效评价基础数据资料和调整说明材料分别进行审查、复核和确认。

第六章 评价标准与计分

第十九条 金融企业经营多种业务的，以其主营业务为基础，确定评价指标适用的行业绩效评价标准值。标准值适用情况如下：

（一）除政策性银行以外的股份制商业银行、城市商业银行、农村商业银行、农村合作银行、信用社等适用银行业标准值；

（二）各类商业保险企业适用保险业标准值；

（三）证券公司、期货公司和基金管理公司等适用证券业标准值；

（四）各类融资担保公司、新型农村金融机构、信托公司、金融租赁公司、财务公司、小额贷款公司以及金融监管部门所属的从事相关金融业务的企业等适用其他金融业标准值；

（五）金融控股（集团）公司、金融资产管理公司、金融投资管理公司等金融企业先按控股子公司（企业）持有金融业务许可证的类型分别确定所适用的行业标准值（无金融业务许可证的控股子公司（企业）适用其他金融业标准值），再按控股子公司（企业）各自得分及其平均净资产权重综合计算绩效评价得分。对阶段性持股子公司（企业）不进行单独评价。

第二十条 评价计分是将金融企业调整后的评价指标实际值对照金融企业所处行业标准值，按照以下计算公式，利用绩效评价软件计算各项基本指标得分：

$$\text{绩效评价指标总得分} = \sum \text{单项指标得分}$$

$$\text{单项指标得分} = \text{本档基础分} + \text{调整分}$$

$$\text{本档基础分} = \text{指标权数} \times \text{本档标准系数}$$

调整分 = 功效系数 ×（上档基础分 - 本档基础分）

上档基础分 = 指标权数 × 上档标准系数

功效系数 =（实际值 - 本档标准值）/（上档标准值 - 本档标准值）

本档标准值是指上下两档标准值中居于较低的一档标准值。

第二十一条 金融企业发放较多涉农贷款、中小企业贷款，提供较多农业保险的，金融资产管理公司不良资产主业集中度较高的，给予适当加分，以充分反映不同金融企业社会贡献。具体的加分办法如下：

（一）涉农贷款加分：金融企业提供的涉农贷款占比超过10%（不含，下同）加1分，超过15%加1.5分，超过20%加2分，超过25%加2.5分，超过30%加3分。其中，涉农贷款占比 = 年末涉农贷款余额/年末贷款余额 ×100%。涉农贷款是指金融机构发放的，支持农业生产、农村建设和农民生产生活的贷款，具体统计口径以《中国人民银行、中国银行业监督管理委员会关于建立〈涉农贷款专项统计制度〉的通知》（银发〔2007〕246号）规定为准。

（二）中小企业贷款加分：金融企业提供的中小企业贷款占比超过20%加1分，超过25%加1.5分，超过30%加2分，超过35%加2.5分，超过40%加3分。其中，中小企业贷款占比 = 年末中小企业贷款余额/年末贷款余额 ×100%。中小企业贷款统计口径以中国人民银行规定为准。

（三）农业保险加分：金融企业提供的农业保险市场占比超过10%加1分，超过15%加1.5分，超过20%加2分，超过25%加2.5分，超过30%加3分；金融企业提供的农业保险如市场占比在10%以下，但自身占比超过50%加1分，超过60%加1.5分，超过70%加2分，超过80%加2.5分，超过90%加3分。其中，农业保险市场占比 = 年度农业保险保费收入总额/全部财产保险公司年度农业保险保费收入总额 ×100%，农业保险自身占比 = 年度农业保险保费收入总额/年度全部财产保险保费收入总额 ×100%。农业保险按保险监管部门规定的口径执行。

（四）不良资产主业集中度加分：金融资产管理公司不良资产主业集中度包括收入集中度和资本集中度，两项指标均超过60%加1分，均超过65%加1.5分，均超过70%加2分，均超过75%加2.5分，均超过80%加3分。其中，收入集中度 = 母公司营业收入（扣除分红、处置等来源于子公司的收入）/集团营业收入 ×100%；资本集中度 = 母公司所有者权益（扣除对子公司的投资成本）/集团归属于母公司所有者权益 ×100%。

（五）税收贡献加分：新型农村金融机构、小额贷款公司提供的年纳税实缴总额超过500万元加0.5分，超过1 000万元加1分。信用社、信托公司提供的年纳税实缴总额超过5 000万元（含）加1分，超过7 500万元（含）加1.5分，超过1亿元（含）加2分。商业银行、证券公司、保险公司提供的年纳税实缴总额超过3亿元（含）加1分，超过5亿元（含）加1.5分，超过7亿元（含）加2分。其中，年纳税实缴总额以金融企业财务决算数据为准。

（六）突出表现加分：根据金融企业提供的业务创新情况、特殊社会贡献、同行业先进典型等突出表现，酌情给予加分。其中：国家级荣誉加2分，省级荣誉加1分。金融企业申请该项加分的应提供政府机关、监管部门或者行业权威机构出具的相应的证书或者文件。加分申请由市财政局提出意见，报省财政厅核准后实施。

第二十二条 对被评价金融企业评价期间（年度）发生以下不良重大事项的，予以扣分：

（一）重大事项扣分：金融企业发生属于当期责任的重大违规违纪案件、重大资产损失事项，发生造成重大不良社会影响的事件，或违反存款偏离等监管规定的，根据相关部门的处理处罚情况扣1～3分。正常的资产减值准备计提不在此列。

（二）信息质量扣分：金融企业不按照规定提供财务会计信息，或提供虚假财务会计信息，根据相关部门的处理处罚情况扣1～3分。金融企业财务快报与财务决算报表报送净利润数值增幅（减幅）超过10%扣1分，超过15%扣1.5分，超过20%扣2分，超过25%扣2.5分，超过30%扣3分。

对存在加分和扣分事项的，金融企业或相关部门应当填写《金融企业绩效评价加减分事项表》（附件4）报评价实施机构，评价实施机构负责与金融企业和有关部门核实，获得必要证据后进行相关分数调整。

第二十三条 为平滑不同金融行业的年度经营状况，财政部根据金融企业报送的资料分行业设定绩效评价行业调节系数。

金融企业绩效评价分数（行业调节后）= 本期绩效评价分数 × 行业调节系数。

其中，金融控股（集团）公司、金融资产管理公司、金融投资管理公司等金融企业在综合计算绩效评价得分后，采用其他金融业行业调节系数进行调节。

第二十四条 为平滑不同年度绩效评价得分的明显波动，财政部根据金融企业报送的资料设定绩效评价年度调节系数。

金融企业绩效评价年度调节系数以绩效评价年度平均得分为基础，综合考虑年度主要宏观经济指标和会计准则的变化，以及行业盈利状况等因素确定。

金融企业绩效评价分数（年度调节后）= 金融企业绩效评价分数（行业调节后）× 年度调节系数。

第七章　评价结果与报告

第二十五条 绩效评价结果是指根据绩效评价分数及分析得出的评价结论，以评价得分、评价类型和评价级别表示。

评价得分用百分制表示。年度调节后的金融企业绩效评价分数最高 100 分。

评价类型是根据评价分数对企业综合绩效所划分的水平档次，用文字和字母表示，分为优（A）、良（B）、中（C）、低（D）、差（E）五种类型。

评价级别是对每种类型再划分级次，以体现同一评价类型的不同差异，采用在字母后重复标注该字母的方式表示。

第二十六条 绩效评价结果以 80 分、65 分、50 分、40 分作为类型判定的分数线。

（一）评价得分达到 80 分以上（含 80 分）的评价类型为优（A），在此基础上划分为 3 个级别，分别为：AAA≥90 分；90 分 > AA≥85 分；85 分 > A≥80 分。

（二）评价得分达到 65 分以上（含 65 分）不足 80 分的评价类型为良（B），在此基础上划分为 3 个级别，分别为：80 分 > BBB≥75 分；75 分 > BB≥70 分；70 分 > B≥65 分。

（三）评价得分达到 50 分以上（含 50 分）不足 65 分的评价类型为中（C），在此基础上划分为 2 个级别，分别为：65 分 > CC≥60 分；60 分 > C≥50 分。

（四）评价得分在 40 分以上（含 40 分）不足 50 分的评价类型为低（D）。

（五）评价得分在 40 分以下的评价类型为差（E）。

第二十七条 金融企业绩效评价报告是根据评价结果编制、反映被评价金融企业绩效状况的文本文件。

第二十八条 评价结果将作为衡量金融企业经营能力、服务水平的重要指标。每年绩效评价结果产生后，省财政厅将公开发布上年度金融企业绩效评价结果、印发分户绩效评价等级证书，并对绩效评价优秀企业进行通报。

第八章　附　　则

第二十九条 本办法由山东省财政厅负责解释。

第三十条 本办法自 2017 年 3 月 1 日起施行，有效期至 2022 年 2 月 28 日。《关于印发〈山东省地方金融企业绩效评价办法〉的通知》（鲁财金〔2011〕61 号）同时废止。

附件：1. 金融企业绩效评价指标及结果计分表

2. 金融企业绩效评价指标计算公式说明

3. 金融企业绩效评价基础数据调整表

4. 金融企业绩效评价加减分事项表

5. 银行类金融企业绩效评价结果计分表

6. 保险类金融企业绩效评价结果计分表

7. 证券类金融企业绩效评价结果计分表

8. 其他类金融企业绩效评价结果计分表

附件 1：

金融企业绩效评价指标及结果计分表

评价内容		银行类		证券类		保险类		其他类		一	二	三	四	五	六	七	八	九	十
指标	权重（%）	指标	权数	指标	权数	指标	权数	指标	权数	实际值	本档标准值	上档标准值	功效系数	上档标准系数	上档基础分	本档标准系数	本档基础分	调整分	单项指标得分
盈利能力状况	25～45	资本利润率	10	加权平均净资产收益率	10	净资产收益率	10	资本利润率	15										
		资产利润率	5	资产利润率	10	总资产报酬率	10	资产利润率	15										
		成本收入比	10	收入利润率	5	收入利润率	5	成本收入比	15										
				支出利润率	5	支出利润率	5												
经营增长状况	20～40	（国有）资本保值增值率	10	（国有）资本保值增值率	10	（国有）资本保值增值率	10	（国有）资本保值增值率	20										
		利润增长率	5	利润增长率	5	利润增长率	10	利润增长率	10										
		经济利润率	5	经济利润率	5	经济利润率	5	经济利润率	10										
资产质量状况	20～25	不良贷款率	10	净资本与净资产比率	15	资产减值准备与总资产比例	5												
		拨备覆盖率	5	净资本与风险准备比率	10	综合流动比率	5												
		流动性比例	5			综合投资收益率	5												
		杠杆率	5			应收账款比率	5												
偿付能力状况	15～30	资本充足率	10	净资本负债率	15	综合偿付能力充足率	15	资产负债率	15										
		一级资本充足率	10	资产负债率	10	核心偿付能力充足率	10												
		核心一级资本充足率	10																
绩效评价指标总得分																			
评价加分		涉农贷款		中小企业贷款		农业保险		不良资产主业集中度			税收贡献		突出表现			小计			
评价扣分		重大损失				信息质量				其他事项						小计			
行业调节系数					年度调节系数						本期绩效评价分数								

附件2：

金融企业绩效评价指标计算公式说明

一、盈利能力指标

1. 资本利润率（净资产收益率）= 净利润/净资产平均余额 ×100%

净资产平均余额 =（年初所有者权益余额 + 年末所有者权益余额）/2

2. 资产利润率（总资产报酬率）= 利润总额/资产平均总额 ×100%

资产平均总额 =（年初资产总额 + 年末资产总额）/2

证券类金融企业资产、负债不包括客户资产、负债。

3. 成本收入比 = 业务及管理费/营业收入 ×100%

4. 收入利润率 = 营业利润/营业收入 ×100%

5. 支出利润率 = 营业利润/营业支出 ×100%

6. 加权平均净资产收益率 =

$$P/(E_0 + NP \div 2 + E_i \times M_i \div M_0 - E_j \times M_j \div M_0 \pm E_k \times M_k \div M_0) \times 100\%$$

其中：P 为扣除非经常性损益后归属于公司普通股股东的净利润；NP 为归属于公司普通股股东的净利润；E_0 为归属于公司普通股股东的期初净资产；E_i 为报告期发行新股或债转股等新增的、归属于公司普通股股东的净资产；E_j 为报告期回购或现金分红等减少的、归属于公司普通股股东的净资产；M_0 为报告期月份数；M_i 为新增净资产下一月份起至报告期期末的月份数；M_j 为减少净资产下一月份起至报告期期末的月份数；E_k 为因其他交易或事项引起的净资产增减变动；M_k 为发生其他净资产增减变动下一月份起至报告期期末的月份数。

证券类金融企业按照中国证监会的规定计算加权平均净资产收益率。以后变化，从其规定。

二、经营增长指标

1.（国有）资本保值增值率 =［（年末（国有）资本 ± 客观增减因素影响额）÷ 年初（国有）资本］×100%

2. 利润增长率 =（本年利润总额 - 上年利润总额）/上年利润总额 ×100%

金融企业“上年利润总额”为负数时，如果（本年利润总额 - 上年利润总额）为正数，且本年利润总额不为负数，得分取利润增长率指标权数的 10%；如果（本年利润总额 - 上年利润总额）为正数，且本年利润总额为负数，得分取利润增长率指标权数的 5%。否则，该指标得分为零。

3. 经济利润率 =（净利润 - 净资产平均余额 × 资金成本）/净资产平均余额 ×100%

资金成本系按年度内中国人民银行公布的一年期流动资金贷款不同利率的时间覆盖比例为权数计算的加权平均资金成本。

三、资产质量指标

1. 不良贷款率 =（次级类贷款 + 可疑类贷款 + 损失类贷款）/各类贷款余额 ×100%

银行类金融企业按照中国银监会的规定计算不良贷款率。以后变化，从其规定。

2. 拨备覆盖率 = 贷款减值准备/（次级类贷款 + 可疑类贷款 + 损失类贷款）×100%

银行类金融企业按照中国银监会的规定计算拨备覆盖率。以后变化，从其规定。

3. 流动性比例 = 流动性资产余额/流动性负债余额 ×100%

银行类金融企业按照中国银监会的规定计算流动性比例，以集团本外币口径填报。以后变化，从其规定。

4. 杠杆率 = 一级资本 - 一级资本扣减项/调整后的表内外资产余额 ×100%

银行类金融企业按照中国银监会的规定计算杠杆率。以后变化，从其规定。

5. 资产减值准备与总资产比例 = 年末资产减值准备余额/年末资产总额 ×1 000‰

6. 综合流动比率 = 现有资产的预期现金流入合计/现有负债的预期现金流出合计 ×100%

保险类金融企业按照中国保监会“偿二代”的规定，计算未来1年以内的综合流动比率。以后变化，从其规定。

7. 综合投资收益率 =（投资收益 + 公允价值变动损益 + 汇兑损益 + 可供出售金融资产的公允价值变动净额 - 投资资产减值损失 - 利息支出）/资金运用平均余额 ×100%

保险类金融企业按照《保险公司经营评价指标体系（试行）》计算综合投资收益率。以后变化，从其规定。

8. 应收账款比率 =（应收保费 + 应收利息 + 其他应收款）/资产总计 ×100%

9. 净资本与净资产比率 = 期末净资本/期末净资产 ×100%

证券类金融企业按照中国证监会的规定计算净资本与净资产比率。以后变化，从其规定。

10. 净资本与风险准备比率 = 期末净资本/各项风险准备之和 ×100%

证券类金融企业按照中国证监会的规定计算净资本与风险准备比率。以后变化，从其规定。

四、偿付能力指标

1. 资本充足率 = 总资本净额/应用资本底线之后的风险加权资产合计 ×100%

2. 一级资本充足率 = 一级资本净额/应用资本底线之后的风险加权资产合计 ×100%

3. 核心一级资本充足率 = 核心一级资本净额/应用资本底线之后的风险加权资产合计 ×100%

银行类金融企业按照《商业银行资本管理办法（试行）》（中国银行业监督管理委员会令2012年第1号）的规定计算资本充足率、一级资本充足率和核心一级资本充足率指标。以后变化，从其规定。

4. 综合偿付能力充足率 = 实际资本/最低资本 ×100%

5. 核心偿付能力充足率 = 核心资本/最低资本 ×100%

保险类金融企业按照中国保监会“偿二代”的规定，计算综合偿付能力充足率和核心偿付能力充足率。以后变化，从其规定。

6. 净资本负债率 = 期末净资本/期末负债 ×100%

其中：负债指对外负债，不含代理买卖证券款。

证券类金融企业按照中国证监会的规定计算净资本负债率。以后变化，从其规定。

7. 资产负债率 = 期末负债总额/期末资产总额 ×100%

其中：资产指自身资产，不含代买卖证券款对应的资产；负债指对外负债，不含代理买卖证券款。

上述各项指标，如无特殊说明，均按照合并报表的决算数据计算。

附件3：

金融企业绩效评价基础数据调整表

企业名称：

调整指标/调整事项	指标账面值	调整事项	调整事项说明	指标调整后数值	指标确认值	备注

续表

填报单位：________（盖章）	主要负责人：________（签章）	总会计师或主管财务会计工作负责人：________（签章）
审查人意见： ________（签字）	复核人意见： ________（签字）	确认单位： ________（盖章）

注：1. 调整事项说明有关证明材料附后。
2. 表中内容如篇幅较大，可附页说明。

附件4：

金融企业绩效评价加减分事项表

企业名称：

加减分事项/加减分指标	加减分说明	加减分数	备注
加分事项：			
（一）涉农贷款加分			
（二）中小企业贷款加分			
（三）农业保险加分			
（四）不良资产主业集中度加分			
（五）税收贡献加分			
（六）突出表现加分			
减分事项：			
（一）重大事项扣分			
（二）信息质量扣分			

审查人意见：	复核人意见：	确认单位：
________（签字）	________（签字）	________（盖章）

注：1. 加减分事项有关证明材料附后。
2. 表中内容如篇幅较大，可附页说明。

附件 5：

银行类金融企业绩效评价结果计分表

企业名称：

评价内容		指标	权数	一	二	三	四	五	六	七	八	九	十
指标	权重（%）			实际值	本档标准值	上档标准值	功效系数	上档标准系数	上档基础分	本档标准系数	本档基础分	调整分	单项指标得分
盈利能力状况	25	资本利润率	10										
		资产利润率	5										
		成本收入比	10										
经营增长状况	20	（国有）资本保值增值率	10										
		利润增长率	5										
		经济利润率	5										
资产质量状况	25	不良贷款率	10										
		拨备覆盖率	5										
		流动性比例	5										
		杠杆率	5										
偿付能力状况	30	资本充足率	10										
		一级资本充足率	10										
		核心一级资本充足率	10										
绩效评价指标总得分													
评价加分		涉农贷款		中小企业贷款		税收贡献			突出表现		小计		
评价扣分		重大事项				信息质量					小计		
行业调节系数						年度调节系数				本期绩效评价分数			
审查人意见： ________（签字）			复核人意见： ________（签字）				确认单位： ________（盖章）						

附件 6：

保险类金融企业绩效评价结果计分表

企业名称：

评价内容		指标	权数	一	二	三	四	五	六	七	八	九	十
指标	权重（%）			实际值	本档标准值	上档标准值	功效系数	上档标准系数	上档基础分	本档标准系数	本档基础分	调整分	单项指标得分
盈利能力状况	30	净资产收益率	10										
		总资产报酬率	10										
		收入利润率	5										
		支出利润率	5										
经营增长状况	25	（国有）资本保值增值率	10										
		利润增长率	10										
		经济利润率	5										
资产质量状况	20	资产减值准备与总资产比例	5										
		综合流动比率	5										
		综合投资收益率	5										
		应收账款比率	5										
偿付能力状况	25	综合偿付能力充足率	15										
		核心偿付能力充足率	10										
绩效评价指标总得分													
评价加分		农业保险			税收贡献			突出表现			小计		
评价扣分		重大事项				信息质量					小计		
行业调节系数					年度调节系数					本期绩效评价分数			
审查人意见： ________（签字）			复核人意见： ________（签字）				确认单位： ________（盖章）						

附件 7：

证券类金融企业绩效评价结果计分表

企业名称：

评价内容		指标	权数	一	二	三	四	五	六	七	八	九	十
指标	权重（%）			实际值	本档标准值	上档标准值	功效系数	上档标准系数	上档基础分	本档标准系数	本档基础分	调整分	单项指标得分
盈利能力状况	30	加权平均净资产收益率	10										
		资产利润率	10										
		收入利润率	5										
		支出利润率	5										
经营增长状况	20	（国有）资本保值增值率	10										
		利润增长率	5										
		经济利润率	5										
资产质量状况	25	净资本与净资产比率	15										
		净资本与风险准备比率	10										
偿付能力状况	25	净资本负债率	15										
		资产负债率	10										
绩效评价指标总得分													
评价加分		税收贡献				突出表现					小计		
评价扣分		重大事项				信息质量					小计		
行业调节系数						年度调节系数				本期绩效评价分数			

审查人意见： ________（签字）	复核人意见： ________（签字）	确认单位： ________（盖章）

附件 8：

其他类金融企业绩效评价结果计分表

企业名称：

<table>
<tr><td colspan="2">评价内容</td><td rowspan="2">指标</td><td rowspan="2">权数</td><td>一</td><td>二</td><td>三</td><td>四</td><td>五</td><td>六</td><td>七</td><td>八</td><td>九</td><td>十</td></tr>
<tr><td>指标</td><td>权重（%）</td><td>实际值</td><td>本档标准值</td><td>上档标准值</td><td>功效系数</td><td>上档标准系数</td><td>上档基础分</td><td>本档标准系数</td><td>本档基础分</td><td>调整分</td><td>单项指标得分</td></tr>
<tr><td rowspan="3">盈利能力状况</td><td rowspan="3">45</td><td>资本利润率</td><td>15</td><td></td><td></td><td></td><td></td><td></td><td></td><td></td><td></td><td></td><td></td></tr>
<tr><td>资产利润率</td><td>15</td><td></td><td></td><td></td><td></td><td></td><td></td><td></td><td></td><td></td><td></td></tr>
<tr><td>成本收入比</td><td>15</td><td></td><td></td><td></td><td></td><td></td><td></td><td></td><td></td><td></td><td></td></tr>
<tr><td rowspan="3">经营增长状况</td><td rowspan="3">40</td><td>（国有）资本保值增值率</td><td>20</td><td></td><td></td><td></td><td></td><td></td><td></td><td></td><td></td><td></td><td></td></tr>
<tr><td>利润增长率</td><td>10</td><td></td><td></td><td></td><td></td><td></td><td></td><td></td><td></td><td></td><td></td></tr>
<tr><td>经济利润率</td><td>10</td><td></td><td></td><td></td><td></td><td></td><td></td><td></td><td></td><td></td><td></td></tr>
<tr><td>偿付能力状况</td><td>15</td><td>资产负债率</td><td>15</td><td></td><td></td><td></td><td></td><td></td><td></td><td></td><td></td><td></td><td></td></tr>
<tr><td colspan="13">绩效评价指标总得分</td><td></td></tr>
<tr><td colspan="2">评价加分</td><td>涉农贷款</td><td></td><td colspan="2">中小企业贷款</td><td>不良资产主业集中度</td><td></td><td>税收贡献</td><td></td><td>突出表现</td><td></td><td>小计</td><td></td></tr>
<tr><td colspan="2">评价扣分</td><td>重大事项</td><td colspan="4"></td><td>信息质量</td><td colspan="4"></td><td>小计</td><td></td></tr>
<tr><td colspan="3">行业调节系数</td><td colspan="2"></td><td colspan="2">年度调节系数</td><td colspan="3"></td><td colspan="3">本期绩效评价分数</td><td></td></tr>
<tr><td colspan="3">审查人意见：
________（签字）</td><td colspan="4">复核人意见：
________（签字）</td><td colspan="7">确认单位：
________（盖章）</td></tr>
</table>

省财政厅关于印发《山东省政府和社会资本合作（PPP）专项资金管理办法》的通知

2017年2月7日 鲁财金〔2017〕5号

各市财政局、省财政直接管理县（市）财政局，省直有关部门：

为进一步加强和规范省级政府和社会资本合作（PPP）专项资金管理，提高资金使用效益，根据财政部《普惠金融发展专项资金管理办法》（财金〔2016〕85号）有关规定，结合我省实际，我们研究制定了《山东省政府和社会资本合作（PPP）专项资金管理办法》，现印发给你们，请遵照执行。执行中如有问题，请及时反馈我厅。

附件：山东省政府和社会资本合作（PPP）专项资金管理办法

附件：

山东省政府和社会资本合作（PPP）专项资金管理办法

第一章 总 则

第一条 为进一步加强和规范省级政府和社会资本合作（PPP）专项资金管理，提高资金使用效益，更好地调动各级开展政府和社会资本合作工作积极性，根据《国务院办公厅转发财政部、发展改革委、人民银行关于在公共服务领域推广政府和社会资本合作模式指导意见的通知》（国办发〔2015〕42号）、财政部《普惠金融发展专项资金管理办法》（财金〔2016〕85号）、《山东省人民政府关于运用财政政策措施进一步推动全省经济转方式调结构稳增长的意见》（鲁政发〔2015〕14号）、《山东省人民政府办公厅转发省财政厅、省发展改革委、人民银行济南分行关于在公共服务领域推广政府和社会资本合作模式的指导意见的通知》（鲁政办发〔2015〕35号）等有关规定，制定本办法。

第二条 省级政府和社会资本合作（PPP）专项资金（以下简称“专项资金”），是指由省财政预算安排，专项用于支持各级开展政府和社会资本合作工作的资金。

第三条 专项资金使用范围：对规范转型为PPP项目的地方融资平台存量项目、国家级和省级示范项目、落地项目（指政府按规定完成社会资本方遴选，并与社会资本方签署PPP项目合同的项目）进行奖励；对省级及各市、县（市、区）开展政府和社会资本合作所需的咨询研究、实施方案编制、物有所值评价和财政承受能力论证等全生命周期管理费用，以及项目推介、第三方评价、业务培训等进行补助。

第二章 申报条件及标准

第四条 各市、县（市、区）申请专项资金，应具备以下基本条件：

（一）申报项目纳入财政部PPP综合信息平台系统管理；

（二）申报项目完成准备阶段所有程序；

（三）申报省级示范项目应完成政府采购程序，且已正式签订 PPP 合同。

第五条 专项资金分配标准。

（一）按项目法分配标准：

1. 规范转型为 PPP 项目的地方融资平台存量项目，通过财政部评选确定后，每个奖励 70 万元；

2. 对上一年度入选国家级示范的项目，每个奖励 50 万元；

3. 对当年入选省级示范的项目，按项目投资规模给予一定奖励，具体奖励标准为投资规模 3 亿元以下的项目奖励 40 万元，3 亿元（含 3 亿元）至 10 亿元的项目奖励 70 万元，10 亿元以上（含 10 亿元）的项目奖励 100 万元；

4. 对上一年度已规范落地项目，每个奖励 15 万元。

（二）按因素法分配标准：

1. 基础因素，所占权重为 30%。按上一年度市、县（市、区）已完成准备阶段的项目个数占全省的比例确定；

2. 落地项目占比因素，所占权重为 50%。按上一年度市、县（市、区）已规范落地项目个数占全省的比例确定；

3. 民企（指非国有资本占控股地位的各类所有制企业）参与度因素，所占权重为 20%。按上一年度市、县（市、区）已规范落地项目中民企为主要社会资本方的项目个数占全省的比例确定。

计算公式为：

$$\text{因素法分配资金额} = \sum(\text{省财政预算安排资金} - \text{项目法分配资金额} - \text{省级支出}) \times \left[\frac{\text{本地完成准备阶段项目个数} \times 30\%}{\text{全省完成准备阶段项目总数}} + \frac{\text{本地落地项目个数} \times 50\%}{\text{全省落地项目总数}} + \frac{\text{本地民企参与项目个数} \times 20\%}{\text{全省民企参与项目总数}}\right]$$

第三章 专项资金的申请、审核和拨付

第六条 省财政厅于每年第一季度下发申报通知，各市、省财政直接管理县（市）财政局按照申报通知及本办法要求，组织专项资金申报工作，并正式行文上报省财政厅。

第七条 各市、省财政直接管理县（市）财政局须同时上报以下资料：

（一）完成准备阶段项目情况统计表（附件 1）；

（二）落地项目情况统计表（附件 2）；

（三）民企参与项目情况统计表（附件 3）。

第八条 省财政厅通过系统平台对申报资料进行审核，并组织专家进行评审，必要时进行现场审核。根据审核、评审结果下达资金分配文件。

第九条 各级财政部门收到专项资金后，应按《预算法》及相关要求在规定时间内将资金拨付到位。

第四章 监督管理

第十条 各级财政部门要严格按照规定报送申报材料，不得弄虚作假、套取骗取专项资金。对以虚报材料骗取资金的，省财政厅将依据《预算法》《财政违法行为处罚处分条例》（国务院令第 427 号）等有关规定，对有关单位和责任人进行处罚处分。

第十一条 各级财政部门要加强专项资金使用管理，切实做到专款专用，严禁截留、滞留、转移、挪用资金。省财政厅将对专项资金使用管理情况进行监督检查。对违反国家财政财务制度的，将按照有关规定严肃处理。对相关结余及跨年度结转资金，将依据《预算法》及相关规定予以收回。

第五章　附　　则

第十二条　各市、省财政直接管理县（市）财政局应结合当地实际，制定具体实施办法，并报省财政厅备案。

第十三条　本办法由省财政厅负责解释。

第十四条　本办法自 2017 年 4 月 1 日起施行，有效期至 2020 年 3 月 31 日。《山东省“政府和社会资本合作”项目奖补资金管理办法》（鲁财金〔2016〕4 号）同时废止。

附件：1. 完成准备阶段项目情况统计表

2. 落地项目情况统计表

3. 民企参与项目情况统计表

附件 1：

完成准备阶段项目情况统计表

财政局（公章）

序号	项目编号	项目名称	物有所值评价完成时间	物有所值评价通过财政部门批复时间	财政承受能力论证完成时间	财政承受能力论证通过财政部门批复时间	实施方案完成时间	实施方案通过政府批复时间	备注

附件 2：

落地项目情况统计表

财政局（公章）

序号	项目编号	项目名称	项目签约时间	备注

附件 3：

民企参与项目情况统计表

财政局（公章）

序号	项目编号	项目名称	民企名称	合同约定出资额（万元）	其中：民营资本出资额（万元）	备注

省财政厅转发财政部关于印发《政府和社会资本合作（PPP）综合信息平台信息公开管理暂行办法》的通知

2017 年 2 月 15 日　鲁财金〔2017〕7 号

各市财政局：

为稳步推进全省政府和社会资本合作（PPP）项目信息公开工作，现将财政部《政府和社会资本合作（PPP）综合信息平台信息公开管理暂行办法》（财金〔2017〕1 号）转发给你们，并提出以下要求，请一并贯彻执行。

一、加强组织领导，形成工作合力

PPP 项目信息公开是一项系统性工程，是推动 PPP 项目规范运作、保障社会公众知情权、提高社会资本参与积极性的重要举措。各级财政部门要统一思想，充分认识 PPP 项目信息公开工作的重要性和必要性，切实增强工作的紧迫感和责任感。要高度重视、加强领导、精心组织，按照“属地管理、分级负责”原则，将 PPP 项目信息公开工作纳入重要议事日程，安排专人具体负责。要加强与相关部门沟通对接，建立健全协调机制，明确责任分工，形成工作合力，确保信息公开工作有序推进。

二、严格审核把关，完善项目信息

（一）规范填报信息。各级财政部门应严格按照《关于规范政府和社会资本合作（PPP）综合信息平台运行的通知》（财金〔2015〕166 号）文件要求，对已纳入财政部 PPP 综合信息平台的项目，根据 PPP 项目操作流程，及时组织好项目信息填报、资料上传工作。对 2015 年以前以特许经营为基础未经过政府采购确定社会资本方，以及由社会资本方发起未经过政府采购程序的 PPP 项目，应按要求做到项目信息应填尽填、项目资料完整上传。

（二）严格审核把关。各级财政部门要于每月底对项目实施情况进行调度核实，每季度将调度结果与平台项目信息资料进行比对审核，对发现有错填、漏填信息资料的，要及时修改完善，做到月清季结，确保项目资料齐全完备、信息及时完整准确。

（三）及时归纳总结。各级财政部门要注重梳理和汇总在推进 PPP 项目信息公开工作中存在的问题，通过建立问题台账、设立专门档案等方式，为后续 PPP 项目信息公开工作提供借鉴。市级财政部门要按办法规定内容和要求统一编制本地区上年度 PPP 项目信息公开工作报告，并于每年度 2 月 28 日前报送省财政厅。

三、强化监督管理，确保公开透明

省财政厅将对 PPP 项目信息公开情况进行监督和评价，对未按照本办法要求真实、完整、准确、及时录入项目信息的，将责令限期整改。对逾期不整改、整改不到位的，视情况在一定范围内予以通报，确保 PPP 项目信息公开工作顺利开展。

附件：财政部关于印发《政府和社会资本合作（PPP）综合信息平台信息公开管理暂行办法》的通知（财金〔2017〕1 号）

附件：

财政部关于印发《政府和社会资本合作（PPP）综合信息平台信息公开管理暂行办法》的通知

2017 年 1 月 23 日　财金〔2017〕1 号

各省、自治区、直辖市、计划单列市财政厅（局），新疆生产建设兵团财务局，财政部驻各省、自治区、直辖市、计划单列市财政监察专员办事处：

为进一步贯彻落实《国务院办公厅转发财政部　发展改革委　人民银行关于在公共服务领域推广运用政府和社会资本合作模式指导意见的通知》（国办发〔2015〕42 号）要求，加强和规范政府和社会资本合作（PPP）项目信息公开工作，促进 PPP 项目各参与方诚实守信、严格履约，保障公众知情权，推动 PPP 市场公平竞争、规范发展，我部制定了《政府和社会资本合作（PPP）综合信息平台信息公开管理暂行办法》，现印发你们，请遵照执行。

附件：政府和社会资本合作（PPP）综合信息平台信息公开管理暂行办法

附件：

政府和社会资本合作（PPP）综合信息平台信息公开管理暂行办法

第一章　总　　则

第一条　为加强和规范政府和社会资本合作（PPP）信息公开工作，促进 PPP 项目各参与方诚实守信、严格履约，保障公众知情权，推动 PPP 市场公平竞争、规范发展，依据《中华人民共和国预算法》、《中华人民共和国政府采购法》和《国务院办公厅转发财政部　发展改革委　人民银行关于在公共服务领域推广政府和社会资本合作模式指导意见的通知》（国办发〔2015〕42 号）等有关规定，制定本办法。

第二条　中华人民共和国境内已纳入 PPP 综合信息平台的 PPP 项目信息公开，适用本办法。

第三条 PPP项目信息公开遵循客观、公正、及时、便利的原则。

第四条 地方各级财政部门（以下简称“财政部门”）会同同级政府有关部门推进、指导、协调、监督本行政区域范围内的PPP项目信息公开工作，结合当地实际具体开展以下工作：

（一）收集、整理PPP项目信息；

（二）在PPP综合信息平台录入、维护和更新PPP项目信息；

（三）组织编制本级政府PPP项目信息公开年度工作报告；

（四）根据法律法规规定和实际需要，在其他渠道同时公开PPP项目信息；

（五）与PPP项目信息公开有关的其他工作。

政府有关部门、项目实施机构、社会资本或PPP项目公司等PPP项目参与主体应真实、完整、准确、及时地提供PPP项目信息。

第二章　信息公开的内容

第五条 项目识别阶段应当公开的PPP项目信息包括：

（一）项目实施方案概要，包含：项目基本情况（含项目合作范围、合作期限、项目产出说明和绩效标准等基本信息）、风险分配框架、运作方式、交易结构（含投融资结构、回报机制、相关配套安排）、合同体系、监管架构、采购方式选择；

（二）经财政部门和行业主管部门审核通过的物有所值评价报告，包含：定性评价的指标及权重、评分标准、评分结果；定量评价测算的主要指标、方法、过程和结果（含PSC值、PPP值）等（如有）；物有所值评价通过与否的结论；

（三）经财政部门审核通过的财政承受能力论证报告，包含：本项目各年度财政支出责任数额及累计支出责任总额，本级政府本年度全部已实施和拟实施的PPP项目各年度财政支出责任数额总和及其占各年度一般公共预算支出比例情况；财政承受能力论证的测算依据、主要因素和指标等；财政承受能力论证通过与否的结论；

（四）其他基础资料，包括：新建或改扩建项目建议书及批复文件、可行性研究报告（含规划许可证、选址意见书、土地预审意见、环境影响评价报告等支撑性文件）及批复文件、设计文件及批复文件（如有）；存量公共资产建设、运营维护的历史资料以及第三方出具的资产评估报告，以及存量资产或权益转让时所可能涉及的员工安置方案、债权债务处置方案、土地处置方案等（如有）。

第六条 项目准备阶段应当公开的PPP项目信息包括：

（一）政府方授权文件，包括对实施机构、PPP项目合同的政府方签约主体、政府方出资代表（如有）等的授权；

（二）经审核通过的项目实施方案（含同级人民政府对实施方案的批复文件），包含：项目基本情况（含项目合作范围、合作期限、项目产出说明和绩效标准等基本信息），风险分配框架，运作方式，交易结构（含投融资结构、回报机制、相关配套安排），合同体系及核心边界条件；监管架构；采购方式选择；

（三）按经审核通过的项目实施方案验证的物有所值评价报告（如有）；

（四）按经审核通过的项目实施方案验证的财政承受能力论证报告（如有）。

第七条 项目采购阶段的信息公开应遵照政府采购等相关规定执行，应当公开的PPP项目信息包括：

（一）项目资格预审公告（含资格预审申请文件）及补充公告（如有）；

（二）项目采购文件，包括竞争者须知、PPP项目合同草案、评审办法（含评审小组组成、评审专家人数及产生方式、评审细则等）；

（三）补遗文件（如有）；

（四）资格预审评审及响应文件评审结论性意见；

（五）资格预审专家、评审专家名单、确认谈判工作组成员名单；

（六）预中标、成交结果公告；

（七）中标、成交结果公告及中标通知书；

（八）项目采购阶段更新、调整的政府方授权文件（如有），包括对实施机构、PPP项目合同的政府方签约主体、政府方出资代表（如有）等的授权；

（九）同级人民政府同意签署PPP项目合同的批复文件，以及已签署的PPP项目合同，并列示主要产出说明及绩效指标、回报机制、调价机制等核心条款。

第八条 项目执行阶段应当公开的PPP项目信息包括：

（一）项目公司（如有）设立登记、股东认缴资本金及资本金实缴到位情况、增减资情况（如有）、项目公司资质情况（如有）；

（二）项目融资机构名称、项目融资金额、融资结构及融资交割情况；

（三）项目施工许可证、建设进度、质量及造价等与PPP项目合同有关约定的对照审查情况；

（四）社会资本或项目公司的运营情况（特别是出现重大经营或财务风险，可能严重影响到社会资本或项目公司正常运营的情况）及运营绩效达标情况；

（五）项目公司绩效监测报告、中期评估报告、项目重大变更或终止情况、项目定价及历次调价情况；

（六）项目公司财务报告，包括项目收费情况，项目获得的政府补贴情况，项目公司资产负债情况等内容；

（七）项目公司成本监审、PPP项目合同的变更或补充协议签订情况；

（八）重大违约及履约担保的提取情况，对公众投诉的处理情况等；

（九）本级政府或其职能部门作出的对项目可能产生重大影响的规定、决定等；

（十）项目或项目直接相关方（主要是PPP项目合同的签约各方）重大纠纷、诉讼或仲裁事项，但根据相关司法程序要求不得公开的除外；

（十一）本级PPP项目目录、本级PPP项目示范试点库及项目变化情况、本级人大批准的政府对PPP项目的财政预算、执行及决算情况等。

第九条 项目移交阶段应当公开的PPP项目信息包括：

（一）移交工作组的组成、移交程序、移交标准等移交方案；

（二）移交资产或设施或权益清单、移交资产或权益评估报告（如适用）、性能测试方案，以及移交项目资产或设施上各类担保或权益限制的解除情况；

（三）项目设施移交标准达标检测结果；

（四）项目后评价报告（含对项目产出、成本效益、监管成效、可持续性、PPP模式应用等进行绩效评价），以及项目后续运作方式。

第三章 信息公开的方式

第十条 PPP项目信息公开的方式包括即时公开和适时公开。

第十一条 即时公开是指财政部门会同有关部门和项目实施机构等依据PPP项目所处的不同阶段及对应的录入时间要求，在PPP综合信息平台录入本办法规定的相关信息时即自动公开。即时公开的内容及要求详见本办法附件。

第十二条 适时公开是指在录入本办法规定的相关信息时不自动公开，而是由财政部门会同有关部门选择在项目进入特定阶段或达成特定条件后再行公开。除本办法另有规定外，项目识别、准备、采购阶段的信息，由财政部门会同有关部门选择在项目进入执行阶段后6个月内的任一时点予以公开；项目执行阶段的信息，由财政部门会同相关部门选择在该信息对应事项确定或完成后次年的4月30日前的任一时点予以公开。前述期限届满后未选择公开的信息将转为自动公开。适时公开的内容及要求详见本办法附件。

第十三条 依照本办法公开的PPP项目信息可在财政部政府和社会资本合作中心官方网站（www. cpppc. org）上公开查询。其中PPP项目政府采购信息应当在省级以上人民政府财政部门指定的政府采购信息发布媒体上同步发布。

第四章 监督管理

第十四条 财政部对全国 PPP 项目信息公开情况进行评价和监督，省级财政部门负责对本省 PPP 项目信息公开工作进行监督管理。下级财政部门未按照本办法规定真实、完整、准确、及时录入应公开 PPP 项目信息的，上级财政部门应责令其限期改正；逾期拒不改正或情节严重的，予以通报批评。

第十五条 政府有关部门、项目实施机构、社会资本或 PPP 项目公司等 PPP 项目信息提供方应当对其所提供信息的真实性、完整性、准确性、及时性负责。一经发现所提供信息不真实、不完整、不准确、不及时的，PPP 项目信息提供方应主动及时予以修正、补充或采取其他有效补救措施。如经财政部门或利益相关方提供相关材料证实 PPP 项目信息提供方未按照规定提供信息或存在其他不当情形的，财政部门可以责令其限期改正；无正当理由拒不改正的，财政部门可将该项目从项目库中清退。被清退的项目自清退之日起一年内不得重新纳入 PPP 综合信息平台。

第十六条 财政部门应会同政府有关部门在每年 2 月 28 日前完成上一年度本级政府实施的 PPP 项目信息公开年度工作报告，报送省级财政部门，并由省级财政部门在每年 3 月 31 日前汇总上报至财政部。报告内容应包括：

（一）即时和适时公开 PPP 项目信息的情况；

（二）PPP 项目信息公开工作存在的主要问题及改进情况；

（三）其他需要报告的事项。

第十七条 财政部门工作人员在 PPP 项目信息公开监督管理工作中存在滥用职权、玩忽职守、徇私舞弊等违法违纪行为的，按照《公务员法》、《行政监察法》、《财政违法行为处罚处分条例》等国家有关规定追究相应责任；涉嫌犯罪的，移送司法机关处理。

第十八条 公民、法人或者其他组织可以通过 PPP 综合信息平台对 PPP 项目信息公开情况提供反馈意见，相关信息提供方应及时予以核实处理。

第五章 附 则

第十九条 PPP 综合信息平台是指依据《关于规范政府和社会资本合作（PPP）综合信息平台运行的通知》（财金〔2015〕166 号）由财政部建立的全国 PPP 综合信息管理和发布平台，包含项目库、机构库、资料库三部分。

第二十条 PPP 项目信息公开涉及国家秘密、商业秘密、个人隐私、知识产权，可能会危及国家安全、公共安全、经济安全和社会稳定或损害公民、法人或其他组织的合法权益的，依照相关法律法规处理。

第二十一条 本办法自 2017 年 3 月 1 日起施行。

附件：PPP 项目信息公开要求

附件：

PPP 项目信息公开要求

项目所处阶段	公开内容	公开方式	公开的时点	信息提供方
项目识别	项目概况、项目合作范围、合作期限、项目运作方式、采购社会资本方式的选择	即时公开	实施方案编制完成之日起 10 个工作日内	项目发起方
	交易结构（含投融资结构、回报机制、相关配套安排）、项目产出说明和绩效标准、风险分配框架、合同体系、监管体系	适时公开	进入项目执行阶段后 6 个月内	项目发起方

续表

项目所处阶段	公开内容	公开方式	公开的时点	信息提供方
项目识别	物有所值定性评价指标及权重、评分标准、评分结果	即时公开	报告定稿之日起10个工作日内	
	物有所值评价通过与否的评价结论（含财政部门会同行业部门对报告的审核意见）	即时公开	实施方案批复文件下发后10个工作日内	
	审核通过的物有所值评价报告（含财政部门对报告的批复文件）	适时公开	进入项目执行阶段后6个月内	
	本项目以及年度全部已实施和拟实施的PPP项目财政支出责任数额及年度预算安排情况，以及每一年度全部PPP项目从预算中安排的支出责任占一般公共预算支出比例情况	即时公开	实施方案批复文件下发后10个工作日内	
	财政承受能力论证的测算依据、主要因素和指标	即时公开	报告定稿之日起10个工作日内	
	通过财政承受能力论证与否的结论	即时公开	实施方案批复文件下发后10个工作日内	
	审核通过的财政承受能力论证报告（含财政部门对报告的批复文件）	适时公开	进入项目执行阶段后6个月内	
	新建或改扩建项目建议书及批复文件	适时公开	进入项目执行阶段后6个月内	实施机构
	可行性研究报告（含全套支撑性文件）及批复文件，设计文件及批复文件（如适用）	适时公开	进入项目执行阶段后6个月内	实施机构
	存量公共资产或权益的资产评估报告，以及存量资产或权益转让时所可能涉及的各类方案等（如适用）	适时公开	进入项目执行阶段后6个月内	实施机构
项目准备	政府方授权文件，包括对实施机构、PPP项目合同的政府方签约主体、政府方出资代表（如适用）等的授权	即时公开	授权后10个工作日内	项目所在地本级政府
	项目概况、项目合作范围、合作期限、项目运作方式、采购社会资本方式的选择	即时公开	进入采购程序后10个工作日内	实施机构
	交易结构（含投融资结构、回报机制、相关配套安排）、项目产出说明和绩效标准、风险分配框架、核心边界条件、合同体系、监管体系	适时公开	进入项目执行阶段后6个月内	实施机构
	政府对实施方案的审核批复文件	即时公开	批复文件下发后10个工作日内	实施机构
	审核通过的项目实施方案及修正案	适时公开	进入项目执行阶段后6个月内	实施机构
项目采购	项目资格预审公告（含资格预审申请文件）	即时公开	资格预审公告发布后10个工作日内	实施机构
	项目采购文件、补遗文件（如有）	适时公开	进入项目执行阶段后6个月内	实施机构
	资格预审评审报告及响应文件评审报告中专家组评审结论性意见，附资格预审专家和评审专家名单	适时公开	进入项目执行阶段后6个月内	采购监管机构

续表

项目所处阶段	公开内容	公开方式	公开的时点	信息提供方
项目采购	确认谈判工作组成员名单	适时公开	进入项目执行阶段后6个月内	实施机构
	预中标及成交结果公告；中标、成交结果公告及中标通知书	即时公开	依法律规定及采购文件约定	实施机构、采购监管机构
	已签署的PPP项目合同	适时公开	进入项目执行阶段后6个月内	实施机构
	PPP项目合同核心条款，应包括主要产出说明、绩效指标回报机制、调价机制	即时公开	项目合同经人民政府审核通过后10个工作日内	实施机构、项目公司
	本项目政府支出责任确认文件或更新调整文件（如适用），以及同级人大（或人大常委会）将本项目财政支出责任纳入跨年度预算的批复文件（如适用）	适时公开	进入项目执行阶段后6个月内	实施机构
	项目采购阶段调整、更新的政府方授权文件（如有）	即时公开	项目合同经人民政府审核通过后10个工作日内的附件依据相关法律规定公开	实施机构
项目执行	项目公司设立登记、股东认缴及实缴资本金情况、增减资（如适用）	即时公开	设立时及资本金到位后10个工作日内	项目公司
	融资额度、融资主要条件及融资交割情况	适时公开	对应事项确定或完成后次年的4月30日前	项目公司
	项目施工许可证、建设进度、质量及造价等与PPP项目合同的符合性审查情况	即时公开	依据PPP项目合同约定；如PPP项目合同未约定时，则在对应活动结束后次年的4月30日前予以公开	实施机构、项目公司
	社会资本或项目公司的年度运营情况及运营绩效达标情况	即时公开	依据PPP项目合同约定；如PPP项目合同未约定时，则在对应活动结束后次年的4月30日前予以公开	项目公司
	项目公司绩效监测报告、中期评估报告、项目重大变更或终止情况、项目定价及历次调价情况	即时公开	依据PPP项目合同约定；如PPP项目合同未约定时，则在对应活动结束后次年的4月30日前予以公开	实施机构
	项目公司成本监审、所有的PPP合同修订协议或补充协议	适时公开	对应活动结束后次年的4月30日前	实施机构 项目公司

续表

项目所处阶段	公开内容	公开方式	公开的时点	信息提供方
项目执行	项目公司财务报告相关内容，包括项目收费情况，项目获得的政府补贴情况，项目公司资产负债情况等	适时公开	对应活动结束后次年的 4 月 30 日前	项目公司
	重大违约及履约担保的提取情况，对公众投诉的处理情况等	即时公开	发生之日起 10 个工作日内	实施机构
	本级政府或其职能部门作出的对项目可能产生重大影响的规定、决定等	即时公开	规定及决定下发后 10 个工作日	实施机构
	项目或项目直接相关方重大纠纷、涉诉或涉仲情况	即时公开	除本办法另有规定外，发生后 10 个工作日内	项目公司
	本级 PPP 项目目录、本级 PPP 项目示范试点库及项目变化情况、本级人大批准的政府对 PPP 项目的财政预算、执行及决算情况等	即时公开	依法律规定（如有）公开或每季度公开	
项目移交	移交工作组的组成、移交程序、移交标准等移交方案	即时公开	移交方案确定后 10 个工作日内	实施机构
	移交资产或设施或权益清单、移交资产或权益评估报告（如适用）、性能测试方案	即时公开	清单或报告定稿或测试完成后 10 个工作日内	实施机构
	移交项目资产或设施上各类担保或权益限制的解除情况（如适用）	即时公开	对应解除完成后 10 个工作日内	实施机构、项目公司
	项目设施移交标准达标检测结果	即时公开	达标检测结果出具后 10 个工作日内	实施机构
	项目后评价报告，以及项目后续运作方式	即时公开	后评估报告定稿或项目后续运作方式确定后 10 个工作日内	实施机构

省财政厅关于加大对产粮大县三大粮食作物农业保险支持力度的通知

2017 年 2 月 20 日　鲁财金〔2017〕9 号

各市财政局、省财政直接管理县（市）财政局：

为保障国家粮食安全，减轻产粮大县财政支出压力，根据财政部《关于加大对产粮大县三大粮食作物农业保险支持力度的通知》（财金〔2015〕184 号）精神，结合我省实际，现就加大对产粮大县水稻、小麦、玉米（以下简称“三大粮食作物”）农业保险支持力度有关事项通知如下：

一、调整产粮大县三大粮食作物农业保险保费补贴各级财政承担比例，将县级承担的补贴比例降至零，省财政结合中央补贴资金，对东、中、西部地区分别承担 65%、70%、75%，剩余补贴资金由市级财政承担。对东部地区的荣成、高青、利津、垦利、沂源等 5 县（市），若符合产粮大县标准，按照中部地区补贴政策执行；其余省财政直接管理县（市）及县级现代预算管理制度改革试点县（市），若符合产粮大县标准，按照西部地区补贴政策执行。农户继续承担20%的保费。请各市财政部门做好资金安排，确保三大粮食作物农业保险工作顺利开展。省财政将根据实际承保情况，在资金安排上适当向西部困难地区倾斜。

二、中央和省级财政增加的保费补贴资金，应全部用于产粮大县三大粮食作物农业保险保费补贴。市级财政要按照规定及时拨付保费补贴资金并加强监督管理，对出现挤占、挪用等违规违纪问题的，中央和省级财政将收回相关资金。

三、产粮大县名单根据财政部粮（油）大县奖励办法确定（见附件1），每年公布一次。产粮大县在报送资金申请结算材料时，应当将三大粮食作物投保情况单独填列，并在《产粮大县三大粮食作物农业保险保费补贴情况统计表》（见附件2）中，填报当年和上一年度有关情况。

四、本通知自2017年1月1日起施行，执行中如有问题，请及时报送省财政厅。

附件：1. 产粮大县名单（2017年适用）

2. 产粮大县三大粮食作物农业保险保费补贴情况统计表

附件1：

产粮大县名单（2017年适用）

序号	市（县）	
1	济南	长清区
2		平阴县
3		济阳县
4		章丘市
5	淄博	临淄区
6		桓台县
7	枣庄	滕州市
8		台儿庄区
9		峄城区
10		薛城区
11	东营	广饶县
12	烟台	莱州市
13		招远市
14		栖霞市
15		海阳市
16	潍坊	寒亭区
17		坊子区
18		青州市
19		诸城市
20		寿光市
21		高密市
22		昌邑市
23		临朐县
24		昌乐县

续表

序号	市（县）	
25	济宁	任城区
26		微山县
27		鱼台县
28		嘉祥县
29		汶上县
30		梁山县
31		曲阜市
32		兖州区
33		邹城市
34	泰安	岱岳区
35		肥城市
36		东平县
37		新泰市
38	威海	文登区
39		乳山市
40	日照	五莲县
41	临沂	河东区
42		沂水县
43		兰陵县
44		莒南县
45		临沭县
46		费县
47		沂南县
48	德州	德城区
49		陵城区
50		宁津县
51		齐河县
52		乐陵市
53		武城县
54		禹城市
55		平原县
56		临邑县
57	聊城	东昌府区
58		临清市
59		阳谷县
60		茌平县
61		东阿县
62		高唐县

续表

序号	市（县）	
63	滨州	滨城区
64		无棣县
65		博兴县
66		邹平县
67	菏泽	牡丹区
68		单县
69		成武县
70		巨野县
71		郓城县
72		定陶县
73		东明县
省财政直接管理县（市）		
74	济南	商河县
75	淄博	高青县
76	烟台	莱阳市
77	潍坊	安丘市
78	济宁	泗水县
79	泰安	宁阳县
80	威海	荣成市
81	日照	莒县
82	临沂	郯城县
83		平邑县
84	德州	夏津县
85		庆云县
86	聊城	莘县
87		冠县
88	滨州	惠民县
89		阳信县
90	菏泽	曹县
91		鄄城县

附件 2：

产粮大县三大粮食作物农业保险保费补贴情况统计表

填报单位：　　　　单位：万元、万亩、万户　　　　填报日期：　年　月　日

	2016 年				2017 年			
	水稻	小麦	玉米	合计	水稻	小麦	玉米	合计
投保面积								
投保面积占比								

续表

<table>
<tr><td colspan="4" rowspan="2"></td><td colspan="4">2016 年</td><td colspan="4">2017 年</td></tr>
<tr><td>水稻</td><td>小麦</td><td>玉米</td><td>合计</td><td>水稻</td><td>小麦</td><td>玉米</td><td>合计</td></tr>
<tr><td colspan="4">投保农户　户次</td><td></td><td></td><td></td><td></td><td></td><td></td><td></td><td></td></tr>
<tr><td colspan="4">投保农户占比</td><td></td><td></td><td></td><td></td><td></td><td></td><td></td><td></td></tr>
<tr><td colspan="4">每亩保险金额（元）</td><td></td><td></td><td></td><td></td><td></td><td></td><td></td><td></td></tr>
<tr><td colspan="4">保险费率（%）</td><td></td><td></td><td></td><td></td><td></td><td></td><td></td><td></td></tr>
<tr><td colspan="4">每亩保费（元）</td><td></td><td></td><td></td><td></td><td></td><td></td><td></td><td></td></tr>
<tr><td rowspan="11">保费情况</td><td colspan="3">小计</td><td colspan="8"></td></tr>
<tr><td rowspan="6">财政补贴</td><td rowspan="2">省级财政</td><td>补贴比例</td><td></td><td></td><td></td><td></td><td></td><td></td><td></td><td></td></tr>
<tr><td>补贴金额</td><td></td><td></td><td></td><td></td><td></td><td></td><td></td><td></td></tr>
<tr><td rowspan="2">市级财政</td><td>补贴比例</td><td></td><td></td><td></td><td></td><td></td><td></td><td></td><td></td></tr>
<tr><td>补贴金额</td><td></td><td></td><td></td><td></td><td></td><td></td><td></td><td></td></tr>
<tr><td rowspan="2">县级财政</td><td>补贴比例</td><td></td><td></td><td></td><td></td><td></td><td></td><td></td><td></td></tr>
<tr><td>补贴金额</td><td></td><td></td><td></td><td></td><td></td><td></td><td></td><td></td></tr>
<tr><td colspan="2" rowspan="2">农民缴纳部分</td><td>承担比例</td><td></td><td></td><td></td><td></td><td></td><td></td><td></td><td></td></tr>
<tr><td>承担金额</td><td></td><td></td><td></td><td></td><td></td><td></td><td></td><td></td></tr>
<tr><td colspan="2" rowspan="2">其他来源</td><td>比例</td><td></td><td></td><td></td><td></td><td></td><td></td><td></td><td></td></tr>
<tr><td>金额</td><td></td><td></td><td></td><td></td><td></td><td></td><td></td><td></td></tr>
<tr><td rowspan="7">理赔情况</td><td rowspan="3">已决情况</td><td colspan="2">已决赔款金额</td><td></td><td></td><td></td><td></td><td></td><td></td><td></td><td></td></tr>
<tr><td colspan="2">已决赔付面积</td><td></td><td></td><td></td><td></td><td></td><td></td><td></td><td></td></tr>
<tr><td colspan="2">受益农户（户次）</td><td></td><td></td><td></td><td></td><td></td><td></td><td></td><td></td></tr>
<tr><td rowspan="3">未决情况</td><td colspan="2">未决赔款金额</td><td></td><td></td><td></td><td></td><td></td><td></td><td></td><td></td></tr>
<tr><td colspan="2">未决赔付面积</td><td></td><td></td><td></td><td></td><td></td><td></td><td></td><td></td></tr>
<tr><td colspan="2">未决农户（户次）</td><td></td><td></td><td></td><td></td><td></td><td></td><td></td><td></td></tr>
<tr><td colspan="3">预付赔款</td><td></td><td></td><td></td><td></td><td></td><td></td><td></td><td></td></tr>
<tr><td rowspan="2">其他支持</td><td colspan="3">超赔补贴</td><td></td><td></td><td></td><td></td><td></td><td></td><td></td><td></td></tr>
<tr><td colspan="3">其他资金支持</td><td></td><td></td><td></td><td></td><td></td><td></td><td></td><td></td></tr>
<tr><td colspan="4">备注</td><td colspan="4"></td><td colspan="4"></td></tr>
</table>

注：不同地区财政补贴比例不一致的，请填写加权平均数。

省财政厅关于印发《山东省普惠金融发展专项资金管理暂行办法》的通知

2017 年 3 月 7 日　鲁财金〔2017〕17 号

各市财政局、省财政直接管理县（市）财政局：

为贯彻落实《推进普惠金融发展规划（2016～2020 年）》（国发〔2015〕74 号），加快建立普惠金融服务和保障体系，我们依据国家有关规定，制定了《山东省普惠金融发展专项资金管理暂行办法》。现印发给你们，请认真遵照执行。

附件：山东省普惠金融发展专项资金管理暂行办法

附件：

山东省普惠金融发展专项资金管理暂行办法

第一章 总 则

第一条 为贯彻落实《推进普惠金融发展规划（2016~2020年）》（国发〔2015〕74号），加快建立普惠金融服务和保障体系，加强普惠金融发展专项资金管理，根据《普惠金融发展专项资金管理办法》（财金〔2016〕85号）、《国务院关于进一步做好新形势下就业创业工作的意见》（国发〔2015〕23号）、《中国人民银行、财政部、人力资源社会保障部关于实施创业担保贷款支持创业就业工作的通知》（银发〔2016〕202号）、《山东省人民政府关于进一步做好新形势下就业创业工作的意见》（鲁政发〔2015〕21号）和《山东省创业带动就业扶持资金管理办法》（鲁财社〔2016〕69号）等有关规定，结合我省实际，制定本办法。

第二条 本办法所称普惠金融发展专项资金（以下简称专项资金），是指中央及省级财政用于支持普惠金融发展的专项转移支付资金，包括县域金融机构涉农贷款增量奖励、农村金融机构定向费用补贴、创业担保贷款贴息及奖补、政府和社会资本合作（PPP）项目以奖代补等方面。

第三条 专项资金遵循惠民生、保基本、有重点、可持续的原则，综合运用业务奖励、费用补贴、贷款贴息、以奖代补等方式，引导地方各级人民政府、金融机构以及社会资金支持普惠金融发展，弥补市场失灵，保障农民、小微企业、城镇低收入人群、贫困人群和残疾人、老年人等普惠金融重点服务对象的基础金融服务可得性和适用性。

第四条 专项资金采取因素法分配，由省财政厅按年度将中央及省级预算指标切块下达。市县财政部门根据省财政厅下达的预算指标，按照有关要求统筹使用。

第五条 专项资金的使用和管理遵循公开透明、定向使用、科学规范的基本原则，确保资金使用合理、安全、高效，充分发挥财政资金杠杆作用，引导金融服务向普惠方向延伸。

第六条 省财政厅负责专项资金的预算管理和资金拨付，并组织对资金使用情况进行预算监管和绩效管理。

第二章 县域金融机构涉农贷款增量奖励政策

第七条 为发挥财政资金对县域经济发展的支持和推动作用，专项资金安排支出用于对符合条件的县域金融机构给予一定奖励，引导其加大涉农贷款投放力度。

第八条 对符合条件的县域金融机构当年涉农贷款平均余额同比增长超过13%的部分，财政部门可按照不超过2%的比例给予奖励。对年末不良贷款率高于3%且同比上升的县域金融机构，不予奖励。

第九条 奖励资金于下一年度拨付，纳入县域金融机构收入核算。

第十条 本章所称县域金融机构，是指县级（含县、县级市、县级区，不含县级以上城市的中心区）区域内具有法人资格的金融机构（以下简称法人金融机构）和其他金融机构（不含农业发展银行）在县及县以下的分支机构。

本章所称涉农贷款，是指符合《涉农贷款专项统计制度》（银发〔2007〕246号）中的“农户贷款”、

“农村企业及各类组织农林牧渔业贷款”和“农村企业及各类组织支农贷款”等 3 类贷款。

本章所称涉农贷款平均余额，是指县域金融机构在年度内每个月末的涉农贷款余额平均值，即每个月末的涉农贷款余额之和除以月数。如果县域金融机构为当年新设，则涉农贷款平均余额为自其开业之月（含）起每个月末的涉农贷款余额平均值，可予奖励的涉农贷款增量按照当年涉农贷款平均余额的 50% 核算。涉农贷款平均余额以中国人民银行济南分行提供的数据为准。

第三章　农村金融机构定向费用补贴政策

第十一条　为引导和鼓励金融机构主动填补农村金融服务空白，专项资金安排支出用于对符合条件的新型农村金融机构给予一定补贴，支持农村金融组织体系建设，扩大农村金融服务覆盖面。

第十二条　对符合下列各项条件的新型农村金融机构，财政部门可按照不超过其当年贷款平均余额的 2% 给予补贴：

（一）当年贷款平均余额同比增长；

（二）村镇银行的年均存贷比高于 50%（含 50%）；

（三）当年涉农贷款和小微企业贷款平均余额占全部贷款平均余额的比例高于 70%（含 70%）；

（四）财政部门规定的其他条件。

第十三条　补贴资金于下一年度拨付，纳入金融机构收入统一核算。

第十四条　农村金融机构可享受补贴政策的期限，为自该农村金融机构开业当年（含）起的 3 年内。农村金融机构开业超过享受补贴政策的期限后，无论该农村金融机构是否曾经获得过补贴，都不再享受补贴。如果农村金融机构开业时间晚于当年的 6 月 30 日，但开业当年未享受补贴，则享受补贴政策的期限从开业次年起计算。

第十五条　对以下几类贷款不予补贴，不计入享受补贴的贷款基数：

（一）当年任一时点单户贷款余额超过 500 万元的贷款；

（二）注册地位于县级（含县、县级市、县级区，不含县级以上城市的中心区）以下区域的新型农村金融机构，在经监管部门批准的县级经营区域以外发放的贷款；

（三）注册地位于县级以上区域的新型农村金融机构，其网点在所处县级区域以外发放的贷款；

第十六条　本章所称新型农村金融机构，是指经银监会批准设立的村镇银行、贷款公司、农村资金互助社 3 类农村金融机构。

本章所称存（贷）款平均余额，是指金融机构在年度内每个月末的存（贷）款余额平均值，即每个月末的存（贷）款余额之和除以月数。如果金融机构为当年新设，则存（贷）款平均余额为自其开业之月（含）起每个月末的存（贷）款余额平均值。

本章所称月末贷款余额，是指金融机构在每个月末的各项贷款余额，不包括金融机构的票据贴现、对非存款类金融机构的拆放款项，以及自上年度以来从其他金融机构受让的信贷资产。具体统计口径以《中国人民银行金融统计制度》及相关规定为准。

本章所称年均存贷比，是指金融机构当年的贷款平均余额与存款平均余额之比。

本章所称涉农贷款，是指符合《涉农贷款专项统计制度》（银发〔2007〕246 号）规定的涉农贷款，不包括金融机构的票据贴现、对非存款类金融机构的拆放款项，以及自上年度以来从其他金融机构受让的信贷资产。

本章所称小微企业，是指符合《中小企业划型标准规定》（工信部联企业〔2011〕300 号）规定的小型、微型企业。

第四章　创业担保贷款贴息及奖补政策

第十七条　为实施更加积极的就业政策，以创业创新带动就业，助力大众创业、万众创新，专项资金安排支出用于对符合政策规定条件的创业担保贷款给予一定贴息，减轻创业者和用人单位负担，支持劳动者自主创业、自谋职业，引导用人单位创造更多就业岗位，推动解决特殊困难群体的结构性就业矛盾。

第十八条 对符合规定条件发放的个人和小微企业创业担保贷款，由各级财政部门按照有关规定予以贴息。

个人创业担保贷款对象包括城镇登记失业人员、就业困难人员（含残疾人）、复员转业退役军人、刑满释放人员、高校在校生、毕业5年内的高校毕业生（含服务基层项目大学生和留学回国学生）、化解过剩产能企业职工和失业人员、返乡创业农民工、网络商户、建档立卡贫困人口。对上述群体中的妇女，应纳入重点扶持范围。

小微企业创业担保贷款对象为当年新招用符合创业担保贷款申请条件的人员（不包括大学生村官、留学回国学生、返乡创业农民工、网络商户）数量达到30%（超过100人的企业达到15%）以上，并签订1年以上合同的小微企业。小微企业应无拖欠职工工资、欠缴社会保险费等严重违法违规信用记录。小微企业认定标准按照《中小企业划型标准规定》（工信部联企业〔2011〕300号）执行。

享受财政贴息支持的创业担保贷款，作为借款人的个人和小微企业应通过人力资源社会保障部门的借款主体资格审核，持有相关身份证明文件，且经担保基金运营管理机构和经办银行审核后，具备相关创业能力，符合相关担保和贷款条件。

第十九条 专项资金贴息的个人创业担保贷款，中央和省级统一标准，最高贷款额度为10万元，贷款期限最长不超过3年，经经办银行认可，贷款可展期1次，展期期限不超过1年，只担保不贴息。贷款利率可在贷款合同签订日贷款基础利率的基础上上浮1个百分点，实际贷款利率由经办银行在上述利率浮动上限内与创业担保贷款担保基金运营管理机构协商确定。除助学贷款、扶贫贷款、首套住房贷款、购车贷款以外，个人创业担保贷款申请人及其家庭成员（以户为单位）自提交创业担保贷款申请之日起向前追溯5年内，应没有商业银行其他贷款记录。

专项资金贴息的小微企业创业担保贷款，担保和贷款额度由担保基金运营管理机构和经办银行根据小微企业生产经营状况和实际招用符合条件的人数等合理确定。按照贴息资金来源分为中央标准和省级标准。其中，中央标准贷款额度最高不超过200万元，省级标准贷款额度最高不超过300万元。贷款期限最长不超过2年。对还款及时、信誉良好的小微企业，可根据其资金需求情况给予不超过两年的展期担保支持，不予贴息。贷款利率由经办银行根据借款人的经营状况、信用情况等与借款人协商确定。对已享受财政部门创业担保贷款贴息支持的小微企业，政府不再通过创业担保贷款担保基金提供担保形式的支持。

第二十条 创业担保贷款财政贴息，在规定的贷款额度、利率和贴息期限内，按照实际贷款额度、利率和计息期限计算。其中，对符合条件的个人创业担保贷款，财政部门第1年给予全额贴息，第2年贴息2/3，第3年贴息1/3；对符合条件的小微企业创业担保贷款，财政部门按照贷款合同签订日贷款基础利率的50%给予贴息。对展期、逾期的创业担保贷款，财政部门不予贴息。

经市县人民政府同意，可适当放宽创业担保贷款借款人条件、提高贷款利率上限，具体贴息标准和条件由各市县结合实际予以确定。

符合中央标准的创业担保贷款，贴息资金由各级财政按规定比例分担；超中央符合省级标准的，由省级全额承担（含中央标准内贷款）；市县自行提高标准的，由市县全额承担（含中央及省级标准内贷款）。上述各类贷款要分离管理，分账核算，并纳入创业担保贷款财政贴息资金管理信息系统统一管理。

第二十一条 担保基金运营管理机构或经办银行按照国家财务会计制度和创业担保贷款政策有关规定，计算创业担保贷款应贴息金额，按季度向市、县级财政部门申请贴息资金。市级财政部门审核通过后，在1个月内向经办银行拨付；对省财政直接管理县（市，以下简称直管县），由县级财政部门负责相关贴息资金审核拨付工作。

第二十二条 建立创业担保贷款奖励机制。按各地当年新发放创业担保贷款总额的1%，奖励创业担保贷款工作成效突出的经办银行、创业担保贷款担保基金运营管理机构等单位，用于其工作经费补助。

创业担保贷款奖励性补助资金的奖励基数，包括经省市县人民政府同意、由各级财政部门自行决定贴息的创业担保贷款。对主要以基础利率或低于基础利率发放贷款的经办银行，可在奖励资金分配上给予适度倾斜。

第二十三条 本章所称创业担保贷款，是指以具备规定条件的创业者个人或小微企业为借款人，由创业担保贷款担保基金提供担保，由经办此项贷款的银行业金融机构发放，由财政部门给予贴息（小微企业自行选择贴息或担保中的一项），用于支持个人创业或小微企业扩大就业的贷款业务。

本章所称担保基金，是指由地方政府出资设立的，用于为创业担保贷款提供担保的专项基金。担保基金由政府指定的公共服务机构或其委托的融资性担保机构负责运营管理。

本章所称经办银行，是指由各级人民银行分支机构会同财政、人力资源社会保障部门通过公开招标等方式确定的为符合条件的个人和小微企业提供创业担保贷款的银行业金融机构。

第二十四条 对创业担保贷款财政贴息政策，2016年9月24日（含）之后发放的贷款，执行本办法；2016年9月24日之前发放的贷款，按照原有关规定执行。

第五章 政府和社会资本合作项目中央以奖代补政策

第二十五条 为吸引社会资本参与公共服务项目的投资、运营管理，提高公共服务供给能力和效率，中央财政安排专项资金对符合条件的中央财政PPP示范项目和转型为PPP项目的地方融资平台公司存量项目给予一定奖励，提高项目操作的规范性，保障项目实施质量，同时鼓励融资平台公司化解存量地方政府债务。

第二十六条 对中央财政PPP示范项目中的新建项目，财政部将在项目完成采购确定社会资本合作方后，按照项目投资规模给予一定奖励，具体为投资规模3亿元以下的项目奖励300万元，3亿元（含3亿元）至10亿元的项目奖励500万元，10亿元以上（含10亿元）的项目奖励800万元。对符合条件、规范实施的转型为PPP项目的地方融资平台公司存量项目，财政部将在择优评选后，按照项目转型实际化解存量地方政府债务（政府负有直接偿债责任的一类债务）规模的2%给予奖励。中央财政PPP示范项目中的存量项目，优先享受奖励资金支持。享受以奖代补政策支持的地方融资平台公司存量项目，通过转型为PPP模式化解的项目债务应属于清理甄别认定的截至2014年末的存量政府债务。

第二十七条 PPP项目中央财政以奖代补资金作为综合财力补助，纳入项目公司（或社会资本方）、融资平台公司收入统一核算。新建示范项目奖励资金由财政部门统筹用于项目前期费用补助等相关财政支出。

第二十八条 享受中央财政以奖代补政策支持的PPP项目，必须严格执行国务院和财政部等部门出台的一系列制度文件，科学编制实施方案，合理选择运作方式，认真做好评估论证，择优选择社会资本，加强项目实施监管，切实保障项目选择的适当性、交易结构的合理性、合作伙伴选择的竞争性、财政承受能力的中长期可持续性和项目实施的公开性。

项目采购要严格执行《中华人民共和国政府采购法》和《政府和社会资本合作项目政府采购管理办法》（财库〔2014〕215号）等规定，充分引入竞争机制，保证项目实施质量。项目合同约定的政府和社会资本合作期限原则上不低于10年。

享受中央财政以奖代补政策支持的PPP项目必须纳入财政部PPP综合信息平台项目库，并按规定将项目信息及获得的奖补资金信息录入PPP综合信息平台。

第二十九条 不符合示范项目要求被调出示范项目名单的项目，采用建设－移交（BT）方式的项目，通过保底承诺、回购安排、明股实债、融资租赁等方式进行变相融资的项目，以及合同变更成本高、融资结构调整成本高、原债权人不同意转换、不能化解政府债务风险、不能降低项目债务成本、不能实现物有所值的地方融资平台公司存量转型项目，不享受中央财政以奖代补政策支持。已经在其他中央财政专项资金中获得奖励性资金支持的PPP项目，不再纳入中央财政以奖代补政策奖励范围。

第三十条 申请中央财政以奖代补资金支持的PPP项目，应按规定向项目所在地财政部门报送专项资金申请材料，经市级财政部门汇总审核后报送省财政厅（直管县按上述要求单独报省财政厅，下同）。申请材料包括以奖代补资金申请书、项目规范实施承诺书、项目实施方案、物有所值评价报告、财政承受能力论证报告、采购文件、合同文本等重要资料，以及与以奖代补资金申请或审核相关的其他材料。

第三十一条 对市级财政部门报送的申请中央财政以奖代补专项资金PPP项目申报材料，省财政厅将组织专家进行综合评审后报财政部驻山东省财政监察专员办事处（以下简称“专员办”）审核上报。

第三十二条 享受中央财政以奖代补政策支持的PPP项目所在地财政部门要认真做好项目物有所值评价和财政承受能力论证，有效控制政府支付责任，合理确定财政补助金额。市级财政部门要统计监测相关项目的政府支付责任，加强对项目合同执行的监督管理，督促有关部门严格履行合同约定，有效保护社会资本合法权益，切实维护政府信用。要认真履行财政职能，因地制宜、主动作为，会同项目实施单位和有关部门，为项目的规范实施创造良好环境。积极推动项目加快实施进度，确保项目规范实施、按期落地，形成一批管理水平高、化债效果好、产出结果优、示范效应强的样板项目。

第六章 资金审核和拨付

第三十三条 市县财政部门负责审核汇总辖区内专项资金申请材料，于每年2月28日前报送省财政厅。申请材料包括本年度专项资金申请情况说明、专项资金申报表（见附件1）、市县财政部门审核意见、上年度专项资金使用情况报告，以及与专项资金申请或审核相关的其他材料。对未按规定时间报送专项资金申请材料的市县，省财政厅不予受理，视同该年度不申请专项资金。

第三十四条 省财政厅负责审核汇总全省专项资金申请材料，于每年3月31日前报送财政部和专员办。

第三十五条 专员办对省财政厅报送的专项资金申请材料进行审核，于每年4月30日前出具审核意见报送财政部，并抄送省财政厅。

第三十六条 省财政厅收到中央财政下达的专项资金预算后，结合本地区实际情况及时下拨。各市县可予奖励的县域金融机构涉农贷款平均余额增量、可予补贴的农村金融机构贷款平均余额、创业担保贷款贴息及奖补资金需求依据各地财政部门上报情况及财政部、专员办审核意见确定。相应权重根据上年各方向资金使用情况、中央及省级预算安排等因素综合确定。中央及省级县域金融机构涉农贷款增量奖励资金、农村金融机构定向费用补贴资金和省级创业担保贷款贴息资金可结合当地实际情况统筹使用。对上年末专项资金结余的地区，省财政厅将减少安排该地区下一年度专项资金的数额。

市、县级财政部门应参照中央和省财政的分配方法，在预算规模内合理确定本地区专项资金分配方案，科学规划专项资金各支出方向的资金安排，确保各支出方向的资金总体均衡，统筹兼顾本地普惠金融各领域发展需要，切实提高专项资金使用效益。

第三十七条 用于PPP项目以奖代补的资金由中央财政全额安排，其他领域资金由中央和地方共同承担，市、县级分担比例由市级统筹确定，原则上市县级分担比例应主要由市级承担，市级应占市县分担资金总额的30%以上。中央、省、市、县分担比例自2016年1月1日起执行。

对县域金融机构涉农贷款增量奖励、农村金融机构定向费用补贴资金，由省财政结合中央资金，对东、中、西部地区分别承担40%、50%、60%，对东部地区的荣成、高青、利津、垦利、沂源等5县（市、区），按照中部地区补贴政策执行，其余直管县及县级现代预算管理制度改革试点县（市、区）按照西部地区补贴政策执行。

对创业担保贷款贴息资金，由省级结合中央资金，对东、中、西部地区分别承担50%、60%、70%，对东部地区的荣成、高青、利津、垦利、沂源等5县（市、区），按照中部地区补贴政策执行，其余直管县及县级现代预算管理制度改革试点县（市、区）按照西部地区补贴政策执行；对创业担保贷款奖补资金，由中央财政承担30%，省级承担70%。省级资金由省创业带动就业扶持资金列支。

对未按规定分担资金的地区，经专员办或审计部门书面确认后，取消审核年度获得相关使用方向中央和省级资金的资格。

第三十八条 专项资金支付，按照国库集中支付制度等有关规定执行。专项资金的预算公开，按照中央对地方专项转移支付信息公开管理制度有关规定执行。

第七章　预算监管和绩效管理

第三十九条　本办法涉及的银行业金融机构、担保基金运营管理机构、地方融资平台公司、PPP项目实施机构等相关单位应当如实统计和上报专项资金申请涉及的各项基础数据，对各项基础数据的真实性、合规性负责，并对所属分支机构加强监管。

第四十条　各级财政部门应加强对专项资金申请、审核、拨付的组织、协调和管理工作，并会同有关部门对专项资金申请的真实性、合规性以及审核拨付、使用情况加强监督检查，对检查中发现的问题及时处理和反映，保证专项资金政策落到实处。

第四十一条　各级财政部门应加强实地抽查力度，对查出以前年度虚报材料、骗取专项资金的，应当及时予以追回。对被骗取的专项资金，由地方政府有关部门自行查出的，由同级政府财政部门收回。由中央有关部门组织查出的，由省级财政部门负责追回并及时上缴中央财政。

第四十二条　各级财政部门及其工作人员、申报使用专项资金的部门、单位及个人有下列行为之一的，依照《中华人民共和国预算法》、《财政违法行为处罚处分条例》等有关法律法规予以处理、处罚，并视情况提请同级政府进行行政问责：

（一）专项资金分配方案制定和复核过程中，有关部门及其工作人员违反规定，擅自改变分配方法、随意调整分配因素以及向不符合条件的单位（或项目）分配资金的；

（二）以虚报冒领、重复申报、多头申报、报大建小等手段骗取专项资金的；

（三）滞留、截留、挤占、挪用专项资金的；

（四）擅自超出规定的范围或者标准分配或使用专项资金的；

（五）未履行管理和监督职责，致使专项资金被骗取、截留、挤占、挪用或资金闲置沉淀的；

（六）拒绝、干扰或者不予配合有关专项资金的预算监管、绩效评价、监督检查等工作的；

（七）对提出意见建议的单位和个人、举报人、控告人打击报复的；

（八）其他违反专项资金管理的行为。

涉嫌犯罪的，移送司法机关处理。

第四十三条　对未能独立客观地发表意见，在专项资金申请、评审等有关工作中存在虚假、伪造行为的第三方，按照有关法律法规规定进行处理。

第四十四条　各级财政部门应当按照预算绩效管理的有关规定加强专项资金绩效管理，建立健全全过程预算绩效管理机制。按照《中央对地方专项转移支付绩效目标管理暂行办法》（财预〔2015〕163号）等规定，设定专项资金绩效目标及相应的绩效指标，加强对绩效目标的审核，并将审核确认后的绩效目标予以下达。强化专项资金绩效目标执行监控，确保绩效目标如期实现。按要求开展绩效评价，将绩效评价结果作为完善政策和资金分配的参考依据，不断提高财政资金使用效益，更好地支持普惠金融发展。

第四十五条　各级财政部门应当逐步探索建立普惠金融指标体系，对辖区内普惠金融发展状况进行科学评价，为完善专项资金管理制度提供决策参考。

第八章　附　　则

第四十六条　市级财政部门要根据本办法，结合实际制定专项资金管理实施细则，并报省财政厅备案。

第四十七条　本办法自2017年4月8日起施行，有效期至2018年12月31日。此前发布的有关办法与本办法不一致的，以本办法为准。《县域金融机构涉农贷款增量奖励资金管理办法》（鲁财金〔2010〕64号）、省财政厅《转发〈财政部关于印发农村金融机构定向费用补贴资金管理办法〉的通知》（鲁财金〔2014〕15号）、《山东省小额担保贷款财政补贴资金管理办法》（鲁财金〔2011〕7号）同时废止。

附件：1. 普惠金融发展专项资金申报表

2. 普惠金融发展专项资金申报表填表说明

附件 1：

普惠金融发展专项资金申报表

表 1：

______市______年普惠金融发展专项资金申报表

填报单位：______市财政局

单位：万元，%，家，笔，个

一、县域金融机构涉农贷款增量奖励

______年涉农贷款发放额		______年涉农贷款平均余额		可予奖励的机构家数	可予奖励的涉农贷款增量	______年奖励资金需求（按 2% 的奖励上限测算）			上年本项下实际使用奖励资金			上年末本项下结余中央财政专项资金
发放金额	同比变动（%）	平均余额	同比变动（%）			小计	中央财政分担金额	地方财政分担金额	小计	中央财政分担金额	地方财政分担金额	

二、农村金融机构定向费用补贴

新型农村金融机构

______年贷款发放额		______年贷款平均余额		可予补贴的机构家数	可予补贴的贷款余额	______年补贴资金需求（按 2% 的补贴上限测算）			上年本项下实际使用补贴资金			上年末本项下结余中央财政专项资金
发放金额	同比变动（%）	平均余额	同比变动（%）			小计	中央财政分担金额	地方财政分担金额	小计	中央财政分担金额	地方财政分担金额	

三、创业担保贷款贴息及奖补

______年创业担保贷款发放额			______年末创业担保贷款余额			______年末担保基金余额	______年创业担保贷款贴息和奖补资金需求				上年本项下实际使用贴息和奖补资金			上年末本项下结余中央财政专项资金
小计	中央财政给予贴息支持的贷款	地方财政自行安排贴息的贷款	小计	中央财政给予贴息支持的贷款	地方财政自行安排贴息的贷款		小计	贴息资金（中央财政给予贴息支持的贷款）	贴息资金（地方财政自行安排贴息的贷款）	奖补资金	小计	贴息资金	奖补资金	

续表

<table>
<tr><td colspan="13">四、政府和社会资本合作项目以奖代补</td></tr>
<tr><td colspan="13">1. 新建中央财政 PPP 示范项目</td></tr>
<tr><td rowspan="2">新建示范项目数量</td><td colspan="7">______年完成政府采购的新建示范项目数量</td><td rowspan="2">截至上年末累计完成政府采购的新建示范项目数量</td><td rowspan="2">截至上年末累计享受以奖代补政策的新建示范项目数量</td><td rowspan="2">______年奖励资金需求</td><td rowspan="2">上年本项下实际使用奖励资金</td><td rowspan="2">上年末本项下结余中央财政专项资金</td></tr>
<tr><td>小计</td><td colspan="2">其中：投资规模 3 亿元以下项目数量</td><td colspan="2">投资规模 3 亿元（含）至 10 亿元的项目数量</td><td colspan="2">投资规模 10 亿元（含）以上的项目数量</td></tr>
<tr><td></td><td></td><td></td><td></td><td></td><td></td><td></td><td></td><td></td><td></td><td></td><td></td><td></td></tr>
<tr><td colspan="13">2. 转型为 PPP 项目的地方融资平台公司存量项目</td></tr>
<tr><td>本年申请奖励的存量转型项目数量</td><td colspan="2">转型项目中纳入中央财政示范项目的数量</td><td colspan="2">转型前项目存量地方政府债务规模</td><td colspan="2">转型实际化解项目存量地方政府债务规模</td><td>项目转型化债比例</td><td colspan="2">截至上年末累计享受以奖代补政策的存量转型项目数量</td><td>______年奖励资金需求</td><td>上年本项下实际使用奖励资金</td><td>上年末本项下结余中央财政专项资金</td></tr>
<tr><td></td><td colspan="2"></td><td colspan="2"></td><td colspan="2"></td><td></td><td colspan="2"></td><td></td><td></td><td></td></tr>
</table>

表 2：　　　　______市______年县域金融机构涉农贷款增量奖励资金申请详情表

填报单位：______市财政局　　　　　　　　　　　　　　　　　　　　单位：万元，家

一、分行政区统计（填报可获得奖励的金融机构数据）										
	______年涉农贷款发放额		______年涉农贷款平均余额		可予奖励的机构家数	可予奖励的涉农贷款增量	上年结余奖励资金	奖励资金（按 2% 的奖励上限测算）		
	发放金额	同比变动（%）	平均余额	同比变动（%）				小计	中央财政分担金额	地方财政分担金额
××县										
××县										
……										
合计										

二、分机构统计（填报所有金融机构数据）									
	______年涉农贷款发放额		______年涉农贷款平均余额		______年末不良贷款率		是否符合奖励条件	可予奖励的涉农贷款增量	奖励资金（按 2% 的奖励上限测算）
	发放金额	同比变动（%）	平均余额	同比变动（%）	不良率（%）	同比变动（%）			
××银行									
××银行									
……									
合计									

注 1：分行政区统计填报可获得奖励的县域金融机构数据，分机构统计填报所有县域金融机构数据。

注 2：县域金融机构是否符合奖励条件在“是否符合奖励条件”一栏中说明，不符合条件的机构“可予奖励的涉农贷款增量”和“奖励资金”为 0。

表 3：　　　　______市______年农村金融机构定向费用补贴资金申请详情表

填报单位：______市财政局　　　　　　　　　　　　　　　　　　单位：万元，家，笔，元

一、分行政区统计（填报可获得补贴的金融机构数据）											
	______年贷款发放额		______年贷款平均余额		可予补贴的机构家数	可予补贴的贷款余额	上年结余补贴资金	补贴资金（按 2% 的补贴上限测算）			备注
	发放金额	同比变动（%）	平均余额	同比变动（%）				小计	中央财政分担金额	地方财政分担金额	
新型农村金融机构											
××县											
××县											
……											
合计											

续表

二、分机构统计（填报所有金融机构数据）										
	______年贷款发放额		______年贷款平均余额		涉农及小微企业贷款占比（%）	______年末存贷比（%）	是否符合补贴条件	可予补贴的贷款余额	补贴资金（按2%的补贴上限测算）	备注
	发放金额	同比变动（%）	平均余额	同比变动（%）						
新型农村金融机构										
××村镇银行										
××贷款公司										
××农村资金互助社										
……										
合计（1+2）										

注1：分行政区统计填报可获得补贴的金融机构数据，分机构统计填报所有金融机构数据。
注2：分机构统计不符合补贴条件的金融机构“可予补贴的贷款余额”为0。
注3：贷款公司和农村资金互助社不需要填写“年末存贷比”。

表4：______市______年创业担保贷款贴息及奖补资金申请详情表

填报单位：______市财政局　　　　单位：万元、笔

经办银行 贷款及贴息情况	国有商业银行	股份制商业银行	城市商业银行	农商行和农合行	农村信用社	其他机构	合计
一、上年贷款发放情况							
1. 年度贷款发放额							
其中：个人贷款发放额							
小微企业贷款发放额							
其中：中央财政给予贴息支持的贷款							
地方财政自行安排贴息的贷款							
2. 年末贷款余额							
其中：个人贷款年末余额							
小微企业贷款年末余额							
其中：中央财政给予贴息支持的贷款							
地方财政自行安排贴息的贷款							
3. 年度贷款发放笔数							
其中：个人贷款发放笔数							
小微企业贷款发放笔数							
其中：中央财政给予贴息支持的贷款							
地方财政自行安排贴息的贷款							
4. 年末未解除还款责任贷款笔数							
其中：个人贷款笔数							
小微企业贷款笔数							
其中：中央财政给予贴息支持的贷款							
地方财政自行安排贴息的贷款							

续表

经办银行 贷款及贴息情况	国有商业银行	股份制商业银行	城市商业银行	农商行和农合行	农村信用社	其他机构	合计
二、上年贷款贴息情况							
1. 中央财政拨付贴息资金							
2. 地方财政安排贴息资金							
其中：省级财政安排贴息资金							
省级以下财政安排贴息资金							
3. 应支付给经办银行的贴息资金							
其中：中央财政承担金额							
地方财政承担金额							
4. 实际支付给经办银行的贴息资金							
其中：中央财政承担金额							
地方财政承担金额							
5. 年末结余贴息资金							
其中：中央财政贴息资金结余							
地方财政贴息资金结余							
三、上年贷款奖补情况							
1. 中央财政拨付奖补资金							
2. 地方财政安排奖补资金							
其中：省级财政安排奖补资金							
省级以下财政安排奖补资金							
3. 实际使用奖补资金							
其中：中央财政承担金额							
地方财政承担金额							
4. 年末结余奖补资金							
其中：中央财政奖补资金结余							
地方财政奖补资金结余							
四、担保基金情况							
1. 年末担保基金规模							
2. 年度增加的担保基金规模							
五、本年贷款计划							
1. 预计本年贷款发放额							
其中：个人贷款发放额							
小微企业贷款发放额							
其中：中央财政给予贴息支持的贷款							
地方财政自行安排贴息的贷款							
2. 申请中央财政贴息资金							
3. 申请中央财政奖补资金							

表 5：

______市______年 PPP 项目以奖代补资金申请详情表

填报单位：__________市财政局　　　　　　　　　　　　　　单位：万元，%

一、新建中央财政 PPP 示范项目													
项目名称	项目领域	项目投资规模			PPP 运作方式	是否通过物有所值评价	是否通过财政承受能力论证	政府采购方式	PPP 项目合同签订时间	项目合作期限	项目内部收益率	是否获得其他中央财政奖励性资金支持	申请奖励资金额度	备注
××项目													
××项目													
......													
小计													
二、转型为 PPP 项目的地方融资平台公司存量项目													
项目名称	项目领域	项目投资规模	项目转型前存量地方政府债务规模	项目转型实际化解存量地方政府债务规模	PPP 运作方式	是否通过物有所值评价	是否通过财政承受能力论证	政府采购方式	PPP 项目合同签订时间	项目合作期限	项目内部收益率	是否获得其他中央财政奖励性资金支持	申请奖励资金额度	备注
××项目													
××项目													
......													
小计													
合计													

注 1：由同级财政部门出具 PPP 项目是否通过物有所值评价和是否通过财政承受能力论证的意见。

注 2：备注中请填写项目获得中央财政专项资金奖励性资金支持的具体情况。

附件 2：

普惠金融发展专项资金申报表填表说明

一、______年普惠金融发展专项资金申报表（表 1）填表说明

（一）县域金融机构涉农贷款增量奖励。

1. “______年涉农贷款发放额”填写上年本市县符合奖励条件的县域金融机构发放的涉农贷款总规模。其中，涉农贷款是指符合《涉农贷款专项统计制度》（银发〔2007〕246 号）中“涉农贷款汇总情况统计表”（银统 379 表）中的“农户贷款”、“农村企业及各类组织农林牧渔业贷款”和“农村企业及各类组织支农贷款”3 类贷款。比如，报送 2016 年的专项资金申报表，则填写 2015 年相关机构符合条件的涉农贷款发放额。

2. “______年涉农贷款平均余额”填写上年本市县符合奖励条件的县域金融机构涉农贷款平均余额的合计数。单家机构的涉农贷款平均余额为该机构上年每个月末的涉农贷款余额之和除以月数。如果县域金融机构为当年新设，则涉农贷款平均余额为自其开业之月（含）起每个月末的涉农贷款余额平均值。

3. “可予奖励的机构家数”填写上年本市县符合涉农贷款增量奖励条件的县域金融机构数量。

4. “可予奖励的涉农贷款增量”填写上年本市县符合涉农贷款增量奖励条件可给予奖励的涉农贷款增量规模。如果县域金融机构为当年新设，则涉农贷款平均余额为自其开业之月（含）起每个月末的涉农贷款余额平均值，可予奖励的涉农贷款增量按照当年涉农贷款平均余额的 50% 核算。

5. “______年奖励资金需求”填写按照 2% 的奖励上限测算的本市县预计的本年县域金融机构涉农贷款增量奖励资金规模。其中，小计 = 中央财政分担金额 + 省级财政分担金额 + 市县财政分担金额。比如，报送 2016 年的专项资金申报表，则填写预计 2016 年的涉农贷款增量奖励资金需求规模。

6. “上年本项下实际使用奖励资金”填写本市县上年实际执行的县域金融机构涉农贷款增量奖励资金规模。其中，小计 = 中央财政分担金额 + 省级财政分担金额 + 市县财政分担金额。

7. “上年末本项下结余中央财政专项资金”填写上年末本市县结余的中央财政拨付的县域金融机构涉农贷款增量奖励资金规模。

（二）农村金融机构定向费用补贴。

1. “______年贷款发放额”填写上年本市县符合补贴条件的新型农村金融机构发放的贷款规模。

2. “______年贷款平均余额”填写上年本市县符合补贴条件的新型农村金融机构月均贷款平均余额的合计数。单家机构的月均涉农贷款平均余额为该机构上年每个月末的贷款余额之和除以月数。如果金融机构为当年新设，则贷款平均余额为自其开业之月（含）起每个月末的贷款余额平均值。

3. “可予补贴的机构家数”填写上年本市县符合农村金融机构定向费用补贴条件的机构数量。

4. “可予补贴的贷款余额”填写上年本市县符合农村金融机构定向费用补贴条件可给予补贴的贷款余额。

5. “______年补贴资金需求”填写按照 2% 的补贴上限测算的本市县预计的本年农村金融机构定向费用补贴资金规模。其中，小计 = 中央财政分担金额 + 省级财政分担金额 + 市县财政分担金额。

6. “上年本项下实际使用补贴资金”填写本市县上年实际执行的农村金融机构定向费用补贴资金规模。其中，小计 = 中央财政分担金额 + 省级财政分担金额 + 市县财政分担金额。

7. “上年末本项下结余中央财政专项资金”填写上年末本市县财政结余的中央财政拨付的农村金融机构定向费用补贴资金规模。

（三）创业担保贷款贴息及奖补。

1. “______年创业担保贷款发放额”填写本市县上年发放的创业担保贷款规模。比如，报送 2016 年的专项资金申报表，则填写 2015 年创业担保贷款发放规模。

2. “______年末创业担保贷款余额”填写本市县上年末的创业担保贷款余额。

3. “______年末担保基金余额”填写本市县上年末的创业担保贷款担保基金规模。

4. “______年创业担保贷款贴息和奖补资金需求”填写本市县预计的本年创业担保贷款贴息资金和奖励性补助资金规模。其中，小计=贴息资金（中央财政给予贴息支持的贷款）+贴息资金（省级自行提高标准给予贴息支持的贷款）+贴息资金（市县财政自行安排贴息的贷款）+奖补资金。贴息资金（中央财政给予贴息支持的贷款）包括中央财政、省级财政和市县财政按比例各自分担的部分。奖补资金基于上年创业担保贷款发放额（含市县财政自行安排贴息的贷款）测算。

5. “上年本项下实际使用贴息和奖补资金”填写本市县上年实际执行的创业担保贷款项下的贴息和奖补资金规模，包括中央财政、省级财政和市县财政各自安排的部分。其中，小计=贴息资金+奖补资金。

6. “上年末本项下结余中央财政专项资金”填写上年末本市县财政结余的中央财政拨付的创业担保贷款贴息和奖补资金规模。

（四）政府和社会资本合作项目以奖代补。

1. “新建示范项目数量”填写本市县纳入中央财政PPP示范项目范围的新建项目数量。

2. “______年完成政府采购的新建示范项目数量”中的“小计”填写本市县上年完成项目政府采购确定社会资本合作方的中央财政PPP新建示范项目数量。比如，报送2016年的专项资金申报表，则填写2015年完成政府采购的新建示范项目数量。“其中：投资规模3亿元以下项目数量”、“投资规模3亿元（含）至10亿元的项目数量”、“投资规模10亿元（含）以上的项目数量”分别填写符合相应投资规模要求的上年完成项目政府采购确定社会资本合作方的新建示范项目数量。

3. “新建中央财政PPP示范项目”中的“______年奖励资金需求”填写本市县本年申请的中央财政新建PPP示范项目奖励资金规模，具体金额依据上年新建示范项目实施情况测算。

4. “本年申请奖励的存量转型项目数量”填写本市县上年符合基本奖励条件的转型为PPP项目的地方融资平台公司存量项目数量。

5. “转型项目中纳入中央财政示范项目的数量”填写本市县上年符合基本奖励条件的地方融资平台公司存量转型项目中纳入中央财政PPP示范项目的数量。

6. “转型前项目存量地方政府债务规模”填写本市县上年所有符合奖励条件的存量转型项目相关存量地方政府债务（政府负有直接偿债责任的一类债务）规模，相关债务须已纳入财政部地方政府债务管理系统，属于清理甄别认定的截至2014年末的存量政府债务。

7. “转型实际化解项目存量地方政府债务规模”填写本市县上年所有符合基本奖励条件的存量转型项目通过转型为PPP项目实际化解的存量地方政府债务（政府负有直接偿债责任的一类债务）规模。

8. “项目转型化债比例”填写本市县上年所有符合基本奖励条件的存量转型项目通过转型实际化解的存量地方政府债务规模与项目转型前存量地方政府债务规模的比例。

9. “转型为PPP项目的地方融资平台公司存量项目”中的“______年奖励资金需求”填写本市县本年申请的地方融资平台公司存量转型项目奖励资金规模，具体金额依据上年符合奖励条件的存量项目通过转型实际化解的存量地方政府债务规模测算。

10. “上年本项下实际使用奖励资金”填写本市县上年实际执行的PPP项目以奖代补项下的奖励资金规模。

11. “上年末本项下结余中央财政专项资金”填写上年末本市县各级财政结余的中央财政拨付的PPP项目以奖代补资金规模。

二、______年县域金融机构涉农贷款增量奖励资金申请详情表（表2）填表说明

1. 分行政区统计填写各市县上年可给予涉农贷款增量奖励的县域金融机构相关数据。分机构统计填写各市县上年所有县域金融机构相关数据。其中，县域金融机构是指县级（含县、县级市、县级区，不含县级以上城市的中心区）区域内具有法人资格的金融机构和其他金融机构（不含农业发展银行）在县及县以下的分支机构。

2. “______年涉农贷款发放额”，分行政区统计填写各市县上年符合奖励条件的县域金融机构的涉农

贷款发放额及其同比变动比例，分机构统计填写各市县上年所有县域金融机构的涉农贷款发放额及其同比变动比例。其中，涉农贷款是指符合《涉农贷款专项统计制度》（银发〔2007〕246号）中“涉农贷款汇总情况统计表”（银统379表）中的“农户贷款”、“农村企业及各类组织农林牧渔业贷款”和“农村企业及各类组织支农贷款”3类贷款。

3.“______年涉农贷款平均余额”，分行政区统计填写各市县上年符合奖励条件的县域金融机构的涉农贷款平均余额及其同比变动比例，分机构统计填写各市县上年所有县域金融机构涉农贷款平均余额及其同比变动比例。单家机构的涉农贷款平均余额为该机构上年每个月末的涉农贷款余额之和除以月数。如果县域金融机构为当年新设，则涉农贷款平均余额为自其开业之月（含）起的每个月末的涉农贷款余额平均值。

4.“可予奖励的机构家数”填写各市县上年符合涉农贷款增量奖励条件的机构数量。

5.“上年结余奖励资金”填写各市县上年末结余的中央财政拨付的涉农贷款增量奖励资金规模。

6.“______年末不良贷款率”填写各县域金融机构上年末的不良贷款率及其同比变动比例。

7.“是否符合奖励条件”，上年符合奖励条件的县域金融机构填写“是”，否则填写“否”。

8.“可予奖励的涉农贷款增量”，分行政区统计填写各市县上年符合涉农贷款增量奖励条件可给予奖励的涉农贷款增量规模，分机构统计填写各县域金融机构上年符合涉农贷款增量奖励条件可给予奖励的涉农贷款增量规模，不符合条件的机构该栏填写“0”。

9.“奖励资金”，分行政区统计填写按照2%的奖励上限测算的预计各市县本年的涉农贷款增量奖励资金规模。其中，小计＝中央财政分担金额＋省级财政分担金额＋市县财政分担金额。分机构统计填写按照2%的奖励上限测算的预计各县域金融机构本年的涉农贷款增量奖励资金规模。

三、______年农村金融机构定向费用补贴资金申请详情表（表3）填表说明

1. 分行政区统计填写各市县上年可给予农村金融机构定向费用补贴的新型农村金融机构相关数据。分机构统计填写上年所有新型农村金融机构相关数据。

2.“______年贷款发放额”，分行政区统计填写各市县上年符合补贴条件的新型农村金融机构贷款发放额及其同比变动比例，分机构统计填写上年所有新型农村金融机构的贷款发放额及其同比变动比例。

3.“______年贷款平均余额”，分行政区统计填写各市县上年符合补贴条件的新型农村金融机构的贷款平均余额及其同比变动比例，分机构统计填写上年所有新型农村金融机构的贷款平均余额及其同比变动比例。单家机构的贷款平均余额为该机构上年每个月末的贷款余额之和除以月数。如果金融机构为当年新设，则贷款平均余额为自其开业之月（含）起每个月末的贷款余额平均值。

4.“可予补贴的机构家数”填写各市县上年符合补贴条件的新型农村金融机构数量。

5.“涉农及小微企业贷款占比”填写各新型农村金融机构上年涉农贷款和小微企业贷款平均余额占全部贷款平均余额的比例。单家机构的相关贷款平均余额为该机构上年每个月末的相关贷款余额之和除以月数。涉农贷款是指符合《涉农贷款专项统计制度》（银发〔2007〕246号）规定的涉农贷款，不包括金融机构的票据贴现、对非存款类金融机构的拆放款项，以及自上年度开始以来从其他金融机构受让的信贷资产。小微企业，是指符合《中小企业划型标准规定》（工信部联企业〔2011〕300号）规定的小型、微型企业。

6.“______年末存贷比”填写相关金融机构上年末存贷比。贷款公司和农村资金互助社不需填写该栏。

7.“是否符合补贴条件”，上年符合补贴条件的新型农村金融机构填写“是”，否则填写“否”。

8.“可予补贴的贷款余额”，分行政区统计填写各市县上年符合条件的新型农村金融机构可给予补贴的贷款余额，分机构统计填写本市县各新型农村金融机构可给予补贴的贷款余额，不符合补贴条件的金融机构该栏填写“0”。

9.“上年结余补贴资金”填写各市县上年末结余的中央财政拨付的定向费用补贴资金规模。

10.“补贴资金”，分行政区统计填写按照2%的补贴上限测算的预计各县本年的定向费用补贴资金规模。其中，小计＝中央财政分担金额＋省级财政分担金额＋市县财政分担金额。分机构统计填写按照2%的补贴上限测算的预计本市县各金融机构本年的定向费用补贴资金规模。

四、______年创业担保贷款贴息及奖补资金申请详情表（表4）填表说明

1. “上年贷款发放额”填写上年本市县发放的创业担保贷款规模，并分项填写个人贷款和小微企业贷款，以及中央财政给予贴息支持的贷款、省级自行提高标准给予贴息支持的贷款和市县财政自行安排贴息的贷款的发放规模。其中年度贷款发放额 = 个人贷款发放额 + 小微企业贷款发放额 = 中央财政给予贴息支持的贷款 + 省级财政给予贴息支持的贷款 + 市县财政自行安排贴息的贷款。比如，报送2016年的资金申请表，则填写2015年相关创业担保贷款发放额。

2. “年末贷款余额”填写上年末本市县创业担保贷款余额，并分项填写个人贷款和小微企业贷款，以及中央财政给予贴息支持的贷款、省级财政自行提高标准给予贴息支持的贷款和市县财政自行安排贴息的贷款的年末余额。如果贷款余额中包括逾期贷款和展期贷款，须用文字说明逾期贷款和展期贷款金额。

3. “年度贷款发放笔数”填写上年本市县发放的创业担保贷款笔数，并分项填写个人贷款和小微企业贷款，以及中央财政给予贴息支持的贷款、省级财政自行提高标准给予贴息支持的贷款和市县财政自行安排贴息的贷款的发放笔数。

4. “年末未解除还款责任的贷款笔数”填写上年末本市县尚未解除借款人还款责任的创业担保贷款笔数，包括逾期贷款和展期贷款。

5. “中央财政拨付贴息资金”填写上年地方收到中央财政拨付地方统筹用于创业担保贷款贴息的资金规模。

6. “地方财政安排贴息资金”填写上年地方财政安排的创业担保贷款贴息资金规模，并分项填写省级财政部门和市县财政部门安排的贴息资金规模。

7. “应支付给经办银行的贴息资金”填写上年市县财政应支付给经办银行的创业担保贷款贴息资金规模，包括中央财政拨付的贴息资金、省级财政和市县财政安排的贴息资金。

8. “实际支付给经办银行的贴息资金”填写上年市县财政实际拨付给经办银行的创业担保贷款贴息资金规模，包括中央财政拨付的贴息资金、省级财政和市县财政安排的贴息资金。

9. “年末结余贴息资金”填写上年末市县财政结余的创业担保贷款贴息资金规模，包括中央财政拨付的贴息资金结余情况，省级财政和市县财政安排的贴息资金结余情况。

10. “中央财政拨付奖补资金”填写上年中央财政拨付的地方统筹用于创业担保贷款奖励性补助的资金规模。

11. “地方财政安排奖补资金”填写上年地方财政安排的创业担保贷款奖补资金规模，并分项填写省级财政部门和市县财政部门安排的奖补资金规模。

12. “实际使用奖补资金”填写上年市县财政实际拨付给奖补对象的创业担保贷款奖补资金规模，包括中央财政拨付的奖补资金、省级财政和市县财政安排的奖补资金。

13. “年末结余奖补资金”填写上年末地方财政结余的创业担保贷款奖补资金规模，包括中央财政拨付的奖补资金结余情况和地方财政预算安排的奖补资金结余情况。

14. “年末担保基金规模”填写本市县上年末创业担保贷款担保基金规模。

15. “年度增加的担保基金规模”填写本市县上年增加的创业担保贷款担保基金。比如，填报2016年数据则为2015年末的担保基金规模与2014年末担保基金规模的差额。

16. “预计本年贷款发放额”填写预计本市县本年创业担保贷款发放规模，并分项填写个人贷款和小微企业贷款，以及中央财政给予贴息支持的贷款、省级财政自行提高标准给予贴息支持的贷款和市县财政自行安排贴息的贷款的预计发放规模。

17. “申请中央财政贴息资金”填写本市县本年申请中央财政拨付的创业担保贷款贴息资金规模。

18. “申请中央财政奖补资金”填写本市县本年申请中央财政拨付的创业担保贷款奖励性补助资金规模，具体金额依据上年创业担保贷款发放情况测算。

19. 本表国有商业银行、股份制商业银行、城市商业银行、农商行和农合行、农村信用社、其他机构

的范围按照中国银行业监督管理委员会关于国内银行业金融机构的有关分类执行。

五、______年PPP项目以奖代补资金申请详情表（表5）填表说明

1. “项目领域”填写项目所在的公共服务领域，具体行业与PPP综合信息平台保持一致，共包括19个一级行业，分别是能源、交通运输、水利建设、生态建设和环境保护、市政工程、片区开发、农业、林业、科技、保障性安居工程、旅游、医疗卫生、养老、教育、文化、体育、社会保障、政府基础设施和其他。

2. “项目转型前存量地方政府债务规模”填写本市县上年符合基本奖励条件的存量转型项目相关存量地方政府债务（政府负有直接偿债责任的一类债务）规模，相关债务须已纳入财政部地方政府债务管理系统，属于清理甄别认定的截至2014年末的存量政府债务。

3. “项目转型实际化解存量地方政府债务规模”填写本市县上年符合基本奖励条件的存量转型项目通过转型为PPP项目实际化解的存量地方政府债务（政府负有直接偿债责任的一类债务）规模。

4. “PPP运作方式”填写PPP项目采取的具体运作方式，具体包括委托运营（O&M）、管理合同（MC）、建设－运营－移交（BOT）、建设－拥有－运营（BOO）、转让－运营－移交（TOT）、改建－运营－移交（ROT）和其他。

5. “是否通过物有所值评价”和“是否通过财政承受能力论证”，通过物有所值评价和财政承受能力论证的PPP项目填写“是”，否则填写“否”。

6. “政府采购方式”填写项目采购的具体方式，包括公开招标、邀请招标、竞争性谈判、竞争性磋商和单一来源采购。

7. “PPP项目合同签订时间”填写项目完成采购签署PPP项目合同的时间，须填写至×年×月×日。

8. “项目合作期限”填写项目合同明确的项目合作期限，不满整年的须填写至月。

9. “申请奖励资金额度”填写符合基本奖励条件的PPP项目本年按规定测算的以奖代补资金规模。

省财政厅关于印发《山东省农业保险保险费补贴资金管理办法》的通知

2017年4月19日　鲁财金〔2017〕27号

各市财政局、省财政直接管理县（市）财政局：

为加强农业保险保险费补贴资金管理，促进农业保险持续健康发展，我们依据国家有关规定，制定了《山东省农业保险保险费补贴资金管理办法》，现予印发，请认真遵照执行。

附件：山东省农业保险保险费补贴资金管理办法

附件：

山东省农业保险保险费补贴资金管理办法

第一章　总　　则

第一条　为加强农业保险保险费补贴资金管理，促进农业保险持续健康发展，更好服务“三农”，根

据财政部《中央财政农业保险保险费补贴管理办法》（财金〔2016〕123号）和省委、省政府有关文件精神，结合我省实际，制定本办法。

第二条 本办法所称农业保险保险费补贴资金，是指中央及省级财政对有关农业保险经营机构（以下简称经办机构）开展的符合条件的农业保险业务，按照保险费的一定比例，为投保农户、农业生产经营组织等提供的补贴。

本办法所称经办机构，是指保险公司以及依法设立并开展农业保险业务的农业互助保险等保险组织。本办法所称农业生产经营组织，是指农民专业合作社、农业企业以及其他农业生产经营组织。

第三条 农业保险保险费补贴工作遵循政府引导、市场运作、自主自愿、协同推进的原则。

（一）政府引导。财政部门通过保险费补贴等政策支持，鼓励和引导农户、农业生产经营组织投保农业保险，推动农业保险市场化发展，增强农业抗风险能力。

（二）市场运作。财政投入要与农业保险发展的市场规律相适应，以经办机构的商业化经营为依托，充分发挥市场机制作用，逐步构建市场化的农业生产风险保障体系。

（三）自主自愿。农户、农业生产经营组织、经办机构、市级财政部门等各方的参与都要坚持自主自愿，在符合国家和省规定的基础上，申请中央及省级财政农业保险保险费补贴资金。

（四）协同推进。保险费补贴政策要与其他农村金融和支农惠农政策有机结合，各级财政、农业、林业、畜牧、金融办及保险监管等有关单位要积极协同配合，共同做好农业保险工作。

第二章 补贴政策

第四条 中央及省级财政保险费补贴的农业保险（以下简称补贴险种）标的为关系国计民生和粮食、生态安全的主要大宗农产品，以及根据党中央、国务院和省委、省政府有关文件精神确定的其他农产品。

鼓励各市县结合本地实际和财力状况，对符合农业产业政策、适应当地“三农”发展需求的农业保险给予一定的保险费补贴等政策支持。

第五条 财政补贴险种主要标的：

（一）中央财政补贴险种标的（以下简称中央险种）主要包括：

1. 种植业险种：包括小麦、水稻、玉米、棉花、花生。

2. 养殖业险种：包括能繁母猪、奶牛、育肥猪。

3. 森林险种：已基本完成林权制度改革、产权明晰、生产和管理正常的公益林和商品林。

（二）省级财政补贴险种标的（以下简称省级险种）主要包括：

日光温室（仅指冬暖式日光温室蔬菜大棚）、苹果、桃，冬枣、鸭梨（局部试点）。

（三）根据党中央、国务院和省委、省政府要求确定的其他品种。

除冬枣、鸭梨外，对于上述补贴险种，各市县均可自主自愿开展。

第六条 中央险种补贴政策。在各市县自主自愿开展农业保险并符合条件的基础上，省财政结合中央资金，按东、中、西部地区分别确定补贴资金分担比例。

（一）种植业。农户自行承担20%。东部地区，中央财政承担35%，省级财政承担15%，市县级财政承担30%；中部地区，中央财政承担35%，省级财政承担25%，市县级财政承担20%；西部地区，中央财政承担35%，省级财政承担35%，市县级财政承担10%。

（二）养殖业。农户自行承担20%。东部地区，中央财政承担40%，省级财政承担15%，市县级财政承担25%；中部地区，中央财政承担40%，省级财政承担20%，市县级财政承担20%；西部地区，中央财政承担40%，省级财政承担25%，市县级财政承担15%。

（三）森林。

1. 公益林。农户自行承担10%。东部地区，中央财政承担50%，省级财政承担15%，市县级财政承担25%；中部地区，中央财政承担50%，省级财政承担20%，市县级财政承担20%；西部地区，中央财政承担50%，省级财政承担25%，市县级财政承担15%。

2. 商品林。农户自行承担20%。东部地区，中央财政承担30%，省级财政承担20%，市县级财政承担30%；中部地区，中央财政承担30%，省级财政承担25%，市县级财政承担25%；西部地区，中央财政承担30%，省级财政承担30%，市县级财政承担20%。

对东部地区的荣成、高青、利津、垦利、沂源5县（市、区），按照中部地区补贴政策执行，其余省财政直接管理县（市、区）及县级现代预算管理制度改革试点县（市、区）按照西部地区补贴政策执行。

第七条 省级险种补贴政策。农户自行承担50%。东部地区，省级财政承担15%，市县级财政承担35%；中部地区，省级财政承担20%，市县级财政承担30%；西部地区，省级财政承担25%，市县级财政承担25%。

第八条 产粮大县补贴政策。在上述补贴政策基础上，中央及省级财政对财政部产粮（油）大县奖励办法确定的产粮大县三大粮食作物（水稻、小麦、玉米）保险进一步加大支持力度，将县级财政补贴比例降至零，省财政结合中央补贴资金，对东、中、西部地区分别承担65%、70%、75%，剩余补贴资金由市级承担。省财政直接管理县（市）和现代预算管理制度改革试点县（市、区）符合产粮大县标准的，对东部地区的荣成、高青、利津、垦利、沂源5县（市、区），按照中部地区补贴政策执行，其余省财政直接管理县（市）及县级现代预算管理制度改革试点县（市、区）按照西部地区补贴政策执行。农户自行承担20%。

第三章 保险方案

第九条 经办机构应当公平、合理地拟订农业保险条款和费率。属于财政给予保险费补贴险种的保险条款和保险费率，经办机构应当在充分听取省政府农业保险相关负责部门和农民代表意见的基础上拟订。

第十条 补贴险种的保险责任应涵盖我省主要的自然灾害、重大病虫害和意外事故等。有条件的市县可稳步探索以价格、产量、气象的变动等作为保险责任，由此产生的保险费，由市县财政部门给予一定比例的补贴。

第十一条 补贴险种的保险金额，以保障农户及农业生产经营组织灾后恢复生产为主要目标，主要包括：

（一）种植业保险。原则上为保险标的生长期内所发生的直接物化成本（以最近一期价格等相关主管部门发布或认可的数据为准，下同），包括种子、化肥、农药、灌溉、机耕和地膜等成本。

（二）养殖业保险。原则上为保险标的的生理价值，包括购买价格和饲养成本。

（三）森林保险。原则上为林木损失后的再植成本，包括灾害木清理、整地、种苗处理与施肥、挖坑、栽植、抚育管理到树木成活所需的一次性总费用。

鼓励各市县和经办机构根据本地农户的支付能力，适当调整保险金额。对于超出直接物化成本的保障部分，应当予以明确，由此产生的保险费，有条件的市县可以结合实际，提供一定的补贴或由投保人承担。

第十二条 逐步建立农业保险费率调整机制，合理确定费率水平。连续3年出现以下情形的，原则上应适当降低保险费率，省财政厅依法予以监督：

（一）经办机构农业保险的整体承保利润率超过其财产险业务平均承保利润率的；

（二）专业农业保险经办机构的整体承保利润率超过财产险行业平均承保利润率的；

（三）前两款中经办机构财产险业务或财产险行业的平均承保利润率为负的，按照近3年相关平均承保利润率的均值计算。

本办法所称承保利润率为1－综合成本率。

第十三条 经办机构应当合理设置补贴险种赔付条件，维护投保农户合法权益。补贴险种不得设置绝对免赔，科学合理的设置相对免赔。

第十四条 经办机构可以通过“无赔款优待”等方式，对本保险期限内无赔款的投保农户，在下一保险期限内给予一定保险费减免优惠。

农户、农业生产经营组织、各级财政按照相关规定，以农业保险实际保险费和各方保险费分担比例，计算各方应承担的保险费金额。

第十五条 补贴险种的保险条款应当通俗易懂、表述清晰，保单上应当载明农户、农业生产经营组织、各级财政承担的保险费比例和金额。

第四章 预算管理

第十六条 农业保险保险费补贴资金实行专项管理、分账核算。中央财政承担的保险费补贴资金，列入年度中央财政预算。省级财政承担的保险费补贴资金，列入年度省级财政预算。各市县承担的保险费补贴资金，由同级财政部门预算安排，省财政厅负责监督落实。

第十七条 农业保险保险费补贴资金实行专款专用、据实结算。保险费补贴资金当年出现结余的，抵减下年度预算；如下年度不再为补贴地区，中央和省级财政结余部分全额返还财政部和省财政厅。

第十八条 各市财政局应编制辖区内当年保险费补贴资金申请报告，并对上年度中央及省级财政农业保险保险费补贴资金进行结算，于每年2月底前报送省财政厅。当年资金申请和上年度资金结算报告内容主要包括：

（一）保险方案。包括补贴险种的经办机构、经营模式、保险品种、保险费率、保险金额、保险责任、补贴区域、投保面积、单位保险费、总保险费等相关内容。

（二）补贴方案。包括农户自缴保险费比例及金额、各级财政补贴比例及金额、资金拨付与结算等相关情况。

（三）保障措施。包括主要工作计划、组织领导、监督管理、承保、查勘、定损、理赔、防灾防损等相关措施。

（四）直接物化成本数据。价格等相关主管部门发布的最近一期农业生产直接物化成本数据（直接费用）。保险金额超过直接物化成本的，应当作出说明，并测算市县财政应承担的补贴金额。

（五）产粮大县情况。对申请产粮大县政策支持的，各市单独报告产粮大县三大粮食作物种植面积、投保面积、保险金额及财政补贴比例等。

（六）相关表格。填报上年度农业保险保险费补贴资金结算表（附件1、3），当年农业保险保险费补贴资金测算表（附件2、4）以及《农业保险保险费补贴资金到位承诺函》。

（七）其他材料。应当报送或有必要进行说明的材料。

第十九条 省财政厅于每年3月底前，编制全省当年保险费补贴资金申请报告报送财政部，并抄送财政部驻山东省财政监察专员办事处（以下简称专员办）。同时，对上年度中央财政农业保险保险费补贴资金进行结算，编制结算报告送专员办审核。专员办收到结算材料后1个月内，出具审核意见送财政部，并抄送省财政厅。省财政厅在收到专员办审核意见后10日内向财政部报送补贴资金结算材料，并附专员办审核意见。

第二十条 各市财政局应加强和完善预算编制工作，根据补贴险种的投保面积、投保数量、保险金额、保险费率和保险费补贴比例等，测算下一年度各级财政应当承担的保险费补贴资金，于每年8月底前上报省财政厅。省财政厅汇总审核后，于每年10月10日前上报财政部，并抄送专员办。

第二十一条 对未按上述规定时间报送专项资金申请及结算材料的地区，省财政厅不予受理，视同该年度该市不申请中央及省级财政农业保险保险费补贴资金。

第二十二条 对于各市上报的保险费补贴资金预算申请，符合本办法规定条件的，财政部和省财政厅将给予保险费补贴支持。

第二十三条 省财政厅在收到各市财政局报送的材料以及专员办审核意见后，结合预算收支和已预拨保险费补贴资金等情况，清算上年度并拨付当年剩余保险费补贴资金。

对以前年度中央和省级财政补贴资金结余较多的市，市财政局应当作出说明。对连续两年结余资金较多且无特殊原因的，省财政厅将根据预算管理相关规定，结合当年中央及省级财政收支状况、各市实际执行情况等，收回中央及省级财政补贴结余资金，并酌情扣减该市当年预拨资金。

第二十四条 省财政厅在收到中央财政补贴资金后，应在1个月内对保险费补贴资金进行分解下达，并根据各地上报的预算申请，预拨省级保费补贴资金。市级财政部门应及时下达中央及省级资金，县级财政部门应当根据农业保险承保进度及签单情况，及时向经办机构拨付保险费补贴资金，不得拖欠。对于季节性较强的种植业保险，经办机构应在各险种签单完成后及时上报当地县级财政部门。县级财政部门收到经办机构报告后应及时拨付保险费补贴资金。原则上，上半年完成签单的不晚于6月底拨付，下半年完成签单的，不晚于11月底拨付，不得跨年度拨付。各市财政局应督促县级财政部门及时拨付保险费补贴资金，并于每年12月31日前将资金拨付情况（附拨款凭证）上报省财政厅。省财政厅将定期通报资金拨付情况，对不能及时拨付到位、情节严重的，省财政厅将取消其下年度保险费补贴资格。

第二十五条 各市县财政部门应及时掌握补贴资金的实际使用情况，加强对保单和农户缴费情况的审核，足额支付保险费补贴，确保农业保险保单依法按时生效。对中央及省级财政应承担的补贴资金缺口，可在次年向省财政厅报送资金结算申请时一并提出。

第二十六条 保险费补贴资金支付按照国库集中支付制度有关规定执行。上级财政部门通过国库资金调度将保险费补贴资金逐级拨付下级财政部门。保险费补贴资金不再通过中央专项资金财政零余额账户和中央专项资金特设专户支付。

第五章 保障措施

第二十七条 农业保险技术性强、参与面广，各市县应高度重视，结合本地财政状况、农户承受能力等，制定切实可行的保险费补贴方案，积极稳妥推动相关工作开展。

鼓励各市县和经办机构采取有效措施，加强防灾减损工作，防范逆向选择与道德风险。鼓励各市县根据有关规定，对经办机构的展业、承保、查勘、定损、理赔、防灾防损等农业保险工作给予支持。

第二十八条 各市县和经办机构应当因地制宜确定具体投保模式，坚持尊重农户意愿与提高组织程度相结合，积极发挥农业生产经营组织、乡镇林业工作机构、村民委员会等组织服务功能，采取多种形式组织农户投保。

由农业生产经营组织、乡镇林业工作机构、村民委员会等单位组织农户投保的，经办机构应当在订立补贴险种合同时，制订投保清单，详细列明投保农户的投保信息，并由投保农户或其授权的直系亲属签字确认。

第二十九条 各市县和经办机构应当结合实际，研究制定查勘定损工作标准，对定损办法、理赔起点、赔偿处理等具体问题予以规范，切实维护投保农户合法权益。

第三十条 经办机构应当在与被保险人达成赔偿协议后10日内，将应赔偿的保险金支付给被保险人。农业保险合同对赔偿保险金的期限有约定的，经办机构应当按照约定履行赔偿保险金义务。

经办机构原则上应当通过财政补贴“一卡通”、银行转账等非现金方式，直接将保险赔款支付给农户。如果农户没有财政补贴“一卡通”和银行账户，经办机构应当采取适当方式确保将赔偿保险金直接赔付到户。

第三十一条 经办机构应当在确认收到农户、农业生产经营组织自缴保险费后，方可出具保险单，保险单或保险凭证应发放到户。经办机构应按规定在显著位置，或通过互联网、短信、微信等方式，将惠农政策、承保情况、理赔结果、服务标准和监管要求进行公示，做到公开透明。

第三十二条 各级财政部门应当认真做好保险费补贴资金的筹集、拨付、管理、结算等各项工作，与农业、林业、畜牧、金融办、保险监管、水利、气象、宣传等部门协同配合，共同把农业保险保险费补贴工作落到实处。

第六章 机构管理

第三十三条 省政府农业保险相关负责部门应根据有关规定，建立健全补贴险种经办机构评选、考核等相关制度，按照公平、公正、公开和优胜劣汰的原则，通过招标等方式确定符合条件的经办机构，提高保险服务水平与质量。招标时要考虑保持一定期限内县域经办机构的稳定，引导经办机构加大投入，提高服务水平。

第三十四条 补贴险种经办机构应当满足以下条件：

（一）经营资质。符合保险监督管理部门规定的农业保险业务经营条件，具有经保险监管部门备案或审批的保险产品。

（二）专业能力。具备专门的农业保险技术人才、内设机构及业务管理经验，能够做好条款设计、费率厘定、承保展业、查勘定损、赔偿处理等相关工作。

（三）机构网络。在拟开展补贴险种业务的县级区域设有分支机构，在农村基层设有服务站点，能够深入农村基层提供服务。

（四）风险管控。具备与其业务相适应的资本实力、完善的内控制度、稳健的风险应对方案和再保险安排。

（五）信息管理。信息系统完善，能够实现农业保险与其他保险业务分开管理，单独核算损益，满足信息统计报送需求。

（六）国家及省政府规定的其他条件。

第三十五条 经办机构要增强社会责任感，兼顾社会效益与经济效益，把社会效益放在首位，不断提高农业保险服务水平与质量：

（一）增强社会责任感，服务“三农”全局，统筹社会效益与经济效益，积极稳妥做好农业保险工作；

（二）加强农业保险产品与服务创新，合理拟定保险方案，改善承保工作，满足日益增长的“三农”保险需求；

（三）发挥网络、人才、管理、服务等专业优势，迅速及时做好灾后查勘、定损、理赔工作；

（四）加强宣传公示，便于农户了解保险费补贴政策、保险条款及工作进展等情况；

（五）强化风险管控，预防为主、防赔结合，协助做好防灾防损工作，通过再保险等有效分散风险。

第三十六条 省级经办机构应当按照《财政部关于印发〈农业保险大灾风险准备金管理办法〉的通知》（财金〔2013〕129号）规定，及时、足额计提农业保险大灾风险准备金，逐年滚存，逐步建立应对农业大灾风险的长效机制，并将巨灾风险准备金的提取和使用情况于每年年度终了后15日内报送省财政厅。

第三十七条 除农户委托外，财政部门不得引入中介机构为农户与经办机构办理财政补贴险种合同签订等有关事宜。财政补贴险种的保险费，不得用于向中介机构支付手续费或佣金。

第七章 监督检查和绩效评价

第三十八条 各市县财政局应对报送材料认真审核、严格把关，在此基础上，专员办和省财政厅重点审核上年度财政补贴资金是否按规定用途使用、相关险种是否属于中央及省级财政补贴范围、补贴资金是否层层分解下达等。

第三十九条 省财政厅将按照专项转移支付绩效评价有关规定，建立和完善农业保险保险费补贴资金绩效评价制度，并探索将其与完善农业保险政策、评选保险经办机构等有机结合。

农业保险保险费补贴资金主要绩效评价指标原则上应当涵盖政府部门（预算单位）、经办机构、综合效益等。可结合实际，对相关指标赋予一定的权重或分值，或增加适应本地实际的其他指标，合理确定农业保险保险费补贴资金绩效评价结果。省财政厅每年8月31日前将上年度农业保险保险费补贴资金绩效评价结果报财政部，同时抄送专员办。

第四十条 财政部、省财政厅将按照“双随机、一公开”等要求，定期或不定期对农业保险保险费补贴工作进行监督检查，对农业保险保险费补贴资金使用情况和效果进行评价，作为研究完善政策、确定下年度补贴地区保费补贴资金等方面的参考依据。

各级财政部门应当建立健全预算执行动态监控机制，加强对农业保险保险费补贴资金的动态监控，定期自查本地区农业保险保险费补贴工作，有关情况应及时报告省财政厅。

第四十一条 禁止以下列方式骗取农业保险保险费补贴：

（一）虚构或者虚增保险标的，或者以同一保险标的进行多次投保；

（二）通过虚假理赔、虚列费用、虚假退保或者截留、代领或挪用赔款、挪用经营费用等方式，冲销投保农户缴纳保险费或者财政补贴资金；

（三）其他骗取农业保险保险费补贴资金的方式。

第四十二条 对于各级财政部门、经办机构以任何方式骗取保险费补贴资金的，财政部、专员办和省财政厅将责令其改正并追回相应保险费补贴资金，视情况暂停其中央及省级财政农业保险保险费补贴资格等。

各级财政部门工作人员在农业保险保险费补贴专项资金审核工作中，存在报送虚假材料、违反规定分配资金、向不符合条件的单位分配资金，或者擅自超出规定的范围或标准分配使用专项资金，以及滥用职权、玩忽职守、徇私舞弊等违法违纪行为的，按照《预算法》、《公务员法》、《行政监察法》、《财政违法行为处罚处分条例》等国家有关规定追究相应责任；涉嫌犯罪的，移送司法机关处理。

第八章　附　　则

第四十三条 各市县和经办机构应当根据本办法规定，及时制定和完善相关实施细则。

第四十四条 本办法自2017年5月20日起施行，有效期至2022年5月19日。《山东省种植业保险保费财政补贴资金管理办法》（鲁财金〔2012〕41号）、《关于进一步扩大农业保险保费补贴品种的通知》（鲁财金〔2013〕44号）、《关于明确省财政直接管理县（市）新增农业保险补贴品种省级保费补贴比例的通知》（鲁财金〔2014〕5号）同时废止，其他有关规定与本办法不符的，以本办法为准。

附件：1. 农业保险保险费补贴资金结算表（不包括产粮大县）

2. 农业保险保险费补贴资金测算表（不包括产粮大县）

3. 产粮大县三大粮食作物农业保险保险费补贴资金结算表

4. 产粮大县三大粮食作物农业保险保险费补贴资金测算表

附件1：

农业保险保险费补贴资金结算表（不包括产粮大县）

填报单位：　　　　单位：元/亩（头），万亩，万头，万元　　　　填报日期：

	种植面积（存栏）	参保率	投保数量	单位保额	直接物化成本	保险费率	单位保费	保费规模	中央财政补贴		省级财政补贴		市县财政补贴		农户承担	
									金额	比例	金额	比例	金额	比例	金额	比例
一、种植业合计																
其中：水稻																
小麦																
玉米																
花生																
棉花																

续表

	种植面积（存栏）	参保率	投保数量	单位保额	直接物化成本	保险费率	单位保费	保费规模	中央财政补贴		省级财政补贴		市县财政补贴		农户承担	
									金额	比例	金额	比例	金额	比例	金额	比例
二、养殖业合计																
其中：能繁母猪																
奶牛																
育肥猪																
三、森林合计																
其中：公益林																
商品林																
总计																

附件2：

农业保险保险费补贴资金测算表（不包括产粮大县）

填报单位：　　　　单位：元/亩（头），万亩，万头，万元　　　　填报日期：

	种植面积（存栏）	参保率	投保数量	单位保额	直接物化成本	保险费率	单位保费	保费规模	中央财政补贴		省级财政补贴		市县财政补贴		农户承担	
									金额	比例	金额	比例	金额	比例	金额	比例
一、种植业合计																
其中：水稻																
小麦																
玉米																
花生																
棉花																
二、养殖业合计																
其中：能繁母猪																
奶牛																
育肥猪																
三、森林合计																
其中：公益林																
商品林																
总计																

附件3：

产粮大县三大粮食作物农业保险保险费补贴资金结算表

填报单位：　　　　单位：元/亩，万亩，万元　　　　填报日期：

	种植面积	单位保额	直接物化成本	投保数量	保费规模	占产粮大县的比重	占全省的比重	中央财政补贴		省级财政补贴		市级财政补贴		县级财政补贴		农户承担	
								金额	比例	金额	比例	金额	比例	金额	比例	金额	比例
一、水稻																	
类型1																	
类型2																	
类型3																	
二、小麦																	
类型1																	
类型2																	
类型3																	
三、玉米																	
类型1																	
类型2																	
类型3																	
合计																	

附件4：

产粮大县三大粮食作物农业保险保险费补贴资金测算表

填报单位：　　　　单位：元/亩，万亩，万元　　　　填报日期：

	种植面积	单位保额	直接物化成本	投保数量	保费规模	占产粮大县的比重	占全省的比重	中央财政补贴		省级财政补贴		市级财政补贴		县级财政补贴		农户承担	
								金额	比例	金额	比例	金额	比例	金额	比例	金额	比例
一、水稻																	
类型1																	
类型2																	
类型3																	
二、小麦																	
类型1																	
类型2																	
类型3																	
三、玉米																	
类型1																	
类型2																	
类型3																	
合计																	

省财政厅关于开展农业大灾保险试点的通知

2017 年 6 月 15 日　鲁财金〔2017〕43 号

各市财政局、省财政直接管理县（市）财政局：

按照《财政部关于在粮食主产省开展农业大灾保险试点的通知》（财金〔2017〕43 号）要求，我省确定在 20 个产粮大县开展农业大灾保险试点工作。现就有关事项通知如下：

一、试点对象

根据财政部要求及各市上报情况，经商省农业厅、省金融办、山东保监局同意，按照农业保险工作基础较好、生产经营以适度规模经营农户为主、具有较强代表性等原则，全省确定在商河县等 20 个产粮大县（详见附件）开展农业大灾保险试点。试点对象为普通农户和单个品种粮食作物种植面积在 50 亩（含）以上的种粮大户（含种粮家庭农场，不含合作社；大户认定条件及种植面积确定可参考鲁农财字〔2016〕53 号文件有关规定）。

二、试点期限、保险标的及保险方案

试点期限暂定为 2017 年至 2018 年。保险标的为关系国计民生和粮食安全的小麦、玉米和水稻（2017 年仅开展玉米和水稻）。其中：

小麦种植保险：普通农户 18 元/亩（自缴 20%，3.6 元），保险金额 450 元/亩；种植大户 36 元/亩（自缴 20%，7.2 元），保险金额 900 元/亩，费率均为 4%。

玉米种植保险：普通农户 18 元/亩（自缴 20%，3.6 元），保险金额 400 元/亩，费率 4.5%；种植大户 36 元/亩（自缴 20%，7.2 元），保险金额 850 元/亩，费率 4.24%。

水稻种植保险：普通农户 30 元/亩（自缴 20%，6 元），保险金额 650 元/亩，费率 4.62%；种植大户 50 元/亩（自缴 20%，10 元），保险金额 1 100 元/亩，费率 4.55%。

三、保费补贴标准

试点地区农户自行承担 20%，省财政结合中央补贴资金，对东、中、西部地区分别承担 65%、70%、75%，剩余补贴资金由市级承担。对东部地区的荣成、高青、利津、垦利、沂源 5 县（市、区），按照中部地区补贴政策执行，其余省财政直接管理县（市）及新增县级现代预算管理制度改革试点县（市、区）按照西部地区补贴政策执行。

四、有关要求

实施农业大灾保险试点，是创新农业救灾机制、完善农业保险体系、尽快形成可推广可复制农业大灾保险模式的重要举措。试点地区财政部门要高度重视、统筹规划、精心组织、周密实施，积极会同农业、保险监管等部门加强工作指导，切实为试点工作顺利开展创造良好环境，确保试点取得实效。市级财政部门要统筹安排好配套资金，为试点工作顺利开展提供有力保障。执行中如有问题，请及时报告省财政厅。

具体实施方案另行下发。

附件：山东省开展农业大灾保险试点县名单

附件：

山东省开展农业大灾保险试点县名单

序号	单位	
1	济南市	商河县
2	淄博市	临淄区
3	枣庄市	滕州市
4	东营市	广饶县
5	烟台市	莱州市
6	潍坊市	高密市
7	潍坊市	诸城市
8	济宁市	嘉祥县
9	济宁市	汶上县
10	泰安市	东平县
11	临沂市	郯城县
12	临沂市	莒南县
13	德州市	齐河县
14	德州市	禹城市
15	聊城市	茌平县
16	聊城市	冠县
17	滨州市	邹平县
18	滨州市	惠民县
19	菏泽市	单县
20	菏泽市	巨野县

省财政厅关于建立全省政府和社会资本合作（PPP）工作月报和定期通报制度的通知

2017 年 6 月 29 日　鲁财金〔2017〕46 号

各市财政局，省直有关部门：

为深入开展 PPP“项目落地年”活动，全面反映全省 PPP 工作情况，进一步加大 PPP 模式推广力度，根据省政府领导指示精神，省财政厅确定自 2017 年第三季度起，建立全省统一的 PPP 工作月报和定期通报制度。现将有关事项通知如下：

一、充分认识建立月报和定期通报制度的重要意义

建立工作月报和定期通报制度，是加强 PPP 项目管理、强化政策落实、推进信息公开的一项基础性工作，是促进上下联动、实现信息互通、加快工作进度的重要抓手，对推进 PPP 数据综合运用、发挥激励导向作用、及时发现解决问题具有重要意义。省政府高度重视 PPP 推广运用工作，将定期督查调度有关情况并通报各市。各级各有关部门要深刻认识建立两项制度的重要性，切实负起责任，安排专人管理，认真抓好落实，确保信息的真实性、准确性、及时性和完整性。

二、关于工作月报

（一）内容：全省储备入库、通过物有所值评价和财政承受能力论证、签约落地、开工建设及运营项目情况。

（二）时间：每月初 5 个工作日内由 PPP 综合信息平台系统自动生成上月报表。

（三）发送对象：各市财政局，省直有关部门。

三、关于定期通报

（一）通报内容：全省 PPP 工作进展情况，相关数据分析对比，PPP 工作存在的困难和问题，下一步工作要求及其他需要通报的重大事项。

（二）通报时间：每季度终了后 15 日内。

（三）通报方式：以正式文件通报至各市财政局和省直有关部门，必要时抄送各市人民政府。

四、有关要求

（一）高度重视。各级各有关部门要高度重视全省 PPP 工作月报和定期通报工作，加强对月报、通报情况的分析运用，对照先进、查找不足，加大工作推进力度，积极稳妥推进项目规范实施。

（二）夯实基础。各级各有关部门要注重将 PPP 项目月报和定期通报制度与项目信息公开工作相结合，指导、协调、监督所辖各县（市、区）及相关部门真实、完整、及时地更新完善财政部 PPP 综合信息平台项目信息，保证月报和通报数据的准确性。

（三）加强协作。各级财政部门要与有关部门加强协作配合，形成工作合力，推进 PPP 工作顺利开展。要以建立月报和定期通报制度为契机，统筹协同推进 PPP 工作，既要抓好项目数量和落地速度，更要注重提升项目质量和规范性，确保全省 PPP 工作持续健康发展。

附件：山东省“政府和社会资本合作”（PPP）工作月报表（略）

省财政厅关于进一步规范政府和社会资本合作（PPP）切实防范政府债务风险的通知

2017 年 7 月 24 日　鲁财金〔2017〕52 号

各市财政局，山东省财金投资集团有限公司：

为进一步做好政府和社会资本合作（PPP）工作，确保规范实施，有效规避风险，根据财政部和我省有关防范与化解政府债务风险的文件精神，现提出如下意见，请认真贯彻执行。

一、充分认识规范PPP管理切实防范风险的重要意义

近年来，我省各级财政部门认真贯彻落实中央和省委、省政府决策部署，在基础设施和公共服务领域大力推广PPP模式，充分发挥财政资金“四两拨千斤”的作用，有效激发了民间投资活力，增加了公共产品供给，提高了公共服务质量和效率，已成为当前我省稳增长、促改革、调结构、惠民生、防风险的重要举措。但通过专项督查和绩效考评也发现，一些地方在推广PPP模式过程中，存在入库项目“重数量、轻质量”“重融资、轻风险”的倾向，片面追求项目数量和投资额，前期准备工作不充分，风险识别分配不合理，个别地方甚至存在向社会资本方承诺最低收益等不规范行为，这些都可能加剧财政负担，增加政府债务风险。对此，各级财政部门要引起高度重视，充分认识规范实施PPP模式的重要性，认清违规违纪问题的严重危害性，严格按照PPP操作流程规范实施。要认真学习贯彻《关于进一步规范地方政府举债融资行为的通知》（财预〔2017〕50号）、《关于坚决制止地方以政府购买服务名义违法违规融资的通知》（财预〔2017〕87号）和《转发财政部等六部委〈关于进一步规范地方政府举债融资行为的通知〉的通知》（鲁财债〔2017〕15号）等文件精神，从促进全省经济社会持续健康发展的高度，切实把思想认识统一到中央和省里的决策部署上来，加快构建规范高效可持续的PPP运行机制，切实防范化解PPP项目风险，坚决杜绝各种形式的变相举债。

二、确保PPP项目规范实施

各级财政部门要会同行业主管部门，对辖区内所有PPP项目进行全面摸底排查，确保做到“三个合格”。一是项目主体合格。项目“政府方”必须由政府或其指定的有关职能部门或事业单位作为实施机构，代表政府签署PPP项目合同，国有企业或政府融资平台公司不得作为政府方代表签约；“社会资本方”为依法设立且有效存续的具有法人资格的企业，包括民营企业、国有企业、外国企业和外商投资企业，未剥离政府债务和融资功能的本地融资平台公司不得作为社会资本方。二是项目客体合格。要切实防止纯商业领域项目采用PPP模式，防止项目合作期限过短，防止项目采用BT、变种BT（拉长版BT、BT+分期股权回购等）及采用保底承诺、回购安排、明股实债等方式进行变相融资。三是程序合格。新建项目须按规定程序完成可行性研究、立项等项目前期工作，存量项目须按规定办理资产评估及权属转让、变更手续；物有所值评价定性定量分析要真实、准确，用一般公共预算安排的PPP项目支出，在财政承受能力论证时不得突破一般公共预算支出10%的“红线”，实施方案中绩效评价指标体系、风险识别分配、投资回报模式等核心要素要完整、合规；选择社会资本方要严格按照政府采购规定依法确定。

三、确保PPP基金依法合规运行

省级PPP发展基金和地方出资设立的PPP发展基金，要依法实行规范的市场化运作，按照利益共享、风险共担的原则，做好基金的结构化设计。为鼓励社会资本参与，政府可适当让利，但不得以借贷资金出资设立各类PPP基金，不得以任何方式承诺回购社会资本方的投资本金，不得以任何方式承担社会资本方的投资本金损失，不得以任何方式向社会资本方承诺最低收益，不得对有限合伙制基金等任何股权投资方式额外附加条款变相举债。凡存在上述问题的，必须坚决整改。

四、强化项目库管理和信息公开工作

各级财政部门要按照财政部《关于规范政府和社会资本合作（PPP）综合信息平台运行的通知》（财

金〔2015〕166 号）要求，切实强化 PPP 项目库管理，严把项目入口关，对前期手续不完善、操作流程不合规、存在政府债务风险的项目，一律不予入库。对已经入库的项目，一旦发现存在违规操作或变相融资问题，一律清除出库。同时，要按照财政部《政府和社会资本合作（PPP）综合信息平台信息公开管理暂行办法》（财金〔2017〕1 号）要求，及时公开 PPP 项目信息，主动接受社会公众监督。

各级财政部门要于 8 月 20 日前对所辖 PPP 项目资料合规性和项目实施情况、PPP 基金设立运行情况、项目库管理及信息公开情况进行全面自查，发现问题，立即纠正，并于 8 月 31 日前将自查整改报告报送省财政厅。省财政厅将适时组织复查，对问题不整改或整改不到位的，将依法依纪予以追责。

省财政厅关于修订山东省政府和社会资本合作（PPP）发展基金实施暂行办法的通知

2017 年 8 月 2 日　鲁财金〔2017〕58 号

各市财政局，省直有关部门，山东省财金投资集团有限公司：

为规范运用政府和社会资本合作（PPP）模式，促进我省基础设施和公共服务领域投融资机制创新，根据国家及省有关规定，我们修订了《山东省政府和社会资本合作（PPP）发展基金实施暂行办法》，现予印发。执行中如有问题，请及时反馈。

附件：山东省政府和社会资本合作（PPP）发展基金实施暂行办法

附件：

山东省政府和社会资本合作（PPP）发展基金实施暂行办法

为加快推广运用政府和社会资本合作（PPP）模式，促进我省基础设施和公共服务领域投融资机制创新，助推更多 PPP 项目落地，根据《国务院办公厅转发财政部、发展改革委、人民银行关于在公共服务领域推广政府和社会资本合作模式指导意见的通知》（国办发〔2015〕42 号）、《财政部关于印发政府投资基金暂行管理办法的通知》（财预〔2015〕210 号）、《山东省人民政府办公厅关于印发加快省级政府引导基金投资运作若干政策措施的通知》（鲁政办字〔2016〕194 号）、《关于进一步规范地方政府举债融资行为的通知》（财预〔2017〕50 号）、《关于坚决制止地方政府以政府购买服务名义违法违规融资的通知》（财预〔2017〕87 号）等有关规定，设立山东省政府和社会资本合作（PPP）发展基金，并制定本办法。

一、基金设立的目的

通过设立 PPP 发展基金，为基础设施和公共服务领域重点项目提供资金支持，增强社会资本投资信心，促进各地加快推广运用 PPP 模式，引导民间资本积极投向基础设施和公共服务领域，切实缓解基础设施投资缺口大、政府财力不足、债务负担较重等困难。同时，进一步推动政府投融资体制机制创新，有效发挥社会资本管理效率高、技术创新能力强的优势，加快形成多元化、可持续的 PPP 项目资金投入渠道，促进实现民生改善、发展动力增强等多重目标。

二、基金的发起与设立

（一）基金名称：山东省政府和社会资本合作（PPP）发展基金（以下简称PPP发展基金）。

（二）基金期限：按照与PPP项目期限相匹配的原则，基金期限一般在10~30年。

（三）基金出资人构成：

1. 引导基金出资人：①省财政厅；②山东省财金投资集团有限公司；③部分市县财政局。
2. 其他社会出资人：①金融机构；②大型国有或民营企业；③其他社会资本。

三、基金的投资范围和运作模式

（一）基金的投资范围。PPP发展基金的投资范围限于山东境内，投资重点为纳入财政部PPP综合信息平台系统且通过物有所值评价、财政承受能力论证、项目实施方案审批的PPP项目，其中对省级以上示范项目及参与引导基金出资市、县符合条件的项目，优先予以支持。

（二）基金的运作模式。山东省财金投资集团有限公司（以下简称省财金集团）根据授权作为政府出资人代表，组织发起设立PPP发展基金。基金实行引导基金、参股基金两级架构，在突出激励引导、切实发挥财政资金杠杆放大作用的同时，坚持市场化专业运作，借助专业投资机构多元化投融资服务和项目管理经验，采取股权、债权或股债结合等多种灵活有效方式，提升投资效率。引导基金在运作模式上，重点采取与知名投资机构合作设立基金的方式，通过与若干家实力雄厚且市场声誉良好的国家级、省级机构合作设立基金，充分发挥专业投资机构的管理优势，在引资的同时吸引高端管理人才、先进管理模式进驻山东，以保证投资的质量和效果。对事关全省发展的重大项目，也可由省财金集团通过合法规范形式管理投资，以提高基金投资效率。

四、基金的管理体制

PPP发展基金采取所有权、管理权、托管权相分离的管理体制。省财金集团与社会投资人、基金管理机构签订合伙协议或章程，确定各方的权利、义务、责任。基金管理机构（GP）依据合伙协议或章程，按照市场规则负责基金投资项目决策和投后管理。省财金集团根据授权代行引导基金出资人职责，按照协议约定对基金运营进行监督。

五、基金的投资回报和收益分配

（一）基金的收益来源。

1. 所投资PPP项目的股权分红收益及股权转让增值收益；
2. 对PPP项目债权投入产生的利息收入；
3. 基金间隙资金用于协议存款、购买大额存单和其他保本理财产品产生的收入；
4. 其他合法收入。

（二）基金的收益分配。

政府引导基金既可平行出资，也可作劣后出资，以出资额为限承担投资风险，但不向其他出资人承诺投资固定收益或保本兜底。基金每年所得收益的分配，可在基金合伙协议或章程中约定，但必须明确，引导基金不得以借贷资金出资设立各类投资基金；不得利用政府出资的各类投资基金等方式违法违规变相举债；不得以任何方式承诺回购社会资本方的投资本金；不得以任何方式承担社会资本方的投资本金损失；不得以任何方式向社会资本方承诺最低收益；不得对有限合伙制基金等任何股权投资方式额外附加条款变相举债；不得以政府购买服务名义违法违规融资。基金投资期内，对参与出资市县的累计投资额度一般不低于其出资额的3倍。

六、基金的监督管理和风险防控

（一）基金的监督管理。基金实行全过程公开透明操作，接受社会监督。基金管理机构及其管理费率、社会资本出资人出资额度以及出资条件的确定等，一般应采取公平、公开、竞争、择优的遴选机制。参股基金的资金必须委托符合条件的金融机构进行托管。参股基金的具体运作情况实行社会中介机构独立审计制度。

（二）基金的投资禁止。PPP发展基金不得从事融资担保以外的担保、抵押、委托贷款等业务；不得投资二级市场股票、期货、房地产（包括购买自用房地产）、证券投资基金、评级AAA级以下的企业债券、信托产品、非保本型理财产品、保险计划及其他金融衍生品；不得向任何第三方提供赞助、捐赠等；不得吸收或变相吸收存款，向第三方提供贷款和资金拆借；不得进行承担无限连带责任的对外投资；不得发行信托或集合理财产品募集资金；不得从事国家法律法规禁止从事的其他业务等。

（三）基金的风险防控。省财金集团负责对基金进行监管，密切跟踪其经营和财务状况，防范财务风险，定期向省财政厅报送引导基金及参股基金的运行情况。当基金的使用出现违法违规和偏离政策导向等情况时，省财金集团应及时向省财政厅、相关主管部门报告，并按协议采取终止合作等必要措施，最大限度防范化解风险。

（四）基金的绩效评价。省财政厅、相关主管部门按照有关规定，对基金建立有效的绩效考核制度，定期对基金政策目标、政策效果及投资运行情况进行评估，并纳入公共财政考核评价体系。

七、基金的退出机制

PPP发展基金在退出机制安排上，实行股权投资的，到期可通过项目公司清算退出，也可由社会资本方回购，但不得要求或接受地方政府及其所属部门提供回购；实行债权投资的，由项目公司按期偿还基金投资本息，不得要求或接受地方政府及其所属部门以担保函、承诺函、安慰函等任何形式提供担保。当基金清算出现亏损时，首先由基金管理机构以其对基金的出资额为限承担亏损，其次由引导基金和其他出资人按出资比例承担。

八、引导基金退出条件

省财金集团应与其他出资人在基金合伙协议或章程中约定，有下列情况之一的，引导基金可无需其他出资人同意，选择退出：

（一）参股基金方案确认后超过6个月，基金未按规定程序和时间要求完成设立或增资手续的；

（二）参股基金完成设立或增资手续后超过6个月，未进行实缴出资或开展投资业务的；

（三）参股基金未按章程或合伙协议约定投资的；

（四）参股基金管理机构发生实质性变化的；

（五）参股基金或基金管理机构违反相关法律法规或政策规定的。

本办法由山东省财政厅负责解释。自2017年9月1日起实施，有效期至2018年8月31日，《关于印发〈山东省政府和社会资本合作（PPP）发展基金实施办法〉的通知》（鲁财预〔2015〕45号）同时废止。

省财政厅　省民族事务委员会　中国人民银行济南分行关于印发山东省民族特需商品生产贷款贴息资金管理暂行办法的通知

2017年11月29日　鲁财金〔2017〕76号

各市财政局、民族宗教局，中国人民银行（山东省）各市中心支行、分行营业管理部，省财政直接管理县（市）财政局：

为进一步加强和规范民族特需商品生产贷款贴息资金管理，扶持民族特需商品生产供应，根据国家有关规定，我们研究制定了《山东省民族特需商品生产贷款贴息资金管理暂行办法》，现印发给你们，请认真遵照执行。

附件：山东省民族特需商品生产贷款贴息资金管理暂行办法

附件：

山东省民族特需商品生产贷款贴息资金管理暂行办法

第一章 总 则

第一条 为进一步加强和规范民族特需商品生产贷款（以下简称民品贷款）贴息资金管理，扶持民族特需商品生产供应，满足少数民族群众的特殊消费需求，缓解少数民族生产生活必需品买难、卖难问题，根据财政部、国家民族事务委员会、中国人民银行有关文件精神及财政资金管理有关规定，制定本办法。

第二条 本办法所称民品贷款贴息资金，是指对民族特需商品定点生产企业（以下简称民品企业，不含青岛市）从金融机构获得，用于民品生产，保障民族地区民品供应的正常流动资金贷款，符合本办法规定条件的由财政给予贴息支持的资金。金融机构主要指政策性银行、国有商业银行、中国邮政储蓄银行、股份制商业银行、城市商业银行、农村商业银行和村镇银行。

第三条 贴息资金实行专款专用，在每年预算额度内组织实施。鼓励有条件的地区在省级贴息的基础上，进一步提高贴息比例，支持民品企业发展。

第四条 贴息资金采取企业先付息、财政后补助的方式，由省级财政部门按年度将预算指标下达市级财政部门。市级财政部门根据省级财政部门下达的预算指标，组织开展民品贷款贴息工作。

第五条 民品贷款贴息资金的使用和管理，遵循政府引导、普惠利民、管理规范的基本原则。

政府引导，是指发挥财政贴息资金的杠杆作用，撬动更多信贷资金，支持民品企业发展。

普惠利民，是指贴息政策要体现普惠性质，更多惠及难以依靠市场机制获得贷款的民品企业。

管理规范，是指相关部门规范贴息资金管理，严格审核、及时拨付，加强监督检查，保证资金安全和政策实施效果。

第六条 省级财政部门负责民品贷款贴息资金的预算管理和拨付，并组织对资金使用情况进行预算监管和绩效管理。

第二章 贴息范围、利率、额度及金额

第七条 贴息范围。享受财政贴息政策的民品贷款范围，限于按少数民族特需商品目录进行生产的民品企业所需要的按同期限基准利率发放、用于民品生产、保障民族地区民品供应的正常流动资金贷款。民品企业名单和少数民族特需商品目录，按国家民族事务委员会、财政部和中国人民银行相关文件执行。

第八条 贴息利率。按照固定年利率不高于 2% 的比例进行贴息，实际贴息利率以省级核定贴息利率为准。

第九条 贴息金额。对单户民品企业，采取每年贴息金额 500 万元封顶限制。

第十条 民品企业申请贴息金额为该企业一个年度（上年 12 月 21 日至本年 12 月 20 日）内各笔贷款贴息之和。具体按照以下公式计算：

$$某企业申请贴息金额 = \sum(该企业单笔贷款本金金额 \times 申请贴息率(2\%) \times 贴息天数/360)$$

贴息天数为该笔贷款在当年计息天数，逾期贷款从逾期之日起不再给予贴息。企业按上述公式计算的申请贴息金额超过500万元的，以500万元为上限申请贴息。

第十一条 省财政厅对各市申请贴息资金规模进行审核汇总后，根据当年贴息资金预算额度，核定实际贴息利率。如审核后的申请贴息资金规模在当年预算额度以内，以2%为核定贴息利率；如超过预算额度，则以预算额度为上限，相应调整核定贴息利率。

核定贴息利率 =（省级当年贴息资金预算额度 / $\sum$ 各市申请贴息资金规模）× 2%

第十二条 各市核定贴息资金规模按照以下公式计算：

某市核定贴息资金规模 = 该市申请贴息资金规模 × 核定贴息利率/2%

第十三条 民品企业按照贴息资金上限（500万元）申请的，核定贴息金额按照以下公式计算：

核定贴息金额 = 500万元 × 核定贴息利率/2%

第三章 贴息资金的申请、审核和拨付

第十四条 民品企业与承贷金融机构按照市场化原则，就基准利率贷款自主协商，达成一致意见后，向其注册登记机关同级的地方民族工作部门备案。民族工作部门对民品企业资质、流动资金贷款用途、期限等进行审核盖章后，承贷金融机构据此向民品企业发放贷款。利息采取先付息后补助的方式，每年申请一次。

第十五条 贴息资金的申请、审核和拨付，按以下程序办理：

（一）民品企业应于每年1月20日前，向当地民族工作部门报送上年度贴息资金申请表，并附加盖银行公章或业务章的贷款合同复印件、贷款发放凭证、结息凭证及证明贷款用于民品生产并销往民族地区等材料。

（二）当地民族工作部门会同同级财政、人民银行分支机构对贴息资金计算、贷款是否符合补贴范围、利率政策是否合规等进行初审，并于每年1月底前将民品企业贴息资金申请书及相关材料、本地区贷款发放和贴息资金情况汇总表、审核意见等（以下简称贴息申请材料）汇总报市民族宗教局。

（三）市民族宗教局会同市财政局、人民银行中心支行对贴息资金申请材料进行审核汇总后，由市民族宗教局会同市财政局委托第三方机构，对该市上年度民品企业贷款真实性、贴息资金合规性及准确性等进行全面审核。对不符合本办法规定的民品贷款及贴息资金申请应予以纠正，并出具审核意见。第三方机构应对审核结果承担核实责任。市民族宗教局会同市财政局、人民银行中心支行根据审核意见，形成最终资金申请报告（加盖三部门公章，附第三方审核意见），于每年3月底前分别报送省民委、省财政厅、人民银行济南分行，省财政直接管理县（市）的数据要单列，并由所在市统一上报。报告内容主要包括民品贷款工作开展情况（组织领导、贷款发放及使用、市县财政贴息及监督管理等）、资金申请情况及相关表格等。

（四）省民委会同人民银行济南分行，对贴息申请材料进行审核，并选取一定比例贷款进行实地核查，于4月底前将审核意见报送省财政厅。

（五）省财政厅按照当年预算支出进度要求，及时核定贴息利率，并拨付贴息资金，同时将文件抄送省民委和人民银行济南分行。

（六）市县财政部门收到省财政厅拨付的贴息资金后，应及时拨付至相关企业。

（七）各市财政局应编制辖区内下年度民品贴息资金申请报告，于每年6月底前报送省财政厅。对未按上述规定时间报送民品贷款贴息资金申请的地区，省财政厅将不予受理，视同该年度该地区不申请民品贷款贴息资金。

（八）贴息资金的支付按照国库集中支付制度有关规定执行。

第四章 绩 效 管 理

第十六条 省财政厅会同省民委，设定贴息资金整体绩效目标，并对贴息资金的使用情况和效果进行

绩效评价。

第十七条 市级财政部门会同当地民族工作部门，设定贴息资金区域绩效目标，指导下级开展绩效目标管理工作，对下级部门报送的绩效目标进行审核并提出审核意见，连同贴息资金申请报告报送省财政厅，作为贴息资金预算安排的重要依据。

第十八条 预算执行中，各级财政部门、民族工作部门应对贴息资金运行状况和绩效目标实现情况进行绩效监控，及时发现并纠正资金管理中存在的问题，确保绩效目标如期实现。预算执行结束后，各级财政部门、民族工作部门应对照确定的绩效目标开展绩效自评，形成自评报告，作为贴息资金预算执行情况的重要内容予以反映，并报上级财政部门、民族工作部门。

第五章 监督检查

第十九条 为确保民品贷款贴息政策落实，各有关单位要认真履行贷款审核发放及贴息资金审核拨付职责，切实加强监督管理。

第二十条 各级财政部门要加强对本地区民品贷款贴息工作的指导，负责贴息资金的预算管理及审核拨付工作，确保财政贴息政策落到实处。

第二十一条 各级民族工作部门要严格把关，做好贴息资金申请、审核的组织和协调工作，确保民品企业资格符合相关认定条件，流动资金贷款用途及贴息申请符合有关规定。对贷款相关申请资料，要及时进行登记和存档。

第二十二条 人民银行分支机构要对金融机构发放民品贷款执行利率及期限等政策情况进行审核，主要包括申请贴息金额计算是否准确、贷款是否符合补贴范围、利率和期限是否合规等。

第二十三条 金融机构要主动配合民品企业提供相关证明材料，并协助有关部门做好对贷款企业资金用途的监督检查。对有弄虚作假行为的金融机构，取消其开展民品贷款贴息业务的资格。

第二十四条 各级财政部门要积极会同当地民族工作部门、人民银行分支机构，不定期对贴息资金进行监督检查。对检查中发现的骗取财政贴息资金等问题，及时收回并取消该企业以后年度申请贴息资金资格。

第二十五条 各级财政部门、民族工作部门、人民银行分支机构及其工作人员、民品企业在资金分配审核等工作中，存在违反规定分配资金及存在其他滥用职权、玩忽职守、徇私舞弊等违法违纪行为的，应当责令改正，通过扣减下年度预算等方式追回已拨资金，视情节轻重可暂停、取消相关企业或地区贴息资格，并根据《中华人民共和国预算法》和《财政违法行为处罚处分条例》（国务院令第427号）等有关法律法规，追究有关单位和责任人员的责任，涉及犯罪的移交司法机关处理。

第六章 附　　则

第二十六条 各市财政部门、民族工作部门、人民银行各市中心支行应依据本办法制定实施细则。

第二十七条 本办法由省财政厅、省民委、人民银行济南分行负责解释。

第二十八条 本办法自2018年1月1日起施行，有效期至2019年12月31日。“十三五”民品企业名单下发前，暂按照“十二五”民品企业名单执行。山东省财政厅、山东省民族事务委员会、中国人民银行济南分行《转发〈财政部　国家民委　中国人民银行关于印发民族贸易和民族特需商品生产贷款贴息管理暂行办法的通知〉的通知》（鲁财金〔2013〕11号）同时废止。

附件：1. 民品企业贴息资金申请表

　　　2. ______市民品贷款发放和贴息资金情况汇总表

附件1：

民品企业贴息资金申请表

（　　　年度）

单位：万元

企业名称	行政区域	社会信用代码	承贷金融机构	合同号	贷款本金	贷款利率	贷款起始日	贷款终止日	当期贷款计息天数	申请贴息金额	资金用途

备注：每户企业一个年度内（上年12月21日至本年12月20日）合计最高申请贴息资金500万元。

附件2：

______市民品贷款发放和贴息资金情况汇总表

（　　　年度）

制表单位：　　　　　　　　　　　　　　　　单位：万元

序号	所在县	贷款企业	承贷金融机构	社会信用代码	合同号	贷款本金	贷款利率	贷款起始日	贷款终止日	当期贷款计息天数	申请贴息金额	核定贴息金额
	××县											
	……											
	……											
	××直管县											
	××直管县小计											
××市合计												

备注：1. 每户企业一个年度内（上年12月21日至本年12月20日）合计最高申请贴息资金500万元。
2. 省财政直接管理县（市）数据由所在市统一上报，表格中单独汇总。
3. 本表格由民族工作部门会同当地财政、人民银行分支机构填列，三部门盖章后随每年资金申请报告一并上报。

省财政厅转发《财政部关于规范政府和社会资本合作（PPP）综合信息平台项目库管理的通知》的通知

2017年11月30日　鲁财金〔2017〕77号

各市（不含青岛）财政局、县级现代预算管理制度改革试点县（市、区）财政局，黄河三角洲农业高新技术产业示范区财政金融局：

现将《财政部关于规范政府和社会资本合作（PPP）综合信息平台项目库管理的通知》（财办金〔2017〕92号）转发给你们，并结合我省实际，提出以下意见，请一并贯彻执行。

一、严格规范PPP综合信息平台项目库管理

今年以来，为坚决防范地方政府债务风险，确保PPP项目规范实施，财政部会同有关部委印发了《关于进一步规范地方政府举债融资行为的通知》（财预〔2017〕50号）、《关于坚决制止地方以政府购买服务名义违法违规融资的通知》（财预〔2017〕87号）。根据财政部文件精神，省财政厅及时印发《关于进一步规范政府和社会资本合作（PPP）切实防范政府债务风险的通知》（鲁财金〔2017〕52号），对强化PPP项目管理、防止变相融资问题进行了再强调再动员再部署，要求各级严守“四个不得”，坚决防止保底承诺、明股实债、回购安排、固定回报等不规范行为发生。从反馈情况看，各级高度重视、行动迅速，采取了一系列有效措施，积极完善项目实施方案、合同等，确保项目规范运行。但也有个别地方行动迟缓、措施不力，尚未整改到位。

为进一步规范PPP项目运作，防止PPP异化为新的举债融资方式，财政部对全国PPP综合信息平台项目库（以下简称项目库）管理提出了新要求，明确了新标准，制定了集中清理整顿的时间表和路线图。各级财政部门要把清理整顿项目库作为规范PPP管理的一项重要任务，认真落实财政部关于切实防止“四化”（支出责任固化、支出上限虚化、运营内容淡化、适用范围泛化）、着力抓好“四线”（严控财政承受能力红线、守住债务底线、搭好规范天线、明确适用界线）的要求，特别是对政府付费项目，严禁通过“工程可用性付费”+少量“运营绩效付费”的方式，提前锁定政府大部分支出责任，切实防止政府兜底风险，确保PPP改革健康发展。

二、切实规范PPP项目采购管理

（一）进一步规范社会资本方遴选。纳入财政部项目管理库的项目，应依据《中华人民共和国政府采购法》及其实施条例、《财政部关于印发〈政府和社会资本合作项目政府采购管理办法〉的通知》（财库〔2014〕215号）等有关规定，按照公开、公正、透明的原则，由经政府授权的实施机构根据本级政府批准的项目实施方案，通过政府采购择优选择社会资本方。要从严审慎选择单一来源采购方式，确需采用的，须符合法定条件，严格履行专家论证、媒体公示、设区市财政部门批准等程序。根据相关法律法规及《财政部关于印发〈政府和社会资本合作项目财政管理暂行办法〉的通知》（财金〔2016〕92号）规定，对涉及工程建设、设备采购或服务外包的PPP项目，通过政府采购招标方式选定的社会资本方，依法能够自行建设、生产或者提供服务的，可不再进行二次招标；通过招标以外的其他政府采购方式选定的社会资本方，不得实行“两标并一标”。

（二）进一步规范PPP咨询机构采购行为。PPP项目实施机构、同级财政部门可依法委托专业机构提供咨询服务，服务范围包括但不限于编制物有所值评价报告、财政承受能力论证报告及项目实施方案等。PPP项目需要委托专业咨询机构时，须依据《中华人民共和国政府采购法》相关规定，采取竞争性方式确定，委托的专业咨询机构应在财政部PPP咨询机构库名录范围内。为防止恶意竞争、不合理低价中标、低于成本价中标等扰乱市场秩序行为，采购评审方式原则上应采用综合评分法，一般不采用最低价中标（成交）方式。

三、进一步强化PPP项目管理

各级财政部门要按照财政部新要求新标准，在前期整改基础上，结合新上线的山东省PPP综合信息平台管理系统，进一步强化PPP项目管理。

（一）严格新项目审核入库。对新发起处于筛选、识别阶段的项目，列入项目储备清单，由各级财政部门按照职责权限实行分级管理。对新申请纳入项目管理库的准备阶段项目，由各级财政部门按程序逐级

审核上报。省财政厅根据财政部要求制定了具体入库标准（见附件2），请依照执行。对处于采购、执行阶段项目新申请入库，须从准备阶段开始审核，阶段之间审核期间隔不少于1个月。

（二）严控财政承受能力"红线"约束。各级要合理预计未来财政支出变化情况，强化财政承受能力论证，严格落实"每一年度全部PPP项目需要从预算中安排的支出责任，占一般公共预算支出比例应当不超过10%"的刚性约束，建立PPP项目财政支出责任统计预警监测机制，对接近或达到10%"红线"的地方，要及时进行风险预警。省财政厅将进一步完善PPP信息管理系统，开发建立财政承受能力风险预警监测系统，对全省PPP项目财政支出责任进行统一监测管理，对达到或超过10%"红线"的可行性缺口补贴、政府付费项目，将不再受理项目入库。

（三）开展已入库项目集中清理专项行动。省财政厅在金融与国际合作处（PPP管理中心）设立已入库项目集中清理专项工作组，负责全省PPP已入库项目集中清理工作，各市、县（市、区）财政部门也要安排专人负责，对本级所有已入库项目按照财政部集中清理要求进行逐一审核、逐个清理。对经审核符合财政部清退出库情形的项目，要按照省财政厅《关于规范PPP项目退库程序的通知》要求，及时申请退库。专项工作组将安排专人专岗，随时受理各级退库申请。各市要于2018年2月底前完成本地区（含县级现代预算管理制度改革试点县）项目库集中清理工作，并形成集中清理工作报告报送省财政厅。省财政厅将汇总整理全省集中清理工作情况，形成专题报告报财政部。

附件：1. 财政部办公厅《关于规范政府和社会资本合作（PPP）综合信息平台项目库管理的通知》（财办金〔2017〕92号）

2. 山东省PPP新入库项目审核标准（略）

附件1：

财政部办公厅《关于规范政府和社会资本合作（PPP）综合信息平台项目库管理的通知》

2017年11月10日 财办金〔2017〕92号

各省、自治区、直辖市、计划单列市财政厅（局），新疆生产建设兵团财务局：

为深入贯彻落实全国金融工作会议精神，进一步规范政府和社会资本合作（PPP）项目运作，防止PPP异化为新的融资平台，坚决遏制隐性债务风险增量，现将规范全国PPP综合信息平台项目库（以下简称项目库）管理有关事项通知如下：

一、总体要求

（一）统一认识。各级财政部门要深刻认识当前规范项目库管理的重要意义，及时纠正PPP泛化滥用现象，进一步推进PPP规范发展，着力推动PPP回归公共服务创新供给机制的本源，促进实现公共服务提质增效目标，夯实PPP可持续发展的基础。

（二）分类施策。各级财政部门应按项目所处阶段将项目库分为项目储备清单和项目管理库，将处于识别阶段的项目，纳入项目储备清单，重点进行项目孵化和推介；将处于准备、采购、执行、移交阶段的项目，纳入项目管理库，按照PPP相关法律法规和制度要求，实施全生命周期管理，确保规范运作。

（三）严格管理。各级财政部门应严格项目管理库入库标准和管理要求，建立健全专人负责、持续跟踪、动态调整的常态化管理机制，及时将条件不符合、操作不规范、信息不完善的项目清理出库，不断提高项目管理库信息质量和管理水平。

二、严格新项目入库标准

各级财政部门应认真落实相关法律法规及政策要求，对新申请纳入项目管理库的项目进行严格把关，优先支持存量项目，审慎开展政府付费类项目，确保入库项目质量。存在下列情形之一的项目，不得入库：

（一）不适宜采用PPP模式实施。包括不属于公共服务领域，政府不负有提供义务的，如商业地产开发、招商引资项目等；因涉及国家安全或重大公共利益等，不适宜由社会资本承担的；仅涉及工程建设，无运营内容的；其他不适宜采用PPP模式实施的情形。

（二）前期准备工作不到位。包括新建、改扩建项目未按规定履行相关立项审批手续的；涉及国有资产权益转移的存量项目未按规定履行相关国有资产审批、评估手续的；未通过物有所值评价和财政承受能力论证的。

（三）未建立按效付费机制。包括通过政府付费或可行性缺口补助方式获得回报，但未建立与项目产出绩效相挂钩的付费机制的；政府付费或可行性缺口补助在项目合作期内未连续、平滑支付，导致某一时期内财政支出压力激增的；项目建设成本不参与绩效考核，或实际与绩效考核结果挂钩部分占比不足30%，固化政府支出责任的。

三、集中清理已入库项目

各级财政部门应组织开展项目管理库入库项目集中清理工作，全面核实项目信息及实施方案、物有所值评价报告、财政承受能力论证报告、采购文件、PPP项目合同等重要文件资料。属于上述第（一）、（二）项不得入库情形或存在下列情形之一的项目，应予以清退：

（一）未按规定开展“两个论证”。包括已进入采购阶段但未开展物有所值评价或财政承受能力论证的（2015年4月7日前进入采购阶段但未开展财政承受能力论证以及2015年12月18日前进入采购阶段但未开展物有所值评价的项目除外）；虽已开展物有所值评价和财政承受能力论证，但评价方法和程序不符合规定的。

（二）不宜继续采用PPP模式实施。包括入库之日起一年内无任何实质性进展的；尚未进入采购阶段但所属本级政府当前及以后年度财政承受能力已超过10%上限的；项目发起人或实施机构已书面确认不再采用PPP模式实施的。

（三）不符合规范运作要求。包括未按规定转型的融资平台公司作为社会资本方的；采用建设－移交（BT）方式实施的；采购文件中设置歧视性条款、影响社会资本平等参与的；未按合同约定落实项目债权融资的；违反相关法律和政策规定，未按时足额缴纳项目资本金、以债务性资金充当资本金或由第三方代持社会资本方股份的。

（四）构成违法违规举债担保。包括由政府或政府指定机构回购社会资本投资本金或兜底本金损失的；政府向社会资本承诺固定收益回报的；政府及其部门为项目债务提供任何形式担保的；存在其他违法违规举债担保行为的。

（五）未按规定进行信息公开。包括违反国家有关法律法规，所公开信息与党的路线方针政策不一致或涉及国家秘密、商业秘密、个人隐私和知识产权，可能危及国家安全、公共安全、经济安全和社会稳定或损害公民、法人或其他组织合法权益的；未准确完整填写项目信息，入库之日起一年内未更新任何信息，或未及时充分披露项目实施方案、物有所值评价、财政承受能力论证、政府采购等关键信息的。

四、组织实施

（一）落实责任主体。各省级财政部门要切实履行项目库管理主体责任，统一部署辖内市、区、县财政部门开展集中清理工作。财政部政府和社会资本合作中心（以下称财政部PPP中心）负责开展财政部PPP示范项目的核查清理工作，并对各地项目管理库清理工作进行业务指导。

（二）健全工作机制。各省级财政部门应成立集中清理专项工作组，制定工作方案，明确任务分工、工作要求和时间进度，落实专人负责，并可邀请专家参与。地方各级财政部门应当会同有关方面加强政策宣传和舆论引导，重要情况及时向财政部报告。

（三）明确完成时限。各省级财政部门应于2018年3月31日前完成本地区项目管理库集中清理工作，并将清理工作完成情况报财政部金融司备案。

（四）确保整改到位。对于逾期未完成清理工作的地区，由财政部PPP中心指导并督促其于30日内完成整改。逾期未完成整改或整改不到位的，将暂停该地区新项目入库直至整改完成。

2017年财政规章制度选编

2017 NIAN CAIZHENG GUIZHANG ZHIDU XUANBIAN

（下　册）

山东省财政厅法规处　编

中国财经出版传媒集团

经济科学出版社
Economic Science Press

一、综合管理类

二、税政管理类

三、预算管理类

四、国库管理类

五、政府采购监督管理类

六、行政政法财务类

七、教科文财务类

八、经济建设财务类

九、农业财务类

十、社会保障财务类

十一、工贸发展类

十二、金融与国际合作管理类

十三、会计管理类

十四、行政事业资产管理类

十五、农村综合改革管理类

十六、政府债务管理类

十七、国有文化企业资产管理类

十八、预算绩效管理类

十九、政府购买服务管理类

二十、政府引导基金类

二十一、农业综合开发管理类

二十二、预算评审类

十三、

会计管理类

会计师事务所执业许可和监督管理办法

2017 年 8 月 20 日　财政部令第 89 号

第一章　总　　则

第一条　为规范会计师事务所及其分所执业许可，加强对会计师事务所的监督管理，促进注册会计师行业健康发展，根据《中华人民共和国注册会计师法》（以下简称《注册会计师法》）、《中华人民共和国合伙企业法》、《中华人民共和国公司法》等法律、行政法规，制定本办法。

第二条　财政部和省、自治区、直辖市人民政府财政部门（以下简称省级财政部门）对会计师事务所和注册会计师进行管理、监督和指导，适用本办法。

第三条　省级财政部门应当遵循公开、公平、公正、便民、高效的原则，依法办理本地区会计师事务所执业许可工作，并对本地区会计师事务所进行监督管理。

财政部和省级财政部门应当加强对会计师事务所和注册会计师的政策指导，营造公平的会计市场环境，引导和鼓励会计师事务所不断完善内部治理，实现有序发展。

省级财政部门应当推进网上政务，便利会计师事务所执业许可申请和变更备案。

第四条　会计师事务所、注册会计师应当遵守法律、行政法规，恪守职业道德，遵循执业准则、规则。

第五条　会计师事务所、注册会计师依法独立、客观、公正执业，受法律保护，任何单位和个人不得违法干预。

第六条　会计师事务所可以采用普通合伙、特殊普通合伙或者有限责任公司形式。

会计师事务所从事证券服务业务和经法律、行政法规规定的关系公众利益的其他特定业务，应当采用普通合伙或者特殊普通合伙形式，接受财政部的监督。

第二章　会计师事务所执业许可的取得

第七条　会计师事务所应当自领取营业执照之日起 60 日内，向所在地的省级财政部门申请执业许可。

未取得会计师事务所执业许可的，不得以会计师事务所的名义开展业务活动，不得从事《注册会计师法》第十四条规定的业务（以下简称注册会计师法定业务）。

第八条　普通合伙会计师事务所申请执业许可，应当具备下列条件：

（一）2 名以上合伙人，且合伙人均符合本办法第十一条规定条件；

（二）书面合伙协议；

（三）有经营场所。

第九条　特殊普通合伙会计师事务所申请执业许可，应当具备下列条件：

（一）15 名以上由注册会计师担任的合伙人，且合伙人均符合本办法第十一条、第十二条规定条件；

（二）60 名以上注册会计师；

（三）书面合伙协议；

（四）有经营场所；

（五）法律、行政法规或者财政部依授权规定的其他条件。

第十条　有限责任会计师事务所申请执业许可，应当具备下列条件：

（一）5 名以上股东，且股东均符合本办法第十一条规定条件；

（二）不少于人民币 30 万元的注册资本；

（三）股东共同制定的公司章程；

（四）有经营场所。

第十一条 除本办法第十二条规定外，会计师事务所的合伙人（股东），应当具备下列条件：

（一）具有注册会计师执业资格；

（二）成为合伙人（股东）前 3 年内没有因为执业行为受到行政处罚；

（三）最近连续 3 年在会计师事务所从事审计业务且在会计师事务所从事审计业务时间累计不少于 10 年或者取得注册会计师执业资格后最近连续 5 年在会计师事务所从事审计业务；

（四）成为合伙人（股东）前 3 年内没有因欺骗、贿赂等不正当手段申请会计师事务所执业许可而被省级财政部门作出不予受理、不予批准或者撤销会计师事务所执业许可的决定；

（五）在境内有稳定住所，每年在境内居留不少于 6 个月，且最近连续居留已满 5 年。

因受行政处罚、刑事处罚被吊销、撤销注册会计师执业资格的，其被吊销、撤销执业资格之前在会计师事务所从事审计业务的年限，不得计入本条第一款第三项规定的累计年限。

第十二条 不符合本办法第十一条第一款第一项和第三项规定的条件，但具有相关职业资格的人员，经合伙协议约定，可以担任特殊普通合伙会计师事务所履行内部特定管理职责或者从事咨询业务的合伙人，但不得担任首席合伙人和执行合伙事务的合伙人，不得以任何形式对该会计师事务所实施控制。具体办法另行制定。

第十三条 普通合伙会计师事务所和特殊普通合伙会计师事务所应当设立首席合伙人，由执行合伙事务的合伙人担任。

有限责任会计师事务所应当设立主任会计师，由法定代表人担任，法定代表人应当是有限责任会计师事务所的股东。

首席合伙人（主任会计师）应当符合下列条件：

（一）在境内有稳定住所，每年在境内居留不少于 6 个月，且最近连续居留已满 10 年；

（二）具有代表会计师事务所履行合伙协议或者公司章程授予的管理职权的能力和经验。

第十四条 会计师事务所应当加强执业质量控制，建立健全合伙人（股东）、签字注册会计师和其他从业人员在执业质量控制中的权责体系。

首席合伙人（主任会计师）对会计师事务所的执业质量负主体责任。审计业务主管合伙人（股东）、质量控制主管合伙人（股东）对会计师事务所的审计业务质量负直接主管责任。审计业务项目合伙人（股东）对组织承办的具体业务项目的审计质量负直接责任。

第十五条 注册会计师担任会计师事务所的合伙人（股东），涉及执业关系转移的，该注册会计师应当先在省、自治区、直辖市注册会计师协会（以下简称省级注册会计师协会）办理从原会计师事务所转出的手续。若为原会计师事务所合伙人（股东）的，还应当按照有关法律、行政法规，以及合伙协议或者公司章程的规定，先办理退伙或者股权转让手续。

第十六条 会计师事务所的名称应当符合国家有关规定。未经同意，会计师事务所不得使用包含其他已取得执业许可的会计师事务所字号的名称。

第十七条 申请会计师事务所执业许可，应当向其所在地的省级财政部门提交下列材料：

（一）会计师事务所执业许可申请表；

（二）会计师事务所合伙人（股东）执业经历等符合规定条件的材料；

（三）拟在该会计师事务所执业的注册会计师情况汇总表；

（四）营业执照复印件；

（五）书面合伙协议或者公司章程复印件；

（六）经营场所产权证明或者使用权证明复印件。

合伙人（股东）是境外人员或移居境外人员的，还应当提交符合本办法第十一条第一款第五项、第十三条第三款第一项条件的住所有效证明和居留时间有效证明及承诺函。

因合并或者分立新设会计师事务所的，申请时还应当提交合并协议或者分立协议。

申请人应当对申请材料内容的真实性、准确性、完整性负责。

第十八条 省级财政部门应当对申请人提交的申请材料进行审查。对申请材料不齐全或者不符合法定形式的，应当当场或者在接到申请材料后5日内一次性告知申请人需要补正的全部内容。对申请材料齐全、符合法定形式，或者申请人按照要求提交全部补正申请材料的应当受理。受理申请或者不予受理申请，应当向申请人出具加盖本行政机关专用印章和注明日期的书面凭证。

省级财政部门受理申请的，应当将申请材料中有关会计师事务所名称以及合伙人（股东）执业资格及执业时间等情况在5日内予以公示。

第十九条 省级财政部门应当通过财政会计行业管理系统对申请人有关信息进行核对，并自受理申请之日起30日内作出准予或者不予会计师事务所执业许可的决定。

第二十条 省级财政部门作出准予会计师事务所执业许可决定的，应当自作出准予决定之日起10日内向申请人出具准予行政许可的书面决定、颁发会计师事务所执业证书，并予以公告。准予许可决定应当载明下列事项：

（一）会计师事务所的名称和组织形式；

（二）会计师事务所合伙人（股东）的姓名；

（三）会计师事务所首席合伙人（主任会计师）的姓名；

（四）会计师事务所的业务范围。

第二十一条 省级财政部门作出准予会计师事务所执业许可决定的，应当自作出准予决定之日起30日内将准予许可决定报财政部备案。

财政部发现准予许可不当的，应当自收到准予许可决定之日起30日内通知省级财政部门重新审查。

省级财政部门重新审查后发现申请人不符合本办法规定的申请执业许可的条件的，应当撤销执业许可，并予以公告。

第二十二条 省级财政部门作出不予会计师事务所执业许可决定的，应当自作出决定之日起10日内向申请人出具书面决定，并通知工商行政管理部门。

书面决定应当说明不予许可的理由，并告知申请人享有依法申请行政复议或者提起行政诉讼的权利。

会计师事务所执业许可申请未予准许，企业主体继续存续的，不得从事注册会计师法定业务，企业名称中不得继续使用“会计师事务所”字样，申请人应当自收到不予许可决定之日起20日内办理工商变更登记。

第二十三条 会计师事务所的合伙人（股东）应当自会计师事务所取得执业证书之日起30日内办理完成转入该会计师事务所的手续。

注册会计师在未办理完成转入手续以前，不得在拟转入的会计师事务所执业。

第二十四条 会计师事务所应当完善职业风险防范机制，建立职业风险基金，办理职业责任保险。具体办法由财政部另行制定。

特殊普通合伙会计师事务所的合伙人按照《合伙企业法》等法律法规的规定及合伙协议的约定，对会计师事务所的债务承担相应责任。

第三章　会计师事务所分所执业许可的取得

第二十五条 会计师事务所设立分支机构应当依照本办法规定申请分所执业许可。

第二十六条 会计师事务所分所的名称应当采用“会计师事务所名称+分支机构所在行政区划名+分所”的形式。

第二十七条 会计师事务所应当在人事、财务、业务、技术标准、信息管理等方面对其设立的分所进行实质性的统一管理，并对分所的业务活动、执业质量和债务承担法律责任。

第二十八条 会计师事务所申请分所执业许可，应当自领取分所营业执照之日起60日内，向分所所在地的省级财政部门提出申请。

第二十九条 申请分所执业许可的会计师事务所，应当具备下列条件：

（一）取得会计师事务所执业许可3年以上，内部管理制度健全；

（二）不少于50名注册会计师（已到和拟到分所执业的注册会计师除外）；

（三）申请设立分所前3年内没有因为执业行为受到行政处罚。

跨省级行政区划申请分所执业许可的，会计师事务所上一年度业务收入应当达到2 000万元以上。

因合并或者分立新设的会计师事务所申请分所执业许可的，其取得会计师事务所执业许可的期限，可以从合并或者分立前会计师事务所取得执业许可的时间算起。

第三十条 会计师事务所申请分所执业许可，该分所应当具备下列条件：

（一）分所负责人为会计师事务所的合伙人（股东），并具有注册会计师执业资格；

（二）不少于5名注册会计师，且注册会计师的执业关系应当转入分所所在地省级注册会计师协会；由总所人员兼任分所负责人的，其执业关系可以不作变动，但不计入本项规定的5名注册会计师；

（三）有经营场所。

第三十一条 会计师事务所申请分所执业许可，应当向分所所在地的省级财政部门提交下列材料：

（一）分所执业许可申请表；

（二）会计师事务所合伙人会议或者股东会作出的设立分所的书面决议；

（三）注册会计师情况汇总表（会计师事务所和申请执业许可的分所分别填写）；

（四）分所营业执照复印件；

（五）会计师事务所对该分所进行实质性统一管理的承诺书，该承诺书由首席合伙人（主任会计师）签署，并加盖会计师事务所公章；

（六）经营场所产权证明或者使用权证明复印件。

跨省级行政区划申请分所执业许可的，还应当提交上一年度会计师事务所业务收入证明。

第三十二条 省级财政部门审批分所执业许可的程序比照本办法第十八条至第二十二条第二款的规定办理。

会计师事务所跨省级行政区划设立分所的，准予分所执业许可的省级财政部门还应当将准予许可决定抄送会计师事务所所在地的省级财政部门。

省级财政部门作出不予分所执业许可决定的，会计师事务所应当自收到不予许可决定之日起20日内办理该分所的工商注销手续。

第四章 会计师事务所及其分所的变更备案和执业许可的注销

第三十三条 会计师事务所下列事项发生变更的，应当自作出决议之日起20日内向所在地的省级财政部门备案；涉及工商变更登记的，应当自办理完工商变更登记之日起20日内向所在地的省级财政部门备案：

（一）会计师事务所的名称；

（二）首席合伙人（主任会计师）；

（三）合伙人（股东）；

（四）经营场所；

（五）有限责任会计师事务所的注册资本。

分所的名称、负责人或者经营场所发生变更的，该会计师事务所应当同时向会计师事务所和分所所在地的省级财政部门备案。

第三十四条 会计师事务所及其分所变更备案的，应当提交变更事项情况表，以及变更事项符合会计师事务所和分所执业许可条件的证明材料。

第三十五条 会计师事务所及其分所变更名称的，应当同时向会计师事务所和分所所在地的省级财政部门提交营业执照复印件，交回原会计师事务所执业证书或者分所执业证书，换取新的会计师事务所执业证书或者分所执业证书。

省级财政部门应当将会计师事务所及其分所的名称变更情况予以公告。

第三十六条 会计师事务所跨省级行政区划迁移经营场所的，应当在办理完迁入地工商登记手续后10日内向迁出地省级财政部门办理迁出手续。会计师事务所应当提交迁入地的营业执照复印件，并由迁出地省级财政部门在一式两份的会计师事务所跨省级行政区划迁移表上盖章确认。

会计师事务所应当在办理完迁出手续后10日内，向迁入地省级财政部门提交经迁出地省级财政部门盖章确认的会计师事务所跨省级行政区划迁移表、合伙人（股东）情况汇总表和迁入地的营业执照复印件。

迁入地省级财政部门应当在收到备案材料后10日内，收回原会计师事务所执业证书，换发新的会计师事务所执业证书，并予以公告，同时通知迁出地省级财政部门。

迁出地省级财政部门收到通知后，将该会计师事务所迁移情况予以公告。

第三十七条 迁入地省级财政部门应当对迁入的会计师事务所持续符合执业许可条件的情况予以审查。未持续符合执业许可条件的，责令其在60日内整改，未在规定期限内整改或者整改期满仍未达到执业许可条件的，由迁入地省级财政部门撤销执业许可，并予以公告。

第三十八条 跨省级行政区划迁移经营场所的会计师事务所设有分所的，会计师事务所应当在取得迁入地省级财政部门换发的执业证书后15日内向其分所所在地的省级财政部门备案，并提交其营业执照复印件和执业证书复印件。分所所在地省级财政部门应当收回原分所执业证书，换发新的分所执业证书。

第三十九条 会计师事务所未在规定时间内办理迁出和迁入备案手续的，由迁出地省级财政部门自发现之日起15日内公告该会计师事务所执业许可失效。

第四十条 省级财政部门应当在受理申请的办公场所将会计师事务所、会计师事务所分所申请执业许可的条件、变更、注销等应当提交的材料目录及要求、批准的程序及期限予以公示。

第四十一条 会计师事务所发生下列情形之一的，省级财政部门应当办理会计师事务所执业许可注销手续，收回会计师事务所执业许可证书：

（一）会计师事务所依法终止的；

（二）会计师事务所执业许可被依法撤销、撤回或者执业许可证书依法被吊销的；

（三）法律、行政法规规定的应当注销执业许可的其他情形。

会计师事务所分所执业许可注销的，比照本条第一款规定办理。

会计师事务所或者分所依法终止的，应当自办理工商注销手续之日起10日内，告知所在地的省级财政部门。

第四十二条 会计师事务所执业许可被依法注销，企业主体继续存续的，不得从事注册会计师法定业务，企业名称中不得继续使用“会计师事务所”字样，并应当自执业许可被注销之日起10日内，办理工商变更登记。

分所执业许可被依法注销的，应当自注销之日起20日内办理工商注销手续。

第四十三条 省级财政部门应当将注销会计师事务所或者分所执业许可的有关情况予以公告，并通知工商行政管理部门。

第四十四条 会计师事务所及其分所在接受财政部或者省级财政部门（以下简称省级以上财政部门）检查、整改及整改情况核查期间，不得办理以下手续：

（一）首席合伙人（主任会计师）、审计业务主管合伙人（股东）、质量控制主管合伙人（股东）和相关签字注册会计师的离职、退伙（转股）或者转所；

（二）跨省级行政区划迁移经营场所。

第五章 监督检查

第四十五条 省级以上财政部门依法对下列事项实施监督检查：

（一）会计师事务所及其分所持续符合执业许可条件的情况；

（二）会计师事务所备案事项的报备情况；

（三）会计师事务所和注册会计师的执业情况；

（四）会计师事务所的风险管理和执业质量控制制度建立与执行情况；

（五）会计师事务所对分所实施实质性统一管理的情况；

（六）法律、行政法规规定的其他监督检查事项。

第四十六条 省级以上财政部门依法对会计师事务所实施全面或者专项监督检查。

省级以上财政部门对会计师事务所进行监督检查时，可以依法对被审计单位进行延伸检查或者调查。财政部门开展其他检查工作时，发现被检查单位存在违规行为而会计师事务所涉嫌出具不实审计报告及其他鉴证报告的，可以由省级以上财政部门延伸检查相关会计师事务所。

省级以上财政部门在开展检查过程中，可以根据工作需要，聘用一定数量的专业人员协助检查。

第四十七条 在实施监督检查过程中，检查人员应当严格遵守财政检查工作的有关规定。

第四十八条 财政部应当加强对省级财政部门监督、指导会计师事务所和注册会计师工作的监督检查。

省级财政部门应当按照财政部要求建立信息报告制度，将会计师事务所和注册会计师发生的重大违法违规案件及时上报财政部。

第四十九条 省级以上财政部门在开展会计师事务所监督检查时，要采取随机抽取检查对象、随机选派执法检查人员并及时公开抽查情况和查处结果。

省级以上财政部门结合会计师事务所业务分布、质量控制和内部管理等情况，分类确定对会计师事务所实施监督检查的频次和方式，建立定期轮查制度和随机抽查制度。

第五十条 省级以上财政部门应当将发生以下情形的会计师事务所列为重点检查对象，实施严格监管：

（一）审计收费明显低于成本的；

（二）会计师事务所对分所实施实质性统一管理薄弱的；

（三）以向委托人或者被审计单位有关人员、中间人支付回扣、协作费、劳务费、信息费、咨询费等不正当方式承揽业务的；

（四）有不良执业记录的；

（五）被实名投诉或者举报的；

（六）业务报告数量明显超出服务能力的；

（七）被非注册会计师实际控制的；

（八）需要实施严格监管的其他情形。

第五十一条 会计师事务所应当在出具审计报告及其他鉴证报告后30日内，通过财政会计行业管理系统报备签字注册会计师、审计意见、审计收费等基本信息。

会计师事务所应当在出具审计报告后60日内，通过财政会计行业管理系统报备其出具的年度财务报表审计报告，省级财政部门不得自行增加报备信息，不得要求会计师事务所报送纸质材料，并与注册会计师协会等实行信息共享。

第五十二条 省级以上财政部门可以对会计师事务所依法进行实地检查，或者将有关材料调到本机关或者检查人员办公地点进行核查。

调阅的有关材料应当在检查工作结束后1个月内送还并保持完整。

第五十三条 省级以上财政部门在实施监督检查过程中，有权要求会计师事务所和注册会计师说明有关情况，调阅会计师事务所工作底稿及相关资料，向相关单位和人员调查、询问、取证和核实有关情况。

第五十四条 会计师事务所和注册会计师应当接受省级以上财政部门依法实施的监督检查，如实提供中文工作底稿及相关资料，不得拒绝、延误、阻挠、逃避检查，不得谎报、隐匿、销毁相关证据材料。

会计师事务所或者注册会计师有明显转移、隐匿有关证据材料迹象的，省级以上财政部门可以对证据材料先行登记保存。

第五十五条 对会计师事务所和注册会计师的违法违规行为，省级以上财政部门依法作出行政处罚决定的，应当自作出处罚决定之日起10日内将相关信息录入财政会计行业管理系统，并及时予以公告。

第五十六条 会计师事务所应当于每年5月31日之前，按照财政部要求通过财政会计行业管理系统向所在地的省级财政部门报备下列信息：

（一）持续符合执业许可条件的相关信息；

（二）上一年度经营情况；

（三）内部治理及会计师事务所对分所实施实质性统一管理情况；

（四）会计师事务所由于执行业务涉及法律诉讼情况。

会计师事务所与境外会计师事务所有成员所、联系所或者业务合作关系的，应当同时报送相关信息，说明上一年度与境外会计师事务所合作开展业务的情况。

会计师事务所在境外发展成员所、联系所或者设立分支机构的，应当同时报送相关信息。

会计师事务所跨省级行政区划设有分所的，应当同时将分所有关材料报送分所所在地的省级财政部门。

第五十七条 省级财政部门收到会计师事务所按照本办法第五十六条的规定报送的材料后，应当对会计师事务所及其分所持续符合执业许可条件等情况进行汇总，于6月30日之前报财政部，并将持续符合执业许可条件的会计师事务所及其分所名单及时予以公告。

第五十八条 会计师事务所未按照本办法第五十一条、第五十六条规定报备的，省级以上财政部门应当责令限期补交报备材料、约谈首席合伙人（主任会计师），并视补交报备材料和约谈情况组织核查。

第五十九条 会计师事务所及其分所未能持续符合执业许可条件的，会计师事务所应当在20日内向所在地的省级财政部门报告，并在报告日后60日内自行整改。

省级财政部门在日常管理、监督检查中发现会计师事务所及其分所未持续符合执业许可条件的，应当责令其在60日内整改。

整改期满，会计师事务所及其分所仍未达到执业许可条件的，由所在地的省级财政部门撤销执业许可并予以公告。

第六十条 会计师事务所和注册会计师必须按照执业准则、规则的要求，在实施必要的审计程序后，以经过核实的审计证据为依据，形成审计意见，出具审计报告，不得有下列行为：

（一）在未履行必要的审计程序，未获取充分适当的审计证据的情况下出具审计报告；

（二）对同一委托单位的同一事项，依据相同的审计证据出具不同结论的审计报告；

（三）隐瞒审计中发现的问题，发表不恰当的审计意见；

（四）为被审计单位编造或者伪造事由，出具虚假或者不实的审计报告；

（五）未实施严格的逐级复核制度，未按规定编制和保存审计工作底稿；

（六）未保持形式上和实质上的独立；

（七）违反执业准则、规则的其他行为。

第六十一条 注册会计师不得有下列行为：

（一）在执行审计业务期间，在法律、行政法规规定不得买卖被审计单位的股票、债券或者不得购买被审计单位或者个人的其他财产的期限内，买卖被审计单位的股票、债券或者购买被审计单位或者个人所拥有的其他财产；

（二）索取、收受委托合同约定以外的酬金或者其他财物，或者利用执行业务之便，谋取其他不正当利益；

（三）接受委托催收债款；

（四）允许他人以本人名义执行业务；

（五）同时在两个或者两个以上的会计师事务所执行业务；

（六）同时为被审计单位编制财务会计报告；

（七）对其能力进行广告宣传以招揽业务；

（八）违反法律、行政法规的其他行为。

第六十二条 会计师事务所不得有下列行为：

（一）分支机构未取得执业许可；

（二）对分所未实施实质性统一管理；

（三）向省级以上财政部门提供虚假材料或者不及时报送相关材料；

（四）雇用正在其他会计师事务所执业的注册会计师，或者允许本所人员以他人名义执行业务，或者明知本所的注册会计师在其他会计师事务所执业而不予制止；

（五）允许注册会计师在本所挂名而不在本所执行业务，或者明知本所注册会计师在其他单位从事获取工资性收入的工作而不予制止；

（六）借用、冒用其他单位名义承办业务；

（七）允许其他单位或者个人以本所名义承办业务；

（八）采取强迫、欺诈、贿赂等不正当方式招揽业务，或者通过网络平台或者其他媒介售卖注册会计师业务报告；

（九）承办与自身规模、执业能力、风险承担能力不匹配的业务；

（十）违反法律、行政法规的其他行为。

第六章 法律责任

第六十三条 会计师事务所或者注册会计师违反法律法规及本办法规定的，由省级以上财政部门依法给予行政处罚。

违法情节轻微，没有造成危害后果的，省级以上财政部门可以采取责令限期整改、下达监管关注函、出具管理建议书、约谈、通报等方式进行处理。

第六十四条 会计师事务所采取隐瞒有关情况、提供虚假材料等手段拒绝提供申请执业许可情况的真实材料的，省级财政部门不予受理或者不予许可，并对会计师事务所和负有责任的相关人员给予警告。

会计师事务所采取欺骗、贿赂等不正当手段获得会计师事务所执业许可的，由省级财政部门予以撤销，并对负有责任的相关人员给予警告。

第六十五条 会计师事务所及其分所已办理完工商登记手续但未在规定时间内申请执业许可的，以及违反本办法第二十二条第三款、第三十二条第三款、第四十二条规定的，由省级财政部门责令限期改正，逾期不改正的，通知工商行政管理部门依法进行处理，并予以公告，对其执行合伙事务合伙人、法定代表人或者分所负责人给予警告，不予办理变更、转所手续。

第六十六条 会计师事务所有下列情形之一的，由省级以上财政部门责令限期改正，逾期不改正的可以按照本办法第六十三条第二款的规定进行处理：

（一）未按照本办法第二十三条规定办理转所手续的；

（二）分所名称不符合本办法第二十六条规定的；

（三）未按照本办法第三十三条至三十五条第一款规定办理有关变更事项备案手续的。

第六十七条 会计师事务所违反本办法第六十条第一项至第四项规定的，由省级以上财政部门给予警告，没收违法所得，可以并处违法所得1倍以上5倍以下的罚款；情节严重的，并可以由省级以上财政部门暂停其执业1个月到1年或者吊销执业许可。

会计师事务所违反本办法第六十条第五项至第七项规定，情节轻微，没有造成危害后果的，按照本办法第六十三条第二款的规定进行处理；情节严重的，由省级以上财政部门给予警告，没收违法所得。

第六十八条 会计师事务所违反本办法第二十四条、第六十二条第二项至第十项规定的，由省级以上财政部门责令限期整改，未按规定期限整改的，对会计师事务所给予警告，有违法所得的，可以并处违法所得1倍以上3倍以下罚款，最高不超过3万元；没有违法所得的，可以并处以1万元以下的罚款。对会计师事务所首席合伙人（主任会计师）等相关管理人员和直接责任人员可以给予警告，情节严重的，可以并处1万元以下罚款；涉嫌犯罪的，移送司法机关，依法追究刑事责任。

第六十九条 会计师事务所违反本办法第四十四条、第五十四条规定的，由省级以上财政部门对会计师事务所给予警告，可以并处1万元以下的罚款；对会计师事务所首席合伙人（主任会计师）等相关管理人员和直接责任人员给予警告，可以并处1万元以下罚款。

第七十条 注册会计师违反本办法第六十条第一项至第四项规定的，由省级以上财政部门给予警告；情节严重的，可以由省级以上财政部门暂停其执行业务1个月至1年或者吊销注册会计师证书。

注册会计师违反本办法第六十条第五项至第七项规定的，情节轻微，没有造成危害后果的，按照本办法第六十三条第二款的规定进行处理；情节严重的，由省级以上财政部门给予警告。

第七十一条 注册会计师违反本办法第六十一条规定，情节轻微，没有造成危害后果的，按照本办法第六十三条第二款的规定进行处理；情节严重的，由省级以上财政部门给予警告，有违法所得的，可以并处违法所得1倍以上3倍以下的罚款，最高不超过3万元；没有违法所得的，可以并处以1万元以下罚款。

第七十二条 法人或者其他组织未获得执业许可，或者被撤销、注销执业许可后继续承办注册会计师法定业务的，由省级以上财政部门责令其停止违法活动，没收违法所得，可以并处违法所得1倍以上5倍以下的罚款。

会计师事务所违反本办法第六条第二款规定的，适用前款规定处理。

第七十三条 会计师事务所或者注册会计师违反本办法的规定，故意出具虚假的审计报告、验资报告，涉嫌犯罪的，移送司法机关，依法追究刑事责任。

第七十四条 省级以上财政部门在作出较大数额罚款、暂停执业、吊销注册会计师证书或者会计师事务所执业许可的决定之前，应当告知当事人有要求听证的权利；当事人要求听证的，应当按规定组织听证。

第七十五条 当事人对省级以上财政部门审批和监督行为不服的，可以依法申请行政复议或者提起行政诉讼。

第七十六条 省级以上财政部门的工作人员在实施审批和监督过程中，滥用职权、玩忽职守、徇私舞弊或者泄露国家秘密、商业秘密的，按照《公务员法》等国家有关规定追究相应责任；涉嫌犯罪的，移送司法机关，依法追究刑事责任。

第七章　附　　则

第七十七条 本办法所称“注册会计师”是指中国注册会计师；所称“注册会计师执业资格”是指中国注册会计师执业资格。

本办法所称“以上”、“以下”均包括本数或者本级。本办法规定的期限以工作日计算，不含法定节假日。

第七十八条 具有注册会计师执业资格的境外人员可以依据本办法申请担任会计师事务所合伙人（股东）。

其他国家或者地区对具有该国家或者地区注册会计师执业资格的中国境内居民在当地设立会计师事务所、担任会计师事务所合伙人（股东）或者执业有特别规定的，我国可以采取对等管理措施。

第七十九条 本办法施行前已经取得的会计师事务所及其分所执业许可继续有效，发生变更事项的，其变更后的情况应当符合本办法的规定。

会计师事务所申请转制为普通合伙或者特殊普通合伙会计师事务所的，转制办法另行制定。

第八十条 注册会计师协会是由会计师事务所和注册会计师组成的社会团体，依照《注册会计师法》履行相关职责，接受财政部和省级财政部门的监督、指导。

第八十一条 本办法自2017年10月1日起施行。财政部2005年1月18日发布的《会计师事务所审批和监督暂行办法》（财政部令第 24 号）同时废止。

财政部关于印发《行政事业单位内部控制报告管理制度（试行）》的通知

2017 年 1 月 25 日　财会〔2017〕1 号

党中央有关部门，国务院各部委、各直属机构，全国人大常委会办公厅，全国政协办公厅，高法院，高检院，各民主党派中央，有关人民团体，各省、自治区、直辖市、计划单列市财政厅（局），新疆生产建设兵团财务局：

为全面推进行政事业单位加强内部控制建设，根据《财政部关于全面推进行政事业单位内部控制建设的指导意见》（财会〔2015〕24 号）和《行政事业单位内部控制规范（试行）》（财会〔2012〕21 号）的有关要求，我们制定了《行政事业单位内部控制报告管理制度（试行）》，现印发你们，请遵照执行。执行中有何问题，请及时反馈我们。

附件：行政事业单位内部控制报告管理制度（试行）

附件：

行政事业单位内部控制报告管理制度（试行）

第一章　总　　则

第一条　为贯彻落实党的十八届四中全会通过的《中共中央关于全面推进依法治国若干重大问题的决定》的有关精神，进一步加强行政事业单位内部控制建设，规范行政事业单位内部控制报告的编制、报送、使用及报告信息质量的监督检查等工作，促进行政事业单位内部控制信息公开，提高行政事业单位内部控制报告质量，根据《财政部关于全面推进行政事业单位内部控制建设的指导意见》（财会〔2015〕24 号，以下简称《指导意见》）和《行政事业单位内部控制规范（试行）》（财会〔2012〕21 号，以下简称《单位内部控制规范》）等，制定本制度。

第二条　本制度适用于所有行政事业单位。

本制度所称行政事业单位包括各级党的机关、人大机关、行政机关、政协机关、审判机关、检察机关、各民主党派机关、人民团体和事业单位。

第三条　本制度所称内部控制报告，是指行政事业单位在年度终了，结合本单位实际情况，依据《指导意见》和《单位内部控制规范》，按照本制度规定编制的能够综合反映本单位内部控制建立与实施情况的总结性文件。

第四条　行政事业单位编制内部控制报告应当遵循下列原则：

（一）全面性原则。内部控制报告应当包括行政事业单位内部控制的建立与实施、覆盖单位层面和业务层面各类经济业务活动，能够综合反映行政事业单位的内部控制建设情况。

（二）重要性原则。内部控制报告应当重点关注行政事业单位重点领域和关键岗位，突出重点、兼顾一般，推动行政事业单位围绕重点开展内部控制建设，着力防范可能产生的重大风险。

（三）客观性原则。内部控制报告应当立足于行政事业单位的实际情况，坚持实事求是，真实、完整地反映行政事业单位内部控制建立与实施情况。

（四）规范性原则。行政事业单位应当按照财政部规定的统一报告格式及信息要求编制内部控制报告，不得自行修改或删减报告及附表格式。

第五条 行政事业单位是内部控制报告的责任主体。

单位主要负责人对本单位内部控制报告的真实性和完整性负责。

第六条 行政事业单位应当根据本制度，结合本单位内部控制建立与实施的实际情况，明确相关内设机构、管理层级及岗位的职责权限，按照规定的方法、程序和要求，有序开展内部控制报告的编制、审核、报送、分析使用等工作。

第七条 内部控制报告编报工作按照“统一部署、分级负责、逐级汇总、单向报送”的方式，由财政部统一部署，各地区、各垂直管理部门分级组织实施并以自下而上的方式逐级汇总，非垂直管理部门向同级财政部门报送，各行政事业单位按照行政管理关系向上级行政主管部门单向报送。

第二章　内部控制报告编报工作的组织

第八条 财政部负责组织实施全国行政事业单位内部控制报告编报工作。其职责主要是制定行政事业单位内部控制报告的有关规章制度及全国统一的行政事业单位内部控制报告格式，布置全国行政事业单位内部控制年度报告编报工作并开展相关培训，组织和指导全国行政事业单位内部控制报告的收集、审核、汇总、报送、分析使用，组织开展全国行政事业单位内部控制报告信息质量的监督检查工作，组织和指导全国行政事业单位内部控制考核评价工作，建立和管理全国行政事业单位内部控制报告数据库等工作。

第九条 地方各级财政部门负责组织实施本地区行政事业单位内部控制报告编报工作，并对本地区内部控制汇总报告的真实性和完整性负责。其职责主要是布置本地区行政事业单位内部控制年度报告编报工作并开展相关培训，组织和指导本地区行政事业单位内部控制报告的收集、审核、汇总、报送、分析使用，组织和开展本地区行政事业单位内部控制报告信息质量的监督检查工作，组织和指导本地区行政事业单位内部控制考核评价工作，建立和管理本地区行政事业单位内部控制报告数据库等工作。

第十条 各行政主管部门（以下简称各部门）应当按照财政部门的要求，负责组织实施本部门行政事业单位内部控制报告编报工作，并对本部门内部控制汇总报告的真实性和完整性负责。其职责主要是布置本部门行政事业单位内部控制年度报告编报工作并开展相关培训，组织和指导本部门行政事业单位内部控制报告的收集、审核、汇总、报送、分析使用，组织和开展本部门行政事业单位内部控制报告信息质量的监督检查工作，组织和指导本部门行政事业单位内部控制考核评价工作，建立和管理本部门行政事业单位内部控制报告数据库。

第三章　行政事业单位内部控制报告的编制与报送

第十一条 年度终了，行政事业单位应当按照本制度的有关要求，根据本单位当年内部控制建设工作的实际情况及取得的成效，以能够反映内部控制工作基本事实的相关材料为支撑，按照财政部发布的统一报告格式编制内部控制报告，经本单位主要负责人审批后对外报送。

第十二条 行政事业单位能够反映内部控制工作基本事实的相关材料一般包括内部控制领导机构会议纪要、内部控制制度、流程图、内部控制检查报告、内部控制培训会相关材料等。

第十三条 行政事业单位应当在规定的时间内，向上级行政主管部门报送本单位内部控制报告及能够反映本单位内部控制工作基本事实的相关材料。

第四章　部门行政事业单位内部控制报告的编制与报送

第十四条　各部门应当在所属行政事业单位上报的内部控制报告和部门本级内部控制报告的基础上，汇总形成本部门行政事业单位内部控制报告。

第十五条　各部门汇总的行政事业单位内部控制报告应当以所属行政事业单位上报的信息为准，不得虚报、瞒报和随意调整。

第十六条　各部门应当在规定的时间内，向同级财政部门报送本部门行政事业单位内部控制报告。

第五章　地区行政事业单位内部控制报告的编制与报送

第十七条　地方各级财政部门应当在下级财政部门上报的内部控制报告和本地区部门内部控制报告的基础上，汇总形成本地区行政事业单位内部控制报告。

第十八条　地方各级财政部门汇总的本地区行政事业单位内部控制报告应当以本地区部门和下级财政部门上报的信息为准，不得虚报、瞒报和随意调整。

第十九条　地方各级财政部门应当在规定的时间内，向上级财政部门逐级报送本地区行政事业单位内部控制报告。

第六章　行政事业单位内部控制报告的使用

第二十条　行政事业单位应当加强对本单位内部控制报告的使用，通过对内部控制报告中反映的信息进行分析，及时发现内部控制建设工作中存在的问题，进一步健全制度，提高执行力，完善监督措施，确保内部控制有效实施。

第二十一条　各地区、各部门应当加强对行政事业单位内部控制报告的分析，强化分析结果的反馈和使用，切实规范和改进财政财务管理，更好发挥对行政事业单位内部控制建设的促进和监督作用。

第七章　行政事业单位内部控制报告的监督检查

第二十二条　各地区、各部门汇总的内部控制报告报送后，各级财政部门、各部门应当组织开展对所报送的内部控制报告内容的真实性、完整性和规范性进行监督检查。

第二十三条　行政事业单位内部控制报告信息质量的监督检查工作采取“统一管理、分级实施”原则。中央部门内部控制报告信息质量监督检查工作由财政部组织实施，各地区行政事业单位内部控制报告信息质量监督检查工作由同级财政部门按照统一的工作要求分级组织实施，各部门所属行政事业单位内部控制报告信息质量监督检查由本部门组织实施。

第二十四条　行政事业单位内部控制报告信息质量的监督检查应按规定采取适当的方式来确定对象，并对内部控制报告存在明显质量问题或以往年份监督检查不合格单位进行重点核查。

第二十五条　各地区、各部门应当认真组织落实本地区（部门）的行政事业单位内部控制报告编报工作，加强对内部控制报告编报工作的考核。

第二十六条　行政事业单位应当认真、如实编制内部控制报告，不得漏报、瞒报有关内部控制信息，更不得编造虚假内部控制信息；单位负责人不得授意、指使、强令相关人员提供虚假内部控制信息，不得对拒绝、抵制编造虚假内部控制信息的人员进行打击报复。

第二十七条　对于违反规定、提供虚假内部控制信息的单位及相关负责人，按照《中华人民共和国会计法》《中华人民共和国预算法》《财政违法行为处罚处分条例》等有关法律法规规定追究责任。

各级财政部门及其工作人员在行政事业单位内部控制报告管理工作中，存在滥用职权、玩忽职守、徇私舞弊等违法违纪行为的，按照《公务员法》《行政监察法》《财政违法行为处罚处分条例》等国家有关规定追究相应责任；涉嫌犯罪的，移送司法机关处理。

第八章　附　　则

第二十八条　各地区、各部门可依据本制度，结合工作实际，制定相应的实施细则。

第二十九条　本制度自2017年3月1日起施行。

财政部关于印发《政府会计准则第3号——固定资产》应用指南的通知

2017年2月21日　财会〔2017〕4号

党中央有关部门，国务院各部委、各直属机构，全国人大常委会办公厅，全国政协办公厅，高法院，高检院，各民主党派中央，有关人民团体，各省、自治区、直辖市、计划单列市财政厅（局），新疆生产建设兵团财务局：

根据《政府会计准则——基本准则》（中华人民共和国财政部令第78号）和《政府会计准则第3号——固定资产》，我们制定了《〈政府会计准则第3号——固定资产〉应用指南》，现予印发，与《政府会计准则第3号——固定资产》同步实施。纳入政府财务报告编制试点范围的各行政事业单位，在试点工作中应当参照本应用指南所规定的折旧年限对固定资产计提折旧。

执行中有何问题，请及时反馈我部。

附件：《政府会计准则第3号——固定资产》应用指南

附件：

《政府会计准则第3号——固定资产》应用指南

一、关于固定资产折旧年限

（一）通常情况下，政府会计主体应当按照表1规定确定各类应计提折旧的固定资产的折旧年限。

表1　　**政府固定资产折旧年限表**

固定资产类别	内容		折旧年限（年）
房屋及构筑物	业务及管理用房	钢结构	不低于50
		钢筋混凝土结构	不低于50
		砖混结构	不低于30
		砖木结构	不低于30
	简易房		不低于8
	房屋附属设施		不低于8
	构筑物		不低于8

续表

固定资产类别	内容	折旧年限（年）
通用设备	计算机设备	不低于6
	办公设备	不低于6
	车辆	不低于8
	图书档案设备	不低于5
	机械设备	不低于10
	电气设备	不低于5
	雷达、无线电和卫星导航设备	不低于10
	通信设备	不低于5
	广播、电视、电影设备	不低于5
	仪器仪表	不低于5
	电子和通信测量设备	不低于5
	计量标准器具及量具、衡器	不低于5
专用设备	探矿、采矿、选矿和造块设备	10~15
	石油天然气开采专用设备	10~15
	石油和化学工业专用设备	10~15
	炼焦和金属冶炼轧制设备	10~15
	电力工业专用设备	20~30
	非金属矿物制品工业专用设备	10~20
	核工业专用设备	20~30
	航空航天工业专用设备	20~30
	工程机械	10~15
	农业和林业机械	10~15
	木材采集和加工设备	10~15
	食品加工专用设备	10~15
	饮料加工设备	10~15
	烟草加工设备	10~15
	粮油作物和饲料加工设备	10~15
	纺织设备	10~15
	缝纫、服饰、制革和毛皮加工设备	10~15
	造纸和印刷机械	10~20
	化学药品和中药专用设备	5~10
	医疗设备	5~10
	电工、电子专用生产设备	5~10
	安全生产设备	10~20
	邮政专用设备	10~15
	环境污染防治设备	10~20
	公安专用设备	3~10
	水工机械	10~20
	殡葬设备及用品	5~10
	铁路运输设备	10~20
	水上交通运输设备	10~20

续表

固定资产类别	内容	折旧年限（年）
专用设备	航空器及其配套设备	10～20
	专用仪器仪表	5～10
	文艺设备	5～15
	体育设备	5～15
	娱乐设备	5～15
家具、用具及装具	家具	不低于15
	用具、装具	不低于5

（二）国务院有关部门在遵循本应用指南中表1所规定的固定资产折旧年限的情况下，可以根据实际需要进一步细化本行业固定资产的类别，具体确定各类固定资产的折旧年限，并报财政部审核批准。

（三）政府会计主体应当在遵循本应用指南、主管部门有关折旧年限规定的情况下，根据固定资产的性质和实际使用情况，合理确定其折旧年限。

具体确定固定资产的折旧年限时，应当考虑下列因素：

1. 固定资产预计实现服务潜力或提供经济利益的期限；

2. 固定资产预计有形损耗和无形损耗；

3. 法律或者类似规定对固定资产使用的限制。

（四）固定资产的折旧年限一经确定，不得随意变更。

因改建、扩建等原因而延长固定资产使用年限的，应当重新确定固定资产的折旧年限。

（五）政府会计主体盘盈、无偿调入、接受捐赠以及置换的固定资产，应当考虑该项资产的新旧程度，按照其尚可使用的年限计提折旧。

二、关于固定资产折旧计提时点

固定资产应当按月计提折旧，当月增加的固定资产，当月开始计提折旧；当月减少的固定资产，当月不再计提折旧。

固定资产提足折旧后，无论能否继续使用，均不再计提折旧；提前报废的固定资产，也不再补提折旧。已提足折旧的固定资产，可以继续使用的，应当继续使用，规范实物管理。

财政部关于印发修订《企业会计准则第22号——金融工具确认和计量》的通知

2017年3月31日　财会〔2017〕7号

国务院有关部委、有关直属机构，各省、自治区、直辖市、计划单列市财政厅（局），新疆生产建设兵团财务局，财政部驻各省、自治区、直辖市、计划单列市财政监察专员办事处，有关中央管理企业：

为了适应社会主义市场经济发展需要，规范金融工具的会计处理，提高会计信息质量，根据《企业会计准则——基本准则》，我部对《企业会计准则第22号——金融工具确认和计量》进行了修订，现予印发。在境内外同时上市的企业以及在境外上市并采用国际财务报告准则或企业会计准则编制财务报告的企业，自2018年1月1日起施行；其他境内上市企业自2019年1月1日起施行；执行企业会计准则的非上市企业自2021年1月1日起施行。同时，鼓励企业提前执行。执行本准则的企业，不再执行我部于2006

年2月15日印发的《财政部关于印发〈企业会计准则第1号——存货〉等38项具体准则的通知》（财会〔2006〕3号）中的《企业会计准则第22号——金融工具确认和计量》。

执行本准则的企业，应当同时执行我部2017年修订印发的《企业会计准则第23号——金融资产转移》（财会〔2017〕8号）和《企业会计准则第24号——套期会计》（财会〔2017〕9号）。

执行中有何问题，请及时反馈我部。

附件：企业会计准则第22号——金融工具确认和计量

附件：

企业会计准则第22号——金融工具确认和计量

第一章　总　　则

第一条　为了规范金融工具的确认和计量，根据《企业会计准则——基本准则》，制定本准则。

第二条　金融工具，是指形成一方的金融资产并形成其他方的金融负债或权益工具的合同。

第三条　金融资产，是指企业持有的现金、其他方的权益工具以及符合下列条件之一的资产：

（一）从其他方收取现金或其他金融资产的合同权利。

（二）在潜在有利条件下，与其他方交换金融资产或金融负债的合同权利。

（三）将来须用或可用企业自身权益工具进行结算的非衍生工具合同，且企业根据该合同将收到可变数量的自身权益工具。

（四）将来须用或可用企业自身权益工具进行结算的衍生工具合同，但以固定数量的自身权益工具交换固定金额的现金或其他金融资产的衍生工具合同除外。其中，企业自身权益工具不包括应当按照《企业会计准则第37号——金融工具列报》分类为权益工具的可回售工具或发行方仅在清算时才有义务向另一方按比例交付其净资产的金融工具，也不包括本身就要求在未来收取或交付企业自身权益工具的合同。

第四条　金融负债，是指企业符合下列条件之一的负债：

（一）向其他方交付现金或其他金融资产的合同义务。

（二）在潜在不利条件下，与其他方交换金融资产或金融负债的合同义务。

（三）将来须用或可用企业自身权益工具进行结算的非衍生工具合同，且企业根据该合同将交付可变数量的自身权益工具。

（四）将来须用或可用企业自身权益工具进行结算的衍生工具合同，但以固定数量的自身权益工具交换固定金额的现金或其他金融资产的衍生工具合同除外。企业对全部现有同类别非衍生自身权益工具的持有方同比例发行配股权、期权或认股权证，使之有权按比例以固定金额的任何货币换取固定数量的该企业自身权益工具的，该类配股权、期权或认股权证应当分类为权益工具。其中，企业自身权益工具不包括应当按照《企业会计准则第37号——金融工具列报》分类为权益工具的可回售工具或发行方仅在清算时才有义务向另一方按比例交付其净资产的金融工具，也不包括本身就要求在未来收取或交付企业自身权益工具的合同。

第五条　衍生工具，是指属于本准则范围并同时具备下列特征的金融工具或其他合同：

（一）其价值随特定利率、金融工具价格、商品价格、汇率、价格指数、费率指数、信用等级、信用指数或其他变量的变动而变动，变量为非金融变量的，该变量不应与合同的任何一方存在特定关系。

（二）不要求初始净投资，或者与对市场因素变化预期有类似反应的其他合同相比，要求较少的初始净投资。

（三）在未来某一日期结算。

常见的衍生工具包括远期合同、期货合同、互换合同和期权合同等。

第六条 除下列各项外，本准则适用于所有企业各种类型的金融工具：

（一）由《企业会计准则第 2 号——长期股权投资》规范的对子公司、合营企业和联营企业的投资，适用《企业会计准则第 2 号——长期股权投资》，但是企业根据《企业会计准则第 2 号——长期股权投资》对上述投资按照本准则相关规定进行会计处理的，适用本准则。企业持有的与在子公司、合营企业或联营企业中的权益相联系的衍生工具，适用本准则；该衍生工具符合《企业会计准则第 37 号——金融工具列报》规定的权益工具定义的，适用《企业会计准则第 37 号——金融工具列报》。

（二）由《企业会计准则第 9 号——职工薪酬》规范的职工薪酬计划形成的企业的权利和义务，适用《企业会计准则第 9 号——职工薪酬》。

（三）由《企业会计准则第 11 号——股份支付》规范的股份支付，适用《企业会计准则第 11 号——股份支付》。但是，股份支付中属于本准则第八条范围的买入或卖出非金融项目的合同，适用本准则。

（四）由《企业会计准则第 12 号——债务重组》规范的债务重组，适用《企业会计准则第 12 号——债务重组》。

（五）因清偿按照《企业会计准则第 13 号——或有事项》所确认的预计负债而获得补偿的权利，适用《企业会计准则第 13 号——或有事项》。

（六）由《企业会计准则第 14 号——收入》规范的属于金融工具的合同权利和义务，适用《企业会计准则第 14 号——收入》，但该准则要求在确认和计量相关合同权利的减值损失和利得时应当按照本准则规定进行会计处理的，适用本准则有关减值的规定。

（七）购买方（或合并方）与出售方之间签订的，将在未来购买日（或合并日）形成《企业会计准则第 20 号——企业合并》规范的企业合并且其期限不超过企业合并获得批准并完成交易所必须的合理期限的远期合同，不适用本准则。

（八）由《企业会计准则第 21 号——租赁》规范的租赁的权利和义务，适用《企业会计准则第 21 号——租赁》。但是，租赁应收款的减值、终止确认，租赁应付款的终止确认，以及租赁中嵌入的衍生工具，适用本准则。

（九）金融资产转移，适用《企业会计准则第 23 号——金融资产转移》。

（十）套期会计，适用《企业会计准则第 24 号——套期会计》。

（十一）由保险合同相关会计准则规范的保险合同所产生的权利和义务，适用保险合同相关会计准则。因具有相机分红特征而由保险合同相关会计准则规范的合同所产生的权利和义务，适用保险合同相关会计准则。但对于嵌入保险合同的衍生工具，该嵌入衍生工具本身不是保险合同的，适用本准则。

对于财务担保合同，发行方之前明确表明将此类合同视作保险合同，并且已按照保险合同相关会计准则进行会计处理的，可以选择适用本准则或保险合同相关会计准则。该选择可以基于单项合同，但选择一经做出，不得撤销。否则，相关财务担保合同适用本准则。

财务担保合同，是指当特定债务人到期不能按照最初或修改后的债务工具条款偿付债务时，要求发行方向蒙受损失的合同持有人赔付特定金额的合同。

（十二）企业发行的按照《企业会计准则第 37 号——金融工具列报》规定应当分类为权益工具的金融工具，适用《企业会计准则第 37 号——金融工具列报》。

第七条 本准则适用于下列贷款承诺：

（一）企业指定为以公允价值计量且其变动计入当期损益的金融负债的贷款承诺。如果按照以往惯例，企业在贷款承诺产生后不久即出售其所产生资产，则同一类别的所有贷款承诺均应当适用本准则。

（二）能够以现金或者通过交付或发行其他金融工具净额结算的贷款承诺。此类贷款承诺属于衍生工具。企业不得仅仅因为相关贷款将分期拨付（如按工程进度分期拨付的按揭建造贷款）而将该贷款承诺视为以净额结算。

（三）以低于市场利率贷款的贷款承诺。

所有贷款承诺均适用本准则关于终止确认的规定。企业作为贷款承诺发行方的，还适用本准则关于减值的规定。

贷款承诺，是指按照预先规定的条款和条件提供信用的确定性承诺。

第八条 对于能够以现金或其他金融工具净额结算，或者通过交换金融工具结算的买入或卖出非金融项目的合同，除了企业按照预定的购买、销售或使用要求签订并持有旨在收取或交付非金融项目的合同适用其他相关会计准则外，企业应当将该合同视同金融工具，适用本准则。

对于能够以现金或其他金融工具净额结算，或者通过交换金融工具结算的买入或卖出非金融项目的合同，即使企业按照预定的购买、销售或使用要求签订并持有旨在收取或交付非金融项目的合同的，企业也可以将该合同指定为以公允价值计量且其变动计入当期损益的金融资产或金融负债。企业只能在合同开始时做出该指定，并且必须能够通过该指定消除或显著减少会计错配。该指定一经做出，不得撤销。

会计错配，是指当企业以不同的会计确认方法和计量属性，对在经济上相关的资产和负债进行确认或计量而产生利得或损失时，可能导致的会计确认和计量上的不一致。

第二章 金融工具的确认和终止确认

第九条 企业成为金融工具合同的一方时，应当确认一项金融资产或金融负债。

第十条 对于以常规方式购买或出售金融资产的，企业应当在交易日确认将收到的资产和为此将承担的负债，或者在交易日终止确认已出售的资产，同时确认处置利得或损失以及应向买方收取的应收款项。

以常规方式购买或出售金融资产，是指企业按照合同规定购买或出售金融资产，并且该合同条款规定，企业应当根据通常由法规或市场惯例所确定的时间安排来交付金融资产。

第十一条 金融资产满足下列条件之一的，应当终止确认：

（一）收取该金融资产现金流量的合同权利终止。

（二）该金融资产已转移，且该转移满足《企业会计准则第23号——金融资产转移》关于金融资产终止确认的规定。

本准则所称金融资产或金融负债终止确认，是指企业将之前确认的金融资产或金融负债从其资产负债表中予以转出。

第十二条 金融负债（或其一部分）的现时义务已经解除的，企业应当终止确认该金融负债（或该部分金融负债）。

第十三条 企业（借入方）与借出方之间签订协议，以承担新金融负债方式替换原金融负债，且新金融负债与原金融负债的合同条款实质上不同的，企业应当终止确认原金融负债，同时确认一项新金融负债。

企业对原金融负债（或其一部分）的合同条款做出实质性修改的，应当终止确认原金融负债，同时按照修改后的条款确认一项新金融负债。

第十四条 金融负债（或其一部分）终止确认的，企业应当将其账面价值与支付的对价（包括转出的非现金资产或承担的负债）之间的差额，计入当期损益。

第十五条 企业回购金融负债一部分的，应当按照继续确认部分和终止确认部分在回购日各自的公允价值占整体公允价值的比例，对该金融负债整体的账面价值进行分配。分配给终止确认部分的账面价值与支付的对价（包括转出的非现金资产或承担的负债）之间的差额，应当计入当期损益。

第三章 金融资产的分类

第十六条 企业应当根据其管理金融资产的业务模式和金融资产的合同现金流量特征，将金融资产划分为以下三类：

（一）以摊余成本计量的金融资产。

（二）以公允价值计量且其变动计入其他综合收益的金融资产。

（三）以公允价值计量且其变动计入当期损益的金融资产。

企业管理金融资产的业务模式，是指企业如何管理其金融资产以产生现金流量。业务模式决定企业所管理金融资产现金流量的来源是收取合同现金流量、出售金融资产还是两者兼有。企业管理金融资产的业务模式，应当以企业关键管理人员决定的对金融资产进行管理的特定业务目标为基础确定。企业确定管理金融资产的业务模式，应当以客观事实为依据，不得以按照合理预期不会发生的情形为基础确定。

金融资产的合同现金流量特征，是指金融工具合同约定的、反映相关金融资产经济特征的现金流量属性。企业分类为本准则第十七条和第十八条规范的金融资产，其合同现金流量特征，应当与基本借贷安排相一致。即相关金融资产在特定日期产生的合同现金流量仅为对本金和以未偿付本金金额为基础的利息的支付，其中，本金是指金融资产在初始确认时的公允价值，本金金额可能因提前还款等原因在金融资产的存续期内发生变动；利息包括对货币时间价值、与特定时期未偿付本金金额相关的信用风险，以及其他基本借贷风险、成本和利润的对价。其中，货币时间价值是利息要素中仅因为时间流逝而提供对价的部分，不包括为所持有金融资产的其他风险或成本提供的对价，但货币时间价值要素有时可能存在修正。在货币时间价值要素存在修正的情况下，企业应当对相关修正进行评估，以确定其是否满足上述合同现金流量特征的要求。此外，金融资产包含可能导致其合同现金流量的时间分布或金额发生变更的合同条款（如包含提前还款特征）的，企业应当对相关条款进行评估（如评估提前还款特征的公允价值是否非常小），以确定其是否满足上述合同现金流量特征的要求。

第十七条 金融资产同时符合下列条件的，应当分类为以摊余成本计量的金融资产：

（一）企业管理该金融资产的业务模式是以收取合同现金流量为目标。

（二）该金融资产的合同条款规定，在特定日期产生的现金流量，仅为对本金和以未偿付本金金额为基础的利息的支付。

第十八条 金融资产同时符合下列条件的，应当分类为以公允价值计量且其变动计入其他综合收益的金融资产：

（一）企业管理该金融资产的业务模式既以收取合同现金流量为目标又以出售该金融资产为目标。

（二）该金融资产的合同条款规定，在特定日期产生的现金流量，仅为对本金和以未偿付本金金额为基础的利息的支付。

第十九条 按照本准则第十七条分类为以摊余成本计量的金融资产和按照本准则第十八条分类为以公允价值计量且其变动计入其他综合收益的金融资产之外的金融资产，企业应当将其分类为以公允价值计量且其变动计入当期损益的金融资产。

在初始确认时，企业可以将非交易性权益工具投资指定为以公允价值计量且其变动计入其他综合收益的金融资产，并按照本准则第六十五条规定确认股利收入。该指定一经做出，不得撤销。企业在非同一控制下的企业合并中确认的或有对价构成金融资产的，该金融资产应当分类为以公允价值计量且其变动计入当期损益的金融资产，不得指定为以公允价值计量且其变动计入其他综合收益的金融资产。

金融资产或金融负债满足下列条件之一的，表明企业持有该金融资产或承担该金融负债的目的是交易性的：

（一）取得相关金融资产或承担相关金融负债的目的，主要是为了近期出售或回购。

（二）相关金融资产或金融负债在初始确认时属于集中管理的可辨认金融工具组合的一部分，且有客观证据表明近期实际存在短期获利模式。

（三）相关金融资产或金融负债属于衍生工具。但符合财务担保合同定义的衍生工具以及被指定为有效套期工具的衍生工具除外。

第二十条 在初始确认时，如果能够消除或显著减少会计错配，企业可以将金融资产指定为以公允价值计量且其变动计入当期损益的金融资产。该指定一经做出，不得撤销。

第四章 金融负债的分类

第二十一条 除下列各项外，企业应当将金融负债分类为以摊余成本计量的金融负债：

（一）以公允价值计量且其变动计入当期损益的金融负债，包括交易性金融负债（含属于金融负债的衍生工具）和指定为以公允价值计量且其变动计入当期损益的金融负债。

（二）金融资产转移不符合终止确认条件或继续涉入被转移金融资产所形成的金融负债。对此类金融负债，企业应当按照《企业会计准则第23号——金融资产转移》相关规定进行计量。

（三）不属于本条（一）或（二）情形的财务担保合同，以及不属于本条（一）情形的以低于市场利率贷款的贷款承诺。企业作为此类金融负债发行方的，应当在初始确认后按照依据本准则第八章所确定的损失准备金额以及初始确认金额扣除依据《企业会计准则第14号——收入》相关规定所确定的累计摊销额后的余额孰高进行计量。

在非同一控制下的企业合并中，企业作为购买方确认的或有对价形成金融负债的，该金融负债应当按照以公允价值计量且其变动计入当期损益进行会计处理。

第二十二条 在初始确认时，为了提供更相关的会计信息，企业可以将金融负债指定为以公允价值计量且其变动计入当期损益的金融负债，但该指定应当满足下列条件之一：

（一）能够消除或显著减少会计错配。

（二）根据正式书面文件载明的企业风险管理或投资策略，以公允价值为基础对金融负债组合或金融资产和金融负债组合进行管理和业绩评价，并在企业内部以此为基础向关键管理人员报告。

该指定一经做出，不得撤销。

第五章 嵌入衍生工具

第二十三条 嵌入衍生工具，是指嵌入到非衍生工具（即主合同）中的衍生工具。嵌入衍生工具与主合同构成混合合同。该嵌入衍生工具对混合合同的现金流量产生影响的方式，应当与单独存在的衍生工具类似，且该混合合同的全部或部分现金流量随特定利率、金融工具价格、商品价格、汇率、价格指数、费率指数、信用等级、信用指数或其他变量变动而变动，变量为非金融变量的，该变量不应与合同的任何一方存在特定关系。

衍生工具如果附属于一项金融工具但根据合同规定可以独立于该金融工具进行转让，或者具有与该金融工具不同的交易对手方，则该衍生工具不是嵌入衍生工具，应当作为一项单独存在的衍生工具处理。

第二十四条 混合合同包含的主合同属于本准则规范的资产的，企业不应从该混合合同中分拆嵌入衍生工具，而应当将该混合合同作为一个整体适用本准则关于金融资产分类的相关规定。

第二十五条 混合合同包含的主合同不属于本准则规范的资产，且同时符合下列条件的，企业应当从混合合同中分拆嵌入衍生工具，将其作为单独存在的衍生工具处理：

（一）嵌入衍生工具的经济特征和风险与主合同的经济特征和风险不紧密相关。

（二）与嵌入衍生工具具有相同条款的单独工具符合衍生工具的定义。

（三）该混合合同不是以公允价值计量且其变动计入当期损益进行会计处理。

嵌入衍生工具从混合合同中分拆的，企业应当按照适用的会计准则规定，对混合合同的主合同进行会计处理。企业无法根据嵌入衍生工具的条款和条件对嵌入衍生工具的公允价值进行可靠计量的，该嵌入衍生工具的公允价值应当根据混合合同公允价值和主合同公允价值之间的差额确定。使用了上述方法后，该嵌入衍生工具在取得日或后续资产负债表日的公允价值仍然无法单独计量的，企业应当将该混合合同整体指定为以公允价值计量且其变动计入当期损益的金融工具。

第二十六条 混合合同包含一项或多项嵌入衍生工具，且其主合同不属于本准则规范的资产的，企业可以将其整体指定为以公允价值计量且其变动计入当期损益的金融工具。但下列情况除外：

（一）嵌入衍生工具不会对混合合同的现金流量产生重大改变。

（二）在初次确定类似的混合合同是否需要分拆时，几乎不需分析就能明确其包含的嵌入衍生工具不应分拆。如嵌入贷款的提前还款权，允许持有人以接近摊余成本的金额提前偿还贷款，该提前还款权不需要分拆。

第六章　金融工具的重分类

第二十七条 企业改变其管理金融资产的业务模式时，应当按照本准则的规定对所有受影响的相关金融资产进行重分类。

企业对所有金融负债均不得进行重分类。

第二十八条 企业发生下列情况的，不属于金融资产或金融负债的重分类：

（一）按照《企业会计准则第 24 号——套期会计》相关规定，某金融工具以前被指定并成为现金流量套期或境外经营净投资套期中的有效套期工具，但目前已不再满足运用该套期会计方法的条件。

（二）按照《企业会计准则第 24 号——套期会计》相关规定，某金融工具被指定并成为现金流量套期或境外经营净投资套期中的有效套期工具。

（三）按照《企业会计准则第 24 号——套期会计》相关规定，运用信用风险敞口公允价值选择权所引起的计量变动。

第二十九条 企业对金融资产进行重分类，应当自重分类日起采用未来适用法进行相关会计处理，不得对以前已经确认的利得、损失（包括减值损失或利得）或利息进行追溯调整。

重分类日，是指导致企业对金融资产进行重分类的业务模式发生变更后的首个报告期间的第一天。

第三十条 企业将一项以摊余成本计量的金融资产重分类为以公允价值计量且其变动计入当期损益的金融资产的，应当按照该资产在重分类日的公允价值进行计量。原账面价值与公允价值之间的差额计入当期损益。

企业将一项以摊余成本计量的金融资产重分类为以公允价值计量且其变动计入其他综合收益的金融资产的，应当按照该金融资产在重分类日的公允价值进行计量。原账面价值与公允价值之间的差额计入其他综合收益。该金融资产重分类不影响其实际利率和预期信用损失的计量。

第三十一条 企业将一项以公允价值计量且其变动计入其他综合收益的金融资产重分类为以摊余成本计量的金融资产的，应当将之前计入其他综合收益的累计利得或损失转出，调整该金融资产在重分类日的公允价值，并以调整后的金额作为新的账面价值，即视同该金融资产一直以摊余成本计量。该金融资产重分类不影响其实际利率和预期信用损失的计量。

企业将一项以公允价值计量且其变动计入其他综合收益的金融资产重分类为以公允价值计量且其变动计入当期损益的金融资产的，应当继续以公允价值计量该金融资产。同时，企业应当将之前计入其他综合收益的累计利得或损失从其他综合收益转入当期损益。

第三十二条 企业将一项以公允价值计量且其变动计入当期损益的金融资产重分类为以摊余成本计量的金融资产的，应当以其在重分类日的公允价值作为新的账面余额。

企业将一项以公允价值计量且其变动计入当期损益的金融资产重分类为以公允价值计量且其变动计入其他综合收益的金融资产的，应当继续以公允价值计量该金融资产。

按照本条规定对金融资产重分类进行处理的，企业应当根据该金融资产在重分类日的公允价值确定其实际利率。同时，企业应当自重分类日起对该金融资产适用本准则关于金融资产减值的相关规定，并将重分类日视为初始确认日。

第七章　金融工具的计量

第三十三条　企业初始确认金融资产或金融负债，应当按照公允价值计量。对于以公允价值计量且其变动计入当期损益的金融资产和金融负债，相关交易费用应当直接计入当期损益；对于其他类别的金融资产或金融负债，相关交易费用应当计入初始确认金额。但是，企业初始确认的应收账款未包含《企业会计准则第14号——收入》所定义的重大融资成分或根据《企业会计准则第14号——收入》规定不考虑不超过一年的合同中的融资成分的，应当按照该准则定义的交易价格进行初始计量。

交易费用，是指可直接归属于购买、发行或处置金融工具的增量费用。增量费用是指企业没有发生购买、发行或处置相关金融工具的情形就不会发生的费用，包括支付给代理机构、咨询公司、券商、证券交易所、政府有关部门等的手续费、佣金、相关税费以及其他必要支出，不包括债券溢价、折价、融资费用、内部管理成本和持有成本等与交易不直接相关的费用。

第三十四条　企业应当根据《企业会计准则第39号——公允价值计量》的规定，确定金融资产和金融负债在初始确认时的公允价值。公允价值通常为相关金融资产或金融负债的交易价格。金融资产或金融负债公允价值与交易价格存在差异的，企业应当区别下列情况进行处理：

（一）在初始确认时，金融资产或金融负债的公允价值依据相同资产或负债在活跃市场上的报价或者以仅使用可观察市场数据的估值技术确定的，企业应当将该公允价值与交易价格之间的差额确认为一项利得或损失。

（二）在初始确认时，金融资产或金融负债的公允价值以其他方式确定的，企业应当将该公允价值与交易价格之间的差额递延。初始确认后，企业应当根据某一因素在相应会计期间的变动程度将该递延差额确认为相应会计期间的利得或损失。该因素应当仅限于市场参与者对该金融工具定价时将予考虑的因素，包括时间等。

第三十五条　初始确认后，企业应当对不同类别的金融资产，分别以摊余成本、以公允价值计量且其变动计入其他综合收益或以公允价值计量且其变动计入当期损益进行后续计量。

第三十六条　初始确认后，企业应当对不同类别的金融负债，分别以摊余成本、以公允价值计量且其变动计入当期损益或以本准则第二十一条规定的其他适当方法进行后续计量。

第三十七条　金融资产或金融负债被指定为被套期项目的，企业应当根据《企业会计准则第24号——套期会计》规定进行后续计量。

第三十八条　金融资产或金融负债的摊余成本，应当以该金融资产或金融负债的初始确认金额经下列调整后的结果确定：

（一）扣除已偿还的本金。

（二）加上或减去采用实际利率法将该初始确认金额与到期日金额之间的差额进行摊销形成的累计摊销额。

（三）扣除累计计提的损失准备（仅适用于金融资产）。

实际利率法，是指计算金融资产或金融负债的摊余成本以及将利息收入或利息费用分摊计入各会计期间的方法。

实际利率，是指将金融资产或金融负债在预计存续期的估计未来现金流量，折现为该金融资产账面余额或该金融负债摊余成本所使用的利率。在确定实际利率时，应当在考虑金融资产或金融负债所有合同条款（如提前还款、展期、看涨期权或其他类似期权等）的基础上估计预期现金流量，但不应当考虑预期信用损失。

第三十九条　企业应当按照实际利率法确认利息收入。利息收入应当根据金融资产账面余额乘以实际利率计算确定，但下列情况除外：

（一）对于购入或源生的已发生信用减值的金融资产，企业应当自初始确认起，按照该金融资产的摊余成本和经信用调整的实际利率计算确定其利息收入。

（二）对于购入或源生的未发生信用减值、但在后续期间成为已发生信用减值的金融资产，企业应当在后续期间，按照该金融资产的摊余成本和实际利率计算确定其利息收入。企业按照上述规定对金融资产的摊余成本运用实际利率法计算利息收入的，若该金融工具在后续期间因其信用风险有所改善而不再存在信用减值，并且这一改善在客观上可与应用上述规定之后发生的某一事件相联系（如债务人的信用评级被上调），企业应当转按实际利率乘以该金融资产账面余额来计算确定利息收入。

经信用调整的实际利率，是指将购入或源生的已发生信用减值的金融资产在预计存续期的估计未来现金流量，折现为该金融资产摊余成本的利率。在确定经信用调整的实际利率时，应当在考虑金融资产的所有合同条款（例如提前还款、展期、看涨期权或其他类似期权等）以及初始预期信用损失的基础上估计预期现金流量。

第四十条 当对金融资产预期未来现金流量具有不利影响的一项或多项事件发生时，该金融资产成为已发生信用减值的金融资产。金融资产已发生信用减值的证据包括下列可观察信息：

（一）发行方或债务人发生重大财务困难；

（二）债务人违反合同，如偿付利息或本金违约或逾期等；

（三）债权人出于与债务人财务困难有关的经济或合同考虑，给予债务人在任何其他情况下都不会做出的让步；

（四）债务人很可能破产或进行其他财务重组；

（五）发行方或债务人财务困难导致该金融资产的活跃市场消失；

（六）以大幅折扣购买或源生一项金融资产，该折扣反映了发生信用损失的事实。

金融资产发生信用减值，有可能是多个事件的共同作用所致，未必是可单独识别的事件所致。

第四十一条 合同各方之间支付或收取的、属于实际利率或经信用调整的实际利率组成部分的各项费用、交易费用及溢价或折价等，应当在确定实际利率或经信用调整的实际利率时予以考虑。

企业通常能够可靠估计金融工具（或一组类似金融工具）的现金流量和预计存续期。在极少数情况下，金融工具（或一组金融工具）的估计未来现金流量或预计存续期无法可靠估计的，企业在计算确定其实际利率（或经信用调整的实际利率）时，应当基于该金融工具在整个合同期内的合同现金流量。

第四十二条 企业与交易对手方修改或重新议定合同，未导致金融资产终止确认，但导致合同现金流量发生变化的，应当重新计算该金融资产的账面余额，并将相关利得或损失计入当期损益。重新计算的该金融资产的账面余额，应当根据将重新议定或修改的合同现金流量按金融资产的原实际利率（或者购买或源生的已发生信用减值的金融资产的经信用调整的实际利率）或按《企业会计准则第 24 号——套期会计》第二十三条规定的重新计算的实际利率（如适用）折现的现值确定。对于修改或重新议定合同所产生的所有成本或费用，企业应当调整修改后的金融资产账面价值，并在修改后金融资产的剩余期限内进行摊销。

第四十三条 企业不再合理预期金融资产合同现金流量能够全部或部分收回的，应当直接减记该金融资产的账面余额。这种减记构成相关金融资产的终止确认。

第四十四条 企业对权益工具的投资和与此类投资相联系的合同应当以公允价值计量。但在有限情况下，如果用以确定公允价值的近期信息不足，或者公允价值的可能估计金额分布范围很广，而成本代表了该范围内对公允价值的最佳估计的，该成本可代表其在该分布范围内对公允价值的恰当估计。

企业应当利用初始确认日后可获得的关于被投资方业绩和经营的所有信息，判断成本能否代表公允价值。存在下列情形（包含但不限于）之一的，可能表明成本不代表相关金融资产的公允价值，企业应当对其公允价值进行估值：

（一）与预算、计划或阶段性目标相比，被投资方业绩发生重大变化。

（二）对被投资方技术产品实现阶段性目标的预期发生变化。

（三）被投资方的权益、产品或潜在产品的市场发生重大变化。

（四）全球经济或被投资方经营所处的经济环境发生重大变化。

（五）被投资方可比企业的业绩或整体市场所显示的估值结果发生重大变化。

（六）被投资方的内部问题，如欺诈、商业纠纷、诉讼、管理或战略变化。

（七）被投资方权益发生了外部交易并有客观证据，包括发行新股等被投资方发生的交易和第三方之间转让被投资方权益工具的交易等。

第四十五条 权益工具投资或合同存在报价的，企业不应当将成本作为对其公允价值的最佳估计。

第八章 金融工具的减值

第四十六条 企业应当按照本准则规定，以预期信用损失为基础，对下列项目进行减值会计处理并确认损失准备：

（一）按照本准则第十七条分类为以摊余成本计量的金融资产和按照本准则第十八条分类为以公允价值计量且其变动计入其他综合收益的金融资产。

（二）租赁应收款。

（三）合同资产。合同资产是指《企业会计准则第 14 号——收入》定义的合同资产。

（四）企业发行的分类为以公允价值计量且其变动计入当期损益的金融负债以外的贷款承诺和适用本准则第二十一条（三）规定的财务担保合同。

损失准备，是指针对按照本准则第十七条计量的金融资产、租赁应收款和合同资产的预期信用损失计提的准备，按照本准则第十八条计量的金融资产的累计减值金额以及针对贷款承诺和财务担保合同的预期信用损失计提的准备。

第四十七条 预期信用损失，是指以发生违约的风险为权重的金融工具信用损失的加权平均值。

信用损失，是指企业按照原实际利率折现的、根据合同应收的所有合同现金流量与预期收取的所有现金流量之间的差额，即全部现金短缺的现值。其中，对于企业购买或源生的已发生信用减值的金融资产，应按照该金融资产经信用调整的实际利率折现。由于预期信用损失考虑付款的金额和时间分布，因此即使企业预计可以全额收款但收款时间晚于合同规定的到期期限，也会产生信用损失。

在估计现金流量时，企业应当考虑金融工具在整个预计存续期的所有合同条款（如提前还款、展期、看涨期权或其他类似期权等）。企业所考虑的现金流量应当包括出售所持担保品获得的现金流量，以及属于合同条款组成部分的其他信用增级所产生的现金流量。

企业通常能够可靠估计金融工具的预计存续期。在极少数情况下，金融工具预计存续期无法可靠估计的，企业在计算确定预期信用损失时，应当基于该金融工具的剩余合同期间。

第四十八条 除了按照本准则第五十七条和第六十三条的相关规定计量金融工具损失准备的情形以外，企业应当在每个资产负债表日评估相关金融工具的信用风险自初始确认后是否已显著增加，并按照下列情形分别计量其损失准备、确认预期信用损失及其变动：

（一）如果该金融工具的信用风险自初始确认后已显著增加，企业应当按照相当于该金融工具整个存续期内预期信用损失的金额计量其损失准备。无论企业评估信用损失的基础是单项金融工具还是金融工具组合，由此形成的损失准备的增加或转回金额，应当作为减值损失或利得计入当期损益。

（二）如果该金融工具的信用风险自初始确认后并未显著增加，企业应当按照相当于该金融工具未来 12 个月内预期信用损失的金额计量其损失准备，无论企业评估信用损失的基础是单项金融工具还是金融工具组合，由此形成的损失准备的增加或转回金额，应当作为减值损失或利得计入当期损益。

未来 12 个月内预期信用损失，是指因资产负债表日后 12 个月内（若金融工具的预计存续期少于 12 个月，则为预计存续期）可能发生的金融工具违约事件而导致的预期信用损失，是整个存续期预期信用损失的一部分。

企业在进行相关评估时，应当考虑所有合理且有依据的信息，包括前瞻性信息。为确保自金融工具初始确认后信用风险显著增加即确认整个存续期预期信用损失，企业在一些情况下应当以组合为基础考虑评估信用风险是否显著增加。整个存续期预期信用损失，是指因金融工具整个预计存续期内所有可能发生的违约事件而导致的预期信用损失。

第四十九条 对于按照本准则第十八条分类为以公允价值计量且其变动计入其他综合收益的金融资产，企业应当在其他综合收益中确认其损失准备，并将减值损失或利得计入当期损益，且不应减少该金融资产在资产负债表中列示的账面价值。

第五十条 企业在前一会计期间已经按照相当于金融工具整个存续期内预期信用损失的金额计量了损失准备，但在当期资产负债表日，该金融工具已不再属于自初始确认后信用风险显著增加的情形的，企业应当在当期资产负债表日按照相当于未来 12 个月内预期信用损失的金额计量该金融工具的损失准备，由此形成的损失准备的转回金额应当作为减值利得计入当期损益。

第五十一条 对于贷款承诺和财务担保合同，企业在应用金融工具减值规定时，应当将本企业成为做出不可撤销承诺的一方之日作为初始确认日。

第五十二条 企业在评估金融工具的信用风险自初始确认后是否已显著增加时，应当考虑金融工具预计存续期内发生违约风险的变化，而不是预期信用损失金额的变化。企业应当通过比较金融工具在资产负债表日发生违约的风险与在初始确认日发生违约的风险，以确定金融工具预计存续期内发生违约风险的变化情况。

在为确定是否发生违约风险而对违约进行界定时，企业所采用的界定标准，应当与其内部针对相关金融工具的信用风险管理目标保持一致，并考虑财务限制条款等其他定性指标。

第五十三条 企业通常应当在金融工具逾期前确认该工具整个存续期预期信用损失。企业在确定信用风险自初始确认后是否显著增加时，企业无须付出不必要的额外成本或努力即可获得合理且有依据的前瞻性信息的，不得仅依赖逾期信息来确定信用风险自初始确认后是否显著增加；企业必须付出不必要的额外成本或努力才可获得合理且有依据的逾期信息以外的单独或汇总的前瞻性信息的，可以采用逾期信息来确定信用风险自初始确认后是否显著增加。

无论企业采用何种方式评估信用风险是否显著增加，通常情况下，如果逾期超过 30 日，则表明金融工具的信用风险已经显著增加。除非企业在无须付出不必要的额外成本或努力的情况下即可获得合理且有依据的信息，证明即使逾期超过 30 日，信用风险自初始确认后仍未显著增加。如果企业在合同付款逾期超过 30 日前已确定信用风险显著增加，则应当按照整个存续期的预期信用损失确认损失准备。

如果交易对手方未按合同规定时间支付约定的款项，则表明该金融资产发生逾期。

第五十四条 企业在评估金融工具的信用风险自初始确认后是否已显著增加时，应当考虑违约风险的相对变化，而非违约风险变动的绝对值。在同一后续资产负债表日，对于违约风险变动的绝对值相同的两项金融资产，初始确认时违约风险较低的金融工具比初始确认时违约风险较高的金融工具的信用风险变化更为显著。

第五十五条 企业确定金融工具在资产负债表日只具有较低的信用风险的，可以假设该金融工具的信用风险自初始确认后并未显著增加。

如果金融工具的违约风险较低，借款人在短期内履行其合同现金流量义务的能力很强，并且即便较长时期内经济形势和经营环境存在不利变化但未必一定降低借款人履行其合同现金流量义务的能力，该金融工具被视为具有较低的信用风险。

第五十六条 企业与交易对手方修改或重新议定合同，未导致金融资产终止确认，但导致合同现金流量发生变化的，企业在评估相关金融工具的信用风险是否已经显著增加时，应当将基于变更后的合同条款在资产负债表日发生违约的风险与基于原合同条款在初始确认时发生违约的风险进行比较。

第五十七条 对于购买或源生的已发生信用减值的金融资产，企业应当在资产负债表日仅将自初始确认后整个存续期内预期信用损失的累计变动确认为损失准备。在每个资产负债表日，企业应当将整个存续期内预期信用损失的变动金额作为减值损失或利得计入当期损益。即使该资产负债表日确定的整个存续期内预期信用损失小于初始确认时估计现金流量所反映的预期信用损失的金额，企业也应当将预期信用损失的有利变动确认为减值利得。

第五十八条 企业计量金融工具预期信用损失的方法应当反映下列各项要素：

（一）通过评价一系列可能的结果而确定的无偏概率加权平均金额。

（二）货币时间价值。

（三）在资产负债表日无须付出不必要的额外成本或努力即可获得的有关过去事项、当前状况以及未来经济状况预测的合理且有依据的信息。

第五十九条 对于适用本准则有关金融工具减值规定的各类金融工具，企业应当按照下列方法确定其信用损失：

（一）对于金融资产，信用损失应为企业应收取的合同现金流量与预期收取的现金流量之间差额的现值。

（二）对于租赁应收款项，信用损失应为企业应收取的合同现金流量与预期收取的现金流量之间差额的现值。其中，用于确定预期信用损失的现金流量，应与按照《企业会计准则第21号——租赁》用于计量租赁应收款项的现金流量保持一致。

（三）对于未提用的贷款承诺，信用损失应为在贷款承诺持有人提用相应贷款的情况下，企业应收取的合同现金流量与预期收取的现金流量之间差额的现值。企业对贷款承诺预期信用损失的估计，应当与其对该贷款承诺提用情况的预期保持一致。

（四）对于财务担保合同，信用损失应为企业就该合同持有人发生的信用损失向其做出赔付的预计付款额，减去企业预期向该合同持有人、债务人或任何其他方收取的金额之间差额的现值。

（五）对于资产负债表日已发生信用减值但并非购买或源生已发生信用减值的金融资产，信用损失应为该金融资产账面余额与按原实际利率折现的估计未来现金流量的现值之间的差额。

第六十条 企业应当以概率加权平均为基础对预期信用损失进行计量。企业对预期信用损失的计量应当反映发生信用损失的各种可能性，但不必识别所有可能的情形。

第六十一条 在计量预期信用损失时，企业需考虑的最长期限为企业面临信用风险的最长合同期限（包括考虑续约选择权），而不是更长期间，即使该期间与业务实践相一致。

第六十二条 如果金融工具同时包含贷款和未提用的承诺，且企业根据合同规定要求还款或取消未提用承诺的能力并未将企业面临信用损失的期间限定在合同通知期内的，企业对于此类金融工具（仅限于此类金融工具）确认预期信用损失的期间，应当为其面临信用风险且无法用信用风险管理措施予以缓释的期间，即使该期间超过了最长合同期限。

第六十三条 对于下列各项目，企业应当始终按照相当于整个存续期内预期信用损失的金额计量其损失准备：

（一）由《企业会计准则第14号——收入》规范的交易形成的应收款项或合同资产，且符合下列条件之一：

1. 该项目未包含《企业会计准则第14号——收入》所定义的重大融资成分，或企业根据《企业会计准则第14号——收入》规定不考虑不超过一年的合同中的融资成分。

2. 该项目包含《企业会计准则第14号——收入》所定义的重大融资成分，同时企业做出会计政策选择，按照相当于整个存续期内预期信用损失的金额计量损失准备。企业应当将该会计政策选择适用于所有此类应收款项和合同资产，但可对应收款项类和合同资产类分别做出会计政策选择。

（二）由《企业会计准则第21号——租赁》规范的交易形成的租赁应收款，同时企业做出会计政策选择，按照相当于整个存续期内预期信用损失的金额计量损失准备。企业应当将该会计政策选择适用于所有租赁应收款，但可对应收融资租赁款和应收经营租赁款分别做出会计政策选择。

在适用本条规定时，企业可对应收款项、合同资产和租赁应收款分别选择减值会计政策。

第九章　利得和损失

第六十四条　企业应当将以公允价值计量的金融资产或金融负债的利得或损失计入当期损益，除非该金融资产或金融负债属于下列情形之一：

（一）属于《企业会计准则第 24 号——套期会计》规定的套期关系的一部分。

（二）是一项对非交易性权益工具的投资，且企业已按照本准则第十九条规定将其指定为以公允价值计量且其变动计入其他综合收益的金融资产。

（三）是一项被指定为以公允价值计量且其变动计入当期损益的金融负债，且按照本准则第六十八条规定，该负债由企业自身信用风险变动引起的其公允价值变动应当计入其他综合收益。

（四）是一项按照本准则第十八条分类为以公允价值计量且其变动计入其他综合收益的金融资产，且企业根据本准则第七十一条规定，其减值损失或利得和汇兑损益之外的公允价值变动计入其他综合收益。

第六十五条　企业只有在同时符合下列条件时，才能确认股利收入并计入当期损益：

（一）企业收取股利的权利已经确立；

（二）与股利相关的经济利益很可能流入企业；

（三）股利的金额能够可靠计量。

第六十六条　以摊余成本计量且不属于任何套期关系的一部分的金融资产所产生的利得或损失，应当在终止确认、按照本准则规定重分类、按照实际利率法摊销或按照本准则规定确认减值时，计入当期损益。如果企业将以摊余成本计量的金融资产重分类为其他类别，应当根据本准则第三十条规定处理其利得或损失。

以摊余成本计量且不属于任何套期关系的一部分的金融负债所产生的利得或损失，应当在终止确认时计入当期损益或在按照实际利率法摊销时计入相关期间损益。

第六十七条　属于套期关系中被套期项目的金融资产或金融负债所产生的利得或损失，应当按照《企业会计准则第 24 号——套期会计》相关规定进行处理。

第六十八条　企业根据本准则第二十二条和第二十六条规定将金融负债指定为以公允价值计量且其变动计入当期损益的金融负债的，该金融负债所产生的利得或损失应当按照下列规定进行处理：

（一）由企业自身信用风险变动引起的该金融负债公允价值的变动金额，应当计入其他综合收益；

（二）该金融负债的其他公允价值变动计入当期损益。

按照本条（一）规定对该金融负债的自身信用风险变动的影响进行处理会造成或扩大损益中的会计错配的，企业应当将该金融负债的全部利得或损失（包括企业自身信用风险变动的影响金额）计入当期损益。

该金融负债终止确认时，之前计入其他综合收益的累计利得或损失应当从其他综合收益中转出，计入留存收益。

第六十九条　企业根据本准则第十九条规定将非交易性权益工具投资指定为以公允价值计量且其变动计入其他综合收益的金融资产的，当该金融资产终止确认时，之前计入其他综合收益的累计利得或损失应当从其他综合收益中转出，计入留存收益。

第七十条　指定为以公允价值计量且其变动计入当期损益的金融负债的财务担保合同和不可撤销贷款承诺所产生的全部利得或损失，应当计入当期损益。

第七十一条　按照本准则第十八条分类为以公允价值计量且其变动计入其他综合收益的金融资产所产生的所有利得或损失，除减值损失或利得和汇兑损益之外，均应当计入其他综合收益，直至该金融资产终止确认或被重分类。但是，采用实际利率法计算的该金融资产的利息应当计入当期损益。该金融资产计入各期损益的金额应当与视同其一直按摊余成本计量而计入各期损益的金额相等。

该金融资产终止确认时，之前计入其他综合收益的累计利得或损失应当从其他综合收益中转出，计入当期损益。

企业将该金融资产重分类为其他类别金融资产的，应当根据本准则第三十一条规定，对之前计入其他综合收益的累计利得或损失进行相应处理。

第十章 衔接规定

第七十二条 本准则施行日之前的金融工具确认和计量与本准则要求不一致的，企业应当追溯调整，但本准则第七十三条至八十三条另有规定的除外。在本准则施行日已经终止确认的项目不适用本准则。

第七十三条 在本准则施行日，企业应当按照本准则的规定对金融工具进行分类和计量（含减值），涉及前期比较财务报表数据与本准则要求不一致的，无需调整。金融工具原账面价值和在本准则施行日的新账面价值之间的差额，应当计入本准则施行日所在年度报告期间的期初留存收益或其他综合收益。同时，企业应当按照《企业会计准则第37号——金融工具列报》的相关规定在附注中进行披露。

企业如果调整前期比较财务报表数据，应当能够以前期的事实和情况为依据，且比较数据应当反映本准则的所有要求。

第七十四条 在本准则施行日，企业应当以该日的既有事实和情况为基础，根据本准则第十七条（一）或第十八条（一）的相关规定评估其管理金融资产的业务模式是以收取合同现金流量为目标，还是以既收取合同现金流量又出售金融资产为目标，并据此确定金融资产的分类，进行追溯调整，无须考虑企业之前的业务模式。

第七十五条 在本准则施行日，企业在考虑具有本准则第十六条所述修正的货币时间价值要素的金融资产的合同现金流量特征时，需要对特定货币时间价值要素修正进行评估的，该评估应当以该金融资产初始确认时存在的事实和情况为基础。该评估不切实可行的，企业不应考虑本准则关于货币时间价值要素修正的规定。

第七十六条 在本准则施行日，企业在考虑具有本准则第十六条所述提前还款特征的金融资产的合同现金流量特征时，需要对该提前还款特征的公允价值是否非常小进行评估的，该评估应当以该金融资产初始确认时存在的事实和情况为基础。该评估不切实可行的，企业不应考虑本准则关于提前还款特征例外情形的规定。

第七十七条 在本准则施行日，企业存在根据本准则相关规定应当以公允价值计量的混合合同但之前未以公允价值计量的，该混合合同在前期比较财务报表期末的公允价值应当等于其各组成部分在前期比较财务报表期末公允价值之和。在本准则施行日，企业应当将整个混合合同在该日的公允价值与该混合合同各组成部分在该日的公允价值之和之间的差额，计入本准则施行日所在报告期间的期初留存收益或其他综合收益。

第七十八条 在本准则施行日，企业应当以该日的既有事实和情况为基础，根据本准则的相关规定，对相关金融资产进行指定或撤销指定，并追溯调整：

（一）在本准则施行日，企业可以根据本准则第二十条规定，将满足条件的金融资产指定为以公允价值计量且其变动计入当期损益的金融资产。但企业之前指定为以公允价值计量且其变动计入当期损益的金融资产，不满足本准则第二十条规定的指定条件的，应当解除之前做出的指定；之前指定为以公允价值计量且其变动计入当期损益的金融资产继续满足本准则第二十条规定的指定条件的，企业可以选择继续指定或撤销之前的指定。

（二）在本准则施行日，企业可以根据本准则第十九条规定，将非交易性权益工具投资指定为以公允价值计量且其变动计入其他综合收益的金融资产。

第七十九条 在本准则施行日，企业应当以该日的既有事实和情况为基础，根据本准则的相关规定，对相关金融负债进行指定或撤销指定，并追溯调整：

（一）在本准则施行日，为了消除或显著减少会计错配，企业可以根据本准则第二十二条（一）的规定，将金融负债指定为以公允价值计量且其变动计入当期损益的金融负债。

（二）企业之前初始确认金融负债时，为了消除或显著减少会计错配，已将该金融负债指定为以公允价值计量且其变动计入当期损益的金融负债，但在本准则施行日不再满足本准则规定的指定条件的，企业应当撤销之前的指定；该金融负债在本准则施行日仍然满足本准则规定的指定条件的，企业可以选择继续指定或撤销之前的指定。

第八十条 在本准则施行日，企业按照本准则规定对相关金融资产或金融负债以摊余成本进行计量、应用实际利率法追溯调整不切实可行的，应当按照以下原则进行处理：

（一）以金融资产或金融负债在前期比较财务报表期末的公允价值，作为企业调整前期比较财务报表数据时该金融资产的账面余额或该金融负债的摊余成本；

（二）以金融资产或金融负债在本准则施行日的公允价值，作为该金融资产在本准则施行日的新账面余额或该金融负债的新摊余成本。

第八十一条 在本准则施行日，对于之前以成本计量的、在活跃市场中没有报价且其公允价值不能可靠计量的权益工具投资或与该权益工具挂钩并须通过交付该工具进行结算的衍生金融资产，企业应当以其在本准则施行日的公允价值计量。原账面价值与公允价值之间的差额，应当计入本准则施行日所在报告期间的期初留存收益或其他综合收益。

在本准则施行日，对于之前以成本计量的、与在活跃市场中没有报价的权益工具挂钩并须通过交付该权益工具进行结算的衍生金融负债，企业应当以其在本准则施行日的公允价值计量。原账面价值与公允价值之间的差额，应当计入本准则施行日所在报告期间的期初留存收益。

第八十二条 在本准则施行日，企业存在根据本准则第二十二条规定将金融负债指定为以公允价值计量且其变动计入当期损益的金融负债，并且按照本准则第六十八条（一）规定将由企业自身信用风险变动引起的该金融负债公允价值的变动金额计入其他综合收益的，企业应当以该日的既有事实和情况为基础，判断按照上述规定处理是否会造成或扩大损益的会计错配，进而确定是否应当将该金融负债的全部利得或损失（包括企业自身信用风险变动的影响金额）计入当期损益，并按照上述结果追溯调整。

第八十三条 在本准则施行日，企业按照本准则计量金融工具减值的，应当使用无须付出不必要的额外成本或努力即可获得的合理且有依据的信息，确定金融工具在初始确认日的信用风险，并将该信用风险与本准则施行日的信用风险进行比较。

在确定自初始确认后信用风险是否显著增加时，企业可以应用本准则第五十五条的规定根据其是否具有较低的信用风险进行判断，或者应用本准则第五十三条第二段的规定根据相关金融资产逾期是否超过30日进行判断。企业在本准则施行日必须付出不必要的额外成本或努力才可获得合理且有依据的信息的，企业在该金融工具终止确认前的所有资产负债表日的损失准备应当等于其整个存续期的预期信用损失。

第十一章 附 则

第八十四条 本准则自2018年1月1日起施行。

财政部关于印发修订《企业会计准则第23号——金融资产转移》的通知

2017年3月31日 财会〔2017〕8号

国务院有关部委、有关直属机构，各省、自治区、直辖市、计划单列市财政厅（局），新疆生产建设兵团财务局，财政部驻各省、自治区、直辖市、计划单列市财政监察专员办事处，有关中央管理企业：

为了适应社会主义市场经济发展需要，规范金融工具的会计处理，提高会计信息质量，根据《企业会计准则——基本准则》，我部对《企业会计准则第23号——金融资产转移》进行了修订，现予印发。在境内外同时上市的企业以及在境外上市并采用国际财务报告准则或企业会计准则编制财务报告的企业，自2018年1月1日起施行；其他境内上市企业自2019年1月1日起施行；执行企业会计准则的非上市企业自2021年1月1日起施行。同时，鼓励企业提前执行。执行本准则的企业，不再执行我部于2006年2月15日印发的《财政部关于印发〈企业会计准则第1号——存货〉等38项具体准则的通知》（财会〔2006〕3号）中的《企业会计准则第23号——金融资产转移》。

执行本准则的企业，应当同时执行我部于2017年修订印发的《企业会计准则第22号——金融工具确认和计量》（财会〔2017〕7号）和《企业会计准则第24号——套期会计》（财会〔2017〕9号）。

执行中有何问题，请及时反馈我部。

附件：企业会计准则第23号——金融资产转移

附件：

企业会计准则第23号——金融资产转移

第一章　总　　则

第一条　为了规范金融资产（包括单项或一组类似金融资产）转移和终止确认的会计处理，根据《企业会计准则——基本准则》，制定本准则。

第二条　金融资产转移，是指企业（转出方）将金融资产（或其现金流量）让与或交付给该金融资产发行方之外的另一方（转入方）。

金融资产终止确认，是指企业将之前确认的金融资产从其资产负债表中予以转出。

第三条　企业对金融资产转入方具有控制权的，除在该企业个别财务报表基础上应用本准则外，在编制合并财务报表时，还应当按照《企业会计准则第33号——合并财务报表》的规定合并所有纳入合并范围的子公司（含结构化主体），并在合并财务报表层面应用本准则。

第二章　金融资产终止确认的一般原则

第四条　金融资产的一部分满足下列条件之一的，企业应当将终止确认的规定适用于该金融资产部分，除此之外，企业应当将终止确认的规定适用于该金融资产整体：

（一）该金融资产部分仅包括金融资产所产生的特定可辨认现金流量。如企业就某债务工具与转入方签订一项利息剥离合同，合同规定转入方有权获得该债务工具利息现金流量，但无权获得该债务工具本金现金流量，终止确认的规定适用于该债务工具的利息现金流量。

（二）该金融资产部分仅包括与该金融资产所产生的全部现金流量完全成比例的现金流量部分。如企业就某债务工具与转入方签订转让合同，合同规定转入方拥有获得该债务工具全部现金流量一定比例的权利，终止确认的规定适用于该债务工具全部现金流量一定比例的部分。

（三）该金融资产部分仅包括与该金融资产所产生的特定可辨认现金流量完全成比例的现金流量部分。如企业就某债务工具与转入方签订转让合同，合同规定转入方拥有获得该债务工具利息现金流量一定比例的权利，终止确认的规定适用于该债务工具利息现金流量一定比例的部分。

企业发生满足本条（二）或（三）条件的金融资产转移，且存在一个以上转入方的，只要企业转移的份额与金融资产全部现金流量或特定可辨认现金流量完全成比例即可，不要求每个转入方均持有成比例的份额。

第五条 金融资产满足下列条件之一的，应当终止确认：

（一）收取该金融资产现金流量的合同权利终止。

（二）该金融资产已转移，且该转移满足本准则关于终止确认的规定。

第三章 金融资产转移的情形及其终止确认

第六条 金融资产转移，包括下列两种情形：

（一）企业将收取金融资产现金流量的合同权利转移给其他方。

（二）企业保留了收取金融资产现金流量的合同权利，但承担了将收取的该现金流量支付给一个或多个最终收款方的合同义务，且同时满足下列条件：

1. 企业只有从该金融资产收到对等的现金流量时，才有义务将其支付给最终收款方。企业提供短期垫付款，但有权全额收回该垫付款并按照市场利率计收利息的，视同满足本条件。

2. 转让合同规定禁止企业出售或抵押该金融资产，但企业可以将其作为向最终收款方支付现金流量义务的保证。

3. 企业有义务将代表最终收款方收取的所有现金流量及时划转给最终收款方，且无重大延误。企业无权将该现金流量进行再投资，但在收款日和最终收款方要求的划转日之间的短暂结算期内，将所收到的现金流量进行现金或现金等价物投资，并且按照合同约定将此类投资的收益支付给最终收款方的，视同满足本条件。

第七条 企业在发生金融资产转移时，应当评估其保留金融资产所有权上的风险和报酬的程度，并分别下列情形处理：

（一）企业转移了金融资产所有权上几乎所有风险和报酬的，应当终止确认该金融资产，并将转移中产生或保留的权利和义务单独确认为资产或负债。

（二）企业保留了金融资产所有权上几乎所有风险和报酬的，应当继续确认该金融资产。

（三）企业既没有转移也没有保留金融资产所有权上几乎所有风险和报酬的（即除本条（一）、（二）之外的其他情形），应当根据其是否保留了对金融资产的控制，分别下列情形处理：

1. 企业未保留对该金融资产控制的，应当终止确认该金融资产，并将转移中产生或保留的权利和义务单独确认为资产或负债。

2. 企业保留了对该金融资产控制的，应当按照其继续涉入被转移金融资产的程度继续确认有关金融资产，并相应确认相关负债。

继续涉入被转移金融资产的程度，是指企业承担的被转移金融资产价值变动风险或报酬的程度。

第八条 企业在评估金融资产所有权上风险和报酬的转移程度时，应当比较转移前后其所承担的该金融资产未来净现金流量金额及其时间分布变动的风险。

企业承担的金融资产未来净现金流量现值变动的风险没有因转移而发生显著变化的，表明该企业仍保留了金融资产所有权上几乎所有风险和报酬。如将贷款整体转移并对该贷款可能发生的所有损失进行全额补偿，或者出售一项金融资产但约定以固定价格或者售价加上出借人回报的价格回购。

企业承担的金融资产未来净现金流量现值变动的风险相对于金融资产的未来净现金流量现值的全部变动风险不再显著的，表明该企业已经转移了金融资产所有权上几乎所有风险和报酬。如无条件出售金融资产，或者出售金融资产且仅保留以其在回购时的公允价值进行回购的选择权。

企业通常不需要通过计算即可判断其是否转移或保留了金融资产所有权上几乎所有风险和报酬。在其他情况下，企业需要通过计算评估是否已经转移了金融资产所有权上几乎所有风险和报酬的，在计算和比较金融资产未来现金流量净现值的变动时，应当考虑所有合理、可能的现金流量变动，对于更可能发生的结果赋予更高的权重，并采用适当的市场利率作为折现率。

第九条 企业在判断是否保留了对被转移金融资产的控制时，应当根据转入方是否具有出售被转移金融资产的实际能力而确定。转入方能够单方面将被转移金融资产整体出售给不相关的第三方，且没有额外条件对此项出售加以限制的，表明转入方有出售被转移金融资产的实际能力，从而表明企业未保留对被转移金融资产的控制；在其他情形下，表明企业保留了对被转移金融资产的控制。

在判断转入方是否具有出售被转移金融资产的实际能力时，企业考虑的关键应当是转入方实际上能够采取的行动。被转移金融资产不存在市场或转入方不能单方面自由地处置被转移金融资产的，通常表明转入方不具有出售被转移金融资产的实际能力。

转入方不大可能出售被转移金融资产并不意味着企业（转出方）保留了对被转移金融资产的控制。但存在看跌期权或担保而限制转入方出售被转移金融资产的，转出方实际上保留了对被转移金融资产的控制。如存在看跌期权或担保且很有价值，导致转入方实际上不能在不附加类似期权或其他限制条件的情形下将该被转移金融资产出售给第三方，从而限制了转入方出售被转移金融资产的能力，转入方将持有被转移金融资产以获取看跌期权或担保下相应付款的，企业保留了对被转移金融资产的控制。

第十条 企业认定金融资产所有权上几乎所有风险和报酬已经转移的，除企业在新的交易中重新获得被转移金融资产外，不应当在未来期间再次确认该金融资产。

第十一条 在金融资产转移不满足终止确认条件的情况下，如果同时确认衍生工具和被转移金融资产或转移产生的负债会导致对同一权利或义务的重复确认，则企业（转出方）与转移有关的合同权利或义务不应当作为衍生工具进行单独会计处理。

第十二条 在金融资产转移不满足终止确认条件的情况下，转入方不应当将被转移金融资产全部或部分确认为自己的资产。转入方应当终止确认所支付的现金或其他对价，同时确认一项应收转出方的款项。企业（转出方）同时拥有以固定金额重新控制整个被转移金融资产的权利和义务的（如以固定金额回购被转移金融资产），在满足《企业会计准则第22号——金融工具确认和计量》关于摊余成本计量规定的情况下，转入方可以将其应收款项以摊余成本计量。

第十三条 企业在判断金融资产转移是否满足本准则规定的金融资产终止确认条件时，应当注重金融资产转移的实质。

（一）企业转移了金融资产所有权上几乎所有风险和报酬，应当终止确认被转移金融资产的常见情形有：

1. 企业无条件出售金融资产。

2. 企业出售金融资产，同时约定按回购日该金融资产的公允价值回购。

3. 企业出售金融资产，同时与转入方签订看跌期权合同（即转入方有权将该金融资产返售给企业）或看涨期权合同（即转出方有权回购该金融资产），且根据合同条款判断，该看跌期权或看涨期权为一项重大价外期权（即期权合约的条款设计，使得金融资产的转入方或转出方极小可能会行权）。

（二）企业保留了金融资产所有权上几乎所有风险和报酬，应当继续确认被转移金融资产的常见情形有：

1. 企业出售金融资产并与转入方签订回购协议，协议规定企业将回购原被转移金融资产，或者将予回购的金融资产与售出的金融资产相同或实质上相同、回购价格固定或原售价加上回报。

2. 企业融出证券或进行证券出借。

3. 企业出售金融资产并附有将市场风险敞口转回给企业的总回报互换。

4. 企业出售短期应收款项或信贷资产，并且全额补偿转入方可能因被转移金融资产发生的信用损失。

5. 企业出售金融资产，同时与转入方签订看跌期权合同或看涨期权合同，且根据合同条款判断，该看跌期权或看涨期权为一项重大价内期权（即期权合约的条款设计，使得金融资产的转入方或转出方很可能会行权）。

（三）企业应当按照其继续涉入被转移金融资产的程度继续确认被转移金融资产的常见情形有：

1. 企业转移金融资产，并采用保留次级权益或提供信用担保等方式进行信用增级，企业只转移了被转移金融资产所有权上的部分（非几乎所有）风险和报酬，且保留了对被转移金融资产的控制。

2. 企业转移金融资产，并附有既非重大价内也非重大价外的看涨期权或看跌期权，导致企业既没有转移也没有保留所有权上几乎所有风险和报酬，且保留了对被转移金融资产的控制。

第四章　满足终止确认条件的金融资产转移的会计处理

第十四条　金融资产转移整体满足终止确认条件的，应当将下列两项金额的差额计入当期损益：

（一）被转移金融资产在终止确认日的账面价值。

（二）因转移金融资产而收到的对价，与原直接计入其他综合收益的公允价值变动累计额中对应终止确认部分的金额（涉及转移的金融资产为根据《企业会计准则第 22 号——金融工具确认和计量》第十八条分类为以公允价值计量且其变动计入其他综合收益的金融资产的情形）之和。企业保留了向该金融资产提供相关收费服务的权利（包括收取该金融资产的现金流量，并将所收取的现金流量划转给指定的资金保管机构等），应当就该服务合同确认一项服务资产或服务负债。如果企业将收取的费用预计超过对服务的充分补偿的，应当将该服务权利作为继续确认部分确认为一项服务资产，并按照本准则第十五条的规定确定该服务资产的金额。如果将收取的费用预计不能充分补偿企业所提供服务的，则应当将由此形成的服务义务确认一项服务负债，并以公允价值进行初始计量。

企业因金融资产转移导致整体终止确认金融资产，同时获得了新金融资产或承担了新金融负债或服务负债的，应当在转移日确认该金融资产、金融负债（包括看涨期权、看跌期权、担保负债、远期合同、互换等）或服务负债，并以公允价值进行初始计量。该金融资产扣除金融负债和服务负债后的净额应当作为上述对价的组成部分。

第十五条　企业转移了金融资产的一部分，且该被转移部分整体满足终止确认条件的，应当将转移前金融资产整体的账面价值，在终止确认部分和继续确认部分（在此种情形下，所保留的服务资产应当视同继续确认金融资产的一部分）之间，按照转移日各自的相对公允价值进行分摊，并将下列两项金额的差额计入当期损益：

（一）终止确认部分在终止确认日的账面价值。

（二）终止确认部分收到的对价，与原计入其他综合收益的公允价值变动累计额中对应终止确认部分的金额（涉及转移的金融资产为根据《企业会计准则第 22 号——金融工具确认和计量》第十八条分类为以公允价值计量且其变动计入其他综合收益的金融资产的情形）之和。对价包括获得的所有新资产减去承担的所有新负债后的金额。

原计入其他综合收益的公允价值变动累计额中对应终止确认部分的金额，应当按照金融资产终止确认部分和继续确认部分的相对公允价值，对该累计额进行分摊后确定。

第十六条　根据本准则第十五条的规定，企业将转移前金融资产整体的账面价值按相对公允价值在终止确认部分和继续确认部分之间进行分摊时，应当按照下列规定确定继续确认部分的公允价值：

（一）企业出售过与继续确认部分类似的金融资产，或继续确认部分存在其他市场交易的，近期实际交易价格可作为其公允价值的最佳估计。

（二）继续确认部分没有报价或近期没有市场交易的，其公允价值的最佳估计为转移前金融资产整体的公允价值扣除终止确认部分的对价后的差额。

第五章　继续确认被转移金融资产的会计处理

第十七条　企业保留了被转移金融资产所有权上几乎所有风险和报酬而不满足终止确认条件的，应当继续确认被转移金融资产整体，并将收到的对价确认为一项金融负债。

第十八条 在继续确认被转移金融资产的情形下，金融资产转移所涉及的金融资产与所确认的相关金融负债不得相互抵销。在后续会计期间，企业应当继续确认该金融资产产生的收入（或利得）和该金融负债产生的费用（或损失），不得相互抵销。

第六章 继续涉入被转移金融资产的会计处理

第十九条 企业既没有转移也没有保留金融资产所有权上几乎所有风险和报酬，且保留了对该金融资产控制的，应当按照其继续涉入被转移金融资产的程度继续确认该被转移金融资产，并相应确认相关负债。被转移金融资产和相关负债应当在充分反映企业因金融资产转移所保留的权利和承担的义务的基础上进行计量。企业应当按照下列规定对相关负债进行计量：

（一）被转移金融资产以摊余成本计量的，相关负债的账面价值等于继续涉入被转移金融资产的账面价值减去企业保留的权利（如果企业因金融资产转移保留了相关权利）的摊余成本并加上企业承担的义务（如果企业因金融资产转移承担了相关义务）的摊余成本；相关负债不得指定为以公允价值计量且其变动计入当期损益的金融负债。

（二）被转移金融资产以公允价值计量的，相关负债的账面价值等于继续涉入被转移金融资产的账面价值减去企业保留的权利（如果企业因金融资产转移保留了相关权利）的公允价值并加上企业承担的义务（如果企业因金融资产转移承担了相关义务）的公允价值，该权利和义务的公允价值应为按独立基础计量时的公允价值。

第二十条 企业通过对被转移金融资产提供担保方式继续涉入的，应当在转移日按照金融资产的账面价值和担保金额两者的较低者，继续确认被转移金融资产，同时按照担保金额和担保合同的公允价值（通常是提供担保收到的对价）之和确认相关负债。担保金额，是指企业所收到的对价中，可被要求偿还的最高金额。

在后续会计期间，担保合同的初始确认金额应当随担保义务的履行进行摊销，计入当期损益。被转移金融资产发生减值的，计提的损失准备应从被转移金融资产的账面价值中抵减。

第二十一条 企业因持有看涨期权或签出看跌期权而继续涉入被转移金融资产，且该金融资产以摊余成本计量的，应当按照其可能回购的被转移金融资产的金额继续确认被转移金融资产，在转移日按照收到的对价确认相关负债。

被转移金融资产在期权到期日的摊余成本和相关负债初始确认金额之间的差额，应当采用实际利率法摊销，计入当期损益，同时调整相关负债的账面价值。相关期权行权的，应当在行权时，将相关负债的账面价值与行权价格之间的差额计入当期损益。

第二十二条 企业因持有看涨期权或签出看跌期权（或两者兼有，即上下限期权）而继续涉入被转移金融资产，且以公允价值计量该金融资产的，应当分别以下情形进行处理：

（一）企业因持有看涨期权而继续涉入被转移金融资产的，应当继续按照公允价值计量被转移金融资产，同时按照下列规定计量相关负债：

1. 该期权是价内或平价期权的，应当按照期权的行权价格扣除期权的时间价值后的金额，计量相关负债。

2. 该期权是价外期权的，应当按照被转移金融资产的公允价值扣除期权的时间价值后的金额，计量相关负债。

（二）企业因签出看跌期权形成的义务而继续涉入被转移金融资产的，应当按照该金融资产的公允价值和该期权行权价格两者的较低者，计量继续涉入形成的资产；同时，按照该期权的行权价格与时间价值之和，计量相关负债。

（三）企业因持有看涨期权和签出看跌期权（即上下限期权）而继续涉入被转移金融资产的，应当继续按照公允价值计量被转移金融资产，同时按照下列规定计量相关负债：

1. 该看涨期权是价内或平价期权的，应当按照看涨期权的行权价格和看跌期权的公允价值之和，扣除看涨期权的时间价值后的金额，计量相关负债。

2. 该看涨期权是价外期权的，应当按照被转移金融资产的公允价值和看跌期权的公允价值之和，扣除看涨期权的时间价值后的金额，计量相关负债。

第二十三条 企业采用基于被转移金融资产的现金结算期权或类似条款的形式继续涉入的，其会计处理方法与本准则第二十一条和第二十二条中规定的以非现金结算期权形式继续涉入的会计处理方法相同。

第二十四条 企业按继续涉入程度继续确认的被转移金融资产以及确认的相关负债不应当相互抵销。企业应当对继续确认的被转移金融资产确认所产生的收入（或利得），对相关负债确认所产生的费用（或损失），两者不得相互抵销。继续确认的被转移金融资产以公允价值计量的，在后续计量时对其公允价值变动应根据《企业会计准则第22号——金融工具确认和计量》第六十四条的规定进行确认，同时相关负债公允价值变动的确认应当与之保持一致，且两者不得相互抵销。

第二十五条 企业对金融资产的继续涉入仅限于金融资产一部分的，企业应当根据本准则第十六条的规定，按照转移日因继续涉入而继续确认部分和不再确认部分的相对公允价值，在两者之间分配金融资产的账面价值，并将下列两项金额的差额计入当期损益：

（一）分配至不再确认部分的账面金额（以转移日计量的为准）；

（二）不再确认部分所收到的对价。

如果涉及转移的金融资产为根据《企业会计准则第22号——金融工具确认和计量》第十八条分类为以公允价值计量且其变动计入其他综合收益的金融资产的，不再确认部分的金额对应的原计入其他综合收益的公允价值变动累计额计入当期损益。

第七章　向转入方提供非现金担保物的会计处理

第二十六条 企业向金融资产转入方提供了非现金担保物（如债务工具或权益工具投资等）的，企业（转出方）和转入方应当按照下列规定进行处理：

（一）转入方按照合同或惯例有权出售该担保物或将其再作为担保物的，企业应当将该非现金担保物在财务报表中单独列报。

（二）转入方已将该担保物出售的，转入方应当就归还担保物的义务，按照公允价值确认一项负债。

（三）除因违约丧失赎回担保物权利外，企业应当继续将担保物确认为一项资产。

企业因违约丧失赎回担保物权利的，应当终止确认该担保物；转入方应当将该担保物确认为一项资产，并以公允价值计量。转入方已出售该担保物的，应当终止确认归还担保物的义务。

第八章　衔接规定

第二十七条 在本准则施行日，企业仍继续涉入被转移金融资产的，应当按照《企业会计准则第22号——金融工具确认和计量》及本准则关于被转移金融资产确认和计量的相关规定进行追溯调整，再按照本准则的规定对其所确认的相关负债进行重新计量，并将相关影响按照与被转移金融资产一致的方式在本准则施行日进行调整。追溯调整不切实可行的除外。

第九章　附　　则

第二十八条 本准则自2018年1月1日起施行。

财政部关于印发修订《企业会计准则第 24 号——套期会计》的通知

2017 年 3 月 31 日　财会〔2017〕9 号

国务院有关部委、有关直属机构，各省、自治区、直辖市、计划单列市财政厅（局），新疆生产建设兵团财务局，财政部驻各省、自治区、直辖市、计划单列市财政监察专员办事处，有关中央管理企业：

为了适应社会主义市场经济发展需要，规范金融工具的会计处理，提高会计信息质量，根据《企业会计准则——基本准则》，我部对《企业会计准则第 24 号——套期会计》进行了修订，现予印发。在境内外同时上市的企业以及在境外上市并采用国际财务报告准则或企业会计准则编制财务报告的企业，自 2018 年 1 月 1 日起施行；其他境内上市企业自 2019 年 1 月 1 日起施行；执行企业会计准则的非上市企业自 2021 年 1 月 1 日起施行。同时，鼓励企业提前执行。执行本准则的企业，不再执行我部于 2006 年 2 月 15 日印发的《财政部关于印发〈企业会计准则第 1 号——存货〉等 38 项具体准则的通知》（财会〔2006〕3 号）中的《企业会计准则第 24 号——套期保值》，以及我部于 2015 年 11 月 26 日印发的《商品期货套期业务会计处理暂行规定》（财会〔2015〕18 号）。

执行本准则的企业，应当同时执行我部于 2017 年修订印发的《企业会计准则第 22 号——金融工具确认和计量》（财会〔2017〕7 号）和《企业会计准则第 23 号——金融资产转移》（财会〔2017〕8 号）。

执行中有何问题，请及时反馈我部。

附件：企业会计准则第 24 号——套期会计

附件：

企业会计准则第 24 号——套期会计

第一章　总　　则

第一条　为了规范套期会计处理，根据《企业会计准则——基本准则》，制定本准则。

第二条　套期，是指企业为管理外汇风险、利率风险、价格风险、信用风险等特定风险引起的风险敞口，指定金融工具为套期工具，以使套期工具的公允价值或现金流量变动，预期抵销被套期项目全部或部分公允价值或现金流量变动的风险管理活动。

第三条　套期分为公允价值套期、现金流量套期和境外经营净投资套期。

公允价值套期，是指对已确认资产或负债、尚未确认的确定承诺，或上述项目组成部分的公允价值变动风险敞口进行的套期。该公允价值变动源于特定风险，且将影响企业的损益或其他综合收益。其中，影响其他综合收益的情形，仅限于企业对指定为以公允价值计量且其变动计入其他综合收益的非交易性权益工具投资的公允价值变动风险敞口进行的套期。

现金流量套期，是指对现金流量变动风险敞口进行的套期。该现金流量变动源于与已确认资产或负债、极可能发生的预期交易，或与上述项目组成部分有关的特定风险，且将影响企业的损益。

境外经营净投资套期，是指对境外经营净投资外汇风险敞口进行的套期。境外经营净投资，是指企业在境外经营净资产中的权益份额。

对确定承诺的外汇风险进行的套期，企业可以将其作为公允价值套期或现金流量套期处理。

第四条 对于满足本准则第二章和第三章规定条件的套期，企业可以运用套期会计方法进行处理。

套期会计方法，是指企业将套期工具和被套期项目产生的利得或损失在相同会计期间计入当期损益（或其他综合收益）以反映风险管理活动影响的方法。

第二章 套期工具和被套期项目

第五条 套期工具，是指企业为进行套期而指定的、其公允价值或现金流量变动预期可抵销被套期项目的公允价值或现金流量变动的金融工具，包括：

（一）以公允价值计量且其变动计入当期损益的衍生工具，但签出期权除外。企业只有在对购入期权（包括嵌入在混合合同中的购入期权）进行套期时，签出期权才可以作为套期工具。嵌入在混合合同中但未分拆的衍生工具不能作为单独的套期工具。

（二）以公允价值计量且其变动计入当期损益的非衍生金融资产或非衍生金融负债，但指定为以公允价值计量且其变动计入当期损益，且其自身信用风险变动引起的公允价值变动计入其他综合收益的金融负债除外。

企业自身权益工具不属于企业的金融资产或金融负债，不能作为套期工具。

第六条 对于外汇风险套期，企业可以将非衍生金融资产（选择以公允价值计量且其变动计入其他综合收益的非交易性权益工具投资除外）或非衍生金融负债的外汇风险成分指定为套期工具。

第七条 在确立套期关系时，企业应当将符合条件的金融工具整体指定为套期工具，但下列情形除外：

（一）对于期权，企业可以将期权的内在价值和时间价值分开，只将期权的内在价值变动指定为套期工具。

（二）对于远期合同，企业可以将远期合同的远期要素和即期要素分开，只将即期要素的价值变动指定为套期工具。

（三）对于金融工具，企业可以将金融工具的外汇基差单独分拆，只将排除外汇基差后的金融工具指定为套期工具。

（四）企业可以将套期工具的一定比例指定为套期工具，但不可以将套期工具剩余期限内某一时段的公允价值变动部分指定为套期工具。

第八条 企业可以将两项或两项以上金融工具（或其一定比例）的组合指定为套期工具（包括组合内的金融工具形成风险头寸相互抵销的情形）。

对于一项由签出期权和购入期权组成的期权（如利率上下限期权），或对于两项或两项以上金融工具（或其一定比例）的组合，其在指定日实质上相当于一项净签出期权的，不能将其指定为套期工具。只有在对购入期权（包括嵌入在混合合同中的购入期权）进行套期时，净签出期权才可以作为套期工具。

第九条 被套期项目，是指使企业面临公允价值或现金流量变动风险，且被指定为被套期对象的、能够可靠计量的项目。企业可以将下列单个项目、项目组合或其组成部分指定为被套期项目：

（一）已确认资产或负债。

（二）尚未确认的确定承诺。确定承诺，是指在未来某特定日期或期间，以约定价格交换特定数量资源、具有法律约束力的协议。

（三）极可能发生的预期交易。预期交易，是指尚未承诺但预期会发生的交易。

（四）境外经营净投资。

上述项目组成部分是指小于项目整体公允价值或现金流量变动的部分，企业只能将下列项目组成部分或其组合指定为被套期项目：

（一）项目整体公允价值或现金流量变动中仅由某一个或多个特定风险引起的公允价值或现金流量变动部分（风险成分）。根据在特定市场环境下的评估，该风险成分应当能够单独识别并可靠计量。风险成分也包括被套期项目公允价值或现金流量的变动仅高于或仅低于特定价格或其他变量的部分。

（二）一项或多项选定的合同现金流量。

（三）项目名义金额的组成部分，即项目整体金额或数量的特定部分，其可以是项目整体的一定比例部分，也可以是项目整体的某一层级部分。若某一层级部分包含提前还款权，且该提前还款权的公允价值受被套期风险变化影响的，企业不得将该层级指定为公允价值套期的被套期项目，但企业在计量被套期项目的公允价值时已包含该提前还款权影响的情况除外。

第十条 企业可以将符合被套期项目条件的风险敞口与衍生工具组合形成的汇总风险敞口指定为被套期项目。

第十一条 当企业出于风险管理目的对一组项目进行组合管理，且组合中的每一个项目（包括其组成部分）单独都属于符合条件的被套期项目时，可以将该项目组合指定为被套期项目。

在现金流量套期中，企业对一组项目的风险净敞口（存在风险头寸相互抵销的项目）进行套期时，仅可以将外汇风险净敞口指定为被套期项目，并且应当在套期指定中明确预期交易预计影响损益的报告期间，以及预期交易的性质和数量。

第十二条 企业将一组项目名义金额的组成部分指定为被套期项目时，应当分别满足以下条件：

（一）企业将一组项目的一定比例指定为被套期项目时，该指定应当与该企业的风险管理目标相一致。

（二）企业将一组项目的某一层级部分指定为被套期项目时，应当同时满足以下条件：

1. 该层级能够单独识别并可靠计量。

2. 企业的风险管理目标是对该层级进行套期。

3. 该层级所在的整体项目组合中的所有项目均面临相同的被套期风险。

4. 对于已经存在的项目（如已确认资产或负债、尚未确认的确定承诺）进行的套期，被套期层级所在的整体项目组合可识别并可追踪。

5. 该层级包含提前还款权的，应当符合本准则第九条项目名义金额的组成部分中的相关要求。

本准则所称风险管理目标，是指企业在某一特定套期关系层面上，确定如何指定套期工具和被套期项目，以及如何运用指定的套期工具对指定为被套期项目的特定风险敞口进行套期。

第十三条 如果被套期项目是净敞口为零的项目组合（即各项目之间的风险完全相互抵销），同时满足下列条件时，企业可以将该组项目指定在不含套期工具的套期关系中：

（一）该套期是风险净敞口滚动套期策略的一部分，在该策略下，企业定期对同类型的新的净敞口进行套期；

（二）在风险净敞口滚动套期策略整个过程中，被套期净敞口的规模会发生变化，当其不为零时，企业使用符合条件的套期工具对净敞口进行套期，并通常采用套期会计方法；

（三）如果企业不对净敞口为零的项目组合运用套期会计，将导致不一致的会计结果，因为不运用套期会计方法将不会确认在净敞口套期下确认的相互抵销的风险敞口。

第十四条 运用套期会计时，在合并财务报表层面，只有与企业集团之外的对手方之间交易形成的资产、负债、尚未确认的确定承诺或极可能发生的预期交易才能被指定为被套期项目；在合并财务报表层面，只有与企业集团之外的对手方签订的合同才能被指定为套期工具。对于同一企业集团内的主体之间的交易，在企业个别财务报表层面可以运用套期会计，在企业集团合并财务报表层面不得运用套期会计，但下列情形除外：

（一）在合并财务报表层面，符合《企业会计准则第33号——合并财务报表》规定的投资性主体与其以公允价值计量且其变动计入当期损益的子公司之间的交易，可以运用套期会计。

（二）企业集团内部交易形成的货币性项目的汇兑收益或损失，不能在合并财务报表中全额抵销的，企业可以在合并财务报表层面将该货币性项目的外汇风险指定为被套期项目。

（三）企业集团内部极可能发生的预期交易，按照进行此项交易的主体的记账本位币以外的货币标价，且相关的外汇风险将影响合并损益的，企业可以在合并财务报表层面将该外汇风险指定为被套期项目。

第三章　套期关系评估

第十五条　公允价值套期、现金流量套期或境外经营净投资套期同时满足下列条件的，才能运用本准则规定的套期会计方法进行处理：

（一）套期关系仅由符合条件的套期工具和被套期项目组成。

（二）在套期开始时，企业正式指定了套期工具和被套期项目，并准备了关于套期关系和企业从事套期的风险管理策略和风险管理目标的书面文件。该文件至少载明了套期工具、被套期项目、被套期风险的性质以及套期有效性评估方法（包括套期无效部分产生的原因分析以及套期比率确定方法）等内容。

（三）套期关系符合套期有效性要求。

套期有效性，是指套期工具的公允价值或现金流量变动能够抵销被套期风险引起的被套期项目公允价值或现金流量变动的程度。套期工具的公允价值或现金流量变动大于或小于被套期项目的公允价值或现金流量变动的部分为套期无效部分。

第十六条　套期同时满足下列条件的，企业应当认定套期关系符合套期有效性要求：

（一）被套期项目和套期工具之间存在经济关系。该经济关系使得套期工具和被套期项目的价值因面临相同的被套期风险而发生方向相反的变动。

（二）被套期项目和套期工具经济关系产生的价值变动中，信用风险的影响不占主导地位。

（三）套期关系的套期比率，应当等于企业实际套期的被套期项目数量与对其进行套期的套期工具实际数量之比，但不应当反映被套期项目和套期工具相对权重的失衡，这种失衡会导致套期无效，并可能产生与套期会计目标不一致的会计结果。例如，企业确定拟采用的套期比率是为了避免确认现金流量套期的套期无效部分，或是为了创造更多的被套期项目进行公允价值调整以达到增加使用公允价值会计的目的，可能会产生与套期会计目标不一致的会计结果。

第十七条　企业应当在套期开始日及以后期间持续地对套期关系是否符合套期有效性要求进行评估，尤其应当分析在套期剩余期限内预期将影响套期关系的套期无效部分产生的原因。企业至少应当在资产负债表日及相关情形发生重大变化将影响套期有效性要求时对套期关系进行评估。

第十八条　套期关系由于套期比率的原因而不再符合套期有效性要求，但指定该套期关系的风险管理目标没有改变的，企业应当进行套期关系再平衡。

本准则所称套期关系再平衡，是指对已经存在的套期关系中被套期项目或套期工具的数量进行调整，以使套期比率重新符合套期有效性要求。基于其他目的对被套期项目或套期工具所指定的数量进行变动，不构成本准则所称的套期关系再平衡。

企业在套期关系再平衡时，应当首先确认套期关系调整前的套期无效部分，并更新在套期剩余期限内预期将影响套期关系的套期无效部分产生原因的分析，同时相应更新套期关系的书面文件。

第十九条　企业发生下列情形之一的，应当终止运用套期会计：

（一）因风险管理目标发生变化，导致套期关系不再满足风险管理目标。

（二）套期工具已到期、被出售、合同终止或已行使。

（三）被套期项目与套期工具之间不再存在经济关系，或者被套期项目和套期工具经济关系产生的价值变动中，信用风险的影响开始占主导地位。

（四）套期关系不再满足本准则所规定的运用套期会计方法的其他条件。在适用套期关系再平衡的情况下，企业应当首先考虑套期关系再平衡，然后评估套期关系是否满足本准则所规定的运用套期会计方法的条件。

终止套期会计可能会影响套期关系的整体或其中一部分，在仅影响其中一部分时，剩余未受影响的部分仍适用套期会计。

第二十条 套期关系同时满足下列条件的，企业不得撤销套期关系的指定并由此终止套期关系：

（一）套期关系仍然满足风险管理目标；

（二）套期关系仍然满足本准则运用套期会计方法的其他条件。在适用套期关系再平衡的情况下，企业应当首先考虑套期关系再平衡，然后评估套期关系是否满足本准则所规定的运用套期会计方法的条件。

第二十一条 企业发生下列情形之一的，不作为套期工具已到期或合同终止处理：

（一）套期工具展期或被另一项套期工具替换，而且该展期或替换是企业书面文件所载明的风险管理目标的组成部分。

（二）由于法律法规或其他相关规定的要求，套期工具的原交易对手方变更为一个或多个清算交易对手方（例如清算机构或其他主体），以最终达成由同一中央交易对手方进行清算的目的。如果存在套期工具其他变更的，该变更应当仅限于达成此类替换交易对手方所必须的变更。

第四章 确认和计量

第二十二条 公允价值套期满足运用套期会计方法条件的，应当按照下列规定处理：

（一）套期工具产生的利得或损失应当计入当期损益。如果套期工具是对选择以公允价值计量且其变动计入其他综合收益的非交易性权益工具投资（或其组成部分）进行套期的，套期工具产生的利得或损失应当计入其他综合收益。

（二）被套期项目因被套期风险敞口形成的利得或损失应当计入当期损益，同时调整未以公允价值计量的已确认被套期项目的账面价值。被套期项目为按照《企业会计准则第 22 号——金融工具确认和计量》第十八条分类为以公允价值计量且其变动计入其他综合收益的金融资产（或其组成部分）的，其因被套期风险敞口形成的利得或损失应当计入当期损益，其账面价值已经按公允价值计量，不需要调整；被套期项目为企业选择以公允价值计量且其变动计入其他综合收益的权益工具投资（或其组成部分）的，其因被套期风险敞口形成的利得或损失应当计入其他综合收益，其账面价值已经按公允价值计量，不需要调整。

被套期项目为尚未确认的确定承诺（或其组成部分）的，其在套期关系指定后因被套期风险引起的公允价值累计变动额应当确认为一项资产或负债，相关的利得或损失应当计入各相关期间损益。当履行确定承诺而取得资产或承担负债时，应当调整该资产或负债的初始确认金额，以包括已确认的被套期项目的公允价值累计变动额。

第二十三条 公允价值套期中，被套期项目为以摊余成本计量的金融工具（或其组成部分）的，企业对被套期项目账面价值所作的调整应当按照开始摊销日重新计算的实际利率进行摊销，并计入当期损益。该摊销可以自调整日开始，但不应当晚于对被套期项目终止进行套期利得和损失调整的时点。被套期项目为按照《企业会计准则第 22 号——金融工具确认和计量》第十八条分类为以公允价值计量且其变动计入其他综合收益的金融资产（或其组成部分）的，企业应当按照相同的方式对累计已确认的套期利得或损失进行摊销，并计入当期损益，但不调整金融资产（或其组成部分）的账面价值。

第二十四条 现金流量套期满足运用套期会计方法条件的，应当按照下列规定处理：

（一）套期工具产生的利得或损失中属于套期有效的部分，作为现金流量套期储备，应当计入其他综合收益。现金流量套期储备的金额，应当按照下列两项的绝对额中较低者确定：

1. 套期工具自套期开始的累计利得或损失；
2. 被套期项目自套期开始的预计未来现金流量现值的累计变动额。

每期计入其他综合收益的现金流量套期储备的金额应当为当期现金流量套期储备的变动额。

（二）套期工具产生的利得或损失中属于套期无效的部分（即扣除计入其他综合收益后的其他利得或损失），应当计入当期损益。

第二十五条 现金流量套期储备的金额，应当按照下列规定处理：

（一）被套期项目为预期交易，且该预期交易使企业随后确认一项非金融资产或非金融负债的，或者非金融资产或非金融负债的预期交易形成一项适用于公允价值套期会计的确定承诺时，企业应当将原在其他综合收益中确认的现金流量套期储备金额转出，计入该资产或负债的初始确认金额。

（二）对于不属于本条（一）涉及的现金流量套期，企业应当在被套期的预期现金流量影响损益的相同期间，将原在其他综合收益中确认的现金流量套期储备金额转出，计入当期损益。

（三）如果在其他综合收益中确认的现金流量套期储备金额是一项损失，且该损失全部或部分预计在未来会计期间不能弥补的，企业应当在预计不能弥补时，将预计不能弥补的部分从其他综合收益中转出，计入当期损益。

第二十六条 当企业对现金流量套期终止运用套期会计时，在其他综合收益中确认的累计现金流量套期储备金额，应当按照下列规定进行处理：

（一）被套期的未来现金流量预期仍然会发生的，累计现金流量套期储备的金额应当予以保留，并按照本准则第二十五条的规定进行会计处理。

（二）被套期的未来现金流量预期不再发生的，累计现金流量套期储备的金额应当从其他综合收益中转出，计入当期损益。被套期的未来现金流量预期不再极可能发生但可能预期仍然会发生，在预期仍然会发生的情况下，累计现金流量套期储备的金额应当予以保留，并按照本准则第二十五条的规定进行会计处理。

第二十七条 对境外经营净投资的套期，包括对作为净投资的一部分进行会计处理的货币性项目的套期，应当按照类似于现金流量套期会计的规定处理：

（一）套期工具形成的利得或损失中属于套期有效的部分，应当计入其他综合收益。

全部或部分处置境外经营时，上述计入其他综合收益的套期工具利得或损失应当相应转出，计入当期损益。

（二）套期工具形成的利得或损失中属于套期无效的部分，应当计入当期损益。

第二十八条 企业根据本准则第十八条规定对套期关系作出再平衡的，应当在调整套期关系之前确定套期关系的套期无效部分，并将相关利得或损失计入当期损益。

套期关系再平衡可能会导致企业增加或减少指定套期关系中被套期项目或套期工具的数量。企业增加了指定的被套期项目或套期工具的，增加部分自指定增加之日起作为套期关系的一部分进行处理；企业减少了指定的被套期项目或套期工具的，减少部分自指定减少之日起不再作为套期关系的一部分，作为套期关系终止处理。

第二十九条 对于被套期项目为风险净敞口的套期，被套期风险影响利润表不同列报项目的，企业应当将相关套期利得或损失单独列报，不应当影响利润表中与被套期项目相关的损益列报项目金额（如营业收入或营业成本）。

对于被套期项目为风险净敞口的公允价值套期，涉及调整被套期各组成项目账面价值的，企业应当对各项资产和负债的账面价值做相应调整。

第三十条 除本准则第二十九条规定外，对于被套期项目为一组项目的公允价值套期，企业在套期关系存续期间，应当针对被套期项目组合中各组成项目，分别确认公允价值变动所引起的相关利得或损失，按照本准则第二十二条的规定进行相应处理，计入当期损益或其他综合收益。涉及调整被套期各组成项目账面价值的，企业应当对各项资产和负债的账面价值做相应调整。

除本准则第二十九条规定外，对于被套期项目为一组项目的现金流量套期，企业在将其他综合收益中确认的相关现金流量套期储备转出时，应当按照系统、合理的方法将转出金额在被套期各组成项目中分摊，并按照本准则第二十五条的规定进行相应处理。

第三十一条 企业根据本准则第七条规定将期权的内在价值和时间价值分开，只将期权的内在价值变动指定为套期工具时，应当区分被套期项目的性质是与交易相关还是与时间段相关。被套期项目与交易相关的，对其进行套期的期权时间价值具备交易成本的特征；被套期项目与时间段相关的，对其进行套期的期权时间价值具备为保护企业在特定时间段内规避风险所需支付成本的特征。企业应当根据被套期项目的性质分别进行以下会计处理：

（一）对于与交易相关的被套期项目，企业应当按照本准则第三十二条的规定，将期权时间价值的公允价值变动中与被套期项目相关的部分计入其他综合收益。对于在其他综合收益中确认的期权时间价值的公允价值累计变动额，应当按照本准则第二十五条规定的与现金流量套期储备金额相同的会计处理方法进行处理。

（二）对于与时间段相关的被套期项目，企业应当按照本准则第三十二条的规定，将期权时间价值的公允价值变动中与被套期项目相关的部分计入其他综合收益。同时，企业应当按照系统、合理的方法，将期权被指定为套期工具当日的时间价值中与被套期项目相关的部分，在套期关系影响损益或其他综合收益（仅限于企业对指定为以公允价值计量且其变动计入其他综合收益的非交易性权益工具投资的公允价值变动风险敞口进行的套期）的期间内摊销，摊销金额从其他综合收益中转出，计入当期损益。若企业终止运用套期会计，则其他综合收益中剩余的相关金额应当转出，计入当期损益。

期权的主要条款（如名义金额、期限和标的）与被套期项目相一致的，期权的实际时间价值与被套期项目相关；期权的主要条款与被套期项目不完全一致的，企业应当通过对主要条款与被套期项目完全一致的期权进行估值确定校准时间价值，并确认期权的实际时间价值中与被套期项目相关的部分。

第三十二条 在套期关系开始时，期权的实际时间价值高于校准时间价值的，企业应当以校准时间价值为基础，将其累计公允价值变动计入其他综合收益，并将这两个时间价值的公允价值变动差额计入当期损益；在套期关系开始时，期权的实际时间价值低于校准时间价值的，企业应当将两个时间价值中累计公允价值变动的较低者计入其他综合收益，如果实际时间价值的累计公允价值变动扣减累计计入其他综合收益金额后尚有剩余的，应当计入当期损益。

第三十三条 企业根据本准则第七条规定将远期合同的远期要素和即期要素分开、只将即期要素的价值变动指定为套期工具的，或者将金融工具的外汇基差单独分拆、只将排除外汇基差后的金融工具指定为套期工具的，可以按照与期权时间价值相同的处理方式对远期合同的远期要素或金融工具的外汇基差进行会计处理。

第五章 信用风险敞口的公允价值选择权

第三十四条 企业使用以公允价值计量且其变动计入当期损益的信用衍生工具管理金融工具（或其组成部分）的信用风险敞口时，可以在该金融工具（或其组成部分）初始确认时、后续计量中或尚未确认时，将其指定为以公允价值计量且其变动计入当期损益的金融工具，并同时作出书面记录，但应当同时满足下列条件：

（一）金融工具信用风险敞口的主体（如借款人或贷款承诺持有人）与信用衍生工具涉及的主体相一致；

（二）金融工具的偿付级次与根据信用衍生工具条款须交付的工具的偿付级次相一致。

上述金融工具（或其组成部分）被指定为以公允价值计量且其变动计入当期损益的金融工具的，企业应当在指定时将其账面价值（如有）与其公允价值之间的差额计入当期损益。如该金融工具是按照《企业会计准则第22号——金融工具确认和计量》第十八条分类为以公允价值计量且其变动计入其他综合收益的金融资产的，企业应当将之前计入其他综合收益的累计利得或损失转出，计入当期损益。

第三十五条 同时满足下列条件的，企业应当对按照本准则第三十四条规定的金融工具（或其一定比例）终止以公允价值计量且其变动计入当期损益：

（一）本准则第三十四条规定的条件不再适用，例如信用衍生工具或金融工具（或其一定比例）已到期、被出售、合同终止或已行使，或企业的风险管理目标发生变化，不再通过信用衍生工具进行风险管理。

（二）金融工具（或其一定比例）按照《企业会计准则第22号——金融工具确认和计量》的规定，仍然不满足以公允价值计量且其变动计入当期损益的金融工具的条件。

当企业对金融工具（或其一定比例）终止以公允价值计量且其变动计入当期损益时，该金融工具（或其一定比例）在终止时的公允价值应当作为其新的账面价值。同时，企业应当采用与该金融工具被指定为以公允价值计量且其变动计入当期损益之前相同的方法进行计量。

第六章 衔接规定

第三十六条 本准则施行日之前套期会计处理与本准则要求不一致的，企业不作追溯调整，但本准则第三十七条所规定的情况除外。

在本准则施行日，企业应当按照本准则的规定对所存在的套期关系进行评估。在符合本准则规定的情况下可以进行再平衡，再平衡后仍然符合本准则规定的运用套期会计方法条件的，将其视为持续的套期关系，并将再平衡所产生的相关利得或损失计入当期损益。

第三十七条 下列情况下，企业应当按照本准则的规定，对在比较期间最早的期初已经存在的、以及在此之后被指定的套期关系进行追溯调整：

（一）企业将期权的内在价值和时间价值分开，只将期权的内在价值变动指定为套期工具。

（二）本准则第二十一条（二）规定的情形。

此外，企业将远期合同的远期要素和即期要素分开、只将即期要素的价值变动指定为套期工具的，或者将金融工具的外汇基差单独分拆、只将排除外汇基差后的金融工具指定为套期工具的，可以按照与本准则期权时间价值相同的处理方式对远期合同的远期要素和金融工具的外汇基差的会计处理进行追溯调整。如果选择追溯调整，企业应当对所有满足该选择条件的套期关系进行追溯调整。

第七章 附　　则

第三十八条 本准则自2018年1月1日起施行。

财政部关于《境外会计师事务所在中国内地临时执行审计业务暂行规定》的补充通知

2017年4月17日　财会〔2017〕10号

各省、自治区、直辖市财政厅（局），深圳市财政委员会：

为进一步规范境外会计师事务所在中国内地临时执行审计业务审批工作，完善责任追究制度，现就《境外会计师事务所在中国内地临时执行审计业务暂行规定》（财会〔2011〕4号）有关事项补充通知如下：

各省级财政部门及其工作人员在开展境外会计师事务所在中国内地临时执行审计业务审批工作中，存在违反审批有关规定以及其他滥用职权、玩忽职守、徇私舞弊等违法违纪行为的，按照《行政许可法》、《公务员法》、《行政监察法》等国家有关规定追究相应责任。

特此通知。

财政部关于印发《政府会计准则第5号——公共基础设施》的通知

2017年4月17日 财会〔2017〕11号

党中央有关部门，国务院各部委、各直属机构，全国人大常委会办公厅，全国政协办公厅，高法院，高检院，各民主党派中央，各有关人民团体，各省、自治区、直辖市、计划单列市财政厅（局），新疆生产建设兵团财务局：

为了适应权责发生制政府综合财务报告制度改革需要，规范政府公共基础设施的会计核算，提高会计信息质量，根据《政府会计准则——基本准则》，我部制定了《政府会计准则第5号——公共基础设施》，现予印发，自2018年1月1日起施行。实施范围另行通知。

执行中有何问题，请及时反馈我部。

附件：政府会计准则第5号——公共基础设施

附件：

政府会计准则第5号——公共基础设施

第一章 总 则

第一条 为了规范公共基础设施的确认、计量和相关信息的披露，根据《政府会计准则——基本准则》，制定本准则。

第二条 本准则所称公共基础设施，是指政府会计主体为满足社会公共需求而控制的，同时具有以下特征的有形资产：

（一）是一个有形资产系统或网络的组成部分；

（二）具有特定用途；

（三）一般不可移动。

公共基础设施主要包括市政基础设施（如城市道路、桥梁、隧道、公交场站、路灯、广场、公园绿地、室外公共健身器材，以及环卫、排水、供水、供电、供气、供热、污水处理、垃圾处理系统等）、交通基础设施（如公路、航道、港口等）、水利基础设施（如大坝、堤防、水闸、泵站、渠道等）和其他公共基础设施。

第三条 下列各项适用于其他相关政府会计准则：

（一）独立于公共基础设施、不构成公共基础设施使用不可缺少组成部分的管理维护用房屋建筑物、设备、车辆等，适用《政府会计准则第3号——固定资产》。

（二）属于文物文化资产的公共基础设施，适用其他相关政府会计准则。

（三）采用政府和社会资本合作模式（即PPP模式）形成的公共基础设施的确认和初始计量，适用其他相关政府会计准则。

第二章　公共基础设施的确认

第四条　通常情况下，符合本准则第五条规定的公共基础设施，应当由按规定对其负有管理维护职责的政府会计主体予以确认。

多个政府会计主体共同管理维护的公共基础设施，应当由对该资产负有主要管理维护职责或者承担后续主要支出责任的政府会计主体予以确认。

分为多个组成部分由不同政府会计主体分别管理维护的公共基础设施，应当由各个政府会计主体分别对其负责管理维护的公共基础设施的相应部分予以确认。

负有管理维护公共基础设施职责的政府会计主体通过政府购买服务方式委托企业或其他会计主体代为管理维护公共基础设施的，该公共基础设施应当由委托方予以确认。

第五条　公共基础设施同时满足下列条件的，应当予以确认：

（一）与该公共基础设施相关的服务潜力很可能实现或者经济利益很可能流入政府会计主体；

（二）该公共基础设施的成本或者价值能够可靠地计量。

第六条　通常情况下，对于自建或外购的公共基础设施，政府会计主体应当在该项公共基础设施验收合格并交付使用时确认；对于无偿调入、接受捐赠的公共基础设施，政府会计主体应当在开始承担该项公共基础设施管理维护职责时确认。

第七条　政府会计主体应当根据公共基础设施提供公共产品或服务的性质或功能特征对其进行分类确认。

公共基础设施的各组成部分具有不同使用年限或者以不同方式提供公共产品或服务，适用不同折旧率或折旧方法且可以分别确定各自原价的，应当分别将各组成部分确认为该类公共基础设施的一个单项公共基础设施。

第八条　政府会计主体在购建公共基础设施时，能够分清购建成本中的构筑物部分与土地使用权部分的，应当将其中的构筑物部分和土地使用权部分分别确认为公共基础设施；不能分清购建成本中的构筑物部分与土地使用权部分的，应当整体确认为公共基础设施。

第九条　公共基础设施在使用过程中发生的后续支出，符合本准则第五条规定的确认条件的，应当计入公共基础设施成本；不符合本准则第五条规定的确认条件的，应当在发生时计入当期费用。

通常情况下，为增加公共基础设施使用效能或延长其使用年限而发生的改建、扩建等后续支出，应当计入公共基础设施成本；为维护公共基础设施的正常使用而发生的日常维修、养护等后续支出，应当计入当期费用。

第三章　公共基础设施的初始计量

第十条　公共基础设施在取得时应当按照成本进行初始计量。

第十一条　政府会计主体自行建造的公共基础设施，其成本包括完成批准的建设内容所发生的全部必要支出，包括建筑安装工程投资支出、设备投资支出、待摊投资支出和其他投资支出。

在原有公共基础设施基础上进行改建、扩建等建造活动后的公共基础设施，其成本按照原公共基础设施账面价值加上改建、扩建等建造活动发生的支出，再扣除公共基础设施被替换部分的账面价值后的金额确定。

为建造公共基础设施借入的专门借款的利息，属于建设期间发生的，计入该公共基础设施在建工程成本；不属于建设期间发生的，计入当期费用。

已交付使用但尚未办理竣工决算手续的公共基础设施，应当按照估计价值入账，待办理竣工决算后再按照实际成本调整原来的暂估价值。

第十二条 政府会计主体接受其他会计主体无偿调入的公共基础设施，其成本按照该项公共基础设施在调出方的账面价值加上归属于调入方的相关费用确定。

第十三条 政府会计主体接受捐赠的公共基础设施，其成本按照有关凭据注明的金额加上相关费用确定；没有相关凭据可供取得，但按规定经过资产评估的，其成本按照评估价值加上相关费用确定；没有相关凭据可供取得、也未经资产评估的，其成本比照同类或类似资产的市场价格加上相关费用确定。

如受赠的系旧的公共基础设施，在确定其初始入账成本时应当考虑该项资产的新旧程度。

第十四条 政府会计主体外购的公共基础设施，其成本包括购买价款、相关税费以及公共基础设施交付使用前所发生的可归属于该项资产的运输费、装卸费、安装费和专业人员服务费等。

第十五条 对于包括不同组成部分的公共基础设施，其只有总成本、没有单项组成部分成本的，政府会计主体可以按照各单项组成部分同类或类似资产的成本或市场价格比例对总成本进行分配，分别确定公共基础设施中各单项组成部分的成本。

第四章 公共基础设施的后续计量

第一节 公共基础设施的折旧或摊销

第十六条 政府会计主体应当对公共基础设施计提折旧，但政府会计主体持续进行良好的维护使得其性能得到永久维持的公共基础设施和确认为公共基础设施的单独计价入账的土地使用权除外。

公共基础设施应计提的折旧总额为其成本，计提公共基础设施折旧时不考虑预计净残值。

政府会计主体应当对暂估入账的公共基础设施计提折旧，实际成本确定后不需调整原已计提的折旧额。

第十七条 政府会计主体应当根据公共基础设施的性质和使用情况，合理确定公共基础设施的折旧年限。

政府会计主体确定公共基础设施折旧年限，应当考虑下列因素：

（一）设计使用年限或设计基准期；

（二）预计实现服务潜力或提供经济利益的期限；

（三）预计有形损耗和无形损耗；

（四）法律或者类似规定对资产使用的限制。

公共基础设施的折旧年限一经确定，不得随意变更，但符合本准则第二十条规定的除外。

对于政府会计主体接受无偿调入、捐赠的公共基础设施，应当考虑该项资产的新旧程度，按照其尚可使用的年限计提折旧。

第十八条 政府会计主体一般应当采用年限平均法或者工作量法计提公共基础设施折旧。

在确定公共基础设施的折旧方法时，应当考虑与公共基础设施相关的服务潜力或经济利益的预期实现方式。

公共基础设施折旧方法一经确定，不得随意变更。

第十九条 公共基础设施应当按月计提折旧，并计入当期费用。当月增加的公共基础设施，当月开始计提折旧；当月减少的公共基础设施，当月不再计提折旧。

第二十条 处于改建、扩建等建造活动期间的公共基础设施，应当暂停计提折旧。

因改建、扩建等原因而延长公共基础设施使用年限的，应当按照重新确定的公共基础设施的成本和重新确定的折旧年限计算折旧额，不需调整原已计提的折旧额。

第二十一条 公共基础设施提足折旧后，无论能否继续使用，均不再计提折旧；已提足折旧的公共基础设施，可以继续使用的，应当继续使用，并规范实物管理。

提前报废的公共基础设施，不再补提折旧。

第二十二条 对于确认为公共基础设施的单独计价入账的土地使用权，政府会计主体应当按照《政府会计准则第4号——无形资产》的相关规定进行摊销。

第二节 公共基础设施的处置

第二十三条 政府会计主体按规定报经批准无偿调出、对外捐赠公共基础设施的，应当将公共基础设施的账面价值予以转销，无偿调出、对外捐赠中发生的归属于调出方、捐出方的相关费用应当计入当期费用。

第二十四条 公共基础设施报废或遭受重大毁损的，政府会计主体应当在报经批准后将公共基础设施账面价值予以转销，并将报废、毁损过程中取得的残值变价收入扣除相关费用后的差额按规定做应缴款项处理（差额为净收益时）或计入当期费用（差额为净损失时）。

第五章 公共基础设施的披露

第二十五条 政府会计主体应当在附注中披露与公共基础设施有关的下列信息：

（一）公共基础设施的分类和折旧方法。

（二）各类公共基础设施的折旧年限及其确定依据。

（三）各类公共基础设施账面余额、累计折旧额（或摊销额）、账面价值的期初、期末数及其本期变动情况。

（四）各类公共基础设施的实物量。

（五）公共基础设施在建工程的期初、期末金额及其增减变动情况。

（六）确认为公共基础设施的单独计价入账的土地使用权的账面余额、累计摊销额及其变动情况。

（七）已提足折旧继续使用的公共基础设施的名称、数量等情况。

（八）暂估入账的公共基础设施账面价值变动情况。

（九）无偿调入、接受捐赠的公共基础设施名称、数量等情况（包括未按照本准则第十二条和第十三条规定计量并确认入账的公共基础设施的具体情况）。

（十）公共基础设施对外捐赠、无偿调出、报废、重大毁损等处置情况。

（十一）公共基础设施年度维护费用和其他后续支出情况。

第六章 附　　则

第二十六条 对于应当确认为公共基础设施、但已确认为固定资产的资产，政府会计主体应当在本准则首次执行日将该资产按其账面价值重分类为公共基础设施。

第二十七条 对于应当确认但尚未入账的存量公共基础设施，政府会计主体应当在本准则首次执行日按照以下原则确定其初始入账成本：

（一）可以取得相关原始凭据的，其成本按照有关原始凭据注明的金额减去应计提的累计折旧后的金额确定；

（二）没有相关凭据可供取得，但按规定经过资产评估的，其成本按照评估价值确定；

（三）没有相关凭据可供取得、也未经资产评估的，其成本按照重置成本确定。

本准则首次执行日以后，政府会计主体应当对存量公共基础设施按其在首次执行日确定的成本和剩余折旧年限计提折旧。

第二十八条 本准则自2018年1月1日起施行。

财政部关于印发《企业会计准则第42号——持有待售的非流动资产、处置组和终止经营》的通知

2017年4月28日 财会〔2017〕13号

国务院有关部委、有关直属机构，各省、自治区、直辖市、计划单列市财政厅（局），新疆生产建设兵团财务局，财政部驻各省、自治区、直辖市、计划单列市财政监察专员办事处，有关中央管理企业：

为了适应社会主义市场经济发展需要，规范持有待售的非流动资产、处置组和终止经营的会计处理，提高会计信息质量，根据《企业会计准则——基本准则》，我部制定了《企业会计准则第42号——持有待售的非流动资产、处置组和终止经营》，现予印发，在所有执行企业会计准则的企业范围内执行。我部此前发布的有关持有待售的非流动资产、处置组和终止经营的会计处理规定与本准则不一致的，以本准则为准。

执行中有何问题，请及时反馈我部。

附件：企业会计准则第42号——持有待售的非流动资产、处置组和终止经营

附件：

企业会计准则第42号——持有待售的非流动资产、处置组和终止经营

第一章 总 则

第一条 为了规范企业持有待售的非流动资产或处置组的分类、计量和列报，以及终止经营的列报，根据《企业会计准则——基本准则》，制定本准则。

第二条 本准则的分类和列报规定适用于所有非流动资产和处置组。

处置组，是指在一项交易中作为整体通过出售或其他方式一并处置的一组资产，以及在该交易中转让的与这些资产直接相关的负债。处置组所属的资产组或资产组组合按照《企业会计准则第8号——资产减值》分摊了企业合并中取得的商誉的，该处置组应当包含分摊至处置组的商誉。

第三条 本准则的计量规定适用于所有非流动资产，但下列各项的计量适用其他相关会计准则：

（一）采用公允价值模式进行后续计量的投资性房地产，适用《企业会计准则第3号——投资性房地产》；

（二）采用公允价值减去出售费用后的净额计量的生物资产，适用《企业会计准则第5号——生物资产》；

（三）职工薪酬形成的资产，适用《企业会计准则第9号——职工薪酬》；

（四）递延所得税资产，适用《企业会计准则第18号——所得税》；

（五）由金融工具相关会计准则规范的金融资产，适用金融工具相关会计准则；

（六）由保险合同相关会计准则规范的保险合同所产生的权利，适用保险合同相关会计准则。

处置组包含适用本准则计量规定的非流动资产的，本准则的计量规定适用于整个处置组。处置组中负债的计量适用相关会计准则。

第四条 终止经营，是指企业满足下列条件之一的、能够单独区分的组成部分，且该组成部分已经处置或划分为持有待售类别：

（一）该组成部分代表一项独立的主要业务或一个单独的主要经营地区；

（二）该组成部分是拟对一项独立的主要业务或一个单独的主要经营地区进行处置的一项相关联计划的一部分；

（三）该组成部分是专为转售而取得的子公司。

第二章 持有待售的非流动资产或处置组的分类

第五条 企业主要通过出售（包括具有商业实质的非货币性资产交换，下同）而非持续使用一项非流动资产或处置组收回其账面价值的，应当将其划分为持有待售类别。

第六条 非流动资产或处置组划分为持有待售类别，应当同时满足下列条件：

（一）根据类似交易中出售此类资产或处置组的惯例，在当前状况下即可立即出售；

（二）出售极可能发生，即企业已经就一项出售计划作出决议且获得确定的购买承诺，预计出售将在一年内完成。有关规定要求企业相关权力机构或者监管部门批准后方可出售的，应当已经获得批准。

确定的购买承诺，是指企业与其他方签订的具有法律约束力的购买协议，该协议包含交易价格、时间和足够严厉的违约惩罚等重要条款，使协议出现重大调整或者撤销的可能性极小。

第七条 企业专为转售而取得的非流动资产或处置组，在取得日满足“预计出售将在一年内完成”的规定条件，且短期（通常为3个月）内很可能满足持有待售类别的其他划分条件的，企业应当在取得日将其划分为持有待售类别。

第八条 因企业无法控制的下列原因之一，导致非关联方之间的交易未能在一年内完成，且有充分证据表明企业仍然承诺出售非流动资产或处置组的，企业应当继续将非流动资产或处置组划分为持有待售类别：

（一）买方或其他方意外设定导致出售延期的条件，企业针对这些条件已经及时采取行动，且预计能够自设定导致出售延期的条件起一年内顺利化解延期因素；

（二）因发生罕见情况，导致持有待售的非流动资产或处置组未能在一年内完成出售，企业在最初一年内已经针对这些新情况采取必要措施且重新满足了持有待售类别的划分条件。

第九条 持有待售的非流动资产或处置组不再满足持有待售类别划分条件的，企业不应当继续将其划分为持有待售类别。

部分资产或负债从持有待售的处置组中移除后，处置组中剩余资产或负债新组成的处置组仍然满足持有待售类别划分条件的，企业应当将新组成的处置组划分为持有待售类别，否则应当将满足持有待售类别划分条件的非流动资产单独划分为持有待售类别。

第十条 企业因出售对子公司的投资等原因导致其丧失对子公司控制权的，无论出售后企业是否保留部分权益性投资，应当在拟出售的对子公司投资满足持有待售类别划分条件时，在母公司个别财务报表中将对子公司投资整体划分为持有待售类别，在合并财务报表中将子公司所有资产和负债划分为持有待售类别。

第十一条 企业不应当将拟结束使用而非出售的非流动资产或处置组划分为持有待售类别。

第三章 持有待售的非流动资产或处置组的计量

第十二条 企业将非流动资产或处置组首次划分为持有待售类别前，应当按照相关会计准则规定计量非流动资产或处置组中各项资产和负债的账面价值。

第十三条 企业初始计量或在资产负债表日重新计量持有待售的非流动资产或处置组时，其账面价值高于公允价值减去出售费用后的净额的，应当将账面价值减记至公允价值减去出售费用后的净额，减记的金额确认为资产减值损失，计入当期损益，同时计提持有待售资产减值准备。

第十四条 对于取得日划分为持有待售类别的非流动资产或处置组，企业应当在初始计量时比较假定其不划分为持有待售类别情况下的初始计量金额和公允价值减去出售费用后的净额，以两者孰低计量。除企业合并中取得的非流动资产或处置组外，由非流动资产或处置组以公允价值减去出售费用后的净额作为初始计量金额而产生的差额，应当计入当期损益。

第十五条 企业在资产负债表日重新计量持有待售的处置组时，应当首先按照相关会计准则规定计量处置组中不适用本准则计量规定的资产和负债的账面价值，然后按照本准则第十三条的规定进行会计处理。

第十六条 对于持有待售的处置组确认的资产减值损失金额，应当先抵减处置组中商誉的账面价值，再根据处置组中适用本准则计量规定的各项非流动资产账面价值所占比重，按比例抵减其账面价值。

第十七条 后续资产负债表日持有待售的非流动资产公允价值减去出售费用后的净额增加的，以前减记的金额应当予以恢复，并在划分为持有待售类别后确认的资产减值损失金额内转回，转回金额计入当期损益。划分为持有待售类别前确认的资产减值损失不得转回。

第十八条 后续资产负债表日持有待售的处置组公允价值减去出售费用后的净额增加的，以前减记的金额应当予以恢复，并在划分为持有待售类别后适用本准则计量规定的非流动资产确认的资产减值损失金额内转回，转回金额计入当期损益。已抵减的商誉账面价值，以及适用本准则计量规定的非流动资产在划分为持有待售类别前确认的资产减值损失不得转回。

第十九条 持有待售的处置组确认的资产减值损失后续转回金额，应当根据处置组中除商誉外适用本准则计量规定的各项非流动资产账面价值所占比重，按比例增加其账面价值。

第二十条 持有待售的非流动资产或处置组中的非流动资产不应计提折旧或摊销，持有待售的处置组中负债的利息和其他费用应当继续予以确认。

第二十一条 非流动资产或处置组因不再满足持有待售类别的划分条件而不再继续划分为持有待售类别或非流动资产从持有待售的处置组中移除时，应当按照以下两者孰低计量：

（一）划分为持有待售类别前的账面价值，按照假定不划分为持有待售类别情况下本应确认的折旧、摊销或减值等进行调整后的金额；

（二）可收回金额。

第二十二条 企业终止确认持有待售的非流动资产或处置组时，应当将尚未确认的利得或损失计入当期损益。

第四章 列 报

第二十三条 企业应当在资产负债表中区别于其他资产单独列示持有待售的非流动资产或持有待售的处置组中的资产，区别于其他负债单独列示持有待售的处置组中的负债。持有待售的非流动资产或持有待售的处置组中的资产与持有待售的处置组中的负债不应当相互抵销，应当分别作为流动资产和流动负债列示。

第二十四条 企业应当在利润表中分别列示持续经营损益和终止经营损益。不符合终止经营定义的持有待售的非流动资产或处置组，其减值损失和转回金额及处置损益应当作为持续经营损益列报。终止经营的减值损失和转回金额等经营损益及处置损益应当作为终止经营损益列报。

第二十五条 企业应当在附注中披露下列信息：

（一）持有待售的非流动资产或处置组的出售费用和主要类别，以及每个类别的账面价值和公允价值；

（二）持有待售的非流动资产或处置组的出售原因、方式和时间安排；

（三）列报持有待售的非流动资产或处置组的分部；

（四）持有待售的非流动资产或持有待售的处置组中的资产确认的减值损失及其转回金额；

（五）与持有待售的非流动资产或处置组有关的其他综合收益累计金额；

（六）终止经营的收入、费用、利润总额、所得税费用（收益）和净利润；

（七）终止经营的资产或处置组确认的减值损失及其转回金额；

（八）终止经营的处置损益总额、所得税费用（收益）和处置净损益；

（九）终止经营的经营活动、投资活动和筹资活动现金流量净额；

（十）归属于母公司所有者的持续经营损益和终止经营损益。

非流动资产或处置组在资产负债表日至财务报告批准报出日之间满足持有待售类别划分条件的，应当作为资产负债表日后非调整事项进行会计处理，并按照本条（一）至（三）的规定进行披露。

企业专为转售而取得的持有待售的子公司，应当按照本条（二）至（五）和（十）的规定进行披露。

第二十六条 对于当期首次满足持有待售类别划分条件的非流动资产或处置组，不应当调整可比会计期间资产负债表。

第二十七条 对于当期列报的终止经营，企业应当在当期财务报表中，将原来作为持续经营损益列报的信息重新作为可比会计期间的终止经营损益列报，并按照本准则第二十五条（六）、（七）、（九）、（十）的规定披露可比会计期间的信息。

第二十八条 拟结束使用而非出售的处置组满足终止经营定义中有关组成部分的条件的，应当自停止使用日起作为终止经营列报。

第二十九条 企业因出售对子公司的投资等原因导致其丧失对子公司控制权，且该子公司符合终止经营定义的，应当在合并利润表中列报相关终止经营损益，并按照本准则第二十五条（六）至（十）的规定进行披露。

第三十条 企业应当在利润表中将终止经营处置损益的调整金额作为终止经营损益列报，并在附注中披露调整的性质和金额。可能引起调整的情形包括：

（一）最终确定处置条款，如与买方商定交易价格调整额和补偿金；

（二）消除与处置相关的不确定因素，如确定卖方保留的环保义务或产品质量保证义务；

（三）履行与处置相关的职工薪酬支付义务。

第三十一条 非流动资产或处置组不再继续划分为持有待售类别或非流动资产从持有待售的处置组中移除的，企业应当在当期利润表中将非流动资产或处置组的账面价值调整金额作为持续经营损益列报。企业的子公司、共同经营、合营企业、联营企业以及部分对合营企业或联营企业的投资不再继续划分为持有待售类别或从持有待售的处置组中移除的，企业应当在当期财务报表中相应调整各个划分为持有待售类别后可比会计期间的比较数据。企业应当在附注中披露下列信息：

（一）企业改变非流动资产或处置组出售计划的原因；

（二）可比会计期间财务报表中受影响的项目名称和影响金额。

第三十二条 终止经营不再满足持有待售类别划分条件的，企业应当在当期财务报表中，将原来作为终止经营损益列报的信息重新作为可比会计期间的持续经营损益列报，并在附注中说明这一事实。

第五章　附　　则

第三十三条 本准则自2017年5月28日起施行。

对于本准则施行日存在的持有待售的非流动资产、处置组和终止经营，应当采用未来适用法处理。

财政部关于印发修订《企业会计准则第 37 号——金融工具列报》的通知

2017 年 5 月 2 日　财会〔2017〕14 号

国务院有关部委、有关直属机构，各省、自治区、直辖市、计划单列市财政厅（局），新疆生产建设兵团财务局，财政部驻各省、自治区、直辖市、计划单列市财政监察专员办事处，有关中央管理企业：

为了适应社会主义市场经济发展需要，规范金融工具的会计处理，提高会计信息质量，根据《企业会计准则——基本准则》，我部对《企业会计准则第 37 号——金融工具列报》进行了修订，现予印发。在境内外同时上市的企业以及在境外上市并采用国际财务报告准则或企业会计准则编制财务报告的企业，自 2018 年 1 月 1 日起施行；其他境内上市企业自 2019 年 1 月 1 日起施行；执行企业会计准则的非上市企业自 2021 年 1 月 1 日起施行。同时，鼓励企业提前执行。执行本准则的企业，不再执行我部于 2014 年 3 月 17 日印发的《金融负债与权益工具的区分及相关会计处理规定》（财会〔2014〕13 号）和 2014 年 6 月 20 日印发的《企业会计准则第 37 号——金融工具列报》（财会〔2014〕23 号）。

执行我部于 2017 年修订印发的《企业会计准则第 22 号——金融工具确认和计量》（财会〔2017〕7 号）、《企业会计准则第 23 号——金融资产转移》（财会〔2017〕8 号）、《企业会计准则第 24 号——套期会计》（财会〔2017〕9 号）的企业，应同时执行本准则。

执行中有何问题，请及时反馈我部。

附件：企业会计准则第 37 号——金融工具列报

附件：

企业会计准则第 37 号——金融工具列报

第一章　总　　则

第一条　为了规范金融工具的列报，根据《企业会计准则——基本准则》，制定本准则。

金融工具列报，包括金融工具列示和金融工具披露。

第二条　金融工具列报的信息，应当有助于财务报表使用者了解企业所发行金融工具的分类、计量和列报的情况，以及企业所持有的金融资产和承担的金融负债的情况，并就金融工具对企业财务状况和经营成果影响的重要程度、金融工具使企业在报告期间和期末所面临风险的性质和程度，以及企业如何管理这些风险作出合理评价。

第三条　本准则适用于所有企业各种类型的金融工具，但下列各项适用其他会计准则：

（一）由《企业会计准则第 2 号——长期股权投资》、《企业会计准则第 33 号——合并财务报表》和《企业会计准则第 40 号——合营安排》规范的对子公司、合营企业和联营企业的投资，其披露适用《企业会计准则第 41 号——在其他主体中权益的披露》。但企业持有的与在子公司、合营企业或联营企业中的权益相联系的衍生工具，适用本准则。

企业按照《企业会计准则第 22 号——金融工具确认和计量》相关规定对联营企业或合营企业的投资进行会计处理的，以及企业符合《企业会计准则第 33 号——合并财务报表》有关投资性主体定义，且根据该准则规定对子公司的投资以公允价值计量且其变动计入当期损益的，对上述合营企业、联营企业或子公司的相关投资适用本准则。

（二）由《企业会计准则第 9 号——职工薪酬》规范的职工薪酬相关计划形成的企业的权利和义务，适用《企业会计准则第 9 号——职工薪酬》。

（三）由《企业会计准则第 11 号——股份支付》规范的股份支付中涉及的金融工具以及其他合同和义务，适用《企业会计准则第 11 号——股份支付》。但是，股份支付中属于本准则范围的买入或卖出非金融项目的合同，以及与股份支付相关的企业发行、回购、出售或注销的库存股，适用本准则。

（四）由《企业会计准则第 12 号——债务重组》规范的债务重组，适用《企业会计准则第 12 号——债务重组》。但债务重组中涉及金融资产转移披露的，适用本准则。

（五）由《企业会计准则第 14 号——收入》规范的属于金融工具的合同权利和义务，适用《企业会计准则第 14 号——收入》。由《企业会计准则第 14 号——收入》要求在确认和计量相关合同权利的减值损失和利得时，应当按照《企业会计准则第 22 号——金融工具确认和计量》进行会计处理的合同权利，适用本准则有关信用风险披露的规定。

（六）由保险合同相关会计准则规范的保险合同所产生的权利和义务，适用保险合同相关会计准则。

因具有相机分红特征而由保险合同相关会计准则规范的合同所产生的权利和义务，适用保险合同相关会计准则。但对于嵌入保险合同的衍生工具，该嵌入衍生工具本身不是保险合同的，适用本准则；该嵌入衍生工具本身为保险合同的，适用保险合同相关会计准则。

企业选择按照《企业会计准则第 22 号——金融工具确认和计量》进行会计处理的财务担保合同，适用本准则；企业选择按照保险合同相关会计准则进行会计处理的财务担保合同，适用保险合同相关会计准则。

第四条 本准则适用于能够以现金或其他金融工具净额结算，或通过交换金融工具结算的买入或卖出非金融项目的合同。但企业按照预定的购买、销售或使用要求签订并持有，旨在收取或交付非金融项目的合同，适用其他相关会计准则，但是企业根据《企业会计准则第 22 号——金融工具确认和计量》第八条的规定将该合同指定为以公允价值计量且其变动计入当期损益的金融资产或金融负债的，适用本准则。

第五条 本准则第六章至第八章的规定，除适用于企业已按照《企业会计准则第22 号——金融工具确认和计量》确认的金融工具外，还适用于未确认的金融工具。

第六条 本准则规定的交易或事项涉及所得税的，应当按照《企业会计准则第 18 号——所得税》进行处理。

第二章　金融负债和权益工具的区分

第七条 企业应当根据所发行金融工具的合同条款及其所反映的经济实质而非仅以法律形式，结合金融资产、金融负债和权益工具的定义，在初始确认时将该金融工具或其组成部分分类为金融资产、金融负债或权益工具。

第八条 金融负债，是指企业符合下列条件之一的负债：

（一）向其他方交付现金或其他金融资产的合同义务。

（二）在潜在不利条件下，与其他方交换金融资产或金融负债的合同义务。

（三）将来须用或可用企业自身权益工具进行结算的非衍生工具合同，且企业根据该合同将交付可变数量的自身权益工具。

（四）将来须用或可用企业自身权益工具进行结算的衍生工具合同，但以固定数量的自身权益工具交换固定金额的现金或其他金融资产的衍生工具合同除外。企业对全部现有同类别非衍生自身权益工具的持有方同比例发行配股权、期权或认股权证，使之有权按比例以固定金额的任何货币换取固定数量的该企业自身权益工具的，该类配股权、期权或认股权证应当分类为权益工具。其中，企业自身权益工具不包括应按照本准则第三章分类为权益工具的金融工具，也不包括本身就要求在未来收取或交付企业自身权益工具的合同。

第九条 权益工具，是指能证明拥有某个企业在扣除所有负债后的资产中的剩余权益的合同。企业发行的金融工具同时满足下列条件的，符合权益工具的定义，应当将该金融工具分类为权益工具：

（一）该金融工具应当不包括交付现金或其他金融资产给其他方，或在潜在不利条件下与其他方交换金融资产或金融负债的合同义务；

（二）将来须用或可用企业自身权益工具结算该金融工具。如为非衍生工具，该金融工具应当不包括交付可变数量的自身权益工具进行结算的合同义务；如为衍生工具，企业只能通过以固定数量的自身权益工具交换固定金额的现金或其他金融资产结算该金融工具。企业自身权益工具不包括应按照本准则第三章分类为权益工具的金融工具，也不包括本身就要求在未来收取或交付企业自身权益工具的合同。

第十条 企业不能无条件地避免以交付现金或其他金融资产来履行一项合同义务的，该合同义务符合金融负债的定义。有些金融工具虽然没有明确地包含交付现金或其他金融资产义务的条款和条件，但有可能通过其他条款和条件间接地形成合同义务。

如果一项金融工具须用或可用企业自身权益工具进行结算，需要考虑用于结算该工具的企业自身权益工具，是作为现金或其他金融资产的替代品，还是为了使该工具持有方享有在发行方扣除所有负债后的资产中的剩余权益。如果是前者，该工具是发行方的金融负债；如果是后者，该工具是发行方的权益工具。在某些情况下，一项金融工具合同规定企业须用或可用自身权益工具结算该金融工具，其中合同权利或合同义务的金额等于可获取或需交付的自身权益工具的数量乘以其结算时的公允价值，则无论该合同权利或合同义务的金额是固定的，还是完全或部分地基于除企业自身权益工具的市场价格以外变量（例如利率、某种商品的价格或某项金融工具的价格）的变动而变动的，该合同应当分类为金融负债。

第十一条 除根据本准则第三章分类为权益工具的金融工具外，如果一项合同使发行方承担了以现金或其他金融资产回购自身权益工具的义务，即使发行方的回购义务取决于合同对手方是否行使回售权，发行方应当在初始确认时将该义务确认为一项金融负债，其金额等于回购所需支付金额的现值（如远期回购价格的现值、期权行权价格的现值或其他回售金额的现值）。如果最终发行方无需以现金或其他金融资产回购自身权益工具，应当在合同到期时将该项金融负债按照账面价值重分类为权益工具。

第十二条 对于附有或有结算条款的金融工具，发行方不能无条件地避免交付现金、其他金融资产或以其他导致该工具成为金融负债的方式进行结算的，应当分类为金融负债。但是，满足下列条件之一的，发行方应当将其分类为权益工具：

（一）要求以现金、其他金融资产或以其他导致该工具成为金融负债的方式进行结算的或有结算条款几乎不具有可能性，即相关情形极端罕见、显著异常且几乎不可能发生。

（二）只有在发行方清算时，才需以现金、其他金融资产或以其他导致该工具成为金融负债的方式进行结算。

（三）按照本准则第三章分类为权益工具的可回售工具。

附有或有结算条款的金融工具，指是否通过交付现金或其他金融资产进行结算，或者是否以其他导致该金融工具成为金融负债的方式进行结算，需要由发行方和持有方均不能控制的未来不确定事项（如股价指数、消费价格指数变动、利率或税法变动、发行方未来收入、净收益或债务权益比率等）的发生或不发生（或发行方和持有方均不能控制的未来不确定事项的结果）来确定的金融工具。

第十三条 对于存在结算选择权的衍生工具（例如合同规定发行方或持有方能选择以现金净额或以发行股份交换现金等方式进行结算的衍生工具），发行方应当将其确认为金融资产或金融负债，但所有可供选择的结算方式均表明该衍生工具应当确认为权益工具的除外。

第十四条 企业应对发行的非衍生工具进行评估，以确定所发行的工具是否为复合金融工具。企业所发行的非衍生工具可能同时包含金融负债成分和权益工具成分。对于复合金融工具，发行方应于初始确认时将各组成部分分别分类为金融负债、金融资产或权益工具。

企业发行的一项非衍生工具同时包含金融负债成分和权益工具成分的，应于初始计量时先确定金融负债成分的公允价值（包括其中可能包含的非权益性嵌入衍生工具的公允价值），再从复合金融工具公允价值中扣除负债成分的公允价值，作为权益工具成分的价值。复合金融工具中包含非权益性嵌入衍生工具的，非权益性嵌入衍生工具的公允价值应当包含在金融负债成分的公允价值中，并且按照《企业会计准则第22号——金融工具确认和计量》的规定对该金融负债成分进行会计处理。

第十五条 在合并财务报表中对金融工具（或其组成部分）进行分类时，企业应当考虑企业集团成员和金融工具的持有方之间达成的所有条款和条件。企业集团作为一个整体，因该工具承担了交付现金、其他金融资产或以其他导致该工具成为金融负债的方式进行结算的义务的，该工具在企业集团合并财务报表中应当分类为金融负债。

第三章 特殊金融工具的区分

第十六条 符合金融负债定义，但同时具有下列特征的可回售工具，应当分类为权益工具：

（一）赋予持有方在企业清算时按比例份额获得该企业净资产的权利。这里所指企业净资产是扣除所有优先于该工具对企业资产要求权之后的剩余资产；这里所指按比例份额是清算时将企业的净资产分拆为金额相等的单位，并且将单位金额乘以持有方所持有的单位数量。

（二）该工具所属的类别次于其他所有工具类别，即该工具在归属于该类别前无须转换为另一种工具，且在清算时对企业资产没有优先于其他工具的要求权。

（三）该工具所属的类别中（该类别次于其他所有工具类别），所有工具具有相同的特征（例如它们必须都具有可回售特征，并且用于计算回购或赎回价格的公式或其他方法都相同）。

（四）除了发行方应当以现金或其他金融资产回购或赎回该工具的合同义务外，该工具不满足本准则规定的金融负债定义中的任何其他特征。

（五）该工具在存续期内的预计现金流量总额，应当实质上基于该工具存续期内企业的损益、已确认净资产的变动、已确认和未确认净资产的公允价值变动（不包括该工具的任何影响）。

可回售工具，是指根据合同约定，持有方有权将该工具回售给发行方以获取现金或其他金融资产的权利，或者在未来某一不确定事项发生或者持有方死亡或退休时，自动回售给发行方的金融工具。

第十七条 符合金融负债定义，但同时具有下列特征的发行方仅在清算时才有义务向另一方按比例交付其净资产的金融工具，应当分类为权益工具：

（一）赋予持有方在企业清算时按比例份额获得该企业净资产的权利；

（二）该工具所属的类别次于其他所有工具类别；

（三）该工具所属的类别中（该类别次于其他所有工具类别），发行方对该类别中所有工具都应当在清算时承担按比例份额交付其净资产的同等合同义务。

产生上述合同义务的清算确定将会发生并且不受发行方的控制（如发行方本身是有限寿命主体），或者发生与否取决于该工具的持有方。

第十八条 分类为权益工具的可回售工具，或发行方仅在清算时才有义务向另一方按比例交付其净资产的金融工具，除应当具有本准则第十六条或第十七条所述特征外，其发行方应当没有同时具备下列特征的其他金融工具或合同：

（一）现金流量总额实质上基于企业的损益、已确认净资产的变动、已确认和未确认净资产的公允价值变动（不包括该工具或合同的任何影响）；

（二）实质上限制或固定了本准则第十六条或第十七条所述工具持有方所获得的剩余回报。

在运用上述条件时，对于发行方与本准则第十六条或第十七条所述工具持有方签订的非金融合同，如果其条款和条件与发行方和其他方之间可能订立的同等合同类似，不应考虑该非金融合同的影响。但如果不能作出此判断，则不得将该工具分类为权益工具。

第十九条 按照本章规定分类为权益工具的金融工具，自不再具有本准则第十六条或第十七条所述特征，或发行方不再满足本准则第十八条规定条件之日起，发行方应当将其重分类为金融负债，以重分类日该工具的公允价值计量，并将重分类日权益工具的账面价值和金融负债的公允价值之间的差额确认为权益。

按照本章规定分类为金融负债的金融工具，自具有本准则第十六条或第十七条所述特征，且发行方满足本准则第十八条规定条件之日起，发行方应当将其重分类为权益工具，以重分类日金融负债的账面价值计量。

第二十条 企业发行的满足本章规定分类为权益工具的金融工具，在企业集团合并财务报表中对应的少数股东权益部分，应当分类为金融负债。

第四章 收益和库存股

第二十一条 金融工具或其组成部分属于金融负债的，相关利息、股利（或股息）、利得或损失，以及赎回或再融资产生的利得或损失等，应当计入当期损益。

第二十二条 金融工具或其组成部分属于权益工具的，其发行（含再融资）、回购、出售或注销时，发行方应当作为权益的变动处理。发行方不应当确认权益工具的公允价值变动。

发行方向权益工具持有方的分配应当作为其利润分配处理，发放的股票股利不影响发行方的所有者权益总额。

第二十三条 与权益性交易相关的交易费用应当从权益中扣减。

企业发行或取得自身权益工具时发生的交易费用（例如登记费，承销费，法律、会计、评估及其他专业服务费用，印刷成本和印花税等），可直接归属于权益性交易的，应当从权益中扣减。终止的未完成权益性交易所发生的交易费用应当计入当期损益。

第二十四条 发行复合金融工具发生的交易费用，应当在金融负债成分和权益工具成分之间按照各自占总发行价款的比例进行分摊。与多项交易相关的共同交易费用，应当在合理的基础上，采用与其他类似交易一致的方法，在各项交易间进行分摊。

第二十五条 发行方分类为金融负债的金融工具支付的股利，在利润表中应当确认为费用，与其他负债的利息费用合并列示，并在财务报表附注中单独披露。

作为权益扣减项的交易费用，应当在财务报表附注中单独披露。

第二十六条 回购自身权益工具（库存股）支付的对价和交易费用，应当减少所有者权益，不得确认金融资产。库存股可由企业自身购回和持有，也可由企业集团合并财务报表范围内的其他成员购回和持有。

第二十七条 企业应当按照《企业会计准则第30号——财务报表列报》的规定在资产负债表中单独列示所持有的库存股金额。

企业从关联方回购自身权益工具的，还应当按照《企业会计准则第36号——关联方披露》的相关规定进行披露。

第五章 金融资产和金融负债的抵销

第二十八条 金融资产和金融负债应当在资产负债表内分别列示，不得相互抵销。但同时满足下列条件的，应当以相互抵销后的净额在资产负债表内列示：

（一）企业具有抵销已确认金额的法定权利，且该种法定权利是当前可执行的；

（二）企业计划以净额结算，或同时变现该金融资产和清偿该金融负债。

不满足终止确认条件的金融资产转移，转出方不得将已转移的金融资产和相关负债进行抵销。

第二十九条 抵销权是债务人根据合同或其他协议，以应收债权人的金额全部或部分抵销应付债权人的金额的法定权利。在某些情况下，如果债务人、债权人和第三方三者之间签署的协议明确表示债务人拥有该抵销权，并且不违反法律法规或其他相关规定，债务人可能拥有以应收第三方的金额抵销应付债权人的金额的法定权利。

第三十条 抵销权应当不取决于未来事项，而且在企业和所有交易对手方的正常经营过程中，或在出现违约、无力偿债或破产等各种情形下，企业均可执行该法定权利。

在确定抵销权是否可执行时，企业应当充分考虑法律法规或其他相关规定以及合同约定等各方面因素。

第三十一条 当前可执行的抵销权不构成相互抵销的充分条件，企业既不打算行使抵销权（即净额结算），又无计划同时结算金融资产和金融负债的，该金融资产和金融负债不得抵销。

在没有法定权利的情况下，一方或双方即使有意向以净额为基础进行结算或同时结算相关金融资产和金融负债的，该金融资产和金融负债也不得抵销。

第三十二条 企业同时结算金融资产和金融负债的，如果该结算方式相当于净额结算，则满足本准则第二十八条（二）以净额结算的标准。这种结算方式必须在同一结算过程或周期内处理了相关应收和应付款项，最终消除或几乎消除了信用风险和流动性风险。如果某结算方式同时具备如下特征，可视为满足净额结算标准：

（一）符合抵销条件的金融资产和金融负债在同一时点提交处理；

（二）金融资产和金融负债一经提交处理，各方即承诺履行结算义务；

（三）金融资产和金融负债一经提交处理，除非处理失败，这些资产和负债产生的现金流量不可能发生变动；

（四）以证券作为担保物的金融资产和金融负债，通过证券结算系统或其他类似机制进行结算（例如券款对付），即如果证券交付失败，则以证券作为抵押的应收款项或应付款项的处理也将失败，反之亦然；

（五）若发生本条（四）所述的失败交易，将重新进入处理程序，直至结算完成；

（六）由同一结算机构执行；

（七）有足够的日间信用额度，并且能够确保该日间信用额度一经申请提取即可履行，以支持各方能够在结算日进行支付处理。

第三十三条 在下列情况下，通常认为不满足本准则第二十八条所列条件，不得抵销相关金融资产和金融负债：

（一）使用多项不同金融工具来仿效单项金融工具的特征（即合成工具）。例如利用浮动利率长期债券与收取浮动利息且支付固定利息的利率互换，合成一项固定利率长期负债。

（二）金融资产和金融负债虽然具有相同的主要风险敞口（例如远期合同或其他衍生工具组合中的资产和负债），但涉及不同的交易对手方。

（三）无追索权金融负债与作为其担保物的金融资产或其他资产。

（四）债务人为解除某项负债而将一定的金融资产进行托管（例如偿债基金或类似安排），但债权人尚未接受以这些资产清偿负债。

（五）因某些导致损失的事项而产生的义务预计可以通过保险合同向第三方索赔而得以补偿。

第三十四条 企业与同一交易对手方进行多项金融工具交易时，可能与对手方签订总互抵协议。只有满足本准则第二十八条所列条件时，总互抵协议下的相关金融资产和金融负债才能抵销。

总互抵协议，是指协议所涵盖的所有金融工具中的任何一项合同在发生违约或终止时，就协议所涵盖的所有金融工具按单一净额进行结算。

第三十五条 企业应当区分金融资产和金融负债的抵销与终止确认。抵销金融资产和金融负债并在资产负债表中以净额列示，不应当产生利得或损失；终止确认是从资产负债表列示的项目中移除相关金融资产或金融负债，有可能产生利得或损失。

第六章　金融工具对财务状况和经营成果影响的列报

第一节　一般性规定

第三十六条　企业在对金融工具各项目进行列报时，应当根据金融工具的特点及相关信息的性质对金融工具进行归类，并充分披露与金融工具相关的信息，使得财务报表附注中的披露与财务报表列示的各项目相互对应。

第三十七条　在确定金融工具的列报类型时，企业至少应当将本准则范围内的金融工具区分为以摊余成本计量和以公允价值计量的类型。

第三十八条　企业应当披露编制财务报表时对金融工具所采用的重要会计政策、计量基础和与理解财务报表相关的其他会计政策等信息，主要包括：

（一）对于指定为以公允价值计量且其变动计入当期损益的金融资产，企业应当披露下列信息：

1. 指定的金融资产的性质；

2. 企业如何满足运用指定的标准。企业应当披露该指定所针对的确认或计量不一致的描述性说明。

（二）对于指定为以公允价值计量且其变动计入当期损益的金融负债，企业应当披露下列信息：

1. 指定的金融负债的性质；

2. 初始确认时对上述金融负债作出指定的标准；

3. 企业如何满足运用指定的标准。对于以消除或显著减少会计错配为目的的指定，企业应当披露该指定所针对的确认或计量不一致的描述性说明。对于以更好地反映组合的管理实质为目的的指定，企业应当披露该指定符合企业正式书面文件载明的风险管理或投资策略的描述性说明。对于整体指定为以公允价值计量且其变动计入当期损益的混合工具，企业应当披露运用指定标准的描述性说明。

（三）如何确定每类金融工具的利得或损失。

第二节　资产负债表中的列示及相关披露

第三十九条　企业应当在资产负债表或相关附注中列报下列金融资产或金融负债的账面价值：

（一）以摊余成本计量的金融资产。

（二）以摊余成本计量的金融负债。

（三）以公允价值计量且其变动计入其他综合收益的金融资产，并分别反映：（1）根据《企业会计准则第22号——金融工具确认和计量》第十八条的规定分类为以公允价值计量且其变动计入其他综合收益的金融资产；（2）根据《企业会计准则第22号——金融工具确认和计量》第十九条的规定在初始确认时被指定为以公允价值计量且其变动计入其他综合收益的非交易性权益工具投资。

（四）以公允价值计量且其变动计入当期损益的金融资产，并分别反映：（1）根据《企业会计准则第22号——金融工具确认和计量》第十九条的规定分类为以公允价值计量且其变动计入当期损益的金融资产；（2）根据《企业会计准则第22号——金融工具确认和计量》第二十条的规定指定为以公允价值计量且其变动计入当期损益的金融资产；（3）根据《企业会计准则第24号——套期会计》第三十四条的规定在初始确认或后续计量时指定为以公允价值计量且其变动计入当期损益的金融资产。

（五）以公允价值计量且其变动计入当期损益的金融负债，并分别反映：（1）根据《企业会计准则第22号——金融工具确认和计量》第二十一条的规定分类为以公允价值计量且其变动计入当期损益的金融负债；（2）根据《企业会计准则第22号——金融工具确认和计量》第二十二条的规定在初始确认时指定为以公允价值计量且其变动计入当期损益的金融负债；（3）根据《企业会计准则第24号——套期会计》第三十四条的规定在初始确认和后续计量时指定为以公允价值计量且其变动计入当期损益的金融负债。

第四十条　企业将本应按摊余成本或以公允价值计量且其变动计入其他综合收益计量的一项或一组金

融资产指定为以公允价值计量且其变动计入当期损益的金融资产的，应当披露下列信息：

（一）该金融资产在资产负债表日使企业面临的最大信用风险敞口；

（二）企业通过任何相关信用衍生工具或类似工具使得该最大信用风险敞口降低的金额；

（三）该金融资产因信用风险变动引起的公允价值本期变动额和累计变动额；

（四）相关信用衍生工具或类似工具自该金融资产被指定以来的公允价值本期变动额和累计变动额。

信用风险，是指金融工具的一方不履行义务，造成另一方发生财务损失的风险。

金融资产在资产负债表日的最大信用风险敞口，通常是金融工具账面余额减去减值损失准备后的金额（已减去根据本准则规定已抵销的金额）。

第四十一条 企业将一项金融负债指定为以公允价值计量且其变动计入当期损益的金融负债，且企业自身信用风险变动引起的该金融负债公允价值的变动金额计入其他综合收益的，应当披露下列信息：

（一）该金融负债因自身信用风险变动引起的公允价值本期变动额和累计变动额；

（二）该金融负债的账面价值与按合同约定到期应支付债权人金额之间的差额；

（三）该金融负债的累计利得或损失本期从其他综合收益转入留存收益的金额和原因。

第四十二条 企业将一项金融负债指定为以公允价值计量且其变动计入当期损益的金融负债，且该金融负债（包括企业自身信用风险变动的影响）的全部利得或损失计入当期损益的，应当披露下列信息：

（一）该金融负债因自身信用风险变动引起的公允价值本期变动额和累计变动额；

（二）该金融负债的账面价值与按合同约定到期应支付债权人金额之间的差额。

第四十三条 企业应当披露用于确定本准则第四十条（三）所要求披露的金融资产因信用风险变动引起的公允价值变动额的估值方法，以及用于确定本准则第四十一条（一）和第四十二条（一）所要求披露的金融负债因自身信用风险变动引起的公允价值变动额的估值方法，并说明选用该方法的原因。如果企业认为披露的信息未能如实反映相关金融工具公允价值变动中由信用风险引起的部分，则应当披露企业得出此结论的原因及其他需要考虑的因素。

企业应当披露其用于确定金融负债自身信用风险变动引起的公允价值的变动计入其他综合收益是否会造成或扩大损益中的会计错配的方法。企业根据《企业会计准则第22号——金融工具确认和计量》第六十八条的规定将金融负债因企业自身信用风险变动引起的公允价值变动计入当期损益的，企业应当披露该金融负债与预期能够抵销其自身信用风险变动引起的公允价值变动的金融工具之间的经济关系。

第四十四条 企业将非交易性权益工具投资指定为以公允价值计量且其变动计入其他综合收益的，应当披露下列信息：

（一）企业每一项指定为以公允价值计量且其变动计入其他综合收益的权益工具投资；

（二）企业做出该指定的原因；

（三）企业每一项指定为以公允价值计量且其变动计入其他综合收益的权益工具投资的期末公允价值；

（四）本期确认的股利收入，其中对本期终止确认的权益工具投资相关的股利收入和资产负债表日仍持有的权益工具投资相关的股利收入应当分别单独披露；

（五）该权益工具投资的累计利得和损失本期从其他综合收益转入留存收益的金额及其原因。

第四十五条 企业本期终止确认了指定为以公允价值计量且其变动计入其他综合收益的非交易性权益工具投资的，应当披露下列信息：

（一）企业处置该权益工具投资的原因；

（二）该权益工具投资在终止确认时的公允价值；

（三）该权益工具投资在终止确认时的累计利得或损失。

第四十六条 企业在当期或以前报告期间将金融资产进行重分类的，对于每一项重分类，应当披露重分类日、对业务模式变更的具体说明及其对财务报表影响的定性描述，以及该金融资产重分类前后的金额。

企业自上一年度报告日起将以公允价值计量且其变动计入其他综合收益的金融资产重分类为以摊余成本计量的金融资产的，或者将以公允价值计量且其变动计入当期损益的金融资产重分类为其他类别的，应当披露下列信息：

（一）该金融资产在资产负债表日的公允价值；

（二）如果未被重分类，该金融资产原来应在当期损益或其他综合收益中确认的公允价值利得或损失。

企业将以公允价值计量且其变动计入当期损益的金融资产重分类为其他类别的，自重分类日起到终止确认的每一个报告期间内，都应当披露该金融资产在重分类日确定的实际利率和当期已确认的利息收入。

第四十七条 对于所有可执行的总互抵协议或类似协议下的已确认金融工具，以及符合本准则第二十八条抵销条件的已确认金融工具，企业应当在报告期末以表格形式（除非企业有更恰当的披露形式）分别按金融资产和金融负债披露下列定量信息：

（一）已确认金融资产和金融负债的总额。

（二）按本准则规定抵销的金额。

（三）在资产负债表中列示的净额。

（四）可执行的总互抵协议或类似协议确定的，未包含在本条（二）中的金额，包括：

1. 不满足本准则抵销条件的已确认金融工具的金额；

2. 与财务担保物（包括现金担保）相关的金额，以在资产负债表中列示的净额扣除本条（四）1后的余额为限。

（五）资产负债表中列示的净额扣除本条（四）后的余额。

企业应当披露本条（四）所述协议中抵销权的条款及其性质等信息，以及不同计量基础的金融工具适用本条时产生的计量差异。

上述信息未在财务报表同一附注中披露的，企业应当提供不同附注之间的交叉索引。

第四十八条 按照本准则第三章分类为权益工具的可回售工具，企业应当披露下列信息：

（一）可回售工具的汇总定量信息；

（二）对于按持有方要求承担的回购或赎回义务，企业的管理目标、政策和程序及其变化；

（三）回购或赎回可回售工具的预期现金流出金额以及确定方法。

第四十九条 企业将本准则第三章规定的特殊金融工具在金融负债和权益工具之间重分类的，应当分别披露重分类前后的公允价值或账面价值，以及重分类的时间和原因。

第五十条 企业应当披露作为负债或或有负债担保物的金融资产的账面价值，以及与该项担保有关的条款和条件。根据《企业会计准则第23号——金融资产转移》第二十六条的规定，企业（转出方）向金融资产转入方提供了非现金担保物（如债务工具或权益工具投资等），转入方按照合同或惯例有权出售该担保物或将其再作为担保物的，企业应当将该非现金担保物在财务报表中单独列报。

第五十一条 企业取得担保物（担保物为金融资产或非金融资产），在担保物所有人未违约时可将该担保物出售或再抵押的，应当披露该担保物的公允价值、企业已出售或再抵押担保物的公允价值，以及承担的返还义务和使用担保物的条款和条件。

第五十二条 对于按照《企业会计准则第22号——金融工具确认和计量》第十八条的规定分类为以公允价值计量且其变动计入其他综合收益的金融资产，企业应当在财务报表附注中披露其确认的损失准备，但不应在资产负债表中将损失准备作为金融资产账面金额的扣减项目单独列示。

第五十三条 对于企业发行的包含金融负债成分和权益工具成分的复合金融工具，嵌入了价值相互关联的多项衍生工具（如可赎回的可转换债务工具）的，应当披露相关特征。

第五十四条 对于除基于正常信用条款的短期贸易应付款项之外的金融负债，企业应当披露下列信息：

（一）本期发生违约的金融负债的本金、利息、偿债基金、赎回条款的详细情况；

（二）发生违约的金融负债的期末账面价值；

（三）在财务报告批准对外报出前，就违约事项已采取的补救措施、对债务条款的重新议定等情况。

企业本期发生其他违反合同的情况，且债权人有权在发生违约或其他违反合同情况时要求企业提前偿还的，企业应当按上述要求披露。如果在期末前违约或其他违反合同情况已得到补救或已重新议定债务条款，则无需披露。

第三节 利润表中的列示及相关披露

第五十五条 企业应当披露与金融工具有关的下列收入、费用、利得或损失：

（一）以公允价值计量且其变动计入当期损益的金融资产和金融负债所产生的利得或损失。其中，指定为以公允价值计量且其变动计入当期损益的金融资产和金融负债，以及根据《企业会计准则第22号——金融工具确认和计量》第十九条的规定必须分类为以公允价值计量且其变动计入当期损益的金融资产和根据《企业会计准则第22号——金融工具确认和计量》第二十一条的规定必须分类为以公允价值计量且其变动计入当期损益的金融负债的净利得或净损失，应当分别披露。

（二）对于指定为以公允价值计量且其变动计入当期损益的金融负债，企业应当分别披露本期在其他综合收益中确认的和在当期损益中确认的利得或损失。

（三）对于根据《企业会计准则第22号——金融工具确认和计量》第十八条的规定分类为以公允价值计量且其变动计入其他综合收益的金融资产，企业应当分别披露当期在其他综合收益中确认的以及当期终止确认时从其他综合收益转入当期损益的利得或损失。

（四）对于根据《企业会计准则第22号——金融工具确认和计量》第十九条的规定指定为以公允价值计量且其变动计入其他综合收益的非交易性权益工具投资，企业应当分别披露在其他综合收益中确认的利得和损失以及在当期损益中确认的股利收入。

（五）除以公允价值计量且其变动计入当期损益的金融资产或金融负债外，按实际利率法计算的金融资产或金融负债产生的利息收入或利息费用总额，以及在确定实际利率时未予包括并直接计入当期损益的手续费收入或支出。

（六）企业通过信托和其他托管活动代他人持有资产或进行投资而形成的，直接计入当期损益的手续费收入或支出。

第五十六条 企业应当分别披露以摊余成本计量的金融资产终止确认时在利润表中确认的利得和损失金额及其相关分析，包括终止确认金融资产的原因。

第四节 套期会计相关披露

第五十七条 企业应当披露与套期会计有关的下列信息：

（一）企业的风险管理策略以及如何应用该策略来管理风险；

（二）企业的套期活动可能对其未来现金流量金额、时间和不确定性的影响；

（三）套期会计对企业的资产负债表、利润表及所有者权益变动表的影响。

企业在披露套期会计相关信息时，应当合理确定披露的详细程度、披露的重点、恰当的汇总或分解水平，以及财务报表使用者是否需要额外的说明以评估企业披露的定量信息。企业按照本准则要求所确定的信息披露汇总或分解水平应当和《企业会计准则第39号——公允价值计量》的披露要求所使用的汇总或分解水平相同。

第五十八条 企业应当披露其进行套期和运用套期会计的各类风险的风险敞口的风险管理策略相关信息，从而有助于财务报表使用者评价：每类风险是如何产生的、企业是如何管理各类风险的（包括企业是对某一项目整体的所有风险进行套期还是对某一项目的单个或多个风险成分进行套期及其理由），以及企业管理风险敞口的程度。与风险管理策略相关的信息应当包括：

（一）企业指定的套期工具；

（二）企业如何运用套期工具对被套期项目的特定风险敞口进行套期；

（三）企业如何确定被套期项目与套期工具的经济关系以评估套期有效性；

（四）套期比率的确定方法；

（五）套期无效部分的来源。

第五十九条 企业将某一特定的风险成分指定为被套期项目的，除应当披露本准则第五十八条规定的相关信息外，还应当披露下列定性或定量信息：

（一）企业如何确定该风险成分，包括风险成分与项目整体之间关系性质的说明；

（二）风险成分与项目整体的关联程度（例如被指定的风险成分以往平均涵盖项目整体公允价值变动的百分比）。

第六十条 企业应当按照风险类型披露相关定量信息，从而有助于财务报表使用者评价套期工具的条款和条件及这些条款和条件如何影响企业未来现金流量的金额、时间和不确定性。这些要求披露的明细信息应当包括：

（一）套期工具名义金额的时间分布；

（二）套期工具的平均价格或利率（如适用）。

第六十一条 在因套期工具和被套期项目频繁变更而导致企业频繁地重设（即终止及重新开始）套期关系的情况下，企业无需披露本准则第六十条规定的信息，但应当披露下列信息：

（一）企业基本风险管理策略与该套期关系相关的信息；

（二）企业如何通过运用套期会计以及指定特定的套期关系来反映其风险管理策略；

（三）企业重设套期关系的频率。

在因套期工具和被套期项目频繁变更而导致企业频繁地重设套期关系的情况下，如果资产负债表日的套期关系数量并不代表本期内的正常数量，企业应当披露这一情况以及该数量不具代表性的原因。

第六十二条 企业应当按照风险类型披露在套期关系存续期内预期将影响套期关系的套期无效部分的来源，如果在套期关系中出现导致套期无效部分的其他来源，也应当按照风险类型披露相关来源及导致套期无效的原因。

第六十三条 企业应当披露已运用套期会计但预计不再发生的预期交易的现金流量套期。

第六十四条 对于公允价值套期，企业应当以表格形式、按风险类型分别披露与被套期项目相关的下列金额：

（一）在资产负债表中确认的被套期项目的账面价值，其中资产和负债应当分别单独列示；

（二）资产负债表中已确认的被套期项目的账面价值、针对被套期项目的公允价值套期调整的累计金额，其中资产和负债应当分别单独列示；

（三）包含被套期项目的资产负债表列示项目；

（四）本期用作确认套期无效部分基础的被套期项目价值变动；

（五）被套期项目为以摊余成本计量的金融工具的，若已终止针对套期利得和损失进行调整，则应披露在资产负债表中保留的公允价值套期调整的累计金额。

第六十五条 对于现金流量套期和境外经营净投资套期，企业应当以表格形式、按风险类型分别披露与被套期项目相关的下列金额：

（一）本期用作确认套期无效部分基础的被套期项目价值变动；

（二）根据《企业会计准则第24号——套期会计》第二十四条的规定继续按照套期会计处理的现金流量套期储备的余额；

（三）根据《企业会计准则第24号——套期会计》第二十七条的规定继续按照套期会计处理的境外经营净投资套期计入其他综合收益的余额；

（四）套期会计不再适用的套期关系所导致的现金流量套期储备和境外经营净投资套期中计入其他综合收益的利得和损失的余额。

第六十六条 对于每类套期类型，企业应当以表格形式、按风险类型分别披露与套期工具相关的下列金额：

（一）套期工具的账面价值，其中金融资产和金融负债应当分别单独列示；

（二）包含套期工具的资产负债表列示项目；

（三）本期用作确认套期无效部分基础的套期工具的公允价值变动；

（四）套期工具的名义金额或数量。

第六十七条 对于公允价值套期，企业应当以表格形式、按风险类型分别披露与套期工具相关的下列金额：

（一）计入当期损益的套期无效部分；

（二）计入其他综合收益的套期无效部分；

（三）包含已确认的套期无效部分的利润表列示项目。

第六十八条 对于现金流量套期和境外经营净投资套期，企业应当以表格形式、按风险类型分别披露与套期工具相关的下列金额：

（一）当期计入其他综合收益的套期利得或损失；

（二）计入当期损益的套期无效部分；

（三）包含已确认的套期无效部分的利润表列示项目；

（四）从现金流量套期储备或境外经营净投资套期计入其他综合收益的利得和损失重分类至当期损益的金额，并应区分之前已运用套期会计但因被套期项目的未来现金流量预计不再发生而转出的金额和因被套期项目影响当期损益而转出的金额；

（五）包含重分类调整的利润表列示项目；

（六）对于风险净敞口套期，计入利润表中单列项目的套期利得或损失。

第六十九条 企业按照《企业会计准则第 30 号——财务报表列报》的规定在提供所有者权益各组成部分的调节情况以及其他综合收益的分析时，应当按照风险类型披露下列信息：

（一）分别披露按照本准则第六十八条（一）和（四）的规定披露的金额；

（二）分别披露按照《企业会计准则第 24 号——套期会计》第二十五条（一）和（三）的规定处理的现金流量套期储备的金额；

（三）分别披露对与交易相关的被套期项目进行套期的期权时间价值所涉及的金额以及对与时间段相关的被套期项目进行套期的期权时间价值所涉及的金额；

（四）分别披露对与交易相关的被套期项目进行套期的远期合同的远期要素和金融工具的外汇基差所涉及的金额以及对与时间段相关的被套期项目进行套期的远期合同的远期要素和金融工具的外汇基差所涉及的金额。

第七十条 企业因使用信用衍生工具管理金融工具的信用风险敞口而将金融工具（或其一定比例）指定为以公允价值计量且其变动计入当期损益的，应当披露下列信息：

（一）对于用于管理根据《企业会计准则第 24 号——套期会计》第三十四条的规定被指定为以公允价值计量且其变动计入当期损益的金融工具信用风险敞口的信用衍生工具，每一项名义金额与当期期初和期末公允价值的调节表；

（二）根据《企业会计准则第 24 号——套期会计》第三十四条的规定将金融工具（或其一定比例）指定为以公允价值计量且其变动计入当期损益时，在损益中确认的利得或损失；

（三）当企业根据《企业会计准则第 24 号——套期会计》第三十五条的规定对该金融工具（或其一定比例）终止以公允价值计量且其变动计入当期损益时，作为其新账面价值的该金融工具的公允价值和相关的名义金额或本金金额，企业在后续期间无须继续披露这一信息，除非根据《企业会计准则第 30 号——财务报表列报》的规定需要提供比较信息。

第五节 公允价值披露

第七十一条 除了本准则第七十三条规定情况外，企业应当披露每一类金融资产和金融负债的公允价值，并与账面价值进行比较。对于在资产负债表中相互抵销的金融资产和金融负债，其公允价值应当以抵销后的金额披露。

第七十二条 金融资产或金融负债初始确认的公允价值与交易价格存在差异时，如果其公允价值并非基于相同资产或负债在活跃市场中的报价确定的，也非基于仅使用可观察市场数据的估值技术确定的，企业在初始确认金融资产或金融负债时不应确认利得或损失。在此情况下，企业应当按金融资产或金融负债的类型披露下列信息：

（一）企业在损益中确认交易价格与初始确认的公允价值之间差额时所采用的会计政策，以反映市场参与者对资产或负债进行定价时所考虑的因素（包括时间因素）的变动；

（二）该项差异期初和期末尚未在损益中确认的总额和本期变动额的调节表；

（三）企业如何认定交易价格并非公允价值的最佳证据，以及确定公允价值的证据。

第七十三条 企业可以不披露下列金融资产或金融负债的公允价值信息：

（一）账面价值与公允价值差异很小的金融资产或金融负债（如短期应收账款或应付账款）；

（二）包含相机分红特征且其公允价值无法可靠计量的合同；

（三）租赁负债。

第七十四条 在本准则第七十三条（二）所述的情况下，企业应当披露下列信息：

（一）对金融工具的描述及其账面价值，以及因公允价值无法可靠计量而未披露其公允价值的事实和说明；

（二）金融工具的相关市场信息；

（三）企业是否有意图处置以及如何处置这些金融工具；

（四）之前公允价值无法可靠计量的金融工具终止确认的，应当披露终止确认的事实，终止确认时该金融工具的账面价值和所确认的利得或损失金额。

第七章 与金融工具相关的风险披露

第一节 定性和定量信息

第七十五条 企业应当披露与各类金融工具风险相关的定性和定量信息，以便财务报表使用者评估报告期末金融工具产生的风险的性质和程度，更好地评价企业所面临的风险敞口。相关风险包括信用风险、流动性风险、市场风险等。

第七十六条 对金融工具产生的各类风险，企业应当披露下列定性信息：

（一）风险敞口及其形成原因，以及在本期发生的变化；

（二）风险管理目标、政策和程序以及计量风险的方法及其在本期发生的变化。

第七十七条 对金融工具产生的各类风险，企业应当按类别披露下列定量信息：

（一）期末风险敞口的汇总数据。该数据应当以向内部关键管理人员提供的相关信息为基础。企业运用多种方法管理风险的，披露的信息应当以最相关和可靠的方法为基础。

（二）按照本准则第七十八条至第九十七条披露的信息。

（三）期末风险集中度信息，包括管理层确定风险集中度的说明和参考因素（包括交易对手方、地理区域、货币种类、市场类型等），以及各风险集中度相关的风险敞口金额。

上述期末定量信息不能代表企业本期风险敞口情况的，应当进一步提供相关信息。

第二节 信用风险披露

第七十八条 对于适用《企业会计准则第22号——金融工具确认和计量》金融工具减值规定的各类金融工具和相关合同权利，企业应当按照本准则第八十条至第八十七条的规定披露。

对于始终按照相当于整个存续期内预期信用损失的金额计量其减值损失准备的应收款项、合同资产和租赁应收款，在逾期超过30日后对合同现金流量作出修改的，适用本准则第八十五条（一）的规定。

租赁应收款不适用本准则第八十六条（二）的规定。

第七十九条 为使财务报表使用者了解信用风险对未来现金流量的金额、时间和不确定性的影响，企业应当披露与信用风险有关的下列信息：

（一）企业信用风险管理实务的相关信息及其与预期信用损失的确认和计量的关系，包括计量金融工具预期信用损失的方法、假设和信息；

（二）有助于财务报表使用者评价在财务报表中确认的预期信用损失金额的定量和定性信息，包括预期信用损失金额的变动及其原因；

（三）企业的信用风险敞口，包括重大信用风险集中度；

（四）其他有助于财务报表使用者了解信用风险对未来现金流量金额、时间和不确定性的影响的信息。

第八十条 信用风险信息已经在其他报告（例如管理层讨论与分析）中予以披露并与财务报告交叉索引，且财务报告和其他报告可以同时同条件获得的，则信用风险信息无须重复列报。企业应当根据自身实际情况，合理确定相关披露的详细程度、汇总或分解水平以及是否需对所披露的定量信息作补充说明。

第八十一条 企业应当披露与信用风险管理实务有关的下列信息：

（一）企业评估信用风险自初始确认后是否已显著增加的方法，并披露下列信息：

1. 根据《企业会计准则第 22 号——金融资产确认和计量》第五十五条的规定，在资产负债表日只具有较低的信用风险的金融工具及其确定依据（包括适用该情况的金融工具类别）；

2. 逾期超过 30 日，而信用风险自初始确认后未被认定为显著增加的金融资产及其确定依据。

（二）企业对违约的界定及其原因。

（三）以组合为基础评估预期信用风险的金融工具的组合方法。

（四）确定金融资产已发生信用减值的依据。

（五）企业直接减记金融工具的政策，包括没有合理预期金融资产可以收回的迹象和已经直接减记但仍受执行活动影响的金融资产相关政策的信息。

（六）根据《企业会计准则第 22 号——金融工具确认和计量》第五十六条的规定评估合同现金流量修改后金融资产的信用风险的，企业应当披露其信用风险的评估方法以及下列信息：

1. 对于损失准备相当于整个存续期预期信用损失的金融资产，在发生合同现金流修改时，评估信用风险是否已下降，从而企业可以按照相当于该金融资产未来 12 个月内预期信用损失的金额确认计量其损失准备；

2. 对于符合本条（六）1 中所述的金融资产，企业应当披露其如何监控后续该金融资产的信用风险是否显著增加，从而按照相当于整个存续期预期信用损失的金额重新计量损失准备。

第八十二条 企业应当披露《企业会计准则第 22 号——金融工具确认和计量》第八章有关金融工具减值所采用的输入值、假设和估值技术等相关信息，具体包括：

（一）用于确定下列各事项或数据的输入值、假设和估计技术：

1. 未来 12 个月内预期信用损失和整个存续期的预期信用损失的计量；

2. 金融工具的信用风险自初始确认后是否已显著增加；

3. 金融资产是否已发生信用减值。

（二）确定预期信用损失时如何考虑前瞻性信息，包括宏观经济信息的使用。

（三）报告期估计技术或重大假设的变更及其原因。

第八十三条 企业应当以表格形式按金融工具的类别编制损失准备期初余额与期末余额的调节表，分别说明下列项目的变动情况：

（一）按相当于未来 12 个月预期信用损失的金额计量的损失准备。

（二）按相当于整个存续期预期信用损失的金额计量的下列各项的损失准备：

1. 自初始确认后信用风险已显著增加但并未发生信用减值的金融工具；

2. 对于资产负债表日已发生信用减值但并非购买或源生的已发生信用减值的金融资产；

3. 根据《企业会计准则第22号——金融工具确认和计量》第六十三条的规定计量减值损失准备的应收账款、合同资产和租赁应收款。

（三）购买或源生的已发生信用减值的金融资产的变动。除调节表外，企业还应当披露本期初始确认的该类金融资产在初始确认时未折现的预期信用损失总额。

第八十四条 为有助于财务报表使用者了解企业按照本准则第八十三条规定披露的损失准备变动信息，企业应当对本期发生损失准备变动的金融工具账面余额显著变动情况作出说明，这些说明信息应当包括定性和定量信息，并应当对按照本准则第八十三条规定披露损失准备的各项目分别单独披露，具体可包括下列情况下发生损失准备变动的金融工具账面余额显著变动信息：

（一）本期因购买或源生的金融工具所导致的变动。

（二）未导致终止确认的金融资产的合同现金流量修改所导致的变动。

（三）本期终止确认的金融工具（包括直接减记的金融工具）所导致的变动。

对于当期已直接减记但仍受执行活动影响的金融资产，还应当披露尚未结算的合同金额。

（四）因按照相当于未来12个月预期信用损失或整个存续期内预期信用损失金额计量损失准备而导致的金融工具账面余额变动信息。

第八十五条 为有助于财务报表使用者了解未导致终止确认的金融资产合同现金流量修改的性质和影响，及其对预期信用损失计量的影响，企业应当披露下列信息：

（一）企业在本期修改了金融资产合同现金流量，且修改前损失准备是按相当于整个存续期预期信用损失金额计量的，应当披露修改或重新议定合同前的摊余成本及修改合同现金流量的净利得或净损失；

（二）对于之前按照相当于整个存续期内预期信用损失的金额计量了损失准备的金融资产，而当期按照相当于未来12个月内预期信用损失的金额计量该金融资产的损失准备的，应当披露该金融资产在资产负债表日的账面余额。

第八十六条 为有助于财务报表使用者了解担保物或其他信用增级对源自预期信用损失的金额的影响，企业应当按照金融工具的类别披露下列信息：

（一）在不考虑可利用的担保物或其他信用增级的情况下，企业在资产负债表日的最大信用风险敞口。

（二）作为抵押持有的担保物和其他信用增级的描述，包括：

1. 所持有担保物的性质和质量的描述；

2. 本期由于信用恶化或企业担保政策变更，导致担保物或信用增级的质量发生显著变化的说明；

3. 由于存在担保物而未确认损失准备的金融工具的信息。

（三）企业在资产负债表日持有的担保物和其他信用增级为已发生信用减值的金融资产作抵押的定量信息（例如对担保物和其他信用增级降低信用风险程度的量化信息）。

第八十七条 为有助于财务报表使用者评估企业的信用风险敞口并了解其重大信用风险集中度，企业应当按照信用风险等级披露相关金融资产的账面余额以及贷款承诺和财务担保合同的信用风险敞口。这些信息应当按照下列各类金融工具分别披露：

（一）按相当于未来12个月预期信用损失的金额计量损失准备的金融工具。

（二）按相当于整个存续期预期信用损失的金额计量损失准备的下列金融工具：

1. 自初始确认后信用风险已显著增加的金融工具（但并非已发生信用减值的金融资产）；

2. 在资产负债表日已发生信用减值但并非所购买或源生的已发生信用减值的金融资产；

3. 根据《企业会计准则第22号——金融工具确认和计量》第六十三条规定计量减值损失准备的应收账款、合同资产或者租赁应收款。

（三）购买或源生的已发生信用减值的金融资产。

信用风险等级是指基于金融工具发生违约的风险对信用风险划分的等级。

第八十八条 对于属于本准则范围，但不适用《企业会计准则第22号——金融工具确认和计量》金融工具减值规定的各类金融工具，企业应当披露与每类金融工具信用风险有关的下列信息：

（一）在不考虑可利用的担保物或其他信用增级的情况下，企业在资产负债表日的最大信用风险敞口。金融工具的账面价值能代表最大信用风险敞口的，不再要求披露此项信息。

（二）无论是否适用本条（一）中的披露要求，企业都应当披露可利用担保物或其他信用增级的信息及其对最大信用风险敞口的财务影响。

第八十九条 企业本期通过取得担保物或其他信用增级所确认的金融资产或非金融资产，应当披露下列信息：

（一）所确认资产的性质和账面价值；

（二）对于不易变现的资产，应当披露处置或拟将其用于日常经营的政策等。

第三节 流动性风险披露

第九十条 企业应当披露金融负债按剩余到期期限进行的到期期限分析，以及管理这些金融负债流动性风险的方法：

（一）对于非衍生金融负债（包括财务担保合同），到期期限分析应当基于合同剩余到期期限。对于包含嵌入衍生工具的混合金融工具，应当将其整体视为非衍生金融负债进行披露。

（二）对于衍生金融负债，如果合同到期期限是理解现金流量时间分布的关键因素，到期期限分析应当基于合同剩余到期期限。

当企业将所持有的金融资产作为流动性风险管理的一部分，且披露金融资产的到期期限分析使财务报表使用者能够恰当地评估企业流动性风险的性质和范围时，企业应当披露金融资产的到期期限分析。

流动性风险，是指企业在履行以交付现金或其他金融资产的方式结算的义务时发生资金短缺的风险。

第九十一条 企业在披露到期期限分析时，应当运用职业判断确定适当的时间段。列入各时间段内按照本准则第九十条的规定披露的金额，应当是未经折现的合同现金流量。

企业可以但不限于按下列时间段进行到期期限分析：

（一）一个月以内（含一个月，下同）；

（二）一个月至三个月以内；

（三）三个月至一年以内；

（四）一年至五年以内；

（五）五年以上。

第九十二条 债权人可以选择收回债权时间的，债务人应当将相应的金融负债列入债权人可以要求收回债权的最早时间段内。

债务人应付债务金额不固定的，应当根据资产负债表日的情况确定到期期限分析所披露的金额。如分期付款的，债务人应当把每期将支付的款项列入相应的最早时间段内。

财务担保合同形成的金融负债，担保人应当将最大担保金额列入相关方可以要求支付的最早时间段内。

第九十三条 企业应当披露流动性风险敞口汇总定量信息的确定方法。此类汇总定量信息中的现金（或另一项金融资产）流出符合下列条件之一的，应当说明相关事实，并提供有助于评价该风险程度的额外定量信息：

（一）该现金的流出可能显著早于汇总定量信息中所列示的时间。

（二）该现金的流出可能与汇总定量信息中所列示的金额存在重大差异。

如果以上信息已包括在本准则第九十条规定的到期期限分析中，则无须披露上述额外定量信息。

第四节 市场风险披露

第九十四条 金融工具的市场风险，是指金融工具的公允价值或未来现金流量因市场价格变动而发生波动的风险，包括汇率风险、利率风险和其他价格风险。

汇率风险，是指金融工具的公允价值或未来现金流量因外汇汇率变动而发生波动的风险。汇率风险可源于以记账本位币之外的外币进行计价的金融工具。

利率风险，是指金融工具的公允价值或未来现金流量因市场利率变动而发生波动的风险。利率风险可源于已确认的计息金融工具和未确认的金融工具（如某些贷款承诺）。

其他价格风险，是指金融工具的公允价值或未来现金流量因汇率风险和利率风险以外的市场价格变动而发生波动的风险，无论这些变动是由于与单项金融工具或其发行方有关的因素而引起的，还是由于与市场内交易的所有类似金融工具有关的因素而引起的。其他价格风险可源于商品价格或权益工具价格等的变化。

第九十五条 在对市场风险进行敏感性分析时，应当以整个企业为基础，披露下列信息：

（一）资产负债表日所面临的各类市场风险的敏感性分析。该项披露应当反映资产负债表日相关风险变量发生合理、可能的变动时，将对企业损益和所有者权益产生的影响。

对具有重大汇率风险敞口的每一种货币，应当分币种进行敏感性分析。

（二）本期敏感性分析所使用的方法和假设，以及本期发生的变化和原因。

第九十六条 企业采用风险价值法或类似方法进行敏感性分析能够反映金融风险变量之间（如利率和汇率之间等）的关联性，且企业已采用该种方法管理金融风险的，可不按照本准则第九十五条的规定进行披露，但应当披露下列信息：

（一）用于该种敏感性分析的方法、选用的主要参数和假设；

（二）所用方法的目的，以及该方法提供的信息在反映相关资产和负债公允价值方面的局限性。

第九十七条 按照本准则第九十五条或第九十六条对敏感性分析的披露不能反映金融工具市场风险的（例如期末的风险敞口不能反映当期的风险状况），企业应当披露这一事实及其原因。

第八章　金融资产转移的披露

第九十八条 企业应当就资产负债表日存在的所有未终止确认的已转移金融资产，以及对已转移金融资产的继续涉入，按本准则要求单独披露。

本章所述的金融资产转移，包括下列两种情形：

（一）企业将收取金融资产现金流量的合同权利转移给另一方。

（二）企业保留了收取金融资产现金流量的合同权利，但承担了将收取的现金流量支付给一个或多个最终收款方的合同义务。

第九十九条 企业对于金融资产转移所披露的信息，应当有助于财务报表使用者了解未整体终止确认的已转移金融资产与相关负债之间的关系，评价企业继续涉入已终止确认金融资产的性质和相关风险。

企业按照本准则第一百零一条和第一百零二条所披露信息不能满足本条前款要求的，应当披露其他补充信息。

第一百条 本章所述的继续涉入，是指企业保留了已转移金融资产中内在的合同权利或义务，或者取得了与已转移金融资产相关的新合同权利或义务。转出方与转入方签订的转让协议或与第三方单独签订的与转让相关的协议，都有可能形成对已转移金融资产的继续涉入。如果企业对已转移金融资产的未来业绩不享有任何利益，也不承担与已转移金融资产相关的任何未来支付义务，则不形成继续涉入。下列情形不形成继续涉入：

（一）与转移的真实性以及合理、诚信和公平交易等原则有关的常规声明和保证，这些声明和保证可能因法律行为导致转移无效。

（二）以公允价值回购已转移金融资产的远期、期权和其他合同。

（三）使企业保留了收取金融资产现金流量的合同权利但承担了将收取的现金流量支付给一个或多个最终收款方的合同义务的安排，且这类安排满足《企业会计准则第23号——金融资产转移》第六条（二）中的三个条件。

第一百零一条 对于已转移但未整体终止确认的金融资产，企业应当按照类别披露下列信息：

（一）已转移金融资产的性质；

（二）仍保留的与所有权有关的风险和报酬的性质；

（三）已转移金融资产与相关负债之间关系的性质，包括因转移引起的对企业使用已转移金融资产的限制；

（四）在转移金融资产形成的相关负债的交易对手方仅对已转移金融资产有追索权的情况下，应当以表格形式披露所转移金融资产和相关负债的公允价值以及净头寸，即已转移金融资产和相关负债公允价值之间的差额；

（五）继续确认已转移金融资产整体的，披露已转移金融资产和相关负债的账面价值；

（六）按继续涉入程度确认所转移金融资产的，披露转移前该金融资产整体的账面价值、按继续涉入程度确认的资产和相关负债的账面价值。

第一百零二条 对于已整体终止确认但转出方继续涉入已转移金融资产的，企业应当至少按照类别披露下列信息：

（一）因继续涉入确认的资产和负债的账面价值和公允价值，以及在资产负债表中对应的项目。

（二）因继续涉入导致企业发生损失的最大风险敞口及确定方法。

（三）应当或可能回购已终止确认的金融资产需要支付的未折现现金流量（如期权协议中的行权价格）或其他应向转入方支付的款项，以及对这些现金流量或款项的到期期限分析。如果到期期限可能为一个区间，应当以企业必须或可能支付的最早日期为依据归入相应的时间段。到期期限分析应当分别反映企业应当支付的现金流量（如远期合同）、企业可能支付的现金流量（如签出看跌期权）以及企业可选择支付的现金流量（如购入看涨期权）。在现金流量不固定的情形下，上述金额应当基于每个资产负债表日的情况披露。

（四）对本条（一）至（三）定量信息的解释性说明，包括对已转移金融资产、继续涉入的性质和目的，以及企业所面临风险的描述等。其中，对企业所面临风险的描述包括下列各项：

1. 企业对继续涉入已终止确认金融资产的风险进行管理的方法；

2. 企业是否应先于其他方承担有关损失，以及先于本企业承担损失的其他方应承担损失的顺序及金额；

3. 企业向已转移金融资产提供财务支持或回购该金融资产的义务的触发条件。

（五）金融资产转移日确认的利得或损失，以及因继续涉入已终止确认金融资产当期和累计确认的收益或费用（如衍生工具的公允价值变动）。

（六）终止确认产生的收款总额在本期分布不均衡的（例如大部分转移金额在临近报告期末发生），企业应当披露本期最大转移活动发生的时间段、该段期间所确认的金额（如相关利得或损失）和收款总额。

企业在披露本条所规定的信息时，应当按照其继续涉入面临的风险敞口类型分类汇总披露。例如，可按金融工具类别（如附担保或看涨期权继续涉入方式）或转让类型（如应收账款保理、证券化和融券）分类汇总披露。企业对某项终止确认的金融资产存在多种继续涉入方式的，可按其中一类汇总披露。

第一百零三条 企业按照本准则第一百条的规定确定是否继续涉入已转移金融资产时，应当以自身财务报告为基础进行考虑。

第九章　衔 接 规 定

第一百零四条 自本准则施行日起，企业应当按照本准则的要求列报金融工具相关信息。企业比较财务报表列报的信息与本准则要求不一致的，不需要按照本准则的要求进行调整。

第十章　附　　则

第一百零五条 本准则自 2018 年 1 月 1 日起施行。

财政部关于印发修订《企业会计准则第 16 号——政府补助》的通知

2017 年 5 月 10 日 财会〔2017〕15 号

国务院有关部委、有关直属机构，各省、自治区、直辖市、计划单列市财政厅（局），新疆生产建设兵团财务局，财政部驻各省、自治区、直辖市、计划单列市财政监察专员办事处，有关中央管理企业：

为了适应社会主义市场经济发展需要，规范政府补助的会计处理，提高会计信息质量，根据《企业会计准则——基本准则》，我部对《企业会计准则第 16 号——政府补助》进行了修订，现予印发，在所有执行企业会计准则的企业范围内施行。

执行中有何问题，请及时反馈我部。

附件：企业会计准则第 16 号——政府补助

附件：

企业会计准则第 16 号——政府补助

第一章 总 则

第一条 为了规范政府补助的确认、计量和列报，根据《企业会计准则——基本准则》，制定本准则。

第二条 本准则中的政府补助，是指企业从政府无偿取得货币性资产或非货币性资产。

第三条 政府补助具有下列特征：

（一）来源于政府的经济资源。对于企业收到的来源于其他方的补助，有确凿证据表明政府是补助的实际拨付者，其他方只起到代收代付作用的，该项补助也属于来源于政府的经济资源。

（二）无偿性。即企业取得来源于政府的经济资源，不需要向政府交付商品或服务等对价。

第四条 政府补助分为与资产相关的政府补助和与收益相关的政府补助。

与资产相关的政府补助，是指企业取得的、用于购建或以其他方式形成长期资产的政府补助。

与收益相关的政府补助，是指除与资产相关的政府补助之外的政府补助。

第五条 下列各项适用其他相关会计准则：

（一）企业从政府取得的经济资源，如果与企业销售商品或提供服务等活动密切相关，且是企业商品或服务的对价或者是对价的组成部分，适用《企业会计准则第 14 号——收入》等相关会计准则。

（二）所得税减免，适用《企业会计准则第 18 号——所得税》。

政府以投资者身份向企业投入资本，享有相应的所有者权益，不适用本准则。

第二章 确认和计量

第六条 政府补助同时满足下列条件的，才能予以确认：

（一）企业能够满足政府补助所附条件；

（二）企业能够收到政府补助。

第七条 政府补助为货币性资产的，应当按照收到或应收的金额计量。

政府补助为非货币性资产的，应当按照公允价值计量；公允价值不能可靠取得的，按照名义金额计量。

第八条 与资产相关的政府补助，应当冲减相关资产的账面价值或确认为递延收益。与资产相关的政府补助确认为递延收益的，应当在相关资产使用寿命内按照合理、系统的方法分期计入损益。按照名义金额计量的政府补助，直接计入当期损益。

相关资产在使用寿命结束前被出售、转让、报废或发生毁损的，应当将尚未分配的相关递延收益余额转入资产处置当期的损益。

第九条 与收益相关的政府补助，应当分情况按照以下规定进行会计处理：

（一）用于补偿企业以后期间的相关成本费用或损失的，确认为递延收益，并在确认相关成本费用或损失的期间，计入当期损益或冲减相关成本；

（二）用于补偿企业已发生的相关成本费用或损失的，直接计入当期损益或冲减相关成本。

第十条 对于同时包含与资产相关部分和与收益相关部分的政府补助，应当区分不同部分分别进行会计处理；难以区分的，应当整体归类为与收益相关的政府补助。

第十一条 与企业日常活动相关的政府补助，应当按照经济业务实质，计入其他收益或冲减相关成本费用。与企业日常活动无关的政府补助，应当计入营业外收支。

第十二条 企业取得政策性优惠贷款贴息的，应当区分财政将贴息资金拨付给贷款银行和财政将贴息资金直接拨付给企业两种情况，分别按照本准则第十三条和第十四条进行会计处理。

第十三条 财政将贴息资金拨付给贷款银行，由贷款银行以政策性优惠利率向企业提供贷款的，企业可以选择下列方法之一进行会计处理：

（一）以实际收到的借款金额作为借款的入账价值，按照借款本金和该政策性优惠利率计算相关借款费用。

（二）以借款的公允价值作为借款的入账价值并按照实际利率法计算借款费用，实际收到的金额与借款公允价值之间的差额确认为递延收益。递延收益在借款存续期内采用实际利率法摊销，冲减相关借款费用。

企业选择了上述两种方法之一后，应当一致地运用，不得随意变更。

第十四条 财政将贴息资金直接拨付给企业，企业应当将对应的贴息冲减相关借款费用。

第十五条 已确认的政府补助需要退回的，应当在需要退回的当期分情况按照以下规定进行会计处理：

（一）初始确认时冲减相关资产账面价值的，调整资产账面价值；

（二）存在相关递延收益的，冲减相关递延收益账面余额，超出部分计入当期损益；

（三）属于其他情况的，直接计入当期损益。

第三章　列　　报

第十六条 企业应当在利润表中的“营业利润”项目之上单独列报“其他收益”项目，计入其他收益的政府补助在该项目中反映。

第十七条 企业应当在附注中单独披露与政府补助有关的下列信息：

（一）政府补助的种类、金额和列报项目；

（二）计入当期损益的政府补助金额；

（三）本期退回的政府补助金额及原因。

第四章　衔接规定

第十八条 企业对2017年1月1日存在的政府补助采用未来适用法处理，对2017年1月1日至本准则施行日之间新增的政府补助根据本准则进行调整。

第五章 附 则

第十九条 本准则自2017年6月12日起施行。

第二十条 2006年2月15日财政部印发的《财政部关于印发〈企业会计准则第1号——存货〉等38项具体准则的通知》（财会〔2006〕3号）中的《企业会计准则第16号——政府补助》同时废止。

财政部此前发布的有关政府补助会计处理规定与本准则不一致的，以本准则为准。

财政部关于印发《企业会计准则解释第9号——关于权益法下投资净损失的会计处理》的通知

2017年6月12日 财会〔2017〕16号

国务院有关部委、有关直属机构，各省、自治区、直辖市、计划单列市财政厅（局），新疆生产建设兵团财务局，财政部驻各省、自治区、直辖市、计划单列市财政监察专员办事处，有关中央管理企业：

为了深入贯彻实施企业会计准则，解决执行中出现的问题，同时，实现企业会计准则持续趋同和等效，我部制定了《企业会计准则解释第9号——关于权益法下投资净损失的会计处理》，现予印发，请遵照执行。

附件：企业会计准则解释第9号——关于权益法下投资净损失的会计处理

附件：

企业会计准则解释第9号——关于权益法下投资净损失的会计处理

一、涉及的主要准则

该问题主要涉及《企业会计准则第2号——长期股权投资》（财会〔2014〕14号，以下简称第2号准则）。

二、涉及的主要问题

第2号准则第十二条规定，投资方确认被投资单位发生的净亏损，应以长期股权投资的账面价值以及其他实质上构成对被投资单位净投资的长期权益（简称其他长期权益）冲减至零为限，投资方负有承担额外损失义务的除外。被投资单位以后实现净利润的，投资方在其收益分享额弥补未确认的亏损分担额后，恢复确认收益分享额。

根据上述规定，投资方在权益法下因确认被投资单位发生的其他综合收益减少净额而产生未确认投资净损失的，是否按照上述原则处理？

三、会计确认、计量和列报要求

投资方按权益法确认应分担被投资单位的净亏损或被投资单位其他综合收益减少净额，将有关长期股权投资冲减至零并产生了未确认投资净损失的，被投资单位在以后期间实现净利润或其他综合收益增加净额时，投资方应当按照以前确认或登记有关投资净损失时的相反顺序进行会计处理，即依次减记未确认投资净损失金额、恢复其他长期权益和恢复长期股权投资的账面价值，同时，投资方还应当重新复核预计负债的账面价值，有关会计处理如下：

（一）投资方当期对被投资单位净利润和其他综合收益增加净额的分享额小于或等于前期未确认投资净损失的，根据登记的未确认投资净损失的类型，弥补前期未确认的应分担的被投资单位净亏损或其他综合收益减少净额等投资净损失。

（二）投资方当期对被投资单位净利润和其他综合收益增加净额的分享额大于前期未确认投资净损失的，应先按照以上（一）的规定弥补前期未确认投资净损失；对于前者大于后者的差额部分，依次恢复其他长期权益的账面价值和恢复长期股权投资的账面价值，同时按权益法确认该差额。

投资方应当按照《企业会计准则第 13 号——或有事项》的有关规定，对预计负债的账面价值进行复核，并根据复核后的最佳估计数予以调整。

四、生效日期和新旧衔接

本解释自 2018 年 1 月 1 日起施行。本解释施行前的有关业务未按照以上规定进行处理的，应进行追溯调整，追溯调整不切实可行的除外。本解释施行前已处置或因其他原因终止采用权益法核算的长期股权投资，无需追溯调整。

财政部关于印发《企业会计准则解释第 10 号——关于以使用固定资产产生的收入为基础的折旧方法》的通知

2017 年 6 月 12 日　财会〔2017〕17 号

国务院有关部委、有关直属机构，各省、自治区、直辖市、计划单列市财政厅（局），新疆生产建设兵团财务局，财政部驻各省、自治区、直辖市、计划单列市财政监察专员办事处，有关中央管理企业：

为了深入贯彻实施企业会计准则，解决执行中出现的问题，同时，实现企业会计准则持续趋同和等效，我部制定了《企业会计准则解释第 10 号——关于以使用固定资产产生的收入为基础的折旧方法》，现予印发，请遵照执行。

附件：企业会计准则解释第 10 号——关于以使用固定资产产生的收入为基础的折旧方法

附件：

企业会计准则解释第 10 号——关于以使用固定资产产生的收入为基础的折旧方法

一、涉及的主要准则

该问题主要涉及《企业会计准则第 4 号——固定资产》（财会〔2006〕3 号，以下简称第 4 号准则）。

二、涉及的主要问题

第4号准则第十七条规定，企业应当根据与固定资产有关的经济利益的预期实现方式，合理选择固定资产折旧方法。可选用的折旧方法包括年限平均法、工作量法、双倍余额递减法和年数总和法等。

根据上述规定，企业能否以包括使用固定资产在内的经济活动产生的收入为基础计提折旧？

三、会计确认、计量和列报要求

企业在按照第4号准则的上述规定选择固定资产折旧方法时，应当根据与固定资产有关的经济利益的预期消耗方式做出决定。由于收入可能受到投入、生产过程、销售等因素的影响，这些因素与固定资产有关经济利益的预期消耗方式无关，因此，企业不应以包括使用固定资产在内的经济活动所产生的收入为基础进行折旧。

四、生效日期和新旧衔接

本解释自2018年1月1日起施行，不要求追溯调整。本解释施行前已确认的相关固定资产未按本解释进行会计处理的，不调整以前各期折旧金额，也不计算累积影响数，自施行之日起在未来期间根据重新评估后的折旧方法计提折旧。

财政部关于印发《企业会计准则解释第11号——关于以使用无形资产产生的收入为基础的摊销方法》的通知

2017年6月12日 财会〔2017〕18号

国务院有关部委、有关直属机构，各省、自治区、直辖市、计划单列市财政厅（局），新疆生产建设兵团财务局，财政部驻各省、自治区、直辖市、计划单列市财政监察专员办事处，有关中央管理企业：

为了深入贯彻实施企业会计准则，解决执行中出现的问题，同时，实现企业会计准则持续趋同和等效，我部制定了《企业会计准则解释第11号——关于以使用无形资产产生的收入为基础的摊销方法》，现予印发，请遵照执行。

附件：企业会计准则解释第11号——关于以使用无形资产产生的收入为基础的摊销方法

附件：

企业会计准则解释第11号——关于以使用无形资产产生的收入为基础的摊销方法

一、涉及的主要准则

该问题主要涉及《企业会计准则第6号——无形资产》（财会〔2006〕3号，以下简称第6号准则）。

二、涉及的主要问题

第6号准则第十七条规定，企业选择的无形资产摊销方法，应当反映与该无形资产有关的经济利益的预期实现方式。无法可靠确定预期实现方式的，应当采用直线法摊销。

根据上述规定，企业能否以包括使用无形资产在内的经济活动产生的收入为基础进行摊销？

三、会计确认、计量和列报要求

企业在按照第6号准则的上述规定选择无形资产摊销方法时，应根据与无形资产有关的经济利益的预期消耗方式做出决定。由于收入可能受到投入、生产过程和销售等因素的影响，这些因素与无形资产有关经济利益的预期消耗方式无关，因此，企业通常不应以包括使用无形资产在内的经济活动所产生的收入为基础进行摊销，但是，下列极其有限的情况除外：

1. 企业根据合同约定确定无形资产固有的根本性限制条款（如无形资产的使用时间、使用无形资产生产产品的数量或因使用无形资产而应取得固定的收入总额）的，当该条款为因使用无形资产而应取得的固定的收入总额时，取得的收入可以成为摊销的合理基础，如企业获得勘探开采黄金的特许权，且合同明确规定该特许权在销售黄金的收入总额达到某固定的金额时失效。

2. 有确凿的证据表明收入的金额和无形资产经济利益的消耗是高度相关的。

企业采用车流量法对高速公路经营权进行摊销的，不属于以包括使用无形资产在内的经济活动产生的收入为基础的摊销方法。

四、生效日期和新旧衔接

本解释自2018年1月1日起施行，不要求追溯调整。本解释施行前已确认的无形资产未按本解释进行会计处理的，不调整以前各期摊销金额，也不计算累积影响数，自施行之日起在未来期间根据重新评估后的摊销方法计提摊销。

财政部关于印发《企业会计准则解释第12号——关于关键管理人员服务的提供方与接受方是否为关联方》的通知

2017年6月12日　财会〔2017〕19号

国务院有关部委、有关直属机构，各省、自治区、直辖市、计划单列市财政厅（局），新疆生产建设兵团财务局，财政部驻各省、自治区、直辖市、计划单列市财政监察专员办事处，有关中央管理企业：

为了深入贯彻实施企业会计准则，解决执行中出现的问题，同时，实现企业会计准则持续趋同和等效，我部制定了《企业会计准则解释第12号——关于关键管理人员服务的提供方与接受方是否为关联方》，现予印发，请遵照执行。

附件：企业会计准则解释第12号——关于关键管理人员服务的提供方与接受方是否为关联方

附件：

企业会计准则解释第12号——关于关键管理人员服务的提供方与接受方是否为关联方

一、涉及的主要准则

该问题主要涉及《企业会计准则第36号——关联方披露》（财会〔2006〕3号，以下简称第36号准则）。

二、涉及的主要问题

根据第36号准则第四条，企业的关键管理人员构成该企业的关联方。

根据上述规定，提供关键管理人员服务的主体（以下简称服务提供方）与接受该服务的主体（以下简称服务接受方）之间是否构成关联方？例如，证券公司与其设立并管理的资产管理计划之间存在提供和接受关键管理人员服务的关系的，是否仅因此就构成了关联方，即证券公司在财务报表中是否将资产管理计划作为关联方披露，以及资产管理计划在财务报表中是否将证券公司作为关联方披露。

三、会计确认、计量和列报要求

服务提供方向服务接受方提供关键管理人员服务的，服务接受方在编制财务报表时，应当将服务提供方作为关联方进行相关披露；服务提供方在编制财务报表时，不应仅仅因为向服务接受方提供了关键管理人员服务就将其认定为关联方，而应当按照第36号准则判断双方是否构成关联方并进行相应的会计处理。

服务接受方可以不披露服务提供方所支付或应支付给服务提供方有关员工的报酬，但应当披露其接受服务而应支付的金额。

四、生效日期和新旧衔接

本解释自2018年1月1日起施行，不要求追溯调整。

财政部关于保险公司执行新金融工具相关会计准则有关过渡办法的通知

2017年6月22日　财会〔2017〕20号

国务院有关部委、有关直属机构，各省、自治区、直辖市、计划单列市财政厅（局），新疆生产建设兵团财务局，财政部驻各省、自治区、直辖市、计划单列市财政监察专员办事处，有关中央管理企业：

为规范保险公司执行财政部于2017年3月31日发布的《企业会计准则第22号——金融工具确认和计量》（财会〔2017〕7号）、《企业会计准则第23号——金融资产转移》（财会〔2017〕8号）、《企业会计准则第24号——套期会计》（财会〔2017〕9号）和2017年5月2日发布的《企业会计准则第37号——金融工具列报》（财会〔2017〕14号）等准则（以下简称新金融工具相关会计准则），确保新旧会计准则平稳过渡，现通知如下：

一、保险公司执行新金融工具相关会计准则的时间安排

（一）在境内外同时上市的保险公司以及在境外上市并采用国际财务报告准则或企业会计准则编制财务报告的保险公司，符合本办法第二部分规定的“保险公司暂缓执行新金融工具相关会计准则的条件”的，允许暂缓至 2021 年 1 月 1 日起执行新金融工具相关会计准则，并应当按照本办法第三部分规定的要求补充披露相关信息；不符合本办法第二部分规定条件的，自 2018 年 1 月 1 日起执行新金融工具相关会计准则。

（二）其他保险公司自 2021 年 1 月 1 日起执行新金融工具相关会计准则。

鼓励保险公司提前执行新金融工具相关会计准则。

二、保险公司暂缓执行新金融工具相关会计准则的条件

保险公司可以暂缓执行新金融工具相关会计准则的，其活动应当主要与保险相关联。保险公司应当以其 2015 年 12 月 31 日的财务状况为基础判断其活动是否主要与保险相关联。

（一）保险公司的活动是否主要与保险相关联的判断标准

1. 同时满足下列条件的，保险公司的活动主要与保险相关联：

（1）保险合同（包括保险混合合同分拆的存款成分和嵌入衍生工具）产生的负债的账面价值与所有负债的账面价值总额相比是重大的；

（2）与保险相关联的负债的账面价值占所有负债的账面价值总额的比例大于 90% 的，或者保险公司不从事与保险无关联的重大活动且与保险相关联的负债的账面价值占所有负债的账面价值总额的比例小于等于 90% 但大于 80% 的。

2. 与保险相关联的负债包括：

（1）保险合同（包括混合合同分拆前的存款成分和嵌入衍生工具）产生的负债；

（2）以公允价值计量且其变动计入当期损益的非衍生投资合同负债；

（3）因保险公司发行或履行上述（1）和（2）的合同义务所产生的负债，包括用于降低上述相关合同风险的衍生工具负债、由上述合同负债产生的应纳税暂时性差异所确认的递延所得税负债，以及公司发行的、包含在其监管资本中的债务工具等。

3. 保险公司在评估其是否从事与保险无关联的重大活动时，应当仅针对其可能赚取收益和产生费用的活动，并应当考虑有关定量因素或定性因素，包括可公开获得信息，例如财务报表使用者采用的该保险公司的行业分类等信息。

（二）保险公司活动发生变化时的处理

保险公司根据其 2015 年 12 月 31 日的财务状况判断满足暂缓执行新金融工具相关会计准则条件的，在之后的财务报告期间，只有在公司根据本办法规定的活动发生变化时，才应当在其活动发生变化的首个年度财务报告日重新评估其活动是否仍然主要与保险相关联。保险公司重新评估后发现其不再符合暂缓执行新金融工具相关会计准则的条件的，应当自活动发生变化后的第二个年度财务报告日之后开始执行新金融工具相关会计准则，但不得晚于 2021 年 1 月 1 日。

保险公司根据其 2015 年 12 月 31 日的财务状况判断不满足暂缓执行新金融工具相关会计准则条件的，只有在 2018 年 12 月 31 日之前且公司根据本办法规定的活动发生变化时，才允许公司重新评估其活动是否主要与保险相关联。保险公司重新评估后发现其符合暂缓执行新金融工具相关会计准则的条件的，允许按照本办法的规定暂缓执行新金融工具相关会计准则，但不得晚于 2021 年 1 月 1 日；反之，保险公司应当按照本办法的规定，执行新金融工具相关会计准则。

1. 保险公司同时发生下列情况时，表明其活动发生了变化：

（1）该变化是由企业内部或外部因素的变化所导致并由企业高级管理人员所决定的。

（2）该变化对企业的经营而言是重大的。

（3）该变化能够向外部有关方面予以证明。

以上情况仅在保险公司开始或停止对其业务有重大影响的行动或者显著改变其活动规模时发生（如当企业已经获得、处置或终止业务线时），因此，在实务中，保险公司的活动发生变化的情况非常罕见。

2. 保险公司发生下列情况时，不视为其活动发生变化：

（1）融资结构发生变化，但不影响其赚取收益和发生费用的活动。

（2）计划出售业务线，即使公司将相关资产和负债归类为持有待售类别。出售业务线计划未来可能改变其活动并导致重新评估，但它不影响当前公司资产负债表上所确认的负债。

（三）对联营企业和合营企业统一会计政策的豁免

企业根据相关企业会计准则规定对其联营企业或合营企业采用权益法进行会计处理时，应统一联营企业或合营企业的会计政策。发生以下情形的，企业可以不进行统一会计政策的调整：

（1）企业执行新金融工具相关会计准则，但其联营企业或合营企业暂缓执行新金融工具相关会计准则。

（2）企业暂缓执行新金融工具相关会计准则，但联营企业或合营企业执行新金融工具相关会计准则。

企业可以对每个联营企业或合营企业单独选择是否进行统一会计政策的调整。该豁免在 2021 年 1 月 1 日后的财务报告期间不再适用。

保险集团合并财务报表符合本办法暂缓执行新金融工具相关会计准则条件并选择暂缓执行新金融工具相关会计准则的，其母公司可以适用本办法暂缓执行。

三、保险公司暂缓执行新金融工具相关会计准则的补充披露要求

保险公司暂缓执行新金融工具相关会计准则的，应当在其自 2018 年 1 月 1 日起所编制年度财务报告中补充披露相关信息，从而有助于其财务报告使用者理解其暂缓执行新金融工具相关会计准则的依据，并便于财务报告使用者将其与执行新金融工具相关会计准则的企业进行比较。

（一）保险公司符合条件并选择暂缓执行新金融工具相关会计准则的，应当披露以下信息：

1. 符合暂缓执行新金融工具相关会计准则条件的依据。

2. 保险合同（包括混合合同分拆前的存款成分和嵌入衍生工具）产生的负债的账面价值占所有负债的账面价值总额的比例小于等于 90% 时，除保险合同产生的负债以外的其他与保险相关联的负债的性质和账面价值。

3. 与保险相关联的负债的账面价值占所有负债的账面价值总额的比例小于等于 90% 但大于 80% 时，公司不从事与保险无关的重大活动的依据。

（二）保险公司因其活动发生变化进行重新评估后，不再符合暂缓执行新金融工具相关会计准则条件的，应当在开始执行新金融工具相关会计准则之前的每个年度财务报告期间披露以下信息：

1. 不再符合暂缓执行新金融工具相关会计准则条件的事实；

2. 活动发生变化的日期；

3. 活动发生变化的详细情况，以及该变化对财务报表影响的定性描述。

（三）保险公司因其活动发生变化重新评估后，开始符合条件并选择暂缓执行新金融工具相关会计准则的，应当披露以下信息：

1. 重新评估的理由；

2. 活动发生变化的日期；

3. 活动发生变化的详细情况，以及该变化对财务报表影响的定性描述。

（四）保险公司符合条件并选择暂缓执行新金融工具相关会计准则的，应当分别披露以下两组金融资

产在财务报告日的公允价值和本期公允价值变动额：

1. 符合《企业会计准则第22号——金融工具确认和计量》规定的、在特定日期产生的合同现金流量仅为对本金和以未偿付本金金额为基础的利息的支付的金融资产（不包括按照《企业会计准则第22号——金融工具确认和计量》规定的交易性金融资产和以公允价值为基础进行管理与业绩评价的金融资产）。

2. 除上述1之外的其他所有金融资产，包括：

（1）在特定日期产生的合同现金流量不是仅为对本金和以未偿付本金金额为基础的利息的支付的金融资产。

（2）符合《企业会计准则第22号——金融工具确认和计量》规定的交易性金融资产。

（3）以公允价值为基础进行管理和业绩评价的金融资产。

保险公司在披露上述金融资产的公允价值信息时，对于按照《企业会计准则第37号——金融工具列报》的规定，账面价值与公允价值差异很小的金融资产（如短期应收账款），可将其账面价值视为公允价值的合理近似值。同时，公司应当考虑披露的必要详细程度，以使财务报表使用者能够理解金融资产的特征。

（五）保险公司应当披露（四）1中所述金融资产的信用风险敞口信息，包括重大信用风险集中度。保险公司至少应当在财务报告日披露该类金融资产的以下信息：

1. 按信用风险等级划分的该类金融资产的账面价值（对于以摊余成本计量的金融资产应当披露其减值准备调整之前的账面余额）。

2. 在报告期末不具有较低信用风险的金融资产，其公允价值和账面价值（对于以摊余成本计量的金融资产应当披露其减值准备调整之前的账面余额）。

（六）保险公司应当披露尚未在合并财务报表中体现的与集团内某个主体相关的任何公开可用的关于执行新金融工具相关会计准则的信息。例如，企业集团内某个子公司的个别财务报表执行了新金融工具相关会计准则。

（七）企业对其联营企业或合营企业采用权益法进行会计处理时选择不进行统一会计政策调整的，应当披露该事实。

（八）企业执行新金融工具相关会计准则，但其联营企业或合营企业暂缓执行新金融工具相关会计准则的，企业在其合并财务报表附注中应当补充披露以下信息：

1. 对企业具有重要性的每个联营企业或合营企业的有关上述（一）至（六）的披露内容。所披露的金额应当为反映企业采用权益法进行调整后的联营企业或合营企业财务报表中的金额，而不是企业在这些金额中的份额。

2. 对企业不具有重要性的所有联营企业和合营企业的有关上述（一）至（六）的披露内容中的汇总定量信息。所披露的金额应当为反映企业采用权益法进行调整后企业在联营企业或合营企业中所占份额。同时，企业应当将联营企业和合营企业的金额分开披露。

财政部关于印发《小企业内部控制规范（试行）》的通知

2017年6月29日　财会〔2017〕21号

中共中央直属机关事务管理局、国家机关事务管理局财务司，各省、自治区、直辖市、计划单列市财政厅（局），新疆生产建设兵团财务局：

为贯彻落实党中央、国务院关于“稳增长、促改革、调结构、惠民生、防风险”的有关要求，引导和推动小企业加强内部控制建设，提升经营管理水平和风险防范能力，促进小企业健康可持续发展，根据《中华人民共和国会计法》《中华人民共和国公司法》等法律法规及《企业内部控制基本规范》，财政部制定了《小企业内部控制规范（试行）》，现予印发。请各小企业参照执行。

执行中有何问题，请及时反馈我们。

附件：小企业内部控制规范（试行）

附件：

小企业内部控制规范（试行）

第一章 总　则

第一条 为了指导小企业建立和有效实施内部控制，提高经营管理水平和风险防范能力，促进小企业健康可持续发展，根据《中华人民共和国会计法》《中华人民共和国公司法》等法律法规及《企业内部控制基本规范》，制定本规范。

第二条 本规范适用于在中华人民共和国境内依法设立的、尚不具备执行《企业内部控制基本规范》及其配套指引条件的小企业。

小企业的划分标准按照《中小企业划型标准规定》执行。

执行《企业内部控制基本规范》及其配套指引的企业集团，其集团内属于小企业的母公司和子公司，也应当执行《企业内部控制基本规范》及其配套指引。

企业集团、母公司和子公司的定义与《企业会计准则》的规定相同。

第三条 本规范所称内部控制，是指由小企业负责人及全体员工共同实施的、旨在实现控制目标的过程。

第四条 小企业内部控制的目标是合理保证小企业经营管理合法合规、资金资产安全和财务报告信息真实完整可靠。

第五条 小企业建立与实施内部控制，应当遵循下列原则：

（一）风险导向原则。内部控制应当以防范风险为出发点，重点关注对实现内部控制目标造成重大影响的风险领域。

（二）适应性原则。内部控制应当与企业发展阶段、经营规模、管理水平等相适应，并随着情况的变化及时加以调整。

（三）实质重于形式原则。内部控制应当注重实际效果，而不局限于特定的表现形式和实现手段。

（四）成本效益原则。内部控制应当权衡实施成本与预期效益，以合理的成本实现有效控制。

第六条 小企业建立与实施内部控制应当遵循下列总体要求：

（一）树立依法经营、诚实守信的意识，制定并实施长远发展目标和战略规划，为内部控制的持续有效运行提供良好环境。

（二）及时识别、评估与实现控制目标相关的内外部风险，并合理确定风险应对策略。

（三）根据风险评估结果，开展相应的控制活动，将风险控制在可承受范围之内。

（四）及时、准确地收集、传递与内部控制相关的信息，并确保其在企业内部、企业与外部之间的有效沟通。

（五）对内部控制的建立与实施情况进行监督检查，识别内部控制存在的问题并及时督促改进。

（六）形成建立、实施、监督及改进内部控制的管理闭环，并使其持续有效运行。

第七条 小企业主要负责人对本企业内部控制的建立健全和有效实施负责。

小企业可以指定适当的部门（岗位），具体负责组织协调和推动内部控制的建立与实施工作。

第二章 内部控制建立与实施

第八条 小企业应当围绕控制目标，以风险为导向确定内部控制建设的领域，设计科学合理的控制活动或对现有控制活动进行梳理、完善和优化，确保内部控制体系能够持续有效运行。

第九条 小企业应当依据所设定的内部控制目标和内部控制建设工作规划，有针对性地选择评估对象开展风险评估。

风险评估对象可以是整个企业或某个部门，也可以是某个业务领域、某个产品或某个具体事项。

第十条 小企业应当恰当识别与控制目标相关的内外部风险，如合规性风险、资金资产安全风险、信息安全风险、合同风险等。

第十一条 小企业应当采用适当的风险评估方法，综合考虑风险发生的可能性、风险发生后可能造成的影响程度以及可能持续的时间，对识别的风险进行分析和排序，确定重点关注和优先控制的风险。

常用的风险评估方法包括问卷调查、集体讨论、专家咨询、管理层访谈、行业标杆比较等。

第十二条 小企业开展风险评估既可以结合经营管理活动进行，也可以专门组织开展。

小企业应当定期开展系统全面的风险评估。在发生重大变化以及需要对重大事项进行决策时，小企业可以相应增加风险评估的频率。

第十三条 小企业开展风险评估，可以考虑聘请外部专家提供技术支持。

第十四条 小企业应当根据风险评估的结果，制定相应的风险应对策略，对相关风险进行管理。

风险应对策略一般包括接受、规避、降低、分担等四种策略。

小企业应当将内部控制作为降低风险的主要手段，在权衡成本效益之后，采取适当的控制措施将风险控制在本企业可承受范围之内。

第十五条 小企业建立与实施内部控制应当重点关注下列管理领域：

（一）资金管理；

（二）重要资产管理（包括核心技术）；

（三）债务与担保业务管理；

（四）税费管理；

（五）成本费用管理；

（六）合同管理；

（七）重要客户和供应商管理；

（八）关键岗位人员管理；

（九）信息技术管理；

（十）其他需要关注的领域。

第十六条 小企业在建立内部控制时，应当根据控制目标，按照风险评估的结果，结合自身实际情况，制定有效的内部控制措施。

内部控制措施一般包括不相容岗位相分离控制、内部授权审批控制、会计控制、财产保护控制、单据控制等。

第十七条 不相容岗位相分离控制要求小企业根据国家有关法律法规的要求及自身实际情况，合理设置不相容岗位，确保不相容岗位由不同的人员担任，并合理划分业务和事项的申请、内部审核审批、业务执行、信息记录、内部监督等方面的责任。

因资源限制等原因无法实现不相容岗位相分离的，小企业应当采取抽查交易文档、定期资产盘点等替代性控制措施。

第十八条 内部授权审批控制要求小企业根据常规授权和特别授权的规定，明确各部门、各岗位办理业务和事项的权限范围、审批程序和相关责任。常规授权是指小企业在日常经营管理活动中按照既定的职责和程序进行的授权。特别授权是指小企业在特殊情况、特定条件下进行的授权。小企业应当严格控制特别授权。

小企业各级管理人员应当在授权范围内行使职权、办理业务。

第十九条 会计控制要求小企业严格执行国家统一的会计准则制度，加强会计基础工作，明确会计凭证、会计账簿和财务会计报告的处理程序，加强会计档案管理，保证会计资料真实完整。

小企业应当根据会计业务的需要，设置会计机构；或者在有关机构中设置会计人员并指定会计主管人员；或者委托经批准设立从事会计代理记账业务的中介机构代理记账。

小企业应当选择使用符合《中华人民共和国会计法》和国家统一的会计制度规定的会计信息系统（电算化软件）。

第二十条 财产保护控制要求小企业建立财产日常管理和定期清查制度，采取财产记录、实物保管、定期盘点、账实核对等措施，确保财产安全完整。

第二十一条 单据控制要求小企业明确各种业务和事项所涉及的表单和票据，并按照规定填制、审核、归档和保管各类单据。

第二十二条 小企业应当根据内部控制目标，综合运用上述内部控制措施，对企业面临的各类内外部风险实施有效控制。

第二十三条 小企业在采取内部控制措施时，应当对实施控制的责任人、频率、方式、文档记录等内容做出明确规定。

有条件的小企业可以采用内部控制手册等书面形式来明确内部控制措施。

第二十四条 小企业可以利用现有的管理基础，将内部控制要求与企业管理体系进行融合，提高内部控制建立与实施工作的实效性。

第二十五条 小企业在实施内部控制的过程中，可以采用灵活适当的信息沟通方式，以实现小企业内部各管理层级、业务部门之间，以及与外部投资者、债权人、客户和供应商等有关方面之间的信息畅通。

内外部信息沟通方式主要包括发函、面谈、专题会议、电话等。

第二十六条 小企业应当通过加强人员培训等方式，提高实施内部控制的责任人的胜任能力，确保内部控制得到有效实施。

第二十七条 在发生下列情形时，小企业应当评估现行的内部控制措施是否仍然适用，并对不适用的部分及时进行更新优化：

（一）企业战略方向、业务范围、经营管理模式、股权结构发生重大变化；

（二）企业面临的风险发生重大变化；

（三）关键岗位人员胜任能力不足；

（四）其他可能对企业产生重大影响的事项。

第三章 内部控制监督

第二十八条 小企业应当结合自身实际情况和管理需要建立适当的内部控制监督机制，对内部控制的建立与实施情况进行日常监督和定期评价。

第二十九条 小企业应当选用具备胜任能力的人员实施内部控制监督。

实施内部控制的责任人开展自我检查不能替代监督。

具备条件的小企业，可以设立内部审计部门（岗位）或通过内部审计业务外包来提高内部控制监督的独立性和质量。

第三十条 小企业开展内部控制日常监督应当重点关注下列情形：

（一）因资源限制而无法实现不相容岗位相分离；

（二）业务流程发生重大变化；

（三）开展新业务、采用新技术、设立新岗位；

（四）关键岗位人员胜任能力不足或关键岗位出现人才流失；

（五）可能违反有关法律法规；

（六）其他应通过风险评估识别的重大风险。

第三十一条 小企业对于日常监督中发现的问题，应当分析其产生的原因以及影响程度，制定整改措施，及时进行整改。

第三十二条 小企业应当至少每年开展一次全面系统的内部控制评价工作，并可以根据自身实际需要开展不定期专项评价。

第三十三条 小企业应当根据年度评价结果，结合内部控制日常监督情况，编制年度内部控制报告，并提交小企业主要负责人审阅。

内部控制报告至少应当包括内部控制评价的范围、内部控制中存在的问题、整改措施、整改责任人、整改时间表及上一年度发现问题的整改落实情况等内容。

第三十四条 有条件的小企业可以委托会计师事务所对内部控制的有效性进行审计。

第三十五条 小企业可以将内部控制监督的结果纳入绩效考核的范围，促进内部控制的有效实施。

第四章 附 则

第三十六条 符合《中小企业划型标准规定》所规定的微型企业标准的企业参照执行本规范。

第三十七条 对于本规范中未规定的业务活动的内部控制，小企业可以参照执行《企业内部控制基本规范》及其配套指引。

第三十八条 鼓励有条件的小企业执行《企业内部控制基本规范》及其配套指引。

第三十九条 本规范由财政部负责解释。

第四十条 本规范自2018年1月1日起施行。

财政部关于修订印发《企业会计准则第14号——收入》的通知

2017年7月5日 财会〔2017〕22号

国务院有关部委、有关直属机构，各省、自治区、直辖市、计划单列市财政厅（局），新疆生产建设兵团财务局，财政部驻各省、自治区、直辖市、计划单列市财政监察专员办事处，有关中央管理企业：

为了适应社会主义市场经济发展需要，规范收入的会计处理，提高会计信息质量，根据《企业会计准则——基本准则》，我部对《企业会计准则第14号——收入》进行了修订，现予印发。现就做好该准则实施工作通知如下：

一、在境内外同时上市的企业以及在境外上市并采用国际财务报告准则或企业会计准则编制财务报表的企业，自2018年1月1日起施行；其他境内上市企业，自2020年1月1日起施行；执行企业会计准则的非上市企业，自2021年1月1日起施行。同时，允许企业提前执行。执行本准则的企业，不再执行我部于2006年2月15日印发的《财政部关于印发〈企业会计准则第1号——存货〉等38项具体准则的通知》（财会〔2006〕3号）中的《企业会计准则第14号——收入》和《企业会计准则第15号——建造合同》，以及我部于2006年10月30日印发的《财政部关于印发〈企业会计准则——应用指南〉的通知》（财会〔2006〕18号）中的《〈企业会计准则第14号——收入〉应用指南》。

二、母公司执行本准则、但子公司尚未执行本准则的，母公司在编制合并财务报表时，应当按照本准则规定调整子公司的财务报表。母公司尚未执行本准则、而子公司已执行本准则的，母公司在编制合并财务报表时，可以将子公司的财务报表按照母公司的会计政策进行调整后合并，也可以将子公司按照本准则编制的财务报表直接合并，母公司将子公司按照本准则编制的财务报表直接合并的，应当在合并财务报表中披露该事实，并且对母公司和子公司的会计政策及其他相关信息分别进行披露。

企业对合营企业和联营企业的长期股权投资采用权益法核算的，比照上述原则进行处理，但不切实可行的除外。

三、企业以存货换取客户的固定资产、无形资产等的，按照本准则的规定进行会计处理；其他非货币性资产交换，按照《企业会计准则第7号——非货币性资产交换》的规定进行会计处理。

执行中有何问题，请及时反馈我部。

附件：企业会计准则第14号——收入

附件：

企业会计准则第14号——收入

第一章 总 则

第一条 为了规范收入的确认、计量和相关信息的披露，根据《企业会计准则——基本准则》，制定本准则。

第二条 收入，是指企业在日常活动中形成的、会导致所有者权益增加的、与所有者投入资本无关的经济利益的总流入。

第三条 本准则适用于所有与客户之间的合同，但下列各项除外：

（一）由《企业会计准则第2号——长期股权投资》、《企业会计准则第22号——金融工具确认和计量》、《企业会计准则第23号——金融资产转移》、《企业会计准则第24号——套期会计》、《企业会计准则第33号——合并财务报表》以及《企业会计准则第40号——合营安排》规范的金融工具及其他合同权利和义务，分别适用《企业会计准则第2号——长期股权投资》、《企业会计准则第22号——金融工具确认和计量》、《企业会计准则第23号——金融资产转移》、《企业会计准则第24号——套期会计》、《企业会计准则第33号——合并财务报表》以及《企业会计准则第40号——合营安排》。

（二）由《企业会计准则第21号——租赁》规范的租赁合同，适用《企业会计准则第21号——租赁》。

（三）由保险合同相关会计准则规范的保险合同，适用保险合同相关会计准则。

本准则所称客户，是指与企业订立合同以向该企业购买其日常活动产出的商品或服务（以下简称“商品”）并支付对价的一方。

本准则所称合同，是指双方或多方之间订立有法律约束力的权利义务的协议。合同有书面形式、口头形式以及其他形式。

第二章 确 认

第四条 企业应当在履行了合同中的履约义务，即在客户取得相关商品控制权时确认收入。

取得相关商品控制权，是指能够主导该商品的使用并从中获得几乎全部的经济利益。

第五条 当企业与客户之间的合同同时满足下列条件时，企业应当在客户取得相关商品控制权时确认收入：

（一）合同各方已批准该合同并承诺将履行各自义务；

（二）该合同明确了合同各方与所转让商品或提供劳务（以下简称“转让商品”）相关的权利和义务；

（三）该合同有明确的与所转让商品相关的支付条款；

（四）该合同具有商业实质，即履行该合同将改变企业未来现金流量的风险、时间分布或金额；

（五）企业因向客户转让商品而有权取得的对价很可能收回。

在合同开始日即满足前款条件的合同，企业在后续期间无需对其进行重新评估，除非有迹象表明相关事实和情况发生重大变化。合同开始日通常是指合同生效日。

第六条 在合同开始日不符合本准则第五条规定的合同，企业应当对其进行持续评估，并在其满足本准则第五条规定时按照该条的规定进行会计处理。

对于不符合本准则第五条规定的合同，企业只有在不再负有向客户转让商品的剩余义务，且已向客户收取的对价无需退回时，才能将已收取的对价确认为收入；否则，应当将已收取的对价作为负债进行会计处理。没有商业实质的非货币性资产交换，不确认收入。

第七条 企业与同一客户（或该客户的关联方）同时订立或在相近时间内先后订立的两份或多份合同，在满足下列条件之一时，应当合并为一份合同进行会计处理：

（一）该两份或多份合同基于同一商业目的而订立并构成一揽子交易。

（二）该两份或多份合同中的一份合同的对价金额取决于其他合同的定价或履行情况。

（三）该两份或多份合同中所承诺的商品（或每份合同中所承诺的部分商品）构成本准则第九条规定的单项履约义务。

第八条 企业应当区分下列三种情形对合同变更分别进行会计处理：

（一）合同变更增加了可明确区分的商品及合同价款，且新增合同价款反映了新增商品单独售价的，应当将该合同变更部分作为一份单独的合同进行会计处理。

（二）合同变更不属于本条（一）规定的情形，且在合同变更日已转让的商品或已提供的服务（以下简称“已转让的商品”）与未转让的商品或未提供的服务（以下简称“未转让的商品”）之间可明确区分的，应当视为原合同终止，同时，将原合同未履约部分与合同变更部分合并为新合同进行会计处理。

（三）合同变更不属于本条（一）规定的情形，且在合同变更日已转让的商品与未转让的商品之间不可明确区分的，应当将该合同变更部分作为原合同的组成部分进行会计处理，由此产生的对已确认收入的影响，应当在合同变更日调整当期收入。

本准则所称合同变更，是指经合同各方批准对原合同范围或价格作出的变更。

第九条 合同开始日，企业应当对合同进行评估，识别该合同所包含的各单项履约义务，并确定各单项履约义务是在某一时段内履行，还是在某一时点履行，然后，在履行了各单项履约义务时分别确认收入。

履约义务，是指合同中企业向客户转让可明确区分商品的承诺。履约义务既包括合同中明确的承诺，也包括由于企业已公开宣布的政策、特定声明或以往的习惯做法等导致合同订立时客户合理预期企业将履行的承诺。企业为履行合同而应开展的初始活动，通常不构成履约义务，除非该活动向客户转让了承诺的商品。

企业向客户转让一系列实质相同且转让模式相同的、可明确区分商品的承诺，也应当作为单项履约义务。

转让模式相同，是指每一项可明确区分商品均满足本准则第十一条规定的、在某一时段内履行履约义务的条件，且采用相同方法确定其履约进度。

第十条 企业向客户承诺的商品同时满足下列条件的，应当作为可明确区分商品：

（一）客户能够从该商品本身或从该商品与其他易于获得资源一起使用中受益；

（二）企业向客户转让该商品的承诺与合同中其他承诺可单独区分。

下列情形通常表明企业向客户转让该商品的承诺与合同中其他承诺不可单独区分：

1. 企业需提供重大的服务以将该商品与合同中承诺的其他商品整合成合同约定的组合产出转让给客户。

2. 该商品将对合同中承诺的其他商品予以重大修改或定制。

3. 该商品与合同中承诺的其他商品具有高度关联性。

第十一条 满足下列条件之一的，属于在某一时段内履行履约义务；否则，属于在某一时点履行履约义务：

（一）客户在企业履约的同时即取得并消耗企业履约所带来的经济利益。

（二）客户能够控制企业履约过程中在建的商品。

（三）企业履约过程中所产出的商品具有不可替代用途，且该企业在整个合同期间内有权就累计至今已完成的履约部分收取款项。

具有不可替代用途，是指因合同限制或实际可行性限制，企业不能轻易地将商品用于其他用途。

有权就累计至今已完成的履约部分收取款项，是指在由于客户或其他方原因终止合同的情况下，企业有权就累计至今已完成的履约部分收取能够补偿其已发生成本和合理利润的款项，并且该权利具有法律约束力。

第十二条 对于在某一时段内履行的履约义务，企业应当在该段时间内按照履约进度确认收入，但是，履约进度不能合理确定的除外。企业应当考虑商品的性质，采用产出法或投入法确定恰当的履约进度。其中，产出法是根据已转移给客户的商品对于客户的价值确定履约进度；投入法是根据企业为履行履约义务的投入确定履约进度。对于类似情况下的类似履约义务，企业应当采用相同的方法确定履约进度。

当履约进度不能合理确定时，企业已经发生的成本预计能够得到补偿的，应当按照已经发生的成本金额确认收入，直到履约进度能够合理确定为止。

第十三条 对于在某一时点履行的履约义务，企业应当在客户取得相关商品控制权时点确认收入。在判断客户是否已取得商品控制权时，企业应当考虑下列迹象：

（一）企业就该商品享有现时收款权利，即客户就该商品负有现时付款义务。

（二）企业已将该商品的法定所有权转移给客户，即客户已拥有该商品的法定所有权。

（三）企业已将该商品实物转移给客户，即客户已实物占有该商品。

（四）企业已将该商品所有权上的主要风险和报酬转移给客户，即客户已取得该商品所有权上的主要风险和报酬。

（五）客户已接受该商品。

（六）其他表明客户已取得商品控制权的迹象。

第三章 计　　量

第十四条 企业应当按照分摊至各单项履约义务的交易价格计量收入。

交易价格，是指企业因向客户转让商品而预期有权收取的对价金额。企业代第三方收取的款项以及企业预期将退还给客户的款项，应当作为负债进行会计处理，不计入交易价格。

第十五条 企业应当根据合同条款，并结合其以往的习惯做法确定交易价格。在确定交易价格时，企业应当考虑可变对价、合同中存在的重大融资成分、非现金对价、应付客户对价等因素的影响。

第十六条 合同中存在可变对价的，企业应当按照期望值或最可能发生金额确定可变对价的最佳估计数，但包含可变对价的交易价格，应当不超过在相关不确定性消除时累计已确认收入极可能不会发生重大转回的金额。企业在评估累计已确认收入是否极可能不会发生重大转回时，应当同时考虑收入转回的可能性及其比重。

每一资产负债表日，企业应当重新估计应计入交易价格的可变对价金额。可变对价金额发生变动的，按照本准则第二十四条和第二十五条规定进行会计处理。

第十七条 合同中存在重大融资成分的，企业应当按照假定客户在取得商品控制权时即以现金支付的应付金额确定交易价格。该交易价格与合同对价之间的差额，应当在合同期间内采用实际利率法摊销。

合同开始日，企业预计客户取得商品控制权与客户支付价款间隔不超过一年的，可以不考虑合同中存在的重大融资成分。

第十八条 客户支付非现金对价的，企业应当按照非现金对价的公允价值确定交易价格。非现金对价的公允价值不能合理估计的，企业应当参照其承诺向客户转让商品的单独售价间接确定交易价格。非现金对价的公允价值因对价形式以外的原因而发生变动的，应当作为可变对价，按照本准则第十六条规定进行会计处理。

单独售价，是指企业向客户单独销售商品的价格。

第十九条 企业应付客户（或向客户购买本企业商品的第三方，本条下同）对价的，应当将该应付对价冲减交易价格，并在确认相关收入与支付（或承诺支付）客户对价二者孰晚的时点冲减当期收入，但应付客户对价是为了向客户取得其他可明确区分商品的除外。

企业应付客户对价是为了向客户取得其他可明确区分商品的，应当采用与本企业其他采购相一致的方式确认所购买的商品。企业应付客户对价超过向客户取得可明确区分商品公允价值的，超过金额应当冲减交易价格。向客户取得的可明确区分商品公允价值不能合理估计的，企业应当将应付客户对价全额冲减交易价格。

第二十条 合同中包含两项或多项履约义务的，企业应当在合同开始日，按照各单项履约义务所承诺商品的单独售价的相对比例，将交易价格分摊至各单项履约义务。企业不得因合同开始日之后单独售价的变动而重新分摊交易价格。

第二十一条 企业在类似环境下向类似客户单独销售商品的价格，应作为确定该商品单独售价的最佳证据。单独售价无法直接观察的，企业应当综合考虑其能够合理取得的全部相关信息，采用市场调整法、成本加成法、余值法等方法合理估计单独售价。在估计单独售价时，企业应当最大限度地采用可观察的输入值，并对类似的情况采用一致的估计方法。

市场调整法，是指企业根据某商品或类似商品的市场售价考虑本企业的成本和毛利等进行适当调整后，确定其单独售价的方法。

成本加成法，是指企业根据某商品的预计成本加上其合理毛利后的价格，确定其单独售价的方法。

余值法，是指企业根据合同交易价格减去合同中其他商品可观察的单独售价后的余值，确定某商品单独售价的方法。

第二十二条 企业在商品近期售价波动幅度巨大，或者因未定价且未曾单独销售而使售价无法可靠确定时，可采用余值法估计其单独售价。

第二十三条 对于合同折扣，企业应当在各单项履约义务之间按比例分摊。

有确凿证据表明合同折扣仅与合同中一项或多项（而非全部）履约义务相关的，企业应当将该合同折扣分摊至相关一项或多项履约义务。

合同折扣仅与合同中一项或多项（而非全部）履约义务相关，且企业采用余值法估计单独售价的，应当首先按照前款规定在该一项或多项（而非全部）履约义务之间分摊合同折扣，然后采用余值法估计单独售价。

合同折扣，是指合同中各单项履约义务所承诺商品的单独售价之和高于合同交易价格的金额。

第二十四条 对于可变对价及可变对价的后续变动额，企业应当按照本准则第二十条至第二十三条规定，将其分摊至与之相关的一项或多项履约义务，或者分摊至构成单项履约义务的一系列可明确区分商品中的一项或多项商品。

对于已履行的履约义务，其分摊的可变对价后续变动额应当调整变动当期的收入。

第二十五条 合同变更之后发生可变对价后续变动的，企业应当区分下列三种情形分别进行会计处理：

（一）合同变更属于本准则第八条（一）规定情形的，企业应当判断可变对价后续变动与哪一项合同相关，并按照本准则第二十四条规定进行会计处理。

（二）合同变更属于本准则第八条（二）规定情形，且可变对价后续变动与合同变更前已承诺可变对价相关的，企业应当首先将该可变对价后续变动额以原合同开始日确定的基础进行分摊，然后再将分摊至合同变更日尚未履行履约义务的该可变对价后续变动额以新合同开始日确定的基础进行二次分摊。

（三）合同变更之后发生除本条（一）、（二）规定情形以外的可变对价后续变动的，企业应当将该可变对价后续变动额分摊至合同变更日尚未履行的履约义务。

第四章 合同成本

第二十六条 企业为履行合同发生的成本，不属于其他企业会计准则规范范围且同时满足下列条件的，应当作为合同履约成本确认为一项资产：

（一）该成本与一份当前或预期取得的合同直接相关，包括直接人工、直接材料、制造费用（或类似费用）、明确由客户承担的成本以及仅因该合同而发生的其他成本；

（二）该成本增加了企业未来用于履行履约义务的资源；

（三）该成本预期能够收回。

第二十七条 企业应当在下列支出发生时，将其计入当期损益：

（一）管理费用。

（二）非正常消耗的直接材料、直接人工和制造费用（或类似费用），这些支出为履行合同发生，但未反映在合同价格中。

（三）与履约义务中已履行部分相关的支出。

（四）无法在尚未履行的与已履行的履约义务之间区分的相关支出。

第二十八条 企业为取得合同发生的增量成本预期能够收回的，应当作为合同取得成本确认为一项资产；但是，该资产摊销期限不超过一年的，可以在发生时计入当期损益。

增量成本，是指企业不取得合同就不会发生的成本（如销售佣金等）。

企业为取得合同发生的、除预期能够收回的增量成本之外的其他支出（如无论是否取得合同均会发生的差旅费等），应当在发生时计入当期损益，但是，明确由客户承担的除外。

第二十九条 按照本准则第二十六条和第二十八条规定确认的资产（以下简称“与合同成本有关的资产”），应当采用与该资产相关的商品收入确认相同的基础进行摊销，计入当期损益。

第三十条 与合同成本有关的资产，其账面价值高于下列两项的差额的，超出部分应当计提减值准备，并确认为资产减值损失：

（一）企业因转让与该资产相关的商品预期能够取得的剩余对价；

（二）为转让该相关商品估计将要发生的成本。

以前期间减值的因素之后发生变化，使得前款（一）减（二）的差额高于该资产账面价值的，应当转回原已计提的资产减值准备，并计入当期损益，但转回后的资产账面价值不应超过假定不计提减值准备情况下该资产在转回日的账面价值。

第三十一条 在确定与合同成本有关的资产的减值损失时，企业应当首先对按照其他相关企业会计准则确认的、与合同有关的其他资产确定减值损失；然后，按照本准则第三十条规定确定与合同成本有关的资产的减值损失。

企业按照《企业会计准则第 8 号——资产减值》测试相关资产组的减值情况时，应当将按照前款规定确定与合同成本有关的资产减值后的新账面价值计入相关资产组的账面价值。

第五章　特定交易的会计处理

第三十二条　对于附有销售退回条款的销售，企业应当在客户取得相关商品控制权时，按照因向客户转让商品而预期有权收取的对价金额（即，不包含预期因销售退回将退还的金额）确认收入，按照预期因销售退回将退还的金额确认负债；同时，按照预期将退回商品转让时的账面价值，扣除收回该商品预计发生的成本（包括退回商品的价值减损）后的余额，确认为一项资产，按照所转让商品转让时的账面价值，扣除上述资产成本的净额结转成本。

每一资产负债表日，企业应当重新估计未来销售退回情况，如有变化，应当作为会计估计变更进行会计处理。

第三十三条　对于附有质量保证条款的销售，企业应当评估该质量保证是否在向客户保证所销售商品符合既定标准之外提供了一项单独的服务。企业提供额外服务的，应当作为单项履约义务，按照本准则规定进行会计处理；否则，质量保证责任应当按照《企业会计准则第 13 号——或有事项》规定进行会计处理。在评估质量保证是否在向客户保证所销售商品符合既定标准之外提供了一项单独的服务时，企业应当考虑该质量保证是否为法定要求、质量保证期限以及企业承诺履行任务的性质等因素。客户能够选择单独购买质量保证的，该质量保证构成单项履约义务。

第三十四条　企业应当根据其在向客户转让商品前是否拥有对该商品的控制权，来判断其从事交易时的身份是主要责任人还是代理人。企业在向客户转让商品前能够控制该商品的，该企业为主要责任人，应当按照已收或应收对价总额确认收入；否则，该企业为代理人，应当按照预期有权收取的佣金或手续费的金额确认收入，该金额应当按照已收或应收对价总额扣除应支付给其他相关方的价款后的净额，或者按照既定的佣金金额或比例等确定。

企业向客户转让商品前能够控制该商品的情形包括：

（一）企业自第三方取得商品或其他资产控制权后，再转让给客户。

（二）企业能够主导第三方代表本企业向客户提供服务。

（三）企业自第三方取得商品控制权后，通过提供重大的服务将该商品与其他商品整合成某组合产出转让给客户。

在具体判断向客户转让商品前是否拥有对该商品的控制权时，企业不应仅局限于合同的法律形式，而应当综合考虑所有相关事实和情况，这些事实和情况包括：

（一）企业承担向客户转让商品的主要责任。

（二）企业在转让商品之前或之后承担了该商品的存货风险。

（三）企业有权自主决定所交易商品的价格。

（四）其他相关事实和情况。

第三十五条　对于附有客户额外购买选择权的销售，企业应当评估该选择权是否向客户提供了一项重大权利。企业提供重大权利的，应当作为单项履约义务，按照本准则第二十条至第二十四条规定将交易价格分摊至该履约义务，在客户未来行使购买选择权取得相关商品控制权时，或者该选择权失效时，确认相应的收入。客户额外购买选择权的单独售价无法直接观察的，企业应当综合考虑客户行使和不行使该选择权所能获得的折扣的差异、客户行使该选择权的可能性等全部相关信息后，予以合理估计。

客户虽然有额外购买商品选择权，但客户行使该选择权购买商品时的价格反映了这些商品单独售价的，不应被视为企业向该客户提供了一项重大权利。

第三十六条　企业向客户授予知识产权许可的，应当按照本准则第九条和第十条规定评估该知识产权许可是否构成单项履约义务，构成单项履约义务的，应当进一步确定其是在某一时段内履行还是在某一时点履行。

企业向客户授予知识产权许可，同时满足下列条件时，应当作为在某一时段内履行的履约义务确认相关收入；否则，应当作为在某一时点履行的履约义务确认相关收入：

（一）合同要求或客户能够合理预期企业将从事对该项知识产权有重大影响的活动；

（二）该活动对客户将产生有利或不利影响；

（三）该活动不会导致向客户转让某项商品。

第三十七条 企业向客户授予知识产权许可，并约定按客户实际销售或使用情况收取特许权使用费的，应当在下列两项孰晚的时点确认收入：

（一）客户后续销售或使用行为实际发生；

（二）企业履行相关履约义务。

第三十八条 对于售后回购交易，企业应当区分下列两种情形分别进行会计处理：

（一）企业因存在与客户的远期安排而负有回购义务或企业享有回购权利的，表明客户在销售时点并未取得相关商品控制权，企业应当作为租赁交易或融资交易进行相应的会计处理。其中，回购价格低于原售价的，应当视为租赁交易，按照《企业会计准则第21号——租赁》的相关规定进行会计处理；回购价格不低于原售价的，应当视为融资交易，在收到客户款项时确认金融负债，并将该款项和回购价格的差额在回购期间内确认为利息费用等。企业到期未行使回购权利的，应当在该回购权利到期时终止确认金融负债，同时确认收入。

（二）企业负有应客户要求回购商品义务的，应当在合同开始日评估客户是否具有行使该要求权的重大经济动因。客户具有行使该要求权重大经济动因的，企业应当将售后回购作为租赁交易或融资交易，按照本条（一）规定进行会计处理；否则，企业应当将其作为附有销售退回条款的销售交易，按照本准则第三十二条规定进行会计处理。

售后回购，是指企业销售商品的同时承诺或有权选择日后再将该商品（包括相同或几乎相同的商品，或以该商品作为组成部分的商品）购回的销售方式。

第三十九条 企业向客户预收销售商品款项的，应当首先将该款项确认为负债，待履行了相关履约义务时再转为收入。当企业预收款项无需退回，且客户可能会放弃其全部或部分合同权利时，企业预期将有权获得与客户所放弃的合同权利相关的金额的，应当按照客户行使合同权利的模式按比例将上述金额确认为收入；否则，企业只有在客户要求其履行剩余履约义务的可能性极低时，才能将上述负债的相关余额转为收入。

第四十条 企业在合同开始（或接近合同开始）日向客户收取的无需退回的初始费（如俱乐部的入会费等）应当计入交易价格。企业应当评估该初始费是否与向客户转让已承诺的商品相关。该初始费与向客户转让已承诺的商品相关，并且该商品构成单项履约义务的，企业应当在转让该商品时，按照分摊至该商品的交易价格确认收入；该初始费与向客户转让已承诺的商品相关，但该商品不构成单项履约义务的，企业应当在包含该商品的单项履约义务履行时，按照分摊至该单项履约义务的交易价格确认收入；该初始费与向客户转让已承诺的商品不相关的，该初始费应当作为未来将转让商品的预收款，在未来转让该商品时确认为收入。

企业收取了无需退回的初始费且为履行合同应开展初始活动，但这些活动本身并没有向客户转让已承诺的商品的，该初始费与未来将转让的已承诺商品相关，应当在未来转让该商品时确认为收入，企业在确定履约进度时不应考虑这些初始活动；企业为该初始活动发生的支出应当按照本准则第二十六条和第二十七条规定确认为一项资产或计入当期损益。

第六章 列　　报

第四十一条 企业应当根据本企业履行履约义务与客户付款之间的关系在资产负债表中列示合同资产

或合同负债。企业拥有的、无条件（即，仅取决于时间流逝）向客户收取对价的权利应当作为应收款项单独列示。

合同资产，是指企业已向客户转让商品而有权收取对价的权利，且该权利取决于时间流逝之外的其他因素。如企业向客户销售两项可明确区分的商品，企业因已交付其中一项商品而有权收取款项，但收取该款项还取决于企业交付另一项商品的，企业应当将该收款权利作为合同资产。

合同负债，是指企业已收或应收客户对价而应向客户转让商品的义务。如企业在转让承诺的商品之前已收取的款项。

按照本准则确认的合同资产的减值的计量和列报应当按照《企业会计准则第22号——金融工具确认和计量》和《企业会计准则第37号——金融工具列报》的规定进行会计处理。

第四十二条 企业应当在附注中披露与收入有关的下列信息：

（一）收入确认和计量所采用的会计政策、对于确定收入确认的时点和金额具有重大影响的判断以及这些判断的变更，包括确定履约进度的方法及采用该方法的原因、评估客户取得所转让商品控制权时点的相关判断，在确定交易价格、估计计入交易价格的可变对价、分摊交易价格以及计量预期将退还给客户的款项等类似义务时所采用的方法、输入值和假设等。

（二）与合同相关的下列信息：

1. 与本期确认收入相关的信息，包括与客户之间的合同产生的收入、该收入按主要类别（如商品类型、经营地区、市场或客户类型、合同类型、商品转让的时间、合同期限、销售渠道等）分解的信息以及该分解信息与每一报告分部的收入之间的关系等。

2. 与应收款项、合同资产和合同负债的账面价值相关的信息，包括与客户之间的合同产生的应收款项、合同资产和合同负债的期初和期末账面价值、对上述应收款项和合同资产确认的减值损失、在本期确认的包括在合同负债期初账面价值中的收入、前期已经履行（或部分履行）的履约义务在本期调整的收入、履行履约义务的时间与通常的付款时间之间的关系以及此类因素对合同资产和合同负债账面价值的影响的定量或定性信息、合同资产和合同负债的账面价值在本期内发生的重大变动情况等。

3. 与履约义务相关的信息，包括履约义务通常的履行时间、重要的支付条款、企业承诺转让的商品的性质（包括说明企业是否作为代理人）、企业承担的预期将退还给客户的款项等类似义务、质量保证的类型及相关义务等。

4. 与分摊至剩余履约义务的交易价格相关的信息，包括分摊至本期末尚未履行（或部分未履行）履约义务的交易价格总额、上述金额确认为收入的预计时间的定量或定性信息、未包括在交易价格的对价金额（如可变对价）等。

（三）与合同成本有关的资产相关的信息，包括确定该资产金额所做的判断、该资产的摊销方法、按该资产主要类别（如为取得合同发生的成本、为履行合同开展的初始活动发生的成本等）披露的期末账面价值以及本期确认的摊销及减值损失金额等。

（四）企业根据本准则第十七条规定因预计客户取得商品控制权与客户支付价款间隔未超过一年而未考虑合同中存在的重大融资成分，或者根据本准则第二十八条规定因合同取得成本的摊销期限未超过一年而将其在发生时计入当期损益的，应当披露该事实。

第七章 衔接规定

第四十三条 首次执行本准则的企业，应当根据首次执行本准则的累积影响数，调整首次执行本准则当年年初留存收益及财务报表其他相关项目金额，对可比期间信息不予调整。企业可以仅对在首次执行日尚未完成的合同的累积影响数进行调整。同时，企业应当在附注中披露，与收入相关会计准则制度的原规定相比，执行本准则对当期财务报表相关项目的影响金额，如有重大影响的，还需披露其原因。

已完成的合同，是指企业按照与收入相关会计准则制度的原规定已完成合同中全部商品的转让的合同。

尚未完成的合同，是指除已完成的合同之外的其他合同。

第四十四条 对于最早可比期间期初之前或首次执行本准则当年年初之前发生的合同变更，企业可予以简化处理，即无需按照本准则第八条规定进行追溯调整，而是根据合同变更的最终安排，识别已履行的和尚未履行的履约义务、确定交易价格以及在已履行的和尚未履行的履约义务之间分摊交易价格。

企业采用该简化处理方法的，应当对所有合同一致采用，并且在附注中披露该事实以及在合理范围内对采用该简化处理方法的影响所作的定性分析。

第八章 附 则

第四十五条 本准则自2018年1月1日起施行。

财政部关于印发《政府会计准则第6号——政府储备物资》的通知

2017年7月28日 财会〔2017〕23号

党中央有关部门，国务院各部委、各直属机构，全国人大常委会办公厅，全国政协办公厅，高法院，高检院，各民主党派中央，有关人民团体，各省、自治区、直辖市、计划单列市财政厅（局），新疆生产建设兵团财务局：

为了适应权责发生制政府综合财务报告制度改革需要，规范政府储备物资的会计核算，提高会计信息质量，根据《政府会计准则——基本准则》，我部制定了《政府会计准则第6号——政府储备物资》，现予印发，自2018年1月1日起施行。实施范围另行通知。

执行中有何问题，请及时反馈我部。

附件：政府会计准则第6号——政府储备物资

附件：

政府会计准则第6号——政府储备物资

第一章 总 则

第一条 为了规范政府储备物资的确认、计量和相关信息的披露，根据《政府会计准则——基本准则》，制定本准则。

第二条 本准则所称政府储备物资，是指政府会计主体为满足实施国家安全与发展战略、进行抗灾救灾、应对公共突发事件等特定公共需求而控制的，同时具有下列特征的有形资产：

（一）在应对可能发生的特定事件或情形时动用；

（二）其购入、存储保管、更新（轮换）、动用等由政府及相关部门发布的专门管理制度规范。

政府储备物资包括战略及能源物资、抢险抗灾救灾物资、农产品、医药物资和其他重要商品物资，通常情况下由政府会计主体委托承储单位存储。

第三条 企业以及纳入企业财务管理体系的事业单位接受政府委托收储并按企业会计准则核算的储备物资，不适用本准则。

第四条 政府会计主体的存货，适用《政府会计准则第 1 号——存货》。

第二章 政府储备物资的确认

第五条 通常情况下，符合本准则第六条规定的政府储备物资，应当由按规定对其负有行政管理职责的政府会计主体予以确认。

本准则规定的行政管理职责主要指提出或拟定收储计划、更新（轮换）计划、动用方案等。

相关行政管理职责由不同政府会计主体行使的政府储备物资，由负责提出收储计划的政府会计主体予以确认。

对政府储备物资不负有行政管理职责但接受委托具体负责执行其存储保管等工作的政府会计主体，应当将受托代储的政府储备物资作为受托代理资产核算。

第六条 政府储备物资同时满足下列条件的，应当予以确认：

（一）与该政府储备物资相关的服务潜力很可能实现或者经济利益很可能流入政府会计主体；

（二）该政府储备物资的成本或者价值能够可靠地计量。

第三章 政府储备物资的初始计量

第七条 政府储备物资在取得时应当按照成本进行初始计量。

第八条 政府会计主体购入的政府储备物资，其成本包括购买价款和政府会计主体承担的相关税费、运输费、装卸费、保险费、检测费以及使政府储备物资达到目前场所和状态所发生的归属于政府储备物资成本的其他支出。

第九条 政府会计主体委托加工的政府储备物资，其成本包括委托加工前物料成本、委托加工的成本（如委托加工费以及按规定应计入委托加工政府储备物资成本的相关税费等）以及政府会计主体承担的使政府储备物资达到目前场所和状态所发生的归属于政府储备物资成本的其他支出。

第十条 政府会计主体接受捐赠的政府储备物资，其成本按照有关凭据注明的金额加上政府会计主体承担的相关税费、运输费等确定；没有相关凭据可供取得，但按规定经过资产评估的，其成本按照评估价值加上政府会计主体承担的相关税费、运输费等确定；没有相关凭据可供取得、也未经资产评估的，其成本比照同类或类似资产的市场价格加上政府会计主体承担的相关税费、运输费等确定。

第十一条 政府会计主体接受无偿调入的政府储备物资，其成本按照调出方账面价值加上归属于政府会计主体的相关税费、运输费等确定。

第十二条 下列各项不计入政府储备物资成本：

（一）仓储费用；

（二）日常维护费用；

（三）不能归属于使政府储备物资达到目前场所和状态所发生的其他支出。

第十三条 政府会计主体盘盈的政府储备物资，其成本按照有关凭据注明的金额确定；没有相关凭据，但按规定经过资产评估的，其成本按照评估价值确定；没有相关凭据、也未经资产评估的，其成本按照重置成本确定。

第四章 政府储备物资的后续计量

第十四条 政府会计主体应当根据实际情况采用先进先出法、加权平均法或者个别计价法确定政府储备物资发出的成本。计价方法一经确定，不得随意变更。

对于性质和用途相似的政府储备物资，政府会计主体应当采用相同的成本计价方法确定发出物资的成本。

对于不能替代使用的政府储备物资、为特定项目专门购入或加工的政府储备物资，政府会计主体通常应采用个别计价法确定发出物资的成本。

第十五条 因动用而发出无需收回的政府储备物资的，政府会计主体应当在发出物资时将其账面余额予以转销，计入当期费用。

第十六条 因动用而发出需要收回或者预期可能收回的政府储备物资的，政府会计主体应当在按规定的质量验收标准收回物资时，将未收回物资的账面余额予以转销，计入当期费用。

第十七条 因行政管理主体变动等原因而将政府储备物资调拨给其他主体的，政府会计主体应当在发出物资时将其账面余额予以转销。

第十八条 政府会计主体对外销售政府储备物资的，应当在发出物资时将其账面余额转销计入当期费用，并按规定确认相关销售收入或将销售取得的价款大于所承担的相关税费后的差额做应缴款项处理。

第十九条 政府会计主体采取销售采购方式对政府储备物资进行更新（轮换）的，应当将物资轮出视为物资销售，按照本准则第十八条规定处理；将物资轮入视为物资采购，按照本准则第八条规定处理。

第二十条 政府储备物资报废、毁损的，政府会计主体应当按规定报经批准后将报废、毁损的政府储备物资的账面余额予以转销，确认应收款项（确定追究相关赔偿责任的）或计入当期费用（因储存年限到期报废或非人为因素致使报废、毁损的）；同时，将报废、毁损过程中取得的残值变价收入扣除政府会计主体承担的相关费用后的差额按规定作应缴款项处理（差额为净收益时）或计入当期费用（差额为净损失时）。

第二十一条 政府储备物资盘亏的，政府会计主体应当按规定报经批准后将盘亏的政府储备物资的账面余额予以转销，确定追究相关赔偿责任的，确认应收款项；属于正常耗费或不可抗力因素造成的，计入当期费用。

第五章　政府储备物资的披露

第二十二条 政府会计主体应当在附注中披露与政府储备物资有关的下列信息：

（一）各类政府储备物资的期初和期末账面余额。

（二）因动用而发出需要收回或者预期可能收回，但期末尚未收回的政府储备物资的账面余额。

（三）确定发出政府储备物资成本所采用的方法。

（四）其他有关政府储备物资变动的重要信息。

第六章　附　　则

第二十三条 对于应当确认为政府储备物资，但已确认为存货、固定资产等其他资产的，政府会计主体应当在本准则首次执行日将该资产按其账面余额重分类为政府储备物资。

第二十四条 对于应当确认但尚未入账的存量政府储备物资，政府会计主体应当在本准则首次执行日按照下列原则确定其初始入账成本：

（一）可以取得相关原始凭据的，其成本按照有关原始凭据注明的金额确定；

（二）没有相关凭据可供取得，但按规定经过资产评估的，其成本按照评估价值确定；

（三）没有相关凭据可供取得、也未经资产评估的，其成本按照重置成本确定。

第二十五条 本准则自2018年1月1日起施行。

财政部关于印发《管理会计应用指引第100号——战略管理》等22项管理会计应用指引的通知

2017年9月29日 财会〔2017〕24号

党中央有关部门，国务院各部委、各直属机构，全国人大常委会办公厅，全国政协办公厅，高法院，高检院，各省、自治区、直辖市、计划单列市财政厅（局），新疆生产建设兵团财务局，财政部驻各省、自治区、直辖市、计划单列市财政监察专员办事处：

为促进企业加强管理会计工作，提升内部管理水平，促进经济转型升级，根据《管理会计基本指引》，我部制定了《管理会计应用指引第100号——战略管理》等首批22项管理会计应用指引，现予印发，请各单位在开展管理会计工作中参照执行。

附件：1. 管理会计应用指引第100~101号——战略管理相关应用指引
2. 管理会计应用指引第200~201号——预算管理相关应用指引
3. 管理会计应用指引第300~304号——成本管理相关应用指引
4. 管理会计应用指引第400~403号——营运管理相关应用指引
5. 管理会计应用指引第500~502号——投融资管理相关应用指引
6. 管理会计应用指引第600~603号——绩效管理相关应用指引
7. 管理会计应用指引第801号——企业管理会计报告应用指引
8. 管理会计应用指引第802号——管理会计信息系统应用指引

附件1：

管理会计应用指引第100号——战略管理

第一章 总 则

第一条 为了促进企业加强战略管理，提高企业战略管理的科学性和有效性，推动企业实现战略目标，根据《管理会计基本指引》，制定本指引。

第二条 战略管理，是指对企业全局的、长远的发展方向、目标、任务和政策，以及资源配置作出决策和管理的过程。

战略，是指企业从全局考虑做出的长远性的谋划。

第三条 企业战略一般分为三个层次，包括选择可竞争的经营领域的总体战略、某经营领域具体竞争策略的业务单位战略（也称竞争战略）和涉及各职能部门的职能战略。

第四条 企业进行战略管理，一般应遵循以下原则：

（一）目标可行原则。战略目标的设定，应具有一定的前瞻性和适当的挑战性，使战略目标通过一定的努力可以实现，并能够使长期目标与短期目标有效衔接。

（二）资源匹配原则。企业应根据各业务部门与战略目标的匹配程度进行资源配置。

（三）责任落实原则。企业应将战略目标落实到具体的责任中心和责任人，构成不同层级彼此相连的战略目标责任圈。

（四）协同管理原则。企业应以实现战略目标为核心，考虑不同责任中心业务目标之间的有效协同，加强各部门之间的协同管理，有效提高资源使用的效率和效果。

第五条 战略管理领域应用的管理会计工具方法，一般包括战略地图、价值链管理等。

战略管理工具方法，可单独应用，也可综合应用，以加强战略管理的协同性。

第二章 应用环境

第六条 企业应关注宏观环境（包括政治、经济、社会、文化、法律及技术等因素）、产业环境、竞争环境等对其影响长远的外部环境因素，尤其是可能发生重大变化的外部环境因素，确认企业所面临的机遇和挑战；同时应关注本身的历史及现行战略、资源、能力、核心竞争力等内部环境因素，确认企业具有的优势和劣势。

第七条 企业一般应设置专门机构或部门，牵头负责战略管理工作，并与其他业务部门、职能部门协同制定战略目标，做好战略实施的部门协调，保障战略目标得以实现。

第八条 企业应建立健全战略管理有关制度及配套的绩效激励制度等，形成科学有效的制度体系，切实调动员工的积极性，提升员工的执行力，推动企业战略的实施。

第三章 应用程序

第九条 企业应用战略管理工具方法，一般按照战略分析、战略制定、战略实施、战略评价和控制、战略调整等程序进行。

第十条 战略分析包括外部环境分析和内部环境分析。

企业进行环境分析时，可应用态势分析法（Strength，Weakness，Opportunity，Threat，简称SWOT分析）、波特五力分析和波士顿矩阵分析等方法，分析企业的发展机会和竞争力，以及各业务流程在价值创造中的优势和劣势，并对每一业务流程按照其优势强弱划分等级，为制定战略目标奠定基础。

第十一条 战略制定，是指企业根据确定的愿景、使命和环境分析情况，选择和设定战略目标的过程。

企业可根据对整体目标的保障、对员工积极性的发挥以及企业各部门战略方案的协调等实际需要，选择自上而下、自下而上或上下结合的方法，制定战略目标。

企业设定战略目标后，各部门需要结合企业战略目标设定本部门战略目标，并将其具体化为一套关键财务及非财务指标的预测值。为各关键指标设定的目标（预测）值，应与本企业的可利用资源相匹配，并有利于执行人积极有效地实现既定目标。

第十二条 战略实施，是指将企业的战略目标变成现实的管理过程。

企业应加强战略管控，结合使用战略地图、价值链管理等多种管理会计工具方法，将战略实施的关键业务流程化，并落实到企业现有的业务流程中，确保企业高效率和高效益地实现战略目标。

第十三条 战略评价和控制，是指企业在战略实施过程中，通过检测战略实施进展情况，评价战略执行效果，审视战略的科学性和有效性，不断调整战略举措，以达到预期目标。

企业主要应从以下几个方面进行战略评价：

战略是否适应企业的内外部环境；战略是否达到有效的资源配置；战略涉及的风险程度是否可以接受；战略实施的时间和进度是否恰当。

第十四条 战略调整，是指根据企业情况的发展变化和战略评价结果，对所制定的战略及时进行调整，以保证战略有效指导企业经营管理活动。

战略调整一般包括调整企业的愿景、长期发展方向、战略目标及其战略举措等。

第四章 附 则

第十五条 本指引由财政部负责解释。

管理会计应用指引第 101 号——战略地图

第一章 总 则

第一条 战略地图，是指为描述企业各维度战略目标之间因果关系而绘制的可视化的战略因果关系图。

战略地图通常以财务、客户、内部业务流程、学习与成长等四个维度为主要内容，通过分析各维度的相互关系，绘制战略因果关系图。企业可根据自身情况对各维度的名称、内容等进行修改和调整。

第二条 企业应用战略地图工具方法，应注重通过战略地图的有关路径设计，有效使用有形资源和无形资源，高效实现价值创造；应通过战略地图实施将战略目标与执行有效绑定，引导各责任中心按照战略目标持续提升业绩，服务企业战略实施。

第三条 企业应用战略地图工具方法，应遵循《管理会计应用指引第 100 号——战略管理》中对应用环境的一般要求。

第四条 企业应用战略地图工具方法，一般按照战略地图设计和战略地图实施等程序进行。

第二章 战略地图设计

第五条 企业设计战略地图，一般按照设定战略目标、确定业务改善路径、定位客户价值、确定内部业务流程优化主题、确定学习与成长主题、进行资源配置、绘制战略地图等程序进行。

第六条 企业进行战略目标设定，应遵循《管理会计应用指引第 100 号——战略管理》的有关要求。

第七条 企业应根据已设定的战略目标，对现有客户（服务对象）和可能的新客户以及新产品（新服务）进行深入分析，寻求业务改善和增长的最佳路径，提取业务和财务融合发展的战略主题。

在财务维度，战略主题一般可划分为两个层次：第一层次一般包括生产率提升和营业收入增长等；第二层次一般包括创造成本优势、提高资产利用率、增加客户机会和提高客户价值等。

第八条 企业应对现有客户进行分析，从产品（服务）质量、技术领先、售后服务和稳定标准等方面确定、调整客户价值定位。

在客户价值定位维度，企业一般可设置客户体验、双赢营销关系、品牌形象提升等战略主题。

第九条 企业应根据业务提升路径和服务定位，梳理业务流程及其关键增值（提升服务形象）活动，分析行业关键成功要素和内部营运矩阵，从内部业务流程的管理流程、创新流程、客户管理流程、遵循法规流程等角度确定战略主题，并将业务战略主题进行分类归纳，制定战略方案。

第十条 企业应根据业务提升路径和服务定位，分析创新和人力资本等无形资源在价值创造中的作用，识别学习与成长维度的关键要素，并相应确立激励制度创新、信息系统创新和智力资本利用创新等战略主题，为财务、客户、内部业务流程维度的战略主题和关键业绩指标（Key Performance Indicator，简称 KPI）提供有力支撑。

第十一条 根据各维度战略主题，企业应分析其有形资源和无形资源的战略匹配度，对各主题进行战略资源配置。同时应关注企业人力资源、信息资源、组织资源等在资源配置中的定位和价值创造中的作用。

第十二条 企业可应用平衡计分卡的四维度划分绘制战略地图，以图形方式展示企业的战略目标及实现战略目标的关键路径。具体绘制程序如下：

（一）确立战略地图的总体主题。总体主题是对企业整体战略目标的描述，应清晰表达企业愿景和战略目标，并与财务维度的战略主题和 KPI 对接。

（二）根据企业的需要，确定四维度的名称。把确定的四维度战略主题对应画入各自战略地图内，每一主题可以通过若干 KPI 进行描述。

（三）将各个战略主题和 KPI 用路径线链接，形成战略主题和 KPI 相连的战略地图。

在绘制过程中，企业应将战略总目标（财务维度）、客户价值定位（客户维度）、内部业务流程主题（内部流程维度）和学习与成长维度与战略 KPI 链接，形成战略地图。

企业所属的各责任中心的战略主题、KPI 相应的战略举措、资源配置等信息一般无法都绘制到一张图上，一般采用绘制对应关系表或另外绘制下一层级责任中心的战略地图等方式来展现其战略因果关系。

第三章 战略地图实施

第十三条 战略地图实施，是指企业利用管理会计工具方法，确保企业实现既定战略目标的过程。战略地图实施一般按照战略 KPI 设计、战略 KPI 责任落实、战略执行、执行报告、持续改善、评价激励等程序进行。

第十四条 企业应用战略地图，应设计一套可以使各部门主管明确自身责任与战略目标相联系的考核指标，即进行战略 KPI 设计。

第十五条 企业应对战略 KPI 进行分解，落实责任并签订责任书。具体可按以下程序进行：

（一）将战略 KPI 分解为责任部门的 KPI。企业应从最高层开始，将战略 KPI 分解到各责任部门，再分解到责任团队。每一责任部门、责任团队或责任人都有对应的 KPI，且每一 KPI 都能找到对应的具体战略举措。企业可编制责任表，描述 KPI 中的权、责、利和战略举措的对应关系，以便实施战略管控和形成相应的报告。

每一责任部门的负责人可根据上述责任表，将 KPI 在本部门进行进一步分解和责任落实，层层建立战略实施责任制度。

（二）签订责任书。企业应在分解明确各责任部门 KPI 的基础上，签订责任书，以督促各执行部门落实责任。责任书一般由企业领导班子（或董事会）与执行层的各部门签订。责任书应明确规定一定时期内（一般为一个年度）要实现的 KPI 任务、相应的战略举措及相应的奖惩机制。

第十六条 企业应以责任书中所签任务为基础，按责任部门的具体人员和团队情况，对任务和 KPI 进一步分解，并制定相应的执行责任书，进行自我管控和自我评价。同时，以各部门责任书和职责分工为基础，确定不同执行过程的负责人及协调人，并按照设定的战略目标实现日期，确定不同的执行指引表，采取有效战略举措，保障 KPI 实现。

第十七条 企业应编制战略执行报告，反映各责任部门的战略执行情况，分析偏差原因，提出具体管控措施。

（一）每一层级责任部门应向上一层级责任部门提交战略执行报告，以反映战略执行情况，制定下一步战略实施举措。

（二）战略执行报告一般可分为以下三个层级：

1. 战略层（如董事会）报告，包括战略总体目标的完成情况和原因分析；

2. 经营层报告，包括责任人的战略执行方案中相关指标的执行情况和原因分析；

3. 业务层报告，包括战略执行方案下具体任务的完成情况和原因分析。

（三）企业应根据战略执行报告，分析责任人战略执行情况与既定目标是否存在偏差，并对偏差进行原因分析，形成纠偏建议，作为责任人绩效评价的重要依据。

第十八条 企业应在对战略执行情况进行分析的基础上，进行持续改善，不断提升战略管控水平。

（一）与既定目标相比，发现问题并进行改善。企业应根据战略执行报告，将战略执行情况与管控目标进行比对，分析偏差，及时发现问题，提出解决问题的具体措施和改善方案，并采取必要措施。企业在进行偏差分析时，一般应关注以下问题：

1. 所产生的偏差是否为临时性波动；
2. 战略 KPI 分解与执行是否有误；
3. 外部环境是否发生重大变化，从而导致原定战略目标脱离实际情况。

企业应在分析这些问题的基础上，找出发生偏差的根源所在，及时进行纠正。

（二）达成既定目标时，考虑如何提升。达成战略地图上所列的战略目标时，企业一般可考虑适当增加执行难度，提升目标水平，按持续改善的策略与方法进入新的循环。

第十九条 企业应按照《管理会计应用指引第 100 号——战略管理》中战略评价的有关要求，对战略实施情况进行评价，并按照《管理会计应用指引第 600 号——绩效管理》的有关要求进行激励，引导责任人自觉地、持续地积极工作，有效利用企业资源，提高企业绩效，实现企业战略目标。

第四章 工具方法评价

第二十条 战略地图的主要优点是：能够将企业的战略目标清晰化、可视化，并与战略 KPI 和战略举措建立明确联系，为企业战略实施提供了有力的可视化工具。

第二十一条 战略地图的主要缺点是：需要多维度、多部门的协调，实施成本高，并且需要与战略管控相融合，才能真正实现战略实施。

第五章 附 则

第二十二条 本指引由财政部负责解释。

附录：

专有名词解释

1. 态势分析法（Strength，Weakness，Opportunity，Threat，简称 SWOT 分析，S 表示优势、W 表示劣势、O 表示机会、T 表示威胁），是指基于内外部竞争环境和竞争条件下的综合分析，就是将与研究对象密切相关的各种主要内部优势、劣势和外部的机会和威胁等，通过调查列举出来，并依照矩阵形式排列，然后用系统分析的思想，把各种因素相互匹配起来加以分析，从中得出相应结论，而结论通常带有一定的决策性，对制定相应的发展战略、计划以及对策起到支撑作用。按照态势分析法，战略目标应是一个企业“能够做的”（即企业的强项和弱项）和“可能做的”（即环境的机会和威胁）之间的有机组合。

2. 波特五力分析法（Michael Porter’s Five Forces Model），是指将供应商定价能力、购买者的讨价还价能力、潜在进入者的威胁、替代品的威胁、同行业竞争者的力量作为竞争主要来源的一种竞争力分析方法。

3. 波士顿矩阵分析法（BCG Matrix），是指在坐标图上，以纵轴表示企业销售增长率，横轴表示市场占有率，将坐标图划分为四个象限，依次为“明星类产品（★）”、“问题类产品（?）”、“金牛类产品（￥）”、“瘦狗类产品（×）”；最后的瘦狗类属于不再投资扩展或即将淘汰的产品。其目的在于通过产品所处不同象限的划分，使企业采取不同决策，以保证其不断地淘汰无发展前景的产品，保持“问号”、“明星”、“金牛”产品的合理组合，实现产品及资源分配结构的良性循环。

4. 营运矩阵分析，是指通过横向联系和纵向联系的营运方式，分析企业营运中分权化与集权化的问题，考虑各个管理部门（或岗位）之间的相互协调和相互监督，以更加高效地实现企业营运目标。

附件2：

管理会计应用指引第200号——预算管理

第一章 总 则

第一条 为了促进企业加强预算管理，发挥预算管理在企业规划、决策、控制和评价活动中的作用，根据《管理会计基本指引》，制定本指引。

第二条 预算管理，是指企业以战略目标为导向，通过对未来一定期间内的经营活动和相应的财务结果进行全面预测和筹划，科学、合理配置企业各项财务和非财务资源，并对执行过程进行监督和分析，对执行结果进行评价和反馈，指导经营活动的改善和调整，进而推动实现企业战略目标的管理活动。

第三条 预算管理的内容主要包括经营预算、专门决策预算和财务预算。

经营预算（也称业务预算），是指与企业日常业务直接相关的一系列预算，包括销售预算、生产预算、采购预算、费用预算、人力资源预算等。

专门决策预算，是指企业重大的或不经常发生的、需要根据特定决策编制的预算，包括投融资决策预算等。

财务预算，是指与企业资金收支、财务状况或经营成果等有关的预算，包括资金预算、预计资产负债表、预计利润表等。

第四条 企业进行预算管理，一般应遵循以下原则：

（一）战略导向原则。预算管理应围绕企业的战略目标和业务计划有序开展，引导各预算责任主体聚焦战略、专注执行、达成绩效。

（二）过程控制原则。预算管理应通过及时监控、分析等把握预算目标的实现进度并实施有效评价，对企业经营决策提供有效支撑。

（三）融合性原则。预算管理应以业务为先导、以财务为协同，将预算管理嵌入企业经营管理活动的各个领域、层次、环节。

（四）平衡管理原则。预算管理应平衡长期目标与短期目标、整体利益与局部利益、收入与支出、结果与动因等关系，促进企业可持续发展。

（五）权变性原则。预算管理应刚性与柔性相结合，强调预算对经营管理的刚性约束，又可根据内外环境的重大变化调整预算，并针对例外事项进行特殊处理。

第五条 预算管理领域应用的管理会计工具方法，一般包括滚动预算、零基预算、弹性预算、作业预算等。

企业可根据其战略目标、业务特点和管理需要，结合不同工具方法的特征及适用范围，选择恰当的工具方法综合运用。

第六条 企业可整合预算与战略管理领域的管理会计工具方法，强化预算对战略目标的承接分解；整合预算与成本管理、风险管理领域的管理会计工具方法，强化预算对战略执行的过程控制；整合预算与营运管理领域的管理会计工具方法，强化预算对生产经营的过程监控；整合预算与绩效管理领域的管理会计工具方法，强化预算对战略目标的标杆引导。

第七条 企业应用预算管理工具方法，一般按照预算编制、预算控制、预算调整、预算考核等程序进行。

第二章　应用环境

第八条　企业实施预算管理的基础环境包括战略目标、业务计划、组织架构、内部管理制度、信息系统等。

第九条　企业应按照战略目标，确立预算管理的方向、重点和目标。

第十条　企业应将战略目标和业务计划具体化、数量化作为预算目标，促进战略目标落地。

业务计划，是指按照战略目标对业务活动的具体描述和详细计划。

第十一条　企业可设置预算管理委员会等专门机构组织、监督预算管理工作。该机构的主要其职责包括：审批公司预算管理制度、政策，审议年度预算草案或预算调整草案并报董事会等机构审批，监控、考核本单位的预算执行情况并向董事会报告，协调预算编制、预算调整及预算执行中的有关问题等。

预算管理的机构设置、职责权限和工作程序应与企业的组织架构和管理体制互相协调，保障预算管理各环节职能衔接，流程顺畅。

第十二条　企业应建立健全预算管理制度、会计核算制度、定额标准制度、内部控制制度、内部审计制度、绩效考核和激励制度等内部管理制度，夯实预算管理的制度基础。

第十三条　企业应充分利用现代信息技术，规范预算管理流程，提高预算管理效率。

第三章　预算编制

第十四条　企业应建立和完善预算编制的工作制度，明确预算编制依据、编制内容、编制程序和编制方法，确保预算编制依据合理、内容全面、程序规范、方法科学，确保形成各层级广泛接受的、符合业务假设的、可实现的预算控制目标。

第十五条　企业一般按照分级编制、逐级汇总的方式，采用自上而下、自下而上、上下结合或多维度相协调的流程编制预算。预算编制流程与编制方法的选择应与企业现有管理模式相适应。

第十六条　预算编制完成后，应按照相关法律法规及企业章程的规定报经企业预算管理决策机构审议批准，以正式文件形式下达执行。

第十七条　预算审批包括预算内审批、超预算审批、预算外审批等。预算内审批事项，应简化流程，提高效率；超预算审批事项，应执行额外的审批流程；预算外审批事项，应严格控制，防范风险。

第四章　预算执行

第十八条　预算执行一般按照预算控制、预算调整等程序进行。

第十九条　预算控制，是指企业以预算为标准，通过预算分解、过程监督、差异分析等促使日常经营不偏离预算标准的管理活动。

第二十条　企业应建立预算授权控制制度，强化预算责任，严格预算控制。

第二十一条　企业应建立预算执行的监督、分析制度，提高预算管理对业务的控制能力。

第二十二条　企业应将预算目标层层分解至各预算责任中心。预算分解应按各责任中心权、责、利相匹配的原则进行，既公平合理，又有利于企业实现预算目标。

第二十三条　企业应通过信息系统展示、会议、报告、调研等多种途径及形式，及时监督、分析预算执行情况，分析预算执行差异的原因，提出对策建议。

第二十四条　年度预算经批准后，原则上不作调整。企业应在制度中严格明确预算调整的条件、主体、权限和程序等事宜，当内外战略环境发生重大变化或突发重大事件等，导致预算编制的基本假设发生重大变化时，可进行预算调整。

第五章 预算考核

第二十五条 预算考核主要针对定量指标进行考核，是企业绩效考核的重要组成部分。

第二十六条 企业应按照公开、公平、公正的原则实施预算考核。

第二十七条 企业应建立健全预算考核制度，并将预算考核结果纳入绩效考核体系，切实做到有奖有惩、奖惩分明。

第二十八条 预算考核主体和考核对象的界定应坚持上级考核下级、逐级考核、预算执行与预算考核职务相分离的原则。

第二十九条 预算考核以预算完成情况为考核核心，通过预算执行情况与预算目标的比较，确定差异并查明产生差异的原因，进而据以评价各责任中心的工作业绩，并通过与相应的激励制度挂钩，促进其与预算目标相一致。

第六章 附　　则

第三十条 本指引由财政部负责解释。

管理会计应用指引第201号——滚动预算

第一章 总　　则

第一条 滚动预算，是指企业根据上一期预算执行情况和新的预测结果，按既定的预算编制周期和滚动频率，对原有的预算方案进行调整和补充，逐期滚动，持续推进的预算编制方法。

预算编制周期，是指每次预算编制所涵盖的时间跨度。

滚动频率，是指调整和补充预算的时间间隔，一般以月度、季度、年度等为滚动频率。

第二条 滚动预算一般由中期滚动预算和短期滚动预算组成。中期滚动预算的预算编制周期通常为3年或5年，以年度作为预算滚动频率。短期滚动预算通常以1年为预算编制周期，以月度、季度作为预算滚动频率。

第二章 应用环境

第三条 企业应用滚动预算工具方法，应遵循《管理会计应用指引第200号——预算管理》中对应用环境的一般要求。

第四条 企业应用滚动预算工具方法，应具备丰富的预算管理经验和能力。

第五条 企业应建立先进、科学的信息系统，及时获取充足、可靠的外部市场数据和企业内部数据，以满足编制滚动预算的需要。

第六条 企业应重视预算编制基础数据，统一财务和非财务信息标准，确保预算编制以可靠、翔实、完整的基础数据为依据。

第三章 应用程序

第七条 企业应遵循《管理会计应用指引第200号——预算管理》中的应用程序实施滚动预算管理。

第八条 企业应研究外部环境变化，分析行业特点、战略目标和业务性质，结合企业管理基础和信息化水平，确定预算编制的周期和预算滚动的频率。

第九条 企业应遵循重要性原则和成本效益原则，结合业务性质和管理要求，确定滚动预算的编制内容。

企业通常可以选择编制业务滚动预算，对于管理基础好、信息化程度高的企业，还可选择编制资本滚动预算和财务滚动预算。

第十条 企业应以战略目标和业务计划为依据，并根据上一期预算执行情况和新的预测信息，经综合平衡和结构优化，作为下一期滚动预算的编制基础。

第十一条 企业应以战略目标和业务计划为基础，研究滚动预算所涉及的外部环境变化和内部重要事项，测算并提出预算方案。

第十二条 企业实行中期滚动预算的，应在中期预算方案的框架内滚动编制年度预算。第一年的预算约束对应年度的预算，后续期间的预算指引后续对应年度的预算。

第十三条 短期滚动预算服务于年度预算目标的实施。企业实行短期滚动预算的，应以年度预算为基础，分解编制短期滚动预算。

第十四条 企业应分析影响预算目标的各种动因之间的关系，建立预算模型，生成预算编制方案。

第十五条 企业应对比分析上一期的预算信息和预算执行情况，结合新的内外部环境预测信息，对下一期预算进行调整和修正，持续进行预算的滚动编制。

第十六条 企业可借助数据仓库等信息技术的支撑，实现预算编制方案的快速生成，减少预算滚动编制的工作量。

第十七条 企业应根据预算滚动编制结果，调整资源配置和管理要求。

第四章 工具方法评价

第十八条 滚动预算的主要优点是：通过持续滚动预算编制、逐期滚动管理，实现动态反映市场、建立跨期综合平衡，从而有效指导企业营运，强化预算的决策与控制职能。

第十九条 滚动预算的主要缺点是：一是预算滚动的频率越高，对预算沟通的要求越高，预算编制的工作量越大；二是过高的滚动频率容易增加管理层的不稳定感，导致预算执行者无所适从。

第五章 附　　则

第二十条 本指引由财政部负责解释。

附件3：

管理会计应用指引第300号——成本管理

第一章 总　　则

第一条 为了促进企业加强成本管理，提高企业成本管理水平，提升竞争能力，根据《管理会计基本指引》，制定本指引。

第二条 成本管理，是指企业在营运过程中实施成本预测、成本决策、成本计划、成本控制、成本核算、成本分析和成本考核等一系列管理活动的总称。

第三条 企业进行成本管理，一般应遵循以下原则：

（一）融合性原则。成本管理应以企业业务模式为基础，将成本管理嵌入业务的各领域、各层次、各环节，实现成本管理责任到人、控制到位、考核严格、目标落实。

（二）适应性原则。成本管理应与企业生产经营特点和目标相适应，尤其要与企业发展战略或竞争战略相适应。

（三）成本效益原则。成本管理应用相关工具方法时，应权衡其为企业带来的收益和付出的成本，避免获得的收益小于其投入的成本。

（四）重要性原则。成本管理应重点关注对成本具有重大影响的项目，对于不具有重要性的项目可以适当简化处理。

第四条 成本管理领域应用的管理会计工具方法，一般包括目标成本法、标准成本法、变动成本法、作业成本法等。

第五条 企业应结合自身的成本管理目标和实际情况，在保证产品的功能和质量的前提下，选择应用适合企业的成本管理工具方法或综合应用不同成本管理工具方法，以更好地实现成本管理的目标。

综合应用不同成本管理工具方法时，应以各成本管理工具方法具体目标的兼容性、资源的共享性、适用对象的差异性、方法的协调性和互补性为前提，通过综合运用成本管理的工具方法实现最大效益。

第二章 应用环境

第六条 企业应根据其内外部环境选择适合的成本管理工具方法。

第七条 企业应建立健全成本管理的制度体系，一般包括费用审报制度、定额管理制度、责任成本制度等。

第八条 企业应建立健全成本相关原始记录，加强和完善成本数据的收集、记录、传递、汇总和整理工作，确保成本基础信息记录真实、完整。

第九条 企业应加强存货的计量验收管理，建立存货的计量、验收、领退及清查制度。

第十条 企业应充分利用现代信息技术，规范成本管理流程，提高成本管理的效率。

第三章 应用程序

第十一条 企业应用成本管理工具方法，一般按照事前管理、事中管理、事后管理等程序进行：

（一）事前成本管理阶段，主要是对未来的成本水平及其发展趋势所进行的预测与规划，一般包括成本预测、成本决策和成本计划等步骤；

（二）事中成本管理阶段，主要是对营运过程中发生的成本进行监督和控制，并根据实际情况对成本预算进行必要的修正，即成本控制步骤；

（三）事后成本管理阶段，主要是在成本发生之后进行的核算、分析和考核，一般包括成本核算、成本分析和成本考核等步骤。

第十二条 成本预测是以现有条件为前提，在历史成本资料的基础上，根据未来可能发生的变化，利用科学的方法，对未来的成本水平及其发展趋势进行描述和判断的成本管理活动。

第十三条 成本决策是在成本预测及有关成本资料的基础上，综合经济效益、质量、效率和规模等指标，运用定性和定量的方法对各个成本方案进行分析并选择最优方案的成本管理活动。

第十四条 成本计划是以营运计划和有关成本数据、资料为基础，根据成本决策所确定的目标，通过一定的程序，运用一定的方法，针对计划期企业的生产耗费和成本水平进行的具有约束力的成本筹划管理活动。

第十五条 成本控制是成本管理者根据预定的目标，对成本发生和形成过程以及影响成本的各种因素条件施加主动的影响或干预，把实际成本控制在预期目标内的成本管理活动。

第十六条 成本核算是根据成本核算对象，按照国家统一的会计制度和企业管理要求，对营运过程中实际发生的各种耗费按照规定的成本项目进行归集、分配和结转，取得不同成本核算对象的总成本和单位成本，向有关使用者提供成本信息的成本管理活动。

第十七条 成本分析是利用成本核算提供的成本信息及其他有关资料，分析成本水平与构成的变动情况，查明影响成本变动的各种因素和产生的原因，并采取有效措施控制成本的成本管理活动。

第十八条 成本考核是对成本计划及其有关指标实际完成情况进行定期总结和评价，并根据考核结果和责任制的落实情况，进行相应奖励和惩罚，以监督和促进企业加强成本管理责任制，提高成本管理水平的成本管理活动。

第四章 附 则

第十九条 本指引由财政部负责解释。

管理会计应用指引第 301 号——目标成本法

第一章 总 则

第一条 目标成本法，是指企业以市场为导向，以目标售价和目标利润为基础确定产品的目标成本，从产品设计阶段开始，通过各部门、各环节乃至与供应商的通力合作，共同实现目标成本的成本管理方法。

第二条 目标成本法一般适用于制造业企业成本管理，也可在物流、建筑、服务等行业应用。

第二章 应用环境

第三条 企业应用目标成本法，应遵循《管理会计应用指引第 300 号——成本管理》中对应用环境的一般要求。

第四条 企业应用目标成本法，要求处于比较成熟的买方市场环境，且产品的设计、性能、质量、价值等呈现出较为明显的多样化特征。

第五条 企业应以创造和提升客户价值为前提，以成本降低或成本优化为主要手段，谋求竞争中的成本优势，保证目标利润的实现。

第六条 企业应成立由研究与开发、工程、供应、生产、营销、财务、信息等有关部门组成的跨部门团队，负责目标成本的制定、计划、分解、下达与考核，并建立相应的工作机制，有效协调有关部门之间的分工与合作。

第七条 企业能及时、准确取得目标成本计算所需的产品售价、成本、利润以及性能、质量、工艺、流程、技术等方面各类财务和非财务信息。

第三章 应用程序

第八条 应用目标成本法一般需经过目标成本的设定、分解、达成到再设定、再分解、再达成多重循环，以持续改进产品方案。

企业应用目标成本法，一般按照确定应用对象、成立跨部门团队、收集相关信息、计算市场容许成本、设定目标成本、分解可实现目标成本、落实目标成本责任、考核成本管理业绩以及持续改善等程序进行。

第九条 企业应根据目标成本法的应用目标及其应用环境和条件，综合考虑产品的产销量和盈利能力等因素，确定应用对象。

企业一般应将拟开发的新产品作为目标成本法的应用对象，或选择那些功能与设计存在较大的弹性空间、产销量较大且处于亏损状态或盈利水平较低、对企业经营业绩具有重大影响的老产品作为目标成本法的应用对象。

第十条 企业负责目标成本管理的跨部门团队之下，可以建立成本规划、成本设计、成本确认、成本实施等小组，各小组根据管理层授权协同合作完成相关工作。

成本规划小组由业务及财务人员组成，负责设定目标利润，制定新产品开发或老产品改进方针，考虑目标成本等。该小组的职责主要是收集相关信息、计算市场驱动产品成本等。

成本设计小组由技术及财务人员组成，负责确定产品的技术性能、规格，负责对比各种成本因素，考虑价值工程，进行设计图上成本降低或成本优化的预演等。该小组的职责主要是可实现目标成本的设定和分解等。

成本确认小组由有关部门负责人、技术及财务人员组成，负责分析设计方案或试制品评价的结果，确认目标成本，进行生产准备、设备投资等。该小组的职责主要是可实现目标成本设定与分解的评价和确认等。

成本实施小组由有关部门负责人及财务人员组成，负责确认实现成本策划的各种措施，分析成本控制中出现的差异，并提出对策，对整个生产过程进行分析、评价等。该小组的职责主要是落实目标成本责任、考核成本管理业绩等。

第十一条 目标成本法的应用需要企业研究与开发、工程、供应、生产、营销、财务和信息等部门收集与应用对象相关的信息；这些信息一般包括：

（一）产品成本构成及料、工、费等财务和非财务信息；

（二）产品功能及其设计、生产流程与工艺等技术信息；

（三）材料的主要供应商、供求状况、市场价格及其变动趋势等信息；

（四）产品的主要消费者群体、分销方式和渠道、市场价格及其变动趋势等信息；

（五）本企业及同行业标杆企业产品盈利水平等信息；

（六）其他相关信息。

第十二条 市场容许成本，是指目标售价减去目标利润之后的余额。

目标售价的设定应综合考虑客户感知的产品价值、竞争产品的预期相对功能和售价，以及企业针对该产品的战略目标等因素。

目标利润的设定应综合考虑利润预期、历史数据、竞争地位分析等因素。

第十三条 企业应将容许成本与新产品设计成本或老产品当前成本进行比较，确定差异及成因，设定可实现的目标成本。

企业一般采取价值工程、拆装分析、流程再造、全面质量管理、供应链全程成本管理等措施和手段，寻求消除当前成本或设计成本偏离容许成本差异的措施，使容许成本转化为可实现的目标成本。

第十四条 企业应按主要功能对可实现的目标成本进行分解，确定产品所包含的每一零部件的目标成本。在分解时，首先应确定主要功能的目标成本，然后寻求实现这种功能的方法，并把主要功能和主要功能级的目标成本分配给零部件，形成零部件级目标成本。同时，企业应将零部件级目标成本转化为供应商的目标售价。

第十五条 企业应将设定的可实现目标成本、功能级目标成本、零部件级目标成本和供应商目标售价进一步量化为可控制的财务和非财务指标，落实到各责任中心，形成各责任中心的责任成本和成本控制标准，并辅之以相应的权限，将达成的可实现目标成本落到实处。

第十六条 企业应依据各责任中心的责任成本和成本控制标准，按照业绩考核制度和办法，定期进行成本管理业绩的考核与评价，为各责任中心和人员的激励奠定基础。

第十七条 企业应定期将产品实际成本与设定的可实现目标成本进行对比，确定其差异及其性质，分析差异的成因，提出消除各种重要不利差异的可行途径和措施，进行可实现目标成本的重新设定、再达成，推动成本管理的持续优化。

第四章 工具方法评价

第十八条 目标成本法的主要优点是：一是突出从原材料到产品出货全过程成本管理，有助于提高成本管理的效率和效果；二是强调产品寿命周期成本的全过程和全员管理，有助于提高客户价值和产品市场竞争力；三是谋求成本规划与利润规划活动的有机统一，有助于提升产品的综合竞争力。

第十九条 目标成本法的主要缺点是：其应用不仅要求企业具有各类所需要的人才，更需要各有关部门和人员的通力合作，管理水平要求较高。

第五章 附 则

第二十条 本指引由财政部负责解释。

管理会计应用指引第302号——标准成本法

第一章 总 则

第一条 标准成本法，是指企业以预先制定的标准成本为基础，通过比较标准成本与实际成本，计算和分析成本差异、揭示成本差异动因，进而实施成本控制、评价经营业绩的一种成本管理方法。

标准成本，是指在正常的生产技术水平和有效的经营管理条件下，企业经过努力应达到的产品成本水平。

成本差异，是指实际成本与相应标准成本之间的差额。当实际成本高于标准成本时，形成超支差异；当实际成本低于标准成本时，形成节约差异。

第二条 企业应用标准成本法的主要目标，是通过标准成本与实际成本的比较，揭示与分析标准成本与实际成本之间的差异，并按照例外管理的原则，对不利差异予以纠正，以提高工作效率，不断改善产品成本。

第三条 标准成本法一般适用于产品及其生产条件相对稳定，或生产流程与工艺标准化程度较高的企业。

第二章 应用环境

第四条 企业应用标准成本法，应遵循《管理会计应用指引第300号——成本管理》中对应用环境的一般要求。

第五条 企业应用标准成本法，要求处于较稳定的外部市场经营环境，且市场对产品的需求相对平稳。

第六条 企业应成立由采购、生产、技术、营销、财务、人力资源、信息等有关部门组成的跨部门团队，负责标准成本的制定、分解、下达、分析等。

第七条 企业能够及时、准确地取得标准成本制定所需要的各种财务和非财务信息。

第三章 应用程序

第八条 企业应用标准成本法，一般按照确定应用对象、制定标准成本、实施过程控制、成本差异计算与动因分析，以及修订与改进标准成本等程序进行。

第九条 为了实现成本的精细化管理，企业应根据标准成本法的应用环境，结合内部管理要求，确定应用对象。标准成本法的成本对象可以是不同种类、不同批次或不同步骤的产品。

第十条 企业制定标准成本，可由跨部门团队采用“上下结合”的模式进行，经企业管理层批准后实施。

第十一条 在制定标准成本时，企业一般应结合经验数据、行业标杆或实地测算的结果，运用统计分析、工程试验等方法，按照以下程序进行：

（一）就不同的成本或费用项目，分别确定消耗量标准和价格标准；

（二）确定每一成本或费用项目的标准成本；

（三）汇总不同成本项目的标准成本，确定产品的标准成本。

第十二条 产品标准成本通常由直接材料标准成本、直接人工标准成本和制造费用标准成本构成。每一成本项目的标准成本应分为用量标准（包括单位产品消耗量、单位产品人工小时等）和价格标准（包括原材料单价、小时工资率、小时制造费用分配率等）。

第十三条 直接材料成本标准，是指直接用于产品生产的材料成本标准，包括标准用量和标准单价两方面。

制定直接材料的标准用量，一般由生产部门负责，会同技术、财务、信息等部门，按照以下程序进行：

（一）根据产品的图纸等技术文件进行产品研究，列出所需的各种材料以及可能的替代材料，并说明这些材料的种类、质量以及库存情况；

（二）在对过去用料经验记录进行分析的基础上，采用过去用料的平均值、最高与最低值的平均数、最节省数量、实际测定数据或技术分析数据等，科学地制定标准用量。

制定直接材料的标准单价，一般由采购部门负责，会同财务、生产、信息等部门，在考虑市场环境及其变化趋势、订货价格以及最佳采购批量等因素的基础上综合确定。

直接材料标准成本的计算公式如下：

直接材料标准成本 = 单位产品的标准用量 × 材料的标准单价

材料按计划成本核算的企业，材料的标准单价可以采用材料计划单价。

第十四条 直接人工成本标准，是指直接用于产品生产的人工成本标准，包括标准工时和标准工资率。

制定直接人工的标准工时，一般由生产部门负责，汇同技术、财务、信息等部门，在对产品生产所需作业、工序、流程工时进行技术测定的基础上，考虑正常的工作间隙，并适当考虑生产条件的变化，生产工序、操作技术的改善，以及相关工作人员主观能动性的充分发挥等因素，合理确定单位产品的工时标准。

制定直接人工的标准工资率，一般由人力资源部门负责，根据企业薪酬制度等制定。

直接人工标准成本的计算公式如下：

直接人工标准成本 = 单位产品的标准工时 × 小时标准工资率

第十五条 制造费用成本标准应区分变动制造费用项目和固定制造费用项目分别确定。

第十六条 变动制造费用，是指通常随产量变化而成正比例变化的制造费用。变动制造费用项目的标准成本根据标准用量和标准价格确定。

变动制造费用的标准用量可以是单位产量的燃料、动力、辅助材料等标准用量，也可以是产品的直接人工标准工时，或者是单位产品的标准机器工时。标准用量的选择需考虑用量与成本的相关性，制定方法与直接材料的标准用量以及直接人工的标准工时类似。

变动制造费用的标准价格可以是燃料、动力、辅助材料等标准价格，也可以是小时标准工资率等。制定方法与直接材料的价格标准以及直接人工的标准工资率类似。

变动制造费用的计算公式如下：

变动制造费用项目标准成本 = 变动制造费用项目的标准用量 × 变动制造费用项目的标准价格

第十七条 固定制造费用，是指在一定产量范围内，其费用总额不会随产量变化而变化，始终保持固定不变的制造费用。固定制造费用一般按照费用的构成项目实行总量控制；也可以根据需要，通过计算标准分配率，将固定制造费用分配至单位产品，形成固定制造费用的标准成本。

制定固定费用标准，一般由财务部门负责，会同采购、生产、技术、营销、财务、人事、信息等有关部门，按照以下程序进行：

（一）依据固定制造费用的不同构成项目的特性，充分考虑产品的现有生产能力、管理部门的决策以及费用预算等，测算确定各固定制造费用构成项目的标准成本；

（二）通过汇总各固定制造费用项目的标准成本，得到固定制造费用的标准总成本；

（三）确定固定制造费用的标准分配率，标准分配率可根据产品的单位工时与预算总工时的比率确定。

其中，预算总工时，是指由预算产量和单位工时标准确定的总工时。单位工时标准可以依据相关性原则在直接人工工时或者机器工时之间做出选择。

固定制造费用标准成本的计算顺序及公式如下：

固定制造费用标准成本由固定制造费用项目预算确定；

$$固定制造费用总成本 = \sum 固定制造费用项目标准成本$$

固定制造费用标准分配率 = 单位产品的标准工时 ÷ 预算总工时

固定制造费用标准成本 = 固定制造费用总成本 × 固定制造费用标准分配率

第十八条 企业应在制定标准成本的基础上，将产品成本及其各成本或费用项目的标准用量和标准价格层层分解，落实到部门及相关责任人，形成成本控制标准。

各归口管理部门（或成本中心）应根据相关成本控制标准，控制费用开支与资源消耗，监督、控制成本的形成过程，及时分析偏离标准的差异并分析其成因，并及时采取措施加以改进。

第十九条 在标准成本法的实施过程中，各相关部门（或成本中心）应对其所管理的项目进行跟踪分析。

生产部门一般应根据标准用量、标准工时等，实时跟踪和分析各项耗用差异，从操作人员、机器设备、原料质量、标准制定等方面寻找差异原因，采取应对措施，控制现场成本，并及时反馈给人力资源、技术、采购、财务等相关部门，共同实施事中控制。

采购部门一般应根据标准价格，按照各项目采购批次，揭示和反馈价格差异形成的原因，控制和降低总采购成本。

第二十条 企业应定期将实际成本与标准成本进行比较和分析，确定差异数额及性质，揭示差异形成的动因，落实责任中心，寻求可行的改进途径和措施。

第二十一条 成本差异的计算与分析一般按成本或费用项目进行。

第二十二条 直接材料成本差异，是指直接材料实际成本与标准成本之间的差额，该项差异可分解为直接材料价格差异和直接材料数量差异。

直接材料价格差异，是指在采购过程中，直接材料实际价格偏离标准价格所形成的差异；直接材料数量差异，是指在产品生产过程中，直接材料实际消耗量偏离标准消耗量所形成的差异。有关计算公式如下：

直接材料成本差异 = 实际成本 − 标准成本 = 实际耗用量 × 实际单价 − 标准耗用量 × 标准单价

直接材料成本差异 = 直接材料价格差异 + 直接材料数量差异

直接材料价格差异 = 实际耗用量 ×（实际单价 - 标准单价）

直接材料数量差异 =（实际耗用量 - 标准耗用量）× 标准单价

第二十三条 直接人工成本差异，是指直接人工实际成本与标准成本之间的差额，该差异可分解为工资率差异和人工效率差异。

工资率差异，是指实际工资率偏离标准工资率形成的差异，按实际工时计算确定；人工效率差异，是指实际工时偏离标准工时形成的差异，按标准工资率计算确定。有关计算公式如下：

直接人工成本差异 = 实际成本 - 标准成本 = 实际工时 × 实际工资率 - 标准工时 × 标准工资率

直接人工成本差异 = 直接人工工资率差异 + 直接人工效率差异

直接人工工资率差异 = 实际工时 ×（实际工资率 - 标准工资率）

直接人工效率差异 =（实际工时 - 标准工时）× 标准工资率

第二十四条 变动制造费用项目的差异，是指变动制造费用项目的实际发生额与变动制造费用项目的标准成本之间的差额，该差异可分解为变动制造费用项目的价格差异和数量差异。

变动制造费用项目的价格差异，是指燃料、动力、辅助材料等变动制造费用项目的实际价格偏离标准价格的差异；变动制造费用项目的数量差异，是指燃料、动力、辅助材料等变动制造费用项目的实际消耗量偏离标准用量的差异。变动制造费用项目成本差异的计算和分析原理与直接材料和直接人工成本差异的计算和分析相同。

第二十五条 固定制造费用项目成本差异，是指固定制造费用项目实际成本与标准成本之间的差额。其计算公式如下：

固定制造费用项目成本差异 = 固定制造费用项目实际成本 - 固定制造费用项目标准成本

企业应根据固定制造费用项目的性质，分析差异的形成原因，并将之追溯至相关责任中心。

第二十六条 在成本差异的分析过程中，企业应关注各项成本差异的规模、趋势及其可控性。对于反复发生的大额差异，企业应进行重点分析与处理。

企业可将生成的成本差异信息汇总，定期形成标准成本差异分析报告，并针对性地提出成本改进措施。

第二十七条 为保证标准成本的科学性、合理性与可行性，企业应定期或不定期对标准成本进行修订与改进。

第二十八条 一般情况下，标准成本的修订工作由标准成本的制定机构负责。企业应至少每年对标准成本进行测试，通过编制成本差异分析表，确认是否存在因标准成本不准确而形成的成本差异。当该类差异较大时，企业应按照标准成本的制定程序，对标准成本进行调整。

除定期测试外，当外部市场、组织机构、技术水平、生产工艺、产品品种等内外部环境发生较大变化时，企业也应及时对标准成本进行调整。

第四章 工具方法评价

第二十九条 标准成本法的主要优点是：一是能及时反馈各成本项目不同性质的差异，有利于考核相关部门及人员的业绩；二是标准成本的制定及其差异和动因的信息可以使企业预算的编制更为科学和可行，有助于企业的经营决策。

第三十条 标准成本法的主要缺点是：一是要求企业产品的成本标准比较准确、稳定，在使用条件上存在一定的局限性，二是对标准管理水平较高，系统维护成本较高；三是标准成本需要根据市场价格波动频繁更新，导致成本差异可能缺乏可靠性，降低成本控制效果。

第五章 附　　则

第三十一条 本指引由财政部负责解释。

管理会计应用指引第303号——变动成本法

第一章 总 则

第一条 变动成本法，是指企业以成本性态分析为前提条件，仅将生产过程中消耗的变动生产成本作为产品成本的构成内容，而将固定生产成本和非生产成本作为期间成本，直接由当期收益予以补偿的一种成本管理方法。

成本性态，是指成本与业务量之间的相互依存关系。按照成本性态，成本可划分为固定成本、变动成本和混合成本。

固定成本，是指在一定范围内，其总额不随业务量变动而增减变动，但单位成本随业务量增加而相对减少的成本。

变动成本，是指在一定范围内，其总额随业务量变动发生相应的正比例变动，而单位成本保持不变的成本。

混合成本，是指总额随业务量变动但不成正比例变动的成本。

第二条 变动成本法通常用于分析各种产品的盈利能力，为正确制定经营决策、科学进行成本计划、成本控制和成本评价与考核等工作提供有用信息。

第三条 变动成本法一般适用于同时具备以下特征的企业：

（一）企业固定成本比重较大，当产品更新换代的速度较快时，分摊计入产品成本中的固定成本比重大，采用变动成本法可以正确反映产品盈利状况；

（二）企业规模大，产品或服务的种类多，固定成本分摊存在较大困难；

（三）企业作业保持相对稳定。

第二章 应用环境

第四条 企业应用变动成本法，应遵循《管理会计应用指引第300号——成本管理》中对应用环境的一般要求。

第五条 企业应用变动成本法所处的外部环境，一般应具备以下特点：

（一）市场竞争环境激烈，需要频繁进行短期经营决策。

（二）市场相对稳定，产品差异化程度不大，以利于企业进行价格等短期决策。

第六条 企业应保证成本基础信息记录完整，财务会计核算基础工作完善。

第七条 企业应建立较好的成本性态分析基础，具有划分固定成本与变动成本的科学标准，以及划分标准的使用流程与规范。

第八条 企业能够及时、全面、准确地收集与提供有关产量、成本、利润以及成本性态等方面的信息。

第三章 应用程序

第九条 企业应用变动成本法，一般按照成本性态分析、变动成本计算、损益计算等程序进行。

第十条 成本性态分析，是指企业基于成本与业务量之间的关系，运用技术方法，将业务范围内发生的成本分解为固定成本和变动成本的过程。

第十一条 混合成本的分解方法主要包括：高低点法、回归分析法、账户分析法（也称会计分析法）、技术测定法（也称工业工程法）、合同确认法，前两种方法需要借助数学方法进行分解，后三种方法可通过直接分析认定。

（一）高低点法：企业以过去某一会计期间的总成本和业务量资料为依据，从中选取业务量最高点和业务量最低点，将总成本进行分解，得出成本模型。计算公式如下：

$$单位变动成本=\frac{最高点业务量的成本-最低点业务量的成本}{最高点业务量-最低点业务量}$$

$$固定成本总额=最高点业务量的成本-单位变动成本\times 最高点业务量$$

或： $$=最低点业务量的成本-单位变动成本\times 最低点业务量$$

高低点法计算较为简单，但结果代表性较差。

（二）回归分析法：企业根据过去一定期间的业务量和混合成本的历史资料，应用最小二乘法原理，计算最能代表业务量与混合成本关系的回归直线，借以确定混合成本中固定成本和变动成本的方法。计算公式如下：

假设混合成本符合总成本模型，即：$Y=a+bX$ 式中：a 为固定成本部分；b 为单位变动成本。

$$b=\frac{n\sum x_iy_i-\sum x_i\sum y_i}{n\sum x_i^2-(\sum x_i)^2}$$

$$a=\frac{\sum y_i-b\sum x_i}{n}$$

回归分析法的结果较为精确，但计算较为复杂。

（三）账户分析法：企业根据有关成本账户及其明细账的内容，结合其与产量的依存关系，判断其比较接近的成本类别，将其视为该类成本。

账户分析法较为简便易行，但比较粗糙且带有主观判断。

（四）技术测定法：企业根据生产过程中各种材料和人工成本消耗量的技术测定来划分固定成本和变动成本。

技术测定法仅适用于投入成本和产出数量之间有规律性联系的成本分解。

（五）合同确认法：企业根据订立的经济合同或协议中关于支付费用的规定，来确认并估算哪些项目属于变动成本，哪些项目属于固定成本。

合同确认法一般要配合账户分析法使用。

第十二条 在变动成本法下，为加强短期经营决策，按照成本性态，企业的生产成本分为变动生产成本和固定生产成本，非生产成本分为变动非生产成本和固定非生产成本。其中，只有变动生产成本才构成产品成本，其随产品实体的流动而流动，随产量变动而变动。

第十三条 在变动成本法下，利润的计算通常采用贡献式损益表。该表一般应包括营业收入、变动成本、边际贡献、固定成本、利润等项目。其中，变动成本包括变动生产成本和变动非生产成本两部分，固定成本包括固定生产成本和固定非生产成本两部分。贡献式损益表中损益计算包括以下两个步骤：

（一）计算边际贡献总额；

$$边际贡献总额=营业收入总额-变动成本总额=销售单价\times 销售量-单位变动成本\times 销售量$$

$$=(销售单价-单位变动成本)\times 销售量=单位边际贡献\times 销售量$$

（二）计算当期利润。

$$利润=边际贡献总额-固定成本总额$$

第四章 工具方法评价

第十四条 变动成本法的主要优点是：一是区分固定成本与变动成本，有利于明确企业产品盈利能力和划分成本责任；二是保持利润与销售量增减相一致，促进以销定产；三是揭示了销售量、成本和利润之间的依存关系，使当期利润真正反映企业经营状况，有利于企业经营预测和决策。

第十五条 变动成本法的主要缺点是：一是计算的单位成本并不是完全成本，不能反映产品生产过程中发生的全部耗费；二是不能适应长期决策的需要。

第五章 附 则

第十六条 本指引由财政部负责解释。

管理会计应用指引第304号——作业成本法

第一章 总 则

第一条 作业成本法，是指以“作业消耗资源、产出消耗作业”为原则，按照资源动因将资源费用追溯或分配至各项作业，计算出作业成本，然后再根据作业动因，将作业成本追溯或分配至各成本对象，最终完成成本计算的成本管理方法。

资源费用，是指企业在一定期间内开展经济活动所发生的各项资源耗费。资源费用既包括房屋及建筑物、设备、材料、商品等有形资源的耗费，也包括信息、知识产权、土地使用权等各种无形资源的耗费，还包括人力资源耗费以及其他各种税费支出等。

作业，是指企业基于特定目的重复执行的任务或活动，是连接资源和成本对象的桥梁。一项作业既可以是一项非常具体的任务或活动，也可以泛指一类任务或活动。

按消耗对象不同，作业可分为主要作业和次要作业。主要作业是被产品、服务或客户等最终成本对象消耗的作业。次要作业是被原材料、主要作业等介于中间地位的成本对象消耗的作业。

成本对象，是指企业追溯或分配资源费用、计算成本的对象物。成本对象可以是工艺、流程、零部件、产品、服务、分销渠道、客户、作业、作业链等需要计量和分配成本的项目。

成本动因，是指诱导成本发生的原因，是成本对象与其直接关联的作业和最终关联的资源之间的中介。按其在资源流动中所处的位置和作用，成本动因可分为资源动因和作业动因。

第二条 作业成本法的应用目标包括：

（一）通过追踪所有资源费用到作业，然后再到流程、产品、分销渠道或客户等成本对象，提供全口径、多维度的更加准确的成本信息；

（二）通过作业认定、成本动因分析以及对作业效率、质量和时间的计量，更真实地揭示资源、作业和成本之间的联动关系，为资源的合理配置以及作业、流程和作业链（或价值链）的持续优化提供依据；

（三）通过作业成本法提供的信息及其分析，为企业更有效地开展规划、决策、控制、评价等各种管理活动奠定坚实基础。

第三条 作业成本法一般适用于具备以下特征的企业：作业类型较多且作业链较长；同一生产线生产多种产品；企业规模较大且管理层对产品成本准确性要求较高；产品、客户和生产过程多样化程度较高；间接或辅助资源费用所占比重较大等。

第二章 应用环境

第四条 企业应用作业成本法，应遵循《管理会计应用指引第300号——成本管理》中对应用环境的一般要求。

第五条 企业应用作业成本法所处的外部环境，一般应具备以下特点之一：一是客户个性化需求较高，市场竞争激烈；二是产品的需求弹性较大，价格敏感度高。

第六条 企业应用作业成本法应基于作业观，即企业作为一个为最终满足客户需要而设计的一系列作业的集合体，进行业务组织和管理。

第七条 企业应成立由生产、技术、销售、财务、信息等部门的相关人员构成的设计和实施小组，负责作业成本系统的开发设计与组织实施工作。

第八条 企业应能够清晰地识别作业、作业链、资源动因和成本动因，为资源费用以及作业成本的追溯或分配提供合理的依据。

第九条 企业应拥有先进的计算机及网络技术，配备完善的信息系统，能够及时、准确提供各项资源、作业、成本动因等方面的信息。

第三章 应用程序

第十条 企业应用作业成本法，一般按照资源识别及资源费用的确认与计量、成本对象选择、作业认定、作业中心设计、资源动因选择与计量、作业成本汇集、作业动因选择与计量、作业成本分配、作业成本信息报告等程序进行。

第十一条 资源识别及资源费用的确认与计量，是指识别出由企业拥有或控制的所有资源，遵循国家统一的会计制度，合理选择会计政策，确认和计量全部资源费用，编制资源费用清单，为资源费用的追溯或分配奠定基础。

资源费用清单一般应分部门列示当期发生的所有资源费用，其内容要素一般包括发生部门、费用性质、所属类别、受益对象等。

第十二条 资源识别及资源费用的确认与计量应由企业的财务部门负责，在基础设施管理、人力资源管理、研究与开发、采购、生产、技术、营销、服务、信息等部门的配合下完成。

第十三条 在作业成本法下，企业应将当期所有的资源费用，遵循因果关系和受益原则，根据资源动因和作业动因，分项目经由作业追溯或分配至相关的成本对象，确定成本对象的成本。

企业应根据国家统一的会计制度，并考虑预算控制、成本管理、营运管理、业绩评价以及经济决策等方面的要求确定成本对象。

第十四条 作业认定，是指企业识别由间接或辅助资源执行的作业集，确认每一项作业完成的工作以及执行该作业所耗费的资源费用，并据以编制作业清单的过程。

第十五条 作业认定的内容主要包括对企业每项消耗资源的作业进行识别、定义和划分，确定每项作业在生产经营活动中的作用、同其他作业的区别以及每项作业与耗用资源之间的关系。

第十六条 作业认定一般包括以下两种形式：

（一）根据企业生产流程，自上而下进行分解。

（二）通过与企业每一部门负责人和一般员工进行交流，自下而上确定他们所做的工作，并逐一认定各项作业。

企业一般应将两种方式相结合，以保证全面、准确认定作业。

第十七条 作业认定的具体方法一般包括调查表法和座谈法。

调查表法，是指通过向企业全体员工发放调查表，并通过分析调查表来认定作业的方法。

座谈法，是指通过与企业员工的面对面交谈，来认定作业的方法。

企业一般应将两种方法相结合，以保证全面、准确认定全部作业。

第十八条 企业对认定的作业应加以分析和归类，按顺序列出作业清单或编制出作业字典。作业清单或作业字典一般应当包括作业名称、作业内容、作业类别、所属作业中心等内容。

第十九条 作业中心设计，是指企业将认定的所有作业按照一定的标准进行分类，形成不同的作业中心，作为资源费用追溯或分配对象的过程。

作业中心可以是某一项具体的作业，也可以是由若干个相互联系的能够实现某种特定功能的作业的集合。

第二十条 企业可按照受益对象、层次和重要性，将作业分为以下五类，并分别设计相应的作业中心：

（一）产量级作业，是指明确地为个别产品（或服务）实施的、使单个产品（或服务）受益的作业。

该类作业的数量与产品（或服务）的数量成正比例变动。包括产品加工、检验等。

（二）批别级作业，是指为一组（或一批）产品（或服务）实施的、使该组（或批）产品（或服务）受益的作业。

该类作业的发生是由生产的批量数而不是单个产品（或服务）引起的，其数量与产品（或服务）的批量数成正比变动。包括设备调试、生产准备等。

（三）品种级作业，是指为生产和销售某种产品（或服务）实施的、使该种产品（或服务）的每个单位都受益的作业。

该类作业用于产品（或服务）的生产或销售，但独立于实际产量或批量，其数量与品种的多少成正比例变动。包括新产品设计、现有产品质量与功能改进、生产流程监控、工艺变换需要的流程设计、产品广告等。

（四）客户级作业，是指为服务特定客户所实施的作业。

该类作业保证企业将产品（或服务）销售给个别客户，但作业本身与产品（或服务）数量独立。包括向个别客户提供的技术支持活动、咨询活动、独特包装等。

（五）设施级作业，是指为提供生产产品（或服务）的基本能力而实施的作业。

该类作业是开展业务的基本条件，其使所有产品（或服务）都受益，但与产量或销量无关。包括管理作业、针对企业整体的广告活动等。

第二十一条 资源动因是引起资源耗用的成本动因，它反映了资源耗用与作业量之间的因果关系。资源动因选择与计量为将各项资源费用归集到作业中心提供了依据。

第二十二条 企业应识别当期发生的每一项资源消耗，分析资源耗用与作业中心作业量之间的因果关系，选择并计量资源动因。

企业一般应选择那些与资源费用总额呈正比例关系变动的资源动因作为资源费用分配的依据。

第二十三条 作业成本归集，是指企业根据资源耗用与作业之间的因果关系，将所有的资源成本直接追溯或按资源动因分配至各作业中心，计算各作业总成本的过程。

第二十四条 作业成本汇集应遵循以下基本原则：

（一）对于为执行某种作业直接消耗的资源，应直接追溯至该作业中心；

（二）对于为执行两种或两种以上作业共同消耗的资源，应按照各作业中心的资源动因量比例分配至各作业中心。

第二十五条 为便于将资源费用直接追溯或分配至各作业中心，企业还可以按照资源与不同层次作业的关系，将资源分为如下五类：

（一）产量级资源。包括为单个产品（或服务）所取得的原材料、零部件、人工、能源等。

（二）批别级资源。包括用于生产准备、机器调试的人工等。

（三）品种级资源。包括为生产某一种产品（或服务）所需要的专用化设备、软件或人力等。

（四）顾客级资源。包括为服务特定客户所需要的专门化设备、软件和人力等。

（五）设施级资源。包括土地使用权、房屋及建筑物，以及所保持的不受产量、批别、产品、服务和客户变化影响的人力资源等。

对产量级资源费用，应直接追溯至各作业中心的产品等成本对象。对于其他级别的资源费用，应选择合理的资源动因，按照各作业中心的资源动因量比例，分配至各作业中心。

企业为执行每一种作业所消耗的资源费用的总和，构成该种作业的总成本。

第二十六条 作业动因是引起作业耗用的成本动因，反映了作业耗用与最终产出的因果关系，是将作业成本分配到流程、产品、分销渠道、客户等成本对象的依据。

第二十七条 当作业中心仅包含一种作业的情况下，所选择的作业动因应该是引起该作业耗用的成本动因；当作业中心由若干个作业集合而成的情况下，企业可采用回归分析法或分析判断法，分析比较各具体作业动因与该作业中心成本之间的相关关系，选择相关性最大的作业动因，即代表性作业动因，作为作业成本分配的基础。

第二十八条 作业动因需要在交易动因、持续时间动因和强度动因间进行选择。其中，交易动因，是指用执行频率或次数计量的成本动因，包括接受或发出订单数、处理收据数等；持续时间动因，是指用执行时间计量的成本动因，包括产品安装时间、检查小时等；强度动因，是指不易按照频率、次数或执行时间进行分配而需要直接衡量每次执行所需资源的成本动因，包括特别复杂产品的安装、质量检验等。

企业如果每次执行所需要的资源数量相同或接近，应选择交易动因；如果每次执行所需要的时间存在显著的不同，应选择持续时间动因；如果作业的执行比较特殊或复杂，应选择强度动因。

对于选择的作业动因，企业应采用相应的方法和手段进行计量，以取得作业动因量的可靠数据。

第二十九条 作业成本分配，是指企业将各作业中心的作业成本按作业动因分配至产品等成本对象，并结合直接追溯的资源费用，计算出各成本对象的总成本和单位成本的过程。

第三十条 作业成本分配一般按照以下两个程序进行：

（一）分配次要作业成本至主要作业，计算主要作业的总成本和单位成本。企业应按照各主要作业耗用每一次要作业的作业动因量，将次要作业的总成本分配至各主要作业，并结合直接追溯至次要作业的资源费用，计算各主要作业的总成本和单位成本。有关计算公式如下：

次要作业成本分配率 = 次要作业总成本 ÷ 该作业动因总量

某主要作业分配的次要作业成本 = 该主要作业耗用的次要作业动因量 × 该次要作业成本分配率

主要作业总成本 = 直接追溯至该作业的资源费用 + 分配至该主要作业的次要作业成本之和

主要作业单位成本 = 主要作业总成本 ÷ 该主要作业动因总量

（二）分配主要作业成本至成本对象，计算各成本对象的总成本和单位成本。企业应按照各主要作业耗用每一次要作业的作业动因量，将次要作业成本分配至各主要作业，并结合直接追溯至成本对象的单位水平资源费用，计算各成本对象的总成本和单位成本。有关计算公式如下：

某成本对象分配的主要作业成本 = 该成本对象耗用的主要作业成本动因量 × 主要作业单位成本

某成本对象总成本 = 直接追溯至该成本对象的资源费用 + 分配至该成本对象的主要作业成本之和

某成本对象单位成本 = 该成本对象总成本 ÷ 该成本对象的产出量

第三十一条 作业成本信息报告的目的，是通过设计、编制和报送具有特定内容和格式要求的作业成本报表，向企业内部各有关部门和人员提供其所需要的作业成本及其他相关信息。

第三十二条 作业成本报表的内容和格式应根据企业内部管理需要确定。作业成本报表提供的信息一般应包括以下内容：

（一）企业拥有的资源及其分布以及当期发生的资源费用总额及其具体构成的信息；

（二）每一成本对象总成本、单位成本及其消耗的作业类型、数量及单位作业成本的信息，以及产品盈利性分析的信息；

（三）每一作业或作业中心的资源消耗及其数量、成本以及作业总成本与单位成本的信息；

（四）与资源成本分配所依据的资源动因以及作业成本分配所依据的作业动因相关的信息；

（五）资源费用、作业成本以及成本对象成本预算完成情况及其原因分析的信息；

（六）有助于作业、流程、作业链（或价值链）持续优化的作业效率、时间和质量等方面非财务信息；

（七）有助于促进客户价值创造的有关增值作业与非增值作业的成本信息及其他信息；

（八）有助于业绩评价与考核的作业成本信息及其他相关信息；

（九）上述各类信息的历史或同行业比较信息。

第四章　工具方法评价

第三十三条　作业成本法的主要优点是：一是能够提供更加准确的各维度成本信息，有助于企业提高产品定价、作业与流程改进、客户服务等决策的准确性；二是改善和强化成本控制，促进绩效管理的改进和完善；三是推进作业基础预算，提高作业、流程、作业链（或价值链）管理的能力。

第三十四条　作业成本法的主要缺点是：部分作业的识别、划分、合并与认定，成本动因的选择以及成本动因计量方法的选择等均存在较大的主观性，操作较为复杂，开发和维护费用较高。

第五章　附　　则

第三十五条　本指引由财政部负责解释。

附件4：

管理会计应用指引第400号——营运管理

第一章　总　　则

第一条　为了促进企业加强营运管理，提高营运效率和质量，实现营运目标，根据《管理会计基本指引》，制定本指引。

第二条　营运管理，是指为了实现企业战略和营运目标，各级管理者通过计划、组织、指挥、协调、控制、激励等活动，实现对企业生产经营过程中的物料供应、产品生产和销售等环节的价值增值管理。

第三条　企业进行营运管理，应区分计划（Plan）、实施（Do）、检查（Check）、处理（Act）等四个阶段（简称PDCA管理原则），形成闭环管理，使营运管理工作更加条理化、系统化、科学化。

第四条　营运管理领域应用的管理会计工具方法，一般包括本量利分析、敏感性分析、边际分析和标杆管理等。

企业应根据自身业务特点和管理需要等，选择单独或综合运用营运管理工具方法，以更好地实现营运管理目标。

第五条　企业应用营运管理工具方法，一般按照营运计划的制定、营运计划的执行、营运计划的调整、营运监控分析与报告、营运绩效管理等程序进行。

第二章　应用环境

第六条　企业营运管理的应用环境包括组织架构、管理制度和流程、信息系统以及相关外部环境等。

第七条　为确保营运管理的有序开展，企业应建立健全营运管理组织架构，明确各管理层级或管理部门在营运管理中的职责，有效组织开展营运计划的制定审批、分解下达、执行监控、分析报告、绩效管理等日常营运管理工作。

第八条 企业应建立健全营运管理的制度体系，明确营运管理各环节的工作目标、职责分工、工作程序、工具方法、信息报告等内容。

第九条 企业应建立完整的业务信息系统，规范信息的收集、整理、传递和使用等，有效支持管理者决策。

第三章 营运计划的制定

第十条 营运计划，是指企业根据战略决策和营运目标的要求，从时间和空间上对营运过程中各种资源所做出的统筹安排，主要作用是分解营运目标，分配企业资源，安排营运过程中的各项活动。

第十一条 营运计划按计划的时间可分为长期营运计划、中期营运计划和短期营运计划；按计划的内容可分为销售、生产、供应、财务、人力资源、产品开发、技术改造和设备投资等营运计划。

第十二条 制定营运计划应当遵循以下原则：

（一）系统性原则。企业在制定计划时不仅应考虑营运的各个环节，还要从整个系统的角度出发，既要考虑大系统的利益，也要兼顾各个环节的利益。

（二）平衡性原则。企业应考虑内外部环境之间的矛盾，有效平衡可能对营运过程中的研发、生产、供应、销售等存在影响的各个方面，使其保持合理的比例关系。

（三）灵活性原则。企业应当充分考虑未来的不确定性，在制定计划时保持一定的灵活性和弹性。

第十三条 企业在制定营运计划时，应以战略目标和年度营运目标为指引，充分分析宏观经济形势、行业发展规律以及竞争对手情况等内外部环境变化，同时还应评估企业自身研发、生产、供应、销售等环节的营运能力，客观评估自身的优势和劣势以及面临的风险和机会等。

第十四条 企业在制定营运计划时，应开展营运预测，将其作为营运计划制定的基础和依据。

第十五条 营运预测，是指通过收集整理历史信息和实时信息，恰当运用科学预测方法，对未来经济活动可能产生的经济效益和发展趋势做出科学合理的预计和推测的过程。

第十六条 企业应用多种工具方法制定营运计划的，应根据自身实际情况，选择单独或综合应用预算管理领域、平衡计分卡、标杆管理等管理会计工具方法；同时，应充分应用本量利分析、敏感性分析、边际分析等管理会计工具方法，为营运计划的制定提供具体量化的数据分析，有效支持决策。

第十七条 企业应当科学合理地制定营运计划，充分考虑各层次营运目标、业务计划、管理指标等方面的内在逻辑联系，形成涵盖各价值链的、不同层次和不同领域的、业务与财务相结合的、短期与长期相结合的目标体系和行动计划。

第十八条 企业应采取自上而下、自下而上或上下结合的方式制定营运计划，充分调动全员积极性，通过沟通、讨论达成共识。

第十九条 企业应根据营运管理流程，对营运计划进行逐级审批。企业各部门应在已经审批通过的营运计划基础上，进一步制定各自的业务计划，并按流程履行审批程序。

第二十条 企业应对未来的不确定性进行充分的预估，在科学营运预测的基础上，制定多方案的备选营运计划，以应对未来不确定性带来的风险与挑战。

第四章 营运计划的执行

第二十一条 经审批的营运计划应以正式文件的形式下达执行。企业应逐级分解营运计划，按照横向到边、纵向到底的要求分解落实到各所属企业、部门、岗位或员工，确保营运计划得到充分落实。

第二十二条 经审批的营运计划应分解到季度、月度，形成月度的营运计划，逐月下达、执行。各企业应根据月度的营运计划组织开展各项营运活动。

第二十三条 企业应建立配套的监督控制机制，及时记录营运计划执行情况，进行差异分析与纠偏，持续优化业务流程，确保营运计划有效执行。

第二十四条 企业应在月度营运计划的基础上，开展月度、季度滚动预测，及时反映滚动营运计划所对应的实际营运状况，为企业资源配置的决策提供有效支持。

第五章 营运计划的调整

第二十五条 营运计划一旦批准下达，一般不予调整。宏观经济形势、市场竞争形势等发生重大变化，导致企业营运状况与预期出现较大偏差的，企业可以适时对营运计划做出调整，使营运目标更加切合实际。

第二十六条 企业在营运计划执行过程中，应关注和识别存在的各种不确定因素，分析和评估其对企业营运的影响，适时启动调整原计划的有关工作，确保企业营运目标更加切合实际，更合理地进行资源配置。

第二十七条 企业在做出营运计划调整决策时，应分析和评估营运计划调整方案对企业营运的影响，包括对短期的资源配置、营运成本、营运效益等的影响以及对长期战略的影响。

第二十八条 企业应建立营运计划调整的流程和机制，规范营运计划的调整。营运计划的调整应由具体执行的所属企业或部门提出调整申请，经批准后下达正式文件。

第六章 营运监控分析与报告

第二十九条 为了强化营运监控，确保企业营运目标的顺利完成，企业应结合自身实际情况，按照日、周、月、季、年等频率建立营运监控体系；并按照 PDCA 管理原则，不断优化营运监控体系的各项机制，做好营运监控分析工作。

第三十条 企业的营运监控分析，是指以本期财务和管理指标为起点，通过指标分析查找异常，并进一步揭示差异所反映的营运缺陷，追踪缺陷成因，提出并落实改进措施，不断提高企业营运管理水平。

第三十一条 营运管理监控的基本任务是发现偏差、分析偏差和纠正偏差。

（一）发现偏差。企业通过各类手段和方法，分析营运计划的执行情况，发现计划执行中的问题。

（二）分析偏差。企业对营运计划执行过程中出现的问题和偏差原因进行研究，采取针对性的措施。

（三）纠正偏差。企业根据偏差产生的原因采取针对性的纠偏对策，使企业营运过程中的活动按既定的营运计划进行，或者按照本指引第五章对营运计划进行必要的调整。

第三十二条 企业营运监控分析应至少包括发展能力、盈利能力、偿债能力等方面的财务指标，以及生产能力、管理能力等方面的非财务内容，并根据所处行业的营运特点，通过趋势分析、对标分析等工具方法，建立完善营运监控分析指标体系。

第三十三条 企业营运分析的一般步骤包括：

（一）明确营运目的，确定有关营运活动的范围；

（二）全面收集有关营运活动的资料，进行分类整理；

（三）分析营运计划与执行的差异，追溯原因；

（四）根据差异分析采取恰当的措施，并进行分析和报告。

第三十四条 企业应将营运监控分析的对象、目的、程序、评价及改进建议形成书面分析报告。分析报告按照分析的范围及内容可以分为综合分析报告、专题分析报告和简要分析报告；按照分析的时间分为定期分析报告和不定期分析报告。

第三十五条 企业应建立预警、督办、跟踪等营运监控机制，及时对营运监控过程中发现的异常情况进行通报、预警，按照 PDCA 管理原则督促相关责任人将工作举措落实到位。

第三十六条 企业可以建立信息报送、收集、整理、分析、报告等日常管理机制，保证信息传递的及时性和可靠性；建立营运监控管理信息系统、营运监控信息报告体系等，保证营运监控分析工作的顺利开展。

第七章　营运绩效管理

第三十七条　企业可以开展营运绩效管理，激励员工为实现营运管理目标做出贡献。

第三十八条　企业可以建立营运绩效管理委员会、营运绩效管理办公室等不同层级的绩效管理组织，明确绩效管理流程和审批权限，制定绩效管理制度。

第三十九条　企业可以以营运计划为基础，制定绩效管理指标体系，明确绩效指标的定义、计算口径、统计范围、绩效目标、评价标准、评价周期、评价流程等内容，确保绩效指标具体、可衡量、可实现、相关以及具有明确期限。

第四十条　绩效管理指标应以企业营运管理指标为基础，做到无缝衔接、层层分解，确保企业营运目标的落实。

第八章　附　　则

第四十一条　本指引由财政部负责解释。

管理会计应用指引第401号——本量利分析

第一章　总　　则

第一条　本量利分析，是指以成本性态分析和变动成本法为基础，运用数学模型和图式，对成本、利润、业务量与单价等因素之间的依存关系进行分析，发现变动的规律性，为企业进行预测、决策、计划和控制等活动提供支持的一种方法。其中，“本”是指成本，包括固定成本和变动成本；“量”是指业务量，一般指销售量；“利”一般指营业利润。

第二条　本量利分析的基本公式如下：

营业利润=(单价-单位变动成本)×业务量-固定成本

第三条　本量利分析主要用于企业生产决策、成本决策和定价决策，也可以广泛地用于投融资决策等。

第四条　企业在营运计划的制定、调整以及营运监控分析等程序中通常会应用到本量利分析。

第五条　企业应用本量利分析，应遵循《管理会计应用指引第400号——营运管理》中对应用环境的一般要求。

第二章　应用程序

第六条　本量利分析方法通常包括盈亏平衡分析、目标利润分析、敏感性分析、边际分析等。

第七条　盈亏平衡分析（也称保本分析），是指分析、测定盈亏平衡点，以及有关因素变动对盈亏平衡点的影响等，是本量利分析的核心内容。盈亏平衡分析的原理是，通过计算企业在利润为零时处于盈亏平衡的业务量，分析项目对市场需求变化的适应能力等。

盈亏平衡分析包括单一产品的盈亏平衡分析和产品组合的盈亏平衡分析。

第八条　单一产品的盈亏平衡分析通常采用以下方法：

（一）公式法

盈亏平衡点的业务量＝固定成本÷（单价－单位变动成本）

盈亏平衡点的销售额＝单价×盈亏平衡点的业务量

或　盈亏平衡点的销售额＝固定成本÷（1－变动成本率）

或　盈亏平衡点的销售额＝固定成本÷边际贡献率

边际贡献率＝1－变动成本率

企业的业务量等于盈亏平衡点的业务量时，企业处于保本状态；企业的业务量高于盈亏平衡点的业务量时，企业处于盈利状态，企业的业务量低于盈亏平衡点的业务量时，企业处于亏损状态。

（二）图示法

企业可以使用本量利关系图进行分析。本量利关系图按照数据的特征和目的分类，可以分为传统式、贡献毛益式和利量式三种图形（具体的图示法分析见附录）。

第九条　产品组合的盈亏平衡分析通常采用以下方法：

产品组合的盈亏平衡分析是在掌握每种单一产品的边际贡献率的基础上，按各种产品销售额的比重进行加权平均，据以计算综合边际贡献率，从而确定多产品组合的盈亏平衡点。

某种产品的销售额权重＝该产品的销售额÷各种产品的销售额合计

盈亏平衡点的销售额＝固定成本÷（1－综合变动成本率）

或　盈亏平衡点的销售额＝固定成本÷综合边际贡献率

综合边际贡献率＝1－综合变动成本率

企业销售额高于盈亏平衡点时，企业处于盈利状态；企业销售额低于盈亏平衡点时，企业处于亏损状态。企业通常运用产品组合的盈亏平衡点分析优化产品组合，提高获利水平。

第十条　目标利润分析是在本量利分析方法的基础上，计算为达到目标利润所需达到的业务量、收入和成本的一种利润规划方法，该方法应反映市场的变化趋势、企业战略规划目标以及管理层需求等。

目标利润分析包括单一产品的目标利润分析和产品组合的目标利润分析。单一产品的目标利润分析重在分析每个要素的重要性。产品组合的目标利润分析重在优化企业产品组合。

第十一条　企业应结合市场情况、宏观经济背景、行业发展规划以及企业的战略发展规划等确定目标利润。

第十二条　企业要实现目标利润，在假定其他因素不变时，通常应提高销售数量或销售价格，降低固定成本或单位变动成本。单一产品的目标利润分析公式如下：

实现目标利润的业务量＝（目标利润＋固定成本）÷（单价－单位变动成本）

实现目标利润的销售额＝单价×实现目标利润的业务量

或　实现目标利润的销售额＝（目标利润＋固定成本）÷边际贡献率

企业在应用该工具方法进行如何提高销售量的策略分析时，可以根据市场情况的变化对销售价格进行调整，降价通常可能促进销售量的增加，提价通常可能使销售量下降；在市场需求极为旺盛的情况下，可以通过增加固定成本支出（如广告费、租赁设备等）、扩大生产能力来扩大销售量。

第十三条　产品组合的目标利润分析通常采用以下方法：

在单一产品的目标利润分析基础上，依据分析结果进行优化调整，寻找最优的产品组合。基本分析公式如下：

实现目标利润的销售额＝（综合目标利润＋固定成本）÷（1－综合变动成本率）

实现目标利润率的销售额＝固定成本÷（1－综合变动成本率－综合目标利润率）

企业在应用该工具方法进行优化产品产量结构的策略分析时，在既定的生产能力基础上，可以提高具有较高边际贡献率的产品的产量。

第十四条　敏感性分析参见《管理会计应用指引第402号——敏感性分析》。

第十五条　边际分析参见《管理会计应用指引第403号——边际分析》。

第三章　工具方法评价

第十六条　本量利分析的主要优点是：可以广泛应用于规划企业经济活动和营运决策等方面，简便易行、通俗易懂和容易掌握。

第十七条　本量利分析的主要缺点是：仅考虑单因素变化的影响，是一种静态分析方法，且对成本性态较为依赖。

第四章　附　　则

第十八条　本指引由财政部负责解释。

管理会计应用指引第402号——敏感性分析

第一章　总　　则

第一条　敏感性分析，是指对影响目标实现的因素变化进行量化分析，以确定各因素变化对实现目标的影响及其敏感程度。

敏感性分析可以分为单因素敏感性分析和多因素敏感性分析。

第二条　敏感性分析具有广泛适用性，有助于识别、控制和防范短期营运决策、长期投资决策等相关风险，也可以用于一般经营分析。

第三条　企业在营运计划的制定、调整以及营运监控分析等程序中通常会应用到敏感性分析，敏感性分析也常用于长期投资决策等。

第四条　企业应用敏感性分析，应遵循《管理会计应用指引第400号——营运管理》中对应用环境的一般要求。

第二章　在短期营运决策中的应用程序

第五条　短期营运决策中的敏感性分析主要应用于目标利润规划。

第六条　短期营运决策中的敏感性分析的应用程序一般包括确定短期营运决策目标、根据决策环境确定决策目标的基准值、分析确定影响决策目标的各种因素、计算敏感系数、根据敏感系数对各因素进行排序等程序。

第七条　在利润规划敏感性分析中，利润规划的决策目标是利润最大化，有关公式如下：

利润 = 销售量 ×（单价 - 单位变动成本）- 固定成本总额

第八条　在确定利润基准值时，企业通常根据正常状态下的产品销售量、定价和成本状况，使用本量利公式测算目标利润基准值。

第九条　企业根据本量利公式分析和识别影响利润基准值的因素，包括销售量、单价、单位变动成本和固定成本。

企业在进行敏感性分析时，可视具体情况和以往经验选取对利润基准值影响较大的因素进行分析。

第十条　企业在进行因素分析时，通过计算各因素的敏感系数，衡量因素变动对决策目标基准值的影响程度。企业可以进行单因素敏感性分析或多因素敏感性分析。

第十一条 单因素敏感性分析，是指每次只变动一个因素而其他因素保持不变时所做的敏感性分析。敏感系数反映的是某一因素值变动对目标值变动的影响程度，有关公式如下：

某因素敏感系数 = 目标值变动百分比 ÷ 因素值变动百分比

在目标利润规划中，目标值为目标利润，变动因素为销售量、单价、单位变动成本和固定成本。敏感系数的绝对值越大，该因素越敏感。

第十二条 多因素敏感性分析，是指假定其他因素不变时，分析两种或两种以上不确定性因素同时变化对目标的影响程度所做的敏感性分析。

企业在进行目标利润规划时，通常以利润基准值为基础，测算销售量、单价、单位变动成本和固定成本中两个或两个以上的因素同时发生变动时，对利润基准值的影响程度。

第十三条 企业应根据敏感系数绝对值的大小对其进行排序，按照有关因素的敏感程度优化规划和决策。

有关因素只要有较小幅度变动就会引起利润较大幅度变动的，属于敏感性因素；有关因素虽有较大幅度变动但对利润影响不大的，属于弱敏感性因素。

在短期利润规划决策中，销售量、单价、单位变动成本和固定成本都会对利润产生影响，应重点关注敏感性因素，及时采取措施，加强控制敏感性因素，确保利润规划的完成。

第十四条 在对利润规划进行敏感性分析时，企业应确定导致盈利转为亏损的有关变量的临界值，即确定销售量和单价的最小允许值、单位变动成本和固定成本的最大允许值，有关公式如下：

销售量的最小允许值 = 固定成本 ÷（单价 − 单位变动成本）

单价的最小允许值 =（单位变动成本 × 销售量 + 固定成本）÷ 销售量

单位变动成本的最大允许值 =（单价 × 销售量 − 固定成本）÷ 销售量

固定成本的最大允许值 =（单价 − 单位变动成本）× 销售量

第三章　在长期投资决策中的应用程序

第十五条 长期投资决策中的敏感性分析，是指通过衡量投资方案中某个因素的变动对该方案预期结果的影响程度，做出对项目投资决策的可行性评价。

第十六条 长期投资决策敏感性分析的一般步骤参考本指引第六条。

第十七条 长期投资决策模型中决策目标的基准值通常包括净现值、内含报酬率、投资回收期、现值指数等。

企业通常需要结合行业和项目特点，参考类似投资的经验，对决策目标基准值的影响因素进行识别和选取。决策目标基准值的影响因素通常包括项目的期限、现金流和折现率。

第十八条 长期投资决策中的敏感性分析，通常分析项目期限、折现率和现金流量等变量的变化对投资方案的净现值、内含报酬率等产生的影响。

第十九条 以净现值为目标值进行敏感性分析的，可以计算投资期内的年现金净流量、有效使用年限和折现率的变动对净现值的影响程度；也可以计算净现值为零时的年现金净流量和有效使用年限的下限。

第二十条 以内含报酬率为基准值进行敏感性分析，可以计算投资期内的年现金净流量和有效使用年限变动对内含报酬率的影响程度。

第四章　工具方法评价

第二十一条 敏感性分析的主要优点是：方法简单易行，分析结果易于理解，能为企业的规划、控制和决策提供参考。

第二十二条 敏感性分析的主要缺点是：对决策模型和预测数据具有依赖性，决策模型的可靠程度和数据的合理性，会影响敏感性分析的可靠性。

第五章 附 则

第二十三条 本指引由财政部负责解释。

管理会计应用指引第403号——边际分析

第一章 总 则

第一条 边际分析，是指分析某可变因素的变动引起其他相关可变因素变动的程度的方法，以评价既定产品或项目的获利水平，判断盈亏临界点，提示营运风险，支持营运决策。

第二条 企业在营运管理中，通常在进行本量利分析、敏感性分析的同时运用边际分析工具方法。

第三条 企业在营运计划的制定、调整以及营运监控分析等程序中通常会应用到边际分析。

第四条 企业应用边际分析，应遵循《管理会计应用指引第400号——营运管理》中对应用环境的一般要求。

第二章 应用程序

第五条 边际分析工具方法主要有边际贡献分析、安全边际分析等。

第六条 边际贡献分析，是指通过分析销售收入减去变动成本总额之后的差额，衡量产品为企业贡献利润的能力。边际贡献分析主要包括边际贡献和边际贡献率两个指标。

边际贡献总额是产品的销售收入扣除变动成本总额后给企业带来的贡献，进一步扣除企业的固定成本总额后，剩余部分就是企业的利润，相关计算公式如下：

$$\text{边际贡献总额}=\text{销售收入}-\text{变动成本总额}$$

$$\text{单位边际贡献}=\text{单价}-\text{单位变动成本}$$

边际贡献率，是指边际贡献在销售收入中所占的百分比，表示每1元销售收入中边际贡献所占的比重。

$$\text{边际贡献率}=\frac{\text{边际贡献}}{\text{销售收入}}\times 100\%=\frac{\text{单位边际贡献}}{\text{单价}}\times 100\%$$

第七条 企业面临资源约束，需要对多个产品线或多种产品进行优化决策或对多种待选新产品进行投产决策的，可以通过计算边际贡献以及边际贡献率，评价待选产品的盈利性，优化产品组合。

第八条 企业进行单一产品决策时，评价标准如下：

当边际贡献总额大于固定成本时，利润大于0，表明企业盈利；

当边际贡献总额小于固定成本时，利润小于0，表明企业亏损；

当边际贡献总额等于固定成本时，利润等于0，表明企业保本。

第九条 当进行多产品决策时，边际贡献与变动成本之间存在如下关系：

$$\text{综合边际贡献率}=1-\text{综合变动成本率}$$

综合边际贡献率反映了多产品组合给企业做出贡献的能力，该指标通常越大越好。

第十条 企业可以通过边际分析对现有产品组合进行有关优化决策，如计算现有各条产品线或各种产品的边际贡献并进行比较，增加边际贡献或边际贡献率高的产品组合，减少边际贡献或边际贡献率低的产品组合。

第十一条 安全边际分析，是指通过分析正常销售额超过盈亏临界点销售额的差额，衡量企业在保本的前提下，能够承受因销售额下降带来的不利影响的程度和企业抵御营运风险的能力。安全边际分析主要包括安全边际和安全边际率两个指标。

安全边际，是指实际销售量或预期销售量超过盈亏平衡点销售量的差额，体现企业营运的安全程度。有关公式如下：

$$安全边际=实际销售量或预期销售量-保本点销售量$$

安全边际率，是指安全边际与实际销售量或预期销售量的比值，公式如下：

$$安全边际率=\frac{安全边际}{实际销售量或预期销售量}\times 100\%$$

第十二条 安全边际主要用于衡量企业承受营运风险的能力，尤其是销售量下降时承受风险的能力，也可以用于盈利预测。安全边际或安全边际率的数值越大，企业发生亏损的可能性越小，抵御营运风险的能力越强，盈利能力越大。

第三章 工具方法评价

第十三条 边际分析方法的主要优点是：可有效地分析业务量、变动成本和利润之间的关系，通过定量分析，直观地反映企业营运风险，促进提高企业营运效益。

第十四条 边际分析方法的主要缺点是：决策变量与相关结果之间关系较为复杂，所选取的变量直接影响边际分析的实际应用效果。

第四章 附 则

第十五条 本指引由财政部负责解释。

附录：

本量利关系图指标计算说明

1. 传统式本量利关系图是最基本、最常见的本量利关系图形（见图1）。绘制方法如下：

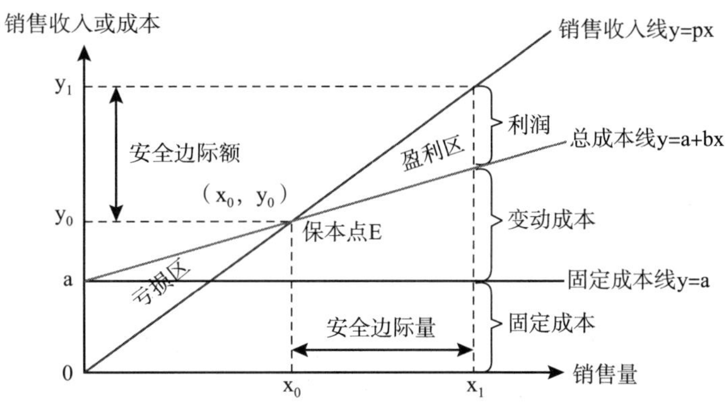

图1 传统式本量利关系图

（1）在直角坐标系中，以横轴表示销售量，以纵轴表示成本或销售收入。

（2）在纵轴上找出固定成本数值，即以（0，固定成本数值）为起点，绘制一条与横轴平行的固定成本线。

（3）以（0，固定成本数值）为起点，以单位变动成本为斜率，绘制总成本线。

（4）以坐标原点（0，0）为起点，以销售单价为斜率，绘制销售收入线。

（5）总成本线和销售收入线的交点就是盈亏临界点销售量。

2. 贡献毛益式本量利关系图是将固定成本置于变动成本之上，能够反映贡献毛益形成过程的图形（见图2）。绘制方法如下：

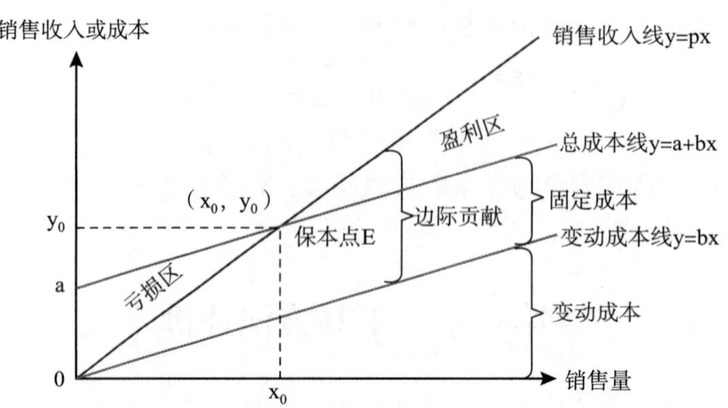

图2　贡献毛益式本量利关系图

（1）在直角坐标系中，以横轴表示销售量，以纵轴表示成本或销售收入。

（2）从原点出发分别绘制销售收入线和变动成本线。

（3）以纵轴上的（0，固定成本数值）点为起点绘制一条与变动成本线平行的总成本线。

（4）总成本线和销售收入线的交点就是盈亏临界点销售量。

3. 利量式本量利关系图是反映利润与销售量之间依存关系的图形（见图3）。绘制方法如下：

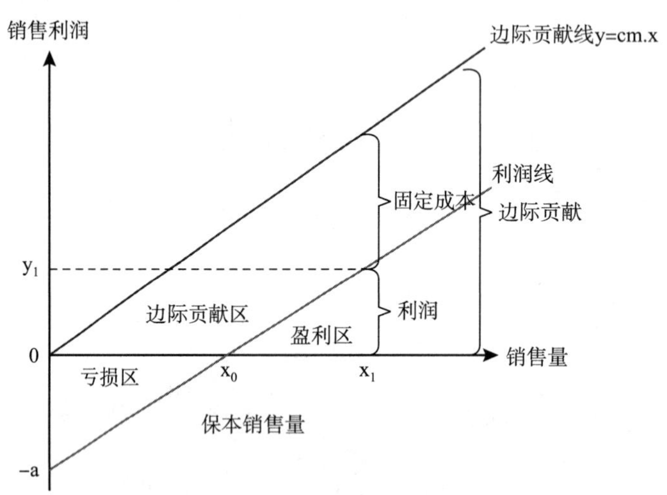

图3　利量式本量利关系图

（1）在直角坐标系中，以横轴代表销售量，以纵轴代表利润（或亏损）。

（2）在纵轴原点以下部分找到与固定成本总额相等的点（0，固定成本数值），该点表示销售量等于零时，亏损额等于固定成本；从点（0，固定成本数值）出发画出利润线，该线的斜率是企业贡献毛益。

（3）利润线与横轴的交点即为盈亏临界点销售量。

附件 5：

管理会计应用指引第 500 号——投融资管理

第一章 总 则

第一条 为了促进企业加强投融资管理，健全投融资决策机制，降低投融资风险，提高投资效益，根据《管理会计基本指引》，制定本指引。

第二条 投融资管理包括投资管理和融资管理。

投资管理，是指企业根据自身战略发展规划，以企业价值最大化为目标，对将资金投入营运进行的管理活动。

融资管理，是指企业为实现既定的战略目标，在风险匹配的原则下，对通过一定的融资方式和渠道筹集资金进行的管理活动。

企业融资的规模、期限、结构等应与经营活动、投资活动等的需要相匹配。

第三条 企业进行投融资管理，一般应遵循以下原则：

（一）价值创造原则。投融资管理应以持续创造企业价值为核心。

（二）战略导向原则。投融资管理应符合企业发展战略与规划，与企业战略布局和结构调整方向相一致。

（三）风险匹配原则。投融资管理应确保投融资对象的风险状况与企业的风险综合承受能力相匹配。

第四条 投融资管理领域应用的管理会计工具方法，一般包括贴现现金流法、项目管理、情景分析、约束资源优化等。

第二章 投资管理程序

第五条 企业应建立健全投资管理的制度体系，根据组织架构特点，设置能够满足投资管理活动所需的，由业务、财务、法律及审计等相关人员组成的投资委员会或类似决策机构，对重大投资事项和投资制度建设等进行审核，有条件的企业可以设置投资管理机构，组织开展投资管理工作。

第六条 企业应用投资管理工具方法，一般按照制定投资计划、进行可行性分析、实施过程控制和投资后评价等程序进行。

第七条 企业投资管理机构应根据战略需要，定期编制中长期投资规划，并据此编制年度投资计划。

（一）中长期投资规划一般应明确指导思想、战略目标、投资规模、投资结构等。

（二）年度投资计划一般包括编制依据、年度投资任务、年度投资任务执行计划、投资项目的类别及名称、各项目投资额的估算及资金来源构成等，并纳入企业预算管理。

第八条 投资可行性分析的内容一般包括该投资在技术和经济上的可行性、可能产生的经济效益和社会效益、可以预测的投资风险、投资落实的各项保障条件等。

第九条 企业进行投资管理，应当将投资控制贯穿于投资的实施全过程。投资控制的主要内容一般包括进度控制、财务控制、变更控制等。

进度控制，是指对投资实际执行进度方面的规范与控制，主要由投资执行部门负责。

财务控制，是指对投资过程中资金使用、成本控制等方面的规范与控制，主要由财务部门负责。

变更控制，是指对投资变更方面的规范与控制，主要由投资管理部门负责。

第十条 投资项目实施完成后，企业应对照项目可行性分析和投资计划组织开展投资后评价。投资后评价的主要内容一般包括投资过程回顾、投资绩效和影响评价、投资目标实现程度和持续能力评价、经验教训和对策建议等。

第十一条 投资报告应根据投资管理的情况和执行结果编制，反映企业投资管理的实施情况。投资报告主要包括以下两部分内容：

（一）投资管理的情况说明，一般包括投资对象、投资额度、投资结构、投资风险、投资进度、投资效益及需要说明的其他重大事项等；

（二）投资管理建议，可以根据需要以附件形式提供支持性文档。

第十二条 投资报告是重要的管理会计报告，应确保内容真实、数据可靠、分析客观、结论清楚，为报告使用者提供满足决策需要的信息。

第十三条 企业可定期编制投资报告，反映一定期间内投资管理的总体情况，一般至少应于每个会计年度编制一份；也可根据需要编制不定期投资报告，主要用于反映重要项目节点、特殊事项和特定项目的投资管理情况。

第十四条 企业应及时进行回顾和分析，检查和评估投资管理的实施效果，不断优化投资管理流程，改进投资管理工作。

第三章 融资管理程序

第十五条 企业应建立健全融资管理的制度体系，融资管理一般采取审批制。

企业应设置满足融资管理所需的，由业务、财务、法律及审计等相关人员组成的融资委员会或类似决策机构，对重大融资事项和融资管理制度等进行审批，并设置专门归口管理部门牵头负责融资管理工作。

第十六条 企业应用融资管理工具方法，一般按照融资计划制定、融资决策分析、融资方案的实施与调整、融资管理分析等程序进行。

第十七条 企业对融资安排应实行年度统筹、季度平衡、月度执行的管理方式，根据战略需要、业务计划和经营状况，预测现金流量，统筹各项收支，编制年度融资计划，并据此分解至季度和月度融资计划。必要时根据特定项目的需要，编制专项融资计划。

年度融资计划的内容一般包括编制依据、融资规模、融资方式、资本成本等；季度和月度融资计划的内容一般包括年度经营计划、企业经营情况和项目进展水平、资金周转水平、融资方式、资本成本等。企业融资计划可作为预算管理的一部分，纳入企业预算管理。

第十八条 企业应根据融资决策分析的结果编制融资方案，融资决策分析的内容一般包括资本结构、资本成本、融资用途、融资规模、融资方式、融资机构的选择依据、偿付能力、融资潜在风险和应对措施、还款计划等。

第十九条 融资方案经审批通过后，进入实施阶段，一般由归口管理部门具体负责落实。如果融资活动受阻或者融资量无法达到融资需求目标，归口管理部门应及时对融资方案进行调整，数额较大时应按照融资管理程序重新报请融资委员会或类似决策机构审批。

第二十条 企业融资完成后，应对融资进行统一管理，必要时应建立融资管理台账。企业应定期进行融资管理分析，内容一般包括还款计划、还款期限、资本成本、偿付能力、融资潜在风险和应对措施等。还款计划应纳入预算管理，以确保按期偿还融资。

第二十一条 融资报告应根据融资管理的执行结果编制，反映企业融资管理的情况和执行结果。融资报告主要包括以下两部分内容：

（一）融资管理的情况说明，一般包括融资需求测算、融资渠道、融资方式、融资成本、融资程序、融资风险及应对措施、需要说明的重大事项等；

（二）融资管理建议，可以根据需要以附件形式提供支持性文档。

第二十二条 融资报告是重要的管理会计报告，应确保内容真实、数据可靠、分析客观、结论清楚，为报告使用者提供满足决策需要的信息。

第二十三条 企业可定期编制融资报告，反映一定期间内融资管理的总体情况，一般至少应于每个会计年度出具一份；也可根据需要编制不定期报告，主要用于反映特殊事项和特定项目的融资管理情况。

第二十四条 企业应及时进行融资管理回顾和分析，检查和评估融资管理的实施效果，不断优化融资管理流程，改进融资管理工作。

第四章 附　　则

第二十五条 本指引由财政部负责解释。

管理会计应用指引第 501 号——贴现现金流法

第一章 总　　则

第一条 贴现现金流法，是以明确的假设为基础，选择恰当的贴现率对预期的各期现金流入、流出进行贴现，通过贴现值的计算和比较，为财务合理性提供判断依据的价值评估方法。

第二条 贴现现金流法一般适用于在企业日常经营过程中，与投融资管理相关的资产价值评估、企业价值评估和项目投资决策等。

贴现现金流法也适用于其他价值评估方法不适用的企业，包括正在经历重大变化的企业，如债务重组、重大转型、战略性重新定位、亏损或者处于开办期的企业等。

第二章 应用环境

第三条 企业应用贴现现金流法，应对企业战略、行业特征、外部信息等进行充分了解。

第四条 企业应用贴现现金流法，应从战略层面明确贴现现金流法应用的可行性，并根据实际情况，建立适宜贴现现金流法开展的沟通协调程序和操作制度，明确信息提供的责任主体、基本程序和方式，确保信息提供的充分性和可靠性。同时，企业应考虑评估标的未来将采取的会计政策和评估基准日时所采用的会计政策在重要方面是否基本一致。

第五条 企业应用贴现现金流法，应确认内外部环境对贴现现金流法的应用可提供充分支持，如现金流入和现金流出的可预测性、贴现率的可获取性，以及所有数据的可计量特征等。通常需要考虑以下内容：

（一）国家现行的有关法律法规及政策、国家宏观经济形势有无重大变化，各方所处地区的政治、经济和社会环境有无重大变化；

（二）有关利率、汇率、税基及税率等是否发生重大变化；

（三）评估标的的所有者和使用者是否完全遵守有关法律法规，评估标的在现有的管理方式和管理水平的基础上，经营范围、方式与目前方向是否保持一致；

（四）有无其他不可抗拒因素及不可预见因素对企业造成重大不利影响。

第三章 应用程序

第六条 企业应用贴现现金流法，一般按以下程序进行：

（一）估计贴现现金流法的三个要素，即，贴现期、现金流、贴现率；

（二）在贴现期内，采用合理的贴现率对现金流进行贴现；

（三）进行合理性判断；

（四）形成分析报告。

第七条 企业应充分考虑标的特点、所处市场因素波动的影响以及有关法律法规的规定等，合理确定贴现期限，确保贴现期与现金流发生期间相匹配。

贴现期可采用项目已有限期，亦可采用分段式，如以5年作为一个期间段。企业在进行资产价值评估时，尤其要注意标的资产的技术寿命期限对合同约定期限或者法定使用期限的影响。

第八条 企业应用贴现现金流法，应当说明和反映影响现金流入和现金流出的事项和因素，既要反映现金流的变化总趋势，也要反映某些重要项目的具体趋势。

（一）企业应用贴现现金流法进行资产价值评估，要基于行业市场需求情况、经营风险、技术风险和管理难度等，分析与之有关的预期现金流，以及与收益有关的成本费用、配套资产等；并合理区分标的资产与其他配套资产或者作为企业资产的组成部分，所获得的收益和所受的影响；同时，要准确评估标的资产使用权和收益权的完整性，并评估其对资产预测现金流所产生的影响。

（二）企业应用贴现现金流法进行企业价值评估，一般按照以下程序进行：

1. 从相关当事方获取标的企业未来经营状况和收益状况的预测资料，充分考虑并分析标的企业的资本结构、经营状况、历史业绩、发展前景和影响标的企业生产经营的宏观经济因素、标的企业所在行业发展状况与前景，以及未来各种可能性发生的概率及其影响，合理确定预测假设和权重，进行未来收益预测。

2. 确定预测现金流中的主要参数的合理性，一般包括主营业务收入、毛利率、营运资金、资本性支出、成本及费用构成等，尤其要注意企业会计盈余质量对企业估值所产生的影响，需要调整并减少企业的非经常性损益、重组成本、非主营业务对会计报表的影响。

3. 确定预测现金流，应区分以企业整体还是以所有者权益作为企业价值评估的基础。通常，企业整体价值评估采用企业自由现金流作为预测现金流的基础；企业所有者权益价值评估采用股权自由现金流作为预测现金流的基础。

（三）企业应用贴现现金流法进行项目投资决策，需要充分考虑并分析项目的资本结构、经营状况、历史业绩、发展前景，影响项目运行的市场行业因素和宏观经济因素，并要明确区分项目的预测现金流，同时要合理区分标的项目与其他项目，或者作为企业的组成部分，所获得的收益和所受到的影响，尤其要注意可能存在的关联交易，包括关联交易性质及定价原则等对预测现金流的影响。

第九条 贴现率是反映当前市场货币时间价值和标的风险的回报率。贴现率的设定要充分体现标的特点，通常应当反映评估基准日类似地区同类标的平均回报水平和评估对象的特定风险。同时，贴现率应当与贴现期、现金流相匹配，当使用非年度的时间间隔（比如按月或按日）进行分析时，年度名义贴现率应调整为相应期间的实际贴现率。

（一）资产价值评估采用的贴现率，通常根据与资产使用寿命相匹配的无风险报酬率进行风险调整后确定。无风险报酬率通常选择对应期限的国债利率，风险调整因素有政治风险、市场风险、技术风险、经营风险和财务风险等。

（二）进行企业价值评估采用的贴现率，需要区分是以企业整体还是以所有者权益作为价值评估的基础。通常，企业整体价值评估采用股权资本成本和债务资本成本的加权平均资本成本作为贴现率的确定依据；企业所有者权益价值评估采用股权资本成本作为贴现率的确定依据。

资本成本，是指筹集和使用资金的成本率，或进行投资时所要求的必要报酬率，一般用相对数即资本成本率表达。

企业的股权资本成本通常以资本资产定价模型为基础进行估计，综合考虑控制权程度、股权流动性、企业经营情况、历史业绩、发展前景和影响标的企业生产经营的宏观经济因素、标的企业所在行业发展状况与前景等调整因素。

（三）项目投资决策采用的贴现率，应根据市场回报率和标的项目本身的预期风险来确定。一般地，可以按照标的项目本身的特点，适用资产价值评估和企业价值评估的贴现率确定方法，但要注意区分标的项目与其他项目，或者作为企业组成部分所产生的风险影响，对贴现率进行调整。

第十条 企业应用贴现现金流法进行价值评估，一般从以下方面进行合理性判断：

（一）客户要求。当客户提出的特殊要求不符合市场价值为基础的评估对有关贴现期、现金流或贴现率的相关规定时，其估值结果是基于客户特殊要求下的投资价值而不是市场价值。

（二）评判标准。贴现现金流法作为一项预测技术，评判标准不在于贴现现金流预测最终是否完全实现，而应关注预测时的数据对贴现现金流预测的支持程度。

第十一条 贴现现金流法分析报告的形式可以根据业务的性质、服务对象的需求等确定，也可在资产评估报告中整体呈现。当企业需要单独提供贴现现金流法分析报告时，应确保内容的客观与详实。贴现现金流法分析报告一般包括以下内容：

（一）假设条件。贴现现金流法分析报告应当对贴现现金流法应用过程中的所有假设进行披露。

（二）数据来源。贴现现金流法分析报告应当清楚地说明并提供分析中所使用的有关数据及来源。

（三）实施程序。编制贴现现金流法分析报告一般按照以下程序进行：合理选择评估方法；评估方法的运用和逻辑推理；主要参数的来源、分析、比较和测算；对评估结论进行分析，形成评估结论。

（四）评估者身份。当以内部评估人员身份开展评估工作时，评估人员与控制资产的实体之间的关系应当在评估报告中披露；当以外部评估人员身份开展评估工作且以盈利为目的为委托方工作时，评估人员应当对这种关系予以披露。

第四章 工具方法评价

第十二条 贴现现金流法的主要优点是，结合历史情况进行预测，并将未来经营战略融入模型，有助于更全面的反映企业价值。

第十三条 贴现现金流法的主要缺点是：测算过程相对较为复杂，对数据采集和假设的验证要求繁复，资本成本、增长率、未来现金流量的性质等变量很难得到准确的预测、计算，往往会使得实务中的评估精度大大降低。

第五章 附 则

第十四条 本指引由财政部负责解释。

管理会计应用指引第 502 号——项目管理

第一章 总 则

第一条 项目管理，是指通过项目各参与方的合作，运用专门的知识、工具和方法，对各项资源进行计划、组织、协调、控制，使项目能够在规定的时间、预算和质量范围内，实现或超过既定目标的管理活动。

第二条 本指引适用于以一次性活动为主要特征的项目活动，如一项工程、服务、研究课题、研发项目、赛事、会展或活动演出等；也可以适用于以项目制为主要经营单元的各类经济主体。

第三条 企业进行项目管理时，一般应遵循以下原则：

（一）注重实效，协同创新。项目应围绕项目管理的目标，强调成本效益原则，实现项目各责任主体间的协同发展、自主创新。

（二）按级负责，分工管理。项目各责任主体，应当根据管理层次和任务分工的不同，有效行使管理职责，履行管理义务，确保项目取得实效。

（三）科学安排，合理配置。严格按照项目的目标和任务，科学合理编制预算，严格执行预算。

第二章　项目管理的基本程序

第四条 企业应用项目管理工具方法一般按照可行性研究、项目立项、项目计划、项目实施、项目验收和项目后评价等程序进行。

第五条 可行性研究，是指通过对项目在技术上是否可行、经济上是否合理、社会和环境影响是否积极等进行科学分析和论证，以最终确定项目投资建设是否进入启动程序的过程。

企业一般可以从投资必要性、技术可行性、财务可行性、组织可行性、经济可行性、环境可行性、社会可行性、风险因素及对策等方面开展项目的可行性研究。

第六条 项目立项，是指对项目可行性研究进行批复，并确认列入项目实施计划的过程。

经批复的可行性研究报告是项目立项的依据，项目立项一般应在批复的有效期内完成。

第七条 项目计划，是指项目立项后，在符合项目可行性报告批复相关要求的基础上，明确项目的实施内容、实施规模、实施标准、实施技术等计划实施方案，并据此编制项目执行预算的书面文件。

通常情况下，项目执行预算超过可行性研究报告项目预算的10%时，或者项目实施内容、实施规模、实施地点、实施技术方案等发生重大变更时，应重新组织编制和报批可行性报告。经批复的项目计划及项目执行预算应作为项目实施的依据。

项目可行性报告的内容一般包括项目概况、市场预测、产品方案与生产规模、厂址选择、工艺与组织方案设计、财务评价、项目风险分析，以及项目可行性研究结论与建议等。

第八条 项目实施，是指按照项目计划，在一定的预算范围内，保质保量按时完成项目任务的过程。通常，应重点从质量、成本、进度等方面，有效控制项目的实施过程。

（一）企业应遵循国家规定及行业标准，建立质量监督管理组织、健全质量管理制度、形成质量考核评价体系和反馈机制等，实现对项目实施过程的质量控制。

（二）成本控制应贯穿于项目实施的全过程。企业可以通过加强项目实施阶段的投资控制，监督合同执行，有效控制设计变更，监督和控制合同价款的支付，实现项目实施过程的成本控制。

（三）企业应通过建立进度控制管理制度，编制项目实施进度计划，制定项目实施节点；实行动态检测，完善动态控制手段，定期检查进度计划，收集实际进度数据；加强项目进度偏差原因分析，及时采取纠偏措施等，实现对项目实施过程的进度控制。

第九条 项目验收，是指项目完成后，进行的综合评价、移交使用、形成资产的整个过程。

项目验收一般应由可行性研究报告的批复部门组织开展，可以从项目内容的完成情况、目标的实现情况、经费的使用情况、问题的整改情况、项目成果的意义和应用情况等方面进行验收。

第十条 项目后评价，是指通过对项目实施过程、结果及其影响进行调查研究和全面系统回顾，与项目决策时确定的目标以及技术、经济、环境、社会指标进行对比，找出差别和变化，据以分析原因、总结经验、提出对策建议，并通过信息反馈，改善项目管理决策，提高项目管理效益的过程。

企业应比对项目可行性报告的主要内容和批复文件开展项目后评价，必要时应参照项目计划的相关内容进行对比分析，进一步加强项目管理，不断提高决策水平和投资效益。

第三章 项目财务管理

第十一条 项目财务管理，是指基于项目全生命周期的项目财务活动的归口管理工作，是对项目营运过程中财务资源使用的全流程管理活动。

在项目营运过程中，企业应当重视并严格执行项目预算管理、项目执行成本控制、项目会计核算、资金管理与项目结算、项目决算和项目经济后评价等。企业可根据项目规模、周期、经费额度等指定专人负责上述工作，并参与项目论证与评估等工作。

第十二条 企业进行项目预算管理，一般应从项目预算编制、预算执行控制、项目预算调整等方面开展。

（一）项目预算编制。

1. 企业应基于项目的重要性和成本效益考虑，制定项目预算管理制度，可以指定项目预算管理分管领导、设置项目概预算专职人员。

2. 企业应依据总量控制、分项预算的总体框架，按照需要与可能、局部与全局、重点与一般、当前与长远相结合的编制原则，编制项目预算。

3. 企业应在充分调研和论证的基础上，强调项目预算编制的明细化和标准化，明确预算的编制内容、编制依据和编制方法，实现项目预算与会计核算科目的配比性。

（二）预算执行控制。

1. 企业应分解落实项目实施各阶段的预算执行计划，明确项目各阶段的预算控制目标。

2. 在项目执行过程中，企业应以项目预算执行计划和目标为依据，定期对项目预算执行情况进行核查、比对、分析。

（三）项目预算调整。

1. 企业应依据外部环境变化、项目实施进展和项目方案优化要求等，不断修正和完善项目各阶段的预算执行计划和预算控制目标。

2. 在项目预算管理中，企业可采用滚动预算方式，以项目执行前一阶段的预算调整，作为下一阶段项目预算控制的目标，按照时间（如年、月、日）或项目单元编制，依次分解，滚动预算。

第十三条 企业进行项目执行成本控制，一般应从项目费用定额表、项目合同管理、项目执行成本变更等方面开展。

（一）项目费用定额管理。企业应根据项目自身特点，制定项目费用定额表，如物资消耗费、工时定额等，形成项目执行成本控制的依据。

（二）项目合同管理。项目执行过程中涉及合同管理时，财务管理人员一般可以参与合同的论证、签订、审查和履行、变更、解除等，负责审查并履行合同支付职能，定期了解合同方的资信和履约能力，建立合同管理台账。

（三）项目执行成本变更管理。项目执行成本原则上不得随意变更，因特殊情况需要调整时，需根据相应的批报程序，报原审核部门核定，按照先批准、后变更的原则进行处理。

第十四条 项目执行过程中，应按照国家统一的会计制度进行会计核算。项目收支应分项目、分要素进行明细核算，确保会计核算制度与项目预算管理相衔接。

第十五条 企业应建立健全资金管理和项目结算制度，设立项目专款账户对资金的使用进行管理，正确区分会计期间，规范成本列支，统一对项目进行收支与结算。项目结算一般包括项目月度结算、年度结算和完工结算。

第十六条 企业应建立项目决算审计制度，明确项目决算报表内容、格式要求和填报口径，严格执行项目决算数据材料的收集、审核、汇总，形成项目决算报告，同时提交审计部门进行项目审计。

项目决算报告一般包括项目决算说明书、项目决算报表、项目成果和费用支出的对比分析等。项目决算报告和项目审计意见应作为项目验收的依据。

第十七条 企业应在对比项目可行性研究的基础上进行项目经济后评价，并编制项目经济后评价报告。

经济后评价报告一般包括项目资金收入和使用情况、重新测算项目的财务评价指标、经济评价指标等。经济后评价应通过投资增量效益的分析，突出项目对经济价值和社会价值的作用和影响。

第四章 项目管理的工具方法

第十八条 项目管理的工具方法一般包括挣值法、成本效益法、价值工程法等。

第一节 挣 值 法

第十九条 挣值，是指项目实施过程中已完成工作的价值，用分配给实际已完成工作的预算来表示。

挣值法，是一种通过分析项目实施与项目目标期望值之间的差异，从而判断项目实施的成本、进度绩效的方法。

第二十条 挣值法广泛适用于项目管理中的项目实施、项目后评价等阶段。挣值法的评价基准包括成本基准和进度基准，通常可以用于检测实际绩效与评价基准之间的偏差。

第二十一条 进度偏差，是在某个给定时点上，测量并反映项目提前或落后的进度绩效指标。

进度偏差可以采用绝对数，表示为挣值与计划成本之差（偏差量＝挣值－计划成本）；也可采用相对数，表示为挣值与计划成本之比（偏差率＝挣值÷计划成本）。

企业应用挣值法开展项目管理时，既要监测挣值的增量，以判断当前的绩效状态；又要监测挣值的累计值，以判断长期的绩效趋势。

计划成本，是指根据批准的进度计划或预算，到某一时点应当完成的工作所需投入资金的累计值。企业应用挣值法进行项目管理，应当把项目预算分配至项目计划的各个时点。

第二十二条 成本偏差，是在某个给定时点上，测量并反映项目预算亏空或预算盈余的成本绩效指标。

成本偏差可以采用绝对数，表示为挣值与实际成本之差（偏差量＝挣值－实际成本）；也可采用相对数，表示为挣值与实际成本的比值（偏差率＝挣值÷实际成本）。

实际成本，是指按实际进度完成的成本支出量。企业应用挣值法开展项目管理时，实际成本的计算口径必须与计划成本和挣值的计算口径保持一致。

第二十三条 挣值法的主要优点是：一是通过对项目当前运行状态的分析，可以有效地预测出项目的未来发展趋势，严格地控制项目的进度和成本；二是在出现不利偏差时，能够较快地检测出问题所在，留有充足的时间对问题进行处理和对项目进行调整。

第二十四条 挣值法的主要缺点是：一是片面注重用财权的执行情况判断事权的实施效益；二是属于事后控制方法，不利于事前控制三是存在用项目非关键路径上取得的挣值掩盖关键路径上进度落后的可能性，影响项目绩效判断的准确性。

第二节 成本效益法

第二十五条 成本效益法，是指通过比较项目不同实现方案的全部成本和效益，以寻求最优投资决策的一种项目管理工具方法。其中，成本指标可以包括项目的执行成本、社会成本等；效益指标可以包括项目的经济效益、社会效益等。

第二十六条 成本效益法属于事前控制方法，适用于项目可行性研究阶段。

第二十七条 企业应用成本效益法，一般按照以下程序进行：确定项目中的收入和成本；确定项目不同实现方案的差额收入；确定项目不同实现方案的差额费用；制定项目不同实现方案的预期成本和预期收入的实现时间表；评估难以量化的社会效益和成本。

第二十八条 成本效益法的主要优点是：一是普适性较强，是衡量管理决策可行性的基本依据；二是需考虑评估标的经济与社会、直接与间接、内在与外在、短期与长期等各个维度的成本和收益，具有较强的在综合性。

第二十九条 成本效益法的主要缺点是：一是属于事前评价，评价方法存在的不确定性因素较多；二是综合考虑了项目的经济效益、社会效益等各方面，除了经济效益以外的其他效益存在较大的量化难度。

第三节 价值工程法

第三十条 价值工程法，是指对研究对象的功能和成本进行系统分析，比较为获取的功能而发生的成本，以提高研究对象价值的管理方法。

本方法下的功能，是指对象满足某种需求的效用或属性；本方法下的成本，是指按功能计算的全部成本费用；本方法下的价值，是指对象所具有的功能与获得该功能所发生的费用之比。

第三十一条 价值工程法可广泛适用于项目设计与改造、项目实施等阶段。

第三十二条 企业应用价值工程法，一般按照以下程序进行：

（一）准备阶段。选择价值工程的对象并明确目标、限制条件和分析范围；根据价值工程对象的特点，组成价值工程工作小组；制定工作计划，包括具体执行人、执行日期、工作目标等。

（二）分析阶段。收集整理与对象有关的全部信息资料；通过分析信息资料，简明准确地表述对象的功能、明确功能的特征要求，并绘制功能系统图；运用某种数量形式表达原有对象各功能的大小，求出原有对象各功能的当前成本，并依据对功能大小与功能当前成本之间关系的研究，确定应当在哪些功能区域改进原有对象，并确定功能的目标成本。

（三）创新阶段。依据功能系统图、功能特性和功能目标成本，通过创新性的思维和活动，提出实现功能的各种不同方案；从技术、经济和社会等方面评价所提出的方案，看其是否能实现规定的目标，从中选择最佳方案；将选出的方案及有关的经济资料和预测的效益编写成正式的提案。

（四）实施阶段。组织提案审查，并根据审查结果签署是否实施的意见；根据具体条件及内容，制定实施计划，组织实施，并指定专人在实施过程中跟踪检查，记录全程的有关数据资料，必要时，可再次召集价值工程工作小组提出新的方案；根据提案实施后的技术经济效果，进行成果鉴定。

第三十三条 价值工程法的主要优点是：一是把项目的功能和成本联系起来，通过削减过剩功能、补充不足功能使项目的功能结构更加合理化；二是着眼于项目成本的整体分析，注重有效利用资源，有助于实现项目整体成本的最优化。

第三十四条 价值工程法的主要缺点是；要求具有较全面的知识储备，不同性质的价值工程分析对象涉及的其他领域的学科性质，以及其他领域的广度和深度等都存在很大差别，导致功能的内涵、结构和系统特征必然具有实质性区别。

第五章 附　　则

第三十五条 本指引由财政部负责解释。

附件6：

管理会计应用指引第600号——绩效管理

第一章 总　　则

第一条 为了促进企业加强绩效管理，激发和调动员工积极性，增强价值创造力，根据《管理会计基本指引》，制定本指引。

第二条 绩效管理，是指企业与所属单位（部门）、员工之间就绩效目标及如何实现绩效目标达成共识，并帮助和激励员工取得优异绩效，从而实现企业目标的管理过程。绩效管理的核心是绩效评价和激励管理。

绩效评价，是指企业运用系统的工具方法，对一定时期内企业营运效率与效果进行综合评判的管理活动。绩效评价是企业实施激励管理的重要依据。

激励管理，是指企业运用系统的工具方法，调动企业员工的积极性、主动性和创造性，激发企业员工工作动力的管理活动。激励管理是促进企业绩效提升的重要手段。

第三条 企业进行绩效管理，一般应遵循以下原则：

（一）战略导向原则。绩效管理应为企业实现战略目标服务，支持价值创造能力提升。

（二）客观公正原则。绩效管理应实事求是，评价过程应客观公正，激励实施应公平合理。

（三）规范统一原则。绩效管理的政策和制度应统一明确，并严格执行规定的程序和流程。

（四）科学有效原则。绩效管理应做到目标符合实际，方法科学有效，激励与约束并重，操作简便易行。

第四条 绩效管理领域应用的管理会计工具方法，一般包括关键绩效指标法、经济增加值法、平衡计分卡、股权激励等。

企业可根据自身战略目标、业务特点和管理需要，结合不同工具方法的特征及适用范围，选择一种适合的绩效管理工具方法单独使用，也可选择两种或两种以上的工具方法综合运用。

第二章 应用环境

第五条 企业进行绩效管理时，应设立薪酬与考核委员会或类似机构，主要负责审核绩效管理的政策和制度、绩效计划与激励计划、绩效评价结果与激励实施方案、绩效评价与激励管理报告等，协调解决绩效管理工作中的重大问题。

薪酬与考核委员会或类似机构下设绩效管理工作机构，主要负责制定绩效管理的政策和制度、绩效计划与激励计划，组织绩效计划与激励计划的执行与实施，编制绩效评价与激励管理报告等，协调解决绩效管理工作中的日常问题。

第六条 企业应建立健全绩效管理的制度体系，明确绩效管理的工作目标、职责分工、工作程序、工具方法、信息报告等内容。

第七条 企业应建立有助于绩效管理实施的信息系统，为绩效管理工作提供信息支持。

第三章 绩效计划与激励计划的制定

第八条 企业应用绩效管理工具方法，一般按照制定绩效计划与激励计划、执行绩效计划与激励计划、实施绩效评价与激励、编制绩效评价与激励管理报告等程序进行。

第九条 企业应根据战略目标，综合考虑绩效评价期间宏观经济政策、外部市场环境、内部管理需要等因素，结合业务计划与预算，按照上下结合、分级编制、逐级分解的程序，在沟通反馈的基础上，编制各层级的绩效计划与激励计划。

第十条 绩效计划是企业开展绩效评价工作的行动方案，包括构建指标体系、分配指标权重、确定绩效目标值、选择计分方法和评价周期、拟定绩效责任书等一系列管理活动。制定绩效计划通常从企业级开始，层层分解到所属单位（部门），最终落实到具体岗位和员工。

第十一条 企业可单独或综合运用关键绩效指标法、经济增加值法、平衡计分卡等工具方法构建指标体系。指标体系应反映企业战略目标实现的关键成功因素，具体指标应含义明确、可度量。

第十二条 指标权重的确定可选择运用主观赋权法和客观赋权法，也可综合运用这两种方法。主观赋权法是利用专家或个人的知识与经验来确定指标权重的方法，如德尔菲法、层次分析法等。客观赋权法是从指标的统计性质入手，由调查数据确定指标权重的方法，如主成分分析法、均方差法等。

第十三条 绩效目标值的确定可参考内部标准与外部标准。内部标准有预算标准、历史标准、经验标准等；外部标准有行业标准、竞争对手标准、标杆标准等。

第十四条 绩效评价计分方法可分为定量法和定性法。定量法主要有功效系数法和综合指数法等；定性法主要有素质法和行为法等。

第十五条 绩效评价周期一般可分为月度、季度、半年度、年度、任期。月度、季度绩效评价一般适用于企业基层员工和管理人员，半年度绩效评价一般适用于企业中高层管理人员，年度绩效评价适用于企业所有被评价对象，任期绩效评价主要适用于企业负责人。

第十六条 绩效计划制定后，评价主体与被评价对象一般应签订绩效责任书，明确各自的权利和义务，并作为绩效评价与激励管理的依据。绩效责任书的主要内容包括绩效指标、目标值及权重、评价计分方法、特别约定事项、有效期限、签订日期等。绩效责任书一般按年度或任期签订。

第十七条 激励计划是企业为激励被评价对象而采取的行动方案，包括激励对象、激励形式、激励条件、激励周期等内容。激励计划按激励形式可分为薪酬激励计划、能力开发激励计划、职业发展激励计划和其他激励计划。

薪酬激励计划按期限可分为短期薪酬激励计划和中长期薪酬激励计划。短期薪酬激励计划主要包括绩效工资、绩效奖金、绩效福利等。中长期薪酬激励计划主要包括股票期权、股票增值权、限制性股票以及虚拟股票等。

能力开发激励计划主要包括对员工知识、技能等方面的提升计划。

职业发展激励计划主要是对员工职业发展做出的规划。

其他激励计划包括良好的工作环境、晋升与降职、表扬与批评等。

第十八条 激励计划的制定应以绩效计划为基础，采用多元化的激励形式，兼顾内在激励与外在激励、短期激励与长期激励、现金激励与非现金激励、个人激励与团队激励、正向激励与负向激励，充分发挥各种激励形式的综合作用。

第十九条 绩效计划与激励计划制定完成后，应经薪酬与考核委员会或类似机构审核，报董事会或类似机构审批。经审批的绩效计划与激励计划应保持稳定，一般不予调整，若受国家政策、市场环境、不可抗力等客观因素影响，确需调整的，应严格履行规定的审批程序。

第四章　绩效计划与激励计划的执行

第二十条 审批后的绩效计划与激励计划，应以正式文件的形式下达执行，确保与计划相关的被评价对象能够了解计划的具体内容和要求。

第二十一条 绩效计划与激励计划下达后，各计划执行单位（部门）应认真组织实施，从横向和纵向两方面落实到各所属单位（部门）、各岗位员工，形成全方位的绩效计划与激励计划执行责任体系。

第二十二条 绩效计划与激励计划执行过程中，企业应建立配套的监督控制机制，及时记录执行情况，进行差异分析与纠偏，持续优化业务流程，确保绩效计划与激励计划的有效执行。

（一）监控与记录。企业可借助信息系统或其他信息支持手段，监控和记录指标完成情况、重大事项、员工的工作表现、激励措施执行情况等内容。收集信息的方法主要有观察法、工作记录法、他人反馈法等。

（二）分析与纠偏。根据监控与记录的结果，重点分析指标完成值与目标值的偏差、激励效果与预期目标的偏差，提出相应整改建议并采取必要的改进措施。

（三）编制分析报告。分析报告主要反映绩效计划与激励计划的执行情况及分析结果，其频率可以是月度、季度、年度，也可根据需要编制。

第二十三条 绩效计划与激励计划执行过程中，绩效管理工作机构应通过会议、培训、网络、公告栏等形式，进行多渠道、多样化、持续不断地沟通与辅导，使绩效计划与激励计划得到充分理解和有效执行。

第五章 绩效评价与激励的实施

第二十四条 绩效管理工作机构应根据计划的执行情况定期实施绩效评价与激励，按照绩效计划与激励计划的约定，对被评价对象的绩效表现进行系统、全面、公正、客观地评价，并根据评价结果实施相应的激励。

第二十五条 评价主体应按照绩效计划收集相关信息，获取被评价对象的绩效指标实际值，对照目标值，应用选定的计分方法，计算评价分值，并进一步形成对被评价对象的综合评价结果。

第二十六条 绩效评价过程及结果应有完整的记录，结果应得到评价主体和被评价对象的确认，并进行公开发布或非公开告知。公开发布的主要方式有召开绩效发布会、企业网站绩效公示、面板绩效公告等；非公开发布一般采用一对一书面、电子邮件函告或面谈告知等方式进行。

第二十七条 评价主体应及时向被评价对象进行绩效反馈，反馈内容包括评价结果、差距分析、改进建议及措施等，可采取反馈报告、反馈面谈、反馈报告会等形式进行。

第二十八条 绩效结果发布后，企业应依据绩效评价的结果，组织兑现激励计划，综合运用绩效薪酬激励、能力开发激励、职业发展激励等多种方式，逐级兑现激励承诺。

第六章 绩效评价与激励管理报告

第二十九条 绩效管理工作机构应定期或根据需要编制绩效评价与激励管理报告，对绩效评价和激励管理的结果进行反映。

第三十条 绩效评价与激励管理报告是企业管理会计报告的重要组成部分，应确保内容真实、数据可靠、分析客观、结论清楚，为报告使用者提供满足决策需要的信息。

第三十一条 绩效评价报告根据评价结果编制，反映被评价对象的绩效计划完成情况，通常由报告正文和附件构成。

报告正文主要包括以下两部分：

（一）评价情况说明，包括评价对象、评价依据、评价过程、评价结果、需要说明的重大事项等；

（二）管理建议。

报告附件包括评价计分表、问卷调查结果分析、专家咨询意见等报告正文的支持性文档。

第三十二条 激励管理报告根据激励计划的执行结果编制，反映被评价对象的激励计划实施情况。

激励管理报告主要包括以下两部分：

（一）激励情况说明，包括激励对象、激励依据、激励措施、激励执行结果、需要说明的重大事项等；

（二）管理建议。

其他有关支持性文档可以根据需要以附件形式提供。

第三十三条 绩效评价与激励管理报告可分为定期报告、不定期报告。

定期报告主要反映一定期间被评价对象的绩效评价与激励管理情况。每个会计年度至少出具一份定期报告。

不定期报告根据需要编制，反映部分特殊事项或特定项目的绩效评价与激励管理情况。

第三十四条 绩效评价与激励管理报告应根据需要及时报送薪酬与考核委员会或类似机构审批。

第三十五条 企业应定期通过回顾和分析，检查和评估绩效评价与激励管理的实施效果，不断优化绩效计划和激励计划，改进未来绩效管理工作。

第七章 附 则

第三十六条 本指引由财政部负责解释。

管理会计应用指引第601号——关键绩效指标法

第一章 总 则

第一条 关键绩效指标法，是指基于企业战略目标，通过建立关键绩效指标（Key Performance Indicator，简称KPI）体系，将价值创造活动与战略规划目标有效联系，并据此进行绩效管理的方法。

关键绩效指标，是对企业绩效产生关键影响力的指标，是通过对企业战略目标、关键成果领域的绩效特征分析，识别和提炼出的最能有效驱动企业价值创造的指标。

第二条 关键绩效指标法可单独使用，也可与经济增加值法、平衡计分卡等其他方法结合使用。

第三条 关键绩效指标法的应用对象可为企业、所属单位（部门）和员工。

第二章 应用环境

第四条 企业应用关键绩效指标法，应遵循《管理会计应用指引第600号——绩效管理》中对应用环境的一般要求。

第五条 企业应用关键绩效指标法，应综合考虑绩效评价期间宏观经济政策、外部市场环境、内部管理需要等因素，构建指标体系。

第六条 企业应有明确的战略目标。战略目标是确定关键绩效指标体系的基础，关键绩效指标反映战略目标，对战略目标实施效果进行衡量和监控。

第七条 企业应清晰识别价值创造模式，按照价值创造路径识别出关键驱动因素，科学地选择和设置关键绩效指标。

第三章 应用程序

第八条 企业应用关键绩效指标法，一般按照制定以关键绩效指标为核心的绩效计划、制定激励计划、执行绩效计划与激励计划、实施绩效评价与激励、编制绩效评价与激励管理报告等程序进行。

第九条 企业通常按《管理会计应用指引第600号——绩效管理》第十条所规定的管理活动制定绩效计划，包括构建指标体系、分配指标权重、确定绩效目标值、选择计分方法和评价周期、拟定绩效责任书等。

第十条 企业构建关键绩效指标体系，一般按照以下程序进行：

（一）制定企业级关键绩效指标。企业应根据战略目标，结合价值创造模式，综合考虑内外部环境等因素，设定企业级关键绩效指标。

（二）制定所属单位（部门）级关键绩效指标。根据企业级关键绩效指标，结合所属单位（部门）关键业务流程，按照上下结合、分级编制、逐级分解的程序，在沟通反馈的基础上，设定所属单位（部门）级关键绩效指标。

（三）制定岗位（员工）级关键绩效指标。根据所属单位（部门）级关键绩效指标，结合员工岗位职责和关键工作价值贡献，设定岗位（员工）级关键绩效指标。

第十一条 企业的关键绩效指标一般可分为结果类和动因类两类指标。结果类指标是反映企业绩效的价值指标，主要包括投资回报率、净资产收益率、经济增加值、息税前利润、自由现金流等综合指标；动因类指标是反映企业价值关键驱动因素的指标，主要包括资本性支出、单位生产成本、产量、销量、客户满意度、员工满意度等。

第十二条 关键绩效指标应含义明确、可度量、与战略目标高度相关。指标的数量不宜过多，每一层级的关键绩效指标一般不超过10个。

第十三条 关键绩效指标选取的方法主要有关键成果领域分析法、组织功能分解法和工作流程分解法。

关键成果领域分析法，是基于对企业价值创造模式的分析，确定企业的关键成果领域，并在此基础上进一步识别关键成功要素，确定关键绩效指标的方法。

组织功能分解法，是基于组织功能定位，按照各所属单位（部门）对企业总目标所承担的职责，逐级分解和确定关键绩效指标的方法。

工作流程分解法，是按照工作流程各环节对企业价值贡献程度，识别出关键业务流程，将企业总目标层层分解至关键业务流程相关所属单位（部门）或岗位（员工），确定关键绩效指标的方法。

第十四条 关键绩效指标的权重分配应以企业战略目标为导向，反映被评价对象对企业价值贡献或支持的程度，以及各指标之间的重要性水平。

单项关键绩效指标权重一般设定在5%～30%之间，对特别重要的指标可适当提高权重。对特别关键、影响企业整体价值的指标可设立“一票否决”制度，即如果某项关键绩效指标未完成，无论其他指标是否完成，均视为未完成绩效目标。

第十五条 企业确定关键绩效指标目标值，一般参考以下标准：

（一）依据国家有关部门或权威机构发布的行业标准或参考竞争对手标准。

（二）参照企业内部标准，包括企业战略目标、年度生产经营计划目标、年度预算目标、历年指标水平等。

（三）不能按前两项方法确定的，可根据企业历史经验值确定。

第十六条 关键绩效指标的目标值确定后，应规定因内外部环境发生重大变化、自然灾害等不可抗力因素对绩效完成结果产生重大影响时，对目标值进行调整的办法和程序。一般情况下，由被评价对象或评价主体测算确定影响额度，向相应的绩效管理工作机构提出调整申请，报薪酬与考核委员会或类似机构审批。

第十七条 绩效评价计分方法和周期的选择、绩效责任书的签订、激励计划的制定，绩效计划与激励计划的执行、实施及编制报告参照《管理会计应用指引第600号——绩效管理》。

第四章　工具方法评价

第十八条 关键绩效指标法的主要优点是：一是使企业业绩评价与战略目标密切相关，有利于战略目标的实现；二是通过识别的价值创造模式把握关键价值驱动因素，能够更有效地实现企业价值增值目标；三是评价指标数量相对较少，易于理解和使用，实施成本相对较低，有利于推广实施。

第十九条 关键绩效指标法的主要缺点是：关键绩效指标的选取需要透彻理解企业价值创造模式和战略目标，有效识别核心业务流程和关键价值驱动因素，指标体系设计不当将导致错误的价值导向或管理缺失。

第五章　附　　则

第二十条 本指引由财政部负责解释。

管理会计应用指引第 602 号——经济增加值法

第一章 总　　则

第一条 经济增加值法，是指以经济增加值（Economic Value Added，简称 EVA）为核心，建立绩效指标体系，引导企业注重价值创造，并据此进行绩效管理的方法。

经济增加值，是指税后净营业利润扣除全部投入资本的成本后的剩余收益。经济增加值及其改善值是全面评价经营者有效使用资本和为企业创造价值的重要指标。经济增加值为正，表明经营者在为企业创造价值；经济增加值为负，表明经营者在损毁企业价值。

第二条 经济增加值法较少单独应用，一般与关键绩效指标法、平衡计分卡等其他方法结合使用。

第三条 企业应用经济增加值法进行绩效管理的对象，可为企业及其所属单位（部门）（可单独计算经济增加值）和高级管理人员。

第二章 应用环境

第四条 企业应用经济增加值法，应遵循《管理会计应用指引第 600 号——绩效管理》中对应用环境的一般要求。

第五条 企业应用经济增加值法，应树立价值管理理念，明确以价值创造为中心的战略目标，建立以经济增加值为核心的价值管理体系，使价值管理成为企业的核心管理制度。

第六条 企业应综合考虑宏观环境、行业特点和企业的实际情况，通过价值创造模式的识别，确定关键价值驱动因素，构建以经济增加值为核心的指标体系。

第七条 企业应建立清晰的资本资产管理责任体系，确定不同被评价对象的资本资产管理责任。

第八条 企业应建立健全会计核算体系，确保会计数据真实可靠、内容完整，并及时获取与经济增加值计算相关的会计数据。

第九条 企业应加强融资管理，关注筹资来源与渠道，及时获取债务资本成本、股权资本成本等相关信息，合理确定资本成本。

第十条 企业应加强投资管理，把能否增加价值作为新增投资项目决策的主要评判标准，以保持持续的价值创造能力。

第三章 应用程序

第十一条 企业应用经济增加值法，一般按照制定以经济增加值指标为核心的绩效计划、制定激励计划、执行绩效计划与激励计划、实施绩效评价与激励、编制绩效评价与激励管理报告等程序进行。

第十二条 企业通常按《管理会计应用指引第 600 号——绩效管理》第十条所规定的管理活动制定绩效计划。绩效计划是企业开展业绩评价工作的行动方案，包括构建指标体系、分配指标权重、确定业绩绩效目标值、选择计分方法和评价周期、拟定业绩绩效责任书等。

第十三条 构建经济增加值指标体系，一般按照以下程序进行：

（一）制定企业级经济增加值指标体系。首先应结合行业竞争优势、组织结构、业务特点、会计政策等情况，确定企业级经济增加值指标的计算公式、调整项目、资本成本等，并围绕经济增加值的关键驱动因素，制定企业的经济增加值指标体系。

（二）制定所属单位（部门）级经济增加值指标体系。根据企业级经济增加值指标体系，结合所属单位（部门）所处行业、业务特点、资产规模等因素，在充分沟通的基础上，设定所属单位（部门）级经济增加值指标的计算公式、调整项目、资本成本等，并围绕所属单位（部门）经济增加值的关键驱动因素，细化制定所属单位（部门）的经济增加值指标体系。

（三）制定高级管理人员的经济增加值指标体系。根据企业级、所属单位（部门）级经济增加值指标体系，结合高级管理人员的岗位职责，制定高级管理人员的经济增加值指标体系。

第十四条 经济增加值的计算公式为：

经济增加值＝税后净营业利润－平均资本占用×加权平均资本成本

其中：税后净营业利润衡量的是企业的经营盈利情况；平均资本占用反映的是企业持续投入的各种债务资本和股权资本；加权平均资本成本反映的是企业各种资本的平均成本率。

第十五条 计算经济增加值时，需要进行相应的会计项目调整，以消除财务报表中不能准确反映企业价值创造的部分。会计调整项目的选择应遵循价值导向性、重要性、可控性、可操作性与行业可比性等原则，根据企业实际情况确定。常用的调整项目有：

（一）研究开发费、大型广告费等一次性支出但收益期较长的费用，应予以资本化处理，不计入当期费用。

（二）反映付息债务成本的利息支出，不作为期间费用扣除，计算税后净营业利润时扣除所得税影响后予以加回。

（三）营业外收入、营业外支出具有偶发性，将当期发生的营业外收支从税后净营业利润中扣除。

（四）将当期减值损失扣除所得税影响后予以加回，并在计算资本占用时相应调整资产减值准备发生额。

（五）递延税金不反映实际支付的税款情况，将递延所得税资产及递延所得税负债变动影响的企业所得税从税后净营业利润中扣除，相应调整资本占用。

（六）其他非经常性损益调整项目，如股权转让收益等。

第十六条 税后净营业利润等于会计上的税后净利润加上利息支出等会计调整项目后得到的税后利润。

第十七条 平均资本占用是所有投资者投入企业经营的全部资本，包括债务资本和股权资本。其中债务资本包括融资活动产生的各类有息负债，不包括经营活动产生的无息流动负债。股权资本中包含少数股东权益。

资本占用除根据经济业务实质相应调整资产减值损失、递延所得税等，还可根据管理需要调整研发支出、在建工程等项目，引导企业注重长期价值创造。

第十八条 加权平均资本成本是债务资本成本和股权资本成本的加权平均，反映了投资者所要求的必要报酬率。加权平均资本成本的计算公式如下：

$$K_{WACC} = K_D \frac{DC}{TC}(1-T) + K_S \frac{EC}{TC}$$

其中：TC代表资本占用，EC代表股权资本，DC代表债务资本；T代表所得税税率；K_{WACC}代表加权平均资本成本，K_D代表债务资本成本，K_S代表股权资本成本。

债务资本成本是企业实际支付给债权人的税前利率，反映的是企业在资本市场中债务融资的成本率。如果企业存在不同利率的融资来源，债务资本成本应使用加权平均值。

股权资本成本是在不同风险下，所有者对投资者要求的最低回报率。通常根据资本资产定价模型确定，计算公式为：

$$K_S = R_f + \beta(R_m - R_f)$$

其中：R_f为无风险收益率，R_m为市场预期回报率，$R_m - R_f$为市场风险溢价。β是企业股票相对于整个市场的风险指数。上市企业的β值，可采用回归分析法或单独使用最小二乘法等方法测算确定，也可以直接采用证券机构等提供或发布的β值；非上市企业的β值，可采用类比法，参考同类上市企业的β值确定。

第十九条 企业级加权平均资本成本确定后，应结合行业情况、不同所属单位（部门）的特点，通过计算（能单独计算的）或指定（不能单独计算的）的方式确定所属单位（部门）的资本成本。

通常情况下，企业对所属单位（部门）所投入资本即股权资本的成本率是相同的，为简化资本成本的计算，所属单位（部门）的加权平均资本成本一般与企业保持一致。

第二十条 经济增加值法指标体系通常包括经济增加值、经济增加值改善值、经济增加值回报率、资本周转率、产量、销量、单位生产成本等。

第二十一条 应用经济增加值法建立的绩效评价体系，应赋予经济增加值指标较高的权重。

第二十二条 经济增加值目标值根据经济增加值基准值（简称 EVA 基准值）和期望的经济增加值改善值（简称期望的 ΔEVA）确定。

EVA 目标值 = EVA 基准值 + 期望的 ΔEVA

企业在确定 EVA 基准值和期望的 ΔEVA 值时，要充分考虑企业规模、发展阶段、行业特点等因素。其中，EVA 基准值可参照上年实际完成值、上年实际完成值与目标值的平均值、近几年（比如前 3 年）实际完成值的平均值等确定。期望的 ΔEVA 值，根据企业战略目标、年度生产经营计划、年度预算安排、投资者期望等因素，结合价值创造能力改善等要求综合确定。

第二十三条 绩效评价计分方法和周期的选择、绩效责任书的签订，参照《管理会计应用指引第 600 号——绩效管理》。

第二十四条 经济增加值法的激励计划按激励形式可分为薪酬激励计划、能力开发激励计划、职业发展激励计划和其他激励计划。应用经济增加值法建立的激励体系，应以经济增加值的改善值为基础。

（一）薪酬激励计划主要包括目标奖金、奖金库和基于经济增加值的股票期权。

1. 目标奖金。目标奖金是达到经济增加值目标值所获得的奖金，只对经济增加值增量部分实施奖励。

2. 奖金库。奖金库是基于对企业经济增加值长期增长目标实施的奖励。企业设立专门的账号管理奖金，将以经济增加值为基准计算的奖金额存入专门账户中，以递延奖金形式发放。

3. 股票期权。根据经济增加值确定股票期权的行权价格和数量，行权价格每年以相当于企业资本成本的比例上升，授予数量由当年所获得的奖金确定。

（二）能力开发激励计划主要包括对员工知识、技能等方面的提升计划。

（三）职业发展激励计划主要是对员工职业发展做出的规划。

（四）其他激励计划包括良好的工作环境、晋升与降职、表扬与批评等。

第二十五条 绩效计划和激励计划制定后，执行、实施及编制报告参照《管理会计应用指引第 600 号——绩效管理》。

第二十六条 企业应用经济增加值法，应循序渐进，在企业及部分所属单位试点的基础上，总结完善后稳步推开。

第四章　工具方法评价

第二十七条 经济增加值法的主要优点是：考虑了所有资本的成本，更真实地反映了企业的价值创造能力；实现了企业利益、经营者利益和员工利益的统一，激励经营者和所有员工为企业创造更多价值；能有效遏制企业盲目扩张规模以追求利润总量和增长率的倾向，引导企业注重长期价值创造。

第二十八条 经济增加值法的主要缺点是：一是仅对企业当期或未来 1 ~ 3 年价值创造情况的衡量和预判，无法衡量企业长远发展战略的价值创造情况；二是计算主要基于财务指标，无法对企业的营运效率与效果进行综合评价；三是不同行业、不同发展阶段、不同规模等的企业，其会计调整项和加权平均资本成本各不相同，计算比较复杂，影响指标的可比性。

第五章　附　　则

第二十九条 本指引由财政部负责解释。

管理会计应用指引第603号——平衡计分卡

第一章 总 则

第一条 平衡计分卡，是指基于企业战略，从财务、客户、内部业务流程、学习与成长四个维度，将战略目标逐层分解转化为具体的、相互平衡的绩效指标体系，并据此进行绩效管理的方法。

第二条 平衡计分卡通常与战略地图等其他工具结合使用。

第三条 平衡计分卡适用于战略目标明确、管理制度比较完善、管理水平相对较高的企业。

平衡计分卡的应用对象可为企业、所属单位（部门）和员工。

第二章 应用环境

第四条 企业应用平衡计分卡工具方法，应遵循《管理会计应用指引第600号——绩效管理》中对应用环境的一般要求。

第五条 企业应用平衡计分卡工具方法，应有明确的愿景和战略。平衡计分卡应以战略目标为核心，全面描述、衡量和管理战略目标，将战略目标转化为可操作的行动。

第六条 平衡计分卡可能涉及组织和流程变革，具有创新精神、变革精神的企业文化有助于成功实施平衡计分卡。

第七条 企业应对组织结构和职能进行梳理，消除不同组织职能间的壁垒，实现良好的组织协同，既包括企业内部各级单位（部门）之间的横向与纵向协同，也包括与投资者、客户、供应商等外部利益相关者之间的协同。

第八条 企业应注重员工学习与成长能力的提升，以更好地实现平衡计分卡的财务、客户、内部业务流程目标，使战略目标贯彻到每一名员工的日常工作中。

第九条 平衡计分卡的实施是一项复杂的系统工程。企业一般需要建立由战略管理、人力资源管理、财务管理和外部专家等组成的团队，为平衡计分卡的实施提供机制保障。

第十条 企业应建立高效集成的信息系统，实现绩效管理与预算管理、财务管理、生产经营等系统的紧密结合，为平衡计分卡的实施提供信息支持。

第三章 应用程序

第十一条 企业应用平衡计分卡工具方法，一般按照制定战略地图、制定以平衡计分卡为核心的绩效计划、制定激励计划、制定战略性行动方案、执行绩效计划与激励计划、实施绩效评价与激励、编制绩效评价与激励管理报告等程序进行。

第十二条 企业首先应制定战略地图，即基于企业愿景与战略，将战略目标及其因果关系、价值创造路径以图示的形式直观、明确、清晰地呈现。战略地图的制定参照《管理会计应用指引第101号——战略地图》。

第十三条 战略地图基于战略主题构建，战略主题反映企业价值创造的关键业务流程，每个战略主题包括相互关联的1~2个目标。

第十四条 战略地图制定后，应以平衡计分卡为核心编制绩效计划。绩效计划是企业开展绩效评价工作的行动方案，包括构建指标体系、分配指标权重、确定绩效目标值、选择计分方法和评价周期、签订绩效责任书等一系列管理活动。制定绩效计划通常从企业级开始，层层分解到所属单位（部门），最终落实到具体岗位和员工。

第十五条 平衡计分卡指标体系的构建应围绕战略地图，针对财务、客户、内部业务流程和学习与成长四个维度的战略目标，确定相应的评价指标。

构建平衡计分卡指标体系的一般程序：

（一）制定企业级指标体系。根据企业层面的战略地图，为每个战略主题的目标设定指标，每个目标至少应有1个指标。

（二）制定所属单位（部门）级指标体系。依据企业级战略地图和指标体系，制定所属单位（部门）的战略地图，确定相应的指标体系，协同各所属单位（部门）的行动与战略目标保持一致。

（三）制定岗位（员工）级指标体系。根据企业、所属单位（部门）级指标体系，按照岗位职责逐级形成岗位（员工）级指标体系。

第十六条 平衡计分卡指标体系构建时，应注重短期目标与长期目标的平衡、财务指标与非财务指标的平衡、结果性指标与动因性指标的平衡、企业内部利益与外部利益的平衡。平衡计分卡每个维度的指标通常为4～7个，总数量一般不超过25个。

第十七条 平衡计分卡指标体系构建时，企业应以财务维度为核心，其他维度的指标都与核心维度的一个或多个指标相联系。通过梳理核心维度目标的实现过程，确定每个维度的关键驱动因素，结合战略主题，选取关键绩效指标。

财务维度以财务术语描述了战略目标的有形成果。企业常用指标有投资资本回报率、净资产收益率、经济增加值、息税前利润、自由现金流、资产负债率、总资产周转率等。

客户维度界定了目标客户的价值主张。企业常用指标有市场份额、客户满意度、客户获得率、客户保持率、客户获利率、战略客户数量等。

内部业务流程维度确定了对战略目标产生影响的关键流程。企业常用指标有交货及时率、生产负荷率、产品合格率、存货周转率、单位生产成本等。

学习与成长维度确定了对战略最重要的无形资产。企业常用指标有员工保持率、员工生产率、培训计划完成率、员工满意度等。

第十八条 企业可根据实际情况建立通用类指标库，不同层级单位和部门结合不同的战略定位、业务特点选择适合的指标体系。

第十九条 平衡计分卡指标的权重分配应以战略目标为导向，反映被评价对象对企业战略目标贡献或支持的程度，以及各指标之间的重要性水平。

企业绩效指标权重一般设定在5%～30%之间，对特别重要的指标可适当提高权重。对特别关键、影响企业整体价值的指标可设立“一票否决”制度，即如果某项绩效指标未完成，无论其他指标是否完成，均视为未完成绩效目标。

第二十条 平衡计分卡绩效目标值应根据战略地图的因果关系分别设置。首先确定战略主题的目标值，其次确定主题内的目标值，然后基于平衡计分卡评价指标与战略目标的对应关系，为每个评价指标设定目标值，通常设计3～5年的目标值。

第二十一条 平衡计分卡绩效目标值确定后，应规定因内外部环境发生重大变化、自然灾害等不可抗力因素对绩效完成结果产生重大影响时，对目标值进行调整的办法和程序。一般情况下，由被评价对象或评价主体测算确定影响程度，向相应的绩效管理工作机构提出调整申请，报薪酬与考核委员会或类似机构审批。

第二十二条 绩效评价计分方法和周期的选择、绩效责任书的签订、激励计划的制定，参照《管理会计应用指引第600号——绩效管理》。

第二十三条 绩效计划与激励计划制定后，企业应在战略主题的基础上，制定战略性行动方案，实现短期行动计划与长期战略目标的协同。战略性行动方案的制定主要包括以下内容：

（一）选择战略性行动方案。制定每个战略主题的多个行动方案，并从中区分、排序和选择最优的战略性行动方案。

（二）提供战略性资金。建立战略性支出的预算，为战略性行动方案提供资金支持。

（三）建立责任制。明确战略性行动方案的执行责任方，定期回顾战略性行动方案的执行进程和效果。

第二十四条 绩效计划与激励计划执行过程中，企业应按照纵向一致、横向协调的原则，持续地推进组织协同，将协同作为一个重要的流程进行管理，使企业和员工的目标、职责与行动保持一致，创造协同效应。

第二十五条 绩效计划与激励计划执行过程中，企业应持续深入地开展流程管理，及时识别存在问题的关键流程，根据需要对流程进行优化完善，必要时进行流程再造，将流程改进计划与战略目标相协同。

第二十六条 绩效计划与激励计划的执行、实施及编制报告参照《管理会计应用指引第600号——绩效管理》。

第二十七条 平衡计分卡的实施是一项长期的管理改善工作，在实践中通常采用先试点后推广的方式，循序渐进，分步实施。

第四章 工具方法评价

第二十八条 平衡计分卡的主要优点是：一是战略目标逐层分解并转化为被评价对象的绩效指标和行动方案，使整个组织行动协调一致；二是从财务、客户、内部业务流程、学习与成长四个维度确定绩效指标，使绩效评价更为全面完整；三是将学习与成长作为一个维度，注重员工的发展要求和组织资本、信息资本等无形资产的开发利用，有利于增强企业可持续发展的动力。

第二十九条 应用平衡计分卡的主要缺点是：一是专业技术要求高，工作量比较大，操作难度也较大，需要持续地沟通和反馈，实施比较复杂，实施成本高；二是各指标权重在不同层级及各层级不同指标之间的分配比较困难，且部分非财务指标的量化工作难以落实；三是系统性强、涉及面广，需要专业人员的指导、企业全员的参与和长期持续地修正与完善，对信息系统、管理能力有较高的要求。

第五章 附　　则

第三十条 本指引由财政部负责解释。

附录：

相关工具方法及指标计算说明

一、工具方法说明

（一）指标权重确定方法

1. 德尔菲法（也称专家调查法），是指邀请专家对各项指标进行权重设置，将汇总平均后的结果反馈给专家，再次征询意见，经过多次反复，逐步取得比较一致结果的方法。

2. 层次分析法，是指将绩效指标分解成多个层次，通过下层元素对于上层元素相对重要性的两两比较，构成两两比较的判断矩阵，求出判断矩阵最大特征值所对应的特征向量作为指标权重值的方法。

3. 主成分分析法，是指将多个变量重新组合成一组新的相互无关的综合变量，根据实际需要从中挑选出尽可能多地反映原来变量信息的少数综合变量，进一步求出各变量的方差贡献率，以确定指标权重的方法。

4. 均方差法，是指将各项指标定为随机变量，指标在不同方案下的数值为该随机变量的取值，首先求出这些随机变量（各指标）的均方差，然后根据不同随机变量的离散程度确定指标权重的方法。

（二）绩效评价计分方法

1. 功效系数法，是指根据多目标规划原理，将所要评价的各项指标分别对照各自的标准，并根据各项指标的权重，通过功效函数转化为可以度量的评价分数，再对各项指标的单项评价分数进行加总，得出综合评价分数的一种方法。该方法的优点是从不同侧面对评价对象进行计算评分，满足了企业多目标、多层次、多因素的绩效评价要求，缺点是标准值确定难度较大，比较复杂。功效系数法的计算公式为：

$$\text{绩效指标总得分} = \sum \text{单项指标得分}$$

$$\text{单项指标得分} = \text{本档基础分} + \text{调整分}$$

$$\text{本档基础分} = \text{指标权重} \times \text{本档标准系数}$$

$$\text{调整分} = \text{功效系数} \times (\text{上档基础分} - \text{本档基础分})$$

$$\text{上档基础分} = \text{指标权重} \times \text{上档标准系数}$$

$$\text{功效系数} = \frac{\text{实际值} - \text{本档标准值}}{\text{上档标准值} - \text{本档标准值}}$$

对评价标准值的选用，应结合评价的目的、范围、企业所处行业、企业规模等具体情况，参考国家相关部门或研究机构发布的标准值确定。

2. 综合指数法，是指根据指数分析的基本原理，计算各项绩效指标的单项评价指数和加权评价指数，据以进行综合评价的方法。该方法的优点是操作简单，容易理解，缺点是标准值存在异常时影响结果的准确性。综合指数法的计算公式为：

$$\text{绩效指标总得分} = \sum (\text{单项指标评价指数} \times \text{该项评价指标的权重})$$

3. 素质法，是指评估员工个人或团队在多大程度上具有组织所要求的某种基本素质、关键技能和主要特质的方法。

4. 行为法，是指专注于描述与绩效有关的行为状态，考核员工在多大程度上采取了管理者所期望或工作角色所要求的组织行为的方法。

（三）β 值确定方法

1. 最小二乘法，是指通过最小化误差的平方和，找到一组数据的最佳函数匹配的方法。

2. 回归分析法，是指在掌握大量观察数据的基础上，利用数理统计方法建立因变量与自变量之间的回归关系函数表达式的方法。

3. 类比法（也称比较类推法），是指由一类事物所具有的某种属性，推测与其类似的事物应具有这种属性的方法。

（四）收集信息方法

1. 观察法，是指通过直接观察员工在工作中的表现并予以记录的方法。

2. 工作记录法，是指通过日常工作记录或财务管理、生产经营等业务系统产生的数据，予以收集信息的方法。

3. 他人反馈法，是指收集其他人员对被评价对象的评价信息的方法。

二、评价指标计算说明

1. 投资资本回报率，是指企业一定会计期间取得的息前税后利润占其所使用的全部投资资本的比例，反映企业在会计期间有效利用投资资本创造回报的能力。一般计算公式如下：

$$\text{投资资本回报率} = \frac{\text{税前利润} \times (1 - \text{所得税税率}) + \text{利息支出}}{\text{投资资本平均余额}} \times 100\%$$

$$\text{投资资本平均余额} = \frac{\text{期初投资资本} + \text{期末投资资本}}{2}$$

$$\text{投资资本} = \text{有息债务} + \text{所有者（股东）权益}$$

2. 净资产收益率（也称权益净利率），是指企业一定会计期间取得的净利润占其所使用的净资产平均数的比例，反映企业全部资产的获利能力。一般计算公式如下：

$$净资产收益率=\frac{净利润}{平均净资产}\times 100\%$$

3. 经济增加值回报率，是指企业一定会计期间内经济增加值与平均资本占用的比值。一般计算公式如下：

$$经济增加值回报率=\frac{经济增加值}{平均资本占用}\times 100\%$$

4. 息税前利润，是指企业当年实现税前利润与利息支出的合计数。一般计算公式如下：

$$息税前利润=税前利润+利息支出$$

5. 自由现金流，是指企业一定会计期间经营活动产生的净现金流超过付现资本性支出的金额，反映企业可动用的现金。一般计算公式如下：

$$自由现金流=经营活动净现金流-付现资本性支出$$

6. 资产负债率，是指企业负债总额与资产总额的比值，反映企业整体财务风险程度。一般计算公式如下：

$$资产负债率=\frac{负债总额}{资产总额}\times 100\%$$

7. 总资产周转率，是指营业收入与总资产平均余额的比值，反映总资产在一定会计期间内周转的次数。一般计算公式如下：

$$总资产周转率=\frac{营业收入}{总资产平均余额}$$

8. 存货周转率，是指企业营业收入与存货平均余额的比值，反映存货在一定会计期间内周转的次数。一般计算公式如下：

$$存货周转率=\frac{营业收入}{存货平均余额}$$

9. 资本周转率，是指企业在一定会计期间内营业收入与平均资本占用的比值。一般计算公式如下：

$$资本周转率=\frac{营业收入}{平均资本占用}\times 100\%$$

10. 资本性支出，是指企业发生的、其效益涉及两个或两个以上会计年度的各项支出。

11. 产量，是指企业在一定时期内生产出来的产品的数量。

12. 销量，是指企业在一定时期内销售商品的数量。

13. 单位生产成本，是指生产单位产品而平均耗费的成本。

14. 客户满意度，是指客户期望值与客户体验的匹配程度，即客户通过对某项产品或服务的实际感知与其期望值相比较后得出的指数。客户满意度收集渠道主要包括问卷调查、客户投诉、与客户的直接沟通、消费者组织的报告、各种媒体的报告和行业研究的结果等。

15. 员工满意度，是指员工对企业的实际感知与其期望值相比较后得出的指数。主要通过问卷调查、访谈调查等方式，从工作环境、工作关系、工作内容、薪酬福利、职业发展等方面进行衡量。

16. 市场份额，是指一个企业的销售量（或销售额）在市场同类产品中所占的比重。

17. 客户获得率，是指企业在争取新客户时获得成功部分的比例。该指标可用客户数量增长率或客户交易额增长率来描述，一般计算公式如下：

$$客户数量增长率=\frac{本期客户数量-上期客户数量}{上期客户数量}\times 100\%$$

$$客户交易额增长率=\frac{本期客户交易额-上期客户交易额}{上期客户交易额}\times 100\%$$

18. 客户保持率，是指企业继续保持与老客户交易关系的比例。该指标可用老客户交易增长率来描述，一般计算公式如下：

$$老客户交易增长率=\frac{老客户本期交易额-老客户上期交易额}{老客户上期交易额}\times 100\%$$

19. 客户获利率，是指企业从单一客户得到的净利润与付出的总成本的比率。一般计算公式如下：

$$单一客户获利率=\frac{单一客户净利润}{单一客户总成本}\times100\%$$

20. 战略客户数量，是指对企业战略目标实现有重要作用的客户的数量。

21. 交货及时率，是指企业在一定会计期间内及时交货的次数占其总交货次数比例。一般计算公式如下：

$$交货及时率=\frac{及时交货的订单个数}{总订单个数}\times100\%$$

22. 生产负荷率，是指投产项目在一定会计期间内的产品产量与设计生产能力的比例。一般计算公式如下：

$$生产负荷率=\frac{实际产量}{设计生产能力}\times100\%$$

23. 产品合格率，是指合格产品数量占总产品数量的比例。一般计算公式为：

$$产品合格率=\frac{合格产品数量}{总产品数量}\times100\%$$

24. 员工流失率，是指企业一定会计期间内离职员工占员工平均人数的比例。一般计算公式如下：

$$员工流失率=\frac{本期离职员工人数}{员工平均人数}\times100\%$$

$$员工保持率=1-员工流失率$$

25. 员工生产率，是指员工在一定会计期间内创造的劳动成果与其相应员工数量的比值。该指标可用人均产品生产数量或人均营业收入进行衡量。一般计算公式如下：

$$人均产品生产数量=\frac{本期产品生产总量}{生产人数}$$

$$人均营业收入=\frac{本期营业收入}{员工人数}$$

26. 培训计划完成率，是指培训计划实际执行的总时数占培训计划总时数的比例。一般计算公式如下：

$$培训计划完成率=\frac{培训计划实际执行的总时数}{培训计划总时数}\times100\%$$

附件 7：

管理会计应用指引第 801 号——企业管理会计报告

第一章　总　　则

第一条　为了指导企业管理会计报告的编制、审批、报送、使用等，根据《管理会计基本指引》，制定本指引。

第二条　企业管理会计报告，是指企业运用管理会计方法，根据财务和业务的基础信息加工整理形成的，满足企业价值管理和决策支持需要的内部报告。

第三条　企业管理会计报告的目标是为企业各层级进行规划、决策、控制和评价等管理活动提供有用信息。

第四条　企业应建立管理会计报告组织体系，根据需要设置管理会计报告相关岗位，明确岗位职责。企业各部门都应履行提供管理会计报告所需信息的责任。

第五条　企业管理会计报告的形式要件包括报告的名称、报告期间或时间、报告对象、报告内容以及报告人等。

第六条 企业管理会计报告的对象是对管理会计信息有需求的各个层级、各个环节的管理者。

第七条 企业可根据管理的需要和管理会计活动的性质设定报告期间。一般应以日历期间（月度、季度、年度）作为企业管理会计报告期间，也可根据特定需要设定企业管理会计报告期间。

第八条 企业管理会计报告的内容应根据管理需要和报告目标而定，易于理解并具有一定灵活性。

第九条 企业管理会计报告的编制、审批、报送、使用等应与企业组织架构相适应。

第十条 企业管理会计报告体系应根据管理活动全过程进行设计，在管理活动各环节形成基于因果关系链的结果报告和原因报告。

第十一条 企业管理会计报告体系可按照多种标准进行分类，包括但不限于：

（一）按照企业管理会计报告使用者所处的管理层级可分为战略层管理会计报告、经营层管理会计报告和业务层管理会计报告；

（二）按照企业管理会计报告内容可分为综合企业管理会计报告和专项企业管理会计报告；

（三）按照管理会计功能可分为管理规划报告、管理决策报告、管理控制报告和管理评价报告；

（四）按照责任中心可分为投资中心报告、利润中心报告和成本中心报告；

（五）按照报告主体整体性程度可分为整体报告和分部报告。

第二章 战略层管理会计报告

第十二条 战略层管理会计报告是为战略层开展战略规划、决策、控制和评价以及其他方面的管理活动提供相关信息的对内报告。战略层管理会计报告的报告对象是企业的战略层，包括股东大会、董事会和监事会等。

第十三条 战略层管理会计报告包括但不仅限于战略管理报告、综合业绩报告、价值创造报告、经营分析报告、风险分析报告、重大事项报告、例外事项报告等。这些报告可独立提交，也可根据不同需要整合后提交。

第十四条 战略管理报告的内容一般包括内外部环境分析、战略选择与目标设定、战略执行及其结果，以及战略评价等。

第十五条 综合业绩报告的内容一般包括关键绩效指标预算及其执行结果、差异分析以及其他重大绩效事项等。

第十六条 价值创造报告的内容一般包括价值创造目标、价值驱动的财务因素与非财务因素、内部各业务单元的资源占用与价值贡献，以及提升公司价值的措施等。

第十七条 经营分析报告的内容一般包括过去经营决策执行情况回顾、本期经营目标执行的差异及其原因、影响未来经营状况的内外部环境与主要风险分析、下一期的经营目标及管理措施等。

第十八条 风险分析报告的内容一般包括企业全面风险管理工作回顾、内外部风险因素分析、主要风险识别与评估、风险管理工作计划等。

第十九条 重大事项报告是针对企业的重大投资项目、重大资本运作、重大融资、重大担保事项、关联交易等事项进行的报告。

第二十条 例外事项报告是针对企业发生的管理层变更、股权变更、安全事故、自然灾害等偶发性事项进行的报告。

第二十一条 战略层管理会计报告应精炼、简洁、易于理解，报告主要结果、主要原因，并提出具体的建议。

第三章 经营层管理会计报告

第二十二条 经营层管理会计报告是为经营管理层开展与经营管理目标相关的管理活动提供相关信息

的对内报告。经营层管理会计报告的报告对象是经营管理层。

第二十三条 经营层管理会计报告主要包括全面预算管理报告、投资分析报告、项目可行性报告、融资分析报告、盈利分析报告、资金管理报告、成本管理报告、绩效评价报告等。

第二十四条 全面预算管理报告的内容一般包括预算目标制定与分解、预算执行差异分析以及预算考评等。

第二十五条 投资分析报告的内容一般包括投资对象、投资额度、投资结构、投资进度、投资效益、投资风险和投资管理建议等。

第二十六条 项目可行性报告的内容一般包括项目概况、市场预测、产品方案与生产规模、厂址选择、工艺与组织方案设计、财务评价、项目风险分析，以及项目可行性研究结论与建议等。

第二十七条 融资分析报告的内容一般包括融资需求测算、融资渠道与融资方式分析及选择、资本成本、融资程序、融资风险及其应对措施和融资管理建议等。

第二十八条 盈利分析报告的内容一般包括盈利目标及其实现程度、利润的构成及其变动趋势、影响利润的主要因素及其变化情况，以及提高盈利能力的具体措施等。企业还应对收入和成本进行深入分析。盈利分析报告可基于企业集团、单个企业，也可基于责任中心、产品、区域、客户等进行。

第二十九条 资金管理报告的内容一般包括资金管理目标、主要流动资金项目如现金、应收票据、应收账款、存货的管理状况、资金管理存在的问题以及解决措施等。企业集团资金管理报告的内容一般还包括资金管理模式（集中管理还是分散管理）、资金集中方式、资金集中程度、内部资金往来等。

第三十条 成本管理报告的内容一般包括成本预算、实际成本及其差异分析，成本差异形成的原因以及改进措施等。

第三十一条 业绩评价报告的内容一般包括绩效目标、关键绩效指标、实际执行结果、差异分析、考评结果，以及相关建议等。

第三十二条 经营层管理会计报告应做到内容完整、分析深入。

第四章　业务层管理会计报告

第三十三条 业务层管理会计报告是为企业开展日常业务或作业活动提供相关信息的对内报告。其报告的报告对象是企业的业务部门、职能部门以及车间、班组等。

第三十四条 业务层管理会计报告应根据企业内部各部门、车间或班组的核心职能或经营目标进行设计，主要包括研究开发报告、采购业务报告、生产业务报告、配送业务报告、销售业务报告、售后服务业务报告、人力资源报告等。

第三十五条 研究开发报告的内容一般包括研发背景、主要研发内容、技术方案、研发进度、项目预算等。

第三十六条 采购业务报告的内容一般包括采购业务预算、采购业务执行结果、差异分析及改善建议等。采购业务报告要重点反映采购质量、数量以及时间、价格等方面的内容。

第三十七条 生产业务报告的内容一般包括生产业务预算、生产业务执行结果、差异分析及改善建议等。生产业务报告要重点反映生产成本、生产数量以及产品质量、生产时间等方面的内容。

第三十八条 配送业务报告的内容一般包括配送业务预算、配送业务执行结果、差异分析及改善建议等。配送业务报告要重点反映配送的及时性、准确性以及配送损耗等方面的内容。

第三十九条 销售业务报告的内容一般包括销售业务预算、销售业务执行结果、差异分析及改善建议等。销售业务报告要重点反映销售的数量结构和质量结构等方面的内容。

第四十条 售后服务业务报告的内容一般包括售后服务业务预算、售后服务业务执行结果、差异分析及改善建议等。售后服务业务报告重点反映售后服务的客户满意度等方面的内容。

第四十一条 人力资源报告的内容一般包括人力资源预算、人力资源执行结果、差异分析及改善建议等。人力资源报告重点反映人力资源使用及考核等方面的内容。

第四十二条 业务层管理会计报告应做到内容具体，数据充分。

第五章 企业管理会计报告的流程

第四十三条 企业管理会计报告流程包括报告的编制、审批、报送、使用、评价等环节。

第四十四条 企业管理会计报告由管理会计信息归集、处理并报送的责任部门编制。

第四十五条 企业应根据报告的内容、重要性和报告对象等，确定不同的审批流程。经审批后的报告方可报出。

第四十六条 企业应合理设计报告报送路径，确保企业管理会计报告及时、有效地送达报告对象。企业管理会计报告可以根据报告性质、管理需要进行逐级报送或直接报送。

第四十七条 企业应建立管理会计报告使用的授权制度，报告使用人应在权限范围内使用企业管理会计报告。

第四十八条 企业应对管理会计报告的质量、传递的及时性、保密情况等进行评价，并将评价结果与绩效考核挂钩。

第四十九条 企业应当充分利用信息技术，强化管理会计报告及相关信息集成和共享，将管理会计报告的编制、审批、报送和使用等纳入企业统一信息平台。

第五十条 企业应定期根据管理会计报告使用效果以及内外部环境变化对管理会计报告体系、内容以及编制、审批、报送、使用等进行优化。

第五十一条 企业管理会计报告属内部报告，应在允许的范围内传递和使用。相关人员应遵守保密规定。

第六章 附　　则

第五十二条 本指引由财政部负责解释。

附件8：

管理会计应用指引第802号——管理会计信息系统

第一章 总　　则

第一条 为了指导企业有效建设、应用管理会计信息系统，根据《管理会计基本指引》，制订本指引。

第二条 管理会计信息系统，是指以财务和业务信息为基础，借助计算机、网络通信等现代信息技术手段，对管理会计信息进行收集、整理、加工、分析和报告等操作处理，为企业有效开展管理会计活动提供全面、及时、准确信息支持的各功能模块的有机集合。

第三条 企业建设和应用管理会计信息系统，一般应遵循以下原则：

（一）系统集成原则。管理会计信息系统各功能模块应集成在企业整体信息系统中，与财务和业务信息系统紧密结合，实现信息的集中统一管理及财务和业务信息到管理会计信息的自动生成。

（二）数据共享原则。企业建设管理会计信息系统应实现系统间的无缝对接，通过统一的规则和标准，实现数据的一次采集，全程共享，避免产生信息孤岛。

（三）规则可配原则。管理会计信息系统各功能模块应提供规则配置功能，实现其他信息系统与管理会计信息系统相关内容的映射和自定义配置。

（四）灵活扩展原则。管理会计信息系统应具备灵活扩展性，通过及时补充有关参数或功能模块，对环境、业务、产品、组织和流程等的变化及时做出响应，满足企业内部管理需要。

（五）安全可靠原则。应充分保障管理会计信息系统的设备、网络、应用及数据安全，严格权限授权，做好数据灾备建设，具备良好的抵御外部攻击能力，保证系统的正常运行并确保信息的安全、保密、完整。

第四条 本指引适用于已经具备一定的信息系统应用基础、在此基础上建设管理会计信息系统的企业，以及新建企业信息系统、并有意同时建设管理会计信息系统的企业。

第二章 应用环境

第五条 企业建设管理会计信息系统，一般应具备以下条件：

（一）对企业战略、组织结构、业务流程、责任中心等有清晰定义；

（二）设有具备管理会计职能的相关部门或岗位，具有一定的管理会计工具方法的应用基础以及相对清晰的管理会计应用流程；

（三）具备一定的财务和业务信息系统应用基础，包括已经实现了相对成熟的财务会计系统的应用，并在一定程度上实现了经营计划管理、采购管理、销售管理、库存管理等基础业务管理职能的信息化。

第三章 建设和应用程序

第六条 管理会计信息系统的建设和应用程序既包括系统的规划和建设过程；也包括系统的应用过程，即输入、处理和输出过程。

第七条 管理会计信息系统规划和建设过程一般包括系统规划、系统实施和系统维护等环节。

第八条 在管理会计信息系统的规划环节，企业应将管理会计信息系统规划纳入企业信息系统建设的整体规划中，遵循整体规划、分步实施的原则，根据企业的战略目标和管理会计应用目标，形成清晰的管理会计应用需求，因地制宜逐步推进。

第九条 在管理会计信息系统实施环节，企业应制定详尽的实施计划，清晰划分实施的主要阶段、有关活动和详细任务的时间进度。实施阶段一般包括项目准备、系统设计、系统实现、测试和上线、运维及支持等过程。

（一）在项目准备阶段，企业主要应完成系统建设前的基础工作，一般包括确定实施目标、实施组织范围和业务范围，调研信息系统需求，进行可行性分析，制定项目计划、资源安排和项目管理标准，开展项目动员及初始培训等。

（二）在系统设计阶段，企业主要应对组织现有的信息系统应用情况、管理会计工作现状和信息系统需求进行调查，梳理管理会计应用模块和应用流程，据此设计管理会计信息系统的实施方案。

（三）在系统实现阶段，企业主要应完成管理会计信息系统的数据标准化建设、系统配置、功能和接口开发及单元测试等工作。

（四）在测试和上线阶段，企业主要应实现管理会计信息系统的整体测试、权限设置、系统部署、数据导入、最终用户培训和上线切换过程。必要时，企业还应根据实际情况进行预上线演练。

第十条 企业应做好管理会计信息系统的运维和支持，实现日常运行维护支持及上线后持续培训和系统优化。

第十一条 管理会计信息系统的应用程序一般包括输入、处理和输出三个环节。

（一）输入环节，是指管理会计信息系统采集或输入数据的过程。管理会计信息系统需提供已定义清楚数据规则的数据接口，以自动采集财务和业务数据。同时，系统还应支持本系统其他数据的手工录入，以利于相关业务调整和补充信息的需要。

（二）处理环节，是指借助管理会计工具模型进行数据加工处理的过程。管理会计信息系统可以充分利用数据挖掘、在线分析处理等商业智能技术，借助相关工具对数据进行综合查询、分析统计，挖掘出有助于企业管理活动的信息。

（三）输出环节，是指提供丰富的人机交互工具、集成通用的办公软件等成熟工具，自动生成或导出数据报告的过程。数据报告的展示形式应注重易读性和可视化。

最终的系统输出结果不仅可以采用独立报表或报告的形式展示给用户，也可以输出或嵌入到其他信息系统中，为各级管理部门提供管理所需的相关、及时的信息。

第十二条 管理会计信息系统的模块包括成本管理、预算管理、绩效管理、投资管理、管理会计报告以及其他功能模块。

第四章 成本管理模块

第十三条 成本管理模块应实现成本管理的各项主要功能，一般包括对成本要素、成本中心、成本对象等参数的设置，以及成本核算方法的配置，从财务会计核算模块、业务处理模块以及人力资源等模块抽取所需数据，进行精细化成本核算，生成分产品、分批次（订单）、分环节、分区域等多维度的成本信息，以及基于成本信息进行成本分析，实现成本的有效控制，为企业成本管理的事前计划、事中控制、事后分析提供有效的支持。

第十四条 成本核算主要完成对企业生产经营过程各个交易活动或事项的实际成本信息的收集、归纳、整理，并计算出实际发生的成本数据，支持多种成本计算和分摊方法，准确地度量、分摊和分配实际成本。

成本核算的输入信息一般包括业务事项的记录和货币计量数据等。企业应使用具体成本工具方法（如，完全成本法、变动成本法、作业成本法、目标成本法、标准成本法等），建立相应的计算模型，以各级成本中心为核算主体，完成成本核算的处理过程。成本核算处理过程结束后，应能够输出实际成本数据、管理层以及各个业务部门所需要的成本核算报告等。

第十五条 成本分析主要实现对实际成本数据分类比较、因素分析比较等，发现成本和利润的驱动因素，形成评价结论，编制成各种形式的分析、评价指标报告等。

成本分析的输入信息一般包括成本标准或计划数据、成本核算子模块生成的成本实际数据等。企业应根据输入数据和规则，选择具体分析评价方法（如，差异分析法、趋势分析法、结构分析法等），对各个成本中心的成本绩效进行分析比较，汇总形成各个责任中心及企业总体成本绩效报告，并输出成本分析报告、成本绩效评价报告等。

第十六条 成本预测主要实现不同成本对象的成本估算预测。

成本预测的输入信息一般包括业务计划数据、成本评价结果、成本预测假设条件以及历史数据、行业对标数据等。企业应运用成本预测模型（如，算术平均法、加权平均法、平滑指数法等）对下一个工作周期的成本需求进行预测，根据经验或行业可比数据对模型预测结果进行调整，并输出成本预测报告。

第十七条 成本控制主要按照既定的成本费用目标，对构成成本费用的诸要素进行规划、限制和调节，及时纠正偏差，控制成本费用超支，把实际耗费控制在成本费用计划范围内。

成本控制的输入信息一般包括成本费用目标和政策、成本分析报告、预算控制等。企业应建立工作流审批授权机制，以实现费用控制过程，通过成本预警机制实现成本控制的处理过程，输出费用支付清单、成本控制报告等。

第十八条 成本管理模块应提供基于指标分摊、基于作业分摊等多种成本分摊方法，利用预定义的规则，按要素、按期间、按作业等进行分摊。

第五章　预算管理模块

第十九条　预算管理模块应实现的主要功能包括对企业预算参数设置、预算管理模型搭建、预算目标制定、预算编制、预算执行控制、预算调整、预算分析和评价等全过程的信息化管理。

第二十条　预算目标和计划制定主要完成企业目标设定和业务计划的制定，实现预算的启动和准备过程。

预算目标和计划设定的输入信息一般包括企业远景与战略规划、内外部环境信息、投资者和管理者期望、往年绩效数据、经营状况预测以及公司战略举措、各业务板块主要业绩指标等。企业应对内外部环境和问题进行分析，评估预算备选方案，制定详细的业务计划，输出企业与各业务板块主要绩效指标和部门业务计划等。

第二十一条　预算编制主要完成预算目标设定、预算分解和目标下达、预算编制和汇总以及预算审批过程，实现自上而下、自下而上等多种预算编制流程，并提供固定预算、弹性预算、零基预算、滚动预算、作业预算等一种或多种预算编制方法的处理机制。

预算编制的输入信息一般包括历史绩效数据、关键绩效指标、预算驱动因素、管理费用标准等。企业应借助适用的预测方法（如：趋势预测、平滑预测、回归预测等）建立预测模型，辅助企业制定预算目标，依据预算管理体系，自动分解预算目标，辅助预算的审批流程，自动汇总预算。最终输出结果应为各个责任中心的预算方案等。

预算管理模块应能提供给企业根据业务需要编制多期间、多情景、多版本、多维度预算计划的功能，以满足预算编制的要求。

第二十二条　预算执行控制主要实现预算信息模块与各财务和业务系统的及时数据交换，实现对财务和业务预算执行情况的实时控制等。

预算执行控制的输入信息一般包括企业各业务板块及部门的主要绩效指标、业务计划、预算执行控制标准及预算执行情况等。企业应通过对数据的校验、比较和查询汇总，比对预算目标和执行情况的差异；建立预算监控模型，预警和冻结超预算情形，形成预算执行情况报告；执行预算控制审核机制以及例外预算管理等。最终输出结果为预算执行差异分析报告、经营调整措施等。

第二十三条　预算调整主要实现对部分责任中心的预算数据进行调整，完成调整的处理过程等。

预算调整的输入信息一般包括企业各业务板块及部门的主要绩效指标、预算执行差异分析报告等。企业对预算数据进行调整，并依据预算管理体系，自动分解调整后的预算目标，辅助调整预算的审批流程，自动汇总预算。最终输出结果为各个责任中心的预算调整报告、调整后的绩效指标等。

第二十四条　预算分析和评价主要提供多种预算分析模型，实现在预算执行的数据基础上，对预算数和实际发生数进行多期间、多层次、多角度的预算分析，最终完成预算的业绩评价，为绩效考核提供数据基础。

预算分析和评价的输入信息一般包括预算指标及预算执行情况，以及业绩评价的标准与考核办法等数据。企业应建立差异计算模型，实现预算差异的计算，辅助实现差异成因分析过程，最终输出部门、期间、层级等多维度的预算差异分析报告等。

第六章　绩效管理模块

第二十五条　绩效管理模块主要实现业绩评价和激励管理过程中各要素的管理功能，一般包括业绩计划和激励计划的制定、业绩计划和激励计划的执行控制、业绩评价与激励实施管理等，为企业的绩效管理提供支持。

第二十六条　绩效管理模块应提供企业各项关键绩效指标的定义和配置功能，并可从其他模块中自动获取各业务单元或责任中心相应的实际绩效数据，进行计算处理，形成绩效执行情况报告及差异分析报告。

第二十七条 业绩计划和激励计划制定主要完成绩效管理目标和标准的设定、绩效管理目标的分解和下达、业绩计划和激励计划的编制过程，以及计划的审批流程。

业绩计划和激励计划制定的输入信息一般包括企业及各级责任中心的战略关键绩效指标和年度经营关键绩效指标，以及企业绩效评价考核标准、绩效激励形式、条件等基础数据。处理过程一般包括构建指标体系、分配指标权重、确定业绩目标值、选择业绩评价计分方法以及制定薪酬激励、能力开发激励、职业发展激励等多种激励计划，输出各级考核对象的业绩计划、绩效激励计划等。

第二十八条 业绩计划和激励计划的执行控制主要实现与预算系统与各业务系统的及时数据交换，实现对业绩计划与激励计划执行情况的实时控制等。

业绩计划和激励计划的执行控制的输入信息一般包括绩效实际数据以及业绩计划和激励计划等。企业应建立指标监控模型，根据指标计算办法计算指标实际值，比对实际值与目标值的偏差，输出业绩计划和激励计划执行差异报告等。

第二十九条 业绩评价和激励实施管理主要实现对计划的执行情况进行评价，形成综合评价结果，向被评价对象反馈改进建议及措施等。

业绩评价和激励实施管理的输入信息一般包括被评价对象的业绩指标实际值和目标值、指标计分方法和权重等。企业应选定评分计算方法计算评价分值，形成被评价对象的综合评价结果，输出业绩评价结果报告和改进建议等。

第七章 投资管理模块

第三十条 投资管理模块主要实现对企业投资项目进行计划和控制的系统支持过程，一般包括投资计划的制定和对每个投资项目进行的及时管控等。

第三十一条 投资管理模块应与成本管理模块、预算管理模块、绩效管理模块和管理会计报告模块等进行有效集成和数据交换。

第三十二条 投资管理模块应辅助企业实现投资计划的编制和审批过程。企业可以借助投资管理模块定义投资项目、投资程序、投资任务、投资预算、投资控制对象等基本信息；在此基础上，制定企业各级组织的投资计划和实施计划，实现投资计划的分解和下达。

第三十三条 投资管理模块应实现对企业具体投资项目的管控过程。企业可以根据实际情况，将项目管理功能集成到投资管理模块中，也可以实施单独的项目管理模块来实现项目的管控过程。

第三十四条 项目管理模块主要实现对投资项目的系统化管理过程，一般包括项目设置、项目计划与预算、项目执行、项目结算与关闭、项目报告以及项目后审计等功能。

（一）项目设置。主要完成项目定义（如，项目名称、项目期间、成本控制范围、利润中心等参数），以及工作分解定义、作业和项目文档等的定义和设置，为项目管理提供基础信息。

（二）项目计划与预算。主要完成项目里程碑计划、项目实施计划、项目概算、项目利润及投资测算、项目详细预算等过程，并辅助实现投资预算的审核和下达过程。

项目里程碑计划，一般包括对项目的关键节点进行定义，在关键节点对项目进行检查和控制，以及确定项目各阶段的开始和结束时间等。

（三）项目执行。主要实现项目的拨款申请，投资计量，项目实际发生值的确定、计算和汇总，以及与目标预算进行比对，对投资进行检查和成本管控。

（四）项目结算。通过定义的结算规则，运用项目结算程序，对项目实现期末结账处理。结算完成后，对项目执行关闭操作，保证项目的可控性。

（五）项目报告。项目管理模块应向用户提供关于项目数据的各类汇总报表及明细报表，主要包括项目计划、项目投资差异分析报告等。

（六）项目后审计。企业可以根据实际需要，在项目管理模块中提供项目后辅助审计功能，依据项目计划和过程建立工作底稿，对项目的实施过程、成本、绩效等进行审计和项目后评价。

第八章　管理会计报告模块

第三十五条　管理会计报告模块应实现基于信息系统中财务数据、业务数据自动生成管理会计报告，支持企业有效实现各项管理会计活动。

第三十六条　管理会计报告模块应为用户生成报告提供足够丰富、高效、及时的数据源，必要时应建立数据仓库和数据集市，形成统一规范的数据集，并在此基础上，借助数据挖掘等商务智能工具方法，自动生成多维度报表。

第三十七条　管理会计报告模块应为企业战略层、经营层和业务层提供丰富的通用报告模板。

第三十八条　管理会计报告模块应为企业提供灵活的自定义报告功能。企业可以借助报表工具自定义管理会计报表的报告主体、期间（定期或不定期）、结构、数据源、计算公式以及报表展现形式等。系统可以根据企业自定义报表的模板自动获取数据进行计算加工，并以预先定义的展现形式输出。

第三十九条　管理会计报告模块应提供用户追溯数据源的功能。用户可以在系统中对报告的最终结果数据进行追溯，可以层层追溯其数据来源和计算方法，直至业务活动。

第四十条　管理会计报告模块可以独立的模块形式存在于信息系统中，从其他管理会计模块中获取数据生成报告；也可内嵌到其他管理会计模块中，作为其他管理会计模块重要的输出环节。

第四十一条　管理会计报告模块应与财务报告系统相关联，既能有效生成企业整体报告，也能生成分部报告，并实现整体报告和分部报告的联查。

第九章　附　　则

第四十二条　本指引由财政部负责解释。

财政部关于印发《政府会计制度——行政事业单位会计科目和报表》的通知

2017 年 10 月 24 日　财会〔2017〕25 号

党中央有关部门，国务院各部委、各直属机构，全国人大常委会办公厅，全国政协办公厅，高法院，高检院，各民主党派中央，有关人民团体，各省、自治区、直辖市、计划单列市财政厅（局），新疆生产建设兵团财务局：

为了适应权责发生制政府综合财务报告制度改革需要，规范行政事业单位会计核算，提高会计信息质量，根据《中华人民共和国会计法》《中华人民共和国预算法》《政府会计准则——基本准则》等法律、行政法规和规章，我部制定了《政府会计制度——行政事业单位会计科目和报表》，现予印发，自 2019 年 1 月 1 日起施行。鼓励行政事业单位提前执行。

执行本制度的单位，不再执行《行政单位会计制度》《事业单位会计准则》《事业单位会计制度》《医院会计制度》《基层医疗卫生机构会计制度》《高等学校会计制度》《中小学校会计制度》《科学事业单位会计制度》《彩票机构会计制度》《地质勘查单位会计制度》《测绘事业单位会计制度》《国有林场与苗圃会计制度（暂行）》《国有建设单位会计制度》等制度。

执行中有何问题，请及时反馈我部。

附件：政府会计制度——行政事业单位会计科目和报表

附件：

政府会计制度——行政事业单位会计科目和报表

目　录

第一部分　总　说　明

一、为了规范行政事业单位的会计核算，保证会计信息质量，根据《中华人民共和国会计法》《中华人民共和国预算法》《政府会计准则——基本准则》等法律、行政法规和规章，制定本制度。

二、本制度适用于各级各类行政单位和事业单位（以下统称单位，特别说明的除外）。

纳入企业财务管理体系执行企业会计准则或小企业会计准则的单位，不执行本制度。

本制度尚未规范的有关行业事业单位的特殊经济业务或事项的会计处理，由财政部另行规定。

三、单位应当根据政府会计准则（包括基本准则和具体准则）规定的原则和本制度的要求，对其发生的各项经济业务或事项进行会计核算。

四、单位对基本建设投资应当按照本制度规定统一进行会计核算，不再单独建账，但是应当按项目单独核算，并保证项目资料完整。

五、单位会计核算应当具备财务会计与预算会计双重功能，实现财务会计与预算会计适度分离并相互衔接，全面、清晰反映单位财务信息和预算执行信息。

单位财务会计核算实行权责发生制；单位预算会计核算实行收付实现制，国务院另有规定的，依照其规定。

单位对于纳入部门预算管理的现金收支业务，在采用财务会计核算的同时应当进行预算会计核算；对于其他业务，仅需进行财务会计核算。

六、单位会计要素包括财务会计要素和预算会计要素。

财务会计要素包括资产、负债、净资产、收入和费用。

预算会计要素包括预算收入、预算支出和预算结余。

七、单位应当按照下列规定运用会计科目：

（一）单位应当按照本制度的规定设置和使用会计科目。在不影响会计处理和编制报表的前提下，单位可以根据实际情况自行增设或减少某些会计科目。

（二）单位应当执行本制度统一规定的会计科目编号，以便于填制会计凭证、登记账簿、查阅账目，实行会计信息化管理。

（三）单位在填制会计凭证、登记会计账簿时，应当填列会计科目的名称，或者同时填列会计科目的名称和编号，不得只填列会计科目编号、不填列会计科目名称。

（四）单位设置明细科目或进行明细核算，除遵循本制度规定外，还应当满足权责发生制政府部门财务报告和政府综合财务报告编制的其他需要。

八、单位应当按照下列规定编制财务报表和预算会计报表：

（一）财务报表的编制主要以权责发生制为基础，以单位财务会计核算生成的数据为准；预算会计报表的编制主要以收付实现制为基础，以单位预算会计核算生成的数据为准。

（二）财务报表由会计报表及其附注构成。会计报表一般包括资产负债表、收入费用表和净资产变动表。单位可根据实际情况自行选择编制现金流量表。

（三）预算会计报表至少包括预算收入支出表、预算结转结余变动表和财政拨款预算收入支出表。

（四）单位应当至少按照年度编制财务报表和预算会计报表。

（五）单位应当根据本制度规定编制真实、完整的财务报表和预算会计报表，不得违反本制度规定随意改变财务报表和预算会计报表的编制基础、编制依据、编制原则和方法，不得随意改变本制度规定的财务报表和预算会计报表有关数据的会计口径。

（六）财务报表和预算会计报表应当根据登记完整、核对无误的账簿记录和其他有关资料编制，做到数字真实、计算准确、内容完整、编报及时。

（七）财务报表和预算会计报表应当由单位负责人和主管会计工作的负责人、会计机构负责人（会计主管人员）签名并盖章。

九、单位应当重视并不断推进会计信息化的应用。

单位开展会计信息化工作，应当符合财政部制定的相关会计信息化工作规范和标准，确保利用现代信息技术手段开展会计核算及生成的会计信息符合政府会计准则和本制度的规定。

十、本制度自 2019 年 1 月 1 日起施行。

第二部分　会计科目名称和编号

序号	科目编号	科目名称
一、财务会计科目		
（一）资产类		
1	1001	库存现金
2	1002	银行存款
3	1011	零余额账户用款额度
4	1021	其他货币资金
5	1101	短期投资
6	1201	财政应返还额度
7	1211	应收票据
8	1212	应收账款
9	1214	预付账款
10	1215	应收股利
11	1216	应收利息
12	1218	其他应收款
13	1219	坏账准备

续表

序号	科目编号	科目名称
一、财务会计科目		
（一）资产类		
14	1301	在途物品
15	1302	库存物品
16	1303	加工物品
17	1401	待摊费用
18	1501	长期股权投资
19	1502	长期债券投资
20	1601	固定资产
21	1602	固定资产累计折旧
22	1611	工程物资
23	1613	在建工程
24	1701	无形资产
25	1702	无形资产累计摊销
26	1703	研发支出
27	1801	公共基础设施
28	1802	公共基础设施累计折旧（摊销）
29	1811	政府储备物资
30	1821	文物文化资产
31	1831	保障性住房
32	1832	保障性住房累计折旧
33	1891	受托代理资产
34	1901	长期待摊费用
35	1902	待处理财产损溢
（二）负债类		
36	2001	短期借款
37	2101	应交增值税
38	2102	其他应交税费
39	2103	应缴财政款
40	2201	应付职工薪酬
41	2301	应付票据
42	2302	应付账款
43	2303	应付政府补贴款
44	2304	应付利息
45	2305	预收账款
46	2307	其他应付款
47	2401	预提费用
48	2501	长期借款

续表

序号	科目编号	科目名称
一、财务会计科目		
（二）负债类		
49	2502	长期应付款
50	2601	预计负债
51	2901	受托代理负债
（三）净资产类		
52	3001	累计盈余
53	3101	专用基金
54	3201	权益法调整
55	3301	本期盈余
56	3302	本年盈余分配
57	3401	无偿调拨净资产
58	3501	以前年度盈余调整
（四）收入类		
59	4001	财政拨款收入
60	4101	事业收入
61	4201	上级补助收入
62	4301	附属单位上缴收入
63	4401	经营收入
64	4601	非同级财政拨款收入
65	4602	投资收益
66	4603	捐赠收入
67	4604	利息收入
68	4605	租金收入
69	4609	其他收入
（五）费用类		
70	5001	业务活动费用
71	5101	单位管理费用
72	5201	经营费用
73	5301	资产处置费用
74	5401	上缴上级费用
75	5501	对附属单位补助费用
76	5801	所得税费用
77	5901	其他费用
二、预算会计科目		
（一）预算收入类		
1	6001	财政拨款预算收入
2	6101	事业预算收入

续表

序号	科目编号	科目名称
二、预算会计科目		
（一）预算收入类		
3	6201	上级补助预算收入
4	6301	附属单位上缴预算收入
5	6401	经营预算收入
6	6501	债务预算收入
7	6601	非同级财政拨款预算收入
8	6602	投资预算收益
9	6609	其他预算收入
（二）预算支出类		
10	7101	行政支出
11	7201	事业支出
12	7301	经营支出
13	7401	上缴上级支出
14	7501	对附属单位补助支出
15	7601	投资支出
16	7701	债务还本支出
17	7901	其他支出
（三）预算结余类		
18	8001	资金结存
19	8101	财政拨款结转
20	8102	财政拨款结余
21	8201	非财政拨款结转
22	8202	非财政拨款结余
23	8301	专用结余
24	8401	经营结余
25	8501	其他结余
26	8701	非财政拨款结余分配

第三部分　会计科目使用说明

一、财务会计科目

（一）资产类

1001　库存现金

一、本科目核算单位的库存现金。

二、单位应当严格按照国家有关现金管理的规定收支现金，并按照本制度规定核算现金的各项收支业务。

本科目应当设置“受托代理资产”明细科目，核算单位受托代理、代管的现金。

三、库存现金的主要账务处理如下：

（一）从银行等金融机构提取现金，按照实际提取的金额，借记本科目，贷记“银行存款”科目；将现金存入银行等金融机构，按照实际存入金额，借记“银行存款”科目，贷记本科目。

根据规定从单位零余额账户提取现金，按照实际提取的金额，借记本科目，贷记“零余额账户用款额度”科目。

将现金退回单位零余额账户，按照实际退回的金额，借记“零余额账户用款额度”科目，贷记本科目。

（二）因内部职工出差等原因借出的现金，按照实际借出的现金金额，借记“其他应收款”科目，贷记本科目。

出差人员报销差旅费时，按照实际报销的金额，借记“业务活动费用”、“单位管理费用”等科目，按照实际借出的现金金额，贷记“其他应收款”科目，按照其差额，借记或贷记本科目。

（三）因提供服务、物品或者其他事项收到现金，按照实际收到的金额，借记本科目，贷记“事业收入”、“应收账款”等相关科目。涉及增值税业务的，相关账务处理参见“应交增值税”科目。

因购买服务、物品或者其他事项支付现金，按照实际支付的金额，借记“业务活动费用”、“单位管理费用”、“库存物品”等相关科目，贷记本科目。涉及增值税业务的，相关账务处理参见“应交增值税”科目。

以库存现金对外捐赠，按照实际捐出的金额，借记“其他费用”科目，贷记本科目。

（四）收到受托代理、代管的现金，按照实际收到的金额，借记本科目（受托代理资产），贷记“受托代理负债”科目；支付受托代理、代管的现金，按照实际支付的金额，借记“受托代理负债”科目，贷记本科目（受托代理资产）。

四、单位应当设置“库存现金日记账”，由出纳人员根据收付款凭证，按照业务发生顺序逐笔登记。每日终了，应当计算当日的现金收入合计数、现金支出合计数和结余数，并将结余数与实际库存数相核对，做到账款相符。

每日账款核对中发现有待查明原因的现金短缺或溢余的，应当通过“待处理财产损溢”科目核算。属于现金溢余，应当按照实际溢余的金额，借记本科目，贷记“待处理财产损溢”科目；属于现金短缺，应当按照实际短缺的金额，借记“待处理财产损溢”科目，贷记本科目。待查明原因后及时进行账务处理，具体内容参见“待处理财产损溢”科目。

五、现金收入业务繁多、单独设有收款部门的单位，收款部门的收款员应当将每天所收现金连同收款凭据一并交财务部门核收记账，或者将每天所收现金直接送存开户银行后，将收款凭据及向银行送存现金的凭证等一并交财务部门核收记账。

六、单位有外币现金的，应当分别按照人民币、外币种类设置“库存现金日记账”进行明细核算。有关外币现金业务的账务处理参见“银行存款”科目的相关规定。

七、本科目期末借方余额，反映单位实际持有的库存现金。

1002 银行存款

一、本科目核算单位存入银行或者其他金融机构的各种存款。

二、单位应当严格按照国家有关支付结算办法的规定办理银行存款收支业务，并按照本制度规定核算银行存款的各项收支业务。

本科目应当设置“受托代理资产”明细科目，核算单位受托代理、代管的银行存款。

三、银行存款的主要账务处理如下：

（一）将款项存入银行或者其他金融机构，按照实际存入的金额，借记本科目，贷记“库存现金”、“应收账款”、“事业收入”、“经营收入”、“其他收入”等相关科目。涉及增值税业务的，相关账务处理参见“应交增值税”科目。

收到银行存款利息，按照实际收到的金额，借记本科目，贷记“利息收入”科目。

（二）从银行等金融机构提取现金，按照实际提取的金额，借记“库存现金”科目，贷记本科目。

（三）以银行存款支付相关费用，按照实际支付的金额，借记“业务活动费用”、“单位管理费用”、“其他费用”等相关科目，贷记本科目。涉及增值税业务的，相关账务处理参见“应交增值税”科目。

以银行存款对外捐赠，按照实际捐出的金额，借记“其他费用”科目，贷记本科目。

（四）收到受托代理、代管的银行存款，按照实际收到的金额，借记本科目（受托代理资产），贷记“受托代理负债”科目；支付受托代理、代管的银行存款，按照实际支付的金额，借记“受托代理负债”科目，贷记本科目（受托代理资产）。

四、单位发生外币业务的，应当按照业务发生当日的即期汇率，将外币金额折算为人民币金额记账，并登记外币金额和汇率。

期末，各种外币账户的期末余额，应当按照期末的即期汇率折算为人民币，作为外币账户期末人民币余额。调整后的各种外币账户人民币余额与原账面余额的差额，作为汇兑损益计入当期费用。

（一）以外币购买物资、设备等，按照购入当日的即期汇率将支付的外币或应支付的外币折算为人民币金额，借记“库存物品”等科目，贷记本科目、“应付账款”等科目的外币账户。涉及增值税业务的，相关账务处理参见“应交增值税”科目。

（二）销售物品、提供服务以外币收取相关款项等，按照收入确认当日的即期汇率将收取的外币或应收取的外币折算为人民币金额，借记本科目、“应收账款”等科目的外币账户，贷记“事业收入”等相关科目。

（三）期末，根据各外币银行存款账户按照期末汇率调整后的人民币余额与原账面人民币余额的差额，作为汇兑损益，借记或贷记本科目，贷记或借记“业务活动费用”、“单位管理费用”等科目。

“应收账款”、“应付账款”等科目有关外币账户期末汇率调整业务的账务处理参照本科目。

五、单位应当按照开户银行或其他金融机构、存款种类及币种等，分别设置“银行存款日记账”，由出纳人员根据收付款凭证，按照业务的发生顺序逐笔登记，每日终了应结出余额。“银行存款日记账”应定期与“银行对账单”核对，至少每月核对一次。月度终了，单位银行存款日记账账面余额与银行对账单余额之间如有差额，应当逐笔查明原因并进行处理，按月编制“银行存款余额调节表”，调节相符。

六、本科目期末借方余额，反映单位实际存放在银行或其他金融机构的款项。

1011　零余额账户用款额度

一、本科目核算实行国库集中支付的单位根据财政部门批复的用款计划收到和支用的零余额账户用款额度。

二、零余额账户用款额度的主要账务处理如下：

（一）收到额度

单位收到“财政授权支付到账通知书”时，根据通知书所列金额，借记本科目，贷记“财政拨款收入”科目。

（二）支用额度

1. 支付日常活动费用时，按照支付的金额，借记“业务活动费用”、“单位管理费用”等科目，贷记本科目。

2. 购买库存物品或购建固定资产，按照实际发生的成本，借记“库存物品”、“固定资产”、“在建工程”等科目，按照实际支付或应付的金额，贷记本科目、“应付账款”等科目。涉及增值税业务的，相关账务处理参见“应交增值税”科目。

3. 从零余额账户提取现金时，按照实际提取的金额，借记“库存现金”科目，贷记本科目。

（三）因购货退回等发生财政授权支付额度退回的，按照退回的金额，借记本科目，贷记“库存物品”等科目。

（四）年末，根据代理银行提供的对账单作注销额度的相关账务处理，借记“财政应返还额度——财政授权支付”科目，贷记本科目。

年末，单位本年度财政授权支付预算指标数大于零余额账户用款额度下达数的，根据未下达的用款额度，借记“财政应返还额度——财政授权支付”科目，贷记“财政拨款收入”科目。

下年初，单位根据代理银行提供的上年度注销额度恢复到账通知书作恢复额度的相关账务处理，借记本科目，贷记“财政应返还额度——财政授权支付”科目。单位收到财政部门批复的上年未下达零余额账户用款额度，借记本科目，贷记“财政应返还额度——财政授权支付”科目。

三、本科目期末借方余额，反映单位尚未支用的零余额账户用款额度。年末注销单位零余额账户用款额度后，本科目应无余额。

1021　其他货币资金

一、本科目核算单位的外埠存款、银行本票存款、银行汇票存款、信用卡存款等各种其他货币资金。

二、本科目应当设置“外埠存款”、“银行本票存款”、“银行汇票存款”、“信用卡存款”等明细科目，进行明细核算。

三、其他货币资金的主要账务处理如下：

（一）单位按照有关规定需要在异地开立银行账户，将款项委托本地银行汇往异地开立账户时，借记本科目，贷记“银行存款”科目。收到采购员交来供应单位发票账单等报销凭证时，借记“库存物品”等科目，贷记本科目。将多余的外埠存款转回本地银行时，根据银行的收账通知，借记“银行存款”科目，贷记本科目。

（二）将款项交存银行取得银行本票、银行汇票，按照取得的银行本票、银行汇票金额，借记本科目，贷记“银行存款”科目。使用银行本票、银行汇票购买库存物品等资产时，按照实际支付金额，借记“库存物品”等科目，贷记本科目。如有余款或因本票、汇票超过付款期等原因而退回款项，按照退款金额，借记“银行存款”科目，贷记本科目。

（三）将款项交存银行取得信用卡，按照交存金额，借记本科目，贷记“银行存款”科目。用信用卡购物或支付有关费用，按照实际支付金额，借记“单位管理费用”、“库存物品”等科目，贷记本科目。单位信用卡在使用过程中，需向其账户续存资金的，按照续存金额，借记本科目，贷记“银行存款”科目。

四、单位应当加强对其他货币资金的管理，及时办理结算，对于逾期尚未办理结算的银行汇票、银行本票等，应当按照规定及时转回，并按照上述规定进行相应账务处理。

五、本科目期末借方余额，反映单位实际持有的其他货币资金。

1101　短 期 投 资

一、本科目核算事业单位按照规定取得的，持有时间不超过1年（含1年）的投资。

二、本科目应当按照投资的种类等进行明细核算。

三、短期投资的主要账务处理如下：

（一）取得短期投资时，按照确定的投资成本，借记本科目，贷记“银行存款”等科目。

收到取得投资时实际支付价款中包含的已到付息期但尚未领取的利息，按照实际收到的金额，借记“银行存款”科目，贷记本科目。

（二）收到短期投资持有期间的利息，按照实际收到的金额，借记“银行存款”科目，贷记“投资收益”科目。

（三）出售短期投资或到期收回短期投资本息，按照实际收到的金额，借记“银行存款”科目，按照出售或收回短期投资的账面余额，贷记本科目，按照其差额，借记或贷记“投资收益”科目。涉及增值税业务的，相关账务处理参见“应交增值税”科目。

四、本科目期末借方余额，反映事业单位持有短期投资的成本。

1201　财政应返还额度

一、本科目核算实行国库集中支付的单位应收财政返还的资金额度，包括可以使用的以前年度财政直接支付资金额度和财政应返还的财政授权支付资金额度。

二、本科目应当设置“财政直接支付”、“财政授权支付”两个明细科目进行明细核算。

三、财政应返还额度的主要账务处理如下：

（一）财政直接支付

年末，单位根据本年度财政直接支付预算指标数大于当年财政直接支付实际发生数的差额，借记本科目（财政直接支付），贷记“财政拨款收入”科目。

单位使用以前年度财政直接支付额度支付款项时，借记“业务活动费用”、“单位管理费用”等科目，贷记本科目（财政直接支付）。

（二）财政授权支付

年末，根据代理银行提供的对账单作注销额度的相关账务处理，借记本科目（财政授权支付），贷记“零余额账户用款额度”科目。

年末，单位本年度财政授权支付预算指标数大于零余额账户用款额度下达数的，根据未下达的用款额度，借记本科目（财政授权支付），贷记“财政拨款收入”科目。

下年初，单位根据代理银行提供的上年度注销额度恢复到账通知书作恢复额度的相关账务处理，借记“零余额账户用款额度”科目，贷记本科目（财政授权支付）。单位收到财政部门批复的上年未下达零余额账户用款额度，借记“零余额账户用款额度”科目，贷记本科目（财政授权支付）。

四、本科目期末借方余额，反映单位应收财政返还的资金额度。

1211　应 收 票 据

一、本科目核算事业单位因开展经营活动销售产品、提供有偿服务等而收到的商业汇票，包括银行承兑汇票和商业承兑汇票。

二、本科目应当按照开出、承兑商业汇票的单位等进行明细核算。

三、应收票据的主要账务处理如下：

（一）因销售产品、提供服务等收到商业汇票，按照商业汇票的票面金额，借记本科目，按照确认的收入金额，贷记“经营收入”等科目。涉及增值税业务的，相关账务处理参见“应交增值税”科目。

（二）持未到期的商业汇票向银行贴现，按照实际收到的金额（即扣除贴现息后的净额），借记“银行存款”科目，按照贴现息金额，借记“经营费用”等科目，按照商业汇票的票面金额，贷记本科目（无追索权）或“短期借款”科目（有追索权）。附追索权的商业汇票到期未发生追索事项的，按照商业汇票的票面金额，借记“短期借款”科目，贷记本科目。

（三）将持有的商业汇票背书转让以取得所需物资时，按照取得物资的成本，借记“库存物品”等科目，按照商业汇票的票面金额，贷记本科目，如有差额，借记或贷记“银行存款”等科目。涉及增值税业务的，相关账务处理参见“应交增值税”科目。

（四）商业汇票到期时，应当分别以下情况处理：

1. 收回票款时，按照实际收到的商业汇票票面金额，借记“银行存款”科目，贷记本科目。

2. 因付款人无力支付票款，收到银行退回的商业承兑汇票、委托收款凭证、未付票款通知书或拒付款证明等，按照商业汇票的票面金额，借记“应收账款”科目，贷记本科目。

四、事业单位应当设置“应收票据备查簿”，逐笔登记每一应收票据的种类、号数、出票日期、到期日、票面金额、交易合同号和付款人、承兑人、背书人姓名或单位名称、背书转让日、贴现日期、贴现率和贴现净额、收款日期、收回金额和退票情况等。

应收票据到期结清票款或退票后，应当在备查簿内逐笔注销。

五、本科目期末借方余额，反映事业单位持有的商业汇票票面金额。

1212 应收账款

一、本科目核算事业单位提供服务、销售产品等应收取的款项，以及单位因出租资产、出售物资等应收取的款项。

二、本科目应当按照债务单位（或个人）进行明细核算。

三、应收账款的主要账务处理如下：

（一）应收账款收回后不需上缴财政

单位发生应收账款时，按照应收未收金额，借记本科目，贷记“事业收入”、“经营收入”、“租金收入”、“其他收入”等科目。涉及增值税业务的，相关账务处理参见“应交增值税”科目。

收回应收账款时，按照实际收到的金额，借记“银行存款”等科目，贷记本科目。

（二）应收账款收回后需上缴财政

1. 单位出租资产发生应收未收租金款项时，按照应收未收金额，借记本科目，贷记“应缴财政款”科目。

收回应收账款时，按照实际收到的金额，借记“银行存款”等科目，贷记本科目。

2. 单位出售物资发生应收未收款项时，按照应收未收金额，借记本科目，贷记“应缴财政款”科目。

收回应收账款时，按照实际收到的金额，借记“银行存款”等科目，贷记本科目。

涉及增值税业务的，相关账务处理参见“应交增值税”科目。

四、事业单位应当于每年年末，对收回后不需上缴财政的应收账款进行全面检查，如发生不能收回的迹象，应当计提坏账准备。

（一）对于账龄超过规定年限、确认无法收回的应收账款，按照规定报经批准后予以核销。按照核销金额，借记“坏账准备”科目，贷记本科目。核销的应收账款应在备查簿中保留登记。

（二）已核销的应收账款在以后期间又收回的，按照实际收回金额，借记本科目，贷记“坏账准备”科目；同时，借记“银行存款”等科目，贷记本科目。

五、单位应当于每年年末，对收回后应当上缴财政的应收账款进行全面检查。

（一）对于账龄超过规定年限、确认无法收回的应收账款，按照规定报经批准后予以核销。按照核销金额，借记“应缴财政款”科目，贷记本科目。核销的应收账款应当在备查簿中保留登记。

（二）已核销的应收账款在以后期间又收回的，按照实际收回金额，借记“银行存款”等科目，贷记“应缴财政款”科目。

六、本科目期末借方余额，反映单位尚未收回的应收账款。

1214 预付账款

一、本科目核算单位按照购货、服务合同或协议规定预付给供应单位（或个人）的款项，以及按照合同规定向承包工程的施工企业预付的备料款和工程款。

二、本科目应当按照供应单位（或个人）及具体项目进行明细核算；对于基本建设项目发生的预付账款，还应当在本科目所属基建项目明细科目下设置“预付备料款”、“预付工程款”、“其他预付款”等明细科目，进行明细核算。

三、预付账款的主要账务处理如下：

（一）根据购货、服务合同或协议规定预付款项时，按照预付金额，借记本科目，贷记“财政拨款收入”、“零余额账户用款额度”、“银行存款”等科目。

（二）收到所购资产或服务时，按照购入资产或服务的成本，借记“库存物品”、“固定资产”、“无形资产”、“业务活动费用”等相关科目，按照相关预付账款的账面余额，贷记本科目，按照实际补付的金额，贷记“财政拨款收入”、“零余额账户用款额度”、“银行存款”等科目。涉及增值税业务的，相关账务处理参见“应交增值税”科目。

（三）根据工程进度结算工程价款及备料款时，按照结算金额，借记“在建工程”科目，按照相关预付账款的账面余额，贷记本科目，按照实际补付的金额，贷记“财政拨款收入”、“零余额账户用款额度”、“银行存款”等科目。

（四）发生预付账款退回的，按照实际退回金额，借记“财政拨款收入”［本年直接支付］、“财政应返还额度”［以前年度直接支付］、“零余额账户用款额度”、“银行存款”等科目，贷记本科目。

四、单位应当于每年年末，对预付账款进行全面检查。如果有确凿证据表明预付账款不再符合预付款项性质，或者因供应单位破产、撤销等原因可能无法收到所购货物、服务的，应当先将其转入其他应收款，再按照规定进行处理。将预付账款账面余额转入其他应收款时，借记“其他应收款”科目，贷记本科目。

五、本科目期末借方余额，反映单位实际预付但尚未结算的款项。

1215　应收股利

一、本科目核算事业单位持有长期股权投资应当收取的现金股利或应当分得的利润。

二、本科目应当按照被投资单位等进行明细核算。

三、应收股利的主要账务处理如下：

（一）取得长期股权投资，按照支付的价款中所包含的已宣告但尚未发放的现金股利，借记本科目，按照确定的长期股权投资成本，借记“长期股权投资”科目，按照实际支付的金额，贷记“银行存款”等科目。

收到取得投资时实际支付价款中所包含的已宣告但尚未发放的现金股利时，按照收到的金额，借记“银行存款”科目，贷记本科目。

（二）长期股权投资持有期间，被投资单位宣告发放现金股利或利润的，按照应享有的份额，借记本科目，贷记“投资收益”（成本法下）或“长期股权投资”（权益法下）科目。

（三）实际收到现金股利或利润时，按照收到的金额，借记“银行存款”等科目，贷记本科目。

四、本科目期末借方余额，反映事业单位应当收取但尚未收到的现金股利或利润。

1216　应收利息

一、本科目核算事业单位长期债券投资应当收取的利息。

事业单位购入的到期一次还本付息的长期债券投资持有期间的利息，应当通过“长期债券投资——应计利息”科目核算，不通过本科目核算。

二、本科目应当按照被投资单位等进行明细核算。

三、应收利息的主要账务处理如下：

（一）取得长期债券投资，按照确定的投资成本，借记“长期债券投资”科目，按照支付的价款中包含的已到付息期但尚未领取的利息，借记本科目，按照实际支付的金额，贷记“银行存款”等科目。

收到取得投资时实际支付价款中所包含的已到付息期但尚未领取的利息时，按照收到的金额，借记“银行存款”等科目，贷记本科目。

（二）按期计算确认长期债券投资利息收入时，对于分期付息、一次还本的长期债券投资，按照以票面金额和票面利率计算确定的应收未收利息金额，借记本科目，贷记“投资收益”科目。

（三）实际收到应收利息时，按照收到的金额，借记“银行存款”等科目，贷记本科目。

四、本科目期末借方余额，反映事业单位应收未收的长期债券投资利息。

1218　其他应收款

一、本科目核算单位除财政应返还额度、应收票据、应收账款、预付账款、应收股利、应收利息以外的其他各项应收及暂付款项，如职工预借的差旅费、已经偿还银行尚未报销的本单位公务卡欠款、拨付给内部有关部门的备用金、应向职工收取的各种垫付款项、支付的可以收回的订金或押金、应收的上级补助和附属单位上缴款项等。

二、本科目应当按照其他应收款的类别以及债务单位（或个人）进行明细核算。

三、其他应收款的主要账务处理如下：

（一）发生其他各种应收及暂付款项时，按照实际发生金额，借记本科目，贷记“零余额账户用款额度”、“银行存款”、“库存现金”、“上级补助收入”、“附属单位上缴收入”等科目。涉及增值税业务的，相关账务处理参见“应交增值税”科目。

（二）收回其他各种应收及暂付款项时，按照收回的金额，借记“库存现金”、“银行存款”等科目，贷记本科目。

（三）单位内部实行备用金制度的，有关部门使用备用金以后应当及时到财务部门报销并补足备用金。

财务部门核定并发放备用金时，按照实际发放金额，借记本科目，贷记“库存现金”等科目。

根据报销金额用现金补足备用金定额时，借记“业务活动费用”、“单位管理费用”等科目，贷记“库存现金”等科目，报销数和拨补数都不再通过本科目核算。

（四）偿还尚未报销的本单位公务卡欠款时，按照偿还的款项，借记本科目，贷记“零余额账户用款额度”、“银行存款”等科目；持卡人报销时，按照报销金额，借记“业务活动费用”、“单位管理费用”等科目，贷记本科目。

（五）将预付账款账面余额转入其他应收款时，借记本科目，贷记“预付账款”科目。具体说明参见“预付账款”科目。

四、事业单位应当于每年年末，对其他应收款进行全面检查，如发生不能收回的迹象，应当计提坏账准备。

（一）对于账龄超过规定年限、确认无法收回的其他应收款，按照规定报经批准后予以核销。按照核销金额，借记“坏账准备”科目，贷记本科目。核销的其他应收款应当在备查簿中保留登记。

（二）已核销的其他应收款在以后期间又收回的，按照实际收回金额，借记本科目，贷记“坏账准备”科目；同时，借记“银行存款”等科目，贷记本科目。

五、行政单位应当于每年年末，对其他应收款进行全面检查。对于超过规定年限、确认无法收回的其他应收款，应当按照有关规定报经批准后予以核销。核销的其他应收款应在备查簿中保留登记。

（一）经批准核销其他应收款时，按照核销金额，借记“资产处置费用”科目，贷记本科目。

（二）已核销的其他应收款在以后期间又收回的，按照收回金额，借记“银行存款”等科目，贷记“其他收入”科目。

六、本科目期末借方余额，反映单位尚未收回的其他应收款。

1219　坏账准备

一、本科目核算事业单位对收回后不需上缴财政的应收账款和其他应收款提取的坏账准备。

二、本科目应当分别应收账款和其他应收款进行明细核算。

三、事业单位应当于每年年末，对收回后不需上缴财政的应收账款和其他应收款进行全面检查，分析其可收回性，对预计可能产生的坏账损失计提坏账准备、确认坏账损失。

四、事业单位可以采用应收款项余额百分比法、账龄分析法、个别认定法等方法计提坏账准备。坏账准备计提方法一经确定，不得随意变更。如需变更，应当按照规定报经批准，并在财务报表附注中予以说明。

五、当期应补提或冲减的坏账准备金额的计算公式如下：

当期应补提或冲减的坏账准备＝按照期末应收账款和其他应收款计算应计提的坏账准备金额－本科目期末贷方余额（或＋本科目期末借方余额）

六、坏账准备的主要账务处理如下：

（一）提取坏账准备时，借记“其他费用”科目，贷记本科目；冲减坏账准备时，借记本科目，贷记

"其他费用"科目。

（二）对于账龄超过规定年限并确认无法收回的应收账款、其他应收款，应当按照有关规定报经批准后，按照无法收回的金额，借记本科目，贷记"应收账款"、"其他应收款"科目。

已核销的应收账款、其他应收款在以后期间又收回的，按照实际收回金额，借记"应收账款"、"其他应收款"科目，贷记本科目；同时，借记"银行存款"等科目，贷记"应收账款"、"其他应收款"科目。

七、本科目期末贷方余额，反映事业单位提取的坏账准备金额。

1301 在途物品

一、本科目核算单位采购材料等物资时货款已付或已开出商业汇票但尚未验收入库的在途物品的采购成本。

二、本科目可按照供应单位和物品种类进行明细核算。

三、在途物品的主要账务处理如下：

（一）单位购入材料等物品，按照确定的物品采购成本的金额，借记本科目，按照实际支付的金额，贷记"财政拨款收入"、"零余额账户用款额度"、"银行存款"等科目。涉及增值税业务的，相关账务处理参见"应交增值税"科目。

（二）所购材料等物品到达验收入库，按照确定的库存物品成本金额，借记"库存物品"科目，按照物品采购成本金额，贷记本科目，按照使得入库物品达到目前场所和状态所发生的其他支出，贷记"银行存款"等科目。

四、本科目期末借方余额，反映单位在途物品的采购成本。

1302 库存物品

一、本科目核算单位在开展业务活动及其他活动中为耗用或出售而储存的各种材料、产品、包装物、低值易耗品，以及达不到固定资产标准的用具、装具、动植物等的成本。

已完成的测绘、地质勘察、设计成果等的成本，也通过本科目核算。

单位随买随用的零星办公用品，可以在购进时直接列作费用，不通过本科目核算。

单位控制的政府储备物资，应当通过"政府储备物资"科目核算，不通过本科目核算。

单位受托存储保管的物资和受托转赠的物资，应当通过"受托代理资产"科目核算，不通过本科目核算。

单位为在建工程购买和使用的材料物资，应当通过"工程物资"科目核算，不通过本科目核算。

二、本科目应当按照库存物品的种类、规格、保管地点等进行明细核算。

单位储存的低值易耗品、包装物较多的，可以在本科目（低值易耗品、包装物）下按照"在库"、"在用"和"摊销"等进行明细核算。

三、库存物品的主要账务处理如下：

（一）取得的库存物品，应当按照其取得时的成本入账。

1. 外购的库存物品验收入库，按照确定的成本，借记本科目，贷记"财政拨款收入"、"零余额账户用款额度"、"银行存款"、"应付账款"、"在途物品"等科目。涉及增值税业务的，相关账务处理参见"应交增值税"科目。

2. 自制的库存物品加工完成并验收入库，按照确定的成本，借记本科目，贷记"加工物品——自制物品"科目。

3. 委托外单位加工收回的库存物品验收入库，按照确定的成本，借记本科目，贷记"加工物品——委托加工物品"等科目。

4. 接受捐赠的库存物品验收入库，按照确定的成本，借记本科目，按照发生的相关税费、运输费等，贷记"银行存款"等科目，按照其差额，贷记"捐赠收入"科目。

接受捐赠的库存物品按照名义金额入账的，按照名义金额，借记本科目，贷记“捐赠收入”科目；同时，按照发生的相关税费、运输费等，借记“其他费用”科目，贷记“银行存款”等科目。

5. 无偿调入的库存物品验收入库，按照确定的成本，借记本科目，按照发生的相关税费、运输费等，贷记“银行存款”等科目，按照其差额，贷记“无偿调拨净资产”科目。

6. 置换换入的库存物品验收入库，按照确定的成本，借记本科目，按照换出资产的账面余额，贷记相关资产科目（换出资产为固定资产、无形资产的，还应当借记“固定资产累计折旧”、“无形资产累计摊销”科目），按照置换过程中发生的其他相关支出，贷记“银行存款”等科目，按照借贷方差额，借记“资产处置费用”科目或贷记“其他收入”科目。涉及补价的，分别以下情况处理：

（1）支付补价的，按照确定的成本，借记本科目，按照换出资产的账面余额，贷记相关资产科目（换出资产为固定资产、无形资产的，还应当借记“固定资产累计折旧”、“无形资产累计摊销”科目），按照支付的补价和置换过程中发生的其他相关支出，贷记“银行存款”等科目，按照借贷方差额，借记“资产处置费用”科目或贷记“其他收入”科目。

（2）收到补价的，按照确定的成本，借记本科目，按照收到的补价，借记“银行存款”等科目，按照换出资产的账面余额，贷记相关资产科目（换出资产为固定资产、无形资产的，还应当借记“固定资产累计折旧”、“无形资产累计摊销”科目），按照置换过程中发生的其他相关支出，贷记“银行存款”等科目，按照补价扣减其他相关支出后的净收入，贷记“应缴财政款”科目，按照借贷方差额，借记“资产处置费用”科目或贷记“其他收入”科目。

（二）库存物品在发出时，分别以下情况处理：

1. 单位开展业务活动等领用、按照规定自主出售发出或加工发出库存物品，按照领用、出售等发出物品的实际成本，借记“业务活动费用”、“单位管理费用”、“经营费用”、“加工物品”等科目，贷记本科目。

采用一次转销法摊销低值易耗品、包装物的，在首次领用时将其账面余额一次性摊销计入有关成本费用，借记有关科目，贷记本科目。

采用五五摊销法摊销低值易耗品、包装物的，首次领用时，将其账面余额的50%摊销计入有关成本费用，借记有关科目，贷记本科目；使用完时，将剩余的账面余额转销计入有关成本费用，借记有关科目，贷记本科目。

2. 经批准对外出售的库存物品（不含可自主出售的库存物品）发出时，按照库存物品的账面余额，借记“资产处置费用”科目，贷记本科目；同时，按照收到的价款，借记“银行存款”等科目，按照处置过程中发生的相关费用，贷记“银行存款”等科目，按照其差额，贷记“应缴财政款”科目。

3. 经批准对外捐赠的库存物品发出时，按照库存物品的账面余额和对外捐赠过程中发生的归属于捐出方的相关费用合计数，借记“资产处置费用”科目，按照库存物品账面余额，贷记本科目，按照对外捐赠过程中发生的归属于捐出方的相关费用，贷记“银行存款”等科目。

4. 经批准无偿调出的库存物品发出时，按照库存物品的账面余额，借记“无偿调拨净资产”科目，贷记本科目；同时，按照无偿调出过程中发生的归属于调出方的相关费用，借记“资产处置费用”科目，贷记“银行存款”等科目。

5. 经批准置换换出的库存物品，参照本科目有关置换换入库存物品的规定进行账务处理。

（三）单位应当定期对库存物品进行清查盘点，每年至少盘点一次。对于发生的库存物品盘盈、盘亏或者报废、毁损，应当先计入“待处理财产损溢”科目，按照规定报经批准后及时进行后续账务处理。

1. 盘盈的库存物品，其成本按照有关凭据注明的金额确定；没有相关凭据、但按照规定经过资产评估的，其成本按照评估价值确定；没有相关凭据、也未经过评估的，其成本按照重置成本确定。如无法采用上述方法确定盘盈的库存物品成本的，按照名义金额入账。

盘盈的库存物品，按照确定的入账成本，借记本科目，贷记“待处理财产损溢”科目。

2. 盘亏或者毁损、报废的库存物品，按照待处理库存物品的账面余额，借记“待处理财产损溢”科目，贷记本科目。

属于增值税一般纳税人的单位，若因非正常原因导致的库存物品盘亏或毁损，还应当将与该库存物品相关的增值税进项税额转出，按照其增值税进项税额，借记“待处理财产损溢”科目，贷记“应交增值税——应交税金（进项税额转出）”科目。

四、本科目期末借方余额，反映单位库存物品的实际成本。

1303 加工物品

一、本科目核算单位自制或委托外单位加工的各种物品的实际成本。

未完成的测绘、地质勘察、设计成果的实际成本，也通过本科目核算。

二、本科目应当设置“自制物品”、“委托加工物品”两个一级明细科目，并按照物品类别、品种、项目等设置明细账，进行明细核算。

本科目“自制物品”一级明细科目下应当设置“直接材料”、“直接人工”、“其他直接费用”等二级明细科目归集自制物品发生的直接材料、直接人工（专门从事物品制造人员的人工费）等直接费用；对于自制物品发生的间接费用，应当在本科目“自制物品”一级明细科目下单独设置“间接费用”二级明细科目予以归集，期末，再按照一定的分配标准和方法，分配计入有关物品的成本。

三、加工物品的主要账务处理如下：

（一）自制物品

1. 为自制物品领用材料等，按照材料成本，借记本科目（自制物品——直接材料），贷记“库存物品”科目。

2. 专门从事物品制造的人员发生的直接人工费用，按照实际发生的金额，借记本科目（自制物品——直接人工），贷记“应付职工薪酬”科目。

3. 为自制物品发生的其他直接费用，按照实际发生的金额，借记本科目（自制物品——其他直接费用），贷记“零余额账户用款额度”、“银行存款”等科目。

4. 为自制物品发生的间接费用，按照实际发生的金额，借记本科目（自制物品——间接费用），贷记“零余额账户用款额度”、“银行存款”、“应付职工薪酬”、“固定资产累计折旧”、“无形资产累计摊销”等科目。

间接费用一般按照生产人员工资、生产人员工时、机器工时、耗用材料的数量或成本、直接费用（直接材料和直接人工）或产品产量等进行分配。单位可根据具体情况自行选择间接费用的分配方法。分配方法一经确定，不得随意变更。

5. 已经制造完成并验收入库的物品，按照所发生的实际成本（包括耗用的直接材料费用、直接人工费用、其他直接费用和分配的间接费用），借记“库存物品”科目，贷记本科目（自制物品）。

（二）委托加工物品

1. 发给外单位加工的材料等，按照其实际成本，借记本科目（委托加工物品），贷记“库存物品”科目。

2. 支付加工费、运输费等费用，按照实际支付的金额，借记本科目（委托加工物品），贷记“零余额账户用款额度”、“银行存款”等科目。涉及增值税业务的，相关账务处理参见“应交增值税”科目。

3. 委托加工完成的材料等验收入库，按照加工前发出材料的成本和加工、运输成本等，借记“库存物品”等科目，贷记本科目（委托加工物品）。

四、本科目期末借方余额，反映单位自制或委托外单位加工但尚未完工的各种物品的实际成本。

1401 待摊费用

一、本科目核算单位已经支付，但应当由本期和以后各期分别负担的分摊期在1年以内（含1年）的各项费用，如预付航空保险费、预付租金等。

摊销期限在1年以上的租入固定资产改良支出和其他费用，应当通过“长期待摊费用”科目核算，不通过本科目核算。

待摊费用应当在其受益期限内分期平均摊销，如预付航空保险费应在保险期的有效期内、预付租金应在租赁期内分期平均摊销，计入当期费用。

二、本科目应当按照待摊费用种类进行明细核算。

三、待摊费用的主要账务处理如下：

（一）发生待摊费用时，按照实际预付的金额，借记本科目，贷记“财政拨款收入”、“零余额账户用款额度”、“银行存款”等科目。

（二）按照受益期限分期平均摊销时，按照摊销金额，借记“业务活动费用”、“单位管理费用”、“经营费用”等科目，贷记本科目。

（三）如果某项待摊费用已经不能使单位受益，应当将其摊余金额一次全部转入当期费用。按照摊销金额，借记“业务活动费用”、“单位管理费用”、“经营费用”等科目，贷记本科目。

四、本科目期末借方余额，反映单位各种已支付但尚未摊销的分摊期在1年以内（含1年）的费用。

1501　长期股权投资

一、本科目核算事业单位按照规定取得的，持有时间超过1年（不含1年）的股权性质的投资。

二、本科目应当按照被投资单位和长期股权投资取得方式等进行明细核算。

长期股权投资采用权益法核算的，还应当按照“成本”、“损益调整”、“其他权益变动”设置明细科目，进行明细核算。

三、长期股权投资的主要账务处理如下：

（一）长期股权投资在取得时，应当按照其实际成本作为初始投资成本。

1. 以现金取得的长期股权投资，按照确定的投资成本，借记本科目或本科目（成本），按照支付的价款中包含的已宣告但尚未发放的现金股利，借记“应收股利”科目，按照实际支付的全部价款，贷记“银行存款”等科目。

实际收到取得投资时所支付价款中包含的已宣告但尚未发放的现金股利时，借记“银行存款”科目，贷记“应收股利”科目。

2. 以现金以外的其他资产置换取得的长期股权投资，参照“库存物品”科目中置换取得库存物品的相关规定进行账务处理。

3. 以未入账的无形资产取得的长期股权投资，按照评估价值加相关税费作为投资成本，借记本科目，按照发生的相关税费，贷记“银行存款”、“其他应交税费”等科目，按其差额，贷记“其他收入”科目。

4. 接受捐赠的长期股权投资，按照确定的投资成本，借记本科目或本科目（成本），按照发生的相关税费，贷记“银行存款”等科目，按照其差额，贷记“捐赠收入”科目。

5. 无偿调入的长期股权投资，按照确定的投资成本，借记本科目或本科目（成本），按照发生的相关税费，贷记“银行存款”等科目，按照其差额，贷记“无偿调拨净资产”科目。

（二）长期股权投资持有期间，应当按照规定采用成本法或权益法进行核算。

1. 采用成本法核算

被投资单位宣告发放现金股利或利润时，按照应收的金额，借记“应收股利”科目，贷记“投资收益”科目。

收到现金股利或利润时，按照实际收到的金额，借记“银行存款”等科目，贷记“应收股利”科目。

2. 采用权益法核算

（1）被投资单位实现净利润的，按照应享有的份额，借记本科目（损益调整），贷记“投资收益”科目。

被投资单位发生净亏损的，按照应分担的份额，借记“投资收益”科目，贷记本科目（损益调整），但以本科目的账面余额减记至零为限。发生亏损的被投资单位以后年度又实现净利润的，按照收益分享额弥补未确认的亏损分担额等后的金额，借记本科目（损益调整），贷记“投资收益”科目。

（2）被投资单位宣告分派现金股利或利润的，按照应享有的份额，借记“应收股利”科目，贷记本科目（损益调整）。

（3）被投资单位发生除净损益和利润分配以外的所有者权益变动的，按照应享有或应分担的份额，借记或贷记“权益法调整”科目，贷记或借记本科目（其他权益变动）。

3. 成本法与权益法的转换

（1）单位因处置部分长期股权投资等原因而对处置后的剩余股权投资由权益法改按成本法核算的，应当按照权益法下本科目账面余额作为成本法下本科目账面余额（成本）。

其后，被投资单位宣告分派现金股利或利润时，属于单位已计入投资账面余额的部分，按照应分得的现金股利或利润份额，借记“应收股利”科目，贷记本科目。

（2）单位因追加投资等原因对长期股权投资的核算从成本法改为权益法的，应当按照成本法下本科目账面余额与追加投资成本的合计金额，借记本科目（成本），按照成本法下本科目账面余额，贷记本科目，按照追加投资的成本，贷记“银行存款”等科目。

（三）按照规定报经批准处置长期股权投资

1. 按照规定报经批准出售（转让）长期股权投资时，应当区分长期股权投资取得方式分别进行处理。

（1）处置以现金取得的长期股权投资，按照实际取得的价款，借记“银行存款”等科目，按照被处置长期股权投资的账面余额，贷记本科目，按照尚未领取的现金股利或利润，贷记“应收股利”科目，按照发生的相关税费等支出，贷记“银行存款”等科目，按照借贷方差额，借记或贷记“投资收益”科目。

（2）处置以现金以外的其他资产取得的长期股权投资，按照被处置长期股权投资的账面余额，借记“资产处置费用”科目，贷记本科目；同时，按照实际取得的价款，借记“银行存款”等科目，按照尚未领取的现金股利或利润，贷记“应收股利”科目，按照发生的相关税费等支出，贷记“银行存款”等科目，按照贷方差额，贷记“应缴财政款”科目。按照规定将处置时取得的投资收益纳入本单位预算管理的，应当按照所取得价款大于被处置长期股权投资账面余额、应收股利账面余额和相关税费支出合计的差额，贷记“投资收益”科目。

2. 因被投资单位破产清算等原因，有确凿证据表明长期股权投资发生损失，按照规定报经批准后予以核销时，按照予以核销的长期股权投资的账面余额，借记“资产处置费用”科目，贷记本科目。

3. 报经批准置换转出长期股权投资时，参照“库存物品”科目中置换换入库存物品的规定进行账务处理。

4. 采用权益法核算的长期股权投资的处置，除进行上述账务处理外，还应结转原直接计入净资产的相关金额，借记或贷记“权益法调整”科目，贷记或借记“投资收益”科目。

四、本科目期末借方余额，反映事业单位持有的长期股权投资的价值。

1502 长期债券投资

一、本科目核算事业单位按照规定取得的，持有时间超过1年（不含1年）的债券投资。

二、本科目应当设置“成本”和“应计利息”明细科目，并按照债券投资的种类进行明细核算。

三、长期债券投资的主要账务处理如下：

（一）长期债券投资在取得时，应当按照其实际成本作为投资成本。

取得的长期债券投资，按照确定的投资成本，借记本科目（成本），按照支付的价款中包含的已到付息期但尚未领取的利息，借记“应收利息”科目，按照实际支付的金额，贷记“银行存款”等科目。

实际收到取得债券时所支付价款中包含的已到付息期但尚未领取的利息时，借“银行存款”科目，贷记“应收利息”科目。

（二）长期债券投资持有期间，按期以债券票面金额与票面利率计算确认利息收入时，如为到期一次还本付息的债券投资，借记本科目（应计利息），贷记“投资收益”科目；如为分期付息、到期一次还本的债券投资，借记“应收利息”科目，贷记“投资收益”科目。

收到分期支付的利息时，按照实收的金额，借记“银行存款”等科目，贷记“应收利息”科目。

（三）到期收回长期债券投资，按照实际收到的金额，借记“银行存款”科目，按照长期债券投资的账面余额，贷记本科目，按照相关应收利息金额，贷记“应收利息”科目，按照其差额，贷记“投资收益”科目。

（四）对外出售长期债券投资，按照实际收到的金额，借记“银行存款”科目，按照长期债券投资的账面余额，贷记本科目，按照已记入“应收利息”科目但尚未收取的金额，贷记“应收利息”科目，按照其差额，贷记或借记“投资收益”科目。涉及增值税业务的，相关账务处理参见“应交增值税”科目。

四、本科目期末借方余额，反映事业单位持有的长期债券投资的价值。

1601 固定资产

一、本科目核算单位固定资产的原值。

二、本科目应当按照固定资产类别和项目进行明细核算。

固定资产一般分为六类：房屋及构筑物；专用设备；通用设备；文物和陈列品；图书、档案；家具、用具、装具及动植物。

三、固定资产核算时，应当考虑以下情况：

（一）购入需要安装的固定资产，应当先通过“在建工程”科目核算，安装完毕交付使用时再转入本科目核算。

（二）以借入、经营租赁租入方式取得的固定资产，不通过本科目核算，应当设置备查簿进行登记。

（三）采用融资租入方式取得的固定资产，通过本科目核算，并在本科目下设置“融资租入固定资产”明细科目。

（四）经批准在境外购买具有所有权的土地，作为固定资产，通过本科目核算；单位应当在本科目下设置“境外土地”明细科目，进行相应明细核算。

四、固定资产的主要账务处理如下：

（一）固定资产在取得时，应当按照成本进行初始计量。

1. 购入不需安装的固定资产验收合格时，按照确定的固定资产成本，借记本科目，贷记“财政拨款收入”、“零余额账户用款额度”、“应付账款”、“银行存款”等科目。

购入需要安装的固定资产，在安装完毕交付使用前通过“在建工程”科目核算，安装完毕交付使用时再转入本科目。

购入固定资产扣留质量保证金的，应当在取得固定资产时，按照确定的固定资产成本，借记本科目［不需安装］或“在建工程”科目［需要安装］，按照实际支付或应付的金额，贷记“财政拨款收入”、“零余额账户用款额度”、“应付账款”［不含质量保证金］、“银行存款”等科目，按照扣留的质量保证金数额，贷记“其他应付款”［扣留期在 1 年以内（含 1 年）］或“长期应付款”［扣留期超过 1 年］科目。

质保期满支付质量保证金时，借记“其他应付款”、“长期应付款”科目，贷记“财政拨款收入”、“零余额账户用款额度”、“银行存款”等科目。

2. 自行建造的固定资产交付使用时，按照在建工程成本，借记本科目，贷记“在建工程”科目。

已交付使用但尚未办理竣工决算手续的固定资产，按照估计价值入账，待办理竣工决算后再按照实际成本调整原来的暂估价值。

3. 融资租赁取得的固定资产，其成本按照租赁协议或者合同确定的租赁价款、相关税费以及固定资产交付使用前所发生的可归属于该项资产的运输费、途中保险费、安装调试费等确定。

融资租入的固定资产，按照确定的成本，借记本科目［不需安装］或“在建工程”科目［需安装］，按照租赁协议或者合同确定的租赁付款额，贷记“长期应付款”科目，按照支付的运输费、途中保险费、安装调试费等金额，贷记“财政拨款收入”、“零余额账户用款额度”、“银行存款”等科目。

定期支付租金时，按照实际支付金额，借记“长期应付款”科目，贷记“财政拨款收入”、“零余额账户用款额度”、“银行存款”等科目。

4. 按照规定跨年度分期付款购入固定资产的账务处理，参照融资租入固定资产。

5. 接受捐赠的固定资产，按照确定的固定资产成本，借记本科目［不需安装］或“在建工程”科目［需安装］，按照发生的相关税费、运输费等，贷记“零余额账户用款额度”、“银行存款”等科目，按照其差额，贷记“捐赠收入”科目。

接受捐赠的固定资产按照名义金额入账的，按照名义金额，借记本科目，贷记“捐赠收入”科目；按照发生的相关税费、运输费等，借记“其他费用”科目，贷记“零余额账户用款额度”、“银行存款”等科目。

6. 无偿调入的固定资产，按照确定的固定资产成本，借记本科目［不需安装］或“在建工程”科目［需安装］，按照发生的相关税费、运输费等，贷记“零余额账户用款额度”、“银行存款”等科目，按照其差额，贷记“无偿调拨净资产”科目。

7. 置换取得的固定资产，参照“库存物品”科目中置换取得库存物品的相关规定进行账务处理。

固定资产取得时涉及增值税业务的，相关账务处理参见“应交增值税”科目。

（二）与固定资产有关的后续支出。

1. 符合固定资产确认条件的后续支出

通常情况下，将固定资产转入改建、扩建时，按照固定资产的账面价值，借记“在建工程”科目，按照固定资产已计提折旧，借记“固定资产累计折旧”科目，按照固定资产的账面余额，贷记本科目。

为增加固定资产使用效能或延长其使用年限而发生的改建、扩建等后续支出，借记“在建工程”科目，贷记“财政拨款收入”、“零余额账户用款额度”、“银行存款”等科目。

固定资产改建、扩建等完成交付使用时，按照在建工程成本，借记本科目，贷记“在建工程”科目。

2. 不符合固定资产确认条件的后续支出

为保证固定资产正常使用发生的日常维修等支出，借记“业务活动费用”、“单位管理费用”等科目，贷记“财政拨款收入”、“零余额账户用款额度”、“银行存款”等科目。

（三）按照规定报经批准处置固定资产，应当分别以下情况处理：

1. 报经批准出售、转让固定资产，按照被出售、转让固定资产的账面价值，借记“资产处置费用”科目，按照固定资产已计提的折旧，借记“固定资产累计折旧”科目，按照固定资产账面余额，贷记本科目；同时，按照收到的价款，借记“银行存款”等科目，按照处置过程中发生的相关费用，贷记“银行存款”等科目，按照其差额，贷记“应缴财政款”科目。

2. 报经批准对外捐赠固定资产，按照固定资产已计提的折旧，借记“固定资产累计折旧”科目，按照被处置固定资产账面余额，贷记本科目，按照捐赠过程中发生的归属于捐出方的相关费用，贷记“银行存款”等科目，按照其差额，借记“资产处置费用”科目。

3. 报经批准无偿调出固定资产，按照固定资产已计提的折旧，借记“固定资产累计折旧”科目，按照被处置固定资产账面余额，贷记本科目，按照其差额，借记“无偿调拨净资产”科目；同时，按照无偿调出过程中发生的归属于调出方的相关费用，借记“资产处置费用”科目，贷记“银行存款”等科目。

4. 报经批准置换换出固定资产，参照“库存物品”中置换换入库存物品的规定进行账务处理。

固定资产处置时涉及增值税业务的，相关账务处理参见“应交增值税”科目。

（四）单位应当定期对固定资产进行清查盘点，每年至少盘点一次。对于发生的固定资产盘盈、盘亏或毁损、报废，应当先记入“待处理财产损溢”科目，按照规定报经批准后及时进行后续账务处理。

1. 盘盈的固定资产，其成本按照有关凭据注明的金额确定；没有相关凭据、但按照规定经过资产评估的，其成本按照评估价值确定；没有相关凭据、也未经过评估的，其成本按照重置成本确定。如无法采用上述方法确定盘盈固定资产成本的，按照名义金额（人民币1元）入账。

盘盈的固定资产，按照确定的入账成本，借记本科目，贷记“待处理财产损溢”科目。

2. 盘亏、毁损或报废的固定资产，按照待处理固定资产的账面价值，借记“待处理财产损溢”科目，按照已计提折旧，借记“固定资产累计折旧”科目，按照固定资产的账面余额，贷记本科目。

五、本科目期末借方余额，反映单位固定资产的原值。

1602　固定资产累计折旧

一、本科目核算单位计提的固定资产累计折旧。

公共基础设施和保障性住房计提的累计折旧，应当分别通过“公共基础设施累计折旧（摊销）”科目和“保障性住房累计折旧”科目核算，不通过本科目核算。

二、本科目应当按照所对应固定资产的明细分类进行明细核算。

三、单位计提融资租入固定资产折旧时，应当采用与自有固定资产相一致的折旧政策。能够合理确定租赁期届满时将会取得租入固定资产所有权的，应当在租入固定资产尚可使用年限内计提折旧；无法合理确定租赁期届满时能够取得租入固定资产所有权的，应当在租赁期与租入固定资产尚可使用年限两者中较短的期间内计提折旧。

四、固定资产累计折旧的主要账务处理如下：

（一）按月计提固定资产折旧时，按照应计提折旧金额，借记“业务活动费用”、“单位管理费用”、“经营费用”、“加工物品”、“在建工程”等科目，贷记本科目。

（二）经批准处置或处理固定资产时，按照所处置或处理固定资产的账面价值，借记“资产处置费用”、“无偿调拨净资产”、“待处理财产损溢”等科目，按照已计提折旧，借记本科目，按照固定资产的账面余额，贷记“固定资产”科目。

五、本科目期末贷方余额，反映单位计提的固定资产折旧累计数。

1611　工 程 物 资

一、本科目核算单位为在建工程准备的各种物资的成本，包括工程用材料、设备等。

二、本科目可按照“库存材料”、“库存设备”等工程物资类别进行明细核算。

三、工程物资的主要账务处理如下：

（一）购入为工程准备的物资，按照确定的物资成本，借记本科目，贷记“财政拨款收入”、“零余额账户用款额度”、“银行存款”、“应付账款”等科目。

（二）领用工程物资，按照物资成本，借记“在建工程”科目，贷记本科目。工程完工后将领出的剩余物资退库时做相反的会计分录。

（三）工程完工后将剩余的工程物资转作本单位存货等的，按照物资成本，借记“库存物品”等科目，贷记本科目。

涉及增值税业务的，相关账务处理参见“应交增值税”科目。

四、本科目期末借方余额，反映单位为在建工程准备的各种物资的成本。

1613　在 建 工 程

一、本科目核算单位在建的建设项目工程的实际成本。

单位在建的信息系统项目工程、公共基础设施项目工程、保障性住房项目工程的实际成本，也通过本科目核算。

二、本科目应当设置“建筑安装工程投资”、“设备投资”、“待摊投资”、“其他投资”、“待核销基建支出”、“基建转出投资”等明细科目，并按照具体项目进行明细核算。

（一）“建筑安装工程投资”明细科目，核算单位发生的构成建设项目实际支出的建筑工程和安装工程的实际成本，不包括被安装设备本身的价值以及按照合同规定支付给施工单位的预付备料款和预付工程款。

本明细科目应当设置“建筑工程”和“安装工程”两个明细科目进行明细核算。

（二）“设备投资”明细科目，核算单位发生的构成建设项目实际支出的各种设备的实际成本。

（三）“待摊投资”明细科目，核算单位发生的构成建设项目实际支出的、按照规定应当分摊计入有关工程成本和设备成本的各项间接费用和税费支出。本明细科目的具体核算内容包括以下方面：

1. 勘察费、设计费、研究试验费、可行性研究费及项目其他前期费用。

2. 土地征用及迁移补偿费、土地复垦及补偿费、森林植被恢复费及其他为取得土地使用权、租用权而发生的费用。

3. 土地使用税、耕地占用税、契税、车船税、印花税及按照规定缴纳的其他税费。

4. 项目建设管理费、代建管理费、临时设施费、监理费、招投标费、社会中介审计（审查）费及其他管理性质的费用。

项目建设管理费是指项目建设单位从项目筹建之日起至办理竣工财务决算之日止发生的管理性质的支出，包括不在原单位发工资的工作人员工资及相关费用、办公费、办公场地租用费、差旅交通费、劳动保护费、工具用具使用费、固定资产使用费、招募生产工人费、技术图书资料费（含软件）、业务招待费、施工现场津贴、竣工验收费等。

5. 项目建设期间发生的各类专门借款利息支出或融资费用。

6. 工程检测费、设备检验费、负荷联合试车费及其他检验检测类费用。

7. 固定资产损失、器材处理亏损、设备盘亏及毁损、单项工程或单位工程报废、毁损净损失及其他损失。

8. 系统集成等信息工程的费用支出。

9. 其他待摊性质支出。

本明细科目应当按照上述费用项目进行明细核算，其中有些费用（如项目建设管理费等），还应当按照更为具体的费用项目进行明细核算。

（四）“其他投资”明细科目，核算单位发生的构成建设项目实际支出的房屋购置支出，基本畜禽、林木等购置、饲养、培育支出，办公生活用家具、器具购置支出，软件研发和不能计入设备投资的软件购置等支出。单位为进行可行性研究而购置的固定资产，以及取得土地使用权支付的土地出让金，也通过本明细科目核算。本明细科目应当设置“房屋购置”、“基本畜禽支出”、“林木支出”、“办公生活用家具、器具购置”、“可行性研究固定资产购置”、“无形资产”等明细科目。

（五）“待核销基建支出”明细科目，核算建设项目发生的江河清障、航道清淤、飞播造林、补助群众造林、水土保持、城市绿化、取消项目的可行性研究费以及项目整体报废等不能形成资产部分的基建投资支出。本明细科目应按照待核销基建支出的类别进行明细核算。

（六）“基建转出投资”明细科目，核算为建设项目配套而建成的、产权不归属本单位的专用设施的实际成本。本明细科目应按照转出投资的类别进行明细核算。

三、在建工程的主要账务处理如下：

（一）建筑安装工程投资

1. 将固定资产等资产转入改建、扩建等时，按照固定资产等资产的账面价值，借记本科目（建筑安装工程投资），按照已计提的折旧或摊销，借记“固定资产累计折旧”等科目，按照固定资产等资产的原值，贷记“固定资产”等科目。

固定资产等资产改建、扩建过程中涉及替换（或拆除）原资产的某些组成部分的，按照被替换（或拆除）部分的账面价值，借记“待处理财产损溢”科目，贷记本科目（建筑安装工程投资）。

2. 单位对于发包建筑安装工程，根据建筑安装工程价款结算账单与施工企业结算工程价款时，按照应承付的工程价款，借记本科目（建筑安装工程投资），按照预付工程款余额，贷记“预付账款”科目，按照其差额，贷记“财政拨款收入”、“零余额账户用款额度”、“银行存款”、“应付账款”等科目。

3. 单位自行施工的小型建筑安装工程，按照发生的各项支出金额，借记本科目（建筑安装工程投资），贷记“工程物资”、“零余额账户用款额度”、“银行存款”、“应付职工薪酬”等科目。

4. 工程竣工，办妥竣工验收交接手续交付使用时，按照建筑安装工程成本（含应分摊的待摊投资），借记“固定资产”等科目，贷记本科目（建筑安装工程投资）。

（二）设备投资

1. 购入设备时，按照购入成本，借记本科目（设备投资），贷记“财政拨款收入”、“零余额账户用款额度”、“银行存款”等科目；采用预付款方式购入设备的，有关预付款的账务处理参照本科目有关“建筑安装工程投资”明细科目的规定。

2. 设备安装完毕，办妥竣工验收交接手续交付使用时，按照设备投资成本（含设备安装工程成本和分摊的待摊投资），借记“固定资产”等科目，贷记本科目（设备投资、建筑安装工程投资——安装工程）。

将不需要安装的设备和达不到固定资产标准的工具、器具交付使用时，按照相关设备、工具、器具的实际成本，借记“固定资产”、“库存物品”科目，贷记本科目（设备投资）。

（三）待摊投资

建设工程发生的构成建设项目实际支出的、按照规定应当分摊计入有关工程成本和设备成本的各项间接费用和税费支出，先在本明细科目中归集；建设工程办妥竣工验收手续交付使用时，按照合理的分配方法，摊入相关工程成本、在安装设备成本等。

1. 单位发生的构成待摊投资的各类费用，按照实际发生金额，借记本科目（待摊投资），贷记“财政拨款收入”、“零余额账户用款额度”、“银行存款”、“应付利息”、“长期借款”、“其他应交税费”、“固定资产累计折旧”、“无形资产累计摊销”等科目。

2. 对于建设过程中试生产、设备调试等产生的收入，按照取得的收入金额，借记“银行存款”等科目，按照依据有关规定应当冲减建设工程成本的部分，贷记本科目（待摊投资），按照其差额贷记“应缴财政款”或“其他收入”科目。

3. 由于自然灾害、管理不善等原因造成的单项工程或单位工程报废或毁损，扣除残料价值和过失人或保险公司等赔款后的净损失，报经批准后计入继续施工的工程成本的，按照工程成本扣除残料价值和过失人或保险公司等赔款后的净损失，借记本科目（待摊投资），按照残料变价收入、过失人或保险公司赔款等，借记“银行存款”、“其他应收款”等科目，按照报废或毁损的工程成本，贷记本科目（建筑安装工程投资）。

4. 工程交付使用时，按照合理的分配方法分配待摊投资，借记本科目（建筑安装工程投资、设备投资），贷记本科目（待摊投资）。

待摊投资的分配方法，可按照下列公式计算：

（1）按照实际分配率分配。适用于建设工期较短、整个项目的所有单项工程一次竣工的建设项目。

实际分配率 = 待摊投资明细科目余额 ÷（建筑工程明细科目余额 + 安装工程明细科目余额 + 设备投资明细科目余额）× 100%

（2）按照概算分配率分配。适用于建设工期长、单项工程分期分批建成投入使用的建设项目。

概算分配率 =（概算中各待摊投资项目的合计数 − 其中可直接分配部分）÷（概算中建筑工程、安装工程和设备投资合计）× 100%

（3）某项固定资产应分配的待摊投资 = 该项固定资产的建筑工程成本或该项固定资产（设备）的采购成本和安装成本合计 × 分配率

（四）其他投资

1. 单位为建设工程发生的房屋购置支出，基本畜禽、林木等的购置、饲养、培育支出，办公生活用家具、器具购置支出，软件研发和不能计入设备投资的软件购置等支出，按照实际发生金额，借记本科目（其他投资），贷记“财政拨款收入”、“零余额账户用款额度”、“银行存款”等科目。

2. 工程完成将形成的房屋、基本畜禽、林木等各种财产以及无形资产交付使用时，按照其实际成本，借记“固定资产”、“无形资产”等科目，贷记本科目（其他投资）。

（五）待核销基建支出

1. 建设项目发生的江河清障、航道清淤、飞播造林、补助群众造林、水土保持、城市绿化等不能形成资产的各类待核销基建支出，按照实际发生金额，借记本科目（待核销基建支出），贷记“财政拨款收入”、“零余额账户用款额度”、“银行存款”等科目。

2. 取消的建设项目发生的可行性研究费，按照实际发生金额，借记本科目（待核销基建支出），贷记本科目（待摊投资）。

3. 由于自然灾害等原因发生的建设项目整体报废所形成的净损失，报经批准后转入待核销基建支出，按照项目整体报废所形成的净损失，借记本科目（待核销基建支出），按照报废工程回收的残料变价收入、保险公司赔款等，借记“银行存款”、“其他应收款”等科目，按照报废的工程成本，贷记本科目（建筑安装工程投资等）。

4. 建设项目竣工验收交付使用时，对发生的待核销基建支出进行冲销，借记“资产处置费用”科目，贷记本科目（待核销基建支出）。

（六）基建转出投资

为建设项目配套而建成的、产权不归属本单位的专用设施，在项目竣工验收交付使用时，按照转出的专用设施的成本，借记本科目（基建转出投资），贷记本科目（建筑安装工程投资）；同时，借记“无偿调拨净资产”科目，贷记本科目（基建转出投资）。

四、本科目期末借方余额，反映单位尚未完工的建设项目工程发生的实际成本。

1701　无形资产

一、本科目核算单位无形资产的原值。

非大批量购入、单价小于 1 000 元的无形资产，可以于购买的当期将其成本直接计入当期费用。

二、本科目应当按照无形资产的类别、项目等进行明细核算。

三、无形资产的主要账务处理如下：

（一）无形资产在取得时，应当按照成本进行初始计量。

1. 外购的无形资产，按照确定的成本，借记本科目，贷记“财政拨款收入”、“零余额账户用款额度”、“应付账款”、“银行存款”等科目。

2. 委托软件公司开发软件，视同外购无形资产进行处理。

合同中约定预付开发费用的，按照预付金额，借记“预付账款”科目，贷记“财政拨款收入”、“零余额账户用款额度”、“银行存款”等科目。

软件开发完成交付使用并支付剩余或全部软件开发费用时，按照软件开发费用总额，借记本科目，按照相关预付账款金额，贷记“预付账款”科目，按照支付的剩余金额，贷记“财政拨款收入”、“零余额账户用款额度”、“银行存款”等科目。

3. 自行研究开发形成的无形资产，按照研究开发项目进入开发阶段后至达到预定用途前所发生的支出总额，借记本科目，贷记“研发支出——开发支出”科目。

自行研究开发项目尚未进入开发阶段，或者确实无法区分研究阶段支出和开发阶段支出，但按照法律程序已申请取得无形资产的，按照依法取得时发生的注册费、聘请律师费等费用，借记本科目，贷记“财政拨款收入”、“零余额账户用款额度”、“银行存款”等科目；按照依法取得前所发生的研究开发支出，借记“业务活动费用”等科目，贷记“研发支出”科目。

4. 接受捐赠的无形资产，按照确定的无形资产成本，借记本科目，按照发生的相关税费等，贷记“零余额账户用款额度”、“银行存款”等科目，按照其差额，贷记“捐赠收入”科目。

接受捐赠的无形资产按照名义金额入账的，按照名义金额，借记本科目，贷记“捐赠收入”科目；同时，按照发生的相关税费等，借记“其他费用”科目，贷记“零余额账户用款额度”、“银行存款”等科目。

5. 无偿调入的无形资产，按照确定的无形资产成本，借记本科目，按照发生的相关税费等，贷记“零余额账户用款额度”、“银行存款”等科目，按照其差额，贷记“无偿调拨净资产”科目。

6. 置换取得的无形资产，参照“库存物品”科目中置换取得库存物品的相关规定进行账务处理。

无形资产取得时涉及增值税业务的，相关账务处理参见“应交增值税”科目。

（二）与无形资产有关的后续支出。

1. 符合无形资产确认条件的后续支出

为增加无形资产的使用效能对其进行升级改造或扩展其功能时，如需暂停对无形资产进行摊销的，按照无形资产的账面价值，借记“在建工程”科目，按照无形资产已摊销金额，借记“无形资产累计摊销”科目，按照无形资产的账面余额，贷记本科目。

无形资产后续支出符合无形资产确认条件的，按照支出的金额，借记本科目［无需暂停摊销的］或“在建工程”科目［需暂停摊销的］，贷记“财政拨款收入”、“零余额账户用款额度”、“银行存款”等科目。

暂停摊销的无形资产升级改造或扩展功能等完成交付使用时，按照在建工程成本，借记本科目，贷记“在建工程”科目。

2. 不符合无形资产确认条件的后续支出

为保证无形资产正常使用发生的日常维护等支出，借记“业务活动费用”、“单位管理费用”等科目，贷记“财政拨款收入”、“零余额账户用款额度”、“银行存款”等科目。

（三）按照规定报经批准处置无形资产，应当分别以下情况处理：

1. 报经批准出售、转让无形资产，按照被出售、转让无形资产的账面价值，借记“资产处置费用”科目，按照无形资产已计提的摊销，借记“无形资产累计摊销”科目，按照无形资产账面余额，贷记本科目；同时，按照收到的价款，借记“银行存款”等科目，按照处置过程中发生的相关费用，贷记“银行存款”等科目，按照其差额，贷记“应缴财政款”［按照规定应上缴无形资产转让净收入的］或“其他收入”［按照规定将无形资产转让收入纳入本单位预算管理的］科目。

2. 报经批准对外捐赠无形资产，按照无形资产已计提的摊销，借记“无形资产累计摊销”科目，按照被处置无形资产账面余额，贷记本科目，按照捐赠过程中发生的归属于捐出方的相关费用，贷记“银行存款”等科目，按照其差额，借记“资产处置费用”科目。

3. 报经批准无偿调出无形资产，按照无形资产已计提的摊销，借记“无形资产累计摊销”科目，按照被处置无形资产账面余额，贷记本科目，按照其差额，借记“无偿调拨净资产”科目；同时，按照无偿调出过程中发生的归属于调出方的相关费用，借记“资产处置费用”科目，贷记“银行存款”等科目。

4. 报经批准置换换出无形资产，参照“库存物品”科目中置换换入库存物品的规定进行账务处理。

5. 无形资产预期不能为单位带来服务潜力或经济利益，按照规定报经批准核销时，按照待核销无形资产的账面价值，借记“资产处置费用”科目，按照已计提摊销，借记“无形资产累计摊销”科目，按照无形资产的账面余额，贷记本科目。

无形资产处置时涉及增值税业务的，相关账务处理参见“应交增值税”科目。

（四）单位应当定期对无形资产进行清查盘点，每年至少盘点一次。单位资产清查盘点过程中发现的无形资产盘盈、盘亏等，参照“固定资产”科目相关规定进行账务处理。

四、本科目期末借方余额，反映单位无形资产的成本。

1702　无形资产累计摊销

一、本科目核算单位对使用年限有限的无形资产计提的累计摊销。

二、本科目应当按照所对应无形资产的明细分类进行明细核算。

三、无形资产累计摊销的主要账务处理如下：

（一）按月对无形资产进行摊销时，按照应摊销金额，借记“业务活动费用”、“单位管理费用”、“加工物品”、“在建工程”等科目，贷记本科目。

（二）经批准处置无形资产时，按照所处置无形资产的账面价值，借记“资产处置费用”、“无偿调拨净资产”、“待处理财产损溢”等科目，按照已计提摊销，借记本科目，按照无形资产的账面余额，贷记“无形资产”科目。

四、本科目期末贷方余额，反映单位计提的无形资产摊销累计数。

1703 研发支出

一、本科目核算单位自行研究开发项目研究阶段和开发阶段发生的各项支出。

建设项目中的软件研发支出，应当通过“在建工程”科目核算，不通过本科目核算。

二、本科目应当按照自行研究开发项目，分别“研究支出”、“开发支出”进行明细核算。

三、研发支出的主要账务处理如下：

（一）自行研究开发项目研究阶段的支出，应当先在本科目归集。按照从事研究及其辅助活动人员计提的薪酬，研究活动领用的库存物品，发生的与研究活动相关的管理费、间接费和其他各项费用，借记本科目（研究支出），贷记“应付职工薪酬”、“库存物品”、“财政拨款收入”、“零余额账户用款额度”、“固定资产累计折旧”、“银行存款”等科目。

期（月）末，应当将本科目归集的研究阶段的支出金额转入当期费用，借记“业务活动费用”等科目，贷记本科目（研究支出）。

（二）自行研究开发项目开发阶段的支出，先通过本科目进行归集。按照从事开发及其辅助活动人员计提的薪酬，开发活动领用的库存物品，发生的与开发活动相关的管理费、间接费和其他各项费用，借记本科目（开发支出），贷记“应付职工薪酬”、“库存物品”、“财政拨款收入”、“零余额账户用款额度”、“固定资产累计折旧”、“银行存款”等科目。自行研究开发项目完成，达到预定用途形成无形资产的，按照本科目归集的开发阶段的支出金额，借记“无形资产”科目，贷记本科目（开发支出）。

单位应于每年年度终了评估研究开发项目是否能达到预定用途，如预计不能达到预定用途（如无法最终完成开发项目并形成无形资产的），应当将已发生的开发支出金额全部转入当期费用，借记“业务活动费用”等科目，贷记本科目（开发支出）。

自行研究开发项目时涉及增值税业务的，相关账务处理参见“应交增值税”科目。

四、本科目期末借方余额，反映单位预计能达到预定用途的研究开发项目在开发阶段发生的累计支出数。

1801 公共基础设施

一、本科目核算单位控制的公共基础设施的原值。

二、本科目应当按照公共基础设施的类别、项目等进行明细核算。

三、单位应当根据行业主管部门对公共基础设施的分类规定，制定适合于本单位管理的公共基础设施目录、分类方法，作为进行公共基础设施核算的依据。

四、公共基础设施的主要账务处理如下：

（一）公共基础设施在取得时，应当按照其成本入账。

1. 自行建造的公共基础设施完工交付使用时，按照在建工程的成本，借记本科目，贷记“在建工程”科目。

已交付使用但尚未办理竣工决算手续的公共基础设施，按照估计价值入账，待办理竣工决算后再按照实际成本调整原来的暂估价值。

2. 接受其他单位无偿调入的公共基础设施，按照确定的成本，借记本科目，按照发生的归属于调入方的相关费用，贷记“财政拨款收入”、“零余额账户用款额度”、“银行存款”等科目，按照其差额，贷记“无偿调拨净资产”科目。

无偿调入的公共基础设施成本无法可靠取得的，按照发生的相关税费、运输费等金额，借记“其他费用”科目，贷记“财政拨款收入”、“零余额账户用款额度”、“银行存款”等科目。

3. 接受捐赠的公共基础设施，按照确定的成本，借记本科目，按照发生的相关费用，贷记“财政拨款收入”、“零余额账户用款额度”、“银行存款”等科目，按照其差额，贷记“捐赠收入”科目。

接受捐赠的公共基础设施成本无法可靠取得的，按照发生的相关税费等金额，借记“其他费用”科目，贷记“财政拨款收入”、“零余额账户用款额度”、“银行存款”等科目。

4. 外购的公共基础设施，按照确定的成本，借记本科目，贷记“财政拨款收入”、“零余额账户用款额度”、“银行存款”等科目。

5. 对于成本无法可靠取得的公共基础设施，单位应当设置备查簿进行登记，待成本能够可靠确定后按照规定及时入账。

（二）与公共基础设施有关的后续支出。

将公共基础设施转入改建、扩建时，按照公共基础设施的账面价值，借记“在建工程”科目，按照公共基础设施已计提折旧，借记“公共基础设施累计折旧（摊销）”科目，按照公共基础设施的账面余额，贷记本科目。

为增加公共基础设施使用效能或延长其使用年限而发生的改建、扩建等后续支出，借记“在建工程”科目，贷记“财政拨款收入”、“零余额账户用款额度”、“银行存款”等科目。

公共基础设施改建、扩建完成，竣工验收交付使用时，按照在建工程成本，借记本科目，贷记“在建工程”科目。

为保证公共基础设施正常使用发生的日常维修等支出，借记“业务活动费用”、“单位管理费用”等科目，贷记“财政拨款收入”、“零余额账户用款额度”、“银行存款”等科目。

（三）按照规定报经批准处置公共基础设施，分别以下情况处理：

1. 报经批准对外捐赠公共基础设施，按照公共基础设施已计提的折旧或摊销，借记“公共基础设施累计折旧（摊销）”科目，按照被处置公共基础设施账面余额，贷记本科目，按照捐赠过程中发生的归属于捐出方的相关费用，贷记“银行存款”等科目，按照其差额，借记“资产处置费用”科目。

2. 报经批准无偿调出公共基础设施，按照公共基础设施已计提的折旧或摊销，借记“公共基础设施累计折旧（摊销）”科目，按照被处置公共基础设施账面余额，贷记本科目，按照其差额，借记“无偿调拨净资产”科目；同时，按照无偿调出过程中发生的归属于调出方的相关费用，借记“资产处置费用”科目，贷记“银行存款”等科目。

（四）单位应当定期对公共基础设施进行清查盘点。对于发生的公共基础设施盘盈、盘亏、毁损或报废，应当先记入“待处理财产损溢”科目，按照规定报经批准后及时进行后续账务处理。

1. 盘盈的公共基础设施，其成本按照有关凭据注明的金额确定；没有相关凭据、但按照规定经过资产评估的，其成本按照评估价值确定；没有相关凭据、也未经过评估的，其成本按照重置成本确定。盘盈的公共基础设施成本无法可靠取得的，单位应当设置备查簿进行登记，待成本确定后按照规定及时入账。

盘盈的公共基础设施，按照确定的入账成本，借记本科目，贷记“待处理财产损溢”科目。

2. 盘亏、毁损或报废的公共基础设施，按照待处置公共基础设施的账面价值，借记“待处理财产损溢”科目，按照已计提折旧或摊销，借记“公共基础设施累计折旧（摊销）”科目，按照公共基础设施的账面余额，贷记本科目。

五、本科目期末借方余额，反映公共基础设施的原值。

1802　公共基础设施累计折旧（摊销）

一、本科目核算单位计提的公共基础设施累计折旧和累计摊销。

二、本科目应当按照所对应公共基础设施的明细分类进行明细核算。

三、公共基础设施累计折旧（摊销）的主要账务处理如下：

（一）按月计提公共基础设施折旧时，按照应计提的折旧额，借记“业务活动费用”科目，贷记本科目。

（二）按月对确认为公共基础设施的单独计价入账的土地使用权进行摊销时，按照应计提的摊销额，借记“业务活动费用”科目，贷记本科目。

（三）处置公共基础设施时，按照所处置公共基础设施的账面价值，借记“资产处置费用”、“无偿调拨净资产”、“待处理财产损溢”等科目，按照已提取的折旧和摊销，借记本科目，按照公共基础设施账面余额，贷记“公共基础设施”科目。

四、本科目期末贷方余额，反映单位提取的公共基础设施折旧和摊销的累计数。

1811 政府储备物资

一、本科目核算单位控制的政府储备物资的成本。

对政府储备物资不负有行政管理职责但接受委托具体负责执行其存储保管等工作的单位，其受托代储的政府储备物资应当通过“受托代理资产”科目核算，不通过本科目核算。

二、本科目应当按照政府储备物资的种类、品种、存放地点等进行明细核算。单位根据需要，可在本科目下设置“在库”、“发出”等明细科目进行明细核算。

三、政府储备物资的主要账务处理如下：

（一）政府储备物资取得时，应当按照其成本入账。

1. 购入的政府储备物资验收入库，按照确定的成本，借记本科目，贷记“财政拨款收入”、“零余额账户用款额度”、“银行存款”等科目。

2. 涉及委托加工政府储备物资业务的，相关账务处理参照“加工物品”科目。

3. 接受捐赠的政府储备物资验收入库，按照确定的成本，借记本科目，按照单位承担的相关税费、运输费等，贷记“零余额账户用款额度”、“银行存款”等科目，按照其差额，贷记“捐赠收入”科目。

4. 接受无偿调入的政府储备物资验收入库，按照确定的成本，借记本科目，按照单位承担的相关税费、运输费等，贷记“零余额账户用款额度”、“银行存款”等科目，按照其差额，贷记“无偿调拨净资产”科目。

（二）政府储备物资发出时，分别以下情况处理：

1. 因动用而发出无需收回的政府储备物资的，按照发出物资的账面余额，借记“业务活动费用”科目，贷记本科目。

2. 因动用而发出需要收回或者预期可能收回的政府储备物资的，在发出物资时，按照发出物资的账面余额，借记本科目（发出），贷记本科目（在库）；按照规定的质量验收标准收回物资时，按照收回物资原账面余额，借记本科目（在库），按照未收回物资的原账面余额，借记“业务活动费用”科目，按照物资发出时登记在本科目所属“发出”明细科目中的余额，贷记本科目（发出）。

3. 因行政管理主体变动等原因而将政府储备物资调拨给其他主体的，按照无偿调出政府储备物资的账面余额，借记“无偿调拨净资产”科目，贷记本科目。

4. 对外销售政府储备物资并将销售收入纳入单位预算统一管理的，发出物资时，按照发出物资的账面余额，借记“业务活动费用”科目，贷记本科目；实现销售收入时，按照确认的收入金额，借记“银行存款”、“应收账款”等科目，贷记“事业收入”等科目。

对外销售政府储备物资并按照规定将销售净收入上缴财政的，发出物资时，按照发出物资的账面余额，借记“资产处置费用”科目，贷记本科目；取得销售价款时，按照实际收到的款项金额，借记“银行存款”等科目，按照发生的相关税费，贷记“银行存款”等科目，按照销售价款大于所承担的相关税费后的差额，贷记“应缴财政款”科目。

（三）单位应当定期对政府储备物资进行清查盘点，每年至少盘点一次。对于发生的政府储备物资盘盈、盘亏或者报废、毁损，应当先记入“待处理财产损溢”科目，按照规定报经批准后及时进行后续账务处理。

1. 盘盈的政府储备物资，按照确定的入账成本，借记本科目，贷记“待处理财产损溢”科目。

2. 盘亏或者毁损、报废的政府储备物资，按照待处理政府储备物资的账面余额，借记“待处理财产损溢”科目，贷记本科目。

四、本科目期末借方余额，反映政府储备物资的成本。

1821 文物文化资产

一、本科目核算单位为满足社会公共需求而控制的文物文化资产的成本。

单位为满足自身开展业务活动或其他活动需要而控制的文物和陈列品，应当通过“固定资产”科目核算，不通过本科目核算。

二、本科目应当按照文物文化资产的类别、项目等进行明细核算。

三、文物文化资产的主要账务处理如下：

（一）文物文化资产在取得时，应当按照其成本入账。

1. 外购的文物文化资产，其成本包括购买价款、相关税费以及可归属于该项资产达到预定用途前所发生的其他支出（如运输费、安装费、装卸费等）。

外购的文物文化资产，按照确定的成本，借记本科目，贷记“财政拨款收入”、“零余额账户用款额度”、“银行存款”等科目。

2. 接受其他单位无偿调入的文物文化资产，其成本按照该项资产在调出方的账面价值加上归属于调入方的相关费用确定。

调入的文物文化资产，按照确定的成本，借记本科目，按照发生的归属于调入方的相关费用，贷记“零余额账户用款额度”、“银行存款”等科目，按照其差额，贷记“无偿调拨净资产”科目。

无偿调入的文物文化资产成本无法可靠取得的，按照发生的归属于调入方的相关费用，借记“其他费用”科目，贷记“零余额账户用款额度”、“银行存款”等科目。

3. 接受捐赠的文物文化资产，其成本按照有关凭据注明的金额加上相关费用确定；没有相关凭据可供取得，但按照规定经过资产评估的，其成本按照评估价值加上相关费用确定；没有相关凭据可供取得、也未经评估的，其成本比照同类或类似资产的市场价格加上相关费用确定。

接受捐赠的文物文化资产，按照确定的成本，借记本科目，按照发生的相关税费、运输费等金额，贷记“零余额账户用款额度”、“银行存款”等科目，按照其差额，贷记“捐赠收入”科目。

接受捐赠的文物文化资产成本无法可靠取得的，按照发生的相关税费、运输费等金额，借记“其他费用”科目，贷记“零余额账户用款额度”、“银行存款”等科目。

4. 对于成本无法可靠取得的文物文化资产，单位应当设置备查簿进行登记，待成本能够可靠确定后按照规定及时入账。

（二）与文物文化资产有关的后续支出，参照“公共基础设施”科目相关规定进行处理。

（三）按照规定报经批准处置文物文化资产，应当分别以下情况处理：

1. 报经批准对外捐赠文物文化资产，按照被处置文物文化资产账面余额和捐赠过程中发生的归属于捐出方的相关费用合计数，借记“资产处置费用”科目，按照被处置文物文化资产账面余额，贷记本科目，按照捐赠过程中发生的归属于捐出方的相关费用，贷记“银行存款”等科目。

2. 报经批准无偿调出文物文化资产，按照被处置文物文化资产账面余额，借记“无偿调拨净资产”科目，贷记本科目；同时，按照无偿调出过程中发生的归属于调出方的相关费用，借记“资产处置费用”科目，贷记“银行存款”等科目。

（四）单位应当定期对文物文化资产进行清查盘点，每年至少盘点一次。对于发生的文物文化资产盘盈、盘亏、毁损或报废等，参照“公共基础设施”科目相关规定进行账务处理。

四、本科目期末借方余额，反映文物文化资产的成本。

1831 保障性住房

一、本科目核算单位为满足社会公共需求而控制的保障性住房的原值。

二、本科目应当按照保障性住房的类别、项目等进行明细核算。

三、保障性住房的主要账务处理如下：

（一）保障性住房在取得时，应当按其成本入账。

1. 外购的保障性住房，其成本包括购买价款、相关税费以及可归属于该项资产达到预定用途前所发生的其他支出。

外购的保障性住房，按照确定的成本，借记本科目，贷记“财政拨款收入”、“零余额账户用款额度”、“银行存款”等科目。

2. 自行建造的保障性住房交付使用时，按照在建工程成本，借记本科目，贷记“在建工程”科目。

已交付使用但尚未办理竣工决算手续的保障性住房，按照估计价值入账，待办理竣工决算后再按照实际成本调整原来的暂估价值。

3. 接受其他单位无偿调入的保障性住房，其成本按照该项资产在调出方的账面价值加上归属于调入方的相关费用确定。

无偿调入的保障性住房，按照确定的成本，借记本科目，按照发生的归属于调入方的相关费用，贷记“零余额账户用款额度”、“银行存款”等科目，按照其差额，贷记“无偿调拨净资产”科目。

4. 接受捐赠、融资租赁取得的保障性住房，参照“固定资产”科目相关规定进行处理。

（二）与保障性住房有关的后续支出，参照“固定资产”科目相关规定进行处理。

（三）按照规定出租保障性住房并将出租收入上缴同级财政，按照收取的租金金额，借“银行存款”等科目，贷记“应缴财政款”科目。

（四）按照规定报经批准处置保障性住房，应当分别以下情况处理：

1. 报经批准无偿调出保障性住房，按照保障性住房已计提的折旧，借记“保障性住房累计折旧”科目，按照被处置保障性住房账面余额，贷记本科目，按照其差额，借记“无偿调拨净资产”科目；同时，按照无偿调出过程中发生的归属于调出方的相关费用，借记“资产处置费用”科目，贷记“银行存款”等科目。

2. 报经批准出售保障性住房，按照被出售保障性住房的账面价值，借记“资产处置费用”科目，按照保障性住房已计提的折旧，借记“保障性住房累计折旧”科目，按照保障性住房账面余额，贷记本科目；同时，按照收到的价款，借记“银行存款”等科目，按照出售过程中发生的相关费用，贷记“银行存款”等科目，按照其差额，贷记“应缴财政款”科目。

（五）单位应当定期对保障性住房进行清查盘点。对于发生的保障性住房盘盈、盘亏、毁损或报废等，参照“固定资产”科目相关规定进行账务处理。

四、本科目期末借方余额，反映保障性住房的原值。

1832 保障性住房累计折旧

一、本科目核算单位计提的保障性住房的累计折旧。

二、本科目应当按照所对应保障性住房的类别进行明细核算。

三、单位应当参照《企业会计准则第3号——固定资产》及其应用指南的相关规定，按月对其控制的保障性住房计提折旧。

四、保障性住房累计折旧的主要账务处理如下：

（一）按月计提保障性住房折旧时，按照应计提的折旧额，借记“业务活动费用”科目，贷记本科目。

（二）报经批准处置保障性住房时，按照所处置保障性住房的账面价值，借记“资产处置费用”、“无偿调拨净资产”、“待处理财产损溢”等科目，按照已计提折旧，借记本科目，按照保障性住房的账面余额，贷记“保障性住房”科目。

五、本科目期末贷方余额，反映单位计提的保障性住房折旧累计数。

1891 受托代理资产

一、本科目核算单位接受委托方委托管理的各项资产，包括受托指定转赠的物资、受托存储保管的物资等的成本。

单位管理的罚没物资也应当通过本科目核算。

单位收到的受托代理资产为现金和银行存款的，不通过本科目核算，应当通过“库存现金”、“银行存款”科目进行核算。

二、本科目应当按照资产的种类和委托人进行明细核算；属于转赠资产的，还应当按照受赠人进行明细核算。

三、受托代理资产的主要账务处理如下：

（一）受托转赠物资

1. 接受委托人委托需要转赠给受赠人的物资，其成本按照有关凭据注明的金额确定。接受委托转赠的物资验收入库，按照确定的成本，借记本科目，贷记“受托代理负债”科目。

受托协议约定由受托方承担相关税费、运输费等的，还应当按照实际支付的相关税费、运输费等金额，借记“其他费用”科目，贷记“银行存款”等科目。

2. 将受托转赠物资交付受赠人时，按照转赠物资的成本，借记“受托代理负债”科目，贷记本科目。

3. 转赠物资的委托人取消了对捐赠物资的转赠要求，且不再收回捐赠物资的，应当将转赠物资转为单位的存货、固定资产等。按照转赠物资的成本，借记“受托代理负债”科目，贷记本科目；同时，借记“库存物品”、“固定资产”等科目，贷记“其他收入”科目。

（二）受托存储保管物资

1. 接受委托人委托存储保管的物资，其成本按照有关凭据注明的金额确定。接受委托储存的物资验收入库，按照确定的成本，借记本科目，贷记“受托代理负债”科目。

2. 发生由受托单位承担的与受托存储保管的物资相关的运输费、保管费等费用时，按照实际发生的费用金额，借记“其他费用”等科目，贷记“银行存款”等科目。

3. 根据委托人要求交付或发出受托存储保管的物资时，按照发出物资的成本，借记“受托代理负债”科目，贷记本科目。

（三）罚没物资

1. 取得罚没物资时，其成本按照有关凭据注明的金额确定。罚没物资验收（入库），按照确定的成本，借记本科目，贷记“受托代理负债”科目。罚没物资成本无法可靠确定的，单位应当设置备查簿进行登记。

2. 按照规定处置或移交罚没物资时，按照罚没物资的成本，借记“受托代理负债”科目，贷记本科目。处置时取得款项的，按照实际取得的款项金额，借记“银行存款”等科目，贷记“应缴财政款”等科目。

单位受托代理的其他实物资产，参照本科目有关受托转赠物资、受托存储保管物资的规定进行账务处理。

四、本科目期末借方余额，反映单位受托代理实物资产的成本。

1901 长期待摊费用

一、本科目核算单位已经支出，但应由本期和以后各期负担的分摊期限在1年以上（不含1年）的各项费用，如以经营租赁方式租入的固定资产发生的改良支出等。

二、本科目应当按照费用项目进行明细核算。

三、长期待摊费用的主要账务处理如下：

（一）发生长期待摊费用时，按照支出金额，借记本科目，贷记“财政拨款收入”、“零余额账户用款额度”、“银行存款”等科目。

（二）按照受益期间摊销长期待摊费用时，按照摊销金额，借记“业务活动费用”、“单位管理费用”、“经营费用”等科目，贷记本科目。

（三）如果某项长期待摊费用已经不能使单位受益，应当将其摊余金额一次全部转入当期费用。按照摊销金额，借记“业务活动费用”、“单位管理费用”、“经营费用”等科目，贷记本科目。

四、本科目期末借方余额，反映单位尚未摊销完毕的长期待摊费用。

1902 待处理财产损溢

一、本科目核算单位在资产清查过程中查明的各种资产盘盈、盘亏和报废、毁损的价值。

二、本科目应当按照待处理的资产项目进行明细核算；对于在资产处理过程中取得收入或发生相关费用的项目，还应当设置“待处理财产价值”、“处理净收入”明细科目，进行明细核算。

三、单位资产清查中查明的资产盘盈、盘亏、报废和毁损，一般应当先记入本科目，按照规定报经批准后及时进行账务处理。年末结账前一般应处理完毕。

四、待处理财产损溢的主要账务处理如下：

（一）账款核对时发现的库存现金短缺或溢余

1. 每日账款核对中发现现金短缺或溢余，属于现金短缺，按照实际短缺的金额，借记本科目，贷记“库存现金”科目；属于现金溢余，按照实际溢余的金额，借记“库存现金”科目，贷记本科目。

2. 如为现金短缺，属于应由责任人赔偿或向有关人员追回的，借记“其他应收款”科目，贷记本科目；属于无法查明原因的，报经批准核销时，借记“资产处置费用”科目，贷记本科目。

3. 如为现金溢余，属于应支付给有关人员或单位的，借记本科目，贷记“其他应付款”科目；属于无法查明原因的，报经批准后，借记本科目，贷记“其他收入”科目。

（二）资产清查过程中发现的存货、固定资产、无形资产、公共基础设施、政府储备物资、文物文化资产、保障性住房等各种资产盘盈、盘亏或报废、毁损

1. 盘盈的各类资产

（1）转入待处理资产时，按照确定的成本，借记“库存物品”、“固定资产”、“无形资产”、“公共基础设施”、“政府储备物资”、“文物文化资产”、“保障性住房”等科目，贷记本科目。

（2）按照规定报经批准后处理时，对于盘盈的流动资产，借记本科目，贷记“单位管理费用”[事业单位]或“业务活动费用”[行政单位]科目。对于盘盈的非流动资产，如属于本年度取得的，按照当年新取得相关资产进行账务处理；如属于以前年度取得的，按照前期差错处理，借记本科目，贷记“以前年度盈余调整”科目。

2. 盘亏或者毁损、报废的各类资产

（1）转入待处理资产时，借记本科目（待处理财产价值）[盘亏、毁损、报废固定资产、无形资产、公共基础设施、保障性住房的，还应借记“固定资产累计折旧”、“无形资产累计摊销”、“公共基础设施累计折旧（摊销）”、“保障性住房累计折旧”科目]，贷记“库存物品”、“固定资产”、“无形资产”、“公共基础设施”、“政府储备物资”、“文物文化资产”、“保障性住房”、“在建工程”等科目。涉及增值税业务的，相关账务处理参见“应交增值税”科目。

报经批准处理时，借记“资产处置费用”科目，贷记本科目（待处理财产价值）。

（2）处理毁损、报废实物资产过程中取得的残值或残值变价收入、保险理赔和过失人赔偿等，借记“库存现金”、“银行存款”、“库存物品”、“其他应收款”等科目，贷记本科目（处理净收入）；处理毁损、报废实物资产过程中发生的相关费用，借记本科目（处理净收入），贷记“库存现金”、“银行存款”等科目。

处理收支结清，如果处理收入大于相关费用的，按照处理收入减去相关费用后的净收入，借记本科目（处理净收入），贷记“应缴财政款”等科目；如果处理收入小于相关费用的，按照相关费用减去处理收入后的净支出，借记“资产处置费用”科目，贷记本科目（处理净收入）。

五、本科目期末如为借方余额，反映尚未处理完毕的各种资产的净损失；期末如为贷方余额，反映尚未处理完毕的各种资产净溢余。年末，经批准处理后，本科目一般应无余额。

（二）负债类

2001 短期借款

一、本科目核算事业单位经批准向银行或其他金融机构等借入的期限在1年内（含1年）的各种借款。

二、本科目应当按照债权人和借款种类进行明细核算。

三、短期借款的主要账务处理如下：

（一）借入各种短期借款时，按照实际借入的金额，借记“银行存款”科目，贷记本科目。

（二）银行承兑汇票到期，本单位无力支付票款的，按照应付票据的账面余额，借记“应付票据”科目，贷记本科目。

（三）归还短期借款时，借记本科目，贷记“银行存款”科目。

四、本科目期末贷方余额，反映事业单位尚未偿还的短期借款本金。

2101 应交增值税

一、本科目核算单位按照税法规定计算应交纳的增值税。

二、属于增值税一般纳税人的单位，应当在本科目下设置“应交税金”、“未交税金”、“预交税金”、“待抵扣进项税额”、“待认证进项税额”、“待转销项税额”、“简易计税”、“转让金融商品应交增值税”、“代扣代交增值税”等明细科目。

（一）“应交税金”明细账内应当设置“进项税额”、“已交税金”、“转出未交增值税”、“减免税款”、“销项税额”、“进项税额转出”、“转出多交增值税”等专栏。其中：

1. “进项税额”专栏，记录单位购进货物、加工修理修配劳务、服务、无形资产或不动产而支付或负担的、准予从当期销项税额中抵扣的增值税额；

2. “已交税金”专栏，记录单位当月已交纳的应交增值税额；

3. “转出未交增值税”和“转出多交增值税”专栏，分别记录一般纳税人月度终了转出当月应交未交或多交的增值税额；

4. “减免税款”专栏，记录单位按照现行增值税制度规定准予减免的增值税额；

5. “销项税额”专栏，记录单位销售货物、加工修理修配劳务、服务、无形资产或不动产应收取的增值税额；

6. “进项税额转出”专栏，记录单位购进货物、加工修理修配劳务、服务、无形资产或不动产等发生非正常损失以及其他原因而不应从销项税额中抵扣、按照规定转出的进项税额。

（二）“未交税金”明细科目，核算单位月度终了从“应交税金”或“预交税金”明细科目转入当月应交未交、多交或预缴的增值税额，以及当月交纳以前期间未交的增值税额。

（三）“预交税金”明细科目，核算单位转让不动产、提供不动产经营租赁服务等，以及其他按照现行增值税制度规定应预缴的增值税额。

（四）“待抵扣进项税额”明细科目，核算单位已取得增值税扣税凭证并经税务机关认证，按照现行增值税制度规定准予以后期间从销项税额中抵扣的进项税额。

（五）“待认证进项税额”明细科目，核算单位由于未经税务机关认证而不得从当期销项税额中抵扣的进项税额。包括：一般纳税人已取得增值税扣税凭证并按规定准予从销项税额中抵扣，但尚未经税务机关认证的进项税额；一般纳税人已申请稽核但尚未取得稽核相符结果的海关缴款书进项税额。

（六）“待转销项税额”明细科目，核算单位销售货物、加工修理修配劳务、服务、无形资产或不动产，已确认相关收入（或利得）但尚未发生增值税纳税义务而需于以后期间确认为销项税额的增值税额。

（七）“简易计税”明细科目，核算单位采用简易计税方法发生的增值税计提、扣减、预缴、缴纳等业务。

（八）“转让金融商品应交增值税”明细科目，核算单位转让金融商品发生的增值税额。

（九）“代扣代交增值税”明细科目，核算单位购进在境内未设经营机构的境外单位或个人在境内的应税行为代扣代缴的增值税。

属于增值税小规模纳税人的单位只需在本科目下设置“转让金融商品应交增值税”、“代扣代交增值税”明细科目。

三、应交增值税的主要账务处理如下：

（一）单位[①]取得资产或接受劳务等业务

1. 采购等业务进项税额允许抵扣

单位购买用于增值税应税项目的资产或服务等时，按照应计入相关成本费用或资产的金额，借记“业务活动费用”、“在途物品”、“库存物品”、“工程物资”、“在建工程”、“固定资产”、“无形资产”等科目，按照当月已认证的可抵扣增值税额，借记本科目（应交税金——进项税额），按照当月未认证的可抵扣增值税额，借记本科目（待认证进项税额），按照应付或实际支付的金额，贷记“应付账款”、“应付票据”、“银行存款”、“零余额账户用款额度”等科目。发生退货的，如原增值税专用发票已做认证，应根据税务机关开具的红字增值税专用发票做相反的会计分录；如原增值税专用发票未做认证，应将发票退回并做相反的会计分录。

小规模纳税人购买资产或服务等时不能抵扣增值税，发生的增值税计入资产成本或相关成本费用。

2. 采购等业务进项税额不得抵扣

单位购进资产或服务等，用于简易计税方法计税项目、免征增值税项目、集体福利或个人消费等，其进项税额按照现行增值税制度规定不得从销项税额中抵扣的，取得增值税专用发票时，应按照增值税发票注明的金额，借记相关成本费用或资产科目，按照待认证的增值税进项税额，借记本科目（待认证进项税额），按照实际支付或应付的金额，贷记“银行存款”、“应付账款”、“零余额账户用款额度”等科目。经税务机关认证为不可抵扣进项税时，借记本科目（应交税金——进项税额）科目，贷记本科目（待认证进项税额），同时，将进项税额转出，借记相关成本费用科目，贷记本科目（应交税金——进项税额转出）。

3. 购进不动产或不动产在建工程按照规定进项税额分年抵扣

单位取得应税项目为不动产或者不动产在建工程，其进项税额按照现行增值税制度规定自取得之日起分2年从销项税额中抵扣的，应当按照取得成本，借记“固定资产”、“在建工程”等科目，按照当期可抵扣的增值税额，借记本科目（应交税金——进项税额），按照以后期间可抵扣的增值税额，借记本科目（待抵扣进项税额），按照应付或实际支付的金额，贷记“应付账款”、“应付票据”、“银行存款”、“零余额账户用款额度”等科目。尚未抵扣的进项税额待以后期间允许抵扣时，按照允许抵扣的金额，借记本科目（应交税金——进项税额），贷记本科目（待抵扣进项税额）。

4. 进项税额抵扣情况发生改变

单位因发生非正常损失或改变用途等，原已计入进项税额、待抵扣进项税额或待认证进项税额，但按照现行增值税制度规定不得从销项税额中抵扣的，借记“待处理财产损益”、“固定资产”、“无形资产”等科目，贷记本科目（应交税金——进项税额转出）、本科目（待抵扣进项税额）或本科目（待认证进项税额）；原不得抵扣且未抵扣进项税额的固定资产、无形资产等，因改变用途等用于允许抵扣进项税额的应税项目的，应按照允许抵扣的进项税额，借记本科目（应交税金——进项税额），贷记“固定资产”、

① 如不特别说明，本部分内容中的“单位”指增值税一般纳税人。

"无形资产"等科目。固定资产、无形资产等经上述调整后，应按照调整后的账面价值在剩余尚可使用年限内计提折旧或摊销。

单位购进时已全额计入进项税额的货物或服务等转用于不动产在建工程的，对于结转以后期间的进项税额，应借记本科目（待抵扣进项税额），贷记本科目（应交税金——进项税额转出）。

5. 购买方作为扣缴义务人

按照现行增值税制度规定，境外单位或个人在境内发生应税行为，在境内未设有经营机构的，以购买方为增值税扣缴义务人。境内一般纳税人购进服务或资产时，按照应计入相关成本费用或资产的金额，借记"业务活动费用"、"在途物品"、"库存物品"、"工程物资"、"在建工程"、"固定资产"、"无形资产"等科目，按照可抵扣的增值税额，借记本科目（应交税金——进项税额）[小规模纳税人应借记相关成本费用或资产科目]，按照应付或实际支付的金额，贷记"银行存款"、"应付账款"等科目，按照应代扣代缴的增值税额，贷记本科目（代扣代交增值税）。实际缴纳代扣代缴增值税时，按照代扣代缴的增值税额，借记本科目（代扣代交增值税），贷记"银行存款"、"零余额账户用款额度"等科目。

（二）单位销售资产或提供服务等业务

1. 销售资产或提供服务业务

单位销售货物或提供服务，应当按照应收或已收的金额，借记"应收账款"、"应收票据"、"银行存款"等科目，按照确认的收入金额，贷记"经营收入"、"事业收入"等科目，按照现行增值税制度规定计算的销项税额（或采用简易计税方法计算的应纳增值税额），贷记本科目（应交税金——销项税额）或本科目（简易计税）[小规模纳税人应贷记本科目]。发生销售退回的，应根据按照规定开具的红字增值税专用发票做相反的会计分录。

按照本制度及相关政府会计准则确认收入的时点早于按照增值税制度确认增值税纳税义务发生时点的，应将相关销项税额计入本科目（待转销项税额），待实际发生纳税义务时再转入本科目（应交税金——销项税额）或本科目（简易计税）。

按照增值税制度确认增值税纳税义务发生时点早于按照本制度及相关政府会计准则确认收入的时点的，应按照应纳增值税额，借记"应收账款"科目，贷记本科目（应交税金——销项税额）或本科目（简易计税）。

2. 金融商品转让按照规定以盈亏相抵后的余额作为销售额

金融商品实际转让月末，如产生转让收益，则按照应纳税额，借记"投资收益"科目，贷记本科目（转让金融商品应交增值税）；如产生转让损失，则按照可结转下月抵扣税额，借记本科目（转让金融商品应交增值税），贷记"投资收益"科目。交纳增值税时，应借记本科目（转让金融商品应交增值税），贷记"银行存款"等科目。年末，本科目（转让金融商品应交增值税）如有借方余额，则借记"投资收益"科目，贷记本科目（转让金融商品应交增值税）。

（三）月末转出多交增值税和未交增值税

月度终了，单位应当将当月应交未交或多交的增值税自"应交税金"明细科目转入"未交税金"明细科目。对于当月应交未交的增值税，借记本科目（应交税金——转出未交增值税），贷记本科目（未交税金）；对于当月多交的增值税，借记本科目（未交税金），贷记本科目（应交税金——转出多交增值税）。

（四）交纳增值税

1. 交纳当月应交增值税

单位交纳当月应交的增值税，借记本科目（应交税金——已交税金）[小规模纳税人借记本科目]，贷记"银行存款"等科目。

2. 交纳以前期间未交增值税

单位交纳以前期间未交的增值税，借记本科目（未交税金）[小规模纳税人借记本科目]，贷记"银行存款"等科目。

3. 预交增值税

单位预交增值税时，借记本科目（预交税金），贷记"银行存款"等科目。月末，单位应将"预交税金”明细科目余额转入“未交税金”明细科目，借记本科目（未交税金），贷记本科目（预交税金）。

4. 减免增值税

对于当期直接减免的增值税，借记本科目（应交税金——减免税款），贷记“业务活动费用”、“经营费用”等科目。

按照现行增值税制度规定，单位初次购买增值税税控系统专用设备支付的费用以及缴纳的技术维护费允许在增值税应纳税额中全额抵减的，按照规定抵减的增值税应纳税额，借记本科目（应交税金——减免税款）[小规模纳税人借记本科目]，贷记“业务活动费用”、“经营费用”等科目。

四、本科目期末贷方余额，反映单位应交未交的增值税；期末如为借方余额，反映单位尚未抵扣或多交的增值税。

2102 其他应交税费

一、本科目核算单位按照税法等规定计算应交纳的除增值税以外的各种税费，包括城市维护建设税、教育费附加、地方教育费附加、车船税、房产税、城镇土地使用税和企业所得税等。

单位代扣代缴的个人所得税，也通过本科目核算。

单位应交纳的印花税不需要预提应交税费，直接通过“业务活动费用”、“单位管理费用”、“经营费用”等科目核算，不通过本科目核算。

二、本科目应当按照应交纳的税费种类进行明细核算。

三、其他应交税费的主要账务处理如下：

（一）发生城市维护建设税、教育费附加、地方教育费附加、车船税、房产税、城镇土地使用税等纳税义务的，按照税法规定计算的应缴税费金额，借记“业务活动费用”、“单位管理费用”、“经营费用”等科目，贷记本科目（应交城市维护建设税、应交教育费附加、应交地方教育费附加、应交车船税、应交房产税、应交城镇土地使用税等）。

（二）按照税法规定计算应代扣代缴职工（含长期聘用人员）的个人所得税，借记“应付职工薪酬”科目，贷记本科目（应交个人所得税）。

按照税法规定计算应代扣代缴支付给职工（含长期聘用人员）以外人员劳务费的个人所得税，借记“业务活动费用”、“单位管理费用”等科目，贷记本科目（应交个人所得税）。

（三）发生企业所得税纳税义务的，按照税法规定计算的应交所得税额，借记“所得税费用”科目，贷记本科目（单位应交所得税）。

（四）单位实际交纳上述各种税费时，借记本科目（应交城市维护建设税、应交教育费附加、应交地方教育费附加、应交车船税、应交房产税、应交城镇土地使用税、应交个人所得税、单位应交所得税等），贷记“财政拨款收入”、“零余额账户用款额度”、“银行存款”等科目。

四、本科目期末贷方余额，反映单位应交未交的除增值税以外的税费金额；期末如为借方余额，反映单位多交纳的除增值税以外的税费金额。

2103 应缴财政款

一、本科目核算单位取得或应收的按照规定应当上缴财政的款项，包括应缴国库的款项和应缴财政专户的款项。

单位按照国家税法等有关规定应当缴纳的各种税费，通过“应交增值税”、“其他应交税费”科目核算，不通过本科目核算。

二、本科目应当按照应缴财政款项的类别进行明细核算。

三、应缴财政款的主要账务处理如下：

（一）单位取得或应收按照规定应缴财政的款项时，借记“银行存款”、“应收账款”等科目，贷记本科目。

（二）单位处置资产取得的应上缴财政的处置净收入的账务处理，参见“待处理财产损溢”等科目。

（三）单位上缴应缴财政的款项时，按照实际上缴的金额，借记本科目，贷记“银行存款”科目。

四、本科目期末贷方余额，反映单位应当上缴财政但尚未缴纳的款项。年终清缴后，本科目一般应无余额。

2201 应付职工薪酬

一、本科目核算单位按照有关规定应付给职工（含长期聘用人员）及为职工支付的各种薪酬，包括基本工资、国家统一规定的津贴补贴、规范津贴补贴（绩效工资）、改革性补贴、社会保险费（如职工基本养老保险费、职业年金、基本医疗保险费等）、住房公积金等。

二、本科目应当根据国家有关规定按照“基本工资”（含离退休费）、“国家统一规定的津贴补贴”、“规范津贴补贴（绩效工资）”、“改革性补贴”、“社会保险费”、“住房公积金”、“其他个人收入”等进行明细核算。其中，“社会保险费”、“住房公积金”明细科目核算内容包括单位从职工工资中代扣代缴的社会保险费、住房公积金，以及单位为职工计算缴纳的社会保险费、住房公积金。

三、应付职工薪酬的主要账务处理如下：

（一）计算确认当期应付职工薪酬（含单位为职工计算缴纳的社会保险费、住房公积金）

1. 计提从事专业及其辅助活动人员的职工薪酬，借记“业务活动费用”、“单位管理费用”科目，贷记本科目。

2. 计提应由在建工程、加工物品、自行研发无形资产负担的职工薪酬，借记“在建工程”、“加工物品”、“研发支出”等科目，贷记本科目。

3. 计提从事专业及其辅助活动之外的经营活动人员的职工薪酬，借记“经营费用”科目，贷记本科目。

4. 因解除与职工的劳动关系而给予的补偿，借记“单位管理费用”等科目，贷记本科目。

（二）向职工支付工资、津贴补贴等薪酬时，按照实际支付的金额，借记本科目，贷记“财政拨款收入”、“零余额账户用款额度”、“银行存款”等科目。

（三）按照税法规定代扣职工个人所得税时，借记本科目（基本工资），贷记“其他应交税费——应交个人所得税”科目。

从应付职工薪酬中代扣为职工垫付的水电费、房租等费用时，按照实际扣除的金额，借记本科目（基本工资），贷记“其他应收款”等科目。

从应付职工薪酬中代扣社会保险费和住房公积金，按照代扣的金额，借记本科目（基本工资），贷记本科目（社会保险费、住房公积金）。

（四）按照国家有关规定缴纳职工社会保险费和住房公积金时，按照实际支付的金额，借记本科目（社会保险费、住房公积金），贷记“财政拨款收入”、“零余额账户用款额度”、“银行存款”等科目。

（五）从应付职工薪酬中支付的其他款项，借记本科目，贷记“零余额账户用款额度”、“银行存款”等科目。

四、本科目期末贷方余额，反映单位应付未付的职工薪酬。

2301 应付票据

一、本科目核算事业单位因购买材料、物资等而开出、承兑的商业汇票，包括银行承兑汇票和商业承兑汇票。

二、本科目应当按照债权人进行明细核算。

三、应付票据的主要账务处理如下：

（一）开出、承兑商业汇票时，借记“库存物品”、“固定资产”等科目，贷记本科目。涉及增值税业务的，相关账务处理参见“应交增值税”科目。

以商业汇票抵付应付账款时，借记“应付账款”科目，贷记本科目。

（二）支付银行承兑汇票的手续费时，借记“业务活动费用”、“经营费用”等科目，贷记“银行存款”、“零余额账户用款额度”等科目。

（三）商业汇票到期时，应当分别以下情况处理：

1. 收到银行支付到期票据的付款通知时，借记本科目，贷记“银行存款”科目。

2. 银行承兑汇票到期，单位无力支付票款的，按照应付票据账面余额，借记本科目，贷记“短期借款”科目。

3. 商业承兑汇票到期，单位无力支付票款的，按照应付票据账面余额，借记本科目，贷记“应付账款”科目。

四、单位应当设置“应付票据备查簿”，详细登记每一应付票据的种类、号数、出票日期、到期日、票面金额、交易合同号、收款人姓名或单位名称，以及付款日期和金额等。

应付票据到期结清票款后，应当在备查簿内逐笔注销。

五、本科目期末贷方余额，反映事业单位开出、承兑的尚未到期的应付票据金额。

2302 应付账款

一、本科目核算单位因购买物资、接受服务、开展工程建设等而应付的偿还期限在1年以内（含1年）的款项。

二、本科目应当按照债权人进行明细核算。对于建设项目，还应设置“应付器材款”、“应付工程款”等明细科目，并按照具体项目进行明细核算。

三、应付账款的主要账务处理如下：

（一）收到所购材料、物资、设备或服务以及确认完成工程进度但尚未付款时，根据发票及账单等有关凭证，按照应付未付款项的金额，借记“库存物品”、“固定资产”、“在建工程”等科目，贷记本科目。涉及增值税业务的，相关账务处理参见“应交增值税”科目。

（二）偿付应付账款时，按照实际支付的金额，借记本科目，贷记“财政拨款收入”、“零余额账户用款额度”、“银行存款”等科目。

（三）开出、承兑商业汇票抵付应付账款时，借记本科目，贷记“应付票据”科目。

（四）无法偿付或债权人豁免偿还的应付账款，应当按照规定报经批准后进行账务处理。经批准核销时，借记本科目，贷记“其他收入”科目。

核销的应付账款应在备查簿中保留登记。

四、本科目期末贷方余额，反映单位尚未支付的应付账款金额。

2303 应付政府补贴款

一、本科目核算负责发放政府补贴的行政单位，按照规定应当支付给政府补贴接受者的各种政府补贴款。

二、本科目应当按照应支付的政府补贴种类进行明细核算。单位还应当根据需要按照补贴接受者进行明细核算，或者建立备查簿对补贴接受者予以登记。

三、应付政府补贴款的主要账务处理如下：

（一）发生应付政府补贴时，按照依规定计算确定的应付政府补贴金额，借记“业务活动费用”科目，贷记本科目。

（二）支付应付政府补贴款时，按照支付金额，借记本科目，贷记“零余额账户用款额度”、“银行存款”等科目。

四、本科目期末贷方余额，反映行政单位应付未付的政府补贴金额。

2304 应付利息

一、本科目核算事业单位按照合同约定应支付的借款利息，包括短期借款、分期付息到期还本的长期借款等应支付的利息。

二、本科目应当按照债权人等进行明细核算。

三、应付利息的主要账务处理如下：

（一）为建造固定资产、公共基础设施等借入的专门借款的利息，属于建设期间发生的，按期计提利息费用时，按照计算确定的金额，借记“在建工程”科目，贷记本科目；不属于建设期间发生的，按期计提利息费用时，按照计算确定的金额，借记“其他费用”科目，贷记本科目。

（二）对于其他借款，按期计提利息费用时，按照计算确定的金额，借记“其他费用”科目，贷记本科目。

（三）实际支付应付利息时，按照支付的金额，借记本科目，贷记“银行存款”等科目。

四、本科目期末贷方余额，反映事业单位应付未付的利息金额。

2305 预收账款

一、本科目核算事业单位预先收取但尚未结算的款项。

二、本科目应当按照债权人进行明细核算。

三、预收账款的主要账务处理如下：

（一）从付款方预收款项时，按照实际预收的金额，借记“银行存款”等科目，贷记本科目。

（二）确认有关收入时，按照预收账款账面余额，借记本科目，按照应确认的收入金额，贷记“事业收入”、“经营收入”等科目，按照付款方补付或退回付款方的金额，借记或贷记“银行存款”等科目。涉及增值税业务的，相关账务处理参见“应交增值税”科目。

（三）无法偿付或债权人豁免偿还的预收账款，应当按照规定报经批准后进行账务处理。经批准核销时，借记本科目，贷记“其他收入”科目。

核销的预收账款应在备查簿中保留登记。

四、本科目期末贷方余额，反映事业单位预收但尚未结算的款项金额。

2307 其他应付款

一、本科目核算单位除应交增值税、其他应交税费、应缴财政款、应付职工薪酬、应付票据、应付账款、应付政府补贴款、应付利息、预收账款以外，其他各项偿还期限在1年内（含1年）的应付及暂收款项，如收取的押金、存入保证金、已经报销但尚未偿还银行的本单位公务卡欠款等。

同级政府财政部门预拨的下期预算款和没有纳入预算的暂付款项，以及采用实拨资金方式通过本单位转拨给下属单位的财政拨款，也通过本科目核算。

二、本科目应当按照其他应付款的类别以及债权人等进行明细核算。

三、其他应付款的主要账务处理如下：

（一）发生其他应付及暂收款项时，借记“银行存款”等科目，贷记本科目。支付（或退回）其他应付及暂收款项时，借记本科目，贷记“银行存款”等科目。将暂收款项转为收入时，借记本科目，贷记“事业收入”等科目。

（二）收到同级政府财政部门预拨的下期预算款和没有纳入预算的暂付款项，按照实际收到的金额，借记“银行存款”等科目，贷记本科目；待到下一预算期或批准纳入预算时，借记本科目，贷记“财政拨款收入”科目。

采用实拨资金方式通过本单位转拨给下属单位的财政拨款，按照实际收到的金额，借记“银行存款”科目，贷记本科目；向下属单位转拨财政拨款时，按照转拨的金额，借记本科目，贷记“银行存款”

科目。

（三）本单位公务卡持卡人报销时，按照审核报销的金额，借记“业务活动费用”、“单位管理费用”等科目，贷记本科目；偿还公务卡欠款时，借记本科目，贷记“零余额账户用款额度”等科目。

（四）涉及质保金形成其他应付款的，相关账务处理参见“固定资产”科目。

（五）无法偿付或债权人豁免偿还的其他应付款项，应当按照规定报经批准后进行账务处理。经批准核销时，借记本科目，贷记“其他收入”科目。

核销的其他应付款应在备查簿中保留登记。

四、本科目期末贷方余额，反映单位尚未支付的其他应付款金额。

2401 预提费用

一、本科目核算单位预先提取的已经发生但尚未支付的费用，如预提租金费用等。

事业单位按规定从科研项目收入中提取的项目间接费用或管理费，也通过本科目核算。

事业单位计提的借款利息费用，通过“应付利息”、“长期借款”科目核算，不通过本科目核算。

二、本科目应当按照预提费用的种类进行明细核算。对于提取的项目间接费用或管理费，应当在本科目下设置“项目间接费用或管理费”明细科目，并按项目进行明细核算。

三、预提费用的主要账务处理如下：

（一）项目间接费用或管理费

按规定从科研项目收入中提取项目间接费用或管理费时，按照提取的金额，借记“单位管理费用”科目，贷记本科目（项目间接费用或管理费）。

实际使用计提的项目间接费用或管理费时，按照实际支付的金额，借本科目（项目间接费用或管理费），贷记“银行存款”、“库存现金”等科目。

（二）其他预提费用

按期预提租金等费用时，按照预提的金额，借记“业务活动费用”、“单位管理费用”、“经营费用”等科目，贷记本科目。

实际支付款项时，按照支付金额，借记本科目，贷记“零余额账户用款额度”、“银行存款”等科目。

四、本科目期末贷方余额，反映单位已预提但尚未支付的各项费用。

2501 长期借款

一、本科目核算事业单位经批准向银行或其他金融机构等借入的期限超过1年（不含1年）的各种借款本息。

二、本科目应当设置“本金”和“应计利息”明细科目，并按照贷款单位和贷款种类进行明细核算。对于建设项目借款，还应按照具体项目进行明细核算。

三、长期借款的主要账务处理如下：

（一）借入各项长期借款时，按照实际借入的金额，借记“银行存款”科目，贷记本科目（本金）。

（二）为建造固定资产、公共基础设施等应支付的专门借款利息，按期计提利息时，分别以下情况处理：

1. 属于工程项目建设期间发生的利息，计入工程成本，按照计算确定的应支付的利息金额，借记“在建工程”科目，贷记“应付利息”科目。

2. 属于工程项目完工交付使用后发生的利息，计入当期费用，按照计算确定的应支付的利息金额，借记“其他费用”科目，贷记“应付利息”科目。

（三）按期计提其他长期借款的利息时，按照计算确定的应支付的利息金额，借记“其他费用”科目，贷记“应付利息”科目［分期付息、到期还本借款的利息］或本科目（应计利息）［到期一次还本付息借款的利息］。

（四）到期归还长期借款本金、利息时，借记本科目（本金、应计利息），贷记“银行存款”科目。

四、本科目期末贷方余额，反映事业单位尚未偿还的长期借款本息金额。

2502　长期应付款

一、本科目核算单位发生的偿还期限超过1年（不含1年）的应付款项，如以融资租赁方式取得固定资产应付的租赁费等。

二、本科目应当按照长期应付款的类别以及债权人进行明细核算。

三、长期应付款的主要账务处理如下：

（一）发生长期应付款时，借记“固定资产”、“在建工程”等科目，贷记本科目。

（二）支付长期应付款时，按照实际支付的金额，借记本科目，贷记“财政拨款收入”、“零余额账户用款额度”、“银行存款”等科目。涉及增值税业务的，相关账务处理参见“应交增值税”科目。

（三）无法偿付或债权人豁免偿还的长期应付款，应当按照规定报经批准后进行账务处理。经批准核销时，借记本科目，贷记“其他收入”科目。

核销的长期应付款应在备查簿中保留登记。

（四）涉及质保金形成长期应付款的，相关账务处理参见“固定资产”科目。

四、本科目期末贷方余额，反映单位尚未支付的长期应付款金额。

2601　预 计 负 债

一、本科目核算单位对因或有事项所产生的现时义务而确认的负债，如对未决诉讼等确认的负债。

二、本科目应当按照预计负债的项目进行明细核算。

三、预计负债的主要账务处理如下：

（一）确认预计负债时，按照预计的金额，借记“业务活动费用”、“经营费用”、“其他费用”等科目，贷记本科目。

（二）实际偿付预计负债时，按照偿付的金额，借记本科目，贷记“银行存款”、“零余额账户用款额度”等科目。

（三）根据确凿证据需要对已确认的预计负债账面余额进行调整的，按照调整增加的金额，借记有关科目，贷记本科目；按照调整减少的金额，借记本科目，贷记有关科目。

四、本科目期末贷方余额，反映单位已确认但尚未支付的预计负债金额。

2901　受托代理负债

一、本科目核算单位接受委托取得受托代理资产时形成的负债。

二、本科目的账务处理参见“受托代理资产”、“库存现金”、“银行存款”等科目。

三、本科目期末贷方余额，反映单位尚未交付或发出受托代理资产形成的受托代理负债金额。

（三）净资产类

3001　累 计 盈 余

一、本科目核算单位历年实现的盈余扣除盈余分配后滚存的金额，以及因无偿调入调出资产产生的净资产变动额。

按照规定上缴、缴回、单位间调剂结转结余资金产生的净资产变动额，以及对以前年度盈余的调整金额，也通过本科目核算。

二、累计盈余的主要账务处理如下：

（一）年末，将“本年盈余分配”科目的余额转入累计盈余，借记或贷记“本年盈余分配”科目，贷记或借记本科目。

（二）年末，将“无偿调拨净资产”科目的余额转入累计盈余，借记或贷记“无偿调拨净资产”科目，贷记或借记本科目。

（三）按照规定上缴财政拨款结转结余、缴回非财政拨款结转资金、向其他单位调出财政拨款结转资金时，按照实际上缴、缴回、调出金额，借记本科目，贷记“财政应返还额度”、“零余额账户用款额度”、“银行存款”等科目。

按照规定从其他单位调入财政拨款结转资金时，按照实际调入金额，借记“零余额账户用款额度”、“银行存款”等科目，贷记本科目。

（四）将“以前年度盈余调整”科目的余额转入本科目，借记或贷记“以前年度盈余调整”科目，贷记或借记本科目。

（五）按照规定使用专用基金购置固定资产、无形资产的，按照固定资产、无形资产成本金额，借记“固定资产”、“无形资产”科目，贷记“银行存款”等科目；同时，按照专用基金使用金额，借记“专用基金”科目，贷记本科目。

三、本科目期末余额，反映单位未分配盈余（或未弥补亏损）的累计数以及截至上年末无偿调拨净资产变动的累计数。

本科目年末余额，反映单位未分配盈余（或未弥补亏损）以及无偿调拨净资产变动的累计数。

3101　专用基金

一、本科目核算事业单位按照规定提取或设置的具有专门用途的净资产，主要包括职工福利基金、科技成果转换基金等。

二、本科目应当按照专用基金的类别进行明细核算。

三、专用基金的主要账务处理如下：

（一）年末，根据有关规定从本年度非财政拨款结余或经营结余中提取专用基金的，按照预算会计下计算的提取金额，借记“本年盈余分配”科目，贷记本科目。

（二）根据有关规定从收入中提取专用基金并计入费用的，一般按照预算会计下基于预算收入计算提取的金额，借记“业务活动费用”等科目，贷记本科目。国家另有规定的，从其规定。

（三）根据有关规定设置的其他专用基金，按照实际收到的基金金额，借记“银行存款”等科目，贷记本科目。

（四）按照规定使用提取的专用基金时，借记本科目，贷记“银行存款”等科目。

使用提取的专用基金购置固定资产、无形资产的，按照固定资产、无形资产成本金额，借记“固定资产”、“无形资产”科目，贷记“银行存款”等科目；同时，按照专用基金使用金额，借记本科目，贷记“累计盈余”科目。

四、本科目期末贷方余额，反映事业单位累计提取或设置的尚未使用的专用基金。

3201　权益法调整

一、本科目核算事业单位持有的长期股权投资采用权益法核算时，按照被投资单位除净损益和利润分配以外的所有者权益变动份额调整长期股权投资账面余额而计入净资产的金额。

二、本科目应当按照被投资单位进行明细核算。

三、权益法调整的主要账务处理如下：

（一）年末，按照被投资单位除净损益和利润分配以外的所有者权益变动应享有（或应分担）的份额，借记或贷记“长期股权投资——其他权益变动”科目，贷记或借记本科目。

（二）采用权益法核算的长期股权投资，因被投资单位除净损益和利润分配以外的所有者权益变动而将应享有（或应分担）的份额计入单位净资产的，处置该项投资时，按照原计入净资产的相应部分金额，借记或贷记本科目，贷记或借记“投资收益”科目。

四、本科目期末余额，反映事业单位在被投资单位除净损益和利润分配以外的所有者权益变动中累积享有（或分担）的份额。

3301 本期盈余

一、本科目核算单位本期各项收入、费用相抵后的余额。

二、本期盈余的主要账务处理如下：

（一）期末，将各类收入科目的本期发生额转入本期盈余，借记“财政拨款收入”、“事业收入”、“上级补助收入”、“附属单位上缴收入”、“经营收入”、“非同级财政拨款收入”、“投资收益”、“捐赠收入”、“利息收入”、“租金收入”、“其他收入”科目，贷记本科目；将各类费用科目本期发生额转入本期盈余，借记本科目，贷记“业务活动费用”、“单位管理费用”、“经营费用”、“所得税费用”、“资产处置费用”、“上缴上级费用”、“对附属单位补助费用”、“其他费用”科目。

（二）年末，完成上述结转后，将本科目余额转入“本年盈余分配”科目，借记或贷记本科目，贷记或借记“本年盈余分配”科目。

三、本科目期末如为贷方余额，反映单位自年初至当期期末累计实现的盈余；如为借方余额，反映单位自年初至当期期末累计发生的亏损。

四、年末结账后，本科目应无余额。

3302 本年盈余分配

一、本科目核算单位本年度盈余分配的情况和结果。

二、本年盈余分配的主要账务处理如下：

（一）年末，将“本期盈余”科目余额转入本科目，借记或贷记“本期盈余”科目，贷记或借记本科目。

（二）年末，根据有关规定从本年度非财政拨款结余或经营结余中提取专用基金的，按照预算会计下计算的提取金额，借记本科目，贷记“专用基金”科目。

（三）年末，按照规定完成上述（一）、（二）处理后，将本科目余额转入累计盈余，借记或贷记本科目，贷记或借记“累计盈余”科目。

三、年末结账后，本科目应无余额。

3401 无偿调拨净资产

一、本科目核算单位无偿调入或调出非现金资产所引起的净资产变动金额。

二、无偿调拨净资产的主要账务处理如下：

（一）按照规定取得无偿调入的存货、长期股权投资、固定资产、无形资产、公共基础设施、政府储备物资、文物文化资产、保障性住房等，按照确定的成本，借记“库存物品”、“长期股权投资”、“固定资产”、“无形资产”、“公共基础设施”、“政府储备物资”、“文物文化资产”、“保障性住房”等科目，按照调入过程中发生的归属于调入方的相关费用，贷记“零余额账户用款额度”、“银行存款”等科目，按照其差额，贷记本科目。

（二）按照规定经批准无偿调出存货、长期股权投资、固定资产、无形资产、公共基础设施、政府储备物资、文物文化资产、保障性住房等，按照调出资产的账面余额或账面价值，借记本科目，按照固定资产累计折旧、无形资产累计摊销、公共基础设施累计折旧或摊销、保障性住房累计折旧的金额，借记“固定资产累计折旧”、“无形资产累计摊销”、“公共基础设施累计折旧（摊销）”、“保障性住房累计折旧”科目，按照调出资产的账面余额，贷记“库存物品”、“长期股权投资”、“固定资产”、“无形资产”、“公共基础设施”、“政府储备物资”、“文物文化资产”、“保障性住房”等科目；同时，按照调出过程中发生的归属于调出方的相关费用，借记“资产处置费用”科目，贷记“零余额账户用款额度”、“银行存款”等科目。

（三）年末，将本科目余额转入累计盈余，借记或贷记本科目，贷记或借记“累计盈余”科目。

三、年末结账后，本科目应无余额。

3501　以前年度盈余调整

一、本科目核算单位本年度发生的调整以前年度盈余的事项，包括本年度发生的重要前期差错更正涉及调整以前年度盈余的事项。

二、以前年度盈余调整的主要账务处理如下：

（一）调整增加以前年度收入时，按照调整增加的金额，借记有关科目，贷记本科目。调整减少的，做相反会计分录。

（二）调整增加以前年度费用时，按照调整增加的金额，借记本科目，贷记有关科目。调整减少的，做相反会计分录。

（三）盘盈的各种非流动资产，报经批准后处理时，借记“待处理财产损溢”科目，贷记本科目。

（四）经上述调整后，应将本科目的余额转入累计盈余，借记或贷记“累计盈余”科目，贷记或借记本科目。

三、本科目结转后应无余额。

（四）收入类

4001　财政拨款收入

一、本科目核算单位从同级政府财政部门取得的各类财政拨款。

同级政府财政部门预拨的下期预算款和没有纳入预算的暂付款项，以及采用实拨资金方式通过本单位转拨给下属单位的财政拨款，通过“其他应付款”科目核算，不通过本科目核算。

二、本科目可按照一般公共预算财政拨款、政府性基金预算财政拨款等拨款种类进行明细核算。

三、财政拨款收入的主要账务处理如下：

（一）财政直接支付方式下，根据收到的“财政直接支付入账通知书”及相关原始凭证，按照通知书中的直接支付入账金额，借记“库存物品”、“固定资产”、“业务活动费用”、“单位管理费用”、“应付职工薪酬”等科目，贷记本科目。涉及增值税业务的，相关账务处理参见“应交增值税”科目。

年末，根据本年度财政直接支付预算指标数与当年财政直接支付实际支付数的差额，借记“财政应返还额度——财政直接支付”科目，贷记本科目。

（二）财政授权支付方式下，根据收到的“财政授权支付额度到账通知书”，按照通知书中的授权支付额度，借记“零余额账户用款额度”科目，贷记本科目。

年末，本年度财政授权支付预算指标数大于零余额账户用款额度下达数的，根据未下达的用款额度，借记“财政应返还额度——财政授权支付”科目，贷记本科目。

（三）其他方式下收到财政拨款收入时，按照实际收到的金额，借记“银行存款”等科目，贷记本科目。

（四）因差错更正或购货退回等发生国库直接支付款项退回的，属于以前年度支付的款项，按照退回金额，借记“财政应返还额度——财政直接支付”科目，贷记“以前年度盈余调整”、“库存物品”等科目；属于本年度支付的款项，按照退回金额，借记本科目，贷记“业务活动费用”、“库存物品”等科目。

（五）期末，将本科目本期发生额转入本期盈余，借记本科目，贷记“本期盈余”科目。

四、期末结转后，本科目应无余额。

4101　事业收入

一、本科目核算事业单位开展专业业务活动及其辅助活动实现的收入，不包括从同级政府财政部门取得的各类财政拨款。

二、本科目应当按照事业收入的类别、来源等进行明细核算。

对于因开展科研及其辅助活动从非同级政府财政部门取得的经费拨款，应当在本科目下单设“非同级财政拨款”明细科目进行核算。

三、事业收入的主要账务处理如下：

（一）采用财政专户返还方式管理的事业收入

1. 实现应上缴财政专户的事业收入时，按照实际收到或应收的金额，借记“银行存款”、“应收账款”等科目，贷记“应缴财政款”科目。

2. 向财政专户上缴款项时，按照实际上缴的款项金额，借记“应缴财政款”科目，贷记“银行存款”等科目。

3. 收到从财政专户返还的事业收入时，按照实际收到的返还金额，借记“银行存款”等科目，贷记本科目。

（二）采用预收款方式确认的事业收入

1. 实际收到预收款项时，按照收到的款项金额，借记“银行存款”等科目，贷记“预收账款”科目。

2. 以合同完成进度确认事业收入时，按照基于合同完成进度计算的金额，借记“预收账款”科目，贷记本科目。

（三）采用应收款方式确认的事业收入

1. 根据合同完成进度计算本期应收的款项，借记“应收账款”科目，贷记本科目。

2. 实际收到款项时，借记“银行存款”等科目，贷记“应收账款”科目。

（四）其他方式下确认的事业收入，按照实际收到的金额，借记“银行存款”、“库存现金”等科目，贷记本科目。

上述（二）至（四）中涉及增值税业务的，相关账务处理参见“应交增值税”科目。

（五）期末，将本科目本期发生额转入本期盈余，借记本科目，贷记“本期盈余”科目。

四、期末结转后，本科目应无余额。

4201　上级补助收入

一、本科目核算事业单位从主管部门和上级单位取得的非财政拨款收入。

二、本科目应当按照发放补助单位、补助项目等进行明细核算。

三、上级补助收入的主要账务处理如下：

（一）确认上级补助收入时，按照应收或实际收到的金额，借记“其他应收款”、“银行存款”等科目，贷记本科目。

实际收到应收的上级补助款时，按照实际收到的金额，借记“银行存款”等科目，贷记“其他应收款”科目。

（二）期末，将本科目本期发生额转入本期盈余，借记本科目，贷记“本期盈余”科目。

四、期末结转后，本科目应无余额。

4301　附属单位上缴收入

一、本科目核算事业单位取得的附属独立核算单位按照有关规定上缴的收入。

二、本科目应当按照附属单位、缴款项目等进行明细核算。

三、附属单位上缴收入的主要账务处理如下：

（一）确认附属单位上缴收入时，按照应收或收到的金额，借记“其他应收款”、“银行存款”等科目，贷记本科目。

实际收到应收附属单位上缴款时，按照实际收到的金额，借记“银行存款”等科目，贷记“其他应收款”科目。

（二）期末，将本科目本期发生额转入本期盈余，借记本科目，贷记“本期盈余”科目。

四、期末结转后，本科目应无余额。

4401 经营收入

一、本科目核算事业单位在专业业务活动及其辅助活动之外开展非独立核算经营活动取得的收入。

二、本科目应当按照经营活动类别、项目和收入来源等进行明细核算。

三、经营收入应当在提供服务或发出存货，同时收讫价款或者取得索取价款的凭据时，按照实际收到或应收的金额予以确认。

四、经营收入的主要账务处理如下：

（一）实现经营收入时，按照确定的收入金额，借记“银行存款”、“应收账款”、“应收票据”等科目，贷记本科目。涉及增值税业务的，相关账务处理参见“应交增值税”科目。

（二）期末，将本科目本期发生额转入本期盈余，借记本科目，贷记“本期盈余”科目。

五、期末结转后，本科目应无余额。

4601 非同级财政拨款收入

一、本科目核算单位从非同级政府财政部门取得的经费拨款，包括从同级政府其他部门取得的横向转拨财政款、从上级或下级政府财政部门取得的经费拨款等。

事业单位因开展科研及其辅助活动从非同级政府财政部门取得的经费拨款，应当通过“事业收入——非同级财政拨款”科目核算，不通过本科目核算。

二、本科目应当按照本级横向转拨财政款和非本级财政拨款进行明细核算，并按照收入来源进行明细核算。

三、非同级财政拨款收入的主要账务处理如下：

（一）确认非同级财政拨款收入时，按照应收或实际收到的金额，借记“其他应收款”、“银行存款”等科目，贷记本科目。

（二）期末，将本科目本期发生额转入本期盈余，借记本科目，贷记“本期盈余”科目。

四、期末结转后，本科目应无余额。

4602 投资收益

一、本科目核算事业单位股权投资和债券投资所实现的收益或发生的损失。

二、本科目应当按照投资的种类等进行明细核算。

三、投资收益的主要账务处理如下：

（一）收到短期投资持有期间的利息，按照实际收到的金额，借记“银行存款”科目，贷记“投资收益”科目。

（二）出售或到期收回短期债券本息，按照实际收到的金额，借记“银行存款”科目，按照出售或收回短期投资的成本，贷记“短期投资”科目，按照其差额，贷记或借记本科目。涉及增值税业务的，相关账务处理参见“应交增值税”科目。

（三）持有的分期付息、一次还本的长期债券投资，按期确认利息收入时，按照计算确定的应收未收利息，借记“应收利息”科目，贷记本科目；持有的到期一次还本付息的债券投资，按期确认利息收入时，按照计算确定的应收未收利息，借记“长期债券投资——应计利息”科目，贷记本科目。

（四）出售长期债券投资或到期收回长期债券投资本息，按照实际收到的金额，借记“银行存款”等科目，按照债券初始投资成本和已计未收利息金额，贷记“长期债券投资——成本、应计利息”科目［到期一次还本付息债券］或“长期债券投资”、“应收利息”科目［分期付息债券］，按照其差额，贷记或借记本科目。涉及增值税业务的，相关账务处理参见“应交增值税”科目。

（五）采用成本法核算的长期股权投资持有期间，被投资单位宣告分派现金股利或利润时，按照宣告分派的现金股利或利润中属于单位应享有的份额，借记“应收股利”科目，贷记本科目。

采用权益法核算的长期股权投资持有期间，按照应享有或应分担的被投资单位实现的净损益的份额，借记或贷记“长期股权投资——损益调整”科目，贷记或借记本科目；被投资单位发生净亏损，但以后年度又实现净利润的，单位在其收益分享额弥补未确认的亏损分担额等后，恢复确认投资收益，借记“长期股权投资——损益调整”科目，贷记本科目。

（六）按照规定处置长期股权投资时有关投资收益的账务处理，参见“长期股权投资”科目。

（七）期末，将本科目本期发生额转入本期盈余，借记或贷记本科目，贷记或借记“本期盈余”科目。

四、期末结转后，本科目应无余额。

4603 捐赠收入

一、本科目核算单位接受其他单位或者个人捐赠取得的收入。

二、本科目应当按照捐赠资产的用途和捐赠单位等进行明细核算。

三、捐赠收入的主要账务处理如下：

（一）接受捐赠的货币资金，按照实际收到的金额，借记“银行存款”、“库存现金”等科目，贷记本科目。

（二）接受捐赠的存货、固定资产等非现金资产，按照确定的成本，借记“库存物品”、“固定资产”等科目，按照发生的相关税费、运输费等，贷记“银行存款”等科目，按照其差额，贷记本科目。

（三）接受捐赠的资产按照名义金额入账的，按照名义金额，借记“库存物品”、“固定资产”等科目，贷记本科目；同时，按照发生的相关税费、运输费等，借记“其他费用”科目，贷记“银行存款”等科目。

（四）期末，将本科目本期发生额转入本期盈余，借记本科目，贷记“本期盈余”科目。

四、期末结转后，本科目应无余额。

4604 利息收入

一、本科目核算单位取得的银行存款利息收入。

二、利息收入的主要账务处理如下：

（一）取得银行存款利息时，按照实际收到的金额，借记“银行存款”科目，贷记本科目。

（二）期末，将本科目本期发生额转入本期盈余，借记本科目，贷记“本期盈余”科目。

三、期末结转后，本科目应无余额。

4605 租金收入

一、本科目核算单位经批准利用国有资产出租取得并按照规定纳入本单位预算管理的租金收入。

二、本科目应当按照出租国有资产类别和收入来源等进行明细核算。

三、租金收入的主要账务处理如下：

（一）国有资产出租收入，应当在租赁期内各个期间按照直线法予以确认。

1. 采用预收租金方式的，预收租金时，按照收到的金额，借记“银行存款”等科目，贷记“预收账款”科目；分期确认租金收入时，按照各期租金金额，借记“预收账款”科目，贷记本科目。

2. 采用后付租金方式的，每期确认租金收入时，按照各期租金金额，借记“应收账款”科目，贷记本科目；收到租金时，按照实际收到的金额，借记“银行存款”等科目，贷记“应收账款”科目。

3. 采用分期收取租金方式的，每期收取租金时，按照租金金额，借记“银行存款”等科目，贷记本科目。

涉及增值税业务的，相关账务处理参见“应交增值税”科目。

（二）期末，将本科目本期发生额转入本期盈余，借记本科目，贷记“本期盈余”科目。

四、期末结转后，本科目应无余额。

4609 其他收入

一、本科目核算单位取得的除财政拨款收入、事业收入、上级补助收入、附属单位上缴收入、经营收入、非同级财政拨款收入、投资收益、捐赠收入、利息收入、租金收入以外的各项收入，包括现金盘盈收入、按照规定纳入单位预算管理的科技成果转化收入、行政单位收回已核销的其他应收款、无法偿付的应付及预收款项、置换换出资产评估增值等。

二、本科目应当按照其他收入的类别、来源等进行明细核算。

三、其他收入的主要账务处理如下：

（一）现金盘盈收入

每日现金账款核对中发现的现金溢余，属于无法查明原因的部分，报经批准后，借记“待处理财产损溢”科目，贷记本科目。

（二）科技成果转化收入

单位科技成果转化所取得的收入，按照规定留归本单位的，按照所取得收入扣除相关费用之后的净收益，借记“银行存款”等科目，贷记本科目。

（三）收回已核销的其他应收款

行政单位已核销的其他应收款在以后期间收回的，按照实际收回的金额，借记“银行存款”等科目，贷记本科目。

（四）无法偿付的应付及预收款项

无法偿付或债权人豁免偿还的应付账款、预收账款、其他应付款及长期应付款，借记“应付账款”、“预收账款”、“其他应付款”、“长期应付款”等科目，贷记本科目。

（五）置换换出资产评估增值

资产置换过程中，换出资产评估增值的，按照评估价值高于资产账面价值或账面余额的金额，借记有关科目，贷记本科目。具体账务处理参见“库存物品”等科目。

以未入账的无形资产取得的长期股权投资，按照评估价值加相关税费作为投资成本，借记“长期股权投资”科目，按照发生的相关税费，贷记“银行存款”、“其他应交税费”等科目，按其差额，贷记本科目。

（六）确认（一）至（五）以外的其他收入时，按照应收或实际收到的金额，借记“其他应收款”、“银行存款”、“库存现金”等科目，贷记本科目。涉及增值税业务的，相关账务处理参见“应交增值税”科目。

（七）期末，将本科目本期发生额转入本期盈余，借记本科目，贷记“本期盈余”科目。

四、期末结转后，本科目应无余额。

（五）费用类

5001 业务活动费用

一、本科目核算单位为实现其职能目标，依法履职或开展专业业务活动及其辅助活动所发生的各项费用。

二、本科目应当按照项目、服务或者业务类别、支付对象等进行明细核算。

为了满足成本核算需要，本科目下还可按照“工资福利费用”、“商品和服务费用”、“对个人和家庭的补助费用”、“对企业补助费用”、“固定资产折旧费”、“无形资产摊销费”、“公共基础设施折旧（摊销）费”、“保障性住房折旧费”、“计提专用基金”等成本项目设置明细科目，归集能够直接计入业务活动或采用一定方法计算后计入业务活动的费用。

三、业务活动费用的主要账务处理如下：

（一）为履职或开展业务活动人员计提的薪酬，按照计算确定的金额，借记本科目，贷记“应付职工薪酬”科目。

（二）为履职或开展业务活动发生的外部人员劳务费，按照计算确定的金额，借记本科目，按照代扣代缴个人所得税的金额，贷记“其他应交税费——应交个人所得税”科目，按照扣税后应付或实际支付的金额，贷记“其他应付款”、“财政拨款收入”、“零余额账户用款额度”、“银行存款”等科目。

（三）为履职或开展业务活动领用库存物品，以及动用发出相关政府储备物资，按照领用库存物品或发出相关政府储备物资的账面余额，借记本科目，贷记“库存物品”、“政府储备物资”科目。

（四）为履职或开展业务活动所使用的固定资产、无形资产以及为所控制的公共基础设施、保障性住房计提的折旧、摊销，按照计提金额，借记本科目，贷记“固定资产累计折旧”、“无形资产累计摊销”、“公共基础设施累计折旧（摊销）”、“保障性住房累计折旧”科目。

（五）为履职或开展业务活动发生的城市维护建设税、教育费附加、地方教育费附加、车船税、房产税、城镇土地使用税等，按照计算确定应交纳的金额，借记本科目，贷记“其他应交税费”等科目。

（六）为履职或开展业务活动发生其他各项费用时，按照费用确认金额，借记本科目，贷记“财政拨款收入”、“零余额账户用款额度”、“银行存款”、“应付账款”、“其他应付款”、“其他应收款”等科目。

（七）按照规定从收入中提取专用基金并计入费用的，一般按照预算会计下基于预算收入计算提取的金额，借记本科目，贷记“专用基金”科目。国家另有规定的，从其规定。

（八）发生当年购货退回等业务，对于已计入本年业务活动费用的，按照收回或应收的金额，借记“财政拨款收入”、“零余额账户用款额度”、“银行存款”、“其他应收款”等科目，贷记本科目。

（九）期末，将本科目本期发生额转入本期盈余，借记“本期盈余”科目，贷记本科目。

四、期末结转后，本科目应无余额。

5101 单位管理费用

一、本科目核算事业单位本级行政及后勤管理部门开展管理活动发生的各项费用，包括单位行政及后勤管理部门发生的人员经费、公用经费、资产折旧（摊销）等费用，以及由单位统一负担的离退休人员经费、工会经费、诉讼费、中介费等。

二、本科目应当按照项目、费用类别、支付对象等进行明细核算。

为了满足成本核算需要，本科目下还可按照“工资福利费用”、“商品和服务费用”、“对个人和家庭的补助费用”、“固定资产折旧费”、“无形资产摊销费”等成本项目设置明细科目，归集能够直接计入单位管理活动或采用一定方法计算后计入单位管理活动的费用。

三、单位管理费用的主要账务处理如下：

（一）为管理活动人员计提的薪酬，按照计算确定的金额，借记本科目，贷记“应付职工薪酬”科目。

（二）为开展管理活动发生的外部人员劳务费，按照计算确定的费用金额，借记本科目，按照代扣代缴个人所得税的金额，贷记“其他应交税费——应交个人所得税”科目，按照扣税后应付或实际支付的金额，贷记“其他应付款”、“财政拨款收入”、“零余额账户用款额度”、“银行存款”等科目。

（三）开展管理活动内部领用库存物品，按照领用物品实际成本，借记本科目，贷记“库存物品”科目。

（四）为管理活动所使用固定资产、无形资产计提的折旧、摊销，按照应提折旧、摊销额，借记本科目，贷记“固定资产累计折旧”、“无形资产累计摊销”科目。

（五）为开展管理活动发生城市维护建设税、教育费附加、地方教育费附加、车船税、房产税、城镇土地使用税等，按照计算确定应交纳的金额，借记本科目，贷记“其他应交税费”等科目。

（六）为开展管理活动发生的其他各项费用，按照费用确认金额，借记本科目，贷记“财政拨款收入”、“零余额账户用款额度”、“银行存款”、“其他应付款”、“其他应收款”等科目。

（七）发生当年购货退回等业务，对于已计入本年单位管理费用的，按照收回或应收的金额，借记“财政拨款收入”、“零余额账户用款额度”、“银行存款”、“其他应收款”等科目，贷记本科目。

（八）期末，将本科目本期发生额转入本期盈余，借记“本期盈余”科目，贷记本科目。

四、期末结转后，本科目应无余额。

5201　经营费用

一、本科目核算事业单位在专业业务活动及其辅助活动之外开展非独立核算经营活动发生的各项费用。

二、本科目应当按照经营活动类别、项目、支付对象等进行明细核算。

为了满足成本核算需要，本科目下还可按照“工资福利费用”、“商品和服务费用”、“对个人和家庭的补助费用”、“固定资产折旧费”、“无形资产摊销费”等成本项目设置明细科目，归集能够直接计入单位经营活动或采用一定方法计算后计入单位经营活动的费用。

三、经营费用的主要账务处理如下：

（一）为经营活动人员计提的薪酬，按照计算确定的金额，借记本科目，贷记“应付职工薪酬”科目。

（二）开展经营活动领用或发出库存物品，按照物品实际成本，借记本科目，贷记“库存物品”科目。

（三）为经营活动所使用固定资产、无形资产计提的折旧、摊销，按照应提折旧、摊销额，借记本科目，贷记“固定资产累计折旧”、“无形资产累计摊销”科目。

（四）开展经营活动发生城市维护建设税、教育费附加、地方教育费附加、车船税、房产税、城镇土地使用税等，按照计算确定应交纳的金额，借记本科目，贷记“其他应交税费”等科目。

（五）发生与经营活动相关的其他各项费用时，按照费用确认金额，借记本科目，贷记“银行存款”、“其他应付款”、“其他应收款”等科目。涉及增值税业务的，相关账务处理参见“应交增值税”科目。

（六）发生当年购货退回等业务，对于已计入本年经营费用的，按照收回或应收的金额，借记“银行存款”、“其他应收款”等科目，贷记本科目。

（七）期末，将本科目本期发生额转入本期盈余，借记“本期盈余”科目，贷记本科目。

四、期末结转后，本科目应无余额。

5301　资产处置费用

一、本科目核算单位经批准处置资产时发生的费用，包括转销的被处置资产价值，以及在处置过程中发生的相关费用或者处置收入小于相关费用形成的净支出。资产处置的形式按照规定包括无偿调拨、出售、出让、转让、置换、对外捐赠、报废、毁损以及货币性资产损失核销等。

单位在资产清查中查明的资产盘亏、毁损以及资产报废等，应当先通过“待处理财产损溢”科目进行核算，再将处理资产价值和处理净支出计入本科目。

短期投资、长期股权投资、长期债券投资的处置，按照相关资产科目的规定进行账务处理。

二、本科目应当按照处置资产的类别、资产处置的形式等进行明细核算。

三、资产处置费用的主要账务处理如下：

（一）不通过“待处理财产损溢”科目核算的资产处置

1. 按照规定报经批准处置资产时，按照处置资产的账面价值，借记本科目［处置固定资产、无形资产、公共基础设施、保障性住房的，还应借记“固定资产累计折旧”、“无形资产累计摊销”、“公共基础设施累计折旧（摊销）”、“保障性住房累计折旧”科目］，按照处置资产的账面余额，贷记“库存物品”、“固定资产”、“无形资产”、“公共基础设施”、“政府储备物资”、“文物文化资产”、“保障性住房”、“其他应收款”、“在建工程”等科目。

2. 处置资产过程中仅发生相关费用的，按照实际发生金额，借记本科目，贷记“银行存款”、“库存现金”等科目。

3. 处置资产过程中取得收入的，按照取得的价款，借记“库存现金”、“银行存款”等科目，按照处置资产过程中发生的相关费用，贷记“银行存款”、“库存现金”等科目，按照其差额，借记本科目或贷记“应缴财政款”等科目。

涉及增值税业务的，相关账务处理参见“应交增值税”科目。

（二）通过“待处理财产损溢”科目核算的资产处置

1. 单位账款核对中发现的现金短缺，属于无法查明原因的，报经批准核销时，借记本科目，贷记“待处理财产损溢”科目。

2. 单位资产清查过程中盘亏或者毁损、报废的存货、固定资产、无形资产、公共基础设施、政府储备物资、文物文化资产、保障性住房等，报经批准处理时，按照处理资产价值，借记本科目，贷记“待处理财产损溢——待处理财产价值”科目。处理收支结清时，处理过程中所取得收入小于所发生相关费用的，按照相关费用减去处理收入后的净支出，借记本科目，贷记“待处理财产损溢——处理净收入”科目。

（三）期末，将本科目本期发生额转入本期盈余，借记“本期盈余”科目，贷记本科目。

四、期末结转后，本科目应无余额。

5401 上缴上级费用

一、本科目核算事业单位按照财政部门和主管部门的规定上缴上级单位款项发生的费用。

二、本科目应当按照收缴款项单位、缴款项目等进行明细核算。

三、上缴上级费用的主要账务处理如下：

（一）单位发生上缴上级支出的，按照实际上缴的金额或者按照规定计算出应当上缴上级单位的金额，借记本科目，贷记“银行存款”、“其他应付款”等科目。

（二）期末，将本科目本期发生额转入本期盈余，借记“本期盈余”科目，贷记本科目。

四、期末结转后，本科目应无余额。

5501 对附属单位补助费用

一、本科目核算事业单位用财政拨款收入之外的收入对附属单位补助发生的费用。

二、本科目应当按照接受补助单位、补助项目等进行明细核算。

三、对附属单位补助费用的主要账务处理如下：

（一）单位发生对附属单位补助支出的，按照实际补助的金额或者按照规定计算出应当对附属单位补助的金额，借记本科目，贷记“银行存款”、“其他应付款”等科目。

（二）期末，将本科目本期发生额转入本期盈余，借记“本期盈余”科目，贷记本科目。

四、期末结转后，本科目应无余额。

5801 所得税费用

一、本科目核算有企业所得税缴纳义务的事业单位按规定缴纳企业所得税所形成的费用。

二、所得税费用的主要账务处理如下：

（一）发生企业所得税纳税义务的，按照税法规定计算的应交税金数额，借记本科目，贷记“其他应交税费——单位应交所得税”科目。

实际缴纳时，按照缴纳金额，借记“其他应交税费——单位应交所得税”科目，贷记“银行存款”科目。

（二）年末，将本科目本年发生额转入本期盈余，借记“本期盈余”科目，贷记本科目。

三、年末结转后，本科目应无余额。

5901 其他费用

一、本科目核算单位发生的除业务活动费用、单位管理费用、经营费用、资产处置费用、上缴上级费用、附属单位补助费用、所得税费用以外的各项费用，包括利息费用、坏账损失、罚没支出、现金资产捐赠支出以及相关税费、运输费等。

二、本科目应当按照其他费用的类别等进行明细核算。

单位发生的利息费用较多的，可以单独设置“5701 利息费用”科目。

三、其他费用的主要账务处理如下：

（一）利息费用

按期计算确认借款利息费用时，按照计算确定的金额，借记“在建工程”科目或本科目，贷记“应付利息”、“长期借款——应计利息”科目。

（二）坏账损失

年末，事业单位按照规定对收回后不需上缴财政的应收账款和其他应收款计提坏账准备时，按照计提金额，借记本科目，贷记“坏账准备”科目；冲减多提的坏账准备时，按照冲减金额，借记“坏账准备”科目，贷记本科目。

（三）罚没支出

单位发生罚没支出的，按照实际缴纳或应当缴纳的金额，借记本科目，贷记“银行存款”、“库存现金”、“其他应付款”等科目。

（四）现金资产捐赠

单位对外捐赠现金资产的，按照实际捐赠的金额，借记本科目，贷记“银行存款”、“库存现金”等科目。

（五）其他相关费用

单位接受捐赠（或无偿调入）以名义金额计量的存货、固定资产、无形资产，以及成本无法可靠取得的公共基础设施、文物文化资产等发生的相关税费、运输费等，按照实际支付的金额，借记本科目，贷记“财政拨款收入”、“零余额账户用款额度”、“银行存款”、“库存现金”等科目。

单位发生的与受托代理资产相关的税费、运输费、保管费等，按照实际支付或应付的金额，借记本科目，贷记“零余额账户用款额度”、“银行存款”、“库存现金”、“其他应付款”等科目。

（六）期末，将本科目本期发生额转入本期盈余，借记“本期盈余”科目，贷记本科目。

四、期末结转后，本科目应无余额。

二、预算会计科目

（一）预算收入类

6001　财政拨款预算收入

一、本科目核算单位从同级政府财政部门取得的各类财政拨款。

二、本科目应当设置“基本支出”和“项目支出”两个明细科目，并按照《政府收支分类科目》中“支出功能分类科目”的项级科目进行明细核算；同时，在“基本支出”明细科目下按照“人员经费”和“日常公用经费”进行明细核算，在“项目支出”明细科目下按照具体项目进行明细核算。

有一般公共预算财政拨款、政府性基金预算财政拨款等两种或两种以上财政拨款的单位，还应当按照财政拨款的种类进行明细核算。

三、财政拨款预算收入的主要账务处理如下：

（一）财政直接支付方式下，单位根据收到的“财政直接支付入账通知书”及相关原始凭证，按照通知书中的直接支付金额，借记“行政支出”、“事业支出”等科目，贷记本科目。

年末，根据本年度财政直接支付预算指标数与当年财政直接支付实际支出数的差额，借记“资金结存——财政应返还额度”科目，贷记本科目。

（二）财政授权支付方式下，单位根据收到的“财政授权支付额度到账通知书”，按照通知书中的授权支付额度，借记“资金结存——零余额账户用款额度”科目，贷记本科目。

年末，单位本年度财政授权支付预算指标数大于零余额账户用款额度下达数的，按照两者差额，借记“资金结存——财政应返还额度”科目，贷记本科目。

（三）其他方式下，单位按照本期预算收到财政拨款预算收入时，按照实际收到的金额，借记“资金结存——货币资金”科目，贷记本科目。

单位收到下期预算的财政预拨款，应当在下个预算期，按照预收的金额，借记“资金结存——货币资金”科目，贷记本科目。

（四）因差错更正、购货退回等发生国库直接支付款项退回的，属于本年度支付的款项，按照退回金额，借记本科目，贷记“行政支出”、“事业支出”等科目。

（五）年末，将本科目本年发生额转入财政拨款结转，借记本科目，贷记“财政拨款结转——本年收支结转”科目。

四、年末结转后，本科目应无余额。

6101　事业预算收入

一、本科目核算事业单位开展专业业务活动及其辅助活动取得的现金流入。

事业单位因开展科研及其辅助活动从非同级政府财政部门取得的经费拨款，也通过本科目核算。

二、本科目应当按照事业预算收入类别、项目、来源、《政府收支分类科目》中“支出功能分类科目”项级科目等进行明细核算。对于因开展科研及其辅助活动从非同级政府财政部门取得的经费拨款，应当在本科目下单设“非同级财政拨款”明细科目进行明细核算；事业预算收入中如有专项资金收入，还应按照具体项目进行明细核算。

三、事业预算收入的主要账务处理如下：

（一）采用财政专户返还方式管理的事业预算收入，收到从财政专户返还的事业预算收入时，按照实际收到的返还金额，借记“资金结存——货币资金”科目，贷记本科目。

（二）收到其他事业预算收入时，按照实际收到的款项金额，借记“资金结存——货币资金”科目，贷记本科目。

（三）年末，将本科目本年发生额中的专项资金收入转入非财政拨款结转，借记本科目下各专项资金收入明细科目，贷记“非财政拨款结转——本年收支结转”科目；将本科目本年发生额中的非专项资金收入转入其他结余，借记本科目下各非专项资金收入明细科目，贷记“其他结余”科目。

四、年末结转后，本科目应无余额。

6201　上级补助预算收入

一、本科目核算事业单位从主管部门和上级单位取得的非财政补助现金流入。

二、本科目应当按照发放补助单位、补助项目、《政府收支分类科目》中“支出功能分类科目”的项级科目等进行明细核算。上级补助预算收入中如有专项资金收入，还应按照具体项目进行明细核算。

三、上级补助预算收入的主要账务处理如下：

（一）收到上级补助预算收入时，按照实际收到的金额，借记“资金结存——货币资金”科目，贷记本科目。

（二）年末，将本科目本年发生额中的专项资金收入转入非财政拨款结转，借记本科目下各专项资金收入明细科目，贷记“非财政拨款结转——本年收支结转”科目；将本科目本年发生额中的非专项资金收入转入其他结余，借记本科目下各非专项资金收入明细科目，贷记“其他结余”科目。

四、年末结转后，本科目应无余额。

6301　附属单位上缴预算收入

一、本科目核算事业单位取得附属独立核算单位根据有关规定上缴的现金流入。

二、本科目应当按照附属单位、缴款项目、《政府收支分类科目》中“支出功能分类科目”的项级科目等进行明细核算。附属单位上缴预算收入中如有专项资金收入，还应按照具体项目进行明细核算。

三、附属单位上缴预算收入的主要账务处理如下：

（一）收到附属单位缴来款项时，按照实际收到的金额，借记“资金结存——货币资金”科目，贷记本科目。

（二）年末，将本科目本年发生额中的专项资金收入转入非财政拨款结转，借记本科目下各专项资金收入明细科目，贷记“非财政拨款结转——本年收支结转”科目；将本科目本年发生额中的非专项资金收入转入其他结余，借记本科目下各非专项资金收入明细科目，贷记“其他结余”科目。

四、年末结转后，本科目应无余额。

6401 经营预算收入

一、本科目核算事业单位在专业业务活动及其辅助活动之外开展非独立核算经营活动取得的现金流入。

二、本科目应当按照经营活动类别、项目、《政府收支分类科目》中“支出功能分类科目”的项级科目等进行明细核算。

三、经营预算收入的主要账务处理如下：

（一）收到经营预算收入时，按照实际收到的金额，借记“资金结存——货币资金”科目，贷记本科目。

（二）年末，将本科目本年发生额转入经营结余，借记本科目，贷记“经营结余”科目。

四、年末结转后，本科目应无余额。

6501 债务预算收入

一、本科目核算事业单位按照规定从银行和其他金融机构等借入的、纳入部门预算管理的、不以财政资金作为偿还来源的债务本金。

二、本科目应当按照贷款单位、贷款种类、《政府收支分类科目》中“支出功能分类科目”的项级科目等进行明细核算。债务预算收入中如有专项资金收入，还应按照具体项目进行明细核算。

三、债务预算收入的主要账务处理如下：

（一）借入各项短期或长期借款时，按照实际借入的金额，借记“资金结存——货币资金”科目，贷记本科目。

（二）年末，将本科目本年发生额中的专项资金收入转入非财政拨款结转，借记本科目下各专项资金收入明细科目，贷记“非财政拨款结转——本年收支结转”科目；将本科目本年发生额中的非专项资金收入转入其他结余，借记本科目下各非专项资金收入明细科目，贷记“其他结余”科目。

四、年末结转后，本科目应无余额。

6601 非同级财政拨款预算收入

一、本科目核算单位从非同级政府财政部门取得的财政拨款，包括本级横向转拨财政款和非本级财政拨款。

对于因开展科研及其辅助活动从非同级政府财政部门取得的经费拨款，应当通过“事业预算收入——非同级财政拨款”科目进行核算，不通过本科目核算。

二、本科目应当按照非同级财政拨款预算收入的类别、来源、《政府收支分类科目》中“支出功能分类科目”的项级科目等进行明细核算。非同级财政拨款预算收入中如有专项资金收入，还应按照具体项目进行明细核算。

三、非同级财政拨款预算收入的主要账务处理如下：

（一）取得非同级财政拨款预算收入时，按照实际收到的金额，借记“资金结存——货币资金”科目，贷记本科目。

（二）年末，将本科目本年发生额中的专项资金收入转入非财政拨款结转，借记本科目下各专项资金收入明细科目，贷记“非财政拨款结转——本年收支结转”科目；将本科目本年发生额中的非专项资金收入转入其他结余，借记本科目下各非专项资金收入明细科目，贷记“其他结余”科目。

四、年末结转后，本科目应无余额。

6602　投资预算收益

一、本科目核算事业单位取得的按照规定纳入部门预算管理的属于投资收益性质的现金流入，包括股权投资收益、出售或收回债券投资所取得的收益和债券投资利息收入。

二、本科目应当按照《政府收支分类科目》中“支出功能分类科目”的项级科目等进行明细核算。

三、投资预算收益的主要账务处理如下：

（一）出售或到期收回本年度取得的短期、长期债券，按照实际取得的价款或实际收到的本息金额，借记“资金结存——货币资金”科目，按照取得债券时“投资支出”科目的发生额，贷记“投资支出”科目，按照其差额，贷记或借记本科目。

出售或到期收回以前年度取得的短期、长期债券，按照实际取得的价款或实际收到的本息金额，借记“资金结存——货币资金”科目，按照取得债券时“投资支出”科目的发生额，贷记“其他结余”科目，按照其差额，贷记或借记本科目。

出售、转让以货币资金取得的长期股权投资的，其账务处理参照出售或到期收回债券投资。

（二）持有的短期投资以及分期付息、一次还本的长期债券投资收到利息时，按照实际收到的金额，借记“资金结存——货币资金”科目，贷记本科目。

（三）持有长期股权投资取得被投资单位分派的现金股利或利润时，按照实际收到的金额，借记“资金结存——货币资金”科目，贷记本科目。

（四）出售、转让以非货币性资产取得的长期股权投资时，按照实际取得的价款扣减支付的相关费用和应缴财政款后的余额（按照规定纳入单位预算管理的），借记“资金结存——货币资金”科目，贷记本科目。

（五）年末，将本科目本年发生额转入其他结余，借记或贷记本科目，贷记或借记“其他结余”科目。

四、年末结转后，本科目应无余额。

6609　其他预算收入

一、本科目核算单位除财政拨款预算收入、事业预算收入、上级补助预算收入、附属单位上缴预算收入、经营预算收入、债务预算收入、非同级财政拨款预算收入、投资预算收益之外的纳入部门预算管理的现金流入，包括捐赠预算收入、利息预算收入、租金预算收入、现金盘盈收入等。

二、本科目应当按照其他收入类别、《政府收支分类科目》中“支出功能分类科目”的项级科目等进行明细核算。其他预算收入中如有专项资金收入，还应按照具体项目进行明细核算。

单位发生的捐赠预算收入、利息预算收入、租金预算收入金额较大或业务较多的，可单独设置“6603 捐赠预算收入”、“6604 利息预算收入”、“6605 租金预算收入”等科目。

三、其他预算收入的主要账务处理如下：

（一）接受捐赠现金资产、收到银行存款利息、收到资产承租人支付的租金时，按照实际收到的金额，借记“资金结存——货币资金”科目，贷记本科目。

（二）每日现金账款核对中如发现现金溢余，按照溢余的现金金额，借记“资金结存——货币资金”科目，贷记本科目。经核实，属于应支付给有关个人和单位的部分，按照实际支付的金额，借记本科目，贷记“资金结存——货币资金”科目。

（三）收到其他预算收入时，按照收到的金额，借记“资金结存——货币资金”科目，贷记本科目。

（四）年末，将本科目本年发生额中的专项资金收入转入非财政拨款结转，借记本科目下各专项资金收入明细科目，贷记“非财政拨款结转——本年收支结转”科目；将本科目本年发生额中的非专项资金收入转入其他结余，借记本科目下各非专项资金收入明细科目，贷记“其他结余”科目。

四、年末结转后，本科目应无余额。

（二）预算支出类

7101 行政支出

一、本科目核算行政单位履行其职责实际发生的各项现金流出。

二、本科目应当分别按照“财政拨款支出”、“非财政专项资金支出”和“其他资金支出”，“基本支出”和“项目支出”等进行明细核算，并按照《政府收支分类科目》中“支出功能分类科目”的项级科目进行明细核算；“基本支出”和“项目支出”明细科目下应当按照《政府收支分类科目》中“部门预算支出经济分类科目”的款级科目进行明细核算，同时在“项目支出”明细科目下按照具体项目进行明细核算。

有一般公共预算财政拨款、政府性基金预算财政拨款等两种或两种以上财政拨款的行政单位，还应当在“财政拨款支出”明细科目下按照财政拨款的种类进行明细核算。

对于预付款项，可通过在本科目下设置“待处理”明细科目进行核算，待确认具体支出项目后再转入本科目下相关明细科目。年末结账前，应将本科目“待处理”明细科目余额全部转入本科目下相关明细科目。

三、行政支出的主要账务处理如下：

（一）支付单位职工薪酬

向单位职工个人支付薪酬时，按照实际支付的金额，借记本科目，贷记“财政拨款预算收入”、“资金结存”科目。

按照规定代扣代缴个人所得税以及代扣代缴或为职工缴纳职工社会保险费、住房公积金等时，按照实际缴纳的金额，借记本科目，贷记“财政拨款预算收入”、“资金结存”科目。

（二）支付外部人员劳务费

按照实际支付给外部人员个人的金额，借记本科目，贷记“财政拨款预算收入”、“资金结存”科目。

按照规定代扣代缴个人所得税时，按照实际缴纳的金额，借记本科目，贷记“财政拨款预算收入”、“资金结存”科目。

（三）为购买存货、固定资产、无形资产等以及在建工程支付相关款项时，按照实际支付的金额，借记本科目，贷记“财政拨款预算收入”、“资金结存”科目。

（四）发生预付账款时，按照实际支付的金额，借记本科目，贷记“财政拨款预算收入”、“资金结存”科目。

对于暂付款项，在支付款项时可不做预算会计处理，待结算或报销时，按照结算或报销的金额，借记本科目，贷记“资金结存”科目。

（五）发生其他各项支出时，按照实际支付的金额，借记本科目，贷记“财政拨款预算收入”、“资金结存”科目。

（六）因购货退回等发生款项退回，或者发生差错更正的，属于当年支出收回的，按照收回或更正金额，借记“财政拨款预算收入”、“资金结存”科目，贷记本科目。

（七）年末，将本科目本年发生额中的财政拨款支出转入财政拨款结转，借记“财政拨款结转——本年收支结转”科目，贷记本科目下各财政拨款支出明细科目；将本科目本年发生额中的非财政专项资金支出转入非财政拨款结转，借记“非财政拨款结转——本年收支结转”科目，贷记本科目下各非财政专项资金支出明细科目；将本科目本年发生额中的其他资金支出（非财政非专项资金支出）转入其他结余，借记“其他结余”科目，贷记本科目下其他资金支出明细科目。

四、年末结转后，本科目应无余额。

7201 事业支出

一、本科目核算事业单位开展专业业务活动及其辅助活动实际发生的各项现金流出。

二、单位发生教育、科研、医疗、行政管理、后勤保障等活动的，可在本科目下设置相应的明细科目进行核算，或单设“7201 教育支出”、“7202 科研支出”、“7203 医疗支出”、“7204 行政管理支出”、“7205 后勤保障支出”等一级会计科目进行核算。

三、本科目应当分别按照“财政拨款支出”、“非财政专项资金支出”和“其他资金支出”，“基本支出”和“项目支出”等进行明细核算，并按照《政府收支分类科目》中“支出功能分类科目”的项级科目进行明细核算；“基本支出”和“项目支出”明细科目下应当按照《政府收支分类科目》中“部门预算支出经济分类科目”的款级科目进行明细核算，同时在“项目支出”明细科目下按照具体项目进行明细核算。

有一般公共预算财政拨款、政府性基金预算财政拨款等两种或两种以上财政拨款的事业单位，还应当在“财政拨款支出”明细科目下按照财政拨款的种类进行明细核算。

对于预付款项，可通过在本科目下设置“待处理”明细科目进行明细核算，待确认具体支出项目后再转入本科目下相关明细科目。年末结账前，应将本科目“待处理”明细科目余额全部转入本科目下相关明细科目。

四、事业支出的主要账务处理如下：

（一）支付单位职工（经营部门职工除外）薪酬

向单位职工个人支付薪酬时，按照实际支付的数额，借记本科目，贷记“财政拨款预算收入”、“资金结存”科目。

按照规定代扣代缴个人所得税以及代扣代缴或为职工缴纳职工社会保险费、住房公积金等时，按照实际缴纳的金额，借记本科目，贷记“财政拨款预算收入”、“资金结存”科目。

（二）为专业业务活动及其辅助活动支付外部人员劳务费

按照实际支付给外部人员个人的金额，借记本科目，贷记“财政拨款预算收入”、“资金结存”科目。

按照规定代扣代缴个人所得税时，按照实际缴纳的金额，借记本科目，贷记“财政拨款预算收入”、“资金结存”科目。

（三）开展专业业务活动及其辅助活动过程中为购买存货、固定资产、无形资产等以及在建工程支付相关款项时，按照实际支付的金额，借记本科目，贷记“财政拨款预算收入”、“资金结存”科目。

（四）开展专业业务活动及其辅助活动过程中发生预付账款时，按照实际支付的金额，借记本科目，贷记“财政拨款预算收入”、“资金结存”科目。

对于暂付款项，在支付款项时可不做预算会计处理，待结算或报销时，按照结算或报销的金额，借记本科目，贷记“资金结存”科目。

（五）开展专业业务活动及其辅助活动过程中缴纳的相关税费以及发生的其他各项支出，按照实际支付的金额，借记本科目，贷记“财政拨款预算收入”、“资金结存”科目。

（六）开展专业业务活动及其辅助活动过程中因购货退回等发生款项退回，或者发生差错更正的，属于当年支出收回的，按照收回或更正金额，借记“财政拨款预算收入”、“资金结存”科目，贷记本科目。

（七）年末，将本科目本年发生额中的财政拨款支出转入财政拨款结转，借记“财政拨款结转——本年收支结转”科目，贷记本科目下各财政拨款支出明细科目；将本科目本年发生额中的非财政专项资金支出转入非财政拨款结转，借记“非财政拨款结转——本年收支结转”科目，贷记本科目下各非财政专项资金支出明细科目；将本科目本年发生额中的其他资金支出（非财政非专项资金支出）转入其他结余，借记“其他结余”科目，贷记本科目下其他资金支出明细科目。

五、年末结转后，本科目应无余额。

7301 经营支出

一、本科目核算事业单位在专业业务活动及其辅助活动之外开展非独立核算经营活动实际发生的各项现金流出。

二、本科目应当按照经营活动类别、项目、《政府收支分类科目》中“支出功能分类科目”的项级科目和“部门预算支出经济分类科目”的款级科目等进行明细核算。

对于预付款项，可通过在本科目下设置“待处理”明细科目进行明细核算，待确认具体支出项目后再转入本科目下相关明细科目。年末结账前，应将本科目“待处理”明细科目余额全部转入本科目下相关明细科目。

三、经营支出的主要账务处理如下：

（一）支付经营部门职工薪酬

向职工个人支付薪酬时，按照实际的金额，借记本科目，贷记“资金结存”科目。

按照规定代扣代缴个人所得税以及代扣代缴或为职工缴纳职工社会保险费、住房公积金时，按照实际缴纳的金额，借记本科目，贷记“资金结存”科目。

（二）为经营活动支付外部人员劳务费

按照实际支付给外部人员个人的金额，借记本科目，贷记“资金结存”科目。

按照规定代扣代缴个人所得税时，按照实际缴纳的金额，借记本科目，贷记“资金结存”科目。

（三）开展经营活动过程中为购买存货、固定资产、无形资产等以及在建工程支付相关款项时，按照实际支付的金额，借记本科目，贷记“资金结存”科目。

（四）开展经营活动过程中发生预付账款时，按照实际支付的金额，借记本科目，贷记“资金结存”科目。

对于暂付款项，在支付款项时可不做预算会计处理，待结算或报销时，按照结算或报销的金额，借记本科目，贷记“资金结存”科目。

（五）因开展经营活动缴纳的相关税费以及发生的其他各项支出，按照实际支付的金额，借记本科目，贷记“资金结存”科目。

（六）开展经营活动中因购货退回等发生款项退回，或者发生差错更正的，属于当年支出收回的，按照收回或更正金额，借记“资金结存”科目，贷记本科目。

（七）年末，将本科目本年发生额转入经营结余，借记“经营结余”科目，贷记本科目。

四、年末结转后，本科目应无余额。

7401 上缴上级支出

一、本科目核算事业单位按照财政部门和主管部门的规定上缴上级单位款项发生的现金流出。

二、本科目应当按照收缴款项单位、缴款项目、《政府收支分类科目》中“支出功能分类科目”的项级科目和“部门预算支出经济分类科目”的款级科目等进行明细核算。

三、上缴上级支出的主要账务处理如下：

（一）按照规定将款项上缴上级单位的，按照实际上缴的金额，借记本科目，贷记“资金结存”科目。

（二）年末，将本科目本年发生额转入其他结余，借记“其他结余”科目，贷记本科目。

四、年末结转后，本科目应无余额。

7501 对附属单位补助支出

一、本科目核算事业单位用财政拨款预算收入之外的收入对附属单位补助发生的现金流出。

二、本科目应当按照接受补助单位、补助项目、《政府收支分类科目》中“支出功能分类科目”的项级科目和“部门预算支出经济分类科目”的款级科目等进行明细核算。

三、对附属单位补助支出的主要账务处理如下：

（一）发生对附属单位补助支出的，按照实际补助的金额，借记本科目，贷记“资金结存”科目。

（二）年末，将本科目本年发生额转入其他结余，借记“其他结余”科目，贷记本科目。

四、年末结转后，本科目应无余额。

7601 投资支出

一、本科目核算事业单位以货币资金对外投资发生的现金流出。

二、本科目应当按照投资类型、投资对象、《政府收支分类科目》中“支出功能分类科目”的项级科目和“部门预算支出经济分类科目”的款级科目等进行明细核算。

三、投资支出的主要账务处理如下：

（一）以货币资金对外投资时，按照投资金额和所支付的相关税费金额的合计数，借记本科目，贷记“资金结存”科目。

（二）出售、对外转让或到期收回本年度以货币资金取得的对外投资的，如果按规定将投资收益纳入单位预算，按照实际收到的金额，借记“资金结存”科目，按照取得投资时“投资支出”科目的发生额，贷记本科目，按照其差额，贷记或借记“投资预算收益”科目；如果按规定将投资收益上缴财政的，按照取得投资时“投资支出”科目的发生额，借记“资金结存”科目，贷记本科目。

出售、对外转让或到期收回以前年度以货币资金取得的对外投资的，如果按规定将投资收益纳入单位预算，按照实际收到的金额，借记“资金结存”科目，按照取得投资时“投资支出”科目的发生额，贷记“其他结余”科目，按照其差额，贷记或借记“投资预算收益”科目；如果按规定将投资收益上缴财政的，按照取得投资时“投资支出”科目的发生额，借记“资金结存”科目，贷记“其他结余”科目。

（三）年末，将本科目本年发生额转入其他结余，借记“其他结余”科目，贷记本科目。

四、年末结转后，本科目应无余额。

7701 债务还本支出

一、本科目核算事业单位偿还自身承担的纳入预算管理的从金融机构举借的债务本金的现金流出。

二、本科目应当按照贷款单位、贷款种类、《政府收支分类科目》中“支出功能分类科目”的项级科目和“部门预算支出经济分类科目”的款级科目等进行明细核算。

三、债务还本支出的主要账务处理如下：

（一）偿还各项短期或长期借款时，按照偿还的借款本金，借记本科目，贷记“资金结存”科目。

（二）年末，将本科目本年发生额转入其他结余，借记“其他结余”科目，贷记本科目。

四、年末结转后，本科目应无余额。

7901 其他支出

一、本科目核算单位除行政支出、事业支出、经营支出、上缴上级支出、对附属单位补助支出、投资支出、债务还本支出以外的各项现金流出，包括利息支出、对外捐赠现金支出、现金盘亏损失、接受捐赠（调入）和对外捐赠（调出）非现金资产发生的税费支出、资产置换过程中发生的相关税费支出、罚没支出等。

二、本科目应当按照其他支出的类别，“财政拨款支出”、“非财政专项资金支出”和“其他资金支出”，《政府收支分类科目》中“支出功能分类科目”的项级科目和“部门预算支出经济分类科目”的款级科目等进行明细核算。其他支出中如有专项资金支出，还应按照具体项目进行明细核算。

有一般公共预算财政拨款、政府性基金预算财政拨款等两种或两种以上财政拨款的事业单位，还应当在“财政拨款支出”明细科目下按照财政拨款的种类进行明细核算。

单位发生利息支出、捐赠支出等其他支出金额较大或业务较多的，可单独设置“7902 利息支出”、“7903 捐赠支出”等科目。

三、其他支出的主要账务处理如下：

（一）利息支出

支付银行借款利息时，按照实际支付金额，借记本科目，贷记“资金结存”科目。

（二）对外捐赠现金资产

对外捐赠现金资产时，按照捐赠金额，借记本科目，贷记“资金结存——货币资金”科目。

（三）现金盘亏损失

每日现金账款核对中如发现现金短缺，按照短缺的现金金额，借记本科目，贷记“资金结存——货币资金”科目。经核实，属于应当由有关人员赔偿的，按照收到的赔偿金额，借记“资金结存——货币资金”科目，贷记本科目。

（四）接受捐赠（无偿调入）和对外捐赠（无偿调出）非现金资产发生的税费支出

接受捐赠（无偿调入）非现金资产发生的归属于捐入方（调入方）的相关税费、运输费等，以及对外捐赠（无偿调出）非现金资产发生的归属于捐出方（调出方）的相关税费、运输费等，按照实际支付金额，借记本科目，贷记“资金结存”科目。

（五）资产置换过程中发生的相关税费支出

资产置换过程中发生的相关税费，按照实际支付金额，借记本科目，贷记“资金结存”科目。

（六）其他支出

发生罚没等其他支出时，按照实际支出金额，借记本科目，贷记“资金结存”科目。

（七）年末，将本科目本年发生额中的财政拨款支出转入财政拨款结转，借记“财政拨款结转——本年收支结转”科目，贷记本科目下各财政拨款支出明细科目；将本科目本年发生额中的非财政专项资金支出转入非财政拨款结转，借记“非财政拨款结转——本年收支结转”科目，贷记本科目下各非财政专项资金支出明细科目；将本科目本年发生额中的其他资金支出（非财政非专项资金支出）转入其他结余，借记“其他结余”科目，贷记本科目下各其他资金支出明细科目。

四、年末结转后，本科目应无余额。

（三）预算结余类

8001 资金结存

一、本科目核算单位纳入部门预算管理的资金的流入、流出、调整和滚存等情况。

二、本科目应当设置下列明细科目：

（一）“零余额账户用款额度”：本明细科目核算实行国库集中支付的单位根据财政部门批复的用款计划收到和支用的零余额账户用款额度。

年末结账后，本明细科目应无余额。

（二）“货币资金”：本明细科目核算单位以库存现金、银行存款、其他货币资金形态存在的资金。

本明细科目年末借方余额，反映单位尚未使用的货币资金。

（三）“财政应返还额度”：本明细科目核算实行国库集中支付的单位可以使用的以前年度财政直接支付资金额度和财政应返还的财政授权支付资金额度。本明细科目下可设置“财政直接支付”、“财政授权支付”两个明细科目进行明细核算。

本明细科目年末借方余额，反映单位应收财政返还的资金额度。

三、资金结存的主要账务处理如下：

（一）财政授权支付方式下，单位根据代理银行转来的财政授权支付额度到账通知书，按照通知书中的授权支付额度，借记本科目（零余额账户用款额度），贷记“财政拨款预算收入”科目。

以国库集中支付以外的其他支付方式取得预算收入时，按照实际收到的金额，借记本科目（货币资金），贷记“财政拨款预算收入”、“事业预算收入”、“经营预算收入”等科目。

（二）财政授权支付方式下，发生相关支出时，按照实际支付的金额，借记“行政支出”、“事业支出”等科目，贷记本科目（零余额账户用款额度）。

从零余额账户提取现金时，借记本科目（货币资金），贷记本科目（零余额账户用款额度）。退回现金时，做相反会计分录。

使用以前年度财政直接支付额度发生支出时，按照实际支付金额，借记“行政支出”、“事业支出”等科目，贷记本科目（财政应返还额度）。

国库集中支付以外的其他支付方式下，发生相关支出时，按照实际支付的金额，借记“事业支出”、“经营支出”等科目，贷记本科目（货币资金）。

（三）按照规定上缴财政拨款结转结余资金或注销财政拨款结转结余资金额度的，按照实际上缴资金数额或注销的资金额度数额，借记“财政拨款结转——归集上缴”或“财政拨款结余——归集上缴”科目，贷记本科目（财政应返还额度、零余额账户用款额度、货币资金）。

按规定向原资金拨入单位缴回非财政拨款结转资金的，按照实际缴回资金数额，借记“非财政拨款结转——缴回资金”科目，贷记本科目（货币资金）。

收到从其他单位调入的财政拨款结转资金的，按照实际调入资金数额，借记本科目（财政应返还额度、零余额账户用款额度、货币资金），贷记“财政拨款结转——归集调入”科目。

（四）按照规定使用专用基金时，按照实际支付金额，借记“专用结余”科目［从非财政拨款结余中提取的专用基金］或“事业支出”等科目［从预算收入中计提的专用基金］，贷记本科目（货币资金）。

（五）因购货退回、发生差错更正等退回国库直接支付、授权支付款项，或者收回货币资金的，属于本年度支付的，借记“财政拨款预算收入”科目或本科目（零余额账户用款额度、货币资金），贷记相关支出科目；属于以前年度支付的，借记本科目（财政应返还额度、零余额账户用款额度、货币资金），贷记“财政拨款结转”、“财政拨款结余”、“非财政拨款结转”、“非财政拨款结余”科目。

（六）有企业所得税缴纳义务的事业单位缴纳所得税时，按照实际缴纳金额，借记“非财政拨款结余——累计结余”科目，贷记本科目（货币资金）。

（七）年末，根据本年度财政直接支付预算指标数与当年财政直接支付实际支出数的差额，借记本科目（财政应返还额度），贷记“财政拨款预算收入”科目。

（八）年末，单位依据代理银行提供的对账单作注销额度的相关账务处理，借记本科目（财政应返还额度），贷记本科目（零余额账户用款额度）；本年度财政授权支付预算指标数大于零余额账户用款额度下达数的，根据未下达的用款额度，借记本科目（财政应返还额度），贷记“财政拨款预算收入”科目。

下年初，单位依据代理银行提供的额度恢复到账通知书作恢复额度的相关账务处理，借记本科目（零余额账户用款额度），贷记本科目（财政应返还额度）。单位收到财政部门批复的上年末未下达零余额账户用款额度的，借记本科目（零余额账户用款额度），贷记本科目（财政应返还额度）。

四、本科目年末借方余额，反映单位预算资金的累计滚存情况。

8101　财政拨款结转

一、本科目核算单位取得的同级财政拨款结转资金的调整、结转和滚存情况。

二、本科目应当设置下列明细科目：

（一）与会计差错更正、以前年度支出收回相关的明细科目

“年初余额调整”：本明细科目核算因发生会计差错更正、以前年度支出收回等原因，需要调整财政拨款结转的金额。

年末结账后，本明细科目应无余额。

（二）与财政拨款调拨业务相关的明细科目

1. “归集调入”：本明细科目核算按照规定从其他单位调入财政拨款结转资金时，实际调增的额度数额或调入的资金数额。

年末结账后，本明细科目应无余额。

2. “归集调出”：本明细科目核算按照规定向其他单位调出财政拨款结转资金时，实际调减的额度数额或调出的资金数额。

年末结账后，本明细科目应无余额。

3. “归集上缴”：本明细科目核算按照规定上缴财政拨款结转资金时，实际核销的额度数额或上缴的资金数额。

年末结账后，本明细科目应无余额。

4. “单位内部调剂”：本明细科目核算经财政部门批准对财政拨款结余资金改变用途，调整用于本单位其他未完成项目等的调整金额。

年末结账后，本明细科目应无余额。

（三）与年末财政拨款结转业务相关的明细科目

1. “本年收支结转”：本明细科目核算单位本年度财政拨款收支相抵后的余额。

年末结账后，本明细科目应无余额。

2. “累计结转”：本明细科目核算单位滚存的财政拨款结转资金。

本明细科目年末贷方余额，反映单位财政拨款滚存的结转资金数额。

本科目还应当设置“基本支出结转”、“项目支出结转”两个明细科目，并在“基本支出结转”明细科目下按照“人员经费”、“日常公用经费”进行明细核算，在“项目支出结转”明细科目下按照具体项目进行明细核算；同时，本科目还应按照《政府收支分类科目》中“支出功能分类科目”的相关科目进行明细核算。

有一般公共预算财政拨款、政府性基金预算财政拨款等两种或两种以上财政拨款的，还应当在本科目下按照财政拨款的种类进行明细核算。

三、财政拨款结转的主要账务处理如下：

（一）与会计差错更正、以前年度支出收回相关的账务处理

1. 因发生会计差错更正退回以前年度国库直接支付、授权支付款项或财政性货币资金，或者因发生会计差错更正增加以前年度国库直接支付、授权支付支出或财政性货币资金支出，属于以前年度财政拨款结转资金的，借记或贷记“资金结存——财政应返还额度、零余额账户用款额度、货币资金”科目，贷记或借记本科目（年初余额调整）。

2. 因购货退回、预付款项收回等发生以前年度支出又收回国库直接支付、授权支付款项或收回财政性货币资金，属于以前年度财政拨款结转资金的，借记“资金结存——财政应返还额度、零余额账户用款额度、货币资金”科目，贷记本科目（年初余额调整）。

（二）与财政拨款结转结余资金调整业务相关的账务处理

1. 按照规定从其他单位调入财政拨款结转资金的，按照实际调增的额度数额或调入的资金数额，借记“资金结存——财政应返还额度、零余额账户用款额度、货币资金”科目，贷记本科目（归集调入）。

2. 按照规定向其他单位调出财政拨款结转资金的，按照实际调减的额度数额或调出的资金数额，借记本科目（归集调出），贷记“资金结存——财政应返还额度、零余额账户用款额度、货币资金”科目。

3. 按照规定上缴财政拨款结转资金或注销财政拨款结转资金额度的，按照实际上缴资金数额或注销的资金额度数额，借记本科目（归集上缴），贷记“资金结存——财政应返还额度、零余额账户用款额度、货币资金”科目。

4. 经财政部门批准对财政拨款结余资金改变用途，调整用于本单位基本支出或其他未完成项目支出的，按照批准调剂的金额，借记“财政拨款结余——单位内部调剂”科目，贷记本科目（单位内

部调剂）。

（三）与年末财政拨款结转和结余业务相关的账务处理

1. 年末，将财政拨款预算收入本年发生额转入本科目，借记“财政拨款预算收入”科目，贷记本科目（本年收支结转）；将各项支出中财政拨款支出本年发生额转入本科目，借记本科目（本年收支结转），贷记各项支出（财政拨款支出）科目。

2. 年末冲销有关明细科目余额。将本科目（本年收支结转、年初余额调整、归集调入、归集调出、归集上缴、单位内部调剂）余额转入本科目（累计结转）。结转后，本科目除“累计结转”明细科目外，其他明细科目应无余额。

3. 年末完成上述结转后，应当对财政拨款结转各明细项目执行情况进行分析，按照有关规定将符合财政拨款结余性质的项目余额转入财政拨款结余，借记本科目（累计结转），贷记“财政拨款结余——结转转入”科目。

四、本科目年末贷方余额，反映单位滚存的财政拨款结转资金数额。

8102 财政拨款结余

一、本科目核算单位取得的同级财政拨款项目支出结余资金的调整、结转和滚存情况。

二、本科目应当设置下列明细科目：

（一）与会计差错更正、以前年度支出收回相关的明细科目

“年初余额调整”：本明细科目核算因发生会计差错更正、以前年度支出收回等原因，需要调整财政拨款结余的金额。

年末结账后，本明细科目应无余额。

（二）与财政拨款结余资金调整业务相关的明细科目

1. “归集上缴”：本明细科目核算按照规定上缴财政拨款结余资金时，实际核销的额度数额或上缴的资金数额。

年末结账后，本明细科目应无余额。

2. “单位内部调剂”：本明细科目核算经财政部门批准对财政拨款结余资金改变用途，调整用于本单位其他未完成项目等的调整金额。

年末结账后，本明细科目应无余额。

（三）与年末财政拨款结余业务相关的明细科目

1. “结转转入”：本明细科目核算单位按照规定转入财政拨款结余的财政拨款结转资金。

年末结账后，本明细科目应无余额。

2. “累计结余”：本明细科目核算单位滚存的财政拨款结余资金。

本明细科目年末贷方余额，反映单位财政拨款滚存的结余资金数额。

本科目还应当按照具体项目、《政府收支分类科目》中“支出功能分类科目”的相关科目等进行明细核算。

有一般公共预算财政拨款、政府性基金预算财政拨款等两种或两种以上财政拨款的，还应当在本科目下按照财政拨款的种类进行明细核算。

三、财政拨款结余的主要账务处理如下：

（一）与会计差错更正、以前年度支出收回相关的账务处理

1. 因发生会计差错更正退回以前年度国库直接支付、授权支付款项或财政性货币资金，或者因发生会计差错更正增加以前年度国库直接支付、授权支付支出或财政性货币资金支出，属于以前年度财政拨款结余资金的，借记或贷记“资金结存——财政应返还额度、零余额账户用款额度、货币资金”科目，贷记或借记本科目（年初余额调整）。

2. 因购货退回、预付款项收回等发生以前年度支出又收回国库直接支付、授权支付款项或收回财政性

货币资金，属于以前年度财政拨款结余资金的，借记“资金结存——财政应返还额度、零余额账户用款额度、货币资金”科目，贷记本科目（年初余额调整）。

（二）与财政拨款结余资金调整业务相关的账务处理

1. 经财政部门批准对财政拨款结余资金改变用途，调整用于本单位基本支出或其他未完成项目支出的，按照批准调剂的金额，借记本科目（单位内部调剂），贷记“财政拨款结转——单位内部调剂”科目。

2. 按照规定上缴财政拨款结余资金或注销财政拨款结余资金额度的，按照实际上缴资金数额或注销的资金额度数额，借记本科目（归集上缴），贷记“资金结存——财政应返还额度、零余额账户用款额度、货币资金”科目。

（三）与年末财政拨款结转和结余业务相关的账务处理

1. 年末，对财政拨款结转各明细项目执行情况进行分析，按照有关规定将符合财政拨款结余性质的项目余额转入财政拨款结余，借记“财政拨款结转——累计结转”科目，贷记本科目（结转转入）。

2. 年末冲销有关明细科目余额。将本科目（年初余额调整、归集上缴、单位内部调剂、结转转入）余额转入本科目（累计结余）。结转后，本科目除“累计结余”明细科目外，其他明细科目应无余额。

四、本科目年末贷方余额，反映单位滚存的财政拨款结余资金数额。

8201 非财政拨款结转

一、本科目核算单位除财政拨款收支、经营收支以外各非同级财政拨款专项资金的调整、结转和滚存情况。

二、本科目应当设置下列明细科目：

（一）“年初余额调整”：本明细科目核算因发生会计差错更正、以前年度支出收回等原因，需要调整非财政拨款结转的资金。

年末结账后，本明细科目应无余额。

（二）“缴回资金”：本明细科目核算按照规定缴回非财政拨款结转资金时，实际缴回的资金数额。

年末结账后，本明细科目应无余额。

（三）“项目间接费用或管理费”：本明细科目核算单位取得的科研项目预算收入中，按照规定计提项目间接费用或管理费的数额。

年末结账后，本明细科目应无余额。

（四）“本年收支结转”：本明细科目核算单位本年度非同级财政拨款专项收支相抵后的余额。

年末结账后，本明细科目应无余额。

（五）“累计结转”：本明细科目核算单位滚存的非同级财政拨款专项结转资金。

本明细科目年末贷方余额，反映单位非同级财政拨款滚存的专项结转资金数额。

本科目还应当按照具体项目、《政府收支分类科目》中“支出功能分类科目”的相关科目等进行明细核算。

三、非财政拨款结转的主要账务处理如下：

（一）按照规定从科研项目预算收入中提取项目管理费或间接费时，按照提取金额，借记本科目（项目间接费用或管理费），贷记“非财政拨款结余——项目间接费用或管理费”科目。

（二）因会计差错更正收到或支出非同级财政拨款货币资金，属于非财政拨款结转资金的，按照收到或支出的金额，借记或贷记“资金结存——货币资金”科目，贷记或借记本科目（年初余额调整）。

因收回以前年度支出等收到非同级财政拨款货币资金，属于非财政拨款结转资金的，按照收到的金额，借记“资金结存——货币资金”科目，贷记本科目（年初余额调整）。

（三）按照规定缴回非财政拨款结转资金的，按照实际缴回资金数额，借记本科目（缴回资金），贷记“资金结存——货币资金”科目。

（四）年末，将事业预算收入、上级补助预算收入、附属单位上缴预算收入、非同级财政拨款预算收入、债务预算收入、其他预算收入本年发生额中的专项资金收入转入本科目，借记“事业预算收入”、“上级补助预算收入”、“附属单位上缴预算收入”、“非同级财政拨款预算收入”、“债务预算收入”、“其他预算收入”科目下各专项资金收入明细科目，贷记本科目（本年收支结转）；将行政支出、事业支出、其他支出本年发生额中的非财政拨款专项资金支出转入本科目，借记本科目（本年收支结转），贷记“行政支出”、“事业支出”、“其他支出”科目下各非财政拨款专项资金支出明细科目。

（五）年末冲销有关明细科目余额。将本科目（年初余额调整、项目间接费用或管理费、缴回资金、本年收支结转）余额转入本科目（累计结转）。结转后，本科目除“累计结转”明细科目外，其他明细科目应无余额。

（六）年末完成上述结转后，应当对非财政拨款专项结转资金各项目情况进行分析，将留归本单位使用的非财政拨款专项（项目已完成）剩余资金转入非财政拨款结余，借记本科目（累计结转），贷记“非财政拨款结余——结转转入”科目。

四、本科目年末贷方余额，反映单位滚存的非同级财政拨款专项结转资金数额。

8202　非财政拨款结余

一、本科目核算单位历年滚存的非限定用途的非同级财政拨款结余资金，主要为非财政拨款结余扣除结余分配后滚存的金额。

二、本科目应当设置下列明细科目：

（一）“年初余额调整”：本明细科目核算因发生会计差错更正、以前年度支出收回等原因，需要调整非财政拨款结余的资金。

年末结账后，本明细科目应无余额。

（二）“项目间接费用或管理费”：本明细科目核算单位取得的科研项目预算收入中，按照规定计提的项目间接费用或管理费数额。

年末结账后，本明细科目应无余额。

（三）“结转转入”：本明细科目核算按照规定留归单位使用，由单位统筹调配，纳入单位非财政拨款结余的非同级财政拨款专项剩余资金。

年末结账后，本明细科目应无余额。

（四）“累计结余”：本明细科目核算单位历年滚存的非同级财政拨款、非专项结余资金。

本明细科目年末贷方余额，反映单位非同级财政拨款滚存的非专项结余资金数额。

本科目还应当按照《政府收支分类科目》中“支出功能分类科目”的相关科目进行明细核算。

三、非财政拨款结余的主要账务处理如下：

（一）按照规定从科研项目预算收入中提取项目管理费或间接费时，借记“非财政拨款结转——项目间接费用或管理费”科目，贷记本科目（项目间接费用或管理费）。

（二）有企业所得税缴纳义务的事业单位实际缴纳企业所得税时，按照缴纳金额，借记本科目（累计结余），贷记“资金结存——货币资金”科目。

（三）因会计差错更正收到或支出非同级财政拨款货币资金，属于非财政拨款结余资金的，按照收到或支出的金额，借记或贷记“资金结存——货币资金”科目，贷记或借记本科目（年初余额调整）。

因收回以前年度支出等收到非同级财政拨款货币资金，属于非财政拨款结余资金的，按照收到的金额，借记“资金结存——货币资金”科目，贷记本科目（年初余额调整）。

（四）年末，将留归本单位使用的非财政拨款专项（项目已完成）剩余资金转入本科目，借记“非财政拨款结转——累计结转”科目，贷记本科目（结转转入）。

（五）年末冲销有关明细科目余额。将本科目（年初余额调整、项目间接费用或管理费、结转转入）余额结转入本科目（累计结余）。结转后，本科目除“累计结余”明细科目外，其他明细科目应无余额。

（六）年末，事业单位将“非财政拨款结余分配”科目余额转入非财政拨款结余。“非财政拨款结余分配”科目为借方余额的，借记本科目（累计结余），贷记“非财政拨款结余分配”科目；“非财政拨款结余分配”科目为贷方余额的，借记“非财政拨款结余分配”科目，贷记本科目（累计结余）。

年末，行政单位将“其他结余”科目余额转入非财政拨款结余。“其他结余”科目为借方余额的，借记本科目（累计结余），贷记“其他结余”科目；“其他结余”科目为贷方余额的，借记“其他结余”科目，贷记本科目（累计结余）。

四、本科目年末贷方余额，反映单位非同级财政拨款结余资金的累计滚存数额。

8301 专用结余

一、本科目核算事业单位按照规定从非财政拨款结余中提取的具有专门用途的资金的变动和滚存情况。

二、本科目应当按照专用结余的类别进行明细核算。

三、专用结余的主要账务处理如下：

（一）根据有关规定从本年度非财政拨款结余或经营结余中提取基金的，按照提取金额，借记“非财政拨款结余分配”科目，贷记本科目。

（二）根据规定使用从非财政拨款结余或经营结余中提取的专用基金时，按照使用金额，借记本科目，贷记“资金结存——货币资金”科目。

四、本科目年末贷方余额，反映事业单位从非同级财政拨款结余中提取的专用基金的累计滚存数额。

8401 经营结余

一、本科目核算事业单位本年度经营活动收支相抵后余额弥补以前年度经营亏损后的余额。

二、本科目可以按照经营活动类别进行明细核算。

三、经营结余的主要账务处理如下：

（一）年末，将经营预算收入本年发生额转入本科目，借记“经营预算收入”科目，贷记本科目；将经营支出本年发生额转入本科目，借记本科目，贷记“经营支出”科目。

（二）年末，完成上述（一）结转后，如本科目为贷方余额，将本科目贷方余额转入“非财政拨款结余分配”科目，借记本科目，贷记“非财政拨款结余分配”科目；如本科目为借方余额，为经营亏损，不予结转。

四、年末结账后，本科目一般无余额；如为借方余额，反映事业单位累计发生的经营亏损。

8501 其他结余

一、本科目核算单位本年度除财政拨款收支、非同级财政专项资金收支和经营收支以外各项收支相抵后的余额。

二、其他结余的主要账务处理如下：

（一）年末，将事业预算收入、上级补助预算收入、附属单位上缴预算收入、非同级财政拨款预算收入、债务预算收入、其他预算收入本年发生额中的非专项资金收入以及投资预算收益本年发生额转入本科目，借记“事业预算收入”、“上级补助预算收入”、“附属单位上缴预算收入”、“非同级财政拨款预算收入”、“债务预算收入”、“其他预算收入”科目下各非专项资金收入明细科目和“投资预算收益”科目，贷记本科目（“投资预算收益”科目本年发生额为借方净额时，借记本科目，贷记“投资预算收益”科目）；将行政支出、事业支出、其他支出本年发生额中的非同级财政、非专项资金支出，以及上缴上级支出、对附属单位补助支出、投资支出、债务还本支出本年发生额转入本科目，借记本科目，贷记“行政支出”、“事业支出”、“其他支出”科目下各非同级财政、非专项资金支出明细科目和“上缴上级支出”、“对附属单位补助支出”、“投资支出”、“债务还本支出”科目。

（二）年末，完成上述（一）结转后，行政单位将本科目余额转入“非财政拨款结余——累计结余”科目；事业单位将本科目余额转入“非财政拨款结余分配”科目。当本科目为贷方余额时，借记本科目，贷记“非财政拨款结余——累计结余”或“非财政拨款结余分配”科目；当本科目为借方余额时，借记“非财政拨款结余——累计结余”或“非财政拨款结余分配”科目，贷记本科目。

三、年末结账后，本科目应无余额。

8701　非财政拨款结余分配

一、本科目核算事业单位本年度非财政拨款结余分配的情况和结果。

二、非财政拨款结余分配的主要账务处理如下：

（一）年末，将“其他结余”科目余额转入本科目，当“其他结余”科目为贷方余额时，借记“其他结余”科目，贷记本科目；当“其他结余”科目为借方余额时，借记本科目，贷记“其他结余”科目。

年末，将“经营结余”科目贷方余额转入本科目，借记“经营结余”科目，贷记本科目。

（二）根据有关规定提取专用基金的，按照提取的金额，借记本科目，贷记“专用结余”科目。

（三）年末，按照规定完成上述（一）至（二）处理后，将本科目余额转入非财政拨款结余。当本科目为借方余额时，借记“非财政拨款结余——累计结余”科目，贷记本科目；当本科目为贷方余额时，借记本科目，贷记“非财政拨款结余——累计结余”科目。

三、年末结账后，本科目应无余额。

第四部分　报 表 格 式

编号	报表名称	编制期
财务报表		
会政财 01 表	资产负债表	月度、年度
会政财 02 表	收入费用表	月度、年度
会政财 03 表	净资产变动表	年度
会政财 04 表	现金流量表	年度
	附注	年度
预算会计报表		
会政预 01 表	预算收入支出表	年度
会政预 02 表	预算结转结余变动表	年度
会政预 03 表	财政拨款预算收入支出表	年度

资产负债表

会政财 01 表

编制单位：________　　　　____年____月____日　　　　单位：元

资产	期末余额	年初余额	负债和净资产	期末余额	年初余额
流动资产：			流动负债：		
货币资金			短期借款		
短期投资			应交增值税		
财政应返还额度			其他应交税费		
应收票据			应缴财政款		

续表

资产	期末余额	年初余额	负债和净资产	期末余额	年初余额
应收账款净额			应付职工薪酬		
预付账款			应付票据		
应收股利			应付账款		
应收利息			应付政府补贴款		
其他应收款净额			应付利息		
存货			预收账款		
待摊费用			其他应付款		
一年内到期的非流动资产			预提费用		
其他流动资产			一年内到期的非流动负债		
流动资产合计			其他流动负债		
非流动资产：			流动负债合计		
长期股权投资			非流动负债：		
长期债券投资			长期借款		
固定资产原值			长期应付款		
减：固定资产累计折旧			预计负债		
固定资产净值			其他非流动负债		
工程物资			非流动负债合计		
在建工程			受托代理负债		
无形资产原值			负债合计		
减：无形资产累计摊销					
无形资产净值					
研发支出					
公共基础设施原值					
减：公共基础设施累计折旧（摊销）					
公共基础设施净值					
政府储备物资					
文物文化资产					
保障性住房原值					
减：保障性住房累计折旧			净资产：		
保障性住房净值			累计盈余		
长期待摊费用			专用基金		
待处理财产损溢			权益法调整		
其他非流动资产			无偿调拨净资产*		—
非流动资产合计			本期盈余*		—
受托代理资产			净资产合计		
资产总计			负债和净资产总计		

注：“*”标识项目为月报项目，年报中不需列示。

收入费用表

会政财 02 表

编制单位：________　　　　____年____月　　　　单位：元

项目	本月数	本年累计数
一、本期收入		
（一）财政拨款收入		
其中：政府性基金收入		
（二）事业收入		
（三）上级补助收入		
（四）附属单位上缴收入		
（五）经营收入		
（六）非同级财政拨款收入		
（七）投资收益		
（八）捐赠收入		
（九）利息收入		
（十）租金收入		
（十一）其他收入		
二、本期费用		
（一）业务活动费用		
（二）单位管理费用		
（三）经营费用		
（四）资产处置费用		
（五）上缴上级费用		
（六）对附属单位补助费用		
（七）所得税费用		
（八）其他费用		
三、本期盈余		

净资产变动表

会政财 03 表

编制单位：________　　　　____年　　　　单位：元

项目	本年数				上年数			
	累计盈余	专用基金	权益法调整	净资产合计	累计盈余	专用基金	权益法调整	净资产合计
一、上年年末余额								
二、以前年度盈余调整（减少以“－”号填列）		—	—			—	—	
三、本年年初余额								

续表

项目	本年数				上年数			
	累计盈余	专用基金	权益法调整	净资产合计	累计盈余	专用基金	权益法调整	净资产合计
四、本年变动金额（减少以“－”号填列）								
（一）本年盈余		—	—			—	—	
（二）无偿调拨净资产		—	—			—	—	
（三）归集调整预算结转结余		—	—			—	—	
（四）提取或设置专用基金			—				—	
其中：从预算收入中提取	—		—		—		—	
从预算结余中提取			—				—	
设置的专用基金	—		—		—		—	
（五）使用专用基金			—				—	
（六）权益法调整	—	—			—	—		
五、本年年末余额								

注：“—”标识单元格不需填列。

现金流量表

会政财04表

编制单位：________　　　　____年　　　　单位：元

项目	本年金额	上年金额
一、日常活动产生的现金流量：		
财政基本支出拨款收到的现金		
财政非资本性项目拨款收到的现金		
事业活动收到的除财政拨款以外的现金		
收到的其他与日常活动有关的现金		
日常活动的现金流入小计		
购买商品、接受劳务支付的现金		
支付给职工以及为职工支付的现金		
支付的各项税费		
支付的其他与日常活动有关的现金		
日常活动的现金流出小计		
日常活动产生的现金流量净额		
二、投资活动产生的现金流量：		
收回投资收到的现金		
取得投资收益收到的现金		
处置固定资产、无形资产、公共基础设施等收回的现金净额		
收到的其他与投资活动有关的现金		
投资活动的现金流入小计		
购建固定资产、无形资产、公共基础设施等支付的现金		

续表

项目	本年金额	上年金额
对外投资支付的现金		
上缴处置固定资产、无形资产、公共基础设施等净收入支付的现金		
支付的其他与投资活动有关的现金		
投资活动的现金流出小计		
投资活动产生的现金流量净额		
三、筹资活动产生的现金流量：		
财政资本性项目拨款收到的现金		
取得借款收到的现金		
收到的其他与筹资活动有关的现金		
筹资活动的现金流入小计		
偿还借款支付的现金		
偿还利息支付的现金		
支付的其他与筹资活动有关的现金		
筹资活动的现金流出小计		
筹资活动产生的现金流量净额		
四、汇率变动对现金的影响额		
五、现金净增加额		

预算收入支出表

会政预01表

编制单位：________　　　　____年　　　　单位：元

项目	本年数	上年数
一、本年预算收入		
（一）财政拨款预算收入		
其中：政府性基金收入		
（二）事业预算收入		
（三）上级补助预算收入		
（四）附属单位上缴预算收入		
（五）经营预算收入		
（六）债务预算收入		
（七）非同级财政拨款预算收入		
（八）投资预算收益		
（九）其他预算收入		
其中：利息预算收入		
捐赠预算收入		
租金预算收入		
二、本年预算支出		
（一）行政支出		

续表

项目	本年数	上年数
（二）事业支出		
（三）经营支出		
（四）上缴上级支出		
（五）对附属单位补助支出		
（六）投资支出		
（七）债务还本支出		
（八）其他支出		
其中：利息支出		
捐赠支出		
三、本年预算收支差额		

预算结转结余变动表

会政预 02 表

编制单位：________ ____年 单位：元

项目	本年数	上年数
一、年初预算结转结余		
（一）财政拨款结转结余		
（二）其他资金结转结余		
二、年初余额调整（减少以“－”号填列）		
（一）财政拨款结转结余		
（二）其他资金结转结余		
三、本年变动金额（减少以“－”号填列）		
（一）财政拨款结转结余		
1. 本年收支差额		
2. 归集调入		
3. 归集上缴或调出		
（二）其他资金结转结余		
1. 本年收支差额		
2. 缴回资金		
3. 使用专用结余		
4. 支付所得税		
四、年末预算结转结余		
（一）财政拨款结转结余		
1. 财政拨款结转		
2. 财政拨款结余		
（二）其他资金结转结余		
1. 非财政拨款结转		
2. 非财政拨款结余		
3. 专用结余		
4. 经营结余（如有余额，以“－”号填列）		

财政拨款预算收入支出表

会政预03表

编制单位：________　　　　　　　　____年　　　　　　　　单位：元

项目	年初财政拨款结转结余		调整年初财政拨款结转结余	本年归集调入	本年归集上缴或调出	单位内部调剂		本年财政拨款收入	本年财政拨款支出	年末财政拨款结转结余	
	结转	结余				结转	结余			结转	结余
一、一般公共预算财政拨款											
（一）基本支出											
1. 人员经费											
2. 日常公用经费											
（二）项目支出											
1. ××项目											
2. ××项目											
……											
二、政府性基金预算财政拨款											
（一）基本支出											
1. 人员经费											
2. 日常公用经费											
（二）项目支出											
1. ××项目											
2. ××项目											
……											
总计											

第五部分　报表编制说明

一、资产负债表编制说明

（一）本表反映单位在某一特定日期全部资产、负债和净资产的情况。

（二）本表“年初余额”栏内各项数字，应当根据上年年末资产负债表“期末余额”栏内数字填列。

如果本年度资产负债表规定的项目的名称和内容同上年度不一致，应当对上年年末资产负债表项目的名称和数字按照本年度的规定进行调整，将调整后数字填入本表“年初余额”栏内。

如果本年度单位发生了因前期差错更正、会计政策变更等调整以前年度盈余的事项，还应当对“年初余额”栏中的有关项目金额进行相应调整。

（三）本表中“资产总计”项目期末（年初）余额应当与“负债和净资产总计”项目期末（年初）余额相等。

（四）本表“期末余额”栏各项目的内容和填列方法

1. 资产类项目

（1）“货币资金”项目，反映单位期末库存现金、银行存款、零余额账户用款额度、其他货币资金的合计数。本项目应当根据“库存现金”、“银行存款”、“零余额账户用款额度”、“其他货币资金”科目的期末余额的合计数填列；若单位存在通过“库存现金”、“银行存款”科目核算的受托代理资产还应当按照前述合计数扣减“库存现金”、“银行存款”科目下“受托代理资产”明细科目的期末余额后的金额填列。

（2）“短期投资”项目，反映事业单位期末持有的短期投资账面余额。本项目应当根据“短期投资”科目的期末余额填列。

（3）“财政应返还额度”项目，反映单位期末财政应返还额度的金额。本项目应当根据“财政应返还额度”科目的期末余额填列。

（4）“应收票据”项目，反映事业单位期末持有的应收票据的票面金额。本项目应当根据“应收票据”科目的期末余额填列。

（5）“应收账款净额”项目，反映单位期末尚未收回的应收账款减去已计提的坏账准备后的净额。本项目应当根据“应收账款”科目的期末余额，减去“坏账准备”科目中对应收账款计提的坏账准备的期末余额后的金额填列。

（6）“预付账款”项目，反映单位期末预付给商品或者劳务供应单位的款项。本项目应当根据“预付账款”科目的期末余额填列。

（7）“应收股利”项目，反映事业单位期末因股权投资而应收取的现金股利或应当分得的利润。本项目应当根据“应收股利”科目的期末余额填列。

（8）“应收利息”项目，反映事业单位期末因债券投资等而应收取的利息。事业单位购入的到期一次还本付息的长期债券投资持有期间应收的利息，不包括在本项目内。本项目应当根据“应收利息”科目的期末余额填列。

（9）“其他应收款净额”项目，反映单位期末尚未收回的其他应收款减去已计提的坏账准备后的净额。本项目应当根据“其他应收款”科目的期末余额减去“坏账准备”科目中对其他应收款计提的坏账准备的期末余额后的金额填列。

（10）“存货”项目，反映单位期末存储的存货的实际成本。本项目应当根据“在途物品”、“库存物品”、“加工物品”科目的期末余额的合计数填列。

（11）“待摊费用”项目，反映单位期末已经支出，但应当由本期和以后各期负担的分摊期在1年以内（含1年）的各项费用。本项目应当根据“待摊费用”科目的期末余额填列。

（12）“一年内到期的非流动资产”项目，反映单位期末非流动资产项目中将在1年内（含1年）到期的金额，如事业单位将在1年内（含1年）到期的长期债券投资金额。本项目应当根据“长期债券投资”等科目的明细科目的期末余额分析填列。

（13）“其他流动资产”项目，反映单位期末除本表中上述各项之外的其他流动资产的合计金额。本项目应当根据有关科目期末余额的合计数填列。

（14）“流动资产合计”项目，反映单位期末流动资产的合计数。本项目应当根据本表中“货币资金”、“短期投资”、“财政应返还额度”、“应收票据”、“应收账款净额”、“预付账款”、“应收股利”、“应收利息”、“其他应收款净额”、“存货”、“待摊费用”、“一年内到期的非流动资产”、“其他流动资产”项目金额的合计数填列。

（15）“长期股权投资”项目，反映事业单位期末持有的长期股权投资的账面余额。本项目应当根据“长期股权投资”科目的期末余额填列。

（16）“长期债券投资”项目，反映事业单位期末持有的长期债券投资的账面余额。本项目应当根据“长期债券投资”科目的期末余额减去其中将于1年内（含1年）到期的长期债券投资余额后的金额填列。

（17）“固定资产原值”项目，反映单位期末固定资产的原值。本项目应当根据“固定资产”科目的期末余额填列。

“固定资产累计折旧”项目，反映单位期末固定资产已计提的累计折旧金额。本项目应当根据“固定资产累计折旧”科目的期末余额填列。

“固定资产净值”项目，反映单位期末固定资产的账面价值。本项目应当根据“固定资产”科目期末余额减去“固定资产累计折旧”科目期末余额后的金额填列。

（18）“工程物资”项目，反映单位期末为在建工程准备的各种物资的实际成本。本项目应当根据“工程物资”科目的期末余额填列。

（19）“在建工程”项目，反映单位期末所有的建设项目工程的实际成本。本项目应当根据“在建工程”科目的期末余额填列。

（20）“无形资产原值”项目，反映单位期末无形资产的原值。本项目应当根据“无形资产”科目的期末余额填列。

“无形资产累计摊销”项目，反映单位期末无形资产已计提的累计摊销金额。本项目应当根据“无形资产累计摊销”科目的期末余额填列。

“无形资产净值”项目，反映单位期末无形资产的账面价值。本项目应当根据“无形资产”科目期末余额减去“无形资产累计摊销”科目期末余额后的金额填列。

（21）“研发支出”项目，反映单位期末正在进行的无形资产开发项目开发阶段发生的累计支出数。本项目应当根据“研发支出”科目的期末余额填列。

（22）“公共基础设施原值”项目，反映单位期末控制的公共基础设施的原值。本项目应当根据“公共基础设施”科目的期末余额填列。

“公共基础设施累计折旧（摊销）”项目，反映单位期末控制的公共基础设施已计提的累计折旧和累计摊销金额。本项目应当根据“公共基础设施累计折旧（摊销）”科目的期末余额填列。

“公共基础设施净值”项目，反映单位期末控制的公共基础设施的账面价值。本项目应当根据“公共基础设施”科目期末余额减去“公共基础设施累计折旧（摊销）”科目期末余额后的金额填列。

（23）“政府储备物资”项目，反映单位期末控制的政府储备物资的实际成本。本项目应当根据“政府储备物资”科目的期末余额填列。

（24）“文物文化资产”项目，反映单位期末控制的文物文化资产的成本。本项目应当根据“文物文化资产”科目的期末余额填列。

（25）“保障性住房原值”项目，反映单位期末控制的保障性住房的原值。本项目应当根据“保障性住房”科目的期末余额填列。

“保障性住房累计折旧”项目，反映单位期末控制的保障性住房已计提的累计折旧金额。本项目应当根据“保障性住房累计折旧”科目的期末余额填列。

“保障性住房净值”项目，反映单位期末控制的保障性住房的账面价值。本项目应当根据“保障性住房”科目期末余额减去“保障性住房累计折旧”科目期末余额后的金额填列。

（26）“长期待摊费用”项目，反映单位期末已经支出，但应由本期和以后各期负担的分摊期限在1年以上（不含1年）的各项费用。本项目应当根据“长期待摊费用”科目的期末余额填列。

（27）“待处理财产损溢”项目，反映单位期末尚未处理完毕的各种资产的净损失或净溢余。本项目应当根据“待处理财产损溢”科目的期末借方余额填列；如“待处理财产损溢”科目期末为贷方余额，以“-”号填列。

（28）“其他非流动资产”项目，反映单位期末除本表中上述各项之外的其他非流动资产的合计数。本项目应当根据有关科目的期末余额合计数填列。

（29）“非流动资产合计”项目，反映单位期末非流动资产的合计数。本项目应当根据本表中“长期股权投资”、“长期债券投资”、“固定资产净值”、“工程物资”、“在建工程”、“无形资产净值”、“研发支出”、“公共基础设施净值”、“政府储备物资”、“文物文化资产”、“保障性住房净值”、“长期待摊费用”、“待处理财产损溢”、“其他非流动资产”项目金额的合计数填列。

（30）“受托代理资产”项目，反映单位期末受托代理资产的价值。本项目应当根据“受托代理资产”科目的期末余额与“库存现金”、“银行存款”科目下“受托代理资产”明细科目的期末余额的合计数填列。

（31）“资产总计”项目，反映单位期末资产的合计数。本项目应当根据本表中“流动资产合计”、“非流动资产合计”、“受托代理资产”项目金额的合计数填列。

2. 负债类项目

（32）“短期借款”项目，反映事业单位期末短期借款的余额。本项目应当根据“短期借款”科目的期末余额填列。

（33）“应交增值税”项目，反映单位期末应缴未缴的增值税税额。本项目应当根据“应交增值税”科目的期末余额填列；如“应交增值税”科目期末为借方余额，以“－”号填列。

（34）“其他应交税费”项目，反映单位期末应缴未缴的除增值税以外的税费金额。本项目应当根据“其他应交税费”科目的期末余额填列；如“其他应交税费”科目期末为借方余额，以“－”号填列。

（35）“应缴财政款”项目，反映单位期末应当上缴财政但尚未缴纳的款项。本项目应当根据“应缴财政款”科目的期末余额填列。

（36）“应付职工薪酬”项目，反映单位期末按有关规定应付给职工及为职工支付的各种薪酬。本项目应当根据“应付职工薪酬”科目的期末余额填列。

（37）“应付票据”项目，反映事业单位期末应付票据的金额。本项目应当根据“应付票据”科目的期末余额填列。

（38）“应付账款”项目，反映单位期末应当支付但尚未支付的偿还期限在 1 年以内（含 1 年）的应付账款的金额。本项目应当根据“应付账款”科目的期末余额填列。

（39）“应付政府补贴款”项目，反映负责发放政府补贴的行政单位期末按照规定应当支付给政府补贴接受者的各种政府补贴款余额。本项目应当根据“应付政府补贴款”科目的期末余额填列。

（40）“应付利息”项目，反映事业单位期末按照合同约定应支付的借款利息。事业单位到期一次还本付息的长期借款利息不包括在本项目内。本项目应当根据“应付利息”科目的期末余额填列。

（41）“预收账款”项目，反映事业单位期末预先收取但尚未确认收入和实际结算的款项余额。本项目应当根据“预收账款”科目的期末余额填列。

（42）“其他应付款”项目，反映单位期末其他各项偿还期限在 1 年内（含 1 年）的应付及暂收款项余额。本项目应当根据“其他应付款”科目的期末余额填列。

（43）“预提费用”项目，反映单位期末已预先提取的已经发生但尚未支付的各项费用。本项目应当根据“预提费用”科目的期末余额填列。

（44）“一年内到期的非流动负债”项目，反映单位期末将于 1 年内（含 1 年）偿还的非流动负债的余额。本项目应当根据“长期应付款”、“长期借款”等科目的明细科目的期末余额分析填列。

（45）“其他流动负债”项目，反映单位期末除本表中上述各项之外的其他流动负债的合计数。本项目应当根据有关科目的期末余额的合计数填列。

（46）“流动负债合计”项目，反映单位期末流动负债合计数。本项目应当根据本表“短期借款”、“应交增值税”、“其他应交税费”、“应缴财政款”、“应付职工薪酬”、“应付票据”、“应付账款”、“应付政府补贴款”、“应付利息”、“预收账款”、“其他应付款”、“预提费用”、“一年内到期的非流动负债”、“其他流动负债”项目金额的合计数填列。

（47）“长期借款”项目，反映事业单位期末长期借款的余额。本项目应当根据“长期借款”科目的期末余额减去其中将于 1 年内（含 1 年）到期的长期借款余额后的金额填列。

（48）“长期应付款”项目，反映单位期末长期应付款的余额。本项目应当根据“长期应付款”科目的期末余额减去其中将于 1 年内（含 1 年）到期的长期应付款余额后的金额填列。

（49）“预计负债”项目，反映单位期末已确认但尚未偿付的预计负债的余额。本项目应当根据“预计负债”科目的期末余额填列。

（50）“其他非流动负债”项目，反映单位期末除本表中上述各项之外的其他非流动负债的合计数。本项目应当根据有关科目的期末余额合计数填列。

（51）“非流动负债合计”项目，反映单位期末非流动负债合计数。本项目应当根据本表中“长期借款”、“长期应付款”、“预计负债”、“其他非流动负债”项目金额的合计数填列。

（52）“受托代理负债”项目，反映单位期末受托代理负债的金额。本项目应当根据“受托代理负债”科目的期末余额填列。

（53）“负债合计”项目，反映单位期末负债的合计数。本项目应当根据本表中“流动负债合计”、“非流动负债合计”、“受托代理负债”项目金额的合计数填列。

3. 净资产类项目

（54）“累计盈余”项目，反映单位期末未分配盈余（或未弥补亏损）以及无偿调拨净资产变动的累计数。本项目应当根据“累计盈余”科目的期末余额填列。

（55）“专用基金”项目，反映事业单位期末累计提取或设置但尚未使用的专用基金余额。本项目应当根据“专用基金”科目的期末余额填列。

（56）“权益法调整”项目，反映事业单位期末在被投资单位除净损益和利润分配以外的所有者权益变动中累积享有的份额。本项目应当根据“权益法调整”科目的期末余额填列。如“权益法调整”科目期末为借方余额，以“－”号填列。

（57）“无偿调拨净资产”项目，反映单位本年度截至报告期期末无偿调入的非现金资产价值扣减无偿调出的非现金资产价值后的净值。本项目仅在月度报表中列示，年度报表中不列示。月度报表中本项目应当根据“无偿调拨净资产”科目的期末余额填列；“无偿调拨净资产”科目期末为借方余额时，以“－”号填列。

（58）“本期盈余”项目，反映单位本年度截至报告期期末实现的累计盈余或亏损。本项目仅在月度报表中列示，年度报表中不列示。月度报表中本项目应当根据“本期盈余”科目的期末余额填列；“本期盈余”科目期末为借方余额时，以“－”号填列。

（59）“净资产合计”项目，反映单位期末净资产合计数。本项目应当根据本表中“累计盈余”、“专用基金”、“权益法调整”、“无偿调拨净资产”［月度报表］、“本期盈余”［月度报表］项目金额的合计数填列。

（60）“负债和净资产总计”项目，应当按照本表中“负债合计”、“净资产合计”项目金额的合计数填列。

二、收入费用表编制说明

（一）本表反映单位在某一会计期间内发生的收入、费用及当期盈余情况。

（二）本表“本月数”栏反映各项目的本月实际发生数。编制年度收入费用表时，应当将本栏改为“本年数”，反映本年度各项目的实际发生数。

本表“本年累计数”栏反映各项目自年初至报告期期末的累计实际发生数。编制年度收入费用表时，应当将本栏改为“上年数”，反映上年度各项目的实际发生数，“上年数”栏应当根据上年年度收入费用表中“本年数”栏内所列数字填列。

如果本年度收入费用表规定的项目的名称和内容同上年度不一致，应当对上年度收入费用表项目的名称和数字按照本年度的规定进行调整，将调整后的金额填入本年度收入费用表的“上年数”栏内。

如果本年度单位发生了因前期差错更正、会计政策变更等调整以前年度盈余的事项，还应当对年度收入费用表中“上年数”栏中的有关项目金额进行相应调整。

（三）本表“本月数”栏各项目的内容和填列方法

1. 本期收入

（1）“本期收入”项目，反映单位本期收入总额。本项目应当根据本表中“财政拨款收入”、“事业收入”、“上级补助收入”、“附属单位上缴收入”、“经营收入”、“非同级财政拨款收入”、“投资收益”、“捐赠收入”、“利息收入”、“租金收入”、“其他收入”项目金额的合计数填列。

（2）“财政拨款收入”项目，反映单位本期从同级政府财政部门取得的各类财政拨款。本项目应当根据“财政拨款收入”科目的本期发生额填列。

"政府性基金收入"项目，反映单位本期取得的财政拨款收入中属于政府性基金预算拨款的金额。本项目应当根据"财政拨款收入"相关明细科目的本期发生额填列。

（3）"事业收入"项目，反映事业单位本期开展专业业务活动及其辅助活动实现的收入。本项目应当根据"事业收入"科目的本期发生额填列。

（4）"上级补助收入"项目，反映事业单位本期从主管部门和上级单位收到或应收的非财政拨款收入。本项目应当根据"上级补助收入"科目的本期发生额填列。

（5）"附属单位上缴收入"项目，反映事业单位本期收到或应收的独立核算的附属单位按照有关规定上缴的收入。本项目应当根据"附属单位上缴收入"科目的本期发生额填列。

（6）"经营收入"项目，反映事业单位本期在专业业务活动及其辅助活动之外开展非独立核算经营活动实现的收入。本项目应当根据"经营收入"科目的本期发生额填列。

（7）"非同级财政拨款收入"项目，反映单位本期从非同级政府财政部门取得的财政拨款，不包括事业单位因开展科研及其辅助活动从非同级财政部门取得的经费拨款。本项目应当根据"非同级财政拨款收入"科目的本期发生额填列。

（8）"投资收益"项目，反映事业单位本期股权投资和债券投资所实现的收益或发生的损失。本项目应当根据"投资收益"科目的本期发生额填列；如为投资净损失，以"-"号填列。

（9）"捐赠收入"项目，反映单位本期接受捐赠取得的收入。本项目应当根据"捐赠收入"科目的本期发生额填列。

（10）"利息收入"项目，反映单位本期取得的银行存款利息收入。本项目应当根据"利息收入"科目的本期发生额填列。

（11）"租金收入"项目，反映单位本期经批准利用国有资产出租取得并按规定纳入本单位预算管理的租金收入。本项目应当根据"租金收入"科目的本期发生额填列。

（12）"其他收入"项目，反映单位本期取得的除以上收入项目外的其他收入的总额。本项目应当根据"其他收入"科目的本期发生额填列。

2. 本期费用

（13）"本期费用"项目，反映单位本期费用总额。本项目应当根据本表中"业务活动费用"、"单位管理费用"、"经营费用"、"资产处置费用"、"上缴上级费用"、"对附属单位补助费用"、"所得税费用"和"其他费用"项目金额的合计数填列。

（14）"业务活动费用"项目，反映单位本期为实现其职能目标，依法履职或开展专业业务活动及其辅助活动所发生的各项费用。本项目应当根据"业务活动费用"科目本期发生额填列。

（15）"单位管理费用"项目，反映事业单位本期本级行政及后勤管理部门开展管理活动发生的各项费用，以及由单位统一负担的离退休人员经费、工会经费、诉讼费、中介费等。本项目应当根据"单位管理费用"科目的本期发生额填列。

（16）"经营费用"项目，反映事业单位本期在专业业务活动及其辅助活动之外开展非独立核算经营活动发生的各项费用。本项目应当根据"经营费用"科目的本期发生额填列。

（17）"资产处置费用"项目，反映单位本期经批准处置资产时转销的资产价值以及在处置过程中发生的相关费用或者处置收入小于处置费用形成的净支出。本项目应当根据"资产处置费用"科目的本期发生额填列。

（18）"上缴上级费用"项目，反映事业单位按照规定上缴上级单位款项发生的费用。本项目应当根据"上缴上级费用"科目的本期发生额填列。

（19）"对附属单位补助费用"项目，反映事业单位用财政拨款收入之外的收入对附属单位补助发生的费用。本项目应当根据"对附属单位补助费用"科目的本期发生额填列。

（20）"所得税费用"项目，反映有企业所得税缴纳义务的事业单位本期计算应交纳的企业所得税。本项目应当根据"所得税费用"科目的本期发生额填列。

（21）“其他费用”项目，反映单位本期发生的除以上费用项目外的其他费用的总额。本项目应当根据“其他费用”科目的本期发生额填列。

3. 本期盈余

（22）“本期盈余”项目，反映单位本期收入扣除本期费用后的净额。本项目应当根据本表中“本期收入”项目金额减去“本期费用”项目金额后的金额填列；如为负数，以“－”号填列。

三、净资产变动表编制说明

（一）本表反映单位在某一会计年度内净资产项目的变动情况。

（二）本表“本年数”栏反映本年度各项目的实际变动数。本表“上年数”栏反映上年度各项目的实际变动数，应当根据上年度净资产变动表中“本年数”栏内所列数字填列。

如果上年度净资产变动表规定的项目的名称和内容与本年度不一致，应对上年度净资产变动表项目的名称和数字按照本年度的规定进行调整，将调整后金额填入本年度净资产变动表“上年数”栏内。

（三）本表“本年数”栏各项目的内容和填列方法

1. “上年年末余额”行，反映单位净资产各项目上年年末的余额。本行各项目应当根据“累计盈余”、“专用基金”、“权益法调整”科目上年年末余额填列。

2. “以前年度盈余调整”行，反映单位本年度调整以前年度盈余的事项对累计盈余进行调整的金额。本行“累计盈余”项目应当根据本年度“以前年度盈余调整”科目转入“累计盈余”科目的金额填列；如调整减少累计盈余，以“－”号填列。

3. “本年年初余额”行，反映经过以前年度盈余调整后，单位净资产各项目的本年年初余额。本行“累计盈余”、“专用基金”、“权益法调整”项目应当根据其各自在“上年年末余额”和“以前年度盈余调整”行对应项目金额的合计数填列。

4. “本年变动金额”行，反映单位净资产各项目本年变动总金额。本行“累计盈余”、“专用基金”、“权益法调整”项目应当根据其各自在“本年盈余”、“无偿调拨净资产”、“归集调整预算结转结余”、“提取或设置专用基金”、“使用专用基金”、“权益法调整”行对应项目金额的合计数填列。

5. “本年盈余”行，反映单位本年发生的收入、费用对净资产的影响。本行“累计盈余”项目应当根据年末由“本期盈余”科目转入“本年盈余分配”科目的金额填列；如转入时借记“本年盈余分配”科目，则以“－”号填列。

6. “无偿调拨净资产”行，反映单位本年无偿调入、调出非现金资产事项对净资产的影响。本行“累计盈余”项目应当根据年末由“无偿调拨净资产”科目转入“累计盈余”科目的金额填列；如转入时借记“累计盈余”科目，则以“－”号填列。

7. “归集调整预算结转结余”行，反映单位本年财政拨款结转结余资金归集调入、归集上缴或调出，以及非财政拨款结转资金缴回对净资产的影响。本行“累计盈余”项目应当根据“累计盈余”科目明细账记录分析填列；如归集调整减少预算结转结余，则以“－”号填列。

8. “提取或设置专用基金”行，反映单位本年提取或设置专用基金对净资产的影响。本行“累计盈余”项目应当根据“从预算结余中提取”行“累计盈余”项目的金额填列。本行“专用基金”项目应当根据“从预算收入中提取”、“从预算结余中提取”、“设置的专用基金”行“专用基金”项目金额的合计数填列。

“从预算收入中提取”行，反映单位本年从预算收入中提取专用基金对净资产的影响。本行“专用基金”项目应当通过对“专用基金”科目明细账记录的分析，根据本年按有关规定从预算收入中提取基金的金额填列。

“从预算结余中提取”行，反映单位本年根据有关规定从本年度非财政拨款结余或经营结余中提取专用基金对净资产的影响。本行“累计盈余”、“专用基金”项目应当通过对“专用基金”科目明细账记录的分析，根据本年按有关规定从本年度非财政拨款结余或经营结余中提取专用基金的金额填列；本行“累计盈余”项目以“-”号填列。

“设置的专用基金”行，反映单位本年根据有关规定设置的其他专用基金对净资产的影响。本行“专用基金”项目应当通过对“专用基金”科目明细账记录的分析，根据本年按有关规定设置的其他专用基金的金额填列。

9. “使用专用基金”行，反映单位本年按规定使用专用基金对净资产的影响。本行“累计盈余”、“专用基金”项目应当通过对“专用基金”科目明细账记录的分析，根据本年按规定使用专用基金的金额填列；本行“专用基金”项目以“-”号填列。

10. “权益法调整”行，反映单位本年按照被投资单位除净损益和利润分配以外的所有者权益变动份额而调整长期股权投资账面余额对净资产的影响。本行“权益法调整”项目应当根据“权益法调整”科目本年发生额填列；若本年净发生额为借方时，以“-”号填列。

11. “本年年末余额”行，反映单位本年各净资产项目的年末余额。本行“累计盈余”、“专用基金”、“权益法调整”项目应当根据其各自在“本年年初余额”、“本年变动金额”行对应项目金额的合计数填列。

12. 本表各行“净资产合计”项目，应当根据所在行“累计盈余”、“专用基金”、“权益法调整”项目金额的合计数填列。

四、现金流量表编制说明

（一）本表反映单位在某一会计年度内现金流入和流出的信息。

（二）本表所指的现金，是指单位的库存现金以及其他可以随时用于支付的款项，包括库存现金、可以随时用于支付的银行存款、其他货币资金、零余额账户用款额度、财政应返还额度，以及通过财政直接支付方式支付的款项。

（三）现金流量表应当按照日常活动、投资活动、筹资活动的现金流量分别反映。本表所指的现金流量，是指现金的流入和流出。

（四）本表“本年金额”栏反映各项目的本年实际发生数。本表“上年金额”栏反映各项目的上年实际发生数，应当根据上年现金流量表中“本年金额”栏内所列数字填列。

（五）单位应当采用直接法编制现金流量表。

（六）本表“本年金额”栏各项目的填列方法。

1. 日常活动产生的现金流量

（1）“财政基本支出拨款收到的现金”项目，反映单位本年接受财政基本支出拨款取得的现金。本项目应当根据“零余额账户用款额度”、“财政拨款收入”、“银行存款”等科目及其所属明细科目的记录分析填列。

（2）“财政非资本性项目拨款收到的现金”项目，反映单位本年接受除用于购建固定资产、无形资产、公共基础设施等资本性项目以外的财政项目拨款取得的现金。本项目应当根据“银行存款”、“零余额账户用款额度”、“财政拨款收入”等科目及其所属明细科目的记录分析填列。

（3）“事业活动收到的除财政拨款以外的现金”项目，反映事业单位本年开展专业业务活动及其辅助活动取得的除财政拨款以外的现金。本项目应当根据“库存现金”、“银行存款”、“其他货币资金”、“应收账款”、“应收票据”、“预收账款”、“事业收入”等科目及其所属明细科目的记录分析填列。

（4）“收到的其他与日常活动有关的现金”项目，反映单位本年收到的除以上项目之外的与日常活动有关的现金。本项目应当根据“库存现金”、“银行存款”、“其他货币资金”、“上级补助收入”、“附属单位上缴收入”、“经营收入”、“非同级财政拨款收入”、“捐赠收入”、“利息收入”、“租金收入”、“其他收入”等科目及其所属明细科目的记录分析填列。

（5）“日常活动的现金流入小计”项目，反映单位本年日常活动产生的现金流入的合计数。本项目应当根据本表中“财政基本支出拨款收到的现金”、“财政非资本性项目拨款收到的现金”、“事业活动收到的除财政拨款以外的现金”、“收到的其他与日常活动有关的现金”项目金额的合计数填列。

（6）“购买商品、接受劳务支付的现金”项目，反映单位本年在日常活动中用于购买商品、接受劳务支付的现金。本项目应当根据“库存现金”、“银行存款”、“财政拨款收入”、“零余额账户用款额度”、“预付账款”、“在途物品”、“库存物品”、“应付账款”、“应付票据”、“业务活动费用”、“单位管理费用”、“经营费用”等科目及其所属明细科目的记录分析填列。

（7）“支付给职工以及为职工支付的现金”项目，反映单位本年支付给职工以及为职工支付的现金。本项目应当根据“库存现金”、“银行存款”、“零余额账户用款额度”、“财政拨款收入”、“应付职工薪酬”、“业务活动费用”、“单位管理费用”、“经营费用”等科目及其所属明细科目的记录分析填列。

（8）“支付的各项税费”项目，反映单位本年用于缴纳日常活动相关税费而支付的现金。本项目应当根据“库存现金”、“银行存款”、“零余额账户用款额度”、“应交增值税”、“其他应交税费”、“业务活动费用”、“单位管理费用”、“经营费用”、“所得税费用”等科目及其所属明细科目的记录分析填列。

（9）“支付的其他与日常活动有关的现金”项目，反映单位本年支付的除上述项目之外与日常活动有关的现金。本项目应当根据“库存现金”、“银行存款”、“零余额账户用款额度”、“财政拨款收入”、“其他应付款”、“业务活动费用”、“单位管理费用”、“经营费用”、“其他费用”等科目及其所属明细科目的记录分析填列。

（10）“日常活动的现金流出小计”项目，反映单位本年日常活动产生的现金流出的合计数。本项目应当根据本表中“购买商品、接受劳务支付的现金”、“支付给职工以及为职工支付的现金”、“支付的各项税费”、“支付的其他与日常活动有关的现金”项目金额的合计数填列。

（11）“日常活动产生的现金流量净额”项目，应当按照本表中“日常活动的现金流入小计”项目金额减去“日常活动的现金流出小计”项目金额后的金额填列；如为负数，以“－”号填列。

2. 投资活动产生的现金流量

（12）“收回投资收到的现金”项目，反映单位本年出售、转让或者收回投资收到的现金。本项目应该根据“库存现金”、“银行存款”、“短期投资”、“长期股权投资”、“长期债券投资”等科目的记录分析填列。

（13）“取得投资收益收到的现金”项目，反映单位本年因对外投资而收到被投资单位分配的股利或利润，以及收到投资利息而取得的现金。本项目应当根据“库存现金”、“银行存款”、“应收股利”、“应收利息”、“投资收益”等科目的记录分析填列。

（14）“处置固定资产、无形资产、公共基础设施等收回的现金净额”项目，反映单位本年处置固定资产、无形资产、公共基础设施等非流动资产所取得的现金，减去为处置这些资产而支付的有关费用之后的净额。由于自然灾害所造成的固定资产等长期资产损失而收到的保险赔款收入，也在本项目反映。本项目应当根据“库存现金”、“银行存款”、“待处理财产损溢”等科目的记录分析填列。

（15）“收到的其他与投资活动有关的现金”项目，反映单位本年收到的除上述项目之外与投资活动有关的现金。对于金额较大的现金流入，应当单列项目反映。本项目应当根据“库存现金”、“银行存款”等有关科目的记录分析填列。

（16）“投资活动的现金流入小计”项目，反映单位本年投资活动产生的现金流入的合计数。本项目应当根据本表中“收回投资收到的现金”、“取得投资收益收到的现金”、“处置固定资产、无形资产、公共基础设施等收回的现金净额”、“收到的其他与投资活动有关的现金”项目金额的合计数填列。

（17）“购建固定资产、无形资产、公共基础设施等支付的现金”项目，反映单位本年购买和建造固定资产、无形资产、公共基础设施等非流动资产所支付的现金；融资租入固定资产支付的租赁费不在本项目反映，在筹资活动的现金流量中反映。本项目应当根据“库存现金”、“银行存款”、“固定资产”、“工程物资”、“在建工程”、“无形资产”、“研发支出”、“公共基础设施”、“保障性住房”等科目的记录分析填列。

（18）“对外投资支付的现金”项目，反映单位本年为取得短期投资、长期股权投资、长期债券投资而支付的现金。本项目应当根据“库存现金”、“银行存款”、“短期投资”、“长期股权投资”、“长期债券投资”等科目的记录分析填列。

（19）“上缴处置固定资产、无形资产、公共基础设施等净收入支付的现金”项目，反映本年单位将处置固定资产、无形资产、公共基础设施等非流动资产所收回的现金净额予以上缴财政所支付的现金。本项目应当根据“库存现金”、“银行存款”、“应缴财政款”等科目的记录分析填列。

（20）“支付的其他与投资活动有关的现金”项目，反映单位本年支付的除上述项目之外与投资活动有关的现金。对于金额较大的现金流出，应当单列项目反映。本项目应当根据“库存现金”、“银行存款”等有关科目的记录分析填列。

（21）“投资活动的现金流出小计”项目，反映单位本年投资活动产生的现金流出的合计数。本项目应当根据本表中“购建固定资产、无形资产、公共基础设施等支付的现金”、“对外投资支付的现金”、“上缴处置固定资产、无形资产、公共基础设施等净收入支付的现金”、“支付的其他与投资活动有关的现金”项目金额的合计数填列。

（22）“投资活动产生的现金流量净额”项目，应当按照本表中“投资活动的现金流入小计”项目金额减去“投资活动的现金流出小计”项目金额后的金额填列；如为负数，以“－”号填列。

3. 筹资活动产生的现金流量

（23）“财政资本性项目拨款收到的现金”项目，反映单位本年接受用于购建固定资产、无形资产、公共基础设施等资本性项目的财政项目拨款取得的现金。本项目应当根据“银行存款”、“零余额账户用款额度”、“财政拨款收入”等科目及其所属明细科目的记录分析填列。

（24）“取得借款收到的现金”项目，反映事业单位本年举借短期、长期借款所收到的现金。本项目应当根据“库存现金”、“银行存款”、“短期借款”、“长期借款”等科目记录分析填列。

（25）“收到的其他与筹资活动有关的现金”项目，反映单位本年收到的除上述项目之外与筹资活动有关的现金。对于金额较大的现金流入，应当单列项目反映。本项目应当根据“库存现金”、“银行存款”等有关科目的记录分析填列。

（26）“筹资活动的现金流入小计”项目，反映单位本年筹资活动产生的现金流入的合计数。本项目应当根据本表中“财政资本性项目拨款收到的现金”、“取得借款收到的现金”、“收到的其他与筹资活动有关的现金”项目金额的合计数填列。

（27）“偿还借款支付的现金”项目，反映事业单位本年偿还借款本金所支付的现金。本项目应当根据“库存现金”、“银行存款”、“短期借款”、“长期借款”等科目的记录分析填列。

（28）“偿付利息支付的现金”项目，反映事业单位本年支付的借款利息等。本项目应当根据“库存现金”、“银行存款”、“应付利息”、“长期借款”等科目的记录分析填列。

（29）“支付的其他与筹资活动有关的现金”项目，反映单位本年支付的除上述项目之外与筹资活动有关的现金，如融资租入固定资产所支付的租赁费。本项目应当根据“库存现金”、“银行存款”、“长期应付款”等科目的记录分析填列。

（30）“筹资活动的现金流出小计”项目，反映单位本年筹资活动产生的现金流出的合计数。本项目应当根据本表中“偿还借款支付的现金”、“偿付利息支付的现金”、“支付的其他与筹资活动有关的现金”项目金额的合计数填列。

（31）“筹资活动产生的现金流量净额”项目，应当按照本表中“筹资活动的现金流入小计”项目金额减去“筹资活动的现金流出小计”金额后的金额填列；如为负数，以“－”号填列。

4. “汇率变动对现金的影响额”项目，反映单位本年外币现金流量折算为人民币时，所采用的现金流量发生日的汇率折算的人民币金额与外币现金流量净额按期末汇率折算的人民币金额之间的差额。

5. “现金净增加额”项目，反映单位本年现金变动的净额。本项目应当根据本表中“日常活动产生的现金流量净额”、“投资活动产生的现金流量净额”、“筹资活动产生的现金流量净额”和“汇率变动对现金的影响额”项目金额的合计数填列；如为负数，以“－”号填列。

五、预算收入支出表编制说明

（一）本表反映单位在某一会计年度内各项预算收入、预算支出和预算收支差额的情况。

（二）本表“本年数”栏反映各项目的本年实际发生数。本表“上年数”栏反映各项目上年度的实际发生数，应当根据上年度预算收入支出表中“本年数”栏内所列数字填列。

如果本年度预算收入支出表规定的项目的名称和内容同上年度不一致，应当对上年度预算收入支出表项目的名称和数字按照本年度的规定进行调整，将调整后金额填入本年度预算收入支出表的“上年数”栏。

（三）本表“本年数”栏各项目的内容和填列方法

1. 本年预算收入

（1）“本年预算收入”项目，反映单位本年预算收入总额。本项目应当根据本表中“财政拨款预算收入”、“事业预算收入”、“上级补助预算收入”、“附属单位上缴预算收入”、“经营预算收入”、“债务预算收入”、“非同级财政拨款预算收入”、“投资预算收益”、“其他预算收入”项目金额的合计数填列。

（2）“财政拨款预算收入”项目，反映单位本年从同级政府财政部门取得的各类财政拨款。本项目应当根据“财政拨款预算收入”科目的本年发生额填列。

“政府性基金收入”项目，反映单位本年取得的财政拨款收入中属于政府性基金预算拨款的金额。本项目应当根据“财政拨款预算收入”相关明细科目的本年发生额填列。

（3）“事业预算收入”项目，反映事业单位本年开展专业业务活动及其辅助活动取得的预算收入。本项目应当根据“事业预算收入”科目的本年发生额填列。

（4）“上级补助预算收入”项目，反映事业单位本年从主管部门和上级单位取得的非财政补助预算收入。本项目应当根据“上级补助预算收入”科目的本年发生额填列。

（5）“附属单位上缴预算收入”项目，反映事业单位本年收到的独立核算的附属单位按照有关规定上缴的预算收入。本项目应当根据“附属单位上缴预算收入”科目的本年发生额填列。

（6）“经营预算收入”项目，反映事业单位本年在专业业务活动及其辅助活动之外开展非独立核算经营活动取得的预算收入。本项目应当根据“经营预算收入”科目的本年发生额填列。

（7）“债务预算收入”项目，反映事业单位本年按照规定从金融机构等借入的、纳入部门预算管理的债务预算收入。本项目应当根据“债务预算收入”的本年发生额填列。

（8）“非同级财政拨款预算收入”项目，反映单位本年从非同级政府财政部门取得的财政拨款。本项目应当根据“非同级财政拨款预算收入”科目的本年发生额填列。

（9）“投资预算收益”项目，反映事业单位本年取得的按规定纳入单位预算管理的投资收益。本项目应当根据“投资预算收益”科目的本年发生额填列。

（10）“其他预算收入”项目，反映单位本年取得的除上述收入以外的纳入单位预算管理的各项预算收入。本项目应当根据“其他预算收入”科目的本年发生额填列。

“利息预算收入”项目，反映单位本年取得的利息预算收入。本项目应当根据“其他预算收入”科目的明细记录分析填列。单位单设“利息预算收入”科目的，应当根据“利息预算收入”科目的本年发生额填列。

“捐赠预算收入”项目，反映单位本年取得的捐赠预算收入。本项目应当根据“其他预算收入”科目明细账记录分析填列。单位单设“捐赠预算收入”科目的，应当根据“捐赠预算收入”科目的本年发生额填列。

“租金预算收入”项目，反映单位本年取得的租金预算收入。本项目应当根据“其他预算收入”科目明细账记录分析填列。单位单设“租金预算收入”科目的，应当根据“租金预算收入”科目的本年发生额填列。

2. 本年预算支出

（11）“本年预算支出”项目，反映单位本年预算支出总额。本项目应当根据本表中“行政支出”、“事业支出”、“经营支出”、“上缴上级支出”、“对附属单位补助支出”、“投资支出”、“债务还本支出”和“其他支出”项目金额的合计数填列。

（12）“行政支出”项目，反映行政单位本年履行职责实际发生的支出。本项目应当根据“行政支出”科目的本年发生额填列。

（13）“事业支出”项目，反映事业单位本年开展专业业务活动及其辅助活动发生的支出。本项目应当根据“事业支出”科目的本年发生额填列。

（14）“经营支出”项目，反映事业单位本年在专业业务活动及其辅助活动之外开展非独立核算经营活动发生的支出。本项目应当根据“经营支出”科目的本年发生额填列。

（15）“上缴上级支出”项目，反映事业单位本年按照财政部门和主管部门的规定上缴上级单位的支出。本项目应当根据“上缴上级支出”科目的本年发生额填列。

（16）“对附属单位补助支出”项目，反映事业单位本年用财政拨款收入之外的收入对附属单位补助发生的支出。本项目应当根据“对附属单位补助支出”科目的本年发生额填列。

（17）“投资支出”项目，反映事业单位本年以货币资金对外投资发生的支出。本项目应当根据“投资支出”科目的本年发生额填列。

（18）“债务还本支出”项目，反映事业单位本年偿还自身承担的纳入预算管理的从金融机构举借的债务本金的支出。本项目应当根据“债务还本支出”科目的本年发生额填列。

（19）“其他支出”项目，反映单位本年除以上支出以外的各项支出。本项目应当根据“其他支出”科目的本年发生额填列。

“利息支出”项目，反映单位本年发生的利息支出。本项目应当根据“其他支出”科目明细账记录分析填列。单位单设“利息支出”科目的，应当根据“利息支出”科目的本年发生额填列。

“捐赠支出”项目，反映单位本年发生的捐赠支出。本项目应当根据“其他支出”科目明细账记录分析填列。单位单设“捐赠支出”科目的，应当根据“捐赠支出”科目的本年发生额填列。

3. 本年预算收支差额

（20）“本年预算收支差额”项目，反映单位本年各项预算收支相抵后的差额。本项目应当根据本表中“本期预算收入”项目金额减去“本期预算支出”项目金额后的金额填列；如相减后金额为负数，以“-”号填列。

六、预算结转结余变动表编制说明

（一）本表反映单位在某一会计年度内预算结转结余的变动情况。

（二）本表“本年数”栏反映各项目的本年实际发生数。本表“上年数”栏反映各项目的上年实际发生数，应当根据上年度预算结转结余变动表中“本年数”栏内所列数字填列。

如果本年度预算结转结余变动表规定的项目的名称和内容同上年度不一致，应当对上年度预算结转结余变动表项目的名称和数字按照本年度的规定进行调整，将调整后金额填入本年度预算结转结余变动表的“上年数”栏。

（三）本表中“年末预算结转结余”项目金额等于“年初预算结转结余”、“年初余额调整”、“本年变动金额”三个项目的合计数。

（四）本表“本年数”栏各项目的内容和填列方法

1. “年初预算结转结余”项目，反映单位本年预算结转结余的年初余额。本项目应当根据本项目下“财政拨款结转结余”、“其他资金结转结余”项目金额的合计数填列。

（1）“财政拨款结转结余”项目，反映单位本年财政拨款结转结余资金的年初余额。本项目应当根据“财政拨款结转”、“财政拨款结余”科目本年年初余额合计数填列。

（2）“其他资金结转结余”项目，反映单位本年其他资金结转结余的年初余额。本项目应当根据“非财政拨款结转”、“非财政拨款结余”、“专用结余”、“经营结余”科目本年年初余额的合计数填列。

2. “年初余额调整”项目，反映单位本年预算结转结余年初余额调整的金额。本项目应当根据本项目下“财政拨款结转结余”、“其他资金结转结余”项目金额的合计数填列。

（1）“财政拨款结转结余”项目，反映单位本年财政拨款结转结余资金的年初余额调整金额。本项目应当根据“财政拨款结转”、“财政拨款结余”科目下“年初余额调整”明细科目的本年发生额的合计数填列；如调整减少年初财政拨款结转结余，以“－”号填列。

（2）“其他资金结转结余”项目，反映单位本年其他资金结转结余的年初余额调整金额。本项目应当根据“非财政拨款结转”、“非财政拨款结余”科目下“年初余额调整”明细科目的本年发生额的合计数填列；如调整减少年初其他资金结转结余，以“－”号填列。

3. “本年变动金额”项目，反映单位本年预算结转结余变动的金额。本项目应当根据本项目下“财政拨款结转结余”、“其他资金结转结余”项目金额的合计数填列。

（1）“财政拨款结转结余”项目，反映单位本年财政拨款结转结余资金的变动。本项目应当根据本项目下“本年收支差额”、“归集调入”、“归集上缴或调出”项目金额的合计数填列。

①“本年收支差额”项目，反映单位本年财政拨款资金收支相抵后的差额。本项目应当根据“财政拨款结转”科目下“本年收支结转”明细科目本年转入的预算收入与预算支出的差额填列；差额为负数的，以“－”号填列。

②“归集调入”项目，反映单位本年按照规定从其他单位归集调入的财政拨款结转资金。本项目应当根据“财政拨款结转”科目下“归集调入”明细科目的本年发生额填列。

③“归集上缴或调出”项目，反映单位本年按照规定上缴的财政拨款结转结余资金及按照规定向其他单位调出的财政拨款结转资金。本项目应当根据“财政拨款结转”、“财政拨款结余”科目下“归集上缴”明细科目，以及“财政拨款结转”科目下“归集调出”明细科目本年发生额的合计数填列，以“－”号填列。

（2）“其他资金结转结余”项目，反映单位本年其他资金结转结余的变动。本项目应当根据本项目下“本年收支差额”、“缴回资金”、“使用专用结余”、“支付所得税”项目金额的合计数填列。

①“本年收支差额”项目，反映单位本年除财政拨款外的其他资金收支相抵后的差额。本项目应当根据“非财政拨款结转”科目下“本年收支结转”明细科目、“其他结余”科目、“经营结余”科目本年转入的预算收入与预算支出的差额的合计数填列；如为负数，以“－”号填列。

②“缴回资金”项目，反映单位本年按照规定缴回的非财政拨款结转资金。本项目应当根据“非财政拨款结转”科目下“缴回资金”明细科目本年发生额的合计数填列，以“－”号填列。

③“使用专用结余”项目，反映本年事业单位根据规定使用从非财政拨款结余或经营结余中提取的专用基金的金额。本项目应当根据“专用结余”科目明细账中本年使用专用结余业务的发生额填列，以“－”号填列。

④“支付所得税”项目，反映有企业所得税缴纳义务的事业单位本年实际缴纳的企业所得税金额。本项目应当根据“非财政拨款结余”明细账中本年实际缴纳企业所得税业务的发生额填列，以“－”号填列。

4. “年末预算结转结余”项目，反映单位本年预算结转结余的年末余额。本项目应当根据本项目下“财政拨款结转结余”、“其他资金结转结余”项目金额的合计数填列。

（1）“财政拨款结转结余”项目，反映单位本年财政拨款结转结余的年末余额。本项目应当根据本项目下“财政拨款结转”、“财政拨款结余”项目金额的合计数填列。

本项目下“财政拨款结转”、“财政拨款结余”项目，应当分别根据“财政拨款结转”、“财政拨款结余”科目的本年年末余额填列。

（2）“其他资金结转结余”项目，反映单位本年其他资金结转结余的年末余额。本项目应当根据本项目下“非财政拨款结转”、“非财政拨款结余”、“专用结余”、“经营结余”项目金额的合计数填列。

本项目下“非财政拨款结转”、“非财政拨款结余”、“专用结余”、“经营结余”项目，应当分别根据

“非财政拨款结转”、“非财政拨款结余”、“专用结余”、“经营结余”科目的本年年末余额填列。

七、财政拨款预算收入支出表编制说明

（一）本表反映单位本年财政拨款预算资金收入、支出及相关变动的具体情况。

（二）本表“项目”栏内各项目，应当根据单位取得的财政拨款种类分项设置。其中“项目支出”项目下，根据每个项目设置；单位取得除一般公共财政预算拨款和政府性基金预算拨款以外的其他财政拨款的，应当按照财政拨款种类增加相应的资金项目及其明细项目。

（三）本表各栏及其对应项目的内容和填列方法

1. “年初财政拨款结转结余”栏中各项目，反映单位年初各项财政拨款结转结余的金额。各项目应当根据“财政拨款结转”、“财政拨款结余”及其明细科目的年初余额填列。本栏中各项目的数额应当与上年度财政拨款预算收入支出表中“年末财政拨款结转结余”栏中各项目的数额相等。

2. “调整年初财政拨款结转结余”栏中各项目，反映单位对年初财政拨款结转结余的调整金额。各项目应当根据“财政拨款结转”、“财政拨款结余”科目下“年初余额调整”明细科目及其所属明细科目的本年发生额填列；如调整减少年初财政拨款结转结余，以“－”号填列。

3. “本年归集调入”栏中各项目，反映单位本年按规定从其他单位调入的财政拨款结转资金金额。各项目应当根据“财政拨款结转”科目下“归集调入”明细科目及其所属明细科目的本年发生额填列。

4. “本年归集上缴或调出”栏中各项目，反映单位本年按规定实际上缴的财政拨款结转结余资金，及按照规定向其他单位调出的财政拨款结转资金金额。各项目应当根据“财政拨款结转”、“财政拨款结余”科目下“归集上缴”科目和“财政拨款结转”科目下“归集调出”明细科目，及其所属明细科目的本年发生额填列，以“－”号填列。

5. “单位内部调剂”栏中各项目，反映单位本年财政拨款结转结余资金在单位内部不同项目等之间的调剂金额。各项目应当根据“财政拨款结转”和“财政拨款结余”科目下的“单位内部调剂”明细科目及其所属明细科目的本年发生额填列；对单位内部调剂减少的财政拨款结余金额，以“－”号填列。

6. “本年财政拨款收入”栏中各项目，反映单位本年从同级财政部门取得的各类财政预算拨款金额。各项目应当根据“财政拨款预算收入”科目及其所属明细科目的本年发生额填列。

7. “本年财政拨款支出”栏中各项目，反映单位本年发生的财政拨款支出金额。各项目应当根据“行政支出”、“事业支出”等科目及其所属明细科目本年发生额中的财政拨款支出数的合计数填列。

8. “年末财政拨款结转结余”栏中各项目，反映单位年末财政拨款结转结余的金额。各项目应当根据“财政拨款结转”、“财政拨款结余”科目及其所属明细科目的年末余额填列。

八、附注

附注是对在会计报表中列示的项目所作的进一步说明，以及对未能在会计报表中列示项目的说明。附注是财务报表的重要组成部分。凡对报表使用者的决策有重要影响的会计信息，不论本制度是否有明确规定，单位均应当充分披露。

附注主要包括下列内容：

（一）单位的基本情况

单位应当简要披露其基本情况，包括单位主要职能、主要业务活动、所在地、预算管理关系等。

（二）会计报表编制基础

（三）遵循政府会计准则、制度的声明

（四）重要会计政策和会计估计

单位应当采用与其业务特点相适应的具体会计政策，并充分披露报告期内采用的重要会计政策和会计估计。主要包括以下内容：

1. 会计期间。

2. 记账本位币，外币折算汇率。

3. 坏账准备的计提方法。

4. 存货类别、发出存货的计价方法、存货的盘存制度，以及低值易耗品和包装物的摊销方法。

5. 长期股权投资的核算方法。

6. 固定资产分类、折旧方法、折旧年限和年折旧率；融资租入固定资产的计价和折旧方法。

7. 无形资产的计价方法；使用寿命有限的无形资产，其使用寿命估计情况；使用寿命不确定的无形资产，其使用寿命不确定的判断依据；单位内部研究开发项目划分研究阶段和开发阶段的具体标准。

8. 公共基础设施的分类、折旧（摊销）方法、折旧（摊销）年限，以及其确定依据。

9. 政府储备物资分类，以及确定其发出成本所采用的方法。

10. 保障性住房的分类、折旧方法、折旧年限。

11. 其他重要的会计政策和会计估计。

12. 本期发生重要会计政策和会计估计变更的，变更的内容和原因、受其重要影响的报表项目名称和金额、相关审批程序，以及会计估计变更开始适用的时点。

（五）会计报表重要项目说明

单位应当按照资产负债表和收入费用表项目列示顺序，采用文字和数据描述相结合的方式披露重要项目的明细信息。报表重要项目的明细金额合计，应当与报表项目金额相衔接。报表重要项目说明应包括但不限于下列内容：

1. 货币资金的披露格式如下：

项目	期末余额	年初余额
库存现金		
银行存款		
其他货币资金		
合计		

2. 应收账款按照债务人类别披露的格式如下：

债务人类别	期末余额	年初余额
政府会计主体：		
部门内部单位		
单位 1		
……		
部门外部单位		
单位 1		
……		
其他：		
单位 1		
……		
合计		

注：1. “部门内部单位”是指纳入单位所属部门财务报告合并范围的单位（下同）。
2. 有应收票据、预付账款、其他应收款的，可比照应收账款进行披露。

3. 存货的披露格式如下：

存货种类	期末余额	年初余额
1.		
……		
合计		

4. 其他流动资产的披露格式如下：

项目	期末余额	年初余额
1.		
……		
合计		

注：有长期待摊费用、其他非流动资产的，可比照其他流动资产进行披露。

5. 长期投资。

（1）长期债券投资的披露格式如下：

债券发行主体	年初余额	本期增加额	本期减少额	期末余额
1.				
……				
合计				

注：有短期投资的，可比照长期债券投资进行披露。

（2）长期股权投资的披露格式如下：

被投资单位	核算方法	年初余额	本期增加额	本期减少额	期末余额
1.					
……					
合计					

（3）当期发生的重大投资净损益项目、金额及原因。

6. 固定资产。

（1）固定资产的披露格式如下：

项目	年初余额	本期增加额	本期减少额	期末余额
一、原值合计				
其中：房屋及构筑物				
通用设备				
专用设备				
文物和陈列品				
图书、档案				
家具、用具、装具及动植物				

续表

项目	年初余额	本期增加额	本期减少额	期末余额
二、累计折旧合计				
其中：房屋及构筑物				
通用设备				
专用设备				
家具、用具、装具				
三、账面价值合计				
其中：房屋及构筑物				
通用设备				
专用设备				
文物和陈列品				
图书、档案				
家具、用具、装具及动植物				

（2）已提足折旧的固定资产名称、数量等情况。

（3）出租、出借固定资产以及固定资产对外投资等情况。

7. 在建工程的披露格式如下：

项目	年初余额	本期增加额	本期减少额	期末余额
1.				
……				
合计				

8. 无形资产。

（1）各类无形资产的披露格式如下：

项目	年初余额	本期增加额	本期减少额	期末余额
一、原值合计				
1.				
……				
二、累计摊销合计				
1.				
……				
三、账面价值合计				
1.				
……				

（2）计入当期损益的研发支出金额、确认为无形资产的研发支出金额。

（3）无形资产出售、对外投资等处置情况。

9. 公共基础设施。

（1）公共基础设施的披露格式如下：

项目	年初余额	本期增加额	本期减少额	期末余额
原值合计				
市政基础设施				
1.				
……				
交通基础设施				
1.				
……				
水利基础设施				
1.				
……				
其他				
……				
累计折旧合计				
市政基础设施				
1.				
……				
交通基础设施				
1.				
……				
水利基础设施				
1.				
……				
其他				
……				
账面价值合计				
市政基础设施				
1.				
……				
交通基础设施				
1.				
……				
水利基础设施				
1.				
……				
其他				
……				

（2）确认为公共基础设施的单独计价入账的土地使用权的账面余额、累计摊销额及变动情况。

（3）已提取折旧继续使用的公共基础设施的名称、数量等。

10. 政府储备物资的披露格式如下：

物资类别	年初余额	本期增加额	本期减少额	期末余额
1.				
……				
合计				

注：如单位有因动用而发出需要收回或者预期可能收回，但期末尚未收回的政府储备物资，应当单独披露其期末账面余额。

11. 受托代理资产的披露格式如下：

资产类别	年初余额	本期增加额	本期减少额	期末余额
货币资金				
受托转赠物资				
受托存储保管物资				
罚没物资				
其他				
合计				

12. 应付账款按照债权人类别披露的格式如下：

债权人类别	期末余额	年初余额
政府会计主体：		
部门内部单位		
单位 1		
……		
部门外部单位		
单位 1		
……		
其他：		
单位 1		
……		
合计		

注：有应付票据、预收账款、其他应付款、长期应付款的，可比照应付账款进行披露。

13. 其他流动负债的披露格式如下：

项目	期末余额	年初余额
1.		
……		
合计		

注：有预计负债、其他非流动负债的，可比照其他流动负债进行披露。

14. 长期借款

（1）长期借款按照债权人披露的格式如下：

债权人	期末余额	年初余额
1.		
……		
合计		

注：有短期借款的，可比照长期借款进行披露。

（2）单位有基建借款的，应当分基建项目披露长期借款年初数、本年变动数、年末数及到期期限。

15. 事业收入按照收入来源的披露格式如下：

收入来源	本期发生额	上期发生额
来自财政专户管理资金		
本部门内部单位		
单位 1		
……		
本部门以外同级政府单位		
单位 1		
……		
其他		
单位 1		
……		
合计		

16. 非同级财政拨款收入按收入来源的披露格式如下：

收入来源	本期发生额	上期发生额
本部门以外同级政府单位		
单位 1		
……		
本部门以外非同级政府单位		
单位 1		
……		
合计		

17. 其他收入按照收入来源的披露格式如下：

收入来源	本期发生额	上期发生额
本部门内部单位		
单位 1		
……		
本部门以外同级政府单位		
单位 1		
……		
本部门以外非同级政府单位		
单位 1		
……		
其他		
单位 1		
……		
合计		

18. 业务活动费用。

（1）按经济分类的披露格式如下：

项目	本期发生额	上期发生额
工资福利费用		
商品和服务费用		
对个人和家庭的补助费用		
对企业补助费用		
固定资产折旧费		
无形资产摊销费		
公共基础设施折旧（摊销）费		
保障性住房折旧费		
计提专用基金		
……		
合计		

注：有单位管理费用、经营费用的，可比照（业务活动费用）此表进行披露。

（2）按支付对象的披露格式如下：

支付对象	本期发生额	上期发生额
本部门内部单位		
单位 1		
……		

续表

支付对象	本期发生额	上期发生额
本部门以外同级政府单位		
单位 1		
……		
其他		
单位 1		
……		
合计		

注：有单位管理费用、经营费用的，可比照（业务活动费用）此表进行披露。

19. 其他费用按照类别披露的格式如下：

费用类别	本期发生额	上期发生额
利息费用		
坏账损失		
罚没支出		
……		
合计		

20. 本期费用按照经济分类的披露格式如下：

项目	本年数	上年数
工资福利费用		
商品和服务费用		
对个人和家庭的补助费用		
对企业补助费用		
固定资产折旧费		
无形资产摊销费		
公共基础设施折旧（摊销）费		
保障性住房折旧费		
计提专用基金		
所得税费用		
资产处置费用		
上缴上级费用		
对附属单位补助费用		
其他费用		
本期费用合计		

注：单位在按照本制度规定编制收入费用表的基础上，可以根据需要按照此表披露的内容编制收入费用表。

（六）本年盈余与预算结余的差异情况说明

为了反映单位财务会计和预算会计因核算基础和核算范围不同所产生的本年盈余数与本年预算结余数之间的差异，单位应当按照重要性原则，对本年度发生的各类影响收入（预算收入）和费用（预算支出）的业务进行适度归并和分析，披露将年度预算收入支出表中“本年预算收支差额”调节为年度收入费用表中“本期盈余”的信息。有关披露格式如下：

项目	金额
一、本年预算结余（本年预算收支差额）	
二、差异调节	—
（一）重要事项的差异	
加：1. 当期确认为收入但没有确认为预算收入	
（1）应收款项、预收账款确认的收入	
（2）接受非货币性资产捐赠确认的收入	
2. 当期确认为预算支出但没有确认为费用	
（1）支付应付款项、预付账款的支出	
（2）为取得存货、政府储备物资等计入物资成本的支出	
（3）为购建固定资产等的资本性支出	
（4）偿还借款本息支出	
减：1. 当期确认为预算收入但没有确认为收入	
（1）收到应收款项、预收账款确认的预算收入	
（2）取得借款确认的预算收入	
2. 当期确认为费用但没有确认为预算支出	
（1）发出存货、政府储备物资等确认的费用	
（2）计提的折旧费用和摊销费用	
（3）确认的资产处置费用（处置资产价值）	
（4）应付款项、预付账款确认的费用	
（二）其他事项差异	
三、本年盈余（本年收入与费用的差额）	

（七）其他重要事项说明

1. 资产负债表日存在的重要或有事项说明。没有重要或有事项的，也应说明。

2. 以名义金额计量的资产名称、数量等情况，以及以名义金额计量理由的说明。

3. 通过债务资金形成的固定资产、公共基础设施、保障性住房等资产的账面价值、使用情况、收益情况及与此相关的债务偿还情况等的说明。

4. 重要资产置换、无偿调入（出）、捐入（出）、报废、重大毁损等情况的说明。

5. 事业单位将单位内部独立核算单位的会计信息纳入本单位财务报表情况的说明。

6. 政府会计具体准则中要求附注披露的其他内容。

7. 有助于理解和分析单位财务报表需要说明的其他事项。

附录：

主要业务和事项账务处理举例

序号	业务和事项内容		账务处理①	
			财务会计	预算会计
一、资产类				
1	1001 库存现金			
(1)	提现		借：库存现金 　　贷：银行存款等	—
	存现		借：银行存款等 　　贷：库存现金	—
(2)	差旅费	职工出差等借出现金	借：其他应收款 　　贷：库存现金	—
		出差人员报销差旅费	借：业务活动费用/单位管理费用等［实际报销金额］ 　　库存现金［实际报销金额小于借款金额的差额］ 　　贷：其他应收款 或： 借：业务活动费用/单位管理费用等［实际报销金额］ 　　贷：其他应收款 　　　　库存现金［实际报销金额大于借款金额的差额］	借：行政支出/事业支出等［实际报销金额］ 　　贷：资金结存——货币资金
(3)	其他涉及现金的业务	因开展业务等其他事项收到现金	借：库存现金 　　贷：事业收入/应收账款等	借：资金结存——货币资金 　　贷：事业预算收入等
		因购买服务、商品或其他事项支出现金	借：业务活动费用/单位管理费用/其他费用/应付账款等 　　贷：库存现金	借：行政支出/事业支出/其他支出等 　　贷：资金结存——货币资金
		对外捐赠现金资产	借：其他费用 　　贷：库存现金	借：其他支出 　　贷：资金结存——货币资金
(4)	受托代理、代管现金	收到	借：库存现金——受托代理资产 　　贷：受托代理负债	—
		支付	借：受托代理负债 　　贷：库存现金——受托代理资产	—
(5)	现金溢余	按照溢余金额转入待处理财产损溢	借：库存现金 　　贷：待处理财产损溢	借：资金结存——货币资金 　　贷：其他预算收入
		属于应支付给有关人员或单位的部分	借：待处理财产损溢 　　贷：其他应付款 借：其他应付款 　　贷：库存现金	— 借：其他预算收入 　　贷：资金结存——货币资金
		属于无法查明原因的部分，报经批准后	借：待处理财产损溢 　　贷：其他收入	—

① 本表中所列举的业务和事项涉及增值税的，参照“应交增值税”科目进行账务处理。

续表

序号	业务和事项内容		账务处理	
			财务会计	预算会计
(6)	现金短缺	按照短缺金额转入待处理财产损溢	借：待处理财产损溢 贷：库存现金	借：其他支出 贷：资金结存——货币资金
		属于应由责任人赔偿的部分	借：其他应收款 贷：待处理财产损溢 借：库存现金 贷：其他应收款	借：资金结存——货币资金 贷：其他支出
		属于无法查明原因的部分，报经批准后	借：资产处置费用 贷：待处理财产损溢	—
2	1002 银行存款			
(1)	将款项存入银行或其他金融机构		借：银行存款 贷：库存现金/事业收入/其他收入等	借：资金结存——货币资金 贷：事业预算收入/其他预算收入等
(2)	提现		借：库存现金 贷：银行存款	—
(3)	支付款项		借：业务活动费用/单位管理费用/其他费用等 贷：银行存款	借：行政支出/事业支出/其他支出等 贷：资金结存——货币资金
(4)	银行存款账户	收到银行存款利息	借：银行存款 贷：利息收入	借：资金结存——货币资金 贷：其他预算收入
		支付银行手续费等	借：业务活动费用/单位管理费用等 贷：银行存款	借：行政支出/事业支出等 贷：资金结存——货币资金
(5)	受托代理、代管银行存款	收到	借：银行存款——受托代理资产 贷：受托代理负债	—
		支付	借：受托代理负债 贷：银行存款——受托代理资产	—
(6)	外币业务	以外币购买物资、劳务等	借：在途物品/库存物品等 贷：银行存款［外币账户］/应付账款等［外币账户］	借：事业支出等 贷：资金结存——货币资金
		以外币收取相关款项等	借：银行存款［外币账户］/应收账款等［外币账户］ 贷：事业收入等	借：资金结存——货币资金 贷：事业预算收入等
		期末，根据各外币账户按照期末的即期汇率调整后的人民币余额与原账面人民币余额的差额，作为汇兑损益	借：银行存款/应收账款/应付账款等 贷：业务活动费用/单位管理费用等［汇兑收益］ 借：业务活动费用/单位管理费用等［汇兑损失］ 贷：银行存款/应收账款/应付账款等	借：资金结存——货币资金 贷：行政支出/事业支出等［汇兑收益］ 借：行政支出/事业支出等［汇兑损失］ 贷：资金结存——货币资金
3	1011 零余额账户用款额度			
(1)	收到额度	收到“授权支付到账通知书”	借：零余额账户用款额度 贷：财政拨款收入	借：资金结存——零余额账户用款额度 贷：财政拨款预算收入

续表

序号	业务和事项内容		账务处理	
			财务会计	预算会计
(2)	按照规定支用额度	支付日常活动费用	借：业务活动费用/单位管理费用等 贷：零余额账户用款额度	借：行政支出/事业支出等 贷：资金结存——零余额账户用款额度
		购买库存物品或购建固定资产等	借：库存物品/固定资产/在建工程等 贷：零余额账户用款额度	
(3)	提现	从零余额账户提取现金	借：库存现金 贷：零余额账户用款额度	借：资金结存——货币资金 贷：资金结存——零余额账户用款额度
		将现金退回单位零余额账户	借：零余额账户用款额度 贷：库存现金	借：资金结存——零余额账户用款额度 贷：资金结存——货币资金
(4)	因购货退回等发生国库授权支付额度退回	本年度授权支付的款项	借：零余额账户用款额度 贷：库存物品等	借：资金结存——零余额账户用款额度 贷：行政支出/事业支出等
		以前年度授权支付的款项	借：零余额账户用款额度 贷：库存物品/以前年度盈余调整等	借：资金结存——零余额账户用款额度 贷：财政拨款结转——年初余额调整 /财政拨款结余——年初余额调整
(5)	年末，注销额度	根据代理银行提供的对账单注销财政授权支付额度	借：财政应返还额度——财政授权支付 贷：零余额账户用款额度	借：资金结存——财政应返还额度 贷：资金结存——零余额账户用款额度
		本年度财政授权支付预算指标数大于零余额账户额度下达数的，根据未下达的用款额度	借：财政应返还额度——财政授权支付 贷：财政拨款收入	借：资金结存——财政应返还额度 贷：财政拨款预算收入
(6)	下年初，恢复额度	根据代理银行提供的额度恢复到账通知书恢复财政授权支付额度	借：零余额账户用款额度 贷：财政应返还额度——财政授权支付	借：资金结存——零余额账户用款额度 贷：资金结存——财政应返还额度
		收到财政部门批复的上年末未下达零余额账户用款额度	借：零余额账户用款额度 贷：财政应返还额度——财政授权支付	借：资金结存——零余额账户用款额度 贷：资金结存——财政应返还额度
4	1021 其他货币资金			
(1)	形成其他货币资金	取得银行本票、银行汇票、信用卡时	借：其他货币资金——银行本票存款 ——银行汇票存款 ——信用卡存款 贷：银行存款	—
(2)	发生支付	用银行本票、银行汇票、信用卡支付时	借：在途物品/库存物品等 贷：其他货币资金——银行本票存款 ——银行汇票存款 ——信用卡存款	借：事业支出等［实际支付金额］ 贷：资金结存——货币资金
(3)	余款退回时	银行本票、银行汇票、信用卡的余款退回时	借：银行存款 贷：其他货币资金——银行本票存款 ——银行汇票存款 ——信用卡存款	—

续表

序号	业务和事项内容		账务处理 财务会计	账务处理 预算会计
5	1101 短期投资			
(1)	取得短期投资	取得短期投资时	借：短期投资 贷：银行存款等	借：投资支出 贷：资金结存——货币资金
		收到购买时已到付息期但尚未领取的利息时	借：银行存款 贷：短期投资	借：资金结存——货币资金 贷：投资支出
(2)	短期投资持有期间收到利息		借：银行存款 贷：投资收益	借：资金结存——货币资金 贷：投资预算收益
(3)	出售短期投资或到期收回短期投资（国债）本息		借：银行存款［实际收到的金额］ 投资收益［借差］ 贷：短期投资［账面余额］ 投资收益［贷差］	借：资金结存——货币资金［实收款］ 投资预算收益［实收款小于投资成本的差额］ 贷：投资支出［出售或收回当年投资的］/其他结余［出售或收回以前年度投资的］ 投资预算收益［实收款大于投资成本的差额］
6	1201 财政应返还额度			
(1)	财政直接支付方式下，确认财政应返还额度	年末本年度预算指标数与当年实际支付数的差额	借：财政应返还额度——财政直接支付 贷：财政拨款收入	借：资金结存——财政应返还额度 贷：财政拨款预算收入
		下年度使用以前年度财政直接支付额度支付款项时	借：业务活动费用/单位管理费用/库存物品等 贷：财政应返还额度——财政直接支付	借：行政支出/事业支出等 贷：资金结存——财政应返还额度
(2)	财政授权支付方式下，确认财政应返还额度	年末本年度预算指标数大于额度下达数的，根据未下达的用款额度	借：财政应返还额度——财政授权支付 贷：财政拨款收入	借：资金结存——财政应返还额度 贷：财政拨款预算收入
		年末根据代理银行提供的对账单作注销额度处理	借：财政应返还额度——财政授权支付 贷：零余额账户用款额度	借：资金结存——财政应返还额度 贷：资金结存——零余额账户用款额度
		下年初额度恢复和下年初收到财政部门批复的上年末未下达零余额账户用款额	借：零余额账户用款额度 贷：财政应返还额度——财政授权支付	借：资金结存——零余额账户用款额度 贷：资金结存——财政应返还额度
7	1211 应收票据			
(1)	收到商业汇票	销售产品、提供服务等收到商业汇票时	借：应收票据 贷：经营收入等	—
(2)	商业汇票向银行贴现	持未到期的商业汇票向银行贴现	借：银行存款［贴现净额］ 经营费用等［贴现利息］ 贷：应收票据［不附追索权］ /短期借款［附追索权］	借：资金结存——货币资金 贷：经营预算收入等［贴现净额］
		附追索权的商业汇票到期未发生追索事项	借：短期借款 贷：应收票据	—

续表

序号	业务和事项内容		账务处理	
			财务会计	预算会计
(3)	商业汇票背书转让	将持有的商业汇票背书转让以取得所需物资	借：库存物品等 贷：应收票据 银行存款［差额］	借：经营支出等［支付的金额］ 贷：资金结存——货币资金
(4)	商业汇票到期	商业汇票到期，收回应收票据	借：银行存款 贷：应收票据	借：资金结存——货币资金 贷：经营预算收入等
		商业汇票到期，付款人无力支付票款时	借：应收账款 贷：应收票据	—
8	1212 应收账款			
(1)	发生应收账款时	应收账款收回后不需上缴财政	借：应收账款 贷：事业收入/经营收入/其他收入等	—
		应收账款收回后需上缴财政	借：应收账款 贷：应缴财政款	—
(2)	收回应收账款时	应收账款收回后不需上缴财政	借：银行存款等 贷：应收账款	借：资金结存——货币资金等 贷：事业预算收入/经营预算收入/其他预算收入等
		应收账款收回后需上缴财政	借：银行存款等 贷：应收账款	—
(3)	逾期无法收回的应收账款	报批后予以核销	借：坏账准备/应缴财政款 贷：应收账款	—
		事业单位已核销不需上缴财政的应收账款在以后期间收回	借：应收账款 贷：坏账准备 借：银行存款 贷：应收账款	借：资金结存——货币资金 贷：非财政拨款结余等
		单位已核销需上缴财政的应收账款在以后期间收回	借：银行存款等 贷：应缴财政款	—
9	1214 预付账款			
(1)	发生预付账款时		借：预付账款 贷：财政拨款收入/零余额账户用款额度/银行存款等	借：行政支出/事业支出等 贷：财政拨款预算收入/资金结存
(2)	收到所购物资或劳务，以及根据工程进度结算工程价款等时		借：业务活动费用/库存物品/固定资产/在建工程等 贷：预付账款 零余额账户用款额度/财政拨款收入/银行存款等［补付款项］	借：行政支出/事业支出等［补付款项］ 贷：财政拨款预算收入/资金结存
(3)	预付账款退回	当年预付账款退回	借：财政拨款收入/零余额账户用款额度/银行存款等 贷：预付账款	借：财政拨款预算收入/资金结存 贷：行政支出/事业支出等
		以前年度预付账款退回	借：财政应返还额度/零余额账户用款额度/银行存款等 贷：预付账款	借：资金结存 贷：财政拨款结余——年初余额调整/财政拨款结转——年初余额调整等
(4)	逾期无法收回的预付账款转为其他应收款		借：其他应收款 贷：预付账款	—

续表

序号	业务和事项内容		账务处理	
			财务会计	预算会计
10	1215 应收股利			
（1）	取得的长期股权投资	取得长期股权投资	借：长期股权投资 应收股利［取得投资支付价款中包含的已宣告但尚未发放的现金股利或利润］ 贷：银行存款［取得投资支付的全部价款］	借：投资支出［取得投资支付的全部价款］ 贷：资金结存——货币资金
		收到取得投资所支付价款中包含的已宣告但尚未发放的股利或利润时	借：银行存款 贷：应收股利	借：资金结存——货币资金 贷：投资支出等
（2）	持有投资期间	被投资单位宣告发放现金股利或利润	借：应收股利 贷：投资收益/长期股权投资	—
		收到现金股利或利润时	借：银行存款 贷：应收股利	借：资金结存——货币资金 贷：投资预算收益
11	1216 应收利息			
（1）	取得的债券投资	取得长期债券投资	借：长期债券投资 应收利息［取得投资支付价款中包含的已到付息期但尚未领取的利息］ 贷：银行存款［取得投资支付的全部价款］	借：投资支出［取得投资支付的全部价款］ 贷：资金结存——货币资金
		收到取得投资所支付价款中包含的已到付息期但尚未领取的利息时	借：银行存款 贷：应收利息	借：资金结存——货币资金 贷：投资支出等
（2）	持有投资期间	按期计提利息	借：应收利息［分期付息、到期还本债券计提的利息］ 贷：投资收益	—
		实际收到利息	借：银行存款 贷：应收利息	借：资金结存——货币资金 贷：投资预算收益
12	1218 其他应收款			
（1）	发生暂付款项（包括偿还未报销的公务卡款项）	暂付款项时	借：其他应收款 贷：银行存款/库存现金/零余额账户用款额度等	—
		报销时	借：业务活动费用/单位管理费用等［实际报销金额］ 贷：其他应收款	借：行政支出/事业支出等［实际报销金额］ 贷：资金结存
		收回暂付款项时	借：库存现金/银行存款等 贷：其他应收款	—
（2）	发生其他各种应收款项	确认其他应收款时	借：其他应收款 贷：上级补助收入/附属单位上缴收入/其他收入等	—
		收到其他应收款项时	借：银行存款/库存现金等 贷：其他应收款	借：资金结存——货币资金 贷：上级补助预算收入/附属单位上缴预算收入/其他预算收入等

续表

序号	业务和事项内容		账务处理：财务会计	账务处理：预算会计
（3）	拨付给内部有关部门的备用金	财务部门核定并发放备用金时	借：其他应收款 贷：库存现金	—
		根据报销数用现金补足备用金定额时	借：业务活动费用/单位管理费用等 贷：库存现金	借：行政支出/事业支出等 贷：资金结存——货币资金
（4）	逾期无法收回的其他应收款	经批准核销时	借：坏账准备［事业单位］/资产处置费用［行政单位］ 贷：其他应收款	—
		已核销的其他应收款在以后期间收回	事业单位： 借：其他应收款 贷：坏账准备 借：银行存款等 贷：其他应收款 行政单位： 借：银行存款等 贷：其他收入	借：资金结存——货币资金 贷：其他预算收入
13	1219 坏账准备			
（1）	年末全面分析不需上缴财政的应收账款和其他应收款	计提坏账准备，确认坏账损失	借：其他费用 贷：坏账准备	—
		冲减坏账准备	借：坏账准备 贷：其他费用	—
（2）	逾期无法收回的应收账款和其他应收款	报批后予以核销	借：坏账准备 贷：应收账款/其他应收款	—
		已核销不需上缴财政的应收款项在以后期间收回	借：应收账款/其他应收款 贷：坏账准备 借：银行存款 贷：应收账款/其他应收款	借：资金结存——货币资金等 贷：非财政拨款结余等
14	1301 在途物品			
（1）	购入材料等物资，结算凭证收到货未到，款已付或已开出商业汇票		借：在途物品 贷：财政拨款收入/零余额账户用款额度/银行存款/应付票据等	借：行政支出/事业支出/经营支出等 贷：财政拨款预算收入/资金结存
（2）	所购材料等物资到达验收入库		借：库存物品 贷：在途物品	—
15	1302 库存物品			
（1）	取得库存物品	外购的库存物品验收入库	借：库存物品 贷：财政拨款收入/财政应返还额度/零余额账户用款额度/银行存款/应付账款等	借：行政支出/事业支出/经营支出等 贷：财政拨款预算收入/资金结存
		自制的库存物品加工完成、验收入库	借：库存物品——相关明细科目 贷：加工物品——自制物品	—
		委托外单位加工收回的库存物品	借：库存物品——相关明细科目 贷：加工物品——委托加工物品	—
		置换换入的库存物品	借：库存物品［换出资产评估价值＋其他相关支出］ 固定资产累计折旧/无形资产累计摊销	借：其他支出［实际支付的其他相关支出］ 贷：资金结存

续表

序号	业务和事项内容		账务处理	
			财务会计	预算会计
(1)	取得库存物品	置换换入的库存物品	资产处置费用［借差］ 贷：库存物品/固定资产/无形资产等［账面余额］ 银行存款等［其他相关支出］ 其他收入［贷差］	
		涉及补价的： ①支付补价的	借：库存物品［换出资产评估价值＋其他相关支出＋补价］ 固定资产累计折旧/无形资产累计摊销 资产处置费用［借差］ 贷：库存物品/固定资产/无形资产等［账面余额］ 银行存款等［其他相关支出＋补价］ 其他收入［贷差］	借：其他支出［实际支付的补价和其他相关支出］ 贷：资金结存
		②收到补价的	借：库存物品［换出资产评估价值＋其他相关支出－补价］ 银行存款等［补价］ 固定资产累计折旧/无形资产累计摊销 资产处置费用［借差］ 贷：库存物品/固定资产/无形资产等［账面余额］ 银行存款等［其他相关支出］ 应缴财政款［补价－其他相关支出］ 其他收入［贷差］	借：其他支出［其他相关支出大于收到的补价的差额］ 贷：资金结存
		接受捐赠的库存物品	借：库存物品［按照确定的成本］ 贷：银行存款等［相关税费］ 捐赠收入	借：其他支出［实际支付的相关税费］ 贷：资金结存
		无偿调入的库存物品	借：库存物品［按照确定的成本］ 贷：银行存款等［相关税费］ 无偿调拨净资产	借：其他支出［实际支付的相关税费］ 贷：资金结存
		按照名义金额入账的接收捐赠、无偿调入的库存物品及发生的相关税费、运输费等	借：库存物品［名义金额］ 贷：捐赠收入［接受捐赠］ /无偿调拨净资产［无偿调入］ 借：其他费用 贷：银行存款等	借：其他支出 贷：资金结存
(2)	发出库存物品	开展业务活动、按照规定自主出售或加工物品等领用、发出库存物品时	借：业务活动费用/单位管理费用/经营费用/加工物品等 贷：库存物品［按照领用、发出成本］	—
		经批准对外捐赠的库存物品发出时	借：资产处置费用 贷：库存物品［账面余额］ 银行存款［归属于捐出方的相关费用］	借：其他支出［实际支付的相关费用］ 贷：资金结存
		经批准无偿调出的库存物品发出时	借：无偿调拨净资产 贷：库存物品［账面余额］ 借：资产处置费用 贷：银行存款等［归属于调出方的相关费用］	借：其他支出［实际支付的相关费用］ 贷：资金结存
		经批准对外出售［自主出售除外］的库存物品发出时	借：资产处置费用 贷：库存物品［账面余额］ 借：银行存款等［收到的价款］ 贷：银行存款等［发生的相关税费］ 应缴财政款	—
		经批准置换换出库存物品	参照置换换入“库存物品”的处理	

续表

序号	业务和事项内容		账务处理 财务会计	账务处理 预算会计
（3）	库存物品定期盘点及毁损、报废	盘盈的库存物品	借：库存物品 贷：待处理财产损溢	—
		盘亏或者毁损、报废的库存物品转入待处理资产	借：待处理财产损溢 贷：库存物品［账面余额］	—
		增值税一般纳税人购进的非自用材料发生盘亏或者毁损、报废的	借：待处理财产损溢 贷：应交增值税——应交税金（进项税额转出）	—
16	1303 加工物品			
（1）	自制物品	为自制物品领用材料时	借：加工物品——自制物品（直接材料） 贷：库存物品（相关明细科目）	—
		专门从事物资制造的人员发生的直接人工费用	借：加工物品——自制物品（直接人工） 贷：应付职工薪酬	—
		为自制物品发生其他直接费用和间接费用	借：加工物品——自制物品（其他直接费用、间接费用） 贷：财政拨款收入/零余额账户用款额度/银行存款等	借：事业支出/经营支出等［实际支付金额］ 贷：财政拨款预算收入/资金结存
		自制加工完成、验收入库	借：库存物品（相关明细科目） 贷：加工物品——自制物品（直接材料、直接人工、其他直接费用、间接费用）	—
（2）	委托加工物品	发给外单位加工的材料	借：加工物品——委托加工物品 贷：库存物品（相关明细科目）	—
		支付加工费用等	借：加工物品——委托加工物品 贷：财政拨款收入/零余额账户用款额度/银行存款等	借：行政支出/事业支出/经营支出等 贷：财政拨款预算收入/资金结存
		委托加工完成的物品验收入库	借：库存物品（相关明细科目） 贷：加工物品——委托加工物品	—
17	1401 待摊费用			
（1）	发生待摊费用时		借：待摊费用 贷：财政拨款收入/零余额账户用款额度/银行存款等	借：行政支出/事业支出等 贷：财政拨款预算收入/资金结存
（2）	按照受益期限分期平均摊销时		借：业务活动费用/单位管理费用/经营费用等 贷：待摊费用［每期摊销金额］	—
（3）	将摊余金额一次全部转入当期费用时		借：业务活动费用/单位管理费用/经营费用等 贷：待摊费用［全部未摊销金额］	—
18	1501 长期股权投资			
（1）	取得长期股权投资	以现金取得的长期股权投资	借：长期股权投资——成本/长期股权投资 应收股利［实际支付价款中包含的已宣告但尚未发放的股利或利润］ 贷：银行存款等［实际支付的价款］	借：投资支出［实际支付的价款］ 贷：资金结存——货币资金

续表

序号	业务和事项内容			账务处理	
				财务会计	预算会计
（1）	取得长期股权投资	收到取得投资时实际支付价款中所包含的已宣告但尚未发放的股利或利润时		借：银行存款 贷：应收股利	借：资金结存——货币资金 贷：投资支出等
		以现金以外的其他资产置换取得长期股权投资		参照“库存物品”科目中置换取得库存物品的账务处理	
		以未入账的无形资产取得的长期股权投资		借：长期股权投资 贷：银行存款/其他应交税费 其他收入	借：其他支出［支付的相关税费］ 贷：资金结存
		接受捐赠的长期股权投资		借：长期股权投资——成本/长期股权投资 贷：银行存款等［相关税费］ 捐赠收入	借：其他支出［支付的相关税费］ 贷：资金结存
		无偿调入的长期股权投资		借：长期股权投资 贷：无偿调拨净资产 银行存款等［相关税费］	借：其他支出［支付的相关税费］ 贷：资金结存
（2）	持有长期股权投资期间	成本法下	被投资单位宣告发放现金股利或利润时	借：应收股利 贷：投资收益	—
			收到被投资单位发放的现金股利时	借：银行存款 贷：应收股利	借：资金结存——货币资金 贷：投资预算收益
		权益法下	被投资单位实现净利润的，按照其份额	借：长期股权投资——损益调整 贷：投资收益	—
			被投资单位发生净亏损的，按照其份额	借：投资收益 贷：长期股权投资——损益调整	—
			被投资单位发生净亏损，但以后年度又实现净利润的，按规定恢复确认投资收益的	借：长期股权投资——损益调整 贷：投资收益	—
			被投资单位宣告发放现金股利或利润的，按照其份额	借：应收股利 贷：长期股权投资——损益调整	—
			被投资单位除净损益和利润分配以外的所有者权益变动时，按照其份额	借：长期股权投资——其他权益变动 贷：权益法调整 或： 借：权益法调整 贷：长期股权投资——其他权益变动	—
			权益法下收到被投资单位发放的现金股利	借：银行存款 贷：应收股利	借：资金结存——货币资金 贷：投资预算收益

续表

序号	业务和事项内容			账务处理	
				财务会计	预算会计
(2)	持有长期股权投资期间	追加投资成本法改为权益法		借：长期股权投资——成本 贷：长期股权投资［成本法下账面余额］ 银行存款等［追加投资］	借：投资支出［实际支付的金额］ 贷：资金结存——货币资金
		权益法改为成本法		借：长期股权投资 贷：长期股权投资——成本 长期股权投资——损益调整 长期股权投资——其他权益变动	—
(3)	出售（转让）长期股权投资	处置以现金取得的长期股权投资		借：银行存款［实际取得价款］ 投资收益［借差］ 贷：长期股权投资［账面余额］ 应收股利［尚未领取的现金股利或利润］ 银行存款等［支付的相关税费］ 投资收益［贷差］	借：资金结存——货币资金［取得价款扣减支付的相关税费后的金额］ 贷：投资支出/其他结余［投资款］ 投资预算收益
		处置以现金以外的其他资产取得的长期股权投资	处置净收入上缴财政的	借：资产处置费用 贷：长期股权投资 借：银行存款［实际取得价款］ 贷：应收股利［尚未领取的现金股利或利润］ 银行存款等［支付的相关税费］ 应缴财政款	借：资金结存——货币资金 贷：投资预算收益［获得的现金股利或利润］
			按照规定投资收益纳入单位预算管理的	借：资产处置费用 贷：长期股权投资 借：银行存款［实际取得价款］ 贷：应收股利［尚未领取的现金股利或利润］ 银行存款等［支付的相关税费］ 投资收益［取得价款扣减投资账面余额、应收股利和相关税费后的差额］ 应缴财政款［贷差］	借：资金结存——货币资金［取得价款扣减投资账面余额和相关税费后的差额］ 贷：投资预算收益
(4)	其他方式处置长期股权投资	按照规定核销时		借：资产处置费用 贷：长期股权投资［账面余额］	—
		置换转出时		参照“库存物品”科目中置换取得库存物品的账务处理	
(5)	权益法下，处置时结转原直接计入净资产的相关金额			借：权益法调整 贷：投资收益 或作相反分录。	—
19	1502 长期债券投资				
(1)	取得长期债券投资	取得长期债券投资时		借：长期债券投资——成本 应收利息［实际支付价款中包含的已到付息期但尚未领取的利息］ 贷：银行存款等［实际支付价款］	借：投资支出［实际支付价款］ 贷：资金结存——货币资金
		收到取得投资所支付价款中包含的已到付息期但尚未领取的利息时		借：银行存款 贷：应收利息	借：资金结存——货币资金 贷：投资支出等
(2)	持有长期债券投资期间	按期以票面金额与票面利率计算确认利息收入时		借：应收利息［分期付息、到期还本］ /长期债券投资——应计利息［到期一次还本付息］ 贷：投资收益	—
		实际收到分期支付的利息时		借：银行存款 贷：应收利息	借：资金结存——货币资金 贷：投资预算收益

续表

序号	业务和事项内容		账务处理	
			财务会计	预算会计
（3）	到期收回长期债券投资本息		借：银行存款等 贷：长期债券投资［账面余额］ /应收利息 投资收益	借：资金结存——货币资金 贷：投资支出/其他结余［投资成本］ 投资预算收益
（4）	对外出售长期债券投资		借：银行存款等［实际收到的款项］ 投资收益［借差］ 贷：长期债券投资［账面余额］ 应收利息 投资收益［贷差］	借：资金结存——货币资金 贷：投资支出/其他结余［投资成本］ 投资预算收益
20	1601 固定资产			
（1）	固定资产取得	①外购的固定资产 A 不需安装的	借：固定资产 贷：财政拨款收入/零余额账户用款额度/应付账款/银行存款等	借：行政支出/事业支出/经营支出等 贷：财政拨款预算收入/资金结存
		B 需要安装的固定资产先通过“在建工程”科目核算	借：在建工程 贷：财政拨款收入/零余额账户用款额度/应付账款/银行存款等	借：行政支出/事业支出/经营支出等 贷：财政拨款预算收入/资金结存
		安装完工交付使用时	借：固定资产 贷：在建工程	—
		购入固定资产扣留质量保证金的	借：固定资产［不需安装］/在建工程［需要安装］ 贷：财政拨款收入/零余额账户用款额度/应付账款/银行存款等 其他应付款［扣留期在1年以内（含1年）］/ 长期应付款［扣留期超过1年］	借：行政支出/事业支出/经营支出等［购买固定资产实际支付的金额］ 贷：财政拨款预算收入/资金结存
		质保期满支付质量保证金时	借：其他应付款/长期应付款 贷：财政拨款收入/零余额账户用款额度/银行存款等	借：行政支出/事业支出/经营支出等 贷：财政拨款预算收入/资金结存
		②自行建造的固定资产，工程完工交付使用时	借：固定资产 贷：在建工程	—
		③融资租入（或跨年度分期付款购入）的固定资产	借：固定资产［不需安装］/在建工程［需安装］ 贷：长期应付款［协议或合同确定的租赁价款］ 财政拨款收入/零余额账户用款额度/银行存款等［实际支付的相关税费、运输费等］	借：行政支出/事业支出/经营支出等［实际支付的相关税费、运输费等］ 贷：财政拨款预算收入/资金结存
		定期支付租金（或分期付款）时	借：长期应付款 贷：财政拨款收入/零余额账户用款额度/银行存款等	借：行政支出/事业支出/经营支出等 贷：财政拨款预算收入/资金结存
		④接受捐赠的固定资产	借：固定资产［不需安装］/在建工程［需安装］ 贷：银行存款/零余额账户用款额度等［发生的相关税费、运输费等］ 捐赠收入［差额］	借：其他支出［支付的相关税费、运输费等］ 贷：资金结存
		接受捐赠的固定资产按照名义金额入账的	借：固定资产［名义金额］ 贷：捐赠收入 借：其他费用 贷：银行存款/零余额账户用款额度等［发生的相关税费、运输费等］	借：其他支出［支付的相关税费、运输费等］ 贷：资金结存

续表

序号	业务和事项内容		账务处理	
			财务会计	预算会计
（1）	固定资产取得	⑤无偿调入的固定资产	借：固定资产［不需安装］/在建工程［需安装］ 贷：银行存款/零余额账户用款额度等［发生的相关税费、运输费等］ 无偿调拨净资产［差额］	借：其他支出［支付的相关税费、运输费等］ 贷：资金结存
		⑥置换取得的固定资产	参照“库存物品”科目中置换取得库存物品的账务处理。	
（2）	与固定资产有关的后续支出	符合固定资产确认条件的（增加固定资产使用效能或延长其使用年限而发生的改建、扩建等后续支出）	借：在建工程［固定资产账面价值］ 固定资产累计折旧 贷：固定资产［账面余额］	—
			借：在建工程 贷：财政拨款收入/零余额账户用款额度/应付账款/银行存款等	借：行政支出/事业支出/经营支出等 贷：财政拨款预算收入/资金结存
		不符合固定资产确认条件的	借：业务活动费用/单位管理费用/经营费用等 贷：财政拨款收入/零余额账户用款额度/银行存款等	借：行政支出/事业支出/经营支出等 贷：财政拨款预算收入/资金结存
（3）	固定资产处置	出售、转让固定资产	借：资产处置费用 固定资产累计折旧 贷：固定资产［账面余额］	—
			借：银行存款［处置固定资产收到的价款］ 贷：应缴财政款 银行存款等［发生的相关费用］	—
		对外捐赠固定资产	借：资产处置费用 固定资产累计折旧 贷：固定资产［账面余额］ 银行存款等［归属于捐出方的相关费用］	按照对外捐赠过程中发生的归属于捐出方的相关费用 借：其他支出 贷：资金结存
		无偿调出固定资产	借：无偿调拨净资产 固定资产累计折旧 贷：固定资产［账面余额］	
			借：资产处置费用 贷：银行存款等［归属于调出方的相关费用］	借：其他支出 贷：资金结存
		置换换出固定资产	参照“库存物品”科目中置换取得库存物品的规定进行账务处理	
（4）	固定资产定期盘点清查	盘盈的固定资产	借：固定资产 贷：待处理财产损溢	—
		盘亏、毁损或报废的固定资产	借：待处理财产损溢［账面价值］ 固定资产累计折旧 贷：固定资产［账面余额］	—
21	1602固定资产累计折旧			
（1）	按月计提固定资产折旧时		借：业务活动费用/单位管理费用/经营费用等 贷：固定资产累计折旧	—
（2）	处置固定资产时		借：待处理财产损溢/无偿调拨净资产/资产处置费用等 固定资产累计折旧 贷：固定资产［账面余额］	涉及资金支付的，参照“固定资产”科目相关账务处理

续表

序号	业务和事项内容		账务处理	
			财务会计	预算会计
22	1611 工程物资			
(1)	取得工程物资	购入工程物资	借：工程物资 贷：财政拨款收入/零余额账户用款额度/银行存款/应付账款/其他应付款等	借：行政支出/事业支出/经营支出等［实际支付的款项］ 贷：财政拨款预算收入/资金结存
(2)	领用工程物资	发出工程物资	借：在建工程 贷：工程物资	—
(3)	剩余工程物资	剩余工程物资转为存货	借：库存物品 贷：工程物资	—
23	1613 在建工程			
(1)	建筑安装工程投资	将固定资产等转入改建、扩建时	借：在建工程——建筑安装工程投资 固定资产累计折旧等 贷：固定资产等	—
		发包工程预付工程款时	借：预付账款——预付工程款 贷：财政拨款收入/零余额账户用款额度/银行存款等	借：行政支出/事业支出等 贷：财政拨款预算收入/资金结存
		按照进度结算工程款时	借：在建工程——建筑安装工程投资 贷：预付账款——预付工程款 财政拨款收入/零余额账户用款额度/银行存款/应付账款等	借：行政支出/事业支出等［补付款项］ 贷：财政拨款预算收入/资金结存
		自行施工小型建筑安装工程发生支出时	借：在建工程——建筑安装工程投资 贷：工程物资/零余额账户用款额度/银行存款/应付职工薪酬等	借：行政支出/事业支出等［实际支付的款项］ 贷：资金结存等
		改扩建过程中替换（拆除）原资产某些组成部分的	借：待处理财产损溢 贷：在建工程——建筑安装工程投资	—
		工程竣工验收交付使用时	借：固定资产等 贷：在建工程——建筑安装工程投资	—
(2)	设备投资	购入设备时	借：在建工程——设备投资 贷：财政拨款收入/零余额账户用款额度/应付账款/银行存款等	借：行政支出/事业支出等［实际支付的款项］ 贷：财政拨款预算收入/资金结存
		安装完毕，交付使用时	借：固定资产等 贷：在建工程——设备投资 ——建筑安装工程投资——安装工程	—
		将不需要安装设备和达不到固定资产标准的工具器具交付使用时	借：固定资产/库存物资 贷：在建工程——设备投资	—
(3)	待摊投资	发生构成待摊投资的各类费用时	借：在建工程——待摊投资 贷：财政拨款收入/零余额账户用款额度/银行存款/应付利息/长期借款/其他应交税费等	借：行政支出/事业支出等［实际支付的款项］ 贷：财政拨款预算收入/资金结存
		对于建设过程中试生产、设备调试等产生的收入	借：银行存款等 贷：在建工程——待摊投资［按规定冲减工程成本的部分］ 应缴财政款/其他收入［差额］	借：资金结存 贷：其他预算收入

续表

序号	业务和事项内容		账务处理	
			财务会计	预算会计
(3)	待摊投资	经批准将单项工程或单位工程报废净损失计入继续施工的工程成本的	借：在建工程——待摊投资 银行存款/其他应收款等［残料变价收入、赔款等］ 贷：在建工程——建筑安装工程投资［毁损报废工程成本］	—
		工程交付使用时，按照一定的分配方法进行待摊投资分配	借：在建工程——建筑安装工程投资 ——设备投资 贷：在建工程——待摊投资	—
(4)	其他投资	发生其他投资支出时	借：在建工程——其他投资 贷：财政拨款收入/零余额账户用款额度/银行存款等	借：行政支出/事业支出等［实际支付的款项］ 贷：财政拨款预算收入/资金结存
		资产交付使用时	借：固定资产/无形资产等 贷：在建工程——其他投资	—
(5)	基建转出投资	建造的产权不归属本单位的专用设施转出时	借：在建工程——基建转出投资 贷：在建工程——建筑安装工程投资	—
		冲销转出的在建工程时	借：无偿调拨净资产 贷：在建工程——基建转出投资	—
(6)	待核销基建支出	发生各类待核销基建支出时	借：在建工程——待核销基建支出 贷：财政拨款收入/零余额账户用款额度/银行存款等	借：行政支出/事业支出［实际支付的款项］ 贷：财政拨款预算收入/资金结存
		取消的项目发生的可行性研究费	借：在建工程——待核销基建支出 贷：在建工程——待摊投资	—
		由于自然灾害等原因发生的项目整体报废所形成的净损失	借：在建工程——待核销基建支出 银行存款/其他应收款等［残料变价收入、保险赔款等］ 贷：在建工程——建筑安装工程投资等	—
		经批准冲销待核销基建支出时	借：资产处置费用 贷：在建工程——待核销基建支出	—
24	1701 无形资产			
(1)	无形资产取得	①外购的无形资产入账时	借：无形资产 贷：财政拨款收入/零余额账户用款额度/应付账款/银行存款等	借：行政支出/事业支出/经营支出等 贷：财政拨款预算收入/资金结存
		②委托软件公司开发的软件，按照合同约定预付开发费时	借：预付账款 贷：财政拨款收入/零余额账户用款额度/银行存款等	借：行政支出/事业支出/经营支出等［预付的款项］ 贷：财政拨款预算收入/资金结存
		委托开发的软件交付使用，并支付剩余或全部软件开发费用时	借：无形资产［开发费总额］ 贷：预付账款 财政拨款收入/零余额账户用款额度/银行存款等［支付的剩余款项］	按照支付的剩余款项金额 借：行政支出/事业支出/经营支出等 贷：财政拨款预算收入/资金结存
		③自行开发 A 开发完成，达到预定用途形成无形资产的	借：无形资产 贷：研发支出——开发支出	—

续表

序号	业务和事项内容		账务处理	
			财务会计	预算会计
(1)	无形资产取得	B自行研究开发无形资产尚未进入开发阶段，或者确实无法区分研究阶段支出和开发阶段支出，但按照法律程序已申请取得无形资产的	借：无形资产［依法取得时发生的注册费、聘请律师费等费用］ 贷：财政拨款收入/零余额账户用款额度/银行存款等	借：行政支出/事业支出/经营支出等 贷：财政拨款预算收入/资金结存
		④置换取得的无形资产	参照“库存物品”科目中置换取得库存物品的相关规定进行账务处理。	
		⑤接受捐赠的无形资产	借：无形资产 贷：银行存款/零余额账户用款额度等［发生的相关税费等］ 捐赠收入［差额］	借：其他支出［支付的相关税费等］ 贷：资金结存
		接受捐赠的无形资产按照名义金额入账的	借：无形资产［名义金额］ 贷：捐赠收入 借：其他费用 贷：银行存款/零余额账户用款额度等［发生的相关税费等］	借：其他支出［支付的相关税费等］ 贷：资金结存
		⑥无偿调入的无形资产	借：无形资产 贷：银行存款/零余额账户用款额度等［发生的相关税费等］ 无偿调拨净资产［差额］	借：其他支出［支付的相关税费等］ 贷：资金结存
(2)	与无形资产有关的后续支出	符合无形资产确认条件的后续支出（如为增加无形资产的使用效能而发生的后续支出）	借：在建工程 无形资产累计摊销 贷：无形资产 借：在建工程/无形资产［无需暂停计提摊销的］ 贷：财政拨款收入/零余额账户用款额度/银行存款等	借：行政支出/事业支出/经营支出等［实际支付的资金］ 贷：财政拨款预算收入/资金结存
		不符合无形资产确认条件的后续支出（为维护无形资产的正常使用而发生的后续支出）	借：业务活动费用/单位管理费用/经营费用等 贷：财政拨款收入/零余额账户用款额度/银行存款等	借：行政支出/事业支出/经营支出等 贷：财政拨款预算收入/资金结存
(3)	无形资产处置	出售、转让无形资产	借：资产处置费用 无形资产累计摊销 贷：无形资产 借：银行存款等［收到的价款］ 贷：银行存款等［发生的相关费用］ 应缴财政款/其他收入	— 如转让收入按照规定纳入本单位预算 借：资金结存 贷：其他预算收入
		对外捐赠无形资产	借：资产处置费用 无形资产累计摊销 贷：无形资产［账面余额］ 银行存款等［归属于捐出方的相关费用］	借：其他支出［归属于捐出方的相关费用］ 贷：资金结存
		无偿调出无形资产	借：无偿调拨净资产 无形资产累计摊销 贷：无形资产［账面余额］ 借：资产处置费用 贷：银行存款等［相关费用］	借：其他支出［归属于调出方的相关费用］ 贷：资金结存
		置换换出无形资产	参照“库存物品”科目中置换取得库存物品的规定进行账务处理	

续表

<table>
<tr><th rowspan="2">序号</th><th colspan="3" rowspan="2">业务和事项内容</th><th colspan="2">账务处理</th></tr>
<tr><th>财务会计</th><th>预算会计</th></tr>
<tr><td>（3）</td><td>无形资产处置</td><td colspan="2">经批准核销无形资产时</td><td>借：资产处置费用
无形资产累计摊销
贷：无形资产［账面余额］</td><td>—</td></tr>
<tr><td>25</td><td colspan="5">1702 无形资产累计摊销</td></tr>
<tr><td>（1）</td><td colspan="3">按照月进行无形资产摊销时</td><td>借：业务活动费用/单位管理费用/加工物品等
贷：无形资产累计摊销</td><td>—</td></tr>
<tr><td>（2）</td><td colspan="3">处置无形资产时</td><td>借：资产处置费用/无偿调拨净资产等
无形资产累计摊销
贷：无形资产［账面余额］</td><td>—</td></tr>
<tr><td>26</td><td colspan="5">1703 研发支出</td></tr>
<tr><td rowspan="5"></td><td rowspan="5">单位自行研究开发无形资产</td><td rowspan="2">自行研究开发项目研究阶段的支出</td><td>应当按照合理的方法先归集</td><td>借：研发支出——研究支出
贷：应付职工薪酬/库存物品/财政拨款收入/零余额账户用款额度/银行存款等</td><td>借：事业支出/经营支出等［实际支付的款项］
贷：财政拨款预算收入/资金结存</td></tr>
<tr><td>期（月）末转入当期费用</td><td>借：业务活动费用等
贷：研发支出——研究支出</td><td>—</td></tr>
<tr><td colspan="2">自行研究开发项目开发阶段的支出</td><td>借：研发支出——开发支出
贷：应付职工薪酬
库存物品
财政拨款收入/零余额账户用款额度/银行存款等</td><td>借：事业支出/经营支出等［实际支付的款项］
贷：财政拨款预算收入/资金结存</td></tr>
<tr><td colspan="2">自行研究开发项目完成，达到预定用途形成无形资产</td><td>借：无形资产
贷：研发支出——开发支出</td><td>—</td></tr>
<tr><td colspan="2">年末经评估，研发项目预计不能达到预定用途</td><td>借：业务活动费用等
贷：研发支出——开发支出</td><td>—</td></tr>
<tr><td>27</td><td colspan="5">1801 公共基础设施</td></tr>
<tr><td rowspan="3">（1）</td><td rowspan="3">取得公共基础设施</td><td colspan="2">自行建造公共基础设施完工交付使用时</td><td>借：公共基础设施
贷：在建工程</td><td>—</td></tr>
<tr><td colspan="2">接受无偿调入的公共基础设施</td><td>借：公共基础设施
贷：无偿调拨净资产
财政拨款收入/零余额账户用款额度/银行存款等［发生的归属于调入方的相关费用］
如无偿调入的公共基础设施成本无法可靠取得的
借：其他费用［发生的归属于调入方的相关费用］
贷：财政拨款收入/零余额账户用款额度/银行存款等</td><td>借：其他支出［支付的归属于调入方的相关费用］
贷：财政拨款预算收入/资金结存</td></tr>
<tr><td colspan="2">接受捐赠的公共基础设施</td><td>借：公共基础设施
贷：捐赠收入
财政拨款收入/零余额账户用款额度/银行存款等［发生的归属于捐入方的相关费用］
如接受捐赠的公共基础设施成本无法可靠取得的
借：其他费用［发生的归属于捐入方的相关费用］
贷：财政拨款收入/零余额账户用款额度/银行存款等</td><td>借：其他支出［支付的归属于捐入方的相关费用］
贷：财政拨款预算收入/资金结存</td></tr>
</table>

续表

<table>
<tr><th rowspan="2">序号</th><th rowspan="2" colspan="2">业务和事项内容</th><th colspan="2">账务处理</th></tr>
<tr><th>财务会计</th><th>预算会计</th></tr>
<tr><td>（1）</td><td>取得公共基础设施</td><td>外购的公共基础设施</td><td>借：公共基础设施
贷：财政拨款收入/零余额账户用款额度/应付账款/银行存款等</td><td>借：行政支出/事业支出
贷：财政拨款预算收入/资金结存</td></tr>
<tr><td rowspan="2">（2）</td><td rowspan="2">与公共基础设施有关的后续支出</td><td>为增加公共基础设施使用效能或延长其使用年限而发生的改建、扩建等后续支出</td><td>借：在建工程
公共基础设施累计折旧（摊销）
贷：公共基础设施［账面余额］
借：在建工程［发生的相关后续支出］
贷：财政拨款收入/零余额账户用款额度/应付账款/银行存款等</td><td>借：行政支出/事业支出［实际支付的款项］
贷：财政拨款预算收入/资金结存</td></tr>
<tr><td>为维护公共基础设施的正常使用而发生的日常维修、养护等后续支出</td><td>借：业务活动费用
贷：财政拨款收入/零余额账户用款额度/银行存款等</td><td>借：行政支出/事业支出［实际支付的款项］
贷：财政拨款预算收入/资金结存</td></tr>
<tr><td rowspan="2">（3）</td><td rowspan="2">按照规定处置公共基础设施</td><td>对外捐赠公共基础设施</td><td>借：资产处置费用
公共基础设施累计折旧（摊销）
贷：公共基础设施［账面余额］
银行存款等［归属于捐出方的相关费用］</td><td>借：其他支出［支付的归属于捐出方的相关费用］
贷：资金结存等</td></tr>
<tr><td>无偿调出公共基础设施</td><td>借：无偿调拨净资产
公共基础设施累计折旧（摊销）
贷：公共基础设施［账面余额］
借：资产处置费用
贷：银行存款等［归属于调出方的相关费用］</td><td>借：其他支出［支付的归属于调出方的相关费用］
贷：资金结存等</td></tr>
<tr><td>（4）</td><td colspan="2">报废、毁损的公共基础设施</td><td>借：待处理财产损溢
公共基础设施累计折旧（摊销）
贷：公共基础设施（账面余额）</td><td>—</td></tr>
<tr><td>28</td><td colspan="4">1802 公共基础设施累计折旧（摊销）</td></tr>
<tr><td>（1）</td><td colspan="2">按月计提公共基础设施折旧或摊销时</td><td>借：业务活动费用
贷：公共基础设施累计折旧（摊销）</td><td>—</td></tr>
<tr><td>（2）</td><td colspan="2">处置公共基础设施时</td><td>借：待处理财产损溢/资产处置费用/无偿调拨净资产等
公共基础设施累计折旧（摊销）
贷：公共基础设施［账面余额］</td><td>—</td></tr>
<tr><td>29</td><td colspan="4">1811 政府储备物资</td></tr>
<tr><td rowspan="3">（1）</td><td rowspan="3">取得政府储备物资</td><td>购入的政府储备物资</td><td>借：政府储备物资
贷：财政拨款收入/零余额账户用款额度/应付账款/银行存款等</td><td>借：行政支出/事业支出
贷：财政拨款预算收入/资金结存</td></tr>
<tr><td>接受捐赠的政府储备物资</td><td>借：政府储备物资
贷：捐赠收入
财政拨款收入/零余额账户用款额度/银行存款［捐入方承担的相关税费］</td><td>借：其他支出［捐入方承担的相关税费］
贷：财政拨款预算收入/资金结存</td></tr>
<tr><td>无偿调入的政府储备物资</td><td>借：政府储备物资
贷：无偿调拨净资产
财政拨款收入/零余额账户用款额度/银行存款［调入方承担的相关税费］</td><td>借：其他支出［调入方承担的相关税费］
贷：财政拨款预算收入/资金结存</td></tr>
</table>

续表

<table>
<tr><th rowspan="2">序号</th><th rowspan="2" colspan="3">业务和事项内容</th><th colspan="2">账务处理</th></tr>
<tr><th>财务会计</th><th>预算会计</th></tr>
<tr><td rowspan="5">（2）</td><td rowspan="5">发出政府储备物资</td><td colspan="2">动用发出无需收回的政府储备物资</td><td>借：业务活动费用
贷：政府储备物资［账面余额］</td><td>—</td></tr>
<tr><td colspan="2">动用发出需要收回或预期可能收回的政府储备物资</td><td>发出物资时
借：政府储备物资——发出
贷：政府储备物资——在库
按照规定的质量验收标准收回物资时
借：政府储备物资——在库［收回物资的账面余额］
业务活动费用［未收回物资的账面余额］
贷：政府储备物资——发出</td><td>—</td></tr>
<tr><td colspan="2">因行政管理主体变动等原因而将政府储备物资调拨给其他主体的</td><td>借：无偿调拨净资产
贷：政府储备物资［账面余额］</td><td></td></tr>
<tr><td rowspan="2">对外销售政府储备物资的</td><td>按照规定物资销售收入纳入本单位预算的</td><td>借：业务活动费用
贷：政府储备物资
借：银行存款/应收账款等
贷：事业收入等
借：业务活动费用
贷：银行存款等［发生的相关税费］</td><td>借：资金结存［收到的销售价款］
贷：事业预算收入等
借：行政支出/事业支出
贷：资金结存［支付的相关税费］</td></tr>
<tr><td>按照规定销售收入扣除相关税费后上交财政的</td><td>借：资产处置费用
贷：政府储备物资
借：银行存款等［收到的销售价款］
贷：银行存款［发生的相关税费］
应缴财政款</td><td>—</td></tr>
<tr><td rowspan="2">（3）</td><td rowspan="2">政府储备物资盘盈、盘亏、报废或毁损</td><td colspan="2">盘盈的政府储备物资</td><td>借：政府储备物资
贷：待处理财产损溢</td><td>—</td></tr>
<tr><td colspan="2">盘亏、报废或毁损的政府储备物资</td><td>借：待处理财产损溢
贷：政府储备物资</td><td>—</td></tr>
<tr><td>30</td><td colspan="5">1821 文物文化资产</td></tr>
<tr><td rowspan="3">（1）</td><td rowspan="3">取得文物文化资产</td><td colspan="2">外购的文物文化资产</td><td>借：文物文化资产
贷：财政拨款收入/零余额账户用款额度/应付账款/银行存款等</td><td>借：行政支出/事业支出
贷：财政拨款预算收入/资金结存</td></tr>
<tr><td colspan="2">接受无偿调入的文物文化资产</td><td>借：文物文化资产
贷：无偿调拨净资产
财政拨款收入/零余额账户用款额度/银行存款等［发生的归属于调入方的相关费用］
如无偿调入的文物文化资产成本无法可靠取得的
借：其他费用［发生的归属于调入方的相关费用］
贷：财政拨款收入/零余额账户用款额度/银行存款等</td><td>借：其他支出［支付的归属于调入方的相关费用］
贷：财政拨款预算收入/资金结存</td></tr>
<tr><td colspan="2">接受捐赠的文物文化资产</td><td>借：文物文化资产
贷：捐赠收入
财政拨款收入/零余额账户用款额度/银行存款［发生的归属于捐入方的相关费用］
接受捐赠的文物文化资产成本无法可靠取得的
借：其他费用［发生的归属于捐入方的相关费用］
贷：财政拨款收入/零余额账户用款额度/银行存款等</td><td>借：其他支出［支付的归属于捐入方的相关费用］
贷：资金结存等</td></tr>
</table>

续表

<table>
<tr><th rowspan="2">序号</th><th rowspan="2" colspan="2">业务和事项内容</th><th colspan="2">账务处理</th></tr>
<tr><th>财务会计</th><th>预算会计</th></tr>
<tr><td rowspan="2">(2)</td><td rowspan="2">按照规定处置文物文化资产</td><td>对外捐赠文物文化资产</td><td>借：资产处置费用
贷：文物文化资产［账面余额］
银行存款等［归属于捐出方的相关费用］</td><td>借：其他支出［支付的归属于捐出方的相关费用］
贷：资金结存等</td></tr>
<tr><td>无偿调出文物文化资产</td><td>借：无偿调拨净资产
贷：文物文化资产［账面余额］
借：资产处置费用
贷：银行存款等［归属于调出方的相关费用］</td><td>借：其他支出［支付的归属于调出方的相关费用］
贷：资金结存等</td></tr>
<tr><td rowspan="2">(3)</td><td rowspan="2">盘点文物文化资产</td><td>盘盈时</td><td>借：文物文化资产
贷：待处理财产损溢</td><td>—</td></tr>
<tr><td>盘亏、毁损、报废时</td><td>借：待处理财产损溢
贷：文物文化资产［账面余额］</td><td></td></tr>
<tr><td>31</td><td colspan="4">1831 保障性住房</td></tr>
<tr><td rowspan="3">(1)</td><td rowspan="3">保障性住房取得</td><td>外购的保障性住房</td><td>借：保障性住房
贷：财政拨款收入/零余额账户用款额度/银行存款等</td><td>借：行政支出/事业支出
贷：财政拨款预算收入/资金结存</td></tr>
<tr><td>自行建造的保障性住房，工程完工交付使用时</td><td>借：保障性住房
贷：在建工程</td><td>—</td></tr>
<tr><td>无偿调入的保障性住房</td><td>借：保障性住房
贷：银行存款/零余额账户用款额度等［发生的相关费用］
无偿调拨净资产［差额］</td><td>借：其他支出［支付的相关税费］
贷：资金结存等</td></tr>
<tr><td>(2)</td><td>出租保障性住房</td><td>按照收取或应收的租金金额</td><td>借：银行存款/应收账款
贷：应缴财政款</td><td>—</td></tr>
<tr><td rowspan="4">(3)</td><td rowspan="4">处置保障性住房</td><td rowspan="2">出售保障性住房</td><td>借：资产处置费用
保障性住房累计折旧
贷：保障性住房［账面余额］</td><td>—</td></tr>
<tr><td>借：银行存款［处置保障性住房收到的价款］
贷：应缴财政款
银行存款等［发生的相关费用］</td><td>—</td></tr>
<tr><td rowspan="2">无偿调出保障性住房</td><td>借：无偿调拨净资产
保障性住房累计折旧
贷：保障性住房［账面余额］</td><td>—</td></tr>
<tr><td>借：资产处置费用
贷：银行存款等［归属于调出方的相关费用］</td><td>借：其他支出
贷：资金结存等</td></tr>
<tr><td rowspan="2">(4)</td><td rowspan="2">保障性住房定期盘点清查</td><td>盘盈的保障性住房</td><td>借：保障性住房
贷：待处理财产损溢</td><td>—</td></tr>
<tr><td>盘亏、毁损或报废的保障性住房</td><td>借：待处理财产损溢［账面价值］
保障性住房累计折旧
贷：保障性住房［账面余额］</td><td>—</td></tr>
<tr><td>32</td><td colspan="4">1832 保障性住房累计折旧</td></tr>
<tr><td>(1)</td><td colspan="2">按月计提保障性住房折旧时</td><td>借：业务活动费用
贷：保障性住房累计折旧</td><td>—</td></tr>
</table>

续表

序号	业务和事项内容		账务处理	
			财务会计	预算会计
(2)	处置保障性住房时		借：待处理财产损溢/无偿调拨净资产/资产处置费用等 保障性住房累计折旧 贷：保障性住房［账面余额］	涉及资金支付的，参照“保障性住房”科目的相关账务处理
33	1891 受托代理资产			
(1)	受托转赠物资	接受委托人委托需要转赠给受赠人的物资	借：受托代理资产 贷：受托代理负债	—
		受托协议约定由受托方承担相关税费、运输费的	借：其他费用 贷：财政拨款收入/零余额账户用款额度/银行存款等	借：其他支出［实际支付的相关税费、运输费等］ 贷：财政拨款预算收入/资金结存
		将受托转赠物资交付受赠人时	借：受托代理负债 贷：受托代理资产	—
		转赠物资的委托人取消了对捐赠物资的转赠要求，且不再收回捐赠物资的	借：受托代理负债 贷：受托代理资产 借：库存物品/固定资产等 贷：其他收入	—
(2)	受托储存保管物资	接受委托人委托储存保管的物资	借：受托代理资产 贷：受托代理负债	—
		支付由受托单位承担的与受托储存保管的物资相关的运输费、保管费等	借：其他费用等 贷：财政拨款收入/零余额账户用款额度/银行存款等	借：其他支出等［实际支付的运输费、保管费等］ 贷：财政拨款预算收入/资金结存
		根据委托人要求交付受托储存保管的物资时	借：受托代理负债 贷：受托代理资产	—
(3)	罚没物资	取得罚没物资时	借：受托代理资产 贷：受托代理负债	—
		按照规定处置罚没物资时	借：受托代理负债 贷：受托代理资产 处置时取得款项的 借：银行存款等 贷：应缴财政款	—
34	1901 长期待摊费用			
(1)	发生长期待摊费用		借：长期待摊费用 贷：财政拨款收入/零余额账户用款额度/银行存款等	借：行政支出/事业支出等 贷：财政拨款预算收入/资金结存
(2)	按期摊销或一次转销长期待摊费用剩余账面余额		借：业务活动费用/单位管理费用/经营费用等 贷：长期待摊费用	—
35	1902 待处理财产损溢			
(1)	账款核对时发现的现金短缺或溢余		参照“库存现金”科目的账务处理	

续表

序号	业务和事项内容			账务处理	
				财务会计	预算会计
（2）	盘盈的非现金资产	转入待处理财产时		借：库存物品/固定资产/无形资产/公共基础设施/政府储备物资/文物文化资产/保障性住房等 贷：待处理财产损溢	—
		报经批准后处理时	对于流动资产	借：待处理财产损溢 贷：单位管理费用［事业单位］ 业务活动费用［行政单位］	—
			对于非流动资产	借：待处理财产损溢 贷：以前年度盈余调整	—
（3）	盘亏或毁损、报废的非现金资产	转入待处理财产时		借：待处理财产损溢——待处理财产价值 固定资产累计折旧/公共基础设施累计折旧（摊销）/无形资产累计摊销/保障性住房累计折旧 贷：库存物品/固定资产/公共基础设施/无形资产/政府储备物资/文物文化资产/保障性住房等	—
		报经批准处理时		借：资产处置费用 贷：待处理财产损溢——待处理财产价值	—
		处理毁损、报废实物资产过程中取得的残值或残值变价收入、保险理赔或过失人赔偿等		借：库存现金/银行存款/库存物品/其他应收款等 贷：待处理财产损溢——处理净收入	—
		处理毁损、报废实物资产过程中发生的相关费用		借：待处理财产损溢——处理净收入 贷：库存现金/银行存款等	—
		处理收支结清，处理收入大于相关费用的		借：待处理财产损溢——处理净收入 贷：应缴财政款	—
		处理收支结清，处理收入小于相关费用的		借：资产处置费用 贷：待处理财产损溢——处理净收入	借：其他支出 贷：资金结存等［支付的处理净支出］
二、负债类					
36	2001 短期借款				
（1）	借入各种短期借款			借：银行存款 贷：短期借款	借：资金结存——货币资金 贷：债务预算收入
（2）	银行承兑汇票到期，本单位无力支付票款			借：应付票据 贷：短期借款	借：经营支出等 贷：债务预算收入
（3）	归还短期借款			借：短期借款 贷：银行存款	借：债务还本支出 贷：资金结存——货币资金

续表

序号	业务和事项内容			账务处理	
				财务会计	预算会计
37	2101 应交增值税				
（1）	增值税一般纳税人	购入资产或接受劳务	购入应税资产或服务时	借：业务活动费用/在途物品/库存物品/工程物资/在建工程/固定资产/无形资产等 应交增值税——应交税金（进项税额）［当月已认证可抵扣］ 应交增值税——待认证进项税额［当月未认证可抵扣］ 贷：银行存款/零余额账户用款额度等［实际支付的金额］ /应付票据［开出并承兑的商业汇票］ /应付账款等［应付的金额］	借：事业支出/经营支出等 贷：资金结存等［实际支付的金额］
			经税务机关认证为不可抵扣进项税时	借：应交增值税——应交税金（进项税额） 贷：应交增值税——待认证进项税额 同时： 借：业务活动费用等 贷：应交增值税——应交税金（进项税额转出）	—
			购进应税不动产或在建工程按规定分年抵扣进项税额的	借：固定资产/在建工程等 应交增值税——应交税金（进项税额）［当期可抵扣］ 应交增值税——待抵扣进项税额［以后期间可抵扣］ 贷：银行存款/零余额账户用款额度等［实际支付的金额］ /应付票据［开出并承兑的商业汇票］ /应付账款等［应付的金额］	借：事业支出/经营支出等 贷：资金结存等［实际支付的金额］
			尚未抵扣的进项税额以后期间抵扣时	借：应交增值税——应交税金（进项税额） 贷：应交增值税——待抵扣进项税额	—
			购进属于增值税应税项目的资产后，发生非正常损失或改变用途的	借：待处理财产损溢/固定资产/无形资产等［按照现行增值税制度规定不得从销项税额中抵扣的进项税额］ 贷：应交增值税——应交税金（进项税额转出） /应交增值税——待认证进项税额 /应交增值税——待抵扣进项税额	—
			原不得抵扣且未抵扣进项税额的固定资产、无形资产等，因改变用途等用于允许抵扣进项税额的应税项目	借：应交增值税——应交税金（进项税额）［可以抵扣的进项税额］ 贷：固定资产/无形资产等	—
			购进时已全额计入进项税额的货物或服务等转用于不动产在建工程的，对于结转以后期间的进项税额	借：应交增值税——待抵扣进项税额 贷：应交增值税——应交税金（进项税额转出）	—

续表

序号	业务和事项内容				账务处理：财务会计	账务处理：预算会计
(1)	增值税一般纳税人	购入资产或接受劳务	购进资产或服务时作为扣缴义务人		借：业务活动费用/在途物品/库存物品/工程物资/固定资产/无形资产等 应交增值税——应交税金（进项税额）［当期可抵扣］ 贷：银行存款［实际支付的金额］ 应付账款等 应交增值税——代扣代交增值税	借：事业支出/经营支出等 贷：资金结存［实际支付的金额］
					实际缴纳代扣代缴增值税时 借：应交增值税——代扣代交增值税 贷：银行存款、零余额账户用款额度等	借：事业支出/经营支出等 贷：资金结存［实际支付的金额］
		销售应税产品或提供应税服务	销售应税产品或提供应税服务时		借：银行存款/应收账款/应收票据等［包含增值税的价款总额］ 贷：事业收入/经营收入等［扣除增值税销项税额后的价款］ 应交增值税——应交税金（销项税额）/应交增值税——简易计税	借：资金结存［实际收到的含税金额］ 贷：事业预算收入/经营预算收入等
			金融商品转让	产生收益	借：投资收益［按净收益计算的应纳增值税］ 贷：应交增值税——转让金融商品应交增值税	—
				产生损失	借：应交增值税——转让金融商品应交增值税 贷：投资收益［按净损失计算的应纳增值税］	—
				交纳增值税时	借：应交增值税——转让金融商品应交增值税 贷：银行存款等	借：投资预算收益等 贷：资金结存［实际支付的金额］
				年末，如有借方余额	借：投资收益 贷：应交增值税——转让金融商品应交增值税	—
		月末转出多交和未交增值税	月末转出本月未交增值税		借：应交增值税——应交税金（转出未交增值税） 贷：应交增值税——未交税金	—
			月末转出本月多交增值税		借：应交增值税——未交税金 贷：应交增值税——应交税金（转出多交增值税）	—
		缴纳增值税	本月缴纳本月增值税时		借：应交增值税——应交税金（已交税金） 贷：银行存款/零余额账户用款额度等	借：事业支出/经营支出等 贷：资金结存
			本月缴纳以前期间未交增值税		借：应交增值税——未交税金 贷：银行存款/零余额账户用款额度等	借：事业支出/经营支出等 贷：资金结存
			按规定预缴增值税		预缴时： 借：应交增值税——预交税金 贷：银行存款/零余额账户用款额度等 月末： 借：应交增值税——未交税金 贷：应交增值税——预交税金	借：事业支出/经营支出等 贷：资金结存
			当期直接减免的增值税应纳税额		借：应交增值税——应交税金（减免税款） 贷：业务活动费用/经营费用等	—

续表

序号	业务和事项内容				账务处理 财务会计	账务处理 预算会计
(2)	增值税小规模纳税人	购入应税资产或服务	购入应税资产或服务时		借：业务活动费用/在途物品/库存物品等［按价税合计金额］ 贷：银行存款等［实际支付的金额］ /应付票据［开出并承兑的商业汇票］ /应付账款等［应付的金额］	借：事业支出/经营支出等 贷：资金结存［实际支付的金额］
			购进资产或服务时作为扣缴义务人		借：在途物品/库存物品/固定资产/无形资产等 贷：应付账款/银行存款等 应交增值税——代扣代交增值税 实际缴纳增值税时参见一般纳税人的账务处理	借：事业支出/经营支出等 贷：资金结存［实际支付的金额］
		销售应税资产或提供应税服务	销售资产或提供服务		借：银行存款/应收账款/应收票据［包含增值税的价款总额］ 贷：事业收入/经营收入等［扣除增值税金额后的价款］ 应交增值税	借：资金结存［实际收到的含税金额］ 贷：事业预算收入/经营预算收入等
			金融商品转让	产生收益	借：投资收益［按净收益计算的应纳增值税］ 贷：应交增值税——转让金融商品应交增值税	—
				产生损失	借：应交增值税——转让金融商品应交增值税 贷：投资收益［按净损失计算的应纳增值税］	—
				实际缴纳时	参见一般纳税人的账务处理	
		缴纳增值税时			借：应交增值税 贷：银行存款等	借：事业支出/经营支出等 贷：资金结存
		减免增值税			借：应交增值税 贷：业务活动费用/经营费用等	—
38	2102 其他应交税费					
(1)	城市维护建设税、教育费附加、地方教育费附加、车船税、房产税、城镇土地使用税等	发生时，按照税法规定计算的应缴税费金额			借：业务活动费用/单位管理费用/经营费用等 贷：其他应交税费——应交城市维护建设税/应交教育费附加/应交地方教育费附加/应交车船税/应交房产税/应交城镇土地使用税等	—
		实际缴纳时			借：其他应交税费——应交城市维护建设税/应交教育费附加/应交地方教育费附加/应交车船税/应交房产税/应交城镇土地使用税等 贷：银行存款等	借：事业支出/经营支出等 贷：资金结存
(2)	代扣代缴职工个人所得税	计算应代扣代缴职工的个人所得税金额			借：应付职工薪酬 贷：其他应交税费——应交个人所得税	—
		计算应代扣代缴职工以外其他人员个人所得税			借：业务活动费用/单位管理费用等 贷：其他应交税费——应交个人所得税	—
		实际缴纳时			借：其他应交税费——应交个人所得税 贷：财政拨款收入/零余额账户用款额度/银行存款等	借：行政支出/事业支出/经营支出等 贷：财政拨款预算收入/资金结存

续表

序号	业务和事项内容		账务处理	
			财务会计	预算会计
(3)	发生企业所得税纳税义务	按照税法规定计算的应缴税费金额	借：所得税费用 贷：其他应交税费——单位应交所得税	—
		实际缴纳时	借：其他应交税费——单位应交所得税 贷：银行存款等	借：非财政拨款结余 贷：资金结存
39	2103 应缴财政款			
(1)	取得或应收按照规定应缴财政的款项时		借：银行存款/应收账款等 贷：应缴财政款	—
(2)	处置资产取得应上缴财政的处置净收入的		参照“待处理财产损溢”科目的相关账务处理	—
(3)	上缴财政款项时		借：应缴财政款 贷：银行存款等	—
40	2201 应付职工薪酬			
(1)	计算确认当期应付职工薪酬	从事专业及其辅助活动人员的职工薪酬	借：业务活动费用/单位管理费用 贷：应付职工薪酬	—
		应由在建工程、加工物品、自行研发无形资产负担的职工薪酬	借：在建工程/加工物品/研发支出等 贷：应付职工薪酬	—
		从事专业及其辅助活动以外的经营活动人员的职工薪酬	借：经营费用 贷：应付职工薪酬	—
		因解除与职工的劳动关系而给予的补偿	借：单位管理费用 贷：应付职工薪酬	—
(2)	向职工支付工资、津贴补贴等薪酬		借：应付职工薪酬 贷：财政拨款收入/零余额账户用款额度/银行存款等	借：行政支出/事业支出/经营支出等 贷：财政拨款预算收入/资金结存
(3)	从职工薪酬中代扣各种款项	代扣代缴个人所得税	借：应付职工薪酬——基本工资 贷：其他应交税费——应交个人所得税	—
		代扣社会保险费和住房公积金	借：应付职工薪酬——基本工资 贷：应付职工薪酬——社会保险费/住房公积金	—
		代扣为职工垫付的水电费、房租等费用时	借：应付职工薪酬——基本工资 贷：其他应收款等	—
(4)	按照规定缴纳职工社会保险费和住房公积金		借：应付职工薪酬——社会保险费/住房公积金 贷：财政拨款收入/零余额账户用款额度/银行存款等	借：行政支出/事业支出/经营支出等 贷：财政拨款预算收入/资金结存
(5)	从应付职工薪酬中支付的其他款项		借：应付职工薪酬 贷：零余额账户用款额度/银行存款等	借：行政支出/事业支出/经营支出等 贷：资金结存等
41	2301 应付票据			
(1)	开出、承兑商业汇票		借：库存物品/固定资产等 贷：应付票据	—

续表

<table>
<tr><th rowspan="2">序号</th><th rowspan="2" colspan="2">业务和事项内容</th><th colspan="2">账务处理</th></tr>
<tr><th>财务会计</th><th>预算会计</th></tr>
<tr><td>（2）</td><td colspan="2">以商业汇票抵付应付账款时</td><td>借：应付账款
贷：应付票据</td><td>—</td></tr>
<tr><td>（3）</td><td colspan="2">支付银行承兑汇票的手续费</td><td>借：业务活动费用/经营费用等
贷：银行存款等</td><td>借：事业支出/经营支出
贷：资金结存——货币资金</td></tr>
<tr><td rowspan="3">（4）</td><td rowspan="3">商业汇票到期时</td><td>收到银行支付到期票据的付款通知时</td><td>借：应付票据
贷：银行存款</td><td>借：事业支出/经营支出
贷：资金结存——货币资金</td></tr>
<tr><td>银行承兑汇票到期，本单位无力支付票款</td><td>借：应付票据
贷：短期借款</td><td>借：事业支出/经营支出
贷：债务预算收入</td></tr>
<tr><td>商业承兑汇票到期，本单位无力支付票款</td><td>借：应付票据
贷：应付账款</td><td>—</td></tr>
<tr><td>42</td><td colspan="4">2302 应付账款</td></tr>
<tr><td>（1）</td><td colspan="2">购入物资、设备或服务以及完成工程进度但尚未付款</td><td>借：库存物品/固定资产/在建工程等
贷：应付账款</td><td>—</td></tr>
<tr><td>（2）</td><td colspan="2">偿付应付账款</td><td>借：应付账款
贷：财政拨款收入/零余额账户用款额度/银行存款等</td><td>借：行政支出/事业支出等
贷：财政拨款预算收入/资金结存</td></tr>
<tr><td>（3）</td><td colspan="2">开出、承兑商业汇票抵付应付账款</td><td>借：应付账款
贷：应付票据</td><td>—</td></tr>
<tr><td>（4）</td><td colspan="2">无法偿付或债权人豁免偿还的应付账款</td><td>借：应付账款
贷：其他收入</td><td>—</td></tr>
<tr><td>43</td><td colspan="4">2303 应付政府补贴款</td></tr>
<tr><td>（1）</td><td colspan="2">发生（确认）应付政府补贴款</td><td>借：业务活动费用
贷：应付政府补贴款</td><td>—</td></tr>
<tr><td>（2）</td><td colspan="2">支付应付政府补贴款时</td><td>借：应付政府补贴款
贷：零余额账户用款额度/银行存款等</td><td>借：行政支出
贷：资金结存等</td></tr>
<tr><td>44</td><td colspan="4">2304 应付利息</td></tr>
<tr><td>（1）</td><td colspan="2">按期计提利息费用</td><td>借：在建工程/其他费用
贷：应付利息</td><td>—</td></tr>
<tr><td>（2）</td><td colspan="2">实际支付利息时</td><td>借：应付利息
贷：银行存款等</td><td>借：其他支出
贷：资金结存——货币资金</td></tr>
<tr><td>45</td><td colspan="4">2305 预收账款</td></tr>
<tr><td>（1）</td><td colspan="2">从付款方预收款项时</td><td>借：银行存款等
贷：预收账款</td><td>借：资金结存——货币资金
贷：事业预算收入/经营预算收入等</td></tr>
<tr><td>（2）</td><td colspan="2">确认有关收入时</td><td>借：预收账款
银行存款［收到补付款］
贷：事业收入/经营收入等
银行存款［退回预收款］</td><td>借：资金结存——货币资金
贷：事业预算收入/经营预算收入等［收到补付款］
退回预收款的金额做相反会计分录</td></tr>
<tr><td>（3）</td><td colspan="2">无法偿付或债权人豁免偿还的预收账款</td><td>借：预收账款
贷：其他收入</td><td>—</td></tr>
</table>

续表

序号	业务和事项内容		账务处理	
			财务会计	预算会计
46	2307 其他应付款			
(1)	发生暂收款项	取得暂收款项时	借：银行存款等 贷：其他应付款	—
		确认收入时	借：其他应付款 贷：事业收入等	借：资金结存 贷：事业预算收入等
		退回（转拨）暂收款时	借：其他应付款 贷：银行存款等	—
(2)	收到同级财政部门预拨的下期预算款和没有纳入预算的暂付款项	按照实际收到的金额	借：银行存款等 贷：其他应付款	—
		待到下一预算期或批准纳入预算时	借：其他应付款 贷：财政拨款收入	借：资金结存 贷：财政拨款预算收入
(3)	发生其他应付义务	确认其他应付款项时	借：业务活动费用/单位管理费用等 贷：其他应付款	—
		支付其他应付款项	借：其他应付款 贷：银行存款等	借：行政支出/事业支出等 贷：资金结存
(4)	无法偿付或债权人豁免偿还的其他应付款项		借：其他应付款 贷：其他收入	—
47	2401 预提费用			
(1)	按规定计提项目间接费用或管理费时		借：单位管理费用 贷：预提费用——项目间接费用或管理费	借：非财政拨款结转——项目间接费用或管理费 贷：非财政拨款结余——项目间接费用或管理费
	实际使用计提的项目间接费用或管理费时		借：预提费用——项目间接费用或管理费 贷：银行存款/库存现金	借：事业支出等 贷：资金结存
(2)	按照规定预提每期租金等费用		借：业务活动费用/单位管理费用/经营费用等 贷：预提费用	—
	实际支付款项时		借：预提费用 贷：银行存款等	借：行政支出/事业支出/经营支出等 贷：资金结存
48	2501 长期借款			
(1)	借入各项长期借款时		借：银行存款 贷：长期借款——本金	借：资金结存——货币资金 贷：债务预算收入［本金］
(2)	为购建固定资产、公共基础设施等应支付的专门借款利息	属于工程项目建设期间发生的	借：在建工程 贷：应付利息［分期付息、到期还本］ 长期借款——应计利息［到期一次还本付息］	—
		属于工程项目完工交付使用后发生的	借：其他费用 贷：应付利息［分期付息、到期还本］ 长期借款——应计利息［到期一次还本付息］	—
		实际支付利息时	借：应付利息 贷：银行存款等	借：其他支出 贷：资金结存

续表

序号	业务和事项内容		账务处理	
			财务会计	预算会计
(3)	其他长期借款利息	计提利息时	借：其他费用 贷：应付利息［分期付息、到期还本］ 长期借款——应计利息［到期一次还本付息］	—
		分期实际支付利息时	借：应付利息 贷：银行存款等	借：其他支出 贷：资金结存
(4)	归还长期借款本息		借：长期借款——本金 ——应计利息［到期一次还本付息］ 贷：银行存款	借：债务还本支出［支付的本金］ 贷：资金结存 借：其他支出［支付的利息］ 贷：资金结存
49	2502 长期应付款			
(1)	发生长期应付款时		借：固定资产/在建工程等 贷：长期应付款	—
(2)	支付长期应付款		借：长期应付款 贷：财政拨款收入/零余额账户用款额度/银行存款	借：行政支出/事业支出/经营支出等 贷：财政拨款预算收入/资金结存
(3)	无法偿付或债权人豁免偿还的长期应付款		借：长期应付款 贷：其他收入	—
50	2601 预计负债			
(1)	确认预计负债		借：业务活动费用/经营费用/其他费用等 贷：预计负债	—
(2)	实际偿付预计负债		借：预计负债 贷：银行存款等	借：事业支出/经营支出/其他支出等 贷：资金结存
(3)	对预计负债账面余额进行调整的		借：业务活动费用/经营费用/其他费用等 贷：预计负债 或做相反会计分录	—
51	2901 受托代理负债			
	参照“受托代理资产”、“库存现金”、“银行存款”等科目相关账务处理			
三、净资产类				
52	3001 累计盈余			
(1)	年末，将“本年盈余分配”科目余额转入		借：本年盈余分配 贷：累计盈余 或做相反会计分录	—
(2)	年末，将“无偿调拨净资产”科目余额转入		借：无偿调拨净资产 贷：累计盈余 或做相反会计分录	—
(3)	按照规定上缴财政拨款结转结余、缴回非财政拨款结转资金、向其他单位调出财政拨款结转资金时		借：累计盈余 贷：财政应返还额度/零余额账户用款额度/银行存款等	参照“财政拨款结转”、“财政拨款结余”、“非财政拨款结转”等科目进行账务处理
	按照规定从其他单位调入财政拨款结转资金时		借：零余额账户用款额度/银行存款等 贷：累计盈余	借：资金结存——零余额账户用款额度/货币资金 贷：财政拨款结转——归集调入

续表

序号	业务和事项内容		账务处理	
			财务会计	预算会计
(4)	将“以前年度盈余调整”科目的余额转入		借：以前年度盈余调整 　　贷：累计盈余 或做相反会计分录	—
(5)	使用专用基金购置固定资产、无形资产的		相关账务处理参见“专用基金”科目	
53	3101 专用基金			
(1)	年末，按照规定从本年度非财政拨款结余或经营结余中提取专用基金的		借：本年盈余分配 　　贷：专用基金［按照预算会计下计算的提取金额］	借：非财政拨款结余分配 　　贷：专用结余
(2)	根据规定从收入中提取专用基金并计入费用的		借：业务活动费用等 　　贷：专用基金［一般按照预算收入计算提取的金额］	—
(3)	根据有关规定设置的其他专用基金		借：银行存款等 　　贷：专用基金	—
(4)	按照规定使用专用基金时		借：专用基金 　　贷：银行存款等 如果购置固定资产、无形资产的： 借：固定资产/无形资产 　　贷：银行存款等 借：专用基金 　　贷：累计盈余	使用从收入中提取并列入费用的专用基金： 借：事业支出等 　　贷：资金结存 使用从非财政拨款结余或经营结余中提取的专用基金： 借：专用结余 　　贷：资金结存——货币资金
54	3201 权益法调整			
(1)	资产负债表日	按照被投资单位除净损益和利润分配以外的所有者权益变动的份额（增加）	借：长期股权投资——其他权益变动 　　贷：权益法调整	—
		按照被投资单位除净损益和利润分配以外的所有者权益变动的份额（减少）	借：权益法调整 　　贷：长期股权投资——其他权益变动	—
(2)	长期股权投资处置时	权益法调整科目为借方余额	借：投资收益 　　贷：权益法调整［与所处置投资对应部分的金额］	—
		权益法调整科目为贷方余额	借：权益法调整［与所处置投资对应部分的金额］ 　　贷：投资收益	—
55	3301 本期盈余			
(1)	期末结转	结转收入	借：财政拨款收入 　　事业收入 　　上级补助收入 　　附属单位上缴收入 　　经营收入 　　非同级财政拨款收入 　　投资收益 　　捐赠收入 　　利息收入 　　租金收入 　　其他收入 　　贷：本期盈余 投资收益科目为发生额借方净额时，做相反会计分录	—

续表

序号	业务和事项内容		账务处理	
			财务会计	预算会计
（1）	期末结转	结转费用	借：本期盈余 贷：业务活动费用 单位管理费用 经营费用 资产处置费用 上缴上级费用 对附属单位补助费用 所得税费用 其他费用	—
（2）	年末结转	本期盈余科目为贷方余额时	借：本期盈余 贷：本年盈余分配	—
		本期盈余科目为借方余额时	借：本年盈余分配 贷：本期盈余	—
56	3302 本年盈余分配			
（1）	年末，将本期盈余科目余额转入	本期盈余科目为贷方余额时	借：本期盈余 贷：本年盈余分配	—
		本期盈余科目为借方余额时	借：本年盈余分配 贷：本期盈余	—
（2）	年末，按照有关规定提取专用基金	按照预算会计下计算的提取金额	借：本年盈余分配 贷：专用基金	借：非财政拨款结余分配 贷：专用结余
（3）	年末，将本科目余额转入累计盈余	本科目为贷方余额时	借：本年盈余分配 贷：累计盈余	—
		本科目为借方余额时	借：累计盈余 贷：本年盈余分配	—
57	3401 无偿调拨净资产			
（1）	取得无偿调入的资产时		借：库存物品/固定资产/无形资产/长期股权投资/公共基础设施/政府储备物资/保障性住房等 贷：无偿调拨净资产 零余额账户用款额度/银行存款等［发生的归属于调入方的相关费用］	借：其他支出［发生的归属于调入方的相关费用］ 贷：资金结存等
（2）	经批准无偿调出资产时		借：无偿调拨净资产 固定资产累计折旧/无形资产累计摊销/公共基础设施累计折旧（摊销）/保障性住房累计折旧 贷：库存物品/固定资产/无形资产/长期股权投资/公共基础设施/政府储备物资等［账面余额］ 借：资产处置费用 贷：银行存款/零余额账户用款额度等［发生的归属于调出方的相关费用］	借：其他支出［发生的归属于调出方的相关费用］ 贷：资金结存等
（3）	年末，将本科目余额转入累计盈余	科目余额在贷方时	借：无偿调拨净资产 贷：累计盈余	—
		科目余额在借方时	借：累计盈余 贷：无偿调拨净资产	—

续表

<table>
<tr><th rowspan="2">序号</th><th rowspan="2" colspan="2">业务和事项内容</th><th colspan="2">账务处理</th></tr>
<tr><th>财务会计</th><th>预算会计</th></tr>
<tr><td>58</td><td colspan="4">3501 以前年度盈余调整</td></tr>
<tr><td rowspan="2">（1）</td><td rowspan="2">调整以前年度收入</td><td>增加以前年度收入时</td><td>借：有关资产或负债科目
贷：以前年度盈余调整</td><td>按照实际收到的金额
借：资金结存
贷：财政拨款结转/财政拨款结余/非财政拨款结转/非财政拨款结余（年初余额调整）</td></tr>
<tr><td>减少以前年度收入时</td><td>借：以前年度盈余调整
贷：有关资产或负债科目</td><td>按照实际支付的金额
借：财政拨款结转/财政拨款结余/非财政拨款结转/非财政拨款结余（年初余额调整）
贷：资金结存</td></tr>
<tr><td rowspan="2">（2）</td><td rowspan="2">调整以前年度费用</td><td>增加以前年度费用时</td><td>借：以前年度盈余调整
贷：有关资产或负债科目</td><td>按照实际支付的金额
借：财政拨款结转/财政拨款结余/非财政拨款结转/非财政拨款结余（年初余额调整）
贷：资金结存</td></tr>
<tr><td>减少以前年度费用时</td><td>借：有关资产或负债科目
贷：以前年度盈余调整</td><td>按照实际收到的金额
借：资金结存
贷：财政拨款结转/财政拨款结余/非财政拨款结转/非财政拨款结余（年初余额调整）</td></tr>
<tr><td>（3）</td><td>盘盈非流动资产</td><td>报经批准处理时</td><td>借：待处理财产损溢
贷：以前年度盈余调整</td><td>—</td></tr>
<tr><td rowspan="2">（4）</td><td rowspan="2">将本科目余额转入累计盈余</td><td>本科目为借方余额时</td><td>借：累计盈余
贷：以前年度盈余调整</td><td>—</td></tr>
<tr><td>本科目为贷方余额时</td><td>借：以前年度盈余调整
贷：累计盈余</td><td>—</td></tr>
<tr><td colspan="5">四、收入/预算收入类</td></tr>
<tr><td></td><td colspan="2"></td><td>59 财政拨款收入 4001</td><td>1 财政拨款预算收入 6001</td></tr>
<tr><td rowspan="3">（1）</td><td rowspan="3">收到拨款</td><td>财政直接支付方式下</td><td>借：库存物品/固定资产/业务活动费用/单位管理费用/应付职工薪酬等
贷：财政拨款收入</td><td>借：行政支出/事业支出等
贷：财政拨款预算收入</td></tr>
<tr><td>财政授权支付方式下</td><td>借：零余额账户用款额度
贷：财政拨款收入</td><td>借：资金结存——零余额账户用款额度
贷：财政拨款预算收入</td></tr>
<tr><td>其他方式下</td><td>借：银行存款等
贷：财政拨款收入</td><td>借：资金结存——货币资金
贷：财政拨款预算收入</td></tr>
<tr><td rowspan="2">（2）</td><td rowspan="2">年末确认拨款差额</td><td>根据本年度财政直接支付预算指标数与当年财政直接支付实际支付数的差额</td><td>借：财政应返还额度——财政直接支付
贷：财政拨款收入</td><td>借：资金结存——财政应返还额度
贷：财政拨款预算收入</td></tr>
<tr><td>本年度财政授权支付预算指标数大于零余额账户用款额度下达数的差额</td><td>借：财政应返还额度——财政授权支付
贷：财政拨款收入</td><td>借：资金结存——财政应返还额度
贷：财政拨款预算收入</td></tr>
</table>

续表

<table>
<tr><th rowspan="2">序号</th><th rowspan="2" colspan="2">业务和事项内容</th><th colspan="2">账务处理</th></tr>
<tr><th>财务会计</th><th>预算会计</th></tr>
<tr><td rowspan="3">(3)</td><td rowspan="3">因差错更正或购货退回等发生的国库直接支付款项退回的</td><td>属于本年度支付的款项</td><td>借：财政拨款收入
贷：业务活动费用/库存物品等</td><td>借：财政拨款预算收入
贷：行政支出/事业支出等</td></tr>
<tr><td>属于以前年度支付的款项（财政拨款结转资金）</td><td rowspan="2">借：财政应返还额度——财政直接支付
贷：以前年度盈余调整/库存物品等</td><td>借：资金结存——财政应返还额度
贷：财政拨款结转——年初余额调整</td></tr>
<tr><td>属于以前年度支付的款项（财政拨款结余资金）</td><td>借：资金结存——财政应返还额度
贷：财政拨款结余——年初余额调整</td></tr>
<tr><td>(4)</td><td colspan="2">期末/年末结转</td><td>借：财政拨款收入
贷：本期盈余</td><td>借：财政拨款预算收入
贷：财政拨款结转——本年收支结转</td></tr>
<tr><td></td><td colspan="2"></td><td>60 事业收入 4101</td><td>2 事业预算收入 6101</td></tr>
<tr><td rowspan="3">(1)</td><td rowspan="3">采用财政专户返还方式</td><td>实际收到或应收应上缴财政专户的事业收入时</td><td>借：银行存款/应收账款等
贷：应缴财政款</td><td>—</td></tr>
<tr><td>向财政专户上缴款项时</td><td>借：应缴财政款
贷：银行存款等</td><td>—</td></tr>
<tr><td>收到从财政专户返还的款项时</td><td>借：银行存款等
贷：事业收入</td><td>借：资金结存——货币资金
贷：事业预算收入</td></tr>
<tr><td rowspan="2">(2)</td><td rowspan="2">采用预收款方式</td><td>实际收到款项时</td><td>借：银行存款等
贷：预收账款</td><td>借：资金结存——货币资金
贷：事业预算收入</td></tr>
<tr><td>按合同完成进度确认收入时</td><td>借：预收账款
贷：事业收入</td><td>—</td></tr>
<tr><td rowspan="2">(3)</td><td rowspan="2">采用应收款方式</td><td>根据合同完成进度计算本期应收的款项</td><td>借：应收账款
贷：事业收入</td><td>—</td></tr>
<tr><td>实际收到款项时</td><td>借：银行存款等
贷：应收账款</td><td>借：资金结存——货币资金
贷：事业预算收入</td></tr>
<tr><td>(4)</td><td colspan="2">其他方式下</td><td>借：银行存款/库存现金等
贷：事业收入</td><td>借：资金结存——货币资金
贷：事业预算收入</td></tr>
<tr><td rowspan="2">(5)</td><td rowspan="2">期末/年末结转</td><td>专项资金收入</td><td rowspan="2">借：事业收入
贷：本期盈余</td><td>借：事业预算收入
贷：非财政拨款结转——本年收支结转</td></tr>
<tr><td>非专项资金收入</td><td>借：事业预算收入
贷：其他结余</td></tr>
<tr><td></td><td colspan="2"></td><td>61 上级补助收入 4201</td><td>3 上级补助预算收入 6201</td></tr>
<tr><td rowspan="2">(1)</td><td rowspan="2">日常核算</td><td>确认时，按照应收或实际收到的金额</td><td>借：其他应收款/银行存款等
贷：上级补助收入</td><td rowspan="2">借：资金结存——货币资金［按照实际收到的金额］
贷：上级补助预算收入</td></tr>
<tr><td>收到应收的上级补助收入时</td><td>借：银行存款等
贷：其他应收款</td></tr>
</table>

续表

<table>
<tr><th rowspan="2">序号</th><th rowspan="2" colspan="3">业务和事项内容</th><th colspan="2">账务处理</th></tr>
<tr><th>财务会计</th><th>预算会计</th></tr>
<tr><td rowspan="2">（2）</td><td rowspan="2">期末/年末结转</td><td colspan="2">专项资金收入</td><td rowspan="2">借：上级补助收入
贷：本期盈余</td><td>借：上级补助预算收入
贷：非财政拨款结转——本年收支结转</td></tr>
<tr><td colspan="2">非专项资金收入</td><td>借：上级补助预算收入
贷：其他结余</td></tr>
<tr><td></td><td colspan="3"></td><td>62 附属单位上缴收入 4301</td><td>4 附属单位上缴预算收入 6301</td></tr>
<tr><td rowspan="2">（1）</td><td rowspan="2">日常核算</td><td colspan="2">确认时，按照应收或实际收到的金额</td><td>借：其他应收款/银行存款等
贷：附属单位上缴收入</td><td rowspan="2">借：资金结存——货币资金［按照实际收到的金额］
贷：附属单位上缴预算收入</td></tr>
<tr><td colspan="2">实际收到应收附属单位上缴收入款时</td><td>借：银行存款等
贷：其他应收款</td></tr>
<tr><td rowspan="2">（2）</td><td rowspan="2">期末/年末结转</td><td colspan="2">专项资金收入</td><td rowspan="2">借：附属单位上缴收入
贷：本期盈余</td><td>借：附属单位上缴预算收入
贷：非财政拨款结转——本年收支结转</td></tr>
<tr><td colspan="2">非专项资金收入</td><td>借：附属单位上缴预算收入
贷：其他结余</td></tr>
<tr><td></td><td colspan="3"></td><td>63 经营收入 4401</td><td>5 经营预算收入 6401</td></tr>
<tr><td>（1）</td><td>确认经营收入时</td><td colspan="2">按照确定的收入金额</td><td>借：银行存款/应收账款/应收票据等
贷：经营收入</td><td rowspan="2">借：资金结存——货币资金［按照实际收到的金额］
贷：经营预算收入</td></tr>
<tr><td>（2）</td><td>收到应收的款项时</td><td colspan="2">按照实际收到的金额</td><td>借：银行存款等
贷：应收账款/应收票据</td></tr>
<tr><td>（3）</td><td>期末/年末结转</td><td colspan="2"></td><td>借：经营收入
贷：本期盈余</td><td>借：经营预算收入
贷：经营结余</td></tr>
<tr><td></td><td colspan="3"></td><td></td><td>6 债务预算收入 6501/16 债务还本支出 7701</td></tr>
<tr><td rowspan="2">（1）</td><td rowspan="2">短期借款</td><td colspan="2">借入各种短期借款</td><td>借：银行存款
贷：短期借款</td><td>借：资金结存——货币资金
贷：债务预算收入</td></tr>
<tr><td colspan="2">归还短期借款本金</td><td>借：短期借款
贷：银行存款</td><td>借：债务还本支出
贷：资金结存——货币资金</td></tr>
<tr><td rowspan="2">（2）</td><td rowspan="2">长期借款</td><td colspan="2">借入各项长期借款时</td><td>借：银行存款
贷：长期借款——本金</td><td>借：资金结存——货币资金
贷：债务预算收入</td></tr>
<tr><td colspan="2">归还长期借款本金</td><td>借：长期借款——本金
贷：银行存款</td><td>借：债务还本支出
贷：资金结存——货币资金</td></tr>
<tr><td rowspan="3">（3）</td><td rowspan="3">期末/年末结转</td><td rowspan="2">债务预算收入结转</td><td>专项资金</td><td>—</td><td>借：债务预算收入
贷：非财政拨款结转——本年收支结转</td></tr>
<tr><td>非专项资金</td><td>—</td><td>借：债务预算收入
贷：其他结余</td></tr>
<tr><td colspan="2">债务还本支出结转</td><td>—</td><td>借：其他结余
贷：债务还本支出</td></tr>
</table>

续表

<table>
<tr><th rowspan="2">序号</th><th rowspan="2" colspan="2">业务和事项内容</th><th colspan="2">账务处理</th></tr>
<tr><th>财务会计</th><th>预算会计</th></tr>
<tr><td></td><td colspan="2"></td><td>64 非同级财政拨款收入 4601</td><td>7 非同级财政拨款预算收入 6601</td></tr>
<tr><td>(1)</td><td>确认收入时</td><td>按照应收或实际收到的金额</td><td>借：其他应收款/银行存款等
贷：非同级财政拨款收入</td><td rowspan="2">借：资金结存——货币资金［按照实际收到的金额］
贷：非同级财政拨款预算收入</td></tr>
<tr><td>(2)</td><td>收到应收的款项时</td><td>按照实际收到的金额</td><td>借：银行存款
贷：其他应收款</td></tr>
<tr><td rowspan="2">(3)</td><td rowspan="2">期末/年末结转</td><td>专项资金</td><td rowspan="2">借：非同级财政拨款收入
贷：本期盈余</td><td>借：非同级财政拨款预算收入
贷：非财政拨款结转——本年收支结转</td></tr>
<tr><td>非专项资金</td><td>借：非同级财政拨款预算收入
贷：其他结余</td></tr>
<tr><td></td><td colspan="2"></td><td>65 投资收益 4602</td><td>8 投资预算收益 6602</td></tr>
<tr><td>(1)</td><td colspan="2">出售或到期收回短期债券本息</td><td>借：银行存款
投资收益［借差］
贷：短期投资［成本］
投资收益［贷差］</td><td>借：资金结存——货币资金［实际收到的款项］
投资预算收益［借差］
贷：投资支出/其他结余［投资成本］
投资预算收益［贷差］</td></tr>
<tr><td rowspan="2">(2)</td><td rowspan="2">持有的分期付息、一次还本的长期债券投资</td><td>确认应收未收利息</td><td>借：应收利息
贷：投资收益</td><td>—</td></tr>
<tr><td>实际收到利息时</td><td>借：银行存款
贷：应收利息</td><td>借：资金结存——货币资金
贷：投资预算收益</td></tr>
<tr><td>(3)</td><td>持有的一次还本付息的长期债券投资</td><td>计算确定的应收未收利息增加长期债券投资的账面余额</td><td>借：长期债券投资——应计利息
贷：投资收益</td><td>—</td></tr>
<tr><td>(4)</td><td colspan="2">出售长期债券投资或到期收回长期债券投资本息</td><td>借：银行存款
投资收益［借差］
贷：长期债券投资
应收利息
投资收益［贷差］</td><td>借：资金结存——货币资金［实际收到的款项］
投资预算收益［借差］
贷：投资支出/其他结余
投资预算收益［贷差］</td></tr>
<tr><td rowspan="2">(5)</td><td rowspan="2">成本法下长期股权投资持有期间，被投资单位宣告分派利润或股利</td><td>按照宣告分派的利润或股利中属于单位应享有的份额</td><td>借：应收股利
贷：投资收益</td><td>—</td></tr>
<tr><td>取得分派的利润或股利，按照实际收到的金额</td><td>借：银行存款
贷：应收股利</td><td>借：资金结存——货币资金
贷：投资预算收益</td></tr>
<tr><td rowspan="3">(6)</td><td rowspan="3">采用权益法核算的长期股权投资持有期间</td><td>按照应享有或应分担的被投资单位实现的净损益的份额</td><td>借：长期股权投资——损益调整
贷：投资收益［被投资单位实现净利润］
借：投资收益［被投资单位发生净亏损］
贷：长期股权投资——损益调整</td><td>—</td></tr>
<tr><td>收到被投资单位发放的现金股利</td><td>借：银行存款
贷：应收股利</td><td>借：资金结存——货币资金
贷：投资预算收益</td></tr>
<tr><td>被投资单位发生净亏损，但以后年度又实现净利润的，按规定恢复确认投资收益</td><td>借：长期股权投资——损益调整
贷：投资收益</td><td>—</td></tr>
</table>

续表

<table>
<tr><th rowspan="2">序号</th><th rowspan="2" colspan="2">业务和事项内容</th><th colspan="2">账务处理</th></tr>
<tr><th>财务会计</th><th>预算会计</th></tr>
<tr><td rowspan="2">(7)</td><td rowspan="2">期末/年末结转</td><td>投资收益为贷方余额时</td><td>借：投资收益
贷：本期盈余</td><td>借：投资预算收益
贷：其他结余</td></tr>
<tr><td>投资收益为借方余额时</td><td>借：本期盈余
贷：投资收益</td><td>借：其他结余
贷：投资预算收益</td></tr>
<tr><td></td><td colspan="2"></td><td>66 捐赠收入 4603</td><td>9 其他预算收入 6609</td></tr>
<tr><td>(1)</td><td>接受捐赠的货币资金</td><td>按照实际收到的金额</td><td>借：银行存款/库存现金
贷：捐赠收入</td><td>借：资金结存——货币资金
贷：其他预算收入——捐赠收入</td></tr>
<tr><td rowspan="2">(2)</td><td rowspan="2">接受捐赠的存货、固定资产等</td><td>按照确定的成本</td><td>借：库存物品/固定资产等
贷：银行存款等［相关税费支出］
捐赠收入</td><td>借：其他支出［支付的相关税费等］
贷：资金结存</td></tr>
<tr><td>如按照名义金额入账</td><td>借：库存物品/固定资产等［名义金额］
贷：捐赠收入
借：其他费用
贷：银行存款等［相关税费支出］</td><td>借：其他支出［支付的相关税费等］
贷：资金结存</td></tr>
<tr><td rowspan="2">(3)</td><td rowspan="2">期末/年末结转</td><td>专项资金</td><td rowspan="2">借：捐赠收入
贷：本期盈余</td><td>借：其他预算收入——捐赠收入
贷：非财政拨款结转——本年收支结转</td></tr>
<tr><td>非专项资金</td><td>借：其他预算收入——捐赠收入
贷：其他结余</td></tr>
<tr><td></td><td colspan="2"></td><td>67 利息收入 4604</td><td>9 其他预算收入 6609</td></tr>
<tr><td>(1)</td><td>确认银行存款利息收入</td><td>实际收到利息时</td><td>借：银行存款
贷：利息收入</td><td>借：资金结存——货币资金
贷：其他预算收入——利息收入</td></tr>
<tr><td>(2)</td><td>期末/年末结转</td><td></td><td>借：利息收入
贷：本期盈余</td><td>借：其他预算收入——利息收入
贷：其他结余</td></tr>
<tr><td></td><td colspan="2"></td><td>68 租金收入 4605</td><td>9 其他预算收入 6609</td></tr>
<tr><td rowspan="2">(1)</td><td rowspan="2">预收租金方式</td><td>收到预付的租金时</td><td>借：银行存款等
贷：预收账款</td><td>借：资金结存——货币资金
贷：其他预算收入——租金收入</td></tr>
<tr><td>按照直线法分期确认租金收入时</td><td>借：预收账款
贷：租金收入</td><td>—</td></tr>
<tr><td rowspan="2">(2)</td><td rowspan="2">后付租金方式</td><td>确认租金收入时</td><td>借：应收账款
贷：租金收入</td><td>—</td></tr>
<tr><td>收到租金时</td><td>借：银行存款等
贷：应收账款</td><td>借：资金结存——货币资金
贷：其他预算收入——租金收入</td></tr>
<tr><td>(3)</td><td>分期收取租金</td><td>按期收取租金</td><td>借：银行存款等
贷：租金收入</td><td>借：资金结存——货币资金
贷：其他预算收入——租金收入</td></tr>
<tr><td>(4)</td><td>期末/年末结转</td><td></td><td>借：租金收入
贷：本期盈余</td><td>借：其他预算收入——租金收入
贷：其他结余</td></tr>
<tr><td></td><td colspan="2"></td><td>69 其他收入 4609</td><td>9 其他预算收入 6609</td></tr>
<tr><td>(1)</td><td>现金盘盈收入</td><td>属于无法查明原因的部分，报经批准后</td><td>借：待处理财产损溢
贷：其他收入</td><td>—</td></tr>
</table>

续表

序号	业务和事项内容		账务处理	
			财务会计	预算会计
(2)	科技成果转化收入	按照规定留归本单位的	借：银行存款等 贷：其他收入	借：资金结存——货币资金 贷：其他预算收入
(3)	行政单位收回已核销的其他应收款	按照实际收回的金额	借：银行存款等 贷：其他收入	借：资金结存——货币资金 贷：其他预算收入
(4)	无法偿付的应付及预收款项		借：应付账款/预收账款/其他应付款/长期应付款 贷：其他收入	—
(5)	置换换出资产评估增值	按照换出资产评估价值高于资产账面价值的金额	借：有关科目 贷：其他收入	—
(6)	其他情况	按照应收或实际收到的金额	借：其他应收款/银行存款/库存现金等 贷：其他收入	借：资金结存——货币资金［按照实际收到的金额］ 贷：其他预算收入
(7)	期末/年末结转	专项资金	借：其他收入 贷：本期盈余	借：其他预算收入 贷：非财政拨款结转——本年收支结转
		非专项资金		借：其他预算收入 贷：其他结余
五、费用/预算支出类				
			70 业务活动费用 5001	10 行政支出 7101/11 事业支出 7201
(1)	为履职或开展业务活动人员计提并支付职工薪酬	计提时，按照计算的金额	借：业务活动费用 贷：应付职工薪酬	——
		实际支付给职工并代扣个人所得税时	借：应付职工薪酬 贷：财政拨款收入/零余额账户用款额度/银行存款等 其他应交税费——应交个人所得税	借：行政支出/事业支出［按照支付给个人部分］ 贷：财政拨款预算收入/资金结存
		实际缴纳税款时	借：其他应交税费——应交个人所得税 贷：银行存款/零余额账户用款额度等	借：行政支出/事业支出［按照实际缴纳额］ 贷：资金结存等
(2)	为履职或开展业务活动发生的外部人员劳务费	计提时，按照计算的金额	借：业务活动费用 贷：其他应付款	——
		实际支付并代扣个人所得税时	借：其他应付款 贷：财政拨款收入/零余额账户用款额度/银行存款等 其他应交税费——应交个人所得税	借：行政支出/事业支出［按照实际支付给个人部分］ 贷：财政拨款预算收入/资金结存
		实际缴纳税款时	借：其他应交税费——应交个人所得税 贷：银行存款/零余额账户用款额度等	借：行政支出/事业支出［按照实际缴纳额］ 贷：资金结存等
(3)	为履职或开展业务活动发生的预付款项	预付账款　支付款项时	借：预付账款 贷：财政拨款收入/零余额账户用款额度/银行存款等	借：行政支出/事业支出 贷：财政拨款预算收入/资金结存
		预付账款　结算时	借：业务活动费用 贷：预付账款 财政拨款收入/零余额账户用款额度/银行存款等［补付金额］	借：行政支出/事业支出 贷：财政拨款预算收入/资金结存［补付金额］

续表

序号	业务和事项内容			账务处理	
				财务会计	预算会计
(3)	为履职或开展业务活动发生的预付款项	暂付款项	支付款项时	借：其他应收款 贷：银行存款等	—
			结算或报销时	借：业务活动费用 贷：其他应收款	借：行政支出/事业支出 贷：资金结存等
(4)	为履职或开展业务活动购买资产或支付在建工程款等	按照实际支付或应付的价款		借：库存物品/固定资产/无形资产/在建工程等 贷：财政拨款收入/零余额账户用款额度/银行存款/应付账款等	借：行政支出/事业支出 贷：财政拨款预算收入/资金结存
(5)	为履职或开展业务活动领用库存物品	按照领用库存物品的成本		借：业务活动费用 贷：库存物品等	—
(6)	为履职或开展业务活动计提的固定资产、无形资产、公共基础设施、保障性住房的折旧（摊销）	按照计提的折旧、摊销额		借：业务活动费用 贷：固定资产累计折旧/无形资产累计摊销/公共基础设施累计折旧（摊销）/保障性住房累计折旧	—
(7)	为履职或开展业务活动发生应负担的税金及附加时	确认其他应交税费时		借：业务活动费用 贷：其他应交税费	—
		支付其他应交税费时		借：其他应交税费 贷：银行存款等	借：行政支出/事业支出 贷：资金结存等
(8)	为履职或开展业务活动发生其他各项费用			借：业务活动费用 贷：财政拨款收入/零余额账户用款额度/银行存款/应付账款/其他应付款等	借：行政支出/事业支出［按照实际支付的金额］ 贷：财政拨款预算收入/资金结存
(9)	计提专用基金	从收入中按照一定比例提取基金并计入费用		借：业务活动费用 贷：专用基金	—
(10)	购货退回等	当年发生的		借：财政拨款收入/零余额账户用款额度/银行存款/应收账款等 贷：库存物品/业务活动费用	借：财政拨款预算收入/资金结存 贷：行政支出/事业支出
(11)	期末/年末结转			借：本期盈余 贷：业务活动费用	借：财政拨款结转——本年收支结转［财政拨款支出］ 非财政拨款结转——本年收支结转［非同级财政专项资金支出］ 其他结余［非同级财政、非专项资金支出］ 贷：行政支出/事业支出
				71 单位管理费用 5101	11 事业支出 7201
(1)	管理活动人员职工薪酬	计提时，按照计算的金额		借：单位管理费用 贷：应付职工薪酬	—

续表

序号	业务和事项内容			账务处理	
				财务会计	预算会计
(1)	管理活动人员职工薪酬	实际支付给职工并代扣个人所得税时		借：应付职工薪酬 贷：财政拨款收入/零余额账户用款额度/银行存款等 其他应交税费——应交个人所得税	借：事业支出［按照支付给个人部分］ 贷：财政拨款预算收入/资金结存
		实际缴纳税款时		借：其他应交税费——应交个人所得税 贷：银行存款/零余额账户用款额度等	借：事业支出［按照实际缴纳额］ 贷：资金结存等
(2)	为开展管理活动发生的外部人员劳务费	计提时，按照计算的金额		借：单位管理费用 贷：其他应付款	—
		实际支付并代扣个人所得税时		借：其他应付款 贷：财政拨款收入/零余额账户用款额度/银行存款等 其他应交税费——应交个人所得税	借：事业支出［按照实际支付给个人部分］ 贷：财政拨款预算收入/资金结存
		实际支付税款时		借：其他应交税费——应交个人所得税 贷：银行存款/零余额账户用款额度等	借：事业支出［按照实际缴纳额］ 贷：资金结存等
(3)	开展管理活动发生的预付款项	预付账款	支付款项时	借：预付账款 贷：财政拨款收入/零余额账户用款额度/银行存款等	借：事业支出 贷：财政拨款预算收入/资金结存
			结算时	借：单位管理费用 贷：预付账款 财政拨款收入/零余额账户用款额度/银行存款等［补付金额］	借：事业支出 贷：财政拨款预算收入/资金结存［补付金额］
		暂付款项	支付款项时	借：其他应收款 贷：银行存款等	—
			结算或报销时	借：单位管理费用 贷：其他应收款	借：事业支出 贷：资金结存等
(4)	发生的其他与管理活动相关的各项费用			借：单位管理费用 贷：财政拨款收入/零余额账户用款额度/银行存款/应付账款等	借：事业支出［按照实际支付的金额］ 贷：财政拨款预算收入/资金结存
(5)	为开展管理活动购买资产或支付在建工程款	按照实际支付或应付的价款		借：库存物品/固定资产/无形资产在建工程等 贷：财政拨款收入/零余额账户用款额度/银行存款/应付账款等	借：事业支出［按照实际支付价款］ 贷：财政拨款预算收入/资金结存
(6)	管理活动所用固定资产、无形资产计提的折旧、摊销	按照计提的折旧、摊销额		借：单位管理费用 贷：固定资产累计折旧/无形资产累计摊销	—
(7)	开展管理活动内部领用库存物品	按照库存物品的成本		借：单位管理费用 贷：库存物品	—
(8)	开展管理活动发生应负担的税金及附加时	按照计算确定应交纳的金额		借：单位管理费用 贷：其他应交税费	
		实际缴纳时		借：其他应交税费 贷：银行存款等	借：事业支出 贷：资金结存等

续表

序号	业务和事项内容		账务处理 财务会计	 预算会计
（9）	购货退回等	当年发生的	借：财政拨款收入/零余额账户用款额度/银行存款/应收账款等 贷：库存物品/单位管理费用等	借：财政拨款预算收入/资金结存 贷：事业支出
（10）	期末/年末结转		借：本期盈余 贷：单位管理费用	借：财政拨款结转——本年收支结转［财政拨款支出］ 非财政拨款结转——本年收支结转［非财政专项资金支出］ 其他结余［非财政、非专项资金支出］ 贷：事业支出
			72 经营费用 5201	12 经营支出 7301
（1）	为经营活动人员支付职工薪酬	计提时，按照计算的金额	借：经营费用 贷：应付职工薪酬	—
		实际支付给职工时	借：应付职工薪酬 贷：银行存款等 其他应交税费——应交个人所得税	借：经营支出［按照支付给个人部分］ 贷：资金结存——货币资金
		实际支付税款时	借：其他应交税费——应交个人所得税 贷：银行存款等	借：经营支出［按照实际缴纳额］ 贷：资金结存——货币资金
（2）	为开展经营活动购买资产或支付在建工程款	按照实际支付或应付的金额	借：库存物品/固定资产/无形资产/在建工程 贷：银行存款/应付账款等	借：经营支出 贷：资金结存——货币资金［按照实际支付金额］
（3）	开展经营活动内部领用材料或出售发出物品等	按照实际成本	借：经营费用 贷：库存物品	—
（4）	开展经营活动发生的预付款项	预付时，按照预付的金额	借：预付账款 贷：银行存款等	借：经营支出 贷：资金结存——货币资金
		结算时	借：经营费用 贷：预付账款 银行存款等［补付金额］	借：经营支出 贷：资金结存——货币资金［补付金额］
（5）	开展经营活动发生应负担的税金及附加时	按照计算确定的缴纳金额	借：经营费用 贷：其他应交税费	—
		实际缴纳时	借：其他应交税费 贷：银行存款等	借：经营支出 贷：资金结存——货币资金
（6）	开展经营活动发生的其他各项费用		借：经营费用 贷：银行存款/应付账款等	借：经营支出［按照实际支付的金额］ 贷：资金结存——货币资金
（7）	经营活动用固定资产、无形资产计提的折旧、摊销	按照计提的折旧、摊销额	借：经营费用 贷：固定资产累计折旧/无形资产累计摊销	—
（8）	计提专用基金	按照预算收入的一定比例计提并列入费用	借：经营费用 贷：专用基金	—

续表

<table>
<tr><th rowspan="2">序号</th><th rowspan="2" colspan="3">业务和事项内容</th><th colspan="2">账务处理</th></tr>
<tr><th>财务会计</th><th>预算会计</th></tr>
<tr><td>(9)</td><td>购货退回等</td><td colspan="2">当年发生的</td><td>借：银行存款/应收账款等
贷：库存物品/经营费用等</td><td>借：资金结存——货币资金［按照实际收到的金额］
贷：经营支出</td></tr>
<tr><td>(10)</td><td colspan="3">期末/年末结转</td><td>借：本期盈余
贷：经营费用</td><td>借：经营结余
贷：经营支出</td></tr>
<tr><td></td><td colspan="3"></td><td>73 资产处置费用 5301</td><td></td></tr>
<tr><td rowspan="3">(1)</td><td rowspan="3">不通过“待处理财产损溢”科目核算的资产处置</td><td colspan="2">转销被处置资产账面价值</td><td>借：资产处置费用
固定资产累计折旧/无形资产累计摊销/公共基础设施累计折旧（摊销）/保障性住房累计折旧
贷：库存物品/固定资产/无形资产/公共基础设施/政府储备物资/文物文化资产/保障性住房/在建工程等［账面余额］
/其他应收款［行政单位］</td><td>—</td></tr>
<tr><td colspan="2">处置资产过程中仅发生相关费用的</td><td>借：资产处置费用
贷：银行存款/库存现金等</td><td>借：其他支出
贷：资金结存</td></tr>
<tr><td colspan="2">处置资产过程中取得收入的</td><td>借：库存现金/银行存款等［取得的价款］
贷：银行存款/库存现金等［支付的相关费用］
应缴财政款</td><td>—</td></tr>
<tr><td rowspan="3">(2)</td><td rowspan="3">通过“待处理财产损溢”科目核算的资产处置</td><td colspan="2">账款核对中发现的现金短缺，无法查明原因的，报经批准核销时</td><td>借：资产处置费用
贷：待处理财产损溢</td><td>—</td></tr>
<tr><td rowspan="2">盘亏、毁损、报废的资产</td><td>经批准处理时</td><td>借：资产处置费用
贷：待处理财产损溢——待处理财产价值</td><td>—</td></tr>
<tr><td>处理过程中所发生的费用大于所取得收入的</td><td>借：资产处置费用
贷：待处理财产损溢——处理净收入</td><td>借：其他支出［净支出］
贷：资金结存</td></tr>
<tr><td>(3)</td><td colspan="3">期末结转</td><td>借：本期盈余
贷：资产处置费用</td><td>—</td></tr>
<tr><td></td><td colspan="3"></td><td></td><td>15 投资支出 7601</td></tr>
<tr><td>(1)</td><td colspan="3">以货币资金对外投资时</td><td>借：短期投资/长期股权投资/长期债券投资
贷：银行存款</td><td>借：投资支出
贷：资金结存——货币资金</td></tr>
<tr><td rowspan="2">(2)</td><td rowspan="2">出售、对外转让或到期收回本年度以货币资金取得的对外投资</td><td colspan="2">实际取得价款大于投资成本的</td><td>借：银行存款等［实际取得或收回的金额］
贷：短期投资/长期债券投资等［账面余额］
应收利息［账面余额］
投资收益</td><td>借：资金结存——货币资金
贷：投资支出［投资成本］
投资预算收益</td></tr>
<tr><td colspan="2">实际取得价款小于投资成本的</td><td>借：银行存款等［实际取得或收回的金额］
投资收益
贷：短期投资/长期债券投资等［账面余额］
应收利息［账面余额］</td><td>借：资金结存——货币资金
投资预算收益
贷：投资支出［投资成本］</td></tr>
<tr><td>(3)</td><td colspan="3">年末结转</td><td>—</td><td>借：其他结余
贷：投资支出</td></tr>
</table>

续表

序号	业务和事项内容		账务处理	
			财务会计	预算会计
			74 上缴上级费用 5401	13 上缴上级支出 7401
(1)	按照实际上缴的金额或者按照规定计算出应当上缴的金额		借：上缴上级费用 贷：银行存款/其他应付款等	借：上缴上级支出［实际上缴的金额］ 贷：资金结存——货币资金
(2)	实际上缴应缴的金额		借：其他应付款 贷：银行存款等	
(3)	期末/年末结转		借：本期盈余 贷：上缴上级费用	借：其他结余 贷：上缴上级支出
			75 对附属单位补助费用 5501	14 对附属单位补助支出 7501
(1)	按照实际补助的金额或者按照规定计算出应当补助的金额		借：对附属单位补助费用 贷：银行存款/其他应付款等	借：对附属单位补助支出［实际补助的金额］ 贷：资金结存——货币资金
(2)	实际支出应补助的金额		借：其他应付款 贷：银行存款等	
(3)	期末/年末结转		借：本期盈余 贷：对附属单位补助费用	借：其他结余 贷：对附属单位补助支出
			76 所得税费用 5801	
(1)	发生企业所得税纳税义务	按照税法规定计算应交税金数额	借：所得税费用 贷：其他应交税费——单位应交所得税	—
(2)		实际缴纳时	借：其他应交税费——单位应交所得税 贷：银行存款等	借：非财政拨款结余——累计结余 贷：资金结存——货币资金
(3)	年末结转		借：本期盈余 贷：所得税费用	—
			77 其他费用 5901	17 其他支出 7901
(1)	利息费用	计算确定借款利息费用时	借：其他费用/在建工程 贷：应付利息/长期借款——应计利息	—
		实际支付利息时	借：应付利息等 贷：银行存款等	借：其他支出 贷：资金结存——货币资金
(2)	现金资产对外捐赠	按照实际捐赠的金额	借：其他费用 贷：银行存款/库存现金等	借：其他支出 贷：资金结存——货币资金
(3)	坏账损失	按照规定对应收账款和其他应收款计提坏账准备	借：其他费用 贷：坏账准备	—
		冲减多提的坏账准备时	借：坏账准备 贷：其他费用	—
(4)	罚没支出	按照实际发生金额	借：其他费用 贷：银行存款/库存现金/其他应付款	借：其他支出 贷：资金结存——货币资金［实际支付金额］
(5)	其他相关税费、运输费等		借：其他费用 贷：零余额账户用款额度/银行存款等	借：其他支出 贷：资金结存

续表

序号	业务和事项内容		账务处理：财务会计	账务处理：预算会计
（6）	期末/年末结转		借：本期盈余 贷：其他费用	借：其他结余［非财政、非专项资金支出］ 非财政拨款结转——本年收支结转［非财政专项资金支出］ 财政拨款结转——本年收支结转［财政拨款资金支出］ 贷：其他支出
六、预算结余类				
				18 资金结存 8001
（1）	取得预算收入	财政授权支付方式下	借：零余额账户用款额度 贷：财政拨款收入	借：资金结存——零余额账户用款额度 贷：财政拨款预算收入
		国库集中支付以外的其他支付方式下	借：银行存款 贷：财政拨款收入/事业收入/经营收入等	借：资金结存——货币资金 贷：财政拨款预算收入/事业预算收入/经营预算收入等
	从零余额账户提取现金		借：库存现金 贷：零余额账户用款额度	借：资金结存——货币资金 贷：资金结存——零余额账户用款额度
（2）	发生预算支出时	财政授权支付方式下	借：业务活动费用/单位管理费用/库存物品/固定资产等 贷：零余额账户用款额度	借：行政支出/事业支出等 贷：资金结存——零余额账户用款额度
		使用以前年度财政直接支付额度	借：业务活动费用/单位管理费用/库存物品/固定资产等 贷：财政应返还额度	借：行政支出/事业支出等 贷：资金结存——财政应返还额度
		国库集中支付以外的其他方式下	借：业务活动费用/单位管理费用/库存物品/固定资产等 贷：银行存款/库存现金等	借：事业支出/经营支出等 贷：资金结存——货币资金
（3）	按照规定使用提取的专用基金	一般情况下	借：专用基金 贷：银行存款等	使用从非财政拨款结余或经营结余中计提的专用基金 借：专用结余 贷：资金结存——货币资金 使用从收入中计提并计入费用的专用基金 借：事业支出等 贷：资金结存——货币资金
		购买固定资产、无形资产等	借：固定资产/无形资产等 贷：银行存款等 借：专用基金 贷：累计盈余	
（4）	预算结转结余调整	按照规定上缴财政拨款结转结余资金或注销财政拨款结转结余额度的	借：累计盈余 贷：财政应返还额度/零余额账户用款额度/银行存款	借：财政拨款结转——归集上缴 /财政拨款结余——归集上缴 贷：资金结存——财政应返还额度/零余额账户用款额度/货币资金
		按照规定缴回非财政拨款结转资金的	借：累计盈余 贷：银行存款	借：非财政拨款结转——缴回资金 贷：资金结存——货币资金
		收到调入的财政拨款结转资金的	借：财政应返还额度/零余额账户用款额度/银行存款 贷：累计盈余	借：资金结存——财政应返还额度/零余额账户用款额度/货币资金 贷：财政拨款结转——归集调入

续表

序号	业务和事项内容		账务处理	
			财务会计	预算会计
(5)	因购货退回、发生差错更正等退回国库直接支付、授权支付款项，或者收回货币资金的	属于本年度的	借：财政拨款收入/零余额账户用款额度/银行存款等 贷：业务活动费用/库存物品等	借：财政拨款预算收入/资金结存——零余额账户用款额度、货币资金 贷：行政支出/事业支出等
		属于以前年度的	借：财政应返还额度/零余额账户用款额度/银行存款等 贷：以前年度盈余调整	借：资金结存——财政应返还额度/零余额账户用款额度/货币资金 贷：财政拨款结转/财政拨款结余/非财政拨款结转/非财政拨款结余（年初余额调整）
(6)	有企业所得税缴纳义务的事业单位实际缴纳企业所得税时		借：其他应交税费——单位应交所得税 贷：银行存款等	借：非财政拨款结余——累计结余 贷：资金结存——货币资金
(7)	年末确认未下达的财政用款额度	财政直接支付方式	借：财政应返还额度——财政直接支付 贷：财政拨款收入	借：资金结存——财政应返还额度 贷：财政拨款预算收入
		财政授权支付方式	借：财政应返还额度——财政授权支付 贷：财政拨款收入	
(8)	年末注销零余额账户用款额度		借：财政应返还额度——财政授权支付 贷：零余额账户用款额度	借：资金结存——财政应返还额度 贷：资金结存——零余额账户用款额度
	下年初，恢复零余额账户用款额度或收到上年末未下达的零余额账户用款额度的		借：零余额账户用款额度 贷：财政应返还额度——财政授权支付	借：资金结存——零余额账户用款额度 贷：资金结存——财政应返还额度
				19 财政拨款结转 8101
(1)	因会计差错更正、购货退回、预付款项收回等发生以前年度调整事项	调整增加相关资产	借：零余额账户用款额度/银行存款等 贷：以前年度盈余调整	借：资金结存——零余额账户用款额度/货币资金等 贷：财政拨款结转——年初余额调整
		因会计差错更正调整减少相关资产	借：以前年度盈余调整 贷：零余额账户用款额度/银行存款等	借：财政拨款结转——年初余额调整 贷：资金结存——零余额账户用款额度/货币资金等
(2)	从其他单位调入财政拨款结转资金	按照实际调增的额度数额或调入的资金数额	借：财政应返款额度/零余额账户用款额度/银行存款 贷：累计盈余	借：资金结存——财政应返还额度/零余额账户用款额度/货币资金 贷：财政拨款结转——归集调入
(3)	向其他单位调出财政拨款结转资金	按照实际调减的额度数额或调减的资金数额	借：累计盈余 贷：财政应返还额度/零余额账户用款额度/银行存款	借：财政拨款结转——归集调出 贷：资金结存——财政应返还额度/零余额账户用款额度/货币资金
(4)	按照规定上缴财政拨款结转资金或注销财政拨款结转额度	按照实际上缴资金数额或注销的资金额度	借：累计盈余 贷：财政应返还额度/零余额账户用款额度/银行存款	借：财政拨款结转——归集上缴 贷：资金结存——财政应返还额度/零余额账户用款额度/货币资金
(5)	单位内部调剂财政拨款结余资金	按照调整的金额	—	借：财政拨款结余——单位内部调剂 贷：财政拨款结转——单位内部调剂
(6)	年末结转	结转财政拨款预算收入	—	借：财政拨款预算收入 贷：财政拨款结转——本年收支结转
		结转财政拨款预算支出	—	借：财政拨款结转——本年收支结转 贷：行政支出/事业支出等［财政拨款支出部分］

续表

序号	业务和事项内容		账务处理	
			财务会计	预算会计
(7)	年末冲销本科目有关明细科目余额		—	借：财政拨款结转——年初余额调整［该明细科目为贷方余额时］/归集调入/单位内部调剂/本年收支结转［该明细科目为贷方余额时］ 贷：财政拨款结转——累计结转 借：财政拨款结转——累计结转 贷：财政拨款结转——归集上缴/年初余额调整［该明细科目为借方余额时］/归集调出/本年收支结转［该明细科目为借方余额时］
(8)	转入财政拨款结余	按照有关规定将符合财政拨款结余性质的项目余额转入财政拨款结余	—	借：财政拨款结转——累计结转 贷：财政拨款结余——结转转入
				20 财政拨款结余 8102
(1)	因购货退回、会计差错更正等发生以前年度调整事项	调整增加相关资产	借：零余额账户用款额度/银行存款等 贷：以前年度盈余调整	借：资金结存——零余额账户用款额度/货币资金等 贷：财政拨款结余——年初余额调整
		因会计差错更正调整减少相关资产	借：以前年度盈余调整 贷：零余额账户用款额度/银行存款等	借：财政拨款结余——年初余额调整 贷：资金结存——零余额账户用款额度/货币资金等
(2)	按照规定上缴财政拨款结余资金或注销财政拨款结余额度	按照实际上缴资金数额或注销的资金额度	借：累计盈余 贷：财政应返还额度/零余额账户用款额度/银行存款	借：财政拨款结余——归集上缴 贷：资金结存——财政应返还额度/零余额账户用款额度/货币资金
(3)	单位内部调剂财政拨款结余资金	按照调整的金额	—	借：财政拨款结余——单位内部调剂 贷：财政拨款结转——单位内部调剂
(4)	年末，转入财政拨款结余	按照有关规定将符合财政拨款结余性质的项目余额转入财政拨款结余	—	借：财政拨款结转——累计结转 贷：财政拨款结余——结转转入
(5)	年末冲销本科目有关明细科目余额		—	借：财政拨款结余——年初余额调整［该明细科目为贷方余额时］ 贷：财政拨款结余——累计结余 借：财政拨款结余——累计结余 贷：财政拨款结余——年初余额调整［该明细科目为借方余额时］ ——归集上缴 ——单位内部调剂 借：财政拨款结余——结转转入 贷：财政拨款结余——累计结余
				21 非财政拨款结转 8201
(1)	按照规定从科研项目预算收入中提取项目管理费或间接费		借：单位管理费用 贷：预提费用——项目间接费用或管理费	借：非财政拨款结转——项目间接费用或管理费 贷：非财政拨款结余——项目间接费用或管理费

续表

序号	业务和事项内容		账务处理	
			财务会计	预算会计
（2）	因购货退回、会计差错更正等发生以前年度调整事项	调整增加相关资产	借：银行存款等 贷：以前年度盈余调整	借：资金结存——货币资金 贷：非财政拨款结转——年初余额调整
		调整减少相关资产	借：以前年度盈余调整 贷：银行存款等	借：非财政拨款结转——年初余额调整 贷：资金结存——货币资金
（3）	按照规定缴回非财政拨款结转资金	按照实际缴回资金	借：累计盈余 贷：银行存款等	借：非财政拨款结转——缴回资金 贷：资金结存——货币资金
（4）	年末结转	结转非财政拨款专项收入	—	借：事业预算收入/上级补助预算收入/附属单位上缴预算收入/非同级财政拨款预算收入/债务预算收入/其他预算收入 贷：非财政拨款结转——本年收支结转
		结转非财政拨款专项支出	—	借：非财政拨款结转——本年收支结转 贷：行政支出/事业支出/其他支出
（5）	年末冲销本科目相关明细科目金额		—	借：非财政拨款结转——年初余额调整［该明细科目为贷方余额时］ ——本年收支结转［该明细科目为贷方余额时］ 贷：非财政拨款结转——累计结转 借：非财政拨款结转——累计结转 贷：非财政拨款结转——年初余额调整［该明细科目为借方余额时］ ——缴回资金 ——项目间接费用或管理费 ——本年收支结转［该明细科目为借方余额时］
（6）	将留归本单位使用的非财政拨款专项剩余资金转入非财政拨款结余		—	借：非财政拨款结转——累计结转 贷：非财政拨款结余——结转转入
				22 非财政拨款结余 8202
（1）	按照规定从科研项目预算收入中提取项目管理费或间接费		借：单位管理费用 贷：预提费用——项目间接费用或管理费	借：非财政拨款结转——项目间接费用或管理费 贷：非财政拨款结余——项目间接费用或管理费
（2）	实际缴纳企业所得税		借：其他应交税费——单位应交所得税 贷：银行存款等	借：非财政拨款结余——累计结余 贷：资金结存——货币资金
（3）	因购货退回、会计差错更正等发生以前年度调整事项	调整增加相关资产	借：银行存款等 贷：以前年度盈余调整	借：资金结存——货币资金 贷：非财政拨款结余——年初余额调整
		调整减少相关资产	借：以前年度盈余调整 贷：银行存款等	借：非财政拨款结余——年初余额调整 贷：资金结存——货币资金
（4）	将留归本单位使用的非财政拨款专项剩余资金转入非财政拨款结余		—	借：非财政拨款结转——累计结转 贷：非财政拨款结余——结转转入

续表

序号	业务和事项内容		账务处理 财务会计	账务处理 预算会计
（5）	年末冲销本科目相关明细科目余额		—	借：非财政拨款结余——年初余额调整［该明细科目为贷方余额时］ ——项目间接费用或管理费 ——结转转入 贷：非财政拨款结余——累计结余 借：非财政拨款结余——累计结余 贷：非财政拨款结余——年初余额调整［该明细科目为借方余额时］ ——缴回资金
（6）	年末结转	非财政拨款结余分配为贷方余额	—	借：非财政拨款结余分配 贷：非财政拨款结余——累计结余
		非财政拨款结余分配为借方余额	—	借：非财政拨款结余——累计结余 贷：非财政拨款结余分配
				23 专用结余 8301
（1）	计提专用基金	从预算收入中按照一定比例提取基金并计入费用	借：业务活动费用等 贷：专用基金	—
		从本年度非财政拨款结余或经营结余中提取基金	借：本年盈余分配 贷：专用基金	借：非财政拨款结余分配 贷：专用结余
		根据有关规定设置的其他专用基金	借：银行存款等 贷：专用基金	—
（2）	按照规定使用提取的专用基金		借：专用基金 贷：银行存款等 使用专用基金购置固定资产、无形资产的 借：固定资产/无形资产 贷：银行存款等 借：专用基金 贷：累计盈余	使用从非财政拨款结余或经营结余中提取的基金 借：专用结余 贷：资金结存——货币资金 使用从预算收入中提取并计入费用的基金 借：事业支出等 贷：资金结存——货币资金
				24 经营结余 8401
（1）	年末经营收支结转		—	借：经营预算收入 贷：经营结余 借：经营结余 贷：经营支出
（2）	年末转入结余分配		—	借：经营结余 贷：非财政拨款结余分配 年末结余在借方，则不予结转
				25 其他结余 8501
（1）	年末	结转预算收入（除财政拨款收入、非同级财政专项收入、经营收入以外）	—	借：事业预算收入/上级补助预算收入/附属单位上缴预算收入/非同级财政拨款预算收入/债务预算收入/其他预算收入［非专项资金收入部分］ 投资预算收益［为贷方余额时］ 贷：其他结余 借：其他结余 贷：投资预算收益［为借方余额时］

续表

序号	业务和事项内容		账务处理	
			财务会计	预算会计
(1)	年末	结转预算支出（除同级财政拨款支出、非同级财政专项支出、经营支出以外）	—	借：其他结余 贷：行政支出/事业支出/其他支出［非财政、非专项资金支出部分］ 上缴上级支出/对附属单位补助支出/投资支出/债务还本支出
(2)	行政单位转入非财政拨款结余	其他结余为贷方余额	—	借：其他结余 贷：非财政拨款结余——累计结余
		其他结余为借方余额	—	借：非财政拨款结余——累计结余 贷：其他结余
(3)	事业单位年末转入结余分配	其他结余为贷方余额	—	借：其他结余 贷：非财政拨款结余分配
		其他结余为借方余额	—	借：非财政拨款结余分配 贷：其他结余
				26 非财政拨款结余分配 8701
(1)	事业单位年末结余转入	其他结余为借方余额时	—	借：非财政拨款结余分配 贷：其他结余
		其他结余为贷方余额时	—	借：其他结余 贷：非财政拨款结余分配
		经营结余为贷方余额时	—	借：经营结余 贷：非财政拨款结余分配
(2)	计提专用基金	从非财政拨款结余中提取	借：本年盈余分配 贷：专用基金	借：非财政拨款结余分配 贷：专用结余
(3)	事业单位转入非财政拨款结余	非财政拨款结余分配为贷方余额	—	借：非财政拨款结余分配 贷：非财政拨款结余——累计结余
		非财政拨款结余分配为借方余额	—	借：非财政拨款结余——累计结余 贷：非财政拨款结余分配

财政部关于印发《社会保险基金会计制度》的通知

2017 年 11 月 28 日　财会〔2017〕28 号

人力资源社会保障部、国家卫生计生委，各省、自治区、直辖市、计划单列市财政厅（局），新疆生产建设兵团财务局：

为适应社会保障体系建设需要，进一步规范社会保险基金的会计核算，提高会计信息质量，根据《中华人民共和国会计法》《中华人民共和国社会保险法》，结合新修订的《社会保险基金财务制度》（财社〔2017〕144 号）规定，我部对《社会保险基金会计制度》（财会〔1999〕20 号）进行了修订，现予印发，自 2018 年 1 月 1 日起施行。

执行中有何问题，请及时反馈我部。

附件：社会保险基金会计制度

附件：

社会保险基金会计制度

目　　录

第一部分　总　说　明

一、为了规范社会保险经办机构经办的社会保险基金的会计核算，根据《中华人民共和国会计法》《中华人民共和国社会保险法》，结合《社会保险基金财务制度》规定，制定本制度。

二、本制度适用于社会保险经办机构（以下简称经办机构）负责经办的社会保险基金，包括在中华人民共和国境内依据《中华人民共和国社会保险法》建立的企业职工基本养老保险基金、城乡居民基本养老保险基金、机关事业单位基本养老保险基金、职工基本医疗保险基金、城乡居民基本医疗保险基金（包括城镇居民基本医疗保险基金、新型农村合作医疗基金、合并实施的城乡居民基本医疗保险基金）、工伤保险基金、失业保险基金、生育保险基金（生育保险与职工基本医疗保险合并实施的统筹地区，不再单列生育保险基金）等基金。

经办机构经办的其他各类社会保险基金的会计核算，参照本制度执行。

本制度所称社会保险基金是指为了保障参保对象的权益和社会保险待遇，根据国家法律法规规定，由单位和个人缴纳、政府补助以及通过其他合法方式筹集的专项资金。

三、社会保险基金应当作为独立的会计主体进行核算。

四、经办机构应当将经办的各类社会保险基金按照险种及不同制度分别建账、分别核算。

五、社会保险基金的会计核算一般采用收付实现制，基本养老保险基金委托投资等部分业务或者事项的会计核算应当采用权责发生制。

六、社会保险基金的会计要素包括资产、负债、净资产、收入和支出。

七、社会保险基金的会计记账采用借贷记账法。

八、社会保险基金的会计核算应当划分会计期间，分期结算账目和编制财务报表。会计期间的起讫日期采用公历制。

九、社会保险基金的会计核算应当遵循以下基本原则：

（一）社会保险基金的会计核算应当以实际发生的业务为依据，如实反映社会保险基金的财务状况和收支情况等信息，保证会计信息真实可靠、内容完整。

（二）社会保险基金的会计核算应当采用规定的会计政策，确保会计信息口径一致、相互可比。

（三）社会保险基金的会计核算应当及时进行，不得提前或者延后。

十、经办机构应当按照下列规定运用会计科目对社会保险基金进行会计核算：

（一）经办机构应当区分险种及不同制度，按照本制度的规定设置和使用会计科目、填制会计凭证、登记会计账簿。

（二）经办机构应当执行本制度统一规定的会计科目编号，以便于填制会计凭证、登记账簿、查阅账目。

（三）在填制会计凭证、登记账簿时，经办机构应当填列会计科目的名称，或者同时填列会计科目的名称和编号，不得只填列科目编号而不填列科目名称。

（四）在不违反本制度的前提下，经办机构可以根据核算和管理工作需要对明细科目的设置作必要的补充。

十一、经办机构应当按照下列规定编制社会保险基金财务报表：

（一）经办机构应当按照本制度的规定，区分基金险种及不同制度分别编制社会保险基金财务报表。

（二）社会保险基金财务报表包括资产负债表、收支表及附注。

（三）社会保险基金财务报表应当按照月度和年度编制。

（四）社会保险基金财务报表应当根据登记完整、核对无误的账簿记录和其他有关资料编制，做到数字真实、计算准确、内容完整、编报及时。

十二、社会保险基金相关会计基础工作、会计档案管理以及内部控制等，应当遵循《中华人民共和国会计法》《会计基础工作规范》《会计档案管理办法》及国家有关内部控制规范等相关法律、规章和制度规定。

社会保险基金相关会计信息化工作，应当符合财政部制定的相关会计信息化工作规范和标准，确保利用现代信息技术手段开展会计核算及生成的会计信息符合本制度的规定。

十三、本制度自 2018 年 1 月 1 日起施行。《财政部关于印发〈社会保险基金会计制度〉的通知》（财会〔1999〕20 号）、《财政部关于印发〈社会保险基金会计核算若干问题补充规定〉的通知》（财会〔2003〕19 号）、《财政部关于印发〈新型农村合作医疗基金会计制度〉的通知》（财会〔2008〕1 号）、《财政部关于印发〈新型农村社会养老保险基金会计核算暂行办法〉的通知》（财会〔2011〕3 号）、《财政部关于印发〈利用基本医疗保险基金向商业保险机构购买城乡居民大病保险会计核算补充规定〉的通知》（财会〔2013〕21 号）、《财政部关于做实企业职工基本养老保险个人账户中央补助资金投资会计核算有关问题的通知》（财会〔2014〕19 号）同时废止。

第二部分　会计科目名称和编号

序号	科目编号	科目名称	备注
一、资产类			
1	1001	库存现金	
2	1002	收入户存款	
3	1003	财政专户存款	
4	1004	支出户存款	
5	1005	国库存款	
6	1101	暂付款	
7	1201	债券投资	
8	1202	委托投资	企业职工、城乡居民、机关事业单位基本养老保险基金（省级）专用科目
二、负债类			
9	2001	暂收款	
10	2101	借入款项	

续表

序号	科目编号	科目名称	备注
三、净资产类			
11	3001	一般基金结余	
12	3101	风险基金结余	提取风险基金的新型农村合作医疗基金专用科目
13	3201	储备金结余	工伤保险基金专用科目
四、收入类			
14	4001	社会保险费收入	
15	4101	财政补贴收入	
16	4102	集体补助收入	城乡居民基本养老保险基金专用科目
17	4201	利息收入	
18	4202	委托投资收益	企业职工、城乡居民、机关事业单位基本养老保险基金专用科目
19	4301	转移收入	
20	4401	上级补助收入	
21	4402	下级上解收入	
22	4501	其他收入	
23	4601	待转社会保险费收入	职工基本医疗保险基金专用科目
24	4602	待转利息收入	职工基本医疗保险基金专用科目
五、支出类			
25	5001	社会保险待遇支出	
26	5101	大病保险支出	职工、城乡居民基本医疗保险基金专用科目
27	5102	劳动能力鉴定支出	工伤保险基金专用科目
28	5103	工伤预防费用支出	工伤保险基金专用科目
29	5104	稳定岗位补贴支出	失业保险基金专用科目
30	5105	技能提升补贴支出	失业保险基金专用科目
31	5201	转移支出	
32	5301	上解上级支出	
33	5302	补助下级支出	
34	5401	其他支出	

第三部分　会计科目使用说明

一、资产类

1001　库 存 现 金

一、本科目核算社会保险基金的库存现金。

二、经办机构应当严格按照国家有关现金管理的规定以及社会保险基金相关管理和财务制度规定收支现金。

三、库存现金的主要账务处理如下：

（一）提取现金，按照实际提取的金额，借记本科目，贷记“支出户存款”等科目。

（二）支出现金，按照实际支出的金额，借记“社会保险待遇支出”等科目，贷记本科目。

四、本科目应当设置“库存现金日记账”，由出纳人员根据收付款凭证，逐笔顺序登记。每日终了，应当计算当日的现金收入合计数、现金支出合计数和结余数，并将结余数与实际库存数进行核对，做到账款相符。

五、本科目期末借方余额，反映社会保险基金的库存现金余额。

1002　收入户存款

一、本科目核算社会保险基金按规定存入收入户的款项。

二、经办机构应当严格按照社会保险基金相关管理和财务制度规定设置基金收入户并办理收入户相关业务。

三、收入户存款的主要账务处理如下：

（一）按规定接收经办机构征收的社会保险费收入、接收上级经办机构下拨或下级经办机构上解的基金收入、接收收入户利息收入、接收社会保险基金转移收入以及其他收入等时，按照实际收到的金额，借记本科目，贷记相关科目。

（二）按规定从收入户向财政专户划转基金、向上级基金缴拨基金等时，按照实际划转或缴拨金额，借记相关科目，贷记本科目；原渠道退回社会保险费收入、转移收入时，按照实际退回金额，借记相关科目，贷记本科目。

四、本科目应当按照开户银行设置“收入户存款日记账”，由出纳人员根据收付款凭证，逐笔顺序登记。每日终了，应当结出余额。

“收入户存款日记账”应当定期与“银行对账单”核对，至少每月核对一次。月度终了，收入户存款账面余额与银行对账单余额之间如有差额，应当逐笔查明原因进行处理，并按月编制“银行收入户存款余额调节表”，调节相符。

五、收入户存款应当按规定定期划转财政专户。划转后，本科目期末一般应无余额。

1003　财政专户存款

一、本科目核算社会保险基金按规定存入财政专户的款项。

二、经办机构应当严格按照社会保险基金相关管理和财务制度规定办理财政专户相关业务。

三、本科目可以根据实际情况按照开户银行、活期定期存款、存储期限等进行明细核算。

四、财政专户存款的主要账务处理如下：

（一）按规定财政专户接收税务机关或经办机构缴入的社会保险费收入、接收税务机关、收入户及支出户缴入的利息收入、接收委托投资运营资金、接收委托投资收益、接收财政补贴收入、接收转移收入、接收上级财政专户划拨或下级财政专户上解基金、接收跨省异地就医资金等时，按照实际收到金额，借记本科目，贷记相关科目。

（二）按规定从财政专户向上级或下级财政专户上缴或划拨基金、根据经办机构用款计划和预算向支出户拨付基金、拨付委托投资运营资金、支付跨省异地就医资金等时，按照实际上缴、划拨或支付金额，借记相关科目，贷记本科目。

五、本科目应当按照开户银行设置“财政专户存款日记账”，由出纳人员根据收付款凭证，逐笔顺序登记。每日终了，应当结出余额。

“财政专户存款日记账”应当定期与财政部门核对，至少每月核对一次。月度终了，财政专户存款账面余额与财政部门提供的对账凭证余额之间如有差额，应当逐笔查明原因进行处理，并按月编制“财政专户存款余额调节表”，调节相符。

六、本科目期末借方余额，反映社会保险基金财政专户存款余额。

1004 支出户存款

一、本科目核算社会保险基金按规定存入支出户的款项。

二、经办机构应当严格按照社会保险基金相关管理和财务制度规定设置基金支出户并办理支出户相关业务。

三、支出户存款的主要账务处理如下：

（一）按规定支出户接收财政专户拨入基金、接收上级经办机构拨付基金、接收支出户利息收入等时，按照实际收到的金额，借记本科目，贷记相关科目。接收原渠道退回支付资金时，按照实际收到的金额，借记本科目，贷记相关科目。

（二）按规定从支出户支付基金支出款项、向财政专户缴入该账户利息收入、上解上级经办机构基金或下拨下级经办机构基金等时，按照实际支付金额，借记相关科目，贷记本科目。

四、本科目应当按照开户银行设置“支出户存款日记账”，由出纳人员根据收付款凭证，逐笔顺序登记。每日终了，应当结出余额。

“支出户存款日记账”应当定期与“银行对账单”核对，至少每月核对一次。月度终了，支出户存款账面余额与银行对账单余额之间如有差额，应当逐笔查明原因进行处理，并按月编制“银行支出户存款余额调节表”，调节相符。

五、本科目期末借方余额，反映社会保险基金支出户存款余额。

1005 国库存款

一、本科目核算税务机关征收的存入国库、尚未转入财政专户的社会保险费款项。

二、国库存款的主要账务处理如下：

（一）税务机关将征收的社会保险费存入国库，经办机构根据取得的相关凭证，借记本科目，贷记“社会保险费收入”科目。

（二）按规定将国库存款转入财政专户，经办机构根据实际转入的金额，借记“财政专户存款”科目，贷记本科目。

（三）收到国库存款利息，按照实际收到的金额，借记本科目，贷记“利息收入”科目。

三、国库存款应当按规定定期划转财政专户。划转后，本科目期末一般应无余额。

1101 暂付款

一、本科目核算社会保险基金业务活动中形成的各类暂付、应收款项，包括各类预付、预拨、先行支付、垫付款项等。

企业职工、城乡居民、机关事业单位基本养老保险基金向上级基金归集的委托投资资金，以及职工、城乡居民基本医疗保险基金跨省异地就医的预付资金，通过本科目核算。

新型农村合作医疗基金在风险基金实行省级统一管理的统筹地区，缴存省级财政专户的风险基金，通过本科目核算。

基本医疗保险基金、工伤保险基金按规定先行支付的医疗、工伤保险待遇支出通过本科目核算。

二、本科目应当按照暂付款种类和对方单位或个人进行明细核算。

对于企业职工、城乡居民、机关事业单位基本养老保险基金向上级基金归集的委托投资资金，应当在本科目下设置“委托上级投资”明细科目，并在该明细科目下设置“本金”“利息”“投资收益”明细科目，分别核算向上级基金归集的委托投资资金的本金、委托投资资金所产生的存款利息、投资收益。

对于职工、城乡居民基本医疗保险基金跨省异地就医的预付资金，应当在本科目下设置“异地就医预付金”明细科目，并在该明细科目下按照预付对方地区进行明细核算，核算参保地区向就医地区划拨的跨省异地就医预付资金。

新型农村合作医疗基金在风险基金实行省级统一管理的统筹地区，应当在本科目下设置“缴存风险基金”明细科目。

三、暂付款的主要账务处理如下：

（一）企业职工、城乡居民、机关事业单位基本养老保险基金将委托投资资金归集到上级基金，按照实际划出的金额，借记本科目（委托上级投资——本金），贷记“财政专户存款”科目。

非省级基金收到归集到上级基金的委托投资资金的存款利息通知，按照应确认的总金额，借记本科目（委托上级投资——利息），按照本级委托投资资金产生的利息金额，贷记“利息收入”科目，按照下级归集的委托投资资金产生的利息金额，贷记“暂收款——下级归集委托投资（利息）”科目。

非省级基金收到归集到上级基金的委托投资资金的投资收益通知，按照应确认的投资收益或投资损失金额，借记或贷记本科目（委托上级投资——投资收益），按照本级委托投资资金形成的投资收益或投资损失金额，贷记或借记“委托投资收益”科目，按照下级归集的委托投资资金形成的投资收益或投资损失金额，贷记或借记“暂收款——下级归集委托投资（投资收益）”科目。

收到上级基金划回的委托投资资金本金、利息和投资收益，按照实际收到的金额，借记“财政专户存款”科目，按照应收回的委托投资资金本金金额，贷记本科目（委托上级投资——本金），按照应收回的委托投资资金存款利息金额，贷记本科目（委托上级投资——利息），按照实际收回的金额与应收回的委托投资资金本金和利息之间的差额，贷记或借记本科目（委托上级投资——投资收益）。

（二）职工、城乡居民基本医疗保险基金参保省非省级经办机构向上级经办机构上解本级跨省异地就医预付金，按照实际上解的金额，借记本科目（异地就医预付金），贷记“财政专户存款”等科目。

参保省省级经办机构向就医省省级经办机构拨付省本级的异地就医预付金，按照实际拨付的金额，借记本科目（异地就医预付金），贷记“财政专户存款”等科目。

参保省各级经办机构收到退回的归属本级基金的跨省异地就医预付金，按照实际收到的金额，借记“财政专户存款”等科目，贷记本科目（异地就医预付金）。

（三）新型农村合作医疗基金在风险基金实行省级统一管理的统筹地区，按规定将风险基金缴存省级财政专户，按照实际缴存的金额，借记本科目（缴存风险基金），贷记“财政专户存款”科目。

风险基金由省级财政专户拨回，按照实际收到的金额，借记“财政专户存款”科目，贷记本科目（缴存风险基金）。

（四）支付其他各类预付、预拨、先行支付、垫付等款项，按照实际支付的金额，借记本科目，贷记“支出户存款”“财政专户存款”科目。

收回、结算各类预付、预拨、先行支付、垫付等款项，按照实际收回或结算的金额，借记“收入户存款”“财政专户存款”“支出户存款”“社会保险待遇支出”等科目，贷记本科目。

（五）因债务人等特殊原因确实无法收回的暂付款，按照报经批准后列作其他支出的金额，借记“其他支出”科目，贷记本科目。

四、本科目期末借方余额，反映社会保险基金尚未结清的暂付款项。

1201 债券投资

一、本科目核算社会保险基金按规定购入国债的成本。

二、本科目应当按照国债的种类设置明细账，进行明细核算。

三、债券投资的主要账务处理如下：

（一）按规定购买国债，按照实际支付的金额（包括购买价款以及税金、手续费等相关税费），借记本科目，贷记“财政专户存款”科目。

（二）到期收回国债本息或按规定转让国债，按照实际收回或收到的金额，借记“财政专户存款”科目，按照债券账面余额，贷记本科目，按照其差额，贷记“利息收入”科目。

四、本科目期末借方余额，反映社会保险基金持有的国债购入成本。

1202 委托投资

一、本科目核算企业职工、城乡居民、机关事业单位基本养老保险基金的省级基金按规定及委托投资合同约定划拨给受托机构的委托投资资金本金，以及委托投资资金形成的投资收益或投资损失。

二、本科目应当设置“本金”“投资收益”两个明细科目，并按照受托机构、委托投资资金来源等进行明细核算。

三、委托投资的主要账务处理如下：

（一）省级基金从财政专户向受托机构划拨委托投资资金，按照实际划转的金额，借记本科目（本金），贷记“财政专户存款”科目。

（二）省级基金收到受托机构提供的关于委托投资资金投资收益的相关通知，按照应确认的投资收益或投资损失金额，借记或贷记本科目（投资收益），按照本级委托投资资金形成的投资收益或投资损失金额，贷记或借记“委托投资收益”科目，按照下级归集的委托投资资金形成的投资收益或投资损失金额，贷记或借记“暂收款——下级归集委托投资（投资收益）”科目。

（三）省级基金收回委托投资资金的本金和投资收益，按照实际转入的金额，借记“财政专户存款”科目，按照应收回的委托投资本金金额，贷记本科目（本金），按照实际收回的金额与应收回的委托投资资金本金之间的差额，贷记或借记本科目（投资收益）。

（四）省级基金将已确认的委托投资收益转作委托投资本金，按照实际划转的金额，借记本科目（本金），贷记本科目（投资收益）。

四、本科目期末借方余额，反映企业职工、城乡居民、机关事业单位基本养老保险基金省级委托投资资金的本金及投资损益余额。

二、负债类

2001 暂收款

一、本科目核算社会保险基金业务活动中形成的各类暂收款项。

企业职工、城乡居民、机关事业单位基本养老保险基金收到下级归集的委托投资资金，以及职工、城乡居民基本医疗保险基金跨省异地就医的预收和清算资金，通过本科目核算。

新型农村合作医疗基金在风险基金实行省级统一管理的统筹地区，省级财政专户收到的风险基金，通过本科目核算。

二、本科目应当按照暂收款的种类和对方单位或个人进行明细核算。

对于企业职工、城乡居民、机关事业单位基本养老保险基金收到下级归集的委托投资资金，应当在本科目下设置“下级归集委托投资”明细科目，并在该明细科目下设置“本金”“利息”“投资收益”明细科目，分别核算下级归集的委托投资资金本金、委托投资资金产生的存款利息、投资收益。

对于职工、城乡居民基本医疗保险基金跨省异地就医的预付和清算资金，应当在本科目下设置“异地就医预付金”“异地就医清算资金”和“异地就医资金”明细科目，其中，“异地就医预付金”“异地就医清算资金”明细科目分别用于核算参保地区上级经办机构收到下级经办机构归集的异地就医预付金、清算资金，“异地就医资金”明细科目用于核算就医地区接收参保地区划拨的异地就医预付金和清算资金。

新型农村合作医疗基金在风险基金实行省级统一管理的统筹地区，应当在本科目下设置“缴存风险基金”明细科目。

三、暂收款的主要账务处理如下：

（一）企业职工、城乡居民、机关事业单位基本养老保险基金收到下级归集的委托投资资金，按照实际收到的金额，借记“财政专户存款”科目，贷记本科目（下级归集委托投资——本金）。

省级基金收到下级基金归集的委托投资资金所产生的存款利息，根据实际收到的金额，借记“财政专户存款”科目，贷记本科目（下级归集委托投资——利息）。

省级基金收到受托机构提供的关于委托投资资金投资收益的相关通知，按照应确认的投资收益或投资损失金额，借记或贷记“委托投资——投资收益”科目，按照本级委托投资资金形成的投资收益或投资损失金额，贷记或借记“委托投资收益”科目，按照下级归集的委托投资资金形成的投资收益或投资损失金额，贷记或借记本科目（下级归集委托投资——投资收益）。

非省级基金收到归集到上级基金的委托投资资金的存款利息通知，按照应确认的总金额，借记“暂付款——委托上级投资（利息）”科目，按照本级委托投资资金产生的利息金额，贷记“利息收入”科目，按照下级归集的委托投资资金产生的利息金额，贷记本科目（下级归集委托投资——利息）。

非省级基金收到归集到上级基金的委托投资资金的投资收益通知，按照应确认的投资收益或投资损失金额，借记或贷记“暂付款——委托上级投资（投资收益）”科目，按照本级委托投资资金形成的投资收益或投资损失金额，贷记或借记“委托投资收益”科目，按照下级归集的委托投资资金形成的投资收益或投资损失金额，贷记或借记本科目（下级归集委托投资——投资收益）。

向下级基金返还归集的委托投资资金本金、利息和投资收益，按照应返还委托投资资金本金的金额，借记本科目（下级归集委托投资——本金），按照应返还委托投资资金的存款利息金额，借记本科目（下级归集委托投资——利息），按照实际返还金额与应返还的委托投资资金本金和利息之间的差额，借记或贷记本科目（下级归集委托投资——投资收益），按照实际返还的金额，贷记“财政专户存款”科目。

（二）职工、城乡居民基本医疗保险基金参保省非省级经办机构收到下级经办机构归集的跨省异地就医预付金，按照实际收到的金额，借记“财政专户存款”等科目，贷记本科目（异地就医预付金）。非省级经办机构向上级经办机构上解收到的下级经办机构归集的预付金，按照实际上解的金额，借记本科目（异地就医预付金），贷记“财政专户存款”等科目。

参保省省级经办机构收到下级经办机构归集的跨省异地就医预付金，按照实际收到的金额，借记“财政专户存款”等科目，贷记本科目（异地就医预付金）。省级经办机构向就医省省级经办机构拨付收到的下级经办机构归集的跨省异地就医预付金，按照实际拨付的金额，借记本科目（异地就医预付金），贷记“财政专户存款”等科目。

参保省省级经办机构收到就医省省级经办机构退回的跨省异地就医预付金，按照属于下级基金的跨省异地就医预付金金额，借记“财政专户存款”等科目，贷记本科目（异地就医预付金）。参保省省级经办机构向下级经办机构拨付退回的属于下级基金的跨省异地就医预付金，按照实际拨付的金额，借记本科目（异地就医预付金），贷记“财政专户存款”等科目。

参保省非省级经办机构收到上级经办机构退回的跨省异地就医预付金，按照属于下级基金的跨省异地就医预付金金额，借记“财政专户存款”等科目，贷记本科目（异地就医预付金）。非省级经办机构向下级经办机构拨付退回的属于下级基金的跨省异地就医预付金，按照实际拨付的金额，借记本科目（异地就医预付金），贷记“财政专户存款”等科目。

参保省非省级经办机构收到下级经办机构归集的跨省异地就医清算资金，按照实际收到的金额，借记“财政专户存款”等科目，贷记本科目（异地就医清算资金）。非省级经办机构向上级经办机构上解收到的下级经办机构归集的跨省异地就医清算资金，按照实际上解的金额，借记本科目（异地就医清算资金），贷记“财政专户存款”等科目。

参保省省级经办机构收到下级经办机构归集的跨省异地就医清算资金，按照实际收到的金额，借记“财政专户存款”等科目，贷记本科目（异地就医清算资金）。参保省省级经办机构向就医省省级经办机构拨付收到的下级经办机构归集的跨省异地就医清算资金，按照实际拨付的金额，借记本科目（异地就医清算资金），贷记“财政专户存款”等科目。

（三）职工、城乡居民基本医疗保险基金就医省省级经办机构收到参保省省级经办机构划拨的跨省异地就医预付金和清算资金，按照实际收到的金额，借记“财政专户存款”等科目，贷记本科目（异地就医资金）。就医省省级经办机构向参保省省级经办机构退回的跨省异地就医预付金，按照实际退回的金额，借记本科目（异地就医资金），贷记“财政专户存款”等科目。

就医省上级经办机构向下级经办机构划拨预付金，用于向定点医疗机构结算跨省异地就医人员医疗费用时，按照实际划拨的金额，借记本科目（异地就医资金），贷记“财政专户存款”等科目。

就医省下级经办机构收到上级经办机构划拨的预付金，按照实际收到的金额，借记“财政专户存款”等科目，贷记本科目（异地就医资金）。

就医省经办机构向定点医疗机构结算跨省异地就医人员发生的医疗费用，按照实际结算的金额，借记本科目（异地就医资金），贷记“财政专户存款”等科目。

（四）新型农村合作医疗基金省级基金收到下级基金按规定缴入省级财政专户的风险基金，按照实际缴存的金额，借记“财政专户存款”科目，贷记本科目（缴存风险基金）。

（五）取得其他暂收款项，按照实际收到的金额，借记“财政专户存款”等科目，贷记本科目。

偿付或结清暂收款项，按照实际偿付或结清的金额，借记本科目，贷记“支出户存款”“财政专户存款”等科目。

（六）因债权人等特殊原因确实无法偿付的暂收款项，按照报经批准后确认为其他收入的金额，借记本科目，贷记“其他收入”科目。

四、本科目期末贷方余额，反映社会保险基金尚未偿付或结清的暂收款项。

2101　借入款项

一、本科目核算社会保险基金运行过程中形成的借入款项。

二、本科目应当按照借入款项对方单位或个人进行明细核算。

三、借入款项的主要账务处理如下：

（一）借入款项时，按照实际收到的金额，借记“财政专户存款”科目，贷记本科目。

（二）归还借款本息时，按照实际支付的本金金额，借记本科目，按照实际支付的利息金额，借记“其他支出”科目，按照实际支付的本息合计金额，贷记“财政专户存款”科目。

（三）借入款项由财政代为偿还时，按照实际偿还金额，借记本科目，贷记“财政补贴收入”科目。

（四）因债权人等特殊原因确实无法偿付的，按照报经批准后确认为其他收入的金额，借记本科目，贷记“其他收入”科目。

四、本科目期末贷方余额，反映社会保险基金尚未偿付的借入款项。

三、净资产类

3001　一般基金结余

一、本科目核算社会保险基金历年累积的基金收支相抵后的除风险基金、储备金等特定用途基金外的基金结余。

二、对于职工基本医疗保险基金，应当在本科目下设置“统筹基金”“个人账户基金”明细科目。

三、一般基金结余的主要账务处理如下：

（一）期末，将各收入类科目本期发生额转入本科目，借记各收入类科目，贷记本科目。

“委托投资收益”科目结转前如为借方余额，则借记本科目，贷记“委托投资收益”科目。

对于职工基本医疗保险基金，应当将“财政补贴收入”科目本期发生额以及“社会保险费收入”“利息收入”“上级补助收入”“下级上解收入”“其他收入”科目所属“统筹基金”明细科目的本期发生额转入本科目（统筹基金），借记“财政补贴收入”“社会保险费收入——统筹基金”“利息收入——统筹基金”“上级补助收入——统筹基金”“下级上解收入——统筹基金”“其他收入——统筹基金”科目，贷记本科目（统筹基金）；将“转移收入”科目本期发生额以及“社会保险费收入”“利息收入”“上级补助收入”“下级上解收入”“其他收入”科目所属“个人账户基金”明细科目的本期发生额转入本科目（个人账户基金），借记“转移收入”“社会保险费收入——个人账户基金”“利息收入——个人账户基金”“上级补助收入——个人账户基金”“下级上解收入——个人账户基金”“其他收入——个人账户基金”科目，贷记本科目（个人账户基金）。

（二）期末，将各支出类科目本期发生额转入本科目，借记本科目，贷记各支出类科目。

对于职工基本医疗保险基金，应当将“社会保险待遇支出”“上解上级支出”“补助下级支出”、“其他支出”科目所属“统筹基金”明细科目的本期发生额转入本科目（统筹基金），借记本科目（统筹基金），贷记“社会保险待遇支出——统筹基金”“上解上级支出——统筹基金”“补助下级支出——统筹基金”“其他支出——统筹基金”科目；将“转移支出”科目本期发生额以及“社会保险待遇支出”“上解上级支出”“补助下级支出”“其他支出”科目所属“个人账户基金”明细科目的本期发生额转入本科目（个人账户基金），借记本科目（个人账户基金），贷记“转移支出”“社会保险待遇支出——个人账户基金”“上解上级支出——个人账户基金”“补助下级支出——个人账户基金”“其他支出——个人账户基金”科目。

（三）新型农村合作医疗基金统筹地区提取风险基金，按照提取的金额，借记本科目，贷记“风险基金结余”科目。

风险基金转入一般基金结余时，按照实际划转金额，借记“风险基金结余”科目，贷记本科目。

（四）工伤保险基金提取储备金，按照提取的金额，借记本科目，贷记“储备金结余”科目。

储备金转入一般基金结余时，按照实际划转金额，借记“储备金结余”科目，贷记本科目。

四、本科目期末贷方余额，反映期末除风险基金、储备金等特定用途基金外的基金结余。

3101　风险基金结余

一、本科目核算新型农村合作医疗基金按规定提取的风险基金。

二、风险基金结余的主要账务处理如下：

（一）提取风险基金，按照提取的金额，借记“一般基金结余”科目，贷记本科目。

（二）风险基金转入一般基金结余时，按照实际划转金额，借记本科目，贷记“一般基金结余”科目。

三、本科目期末贷方余额，反映新型农村合作医疗基金提取的风险基金累计结余。

3201　储备金结余

一、本科目核算工伤保险基金按规定提取的储备金。

二、储备金结余的主要账务处理如下：

（一）提取储备金，按照提取的金额，借记“一般基金结余”科目，贷记本科目。

（二）储备金转入一般基金结余时，按照实际划转金额，借记本科目，贷记“一般基金结余”科目。

三、本科目期末贷方余额，反映工伤保险基金提取的储备金累计结余。

四、收入类

4001　社会保险费收入

一、本科目核算用人单位和个人按规定缴纳的各险种社会保险基金的保险费收入，以及其他资金（含财政资金）代参保对象缴纳的社会保险费收入。

二、本科目可以按照当期、预缴、清欠、补缴等不同性质的缴费收入进行明细核算。

对于职工基本医疗保险基金，应当在本科目下设置“统筹基金”“个人账户基金”明细科目，分别核算计入职工基本医疗保险基金统筹基金和个人账户基金的社会保险费收入，并可在“统筹基金”“个人账户基金”明细科目下按照当期、预缴、清欠、补缴等进行明细核算。

三、社会保险费收入的主要账务处理如下：

（一）收到用人单位和个人缴纳的保险费，按照实际收到的金额，借记“收入户存款”“国库存款”“财政专户存款”科目，贷记本科目。

（二）退回本年社会保险费收入，按照退回的金额，借记本科目，贷记“收入户存款”“支出户存款”等科目。

（三）期末，将本科目本期发生额转入“一般基金结余”科目，借记本科目，贷记“一般基金结余”科目。

对于职工基本医疗保险基金，应当将本科目“统筹基金”“个人账户基金”明细科目本期发生额分别转入“一般基金结余”科目下“统筹基金”“个人账户基金”明细科目，借记本科目（统筹基金、个人账户基金），贷记“一般基金结余——统筹基金、个人账户基金”科目。

四、期末结账后，本科目应无余额。

4101 财政补贴收入

一、本科目核算财政给予社会保险基金的补助、对参保人员的缴费补贴、对参保对象的待遇支出补助等。

二、本科目应当按照社会保险基金相关管理和财务制度的规定设置明细科目。

三、财政补贴收入的主要账务处理如下：

（一）收到财政补贴时，按照实际收到的金额，借记“财政专户存款”科目，贷记本科目。

（二）期末，将本科目本期发生额转入“一般基金结余”科目，借记本科目，贷记“一般基金结余”科目。

对于职工基本医疗保险基金，应当将本科目本期发生额转入“一般基金结余”科目下“统筹基金”明细科目，借记本科目，贷记“一般基金结余——统筹基金”科目。

四、期末结账后，本科目应无余额。

4102 集体补助收入

一、本科目核算村（社区）等集体经济组织对城乡居民基本养老保险基金参保人的补助收入。

二、集体补助收入的主要账务处理如下：

（一）收到集体补助收入时，按照实际收到的金额，借记“收入户存款”等科目，贷记本科目。

（二）期末，将本科目本期发生额转入“一般基金结余”科目，借记本科目，贷记“一般基金结余”科目。

三、期末结账后，本科目应无余额。

4201 利 息 收 入

一、本科目核算社会保险基金的收入户、财政专户、支出户、国库存款和企业职工、城乡居民、机关事业单位基本养老保险基金归集到上级的委托投资资金取得的存款利息收入，以及社会保险基金购买国债取得的利息收入。

二、本科目应当按照利息种类设置“存款利息”“债券利息”明细科目。

对于职工基本医疗保险基金，应当在本科目下设置“统筹基金”“个人账户基金”明细科目，分别核算计入职工基本医疗保险基金统筹基金和个人账户基金的利息收入，并在“统筹基金”“个人账户基金”

明细科目下设置“存款利息”“债券利息”明细科目。

三、利息收入的主要账务处理如下：

（一）收到收入户、支出户、财政专户、国库存款利息，按照实际收到的利息金额，借记“收入户存款”“支出户存款”“财政专户存款”“国库存款”科目，贷记本科目。

（二）对于省级企业职工、城乡居民、机关事业单位基本养老保险基金，收到财政专户存款利息时，按照实际收到的利息金额，借记“财政专户存款”科目，按照财政专户存款中下级归集的委托投资资金所产生的存款利息金额，贷记“暂收款——下级归集委托投资（利息）”科目，按照归属于本级的财政专户存款利息金额，贷记本科目。

非省级企业职工、城乡居民、机关事业单位基本养老保险基金确认归集到上级的委托投资资金产生的存款利息，按照确认的金额，借记“暂付款——委托上级投资（利息）”科目，按照本级委托投资资金产生的利息金额，贷记本科目，按照下级归集的委托投资资金产生的利息金额，贷记“暂收款——下级归集委托投资（利息）”科目。

（三）收到购买的国债的利息，按照实际收到的利息金额，借记“财政专户存款”科目，贷记本科目。

（四）到期收回国债本息或按规定转让，按照实际收回或收到的金额，借记“财政专户存款”科目，按照债券账面余额，贷记“债券投资”科目，按照其差额，贷记本科目。

（五）期末，将本科目本期发生额转入“一般基金结余”科目，借记本科目，贷记“一般基金结余”科目。

对于职工基本医疗保险基金，应当将本科目“统筹基金”“个人账户基金”明细科目本期发生额分别转入“一般基金结余”科目下“统筹基金”“个人账户基金”明细科目，借记本科目（统筹基金、个人账户基金），贷记“一般基金结余——统筹基金、个人账户基金”科目。

四、期末结账后，本科目应无余额。

4202　委托投资收益

一、本科目核算企业职工、城乡居民、机关事业单位基本养老保险基金按照国家有关规定，委托国家授权的投资管理机构进行投资运营所取得的净收益或发生的净损失。

二、委托投资收益的主要账务处理如下：

（一）省级基金收到受托机构提供的关于委托投资资金投资收益的相关通知，按照应确认的投资收益或投资损失金额，借记或贷记“委托投资——投资收益”科目，按照本级委托投资资金形成的投资收益或投资损失金额，贷记或借记本科目，按照下级归集的委托投资资金形成的投资收益或投资损失金额，贷记或借记“暂收款——下级归集委托投资（投资收益）”科目。

（二）非省级基金收到上级关于委托投资资金投资收益的相关通知，按照应确认的投资收益或投资损失金额，借记或贷记“暂付款——委托上级投资（投资收益）”科目，按照本级委托投资资金形成的投资收益或投资损失金额，贷记或借记本科目，按照下级归集的委托投资资金形成的投资收益或投资损失金额，贷记或借记“暂收款——下级归集委托投资（投资收益）”科目。

（三）期末，将本科目本期发生额转入“一般基金结余”科目，借记或贷记本科目，贷记或借记“一般基金结余”科目。

三、期末结账后，本科目应无余额。

4301　转 移 收 入

一、本科目核算因参保对象跨统筹地区或跨制度流动而划入的基金收入。

二、转移收入的主要账务处理如下：

（一）因参保对象跨统筹地区或跨制度流动而划入的基金，按照实际转入的金额，借记“收入户存款”

等科目，贷记本科目。

（二）退回转移收入时，按照实际退回的金额，借记本科目，贷记“收入户存款”等科目。

（三）期末，将本科目本期发生额转入“一般基金结余”科目，借记本科目，贷记“一般基金结余”科目。

对于职工基本医疗保险基金，应当将本科目本期发生额转入“一般基金结余”科目下“个人账户基金”明细科目，借记本科目，贷记“一般基金结余——个人账户基金”科目。

三、期末结账后，本科目应无余额。

4401　上级补助收入

一、本科目核算下级基金接收上级基金拨付的补助收入。

二、对于职工基本医疗保险基金，应当在本科目下设置“统筹基金”“个人账户基金”明细科目，分别核算计入职工基本医疗保险基金统筹基金、个人账户基金的上级补助收入。

三、上级补助收入的主要账务处理如下：

（一）收到上级基金拨付的补助资金，按照实际收到的金额，借记“收入户存款”“支出户存款”“财政专户存款”等科目，贷记本科目。

（二）期末，将本科目本期发生额转入“一般基金结余”科目，借记本科目，贷记“一般基金结余”科目。

对于职工基本医疗保险基金，应当将本科目“统筹基金”“个人账户基金”明细科目本期发生额分别转入“一般基金结余”科目下“统筹基金”“个人账户基金”明细科目，借记本科目（统筹基金、个人账户基金），贷记“一般基金结余——统筹基金、个人账户基金”科目。

四、期末结账后，本科目应无余额。

4402　下级上解收入

一、本科目核算上级基金接收下级基金上解的基金收入。

二、对于职工基本医疗保险基金，应当在本科目下设置“统筹基金”“个人账户基金”明细科目，分别核算计入职工基本医疗保险基金统筹基金、个人账户基金的下级上解收入。

三、下级上解收入的主要账务处理如下：

（一）收到下级上解的基金收入，按照实际收到的金额，借记“收入户存款”“财政专户存款”科目，贷记本科目。

（二）期末，将本科目本期发生额转入“一般基金结余”科目，借记本科目，贷记“一般基金结余”科目。

对于职工基本医疗保险基金，应当将本科目“统筹基金”“个人账户基金”明细科目本期发生额分别转入“一般基金结余”科目下“统筹基金”“个人账户基金”明细科目，借记本科目（统筹基金、个人账户基金），贷记“一般基金结余——统筹基金、个人账户基金”科目。

四、期末结账后，本科目应无余额。

4501　其 他 收 入

一、本科目核算除社会保险费收入、财政补贴收入、集体补助收入、利息收入、委托投资收益、转移收入、上级补助收入、下级上解收入外的收入，如社会保险基金取得的滞纳金、违约金、跨年度退回或追回的社会保险待遇、公益慈善等社会经济组织和个人捐助，以及其他经统筹地区财政部门核准的收入等。

二、对于职工基本医疗保险基金，应当在本科目下设置“统筹基金”“个人账户基金”明细科目，分别核算计入职工基本医疗保险基金统筹基金、个人账户基金的其他收入。

三、其他收入的主要账务处理如下：

（一）取得滞纳金、违约金、跨年度退回或追回的社会保险待遇、公益慈善等社会经济组织和个人捐助等时，按照实际收到的金额，借记“收入户存款”“财政专户存款”等科目，贷记本科目。

（二）企业职工基本养老保险基金以其社会保险待遇支出抵扣参保人重复领取的城乡居民基本养老保险基金社会保险待遇支出，城乡居民基本养老保险基金按照实际收到的退回金额，借记“收入户存款”等科目，贷记本科目。

（三）因债权人等特殊原因确实无法偿付的暂收款项、借入款项，按照报经批准后确认为其他收入的金额，借记“暂收款”“借入款项”科目，贷记本科目。

（四）期末，将本科目本期发生额转入“一般基金结余”科目，借记本科目，贷记“一般基金结余”科目。

对于职工基本医疗保险基金，应当将本科目“统筹基金”“个人账户基金”明细科目本期发生额分别转入“一般基金结余”科目下“统筹基金”“个人账户基金”明细科目，借记本科目（统筹基金、个人账户基金），贷记“一般基金结余——统筹基金、个人账户基金”科目。

四、期末结账后，本科目应无余额。

4601　待转社会保险费收入

一、本科目核算职工基本医疗保险基金收到的尚未确定归属于统筹基金或个人账户基金的社会保险费收入。

二、待转社会保险费收入的主要账务处理如下：

（一）收到社会保险费收入时尚未确定归属于统筹基金或个人账户基金，按照实际收到的金额，借记“收入户存款”“国库存款”等科目，贷记本科目。

（二）确定待转社会保险费收入归属后，按照确定归属的总金额，借记本科目，按照应计入统筹基金的金额，贷记“社会保险费收入——统筹基金”科目，按照应计入个人账户基金的金额，贷记“社会保险费收入——个人账户基金”科目。

（三）年末，对于未确定归属的社会保险费收入，按规定将本科目余额按经验比例划分于统筹基金和个人账户基金，按照本科目余额，借记本科目，按照划入统筹基金的金额，贷记“社会保险费收入——统筹基金”科目，按照划入个人账户基金的金额，贷记“社会保险费收入——个人账户基金”科目。

（四）上年年末按经验比例划分于统筹基金和个人账户基金的待转社会保险费收入在本年确定其划分比例时，应当按照确定的应计入“社会保险费收入——统筹基金”科目的金额大于或小于上年年末按经验比例已计入“社会保险费收入——统筹基金”科目的金额的差额，借记或贷记“一般基金结余——个人账户基金”科目，贷记或借记“一般基金结余——统筹基金”科目。

三、本科目月末贷方余额，反映自年初至本月末尚未确定归属于职工基本医疗保险基金统筹基金和个人账户基金的社会保险费收入。年度终了结账后，本科目应无余额。

4602　待转利息收入

一、本科目核算职工基本医疗保险基金收到的尚未确定归属于统筹基金或个人账户基金的利息收入。

二、待转利息收入的主要账务处理如下：

（一）收到利息收入时尚未确定归属于统筹基金或个人账户基金，按照实际收到的金额，借记“收入户存款”“财政专户存款”“支出户存款”“国库存款”科目，贷记本科目。

（二）确定待转利息收入归属后，按照确定归属的总金额，借记本科目，按照应计入统筹基金的金额，贷记“利息收入——统筹基金”科目，按照应计入个人账户基金的金额，贷记“利息收入——个人账户基金”科目。

（三）年末，对于未确定归属的利息收入，按规定将本科目余额按经验比例划分于统筹基金和个人账户基金，按照本科目余额，借记本科目，按照划入统筹基金的金额，贷记“利息收入——统筹基金”科目，按照划入个人账户基金的金额，贷记“利息收入——个人账户基金”科目。

（四）上年年末按经验比例划分于统筹基金和个人账户基金的待转利息收入在本年确定其划分比例时，应当按照确定的应计入“利息收入——统筹基金”科目的金额大于或小于上年年末按经验比例已计入“利息收入——统筹基金”科目的金额的差额，借记或贷记“一般基金结余——个人账户基金”科目，贷记或借记“一般基金结余——统筹基金”科目。

三、本科目月末贷方余额，反映自年初至本月末尚未确定归属于职工基本医疗保险基金统筹基金和个人账户基金的利息收入。年度终了结账后，本科目应无余额。

五、支出类

5001　社会保险待遇支出

一、本科目核算按规定支付给社会保险对象的待遇支出，包括为特定人群缴纳社会保险费形成的支出。

二、本科目应当按照社会保险基金相关管理和财务制度规定设置明细科目。

（一）对于企业职工基本养老保险基金，应当在本科目下设置“基本养老金”“医疗补助金”“丧葬补助金和抚恤金”“病残津贴”等明细科目。

在“基本养老金”明细科目下设置“基础养老金”“个人账户养老金”“过渡性养老金”“离休金”“退休金”“退职金”“补贴”等明细科目。

在“个人账户养老金”明细科目下设置“按月支付”和“一次性支出”明细科目。

（二）对于城乡居民基本养老保险基金，应当在本科目下设置“基础养老金”“个人账户养老金”“丧葬补助金”等明细科目。

在“个人账户养老金”明细科目下设置“按月支付”和“一次性支出”明细科目。

（三）对于机关事业单位基本养老保险基金，应当在本科目下设置“基本养老金”“丧葬补助金和抚恤金”“病残津贴”等明细科目。

在“基本养老金”明细科目下设置“基础养老金”“个人账户养老金”“过渡性养老金”“退休（职）费”“病退生活费”“补差资金”等明细科目。

在“个人账户养老金”明细科目下设置“按月支付”和“一次性支出”明细科目。

（四）对于职工基本医疗保险基金，应当在本科目下设置“统筹基金”“个人账户基金”明细科目。

在“统筹基金”明细科目下设置“住院费用支出”“门诊大病费用支出”“门诊统筹费用支出”等明细科目；生育保险与职工基本医疗保险合并实施的统筹地区，还应当在“统筹基金”明细科目下设置“生育医疗费用支出”“生育津贴支出”等明细科目。在“个人账户基金”明细科目下设置“住院费用支出”“门诊费用支出”“药店医药费用支出”等明细科目。

（五）对于城乡居民基本医疗保险基金，应当在本科目下设置“住院费用支出”“门诊费用支出”“其他费用支出”等明细科目。

（六）对于工伤保险基金，应当在本科目下设置“工伤医疗待遇支出”“伤残待遇支出”“工亡待遇支出”等明细科目。

（七）对于失业保险基金，应当在本科目下设置“失业保险金支出”“基本医疗保险费支出”“丧葬补助金和抚恤金支出”“职业培训和职业介绍补贴支出”“其他费用支出”等明细科目，“其他费用支出”明细科目核算农民合同制工人一次性生活补助金和价格临时补贴支出及国家规定的其他费用。

（八）对于生育保险基金，应当在本科目下设置“生育医疗费用支出”“生育津贴支出”等明细科目。

三、社会保险待遇支出的主要账务处理如下：

（一）按规定支付社会保险待遇时，按照实际支付的金额，借记本科目，贷记“支出户存款”科目。

对于职工、城乡居民基本医疗保险基金，经办机构收到归属本级的跨省异地就医清算通知时，按照实际支付的清算金额，借记本科目，贷记“支出户存款”等科目。

（二）退回或追回本年社会保险待遇支出，按照实际收回的金额，借记“支出户存款”等科目，贷记本科目。

（三）期末，将本科目本期发生额转入“一般基金结余”科目，借记“一般基金结余”科目，贷记本科目。

对于职工基本医疗保险基金，应当将本科目“统筹基金”“个人账户基金”明细科目本期发生额分别转入“一般基金结余”科目下“统筹基金”“个人账户基金”明细科目，借记“一般基金结余——统筹基金、个人账户基金”科目，贷记本科目（统筹基金、个人账户基金）。

四、期末结账后，本科目应无余额。

5101　大病保险支出

一、本科目核算按规定从城乡居民基本医疗保险基金中划转资金用于城乡居民大病保险的支出。

建立职工基本医疗保险大病保险制度的地区，从职工基本医疗保险基金划转资金用于职工大病保险的支出，参照城乡居民基本医疗保险基金，通过本科目进行核算。

二、大病保险支出的主要账务处理如下：

（一）从城乡居民基本医疗保险基金中划转资金用于大病保险时，按照实际支付的金额，借记本科目，贷记“支出户存款”“财政专户存款”等科目。

（二）城乡居民基本医疗保险基金根据合同约定，因商业保险机构承办大病保险出现超过合同约定盈余而收到商业保险机构的盈余返还时，按照实际收到的金额，借记“收入户存款”“财政专户存款”等科目，贷记本科目。

城乡居民基本医疗保险基金根据合同约定，因基本医疗保险政策调整等政策性原因使商业保险机构承办大病保险发生亏损而向商业保险机构进行补偿时，按照实际支付的金额，借记本科目，贷记“支出户存款”“财政专户存款”等科目。

（三）期末，将本科目本期发生额转入“一般基金结余”科目，借记“一般基金结余”科目，贷记本科目。

三、期末结账后，本科目应无余额。

5102　劳动能力鉴定支出

一、本科目核算工伤保险基金支付的劳动能力鉴定支出。

二、劳动能力鉴定支出的主要账务处理如下：

（一）支付劳动能力鉴定支出时，按照实际支付的金额，借记本科目，贷记“支出户存款”等科目。

（二）期末，将本科目本期发生额转入“一般基金结余”科目，借记“一般基金结余”科目，贷记本科目。

三、期末结账后，本科目应无余额。

5103　工伤预防费用支出

一、本科目核算工伤保险基金用于工伤预防的宣传、培训等方面支出。

二、工伤预防费用支出的主要账务处理如下：

（一）支付工伤预防费用时，按照实际支付的金额，借记本科目，贷记“支出户存款”等科目。

（二）期末，将本科目本期发生额转入“一般基金结余”科目，借记“一般基金结余”科目，贷记本科目。

三、期末结账后，本科目应无余额。

5104　稳定岗位补贴支出

一、本科目核算失业保险基金按规定对稳定岗位的用人单位给予的补贴支出。

二、稳定岗位补贴支出的主要账务处理如下：

（一）支付稳定岗位补贴支出时，按照实际支付的金额，借记本科目，贷记“支出户存款”等科目。

（二）期末，将本科目本期发生额转入“一般基金结余”科目，借记“一般基金结余”科目，贷记本科目。

三、期末结账后，本科目应无余额。

5105　技能提升补贴支出

一、本科目核算失业保险基金按规定对符合条件的企业职工提升技能给予的补贴支出。

二、技能提升补贴支出的主要账务处理如下：

（一）支付技能提升补贴支出时，按照实际支付的金额，借记本科目，贷记“支出户存款”等科目。

（二）期末，将本科目本期发生额转入“一般基金结余”科目，借记“一般基金结余”科目，贷记本科目。

三、期末结账后，本科目应无余额。

5201　转 移 支 出

一、本科目核算因参保对象跨统筹地区或跨制度流动而划出的基金。

二、转移支出的主要账务处理如下：

（一）因参保对象跨统筹地区或跨制度流动而划出的基金，按照实际转出的金额，借记本科目，贷记“支出户存款”等科目。

（二）收到退回的转移支出时，按照实际收到的金额，借记“收入户存款”“财政专户存款”等科目，贷记本科目。

（三）期末，将本科目本期发生额转入“一般基金结余”科目，借记“一般基金结余”科目，贷记本科目。

对于职工基本医疗保险基金，应当将本科目本期发生额转入“一般基金结余”科目下“个人账户基金”明细科目，借记“一般基金结余——个人账户基金”科目，贷记本科目。

三、期末结账后，本科目应无余额。

5301　上解上级支出

一、本科目核算下级基金上解上级基金的基金支出。

二、对于职工基本医疗保险基金，应当在本科目下设置“统筹基金”“个人账户基金”明细科目，分别核算计入职工基本医疗保险基金统筹基金、个人账户基金的上解上级支出。

三、上解上级支出的主要账务处理如下：

（一）向上级上解基金的支出，按照实际支付的金额，借记本科目，贷记“收入户存款”“支出户存款”“财政专户存款”科目。

（二）期末，将本科目本期发生额转入“一般基金结余”科目，借记“一般基金结余”科目，贷记本科目。

对于职工基本医疗保险基金，应当将本科目“统筹基金”“个人账户基金”明细科目本期发生额分别转入“一般基金结余”科目下“统筹基金”“个人账户基金”明细科目，借记“一般基金结余——统筹基金、个人账户基金”科目，贷记本科目（统筹基金、个人账户基金）。

四、期末结账后，本科目应无余额。

5302　补助下级支出

一、本科目核算上级基金拨付给下级基金的基金支出。

二、对于职工基本医疗保险基金，应当在本科目下设置“统筹基金”“个人账户基金”明细科目，分别核算计入职工基本医疗保险基金统筹基金、个人账户基金的补助下级支出。

三、补助下级支出的主要账务处理如下：

（一）向下级拨付补助支出，按照实际支付的金额，借记本科目，贷记“支出户存款”“财政专户存款”科目。

（二）期末，将本科目本期发生额转入“一般基金结余”科目，借记“一般基金结余”科目，贷记本科目。

对于职工基本医疗保险基金，应当将本科目“统筹基金”“个人账户基金”明细科目本期发生额分别转入“一般基金结余”科目下“统筹基金”“个人账户基金”明细科目，借记“一般基金结余——统筹基金、个人账户基金”科目，贷记本科目（统筹基金、个人账户基金）。

四、期末结账后，本科目应无余额。

5401　其 他 支 出

一、本科目核算除社会保险待遇支出、大病保险支出、劳动能力鉴定支出、工伤预防费用支出、稳定岗位补贴支出、技能提升补贴支出、转移支出、上解上级支出、补助下级支出外经国务院批准或国务院授权省级人民政府批准开支的其他非社会保险待遇性质的支出。

二、对于职工基本医疗保险基金，应当在本科目下设置“统筹基金”“个人账户基金”明细科目，分别核算计入职工基本医疗保险基金统筹基金、个人账户基金的其他支出。

三、其他支出的主要账务处理如下：

（一）发生其他支出，按照报经批准后列作其他支出的金额，借记本科目，贷记相关科目。

（二）企业职工基本养老保险基金以其社会保险待遇支出抵扣参保人重复领取的城乡居民基本养老保险基金社会保险待遇支出，企业职工基本养老保险基金按照实际退回的金额，借记本科目，贷记“支出户存款”科目。

（三）退回以前年度社会保险费收入，按照实际支出的金额，借记本科目，贷记“支出户存款”科目。

（四）期末，将本科目本期发生额转入“一般基金结余”科目，借记“一般基金结余”科目，贷记本科目。

对于职工基本医疗保险基金，应当将本科目“统筹基金”“个人账户基金”明细科目本期发生额分别转入“一般基金结余”科目下“统筹基金”“个人账户基金”明细科目，借记“一般基金结余——统筹基金、个人账户基金”科目，贷记本科目（统筹基金、个人账户基金）。

四、期末结账后，本科目应无余额。

第四部分　财务报表格式

编号	财务报表名称	编制期
会社保 01 表	资产负债表	月度、年度
会社保 02 表	收支表	月度、年度

资产负债表

险种和制度：________________ 会社保01表

编制单位：________ ____年____月____日 单位：元

资产	年初余额	期末余额	负债和净资产	年初余额	期末余额
一、资产：			二、负债：		
库存现金			暂收款		
收入户存款			其中：下级归集委托投资*		
财政专户存款			异地就医资金*		
支出户存款			借入款项		
国库存款			负债合计		
暂付款			三、净资产：		
其中：委托上级投资*			一般基金结余		
异地就医预付金*			（一）统筹基金*		
债券投资			（二）个人账户基金*		
委托投资*			（三）待转基金*		
			风险基金结余*		
			储备金结余*		
			净资产合计		
资产总计			负债与净资产总计		

注：*标注项目为特定险种和制度社会保险基金资产负债表专用项目，非适用险种和制度社会保险基金资产负债表不予列示。其中：

"暂付款"项目下"委托上级投资"项目为企业职工、城乡居民、机关事业单位基本养老保险基金（非省级）资产负债表专用项目；本项目下"异地就医预付金"项目为职工、城乡居民基本医疗保险基金资产负债表专用项目。

"委托投资"项目为企业职工、城乡居民、机关事业单位基本养老保险基金（省级）资产负债表专用项目。

"暂收款"项目下"下级归集委托投资"项目为企业职工、城乡居民、机关事业单位基本养老保险基金资产负债表专用项目；本项目下"异地就医预付金"为职工、城乡居民基本医疗保险基金资产负债表专用项目。

职工基本医疗保险基金资产负债表应当在"一般基金结余"项目下列示"统筹基金""个人账户基金""待转基金"三个明细项目。其中，"待转基金"项目，为职工基本医疗保险基金月度资产负债表专用项目，年度资产负债表中不列此项目。

"风险基金结余"项目为提取风险基金的新型农村合作医疗基金资产负债表专用项目。

"储备金结余"项目为工伤保险基金资产负债表专用项目。

收 支 表

险种和制度：企业职工基本养老保险基金 会社保02表

编制单位：________ ____年____月 单位：元

项目	本月数	本年累计数
一、基金收入		
社会保险费收入		
财政补贴收入		
利息收入		
委托投资收益		
转移收入		
上级补助收入		
下级上解收入		
其他收入		

续表

项目	本月数	本年累计数
二、基金支出		
社会保险待遇支出		
（一）基本养老金		
1. 基础养老金		
2. 个人账户养老金		
（1）按月支付		
（2）一次性支出		
3. 过渡性养老金		
4. 离休金		
5. 退休金		
6. 退职金		
7. 补贴		
（二）医疗补助金		
（三）丧葬补助金和抚恤金		
（四）病残津贴		
转移支出		
上解上级支出		
补助下级支出		
其他支出		
三、本期基金结余		

收 支 表

险种和制度：城乡居民基本养老保险基金　　　　会社保 02 表

编制单位：________　　　　____年____月　　　　单位：元

项目	本月数	本年累计数
一、基金收入		
社会保险费收入		
财政补贴收入		
集体补助收入		
利息收入		
委托投资收益		
转移收入		
上级补助收入		
下级上解收入		
其他收入		
二、基金支出		
社会保险待遇支出		
（一）基础养老金		

续表

项目	本月数	本年累计数
（二）个人账户养老金		
1. 按月支付		
2. 一次性支出		
（三）丧葬补助金		
转移支出		
上解上级支出		
补助下级支出		
其他支出		
三、本期基金结余		

收 支 表

险种和制度：机关事业单位基本养老保险基金　　　　会社保02表

编制单位：________　　　　____年____月　　　　单位：元

项目	本月数	本年累计数
一、基金收入		
社会保险费收入		
财政补贴收入		
利息收入		
委托投资收益		
转移收入		
上级补助收入		
下级上解收入		
其他收入		
二、基金支出		
社会保险待遇支出		
（一）基本养老金		
1. 基础养老金		
2. 个人账户养老金		
（1）按月支付		
（2）一次性支出		
3. 过渡性养老金		
4. 退休（职）费		
5. 病退生活费		
6. 补差资金		
（二）丧葬补助金和抚恤金		
（三）病残津贴		
转移支出		
上解上级支出		
补助下级支出		
其他支出		
三、本期基金结余		

收 支 表

险种和制度：职工基本医疗保险基金　　　　　　　　　　　　　　　　　　　　　　会社保 02 表

编制单位：________　　　　　　　　　　____年____月　　　　　　　　　　单位：元

项目	本月数	本年累计数
一、统筹基金收入		
社会保险费收入		
财政补贴收入		
利息收入		
上级补助收入		
下级上解收入		
其他收入		
二、个人账户基金收入		
社会保险费收入		
利息收入		
转移收入		
上级补助收入		
下级上解收入		
其他收入		
三、统筹基金支出		
社会保险待遇支出		
（一）住院费用		
（二）门诊大病费用		
（三）门诊统筹费用		
（四）生育医疗费用*		
（五）生育津贴*		
大病保险支出*		
上解上级支出		
补助下级支出		
其他支出		
四、个人账户基金支出		
社会保险待遇支出		
（一）住院费用		
（二）门诊费用		
（三）药店医药费用		
转移支出		
上解上级支出		
补助下级支出		
其他支出		
五、本期基金结余		
统筹基金结余		
个人账户基金结余		
待转基金		

注：* “生育医疗费用”“生育津贴”项目为生育保险与职工基本医疗保险合并实施的地区职工基本医疗保险基金收支表专用项目。

* “大病保险支出”为建立职工基本医疗保险大病保险制度的地区职工基本医疗保险基金收支表专用项目。

收 支 表

险种和制度：城乡居民基本医疗保险基金　　　　　　　　　　　　会社保02表

编制单位：________　　　　　____年____月　　　　　　　　单位：元

项目	本月数	本年累计数
一、基金收入		
社会保险费收入		
财政补贴收入		
利息收入		
上级补助收入		
下级上解收入		
其他收入		
二、基金支出		
社会保险待遇支出		
（一）住院费用		
（二）门诊费用		
（三）其他费用		
大病保险支出		
上解上级支出		
补助下级支出		
其他支出		
三、本期基金结余		

注：本表适用于城镇居民基本医疗保险基金、新型农村合作医疗基金、合并实施的城乡居民基本医疗保险基金。

收 支 表

险种和制度：工伤保险基金　　　　　　　　　　　　会社保02表

编制单位：________　　　　　____年____月　　　　　　　　单位：元

项目	本月数	本年累计数
一、基金收入		
社会保险费收入		
财政补贴收入		
利息收入		
上级补助收入		
下级上解收入		
其他收入		
二、基金支出		
社会保险待遇支出		
（一）工伤医疗待遇支出		
（二）伤残待遇支出		
（三）工亡待遇支出		
劳动能力鉴定支出		
工伤预防费用支出		
上解上级支出		
补助下级支出		
其他支出		
三、本期基金结余		

收 支 表

险种和制度：失业保险基金　　　　会社保 02 表

编制单位：________　　　　____年____月　　　　单位：元

项目	本月数	本年累计数
一、基金收入		
社会保险费收入		
财政补贴收入		
利息收入		
转移收入		
上级补助收入		
下级上解收入		
其他收入		
二、基金支出		
社会保险待遇支出		
（一）失业保险金支出		
（二）基本医疗保险费支出		
（三）丧葬补助金和抚恤金支出		
（四）职业培训和职业介绍补贴支出		
（五）其他费用支出		
稳定岗位补贴支出		
技能提升补贴支出		
转移支出		
上解上级支出		
补助下级支出		
其他支出		
三、本期基金结余		

收 支 表

险种和制度：生育保险基金　　　　会社保 02 表

编制单位：________　　　　____年____月　　　　单位：元

项目	本月数	本年累计数
一、基金收入		
社会保险费收入		
财政补贴收入		
利息收入		
上级补助收入		
下级上解收入		
其他收入		

续表

项目	本月数	本年累计数
二、基金支出		
社会保险待遇支出		
（一）生育医疗费用支出		
（二）生育津贴支出		
上解上级支出		
补助下级支出		
其他支出		
三、本期基金结余		

第五部分　财务报表编制说明

一、资产负债表编制说明

（一）本表反映某一会计期末（月末、年末）特定险种和制度社会保险基金全部资产、负债及净资产的构成情况。

（二）本表“年初余额”栏各项目，应当根据上年年末资产负债表“期末余额”栏各相应项目数字填列。

（三）本表“期末余额”栏各项目，其内容和填列方法如下：

1.“库存现金”项目，反映社会保险基金期末库存现金余额。本项目应当根据“库存现金”科目期末借方余额填列。

2.“收入户存款”项目，反映社会保险基金期末收入户存款余额。本项目应当根据“收入户存款”科目期末借方余额填列。

3.“财政专户存款”项目，反映社会保险基金期末财政专户存款余额。本项目应当根据“财政专户存款”科目期末借方余额填列。

4.“支出户存款”项目，反映社会保险基金期末支出户存款余额。本项目应当根据“支出户存款”科目期末借方余额填列。

5.“国库存款”项目，反映社会保险基金期末税务机关征收的存入国库、尚未转入财政专户的社会保险费余额。本项目应当根据“国库存款”科目期末借方余额填列。

6.“暂付款”项目，反映社会保险基金期末尚未结清的暂付、应收款项。本项目应当根据“暂付款”科目期末借方余额填列。

本项目下“委托上级投资”项目反映期末非省级企业职工、城乡居民、机关事业单位基本养老保险基金归集到上级的委托投资资金余额，应当根据“暂付款——委托上级投资”明细科目期末借方余额填列。

本项目下“异地就医预付金”项目反映期末职工、城乡居民基本医疗保险基金预付就医省的预付金余额，应当根据“暂付款——异地就医预付金”明细科目借方余额填列。

7.“债券投资”项目，反映社会保险基金期末持有的国债的账面余额。本项目应当根据“债券投资”科目期末借方余额填列。

8.“委托投资”项目，反映省级企业职工、城乡居民、机关事业单位基本养老保险基金期末委托投资资金的本金及投资收益余额。本项目应当根据“委托投资”科目期末借方余额填列。

9.“资产总计”项目，反映社会保险基金期末资产的合计数。本项目应当根据本表中“库存现金”“收入户存款”“财政专户存款”“支出户存款”“国库存款”“暂付款”“债券投资”“委托投资”项目金额的合计数填列。

10. “暂收款”项目，反映社会保险基金期末尚未偿付或结清的暂收款项。本项目应当根据“暂收款”科目期末贷方余额填列。

本项目下“下级归集委托投资”项目反映期末企业职工、城乡居民、机关事业单位基本养老保险基金收到下级归集的委托投资资金余额，应当根据“暂收款——下级归集委托投资”明细科目期末贷方余额填列。

本项目下“异地就医资金”项目反映期末职工、城乡居民基本医疗保险基金就医地区收到的跨省异地就医预付金和清算资金余额，应当根据“暂收款——异地就医资金”明细科目贷方余额填列。

11. “借入款项”项目，反映社会保险基金期末尚未偿付的借入款项。本项目应当根据“借入款项”科目期末贷方余额填列。

12. “负债合计”项目，反映社会保险基金期末负债的合计数。本项目应当根据本表中“暂收款”“借入款项”项目金额的合计数填列。

13. “一般基金结余”项目，反映社会保险基金期末历年累积的基金收支相抵后的除风险基金、储备金等特定用途基金外的基金结余。本项目应当根据“一般基金结余”科目期末贷方余额填列。

本项目下“统筹基金”项目，反映期末职工基本医疗保险基金的统筹基金结余。本项目应当根据“一般基金结余——统筹基金”科目期末贷方余额填列。

本项目下“个人账户基金”项目，反映期末职工基本医疗保险基金个人账户基金结余。本项目应当根据“一般基金结余——个人账户基金”科目期末贷方余额填列。

本项目下“待转基金”项目，反映自年初起至本会计期末职工基本医疗保险基金取得的尚未确定归属于统筹基金或个人账户基金的社会保险费收入和利息收入总额。本项目应当根据“待转社会保险费收入”“待转利息收入”科目期末贷方余额合计填列。本项目在年度资产负债表中不予列示。

14. “风险基金结余”项目，反映期末新型农村合作医疗基金统筹地区已提取的风险基金余额。本项目应当根据“风险基金结余”科目期末贷方余额填列。

15. “储备金结余”项目，反映期末工伤保险基金已提取的储备金余额。本项目应当根据“储备金结余”科目期末贷方余额填列。

16. “净资产合计”项目，反映社会保险基金期末净资产的合计数。本项目应当根据本表中“一般基金结余”“风险基金结余”“储备金结余”项目金额的合计数填列。

17. “负债与净资产总计”项目，反映社会保险基金期末负债和净资产的合计数。本项目应当根据本表中“负债合计”“净资产合计”项目金额的合计数填列。

二、收支表编制说明

（一）本表反映某一会计期间（月度、年度）特定险种和制度社会保险基金所有收入、支出以及本期收入、支出相抵后的基金结余情况。

（二）本表“本月数”栏反映各项目的本月发生数，根据不同险种和制度，其内容和填列方法如下：

1. 对于企业职工基本养老保险基金，各项目的内容和填列方法如下：

（1）“基金收入”项目，反映本月企业职工基本养老保险基金基金收入总额。本项目应当根据本表中“社会保险费收入”“财政补贴收入”“利息收入”“委托投资收益”“转移收入”“上级补助收入”“下级上解收入”“其他收入”等项目金额加总计算填列。

（2）“社会保险费收入”项目，反映本月企业职工基本养老保险基金社会保险费收入总额。本项目应当根据“社会保险费收入”科目本月贷方发生额减去借方发生额后的净额填列。

（3）“财政补贴收入”项目，反映本月企业职工基本养老保险基金收到的财政补贴收入总额。本项目应当根据“财政补贴收入”科目本月贷方发生额填列。

（4）“利息收入”项目，反映本月企业职工基本养老保险基金取得的收入户、财政专户、支出户、国库存款和归集到上级的委托投资资金取得的存款利息收入，以及购买国债取得的利息收入。本项目应当根据“利息收入”科目本月贷方发生额填列。

（5）“委托投资收益”项目，反映企业职工基本养老保险基金按照国家有关规定委托国家授权的投资管理机构进行投资运营本月所取得的净收益或发生的净损失。本项目应当根据“委托投资收益”科目本月贷方发生额减去借方发生额后的净额填列；净额为负数时，以“－”填列。

（6）“转移收入”项目，反映本月企业职工基本养老保险基金因参保对象跨统筹地区或跨制度流动而划入的收入总额。本项目应当根据“转移收入”科目本月贷方发生额减去借方发生额后的净额填列。

（7）“上级补助收入”项目，反映本月企业职工基本养老保险基金收到的上级补助收入总额。本项目应当根据“上级补助收入”科目本月贷方发生额填列。

（8）“下级上解收入”项目，反映本月企业职工基本养老保险基金收到的下级上解收入总额。本项目应当根据“下级上解收入”科目本月贷方发生额填列。

（9）“其他收入”项目，反映本月企业职工基本养老保险基金取得的其他收入总额。本项目应当根据“其他收入”科目本月贷方发生额填列。

（10）“基金支出”项目，反映本月企业职工基本养老保险基金社会保险基金支出总额。本项目应当根据本表中“社会保险待遇支出”“转移支出”“上解上级支出”“补助下级支出”“其他支出”等项目金额加总计算填列。

（11）“社会保险待遇支出”项目，反映本月企业职工基本养老保险基金按规定支付的社会保险待遇支出总额。本项目应当根据“社会保险待遇支出”科目本月借方发生额减去贷方发生额后的净额填列。

本项目下各明细项目应当根据“社会保险待遇支出”科目下对应明细科目的本月借方发生额减去贷方发生额后的净额填列。

（12）“转移支出”项目，反映本月企业职工基本养老保险基金因参保对象跨统筹地区或跨制度流动而划出的基金总额。本项目应当根据“转移支出”科目本月借方发生额减去贷方发生额后的净额填列。

（13）“上解上级支出”项目，反映本月企业职工基本养老保险基金上解上级的支出总额。本项目应当根据“上解上级支出”科目本月借方发生额填列。

（14）“补助下级支出”项目，反映本月企业职工基本养老保险基金拨付给下级的补助支出总额。本项目应当根据“补助下级支出”科目本月借方发生额填列。

（15）“其他支出”项目，反映本月企业职工基本养老保险基金发生其他支出总额。本项目应当根据“其他支出”科目本月借方发生额填列。

（16）“本期基金结余”项目，反映本月企业职工基本养老保险基金基金收入扣除基金支出的基金结余。本项目应当根据本表中“基金收入”项目金额减去“基金支出”项目金额后的差额填列。

2. 对于城乡居民基本养老保险基金，各项目的内容和填列方法如下：

（1）“基金收入”项目，反映本月城乡居民基本养老保险基金基金收入总额。本项目应当根据本表中“社会保险费收入”“财政补贴收入”“集体补助收入”“利息收入”“委托投资收益”“转移收入”“上级补助收入”“下级上解收入”“其他收入”等项目金额加总计算填列。

（2）“社会保险费收入”项目，反映本月城乡居民基本养老保险基金社会保险费收入总额。本项目应当根据“社会保险费收入”科目本月贷方发生额减去借方发生额后的净额填列。

（3）“财政补贴收入”项目，反映本月城乡居民基本养老保险基金收到的财政补贴收入总额。本项目应当根据“财政补贴收入”科目本月贷方发生额填列。

（4）“集体补助收入”项目，反映本月城乡居民基本养老保险基金收到的村（社区）等集体经济组织的补助收入总额。本项目应当根据“集体补助收入”科目本月贷方发生额填列。

（5）“利息收入”项目，反映本月城乡居民基本养老保险基金取得的收入户、财政专户、支出户、国库存款和归集到上级的委托投资资金取得的存款利息收入，以及购买国债取得的利息收入。本项目应当根据“利息收入”科目本月贷方发生额填列。

（6）“委托投资收益”项目，反映城乡居民基本养老保险基金按照国家有关规定委托国家授权的投资管理机构进行投资运营本月所取得的净收益或发生的净损失。本项目应当根据“委托投资收益”科目本月贷方发生额减去借方发生额后的净额填列；净额为负数时，以“－”填列。

（7）“转移收入”项目，反映本月城乡居民基本养老保险基金因参保对象跨统筹地区或跨制度流动而划入的收入总额。本项目应当根据“转移收入”科目本月贷方发生额减去借方发生额后的净额填列。

（8）“上级补助收入”项目，反映本月城乡居民基本养老保险基金收到的上级补助收入总额。本项目应当根据“上级补助收入”科目本月贷方发生额填列。

（9）“下级上解收入”项目，反映本月城乡居民基本养老保险基金收到的下级上解收入总额。本项目应当根据“下级上解收入”科目本月贷方发生额填列。

（10）“其他收入”项目，反映本月城乡居民基本养老保险基金取得的其他收入总额。本项目应当根据“其他收入”科目本月贷方发生额填列。

（11）“基金支出”项目，反映本月城乡居民基本养老保险基金社会保险基金支出总额。本项目应当根据本表中“社会保险待遇支出”“转移支出”“上解上级支出”“补助下级支出”“其他支出”等项目金额加总计算填列。

（12）“社会保险待遇支出”项目，反映本月城乡居民基本养老保险基金按规定支付的社会保险待遇支出总额。本项目应当根据“社会保险待遇支出”科目本月借方发生额减去贷方发生额后的净额填列。

本项目下各明细项目应当根据“社会保险待遇支出”科目下对应明细科目的本月借方发生额减去贷方发生额后的净额填列。

（13）“转移支出”项目，反映本月城乡居民基本养老保险基金因参保对象跨统筹地区或跨制度流动而划出的基金总额。本项目应当根据“转移支出”科目本月借方发生额减去贷方发生额后的净额填列。

（14）“上解上级支出”项目，反映本月城乡居民基本养老保险基金上解上级的支出总额。本项目应当根据“上解上级支出”科目本月借方发生额填列。

（15）“补助下级支出”项目，反映本月城乡居民基本养老保险基金拨付给下级的补助支出总额。本项目应当根据“补助下级支出”科目本月借方发生额填列。

（16）“其他支出”项目，反映本月城乡居民基本养老保险基金发生其他支出总额。本项目应当根据“其他支出”科目本月借方发生额填列。

（17）“本期基金结余”项目，反映本月城乡居民基本养老保险基金基金收入扣除基金支出的基金结余。本项目应当根据本表中“基金收入”项目金额减去“基金支出”项目金额后的差额填列。

3. 对于机关事业单位基本养老保险基金，各项目的内容和填列方法如下：

（1）“基金收入”项目，反映本月机关事业单位基本养老保险基金基金收入总额。本项目应当根据本表中“社会保险费收入”“财政补贴收入”“利息收入”“委托投资收益”“转移收入”“上级补助收入”“下级上解收入”“其他收入”等项目金额加总计算填列。

（2）“社会保险费收入”项目，反映本月机关事业单位基本养老保险基金社会保险费收入总额。本项目应当根据“社会保险费收入”科目本月贷方发生额减去借方发生额后的净额填列。

（3）“财政补贴收入”项目，反映本月机关事业单位基本养老保险基金收到的财政补贴收入总额。本项目应当根据“财政补贴收入”科目本月贷方发生额填列。

（4）“利息收入”项目，反映本月机关事业单位基本养老保险基金取得的收入户、财政专户、支出户、国库存款和归集到上级的委托投资资金取得的存款利息收入，以及购买国债取得的利息收入。本项目应当根据“利息收入”科目本月贷方发生额填列。

（5）“委托投资收益”项目，反映机关事业单位基本养老保险基金按照国家有关规定委托国家授权的投资管理机构进行投资运营本月所取得的净收益或发生的净损失。本项目应当根据“委托投资收益”科目本月贷方发生额减去借方发生额后的净额填列；净额为负数时，以“－”填列。

（6）“转移收入”项目，反映本月机关事业单位基本养老保险基金因参保对象跨统筹地区或跨制度流动而划入的收入总额。本项目应当根据“转移收入”科目本月贷方发生额减去借方发生额后的净额填列。

(7)“上级补助收入”项目，反映本月机关事业单位基本养老保险基金收到的上级补助收入总额。本项目应当根据“上级补助收入”科目本月贷方发生额填列。

(8)“下级上解收入”项目，反映本月机关事业单位基本养老保险基金收到的下级上解收入总额。本项目应当根据“下级上解收入”科目本月贷方发生额填列。

(9)“其他收入”项目，反映本月机关事业单位基本养老保险基金取得的其他收入总额。本项目应当根据“其他收入”科目本月贷方发生额填列。

(10)“基金支出”项目，反映本月机关事业单位基本养老保险基金基金支出总额。本项目应当根据本表中“社会保险待遇支出”“转移支出”“上解上级支出”“补助下级支出”“其他支出”等项目金额加总计算填列。

(11)“社会保险待遇支出”项目，反映本月机关事业单位基本养老保险基金按规定支付的社会保险待遇支出总额。本项目应当根据“社会保险待遇支出”科目本月借方发生额减去贷方发生额后的净额填列。

本项目下各明细项目应当根据“社会保险待遇支出”科目下对应明细科目的本月借方发生额减去贷方发生额后的净额填列。

(12)“转移支出”项目，反映本月机关事业单位基本养老保险基金因参保对象跨统筹地区或跨制度流动而划出的基金总额。本项目应当根据“转移支出”科目本月借方发生额减去贷方发生额后的净额填列。

(13)“上解上级支出”项目，反映本月机关事业单位基本养老保险基金上解上级的支出总额。本项目应当根据“上解上级支出”科目本月借方发生额填列。

(14)“补助下级支出”项目，反映本月机关事业单位基本养老保险基金拨付给下级的补助支出总额。本项目应当根据“补助下级支出”科目本月借方发生额填列。

(15)“其他支出”项目，反映本月机关事业单位基本养老保险基金发生其他支出总额。本项目应当根据“其他支出”科目本月借方发生额填列。

(16)“本期基金结余”项目，反映本月机关事业单位基本养老保险基金基金收入扣除基金支出的基金结余。本项目应当根据本表中“基金收入”项目金额减去“基金支出”项目金额后的差额填列。

4. 对于职工基本医疗保险基金，各项目的内容和填列方法如下：

(1)“统筹基金收入”项目，反映本月职工基本医疗保险基金统筹基金的收入总额。本项目应当根据本表中“社会保险费收入”“财政补贴收入”“利息收入”“上级补助收入”“下级上解收入”“其他收入”项目金额加总计算填列。

①“社会保险费收入”项目，反映本月职工基本医疗保险基金计入统筹基金的社会保险费收入总额。本项目应当根据“社会保险费收入——统筹基金”科目本月贷方发生额减去借方发生额后的净额填列。

②“财政补贴收入”项目，反映本月职工基本医疗保险基金取得的财政补贴收入总额。本项目应当根据“财政补贴收入”科目本月贷方发生额填列。

③“利息收入”项目，反映本月职工基本医疗保险基金计入统筹基金的利息收入总额。本项目应当根据“利息收入——统筹基金”科目本月贷方发生额填列。

④“上级补助收入”项目，反映本月职工基本医疗保险基金计入统筹基金的上级补助收入总额。本项目应当根据“上级补助收入——统筹基金”科目本月贷方发生额填列。

⑤“下级上解收入”项目，反映本月职工基本医疗保险基金计入统筹基金的下级上解收入总额。本项目应当根据“下级上解收入——统筹基金”科目本月贷方发生额填列。

⑥“其他收入”项目，反映本月职工基本医疗保险基金计入统筹基金的其他收入总额。本项目应当根据“其他收入——统筹基金”科目本月贷方发生额填列。

（2）“个人账户基金收入”项目反映本月职工基本医疗保险基金个人账户基金的收入总额。本项目应当根据本表中“社会保险费收入”“利息收入”“转移收入”“上级补助收入”“下级上解收入”“其他收入”项目金额加总计算填列。

①“社会保险费收入”项目，反映本月职工基本医疗保险基金计入个人账户基金的社会保险费收入总额。本项目应当根据“社会保险费收入——个人账户基金”科目本月贷方发生额减去借方发生额后的净额填列。

②“利息收入”项目，反映本月职工基本医疗保险基金计入个人账户基金的利息收入总额。本项目应当根据“利息收入——个人账户基金”科目本月贷方发生额填列。

③“转移收入”项目，反映本月职工基本医疗保险基金的转移收入总额。本项目应当根据“转移收入”科目本月贷方发生额减去借方发生额后的净额填列。

④“上级补助收入”项目，反映本月职工基本医疗保险基金计入个人账户基金的上级补助收入总额。本项目应当根据“上级补助收入——个人账户基金”科目本月贷方发生额填列。

⑤“下级上解收入”项目，反映本月职工基本医疗保险基金计入个人账户基金的下级上解收入总额。本项目应当根据“下级上解收入——个人账户基金”科目本月贷方发生额填列。

⑥“其他收入”项目，反映本月职工基本医疗保险基金计入个人账户基金的其他收入总额。本项目应当根据“其他收入——个人账户基金”科目本月贷方发生额填列。

（3）“统筹基金支出”项目反映本月职工基本医疗保险基金统筹基金的支出总额。本项目应当根据本表中“社会保险待遇支出”“大病保险支出”“上解上级支出”“补助下级支出”“其他支出”项目金额加总计算填列。

①“社会保险待遇支出”项目反映本月职工基本医疗保险基金计入统筹基金的社会保险待遇支出总额。本项目应当根据“社会保险待遇支出——统筹基金”科目本月借方发生额减去贷方发生额后的净额填列。

“社会保险待遇支出”项目下的“住院费用”“门诊大病费用”“门诊统筹费用”项目应当分别根据“社会保险待遇支出——统筹基金”科目下对应明细科目的本月借方发生额减去贷方发生额后的净额填列。

“社会保险待遇支出”项目下的“生育医疗费用”“生育津贴”项目为生育保险与职工基本医疗保险合并实施的地区专用项目，应当分别根据“社会保险待遇支出——统筹基金”科目下对应明细科目的本月借方发生额减去贷方发生额后的净额填列。

②“大病保险支出”项目为建立职工基本医疗保险大病保险制度的地区专用项目，应当根据“大病保险支出”科目的本月借方发生额填列。

③“上解上级支出”项目，反映本月职工基本医疗保险基金计入统筹基金的上解上级支出总额。本项目应当根据“上解上级支出——统筹基金”科目本月借方发生额填列。

④“补助下级支出”项目，反映本月职工基本医疗保险基金计入统筹基金的补助下级支出总额。本项目应当根据“补助下级支出——统筹基金”科目本月借方发生额填列。

⑤“其他支出”项目，反映本月职工基本医疗保险基金计入统筹基金的其他支出总额。本项目应当根据“其他支出——统筹基金”科目本月借方发生额填列。

（4）“个人账户基金支出”项目反映本月职工基本医疗保险基金个人账户基金的支出总额。本项目应当根据本表中“社会保险待遇支出”“转移支出”“上解上级支出”“补助下级支出”“其他支出”项目金额加总计算填列。

①“社会保险待遇支出”项目，反映本月职工基本医疗保险基金计入个人账户基金的社会保险待遇支出总额。本项目应当根据“社会保险待遇支出——个人账户基金”科目本月借方发生额减去贷方发生额后的净额填列。

“社会保险待遇支出”项目下的“住院费用”“门诊费用”“药店医药费用”项目应当分别根据“社会保险待遇支出——个人账户基金”科目下对应明细科目的本月借方发生额减去贷方发生额后的净

额填列。

②“转移支出”项目，反映本月职工基本医疗保险基金发生的转移支出总额。本项目应当根据“转移支出”科目本月借方发生额减去贷方发生额后的净额填列。

③“上解上级支出”项目，反映本月职工基本医疗保险基金计入个人账户基金的上解上级支出总额。本项目应当根据“上解上级支出——个人账户基金”科目本月借方发生额填列。

④“补助下级支出”项目，反映本月职工基本医疗保险基金计入个人账户基金的补助下级支出总额。本项目应当根据“补助下级支出——个人账户基金”科目本月借方发生额填列。

⑤“其他支出”项目，反映本月职工基本医疗保险基金计入个人账户基金的其他支出总额。本项目应当根据“其他支出——个人账户基金”科目本月借方发生额填列。

（5）“本期基金结余”项目，反映本月职工基本医疗保险基金结余总额。本项目应当根据本表中“统筹基金结余”“个人账户基金结余”“待转基金”项目金额加总计算填列。

①“统筹基金结余”项目，反映本月职工基本医疗保险基金统筹基金收入扣除统筹基金支出的基金结余。本项目应当根据本表中“统筹基金收入”项目金额减去“统筹基金支出”项目金额后的差额填列。

②“个人账户基金结余”项目，反映本月职工基本医疗保险基金个人账户基金收入扣除个人账户基金支出的基金结余。本项目应当根据本表中“个人账户基金收入”项目金额减去“个人账户基金支出”项目金额后的差额填列。

③“待转基金”项目，反映期末（指1至11月份）尚未确定归属于职工基本医疗保险统筹基金或个人账户基金的待转医疗保险费收入和尚未分配计入职工基本医疗保险统筹基金和个人账户基金的利息收入，本项目应根据“待转保险费收入”“待转利息收入”科目期末余额合计填列。本项目在年度收支表中不予列示。

5. 对于城乡居民基本医疗保险基金，各项目的内容和填列方法如下：

（1）“基金收入”项目，反映本月城乡居民基本医疗保险基金基金收入总额。本项目应当根据本表中“社会保险费收入”“财政补贴收入”“利息收入”“上级补助收入”“下级上解收入”“其他收入”等项目金额加总计算填列。

（2）“社会保险费收入”项目，反映本月城乡居民基本医疗保险基金社会保险费收入总额。本项目应当根据“社会保险费收入”科目本月贷方发生额减去借方发生额后的净额填列。

（3）“财政补贴收入”项目，反映本月城乡居民基本医疗保险基金收到的财政补贴收入总额。本项目应当根据“财政补贴收入”科目本月贷方发生额填列。

（4）“利息收入”项目，反映本月城乡居民基本医疗保险基金取得的收入户、财政专户、支出户存款和国库存款的利息收入，以及购买国债取得的利息收入。本项目应当根据“利息收入”科目本月贷方发生额填列。

（5）“上级补助收入”项目，反映本月城乡居民基本医疗保险基金收到的上级补助收入总额。本项目应当根据“上级补助收入”科目本月贷方发生额填列。

（6）“下级上解收入”项目，反映本月城乡居民基本医疗保险基金收到的下级上解收入总额。本项目应当根据“下级上解收入”科目本月贷方发生额填列。

（7）“其他收入”项目，反映本月城乡居民基本医疗保险基金取得的其他收入总额。本项目应当根据“其他收入”科目本月贷方发生额填列。

（8）“基金支出”项目，反映本月城乡居民基本医疗保险基金基金支出总额。本项目应当根据本表中“社会保险待遇支出”“大病保险支出”“上解上级支出”“补助下级支出”“其他支出”等项目金额加总计算填列。

（9）“社会保险待遇支出”项目，反映本月城乡居民基本医疗保险基金按规定支付的社会保险待遇支出总额。本项目应当根据“社会保险待遇支出”科目本月借方发生额减去贷方发生额后的净额填列。

本项目下各明细项目应当根据“社会保险待遇支出”科目下对应明细科目的本月借方发生额减去贷方发生额后的净额填列。

（10）“大病保险支出”项目，反映本月城乡居民基本医疗保险基金划转资金用于大病保险的支出总额。本项目应当根据“大病保险支出”科目本月借方发生额填列。

（11）“上解上级支出”项目，反映本月城乡居民基本医疗保险基金上解上级的支出总额。本项目应当根据“上解上级支出”科目本月借方发生额填列。

（12）“补助下级支出”项目，反映本月城乡居民基本医疗保险基金拨付给下级的补助支出总额。本项目应当根据“补助下级支出”科目本月借方发生额填列。

（13）“其他支出”项目，反映本月城乡居民基本医疗保险基金发生其他支出总额。本项目应当根据“其他支出”科目本月借方发生额填列。

（14）“本期基金结余”项目，反映本月城乡居民基本医疗保险基金基金收入扣除基金支出的基金结余。本项目应当根据本表中“基金收入”项目金额减去“基金支出”项目金额后的差额填列。

6. 对于工伤保险基金，各项目的内容和填列方法如下：

（1）“基金收入”项目，反映本月工伤保险基金基金收入总额。本项目应当根据本表中“社会保险费收入”“财政补贴收入”“利息收入”“上级补助收入”“下级上解收入”“其他收入”等项目金额加总计算填列。

（2）“社会保险费收入”项目，反映本月工伤保险基金社会保险费收入总额。本项目应当根据“社会保险费收入”科目本月贷方发生额减去借方发生额后的净额填列。

（3）“财政补贴收入”项目，反映本月工伤保险基金收到的财政补贴收入总额。本项目应当根据“财政补贴收入”科目本月贷方发生额填列。

（4）“利息收入”项目，反映本月工伤保险基金取得的收入户、财政专户、支出户存款和国库存款的利息收入，以及购买国债取得的利息收入。本项目应当根据“利息收入”科目本月贷方发生额填列。

（5）“上级补助收入”项目，反映本月工伤保险基金收到的上级补助收入总额。本项目应当根据“上级补助收入”科目本月贷方发生额填列。

（6）“下级上解收入”项目，反映本月工伤保险基金收到的下级上解收入总额。本项目应当根据“下级上解收入”科目本月贷方发生额填列。

（7）“其他收入”项目，反映本月工伤保险基金取得的其他收入总额。本项目应当根据“其他收入”科目本月贷方发生额填列。

（8）“基金支出”项目，反映本月工伤保险基金基金支出总额。本项目应当根据本表中“社会保险待遇支出”“劳动能力鉴定支出”“工伤预防费用支出”“上解上级支出”“补助下级支出”“其他支出”等项目金额加总计算填列。

（9）“社会保险待遇支出”项目，反映本月工伤保险基金按规定支付的社会保险待遇支出总额。本项目应当根据“社会保险待遇支出”科目本月借方发生额减去贷方发生额后的净额填列。

本项目下各明细项目应当根据“社会保险待遇支出”科目下对应明细科目的本月借方发生额减去贷方发生额后的净额填列。

（10）“劳动能力鉴定支出”项目，反映本月工伤保险基金支出的劳动能力鉴定支出总额。本项目应当根据“劳动能力鉴定支出”科目本月借方发生额填列。

（11）“工伤预防费用支出”项目，反映本月工伤保险基金支出的工伤预防费用总额。本项目应当根据“工伤预防费用支出”科目本月借方发生额填列。

（12）“上解上级支出”项目，反映本月工伤保险基金上解上级的支出总额。本项目应当根据“上解上级支出”科目本月借方发生额填列。

（13）“补助下级支出”项目，反映本月工伤保险基金拨付给下级的补助支出总额。本项目应当根据“补助下级支出”科目本月借方发生额填列。

（14）“其他支出”项目，反映本月工伤保险基金发生其他支出总额。本项目应当根据“其他支出”科目本月借方发生额填列。

（15）“本期基金结余”项目，反映本月工伤保险基金基金收入扣除基金支出的基金结余。本项目应当根据本表中“基金收入”项目金额减去“基金支出”项目金额后的差额填列。

7. 对于失业保险基金，各项目的内容和填列方法如下：

（1）“基金收入”项目，反映本月失业保险基金基金收入总额。本项目应当根据本表中“社会保险费收入”“财政补贴收入”“利息收入”“转移收入”“上级补助收入”“下级上解收入”“其他收入”等项目金额加总计算填列。

（2）“社会保险费收入”项目，反映本月失业保险基金社会保险费收入总额。本项目应当根据“社会保险费收入”科目本月贷方发生额减去借方发生额后的净额填列。

（3）“财政补贴收入”项目，反映本月失业保险基金收到的财政补贴收入总额。本项目应当根据“财政补贴收入”科目本月贷方发生额填列。

（4）“利息收入”项目，反映本月失业保险基金取得的收入户、财政专户、支出户存款和国库存款的利息收入，以及购买国债取得的利息收入。本项目应当根据“利息收入”科目本月贷方发生额填列。

（5）“转移收入”项目，反映本月失业保险基金因参保对象跨统筹地区或跨制度流动而划入的收入总额。本项目应当根据“转移收入”科目本月贷方发生额减去借方发生额后的净额填列。

（6）“上级补助收入”项目，反映本月失业保险基金收到的上级补助收入总额。本项目应当根据“上级补助收入”科目本月贷方发生额填列。

（7）“下级上解收入”项目，反映本月失业保险基金收到的下级上解收入总额。本项目应当根据“下级上解收入”科目本月贷方发生额填列。

（8）“其他收入”项目，反映本月失业保险基金取得的其他收入总额。本项目应当根据“其他收入”科目本月贷方发生额填列。

（9）“基金支出”项目，反映本月失业保险基金基金支出总额。本项目应当根据本表中“社会保险待遇支出”“稳定岗位补贴支出”“技能提升补贴支出”“转移支出”“上解上级支出”“补助下级支出”“其他支出”等项目金额加总计算填列。

（10）“社会保险待遇支出”项目，反映本月失业保险基金按规定支付的社会保险待遇支出总额。本项目应当根据“社会保险待遇支出”科目本月借方发生额减去贷方发生额后的净额填列。

本项目下各明细项目应当根据“社会保险待遇支出”科目下对应明细科目的本月借方发生额减去贷方发生额后的净额填列。

（11）“稳定岗位补贴支出”项目，反映本月失业保险基金支付的稳定岗位补贴总额。本项目应当根据“稳定岗位补贴支出”科目本月借方发生额填列。

（12）“技能提升补贴支出”项目，反映本月失业保险基金支付的技能提升补贴总额。本项目应当根据“技能提升补贴支出”科目本月借方发生额填列。

（13）“转移支出”项目，反映本月失业保险基金因参保对象跨统筹地区或跨制度流动而划出的基金总额。本项目应当根据“转移支出”科目本月借方发生额减去贷方发生额后的净额填列。

（14）“上解上级支出”项目，反映本月失业保险基金上解上级的支出总额。本项目应当根据“上解上级支出”科目本月借方发生额填列。

（15）“补助下级支出”项目，反映本月失业保险基金拨付给下级的补助支出总额。本项目应当根据“补助下级支出”科目本月借方发生额填列。

（16）“其他支出”项目，反映本月失业保险基金发生其他支出总额。本项目应当根据“其他支出”科目本月借方发生额填列。

（17）“本期基金结余”项目，反映本月失业保险基金基金收入扣除基金支出的基金结余。本项目应当根据本表中“基金收入”项目金额减去“基金支出”项目金额后的差额填列。

8. 对于生育保险基金，各项目的内容和填列方法如下：

（1）“基金收入”项目，反映本月生育保险基金基金收入总额。本项目应当根据本表中“社会保险费收入”“财政补贴收入”“利息收入”“上级补助收入”“下级上解收入”“其他收入”等项目金额加总计算填列。

（2）“社会保险费收入”项目，反映本月生育保险基金社会保险费收入总额。本项目应当根据“社会保险费收入”科目本月贷方发生额减去借方发生额后的净额填列。

（3）“财政补贴收入”项目，反映本月生育保险基金收到的财政补贴收入总额。本项目应当根据“财政补贴收入”科目本月贷方发生额填列。

（4）“利息收入”项目，反映本月生育保险基金取得的收入户、财政专户、支出户存款和国库存款的利息收入，以及购买国债取得的利息收入。本项目应当根据“利息收入”科目本月贷方发生额填列。

（5）“上级补助收入”项目，反映本月生育保险基金收到的上级补助收入总额。本项目应当根据“上级补助收入”科目本月贷方发生额填列。

（6）“下级上解收入”项目，反映本月生育保险基金收到的下级上解收入总额。本项目应当根据“下级上解收入”科目本月贷方发生额填列。

（7）“其他收入”项目，反映本月生育保险基金取得的其他收入总额。本项目应当根据“其他收入”科目本月贷方发生额填列。

（8）“基金支出”项目，反映本月生育保险基金基金支出总额。本项目应当根据本表中“社会保险待遇支出”“上解上级支出”“补助下级支出”“其他支出”等项目金额加总计算填列。

（9）“社会保险待遇支出”项目，反映本月生育保险基金按规定支付的社会保险待遇支出总额。本项目应当根据“社会保险待遇支出”科目本月借方发生额减去贷方发生额后的净额填列。

本项目下各明细项目应当根据“社会保险待遇支出”科目下对应明细科目的本月借方发生额减去贷方发生额后的净额填列。

（10）“上解上级支出”项目，反映本月生育保险基金上解上级的支出总额。本项目应当根据“上解上级支出”科目本月借方发生额填列。

（11）“补助下级支出”项目，反映本月生育保险基金拨付给下级的补助支出总额。本项目应当根据“补助下级支出”科目本月借方发生额填列。

（12）“其他支出”项目，反映本月生育保险基金发生其他支出总额。本项目应当根据“其他支出”科目本月借方发生额填列。

（13）“本期基金结余”项目，反映本月生育保险基金基金收入扣除基金支出的基金结余。本项目应当根据本表中“基金收入”项目金额减去“基金支出”项目金额后的差额填列。

（三）本表“本年累计数”栏反映各项目自年初起至本会计期末止的累计发生数。本项目应当根据各项目自年初起至本会计期末止的累计发生额填列。

（四）编制年度收支表时，应当将“本月数”栏改为“本年数”栏，将“本年累计数”栏改为“上年数”栏，“本年数”栏各项目填列本年度相应项目的累计发生数，“上年数”栏各项目应当根据上年度收支表“本年数”栏相应项目数字填列。

三、附注

附注是社会保险基金财务报表的重要组成部分，由经办机构根据社会保险基金相关管理和财务制度要求编制，所披露的信息应当包括但不限于：

（一）财务报表列示的重要项目的进一步说明，包括其主要构成、增减变动情况等；

（二）未能在财务报表中列示项目的说明；

（三）债券投资情况的说明；

（四）委托投资情况的说明；

（五）国家政策和会计政策变动对财务报表影响的说明；

（六）其他对财务报表数据有重大影响的事项说明。

财政部关于印发《新旧社会保险基金会计制度有关衔接问题的处理规定》的通知

2017年11月28日　财会〔2017〕29号

人力资源社会保障部、国家卫生计生委，各省、自治区、直辖市、计划单列市财政厅（局），新疆生产建设兵团财务局：

为适应社会保障体系建设需要，进一步规范社会保险基金的会计核算，提高会计信息质量，我部修订印发了《社会保险基金会计制度》（财会〔2017〕28号）。修订后的《社会保险基金会计制度》自2018年1月1日起施行。为确保新旧制度顺利衔接、平稳过渡，促进新制度的有效贯彻实施，我部制定了《新旧社会保险基金会计制度有关衔接问题的处理规定》，现予印发，请遵照执行。

执行中有何问题，请及时反馈我部。

附件：新旧社会保险基金会计制度有关衔接问题的处理规定

附件：

新旧社会保险基金会计制度有关衔接问题的处理规定

财政部对《社会保险基金会计制度》（财会〔1999〕20号）、《新型农村合作医疗基金会计制度》（财会〔2008〕1号）和《新型农村社会养老保险基金会计核算暂行办法》（财会〔2011〕3号）等社会保险基金相关会计制度（以下简称原制度）进行了全面整合和修订，于2017年11月28日发布了新《社会保险基金会计制度》（财会〔2017〕28号）（以下简称新制度），自2018年1月1日起施行。为了确保新旧制度顺利过渡，现对社会保险经办机构（以下简称经办机构）经办社会保险基金执行新制度有关衔接问题规定如下：

一、新旧制度衔接总要求

（一）自2018年1月1日起，经办机构应当严格按照新制度的规定对社会保险基金进行会计核算和编报财务报表。

（二）经办机构应当按照本规定做好新旧制度的衔接。相关工作包括以下几个方面：

1. 根据原账编制2017年12月31日的科目余额表。

2. 按照新制度设立2018年1月1日的新账。

3. 将2017年12月31日原账科目余额按照本规定进行调整，按调整后的科目余额编制科目余额表，作为新账各会计科目的期初余额。上述“原账科目”指原制度规定的会计科目，以及参照财政部印发的相关补充规定增设的会计科目。

新旧会计科目对照情况参见本规定附表。

4. 根据新账各会计科目期初余额，按照新制度编制 2018 年 1 月 1 日期初资产负债表。

（三）及时调整会计信息系统。经办机构应当对原有会计核算软件和会计信息系统及时进行更新和调试，正确实现数据转换，确保新旧账套的有序衔接。

二、将原账科目余额转入新账

（一）基本养老保险基金。

1. 资产类。

（1）“现金”“收入户存款”“支出户存款”“财政专户存款”“国库存款”“暂付款”和“债券投资”科目。

新制度设置了“库存现金”“收入户存款”“支出户存款”“财政专户存款”“国库存款”“暂付款”和“债券投资”科目，其核算内容与原账中上述相应科目的核算内容基本相同。转账时，应将原账中上述科目的余额直接转入新账中相应科目。新账中相应科目设有明细科目的，应将原账中上述科目的余额加以分析，分别转入新账中相应科目的相关明细科目。

（2）“应收委托投资收益”“委托投资”科目。

新制度设置了“委托投资”科目，并在该科目下设置“本金”“投资收益”等明细科目。按照《财政部关于做实企业职工基本养老保险个人账户中央补助资金投资会计核算有关问题的通知》（财会〔2014〕19 号）规定对委托投资进行会计处理的，应将原账中“应收委托投资收益”科目的余额转入新账中“委托投资——投资收益”科目，将原账中“委托投资”科目的余额转入新账中“委托投资——本金”科目。

2. 负债类。

（1）“暂收款”科目。

新制度设置了“暂收款”科目，其核算内容与原账中“暂收款”的核算内容基本相同。转账时，应将原账中“暂收款”科目的余额加以分析，分别转入新账中“暂收款”科目的相关明细科目。

（2）“临时借款”科目。

新制度未设置“临时借款”科目，但设置了“借入款项”科目，其核算内容与原账中“临时借款”科目核算内容基本相同。转账时，应将原账中“临时借款”科目的余额加以分析，分别转入新账中“借入款项”科目的相关明细科目。

3. 净资产类。

“基本养老保险基金”科目。

新制度未设置“基本养老保险基金”科目，但设置了“一般基金结余”科目。转账时，应将原账中“基本养老保险基金”科目的余额直接转入新账中“一般基金结余”科目。

4. 收入支出类。

由于原账中收入支出类科目年末无余额，不需进行转账处理。自 2018 年 1 月 1 日起，应当按照新制度设置收入支出类科目并进行账务处理。

（二）基本医疗保险基金。

1. 资产类。

“现金”“收入户存款”“支出户存款”“财政专户存款”“国库存款”“暂付款”和“债券投资”科目。

新制度设置了“库存现金”“收入户存款”“支出户存款”“财政专户存款”“国库存款”“暂付款”和“债券投资”科目，其核算内容与原账中上述相应科目的核算内容基本相同。转账时，应将原账中上述科目的余额直接转入新账中相应科目。新账中相应科目设有明细科目的，应将原账中上述科目的余额加以分析，分别转入新账中相应科目的相关明细科目。

2. 负债类。

（1）“暂收款”科目。

新制度设置了“暂收款”科目，其核算内容与原账中“暂收款”的核算内容基本相同。转账时，应将原账中“暂收款”科目的余额加以分析，分别转入新账中“暂收款”科目的相关明细科目。

（2）“临时借款”科目。

新制度未设置“临时借款”科目，但设置了“借入款项”科目，其核算内容与原账中“临时借款”科目核算内容基本相同。转账时，应将原账中“临时借款”科目的余额加以分析，分别转入新账中“借入款项”科目的相关明细科目。

3. 净资产类。

“基本医疗保险统筹基金”和“医疗保险个人账户基金”科目。

新制度未设置“基本医疗保险统筹基金”“医疗保险个人账户基金”科目，但设置了“一般基金结余”科目，并在该科目下设置了“统筹基金”“个人账户基金”明细科目。转账时，应将原账中“基本医疗保险统筹基金”科目的余额转入新账中“一般基金结余——统筹基金”科目，将原账中“医疗保险个人账户基金”科目的余额转入新账中“一般基金结余——个人账户基金”科目。

4. 收入支出类。

由于原账中收入支出类科目年末无余额，不需进行转账处理。自 2018 年 1 月 1 日起，应当按照新制度设置收入支出类科目并进行账务处理。

（三）失业保险基金。

1. 资产类。

“现金”“收入户存款”“支出户存款”“财政专户存款”“国库存款”“暂付款”和“债券投资”科目。

新制度设置了“库存现金”“收入户存款”“支出户存款”“财政专户存款”“国库存款”“暂付款”和“债券投资”科目，其核算内容与原账中上述相应科目的核算内容基本相同。转账时，应将原账中上述科目的余额直接转入新账中相应科目。新账中相应科目设有明细科目的，应将原账中上述科目的余额加以分析，分别转入新账中相应科目的相关明细科目。

2. 负债类。

（1）“暂收款”科目。

新制度设置了“暂收款”科目，其核算内容与原账中“暂收款”的核算内容基本相同。转账时，应将原账中“暂收款”科目的余额加以分析，分别转入新账中“暂收款”科目的相关明细科目。

（2）“临时借款”科目。

新制度未设置“临时借款”科目，但设置了“借入款项”科目，其核算内容与原账中“临时借款”科目核算内容基本相同。转账时，应将原账中“临时借款”科目的余额加以分析，分别转入新账中“借入款项”科目的相关明细科目。

3. 净资产类。

“失业保险基金”科目。

新制度未设置“失业保险基金”科目，但设置了“一般基金结余”科目。转账时，应将原账中“失业保险基金”科目余额直接转入新账中“一般基金结余”科目。

4. 收入支出类。

由于原账中收入支出类科目年末无余额，不需进行转账处理。自 2018 年 1 月 1 日起，应当按照新制度设置收入支出类科目并进行账务处理。

（四）新型农村合作医疗基金。

1. 资产类。

（1）“现金”“收入户存款”“支出户存款”“财政专户存款”和“暂付款”科目。

新制度设置了“库存现金”“收入户存款”“支出户存款”“财政专户存款”和“暂付款”科目，其核算内容与原账中上述相应科目的核算内容基本相同。转账时，应将原账中上述科目的余额直接转入新账中相应科目。新账中相应科目设有明细科目的，应将原账中上述科目的余额加以分析，分别转入新账中相应科目的相关明细科目。

（2）“缴存省级风险基金”科目。

新制度未设置“缴存省级风险基金”科目，但设置了“暂付款”科目，并在该科目下设置了“缴存风险基金”明细科目。转账时，应将原账中“缴存省级风险基金”科目余额转入新账中“暂付款——缴存风险基金”科目。

2. 负债类。

“暂收款”科目。

新制度设置了“暂收款”科目，核算内容较原账中的“暂收款”科目发生变化，不再核算经办机构在本年度收到的参合农民缴纳的以后年度个人缴费以及收到的其他属于以后年度的基金收入，相应内容转由新制度的“社会保险费收入”科目核算。转账时，如果原账中“暂收款”科目余额中包括在本年度收到的参合农民缴纳的以后年度个人缴费以及收到的其他属于以后年度的基金收入，则应对该科目余额进行分析：将在本年度收到的参合农民缴纳的以后年度个人缴费以及收到的其他属于以后年度的基金收入余额转入新账中“一般基金结余”科目，将剩余余额转入新账中“暂收款”科目的相关明细科目。

3. 净资产类。

（1）“统筹基金”科目。

新制度未设置“统筹基金”科目，但设置了“一般基金结余”科目和“风险基金结余”科目。转账时，将原账中“统筹基金——一般统筹基金”科目余额转入新账中“一般基金结余”科目，将原账中“统筹基金——风险基金”科目余额转入新账中“风险基金结余”科目。

（2）“家庭账户基金”科目。

新制度未设置“家庭账户基金”科目，但设置了“一般基金结余”科目。转账时，应将原账中“家庭账户基金”余额直接转入新账中“一般基金结余”科目，并可根据需要在新账中“一般基金结余”科目下设置“家庭账户基金”明细科目予以明细登记。

4. 收入支出类。

由于原账中收入支出类科目年末无余额，不需进行转账处理。自2018年1月1日起，应当按照新制度设置收入支出类科目并进行账务处理。

（五）新型农村社会养老保险基金。

1. 资产类。

“库存现金”“收入户存款”“支出户存款”“财政专户存款”“暂付款”和“债券投资”科目。

新制度设置了“库存现金”“收入户存款”“支出户存款”“财政专户存款”“暂付款”和“债券投资”科目，其核算内容与原账中上述相应科目的核算内容基本相同。转账时，应将原账中上述科目的余额直接转入新账中相应科目。新账中相应科目设有明细科目的，应将原账中上述科目的余额加以分析，分别转入新账中相应科目的相关明细科目。

2. 负债类。

“暂收款”科目。

新制度设置了“暂收款”科目，其核算内容与原账中“暂收款”的核算内容基本相同。转账时，应将原账中“暂收款”科目的余额加以分析，分别转入新账中“暂收款”科目的相关明细科目。

3. 净资产类。

“基金结余”科目。

新制度未设置“基金结余”科目，但设置了“一般基金结余”科目。转账时，应将原账中“基金结余”科目的余额直接转入新账中“一般基金结余”科目。

4. 收入支出类。

由于原账中收入支出类科目年末无余额，不需进行转账处理。自2018年1月1日起，应当按照新制度设置收入支出类科目并进行账务处理。

社会保险基金如有其他原账科目余额，应当参照本规定转入新账中相应科目。

三、财务报表新旧衔接

（一）社会保险基金2018年1月1日期初资产负债表的编制。

经办机构应当根据新账各会计科目期初余额，按照新制度编制2018年1月1日期初资产负债表。

（二）社会保险基金2018年度财务报表的编制。

经办机构应当按照新制度规定编制社会保险基金2018年度的月度、年度财务报表。在编制社会保险基金2018年度收支表时，不要求填列上年比较数。

四、其他衔接事项

经办机构经办的其他各类社会保险基金的新旧衔接问题，参照本规定执行。

附：新旧社会保险基金会计制度会计科目对照表

附：

新旧社会保险基金会计制度会计科目对照表

附表1：

新旧社会保险基金会计制度会计科目对照表——基本养老保险基金

新《社会保险基金会计制度》会计科目			原《社会保险基金会计制度》及相关补充规定会计科目	
序号	编号	名称	编号	名称
一、资产类				
1	1001	库存现金	101	现金
2	1002	收入户存款	102	收入户存款
3	1003	财政专户存款	104	财政专户存款
4	1004	支出户存款	103	支出户存款
5	1005	国库存款	105	国库存款
6	1101	暂付款	111	暂付款
7	1201	债券投资	121	债券投资
8	1202	委托投资	115	应收委托投资收益*
			125	委托投资*
二、负债类				
9	2001	暂收款	211	暂收款
10	2101	借入款项	201	临时借款
三、净资产类				
11	3001	一般基金结余	301	基本养老保险基金
12	3101	风险基金结余		
13	3201	储备金结余		

续表

新《社会保险基金会计制度》会计科目			原《社会保险基金会计制度》及相关补充规定会计科目	
序号	编号	名称	编号	名称
四、收入类				
14	4001	社会保险费收入	401	基本养老保险费收入
15	4101	财政补贴收入	403	财政补贴收入
16	4102	集体补助收入		
17	4201	利息收入	402	利息收入
18	4202	委托投资收益	408	委托投资收益*
19	4301	转移收入	404	转移收入
20	4401	上级补助收入	405	上级补助收入
21	4402	下级上解收入	406	下级上解收入
22	4501	其他收入	409	其他收入
23	4601	待转社会保险费收入		
24	4602	待转利息收入		
五、支出类				
25	5001	社会保险待遇支出	501	基本养老金支出
			502	医疗补助金支出
			503	丧葬抚恤补助支出
26	5101	大病保险支出		
27	5102	劳动能力鉴定支出		
28	5103	工伤预防费用支出		
29	5104	稳定岗位补贴支出		
30	5105	技能提升补贴支出		
31	5201	转移支出	511	转移支出
32	5301	上解上级支出	513	上解上级支出
33	5302	补助下级支出	512	补助下级支出
34	5401	其他支出	519	其他支出

注："115 应收委托投资收益*""125 委托投资*"和"408 委托投资收益*"科目为《财政部关于做实企业职工基本养老保险个人账户中央补助资金投资会计核算有关问题的通知》(财会〔2014〕19 号)增设的会计科目。

附表 2:

新旧社会保险基金会计制度会计科目对照表——基本医疗保险基金

新《社会保险基金会计制度》会计科目			原《社会保险基金会计制度》及相关补充规定会计科目	
序号	编号	名称	编号	名称
一、资产类				
1	1001	库存现金	101	现金
2	1002	收入户存款	102	收入户存款
3	1003	财政专户存款	104	财政专户存款
4	1004	支出户存款	103	支出户存款

续表

新《社会保险基金会计制度》会计科目			原《社会保险基金会计制度》及相关补充规定会计科目	
序号	编号	名称	编号	名称
一、资产类				
5	1005	国库存款	105	国库存款
6	1101	暂付款	111	暂付款
7	1201	债券投资	121	债券投资
8	1202	委托投资		
二、负债类				
9	2001	暂收款	211	暂收款
10	2101	借入款项	201	临时借款
三、净资产类				
11	3001	一般基金结余	301	基本医疗保险统筹基金
			302	医疗保险个人账户基金
12	3101	风险基金结余		
13	3201	储备金结余		
四、收入类				
14	4001	社会保险费收入	401	基本医疗保险统筹基金收入
			402	医疗保险个人账户基金收入
15	4101	财政补贴收入	401	基本医疗保险统筹基金收入
16	4102	集体补助收入		
17	4201	利息收入	401	基本医疗保险统筹基金收入
			402	医疗保险个人账户基金收入
18	4202	委托投资收益		
19	4301	转移收入	402	医疗保险个人账户基金收入
20	4401	上级补助收入	401	基本医疗保险统筹基金收入
21	4402	下级上解收入	401	基本医疗保险统筹基金收入
22	4501	其他收入	401	基本医疗保险统筹基金收入
23	4601	待转社会保险费收入	411	待转保险费收入
24	4602	待转利息收入	412	待转利息收入
五、支出类				
25	5001	社会保险待遇支出	501	基本医疗保险统筹基金支出
			502	医疗保险个人账户基金支出
26	5101	大病保险支出	503	购买大病保险支出*
27	5102	劳动能力鉴定支出		
28	5103	工伤预防费用支出		
29	5104	稳定岗位补贴支出		
30	5105	技能提升补贴支出		
31	5201	转移支出	502	医疗保险个人账户基金支出
32	5301	上解上级支出	501	基本医疗保险统筹基金支出
33	5302	补助下级支出	501	基本医疗保险统筹基金支出
34	5401	其他支出	501	基本医疗保险统筹基金支出

注：“503 购买大病保险支出”为《财政部关于印发利用基本医疗保险基金向商业保险机构购买城乡居民大病保险会计核算补充规定的通知》（财会〔2013〕21 号）增设的会计科目。

附表3：

新旧社会保险基金会计制度会计科目对照表——失业保险基金

新《社会保险基金会计制度》会计科目			原《社会保险基金会计制度》及相关补充规定会计科目	
序号	编号	名称	编号	名称
一、资产类				
1	1001	库存现金	101	现金
2	1002	收入户存款	102	收入户存款
3	1003	财政专户存款	104	财政专户存款
4	1004	支出户存款	103	支出户存款
5	1005	国库存款	105	国库存款
6	1101	暂付款	111	暂付款
7	1201	债券投资	121	债券投资
8	1202	委托投资		
二、负债类				
9	2001	暂收款	211	暂收款
10	2101	借入款项	201	临时借款
三、净资产类				
11	3001	一般基金结余	301	失业保险基金
12	3101	风险基金结余		
13	3201	储备金结余		
四、收入类				
14	4001	社会保险费收入	401	失业保险费收入
15	4101	财政补贴收入	403	财政补贴收入
16	4102	集体补助收入		
17	4201	利息收入	402	利息收入
18	4202	委托投资收益		
19	4301	转移收入		
20	4401	上级补助收入	404	上级补助收入
21	4402	下级上解收入	405	下级上解收入
22	4501	其他收入	409	其他收入
23	4601	待转社会保险费收入		
24	4602	待转利息收入		
五、支出类				
25	5001	社会保险待遇支出	501	失业保险金支出
			502	医疗补助金支出
			503	丧葬抚恤补助支出
			504	职业培训和职业介绍补贴支出
			505	基本生活保障补助支出
			509	其他费用支出
26	5101	大病保险支出		

续表

新《社会保险基金会计制度》会计科目			原《社会保险基金会计制度》及相关补充规定会计科目	
序号	编号	名称	编号	名称
五、支出类				
27	5102	劳动能力鉴定支出		
28	5103	工伤预防费用支出		
29	5104	稳定岗位补贴支出		
30	5105	技能提升补贴支出		
31	5201	转移支出		
32	5301	上解上级支出	512	上解上级支出
33	5302	补助下级支出	511	补助下级支出
34	5401	其他支出	519	其他支出

附表4：

新旧社会保险基金会计制度会计科目对照表——新型农村合作医疗基金

新《社会保险基金会计制度》会计科目			原《新型农村合作医疗基金会计制度》会计科目	
序号	编号	名称	编号	名称
一、资产类				
1	1001	库存现金	1001	现金
2	1002	收入户存款	1003	收入户存款
3	1003	财政专户存款	1002	财政专户存款
4	1004	支出户存款	1004	支出户存款
5	1005	国库存款		
6	1101	暂付款	1101	暂付款
			1201	缴存省级风险基金
7	1201	债券投资		
8	1202	委托投资		
二、负债类				
9	2001	暂收款	2001	暂收款
10	2101	借入款项		
三、净资产类				
11	3001	一般基金结余	3001	统筹基金
			3002	家庭账户基金
			2001	暂收款
12	3101	风险基金结余	3001	统筹基金
13	3201	储备金结余		
四、收入类				
14	4001	社会保险费收入	4001	农民个人缴费收入
			4002	农村医疗救助资助收入

续表

新《社会保险基金会计制度》会计科目			原《新型农村合作医疗基金会计制度》会计科目	
序号	编号	名称	编号	名称
四、收入类				
15	4101	财政补贴收入	4004	政府资助收入
16	4102	集体补助收入	4003	集体扶持收入
17	4201	利息收入	4005	利息收入
18	4202	委托投资收益		
19	4301	转移收入		
20	4401	上级补助收入		
21	4402	下级上解收入		
22	4501	其他收入	4006	其他收入
23	4601	待转社会保险费收入		
24	4602	待转利息收入		
五、支出类				
25	5001	社会保险待遇支出	5001	统筹基金支出
			5002	家庭账户基金支出
26	5101	大病保险支出	5003	购买大病保险支出*
27	5102	劳动能力鉴定支出		
28	5103	工伤预防费用支出		
29	5104	稳定岗位补贴支出		
30	5105	技能提升补贴支出		
31	5201	转移支出		
32	5301	上解上级支出		
33	5302	补助下级支出		
34	5401	其他支出		

注：“5003 购买大病保险支出”为《财政部关于印发利用基本医疗保险基金向商业保险机构购买城乡居民大病保险会计核算补充规定的通知》（财会〔2013〕21 号）增设的会计科目。

附表 5：

新旧社会保险基金会计制度会计科目对照表——新型农村社会养老保险基金

新《社会保险基金会计制度》会计科目			原《新型农村社会养老保险基金会计核算暂行办法》会计科目	
序号	编号	名称	编号	名称
一、资产类				
1	1001	库存现金	1001	库存现金
2	1002	收入户存款	1002	收入户存款
3	1003	财政专户存款	1003	财政专户存款
4	1004	支出户存款	1004	支出户存款
5	1005	国库存款		
6	1101	暂付款	1101	暂付款
7	1201	债券投资	1201	债券投资
8	1202	委托投资		

续表

新《社会保险基金会计制度》会计科目			原《新型农村社会养老保险基金会计核算暂行办法》会计科目	
序号	编号	名称	编号	名称
二、负债类				
9	2001	暂收款	2001	暂收款
10	2101	借入款项		
三、净资产类				
11	3001	一般基金结余	3001	基金结余
12	3101	风险基金结余		
13	3201	储备金结余		
四、收入类				
14	4001	社会保险费收入	4001	个人缴费收入
15	4101	财政补贴收入	4003	政府补贴收入
16	4102	集体补助收入	4002	集体补助收入
17	4201	利息收入	4004	利息收入
18	4202	委托投资收益		
19	4301	转移收入	4101	转移收入
20	4401	上级补助收入	4201	上级补助收入
21	4402	下级上解收入	4202	下级上解收入
22	4501	其他收入	4301	其他收入
23	4601	待转社会保险费收入		
24	4602	待转利息收入		
五、支出类				
25	5001	社会保险待遇支出	5001	养老金待遇支出
26	5101	大病保险支出		
27	5102	劳动能力鉴定支出		
28	5103	工伤预防费用支出		
29	5104	稳定岗位补贴支出		
30	5105	技能提升补贴支出		
31	5201	转移支出	5101	转移支出
32	5301	上解上级支出	5202	上解上级支出
33	5302	补助下级支出	5201	补助下级支出
34	5401	其他支出	5301	其他支出

财政部关于修订印发一般企业财务报表格式的通知

2017 年 12 月 25 日　财会〔2017〕30 号

国务院有关部委、有关直属机构，各省、自治区、直辖市、计划单列市财政厅（局），新疆生产建设兵团财务局，财政部驻各省、自治区、直辖市、计划单列市财政监察专员办事处，有关中央管理企业：

为解决执行企业会计准则的企业在财务报告编制中的实际问题，规范企业财务报表列报，提高会计信息质量，针对2017年施行的《企业会计准则第42号——持有待售的非流动资产、处置组和终止经营》（财会〔2017〕13号）和《企业会计准则第16号——政府补助》（财会〔2017〕15号）的相关规定，我部对一般企业财务报表格式进行了修订，现予印发。执行企业会计准则的非金融企业应当按照企业会计准则和本通知要求编制2017年度及以后期间的财务报表；金融企业应当根据金融企业经营活动的性质和要求，比照一般企业财务报表格式进行相应调整。执行中有何问题，请及时反馈我部。

附件：一般企业财务报表格式

附件：

一般企业财务报表格式

资产负债表

会企01表

编制单位：　　　　____年____月____日　　　　单位：元

资产	期末余额	年初余额	负债和所有者权益（或股东权益）	期末余额	年初余额
流动资产：			流动负债：		
货币资金			短期借款		
以公允价值计量且其变动计入当期损益的金融资产			以公允价值计量且其变动计入当期损益的金融负债		
衍生金融资产			衍生金融负债		
应收票据			应付票据		
应收账款			应付账款		
预付款项			预收款项		
应收利息			应付职工薪酬		
应收股利			应交税费		
其他应收款			应付利息		
存货			应付股利		
持有待售资产			其他应付款		
一年内到期的非流动资产			持有待售负债		
其他流动资产			一年内到期的非流动负债		
流动资产合计			其他流动负债		
非流动资产：			流动负债合计		
可供出售金融资产			非流动负债：		
持有至到期投资			长期借款		
长期应收款			应付债券		
长期股权投资			其中：优先股		
投资性房地产			永续债		
固定资产			长期应付款		
在建工程			专项应付款		
工程物资			预计负债		
固定资产清理			递延收益		

续表

资产	期末余额	年初余额	负债和所有者权益（或股东权益）	期末余额	年初余额
生产性生物资产			递延所得税负债		
油气资产			其他非流动负债		
无形资产			非流动负债合计		
开发支出			负债合计		
商誉			所有者权益（或股东权益）：		
长期待摊费用			实收资本（或股本）		
递延所得税资产			其他权益工具		
其他非流动资产			其中：优先股		
非流动资产合计			永续债		
			资本公积		
			减：库存股		
			其他综合收益		
			盈余公积		
			未分配利润		
			所有者权益（或股东权益）合计		
资产总计			负债和所有者权益（或股东权益）总计		

修订新增项目说明：

1. 新增“持有待售资产”行项目，反映资产负债表日划分为持有待售类别的非流动资产及划分为持有待售类别的处置组中的流动资产和非流动资产的期末账面价值。该项目应根据在资产类科目新设置的“持有待售资产”科目的期末余额，减去“持有待售资产减值准备”科目的期末余额后的金额填列。

2. 新增“持有待售负债”行项目，反映资产负债表日处置组中与划分为持有待售类别的资产直接相关的负债的期末账面价值。该项目应根据在负债类科目新设置的“持有待售负债”科目的期末余额填列。

利　润　表

会企02表

编制单位：　　　　____年____月　　　　单位：元

项目	本期金额	上期金额
一、营业收入		
减：营业成本		
税金及附加		
销售费用		
管理费用		
财务费用		
资产减值损失		
加：公允价值变动收益（损失以“－”号填列）		
投资收益（损失以“－”号填列）		
其中：对联营企业和合营企业的投资收益		
资产处置收益（损失以“－”号填列）		
其他收益		

续表

项目	本期金额	上期金额
二、营业利润（亏损以"－"号填列）		
加：营业外收入		
减：营业外支出		
三、利润总额（亏损总额以"－"号填列）		
减：所得税费用		
四、净利润（净亏损以"－"号填列）		
（一）持续经营净利润（净亏损以"－"号填列）		
（二）终止经营净利润（净亏损以"－"号填列）		
五、其他综合收益的税后净额		
（一）以后不能重分类进损益的其他综合收益		
1. 重新计量设定受益计划净负债或净资产的变动		
2. 权益法下在被投资单位不能重分类进损益的其他综合收益中享有的份额		
……		
（二）以后将重分类进损益的其他综合收益		
1. 权益法下在被投资单位以后将重分类进损益的其他综合收益中享有的份额		
2. 可供出售金融资产公允价值变动损益		
3. 持有至到期投资重分类为可供出售金融资产损益		
4. 现金流量套期损益的有效部分		
5. 外币财务报表折算差额		
……		
六、综合收益总额		
七、每股收益：		
（一）基本每股收益		
（二）稀释每股收益		

修订新增项目说明：

1. 新增"资产处置收益"行项目，反映企业出售划分为持有待售的非流动资产（金融工具、长期股权投资和投资性房地产除外）或处置组时确认的处置利得或损失，以及处置未划分为持有待售的固定资产、在建工程、生产性生物资产及无形资产而产生的处置利得或损失。债务重组中因处置非流动资产产生的利得或损失和非货币性资产交换产生的利得或损失也包括在本项目内。该项目应根据在损益类科目新设置的"资产处置损益"科目的发生额分析填列；如为处置损失，以"－"号填列。

2. 新增"其他收益"行项目，反映计入其他收益的政府补助等。该项目应根据在损益类科目新设置的"其他收益"科目的发生额分析填列。

3. "营业外收入"行项目，反映企业发生的营业利润以外的收益，主要包括债务重组利得、与企业日常活动无关的政府补助、盘盈利得、捐赠利得等。该项目应根据"营业外收入"科目的发生额分析填列。

4. "营业外支出"行项目，反映企业发生的营业利润以外的支出，主要包括债务重组损失、公益性捐赠支出、非常损失、盘亏损失、非流动资产毁损报废损失等。该项目应根据"营业外支出"科目的发生额分析填列。

5. 新增"（一）持续经营净利润"和"（二）终止经营净利润"行项目，分别反映净利润中与持续经营相关的净利润和与终止经营相关的净利润；如为净亏损，以"－"号填列。该两个项目应按照《企业会计准则第42号——持有待售的非流动资产、处置组和终止经营》的相关规定分别列报。

现金流量表

会企03表

编制单位：　　　　　　　　　　　　____年____月　　　　　　　　　　　　单位：元

项目	本期金额	上期金额
一、经营活动产生的现金流量：		
销售商品、提供劳务收到的现金		
收到的税费返还		
收到其他与经营活动有关的现金		
经营活动现金流入小计		
购买商品、接受劳务支付的现金		
支付给职工以及为职工支付的现金		
支付的各项税费		
支付其他与经营活动有关的现金		
经营活动现金流出小计		
经营活动产生的现金流量净额		
二、投资活动产生的现金流量：		
收回投资收到的现金		
取得投资收益收到的现金		
处置固定资产、无形资产和其他长期资产收回的现金净额		
处置子公司及其他营业单位收到的现金净额		
收到其他与投资活动有关的现金		
投资活动现金流入小计		
购建固定资产、无形资产和其他长期资产支付的现金		
投资支付的现金		
取得子公司及其他营业单位支付的现金净额		
支付其他与投资活动有关的现金		
投资活动现金流出小计		
投资活动产生的现金流量净额		
三、筹资活动产生的现金流量：		
吸收投资收到的现金		
取得借款收到的现金		
收到其他与筹资活动有关的现金		
筹资活动现金流入小计		
偿还债务支付的现金		
分配股利、利润或偿付利息支付的现金		
支付其他与筹资活动有关的现金		
筹资活动现金流出小计		
筹资活动产生的现金流量净额		
四、汇率变动对现金及现金等价物的影响		
五、现金及现金等价物净增加额		
加：期初现金及现金等价物余额		
六、期末现金及现金等价物余额		

所有者权益变动表

会企 04 表

编制单位：________ ____年度 单位：元

项目	本年金额										上年金额									
	实收资本（或股本）	其他权益工具			资本公积	减：库存股	其他综合收益	盈余公积	未分配利润	所有者权益合计	实收资本（或股本）	其他权益工具			资本公积	减：库存股	其他综合收益	盈余公积	未分配利润	所有者权益合计
		优先股	永续债	其他								优先股	永续债	其他						
一、上年年末余额																				
加：会计政策变更																				
前期差错更正																				
其他																				
二、本年年初余额																				
三、本年增减变动金额（减少以“－”号填列）																				
（一）综合收益总额																				
（二）所有者投入和减少资本																				
1. 所有者投入的普通股																				
2. 其他权益工具持有者投入资本																				
3. 股份支付计入所有者权益的金额																				
4. 其他																				
（三）利润分配																				
1. 提取盈余公积																				
2. 对所有者（或股东）的分配																				
3. 其他																				
（四）所有者权益内部结转																				
1. 资本公积转增资本（或股本）																				
2. 盈余公积转增资本（或股本）																				
3. 盈余公积弥补亏损																				
4. 其他																				
四、本年年末余额																				

省财政厅　省中小企业局关于转发《小企业内部控制规范（试行）》的通知

2017 年 7 月 28 日　鲁财会〔2017〕23 号

各市财政局、中小企业局（办）：

现将财政部《关于印发〈小企业内部控制规范（试行）〉的通知》（财会〔2017〕21 号，以下简称《规范》）转发给你们，并结合我省实际，提出如下意见，请一并贯彻执行。

一、加强组织领导，形成工作合力

深入贯彻实施小企业内部控制规范，有利于小企业进一步完善治理机制，防范和化解各类风险，提升小企业竞争力，有利于促进小企业转变经济发展方式，积极参与市场竞争，维护经济金融稳定和社会公众合法权益。各市要统一思想，充分认识贯彻实施《规范》的重要性和必要性，切实增强工作的紧迫感和责任感。要高度重视、加强领导、精心组织，按照“属地管理、分级负责”原则，积极推动《规范》贯彻实施工作。要加强与相关部门沟通对接，建立健全协调机制，明确责任分工，形成工作合力，确保工作有序推进。

二、做好宣传培训，夯实实施基础

各市要通过媒体报道、召开座谈会、印制宣传册等多种形式，加大对《规范》基本原则、总体要求、重点领域等内容的宣传力度，为全面贯彻实施《规范》体系营造良好氛围。同时，要积极做好培训工作，面向小企业高管、相关职能部门人员，采用“纵横结合”的方式开展不同层次、不同范围的培训，更新管理理念，培育内控文化，掌握内控方法，为全面贯彻实施《规范》奠定良好基础。

三、强化监督管理，确保落实到位

省财政厅、省中小企业局将设立专门邮箱，及时解决《规范》贯彻实施过程中的重点和难点问题；在门户网站开辟专栏，宣传推广各地的好经验、好做法；及时了解《规范》在全省贯彻实施情况，指导全省工作开展。各市财政、中小企业局（办）要通力合作，建立工作协调机制，形成监管合力，加强对本地区贯彻实施《规范》情况的指导和监督，确保《规范》各项规定落实到位。

附件：财政部关于印发《小企业内部控制规范（试行）》的通知（财会〔2017〕21 号）（略）

省财政厅关于印发《山东省国际化注册会计师人才能力提升工程实施意见》的通知

2017 年 4 月 11 日　鲁财办发〔2017〕14 号

各会计师事务所、资产评估机构：

为破解注册会计师行业国际化发展难题，实施山东省会计师事务所“走出去”发展战略，我们制定了

《山东省国际化注册会计师人才能力提升工程实施意见》，现予印发，请认真贯彻落实。

附件：山东省国际化注册会计师人才能力提升工程实施意见

附件：

山东省国际化注册会计师人才能力提升工程实施意见

随着国家“一带一路”战略的深入实施，山东省对外开放层次和水平不断提升，大量山东企业走出国门进行海外投资合作，对国际注册会计师业务的需求量急剧增加。由于我省极度缺乏国际化注册会计师人才，目前尚无会计师事务所（以下简称事务所）能独立承接相关业务，严重制约着事务所国际化发展。为破解行业发展难题，推动山东省事务所尽快走出去，根据山东省财政厅《促进全省会计师事务所和资产评估机构做大做强若干政策措施》（鲁财办发〔2016〕14 号）中有关人才培养的部署要求，制定本实施意见。

一、培养目标

从 2017 年起，计划用三年时间，培养选拔出 150 名外语水平高、业务精湛、视野宽广、能承接国际注册会计师业务的高端人才，打造一支专家型、复合型、国际型的高端人才队伍，为山东注册会计师行业国际化发展提供人才支撑。

二、选拔标准

1. 全省会计师事务所从事审计业务一年以上的业务骨干；
2. 具有大学本科（含）以上学历；
3. 具备大学英语 4 级（含）以上水平；
4. 年龄在 45 周岁以下，身体健康；
5. 具有良好的职业道德记录，没有因违法、违规、违纪受到任何形式的处罚；
6. 具有海外留学经历者优先考虑。

三、培训形式

主要采取脱产培训方式，设立国际化注册会计师人才培训班。培训班委托国家会计学院举办，每年 6 月至 8 月举办 1 期，每期 50 人，学习时间 3 个月。培训以专业知识和案例分析为主，全程英文授课，以提升参训人员的专业英语水平、业务水平和操作能力，确保参训人员真正能做、会做、做好国际业务。

四、选拔程序

（一）申报。每年 4 月，由各事务所根据选拔条件，推荐参训人员，并将相关申报材料和证明材料报省财政厅审核。申报材料主要包括：

1. 山东省国际化注册会计师人才培训申报表；
2. 身份证原件及复印件；
3. 学历、学位证书原件及复印件（具有海外留学经历者需提供国（境）外学历、学位证书原件及复印件）；

4. 大学英语等级证书原件及复印件（具有留学经验者可不出具此材料）；

5. 工作年限、未受任何形式处罚证明（由事务所出具）。

（二）选拔。省财政厅组织专家对申报人员进行选拔，确定参加培训人员名单。

五、培训内容

国际会计准则与美国会计准则综合比较及实战应用、国际审计准则与中国审计准则综合比较及实战应用、国际“四大”会计公司审计业务案例分析、主要国家税收构架与政策、税收常规及程序、国际税收、联邦所得税、跨国交易税收政策与惯例、转让定价、国际管理咨询业务需求及案例分析、企业并购战略与并购整合及相关案例分析、中国企业海外并购常见问题及对策、与境外注册会计师的协作流程、与境外政府及部门的沟通程序、投资集中国法律环境介绍、注册会计师的服务结果与法律责任承担、区块链技术探讨及行业应用示范等。

六、培训经费

培训费用支出按照财政部委托国家会计学院培训高端会计人员收费标准和《山东省省直机关培训收费管理办法》等有关规定执行，主要包括培训费、食宿费、教材费和境外实习费，由省财政承担。

七、培训管理

（一）实施动态跟踪管理。建立参训学员档案，详细记录参训学员在培训期间的各项表现。设立山东省国际化注册会计师人才库，跟踪了解参训学员学习、工作、授课、科研等情况，引导参训学员在培训结束后，继续保持业务优势。

（二）建立考核机制。每期培训班结束后，组织培训教师、有关专家对学员的学习情况、出勤情况、课堂表现、遵守纪律等进行考核评价，并将考核情况通报学员所在事务所，对考核合格者颁发“山东省国际化注册会计师人才证书”。在考核评价的基础上，评选出优秀学员，对其所在会计师事务所年度综合评价分级给予加分。

（三）防止人才流失。参训学员须与其所属事务所签订协议，明确双方权利与义务，防止人才流失。事务所要采取有效措施留住人才，让人才真正能够安心、舒心、放心工作，充分发挥人才作用，推动全行业国际化业务发展。

（四）发挥带动作用。参训学员所在事务所要充分发挥参训学员的引领示范作用，积极组织所内人员回授相关业务，当好“二传手”，通过“传帮带”，带动本事务所乃至全省行业的国际化业务发展。省财政厅将做好培训成果的宣传推广工作，适时召开参训人员工作成果汇报会，并将参训学员工作业绩、授课情况、学术论文、执业心得、获奖情况等汇编成册，向全行业宣传发放，使培训成果在更大范围共享，并根据工作成果表彰优秀个人和所在事务所。

八、其他要求

（一）各事务所要高度重视国际化注册会计师人才的选拔培养，认真做好组织报名工作。在学习期间，事务所要保证参训学员正常的工资福利待遇等，保证参训学员能够按时、按要求参加培训班的各种学习活动。

（二）参训人员要有高度的责任感和使命感，珍惜宝贵的学习机会，妥善处理好学习与工作、生活的关系，集中精力搞好培训，努力提高自身英语水平、业务能力和综合素质，尽快成为合格的国际化业务人才，为全省行业国际化发展贡献力量。

本意见自发布之日起施行，有效期至2020年9月30日。

省财政厅关于印发山东省会计师事务所和资产评估机构综合评价办法的通知

2017 年 8 月 11 日　鲁财办发〔2017〕25 号

各会计师事务所、资产评估机构：

现将《山东省会计师事务所和资产评估机构综合评价办法》印发给你们，请认真贯彻落实。

附件：山东省会计师事务所和资产评估机构综合评价办法

附件：

山东省会计师事务所和资产评估机构综合评价办法

第一条　为综合反映与科学评价我省会计师事务所（含分所，以下简称事务所）和资产评估机构（含分支机构，以下简称评估机构）发展水平，加强对事务所和评估机构监管，引导社会各界科学选聘事务所和评估机构，促进事务所和评估机构做大做强、做精做专，根据《山东省人民政府关于加快服务业发展的若干意见》（鲁政发〔2013〕25 号）、《山东省推进服务业转型升级行动计划（2016～2020 年）》和省财政厅《关于印发〈山东省注册会计师行业与资产评估师行业转型升级实施方案（2016～2020 年）〉的通知》（鲁财办发〔2016〕5 号）、《促进全省会计师事务所和资产评估机构做大做强若干政策措施》（鲁财办发〔2016〕14 号），制定本办法。

第二条　省财政厅负责组织全省事务所和评估机构综合评价工作，代表政府部门向社会公布综合评价的有关信息。

第三条　综合评价范围包括经省财政厅批准设立、在我省工商行政管理部门登记的事务所和评估机构，省内分所或分支机构不单独参加综合评价，由总所统一汇总上报，省外分所或分支机构单独参加综合评价。

第四条　经财政部门批准设立的事务所和评估机构，具有下列情形之一的，不得参加综合评价：

（一）未持续达到规定的设立条件；

（二）未按时填列综合评价信息；

（三）填列综合评价信息严重失实；

（四）因故终止或将进入终止清算程序的；

（五）批准设立未满一年；

（六）财政部门认为不能参加综合评价的其他情形。

第五条　事务所和评估机构综合评价工作每年进行一次，凡参加综合评价的事务所或评估机构，每年 3 月 31 日前，填写《会计师事务所或资产评估机构综合评价表》一式一份，上报省财政厅。

第六条　涉及事务所或评估机构在上报评价资料前已合并、分立的，以合并、分立后的事务所或评估机构参加综合评价。

第七条　综合评价表指标以上年度 12 月 31 日作为基准日。

第八条　综合评价结果将作为事务所和评估机构综合评价排名奖励的重要参考依据。事务所、评估机构应对上报的综合评价信息真实性负责。

第九条 每年 5 月 31 日前，省财政厅依据各事务所、评估机构填报的综合评价信息进行审核评价，必要时将对有关事务所、评估机构填报的信息进行实地核查。如果发现填列信息不实的，责令其限期更正。如发现填列信息严重失实或故意填列不实信息的，取消其当年度综合评价资格。

第十条 事务所或评估机构综合评价指标分为：业务收入指标、注册会计师或资产评估师人数指标、综合评价质量指标、党群工作指标、处罚惩戒指标五大类。综合评价采用百分制形式。

（一）业务收入指标，是指事务所或评估机构每年经过审计的上一年度业务收入，含与事务所或评估机构统一经营的其他执业机构的业务收入。

（二）注册会计师或资产评估师人数指标，是指截至上一年度 12 月 31 日，事务所或评估机构实有合格的注册会计师或资产评估师人数。

（三）综合评价质量指标，是指综合评价表中除了业务收入指标、注册会计师或资产评估师人数指标、党群工作指标、处罚惩戒指标以外的指标。主要包括：内部治理、执业质量、人力资源、人才培养、国际化发展、社会责任、受奖励情况等指标。

（四）党群工作指标，是指事务所或评估机构党员群众工作开展情况。

（五）处罚惩戒指标，是指上个年度内，事务所或评估机构及注册会计师或资产评估师在执业中受到刑事处罚、行政处罚、行业惩戒及信访反映问题查实情况。

第十一条 事务所综合评价得分的计算公式如下：

综合评价得分 = 业务收入指标得分 + 注册会计师或资产评估师人数指标得分 + 综合评价质量指标得分 + 党群工作指标得分 - 事务所或评估机构及注册会计师或资产评估师的处罚惩戒指标应减分值。其中：

（一）业务收入指标得分（满分 50 分）= 事务所或评估机构本身业务收入指标得分 + 与其统一经营的其他执业机构业务收入得分 + 省外业务收入得分 + 高端业务收入得分 + 新兴业务收入得分 + 本身业务收入较上年增长率得分 + 全员人均本身收入得分 + 注册会计师或资产评估师人均本身业务收入得分。

1. 事务所或评估机构本身业务收入指标得分（28 分，是最高分，下同）=（本身业务收入/参与评价的事务所或评估机构本身业务收入最高值）×28

2. 与事务所或评估机构统一经营的其他执业机构业务收入得分（8 分）=（与其统一经营的其他执业机构业务收入/参与评价的事务所或评估机构与其统一经营的其他执业机构收入最高值）×8

3. 省外业务收入得分（3 分）= 省外业务收入占本身业务收入比率 ×3

4. 高端业务收入得分（3 分）= 高端业务收入占本身业务收入比率 ×3

5. 新兴业务收入得分（3 分）= 新兴业务占本身业务收入比率 ×3

6. 本身业务收入较上年增长率得分（2 分，最低分 0 分）=（本身业务收入增长率/全省本身业务收入增长率最高值）×2

7. 全员人均本身业务收入得分（2 分）=（全员人均本身业务收入/全省全员人均本身业务收入最高值）×2

8. 注册会计师或资产评估师人均本身业务收入得分（1 分）=（注册会计师或资产评估师人均本身业务收入/全省注册会计师和资产评估师人均本身业务收入最高值）×1

（二）注册会计师或资产评估师人数指标得分（满分 8 分）= 注册会计师或资产评估师人数得分 + 注册会计师或资产评估师增长率得分

1. 注册会计师或资产评估师人数得分（6 分）=（注册会计师或资产评估师人数/全省参与评价的注册会计师或资产评估师人数最高值）×6

2. 注册会计师或资产评估师增长率得分（2 分，最低分 0 分）=（注册会计师或资产评估师人数较上年增长率/全省注册会计师或资产评估师人数较上年增长率最高值）×2

（三）综合评价质量指标得分（满分 37 分）= 内部管理得分 + 执业质量得分 + 人力资源管理得分 + 人才培养得分 + 国际化发展得分 + 社会责任得分 + 受奖励情况得分

1. 内部管理得分（8 分）= 合伙人或股东出资情况得分 + 发展新合伙人或股东人数得分 + 购买社会保

险情况得分＋风险保障得分

（1）合伙人或股东出资情况得分（2分）：第一大股东（合伙人）持股比例大于总股本1/2的得0分；第一大股东（合伙人）持股比例小于总股本1/2但大于总股本1/3的得1分，第一大股东（合伙人）持股比例小于总股本1/3的得2分。

（2）发展新合伙人或股东人数得分（2分）＝新晋人数×1（最高得分不超过2分）

（3）购买社会保险情况得分（3分）：严格按照国家规定为员工缴纳五险一金的得3分，每少缴纳一项扣1分，扣完为止。

（4）风险保障得分（1分）：按照要求计提风险基金或购买职业责任保险得1分。累计得分不超过1分。

2. 执业质量得分（11.5分）＝质量控制部门设立及相关人员配备得分＋项目质量控制复核得分＋制定职业道德制度得分＋分所质量管理得分

（1）质量控制部门设立及相关人员配备得分（3分）：按照要求设立专门部门的得3分，否则不得分。

（2）项目质量控制复核得分（3分）＝实施项目质量复核的业务数量×0.05（最高得分不超过3分）

（3）制定职业道德规范制度得分（3分）：符合审计、评估和审阅要求的得1分，符合其他鉴证业务要求的得1分，符合相关服务要求的得0.5分，建立统一的项目负责人定期轮换制度并执行的得0.5分。累计得分不超过3分。

（4）分所或分支机构质量管理得分（2.5分）：分所（分支机构，下同）质量控制由总所（评估机构，下同）统一实施的得0.5分，重大业务（如上市公司业务）由总所统一承接的得0.5分，上市公司审计或评估业务由总所实施质量控制复核并出具报告的得0.5分，总所每年对分所进行综合检查（包括人事、财务、业务、质量监控、风险管理、信息技术、技术标准等，下同）得1分，总所每两年对分所进行综合检查的得0.5分，总所每三年及以上对分所进行综合检查的得0分。累计得分不超过2.5分。

3. 人力资源管理得分（8分）＝管理层年龄结构和学历结构得分＋注册会计师或资产评估师年龄结构得分＋员工学历结构得分＋资深会员、高端人才、参政议政得分＋发表文章得分

（1）管理层年龄得分（1分）：事务所或评估机构股东（合伙人）中有65周岁以上的，每人扣0.5分，扣完为止。股东（合伙人）无上述情况的得1分。

（2）管理层学历结构得分（1分）＝（管理层中本科学历及以上人数/事务所或评估机构管理层总人数）×1

（3）注册会计师或资产评估师年龄结构得分（1.5分）＝（60周岁以下注册会计师或资产评估师人数/事务所或评估机构总注册会计师人数或资产评估师人数）×1.5

（4）一般员工学历结构（1分）＝（本科学历及以上人数/事务所或评估机构总人数）×1

（5）资深会员、高端人才、参政议政情况得分（2.5分）：全国会计或评估领军人才、国际化人才每人得1.5分，省级会计或评估领军人才每人得1分；资深注册会计师或资产评估师每人得0.5分；担任全国党代表、人大代表或政协委员每人得1.5分，担任省级党代表、人大代表或政协委员每人得1分，担任市级党代表、人大代表或政协委员每人得0.5分，担任区县级党代表、人大代表或政协委员每人得0.25分。同一注册会计师或资产评估师任多职的，按最高分值计算，不重复计分。每家事务所或评估机构得分不超过2.5分。

（6）发表文章得分（1分）：事务所或评估机构在国家级媒体发表文章，每篇得0.5分，在省级媒体发表文章，每篇得0.3分，在市级媒体发表文章，每篇得0.1分。同一稿件多次发表，按最高分值计算，不重复计分。每家事务所或评估机构累计得分不超过1分。

4. 人才培养得分（3.5分）＝人才培养制度得分＋人才培养资金支出得分＋参加培训情况得分

（1）人才培养制度得分（0.5分）：有科学完善的人才培养制度得0.5分。

（2）人才培养资金支出得分（1.5分）＝人才培养支出占业务总收入比例×1.5

（3）参加培训情况得分（1.5分）＝注册会计师或资产评估师继续教育培训完成率×1.5

5. 国际化发展得分（2分）＝国际业务收入得分＋设立国际业务机构得分、发展国际网络得分或加入

国际网络得分

（1）国际业务收入得分（1分）= 国际业务收入占本身业务收入比率 ×1

（2）设立国际业务机构得分、发展国际网络得分或加入国际网络得分（1分）：每发展一家国际成员所得1分；每发展一家国际网络或加入一家国际网络的事务所、评估机构得0.5分。每家事务所或评估机构累计得分不超过1分。

6. 社会责任得分（2分）= 提供就业服务情况得分 + 参加慈善公益活动得分

（1）提供就业服务情况得分（1分）= 上一年度新招聘大学生人数 ×0.2（最高得分不超过1分）

（2）参加慈善公益活动情况得分（1分）= 参加各类慈善公益活动次数 ×0.5（最高得分不超过1分）

7. 受奖励情况得分（2分）= 事务所或评估机构受奖励情况得分 + 个人受奖励情况得分

（1）事务所或评估机构受奖励情况得分：全国性表彰、全国青年文明号每次1.5分，省部级表彰、省级青年文明号每次得1分，地市级表彰、地市级青年文明号每次得0.5分，中注协、中评协行业表彰及行业团委青年文明号每次得1分，省注协、省评协行业表彰及行业团委青年文明号每次得0.5分。

（2）个人受奖励情况得分：全国性表彰每次得1.5分，省部级表彰每次得1分，地市级表彰每次得0.5分，中注协、中评协行业表彰每次得1分，省注协、省评协行业表彰每次得0.5分。

单位或个人因同一事项受到多次表彰的，按最高分值计算，不重复计分，每家事务所或评估机构累计得分不超过2分。

（四）党群工作指标得分（满分5分）= 成立独立党支部得分（或联合党支部得分）+ 成立团组织得分 + 将有执业资格证的发展成中共党员或将中共党员培养成有执业资格证的得分 + 党组织生活“三会一课”得分 + 组织员工开展各种活动得分

1. 成立独立党支部或联合党支部得分（1分）：按照要求成立独立党支部或联合党支部的得1分，否则不得分。

2. 成立团组织得分（0.5分）：成立团组织得0.5分，否则不得分。

3. 将有执业资格证的发展成中共党员或将中共党员培养成有执业资格证得分（1分）：每发展一名有执业资格证的中共党员得0.5分，每将中共党员培养成一名有执业资格证得0.5分，累计得分不超过1分。

4. 党组织生活“三会一课”得分（1.5分）：每开一次会或上一次党课得0.25分，累计得分不超过1.5分。

5. 组织员工开展各种活动得分（1分）= 活动次数 ×0.3（最高得分不超过1分）

（五）事务所或评估机构和注册会计师或资产评估师的处罚指标应减分值 = $\sum$［刑事处罚、行政处罚、行业惩戒和来信来访情况 × 相关分值］

第十二条 处罚惩戒指标为直接减分项，按照下列不同处罚惩戒减分：

（一）事务所或评估机构受到暂停执业及与其他处罚并处的，一次减8分；单处警告、没收违法所得、罚款及以上三项或者两项处罚并处的，一次减6分；受到通报批评的，一次减4分。在行业惩戒中，受到公开谴责的，一次减2分；受到通报批评的，一次减1分；受到训诫的，一次减0.5分。来信来访反映问题属实的每次减0.5分。

（二）注册会计师或资产评估师受到吊销执业证书、撤销会员资格的，减5分；受到其他行政处罚的应减分值，分别按照事务所或评估机构受到相应行政处罚应减分值的50%计算；因执业行为受到刑事处罚的，一次减8分。在行业惩戒中，受到公开谴责的，一次减2分；受到通报批评的，一次减1分；受到训诫的，一次减0.5分。来信来访反映问题属实的每次减0.5分。

第十三条 本办法由山东省财政厅负责解释。

第十四条 本办法自2017年9月15日起施行，有效期至2022年9月14日。

附件：会计师事务所或资产评估机构综合评分表

附件：

会计师事务所或资产评估机构综合评分表

事务所或资产评估机构名称：

序号	指标项	数据	得分	指标定义及填写要求
	一、业务收入（评分）			
	1. 事务所或评估机构本身业务收入			其中含省外、高端、新兴业务收入
1	（1）鉴证业务（财务报表审计、评估等，单位：万元。）			
2	（2）相关业务（代理记账、税务咨询、管理咨询等，单位：万元。）			
3	（3）本身业务收入较上年增长率（单位;%）			
4	（4）全员人均本身业务收入（单位：万元）			
5	（5）注册会计师或资产评估师人均本身业务收入（单位：万元）			
	2. 与事务所或评估机构统一经营的其他执业机构业务收入			指与事务所或评估机构具有统一经营战略、统一品牌、统一专业资源、统一人员管理的专业服务机构经营取得的业务收入。
6	与事务所或评估机构统一经营的其他执业机构业务收入（工程预决算审核、招标代理等，单位：万元）			
	3. 省外业务收入（单位：万元）			
7	（1）事务所或评估机构（含分所或分支机构）省外业务收入			
8	（2）事务所或评估机构（含分所或分支机构）省外业务收入占本身业务收入比重（单位:%）			
	4. 高端业务收入（单位：万元）			
9	（1）境内上市公司客户（不含港澳台及境外）业务收入			
10	（2）港澳台及境外上市企业客户（包括同时在境内、港澳台及境外上市的客户）业务收入			
11	（3）中央企业客户（不含上市公司）业务收入			
12	（4）省部属企业集团客户（不含上市公司）业务收入			
13	（5）高端业务收入占本身业务收入的比重（单位:%）			（1）~（4）项业务收入合计为高端业务收入
	5. 新兴业务收入（单位：万元）			上年度开发的全省行业近一年开展的业务
14	（1）新兴业务收入			
15	（2）新兴业务收入占本身业务收入的比重（单位:%）			
	二、注册会计师或资产评估师人数（评分）			
16	1. 实有合格人数（单位：人）			截止上一年度12月31日，事务所或评估机构实有合格的注册会计师或资产评估师人数
17	2. 注册会计师或资产评估师人数较上年增长率（单位:%）			
	三、综合评价质量情况（评分）			
	（一）内部治理			
	1. 合伙人（股东）出资情况			总所填列

续表

序号	指标项	数据	得分	指标定义及填写要求
18	（1）最大合伙人（股东）出资比例（单位:%）			
19	（2）主任会计师/首席合伙人的出资比例（单位:%）			评估机构指负责人
	2. 上年度发展新合伙人或股东人数			总所填列
20	（1）新晋升合伙人（股东）人数			只包括自然晋升的合伙人（股东），不包括合并转所等新增加的合伙人（股东）。
	3. 由事务所或评估机构缴纳社会保障的员工比例			
21	（1）医疗保险（单位:%）			
22	（2）养老保险（单位:%）			
23	（3）失业保险（单位:%）			
24	（4）工伤保险（单位:%）			
25	（5）生育保险（单位:%）			
26	（6）住房公积金（单位:%）			
	4. 风险保障			
27	（1）报告期计提职业风险基金比例（单位:%）			
28	（2）购买职业责任保险（是/否）			
	（二）执业质量			
	1. 质量控制部门			按照设立质量控制部门的决议和组织结构情况填列
29	设置专门的质量控制相关机构（如质量控制委员会、风险管理委员会、质量控制负责人、质量控制部、专业技术部等）（是/否）			
	2. 项目质量控制复核			按照项目质量控制复核的业务项目记录填列。
30	实施项目质量控制复核的业务项目数量（单位：个）			
	3. 职业道德规范制度			按照职业道德规范制度的决议和职业道德规范制度填列。
31	（1）审计、评估和审阅要求（是/否）			
32	（2）其他鉴证业务要求（是/否）			
33	（3）相关服务要求（是/否）			
34	（4）建立统一的项目负责人定期轮换制度并执行（是/否）			
	4. 负责职业道德事务人员职责（有/无）			
35	（1）确定员工是否符合独立性要求			
36	（2）就独立性要求涉及的问题提供咨询			
37	（3）就员工违反独立性要求提出措施			
	5. 分所或分支机构质量管理			按照质量控制制度的决议和质量控制制度填列，没有分所的事务所、评估机构或本身是分所的不需填列。
38	（1）分所（或分支机构，下同）质量控制由总所（或评估机构，下同）统一实施（是/否）			

续表

序号	指标项	数据	得分	指标定义及填写要求
39	(2) 重大业务（如上市公司业务）由总所统一承接（是/否）			
40	(3) 上市公司审计或评估业务由总所实施质量控制复核并出具报告（是/否）			
	6. 总所对分所进行综合检查（包括人事、财务、业务、质量控制、风险管理、信息技术、技术标准等）			
41	(1) 总所对分所一年检查一次（是/否）			
42	(2) 总所对分所两年检查一次（是/否）			
43	(3) 总所对分所三年检查一次（是/否）			
	(三) 人力资源管理			
	1. 合伙人管理委员会（董事会成员）或分所（分支机构）管理层的年龄结构			
44	(1) 65 岁以上（单位：人）			
45	(2) 35～65 岁（单位：人）			
46	(3) 34 岁以下（单位：人）			
	2. 合伙人管理委员会（董事会成员）或分所（分支机构）管理层的学历结构			
47	(1) 大专及以下（单位：人）			
48	(2) 本科（单位：人）			
49	(3) 研究生（单位：人）			
50	(4) 博士（单位：人）			
	3. 注册会计师或资产评估师年龄结构			
51	(1) 60 岁以上（单位：人）			
52	(2) 35～60 岁（单位：人）			
53	(3) 34 岁以下（单位：人）			
	4. 一般员工学历结构			
54	(1) 大专及以下（单位：人）			
55	(2) 本科（单位：人）			
56	(3) 研究生（单位：人）			
57	(4) 博士（单位：人）			
	5. 资深会员			
58	资深注册会计师或资产评估师（单位：人）			
	6. 高端人才（单位：人）			
59	(1) 全国会计、评估领军人才			
60	(2) 省级会计、评估领军人才			
61	(3) 国际化人才			获港、澳、台及境外执业资格证及省国际化注册会计师人才证书者
	7. 参政议政（单位：人）			
62	(1) 全国党代表/人大代表			

续表

序号	指标项	数据	得分	指标定义及填写要求
63	（2）全国政协委员			
64	（3）省党代表/人大代表			
65	（4）省政协委员			
66	（5）市党代表/人大代表			
67	（6）市政协委员			
68	（7）区县党代表/人大代表			
69	（8）区县政协委员			
	8. 在重要媒体发表文章（单位：篇）			
70	（1）国家级			
71	（2）省级			
72	（3）市级			
	（四）人才培养			
	1. 人才培养制度（有/无）			
73	设立合理的人才培养制度			
	2. 人才支出金额（单位：万元）			
74	（1）继续教育支出			
75	（2）领军（后备）人才培养支出			
76	（3）港澳台及境外进修支出			
77	（4）其他教育支出			
78	（5）人才培养支出占业务总收入比例（单位:%）			
	3. 参加培训情况			指注册会计师或资产评估师
79	（1）继续教育培训完成率（单位:%）			
80	（2）参加省财政厅注册会计师和资产评估师指导中心的培训（单位：人次）			
81	（3）参加中注协或中评协的培训（单位：人次）			
82	（4）参加省注协或省评协的培训（单位：人次）			
83	（5）参加经认可的事务所或评估机构的内部培训（单位：人次）			
84	（6）参加中注协或中评协组织的港澳台及境外培训（单位：人次）			
85	（7）参加省注协或省评协组织的港澳台及境外培训（单位：人次）			
86	（8）参加事务所或评估机构组织的港澳台及境外培训（单位：人次）			
	（五）国际化发展			
	1. 国际业务收入			
87	（1）在大陆承接的国际业务收入（单位：万元）			
88	（2）在港澳台及境外承接的国际业务收入（单位：万元）			
89	（3）国际业务收入占本身业务收入的比重（单位:%）			
	2. 国际业务机构			
90	在港澳台及境外设立的分支机构（单位：个）			

续表

序号	指标项	数据	得分	指标定义及填写要求
	3. 发展国际网络			
91	（1）发展国际成员所的数量（单位：个）			按照在港澳台及境外发展国际成员所的决议和国际网络组织结构情况填列。
92	（2）发展国际成员所取得的业务收入（单位：万元）			
	4. 加入国际网络			
93	（1）加入国际网络取得的业务收入金额（单位：万元）			
94	（2）加入国际网络名称			按照加入国际网络的决议填列。
	（六）社会责任			
	1. 提供就业服务情况			根据编制的员工花名册和相关劳务合同填列。
95	（1）建立大学生实习基地（是/否）			
96	（2）上一年度新招聘的大学生人数（单位：人）			包含暂未签劳动合同的实习生
	2. 参加慈善公益活动			按照以单位名义参加公益活动的内部通知、活动总结等记录填列。
97	（1）上一年度参加慈善公益活动（单位：次）			
98	（2）对外慈善捐款与捐助（单位：元）			按照收到有关部门的慈善捐款收据和本单位财务部门提供的捐赠支出明细账填列。
	（七）受奖励情况			
	1. 单位受到各部门表彰情况			
99	（1）全国性表彰（单位：次）			受到中央及组成部门、国务院组成部门及直属机构、全国性人民团体表彰。
100	（2）省部级表彰（单位：次）			受到省级党委、政府及组成部门、人民团体表彰。
101	（3）地市级表彰（单位：次）			受到地市级党委、政府及组成部门、人民团体表彰。
102	（4）中注协、中评协行业表彰（单位：次）			受到中注协、中评协表彰。
103	（5）省注协、省评协行业表彰（单位：次）			受到省注协、省评协表彰。
	2. 个人受到各部门表彰情况			
104	（1）全国性表彰（单位：人次）			受到中央及组成部门、国务院组成部门及直属机构、全国性人民团体表彰。
105	（2）省部级表彰（单位：人次）			受到省级党委、政府及组成部门、人民团体表彰。
106	（3）地市级表彰（单位：人次）			受到地市级党委、政府及组成部门、人民团体表彰。
107	（4）中注协、中评协行业表彰（单位：人次）			受到中注协、中评协表彰。
108	（5）省注协、省评协行业表彰（单位：人次）			受到省注协、省评协表彰。

续表

序号	指标项	数据	得分	指标定义及填写要求
	3. 荣获青年文明号情况			按照共青团中央、中国注册会计师行业团委、中国资产评估师行业团委、省区市团委、省级行业团组织、地市级团委授予青年文明号的相关证书或表彰文件填列
109	（1）全国青年文明号（单位：次）			
110	（2）省级青年文明号（单位：次）			
111	（3）地市级青年文明号（单位：次）			
112	（4）行业团委青年文明号（单位：次）			
	四、党群工作情况（评分）			
113	1. 成立独立党支部（是/否）			
114	2. 成立联合党支部（是/否）			
115	3. 成立团组织（是/否）			
116	4. 共产党员人数（单位：人）			
117	5. 发展新党员人数（单位：人）			
118	6. 将持有执业资格证书的发展为共产党员的人数（单位：人）			
119	7. 将共产党员培养成有执业资格证书的人数（单位：人）			
120	8. 党组织生活“三会一课”次数（单位：次）			按照会议记录填列
121	9. 组织员工开展各种活动（单位：次）			按照内部通知、影像资料等填列。
122	10. 员工对内部信息及时了解（是/否）			按照内部资料填列
	五、受处罚惩戒情况（减分）			
	1. 单位因业务质量、职业道德、财务会计问题等受到处罚惩戒情况			按照上年度人民法院、行政部门对外公布的司法审判、行政处罚正式文件填列
123	（1）承担民事责任（单位：次）			
124	（2）受到行政处罚（单位：次）			
	警告			
	罚款			
	没收违法所得			
	责令停产停业			
	暂扣或者吊销执照			
	法律、行政法规规定的其他行政处罚			
125	（3）受到行业惩戒（单位：次）			按照中注协、中评协、省注协、省评协有关文件填列
	训诫			
	通报批评			
	遣责			
126	（4）来信来访情况（单位：次）			按照财政厅接收的来信来访情况填列

续表

序号	指标项	数据	得分	指标定义及填写要求
	2. 注册会计师或资产评估师因业务质量、职业道德等受到处罚惩罚情况			按照上年度人民法院、行政部门对外公布的司法审判、行政处罚正式文件填列
127	（1）承担刑事责任（单位：人次）			
128	（2）承担民事责任（单位：人次）			
129	（3）受到行业惩戒（单位：人次）			按照中注协、中评协、省注协、省评协有关文件填列
	训诫			
	通报批评			
	谴责			
130	（4）来信来访情况（单位：人次）			按照财政厅接收的来信来访情况填列

联系人信息：

职位	姓名	办公室号码及传真	手机	邮箱
首席合伙人				
主任会计师（单位负责人）				
综合评价负责人				
综合评价填表人				
单位所在地				
邮政编码				

十四、

行政事业资产管理类

资产评估行业财政监督管理办法

2017 年 4 月 21 日　财政部令第 86 号

第一章　总　　则

第一条　为了加强资产评估行业财政监督管理，促进资产评估行业健康发展，根据《中华人民共和国资产评估法》（以下简称资产评估法）等法律、行政法规和国务院的有关规定，制定本办法。

第二条　资产评估机构及其资产评估专业人员根据委托对单项资产、资产组合、企业价值、金融权益、资产损失或者其他经济权益进行评定、估算，并出具资产评估报告的专业服务行为和财政部门对资产评估行业实施监督管理，适用本办法。

资产评估机构及其资产评估专业人员从事前款规定业务，涉及法律、行政法规和国务院规定由其他评估行政管理部门管理的，按照其他有关规定执行。

第三条　涉及国有资产或者公共利益等事项，属于本办法第二条规定范围有法律、行政法规规定需要评估的法定资产评估业务（以下简称“法定资产评估业务”），委托人应当按照资产评估法和有关法律、行政法规的规定，委托资产评估机构进行评估。

第四条　财政部门对资产评估行业的监督管理，实行行政监管、行业自律与机构自主管理相结合的原则。

第五条　财政部负责统筹财政部门对全国资产评估行业的监督管理，制定有关监督管理办法和资产评估基本准则，指导和督促地方财政部门实施监督管理。

财政部门对资产评估机构从事证券期货相关资产评估业务实施的监督管理，由财政部负责。

第六条　各省、自治区、直辖市、计划单列市财政厅（局）（以下简称省级财政部门）负责对本行政区域内资产评估行业实施监督管理。

第七条　中国资产评估协会依照法律、行政法规、本办法和其协会章程的规定，负责全国资产评估行业的自律管理。

地方资产评估协会依照法律、法规、本办法和其协会章程的规定，负责本地区资产评估行业的自律管理。

第八条　资产评估机构从事资产评估业务，除本办法第十六条规定外，依法不受行政区域、行业限制，任何组织或者个人不得非法干预。

第二章　资产评估专业人员

第九条　资产评估专业人员包括资产评估师（含珠宝评估专业，下同）和具有资产评估专业知识及实践经验的其他资产评估从业人员。

资产评估师是指通过中国资产评估协会组织实施的资产评估师资格全国统一考试的资产评估专业人员。

其他资产评估从业人员从事本办法第二条规定的资产评估业务，应当接受财政部门的监管。除从事法定资产评估业务外，其所需的资产评估专业知识及实践经验，由资产评估机构自主评价认定。

由其他评估行政管理部门管理的其他专业领域评估师从事本办法第二条规定的资产评估业务，按照本条第三款规定执行。

第十条 资产评估专业人员从事资产评估业务，应当加入资产评估机构，并且只能在一个资产评估机构从事业务。

资产评估专业人员应当与资产评估机构签订劳动合同，建立社会保险缴纳关系，按照国家有关规定办理人事档案存放手续。

第十一条 资产评估专业人员从事资产评估业务，应当遵守法律、行政法规和本办法的规定，执行资产评估准则及资产评估机构的各项规章制度，依法签署资产评估报告，不得签署本人未承办业务的资产评估报告或者有重大遗漏的资产评估报告。

未取得资产评估师资格的人员，不得签署法定资产评估业务资产评估报告，其签署的法定资产评估业务资产评估报告无效。

第十二条 资产评估专业人员应当接受资产评估协会的自律管理和所在资产评估机构的自主管理，不得从事损害资产评估机构合法利益的活动。

加入资产评估协会的资产评估专业人员，平等享有章程规定的权利，履行章程规定的义务。

第三章 资产评估机构

第一节 机构自主管理

第十三条 资产评估机构应当依法采用合伙或者公司形式，并符合资产评估法第十五条规定的条件。

不符合资产评估法第十五条规定条件的资产评估机构不得承接资产评估业务。

第十四条 资产评估机构从事资产评估业务，应当遵守资产评估准则，履行资产评估程序，加强内部审核，严格控制执业风险。

资产评估机构开展法定资产评估业务，应当指定至少两名资产评估师承办。不具备两名以上资产评估师条件的资产评估机构，不得开展法定资产评估业务。

第十五条 法定资产评估业务资产评估报告应当由两名以上承办业务的资产评估师签署，并履行内部程序后加盖资产评估机构印章，资产评估机构及签字资产评估师依法承担责任。

第十六条 资产评估机构应当遵守独立性原则和资产评估准则规定的资产评估业务回避要求，不得受理与其合伙人或者股东存在利害关系的业务。

第十七条 资产评估机构应当建立健全质量控制制度和内部管理制度。其中，内部管理制度包括资产评估业务管理制度、业务档案管理制度、人事管理制度、继续教育制度、财务管理制度等。

第十八条 资产评估机构应当指定一名取得资产评估师资格的本机构合伙人或者股东专门负责执业质量控制。

第十九条 资产评估机构根据业务需要建立职业风险基金管理制度，或者自愿购买职业责任保险，完善职业风险防范机制。

资产评估机构建立职业风险基金管理制度的，按照财政部的具体规定提取、管理和使用职业风险基金。

第二十条 实行集团化发展的资产评估机构，应当在质量控制、内部管理、客户服务、企业形象、信息化等方面，对设立的分支机构实行统一管理，或者对集团成员实行统一政策。

分支机构应当在资产评估机构授权范围内，依法从事资产评估业务，并以资产评估机构的名义出具资产评估报告。

第二十一条 资产评估机构和分支机构加入资产评估协会，平等享有章程规定的权利，履行章程规定的义务。

第二十二条 资产评估机构和分支机构应当在每年3月31日之前，分别向所加入的资产评估协会报送下列材料：

（一）资产评估机构或分支机构基本情况；

（二）上年度资产评估项目重要信息；

（三）资产评估机构建立职业风险基金或者购买职业责任保险情况。购买职业责任保险的，应当提供职业责任保险保单复印件。

第二节 机构备案管理

第二十三条 省级财政部门负责本地区资产评估机构和分支机构的备案管理。

第二十四条 资产评估机构应当自领取营业执照之日起30日内，通过备案信息管理系统向所在地省级财政部门备案，同时提交下列纸质材料：

（一）资产评估机构备案表；

（二）营业执照复印件；

（三）经工商行政管理机关登记的合伙协议或公司章程；

（四）资产评估机构合伙人或者股东以及执行合伙事务的合伙人或者法定代表人三年以上从业经历、最近三年接受处罚信息等基本情况；

（五）在该机构从业的资产评估师、其他专业领域的评估师和其他资产评估从业人员情况；

（六）资产评估机构质量控制制度和内部管理制度。

第二十五条 资产评估机构的备案信息不齐全或者备案材料不符合要求的，省级财政部门应当在接到备案材料5个工作日内一次性告知需要补正的全部内容，并给予指导。资产评估机构应当根据要求，在15个工作日内补正。逾期不补正的，视同未备案。

第二十六条 备案材料完备且符合要求的，省级财政部门收齐备案材料即完成备案，并在20个工作日内将下列信息以公函编号向社会公开：

（一）资产评估机构名称及组织形式；

（二）资产评估机构的合伙人或者股东的基本情况；

（三）资产评估机构执行合伙事务的合伙人或者法定代表人；

（四）申报的资产评估专业人员基本情况。

对于资产评估机构申报的资产评估师信息，省级财政部门应当在公开前向有关资产评估协会核实。

第二十七条 资产评估机构设立分支机构的，应当比照本办法第二十四条至第二十六条的规定，由资产评估机构向其分支机构所在地省级财政部门备案，同时提交下列纸质材料：

（一）资产评估机构设立分支机构备案表；

（二）分支机构营业执照复印件；

（三）资产评估机构授权分支机构的业务范围；

（四）分支机构负责人三年以上从业经历、最近三年接受处罚信息等基本情况；

（五）在该分支机构从业的资产评估师、其他专业领域评估师和其他资产评估从业人员情况。

完成分支机构备案的省级财政部门应当将分支机构备案情况向社会公开，同时告知资产评估机构所在地省级财政部门。

第二十八条 资产评估机构的名称、执行合伙事务的合伙人或者法定代表人、合伙人或者股东、分支机构的名称或者负责人发生变更，以及发生机构分立、合并、转制、撤销等重大事项，应当自变更之日起15个工作日内，比照本办法第二十四条至第二十六条的规定，向有关省级财政部门办理变更手续。需要变更工商登记的，自工商变更登记完成之日起15个工作日内向有关省级财政部门办理变更手续。

第二十九条 资产评估机构办理合并或者分立变更手续的，应当提供合并或者分立协议。合并或者分立协议应当包括以下事项：

（一）合并或者分立前资产评估机构评估业务档案保管方案；

（二）合并或者分立前资产评估机构职业风险基金或者执业责任保险的处理方案；

（三）合并或者分立前资产评估机构资产评估业务、执业责任的承继关系。

第三十条 合伙制资产评估机构转为公司制资产评估机构，或者公司制资产评估机构转为合伙制资产评估机构，办理变更手续应当提供合伙人会议或股东（大）会审议通过的转制决议。

转制决议应当载明转制后机构与转制前机构的债权债务、档案保管、资产评估业务、执业责任等承继关系。

第三十一条 资产评估机构跨省级行政区划迁移经营场所，应当书面告知迁出地省级财政部门。

资产评估机构在办理完迁入地工商登记手续后15个工作日内，比照本办法第二十四条至第二十六条的规定，向迁入地省级财政部门办理迁入备案手续。

迁入地省级财政部门办理迁入备案手续后通知迁出地的省级财政部门，迁出地的省级财政部门应同时予以公告。

第三十二条 已完成备案的资产评估机构或者分支机构有下列行为之一的，省级财政部门予以注销备案，并向社会公开：

（一）注销工商登记的；

（二）被工商行政管理机关吊销营业执照的；

（三）主动要求注销备案的。

第三十三条 注销备案的资产评估机构及其分支机构的资产评估业务档案，应当按照《中华人民共和国档案法》和资产评估档案管理的有关规定予以妥善保存。

第三十四条 财政部建立统一的备案信息管理系统。备案信息管理系统实行全国联网，并与其他相关行政管理部门实行信息共享。

第三十五条 资产评估机构未按本办法规定备案的，依法承担法律责任。

第四章 资产评估协会

第三十六条 资产评估协会是资产评估机构和资产评估专业人员的自律性组织，接受有关财政部门的监督，不得损害国家利益和社会公共利益，不得损害会员的合法权益。

第三十七条 资产评估协会通过制定章程规范协会内部管理和活动。协会章程应当由会员代表大会制定，经登记管理机关核准后，报有关财政部门备案。

第三十八条 资产评估协会应当依法履行职责，向有关财政部门提供资产评估师信息，及时向有关财政部门报告会员信用档案、会员自律检查情况及奖惩情况。

第三十九条 资产评估协会对资产评估机构及其资产评估专业人员进行自律检查。资产评估机构及其资产评估专业人员应当配合资产评估协会组织实施的自律检查。

资产评估协会应当重点检查资产评估机构及其资产评估专业人员的执业质量和职业风险防范机制。

第四十条 资产评估协会应当结合自律检查工作，对资产评估机构及其分支机构按照本办法第二十二条规定报送的材料进行分析，发现不符合法律、行政法规和本办法规定的情况，及时向有关财政部门报告。

第四十一条 资产评估协会应当与其他评估专业领域行业协会加强沟通协作，建立会员、执业、惩戒等相关信息的共享机制。

中国资产评估协会应当会同其他评估专业领域行业协会根据需要制定共同的行为规范，促进评估行业健康有序发展。

第五章 监督检查

第四十二条 财政部统一部署对资产评估行业的监督检查，主要负责以下工作：

（一）制定资产评估专业人员、资产评估机构、资产评估协会和相关资产评估业务监督检查的具体办法；

（二）组织开展资产评估执业质量专项检查；

（三）监督检查资产评估机构从事证券期货相关资产评估业务情况；

（四）检查中国资产评估协会履行资产评估法第三十六条规定的职责情况，并根据工作需要，对地方资产评估协会履行职责情况进行抽查；

（五）指导和督促地方财政部门对资产评估行业的监督检查，并对其检查情况予以抽查。

对本条第一款第三项进行监督检查，必要时，财政部可以会同其他有关部门进行。

第四十三条 省级财政部门开展监督检查，包括年度检查和必要的专项检查，对本行政区域内资产评估机构包括分支机构下列内容进行重点检查，并将检查结果予以公开，同时向财政部报告：

（一）资产评估机构持续符合资产评估法第十五条规定条件的情况；

（二）办理备案情况；

（三）资产评估执业质量情况。

对本条第一款第一项进行检查，必要时，有关财政部门可以会同其他相关评估行政管理部门进行。

第四十四条 省级财政部门对地方资产评估协会实施监督检查，并将检查情况向财政部汇报，重点检查资产评估协会履行以下职责情况：

（一）地方资产评估协会章程的制定、修改情况；

（二）指导会员落实准则情况；

（三）检查会员执业质量情况；

（四）开展会员继续教育、信用档案、风险防范等情况；

（五）机构会员年度信息管理情况。

第四十五条 财政部门开展资产评估行业监督检查，应当由本部门两名以上执法人员组成检查组。具体按照财政检查工作的有关规定执行。

第四十六条 检查时，财政部门认定虚假资产评估报告和重大遗漏资产评估报告，应当以资产评估准则为依据，组织相关专家进行专业技术论证，也可以委托资产评估协会组织专家提供专业技术支持。

第四十七条 检查过程中，财政部和省级财政部门发现资产评估专业人员、资产评估机构和资产评估协会存在违法情形的，应当依照资产评估法等法律、行政法规和本办法的规定处理、处罚。涉嫌犯罪的，移送司法机关处理。

当事人对行政处理、行政处罚决定不服的，可以依法申请行政复议或者提起行政诉讼。

第六章 调查处理

第四十八条 资产评估委托人或资产评估报告使用人对资产评估机构或资产评估专业人员的下列行为，可以向对该资产评估机构备案的省级财政部门进行投诉、举报，其他公民、法人或其他组织可以向对该资产评估机构备案的省级财政部门举报：

（一）违法开展法定资产评估业务的；

（二）资产评估专业人员违反资产评估法第十四条规定的；

（三）资产评估机构未按照本办法规定备案或备案后未持续符合资产评估法第十五条规定条件的；

（四）资产评估机构违反资产评估法第二十条规定的；

（五）资产评估机构违反本办法第十六条规定的；

（六）资产评估机构违反本办法第二十条第二款规定的。

资产评估委托人或资产评估报告使用人投诉、举报资产评估机构出具虚假资产评估报告或者重大遗漏的资产评估报告的，可以先与资产评估机构进行沟通。

第四十九条 在法定资产评估业务中，委托人或被评估单位有资产评估法第五十二条规定行为的，资产评估的相关当事人可以向委托人或被评估单位所在地省级财政部门进行投诉、举报，其他公民、法人或其他组织可以向委托人或被评估单位所在地省级财政部门举报。

由于委托人或被评估单位的行政管理层级不匹配或存在其他原因超出省级财政部门处理权限的，省级财政部门可以申请由财政部受理。

向财政部门投诉、举报事项涉及资产评估机构从事证券期货相关资产评估业务的，由财政部受理。

第五十条 投诉、举报应当通过书面形式实名进行，并如实反映情况，提供相关证明材料。

第五十一条 财政部门接到投诉、举报的事项，应当在15个工作日内作出是否受理的书面决定。投诉、举报事项属于财政部门职责的，财政部门应当予以受理。不予受理的，应当说明理由，及时告知实名投诉人、举报人。

第五十二条 投诉、举报事项属于下列情形的，财政部门不予受理：

（一）投诉、举报事项不属于财政部门职责的；

（二）已由公安机关、检察机关立案调查或者进入司法程序的；

（三）属于资产评估协会自律管理的。

投诉人、举报人就同一事项向财政部门和资产评估协会投诉、举报的，财政部门按照本办法第五十一条和本条第一款的规定处理。

第五十三条 财政部门受理投诉、举报，应当采用书面审查的方式及时进行处理，必要时可以成立由本部门两名以上执法人员和聘用的专家组成的调查组，进行调查取证。有关当事人应当如实反映情况，提供相关材料。

调查组成员与当事人有直接利害关系的，应当回避；对调查工作中知悉的国家秘密和商业秘密，应当保密。

受理的投诉、举报事项同时涉及其他行政管理部门职责的，应当会同其他行政管理部门进行处理。

第五十四条 对投诉、举报的调查，调查组有权进入被投诉举报单位现场调查，查阅、复印有关凭证、文件等资料，询问被投诉举报单位有关人员，必要时按照资产评估业务延伸调查，并将调查内容与事项予以记录和摘录，编制调查工作底稿。

调查组在调查中取得的证据、材料以及工作底稿，应当有提供者或者被调查人的签名或者盖章。未取得提供者或者被调查人签名或者盖章的材料，调查组应当注明原因。

第五十五条 在有关证据可能灭失或者以后难以取得的情况下，经财政部门负责人批准，调查组可以先行登记保存，并应当在7个工作日内及时作出处理决定。被调查人或者有关人员不得销毁或者转移证据。

第五十六条 针对资产评估协会的投诉、举报，财政部和省级财政部门应当及时调查处理。

第五十七条 调查时，财政部门认定虚假资产评估报告和重大遗漏资产评估报告，按照本办法第四十六条规定执行。

第五十八条 经调查发现资产评估专业人员、资产评估机构和资产评估协会存在违法情形的，财政部和省级财政部门按照本办法第四十七条规定予以处理。

第五十九条 财政部门根据调查处理具体情况，应当采取书面形式答复实名投诉人、举报人。

第六十条 对其他有关部门移送的资产评估违法线索或案件，或者资产评估协会按照本办法第四十条规定报告的情况，有关财政部门应当比照本办法第五十二条至第五十八条的规定依法调查处理，并将处理结果告知移送部门或者资产评估协会。

第七章 法律责任

第六十一条 资产评估专业人员有下列行为之一的，由有关省级财政部门予以警告，可以责令停止从业六个月以上一年以下；有违法所得的，没收违法所得；情节严重的，责令停止从业一年以上五年以下；构成犯罪的，移送司法机关处理：

（一）违反本办法第十条第一款的规定，同时在两个以上资产评估机构从事业务的；

（二）违反本办法第十一条第一款的规定，签署本人未承办业务的资产评估报告或者有重大遗漏的资产评估报告的。

资产评估专业人员违反本办法第十二条第一款、第三十九条第一款规定，不接受行业自律管理的，由资产评估协会予以惩戒，记入信用档案；情节严重的，由资产评估协会按照规定取消会员资格，并予以公告。

第六十二条 有下列行为之一的，由对其备案的省级财政部门对资产评估机构予以警告，可以责令停业一个月以上六个月以下；有违法所得的，没收违法所得，并处违法所得一倍以上五倍以下罚款；情节严重的，通知工商行政管理部门依法处理；构成犯罪的，移送司法机关处理：

（一）违反本办法第十一条第二款规定，未取得资产评估师资格的人员签署法定资产评估业务资产评估报告的；

（二）违反本办法第十五条规定，承办并出具法定资产评估业务资产评估报告的资产评估师人数不符合法律规定的；

（三）违反本办法第十六条规定，受理与其合伙人或者股东存在利害关系业务的。

第六十三条 资产评估机构违反本办法第十七条、第十八条、第十九条、第二十条第一款、第二十八条、第三十一条第一款和第二款规定的，由资产评估机构所在地省级财政部门责令改正，并予以警告。

第六十四条 资产评估机构违反本办法第二十条第二款规定造成不良后果的，由其分支机构所在地的省级财政部门责令改正，对资产评估机构及其法定代表人或执行合伙事务的合伙人分别予以警告；没有违法所得的，可以并处资产评估机构一万元以下罚款；有违法所得的，可以并处资产评估机构违法所得一倍以上三倍以下、最高不超过三万元的罚款；同时通知资产评估机构所在地省级财政部门。

第六十五条 资产评估机构未按照本办法第二十四条规定备案或者备案后不符合资产评估法第十五条规定条件的，由资产评估机构所在地省级财政部门责令改正；拒不改正的，责令停业，可以并处一万元以上五万元以下罚款，并通报工商行政管理部门。

资产评估机构未按照本办法第二十七条第一款规定办理分支机构备案的，由其分支机构所在地的省级财政部门责令改正，并对资产评估机构及其法定代表人或者执行合伙事务的合伙人分别予以警告，同时通知资产评估机构所在地的省级财政部门。

第六十六条 资产评估协会有下列行为之一的，由有关财政部门予以警告，责令改正；拒不改正的，可以通报登记管理机关依法处理：

（一）章程不符合资产评估法和本办法规定的；

（二）资产评估协会未依照资产评估法、本办法和其章程的规定履行职责的。

第六十七条 有关财政部门对资产评估机构、资产评估专业人员和资产评估协会的财政处理、处罚情况，应当在15个工作日内向社会公开。

第六十八条 财政部门工作人员在资产评估行业监督管理工作中滥用职权、玩忽职守、徇私舞弊的，按照《中华人民共和国公务员法》、《中华人民共和国行政监察法》等国家有关规定追究相应责任；涉嫌犯罪的，移送司法机关处理。

第八章　附　　则

第六十九条 本办法所称资产评估行业、资产评估专业人员、资产评估机构和资产评估协会是指根据资产评估法和国务院规定，按照职责分工由财政部门监管的资产评估行业、资产评估专业人员、资产评估机构和资产评估协会。

第七十条 外商投资者在中华人民共和国境内设立、参股、入伙资产评估机构或者开展法定资产评估业务，应当依法履行国家安全审查程序。

第七十一条 省级财政部门可结合实际制定具体的实施办法。设区的市级财政部门可以对本行政区域内资产评估行业实施监督管理，具体由省级财政部门根据当地资产评估行业发展状况和设区的市级财政部门具备的监管条件确定。

第七十二条 本办法自2017年6月1日起施行。财政部2011年8月11日发布的《资产评估机构审批和监督管理办法》（财政部令第64号）同时废止。

财政部关于印发《行政事业单位国有资产年度报告管理办法》的通知

2017年1月12日 财资〔2017〕3号

党中央有关部门，国务院各部委、各直属机构，全国人大常委会办公厅，全国政协办公厅，高法院，高检院，各民主党派中央，有关人民团体，有关中央管理企业，各省、自治区、直辖市、计划单列市财政厅（局），新疆生产建设兵团财务局：

为了规范行政事业单位资产报告工作，加强行政事业单位国有资产监督管理，促进资产管理与预算管理相结合，提高国有资产使用效益，我们制定了《行政事业单位国有资产年度报告管理办法》。现印发给你们，请遵照执行。执行中有何问题，请及时向我部反映。

附件：行政事业单位国有资产年度报告管理办法（略）

财政部关于印发《关于从事生产经营活动事业单位改革中国有资产管理的若干规定》的通知

2017年4月1日 财资〔2017〕13号

党中央有关部门，国务院各部委、各直属机构，全国人大常委会办公厅，全国政协办公厅，高法院，高检院，各民主党派中央，有关人民团体，有关中央管理企业，各省、自治区、直辖市、计划单列市财政厅（局），新疆生产建设兵团财务局：

根据《中共中央 国务院关于分类推进事业单位改革的指导意见》、《国务院办公厅关于印发分类推进事业单位改革配套文件的通知》（国办发〔2011〕37号）、《中共中央办公厅 国务院办公厅关于印发〈关于从事生产经营活动事业单位改革的指导意见〉的通知》精神，经研究，我们制定了《关于从事生产经营活动事业单位改革中国有资产管理的若干规定》，现予以印发，请遵照执行。

附件：关于从事生产经营活动事业单位改革中国有资产管理的若干规定（略）

财政部关于印发《国有企业境外投资财务管理办法》的通知

2017年6月12日 财资〔2017〕24号

党中央有关部门，国务院各部委、各直属机构，各省、自治区、直辖市、计划单列市财政厅（局），新疆生产建设兵团财务局，各中央管理企业：

为加强国有企业境外投资财务管理，防范境外投资财务风险，提高投资效益，提升国有资本服务于“一带一路”、“走出去”等国家战略的能力，财政部制定了《国有企业境外投资财务管理办法》。现予印发，请遵照执行。

附件：国有企业境外投资财务管理办法

附件：

国有企业境外投资财务管理办法

第一章　总　　则

第一条　为加强国有企业境外投资财务管理，防范境外投资财务风险，提高投资效益，根据《中华人民共和国公司法》、《企业财务通则》等有关规定，制定本办法。

第二条　本办法所称国有企业，是指国务院和地方人民政府分别代表国家履行出资人职责的国有独资企业、国有独资公司以及国有资本控股公司，包括中央和地方国有资产监督管理机构和其他部门所监管的企业本级及其逐级投资形成的企业。

国有企业合营的企业以及国有资本参股公司可以参照执行本办法。

第三条　本办法所称境外投资，是指国有企业在香港、澳门特别行政区和台湾地区，以及中华人民共和国以外通过新设、并购、合营、参股及其他方式，取得企业法人和非法人项目［以下统称境外投资企业（项目）］所有权、控制权、经营管理权及其他权益的行为。

未从事具体生产经营、投资、管理活动的境外投资企业（项目），不执行本办法。

第四条　国有企业境外投资财务管理应当贯穿境外投资决策、运营、绩效评价等全过程。

国有企业应当建立责权利相统一、激励和约束相结合的境外投资管理机制，健全境外投资财务管理制度，提升境外投资财务管理水平，提高境外投资决策、组织、控制、分析、监督的有效性。

第五条　国有企业境外投资经营应当遵守境内法律、行政法规和所在国（地区）法律法规，并符合国有企业发展战略和规划。

第二章　境外投资财务管理职责

第六条　国有企业股东（大）会、党委（党组）、董事会、总经理办公会或者其他形式的内部机构（以下统称内部决策机构）按照有关法律法规和企业章程规定，对本企业境外投资企业（项目）履行相应管理职责。内部决策机构应当重点关注以下财务问题：

（一）境外投资计划的财务可行性；

（二）增加、减少、清算境外投资等重大方案涉及的财务收益和风险等问题；

（三）境外投资企业（项目）首席财务官或财务总监（以下统称财务负责人）人选的胜任能力、职业操守和任职时间；

（四）境外投资企业（项目）绩效；

（五）境外投资企业（项目）税务合规及税收风险管理；

（六）其他重大财务问题。

第七条　国有企业应当在董事长、总经理、副总经理、总会计师（财务总监、首席财务官）等企业领导班子成员中确定一名主管境外投资财务工作的负责人。

第八条 国有企业集团公司对境外投资履行以下财务管理职责：

（一）根据国家统一制定的财务制度和国际通行规则制定符合本集团实际的境外投资财务制度，督促所属企业加强境外投资财务管理；

（二）建立健全集团境外投资内部审计监督制度；

（三）汇总形成集团年度境外投资财务情况；

（四）组织所属企业开展境外投资绩效评价工作，汇总形成集团境外投资年度绩效评价报告；

（五）对所属企业财务管理过程中违规决策、失职、渎职等导致境外投资损失的，依法追究相关责任人员的责任。

各级人民政府有关部门和事业单位所监管企业，由该部门和事业单位履行上述职责。

第九条 各级人民政府财政部门（以下统称主管财政机关）对国有企业境外投资履行以下财务管理职责：

（一）国务院财政部门负责制定境外投资财务管理制度和内部控制制度，主管财政机关负责组织实施；

（二）汇总国有企业境外投资年度财务情况，分析监测境外投资财务运行状况；

（三）本级人民政府授予的其他财务管理职责。

第三章 境外投资决策财务管理

第十条 国有企业应当按照《中共中央办公厅 国务院办公厅印发〈关于进一步推进国有企业贯彻落实“三重一大”决策制度的意见〉的通知》等有关要求，建立健全境外投资决策制度，明确决策规则、程序、主体、权限和责任等。

第十一条 国有企业以并购、合营、参股方式进行境外投资，应当组建包括行业、财务、税收、法律、国际政治等领域专家在内的团队或者委托具有能力并与委托方无利害关系的中介机构开展尽职调查并形成书面报告。其中，财务尽职调查应当重点关注以下财务风险：

（一）目标企业（项目）所在国（地区）的宏观经济风险，包括经济增长前景、金融环境、外商投资和税收政策稳定性、物价波动等。

（二）目标企业（项目）存在的财务风险，包括收入和盈利大幅波动或不可持续、大额资产减值风险、或有负债、大额营运资金补充需求、高负债投资项目等。

第十二条 国有企业应当组织内部团队或者委托具有能力并与委托方无利害关系的外部机构对境外投资开展财务可行性研究。

对投资规模较大或者对企业发展战略具有重要意义的境外投资，国有企业应当分别组织开展内部和外部财务可行性研究，并要求承担可研的团队和机构独立出具书面报告；对投资标的的价值，应当依法委托具有能力的资产评估机构进行评估。

第十三条 国有企业开展财务可行性研究，应当结合企业发展战略和财务战略，对关键商品价格、利率、汇率、税率等因素变动影响境外投资企业（项目）盈利情况进行敏感性分析，评估相关财务风险，并提出应对方案。

第十四条 国有企业内部决策机构应当在尽职调查、可行性研究等前期工作基础上进行决策。

第十五条 国有企业内部决策机构履行决策职责，应当形成书面纪要，并由参与决策的全体成员签名。内部决策机构组成人员在相关事项表决时表明异议或者提示重大风险的，应当在书面纪要中进行记录。

第十六条 国有企业境外投资决策事项涉及内部决策机构组成人员个人或者其直系亲属、重大利害关系人利益的，相关人员应当主动申请回避。

第四章 境外投资运营财务管理

第十七条 国有企业应当将境外投资企业（项目）纳入全面预算管理体系，明确年度预算目标，加强对其重大财务事项的预算控制。

第十八条 国有企业应当督促境外投资企业（项目）通过企业章程等符合境外国家（地区）法律法规规定的方式，界定重大财务事项范围，明确财务授权审批和财务风险管控要求。

对投资规模较大或者对企业发展战略具有重要意义的境外投资企业（项目），国有企业还应当事先在投资协议中作出约定，向其选派具备相应资格的财务负责人或者财务人员，定期分析财务状况和经营成果，及时向国有企业报送财务信息，按规定报告重大财务事项；必要时，国有企业可以对境外投资企业（项目）进行专项审计。

第十九条 国有企业应当建立健全境外投资企业（项目）台账，反映境外投资目的、投资金额、持股比例（控制权情况）、融资构成、所属行业、关键资源或产能、重大财务事项等情况。

本办法所称境外投资企业（项目）重大财务事项，包括但不限于合并、分立、终止、清算，资本变更，重大融资，对外投资、对外担保，重大资产处置，重大资产损失，利润分配，重大税务事项，从事金融产品交易等高风险业务。

上述重大财务事项涉及资产评估的，应当按照《中华人民共和国资产评估法》等有关规定执行，境外国家（地区）法律法规另有规定的除外。

第二十条 境外国家（地区）法律法规无禁止性规定的，国有企业应当对境外投资企业（项目）加强资金管控，有条件的可实行资金集中统一管理。

第二十一条 国有企业应当督促境外投资企业（项目）建立健全银行账户管理制度。

国有企业应当掌握境外投资企业（项目）银行账户设立、撤销、重大异动等情况。

第二十二条 国有企业应当督促境外投资企业（项目）建立健全资金往来联签制度。

一般资金往来应当由境外投资企业（项目）经办人和经授权的管理人员签字授权。重大资金往来应当由境外投资企业（项目）董事长、总经理、财务负责人中的二人或多人签字授权，且其中一人须为财务负责人。

联签人之间不得存在直系亲属或者重大利害关系。

第二十三条 国有企业应当督促境外投资企业（项目）建立健全成本费用管理制度，强化预算控制。

国有企业应当重点关注境外投资企业（项目）佣金、回扣、手续费、劳务费、提成、返利、进场费、业务奖励等费用的开支范围、标准和报销审批制度的合法合规性。

第二十四条 国有企业应当督促境外投资企业（项目）建立健全合法、合理的薪酬制度。

第二十五条 国有企业应当通过企业章程、投资协议、董事会决议等符合境外国家（地区）法律法规规定的方式，要求境外投资企业（项目）按时足额向其分配股利（项目收益），并按照相关税收法律规定申报纳税。

境内国有企业应收股利（项目收益）按照有关外汇管理规定要汇回境内的，应当及时汇回。

第二十六条 国有企业开展境外投资，应当按照有关外汇管理规定办理境外投资外汇登记，并办理境外投资购付汇、外汇资金划转、结汇及存量权益登记等手续。

第二十七条 境外国家（地区）法律法规无禁止性规定的，国有企业应当将境外投资企业（项目）纳入本企业财务管理信息化系统管理。

国有企业应当要求境外投资企业（项目）妥善保存各种凭证、账簿、报表等会计资料，并定期归档。年度财务报告、审计报告、重大决策纪要以及其他重要的档案应当永久保存，并以书面或电子数据形式向境内国有企业报送备份，境外国家（地区）法律法规有禁止性规定的除外。不属于永久保存的档案应当按我国和境外国家（地区）存档规定中较长的期限保存。

第五章　境外投资财务监督

第二十八条 国有企业应当建立健全对境外投资的内部财务监督制度。

第二十九条 国有企业应当对连续三年累计亏损金额较大或者当年发生严重亏损等重大风险事件的境外投资企业（项目）进行实地监督检查或者委托中介机构进行审计，并根据审计监督情况采取相应措施。

境外投资企业（项目）因投资回收期长、仅承担研发业务等合理原因出现上述亏损情形的，经国有企业内部决策机构批准，可以不进行实地监督检查和审计。

第三十条 国有企业应当发挥内部审计作用，建立健全境外投资企业（项目）负责人离任审计和清算审计制度。

国有企业对境外投资企业（项目）负责人、财务负责人任职时间没有明确要求且相关人员任职满5年的，应当对境外投资企业（项目）财务管理情况进行实地监督检查。

第三十一条 国有企业应当依法接受主管财政机关的财务监督检查和国家审计机关的审计监督。

上述监督结果应当作为同级人民政府相关部门对国有企业境外投资开展管理的重要参考。

第三十二条 主管财政机关及其工作人员在财务监督检查工作中，存在滥用职权、玩忽职守、徇私舞弊或者泄露国家机密、企业商业秘密的，按照《中华人民共和国公务员法》、《中华人民共和国行政监察法》等国家有关规定追究相应责任；涉嫌犯罪的，移交司法机关处理。

第三十三条 国有企业集团公司应当汇总形成本集团年度境外投资财务情况，于下一年度4月底前随集团年度财务报告一并报送主管财政机关。

第三十四条 主管财政机关建立国有企业境外投资财务报告数据库，分析监测境外投资财务运行状况，制定完善相关政策措施。

第六章 境外投资绩效评价

第三十五条 国有企业应当建立健全境外投资绩效评价制度，定期对境外投资企业（项目）的管理水平和效益情况开展评价。

第三十六条 国有企业应当根据不同类型境外投资企业（项目）特点设置合理的评价指标体系。

第三十七条 国有企业对境外投资企业（项目）设立短期与中长期相结合的绩效评价周期。

对于符合国家战略要求、投资周期长的境外投资企业（项目），应当合理设定差异化的绩效评价周期。

第三十八条 国有企业应当组织开展境外投资企业（项目）绩效评价，形成绩效评价报告。必要时可以委托资产评估等中介机构开展相关工作。

第三十九条 绩效评价报告应当作为国有企业内部优化配置资源的重要依据。

对绩效评价结果长期不理想的境外投资企业（项目），国有企业应当通过关闭清算、转让股权等方式及时进行处置。

第四十条 国有企业集团公司应当汇总形成本集团境外投资年度绩效评价报告，单独或者一并随集团年度财务报告报送主管财政机关。

第四十一条 国有企业集团境外投资年度绩效评价报告应当综合反映境外投资成效，可以作为同级人民政府相关部门评估“走出去”政策实施效果、制定完善相关政策、进行国有资本注资等行为的重要参考。

第七章 附　　则

第四十二条 非国有企业开展境外投资可以参照本办法执行。

金融企业境外投资财务管理办法另行制定。

第四十三条 国有企业集团公司应当依据本办法，建立健全符合本集团实际的境外投资财务管理制度体系，并加强境外投资财务管理人才内部培训、内部选拔和外部聘用管理。

第四十四条 本办法自2017年8月1日起实施。

财政部关于印发《资产评估基本准则》的通知

2017 年 8 月 23 日　财资〔2017〕43 号

党中央有关部门，国务院各部委、各直属机构，全国人大常委会办公厅，全国政协办公厅，高法院，高检院，各民主党派中央，有关人民团体，各省、自治区、直辖市、计划单列市财政厅（局），新疆生产建设兵团财务局，有关单位：

为规范资产评估执业行为，保护资产评估当事人合法权益和公共利益，维护社会主义市场经济秩序，根据《中华人民共和国资产评估法》等有关规定，财政部制定了《资产评估基本准则》，现予印发，自 2017 年 10 月 1 日起施行。

附件：资产评估基本准则

附件：

资产评估基本准则

第一章　总　　则

第一条　为规范资产评估行为，保证执业质量，明确执业责任，保护资产评估当事人合法权益和公共利益，根据《中华人民共和国资产评估法》《资产评估行业财政监督管理办法》等制定本准则。

第二条　资产评估机构及其资产评估专业人员开展资产评估业务应当遵守本准则。法律、行政法规和国务院规定由其他评估行政管理部门管理，应当执行其他准则的，从其规定。

第三条　本准则所称资产评估机构及其资产评估专业人员是指根据资产评估法和国务院规定，按照职责分工由财政部门监管的资产评估机构及其资产评估专业人员。

第二章　基本遵循

第四条　资产评估机构及其资产评估专业人员开展资产评估业务应当遵守法律、行政法规的规定，坚持独立、客观、公正的原则。

第五条　资产评估机构及其资产评估专业人员应当诚实守信，勤勉尽责，谨慎从业，遵守职业道德规范，自觉维护职业形象，不得从事损害职业形象的活动。

第六条　资产评估机构及其资产评估专业人员开展资产评估业务，应当独立进行分析和估算并形成专业意见，拒绝委托人或者其他相关当事人的干预，不得直接以预先设定的价值作为评估结论。

第七条　资产评估专业人员应当具备相应的资产评估专业知识和实践经验，能够胜任所执行的资产评估业务，保持和提高专业能力。

第三章 资产评估程序

第八条 资产评估机构及其资产评估专业人员开展资产评估业务，履行下列基本程序：明确业务基本事项、订立业务委托合同、编制资产评估计划、进行评估现场调查、收集整理评估资料、评定估算形成结论、编制出具评估报告、整理归集评估档案。

资产评估机构及其资产评估专业人员不得随意减少资产评估基本程序。

第九条 资产评估机构受理资产评估业务前，应当明确下列资产评估业务基本事项：

（一）委托人、产权持有人和委托人以外的其他资产评估报告使用人；

（二）评估目的；

（三）评估对象和评估范围；

（四）价值类型；

（五）评估基准日；

（六）资产评估报告使用范围；

（七）资产评估报告提交期限及方式；

（八）评估服务费及支付方式；

（九）委托人、其他相关当事人与资产评估机构及其资产评估专业人员工作配合和协助等需要明确的重要事项。

资产评估机构应当对专业能力、独立性和业务风险进行综合分析和评价。受理资产评估业务应当满足专业能力、独立性和业务风险控制要求，否则不得受理。

第十条 资产评估机构执行某项特定业务缺乏特定的专业知识和经验时，应当采取弥补措施，包括利用专家工作等。

第十一条 资产评估机构受理资产评估业务应当与委托人依法订立资产评估委托合同，约定资产评估机构和委托人权利、义务、违约责任和争议解决等内容。

第十二条 资产评估专业人员应当根据资产评估业务具体情况编制资产评估计划，包括资产评估业务实施的主要过程及时间进度、人员安排等。

第十三条 执行资产评估业务，应当对评估对象进行现场调查，获取资产评估业务需要的资料，了解评估对象现状，关注评估对象法律权属。

第十四条 资产评估专业人员应当根据资产评估业务具体情况收集资产评估业务需要的资料。包括：委托人或者其他相关当事人提供的涉及评估对象和评估范围等资料；从政府部门、各类专业机构以及市场等渠道获取的其他资料。

委托人和其他相关当事人依法提供并保证资料的真实性、完整性、合法性。

第十五条 资产评估专业人员应当依法对资产评估活动中使用的资料进行核查和验证。

第十六条 确定资产价值的评估方法包括市场法、收益法和成本法三种基本方法及其衍生方法。

资产评估专业人员应当根据评估目的、评估对象、价值类型、资料收集等情况，分析上述三种基本方法的适用性，依法选择评估方法。

第十七条 资产评估专业人员应当在评定、估算形成评估结论后，编制初步资产评估报告。

第十八条 资产评估机构应当对初步资产评估报告进行内部审核后出具资产评估报告。

第十九条 资产评估机构应当对工作底稿、资产评估报告及其他相关资料进行整理，形成资产评估档案。

第四章 资产评估报告

第二十条 资产评估机构及其资产评估专业人员出具的资产评估报告应当符合法律、行政法规等相关规定。

第二十一条 资产评估报告的内容包括：标题及文号、目录、声明、摘要、正文、附件。

第二十二条 资产评估报告正文应当包括下列内容：

（一）委托人及其他资产评估报告使用人；

（二）评估目的；

（三）评估对象和评估范围；

（四）价值类型；

（五）评估基准日；

（六）评估依据；

（七）评估方法；

（八）评估程序实施过程和情况；

（九）评估假设；

（十）评估结论；

（十一）特别事项说明；

（十二）资产评估报告使用限制说明；

（十三）资产评估报告日；

（十四）资产评估专业人员签名和资产评估机构印章。

第二十三条 资产评估报告载明的评估目的应当唯一。

第二十四条 资产评估报告应当说明选择价值类型的理由，并明确其定义。

第二十五条 资产评估报告载明的评估基准日应当与资产评估委托合同约定的评估基准日一致，可以是过去、现在或者未来的时点。

第二十六条 资产评估报告应当以文字和数字形式表述评估结论，并明确评估结论的使用有效期。

第二十七条 资产评估报告的特别事项说明包括：

（一）权属等主要资料不完整或者存在瑕疵的情形；

（二）未决事项、法律纠纷等不确定因素；

（三）重要的利用专家工作情况；

（四）重大期后事项。

第二十八条 资产评估报告使用限制说明应当载明：

（一）使用范围；

（二）委托人或者其他资产评估报告使用人未按照法律、行政法规规定和资产评估报告载明的使用范围使用资产评估报告的，资产评估机构及其资产评估专业人员不承担责任；

（三）除委托人、资产评估委托合同中约定的其他资产评估报告使用人和法律、行政法规规定的资产评估报告使用人之外，其他任何机构和个人不能成为资产评估报告的使用人；

（四）资产评估报告使用人应当正确理解评估结论。评估结论不等同于评估对象可实现价格，评估结论不应当被认为是对评估对象可实现价格的保证。

第二十九条 资产评估报告应当履行内部审核程序，由至少两名承办该项资产评估业务的资产评估专业人员签名并加盖资产评估机构印章。

法定评估业务资产评估报告应当履行内部审核程序，由至少两名承办该项资产评估业务的资产评估师签名并加盖资产评估机构印章。

第五章 资产评估档案

第三十条 资产评估档案包括工作底稿、资产评估报告以及其他相关资料。

资产评估档案应当由资产评估机构妥善管理。

第三十一条 工作底稿应当真实完整、重点突出、记录清晰，能够反映资产评估程序实施情况、支持评估结论。工作底稿分为管理类工作底稿和操作类工作底稿。

管理类工作底稿是指在执行资产评估业务过程中，为受理、计划、控制和管理资产评估业务所形成的工作记录及相关资料。

操作类工作底稿是指在履行现场调查、收集资产评估资料和评定估算程序时所形成的工作记录及相关资料。

第三十二条 资产评估档案保存期限不少于十五年。属于法定资产评估业务的，不少于三十年。

第三十三条 资产评估档案的管理应当严格执行保密制度。除下列情形外，资产评估档案不得对外提供：

（一）财政部门依法调阅的；

（二）资产评估协会依法依规调阅的；

（三）其他依法依规查阅的。

第六章 附 则

第三十四条 中国资产评估协会根据本准则制定资产评估执业准则和职业道德准则。资产评估执业准则包括各项具体准则、指南和指导意见。

第三十五条 本准则自2017年10月1日起施行。2004年2月25日财政部发布的《关于印发〈资产评估准则——基本准则〉和〈资产评估职业道德准则——基本准则〉的通知》（财企〔2004〕20号）同时废止。

财政部关于《国有资产评估项目备案管理办法》的补充通知

2017年11月8日 财资〔2017〕70号

教育部、科技部、工业和信息化部、中国科学院，各省、自治区、直辖市、计划单列市财政厅（局），新疆生产建设兵团财务局，有关部门和单位：

为进一步提高科技成果转化效率，简化科技成果评估备案管理，财政部对《国有资产评估项目备案管理办法》（财企〔2001〕802号）作如下补充通知：

一、国家设立的研究开发机构、高等院校科技成果资产评估备案工作，原由财政部负责，现调整为由研究开发机构、高等院校的主管部门负责。

二、研究开发机构、高等院校的主管部门要结合科技成果转化工作实际，制定科技成果资产评估项目备案工作操作细则，缩短备案流程，简化备案程序，提高备案工作效率。主管部门应自收齐备案材料日起，在5个工作日内完成备案手续，并于每年度终了30个工作日内，填写本年度本部门科技成果评估项目备案情况汇总表（附表），报送财政部门。

三、国家设立的研究开发机构、高等院校应规范科技成果资产评估机构的选聘工作，按要求如实提供科技成果资产评估所需各项资料，完善资产评估档案管理，配合主管部门做好科技成果资产评估备案相关工作。

四、相关部门和单位在行政事业单位国有资产管理检查工作及资产评估行业监管工作中，要依法依规加强对科技成果资产评估项目备案情况的监督检查，切实防范国有资产流失。

五、本通知自印发之日起施行。

附件：科技成果评估项目备案情况汇总表

附件：

科技成果评估项目备案情况汇总表

编制单位：　　　　　　　　　　　　　　　　　　　　　　　　　　　　　　　　金额单位：万元

经济行为类型	备案项目数	账面价值			评估价值			增值率（%）			备注
		资产总额	负债总额	净资产	资产总额	负债总额	净资产	资产总额	负债总额	净资产	
转让											
许可											
作价投资											
其他											
合计											

财政部对《关于企业国有资产办理无偿划转手续的规定》的补充通知

2017 年 12 月 8 日　财资〔2017〕79 号

国务院各部委、各直属机构，各省、自治区、直辖市、计划单列市财政厅（局）：

为规范企业国有资产管理工作，现就《财政部关于印发〈关于企业国有资产办理无偿划转手续的规定〉的通知》（财管字〔1999〕301 号）有关责任追究事项补充通知如下：

各级财政部门及其工作人员在审批工作中，存在滥用职权、玩忽职守、徇私舞弊等违法违纪行为的，按照《中华人民共和国企业国有资产法》《中华人民共和国公务员法》《中华人民共和国行政监察法》《财政违法行为处罚处分条例》等国家有关规定追究相应责任；涉嫌犯罪的，移送司法机关处理。

请遵照执行。

财政部关于股份有限公司国有股权管理工作有关问题的补充通知

2017 年 12 月 12 日　财资〔2017〕80 号

国务院有关部委，各省、自治区、直辖市、计划单列市财政厅（局），新疆生产建设兵团财务局：

为规范股份有限公司国有股权管理工作，现就《财政部关于股份有限公司国有股权管理工作有关问题的通知》（财管字〔2000〕200 号）有关责任追究事项补充通知如下：

各级财政部门及其工作人员在国有股权管理审批工作中，存在滥用职权、玩忽职守、徇私舞弊等违法违纪行为的，按照《中华人民共和国企业国有资产法》《中华人民共和国公务员法》《中华人民共和国行政监察法》《财政违法行为处罚处分条例》等国家有关规定追究相应责任；涉嫌犯罪的，移送司法机关处理。

请遵照执行。

省人民政府办公厅关于印发《山东省省级国有资本经营预算管理暂行办法》的通知

2017年6月20日　鲁政办字〔2017〕94号

省政府各部门、各直属机构，各大企业：

《山东省省级国有资本经营预算管理暂行办法》已经省政府同意，现印发给你们，请认真贯彻执行。

附件：山东省省级国有资本经营预算管理暂行办法

附件：

山东省省级国有资本经营预算管理暂行办法

第一章　总　　则

第一条　为加强和规范省级国有资本经营预算管理，优化国有资本配置，根据《中华人民共和国预算法》《中华人民共和国企业国有资产法》等法律和《中共山东省委山东省人民政府关于深化省属国有企业改革完善国有资产管理体制的意见》（鲁发〔2014〕13号）、《山东省人民政府关于深化预算管理制度改革的实施意见》（鲁政发〔2014〕20号）等规定，制定本办法。

第二条　本办法所称省级国有资本经营预算，是指省政府以所有者身份依法取得国有资本经营收益，并对所得收益作出支出安排的收支预算。

第三条　本办法适用于省财政厅、省级国有资本经营预算单位（以下简称省级国资预算单位）和省级国有资本经营预算企业（以下简称省级国资预算企业）编制、执行、调整、监督省级国有资本经营预算等事项。文化企业国有资本经营预算管理，中央和省另有规定的依其规定。

本办法所称省级国资预算单位，是指代表省政府履行出资人职责的部门、单位。

本办法所称省级国资预算企业，是指所有省属企业（包括国有全资企业、国有控股公司、国有参股公司）、企业化管理事业单位。

第四条　国有资本经营预算管理应遵循以下原则：

（一）统筹兼顾、适度集中。统筹兼顾企业自身积累、自身发展和国有经济结构调整及宏观调控的需要，适度集中国有资本收益。

（二）相对独立、相互衔接。既保持国有资本经营预算的完整性和相对独立性，又保持其与一般公共预算的相互衔接。

（三）量入为出、收支平衡。国有资本经营预算支出预算按照收支平衡的原则编制，不列赤字。

（四）讲求绩效、公开透明。国有资本经营预算实行绩效目标管理，并按规定及时公开省级国有资本经营预算收支情况。

第二章　管理职责

第五条　国有资本经营预算管理由省财政厅、省级国资预算单位和省级国资预算企业各司其职，共同负责。

第六条　省财政厅主要负责：

（一）制定国有资本经营预算管理的具体操作办法与相关管理规范；

（二）收取省级国有资本经营预算收入；

（三）拟定省级国有资本经营预算支出方向和重点；

（四）编制省级国有资本经营预（决）算草案；

（五）批复省级国资预算单位国有资本经营预（决）算；

（六）对省级国有资本经营预算编制、执行和决算情况组织实施绩效管理和监督检查。

第七条　省级国资预算单位主要负责：

（一）组织所监管（所属）企业编报国有资本经营预算收支计划并进行审核；

（二）提出本单位年度国有资本经营预算建议草案；

（三）组织本单位国有资本经营预算的执行；

（四）编制本单位国有资本经营决算草案；

（五）批复所监管（所属）企业国有资本经营预（决）算；

（六）配合省财政厅对所监管（所属）企业国有资本经营预算执行情况实施绩效管理和监督检查。

第八条　省级国资预算企业主要负责：

（一）按照规定申报、上交国有资本经营预算收入；

（二）提出国有资本经营预算支出计划；

（三）建立、健全内部国有资本经营预算的资金管理制度和审计制度，规范资金核算，确保资金按规定用途使用；

（四）根据国有资本经营预算批复安排支出，报告国有资本经营预算执行、决算、绩效管理情况并依法接受监督。

第三章　收支范围

第九条　国有资本经营预算收入主要包括：

（一）利润收入，即国有全资企业、企业化管理事业单位按规定应当上交的利润；

（二）股利、股息收入，即国有控股、参股企业国有股权（股份）获得的股利、股息收入；

（三）产权转让收入，即国有全资企业产权转让收入和国有控股、参股企业国有股权（股份）转让收入；

（四）清算收入，即国有全资企业清算净收入以及国有控股、参股企业国有股权（股份）分享的清算净收入；

（五）其他国有资本经营预算收入。

第十条　省属国有全资企业拥有全资子公司或者控股子公司、子企业的，应当由集团公司（母公司、总公司）以年度合并财务报表反映的归属于母公司所有者的净利润为基础申报。

第十一条　省财政厅会同有关部门提出国有全资企业应交利润的上交比例建议，报省政府批准后执行。

第十二条　省属国有控股、参股企业应付国有投资者的股利、股息，按照股东会或者股东大会决议通过的利润分配方案，将应付国有投资者的股利、股息全额上交。

第十三条　国有产权转让形成的净收入，全额上交。

第十四条 省属国有全资企业清算净收入，以及省属国有控股、参股企业取得的清算净收入中属于国有股应分享的部分，全额上交。

第十五条 其他需上交的国有资本经营预算收入按有关规定执行。

第十六条 省级国有资本经营预算支出应当服从省委、省政府总体部署规划，除调入一般公共预算和补充省社会保障基金外，主要用于以下用途：

（一）解决国有企业历史遗留问题及相关改革成本支出；

（二）关系全省经济社会发展重要行业和关键领域的国家资本金注入；

（三）国有企业政策性补贴；

（四）其他国有资本经营预算支出。

省级国有资本经营预算支出方向和重点，应当根据国家和省宏观经济政策需要，以及省委、省政府确定的不同时期国有企业改革发展任务适时进行调整。

第四章 预算编制

第十七条 省级国有资本经营预算按年度单独编制，并按照《山东省人民政府关于贯彻国发〔2015〕3号文件实行中期财政规划管理的意见》（鲁政发〔2015〕15号）等要求，编制中期省级国有资本经营预算收支规划。

第十八条 编制年度省级国有资本经营预算草案的依据：

（一）《中华人民共和国预算法》及其实施条例；

（二）国家和省有关调控政策及其要求；

（三）中期省级国有资本经营预算收支规划；

（四）上年度省级国有资本经营预算执行情况；

（五）省财政厅年度预算编制安排；

（六）省级国资预算单位、省级国资预算企业有关预算绩效评价结果。

第十九条 省级国有资本经营预算收入由省财政厅根据省级国资预算企业年度盈利等情况和国有资本收益收取政策进行测算编制。

第二十条 省级国有资本经营预算支出按照收入规模安排并按下列程序进行编制：

（一）省财政厅按照省政府编制预算的统一要求，根据省级国有资本经营预算支出政策，布置编报年度省级国有资本经营预算草案；

（二）省级国资预算单位根据省财政厅的编报要求，向所监管（所属）省级国资预算企业布置编报年度省级企业国有资本经营预算草案；

（三）省级国资预算企业根据有关编报要求，编制本企业年度国有资本经营预算支出计划建议报省级国资预算单位，并抄报省财政厅；

（四）省级国资预算单位对所监管（所属）省级国资预算企业报送的年度国有资本经营预算支出计划建议进行初审后，汇总编制本部门国有资本经营预算支出建议草案报省财政厅；

（五）省财政厅根据当年预算收入规模、省级国资预算单位及省级国资预算企业报送的国有资本经营预算支出建议草案，进行统筹平衡后，编制省级国有资本经营预算草案。

第二十一条 省级国有资本经营预算草案应当报省政府审定后，报送省人民代表大会审查。

第二十二条 省级国有资本经营预算草案经省人民代表大会批准后，省财政厅应当在20日内向有关省级国资预算单位批复预算。省级国资预算单位应当在接到省财政厅批复的本单位预算后15日内向所监管（所属）企业批复预算。

第二十三条 省级国有资本经营预算支出，按其功能分类应当编制到项。

第五章 预算执行

第二十四条 省属企业国有资本收益上交，按照以下程序执行：

（一）省级国资预算单位收到省属企业上报的国有资本收益申报表及相关资料后，在20个工作日内提出初审意见，报送省财政厅复核，省财政厅根据省属企业上报的国有资本收益申报表及相关资料和省级国资预算单位的审核意见，在20个工作日内提出复核意见；

（二）省级国资预算单位根据省财政厅的复核意见向所监管（所属）企业下达国有资本收益上交通知；省财政厅驻企业所在地财政检查办事处依据国有资本收益收取通知，向企业开具“非税收入缴款书”；

（三）省属企业依据省级国资预算单位下达的国有资本收益上交通知和省财政厅驻企业所在地财政检查办事处开具的“非税收入缴款书”，办理国有资本收益交库手续。

第二十五条 省级国资预算企业按规定应上交的国有资本收益，应当及时、足额上交省财政。任何部门和单位不得擅自减免省级国有资本经营预算收入。

第二十六条 省级国有资本经营预算支出应当按照经批复的预算执行，未经批准不得擅自调剂。

第二十七条 省级国有资本经营预算资金的收付按照财政国库集中收付制度有关规定执行。

第二十八条 省级国有资本经营预算结余资金应当在下一年度预算编制中统筹考虑。

第六章 预算调整

第二十九条 经省人民代表大会批准的省级国有资本经营预算，在执行中出现下列情况之一的，应当进行预算调整：

（一）需要增加或者减少预算总支出的；

（二）需要调整预算安排的重点支出数额的。

省财政厅负责具体编制国有资本经营预算调整方案，说明预算调整的理由、项目和数额，按照规定程序，报送省人民代表大会常务委员会审查和批准。

在预算执行中，因中央增加不需要省政府提供配套资金的专项转移支付而引起的预算支出变化，不属于预算调整。

第三十条 省级国资预算单位或企业因国家和省政策调整等特殊情况或其他调整因素需要调整预算的，应以书面形式提出申请，报省财政厅审核。

第三十一条 年度国有资本经营预算确定后，企业改变产权或财务隶属关系引起预算级次和关系变化的，应当同时办理预算划转手续。

第七章 决算

第三十二条 省财政厅按照编制决算的统一要求，部署编制年度省级国有资本经营决算草案工作，制发省级国有资本经营决算报表格式和编制说明。

第三十三条 省级国资预算单位根据所监管（所属）省级国资预算企业编制的国有资本经营决算草案，编制本部门省级国有资本经营决算草案报省财政厅。

第三十四条 省财政厅根据当年国有资本经营预算执行情况和各省级国资预算单位、省级国资预算企业上报的决算草案，编制省级国有资本经营决算草案。

第三十五条 省级国有资本经营决算草案，经省政府审计部门审计后，报省政府审定，并按规定提请省人民代表大会常务委员会审查。

第三十六条 省级国有资本经营决算草案经省人民代表大会常务委员会批准后，省财政厅应当在20日内向有关省级国资预算单位批复决算。省级国资预算单位应当在接到省财政厅批复的本单位决算后15日内向所监管（所属）企业批复决算。

第八章 绩效管理

第三十七条 省财政厅应当对省级国资预算单位、省级国资预算企业的国有资本经营预算执行情况进行动态监控和跟踪问效。

第三十八条 省级国有资本经营预算应当实施预算绩效管理，科学设立项目绩效目标，积极开展绩效评价，切实加强评价结果应用，不断提升预算资金使用绩效。

第三十九条 省级国资预算单位应将所监管（所属）企业按规定及时足额上交国有资本收益的情况纳入企业负责人经营业绩考核。

第四十条 省财政厅将绩效评价结果作为加强预算管理和安排以后年度预算支出的重要依据。

第九章 监督检查

第四十一条 财政、审计等部门依法对省级国有资本经营预算进行审计、监督和检查。

第四十二条 省财政厅和有关省级国资预算单位、省级国资预算企业要按照中央和省关于预决算公开的相关规定和要求，认真做好国有资本经营预决算公开工作。

第四十三条 对国有资本经营预算编制、执行、管理等过程中违反本办法规定的，将依照《中华人民共和国预算法》《财政违法行为处罚处分条例》（国务院令第427号）等有关规定进行处理、处罚和处分，依法追究有关单位及相关人员责任。

第十章 附 则

第四十四条 省财政厅根据本办法制定和完善相关配套政策。

第四十五条 本办法由省财政厅负责解释。

第四十六条 本办法自2017年7月1日起施行，有效期至2019年6月30日。

省财政厅关于印发《山东省省级行政事业国有资产处置管理办法》的通知

2017年6月9日 鲁财资〔2017〕36号

省直各部门：

现将《山东省省级行政事业国有资产处置管理办法》印发给你们，请遵照执行。执行中如有问题，请及时向我们反映。

附件：山东省省级行政事业国有资产处置管理办法

附件：

山东省省级行政事业国有资产处置管理办法

第一章　总　　则

第一条　为加强省级行政事业单位国有资产处置管理，维护国有资产安全和完整，提高国有资产使用效益，防止国有资产流失，根据《行政单位国有资产管理暂行办法》（财政部令第35号）、《事业单位国有资产管理暂行办法》（财政部令第36号）、《山东省国有资产资源有偿使用收入管理办法》（山东省人民政府令第231号）等规章制度规定，结合我省实际，制定本办法。

第二条　本办法适用于执行行政、事业单位财务和会计制度的省级各类行政事业单位、社会团体和组织（以下简称省级单位）。

第三条　本办法所称国有资产处置，是指省级单位占有、使用的国有资产产权转移及注销。

国有资产包括流动资产、固定资产、无形资产、对外投资（含股权）等。

处置方式包括调拨、捐赠、有偿转让（含出售、出让）、报废、报损（含货币性资产损失核销）、置换（含以非货币性资产抵顶债权、债务）以及国家规定的其他方式。

调拨方式处置国有资产，以不改变国有资产性质为前提。

第四条　省级单位国有资产处置实行审批制度。省财政厅、省级单位主管部门（以下简称主管部门）按照规定权限和程序对省级单位国有资产处置事项进行审批（审核）。

省级单位处置房屋建筑物（含土地使用权）、机动车辆、对外投资（含股权）等国有资产，按本办法规定权限和程序报经批准后，方可向房屋登记、国土资源、公安交通管理和工商等部门申请办理产权、产籍、股权等变更或者注销手续。

未按规定权限和程序报经批准，任何单位和个人不得擅自处置国有资产，不得处理相关会计账务。

第五条　省级单位拟处置的国有资产产权应当清晰。权属关系不明确或者存在权属纠纷的资产，须待权属界定明确后予以处置；申请处置租赁期未满的资产应当符合国家法律法规的规定；被设置为担保物和涉及法律诉讼的国有资产，担保和法律诉讼期间不得申请处置，国家法律法规另有规定的，从其规定。

第六条　省级单位国有资产处置遵循“公开、公平、公正”的原则，一般程序为：单位申报、审核审批、资产评估、资产处置、上缴收入、账务处理、产权登记。

第七条　省财政厅、主管部门在本办法规定的审批权限范围内，对省级单位申请处置，或者超标配置、低效运转、长期闲置的国有资产，有权先行调剂使用，促进资源整合和资产共享共用，提高国有资产使用效益。

第八条　省级单位应当建立健全内部国有资产管理制度，严格管理产权、产籍等档案资料，充分利用“山东省行政事业资产管理信息系统”开展日常资产管理工作，严格按照国家有关财务和会计制度规定，及时准确反映资产增减变动情况，规范资产处置行为和流程，确保国有资产安全完整及合理、节约、有效使用。

第二章　审批管理

第九条　省级单位符合下列条件之一的国有资产可以申请处置：

（一）经技术鉴定已丧失使用价值的资产。

（二）按照国家规定强制报废的资产。

（三）盘亏、呆账及非正常损失的资产。

（四）闲置资产。

（五）超标准配置的资产。

（六）因技术原因不能满足本单位工作需要的资产。

（七）抵顶债务的非货币性资产。

（八）已达到国家或者省规定使用期限，继续使用不经济的资产。

（九）在不影响本单位业务正常开展的前提下，权属关系变更能够带来更大经济效益或者能够减少经济损失的资产。

（十）法律上所有权已经丧失或者无法追索的资产。

（十一）因单位撤销、合并、分立、改制、隶属关系改变等原因需要处置的资产。

（十二）依据国家规定需要处置的其他资产。

第十条 审批权限。

下列国有资产处置事项由省财政厅审批。

（一）房屋建筑物（含土地使用权）。

（二）货币性资产（含货币资金及往来款项）。

（三）对外投资（含股权）。

（四）单项账面原值大于30万元的交通运输工具。

（五）单项账面原值大于300万元的无形资产（不含土地使用权）。

（六）单项账面原值大于300万元的通用及专用设备。

（七）单位撤销、合并、分立、改制、隶属关系改变等情形下的整体资产处置。

上述规定以外的国有资产处置，由省财政厅授权主管部门审批。主管部门对所属单位可适当下放审批权限。

省属高校、科研院所对持有的财政资金形成的科技成果，自主决定采取转让、许可、作价入股等方式开展转移转化活动，主管部门和省财政厅对其科技成果使用、处置和收益分配不再审批备案。

第十一条 报批程序。

省级单位申报国有资产处置事项，应当区别不同情况，提供相应的申办资料（见附件1）。

单位申报资产处置事项时，按本办法规定提供纸质申办材料，同时通过“山东省行政事业资产管理信息系统”进行网上办理。网上办理的具体实施办法由省财政厅另行制定。

省财政厅审批事项，主管部门负责对单位申办资料的合规性、真实性审核，提出审核意见后，转报省财政厅审批；省财政厅授权审批事项，主管部门按照本办法规定审核审批，并抄送省财政厅。

第十二条 审批（审核）时限。

省财政厅、主管部门根据需要，可对申报处置的国有资产进行现场勘查，或者委托有关机构进行鉴证。

省财政厅、主管部门自收到符合本办法要求的完整申办资料后14个工作日内按照规定权限审批或者审核转报；需进行现场勘查或者鉴证的，在勘查或者鉴证结束后14个工作日内按照规定权限审批或者审核转报。

第十三条 省级单位、主管部门对申办资料的真实性负责。社会中介机构及相关执业人员对所出具的审计报告、评估报告、经济或者技术鉴证证明、法律意见书等独立承担法律责任。

第十四条 报批方式。

审批调拨（省级单位之间）、报废国有资产事项采取审批表（见附件2、附件3）方式；审批调拨（不同预算级次之间）、捐赠、股权划转、有偿转让（含出售、出让）、报损、置换国有资产事项，以及因撤销、合并、分立、改制、隶属关系改变等原因进行国有资产整体处置的，采取公文报批方式。省级单位、主管部门应视其处置资产事项的类别，分别采用审批表或者正式公文形式申报。

第三章 处置管理

第十五条 有偿转让国有资产，应当采取拍卖、招投标等公开方式进行，不适用或者不便于以公开方式进行的，经批准可采取协议或者以国家法律法规规定的其他方式进行。

第十六条 省级单位应当按照省财政厅或者主管部门批准的资产处置方式处置国有资产。如需变更处置方式，应按原审批渠道重新报批后实施。

第十七条 以有偿转让或者置换方式处置国有资产的、以非货币性资产抵顶债权债务的，应当委托管理规范、执业质量和社会信誉较好的社会中介机构进行资产评估。

委托社会中介机构评估实行有偿服务，按照“谁委托谁付费”的原则管理。大宗或者大额资产以及房屋、土地使用权、股权等的评估由省财政厅委托，中介服务费用由财政部门支付；其余资产由主管部门或者省级单位委托中介机构评估并支付服务费用。

经省财政厅批准处置，由主管部门或者省级单位委托中介机构评估的资产，评估结束后，应当按照国家有关规定向省财政厅履行备案手续。备案需使用财政部门统一制定的备案表。

第十八条 资产评估结果是处置资产作价的依据。意向转让价格（包括拍卖保留价）低于评估价格的90%或者上一次批准处置价格的90%，须按原渠道报经原审批部门重新批准，未经重新批准，不得擅自降低资产处置价格。

转让所持上市公司股份，应当符合国家相关管理制度规定。

第十九条 依据政府或者有关部门的批准文件，因单位撤销、合并、分立、隶属关系改变等原因进行国有资产整体处置的，主管部门应负责组织资产清查并委托中介机构进行财务审计。在形成资产清查结果和财务审计报告的基础上，向省财政厅提出资产处置申请。

第二十条 依据政府或者有关部门的批准文件，因单位改制进行国有资产整体处置的，主管部门应负责组织资产清查。在资产清查的基础上，由省财政厅组织办理财务审计、资产评估、核定国家资本金等事项。涉及资产损失认定、核销的，由主管部门履行报批手续。

第二十一条 经批准报废的资产，由省级单位按国家规定渠道予以处理。

第二十二条 涉密国有资产处置，按照国家有关保密规定办理。人民防空国有战备资产处置，按照《中华人民共和国人民防空法》的规定办理。

第二十三条 经批准处置的国有资产，在资产完全移交之前，除另有规定外，原占有、使用单位对相关资产的安全完整负责。

第四章 收入管理、账务处理及产权登记

第二十四条 省级单位国有资产处置收入包括国有资产（含股权）有偿转让（含出售、出让）收入、报废报损资产残值变价收入、拆迁补偿收入、置换差价收入、保险理赔收入以及处置国有资产取得的其他收入。

第二十五条 省级单位国有资产处置收入（不含处置资产发生的评估费、拍卖佣金等直接费用）属于政府非税收入，全额上缴省级国库，纳入财政预算，实行“收支两条线”管理。

省级单位不得隐瞒、截留、挤占、挪用、坐支或者擅自减收、免收、缓收国有资产处置收入。

第二十六条 省级单位应向省财政厅申请执收项目编码，使用省财政厅统一印制的山东省财政票据，通过“山东省非税收入征收与财政票据管理系统”上缴国有资产处置收入。

第二十七条 省级单位在实际完成资产处置事项后，方可依据国有资产处置事项批准文件（审批表）及其他合法有效凭证，按照行政事业财务和会计制度规定处理会计账务，同时在“山东省行政事业资产管理信息系统”中减少或者增加相关资产。

前款所称“实际完成”的含义为：

调拨资产，指完成资产移交、办理产权、产籍变更手续并取得调入方接收凭据；

报废资产或者报损实物资产，指完成资产变卖或者交存手续并取得变价收入或者交存凭证；

有偿转让（含出售、出让）、置换资产，指取得转让（含出售、出让）价款、置换资产、置换资产差价并完成产权、产籍变更手续。

第二十八条 省级单位对经批准核销的货币性资产损失和对外投资损失，应当建立“账销案存”管理制度，妥善保管相关资料、凭证，并继续予以追索。

第二十九条 省级单位因撤销、合并、分立、改制、隶属关系改变等原因进行整体国有资产处置的，在整体资产处置完毕30个工作日内，到省财政厅办理变动产权或者注销产权登记。其他资产处置事项的产权登记事宜结合产权登记年度检查进行。

第五章 附 则

第三十条 执行《民间非营利组织会计制度》的省级社会团体、基金会和民办非企业单位国有资产处置，参照本办法执行。

第三十一条 省级政法机关和行政执法机关罚没的非货币性资产处置、省级单位管理的国家储备（应急）资产处置，按照国家和省有关规定办理；国家和省没有规定的，依照本办法执行。

第三十二条 省级单位召开重大会议、举办大型活动等临时购建的国有资产以及临时机构的资产处置，依照本办法执行。

第三十三条 执行企业财务会计规范的省级单位处置国有资产，由省财政厅按企业国有资产监督管理的有关规定实施监督管理。

第三十四条 违反本办法规定的，依据《财政违法行为处罚处分条例》（国务院令第427号）、《山东省财政监督条例》等相关法规予以处理，构成犯罪的，移送司法机关依法追究刑事责任。

第三十五条 本办法由省财政厅负责解释。主管部门可依据本办法制定本部门的具体管理办法，报省财政厅备案。

第三十六条 本办法自2017年7月10日起施行，有效期至2022年7月9日。《山东省省级行政事业国有资产处置管理办法》（鲁财资〔2011〕78号）同时废止。

附件：1. 山东省省级行政事业国有资产处置申办资料

2. 山东省省级行政事业国有资产调拨审批表（式样）

3. 山东省省级行政事业国有资产报废审批表（式样）

附件1：

山东省省级行政事业国有资产处置申办资料

一、调拨、捐赠国有资产应提供的资料

（一）省级单位之间调拨

1. 《山东省省级行政事业国有资产调拨审批表》。

2. 调出单位调出资产的原因以及对本单位财务状况和业务活动影响情况说明。

3. 调出单位内部决议或有关部门批准文件。

4. 房屋所有权证、土地使用权证、机动车行驶证等资产产权证明的复印件（加盖单位公章），没有取得资产产权证明的，需由当地政府或有关部门出具产权所属证明。

5. 资产处置事项审批需要的其他相关资料。

（二）不同预算级次之间调拨、捐赠

1. 主管部门正式公文，内容应包括调出（捐赠）单位调出（捐赠）资产的原因、对本单位财务状况和业务活动的影响情况，主管部门审核意见等。

2. 调出、调入单位申请报告。

3. 调出单位内部决议或有关部门批准文件。

4. 房屋所有权证、土地使用权证、机动车行驶证等资产产权证明的复印件（加盖单位公章），没有取得资产产权证明的，需由当地政府或有关部门出具产权所属证明。

5. 资产处置事项审批需要的其他相关资料。

二、报废国有资产应提供的资料

（一）《山东省省级行政事业国有资产报废审批表》。

（二）资产报废的原因及情况说明。

（三）单位关于报废资产的内部决议。

（四）报废资产的有关规定或者有效证明，如政府或者相关职能部门强制淘汰、强制报废的有关文件、证明、规定或者报废标准；有关职能机构出具的资产报废专业技术鉴定证明或者专家鉴定意见；主管部门组织的内部专业技术人员鉴定意见等。

（五）房屋所有权证、土地使用权证、机动车行驶证等资产产权证明的复印件（加盖单位公章）；没有取得资产产权证明的，需由当地政府或有关部门出具产权所属证明。

（六）资产处置事项审批需要的其他相关资料。

三、股权划转应提供的资料

（一）主管部门正式公文，内容应包括所属单位拟划转股权的形成情况、划转原因、接受方的情况、主管部门审核意见等。

（二）投资企业同意划转股权的股东会决议以及近期财务报表、企业法人营业执照等。

（三）股权证等股权证明的复印件（加盖单位公章）。

（四）资产处置事项审批需要的其他相关资料。

四、有偿转让国有资产（股权）应提供的资料

（一）主管部门正式公文，内容应包括所属单位拟有偿转让资产状况的说明、有偿转让的原因、拟申请转让的方式、主管部门审核意见等。

（二）转让对外投资股权的，提供投资企业同意转让股权的股东会决议以及近期财务报表、企业法人营业执照等。

（三）拟采取协议方式转让的，提供协议或者合同草案。

（四）房屋所有权证、土地使用权证、机动车行驶证、股权证等资产产权证明的复印件（加盖单位公章）；没有取得资产产权证明的，需由当地政府或有关部门出具产权所属证明。

（五）资产处置事项审批需要的其他相关资料。

五、报损国有资产（实物）应提供的资料

（一）主管部门正式公文，内容应包括所属单位资产报损的原因、保险理赔或责任方赔偿情况、对相关责任人的处理意见、主管部门审核意见等。

（二）资产报损的有效证明，如政府市政规划方案、依法收回文件、拆迁通知书、拆迁补偿协议书等；政法机关、行政执法机关判决书、没收证明，法定仲裁机构仲裁书；有关职能机构出具的证明、文件、专家鉴定意见等。

（三）涉及保险理赔的理赔凭证；责任方赔偿或者补偿协议及赔偿或者补偿凭证。

（四）对相关责任人的处理决定。

（五）房屋所有权证、土地使用权证、机动车行驶证等资产产权证明的复印件（加盖单位公章）；没有

取得资产产权证明的，需由当地政府或有关部门出具产权所属证明。

（六）资产处置事项审批需要的其他相关资料。

六、报损国有资产（非实物）应提供的资料

（一）对外投资损失

1. 主管部门正式公文，内容应包括所属单位该项对外投资的初始情况、投资企业近几年的经营状况、损失原因、主管部门审核意见等。

2. 投资企业依法破产或者被依法停止经营的法律文书及工商登记注销证明。

3. 投资企业清算报告。

4. 资产处置事项审批需要的其他相关资料。

（二）货币性资产损失

1. 主管部门正式公文，内容应包括所属单位货币性资产损失发生的情况说明、损失原因、追缴情况、主管部门审核意见等。

2. 债务人被依法破产、撤销、关闭的法律文书、文件、证明和工商登记注销证明及清算报告等。

3. 债务人死亡或者依法被宣告失踪、死亡的，其财产或者遗产不足清偿的法律文件。

4. 涉及诉讼的，法院判决、裁定本单位败诉，或者虽胜诉但被裁定终止执行的法律文书。

5. 被盗、被骗、被挪用等，提供公检法机关出具的确已无法追回的法律文书及对相关责任人的处理决定。

6. 资产处置事项审批需要的其他相关资料。

（三）无形资产损失

1. 主管部门正式公文，内容应包括所属单位取得无形资产及损失情况的说明、主管部门审核意见等。

2. 有关机构的专业技术鉴定报告。

3. 超出法律保护期限的证明文件。

4. 资产处置事项审批需要的其他相关资料。

七、置换国有资产应提供的资料

（一）主管部门正式公文，内容应包括所属单位置换资产的原因、双方拟置换资产的详细情况、主管部门审核意见等。

（二）以非货币性资产抵顶债权债务的，提供债权债务协议、相关凭证、期末资产负债表和相关明细表。

（三）当地政府承诺文件、草签的置换协议或者合同草案。

（四）双方拟置换资产产权证明，如房屋所有权证、土地使用权证、机动车行驶证、股权证等资料的复印件（加盖单位公章）；没有取得资产产权证明的，需由当地政府或有关部门出具产权所属证明。

（五）对方单位法人证书或营业执照复印件（加盖单位公章）。

（六）资产处置事项审批需要的其他相关资料。

八、因撤销、合并、分立、隶属关系改变等原因进行国有资产整体处置应提供的资料

（一）主管部门正式公文，内容应包括需整体处置资产单位的基本概况、处置资产的依据、资产清查结果等内容。

（二）政府或有关部门批准的撤销、合并、分立、隶属关系改变等文件。

（三）财务审计报告。

（四）资产处置事项审批需要的其他相关资料。

附件2：

山东省省级行政事业国有资产调拨审批表（式样）

金额单位：元

序号	资产名称	规格型号	购建时间	数量（台、辆、平方米等）	单价	账面原值	权属证号（车辆识别代码或车架号、房屋所有权证号、土地使用证号）	备注
合计							×	

调出单位意见	调出主管部门意见	调入单位意见	调入主管部门意见	财政部门（主管部门）审批意见
单位负责人： 资产管理机构负责人： 资产管理人员： （单位公章） 年 月 日	单位负责人： 资产管理机构负责人： 资产管理人员： （单位公章） 年 月 日	单位负责人： 资产管理机构负责人： 资产管理人员： （单位公章） 年 月 日	单位负责人： 资产管理机构负责人： 资产管理人员： （单位公章） 年 月 日	（盖章） 年 月 日

说明：1. 本表一式六联，其中财政部门留存两联；调出、调入主管部门各留存一联；调出、调入单位各留作记账凭证一联。
2. 单位申请资产调拨，需同时附报《山东省省级行政事业国有资产处置管理办法》规定的申办材料。
3. 本表由申报资产调出单位通过“山东省行政事业资产管理信息系统”填制并打印上报。
4. 同一主管部门所属省级单位之间的调拨，主管部门只需填报“调出主管部门意见”栏。

附件3：

山东省省级行政事业国有资产报废审批表（式样）

金额单位：元

序号	资产名称	规格型号	购建时间	数量（台、辆、平方米等）	单价	账面原值	权属证号（车辆识别代码或车架号、房屋所有权证号、土地使用证号）	备注
合计							×	

申报单位	主管部门审核意见	财政部门（主管部门）审批意见：
单位负责人： 资产管理机构负责人： 资产管理人员： （单位公章） 年 月 日	单位负责人： 资产管理机构负责人： 资产管理人员： （单位公章） 年 月 日	资产报废残值收入，全额上缴省级财政国库，纳入财政预算管理。 （盖章） 年 月 日

说明：1. 本表一式四联，其中财政部门留存两联、主管部门留存一联、申报单位留作记账凭证一联。
2. 单位申请资产报废，需同时附报《山东省省级行政事业国有资产处置管理办法》规定的申办材料。
3. 本表由各单位通过“山东省行政事业资产管理信息系统”填制并打印上报。

省财政厅关于转发财资〔2015〕44 号财资〔2016〕6 号文件加强行业协会商会与行政机关脱钩有关国有资产管理的通知

2017 年 7 月 27 日　鲁财资〔2017〕45 号

各市财政局、省财政直接管理县（市）财政局，省直各部门、单位：

行业协会商会与行政机关脱钩是国务院部署的一项重要工作。为加强行业协会商会脱钩过程中及脱钩后的资产管理，财政部先后印发《关于加强行业协会商会与行政机关脱钩有关国有资产管理的意见（试行）》（财资〔2015〕44 号）和《关于实施〈财政部关于加强行业协会商会与行政机关脱钩有关国有资产管理的意见（试行）〉有关问题的补充通知》（财资〔2016〕6 号），现转发给你们，并结合我省实际提出以下意见，请认真贯彻执行。

一、要高度重视行业协会商会与行政机关脱钩中各项资产管理工作。行业协会商会占有、使用的国有资产是行业协会商会履行职能、实现发展的重要物质基础。要切实加强行业协会商会与行政机关脱钩过程中及脱钩后的国有资产管理，确保国有资产安全完整和使用高效，防止国有资产损失流失。

二、要严格落实行业协会商会与行政机关脱钩中相关部门责任。财政部门是国有资产管理的综合职能部门，要会同有关部门做好行业协会商会与行政机关脱钩的国有资产管理工作。行政机关负责组织本部门主办、主管、联系、挂靠的行业协会商会脱钩各项具体工作，包括成立专门机构、组织资产清查、委托中介审计等，并根据行业协会商会实际情况，制定行业协会商会脱钩过渡期和脱钩后国有资产使用的具体方案。

三、要认真审核申报资产处置相关资料。行业协会商会脱钩中申报资产处置划转事项的，应当结合具体情况，提供相应申报资料，包括：

（一）《××协会商会脱钩实施方案》（含资产使用具体方案）；

（二）民政部门核准行业协会商会脱钩的批复文件和相关列入脱钩计划文件；

（三）资产清查报告和中介机构出具的资产清查专项审计报告；

（四）主管部门的资产处置划转申请和内部有关会议纪要、决议等；

（五）审批需要的其他相关资料。

附件：1. 财政部关于加强行业协会商会与行政机关脱钩有关国有资产管理的意见（试行）（财资〔2015〕44 号）

2. 财政部关于实施《财政部关于加强行业协会商会与行政机关脱钩有关国有资产管理的意见（试行）》有关问题的补充通知（财资〔2016〕6 号）

附件 1：

财政部关于加强行业协会商会与行政机关脱钩有关国有资产管理的意见（试行）

2015 年 9 月 10 日　财资〔2015〕44 号

党中央有关部门，国务院各部委、各直属机构，全国人大常委会办公厅，全国政协办公厅，高法院，高检院，各民主党派中央，有关人民团体，全国工商联，各省、自治区、直辖市、计划单列市财政厅（局），新疆生产建设兵团财务局：

为了加强行业协会商会与行政机关脱钩过程中以及脱钩后国有资产（包括无形资产）管理，防止国有资产流失，维护国有资产安全完整，按照《行业协会商会与行政机关脱钩总体方案》的部署和要求，根据《中华人民共和国预算法》和《行政单位国有资产管理暂行办法》（财政部令第35号）、《事业单位国有资产管理暂行办法》（财政部令第36号）等规定，现对国有资产管理问题提出如下意见：

一、基本原则

（一）确保国有资产安全完整，防止国有资产流失。行业协会商会占有、使用的国有资产为行业协会商会履行职能、促进发展发挥了重要的物质保障作用。要加强行业协会商会与行政机关脱钩过程中及脱钩后的国有资产管理，确保国有资产的安全与完整，切实防止国有资产流失。

（二）坚持所有权与使用权相分离，明晰资产权属关系。要明晰行业协会商会占有、使用的国有资产权属和产权关系，严格执行有关法规制度。按照所有权、使用权相分离原则，脱钩前行业协会商会占有、使用的国有资产可以根据实际需要在过渡期和脱钩后继续使用。

（三）确保平稳过渡，支持行业协会商会发展。行业协会商会占有、使用的国有资产是确保脱钩过渡期机构正常运转的重要保障，行业协会商会要管好用好国有资产，确保平稳过渡。财政部门要会同有关部门采取多种方式，在确保国有资产安全完整的前提下，支持行业协会商会使用国有资产促进其事业发展。

（四）分级分类管理，落实部门责任。财政部门是国有资产管理的综合职能部门。各级财政部门要会同机关事务主管部门切实做好行业协会商会与行政机关脱钩的国有资产管理工作，并根据实际制定行业协会商会与行政机关脱钩的资产管理具体规定。行政机关负责组织本部门主办、主管、联系、挂靠的行业协会商会各项脱钩具体工作，根据行业协会商会实际情况，按照规定与行业协会商会协商制定脱钩过渡期和脱钩后国有资产使用的具体方案。

二、资产清查和核实

（五）按照“谁管理、谁负责”的要求，有脱钩任务的行政机关（以下简称行政机关）参照《行政事业单位资产清查暂行办法》（财办〔2006〕52号）等相关规定，对纳入脱钩范围的行业协会商会资产进行全面摸底和清查登记，厘清财产归属，对债权债务等进行全面清理，认真盘点，进行账实核对，核实盘盈、盘亏情况，做到账账相符、账实相符。

纳入脱钩范围的行业协会商会债权债务，原则上继续由行业协会商会承担。

（六）资产清查的范围应是全覆盖，包括行业协会商会本级以及下属企业（不含参股企业）、事业单位、协会等各级各类资产，对参股企业应进行详细说明。

（七）行政机关应当抽调财务、资产、审计等相关人员，组成专门工作机构，结合纳入脱钩范围的行业协会商会的实际情况，制定具体工作方案和实施细则，并做好相关业务培训等基础工作，确保资产清查工作合规进行。

（八）行政机关应当委托社会中介机构开展资产清查、专项审计和相关工作。承担资产清查专项审计及相关工作的社会中介机构，应当依法设立，具备与所承担工作相适应的专业执业能力。

（九）资产清查一般应以行业协会商会与行政机关脱钩具体方案实施的前一年度12月31日作为清查工作的基准日。

（十）资产清查完成后，行政机关应当将清查结果报送本级财政部门和机关事务主管部门，按照《行政事业单位资产核实暂行办法》（财办〔2007〕19号）等有关规定开展资产核实工作，资产核实结果按照规定权限审批。

三、明晰资产权属关系

（十一）明晰产权权属，原则上按照“谁投资谁拥有所有权”的原则界定。

（十二）由行政机关、事业单位转制为行业协会商会的，其净资产应当明确为国有资产。

（十三）存在财政缴拨款关系，并且纳入财政预决算核算范围的行业协会商会，其净资产应当明确为国有资产。

（十四）不存在财政缴拨款关系的行业协会商会，在成立时由全民所有制单位和非全民所有制单位、个人共同设立的，并且投入的资产权属关系明确，有相关法律法规依据的，可以按照事先约定的比例划分产权；资产权属关系不明确，依据现行法律法规和原始文件材料无法判断产权归属的，暂按国有资产管理。

（十五）行业协会商会代管的事业单位占有、使用的资产，应当明确为国有资产。

四、资产管理

（十六）行业协会商会脱钩前占有、使用的国有资产和行政机关无偿提供给行业协会商会使用的国有资产，过渡期内不改变原来使用方式，继续使用。过渡期结束后，对由会费和服务性收入形成的国有资产，仍然不改变其原来的使用方式，继续由行业协会商会使用；对财政性拨款及其他方式形成的国有资产，可以采取有偿使用、分阶段收回、划归行业协会商会使用、行业协会商会清算注销时收回等多种方式进行管理，确保国家作为国有资产所有者的权益。

（十七）行业协会商会代管事业单位并入行业协会商会或转为行业协会商会下属企业的，参照分类推进事业单位改革中从事生产经营活动事业单位转制为企业的有关规定执行，按照企业国有资产相关规定管理。

（十八）行业协会商会代管事业单位划转到相关行政机关或事业单位的，在资产清查和核实等相关基础工作完成，经同级主管部门审核同意后，进行无偿划转。

（十九）行业协会商会管理的企业国有资产，管理方式不变，仍然按照相关企业国有资产规定管理。

（二十）依法注销的行业协会商会占有、使用的国有资产，按有关规定，由同级财政部门一次性收回。

（二十一）在脱钩过程中，涉及将资产划转出行政机关和事业单位的事项，应当按照规定报经同级财政部门或者机关事务主管部门批准。

（二十二）在脱钩过程中，需要进行资产评估的，应当按照《国有资产评估管理办法》（国务院令第91号）、《国有资产评估管理若干问题的规定》（财政部令第14号）等规定执行。

（二十三）脱钩后行业协会商会新增的资产，按照法律法规等有关规定界定产权，规范使用和处置。对相关法律法规无法清晰界定产权的新增资产，由有关部门结合试点情况通过进一步修订完善相关规章制度予以明确。

（二十四）行业协会商会脱钩后，原则上执行民间非营利组织会计制度，单独建账，独立核算。财政部门会同机关事务主管部门按照国有资产管理的相关规定，监督行业协会商会完善国有资产管理制度，加强国有资产管理，防止国有资产流失，并结合过渡期管理需要，制定和完善行业协会商会脱钩后国有资产管理的有关制度。

（二十五）脱钩完成后，行业协会商会应当按照国家有关法律法规的要求加强资产管理，其占有、使用国有资产按照《事业单位及事业单位所办企业国有资产产权登记管理办法》（财教〔2012〕242号）开展产权登记工作，逐步形成权属清晰、配置科学、使用合理、处置规范、运行高效、监督严格的行业协会商会资产管理模式。

五、工作要求

（二十六）为防止脱钩过程中发生国有资产流失、损失等问题，脱钩期间，除发放人员工资、正常工作经费等必要支出外，行业协会商会占有使用的资产原则上不得进行对外投资、出租出借和处置。

（二十七）行政机关要高度重视，依法依规有序开展行业协会商会的脱钩工作，应当成立以行政机关主管领导为组长的专项工作领导小组，制定工作方案，对脱钩过程中涉及国有资产的有关审批事项，按照国家有关法律法规以及本《意见》的要求，严格履行审批程序，做好脱钩过程中各项资产管理工作，确保国有资产安全完整。

（二十八）行政机关要健全脱钩过程中相关资产管理制度，防止脱钩过程中以私分、低价变卖、虚报损失等手段挤占、侵吞、转移国有资产。违反规定的，按照《财政违法行为处罚处分条例》（国务院令第427号）等规定追究法律责任。

（二十九）本《意见》所称行政机关指各级党政机关、人大机关、政协机关、审判机关、检察机关和各民主党派机关。其他实施和参照公务员法管理的单位与其主办、主管、联系、挂靠的行业协会商会脱钩的资产清查和国有资产管理，参照本《意见》执行。

（三十）脱钩工作中，涉及行业协会商会占用行政办公用房清理腾退问题，按照相关规定执行。

（三十一）各地可根据本《意见》要求，并结合当地实际，制定行业协会商会与行政机关脱钩有关国有资产管理的具体规定。

附件2：

财政部关于实施《财政部关于加强行业协会商会与行政机关脱钩有关国有资产管理的意见（试行）》有关问题的补充通知

2016年3月21日　财资〔2016〕6号

党中央有关部门，国务院各部委、各直属机构，全国人大常委会办公厅，全国政协办公厅，高法院，高检院，各民主党派中央，有关人民团体，全国工商联，各省、自治区、直辖市、计划单列市财政厅（局），新疆生产建设兵团财务局：

《财政部关于加强行业协会商会与行政机关脱钩有关国有资产管理的意见（试行）》（财资〔2015〕44号，以下简称44号文件）印发后，一些行政机关和行业协会商会在实施过程中遇到了一些问题，要求进一步明确。经研究，现就44号文件实施的有关问题补充通知如下：

一、资产清查核实文件依据。资产清查核实依照44号文件第（五）、（八）条规定，依据《行政事业单位资产清查暂行办法》（财办〔2006〕52号）和《行政事业单位资产核实暂行办法》（财办〔2007〕19号）执行。资产清查核实工作在2016年3月1日以后组织实施的，按照新的《行政事业单位资产清查核实管理办法》（财资〔2016〕1号）、《财政部关于开展2016年全国行政事业单位国有资产清查工作的通知》（财资〔2016〕2号）等相关规定执行。

二、资产清查的范围。资产清查的范围44号文件第（六）条已有明确规定。其中纳入清查范围的各级各类资产包括国有和非国有资产。

三、资产清查报表的填报。脱钩协会商会应根据资产清查结果，认真填报资产清查报表（见附件）。清查报表的填报使用行业协会商会资产清查信息系统，该系统可在财政部资产管理司官方网站“在线服务”栏中下载使用。

四、资产清查报告主要内容。除财资〔2016〕1号文件第16条要求的内容外，还应重点上报以下内容：

（一）对协会商会的组织架构进行说明，同时绘制组织架构图。

（二）逐一说明协会商会本级以及其下属企业（不含参股企业）、事业单位、协会的资产负债情况，同时对参股企业进行详细说明。

（三）对未纳入清查范围，但协会商会确在使用的资产应进行说明。

（四）根据44号文件规定，明确说明协会商会资产权属。

五、资产清查报表和报告的报送程序。中央行政机关应按照财资〔2016〕1号文件第38条规定的资产核实权限对资产清查结果进行核实。中央行政机关完成资产核实后，将资产清查核实结果（报表和报告）

报送财政部。财政部收到行政机关报送的资产清查核实报告后，组织开展资产核实相关工作。

地方资产清查报表和报告的报送程序由地方财政部门确定。

六、资产清查的付费问题。44号文件第（八）条规定，行政机关应当委托社会中介机构开展资产清查、专项审计和相关工作。按照“谁委托谁付费”的原则，资产清查应由行政机关付费。

七、过渡期资产使用管理。行业协会商会与行政机关资产脱钩过渡期原则上为2015年至2017年。根据44号文件第（四）条规定，行政机关与行业协会商会协商制定脱钩过渡期国有资产使用的具体方案。行政机关对行业协会商会清查核实的资产原则上继续由其使用，不再履行报批程序。如确需涉及国有资产变动或者使用方向的改变，相关具体事项按照行政事业单位国有资产管理规定权限报批，有关部门的批复结果作为使用方案的附件。

过渡期内，资产管理方式不变，原则上不划转产权关系，行政机关仍然承担国有资产主管部门职责，资产管理参照事业单位国有资产管理相关规定执行。特殊情况下需要将资产划转出行政机关（包括下属单位）的，应当按照规定报经同级财政部门或者机关事务主管部门批准。

八、过渡期结束后资产使用管理。

（一）过渡期结束后，行政机关会同行业协会商会依据44号文件第四部分要求，提出行业协会商会国有资产使用的具体方案，并报财政部门审批。

（二）在确定资产形成的资金来源时，对没有财政拨款的单位，资金来源原则上为单位会费或者服务收入；对有财政拨款的单位，资产形成的资金来源为会费和服务性收入的，需由单位举证（法律凭证）；如无法举证的，资金来源应确定为财政性拨款及其他方式。

九、资产使用具体方案涉及的审批问题。过渡期内的资产使用方案不涉及国有资产变动或者使用方式的改变，原则上不用报批。

过渡期结束后的资产使用方案报财政部审批。

附件：行业协会商会资产清查表（略）

省财政厅转发《财政部关于做好资产评估机构备案管理工作的通知》的通知

2017年9月19日　鲁财资〔2017〕63号

各资产评估机构：

为加强资产评估行业财政监督管理，促进资产评估行业健康发展，财政部发布了《资产评估行业财政监督管理办法》（财政部令第86号，以下简称《办法》），并印发了《关于做好资产评估机构备案管理工作的通知》（财资〔2017〕26号，以下简称《通知》）。为做好我省资产评估机构（含分支机构）备案管理工作，现将《通知》转发给你们，并结合我省实际补充通知如下：

一、原取得评估机构执业资格证书的机构符合《资产评估法》第十五条规定条件的，请于10月15日前向山东省资产评估协会提交执业资格证书，由协会统一提交山东省财政厅进行批量公告。

二、原取得评估机构执业资格证书的机构不符合《资产评估法》第十五条规定条件的，请于10月15日前交回执业资格证书，机构整改后再到山东省财政厅备案，相关材料提交按照《通知》要求执行。

三、《办法》发布之前，已在我省工商行政管理部门登记的拟从事资产评估业务的机构，请于10月15日前到山东省财政厅办理资产评估机构设立备案手续；在《办法》发布之后设立的资产评估机构，按照《通知》规定办理。

四、自本通知发布之日起，经备案公告后的我省资产评估机构的名称、执行合伙事务的合伙人或者法定代表人、合伙人或者股东，分支机构的名称、负责人发生变更，以及发生机构分立、合并、转制、撤销等重大事项，应当自工商变更登记完成之日起15个工作日内，办理变更备案手续。

五、办理资产评估机构新设及变更备案所需表格材料与办事流程均已在山东省财政厅门户网站上公布，请自行查阅。

六、如有其他不明确事项，或在本通知执行过程中遇有问题，请向山东省财政厅咨询或反映。

附件：财政部关于做好资产评估机构备案管理工作的通知

附件：

财政部关于做好资产评估机构备案管理工作的通知

2017年7月14日　财资〔2017〕26号

各省、自治区、直辖市、计划单列市财政厅（局）：

根据《中华人民共和国资产评估法》（以下简称《资产评估法》）和《资产评估行业财政监督管理办法》（财政部令第86号，以下简称《办法》），请各省、自治区、直辖市、计划单列市财政厅（局）（以下简称省级财政部门）认真做好本地区资产评估机构和分支机构备案工作，明确工作程序，落实工作职责，提高工作效率。现将有关事项通知如下：

一、资产评估机构和分支机构登记备案管理

（一）资产评估机构应当自领取营业执照之日起30日内向所在地省级财政部门备案。

（二）资产评估机构备案，应当提交以下材料：

1. 《资产评估机构备案表》（附件1）；
2. 营业执照复印件；
3. 经工商行政管理机关登记的合伙协议或公司章程；
4. 《资产评估机构合伙人（股东）信息汇总表》（附件2－1）、《资产评估机构合伙人（股东）简历》（附件2－2）及由资产评估机构为其自然人合伙人（股东）缴纳社会保险费的复印件（内退、下岗、退休人员除外），有法人合伙人（股东）的，还应当提交《资产评估机构法人合伙人（股东）信息表》（附件2－3）、法人合伙人（股东）营业执照复印件；
5. 《资产评估专业人员情况汇总表》（附件3－1）、《资产评估师转所表》（附件3－2）、其他专业领域的评估师资格证书复印件；
6. 《办法》规定的资产评估机构质量控制制度和内部管理制度。

（三）资产评估机构办理分支机构备案，应当提交以下材料：

1. 《资产评估机构设立分支机构备案表》（附件4）；
2. 分支机构营业执照复印件；
3. 资产评估机构授权分支机构的业务范围；
4. 《资产评估机构分支机构负责人简历》（附件5）以及由资产评估机构或分支机构为其分支机构负责人缴纳社会保险费的复印件（内退、下岗、退休人员除外）；
5. 《资产评估专业人员情况汇总表》（附件3－1）、《资产评估师转所表》（附件3－2）。

（四）各省级财政部门应当根据《办法》的有关规定收齐备案材料，对于资产评估机构申报的资产评估师信息，省级财政部门应当在公开前向地方资产评估协会核实，其中资产评估师（珠宝）由地方资产评估协会转中国资产评估协会核实。

（五）资产评估机构或分支机构的备案材料不齐全或者不符合要求的，省级财政部门应当在接到备案材料5个工作日内一次性告知需要补正的全部内容，并给予指导。资产评估机构或分支机构应当根据省级财政部门的要求，在15个工作日内补正。逾期不补正的，视同未备案。

（六）备案材料完备且符合要求的，省级财政部门收齐备案材料即完成备案，并在20个工作日内将资产评估机构或分支机构备案信息，在备案信息管理系统中进行备案确认，同时以公函编号向社会公告（附件6）。公告发布在省级财政部门、资产评估协会指定网站。

（七）资产评估机构分支机构完成备案的，资产评估机构分支机构所在地省级财政部门，还应当通过备案信息管理系统，告知资产评估机构所在地省级财政部门。

（八）资产评估机构及其分支机构备案后，加入资产评估协会，平等享有资产评估协会章程规定的权利，履行章程规定的义务。

二、资产评估机构和分支机构变更备案管理

（九）资产评估机构的名称、执行合伙事务的合伙人或者法定代表人、合伙人或者股东，分支机构的名称、负责人发生变更，以及发生机构分立、合并、转制、撤销等重大事项，应当自工商变更登记完成之日起15个工作日内，向相关省级财政部门办理变更备案手续，填写《资产评估机构变更事项备案表》（附件7－1）、《资产评估机构分支机构变更事项备案表》（附件7－2），比照本通知（二）至（三）的规定，附送股东会决议（合伙人决议）以及其他变更涉及事项的相关证明材料。不需要变更工商登记的，自变更之日起15个工作日内，向相关省级财政部门办理变更备案手续。

（十）省级财政部门应当比照本通知第（四）至（七）的规定办理变更备案手续，对变更备案材料完备且符合要求的，将资产评估机构或分支机构变更备案信息在备案信息管理系统中进行备案确认，并向社会公告（附件8）。

资产评估机构分支机构变更备案的，资产评估机构分支机构所在地省级财政部门，还应当通过备案信息管理系统，告知资产评估机构所在地省级财政部门。

（十一）资产评估机构办理合并、分立、转制变更手续的，省级财政部门应当在社会公告中注明，合并、分立、转制前后机构备案的债权债务、档案保管、资产评估业务、执业责任等承继关系。

三、资产评估机构和分支机构注销备案管理

（十二）已完成备案的资产评估机构或者分支机构有下列行为之一的，省级财政部门应当及时予以注销备案，同时在备案信息管理系统中注销相应信息，并向社会公告（附件9）：

1. 注销工商登记的；
2. 被工商行政管理机关吊销营业执照的；
3. 主动要求注销备案的。

（十三）注销备案的资产评估机构及其分支机构的资产评估业务档案，应当按照《中华人民共和国档案法》和资产评估档案管理的有关规定予以妥善保存。

四、新旧制度过渡有关事项

（十四）原取得资产评估资格证书的资产评估机构以及分支机构，应当在本通知发布之日起六个月内，向所在地省级财政部门交回原资产评估资格证书，符合《资产评估法》第十五条规定条件的，由所在地省级财政部门进行备案公告。

（十五）《办法》发布前已在工商行政管理部门登记的，拟从事资产评估业务的机构，应当自本通知发布之日起30日内向所在地省级财政部门备案。

五、其他事项

（十六）本通知所称的其他专业领域的评估师，是指根据《资产评估法》和国务院有关文件规定，按

照职责分工由财政部门以外的评估行政管理部门监管的评估师。

（十七）备案信息管理系统自动生成资产评估机构顺序编号，用于备案信息管理系统后台管理。

（十八）在执行本通知过程中如遇有问题，请及时向财政部（资产管理司）反映。

（十九）本通知自发布之日起施行。《财政部关于贯彻实施〈资产评估机构审批和监督管理办法〉认真做好资产评估机构管理工作的通知》（财企〔2011〕450 号）、《财政部关于评估机构母子公司试点有关问题的通知》（财企〔2010〕347 号）、《财政部关于规范珠宝首饰艺术品评估管理有关问题的通知》（财企〔2007〕141 号）同时废止。

附件：1. 资产评估机构备案表

2 –1. 资产评估机构合伙人（股东）信息汇总表

2 –2. 资产评估机构合伙人（股东）简历

2 –3. 资产评估机构法人合伙人（股东）信息表

3 –1. 资产评估专业人员情况汇总表

3 –2. 资产评估师转所表

4. 资产评估机构设立分支机构备案表

5. 资产评估机构分支机构负责人简历

6. 备案公告

7 –1. 资产评估机构变更事项备案表

7 –2. 资产评估机构分支机构变更事项备案表

8. 变更备案公告

9. 注销备案公告

附件 1：

资产评估机构备案表

<table>
<tr><td>资产评估机构名称</td><td colspan="6"></td></tr>
<tr><td>联系人</td><td></td><td>电子信箱</td><td colspan="4"></td></tr>
<tr><td>办公电话</td><td></td><td>传真</td><td></td><td colspan="2">移动电话</td><td></td></tr>
<tr><td>办公场所</td><td colspan="2"></td><td colspan="3">统一社会信用代码</td><td></td></tr>
<tr><td>通讯地址</td><td colspan="3"></td><td colspan="2">邮编</td><td></td></tr>
<tr><td>组织形式</td><td colspan="2"></td><td>出资总额
（注册资本）</td><td colspan="3"></td></tr>
<tr><td rowspan="2">执行合伙事务的合伙人
（法定代表人）</td><td colspan="2">姓名</td><td colspan="4"></td></tr>
<tr><td colspan="2">资产评估师职业资格证书登记编号</td><td colspan="4"></td></tr>
<tr><td rowspan="2">评估师总数</td><td colspan="2" rowspan="2"></td><td colspan="2">资产评估师数量</td><td colspan="2"></td></tr>
<tr><td colspan="2">其他专业领域的评估师数量</td><td colspan="2"></td></tr>
<tr><td>合伙人（股东）总数</td><td colspan="2"></td><td colspan="2">评估师以外的专业人员数量</td><td colspan="2"></td></tr>
<tr><td colspan="7">经多名合伙人（股东）一致同意，现将备案相关材料呈上，请予备案。
我机构保证备案材料内容全部属实。如有不实，我们愿承担由此而产生的一切责任。

全体合伙人（股东）签名：

资产评估机构盖章：
年　月　日</td></tr>
</table>

注：1. 执行合伙事务的合伙人（法定代表人）若无资产评估师职业资格证书，则不填写。

2. 有法人合伙人（股东）的，在全体合伙人（股东）签名处盖法人公章即可。

附件2-1：

资产评估机构合伙人（股东）信息汇总表

资产评估机构名称：

序号	姓名（或名称）	是否资产评估师	是否其他专业领域的评估师	其他专业领域的评估师资格名称	资产评估师职业资格证书登记编号（或其他专业领域的评估师资格证书编号）	出资额（万元）（或股权比例%）	是否具有三年以上从业经历	三年内是否受停止从业处罚
执行合伙事务的合伙人（法定代表人）签名并盖章：资产评估机构盖章： 年　月　日								

注：其他专业领域的评估师是指根据国务院有关文件确定的评估专业资格人员，“其他专业领域的评估师资格名称”栏目中请填写房地产估价师、土地估价师、矿业权评估师等，“其他专业领域的评估师资格证书编号”栏目中请填写对应证书的编号。其他附件中涉及上述两项栏目的，填写方式相同，不再另行备注。

附件2-2：

资产评估机构合伙人（股东）简历

<table>
<tr><td>姓名</td><td colspan="2"></td><td>性别</td><td></td><td>出生日期</td><td></td><td rowspan="4">（近期1寸免冠蓝底彩色照片）</td></tr>
<tr><td>政治面貌</td><td></td><td>学历</td><td colspan="2"></td><td>专业</td><td></td></tr>
<tr><td colspan="2">是否资产评估师</td><td></td><td colspan="3">是否其他专业领域的评估师</td><td></td></tr>
<tr><td colspan="2">身份证号</td><td colspan="5"></td></tr>
<tr><td colspan="2">资产评估师职业资格证书登记编号</td><td colspan="3"></td><td colspan="2">职称</td><td></td></tr>
<tr><td colspan="2">其他专业领域的评估师资格名称</td><td colspan="3"></td><td colspan="2">其他专业领域的评估师资格证书编号</td><td></td></tr>
<tr><td colspan="2">职务</td><td colspan="3"></td><td colspan="2">出资或者股权比例（%）</td><td></td></tr>
<tr><td rowspan="3">联系方式</td><td colspan="2">办公电话</td><td colspan="5"></td></tr>
<tr><td colspan="2">移动电话</td><td colspan="5"></td></tr>
<tr><td colspan="2">电子信箱</td><td colspan="5"></td></tr>
<tr><td>学习及工作的主要经历</td><td colspan="7"></td></tr>
<tr><td>签署或参与的主要评估项目</td><td colspan="7"></td></tr>
<tr><td>有无不良执业记录</td><td colspan="7"></td></tr>
<tr><td colspan="8">填表人：（签名并盖章）
年　月　日</td></tr>
</table>

注：1.“职务”栏请填写执行合伙事务的合伙人（法定代表人）、正副董事长、正副总经理、总经理助理、部门经理、项目经理及其他职务；

2.“学习及工作的主要经历”栏请从高等教育阶段填起；

3.“签署或参与的主要评估项目”栏填写最近3年签署或参与的主要项目名称、时间并注明签署或参与情况；

4.“有无不良执业记录”栏请填写因评估执业行为受到行政处罚、行业自律惩戒情况；

5.部分栏目中无相关信息的，请在对应栏目中填写“无”；

6.申请人有额外需要说明的事项，可另附说明。

附件2－3：

资产评估机构法人合伙人（股东）信息表

<table>
<tr><td>资产评估机构法人合伙人（股东）名称</td><td colspan="6"></td></tr>
<tr><td>联系人</td><td colspan="2"></td><td>电子信箱</td><td colspan="3"></td></tr>
<tr><td>办公电话</td><td colspan="2"></td><td>传真</td><td></td><td>移动电话</td><td></td></tr>
<tr><td>办公场所</td><td colspan="3"></td><td colspan="2">统一社会信用代码</td><td></td></tr>
<tr><td>通讯地址</td><td colspan="4"></td><td>邮编</td><td></td></tr>
<tr><td>组织形式</td><td colspan="3"></td><td>出资总额（注册资本）（万元）</td><td colspan="2"></td></tr>
<tr><td>执行合伙事务的合伙人（法定代表人）姓名</td><td colspan="3"></td><td colspan="2">合伙人（股东）总数</td><td></td></tr>
<tr><td>执行合伙事务的合伙人（法定代表人）联系方式</td><td>办公电话</td><td></td><td>移动电话</td><td></td><td>电子信箱</td><td></td></tr>
<tr><td>法人合伙人（股东）具有的专业服务资质</td><td colspan="6"></td></tr>
<tr><td>经营范围</td><td colspan="6"></td></tr>
<tr><td colspan="7">法人合伙人（股东）执行合伙事务的合伙人（法定代表人）签名并盖章：
法人合伙人（股东）盖章：
年　　月　　日</td></tr>
</table>

附件3－1：

资产评估专业人员情况汇总表

资产评估机构（分支机构）名称：

序号	姓名	性别	出生日期	政治面貌	身份证号	是否资产评估师	是否其他专业领域的评估师	是否评估师以外的专业人员	其他专业领域的评估师资格名称	资产评估师职业资格证书登记编号（或其他专业领域的评估师资格证书编号）	执业时间（年）	出资额（万元）或者股权比例（%）	近三年受到行政处罚及行业自律惩戒情况
执行合伙事务的合伙人（法定代表人）签名并盖章：资产评估机构盖章： 年　　月　　日													

注：1. 不担任合伙人（股东）的评估师不需要填写“出资额”和“出资或者股权比例”栏；

2. 执业时间栏目请填累计执业时长；

3. 本表所称评估师以外的专业人员是指评估师以外的，根据《办法》的要求，由资产评估机构自主评价认定的具有资产评估专业知识及实际经验的其他资产评估从业人员；

4. 有关栏目填写不下时，可附纸填写。

附件3-2：

资产评估师转所表

<table>
<tr><td>姓名</td><td colspan="2"></td><td>性别</td><td></td></tr>
<tr><td>资产评估师职业资格
证书登记编号</td><td colspan="2"></td><td>联系电话</td><td></td></tr>
<tr><td>身份证号码</td><td colspan="4"></td></tr>
<tr><td colspan="5">本人是否为转出机构合伙人或者股东□是　□否</td></tr>
<tr><td>转出机构</td><td></td><td colspan="2">转入机构</td><td></td></tr>
<tr><td>资产评估师转所
个人申请栏</td><td colspan="4">转所理由：

申请人签字：</td></tr>
<tr><td colspan="2">转出机构意见

机构公章：
负责人签章：
年　月　日</td><td colspan="3">转入机构意见

机构公章：
负责人签章：
年　月　日</td></tr>
<tr><td colspan="2">转出地方协会管理部门意见

转所专用章：
经办人签字：
年　月　日</td><td colspan="3">转入地方协会管理部门意见

转所专用章：
经办人签字：
年　月　日</td></tr>
</table>

注：资产评估师（珠宝）转所由中国资产评估协会直接办理。

附件4：

资产评估机构设立分支机构备案表

<table>
<tr><td>资产评估机构名称</td><td colspan="4"></td><td>组织形式</td><td></td></tr>
<tr><td>评估师总数</td><td colspan="4"></td><td>合伙人（股东）总数</td><td></td></tr>
<tr><td>资产评估机构公函编号</td><td colspan="6"></td></tr>
<tr><td>办公场所</td><td colspan="6"></td></tr>
<tr><td>通讯地址</td><td colspan="4"></td><td>邮编</td><td></td></tr>
<tr><td>联系人</td><td></td><td>电子信箱</td><td colspan="4"></td></tr>
<tr><td>办公电话</td><td></td><td>传真</td><td></td><td>移动电话</td><td colspan="2"></td></tr>
<tr><td>分支机构名称</td><td colspan="6"></td></tr>
<tr><td rowspan="2">分支机构负责人</td><td>姓名</td><td colspan="5"></td></tr>
<tr><td>资产评估师职业资格
证书登记编号</td><td colspan="5"></td></tr>
<tr><td rowspan="2">评估师总数</td><td rowspan="2"></td><td colspan="2">资产评估师数量</td><td colspan="3"></td></tr>
<tr><td colspan="2">其他专业领域的评估师数量</td><td colspan="3"></td></tr>
</table>

续表

<table>
<tr><td>分支机构办公场所</td><td colspan="3"></td><td colspan="2">评估师以外的专业人员数量</td><td></td></tr>
<tr><td>联系人</td><td colspan="2"></td><td colspan="2">电子信箱</td><td colspan="2"></td></tr>
<tr><td>联系方式</td><td>办公电话</td><td></td><td>传真</td><td></td><td>移动电话</td><td></td></tr>
<tr><td colspan="7">现将备案相关材料呈上，并保证本表所填内容及所附证明材料全部属实，请予备案。如有不实，我机构愿承担由此而产生的一切责任。
资产评估机构执行合伙事务的合伙人（法定代表人）签名并盖章：
资产评估机构：（盖章）
年　月　日
资产评估机构分支机构负责人签名并盖章：
资产评估机构分支机构：（盖章）
年　月　日</td></tr>
</table>

注：分支机构负责人若无资产评估师职业资格证书，则不填写相关内容。

附件5：

资产评估机构分支机构负责人简历

<table>
<tr><td>姓名</td><td colspan="2"></td><td>性别</td><td colspan="2"></td><td>出生日期</td><td></td><td rowspan="4">（近期1寸免冠蓝底彩色照片）</td></tr>
<tr><td>政治面貌</td><td></td><td>学历</td><td colspan="3"></td><td>专业</td><td></td></tr>
<tr><td colspan="2">是否资产评估师</td><td></td><td colspan="4">是否其他专业领域的评估师</td><td></td></tr>
<tr><td colspan="2">身份证号</td><td colspan="6"></td></tr>
<tr><td colspan="2">资产评估师职业资格证书登记编号</td><td colspan="3"></td><td colspan="3">职称</td><td></td></tr>
<tr><td colspan="2">其他专业领域的评估师资格名称</td><td colspan="3"></td><td colspan="3">其他专业领域的评估师资格证书编号</td><td></td></tr>
<tr><td colspan="2">职务</td><td colspan="3"></td><td colspan="3">在资产评估机构出资（持股）比例（%）</td><td></td></tr>
<tr><td rowspan="3">联系方式</td><td colspan="2">办公电话</td><td colspan="6"></td></tr>
<tr><td colspan="2">移动电话</td><td colspan="6"></td></tr>
<tr><td colspan="2">电子信箱</td><td colspan="6"></td></tr>
<tr><td>学习及工作的主要经历</td><td colspan="8"></td></tr>
<tr><td>签署或参与的主要评估项目</td><td colspan="8"></td></tr>
<tr><td>有无不良执业记录</td><td colspan="8"></td></tr>
<tr><td colspan="9">填表人：（签名并盖章）
年　月　日</td></tr>
</table>

注：1. “职务”栏请填写分所所长、分公司经理等；
2. “学习及工作的主要经历”栏请从高等教育阶段填起；
3. “签署或参与的主要评估项目”栏填写最近3年签署或参与的主要项目名称、时间并注明签署或参与情况；
4. “有无不良执业记录”栏请填写因评估执业行为受到行政处罚或行业自律惩戒情况。

附件 6：

备 案 公 告

（公函编号）

（机构名称）报来的《资产评估机构备案表》（《资产评估机构分支机构备案表》）及有关材料收悉。根据《中华人民共和国资产评估法》、《资产评估行业财政监督管理办法》的有关规定，予以备案。

一、资产评估机构（分支机构）名称为……组织形式为……

二、执行合伙事务的合伙人（法定代表人）（分支机构负责人）为……

三、资产评估机构的合伙人或者股东的基本情况，申报的资产评估专业人员基本情况等备案相关信息已录入备案信息管理系统，可通过财政部、中国资产评估协会官方网站进行查询。

特此公告。

年　　月　　日

注：此为参考格式。用于分支机构备案时，合伙人（股东）、出资总额（注册资本）信息可不列。

附件 7－1：

资产评估机构变更事项备案表

资产评估机构名称：　　　　　　　　　　　　　　　　变更原因：

<table>
<tr><td>项目</td><td colspan="2">变更前情况</td><td colspan="2">变更后情况</td><td>变更时间</td></tr>
<tr><td>名称</td><td colspan="2"></td><td colspan="2"></td><td></td></tr>
<tr><td>执行合伙事务的合伙人
（法定代表人）</td><td colspan="2"></td><td colspan="2"></td><td></td></tr>
<tr><td rowspan="4">合伙人（股东）</td><td>姓名</td><td>出资（股权）
比例（%）</td><td>姓名</td><td>出资（股权）
比例（%）</td><td rowspan="4"></td></tr>
<tr><td></td><td></td><td></td><td></td></tr>
<tr><td></td><td></td><td></td><td></td></tr>
<tr><td></td><td></td><td></td><td></td></tr>
<tr><td colspan="2">被吸收合并方名称</td><td>资产评估机构
公函编号</td><td colspan="2">所在地</td><td>合并时间</td></tr>
<tr><td colspan="2"></td><td></td><td colspan="2"></td><td></td></tr>
<tr><td colspan="2"></td><td></td><td colspan="2"></td><td></td></tr>
<tr><td colspan="6">我机构保证本表所填内容及所附证明材料全部属实。如有不实，愿承担由此而产生的一切责任。

执行合伙事务的合伙人（法定代表人）签名并盖章：
资产评估机构：（盖章）
年　　月　　日</td></tr>
</table>

注：1.“变更原因”项目应填写“正常变更”、“吸收合并”、“分立存续”、“转制”、“跨省迁址”；

2.“被吸收合并方名称”等相关项目，仅在机构发生“吸收合并”时填写；

3. 合伙人（股东）发生变化，变更前后全体股东全部填写；

4. 应当按照本通知要求随表附上变更事项相关的材料；

5. 有关栏目填写不下时，可多张填写，并在每页签章。

附件7－2：

资产评估机构分支机构变更事项备案表

资产评估机构分支机构名称：　　　　　　　　　　　　　　分支机构公函编号：

<table>
<tr><td>项目</td><td colspan="2">变更前情况</td><td colspan="2">变更后情况</td><td>变更时间</td></tr>
<tr><td>名称</td><td colspan="2"></td><td colspan="2"></td><td></td></tr>
<tr><td rowspan="2">分支机构
负责人姓名</td><td>姓名</td><td>在资产评估机构出资（持股）比例（%）</td><td>姓名</td><td>在资产评估机构出资（持股）比例（%）</td><td rowspan="2"></td></tr>
<tr><td></td><td></td><td></td><td></td></tr>
<tr><td colspan="6">我机构保证本表所填内容及所附证明材料全部属实。
分支机构负责人签名并盖章：
分支机构：（盖章）
年　月　日</td></tr>
<tr><td colspan="6">我机构保证本表所填内容及所附证明材料全部属实。
执行合伙事务的合伙人（法定代表人）签名并盖章：
资产评估机构：（盖章）
年　月　日</td></tr>
</table>

注：分支机构负责人不是合伙人（股东）的，“出资（持股）比例”栏可不填。

附件8：

变更备案公告

（公函编号）

（参考格式）

（机构名称）变更事项备案及有关材料收悉。根据《中华人民共和国资产评估法》、《资产评估行业财政监督管理办法》的有关规定，予以备案。变更备案的相关信息如下：

一、

二、

……

相关信息已录入备案信息管理系统，可通过财政部、中国资产评估协会官方网站进行查询。

特此公告。

年　　月　　日

附件9：

注销备案公告

（公函编号）

（参考格式）

根据《中华人民共和国资产评估法》、《资产评估行业财政监督管理办法》的有关规定，已于　　年　月　日注销备案。

特此公告。

年　　月　　日

省财政厅　省人民政府国有资产监督管理委员会关于印发《山东省省属企业职工家属区“三供一业”分离移交省级财政补助资金管理办法》的通知

2017年9月19日　鲁财资〔2017〕65号

有关省属企业：

为规范和加强省属企业职工家属区“三供一业”分离移交省级财政补助资金管理，推动“三供一业”分离移交工作开展，根据《山东省人民政府办公厅关于印发进一步解决省属企业办社会职能和历史遗留问题工作方案的通知》（鲁政办发〔2016〕35号）、《山东省人民政府办公厅转发省国资委省财政厅山东省国有企业职工家属区“三供一业”分离移交工作方案的通知》（鲁政办发〔2016〕76号）和《山东省人民政府办公厅关于印发〈山东省省级国有资本经营预算管理暂行办法〉的通知》（鲁政办字〔2017〕94号）等有关规定，我们制定了《山东省省属企业职工家属区“三供一业”分离移交省级财政补助资金管理办法》。现予印发，请遵照执行。

附件：山东省省属企业职工家属区“三供一业”分离移交省级财政补助资金管理办法

附件：

山东省省属企业职工家属区“三供一业”分离移交省级财政补助资金管理办法

第一章　总　　则

第一条　为规范和加强省属企业职工家属区“三供一业”分离移交省级财政补助资金（以下简称补助资金）管理，根据《山东省人民政府办公厅关于印发进一步解决省属企业办社会职能和历史遗留问题工作方案的通知》（鲁政办发〔2016〕35号）、《山东省人民政府办公厅转发省国资委省财政厅山东省国有企业职工家属区“三供一业”分离移交工作方案的通知》（鲁政办发〔2016〕76号）和《山东省人民政府办公厅关于印发〈山东省省级国有资本经营预算管理暂行办法〉的通知》（鲁政办字〔2017〕94号）等有关规定，制定本办法。

第二条　省财政通过省级国有资本经营预算安排补助资金，用于支持省属企业职工家属区“三供一业”分离移交工作，对“三供一业”相关设备设施进行必要的维修改造，基本实现分户设表、按户收费，交由专业化企业或机构实行社会化管理，省属企业自2019年起不再以任何方式为职工家属区“三供一业”承担相关费用。

第三条　本办法所称省属企业是指省国资委履行出资人职责的国有及国有控股企业，包括省属企业集团公司（以下简称集团公司）及其所属企业。

本办法所称“三供一业”是指分离移交前省属企业实际承担的职工家属区供水、供电、供热（供气）

和物业管理项目。

第四条 补助资金分配遵循“分项核定、政企共担、综合补助”的原则，补助金额最高不超过改造费用的30%。

第五条 省财政厅负责补助资金的年度预算编制、分配、拨付，以及对补助资金使用情况进行监督检查。

省国资委负责审核集团公司汇总上报的补助资金申请，编制“三供一业”分离移交预算，督促集团公司合理使用补助资金，并配合省财政厅对“三供一业”分离移交补助资金使用情况进行监督检查。

省属企业负责制定本集团“三供一业”分离移交总体工作方案及年度工作计划，组织协调所属企业开展“三供一业”分离移交工作，审核汇总上报本企业补助资金申报材料，并对申报材料的真实性负责，加强补助资金内部控制管理，接受省财政厅、省国资委对补助资金使用情况的监督检查。省属企业是“三供一业”分离移交工作的责任主体，须确保按时完成分离移交工作任务，并接受相关部门的监督检查。

第二章　补助范围

第六条 补助范围为省属企业在2016年1月1日以后实施分离移交的“三供一业”。

第七条 省财政对省属企业“三供一业”分离移交费用予以补助。分离移交费用包括相关设施维修维护费用，基建和改造工程项目的可研费用、设计费用、旧设备设施拆除费用、施工费用、监理费等。“三供一业”维修改造标准和改造费用标准不得高于所在地市级以上人民政府出台的相关政策规定。

第八条 已使用“三供一业”分离移交中央财政补助资金及省财政综合补助资金的省属企业，不再纳入补助范围。

第三章　补助资金申请和拨付

第九条 省属企业已签署“三供一业”分离移交协议的，可以申请补助资金。签署框架协议的省属企业，应加快工作进度，尽快签署分离移交正式协议。

第十条 集团公司所属企业应当向集团公司报送补助资金申请文件。集团公司审核汇总形成本集团补助资金申请文件，于每年3月中旬、9月中旬报送至省国资委。

第十一条 省国资委对集团公司报送的补助资金申请文件进行审核，于当年3月底前、9月底前将审核意见报送省财政厅，同时报送资金审核汇总表（附件2）、资金拨付审核意见表（附件3）。

第十二条 补助资金申请文件主要包括“三供一业”分离移交总体工作方案、年度工作计划，拟（已）分离移交项目基本情况、分离移交费用预算金额、申请补助金额，以前年度补助资金使用情况、工作进展情况等内容，同时报送以下材料：

（一）相关协议、分离移交费用预算金额说明及相关依据文件等材料。

（二）补助资金申请表（附件1）。

第十三条 省财政厅对省国资委的审核意见复核后，根据年度预算安排核定应补助金额，并按照财政国库管理制度有关规定，将补助资金拨付至集团公司。对未完成任务的项目相应核定收回补助资金。

第四章　财务与资产管理

第十四条 “三供一业”移交方和接收方要根据“三供一业”设备设施的现状和政府出台的维修改造标准，共同协商确定维修改造标准及资金支付方式，确保补助资金合理使用。

第十五条 拨付项目单位的补助资金作为费用性支出。项目单位要对补助资金和自筹资金实施专户或专账管理，单独核算，专款专用，补助资金所产生利息可用于“三供一业”分离移交支出。

第十六条 依据《财政部关于企业分离办社会职能有关财务管理问题的通知》（财企〔2005〕62号）规定，接收方为国有企业或政府机构的，移交方应对分离移交涉及的资产实行无偿划转，并报同级国有资产监督管理机构备案。

第十七条 移交方要做好移交资产清查、财务清理、审计评估、产权变更及登记等工作，并按照财企〔2005〕62号文件规定进行财务处理。多元股东的企业应当经企业董事会或股东会同意后，按照持有股权的比例核减国有权益。

第十八条 企业应当按照《企业财务通则》《企业会计准则》等有关财务会计规定进行账务处理和会计核算。分离移交事项对企业财务状况及经营成果造成的影响，应由中介机构出具专项鉴证意见。

第五章 监督检查

第十九条 省属企业应当严格按照国家有关法律法规、财务规章和本办法的规定，规范使用和管理补助资金。

第二十条 省财政厅、省国资委适时对补助资金使用情况进行监督检查。

第二十一条 对虚报冒领、挤占、挪用、违规使用补助资金等行为，依照《预算法》《财政违法行为处罚处分条例》（国务院第427号令）等有关规定处理。

第六章 附 则

第二十二条 本办法由省财政厅和省国资委负责解释。

第二十三条 本办法自2017年10月20日起施行，有效期至2020年10月31日。

附件：1. ________年补助资金申请表

2. ________年补助资金审核汇总表

3. ________年资金拨付审核意见表

附件1：

________年补助资金申请表

集团公司名称（盖章）： 单位：万元

序号	项目承担单位	所在市	所在县（区、市）	项目名称	项目类型	涉及居民户数	协议类型	预算金额	申请补助金额
合计									

注：
项目承担单位：指具体负责分离移交“三供一业”的企业。
所在市：指项目承担单位所在的地级市。
所在县（区、市）：指项目承担单位所在的县（区、市）。
项目名称：指分离移交的“三供一业”所在的职工家属区。
项目类型：请选择供水、供电、供热、供气或物业管理。
协议类型：请选择分离移交协议或框架协议。
预算金额：请填写相关协议明确的预算金额。

附件2：

________年补助资金审核汇总表

填报单位：　　　　　　　　　　　　　　　　　　　　　　　　　　　　　　　　　　　　　单位：万元

序号	集团公司名称	项目承担单位	所在市	所在县（区、市）	项目名称	项目类型	涉及居民户数	协议类型	预算金额	核定补助金额
合计										

注：

项目承担单位：指具体负责分离移交“三供一业”的企业。

所在市：指项目承担单位所在的地级市。

所在城市：指项目承担单位所在的县（区、市）。

项目名称：指分离移交的“三供一业”所在的职工家属区。

项目类型：请选择供水、供电、供热、供气或物业管理。

协议类型：请选择分离移交（维修改造）协议或框架协议。

预算金额：请填写相关协议明确的预算金额。

附件3：

________年资金拨付审核意见表

填报单位：　　　　　　　　　　　　　　　　　　　　　　　　　　　　　　　　　　　　　单位：万元

序号	集团公司名称	项目承担单位	所在市	所在县（区、市）	项目名称	项目类型	预算金额	审计金额	省财政已补助金额	核定收回金额
合计										

注：

项目承担单位：指具体负责分离移交“三供一业”的企业。

是否为原政策性破产企业：请填是或否。

所在市：指项目承担单位所在的地级市。

所在县（区、市）：指项目承担单位所在的县（区、市）。

项目名称：指分离移交的“三供一业”所在的职工家属区。

项目类型：请选择供水、供电、供热、供气或物业管理。

预算金额：请填写相关协议明确的预算金额。

审计金额：指审计报告认定的分离移交费用金额。

省财政厅关于省直部门所属高校国有资产处置管理有关问题的通知

2017 年 12 月 29 日　鲁财资〔2017〕97 号

省直有关部门：

根据《教育部等五部门关于深化高等教育领域简政放权放管结合优化服务改革的若干意见》（教政法〔2017〕7 号）有关精神，参照《财政部关于印发〈中央部门所属高校国有资产处置管理补充规定〉的通知》（财资〔2017〕72号）有关规定，现就省直部门所属高校国有资产处置管理有关问题通知如下：

一、进一步扩大省直部门所属高校资产处置权限。省直部门所属高校对其占有、使用的国有资产进行产权转让或产权注销，由省财政厅授权主管省直部门进行审批。省直有关部门应当于批复之日起15个工作日内，将批复文件报省财政厅备案。其中，已达使用年限且应淘汰报废的资产处置，授权高校自主处置，处置结果按季度报主管省直部门备案；已达使用年限仍可继续使用的，应当继续使用。

二、科学合理制定资产使用年限标准。省直有关部门根据所属高校实际情况，组织所属高校分类制定资产使用年限标准，会同省财政厅印发执行，并根据经济社会发展水平变化情况适时调整。

三、规范高校资产处置收益管理。高校处置涉及科技成果转化资产取得的收益，按照《中华人民共和国促进科技成果转化法》和《国务院关于印发实施〈中华人民共和国促进科技成果转化法〉若干规定的通知》（国发〔2016〕16号）、《中华人民共和国专利法》及其实施细则、《山东省人民政府办公厅转发省财政厅等部门关于改革省属高校科研院所科技成果使用处置和收益管理制度的意见的通知》（鲁政办发〔2015〕42号）等有关规定执行。除上述情形以外的资产处置收入，按照省财政厅《关于印发〈山东省省级行政事业国有资产处置管理办法〉的通知》（鲁财资〔2017〕36号）有关规定执行。

四、及时进行账务处理。省直部门所属高校资产处置后，应当依据相关资产处置批复和现行事业单位财务会计制度的有关规定，及时进行账务处理，确保账实相符。

五、落实高校国有资产监管的主体责任。各高校要牢固树立勤俭办学理念，强化高校资产管理的主体责任，建立健全国有资产监督管理责任制，提高内部控制水平。省直有关部门要加强对所属高校国有资产管理的指导监督力度，进一步完善监管体系，明确监管职责权限，定期进行监督检查，及时发现国有资产管理过程中存在的突出问题、管理漏洞和薄弱环节，并督促加以改进。

六、建立国有资产处置年度报告制度。省直有关部门应当在年度终了后3个月内，将在授权范围内审批的上年度资产处置情况，以及所属高校自主审批的资产处置情况书面报告省财政厅。报告的主要内容包括处置资产的原因、账面原值和处置方式、授权管理取得的成效、存在的问题和改进建议等。省财政厅将对省直部门和高校资产处置情况适时开展专项检查。

七、本通知所指省直部门所属高校是指省直部门所属的高等本科学校和高职高专学校。

本通知由省财政厅负责解释，自2018年1月1日起施行。

十五、

农村综合改革管理类

财政部关于印发《开展农村综合性改革试点试验实施方案》的通知

2017 年 6 月 5 日　财农〔2017〕53 号

山东、安徽、湖南、广东、云南、陕西省财政厅：

为贯彻落实《中共中央　国务院关于深入推进农业供给侧结构性改革　加快培育农业农村发展新动能的若干意见》要求，适应农村改革内外部环境和条件深刻变化的需要，进一步深化农村改革和深入推进农业供给侧结构性改革，我部研究制定了《开展农村综合性改革试点试验实施方案》，现印发你们，请遵照执行。

附件：开展农村综合性改革试点试验实施方案

附件：

开展农村综合性改革试点试验实施方案

我国不仅是一个农业大国，更是一个农村大国。十八大以来，农村改革中具有四梁八柱性质的主体框架已基本搭建，各项改革政策正在扎实推进。习近平总书记指出，农业基础稳固，农村和谐稳定，农民安居乐业，整个大局就有保障，各项工作都会比较主动。为稳住“三农”这块“基本盘”和“压舱石”，继续为全局作贡献，落实好 2017 年中央 1 号文件要求，适应农村改革面临的外部环境和内部条件深刻变化的需要，国务院农村综合改革工作小组会同中央有关单位和部门以《深化农村改革综合性实施方案》为蓝本，以推进农业供给侧结构性改革为主线，围绕农业增效农民增收农村增绿，开展农村综合性改革试点试验。现就做好试点试验工作制定实施方案如下。

一、总体要求

全面贯彻党的十八大和十八届三中、四中、五中、六中全会精神，深入贯彻习近平总书记系列重要讲话精神和治国理政新理念新思想新战略，紧密围绕统筹推进“五位一体”总体布局和协调推进“四个全面”战略布局，牢固树立“四个意识”，认真落实党中央、国务院决策部署，坚定不移推进农村综合性改革。坚持和完善农村基本经营制度，努力健全符合社会主义市场经济要求和农村发展规律的农村经营制度。充分考虑各方面承受能力，限定试点试验区域，加强风险监控，总体把握各项农村改革政策的关键点、衔接面，积极稳妥推进试点试验工作。

试点试验主要通过综合集成政策措施，尤其是多年中央 1 号文件出台的各项改革政策，多策并举，集中施策，推进乡村联动，政策下沉到村，检视验证涉农政策在农村的成效。切实尊重基层干部群众主体地位、首创精神，积极发挥农村综合改革在统筹协调、体制创新、资源整合方面的优势，扎实推进农业供给侧结构性改革，有效释放改革政策的综合效应，为进一步全面深化农村改革探索路径、积累经验。

二、主要内容

（一）健全村级集体经济发展机制

1. 大力发展村级集体经济，完善政策引导机制，遵循市场规律和尊重村集体主体地位，逐步壮大村级集体经济实力。

2. 利用好农村集体产权制度改革成果，健全村级集体经济法人治理机制、经营运行机制、监督管理机制和权益分配机制，逐步提高村级集体经济可持续发展能力。

3. 积极培育村级集体经济组织、合作组织，逐步提高农民生产经营规模化和农村经济发展组织化。充分利用农村土地制度、集体产权制度等方面的改革成果，完善产权交易制度，推进农村土地适度规模化经营，培育新型农业经营主体。把握好土地经营权流转、集中和规模经营的度，宜大则大，宜小则小，切实尊重农民意愿和维护小农户权益。

（二）完善乡村治理机制

1. 巩固农村基层党组织的领导核心地位，健全农村基层党组织运转保障机制，发挥村级集体经济的支撑保障作用，不断增强党组织在农村的凝聚力、向心力、战斗力，夯实党在农村的执政基础。

2. 健全村民自治机制，增强村民民主决策参与能力。构建以农村基层党组织为核心，自治组织、经济组织、合作组织间的良性互动关系。推进乡村治理体系和治理能力现代化，不断增强农民群众的归属感，维护农村和谐稳定。

3. 加强农村社区公共服务能力建设，提升公共服务水平，推进乡村联动和服务向农村延伸，健全村内公共事务管理服务功能，落实扶持农村各类便民利民服务的政策措施，不断增强农民群众的获得感，保障农民安居乐业。

（三）构建农民持续增收机制

1. 加强新型职业农民培育，培养适应现代农业发展需要的新农民，提升农民生产经营、增收致富和自我发展能力。

2. 完善农业支持保护政策，培育壮大农村新产业新业态，积极推动农村一二三产业融合，稳步增加农民工资性收入、经营性收入。

3. 盘活农村资产资源，赋予农民更多财产权利，依法自愿开展公平交易，健全农村集体资产收益分配机制，不断提高农民财产性收入。

（四）建立农村生态文明发展机制

1. 健全完善农业绿色可持续发展机制，加强保护和提升耕地质量，推行高效生态循环的种养模式和生态循环农业，推进农业废弃物资源化利用，集中治理农业环境突出问题。

2. 推进建立农村环境综合治理与保护的长效机制，开展农村污水乱排、垃圾乱扔、秸秆乱烧“三乱”治理，培养村民环境保护意识，探索建立政府支持、社会化服务与受益者缴费相匹配的制度，增强农村环境自我治理和长效运行管护能力，推进村容村貌持续改善。

3. 加快建设美丽乡村，依托乡村资源环境条件，遵循乡村发展规律，体现乡村特色风情，传承乡村文明，发展新业态，激发新动能，进一步提升美丽乡村活力魅力，为农民建设美丽幸福家园。

三、组织实施

（一）认真遴选试验点。2017年，选择山东、安徽、湖南、广东、云南、陕西6个省份，每个省份选择2个县（市、区），每个县选择一定数量乡村开展试点。中央财政给予适当补助，乡村具体补助数额可由各试点省份统筹考虑省级财政支持情况适当调整。

各试点省份可综合考虑农村改革基础工作、组织领导情况、代表性典型性等因素择优选择试点名单，将试点名单、试点三年实施方案和年度任务清单于6月30日前一并上报国务院农村综合改革办公室审定后开展试点试验。

同时，鼓励试点省份结合实际，参照本通知精神，安排省内其他1～2个县（市、区）开展省级农村综合性改革试点试验。如试点成效较好，符合政策要求，今后可考虑纳入国家级试点范围。

（二）加强组织领导。试点省份要结合实际认真制定农村综合性改革试点试验三年实施方案和年度任务清单，明确任务和重点，强化责任，提出可检验的成果形式和时间安排。允许试点地区先行先试，在确保封闭运行、风险可控的前提下，赋予地方一定的改革自主权。农村综合性改革试点试验相关扶持政策和支持资金要聚焦试点试验，确保用于试点试验工作。各级财政部门考虑试点范围、试点内容、工作进度等因素，采取资金整合、以奖代补、政府与社会资本合作等方式，统筹相关资金支持试点试验工作。

（三）注重经验总结。各级农村综合改革部门要加强调查研究、政策指导和经验总结，及时发现改革试点的新情况、新问题，研究提出政策建议，并反馈改革试点情况信息。国务院农村综合改革办公室会同中央有关单位和部门将组织开展试点情况评估和经验总结，加强对试点试验工作的指导，确保试点试验工作稳步推进。对于推进改革试点成效显著的省份，中央将继续给予奖补支持，原则上不超过三年。

中共山东省委组织部　省财政厅印发《关于加强村级组织运转经费保障工作的实施意见》的通知

2017 年 1 月 19 日　鲁组发〔2017〕3 号

各市党委组织部、政府财政局：

现将《关于加强村级组织运转经费保障工作的实施意见》印发给你们，请结合实际，认真抓好贯彻落实。

附件：关于加强村级组织运转经费保障工作的实施意见

附件：

关于加强村级组织运转经费保障工作的实施意见

为深入贯彻党的十八届六中全会精神，全面落实全国农村基层党建工作座谈会和全省基层党建工作会议的部署要求，进一步提升村级组织建设保障水平，提高农村基层党组织的服务能力，推动农村基层党建全面进步全面过硬，推动全面从严治党向基层延伸，务实党在农村的执政基础，根据《中共中央组织部、财政部关于加强村级组织运转经费保障工作的通知》（中组发〔2016〕22 号）、《中共山东省委办公厅印发〈关于深入推进基层服务型党组织建设的实施意见〉的通知》（鲁办发〔2015〕40 号）等有关规定，现就加强村级组织运转经费保障工作提出如下意见。

一、保障范围

1. 明确保障重点。坚持把村干部报酬和村级组织办公经费作为重点优先保障。村干部报酬，主要指对在任村“两委”班子主要成员给予的基本报酬和业绩考核奖励报酬，原则上按每个村 3 至 5 人核定，一般应包括村党组织书记、村委会主任和主要时间、精力用于村级工作的村“两委”成员，具体由各地根据村庄规模、经济发展水平等因素确定。村级组织办公经费，主要指必要的办公用品费、报刊费、办公场所水电费和通讯费、会议活动费等维持村级组织正常运转所必需的开支。

2. 规范其他支出。包括农村公共服务运行维护支出、正常离任村干部生活补贴、村民小组长误工补贴、农村党员教育经费、困难党员群众慰问经费等。农村公共服务运行维护支出，主要指村级组织用于村内治安、公共卫生防疫、公共服务设施维护等方面的开支。正常离任村干部生活补贴，一般对未享受财政或集体补助养老保险，连续任村主职干部（村党组织书记、村委会主任）满 2 届或 6 年、累计满 3 届或 9

年，男年满 60 周岁、女年满 55 周岁的正常离任村党组织书记和村委会主任，根据任职年限等给予的相应生活补贴，补助对象范围和条件宽于以上规定的，继续按照当地已有规定执行。村民小组长误工补贴，主要指参与服务村民、协助村务等工作给予的相应补贴。

二、保障标准

3. 明确财政补助村级组织运转经费最低标准。严格落实各级对村级组织运转经费补助责任，按照在县城范围内平均每村每年财政补助经费不低于 9 万元标准确定。各地可根据经济发展水平和财政状况，按照就高不就低的原则予以保障，并建立正常增长机制。财政补助村级组织运转经费主要用于村干部报酬和村级组织办公经费，剩余部分可用于服务党员群众等其他支出。

4. 村干部报酬标准。村党组织书记的报酬包括基本报酬和业绩考核奖励报酬两部分，总和按照不低于所在县（市、区）上年度农村居民人均可支配收入两倍标准核定。其他村干部的报酬由各地按照村党组织书记报酬的一定比例核定，其中村委会主任的基本报酬，一般按照不低于村党组织书记基本报酬的 70% 核定。

5. 村级组织办公经费标准。各地可综合考虑经济发展水平、自然条件、行政村规模、实际工作需要等因素合理确定标准，并根据物价增长因素适时进行调整，确保满足村级组织正常办公需要。

6. 其他必要支出保障标准。农村公共服务运行维护支出、正常离任村干部生活补贴、村民小组长误工补贴和农村党员教育经费、困难党员群众慰问经费，由各地根据实际情况确定保障标准，并综合考虑自身财力状况和村级自我积累情况等因素由财政进行适当补助，逐步实现规范化、制度化。正常离任村干部生活补贴标准，应在市域范围内保持相对均衡，对符合保障范围的正常离任村党组织书记和村委会主任，连续任职满 6 年的，每人每月生活补贴不低于 120 元；累计任职满 9 年及以上的，每人每月生活补贴不低于 180 元。对在任村干部，各地可采取财政补贴、集体补助、个人缴费相结合的办法为村干部办理居民养老保险，通过社会养老保险制度逐步解决村干部离任后的生活补贴问题。对村内保安、环境卫生、垃圾收集等村民直接受益的物业服务，有条件的地方可在坚持村民自愿、民主议事的基础上，逐步探索建立村民付费制度。

三、经费来源

7. 强化财政支持保障。省财政把村级组织运转经费纳入县级基本财力保障范围，按新的保障标准测算，进一步加大对地方的转移支付力度，重点向财政困难县和省财政直管县倾斜，并综合考虑各地财力差异、农村人口、市县财政上年度对村级组织运转经费保障落实情况等因素，安排专项奖补资金，支持各地加强村级组织运转经费保障工作。对提高村级组织运转经费保障标准所增加的支出，市级财政要加大资金投入，提高对财政困难县的村级组织运转经费补助比例，补助方案报省委组织部、省财政厅备案。县级财政要按照规定的保障标准实现兜底保障，将补助村级组织运转经费资金列入年度财政预算，抓好资金落实，确保经费保障水平达到上级要求，并与当地经济社会发展和农民收入水平相适应。

8. 扶持发展村级集体经济。村集体经济收入是村级组织运转经费的重要来源，可用于发展村级公益事业、改善公共服务基础条件、服务群众、扶贫助困等方面的支出。各地要抓住农村经营体系、农村土地制度、农村集体产权制度等方面改革的契机，支持和指导村级组织因地制宜发展壮大集体经济，增强村级组织自我保障能力。积极开展扶持村级集体经济发展试点工作，坚持集体所有、村为主导，突出改革创新、市场导向，引导村级组织充分利用农村集体资产、资源、资金等要素，探索资源有效利用、提供服务、物业管理、混合经营等多种集体经济实现形式，拓展新形势下发展村级集体经济的途径办法。

四、管理使用

9. 规范资金拨付。各级财政要把村级组织运转经费补助资金，列入财政预算政府收支分类科目

2130705“对村民委员会和村党支部的补助”科目，实行分账核算，确保专款专用。省市两级财政承担部分要在县级基本财力保障机制补助资金总额中单独列示下达，县级财政要在科目中列出保障细目，足额预算。乡镇财政要及时将村级组织运转经费财政补助资金拨付到乡镇农村集体“三资”委托代理服务中心（会计委托代理中心），分村建账，专账管理。村干部基本报酬，由县级党委组织部门会同财政部门核定，以“一卡通”方式，按月足额发放到人。

10. 强化日常管理。村级组织运转经费实行“村财乡代管”，按照“代理记账、统一开户、分村设账”的原则进行管理，财政补助资金与村集体自有资金、村干部报酬与办公经费等分开明细列支。严格经费审批制度和支出范围，实行村会计委托代理制，村内只设报账员，村级组织办公经费和其他必要支出实行报账制管理。健全落实村民主议事、民主理财、财务公开等制度，村级组织要每月进行财务公开，每半年公示一次运转经费使用情况，接受党员群众监督。

11. 严格依规使用。村级组织运转经费按照标准核定到村，严禁任何地方和单位以任何名义平调、挤占、截留、挪用、套取，或抵扣税费、债务等，对发现违反规定的单位或个人，按照法律法规和有关规定严肃处理。严格实行村级“零招待费”、报刊订阅限额制等制度，压缩村级不必要的开支。严禁村级实施无计划、无资金来源的建设项目，严防产生村级债务。凡委托村级组织开展工作需要出钱出物的，有关部门应按“费随事转”的原则，相应安排工作经费，不得向村级组织摊派或转嫁。

12. 加强对村干部的管理监督。坚持对村干部保障支持和严格管理相结合，促使村干部履职尽责、服务群众。全面推行村党组织书记规范化管理，落实村干部“小微权力清单”、坐班值班、为民服务全程代理、经济责任审计等制度，健全村干部岗位目标责任制、年度考核和民主评议等机制。实行村干部报酬与工作绩效挂钩，发挥业绩考核的激励作用。

五、监督考核

13. 强化督促检查。各级组织、财政等部门要认真履行监管职能，定期对村级组织运转经费落实情况开展专项检查或抽查，加强调度督促，及时通报情况。总结实施村级审计建立村级工作督查制度试点工作经验，大力推行村级审计工作，强化对村级组织运转经费管理使用情况的审计监督。加强村级预决算管理，年初村级组织编制运转经费保障资金年度使用预算，提交村民会议或村民代表会议审议，报乡镇党委、政府审核批准后执行。乡镇党委、政府要加强对村级组织运转经费保障资金预算执行情况的监督，从严把关审核，确保资金依法合规、安全有效使用。

14. 完善考核机制。把财政保障村级组织运转经费情况纳入本地经济社会发展综合考核内容，纳入市县乡党委书记抓基层党建工作述职评议考核及对县乡党委、政府主要负责人和领导班子综合考核评价的重要内容。财政部门要加强对村级组织运转经费保障有关资金的绩效考核评价，强化考核结果运用。对村级组织运转经费落实到位、保障支持力度大的地方，“一事一议”等涉农财政奖补资金给予倾斜；对经费落实不到位的地方，省级财政按规定扣减转移支付。要严格责任追究，对村级组织运转经费保障工作开展不力的地方，上级党组织约谈有关责任人，督促认真整改；对整改效果不明显、严重影响村级组织正常运转的，省委组织部将直接约谈党委、政府主要负责同志，并进行通报批评。

15. 从严落实责任。各级党委、政府要按照中央和省委、省政府的部署要求，把加强村级组织运转经费保障工作摆上重要议程，切实加强领导，精心组织实施，着力解决问题。对经济欠发达、财政比较困难的地方，各市党委、政府要加大财政转移支付力度，积极支持、切实保障村级组织正常运转。县乡党委、政府要承担起村级组织运转经费财政补助的主体责任，保障资金足额落实，加强经费监管使用，发挥资金最大效益，不断提高村级组织建设保障水平和服务群众的能力。

各地要根据本意见精神，结合实际研究制定具体实施办法。

省财政厅　中共山东省委组织部　省农业厅关于印发《山东省财政补助村级组织运转保障资金管理办法》的通知

2017 年 3 月 7 日　鲁财农政〔2017〕1 号

各市财政局、市委组织部、农业局，省财政直接管理县（市）财政局、县（市）委组织部、农业局：

为规范财政补助村级组织运转保障资金管理，充分发挥资金使用效益，根据中共中央组织部、财政部《关于加强村级组织运转经费保障工作的通知》（中组发〔2016〕22 号）和中共山东省委组织部、山东省财政厅《印发〈关于加强村级组织运转经费保障工作的实施意见〉的通知》（鲁组发〔2017〕3 号）精神，我们研究制定了《山东省财政补助村级组织运转保障资金管理办法》，现予印发，请遵照执行。执行中如有问题，请及时向我们反馈。

附件：山东省财政补助村级组织运转保障资金管理办法

附件：

山东省财政补助村级组织运转保障资金管理办法

第一章　总　　则

第一条　为建立稳定完善的财政补助村级组织运转经费长效机制，规范财政补助村级组织运转保障资金（以下简称村级组织保障资金）管理，确保专款专用和运行高效，保障村级组织正常运转，根据《中共中央组织部、财政部关于加强村级组织运转经费保障工作的通知》（中组发〔2016〕22 号）和《中共山东省委组织部、山东省财政厅印发〈关于加强村级组织运转经费保障工作的实施意见〉的通知》（鲁组发〔2017〕3 号）等文件精神，以及财政资金管理的法律法规和有关规定，制定本办法。

第二条　村级组织保障资金是指各级财政安排的专项用于村级组织正常运转的奖补资金。主要包括村干部报酬、村级组织办公经费，以及村（社区）法律顾问补助、农村公共服务运行维护支出、正常离任村干部生活补贴、村民小组长误工补贴、农村党员教育经费、困难党员群众慰问经费等。

第三条　村级组织保障资金管理遵循以下原则：

（一）以县为主，适当补助。县级财政要承担村级组织正常运转保障的主体责任，省、市财政根据村级组织运转保障相关政策给予适当补助。

（二）严格管理，专款专用。村级组织保障资金专项用于对村级组织日常运转经费的补助，任何单位或个人不得截留、挪用，不得用于保障范围之外的其他支出。

（三）绩效考评，注重实效。加强对村级组织保障资金的绩效考核管理，绩效考评结果与补助资金安排挂钩。

第二章　资金保障

第四条　各级财政部门应将村级组织保障资金列入年度预算，建立正常增长机制。

第五条　村级组织保障资金来源包括：

（一）农村税费改革转移支付资金用于村级组织补助比例不低于20%部分。

（二）根据中央组织部和省委组织部健全完善村干部激励保障机制的有关要求，各级财政部门安排用于提高村干部报酬的补助资金。

（三）各级财政部门通过建立奖补机制等方式安排的专项补助资金。

第六条　省级财政负责制定村级组织保障资金管理政策。将村级组织保障资金纳入县级基本财力保障范围，按新的保障标准测算，进一步加大对地方的转移支付力度，重点向财政困难县（市、区）和省财政直管县（市）倾斜，并根据各地财力差异、农村人口、市县财政上年度村级组织保障资金落实情况，参考对各地村级组织运转保障工作绩效考评结果，分配省级财政奖补资金，在每年省人代会批准预算后的30日内下达各市和省直管县（市）。

第七条　市级财政依据有关政策规定，管理和分配上级财政部门下达的以及本级财政安排的村级组织保障资金。对因提高保障标准新增加的支出，市级财政要加大资金投入，提高对财政困难县的村级经费补助比例，补助方案及资金分配文件、《××年村级组织运转经费保障预算安排统计表》（见附件1），于每年6月底前报省财政厅、省委组织部备案，作为督促考核的重要依据。

第八条　县级财政要按照规定的保障标准抓好资金落实，实现兜底保障。

第九条　鼓励和支持发展村级集体经济，培育壮大集体经济组织，增加集体收入，提高村级组织自我保障能力。

第三章　使用范围及标准

第十条　村级组织保障资金县域范围内平均每村每年不低于9万元。各地可根据当地经济发展水平、财政状况、物价增长等因素，按照就高不就低的原则予以保障。

第十一条　村级组织保障资金优先用于村干部报酬和村级组织办公经费，剩余部分可用于服务党员群众等其他必要支出。

第十二条　村干部报酬，是指对在任村“两委”班子主要成员给予的基本报酬和业绩考效奖励报酬，一般应包括村党组织书记、村委会主任和主要时间、精力用于村级工作的村“两委”成员，原则上按每个村3至5人核定。

村党组织书记报酬包括基本报酬和业绩考核报酬两部分，总和按照不低于所在县（市、区）上年度农村居民人均可支配收入两倍核定。其他村干部的报酬由各地按照村党组织书记报酬的一定比例核定，其中村委会主任的基本报酬，按照不低于村党组织书记基本报酬的70%核定。

第十三条　村级组织办公经费，主要是指必要的办公用品费、报刊费、办公场所水电费和通讯费、会议活动费等维持村级组织正常运转所必需的开支。

第十四条　其他必要支出主要包括村（社区）法律顾问补助、农村公共服务运行维护支出、正常离任村干部生活补贴、村民小组长误工补贴、农村党员教育经费、困难党员群众慰问经费等，其中村（社区）法律顾问补助经费原则上按照每村（社区）每年3 000元标准保障。

第四章　支出管理

第十五条　各级财政部门要将村级组织保障资金列入财政预算政府收支分类科目“2130705 对村民委员会和村党支部的补助”科目，分账核算，专款专用。未列入上述科目的资金，一概不纳入对村级组织保障资金考核范围。

第十六条　省市两级财政奖补资金要在县级基本财力保障机制补助资金总额中单独列示下达，县级财政要在科目中列出保障细目。乡镇财政要及时将本级安排和上级下达的村级组织保障资金拨付到乡镇农村集体“三资”委托代理服务中心（会计委托代理中心），核定到村。

第十七条　村级组织保障资金实行“村财乡代管”，按照“代理记账、分村设账、专款专用”的原则，由乡镇农村集体“三资”委托代理服务中心（会计委托代理中心）为每村分村建账，并在各村级总账内建立“村级组织保障资金”科目，单独设立村级组织保障资金明细账，专账管理，封闭运行，各村各项支出要分别明细记账。财政补助资金与村集体自有资金支出账目不得混记。

第十八条　村干部基本报酬，由县级党委组织部门会同财政部门核定，通过“一本通”按月足额发放到人。村干部绩效奖励报酬，由乡镇党委、政府根据村干部年度业绩考核等情况确定，报县（市、区）党委组织部门、财政局备案，通过“一本通”发放到人。

第十九条　村级组织办公经费和其他必要支出实行报账制管理。支出事项经村级民主理财程序审定后，由村报账员负责到乡镇农村集体“三资”委托代理服务中心（会计委托代理中心）报账。各乡镇要细化支出范围，规范报账审批程序，防止违规支出。

第二十条　严格实行村级“零招待费”、报刊订阅限额制等制度，压缩村级不必要的开支。要根据村级规模和管理需要，精简村干部职数，提倡村“两委”成员交叉任职，努力降低村级组织运转成本。

第二十一条　各村要认真编制村级组织保障资金年度预算。根据乡镇下达的资金额度，年初由村“两委”按照规定的范围和标准提出村级组织保障资金使用计划，提交村民大会或村民代表大会审议修订，报乡镇政府审核批准后执行。年终如有结余，结转下年继续使用。

第二十二条　年度终了，村“两委”应按要求将上年度村级组织运转经费保障资金（包括财政补助和村级自有资金）总体使用情况，以文字说明和会计报表等形式向乡镇政府报告。乡镇政府应于次年 1 月底前汇总报县（市、区）财政局。各市于 3 月底前，将《××年村级组织运转经费财政补助资金使用情况统计表》（见附件 2）、《××年村级组织运转经费村级自有资金使用情况统计表》（见附件 3），及情况说明报省财政厅。

第五章　监督考核

第二十三条　健全落实村民主议事、民主理财、财务公开等制度，村级组织要每季进行财务公开，每半年公示一次村级组织运转经费使用情况，接受党员群众监督。

第二十四条　各级组织、财政、农业等部门要认真履行监管职能，定期对村级组织保障资金落实情况开展专项检查或抽查，加强调度督促，及时通报情况。大力推行村级审计工作，强化对村级组织保障资金的审计监督。乡镇党委、政府要加强对村级组织保障资金预算执行监督，从严把关审核，确保资金依法合规、安全有效使用。

第二十五条　把村级组织保障资金落实情况纳入本地经济社会发展综合考核内容，纳入市县乡党委书记抓基层党建工作述职评议考核及对县乡党委、政府主要负责人和领导班子综合考核评价的重要内容。要严格责任追究，对村级组织运转保障工作开展不力的地方，上级党组织约谈有关责任人，督查认真整改；对整改效果不明显、严重影响村级组织正常运转的，省委组织部将直接约谈党委、政府主要负责同志，并进行通报批评。

第二十六条 加强对村级组织保障资金落实、支出使用及规范管理等情况的考核评价。强化考核结果运用，对考核评价结果好的地方，“一事一议”等涉农财政奖补资金给予倾斜；对考核评价结果较差的，省级财政将视情况扣减转移支付。

第二十七条 村级组织保障资金要严格按规定管理，严禁任何地方和单位以任何名义平调、挤占、截留、挪用、套取，或抵扣税费、债务等，对违反规定的，一经查实，依照《预算法》、《财政违法行为处罚处分条例》（国务院令第427号）、《山东省农村集体经济审计条例》及有关法律法规，严肃追究有关人员责任，视情况给予组织处理、党纪政纪处分。触犯法律的移交司法机关处理，追究法律责任。

第六章 附　　则

第二十八条 各地要根据本办法，结合实际制定具体实施细则，并报省财政厅备案。

第二十九条 本办法由省财政厅负责解释。

第三十条 本办法自2017年4月10日施行，有效期至2021年4月9日。此前发布的有关准则、规定与本办法不一致的，以本办法为准。

附件：1. ××年村级组织运转经费保障预算安排统计表

2. ××年村级组织运转经费财政补助资金使用情况统计表

3. ××年村级组织运转经费村级自有资金使用情况统计表

附件1：

××年村级组织运转经费保障预算安排统计表

填报单位：　　　　　　　　　　　　　　　　　　　　　　　　　　　　单位：万元

市	行政村数（个）	预算安排									
		各级财政安排总额	省级安排					市级安排		县以下安排	
			小计	农村税费改革转移支付资金20%部分	村级干部报酬转移支付补助资金	省级专项补助金额	占资金总额比（%）	资金总额	占资金总额比（%）	资金总额	占资金总额比（%）
栏次	1	2=3+8+10	3=4+5+6	4	5	6	7=3/2	8	9=8/2	10	11=10/2
合计											
××县											
××县											

附件2：

××年村级组织运转经费财政补助资金使用情况统计表

填报单位： 单位：万元

项目／地区	行政村数（个）	农业人口总数（人）	村干部人数（人）					经费支出																	
			合计	党组织书记人数	其他村“两委”班子主要成员人数	正常离任村干部人数	其他村组干部、村民小组长人数	总计	村干部报酬				村办公经费					其他必要支出							其中：列入“对村民委员会和村党支部的补助”科目决算数
									村党组织书记报酬			其他村“两委”班子主要成员报酬	小计	办公用品费	办公场所水电费和通讯费	报刊费	会议活动费	小计	正常离任村干部生活补贴	村民小组长误工补贴	法律顾问补助经费	农村公共服务运行维护支出	农村党员教育经费	困难党员群众慰问经费	
									小计	基本报酬	业绩考核奖励报酬														
栏次	1	2	3	4	5	6	7	8	9	10	11	12	13	14	15	16	17	18	19	20	21	22	23	24	25
合计																									
××县																									
××县																									

附件 3：

× ×年村级组织运转经费村级自有资金使用情况统计表

填报单位：　　　　　　　　　　　　　　　　　　　　　　　　　　　　　　　　单位：万元

项目／地区	经费来源				经费支出																	
	合计	村集体经济投入		其他收入用于村级组织运转金额	总计	村干部报酬				村办公经费					其他必要支出							
		村集体经济收入总额	其中：用于村级组织运转金额			村党组织书记报酬			其他村“两委”班子主要成员报酬	小计	办公用品费	办公场所水电费和通讯费	报刊费	会议活动费	小计	正常离任村干部生活补贴	村民小组长误工补贴	法律顾问补助经费	农村公共服务运行维护支出	农村党员教育经费	困难党员群众慰问经费	其他费用
						小计	基本报酬	业绩考核奖励报酬														
栏次	1	2	3	4	5	6	7	8	9	10	11	12	13	14	15	16	17	18	19	20	21	22
合计																						
× ×县																						
× ×县																						

省财政厅关于印发《山东省省级美丽乡村示范村建设奖补资金管理办法》的通知

2017年2月28日　鲁财农改〔2017〕2号

各市财政局、省财政直接管理县（市）财政局：

为规范省级美丽乡村示范村建设奖补资金管理，充分发挥资金使用效益，根据省委办公厅、省政府办公厅《关于推进美丽乡村标准化建设的意见》（鲁办发〔2016〕47号）要求，我们研究制定了《山东省省级美丽乡村示范村建设奖补资金管理办法》，现予印发，请遵照执行。执行中如有问题，请及时向我们反馈。

附件：山东省省级美丽乡村示范村建设奖补资金管理办法

附件：

山东省省级美丽乡村示范村建设奖补资金管理办法

第一条　为规范和加强省级美丽乡村示范村建设奖补资金（以下简称美丽乡村奖补资金）管理，提高资金使用效益，根据《财政部关于进一步做好美丽乡村建设工作的通知》（财农〔2016〕107号）、《省委办公厅、省政府办公厅印发〈关于推进美丽乡村标准化建设的意见〉的通知》（鲁办发〔2016〕47号）精神，以及财政资金管理有关法律法规规定，制定本办法。

第二条　本办法所称美丽乡村奖补资金，是指由省财政预算安排，专项用于省级美丽乡村示范村建设的一般性转移支付资金。

第三条　美丽乡村奖补资金的安排遵循统筹兼顾、突出重点、择优扶持、客观公正、管理规范的原则。

第四条　充分发挥财政资金的引导撬动作用，创新多元化投入机制。采取政府与社会资本合作、民办公助等方式，吸引社会资本和民间资本，鼓励村集体加大投入，参与美丽乡村示范村建设。

第五条　按照“渠道不乱、用途不变、优势互补、各记其功”的原则，加大资金整合力度，强化农村基础设施、环境整治、农村民生改善等涉农资金整合，重点向省级美丽乡村示范村建设倾斜，集中力量办大事。

第六条　美丽乡村奖补资金绩效目标是：村庄规划科学合理，基础设施配置齐全，公共服务功能完善，村容村貌整洁有序，房屋建筑特色鲜明，农村环境优美宜居，民主管理制度健全，社会风气积极向上，特色产业优势明显，农村集体经济实力不断增强，农民生活幸福安康。

第七条　省委农工办会同省财政厅分年度确定下达各地省级美丽乡村示范村建设名额。各地按照“镇（乡、街道）村申报、县级审核、市级评审立项、省级备案”方式自下而上逐级申报示范村建设方案。各市委农工办、市财政局要严格把关，认真评审，对上报申报材料的真实性负责。每年2月底前，由各市委农工办、市财政局将示范村建设方案联合行文上报省委农工办、省财政厅备案。

第八条　年度预算经省人代会批准后30日内，省财政厅根据与省委农工办共同确定的各地美丽乡村示范村建设项目，下达资金。

第九条　美丽乡村奖补资金支出在“对村级一事一议的补助”科目中反映，实行县级报账制或国库集中支付。

第十条 各级财政部门应当根据预算法规定，及时、足额拨付资金，加快预算执行进度，确保资金尽早发挥效益。

第十一条 美丽乡村奖补资金实行专账核算、专款专用，不得挤占、挪用、截留，严格执行有关财务和会计制度。

第十二条 各市委农工办要委托第三方机构对美丽乡村示范村建设工作进行绩效评价。绩效评价工作可以结合竣工验收工作同时开展，绩效评价报告与竣工验收报告同时提交。绩效评价报告内容应当包括：绩效评价组织、计划完成、资金使用、项目绩效目标实现情况，存在的问题及意见建议等。

省委农工办会同省财政厅等部门对各地绩效评价情况进行抽查，强化评价结果运用。

第十三条 各级财政部门要加强对美丽乡村奖补资金的监督检查，将检查及绩效评价结果与资金分配挂钩。对美丽乡村奖补资金管理和使用中的违法行为，将依照《预算法》和《财政违法行为处罚处分条例》（国务院令第427号）等国家有关规定进行处罚、处理。

第十四条 各市要根据本办法，结合实际，研究制定当地美丽乡村示范村建设资金管理具体实施细则，并报省财政厅备案。

第十五条 本办法由省财政厅负责解释。

第十六条 本办法自2017年4月1日起施行，有效期至2021年3月31日。《山东省省级生态文明乡村建设奖补资金管理暂行办法》（鲁财农改〔2013〕6号）文件同时废止。

省财政厅关于印发山东省农村综合性改革试点试验资金管理暂行办法的通知

2017年8月10日　鲁财农改〔2017〕11号

泰安市、威海市财政局：

为规范农村综合性改革试点试验资金管理，充分发挥资金使用效益，根据《财政部关于印发〈开展农村综合性改革试点试验实施方案〉的通知》（财农〔2017〕53号）和《中央财政农村综合改革转移支付资金管理办法》（财农〔2016〕177号）等，我们研究制定了《山东省农村综合性改革试点试验资金管理暂行办法》，现予印发，请遵照执行。执行中如有问题，请及时向我们反馈。

附件：山东省农村综合性改革试点试验资金管理暂行办法

附件：

山东省农村综合性改革试点试验资金管理暂行办法

第一条 为加强和规范农村综合性改革试点试验资金（以下简称“试点资金”）管理，充分发挥资金使用效益，根据《财政部关于印发〈开展农村综合性改革试点试验实施方案〉的通知》（财农〔2017〕53号）、《中央财政农村综合改革转移支付资金管理办法》（财农〔2016〕177号）和《关于印发〈农村综合性改革试点试验实施方案〉的通知》（鲁财农改〔2017〕9号），以及财政资金管理的法律法规和有关规定，制定本暂行办法。

第二条 本暂行办法所称试点资金，是指根据中央农村综合性改革试点试验工作目标和任务，由省级以上财政预算安排，用于扶持地方开展农村综合性改革试点试验的一般性转移支付资金。

第三条 农村综合性改革试点试验工作，责任主体在地方。省级财政统筹考虑中央财政补助情况，给予支持引导。试点市、县财政部门应考虑试点范围、试点内容、工作推进等因素，创新资金投入方式，采取资金整合、以奖代补、政府与社会资本合作等，加大对农村综合性改革试点试验的支持力度。

第四条 试点资金遵循“财政引导、以奖代补，专款专用、注重实效，上下联动、形成合力”的原则，由县级统筹使用。

第五条 试点资金只能用于试点县上报中央和省级备案的试点试验内容。主要包括：

（一）完善乡村治理机制。

（二）健全村级集体经济发展机制。

（三）构建农民持续增收机制。

（四）建立农村生态文明发展机制。

（五）上报备案的其他试点试验内容。

第六条 试点资金不得用于担保、抵押和偿还村级债务，不得弥补企业、合作社等经营组织亏损，不得用于楼堂馆所建设项目，不得用于行业主管部门履职所需的支出事项，不得用于明令禁止的其他支出事项。各试点镇、村级组织严禁违规举债，严控债务风险。

第七条 试点资金的使用要严格执行国家有关财政政策、财务规章制度、招投标管理、政府采购等规定。试点资金的支出按照国库集中支付制度有关规定执行。

第八条 试点县要将省级以上财政奖补资金、市和县级财政资金实行县级报账制。县、镇级财政要将各类试点试验资金纳入专账核算，按行政村明细核算。

第九条 试点市、县财政部门要加强试点资金管理和监督检查，建立资金分配结果公开公示制度，加强基础信息资料和档案管理。

第十条 试点村要建立健全资金使用的村民民主决策机制，实行民主理财和财务公开，定期张榜公布，接受村民监督。

第十一条 试点市要立足试点县实际制定绩效考评办法，对试点县农村综合性改革试点试验工作进行综合评价，及时上报省财政厅。

第十二条 省财政厅按照财政部统一安排部署，适时对试点试验工作情况进行年度考核评价，考评结果作为下一年度分配资金的依据。

第十三条 对弄虚作假、套取、截留、挤占、挪用试点资金等行为，按照《预算法》《财政违法行为处罚处分条例》等有关法律法规规定，扣回补助资金，并取消其试点资格；情节严重的，依法依规严肃处理。

第十四条 本暂行办法由省财政厅负责解释。各地可根据本暂行办法制定具体实施细则。

第十五条 本暂行办法自2017年9月10日起施行，有效期至2019年9月9日。

十六、

政府债务管理类

财政部　发展改革委　司法部　人民银行　银监会　证监会关于进一步规范地方政府举债融资行为的通知

2017 年 4 月 26 日　财预〔2017〕50 号

各省、自治区、直辖市、计划单列市财政厅（局）、发展改革委、司法厅（局），中国人民银行上海总部、各分行、营业管理部、省会（首府）城市中心支行、副省级城市中心支行，各银监局、证监局：

2014 年修订的预算法和《国务院关于加强地方政府性债务管理的意见》（国发〔2014〕43 号）实施以来，地方各级政府加快建立规范的举债融资机制，积极发挥政府规范举债对经济社会发展的支持作用，防范化解财政金融风险，取得了阶段性成效。但个别地区违法违规举债担保时有发生，局部风险不容忽视。为贯彻落实党中央、国务院决策部署，牢牢守住不发生区域性系统性风险的底线，现就进一步规范地方政府举债融资行为有关事项通知如下：

一、全面组织开展地方政府融资担保清理整改工作

各省级政府要认真落实国务院办公厅印发的《地方政府性债务风险应急处置预案》（国办函〔2016〕88 号）要求，抓紧设立政府性债务管理领导小组，指导督促本级各部门和市县政府进一步完善风险防范机制，结合 2016 年开展的融资平台公司债务等统计情况，尽快组织一次地方政府及其部门融资担保行为摸底排查，督促相关部门、市县政府加强与社会资本方的平等协商，依法完善合同条款，分类妥善处置，全面改正地方政府不规范的融资担保行为。上述工作应当于 2017 年 7 月 31 日前清理整改到位，对逾期不改正或改正不到位的相关部门、市县政府，省级政府性债务管理领导小组应当提请省级政府依法依规追究相关责任人的责任。财政部驻各地财政监察专员办事处要密切跟踪地方工作进展，发现问题及时报告。

二、切实加强融资平台公司融资管理

加快政府职能转变，处理好政府和市场的关系，进一步规范融资平台公司融资行为管理，推动融资平台公司尽快转型为市场化运营的国有企业、依法合规开展市场化融资，地方政府及其所属部门不得干预融资平台公司日常运营和市场化融资。地方政府不得将公益性资产、储备土地注入融资平台公司，不得承诺将储备土地预期出让收入作为融资平台公司偿债资金来源，不得利用政府性资源干预金融机构正常经营行为。金融机构应当依法合规支持融资平台公司市场化融资，服务实体经济发展。进一步健全信息披露机制，融资平台公司在境内外举债融资时，应当向债权人主动书面声明不承担政府融资职能，并明确自 2015 年 1 月 1 日起其新增债务依法不属于地方政府债务。金融机构应当严格规范融资管理，切实加强风险识别和防范，落实企业举债准入条件，按商业化原则履行相关程序，审慎评估举债人财务能力和还款来源。金融机构为融资平台公司等企业提供融资时，不得要求或接受地方政府及其所属部门以担保函、承诺函、安慰函等任何形式提供担保。对地方政府违法违规举债担保形成的债务，按照《国务院办公厅关于印发地方政府性债务风险应急处置预案的通知》（国办函〔2016〕88 号）、《财政部关于印发〈地方政府性债务风险分类处置指南〉的通知》（财预〔2016〕152 号）依法妥善处理。

三、规范政府与社会资本方的合作行为

地方政府应当规范政府和社会资本合作（PPP）。允许地方政府以单独出资或与社会资本共同出资方式

设立各类投资基金，依法实行规范的市场化运作，按照利益共享、风险共担的原则，引导社会资本投资经济社会发展的重点领域和薄弱环节，政府可适当让利。地方政府不得以借贷资金出资设立各类投资基金，严禁地方政府利用PPP、政府出资的各类投资基金等方式违法违规变相举债，除国务院另有规定外，地方政府及其所属部门参与PPP项目、设立政府出资的各类投资基金时，不得以任何方式承诺回购社会资本方的投资本金，不得以任何方式承担社会资本方的投资本金损失，不得以任何方式向社会资本方承诺最低收益，不得对有限合伙制基金等任何股权投资方式额外附加条款变相举债。

四、进一步健全规范的地方政府举债融资机制

全面贯彻落实依法治国战略，严格执行预算法和国发〔2014〕43号文件规定，健全规范的地方政府举债融资机制，地方政府举债一律采取在国务院批准的限额内发行地方政府债券方式，除此以外地方政府及其所属部门不得以任何方式举借债务。地方政府及其所属部门不得以文件、会议纪要、领导批示等任何形式，要求或决定企业为政府举债或变相为政府举债。允许地方政府结合财力可能设立或参股担保公司（含各类融资担保基金公司），构建市场化运作的融资担保体系，鼓励政府出资的担保公司依法依规提供融资担保服务，地方政府依法在出资范围内对担保公司承担责任。除外国政府和国际经济组织贷款转贷外，地方政府及其所属部门不得为任何单位和个人的债务以任何方式提供担保，不得承诺为其他任何单位和个人的融资承担偿债责任。地方政府应当科学制定债券发行计划，根据实际需求合理控制节奏和规模，提高债券透明度和资金使用效益，建立信息共享机制。

五、建立跨部门联合监测和防控机制

完善统计监测机制，由财政部门会同发展改革、人民银行、银监、证监等部门建设大数据监测平台，统计监测政府中长期支出事项以及融资平台公司举借或发行的银行贷款、资产管理产品、企业债券、公司债券、非金融企业债务融资工具等情况，加强部门信息共享和数据校验，定期通报监测结果。开展跨部门联合监管，建立财政、发展改革、司法行政机关、人民银行、银监、证监等部门以及注册会计师协会、资产评估协会、律师协会等行业自律组织参加的监管机制，对地方政府及其所属部门、融资平台公司、金融机构、中介机构、法律服务机构等的违法违规行为加强跨部门联合惩戒，形成监管合力。对地方政府及其所属部门违法违规举债或担保的，依法依规追究负有直接责任的主管人员和其他直接责任人员的责任；对融资平台公司从事或参与违法违规融资活动的，依法依规追究企业及其相关负责人责任；对金融机构违法违规向地方政府提供融资、要求或接受地方政府提供担保承诺的，依法依规追究金融机构及其相关负责人和授信审批人员责任；对中介机构、法律服务机构违法违规为融资平台公司出具审计报告、资产评估报告、信用评级报告、法律意见书等的，依法依规追究中介机构、法律服务机构及相关从业人员的责任。

六、大力推进信息公开

地方各级政府要贯彻落实中共中央办公厅、国务院办公厅《关于全面推进政务公开工作的意见》等规定和要求，全面推进地方政府及其所属部门举债融资行为的决策、执行、管理、结果等公开，严格公开责任追究，回应社会关切，主动接受社会监督。继续完善地方政府债务信息公开制度，县级以上地方各级政府应当重点公开本地区政府债务限额和余额，以及本级政府债务的规模、种类、利率、期限、还本付息、用途等内容。省级财政部门应当参考国债发行做法，提前公布地方政府债务发行计划。推进政府购买服务公开，地方政府及其所属部门应当重点公开政府购买服务决策主体、购买主体、承接主体、服务内容、合同资金规模、分年财政资金安排、合同期限、绩效评价等内容。推进政府和社会资本合作（PPP）项目信息公开，地方政府及其所属部门应当重点公开政府和社会资本合作（PPP）项目决策主体、政府方和社会

资本方信息、合作项目内容和财政承受能力论证、社会资本方采购信息、项目回报机制、合同期限、绩效评价等内容。推进融资平台公司名录公开。

各地区要充分认识规范地方政府举债融资行为的重要性，把防范风险放在更加重要的位置，省级政府性债务管理领导小组要切实担负起地方政府债务管理责任，进一步健全制度和机制，自觉维护总体国家安全，牢牢守住不发生区域性系统性风险的底线。各省（自治区、直辖市、计划单列市）政府性债务管理领导小组办公室应当汇总本地区举债融资行为清理整改工作情况，报省级政府同意后，于2017年8月31日前反馈财政部，抄送发展改革委、人民银行、银监会、证监会。

特此通知。

财政部 国土资源部关于印发《地方政府土地储备专项债券管理办法（试行）》的通知

2017年5月16日 财预〔2017〕62号

各省、自治区、直辖市、计划单列市财政厅（局）、各省级国土资源主管部门：

根据《中华人民共和国预算法》和《国务院关于加强地方政府性债务管理的意见》（国发〔2014〕43号）等有关规定，为完善地方政府专项债券管理，逐步建立专项债券与项目资产、收益对应的制度，有效防范专项债务风险，2017年先从土地储备领域开展试点，发行土地储备专项债券，规范土地储备融资行为，促进土地储备事业持续健康发展，今后逐步扩大范围。为此，我们研究制订了《地方政府土地储备专项债券管理办法（试行）》。

2017年土地储备专项债券额度已经随同2017年分地区地方政府专项债务限额下达，请你们在本地区土地储备专项债券额度内组织做好土地储备专项债券额度管理、预算编制和执行等工作，尽快发挥债券资金效益。

现将《地方政府土地储备专项债券管理办法（试行）》印发给你们，请遵照执行。

附件：地方政府土地储备专项债券管理办法（试行）

附件：

地方政府土地储备专项债券管理办法（试行）

第一章 总 则

第一条 为完善地方政府专项债券管理，规范土地储备融资行为，建立土地储备专项债券与项目资产、收益对应的制度，促进土地储备事业持续健康发展，根据《中华人民共和国预算法》和《国务院关于加强地方政府性债务管理的意见》（国发〔2014〕43号）等有关规定，制订本办法。

第二条 本办法所称土地储备，是指地方政府为调控土地市场、促进土地资源合理利用，依法取得土地，进行前期开发、储存以备供应土地的行为。

土地储备由纳入国土资源部名录管理的土地储备机构负责实施。

第三条 本办法所称地方政府土地储备专项债券（以下简称土地储备专项债券）是地方政府专项债券的一个品种，是指地方政府为土地储备发行，以项目对应并纳入政府性基金预算管理的国有土地使用权出让收入或国有土地收益基金收入（以下统称土地出让收入）偿还的地方政府专项债券。

第四条 地方政府为土地储备举借、使用、偿还债务适用本办法。

第五条 地方政府为土地储备举借债务采取发行土地储备专项债券方式。省、自治区、直辖市政府（以下简称省级政府）为土地储备专项债券的发行主体。设区的市、自治州，县、自治县、不设区的市、市辖区级政府（以下简称市县级政府）确需发行土地储备专项债券的，由省级政府统一发行并转贷给市县级政府。经省级政府批准，计划单列市政府可以自办发行土地储备专项债券。

第六条 发行土地储备专项债券的土地储备项目应当有稳定的预期偿债资金来源，对应的政府性基金收入应当能够保障偿还债券本金和利息，实现项目收益和融资自求平衡。

第七条 土地储备专项债券纳入地方政府专项债务限额管理。土地储备专项债券收入、支出、还本、付息、发行费用等纳入政府性基金预算管理。

第八条 土地储备专项债券资金由财政部门纳入政府性基金预算管理，并由纳入国土资源部名录管理的土地储备机构专项用于土地储备，任何单位和个人不得截留、挤占和挪用，不得用于经常性支出。

第二章 额度管理

第九条 财政部在国务院批准的年度地方政府专项债务限额内，根据土地储备融资需求、土地出让收入状况等因素，确定年度全国土地储备专项债券总额度。

第十条 各省、自治区、直辖市年度土地储备专项债券额度应当在国务院批准的分地区专项债务限额内安排，由财政部下达各省级财政部门，抄送国土资源部。

第十一条 省、自治区、直辖市年度土地储备专项债券额度不足或者不需使用的部分，由省级财政部门会同国土资源部门于每年8月底前向财政部提出申请。财政部可以在国务院批准的该地区专项债务限额内统筹调剂额度并予批复，抄送国土资源部。

第三章 预算编制

第十二条 县级以上地方各级土地储备机构应当根据土地市场情况和下一年度土地储备计划，编制下一年度土地储备项目收支计划，提出下一年度土地储备资金需求，报本级国土资源部门审核、财政部门复核。市县级财政部门将复核后的下一年度土地储备资金需求，经本级政府批准后于每年9月底前报省级财政部门，抄送省级国土资源部门。

第十三条 省级财政部门会同本级国土资源部门汇总审核本地区下一年度土地储备专项债券需求，随同增加举借专项债务和安排公益性资本支出项目的建议，经省级政府批准后于每年10月底前报送财政部。

第十四条 省级财政部门在财政部下达的本地区土地储备专项债券额度内，根据市县近三年土地出让收入情况、市县申报的土地储备项目融资需求、专项债务风险、项目期限、项目收益和融资平衡情况等因素，提出本地区年度土地储备专项债券额度分配方案，报省级政府批准后将分配市县的额度下达各市县级财政部门，并抄送省级国土资源部门。

第十五条 市县级财政部门应当在省级财政部门下达的土地储备专项债券额度内，会同本级国土资源部门提出具体项目安排建议，连同年度土地储备专项债券发行建议报省级财政部门备案，抄送省级国土资源部门。

第十六条 增加举借的土地储备专项债券收入应当列入政府性基金预算调整方案。包括：

（一）省级政府在财政部下达的年度土地储备专项债券额度内发行专项债券收入；

（二）市县级政府收到的上级政府转贷土地储备专项债券收入。

第十七条 增加举借土地储备专项债券安排的支出应当列入预算调整方案，包括本级支出和转贷下级支出。土地储备专项债券支出应当明确到具体项目，在地方政府债务管理系统中统计，纳入财政支出预算项目库管理。

地方各级国土资源部门应当建立土地储备项目库，项目信息应当包括项目名称、地块区位、储备期限、项目投资计划、收益和融资平衡方案、预期土地出让收入等情况，并做好与地方政府债务管理系统的衔接。

第十八条 土地储备专项债券还本支出应当根据当年到期土地储备专项债券规模、土地出让收入等因素合理预计、妥善安排，列入年度政府性基金预算草案。

第十九条 土地储备专项债券利息和发行费用应当根据土地储备专项债券规模、利率、费率等情况合理预计，列入政府性基金预算支出统筹安排。

第二十条 土地储备专项债券收入、支出、还本付息、发行费用应当按照《地方政府专项债务预算管理办法》（财预〔2016〕155 号）规定列入相关预算科目。

第四章 预算执行和决算

第二十一条 省级财政部门应当根据本级人大常委会批准的预算调整方案，结合市县级财政部门会同本级国土资源部门提出的年度土地储备专项债券发行建议，审核确定年度土地储备专项债券发行方案，明确债券发行时间、批次、规模、期限等事项。

市县级财政部门应当会同本级国土资源部门、土地储备机构做好土地储备专项债券发行准备工作。

第二十二条 地方各级国土资源部门、土地储备机构应当配合做好本地区土地储备专项债券发行准备工作，及时准确提供相关材料，配合做好信息披露、信用评级、土地资产评估等工作。

第二十三条 土地储备专项债券应当遵循公开、公平、公正原则采取市场化方式发行，在银行间债券市场、证券交易所市场等交易场所发行和流通。

第二十四条 土地储备专项债券应当统一命名格式，冠以“××年××省、自治区、直辖市（本级或××市、县）土地储备专项债券（×期）—××年××省、自治区、直辖市政府专项债券（×期）”名称，具体由省级财政部门商省级国土资源部门确定。

第二十五条 土地储备专项债券的发行和使用应当严格对应到项目。根据土地储备项目区位特点、实施期限等因素，土地储备专项债券可以对应单一项目发行，也可以对应同一地区多个项目集合发行，具体由市县级财政部门会同本级国土资源部门、土地储备机构提出建议，报省级财政部门确定。

第二十六条 土地储备专项债券期限应当与土地储备项目期限相适应，原则上不超过 5 年，具体由市县级财政部门会同本级国土资源部门、土地储备机构根据项目周期、债务管理要求等因素提出建议，报省级财政部门确定。

土地储备专项债券发行时，可以约定根据土地出让收入情况提前偿还债券本金的条款。鼓励地方政府通过结构化创新合理设计债券期限结构。

第二十七条 省级财政部门应当按照合同约定，及时偿还土地储备专项债券到期本金、利息以及支付发行费用。市县级财政部门应当及时向省级财政部门缴纳本地区或本级应当承担的还本付息、发行费用等资金。

第二十八条 土地储备项目取得的土地出让收入，应当按照该项目对应的土地储备专项债券余额统筹安排资金，专门用于偿还到期债券本金，不得通过其他项目对应的土地出让收入偿还到期债券本金。

因储备土地未能按计划出让、土地出让收入暂时难以实现，不能偿还到期债券本金时，可在专项债务限额内发行土地储备专项债券周转偿还，项目收入实现后予以归还。

第二十九条 年度终了，县级以上地方各级财政部门应当会同本级国土资源部门、土地储备机构编制土地储备专项债券收支决算，在政府性基金预算决算报告中全面、准确反映土地储备专项债券收入、安排的支出、还本付息和发行费用等情况。

第五章 监督管理

第三十条 地方各级财政部门应当会同本级国土资源部门建立和完善相关制度，加强对本地区土地储备专项债券发行、使用、偿还的管理和监督。

第三十一条 地方各级国土资源部门应当加强对土地储备项目的管理和监督，保障储备土地按期上市供应，确保项目收益和融资平衡。

第三十二条 地方各级政府不得以土地储备名义为非土地储备机构举借政府债务，不得通过地方政府债券以外的任何方式举借土地储备债务，不得以储备土地为任何单位和个人的债务以任何方式提供担保。

第三十三条 地方各级土地储备机构应当严格储备土地管理，切实理清土地产权，按照有关规定完成土地登记，及时评估储备土地资产价值。县级以上地方各级国土资源部门应当履行国有资产运营维护责任。

第三十四条 地方各级土地储备机构应当加强储备土地的动态监管和日常统计，及时在土地储备监测监管系统中填报相关信息，获得相应电子监管号，反映土地储备专项债券运行情况。

第三十五条 地方各级土地储备机构应当及时在土地储备监测监管系统填报相关信息，反映土地储备专项债券使用情况。

第三十六条 财政部驻各地财政监察专员办事处对土地储备专项债券额度、发行、使用、偿还等进行监督，发现违反法律法规和财政管理、土地储备资金管理等政策规定的行为，及时报告财政部，抄送国土资源部。

第三十七条 违反本办法规定情节严重的，财政部可以暂停其地方政府专项债券发行资格。违反法律、行政法规的，依法追究有关人员责任；涉嫌犯罪的，移送司法机关依法处理。

第六章 职责分工

第三十八条 财政部负责牵头制定和完善土地储备专项债券管理制度，下达分地区土地储备专项债券额度，对地方土地储备专项债券管理实施监督。

国土资源部配合财政部加强土地储备专项债券管理，指导和监督地方国土资源部门做好土地储备专项债券管理相关工作。

第三十九条 省级财政部门负责本地区土地储备专项债券额度管理和预算管理、组织做好债券发行、还本付息等工作，并按照专项债务风险防控要求审核项目资金需求。

省级国土资源部门负责审核本地区土地储备规模和资金需求（含成本测算等），组织做好土地储备项目库与地方政府债务管理系统的衔接，配合做好本地区土地储备专项债券发行准备工作。

第四十条 市县级财政部门负责按照政府债务管理要求并根据本级国土资源部门建议以及专项债务风险、土地出让收入等因素，复核本地区土地储备资金需求，做好土地储备专项债券额度管理、预算管理、发行准备、资金监管等工作。

市县级国土资源部门负责按照土地储备管理要求并根据土地储备规模、成本等因素，审核本地区土地储备资金需求，做好土地储备项目库与政府债务管理系统的衔接，配合做好土地储备专项债券发行各项准备工作，监督本地区土地储备机构规范使用土地储备专项债券资金，合理控制土地出让节奏并做好与对应的专项债券还本付息的衔接，加强对项目实施情况的监控。

第四十一条 土地储备机构负责测算提出土地储备资金需求，配合提供土地储备专项债券发行相关材料，规范使用土地储备专项债券资金，提高资金使用效益。

第七章 附 则

第四十二条 省、自治区、直辖市财政部门可以根据本办法规定，结合本地区实际制定实施细则。

第四十三条 本办法由财政部会同国土资源部负责解释。

第四十四条 本办法自印发之日起实施。

财政部关于坚决制止地方以政府购买服务名义违法违规融资的通知

2017 年 5 月 28 日 财预〔2017〕87 号

各省、自治区、直辖市、计划单列市财政厅（局）：

《国务院办公厅关于政府向社会力量购买服务的指导意见》（国办发〔2013〕96 号）印发后，各地稳步推进政府购买服务工作，取得了良好成效。同时，一些地区存在违法违规扩大政府购买服务范围、超越管理权限延长购买服务期限等问题，加剧了财政金融风险。根据《中华人民共和国预算法》、《中华人民共和国政府采购法》、《国务院关于实行中期财政规划管理的意见》（国发〔2015〕3 号）、国办发〔2013〕96 号文件等规定，为规范政府购买服务管理，制止地方政府违法违规举债融资行为，防范化解财政金融风险，现就有关事项通知如下：

一、坚持政府购买服务改革正确方向。推广政府购买服务是党的十八届三中全会决定明确的一项重要改革任务，有利于加快转变政府职能、改善公共服务供给、推进财政支出方式改革。政府购买服务所需资金应当在年度预算和中期财政规划中据实足额安排。实施政府购买服务改革，要坚持费随事转，注重与事业单位改革、行业协会商会与行政主管部门脱钩转制改革、支持社会组织培育发展等政策相衔接，带动和促进政事分开、政社分开。地方政府及其所属部门要始终准确把握并牢固坚持政府购买服务改革的正确方向，依法依规、积极稳妥地加以推进。

二、严格按照规定范围实施政府购买服务。政府购买服务内容应当严格限制在属于政府职责范围、适合采取市场化方式提供、社会力量能够承担的服务事项，重点是有预算安排的基本公共服务项目。科学制定并适时完善分级分部门政府购买服务指导性目录，增强指导性目录的约束力。对暂时未纳入指导性目录又确需购买的服务事项，应当报财政部门审核备案后调整实施。

严格按照《中华人民共和国政府采购法》确定的服务范围实施政府购买服务，不得将原材料、燃料、设备、产品等货物，以及建筑物和构筑物的新建、改建、扩建及其相关的装修、拆除、修缮等建设工程作为政府购买服务项目。严禁将铁路、公路、机场、通讯、水电煤气，以及教育、科技、医疗卫生、文化、体育等领域的基础设施建设，储备土地前期开发，农田水利等建设工程作为政府购买服务项目。严禁将建设工程与服务打包作为政府购买服务项目。严禁将金融机构、融资租赁公司等非金融机构提供的融资行为纳入政府购买服务范围。政府建设工程项目确需使用财政资金，应当依照《中华人民共和国政府采购法》及其实施条例、《中华人民共和国招标投标法》规范实施。

三、严格规范政府购买服务预算管理。政府购买服务要坚持先有预算、后购买服务，所需资金应当在既有年度预算中统筹考虑，不得把政府购买服务作为增加预算单位财政支出的依据。地方各级财政部门应当充分考虑实际财力水平，妥善做好政府购买服务支出与年度预算、中期财政规划的衔接，足额安排资金，保障服务承接主体合法权益。年度预算未安排资金的，不得实施政府购买服务。购买主体应当按照批准的预算执行，从部门预算经费或经批准的专项资金等既有年度预算中统筹安排购买服务资金。购买主体签订购买服务合同，应当确认涉及的财政支出已在年度预算和中期财政规划中安排。政府购买服务期限应严格限定在年度预算和中期财政规划期限内。党中央、国务院统一部署的棚户区改造、易地扶贫搬迁工作中涉及的政府购买服务事项，按照相关规定执行。

四、严禁利用或虚构政府购买服务合同违法违规融资。金融机构涉及政府购买服务的融资审查，必须符合政府预算管理制度相关要求，做到依法合规。承接主体利用政府购买服务合同向金融机构融资时，应当配合金融机构做好合规性管理，相关合同在购买内容和期限等方面必须符合政府购买服务有关法律和制度规定。地方政府及其部门不得利用或虚构政府购买服务合同为建设工程变相举债，不得通过政府购买服务向金融机构、融资租赁公司等非金融机构进行融资，不得以任何方式虚构或超越权限签订应付（收）账款合同帮助融资平台公司等企业融资。

五、切实做好政府购买服务信息公开。各地应当将年度预算中政府购买服务总金额、纳入中期财政规划的政府购买服务总金额以及政府购买服务项目有关预算信息，按规定及时向社会公开，提高预算透明度。购买主体应当依法在中国政府采购网及其地方分网及时公开政府购买服务项目相关信息，包括政府购买服务内容、购买方式、承接主体、合同金额、分年财政资金安排、合同期限、绩效评价等，确保政府购买服务项目信息真实准确，可查询、可追溯。坚决防止借政府购买服务名义进行利益输送等违法违规行为。

各省级财政部门要充分认识规范政府购买服务管理、防范财政金融风险的重要性，统一思想，加强领导，周密部署，报经省级政府批准后，会同相关部门组织全面摸底排查本地区政府购买服务情况，发现违法违规问题的，督促相关地区和单位限期依法依规整改到位，并将排查和整改结果于2017年10月底前报送财政部。

特此通知。

财政部关于试点发展项目收益与融资自求平衡的地方政府专项债券品种的通知

2017年6月2日　财预〔2017〕89号

各省、自治区、直辖市、计划单列市财政厅（局）：

为落实《中华人民共和国预算法》和《国务院关于加强地方政府性债务管理的意见》（国发〔2014〕43号）精神，健全规范的地方政府举债融资机制，经十二届全国人大五次会议审议批准，完善地方政府专项债券（以下简称专项债券）管理，加快按照地方政府性基金收入项目分类发行专项债券步伐，发挥政府规范举债促进经济社会发展的积极作用。现将有关事项通知如下：

一、政策目标

坚持以推进供给侧结构性改革为主线，围绕健全规范的地方政府举债融资机制，依法完善专项债券管理，指导地方按照本地区政府性基金收入项目分类发行专项债券，着力发展实现项目收益与融资自求平衡的专项债券品种，加快建立专项债券与项目资产、收益相对应的制度，打造立足我国国情、从我国实际出发的地方政府“市政项目收益债”，防范化解地方政府专项债务风险，深化财政与金融互动，引导社会资本加大投入，保障重点领域合理融资需求，更好地发挥专项债券对地方稳增长、促改革、调结构、惠民生、防风险的支持作用。

二、主要内容

（一）依法安排专项债券规模。

严格执行法定限额管理，地方政府专项债务余额不得突破专项债务限额。各地试点分类发行专项债券的规模，应当在国务院批准的本地区专项债务限额内统筹安排，包括当年新增专项债务限额、上年末专项债务余额低于限额的部分。

（二）科学制定实施方案。

各省、自治区、直辖市、计划单列市（以下简称省级）财政部门负责制定分类发行专项债券试点工作实施方案，重点明确专项债券对应的项目概况、项目预期收益和融资平衡方案、分年度融资计划、年度拟发行专项债券规模和期限、发行计划安排等事项。分类发行专项债券建设的项目，应当能够产生持续稳定的反映为政府性基金收入或专项收入的现金流收入，且现金流收入应当能够完全覆盖专项债券还本付息的规模。

（三）加强部门协调配合。

省级财政部门负责按照专项债务管理规定，审核确定分类发行专项债券实施方案和管理办法，组织做好信息披露、信用评级、资产评估等工作。行业主管部门、项目单位负责配合做好专项债券发行准备工作，包括制定项目收益和融资平衡方案、提供必需的项目信息等，合理评估分类发行专项债券对应项目风险，切实履行项目管理责任。

（四）明确市县管理责任。

市县级政府确需举借相关专项债务的，依法由省级政府代为分类发行专项债券、转贷市县使用。专项债券可以对应单一项目发行，也可以对应同一地区多个项目集合发行，具体由市县级财政部门会同有关部门提出建议，报省级财政部门确定。市县级政府及其部门负责承担专项债券的发行前期准备、使用管理、还本付息、信息公开等工作。相关专项债券原则上冠以“××年××省、自治区、直辖市（本级或××市、县）××专项债券（×期）—××年××省、自治区、直辖市政府专项债券（×期）”名称。

（五）推进债券信息公开。

分类发行专项债券的地方政府应当及时披露专项债券及其项目信息。财政部门应当在门户网站等及时披露专项债券对应的项目概况、项目预期收益和融资平衡方案、专项债券规模和期限、发行计划安排、还本付息等信息。行业主管部门和项目单位应当及时披露项目进度、专项债券资金使用情况等信息。

（六）强化对应资产管理。

省级财政部门应当按照财政部统一要求同步组织建立专项债券对应资产的统计报告制度。地方各级财政部门应当会同行业主管部门、项目单位等加强专项债券项目对应资产管理，严禁将专项债券对应的资产用于为融资平台公司等企业融资提供任何形式的担保。

（七）严格项目偿债责任。

专项债券对应的项目取得的政府性基金或专项收入，应当按照该项目对应的专项债券余额统筹安排资金，专门用于偿还到期债券本金，不得通过其他项目对应的项目收益偿还到期债券本金。因项目取得的政府性基金或专项收入暂时难以实现，不能偿还到期债券本金时，可在专项债务限额内发行相关专项债券周转偿还，项目收入实现后予以归还。

三、工作安排

（一）选择重点领域先行试点。

2017 年优先选择土地储备、政府收费公路 2 个领域在全国范围内开展试点。鼓励有条件的地方立足本地区实际，围绕省（自治区、直辖市）党委、政府确定的重大战略，积极探索在有一定收益的公益性事业领域分类发行专项债券，以对应的政府性基金或专项收入偿还，项目成熟一个、推进一个。

（二）明确管理程序和时间安排。

各地在国务院批准的专项债务限额内发行土地储备、政府收费公路专项债券的，按照财政部下达的额度及制定的统一办法执行。除土地储备、收费公路额度外，各地利用新增专项债务限额，以及利用上年末专项债务限额大于余额的部分自行选择重点项目试点分类发行专项债券的，由省级政府制定实施方案以及专项债券管理办法，提前报财政部备案后组织实施。为加快支出进度，实施方案应当于每年 9 月底前提交财政部。

试点发展项目收益与融资自求平衡的地方政府专项债券品种，是专项债务限额内依法开好“前门”、保障重点领域合理融资需求、支持地方经济社会可持续发展的重要管理创新，也有利于遏制违法违规融资担保行为、防范地方政府债务风险，机制新、任务重、工作量大。请你省（自治区、直辖市、计划单列市）高度重视，将其作为贯彻落实党中央、国务院精神，防控政府债务风险的重要工作，加强组织协调，充实人员配备，狠抓贯彻落实，确保工作取得实效。

特此通知。

附件：1. 实施方案参考框架

2. ××专项债券募集资金管理办法参考框架

附件1：

实施方案参考框架

包括但不限于以下内容：

一、公益性事业领域项目（以下简称项目）主要内容；

二、项目重大经济社会效益分析，尤其是积极践行“创新、协调、绿色、开放、共享”新发展理念，促进地方经济社会可持续发展分析；

三、项目投资额、自有资本金及资本金到位情况、已有融资情况、项目建设计划及现状；

四、项目预期收益涉及的相关收费政策内容、收费政策合法合规依据、覆盖群体分布、预计产生反映为政府性基金收入或专项收入的稳定现金流收益规模分析（应当由独立第三方专业机构进行评估，并出具专项评估意见）；

五、项目预期收益、支出以及融资平衡情况（应当由独立第三方专业机构进行评估，并出具专项评估意见）；

六、项目融资计划，包括项目发行地方政府专项债券募集资金计划、分年专项债券发行规模和期限安排、专项债券投资者保护措施；

七、潜在影响项目收益和融资平衡结果的各种风险评估；

八、其他需要说明的事项。

附件2：

××专项债券募集资金管理办法参考框架

应当根据项目实施方案，参考《地方政府专项债务预算管理办法》（财预〔2016〕155号）、《地方政府土地储备专项债券管理办法（试行）》（财预〔2017〕62号）等制定。主要包括但不限于总则、预算编制、监督管理、职能分工、附则等内容。

财政部　交通运输部关于印发《地方政府收费公路专项债券管理办法（试行）》的通知

2017 年 6 月 26 日　财预〔2017〕97 号

各省、自治区、直辖市、计划单列市财政厅（局）、交通运输厅（局）：

根据《中华人民共和国预算法》和《国务院关于加强地方政府性债务管理的意见》（国发〔2014〕43 号）等有关规定，为完善地方政府专项债务管理，逐步建立专项债券与项目资产、收益对应的制度，有效防范专项债务风险，2017 年在政府收费公路领域开展试点，发行收费公路专项债券，规范政府收费公路融资行为，促进政府收费公路事业持续健康发展，今后逐步扩大范围。为此，我们研究制订了《地方政府收费公路专项债券管理办法（试行）》。

2017 年收费公路专项债券额度已经随同 2017 年分地区地方政府专项债务限额下达，请你们在本地区收费公路专项债券额度内组织做好收费公路专项债券额度管理、预算编制和执行等工作，尽快发挥债券资金效益。

现将《地方政府收费公路专项债券管理办法（试行）》印发给你们，请遵照执行。

附件：地方政府收费公路专项债券管理办法（试行）

附件：

地方政府收费公路专项债券管理办法（试行）

第一章　总　　则

第一条　为完善地方政府专项债务管理，规范政府收费公路融资行为，建立收费公路专项债券与项目资产、收益对应的制度，促进政府收费公路事业持续健康发展，根据《中华人民共和国预算法》、《中华人民共和国公路法》和《国务院关于加强地方政府性债务管理的意见》（国发〔2014〕43 号）等有关规定，制订本办法。

第二条　本办法所称的政府收费公路，是指根据相关法律法规，采取政府收取车辆通行费等方式偿还债务而建设的收费公路，主要包括国家高速公路、地方高速公路及收费一级公路等。

第三条　本办法所称地方政府收费公路专项债券（以下简称收费公路专项债券）是地方政府专项债券的一个品种，是指地方政府为发展政府收费公路举借，以项目对应并纳入政府性基金预算管理的车辆通行费收入、专项收入偿还的地方政府专项债券。

前款所称专项收入包括政府收费公路项目对应的广告收入、服务设施收入、收费公路权益转让收入等。

第四条　地方政府为政府收费公路发展举借、使用、偿还债务适用本办法。

第五条　地方政府为政府收费公路发展举借债务采取发行收费公路专项债券方式。省、自治区、直辖市政府（以下简称省级政府）为收费公路专项债券的发行主体。设区的市、自治州，县、自治县、不设区的市、市辖区级政府（以下简称市县级政府）确需发行收费公路专项债券的，由省级政府统一发行并转贷给市县级政府。经省级政府批准，计划单列市政府可以自办发行收费公路专项债券。

第六条 发行收费公路专项债券的政府收费公路项目应当有稳定的预期偿债资金来源，对应的政府性基金收入应当能够保障偿还债券本金和利息，实现项目收益和融资自求平衡。

第七条 收费公路专项债券纳入地方政府专项债务限额管理。收费公路专项债券收入、支出、还本、付息、发行费用等纳入政府性基金预算管理。

第八条 收费公路专项债券资金应当专项用于政府收费公路项目建设，优先用于国家高速公路项目建设，重点支持“一带一路”、京津冀协同发展、长江经济带三大战略规划的政府收费公路项目建设，不得用于非收费公路项目建设，不得用于经常性支出和公路养护支出。任何单位和个人不得截留、挤占和挪用收费公路专项债券资金。

第二章 额度管理

第九条 财政部在国务院批准的年度地方政府专项债务限额内，根据政府收费公路建设融资需求、纳入政府性基金预算管理的车辆通行费收入和专项收入状况等因素，确定年度全国收费公路专项债券总额度。

第十条 各省、自治区、直辖市年度收费公路专项债券额度应当在国务院批准的分地区专项债务限额内安排，由财政部下达各省级财政部门，抄送交通运输部。

第十一条 省、自治区、直辖市年度收费公路专项债券额度不足或者不需使用的部分，由省级财政部门会同交通运输部门于每年 7 月底前向财政部提出申请。财政部可以在国务院批准的该地区专项债务限额内统筹调剂额度并予批复，抄送交通运输部。

第十二条 省级财政部门应当加强对本地区收费公路专项债券额度使用情况的监控。

第三章 预算编制

第十三条 省级交通运输部门应当根据本地区政府收费公路发展规划、中央和地方财政资金投入、未来经营收支预测等，组织编制下一年度政府收费公路收支计划，结合纳入政府性基金预算管理的车辆通行费收入和专项收入、项目收益和融资平衡情况等因素，测算提出下一年度收费公路专项债券需求，于每年 9 月底前报送省级财政部门。

市县级交通运输部门确需使用收费公路专项债券资金的，应当及时测算提出本地区下一年度收费公路专项债券需求，提交同级财政部门审核，经同级政府批准后报送省级交通运输部门。

第十四条 省级财政部门汇总审核本地区下一年度收费公路专项债券需求，随同增加举借专项债务和安排公益性资本支出项目的建议，报经省级政府批准后于每年 10 月底前报送财政部、交通运输部。

第十五条 交通运输部结合国家公路发展规划、各地公路发展实际和完善路网的现实需求、车辆购置税专项资金投资政策等，对各地区下一年度收费公路专项债券项目和额度提出建议，报财政部。

第十六条 省级财政部门应当在财政部下达的本地区收费公路专项债券额度内，根据省级和市县级政府纳入政府性基金预算管理的车辆通行费收入和专项收入情况、政府收费公路建设融资需求、专项债务风险、项目期限结构及收益平衡情况等因素，提出本地区年度收费公路专项债券额度分配方案，报省级政府批准后，将分配市县的额度下达各市县级财政部门，并抄送省级交通运输部门。

省级交通运输部门应当及时向本级财政部门提供政府收费公路建设项目的相关信息，便于财政部门科学合理分配收费公路专项债券额度。

第十七条 县级以上地方各级财政部门应当在上级下达的收费公路专项债券额度内，会同本级交通运输部门提出具体项目安排建议。

第十八条 增加举借的收费公路专项债券收入应当列入政府性基金预算调整方案。包括：

（一）省级政府在财政部下达的年度收费公路专项债券额度内发行专项债券收入；

（二）市县级政府收到的上级政府转贷收费公路专项债券收入。

第十九条 增加举借收费公路专项债券安排的支出应当列入预算调整方案，包括本级支出和转贷下级支出。收费公路专项债券支出应当明确到具体项目，在地方政府债务管理系统中统计，纳入财政支出预算项目库管理。

地方各级交通运输部门应当建立政府收费公路项目库，项目信息应当包括项目名称、立项依据、通车里程、建设期限、项目投资计划、收益和融资平衡方案、车辆购置税等一般公共预算收入安排的补助、车辆通行费征收标准及期限、预期专项收入等情况，并做好与地方政府债务管理系统的衔接。

第二十条 收费公路专项债券还本支出应当根据当年到期收费公路专项债务规模、车辆通行费收入、对应专项收入等因素合理预计、妥善安排，列入年度政府性基金预算草案。

第二十一条 收费公路专项债券利息和发行费用应当根据收费公路专项债券规模、利率、费率等情况合理预计，列入政府性基金预算支出统筹安排。

第二十二条 收费公路专项债券对应项目形成的广告收入、服务设施收入等专项收入，应当全部纳入政府性基金预算收入，除根据省级财政部门规定支付必需的日常运转经费外，专门用于偿还收费公路专项债券本息。

第二十三条 收费公路专项债券收入、支出、还本付息、发行费用应当按照《地方政府专项债务预算管理办法》（财预〔2016〕155 号）规定列入相关预算科目。按照本办法第二十二条规定纳入政府性基金预算收入的专项收入，应当列入“专项债券项目对应的专项收入”下的“政府收费公路专项债券对应的专项收入”科目，在政府性基金预算收入合计线上反映。

第四章　预算执行和决算

第二十四条 省级财政部门应当根据本级人大常委会批准的预算调整方案，结合省级交通运输部门提出的年度收费公路专项债券发行建议，审核确定年度收费公路专项债券发行方案，明确债券发行时间、批次、规模、期限等事项。

市县级财政部门应当会同本级交通运输部门做好收费公路专项债券发行准备工作。

第二十五条 地方各级交通运输部门应当配合做好本地区政府收费公路专项债券发行准备工作，及时准确提供相关材料，配合做好信息披露、信用评级、资产评估等工作。

第二十六条 收费公路专项债券应当遵循公开、公平、公正原则采取市场化方式发行，在银行间债券市场、证券交易所市场等场所发行和流通。

第二十七条 收费公路专项债券应当统一命名格式，冠以“××年××省、自治区、直辖市（本级或××市、县）收费公路专项债券（×期）—××年××省、自治区、直辖市政府专项债券（×期）”名称，具体由省级财政部门商省级交通运输部门确定。

第二十八条 收费公路专项债券的发行和使用应当严格对应到项目。根据政府收费公路相关性、收费期限等因素，收费公路专项债券可以对应单一项目发行，也可以对应一个地区的多个项目集合发行，具体由省级财政部门会同省级交通运输部门确定。

第二十九条 收费公路专项债券期限应当与政府收费公路收费期限相适应，原则上单次发行不超过 15 年，具体由省级财政部门会同省级交通运输部门根据项目建设、运营、回收周期和债券市场状况等因素综合确定。

收费公路专项债券发行时，可以约定根据车辆通行费收入情况提前或延迟偿还债券本金的条款。鼓励地方政府通过结构化创新合理设计债券期限结构。

第三十条 省级财政部门应当会同交通运输部门及时向社会披露收费公路专项债券相关信息，包括收费公路专项债券规模、期限、利率、偿债计划及资金来源、项目名称、收益和融资平衡方案、建设期限、车辆通行费征收标准及期限等。省级交通运输部门应当积极配合提供相关材料。

省级交通运输部门应当于每年6月底前披露截至上一年度末收费公路专项债券对应项目的实施进度、债券资金使用等情况。

第三十一条 政府收费公路项目形成的专项收入，应当全部上缴国库。县级以上地方各级交通运输部门应当履行项目运营管理责任，加强成本控制，确保车辆通行费收入和项目形成的专项收入应收尽收，并按规定及时足额缴入国库。

第三十二条 省级财政部门应当按照合同约定，及时偿还收费公路专项债券到期本金、利息以及支付发行费用。市县级财政部门应当及时向省级财政部门缴纳本地区或本级应当承担的还本付息、发行费用等资金。

第三十三条 年度终了，县级以上地方各级财政部门应当会同本级交通运输部门编制收费公路专项债券收支决算，在政府性基金预算决算报告中全面、准确反映收费公路专项债券收入、安排的支出、还本付息和发行费用等情况。

第五章 监督管理

第三十四条 地方各级财政部门应当会同本级交通运输部门建立和完善相关制度，加强对本地区收费公路专项债券发行、使用、偿还的管理和监督。

第三十五条 地方各级交通运输部门应当加强收费公路专项债券对应项目的管理和监督，确保项目收益和融资平衡。

第三十六条 地方各级财政部门、交通运输部门不得通过企事业单位举借债务，不得通过地方政府债券以外的任何方式举借债务，不得为任何单位和个人的债务以任何方式提供担保。

第三十七条 地方各级财政部门应当会同本级交通运输部门，将收费公路专项债券对应项目形成的基础设施资产纳入国有资产管理。建立收费公路专项债券对应项目形成的资产登记和统计报告制度，加强资产日常统计和动态监控。县级以上地方各级交通运输部门及相关机构应当认真履行资产运营维护责任，并做好资产的会计核算管理工作。收费公路专项债券对应项目形成的基础设施资产和收费公路权益，应当严格按照债券发行时约定的用途使用，不得用于抵质押。

第三十八条 财政部驻各地财政监察专员办事处对收费公路专项债券额度、发行、使用、偿还等进行监督，发现违反法律法规和财政管理、收费公路等政策规定的行为，及时报告财政部，抄送交通运输部。

第三十九条 违反本办法规定情节严重的，财政部可以暂停其发行地方政府专项债券。违反法律、行政法规的，依法依规追究有关人员责任；涉嫌犯罪的，移送司法机关依法处理。

第四十条 各级财政部门、交通运输部门在地方政府收费公路专项债券监督和管理工作中，存在滥用职权、玩忽职守、徇私舞弊等违法违纪行为的，按照《中华人民共和国预算法》、《公务员法》、《行政监察法》、《财政违法行为处罚处分条例》等国家有关规定追究相应责任；涉嫌犯罪的，移送司法机关处理。

第六章 职责分工

第四十一条 财政部负责牵头制定和完善收费公路专项债券管理制度，下达分地区收费公路专项债券额度，对地方收费公路专项债券管理实施监督。

交通运输部配合财政部加强收费公路专项债券管理，指导和监督地方交通运输部门做好收费公路专项债券管理相关工作。

第四十二条 省级财政部门负责本地区收费公路专项债券额度管理和预算管理，组织做好债券发行、还本付息等工作，并按照专项债务风险防控要求审核项目资金需求。

省级交通运输部门负责审核汇总本地区国家公路网规划、省级公路网规划建设的政府收费公路资金需求，组织做好政府收费公路项目库与地方政府债务管理系统的衔接，配合做好本地区收费公路专项债券各项发行准备工作，规范使用收费公路专项债券资金，组织有关单位及时足额缴纳车辆通行费收入、相关专项收入等。

第四十三条 市县级政府规划建设政府收费公路确需发行专项债券的，市县级财政部门、交通运输部门应当参照省级相关部门职责分工，做好收费公路专项债券以及对应项目管理相关工作。

第七章 附 则

第四十四条 省、自治区、直辖市财政部门可以根据本办法规定，结合本地区实际制定实施细则。

第四十五条 本办法由财政部会同交通运输部负责解释。

第四十六条 本办法自印发之日起实施。

省人民政府办公厅关于印发山东省政府性债务风险应急处置预案的通知

2017 年 3 月 16 日 鲁政办字〔2017〕41 号

各市人民政府，各县（市、区）人民政府，省政府各部门、各直属机构，各大企业，各高等院校：

《山东省政府性债务风险应急处置预案》已经省政府同意，现印发给你们，请认真组织实施。

附件：山东省政府性债务风险应急处置预案

附件：

山东省政府性债务风险应急处置预案

1　总　　则

1.1　目的

加快构建省市县政府性债务风险防控体系，建立健全风险应急处置工作机制，坚持快速响应、分类施策、各司其职、协同联动、稳妥处置，牢牢守住不发生区域性系统性风险的底线，切实防范和化解财政金融风险，维护全省经济安全和社会稳定。

1.2　工作原则

1.2.1　分级负责

省政府对全省政府性债务风险应急处置负总责，设区的市级政府对市本级及所属县（市、区，含省财政直接管理县，下同）政府性债务风险应急处置负责，县（市、区）级政府对本县（市、区）政府性债务风险应急处置负责。

各级财政部门是同级政府性债务风险应急处置牵头管理部门。举借政府性债务或使用政府性债务资金的有关单位是政府性债务风险防控的责任主体。各级审计、人民银行、金融监管等部门按照职责分工加强对政府性债务的监管。

跨市政府性债务风险应急处置由相关地区协商办理。

1.2.2　及时应对

各级政府应当坚持预防为主、预防和应急处置相结合，加强对政府性债务风险的动态监控，及时排查风险隐患，妥善处置风险事件。

1.2.3　依法处置

政府性债务风险事件应急处置应当依法合规，尊重市场化原则，充分考虑并维护好各方合法权益。

1.2.4 权责明确

各级政府要按照"谁举债、谁偿还"的原则，逐级落实和强化偿债责任和风险防控责任，切实硬化预算约束，防范道德风险。

1.3 编制依据

《中华人民共和国预算法》《中华人民共和国突发事件应对法》《国务院关于加强地方政府性债务管理的意见》（国发〔2014〕43 号）、《国务院办公厅关于印发地方政府性债务风险应急处置预案的通知》（国办函〔2016〕88 号）、《财政部关于印发〈地方政府性债务风险分类处置指南〉的通知》（财预〔2016〕152 号）、《山东省突发事件应对条例》《山东省人民政府关于贯彻国发〔2014〕43 号文件加强政府性债务管理的实施意见》（鲁政发〔2014〕23 号）、《山东省人民政府关于印发山东省突发事件总体应急预案的通知》（鲁政发〔2012〕5 号）等。

1.4 适用范围

本预案所称政府性债务风险事件，是指省市县各级政府已经或者可能无法按期支付政府债务本息，或者无力履行或有债务法定代偿责任，容易引发财政金融风险，需要采取应急处置措施予以应对的事件。

本预案所称存量债务，是指清理甄别认定的 2014 年末地方政府性债务，包括存量政府债务和存量或有债务。

1.4.1 政府债务风险事件

（1）政府债券风险事件：指省政府（或授权计划单列市政府）发行的一般债券、专项债券还本付息出现违约。

（2）其他政府债务风险事件：指除地方政府债券外的其他存量政府债务还本付息出现违约。

1.4.2 或有债务风险事件

（1）政府提供担保的债务风险事件：指由企事业单位举借、政府及有关部门提供担保的存量或有债务出现风险，政府需要依法履行担保责任或相应民事责任却无力承担。

（2）政府承担救助责任的债务风险事件：指企事业单位因公益性项目举借、由非财政性资金偿还，各级政府在法律上不承担偿债或担保责任的存量或有债务出现风险，政府为维护经济安全或社会稳定需要承担一定救助责任却无力救助。

2 组织指挥体系及职责

2.1 应急组织机构

省市县政府分别设立政府性债务管理领导小组（以下简称债务管理领导小组），作为非常设机构，负责领导本地区政府性债务日常管理。当本地区出现政府性债务风险事件时，根据需要将债务管理领导小组转为政府性债务风险事件应急领导小组（以下简称债务应急领导小组），负责组织、协调、指挥政府性债务风险事件应对工作。

债务管理领导小组（债务应急领导小组）由本级政府主要负责人任组长，成员单位包括财政、发展改革、公安、审计、国资、地方金融监管、宣传、信访、法制等部门单位以及人民银行分支机构、银监、证监、保监等部门，根据工作需要可以适时调整成员单位。

2.2 领导小组职责

（1）决定启动、终止本预案应急响应。

（2）统一领导、指挥政府性债务风险事件应急处置工作。

（3）分析、研究政府性债务风险的有关信息，制订应急措施。

（4）指挥、协调各有关部门、相关政府实施应急措施。

（5）负责应急处置预案报告、总结、评估等后期处置工作。

2.3 领导小组成员单位职责

2.3.1 财政部门是政府性债务的归口管理部门，承担本级债务管理领导小组（债务应急领导小组）办公室职能，负责债务风险日常监控和定期报告，组织提出债务风险应急措施方案。

2.3.2 债务单位行业主管部门是政府性债务风险应急处置的责任主体，负责定期梳理本行业政府性债务风险情况，督促举借债务或使用债务资金的有关单位制定本单位债务风险应急预案；当出现债务风险事件时，落实债务还款资金安排，及时向债务应急领导小组报告。

2.3.3 发展改革部门负责评估本地区投资计划和项目，根据应急需要调整投资计划，与各级政府部门共同做好相关企业债券风险的应急处置工作。

2.3.4 审计部门负责对政府性债务风险事件开展审计，明确有关单位和人员的责任。

2.3.5 地方金融监管部门负责按照职能分工协调所监管的地方金融机构配合开展政府性债务风险处置工作；协调查处非法集资。

2.3.6 宣传部门根据政府性债务风险的严重程度，加强媒体舆情管控与引导。

2.3.7 信访部门负责协调做好涉及政府性债务风险的信访接待工作，维护信访秩序。

2.3.8 法制部门负责研究风险处置过程中涉及的法律问题，对提出的有关措施、办法进行合法性审查。

2.3.9 人民银行分支机构负责开展金融风险监测与评估，牵头做好区域性系统性金融风险防范和化解工作，维护金融稳定。

2.3.10 银监、证监、保监等部门分别负责指导银行、证券、保险等金融机构做好风险防控，协调金融机构配合开展风险处置工作，牵头做好有关风险处置工作。

2.3.11 公安部门依法参与政府性债务风险事件应急处置工作，维护政府性债务风险事件发生地社会秩序以及涉及政府性债务的银行间债券市场秩序，发现涉嫌犯罪的，对有关人员的违法行为立案侦查，并相应采取必要的强制措施。

2.3.12 其他部门（单位）负责本部门（单位）职责范围内债务风险管理和防范工作，落实政府性债务偿还化解责任。

3 预警和预防机制

3.1 预警监测

省财政建立健全政府性债务风险评估和预警机制，结合各地实际，设立债务风险预警线，加强风险监测，定期排查风险隐患，及时对风险地区进行提示和预警，督导相关地区做好风险防范工作，做到风险早发现、早报告、早处置。

3.2 信息报告

省市县政府应当建立政府性债务风险事件报告制度，发现问题及时报告，不得瞒报、迟报、漏报、谎报。

3.2.1 政府债务风险事件报告

设区的市级、县级政府（以下统称市县政府）预计无法按期足额支付到期政府债务本息的，应当提前2个月以上向上一级政府报告，同时抄送上一级财政部门。发生突发或重大情况，县级政府在报告市级政府的同时，可以直接向省政府报告，并抄送省、市级财政部门。省、市级财政部门接报后应当立即将相关情况通报本级政府债务应急领导小组各成员单位，并抄送上级财政部门驻当地监察（检查）办事机构。

3.2.2　或有债务风险事件报告

市县政府或有债务的债务人预计无法按期足额支付或有债务本息的，应当提前1个月以上向本级主管部门和财政部门报告，经财政部门会同主管部门确认无力履行法定代偿责任或必要救助责任后，由本级政府向上一级政府报告，并抄送上一级财政部门。遇突发或重大事件，县级政府在报告市级政府的同时，可以直接向省政府报告，并抄送省、市级财政部门。省、市级财政部门接报后应当立即将相关情况通报本级政府债务应急领导小组各成员单位，并抄送上级财政部门驻当地监察（检查）办事机构。

3.2.3　报告内容

包括预计发生违约的政府性债务类别、债务人、债权人、期限、本息、原定偿还安排等基本信息，风险发生原因，事态发展趋势，可能造成的损失，已采取及拟采取的应对措施等。

3.2.4　报告方式

一般采取书面报告形式。紧急情况下可先采取电话报告、后书面报告的方式。

3.3　分类处置

3.3.1　地方政府债券

对地方政府债券，省市县政府根据实际举借债务数额，分别依法承担偿还责任。

3.3.2　非政府债券形式的存量政府债务

对非政府债券形式的存量政府债务，经同级政府、债权人、企事业单位等债务人协商一致，可以按照《中华人民共和国合同法》第八十四条等有关规定分类处理：

（1）债权人同意在规定期限内置换为政府债券的，同级政府不得拒绝相关偿还义务转移，并应承担全部偿还责任。同级政府应当通过预算安排、资产处置等方式积极筹措资金，偿还到期政府债务本息，其中政府债务本金可以通过省政府代为发行政府债券偿还；

（2）债权人不同意在规定期限内置换为政府债券的，仍由原债务人依法承担偿债责任，对应的政府债务限额由省政府统一收回。同级政府作为出资人，在出资范围内承担有限责任。

3.3.3　存量或有债务

（1）存量担保债务。存量担保债务不属于政府债务。按照《中华人民共和国担保法》及其司法解释规定，除外国政府和国际经济组织贷款外，地方政府及其部门出具的担保合同无效，地方政府及其部门对其不承担偿债责任，仅依法承担适当民事赔偿责任，但最多不应超过债务人不能清偿部分的二分之一；担保额小于债务人不能清偿部分二分之一的，以担保额为限。

具体责任金额由当地政府、债权人、债务人依据上述规定，参照政府承诺担保金额、财政承受能力等协商确定。

（2）存量救助债务。存量救助债务不属于政府债务。对政府可能承担一定救助责任的存量或有债务，同级政府可以根据具体情况实施救助，但保留对债务人的追偿权。

3.3.4　新发生的违法违规担保债务

对2014年修订的《中华人民共和国预算法》施行以后地方政府违法违规提供担保承诺的债务，在依法界定责任的基础上，参照3.3.3第（1）项依法处理。

3.3.5　其他事项

政府性债务风险分类处置的具体办法按照《财政部关于印发〈地方政府性债务风险分类处置指南〉的通知》（财预〔2016〕152号）规定执行。

3.4　债务风险事件级别

按照政府性债务风险事件的性质、影响范围和危害程度等情况，划分为Ⅳ级（一般）、Ⅲ级（较大）、Ⅱ级（重大）、Ⅰ级（特大）四个等级。当政府性债务风险事件等级指标有交叉、难以判定级别时，按照较高一级处置，防止风险扩散；当政府性债务风险事件等级随时间推移有所上升时，按照升级后的级别处置。

政府性债务风险事件监测主体为省级、设区的市级、县级政府。经济开发区管委会等县级以上政府派出机构的政府性债务风险事件，按照行政隶属关系由所属政府负责监测。

3.4.1 Ⅳ级（一般）债务风险事件，是指出现下列情形之一：

（1）单个市县政府本级偿还政府债务本息实质性违约，或因兑付政府债务本息导致无法保障必要的基本民生支出和政府有效运转支出；

（2）单个市县政府无法履行或有债务的法定代偿责任或必要救助责任，或因履行上述责任导致无法保障必要的基本民生支出和政府有效运转支出；

（3）因到期政府债务违约，或者因政府无法履行或有债务的法定代偿责任或必要救助责任，造成群体性事件；

（4）省市县政府需要认定为Ⅳ级债务风险事件的其他情形。

3.4.2 Ⅲ级（较大）债务风险事件，是指出现下列情形之一：

（1）全省或设区的市级政府辖区内2个以上但未达到10%的设区的市本级或县级政府无法支付地方政府债务本息，或者因兑付政府债务本息导致无法保障必要的基本民生支出和政府有效运转支出；

（2）全省或设区的市级政府辖区内2个以上但未达到10%的设区的市本级或县级政府无法履行或有债务的法定代偿责任或必要救助责任，或者因履行上述责任导致无法保障必要的基本民生支出和政府有效运转支出；

（3）市县政府债务本金违约金额占同期本地区政府债务应偿本金1%以上（未达到5%），或者利息违约金额占同期应付利息1%以上（未达到5%）；

（4）因到期政府债务违约，或者因政府无法履行或有债务的法定代偿责任或必要救助责任，造成较大群体性事件；

（5）省市县政府需要认定为Ⅲ级债务风险事件的其他情形。

3.4.3 Ⅱ级（重大）债务风险事件，是指出现下列情形之一：

（1）省政府连续3次以上出现地方政府债券发行流标现象；

（2）全省或设区的市级政府辖区内10%以上（未达到15%）的设区的市本级或县级政府无法支付政府债务本息，或者因兑付政府债务本息导致无法保障必要的基本民生支出和政府有效运转支出；

（3）全省或设区的市级政府辖区内10%以上（未达到15%）的设区的市本级或县级政府无法履行或有债务的法定代偿责任或必要救助责任，或者因履行上述责任导致无法保障必要的基本民生支出和政府有效运转支出；

（4）市县政府债务本金违约金额占同期本地区政府债务应偿本金5%以上（未达到10%），或者利息违约金额占同期应付利息5%以上（未达到10%）；

（5）因到期政府债务违约，或者因政府无法履行或有债务的法定代偿责任或必要救助责任，造成重大群体性事件，影响极为恶劣；

（6）省市县政府需要认定为Ⅱ级债务风险事件的其他情形。

3.4.4 Ⅰ级（特大）债务风险事件，是指出现下列情形之一：

（1）省政府发行的地方政府债券到期本息兑付出现违约；

（2）省级或全省15%以上的市县政府无法偿还政府债务本息，或者因偿还政府债务本息导致无法保障必要的基本民生支出和政府有效运转支出；

（3）省级或全省15%以上的市县政府无法履行或有债务的法定代偿责任或必要救助责任，或者因履行上述责任导致无法保障必要的基本民生支出和政府有效运转支出；

（4）全省政府债务本金违约金额占同期本地区政府债务应偿本金10%以上，或者利息违约金额占同期应付利息10%以上；

（5）省政府需要认定为Ⅰ级债务风险事件的其他情形。

4 应急响应

4.1 分级响应和应急处置

省市县政府分别对其举借的债务承担偿还责任。各级政府要全面加强政府性债务日常风险管理，按照财政部《地方政府性债务风险分类处置指南》，妥善处理政府性债务偿还问题。同时，要加强财政资金流动性管理，避免出现因流动性管理不善导致政府性债务违约。对因无力偿还政府债务本息或无力承担法定代偿责任等引发风险事件的，根据债务风险等级，相应及时实行分级响应和应急处置。

4.1.1 Ⅳ级债务风险事件应急响应

（1）相关市县债务管理领导小组应当转为债务应急领导小组，对风险事件进行研判，查找原因，明确责任，立足自身化解债务风险。

①以一般公共预算收入作为偿债来源的一般债务违约的，在保障必要的基本民生支出和政府有效运转支出前提下，可以采取调减投资计划、压减一般性支出、统筹各类结余结转资金、调入政府性基金或国有资本经营预算收入、动用预算稳定调节基金或预备费等方式筹措资金偿还，必要时可以处置政府资产。对政府提供担保或承担必要救助责任的或有债务，政府无力承担相应责任时，也按照上述原则处理。

②以政府性基金收入作为偿债来源的专项债务，因政府性基金收入不足造成债务违约的，在保障部门基本运转和履职需要的前提下，应当通过调入项目运营收入、调减债务单位行业主管部门投资计划、处置部门和债务单位可变现资产、调整部门预算支出结构、扣减部门经费等方式筹集资金偿还债务。对部门提供担保形成的或有债务，政府无力承担相应责任时，也按照上述原则处理。

③因债权人不同意变更债权债务关系或不同意置换，导致存量政府债务无法在规定期限内依法转换成政府债券的，原有债权债务关系不变，由债务单位通过安排单位自有资金、处置资产等方式自筹资金偿还。若债务单位无力自筹资金偿还，可按市场化原则与债权人协商进行债务重组或依法破产，政府在出资范围内承担有限责任。对政府或有债务，也按照上述原则处理。

④市县政府出现债务风险事件后，在恢复正常偿债能力前，除国务院和省政府确定的重点项目外，原则上不得新上政府投资项目，发展改革等部门应暂停办理项目立项、审批等相关手续。在建政府投资项目能够缓建的，可以暂停建设，腾出资金依法用于偿债。

（2）市县债务管理领导小组或债务应急领导小组认为确有必要时，可以启动财政重整计划。市县政府年度一般债务付息支出超过当年一般公共预算支出10%的，或者专项债务付息支出（不含通过调入项目运营收入等专项收入安排的付息支出）超过当年政府性基金预算支出10%的，债务管理领导小组或债务应急领导小组必须启动财政重整计划。

（3）被财政部或省政府列为政府性债务风险预警地区的市县，在下年度新增政府债务限额分配时，上级政府应当适当扣减其新增债券规模。

（4）市县政府应当将债务风险应急处置情况向上一级政府或省政府报备。

4.1.2 Ⅲ级债务风险事件应急响应

除采取Ⅳ级债务风险事件应对措施外，还应当采取以下升级应对措施：

（1）相关地区债务管理领导小组应当转为债务应急领导小组，将债务风险情况和应急处置方案专题向上一级债务管理领导小组报告；

（2）上一级债务管理领导小组密切关注事态变化，加强政策指导，及时组织召开专题会议通报风险处置情况，必要时成立工作组进驻风险地区，指导支持债务风险处置工作；

（3）市县政府偿还省政府代发的到期政府债券（包括一般债券和专项债券）有困难的，可以申请由上一级财政先行代垫偿还，事后收回；

（4）市县政府应当将债务风险应急处置进展情况和处置结果上报省政府，并抄送省财政厅。

4. 1. 3　Ⅱ级债务风险事件应急响应

除采取Ⅳ级、Ⅲ级债务风险事件应对措施外，还应当采取以下升级应对措施：

（1）省政府债务管理领导小组应当转为债务应急领导小组，汇总有关情况向省政府报告，动态监控风险事件进展，指导和支持市县政府化解债务风险；

（2）设区的市或省财政直接管理县（市）政府统筹本级财力仍无法解决本级或所辖县（市、区）政府到期债务偿债缺口并且影响政府正常运转或经济社会稳定的，应当及时向省政府债务应急领导小组报告，报告内容主要包括债务风险情况说明、本级政府应急方案及已采取的应急措施、需省政府帮助解决的事项等；

（3）省政府债务应急领导小组对市县政府报告中需省政府帮助解决事项提出意见，报省政府批准后实施，并立即启动责任追究程序；

（4）省政府适当扣减Ⅱ级债务风险事件涉及市县当年或以后年度新增地方政府债券规模；

（5）省政府债务应急领导小组督促市县政府落实债务风险应急处置措施，跟踪债务风险化解情况。必要时，省政府可以成立工作组进驻风险地区，帮助或者接管风险地区财政管理，帮助制定或者组织实施风险地区财政重整计划。

4. 1. 4　Ⅰ级债务风险事件应急响应

除采取Ⅳ级、Ⅲ级、Ⅱ级债务风险事件应对措施外，还应当采取以下升级应对措施：

（1）省政府债务应急领导小组及时将债务风险情况和应急处置方案向省政府报告，同时报财政部；

（2）市县政府偿还到期地方政府债券本息有困难的，省政府可以对其提前调度部分国库资金周转，事后收回。同时，在国务院核定的债务限额内，省政府可通过发行政府债券帮助相关市县政府置换其部分到期政府债务本金，缓释债务风险；

（3）市县政府建立债务风险处置信息定期向省政府债务应急领导小组报告的机制，重大事项必须立即报告；

（4）省政府债务应急领导小组报请省政府通报Ⅰ级债务风险事件涉及市县名单，启动债务风险责任追究机制；

（5）省政府暂停Ⅰ级债务风险事件涉及市县新增地方政府债券的资格。

4. 2　政府财政重整计划

实施地方政府财政重整计划必须依法履行相关程序，保障必要的基本民生支出和政府有效运转支出，不得因为偿还债务本息影响政府基本公共服务的提供。要加强与金融机构沟通，确保与金融政策相协调。财政重整计划包括但不限于以下内容：

（1）拓宽财源渠道。依法加强税收征管，强化税源动态监控，堵塞税费征管漏洞，加大清缴欠税欠费力度，确保应收尽收。落实国有资源有偿使用制度，增加政府资源性收入。大力清理盘活财政存量资金，积极推进财政资金统筹使用，提高财政调控保障能力。除法律、行政法规和国务院规定的财税优惠政策之外，可以暂停其他财税优惠政策，待风险解除后再行恢复；

（2）优化支出结构。财政重整期内，除必要的基本民生支出和政府有效运转支出外，视债务风险事件等级，本级政府其他财政支出应当保持“零增长”或者大力压减。一是压缩基本建设支出。不得新批政府投资计划，不得新上政府投资项目；不得设立各类需要政府出资的投资基金等，已设立的应当制定分年退出计划并严格落实。二是压缩政府公用经费。实行公务出国（境）、培训、公务接待等项目“零支出”，大力压缩政府咨询、差旅、劳务等各项一般性支出或非急需、非刚性支出。三是控制人员福利开支。机关事业单位暂停新增人员，必要时采取核减机构编制、人员等措施；暂停地方自行出台的机关事业单位各项补贴政策，压减直至取消编制外聘用人员支出。四是清理各类对企事业单位的补助补贴。暂停或取消各地自行出台的各类奖励、对企业的政策性补贴和贴息、非基本民生类补贴等。五是调整过高支出标准，优先保障国家和省出台的教育、社保、医疗、卫生等重大支出政策，市县支出政策标准原则上不得超过国家和省统一标准。六是暂停土地出让收入各项政策性计提。土地出让收入扣除成本性支出后应全部用于偿还债务；

（3）处置政府资产。指定机构统一接管政府及其部门拥有的各类经营性资产、行政事业单位资产、国有股权等，结合市场情况适时予以变现，多渠道筹集资金偿还债务；

（4）申请临时救助。采取上述措施后，风险地区财政收支仍难以平衡的，可以向上一级政府申请临时救助，省财政直接管理县（市）可以直接向省政府申请，包括但不限于：临时垫付到期部分政府债务本息，加大财政转移支付力度，减免部分专项转移支付配套资金。财政重整计划实施结束后，上级政府可相应停止实施相关临时救助措施，并收回垫付资金；

（5）加强预算审查。实施财政重整计划以后，相关市县政府涉及财政总预算、部门预算、重点支出和重大投资项目、政府债务等事项，在依法报本级人民代表大会或其常委会审查批准的同时，必须报上一级政府备案。上级政府对下级政府报送备案的预算调整方案要加强审核评估，认为有不适当之处需要撤销批准预算的决议的，应当依法按程序提请本级人民代表大会常委会审议决定；

（6）改进财政管理。相关市县政府按规定实施中期财政规划管理，妥善安排规划期内财政收支预算，严格做好与化解政府性债务风险政策措施的衔接。要根据规划期内财政收支和政府债务风险预测情况，严格限定债务风险控制目标，对预计超过风险控制目标的地区，要相应调整规划期内收入或支出安排。

4.3 舆论引导

根据处置债务风险事件的需要，启动应急响应的地方政府或其债务风险应急领导小组应当及时跟踪和研判舆情，健全新闻发布制度，指定专门的新闻发言人，统一对外发布信息，正确引导舆论。

4.4 应急终止

政府性债务风险得到缓解、控制，地方政府实现财政重整目标，经上级政府债务管理领导小组或债务应急领导小组同意，终止应急措施。

另外，各级财政部门应当将本级政府及其部门与其他主体签署协议承诺用以后年度财政资金支付的事项，纳入监测范围，并结合本地区经济发展水平和财政承受能力，定期评估未来财政支付风险，及时采取风险防范化解措施，保障财政经济平稳和可持续运行。市县政府因按照合同约定履行财政支出责任数额过大，导致当年预算安排无法保障必要的基本民生支出和政府有效运转支出，并出现支付违约的，应当根据违约金额及影响程度，参照上述债务风险事件分级应急措施及时进行风险应急处置。

5 后期处置

5.1 债务风险事件应急处置记录及总结

在债务风险事件应急处置过程中，相关政府应当详尽、具体、准确地做好工作记录，及时汇总、妥善保管有关文件资料。应急处置结束后，要形成书面总结，于20个工作日内向本级政府报告，随后向本级人民代表大会常委会和上一级政府报告，并抄送上一级财政部门。

5.2 评估分析

债务风险事件应急处置结束后，有关地方政府及其财政部门要对债务风险事件应急处置情况进行评估。评估内容主要包括：债务风险事件形成原因、应急响应过程、应急处置措施、应急处置效果、对今后债务管理的持续影响、今后完善债务风险预警和应急处置机制的意见建议等。相关地区应当根据评估结果，及时总结经验教训，改进完善应急处置预案。

6 保障措施

6.1 通信保障

各级政府债务管理领导小组（债务应急领导小组）要建立联络员制度，各成员单位至少要指定2名联络员，其中，单位主要负责人或分管债务负责人1名、债务管理部门负责人1名，并提供单位地址、办公电话、手机、传真、电子邮箱等多种联系方式。启动应急响应的各级政府债务应急领导小组成员单位及其联络员应当保持应急指挥联络畅通。

6.2 人力保障

各地要加强政府性债务管理队伍建设，提高相关人员政策理论、日常管理、风险监测、应急处置、舆情应对等业务能力。启动应急响应的地方政府应当部署各有关部门安排人员具体落实相关工作。

6.3 资源保障

发生政府性债务风险事件的各级政府要统筹本级财政资金、政府及其部门资产、政府债权等可偿债资源，为偿还债务提供必要保障。

6.4 安全保障

应急处置过程中，对可能影响公共安全和社会稳定的事件，要提前防范、及时控制、妥善处理；遵守保密规定，对涉密信息要加强管理，严格控制知悉范围。

6.5 技术储备与保障

债务应急领导小组可以根据需要，建立咨询机制，抽调财政、发展改革、审计、人民银行、银监等部门有关专业人员组成债务风险事件应急专家组，参加应急处置工作，提供技术、法律等方面支持。

6.6 责任追究

6.6.1 违法违规责任范围

（1）违反《中华人民共和国预算法》《中华人民共和国银行业监督管理法》等法律规定的下列行为：

年末政府债务余额超过经批准的本地区地方政府债务限额；

政府及其部门通过发行地方政府债券以外的方式举借政府债务，包括但不限于通过企事业单位举借政府债务；

举借政府债务没有明确的偿还计划和稳定的偿还资金来源；

政府或其部门违反法律规定，为单位和个人的债务提供担保；

银行业金融机构违反法律、行政法规以及国家有关银行业监督管理规定的；

政府债务资金没有依法用于公益性资本支出；

增加举借政府债务未列入预算调整方案报本级人民代表大会常委会批准；

未按规定对举借政府债务的情况和事项作出说明、未在法定期限内向社会公开；

其他违反法律规定的行为。

（2）违反《国务院关于加强地方政府性债务管理的意见》（国发〔2014〕43号）、《山东省人民政府关于贯彻国发〔2014〕43号文件加强政府性债务管理的实施意见》（鲁政发〔2014〕23号）等有关政策规定的下列行为：

政府及其部门在预算之外违法违规举借政府债务；

金融机构违法违规向地方政府提供融资，要求地方政府违法违规提供担保；

政府及其部门挪用债务资金或违规改变债务资金用途；

政府及其部门恶意逃废债务；

债务风险发生后，隐瞒、迟报或授意他人隐瞒、谎报有关情况；

其他违反政策规定的行为。

6.6.2　追究机制响应

发生Ⅳ级以上政府性债务风险事件后，应当适时启动债务风险责任追究机制，依法对相关责任人员进行行政问责；银监部门应对银行业金融机构相关责任人员依法追责。

6.6.3　责任追究程序

（1）省政府债务应急领导小组应组织有关部门，对发生政府性债务风险的市县政府开展专项调查或专项审计，核实认定债务风险责任，提出处理意见，形成调查或审计报告，报省政府审定。

（2）有关任免机关、监察机关、银监部门根据调查或审计报告中有关责任认定情况，依纪依法对相关责任单位和人员进行责任追究；对涉嫌犯罪的，移交司法机关进行处理。

（3）省政府将政府性债务风险处置纳入政绩考核范围，对实施财政重整的市县政府，视债务风险事件形成原因和时间等情况，追究有关人员的责任。属于在本届政府任期内举借债务形成风险事件的，在终止应急措施之前，政府主要领导同志不得重用或提拔；属于已经离任的政府领导责任的，应当依纪依法追究其责任。

7　附　　则

7.1　预案管理

本预案实施后，省财政厅应会同有关部门加强业务培训指导，并根据实施情况适时进行修订完善。设区的市和县级政府要结合本地实际，及时研究制定本地区政府性债务风险应急处置预案。

7.2　预案解释

本预案由省财政厅负责解释。

7.3　预案实施时间

本预案自印发之日起实施。

省人民政府办公厅关于规范政府举债融资行为防控政府性债务风险的意见

2017 年 9 月 29 日　鲁政办字〔2017〕154 号

各市人民政府，各县（市、区）人民政府，省政府各部门、各直属机构：

近年来，全省各级、各有关部门认真贯彻落实《预算法》和国家关于加强地方政府性债务管理各项规定，健全制度，强化预警，加强管理，较好地发挥了政府债务资金对稳增长、惠民生、防风险的积极作用。但也有一些地方存在政府债务规模较大、隐性债务增长较快、违法违规举债担保屡禁不止等问题，潜在的风险不容忽视。为进一步规范我省各级政府举债融资行为，严格防范和化解地方政府性债务风险，经省政府同意，现提出以下意见：

一、切实防范化解地方政府性债务风险

防范政府性债务风险关系经济社会发展全局，各级、各有关部门要从事关经济社会长远发展的高度，充分认识加强政府性债务管理、有效防控债务风险的重要性和紧迫性，正确处理好举债与发展、稳增长与防风险的关系，切实强化“红线”“底线”意识，不断规范政府举债行为，坚决守住不发生区域性系统性风险的底线。各市、县（市、区）政府要对本地区政府性债务风险防控负总责，进一步强化债务管理主体责任，在摸清本地区政府性债务底数的基础上，及时制定实施化解本地区政府性债务风险方案，明确债务风险处置目标，力争用2～3年时间将限额内地方政府债务率全部控制在100%的警戒线以内，用3～5年时间，使隐性债务风险明显降低，全口径政府债务风险整体可控。

加大债务高风险地区风险处置力度，被财政部列入政府债务风险预警名单的地区以及政府融资平台公司债务规模和中长期财政支出责任规模较大的市县，应于2017年年底前制定并出台实施切实可行的债务风险化解计划，明确风险化解目标、进度和工作措施，必要时可启动财政重整计划，通过调减政府投资计划、停止新上政府投资项目、压缩公用经费等一般性支出、统筹各类结转结余资金、处置政府资产等方式，多渠道筹集资金，及时将债务率控制在警戒线以内。

建立政府性债务风险管控财政奖惩机制，省财政厅要对各市政府性债务风险防控工作进行跟踪监控和绩效考核，并将绩效考核结果与省对下转移支付安排、新增债务限额分配等挂钩，对超额完成债务规模控制和风险化解目标的市县给予奖励，对未完成目标或加剧风险的给予惩罚。对债务风险化解不力的市，省政府将视情对市政府主要负责同志进行约谈，严格责任追究，督促其制定实施有效的风险化解措施，完成债务风险管控目标。

加快建立健全省市县三级政府性债务风险防控体系，各市、县（市、区）政府要根据《山东省政府性债务风险应急处置预案》要求，全面评估本地区债务风险状况，尽快制定本地区债务风险应急处置预案，建立完善本地区政府性债务管理机制和应急处置工作机制，强化风险动态监测和预警，及时排查风险隐患，切实做到风险早发现、早报告、早处置。

二、严格控制新增政府性债务规模

各级、各有关部门要严格执行国家有关法律法规和政策规定，加快建立规范的地方政府举债融资机制。省政府在国务院批准的限额内，通过发行地方政府债券方式举借政府债务。各市、县（市、区）政府确需举借债务的，由省政府代为举借，除此以外各级政府及其所属部门不得以任何方式举借债务；不得以文件、会议纪要、领导批示等方式，要求或决定企业为政府举债或变相为政府举债；除外国政府和国际经济组织贷款转贷外，地方政府及其所属部门不得为任何单位和个人的债务以任何方式提供担保，不得承诺为其他任何单位和个人的融资承担偿债责任。

进一步完善政府债务限额管理和预算管理制度，地方政府债务实行限额控制，并分类纳入预算管理。下级政府在上级政府批准的限额内举借债务，必须报经本级人民代表大会或其常委会批准。省、市两级财政部门要进一步完善新增政府债务限额分配办法，建立健全举债评估论证机制，核定各市、县（市、区）新增政府债务限额时，要客观评估、充分论证其债务风险状况和财政承受能力，对财政保障能力弱、债务风险高的地区，从严从紧核定新增债务规模。根据高风险地区存量债务风险化解进度，省政府将同步调减其政府债务限额。对调减高风险地区债务限额腾出的限额空间，重点用于支持中低风险地区融资发展，使政府债务限额得到合理配置。

积极推进专项债券发行改革，完善地方政府专项债券管理制度。根据财政部统一部署，按照地方政府性基金收入项目分类发行专项债券改革要求，在法定专项债务限额内，大力发展项目收益与融资自求平衡的地方政府专项债券品种，加快建立专项债券与项目资产、收益相对应的制度，打造适应我省实际的地方

政府“市政项目收益债”，有效防范债务风险，保障重点领域融资需求，充分发挥政府规范举债对促进经济社会发展的积极作用。

三、积极化解存量政府性债务风险

各级、各有关部门要将有效化解存量政府性债务风险，特别是融资平台公司债务风险，作为风险防控的重点，主动采取切实有效措施，加快推进政府融资平台公司市场化转型，严格依法剥离其政府融资职能和违规注入的公益性资产，彻底厘清企业债务与政府债务的边界，阻断企业债务偿还责任向政府转移的通道。对主要承担公益性项目融资功能、主要依靠财政性资金偿还债务的融资平台公司，应在妥善处置存量债务、资产和人员等基础上依法清理注销；对兼有政府融资和公益性项目建设运营职能的融资平台公司，剥离其政府融资功能，通过兼并重组等方式整合同类业务，推动融资平台公司转型为公益性事业领域市场化运作的国有企业；对于具有相关专业资质、市场竞争力较强、规模较大、管理规范的融资平台公司，剥离其政府融资功能，在妥善处置存量债务的基础上，转型为一般企业。转型后的融资平台公司在境内外举债融资时，应主动向债权人书面声明不承担政府融资职能，并明确自 2015 年 1 月 1 日起其新增债务依法不属于地方政府债务。金融机构应依法合规支持融资平台公司市场化融资，严格规范融资管理。

进一步加快政府存量债务置换进度，有效降低政府融资成本。对债权人众多且不固定、存在法律纠纷等置换难度较大的存量债务，各级要提前与债权人沟通置换事宜，尽快与债权人签订债务置换书面协议，确保按规定在 2018 年 8 月底前全面完成存量债务置换任务。鼓励各级、各有关部门在现有法律法规和制度框架下，探索通过依法规范开展政府和社会资本合作（PPP），引入社会民间资本投资和运营，在征得债权人同意的前提下，将政府债务依法依规转化为非政府债务，腾出资金用于重点民生项目建设。

四、规范政府和社会资本合作及政府购买服务行为

各级、各有关部门要进一步规范政府与社会资本方的合作行为。市县政府可通过单独出资或与社会资本共同出资方式设立各类投资基金，依法实行规范的市场化运作，按照利益共享、风险共担的原则，引导社会资本投资经济社会发展的重点领域和薄弱环节，政府可适当让利。各级政府不得以借贷资金出资设立各类投资基金，严禁地方政府利用 PPP、政府出资的各类投资基金等方式违法违规变相举债。除国务院另有规定外，各级政府及其所属部门参与政府和社会资本合作（PPP）项目、设立政府出资的各类投资基金时，不得以任何方式承诺回购社会资本方的本金，不得以任何方式承担社会资本方的投资本金损失，不得以任何方式向社会资本方承诺最低收益，不得对有限合伙制基金等任何股权投资方式额外附加条款变相举债。

坚持政府购买服务改革的正确方向，严格按照国家和省有关政策规定实施政府购买服务。政府购买服务内容应严格限制在属于政府职责范围、适合采取市场化方式提供、社会力量能够承担的服务事项，重点是有预算安排的基本公共服务项目。严禁将铁路、公路、机场、通讯、水电煤气，以及教育、科技、医疗卫生、文化、体育等领域的基础设施，储备土地前期开发，农田水利等建设工程作为政府购买服务项目。严禁将建设工程与服务打包作为政府购买服务项目。严禁将金融机构及融资租赁公司等非金融机构提供的融资行为纳入政府购买服务范围。严格规范政府购买服务预算管理，坚持先有预算、后购买服务，所需资金应在年度预算和中期财政规划中据实足额安排。政府购买服务期限应严格限定在年度预算和中期财政规划期限内。国家统一部署的棚户区改造、易地扶贫搬迁工作中涉及的政府购买服务项目，按照相关规定执行。严禁利用或虚构政府购买服务合同违法违规融资。

五、全面纠正违法违规举债融资担保行为

各级、各有关部门要对照国家和省债务管理有关政策规定，对本地区、本部门融资担保行为、与社会

资本方合作行为等进行逐项梳理，全面开展自查自纠和整改工作。对涉及违法违规举债担保的，要按规定及时督促相关部门、单位加强与金融机构及社会资本方的平等协商，依法完善合同条款，分类妥善处置，全面予以纠正，切实防止保底承诺、明股实债、政府回购安排、固定回报承诺等不规范行为发生。

对涉及以政府购买服务名义违法违规融资的，要按规定逐项制定自查整改方案，明确整改目标、措施和期限，落实责任部门和责任人员。对已经实施的工程建设类购买服务项目，督促有关部门积极与项目承接主体、金融机构进行协商，通过转型为规范的 PPP 项目、改为利用预算资金分年招标采购工程、缩短政府购买服务期限等合规方式，确保在规定的期限内完成整改任务。

各级、各有关部门要结合违法违规融资担保行为整改工作，进一步调整预算支出、政府债券资金投向，优先保证在建项目后续融资需要，切实避免形成“半拉子”工程。对整改工作不力及顶风而上继续违法违规举债担保的部门、单位，要依法依规严肃追责。

六、切实加强政府性债务相关信息公开

各级、各有关部门要认真贯彻《中共中央办公厅、国务院办公厅关于全面推进政务公开工作的意见》及《国务院办公厅印发〈关于全面推进政务公开工作的意见〉实施细则的通知》（国办发〔2016〕80 号）精神，全面推进政府及其所属部门举债融资行为的决策、执行、管理、结果等公开，严格公开责任追究，回应社会关切，主动接受社会监督。要进一步完善地方政府债务信息公开制度，明确信息公开的主体、时限、载体等内容，重点公开省、市、县（市、区）政府债务限额、余额、种类、利率、期限、还本付息和用途等内容。积极推进政府购买服务信息公开，重点公开政府购买服务项目、购买主体、承接主体、服务内容、合同资金规模、分年度财政资金安排、合同期限、绩效评价等内容。大力推进 PPP 项目信息公开，重点公开项目决策主体、政府方和社会资本方信息、合作项目内容和财政承受能力论证、社会资本方采购信息、项目回报机制、合同期限、绩效评价等内容。推进融资平台公司名录公开。

七、健全跨部门联合监管问责机制

各级政府要加快构建由财政、发展改革、地方金融监管、人民银行分支机构、银监、证监、保监等部门组成的跨部门联合监管机制，形成对政府债务、平台公司银行贷款、企业债券、公司债券、私募股权基金、融资租赁、资产管理计划、保险融资、互联网金融以及政府和社会资本合作（PPP）、政府购买服务、政府投资基金等全方位监管体系，严防监管死角，强化监管合力。要建立健全政府性债务动态监控机制，提高日常监管工作质量。加大监督检查力度，对违法违规举债或担保、违规使用债务资金等行为，发现一起、查处一起、问责一起。

十七、

国有文化企业资产管理类

财政部　国家体育总局关于《全国综合性体育运动会定额补助办法》的补充通知

2017 年 10 月 18 日　财文〔2017〕141 号

各省、自治区、直辖市、计划单列市财政厅（局）、体育局：

为进一步规范全国综合性体育运动会定额补助资金管理，强化审批责任追究，现就《财政部　国家体育总局关于修订印发〈全国综合性体育运动会定额补助办法〉的通知》（财教〔2015〕382 号）有关事项补充通知如下：

各级财政、体育行政部门及其工作人员在全国综合性体育运动会定额补助资金审核、分配过程中，存在违反规定分配资金、向不符合条件的单位（或项目）分配资金、擅自超出规定的范围或标准分配补助资金等，以及存在其他滥用职权、玩忽职守、徇私舞弊等违法违纪行为的，按照《中华人民共和国预算法》《中华人民共和国公务员法》《中华人民共和国行政监察法》《财政违法行为处罚处分条例》等国家有关规定追究相应责任。涉嫌犯罪的，移送司法机关处理。

省财政厅　中共山东省委宣传部　省新闻出版广电局关于印发《山东省省级文化产业领域资金管理办法》的通知

2017 年 3 月 17 日　鲁财文资〔2017〕3 号

各市财政局、党委宣传部、文化广电新闻出版局，省财政直接管理县（市）财政局、党委宣传部、文化广电新闻出版局，省直有关部门，省属文化企业：

根据《中华人民共和国预算法》和《山东省服务业发展专项资金管理办法》（鲁财办〔2017〕5 号）等法律法规有关规定，我们对《山东省省级文化产业领域专项资金管理暂行办法》进行了修订完善，现印发给你们，请认真贯彻执行。执行中如有问题，请及时反映。

附件：山东省省级文化产业领域资金管理办法

附件：

山东省省级文化产业领域资金管理办法

第一章　总　　则

第一条　为加强省级文化产业领域资金使用管理，充分发挥财政资金的导向和激励作用，促进我省文化产业加快发展，根据《中华人民共和国预算法》和《山东省服务业发展专项资金管理办法》（鲁财办〔2017〕5号）等法律法规规定，制定本办法。

第二条 省级文化产业领域资金（以下简称文产资金）是指为实现省委、省政府确定的文化产业发展目标任务，由省级财政预算安排，用于支持全省文化产业领域发展的资金。包括用于文化产业发展、出版影视发展和重点文化企业发展等方面的资金。

第三条 文产资金的安排使用，遵循依法管理、绩效优先、公正透明、统筹协调、形成合力原则，建立部门会商、专家评审、公开公示、追踪问效的全过程协作机制，严格按程序规范操作，确保专款专用。

第四条 文产资金由省财政厅、省委宣传部、省新闻出版广电局按职责分工共同管理。

省财政厅负责文产资金管理的牵头组织和协调工作，负责制定文产资金管理制度，组织文产资金预算编制及执行、分配和拨付资金，牵头组织文产资金预算绩效管理和财政监督检查等。

省委宣传部、省新闻出版广电局按职责范围负责相关资金的具体管理工作，参与制定资金管理制度，会同省财政厅发布项目申报指南，组织项目申报和审核，负责资金预算执行，具体实施资金绩效管理、信息公开，确保资金专款专用。

第二章 支持范围和方式

第五条 文产资金的支持对象是政府鼓励投资且能够引导社会资本进入文化产业领域，明显提升山东文化产业自主创新能力和市场竞争力，具有显著社会效益和经济效益的文化产业项目。

第六条 文产资金重点支持范围：

（一）支持重点文化企业发展。支持具有一定规模或科技含量高的重点文化企业产业结构调整和升级改造，发展新兴业态；支持重点文化企业跨地区、跨行业、跨所有制联合兼并重组和股份制改造；支持地域文化特点强、资源独特、发展潜力大的优秀地方文化企业；对来我省设立文化企业的全国500强企业或全国30强文化企业给予适当奖励。

（二）支持文化产业重点项目。对省确定的文化产业重点项目予以支持，优先支持文化创意产业与移动互联网、云计算、大数据以及物联网等深度融合创新的项目。

（三）促进文化产业和金融资本对接。加大对文化金融合作的支持力度，鼓励文化企业积极利用银行、非银行金融机构等多渠道融资投入项目，对文化企业上市融资、发行企业债券等予以支持。鼓励各类社会资本通过投资基金、PPP项目等方式投资文化产业。

（四）支持构建现代文化产业体系。支持国家、省级重点文化产业园区（基地）、“金种子”计划文化企业孵化器项目，支持文化创意和设计服务与相关产业融合发展，鼓励文化产业与旅游、体育、休闲农业等相关产业融合发展。

（五）促进特色文化产业发展。支持具有齐鲁文化特色的工艺美术品创意设计、文化产品开发、面向市场的演艺剧目制作、特色文化资源向现代文化产品转化和特色文化品牌推广、非遗产业化等项目以及特色小微文化企业。

（六）支持文化产业发展公共服务平台。对省级组织的大型文化产业博览交易会、推介交易会以及省确定的文化企业融资服务、文化数字内容生产服务、文化产品推广交易、文化中介机构及协会发展服务等公共性服务给予支持。

（七）支持文化企业原创内容生产。对文化企业原创舞台艺术精品，具有较好市场前景的优秀选题、作品或商业演出给予支持；对获得国际、国内重要奖项的优秀出版物给予奖励；对原创电影（含动画电影）、电视剧（含动画片）、电视栏目（含纪录片）经审查公开放映播出的，择优给予支持。

（八）支持实体书店发展。对实体书店升级改造、创新经营模式、提高信息化水平等给予支持。

（九）推动文化企业“走出去”。支持文化产品、文化服务出口和文化企业开拓国际市场、境外投资等活动，对列入国家、省文化出口重点企业目录的、有文化产品服务出口业绩的企业、社会效益和经济效益良好的境外投资项目予以支持。

（十）推进文化体制改革。对已批准的经营性文化事业单位转企改制有关费用给予补助，并对转企改制后的文化产业项目优先支持；对国有文化企业优化重组、实施国有资产统一监管所发生的资产清查、评估及尽职调查等费用给予补助。

（十一）其他。省委、省政府确定的文化产业惠民项目及批准的其他项目。

第七条 文产资金支持方式：

（一）项目补助。对符合条件的文化产业项目所需资金予以补助，优先支持项目已实施并取得一定成效，预期可取得良好绩效的文化产业项目。提高“先干后补”等奖励性补助项目所占资金比重。

（二）资本金注入。为改制力度大、带动能力强、规模膨胀快的省属国有文化企业注入资本金，支持其尽快壮大实力。

（三）融资贴息。支持文化与金融对接，对通过银行贷款、发行债券和票据等方式融资实施的文化产业项目给予贴息。

（四）基金。按照省政府统一规定，支持设立文化产业发展引导基金，并参股设立股权投资基金，对文化企业进行股权投资。

（五）政府购买服务。由文产资金安排的项目和服务，适宜文化企业承担的，采取政府购买服务的方式实施。

第八条 文产资金原则上当年不重复支持同一个项目，对具有良好社会效益和经济效益的重点项目，可视情况分年度给予支持。资金支持额度，根据省委、省政府年度工作部署，在下列范围内具体确定：

（一）支持文化重点企业、重点项目、特色文化产业开发、文化园区（基地）建设、文化企业孵化器项目、相关产业融合发展、实体书店升级改造以及生产服务性文化产业平台建设等项目，原则上不超过核定投资总额的30%，社会效益显著的项目，补助比例可适当提高。

（二）对文化企业原创内容生产、电影院线建设类项目，根据不同的等级和标准确定奖励性补助额度。

（三）对支持文化金融类项目，一般按照生产经营性贷款和一年期基准利率计算确定贴息额度，补助金额不超过该项目上年度实际发生利息金额。

（四）对举办博览交易会、推介交易会以及文化产业中介服务、推进文化体制改革发生相关费用等，按照审核后的支出额度给予补助。

（五）对文化产品和服务出口项目，根据出口金额给予奖励性补助。

（六）对省委、省政府确定的文化产业惠民项目及批准的其他项目、注入资本金等，按照项目资金需要审核后据实安排。

第九条 文产资金采取“项目法”分配管理，主要通过公开采购、竞争立项、专家评审、集体研究等方式择优确定支持对象。

第十条 文产资金主要用于支持文化产品生产、新兴业态创新和重大项目建设、运营补助、人才培训以及考核奖励等关键环节，不得用于办公、生活等非生产性设施建设和人员福利支出。

第三章 申报条件和程序

第十一条 申请文产资金项目必须具备下列条件：

（一）项目申报单位为在山东省行政区域（不含青岛）内依法设立的文化企业、从事生产经营活动的事业单位及列入资金扶持范围的园区（基地）、孵化器、协会、中介组织等。申报单位产权关系明晰、管理制度健全、会计核算规范、资产及经营状况良好，净资产符合年度申报要求。

（二）项目符合国家产业政策、山东省国民经济和社会发展规划、文化产业发展规划，具有较好的市场潜力和发展前景。

（三）项目建设的外部条件、自有资金或银行贷款等已经落实，项目已实施或已具备实施条件。

（四）项目绩效目标明确，建成后具有较强的自我发展能力，能取得较好的社会效益和经济效益。

第十二条 有下列情形之一的项目，文产资金不予支持：

（一）存在法律纠纷和知识产权争议的；

（二）申请单位被列入山东省财政专项资金信用负面清单尚在惩戒期的；

（三）申请单位因违法行为被执法部门处罚尚未期满的；

（四）申请单位违反有关规定，正在接受有关部门检查的；

（五）未按规定报告以往年度项目进展和资金使用情况的；

（六）绩效目标不明确、不具备可操作性，绩效评价不合格且未按要求整改的。

第十三条 申请文产资金的企业（单位）需报送资金申请文件和项目绩效目标，提供法人执照（或组织机构代码证）、税务登记证、经审计的上一年度企业财务报告复印件等基本资料。同时，还应根据年度申报项目要求，提供相关的资料。

第十四条 文产资金申报程序：

（一）按文产资金部门管理职责，文化产业发展资金、出版影视发展资金，分别由省委宣传部、省新闻出版广电局会同省财政厅研究下发《年度项目申报指南》。重点文化企业发展资金，由省财政厅下发项目申报指南，明确当年的支持方向、支持重点、支持标准、申报条件、申报数量以及项目选择方式等内容。

（二）各市、省财政直接管理县（市）对符合申报条件的项目，由项目承担单位按财务隶属关系报同级主管部门，同级主管部门对所报材料提出审核意见后，按管理职责向同级党委宣传部门、新闻出版广电部门、财政部门申报。没有主管部门的项目承担单位，直接向当地党委宣传部门、新闻出版广电部门、财政部门申报。各市、省财政直接管理县（市）党委宣传部门、新闻出版广电部门、财政部门要对申报项目的申报资格、申报材料等进行合规性和质量性审查，筛选出符合条件和要求的项目，汇总提出项目资金申请报告，联合行文上报省委宣传部、省新闻出版广电局、省财政厅。

（三）省级项目由项目承担单位报经主管部门审核后，报省委宣传部、省新闻出版广电局、省财政厅。资产财务关系在省财政单列的省属国有文化企业直接报省委宣传部、省新闻出版广电局、省财政厅。

第四章 资金审批和拨付

第十五条 市县主管部门负责对申报项目进行实地考察，形成书面考察意见，省级重点项目由省级资金项目管理主管部门进行实地考察。

第十六条 省级资金项目管理主管部门对申报单位的材料审查后，聘请有关专家对申报项目进行合规性和质量性评审、论证。重点评审申报项目的资格条件、可行性、市场前景、风险性、投资概算、绩效等，提出评估意见。采取竞争性立项的，严格按规定的程序操作。

第十七条 省委宣传部、省新闻出版广电局和省财政厅根据确定的项目选择方式及结果，研究确认支持项目和支持金额，并将拟支持项目向社会公示，公示期一般为五个工作日。经公示无异议的项目由省财政厅下达经费预算指标，拨付项目资金。

第十八条 省委宣传部、省新闻出版广电局会同省财政厅研究建立项目库，编制项目规划，进行前期论证，加强项目日常储备、统计、考察和动态管理，并将项目库储备项目作为优先支持对象。各市、省财政直接管理县（市）主管部门也要建立项目库，加强日常动态管理，储备优质项目。

第十九条 文产资金一经确定应按要求尽快组织实施，加快项目实施和预算支出进度。至每年9月30日无正当理由仍未分配的资金，由省财政按规定收回并统筹安排。

第五章　资金绩效管理

第二十条　文产资金严格实行全过程预算绩效管理。省委宣传部、省新闻出版广电局会同省财政厅研究制定绩效评价制度。各部门在申报资金预算时要明确提出项目完成后将达到的绩效目标。项目实施单位在申请资金时要明确提出本项目完成后将达到的绩效目标。

第二十一条　省委宣传部、省新闻出版广电局和项目实施单位是资金绩效评价的责任主体。文产资金年度预算执行完成后，各部门应当按规定具体实施绩效评价，并将绩效评价报告报省财政厅。

第二十二条　省财政厅根据情况组织并委托第三方机构对文产资金分配使用、实施效果等实施独立评价。

第二十三条　绩效评价结果作为项目实施期内资金拨付，以及项目实施单位、主管部门在以后年度申报资金的重要依据。

第六章　资金监督管理

第二十四条　省财政厅、省委宣传部、省新闻出版广电局要按照财政专项资金信息公开有关规定和“谁主管、谁负责、谁公开”的原则，建立文产资金信息公开机制，接受社会监督。

第二十五条　省委宣传部、省新闻出版广电局和省财政厅按管理职责负责公开除涉密内容外的资金管理办法、申报指南、绩效评价和分配结果等。省财政厅对部门资金信息公开情况进行指导。

第二十六条　文产资金的使用要严格遵守国家财政、财务规章制度和财经纪律。各项目单位要建立健全项目和资金管理制度、管理台账，确保项目顺利实施，确保专款专用，自觉接受财政、审计等相关部门的监督检查。各级财政部门要对文产资金项目实施情况、资金使用效果、资金管理情况等实行监督管理和追踪问效，并不定期对资金的使用情况进行检查，及时发现并纠正问题。对弄虚作假、冒领骗取资金等失信、失范行为要按照信用负面清单制度规定及时进行记录并惩戒。

第二十七条　省级有关主管部门、单列企业，各市、省财政直管县宣传、新闻出版广电、财政部门要对文产资金申报材料进行审核把关，项目主管部门和申报单位要对其真实性、合法性负责。

第二十八条　文产资金实行专账核算，专款专用，不得擅自改变或扩大使用范围。对文产资金申报、使用和管理中出现的违法违纪违规行为，按照《预算法》、《财政违法行为处罚处分条例》（国务院令第427号）等规定处理。

第二十九条　各级财政部门、负责资金分配的相关部门及其工作人员在文化产业发展专项资金审批、分配过程中，存在违反规定分配资金、向不符合条件的单位（或项目）分配资金、擅自超出规定的范围或标准分配专项资金等，以及存在滥用职权、玩忽职守、徇私舞弊等违法违纪行为的，按照《预算法》、《公务员法》、《行政监察法》、《财政违法行为处罚处分条例》等国家有关规定追究相应责任。涉嫌犯罪的，移送司法机关处理。

第七章　附　　则

第三十条　本办法由省财政厅、省委宣传部、省新闻出版广电局负责解释。省委宣传部、省新闻出版广电局可根据本办法，制定具体实施细则。

第三十一条　本办法自2017年4月18日起施行，有效期至2021年12月31日。原《山东省省级文化产业领域专项资金管理暂行办法》（鲁财文资〔2015〕10号）同时废止。

省财政厅关于修订《山东省省属文化企业国有资本保值增值结果确认办法》的通知

2017 年 8 月 31 日　鲁财文资〔2017〕33 号

省直有关文化主管部门，省属文化企业（集团）：

为进一步做好省属文化企业国有资本保值增值结果确认工作，提高国有资产运营效率，根据《山东省省属文化企业国有资产监督管理办法（试行）》（鲁文资发〔2015〕3 号）及现行法律法规规定，我们对《山东省省属文化企业国有资本保值增值结果确认办法（试行）》进行了修订完善，现予印发，请结合实际认真贯彻执行。

附件：山东省省属文化企业国有资本保值增值结果确认办法

附件：

山东省省属文化企业国有资本保值增值结果确认办法

第一章　总　　则

第一条　为加强对省属文化企业国有资产监督管理，真实反映省属文化企业国有资本运营状况，规范国有资本保值增值结果确认工作，维护国家所有者权益，根据《山东省省属文化企业国有资产监督管理办法（试行）》及现行法律法规规定，结合我省实际，制定本办法。

第二条　本办法适用于纳入省属文化企业国有资产监管范围的国有独资企业、国有独资公司、国有资本控股公司、国有资本参股公司（以下简称省属文化企业）。

第三条　本办法所称国有资本，是指国家对文化企业各种形式的出资和出资所形成的权益，以及依法认定为国家所有的其他权益。

省属国有独资文化企业，国有资本是指该文化企业的所有者权益，以及依法认定为国家所有的其他权益；省属国有控股及参股文化企业，国有资本是指该文化企业所有者权益中国家应当享有的份额。

第四条　省属文化企业国有资本保值增值结果确认，是指依据经审计的省属文化企业年度财务决算报告，在全面分析评判影响经营期内国有资本增减变动因素的基础上，对省属文化企业国有资本保值增值结果进行核实确认的工作。

省属文化企业国有资本保值增值完成情况，应由承担企业年度财务决算审计的中介机构进行审计，并出具审计报告。

第五条　省属文化企业对本企业国有资本保值增值承担主体责任。省财政厅负责省属文化企业国有资产保值增值结果确认工作，并将结果确认汇总情况报山东省国有文化资产管理理事会备案。

第二章　国有资本保值增值率的计算

第六条　省属文化企业国有资本保值增值结果主要通过国有资本保值增值率指标反映，并设置相应修正指标，充分考虑各种客观增减因素，以客观评判经营期内省属文化企业国有资本运营效益与安全状况。

第七条 本办法所称国有资本保值增值率是指省属文化企业经营期内扣除客观增减因素后的期末国有资本与期初国有资本的比率。计算公式为：

国有资本保值增值率 =（扣除客观因素影响后的期末国有资本 ÷ 期初国有资本）×100%

第八条 省属文化企业国有资本保值增值修正指标为不良资产比率。计算公式为：

不良资产比率 =（期末不良资产 ÷ 期末资产总额）×100%

本办法所称不良资产是指省属文化企业尚未处理的资产净损失和潜亏（资金）挂账，以及按财务会计制度规定应提未提资产减值准备的各类有问题资产预计损失金额。

第九条 因经营期内不良资产额增加造成企业不良资产比率上升，应当在核算其国有资本保值增值率时进行扣减修正。计算公式为：

修正后国有资本保值增值率 =（扣除客观影响因素的期末国有资本 − 有问题资产预计损失额）÷ 期初国有资本 ×100%

有问题资产预计损失额 = 各类有问题资产 × 相关资产减值准备计提比例 + 以前任期尚未处理的净损失和潜亏挂账额

第十条 省属文化企业国有资本因下列客观因素影响而增加的，在计算国有资本保值增值率时应当减去相应的增加额。

（一）国家、国有单位直接或追加投资：是指代表国家投资的部门（机构）或省属文化企业、事业单位投资设立子企业、对子企业追加投入而增加国有资本。

（二）无偿划入：是指按国家有关规定将其他省属文化企业的国有资产全部或部分划入而增加国有资本。

（三）资产评估：是指因改制、上市等原因按国家规定进行资产评估而增加国有资本。

（四）清产核资：是指按规定进行清产核资后，经省财政厅核准而增加国有资本。

（五）产权界定：是指按规定进行产权界定而增加国有资本。

（六）资本（股票）溢价：是指省属文化企业整体或以主要资产溢价发行股票或配股而增加国有资本。

（七）税收返还：是指按国家税收政策返还规定而增加国有资本。

（八）会计调整和减值准备转回：是指经营期间会计政策和会计估计发生重大变更、省属文化企业减值准备转回、省属文化企业会计差错调整等导致省属文化企业经营成果发生重大变动而增加国有资本。

（九）其他客观增加因素：是指除上述情形外，经省财政厅按规定认定而增加省属文化企业国有资本的因素，如接受捐赠、债权转股权等。

第十一条 省属文化企业国有资本因下列客观因素影响而减少的，在计算国有资本保值增值率时应当加上相应的减少额。

（一）专项批准核销：是指按国家清产核资等有关政策，经省财政厅批准核销而减少国有资本。

（二）无偿划出：是指按有关规定将省属文化企业的国有资产全部或部分划入其他省属文化企业而减少国有资本。

（三）资产评估：是指因改制、上市等原因按规定进行资产评估而减少国有资本。

（四）产权界定：是指因产权界定而减少国有资本。

（五）消化以前年度潜亏和挂账：是指经核准经营期消化以前年度潜亏挂账而减少国有资本。

（六）自然灾害等不可抗拒因素：是指因自然灾害等不可抗拒因素而减少国有资本。

（七）省属文化企业按规定上缴红利：是指省属文化企业按照有关政策、制度规定分配给投资者红利而减少省属文化企业国有资本。

（八）资本（股票）折价：是指省属文化企业整体或以主要资产折价发行股票或配股而减少国有资本。

（九）其他客观减少因素：是指除上述情形外，经省财政厅按规定认定而减少省属文化企业国有资本的因素。

第十二条 国有资本保值增值率的计算，以省属文化企业合并会计报表为依据。影响省属文化企业经营期内国有资本变化的客观增减因素，由承担省属文化企业年度财务决算审计业务的会计师事务所在审计报告中披露或出具必要鉴证证明。

第十三条 省属文化企业本期期初国有资本口径应当与上期期末口径衔接一致。省属文化企业对期初国有资本进行口径调整应当符合国家财务会计制度有关规定，并对调整情况作出必要说明。本期期初国有资本口径调整范围具体包括：

（一）对省属文化企业年度财务决算进行追溯调整。

（二）经营期内子文化企业划转口径调整。

（三）省属文化企业财务决算合并范围变化口径调整。

（四）其他影响省属文化企业期初国有资本的有关调整。

第三章 国有资本保值增值结果的确认和运用

第十四条 省属文化企业应当在规定时间内，将上年度国有资本保值增值情况和相关材料随年度财务决算报告一并上报。资产、财务单列的省属文化企业，由企业直接上报省财政厅；由省文化主管部门管理的省属文化企业，先报送主管部门初审后，由主管部门报送省财政厅。报送材料应当包括：

（一）《国有资本保值增值结果确认申报表》及其电子文档。

（二）省属文化企业国有资本保值增值情况分析说明。具体内容包括国有资本保值增值完成情况、客观增减因素、期初数据口径、与上期确认结果的对比分析、有关修正指标的计算、增减变动的分析说明以及其他需要报告的情况。

（三）客观增减因素证明材料。包括：

1. 有关部门和单位的文件。

2. 有关专项鉴证证明。

3. 省属文化企业的有关入账凭证。

4. 其他证明材料。

第十五条 省属文化企业上报国有资本保值增值材料应当符合下列要求：

（一）各项指标真实、客观，填报口径符合规定。

（二）电子文档符合统一要求。

（三）各项客观增减因素的材料真实、完整，并分类说明有关情况。

第十六条 省属文化企业负责人、总会计师或主管会计工作的负责人，应当对省属文化企业上报的国有资本保值增值材料的真实性、完整性负责。承办省属文化企业年度财务决算审计业务的会计师事务所及注册会计师，应当对其审计的省属文化企业国有资本保值增值材料及出具的相关鉴证证明的真实性、合法性负责。

第十七条 省财政厅对省属文化企业报送的财务会计资料及保值增值材料进行核查，不符合规定或缺少的材料，通知企业尽快更正、补充。

第十八条 省属文化企业的国有资本保值增值结果核实确认工作，应当根据审计后的省属文化企业年度财务决算报表数据，剔除影响国有资本变动的客观增减因素，并在对省属文化企业不良资产变动因素分析核实的基础上，认定省属文化企业国有资本保值增值的实际状况，即国有资本保值增值率。

第十九条 省属文化企业国有资本保值增值结果分为以下三种情况：

（一）省属文化企业国有资本保值增值率大于100%，国有资本实现增值。

（二）省属文化企业国有资本保值增值率等于100%，国有资本为保值。

（三）省属文化企业国有资本保值增值率小于100%，国有资本为减值。

第二十条 省属文化企业国有资本存在下列特殊情形的，不核算国有资本保值增值率，但应当根据经营期国有资本变动状况分别作出增值或减值的判定。

（一）国有资本年初数为负值、剔除客观增减因素后年末数为正值，国有资本保值增值结果为增值。

（二）国有资本年初数为正值、剔除客观增减因素后年末数为负值，国有资本保值增值结果为减值。

（三）国有资本年初数为负值、剔除客观增减因素后年末数为负值且绝对值大于年初数，国有资本保值增值结果为减值。

（四）国有资本年初数为负值、剔除客观增减因素后年末数为负值且绝对值小于年初数，国有资本保值增值结果为增值。

第二十一条 省财政厅将向省文资管理理事会备案的省属文化企业国有资本保值增值确认结果以书面形式通知文化主管部门和企业。

第二十二条 省属文化企业国有资本保值增值率完成情况，是评判文化企业财务管理和国有资本运营状况的重要依据，同时为有关部门考核省属文化企业经营者业绩，文化企业负责人的选用和调整，加强省属文化企业负责人薪酬管理和工资收入总额管理提供重要依据。

第二十三条 省属文化企业应当依据经确认的年度国有资本保值增值结果，认真总结经验，查找问题，采取措施，不断提高资本运营效益和省属文化企业管理水平。

第二十四条 省属文化企业在对外提供国有资本保值增值结果时，应当以省财政厅核实确认的结果为依据。

第四章 监督管理

第二十五条 省属文化企业应当按照规定及时向省财政厅或主管部门报送相关资本保值增值资料。

第二十六条 省属文化企业报送的年度财务决算报告及国有资本保值增值相关材料内容不完整、各项客观因素证据不充分或数据差错较大，造成省属文化企业国有资本保值增值确认结果不真实的，责令其改正。

第二十七条 省属文化企业在国有资本保值增值结果确认工作中存在弄虚作假或者提供虚假材料，以及故意漏报、瞒报等情况的，责令其改正；情节严重的，按照《会计法》《企业财务会计报告条例》《企业国有资产监督管理暂行条例》等有关法律法规予以处罚，并追究有关人员及企业负责人的责任。

第二十八条 会计师事务所及注册会计师在对省属文化企业财务决算审计中营私舞弊，提供虚假证明，造成国有资本保值增值结果严重不实的，移交有关部门依法查处。

第五章 附 则

第二十九条 本办法由省财政厅负责解释。

第三十条 各市可参照本办法，结合本地实际制定所属文化企业国有资本保值增值结果确认办法。

第三十一条 本办法自2017年10月1日起施行，有效期至2020年9月30日，原《山东省省属文化企业国有资本保值增值结果确认办法（试行）》（鲁财文资〔2015〕29号）自本办法施行之日起废止。

省财政厅关于印发山东省省属文化企业财务监督管理办法的通知

2017年10月20日 鲁财文资〔2017〕45号

省直有关文化主管部门，省属文化企业（集团）：

为进一步加强省属文化企业财务监督管理，推动企业持续稳定健康发展，确保国有资本保值增值，根据《中华人民共和国公司法》《山东省国有文化资产管理理事会关于印发〈山东省省属文化企业国有资产监督管理办法（试行）〉的通知》（鲁文资发〔2015〕3号）及现行法律法规规定，我们制定了《山东省省属文化企业财务监督管理办法》，现予印发，请结合实际认真贯彻执行。

附件：山东省省属文化企业财务监督管理办法

附件：

山东省省属文化企业财务监督管理办法

第一章　总　　则

第一条　为加强省属文化企业财务监督管理，规范企业财务行为，维护国有资产权益，根据《企业财务通则》（财政部第41号令）、《山东省国有文化资产管理理事会关于印发〈山东省省属文化企业国有资产监督管理办法（试行）〉的通知》（鲁文资发〔2015〕3号）等法规制度，制定本办法。

第二条　本办法适用于纳入省属文化企业国有资产监管范围的国有独资企业、国有独资公司、国有资本控股公司、国有资本参股公司（以下简称省属文化企业）。

第三条　本办法所称财务监督管理，是指根据国家法律法规和财务管理制度规定，结合省属文化企业特点，对企业经济活动和财务收支的合理性、合法性和有效性实施监督管理的活动。其内容主要包括：

（一）企业财务发展战略规划。

（二）企业经营目标与财务预算。

（三）企业投融资。

（四）企业资产营运。

（五）企业内控与风险管理。

（六）企业经营成果及评价。

（七）企业财务会计信息管理。

（八）企业会计基础规范和财务人员管理。

第四条　遵循原则：

（一）坚持依法合规。严格遵循法律法规和相关财务制度办法，建立健全省属文化企业财务监督制度，推动企业财务工作制度化、规范化。

（二）坚持出资人监督与企业自我约束相结合。省财政厅依据国有文化资产出资人职责，依法对企业财务进行监督管理；企业依法享有财务自主权，对企业内部各项经济活动和财务收支进行有效的财务监督和控制。

（三）坚持资本保值增值。加强财务监督管理，维护国有资产出资人权益，防止国有资产流失，促进国有资本保值增值。

（四）坚持突出文化特色。始终把社会效益放在首位，实现社会效益与经济效益相统一，推动文化繁荣发展，保障文化和意识形态安全。

第五条　省属文化企业财务监督管理工作实行分级负责。资产财务单列的企业由省财政厅负责组织；按国有资产统一监管要求委托主管部门履行国有资产经营管理职责的企业，由主管部门负责组织，并将监督工作开展情况报送省财政厅；省属文化企业集团负责对本部及所属企业进行监督管理。

第二章　企业财务发展战略规划

第六条　省属文化企业财务发展战略规划应包括投资战略、筹资战略、营运战略和股利战略等，是现代企业财务管理的顶层设计。

第七条　省属文化企业应编制财务发展战略规划，规划期要与企业负责人任期相一致，一般为三年，并将规划目标、任务分解落实到每个年度，作为编制年度财务预算的依据。

第八条　省属文化企业财务发展战略规划和分年度目标任务在履行企业内部决策程序后，报省委宣传部、省财政厅备案。

第三章　企业经营目标与财务预算

第九条　企业经营目标是指企业根据战略发展规划，在全面分析报告年度资源占有状况、内外部环境变化和政策调控动向等基础上，预测企业确定的各项经济活动的发展方向和目标。企业经营目标是对省属文化企业实施财务监督的重大事项，包括社会效益目标和经济效益目标，企业应根据省委宣传部、省财政厅有关规定和部署每年编制。

第十条　社会效益目标根据企业主业经营范围，围绕省委、省政府确定的文化宣传重点工作任务确定。一般包括：政治导向、文化创作生产和服务、受众反应、社会影响、内部制度和队伍建设等六项指标。

第十一条　经济效益目标一般包括营业总收入、利润总额、国有资本保值增值率、净资产收益率等四项指标。根据不同时期考核重点，经济效益目标可作调整。

第十二条　企业财务预算是企业为完成年度经营目标，对一定时期内企业资金取得和投放、各项收入和支出、企业经营成果及其分配等资金运动所作的具体安排。企业财务预算应包括以下内容：

（一）企业年度预计达到的生产、销售或者营业规模及其带来的各项收入、发生的各项成本和费用情况。

（二）企业年度为组织经营、投资、筹资活动预计发生的现金流入和流出情况。

（三）企业年度内预计发生的长短期投资及固定资产投资的规模及资金来源。

（四）企业年度预计对外筹资总体规模及分布结构情况。

（五）企业年度预计实现经营成果及利润分配情况。

（六）企业年度预计资产负债及所有者权益规模及结构。

第十三条　省属文化企业要建立完善财务预算管理制度和工作体系，规范财务预算编制、执行、监督、考核程序与方法，将企业全部生产经营活动纳入预算管理控制范围。

第十四条　企业财务预算应在报告年度初编制，在履行内部决策程序后报省财政厅、省委宣传部备案。

第四章　企业投融资

第十五条　省属文化企业要合理规划筹资规模，在有效防范风险的基础上，通过拓宽融资渠道，合理利用金融机构贷款、吸收社会资本、引进战略机构投资者等方式，充分利用各种金融工具，降低融资成本。

第十六条　省属文化企业依法以吸收直接投资、发行股份等方式筹集权益资金的，应当拟订筹资方案，确定筹资规模，履行内部决策程序和报批手续后实施。省属文化企业以借款、发行债券、融资租赁等方式筹集债务资金的，应当明确筹资目的，根据资金成本、债务风险和合理的资金需求，进行必要的资本结构决策，并签订书面合同。

第十七条　企业投资包括固定资产投资、股权投资、金融及其他投资。企业应建立投资项目管理制度，主要包括以下内容：

（一）投资管理机构的职责及权限。

（二）投资决策管理制度。

（三）投资计划的编制、执行、分析、报告、监督、考核制度。

（四）投资项目尽职调查、可行性研究、论证、工程设计、实施及后评价等管理制度。

（五）投资风险管理制度。

（六）投资项目分类管理制度。

（七）投资项目的完成、中止、终止或退出制度。

（八）对所属企业投资的授权与监管制度。

（九）投资损失责任追究制度。

第十八条 省属文化企业应依据企业财务发展规划，结合年度经营计划、财务预算，在进行充分可行性研究的基础上，编制年度投资计划。经董事会审议通过后，在每年三月底前将年度投资计划报省委宣传部、省财政厅备案。

第十九条 省属文化企业要加强对投资活动的全过程监控，定期编制季度、年度投资报表，全面反映投资项目的实施进展、效益情况和发展趋势等。

第二十条 省属文化企业应对投资项目实施后评价管理，对已完成投资项目的效益、作用和影响进行系统客观的分析，检查总结经验和问题。

第五章　企业资产营运

第二十一条 省属文化企业应根据文化产品生产和文化服务的全过程资金流动，确定影响企业资产营运效益的重点环节，加强调度和监控，保持企业生产经营活动持续健康运行。

第二十二条 省属文化企业应建立合同财务审核监督制度，明确业务流程和审批权限，对购买和销售合同，要制定完善的审批权限和审批流程，实行财务监督控制。

第二十三条 省属文化企业应建立和完善存货管理制度，注重对存货的过程控制，严把存货采购及验收入库、存货领用、保管、发出、盘存关。

第二十四条 省属文化企业应建立和完善固定资产管理制度。企业构建、改造重要或重大固定资产应进行可行性研究，按内部审批制度履行决策程序、落实决策责任。要建立固定资产台账，定期清查盘点，对固定资产购入、使用、退出进行全程管理，确保固定资产安全、完整。

第二十五条 无形资产是文化企业的核心资产和重要资源。省属文化企业要按照无形资产全过程管理的要求，制定无形资产取得、计量、财务核算、使用管理、评估、投资、转让、处理等管理制度和方法。加强账务核算和实际管理，按无形资产取得的方式、名称、规格、使用部门等进行统一编号、编制目录、建立台账。省属文化企业应对无形资产管理情况进行不定期调度督导。

第二十六条 省属文化企业应加强对应收账款资金占用情况的动态监控，建立应收账款账龄分析制度和逾期应收款项催收制度，明确专门机构和人员，落实清欠责任，做好逾期应收款项催收工作，对催收无效的逾期应收款项应及时启动法律程序解决。

第二十七条 省属文化企业应加强成本费用管理，降低资金耗费。企业成本费用实行分类监控，固定成本费用实行总额控制，挖掘潜力，优化结构，节约支出；变动成本费用应按项目和发生部门、单位细化测算分解，并落实到内部各部门、单位和子企业，加强执行过程中的考核、控制，与内部分配挂钩，建立全员、全过程成本费用控制体系。

第二十八条 省属文化企业应严格执行企业资产减值准备计提和财务核销的有关规定，足额计提资产减值准备，真实反映企业资产状况。对形成事实损失的，要按规定程序及时进行财务核销。

第二十九条 省属文化企业以出售、抵押、置换、报废、核销等方式处置资产的，要按照国家有关规定和企业内部管理程序进行。涉及国有产权无偿划转、有偿转让、折价入股等资产处置行为的，应进行规范的内部论证、决策审议、资产评估，并按照国有文化资产监督管理和企业国有资产基础管理相关规定实施。

第三十条 省属文化企业应加强对企业资产营运情况的动态监控。对重要子企业和关键部位，要进行定期和不定期检查，及时调度了解企业资产使用情况，确保资产营运安全有效。

第六章 企业内控与风险管理

第三十一条 省属文化企业内部控制，由企业董事会、监事会、经理层和全体员工实施，旨在实现控制目标。

第三十二条 省属文化企业应按照《企业内部控制基本规范》及配套指引等要求，全面梳理内部各项业务流程，建立健全企业内部控制各项制度，加强对高风险投资、境外投资、大额捐赠、大额资金往来、招投标、担保、重大资产损失等关键风险点和事项的财务监管，着力做好企业内控体系的优化与实施。

第三十三条 资金控制是企业内部控制的核心。省属文化企业应建立“横到边、纵到底”的资金营运管控体系。对所属企业特别是管理层级较多的企业集团，要建立内部资金管理结算中心，具备条件的可设立财务公司，以加强资金统一管理控制。企业应建立涵盖资金收支业务各流程环节的管理信息系统，对资金流动实时监控。

第三十四条 省属文化企业对内提供担保必须符合法律法规规定，严格履行内部审批程序，根据被担保单位的资信及偿债能力，制定和采取相应的风险控制措施，设立备查账簿，实时跟踪监督。除经山东省国有文化资产管理理事会批准事项外，省属文化企业不得对外提供担保。

第三十五条 省属文化企业要建立关联方交易信息披露制度，增加关联方交易透明度。严禁企业利用关联方交易非法转移企业经济利益或者操纵关联企业的利润，严禁投资者或经营者利用关联交易谋取不当利润，损害企业利益。

第三十六条 省属文化企业应建立财务预警机制，根据企业自身特点和业务流程，自行确定财务危机警戒标准，重点监测经营性现金流与到期债务、企业资产与负债的适配性，及时沟通企业有关财务危机预警的信息，提出解决方案。

第七章 企业经营成果及评价

第三十七条 省属文化企业收入、成本费用的核算应以权责发生制为基础，且相互配比，同一会计期间内的各项收入和与其相关的成本费用，应在同一会计期间内确认。企业应严格按照各项收入确认条件核算收入，不得通过虚增收入、隐瞒收入、提前和延迟确认收入等方式人为调节收入。

第三十八条 省属文化企业取得的各类财政性资金，应按照规定用途管理使用，不得擅自挪用或变更。收到拨款时，区分以下情况及时处理：

（一）属于国家直接投资或投资补助、资本注入的，按照国家有关规定增加国家资本或者国有资本公积。国家拨款时对权属有规定的，按规定执行；没有规定的，由全体投资者共同享有。

（二）属于贷款贴息、专项经费补助、弥补亏损、救助损失等用途的，作为企业收益处理。

（三）属于政府转贷、偿还性资助的，作为企业负债管理。

第三十九条 省属文化企业应规范投资收益核算，严格按照金融资产、长期股权投资准则的相关规定，对股权投资进行分类、核算、转让、处置，确保投资收益核算准确、完整。

第四十条 省属文化企业应按照税收政策规定缴纳各项税费，不得少缴、漏缴。对于减征、免征的税费，须有明确的文件依据，对企业所得税年度汇算清缴工作中有关税法与财务核算差异，要进行纳税调整，确保应缴税金计算准确。

第四十一条 省属文化企业的国有资本保值增值结果，应根据审计后企业年度财务决算报表数据，剔除影响国有资本变动的客观增减等因素确定。经认定的国有资本保值增值率是考核文化企业财务管理和国有资本运营状况的重要依据。

第四十二条 省属文化企业应制定经营成果评价制度，对收入、成本费用、利润等经营成果进行分析评价，对比上年实际、本年目标、同行业先进水平，找出影响收入效益变动的关键因素，影响管理效率的主要因素，形成系统的分析评价报告。

第八章 企业财务会计信息管理

第四十三条 省属文化企业应建立与经营环境相契合的财务信息系统，利用信息化手段优化管控模式、组织架构和业务流程。集团企业可探索建立财务共享服务中心，实现集团与所属企业财务信息以及各子企业财务信息与业务信息的上下衔接、互联互通。

第四十四条 省属文化企业应按月编制财务会计报表，并分析主要指标完成情况，深入挖掘数据反映的经营状况，及时向经理层、董事会报送分析报告，为企业及时决策、加强内部管理提供数据和信息。

第四十五条 企业应按规定及时向省财政厅报送月度、季度报表和主要财务指标完成情况分析报告，并保证数据的真实性、准确性。省财政厅对企业报送的季度报表审查无误后进行汇总分析，向有关部门及时报送。

第四十六条 省属文化企业应按时编制年度财务决算报告和年度国有资产统计报表，并采取措施，确保数据准确、真实完整、上报及时。企业报送的年度报告必须经中介机构审核。企业应根据《财政部关于印发〈关于改进和加强企业年度会计报表审计工作管理的若干规定〉的通知》（财企〔2004〕5号）选择中介机构，对审计过程中不能坚持职业操守、徇私舞弊的中介机构要及时更换。企业年度决算报告、年度国有资产统计报表与中介机构审计报告一并上报。省财政厅对企业年度决算报告进行审查，必要时可委托社会第三方机构审查，发现问题及时通知企业调整。

第四十七条 省属文化企业应依据《山东省国有文化资产管理理事会关于印发〈关于推进省属文化企业信息公开工作的指导意见〉的通知》（鲁文资发〔2017〕6号）要求的方式及时限，公开企业财务预算、决算等方面信息内容，接受企业职工和社会监督。

第九章 企业会计基础规范和财务人员管理

第四十八条 省属文化企业要认真贯彻执行国家法律法规和财经制度，严格按照企业财务会计核算制度，组织实施企业财务核算与管理，及时准确编制财务会计报告，开展财务分析，加强会计档案管理。

第四十九条 省属文化企业应科学设置会计机构和财会岗位，组织企业财务工作，做到不相容岗位相互分离，体现制衡原则，并认真落实任职回避和轮岗制度。

第五十条 省属文化企业要按照国家有关规定，制定财会人员管理制度，合理配备企业财会人员。国有和国有控股大、中型文化企业应设置财务总监。凡设置财务总监的，在单位行政领导成员中，不设与财务总监职权重叠的副职。其他企业根据需要可以设置财务总监。财务总监可由资产监管部门组织选聘或公开招聘等方式向企业推荐。

第五十一条 省属文化企业应加强财会人员培训和企业会计诚信制度建设，建立财会人员考核评价制度，并将考核情况作为财会人员晋升、聘任专业技术职务及奖惩的参考依据。

第五十二条 省属文化企业财会人员要主动参与企业经营管理活动，当好经营管理层的参谋助手。企业负责人应注重发挥财会人员的作用，把财会人员参与企业决策纳入企业相关制度，充分调动财会人员的积极性。

第十章 财务监督要求及管理

第五十三条 省属文化企业负责人应带头遵守和执行国家财经法规，自觉接受文资监管部门依法实施的财务监督管理，支持和保障财务部门履行财务监督管理职责，自觉接受职工代表大会、董事会、监事会的监督。企业财务部门要忠于职守，认真行使法律法规赋予的监督管理职权，确保对企业各项经济活动和财务收支进行有效的财务监督和控制。

第五十四条 省属文化企业应建立企业财务监督管理责任追究制度。企业负责人对企业重大财务事项和财务会计信息的真实性、完整性负领导责任；财务总监对企业提供和披露的财务会计报告信息的真实性、完整性负主要责任；财务部门负责人及会计工作人员对财务会计信息的真实性、完整性负直接责任。对可能存在问题的财务会计报告，财务总监有责任提请总经理办公会讨论纠正，有责任向董事会、股东会（出资人）报告。

第五十五条 省属文化企业有关负责人、财务总监、财务机构负责人以及会计工作人员未履行或者未正确履行工作职责，造成企业内部控制制度存在严重缺陷、财务会计信息严重失真、财务基础管理混乱以及出现重大财务决策失误等，按照《中华人民共和国会计法》、《企业财务会计报告条例》（国务院第287号令）等相关规定依法追究其工作责任；构成犯罪的，依法移交司法机关处理。

第十一章 附　　则

第五十六条 各市可依据本办法对本级文化企业财务监督管理作出规定。

第五十七条 本办法由省财政厅负责解释。

第五十八条 本办法自2017年12月1日起施行，有效期至2022年11月30日。

省财政厅　省精神文明建设委员会办公室关于印发山东省省级乡村文明行动建设示范工程资金管理办法的通知

2017年11月28日　鲁财文资〔2017〕53号

各市财政局、文明办，各县级现代预算管理制度改革试点县（市、区）财政局、文明办：

根据《中华人民共和国预算法》和《山东省人民政府关于进一步推进涉农资金统筹整合的意见》（鲁政发〔2017〕30号）、《省委办公厅　省政府办公厅关于进一步深化乡村文明行动的实施意见》（鲁办发〔2016〕58号）等有关规定，我们研究制定了《山东省省级乡村文明行动建设示范工程资金管理办法》，现印发给你们，请认真贯彻执行。执行中如有问题，请及时向我们反映。

附件：山东省省级乡村文明行动建设示范工程资金管理办法

附件：

山东省省级乡村文明行动建设示范工程资金管理办法

第一章 总　　则

第一条 为进一步规范乡村文明行动建设示范工程资金管理，提高资金使用效益，根据《中华人民共和国预算法》和《山东省人民政府关于进一步推进涉农资金统筹整合的意见》（鲁政发〔2017〕30号）、《省委办公厅　省政府办公厅关于进一步深化乡村文明行动的实施意见》（鲁办发〔2016〕58号）等有关规定，结合我省实际，制定本办法。

第二条　本办法所称省级乡村文明行动建设示范工程资金（以下简称乡村文明建设资金），是指省级财政预算安排，用于支持开展乡村文明行动建设示范工程，推动加快美丽乡村建设的专项资金。

第三条　乡村文明建设资金由省财政厅、省精神文明建设委员会办公室（以下简称省文明办）共同管理，按照“目标明确、分配科学、管理规范、绩效优先”的原则分配、管理和使用。

省财政厅负责乡村文明建设资金年度预算编制、分配和拨付工作，对资金使用情况进行监督和绩效评价管理。

省文明办负责乡村文明建设资金使用规划或实施方案的编制，研究提出资金分配意见，会同省财政厅下达年度工作任务（任务清单），指导、推动和监督开展乡村文明建设工作，对任务完成情况进行监督，具体负责组织开展绩效目标制定、绩效监控、绩效评价、信息公开等工作。

第二章　支持范围及方式

第四条　乡村文明建设资金支持对象主要是乡村文明行动建设示范村（居），以及承担培训、建设、调查、宣传等工作的单位。

第五条　乡村文明建设资金主要用于：

（一）省级“乡村文明家园”示范村（居）建设相关项目支出补助。

（二）开展“新农村新生活”培训、移风易俗等活动。

（三）统计调查、宣传、会议培训等相关工作。

（四）省委、省政府部署的其他工作。

第六条　乡村文明建设资金不得用于兴建楼堂馆所和办公、生活、接待以及人员福利支出等与乡村文明建设无关的支出。

第七条　乡村文明建设资金主要采取直接补助、政府购买服务、以奖代补等支持方式。

第三章　支持条件和申报程序

第八条　乡村文明建设示范村（居）应具备下列条件：

（一）乡村文明行动各项工作扎实推进，成效突出，变化明显。

（二）村庄垃圾桶、保洁员配备齐全，生活垃圾日产日清，村容村貌卫生整洁，人居环境日益改善；村规民约健全完善，群众评议会、红白理事会等群众组织健全并发挥作用，移风易俗成效显著，村风民俗文明健康向上。

（三）建立善行义举四德榜，广泛开展文明信用户、好媳妇好婆婆评选等群众性创建活动，传承优秀家风家教，倡树文明和谐的道德风尚。

（四）“新农村新生活”培训经常开展，农户庭院居室整洁，农民生活方式科学卫生健康。

（五）治安防控体系健全，农村社会治安秩序优良。

（六）文化惠民项目建设到位，综合文化服务中心利用充分，文体活动活跃，村民精神文化生活丰富。

（七）村内文化宣传阵地健全，逐步达到“十个一”的标准（休闲文化广场、健身广场、休闲长廊、乡村文明宣传街、LED显示屏、科普栏、道德讲堂、文化墙、宣传栏、乡村文明家园标识），突出乡村文明行动各项宣传内容，综合反映乡村文明行动各项工作。

第九条　乡村文明建设资金申报程序：

（一）省文明办会同省财政厅根据省文明委工作安排，确定省级项目整体规划方案，制定项目年度实施计划，并向各地下达项目建设控制数指标及工作任务（任务清单）。

（二）各市根据省下达的项目建设控制数指标，制定本地建设规划，并确定分县（市、区）具体计划。县（市、区）文明办、财政局提出本地支持名单，并附项目申报书等材料，经市文明办、财政局审核确认后报省文明办、省财政厅备案。

第四章　预算编制和资金分配

第十条　省文明办要编制中长期乡村文明建设发展规划，根据规划确定年度工作任务、资金需求和绩效目标，并列出任务清单，随下年度部门预算申请报送省财政厅。

第十一条　省财政厅根据发展规划和财力状况，编制年度乡村文明建设资金预算草案，按照部门预算管理程序审查。

第十二条　乡村文明建设资金分为省级管理使用资金和对下分配资金两部分。省级管理使用资金由省文明办会同省财政厅研究提出分配意见。对下分配资金采用因素法分配。主要依据工作任务（任务清单）和工作成效等因素，根据任务特点、政策目标等选择具体因素和权重测算分配资金。工作成效主要以绩效评价结果为依据。

第十三条　省财政厅根据年度预算和经审核确定的乡村文明建设资金年度分配方案，向各用款单位下达资金。按因素法下达到市县的资金，市级财政部门会同市文明办，在规定时间内分解下达，尽快落实到位。

第十四条　分配省级部门单位的资金，按照有关管理制度、实施方案等使用管理。县级及以下使用管理的资金，由县级人民政府按照省委、省政府关于进一步推进涉农资金统筹整合的部署要求统筹安排使用。

第十五条　乡村文明建设资金资助修缮的场所、设施器材和宣传内容，应当在显著位置标识“乡村文明家园”字样。

第五章　监督管理和绩效评价

第十六条　各级文明办、财政部门要加强对乡村文明建设资金分配、管理、使用情况的监督检查，发现问题及时纠正。

第十七条　乡村文明建设资金使用管理实行绩效评价制度。各级文明办、财政部门要加强乡村文明建设资金预算绩效管理，按规定做好绩效目标管理、绩效监控、绩效评价、结果运用等工作。由县级及以下使用管理的乡村文明建设资金，按照省委、省政府关于进一步推进涉农资金统筹整合的部署要求进行综合绩效管理。

第十八条　省文明办、省财政厅按照财政专项资金信息公开有关规定和“谁主管、谁负责、谁公开”的原则，健全完善乡村文明建设资金信息公开机制，自觉接受社会监督。

第十九条　省文明办、省财政厅按管理职责负责公开除涉密内容外的资金管理办法、申报指南、绩效评价和分配结果等。

第二十条　各级各部门及其工作人员在资金分配、审核等工作中，存在违反规定向不符合条件的单位、个人（或项目）分配资金，或擅自超出规定的范围、标准分配或使用资金等，以及存在其他滥用职权、玩忽职守、徇私舞弊等违法违纪行为的；资金使用单位和个人虚报冒领、骗取套取、挤占挪用乡村文明建设资金，以及存在其他违反本办法规定行为的，将按照《中华人民共和国预算法》《中华人民共和国行政监察法》《财政违法行为处罚处分条例》（国务院令第 427 号）等国家有关法律法规追究责任。涉嫌犯罪的，移送司法机关处理。

第六章　附　　则

第二十一条　本办法由省财政厅、省文明办负责解释。

第二十二条　本办法自2018年1月1日起施行，有效期至2022年12月31日。山东省财政厅、山东省精神文明建设委员会办公室《关于印发〈山东省乡村文明行动“百镇千村”建设示范工程专项资金管理暂行办法〉的通知》（鲁财行〔2015〕18号）同时废止。

省财政厅　省文物局关于印发山东省省级重点文物保护补助资金管理办法的通知

2017年11月29日　鲁财文资〔2017〕55号

各市财政局、文物局，各县级现代预算管理制度改革试点县（市、区）财政局、文物局（文广新局）：

为规范和加强省级重点文物保护补助资金管理，提高资金使用效益，根据《中华人民共和国预算法》《中华人民共和国文物保护法》《财政部　国家文物局关于印发〈国家重点文物保护专项补助资金管理办法〉的通知》（财教〔2013〕116号）、《山东省文物保护条例》等法律法规有关规定，结合我省文物保护工作实际，我们研究制定了《山东省省级重点文物保护补助资金管理办法》，现印发给你们，请认真贯彻执行。

附件：山东省省级重点文物保护补助资金管理办法

附件：

山东省省级重点文物保护补助资金管理办法

第一章　总　　则

第一条　为规范和加强省级重点文物保护补助资金管理，提高资金使用效益，根据《中华人民共和国预算法》《中华人民共和国文物保护法》《财政部　国家文物局关于印发〈国家重点文物保护专项补助资金管理办法〉的通知》（财教〔2013〕116号）、《山东省文物保护条例》等法律法规有关规定，结合我省文物保护工作实际，制定本办法。

第二条　省级重点文物保护补助资金（以下简称补助资金）是指由省级财政预算安排，用于支持全省重点文物保护工作、促进文物事业发展的资金。补助资金的年度预算，根据全省重点文物保护工作总体规划、年度工作计划及省级财力情况确定。

第三条　补助资金管理使用，遵循“规划先行、保障重点、省级补助、分级负责”原则。补助资金实行项目管理，符合本办法规定条件的项目，可申请补助资金。

第四条　补助资金由省财政厅、省文物局按职责分工共同管理。

省财政厅负责制定补助资金管理制度，组织补助资金预算编制及执行，分配下达资金，会同有关部门组织补助资金监督检查和绩效评价。

省文物局参与研究制定补助资金管理制度，负责组织项目申报和项目库管理，提出补助资金分配方案，具体组织补助资金预算执行、项目竣工验收及绩效管理工作，对项目实施及资金使用进行监督管理，负责资金使用管理信息公开等相关工作。

第二章　补助范围和支出内容

第五条　补助资金的补助范围主要包括：

（一）支持全国重点文物保护单位、省级重点文物保护单位保护规划和方案编制、项目评审及项目库建设。

（二）省级重点文物保护单位保护。用于省级重点文物保护单位的维修、保护与展示，其中维修、保护具体包括文物本体维修防护，安防、消防、防雷等防护性设施建设。

（三）大遗址保护。用于省级考古遗址公园和省文物局批准的重点大遗址保护项目，具体包括考古调查、勘探和发掘，大遗址本体或载体的保护，本体保护范围内必要的环境治理，重要考古遗址现场保护以及重要出土文物现场保护与修复。

（四）可移动文物保护。用于国有文物收藏单位馆藏珍贵文物和重要出土文物的保护与修复。

（五）文物管理与保护利用。主要用于全省文物保护管理体系建设，全省文物保护基础研究与科技攻关，重大文物保护利用展陈项目。

（六）省委、省政府确定的其他重大文物保护项目。

第六条　补助资金支出内容包括：

（一）文物维修保护工程支出，主要包括勘测费、规划及方案设计费；本体保护所需的人工费、材料费、机械费、测试化验加工费以及施工费用；项目实施单位管理费、监理费、招标费、审计费以及专家咨询服务费。

（二）文物考古调查、勘探支出，主要包括调查勘探费、测绘费、考古报告编制费；现场劳务费、考古遗迹保护费、出土（出水）文物保护与修复费；青苗补偿费。

（三）文物安防、消防、防雷、人防等支出，主要包括规划及方案设计费；劳务费、材料费、设备机械费等施工费用。

（四）文物陈列布展支出，主要包括方案设计费；布展所需劳务费、材料费、设备等施工费用。

（五）全省文物保护工作相关的专家咨询服务、重大调研补助、项目集中评审、项目库建设、资料整理、报告编印以及经批准的文献出版等费用。

（六）其他文物保护性支出。

第七条　补助资金补助范围不包括征地拆迁、基本建设、超出文物本体保护范围的环境整治、文物征集以及博物馆建设运转各项支出。

第八条　补助资金不得用于各级机关单位工资福利性支出、弥补行政经费以及与文物保护无关的其他支出。

第三章　申报和审批

第九条　按照规定程序，已经省文物局批准立项或批复保护方案的项目，实施单位可根据批复意见组织开展文物保护工作，并按本办法规定申请补助资金。

第十条　省文物局根据项目管理需要，建立备选项目库和实施项目库。

第十一条　项目实施单位按照省文物局批准的项目计划和技术方案要求，编制项目预（概）算，报同级文物主管部门。文物主管部门会同财政部门审核后，于每年 8 月 31 日前，以正式文件上报省文物局和省财政厅。项目审核以文物主管部门为主，财政部门对项目资金来源情况进行审核确认。每年9月30日前，由省文物局根据项目预算控制数评审结果，区分轻重缓急，对备选项目库的项目进行筛选排序，提出预算安排建议。

第十二条 省文物局会同省财政厅，于每年年底前向市县下达下年度补助资金支持的项目控制数和具体项目清单。

第十三条 项目实施单位根据省批准的项目资金预算控制数，制定项目实施方案，确定绩效目标。根据文物保护工作的特点和实施进度，合理确定分年度的实施计划和资金额度，确保落实必要配套措施，提出下年度补助资金申请，经文物、财政部门逐级审核后，于下年1月底前以正式文件报送省文物局和省财政厅。省直文博单位于每年1月20日前，将资金申请和绩效目标直接报送省文物局，由省文物局汇总后报省财政厅。凡越级上报的不予受理。

第十四条 对列入备选项目库确定实施的项目，分年度补助资金优先给予安排。无特殊原因，项目单位加大申请年度补助资金额度，造成年度资金未完成支出、结转较大的，将扣减项目总补助资金额度。

第十五条 省文物局根据申报资金项目的轻重缓急，结合各地文物保护工作情况和该地区上年度项目绩效考核情况进行合理排序，汇总编制年度补助资金分配方案，报省财政厅审核后下达。

第十六条 备选项目库中经筛选确定实施，并下达补助资金的项目列入实施项目库，纳入动态监管的范围。

第四章 资金管理

第十七条 市县级财政部门应当在收到省级下达资金指标文件后20个工作日内，将预算指标下达至项目实施单位，并按照国库集中支付有关规定及时拨付项目资金。

第十八条 项目实施单位在收到资金下达文件后，要尽快办理资金使用手续，并按照计划尽快组织项目实施，加快项目建设和预算执行进度，确保专款专用。

第十九条 补助资金支出过程中，按照规定需要实行政府采购的，按照政府采购有关管理制度规定执行。采用招投标方式的，应严格履行招投标程序。

第二十条 补助资金应当严格按照本办法规定的补助范围和支出内容安排使用，严格执行各项财务规章制度。如遇特殊情况，需要调整补助范围和支出内容的，应当上报省财政厅和省文物局批准。

各级财政部门会同文物管理部门，要在每年10月份对本级实施的所有项目资金支出情况进行一次调度测算，对当年未完工项目，确因客观原因造成年末结转资金规模较大的，可逐级向省文物局提出在本级项目间调整的意见，由省文物局审核并商省财政厅批准后实施。

第二十一条 省文物局负责对项目组织竣工验收。项目实施单位应当在项目完工后3个月内向省文物局提出项目验收申请，并按照要求编制项目财务决算报告。项目实施单位应积极配合审计部门的审计。

第二十二条 已完工项目的补助资金结余，未满两年的，由项目单位同级财政收回，并将资金额度和存放地点上报省财政厅，下一年度由省财政统筹安排用于本区域内省级文物保护单位有关项目支出。结余超过两年的，按规定处理。

第二十三条 已纳入实施项目库的项目，从补助资金下达之日起满一年仍未实质实施的，省文物局对项目予以注销，已下达资金收回省财政。对已开工但两年内未完成施工方案任务的项目，经省文物局审核后可终止项目，剩余资金收回同级财政，由省财政统筹用于本区域内其他省级文物保护项目。

第五章 绩效评价

第二十四条 省文物局、省财政厅每年对补助资金使用情况组织开展绩效评价。根据工作需要，可由省文物局或省财政厅委托第三方机构组织实施绩效评价。

第二十五条 省文物局会同省财政厅研究制定山东省省级重点文物保护补助资金绩效评价管理办法。

第二十六条 省文物局要加强对全省绩效评价工作的组织和管理，市县文物管理部门会同同级财政部门负责指导项目单位严格落实项目绩效目标，督促项目单位按照绩效评价工作要求，及时向绩效评价机构提供项目相关材料。

第二十七条 绩效评价应形成书面报告，主要包括以下内容：

（一）项目完成情况。

（二）绩效评价的组织实施情况。

（三）绩效评价指标体系、评价标准和评价方法。

（四）绩效目标的实现程度。

（五）项目实施和资金管理使用情况及存在问题、原因分析。

（六）评价结果及建议。

（七）其他需要说明的问题。

第二十八条 建立绩效评价通报反馈机制和激励机制，绩效评价结果将作为以后年度项目和资金安排的重要依据。

第六章 监督检查

第二十九条 省文物局适时对项目进行督导和监督检查，并联合省财政厅对补助资金管理使用情况进行抽查，必要时可以委托省财政厅各驻市财政检查办事处或中介机构实施，发现问题及时整改。

第三十条 各级财政部门和文物管理部门应当按照各自职责，建立健全补助资金管理使用监督检查机制。项目实施单位应当建立健全内部监督约束机制，确保补助资金管理和使用安全规范。

第三十一条 项目实施单位凡有下列行为的，省财政厅、省文物局将依照《财政违法行为处罚处分条例》（国务院令第427号）等有关规定给予严肃处理，并追究相关单位和人员的责任。

（一）编报虚假预算，套取省级财政资金。

（二）截留、挤占、挪用补助资金。

（三）违反规定转拨、转移补助资金。

（四）提供虚假财务会计资料。

（五）擅自变更补助范围和支出内容。

（六）因管理不善，给国家财产和资金造成损失和浪费。

（七）不按期报送补助资金年度决算、财务验收报告和报表。

（八）其他违反财经纪律的行为。

第三十二条 各级财政和文物管理部门相关工作人员在项目申报、资金管理使用和绩效评价组织实施工作中，存在以权谋私、滥用职权、徇私舞弊以及弄虚作假等违法违纪行为的，按照《中华人民共和国预算法》《中华人民共和国公务员法》《中华人民共和国行政监察法》《财政违法行为处罚处分条例》等有关规定追究相应责任；涉嫌犯罪的，移送司法机关处理。

第七章 附 则

第三十三条 本办法由省财政厅、省文物局负责解释。省文物局可根据本办法制定相关项目管理细则。

第三十四条 本办法自2018年1月1日起施行，有效期至2022年12月31日。省财政厅、省文化厅《关于印发〈山东省基层文化设施建设专项补助资金管理暂行办法〉和〈山东省省级文物抢救和保护专项补助资金管理暂行办法〉的通知》（鲁财教〔2006〕56号）同时废止。

省财政厅　省体育局关于印发山东省省级体育彩票公益金支持体育事业发展专项资金管理办法的通知

2017年12月15日　鲁财文资〔2017〕59号

各市财政局、体育局，县级现代预算管理制度改革试点县（市、区）财政局、体育局（教体局）：

为加强和规范省级体育彩票公益金使用管理，提高资金使用效益，根据《彩票管理条例》（国务院令第554号）、《财政部关于印发〈彩票公益金管理办法〉的通知》（财综〔2012〕15号）等有关法律法规和制度规定，结合我省实际，我们研究制定了《山东省省级体育彩票公益金支持体育事业发展专项资金管理办法》，现印发给你们，请认真贯彻执行。

附件：山东省省级体育彩票公益金支持体育事业发展专项资金管理办法

附件：

山东省省级体育彩票公益金支持体育事业发展专项资金管理办法

第一章　总　　则

第一条　为加强和规范省级体育彩票公益金使用管理，提高资金使用效益，根据《彩票管理条例》（国务院令第554号）、《财政部关于印发〈彩票公益金管理办法〉的通知》（财综〔2012〕15号）等有关法律法规和制度规定，结合我省体育事业发展实际，制定本办法。

第二条　本办法所称省级体育彩票公益金支持体育事业发展专项资金（以下简称体彩公益金），是指省财政从体育彩票销售收入中提取财政专项彩票公益金后留归省级使用的体彩公益金，安排用于支持体育事业发展的资金。

第三条　体彩公益金按照政府性基金管理办法纳入预算，专款专用，结转结余按规定下年继续使用，不得用于平衡一般预算。

第四条　体彩公益金的管理使用，应当严格执行国家法律法规和财务规章制度，遵循“取之于民、用之于民”的导向，坚持统筹规划、合理安排、突出重点的原则，推动全民健身活动广泛开展，促进全省体育事业协调发展，加快体育强省建设。

第五条　体彩公益金由省财政厅、省体育局按部门职责分工共同管理。

省财政厅负责制定体彩公益金管理办法，组织体彩公益金预算编制、审核及执行，分配和拨付资金，会同有关部门组织体彩公益金财政监督检查和绩效评价工作等。

省体育局负责参与制定体彩公益金管理办法，编制部门支出预算方案，会同省财政厅制定项目申报指南，组织项目申报和审核，确定拟扶持项目，提出资金分配方案，具体负责组织项目实施和资金绩效评价、信息公开工作等。

需向省委、省政府报告的重大事项，由省财政厅、省体育局共同研究并取得一致性意见后上报。

第二章　支持范围和方式

第六条　体彩公益金支持范围包括公共体育服务、全民健身工程建设与活动开展、竞技体育发展、青少年体育培养和省政府确定的其他体育事业重大专项。

第七条　体彩公益金具体支持范围如下：

（一）支持公共体育服务

1. 制定、实施全省性体育发展规划、全民健身计划条例，以及全省性体育标准化建设实施、公共体育信息管理服务、体育宣传等经费资助。

2. 科学健身研究指导推广，国民体质监测，全民科学健身管理体系建设等经费资助。

3. 指导群众体育组织队伍建设、社会体育指导员培训、体育运动项目指导推广等经费资助。

（二）支持全民健身工程建设与活动开展

1. 公共体育活动场馆、设施建设与维护，公共健身场所健身器材配置与维护等经费补助。

2. 公共体育场馆免费低收费对外开放经费补助。

3. 省政府或省级体育主管部门批准组织开展的全民健身赛事活动经费补助，以及列入全省规划的全民健身品牌赛事活动创建经费补助。

（三）支持竞技体育发展

1. 专业高水平优秀运动队体育训练比赛场馆及其他配套设施设备建设、修缮、购置等补助。

2. 省级及以上政府或体育主管部门组织的综合性或单项竞技体育赛事经费补助。

3. 优秀运动队重大赛事备战、参赛等保障经费补助。

4. 优秀运动队高水平专业教练员、运动员、科研医务人员等专项人才的引进、安置经费补助；优秀运动员职业技能转换、伤残救助等经费补助。

（四）支持青少年体育培养

1. 省级确定的高水平青少年体育后备人才培养基地及体校建设补助。

2. 省级认定的省级青少年体育俱乐部、青少年校外体育活动中心、营地等创建经费补助。

3. 组织开展全省性青少年重点竞赛与培训活动，省级举办或承办的省级及以上青少年综合或单项体育赛事等经费补助。

4. 组织开展青少年体育科学研究，科学选材与训练指导，教练员、裁判员培养等经费补助。

第八条　体彩公益金不得用于公务接待、公务用车购置；不得用于机关事业单位工作人员工资、津贴补贴及其他福利性支出；不得用于对外投资和其他经营性活动；不得用于与体育事业发展无关的其他支出。

第九条　体彩公益金可采取直接补助、政府购买服务、以奖代补等支持方式。省级项目支出具体方式由省财政厅会同省体育局根据支出性质、用途确定；对下分配的资金由市、县（市、区）结合自身财力情况自主确定。

第三章　预算编制与执行

第十条　省体育局根据体育事业发展规划和体彩公益金支出范围，编制省级体彩专项资金中长期规划，并根据规划编制年度实施计划，明确支持方向、重点、目标和资金需求，随下年度部门预算报省财政厅。

第十一条　省财政厅根据省体育局报送的年度体彩公益金预算安排建议，结合体彩公益金收入情况及一般公共预算，编制年度体彩公益金支出预算，纳入财政预算管理。

第十二条　体彩公益金预算分为省本级支出预算和补助市县体育事业发展支出预算两部分。省本级支出预算纳入各有关部门预算管理；补助市县体育事业发展支出预算，纳入省级对下专项转移支付预算管理。

第十三条　体彩公益金项目申报程序：

（一）省体育局根据确定的体彩公益金支出方向和用途，制定项目申报指南，明确申报单位、申报对象、申报条件、有关标准、项目实施、绩效目标等内容，会同省财政厅下发有关部门和各市、县（市、区）。

（二）由省体育局及其所属事业单位承担的项目，省体育局负责按照程序组织申报。

（三）由各市、县（市、区）或省直其他部门实施的项目，根据项目隶属关系组织申报。各市、县（市、区）项目，由同级体育主管部门、财政部门负责审查，逐级联合行文报省体育局、省财政厅；各有关省直部门项目，由部门审核后以正式文件报省体育局、省财政厅。

（四）省体育局会同省财政厅根据项目情况，组织专家对各有关部门和各市、县（市、区）报送项目进行评审，根据评审结果确定支持项目，形成资金分配方案，省财政厅据此下达资金。

第十四条 省体育局会同省财政厅建立项目库，加强项目管理。申请体彩公益金补助的项目应纳入项目库管理，未纳入的原则上不予支持。

第十五条 体彩公益金主要采取项目法进行分配。

第十六条 使用资金的省直有关部门和市、县（市、区）财政部门、体育部门应于每年2月底前，将上年度体彩公益金分配使用管理情况，报送省财政厅和省体育局，包括项目组织实施情况、项目资金使用和结余情况，以及项目社会效益和经济效益等内容。

第十七条 体彩公益金预算一经批准，应当严格执行，不得擅自调整。如确需调整，应按规定程序，报省财政厅批准。

第十八条 体彩公益金支付应按照财政国库管理制度有关规定执行。体彩公益金使用过程中涉及政府采购与政府购买服务的，按照有关规定执行。

第十九条 体彩公益金形成的结余结转资金，应按照《彩票管理条例》（国务院令第554号）、《彩票管理条例实施细则》（财政部令第67号）等有关规定执行，不得挪作他用。

第四章 监督检查

第二十条 体彩公益金资助的建设设施、购置设备或者组织社会公益活动，应当按照国家和省的有关规定，以显著方式标明“彩票公益金资助－中国体育彩票”标识。

第二十一条 体彩公益金使用单位和部门按照“谁使用、谁管理、谁负责”的原则，加强体彩公益金使用管理，确保专款专用，充分发挥资金使用效益。

第二十二条 省体育局应当按照《彩票管理条例》（国务院令第554号）等规定的内容和方式，于每年6月底前将体彩公益金筹集安排使用等情况向社会发布公告。

第二十三条 省体育局会同省财政厅制定体彩公益金支出绩效管理评价制度，绩效评价结果作为安排体彩公益金预算的重要依据。

第二十四条 体彩公益金的使用部门、单位，应当按照同级财政部门批准的项目资金使用计划和预算执行，不得挤占挪用，不得改变资金使用范围。

第二十五条 各级财政和体育部门应当组织开展本区域体彩公益金管理使用的经常性监督检查，对于检查发现的财政违法行为，依据《中华人民共和国预算法》《中华人民共和国公务员法》《中华人民共和国行政监察法》和《彩票管理条例》（国务院令第554号）、《财政违法行为处罚处分条例》（国务院令第427号）等有关规定处理。

第二十六条 对当年未使用或者未按规定完成体彩公益金预算项目的单位，无特殊原因，省财政厅和省体育局应暂停安排下一年度该单位同类项目体彩公益金。

第五章 附 则

第二十七条 各市、县（市、区）财政、体育部门可参照本办法规定，结合本地实际，制定本级体育彩票公益金支持体育事业发展专项资金管理办法。

第二十八条 本办法由省财政厅、省体育局负责解释。

第二十九条 本办法自2018年1月1日起施行，有效期至2022年12月31日。

省财政厅 省体育局关于印发山东省体育场馆免费低收费开放省级补助资金管理暂行办法的通知

2017年12月15日 鲁财文资〔2017〕60号

各市财政局、体育局，县级现代预算管理制度改革试点县（市、区）财政局、体育局（教体局）：

为进一步推动和促进全民健身活动开展，加强和规范体育场馆向社会免费低收费开放省级补助资金管理，根据省财政厅、省体育局《关于印发山东省省级体育彩票公益金支持体育事业发展专项资金管理办法的通知》（鲁财文资〔2017〕59号）等有关制度规定，结合我省实际，我们研究制定了《山东省体育场馆免费低收费开放省级补助资金管理暂行办法》，现印发给你们，请认真贯彻执行。

附件：山东省体育场馆免费低收费开放省级补助资金管理暂行办法

附件：

山东省体育场馆免费低收费开放省级补助资金管理暂行办法

第一章 总 则

第一条 为进一步推动和促进全民健身活动开展，加强和规范体育场馆向社会免费低收费开放省级补助资金管理，提高资金使用效益，根据省财政厅、省体育局《关于印发山东省省级体育彩票公益金支持体育事业发展专项资金管理办法的通知》（鲁财文资〔2017〕59号）等有关制度规定，参照《国家体育总局 财政部关于推进大型体育场馆免费低收费开放的通知》（体经字〔2014〕34号）要求，结合我省实际，制定本办法。

第二条 本办法所称体育场馆包括体育场、体育馆、游泳馆（跳水馆）和全民健身中心（以下统称体育场馆）。其中，体育场、体育馆、游泳馆，是指符合《体育建筑设计规范》（JGJ31－2003）标准的体育建筑；全民健身中心是指具备《国家体育总局关于印发〈县级全民健身中心项目实施办法〉的通知》（体群字〔2016〕112号）规定建设内容的室内健身场所。

第三条 本办法所称体育场馆免费低收费开放省级补助资金（以下简称体育场馆开放补助资金），是指省级财政预算（包括体育彩票公益金）安排，用于补助符合规定条件的全省体育场馆向社会免费低收费开放的资金。

第四条 体育场馆开放补助资金年度预算，根据全省体育场馆向社会免费低收费开放规模、数量和省级财力情况确定。鼓励市、县级政府统筹使用一般公共预算资金和体育彩票公益金，推动体育场馆更好地向社会免费低收费开放。

第五条 体育场馆开放补助资金的管理和使用，坚持“统一管理、突出重点、合理安排、注重绩效”的原则。

第六条 体育场馆开放补助资金的管理和使用要严格执行国家法律法规和财务规章制度，并接受财政、审计、体育等部门的监督检查，以及媒体和公众的监督。

第二章 支持对象和条件

第七条 体育场馆开放补助资金的支持对象为：山东省境内（不含青岛）各级体育部门所属已向社会免费低收费开放的体育场馆。体育部门所属是指产权归体育部门所有或由体育部门管理使用的体育场馆。

鼓励其他政府部门所属、社会力量兴办的体育场馆向社会免费低收费开放。各地可按照场馆自愿、属地管理的原则，选择符合本办法规定条件、管理运营规范、社会信誉高、健身人数多的体育场馆进行免费低收费开放试点。各市、县（市、区）选择试点的体育场馆，按程序报省体育局核准，试点所需资金按本办法规定，可纳入省级体育场馆补助资金支持范围。

第八条 向社会免费低收费开放的体育场馆，按照规模大小及其功能，划分为大型体育场馆和中小型体育场馆。

（一）体育场。按照观众座位数量划分，20 000个（含）以上的为大型；2 000个（含）到19 999个的为中小型。大型、中小型体育场各分“甲、乙、丙”三类。

（二）体育馆。按照观众座位数量划分，3 000个（含）以上的为大型；1 500个（含）到2 999个的为中小型。大型、中小型体育馆各分“甲、乙、丙”三类。

（三）游泳馆（跳水馆）。按照观众座位数量划分，1 500个（含）以上的为大型游泳馆（跳水馆），分为“甲、乙、丙”三类；座位数1 500个以下的不再划分类别，但室内主水池长度和宽度，游泳馆应达到长度≥25米、宽度≥16米，跳水馆应达到长度≥21米、宽度≥16米。

（四）全民健身中心。指场地面积总和在1 500平方米（含）以上的室内健身场所，按照面积总量划分“甲、乙、丙”三类。座位数1 500个以下的体育馆，可按全民健身中心标准类型申报。

第九条 向社会免费低收费开放的体育场馆，每周开放时间不少于35小时，全年开放时间不少于330天，公休日、法定节假日、学校寒暑假期间每天开放时间不少于8小时；体育场馆所属户外公共区域、户外健身器材设施应全年免费开放，每天开放时间不少于12小时。

第十条 体育场馆因维修、保养、训练、赛事、天气等原因，不能向社会开放或需调整开放时间，应提前7天（特殊天气原因和突发紧急情况除外）向社会公告。

第十一条 体育场馆应按照国家和省有关规定，对学生、老年人、残疾人等群体免费或低收费开放。

第十二条 体育场馆在全民健身日应向公众免费开放，在全民健身月应向公众优惠开放。

第十三条 体育场馆每年应免费向公众提供以下基本公共体育服务：

（一）举办公益性体育赛事活动不少于4次。

（二）举办体育讲座、展览不少于4次。

（三）开展体育健身技能等培训，大型体育场馆不少于1 000人次，中小型体育场馆不少于500人次。

（四）进行国民体质监测，大型体育场馆不少于3 000人次，中小型体育场馆不少于1 000人次。

第十四条 体育场馆要在区域内显著位置向公众公示免费或低收费服务项目、服务内容、服务时间、收费标准、场馆管理规定、运营单位和社会公众的权利与义务、突发事件预防与处置、体育器材设施设备使用方法等内容。体育场馆应通过当地主流媒体、官方网站等适当方式向社会公告免费低收费开放有关事项，并设立监督咨询电话。

体育场馆在向社会免费低收费开放期间应办理公众责任险。

第十五条 实行低收费开放的体育场馆，其原定健身项目正常收费标准及现行低收费标准，应向同级体育主管部门审核备案。原定收费标准及低收费标准一经确定后，不得随意进行调整或变相增加其他收费项目。

第十六条 纳入体育场馆开放补助范围的体育场馆，因特殊原因无法满足开放条件的，应及时向同级体育主管部门报告，各级体育主管部门要及时审核确认，未满足开放条件期间不再纳入申报补助范围。

第三章 补助资金标准与管理使用

第十七条 体育场馆向社会免费低收费开放，按照场馆类型、运行维护成本等因素核定补助计算标准总额（具体标准见附件1）。

第十八条 省级财政对纳入中央财政免费低收费开放补助范围的大型体育场馆，按照中央核定的大型体育场馆补助计算标准总额的20%给予补助。

第十九条 省级财政对纳入免费低收费开放补助范围的中小型体育场馆和全民健身中心，按补助计算标准总额的40%给予补助。

第二十条 对位于城市核心区域、覆盖人口总量较大、服务人次多、基本公共体育服务活动开展好的体育场馆，省级财政可在原补助比例基础上增加10～15个百分点。具体增加补助比例，由省体育局依据体育场馆开放管理综合评价、绩效考核等情况确定。

第二十一条 鼓励体育场馆采取市场化管理模式进行场馆运营，因开展免费低收费开放取得的资金补助，可参照政府购买服务的方式予以支持。

第二十二条 体育场馆开放补助资金，主要用于体育场馆运转经费，包括体育场馆日常维护、临时聘用人员酬金、能源消耗、公益性体育活动举办、体育设施设备购置更新、运营环境改善等。不得用于支付各种罚款、捐款、赞助、投资、偿还债务等支出，不得用于编制内在职人员和离退休人员工资、津补贴，以及基本建设、大型维修改造等项目支出。

第二十三条 补助资金支付应当按照财政国库管理制度有关规定执行。涉及政府采购的，按照政府采购有关规定执行。资金结转结余，按照财政拨款结转和结余资金管理有关规定执行。

第二十四条 体育场馆应加强补助资金管理，专款专用，分账核算，并妥善保存有关原始票据及凭证备查。

第四章 申报审批

第二十五条 体育场馆开放补助资金申报程序：

（一）由省体育局会同省财政厅制定体育场馆开放补助资金申报指南，明确申报主体、申报范围条件、绩效目标、报送程序、有关材料等内容。

（二）市、县（市、区）体育部门所属体育场馆（含县级现代预算管理制度改革试点县）按属地关系，由市级体育部门、财政部门负责统一组织申报；省属体育场馆，直接向省体育局申报。

纳入省级向社会免费低收费开放试点的其他体育场馆，按照本款规定申报。

（三）各市体育局、财政局应于每年1月底前联合行文向省体育局、省财政厅提交申报材料。

申报材料包括申请报告、《山东省体育场馆免费低收费开放情况汇总表》（附件2）、《山东省体育场馆免费低收费开放情况统计表》（附件3）等。其中，申请报告内容主要包括辖区内本年度申请纳入补助范围的体育场馆数量、场馆开放区域增减变化，上一年度免费与低收费健身人次、举办承办公益性体育赛事活动与讲座展览次数、进行国民体质监测与健身技能培训人次、中央与省级补助资金使用，以及实施监督检查等情况。

（四）每年1月15日前，申报免费低收费开放补助资金的体育场馆应完成上一年度《山东省体育场馆免费低收费开放综合管理系统》信息录入完善工作。其中，大型体育场馆还应同步完成中央《大型体育场馆免费低收费开放补助申报管理系统》信息录入完善工作。

（五）省体育局会同省财政厅组织人员对体育场馆申报资料进行审核，确定拟扶持体育场馆，编制资金分配方案，省财政厅据此下达资金。

（六）各市体育局应严格按照本办法相关规定条件、体育场馆免费低收费开放情况表填报说明等，对场馆实地考察、逐项核实，确保申报材料完整、数据填报真实。

第二十六条 市、县（市、区）财政部门收到省财政厅下达的补助资金后，应当在30日内分配下达，同时将下达情况抄送同级体育部门。

第五章 监督检查和绩效评价

第二十七条 各级体育部门、财政部门按管理职责，加强对本区域体育场馆免费低收费开放工作的监督管理。省体育局、省财政厅根据工作开展情况，组织或委托第三方机构对体育场馆免费低收费开放实施情况与效果等进行绩效评价，其结果将作为下一年度补助资金预算安排的重要依据。

第二十八条 省体育局、省财政厅按管理职责，负责公开资金管理办法、申报指南、绩效评价和分配结果等。

第二十九条 各级财政部门、体育部门以及负责资金分配的相关部门及其工作人员，在补助资金审批、分配过程中，存在违反规定分配资金、向不符合条件的场馆分配资金、擅自超出规定范围或标准分配专项资金等，以及存在滥用职权、玩忽职守、徇私舞弊等违法违纪行为的，按照《中华人民共和国预算法》《中华人民共和国公务员法》《中华人民共和国行政监察法》和《财政违法行为处罚处分条例》（国务院令第427号）等有关规定追究责任。涉嫌犯罪的，移送司法机关处理。

第三十条 纳入体育场馆开放补助资金范围的各类场馆在申报过程中，存在虚报瞒报场馆基础数据、未达到开放要求规定、擅自调整收费价格等情况的，纳入体育场馆开放补助资金负面清单，未全面完成整改前不再安排补助资金。对于违反规定截留、挪用补助资金，或者报送虚假材料骗取补助资金等行为，责成有关部门单位依法依规依纪追究相关人员责任。

第三十一条 省体育局会同省财政厅建立完善体育场馆基础信息数据库、免费低收费开放综合管理系统和综合评价体系，加强对体育场馆开放情况动态管理。

第六章 附 则

第三十二条 各市、县（市、区）应参照本办法规定，结合本地实际，制定本级体育场馆免费低收费开放补助政策。

第三十三条 本办法由省财政厅、省体育局负责解释。

第三十四条 本办法自2018年1月1日起施行，有效期至2019年12月31日。

附件：1. 山东省体育场馆免费低收费开放补助标准表

2. ________年度山东省体育场馆免费低收费开放情况表

3. ________年度山东省体育场馆免费低收费开放情况统计表

附件1：

山东省体育场馆免费低收费开放补助标准表

场馆类别	场馆层级等级		座位数（个）/面积数（m^2）	补助计算标准（万元）	中央补贴比例	省级补贴比例
体育场	大型	甲类	60 000个及以上	350	20%	20%
		乙类	40 000~59 999个	250	20%	20%
		丙类	20 000~39 999个	130	20%	20%
	中小型	甲类	15 000~19 999个	100	0	40%
		乙类	10 000~14 999个	80	0	40%
		丙类	2 000~9 999个	60	0	40%

续表

场馆类别	场馆层级等级		座位数（个）/面积数（m^2）	补助计算标准（万元）	中央补贴比例	省级补贴比例
体育馆	大型	甲类	10 000 个及以上	300	20%	20%
		乙类	6 000～9 999 个	200	20%	20%
		丙类	3 000～5 999 个	100	20%	20%
	中小型	甲类	2 500～2 999 个	80	0	40%
		乙类	2 000～2 499 个	60	0	40%
		丙类	1 500～1 999 个	40	0	40%
游泳（跳水）馆	大型	甲类	6 000 个及以上	500	20%	20%
		乙类	3 000～5 999 个	300	20%	20%
		丙类	1 500～2 999 个	150	20%	20%
	中小型		0～1 499 个	100	0	40%
全民健身中心	甲类		室内健身场地面积 3 500m^2 及以上	100	0	40%
	乙类		室内健身场地面积 2 500～3 499m^2	80	0	40%
	丙类		室内健身场地面积 1 500～2 499m^2	60	0	40%

附件 2：

________年度山东省体育场馆免费低收费开放情况表

填报单位： 财政部门（公章） 体育部门（公章） 填报时间： 年 月 日

场馆类型	场馆层级等级		场馆名称	座位数（个）/室内场地面积（m^2）	对外开放总面积（m^2）	免费低收费健身项目总数（个）	享受免费低收费健身总人次	对外开放综合评价得分	综合评价核心指标得分	省级补助标准（万元）	省级补助比例（%）	省级补助额度（万元）	备注
场馆数量及补助金额总计			个									万元	
体育场	数量分计		个										
	大型	甲类		个									
		乙类		个									
		丙类		个									
	中小型	甲类		个									
		乙类		个									
		丙类		个									
体育馆	数量分计		个										
	大型	甲类		个									
		乙类		个									
		丙类		个									
	中小型	甲类		个									
		乙类		个									
		丙类		个									

续表

场馆类型	场馆层级等级		场馆名称	座位数（个）/室内场地面积（m^2）	对外开放总面积（m^2）	免费低收费健身项目总数（个）	享受免费低收费健身总人次	对外开放综合评价得分	综合评价核心指标得分	省级补助标准（万元）	省级补助比例（%）	省级补助额度（万元）	备注
游泳（跳水）馆	数量分计		个										
	大型	甲类		个									
		乙类		个									
		丙类		个									
	中小型			个									
全民健身中心	数量分计		个										
	甲类			m^2									
	乙类			m^2									
	丙类			m^2									

填表人：　　　　　　　　　　　　　　　　联系方式：

附件 3：

________年度山东省体育场馆免费低收费开放情况统计表

填报时间：　年　月　日

一、体育场馆基本情况				
场馆名称			是否试点单位	□是　□否
场馆地址			建成使用时间	年　月
场馆类别	□体育场　□体育馆 □游泳（跳水）馆 □全民健身中心	场馆层级等级	□大型 □中小型	□甲类 □乙类 □丙类
场馆建设规模	用地面积________ m^2，建筑面积________ m^2。其中体育场地室内面积________ m^2、室外面积________ m^2			
场馆座位数量	座位数量总共________个。其中固定座位________个，活动座位________个			
场馆产权单位	单位名称：		单位性质：	
场馆管理单位	单位名称：		单位性质：	
场馆运营单位	单位名称：		单位性质：	
二、上一年度（____年 1 月 1 日 ~12 月 31 日，下同）对外开放情况				
开放场地面积情况	开放总面积________ m^2 比上年度增加________ m^2 或减少________ m^2			
健身项目设置情况	室内项目：________。比上年度增加项目________减少项目________			
	室外项目：________。比上年度增加项目________减少项目________			
全年对外开放天数（天）		每周对外开放时间（小时）		
公休日、法定节假日、学校寒暑假期间，每天开放时间（小时）		户外公共区域及户外健身器材每天开放时间（小时）		
户外公共区域及户外健身器材是否全年免费开放	□是　□否	对学生、老年人、残疾人等是否免费、低收费开放	□是　□否	
全民健身日是否全面免费开放	□是　□否	全民健身月是否全面低收费开放	□是　□否	

续表

<table>
<tr><td>是否在向社会免费低收费开放期间办理公众责任险</td><td>□是 □否</td><td>是否对室内外体育设施设备、场地器材等进行保养和安全检查</td><td>□是 □否</td></tr>
<tr><td>举办承办公益性体育赛事活动等次数、人次</td><td>次数：
人次：</td><td>其中免费举办承办公益性体育赛事活动次数、人次</td><td>次数：
人次：</td></tr>
<tr><td>举办承办其他体育、文化等活动次数、人次</td><td>次数：
人次：</td><td>其中免费举办承办体育讲座、展览等活动次数、人次</td><td>次数：
人次：</td></tr>
<tr><td>体育健身技能培训人次</td><td>人次：</td><td>其中免费体育健身技能培训人次</td><td>人次：</td></tr>
<tr><td>运动健身指导人次</td><td>人次：</td><td>其中免费国民体质监测人次</td><td>人次：</td></tr>
<tr><td rowspan="2">国民体质监测方式及相关数据上传省国民体质监测管理平台情况</td><td colspan="3">□自有设备检测 □委托检测 □综合检测</td></tr>
<tr><td colspan="3">□全部数据上传 □部分数据上传 □未上传</td></tr>
<tr><td colspan="4">三、上一年度场馆收支情况</td></tr>
<tr><td colspan="2">场馆总收入合计：________万元</td><td colspan="2">场馆总支出合计：________万元</td></tr>
<tr><td colspan="4">户外公共区域及户外健身器材免费开放成本支出合计：________万元</td></tr>
<tr><td rowspan="3">各级财政免费低收费开放补助资金收支情况</td><td colspan="3">是否对免费低收费财政补助资金专项管理、单独核算： □是 □否</td></tr>
<tr><td colspan="3">当年度财政补助资金收入总计________万元，其中：
中央补助收入________万元，资金收到时间________
省级补助收入________万元，资金收到时间________
市级补助收入________万元，资金收到时间________
县级补助收入________万元，资金收到时间________
上年度财政补助资金结余结转收入________万元</td></tr>
<tr><td colspan="3">当年度支出总计________万元。其中：能源________万元，物业________万元，人员聘用________万元，设施维修维护________万元，设备购置更新________万元，举办承办公益性活动________万元、其他费用________万元</td></tr>
<tr><td colspan="4">四、上一年度场馆项目收费低收费标准及享受免费低收费健身情况</td></tr>
<tr><td>收费低收费标准审批与备案情况</td><td colspan="3">物价部门审批单位名称：
体育部门备案单位名称：</td></tr>
<tr><td>低收费与正常收费优惠比例</td><td colspan="3">各类项目单次优惠比例：________% 各类项目会员卡优惠比例：________%</td></tr>
<tr><td>享受免费健身情况</td><td colspan="3">全年总人次： 其中室内： 室外：</td></tr>
<tr><td>享受低收费健身情况</td><td colspan="3">全年总人次： 其中室内： 室外：</td></tr>
<tr><td colspan="4">五、上一年度场馆其他情况</td></tr>
<tr><td>向公众公示情况</td><td colspan="3">1. 显著位置向公众公示免费低收费服务项目、服务内容、服务时间、收费标准等公示方式；
2. 显著位置向公众公示场馆管理规定、运营单位和社会公众权利与义务、突发事件预防与处置方法等公示方式；
3. 显著位置向公众标明体育场地器材、设施设备的使用方法和注意事项等公示方式；
4. 其他公示内容及方式；
5. 免费低收费开放监督电话：____________________</td></tr>
<tr><td>相关优惠政策情况</td><td colspan="3">能源（水、电、气、暖等）是否有补贴？ □有 □无
项目补贴标准________________ 补贴总额________________
是否享受税收优惠？ □有 □无
项目优惠标准________________ 优惠总额________________</td></tr>
<tr><td colspan="2">申报场馆承诺：
本场馆承诺上述所有申报内容完全属实，并对其真实性、完整性全权负责。

场馆负责人签字： 场馆公章</td><td colspan="2">场馆主管部门单位审核意见：

负责人签字： 单位公章</td></tr>
</table>

填表人： 联系方式：

省国有文化资产管理理事会关于印发《山东省省属文化企业工资总额预算管理办法》的通知

2017年5月24日　鲁文资发〔2017〕3号

省文资管理理事会各成员单位，省属有关文化单位、文化企业：

《山东省省属文化企业工资总额预算管理办法》已经山东省国有文化资产管理理事会第五次会议审议通过，现予以印发，请认真贯彻执行。执行中发现的问题请及时报告。

附件：山东省省属文化企业工资总额预算管理办法

附件：

山东省省属文化企业工资总额预算管理办法

第一章　总　　则

第一条　为规范省属文化企业工资总额预算管理，完善企业收入分配调控机制，维护职工的合法权益，确保国有文化资产保值增值，根据《中华人民共和国企业国有资产法》、《山东省省属文化企业国有资产监督管理办法（试行）》（鲁文资发〔2015〕3号）等有关法律法规和政策规定，制定本办法。

第二条　省属文化企业年度工资总额预算编制、报告、执行与清算管理工作，适用本办法。

第三条　本办法所称省属文化企业是指纳入省级国有文化企业资产监管范围的国有独资企业、国有独资公司、国有资本控股公司。

第四条　本办法所称工资总额是指省属文化企业在一个会计年度内直接支付给本企业全部职工的劳动报酬总额，包括省属文化企业负责人薪酬和职工工资。

第五条　工资总额预算管理，是按照国家收入分配政策规定和出资人的调控要求，综合考虑企业经营目标、经济效益和人力资源管理等因素，对企业职工工资总额和工资水平，作出计划安排并进行有效控制和监督的活动。

第六条　省属文化企业工资总额预算管理应当遵循以下原则：

（一）坚持社会效益与经济效益相结合。企业工资总额预算要以企业经济支撑能力为基础，统筹考虑将社会效益放在首位，实现社会效益与经济效益相统一的总体要求，调动企业和职工全面履行文化企业社会责任的积极性，促进企业持续健康发展。

（二）坚持调节收入与促进公平相结合。积极探索完善工资总额管理新机制，根据工资总额增长与企业效益增长相匹配、人均工资增长与劳动生产率提高相匹配的原则，按照“提低、扩中、调高”的要求，合理调节省属文化企业与其他行业、省属文化企业之间和企业内部各类人员收入分配关系，保障职工收入持续稳定，逐步建立增长适度、差距适当、公平合理的收入分配格局。

（三）坚持出资人依法调控与企业自主分配相结合。正确处理国家、企业和职工三者利益关系，国有资产监管部门依法依规指导省属文化企业合理调控工资总额总体水平，企业自主确定内部收入分配。

（四）坚持收入分配改革与企业内部改革相结合。推动工资总额预算管理改革与企业内部其他改革相衔接、相配套，促进省属文化企业深化内部改革，循序渐进，逐步建立完善企业内部激励约束机制。

第二章　工资总额预算管理职责

第七条　省财政厅依据有关法律法规和相关政策，制定工资总额预算管理制度，报省国有文化资产管理理事会审定。

第八条　省财政厅负责对省属文化企业工资总额预算编制、报告及执行工作进行管理监督；指导企业编制、执行工资总额预算，并对预算执行结果进行清算管理。

省财政厅对省属文化企业编报的工资总额预算实行备案制管理。

第九条　省级文化主管部门负责指导所属文化企业编制工资总额预算，配合省财政厅做好工资总额预算的执行、核实和监督检查工作。

第十条　省属文化企业按照本办法规定，执行工资总额预算管理制度，组织集团本部及所属企业编制、上报、执行工资总额预算，健全完善内部收入分配管理制度，优化人力资源配置和组织体系，建立工资增长与企业经济效益增长相适应的联动机制。

第三章　工资总额预算编制

第十一条　省属文化企业年度工资总额预算编制范围，应与上年度财务决算合并（汇总）范围相一致，包括总部和所属各级全资、控股子企业。

第十二条　省属文化企业应当按照“上下结合、分级编制、逐级汇总”的程序，以企业法人为单位，层层组织做好工资总额预算编制工作。

第十三条　省属文化企业工资总额预算基数，以上年度实际发放工资总额为基础，考虑不可比客观因素后确定。不可比客观因素应逐项列明，随工资总额预算报主管部门、省财政厅核实确认。

第十四条　省属文化企业工资总额预算增长，应当符合国家收入分配政策的调控要求，结合本企业经济效益增长情况，贯彻省政府发布的企业工资指导线及基本要求，参照企业所处行业的员工收入水平等因素合理确定。

第十五条　省属文化企业年度利润总额目标为盈利，上年度在岗职工平均工资低于或等于省管企业上年度平均工资的，原则上按以下规定计算确定工资总额预算增长幅度：

（一）企业利润总额目标增长高于或等于企业工资指导线上线的，按照不高于工资指导线上线确定工资总额预算具体增长幅度。

（二）企业利润总额目标增长低于企业工资指导线上线的，按照不高于工资指导线基准线确定工资总额预算具体增长幅度。

（三）企业利润总额目标下降的，按照不高于工资指导线下线确定工资总额预算具体增长幅度或适度降低工资总额预算。

第十六条　省属文化企业年度利润总额目标为盈利，上年度在岗职工平均工资高于省管企业上年度平均工资的，原则上按以下规定计算确定工资总额预算增长幅度：

（一）企业利润总额目标增长高于或等于企业工资指导线上线的，按照不高于工资指导线基准线确定工资总额预算具体增长幅度。

（二）企业利润总额目标增长低于企业工资指导线上线的，按照不高于工资指导线下线确定工资总额预算具体增长幅度。

（三）企业利润总额目标下降的，适度降低工资总额预算。

第十七条　省属文化企业年度利润总额目标为亏损的，原则上按以下规定计算确定工资总额增长幅度：

（一）上年在岗职工平均工资低于省管企业在岗职工平均工资水平，且比上年减少亏损的，工资总额预算增幅不高于省政府发布的工资指导线基准线。

（二）上年在岗职工平均工资等于或高于省管企业在岗职工平均工资水平，且比上年减少亏损的，工资总额增幅按照省政府发布的工资指导线下线安排工资增长。

（三）省属文化企业年度利润总额目标比上年增加亏损或由盈利变为亏损的，工资总额预算应适度下降。

第十八条 集团及所属企业引进特殊人才产生的工资总额增加，根据市场同类人员工资水平，由省属文化企业据实单列，不计入工资总额预算调控范围。单列的特殊人才具体由省属文化企业申报，省财政厅会同省委宣传部认定。

第十九条 纳入省管企业负责人薪酬管理范围的省属文化企业负责人薪酬，计入企业工资总额预算调控范围，其收入按省管文化企业负责人薪酬制度改革办法的规定确定。

第二十条 省属文化企业接受外部劳务派遣用工所发生的费用，按照国家有关规定列支，其中属于工资薪金支出的费用，计入企业工资总额。

第二十一条 省属文化企业应当按照《山东省企业工资集体协商条例》要求，建立工资集体协商制度，与企业工会或者职工代表就企业工资分配制度、工资分配形式、工资收入水平等事项进行平等协商。在协商一致的基础上，经企业职工代表大会或者职工大会审议通过后，签订工资集体协议，并将决定进行公示，或者告知劳动者。同时，企业具体确定年度工资总额增长幅度时，应充分考虑职工收入的稳定性和可持续性，避免造成过大波动。

第二十二条 省属文化企业要根据本企业劳动生产率、人工成本水平合理确定集团本部职工工资水平，明显高于同行业或其他省属文化企业收入水平的，应适当调整。集团本部职工平均工资增幅，原则上不得高于当年度本企业在岗职工平均工资增幅。其中，集团本部职工上年度平均工资高于当年度本企业在岗职工平均工资2倍的，集团本部职工工资总额增幅原则上应低于本企业在岗职工平均工资增幅或不增长。

第二十三条 省属文化企业应当加强所属企业尤其是重要子企业管理人员薪酬水平调控，合理调整所属企业的分配关系。所属企业负责人、所属企业本部职工的薪酬水平与本企业职工平均工资水平的分配差距，应当控制在合理范围内，原则上不应再扩大。工资增量要向企业科技人才、核心创作人才、营销人才、关键岗位人员、生产一线职工倾斜。同时要突出文化特色，兼顾从事导向把关等偏重社会效益的部门、人员的利益。

第二十四条 省属文化企业工资总额预算方案应当包括以下内容：

（一）上年度经济效益指标完成情况及预算年度经济效益目标确定情况；

（二）上年度工资总额预算执行情况（分总部及所属企业，下同）、工资总额核算表及编制说明；

（三）预算年度工资总额预算基数确定情况；

（四）预算年度人力资源配置计划及薪酬政策调整情况，工资总额预算计算确定情况、职工工资水平变动情况以及工资总额预算明细表；

（五）其他必要的说明材料。

第二十五条 省属文化企业工资总额预算方案由企业履行相关程序后，形成年度工资总额预算报告，于每年5月底前以正式文件报省财政厅。省财政厅按照本办法及相关规定，对企业工资总额预算方案进行核实。对工资总额预算方案不符合预算管理规定和编制要求的，应及时通报企业进行调整或修改预算方案。对符合本办法要求的工资总额预算，省财政厅以书面形式通知企业予以备案，并抄送省委宣传部、省人力资源社会保障厅。

第四章 工资总额预算执行与调整

第二十六条 省属文化企业应当及时将年度工资总额预算进行分解细化，层层落实预算执行责任，确保年度工资总额预算的顺利实施。

第二十七条 省属文化企业应当加强工资总额发放管理，规范列支渠道。在工资总额预算外，未经批准核定，不得再以其他形式在成本（费用）中列支任何工资性项目。

第二十八条 省属文化企业应建立工资总额预算执行情况定期分析制度，加强对企业预算执行情况的跟踪、监督和控制。

第二十九条 省属文化企业工资总额预算方案在执行过程中出现以下情形之一，导致预算编制基础发生重大变化的，可以提出对工资总额预算进行调整：

（一）国家宏观经济政策发生重大调整的；

（二）客观环境发生重大变化的；

（三）省属文化企业发生分立、合并等重大资产重组行为的；

（四）省属文化企业或所属控股子企业有上市公司，股东会或董事会依法对工资收入作出调整决定的；

（五）其他特殊情况。

第三十条 工资总额预算调整方案经履行相关程序后，于每年10月底前报省财政厅备案后实施。

第五章 工资总额预算清算管理

第三十一条 省属文化企业对企业工资总额预算执行情况实行清算评价制度。年度终了，企业总部组织本部及所属企业对工资总额预算执行情况进行清算，对工资总额预算执行情况进行分析评价，并于次年4月底前报省财政厅备案。清算结果经省财政厅核实后作为编制下一年度工资预算的重要参考依据。

第三十二条 工资总额实发数不得超过备案确定的工资总额预算。对无故超过预算的省属文化企业，应要求企业进行整改，并核减下一年度工资总额预算。

第三十三条 按照《山东省省管国有文化企业“双效”考核评价办法（试行）》（鲁文资发〔2016〕5号）规定，“双效”考核结果与企业当年工资总额清算情况挂钩。年度终了，如企业未完成利润总额目标，但“双效”考核得分达到基准线的，视同完成目标；如企业未完成利润总额目标且“双效”考核得分未达到基准线的，应按实际完成情况和相应的工资总额增长幅度计算确定实际工资总额增加数，多发部分在下一年度工资总额预算基数中扣除。

第三十四条 省财政厅可以根据情况对省属文化企业工资总额预算执行情况进行专项检查，必要时也可以委托专门机构进行审计。

第三十五条 省财政厅对预算执行过程中弄虚作假以及其他严重违反预算管理规定的省属文化企业，将严格按照有关法律法规进行处理。

第六章 附 则

第三十六条 各市可依据本办法对本级文化企业工资总额预算管理作出规定。

第三十七条 本办法由省财政厅负责解释。

第三十八条 本办法自2017年度起施行。

省国有文化资产管理理事会关于印发《关于推进省属文化企业信息公开工作的指导意见》的通知

2017年9月22日 鲁文资发〔2017〕6号

省文资管理理事会各成员单位，省属有关文化单位、文化企业：

《关于推进省属文化企业信息公开工作的指导意见》已经山东省国有文化资产管理理事会第六次会议审议通过，现予以印发，请认真贯彻执行。执行中发现的问题请及时报告。

附件：关于推进省属文化企业信息公开工作的指导意见

附件：

关于推进省属文化企业信息公开工作的指导意见

为规范省属文化企业信息公开行为，推动企业完善治理结构、提升管理水平，保障国有文化资产安全完整和保值增值，现就省属文化企业信息公开工作提出如下意见。

一、遵循原则

——坚持依法合规。严格遵循法律、法规和相关制度办法，建立健全省属文化企业信息公开制度体系，推动信息公开工作制度化、规范化。

——内容真实准确。确保省属文化企业公开的信息内容真实、数据准确，公开及时，不得有虚假记载、误导性陈述，或者重大遗漏。

——突出文化特色。注重文化企业特殊性，依法确定信息公开的内容、方式、范围、时限和程序，严格保护国家秘密和商业秘密，保障宣传文化和意识形态安全。

——积极稳妥推进。结合省属文化企业改革改制进展情况，积极探索企业信息公开的有效工作途径，稳步推进、确保实效。

二、公开内容

（一）企业基本情况

Ⅰ类信息：工商注册登记等企业基本信息，包括：企业名称、法定代表人、注册地址、注册资金、经营范围（主业、非主业）等企业总体情况。

Ⅱ类信息：企业集团内部架构、管理层级及所属企业组成、产权结构等情况；参股企业的基本情况。

（二）财务预算信息

Ⅰ类信息：预算年度营业总收入、利润总额、资产总额、负债总额、所有者权益、净资产收益率、国有资本保值增值率等财务预算指标。

Ⅱ类信息：工资分配制度、工资分配形式、工资总额预算等。

（三）财务决算信息

Ⅰ类信息：营业总收入、营业成本、税金及附加、管理费用、财务费用、营业外收支、利润总额、净利润；资产总额、固定资产原值、固定资产净值、对外投资、无形资产；负债总额、银行借款、应付票据、应付债券；所有者权益：实收资本、资本公积、盈余公积、未分配利润；净资产收益率、国有资本保值增值率等指标。

Ⅱ类信息：董事会报告摘要，财务会计报告和审计报告摘要，获得大额政府补贴或拨款情况，对外捐赠和赞助情况。

（四）社会效益

Ⅱ类信息：社会效益内容、考核结果情况。

（五）重大事项

Ⅰ类信息：企业采取公开方式通过产权市场转让国有产权、企业增资、企业资产处置。

Ⅱ类信息：1. 重大决策，包括：企业贯彻执行党和国家的路线方针政策、法律法规和上级重要决定的重大措施，企业发展战略、破产、改制、兼并重组、资产交易、产权转让、机构调整等方面的重大决策，以及其他重大决策事项。

2. 重要人事任免，包括：企业中层以上经营管理人员和下属企业、单位领导班子成员的任免、聘用、解除聘用，向控股和参股企业委派股东代表，推荐董事会、监事会成员和经理、财务负责人，以及其他重要人事任免事项。

3. 对企业资产规模、资本结构、盈利能力等产生重要影响的项目的设立和安排。主要包括融资、担保项目，期权、期货等金融衍生业务，重要设备和技术引进，采购大宗物资和购买服务，重大工程建设项目，重大对外投资，以及其他重大项目安排事项。

4. 年度预算内大额度资金调动和使用，超预算的资金调动和使用，以及其他大额度资金运作事项。

（六）企业负责人薪酬信息及有关履职待遇、业务支出情况

Ⅰ类信息：经文资监管部门审核的企业负责人薪酬信息。

Ⅱ类信息：1. 企业负责人薪酬制度、薪酬水平、补充保险等。

2. 企业领导人员公务用车配备、使用、维修情况或车辆补贴发放情况；通讯、业务招待、差旅、国（境）外考察培训等费用的支出情况。

3. 企业有关业务人员车辆使用或车辆补贴发放情况；业务招待、差旅、国（境）外考察培训等费用的支出情况。

三、公开方式及时限

（一）Ⅰ类信息由各企业在门户网站设置信息公开栏目，及时进行公开发布，按照规定需要监管部门审核的，须审核后发布。Ⅱ类信息由企业通过司务公开、向职代会报告等方式，按照有关规定在企业内部公开，方便企业干部职工查阅。

（二）企业原则上应当在会计年度起始 6 个月内公开相关内容。需要临时公开的重大事项应当自该信息形成或变更时立即予以公开，法律、法规另有规定的，从其规定。涉及上市公司信息的公开，依《上市公司信息披露管理办法》规定时间执行。

（三）除本意见明确必须公开的事项外，公民、法人或者其他组织可以依法向企业书面申请获取相关信息。企业对申请公开的有关信息，依法属于公开范围的，应当按照规定向申请人公开；依法属于不予公开范围的，应当告知申请人并说明理由。

四、工作要求

（一）加强组织领导。省属文化企业要充分认识信息公开的重要性和必要性，增强信息公开意识，落实主体责任，将信息公开纳入重要议事日程，积极稳妥地部署推进有关工作。各企业要确定一名负责人分管信息公开工作，并落实具体负责的部门和专职工作人员。省委宣传部、省财政厅负责督促指导省属文化企业信息公开工作。

（二）建立工作制度。各企业要建立信息公开工作制度，包括：企业公开信息的内容和程序；企业信息公开事务管理部门及其职责；重大信息的编制、审核、上报、公开流程；重大信息的保密措施，有关负责人的保密责任；相关文件、资料的档案管理；未按规定公开重大信息的责任追究机制，对违反规定人员的处理措施。企业信息公开管理制度应当经企业董事会审议通过，并报省委宣传部、省财政厅备案。

（三）加强保密审查。重视加强省属文化企业信息公开前保密审查，依照《中华人民共和国保守国家秘密法》等法律、法规和有关规定，明确保密审查责任和程序。企业公开的信息，不得危及国家安全、宣传文化和意识形态安全、公共安全和社会稳定。认真开展省属文化企业信息公开的风险评估工作，对公开信息的影响和风险提前进行研判，制定相应的防范、化解和回应预案。

（四）强化监督问责。省委宣传部、省财政厅负责对省属文化企业信息公开工作开展情况进行督促检查，对于不依法履行信息公开义务，公开不应当公开的信息，公开的信息有虚假记载、误导性陈述或者重大遗漏等违规行为，责令改正；情节严重的，对负有直接责任的主管人员和其他直接责任人员依法给予处分。

各市可参照本意见制定本地国有文化企业信息公开工作具体意见或管理办法。

十八、

预算绩效管理类

省财政厅　省旅游发展委员会
关于印发山东省旅游发展部门项目支出绩效评价指标体系框架的通知

2017 年 12 月 28 日　鲁财绩〔2017〕6 号

各市财政局、旅游发展委（局）：

为贯彻落实党的十九大关于“全面实施绩效管理”的总体要求，进一步推进我省旅游发展部门预算绩效管理工作，提高财政资金使用效益，根据《财政部关于印发〈预算绩效评价共性指标体系框架〉的通知》（财预〔2013〕53 号）和《山东省人民政府关于深化预算管理制度改革的实施意见》（鲁政发〔2014〕20 号）等有关规定，省财政厅、省旅游发展委共同研究制定了《山东省旅游发展部门项目支出绩效评价指标体系框架》（以下简称指标体系框架），现印发给你们，作为设置旅游发展项目绩效目标和绩效评价指标体系时的指导和参考。各相关方在使用本指标体系框架时，应确保关键、核心指标不遗漏，并可根据实际需要进行细化、量化。本指标体系框架实行动态管理，将根据工作职责任务调整变化和工作实际情况适时修订完善。

各市财政局、旅游发展委（局）可参照本指标体系框架，结合区域特点和客观实际，研究制定本地区指标体系框架。工作中如有意见建议，请及时反馈省财政厅、省旅游发展委。

附件：山东省旅游发展部门项目支出绩效评价指标体系框架

附件：

山东省旅游发展部门项目支出绩效评价指标体系框架

一级指标	二级指标	三级指标	四级指标	指标说明	适用类别
投入	项目立项	项目立项规范性	项目立项必要性	对项目是否符合公共财政支出范围、是否为经济社会发展所必须、是否可由社会资金替代投入等进行评价。	全部项目类型
			立项程序合规性	对项目立项过程是否经过必要的可行性研究、专家论证、风险评估、集体决策等进行评价。	
			立项文件合理性	对项目立项文件内容是否完善，与相关立项办法是否一致进行评价。	
		绩效目标合理性	绩效目标依据的政策相符性	对项目所设定的绩效目标是否符合国家相关法律法规、国民经济发展规划、部门发展政策与规划进行评价。	
			绩效目标与项目单位职责的相关性	对绩效目标与部门职责、承担单位职责是否紧密相关进行评价。	
			绩效目标的业绩水平合理性	对项目预期产出和效果是否符合正常业绩水平进行评价。	
		绩效指标明确性	绩效目标细化和量化程度	对项目绩效目标（长期目标或年度目标）是否在数量、质量、成本、时效、效益等方面设置了细化、量化的绩效指标，以及指标内容是否清晰合理进行评价。	
			绩效目标与任务计划相符性	对项目绩效目标是否与项目年度实施计划、基金额度相匹配进行评价。	

续表

一级指标	二级指标	三级指标	四级指标	指标说明	适用类别
投入	资金投入	资金到位率	上级财政资金到位率	对上级财政资金的实际到位情况进行评价（实际到位资金/计划投入资金×100%）。实际到位资金：一定时期内（本年度或项目期）内实际落实到具体项目的资金。计划投入资金：一定时期内（本年度或项目期）内计划投入到具体项目的资金（下同）。	全部项目类型
			地方（单位）资金到位率	对地方（单位）资金的实际到位情况进行评价（实际到位资金/计划投入资金×100%）。	
		到位及时率	上级财政资金到位及时率	对上级财政资金是否在规定时间内及时到位进行评价（及时到位资金/应到位资金×100%）。及时到位资金：截止到规定时点实际落实到具体项目的资金。应到位资金：按照合同或项目进度要求截止到规定时点应落实到具体项目的资金（下同）。	
			地方（单位）资金到位及时率	对地方（单位）资金是否在规定时间内及时到位进行评价（及时到位资金/应到位资金×100%）	
过程	业务管理	管理机制健全性	业务管理制度健全性	对项目业务管理制度是否健全，内容是否合法、合规、完整进行评价。	
			责任机制健全性	对项目是否建立健全责任机制进行评价。	
		管理机制运转有效性	实施条件完备性	对项目实施过程中人员、场地、设施设备等条件是否落实，是否满足要求进行评价。	
			进度管理有效性	对项目是否建立完善的进度控制计划和措施，以及执行是否有效进行评价。	
			调整手续规范性	对项目调整是否按照权限履行规定程序进行评价。	
			资产管护情况	对项目实施形成的资产管理是否符合相关规定，权责是否清晰进行评价。	
			档案管理情况	对项目档案是否有专人管理、保存是否符合要求、档案资料是否齐全进行评价。	
		项目质量可控性	项目质量或标准健全性	对项目是否具有完备的质量与标准要求进行评价。	
			项目质量检查、验收等控制情况	对项目单位是否对项目开展质量检查、验收等管控情况进行评价。	
	财务管理	管理制度健全性	资金管理办法健全性	对项目资金管理制度是否健全进行评价。	
			资金管理办法与财务会计制度相符性	对项目资金管理办法是否符合现行财务会计制度规定进行评价。	
			资金管理办法可行性	对资金管理办法内容是否全面，是否具有针对性、可行性进行评价。	
		资金使用合规性	资金使用合法合规性	对项目资金是否严格按照规定使用，是否存在截留、挤占、挪用、虚列支出等情况进行评价（若20%以上资金存在问题，则二级指标整体不得分）。	
			资金拨付合规性	对项目资金拨付手续是否合法合规进行评价（若20%以上资金存在问题，则二级指标整体不得分）。	
			政府采购合规性	对项目采购是否经过政府采购程序，符合招标法的相关规定，程序是否合规进行评价（若20%以上资金存在问题，则二级指标整体不得分）。	
			项目支出与预算的符合性	对项目支出是否符合预算的要求，调整是否有完备的手续进行评价。	
			预算执行率	对项目支出进度进行评价（若预算执行率低于80%，则二级指标整体不得分）。	
		财务监控有效性	财务监控机制健全性	对财务监管措施和监管制度是否完善进行评价。	
			财务监控机制运转有效性	对财务监控措施与制度的执行是否有效进行评价。	

续表

一级指标	二级指标	三级指标	四级指标	指标说明	适用类别
产出	项目产出	数量	平台（系统、库）建设完成率	考察平台（系统、库）的建设完成情况，对实际情况与计划完成情况进行评价。	信息化建设类
			平台对接工作完成率	考察平台与国家、各市及旅游企业大数据平台等对接完成情况，对实际情况与计划完成情况进行评价。	
			系统运维计划完成率	考察系统运维工作的完成情况，是否按照计划完成各项运维工作。	
			网站内容更新维护工作完成率	考察对网站内容更新维护工作的完成情况。网站内容更新维护工作完成率＝更新维护工作实际完成量/更新维护计划工作量×100%。	
		质量	平台（系统、库）建设验收合格率	考察平台（系统、库）建设的验收情况，体现其工作质量。平台（系统、库）建设验收合格率＝验收通过工作量/实际完成工作量×100%。	
			网站内容更新维护验收合格率	考察网站内容更新维护工作的验收情况，体现其工作质量。网站内容更新维护验收合格率＝验收通过工作量/实际完成工作量×100%。	
			故障处理率	考察系统运维工作的完成质量，是否对系统故障全部完成修复。	
			功能调整处理率	考察系统或软件的运行维护质量。	
		数量	货物（服务）采购完成情况	考察货物（服务）采购的完成情况，对实际情况与计划完成情况进行评价。	购置类
		质量	货物（服务）验收合格情况	考察货物（服务）采购的完成质量，是否通过项目验收。	
		数量	工程完成情况	考察建设（修缮、改造）工程建设情况，对建设工程实际完成数量与计划数量进行评价。	工程建设、修缮、改造类
		质量	工程验收合格情况	考察工程实施质量，是否通过工程验收。	
		数量	会议（赛事）召开完成情况	考察相关会议（工作会议、专题会议、博览会、交易会）或赛事等的完成情况，对实际完成情况与计划完成情况进行评价。	会议赛事类
		质量	会议（赛事）质量达标情况	考察相关会议（工作会议、专题会议、博览会、交易会）或赛事等的完成质量。	
		数量	培训任务完成情况	考察培训任务的完成情况，对实际完成情况与计划完成情况进行评价。	培训、学习交流类
			学习材料编制完成情况	考察学习材料的编制完成情况，对实际完成情况与计划完成情况进行评价。	
			学习交流工作完成情况	考察学习交流工作完成情况，对实际完成情况与计划完成情况进行评价。	
		质量	培训完成质量情况	考察培训的完成质量，通过对培训人数、培训效果等对质量进行评价。	
			学习材料通过情况	考察学习材料编制质量，是否通过对应的评审。	
		数量	课题（规划）调研完成情况	考察课题（规划）调研完成情况，对实际情况与计划完成情况进行评价。	课题规划、调研调查类
			课题（规划）咨询论证完成情况	考察课题（规划）咨询论证完成情况，对实际情况与计划完成情况进行评价。	
			课题（规划）报告完成情况	考察课题（规划）报告完成情况，对实际情况与计划完成情况进行评价。	
			调研（走访、调查）工作完成情况	考察调研（走访、调查）工作完成情况，对实际情况与计划完成情况进行评价。	

续表

一级指标	二级指标	三级指标	四级指标	指标说明	适用类别
产出	项目产出	质量	课题验收率	考察课题完成质量，课题验收率＝通过验收的课题/课题总数×100%。	课题规划、调研调查类
			规划评审通过情况	考察规划完成质量，是否通过专家评审。	
			调研（走访、调查）工作完成达标情况	考察调研（走访、调查）工作开展质量，是否按照要求完成对应工作。	
		数量	宣传（推广、营销等）册印刷数	考察宣传（推广、营销等）册印刷完成情况。	宣传推广类
			宣传（推广、营销等）册投放数	考察宣传（推广、营销等）册投放完成情况。	
			影视宣传作品完成情况	考察影视宣传作品，如纪录片、宣传片、广告、影视栏目等的制作完成情况，对实际情况与计划完成情况进行评价。	
			宣传（推广、营销等）服务合同签订完成情况	考察宣传（推广、营销等）相关服务的合同签订完成情况，对实际情况与计划完成情况进行评价。	
			宣传（推广、营销等）活动完成情况	考察宣传（推广、营销等）相关活动的完成情况，对实际情况与计划完成情况进行评价。	
		质量	宣传（推广、营销等）册投放覆盖率	考察宣传（推广、营销等）册投放的覆盖情况。	
			影视宣传作品符合度	考察影视宣传作品与计划的符合程度。	
			宣传（推广、营销等）服务合同执行情况	考察宣传（推广、营销等）服务合同的执行质量。	
			宣传（推广、营销等）活动完成达标情况	考察宣传（推广、营销等）活动完成的达标情况。	
		数量	旅游品牌商标维护数	考察项目对旅游品牌商标的维护情况，是否对原有注册成功的商标均进行了维护。	商标维护
		质量	商标维护工作完成质量	考察项目对品牌商标的维护质量，对比计划要求进行评价。	
		数量	奖励完成数	考察奖励工作完成情况，对实际情况与计划完成情况进行评价。	扶持奖励类
		质量	奖励资质符合度	考察受奖励对象符合情况。	
			奖励发放准确率	考察奖励发放的准确情况。奖励发放准确率＝奖励发放准确数/所有发放奖励数×100%。	
		数量	调查（统计工作）完成情况	考察调查（统计工作）完成情况，对实际情况与计划完成情况进行评价。	调查统计类
			信息采集工作完成率	考察信息采集工作的完成情况。信息采集工作完成率＝信息采集工作完成量/信息采集工作计划完成量×100%。	
		质量	调查（统计工作）完成达标质量	考察调查（统计工作）完成质量，是否达到计划工作要求。	
			信息采集有效情况	考察信息采集工作质量，对应采集信息是否有效。	
		数量	全域旅游示范区创建数	考察全省国家级、省级全域旅游示范区创建单位获批数或成功创建获批数，对实际情况与计划完成情况进行评价。	其他业务类
			测评、考核、检查、暗访完成情况	考察测评、考核、检查、暗访等工作的完成情况，对实际情况与计划完成情况进行评价。	
			诚信旅游示范单位数	考察诚信旅游示范单位创建工作完成情况，对实际情况与计划完成情况进行评价。	

续表

一级指标	二级指标	三级指标	四级指标	指标说明	适用类别
产出	项目产出	质量	全域旅游示范区建设验收合格情况	考察建设的国家级、省级全域旅游示范区通过验收情况。	其他业务类
			测评、考核、检查、暗访完成达标情况	考察测评、考核、检查、暗访等工作的完成质量，是否达到计划工作要求。	
			诚信旅游示范单位创建质量	考察旅游示范单位创建质量，是否达到计划工作要求。	
		时效	项目实施的及时性	考察项目实施的时效性，与计划进行比对，是否及时完成项目工作。	全部项目类型
			项目整体进度的实施及时性	考察项目整体进度是否按计划推进。	
		成本	实际成本与工作内容的匹配程度	考察实际成本与工作内容是否匹配。	
			产出成本控制措施的有效性	考察产出成本措施控制是否有效，确保项目支出不超过预算。	
效果	项目效果	社会效益	保证网站稳定运行天数	考察网站稳定运行的天数。	信息化建设类
			网站故障崩溃次数	通过考察运维的网站崩溃次数，体现其运维效果。	
			网站日均浏览次数	考察网站的日均群众浏览次数。	
			故障重复发生率	考察系统运维效果，系统重复故障发生率是否有所降低。故障重复发生率 = 重复故障发生数/系统故障发生总数 ×100%。	
		社会效益	媒体报道成果增加率	考察媒体对于旅游相关内容的报道增加情况	宣传推广类
			商标纠纷事件发生数	考察项目对品牌的维护效益，是否出现因维护不及时等导致发生商标纠纷事件	
			新媒体关注量保有量	考察山东省旅游发展委员会官方微博、微信公众平台、新闻客户端等新媒体关注量的最低保有量情况。	
			新媒体信息发布量	考察山东省旅游发展委员会官方微博、微信公众平台、新闻客户端等新媒体信息发布数量情况。	
			影视作品播放量	考察制作的影视作品的播放量。	
			媒体报道曝光量	考察相关宣传工作媒体的曝光次数。	
			研究课题应用情况	考察行业监督及管理实施效果，研究课题应用情是否较上一年度有所增加。	课题规划、调研调查类
			考核结果应用率	考察考核工作的结果应用情况。考核结果应用率 = 已应用考核结果/考核结果总数 ×100%。	
			规划内容应用情况	考察相关部门是否就项目形成的阶段性成果进行引用并出台相应政策	
		经济效益	入境游客消费增长率	考察入境游客消费同比上年是否有所增长。入境游客消费增长率 =（本年度游客消费 - 上年度游客消费）/上年度游客消费 ×100%。	综合效益
			旅游总产出	考察本地区所有旅游及相关常住单位在一定时期内生产的货物和服务的价值总和。	
			旅游消费增长率	考察地区旅游消费的增长情况。旅游消费长率 =（本年度旅游消费 - 上年度旅游消费）/上年度旅游消费 ×100%。	

续表

一级指标	二级指标	三级指标	四级指标	指标说明	适用类别
效果	项目效果	经济效益	旅游度假区总收入增长率	考察旅游度假区总收入的增长情况。旅游度假区总收入增长率 =（本年度旅游度假区总收入 - 上年度旅游度假区总收入）/上年度旅游度假区总收入 ×100%。	综合效益
			游客人均消费增长率	考察游客人均消费的增长情况。游客人均消费增长率 =（本年度游客人均消费 - 上年度游客人均消费）/上年度游客人均消费 ×100%。	
			旅游对 GDP 的综合贡献率	考察旅游业对当地经济增长的拉动作用及旅游业对当地经济的重要性。旅游对 GDP 的综合贡献率（包括对一二三产业的直接贡献、间接贡献和引致贡献）与本地区 GDP 的比率。	
		社会效益	游客接待总量及增长率	考察旅游工作开展效果。	
			红色旅游发展情况	考察红色旅游发展情况。	
			4A 级以上景区吸纳就业增长率	考察全省 4A 级以上景区吸纳的就业人数规模较上年增长情况。4A 级以上景区吸纳就业增长率 =（4A 级以上景点本年就业人数 - 4A 级以上景点上年就业人数）/4A 级以上景点上年就业人数 ×100%。	
			4A 级以上景区接待游客数量增长率	考察全省 4A 级以上景点每年接纳的游客数量增长情况。4A 级以上景区接待游客数量增长率 =（4A 级以上景点本年接待游客数量 - 4A 级以上景点上年接待游客数量）/4A 级以上景点上年接待游客数量 × 100%。	
			旅游度假区接待游客数量增长率	考察旅游度假区接待游客数量的增长情况。旅游度假区接待游客数量增长率 =（旅游度假区本年接待游客数量 - 旅游度假区上年接待游客数量）/旅游度假区上年接待游客数量 ×100%。	
			过夜旅游人数增长率	考察过夜旅游人数同比上年是否有所增长。过夜旅游人数增长率 =（本年度过夜旅游人数 - 上年度过夜旅游人数）/上年度过夜旅游人数 ×100%。	
			旅游咨询点（中心）对外开放天数	考察旅游咨询点（中心）对外开放的天数。	
			中高级导游占比增加率	考察全省中高级导游人员占比的增加情况。中高级导游占比增加率 =（本年度中高级导游人数 - 上年度中高级导游人数）/上年度中高级导游人数 ×100%。	
			有效投诉率降低率	考察全省旅游业有效投诉事件发生率的降低情况。有效投诉率降低率 =（上年度有效投诉发生数/上年度游客数）-（本年度有效投诉发生数/本年度游客数）	
			安全事故发生数	考察全省旅游业相关安全事故发生情况。	
		服务对象满意度	游客满意度	考察游客满意度。	
			参观人员满意度	考察参观人员满意度。	
			培训人员满意度	考察参与培训的学员对培训工作的满意程度。	
			旅游企业满意度	考察旅游企业的满意程度。	
		可持续影响	应急预案完备性	考察项目对可能发生的突发事件如供电中断、系统瘫痪、电话故障等突发事件或故障设立应急方案。	信息化建设类
			数据平台使用率	考察项目对建设的数据平台的使用情况。	
			日常巡检制度健全性	考察项目是否针对机房、系统等设立健全的日常巡检制度。	

续表

一级指标	二级指标	三级指标	四级指标	指标说明	适用类别
效果	项目效果	可持续影响	推广宣传计划完整性	考察项目单位是否针对全省推广宣传工作制定完善、完整、明确的实施计划。	宣传推广类
			媒体报道途径多样性	考察项目在推广宣传过程中是否具备多样的传播渠道。	
			全省宣传规划健全性	考察项目在开展过程中是否按照当前旅游实际情况设定全省的中长期旅游宣传规划。	
			规划意见征询情况	考察项目单位在制定对应规划时是否征询相关单位意见。	课题规划、调研调查类
			行业研究课题选取合理性	考察行业研究课题选取的合理性，是否符合当前旅游发展需要，是否是当前旅游发展需要解决的问题。	
			规划编制科学情况	考察项目规划编制情况，包括①规划期限明确；②规划内容完整；③规划目标明确；④规划操作性强，可进行阶段性分解。	
			档案管理完备性	考察项目是否对申报资料及项目汇报材料、项目过程资料等进行了归档管理。	综合影响力指标
			沟通机制健全性	考察项目在执行中是否建立相应的经常性沟通协调机制，以保证工作的实施，及时解决工作中出现的问题。	
			人员配备合理性	考察项目在开展过程中是否配备数量合适、能力合适的人员。	
			配套设施健全性	考察项目实施是否配套对应必需的基础设施及设备。	
			设备及时入库情况	考察项目是否针对采购的设备及时进行入库管理。	
			固定资产管理制度健全性	考察项目是否针对单位固定资产出具明确的管理制度。	
			长效管理机制健全性	考察项目是否制定相关制度保障项目的长期执行。	
			信息化平台建设情况	考察项目信息化管理能力，是否建立了对应信息化管理平台。	
			跨部门协作机制健全性	考察部门是否建立了完善的跨部门协作机制。	
			宣传推广机制健全性	考察平台的宣传和推广机制是否健全。	
			联动机制健全性	考察项目是否制定了相应的联动机制，以保证各单位联合开展项目时工作进展顺利。	

省财政厅　省住房和城乡建设厅
关于印发山东省住房城乡建设部门项目支出
绩效评价指标体系框架的通知

2017 年 12 月 29 日　鲁财绩〔2017〕7 号

各市财政局、住房城乡建设局：

为贯彻落实党的十九大关于“全面实施绩效管理”的总体要求，进一步推进我省住房城乡建设部门预算绩效管理工作，提高财政资金使用效益，根据《财政部关于印发〈预算绩效评价共性指标体系框架〉的通知》（财预〔2013〕53 号）和《山东省人民政府关于深化预算管理制度改革的实施意见》（鲁政发〔2014〕20 号）等有关规定，省财政厅、省住房城乡建设厅共同研究制定了《山东省住房城乡建设部门项目支出绩效评价指标体系框架》（以下简称指标体系框架），现印发给你们，作为设置住房城乡建设项目绩效目标和绩效评价指标体系时的指导和参考。各相关方在使用本指标体系框架时，应确保关键、核心指标不遗漏，并可根据实际需要进行细化、量化。本指标体系框架实行动态管理，将根据工作职责任务调整变化和工作实际情况适时修订完善。

各市财政局、住房城乡建设局可参照本指标体系框架，结合区域特点和客观实际，研究制定本地区指标体系框架。工作中如有意见建议，请及时反馈省财政厅、省住房城乡建设厅。

附件：山东省住房城乡建设部门项目支出绩效评价指标体系框架

附件：

山东省住房城乡建设部门项目支出绩效评价指标体系框架

一级指标	二级指标	三级指标	四级指标	指标说明	适用类型
投入	项目立项	项目立项规范性	项目立项的必需性	对项目是否符合公共财政支出范围、是否满足经济社会发展所必须安排、是否可由社会资金替代财政资金投入等进行评价。	全部项目类型
			项目立项程序的合规性	对项目立项过程是否经过必要的可行性研究、专家论证、风险评估、集体决策等进行评价。	
			项目立项文件合理性	对项目立项文件内容是否完善，与相关立项办法是否一致进行评价。	
		绩效目标合理性	绩效目标依据的政策相符性	对项目所设定的绩效目标是否符合国家相关法律法规、国民经济发展规划、部门发展政策与规划进行评价。	
			绩效目标与项目单位职责的相关性	对绩效目标与部门职责、承担单位职责是否紧密相关进行评价。	
			绩效目标的业绩水平合理性	对项目预期产出和效果是否符合正常业绩水平进行评价。	
		绩效指标明确性	绩效目标细化和量化程度	对项目绩效目标（长期目标或年度目标）是否在数量、质量、成本、时效、效益等方面设置了细化、量化的绩效指标，以及指标内容是否清晰合理进行评价。	
			绩效目标与任务计划的相符性	对项目绩效目标是否与项目年度实施计划、资金额度相匹配进行评价。	
	资金落实	资金到位率	上级财政资金到位率	对上级财政资金的实际到位情况进行评价（实际到位资金/计划投入资金×100%）。实际到位资金：一定时期内（本年度或项目期）内实际落实到具体项目的资金。计划投入资金：一定时期内（本年度或项目期）内计划投入到具体项目的资金（下同）。	
			地方（单位）资金到位率	对地方（单位）资金的实际到位情况进行评价（实际到位资金/计划投入资金×100%）。	
		到位及时率	上级财政资金到位及时率	对上级财政资金是否在规定时间内及时到位进行评价（及时到位资金/应到位资金×100%）。及时到位资金：截止到规定时点实际落实到具体项目的资金。应到位资金：按照合同或项目进度要求截止到规定时点应落实到具体项目的资金（下同）。	
			地方（单位）资金到位及时率	对地方（单位）资金在是否在规定时间内及时到位进行评价（及时到位资金/应到位资金×100%）。	

续表

一级指标	二级指标	三级指标	四级指标	指标说明	适用类型
过程	业务管理	管理机制健全性	业务管理制度的健全性	对项目业务管理制度是否健全，且内容合法、合规、完整进行评价。	全部项目类型
			责任机制的健全性	对项目是否有建立健全的责任机制进行评价。	
		管理机制运转有效性	实施条件的完备性	对项目实施过程中人员、场地、设施设备等条件是否落实，是否满足要求进行评价。	
			进度管理有效性	对项目是否建立完善的进度控制计划和措施，且执行有效进行评价。	
			调整手续规范性	对项目调整是否按照权限履行规定程序进行评价。	
			资产管护情况	对项目实施形成的资产管理是否符合相关规定，管护人员是否到位，权责是否清晰进行评价。	
			档案管理情况	对项目档案是否有专人管理、保存是否符合要求、档案资料是否齐全进行评价。	
		项目质量可控性	项目质量或标准的健全性	对项目是否具有完备的质量与标准要求进行评价。	
			项目质量检查、验收等的控制情况	对项目单位是否对项目开展质量检查、验收等管控情况进行评价。	
	财务管理	管理制度健全性	资金管理办法的健全性	对项目资金管理办法是否健全进行评价。	
			资金管理办法与财务会计制度的相符性	对项目资金管理办法是否符合现行财务会计制度的相关规定进行评价。	
			资金管理办法的可行性	对资金管理办法内容是否全面，且具有针对性、可行性进行评价。	
		资金使用合规性	资金使用合法合规性	对项目资金是否严格按照规定使用，是否存在截留、挤占、挪用、虚列支出等情况进行评价（若项目20%以上资金存在问题，则二级指标整体不得分）。	
			资金拨付的合规性	对项目资金拨付手续是否合法合规进行评价（若项目20%以上资金存在问题，则二级指标整体不得分）。	
			政府采购的合规性	对项目采购是否经过政府采购程序，符合招标法的相关规定，程序是否合规进行评价（若项目20%以上资金存在问题，则二级指标整体不得分）。	
			项目支出与预算的符合性	对项目支出是否符合预算的要求，调整是否有完备的手续进行评价。	
			预算执行率	对项目支出是否符合项目预算执行进度要求进行评价（若预算执行率低于80%，则二级指标整体不得分）。	
		财务监控有效性	财务监控机制的健全性	对财务监管措施和监管制度是否完善进行评价。	
			财务监控机制运转的有效性	对财务监控措施与制度的执行是否有效进行评价。	
产出	项目产出	实际完成情况	综合管廊建设项目完成率	实际完成综合管廊建设长度/计划完成综合管廊建设长度×100%。	基础设施建设类

续表

一级指标	二级指标	三级指标	四级指标	指标说明	适用类型
产出	项目产出	实际完成情况	海绵城市建设区域完成率	实际形成海绵区域面积/计划建成海绵城市区域面积×100%。	城市环境整治类
			铁路沿线环境整治资料验收完成率	实际完成工程相关资料（数）量/计划完成工程相关资料（数）量×100%。	
			铁路沿线环境整治现场验收问题治理点位完成率	实际完成问题治理点位（数）量/计划完成问题治理点位（数）量×100%。	
			铁路沿线造林绿化现场验收问题治理点位完成率	实际完成造林绿化点位（数）量/计划完成造林绿化点位（数）量×100%。	
			既有建筑节能（绿色化）改造完成率	既有建筑节能（绿色化）改造开（完）工（数）量/计划开（完）工既有建筑节能（绿色化）改造（数）量×100%。	工程建设类
			公共建筑能耗监测系统完成率	公共建筑能耗监测系统开（完）工（数）量/计划开（完）工公共建筑能耗监测系统（数）量×100%。	
			绿色建筑标识完成率	获得评价标识项目（数）量/计划完成评价标识（数）量×100%。	
			装配式建筑完成率	装配式建筑开（完）工（数）量/计划开（完）工（数）量×100%。	
			超低能耗建筑发展情况	超低能耗建筑开（完）工（数）量/列入示范的超低能耗建筑（数）量×100%。	
			装配式建筑产业基地创建情况	获批示范的装配式建筑集成应用、设计、生产等企业的（数）量/计划创建装配式建筑产业基地（数）量×100%。	示范项目创建类
			绿色智慧住区发展情况	绿色智慧住区开（完）工（数）量/列入示范的绿色智慧住区（数）量×100%。	
			规划（工作方案）编制完成情况	实际完成（数）量/计划完成（数）量×100%。	
			试点任务实际完成率	实际完成任务/计划完成任务×100%。	
			绿色生态示范城区（镇）创建情况	获得示范称号的城区（镇）（数）量/计划创建示范城区（镇）（数）量×100%。	区域性示范创建类
			装配式建筑示范城市创建情况	获得示范称号的城市（数）量/计划创建示范城市（数）量×100%。	
			公共建筑能效提升重点城市创建情况	获得示范称号的城市（数）量/计划创建重点城市（数）量×100%。	
			建筑垃圾资源化示范城市创建情况	获得示范称号的城区（镇）（数）量/计划创建示范城区（镇）（数）量×100%。	
			新型城镇化试点任务投资完成率	试点资金累计带动完成投资/年度计划投资×100%。	
			新型城镇化试点任务重点工作进展情况	对城镇化试点相关的规划编制、课题研究、城乡基础设施建设、试点经验总结提升等方面分级评价。	
			规划编制完成情况	实际完成（数）量/计划完成（数）量×100%。	
			项目完成率	实际完成项目数/计划完成项目数×100%。	

续表

一级指标	二级指标	三级指标	四级指标	指标说明	适用类型
产出	项目产出	实际完成情况	年度任务实际完成率	实际完成任务（数）量/计划完成（数）量×100%。	农村人居环境改善类
			农户信息档案录入率	实际录入（数）量/计划录入（数）量×100%。	
			规划编制完成情况	实际完成（数）量/计划完成（数）量×100%。	传统保护类
			项目完成率	实际完成项目数/计划完成项目数×100%。	
			规划或设计完成情况	实际完成情况/计划完成情况×100%。	规划编制类
			规划或设计资料归档情况	实际完成情况/计划完成情况×100%。	
			规划或设计验收完成情况	实际完成情况/计划完成情况×100%。	
			城镇棚户区改造开工目标完成率	项目实际开工量/年度计划开工量×100%。	城镇住房保障和房屋改造类
			年度发放租赁住房补贴目标完成率	实际年度发放租赁补贴量/年度计划发放租赁补贴量×100%。	
			违建、临建拆除情况	违建、临建拆除数量/违建、临建数量×100%。	
			配套设施改造内容完成情况	实际完成（数）量/计划完成（数）量×100%。	
			“三防”设施安装情况	实际完成（数）量/计划完成（数）量×100%。	
			社区公共配套设施情况	实际完成（数）量/计划完成（数）量×100%。	
			便民设置安装情况	实际完成（数）量/计划完成（数）量×100%。	
			加装电梯项目达到全部试点条件并享受省级财政奖补资金的项目完成率	实际完成工程（数）量/达到全部试点条件并享受省级财政奖补资金的项目工程（数）量×100%。	
		质量达标情况	综合管廊建设项目质量达标率	城市地下综合管廊符合国家和省工程规范、技术规程、行业标准情况。	基础设施建设类
			海绵城市建设项目质量达标率	海绵城市建设符合国家和省工程规范、技术规程、行业标准情况。	城市环境整治类
			问题清单治理完成率	验收合格问题数（量）/省发现问题数（量）×100%。	
			适宜绿化地段绿化率	验收合格项目数/总工程数×100%。	
			既有建筑节能（绿色化）改造技术达标率	在建工程符合国家和省建筑节能（绿色化）改造相关技术指南、实施规程、标准规范等情况。	工程建设类
			既有建筑节能（绿色化）改造验收合格率	验收合格项目（数）量/总完工工程（数）量×100%。	
			公共建筑能耗监测系统稳定运行率	稳定运行、准确上传数据的监测系统（数）量/建成监测系统（数）量×100%。	
			绿色建筑技术达标率	在建工程符合国家和省绿色建筑设计、施工、评价等标准规范情况。	
			绿色建筑验收合格率	验收合格项目（数）量/总完工工程（数）量×100%。	
			装配式建筑技术达标率	在建工程符合国家和省装配式建筑设计、施工、评价等标准规范情况。	
			装配式建筑验收合格率	验收合格项目（数）量/总完工工程（数）量×100%。	
			超低能耗建筑技术达标率	在建工程符合国家和省超低能耗建筑设计、施工等标准规范情况。	
			超低能耗建筑验收合格率	验收合格项目（数）量/总完工工程（数）量×100%。	

续表

一级指标	二级指标	三级指标	四级指标	指标说明	适用类型
产出	项目产出	质量达标情况	装配式建筑产业基地实施情况	产业基地管理机制、能力提升、实施进度与效果等与示范创建有关要求相符合情况。	示范项目创建类
			绿色智慧住区技术达标率	在建工程符合国家和省绿色智慧住区建筑设计、建设等标准规范情况。	
			绿色智慧住区验收合格率	验收合格项目（数）量/总完工工程（数）量×100%。	
			项目符合规划（工作方案）情况	项目符合本地总体规划或相关专项规划（工作方案）情况。	
			项目建设质量情况	项目建设质量是否达到相关要求。	
			完整垃圾处理系统建立情况	建立分类投放、分类收集、分类运输、分类处理的垃圾处理系统情况。	
			长效机制建立情况	在经费筹集、日常管理、宣传教育等方面建立长效机制情况。	
			工程完好率	工程运行状态良好项目数量/总项目数量×100%。	
			绿色生态示范城区（镇）实施情况	城区（镇）规划、建设、管理及任务指标等与示范城区（镇）创建条件、评估验收要点等相符合情况。	区域性示范创建类
			装配式建筑示范城市实施情况	城市推动装配式建筑发展的政策措施、管理机制、产业支撑、任务目标等与示范城市创建条件、验收要点等相符合情况。	
			公共建筑能效提升重点城市实施情况	城市开展公共建筑能效提升的政策措施、管理机制、技术路径、任务目标等与重点城市创建条件、验收要点等相符合情况。	
			新型城镇化试点资金使用质量	试点资金支出项目的阶段性成果、成果运用情况及基础设施建设符合国家和省工程规范、技术规程、行业标准情况。	
			项目符合规划情况	项目符合本地总体规划或相关专项规划情况。	
			项目建设质量情况	项目建设质量达到相关要求情况。	
			厕具采购情况	是否由县（市、区）或乡（镇）统一招标采购，提供招投标文件。	农村人居环境改善类
			地方改厕验收率	质量验收户数/实际完成户数×100%。	
			项目质量达标率	质量达标量/实际完成量×100%。	
			全国扩大农村危房改造系统信息合格率	信息达标量/实际完成量×100%。	
			规划或设计内容完整性	完成国家或地方标准规定内容情况。	传统保护类
			规划或设计内容合理性	规划保护范围是否合理，规划保护措施是否切实可行。	
			项目质量达标率	质量达标量/实际完成量×100%。	
			规划或设计内容完整性	完成国家或地方标准规定内容情况。	规划编制类
			规划或设计内容结构合理性	设置不同层级、赋予相应分值进行评价。	
			规划文本的实用性	设置不同层级、赋予相应分值进行评价。	
			规划文本的先进性	设置不同层级、赋予相应分值进行评价。	
			规划或设计内容合理性	规划保护范围是否合理，规划保护措施是否切实可行。	

续表

一级指标	二级指标	三级指标	四级指标	指标说明	适用类型
产出	项目产出	质量达标情况	项目工程质量情况	对列入年度计划的项目工程质量是否符合标准，是否存在工程质量问题进行评价。通过住房城乡建设、监察等部门检查存在工程质量问题，或经群众举报、新闻媒体曝光，经查实存在工程质量问题的，根据情节严重程度酌情扣分。	城镇住房保障和房屋改造类
			年度发放租赁住房补贴情况	对年度发放租赁补贴的情况进行评价，是否存在不符合规定条件的家庭违规违纪享受补助等情况。通过审计、财政等部门检查或经群众举报、新闻媒体曝光，经查实存在对不符合规定的家庭违规发放补贴的，根据情节严重程度酌情扣分。	
			配套设施改造内容验收合格率	项目通过验收数/项目参与验收数×100%。	
			“三防”设施验收合格率	项目通过验收数/项目参与验收数×100%。	
			社区公共配套设施验收合格率	项目通过验收数/项目参与验收数×100%。	
			便民设置安装验收合格率	项目通过验收数/项目参与验收数×100%。	
			加装电梯项目达到全部试点条件并享受省级财政奖补资金的项目合格率	项目通过验收数/项目参与验收数×100%。	
		完成及时情况	项目实施的及时性	实际完成情况/计划完成情况×100%。	全部项目类型
			项目整体进度实施的合理性	对项目整体进度实施的合理性进行评价。	
		成本控制情况	实际成本与工作内容的匹配程度	纵向、横向数据比较。	
			产出成本控制措施的有效性	确保项目支出不超合理预算。	
效果	项目效益	社会效益	综合管廊的节地效益	综合管廊实现城市节地发展，使地下空间节约利用情况。	基础设施建设类
			综合管廊的省钱效益	综合管廊实现城市省钱发展情况。	
			城市建设是否融入海绵城市建设理念	城市基础设施建设融入海绵城市建设理念是否科学合理。	城市环境整治类
			城市暴雨内涝灾害防治	有效降低区域雨水径流情况。	
			铁路沿线环境卫生治理情况	铁路沿线垃圾清运与恢复情况。	
			提升建筑品质与适居性	设置不同层级、赋予相应分值进行评价。	工程建设类
			促进形成绿色生产、生活方式	设置不同层级、赋予相应分值进行评价。	
			绿色建筑占新建民用建筑比例同比上升	新增绿色建筑（数）量/新建民用建筑建成（数）量×100%。	
			装配式建筑占新建民用建筑比例同比上升	新开工达到装配式建筑标准的项目（数）量/新开工民用建筑（数）量×100%。	

续表

<table>
<tr><th>一级指标</th><th>二级指标</th><th>三级指标</th><th>四级指标</th><th>指标说明</th><th>适用类型</th></tr>
<tr><td rowspan="24">效果</td><td rowspan="24">项目效益</td><td rowspan="13">社会效益</td><td>推动名城、建筑、街区保护</td><td>规划编制对名城、建筑、文化街区的保护和利用具有指导性情况。</td><td rowspan="3">传统保护类</td></tr>
<tr><td>减隔震示范带动作用</td><td>设置不同层级、赋予相应分值进行评价。</td></tr>
<tr><td>消除相关安全隐患积极作用</td><td>设置不同层级、赋予相应分值进行评价。</td></tr>
<tr><td>提高城市抗震防灾指导意义</td><td>设置不同层级、赋予相应分值进行评价</td><td>规划编制类</td></tr>
<tr><td>推动城镇棚户区改造</td><td>推动城镇棚户区改造情况。</td><td rowspan="6">城镇住房保障和房屋改造类</td></tr>
<tr><td>改善城镇居民居住条件</td><td>城镇居民居住条件改善情况。</td></tr>
<tr><td>消除住房安全隐患</td><td>设置不同层级、赋予相应分值进行评价。</td></tr>
<tr><td>完善基本公共服务</td><td>设置不同层级、赋予相应分值进行评价。</td></tr>
<tr><td>完善三防设施提高住房安全保障水平</td><td>设置不同层级、赋予相应分值进行评价。</td></tr>
<tr><td>提升小区管理水平</td><td>设置不同层级、赋予相应分值进行评价。</td></tr>
<tr><td>带动地方与社会资本投入</td><td>带动地方与社会资本投入资金情况。</td><td rowspan="3">全部项目类型</td></tr>
<tr><td>试点地区城镇化发展水平</td><td>根据试点方案所确定的目标任务较往年提升情况。</td></tr>
<tr><td>提高公共服务水平</td><td>项目实施完善城乡基本公共服务情况。</td></tr>
<tr><td rowspan="8">生态效益</td><td>综合管廊对城市道路“马路拉链”问题的改善情况</td><td>综合管廊有效解决城市道路“马路拉链”问题情况。</td><td>基础设施建设类</td></tr>
<tr><td>海绵城市建设项目低影响开发程度</td><td>海绵城市建设项目指标达到专项规划确定的指标情况。</td><td>城市环境整治类</td></tr>
<tr><td>改善生态环境</td><td>项目实施对生态环境带来积极影响情况。</td><td rowspan="6">全部项目类型</td></tr>
<tr><td>改善人居环境</td><td>项目实施改善人居环境情况。</td></tr>
<tr><td>促进全社会节能减排</td><td>设置不同层级、赋予相应分值进行评价。</td></tr>
<tr><td>污水集中处理率提高情况</td><td>有效提升污水集中处理率情况。</td></tr>
<tr><td>垃圾无害化处理率提高情况</td><td>有效提升垃圾无害化处理率情况。</td></tr>
<tr><td>减少温室气体排放</td><td>设置不同层级、赋予相应分值进行评价。</td></tr>
<tr><td rowspan="3">可持续影响</td><td>综合管廊的使用寿命</td><td>综合管廊是否可实现“百年工程”目标。</td><td>基础设施建设类</td></tr>
<tr><td>海绵城市建设措施的长期有效性</td><td>海绵城市达到规划或实施方案提出的发展目标要求情况。</td><td rowspan="2">城市环境整治类</td></tr>
<tr><td>建立健全铁路沿线环境管理长效机制</td><td>设置不同层级、赋予相应分值进行评价。</td></tr>
</table>

续表

一级指标	二级指标	三级指标	四级指标	指标说明	适用类型
效果	项目效益	可持续影响	住房保障长效机制建立完善情况	对是否建立并完善公租房建设分配管理制度、租赁补贴发放制度并设立相应的标准，是否制定并完善棚户区改造计划和规划等进行评价。	城镇住房保障和房屋改造类
			“三防”设施长期管理办法	门卫室、警务室、监控室值守记录，“三防”设施运行、养护、维保、更新记录，记录自设备投入使用期连贯情况。	
			形成绿色低碳、以人为本的发展模式	设置不同层级、赋予相应分值进行评价。	全部项目类型
			人居环境持续改善	项目实施对人居环境改善带来可持续影响情况。	
			生态环境保护的长期影响	设置不同层级、赋予相应分值进行评价。	
			提高民众环保意识	设置不同层级、赋予相应分值进行评价。	
		服务对象满意度	周边居民满意度	问卷调查、电话调查、网络调查。	
			公众满意度	问卷调查、电话调查、网络调查。	

省财政厅　省安全生产监督管理局
关于印发山东省安全生产监督部门项目支出
绩效评价指标体系框架的通知

2017 年 12 月 29 日　鲁财绩〔2017〕8 号

各市财政局、安监局：

为贯彻落实党的十九大关于“全面实施绩效管理”的总体要求，进一步推进我省安全生产监督管理部门预算绩效管理工作，提高财政资金使用效益，根据《财政部关于印发〈预算绩效评价共性指标体系框架〉的通知》（财预〔2013〕53 号）和《山东省人民政府关于深化预算管理制度改革的实施意见》（鲁政发〔2014〕20 号）等有关规定，省财政厅、省安监局共同研究制定了《山东省安全生产监督部门项目支出绩效评价指标体系框架》（以下简称指标体系框架），现印发给你们，作为设置安全生产监督项目绩效目标和绩效评价指标体系时的指导和参考。各相关方在使用本指标体系框架时，应确保关键、核心指标不遗漏，并可根据实际需要进行细化、量化。本指标体系框架实行动态管理，将根据工作职责任务调整变化和工作实际情况适时修订完善。

各市财政局、安监局可参照本指标体系框架，结合区域特点和客观实际，研究制定本地区指标体系框架。工作中如有意见建议，请及时反馈省财政厅、省安监局。

附件：山东省安全生产监督部门项目支出绩效评价指标体系框架

附件：

山东省安全生产监督部门项目支出绩效评价指标体系框架

一级指标	二级指标	三级指标	四级指标	指标说明	适用类型
投入	项目立项	项目立项规范性	项目立项的必需性	对项目是否符合公共财政支出范围、是否经济社会发展所必须安排、是否可由社会资金替代投入等进行评价。	全部项目类型
			项目立项程序的合规性	对项目立项过程是否经过必要的可行性研究、专家论证、风险评估、集体决策等进行评价。	
			项目立项文件合理性	对项目立项文件内容是否完善，与相关立项办法是否一致进行评价。	
		绩效目标合理性	绩效目标依据的政策相符性	对项目所设定的绩效目标是否符合国家相关法律法规、国民经济发展规划、部门发展政策与规划进行评价。	
			绩效目标与项目单位职责的相关性	对绩效目标与部门职责、承担单位职责是否紧密相关进行评价。	
			绩效目标的业绩水平合理性	对项目预期产出和效果是否符合正常业绩水平进行评价。	
		绩效指标明确性	绩效目标细化和量化程度	对项目绩效目标（长期目标或年度目标）是否在数量、质量、成本、时效、效益等方面设置了细化、量化的绩效指标，以及指标内容是否清晰合理进行评价。	
			绩效目标与任务计划的相符性	对项目绩效目标是否与项目年度实施计划、资金额度相匹配进行评价。	
投入	资金落实	资金到位率	上级财政资金到位率	对上级财政资金的实际到位情况进行评价（实际到位资金/计划投入资金×100%）。实际到位资金：一定时期内（本年度或项目期）内实际落实到具体项目的资金。计划投入资金：一定时期内（本年度或项目期）内计划投入到具体项目的资金。（下同）	
			地方（单位）资金到位率	对地方（单位）资金的实际到位情况进行评价（实际到位资金/计划投入资金×100%）	
		到位及时率	上级财政资金到位及时率	对上级财政资金是否在规定时间内及时到位进行评价（及时到位资金/应到位资金×100%）。及时到位资金：截止到规定时点实际落实到具体项目的资金。应到位资金：按照合同或项目进度要求截止到规定时点应落实到具体项目的资金。（下同）	
			地方（单位）资金到位及时率	对地方（单位）资金在是否在规定时间内及时到位进行评价（及时到位资金/应到位资金×100%）	
过程	业务管理	管理机制健全性	业务管理制度的健全性	对项目业务管理制度是否健全，且内容合法、合规、完整进行评价。	
			责任机制的健全性	对项目是否建立健全的责任机制进行评价。	
		管理机制运转有效性	实施条件的完备性	对项目实施过程中人员、场地、设施设备等条件是否落实，是否满足要求进行评价。	
			进度管理有效性	对项目是否建立完善的进度控制计划和措施，且执行有效进行评价。	
			调整手续规范性	对项目调整是否按照权限履行规定程序进行评价。	

续表

一级指标	二级指标	三级指标	四级指标	指标说明	适用类型
过程	业务管理	管理机制运转有效性	资产管护情况	对项目实施形成的资产管理是否符合相关规定，管护人员是否到位，权责是否清晰进行评价。	全部项目类型
			档案管理情况	对项目档案是否有专人管理、保存是否符合要求、档案资料是否齐全进行评价。	
		项目质量可控性	项目质量或标准的健全性	对项目是否具有完备的质量与标准要求进行评价。	
			项目质量检查、验收等的控制情况	对项目单位是否对项目开展质量检查、验收等管控情况进行评价。	
		管理制度健全性	资金管理办法的健全性	对项目资金管理制度是否健全进行评价。	
			资金管理办法与财务会计制度的相符性	对项目资金管理办法是否符合现行财务会计制度的相关规定进行评价。	
			资金管理办法的可行性	对资金管理办法内容是否全面，且具有针对性、可行性进行评价。	
	财务管理	资金使用合规性	资金使用合法合规性	对项目资金是否严格按照规定使用，是否存在截留、挤占、挪用、虚列支出等情况进行评价（若项目20%以上资金存在问题，则二级指标整体不得分）。	
			资金拨付的合规性	对项目资金拨付手续是否合法合规进行评价（若项目20%以上资金存在问题，则二级指标整体不得分）。	
			政府采购的合规性	对项目采购是否经过政府采购程序，符合招标法的相关规定，程序是否合规进行评价（若项目20%以上资金存在问题，则二级指标整体不得分）。	
			项目支出与预算的符合性	对项目支出是否符合预算的要求，调整是否有完备的手续进行评价。	
			预算执行率	对项目支出是否符合项目预算执行进度要求进行评价（若预算执行率低于80%，则二级指标整体不得分）。	
		财务监控有效性	财务监控机制的健全性	对财务监管措施和监管制度是否完善进行评价。	
			财务监控机制运转的有效性	对财务监控措施与制度的执行是否有效进行评价。	
产出	项目产出	实际完成情况	人员培训任务完成率	人员培训实际数/计划数×100%。	会议及培训类
			会议、培训的次数	对实际组织次数进行统计。	
			会议、培训的天数	对实际天数进行统计。	
			会议、培训的参加人数	对实际参加人数进行统计。	
			宣传、活动开展次数	对实际开展次数进行统计。	宣传及大型活动类
			宣传、活动开展天数	对实际开展天数进行统计。	
			宣传、活动参加人数	对实际参加人数进行统计。	
			开展宣传、活动的地点数	对开展的宣传活动地点数进行统计。	
			宣传、活动的相关报道完成率	对相关有效媒体的报道次数进行统计。	

续表

一级指标	二级指标	三级指标	四级指标	指标说明	适用类型
产出	项目产出	实际完成情况	配套设施改造内容完成情况	实际完成（数）量/计划完成（数）量×100%。	修缮及改造类
			加固类项目内容完成情况	实际完成（数）量/计划完成（数）量×100%。	
			修缮及改造内容的完成情况	实际完成（数）量/计划完成（数）量×100%。	
			功能实现情况	实际功能实现（数）量/预期功能计划（数）量×100%。	
			软件和数据库改造完成情况	实际完成情况/计划完成情况×100%。	信息化建设与改造类
			通信服务完成情况	实际完成情况/计划完成情况×100%。	
			监测站点（含移动）完成情况	实际完成（数）量/计划完成（数）量×100%。	
			业务系统集成率	实际完成情况/计划完成情况×100%。	
			电子政务平台建立情况	实际完成情况/计划完成情况×100%。	
			设备采购任务完成率（包括数量金额等）	实际完成情况/计划完成情况×100%。	购置类
			采购设备安装、调试情况	实际完成情况/计划完成情况×100%。	
			培养人才数量	实际培养数量/计划培养数量×100%。	人才队伍建设类
			引进（或外聘）人才数量	实际数量/计划数量×100%。	
			人才培养次数	实际完成情况/计划完成情况×100%。	
			课题（规划）调研/研究完成情况	实际完成情况/计划完成情况×100%。	课题及规划类
			课题（规划）资料归档情况	实际完成情况/计划完成情况×100%。	
			课题（规划）验收的完成情况	实际完成情况/计划完成情况×100%。	
			危险化学品整治关闭企业数量	纵向、横向数据比较。	安全生产监管监察类
			非煤矿山采空区治理数量	纵向、横向数据比较。	
			烟花爆竹子生产企业退出数量	纵向、横向数据比较。	
		质量达标情况	培训人员获得相关技能考试证书的情况	获得证书人数/培训人数×100%。	会议及培训类
			学员对相关知识、技能的掌握程度	相关测试通过数/学员数×100%。	
			学员对培训中所学知识和技能的应用熟练程度	实际应用测试合格情况。	

续表

一级指标	二级指标	三级指标	四级指标	指标说明	适用类型
产出	项目产出	质量达标情况	培训合格（优秀）率	培训考试合格和优秀的比率。	会议及培训类
			会后跟踪服务质量	会议后跟踪服务问卷满意度。	
			会议培训资料及相关档案管理情况	会议资料的完整性与档案归档及时性及档案管理情况。	
			服务对象对宣传的相关知识、技能等的掌握程度	问卷调查、电话调查、网络调查。	宣传及大型活动类
			宣传、活动资料及相关档案管理情况	宣传资料的完整性与档案归档及时性及档案管理情况。	
			宣传品质量	宣传品的使用寿命与材质质量。	
			宣传、活动后期跟踪服务质量	后期服务问卷满意度。	
			项目实施前期准备工作质量	前期准备工作是否满足实施中的需要。	修缮及改造类
			工程实施质量	工程质量检查情况。	
			项目验收结果	项目验收合格通过率。	
			功能实现率	实际功能实现是否满足需求。	信息化建设与改造类
			性能提升情况	性能提升情况是否达到预期要求。	
			系统质量、稳定性	系统的安全稳定运行情况。	
			设备性能情况	设备购置价格与性能情况。	购置类
			设备安装调试结果	设备安装调试的运行情况。	
			设备使用寿命指数	设备预期寿命/计划使用年限×100%。	
			运转能力饱和率	设备运转能力是否满足需要，设备使用是否饱和。	
			人才队伍的稳定性	人才队伍是否满足需要，流失率是否影响工作运行。	人才队伍建设类
			人才学历（或职称）结构	人才学历（职称）占比情况。	
			培养人才考核合格率	考核合格数/培养数×100%。	
			项目实施后人才能力的提高	问卷调查、电话调查、网络调查。	
			引进（或外聘）人才与岗位需求相符情况	引进（或外聘）人才是否能满足岗位工作需要。	
			外聘人员工作完成情况	外聘人员工作完成率：实际完成工作量/计划完成工作量×100%。	
			人才梯队建设是否合理	人才梯队占比是否符合工作需要。	
			研究（调研、规划）内容结构合理性	设置不同层级、赋予相应分值进行评价。	课题及规划类
			研究（调研、规划）报告的实用性	设置不同层级、赋予相应分值进行评价。	
			研究（调研、规划）报告的先进性	设置不同层级、赋予相应分值进行评价。	

续表

一级指标	二级指标	三级指标	四级指标	指标说明	适用类型
产出	项目产出	完成及时情况	项目实施的及时性	进度控制日完成率：实际完成情况/计划完成情况×100%。	全部项目类型
			项目整体进度实施的合理性	项目整体进度与计划进度的相符情况。	
		成本控制情况	实际成本与工作内容的匹配程度	纵向、横向数据比较。	
			产出成本控制措施的有效性	确保项目支出不超合理预算。	
			设备性价比	设备购置价格与性能情况。	
效果	项目效果	社会效益	提高风险管控水平	纵向、同期数据比较。	"两体系"建设类
			提高企业本质安全水平	纵向、同期数据比较。	
			事故有效遏制	纵向、同期数据比较。	
			安全生产标准制订、修订情况	设置不同层级、赋予相应分值进行评价。	安全生产监管监察类
			特种人员操作证发放数量	纵向、同期数据比较。	
			主要负责人、安全生产管理人员考核合格证发放情况	纵向、同期数据比较。	
			省级安全生产培训基地建设	实际数/计划数×100%。	
			淘汰矿用提升机和绞车完成情况	实际数/计划数×100%。	
			"头顶库"治理情况验收	实际验收数/计划验收数×100%。	
			生产露天矿山进行体检	实际体检数/计划体检数×100%。	
			对非煤矿山重大技措项目	实际完成数量/计划完成数量×100%。	
			开展涉爆粉尘、冶金煤气及高温熔融金属、液氨制冷、有限空间作业专项治理情况	实际整治数量/计划完成数量×100%。	
			带动安全生产资金投入量	纵向、横向数据比较。	
			安全生产事故减少量	纵向、横向数据比较。	

续表

一级指标	二级指标	三级指标	四级指标	指标说明	适用类型
效果	项目效果	社会效益	安监系统全员培训率	实际培训人数/应培训人数×100%。	安全生产监管监察类
			建设项目安全设施“三同时”完成情况	设置不同层级、赋予相应分值进行评价。	
			提高地下开采非煤矿山采空区风险评估水平	设置不同层级、赋予相应分值进行评价。	
			安全生产巡查次数	实际数/计划数×100%。	
			应急物质保障能力提高	设置不同层级、赋予相应分值进行评价。	应急救援类
			化工园区应急管理工作加强	设置不同层级、赋予相应分值进行评价。	
			应急处置能力提升	设置不同层级、赋予相应分值进行评价。	
			完善安全生产应急救援工作体制机制	设置不同层级、赋予相应分值进行评价。	
			提高应急救援装备水平	纵向、同期数据比较。	
			应急预案体系完整性	设置不同层级、赋予相应分值进行评价。	
			应急预案演练数	设置不同层级、赋予相应分值进行评价。	
			职业卫生技术服务机构乙级资质评审情况	实际评审数量/计划评审数量×100%。	职业健康类
			汽车制造、铅蓄电池生产和水泥企业尘毒危害检测调研	实际调研数量/计划调研数量。	
			职业病危害基本情况调查	完成本行政区域内调查比率。	
			职业卫生技术服务机构评价报告盲评	纵向、横向数据比较。	
			重点行业（汽车制造、铅蓄电池生产和水泥生产企业）职业病危害检测调研	实际调研数量/计划调研数量。	
		可持续影响	利用国家级媒体宣传次数	纵向、横向数据比较。	安全生产公益宣传类
			利用省级媒体宣传次数	纵向、横向数据比较。	
			《问安齐鲁》、生产安全事故警示教育片制作数量、播放频次	设置不同层级、赋予相应分值进行评价。	
			安全生产公益广告制作数量、播放频次	设置不同层级、赋予相应分值进行评价。	
			开展“公众安全生产媒体宣传认知度”社会调查情况	设置不同层级、赋予相应分值进行评价。	
			安全生产宣传教育情况	设置不同层级、赋予相应分值进行评价。	

续表

一级指标	二级指标	三级指标	四级指标	指标说明	适用类型
效果	项目效果	可持续影响	“以人为本、居安思危、思则有备”的理念深入人心	抽样调查、问卷调查、电话调查、网络调查。	安全文化建设类
			应急管理法治意识不断强化	抽样调查、问卷调查、电话调查、网络调查。	
			应急管理知识广泛普及	抽样调查、问卷调查、电话调查、网络调查。	
			企业应急文化的精品力作	纵向、横向数据比较。	
			自我约束和持续改进的应急文化建设机制进一步完善	抽样调查、问卷调查、电话调查、网络调查。	
		社会公众或服务对象满意度	服务对象满意度	问卷调查、电话调查、网络调查。	全部项目类型
			社会公众对安全生产的满意度	问卷调查、电话调查、网络调查。	
			安全生产经营企业满意度	问卷调查、电话调查、网络调查。	
			任务布置部门满意度	问卷调查、电话调查、网络调查。	
			其他相关部门机构满意度	问卷调查、电话调查、网络调查。	

省财政厅　省海洋与渔业厅关于印发山东省海洋与渔业部门项目支出绩效评价指标体系框架的通知

2017 年 12 月 29 日　鲁财绩〔2017〕9 号

各市财政局、海洋与渔业（主管）局：

为贯彻落实党的十九大关于“全面实施绩效管理”的总体要求，进一步推进我省海洋与渔业部门预算绩效管理工作，提高财政资金使用效益，根据《财政部关于印发〈预算绩效评价共性指标体系框架〉的通知》（财预〔2013〕53 号）和《山东省人民政府关于深化预算管理制度改革的实施意见》（鲁政发〔2014〕20 号）等有关规定，省财政厅、省海洋与渔业厅共同研究制定了《山东省海洋与渔业部门项目支出绩效评价指标体系框架》（以下简称指标体系框架），现印发给你们，作为设置海洋与渔业项目绩效目标和绩效评价指标体系时的指导和参考。各相关方在使用本指标体系框架时，应确保关键、核心指标不遗漏，并可根据实际需要进行细化、量化。本指标体系框架实行动态管理，将根据工作职责任务调整变化和工作实际情况适时修订完善。

各市财政局、海洋与渔业（主管）局可参照本指标体系框架，结合区域特点和客观实际，研究制定本地区指标体系框架。工作中如有意见建议，请及时反馈省财政厅、省海洋与渔业厅。

附件：山东省海洋与渔业部门项目支出绩效评价指标体系框架

附件：

山东省海洋与渔业部门项目支出绩效评价指标体系框架

一级指标	二级指标	三级指标	四级指标	指标说明	适用类别
投入	项目立项	项目立项规范性	项目立项必要性	对项目是否符合公共财政支出范围、是否为经济社会发展所必须、是否可由社会资金替代投入等进行评价。	全部项目类型
			立项程序合规性	对项目立项过程是否经过必要的可行性研究、专家论证、风险评估、集体决策等进行评价。	
			立项文件完备性	对项目立项文件内容是否完善，与相关立项办法是否一致进行评价。	
		绩效目标合理性	绩效目标依据的政策相符性	对项目所设定的绩效目标是否符合国家相关法律法规、国民经济发展规划、部门发展政策与规划进行评价。	
			绩效目标与项目单位职责的相关性	对绩效目标与部门职责、承担单位职责是否紧密相关进行评价。	
			绩效目标的业绩水平合理性	对项目预期产出和效果是否符合正常业绩水平进行评价。	
		绩效指标明确性	绩效目标细化和量化程度	对项目绩效目标（长期目标或年度目标）是否在数量、质量、成本、时效、效益等方面设置了细化、量化的绩效指标，以及指标内容是否清晰合理进行评价。	
			绩效目标与任务计划相符性	对项目绩效目标是否与项目年度实施计划、资金额度相匹配进行评价。	
	资金落实	资金到位率	上级财政资金到位率	对上级财政资金的实际到位情况进行评价（实际到位资金/计划投入资金×100%）。实际到位资金：一定时期内（本年度或项目期）内实际落实到具体项目的资金。计划投入资金：一定时期内（本年度或项目期）内计划投入到具体项目的资金。（下同）	
			地方（单位）资金到位率	对地方（单位）资金的实际到位情况进行评价（实际到位资金/计划投入资金×100%）	
		到位及时率	上级财政资金到位及时率	对上级财政资金是否在规定时间内及时到位进行评价（及时到位资金/应到位资金×100%）。及时到位资金：截止到规定时点实际落实到具体项目的资金。应到位资金：按照合同或项目进度要求截止到规定时点应落实到具体项目的资金。（下同）	
			地方（单位）资金到位及时率	对地方（单位）资金是否在规定时间内及时到位进行评价（及时到位资金/应到位资金×100%）	
过程	业务管理	管理机制健全性	业务管理制度健全性	对项目业务管理制度是否健全，内容是否合法、合规、完整进行评价。	
			责任机制健全性	对项目是否建立健全责任机制进行评价。	
		管理机制运转有效性	实施条件完备性	对项目实施过程中人员、场地、设施设备等条件是否落实，是否满足要求进行评价。	
			进度管理有效性	对项目是否建立完善的进度控制计划和措施，以及执行是否有效进行评价。	
			调整手续规范性	对项目调整是否按照权限履行规定程序进行评价。	
			资产管护情况	对项目实施形成的资产管理是否符合相关规定，管护人员是否到位，权责是否清晰进行评价。	
			档案管理情况	对项目档案是否有专人管理、保存是否符合要求、档案资料是否齐全进行评价。	
		项目质量可控性	项目质量或标准健全性	对项目是否具有完备的质量与标准要求进行评价。	
			项目质量检查、验收等控制情况	对项目单位是否对项目开展质量检查、验收等管控情况进行评价。	

续表

一级指标	二级指标	三级指标	四级指标	指标说明	适用类别
过程	财务管理	管理制度健全性	资金管理办法健全性	对项目资金管理制度是否健全进行评价。	全部类型项目
			资金管理办法与财务会计制度相符性	对项目资金管理办法是否符合现行财务会计制度规定进行评价。	
			资金管理办法可行性	对资金管理办法内容是否全面，是否具有针对性、可行性进行评价。	
		资金使用合规性	资金使用合法合规性	对项目资金是否严格按照规定使用，是否存在截留、挤占、挪用、虚列支出等情况进行评价（若20%以上资金存在问题，则二级指标整体不得分）。	
			资金拨付合规性	对项目资金拨付手续是否合法合规进行评价（若20%以上资金存在问题，则二级指标整体不得分）。	
			政府采购合规性	对项目采购是否经过政府采购程序，是否符合招标法的相关规定，程序是否合规进行评价（若20%以上资金存在问题，则二级指标整体不得分）。	
			项目支出与预算的符合性	对项目支出是否符合预算的要求，调整是否有完备的手续进行评价。	
			预算执行率	对项目支出进度进行评价（若预算执行率低于80%，则二级指标整体不得分）。	
		财务监控有效性	财务监控机制健全性	对财务监管措施和监管制度是否完善进行评价。	
			财务监控机制运转有效性	对财务监控措施与监管制度的执行是否有效进行评价。	
产出	项目产出	实际完成情况	建设工程主体设施完成情况	对建设工程主体设施实际完成数量与计划数量进行评价。	工程建设类
			建设工程配套设施完成情况	对建设工程配套设施实际完成数量与计划数量进行评价。	
			建设工程土地海域利用情况	对建设工程实际占用土地海域数量与计划数量进行评价。	
			货物采购完成情况	对货物实际采购数量与计划数量进行评价。	购置类
			货物安装调试情况	对货物（仪器设备集成安装）实际安装调试数量与计划数量进行评价。	
			修缮改造工程完成情况	对修缮改造工程实际完成数量与计划数量进行评价。	修缮改造类
			修缮改造仪器设备完成情况	对修缮改造仪器设备实际完成数量与计划数量进行评价。	
			设施运行维护完成情况	对设施维护实际完成数量与计划数量进行评价。	
			功能模块完成情况	对功能模块数量与计划数量进行评价。	信息化建设类
			软件和数据库建设情况	对软件和数据库实际完成数量与计划数量进行评价。	
			电子政务平台建设情况	对电子政务平台实际完成情况与计划完成情况评价。	
			视频会议系统建设情况	对视频会议系统实际完成情况与计划完成情况评价。	
			网站、APP、微博、微信建设情况	对网站、APP、微博、微信建设情况实际完成情况与计划完成情况评价。	

续表

一级指标	二级指标	三级指标	四级指标	指标说明	适用类别
产出	项目产出	实际完成情况	信息化终端建设情况	对信息化终端实际建设数量与计划数量进行评价。	信息化建设类
			课题规划调研完成情况	对课题规划调研实际完成情况与计划完成情况评价。	课题规划类
			课题规划咨询论证情况	对课题规划咨询论证实际完成情况与计划完成情况评价。	
			课题规划报告完成情况	对课题规划报告实际完成情况与计划完成情况评价。	
			论文数量	对发表的论文数量是否达到计划要求进行评价。	
			专利申请数量/专利授权数量	对专利申请或授权数量是否达到计划要求进行评价。	
			标准数量	对制定修订标准数量是否达到计划要求进行评价。	
			会议、培训任务情况	对会议培训实际举办次数较计划的完成情况进行评价。	会议及培训类
			会议、培训时间情况	对会议培训实际发生天数较计划的完成情况进行评价。	
			会议、培训人员情况	对会议培训实际参加人员数量进行统计。	
			宣传、活动开展次数	对宣传活动实际举办次数进行统计。	宣传及大型活动类
			宣传、活动开展天数	对宣传活动实际发生天数进行统计。	
			宣传、活动参加人数	对宣传活动实际参加人员数量进行统计。	
			宣传、活动地点数量	对宣传活动实际举办区域数量进行统计。	
			宣传、活动报道数量	对宣传活动报道数量进行统计。	
			人才培养数量	对人才职业资格培养任务是否按计划完成进行统计。	队伍建设类
			人才培养次数	对人才职业资格继续教育培养任务是否按计划完成进行统计。	
			引进（外聘）人才数量	对人才引进、外聘、购买劳务数量是否按计划完成进行统计。	
			单位资质认定	对单位取得行政许可资质数量是否按计划完成进行统计。	
			水产品产量	对实际完成情况与计划完成情况评价。	其他业务类
			调查、监测、执法指标数量	对实际完成情况与计划完成情况评价。	
			调查、监测成果数量	对实际完成情况与计划完成情况评价。	
		完成及时情况	项目实施的及时性	考核项目实施是否及时完成。项目实施的及时率 = 实际完成情况/计划完成情况 ×100%。	全部项目类型
			项目整体进度实施的及时性	考核项目整体进度实施是否按计划推进。项目整体进度实施的及时率 = 项目整体进度符合计进度计划的项目数/项目总数 ×100%。	
		质量达标情况	工程达标情况	考察工程建设规模和建筑形式是否达到设计标准。	工程建设类修缮改造类
			工程运行情况	考察工程运行状态是否达到设计标准。	
			建设工程土地海域符合规划	考察建设工程实际占用土地海域是否符合国土海洋部门规划。	
			工程使用寿命	考核工程预期寿命是否达到计划预期寿命。	
			检验合格率	考核各项工程是否达到相关行业质量检验标准。	
			项目验收合格率	考核项目验收合格情况。项目验收合格率 = 验收合格项目数/总工程数 ×100%。	
			工程故障次数	考察工程运行后的质量情况。	
			设施运行维护情况	考察运行维护相应时间是否达到计划相应要求。	

续表

一级指标	二级指标	三级指标	四级指标	指标说明	适用类别
产出	项目产出	质量达标情况	货物性能情况	考察设备实际性能与计划要求（招投标文件等）的相符性。	购置类
			货物安装调试情况	考察货物安装调试运行情况。	
			设备使用寿命指数	设备预期寿命/计划使用年限×100%。	
			设备验收合格率	验收通过的设备数/参与验收的设备总数。	
			运转能力饱和率	考察设备运转能力是否满足需要，设备使用是否饱和。	
			数据采集传输率	考察数据采集和传输的数量和速度是否均达到要求。	信息化建设类
			功能实现率	考察各项性能指标是否达到要求。	
			平台系统稳定性	考察平台系统的安全稳定运行情况。	
			平台系统验收合格情况	考察平台是否通过验收。	
			课题规划内容结构合理性	课题规划内容结构的合理性考核。	课题规划类
			课题规划的实用性	课题规划报告的实用性考核。	
			课题规划的先进性	课题规划报告的先进性考核。	
			课题验收通过率	通过验收的课题/课题总数×100%。	
			课题规划采用情况	考察课题规划采用情况考核。	
			人才培养合格率	合格学员/培养学员总数×100%。	队伍建设类
			人员配置合理性	考察人员配备结构、人数是否合理。	
			考核达标情况	资质（资格）达标数量/考核数量×100%。	
			数据采集有效性	有效数据/全部获取数据×100%。	其他业务类
			实施程序规范性	考察监测、执法等工作是否符合相关规范要求。	
			海域海岛海岸线修复	考察海域海岛海岸线修复质量是否达到计划要求。	
			监察执法立案率	立案数据/全部办案数据×100%。	
			监察执法结案率	结案数据/全部立案数据×100%。	
		成本控制情况	实际成本与工作内容的匹配程度	考察实际成本与工作内容是否匹配。	全部项目类型
			产出成本控制措施的有效性	考察产出成本措施控制是否有效，确保项目支出不超过预算。	
效益	项目效益	经济效益	直接经济产值	直接产生的经济收入。	全部项目类型
			间接经济效益	间接产生的经济效益。	
			渔民人均纯收入年均增长率	渔民人均纯收入年均增长率=(当年度渔民人均纯收入－上年度渔民人均纯收入)/上年度渔民人均纯收入×100%。	
			经济损失减少率	经济损失减少率=(项目实施前经济损失－项目实施后经济损失)/项目实施前经济损失×100%。	海洋与渔业防灾减灾
			挽回经济损失	考察在海上事故中挽回经济损失情况。	
			渔业产值增长率	产值增长率=(本年度产值－上年度产值)/上年度产值×100%。	渔业生产发展
			渔业科技贡献率	渔业科技贡献率=渔业科技进步速度/渔业产出增长速度×100%。	海洋与渔业科技推广

续表

一级指标	二级指标	三级指标	四级指标	指标说明	适用类别
效益	项目效益	社会效益	增加就业岗位	考察就业岗位是否增加。	全部项目类型
			就业增长率	就业增长率 =（项目实施后就业人数 - 项目实施前就业人数）/项目实施前就业人数 ×100%。	
			社会公众认知度	社会公众认知度 = 知晓人数/受调查人数 ×100%。	
			海域、海岛综合管控能力提升情况	考察海域、海岛综合管控能力提升情况。	海域海岛管理
			科研技术标准普及增长率	科研技术标准普及增长率 =（本年度科研技术标准普及数 - 上年度科研技术标准普及数）/上年度科研技术标准普及数 ×100%。	海洋与渔业科技推广
			科技成果及转化情况	通过纵向、横向数据比较考察技术成果及转化情况。	
			创新成果推广率	科技创新成果推广率 = 推广的科技创新成果数/科技创新成果总数 ×100%	
			水产品质量安全事故率	水产品质量安全事故同期对比情况。	水产品质量安全
			质量品牌市场占有增长率	质量品牌市场占有增长率 =（本年度质量品牌市场占有数 - 上年度质量品牌市场占有数）/上年度质量品牌市场占有数 ×100%。	
			违法违规案件发生降低率	违法违规案件发生降低率 =（本年度违法违规案件发生数 - 上年度违法违规案件发生数）/上年度违法违规案件发生数 ×100%。	海洋与渔业执法
			安全隐患整改率	安全隐患整改率 = 整改的安全隐患数/排查的安全隐患数 ×100%。	
			预警预报能力	考察预警预报能力是否提升。	海洋与渔业防灾减灾
			安全事故发生降低率	安全事故发生降低率 =（本年度安全事故发生数 - 上年度安全事故发生数）/上年度安全事故发生数 ×100%。	
			灾害控制救助能力	考察灾害控制救助能力是否提升。	
			海上抢险救助成功率	海上抢险救助成功率 = 海上抢险救助成功次数/海上抢险救助总数 ×100%	
			监测普及能力	考察监测普及能力是否提升。	海洋与渔业环境监测/海洋与渔业调查
			减少病害发生	通过纵向、横向数据比较考察减少病害发生情况。	渔业病害控制
			渔业病害防控能力	考察渔业疫病和病害的防治和控制能力是否有提升，控制情况是否在可控范围内。	
			新增渔业经营主体数量	考察新增新型渔业经营主体数量是否达到预期。	渔业生产发展
			新增现代渔业园区数量	考察新增现代渔业园区数量是否达到预期。	
		生态效益	海洋生态环境质量提升率	海洋生态环境质量提升率 =（本年度海洋生态环境质量达标面积 - 上年度生态环境质量达标面积）/上年度生态环境质量达标面积 ×100%。	全部项目类型
			生态渔业碳汇效益	考察渔业转换移除氮磷数量产生的效益。	
			渔业能源节约利用情况	考察节水、节电等产生的效益。	

续表

一级指标	二级指标	三级指标	四级指标	指标说明	适用类别
效益	项目效益	生态效益	自然岸线保有率	自然岸线保有率＝地区管辖海域自然海岸线长度/陆地岸线总长度×100%。	海域海岛保护
			海洋与渔业保护区保护效果	保护区建设率＝新建保护区数/保护区总数×100%	
			海洋环境灾害发生率	海洋环境灾害发生降低率＝（本年度灾害次数－上年度灾害次数）/上年度灾害次数×100%。	海洋与渔业防灾减灾
			增殖资源量增长率	增长率＝（投入后增殖区域内资源量－投入前增殖区域内资源量）/投入前增殖区域内资源量×100%。	渔业生态保护修复
			物种保护或种质保存情况	考察物种保护或者种质保存情况是否达到预期。	
			渔业资源修复情况	渔业资源修复增长率＝（投入后渔业资源量－投入前渔业资源量）/投入前渔业资源量×100%。	
			生物多样性恢复情况	考察生物多样性恢复情况是否达到预期。	
		可持续影响	对海洋资源可持续利用	是否对海洋资源可持续利用有促进作用进行评价。	全部项目类型
			对海洋生态环境保护的长期影响	是否对海洋生态环境保护有长期促进作用进行评价。	
			对海洋灾害防控能力的长期影响	灾害防控能力是否能保障项目的可持续性发展进行评价。	
			渔业水域资源保有量	渔业资源保有量对渔业生态保护的影响。	渔业生态保护修复
			增殖区域渔业种群保有量	增殖区域种群保有量对渔业生态保护的影响。	
			水产品质量安全水平的长期稳定	对水产品质量安全水平长期稳定的促进作用。	水产品质量安全
			产业集聚集群的促进作用	产业集聚集群对项目可持续发展的促进作用。	渔业生产发展
		服务对象满意度	社会公众满意度	问卷调查、电话调查、网络调查。	全部项目类型
			沿海群众满意度	问卷调查、电话调查、网络调查。	
			渔民满意度	问卷调查、电话调查、网络调查。	
			渔业企业满意度	问卷调查、电话调查、网络调查。	
			涉海企业满意度	问卷调查、电话调查、网络调查。	
			行业从业人员满意度	问卷调查、电话调查、网络调查。	
			基层行业部门满意度	问卷调查、电话调查、网络调查。	
			涉海行业部门满意度	问卷调查、电话调查、网络调查。	
			任务布置部门满意度	问卷调查、电话调查、网络调查。	

省财政厅　省教育厅关于印发山东省教育部门项目支出绩效评价指标体系框架的通知

2017 年 12 月 29 日　鲁财绩〔2017〕10 号

各市财政局、教育局：

为贯彻落实党的十九大关于“全面实施绩效管理”的总体要求，进一步推进我省教育部门预算绩效管理工作，提高财政资金使用效益，根据《财政部关于印发〈预算绩效评价共性指标体系框架〉的通知》（财预〔2013〕53 号）和《山东省人民政府关于深化预算管理制度改革的实施意见》（鲁政发〔2014〕20 号）等有关规定，省财政厅、省教育厅共同研究制定了《山东省教育部门项目支出绩效评价指标体系框架》（以下简称指标体系框架），现印发给你们，作为设置教育项目绩效目标和绩效评价指标体系时的指导和参考。各相关方在使用本指标体系框架时，应确保关键、核心指标不遗漏，并可根据实际需要进行细化、量化。本指标体系框架实行动态管理，将根据工作职责任务调整变化和工作实际情况适时修订完善。

各市财政局、教育局可参照本指标体系框架，结合区域特点和客观实际，研究制定本地区指标体系框架。工作中如有意见建议，请及时反馈省财政厅、省教育厅。

附件：山东省教育部门项目支出绩效评价指标体系框架

附件：

山东省教育部门项目支出绩效评价指标体系框架

一级指标	二级指标	三级指标	四级指标	指标说明	适用类型
投入	项目立项	项目立项规范性	立项依据	项目应当符合公共财政支出范围和教育事业发展需要，可由社会资金替代投入等进行评价。通过查看资料，设置充分、基本充分、不充分三个层级进行评价。	全学段教育
			立项程序	项目立项应当经过可行性研究、专家论证、风险评估、集体决策等程序。通过查看资料，设置充分、基本充分、不充分三个层级进行评价。	
			立项内容	项目立项内容应当符合相关立项办法，且全面、完整、真实。通过查看资料，设置合格、基本合格、不合格三个层级进行评价。	
		绩效目标科学性	政策相关性	绩效目标的制定应当符合国家相关法律法规、国民经济发展规划、部门发展政策与规划；符合项目立项要求。通过查看资料，设置充分、基本充分、不充分三个层级进行评价。	
			职责相符性	绩效目标应当与部门职责、承担单位职责紧密相关。通过查看资料，设置充分、基本充分、不充分三个层级进行评价。	
			目标合理性	项目预期产出和效果应当根据正常业绩水平进行设定。通过查看资料，设置合格、基本合格、不合格三个层级进行评价。	
			指标规范性	项目绩效目标应当在数量、质量、成本、时效等方面设置细化、可量化、清晰合理的绩效指标。通过查看资料，设置合格、基本合格、不合格三个层级进行评价。	

续表

一级指标	二级指标	三级指标	四级指标	指标说明	适用类型
投入	资金到位	资金到位率	上级财政资金到位率	对上级财政资金的实际到位情况进行评价（实际到位资金/预算安排资金×100%）。实际到位资金：一定时期内（本年度或项目期）内实际落实到具体项目的资金。预算安排资金：一定时期内（本年度或项目期）内预算安排到具体项目的资金。（下同）	全学段教育
			同级财政资金到位率	对同级财政资金的实际到位情况进行评价（实际到位资金/预算安排资金×100%）	
			单位自有资金到位率	对单位自有资金的实际到位情况进行评价（实际到位资金/预算安排资金×100%）	
			资金到位及时率	对项目所有来源资金，按规定时间拨付项目使用的情况进行评价（按规定时间及时到位资金/预算安排资金×100%）	
过程	业务管理	管理机制有效性	制度建设	项目管理制度以及内部控制建设制度，均应当合法、合规、健全、完整、责权明晰。通过查看资料，设置充分、基本充分、不充分三个层级进行评价。	
			基础条件	项目实施过程中应当具备人员、场地、设施设备等基础条件。通过查看资料，设置充分、基本充分、不充分三个层级进行评价。	
			进展监控	项目应当建立完善、执行有效的进度控制计划和措施。通过查看资料，设置合格、基本合格、不合格三个层级进行评价。	
			绩效考核	项目应当建立完善、可量化、易反馈的绩效考核措施。通过查看资料，设置合格、基本合格、不合格三个层级进行评价。	
			项目调整	项目调整应当按照权限履行规定程序进行。通过查看资料，设置合格、基本合格、不合格三个层级进行评价。	
			资产管理	资产管理应当符合相关规定，管护人员应履职到位，权责清晰。通过查看资料，设置合格、基本合格、不合格三个层级进行评价。	
			档案管理	项目档案应当有专人管理、确保保存合规、资料齐全。通过查看资料，设置合格、基本合格、不合格三个层级进行评价。	
		项目质量可控性	质量标准	项目质量标准应当完备明晰。通过查看资料，设置合格、基本合格、不合格三个层级进行评价。	
			质量监督	项目单位应当对项目质量进行及时检查、过程监督和结果验收。通过查看资料，设置合格、基本合格、不合格三个层级进行评价。	
	财务管理	管理制度	制度设置	财务管理制度应当健全完备、切实可行、与现行会计、财务制度相匹配。通过查看资料，设置充分、基本充分、不充分三个层级进行评价。	
			制度执行	财务监管措施和监管制度应当健全，并落实有效。通过查看资料及工作落实情况，设置合格、基本合格、不合格三个层级进行评价。	
		资金使用	管理办法	项目资金应当建立健全管理办法，管理办法要符合财务制度及项目管理的有关规定，同时可细化、易操作，确保资金安全、运行高效。通过查看资料，设置合格、基本合格、不合格三个层级进行评价。	
			资金用途	项目资金应当严格按照规定使用，禁止截留、挤占、挪用、虚列支出等情况。通过查看资料，设置合格、基本合格、不合格三个层级进行评价。	
			资金拨付	拨付手续应当合法合规。通过查看资料，设置合格、基本合格、不合格三个层级进行评价。	
			政府采购	纳入政府采购范围的项目，应当做到应采尽采、应编尽编。通过查看资料，设置合格、基本合格、不合格三个层级进行评价。	
			预算执行	资金支出符合项目支出要求的前提下，确保资金支出与时间同步；涉及预算调整事项，应当严格按照规定程序进行。通过查看资料，设置合格、基本合格、不合格三个层级进行评价。	

续表

一级指标	二级指标	三级指标	四级指标	指标说明	适用类型
产出	数量	会议及培训	会议、培训人次	对实际组织人次进行统计。	全学段教育
			会议、培训任务完成率	实际组织人次/计划组织人次×100%。	
		宣传及大型活动	宣传、活动开展次数	对实际开展次数进行统计。	
			宣传、活动相关报道完成率	媒体报道实际次数/计划报道次数×100%。	
		修缮及改造	竣工率	实际完成（数）量/计划完成（数）量×100%。	
			投资完成率	实际投资额/计划投资额×100%。	
		信息化建设与改造	硬件改造完成率	实际完成情况/计划完成情况×100%。	
			软件和数据库改造完成率	实际完成情况/计划完成情况×100%。	
			通信服务完成率	实际完成情况/计划完成情况×100%。	
		维修与维护	维修维护次数	对实际数量进行统计。	
			维修维护率	实际完成情况/计划完成情况×100%。	
		资产购置	购置完成率	实际完成情况/计划完成情况×100%。	
			预算执行率	实际购置支付资金/预算资金×100%。	
			安装、调试完成率	实际完成情况/计划完成情况×100%。	
		人才队伍建设	人才引进与培养计划落实情况	实际完成情况/计划完成情况×100%。	
			人才梯队	对实际梯队结构和数量进行统计。	
			高层次人才占有量	对人才层次和实际数量进行统计。高层次人才主要包括院士、千人计划人才、国家高层次人才特殊支持计划人才、长江学者、青年长江学者、国家杰出青年科学基金、全职泰山学者、人文社科类、国家级教学名师、省级教学名师等。	
			高端人才工程项目	对实际数量进行统计。	
			创新团队	对实际数量进行统计。	
			科研平台	根据重点实验室、重点学科；工程技术研究中心、人文社科重点研究基地（省部级、国家级）实际数量进行统计。	
			进修访学职工率	国内外进修访学三个月以上教职工人数/教职工总人数×100%。	
			经费投入	对实际数量进行统计。	
		师资培训	参与培训教职工人次	对实际参与培训教职工人次进行统计。	
			培训任务完成率	实际培训人次/计划培训人次×100%。	
		国际交流与合作	海外交流学生	对实际数量进行统计。	
			海外交流教师	对实际数量进行统计。	
			外籍教师	对实际数量进行统计。	
			国际交流	对举办或参加国际会议次数进行统计。	

续表

一级指标	二级指标	三级指标	四级指标	指标说明	适用类型
产出	数量	国际交流与合作	留学生	对实际数量进行统计。	全学段教育
			中外合作办学项目	对实际数量进行统计。	
			联合发表论著	对实际数量进行统计。	
		学生资助	学生资助人次	对实际开展资助人次进行统计。	
			政策宣讲、走访活动次数	对实际政策宣讲、走访等活动数量进行统计。	
			资助经费	实际数量进行统计。	
		教育教学研究	特色专业率	特色专业数量/专业设置总数量×100%。	
			重点课程率	重点课程数量/课程设置总数量×100%。	
			授课督导率	实际完成情况/计划完成情况×100%。	
			教学模式（方法）创新完成率	教学模式（方法）创新完成情况/计划完成情况×100%。	
			专业能力实践基地/教学平台建设	对实际数量进行统计。	
		教育赛事	组织次数	按实际组织次数进行统计。	
			参赛学生及参赛学校	对实际参与的学生、学校数进行统计。	
			比赛层次	对实际层级（校级、市级、省部级、国家级）进行统计。	
		科学研究	科研项目	对实际层级（校级、市级、省部级、国家级）和数量进行统计。	
			科研经费	对实际数量进行统计。	
			论文收录	对实际层级（SCI、EI、SSCI、CSSC）和数量进行统计。	
			发明专利（项）	对实际数量进行统计。	
			学术专著数量	对实际数量进行统计。	
			入选国家哲学社会科学成果文库	对实际数量进行统计。	
			科研平台	根据重点实验室、重点学科；工程技术研究中心、人文社科重点研究基地（省部级、国家级）实际数量进行统计。	
		基本建设	建筑面积	对实际数量进行统计。	
			开工率	实际开工面积（项目）数/计划完成面积（项目）数×100%。	
			竣工率	实际竣工面积（项目）数/计划完成面积（项目）数×100%。	
		校园安全	平安校园数	对实际获评数量进行统计。	
			安全综合治理	对实际获得安全、综治、消防、稳定、卫生防疫方面的奖励级别和次数进行统计。	
		学科建设	影响力研究方向	根据稳定性研究方向数量、年限积累、支撑学科数量，对影响力研究方向的实际数量进行统计。	普通高等教育
			学科团队	根据学术带头人、骨干人员和研究、管理人员的规模、层次、结构，设置水平较高、水平一般、水平较低三个层级进行评价。	

续表

一级指标	二级指标	三级指标	四级指标	指标说明	适用类型
产出	数量	学科建设	科研平台	根据重点实验室、重点学科；工程技术研究中心、人文社科重点研究基地（省部级、国家级）实际数量进行统计。	普通高等教育
			科研项目	对实际层级（校级、市级、省部级、国家级）和数量进行统计。	
			国内外交流合作	对举办或参加国内外学术交流、境外合作研究次数进行统计。	
	质量	会议及培训	培训合格（优秀）率	考核合格（优秀）人数/参加培训总人数×100%。	全学段教育
			会后跟踪服务质量	通过跟踪服务问卷满意度调查，设置较高、一般、较低三个层级进行评价。	
			会议培训资料及相关档案管理情况	会议资料的完整性与档案归档及时性及档案管理情况。	
		宣传及大型活动	服务对象对宣传的相关知识、技能等掌握程度	通过问卷调查、电话调查、网络调查，设置较高、一般、较低三个层级进行评价。	
			宣传、活动资料及相关档案管理情况	根据宣传资料的完整性与档案归档及时性及档案管理情况，设置良好、一般、不好三个层级进行评价。	
			宣传文案制作、设计质量	根据宣传品的使用寿命与材质质量，设置较高、一般、较低三个层级进行评价。	
			宣传、活动后期跟踪服务质量	通过后期问卷满意度调查，设置较高、一般、较低三个层级进行评价。	
		修缮及改造	项目验收合格率	验收合格项目数量/修缮及改造项目总数×100%。	
			校舍建设质量合格率	实际完成情况/预期完成情况×100%（校舍建设符合国家建设标准要求；新建校舍抗震设防类别不低于重点设防类，满足综合防灾要求）。	
			性能提升	根据质量、安全、稳定三个方面综合情况，设置较为显著、一般、不显著三个层级进行评价。	
			教学要求满足程度	通过问卷调查、电话调查、网络调查，设置较高，一般，较低三个层级进行评价。	
			安全隐患消除率	根据现场采集数据进行统计。	
		信息化建设与改造	项目验收合格率	验收合格项目数量/建设及改造项目总数×100%。	
			性能提升	根据质量、安全、稳定三个方面综合情况，设置较为显著、一般、不显著三个层级进行评价。	
		维修与维护	项目验收合格率	验收合格项目数量/维修与维护项目总数×100%。	
			性能提升	根据质量、安全、稳定三个方面综合情况，设置较为显著、一般、不显著三个层级进行评价。	
		资产购置	运行情况	根据实际运行情况，设置良好、一般、不好三个层级进行评价。	
			设备设施利用	对项目资金中购置资产入库及设施使用情况进行统计。	

续表

一级指标	二级指标	三级指标	四级指标	指标说明	适用类型
产出	质量	人才队伍建设	队伍稳定性	根据人才队伍的流失率，设置较高、一般、较低三个层级进行评价。	全学段教育
			结构合理性	根据人才层次、学历、职称占比综合情况，设置合理、一般、不合理三个层级进行评价。	
			考核合格率	考核合格人数/人才培养总人数×100%。	
			人才能力提高	根据人才层次、学历、职称、教学成果、科研产出等方面的综合情况，通过问卷调查、电话调查、网络调查，设置较高、一般、较低三个层级进行评价。	
			岗位与需求相符率	根据引进（或外聘）人才满足岗位工作需要情况，通过问卷调查、电话调查、网络调查，设置较高、一般、较低三个层级进行评价。	
			建设环境	根据领导班子重视程度、制度及政策保障健全程度、措施有效程度、舆论环境、服务人才情况，通过问卷调查、电话调查、网络调查，设置良好、一般、不好三个层级进行评价。	
		师资培训	培训合格（优秀）率	考试合格（优秀）人数/参加培训总人数×100%。	
			课程设置水平	根据课程设置与培训需求的匹配程度、紧跟形势与否、学时安排、专业度等情况，通过问卷调查、电话调查、网络调查，设置较高、一般、较低三个层级进行评价。	
			师资水平	根据教师学历及职称、业务水平、教学方法等情况，通过问卷调查、电话调查、网络调查，设置较高、一般、较低三个层次进行评价。	
			管理水平	根据管理人员学历组成、组织实施、制度建设、安全保障、经费保障等情况，通过问卷调查、电话调查、网络调查，设置较高、一般、较低三个层级进行评价。	
			服务水平	根据培训人员住宿、餐饮、教室环境维护、后续跟进等情况，通过问卷调查、电话调查、网络调查，设置较高、一般、较低三个层级进行评价。	
			教师素质能力提高	根据教师学历、职称、教学成果、科研产出等方面的综合情况，通过问卷调查、电话调查、网络调查，设置较高、一般、较低三个层级进行评价。	
		国际交流与合作	人才培养	根据国际合作培养的学科带头人、技术骨干、博士、硕士、本科生实际数量进行统计。	
			技术/设备引进	根据引进合作方技术设备、学习合作方先进技术经验实际数量进行统计。	
			获得国内奖项	对实际层级（省部级、国家级）和数量进行统计。	
			获得国际奖项	对实际获奖情况进行统计。	
		学生资助	资金到位率	实际到位资金额/应到位资金额×100%。	
			资助评审和发放程序规范情况	设置规范、一般情况、不规范三个层次进行评价。	
			资助覆盖率	受资贫困学生数/贫困学生总数×100%。	
			受资学生诚信档案建立情况	实际完成情况/计划完成情况×100%。	
		教育教学研究	特色专业层次	对实际层级（校级、市级、省部级、国家级）和数量进行统计。	

续表

一级指标	二级指标	三级指标	四级指标	指标说明	适用类型
产出	质量	教育教学研究	重点课程层次	对实际层级（校级、市级、省部级、国家级）和数量进行统计。	全学段教育
			实践教学完成情况	实际完成情况/计划完成情况×100%。	
			教学质量	根据对教师业务水平、教学方法、教学态度等情况，通过问卷调查、电话调查、网络调查，设置较高、一般、较低三个层次进行评价。	
			教学效果	根据对计划课时完成、学生学习积极性、师生配合默契度、作业检查、测验情况，通过情况问卷调查、电话调查、网络调查，设置较高、一般、较低三个层次进行评价。	
			教学成果奖励	对实际层级（校级、市级、省部级、国家级）和数量进行统计。	
		教育赛事	办赛水平	根据组织能力、服务能力、安全保障、经费保障等方面情况，通过问卷调查、电话调查、网络调查，设置较高、一般、较低三个层次进行评价。	
			办赛影响力	根据比赛参与度、宣传报道等情况，通过问卷调查、电话调查、网络调查，设置较高、一般、较低三个层次进行评价。	
			办赛成果	根据实际成果进行统计，设置较高、一般、较低三个层次进行评价。	
		科学研究	科研奖励	对实际层级（省部级、国家级）进行统计。	
			标志性成果	对实际数量（ESI潜力值、重大理论、科学问题或关键核心技术方面的创新、成果进入政府决策）进行统计。	
		基本建设	工程完好率	工作运行状态良好工程面积/建设总面积×100%。	
			项目投入使用率	投入使用面积/建设总面积×100%。	
			项目验收合格率	验收合格面积/建设总面积×100%。	
			竣工决算率	竣工决算面积/竣工项目总面积×100%。	
			固定资产登记率	固定资产登记值/竣工资产总值×100%。	
		校园安全	平安校园达标率	平安校园数/学校总数。	
			学生守法率	1－学生违法犯罪率。	
		学科建设	学科特色	根据学科先进性，研究特色、综合实力、国内影响力情况，通过专家评估，设置明显、一般、不明显三个层级进行评价。	普通高等教育
			科研成果目标完成率	实际完成情况/计划完成情况×100%。	
			科研奖励	对实际层级（省部级、国家级）和数量进行统计。	
			人才梯队培养效果	根据人才吸引与培养计划的制定、引进人才数量及层次满足工作需要程度、梯队结构合理性等情况，设置显著、一般、不显著三个层级进行评价。	
			学生培养效果	根据研究生研究成果产出，设置显著、一般、不显著三个层次进行评价。	
	时效	综合指标	实施及时性	项目整体进度控制完成率：实际完成情况/计划完成情况×100%。	全学段教育
			实施合理性	项目整体进度与计划进度的相符情况。	
效果	效益	经济效益	服务地方经济社会收入数	提升地方相关产业竞争力推动相关产业创新带来的经济利益预期收入。	普通高等教育职业教育
			项目成果转化率	专利（授权）申请、重点应用成果转化、提出的咨询建议进入地方党委政府重要决策、联合或支持地方高新企业共建/科研项目成果总数×100%。	
		服务对象满意度	家长满意度	根据教育环境、教育投入、教育质量、教育公平、教育目标、教育管理六个方面，通过问卷调查、电话调查、网络调查情况，设置较高、一般、较低三个层级进行评价。	全学段教育
			教师满意度	根据教育环境、教育投入、教育质量、教育公平、教育目标、教育管理六个方面，通过问卷调查、电话调查、网络调查情况，设置较高、一般、较低三个层级进行评价。	

续表

一级指标	二级指标	三级指标	四级指标	指标说明	适用类型
效果	效益	服务对象满意度	学生满意度	根据教育环境、教育投入、教育质量、教育公平、教育目标、教育管理六个方面，通过问卷调查、电话调查、网络调查情况，设置较高、一般、较低三个层级进行评价。	全学段教育
			公众满意度	根据教育环境、教育投入、教育质量、教育公平、教育目标、教育管理六个方面，通过问卷调查、电话调查、网络调查情况，设置较高、一般、较低三个层级进行评价。	
			主管部门满意度	根据教育环境、教育投入、教育质量、教育公平、教育目标、教育管理六个方面，通过问卷调查、电话调查、网络调查情况，设置较高、一般、较低三个层级进行评价。	
			其他相关部门机构满意度	根据教育环境、教育投入、教育质量、教育公平、教育目标、教育管理六个方面，通过问卷调查、电话调查、网络调查情况，设置较高、一般、较低三个层级进行评价。	
		社会效益	学校发展成就	根据学校发展目标实现程度，毕业生社会反响，与其他学校合作情况，学生、家长、社区满意度综合情况，设置较高、一般、较低三个层级进行评价。	
			教师发展成就	根据师资队伍结构，年度职称晋升比率，专业发展成果，教师校外竞赛评优获奖、科研能力综合情况，设置较高、一般、较低三个层级进行评价。	
			学生发展成就	根据学生对自我成长发展满意度、学生思想道德与职业素质情况、专业技能综合情况，设置较高、一般、较低三个层级进行评价。	
			入园率	学前教育在园幼儿总数/3~5岁年龄组人口数×100%。	学前教育
			普惠性幼儿园占比率	普惠性幼儿园处数/幼儿园的总处数×100%；普惠性幼儿园在园人数/幼儿园在园总人数×100%。	
			适龄儿童入学保持率	实际在校生数/学区内适龄人数×100%。	义务教育
			残疾儿童入学率	残疾儿童入学人数/残疾儿童适龄入学数×100%。	
			义务教育巩固率	毕业生人数/入学人数×100%。	
			学业测试合格率	分值合格人数/参加测试学生总数×100%（选取代表性学科分别进行分值测试）。	
			平均每百人在校生获奖次数	根据实际情况统计。	
			体育测试合格率	体育测试合格人数/参加测试总人数×100%。	
			在校生守法率	1－义务教育在校生违法犯罪率。	
			体质健康达标率	健康测试达标人数/参加测试总人数×100%（优秀率和合格率）。	
			毕业生合格率	毕业生合格人数/应届毕业生总人数×100%。	普通高中
			平均每百人在校生获奖次数及等级	根据实际情况统计。	
			体质健康达标率	健康测试达标人数/参加测试总人数×100%（优秀率和合格率）。	
			毕业率	毕业生总人数/入学人数×100%。	普通高等教育职业教育
			首次就业率	首次就业人数/毕业生总人数×100%。	
			就业对口率	就业对口人数/就业总人数×100%。	
			创业率	创业人数/毕业生总人数×100%。	
			继续升学率	升学人数/毕业生总人数×100%。	
			学生每千人获奖情况	对实际获奖情况（论文奖项、科技奖项、人文奖项）进行统计。	
			优秀人才能力培养综合评价	从科学精神、创新意识、创造能力和国际视野层面进行综合评价。	
			用人单位对学生综合表现的反映	设置满意、较满意、一般、差四个层级进行评价。	

续表

一级指标	二级指标	三级指标	四级指标	指标说明	适用类型
效果	效益	社会效益	对就业机会增加的影响	设置作用较大、一般、较小、无作用三个层级进行评价	普通高等教育职业教育
			对区域产业机构优化的作用	设置作用较大、一般、较小、无作用三个层级进行评价。	
			对区域产业进步的影响	设置作用较大、一般、较小、无作用三个层级进行评价。	
		可持续影响	生师比	设置达标和不达标两个层级来评价。	全学段教育
			生均占地面积	设置达标和不达标两个层级来评价。	
			生均校舍建筑面积	设置达标和不达标两个层级来评价。	
			生均图书	设置达标和不达标两个层级来评价。	
			生均生活设施设备	设置达标和不达标两个层级来评价。	
			生均实验室等功能用房	设置达标和不达标两个层级来评价。	
			生均教育教学设备	设置达标和不达标两个层级来评价。	
			生均信息化建设设备	设置达标和不达标两个层级来评价。	
			生均音体美设施设备及器材	设置达标和不达标两个层级来评价。	

省财政厅关于印发《2017年预算项目支出绩效目标模板及样表》的通知

2017 年 7 月 31 日　鲁财绩函〔2017〕1 号

省直各部门、单位：

为进一步推进预算绩效管理工作，提升绩效目标编报质量，引导部门、单位间相互学习借鉴，我们在对省级 2017 年预算项目支出绩效目标编报情况进行全面梳理的基础上，选择部分共性项目制作了项目支出绩效目标模板，并选取部分省直部门编报的优秀项目制作了样表，整理汇编成《2017 年预算项目支出绩效目标模板及样表》，现予印发，供参考。

附件：2017 年预算项目支出绩效目标模板及样表（略）

十九、

政府购买服务管理类

省财政厅关于进一步做好政府购买服务计划编报等有关事项的通知

2017 年 5 月 4 日　鲁财购〔2017〕3 号

省直各部门、单位：

编报购买服务计划是顺利推行政府购买服务工作的基础。近年来，省直各部门、单位十分重视购买服务计划编报工作，编报质量不断提升，购买服务规模不断扩大，但也存在少报、漏报和编报不规范等问题。为进一步贯彻落实省政府办公厅《关于进一步推行政府购买服务加快政府采购改革的意见》（鲁政办字〔2016〕207 号），根据政府购买服务有关政策规定，结合近年来审计工作要求，现将有关事项通知如下。

一、进一步明确购买服务计划编报范围

（一）具有政府购买服务主体资格的部门、单位，包括行政机关、党的机关、人大机关、政协机关、检察机关、审判机关、纳入机构编制管理且经费由财政保障的群团组织和具有行政管理职能的事业单位，应当编报政府购买服务计划。不具备政府购买服务主体资格的单位，因履职需要购买辅助性服务的，应当按照政府采购法律制度有关规定执行。

（二）购买主体应当编报政府购买服务计划的范围，既包括购买自身履职所需的辅助性服务项目，比如物业服务、法律顾问服务、机关信息系统建设与维护服务项目等，也包括为社会公众购买的公共服务项目，比如养老服务、残疾人服务、公共文化体育服务项目等。

二、进一步规范购买服务计划编报要求

（一）各部门、单位 2017 年部门预算中应当通过购买服务方式实施的项目，未按规定编报政府购买服务计划的（含已编报政府采购预算的服务项目），请于 5 月 25 日前通过“预算一体化系统”及时补报政府购买服务计划。

（二）政府购买服务项目属于《政府采购法》规范范围的，即在政府集中采购目录以内或采购限额标准以上（2017 年为 100 万元）的，应当在编报政府购买服务计划的同时，编报或调整政府采购预算。各部门、单位已经编报 2017 年政府购买服务计划，但未编报政府采购预算的，请于 5 月 25 日前，集中向省财政厅对口部门预算管理处申请调整政府采购预算。

（三）5 月 25 日前，各部门、单位可对已经编报、尚未执行的政府购买服务计划具体内容进行集中调整和修改。

（四）2017 年集中补报政府购买服务计划结束后，每季度终了前 5 日“预算一体化系统”开放政府购买服务计划补报功能。请各部门、单位对预算执行中需要转为政府购买服务方式实施的项目，补报政府购买服务计划，其中属于《政府采购法》规范范围的项目，同时向部门预算管理处申请调整政府采购预算。

（五）为落实省政府关于“2017 年省直部门政府购买服务工作全覆盖”的要求，集中补报计划结束后，我厅将适时对各部门、单位 2017 年政府购买服务计划编报情况进行通报。

三、进一步落实购买服务计划公开工作

为鼓励和引导广大社会力量积极参与政府购买服务项目，按照政府购买服务计划公开要求，结合当前政府购买服务工作实际，2017 年政府购买服务计划只公开政府购买服务项目名称，对实施前难以确定的项目金额等信息暂不公开。请各部门、单位于 5 月 30 日前，在本部门门户网站公开本部门、单位的年度政府购买服务项目名称。预算执行中补报的政府购买服务项目计划，请于每季度终了后 5 个工作日内在本部门门户网站进行公开。

四、进一步加大购买服务工作考核力度

为进一步推动政府购买服务改革，省财政厅将对省直各部门、单位政府购买服务工作开展情况进行考核评价，考核评价结果在一定范围内通报。同时，建立预算激励约束机制，在预算安排上加大对政府购买服务工作成效突出部门、单位的支持力度。

省财政厅关于印发山东省政府购买服务竞争性评审和定向委托方式暂行办法的通知

2017 年 8 月 10 日 鲁财购〔2017〕6 号

各市财政局，省财政直接管理县（市）财政局，省直各部门、单位：

为进一步规范政府购买服务行为，全面构建公共服务购买机制，我们研究制定了《山东省政府购买服务竞争性评审和定向委托方式暂行办法》，现印发给你们，请结合实际认真贯彻执行。

附件：山东省政府购买服务竞争性评审和定向委托方式暂行办法

附件：

山东省政府购买服务竞争性评审和定向委托方式暂行办法

第一章 总 则

第一条 为进一步规范政府购买服务行为，全面构建公共服务购买机制，根据《政府向社会力量购买服务办法》（鲁政办发〔2013〕35 号）、《山东省政府购买服务管理实施办法》（鲁财购〔2015〕11 号）等有关规定，制定本办法。

第二条 购买主体购买不属于《政府采购法》适用范围（即政府采购集中采购目录以外且采购限额标准以下）的服务项目，可采用竞争性评审和定向委托方式确定承接主体。

第三条 竞争性评审，是指购买主体对具备有效竞争条件的服务项目，通过评审小组对意向承接主体提交的响应文件进行综合评审，根据评审结果确定承接主体的购买方式。

第四条 定向委托，是指在特殊条件下，购买主体按照规定程序，将政府购买服务事项交由特定的承接主体承担的购买方式。

第五条 购买主体是政府购买服务的责任主体，应在其行政主管部门的指导下，具体负责组织实施政府购买服务活动，并承担相应责任。

第二章 一般规定

第六条 采用竞争性评审方式和定向委托方式确定承接主体，购买主体具备组织项目购买程序能力的，可以自行组织实施；不具备相应能力的，可以委托具备组织购买程序能力的第三方代理机构承担具体购买工作。

第七条 评审小组（或协商小组）由购买主体代表和具有相关经验的专业人员共3人及以上单数组成。

与意向承接主体有利害关系的评审小组（或协商小组）成员，应当实行回避。利害关系是指：

（一）参加本次购买服务活动前3年内与意向承接主体存在劳动关系；

（二）参加本次购买服务活动前3年内担任意向承接主体的董事、监事；

（三）参加本次购买服务活动前3年内是意向承接主体的控股股东或者实际控制人；

（四）与意向承接主体的法定代表人或者负责人有夫妻、直系血亲、三代以内旁系血亲或者近姻亲关系；

（五）与意向承接主体有其他可能影响政府购买服务活动公平、公正进行的关系。

意向承接主体认为购买主体相关人员与其他承接主体有利害关系的，可以向购买主体或者代理机构书面提出回避申请，并说明理由。购买主体或者代理机构应当及时询问被申请回避人员，有利害关系的被申请回避人员应当回避。

第八条 通过公告方式公开购买需求、邀请意向承接主体及发布购买结果的，购买主体应在行政主管部门门户网站发布，同时通过电子邮件发送至省财政厅（sdzfgmfw@163.com），公告期限为3个工作日。公告期内，对购买需求等公告内容进行变更的，应在相同网站发布变更公告并书面通知已报名参与购买活动的意向承接主体。

上述信息按规定向社会公开，涉及国家秘密、商业秘密和个人隐私的信息除外。

第九条 购买主体、代理机构应当妥善保管项目文件。项目文件包括竞争性评审文件、定向委托文件、响应文件、购买活动记录、公告材料、合同文本、验收证明及其他有关文件、资料。项目文件可以纸质或电子档案方式保存。

购买活动记录应当包括下列内容：

1. 购买项目类别、名称；
2. 项目预算和合同价格；
3. 购买方式，采用该方式的原因及相关说明材料；
4. 评定标准及确定最终承接主体的依据；
5. 异议、复核及相关答复情况；
6. 终止购买服务活动的原因；
7. 其他购买活动记录材料。

第十条 政府购买服务合同应当包括服务内容、服务要求或标准、服务期限、成交价格等要求，以及资金结算方式、双方的权利义务事项和违约责任等内容。

第十一条 承接主体按照合同约定履行提供服务的义务，认真组织实施服务项目，确保服务数量、质量和效果。购买主体实施监督管理，并按国库集中支付管理的有关规定和合同约定支付项目资金。

第三章 竞争性评审

第十二条 服务项目承接主体市场发育程度较好，具备有效竞争条件的，可以采用竞争性评审方式确定承接主体。

第十三条 采用竞争性评审方式确定承接主体，应当按照下列程序进行：

（一）编制竞争性评审文件。评审小组论证并确定项目购买需求，研究编制竞争性评审文件。竞争性评审文件应包括竞争性评审公告或邀请函、承接主体须知、项目预算、项目需求和技术方案要求、价格构成或报价要求、评审方法和评分细则、承接主体响应文件格式及附件要求、提交项目响应文件时间及地点、政府购买服务合同样本等内容。

（二）发布公告或发出邀请函。购买主体通过发布购买服务项目公告或发出书面邀请函形式，邀请不少于3家意向承接主体参与政府购买服务项目竞争。当符合条件的意向承接主体少于3家时，评审小组可根据实际工作需要，决定继续进行评审、改为定向委托方式、修订购买需求重新发布公告或发出邀请函。

（三）编制响应文件。意向承接主体按照服务项目竞争性评审文件要求，编制服务项目响应文件。意向承接主体应对其响应文件的真实性、合法性承担法律责任。

（四）进行综合评审。评审小组按照竞争性文件确定的评审方法和评分细则，对响应文件进行评审和比较。必要时可与意向承接主体分别进行谈判协商。

评审期间，评审小组可根据评审响应文件和谈判情况，实质性变动购买需求中的技术、服务要求以及合同草案条款。实质性变动的内容，须经购买主体代表书面确认。参与竞争的承接主体应当根据变动后的要求，提出新的书面响应文件材料，经法定代表人（或其委托人）盖章（或签字）确认。

（五）提出候选承接主体。评审小组根据评审结果和评审文件有关规定，按照得分高低排序提出不少于2家候选承接主体名单，形成评审报告并由评审小组成员签字。

（六）确定项目承接主体。购买主体根据评审小组评审意见和候选承接主体名单，研究确定服务项目承接主体。

（七）发布结果公告。购买主体发布购买结果公告，包括购买服务项目名称、购买内容、合同金额及报价明细、承接主体名称等相关信息。

（八）签订政府购买服务合同。

第四章 定向委托

第十四条 符合下列情形之一的，可以采用定向委托方式确定承接主体：

（一）落实县级以上人民政府确定的公共政策和改革目标，对承接主体有特殊要求的。

（二）县级以上人民政府或授权的行政主管部门按有关规定与相关合作伙伴签订战略合作协议，按协议约定应向相关合作伙伴或特定主体购买服务的。

（三）在事业单位分类改革过程中，按照政策规定，在改革过渡期内需要由原事业单位继续承担服务的；或者为推动某类事业单位改革，需要通过政府购买服务方式予以支持的。

（四）购买原有服务项目，若更换承接主体，将无法保证与原有项目的一致性或者服务配套要求，导致服务成本大幅增加或原有投资损失的。

（五）承接主体市场发育不足，或者有服务区域范围要求，尚不具备有效竞争条件的服务项目。

（六）承接主体市场具备一定竞争性，但项目金额较小，采用竞争性方式确定承接主体成本费用较高的服务项目。

（七）其他因法律法规或县级以上人民政府有关规定须特定承接主体提供服务的情形。

第十五条 采用定向委托方式确定承接主体，应当按照下列程序进行：

（一）制定定向委托文件。购买主体或邀请具有相关经验的专业人员组成协商小组，对服务项目进行市场调查，研究确定服务项目的具体购买需求和服务标准，测算承接该服务项目所需投入的人工、材料等成本支出、合理利润和相关税费总额，研究制定定向委托文件。

（二）发出定向委托邀请函。购买主体向拟定承接主体发出定向委托邀请函。

（三）编制响应文件。拟定承接主体按照服务项目定向委托文件要求，编制服务项目响应文件。拟定承接主体应对其响应文件的真实性、合法性承担法律责任。

（四）开展协商谈判。购买主体或邀请具有相关经验的专业人员与拟定承接主体进行平等协商谈判，合理确定项目的服务标准、收费标准和最终成交价格等内容，形成协商记录报告。

（五）发布公告。购买主体发布购买结果公告，包括：购买服务项目名称、购买内容、采用定向委托方式的原因、承接主体名称、合同金额及报价明细。

（六）签订政府购买服务合同。

第五章　异议与复核

第十六条　公告期内，意向承接主体可对公告内容向购买主体或代理机构提出异议。异议应当有明确的诉求和必要的证明材料，购买主体或者代理机构应当及时予以解释；提出异议方需要书面答复的，购买主体或者代理机构应当在3个工作日内作出书面答复。

第十七条　意向承接主体对购买主体答复不满意的，可于收到答复后3个工作日内，向其行政主管部门提出书面复核。相关行政主管部门应当在7个工作日内作出最终处理意见。

第十八条　意向承接主体提供虚假材料提出异议或复核的，予以驳回，并列入政府购买服务不良信用记录名单。

第六章　附　　则

第十九条　各市财政部门可根据本办法，结合本地实际，制定具体实施细则。

第二十条　本办法由山东省财政厅负责解释。

第二十一条　本办法自2017年10月1日起施行，有效期至2019年9月30日。

附件：1. 政府购买服务竞争性评审项目公告（参考文本）

2. 政府购买服务竞争性评审项目结果公告（参考文本）

3. 政府购买服务定向委托项目结果公告（参考文本）

4. 政府购买服务合同（参考文本）

附件1：

政府购买服务竞争性评审项目公告

（参考文本）

________（服务购买方）拟通过竞争性评审方式，对以下项目实施政府购买服务，现将项目情况公告如下：

一、项目名称：____

二、项目金额（人民币）：________________________________

三、购买服务内容：______________________________________

四、对服务提供方资质要求及应提交材料：__________________

五、提交材料时间、地点：

1. 时间：201　年　月　日至201　年　月　日（北京时间）。

2. 地点：____

六、联系人及联系方式：

联系人：__________；联系方式：__________。

七、附件：×××项目竞争性评审文件

年　月　日

附件 2：

政府购买服务竞争性评审项目结果公告

（参考文本）

__________（服务购买方）通过竞争性评审方式，组织实施了以下项目的购买活动，现就购买结果公告如下：

一、项目名称：__________

二、购买服务内容：__________

三、合同金额及报价明细（人民币）：__________

四、确定的服务提供方（乙方）：__________

五、联系人及联系方式：

联系人：__________；联系方式：__________。

六、其他内容：

年　月　日

附件 3：

政府购买服务定向委托项目结果公告

（参考文本）

__________（服务购买方）通过定向委托方式，组织实施了以下项目的购买活动，现就购买结果公告如下：

一、项目名称：__________

二、购买服务内容：__________

三、合同金额及报价明细（人民币）：__________

四、采用定向委托方式的原因：__________

五、确定的服务提供方（乙方）：__________

六、联系人及联系方式：

联系人：__________；联系方式：__________。

七、其他内容：

年　月　日

附件 4：

项目编号：

本合同文本仅作为政府购买服务探索阶段的参考文本，双方签订合同时应结合项目特点和具体要求修订相关内容。

政府购买服务合同

（参考文本）

年　月　日

甲方（购买主体）：______________________________

乙方（承接主体）：______________________________

甲方（购买主体）：

地址：

法定代表人：

乙方（承接主体）：

地址：

法定代表人：

根据《中华人民共和国合同法》和山东省人民政府办公厅《政府向社会力量购买服务办法》（鲁政办发〔2013〕35号）、《山东省政府购买服务管理实施办法》（鲁财购〔2015〕11号）等有关规定，为保证政府购买服务质量，明确双方的权利义务，经甲乙双方协商，本着平等互利和诚实信用的原则，双方一致同意，签订本合同。

第一条　服务项目内容

1. 甲方通过__________方式（非政府采购方式）确定由乙方提供以下服务：__________。

2. 服务内容及数量（可另附明细附件）：____。

3. 服务地点：__________。

4. 服务期限：自　年　月　日至　年　月　日。

第二条　服务项目质量标准和要求（可另附明细附件）____。

第三条　合同金额及报价明细

1. 本合同服务费用总金额为（大写）：______________元人民币（￥______________）。

2. 报价明细：____；____；____。

3. 乙方开户名称：

开户银行：

银行账号：

第四条　付款方式（根据有关资金管理规定和服务类型选择以下任一种付款方式）

甲方以□国库直接支付　□国库授权支付　□单位资金转账支付方式付款（在□内画“√”）。

甲方以下述第____项方式支付合同款项。

1. 一次性付款：

乙方履约完毕后且甲方按照本合同第5条规定验收合格后，____日内一次性支付全部服务费。

2. 分期支付：

（1）按年/按季度/按月支付等额的服务费；

（2）本合同签订后____日内，甲方向乙方支付____元（或服务费总额的____%）；在交付服务成果并经验收合格后，支付服务费____元（或服务费总额的____%）。

（3）按本合同项下项目进度支付服务费（应根据项目特点具体约定，以下阶段支付仅为参考）：

1）乙方服务人员到达服务地点并提交服务实施方案后____日内，甲方将总服务费的____%支付给乙方；

2）第二次付款为总服务费的____%，甲方在乙方提交服务阶段报告及其他文件，且该报告及相关文件符合本合同要求并经甲方验收后____日内付给乙方；

3）最后一次付款为总服务费的____%，甲方应在乙方完全履行合同，递交服务总报告及相关文件资料并经甲方验收完毕____日内付给乙方。

第五条 验收方及验收标准

1. 甲方或甲方委托的其他机构应及时对乙方提供的服务进行验收。验收时乙方应派员参加，共同对验收结果进行确认，并承担相关责任。

2. 验收程序及标准（可另附明细附件）：____。

第六条 绩效评估标准及方法（应附具体方案）

1. 甲方根据项目特点和绩效目标要求，制定具体的绩效评估方案，明确评估标准和评估方法。公共服务项目应当邀请服务受益对象代表参与评估。绩效评估重点对项目资金使用情况、成本效益分析、服务对象受益情况、公众满意度等进行综合、客观、公正的评价。

2. 乙方提供服务完成后，甲方按照绩效评估方案组织对服务项目的绩效评估。甲乙双方对绩效评估结果应无异议接受。

第七条 甲方的权利和义务

（一）甲方的权利

1. 甲方有权随时向乙方了解项目进度，并要求乙方提供项目相关资料。

2. 甲方有权对项目资金使用情况进行监督、检查，并要求乙方提供相关资料。

3. 甲方有权按照本合同约定或有关法律法规、政府管理的相关职能规定，对本项目进行监督和检查，有权要求乙方按照监督检查情况制定相应措施并加以整改。甲方不因行使该监督和检查权而承担任何责任，也不因此减轻或免除乙方根据本合同约定或相关法律法规规定应承担的任何义务或责任。

4. 甲方有权在乙方履行合同过程中出现损害或可能损害公共利益、公共安全情形时终止本合同。

5. 甲方有权根据国家政策或法律法规的变动对服务项目的需求标准和质量要求作出相应变动或者取消项目。

6. 甲方有权将乙方履行合同情况及不符合政府购买服务管理规定情况，向有关部门报告并纳入不良信用记录、年检（报）、评估、执法等监管体系中。

（二）甲方的义务

1. 甲方应及时向乙方提供与履行本合同相关的所有必需的文件、资料。

2. 甲方应为乙方履行本合同过程中与相关政府部门及其他第三方的沟通、协调提供必要的协助。

3. 甲方应按照合同约定支付服务费用。

第八条 乙方的权利和义务

（一）乙方的权利

1. 乙方有权按照本合同约定向甲方收取服务费用。

2. 乙方有权自甲方处获得与提供本合同项下服务相关的所有必需的文件、资料。

（二）乙方的义务

1. 乙方应配备具有相应资质、特定经验的工作人员负责项目实施，按照本合同约定的标准、要求和时间完成项目。

2. 乙方不得以任何理由将本合同项下的服务项目转包给第三方承担。

3. 乙方应全面履行本项目实施过程中的相关安全管理职责，因乙方未尽管理职责发生安全事故的，由乙方承担相应的法律责任。

4. 乙方承诺根据本合同提供的服务及相关的软件和技术资料，均已取得有关知识产权的权利人的合法授权。如发生涉及专利权、著作权、商标权等争议，乙方负责处理并承担由此引起的全部法律及经济责任。

5. 乙方应接受并配合甲方或甲方组织的对本合同履行情况的监督与检查，对于甲方指出的问题，应及时作出合理解释或予以纠正。

6. 乙方应对项目资金进行规范的财务管理和会计核算，加强自身监督，确保资金规范管理和使用。

7. 乙方应建立健全财务管理与报告制度，按要求向甲方提供资金的使用情况、项目执行情况、成果总结等材料，并配合甲方及甲方组织的监督检查或绩效评价。

8. 乙方应根据甲方要求，无条件接受和配合甲方或甲方委托的会计师事务所进行的与本合同相关的审计。乙方应保存与本合同相关的记录和账目，保存期限为本合同履行完毕或终止后15年。经提前通知，甲方或甲方委托的会计师事务所有权检查并复制上述记录和账目。

9. 项目交付后，乙方应无条件返还甲方向其提供的文件、资料并向甲方移交项目资料，同时乙方应当自留一份完整的项目档案并予以妥善保管。

第九条 违约责任

在本合同履行过程中，双方因违约或重大过失造成对方经济、社会效益等损失的应当赔偿。

1. 甲方无正当理由拒绝接收服务，到期拒付服务费的，甲方向乙方偿付本合同总服务费____%的违约金。甲方逾期付款的，则每日按逾期金额的____%向乙方偿付违约金。

2. 乙方提供的服务不符合本项目相关文件和本合同规定的，甲方有权拒收，并且乙方须向甲方支付本合同总服务费____%的违约金。

3. 乙方未能按照本合同约定时间提供服务或完成约定的项目服务内容的，从逾期之日起每日按本合同总服务费____%的数额向甲方支付违约金；逾期____日以上的，甲方有权终止合同，由此造成的甲方经济损失由乙方承担。

4. 未经甲方同意，乙方不得擅自将本合同服务转包第三方承担。如擅自转包，则乙方应支付给甲方本合同总服务费____%的违约金。

5. 其他违约责任按《中华人民共和国合同法》处理。

第十条 知识产权归属

第十一条 保密条款

1. 乙方应遵守国家有关保密的法律法规和行业规定，并对甲方提供的资料负有保密义务。未经甲方同意，不得将承接政府公共服务项目获得的政府、公民个人等各种信息和资料提供给其他单位和个人。如发生以上情况，甲方有权索赔。

2. 甲方有义务保护乙方的知识产权，未经乙方同意，不得将乙方交付的具有知识产权性质的成果文件、资料向第三方转让或用于本合同以外的项目。如发生以上情况，乙方有权索赔，但甲方依据相关法定职责对外公开的除外。

第十二条 争议的解决

本合同在履行过程中发生的任何争议，如双方不能通过友好协商解决，由甲方所在地人民法院处理。

第十三条 不可抗力

任何一方由于不可抗力原因不能履行合同时，应在不可抗力事件发生后1日内向对方通报，以减轻可能给对方造成的损失，在取得有关机构的不可抗力证明或双方谅解确认后，允许延期履行或修订合同，并可根据具体情况部分或全部免于承担违约责任。

第十四条 合同的终止

1. 本合同期满，双方未续签合同的；

2. 乙方服务能力丧失，致使本合同服务无法正常提供的；

3. 在履行合同过程中，发现乙方已不符合国办发〔2013〕96号、鲁政办发〔2013〕35号规定的承接主体应具备的条件，造成合同无法履行的；

4. 受国家政策或法律法规变动影响，经双方协商终止本合同的。

第十五条 税费

发生与履行本合同有关的一切税费均由乙方负担。

第十六条 其他

1. 本合同所有附件及相关购买文件均为本合同的有效组成部分，与本合同具有同等法律效力。若合同附件与本合同存在不一致的，则以本合同为准。

2. 在履行本合同过程中，所有经双方签署确认的文件（包括会议纪要、补充协议、往来信函）即成为本合同的有效组成部分。

3. 如一方地址、电话、传真号码及乙方银行账户信息有变更，应在变更当日书面通知对方，否则，应承担相应责任。

第十七条 补充条款

1. 谅解与备忘条款：

2. 双方不可撤销的责任与义务：

3. 双方约定以下补充条款：

第十八条 合同生效

1. 本合同订立时间：　　　年　　月　　日

2. 本合同订立地点：________________________________。

3. 本合同在甲、乙双方法人代表或其授权代表签章之日起生效。

4. 本合同一式二份，具有同等法律效力，甲乙双方各执一份。

第十九条 合同附件（若有附件应注明附件名称）

1.

2.

3.

甲方（盖章）	乙方（盖章）
单位名称：	单位名称：
法定代表人（盖章或签字）：	法定代表人（盖章或签字）：
委托代理人（签字）：	委托代理人（签字）：
地址：	地址：
电话：	电话：
传真：	传真：
日期：____年____月____日	日期：____年____月____日

省财政厅　省机构编制委员会办公室关于印发山东省事业单位政府购买服务改革工作实施方案的通知

2017 年 9 月 21 日　鲁财购〔2017〕7 号

各市人民政府，黄河三角洲农业高新技术产业示范区管委会，省直各部门、单位：

为贯彻落实《财政部、中央编办关于做好事业单位政府购买服务改革工作的意见》（财综〔2016〕53 号），经省政府同意，现将《山东省事业单位政府购买服务改革工作实施方案》印发给你们，请结合实际认真贯彻执行。

附件：山东省事业单位政府购买服务改革工作实施方案

附件：

山东省事业单位政府购买服务改革工作实施方案

为贯彻落实《财政部、中央编办关于做好事业单位政府购买服务改革工作的意见》（财综〔2016〕53号）精神，做好事业单位政府购买服务改革工作，支持事业单位分类改革和转型发展，增强事业单位提供公共服务能力，经省政府同意，制定本实施方案。

一、总体要求

（一）指导思想。全面贯彻党的十八大及十八届三中、四中、五中、六中全会和习近平总书记系列重要讲话精神，认真落实党中央、国务院及省委、省政府决策部署，通过推进事业单位政府购买服务改革，推动政府职能转变，深化简政放权、放管结合、优化服务改革，改进政府提供公共服务方式，支持事业单位改革，促进公益事业发展，切实提高公共服务质量和水平。

（二）基本原则。推进事业单位政府购买服务改革，应当坚持以下基本原则：

——坚持分类施策。依据现行政策，我省事业单位分为承担行政职能事业单位、公益一类事业单位、公益二类事业单位、公益三类事业单位、生产经营类事业单位五类，按其类别及职能，合理定位参与政府购买服务的角色作用，明确相应要求。

——坚持目录先导。将现由公益二类、公益三类事业单位承担并且适宜由社会力量提供的服务事项，纳入主管部门的政府购买服务目录，作为政府向事业单位购买服务的依据。

——坚持公开透明。遵循公开、公平、公正原则推进事业单位政府购买服务改革，注重规范操作，鼓励竞争择优，营造良好的改革环境。

——坚持统筹协调。做好政府购买服务改革与事业单位分类改革有关经费保障、机构编制、人事制度、收入分配、养老保险等方面的政策衔接，形成改革合力。

——坚持稳妥推进。充分考虑事业单位改革的复杂性和艰巨性，对事业单位政府购买服务改革给予必要的支持政策，妥善处理发展与稳定的关系，确保事业单位政府购买服务改革工作顺利推进。

——坚持上下联动。各市、各部门要按照省政府总体部署，加快推进事业单位政府购买服务改革进程，制定符合本市、本部门实际情况的政策措施，按时间节点完成各项任务。

（三）总体目标。到2020年底，事业单位政府购买服务工作全面推开，事业单位提供公共服务的能力和水平明显提升；现由公益二类、公益三类事业单位承担且适宜由社会力量提供的服务事项，全部转为通过政府购买服务方式提供；通过政府购买服务，促进建立公益二类、公益三类事业单位财政经费保障与人员编制管理的协调约束机制。

二、分类定位

（一）承担行政职能的事业单位。承担行政职能的事业单位，在按照规定将行政职能划归行政机构或者转为行政机构之前，可以比照政府行政部门，作为政府购买服务的购买主体。待行政职能改革完成后，应当根据新的分类情况执行相应的政府购买服务政策。

（二）不承担行政职能的事业单位。不承担行政职能的事业单位，不属于政府购买服务的购买主体，因履职需要购买辅助性服务的，应当按照政府采购法律法规相关规定执行。

1. 公益一类事业单位。承担义务教育、基础性科研、公共文化、公共卫生及基层的基本医疗服务等基本公益服务，不能或不宜由市场配置资源的公益一类事业单位，既不属于政府购买服务的购买主体，也不属于承接主体，不得参与承接政府购买服务。主管部门应当加强对所属公益一类事业单位的经费保障和管理，强化公益属性，有效发挥政府举办事业单位提供基本公共服务的职能作用。

2. 公益二类事业单位。承担高等教育、非营利医疗等公益服务，可部分由市场配置资源的公益二类事业单位，可以作为政府购买服务的承接主体。现由公益二类事业单位承担并且适宜由社会力量提供的服务事项，应当纳入政府购买服务指导性目录，并根据条件逐步转为通过政府购买服务方式提供。主管部门应当创造条件积极支持所属公益二类事业单位与其他社会力量公平竞争参与承接政府购买服务，激发事业单位活力，增强提供公共服务能力。

3. 公益三类事业单位。具备一定的公益属性，在国家政策支持下可以通过市场配置资源的公益三类事业单位，可以作为政府购买服务的承接主体。现由公益三类事业单位承担并且适宜由社会力量提供的服务事项，应当纳入政府购买服务指导性目录，并根据条件逐步转为通过政府购买服务方式提供。

4. 生产经营类事业单位。可由市场配置资源的生产经营类事业单位，可以作为政府购买服务的承接主体。积极推动生产经营类事业单位转企改制，鼓励其参与承接政府购买服务，并应当与社会力量平等竞争。

（三）尚未分类的事业单位

尚未分类的事业单位，待分类明确后，按上述定位实施改革。根据经济社会发展需要和事业单位履行职能情况，对事业单位类别进行动态调整的，按调整后的类别及职能定位执行相应政策。

三、改革措施

本着分类施策的原则，既要突出改革重点，着力做好公益二类、公益三类事业单位承接政府购买服务工作，又要严格按照现行政府购买服务制度规定，准确把握购买服务重点环节政策要求，规范政府向事业单位购买服务行为。

（一）推行事业单位承接政府购买服务

1. 创新购买服务方式。公益二类、公益三类事业单位承担并且适宜由社会力量提供的服务事项，其主管部门可以根据批复的部门预算和政府购买服务计划，采用直接委托的形式购买并实行合同化管理。其中，属于政府采购集中采购目录以内或者采购限额标准以上的项目，通过单一来源采购方式实施；政府采购集中采购目录以外、采购限额标准以下的项目，可通过定向委托的方式实施。已经采用竞争性购买方式的，应当继续实行。（财政部门、主管部门负责；完成时限：2020年底）

主管部门要逐步减少向公益二类、公益三类事业单位直接委托的购买服务事项，更多地采取公开招标、邀请招标、竞争性谈判、竞争性磋商、竞争性评审等竞争性购买方式确定承接主体。鼓励公益二类、公益三类事业单位与其他社会力量平等竞争，参与承接政府购买服务。（主管部门负责；完成时限：长期任务）

2. 将购买服务项目纳入主管部门政府购买服务目录。主管部门应当按照《省财政厅、省编办关于做好政府购买服务目录编制管理工作的通知》（鲁财购〔2017〕1号）要求，将梳理确认的由公益二类、公益三类事业单位承担并且适宜由社会力量提供的服务事项，纳入主管部门的政府购买服务目录。（财政部门、机构编制部门、相关主管部门负责；完成时限：2020年底）

部分市和省直单位已编制出台政府购买服务指导性目录，但未包括部门所属公益二类、公益三类事业单位服务事项的，应当在调整目录时予以补充完善。

3. 改革公益二类、公益三类事业单位的财政经费保障方式。列入部门政府购买服务目录，现由公益二类、公益三类事业单位承担并且适宜由社会力量提供的服务事项，其相关支出应当通过政府购买服务方式实施，并将相关经费预算由事业单位调整至部门本级机关管理。主管部门按照部门预算编制管理要求，根据本部门政府购买服务目录，编制政府购买服务计划，报同级财政部门审批，相关经费按程序纳入部门预算管理。新增用于公益二类、公益三类事业单位的支出，应当优先通过政府购买服务方式安排。（财政部门、相关主管部门负责；完成时限：2020年底）

对于财政拨款全部变更为购买服务资金的，相应事业单位不再作为预算单位。

4. 探索建立人员编制管理与财政经费协调约束机制。对新增的公共服务事项，适合采取政府购买服务的，要采取政府购买服务方式提供，原则上不再新设事业单位和新增事业编制。根据事业单位政府购买服务改革的要求，积极探索建立事业单位人员编制管理新制度。创新事业单位人员编制管理与财政经费协调约束机制，深入推进事业单位改革。（机构编制部门、财政部门负责；完成时限：2020 年底）

5. 全面梳理公益二类、公益三类事业单位服务事项。根据事业单位划分标准，按照细化职能的原则，对公益二类、公益三类事业单位的职责范围、能够承担的服务事项等进行全面梳理，列出名单，指导主管部门开展本部门所属公益二类、公益三类事业单位的政府购买服务工作。（机构编制部门、主管部门负责；完成时限：2017 年底）

（二）规范事业单位政府购买服务工作

1. 加强合同履约管理。购买主体应当与承接主体签订合同，合同履行后，购买主体应当及时组织对合同履行情况进行检查验收，按照财务管理制度和国库集中支付规定及时办理资金支付。购买主体要做好项目执行情况的跟踪，及时了解掌握项目实施进度和资金使用情况，确保服务质量，提高服务对象满意度。（主管部门负责；完成时限：长期任务）

2. 加强财务管理。购买主体应当结合政府向事业单位购买服务项目特点和相关经费预算，综合物价、工资、税费等因素，合理测算安排所需支出。事业单位承接政府购买服务取得的收入，应当纳入事业单位预算统一核算，按照相关政策规定进行支配。（主管部门负责；完成时限：长期任务）

3. 推进绩效管理。购买主体应当会同财政部门、机构编制部门建立全过程预算绩效管理机制，研究制定相关质量标准，建立购买服务质量标准体系，对服务项目数量、质量和资金使用绩效等进行考核评价。购买主体可以采取自评或者委托第三方评价，绩效评价结果将作为有关部门确定事业单位后续年度参与政府购买服务和是否核减编制的参考因素。健全对事业单位的激励约束机制，提高财政资金使用效益和公共服务质量。（主管部门负责；完成时限：长期任务）

4. 做好信息公开。购买主体应当按照《中华人民共和国政府采购法》《中华人民共和国政府信息公开条例》《山东省政府信息公开办法》等相关规定，及时公开政府购买服务项目实施全过程相关信息，自觉接受社会监督。凡是通过单一来源采购方式实施的政府向事业单位购买服务项目，要严格履行审批程序，需要事前公示的要按要求做好公示。积极推进政府向事业单位购买服务绩效信息公开。（主管部门负责；完成时限：长期任务）

5. 加强监督管理。财政部门要将政府向事业单位购买服务改革工作纳入财政监督范围，加强监督检查和绩效评价，加大监督力度，保障改革工作规范开展。随着事业单位政府购买服务改革的不断推进和各部门购买服务市场化程度的逐步提高，各级各部门要进一步规范实施政府购买服务，防止增加政府债务。参与政府购买服务的各方均应当自觉接受财政、审计和社会监督。（财政部门、审计部门负责；完成时限：长期任务）

四、实施步骤

采用分年实施、压茬进行的方式，在 2020 年底前渐进完成工作任务。具体步骤如下：

（一）2017 年开始试点。2017 年，财政部门会同机构编制部门根据实际情况，选择部分主管部门作为试点部门，在充分沟通的基础上，梳理确定本部门公益二类、公益三类事业单位承担并适宜由社会力量提供的购买服务事项、购买方式及费用核定标准等情况，根据部门政府购买服务目录，按照要求在编制 2018 年度部门预算时，将承担公共服务的公益二类、公益三类事业单位的原有相关支出预算调整为部门本级机关的政府购买服务预算，实施购买程序。（财政部门、机构编制部门、相关主管部门负责；完成时限：2017 年底）

（二）2018 年扩大试点。2018 年，以上试点部门按照批复后的部门预算和政府购买服务相关程序，组织实施好本部门公益二类、公益三类事业单位承担的公共服务事项。同时，在编制 2019 年度预算时，将改革部门范围扩大到符合改革条件的主管部门总数的 50%。（财政部门、机构编制部门、相关主管部门负责；

完成时限：2018年底）

（三）2019年基本推开。2019年，在编制2020年度预算时，将改革部门范围扩大到符合改革条件的主管部门总数的80%。（财政部门、机构编制部门、相关主管部门负责；完成时限：2019年底）

（四）2020年全面推开。2020年，在编制2021年度预算时，将改革部门范围扩大到所有符合改革条件的主管部门，全面推开事业单位政府购买服务改革工作。（财政部门、机构编制部门、相关主管部门负责；完成时限：2020年底）

五、工作要求

（一）加强组织领导。各市、各部门要高度重视事业单位政府购买服务改革工作，从战略高度充分认识这项改革的重大意义，认真贯彻落实党中央、国务院和省委、省政府战略部署，切实加强领导、精心组织、周密部署，扎实有序推进事业单位政府购买服务改革。

（二）落实工作责任。各市财政、机构编制等部门要按照本方案要求，结合当地实际制定事业单位购买服务改革工作实施方案，明确任务分工和完成时限，切实履行工作责任，认真组织做好本市改革工作。各市实施方案应于2017年12月底前送省财政厅、省编办备案。各有关部门要做好本部门事业单位政府购买服务改革工作，指导推进本系统事业单位政府购买服务改革。

（三）扎实有效推进。各有关部门要根据所属事业单位实际情况，推进事业单位政府购买服务改革工作，逐步增加政府购买服务的项目和金额。各市可优先推进教育、医疗、文化、养老等典型项目，及时跟踪、研究分析项目实施情况，总结推广先进经验，不断完善政策，确保2020年底前完成本方案确定的事业单位政府购买服务改革目标任务。

（四）加强调研督导。事业单位政府购买服务改革涉及面广、政策性强，社会普遍关注，并直接关系事业单位人员的切身利益，各市、各部门要切实加强对改革工作的领导，深入基层调研指导，及时研究并妥善处理改革中遇到的矛盾和问题。各级财政、机构编制部门要加强改革工作沟通协调，组织做好改革工作督导、专题调研、政策培训和经验推广，确保改革工作平稳有序推进。各市、省直有关部门要定期向省财政厅、省编办报送工作进展情况，总结经验，查摆问题，提出建议。省财政厅、省编办将对各市、各有关部门工作开展情况进行专项督察。

省财政厅　省民政厅关于通过政府购买服务支持社会组织培育发展的意见

2017年10月24日　鲁财购〔2017〕9号

各市人民政府，黄河三角洲农业高新技术产业示范区管委会，各县（市、区）人民政府，省政府各部门、各直属机构：

为加强和创新社会治理，激发社会组织活力，提高公共服务质量和效率，根据财政部、民政部《关于通过政府购买服务支持社会组织培育发展的指导意见》（财综〔2016〕54号）、《山东省人民政府办公厅关于印发政府向社会力量购买服务办法的通知》（鲁政办发〔2013〕35号）、《关于印发山东省政府购买服务管理实施办法的通知》（鲁财购〔2015〕11号）等文件精神，经省政府同意，现就通过政府购买服务方式支持培育社会组织发展提出以下意见。

一、总体要求

（一）指导思想。全面贯彻党的十八大和十八届三中、四中、五中、六中全会精神，深入贯彻习近平总书记系列重要讲话精神和治国理政新理念新思想新战略，认真落实国家关于通过政府购买服务支持培育社会组织发展的政策措施，围绕推进供给侧结构性改革和新旧动能转换，结合实施“放管服”改革、事业单位改革和行业协会商会脱钩改革，充分发挥市场机制作用，大力推进政府向社会组织购买服务，促进社会组织提升公共服务能力，有效满足人民群众日益增长的公共服务需求。

（二）基本原则

1. 坚持深化改革，完善政策。发挥政府主导作用，正确处理政府和社会的关系，切实转变政府职能，推进政社分开，凡适合社会组织提供的公共服务，尽可能交由社会组织承担。着眼简化手续、提高效率，完善相关政策，增强社会组织发展活力。

2. 坚持问题导向，分类施策。遵循社会组织发展规律，针对社会组织类别特点、发展程度及存在的突出问题，因地制宜，分类施策，积极推进政府向社会组织购买服务。

3. 坚持透明公开，竞争择优。提高政府向社会组织购买服务相关信息的透明度，通过公开公平、竞争择优方式选择社会组织承接政府购买服务，实现信息对称，促进优胜劣汰，打造有利于社会组织健康发展的良好环境。

4. 坚持提升能力，优化服务。通过政府向社会组织购买服务，促进社会组织加强自身能力建设，优化内部管理，增强服务能力，充分发挥社会组织专业化优势，提高公共服务质量和效率。

（三）主要目标。“十三五”时期，政府向社会组织购买服务政策制度进一步完善，购买服务范围不断扩大，推动社会组织成为承接政府购买服务的中坚力量，加快形成一批运作规范、公信力强、服务优质的社会组织，公共服务提供质量和效率显著提升。

二、主要政策

（一）发挥政府主导作用。各级要正确处理政府与市场、政府与社会的关系，结合政府职能转变、行政审批制度改革、行业协会商会脱钩等工作，进一步转变观念，改进公共服务供给方式，逐步将适合社会组织承担的公共服务事项，以购买服务的方式实施。结合修订政府向社会力量购买服务指导目录，明确适宜由社会组织承接的具体服务项目，将社会组织能够承接的事项纳入政府购买服务指导目录，不断扩大向社会组织购买服务的范围。充分考虑服务项目特点，研究适当提高服务类项目政府采购限额标准和公开招标数额标准，简化政府采购方式变更的审核程序和相关要求。购买主体要根据部门职责和业务需要，结合部门预算编制工作，科学制定政府购买服务计划，采取有效措施加大政府购买服务力度，做到应买尽买，逐年提高向社会组织购买服务的份额和比例。

（二）加强分类指导和重点支持。各级政府和部门应结合公共服务需求和社会组织专业化优势，具体明确政府向社会组织购买服务的重点领域或重点项目。有条件的市县和部门，可制定《政府购买服务操作指南》并向社会公开，为社会组织承接政府购买服务项目提供指导。

各级政府部门在同等条件下要优先向社会组织购买民生保障、社会治理、行业管理、公益慈善等领域的公共服务，充分发挥社会组织服务国家、服务社会、服务群众、服务行业的作用。在民生保障领域，重点购买社会事业、社会福利、社会救助等项目；在社会治理领域，重点购买社区服务、社会工作、法律援助、特殊群体服务、矛盾调解等项目；在行业管理领域，重点购买行业规划、行业标准、行业规范、行业评价、行业统计、职业评价、等级评定等项目；在公益慈善领域，重点购买扶贫济困、扶老助残、灾害救助等项目。

各级民政部门要进一步加大向社会组织购买服务工作力度，将社会组织孵化综合服务平台建设、人员培训、等级评估、相关审计等事项，纳入政府购买服务范围。

（三）完善购买环节管理。各级政府和部门要根据服务项目需求特点，综合考虑社会组织承接服务的质量标准和价格水平等因素，合理确定承接主体。要优化项目申报、预算编制、需求公告、组织购买、项目监管、绩效评价等流程，简化程序，提高效率。对购买内容相对固定、连续性强、经费来源稳定、价格变化较小的服务项目，购买主体与提供服务的社会组织签订的政府购买服务合同可适当延长履行期限，最长可以设定为 3 年。对有服务区域范围要求、市场竞争不充分的项目，购买主体可以按规定采取将大额项目拆分采购、定向委托、竞争性评审、新增项目向不同的社会组织采购等措施，促进建立良性的市场竞争关系。对市场竞争较为充分、服务内容具有排他性并可收费的项目，鼓励在依法确定多个承接主体的前提下采取凭单制形式购买服务，购买主体向符合条件的服务对象发放购买凭单，由领受者自主选择承接主体为其提供服务并以凭单支付。

（四）降低社会组织承接服务准入门槛。社会组织参与承接政府购买服务应符合以下资质要求：具有独立承担民事责任的能力；具有开展工作所必需的条件，具有固定的办公场所，有必要的专职工作人员；具有健全的法人治理结构，完善的内部管理、信息公开和民主监督制度；有完善的财务核算和资产管理制度，有依法缴纳税收、社会保险费的良好记录；近 3 年内无重大违法记录；法律、行政法规规定的其他条件。取消社会组织承接政府购买服务须成立满 3 年的限制，对成立未满 3 年，在遵守相关法律法规、按规定缴纳税收和社会保障资金、年检等方面无不良记录的社会组织，应当允许参与承接政府购买服务。购买主体应优先选择具备承接政府转移职能和符合购买服务资格的社会组织名录内的社会组织。

（五）探索建立公共服务需求征集机制。充分发挥社会组织在发现新增公共服务需求、促进供需衔接方面的积极作用，鼓励和推动行业协会商会搭建行业主管部门、相关职能部门与行业企业之间的沟通交流平台，邀请社会组织参与社区及社会公益服务洽谈会，及时发现、汇总公共服务需求信息，并向相关行业主管部门反馈。有关部门应当结合实际，按规定程序适时将新增公共服务需求纳入政府购买服务指导目录并加强管理，在实践中逐步明确适宜由社会组织承接的具体服务项目，鼓励和支持社会组织参与承接，逐步扩大社会组织承接政府购买服务范围。

（六）加强绩效管理。购买主体应督促社会组织严格履行政府购买服务合同，及时掌握服务提供状况和服务对象满意度，发现并研究解决合同履行中的问题，增强服务对象获得感。加强绩效目标管理，合理设定绩效目标及指标，开展绩效目标执行监控。购买主体在项目实施前，应围绕购买服务专业方法、需求评估、成本核算、质量控制、绩效考核、监督管理等环节，组织或委托第三方研究制定相关质量标准，建立科学合理、协调配套的购买服务质量标准体系；项目完成后，根据项目资金额度、复杂程度、服务对象等情况，分别采取自行验收、组织专家评审、第三方机构评估等方式进行项目验收。向社会公众提供的公共服务项目，以服务对象满意度作为一项主要的绩效指标，验收时应邀请一定比例的服务对象参加，并征集服务对象对服务内容、服务质量的评价。鼓励运用新媒体、新技术辅助开展绩效评价。积极探索将绩效评价结果与合同资金支付挂钩，建立社会组织承接政府购买服务的激励约束机制。

（七）加强社会组织信用信息记录、使用和管理。各级民政部门要结合社会组织监管平台和当地信用信息平台建设，及时收录社会组织承接政府购买服务信用信息，推进监管信息和承接服务信用信息公开、共享，建立失信社会组织“黑名单”制度，限制、惩戒失信社会组织。购买主体向社会组织购买服务时，要提高大数据运用能力，通过有关平台查询并使用社会组织的信用信息，将其信用状况作为确定承接主体的重要依据。同时，要结合政府购买服务绩效评价等工作，依法依规追究失信社会组织责任，及时将其失信行为通报社会组织登记管理机关，有条件的要及时在“信用山东”和各级社会组织登记管理机关网站公开。

（八）推进社会组织能力建设。各级民政等部门要加强社会组织承接政府购买服务培训和示范平台建设，采取政府购买服务方式，通过孵化培育、人员培训、业务指导、公益创投等多种途径，进一步支持培育社会组织发展。建立社会组织人员培训制度，定期开展对社会组织负责人及财务人员的培训，将社会组织人才纳入专业技术人才知识更新工程。推动社会组织以承接政府购买服务为契机，完善内部治理，动员整合社会资源，扩大社会影响，加强品牌建设，发展人才队伍，实现专业化发展，不断提升公共服务供给能力。加强社会组织评估标准化建设，健全第三方评估制度。社会组织应自觉承担社会责任，增强服务社会的意识和功能，建立健全以章程为核心的自律和内部管理制度，提高自治化水平。鼓励在街道（乡镇）成立社区社会组织联合会，联合业务范围内的社区社会组织组团承接政府购买服务，带动社区社会组织健康有序发展。加快培育形成一批法人治理结构完善、内部管理制度健全、工作人员稳定、专业化职业化水

平高、资产资金管理规范、能发挥骨干龙头作用的社会组织。

（九）加大信息公开力度。各级财政部门、购买主体应按照《中华人民共和国政府采购法》《中华人民共和国政府信息公开条例》《山东省政府信息公开办法》《山东省政府采购管理办法》《山东省政府购买服务管理实施办法》等相关规定，及时公开政府购买服务政策及项目相关信息，提高信息透明度。财政部门负责在财政官方网站公布本级政府购买服务指导目录。民政部门负责公布本级具备承接政府职能转移和购买服务资格的社会组织名录。购买主体负责在本部门官方网站公布本部门购买服务指导目录及年度政府购买服务项目背景资料、承接主体资格、购买方式、具体服务需求、计划购买时间等相关信息，方便社会组织及时查询，提高承接服务项目的针对性和有效性。

三、保障措施

（一）加强组织领导。各级财政、民政部门要把政府向社会组织购买服务工作列入重要议事日程，会同有关部门加强统筹协调，形成工作合力，扎实推进，加强政府向社会组织购买服务工作的指导、督促和检查，充分利用报刊、广播、电视、网络等多种形式，广泛宣传通过政府购买服务支持培育社会组织的政策要求，做好政策解读，加强舆论引导，推广先进典型，营造良好的改革环境和社会氛围。

（二）健全支持机制。民政部门要会同财政等部门推进社会组织承接政府购买服务的培训、反馈、示范等相关支持机制建设，鼓励购买主体结合绩效评价开展项目指导。财政部门要加强政府购买服务预算管理，结合经济社会发展和政府财力状况，科学、合理安排相关支出预算，指导有关部门做好政府购买服务指导目录及政府购买服务年度计划编制工作。民政部门每年要向社会公布具备承接政府转移职能和符合购买服务资格的社会组织名录。购买主体要加强政府购买服务制度建设，研究制定购买服务实施办法，结合政府向社会组织购买服务项目特点和相关经费预算，综合物价、工资、税费等因素，合理测算安排项目所需支出，加强政府购买服务预算管理、绩效评价。省财政继续安排支持社会组织发展专项资金，逐步加大支持力度，有条件的市县可参照安排专项资金，通过政府购买服务等方式支持社会组织参与社会服务。

（三）强化监督管理。购买主体应按照有关规定，及时公开政府购买服务项目相关信息，自觉接受社会监督。凡通过单一来源方式实施的政府购买服务项目，要严格履行政府采购审批程序，该公示的要做好事前公示，加强项目成本核查和收益评估工作。各级民政等部门要按照职责分工，将社会组织承接政府购买服务信用记录纳入年度检查（年度报告）、抽查审计、评估等监管体系。各级财政等有关部门要加强对政府向社会组织购买服务的资金管理，确保购买服务资金规范管理和合理使用，加强政府向社会组织购买服务的全过程监督，防止暗箱操作、层层转包等问题，加大政府向社会组织购买服务项目审计力度，及时处理涉及政府向社会组织购买服务的投诉举报，严肃查处借政府购买服务之名进行利益输送的各种违法违规行为。

省财政厅关于编报2018年省级政府购买服务计划的通知

2017年12月18日　鲁财购〔2017〕15号

省直各部门、单位：

根据《山东省政府办公厅关于进一步推行政府购买服务加快政府采购改革的意见》（鲁政办字〔2016〕207号）、《山东省财政厅　山东省民政厅　山东省工商行政管理局关于印发〈山东省政府购买服务管理实施办法〉的通知》（鲁财购〔2015〕11号，以下简称《实施办法》）和《山东省财政厅关于编制2018年省级部门预算和2018年—2020年部门中期财政规划的通知》（鲁财预〔2017〕47号）有关规定和要求，现将编报2018年政府购买服务计划有关事项通知如下：

一、编报部门单位

编报部门单位为《实施办法》中规定的具备购买主体资格的国家机关（包括行政机关、党的机关、人大机关、政协机关、审判机关、检察机关），承担行政管理职能的事业单位，以及纳入机构编制管理且经费由财政负担的群团组织。

不承担行政管理职能的事业单位，因履职需要购买社会服务的，应按照政府采购法律法规规定执行，无须编报政府购买服务计划。

二、编报事项范围

各部门单位编报政府购买服务计划范围，为本部门政府购买服务目录（已嵌入财政业务一体化系统）所列服务事项。资金来源包括列省本级支出的省财政拨款资金和中央转移支付资金。编报部门单位要根据2018 年部门预算建议，对照本部门政府购买服务目录，将部门目录内已有预算安排的项目，列为政府购买服务项目，编报政府购买服务计划，通过政府购买服务方式实施。

对尚未完成部门政府购买服务目录编制工作的部门单位，需要通过政府购买服务方式实施的项目，应在编报购买服务计划前，以书面形式报省财政厅、省编办核准。对 2018 年因职责任务调整变化以及新增的或临时性、阶段性公共服务事项需要购买服务的，应在预算追加后及时报送政府购买服务计划。

三、计划编报程序

根据提高年初预算到位率的要求，各编报部门单位应加强购买服务计划编报基础工作，做好项目前期论证，切实编细编准政府购买服务计划。政府购买服务计划通过“财政业务一体化系统”编报，具体编报程序如下：

（一）确定政府购买服务项目。编报部门单位在预算“二上”环节，对部门目录中有预算安排的项目（包括基本支出、业务类项目和投资发展类项目），勾选“是否为政府购买服务项目”，并填报购买金额。部门“二上”数据报省财政厅资金管理处后，“财政业务一体化系统”对编报部门单位没有勾选“是否为政府购买服务项目”的，自动与该部门政府购买服务目录进行相似度比对，对其中“应报未报”的政府购买服务项目，由省财政厅资金管理处直接勾选“是否为政府购买服务项目”，部门单位对此有异议的，应及时与省财政厅资金管理处和政府购买服务办公室联系。

为避免漏报政府购买服务计划和政府采购预算的情形，对属于政府采购法适用范围（政府采购集采目录以内或计划金额超过 100 万元）的政府购买服务项目，应同时勾选“是否为政府采购项目”；对属于编报部门单位范围的政府采购“C”类和“G03”类项目，也应同时勾选“是否为政府购买服务项目”。

（二）填报政府购买服务计划。在“二上”后至部门预算批复前，部门单位根据审核确定的政府购买服务项目，填报《政府购买服务计划表》。对只勾选“是否为政府购买服务项目”的，填《政府购买服务项目计划表》（见附件 1）；对同时勾选“是否为政府购买服务项目”和“是否为政府采购项目”的，填《政府采购预算表》（见附件 2），由政府采购系统生成《政府购买服务项目计划表》。

（三）审核确定政府购买服务计划。编报部门单位填制《政府购买服务计划表》（仅勾选“是否为政府购买服务项目”）后，依次上报主管部门、省财政厅审核（资金管理处审核通过后，推送政府购买服务办公室备案，政府购买服务办公室对备案通过的项目赋予项目编号），审核通过后系统生成部门单位《政府购买服务项目计划表》。

（四）年中调整政府购买服务计划。对年中下达预算指标项目，需要编报政府购买服务计划的，应通过“财政业务一体化系统”，在完善“项目库管理”环节，勾选“是否为政府购买服务项目”，并填报《政府购买服务项目计划表》，具体程序与年初计划编报程序相同。对已下达预算指标项目，执行过程中确需调整政府购买服务计划的，应通过“财政业务一体化系统”，进入“政府购买服务计划”功能模块下的“政府购买服务计划年中调整”子模块进行调整，具体程序与年初政府购买服务计划审核流程相同。

属于政府采购法适用范围的政府购买服务项目计划调整，按照政府采购预算有关规定执行。

四、确定承接主体的方式

购买属于政府采购法适用范围的服务项目，即购买政府采购集中采购目录以内或者采购限额标准（≥100万元）以上的服务项目，购买主体应按照政府采购法律法规规定，采用公开招标、邀请招标、竞争性谈判、竞争性磋商、单一来源采购等方式确定承接主体。

购买不属于政府采购法适用范围的服务项目，即购买政府采购集中采购目录以外且采购限额标准（<100万元）以下的服务项目，购买主体可按照《山东省财政厅关于印发山东省政府购买服务竞争性评审和定向委托方式暂行办法的通知》（鲁财购〔2017〕6号）规定的竞争性评审和定向委托方式确定承接主体。

五、落实政府购买服务激励约束机制

省财政在预算安排上将进一步加大对政府购买服务工作成效突出部门（单位）的支持力度。对适合社会力量承担的新增或临时性、阶段性公共服务事项，选择政府购买服务方式实施的，所需资金按照预算管理要求优先列入财政预算。对适合社会力量承担但未选择政府购买服务方式的项目，原则上不安排增量资金。同时，按照《山东省人民政府办公厅关于转发省财政厅〈山东省省直部门预算管理绩效综合评价实施方案（试行）〉的通知》（鲁政办字〔2017〕185号）规定，政府购买服务预算覆盖率（（部门政府购买服务项目年初计划金额+年中补报计划金额）/部门政府购买服务目录内项目资金预算数×100%），自2018年起纳入省直部门预算管理绩效综合评价范围。

六、有关要求

（一）提高政府购买服务预算覆盖率。已经安排财政资金的部门政府购买服务目录内服务事项，都应编报政府购买服务计划，通过政府购买服务方式提供，确保政府购买服务事项“应编尽编、应买尽买”，力争省直部门政府购买服务预算覆盖率实现较大幅度提升，推进政府购买服务改革扎实开展。

（二）落实事业单位政府购买服务改革要求。各编报部门单位要按照《省财政厅　省编办关于印发山东省事业单位政府购买服务改革工作实施方案的通知》（鲁财购〔2017〕7号）要求，将纳入试点范围事业单位的相关经费预算由事业单位调整至部门本级机关管理，由部门本级机关编报政府购买服务计划。鼓励未纳入试点范围的部门和事业单位，积极探索通过政府购买服务方式提供公共服务。

（三）加强项目需求标准和可行性论证。编报部门单位要加强公众需求调研、市场行情了解、项目资金测算、服务标准制定、合同条款设定以及履约监督和绩效评价等方面工作，必要时可通过公开征求社会公众意见或开展项目投资评审等方式，科学确定公共服务项目，合理编报购买服务计划，确保购买服务项目的科学性和可行性。

（四）做好政府购买服务执行情况统计。属于政府采购法适用范围的政府购买服务项目，通过“政府采购管理信息系统”对项目执行情况进行查询统计。不属于政府采购法适用范围的政府购买服务项目执行情况统计，按照《山东省财政厅关于印发山东省政府购买服务竞争性评审和定向委托方式暂行办法的通知》（鲁财购〔2017〕6号）规定，编报部门单位在发布政府购买服务结果公告时，同步向我厅发送电子邮件（sdzfgmfw@163. com），据此统计部门单位政府购买服务项目执行情况。

附件：1. 政府购买服务项目计划表

2. 政府采购预算表

3. 政府购买服务计划编报流程图

附件1：

政府购买服务项目计划表

山东省×××

金额单位：万元

购买服务计划项目编号	购买服务项目名称	部门目录代码	项目类别	承接主体类别	直接受益对象	是否绩效考核	联系人	联系电话	总计	财政拨款													财政专户管理资金及批准留用教育及医疗收费			上级主管部门补助收入	事业基金和专用基金	事业收入、经营收入等其他收入	上年结转						备注
										小计	经费拨款	专项收入	行政事业性收费	罚没收入	国有资源（资产）有偿使用收入	一般公共预算其他收入	政府性基金收入	国有资本经营预算收入	中央一般性转移支付（一般公共预算）	中央专项转移支付（一般公共预算）	中央转移支付（政府性基金）	中央转移支付（国有资本经营预算）	小计	财政专户管理资金	批准留用的教育及医疗收费				小计	财政拨款结转				非财政拨款结转	
																														经费拨款结转	其他财政拨款转结	政府性基金	国有资本经营预算		

附件 2：

政府采购预算表

山东省×××

金额单位：万元

<table>
<tr><th rowspan="3">采购项目</th><th rowspan="3">是否科研项目</th><th rowspan="3">功能科目</th><th rowspan="3">经济科目</th><th rowspan="3">政府经济科目</th><th rowspan="3">采购品目</th><th rowspan="3">组织形式</th><th rowspan="3">采购方式</th><th rowspan="3">代理机构名称</th><th rowspan="3">是否进口产品</th><th rowspan="3">进口产品目录</th><th rowspan="3">鲁财采方式准文件号</th><th rowspan="3">鲁财采进准文件号</th><th rowspan="3">单价</th><th rowspan="3">数量</th><th rowspan="3">计量单位</th><th rowspan="3">总计</th><th colspan="13" rowspan="2">财政拨款</th><th colspan="3" rowspan="2">财政专户管理资金及批准留用教育及医疗收费</th><th rowspan="3">上级主管部门补助收入</th><th rowspan="3">事业基金和专用基金</th><th rowspan="3">事业收入、经营收入等其他收入</th><th colspan="6">上年结转</th><th colspan="2" rowspan="2">资产配置项目</th><th rowspan="3">计划投入时间</th><th rowspan="3">联系人</th><th rowspan="3">电话</th><th rowspan="3">部门购买服务目录代码</th><th rowspan="3">承接主体类别</th><th rowspan="3">直接受益对象</th><th rowspan="3">是否纳入绩效考核</th><th rowspan="3">项目类别</th><th rowspan="3">预算项目名称</th><th rowspan="3">编制时间</th></tr>
<tr><th rowspan="2">小计</th><th colspan="4">财政拨款结转</th><th rowspan="2">非财政拨款结转</th></tr>
<tr><th>小计</th><th>经费拨款</th><th>专项收入</th><th>行政事业性收费</th><th>罚没收入</th><th>国有资源（资产）有偿使用收入</th><th>一般公共预算其他收入</th><th>政府性基金收入</th><th>国有资本经营预算收入</th><th>中央一般性转移支付（一般公共预算）</th><th>中央专项转移支付（一般公共预算）</th><th>中央转移支付（政府性基金）</th><th>中央转移支付（国有资本经营预算）</th><th>小计</th><th>财政专户管理资金</th><th>批准留用的教育及医疗收费</th><th>经费拨款结转</th><th>其他财政拨款转结</th><th>政府性基金</th><th>国有资本经营预算</th><th>小计</th><th>其中：超过最低使用年限标准的</th></tr>
<tr><td></td><td></td><td></td><td></td><td></td><td></td><td></td><td></td><td></td><td></td><td></td><td></td><td></td><td></td><td></td><td></td><td></td><td></td><td></td><td></td><td></td><td></td><td></td><td></td><td></td><td></td><td></td><td></td><td></td><td></td><td></td><td></td><td></td><td></td><td></td><td></td><td></td><td></td><td></td><td></td><td></td><td></td><td></td><td></td><td></td><td></td><td></td><td></td><td></td><td></td><td></td><td></td><td></td><td></td></tr>
<tr><td></td><td></td><td></td><td></td><td></td><td></td><td></td><td></td><td></td><td></td><td></td><td></td><td></td><td></td><td></td><td></td><td></td><td></td><td></td><td></td><td></td><td></td><td></td><td></td><td></td><td></td><td></td><td></td><td></td><td></td><td></td><td></td><td></td><td></td><td></td><td></td><td></td><td></td><td></td><td></td><td></td><td></td><td></td><td></td><td></td><td></td><td></td><td></td><td></td><td></td><td></td><td></td><td></td><td></td></tr>
</table>

附件 3：

政府购买服务计划编报流程图

一、年初政府购买服务计划编报程序

说明：登录"财政业务一体化系统"→点击"预算编制'二上'"，进入功能导航。

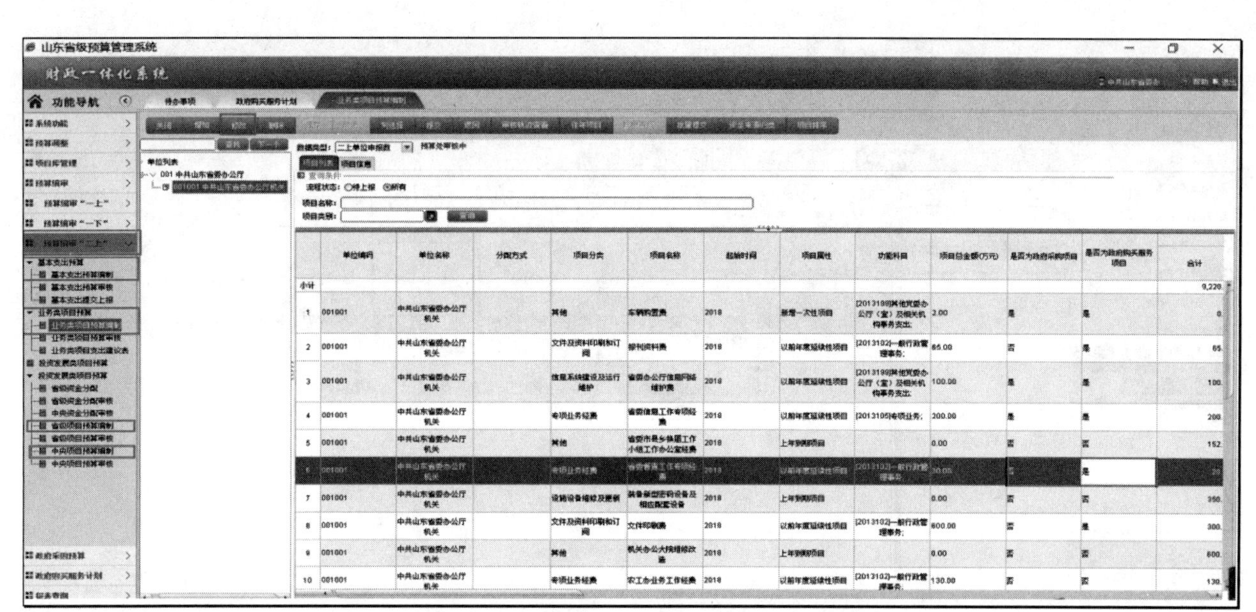

说明："预算编制'二上'"菜单下的"基本支出预算编审"、"业务项目预算编审"和投资发展类预算下的"省级项目预算编审"、"中央项目预算编审"内的项目，都有可能需要通过政府购买服务方式实施，点击这些菜单进入具体项目，点击"修改"，对"是否为政府购买服务项目"选项进行选择。

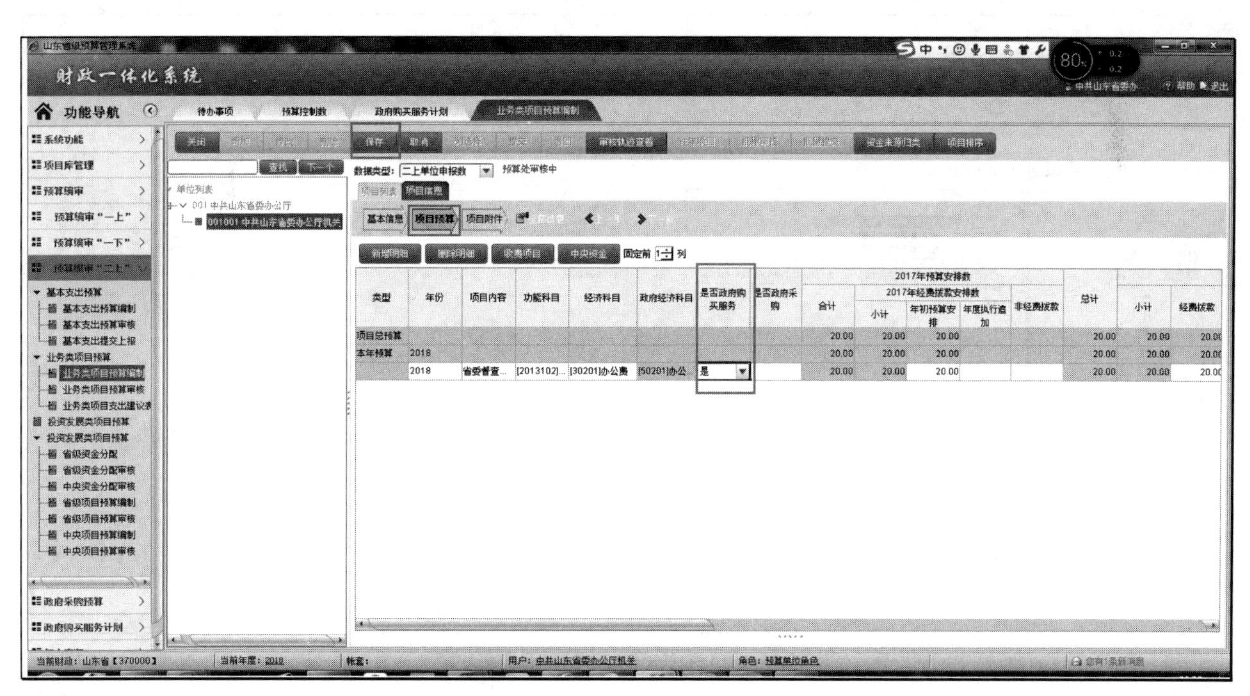

说明：选择完毕后，点击"保存"，确定政府购买服务项目。

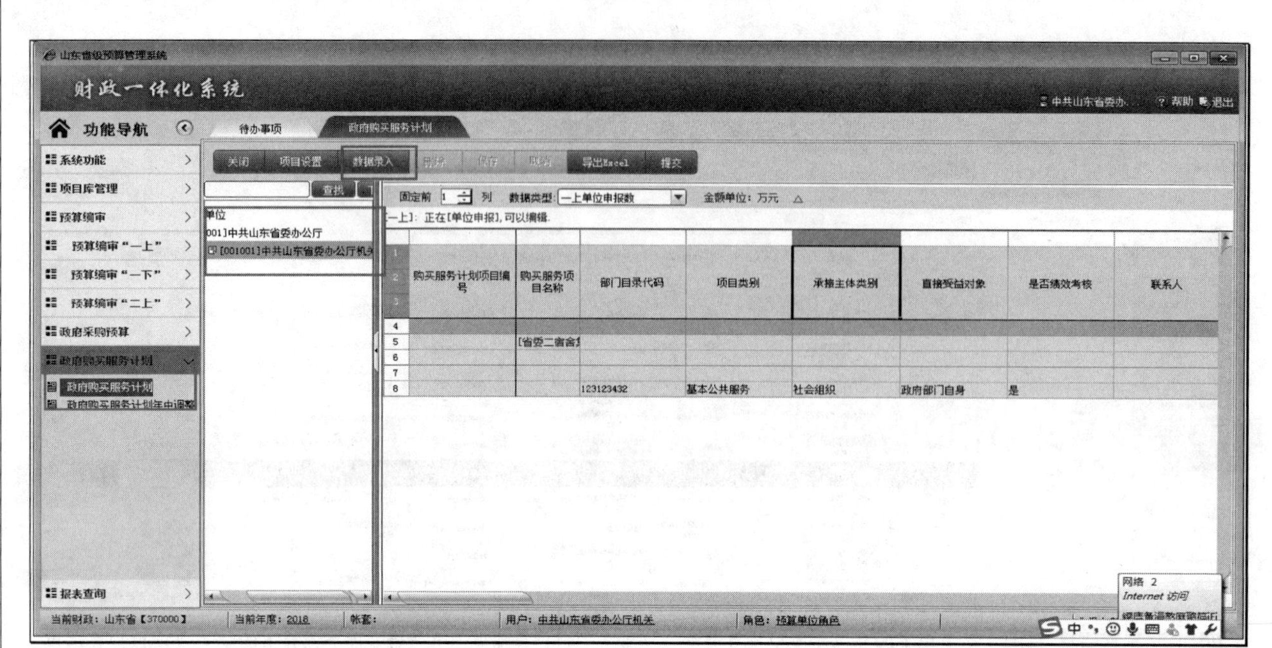

说明：确定政府购买服务项目后，返回功能导航点击“政府购买服务计划”菜单，在“项目设置”栏目中选择编报部门单位名称。

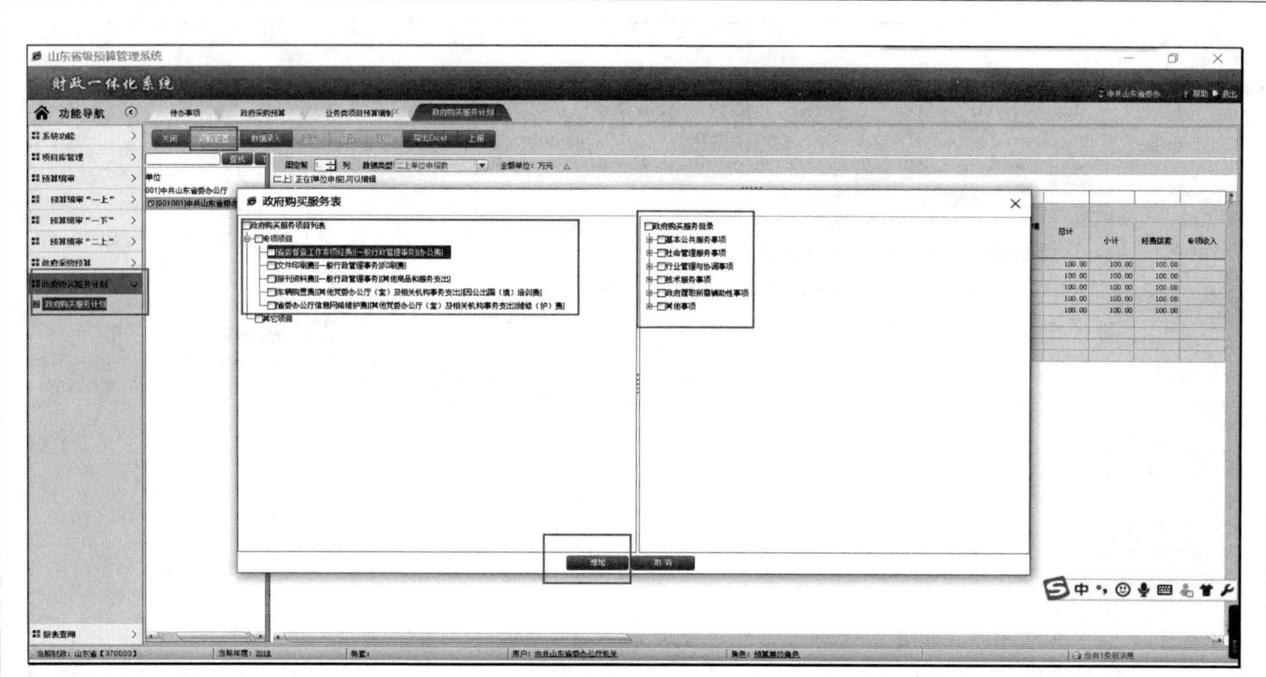

说明：页面显示政府购买服务项目列表，点击选择具体项目→点击选择“政府购买服务目录”类别→点击“增加”，进入填报政府购买服务项目计划表页面。

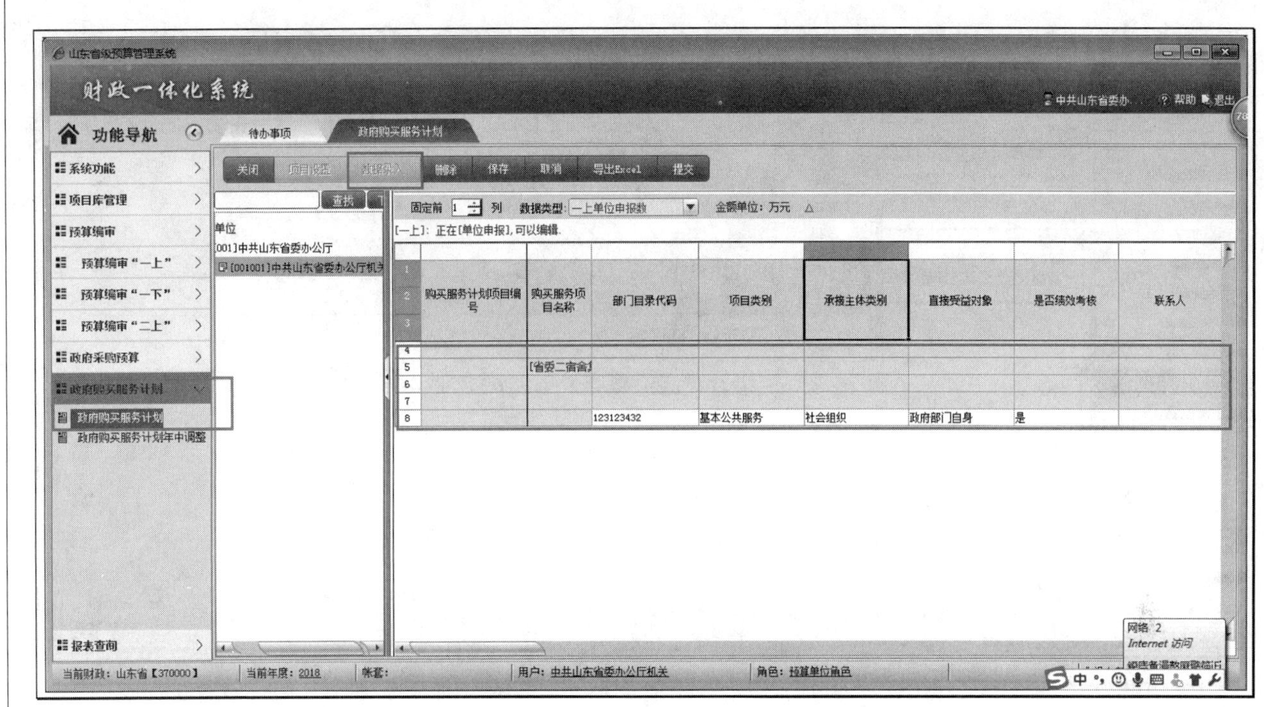

说明：点击“数据录入”→录入政府购买服务项目计划表需要填报的内容→点击“上报”。

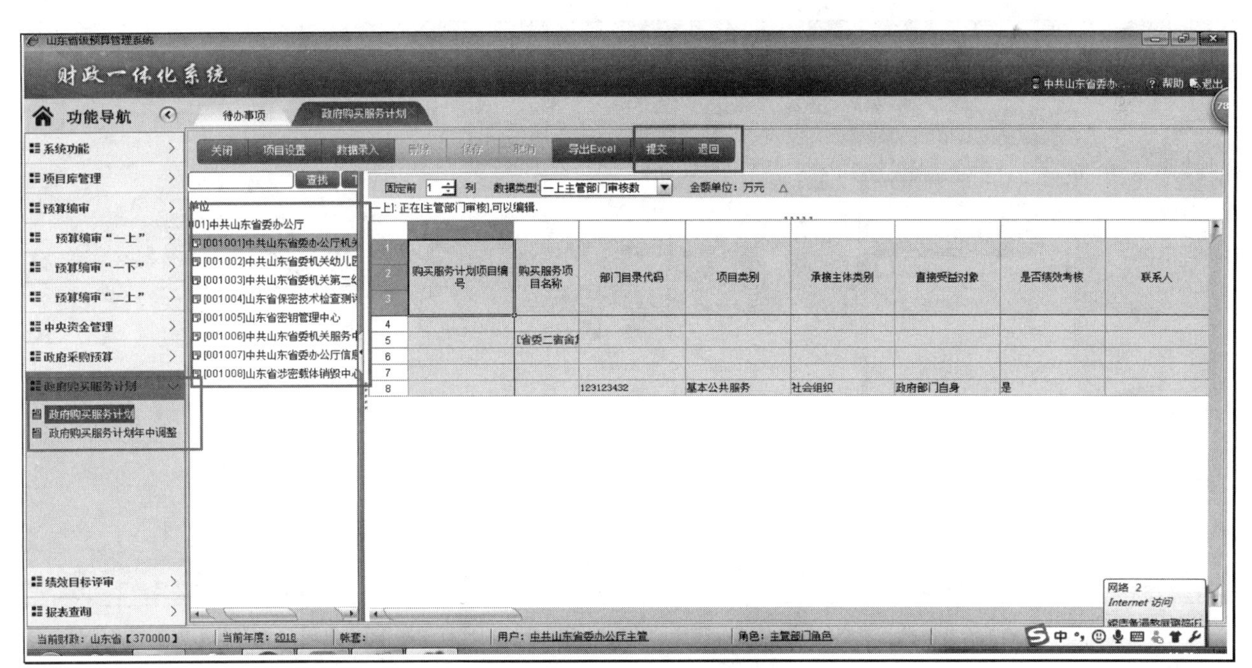

说明：主管部门对下级单位上报的政府购买服务计划进行审核，不符合政府购买服务相关规定的，点击“退回”，退回编报单位进行修改；符合相关规定的点击“提交”，上报省财政厅部门预算管理处。

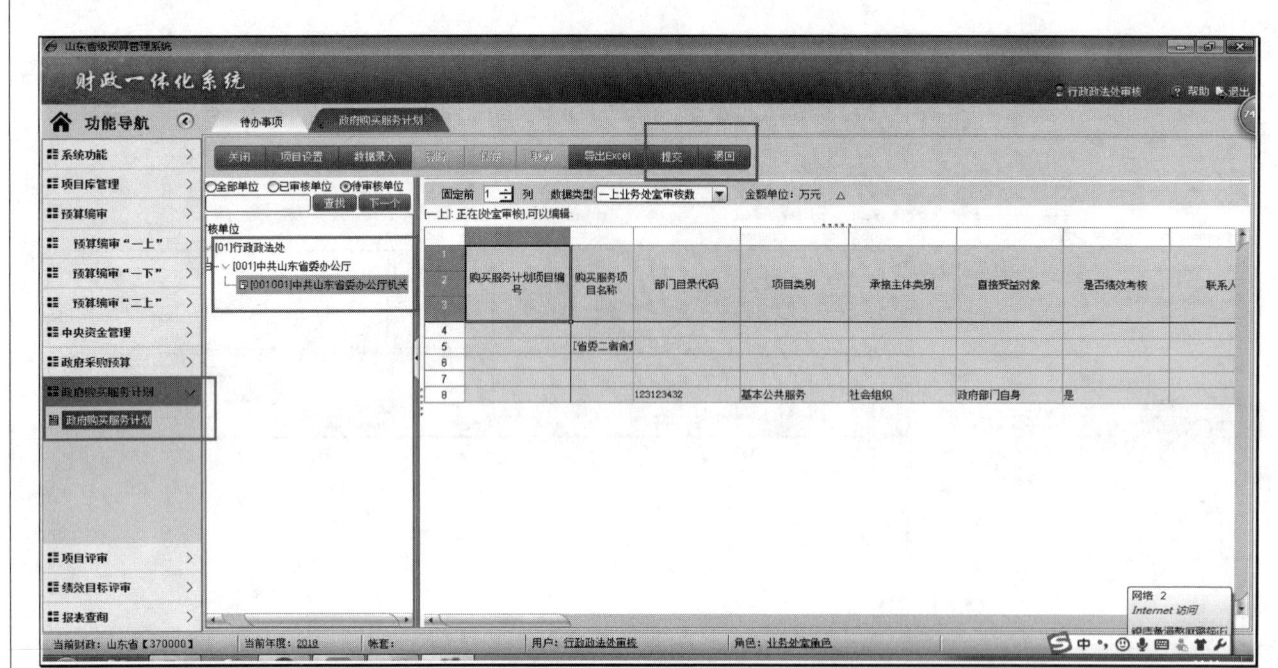

说明：省财政厅部门预算管理处对部门上报的政府购买服务计划进行审核，符合要求的点击“提交”推送到政府购买服务办公室备案，不符合要求的点击“退回”，由编报部门单位进行修改。

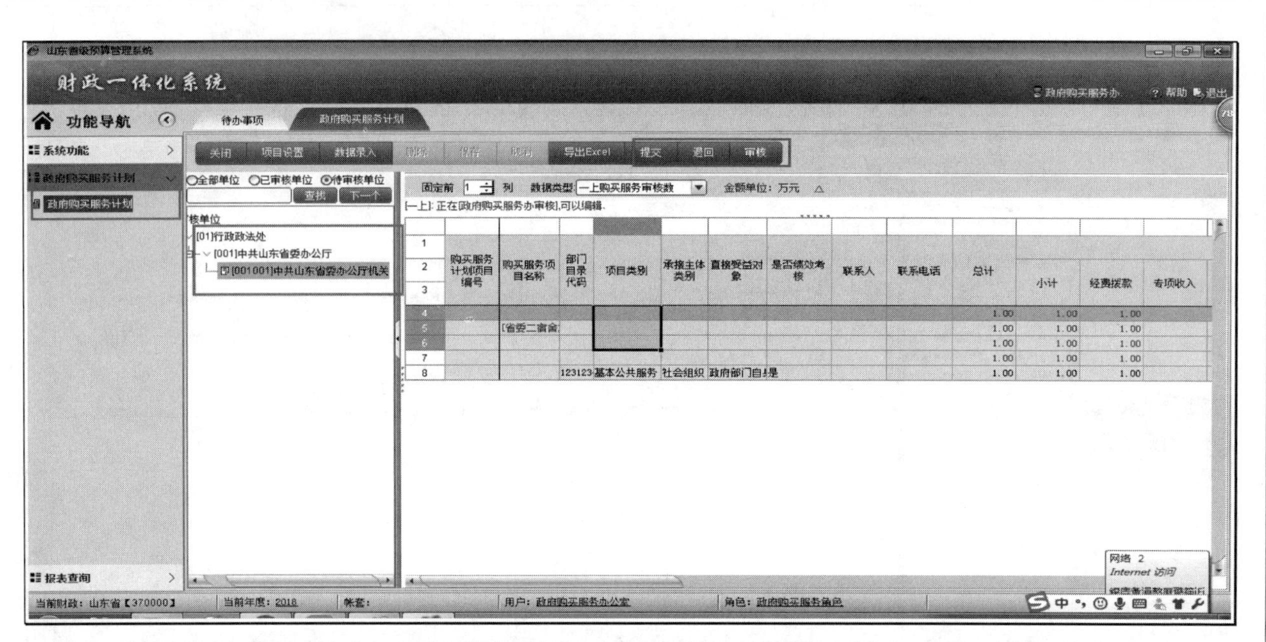

说明：省财政厅政府购买服务办公室对部门预算管理处推送的政府购买服务计划进行“备案”，并附“政府购买服务项目编号”。

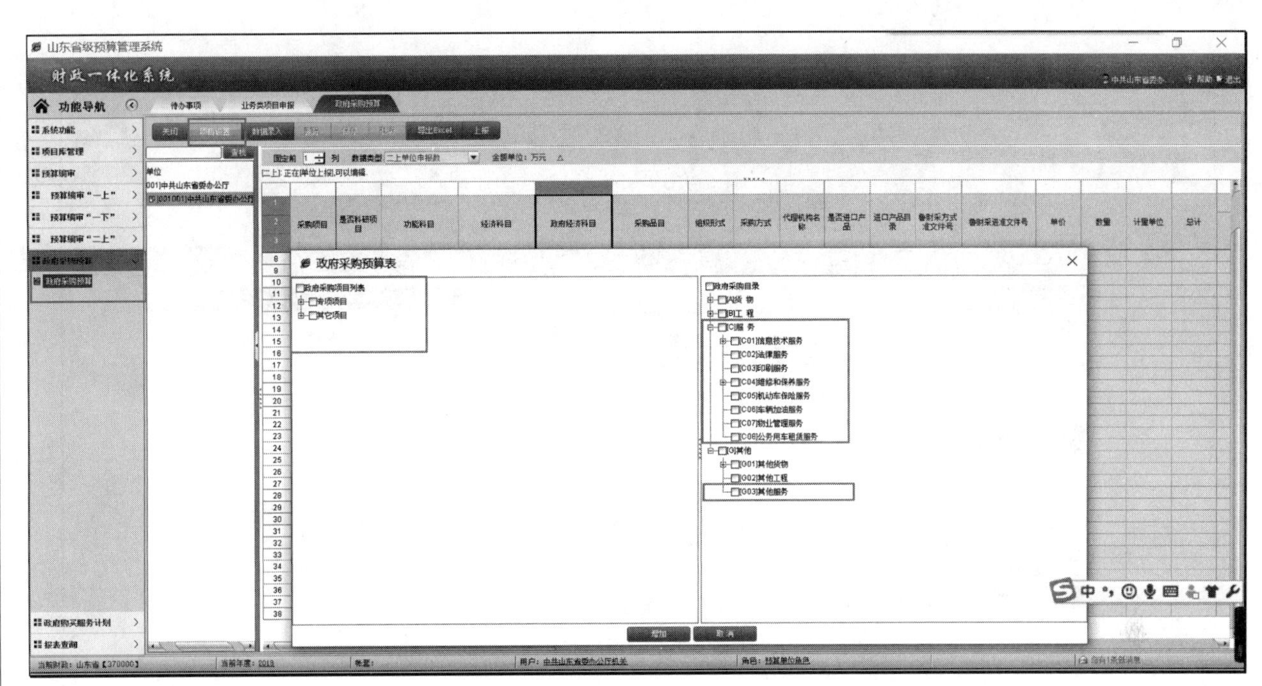

说明：对同时勾选“是否为政府采购项目”和“是否为政府购买服务项目”的，进入“政府采购预算”菜单→点击“项目设置”→选择“政府采购项目列表”→选择“C 服务”菜单中的具体目录或“G03 其他服务”。

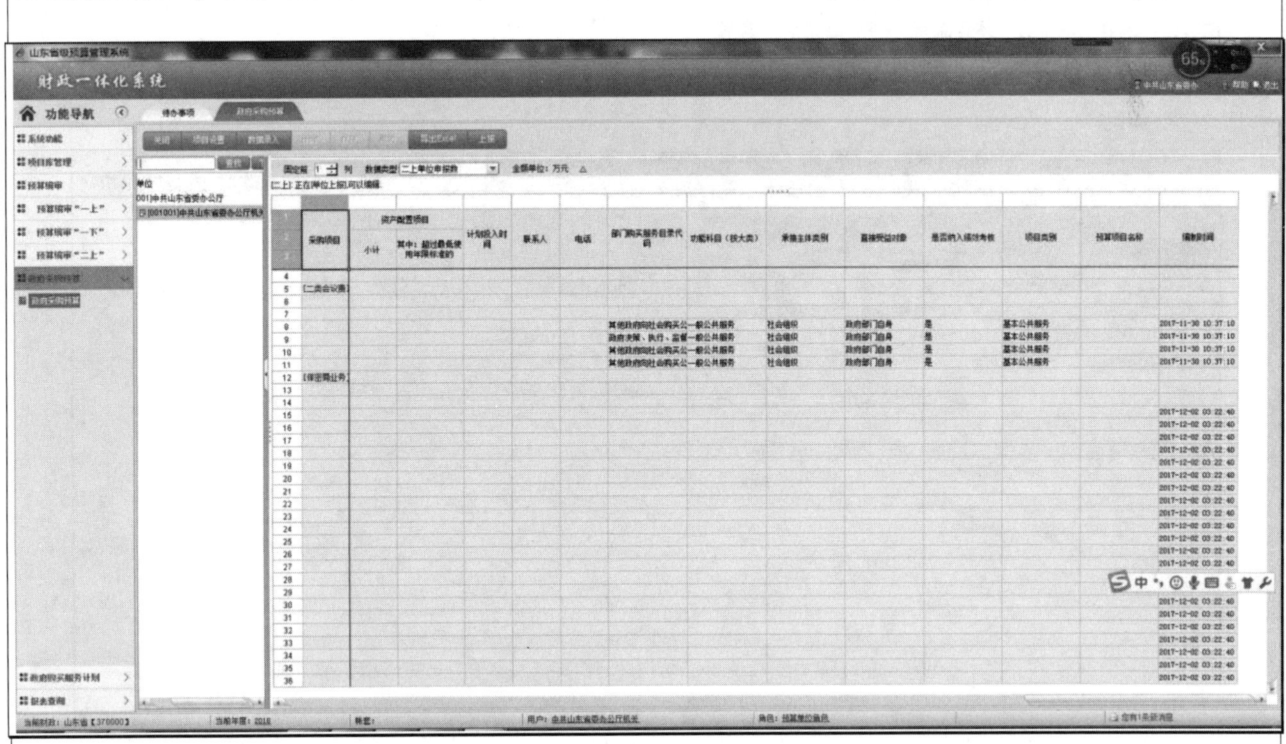

说明：在政府采购预算表中，填列政府购买服务项目的相关信息。

二、年中调整政府购买服务计划程序

说明：登录“财政业务一体化系统”→点击“预算编制‘二上’”，进入功能导航。

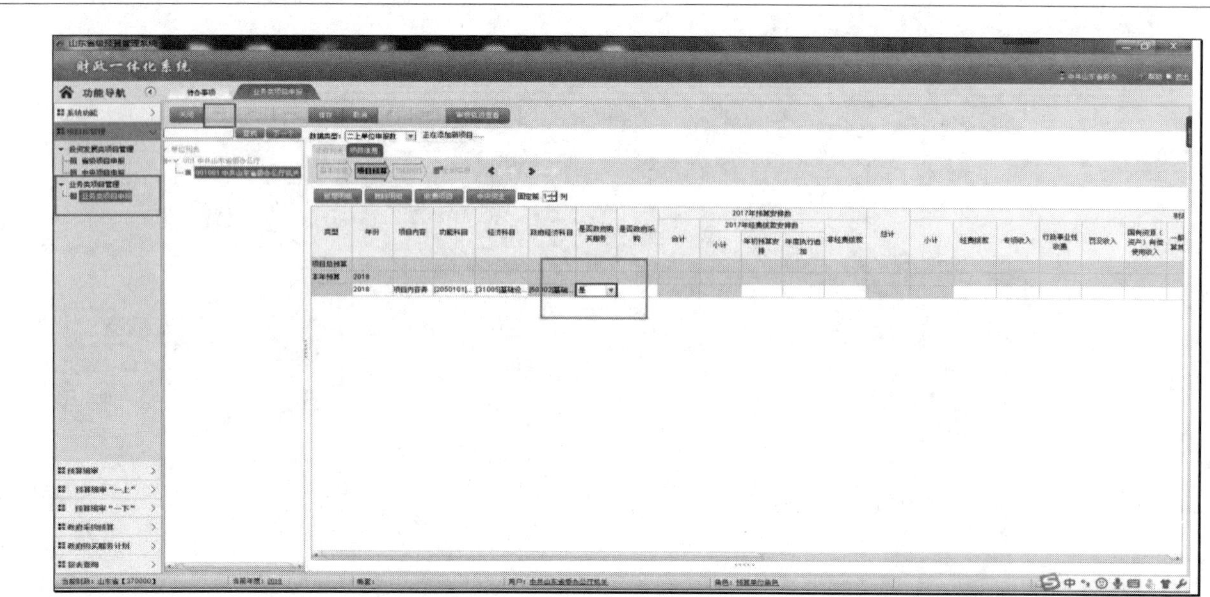

说明：对年中下达预算指标的项目，在完善“项目库管理”环节，勾选“是否为政府购买服务项目”，并填报《政府购买服务项目计划表》，具体流程与年初计划编报程序相同。

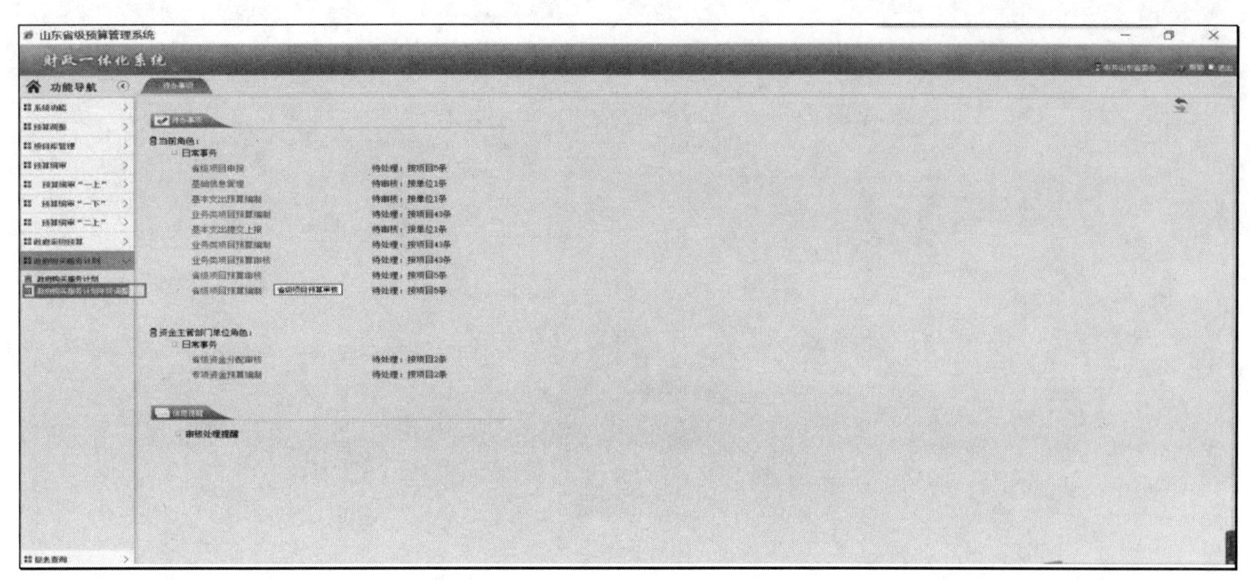

说明：在功能导航中选择“政府购买服务计划”→点击“政府购买服务计划年中调整”，对年初已下达预算指标的政府购买服务项目计划进行调整，审核流程与年初编报政府购买服务计划相同。

二十、

政府引导基金类

省财政厅关于印发山东省区域资本市场股权质押融资增信引导基金管理实施细则的通知

2017 年 6 月 30 日　鲁财基金〔2017〕6 号

各市财政局：

为加快我省区域资本市场发展，解决中小企业融资难、融资贵难题，根据《山东省区域资本市场股权质押融资增信基金设立方案》，我们研究制订了《山东省区域资本市场股权质押融资增信引导基金管理实施细则》，现予印发，请遵照执行。

附件：山东省区域资本市场股权质押融资增信引导基金管理实施细则

附件：

山东省区域资本市场股权质押融资增信引导基金管理实施细则

第一章　总　　则

第一条　为更好地发挥财政政策引导和市场在资源配置中的决定性作用，进一步推动我省区域资本市场加快发展，缓解中小企业融资难、融资贵问题，按照《中共中央国务院关于深化投融资体制改革的意见》（中发〔2016〕18 号）和省政府《关于推动资本市场发展和重点产业转型升级财政政策措施的通知》（鲁政发〔2016〕20 号）精神，设立山东省区域资本市场股权质押融资增信引导基金，并制定本实施细则。

第二条　山东省区域资本市场股权质押融资增信引导基金（以下简称引导基金），是由省政府出资设立，推动区域资本市场发展，改善中小企业融资环境的政策性基金。

第三条　按照“政府引导、多方合作、银行增信、释缓风险”的原则，引导基金通过参股方式，与相关设区市（以下简称市）共同发起设立总规模 10 亿元的股权质押融资增信基金（以下简称参股基金），通过“政银企”合作机制，利用股权质押方式，为齐鲁股权交易中心挂牌及托管企业申请银行贷款提供增信服务。县（市、区）可参与市级参股基金。

第四条　根据各市积极性和方案可行性，参股基金由省财政、齐鲁股权交易中心、符合条件的市（不含青岛，下同）和社会资本共同出资，分期到位。省财政按基金规模的 25% ~30% 认缴出资，其他基金份额由齐鲁股权交易中心商各市筹措解决。

第二章　职 责 划 分

第五条　省财政厅代表省政府履行引导基金出资人职责，负责引导基金管理。省财政厅向引导基金管理公司支付管理费。管理费支付标准和方式按照有关文件规定执行。

第六条 省金融办作为省政府金融管理部门，负责指导监督引导基金管理公司的经营管理。

第七条 引导基金管理公司根据授权代行引导基金出资人职责，主要职责包括但不限于：

（一）根据市申报的方案，开展合作谈判，与相关市及齐鲁股权交易中心等签订参股基金章程或合伙协议。

（二）对引导基金实行专户管理，专账核算。根据参股基金章程或合伙协议约定，在其他出资人按期缴付出资资金后，将引导基金及时拨付参股基金托管银行账户。

（三）代表引导基金以出资额为限，对参股基金行使出资人权利并承担相应义务，向参股基金派遣代表，监督参股基金运作。

（四）定期向省财政厅、省金融办等相关主管部门报告引导基金和参股基金投资运作及其他重大事项。

第八条 引导基金的分红、退出等资金（含本金及收益）应由引导基金管理公司拨入引导基金托管银行专户，并按规定将引导基金收益上缴省级国库，由省财政厅统筹安排或用于扩大引导基金规模。

第九条 齐鲁股权交易中心负责协助地方政府协调银行和企业关系，主要职责包括但不限于：

（一）与市共同组建或认定参股基金管理机构。经协商，也可由市独立组建参股基金管理机构。

（二）为企业提供股权挂牌和股权托管、冻结、质押、转让等服务。

（三）协助地方政府起草基金设立的相关文件。

（四）协助地方政府协调合作银行。

（五）积极为合作银行推荐优质挂牌企业。

第十条 地方政府负责协调银行和企业，主要职责包括但不限于：

（一）负责参股基金地方份额的筹集。

（二）独立或与其他出资人共同组建参股基金管理机构。

（三）负责与银行对接，确定贷款利率上浮区间、放大倍数、银行风险敞口等事宜。

（四）当企业无法按期偿还贷款本息时，牵头组织处置贷款违约引发的金融风险，维护地方经济社会稳定。

第十一条 参股基金管理机构对企业尽职调查，进行相关业务指导。主要职责包括但不限于：

（一）协助地方政府协调银行落实参股基金10倍以内的贷款规模。

（二）对贷款企业进行尽职调查。

（三）指导企业办理股权质押手续。

（四）负责保证金管理。

（五）当企业无法偿还贷款时，组织做好后续的处置代偿工作。

（六）定期向各出资方报告基金运作情况及财务状况。

第十二条 参股基金采取所有权、管理权、托管权相分离的管理体制。引导基金管理公司与其他投资人、参股基金管理机构签订公司章程或合伙协议，确定各方的权利、义务、责任。参股基金管理机构依据公司章程或合伙协议，按照市场规则负责基金具体运作。

第三章 机构选择

第十三条 参股基金管理机构应符合《公司法》等相关法律和引导基金管理办法中基金管理机构的相关规定。

具体负责参股基金的日常管理，应符合以下条件：

（一）在中国大陆注册，且注册资本不低于1 000万元人民币，有固定的营业场所和与其业务相适应的软硬件设施。

（二）有健全的股权质押管理和风险控制流程、规范的项目遴选机制和决策机制，能够为企业提供管理咨询等增值服务。

（三）管理团队中高级管理人员应具备良好的风险控制能力，须具有投资或金融行业从业经验并取得相关的从业资格，原则上须具有基金从业资格。

（四）认缴出资额应达到基金规模的2%，具体比例在参股基金合伙协议或章程中约定。

（五）机构及其工作人员无行政主管机关或司法机关处罚的不良记录。

第十四条 新设参股基金申请引导基金出资的，除符合第十三条参股基金管理机构相关规定条件外，还应符合以下条件：

（一）在山东省境内注册。

（二）主要发起人（合伙人）、参股基金管理机构、托管金融机构已基本确定，并草签参股基金章程（合伙协议）、资金托管协议。

（三）其他出资人（合伙人）已落实，并保证资金按约定及时足额到位。

（四）当地政府与合作银行签订协议，明确银行贷款利率在央行同期贷款基准利率的基础上上浮不超过30%，落实银行风险敞口不低于贷款本金总额15%的规定。

第十五条 为更好地发挥政策的激励作用，引导基金将择优筛选申请者：优先选择当地政府积极性高、相关配套措施完善的申请者；优先选择筹资能力强、资金到位快的申请者；优先选择已与银行签订协议、银行条件优惠的申请者；优先选择区域内挂牌及托管企业数量多、质量高的申请者。

第四章 基金运作

第十六条 参股基金增信标的主要为贷款额度500万元以内、贷款期限不超过2年、以股权质押方式获得银行贷款的齐鲁股权交易中心挂牌及托管企业。优先支持科技型、创新型中小微企业。

第十七条 参股基金管理机构通过与银行签订合作协议，为挂牌及托管企业利用股权质押融资提供增信服务。

第十八条 申请股权质押的贷款企业应缴纳实际贷款金额10%的保证金。

第十九条 参股基金提供融资贷款增信运作流程：

（一）参股基金管理机构受理企业融资申请。

（二）参股基金管理机构协调银行对申请企业进行尽职调查。

（三）参股基金管理机构对申请企业进行尽职调查。

（四）参股基金管理机构指导通过尽职调查的申请企业办理股权质押手续。

（五）申请贷款企业与银行签署贷款协议。

（六）贷款企业办理股权质押手续。

（七）贷款企业向参股基金指定账户交纳保证金。

（八）银行发放贷款。

第二十条 若企业按期偿还贷款本息、保证金未受到损失，参股基金管理机构应在收到企业返还保证金申请的5个工作日内，与贷款银行确认并协助完成相关股权解押手续，同时将保证金返还至企业，返还金额为企业缴纳保证金总额及保证金缴存期间按同期存款利率计算的银行利息之和。

第二十一条 贷款逾期后，银行申请代偿条件：

（一）贷款企业不能按期偿还贷款本息，先以保证金进行偿还。

（二）保证金偿还后，若仍不能弥补逾期贷款本息，银行须尽职尽责进行催收及资产保全，确保及时进入司法诉讼程序，及时查封、冻结企业财产（包括但不限于银行账户、房屋、土地、厂房、设备、无形资产）。

（三）在进入司法诉讼程序的同时，银行须积极设法处置变现企业股权（不得低于约定的质押率）；自贷款逾期之日起，银行须在4个月以内对质押的股权进行处置，也可向齐鲁股权交易中心申请通过大宗股权转让系统进行转让，股权处置所得优先偿还银行损失，如有剩余，剩余所得返还股权出质人。

（四）如果贷款逾期4个月后无法通过处置股权或其他方式收回贷款，逾期贷款本金扣除银行承担的风险敞口后，剩余本金部分，银行可向参股基金申请代偿。

（五）代偿前银行须先与参股基金签订相关协议，约定基金代偿后，参股基金取得债权人资格，享有对企业债务的优先追索权，银行将质押权转给参股基金。

第二十二条 参股基金代偿额度不超过基金总规模，并在相关合作协议中约定。参股基金管理机构核实银行代偿申请后，由各出资方按照代偿顺序以出资额为限对贷款本金进行代偿。按照责权利统一原则，为防范道德风险，贷款银行自身承担风险损失不低于贷款本金总额的15%。

第二十三条 偿债顺序依次为企业保证金、股权处置所得、银行风险敞口部分、参股基金。

第二十四条 银行将债权附带质押权转让给参股基金后，参股基金进行代偿。为了维护地方经济稳定，防范地方金融风险，参股基金代偿后，可先由地方政府协调相关机构对企业质押的股权进行处置。地方政府无法处置时，参股基金管理机构可通过市场化方式处置企业股权。股权处置所得优先偿还参股基金代偿金额及相关费用。

第二十五条 参股基金代偿运作流程：

（一）银行向参股基金管理机构提出代偿申请并提交有关资料（包括但不限于发放贷款的相关合同文本、贷款逾期后主张权利的各种资料、法院出具的相关法律文书）。

（二）参股基金管理机构按照规定对申请代偿项目进行审核、确认代偿金额；如经过审核认定银行不作为、消极等待参股基金赔偿，参股基金将不予代偿。

（三）与银行签订相关协议，获得企业优先追索权及质押权。

（四）经审核，符合代偿条件的，参股基金管理机构将代偿金额拨付至相关银行。

第二十六条 对管理水平高、运作效率高、综合效益好的参股基金，适当调增基金规模和引导基金出资额度；对运作效率低、综合效益差的基金，相应减少基金规模及引导基金出资额度，鼓励基金做大做强、规范高效运作。

第二十七条 相关市提报的管理团队核心成员应与基金设立后参股基金管理机构运作团队核心成员一致，如核心成员发生变化，须征得各出资方同意。

第二十八条 引导基金管理公司统一受理参股基金设立申请材料，并对上报方案进行初审。省财政厅、省金融办组织投资、会计、法律等相关领域专家组成评审委员会，对上报方案进行评审。对通过评审的基金申请机构，由引导基金管理公司组织开展尽职调查和合作谈判，并将尽职调查报告和引导基金出资建议报省财政厅。省财政厅审核后提出引导基金出资计划草案，报引导基金决策委员会。

第二十九条 对决策通过的引导基金出资方案，由省财政厅、引导基金管理公司在各自门户网站对拟参股基金有关情况进行公示，公示期10个工作日。对公示期内有异议的项目，由引导基金管理公司及时进行调查核实，提出处理意见报省财政厅审定。

第三十条 通过公示的参股基金，由省财政厅批复引导基金出资额度并根据基金运作进度及时将资金拨付引导基金专户。引导基金管理公司按照章程或合伙协议约定将资金拨付至参股基金账户。

第三十一条 参股基金按照市场化方式独立运作，依据章程或合伙协议约定进行运作。参股基金的存续期限一般不超过10年。引导基金一般通过到期清算、其他股东回购、股权转让等方式实施退出。确需延长存续期的，须报经省财政厅、省金融办批准。

第三十二条 引导基金管理公司应与其他出资人在参股基金章程或合伙协议中约定，有下列情况之一的，引导基金可无需其他出资人同意，选择退出：

（一）其他出资人未按章程或合伙协议约定出资的。

（二）参股基金未按章程或合伙协议约定开展股权质押增信业务的。

（三）参股基金管理机构发生实质性变化的。

（四）参股基金或参股基金管理机构违反相关法律法规或政策规定的。

第五章　收益分配

第三十三条　基金收入包括以下内容：

（一）企业缴纳的融资增信服务费用。

（二）参股基金购买银行协议存款、大额存单及保本理财产品产生的收益。

（三）其他合法收入。

第三十四条　参股基金按公司章程或合伙协议约定向参股基金管理机构支付管理费用。年度管理费用不超过当年所收取服务费用的50%，具体比例在章程或合伙协议中约定。

第三十五条　基金收益分配原则为："先回本后分利，先有限合伙人（LP）后普通合伙人（GP）"。参照出资时中国人民银行公布的一年期贷款基准利率，设定基金门槛收益率。门槛收益率以下部分由全体合伙人按照实缴出资比例进行分配；门槛收益率以上部分作为奖励全部让渡给参股基金管理机构。

第六章　风险控制与监督管理

第三十六条　增信基金应当委托符合条件的金融机构进行托管。引导基金托管金融机构由省财政厅选择确定，并由省财政厅、引导基金管理公司与其签订资金托管协议。参股基金托管金融机构由参股基金管理机构选择确定，并由参股基金企业、参股基金管理机构与其签订资金托管协议。

第三十七条　托管金融机构应符合以下条件：

（一）成立时间在5年以上的全国性国有或股份制商业银行以及总部在山东省境内的商业银行等金融机构。

（二）具有基金托管经验，具备安全保管和办理托管业务的设施设备及信息技术系统。

（三）有完善的托管业务流程制度和内部稽核监控及风险控制制度。

（四）最近3年无重大过失及行政主管部门或司法机关处罚的不良记录。

第三十八条　引导基金托管金融机构应于每季度结束后10日内向省财政厅、引导基金管理公司报送季度引导基金资金托管报告，并于每个会计年度结束后1个月内报送上一年度的资金托管报告。发现引导基金资金出现异常流动现象时应随时报告。

第三十九条　齐鲁股权交易中心应发挥对挂牌及托管企业信息资源掌握全面的优势，积极推荐选择管理水平高、技术含量高、经营业绩好、发展前景好的企业给予增信服务。

第四十条　为防范金融风险，提供增信服务的参股基金资金、企业缴纳的保证金，不得挪作他用，不得进行除购买银行协议存款、大额存单及保本理财产品以外的其他投资行为。

第四十一条　有下列情况之一的企业，参股基金不得提供增信服务：

（一）提供材料弄虚作假的。

（二）近期有逾期欠息等不良信用记录的。

（三）生产经营处于停滞状态或濒临倒闭的。

（四）突发重大事项，包括实际控制人、董事、监事及高级管理人员违法犯罪，对正常生产经营产生重大不利影响的。

（五）存在不利于正常经营的重大诉讼事项的。

（六）参股基金认为其他不予提供增信服务的行为。

第四十二条　企业在贷款期间，每半年终了15个工作日内向参股基金管理机构报送上一期的经营报告和财务会计报表。

第四十三条　获得参股基金支持的企业，应接受参股基金委托的中介机构进行专项审计和评估。对审计检查发现的问题，应在规定时间内整改。对拒不整改或反复整改后未达规定要求的，参股基金有权提前终止增信服务协议，以后不再受理其申请。

第四十四条 企业获得增信贷款后，不得用于投资股票、债券、期货、期权、理财、房地产及其他金融衍生品等高风险投资，仅可用于补充企业流动资金、扩大再生产等生产经营领域。

第四十五条 合作银行对贷款企业、企业法人、主要负责人进行征信管理。

第四十六条 参股基金要严格落实季报制度，及时向省财政厅、引导基金管理公司报送统计报表，定期向引导基金管理公司提交《基金运行报告》和会计报表，并于每个会计年度结束后 3 个月内向引导基金管理公司提交《基金年度会计报告》和《基金年度运行情况报告》。

第四十七条 引导基金管理公司应每月向省财政厅报送引导基金的运行情况，并于每个会计年度结束后 4 个月内报送经注册会计师审计认可的《引导基金年度会计报告》和《引导基金年度运行情况报告》。

第四十八条 引导基金管理公司要加强对参股基金管理机构的监管，密切跟踪其经营和财务状况，防范财务风险，但不干预参股基金管理机构的日常运作。当参股基金的运营出现违法违规或偏离政策导向等情况时，引导基金管理公司应及时向省财政厅及有关主管部门报告，并按协议终止合作。

第四十九条 增信基金应建立完善的市场管理制度，加强对基金增信企业的管理和监控。坚持行政监督和市场监管相结合的原则，建立严格的信息披露制度，并接受社会舆论监督。

第五十条 省财政厅应加强对增信基金的监管，并对基金使用情况进行监督检查和绩效评价，必要时可委托社会中介机构进行专项审计和评估。参股基金管理机构应按规定做好参股基金组织代偿工作，自觉接受财政、审计等部门的监督和审计。

第五十一条 对任何单位和个人在管理中出现涉及财政资金的违法违纪行为，依照国家《财政违法行为处罚处分条例》等有关规定进行严肃处理，并追究相应的民事责任、行政责任。涉嫌犯罪的，移交司法部门依法追究刑事责任。

第七章 附 则

第五十二条 本细则有效期自 2017 年 8 月 1 日起，至 2018 年 7 月 31 日止。

第五十三条 本细则由省财政厅负责解释。

二十一、

农业综合开发管理类

财政部关于印发《国家农业综合开发县管理办法》的通知

2017年5月5日　财发〔2017〕3号

各省、自治区、直辖市、计划单列市财政厅（局）、农业综合开发办公室（局），新疆生产建设兵团财务局、农业综合开发办公室，农业部农业综合开发机构：

为落实有关工作要求，建立健全财经管理法规中有关审批责任追究制度，财政部对2015年12月25日发布的《国家农业综合开发县管理办法》（财发〔2015〕44号）进行了修订，增加了审批责任追究制度的相关条款，现将修订后的《国家农业综合开发县管理办法》印发给你们，请遵照执行。执行中有何问题，请及时向财政部（国家农业综合开发办公室）反馈。

附件：国家农业综合开发县管理办法

附件：

国家农业综合开发县管理办法

第一条　为进一步完善国家农业综合开发县（市、区、旗、农牧团场，以下统称开发县）管理，根据国家关于农业综合开发的有关规定，制定本办法。

第二条　本办法所称开发县是指农牧业资源丰富，耕地（草场）达到一定规模以上，为加强其农业基础设施和生态建设，提高农业综合生产能力，促进农业结构调整和产业发展，经认定纳入国家农业综合开发扶持范围的县。

第三条　开发县管理实行总量控制、分级管理、定期评估、适时退出、违规处罚的方式。

第四条　财政部每3年对开发县管理工作作一次评估，以确保全国开发县总量、布局与中央财政农业综合开发资金规模、资源禀赋分布、开发政策相适应，并依据评估结果下达各省（自治区、直辖市、计划单列市、新疆生产建设兵团、农业部直属垦区，以下统称省）的开发县控制数量。

第五条　省级财政部门在控制数量以内，自行确定具体开发县。农业综合开发项目原则上应安排在开发县。

第六条　新增开发县应当具备下列条件：

（一）耕地资源较充足，平原地区的耕地面积在20万亩以上，丘陵山区的耕地面积在10万亩以上，待开发治理耕地相对集中连片，灌溉水源有保障；牧业县草场面积达到100万亩以上。

（二）种植业、养殖业资源优势明显，新型农业经营主体发展有基础和潜力，开发后能显著提高农业综合效益，增加农民收入。

（三）县级人民政府和有关部门重视开发工作，能够配备适应农业综合开发工作需要的人员和经费；地方财政资金投入有保障；农民群众开发意愿和积极性高。

第七条　对革命老区、民族地区、边疆地区、贫困地区以及垦区予以适当倾斜。对区域内因自然资源条件限制无法纳入开发范围的若干县，可以按地级（市级、师级、农垦总局）为单位整体纳入，视同一个开发县管理。

第八条　省级财政部门应当因地制宜，定期评估现有开发县的开发潜力。已完成开发任务、因城市规划和发展导致土地资源无保障或者缺乏开发积极性的开发县，应适时退出开发县范围。

已完成开发任务或者因城市规划和发展导致土地资源无保障退出的开发县，在满足管理要求的情况下，可继续安排项目支持其产业化发展。

第九条 对存在违规违纪行为的开发县，由上级财政部门责令改正；情节严重的，由财政部予以暂停或取消开发县资格。

被暂停开发县资格的，暂停期限为1年。暂停期内，上级财政部门对被暂停县不予安排农业综合开发资金和项目。

被取消开发县资格的，上级财政部门不再安排农业综合开发资金和项目，3年内不能新增为开发县。

第十条 农业综合开发机构未设置在财政部门的省，由财政部门商农业综合开发机构对开发县进行共同管理。

第十一条 各级财政部门及农发机构工作人员在新增和调整开发县工作中，存在以权谋私、滥用职权、徇私舞弊以及弄虚作假等违法违纪行为的，按照《中华人民共和国行政监察法》、《财政违法行为处罚处分条例》等国家有关规定追究相应责任；涉嫌犯罪的，移送司法机关处理。

第十二条 省级财政部门可根据本办法，结合本地区的实际情况，制定实施细则。

第十三条 本办法自2017年6月1日起施行。2015年12月25日财政部发布的《国家农业综合开发县管理办法》（财发〔2015〕44号）同时废止。

省财政厅关于印发《山东省农业综合开发资金和项目管理办法》的通知

2017年3月12日 鲁财农发〔2017〕2号

各市财政局、农业综合开发办公室：

现将《山东省农业综合开发资金和项目管理办法》印发给你们，请认真遵照执行。

附件：山东省农业综合开发资金和项目管理办法

附件：

山东省农业综合开发资金和项目管理办法

第一章 总 则

第一条 为促进我省农业综合开发资金和项目管理规范化，保障资金安全高效和项目顺利实施，根据《国家农业综合开发资金和项目管理办法》（财政部令第84号）等有关规定，结合我省实际，制定本办法。

第二条 本办法所称农业综合开发是指各级政府为支持农业发展，改善农业生产条件和生态环境，优化农业和农村经济结构，提高农业综合生产能力和综合效益，设立专项资金对农业资源进行综合开发利用和保护的活动。

第三条 农业综合开发的主要任务是加强农业基础设施和生态建设，转变农业发展方式，推进农村一二三产业融合发展，提高农业综合生产能力，保障国家粮食安全，带动农民增收，促进农业可持续发展和农业现代化。

第四条 农业综合开发资金是指用于农业综合开发项目建设的各类资金。主要包括中央财政资金、地方财政资金、项目单位自筹资金和农民群众筹资投劳等。

第五条 农业综合开发项目包括土地治理项目、产业化发展项目。

土地治理项目包括高标准农田建设，生态综合治理，中型灌区节水配套改造等。

产业化发展项目包括经济林及设施农业种植基地、养殖基地建设，农产品加工，农产品流通设施建设，农业社会化服务体系建设等。

第六条 农业综合开发实行国家引导、民办公助的多元投入机制，发挥市场在资源配置中的决定性作用，资金和项目管理应当遵循以下原则：

（一）因地制宜，统筹规划；

（二）集约开发，注重效益；

（三）产业主导，突出重点；

（四）公平公开，奖优罚劣。

第七条 省农业综合开发办公室（以下简称“省农发办”）负责管理和指导全省农业综合开发工作；拟定全省农业综合开发工作的政策和规章制度；拟定全省农业综合开发中长期规划和年度项目计划；负责和指导农业综合开发资金分配和项目管理、监督、检查工作；负责和指导农业综合开发对外交流、合作、调研、宣传、培训和统计、预决算工作。

市级农发机构负责指导本辖区农业综合开发工作，对本辖区农业综合开发资金和项目进行监管。

第八条 农业综合开发以促进农业可持续发展为目标，优化开发布局。对资源环境承载能力强、能够永续利用的区域实行重点开发；对资源环境承载能力有限，但有一定恢复潜力、能够达到生态平衡和环境再生的区域实行保护性开发，以生态综合治理和保护为主，适度开展高标准农田建设；对资源环境承载能力较差、生态比较脆弱的区域实行限制开发，以生态环境恢复为主。

第九条 农业综合开发主要扶持农业主产区，重点扶持粮食主产区。扶持对象以农民为受益主体，包括专业大户、家庭农场、农民合作组织、农村集体经济组织以及涉农企业与单位等。

第十条 农业综合开发县（以下简称开发县）实行总量控制、分级管理、定期评估、奖优罚劣的管理方式。土地治理项目应安排在开发县。

省农发办负责全省开发县的新增、取消、暂停、恢复、适时退出及因行政区划变更确认等工作。

第二章 资金管理

第十一条 农业综合开发资金管理主要是指资金的筹集、分配、使用、报账、会计核算、财务档案管理等。

第十二条 各级财政投入资金应当列入同级政府年度预算。

第十三条 农业综合开发财政资金分配主要采取综合因素法，分配因素包括基础因素、工作绩效因素和其他因素，其中以基础因素为主。

基础因素包括农用地面积、粮食作物总产量、农作物总播种面积、农林牧渔业增加值、农业人口数等基础数据；工作绩效因素包括资金管理、项目管理、综合管理、监督管理等工作考评情况；其他因素包括创新试点、政策性要求等。

省农发办和市级农发机构可以根据年度农业综合开发工作任务重点，按照“先保重点，兼顾一般”的原则，适当调整每年分配资金选择的具体因素和权重。

第十四条 农业综合开发可采取补助、贴息等方式，积极创新机制，吸引撬动社会资金增加投入。

第十五条 各级根据各类农业综合开发项目申报要求和规定，足额落实财政投入和项目单位自筹资金。

鼓励土地治理项目所在地的农村集体和农民以筹资投劳的形式进行投入。

第十六条 农业综合开发财政资金投入以土地治理项目为重点。省农发办根据国家农发办的规定以及全省资源状况和经济发展要求，确定土地治理项目和产业化发展项目的投入比例。

第十七条 农业综合开发财政资金应当用于以下建设内容：

（一）农田水利工程建设；

（二）土地平整、土壤改良；

（三）田间道路建设；

（四）防护林营造；

（五）草场改良；

（六）优良品种、先进技术推广；

（七）种植、养殖基地建设；

（八）农业生产、农产品加工设备购置和厂房建设；

（九）农产品储运保鲜、批发市场等流通设施建设；

（十）农业社会化服务体系建设；

（十一）国家和省规定的其他内容。

第十八条 农业综合开发财政资金的支出范围包括：

（一）项目建设所需的材料、设备购置及施工支出；

（二）项目可行性研究、实施方案编制、环境影响评价、勘察设计、工程预决算审计等支出；

（三）工程监理费；

（四）科技推广费；

（五）项目管理费；

（六）土地治理项目工程管护费；

（七）贷款贴息；

（八）国家和省规定的其他费用。

第十九条 本办法第十八条中规定的项目管理费由县级农发机构按单个国家农业综合开发土地治理项目财政投资分别计提，财政投资1 500万元以下的按不高于3%提取；超过1 500万元的，其超过部分按不高于1%提取。在上述规定比例内，应遵循收支平衡原则，按需计提，避免出现不必要的资金结余。

项目管理费主要用于各类农业综合开发项目实地考察、评审、检查验收、宣传培训、工程招标、信息化建设、工程实施监管、绩效评价、资金和项目公示等项目管理方面的支出。

省级、设区的市级农发机构项目管理经费由本级政府预算安排，不得另外提取。

第二十条 农业综合开发财政资金应当严格执行国家和省有关农业综合开发财务、会计制度，实行专人管理、专账核算、专款专用。

第二十一条 各级财政部门应当根据法律、行政法规和财政部的有关规定，及时、足额地拨付资金，加强管理和监督。

第二十二条 农业综合开发项目财政资金支付实行县级报账制，按照国库集中支付制度的有关规定执行。

土地治理项目要严格按照规定的程序和要求办理报账。县级财政部门应当根据已批准的年度项目实施计划和工程建设进度情况，及时、足额地予以报账。

产业化发展项目，县级财政部门应当在项目完成至少过半后根据项目完成情况办理报账，在项目验收合格后及时、足额予以报账。

实行“先建后补”的农业综合开发项目，由项目实施单位自行筹集建设所需全部资金并组织实施，验收合格后，财政部门将财政补助资金一次性支付给项目实施单位。

第二十三条 县级财政部门应及时编报年度财务决算，并根据财务决算情况进行清算，清算后的结余资金按照规定收回同级财政。

第三章 项目管理

第二十四条 农业综合开发项目管理主要包括前期准备、申报审批、组织实施、竣工验收和运行管护等。

第二十五条 农业综合开发项目的前期准备是指项目申报前的准备工作，包括制定开发规划、建立项目库、编制项目可行性研究报告等。前期准备工作应当做到常态化、规范化。

第二十六条 各级农发机构应当根据国家和省农业综合开发政策和本地区经济社会发展中长期规划，编制农业综合开发规划及阶段性开发方案。

第二十七条 项目申报单位应编制项目建议书，向县级农发机构提出申请。经县级农发机构审核和实地考察合格，存入项目库，并实行动态管理。

第二十八条 项目建议书的主要内容包括项目建设的必要性、建设单位基本情况、建设地点、建设条件、建设方案、投资估算及来源、效益预测等。

第二十九条 省农发办根据国家农发办确定的下一年度农业综合开发扶持政策和重点，适时公布项目申报指南。

市县农发机构根据项目申报指南，从项目库中择优选定拟立项扶持项目。

第三十条 项目申报单位应当提交项目申报书或项目可行性研究报告等材料，并对申报材料的真实性负责。

可行性研究报告应当根据项目类型的要求编制，其主要内容包括：项目建设背景和必要性，申报单位基本情况，建设地点、现状与建设条件，产品方案、建设规模与工艺技术方案，建设布局与建设内容，组织实施与运营管理，投资估算与资金筹措，环境影响分析，综合效益评价以及必要的附件等。

产业化发展项目可行性研究报告（或项目申报书）应达到项目实施方案有关要求。

第三十一条 拟立项扶持的项目应当满足以下条件：

（一）土地治理项目应当符合相关规划，有明确的区域范围，水源有保证，灌排骨干工程建设条件基本具备；地块相对集中连片，治理后能有效改善生产条件或生态环境；当地政府和农民群众积极性高。

（二）产业化发展项目应当符合产业政策和行业发展规划；资源优势突出，区域特色明显；市场潜力大、示范带动作用强、预期效益好；项目建设符合生态环境保护和资源节约利用要求。

第三十二条 市级农发机构负责组织评审本地区拟立项扶持的农业综合开发项目。

项目评审应以有关法律法规、行业标准和农业综合开发政策为依据，对申报项目建设必要性、技术可行性、经济合理性、材料规范性等进行评估和审查，为项目确立提供决策依据。

省农发办负责核查市级评审工作完成情况及工作质量。

第三十三条 在项目评审可行的基础上，由市级农发机构根据资金额度，择优确定拟扶持项目和资金数额。项目原则上一年一定。

市级农发机构应当将拟扶持的项目及资金数额通过互联网等媒介向社会公示，涉及国家秘密的内容除外。公示期一般不少于7日。

重大创新试点项目，在市级农发机构评审合格的基础上，由省农发办采取竞争立项方式择优确定。

第三十四条 拟扶持的土地治理项目确定后，项目实施单位应当组织编制项目实施方案，主要内容包括：项目总体设计，主要建筑物设计，机械、设备及仪器购置计划，配套设施设计，工程预算，项目建设组织与管理，项目区现状图、规划布局图和工程设计图等。

土地治理项目实施方案由市级农发机构负责组织审定。

产业化发展项目可不再单独编制实施方案。

第三十五条 市县农发机构应当根据项目申报资料的审定或备案情况，逐级编制、汇总年度项目实施计划，报省农发办。

年度项目实施计划的主要内容包括：

（一）编制说明书。包括开发范围、区域布局与开发重点、投资规模及资金来源构成、开发任务与项目安排、主要措施及投资构成、项目效益目标、运行管护措施及市级农发机构项目评审情况等。

（二）项目实施计划表。按照国家和省农发办统一制发的格式编制。

国家农业综合开发年度项目实施计划，由省农发办负责批复，报国家农发办备案，同时抄送财政部驻山东省财政监察专员办事处（以下简称专员办）；省级农业综合开发年度项目实施计划，由市级农发办负责批复，报省农发办备案。

加强项目中期计划编制工作，建立健全年度项目计划定期编制工作机制，实现项目建设与资金支出同步运行。

第三十六条 各级农发机构应当按照年度项目实施计划组织项目实施、加强检查监督、完成项目验收工作。

第三十七条 农业综合开发项目应当推行项目法人制。土地治理项目按照国家有关招标投标、政府采购、工程监理、资金和项目公示等规定执行；产业化发展项目由项目实施单位自行实施，并实行资金和项目公示制。

第三十八条 项目实施单位应当按照实施方案和实施计划组织实施项目，按期建成并达到项目建设标准。

农业综合开发项目建设期一般为 1 ~2 年。

第三十九条 年度项目实施计划必须严格执行，不得擅自调整或终止。确需进行调整的，土地治理项目财政资金 300 万元（含招标结余资金）以上的由省农发办负责批复；财政资金在 300 万元以下的由市级农发机构负责批复。产业化发展项目计划调整由市级农发机构负责批复。

前款所称项目计划调整是指项目建设内容、建设地点和建设期限发生变化。

终止项目由省农发办负责审批后，报国家农发办备案。市级农发机构负责调整批复的项目计划须报省农发办备案。

第四十条 土地治理项目竣工后，项目实施单位应当逐项检查实施方案和实施计划完成情况，及时编报竣工项目工程决算，做好项目竣工验收前的准备工作。

竣工项目工程决算由县级农发机构委托中介机构审查合格后，由县级农发机构审批（农发办单设的，由农发办会同财政部门共同审批）。

第四十一条 土地治理项目由市级农发机构组织验收。验收的主要内容包括执行国家农业综合开发规章制度情况，项目建设任务与主要经济技术指标完成情况，主要工程建设的质量情况，资金到位和使用情况，工程运行管理和文档管理情况等。

产业化发展项目由县级农发机构组织验收。验收时，县级农发机构应当进行实地核查，确认项目建设任务和工程质量完成情况。市级农发机构负责对县级验收情况进行抽查。

省农发办负责核查各市土地治理项目和产业化发展项目验收工作完成情况和工作质量。

第四十二条 土地治理项目实施单位应当依照《基本建设财务规则》（财政部令第 81 号）有关资产交付管理的规定及时办理资产交付，并根据资产交付情况明确管护主体。

土地治理项目管护主体应当建立健全各项运行管护制度，明确管护责任、管护内容和管护要求，保证项目工程在设计使用期限内正常运行。

第四十三条 各级农发机构应当按规定时限逐级报送上年度项目实施计划完成情况。省农发办汇总后报送国家农发办，同时抄送专员办。

第四十四条 对财政资金投入较少的项目和贴息项目，可以简化有关项目申报、实施方案、项目调整、项目验收、资金报账等方面的程序和要求。

第四章　监督管理

第四十五条　各级农发机构应按照预算法、政府信息公开条例等有关规定，公开农业综合开发项目立项政策、申请条件、提交申请材料目录、评审标准、程序和结果等情况，接受社会监督。

第四十六条　各级农发机构应制定、实施内部控制制度，对农业综合开发资金和项目管理风险进行预防和控制。

第四十七条　各级农发机构应加强对农业综合开发资金和项目的预算绩效管理。可以采取直接组织或委托第三方的方式，定期对本地区农业综合开发资金和项目开展绩效评价。

第四十八条　各级农发机构应定期对本地区农业综合开发资金和项目管理开展监督检查工作。省农发办重点对各地项目评审、计划和制度执行、项目验收、绩效评价等进行随机监督检查；市县农发机构要对资金和项目事前、事中、事后全程管理进行随机监督检查，发现问题及时纠正。同时，应当积极配合审计部门、财政部门的审计和监督检查。

第四十九条　监督检查、绩效评价和预算执行监管结果应作为分配农业综合开发资金的重要参考。

第五十条　农业综合开发资金使用中存在违法违规行为的，各级财政部门应按照预算法和《财政违法行为处罚处分条例》等国家和省有关规定追究法律责任。

农业综合开发项目实施过程中发现存在严重违法违规问题的，各级农发机构应及时终止项目。

第五十一条　对存在严重违法违规问题的农业综合开发县，省农发办暂停或取消其开发县资格。

第五十二条　各级农发机构应当积极配合审计部门、财政部门的审计和监督检查，对发现的问题及时整改。

第五章　附　　则

第五十三条　各市农发机构应当根据本办法，结合本地区的实际情况，制订具体实施办法，报省农发办备案。

第五十四条　农业综合开发部门、重大创新试点和地方立项的农业综合开发项目参照本办法执行。

国家对涉农资金统筹整合使用另有规定的，依照其规定。

第五十五条　本办法由省财政厅负责解释。

第五十六条　本办法自2017年4月13日起施行，有效期至2022年4月12日。原《山东省农业综合开发资金和项目管理办法》（鲁财农发综〔2013〕21号）同时废止。

省财政厅关于印发《山东省农业综合开发项目评审办法》的通知

2017年4月7日　鲁财农发〔2017〕3号

各市财政局、农业综合开发办公室：

现将《山东省农业综合开发项目评审办法》印发给你们，请认真遵照执行。

附件：山东省农业综合开发项目评审办法

附件：

山东省农业综合开发项目评审办法

第一章　总　　则

第一条　为进一步加强我省农业综合开发项目评审（以下简称项目评审）管理，提高立项科学化、规范化水平，根据《关于加强和规范农业综合开发项目评审工作的指导意见》（国农办〔2017〕3 号）和《山东省农业综合开发资金和项目管理办法》（鲁财农发〔2017〕2 号）等有关规定，制定本办法。

第二条　本办法所称项目评审是指由负责项目评审的农业综合开发（以下简称农发）机构组织专家或委托具有相应评审资质的专业机构，按规定程序、内容、标准对拟立项的农发项目进行评议审查、作出综合评价，并提出立项建议的活动。

第三条　评审范围包括拟立项的农发土地治理项目、产业化发展项目。

第四条　农发项目立项须经过评审。未经评审的项目，不得上报、立项。

第五条　项目评审以国家及省农发政策、制度和有关法律法规、行业标准为依据，以科学立项为目标，遵循“依法依规、独立评审、客观公正、择优选项”原则，规范评审程序、创新评审方式、强化评审监督，切实提高项目评审工作水平，确保资金安全有效和项目顺利实施。

第二章　项目评审职责与权限

第六条　省农发办负责制定项目评审办法；建立健全省级项目评审专家库；指导市级项目评审工作，核查市级评审工作完成情况及工作质量；择优确定市级评审合格的重大创新试点项目。

第七条　市级农发机构负责拟定本地区项目评审细则和评审方案；建立健全市级项目评审专家库；组织专家或委托具有相应资质的专业机构对拟立项扶持的农发项目进行评审；负责对拟立项项目进行公示等。

第八条　县级农发机构负责审查项目建议书，实地考察拟入库项目并提出意见；建立县级项目库；审查项目可行性研究报告等申报材料，并择优向市级推荐项目。

第三章　项目评审内容

第九条　项目综合评审内容包括项目建设必要性、申报项目合规性、建设方案可行性、投资方案可靠性、效益分析合理性，以及申报材料规范性等方面。

（一）项目建设必要性。申报项目符合国家有关法律法规、产业政策和农发建设目标，符合相关规划、市场准入等条件，能够合理配置和有效利用资源，促进区域经济与社会发展。

（二）申报项目合规性。项目申报单位法人资格、财务状况、主营业务合规；土地来源及用途、环境评价等合规。

（三）建设方案可行性。申报项目规划布局合理，建设标准明确，工艺措施可行，技术先进实用，符合节能环保要求。

（四）投资方案可靠性。项目投资估算准确，资金用途投向合理，资金筹措方案可行。

（五）效益分析合理性。项目建设预期的经济、社会、生态效益分析客观合理。

（六）申报材料规范性。文本格式规范，内容完整，附件、附表、附图齐全。

第十条 土地治理项目还应当符合相关规划，水源有保证，有明确的区域范围、灌排骨干工程，建设条件基本具备；地块相对集中连片；当地政府和农民群众积极性高；项目实施后能有效改善生产条件和生态环境，明显带动农业增效和农民增收。

第十一条 产业化发展项目还应当符合产业政策和行业发展规划；资源优势突出，区域特色明显；市场潜力大，示范带动作用强、预期效益好；项目建设符合生态环境和资源节约利用要求；项目实施后能促进区域农业优势特色产业集群发展、带动农民增收和贫困人口脱贫致富。

第十二条 项目评审结论分为可行和不可行

（一）项目可行是指项目建设必要性充分、申报单位合规、建设方案可行、投资方案可靠、预期效益合理、申报材料规范等。

（二）存在下列情形之一的项目不可行：

1. 违反国家相关法律法规，或者不符合国家、省农发以及其他相关政策的；

2. 项目建设必要性不充分，或者建设方案不可行的；

3. 申报材料弄虚作假的；

4. 项目申报单位不符合申报资格的；

5. 农民不能从中直接受益的；

6. 破坏或危害生态环境的；

7. 其他不符合评审要求的。

第四章 项目评审程序

第十三条 项目评审主要包括评审准备、实地考察、材料审核、形成结论、意见反馈、公示公告、工作总结等程序。实地考察与材料审核互为补充，以保证评审结论客观、真实、准确。

（一）评审准备。根据项目类别、评审标准和指标，选择评审专家或专业机构，制定评审方案，组织培训，强化责任与纪律。

（二）现场审查。包括项目申报单位基本情况、项目建设内容、项目单位营业执照、项目建设用地、环评批复、自筹资金证明、农民意愿等情况及原始证明材料。

（三）材料审核。严格按照不同类型项目可行性研究报告内容审核。审核重点包括：规划布局、建设方案、技术方案、投资估算、资金筹措方案、效益分析等。材料审核可先将有关评审材料网上分发给评审专家，再组织专业集中评议。

必要时可对项目申报单位进行咨询答辩，并要求对相关问题进行补充说明。

（四）评审结论。由评审专家综合实地考察及材料审核意见，形成项目可行或不可行的评审意见，并对可行项目的申报材料提出修改建议，作为项目立项决策的依据。

（五）意见反馈。市级农发机构应及时对县（市、区）农发机构和项目申报单位反馈评审结论及相关意见和建议；督促有关项目单位进一步修改完善项目可行性研究报告及相关材料。

（六）公示公告。除涉及国家秘密的内容，市级农发机构应将拟扶持的项目及资金数额通过互联网等媒介向社会公示，公示期一般不少于7日。

（七）工作总结。项目评审结束后，市级农发机构要及时总结项目评审工作情况，汇总评审资料，做好材料上报和存档备查等工作。

第十四条 产业化发展贴息项目的审核程序可适当简化，重点审核扶持范围、贴息年限、贴息金额及原始凭证是否合规、真实、有效。

第五章　评审专家及专业机构管理

第十五条　评审专家选择。承担项目评审任务的农发机构应当建立专家库，评审专家应具备良好的职业道德和较高的业务水平，具有副高级以上专业技术职称或相关执业资格，或从事相关工作满10年。评审专家从专家库中选取，并实行回避制度。

第十六条　评审专家职责

（一）按要求完成项目评审任务；

（二）客观公正提出项目评审意见，并对评审意见负责；

（三）严格遵守评审工作纪律及其他相关规定。

第十七条　专业机构确定。各地可以根据实际情况，按照政府采购有关规定选取有资质的专业机构承担项目评审工作。

第十八条　动态管理。承担项目评审任务的农发机构，应对评审专家、专业机构的工作水平及质量进行绩效评价，实行动态管理，适时对不宜继续从事项目评审的专家、机构予以调整。

第六章　评审工作保障

第十九条　省农发办以健全评审制度、严格执行评审标准和指标、评审结论准确性为重点，加强对市级评审工作的指导和考核，考核结果作为重要内容纳入对市的综合绩效考核。

第二十条　各级农发机构应当加强项目评审工作的组织领导，建立结构合理、适应工作需要的项目评审队伍，为项目评审工作提供组织保障。

第二十一条　各级财政部门应当足额安排项目评审经费，保障项目评审工作正常开展。

第二十二条　各级农发机构应当畅通申诉、检举、信访等渠道，接受社会对项目评审工作的监督。

第七章　违 规 处 理

第二十三条　违规处理

（一）项目申报单位对申报材料的真实性负责。提供虚假申报材料的，列入黑名单，五年内不得申报农业综合开发项目。

（二）各级农发机构工作人员在评审过程中，存在干预专家独立评审，发表倾向性意见，隐瞒、篡改评审结论等违规行为的，按照有关规定追究相应责任。

（三）各级农发机构应加强对评审专家和专业机构的管理，严肃评审纪律，对不履行职责或违反有关规定的评审专家和专业机构，根据情节轻重，予以通报、取消评审资格、追究相应责任。

第八章　附　　则

第二十四条　各市农发机构应当根据本办法，结合本地区实际，制订具体评审办法，报省农发办备案。

第二十五条　有关部门农发项目评审工作参照本办法执行。

第二十六条　国家对涉农资金统筹整合使用另有规定的，依照其规定。

第二十七条　本办法由省财政厅负责解释。

第二十八条　本办法自2017年5月10日起施行，有效期至2022年5月9日。《山东省农业综合开发项目评审暂行办法》（鲁财农发综〔2013〕35号）同时废止。

省财政厅关于印发《山东省农业综合开发项目竣工验收办法》的通知

2017 年 4 月 7 日　鲁财农发〔2017〕4 号

各市财政局、农业综合开发办公室：

现将《山东省农业综合开发项目竣工验收办法》印发给你们，请认真遵照执行。

附件：山东省农业综合开发项目竣工验收办法

附件：

山东省农业综合开发项目竣工验收办法

第一章　总　　则

第一条　为进一步规范和加强我省农业综合开发项目竣工验收工作，根据《国家农业综合开发资金和项目管理办法》（财政部令第 84 号）、《关于规范和加强国家农业综合开发项目竣工验收工作的意见》（国农办〔2017〕1 号）和《山东省农业综合开发资金和项目管理办法》（鲁财农发〔2017〕2 号）等有关规定，制定本办法。

第二条　竣工验收是指对国家和地方立项的农业综合开发竣工项目进行验收并作出综合评价的活动。主要以核实项目计划完成情况为核心，以核查资金使用和项目建设情况为主线，以查验工程数量、质量为重点，公正客观评价项目建设水平，进一步加强项目和资金管理，确保竣工项目充分发挥效益。

第三条　验收工作必须坚持实事求是、客观公正，分级管理、职责明确，严格标准、规范程序，严肃纪律、奖优罚劣的原则。

第四条　山东省农业综合开发办公室（以下简称省农发办）负责全省农业综合开发项目竣工验收监管工作，制定验收办法，明确验收工作职责和规程，核查市县验收工作完成情况及其工作质量。

市级农发机构负责本市农业综合开发项目竣工验收监管工作，制定具体验收办法和规程，组织对全市土地治理项目和创新试点项目竣工验收工作，核查县级产业化发展竣工项目验收工作完成情况及其工作质量。

县级农发机构负责产业化发展项目竣工验收工作；负责组织土地治理竣工项目实施过程中隐蔽工程和单项工程的验收，并保留其影像资料，形成自验报告，做好市级验收的准备工作。

市县农发机构应确保竣工项目验收结果的真实性和准确性。

第二章　验收内容及依据

第五条　验收范围包括当年按批复计划建设工期竣工的农业综合开发土地治理项目、产业化发展项目和创新试点项目等。

第六条 验收的主要内容：

（一）项目建设内容完成情况。是否在规定的建设工期内按照项目计划全面完成各项建设任务。建设内容调整是否按规定程序、规定时间报批。

（二）实施方案落实和项目建设质量情况。完成的项目建设内容与实施方案是否基本一致；各项工程建设标准、建设质量等是否达到设计要求、先进实用。推广的各项农业技术和农民的技术培训是否达到目标要求。

（三）工程和设施设备运行管理情况。竣工项目工程和设施设备是否按规定进行产权移交以及管护措施落实情况。

（四）竣工项目工程决算编审情况。是否按要求编制了竣工项目工程决算报告，是否经当地审计部门或有资质的中介机构出具了资金决算审计报告。

（五）资金管理制度执行情况。包括投资计划完成情况，资金是否足额到位，拨付和使用是否符合县级报账制、会计核算等农业综合开发有关资金管理的规定。

（六）项目管理制度执行情况。项目法人制、资金和项目公示制、工程招投标制、工程监理制等管理制度执行情况。

（七）项目效益完成情况。包括经济效益、社会效益、生态效益情况，重点是改善农业生产条件和生态环境，提高农业综合生产能力，发挥优势农产品的示范作用，带动农户增收情况。

（八）档案资料情况。计划指标文件资料、财务会计资料、工程资料等是否真实、齐全、完整，是否按规定归档。

第七条 验收的依据：

（一）国家和省农业综合开发政策和制度办法；

（二）国家和省相关项目建设标准和行业标准；

（三）省市下达的年度项目计划、计划调整（备案）文件、经审定的土地治理项目实施方案、产业化发展项目可行性研究报告。

第三章 验收方法及程序

第八条 验收方法：

（一）听取汇报，查阅项目档案、财会账册、工程资料及其他相关资料；

（二）实地随机查验项目工程、测试运行、走访农户、召开座谈会等；

（三）坚持资金与项目核查相结合、自查与审计等部门核查相结合，综合运用对照分析的方法；

（四）充分运用现代信息技术和科技手段，并发挥第三方（中介机构）的作用，提高验收工作质量和效率；

（五）根据验收情况分析汇总形成验收结论，向项目单位反馈意见，按时提交验收报告。

第九条 验收时限。产业化发展项目实施单位应于项目建设完工后一个月内，向县级农发机构提出项目验收申请，并按照规定要求收集整理有关资料，做好验收的准备工作。县级农发机构在接到项目验收申请一个月内完成验收工作。土地治理项目和创新试点项目应于项目立项次年7月31日前建设完成，8月底前县农发机构向市农发机构提交项目验收申请报告，并按照规定要求收集整理有关资料，做好验收的准备工作。市农发机构应于接到县级农发机构申请两个月内完成验收工作。

第十条 市县农发机构根据竣工项目验收内容，制定验收方案，明确验收办法和要求，安排验收人员。验收组长由农发机构指定，成员由农发机构工作人员及专家（含中介机构人员）等组成。落实验收工作责任，验收人员应当忠于职守、廉洁自律、保守秘密、公正客观。验收人员与被验收单位有直接利害关系的，应当回避。

第十一条 验收工作实行组长负责制。验收组组长负责按照规范程序组织验收工作，将验收目标任务和工作责任层层分解落实到每一个验收组成员，对验收人员的工作质量进行监督，并对验收结果的真实性负责。验收组应将主要验收内容与事项予以记录或摘录，编制验收工作底稿，由被验收单位签字确认。验收中遇到重大问题，应当及时报告。验收组结束现场验收时，应就验收情况、发现的问题和改进意见等向当地反馈。

第十二条 验收组应督促被验收单位认真梳理验收中发现的问题，深入分析问题产生的原因，及时做好整改工作，注重从源头上消除问题产生的隐患，做到严格验收与认真整改相结合。

第十三条 验收组应在现场验收工作结束一周后提交验收报告，报告的主要内容包括：组织开展验收工作情况，项目计划完成和建设质量情况，资金到位和使用情况，管理制度执行情况，发现问题及整改情况，项目验收评分表，验收意见等。

第十四条 竣工项目验收得分低于80分为不合格；80分以上90分以下为合格；90分以上为优秀。市县农发机构对验收组提交的验收报告进行审核，并通报验收情况，对验收合格以上的项目应及时办理交付使用和移交管护手续，并按规定支付尾款；对验收不合格的项目应提出整改要求并按照有关规定作出处理决定或提出复验时间。

第十五条 开发县应在8月31日前向市级农发机构提交产业化发展项目验收报告。市级农发机构应汇总各县产业化发展项目验收报告和土地治理项目验收报告，于10月31日前报省农发办。

第十六条 省农发办负责对市、县验收工作进行考核，随机对市、县组织的竣工项目验收工作情况进行核查，并对市、县验收工作质量作出评价。市级农发机构在开展土地治理项目验收工作的同时，应对全部开发县随机抽取部分产业化发展项目，对其项目验收情况和工作质量进行核查。

第十七条 省市农发机构将验收结果作为农业综合开发绩效考评的重要因素，纳入综合因素法分配项目资金的重要依据。

第四章 附 则

第十八条 对不按规定要求组织开展验收工作，以及工作中存在滥用职权、以权谋私行为的，各有关农发机构除在法定职权范围内按有关规定作出处理外，还应向有关机关、机构提出追究责任人员责任的建议。

第十九条 农业综合开发部门项目和地方立项的农业综合开发项目的验收参照本办法实施。

第二十条 各市农发机构应当根据本办法，结合本地实际情况，制订具体实施细则，报省农发办备案。

第二十一条 市县农发机构在开展竣工项目验收时，可按照国家和省农发办下发的绩效评价办法要求，同步做好项目绩效评价工作。

第二十二条 本办法由省财政厅负责解释。

第二十三条 本办法自2017年5月10日起施行，有效期至2022年5月9日。《山东省农业综合开发竣工项目验收暂行办法》（鲁财农发〔2013〕3号）同时废止。

附件：山东省农业综合开发项目竣工验收评分表

附件：

表 1：

山东省农业综合开发项目竣工验收评分表

土地治理项目

项目名称：　　　　　　　　　　　　　　　　　　　　　　　　　　　　　　　　　　验收时间：　　年　　月　　日

	验收内容	内容说明	评分细则	验收方式	有关要求	扣减分值	扣分原因	备注
项目建设内容完成情况（18 分）	建设内容（10 分）	反映完成的项目建设内容与实施方案是否基本一致。	1. 依据项目计划中的项目区边界，通过测量开展现场调查，将实际完成的建设面积与规划的建设面积进行对比，计算建设任务完成情况。建设面积符合要求且全面完成的得 5 分，治理面积不符合要求或完成任务不足的，每差 2 个百分点扣 1 分，差距超过 10 个百分点，项目验收评定为不合格。 2. 查阅计划中建设内容情况；选择典型地块，现场检查各建设内容完成情况，每个类型的建设内容抽查比率不少于本类型建设内容的 15%。被抽查建设内容全部满足计划要求的得 5 分，每差 2 个百分点扣 1 分，差距超过 10 个百分点，项目验收评定为不合格。	工程现场验收	抽查记录入档			
	建设工期（3 分）	反映项目是否在建设工期内按照项目计划完成建设任务。	项目按期完成建设任务的，得 3 分；每逾期完工 5 个百分点，扣 1 分，扣完 3 分为止。	查阅项目资料				
	计划调整（5 分）	反映建设内容调整是否按规定程序报批。	未擅自调整、变更或终止计划的，得 5 分。否则每涉及财政资金 2 个百分点，扣 1 分，差距超过 10 个百分点，项目验收评定为不合格。	查阅项目资料				
项目建设质量情况（12 分）	建设标准和质量（10 分）	反映各项工程建设标准、建设质量等是否达到设计要求、先进实用。	抽查的项目建设内容全部符合标准和质量要求，能够正常运行的，得 10 分，不符合建设标准和质量要求，不能正常运行的，每涉及建设内容 1 个百分点，扣 1 分，扣完 10 分为止。	工程现场验收	抽查记录入档			
	科技推广效果（2 分）	反映推广的各项农业技术是否先进适用，对农民的技术培训是否真实、有效。	按计划完成农业技术推广和农民技术培训的，得 2 分，未按计划完成农业技术推广的，扣 1 分；未按计划完成农民技术培训的，扣 1 分。	查阅项目资料				

续表

	验收内容	内容说明	评分细则	验收方式	有关要求	扣减分值	扣分原因	备注
工程和设施设备运行管理情况（5分）	产权移交（2分）	反映竣工项目工程和设施设备是否按规定进行产权移交情况。	按规定及时进行产权移交的，得2分，未按规定及时进行产权移交的，每晚10天，扣1分，扣完2分为止。	查阅项目资料				
	运行管护制（3分）	反映管护措施落实情况。	制定管护制度和落实管护责任的，得3分。未制定管护制度的，扣2分，未落实管护责任的，扣1分。	查阅项目资料				
竣工决算和资金决算编审情况（5分）	竣工决算报告（3分）	反映是否按要求编制了项目竣工决算报告。	按要求编制竣工决算报告的，得3分，未编制竣工决算报告的，扣3分。	查阅项目资料				
	资金决算审计报告（2分）	反映是否经当地审计部门或有资质的中介机构审计并出具了资金决算审计报告。	经有资质的单位审计并出具了资金决算审计报告的，得2分，未出具资金决算审计报告的，扣2分。	查阅项目资料				
资金管理制度执行情况（33分）	报账完成率（10分）	反映项目投资计划完成情况。	截止项目验收，项目县级报账完成率高于90%的，得10分；低于90%的，每差1个百分点扣1分；报账完成率低于80%的，项目验收评定为不合格。	查阅财务资料	复印有关指标文件和拨款凭证入档。			
	项目资金到位率（10分）	反映项目资金到位情况。	以项目计划批复文件为标准，各级财政部门足额落实本级财政资金投入的得5分；财政资金未足额投入的，每差2个百分点扣1分，自筹资金未足额投入的，每差4个百分点扣1分，财政资金到位率低于80%或自筹资金到位率低于60%的，项目验收评定为不合格。	查阅财务资料	复印有关指标文件和拨款凭证入档。			
	资金支出合规性（5分）	反映资金在有关资金和财务管理的规定范围内支出情况。	资金全部在有关资金和财务管理规定的范围内支出，得5分；每超范围支出2个百分点，扣1分，超范围支出超过10个百分点的，项目验收评定为不合格。	查阅财务资料	复印有关指标文件和拨款凭证入档。			
	县级报账制（5分）	反映农业综合开发县级报账制执行情况。	严格执行县级报账制的，得5分，未严格执行县级报账制的，每1处扣1分，扣完5分为止；未执行县级报账制的，项目验收评定为不合格。	查阅财务资料	复印县级报账制有关不规范、手续不完备的资料入档。			
	会计核算（3分）	反映农业综合开发会计核算执行情况。	严格执行会计核算制度，会计凭证及会计科目全面、准确的得3分，会计凭证及会计科目不全面、不准确的，每1处扣0.5分，扣完3分为止。	查阅财务资料	复印会计凭证及会计科目不全面、不准确的资料入档。			

续表

	验收内容	内容说明	评分细则	验收方式	有关要求	扣减分值	扣分原因	备注
项目管理制度执行情况（12分）	项目法人制（1分）	反映项目法人制执行情况。	按规定执行项目法人制的，得1分，未按规定执行项目法人制的，扣1分	查阅项目资料				
	资金和项目公示制（3分）	反映资金和项目公示制执行情况。	在项目申报、实施阶段和竣工验收阶段，进行公示的，得3分，每少1次公示的，扣1分，扣完3分为止。	查阅项目资料、工程现场验收				
	工程招投标制（3分）	反映工程招投标制执行情况。	按规定执行招投标的，得3分，招投标程序不规范的，每1处扣1分，扣完3分为止；未按规定执行招投标的，扣3分。	查阅项目资料				
	工程监理制（3分）	反映工程监理制执行情况。	按规定执行监理制的，得3分，监理协议不规范或执行不严格的，每1处扣1分，扣完3分为止；未执行监理制的，扣3分。	查阅项目资料				
	合同管理（2分）	反映合同签订及执行情况。	按规定签订合同的，得2分；合同条款存在不明确之处或未执行合同条款的，每1处扣1分，扣完2分为止；未按规定签订合同的，扣2分。	查阅项目资料				
项目效益完成情况（9分）	经济效益（3分）	反映提高农业综合生产能力情况。	通过问卷调查和典型地块分析，估算不同代表作物的粮食（棉花、油料折算成粮食）及其他作物产能，根据建设前后对比，计算新增粮食和其他作物产能。通过与初步设计目标进行对比，实现目标的得3分，否则每少10个百分点扣1分，扣完3分为止。	查阅项目资料、工程现场验收				
	社会效益（3分）	反映项目区受益农户情况。	依据项目可行性研究和实施方案，通过问卷调查和典型地块调查，计算项目区直接受益的总人口数，与目标对比进行评价。达到目标值得3分，否则每少10个百分点扣1分，扣完3分为止。	查阅项目资料、工程现场验收				
	生态效益（3分）	反映改善农业生产条件和生态环境情况。	通过问卷调查和典型地块观测试验，如：一个项目区取样地块数不少于3个，分析同一地块建设前后排灌是否通畅，并与设计文件提出的目标值进行对比。实现目标的得3分，否则每差10个百分点扣1分，扣完3分为止。	查阅项目资料、工程现场验收				

续表

	验收内容	内容说明	评分细则	验收方式	有关要求	扣减分值	扣分原因	备注
档案资料情况（6分）	文件资料（2分）	反映项目文件资料等是否齐全、完整，是否按规定归档。	项目文件资料齐全、完整，按规定归档的，得2分；不齐全、不完整，未按规定归档的，每1处扣1分，扣完2分为止。	查阅项目资料				
	财会资料（2分）	反映项目财会资料等是否齐全、完整，是否按规定归档。	项目财会资料齐全、完整，按规定归档的，得2分；不齐全、不完整，未按规定归档的，每1处扣1分，扣完2分为止。	查阅项目资料				
	工程资料（2分）	反映项目工程资料等是否齐全、完整，是否按规定归档。	项目工程资料齐全、完整，按规定归档的，得2分；不齐全、不完整，未按规定归档的，每1处扣1分，扣完2分为止。	查阅项目资料				
合计								

说明：项目未涉及的内容，与此相对应指标则不予评价，最终评价得分按百分重新折算，总分90分以上为优秀，80～89分为良好，80分以下为不合格。

验收人员签字：　　　　　　　　　　　　　　　　验收小组组长签字：

表2：

山东省农业综合开发项目竣工验收评分表
产业化发展项目

项目名称：　　　　　　　　　　　　　　　　验收时间：　　年　　月　　日

	验收内容	内容说明	评分细则	验收方式	有关要求	扣减分值	扣分原因	备注
项目建设内容完成情况（18分）	建设内容（10分）	反映完成的项目建设内容与审定的可研报告是否基本一致。	查阅计划中建设内容情况；对建设内容进行全面检查，建设内容全部满足计划要求的得10分，否则每差1个百分点扣1分，差距超过10个百分点，项目验收评定为不合格。	工程现场验收	抽查记录入档			
	建设工期（3分）	反映项目是否在建设工期内按照项目计划完成建设任务。	项目按期完成建设任务的，得3分；每逾期完工5个百分点，扣1分，扣完3分为止。	查阅项目资料				
	计划调整（5分）	反映建设内容调整是否按规定程序报批。	未擅自调整、变更或终止计划的，得5分；违反规定每涉及财政资金2个百分点，扣1分，超过10个百分点，项目验收评定为不合格。	查阅项目资料				

续表

	验收内容	内容说明	评分细则	验收方式	有关要求	扣减分值	扣分原因	备注
项目建设质量情况（12分）	建设标准和质量（10分）	反映各项工程建设标准、建设质量等是否达到设计要求、先进实用。	项目建设内容全部符合标准和质量要求，按计划完成设备购置安排任务，能够正常运行的，得10分；不符合建设标准和质量要求，不能正常运行的，每涉及建设内容1个百分点，扣1分，扣完10分为止。	工程现场验收	抽查记录入档			
	科技推广效果（2分）	反映推广的各项农业技术是否先进适用，对农民的技术培训是否真实、有效。	按计划完成农业技术推广和农民技术培训的，得2分；未按计划完成农业技术推广的，扣1分，未按计划完成农民技术培训的，扣1分。	查阅项目资料				
竣工决算和资金决算编审情况（10分）	竣工决算报告（5分）	反映是否按要求编制了项目竣工决算报告。	按要求编制竣工决算报告的，得5分；未编制竣工决算报告的，扣5分。	查阅项目资料				
	资金决算审计报告（5分）	反映是否经当地审计部门或有资质的中介机构审计并出具了资金决算审计报告。	经有资质的单位审计并出具了资金决算审计报告的，得5分；未出具资金决算审计报告的，扣5分。	查阅项目资料				
资金管理制度执行情况（33分）	报账完成率（10分）	反映项目投资计划完成情况。	截止项目验收，项目县级报账完成率高于90%的，得10分；低于90%的，每差1个百分点扣1分；报账完成率低于80%的，项目验收评定为不合格。	查阅财务资料	复印有关指标文件和拨款凭证入档。			
	项目资金到位率（10分）	反映项目资金到位情况。	以项目计划批复文件为标准，各级财政部门足额落实本级财政资金投入的得5分；财政资金未足额投入的，每差2个百分点扣1分，自筹资金未足额投入的，每差4个百分点扣1分，财政资金和自筹资金到位率低于80%的，项目验收评定为不合格。	查阅财务资料	复印有关指标文件和拨款凭证入档。			
	资金支出合规性（5分）	反映资金在有关资金和财务管理的规定范围内支出情况。	资金全部在有关资金和财务管理的规定的范围内支出，得5分；每超范围支出2个百分点，扣1分，超范围支出超过10个百分点的，项目验收评定为不合格。	查阅财务资料	复印有关指标文件和拨款凭证入档。			
	县级报账制（5分）	反映农业综合开发县级报账制执行情况。	严格执行县级报账制的，得5分；未严格执行县级报账制的，每1处，扣1分，扣完为止；未执行县级报账制的，项目验收评定为不合格。	查阅财务资料	复印县级报账制有关不规范、手续不完备的资料入档。			
	会计核算（3分）	反映农业综合开发会计核算执行情况。	严格执行会计核算制度，会计凭证及会计科目全面、准确的，得3分；会计凭证及会计科目不全面、不准确的，每1处扣0.5分，扣完3分为止。	查阅财务资料	复印会计凭证及会计科目不全面、不准确的资料入档。			

续表

	验收内容	内容说明	评分细则	验收方式	有关要求	扣减分值	扣分原因	备注
项目管理制度执行情况（5分）	资金和项目公示制（2分）	反映资金和项目公示制执行情况。	项目应按时、按规定进行公示，未按规定公示的扣1分；未公示的扣2分。	查阅项目资料				
	合同管理（3分）	反映合同签订及执行情况。	按规定签订合同的，得3分；合同条款存在不明确之处或未执行合同条款的，每1处，扣1分，扣完3分为止；未按规定签订合同的，扣3分。	查阅项目资料				
项目效益完成情况（16分）	经济效益（8分）	反映项目实现预期新增产值利税和建立农民利益联结机制的情况。	项目实现预期新增产值和利税目标的，得4分；未能实现的，酌情扣分，扣完4分为止。形成合理的农民利益联结机制的，得4分，未能形成合力机制的，酌情扣分，扣完4分为止。	查阅项目资料、工程现场验收				
	社会效益（8分）	反映项目区受益农户情况。	项目实现预期新增就业实现农民增收和带动产业发展目标的，得8分；未能实现的，酌情扣分，扣完8分为止。	查阅项目资料、工程现场验收				
档案资料情况（6分）	文件资料（2分）	反映项目文件资料等是否齐全、完整，是否按规定归档。	项目文件资料齐全、完整，按规定归档的，得2分；不齐全、不完整，未按规定归档的，每1处扣1分，扣完2分为止。	查阅项目资料				
	财会资料（2分）	反映项目财会资料等是否齐全、完整，是否按规定归档。	项目财会资料齐全、完整，按规定归档的，得2分；不齐全、不完整，未按规定归档的，每1处扣1分，扣完2分为止。	查阅项目资料				
	工程资料（2分）	反映项目工程资料等是否齐全、完整，是否按规定归档。	项目工程资料齐全、完整，按规定归档的，得2分；不齐全、不完整，未按规定归档的，每1处扣1分，扣完2分为止。	查阅项目资料				
合计								

说明：项目未涉及的内容，与此相对应指标则不予评价，最终评价得分按百分重新折算，总分90分以上为优秀，80~89分为良好，80分以下为不合格。

验收人员签字：　　　　　　　　　　　　　　验收小组组长签字：

省财政厅关于印发山东省农业综合开发投资参股企业国有股权转让管理办法的通知

2017年6月27日　鲁财农发〔2017〕5号

各市财政局、农业综合开发办公室，山东省财金投资集团有限公司：

现将《山东省农业综合开发投资参股企业国有股权转让管理办法》印发给你们，请认真遵照执行。

附件：山东省农业综合开发投资参股企业国有股权转让管理办法

附件：

山东省农业综合开发投资参股企业国有股权转让管理办法

第一章　总　　则

第一条　为规范我省农业综合开发投资参股企业国有股权（以下简称国有股权）转让行为，加强国有股权交易监督管理，依据国家有关法律、行政法规，以及企业国有产权转让管理有关规定，根据财政部《国家农业综合开发投资参股企业国有股权转让管理办法》（财发〔2008〕67号）、《关于划转中央财政农业综合开发投资参股国有股权的通知》（财发〔2016〕7号）和省财政厅《关于同意山东省经济开发投资公司将省财政划入资产计入净资产的通知》（鲁财预〔2015〕36号）的有关规定，制定本办法。

第二条　本办法所称国有股权，是指农业综合开发投资参股经营过程中，省财政（农发）部门授权资产运营机构，以中央和地方财政资金投入到投资参股企业形成的权益，以及依法认定为国家所有的其他权益。

代表省财政（农发）部门持有国有股权的资产运营机构（以下统称转让方），将所持有的国有股权有偿转让给境内法人、自然人或者其他组织（以下统称受让方）的活动适用本办法。

第三条　国有股权转让应当遵守国家法律、行政法规和政策规定，坚持公开、公平、公正的原则，保护国家和其他各方合法权益。

第四条　国有股权转让应当在依法设立的产权交易机构中公开进行。国家法律、行政法规另有规定的，从其规定。

第五条　国有股权转让可以采取拍卖、招投标、协议转让以及国家法律、行政法规规定的其他方式进行。

第六条　转让的国有股权权属应当清晰。权属关系不明确或者存在权属纠纷的企业国有股权不得转让。被设置为担保物权的国有股权转让，应当符合《中华人民共和国担保法》及《中华人民共和国物权法》的有关规定。

第七条　省财政（农发）部门负责国有股转让的监督管理工作，转让方具体组织实施国有股权转让。

第二章　国有股权转让的监督管理

第八条　省财政（农发）部门对国有股权转让履行下列监管职责：

（一）按照国家有关法律、行政法规的规定，制定国有股权转让制度和办法。

（二）审核、批准国有股权转让事项。

（三）开展国有股权交易情况的监督检查工作。

（四）负责国有股权转让信息的收集、汇总、分析工作。

第九条　转让方对国有股权转让履行下列职责：

（一）研究国有股权转让行为是否有利于实现国有资产保值增值，提高投资参股企业的核心竞争力及促进企业持续发展。

（二）选择确定从事国有股权交易活动的产权交易机构。

（三）按照国家有关规定，提出国有股权转让初步意见，报省财政（农发）部门同意后，提出国有股权转让方案，由省财政（农发）部门批准。

（四）向省财政（农发）部门报告有关国有股权转让情况。

第三章　国有股权转让的程序

第十条　国有股权转让应当做好可行性研究，按照内部决策程序进行审议，并形成书面决议。

第十一条　按照本办法规定的批准程序，国有股权转让方案经省财政（农发）部门批准后，转让方应当按照《山东省财政厅购买社会中介机构和专家服务管理暂行办法》，委托具有相应资质的社会中介机构和专家对转让标的企业开展清产核资或者实施全面审计。

受委托的社会中介机构和专家应当依法独立、公正地执行业务。企业和个人不得干预其正常执业行为。

第十二条　在清产核资或者全面审计的基础上，转让方应当按照《山东省财政厅购买社会中介机构和专家服务管理暂行办法》，委托具有相应资质的资产评估机构依照国家有关规定进行资产评估。评估报告经省财政（农发）部门备案后，作为确定国有股权转让价格的参考依据。

第十三条　转让方应当将股权转让公告委托产权交易机构刊登在省级以上公开发行的经济或者金融类报刊和产权交易机构网站上，公开披露有关国有股权转让信息，广泛征集受让方。股权转让公告期为20个工作日。

转让方披露的国有股权转让信息应当包括下列内容：

（一）转让标的企业的基本情况。

（二）转让标的企业的股权构成情况。

（三）股权转让行为的内部决策及批准情况。

（四）转让标的企业近期经审计的主要财务指标数据。

（五）转让标的企业资产评估备案情况。

（六）受让方应当具备的基本条件。

（七）其他需披露的事项。

第十四条　在征集受让方时，转让方可以对受让方的资质、商业信誉、经营情况、财务状况、管理能力、资产规模等提出必要的受让条件。

受让方一般应当具备下列条件：

（一）具有良好的财务状况和支付能力。

（二）具有良好的商业信用。

（三）受让方为自然人的，应当具有完全民事行为能力。

（四）国家法律、行政法规规定的其他条件。

第十五条 经公开征集产生两个以上受让方时，转让方应当与产权交易机构协商，根据转让标的企业的具体情况采取拍卖、招投标等竞价方式组织实施产权交易。

采取拍卖、招投标等竞价方式转让国有股权的，应当按照国家有关规定组织实施。

第十六条 经公开征集只产生一个受让方或者按照有关规定经省财政（农发）部门批准的，可以采取协议转让的方式。

采取协议转让方式的，转让方应当与受让方进行充分协商，依法妥善处理转让中涉及的相关事项。

第十七条 国有股权转让时，转让方与受让方应当签订《山东省农业综合开发投资参股企业国有股权转让协议》（格式文本见附件），并应当取得产权交易机构出具的产权交易凭证。

第十八条 国有股权转让协议应当包括下列主要内容：

（一）转让与受让双方的名称与住所。

（二）转让标的企业国有股权的基本情况。

（三）转让方式、转让价格、价款支付时间和方式及付款条件。

（四）股权交割事项。

（五）转让涉及的有关税费负担。

（六）合同争议的解决方式。

（七）合同各方的违约责任。

（八）合同变更和解除的条件。

（九）转让和受让双方认为必要的其他条款。

第十九条 国有股权转让的全部价款，受让方应当按照股权转让协议的约定支付。

第二十条 国有股权转让成交后，转让和受让双方应当凭产权交易机构出具的股权交易凭证，按照国家有关规定及时办理相关股权登记手续。

第二十一条 按照“谁投资、谁受益、谁承担风险”的原则，对项目投资产生的收益或亏损，依照投资比例共同分享（分担）。对国有股权投资损失，应及时报告损失原因并提出处置申请，经省财政（农发）部门审核后予以认定并核销处置。

第二十二条 国有股权转让净收入，应继续用于农业综合开发再投入。

第四章 国有股权转让的批准程序

第二十三条 省财政（农发）部门审批农业综合开发投资参股企业的国有股权转让，具体由省农业综合开发办公室负责。

第二十四条 国有股权转让事项，由转让方提出初步意见，经省财政（农发）部门同意后，提出股权转让方案，由省财政（农发）部门批准。

第二十五条 省财政（农发）部门审批国有股权转让行为，应当审查下列书面文件：

（一）转让国有股权的有关决议文件。

（二）国有股权转让方案。

（三）资产评估报告及备案文件。

（四）转让方和转让标的企业国有股权证明。

（五）律师事务所出具的法律意见书。

（六）受让方应当具备的基本条件。

（七）审核、批准要求的其他文件。

第二十六条 国有股权转让方案一般应当载明下列内容：

（一）转让标的企业国有股权的基本情况。

（二）国有股权转让行为的有关论证情况。

（三）国有股权转让收益处置方案。

（四）拟刊登国有股权转让公告的主要内容。

第二十七条 国有股权转让事项经批准后，如转让和受让双方调整股权转让比例或者国有股权转让方案有重大变化的，应当按照规定程序重新报批。

第五章 违规处理

第二十八条 在国有股权转让过程中，转让方、转让标的企业和受让方有下列行为之一的，省财政（农发）部门应要求转让方终止股权转让活动，必要时应当依法向人民法院提起诉讼，确认转让行为无效。

（一）未按本办法有关规定在产权交易机构中进行交易的。

（二）转让方、转让标的企业不履行相应的内部决策程序、批准程序或者超越权限、擅自转让国有股权的。

（三）转让方、转让标的企业故意隐匿应当纳入评估范围的资产，或者向社会中介机构提供虚假会计资料，导致审计、评估结果失真，以及未经审计、评估，造成国有资产流失的。

（四）转让方与受让方串通，低价转让国有股权，造成国有资产流失的。

（五）转让方、转让标的企业未按规定妥善处理拖欠职工各项债务以及未补缴欠缴的社会保险费，侵害职工合法权益的。

（六）转让方未按规定落实转让标的企业的债权债务，非法转移债权或者逃避债务清偿责任的；以国有股权作为担保的，转让该国有股权时，未经担保权人同意的。

（七）受让方采取欺诈、隐瞒等手段影响转让方的选择以及股权转让合同签订的。

（八）受让方在股权转让竞价、拍卖中，恶意串通压低价格，造成国有资产流失的。

对以上行为中转让方、转让标的企业负有直接责任的主管人员和其他直接责任人员，由相关企业按照人事管理权限根据国家有关规定进行处理。

第二十九条 社会中介机构在国有股权转让的审计、评估和法律服务中违规执业的，转让方不得再委托其进行国有股权转让的相关业务，并依法追究直接责任人员的责任。

第三十条 产权交易机构在国有股权交易中弄虚作假或者玩忽职守，损害国家利益或者交易双方合法权益的，依法追究直接责任人员的责任，不再选择其从事国有股权交易的相关业务。

第三十一条 国有股权转让审核、批准机构及其有关人员违反本办法，擅自批准或者在审核、批准中以权谋私，造成国有资产流失的，由有关部门按照干部管理权限，给予纪律处分；涉嫌犯罪的，移送司法机关。

第六章 附 则

第三十二条 本办法由省财政厅负责解释。

第三十三条 本办法自 2017 年 8 月 1 日起施行，有效期至 2022 年 7 月 31 日。

附件：《山东省农业综合开发投资参股企业国有股权转让协议》格式文本

附件：

《山东省农业综合开发投资参股企业国有股权转让协议》格式文本

甲方（转让方）： 地址： 法定代表人：

乙方（受让方）： 地址： 法定代表人：

国有股权转让背景

1. 乙方（受让方）基本情况：设立时间、工商注册号、地址、法人、注册资本等。

2. 股权设立情况：股权设立年限、甲方出资额、持有股权、其他约定等。

3. 国有股权转让约定：转让背景、甲乙双方约定等。

鉴此，根据我国有关法律法规的规定，双方经友好协商，并本着平等互利的原则，达成本股权转让协议。

第一条 股权转让

基于对××公司经营状况的充分了解，甲方同意向乙方转让、乙方同意受让甲方所持有的××公司××的股权（以下简称“出让股权”）股权转让价款总额为人民币××万元（大写：××万元整）。

第二条 价款支付

甲、乙双方一致同意，乙方按照以下方式向甲方支付总额为××万元人民币的股权转让价款：

（一）在本协议签订后，乙方于××年×月×日前向甲方指定的以下账户（以下简称“甲方账户”）汇入人民币××万元（大写：××万元）作为预付款：

开户人：单位名称

开户银行：

银行账号：

（二）在省财政（农发）部门批准本协议后，乙方将剩余股权转让价款计人民币××万元（大写：××万元）汇入以上甲方账户。

第三条 甲方权利与义务

1. 在股权转让事宜取得相关部门批准前，甲方继续履行出资人职责，直至办理完毕股权交割手续；

2. 在办理股权转让过程中甲方应协助乙方办理与股权转让有关的工商变更登记手续。

第四条 乙方权利与义务

如本次股权转让根据有关法律、行政法规及规章的规定及相关部门的要求，需经过产权交易机构进行，则乙方根据本协议第二条第（一）款向甲方支付的股权转让价款转变为保证金，甲方不予返还。该保证金用于保证乙方履行以下义务：

在甲方按照有关法律、行政法规及规章的规定及省财政（农发）部门的要求，委托产权交易机构发布公告、征集受让方并组织实施标的股权转让交易（以下简称“公开转让程序”）时，在公告期内及时报名参与受让，如经上述公开征集仅产生乙方一个受让方时，乙方应当以××万元的价格购买标的股权；经上述公开征集仅产生包含乙方在内的两个以上受让方时，乙方应当以××万元的价格购买标的股权，若他方报价高于××万元时，乙方有权选择继续出价购买或者放弃购买。乙方放弃购买后，甲方应当在5个工作日内将本协议第二条第（一）款中的款项予以返还。

第五条 违约责任

任何一方违反本协议，均须承担违约责任，并赔偿守约方损失；如双方均有过错，则根据实际情况，由双方分别承担各自的违约责任。

第六条 协议修改或补充

对本协议的修改或补充，须经甲、乙双方协商一致并签署书面补充协议。

第七条 争议解决

与本协议有关的一切争议，甲、乙双方应当友好协商解决。如协商不成，双方均有权通过法院诉讼解决。

第八条 协议生效及其他

1. 本协议经甲、乙双方及省财政（农发）部门签字盖章后生效。

2. 本协议一式八份，具有同等法律效力，甲乙双方各执二份，××公司存档一份，报省财政（农发）部门三份。

甲方（公章）：
地址：
法定代表人/授权代表人（签字）：
签订时间：　　年　　月　　日

乙方（公章）：
地址：
法定代表人/授权代表人（签字）：
签订时间：　　年　　月　　日

省财政（农发）部门（公章）：
地址：
法定代表人/授权代表人（签字）：
签订时间：　　年　　月　　日

省财政厅关于印发山东省农业综合开发产业化发展财政补助项目管理办法的通知

2017年11月13日　鲁财农发〔2017〕6号

各市财政局、农业综合开发办公室：

现将《山东省农业综合开发产业化发展财政补助项目管理办法》印发给你们，请认真遵照执行。

附件：山东省农业综合开发产业化发展财政补助项目管理办法

附件：

山东省农业综合开发产业化发展财政补助项目管理办法

第一章　总　　则

第一条 为促进我省农业综合开发产业化发展财政补助项目管理工作科学化、制度化、规范化，保障项目顺利实施，根据《山东省财政厅关于印发〈山东省农业综合开发资金和项目管理办法〉的通知》（鲁财农发〔2017〕2号），制定本办法。

第二条 农业综合开发产业化发展财政补助项目是指各级农业综合开发机构（以下简称农发机构）按照《国家农业综合开发资金和项目管理办法》（财政部令第84号）有关规定，为支持农业发展，优化农业和农村经济结构，转变农业发展方式，推进农村一二三产业融合发展，提高农业综合生产能力和综合效益，带动农民增收，安排财政专项资金及配套资金对本地优势特色产业进行开发利用和提质升级的项目。

第三条 指导思想。贯彻落实国家农业综合开发决策部署，牢固树立新发展理念，以推进农业供给侧结构性改革为主线，以支持特色优势主导产业为统领，以扶持新型农业经营主体为重点，遵循“产业主导、优化布局，集中资金、重点扶持，全链统筹、集群开发，多元主体、利益共享，科技领先、绿色发展”原则，发挥财政补助资金的导向和集聚作用，打造现代农业产业集群，激发产业链、价值链功能升级，实现一二三产业深度融合，促进农业增效、农民增收。

第二章 扶持重点及资金来源

第四条 扶持范围。所扶持项目应符合当地农业综合开发优势特色产业规划确定的区域和产业。

第五条 扶持对象。农业综合开发以农民为受益主体，扶持对象包括专业大户、家庭农场、农民合作组织（含联合社）、农村集体经济组织以及涉农企业与单位。

第六条 扶持重点。集中扶持包括种植养殖基地、农产品加工及流通设施、农业社会化服务体系建设等，打造特色优势农产品产业集群和产业带。

第七条 扶持内容。包括经济林及设施农业种植基地、养殖基地所需的基础设施建设，种苗、良种购置，农业生产、农产品加工设备购置和厂房建设，农产品储运保鲜、批发市场等流通设施，农业社会化服务体系建设，新技术和新品种引进和推广，农业废弃物综合利用，农产品追溯体系建设等方面。

第八条 项目类型。分为创新试点项目和一般项目两种类型。创新试点项目包括国家和省开展的各类创新试点涉及的产业化发展项目等。优先支持创新试点项目，逐步将一般项目提升为产业集群项目。

第九条 资金来源。包括中央财政资金、地方财政资金、项目单位自筹资金等。单个补助项目的自筹资金不低于财政资金申请额度。

第三章 项目前期准备

第十条 项目前期准备工作包括制定开发规划、建立项目库、编制项目可行性研究报告（申报书）等环节。前期准备工作应实现常态化、规范化。

第十一条 制定规划。各级农发机构应根据国家和省农业综合开发政策和本地区经济社会发展中长期规划，编制农业综合开发优势特色产业三年发展规划，确定扶持的主导产业，优化区域布局。

第十二条 项目入库。项目申报单位根据国家和省有关政策要求，向所在县（市、区）农发机构提报项目建议书，作为项目入库备选项目。对项目申报单位提报的项目，县级农发机构应及时开展实地考察，落实项目单位和拟入库项目的真实性、合规性，并按不低于上年度投资1:2的比例选择项目，存入县级项目库，作为下一年度立项备选项目。

凡申请入库的补助项目，均应编制项目建议书。主要内容包括：项目建设的必要性、建设单位基本情况、建设地点、建设条件、建设方案、投资估算及来源、效益预测等。

第十三条 项目申报指南。省农业综合开发办公室（以下简称省农发办）负责发布年度项目申报指南。主要内容包括：扶持范围和重点、扶持政策、申报要求、申报材料及时限等。

第十四条 项目出库。根据上级下达的项目申报指南，县级农发机构按不低于上年度投资1:1.5的比例向市级农发机构推荐项目，市级农发机构从项目库中择优选择拟立项项目。

第十五条 项目库管理。项目入库、出库实行动态管理，存库期限为2年，2年内已立项实施的项目自动出库，未立项的自动淘汰出库。项目库要及时更新、补充。淘汰出库后的补助项目，符合立项条件的，可重新申请入库。

第十六条 可行性研究报告。各市确定拟立项项目和资金数额后，逐级通知项目申报单位。申报单位须编制项目可行性研究报告（申报书）等材料，报县级农发机构审查。项目申报单位对项目真实性负责，县级农发机构对申报材料的合规性、完整性负责。其中，专业大户、家庭农场、农民合作组织（含联合社）、农村集体经济组织应编制项目申报书，涉农企业与单位应编制项目可行性研究报告。

可行性研究报告（申报书）的内容及格式须符合国家农业综合开发办公室（以下简称国家农发办）《国家农业综合开发产业化经营财政补助项目可行性研究报告（申报书）编写参考大纲》和项目实施方案有关要求。

第四章　评审及立项

第十七条　项目评审。市级农发机构对所属县级农发机构上报的可行性研究报告（申报书），组织专家或委托第三方机构进行评审，出具评审意见，并根据资金额度，择优确定拟扶持项目和资金数额。

重大创新试点项目，经市级评审可行后，由省农发办组织专家或委托第三方机构开展公开竞争立项，并根据资金额度和竞争立项排名，择优确定拟扶持项目和资金数额。

第十八条　项目公示。除涉及国家秘密的内容，市级农发机构应将拟扶持的项目和资金数额通过互联网等媒介向社会公示，公示期不少于7日。

第十九条　编报计划。市、县农发机构根据项目申报资料的审定情况，逐级编制汇总年度项目实施计划，报省农发办。同时，在规定软件系统上报相关电子表格及数据。

第二十条　项目立项。项目实施计划经省农发办审批后逐级下达，作为年度项目建设、资金拨付和检查验收的重要依据。省农发办按规定将项目实施计划上报国家农发办备案。

第五章　项 目 实 施

第二十一条　实施准备。县级农发机构应及时将批复计划下达到项目实施单位，由项目实施单位组织实施，并实行资金和项目公示制。公示内容应包括：项目名称、立项背景、项目投资、资金来源、投资任务量、建设规模、完工期限、县级农发机构联系方式等。公示情况及时报县级农发机构备案。

第二十二条　组织实施。项目实施单位应按照项目可行性研究报告（申报书）和批复的实施计划组织实施项目，按期建成并达到项目建设标准。一般项目建设期一般为1年，重大创新试点项目建设期为1至2年。

第二十三条　计划调整与终止。项目实施过程中要保障项目计划的严肃性，不得随意调整。确需对项目计划进行调整、终止的，应逐级履行相关审批手续。

（一）对项目建设内容、建设地点和建设期限进行调整的，项目实施单位原则上应在项目计划下达6个月内提出调整申请，经县级农发机构审核后，由市级农发机构负责批复，报省农发办备案。

（二）年度项目终止，须经市、县农发机构逐级审核后，报省农发办审批。申请项目终止须符合以下情形之一：

1. 由项目实施单位主动提出申请的。

2. 经县级农发机构下达书面通知，项目实施单位在限定期限内仍未完工的。

3. 计划下达后发现项目申报单位存在弄虚作假行为的。

4. 其他须终止的情形。

（三）项目终止经批准后，县级农发机构应及时将项目终止决定通知项目实施单位，终止项目已发生的有关费用支出，由项目实施单位自行负担。

（四）项目实施计划调整、终止情况纳入农业综合开发综合绩效考评范围。

（五）经批准终止的项目，由同级财政部门收回财政资金，统筹用于农业综合开发项目建设，按规定程序重新审批立项。

第二十四条 日常监督。各级农发机构要加强对项目建设情况的日常检查督导，发现问题及时解决。检查督导的主要内容包括：项目建设进度、标准质量、报账准备情况等，并及时统计汇总分析项目建设进度，推动项目按期保质保量完成。

采取“先建后补”方式的项目，在项目实施过程中，项目承担单位要建立项目台账，完整反映项目建设和投资完成情况。各级农发机构要对项目建设情况进行实地查勘，发现问题及时纠正，保证项目按规定要求实施，防止将县级农发机构正式行文申报项目之前或其他财政补助形成的工程、设备等纳入项目建设完成内容。

第二十五条 档案管理。项目档案包括项目管理过程中形成的各类文字、图表、影像、电子文档等资料。档案管理应遵循真实可靠、齐全完整、统一规范的原则，实行分类归档、分级管理。

第六章 竣工项目验收

第二十六条 验收组织。竣工项目验收实行县级验收、市级抽查、省级核查的办法，采取直接组织或委托第三方机构的方式进行。

第二十七条 验收申请。项目实施单位全面完成项目建设任务后，向县级农发机构提出验收申请，并按照规定要求收集整理有关资料，做好验收准备工作。

第二十八条 县级验收。县级农发机构负责对竣工项目组织验收，下达验收结论并及时通报相关部门、单位。每年8月底前，县级农发机构向市级农发机构提交验收报告。

市级农发机构在全市范围内随机抽取部分补助项目，对其项目验收情况和工作质量进行核查，抽查项目个数比例不少于30%，在此基础上将总结报告报送省农发办。

省农发办负责对市、县组织的竣工项目验收工作情况进行随机核查，并对验收工作完成情况和工作质量进行考核，核查比例不少于补助项目个数的10%。

第二十九条 验收方式。补助项目采取不定期验收的方式进行，竣工一个验收一个，加快项目报账支付进度。

第三十条 延期申请。未能在规定时间内竣工的项目，由项目实施单位提出项目延期申请及竣工期限承诺书，县级农发机构审核后报市级农发机构批准，并报省农发办备案。项目竣工后，县级农发机构另行组织验收，市级农发机构进行核查。超过两年未完成项目的财政资金，由同级财政部门收回统筹使用。

第三十一条 项目报账。县级财政部门应在补助项目完成至少过半后，根据项目完成情况办理报账，在项目验收合格后及时、足额予以报账。实行“先建后补”的补助项目，由项目实施单位自行筹集所需全部资金并组织实施，验收合格后，财政部门将财政补助资金一次性支付给项目实施单位。

第七章 监督管理

第三十二条 监督职责。各级农发机构应定期对本地区补助项目和资金管理情况开展监督检查工作。市级、县级农发机构要对项目事前、事中、事后全程管理进行随机监督检查，发现问题及时纠正；省农发办重点对各地项目评审、计划和制度执行、项目验收、绩效评价等进行随机监督检查。对市级、省级监督检查中发现的新问题，要提出处理意见并限期整改，情节严重的要追究有关人员责任。

第三十三条 绩效管理。各级农发机构应加强对项目和资金的绩效管理，科学设计绩效考核指标。可以采取直接组织或委托第三方的方式，定期对本地区项目和资金开展绩效评价，其结果作为综合绩效考评的重要依据。

第三十四条 配合督查。项目实施单位应自觉接受监督检查，并根据项目可行性研究报告（申报书）要求，积极采取措施，足额落实自筹资金、建设用地、设施等配套实施条件，保障项目顺利实施。

第三十五条 处罚追责。对违反财经纪律，弄虚作假、挪用或挤占项目资金的，省农发办将按照《中

华人民共和国预算法》和《财政违法行为处罚处分条例》（国务院令第 427 号）等有关规定，采取通报、终止项目、取消申报资格等处罚措施，并追究相关人员责任。

第八章　附　　则

第三十六条　本办法由省财政厅负责解释。

第三十七条　本办法自 2017 年 12 月 13 日起施行，有效期至 2022 年 12 月 12 日。

二十二、

预算评审类

省财政厅关于印发省直部门五类项目支出预算编制规范的通知

2017 年 8 月 4 日　鲁财预审〔2017〕1 号

省直各部门、单位：

为进一步明确项目支出预算编报要求，现将《山东省省直部门大型公益文体场馆、训练基地、康复中心等年度运行维护项目支出预算编制规范》《山东省省直部门重点纪念和招商展览活动项目支出预算编制规范》《山东省省直部门政务信息化运行维护项目支出预算编制规范》《山东省省直部门新建设施或修购工程项目支出预算编制规范》和《山东省省直部门调查和普查项目支出预算编制规范》印发给你们，请遵照执行。执行过程中如有问题，请及时函告我厅。

附件：1. 山东省省直部门大型公益文体场馆　训练基地康复中心等年度运行维护项目支出预算编制规范

2. 山东省省直部门重点纪念和招商展览活动项目支出预算编制规范

3. 山东省省直部门政务信息化运行维护项目支出预算编制规范

4. 山东省省直部门新建设施或修购工程项目支出预算编制规范

5. 山东省省直部门调查和普查项目支出预算编制规范

附件 1：

山东省省直部门大型公益文体场馆　训练基地康复中心等年度运行维护项目支出预算编制规范

一、基本情况

（一）单位情况

单位名称、机构属性、主要职能、内设机构、在编在职人员及所属单位情况等。

（二）场馆（基地或中心）情况

地址、建筑面积、产权权属、功能划分、使用情况及维护状况等。

二、支出内容

（一）用水

包括用水计量方式、单价、用途和水费计算方法等。

需提供供水部门核定的年度用水计划、用水价格文件（收费标准）、近三年水费缴纳资料及相应的账簿凭证等。

（二）用电

包括用电计量方式、单价、用途和电费计算方法等。

需提供供电部门核定的年度用电计划、用电价格文件（收费标准）、近三年电费缴纳资料及相应的账簿凭证等。

（三）取暖

包括供暖方式、供暖计量方式（面积或流量）、供暖时间区段、单价（需说明层高高于 3 米的计费方式）和计算方法等。

采用集中供暖方式的，需提供与供热部门签订的《供用热力合同》、取暖价格协议（收费标准）及近三年取暖费缴纳资料及相应的账簿凭证；采用自行供暖方式的（除燃气和用电外），需提供近三年费用核算资料及相应的账簿凭证等。

（四）燃气

包括用途、用气计量方式、单价和计算方法等。

需提供燃气价格文件（收费标准）、近三年燃气费缴纳资料及相应的账簿凭证等。

（五）物业

包括物业人员组成、各类人员配置原则和布置图，保洁、安保（物业中可包含）、小型工程及设备维护维修、绿化维护（物业中可包含）和低值易耗品等。

需提供招标文件、中标公司投标文件、物业合同、物业费缴纳资料及相应的账簿凭证等。

（六）安保

包括对安保服务的要求、安保人员配置原则和布防图等。

需提供国家对相关行业安保人员的布防标准、招标文件、中标公司投标文件、安保服务合同及近三年的安保费支付资料及相应的账簿凭证等。

（七）社会用工

包括用工岗位、配置原则和配置依据等。

需提供省编办的社会用工批复文件、招标文件、中标公司投标文件、合同、近三年的社会用工费用支付资料及相应的账簿凭证等。

（八）小中型维修维护（不含物业服务内容）

1. 场馆、公寓、室外场所和常设展厅的日常维修维护工程。包括具体内容、采购方式。

需提供近三年支出内容明细清单、支付费用资料及相应的账簿凭证等。

2. 设备、器材、特种车辆维修维护。通过政府采购或公开招标的专业维修维护，包括空调、电梯、楼宇自控、消防、安防、弱电、照明、换热、水处理系统、太阳能发电、各类训练器材和特种车辆等维修维护的具体内容、采购方式。

需提供近三年维修维护支出费用资料及相应的账簿凭证、合同、招标文件、中标公司投标文件等。

3. 绿化维护。包括绿化维护的具体内容、要求和人员配置原则等。

需提供近三年支出费用资料及相应的账簿凭证、合同、招标文件、中标公司投标文件等。

4. 备品备件。包括采购和结算方式、分类别使用情况等（维修维护合同中只含人工费的可以申报）。

需提供近三年购置清单以及相应的账簿凭证、合同、招标文件及中标公司投标文件等。

（九）信息化运行维护

财政部门未安排年度信息化运行维护专项费用的可以申报。包括运行维护的具体内容和计算依据等。

需提供近三年支出费用资料及相应的账簿凭证、合同、招标文件、中标公司投标文件等。

（十）水处理

包括训练场馆用水消毒处理、合法使用的自备井饮用水净化处理、生活生产污水处理等具体内容（不含水处理设备的维修维护）和水处理人员配置原则等。

需提供近三年的支出费用资料及相应的账簿凭证、合同、招标文件、中标公司投标文件等。

（十一）高压氧

包括氧气管道嵌入急诊室、手术室、病房等部位高压氧的用氧计量方式、单价、购氧费用计算方法等。

需提供近三年高压氧购置费资料及相应的账簿凭证、年用氧气量清单等。

（十二）其他

包括大型开放场馆的石材养护、橡胶地板清洗、外墙清洗、设备检测、化验、管道疏通、垃圾泔水外运、化粪池清理等。

需提供近三年支出费用资料及相应的账簿凭证、合同、招标文件、中标公司投标文件等。

三、支出预算及资金来源

（一）支出预算

以上各项支出内容所需经费预算，需按照国家、省有关规定和行业标准、部门预算编制要求进行编制。具体按照《××××年山东省省直部门场馆（基地或中心）运行维护项目支出预算汇总表》《××××年山东省省直部门场馆（基地或中心）运行维护项目支出预算明细表》（见附表1－1、附表1－2）格式填报。

（二）资金来源

项目单位应根据单位属性、运行维护费用分担比例等实际情况，对项目资金来源进行说明，并按照综合预算原则，提出经费预算申请。

附表：1－1. ××××年山东省省直部门场馆（基地或中心）运行维护项目支出预算汇总表

1－2. ××××年山东省省直部门场馆（基地或中心）运行维护项目支出预算明细表

附表1－1：

××××年山东省省直部门场馆（基地或中心）运行维护项目支出预算汇总表

单位：万元

序号	费用名称	2014年	2015年	2016年	2017年1～　月	2018年申报值	备注
合计							
一							
二							
三							
四							
五							
六							
七							
八							
九							
十							
十一							
十二							

附表1－2：

××××年山东省省直部门场馆（基地或中心）运行维护项目支出预算明细表

金额单位：万元

序号	费用名称	项目内容	计算方式	单位	申报			备注
					数量	单价	金额	
合计								
一	水费							
二	电费							
三	取暖费							
（一）	集中供暖							
（二）	自供							
四	燃气费							
五	物业费							
（一）								
（二）								
（三）								
…								
六	安保费							
七	社会用工							
八	维修维护费							
（一）	场馆、公寓、展厅日常维护费							
（二）	设备、器材、特种车辆维修维护费							
（三）	绿化维护费							
（四）	备品备件费							
九	信息化运维费							
十	水处理费							
（一）	日常水处理							
（二）	污水处理							
十一	高压氧气费							
十二	其他费用							
（一）								
（二）								
…								

附件2：

山东省省直部门重点纪念和招商展览活动项目支出预算编制规范

一、基本情况

项目实施背景，主要实施内容，主办、协办、承办和主要参与单位情况，实施时间、进度、计划实现目标，预期收入和支出情况等。

二、政策依据

中央和省批复文件、会议纪要、领导批示等，专项资金管理办法以及专项资金年度总预算等。

三、支出内容

（一）工程施工

包括特装、异型展位、签约区及洽谈区等室内外搭建。

需提供相关效果图、施工图、工程预算书等。工程预算书需按照工程量清单计价规范、工程消耗量定额等相关规定编制。

（二）租赁（购置）

包括租赁（购置）相关场地、设备、车辆、服饰等。

需提供相关场地面积、报价单或租赁合同（协议、意向书），设备和车辆参数、功能描述、使用时间（里程）明细，租赁方的报价单、协议、合同等。

（三）宣传制作

包括各种媒体发布、广告播放、宣传影像制品制作等。

需提供播放发布时间及相应媒体报价单，制作音视频节目、活动标志物（吉祥物）等实施内容的效果展示（描述）和相应组价表，相关意向书、协议、合同等资料。

（四）人员费用支出

包括专家、设计师、演员和其他劳务人员，完成活动采风、创意、节目设计制作、艺术表演、项目管理、礼仪、翻译、化妆、安保等工作产生的与项目相关、按照有关规定可以在项目支出预算中列支的费用。

需提供有关人员工作内容和劳务费、差旅费、因公出国（境）费、保险费和补助费用明细；车辆接送、住宿安排、招待和出国（境）等活动人员姓名、单位、职务及活动必要性的说明，出国（境）批件等。人员费用需符合相关差旅、会议、培训、因公出国（境）等费用管理规定。

（五）运输

包括布展和撤展中可重复利用的材料、设备和展品的运输。

需提供运输物品的种类、数量，运输方式、时间、起止地点，物品保险等费用明细，相关服务机构的报价单或合同（协议、意向书）等。

（六）其他

包括印刷打印，证件、席签制作，购买耗材、矿泉水等。

需提供印刷费、打印费、制作费、耗材等零星物品购置费的明细及供货（服务）商报价单等。

四、支出预算及资金来源

（一）支出预算

以上各项支出内容所需经费预算，需按照国家、省有关规定和行业标准、部门预算编制要求，参考近期政府采购或市场价格编制。具体按照《××××年山东省省直部门重点纪念和招商展览活动项目支出预算表》（见附表2-1）格式填报。

（二）资金来源

对项目资金来源进行说明，并按照综合预算原则，提出经费预算申请。

附表：2-1.××××年山东省省直部门重点纪念和招商展览活动项目支出预算表

附表2-1：

××××年山东省省直部门重点纪念和招商展览活动项目支出预算表

金额单位：万元

序号	费用明细	实施内容/设备参数	数量单位	单价	数量	预算金额	申报说明	备注
	合计							
一	工程施工费							
1	特装费							
1-1								
1-2								
…								
2	异型展位费							
3	签约区搭建费							
4	洽谈区搭建费							
…								
二	租赁（购置）费							
1	场地租赁费							
2	设备租赁费							
3	车辆租赁费							
4	服饰租赁费							
…								
三	宣传制作费							
1	媒体发布费							
2	广告播放费							
3	宣传影像制品制作费							
…								
四	人员费用							
1	活动采风费							
2	创意费							
3	节目设计制作费							
4	艺术表演费							
5	项目管理人员费用							

续表

序号	费用明细	实施内容/设备参数	数量单位	单价	数量	预算金额	申报说明	备注
6	礼仪费							
7	翻译费							
8	化妆费							
9	安保费							
…								
五	运输费							
1	布展材料、设备运输费							
2	布展材料、设备运输费							
3	展品运输费							
…								
六	其他							
1	印刷打印费							
2	证件、席签制作费							
3	耗材等购置费							
…								

附件3：

山东省省直部门政务信息化运行维护项目支出预算编制规范

一、基本情况

（一）单位情况

单位职能、机构、人员和主要业务情况，政务信息化专门管理机构职责、人员和工作开展情况等。

（二）项目情况

现有基础环境、网络系统、业务应用、业务数据、软硬件设备基本情况等。包括系统建设和设备购置时间、主要功能用途、合同金额及责权约定、维保承诺、承担单位确定方式等情况，并填制《山东省省直部门政务信息化软硬件和业务系统情况统计表》（见附表3－1）。

（三）运行维护情况

政务信息化当前运行维护情况，包括运行维护内容、运行维护单位及选择方式、运行维护费用支出等；部门政务信息化管理机构及运行维护单位之间的职责分工、各自承担的具体内容等。

二、政策依据

中央、省对专项业务信息系统建设、运行维护的政策、制度、标准、规范等。

三、支出内容

（一）硬件设备维护

包括设备名称、品牌型号、数量、配置参数、采购时间、采购原值、支撑的应用系统、当前运行状况、巡检维护要求、部署调试需求、服务响应时间、备品备件要求及驻场服务要求等。

（二）系统软件维护

包括软件名称、版本号、上线部署时间、采购时间、采购原值、支撑的应用系统、巡检维护要求、部署调试需求、服务响应时间、驻场服务要求等。

（三）应用软件维护

包括系统名称、上线部署时间、采购原值、系统用户数及数据量、日常功能及性能巡检要求、系统优化要求、二次开发需求及工作量估算、故障响应及排查要求、驻场服务要求等。

（四）信息资源维护

包括资源名称、维护内容、工作量、维护频度、数据录入、处理、备份、迁移要求等。

（五）桌面终端维护

包括设备名称、品牌、型号、数量、配置参数、采购时间、采购原值、巡检维护要求、服务响应时间、备品备件要求及驻场服务要求等。

（六）网络接入

包括接入线路类型、运营商名称、带宽、使用时长、采购合同、保障要求及服务要求等。

（七）机房环境维护

包括设备名称、品牌型号、数量、配置、采购时间、设备原值、设备当前状态、巡检要求、故障响应及排除要求、备品备件要求、机房检测要求等。

（八）运行维护管理需求

包括为保障运行维护工作的规范化、有序开展所必需的一系列综合性运行维护管理行为。如资产管理、流程管理、知识管理、技术培训、运行维护管理体系咨询、运行维护监理、安全测评等。

以上支出内容，需提供政务信息化运行维护实施方案及预算明细，软硬件、网络等采购合同，近两年运行维护方案、合同及财务支出资料等。

四、支出预算及资金来源

（一）支出预算

以上各项支出内容所需经费预算，需按照国家、省有关规定和行业标准、部门预算编制要求进行编制。具体按照《××××年山东省省直部门政务信息化运行维护项目支出预算表》（见附表3－2）格式填报。

（二）资金来源

对项目资金来源进行说明，并按照综合预算原则，提出经费预算申请。

附表：3－1. ××××年山东省省直部门政务信息化软硬件和业务系统情况统计表

3－2. ××××年山东省省直部门政务信息化运行维护项目支出预算表

附表3－1：

××××年山东省省直部门政务信息化硬件和业务系统情况统计表

序号	设备或软件名称	数量	品牌型号	性能指标或技术参数	所属系统或部署位置	安装或部署时间	合同或购置金额（万元）	供应商	当前运行状况	备注
一、硬件设备										
1										

续表

序号	设备或软件名称	数量	品牌型号	性能指标或技术参数	所属系统或部署位置	安装或部署时间	合同或购置金额（万元）	供应商	当前运行状况	备注
2										
…										
二、系统软件										
1										
2										
…										
三、应用软件										
1										
2										
…										
四、信息资源										
1										
2										
…										
五、桌面终端										
1										
2										
…										
六、网络接入										
1										
2										
…										
七、机房环境										
1										
2										
…										

附表3－2：

××××年山东省省直部门政务信息化运行维护项目支出预算表

序号	运维对象	运维范围	运维内容	运维要求	费用金额（万元）	费用组成	备注
合计							
一							
1							
2							
…							

续表

序号	运维对象	运维范围	运维内容	运维要求	费用金额（万元）	费用组成	备注
二							
1							
2							
…							
三							
1							
2							
…							

附件 4：

山东省省直部门新建设施或修购工程项目支出预算编制规范

一、基本情况

（一）单位情况

单位名称、主管部门、机构属性、主要职能等。

（二）项目情况

拟建设地址、建筑面积、结构、功能，项目建设政策依据或项目建设必要性，项目效益情况等。

（三）审批情况

立项审批情况、规划审批情况、土地使用权审批情况、环境影响评价审批情况、水土保持方案审批情况等。

需提供立项审批意见、建设项目选址意见书、建设用地规划许可证、建设工程规划许可证、建设用地审查意见、环境影响评价文件、水土保持方案审批文件等资料。

二、支出内容

根据《基本建设财务规则》（财政部令第 81 号）、《基本建设项目建设成本管理规定》（财建〔2016〕504 号）和《基本建设项目竣工财务决算管理暂行办法》（财建〔2016〕503 号）等有关规定，支出内容包括：

（一）建筑安装工程

包括按照批准的建设内容实施的建筑工程和安装工程。

需提供专业设计机构出具的工程设计方案、施工图纸和工程预算书等资料。对建筑安装工程有特殊要求的，需提供相关政策依据。

（二）设备购置

包括按照批准的建设内容购置的设备和达不到固定资产标准的工具、器具。设备包括需要安装的设备和不需要安装的设备。

需提供相关设备、工具和器具的规格、型号、技术参数、数量、单价等。

（三）待摊费用

包括勘察费、设计费、研究实验费、可行性研究费及项目其他前期费用，土地征用及拆迁补偿费、土地复垦及补偿费、森林植被恢复费及其他为取得或租用土地使用权而发生的费用，土地使用税、耕地占用税、契税、车船税、印花税及按规定缴纳的其他税费，项目建设管理费、代建管理费、临时设施费、监理费、招标投标费、社会中介机构审查费及其他管理性质的费用，项目建设期间发生的各类借款利息、债券利息、贷款评估费、国外借款手续费及承诺费、汇兑损益、债券发行费用及其他债务利息支出或融资费用，工程检测费、设备检验费、负荷联合试车费及其他检验检测类费用，固定资产损失、器材处理亏损、设备盘亏及毁损、报废工程净损失及其他损失，系统集成等信息工程费用，其他待摊费用。

（四）其他支出

三、支出预算及资金来源

（一）支出预算

以上各项支出内容所需经费预算，需按照国家、省有关规定和行业标准、部门预算编制要求进行编制。建筑安装工程预算书，需按照有关工程建设预算定额、计价规范、市场价格等编制。具体按照《××××年山东省省直部门新建设施或修购工程项目支出预算表》（见附表4－1）格式填报。

（二）资金来源

对项目资金来源进行说明，并按照综合预算原则，提出经费预算申请。

附表：4－1. ××××年山东省省直部门新建设施或修购工程项目支出预算表

附表4－1：

××××年山东省省直部门新建设施或修购工程项目支出预算表

金额单位：万元

序号	项目名称	合计	规格、型号、参数等	计量单位	工程量/设备数量	综合单价
总计			—	—	—	—
一	建筑安装工程费用		—	—	—	—
（一）	建筑工程费用		—	—	—	—
1			—			
2			—			
3			—			
…			—			
（二）	安装工程费用		—	—	—	—
1			—			
2			—			
3			—			
…			—			
二	设备购置费用		—	—	—	—
（一）						
（二）						

续表

序号	项目名称	合计	规格、型号、参数等	计量单位	工程量/设备数量	综合单价
（三）						
（四）						
…						
三	待摊费用		—	—	—	—
（一）	工程勘察费		—	—	—	—
（二）	工程设计费		—	—	—	—
（三）	可行性研究编制费		—	—	—	—
（四）	拆迁补偿费		—	—	—	—
（五）	工程监理费		—	—	—	—
（六）	工程造价咨询费		—	—	—	—
（七）	项目建设管理费		—	—	—	—
…			—	—	—	—
四	其他费用		—	—	—	—
（一）			—	—	—	—
（二）			—	—	—	—
（三）			—	—	—	—
（四）			—	—	—	—
…			—	—	—	—

附件5：

山东省省直部门调查和普查项目支出预算编制规范

一、基本情况

项目实施背景，主要实施内容，牵头及实施单位情况，实施期间、范围、具体要求及预期目标等。

三、政策依据

中央和省批复文件，相关会议纪要、领导批示，专项资金管理办法、行业服务收费标准、预算标准及定额等。

三、支出内容

（一）会议、培训

包括项目实施过程中召开的会议，举办的培训。

需提供会议、培训的批复文件、名称、类别、地点、标准、参加人员、天数、次数或期数等。

（二）公务

1. 办公。包括租赁或购置与项目实施相关的办公设备、办公家具、办公场所和办公耗材等。

需提供租赁或购置的必要性，费用明细及相关合同、协议等。

2. 印刷。包括印制各种工作手册、调查表格、宣传简报和资料汇编等。

需提供印刷物品的规格、材质、数量及单价等。

3. 邮电。包括项目实施所需的通讯和物品的仓储、物流等。

需提供邮电通讯的内容、数量、单价，包装、仓储、运输、搬运物资、资料、样品的明细、起止地点及报价单等。

4. 交通。包括车辆租赁等。

需提供租赁车辆的用途、型号、使用时间、里程、数量及单价等。

（三）差旅

包括项目实施过程中的调研、勘察、采样、调查、督查和巡查等。

需提供出差的批复文件、工作内容，出差人员单位、职务、公务往来地点、出差天数、次数或期数等。

（四）设备、材料

包括租赁或购置专用设备、化验材料、遥感影像和地图资源等。

需提供租赁或购置的必要性、技术参数、功能描述、数量及单价等。

（五）监测

包括监测样品检验、分析测试、化验、加工和监测井建设等。

需提供抽检样品的数量、单价，监测井等相关设施的建设方案、施工图纸等。

（六）数据库建设

包括调查数据、遥感影像等信息采集、数据处理、分析和维护等。

需提供项目实施所需的电脑、存储器、数据库操作系统等软、硬件设备购置清单及费用明细，数据库开发、调查成果入库等所需人员的工作量和单位成本等。

（七）劳务

包括项目咨询、论证、评审、外业调查和安保等。

需提供专家、外聘人员、志愿者、指导员等的工作内容、时间、数量，劳务费、保险费等费用明细及相关合同。

（八）委托业务

包括委托相关专业机构进行方案设计编制、地图绘制、勘界测量、项目鉴定和验收等外包工作。

需提供工作内容、委托协议、报价单或意向书等。

（九）其他

包括宣传活动、图集制作、标语标识和工作用品等。

需提供购置物品的规格、材质、数量、单价，宣传内容、方式、时间及费用明细等。

四、支出预算及资金来源

（一）支出预算

以上各项支出内容所需经费预算，需按照国家、省有关规定和行业标准、部门预算编制要求，参考政府采购价格或市场价格进行编制。具体按照《××××年山东省省直部门调查和普查项目支出预算表》（见附表5－1）格式填报。

（二）资金来源

对项目资金来源进行说明，并按照综合预算原则，提出经费预算申请。

附表：5－1. ××××年山东省省直部门调查和普查项目支出预算表

附表5-1：

××××年山东省省直部门调查和普查项目支出预算表

金额单位：万元

序号	项目名称	内容或功能说明	单位	申报			备注
				数量	单价	金额	
合计							
一	会议、培训费						
1	会议费						
(1)							
(2)							
…							
2	培训费						
(1)							
(2)							
…							
二	公务费						
1	办公费						
2	印刷费						
3	邮电、通讯费						
4	交通费						
…							
三	差旅费						
四	专用设备、材料购置（租赁）费						
1	专用设备购置（租赁）费						
2	化验材料购置费						
3	影像购置费						
4	地图购置费						
…							
五	监测费						
1	监测检验费						
2	分析测试费						
3	化验加工费						
4	监测井建设费						
…							
六	数据库建设费						
1	软件购置费						

续表

序号	项目名称	内容或功能说明	单位	申报			备注
				数量	单价	金额	
2	硬件购置费						
3	数据库开发费						
4	调研成果入库费						
…							
七	劳务费						
1	专家费						
2	外聘人员费						
3	志愿者费						
4	指导员费						
…							
八	委托业务费						
1	方案设计编制费						
2	地图绘制费						
3	勘界测量费						
4	项目鉴定、验收费						
…							
九	其他费用						
1	宣传费						
2	图集制作费						
3	标语标识制作费						
4	工作用品购置费						
…							

省财政厅关于印发《2018年省级部门预算项目评审操作指南》的通知

2017年8月24日　鲁财预审〔2017〕2号

省直各部门、单位：

根据《关于编制2018年省级部门预算和2018～2020年部门中期财政规划的通知》（鲁财预〔2017〕47号）有关要求，为确保预算评审工作规范有序高效开展，我们研究制定了《2018年省级部门预算项目评审操作指南》，现予以印发，请认真遵照执行。

附件：2018年省级部门预算项目评审操作指南

附件：

2018 年省级部门预算项目评审操作指南

一、评审范围

2018 年省级部门预算评审范围包括：

（一）省图书馆、省文化馆新馆、省美术馆新馆、省博物馆、省残疾人康复中心、省公安消防总队陆地搜救基地、省军区国防教育和训练基地、省体育局所属场馆和训练基地等大型公益文体场馆、训练基地、康复中心等运行维护项目经费。

（二）重点纪念和招商展览活动项目经费。

（三）国家、省里明确要求或经审批立项的省级政务信息化建设项目经费。

（四）省级大型信息化运行维护项目经费。

（五）省级财政单独安排的新建设施或修购等工程项目经费。

（六）其他需要评审的项目。

二、职责分工

项目（预算）单位及主管部门、省财政厅资金管理处和省财政厅预算评审中心，按照在项目预算管理中的不同定位，各司其职，各负其责，协同配合，共同做好部门预算项目编审工作。

项目（预算）单位：负责分析项目实施背景及现状，研究实施依据，确定目标需求，了解相关项目支出预算编制规范，并按要求自行或委托具备专业资质的单位编报实施方案和经费预算；提供必要的资料并对资料的真实性、有效性负责；积极配合财政部门开展项目评审工作。

主管部门：负责审核把关项目建设的必要性、合理性，包括是否符合中央和省里工作重点、部门职责和事业发展规划，建设依据是否充分，有无重复建设等；指导项目（预算）单位编制符合要求的实施方案，并对项目资料进行初审；随部门预算一并通过省级预算管理系统向省财政厅资金管理处报送预算申请和项目资料；协调项目（预算）单位配合财政部门开展评审工作。

省财政厅资金管理处：负责明确具体项目评审范围；审核项目是否符合财政政策、资金支持方向；是否符合规定的申报条件，申报理由是否充分、申报程序是否规范，与其他项目是否存在重复交叉；报送的资料是否符合项目支出预算编制规范。

省财政厅预算评审中心：负责审核项目资料是否齐全、充分，根据评审需要直接或通过资金管理处要求项目（预算）单位补充必要资料；从专业技术角度审核项目是否符合规定的申报条件，申报理由是否充分，项目内容是否与已评审过的项目存在重复交叉；审核项目实施方案的合理性和项目预算的准确性，发表意见并出具评审报告。

三、评审资料

（一）省财政厅已印发项目支出预算编制规范和项目预算支出标准的，应按照规定的要求编制实施方案、经费预算并报送所需资料：

1. 大型公益文体场馆、训练基地、康复中心等年度运行维护项目（鲁财预审〔2017〕1 号）。
2. 重点纪念和招商展览活动项目（鲁财预审〔2017〕1 号）。
3. 省级政务信息化项目（鲁财预审〔2016〕3 号）。
4. 省级大型信息化运行维护项目（鲁财预审〔2017〕1 号）。

5. 新建设施或修购等工程项目（鲁财预审〔2017〕1 号）。

6. 办公业务用房维修改造项目（鲁财预〔2016〕59 号、鲁财预审〔2016〕2 号）。

（二）其他项目应提供：国家、省里出台的政策、制度等文件，相关会议纪要、领导批示，行业主管部门的项目立项批复、审批文件，规范的项目实施方案和预算申请，具有专业资质单位编制的图纸，行业规范、定额标准，以及其他需要的评审资料。

在资料满足评审要求的前提下，原则上应至少预留 20 个工作日的评审时间。

四、评审流程

项目评审按照以下流程图组织实施：

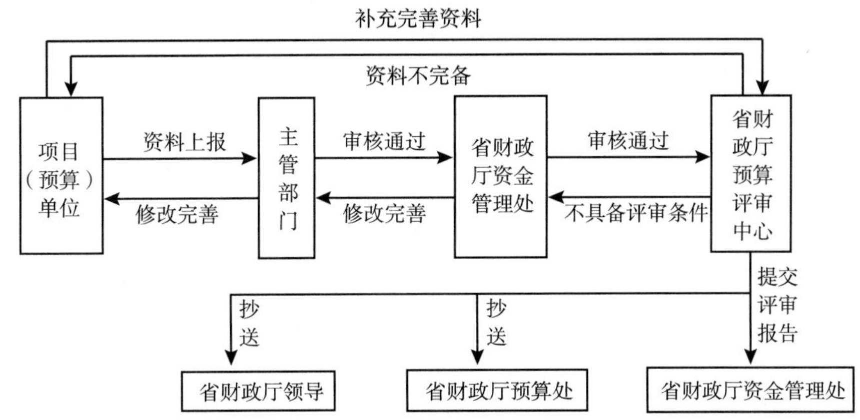

五、评审内容

项目评审的内容主要包括完整性、必要性、可行性和合理性四个方面。

（一）完整性。主要评审项目申报程序是否合规，内容填写是否全面，所需资料是否齐全等。

（二）必要性。主要评审项目立项依据是否充分，与部门职责和宏观政策是否衔接，与其他项目是否存在交叉重复等。

（三）可行性。主要评审项目立项实施方案设计是否可行，是否具备执行条件等。

（四）合理性。主要评审项目支出内容是否真实，标准是否适当，数量是否准确，价格是否合理等。

六、成果运用

审定的项目预算，原则上为预算安排的上限，是部门预算资金安排的重要依据。我们将把项目（预算）单位和主管部门配合开展预算评审情况，纳入省财政对省级部门预算管理综合绩效评价范围。评价内容主要包括评审资料报送是否全面及时、实施方案编制质量、评审结果与申报预算差异等指标。

七、其他

年度预算执行过程中追加评审项目、财政项目库入库评审项目的有关要求，参照本操作指南规定执行。

本操作指南由省财政厅负责解释。